新一代多用途 CFD 软件

SWIFT 是针对不可压和可压热流体的通用 **CFD** 软件包，它包含了新的数值技术和经过充分认证的物理模型。

与其它在同一市场上的产品相比，**SWIFT** 的优越性能是基于以下一些特性：

- 快速自动的网格生成
- 带有先进功能的快速结果处理
- 快速和强壮的数值方法及高精度
- 带有多个专业模块

技术背景

SWIFT 采用有限体积积分法求解雷诺平均的 Navier－Stokes 方程。为了达到现今和未来使用非结构化网格的要求，方程在多面体控制单元上进行离散。采用以网格面为基准的数据结构使其达到了最大的灵活性和最优的性能。

为了达到高精度，SWIFT 可对完全非结构化网格采用三阶差分格式，时间推进采用的是二阶精度。

SWIFT 集入了相当多的先进功能来覆盖广泛的应用领域：

- 稳态和瞬态求解器
- 雷诺应力及 AVL 复合湍流模型
- 求解焓方程进行热分析
- 与通用有限元软件进行流体－结构藕合计算
- 燃烧、喷雾模型
- 细致的尾气后处理模型
- 市场领先的多相流模型

应用

SWIFT 的扩展能力和特性使它成为一个理想的工具应用于很广范围内的流动分析，例如：

- 汽车外部空气动力学
- 空调系统
- 乘客舒适性分析
- 电子元件的冷却
- 管道流动
- 大气流动
- 雨水管理
- 汽车前端流动包括冷却器和风扇
- 水箱的灌注
- 血液流动
- 油和燃气流动
- 尾气后处理

SWIFT 很容易被掌握和使用，即使对于一个非 CFD 专家也是这样。这就使其成为人们从事流体流动分析最有效的工程工具。

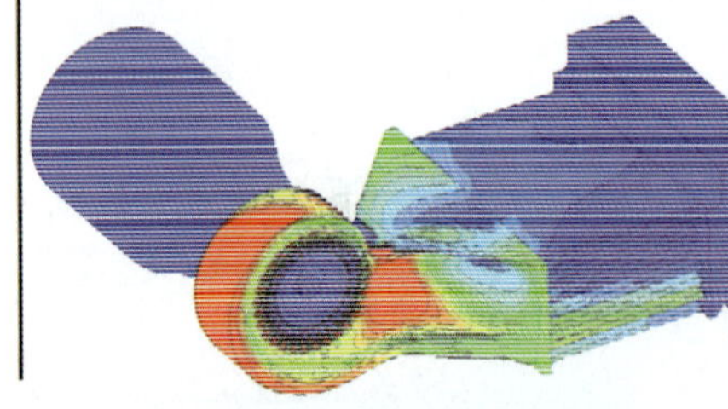

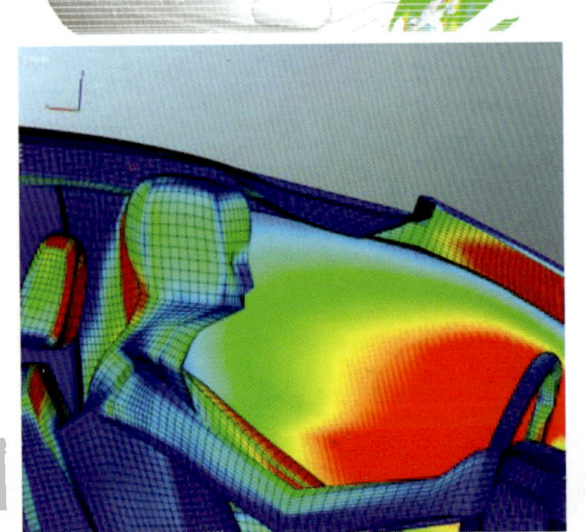

AVL 李斯特公司上海代表处　先进模拟技术

Sales & Marketing, Tel.: +86 (21) 6426-8088, Fax: +86 (21) 6426-8086, Email: ast@avl.com

fire

—专业的发动机 CFD 软件

FIRE 能解决所有和发动机有关的 CFD 问题。它能对发动机系统及部件的流动、喷雾、混合气形成、壁膜、燃烧、火焰传播和排放物的形成进行详细的分析。

fame

—CFD 和 FEM 的自动网格生成器

FAME 是先进的、能自动快速生成以六面体为主的高质量混合网格的网格生成器。它也允许用户利用初始拓朴生成以六面体为主的有限元分析专用网格。

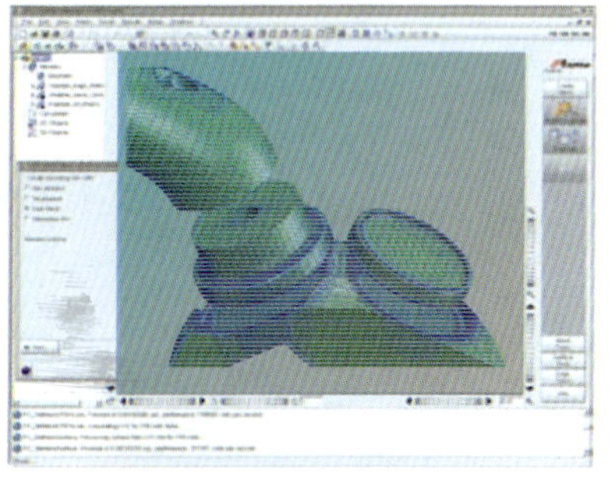

boost

—发动机热力循环分析软件

BOOST 是发动机系统气体交换和热力性能的仿真软件。它能快速有效地进行发动机优化开发来提高发动机的整体性能。它还能与 FIRE 和 Cruise 相耦合，对复杂的流动现象进行详细分析并对整车的瞬态性能进行精确模拟。

excite

—发动机动力学和声学计算

EXCITE 是多体非线性受迫振动计算软件，以有限元模型为基础。能计算发动机各部件局部和整体的振动和相关的噪声。

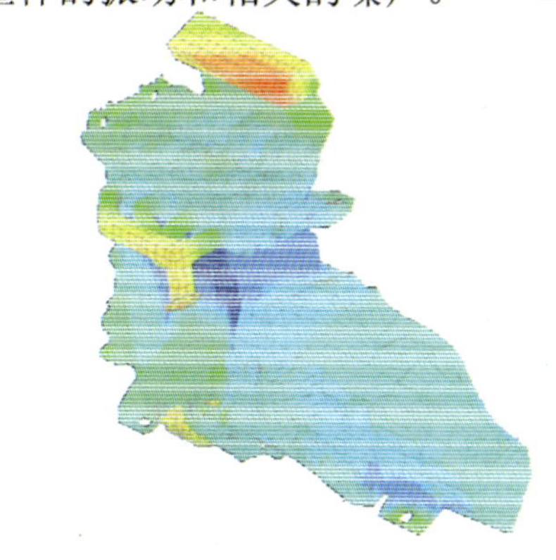

tycon

—配气结构计算

TYCON 是用于正时传动系、变速箱或齿轮箱等轴系和齿轮系动力学仿真计算的专用工具。可计算的正时系统包括：链传动、带传动、齿轮传动等。可进行凸轮型线设计、单个配气机构和发动机整个正时装置的动态模拟。

glide

—活塞副动力学、窜气量及机油消耗

GLIDE 是活塞和活塞环动力学分析工具。它可进行活塞和活塞环动力学分析并计算发动机的窜气量和机油消耗。

bricks

—曲轴组件的设计分析

BRICKS 以经典理论为基础，是发动机开发初期快速设计曲轴组件布置的一个理想工具。可进行轴系的荷载、扭振、强度分析，以及轴承分析。

hydsim

—燃油喷射系统模拟软件

HYDSIM 是以一维的流体动力学和多刚体动力学为基础，对液压和液力机械系统进行动力学分析的软件。它能模拟分析柴油、汽油及其它代用燃料发动机的各种高压燃油喷射系统。

cruise

—汽车整车模拟软件

CRUISE 是研究汽车动力性、燃油经济性、排放性能及制动性能的高级模拟分析软件。灵活的模块化理念使得 CRUISE 可以对任意结构型式的汽车传动系统进行建模和仿真。它可用于汽车开发过程中的动力传动系的匹配、汽车性能预测，还可以用于开发和优化混合动力车、电动汽车动力传动系统及控制系统。

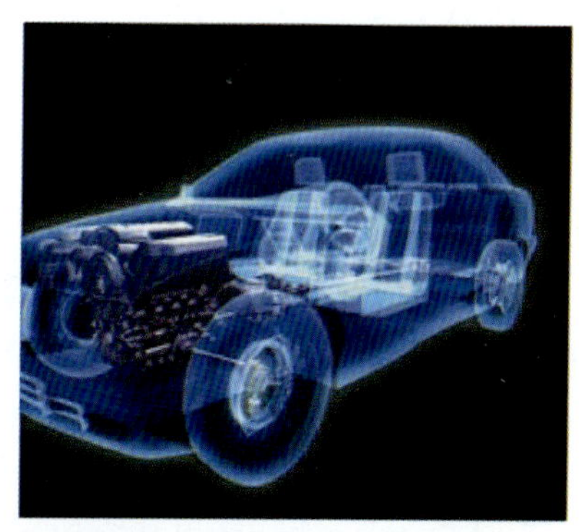

Sales & Marketing, Tel.: +86 (21) 6426-8088, Fax: +86 (21) 6426-8086, Email: ast@avl.com

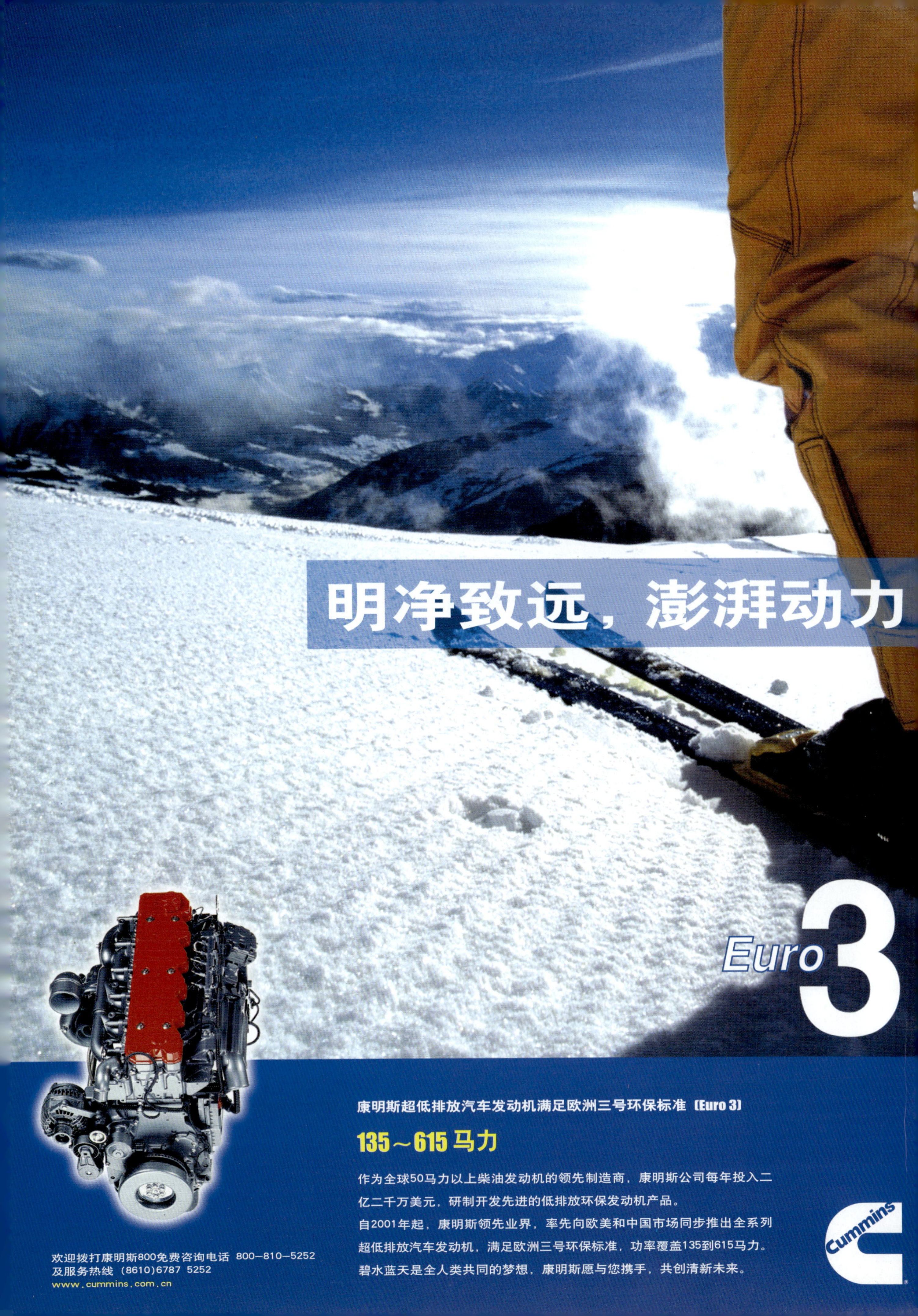

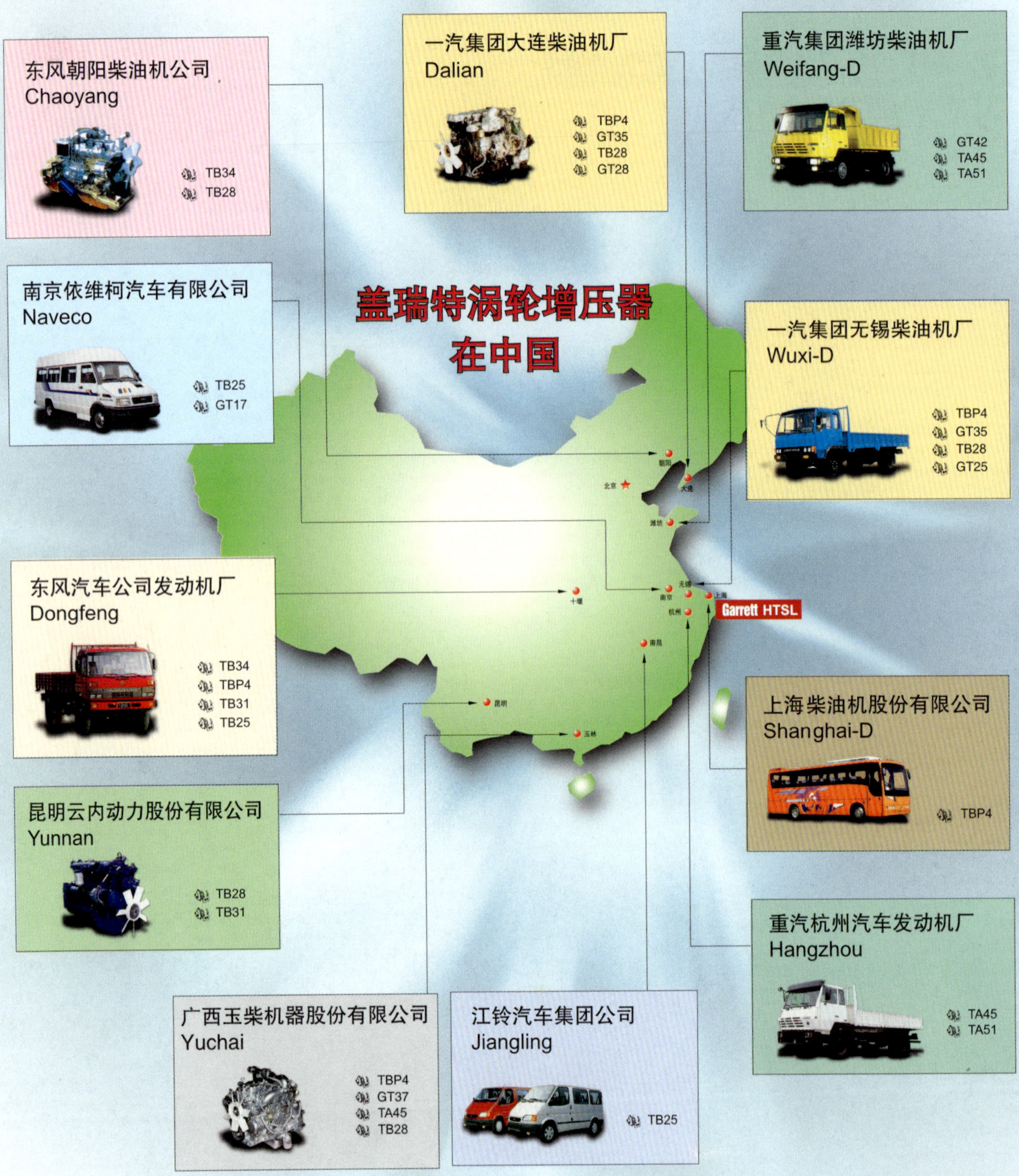

中国汽车工程学会 2003 学术年会

SAE-China 2003 Congress

论文集

PROCEEDINGS

中国汽车工程学会编

2003 年 10 月 • 北京

Beijing, China • Oct., 2003

机械工业出版社

京西工商广临字200309107号

论文集共收录论文近300篇，内容涉及先进汽车设计、制造及新材料技术、先进汽车动力与环保技术、现代车用柴油机技术、先进汽车电子与试验等技术领域，比较全面地代表了我国汽车工程界的研究水平和工作业绩，具有一定的参考价值。

图书在版编目（CIP）数据

中国汽车工程学会2003学术年会论文集/中国汽车工程学会编．—北京：机械工业出版社，2003.10

ISBN 7-111-01393-X

Ⅰ.中…　Ⅱ.中…　Ⅲ.汽车工程—学术会议—文集　Ⅳ.U46-53

中国版本图书馆CIP数据核字（2003）第088521号

机械工业出版社（北京市百万庄大街22号　邮政编码100037）

责任编辑：刘　涛　沈　红　版式设计：葛松林　责任校对：陆丽俐

封面设计：彭　伟　　　　　责任印制：施　红

三河市宏达印刷有限公司印刷

2003年10月第1版·第1次印刷

890mm×1240mm 1/16·73.5印张·8插页·2512千字

0001—800册

定价：160.00元

凡购本书，如有缺页、倒页、脱页，由本社发行部调换

本社购书热线电话（010）68993821、88379646

封面无防伪标均为盗版

中国汽车工程学会 2003 学术年会

论文集编辑及评审委员会

协办单位

大众汽车（中国）投资有限公司 / VOLKSWAGEN Group China

PSA 标致－雪铁龙汽车集团 / PSA Peugeot Citroen

丰田汽车公司 / Toyota Motor Corporation

通用汽车公司 / General Motors

康明斯公司 / Cummins Corporation

博世汽车部件（苏州）有限公司

Bosch Automotive Products (Suzhou) Co. Ltd.

霍尼韦尔涡轮增压系统（上海）有限公司

Honeywell Turbocharging Systems (Shanghai) Co., Ltd.

AVL 李斯特内燃机及测试设备 / AVL LIST GMBH

比利时 LMS 国际公司 / LMS International NV

格特拉克 / GETRAG

支持单位

中国科学技术协会

中国机械工业联合会

第一汽车集团公司

东风汽车公司

上海汽车工业（集团）总公司

北京现代汽车有限公司

前　言

汽车的出现和发展，改变了世界的面貌和人类的传统生活方式，汽车产品的发展水平已经成为一个国家社会文明水平、工业化水平和科技水平的重要标志之一，在当代世界经济中具有举足轻重的作用。自1953年以来，中国汽车工业已经走过了五十年的发展历程。2002年产量超过325万辆，名列世界第五汽车生产大国，成为带动国民经济发展的重要支柱产业。

世界汽车技术发展和中国经济持续快速发展给中国汽车工业带来了极大活力和发展机遇。高新技术从未像今天这样被迅速应用于汽车产品开发、试验、制造、销售乃至使用的全过程。实现汽车工业的技术进步，是汽车工程技术人员责无旁贷的历史重任。

中国汽车工业发展五十年来，中国汽车工程学会与广大科技人员为推动汽车工业科技进步做出了不懈的努力。值此中国汽车工程学会成立四十周年之际，广大汽车工程技术人员迎来了“中国汽车工程学会 2003 学术年会”。本届年会《论文集》共收录论文近300篇，内容涉及先进汽车设计、制造及新材料技术、先进汽车动力与环保技术、现代车用柴油机技术、先进汽车电子与试验等技术领域，比较全面地代表了我国汽车工程界的研究水平和工作业绩。

展望未来，中国汽车工程学会一定不负使命，团结努力，与全行业一起，为把我国汽车工业建成“对国民经济增长有突破性重大带动作用的高新技术产业”做出更大的贡献，为实现汽车工业强国这一目标，共创辉煌！

付于武

中国汽车工程学会　秘书长

2003年10月

目 录

一、汽车动力与环保

二、汽车制造与材料

四、汽车安全与试验技术

一、汽车动力与环保

汽车排气系统 CAD/CAE 集成开发的方法探讨

张 杰　金国栋　钟绍华　傅 强
华中科技大学机械学院

[摘要] 本文探讨了一种新颖的汽车排气系统 CAD/CAE 集成开发的思路和方法，此法将传统的经验设计理论与先进的专业软件应用结合起来。首先明确系统的需求和目标，然后建立起排气系统集成开发的环境，运用软件工程的思想进行整体规划和程序开发的模块化，这种设计方法在很大程度上提高了设计精度和功效。文中以消声器为例给出了其设计方法和在软件上实现的流程图。

关键词：排气系统 集成开发 催化转换器 消声器

[Abstract] This paper introduces a new method of integrative development in the CAD/CAE of automobile exhausts system, which combines traditional experience and theory with advanced professional software. First of all , it defines the systematic demand and goal , then sets up the integrative development environment of automobile exhausts system，Afterwards it carries on the overall plan and program modules in the guidance of the thought of software engineering , Finally it gives the flow chart of muffler design on the computer. This kind of method has improved precision and efficiency of designing to a great extent.

Key words：the exhausts system　integrative development　catalytic converter　muffler

1 排气系统开发现状分析

日益严格的排放法规和人类环境意识的增强对汽车节能净化提出了高标准的要求，而排气系统作为现代内燃机动力汽车的一个重要总成，其性能直接决定了发动机排气损失以及污染物和气动噪声的排放量，因此如何对排气系统进行有效的设计分析，如何使其与发动机合理匹配等，就成为现代汽车节能与净化的关键技术之一。

在我国长期以来，汽车排气系统的开发仍然停留在各部件单一设计，依赖简单理论估算、经验设计和大量试验的基础上[1]，这样不仅费时费力，给排气系统结构和性能的进一步优化带来困难；而且，单独对消声器或催化器局部分散设计不能完全反映排气系统的整体耦合特征，难以设计出令人满意的产品。随着计算机软硬件技术以及计算流体力学(CFD)等仿真分析软件的飞速发展，一些商用软件逐渐完善，成为研究设计人员的有效工具。例如通过对催化器和消声器进行数值模拟研究其阻力特性等[2]，这一方面为结构优化提供充分的理论指导，另一方面也大大降低了实际试验的工作量，缩短设计周期，并且可以探索多种可能设计。

然而单一的商用软件往往不能满足复杂系统的整体开发，而需要选择相关软件进行二次开发和科学集成。目前针对整个排气系统进行集成开发研究的还未见报道。为满足排气系统模块供应商产品开发的需要，我们选择了一些有专业特点的设计与分析软件，以数据库管理系统为纽带，以 VC++为开发语言，对这些软件进行了集成和二次开发，初步完成了汽车排气系统 CAD/CAE 软件，使其能在一个用户界面下完成整个排气系统的设计（CAD）与分析（CAE）功能，使传统的经验设计向精确的理论设计过渡，很大程度上提高了设计精度和功效。

2 排气系统 CAD/CAE 系统的任务和功能

2.1 任务要求

汽车排气系统的设计是在给定发动机边界条件、给定底盘布置的几何约束条件，给定国家对排气噪声、污染物限值指标的法规限定，给定主机厂对发动机功率损失等其它约束性要求的条件下，通过 CAD/CAE 设计分析软件对发动机排气系统进行初步设计、性能分析和详细设计，获得与该车型、发动机匹配最佳的排气系统产品。为此，发动机排气系统 CAD/CAE 软件的任务从产品划分来看，主要有三个，即消声器设计分析、催化转换器设计分析和整个排气系统的设计分析，从性能指标的划分来看，主要涉及排放指标、声学性能和发动机输出效率三个方面的协调优化（见图 1）。

2.2 主要功能

排气系统 CAD 主要根据所选定的汽车和发动机来确定排气系统的型式、结构、参数和性能，包括绘制系统总成和零部件三维工程图，将传统的人工设计变为计算机辅助下的半自动设计；排气系统 CAE 主要对已初步设计的排气系统或现有排气系统完成分析计算，包括分析其与发动机匹配时整个系统的性能参数。具体来说排气系统 CAD/CAE 所要完成的功能主要有：

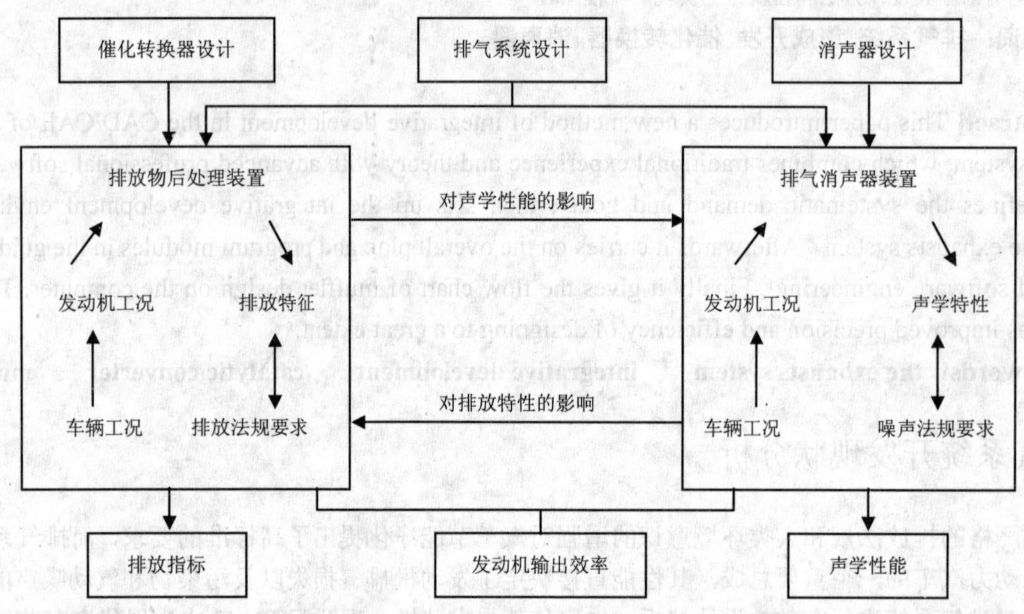

图 1　排气系统设计的任务要求

1）催化转换器初步设计。根据发动机排气流量、排放物浓度和法规要求，初步确定催化转换器的载体类型、体积、形状，转换器结构、尺寸等；

2）消声器初步设计。根据发动机类型、转速、排气压力等特征、法规要求等，初步确定消声器类型、级数、结构、尺寸、吸声材料等；

3）排气系统的初步设计。根据底盘布置要求和排气系统中消声器、催化转换器、排气管系组成等，初步确定管系尺寸和相关装置的位置、连接方式、悬挂方式等；

4）催化转换器性能仿真分析，包括规定工况下污染物比排放率的预测；

5）消声器性能仿真分析，包括在规定转速和负荷下的消声器插入损失、功率损失、发动机排气背压，排气噪声预测等；

6）与发动机耦合的整个排气系统的性能分析；

7）实现催化转换器、消声器以及整个排气系统与发动机的匹配计算；

8）输出排气系统的总图以及催化转换器、消声器的零部件结构图；

9）输出经处理后的排放污染物的参数以及排气噪声、功率损失、插入损失、排气背压等参数。

3 汽车排气系统 CAD/CAE 集成开发环境的建立

3.1 系统的组织结构

为满足排气系统 CAD/CAE 的任务要求，我们可以建立如图 2 所示的系统组织结构图。其中，基础软件层和支撑软件层是外购的用于排气系统设计分析的商用软件，它们是排气系统 CAD/CAE 的基础，为相应的设计、开发、集成、运行与维护提供全面的服务；也为功能应用层提供有力的支持和灵活多样的工具。界面层为用户使用该系统软件提供了一个方便友好的环境。

3.2 系统集成开发环境中的硬软件配置

系统开发所需硬件的选择要参照当前计算机的发展水平、项目开发经费与成本，考虑以后的更新与升级，而且要充分满足它所服务的对象。商用软件平台的选择原则是性/价比的合理性，二次开发的便利性，以及与所集成系统的适用性和一致性等。总之，在选择相关硬软件时应充分发挥现有资源的作用和优势，优化配置整个系统。

3.2.1 硬件配置

PIII600 以上微机；

256M 以上内存；

10G 以上硬盘空间；

WINDOWS2000 及以上操作系统。

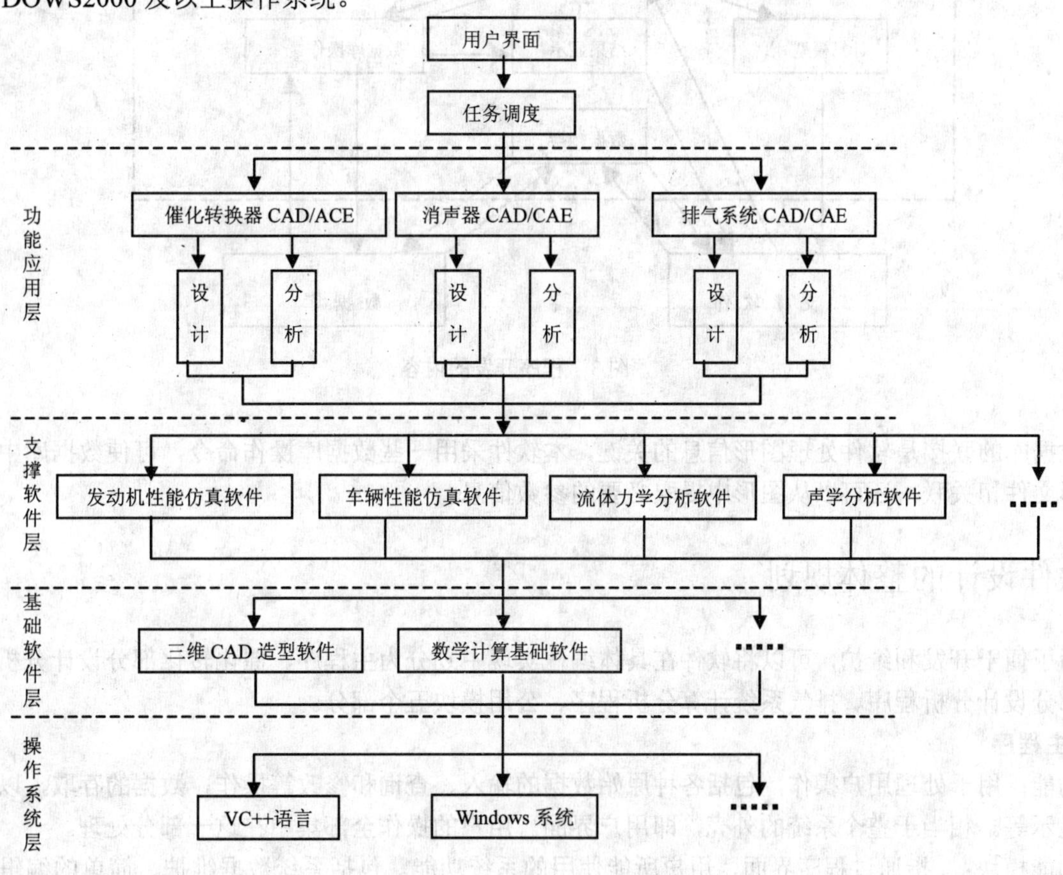

图 2 系统集成开发环境的组织结构

3.2.2 软件配置

集成开发环境中的应用软件主要包括三维 CAD 造型软件（UG-II、Solidworks、Pro-E 等），发动机性能仿真软件（BOOST、HUST-MK14、GT-Power 等），车辆性能仿真软件（Cruise、Advisor 等），CFD 软件（STAR-CD、Fluent 等），声学分析软件（Sysnoise 等），数据可视化分析计算软件（MATLAB 等）。上述软件根据项目需要选定，均在 Windows 操作环境下工作，自编软件部分采用 VC++开发语言[3]。

3.3 程序开发的主要内容

用户界面层和功能应用层是我们要开发的部分，所编写的程序代码要实现图 3 中的虚线部分内容。程序开发主要有三部分内容：用户界面、功能模块和数据接口。用户界面采用 VC++6.0 在 Windows 2K 或

XP 操作系统下开发，因此所开发的应用程序也具有 Windows 操作系统界面风格，采用下拉式功能菜单设计，界面清晰友好。窗口的菜单栏、工具条和视图域等的设置和布局视功能需要而定。它要完成所有的任务调度和功能模块的管理。

功能模块的开发可以采用 VC++，也可采用 MATLAB 等其他的语言编程，它包括排气系统、催化转换器和消声器的设计过程、软件公用模块和计算结果显示等。这些功能模块的数据输入和输出都是基于数据库或者图形库。

数据库既是系统输入数据的来源，又是计算结果的存储目的地。数据库记录着结构、性能参数、功能模块的过程数据和计算结果。采用关系数据库建立整车、发动机、催化转换器和消声器四个数据表，它们相对独立又相互关联，一条完整的数据记录是产生于这些数据表的一个视图。选择中小型的数据库平台，并考虑数据合理而有序的流动，编写数据库操作功能函数来实现各种软件之间数据格式的相互转换。

排气系统的基本三维结构模型和部分设计结果需要用到图形显示，图形库以文件的形式单独存放。与

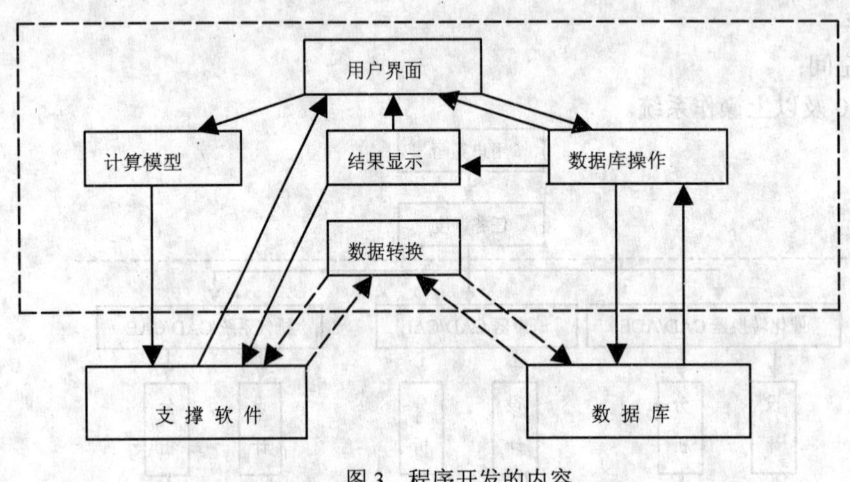

图 3 程序开发的内容

数据库的联接是软件处理图形信息的关键，本软件采用一些数据库操作命令，可使数据库中的某字段与图形文件相关联，还可以从图形中提取必要的参数信息。

4 软件设计的整体规划

为了便于开发和维护，可以将软件在具体编程实现中划分为主程序、催化转化部分设计分析程序、消声器部分设计分析程序、排气系统计算分析程序、公用模块五个部分。

4.1 主程序

功能：用于处理用户操作，包括各种原始数据的输入、查询和修改等操作，数据的存取，以及计算结果的显示等。相当于整个系统的外壳，即用户界面。用户的操作全部集中在这一部分处理。

功能模块： 指通过程序界面，用户所能使用的系统功能。包括系统数据维护、简单的编辑、催化转换器设计、消声器设计、排气系统分析、后处理器（显示/打印结果）、系统设置等。

4.2 催化转换器部分设计分析程序

功能：集中处理催化转换器部分的计算、设计与分析。基本流程为输入/读取数据→计算分析→输出/存储结果。

功能模块：指与催化器相关的各种子模块。包括初步经验设计理论、结构参数的选择、转化效率预测、催化器流动数学模型、压力损失计算等。

4.3 消声器部分设计分析程序

功能：集中处理消声器部分的计算、设计与分析。基本流程为输入/读取数据→计算分析→输出/存储结果。

功能模块：指与消声器相关的各种子模块。包括初步经验设计理论、结构参数的选择、声学性能参数计算、消声器的传递损失、插入损失、压力损失、消声器性能分析等。

4.4 排气系统计算分析程序

功能：整个排气系统的计算、设计与分析。基本流程为输入/读取数据→计算分析→输出/存储结果。

功能模块：指排气系统的各种子模块。包括发动机理论模型、底盘布置参数处理、各部件的耦合、与发动机匹配分析、局部流场分析、车辆排放性能预测等。

4.5 公用模块

本部分用于提供其他各部分都需要用到的一些功能函数，包含以下几种模块：

数据库操作模块

功能：封装数据库的基本操作，为其他各个程序模块提供接口。数据库操作以 Microsoft® Data Access Components(MDAC)为基础，可以适用于各种 Windows 平台的数据库，包括单机和网络。

形式：DLL 动态库文件，供其他程序调用。

界面管理模块

功能：封装界面元素，为其他程序提供接口，主要用于创建各种风格的程序界面。

形式：DLL 动态库文件。

其他公用函数库

功能：封装其他各个模块都需要用到的函数、类以及资源等。

形式：DLL 动态库文件。

5 排气系统设计分析方法示例

下面以排气系统的消声器设计为例来说明其设计方法和在计算机软件系统上的实现流程。

为实现消声器的设计目标，我们采用二步设计法[4]。第一步根据发动机参数、噪声特性、降噪要求和安装空间等限定条件，应用经验知识和声学四端网络理论对消声器的结构型式及主要参数进行初选，形成几种初步的设计方案；第二步用 GT-Power 软件的分析模型对重点设计方案进行详细的计算分析。根据不同情况，详细计算可以对单独的消声器、包括消声器在内的排气系统、包括发动机和消声器在内的发动机排气系统进行，以获得更精确的噪声降低值、流动损失或功率损失。这样从中优选出最合理的方案型式，再对优选的方案进行局部的参数调整，以达到整体优化并完成设计。

5.1 以四端网络法为主的消声器初步设计

声学四端网络模型(又称四极子线路)是建立在声波与电或机械振动相类比而形成的声线路的基础上的一维消声模型,它是用一维平面波的声线路来描述消声器消声单元。将汽车排气系统视为一个整体，并考虑到声管中的声抗可忽略，其等效线路为图 4 所示。

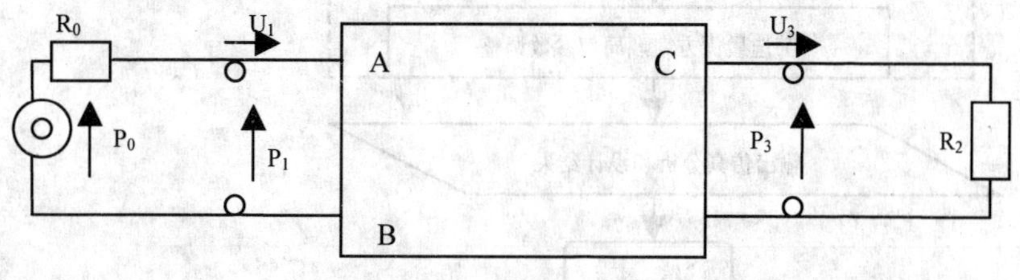

图 4　考虑声源的汽车排气系统

在初步设计过程中，可以先利用一些经验公式来选择消声器的结构形式，确定消声器容积和截面尺寸，估算出各节扩张室长度和扩张比，确定共振室结构参数，初步计算消声量；然后根据图 4 所示的声学四端网络模型对不同结构的抗性消声器之传递损失和插入损失进行预测。

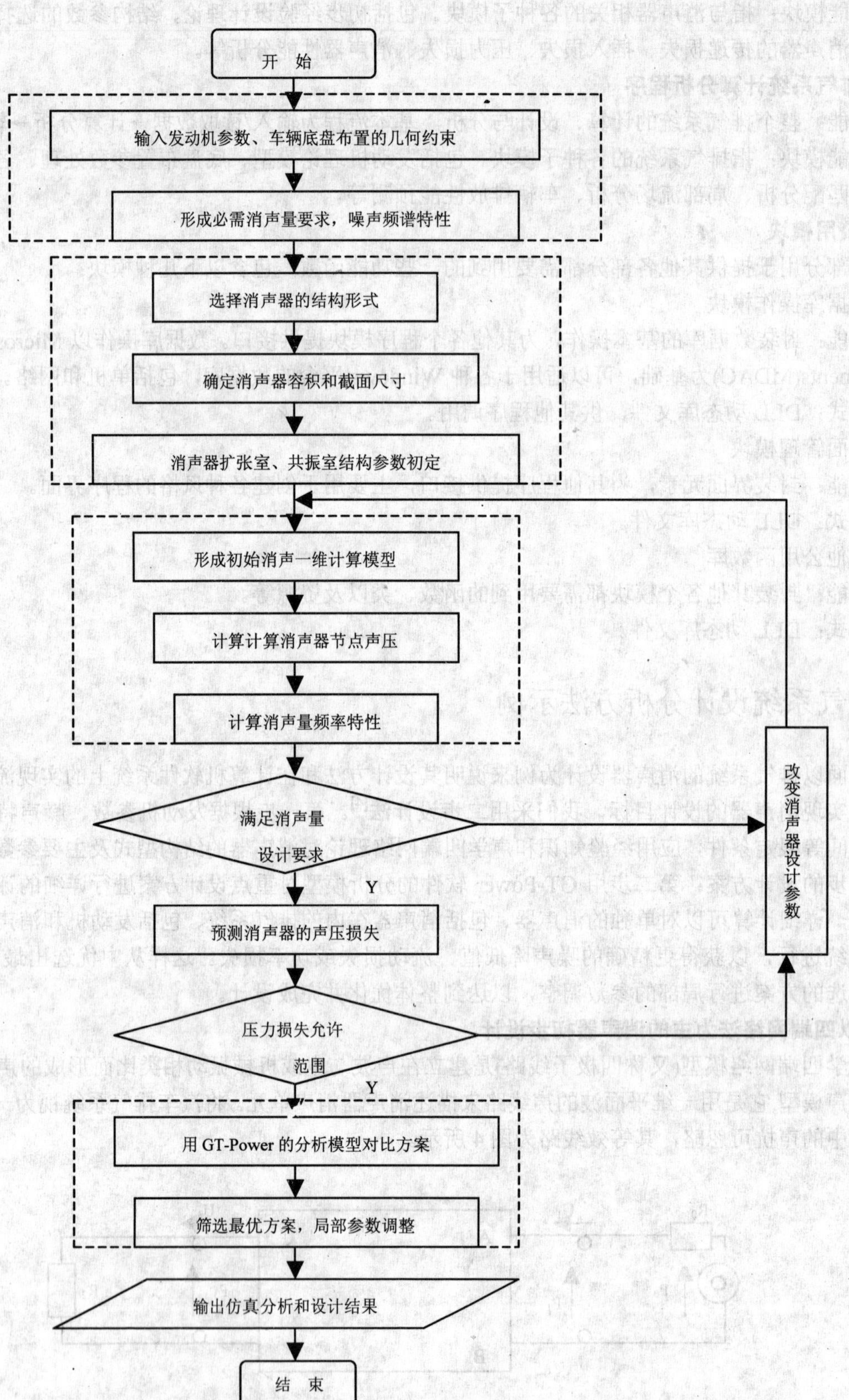

图 5 消声器设计基本流程

5.2 消声器声学性能分析

评价汽车消声器性能的指标一般采用消声量和功率损失。消声量通常使用插入损失和传递损失来衡量。功率损失是指消声器对气流的阻碍作用而造成的发动机功率下降,一般用它作为消声器对内燃机性能影响的指标。功率损失可以由消声器的压力损失来表示[5],消声器压力损失大,则排气背压大,排气过程推出功就大,功率损失也就大。而压力损失计算方便,只要计算消声器入口和出口处的气流压力差,在模型上对消声器前后压力进行输出/打印设置即可。

GT-Power 软件提供了计算这些性能指标的功能模块和方法[6]。这些功能模块主要有:

·AcoustExtMicophone 模块相当于一个外置式麦克风,它能根据声源特性将气流的压力波模拟成声波,此声波还可以通过模块 AcoustToWAVFile 转换成声波文件由媒体播放器播放出真实的声音。

AcoustInsLoss 是插入损失的计算模块，其原理是计算两个外置麦克风之间的声压级之差。由于插入损失与声源特性有关，因此计算时必须要将消声器与发动机相连。

AcoustTransLoss 是传递损失的计算模块,它是采用 Chung 和 Blaser 的理论和方法在四个外置麦克风之间通过自相关和互相关谱得到声功率级之差。

EndFlowSpeaker 用能产生随机白噪声的扬声器作为声源，模拟双话筒随机噪声试验方法, 对消声器结构进行优化和对不同结构的消声器进行对比分析。

5.3 软件设计基本流程图

根据以上设计过程和分析方法，可以绘出其在软件系统中实现的基本流程图，如图 5 所示。需要指出的是，实际开发并非采用顺序工程的方法，而是考虑采用并行工程的思想；另外，局部的计算和分析功能模块需要进一步细化。

6 结论

1）本文以一种新颖的设计思想将传统的经验理论设计和先进的专业软件应用结合起来，集成开发汽车排气系统 CAD/CAE 软件，在很大程度上提高了设计精度和功效，为此类产品的设计开发提供了一条高效、优化、低成本的思路和方法。

2）软件工程和面向对象的思想在本设计过程中得到了很好的体现，先对系统作可行性和需求分析，明确总目标和阶段性目标；然后进行系统设计，设计的流程是构造软件系统的基础；程序开发功能模块化；设计完成进行测试维护；并考虑系统的通用性、移植性和可扩充性等问题。

3）排气系统的设计与其他总成相比较有其自身的特点，主要体现在其理论的复杂性，它涵盖了振动、噪声以及流体力学等多学科领域的内容。GT-Power 是一种优秀的发动机性能模拟与仿真软件，被称为“虚拟发动机”。它丰富的解析机能，准确的物理模型和简单而方便的建模方法，适用于对各种发动机进行性能仿真，也为发动机及零部件的设计者提供了一种很好的 CAE 分析工具。

4）集成设计方法的重点是如何将一些通用软件有效地集成起来完成一个特定总成的设计与分析工作，探讨集成系统的体系结构、功能分解、集成建模方法、集成规划设计和集成系统的调度与控制；系统数据的结构形式，数据合理而有序的流动，以及应用软件之间数据格式的相互转换。

参考文献

1 黎志勤等. 汽车排气系统噪声与消声器设计. 北京:中国环境科学出版社, 1991,12

2 帅石金, 王建昕等. 车用催化器流动阻力的试验与理论研究. 北京：车用发动机, 2001, 2

3 肖民, 张幽彤, 程昌圻. 内燃机进排气系统计算机辅助集成开发. 华东船舶工业学院学报, 2000, 8

4 谢田峰, 金国栋, 钟绍华. GT-Power 在内燃机排气消声器设计中的应用. 重庆：内燃机, 2003, 1

5 Thomas Morel and John Silvestri. Modeling of Engine Exhaust Acoustics. SAE Paper 991665

6 GT-POWER TUTORIAL version 5.2.Gamma Technology. DECEMBER 2001

辅助功率单元(APU)技术系统

程夕明 贾要勤 欧阳明高
清华大学汽车安全与节能国家重点实验室

[摘要] 作者分析了串联混合电动车辆的开／关式和负载跟随式能量管理控制策略，阐述了辅助功率单元（APU）的应用背景、技术构成、发展现状及趋势，着重说明辅助功率单元控制系统的各个工况控制及设计要点。高效率超低排放的发动机发电机一体化技术将是 APU 技术系统的发展方向。

关键词：辅助功率单元 串联混合电动车辆 能量管理控制策略 一体化技术

Technology System of Auxiliary Power Unit

Cheng Ximing, Jia Yaoqin, Ouyang Minggao
Tsinghua University, State Key Laboratory of Automotive Safety and Energy

[Abstract] Energy management control strategies of series hybrid electric vehicle including "On / Off" and "Power Follower" are analyzed. And, application background, technology composing, development status and trends of auxiliary power unit (APU) are described, in which each operation mode and design gist of APU's control system are focused on. In a word, the integration system technology of engine and generator with high efficiency and ultralow emission will be the direction of APU technology.

Key words: auxiliary power unit series hybrid electric vehicle energy management control strategy integration system technology

结论

辅助功率单元（APU）随着串联混合电动车辆的发展得到了更大关注，其性能优劣直接影串联混合电动车辆的燃油经济性和尾气排放。由于串联混合电动车辆适合重型车辆，电控柴油发动机高效率，排放控制好，而且柴油不易挥发，因此电控柴油发动机在 APU 原动机中占主导地位。三相交流无刷励磁同步发电机经济可靠，就当前来说，是适合国情的 APU 发电机选件。与之相比，感应发电机和永磁同步发电机具有电动功能，前者价廉耐用，后者高效，具有竞争优势，对于我国开发利用稀土资源有广阔前景。而且，集成永磁电机的发动机一体化技术将是 APU 的技术发展方向。APU 不仅能够在城市公共交通清洁车辆上发挥重要作用，而且可以运用到军用重型车辆上，提供强大的野外电源，同时能为燃料电池混合电动车辆的未来应用准备技术积累。

注：本文全文刊登在 2003 年《汽车工程》（增刊）上。

汽油车稳态加载工况污染物排放测试软件开发

刘昭度 时开斌 梁鹏霄 马岳峰 颜梦霞 胡剑威

北京理工大学 北京金铠星科技有限公司

[摘要] 北京金铠星科技有限公司和北京理工大学联合开发的“汽油车稳态加载工况污染物排放（BASM）测试软件”完全满足 DB11/122－2000《汽油车稳态加载污染物排放标准》和《汽油车稳态加载工况（BASM）排放检测计算机控制试验规程》的要求。功能齐全完善，测试流程设计完美，界面友好，操作方便，自动测试，性能稳定。受到了用户的赞誉，为北京市大气质量的改善做出了贡献。

关键词：测试软件 汽油车稳态加载工况 计算机控制

[Abstract] The test software of BASM developed by Beijing Jinkaixing Technologies Co., Ltd. and Beijing Institute of Technology meet the requirements of “Emission standard for exhaust pollutants from gasoline vehicle in steady-state loaded mode” and “BASM emission test regulation based on PC control”. Owing to its perfect design and high quality equipment, it has perfect functions and their stabilities, good graphic user interfaces, easy operation, so that it has being acquired recognitions and contributes to the improvement of Beijing air quality.

Key words: test software　BASM　PC control

引言

北京市在全国率先实行了稳态加载工况（BASM）对汽油车进行污染物排放检测。应用此模拟汽车在城市道路上运行工况的检测方法，可较准确地检测汽油车的实际排放状况。该方法实施以来，对控制汽油车排放污染，改善北京市的大气质量具有明显的效果。

北京金铠星科技有限公司致力于大气环境保护，承担了“机动车工况法排放检测”国债项目，和北京理工大学合作，依据 DB11/122－2000《汽油车稳态加载污染物排放标准》和《汽油车稳态加载工况（BASM）排放检测计算机控制试验规程》，开发了汽油车稳态加载工况污染物排放测试软件。该测试软件功能齐全完善，测试流程设计完美，界面友好，操作方便，自动测试，运行平顺，性能稳定，使用的符号和单位规范。

1 BASM 测试软件的功能和特点

1.1 全简体中文界面，微软视窗平台

该测试软件把各硬件设备有机地集成在一起，微软视窗平台，全简体中文界面，包括测试、标定、预检、设置、提示、录入、报表、查询、锁止、打印、通信等各个方面。为保证测试系统的质量，底盘测功机、五气分析仪、转速传感器等直接购自德国著名生产厂家的名牌产品。

1.2 直接进入排放测试软件

主控计算机启动后，不进入 Windows O/S 操作系统，直接进入排放测试软件，方便了操作，避免了可能对 Windows 操作系统的误操作和其它程序的干扰，提高了使用的安全性。每台设备都设置认证编号，由认证单位输入并锁死，保证了排放测试系统使用的合法性。

1.3 界面友好

全屏显示，字样醒目，界面设计给人以动感和舒适感。背景画面以淡黄绿色为主，以体现环境保护。操作指示和 Windows 系统一样，符合操作习惯，图文并茂，形象生动，便于点击。

操作提示语句以宋体为主，字体大小选择以醒目为准，字体颜色为清晰的黑色。设备工作状态提示语句在画面正上方通栏红色显示，可使操作员清楚的看到设备、仪器或测试程序的当前工作状况。误操作提示语句以深蓝色背景出现。参数输入框以淡黄色为背景，以区别于不同的操作方式。测试过程显示参数均以红色凸现，字体粗大，便于操作员观看。鼠标点击框以立体凸现，放在右下角，大小适中，便于操作。

工况测试界面以黑色圆盘占据大部分画面，清晰明目。理论车速及其公差带以白色显现在黑色圆盘里，黑白分明，方便驾驶员操作。

尽可能地采用下拉条的方式。操作员点击下拉条里有关数据源，即可完成该项目的输入或选择。操作简单、方便、准确。

1.4 三级密码设置

测试软件根据访问的权限和使用的要求，设置了三级密码：北京市环保局级、检查站主任级和操作员级，保证了规范操作。

设置了操作人员的姓名和密码输入，限定合法操作员使用，防止他人滥用执法工具。操作员的密码错误输入至多可连续三次，超过三次，系统锁止。

设置了设备的操作密码输入。只有键入本台设备的专用操作密码，系统才允许进入主操作菜单。设备操作密码的错误输入至多可连续三次。超过三次，系统锁止。

对于可更改参数表，北京市环保局和检查站主任都可访问，但访问的对象不同。输入北京市环保局密码后，可更改参数表全部显示，有权修改所有参数。输入检查站主任密码后，只有有权修改的参数框显现。

统计报表和日常运行日志具有密码保护，有关人员才可进入查看。

1.5 系统锁止和解锁

为保证排放检测的有效性，当计算机时钟被调校，设备在预热中，设备的标定超出有效期，设备没有通过标定，设备没有通过自检，检测站认证不合格时，检测系统锁止，不允许进入排放检测程序。发生锁止情况不同，锁止方式不同，解锁方式也不同。

1.6 安全操作保证

排放测试时，一定要保证底盘测功机的举升器处于落下状态时，才能在转鼓上运行车辆。否则，有可能造成人员伤害、设备和车辆的损坏。为此设置了当被检车辆驶上底盘测功机后，只有点击【落下举升器】按钮，程序才能往下运行的功能。

当转鼓速度不为零时，为防止误点击【升起举升器】按钮，软件设置了【升起举升器】按钮失效功能。既使点击该按钮，举升器仍处于落下状态。

软件具有一系列的安全操作提示。对于关键操作步骤，若操作不规范，不能进行下一步操作。

1.7 详尽的提示和帮助功能

设置了详尽的误操作提示语句。任何操作只要有误，均出现清晰明目的提示框，指示操作人员应该怎样正确操作，然后自动恢复到误操作前的状态，以重新操作，方便了操作人员使用，提高了检测效率。

在操作程序中，有许多车辆预检和车辆信息录入项目，为做到不漏检漏录，除显示提示语句外，还采用字体变色办法，检查或录入过的项目字体颜色改变反差很大，操作员很容易进行补检或补录。

设置了启动车辆散热器冷却风机提示语句，以保证环境温度较高时正常进行测试。

设置了“帮助文件”，给操作人员以明确和详尽的操作步骤和故障诊断等方面的提示，图文并茂。操作人员在必要时可清楚的了解操作步骤、故障原因及其排除方法。

设置了设备、仪器、检测程序和被检车辆工作状态的实时提示，操作员可实时了解它们的工作状态。一旦哪方面出了问题，便于及时采取相应的处理措施。

1.8 可更改参数表、数据域摘要和检测顺序号设置

可更改参数表分成“可更改参数”、“系统设定值类型”和“密级”三类。有关人员可访问和修改可更改参数。“数据域摘要与格式”分成“系统管理功能”、“日常摘要记录”和“每次试验参数” 三类，数据记录规范，符合规定要求。

检测顺序号自动累加，每检测一辆车，顺序号自动加 1，每年清零 1 次。

1.9 联网数据库和单机数据库

本软件具有联网数据库和单机数据库双重功能。

使用网络功能可以同车辆信息公共数据库（VID）连接，使用 VID 中的车辆信息，以保证操作员正确操作和提高检测效率，便于车辆管理机构对检测工作和车辆排放状况的管理。

考虑到网络故障和某些汽车排放检测部门目前尚不具备网络化管理的情况，本软件具有单机数据库使用功能，把被检测车辆的信息和检测结果都存储在本地计算机上。

联网使用或单机使用可在“设备设置”界面里选择。

数据库结构根据环保局的统一规定设计。检测数据可按照车主信息/车辆信息/检测结果/检测顺序号查询。

具有本机数据库的信息 7 次备份功能。以防止由于对数据库的误操作造成数据的丢失。备份超过 7 次，自动覆盖第一次的备份内容。可根据检测站的使用要求增加备份次数。

测试数据可 A 盘和活动硬盘保存。

日常运行日志的内容包括被试车辆信息，检测过程参数，寄生功率检测参数，加载滑行检测参数等，便于对检测过程监控。

车辆信息录入时，以车牌号为关键字对数据库查询，查询到的信息自动填写到车辆信息表中，提高了检测效率。调出被试车辆信息后，有些数据需要更新，如里程表读数、车辆所有权的变更等，可在车辆信息表中直接更改。

被试车辆信息自动添加到数据库中。

可按年、月和日查看和打印检测统计报表。

具有实时时钟和日历。每次与中央数据库通信时，保持测试系统的时间和日期与中央数据库一致，避免人为修改检测时间和日期的行为。

1.10 车辆车牌号灵活输入

对于还没上牌照的车辆，“车辆车牌号”输入一栏输入“新车”即可。在检测报告里，车辆牌照号一栏打印出“新车”字样。车牌号输入不受位数/阿拉伯数字/英文字母大小写/汉字的限制。

1.11 设备和仪器自检

在进行测试之前，先对底盘测功机、分析仪、网络服务器进行自检，确保它们都已经接通了电源和气源、已和本控制软件连接妥当、已可正常工作。

一旦某一设备不在正常工作状态，软件立即弹出提示框，提示操作员对该设备进行相应的检查，及时采取维护措施，直到该设备或仪器能正常工作后，程序才能继续运行。

1.12 设备标定

具有设备和仪器标定时间的提示功能，以对底盘测功机、分析仪等设备定期标定，保证测试的有效性和测试数据的准确性。对每一设备设置了具体的标定限定时间，并将其标定时间写入注册表。每次启动操作程序，软件会自动检查其标定时间是否超过期限，若任一设备标定的限时过期，程序不能继续运行。每一设备的标定限期，用户是不可变动的。

底盘测功机压力计标定、转速传感器标定、加载滑行测试、寄生功率测试、变载荷测试、分析仪标定所需的装置、标定步骤、标定方法、标定判据齐全，程序化操作，简便易行。

1.13 检测过程实时监控

在检测过程中，对通信、发动机转速、尾气稀释、低流量、车速和底盘测功机加载实时监控。

通信状况监控的目的是：保证数据正常传输，测试数据有效，提高检查效率。一旦通信失常，测试中止。发动机转速监控的目的是：选用合适档位，使发动机转速落在要求的范围内，保证测试数据的可比性和可信性。若发动机转速超差，则检测报告结果显示为“不合格”。尾气稀释状况监控的目的是：防止采样探头未插入排气管就进行排放检测的误操作，若尾气稀释超过范围，测试工况重新置零。若一直如此，检测报告不打印排放数据，本次测试无效，保证测试的公正性。低流量监控的目的是：采样探头及管路和滤清器污染使采样流量偏低，引起测试数据不准确。若为低流量，排放测试中止。车速和载荷监控的目的是保证测试的准确性。一旦车速或载荷超差，测试工况重新置零。若一直如此，检测报告不打印排放数据，本次测试无效，保证测试的公正性。

当通信错误或发动机转速、尾气稀释、低流量、车速和载荷之一超差时，工况测试界面连续闪现警告提示，提示操作员及时检查和纠正。

1.14 发动机转速信号预判断

为判断测取的发动机转速信号是否正确，设置了发动机怠速转速信号正确与否判断界面。若发动机的怠速转速不在正常范围内，改正发动机转速信号测取选项即可使信号测取正确。

1.15 智能气象传感器

使用智能气象传感器，实时测试环境温度，大气压力和相对湿度，保证湿度修正系数计算的准确性，避免了人为输入错误，减少了操作步骤。

建立了饱和蒸气压与环境温度的拟合公式，通过测取的温度数值自动计算饱和蒸气压，进而计算湿度修正系数。

1.16 双燃料汽车快速检测

双燃料汽车要分别进行两种燃料的检测，同时又要求只有一个检测顺序号，两种燃料的检测报告分别打印。

通过合理的检测流程设计，使得双燃料汽车在两种燃料排放检测之间，不需要进行举升器的升降操作，车辆无需退出后再进入底盘测功机，不再进行测试前的安全操作检查、车辆状况检测和车辆信息录入，节省了检测时间，实现了快速检测。

1.17 测试过程参数实时记录、显示、存储和排放状况自动判定

测试过程中，实时记录的参数有：车速、发动机转速、加载功率、各污染物数据和稀释修正系数、湿度修正系数、工况检测起止时间等。实时显示的参数有：车速、发动机转速。测试终止时，显示的参数有：车速、发动机转速、排放结果数据和判定结果。

被检车辆的信息及其测试结果自动存储到三个文件中：检测报告文件，打印输出三份，分别提供给用户、检测站留存和上交给车检管理部门；检测统计报表文件，供查询和管理用；日常运行日志文件，供排放质量监督用。

依据被试车辆的最大总质量、基准质量、领取牌照日期、车辆类型、供油方式、有无绿标等要素，自动进行排放限值查询和排放结果判定。

1.18 反吹时间自动设定

为保证上一辆车的排放污染物不对下一辆车造成影响，在两次试验间，自动启动五气仪的反吹功能，连续清洗采样管路。

通常情况下，反吹时间自动设定为 30s，足以保证上一辆车的排放污染物可反吹干净。但在雨雪天气、湿度较大的天气情况下，采样管路中积水很多，或当滤清器和采样管路污染较多时，气流量偏低，这些情况下若反吹时间为 30s，不能保证采样管路清洗干净，应适当延长反吹时间。具备反吹时间自动设定功能，可根据具体情况，灵活设置反吹时间，保证采样管路能清洗干净。

1.19 排放测试过程提前结束自动判定

在测试的 10s 期间，若工况测试同时满足下述条件：连续 10s 的平均排放结果低于标准限值，第 10 秒的车速比第 1 秒的车速低 0.8km/h 以内，发动机转速、车速和加载载荷不超差；无稀释和低流量报警，可提前结束工况测试，提高了检测效率。

1.20 合理的测试流程设计

对测试流程进行了合理设计。原则是：满足排放测试标准要求；保证测试过程的顺序性和连续性，设备工作的正常性，质量控制的保证性，操作的方便性和安全性，管理的方便性，数据流的合理性，控制信号的传输性；提高检测效率；资源合理配置；其它功能的兼顾性等。

BASM 工况检测过程的逻辑复杂。体现在：

在测试时间控制方面，有车速稳定时间、设备准备时间、数据采集开始计时时刻、各工况排放持续时间、总排放测试时间的限定等要求。

在排放测试结束条件方面，有工况测试提前结束和正常结束条件，是否进行 BASM2540 工况测试条件，测试过程中止和终止条件等。

在排放测试过程监控方面，有设备通信状况监控，稀释监控，车速连续 2s 超差监控，车速累积 5s 超差监控，加载载荷连续 2s 超差监控，加载载荷累积 5s 超差监控，发动机转速监控，样气低流量监控，被试车辆工作状态和运行状况监控，等。

在加载载荷设定方面，有 BASM5024 工况载荷和 BASM2540 工况载荷设定。

被试车辆使用燃料稀释修正系数实时计算，有汽油、压缩天然气、液化石油气、甲醇或乙醇修正系数等。

在排放测试结果计算方面，有有效数据和无效数据。

依据上述流程设计原则和流程控制要求，统筹兼顾，合理设计了 BASM 工况排放检测流程，使得排放检测过程流畅自然，一气呵成。

1.21 预留油箱盖密封性检测接口

设置了油箱盖密封性检测界面。油箱盖密封性检测和 BASM 工况法检测并行设置，互不影响。

1.22 打印

在显示数据的界面设置了屏幕打印按钮，可进行屏幕打印。显示数据界面包括底盘测功机寄生功率测试、加载滑行测试、变载荷测试、压力计标定、转速传感器标定、分析仪标定等界面。

检测报告设计规范，一页打印、满页打印。检测数据和判定结果以表格方式给出，清晰明目。

按照坐标输出打印方式设计，能够在一页中输出完整的报表，适应各种打印机。报表布局合理，栏目完整。

1.23 培训模式

设置培训模式，用于培训实习操作员和排放测试过程的演示。输入特定操作密码，即可进入培训模式。

在培训模式下，本测试系统不与中央数据库连通，被试车辆的信息和检测结果不存入中央数据库/本机数据库/日常运行日志中，打印的是加有“培训”字样的非正式检测报告，且只打印一份。检测报告的其它内容和正式检测报告相同。

1.24 测试过程自动化

本测试系统完全做到排放测试流程顺序化，测试设备质量保证可靠化，测试过程自动化，测试数据和判定结果准确化，操作简便化，车辆检测连续化，设备占有资源优化配置化，车检管理方便化。

1.25 升级和维护方便

测试系统基于模块化结构开发。测功机自检、测功机标定和测试、分析仪自检、分析仪标定、发动机转速计标定、通信、参数设置、密码设置、修正系数计算、系统锁止和解锁、网络数据库、本机数据库、报表、运行日志、打印、培训模式、测试过程及其监控各自独立的成为一个模块，通过逻辑连接成为一个有机的整体，消除了各个功能的相互干扰，各个模块数据共享，使得软件的维护和升级十分方便。例如：标准限值有变动，只修改标准限值模块即可；测试方法改变，只改动工况测试过程模块即可；换用其它分析仪，只改动通信模块即可。改动部分不影响其它成熟部分，使得整体测试软件容易成熟，缩短程序升级时间，软件维护和升级十分方便。

如用户需要，可把几种工况检测软件（BASM、LUG DOWN、VMAS）方便的集成在一起。

2 结论

北京金铠星科技有限公司和北京理工大学联合开发的“汽油车稳态加载工况污染物排放（BASM）测试软件”完全满足北京市地方标准 DB11/122－2000《汽油车稳态加载污染物排放标准》、北京市环保局颁发的《汽油车稳态加载工况（BASM）排放检测计算机控制试验规程》和“简易工况法设备认证技术条件－ASM 检测设备”的要求。测试软件通过了北京市环保局的环保型式认证、质量技术监督局的计量认证和国债项目鉴定，已在检测站使用，受到了用户的赞誉，为北京市大气质量的改善做出了贡献。

参考文献

1 北京市地方标准 DB11/122-2000. 汽油车稳态加载污染物排放标准. 2000

2 北京市环保局. 汽油车稳态加载工况（BASM）排放检测计算机控制试验规程. 2002

3 北京市环保局. 简易工况法设备认证技术条件－ASM 检测设备. 2002

4 EPA USA. Acceleration simulation mode test procedures, emission standards, quality control requirements and equipment specifications. EPA-AA-RSPD-IM-96-2, July, 1996

柴油车加载减速工况烟度排放测试软件开发

刘昭度 齐志权 马岳峰 时开斌 颜梦霞 胡剑威

北京理工大学 北京金铠星科技有限公司

[摘要] 北京金铠星科技有限公司和北京理工大学联合开发的“柴油车加载减速工况烟度排放（LUG DOWN）测试软件”完全满足 DB11/121－2000《柴油车加载减速烟度排放标准》和《柴油车加载减速工况烟度检测计算机控制试验规程》的要求。功能齐全完善，测试流程设计完美，界面友好，操作方便，自动测试，性能稳定。受到了用户的赞誉，为北京市大气质量的改善做出了贡献。

关键词：　测试软件 柴油车 加载减速工况 计算机控制

[Abstract] The test software of LUG DOWN mode developed by Beijing Jinkaixing Technologies Co., Ltd. and Beijing Institute of Technology meet the requirements of DB11/121－2000 “Emission smoke standard for diesel vehicle in lug down test” and “Emission smoke test regulation based on PC control for diesel vehicle in lug down mode”. Owing to its perfect design and high quality equipment, it has perfect functions and their stabilities, good graphic user interfaces, easy operation, so that it has being acquired recognitions and contributes to the improvement of Beijing air quality.

Key words: test software　　diesel vehicle　　lug down mode　　PC control

引言

北京市在全国率先实行了加载减速工况（LUG DOWN）对柴油车进行烟度排放检测，用此方法可较准确地检测柴油车的实际烟度排放状况。该方法实施以来，对控制柴油车的烟度排放污染，改善北京市的大气质量具有明显的效果。

北京金铠星科技有限公司致力于大气环境保护，承担了“机动车工况法排放检测”国债项目，和北京理工大学合作，依据 DB11/121－2000《柴油车加载减速工况烟度排放标准》和《柴油车加载减速工况烟度检测计算机控制试验规程》，开发了柴油车加载减速工况烟度排放测试软件。该测试软件功能齐全完善，测试流程设计完美，界面友好，操作方便，自动测试，运行平顺，性能稳定，使用的符号和单位规范。

1 LUG DOWN 测试软件的功能和特点

1.1 全简体中文界面，微软视窗平台

该测试软件把各硬件设备有机地集成在一起，微软视窗平台，全简体中文界面，包括测试、标定、预检、设置、提示、录入、报表、查询、锁止、打印、通信等各个方面。为保证测试系统的质量，底盘测功机、不透光烟度计、转速传感器等直接购自德国著名生产厂家的名牌产品。

1.2 直接进入排放测试软件

主控计算机启动后，不进入 Windows O/S 操作系统，直接进入排放测试软件，方便了操作，避免了可能对 Windows 操作系统的误操作和其它程序的干扰，提高了使用的安全性。每台设备都设置认证编号，由认证单位输入并锁死，保证了排放测试系统使用的合法性。

1.3 界面友好

全屏显示，字样醒目，界面设计给人以动感和舒适感。背景画面以淡黄绿色为主，以体现环境保护特点。操作指示和 Windows 系统一样，符合操作习惯，图文并茂，形象生动，便于点击。

操作提示语句以宋体为主，字体大小选择以醒目为准，字体颜色为清晰的黑色。设备工作状态提示语句在画面正上方通栏红色显示，可使操作员清楚的看到设备、仪器或测试程序的当前工作状态况。误操作提示语句以深蓝色背景出现。参数输入框以淡黄色为背景，以区别于不同的操作方式。测试过程显示参数均以红色凸现，字体粗大，便于操作员观看。鼠标点击框以立体凸现，放在右下角，大小适中，便于操作。

计算 VelMaxHp 和三点烟度测试界面以黑色圆盘占据大部分淡绿色背景画面，。功率扫描界面中两个白色的坐标图在淡绿色的背景下分别显示出红色的功率和烟度曲线，清晰明目，方便操作。

尽可能地采用下拉条的方式。操作员点击下拉条里有关数据源，即可完成该项目的输入或选择。操作简单、方便、准确。

1.4 三级密码设置

测试软件根据访问的权限和使用的要求，设置了三级密码：北京市环保局级、检查站主任级和操作员级，保证了规范操作。

设置了操作人员的姓名和密码输入，限定合法操作员使用，防止他人滥用执法工具。密码的错误输入至多可连续三次，超过三次，系统锁止。

设置了设备的操作密码输入。只有键入本台设备的专用操作密码，系统才允许进入主操作菜单。密码的错误输入至多可连续三次。超过三次，系统锁止。

对于可更改参数表，北京市环保局和检查站主任都可访问，但访问的对象不同。输入北京市环保局密码后，可更改参数表全部显示，有权修改所有参数。输入检查站主任密码后，只有有权修改的参数框显现。

统计报表和日常运行日志具有密码保护，有关人员才可进入查看。

1.5 系统锁止和解锁

为保证排放检测的有效性，当计算机时钟被调校，设备在预热中，设备的标定超出有效期，设备没有通过标定，设备没有通过自检，检测场地环境温度过高，检测站认证不合格时，检测系统锁止，不允许进入排放检测程序。发生锁止情况不同，锁止方式不同，解锁方式也不同。

1.6 安全操作保证

排放测试时，一定要保证底盘测功机的举升器处于落下状态时，才能在转鼓上运行车辆。否则，有可能造成人员伤害、设备和车辆的损坏。为此设置了当被检车辆驶上底盘测功机后，只有点击【落下举升器】按钮，程序才能往下运行的功能。

当转鼓速度不为零时，为防止误点击【升起举升器】按钮，软件设置了【升起举升器】按钮失效功能。既使点击该按钮，举升器仍处于落下状态。

软件具有一系列的安全操作提示。对于关键操作步骤，若操作不规范，不能进行下一步操作。

1.7 详尽的提示和帮助功能

设置了详尽的误操作提示语句。任何操作只要有误，均出现清晰明目的提示框，指示操作人员应该怎样正确操作，然后自动恢复到误操作前的状态，以重新操作，方便了操作人员使用，提高了检测效率。

在操作程序中，有许多车辆预检和车辆信息录入项目，为做到不漏检漏录，除显示提示语句外，还采用字体变色办法，检查或录入过的项目字体颜色改变反差很大，操作员很容易进行补检或补录。

设置了启动车辆散热器冷却风机提示语句，以保证测试时发动机能正常工作。

设置了“帮助文件”，给操作人员以明确和详尽的操作步骤和故障诊断等方面的提示，图文并茂。操作人员在必要时可清楚的了解操作步骤、故障原因及其排除方法。

设置了设备、仪器、检测程序和被检车辆工作状态的实时提示，操作员可实时了解它们的工作状态。一旦哪方面出了问题，便于及时采取相应的处理措施。

1.8 可更改参数表、数据域摘要和检测顺序号设置

可更改参数表分成“可更改参数”、“系统设定值类型”和“密级”三类。有关人员可访问和修改可更改参数。

“数据域摘要与格式”分成“系统管理功能”、“日常摘要记录”和“每次试验参数” 三类，数据记录规范，符合规定要求。

检测顺序号自动累加，每检测一辆车，顺序号自动加 1，每年清零 1 次。

1.9 联网数据库和单机数据库

本软件具有联网数据库和单机数据库双重功能。

使用网络功能可以同车辆信息公共数据库（VID）连接，使用 VID 中的车辆信息，以保证操作员正确操作和提高检测效率，便于车辆管理机构对检测工作和车辆排放状况的管理。

考虑到网络故障和某些汽车排放检测部门目前尚不具备网络化管理的情况，本软件具有单机数据库使用功能，把被检测车辆的信息和检测结果都存储在本地计算机上。

联网使用或单机使用可在“设备设置”界面里选择。

数据库结构根据环保局的统一规定设计。检测数据可按照车主信息/车辆信息/检测结果/检测顺序号查询。

具有本机数据库的信息 7 次备份功能。以防止由于对数据库的误操作造成数据的丢失。备份超过 7 次，自动覆盖第一次的备份内容。可根据检测站的使用要求增加备份次数。

测试数据可 A 盘和活动硬盘保存。

日常运行日志的内容包括被试车辆信息，检测过程参数，寄生功率检测参数，加载滑行检测参数等，便于对检测过程监控。

车辆信息录入时，以车牌号为关键字对数据库查询，查询到的信息自动填写到车辆信息表中，提高了检测效率。调出被试车辆信息后，有些数据需要更新，如里程表读数、车辆所有权的变更等，可在车辆信息表中直接更改。

被试车辆信息自动添加到数据库中。

可按年、月和日查看和打印检测统计报表。

具有实时时钟和日历。每次与中央数据库通信时，保持测试系统的时间和日期与中央数据库一致，避免人为修改检测时间和日期的行为。

1.10 车辆车牌号灵活输入

对于还没上牌照的车辆，“车辆车牌号”输入一栏输入“新车”即可。在检测报告里，车辆牌照号一栏打印出“新车”字样。车牌号输入不受位数/阿拉伯数字/英文字母大小写/汉字的限制。

1.11 设备和仪器自检

在进行测试之前，先对底盘测功机、烟度计、网络服务器进行自检，确保它们都已经接通了电源和气源、已和本控制软件连接妥当、已可正常工作。

一旦某一设备不在正常工作状态，软件立即弹出提示框，提示操作员对该设备进行相应地检查，及时采取维护措施，直到该设备或仪器能正常工作后，程序才能继续运行。

1.12 设备标定

具有设备和仪器标定时间的提示功能，以对底盘测功机、烟度计等设备定期标定，保证测试的有效性和测试数据的准确性。对每一设备设置了具体的标定限定时间，并将其标定时间写入注册表。每次启动操作程序，软件会自动检查其标定时间是否超过期限，若任一设备标定的限时过期，程序不能继续运行。每一设备的标定限期，用户是不可变动的。

底盘测功机压力计标定、转速传感器标定、加载滑行测试、寄生功率测试、变载荷测试、烟度计标定所需的装置、标定步骤、标定方法、标定判据齐全，程序化操作，简便易行。

1.13 检测过程实时监控

在检测过程中，对通信、发动机转速、所需最小功率和转鼓表面切向力实时监控。

通信状况监控的目的是：保证数据正常传输，测试数据有效，提高检查效率。一旦通信失常，测试中止。发动机转速监控的目的是：在最大功率点使发动机额定转速落在要求的范围内，保证发动机状况调整良好。若发动机转速超差，则检测报告结果显示为“不合格”。所需最小功率监控的目的是：保证发动机、传动系和制动器工作状态调整良好，加速踏板踩到底。转鼓表面切向力监控的目的是：保证安全测试，一旦表面切向力，迅速减少 PAU 励磁电流。

当通信错误或发动机转速、表面切向力和所需最小功率之一超差时，测试界面连续闪现警告提示。

1.14 发动机转速信号预判断

为判断测取的发动机转速信号是否正确，设置了发动机怠速转速信号正确与否判断界面。若发动机的怠速转速不在正常范围内，需调整发动机转速计的安装。

1.15 与车速成线性关系的小负荷轮边功率设定功能

可方便做到小负荷轮边功率设定与车速成线性关系，据此可作为获得计算 VelMaxHp 的依据。在设定的小负荷轮边功率情况下，车速可快速增加，直至轮边功率和设定值相等并迅速稳定。

小负荷轮边功率设定值范围为 0～10kW。考虑到柴油车额定功率广泛的覆盖范围，设置了功率值设定输入框，以适应大、中、小型的柴油车的需要，方便用户选用。小负荷轮边功率值设定缺省值为：在 70km/h 车速时，设定值为 10 kW，方便用户操作，提高检测效率。

1.16 实测最大轮边功率和真实 VelMaxHp 预判断

功率扫描过程中获得最大轮边功率和真实 VelMaxHp 后，立即分别和所需最小功率和发动机额定转速相比较。若实测最大轮边功率与所需最小功率相差±5%以上或真实 VelMaxHp 与发动机额定转速相差±5%以上，给出本次测试无效的提示，以保证烟度排放的正确测试。

1.17 底盘测功机是否能满足车辆测试的判定

在对 PAU 加载之前，根据输入的发动机额定转速和额定功率，自动计算转鼓表面可能承受的最大切向力和 PAU 需提供的最大功率容量，和底盘测功机 5min 的最大吸收功率相比较，以判定底盘测功机能否满足车辆测试要求，保障底盘测功机的安全使用和正常的烟度测试。

1.18 功率快速扫描

在轮边功率扫描过程中，发动机处于全负荷状态。若此过程持续时间较长，被试车辆会产生剧烈颠簸，妨碍安全测试。同时发动机迅速过热，冷却液溢出，影响发动机使用寿命。因此加快功率扫描速度，迅速测定最大轮边功率和相应的发动机转速至为重要。

通过不同控制方式和调节参数的优化组合应用，实现功率快速扫描，做到车辆和发动机平稳工作。轮边功率的快速扫描不会造成最大轮边功率和相应的发动机转速测定的误差。

在轮边功率扫描过程中，同时实时显示轮边功率－车速曲线和排放烟度－发动机转速曲线。操作员据此可清楚了解功率扫描过程和烟度排放情况。纪录真实 VelMaxHp 和真实 MaxHp。

设置了扫描结束时转鼓速度与实际 VelMaxHp 比值的输入框，以利于对车辆进行缺陷判断。操作员不进行此项操作时，缺省值是 20%。

1.19 快速烟度排放测试

在保证烟度排放测试数据可靠的情况下，快速烟度排放测试应用的措施有：功率扫描过程和烟度排放测试过程实现无缝连接；功率扫描结束后，自动控制使之迅速加速到实际 VelMaxHp 并迅速稳定；充分利用底盘测功机的强大速度调节及其稳定功能；合理设计转鼓速度调节步长和速率，满足转鼓速度变化率不超过 2km/h/s 的要求；合理设计转鼓速度稳定时间；有效地控制了测试过程中车辆的剧烈振动和颠簸，使车辆运转平稳，采集数据有效，避免重复测试；在 VelMaxHp、90%VelMaxHp 和 80%VelMaxHp 测试之间实现无缝连接；三点烟度排放测试不进行界面切换；应用自由减速模式和底盘测功机速度控制模式使 PAU 和车辆快速卸载。

1.20 试过程参数实时记录、显示、存储和排放状况自动判定

测试过程中，实时记录的参数有：车速、真实 VelMaxHp、最大轮边功率、三点烟度排放数据、功率修正系数、转鼓速度与真实 VelMaxHp 的比值、工况检测起止时间等。实时显示的参数有：车速、发动机转速、最大轮边功率。测试终止时显示的参数有：车速、真实 VelMaxHp、修正的最大轮边功率、排放结果数据和判定结果。

被检车辆的信息及其测试结果自动存储到三个文件中：检测报告文件，检测统计报表文件，日常运行日志文件。

自动进行排放限值查询和排放结果判定。只当三点烟度检测都合格、真实 VelMaxHp 和修正的最大轮边功率不超差，烟度排放检测才合格。两种烟度示值。

1.21 合理的测试流程设计

对测试流程进行了合理设计。原则是：满足排放测试标准要求；保证测试过程的顺序性和连续性，设备工作的正常性，质量控制的保证性，操作的方便性和安全性，管理的方便性，数据流的合理性，控制信号的传输性；提高检测效率；资源合理配置；其它功能的兼顾性等。

依据上述流程设计原则，统筹兼顾，合理设计了 LUG DOWN 烟度排放检测流程，使得排放检测过程流畅自然，一气呵成。

1.22 自由加速烟度检测

对于不适于加载减速工况烟度排放检测的柴油车辆，可进行自由加速烟度排放检测。

1.23 打印

在显示数据的界面设置了屏幕打印按钮，可进行屏幕打印。显示数据界面包括底盘测功机寄生功率测试、加载滑行测试、变载荷测试、压力计标定、转速传感器标定、烟度计标定等界面。

检测报告设计规范，一页打印、满页打印。检测数据和判定结果以表格方式给出，清晰明目。

按照坐标输出打印方式设计，能够在一页中输出完整的报表，适应各种打印机。报表布局合理，栏目完整。

1.24 具有培训模式

设置培训模式，用于培训实习操作员和排放测试过程的演示。输入特定的操作密码，即可进入培训模式。

在培训模式下，本测试系统不与中央数据库连通，被试车辆的信息和检测结果不存入中央数据库/本机数据库/日常运行日志中，打印的是加有“培训”字样的非正式检测报告，且只打印一份。检测报告的其它内容和正式检测报告相同。

1.25 测试过程自动化

本测试系统完全做到排放测试流程顺序化，测试设备质量保证可靠化，测试过程自动化，测试数据和判定结果准确化，操作简便化，车辆检测连续化，设备占有资源优化配置化，车检管理方便化。

1.26 升级和维护方便

测试系统基于模块化结构开发。测功机自检、测功机标定和测试、烟度计自检、烟度计标定、通信、参数设置、密码设置、修正系数计算、系统锁止和解锁、网络数据库、本机数据库、报表、运行日志、打印、培训模式、测试过程及其监控各自独立的成为一个模块，通过逻辑连接成为一个有机的整体，消除了各个功能的相互干扰，各个模块数据共享，使得软件的维护和升级十分方便。例如：标准限值有变动，只修改标准限值模块即可；测试方法改变，只改动工况测试过程模块即可；换用其它烟度计，只改动通信模块即可。改动部分不影响其它成熟部分，使得整体测试软件容易成熟，缩短程序升级时间，软件维护和升级十分方便。

如用户需要，可把几种工况检测软件（ASM、LUG DOWN、VMAS）方便的集成在一起。

2 结论

北京金铠星科技有限公司和北京理工大学联合开发的“柴油车加载减速工况烟度排放（LUG DOWN）测试软件”完全满足北京市地方标准 DB11/121－2000《柴油车加载减速烟度排放标准》、北京市环保局颁发的《柴油车加载减速工况烟度排放检测计算机控制试验规程》和“简易工况法设备认证技术条件—柴油车加载减速烟度排放检测设备”的要求。测试软件通过了北京市环保局的环保型式认证、质量技术监督局的计量认证和国债项目鉴定，已在检测站使用，受到了用户的赞誉，为北京市大气质量的改善做出了贡献。

参考文献

1 北京市地方标准 DB11/121-2000. 柴油车加载减速烟度排放标准. 2000

2 北京市环保局. 柴油车加载减速工况烟度排放检测计算机控制试验规程. 2002

3 北京市环保局. 简易工况法设备认证技术条件－柴油车加载减速烟度排放检测设备. 2002

4 Road Traffic Ordinance, Hong Kong. Code of Practice for Designated Vehicle Emission Testing Centers - Applicable to Testing Diesel Vehicles of Gross Vehicle Weight Up To 5.5 tons. 2000

5 Road Traffic Ordinance, Hong Kong. Code of Practice for Designated Vehicle Emission Testing Centers - Applicable to Testing Diesel Vehicles of Gross Vehicle Weight Over 5.5 tons. 2000

串联混合动力控制策略分析及控制参数优化

曾小华　王庆年　王伟华　初 亮
吉林大学汽车工程学院

[摘要] 混合动力是提高汽车的燃料经济性及降低排放的有效途径，它的布置形式主要有串联式、并联式及混联式。串联式的布置形式在城市客车应用广泛，国外首先是从城市公交车开始进行混合动力技术的研究，其中的控制策略对燃料经济性及降低排放起着重要的作用。本文对串联混合动力汽车的动力分配机制进行的深入的分析，建立了在各种工况下的分配平衡关系，并对建模进行了分析和说明，通过对其中的控制参数的研究和优化仿真得出：不同的串联混合动力的控制策略对燃料经济性的影响的差别，功率跟随式比恒温器式控制策略在改善燃油经济性方面要提高 8.3%。

关键词：混合动力汽车 控制策略 跟随式 恒温器 优化

1 数学建模

串联混合动力汽车功率流模型如图 1 所示，它表示了电机、电池以及发动机之间的功率输入输出关系，串联混合动力汽车的控制策略目的是为了控制它们之间的分配，使汽车不仅能够满足路面的功率要求，而且能够使各功率源之间功率的合理分配。

首先介绍发动机-发电机组，电池和驱动电机三者动力源之间的功率定义：

P_{fc}：发动机-发电机组输出功率。它只能单方向向下传递给驱动系统动力链（简称驱动链）。

P_{mc_in}：电机的输入/输出功率。它是双向的，即可以向后传递，表示驱动功率，符号设定为正。也可以向前传递，表示再生制动情况下驱动电机当作发电机使用时输出的功率，向电池进行充电，符号设定为负。

P_{ess}：电池的充放电功率。它也是双向的，当向功率总线（power bus）放电，然后再与发电机组发出的功率组合在一起对驱动电机进行放电时，符号设定为正。而当它充电时，符号设定为负。在这里称“向下传递”，指从发动机或电池等向驱动车轮传递动力的方向。“向上传递”指动力源从驱动轮向电池动力源传递动力的方向。

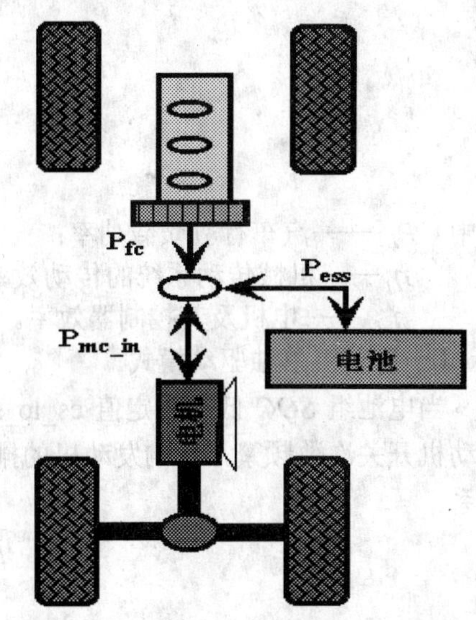

图 1　串联混合动力汽车功率流模型

上面介绍了串联混合动力三种功率的定义，很明显具有以下的等式成立。

$$P_{mc\_in} = P_{fc} + P_{ess} \tag{1}$$

P_{mc_in} 的大小由路面需要的功率决定，在设定的工况下，它是确定的。这样剩下两个变量，P_{ess} 和 P_{fc}，它们之间的分配是串联混合动力控制系统控制策略要研究的主要内容。目前按它们之间分配的控制策略来分，可分为两种基本的控制策略模式：功率跟随式（Power follower）和恒温器式（Thermostat）。功率跟随模式的基本思想为：当电池电量状态（SOC）在[cs_lo_soc，cs_hi_soc]（电池充电量的高低状态设定值）之间时，发动机应在某一设定的范围内输出功率，输出功率不仅要满足车辆驱动要求，还要为电池组充电，该功率称为均衡功率（即对电池进行了补充使电池在最佳 SOC 状态）；而恒温器模式的基本思想为：对发动机油耗进行最优控制，即以最低燃油消耗为目标调节发动机在某一工作点工作，该工作点是整个发动机发电机组最佳效率点，使发动机始终工作于相对低油耗区，由电池作为功率均衡装置来满足具体的汽车行驶功率要求。可见，这两种控制方式各有所侧重，功率跟随模式侧重于控制电池最佳为准，控制电池总处在非常有利的区域内工作，并时刻对电池进行充放电，即让电池时刻处于设定的电量范围附近以浅循环充放电工作，从而保持电池在一定量的荷电状态（SOC 值较高）。所有这些对电池寿命非常有利，这时这种策略发动机在较大的工作范围内进行调节，增加了对发动机系统控制的难度。恒温器模式则侧重于最佳控制发动机为准，它首先固定发动机的最佳工作功率点（并根据该功率点确定所工作的最佳转速和扭矩值），就在那一点上控制发动机工作。这样在实现上会变得很容易，即只要发动机起动，就调节在具体的固定点工作，而不须考虑电池的充放电状态（SOC），但这种策略使电池以较深的充放电进行循环，从而会影响电池的寿命。

根据上述跟随模式与恒温器模式的控制的侧重点不同，它们驱动模式和建模方法将有所不同。

1.1 恒温器式驱动模式分析及建模

恒温器模式由于它控制简单容易实现，从实际角度上更容易采用，它省去对发动机的转速与扭矩的高动态的跟随控制，只要预先调好发动机控制器使其固定在某一点进行工作即可。多余的或不足的功率由电池来补充（或均衡）。它可以分为以下几种工作模式：

(1) 电池单独提供驱动功率模式

当电池的 SOC 大于 cs_hi_soc 时，此刻以后，总由电池来单独驱动汽车，一直到电池的 SOC 小于 cs_lo_soc 为止。

存在如下功率平衡关系：

$$P_{fc}=0$$

$$P_{mc\_in}=\frac{P_L}{\eta_t\cdot\eta_{mc}} \tag{2}$$

$$P_{ess}=P_{mc\_in}$$

式中 P_L ——汽车行驶负载功率；

η_t——机械传动系统的传动效率；

η_{mc} ——电机及其控制器效率。

(2) 发动机单独驱动模式

当电池组 SOC 低于设定值 cs_lo_soc，而发动机以设定节气门开度工作输出功率又有富裕时，为避免发动机开关次数频繁，影响发动机的排放特性，这时富余的功率用来对电池进行充电。存在如下功率平衡关系：

$$P_{fc}=C$$

$$P_{mc\_in}=\frac{P_L}{\eta_t\cdot\eta_{mc}} \tag{3}$$

$$P_{ess}=P_{mc\_in}-P_{fc}=-(C-P_{mc\_in})$$

式中 C——发动机固定功率点，上面已经提到，一般设定在发动机的最大效率处发动机-发电机组输出的功率值。

P_{ess} ——这时为负，表示电池组的充电功率。

(3) 混合驱动模式

当汽车行驶负载功率 P_L 超出了发动机以设定节气门开度的输出功率时，电池参与工作以弥补峰值功率，各动力元件功率间存在如下平衡关系：

$$P_{fc} = C$$

$$P_{mc\_in} = \frac{P_L}{\eta_t \cdot \eta_{mc}} \tag{4}$$

$$P_{ess} = P_{mc\_in} - P_{fc}$$

(4) 再生制动模式

当车辆减速或下坡行驶时，发动机停止工作，发动机离合器分离，电动机工作于再生制动状态，此时系统传送功率存在以下关系：

$$P_{fc} = 0$$

$$P_{mc\_in}' = \alpha P_L / \eta_t \eta_{mc} \tag{5}$$

$$P_{ess}' = -P_{mc\_in}'$$

式中　P_{mc_in}'——电动机工作于发电状态时输出的电功率；

α——车辆再生制动百分比，取值与具体的车辆驱动形式和当前汽车的车速有关。

(5) 混合制动模式

当车辆急减速或急制动时，由于车辆的制动负载功率较大，超出了电动机再生制动功率的上限，为限制电池组输入功率使电池组以浅循环模式工作，这时传统的摩擦制动器参与工作，与电动机再生制动协同提供车辆的制动功率需求，此时系统功率传送存在以下平衡关系：

$$P_{mc\_in}' = P_{REN\max}$$

$$P_{ess}' = -P_{mc\_in}'$$

$$P_{fb} = B_f (P_L - \frac{P_{REN\max}}{\eta_{gb}\eta_{mc}}) \tag{6}$$

$$P_{rb} = P_L - P_{fb} - \frac{P_{REN\max}}{\eta_{gb}\eta_{mc}}$$

式中　P_{fb}——前轮摩擦制动器制动功率；

P_{rb}——后轮摩擦制动器制动功率；

P_{RENmax}—— 电动机最大再生制动功率；

B_f——前轮摩擦力系数。

根据上面的驱动模式的分析，建立它的模型如图 2 所示 (SOC 作为模块输入，要求发动机的转速与扭矩作为输出) 。

上面各部分实现的功能如下：

1）当 SOC 达到低限 cs_lo_soc 时，发动机开。

2）发动机维持开的状态，直到电池 SOC 达到高的限值 cs_hi_soc 时，如果前一状态是开，则达到高限后，关闭发动机。

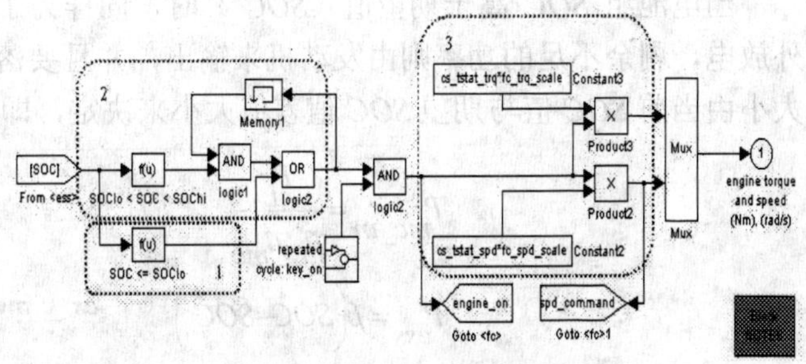

图 2　恒温器模式控制策略实现模块图

3）发动机工作在控制文件预先确定的最佳效率下的转速与扭矩水平处。

1.2 功率跟随式驱动模式分析及建模

在跟随模式控制策略中，要弄清一个重要的概念即发动机的修正功率。它的定义在上述已经说明，即当电池的SOC小于期望的SOC值时，发动机发出的功率除了要满足路面功率需求外，还要预留一部分补充功率来对电池进行充电，而当电池的SOC值大于期望的SOC值时，则让发动机发出的功率小于路面需要的功率，不足的功率由电池来提供，目的是时刻将电池的 SOC 维持在期望值。我们把发动机发出的那部分功率称为修正功率（或补充功率），即发动机输出功率的时候首先要考虑电池的 SOC 情况。这种控制策略在一定程度上能够分别对电池和发动机起到较优控制，比恒温器模式考虑的周全。因为恒温器模式只是在某一极端程度仅仅对发动机实现最佳控制，而没有考虑电池的状态，这样导致电池的充放电效率不高，并对电池寿命不利。跟随模式则可以同时考虑到电池和发动机的状态，其实它还可以控制发动机使其在某一些高效区域内工作。从总的效率来说，跟随式要比恒温器式好（下面将对比该两种控制策略对于同一种配置的串联混合动力汽车控制效果）。

功率跟随模式的驱动模式分析方法及原理与上面介绍的恒温器模式一样。其功率流向完全一样，只是功率平衡式有所不同，现分别说明。

⑴ 电池单独提供驱动功率模式

当根据功率跟随式的控制策略决定发动机被关闭时，则存在如下功率平衡关系（与恒温器式一样）：

$$\begin{aligned} P_{fc} &= 0 \\ P_{mc\_in} &= \frac{P_L}{\eta_t \cdot \eta_{mc}} \\ P_{ess} &= P_{mc\_in} \end{aligned} \tag{7}$$

⑵ 发动机单独驱动模式

当电池组 SOC 低于期望值（SOC^*）时，控制发动机输出的功率不仅要满足路面功率要求，还要对电池进行充电，使电池的电量回到期望值，对电池进行补充充电的功率大小主要由当前 SOC 值与期望 SOC 值差值大小来决定，即存在如下功率平衡关系：

$$\begin{aligned} P_{mc\_in} &= \frac{P_L}{\eta_t \cdot \eta_{mc}} \\ P_{ess} &= -\beta\left(SOC^* - SOC\right) = \beta\left(SOC - SOC^*\right) \qquad cs\_pwr\_\min < P_{fc} < cs\_pwr\_\max \\ P_{fc} &= P_{mc\_in} - P_{ess} \end{aligned} \tag{8}$$

式中 β——表示充/放电功率系数；

SOC^*——表示电池的期望荷电量状态；

$cs\_pwr\_\min$，$cs\_pwr\_\max$ 表示控制发动机工作区间，使发动机整个工作过程都是效率比较高的。

⑶ 混合驱动模式

当电池组 *SOC* 高于期望值（SOC^*）时，同样为了控制电池的电量始终在理想值附近，这时电池要对外放电，剩余不足的功率则由发动机来输出，并且要落在发动机的有效工作范围内。电池对外放电功率的大小由当前 *SOC* 值与期望 *SOC* 值差值大小来决定，即存在如下功率平衡关系：

$$\begin{aligned} P_{mc\_in} &= \frac{P_L}{\eta_t \cdot \eta_{mc}} \\ P_{ess} &= \beta\left(SOC - SOC^*\right) \qquad cs\_pwr\_\min < P_{fc} < cs\_pwr\_\max \\ P_{fc} &= P_{mc\_in} - P_{ess} \end{aligned}$$

即和式（8）完全一样，另外，再生制动模式与混合制动模式分析结果是完全一样的。

通过上面的分析，建立它的模型如图 3 所示：

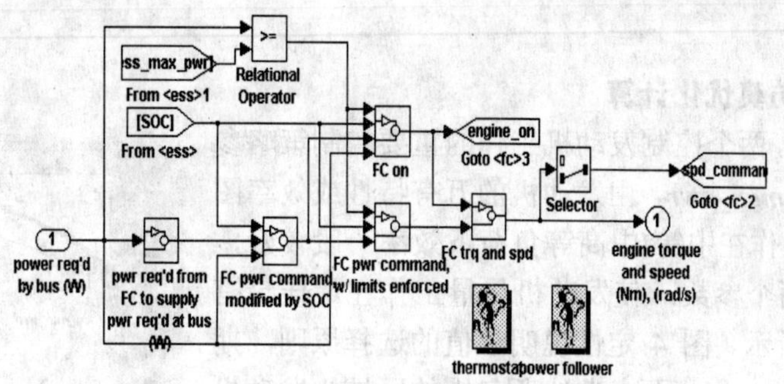

图 3　功率跟随模式控制策略顶层模块实现图

上图包含各个子模块，主要有 FC ON 子模块是控制发动机开/关状态模块。右下两子模块是确定发动机的工作转速与扭矩的控制模块。该模型建立时可以通过对几个变量进行适当设定，构成恒温器模式的控制策略。即设定 $cs\_pwr\_\min = cs\_pwr\_\max$，这样把功率跟随模式控制发动机工作的控制控制线（两条转换成一条）。

2　仿真分析及结论

通过上面的分析及建模，如果选定某一发动机，对于任何一种控制策略都要通过恒功率曲线来确定最佳工作点，而功率曲线的具体确定须通过对控制参数的离散寻优来完成。下面的仿真分析是针对某一串联混合汽车进行的，分析采用该两种控制模式仿真对燃油经济的影响。下表为该仿真车型的参数输入表格。

表 1　模拟计算模型参数一览表

整车参数					
整车质量	2500kg	迎风面积	$2.72\ m^2$		
车轮半径	0.338m	滚阻系数	0.015		
空阻系数	0.90	传动系平均效率	0.85		
动力传动系参数					
主减速器速比		3.84			
变速箱前进档档位及速比		高档	1.0	低档	1.58
发动机参数					
选型		492 汽油机			
最大功率/转速		55kW/3500~4000r/min			
最大扭矩/转速		170Nm/2000~2500r/min			
电动机参数					
选型		PREMAG 公司的 HV1004			
额定功率	100kW	额定转速	1200r/min		
最高转速	4000r/min	平均工作效率	0.934		
铅酸电池模型参数					
标准放电容量	91Ah	标准放电时间	5 小时		
充足电单片电池端电压	2.165V	等效放电内阻	0.001769 Ω		
放电完了电池端电压	1.901V	等效放电内阻	0.00457 Ω		
铅酸电池充电效率	0.87	电池块含单片电池数	6		
选用的铅酸电池数目	20 个电池块				

在没有进行参数寻优的运行中国十五工况循环下燃油经济性为 11.9L/100km（原传统型为 15 L/100km）。

2.1 功率跟随模式的仿真优化计算

在功率跟随模式中，两个控制发动机工作的重要控制策略参数为 *cs_min_pwr* 和 *cs_max_pwr*，由发动机的万有特性或效率图来确定。因为发动机工作在中等/中高等负荷下效率一般较好，因此需要适当设定该两个参数，使发动机尽量工作在最佳最有利的区域内，如图 4 所示。图 4 定性说明该值的选择原则，期望由 *cs_min_pwr* 和 *cs_max_pwr* 两条曲线所包围的区域为发动机的最经济的工作区，在该区域工作燃油（g/kW・h）最省。具体确定须通过寻优方法来进行。

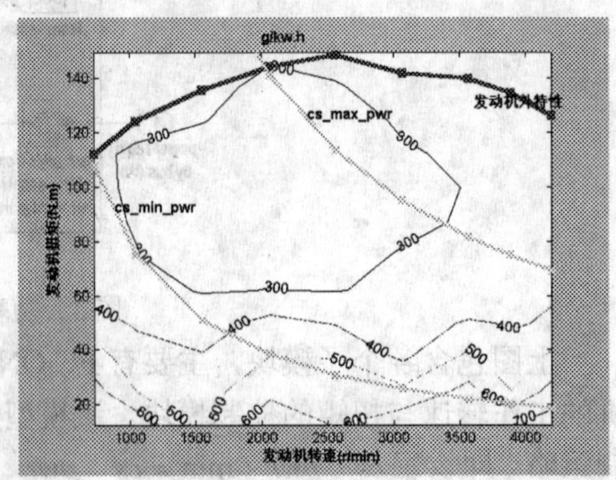

图 4 控制发动机工作在最佳区域的两条等功率曲线

控制参数 *cs_charge_pwr* 是协调发动机与电池之间高效进行工作的重要变量。它让发动机在多数情况下多输出一些功率，不仅能满足路面功率需求，而且还可以用来时刻保持向电池补充一部分能量，使电池维持在荷电量充足状态下。这样可以避免发动机在低负荷的不利条件下工作，另外还使电池总能维持在 cs_hi_soc 和 cs_lo_soc 平衡线附近。所以该值的选择更需要结合发动机及电池两动力源的特性来进行选择，同样需要对它进行寻优确定。

首先，*cs_min_pwr* 和 *cs_max_pwr* 两变量须进行两变量的同时寻优协调，即我们在把发动机工作区域通过这两变量控制分区，共化分了 6×5 个。即 *cs_min_pwr* 从 4kW 到 25kW 均匀平分成 6 等份。而 *cs_max_pwr* 从 20kW 到 50kW 均匀平分成 5 等份，选择中国 15 工况循环连续进行 5 次，图 5 是它进行离散寻优的计算结果。

L/100km		cs_min_pwr -kw					
		4	8.2	12.4	16.6	20.8	25
cs_max_pwr -kw	20	14.4169	12.8502	11.7081	10.6923	11.7140	12.4539
	26	14.4143	12.8043	11.7399	10.6996	12.2625	12.2721
	32	14.4143	12.8043	11.7399	10.6996	12.2625	12.2721
	38	14.4143	12.8043	11.7399	10.6996	12.2625	12.2721
	44	14.4143	12.8043	11.7399	10.6996	12.2625	12.2721
	50	14.4169	12.8502	11.7081	10.6923	11.7140	12.4539

	cs_charge_pwr (kw)						
	3.000	8.333	13.667	19.000	24.333	29.6667	35.000
L/100km	10.7043	10.6960	10.6871	10.6755	10.6699	10.6668	10.7145

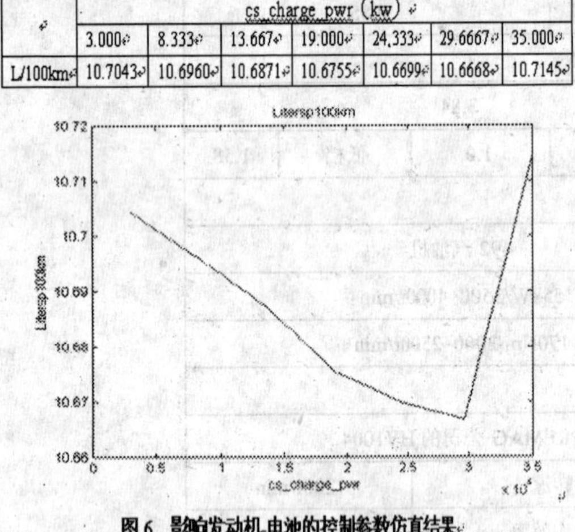

图 6 影响发动机-电池的控制参数仿真结果

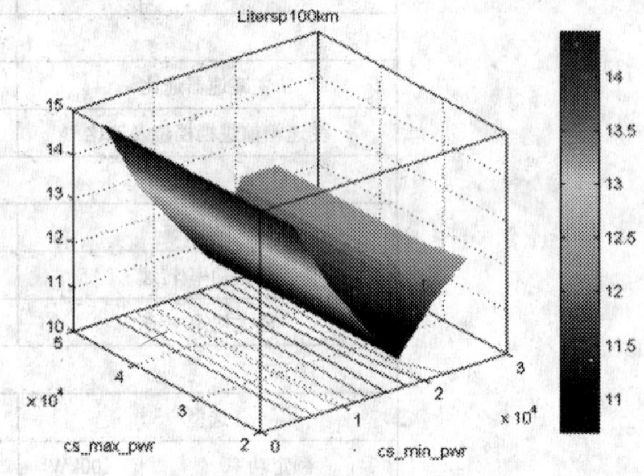

图 5 影响发动机的控制参数仿真结果

由该图所示发现在该两变量当中，*cs_min_pwr* 对最终燃油经济性影响最为显著的，而 *cs_max_pwr* 对经济性影响甚微，设定它为最大负荷的 80%即 44kW，从计算结果表可以确定 *cs_min_pwr* 变量最佳值为 16.6kW，计算的燃油经济性最优点值为 10.69L/100km。该值比初始计算结果 11.9L/100km 有所改善，即降低了 10.17%。

接着进行最后一个重要的影响发动机与电池之间协调工作的控制策略参数 *cs_charge_pwr* 寻优。该值的确定同样在保证不牺牲动力性的基础上进行,并在某一有效的范围内离散寻优。即在从 3kW 到 35kW 之间进行等分 7 点进行寻优。图 6 是离散寻优计算结果。

通过图 6 所示，最后选择控制策略参数 *cs_charge_pwr* 值为 29.6kW。最终计算的燃油经济性为 10.67L/100km。即比上面确定的最优值 10.69 又有所改善。

2.2 恒温器模式的仿真优化计算

恒温器式主要是控制发动机工作在最佳工作点，因此最佳选择发动机的工作非常重要，作为该例子，首先对该发动机的万有特性进行等功率线分割，如图 7 所示：

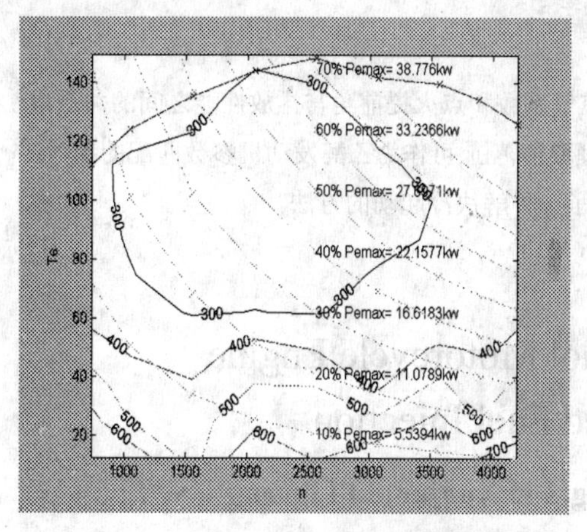

图 7 发动机等分功率曲线分割的工作区域

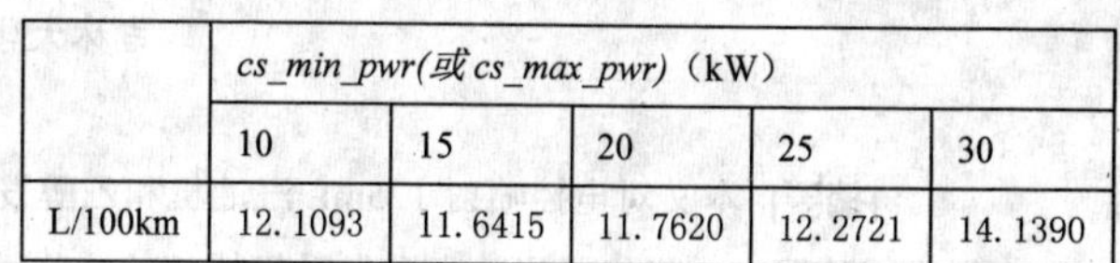

	cs_min_pwr(或 cs_max_pwr)（kW）				
	10	15	20	25	30
L/100km	12.1093	11.6415	11.7620	12.2721	14.1390

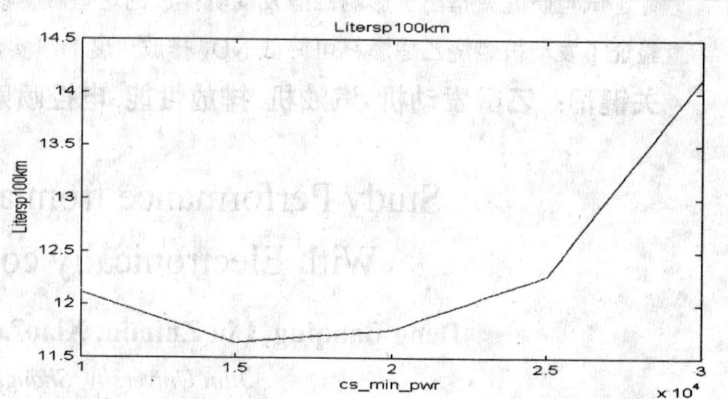

图 8 恒温器模式中影响发动机的控制参数仿真结果

这样可以大致确定发动机恒温器模式的控制变量 *cs_min_pwr*（与 *cs_max_pwr* 相等）的选择范围。为了使工作点落在发动机的高效率区，我们对恒温器模式的控制变量 *cs_min_pwr* 从[10kW，30kW]之间进行 5 点寻优，进行的寻优计算结果如图 8 所示。

通过上面的计算，可以确定恒温器模式的控制参数寻优结果，只要控制发动机开的状态工作在 $P_e = C = (cs\_\min\_pwr) = 15\text{kW}$ 处，针对中国城市 15 工况的燃油经济性计算结果为 11.64L/100km。

3 结论

本文研究了串联混合动力的控制策略的数学建模及其在各工况的功率分配关系，提出两种常用的控制策略，并建立了它们在 MATLAB 环境下的 SIMULINK 的仿真模型，同时用所建立的模型对控制参数进行优化。对功率跟随模式的研究，仿真结果表明该控制策略可使经济性由原来没有优化设计的混合型汽车的燃油经济性指标（11.9L/100km）下降了 10.34%（10.67L/100km），比原来传统汽车燃油经济性的仿真结果值（15L/100km）下降了 28.87%。而恒温器模式的控制策略参数寻优计算结果（11.64L/100km）比传统下降了 22.67%，和功率跟随模式的比较要差 8.3%。通过仿真对比说明了串联混合型控制策略在改善燃油经济性方面，功率跟随控制策略发挥更大的优势。

参考文献：

1 曾小华. 军用混合动力轻型越野汽车动力总成匹配控制策略研究[D]. 长春：吉林大学汽车工程学院，2002.

2 陈清泉，孙逢春. 混合动力车辆基础. 北京：北京理工大学出版社，2001.

电控喷射乙醇摩托车发动机性能研究

邓宝清 刘志敏 肖宗成 刘巽俊 李理光

吉林大学 上海交通大学

[摘要] 本文对电控喷射 125mL 汽油机和乙醇发动机的过量空气系数和点火提前角与排放性能之间的关系进行了试验研究。指出了影响乙醇发动机排放的这些敏感参数的合理取值范围,可作为乙醇发动机参数匹配的参考。验证了发动机燃烧乙醇燃料可降低 NO_X 排放浓度的事实，并提出了一种解决冷起动的方法。

关键词：乙醇发动机 汽油机 排放性能 电控喷射

A Study Performance from a Ethanol Motorcycle Engine With Electronically controlled Fuel Injection

Deng Baoqing, Liu Zhimin, XiaoZongcheng, Liu Xunjun, Li Liguang

Jilin University, Shanghai Jiaotong University

[Abstract] Effects of excess air ratio ϕa and ignition timing θ on CO,HC and NO_X emissions from a 125 mL gasoline and ethanol engine with electronically controlled fuel injection were studied experimentally. It is proved that ethanol engine emits less NO_X than equivalent gasoline engine. Relatively optimal ranges of ϕa and θ to lower emissions from ethanol engine were proposed which is useful to parameter matching of ethanol engine.

Key words: ethanol engine gasoline engine emission behavior electronically controlled fuel injection

环境保护是当今世界各国普遍关注的重要问题。发动机的有害排放物是大气的主要污染源之一。尤其是在发达国家和交通发达地区，这种危害更为突出。

燃烧清洁燃料是降低发动机排放的一种有效方法[1][2]。其中，汽油机改烧醇类燃料是有效措施之一，特别是对降低 NO_X 更为显著。电控喷射系统能精确地控制空燃比和点火提前角参数，有效地改善发动机的动力、经济与排放性能[3][4]。本文根据实际需要针对电控喷射乙醇发动机的排放与性能进行了比较全面的研究，为乙醇发动机的参数匹配提供理论依据。

1 试验方法与仪器设备

试验用发动机是 125mL 四冲程单缸风冷进气道喷射汽油机。燃烧乙醇时将汽油取出，加入乙醇即可使用（燃用的乙醇为 99.8%的工业乙醇）。汽油机技术参数见表 1。试验用主要测试仪表见表 2。试验中燃料喷射量、点火提前角和喷油提前角是利用自行开发设计的在线测控系统，通过计算机输入控制信号完成的。

在线测控系统可分为测量和控制两部分。测量部分通过测量电路，测量发动机的转速、曲轴转角、气缸温度、节气门开度、喷油脉宽和点火提前角等，这些信号作为判定发动机状态和对发动机进行控制的依据。控制部分是将测得的喷油脉宽和点火提前角等信号通过适当的放大、缩小、提前或延迟等处理，发送给下位机通过控制电路，发送给喷油器和点火线圈，以达到对发动机的在线控制[5]。

表 1　汽油机技术参数表

排量/mL	S/mm	D/mm	ε_c	(Pe/kW)/(np/ r · min^{-1})	Ttq/N · m/n_T/r · min^{-1}
124	49.5	56.5	9	6/8500	7/8000
点火提前角：13°CA～32°CA				点火方式：　电子控制（DC－CDI）	

表 2　主要测试仪器

仪器名称	型号	产地
测功机	CW－10	洛阳 南峰
废气分析仪	FGA4015	广东 佛山

2　试验结果及分析

2.1　HC 排放

图 1 是乙醇发动机和汽油发动机在不同负荷下最佳点火提前角时的 HC 排放体积分数 Φ_{HC} 随过量空气系数Φa 的变化曲线（图标中 E 代表乙醇，G 代表汽油，以下各图相同）。由图 1 中可以看出，当Φa=0.9～1.3 之间时，乙醇发动机的 HC 排放变化比汽油机小，并且变化量不大。这是因为燃料与空气混合比适当，火焰传播比较稳定，可以使混合气能够更完全地燃烧，因此 HC 排放低。当Φa<1 时，乙醇发动机的 HC 排放比汽油机低。Φa<0.85 时，两种发动机都存在由于混合气过浓，一部分燃料无法参与燃烧而直接排入大气导致 HC 排放恶化，并随Φa 进一步降低 HC 排放恶化加速的现象。当Φa>1.3 时，两种发动机的 HC 排放上升速率很快（汽油机比乙醇发动机更快些），这是因为混合气过稀，燃烧不稳定和失火率增加所致。

图 2 是乙醇发动机和汽油发动机的 HC 排放体积分数 Φ_{HC} 随点火提前角 θ 的变化曲线。由图 2 中可以看出，随着点火提前角的减小，不同燃料、不同过量空气系数的发动机的 HC 排放都降低。这是因为，推迟点火使燃烧拖后，排气温度升高，燃烧不彻底的燃料在排气管中继续进行氧化反应，降低了 HC 排放浓度。当小于最佳点火提前角（7000r/min 时，汽油机最佳点火提前角为 34℃A，乙醇发动机最佳点火提前角为 38℃A 左右）以后，汽油机 HC 下降速度比乙醇发动机快。

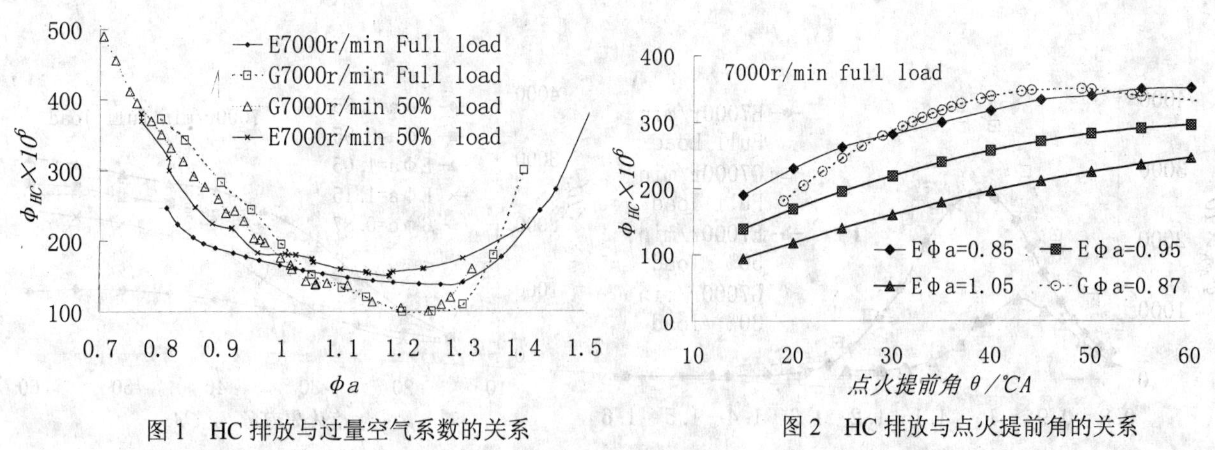

图 1　HC 排放与过量空气系数的关系

图 2　HC 排放与点火提前角的关系

从分析对比可见，乙醇发动机比汽油机具有更宽的稳定低 HC 排放的空燃比范围。从降低 HC 排放出发燃用乙醇更容易匹配空燃比，控制Φa 的范围应当是 0.85～1.3；汽油机Φa 范围应当是 0.95～1.3。但仅从最低 HC 排放考虑，燃用乙醇与燃用汽油相比没有优势。减小点火提前角，可以降低发动机的 HC 排放。

2.2 CO 排放

图 3 是两种燃料发动机 CO 排放体积分数 ϕ_{CO} 与过量空气系数 Φa 的变化曲线。可见，在浓混合气时 CO 的浓度大,并且随着混合气的浓度增加两种发动机的 CO 排放浓度均直线增加，这主要是因为缺氧而不完全燃烧造成的。试验表明 CO 的浓度与发动机的负荷没有关系，和燃料关系不大，仅与 Φa 关系显著。只要控制 $\Phi a>1$，乙醇发动机和汽油机都会获得较低的 CO 排放特性。

图 4 是两种燃料发动机不同混合气浓度下的 CO 排放体积分数 ϕ_{CO} 随点火提前角 θ 的变化曲线。从中可见无论混合气浓度如何，还是燃烧何种燃料， CO 的排放浓度变化不大。说明点火提前角对 CO 的排放浓度影响较小。

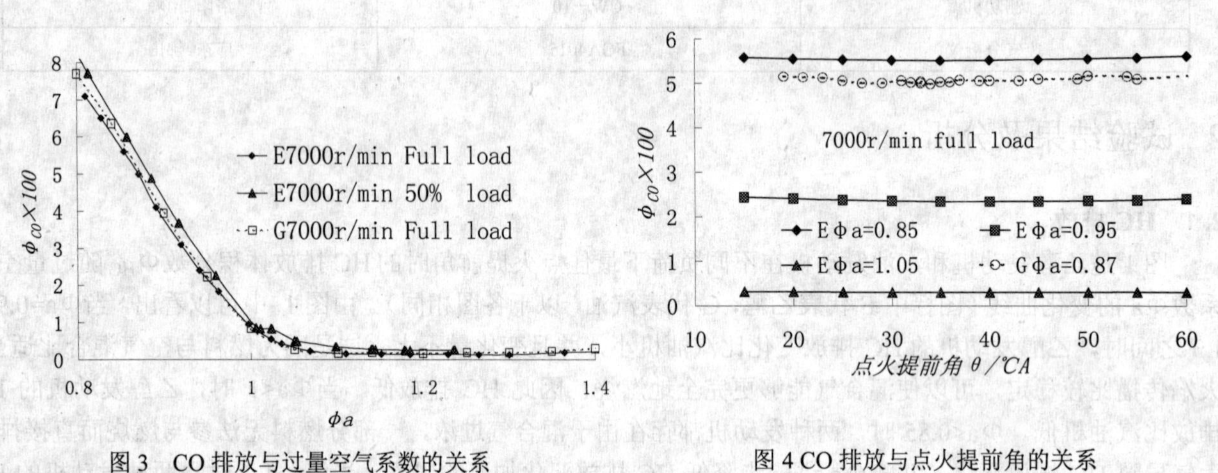

图 3 CO 排放与过量空气系数的关系 图 4 CO 排放与点火提前角的关系

因此，混合气浓度是影响 CO 浓度的关键因素，只要控制 Φa 大于 1，两种燃料的发动机都会获得优良的 CO 排放性能。

2.3 NO_X 排放

图 5 是乙醇发动机和汽油机在不同负荷下最佳点火提前角时的 NOx 排放体积分数 ϕ_{NOx} 与过量空气系数 Φa 的变化曲线。可见，当混合气的浓度 Φa 在 1.05 附近时，汽油机的 NOx 的排较高，30%负荷以上的 NOx 排放浓度都超过 2.5×10^{-3}，并且比乙醇发动机全负荷的 NOx 排放浓度高。

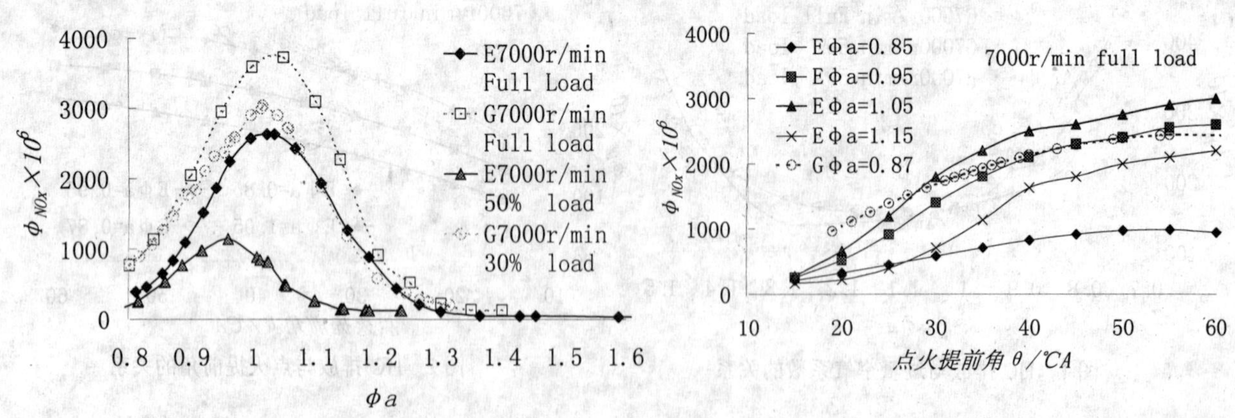

图 5 NOx 排放与过量空气系数的关系 图 6 NOx 排放与点火提前角的关系

乙醇发动机 NOx 排放浓度高峰出现在 Φa 为 0.95～1.05 之间，排放最高峰值小于 2.7×10^{-3},并且,随着负荷的降低排放物的峰值下降较快，且向浓混合气方向偏移。乙醇发动机 50%负荷的 NOx 峰值比汽油机

30%负荷燃烧Φa=0.85 的浓混合气或Φa=1.15 的稀混合气时的 NOx 的排放还要低，并且是汽油机 30%负荷峰值的 1/3。可见乙醇发动机 NOx 排放低的优势十分明显。

图 6 是两种燃料发动机不同混合气浓度下的 NOx 排放体积分数 ϕ_{NOx} 随点火提前角 θ 的变化曲线。从图中可以看出，两种燃料无论混合气浓还是稀，减小点火提前角都会降低 NOx 的排放。原因是点火提前角减小，使得气缸内最高燃烧温度下降，从而降低了 NOx 的排放。

从控制 NOx 排放角度上看，汽油机应当使Φa 不在 0.9～1.15 范围内，而对乙醇发动机此范围可缩小到 0.95～1.05。

2.4　动力性

图 7 为乙醇发动机和汽油机全负荷转矩变化率 Φ_{Ttq} 随过量空气系数Φa 的变化曲线。从图中可见，汽油机最大转矩的出现在Φa=0.85 附近；乙醇发动机最大转矩出现在Φa=0.95 附近。随着Φa 的加大，汽油机的转矩下降比乙醇发动机转矩下降的快。这说明保证同等转矩下降率的条件下，乙醇发动机可以比汽油机燃烧更稀的混合气，也就是说在同样的空燃比波动率下，乙醇发动机的转矩波动量比汽油机小，运转更稳定。

图 8 为乙醇发动机和汽油机全负荷转矩变化率 Φ_{Ttq} 随点火提前角 θ 的变化曲线。从图中可见，两种发动机的转矩随点火提前角的变化规律一致，但汽油机对 θ 更敏感些。为维持发动机的动力性，点火提前角不宜偏离最佳点火提前角过远。

台架试验发现，乙醇发动机的加减速性能与汽油机基本一致，加减速的排放性能需要在整车转鼓试验台上进一步研究；冷起动性能不如汽油机，需要进一步研究与优化。冷起动技术是乙醇发动机实用技术的关键技术之一，目前，我们在对乙醇发动机冷起动时是利用自行开发的喷嘴前布置的起动加热装置先加热 15 秒后起动，其起动性能基本满足实验室使用要求；另外，喷嘴和油泵等抗乙醇的腐蚀和润滑问题也是乙醇发动机实用技术的一个主要问题，研究中通过对乙醇中参入一定量的柴油即可以解决润滑问题，也适当延长了喷嘴的使用寿命。

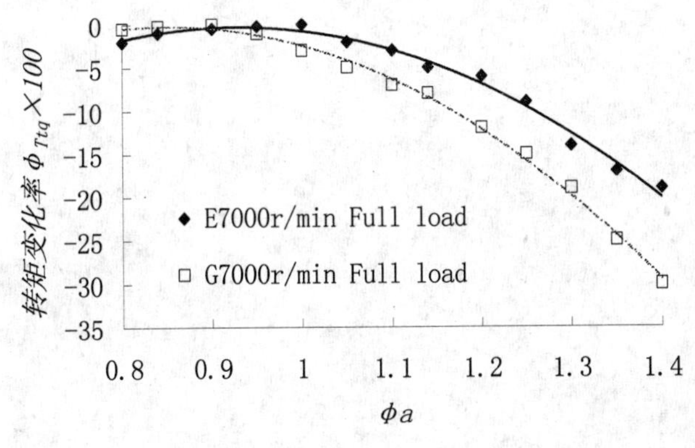

图 7　转矩变化率与量空气系数 ϕa 的关系

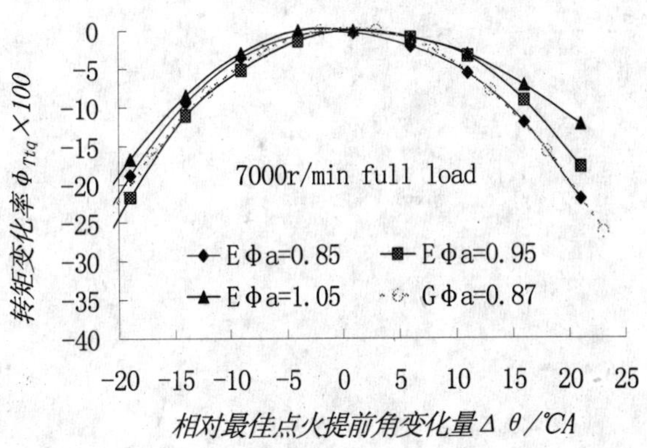

图 8　转矩变化率与相对点火提前角的关系

3　结论

(1) 过量空气系数 φa 是影响乙醇发动机和汽油机排放性能的敏感参数，通过对 φa 的合理控制能够实现对有害排放物的控制，乙醇发动机的过量空气系数 φa 应当控制在 1～1.2 之间，左端（1～1.1）使动力性最优，右端（1.1～1.2）使排放改善；

(2) 火提前角 θ 对乙醇发动机和汽油机的 HC 和 NOx 排放性能有明显影响，但对 CO 排放影响很小；

(3) 量空气系数 φa 和点火提前角 θ 是影响两种发动机转矩的敏感参数，对这两个参数应当合理控制；

(4) 同比条件下乙醇发动机的 NOx 排放明显低于汽油机。

参考文献

1 邓宝清，李理光，韩永强等．混合器式液化石油气小型发动机性能研究[J]．农业机械学报．2002，3（3）：14～16

2 邓宝清，李理光，王惠萍等．混合器式液化石油气小型发动机排放性能研究（J）．内燃机学报 2002 20 (4): 287～291

3 陈庆平，夏钧．电控喷射技术在摩托车中的应用. 浙江水利水电专科学校学报[J]. 2001，13（2）：61～62

4 刘长平．我国摩托车发动机的发展现状与展望（J）．湖南农机．2001, 4: 18～19

5 邓宝清，刘志敏，陈庆海等. 电控喷射点燃式发动机信号在线测量与控制（C）.（中国内燃机学会测试分会 2002.11 广西桂林，20020501，1～4）

电控喷射乙醇燃料在火花点燃式发动机的应用研究

刘志敏 邓宝清 陈庆海 王惠萍 刘巽俊 祖英利 李理光

吉林大学 上海交通大学

[摘要] 本文介绍了电控喷射汽油摩托车发动机改造为电控喷射乙醇摩托车发动机的手段，以及试验台上数据的在线采集及发动机实时状态控制系统的原理、组成及其应用。该在线测控系统具有实时数据采集，实时数据保存，试验曲线实时监控和发动机状态的实时控制功能。并对电控喷射 125mL 汽油机和乙醇发动机的过量空气系数和点火提前角与动力性能、排放性能之间的关系进行了试验研究。指出了影响乙醇发动机排放的这些敏感参数的合理取值范围,可作为乙醇发动机参数匹配的参考。验证了发动机燃烧乙醇燃料可降低 NOx 排放浓度的事实。

关键词：电控喷射 乙醇发动机 汽油机 测量与控制

A Study of Ethanol Fuel Application on the Electronic Fuel Injection SI Engine

Liu Zhimin, Deng Baoqing, Chen Qinghai, Wang Huiping, Liu Xunjun, Zu Yingli, Li Liguang

Jilin University, Shanghai Jiaotong University

[Abstract] The measurement is introduced about the using ethanol fuel on the electronic gasoline injection engine. Principle and application of On-line Measure and On-line Control (OMOC) system for a small spark ignition engine are presented. OMOC system has the functions as data sampling, saving, on-line monitoring and controlling. Effects of excess air ratio ϕa and ignition timing θ on CO,HC and NOx emissions from a 125 mL gasoline and ethanol engine with electronic controlled fuel injection were studied experimentally. It is proved that ethanol engine emits less NOx than equivalent gasoline engine. Relatively optimal ranges of ϕa and θ to lower emissions from ethanol engine were proposed which is useful to parameter matching of ethanol engine.

Key words: electronic controlled injection　ethanol engine　gasoline engine　signal measurement

注：本文全文刊登在 2003 年《汽车工程》（增刊）上。

节能、低排放可变涡流增压柴油机

——一种能同时降低颗粒、氮氧化物的专利

谢国华　郭林山

扬州柴油机有限责任公司

[摘要] 通过增压（包括中冷增压）柴油机进气道放掉多余的空气，改变进气涡流，在不牺牲燃油经济性的前提下，能同时降低柴油机排放物的难点指标：颗粒、氮氧化物，其原因在于柴油机需要在高速及中、低负荷时为弱涡流，在低速全负荷为强涡流。气道稳流试验、增压柴油机排放试验表明：本专利具有良好的实用前景，特别是运用在增压柴油机欧II达欧III情况下，可降低对喷油泵、喷油器的要求，降低颗粒、氮氧化物效果更显著。

关键词：增压柴油机 可变涡流 颗粒 氮氧化物

1 专利简介

1.1 背景技术

目前，增压柴油机（包括中冷柴油机）气缸盖螺旋进气道涡流比无法兼顾柴油机高低性能速、部分负荷、全负荷性能，即柴油机需要在高速及中、低负荷时为弱涡流，在低速全负荷为强涡流。对可变涡流比，日本五十铃、三菱等公司在20世纪80年代中期研制的“可变涡流”，由于成本、可靠性、效果等因素，只在柴油机产品上进行大量试验和试用，虽获得满意的结果，但生产未大批量使用（见《九十年代内燃机》、《SAE Paper 890466》）;国内对可变涡流进气系统进行了排放性能研究，试验结果显示喷气式可变涡流进气系统可以有效改善柴油机的排放性能（见1999年第4期《内燃机学报》“用喷气式可变涡流进气系统改善柴油机的排放性能”，此项目是国家自然科学基金59676028、中国高等教育博士学科专项基金资助项目），由于需要空气压缩机、同时只能手动调节喷气方向，此项目只能作为台架试验排放研究，尚不能实用。另外，国家排放法规对汽车柴油机有害排放物的指标是：CO、HC、NOx、Pt。而目前主要排放物NOx、Pt降低措施往往是相互矛盾的，如燃烧越充分，Pt偏低，但NOx则偏高，采取的方案是根据排放数据折中考虑。NOx是高温条件下的生成物，同时取决于氧含量和温度，Pt是不完全燃烧产物。随着对柴油机环保、节能、动力的要求越来越高，车用柴油机普遍了采用增压、增压中冷技术。

1.2 技术方案

本发明目的是为了克服现有增压型柴油机不足，提供一种可适合柴油机高、低速运转、部分或全负荷工作，且降低NOx、Pt排放的节能、低排放可变涡流增压柴油机。

本发明包括涡轮增压器的压气机、进气歧管、排气歧管、涡轮增压器的涡轮、排气管，缸盖内的螺旋进气道与进气歧管连接，缸盖内的排气道与排气歧管连接，在缸盖内的螺旋进气道壁上连接分流管，该分流管管道上连接控制阀。

本发明在螺旋进气道的壁上连通分流管，并通过控制阀控制分流管的分流量，起到了改变进气道内涡流比的作用，节省燃油，实现柴油机气缸盖螺旋进气道性能兼顾柴油机性能高低速、部分或全负荷性能。同时，还可加大柴油机低速扭矩，降低高速运转时发动机的烟度和 NOx 排放量，为柴油机达到更高的排放标准，提供了又一有效措施。

在轻型车用增压柴油机或HC排放数值较低的3.5T以上车用增压柴油机中还可将分流管的出口端连接在涡轮增压器的涡轮与排气管的结合部位，使分流的空气由分流管进入涡轮增压器的排气口，破坏 NOx 生成温度，减少 NOx 排放。

本发明中控制阀由温控放气阀和压力放气阀并用，目的在于，温控放气阀用以控制中、低速部分负荷放气量，而压力放气阀用以控制高速放气量。

而电控阀则可替代温度、压力控制阀，对放气控制效果更佳。

附图说明

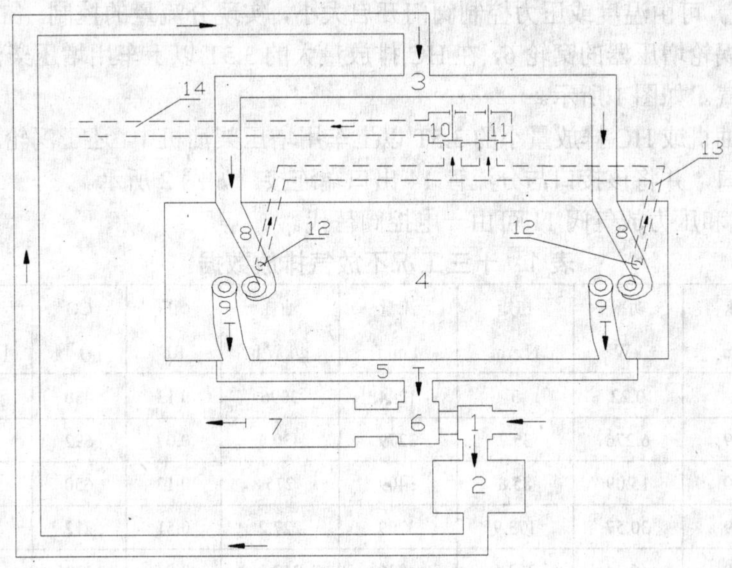

图 1 为本发明的结构示意图；

1—涡轮增压器压气　2—中冷器　3—进气歧管　4—缸盖　5—排气歧管

6—涡轮增压器的窝轮　7—排气管　8—缸盖内的螺旋进气道　9—缸盖内的排气道

10—温度放气阀　11—压力放气阀　12—分流孔　13—分流管　14—分流管

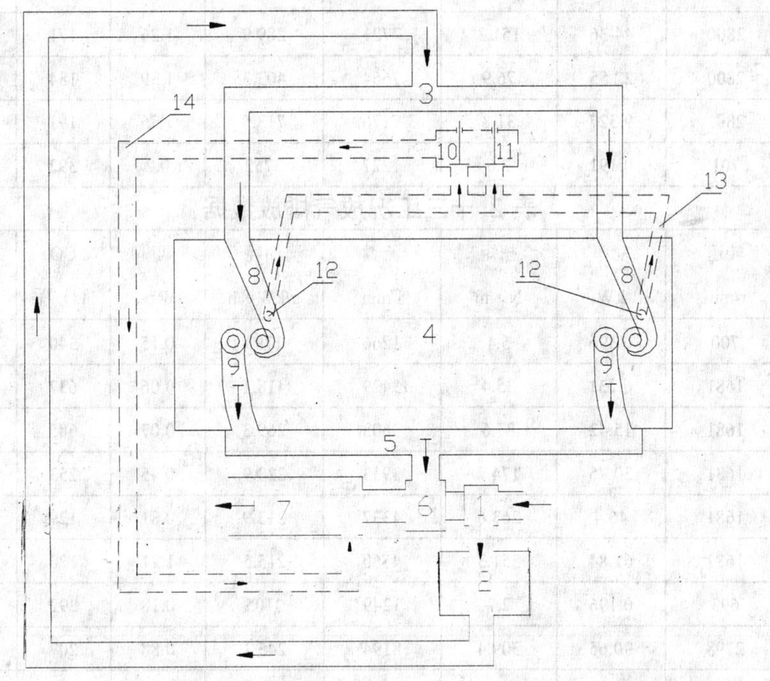

图 2 为本发明的另一结构示意图

1—涡轮增压器压气　2—中冷器　3—进气歧管　4—缸盖　5—排气歧管

6—涡轮增压器的窝轮　7—排气管　8—缸盖内的螺旋进气道　9—缸盖内的排气道

10—温度放气阀　11—压力放气阀　12—分流孔　13—分流管　14—分流管

1.3 具体实施

涡轮增压器压气机 1 的空气出口端连接至各路进气歧管 3，如设有中冷器，则将中冷器 2 串接在其间。

每路进气歧管 3 连接设置在缸盖 4 内的螺旋进气管 8，在螺旋进气道 8 的管壁开设分流孔 12，在分流孔 12 上连接分流管 13，分流管 13 另一端连接温控放气阀 10 和压力放气阀 11，并使温度放气阀 10 和压力放气阀 11 为并联设置，可由温度或压力控制阀门开启大小，实现分流量的控制。缸盖 4 中的各排气道 9 通过排气歧管 5 连接至涡轮增压器的窝轮 6，在 HC 排放量大的 3.5T 以上车用增压柴油机中，将分流管 14 分流空气直接排放至大气。如图 1 所示。

在轻型车用增压柴油机或 HC 排放量小的 3.5T 以上车用增压柴油机中，还于涡轮增压器涡轮 6 与排气管 7 的连接部位设置接口，并将该接口与分流管 14 出口端连接。如图 2 所示。

上述温控放气阀 10 和压力放气阀 11 可由一电控阀替代。

表 1　十三工况不放气排放数据

工况号	转速 r/min	功率 kW	扭矩 N・m	流量 l/min	油耗 g/kW.h	烟度 Rb	CO 10^{-4}%	HC 10^{-4}%	NO_X 10^{-4}%
1	701	0.22	3	1244	3096	0.13	430	674	133
2	1679	6.276	35.7	3279	430.4	0.07	692	895	128
3	1680	15.09	85.8	3409	275	0.12	650	816	230
4	1679	30.57	173.9	3709	227.2	0.51	272	565	380
5	1679	46.34	263.6	4036	213.8	0.84	133	330	578
6	1679	61.75	351.2	4367	213.8	1.23	119	303	828
7	691	0.282	3.9	1202	2384	0.16	360	541	149
8	2796	90.67	309.7	7762	242.8	0.89	188	220	707
9	2800	67.61	230.6	7697	257.1	1.25	198	282	497
10	2800	44.36	151.3	7721	289.9	1.26	171	390	339
11	2800	22.55	76.9	7664	403.3	1.39	184	454	203
12	2801	9.327	31.8	7176	713.5	1.36	191	516	134
13	701	0.191	2.6	1227	3752	0.2	392	615	137

表 2　十三工况放气排放数据

工况号	转速 r/min	功率 kW	扭矩 N・m	流量 l/min	油耗 g/kW・h	烟度 Rb	CO 10^{-4}%	HC 10^{-4}%	NO_X 10^{-4}%
1	700	0.396	5.4	1266	1793	0.15	340	511	139
2	1681	6.231	35.4	3429	418.1	0.06	637	792	118
3	1681	15.42	87.6	3603	269.3	0.07	685	790	215
4	1681	30.75	174.7	3953	223.9	0.45	253	498	362
5	1681	46.4	263.6	4337	213.9	0.81	129	192	523
6	1681	61.84	351.3	4760	215.5	1.21	120	237	728
7	693	0.196	2.7	1249	3105	0.18	292	479	130
8	2798	90.65	309.4	8194	245.1	0.88	207	185	655
9	2798	67.68	231	8166	257.6	1.01	161	251	461
10	2798	45.18	154.2	8711	295.1	0.81	130	314	271
11	2798	22.56	77	7764	392.5	0.91	199	403	165
12	2798	9.083	31	7140	698.8	1.03	286	526	114
13	701	0.22	3	1427	3128	0.16	332	539	106

注：1～10 工况，放气阀部分开，11～13，放气阀全开。

2 试验验证

2.1 气道稳流试验

通过气道稳流试验试验发现：气缸盖进气道放气，不但可以减小涡流强度，还可增加涡流强度。但要通过两个放气孔实现，具体放气孔位置由气道稳流试验确定。

2.2 初步整机排放试验

2002 年 12 月于济南汽车检测中心对气缸盖进气道不放气与放气在同台柴油机同时进行了对比试验，具体数据如表 1、表 2、图 3。

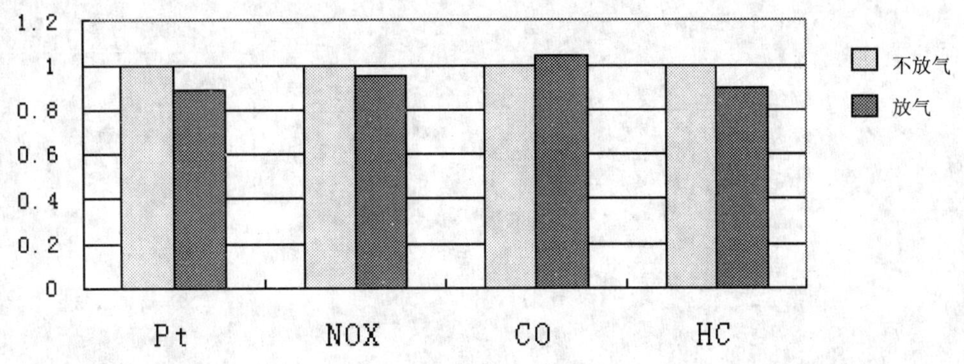

图 3 十三工况加权计算相对比较结果

2.3 结果说明与分析

（1）1～13 工况均为手动控制阀门，1～10 工况为放气阀部分开，11～13 工况为阀全开。

（2） 由于生产缸盖结构限制，2～6 工况，进气道放气增加涡流，涡流强度上升不多，2～6 工况：烟度、NO_X、均略有下降；2～4 工况，油耗略有下降；5～6 工况：油耗基本不变，说明 5～6 工况所能提供的放气量较少，或放气所提高的涡流强度还不够。

（3）8～12 工况，进气道放气降低涡流，烟度、NO_X、均下降较多；8～9 工况，油耗基本不变，说明 8～9 工况所能提供的放气量较少。10～12 工况油耗均下降。

（4）三个怠速工况放气由于扭矩相差较大，所测数据不好分析。

（5）由于放气降低了废气温度，使 CO 略有上升。但增压柴油机 CO 排放指标相当宽松，有牺牲余地。

（6）放气与不放气数据对比：Pt 下降 11%、NO_X 下降 5%、HC 下降 11%、CO 上升 5%（CO 限值宽松）、油耗下降 1%。

2.4 专利运用范围

本专利尚有较大潜力，初步试验放气量未优化，标定点转速涡流下降较多，扭矩点转速涡流上升不多，通过加大扭矩点转速的涡流（缸盖须改进）， Pt 还有更进一步下降空间（欧 II 排放中，扭矩点转速占排放物大头）；对增压柴油机达欧 III 法规，使用效果更佳（与欧 II 加权系数不一样）。本专利的优势：扩大了喷油器匹配范围，可降低对喷油泵的要求；本专利可使废气再循环更方便(无需进气节流：进气压力小于排气涡轮背压)、更理想。

3 结论

通过增压柴油机进气道可放掉多余的空气，改变进气涡流（想法独特），从而改善柴油机经济性，能降低柴油机排放物的难点、重点指标（主要降低 Pt 、NOx），对增压柴油机达到更高排放标准提供了又一有效途径。初步试验说明：《节能、低排放可变涡流增压柴油机》专利，是可以运用于增压柴油机产品的。

参考文献

1 蒋德明主编. 内燃机原理. 北京：机械工业出版社，1988.6

2 赵士林主编. 九十年代内燃机. 上海交通大学出版社，1992.7

3 张兆合，刘忠长，闫淑方等. 用喷气式可变涡流进气系统改善柴油机的排放性能. 内燃机学报，1999.4:335～338

4 刘巽俊编著. 内燃机的排放与控制. 北京：机械工业出版社，2003.1

利用 EVSIML 对纯电动汽车进行仿真分析

孙立清 王仁贞 白文杰 陈 伟 孙逢春
北京理工大学 车辆与交通工程学院

[摘要] 计算机仿真作为一种强有力的工具在各种研究领域已被广泛接受。对电动汽车的综合性能进行计算机仿真研究和分析可以缩短电动汽车总体设计的周期，提高电动汽车的性能，加快电动汽车技术研究和产业化的发展。本文详细介绍了由北京理工大学电动车辆工程技术中心开发的电动汽车仿真软件 EVSIML。并利用该软件对采用直流驱动系统的豪华电动大客车 BFC6110-EV 进行了动力性能和经济性能的仿真分析，最后将仿真结果与试验结果进行对比并对对比结果进行了分析。

关键词：电动汽车 仿真软件 动力性能 续驶里程

计算机仿真是应用计算机技术，利用模型对实际系统进行实验研究的重要手段，可将分析的方法用于模拟实验；充分运用已有的基本物理原理，建立待研究系统的数学模型；采用与实际物理系统实验相同的基本研究方法，在计算机上运行仿真实验。近年来随着信息技术、计算机技术、系统理论、通信技术、图形图象技术的飞速发展，计算机仿真技术的发展也日新月异，并日益深入到人们工作和生活的各个领域，发挥了非常重要的作用。

为维护我国能源安全，改善大气环境，提高我国汽车工业的竞争力，科技部在“十五”国家 863 计划中，特别设立电动汽车重大专项。该计划以电动汽车的产业化技术平台为工作重点，力争在电动汽车关键单元技术、系统集成技术及整车技术上取得重大突破，促进符合现代企业制度和市场经济发展要求的研发体系和机制的形成。电动车是一个复杂的系统，它集成了多个子系统如车体、电力驱动、能源、能量管理等子系统。电动车技术涉及多门交叉学科，包括电力电子工程、机械汽车工程和化学工程等。电动车技术的多学科性和快速发展的特点，要求电动车的设计过程灵活、快速且经济，计算机仿真不仅使这种设计过程成为可能，而且提高了电动车的系统优化水平。下面首先介绍北京理工大学电动车辆工程技术中心基于实际的研究项目所开发的电动汽车仿真软件 EVSIML。

1 电动汽车仿真软件 EVSIML 介绍

EVSIML（Electric Vehicle Simulator）是遵循面向对象的软件工程开发方法，在 Windows 操作系统环境下选择 Visual C++6.0 和 MATLAB 混合编程开发的电动汽车仿真软件。为了便于用户输入数据和处理数据，该软件采用交互式的图形用户界面，电动车设计者无须编制单调乏味的软件，也不用输入冗长的数据或处理大量的输出数据，就可以完成数据输入、系统仿真和输出说明。它还可以用图形来显示和比较不同的仿真结果，而且通过反复的模拟，可以优化不同系统的性能标准。EVSIML 的启动界面如图 1 所示。

图 1 EVSIML 的启动界面

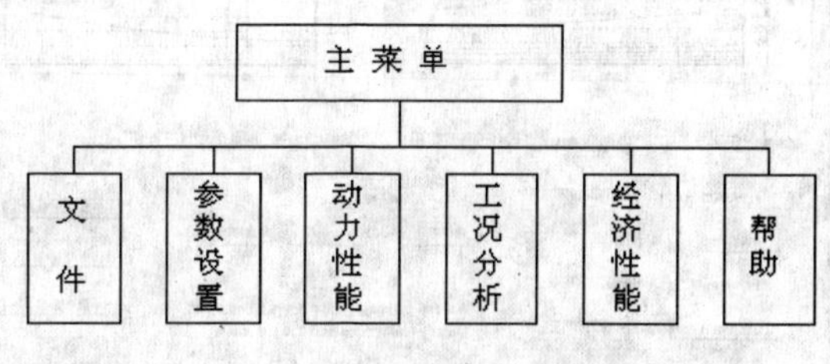

图 2 EVSIML 的主菜单结构

1.1 EVSIML 的菜单结构

下面介绍 EVSIML 的主菜单结构和子菜单结构以便更好的了解 EVSIML 的功能和结构。

（1）EVSIML 的主菜单结构如图 2 所示。

（2）EVSIML 的各主要子菜单结构如图 3 所示。

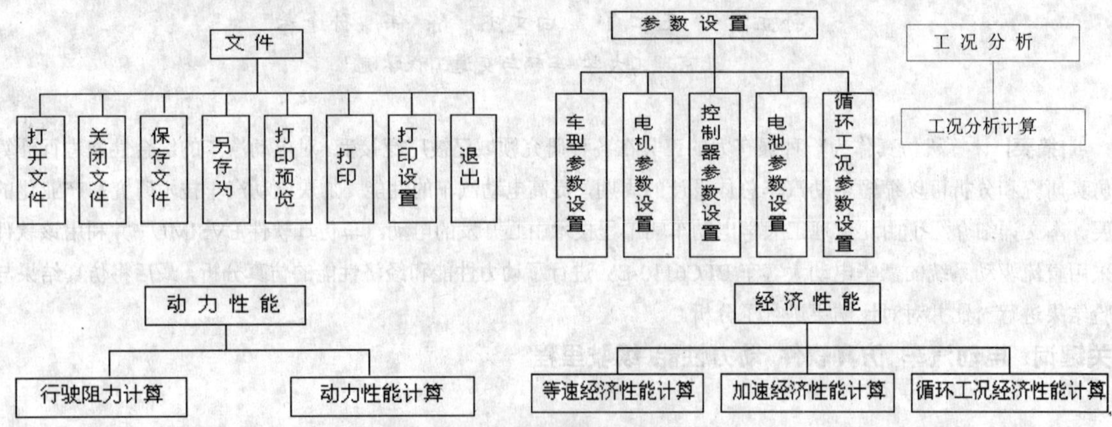

图 3 EVSIML 的各主要子菜单结构

1.2 EVSIML 中电动汽车动力传动系统各部件主要参数的输入模块

EVSIML 中参数输入模块共有六个，这六个模块均采用自行设计的编辑模块，具有查看、修改以及删除已有数据文件和增加新的数据文件等功能。各系统的参数保存在 Microsoft Access 数据库中，通过 ODBC 接口与 VC 连接。

1.3 EVSIML 的各个功能计算模块

1.3.1 EVSIML 的行驶阻力计算模块

行驶阻力仿真计算模块的主要功能有：

通过调用对应的车型、动力传动系统各部件的有关数据和输入计算时的电动汽车的工况（控制计算的范围），进行行驶阻力计算。计算的结果包括滚动阻力、空气阻力、爬坡阻力和加速阻力等。具体的计算过程是在行驶阻力类中实现的。

1.3.2 EVSIML 的动力性能计算模块

动力性能仿真计算界面如图 4 所示。该模块的主要功能有：

通过调用对应车型、动力传动系统各部件的有关数据和输入计算时的电机的工况（用于控制计算范围和计算精度），进行动力性能计算。计算的结果包括牵引力、牵引功率、最高车速、动力因数、加速度和加速时间、爬坡度等。具体的计算过程是在动力性能类中实现的。

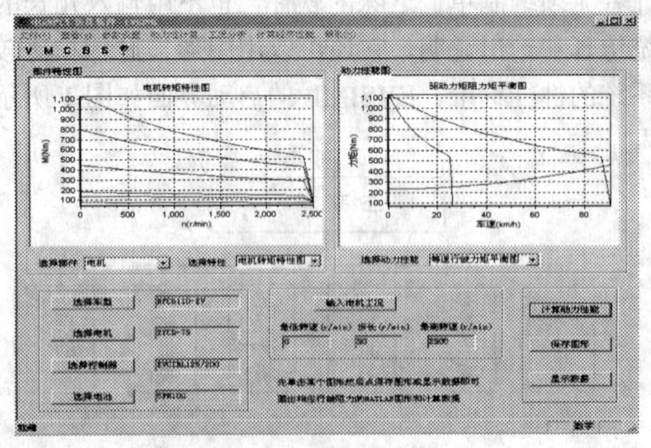

图 4 动力性能仿真计算界面

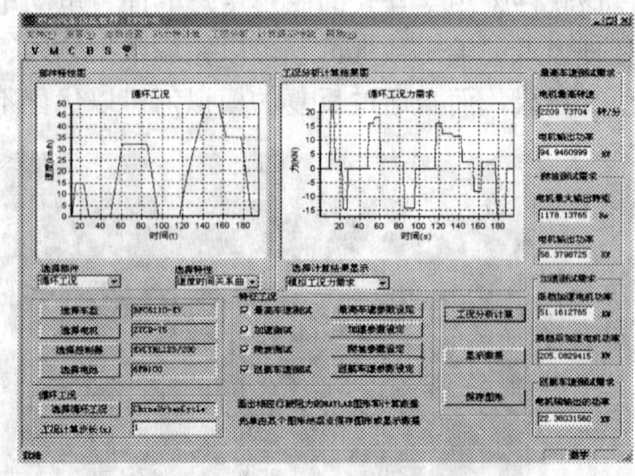

图 5 工况分析仿真计算界面

1.3.3 EVSIML 的工况分析仿真计算模块

工况分析仿真计算界面如图 5 所示。其主要功能有：

通过调用对应的车型、动力传动系统各部件和循环工况的有关数据和输入计算时的工况步长（控制计算精度），进行循环工况分析计算。计算结果包括循环工况力、功率和能量需求以及功率变化率等。也可选择是否进行特征工况包括最高车速、最大爬坡度、加速性能和巡航车速等测试，可以设定相应的测试参数。特征工况计算结果包括对电机的转速、转矩、输出功率等需求。具体计算是在工况分析类中实现的。

1.3.4 EVSIML 等速行驶经济性能计算模块

等速行驶经济性能仿真计算模块的主要功能有：

通过调用对应的车型、动力传动系统各部件的有关数据和输入计算时电机的工况（影响计算最高车速的精度）和速度步长（控制计算精度），进行等速行使经济性能计算，计算的结果包括电量消耗率、能量消耗和续驶里程等。具体计算是在等速行驶经济性能类中实现的。

1.3.5 EVSIML 加速行驶经济性能计算模块

加速行驶经济性能计算界面与等速行使计算界面类似。主要的计算结果有电量消耗率和能量消耗率。具体的计算过程是在加速行驶经济性能类中实现的。

1.3.6 EVSIML 循环工况经济性能计算模块

循环工况经济性能仿真计算界面如图 6 所示。主要功能有：

通过调用对应的车型、动力传动系统各部件、循环工况的有关数据和输入计算时工况步长（控制计算精度），进行循环工况经济性能计算。计算的结果包括电量消耗率、能量消耗和续驶里程以及电池组特性参数的模拟等。具体计算是在循环工况经济性能类中实现的。需要注意的是该模块的计算时间比较长。

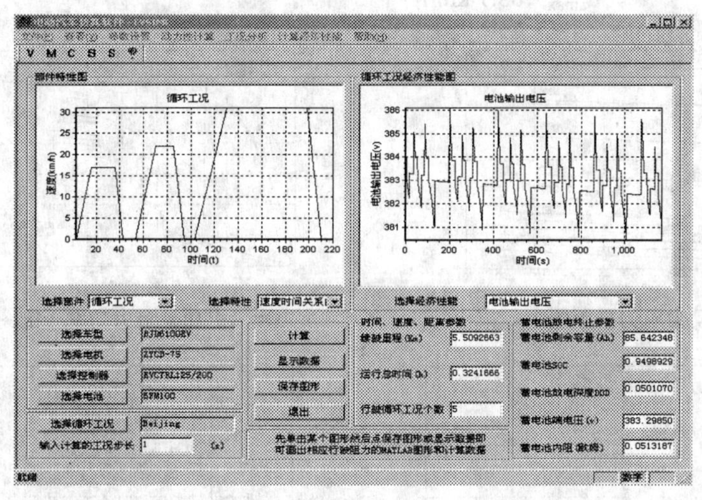

图 6 循环工况经济性能仿真计算界面

2 利用 EVSIML 对 BFC6110-EV 豪华电动客车进行性能仿真

2.1 BFC6110-EV 豪华电动客车系统简介

BFC6110-EV 豪华电动客车是由北京理工大学车辆与交通工程学院、北京北方华德尼奥普兰客车股份有限公司、中国科学院电工所联合承担的北京市科委的项目。该项目要求研制 BFC6110-EV 电动客车两辆（交流驱动系统和直流驱动系统各一辆），以满足绿色奥运、科技奥运的需要为目标。本文主要是对其中直流驱动的 BFC6110-EV 豪华电动客车进行仿真。

BFC6110-EV 豪华电动客车整车的主要参数见表 1。

表 1 BFC6110-EV 电动客车整车的主要参数

参数	数值
长×宽×高（mm）	10660×2500×3560
轴距（mm）	5050
轮距 前/后（mm）	2099/1824
整备质量（kg）/最大总质量（kg）	12000/14555
直流永磁加增磁绕组电机参数	
额定功率（kW）/ 最大功率（kW）	75/125
额定转速（r/min）/最高转速（r/min）	2000/2500
最大扭矩（N·m）	1100（5 分钟工作）
控制器 尺寸(mm)/重量(kg)	600×400×200/25
锂离子电池	3.6V/200Ah
电池额定电压（V）	3.6（V）×108×3 组

2.2 BFC6110-EV 豪华电动客车动力性能仿真

根据以上 BFC6110-EV 豪华电动客车动力传动系统的各部件的相关参数，利用 EVSIML 电动汽车仿真软件对 BFC6110-EV 豪华电动客车进行动力性能仿真计算。

（1）直流电机驱动系统动力性能计算结果

BFC6100-EV 直流电机驱动系统的动力性能计算结果如图 7 所示：

（2）整车动力性评价

从以上计算结果和牵引力平衡图中可以求得 BFC6110-EV 豪华电动客车能够达到的动力性指标：

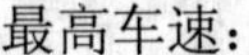
最高车速： 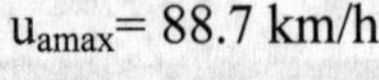
u_{amax}= 88.7 km/h

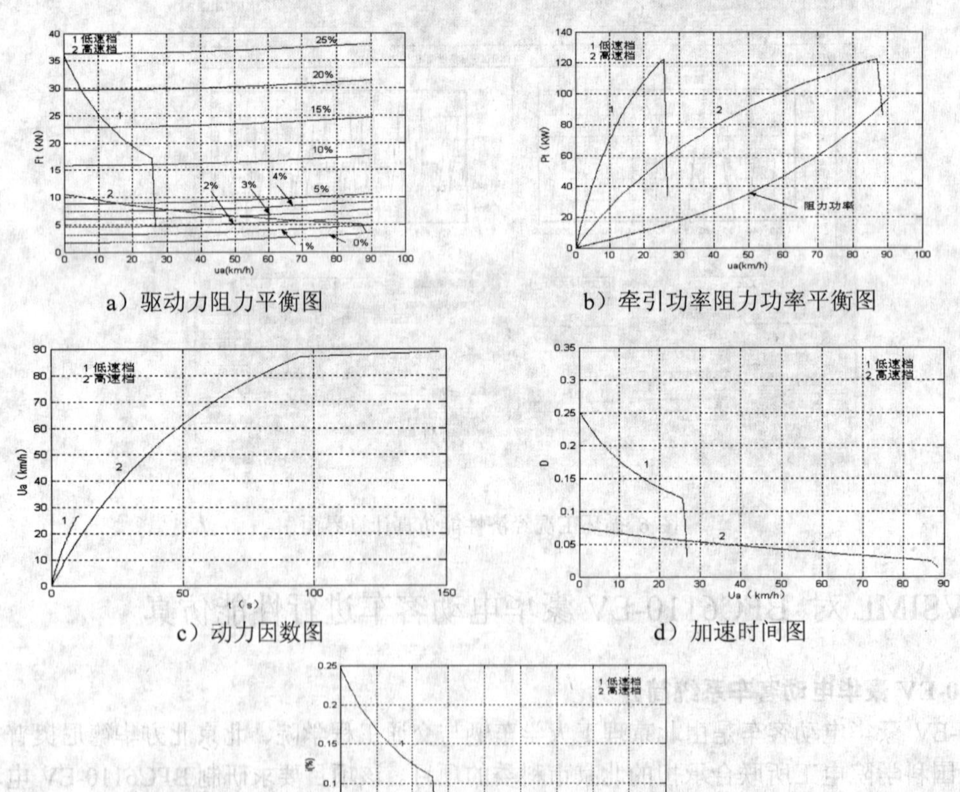

a）驱动力阻力平衡图

b）牵引功率阻力功率平衡图

c）动力因数图

d）加速时间图

e）爬坡度图

图 7 BFC6100-EV 直流驱动系统的动力性能计算结果

最高车速时消耗功率：　　　P=85.8kW

最高车速时的电机转速：　　n=2450r/min

直接档最大爬坡度　　　　$i_{max}=5.46\%$　（以 10 km/h 的速度爬坡）

低速档最大爬坡度　　　　$i_{max}=20.02\%$　（以 5 km/h 的速度爬坡）

低速档最大爬坡度时的电机转速　n= 468.6r/min

最大加速度：　　　　　　$a=1.2169\ m/s^2$

直接档起步加速至 60 km/h 的时间：　　s=48s

低速档起步换档加速至 60 km/h 的加速时间：　s=45.08s（20km/h 时换档）

2.3 BFC6110-EV 豪华电动客车经济性能仿真

根据以上 BFC6110-EV 豪华电动客车动力传动系统的各部件的相关参数，利用 EVSIML 电动汽车仿真软件对 BFC6110-EV 豪华电动客车进行经济性能仿真计算，计算过程主要针对直流驱动系统的等速行驶下的经济性能计算。BFC6110-EV 电动客车采用锂离子电池时，等速行驶下的经济性能计算结果如图 8 所示。由图可知，BFC6110-EV 在以 40km/h 等速行使时，消耗功率为 24.75kW，电量消耗率为 1.7739Ah/km，能量消耗率为 0.6514kWh/km，续驶里程为 348.9km。

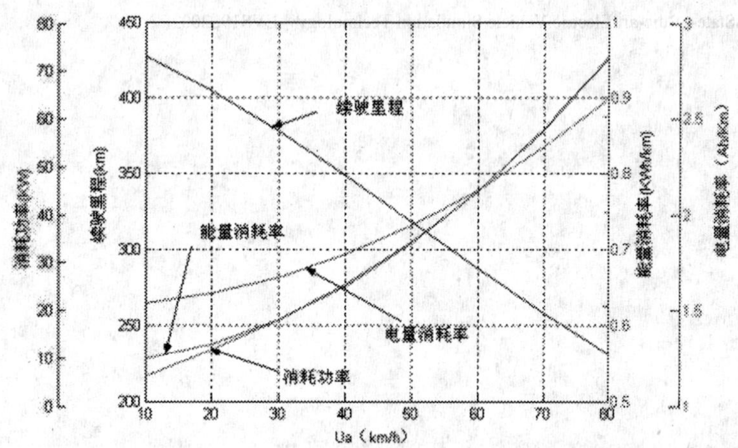

图 8　BFC6110-EV 电动客车等速行驶续驶里程

3 仿真结果与试验结果的对比

BFC6110-EV 的仿真结果和试验结果的对比见表 2。

表 2 BFC6110-EV 电动客车的仿真结果和试验结果的对比

项目			计算值	试验值
动力性	最高车速（km/h）		88.7	81.3
	加速时间（s）(0-60km/h)	直接档	48	45.68
		换档加速	45.08	55.4
	最大爬坡度（%）		20.02	20
40km/h 匀速续驶里程	续驶里程（km）		348.9	306
	电量消耗率（Ah/km）		1.7739	1.536
	能量消耗率（kW・h/km）		0.6514	0.556

4 分析与结论

由表 2 可知，BFC6110-EV 豪华电动客车的仿真计算结果和试验结果接近，说明仿真软件中电动汽车动力传动系统各部件的数学模型是正确的，所采用的动力性能和经济性能的计算方法是可行的。EVSIML 电动汽车仿真软件各计算模块是正确的。

BFC6110-EV 豪华电动客车的仿真计算结果和试验结果存在偏差，主要原因有以下几个方面：

(1) 实验场环境温度、道路条件的影响。

(2) 计算中所取电动汽车动力传动系统各部件的参数如动力传动系统各部件的效率、滚动阻力系数等存在一定的误差。

(3) 电机控制器的限流作用限制了电动汽车动力性能的充分发挥。

(4) 影响续驶里程、能量消耗率和电量消耗率的偏差的因素主要有锂离子电池的模型、实验场的环境温度和电池组的一致性。

参考文献

1 孙逢春, 张承宁, 祝嘉光. 电动汽车. 北京: 北京理工大学出版社, 1997

2 孙立清. 电动汽车系统匹配、性能仿真和关键部件技术研究及样车开发. [博士后研究工作报告]. 北京：北京理工大学. 2000. 6

3 白文杰. 锂离子电动公交车系统的建模和仿真. [硕士学位论文]. 北京：北京理工大学 2003.3

4 Sun Fengchun, Sun Liqing, Wang Zhenpo, Bai Wenjie. The Shallow Analysis of Road Test of EV. First Circular of China-Japan Electric Vehicle Joint Conference:2001.11

5 Sun Liqing Bai Wenjie State-of-the-art Electric Vehicle Simulation Technology EVS19, 2002

多级齿轮油对汽车节能环保的作用

吴晓铃 甘学辉
郑州大学 东华大学

[摘要] 本文论述了节能环保对于 21 世纪的汽车工业发展的重要意义，介绍了 25 年来有关多级齿轮油的研究和发展以及其应用效果。最后、作者从可持续发展的观点出发，分析了应用多级齿轮油具有的深远的社会意义和巨大的经济效益。

关键词: 汽车 多级油 车辆齿轮油 燃油经济性 润滑 添加剂

引言

大家知道，汽车工业的飞速发展是人类文明的一大骄傲、与此同时、汽车对能源的消耗和废气的排放也日渐成为人类发展的一大障碍。2002 年地球峰会大会的主要目的就是敦促各国在可持续发展领域采取实际行动。各国政府在大会上纷纷提出行动计划、时间表和伙伴关系项目，特别是中国总理朱镕基在大会上宣布中国已核准旨在延缓全球变暖的《京都议定书》，受到与会代表们的高度赞扬。汽车工业对可持续发展应作出的贡献就是减少燃油的消耗量、降底排放。减少汽车 $C0_2$ 排放的措施之一是提高燃油经济性，而降低由于汽车传动系的摩擦引起的能量损失将有助于改善燃油的经济性。

可以用不同的方法来评价润滑油的组成对齿轮摩擦性能的影响。这其中包括从理论计算，车队行车试验和温控室内的轿车底盘试验到齿轮箱或后桥的台架试验。本文介绍了 25 年来有关多级齿轮油的研究和发展以及其应用效果。所有这些研究表明、齿轮的效率取不仅取决于载荷,速度,温度等工况参数，还取决于润滑油的粘度及组成。形成的共识为、多级齿轮油极大地改善了汽车燃油经济性。最后、作者从可持续发展的观点出发，分析了推广应用多级齿轮油带来的巨大的经济效益和深远的社会意义。

1 国内外对降低汽车油耗、减少排放的要求

欧共体规定(EMISSIONS STANDARDS PASSENGER CARS WORLDWIDE, DELPHI AUTOMOTIVE SYSTEMS, JANUARY 2000)，对于 2.5 吨以下的汽车 2000 年即达到欧洲 III 号排放标准，2005 年即达到欧洲 IV 号排放标准；对于 2.5 吨以上的汽车 2001 年即达到欧洲 III 号排放标准, 2006 年即达到欧洲 IV 号排放标准。

中国规定汽车排放 2004 年达到欧洲 II 号标准, 从 2000 年起对达标的汽车大幅度降低销售税。北京市计划出台使用汽车燃油质量等级的规定。要求汽车排放 2003 年达到欧洲 II 号标准,2005 年达到欧洲 III 号标准，2008 年达到欧洲 IV 号标准。

美国政府对每个汽车制造商所生产的汽车的平均燃油消耗量都有着严格的限制（CAFE：公司平均燃油经济性）：小轿车每 100 公里的汽油消耗量控制在 8.55 公升以内，轻型卡车每 100 公里的汽油消耗量控制在 11.8 公升以内。在欧洲，汽车制造商自行承诺把 CO_2 的排放量从 186g/100km(7.75 升/100km) 降低到 140g/100km(5.85 升/100km) 汽车燃油消耗量用汽车底盘功率计依照由政府专门规定的程序来测量。美国的测评程序已由环境保护局（EPA）批准，而欧洲的测评程序已由机动车排放组织批准（MVEG）。美国和欧洲的测评程序都包括市内周期和市外周期两部分 (图 1, 图 2) 。

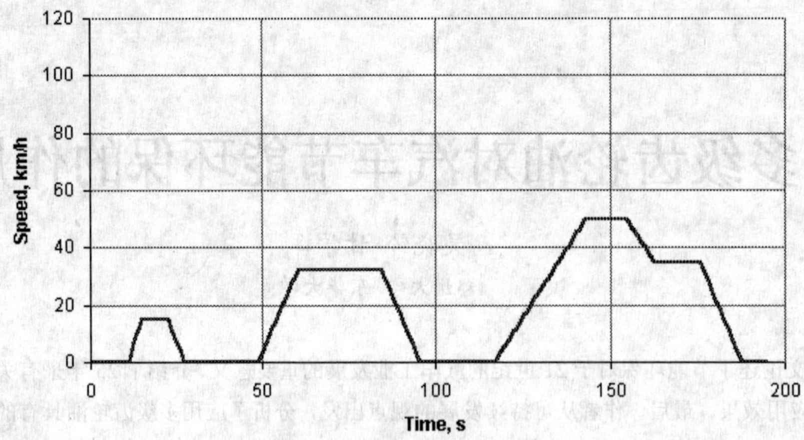

图 1 MVEG 市内周期

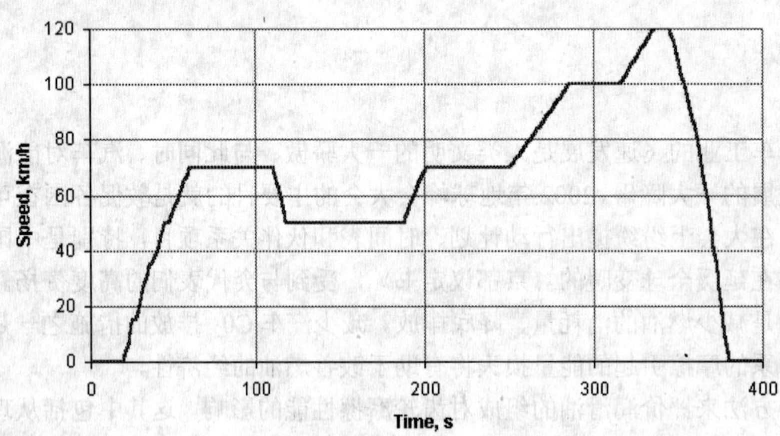

图 2 MVEG 市外周期(EUDC)

2 多级齿轮油的研究与开发

2.1 多级齿轮油降低汽车油耗、减少排放的机理

当前汽车齿轮传动设计的主要目标是高效率、大功率和小尺寸。为了实现这些目标，可以采取很多种方法。一般人们容易想到选用好的材料，进行优化设计，选用好的设备进行加工（包括热处理），再采购高质量的轴承、密封等外购件，精心安装、调试，即可得到一台好的齿轮箱。其实、这里面忽略了润滑油的问题。正确的做法是在设计、选材之初，就把润滑油作为一个机械零件来对待。据统计，大约有75%的设备故障是由润滑不良引起的。但人们往往容易忽视润滑油的重要性，对润滑油的选用和应用不重视，反而更乐意维修和更换零件，使设备的运行成本大大提高。工业实践从正反两方面回答了这个问题。摩擦学的研究从理论上解释了这个问题。

以齿轮传动为例，齿轮传动由于传动扭矩增大，常常使小尺寸的传动装置的工作温度升高。随着降噪设备和减小设备周围空气流动的空气动力学设备的使用，这种状况会更严重。摩擦传动会引起温度的升高和效率的降低，因此减小摩擦是提高效率和保持较低的工作温度的主要方式。

润滑油的润滑效果受所有的工作条件的影响。若工作温度过高会引起摩擦改进剂、极压剂、抗磨剂的高消耗，产生很高的腐蚀率和氧化率、以至于隔离零件表面的油膜厚度很薄。如果润滑油不能承受这些恶劣的情况、齿轮传动就会受到破坏。反之，选择正确的润滑油及添加剂则可以减小扭矩传递的损失，这样、工作温度也就降了下来。

为了提高效率，汽车传动设计主要考虑以下几个方面：减小轴承和旋转轴密封的摩擦、齿轮啮合副的滑动以及润滑油的飞溅和搅动[1]。对用在动力设备上的单级高速齿轮传动而言，由高速旋转齿轮搅动润滑油和齿轮油在啮合副的挤压引起的损失大约占能量损失的 40%，而齿轮啮合副的摩擦损失仅占 10%[2]。因此优化组分的润滑油对于节约能源是十分重要的[3]。

多级齿轮油的特点是粘温性能好，它能使汽车在低温环境下或者启动温度低的时候，油的粘度不致太高；而在高温环境下启动或工作温度较高时，油的粘度不致太低。这样、使得汽车齿轮变速箱和后桥齿轮的工作温升小，摩擦损失小、效率高，从而使得发动机的油耗减少，排放降低。

2.2 多级齿轮油的开发

齿轮油粘度牌号中含有字母 W 的则表示多级齿轮油。含 W 字母的牌号是基于最大的低温粘度、最高的边界泵送温度以及最小的 100℃运动粘度和最小的高温/高剪切粘度。不含字母 W 的则基于 100℃时的运动粘度。总之，多级油的粘温性能好，具有良好的低温启动性能和高温工作性能。

目前，开发多级齿轮油的关键在于基础油和添加剂两方面。世界上许多研究机构和厂商都进行了卓有成效的工作。其中以德国的 RohMax 公司最有代表性。RohMax 是 VI 改进剂的著名生产者，它使用 VW 测试方法来证实和量化流体粘度、基础油类型以及 VI 改进剂的化学性能对效率和工作温度的影响[15,16]。用 ARKL 试验、研究基础油、粘度以及 VI 的分子结构和重量对润滑油工作温度的影响，结果证明含有聚甲基丙烯酸酯粘度指数改进剂的润滑油使工作温度明显降低。又用 FZG 试验、研究多级油对传动效率的影响。模拟 MVEG 的 FZG 试验表明，含有聚甲基丙烯酸酯粘度指数改进剂的多级油 SAE 75W-90 明显地提高了传动效率。RohMax 证实了 VW 在基础油方面的发现。但是 RohMax 的进一步研究表明，利用高粘度指数可以获得低的工作温度和高的工作效率。其中，利用合成油是一个途径，但不是唯一的途径。利用聚甲基丙烯酸酯粘度指数改进剂、不失为一个具有价格优势的配方。试验表明，根据不同的温度和加载转矩，用含有部分合成油加上聚甲基丙烯酸酯 VI 的 SAE 75W-90 齿轮油取代 SAE 90 齿轮油，齿轮效率会增加 0.4%～6% 。试验中，模拟 MVEG（欧洲机动车辆排放）试验来设定参数。最近中国发布了一个根据 1998 年 7 月以来最新的 SAE J 306 用以调配这种油的指导性文件[17]。

3 多级齿轮油的应用研究

可以用不同的方法来评价润滑油的组成对齿轮摩擦性能的影响。这其中包括从理论计算，车队行车试验和温控室内的轿车底盘试验到齿轮箱或后桥的台架试验[2-16]。

德国教授 Wilfried J. Bartz[18]对依靠齿轮油来提高汽车燃油经济性，作了大量的理论分析。得出了行车程序的定义，节省燃油与减少摩擦的关系，换档及后桥的减摩量引起的燃油节省量的理论计算值，自动变速及后桥的减摩量引起的燃油节省量的理论计算值等，而且理论计算与实际测试结果相吻合。

在台架试验中，Achsial-Rillen-Kugel-Lager(ARKL)试验和 FZG 效率试验都是快速、高效测定齿轮润滑油的摩擦水平的有效工具。这些实验方法都是由 VW[11,14]开发的，它们都和 1.6L、55kW 的 VW Polo 及装在具有三个发动机台架上的齿轮箱试验有良好的一致性。VW 表示，和简单的第一组矿物油相比，高 VI 油能够明显的降低这些装备中的摩擦，这样工作温度降低了，效率提高了。

Castrol 进行的 MVEG 市内周期研究表明[4]，用合成油代替齿轮油 SAE 90 能增加燃油经济性，当起动温度在－7℃时 MVEG 市内行驶可增加 3.5%，在市外行驶可增加 3.3%。

GM 进行了在齿轮油 EPA 试验[5]，即后桥室内运行试验程序研究润滑油粘度降低的效果。在 EPA 实验中,当把粘度从 SAE 80 减小到 SAE 75 时，燃油量可减少 0.3%；在 GM

在市内周期试验中，当起动温度为 0℃时，可减少 2.6%～5.1%，在工作温度条件下，可减少 0.3%～3.1%。但是作者指出，在 100℃的条件下，根据行车条件和车辆种类的不同，由于齿轮油的粘度的降低会导致齿轮磨损量超过许可限度。

在一个卡车车队行车试验中，Stambough [6,7]发现，用以矿物油为基础油，含有聚甲基丙烯酸酯（PAMA）粘度指数改进剂的多级齿轮油 SAE 75W-90 代替单级齿轮油 SAE 90，可以明显的降低燃油消耗量：在气候偏冷的威斯康星州南部，这个减少量大约有 5%，而在气候稍微温暖的伊利诺伊州南部减少量约为 1.4%。另外，在寒冷的气候中，汽车空转需要消耗较多的燃油。

Graham [8]用改进的 MVEG 市内周期程序实施了测力计试验。在试验中，用合成油 SAE 75W-90 替代 SAE90，对不同的汽车、燃油消耗量可以减少 2.86%～4.32%，用 75W 矿物油可以降低燃油消耗量约 1.62%～2.53%。

据 Cuijpers[9]报导，在一次模拟爬坡条件（即大转矩低转速）的汽车后桥试验中，与 SAE 85W-140 矿物油相比,只有适当的合成油配方才能降低工作温度 20°，并且提高燃油经济性 0.8%；然而，使用配方不佳的 SAE 75W-90 型合成齿轮油，汽车将获得较低的燃油经济性能，而且工作温度也较高。所以在应用当中，油的粘度应保持 SAE 140 在 100° C 时的粘度水平。

德国变速器 1 制造商[10]ZF 降低了轿车的自动传动液的粘度，温度范围为 - 40～100℃。在 100℃时，运动粘度从 7.2mm^2/s 降低到 5.5mm^2/s。这种油较小的粘度使得搅拌损失降低了 30%，燃油消耗量降低了 2%，而增加的泵油损失增加了燃油消耗量 1%。这样，燃油总的消耗能降低 1% 。这里，作者指出，为避免磨损的增加，在 100℃时降低齿轮油粘度需要提高油中抗磨剂和极压剂的含量。

4 推广多级齿轮油的效益分析

近 25 年来国内外有关多级齿轮油试验和研究的成果表明，多级齿轮油使齿轮的效率明显提高，使燃油经济性明显改善。将单级油齿轮油换成多级齿轮油，使齿轮的效率明显提高，一般可节约 1%的汽车燃油，起到节约能源、降低排放的作用。欧美国家用多级齿轮油已形成制度。

目前在中国的齿轮油市场中矿物型单级齿轮油占主导地位（90％以上）。考虑到中国的一般气候条件和驾驶条件，如果用多级齿轮油替代单级齿轮油。全国至少可以节约 1％的汽车燃油。中国 2001 年的燃油消耗量大约为 1 亿吨，按每公升价格为 3.3 元人民币计算，在不考虑汽车数量增加的情况下(2001 年中国汽车保有量为 18 020 000 辆)，节约 1%的汽车燃油，在中国就意味着每年节约了 10 亿公斤的燃料，价值 33 亿元人民币。

中国政府在 2002 年地球峰会上承诺批准京都议定书。这是中国政府对国际社会环境保护和可持续发展的贡献。我国将承办 2008 年北京奥运会和 2010 年上海世博会。从国家的经济利益出发和环保要求考虑，将单级油齿轮油换成多级齿轮油有至关重要的意义。

5 结论

（1）高规格的排放标准将被强制实行；减少汽车 $C0_2$ 排放的措施之一是提高燃油经济性，而降低由于汽车传动系的摩擦引起的能量损失将有助于改善燃油的经济性。

（2）工作温度是润滑状况或摩擦状况的一种反映。高温将缩短润滑油的使用周期。利用高粘度指数可以获得低的工作温度和高的工作效率。

（3）研究结果证明，用多级齿轮油取代单级齿轮油能降低汽车的燃油消耗。使用 SAE 75W-90 齿轮油比 SAE 90 齿轮油能减少燃油消耗 0.4％～5％。汽车燃油的消耗量对气候条件和驾驶条件的依赖性很强。

（4）简单的降低粘度可能是个误导，其中潜伏着过度磨损的危险。取代单级齿轮油保险的做法是、通过增加 VI 将粘度保持在单级齿轮油在 100℃时候的水平，同时在低温情况下、润滑油粘度也能降低。

（5）目前在中国的齿轮油市场中矿物型单级齿轮油占主导地位，从国家的经济利益出发和环保要求考虑，将单级油齿轮油换成多级齿轮油有至关重要的意义。

参考文献

1 Eberspächer R., Heber K., Hornung R., Marx P., Neft K., Oetgen W., Rink A, Schmidtmann M. Der Antriebsstrang der neuen E-Klasse. ATZ and MTZ special edition D 58922: Die neue Mercedes-Benz E-Klasse (2002) 130~141.

2 Weiss T., Hirt M.. Efficiency Improvements for High Speed Gears of the 100 MW Class VDI-Berichte Nr. 1665 (2002) 1161~1174.

3 Matsuo K., Yoshida A., Obata F.. Antiwear Performance of Modern Industrial Gear Oils. Lubrication Science (1) 51 0954~0075

4 Güsmer S.F.. Können moderne synthetische Transmission Fluids Getriebeöltemperaturen absenken? in Bartz W.J.: Industrial and Automotive Lubrication: 11th International Colloquium Tribology, ISBN 3-924813-39-6 Ostfildern: TAE (1998)1587~1600.

5 Goodwin, M.C., Haviland, M.L., Fuel Economy Improvements in EPA and Poad Tests with Engine Oil and Rear Axle Lubricant Viscosity Reduction, SAE paper 780596

6 Stambaugh, R.L., Gallucio, R.A.; Koller R.D.: Multigrade Gear Lubricants in Truck Fleet Testing – Analysis for Fuel Economy Effects SAE Paper No. 818178.

7 Gallucio, R.A.: Improved Fuel Economy Via Multigrade Gear Lubricants. NLGI Spokesman 44 (1980) 169-172.

8 Graham, R.; O´Connor, B.M.; Ross,A.R.: Some Aspects of Driveline Lubricant Selection. Proc. Driveline 84, Conf. I. Mech. Engineering, London 1984, C9/84, 71~80.

9 Cujpers M.: Lubrication of Rear Axles for Trucks – Its Influence on Efficiency and Temperature in Bartz W.J.: Industrial and Automotive Lubrication: 11th International Colloquium Tribology, ISBN 3-924813-39-6 Ostfildern: TAE (1998)1679~1686.

10 Wetzel, A.: Anforderungen an die 2. Generation Lebensdauer-ATF für PKW-Automatgetriebe in Bartz W.J.: Industrial and Automotive Lubrication: 11th International Colloquium Tribology, ISBN 3-924813-39-6 Ostfildern: TAE (1998)15647-1655.

11 Wienecke. D.; Kluge. R.; Engelen. H.; Becker. V.: Einfluß der Art und Zusammensetzung des Schmieröles auf das Temperaturniveau. Tribologie + Schmierungstechnik 45 (1998) 5~7.

12 Wienecke. D.; Kluge R.: Einfluß der Art und Zusammensetzung von Schmierölen auf die Verlustleistung in PKW-Schaltgetrieben Tribologie + Schmierungstechnik 46 (1999) 4~13.

13 PV 1454: Getriebeöle: Prüfung der Temperaturentwicklung im Axialrillenkugellager Temperatur Adapter VW. Wolfsburg.

14 PV 1456 Getriebeöle: Prüfung des Wirkungsgradeinflusses von Getriebeölen VW. Wolfsburg.

15 Wincierz C.; Schweder R.; Kreutzer I., Neveu C.: Influence of VI Improvers on the Operating Temperature of Multi-grade Gear Oils SAE paper 2000-01-2029.

16 Wincierz, C.; Neveu, C: Influence of Viscosity Index Improvers on Tribological Behaviour of Modern Gear Oils in Qin, D., Chen, X.; Chen, B; Lin, C.: Proceedings of the International Conference on Mechanical Transmissions, Chongqing 2001, ISBN 7-900066-14-4/TH .01, 549~555.

17 Wincierz, C.; Neveu, C; Bartholomae, I: Gear oil formulation according to SAE J 306 JUL98 in Qin, D., Chen, X.; Chen, B; Lin, C.: Proceedings of the International Conference on Mechanical Transmissions, Chongqing 2001, ISBN 7-900066-14-4/TH .01, 544~548.

18 W.J. Bartz,Technische Akademie Esslingen, Ostfildern Germany，Fuel economy improvement by engine and gear oils，5th CEC International Symposium on the Performance Evaluation of Automotive Fuels and Lubricants, Göteborg, Sweden May 1997

轻型客车电控燃油喷射的系统方案

皇甫世汇　梁学文

武汉理工大学 深圳市航盛电子股份有限公司

[摘要] 本文介绍典型的轻型客车电控燃油喷射系统方案的基本组成，主要传感器及其工作原理、自诊断系统，分析 ECU 控制电路的工作过程。

关键词：电控燃油喷射系统 ECU 系统控制电路 自诊断系统

The Scheme of EFI System in Auto

[Abstract] This paper introduces the electrical fuel injection system of car. It describes the theory of main sensors, diagnose system and analyzes the process of the ECU control circuit.

Key words: EFI system　ECU system control circuit　diagnose system

前言

随着世界环境保护的呼声越来越高，国家环保局已发文规定，从 2001 年 10 月 1 日禁止销售生产达不到欧 I 号标准的 M 类的和 N1 类汽车，化油器式的汽油车已无法达到此要求。因此各个整车厂纷纷配备电控燃油喷射系统的发动机，电控燃油喷射系统具有化油器式车无法比拟的优点，所以一般轻型客车采用了电控燃油喷射系统，排放达欧洲 II 号标准，电控燃油喷射系统具有以下优点：

1) 发动机的充气效率、发动机的功率和扭矩都比较大。因为汽油直接喷射没有喉管节流损失；同时汽油喷油器定压（2～3bar）喷出的雾化好，因此可以适当增加进气歧管的截面，利用进气惯性吸进更多的混合气，充气量大。

2) 汽油喷射特别是电控燃油喷射系统可以保证随发动机的工况不同、使用场合不同而配制、供应最佳的连续的精确的空燃比（燃油混合气成分），电控单元（ECU）的控制速度越来越快。

3) 汽油喷射能保证进入各缸的混合气的质和量都比较均匀，确保各缸的动力性和经济性的最佳状态。

4) 在电控喷射系统中当节气门关闭而发动机转速超过预定转速时，电控单元就使油泵停止供油，喷油停止，减少 HC 排量，降低油耗，改善了排放，汽油喷射雾化质量稳定，燃烧完全。

5) 加速性能好，在电控喷射系统中电控单元能快速、精确改变喷油量；再加上喷油器安装在进气歧管中进气门前方，使送至气缸的混合气浓度及时随节气门开度变化而立即改变。

6) 起动（特别冷起动）、暖机、怠速等过渡工况性能好。

7) 由于各缸混合气在质与量两方面都十分均匀分配，汽油喷射发动机就可能使用辛烷值低的燃料约（3 个单位），允许有高的压缩比，同时也可使爆燃的倾向减少。

8) 通过燃油喷射，可以按气缸内不同位置实现分层燃烧，例如在火花塞附近用浓混合气以保证点火，末端的混合气用稀混合气可防止爆燃燃烧。

9) 随着电控燃油喷射技术的应用，很多新技术已在发动机上得到推广应用；高压缩比和稀混合气的燃烧系统，顶置双凸轮轴的四气门、五气门的机构，可变压缩比，可变配气定时，可控进气管道与可变进气涡流系统，以及增压、中冷技术在轿车发动机上均得到应用，使发动机的燃油经济性、功率和排放等综合性进一步提高。

总之，采用燃油喷射方式的最大优点是能按照发动机的不同工况和复杂的使用条件，非常精确地供应发动机此时所需要的最佳混合气成分；汽油喷射发动机可以进行稀薄燃烧（lean burn），其动力性、经济性、排放等都比用化油器式发动机要好得多。试验表明，一般可提高功率 10%，节省燃油 5%～20%。此外，起动性、加速性也都相应改善。利用氧传感器与电控单元构成对最佳排放所需空燃比的闭环控制可大改善排放。

1　轻型客车电控燃油系统的基本组成及工作原理

1.1　系统组成

轻型客车电控燃油系统采用的是典型的闭环电控多点燃油顺序喷射系统，该系统组成如下图：

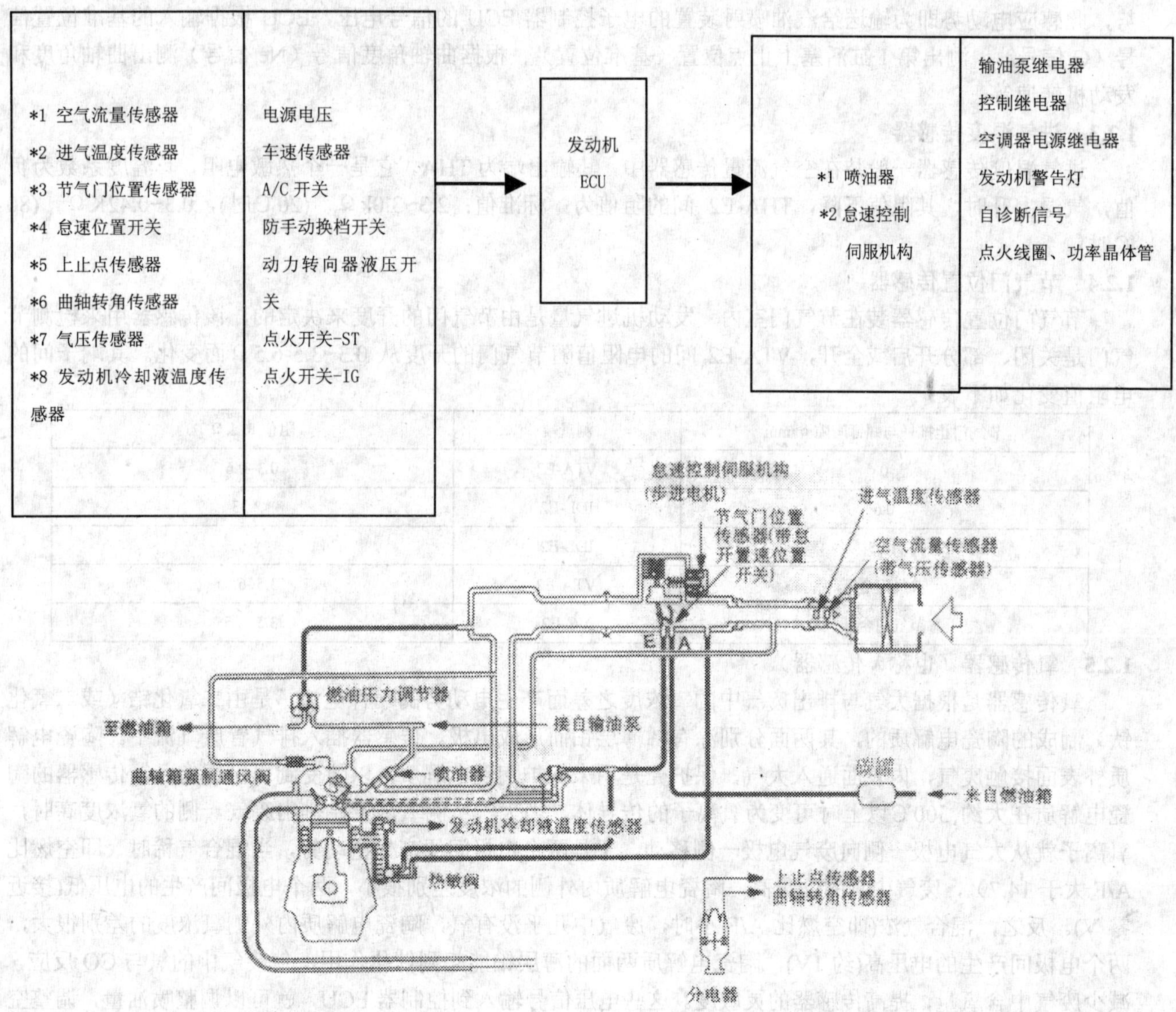

1.2　电控系统的主要传感器

1.2.1 空气流量传感器

*1 空气流量传感器安装在空气滤清器后方的进气道上，其原理是利用卡曼旋涡原理制成的空气流量计，是一种容积式流量计，故需测定进气温度、进气压力，对密度加以修正；空气的体积流量为：

$$Q=A_0\beta df/S$$

d——放置于空气管道中的圆柱体直径（m）；

β——直径比，$\beta=d/D$ 其中 D 为管道直径；

A_0——圆柱体的横截面积。

对于一个具体的卡尔曼旋涡式空气流量计而言，直径 D、圆柱体旋涡发生体直径 d 以及 β 均是一个定值，故以上两种旋涡发生体传感器的体积流量为：

$$Q=Kf \quad \text{（式中 } K \text{ 为比例常数）}$$

此式即说明卡尔曼旋涡流量传感器输出频率 f 与空气体积流量 Q 成正比。因此，只要测得 f，就可以得空气流速，进而可求得空气的体积流量。

1.2.2　曲轴位置、上止点传感器

这两个传感器均为霍尔元件式，装在分电器的转轴上，其中“G”转子用来表示曲轴基准位置信号，同轴的“Ne”转子传送曲轴角度信号。当分电器旋转时，分电器轴上的信号转子“G”和“Ne”跟随旋转，信号转子上的触发齿与信号线圈间的气隙发生变化，磁场发生变化，信号线圈中就会产生交变的感应电动势，此感应电动势即为输送给汽油喷射装置的电子控制器 ECU 的信号电压，ECU 根据输入的基准位置信号（G 信号），测出第 1 缸活塞上止点位置（基准位置）；根据曲轴角度信号（Ne 信号）测出曲轴角度和发动机转速等。

1.2.3　进气温度传感器

进气温度传感器一般装在空气流量传感器中，其输出端为 THA，它是一个热敏电阻，其温度系数为负值，气温上升时，其阻值下降，THA-E2 间的阻值为：标准值：2.3~3.0kΩ　(20℃时)，0.3~0.42KΩ　(80℃时)。

1.2.4　节气门位置传感器

节气门位置传感器装在节气门室内，发动机进气量是由节气门的开度来决定的，该传感器用来检测节气门是关闭、部分开启或全开，VTA-E2 间的电阻值随节气门的开度从 0.3~3.5-6.5Ω而变化。其端子间的电阻值变化如下表：

节气门止推杆与螺钉间隙 δ/mm	测量端	阻值 R/kΩ
0	VTA-E2	0.3~0.6
0.6	IDL-E2	<2.33
1.05	IDL-E2	∞
节气门全开	VTA-E2	3.5~6.5
节气门全开	VC-E2	3.5~6.5

1.2.5　氧传感器（也称 λ 传感器）

氧传感器是根据大气与排出废气中的氧浓度之差而产生电动势的一种电池，是由二氧化锆（或二氧化钛）制成的陶瓷电解质的，其两面分别涂有稀薄层铂而形成电极。传感器插入排气管废气流中。陶瓷电解质外表面接触废气，内表面通入大气，保护壳是用来保护陶瓷电解质，以防受到机械损伤。氧传感器的陶瓷电解质在大约 300℃以上时可变为氧离子的传导体，当大气一侧氧浓度比排出废气一侧的氧浓度高时，氧离子就从大气电极一侧向废气电极一侧移动，于是两个电极间便产生电动势，当混合气稀时（即空燃比 A/F 大于 14.7），废气中氧的含量高，陶瓷电解质内外侧的浓度差别很小，两个电极间产生的电压低(接近零 V)。反之，混合气浓(即空燃比 A/F 小时，废气中几乎没有氧，陶瓷电解质内外侧氧浓度的差别很大，两个电极间产生的电压高(约 1V)，陶瓷电解质两面的薄层铂能起到催化作用，使废气中的氧与 CO 反应，减少废气中含氧量，提高传感器的灵敏度。这些电压信号输入到控制器 ECU，就可以调整喷油量，调整空燃比 A/F 的值，起到反馈控制作用。

通过外部的电加热，可以使氧传感器在发动机起动后 20~30s 内迅速加热，达到正常工作温度，从而使氧传感器迅速以最佳功能状态工作。

使用氧传感器应注意的是发动机必须用无铅汽油，因为有铅汽油燃烧后的铅化物对起催化作用的外侧电极有损伤作用。

1.2.6　发动机冷却液温度传感器

发动机冷却液温度传感器装在发动机水套出水口附近，其输出端为 THW，THW-E2 间的阻值变化为：

标准值：2.1~2.7kΩ(20℃时)，0.26~0.36kΩ (80℃时)。

1.2.7 车速传感器

车速传感器安装在变速箱输出轴上，它将车速信号转换成脉冲信号输送到 ECU 的 SP1 端。

1.3 轻型客车电控多点燃油喷射系统工作原理。

1.3.1 电控单元的概述

电子控制器（ECU）是电控多点燃油喷射系统的大脑，是整个系统的神经中枢。它由运算器、寄存器和控制器组成。它能按照已经存入的特定程序，将各种传感器输入的信号（发动机转速、空气流量、进气温度、节气门开度和曲轴位置）进行计算，得出喷油量的多少并转变为控制喷油器开启和关闭的脉冲信号宽度，点火提前角和一次电流导通角，怠速控制阀的开度等。此外，中央处理器还实现对存储器、输入输出接口及其它外围电路自身的控制。

各种传感器将采集到的各种信号参数输入到电子控制器（ECU），ECU 对这些参数进行比较、运算处理之后，才能对执行机构发出指令。ECU 由中央处理器（CPU）、只读存储器（ROM）、随机存储器（RAM）、输入/输出接口（I/O）、模数转换器（A/D）以及整形、驱动等大规模集成电路和众多的晶体管、电阻、电容、电感元件等外围电路组成。它们焊接在 1~2 块双面印制电路板上，其复杂程度相当于一台彩色电视机的线路板。

输入/输出接口将传感器输入的信号转变为中央处理器能接收的形式，并且将中央处理器（CPU）计算的结果转变为喷油、怠速控制阀、点火的控制信号，且起到协调作用。

模数转换器将传感器输出的信号，如连续变化的温度、负荷、流量等模拟量转变为中央处理器能接收并实施运算的数字信号。

整形与信号处理电路是按控制系统的要求进行设计的，用来将传感器输入的信号整形、放大，转换成理想的波形，输入 CPU 或接口电路。

存储器是由许多存储单元组成的大规模集成电路，用来存放系统控制和程序、数据和各种表格，比如，随着转速和蓄电池电压变化的初级电路导通脉谱，随着转速和负荷变化的最佳 A/F 比的混合气成分脉谱、启动加浓时的点火与 A/F 等等。只读存储器的内容在制造和编程时写入，可以随时被中央处理器读取，但不能改变，也不会因为断电而消失。随机存储器（RAM）用来暂存程序、数据和中间运算结果。它的内容可以随时由 CPU 写入、读取或修改，只要不切断电源，它的内容可以一直被储存。比如，故障代码在发动机停止工作以后就被储存下来，检查时只要在点火开关接通前，将故障诊断插座的 TE1 与 E 两接柱临时接通，便可以通过显示器调出。

1.3.2 如图所示的发动机控制系统电路图

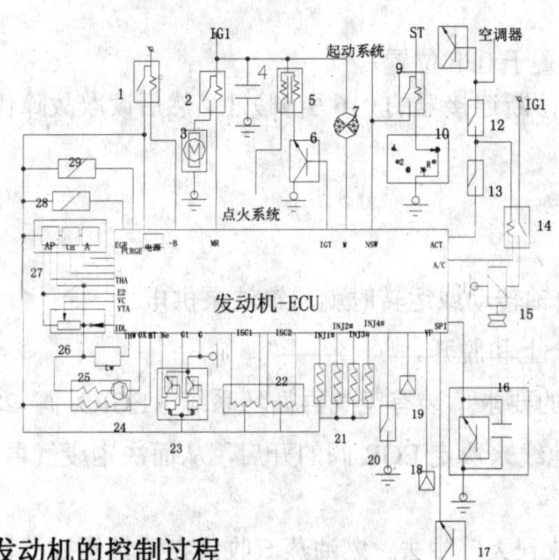

1—发动机控制继电器 2—输油泵控制继电器 3—输油泵 4—电容器 5—点火线圈 6—功率晶体管 7—电容器 8—发动机检查灯 9—起动机保护继电器 10 防手动换档开关 11—空调放大器－ECU 12—双重压力开关 13—A/C 制冷剂温度开关 14—A/C 压缩机继电器 15—电磁离合器 16—车速传感器 17—ABS-ECU 18—故障诊断连接器 19—点火正时调整用连接器 20—动力转向油压开关 21—喷油器 22—怠速伺服机构 23—分电器总成 24—氧传感器 25—发动机冷却液温度传感器 26—节气门位置传感器 27—空气流量传感器 28—EGR 电磁阀 29—油箱通风阀

1.3.3 发动机的控制过程

多点燃油喷射系统包括检测发动机工况的传感器，发动机ECU根据这些传感器发出信号控制该系统，各促动器在发动机ECU的控制下工作，发动机ECU具有燃油喷射控制、怠速控制和点火正时控制等功能。并且，发动机ECU还带有发生故障时简化故障排除的若干故障诊断方式。

（1）燃油喷射控制

对喷油器驱动正时和喷油器正时以及喷油量进行控制，从而对发动机提供最佳的空气／燃油混合比，与不断变化的发动机运转工况相适应。在每个气缸进口安装有单式喷油器。燃油由输油泵从燃油箱压送出，压力由燃油压力调节器调节，经调节后的燃油被分送到每个喷油器。在正常的情况下，曲轴每转二转每组2缸喷射燃油一次。这称为成组燃油喷射。当发动机在冷态或在高负荷下运转时，发动机ECU进行“开环”控制来供给浓的空气／燃油混合气，以确保发动机的性能。

（2）怠速空气控制

按照怠速工况和怠速时发动机负荷的变化，控制节气门旁通的空气量使怠速保持最佳转速。发动机ECU驱动怠速控制（ISC）电机，根据发动机冷却液温度和空调器负荷使发动机保持在预先设定的怠速下运转。并且，在发动机怠速的状态下接通和关闭空调器开关时，ISC电机将根据发动机负荷状况来调整节气门旁通的空气量，以避免发动机转速波动。ISC电机与怠速控制阀做成一体，装在进气总管上。

（3）点火正时控制

点火初级电路的功率晶体管通过接通和断开来控制流向点火线圈的初级电流，以此控制点火正时，从而根据发动机运转工况来提供最佳的点火正时，点火正时由发动机ECU按照发动机转速、进气量、发动机冷却液温度传感器和大气压力来决定。从分电器送来Ne，G转子信号确定1缸上止点。进而确定各缸的点火正时。

（4）自诊断功能

当与排放控制有关的传感器或促动器检测到异常情况时，发动机警告灯点亮以此通知驾驶员。

当传感器或促动器检测到异常情况时，相对此情况的故障诊断代码就会输出。

发动机ECU内的RAM数据与传感器或促动器相关，可以通过MUT—II读出；并且促动器在某些情况下可被强制驱动。

读取和清除故障诊断代码的方法：

注意：

- 蓄电池电压低，则故障诊断代码不会输出。所以在进行检查前，应确认蓄电池是否正常。
- 如果蓄电池脱开或发动机ECU连接器脱开，则储存的故障代码会被清除。因此，在故障代码未被读出前，不要脱开蓄电池。
- 连接和脱开MUT_II时，都应将点火开关置于OFF位置。

使用MUT-II读取故障代码时把MUT-II接到故障诊断连接器的（16引脚）上，然后读取故障代码。(参照故障诊断代码检查表,修理故障部位)。

使用发动机警告灯（发动机检查灯）读取故障代码。

（5）其他控制功能

1） 输油泵控制接通输油泵继电器，则在发动机曲轴转动或运转时就向输油泵供电。

2） A/C继电器控制，控制A／C压缩机离合器的合上和脱开。

3） 废气再循环（EGR）系统。为了满足排放控制的要求，装有废气再循环系统（EGR）阀28，发动机ECU根据温度、负荷和车速，通过驱动EGR阀的地线来决定EGR阀的开启，从而决定废气再循环率，降低NOx的排放。

油箱通风系统可以防止油箱内产生的燃油蒸汽释放到大气中去；燃油蒸汽收集在活性炭过滤器并由此进入发动机进行燃烧，油箱通风的主要元件有：活性炭过滤器的电磁阀29，电磁阀将燃油蒸汽从活性炭过滤器中抽入曲轴通风管，从这再进入进气歧管。

活性炭过滤器，当发动机工作时，活性炭过滤器的电磁阀 29 打开，活性炭过滤器中的燃油蒸汽传入进气歧管。

2 结束语

电控燃油喷射系统目前在国内部分城市(如北京)要求达到国际先进水平，排放控制达到欧 II 标准；其本身系统所含技术比较高，但是随着技术的不断更新，只有瞄准世界上最新的技术，掌握和采用新技术，才会缩短与汽车先进国家的差距，达到改善环境的目的。

参考文献

1 付百学. 汽车电子控制技术. 北京：机械工业出版社

2 葛仁礼. 汽车新结构新技术及其使用与维修. 西北大学出版社

3 汽车电器

4 维修手册. 三菱公司

轻型汽油车简易瞬态工况污染物排放检测系统

姚圣卓 刘昭度 齐志权 马岳峰 胡剑威

北京理工大学 北京金铠星科技有限公司

[摘要] 北京金铠星科技有限公司和北京理工大学联合开发的“轻型汽油车简易瞬态工况污染物排放检测系统”，填补了国内空白，其性能指标和功能特点完全满足 DB11/123－2000《轻型汽油车简易瞬态工况污染物排放标准》的要求。该系统基于污染物质量排放测试，具有测试方法简单、测试结果准确、排放判定方法科学的独特特点，对于有效控制减少车辆污染物的排放，改善大气空气质量，具有重要的现实意义。

关键词：质量测试 简易瞬态工况 排放 VMAS 设备

[Abstract] The test system of VMAS developed by Beijing Jinkaixing Technologies Co., Ltd. and Beijing Institute of Technology is the first vehicle pollutants test system based on mass measurement in China, which meets the requirements of “Emission standard for exhaust pollutants from light-duty gasoline vehicle under short transient drive cycle”. Owing to its simple test method, perfect testing results and scientific method for emission cut-point settings, so that it will do great contributes to the reduction of vehicle pollutants and improvement of air quality.

Key words: mass measurement short transient drive cycle emission VMAS equipment

引言

轻型汽油车简易瞬态工况污染物排放检测系统（简称 VMAS 系统），是基于汽车污染物质量排放的测试系统。与基于浓度排放测试的稳态加载工况法相比，质量排放测试能够直接获取汽车污染物的排放总克数，可以更为准确地模拟车辆的实际工作状态，更为客观、公正地判断车辆的排放状况，不会因车型和排量等方面的差异造成误判。与 IM240 排放检测系统相比，检测时间短，检测效率高，检测费用低，成本低，维修费用低，使用方便，适于汽车检测站使用。与双怠速法相比，不仅能检测出 CO 和 HC 的浓度，还能检测出 NO 的浓度，对汽车排放状况的检测更准确。

本系统采用了 195s 短工况测试，该工况取自欧洲 ECE R15-03 法规测试工况 4 个工作循环中的一个循环，车辆为热启动状态，测试过程涵盖车辆怠速、加速、减速、匀速等多种工况，VMAS 系统的性能指标和功能完全依据 DB11/123－2000《轻型汽油车简易瞬态工况污染物排放标准》的要求开发。

1 VMAS 检测系统的硬件组成和功能

VMAS 系统的硬件主要由底盘测功机、五气仪、流量计和主控计算机等 4 部分组成，如图 1 所示。

底盘测功机由滚筒、功率吸收单元、惯量模拟装置、举升器和转速测量系统等组成，用于模拟车辆在道路上行驶的瞬态工况负荷，并实时测取当前车速。

五气仪通过采样探头直接获得汽车原始排放气体的浓度值，其中，CO、CO_2 和 HC 采用不分光红外法（NDIR），NO 和 O_2 采用电化学法测量，测得的浓度值根据使用的燃料种类进行稀释修正和湿度修正计算。

流量由流量采集软管、风机、流量传感器、O_2传感器、温度和压力传感器等组成，用于测量经风机吸入的稀释气体的流量，稀释气体由排放剩余尾气和环境空气混和而成，通过计算气体中 O_2 稀释比，可以得到尾气的实际流量，再经温度和压力修正，获得标准体积流量。

依据所述采集的标准体积流量值和修正后的各污染物浓度值，再乘以各污染物在标准状态下的密度值。可实时计算出各污染物气体的排放质量。

主控计算机和五气仪、流量计之间采用 RS-232 串行端口进行通信，是检测系统的核心，负责发送控制指令、接收数据、计算分析、显示和打印排放测试结果等工作。

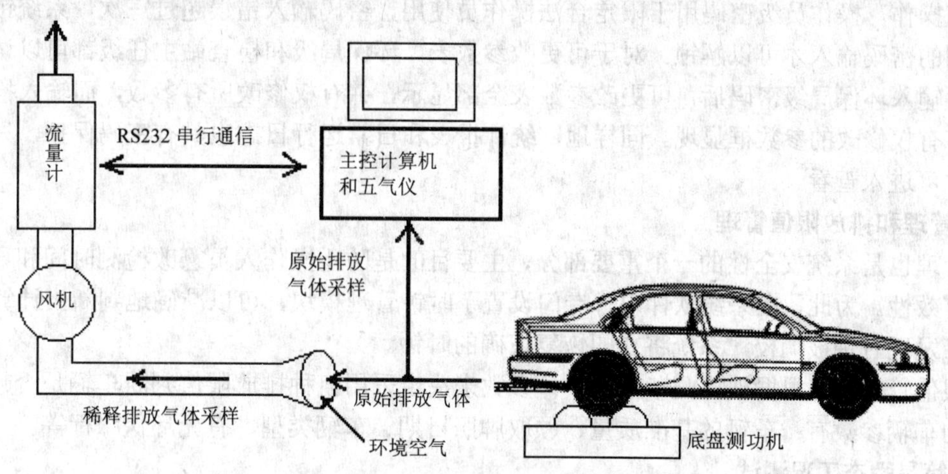

图 1　VMAS 排放检测系统的硬件组成

2　VMAS 检测系统的软件功能和特点

自主开发的 VMAS 测试系统软件，基于微软视窗平台的全简体中文界面，软件操作流程全部采用了顺序式的工作模式，界面简单、明了，易于操作。软件的主要功能包括：底盘测功机、五气仪、流量计等硬件设备的自检，各硬件设备及其传感器的标定，操作权限设置及三级密码管理，时钟管理；排放限值管理，安全操作，被试车辆信息录入，设备、仪器、被试车辆和操作规程状态显示，195s 简易瞬态工况测试，测试过程数据和测试结果的记载和查询，12 种测试结果曲线回放及打印，联网数据库和单机数据库管理等。适用于《标准》规定的各类汽油、甲醇或乙醇、压缩天然气、液化石油气以及双燃料车辆。

VMAS 测试系统软件的一些主要功能及其特点如下所述。

2.1　硬件设备自检

VMAS 系统在进行 195s 简易瞬态工况测试之前，首先对网络服务器、底盘测功机、五气仪、流量计进行自检，以确保各设备工作的正常性。为防止操作失误带来的问题，提高系统工作的可靠性，系统允许首次自检失败后，提供一次重试的机会，并提示错误信息和相应帮助文件，引导操作员及时发现和解决问题。

底盘测功机自检的内容包括：通信检测，举升器升、降检测，驱动电机检测和速度传感器检测。五气仪自检的内容包括：通信检测，设备预热检测，HC、CO、CO_2、NO 调零，O_2 量程校准，低流量检测，HC 残留量检测等。流量计自检的内容包括：风机流量测试；环境 O_2 测试。

2.2　硬件设备及其传感器标定

VMAS 系统对每一设备设置了具体的标定限定时间，并将其写入注册表，以实现设备的定期标定。标定时间按日计算，以倒计时方式进行。限时到期，系统转入标定程序，标定完成后，标定限定时间自动恢复，程序继续工作。

底盘测功机标定的内容包括：压力计标定，转速传感器标定，加载滑行测试，寄生功率测试，变载荷测试等；五气仪标定的内容包括：HC、CO、CO_2、NO 零点标定，O_2 量距点标定，HC、CO、CO_2、NO 高量程和低量程标定。流量计标定的内容主要是稀释 O_2 传感器的标定。考虑到设备标定过程中需要操作员有大量的手动操作参与，系统软件中在每一步中都给予了详尽的提示信息，引导操作员顺利完成标定工作。

2.3 操作权限设置及三级密码管理

主控计算机启动后，不进入 Windows O/S 操作系统，直接进入 VMAS 系统，其目的是为了避免操作人员通过 Windows 操作系统对 VMAS 系统信息的无意修改，从而提高了系统使用的安全性。每台 VMAS 设备都设置了认证编号，由认证单位输入并锁死，保证了排放测试系统使用的合法性。

系统软件根据管理权限，采用了三级密码，即环保局级、检查站主任级和操作员级，权限从高至低，以保证规范操作。操作员级密码用于限定合法操作员使用，密码输入错误超过三次，系统锁止，此时，只有更高级别的密码输入才可以解锁。对于可更改参数表，环保局级和检查站主任级都可以访问，但访问的对象不同，输入环保局级密码后，可更改参数表全部显示，并有权修改所有参数，而输入检查站主任级密码后，只有有权修改的参数框显现。同样地，统计报表和日常运行日志也具有密码保护，只有一定权限的相关人员才可进入查看。

2.4 时钟管理和排放限值管理

时钟管理也是系统安全性的一个重要部分，主要目的是防止操作人员篡改检测时间和日期，以保证排放检测的有效性。为此，在系统软件中，专门设置了时钟管理模块，可以准确地判断出计算机时钟是否被调校，一旦发现时钟被调校，系统将立即恢复正确的时钟。

排放限值管理，是根据被检测车辆的具体参数来决定采用何种排放限值判断车辆是否超标排放。决定排放限值的车辆参数有：车辆的基准质量、领取牌照日期、车辆类型、有无环保绿标等。

2.5 195s 简易瞬态工况测试

195s 简易瞬态工况测试，是对车辆尾气排放数据实时采集、计算，监测整个检测过程系统状态，并且以动态图形显示整个检测过程。系统的排放数据采集频率为 1Hz，测功机加载、车速采集和图形显示刷新频率为 40Hz。实时采集得到的排放数据主要有：原始 HC、CO、CO_2、NO、O_2 和稀释 O_2 的浓度，稀释气体的流量、温度和压力。系统计算过程如下：

首先，将稀释气体的流量通过温度和压力修正转换为标准流量，通过原始 O_2 和稀释 O_2 的浓度计算稀释比 R，进一步计算出标准尾气排放流量；然后，根据 HC、CO、CO_2、NO 的浓度结果及环境大气参数计算气体稀释修正系数 DCF 和湿度修正系数 KH，空燃比 λ，并得到修正后的 HC、CO、CO_2、NO 的浓度；最后，根据修正后的气体浓度、尾气排放流量以及标准状态下各气体的密度，计算出各排放气体的质量。

整个检测过程中需要监测的系统状态主要有：通信状况，抗稀释状况，原始气体采样的低流量状况，稀释气体采样的低流量状况、车速连续 3s 超差、车速累计 15s 超差，扭矩加载连续 3s 超差、扭矩加载累计 15s 超差等。其中，抗稀释状况是判断采样探头是否松脱，一旦采样探头松脱，环境空气被吸入，气体中 $CO+CO_2$ 势必小于判定限值，一旦小于判定限值，该组采样数据无效。原始气体采样出现低流量的主要原因是采样探头、滤芯堵塞或严重污染，或采样软管受到挤压、弯折造成的。稀释气体采样出现低流量则多半是由于风机电源失效引起的。系统一旦检测到上述状态异常，将迅速停止采集，向操作人员发出报警信息，并提示重新进行 195s 简易瞬态工况测试。

整个 195s 简易瞬态工况测试过程车速工作曲线都是以动态的图形方式滚动显示的，图中除了绘有醒目的理论车速、工作车速、车速指示光标和公差带曲线外，还有详尽的司机助提示，提醒驾驶员何时进行离合器和换档操作。由于 195s 简易瞬态工况测试的车辆为热启动状态，需要 40s 的怠速热机，为此，系统特别制作了 40s 倒计时的表盘，给驾驶员一个更为直观的印象，怠速结束后，表盘自动消失，195s 简易瞬态工况测试开始。

2.6 12 种测试结果曲线回放及打印

195s 简易瞬态工况测试结束，系统将对 12 种测试结果曲线进行回放及打印，这 12 种测试曲线分别为：HC、CO、CO_2、NO 的 4 条浓度曲线和 4 条质量曲线，原始 O_2 和稀释 O_2 的浓度曲线，实际车速曲线，以及空燃比 λ 曲线。测试结果曲线的一个显著特点是可以实时缩放局部曲线，为准确分析曲线中各点值的变化情况提供了便利。

2.7 联网数据库和单机数据库管理

本系统软件具有联网数据库和单机数据库双重功能。

网络功能可以将系统同车辆信息公共数据库（VID）连接，使用 VID 中的车辆信息，保证了操作员正确操作，提高了检测效率，便于车辆管理机构对检测工作和车辆排放状况的管理。

考虑到网络故障和某些汽车排放检测部门目前尚不具备网络化管理的情况，本软件具有单机数据库使用功能，把被检测车辆的信息和检测结果都存储在本地计算机上。

数据库结构根据环保局的统一规定设计，检测数据可按照车主信息/车辆信息/检测结果/检测顺序号查询。

具有本机数据库的信息 7 次备份功能。以防止由于对数据库的误操作造成数据的丢失。备份超过 7 次，自动覆盖第一次的备份内容，并可根据检测站的使用要求增加备份次数。

日常运行日志的内容包括被试车辆信息，检测过程参数等，便于对检测过程监控。

车辆信息录入时，以车牌号为关键字对数据库查询，查询到的信息自动填写到车辆信息表中，提高了检测效率。调出被试车辆信息后，对于需要更新的数据，如里程表读数、车辆所有权的变更等，均可在车辆信息表中直接更改，更改后数据库自动更新。

可按年、月和日查看和打印检测统计报表。

具有实时时钟和日历。每次与中央数据库通信时，保持测试系统的时间和日期与中央数据库一致，避免人为修改检测时间和日期的行为。

3 结论

轻型汽油车简易瞬态工况污染物排放检测系统，由于具有很强的科学性、客观性和公正性，填补了我国在汽车尾气简易工况法排放总质量检测的空白。该系统的普遍应用对提高我国城市环境空气质量，降低汽车尾气污染排放等方面起到积极的作用。

参考文献

1 北京市地方标准. DB11/123-2000. 轻型汽油车简易瞬态工况污染物排放标准. 2000

2 Evaluation of Real-Time and Composite Mass Emissions Data from a VMAS, New York Department of Environment Conservation, Bureau of Mobile Source, Sept., 1998.

电喷发动机在特定温度环境下起动困难故障的诊断处理

徐兆松

跃进汽车集团公司南亚公司

[摘要] 本文通过对某一型号发动机在特定的温度范围内冷车起动困难的故障进行诊断分析，利用故障树分析方法，发现问题的根源是该车没有在使用地区做适应性标定试验的结果。通过对这一故障的诊断，对今后诊断电喷发动机故障找到了一些有效的分析方法。

关键词：发动机 电喷 故障 诊断

引言

故障分析的目的不仅在于判别故障的性质、查找故障原因，更重要的在于将故障机理识别清楚，提出有效的改进措施，以预防故障重复发生。通过故障分析，找到造成故障的真正原因 ，从设计、材料选择、加工制造、装配调整、使用与保养等方面采取措施，提高产品的可靠性。故障原因分析是一门涉及众多技术领域的综合学科：包括机械、数学、信息科学、计算机技术、电子技术、人工智能技术、系统工程和测试技术等各种学科的知识。而在诊断分析的过程中要采取的分析措施和方法有：特征信号分析、状态识别方法、小波分析、混沌与分形诊断、模糊诊断分析、神经网络诊断以及专家诊断系统等。

利用状态识别方法进行故障诊断分析包括时域模型识别法、距离函数分类法、逻辑判别法、贝叶斯分类法、故障树分析法和灰色模型关联度分析诊断法。而故障树分析法就是把所研究系统的最不希望发生的故障状态作为故障分析的目标，然后寻找直接导致这一故障发生的全部因素，再找出造成下一级事件发生的全部直接因素，一直追查到那些原始的、勿须再深究的因素为止。

1 故障树分析原理

故障树是由构成它的全部底事件的“并”、“交”的逻辑关系联结而成，为了对故障树进行定性、定量分析，必须给出故障树的数学表达式，即结构函数。系统发生故障可称为故障树的顶事件，记为 T，各部件的失效称为底事件。对系统和部件只考虑失效和成功两种状态，则底事件可定义为

$X_i=\begin{cases}1\\0\end{cases}$ 1—第 i 个底事件发生，0—第 i 个底事件不发生

如果用 Φ 来表示系统顶事件的状态，则 Φ 必然是底端事件状态 X_i（i=1，2…，n）的函数。

$\Phi=\Phi(X_1,X_2,\Lambda,X_n)$ Φ(X)为故障树的机构函数。

与门故障树的结构函数为：

$$\Phi(x)=\prod_{i=1}^{n}x_i$$

或门故障树的结构函数为：

$$\Phi(x)=\sum_{i=1}^{n}x_i$$

在结构函数中，所有底事件的“并”、“交”运算服从布尔代数运算法则。

2 发动机冷车起动困难故障树分析

由于我国电喷发动机的开发及标定在很大程度上受制于外国几大公司或其在中国的分公司。比如：意大利玛瑞利公司、德尔福公司、上海联合电子等。在其发动机的标定过程中，可以说是外方主宰着开发发动机中央电控单元（ECU）全部工作，这样势必造成中方人员对标定的过程及程序没有全局的了解，甚至可以说没有掌握关键的标定技术。

由于缺少对电喷发动机开发全局的理解和经验，致使某一发动机在使用过程中出现冷车起动不能着火的故障，环境温度在 20～25℃，而且是批量性的。经过多名训练有素及富有维修经验的老师傅进行现场维修，更换了大量的有关部件和零件，多日没有找到问题的根源，一筹莫展。并请该发动机标定开发公司的专家到现场去指导维修，利用故障诊断仪进行静态和动态检测，检测结果数据一切正常，没有发现故障的根源。

对于此类问题，运用故障树诊断方法可以解决问题的。假设发动机在 20～25℃温度下冷车起动困难为一顶事件 T，而所有与该事件相关联的部件为事件，燃油质量、火花塞、水温传感器、燃油压力调节器、燃油泵电路、油管、气缸压缩压力、开关状态信号电路、点火信号电路、进气温度传感器电路，点火线圈、喷油器和发动机 ECU 等。将以上部件按顺序列成故障树，如图 1 所示。

则故障树函数表达式为：

$$\Phi(X)=X_1+X_2X_3X_4+X_5X_6X_7X_8+X_9+X_{10}X_{11}+X_{12}X_{13}+X_{14}+X_{15}$$

由以下故障树图 1 可以看出，影响因素最多的是供油系统，其次是点火系统，在就是 ECU 信号接受系统。而利用故障树分析方法可知，该故障树函数的割集有 8 个，最小割集有 4 个。也就是故障诊断的重点是点火系统，燃油供给系统。

由以上的故障树列出的故障现象的影响情况，对影响不大的因素进行了初步分析。为了排除燃油品质对发动机起动的影响，取样故障车内的燃油，送当地技术监督局进行化验，结果显示燃油质量是符合要求的。这样排除了燃油质量问题对冷车起动的影响；同时也用气缸压力表检测了气缸工作压力，也在标准范围内；用故障诊断仪检测开关状态信号、水温传感器、进气温度传感器都是工作状况良好；并用压力表检测燃油管路的油压，结果显示油压在规定的范围内，也排除了燃油管路的问题引起的可能性等。全部检查结果显示，发动机机械部件一切正常，而唯一不明确的是发动机中央控制单元（ECU）在冷车起动的控制情况，发动机喷油时间及点火控制。

经过运用对比法更换及检查火花塞、控制线束、点火线圈，没有发现故障现象有所变化，所以排除了点火系统对起动的影响；剩下的就是 ECU 的冷车起动控制喷油器和喷油时间问题，经过对喷油器进行检测，没有发现问题。唯一可以认定的是冷车起动的喷油控制时间问题了。

另外，经过初步的分析发现：在冷车起动时，有第一次不着火，但第二次顺利着火的情况。这说明在第一次起动时尽管没有起动发动机，但已经向气缸内喷了部分燃油，附在燃烧室的表面，第二次起动又向气缸内喷了部分燃油，二者加起来，结果加浓了混合气的浓度，故第二次能顺利起动发动机。由此，说明冷车起动混合气浓度不能满足起动的需要，即混合气浓度过稀。由于 ECU 是根据发动机的水温和进气温度以及进气压力来控制喷油时间—喷油量，为了验证这一设想的正确性，于是采用人为改变 ECU 控制喷油时间，将水温传感器的阻抗进行改变；将不同的阻抗对应不同的温度的负温度系数的水温传感器用定值电阻替代，用故障诊断仪（EXAMINER）进行适时监控，让其温度降到 15℃（对应的阻值为 3kΩ左右），水温传感器温度对应的阻抗见下表 1 所示：

表 1 水温传感器温度与阻抗对照表

温度（℃）	-20	-10	0	10	20	25	30	40	50	60	70	80	90	100
阻抗（Ω）	15970	9620	5975	3816	2500	2044	1679	1150	807	576	418	309	231	176

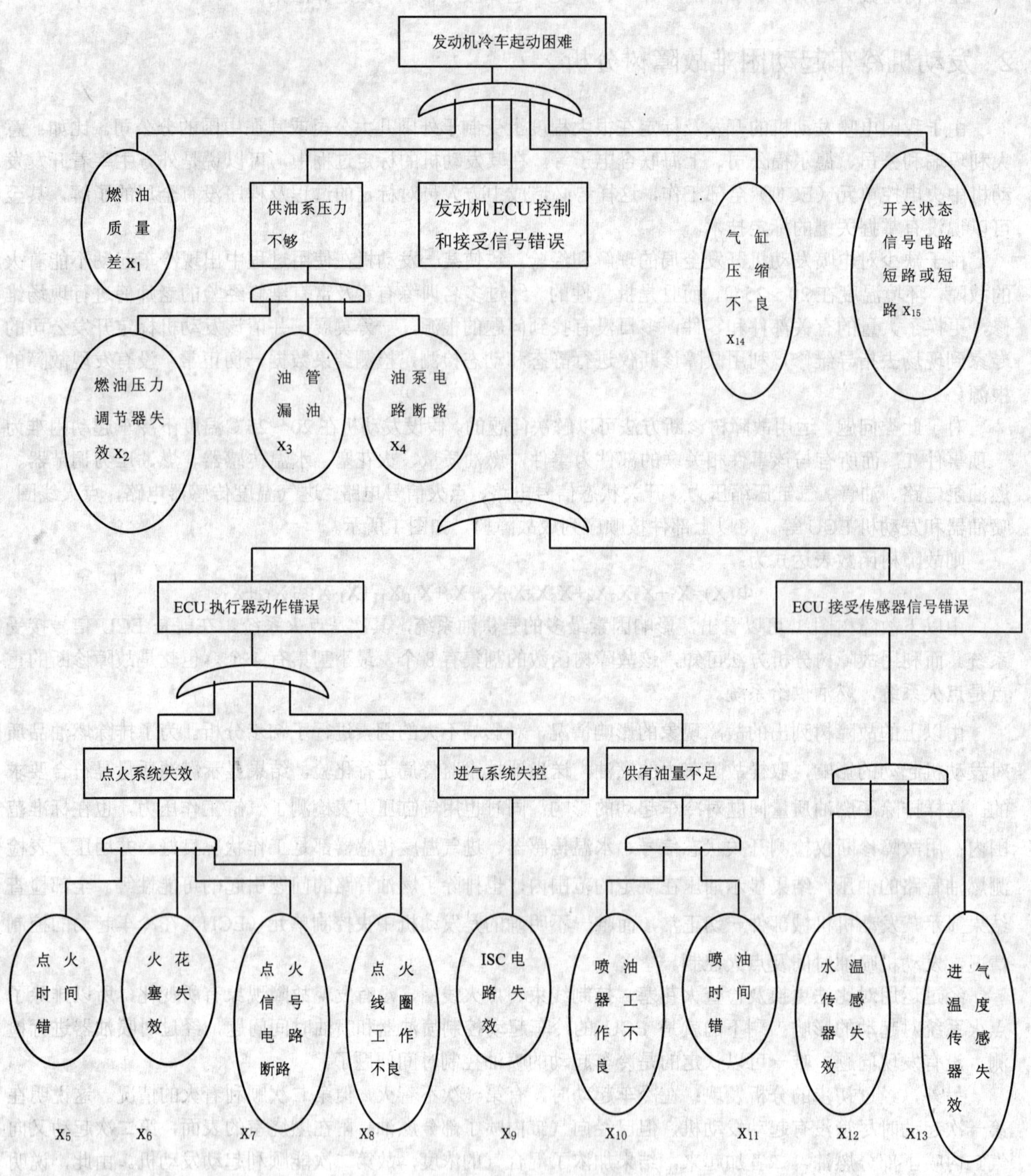

图 1 发动机冷车起动困难故障树

作好可靠接线工作，用故障诊断仪检测，一次起动成功；接下来进行第二次、第三次……，每次都能顺利起动，没有异常情况发生。为了确认此项结果的可行性及正确性，我们在另外两辆车有同样故障现象的车辆上做同样的试验，分别将水温传感器温度人为降到 18℃（2.8kΩ）及 13℃(3.4kΩ)，结果都是一次起动成功。再把水温传感器恢复到原来的状态，起动困难故障依然存在。

通过故障树分析和实践检验，说明发动机中央控制单元（ECU）的冷车起动数据在 20～25℃数据标定存在疑问，车辆在此温度段内做标定时可能没有做细致的工作，混合气浓度不够是造成起动困难的根本原因。经过调查得知，是由于该车没有在使用地区做适应性标定试验。所以更加坚定了对该分析结果的确定性。

3 结论

通过对该车冷车起动困难的分析，得到如下结论：进行故障诊断工作，首先要学会诊断的基本理论和方法，运用正确的理论和方法，能使诊断工作事半功倍；其次对故障系统及其组成系统的部件的工作原理要有比较清楚的认识，便于对系统进行故障描述和分类，找到顶事件和底事件，合理地绘出故障树，分析的结果才会正确。

参考文献：

1 肖云魁编著. 车故障诊断学. 北京理工大学出版社.

2 白峰，张凯良等编著. 丰田轿车结构与维修. 辽宁科学技术出版社

燃料电池发展浅谈

秦小奎 马 勇
郑州宇通客车股份有限公司 郑州宇通工业园

[摘要] 本篇文章收集调研了当前国内外从事燃料电池及燃料电池电动车公司或科研机构的大量资料、信息。分析了上世纪 90 年代以来世界燃料电池电动车的研制开发背景、现状及将来发展趋势，综合介绍了燃料电池的工作原理、结构特点、优缺点、研制动向，并对国内外汽车公司的燃料电池电动车的研制现状、技术难点、发展趋势、市场预测及竞争的态势作了客观的介绍，供业内人士参考。

关键词：汽车 燃料电池 催化剂 混合动力汽车 清洁 无污染

前言

减少大气污染、改善人类生态环境、节省石油资源是本世纪初的三大难题。石油资源紧缺曾经是制约中国轿车工业发展，尤其是轿车进入家庭的重要因素。但是环顾世界各工业，并没有因为担心有朝一日石油资源将会枯竭而限制汽车的生产和使用。当然，能源压力是有的，推动世界汽车业主要在开发汽车的替代燃料和节能两个方向下工夫，替代燃料还包括液化石油气、压缩天然气、甲醇和电能。不过最新的技术当属氢动力车。这项技术从 20 世纪 60 年代登月后第一次使用，它将氢气和氧气混合在一起制造出电力驱动汽车。它绝对不会破坏环境，它的副产品只是热量和纯净的水，宇航员都可以喝。2000 年秋季，在交通部北京试车场，通用公司展示了一辆 HyWire 燃料电池动力车。它以中国火箭研究院提供的液态氢作燃料。氢与空气中的氧分别进入燃料电池的两端，氢氧渴望化合，中间却隔着极薄的电解膜。氢的电子被电解膜阻隔，收集起来成为电能驱动电动机；质子却可以通过电解膜与氧化合为水，故排放污染为零。试验车没有噪声，动力充足，时速 140 公里。氢动力车关键的技术在燃料电池的体积，德国奔驰第一代燃料电池车，当时燃料电池几乎充满一个旅行车的车厢。现在已经小到可以藏在轿车的座椅下了。汽车是上述三大难题的始作俑者，据介绍全球大气污染的近一半是由于汽车造成的，全球 80%以上的石油资源被汽车消耗。汽车的排放物被认为是全球温室效应的第三大制造者，它导致了全球变暖，政府认为现在迫切需要鼓励发展更为清洁的汽车。节能、高效、低污染的燃料电池，是解决上述三大难题的最理想的动力源，它将成为第三代动力源（第一代蒸汽机，第二代内燃机）。它的成功将会是汽车工业的又一次重大变革，也将带来下一个工业革命。所以研究开发燃料电池电动车具有战略意义。因此受到世界发达国家的高度重视，投入了大量人力物力进行研究开发并取的了很大的进展。

1 什么是燃料电池（Fuel Cell）

燃料电池是一种化学电池，但是，它工作时需要连续地向其供给活物质(能起反应的物质)——燃料和氧化剂，这又和其他普通化学电池不大一样。由于它是把燃料通过化学反应释放出的能量转变为电能输出，所以才被称为燃料电池。具体来说，燃料电池是一种将储存在燃料和氧化剂中的化学能，通过催化剂的作用，使氢与氧发生化学反应，等温、高效、无污染地转化为电能的发电装置，其反应过程不涉及到燃烧，能量转化率可高达 80％，实际使用效率是普通内燃机的 2 倍以上。其燃料除氢气、石油外，还可使用天然气、甲醇、煤以及其它非石油基燃料，由于汽油中含有大量氢，世界各公司正在寻找合适的催化剂，以将汽油中的氢分解出来，供燃料电池使用。

燃料电池具有两大优点：一是发电效率高达 40%～60%，如果组成联合供电供热系统充分利用余热，则整个系统的效率可高达 80%。二是在发电中不产生氮和硫的氧化物，用这种方式发电对保护环境具有重大意义。

燃料电池与其它发电方式相比有独到的特点，第一，它是静止型直接发电，不象火力发电那样，先把燃料的化学能变成热能，再变成机械能最后才转换为电能，而是直接变成电能，不存在汽轮机、发电机等机械系统，也不存在零部件的疲劳、磨损等问题，大大增加了运行可靠性；因为它是静止工作，无噪声、无振动、可以直接安装在大楼内工作，省去了远距离的输送线路。第二，它是由许多单元组成模块而工作，首先用两片电极夹住一片电解质板，组成一个单元。再由上百个这样独立单元堆叠在一起，形成一个燃料电池组，再把许多燃料电池组集合成在一起，便形成了一个发电站。其发电效率同发电站的规模大小无关，只取决于每个独立单元的发电效率。因而尽管是小规模的发电站也具有高的发电效率。第三，灵活性大，适应性强，作为燃料电池的燃料，并不是直接向它供给氢，而是供给各种碳氢化合物，除可供液化石油气、沼气之外，还可以供给甲醇、煤油、粗汽油等。

燃料电池（ＦＣ）具有能量转化率高，燃料多样化，环境污染小、噪声低、可靠性强、维修性好等特点。因此开发燃料电池汽车，在能源环保形式日益严峻的情况下倍受瞩目。

2　燃料电池的种类及用途

目前国内外积极研制的燃料电池主要有以下几种：

种类	工作温度（°C）	催化剂(铂金量)	主要用途
固体高分子交换膜子燃料电池(PEMFC)	80~100	少量	热电站，分散电源，移动电源，汽车
碱性燃料电池(AFC)	低温	需要	刚开始理论研究
磷酸盐燃料电池(PAFC)	190~220	需要	热电站，分散电源
熔融碳酸盐燃料电池(MCFC)	600~700	不需要	热电站，分散电源，大容量电源等
高温固体氧化物燃料电池(SOFC)	900~1000	不需要	热电站，分散电源，大容量电源等

其中固体高分子交换膜子燃料电池(PEMFC)体积小、工作温度低、无污染（电解质泄露）、效率高等特点，是汽车最理想的动力源，目前各国研制的燃料电池汽车均采用这种形式的燃料电池

3　国内外的研究现状

国外情况：美国通用电气公司是最早研制燃料电池的公司，早在 20 世纪 60 年代就将燃料电池用于宇宙飞船，目前该公司正与美国杜邦公司合作，已将 PEMFC 的性能，比功率提高了 5 倍以上。美国能源伙伴公司目前已能提供 5KW,10KW,20KW 的燃料电池，并装于混合动力汽车上。美国国际燃料电池公司(IFC)研制的 PC29 型燃料电池，装于电动汽车上，其燃料经济性指标，可达到美国政府“PNGV”计划中的 2004 年指标。加拿大的巴拉特公司是一家专门研究燃料电池的公司，目前处于世界领先水平。它与德国奔驰公司，美国福特公司合作研制了多种燃料电池电动汽车，有的已投入实际使用试验，日本各大公司也进行了大量的研究开发工作，并取得了很大的进展。根据日本有关报道，到 2004 年燃料电池汽车将达到商用化程度，美国通用汽车公司研制的“氢动一号”燃料电池概念车，已提供作为 27 届悉尼女子奥运会马拉松比赛的开道车，它代表当今的最高水平，也预示燃料电池电动汽车已接近实用化的程度。通用首席环境官、负责环境和能源事务的副总裁米纳诺说，以石油为基础的汽油和柴油都是近期最佳的燃料，一种类似汽油的燃料则是氢燃料电池车普及之前最好的过渡燃料。通用打算将这种从汽油中提炼的燃料应用于燃料电池汽车和普通汽车中，最终使用氢燃料，这种做法将避免为发展燃料电池汽车而建设高成本、临时性的非汽油类燃料供给基础设施。

目前世界各大厂商已结成两大集团，以丰田、通用汽车公司为一方，以戴姆勒—克莱斯勒、福特及三菱汽车公司为另一方，展开了激烈的燃料电池车技术开发竞争。

由于各国政府和有关企业的重视，燃料电池近来发展迅速，效果显著，下表是 PEMFC 研制进展的成果表：

	1994 年	1996 年	1998 年	目标
单元规格（kW）	5~10	30~40	120	
燃料电池本体比功率（W/L）	250	500	1000	1000
价格（美元/KW）	3500	1000	500	30
铂载量(mg/cm^2)	8	2~4	0.5	0.2
铂的利用率（%）	<2	10	20	50
CO 允许量（10^{-4}%）	10	30	100	100

国内情况：我国在 1995 年才开始进行固体高分子交换膜燃料电池（PEMFE）的研究。中科院大连化学物理研究所在“九五”期间承担了国家重大科技公关项目“燃料电池技术”研究，在关键部件和关键技术方面取得了进展。先后研制出 200W、1kW 和 5kW 的燃料电池组。并继续进一步向小型化、轻量化发展。将在近期内装车实验。此外北京富原公司、上海神力公司、清华大学、交通大学、天津大学及上海空间能源所等单位也从事这方面的研究，也都取得了一定进展。北京富原公司、清华大学合作研制了一辆燃料电池汽车，参加了 2000 年北京国际环保展览会。该公司在目前国内处于领先水平。在燃料电池汽车的开发上，国家科技部已将燃料电池汽车的开发列为“863 计划”的重大专项，在关键技术与产业化方面取得重大突破的基础上，率先开发出燃料电池公共汽车和大巴，进而向中巴、小巴和轿车发展。“十五”末期，开发出具有市场竞争力并能实现规模生产的燃料电池汽车，关键技术与零部件具备产业化能力与先进技术水平。

4 存在问题及难点

燃料电池车最大优点是清洁、无污染，所排出的唯一废弃物为水分。各大汽车厂商都认为近期内有可能取代传统汽车的清洁交通工具只有燃料电池车。为此，它们纷纷敦促本国政府制定相关的产业政策，美国能源部已制订了“氢计划”，提出要在 2010 年让燃料电池车在汽车市场上占据 25%，日本经济产业省不久前提出的发展目标是在 2010 年前要把汽车用燃料电池的价格降低到普通汽油发动机的水平，并且要首先从政府机关开始普及燃料电池车。虽然燃料电池电动汽车近些年来取得了很大进展，但由于目前还存在一些难以在短期内解决的技术问题，影响了它的实用化进程。其主要难点有:

1) 固体高分子质子交换膜燃料电池（PEMFC）还需要贵金属铂作为催化剂，它不仅价格昂贵，而且产量小。目前世界铂金的年产量仅 70 吨，按现在燃料电池的用量计算，仅够 30 万辆左右的汽车使用。因此，必须研究出铂金的代用材料，方有可能大量推广使用。

2) 氢气的来源、储存以及将燃料（石油、天然气、煤、甲醇及其它非石油基燃料）转为氢气的重整器问题尚未解决。特别是重整器，它是一个小化工厂，要求体积小、重量轻、安全可靠，适宜车上安装，且价格便宜，其难度更大。

3) 防止 CO 对燃料电池电极的毒化作用。在氢燃料中即使有微量的 CO、都会显著降低催化活性，使电池性能急剧下降。因此，必须严格控制 CO 数量。

4) 燃料电池工作时水分的调节控制。在工作中，水分过多或过少，都将大大影响燃料电池的性能。因此，必须将水分严格控制在一定范围内。

5) 价格问题。目前的燃料电池价格虽有大幅度的下降，但还是太高，目前大约要（500 美元/kW）以上，目标要求达到 30～50 美元，才有可能与目前的内燃机竞争。

据专家分析，要解决上述问题，使其达到实用化大批量使用程度，乐观估计需 10～20 年，有的估计需 20～30 年时间。也有专家认为，燃料电池汽车和电动汽车关键技术取得突破及实现产业化预期较远，并存在较大不确定性。因此技术基本成熟的混合动力汽车可作为近期研发、中期产业化的重要选择；目前，国内在燃料电池和电动汽车电池等关键技术有待继续深入研究，还没有取得实质突破，制约着燃料电池汽车和电动汽车的产业化。一旦取得突破，将加快燃料电池汽车和电动汽车的产业化。

5 结论

据大量的调查研究表明，混合动力汽车是目前解决环境与能源问题最切实可行的方案，也是近期汽车发展的主要趋势。世界各主要发达国家都投巨资进行开发。并取得了可喜的进展，目前已达到或接近实用化程度。

混合动力汽车的发动机比现在汽车发动机小，电池比纯电动车的电池小，其一次加油行驶里程以及动力性与目前汽车差不多，但油耗及排放量大大减少，日本丰田公司开发的混合动力汽车“先驱者”（PRUS）可节油 50%，二氧化碳量减少一半，HC、NO_X、CO 减少 90%。

在刚刚落下帷幕的第四届上海国际工业博览会上，一辆“没有发动机”的小轿车——“春晖一号”的出现，让不少参观者为之驻足。这辆汽车使用了由锂电池和氢燃料电池组成的新型动力装置，替代了传统的发动机、变速箱、机械差速器和机械传动轴等装置。

在同济大学汽车学院的实验室里，有正在研制的“超越一号”，和概念车“春晖一号”不同，“披着桑塔纳外衣”的“超越一号”具备了完整的车型，是一部真正意义上的燃料电池汽车。

●名词解释：混合动力汽车

混合动力汽车，顾名思义就是由发动机和电机混合驱动车轮的汽车。在一般情况下，汽车由电机驱动，发动机发电向电池充电，在高速、大载荷及加速时，由电机和发动机共同驱动，汽车制动时，其能量可以回收，将动能转为电能向电池充电。这样发动机可以保持在最佳的工况下运行，保证其油耗和排放量最少。

减少发动机排放污染和提高燃油经济性的新技术在中国汽车工业中的应用及前景

李 奇

上海联合汽车电子有限公司

[摘要] 结合目前中国汽车工业面临的减少汽车排放污染和提高燃油经济性的实际情况，对与发动机技术相关的一系列环保新技术及其在中国的应用现状以及应用前景进行了简要的介绍和总结，并针对下一步将要实施的欧洲三号和四号排放法规，提出了几种具体的解决方案。

关键词：发动机 排放污染 燃油经济性 发动机管理系统

Emission and Fuel Economy Improvement Technologies and Their Current and Future Applications in China

Li Qi

Technical center, United Automotive Electronic Systems Co. Ltd Shanghai

[Abstract] The automotive industry of China is facing the growing pressure to improve the emission and fuel economy. A series of environmentally friendly engine technologies and their current status and future applications in China are introduced and summarized briefly in this paper. Several schemes of solutions of EUIII and EUIV are proposed based on the European experiences.

Key words: engine emission fuel economy engine management system

由于对石油产品的过度依赖和诸如大气污染和全球气候变暖等环境问题的日益加剧，减少汽车排放污染和提高燃油经济性成为世界各国环境保护政策所关注的焦点。在过去的 20 年中，发达国家制订了一系列越来越严格的排放法规，把汽车工业推到了承担着在世界范围内改善空气质量的责任的前沿。在此期间，减少和净化汽车排放污染， 提高燃油经济性成为汽车技术进步的主题，大量新技术的研究和应用，也见证了汽车工业设计和制造更加环保的汽车的承诺。

在中国，在汽车保有和使用非常集中的大城市，汽车尾气排放也已经成为空气污染的主要因素。随着相当于欧洲二号的排放法规在北京和上海的实施，以及2008年北京奥运会和2010年上海世博会的临近（这将导致欧洲三号甚至四号法规的实施），国内的汽车制造商也加快了环保新技术的研究和应用，在联合汽车电子有限公司等主要的发动机管理系统供应商的大力协作下，几乎所有的轿车和微型车制造商，都已经具备满足欧洲二号排放法规的能力，并开始了满足欧洲三号法规要求的技术研究和开发，而个别技术领先的企业，则已经拥有生产满足欧洲四号排放法规的汽车的能力。

本文将结合国内汽车工业的实际情况，讨论与发动机技术相关的环保新技术在中国的应用现状以及应用前景。

1 减少和净化汽车排放污染技术

1.1 汽车排放污染及其来源

受到排放法规约束的主要污染物包括碳氢化合物（HC），一氧化碳（CO），氮氧化物（NOx）和颗粒物（PM）。

这些污染物一部分来自于汽车的尾气，由燃油和空气的混合物在发动机气缸内燃烧时产生。通常情况下，在汽车冷起动和暖机过程中，污染物的排放比较严重，随着发动机温度的上升，排放物迅速减少。

另外一部分污染物来自于燃油的蒸发，在汽车运行，停放和加油过程中，燃油的蒸发都会产生污染物，随着温度升高，产生更多的蒸发污染物。

其他的汽车排放污染物来自润滑油、轮胎、油漆、塑料零部件以及粘结剂等。

1.2 满足欧洲二号排放法规的基本配置

现阶段满足欧洲二号排放法规的基本配置主要包括实现空燃比闭环自适应控制的多点燃油喷射发动机管理系统（EMS）和三元催化转化器 （TWC）。

实现空燃比闭环自适应控制的多点燃油喷射发动机管理系统为了实现在各种工况下对燃油喷射量及点火时刻的精确控制，在工作时需要获取发动机的许多状态参数，这就导致了传感器的大量应用，包括：冷却液温度传感器、进气温度及压力传感器、空气质量流量计、氧传感器、发动机转速传感器、凸轮轴相位传感器、爆燃传感器、节气门位置传感器等。其他主要零部件包括：实现燃油精确定量喷射的喷油器（电磁阀），保证恒定喷油压力的电动燃油泵和压力调节器，实现点火提前角精确控制的电子点火系统，控制燃油蒸发排放的活性炭罐和炭罐控制阀，以及保证怠速空气量控制的怠速调节器等。

在这一阶段，涉及到发动机本身的改进不多，主要集中在为满足多点燃油喷射和三元催化转化器的应用而进行的进气和排气系统改造。国内大多数轿车和微型车发动机在原先使用化油器的基础上进行上述改造并匹配了联合汽车电子有限公司先进的发动机管理系统后，最终都达到了欧洲二号排放法规的要求。

但是，在对这些发动机进行改造并匹配发动机管理系统过程中也发现，如果不对发动机本身进行更多的技术革新，不采用更多的减少和净化排放污染的新技术，这些发动机将无法达到欧洲三号和四号排放法规的要求。

1.3 减少和净化排放污染的新技术

汽车尾气的排放（CO 和 HC）主要集中在车辆冷起动及暖机过程中，因为此时三元催化转化器还没有达到其起始工作温度（约 350 ℃），催化效率较低，而且在发动机温度较低时，还需要较浓的混合气来保证发动机的稳定运行。欧洲三号和四号排放法规特别强调了对冷起动和暖机阶段的排放控制，要求汽车制造商在继续改善发动机在正常工作温度时的污染物排放的同时，还要着重解决发动机在达到正常工作温度之前的排放问题。目前较为成熟的技术有：

- 紧耦合三元催化器

紧耦合三元催化器由于安装在距发动机排气歧管很近的位置，在发动机起动后能够较快达到其工作温度，从而提高了在暖机阶段的催化转化效率，降低了尾气排放量。

紧耦合催化器长期工作在温度很高的环境下，对催化器的载体和涂层提出了新的要求。

- 双催化器技术

双催化器技术包括两种情况，①前一个催化器是针对 CO 和 HC 的氧化催化器，而后一个是专门针对 NOx 的还原催化器；②前后两个催化器均为三元催化器，前面是一个较小的紧耦合三元催化器，达到快速起燃，减少起动暖机阶段排放的目的，而后一个安放在距发动机较远的车身下为主催化器。

采用双催化器必须考虑排气系统的布置，有时甚至需要对排气系统进行重新设计。另外在采用双催化器系统中的空燃比闭环控制和催化器监控，需要用到两个甚至三个氧传感器，导致成本增加。

- 增强催化器加热功能

通过进一步推迟发动机在暖机阶段的点火提前角，增强催化器加热功能。这要求发动机在暖机阶段能够在较晚的点火情况下稳定地工作。

- 二次空气喷射

为了减少发动机在起动和暖机过程中的污染物排放，在排气管处泵入新鲜空气，让此时未能充分燃烧的混合气进一步氧化，减少了污染物的排放，同时在排气管内进行的氧化反应会加快三元催化转化器达到其工作温度的时间，进一步减少污染物的最终排放。

采用该项技术需要增加二次空气泵，并对排气系统进行改造。同时，为了达到减少排放而又不影响发动机的冷起动及驾驶性能，必须在发动机控制系统中添加二次空气泵的控制模块，并针对不同的发动机进行准确的匹配。

- 废气再循环

将部分废气从排气管重新引入燃烧室，从而增加燃烧室中的废气比例，降低燃烧的最高温度，达到减少 NOx 排放的目的。对于 NOx 排放非常敏感的柴油机和汽油直喷稀薄燃烧的发动机，这项技术尤其有效。该项技术的最新进展是冷废气再循环，可达到进一步降低排放的目的。

理论上废气再循环能降低 NOx 的排放达 60%，但如果没有根据发动机的工况对废气再循环量进行精确的标定，会增加 HC 的排放及燃油消耗，并且使发动机工作粗暴。另外，废气再循环对驾驶性能的影响也不容忽视，会降低了发动机在急加速时输出扭矩的动态响应能力。在实际应用中还发现，由于废气中的杂质的存在（可能来源：汽油中的杂质，机油消耗等），可能导致废气再循环阀无法完全关闭，使发动机工作的可靠性和耐久性难以保证。

目前国内满足欧洲四号排放法规的轿车就采用了二次空气喷射，紧耦合催化器和废气再循环技术。

- 可变气门正时

应用电子控制技术，对进、排气门的开启和关闭进行优化控制，可以调节气缸的充气状况和残余废气比率（内部废气再循环），达到提高燃烧效率，减少污染物的产生的目的。可变气门正时同时也是提高燃油经济性的技术之一。

- 线性宽带氧传感器

线性宽带氧传感器能够在很宽的范围内（0.7<l<4）精确测量空燃比，从而实现对空燃比的更精确、更稳定的连续闭环控制，而不是象两点式氧传感器那样只能实现在 l=1 附近实现闭环控制。采用这种形式的 l 控制，能够迅速地补偿不可避免的稳态和瞬态控制偏差。采用线性宽带氧传感器，可以实现对发动机暖机阶段（l<1）的空燃比闭环控制和采用稀薄燃烧（l>1）技术的发动机的空燃比闭环控制。

- 进气涡流控制

通过对进入气缸的气体涡流进行控制，使空气与燃油的更加均匀地混合，从而使燃烧更加充分，减少污染物的产生。这对于空气和燃油的混合在燃烧室内进行的直喷发动机显得尤为重要，可以大大降低因为混合气不均匀而不完全燃烧导致的黑烟。

同时这项技术还用于进气管喷射发动机，来调节空气与燃油的混合状况，达到控制燃烧速率的作用。

- 高压喷射技术

通过燃油的高压喷射，可以使燃油产生良好的雾化，减少碳烟颗粒物和氮氧化物的产生。这项技术目前主要用于柴油机系统。

- 加大炭罐尺寸

通过加大活性炭罐的尺寸，增加炭罐吸收油箱蒸发的燃油蒸汽的能力，从而降低蒸发排放量。

2 提高燃油经济性技术

提高燃油的经济性不仅仅是为了节约使用有限的石油资源，还因为燃油经济性与二氧化碳的产生密切相关，在人们日益关注全球变暖的情况下，提高燃油经济性的技术也得到了很大的发展。

2.1 提高燃油经济性的成熟技术

提高燃油经济性的最基本的技术是尽可能减少发动机在工作中的能量损失，包括运动部件的摩擦损失，进气和排气时的换气损失等等。现在已经发展得非常成熟的提高燃油经济性的技术主要有：

- 多气门技术

增加进、排气门的数量可以有效地减少发动机进气和排气时的能量损失，达到提高燃油经济性的目的。同时多气门还可以改善混合气的形成，对控制排放也有帮助。

- 涡轮增压技术

涡轮增压技术通过将压缩气体喷入气缸来提高发动机的功率和扭矩，产生与增加发动机排量类似的效果。涡轮增压首要目标是要得到规定的最高性能，其次是要在低转速也要得到有效的增压。其最终目的是要最大限度地提高效率，为了实现这个目的，需要设计一种在初始阶段充压迅速的充压特性曲线，在经过这个初始阶段后，要求充压曲线平坦地延伸，得到稳定的高扭矩，它所覆盖的发动机转速和负荷范围越宽越好。机械式增压控制很难满足上述要求，德国 BOSCH 公司开发的电子增压控制系统能在整个发动机工作范围内大大改进增压特性，而且在过渡工况时也具有满意的响应特性。

虽然通常的运行工况下，采用涡轮增压发动机的燃油经济性会降低，但考虑到涡轮增压发动机在低转速时的大扭矩输出，如果驾驶模式得当，燃油经济性会得到提高。由于在涡轮增压过程中，气体的温度升高导致气体的膨胀，降低了增压效率，使气缸的充气量减少。中冷器的应用，改善了这一状况，从而进一步强化了涡轮增压技术在增加发动机功率，提高燃油经济性和减少排放污染等方面的优势。

- 可变进气系统

为了同时满足发动机在低速时的输出尽可能大的扭矩，在高速时产生尽可能高的功率的要求，可以采用可变进气系统，对发动机在各种工况下的功率和扭矩性能进行优化，在低速大负荷工况采用具有较长流道进气通道，在高速工况时采用具有较短流道的进气通道。通常采用的可变进气系统具有两种或三种流道轮廓，流道间的切换由发动机管理系统根据发动机的转速和负荷来控制。

- 降低发动机怠速转速

降低发动机的怠速转速可以有效地降低怠速时的油耗，这对于主要在城市中使用的车辆来说意义很大。但是这项看起来很简单的技术对发动机的设计提出了很高的要求，需要很好地控制发动机在低转速运转时的振动，保证怠速的动态稳定性并防止发动机熄火。设计精良的发动机可以保持低于 700 r/min 的稳定怠速，而目前我国的发动机怠速转速一般在 800r/min。

2.2 提高燃油经济性的前沿技术

近十年来，对提高燃油经济性的技术研究进入了一个新的高潮。在柴油机技术方面，高压共轨直喷和带中冷器的涡轮增压两项主要技术使发动机的燃油经济性得到很大的改善，这直接导致了柴油机在欧洲轿车中的广泛应用。国内的主要轿车制造商也正在进行这项技术的引进和吸收。

在汽油机技术方面，汽油直喷（包括稀薄燃烧技术）和汽油－电混合动力是两个重点的研究方向，这两项技术的研究都有很大的进展，目前这两项技术可以提高燃油经济性 30%到 100%。阻碍汽油直喷和混合动力技术得到广泛应用的主要原因是排放和成本。汽油直喷发动机 NOx 的排放控制有困难，虽然专门针对 NOx 的还原催化器可以部分解决这个问题，但同样面临着技术不成熟以及成本增加的现实。而汽油－电混合动力车辆则由于汽油机的频繁起动而面临 HC 排放增加的难题。由于采用这两项技术都需要添加复杂的机械和电子装置，如何降低成本是它们都要面对的另一个难题。

3 针对欧洲三号和四号排放法规的解决方案

如前所述，欧洲三号排放法规特别强调了对车辆冷起动和暖机阶段的排放控制，而欧洲四号则进一步强化了对整个测试循环的排放控制。另外，欧洲三号和四号法规还包含有车载在线诊断系统（EOBD）的要求，来保证车辆在其全寿命内满足规定的排放标准， 要满足 EOBD 的要求，需要应用一系列的新技术，如发动机失火检测技术、催化器监控技术以及油箱泄漏检测等等，鉴于目前国内还未出台针对 EOBD 的法规，这里暂时不作讨论。参考欧洲在满足欧洲三号和四号排放法规方面的经验，并结合国内的实际，我们提出如下几种针对汽油机的解决方案：

对于欧洲三号，可以考虑以下几项技术的应用：

- 紧耦合催化器或双催化器技术：同时考虑增加涂层量和目数，必须事先考察合适的安装位置和空间，如果在紧靠发动机位置没有安装一个大催化器的空间，则可考虑采用双催化器。
- 增强催化器加热功能。
- 废气再循环：考虑到废气再循环在实际应用中存在的问题，建议谨慎采用。

对于欧洲四号，我们建议采用以下的解决方案：

- 二次空气喷射＋紧耦合催化器或双催化器＋两点式氧传感器或线性宽带氧传感器。
- 二次空气喷射＋废气再循环＋紧耦合催化器或双催化器＋两点式氧传感器或线性宽带氧传感器。
- 二次空气喷射＋可变气门正时＋紧耦合催化器或双催化器＋两点式氧传感器或线性宽带氧传感器。

多气门技术和可变进气系统也可以更广泛的应用。目前不采用二次空气喷射的欧洲四号技术方案也在研究之中，包含的主要技术有废气再循环、可变气门正时、进气涡流控制和线性宽带氧传感器或两点式氧传感器等等，同时对发动机的进气系统和燃烧室的设计都有了更高的要求。

需要特别说明的是，上述技术的应用和发挥其在理论上存在的减少排放污染和提高燃油经济性的作用，都必须依靠复杂的控制逻辑和对应于不同发动机不同工况下的具体的控制参数，而这些控制逻辑和参数都集成在发动机管理系统内，与发动机的其他控制功能协调工作。这就要求在满足欧洲三号和四号排放法规的车辆的开发过程中，汽车制造商和发动机管理系统供应商必须建立更加紧密的协作关系。

参考文献

1 Robert Bosch GmbH. Bosch Automotive Handbook (4th Edition). Robert Bosch GmbH, 1996

2 Japan Automobile Research Institute (JARI). Environmental and Energy Policies on Automobiles in Japan. Ohmsha, Ltd. Japan, 1999

超级电容系统在电动汽车中的应用

孙立清　陈 伟　王仁贞　袁 学
北京理工大学

[摘要] 本文就以传统的蓄电池为主供电能源的车辆上，装载辅助能源——超级电容的工作模式下，对车辆驱动行驶的控制策略进行研究。其中，车辆的基本工作状况为城区内工作模式，即频繁的起动、加速和制动。此时方可充分发挥电容的功能特点：比功率大，可以以大电流短期充、放电，从而满足车辆驱动要求。实现这一目标的关键是如何控制电容的工作规律，本文就这一问题展开讨论，以期得到合适的控制策略。

关键词：电动汽车 超级电容 控制策略

1 介绍

电动汽车发展到今天，主要的瓶颈就是蓄电池的问题。传统的蓄电池（如铅酸电池）由于功率密度偏低，不能满足车辆的频繁地起步、加速和制动工况的要求，而且由于加速时浪费了过多的能量，致使车辆的行驶里程也不能满足要求。加装超级电容的车辆就可以有效的解决这一问题，即可以提供较大的驱动电流，满足车辆行驶工况；又可以节省电池的能量，延长车辆的行驶里程，同时减少了蓄电池的频繁充放电的工作状态，提高了蓄电池的使用寿命。但前提是有一套行之有效的控制理论，可以使电容与蓄电池匹配工作。在本文中作者给出了一种行之有效的方案布局，并初步解决了蓄电池和超级电容的匹配工作的问题。其中蓄电池为铅酸蓄电池，共有 108 块串联，单体电压为 4.25 V，总电压为 459V。超级电容工作电压为 380~190V，可释放能量为 1kW•h，总重量约 320kg。

2 系统布局

本文中蓄电池和超级电容采用如下布局：

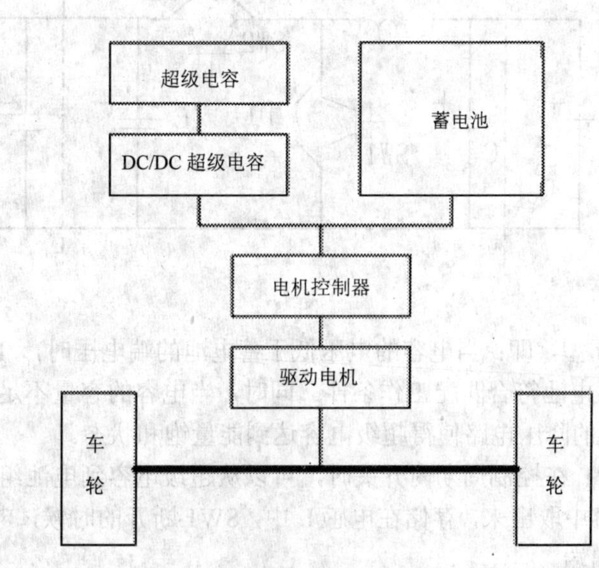

图 1

超级电容和基本能量源——蓄电池采用并联的连接方式。电容在正常行驶的时候，不参与工作；但当车辆进行加速或上坡时，电容通过 DC/DC 变换器的控制提供短期的大电流，不足的部分与电池共给，两者在经过电机控制器的调控，驱动电机驱动车辆。

3 超级电容和 DC/DC 变换器系统

本课题中采用的超级电容为 4 个箱体，每个箱体有 68 个单元，工作电压为 380~190V，总的重量达约为 320kg，单体电压为 1.39V，电容为 18000F，图 2 为超级电容的布置图。

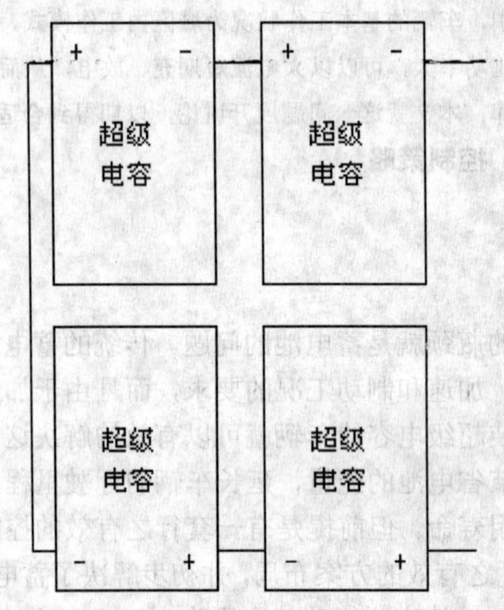

图 2

DC/DC 变换器与蓄电池的连接如图 3 所示:

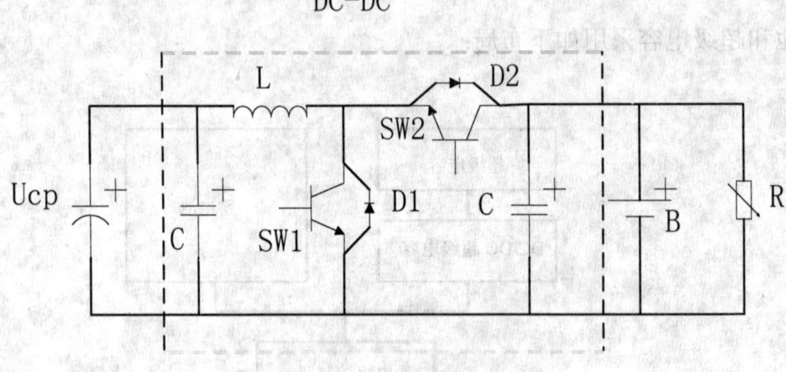

图 3

DC/DC 变换器为升降压型，即：当电容的电压低于蓄电池的端电压时， DC/DC 变换器通过工作电路抬升输出电压，使电容和蓄电池符合匹配工作条件。同时，当电容的容量不足时，蓄电池会向超级电容进行充电,经过 DC-DC 变换器的降压电路使得超级电容达到能量饱和状态。

在升压模式中，当 SW1 在控制周期内开关时，可以从超级电容到电池组输出端传输所需的能量。当 SW1 开的时候，能量从电容中取出来，存储在电感 L 中，SW1 断开的时候，电感中的能量通过 D2 传送到电容 C 中，直至到电池输出端。

在降压模式中，当 SW2 开通的时候，能量从电池组中通过电感 L 流向电容，电感储存部分能量，当 SW2 关断的时候，电感中的能量 L 被传送到电容中去了。

下面表 1 和图 4 为带 DC/DC 的超级电容的充、放电输出特性。

表 1

放电特性				充电特性			
时 间(s)	电容电压(V)	电容电流(I)	电池电压(V)	时 间(s)	电容电压(V)	电容电流(I)	电池电压(V)
0	360	0	440	0	240	0	440
10	330	95	440	10	260	66	440
22	300	101	440	14	280	67	440
30	280	105	440	20	300	65	440
50	260	127	440	40	320	65	440
60	240	136	440	61	340	64	440
75	220	150	440	83	360	59	440
				127	380	40	440

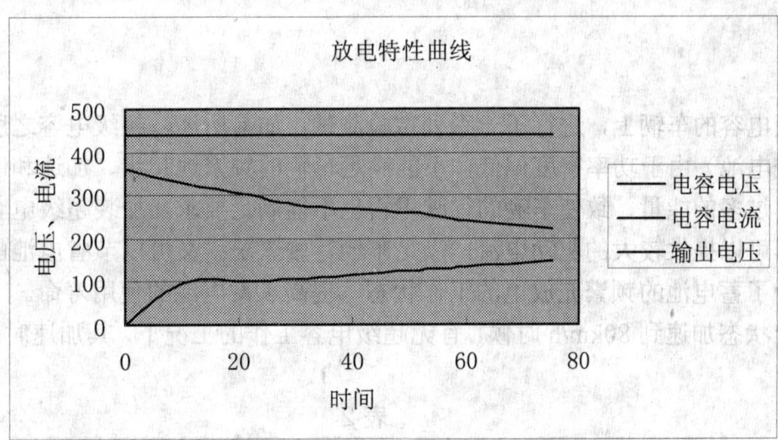

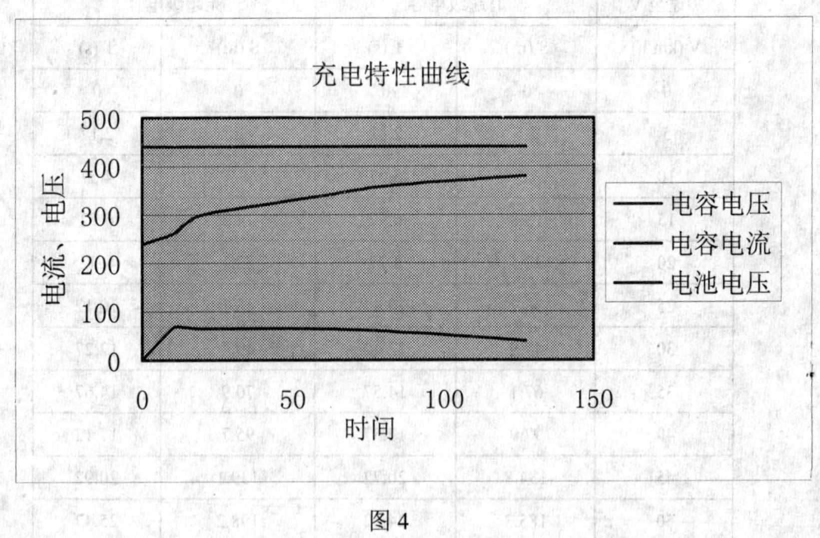

图 4

4 控制策略

为了实现前面所述的目标，关键是对超级电容的控制。而控制策略严重依靠超级电容的尺寸。拥有大的容量，车辆可以以恒定的电池电流行驶（平均电流），在此状况下，电容承担所有的电流偏差（正的或负的）。但这样的话，成本会很高的，所以电容应该尽可能的小一些，同时应当足够大以避免蓄电池出现过高的（或过低的）电压和电流。

考虑到电容的成本，总的电容（法拉）必须做到最小，因而需要更加复杂的控制策略。每一个参数——瞬时蓄电池电压、电池荷电状态、瞬时蓄电池电流、电容初始状态，电容电流均需测量。车速也必须加以测量，因为当车辆开始起步时，电容的能量应当处于充盈状态。同理，当车辆在高速行驶的时候，电容应当是空的，以接受突然制动所产生的再生制动能量。车辆在中速行驶的时候，电容处于一种可充电、可放电状态。

监控蓄电池的荷电状态，为了确定更有效的控制策略。当电池是充盈状态时，其实不能被充电的，所以超级电容必须有一部分是空的（即有一部分电容要进行放电），反之，当电池的荷电状态偏低，电容的能量应该较一般情况下稍高一些。

监控蓄电池的瞬时电压，为了确定 DC/DC 变换器在何种状态下工作。当蓄电池上升很快，DC/DC 变换器在降压状态下工作，电容接受一部分给定的能量，此时车辆正在减速或下坡。如前所述，此时电容应当处于可充电状态。反之，当蓄电池电压下降很快，DC/DC 变换器在升压状态下工作，此时车辆正在加速或上坡，电容中的能量被释放出来，电容处于可放电状态，同时若蓄电池的荷电状态偏低，电容的能量应当较一般情况下偏高。

5 实验结果

在加装了超级电容的车辆上，进行了一系列试验测试，如前所述，超级电容之所以加装，是因为传统的蓄电池（如铅酸电池）由于功率密度偏低，不能满足车辆的频繁地起步、加速和制动工况的要求，而且由于加速时浪费了过多的能量，致使车辆的行驶里程也不能满足要求。加装超级电容的车辆就可以有效的解决这一问题，即可以提供较大的驱动电流，满足车辆行驶工况；又可以节省电池的能量，延长车辆的行驶里程，同时减少了蓄电池的频繁充放电的工作状态，提高了蓄电池的使用寿命。

在车辆由静止状态加速到 80km/h 时候，有无超级电容工作的工况下，其加速时间和加速距离见下表 2 和图 5。

表 2

加速至 V	有超级电容		无超级电容	
V (km/h)	S (m)	T (s)	S (m)	T (s)
0	0	0	0	0
5	2.5	2.82	2	2.17
10	7.3	5.07	6.9	4.57
15	13.8	6.97	14.3	6.72
20	22.5	8.77	22.1	8.32
25	33.2	10.47	33.1	10.12
30	47.9	12.42	49.4	12.27
35	67.1	14.57	70.9	14.67
40	97.9	17.57	95.7	17.12
45	134.8	20.72	139.1	20.92
50	185.3	24.62	198.2	25.47
55	238.4	28.32	272.5	30.62
60	310.9	32.98	344.3	35.17
65	411.8	38.93	453.3	41.57
70	523.3	45.08	596.9	49.37
75	698.8	53.98	780.4	58.67
80	895.8	63.3	1039.3	70.92

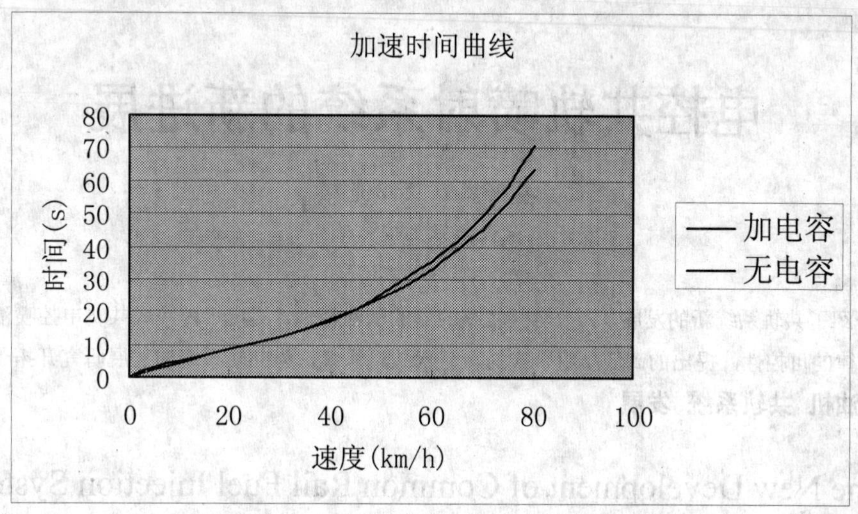

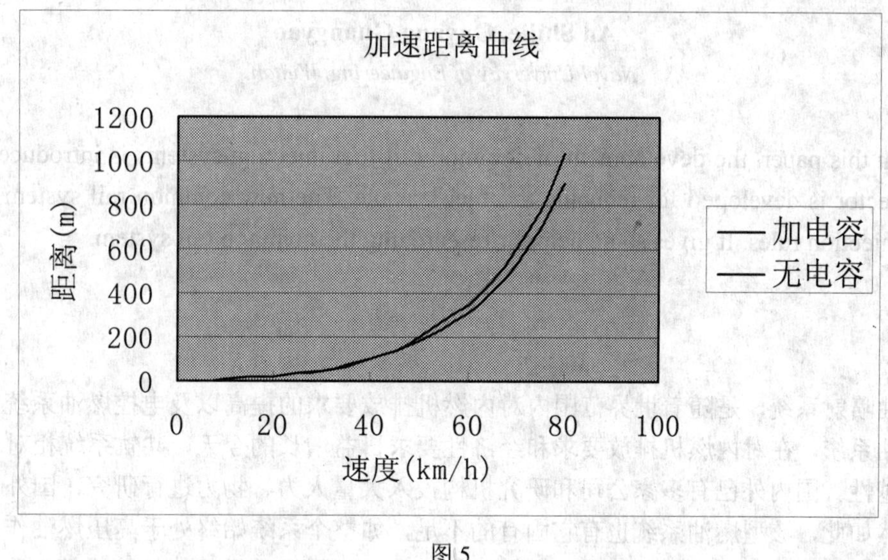

图 5

6 结论

适合电动车辆的超级电容已经有初步规模了。加装了这种电容的车辆可以比不加装电容的车辆拥有较好的加速性，并且在复杂的工况下，可以大大改善蓄电池的状态，增加续驶里程。本文中所提及的布局设计，已经被应用到 BFC6110 型豪华电动旅游车上。本文所用的数据均取自此型号车辆的测试实验。

参考文献

1 Sun Liqing，Bai Wenjie，Sun Fengchun. State-of-the-art Electric Vehicle Simulation Technology. EVS 19 Busan, 2002

2 Andrew Burke. Ultracapacitors: why, how, and where is the technology，Journal of Power Sources 91 2000 37~50

3 Nobuyuki Kasuga，Nobuhito Ohnuma. Ultra-Capacitor and Battery Hybrid EV with High Efficiency Battery Load Leveling System，EVS15（CD-ROM），1995

4 C.C.Chan. The Present Status and Future Trends of Electric Vehicle. FIRST CIRCULAR OF CHINA-JAPAN ELECTRIC VEHICLE JOINT CONFERENCE, 2001.11.9~10

5 Mark Cohen，Richard Smith. Here and Now. Ultracapacitors are a Standard Option，EVS 19 Busan, 2002

电控共轨喷射系统的新进展

安士杰 欧阳光耀
武汉海军工程大学

[摘要] 介绍了共轨系统新的发展。为改善共轨喷油器的漏泄特性，提出了内腔式共轨电控喷油器；为增强共轨系统喷油规律的可控性，提出的高低压组合式的新一代共轨系统，为共轨系统的发展研究开拓了思路。

关键词：柴油机 共轨系统 发展

The New Development of Common Rail Fuel Injection System

An Shijie, Ouyang Guangyao
Naval University of Engineering, Wuhan

[Abstact] In this paper, the development of common rail fuel injection systems is introduced. The inlet type common rail injector is developed for reducing the fuel leakage. The new common rail system is developed for controlling the injection rules. It gives some help for researching the common rail system.

1 前言

共轨式燃油喷射系统，是随着世界范围内对内燃机排放要求的提高以及电控燃油系统的发展，产生的第三代电控燃油系统，在对内燃机排放要求和经济性要求日益增长的今天，共轨系统相对于其它燃油系统具有极大的优越性。国内外已有多家公司和研究机构投入大量人力、物力进行研究，国外已有成熟的机型获得应用。虽然如此，该型燃油系统也有它固有的不足，如整个系统始终处于高压燃油作用之下，各系统产生变形而使得漏泄量更大，由于油轨压力固定使得实现理想靴型喷油规律较困难等。为克服这些不足，针对以上的缺点提出了对共轨系统的新构想。

2 内腔式共轨喷油器

共轨喷油器作为系统中的重要部件以及最复杂部件，对整个共轨系统喷射特性具有重要的影响。常规典型共轨喷油器结构如图 1 所示，为保证对喷油器针阀的控制，喷油器上部为控制柱塞，与控制柱塞套为精密配合偶件。由于控制室为高压燃油，在高压燃油的作用下，控制柱塞直径减小，控制柱塞套直径增大，使该偶件的配合件的配合间隙增大，导致漏泄量增大。为解决此问题，提出了内腔式共轨喷油器[1]，结构如图 2 所示。图 3 为控制部分的详细结构图。

该型喷油器的主要特点，是将高压燃油引入控制柱塞内部，利用高压燃油的平衡来减小控制柱塞的变形，从而减小由控制柱塞部分的漏泄量。图 4 给出了该型喷油器控制柱塞和针阀偶件处的漏泄量对比，控制柱塞的漏泄量是针阀体漏泄量的 1/5，这一方面是由于使用的是常规喷射系统采用的标准 S 形喷嘴，针阀体的径向配合间隙是 4μm，而柱塞体的径向间隙是 2μm，并且在控制柱塞上有一个接通进油量孔的充满高压燃油的较大的内孔，这意味着控制柱塞由于内孔中的高压燃油的压力而使其外径增大，这样由于当导向体的内径由于压力而增大时，则可保证配合间隙保持在一个范围之间，从而使其漏泄量相对于没有内孔的柱塞少。

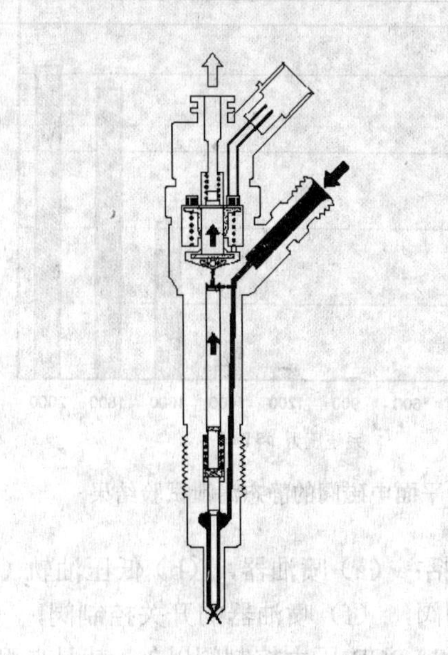
图 1 典型共轨喷油器

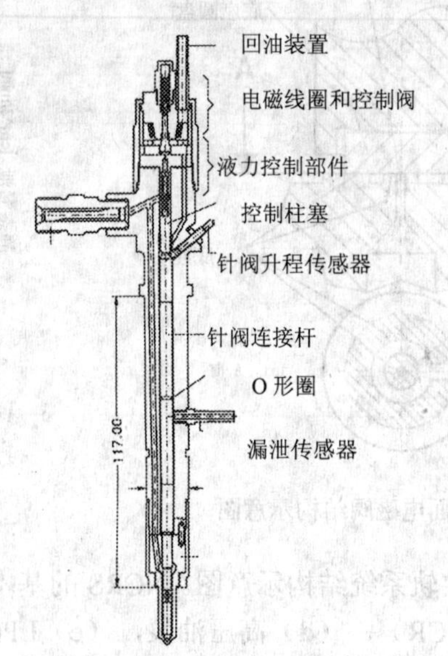

图 2 内腔式共轨喷油器

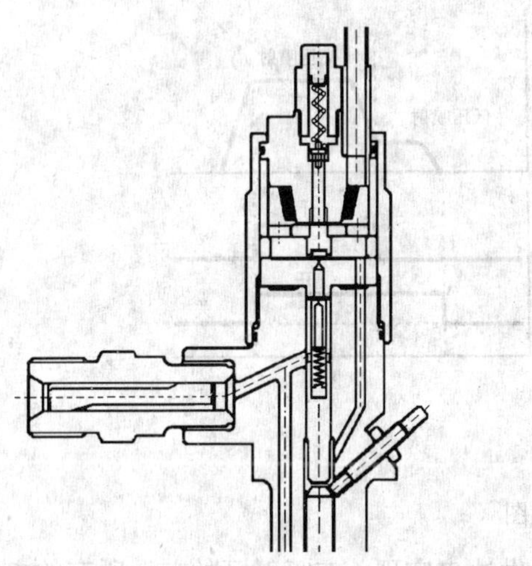
图 3 控制部分结构图

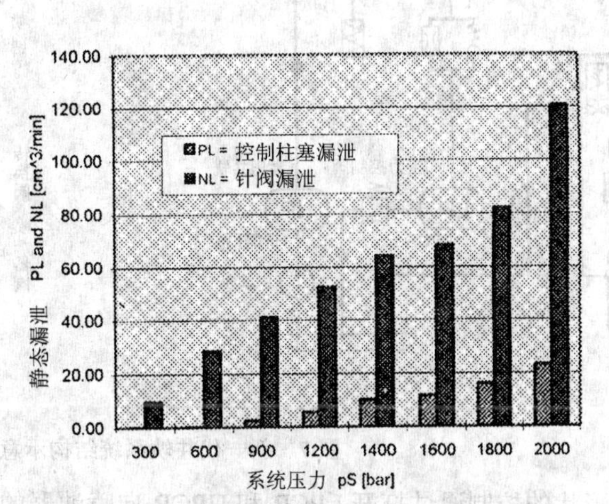

图 4 内腔式共轨喷油器漏泄量

该型喷油器的另一个特点是用一个平面阀代替通常共轨喷油器采用的球形阀，如图 5 所示。采用平面电磁阀，可大大减小电磁阀关闭时对阀座的冲击应力，为减小高压燃油作用在电磁阀上的液压力，在电磁阀座上开了泄流槽，保证电磁阀在燃油压力下产生小的漏泄时的燃油迅速泄流。采用该型电磁阀后，其静态漏泄量极小，图 6 给出了不同压力下的电磁阀静态漏泄量试验结果，如在柴油机转速 1000r/min，系统压力 2000bar 时，其漏泄量为每循环 16mm^3，而对应于此时的循环喷油量为每循环 220mm^3。

3 新一代共轨系统（NCRS）

由于共轨系统具有极大的柔性，在喷油压力和喷油定时控制方面具有更大的自由度，使得在任何运行状态下实现喷油压力和喷油定时的优化控制成为可能，这使得共轨系统成为未来最满意的燃油喷射系统之一。但是共轨系统具有一个近似于矩形的喷油规律，相对于脉动式喷射系统如泵管嘴系统和凸轮驱动的整体喷油器系统来说，起初的喷油量较大。这产生的后果就是发动机的燃烧噪声和 N_{ox} 水平较高，为解决此矛盾，提出了新一代共轨系统[2]的概念。

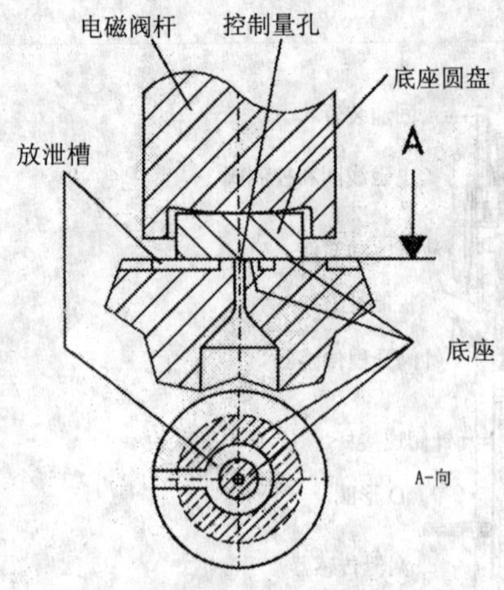

图 5 平面电磁阀结构示意图

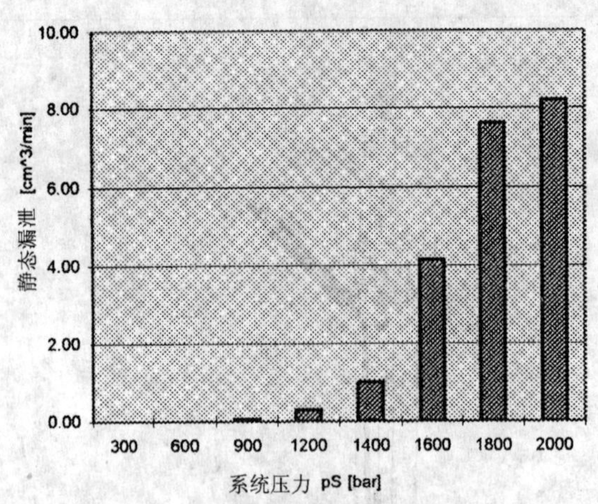

图 6 平面电磁阀的静态漏泄试验结果

图 7 为新一代共轨系统结构示意图。NCRS 的基本部件包括：（a）喷油器，（b）低压油轨（LPCR），（c）高压油轨（HPCR），（d）高压油泵，（e）LPCR 控制阀，（f）喷油器的开关控制阀，（g）检查阀和量孔，（h）油管和连接件。这个系统除了转换阀、LPCR 和 LPCR 压力控制阀以外，就是典型的 CRS。

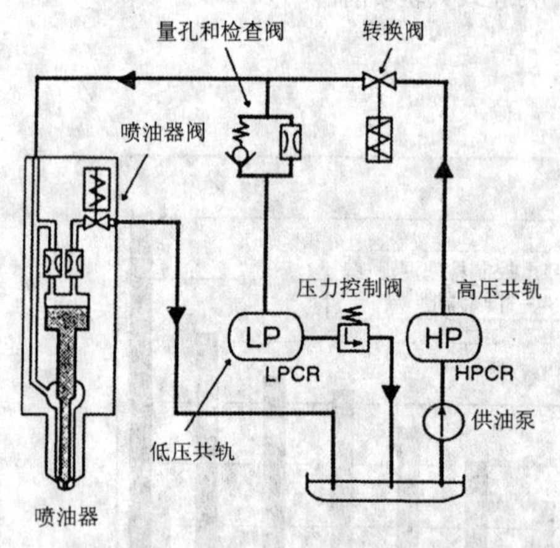

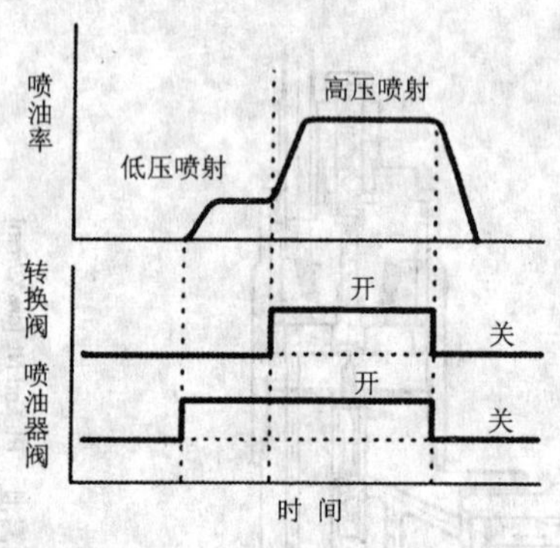

图 7 新一代共轨系统结构示意图

喷油规律形状的控制通过打开 LPCR 和 HPCR 向喷油器的供油来实现。在喷射开始前，所有的电磁阀和转换阀都是关闭的，低压燃油通过 LPCR 供给喷油器。喷油器电磁阀打开，开始喷油，由于初始喷射阶段转换阀仍保持关闭，又 LPCR 提供燃油进行低压喷射。在达到设定时间时，转换阀打开，高压燃油由 HPCR 供给喷油器，完成高压喷射。在高压喷射期间，检查阀防止了高压燃油回流到 LPCR。完成喷射后，喷油器电磁阀关闭停止喷油，然后关闭检查阀。由此可以看出，如果 LPCR 压力、HPCR 压力、转换阀的开启时间同时调整，就可实现喷油规律的柔性控制。

图 8 给出了在不同转换阀开启定时情况下的喷油规律测试结果。从图中可以看出喷油规律的靴型部分可由转换阀的开启定时有效控制，靴型部分持续到转换阀完全开启，然后高压主喷射开始。这样，NCRS 的喷油规律为明显的靴型，而常规的 CRS 的喷油规律近似于矩形，当 NCRS 的转换阀开启定时为 0，即 LPCR 不起作用时，NCRS 系统即为传统的 CRS。测试结果也可看出，喷油规律的靴型部分决定于 LPCR 的压力，转换阀打开后，由于 HPCR 的供油而使压力持续上升，在喷油规律的后半段达到 HPCR 压力。

图 9 给出了 LPCR 在不同压力时对喷油规律的影响对比，这里所有测试状态的转换阀开启定时相同。可以看出，随着 LPCR 压力的增加，喷油规律由靴型逐渐变为梯形，初始喷油量增加，然而和传统 CRS 相比较，初始喷油量仍然非常低。在 LPCR 压力为 20MPa 时，初始喷油量比传统 CRS 低 90%，到 40MPa 时仍比传统 CRS 低一半。这可看出 NCRS 可柔性控制初始喷油量，从而根据柴油机运转状态有效优化初始喷油量。

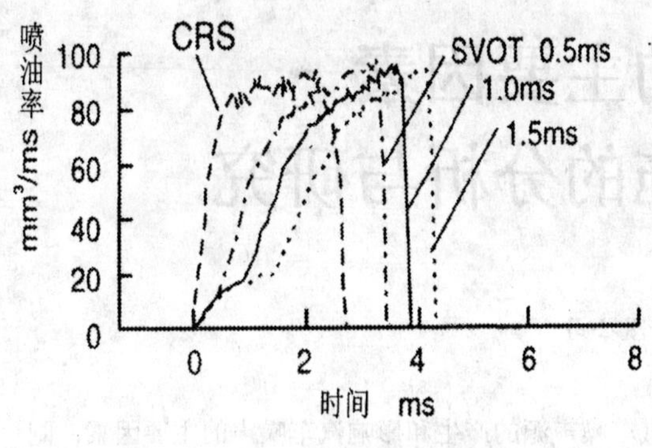

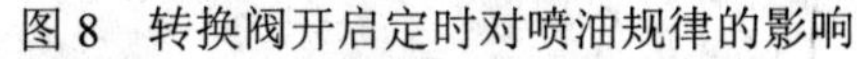

图 8　转换阀开启定时对喷油规律的影响

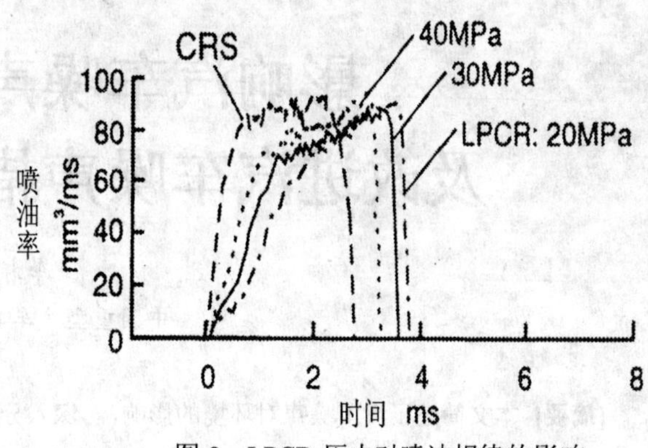

图 9　LPCR 压力对喷油规律的影响

4　结束语

为使具有极大优越性的共轨燃油喷射系统具有更好的性能，采用不同的方法来改进其不足之处，可使共轨喷射系统在未来内燃机性能发展中发挥极大的作用，在共轨燃油系统研究中已处于相对落后状态的情况下，更应注重共轨系统发展的最新动态，加大研究力度，缩短与国际研究水平的差距，提高我国内燃机发展水平。

参考文献

1　M. A. Ganser. Common rail injectors for 2000 bar and beyond. SAE-2000-010-0705.

2　Susumu Kohketus, Keiki Tanabe and Koji Mori. Flexibly controlled injection rate shape with next generation common rail system for heavy duty DI diesel engines. SAE-2000-010-0706.

影响汽车噪声的主要因素及改进汽车噪声措施的分析与研究

李相国

中国重型汽车集团有限公司

[摘要] 本文简述了汽车噪声对环境的影响，深入分析了汽车噪声源的产生和影响汽车噪声的主要因素，阐述了控制汽车噪声的重要性，提出了改进汽车噪声的措施。

关键词：汽车噪声 改进措施

1 概述

汽车噪声是交通噪声和城市环境噪声的主要组成部分。汽车噪声一方面对外界环境工作和生活的人们造成的影响越来越大，另一方面也对驾乘人员的健康有直接的危害。自 20 世纪 80 年代初改革开放以后，随着我国国民经济的快速增长，我国的汽车制造厂不断增加，国内汽车的保有量迅猛上升，在汽车工业迅速发展的同时，汽车这种流动污染源也在不断地对我们的生存环境制造着种种污染，其中即包括车辆行驶噪声尤其是加速行驶车外噪声对公共环境的污染这一主要污染因素。

为了加强对车辆噪声污染的治理工作，明确车辆噪声的测量和判定依据，结合我国汽车产品的实际情况，国家环境保护总局和国家质量监督检验检疫总局于 2002 年 1 月 4 日联合发布了 GB 1495－2002《汽车加速行驶车外噪声限值及测量方法》强制性标准，代替 GB 1495－1979，并于 2002 年 10 月 1 日实施。新标准是在参考 ECE R51《关于在噪声方面汽车（至少有 4 个车轮）型式认证的统一规定》基础上制定的。新标准的出台，改变了过去标准不科学、测试项目不完整的局面，为治理汽车噪声污染提供了有效的控制手段，对完善我国的汽车噪声标准体系将起到积极的推动作用。

为了正确执行 GB 1495－2002《汽车加速行驶车外噪声限值及测量方法》，首先必须弄清影响汽车加速行驶车外噪声测量结果的各种因素。本文就影响汽车加速行驶车外噪声的主要因素进行了论述，并阐述了控制汽车噪声的重要性，提出了改进汽车噪声的措施。

2 影响汽车噪声的主要因素及改进措施

汽车噪声的大小是衡量汽车质量水平的重要指标，它反映出汽车的质量和技术性能的高低。

汽车是一个包括各种不同性质噪声的综合噪声源，按噪声产生的过程和原理，主要分为与发动机有关的声源和与汽车行驶有关的声源。

与发动机有关的声源主要有：发动机进、排气噪声，冷却风扇噪声，发动机燃烧噪声和机体各部件振动辐射噪声。另外还包含其附件，如发电机、空压机、机油泵、水泵等辐射的噪声。

与汽车行驶有关的噪声主要有：传动系噪声，轮胎滚动噪声，车体（或车身）各部件在发动机和路面不同的激励下的振动辐射噪声，另外还包括制动器噪声、车身和空气相对运动而产生的气流噪声等。

这些噪声随着汽车和发动机形式不同而不同，还与使用过程中的车速、发动机转速、加速状态、载荷及道路条件有关。这些噪声的发生都是被动的，只要车辆行驶就会产生噪声。不同类型汽车噪声的特性及各噪声所占整车噪声能量的比率差异很大。以往的研究结果表明：发动机噪声所占的比重最大，而随着路面条件改善，车辆高速行驶时轮胎噪声已成为又一个主要噪声源。近年来过内外工程技术人员通过采用声强测量等各种现代试验手段和分析技术，对汽车综合噪声的构成有了大致了解，但由于影响汽车噪声的因素很复杂，使得控制汽车噪声仍然显得十分困难。

这里只讨论影响汽车噪声汽车结构方面的主要因素。概括起来主要有以下几点：

2.1 发动机

发动机噪声包括燃烧、机械、进气、排气、冷却风扇及其它部件发出的噪声。在发动机各类噪声中，发动机表面辐射噪声是主要的。发动机表面辐射噪声由燃烧噪声和机械噪声两大类构成，是发动机内部的燃烧及机械振动所产生的噪声。燃烧噪声是可燃混合气在气缸燃烧时通过活塞、连杆、曲轴、缸体等途径向外辐射产生的噪声；这些噪声在柴油机噪声中占很大的比例，而在汽油机中则占次要地位。机械噪声是指活塞、齿轮、配气机构等运动件之间机械撞击产生的振动噪声，包括活塞敲击声、气门机构声、正时齿轮声。在柴油机中正时齿轮的噪声是很大的噪声源。燃烧噪声和机械噪声都是有发动机本体发出的，并且随着发动机转速的增加，噪声也增加。一般情况下，低转速时燃烧噪声占主导地位，高转速时机械噪声占主导地位。两者是密切相关，相互影响的。风扇噪声是汽车较大的噪声之一。特别是近年来，由于车内普遍安装空调和排气净化装置等，使发动机罩内温度上升，冷却风扇负荷加大，噪声变得更为严重。风扇噪声与发动机转速有直接关系。实践表明，减少振动是降低噪声的根本措施。增加发动机结构的刚度和阻尼，是减少表面振动的办法，从而达到降低噪声的目的。

2.2 排气系统

发动机排出废气时，在排气门附近，排气歧管内及排气管口气体压力发生剧烈变化，在空气中和排气管内产生压力波，辐射出很强的噪声。发动机排气噪声往往比发动机其它噪声源的总噪声高 10～15dB。因此排气噪声是汽车和发动机最主要的噪声源。

排气噪声按产生的原因分为三种成分：

1）门开启时产生的周期性排气噪声；

2）气体涡流噪声: 当高速气流通过排气门和管道时会产生强烈的涡流而辐射噪声。

3）气管道共鸣噪声: 包括排气管、尾管、消声器内部各连接管道所产生的共鸣噪声。

排气噪声的大小与发动机额定功率、转速、气门压力等因素有关，并随着发动机的负荷而变化。

如果没有消声器，排气噪声总声压级在 100～120 分贝之间，比汽车上其它噪声源的总噪声还高 10～20dB。对于发动机排气噪声这类空气动力性噪声，最有效的降噪措施是在排气管道中安装消声器。消声器的作用是消耗气流的能量，平均气流的压力波动，让气流通过，对噪声有一定的消减作用。

消声器按消声原理主要可以分为阻性消声器、抗性消声器和各种阻抗复合消声器。

1）阻性消声器主要是利用吸声材料来消减噪声，具有良好的中、高频消声效果。

2）抗性消声器又称声学滤波器。它不使用吸声材料，而是在管道上接截面突变的管道或旁接共振腔，利用声阻抗的不匹配，使某些频率的声波产生反射、干涉等现象，从而在消声器的出口处达到消声的目的。抗性消声器适于消降低、中频噪声。

3）阻抗复合消声器是综合上述两种消声器的特点而制成的，根据要消除的噪声特点，形成各种不同的组合形式。

2.3 汽车传动系

汽车传动系包括离合器、变速器（分动器）、传动轴、驱动桥等，这里着重讨论变速器和驱动桥。

汽车行驶中传动机构及来自路面的振动所引起的噪声，频率为 400～2000Hz，其中齿轮传动的机械噪声是主要部分。

汽车的变速器和驱动桥产生噪声主要是由于齿轮系统的传动、振动、撞击、摩擦等形成的。变速器和驱动桥产生噪声的原因是多方面的，既有制造和装配原因，也有设计参数选择和结构的原因，其中齿轮传动是产生噪声的主要方面；其次，箱体轴承等方面也影响着噪声。齿轮噪声以声波向空间传出的仅是一小部分，而大部分则成了变速器、驱动桥的激振使各部分产生振动而变为噪声。影响齿轮噪声的因素是十分复杂的，理论分析和实际经验都表明，为减少齿轮噪声，不仅要从设计、制造精度以及加工精度等方面把因啮合引起的撞击声和激振声控制到最小程度，而且在维修中要注意齿轮的安装精度、啮合间隙和印迹的调整。

2.4 轮胎

轮胎噪声是汽车的另一个重要的噪声源。有关研究表明，在干燥路面上，当汽车高速行驶时，轮胎噪声会超过发动机噪声而成为最主要的噪声源。而在湿路面上，即使车速低，轮胎噪声也会超过其它噪声成为最主要的噪声源。

轮胎噪声产生的原因主要有两方面：

1）泵气效应：所谓泵气效应是指轮胎高速滚动时引起轮胎变形，使得轮胎花纹与路面之间的空气受挤压，随着轮胎滚动空气又在轮胎离开接触面时被释放，这样连续的“压挤释放”，空气就迸发出噪声。

2）轮胎振动：轮胎振动与轮胎的刚度和阻尼有关，刚度增大（例如轮胎帘布层数目增加），阻尼减小，轮胎的振动就会增大，噪声也就大了。要降低轮胎的噪声，胎面可采用多种花纹节距，采用高阻尼橡胶材料，调整好轮胎的负载平衡以减少自激振动等。

影响轮胎噪声的最主要的因素是轮胎花纹，花纹不同，压缩、排气的难易程度也不同。如载重汽车的烟斗花纹轮胎要比普通花纹的轮胎噪声大。轮胎转速与噪声有一定的线性关系，车速越快噪声越大，车辆越重噪声越大。若车速增加 10 倍，噪声约增加 30 倍。

2.5 驾驶室和发动机隔音装置

为降低发动机辐射噪声，各汽车生产企业对驾驶室和发动机都采取了加装隔音吸音装置。在发动机周围增加声学屏障，并对发动机罩进行必要的隔声处理，凭这些隔声措施而不对发动机本身进行任何改进，就可以降低 8～10dB。因此驾驶室和发动机隔音装置能够有效地降低汽车加速行驶车外噪声。

3 结束语

综上所述，控制噪声的方法有两种：第一是削减振源；第二是控制噪声的传出。

国标 GB 1495－2002 分为两个阶段实施，每一阶段具有不同的限值要求，第一阶段的实施日期为 2002 年 10 月 1 日至 2004 年 12 月 30 日，第二阶段的实施日期为 2005 年 1 月 1 日以后。两个阶段限值见下表。

汽 车 分 类	噪 声 限 值 dB(A)	
	第一阶段	第二阶段
	2002.10.1～2004.12.30 期间生产的汽车	2005.1.1 以后生产的汽车
M1	77	74
M2(GVM≤3.5t)，或 N1(GVM≤3.5t)， GVM≤2t，2t<GVM≤3.5t	78	76
M2(3.5t<GVM≤5t)，或 M3(GVM>5t) P<150kW，P≥150kW	82	80
N2(3.5t<GVM≤12t),或 N3(GVM>12t) P<75kW，75kW≤P<150kW，P≥150kW	83	81

说明：

a) M1，M2(GVM≤3.5t)和 N1 类汽车装用直喷式柴油机时，其限值增加 1 dB(A)。

b) 对于越野汽车，其 GVM>2t 时：

如果 P<150kW，其限值增加 1 dB(A)；

如果 P≥150kW，其限值增加 1 dB(A)。

c) M1 类汽车，若其变速器前进档多于 4 个，P>150kW，P/GVM 之比大于 75 kW/t，并且用第三档测试时其尾端出线的速度大于 61km/h，则其限值增加 1 dB(A)。

表中符号的意义如下：

GVM——最大总质量(t)；

P——发动机额定功率(kW)。

从两个阶段的限值上看，对汽车加速行驶车外噪声的要求越来越高，限值降低了 2～4 dB，这对于为降低每 1 dB 噪声而苦苦探索的汽车科研和生产企业来说无疑是一个挑战，汽车噪声的控制成为我国汽车工业的一个重要研究课题。

参考文献：

1 GB 1495-2002《汽车加速行驶车外噪声限值及测量方法》

2 [日]大庭松雄：日本近十五年来控制汽车噪声的对策和技术发展 《国外汽车》1985

炭罐与汽车蒸发排放关系研究

高俊华 付铁强 方茂东 王益民

中国汽车技术研究中心

[摘要] 本文首先介绍了炭罐在汽油车上应用的历程及其作用，试验研究了炭罐有关的几个关键指标，包括炭罐工作能力、击穿时间、内部几何结构特性、工作寿命、ECU 控制脱附过程以及炭罐安装位置等因素对蒸发排放的影响。研究结果表明合理设计炭罐并与汽车相匹配是控制蒸发排放的关键。

关键词：蒸发排放 欧Ⅱ法规 炭罐

1 概述

研究表明，汽油车蒸发污染物产生的 HC 约占汽油车排入大气的 HC 总量（由蒸发排放、曲轴箱排放和排气排放组成）的 20%左右。而 2002 年我国共生产汽车 3251225 辆，其中汽油车占 68.4%，因此更好地控制汽油车蒸发污染物对减少大气污染的贡献率非常可观。

我国于 1995 开始在汽油车上强制安装蒸发排放控制系统——炭罐。当时大多数汽油车的供油方式为化油器式的，为了考虑车辆工作的稳定性，炭罐都配有吸附阀和脱附阀。如今，随着排放法规的不断加严，化油器式汽车在我国的数量已显著减少，供油方式大都采用了电控燃油喷射的形式，但蒸发排放控制系统的技术却始终没有全面的改进。大部分炭罐生产厂只是将脱附阀取消，仍保留着吸附阀。为了满足将要执行的欧 II 法规中关于《装点燃式发动机车辆蒸发排放试验》的要求，需要炭罐的吸附口与通大气口间的阻力要小于 0.98kPa[1]，即炭罐要基本取消吸附阀。这个标准为一直装备有带吸附阀炭罐的车辆生产厂提出了更高的要求。

炭罐在汽油车蒸发排放污染物控制中起关键的作用，它是油箱产生的汽油蒸汽的中转站，它要将油箱内产生的 HC 蒸汽吸附到其内部的活性炭中，在适当的时机将吸附的 HC 脱附，脱附出来的 HC 进入发动机参与燃烧。如果炭罐设计不合理，导致对 HC 吸/脱附不彻底，则有一部分 HC 就要逃逸到大气中，从而导致蒸发排放污染物得不到有效地控制。

我们试验研究了炭罐有关的几个关键指标，包括炭罐工作能力、击穿时间、内部几何结构特性、工作寿命、ECU 控制脱附过程以及炭罐安装位置等因素对蒸发排放的影响。本文总结了这些试验研究结果。

2 试验描述

2.1 试验设备

本文中所提及的炭罐性能试验是在按 HCRJ047－1999 的标准开发的试验台[2]上进行的，所提及的蒸发排放试验是在参考文献 1 要求的密闭室内进行的。所有用到的试验设备都经过相关部门的计量认证。

2.2 试验研究内容

2.2.1 炭罐工作能力与蒸发排放的关系研究

炭罐工作能力是影响蒸发排放最主要的因素之一，对炭罐工作能力有一个基本的要求，但炭罐工作能力与车辆的匹配也很重要。试验研究了炭罐工作能力与车辆蒸发排放间的关系。

2.2.2 炭罐击穿时间与蒸发排放的关系研究

击穿时间定义为炭罐的通气孔开始有 HC 逃逸到逃逸浓度达到 8000×10^{-4}%时所经历的时间。试验研究了击穿时间长短对蒸发排放的影响。

2.2.3　炭罐内部几何结构特性对蒸发排放的影响研究

2.2.4　炭罐工作寿命对蒸发排放的影响研究

2.2.5　ECU 控制脱附过程与蒸发排放关系研究

2.2.6　炭罐安装位置对蒸发排放的影响研究

3　试验结果及分析

3.1　炭罐工作能力与蒸发排放的关系

我们选择了满足参考文献 1 中蒸发排放生产一致性要求的 5 种轻型汽车以及与其匹配的炭罐。与前 4 种车型所匹配的 4 种类型的炭罐，每个类型的炭罐选择 2 个，与后 1 种车型所匹配的炭罐选择 4 个。每个车型安装一个炭罐按照参考文献 1 中的试验程序进行蒸发排放测试，将与车型 5 所匹配的炭罐装到不是原匹配的车型 1 上进行蒸发排放测试，另外 6 个炭罐按参考文献 2 的试验程序进行工作能力测试。昼间呼吸损失过程油箱产生的总蒸气量（T_{THC}）、炭罐的工作能力(有效吸附量、GWC)以及蒸发排放试验结果(T_{HC})见表 1。

表 1　T_{THC}、GWC 与 T_{HC} 的比较

车辆编号	T_{THC}(g)	GWC(g)	T_{HC}(g)
1	11.52	20.14	0.89
2	14.76	20.45	1.98
3	17.35	36.88	0.73
4	18.89	42.37	0.56
5	24.61	60.35	0.66
1	11.52	60.35	1.10

试验表明，炭罐的工作能力为车辆进行昼间呼吸损失测试过程中的油箱总蒸气量的 1.5 到 2.5 倍间就能满足蒸发排放法规，而在 2.0 倍以上蒸发试验结果更好。但并不一定装更大的炭罐试验结果会更好，车型 1 装大的炭罐的结果并不太好，因为控制系统的设计脱附量是定值，大的炭罐在预处理时脱附不彻底，其有效工作容积只是总体炭罐容积的一部分而不是全部，将导致蒸发排放试验的结果很高[3]，换句话说，大炭罐在使用一定条件下由于脱附不彻底在炭罐的内部形成了许多吸附的死角，从而使炭罐有效吸附容积降低；同时当炭罐进行 HC 吸附时或其它原因炭罐内部温度上升时，吸附的死角将释放 HC，从而导致试验结果比想象的要高。另外，使用大的炭罐会受到车辆上的空间限值，同时也会增加成本。

3.2　炭罐击穿时间与蒸发排放的关系

炭罐吸附 HC 过程中并不是在炭罐中的活性炭吸附 HC 都达到饱和时才在炭罐的通大气孔有 HC 出现，而是在炭罐吸附 HC 达到一定程度时就有 HC 从炭罐的通大气孔处逃逸出来。先逃逸出来的是扩散系数大的小分子量的 HC。从炭罐的通大气孔开始有 HC 逃逸到逃逸的 HC 浓度达到 8000×10^{-4}%时所经历的时间为炭罐的击穿时间。我们选择了两种不同击穿时间而工作能力相同的炭罐装在同一辆车上进行密闭室试验。两种炭罐的击穿时间如图 1 所示，蒸发排放试验结果如表 2 所示。

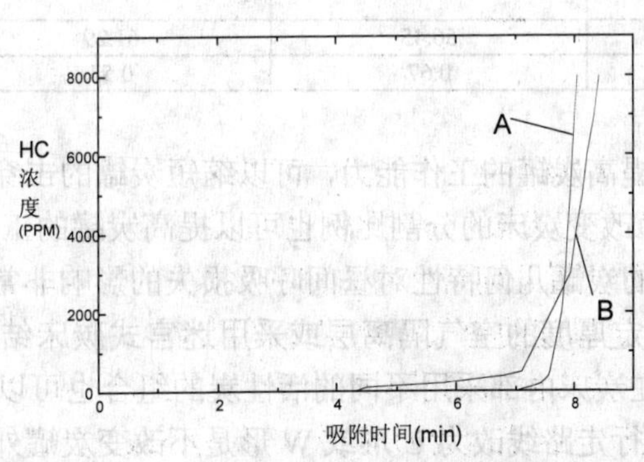

图 1　炭罐击穿时间比较

表 2 蒸发排放试验结果

装 A 型炭罐的蒸发排放结果			装 B 型炭罐的蒸发排放结果		
时间 (min)	昼间呼吸损失 (DBT) (10^{-4}%)	热浸损失 (HST) (10^{-4}%)	时间 (min)	昼间呼吸损失(DBT) (10^{-4}%)	热浸损失 (HST) (10^{-4}%)
0	17.0	10.7	0	9.9	12.5
10	18.2	12.2	10	11.6	18.8
20	19.1	13.8	20	15.8	24.1
30	20.6	14.7	30	20.4	31.4
40	21.8	15.8	40	24.5	37.0
50	22.7	16.3	50	31.3	43.5
60	23.3	18.1	60	39.2	47.8
试验结果(g)	0.18	0.21	试验结果(g)	0.86	1.02
总试验结果(g)	0.39		总试验结果(g)	1.88	

图 1 表明，A 型炭罐的击穿时间短，B 型炭罐的击穿时间长。从表 2 可知，装有 A 型炭罐的车辆的蒸发排放结果明显好于 B 型炭罐。A 型炭罐的工作能力为 20.0 克，B 型炭罐的工作能力为 19.3 克，而车辆在昼间呼吸损失阶段产生的总蒸发量为 10.56 克，在热浸损失阶段产生的总蒸发量为 4.2 克，理论上无论采用哪个炭罐，其蒸发排放值都应很小，但是装 B 型炭罐的蒸发排放却接近于限值，这是由于 B 型炭罐的击穿时间长，当炭罐并未达到完全吸附饱和时炭罐的通大气口就有 HC 逃逸。从表 2 中可以清楚地看到这一点。

3.3 炭罐内部几何结构特性对蒸发排放的影响

炭罐的内部几何特性是影响炭罐工作能力以及炭罐击穿速度特性的关键因素。炭罐的内部几何特性包括炭罐中炭层的深度、炭层的长/径比以及炭层的分割等几何特性。文献 4 表明对所有类型的炭来说，提高炭床的深度可以成比例的提高炭罐的吸附能力。

为了研究不同几何特性的相同容积的炭罐的工作能力的差异，我们仿造文献 5 制作了三种容积均为 1 升的炭罐，炭罐所用材料、炭的型号以及炭罐的三个出口内径都相同。炭罐简图如图 2 所示，其中第三个炭罐的两个碳床的分割比例为 2:1。三种炭罐的工作能力以及装车蒸发排放试验结果如表 3 所示。

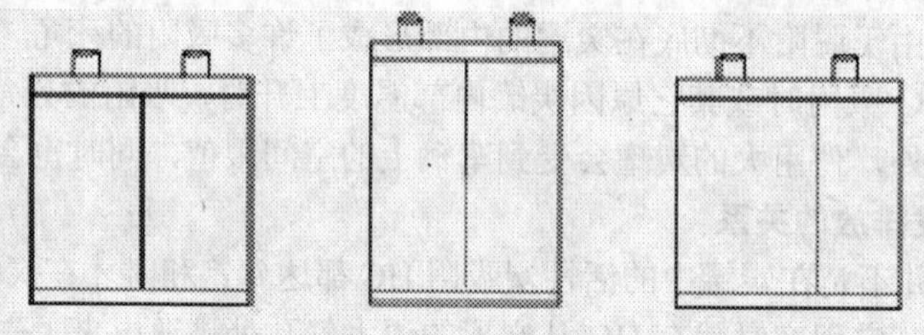

L/D=3.5,等分　　L/D=4.5,等分　　L/D=3.5,不等分(2:1)

图 2 相同容积不同长径比的炭罐

表 3 三种炭罐的工作能力以及装车蒸发排放试验结果表

炭罐型式	L/D=3.5，等分	L/D=4.5，等分	L/D=3.5，不等分
工作能力(有效吸附量)(g)	56.45	61.29	60.76
蒸发结果(g)	0.67	0.53	0.49

从表 3 可知提高长径比可以提高炭罐的工作能力，可以缩短炭罐的击穿时间，从而降低整车的蒸发排放结果；另外保证长径比不变，而改变炭床的分割比例也可以提高炭罐的工作能力，缩短炭罐的击穿时间。表 3 的试验结果与文献 5 中提到的炭罐几何特性对昼间呼吸损失的影响非常相似。

另外在炭罐的炭层中加上一定厚度的空气隔离层或采用迷宫式碳床结果都可以大大提高炭罐的工作能力、减少整车的蒸发排放[6]。在炭床内部采用不同的活性炭的组合也可以大大降低整车的蒸发排放[7]。而将传统的炭罐内部的空气/蒸气行走路线改为 U 形或 W 形是不改变炭罐外部尺寸而能大大提高炭罐的长径比的最有效的方法之一。

3.4 炭罐工作寿命对蒸发排放的影响

炭罐有效工作寿命是有限的，炭罐性能劣化是由于高沸点的HC被吸入炭罐内部活性炭的微孔并被有效吸附而产生的[6]，当劣化达到一定程度则炭罐的有效工作寿命就终止了。不同车型所匹配炭罐的有效工作寿命不同，相同车型不同行驶状态也会导致所匹配炭罐的有效工作寿命不相同。表4是5种车辆按文献1中V型试验运行时每一万公里的蒸发试验结果。

表4 不同车型8万公里蒸发排放结果 （单位：g/试验）

里程表读数	车型1	车型2	车型3	车型4	车型5	标准限值
3000 km	0.31	0.39	0.46	0.89	2.13	2
13000 km	0.27	0.38	0.43	1.35	---	---
23000 km	0.30	0.46	0.56	2.01	---	---
33000 km	0.35	0.48	0.77	2.85	---	---
43000 km	0.47	0.53	0.87	---	---	---
53000 km	0.56	0.58	1.89	---	---	---
63000 km	0.62	0.62	2.46	---	---	---
73000 km	0.69	0.65	---	---	---	---
83000 km	0.74	0.76	---	---	---	2

由表可见，前三个车型的1万公里的结果都略好于零公里的排放结果。这是由于经过1万公里的跑合，车辆的各零部件之间已经磨合充分，且车辆的背景排放大量减少的缘故。车型5是由于车辆系统密封性不好导致试验不合格，车型3和4的结果表明炭罐的有效工作寿命可能在有限的里程就终结了，即蒸发超过了标准规定的2g/试验的限值。

因此蒸发排放控制系统设计时就要根据炭罐正常有效工作寿命设定一个合理的更换周期，但正常情况下，更换周期应在8万公里以上。上表车型1和2的试验结果也表明，正常情况下的8万公里耐久性试验后的试验结果为零公里试验结果的两倍左右。

3.5 ECU控制脱附过程与蒸发排放关系

要想车辆的蒸发排放能得到有效的控制，则蒸发排放控制系统必须都能正常吸附，也能正常脱附，缺一不可。表5是我们就2001年~2002年的72次蒸发排放试验不合格原因分析结果。

表5 2001年和2002年的排放不合格原因统计

原因 / 年度	系统密封性不好	炭罐工作能力差	与炭罐脱附相关		其它原因
			脱附失效	脱附匹配不好	
2001	10次	9次	3次	8次	12次
2002	3次	5次	2次	9次	11次

由表5可知在所有统计的失效试验中由于ECU控制炭罐脱附方面失效的试验约占总体统计值的30%，可见ECU控制炭罐脱附在蒸发排放控制系统中起到相当大的作用。

试验表明，在保证ECU有效控制炭罐脱附的前提下，适当提高炭罐的总体脱附空气量可以减少蒸发排放的热浸损失，但是并不能为了减少热浸损失就无限制地提高总体脱附空气量，因为脱附时机和某种状态下的脱附量是受许多因素所控制的，如在减速情况下就不能脱附，否则不仅浪费燃料而且影响车辆的减速过程。因此要想理想地控制蒸发排放，应该在不影响车辆工作状态下尽可能的提高炭罐脱附的总空气量。这需要ECU与整车的匹配工作上要进一步做细，解决提高炭罐脱附总空气量和精确控制发动机空燃比的矛盾。

3.6 炭罐安装位置对蒸发排放的影响

由于活性炭吸附HC的过程是个放热过程，脱附HC的过程是个吸热过程，因此炭罐工作在低温环境下有利于HC吸附，而工作在高温条件下有利于HC脱附。在表5统计的其它原因项中80%以上是由于炭罐安装位置导致其环境温度过高而造成试验结果超标的。当炭罐装在车辆的发动机仓内而且靠近发动机时，在蒸发试验中当运行一个城区循环和一个城郊循环后，炭罐周围的环境可达到50℃以上，这种条件下，在热浸损失过程中炭罐吸附HC的能力减弱，从而致使油箱产生的汽油蒸气不能完全被吸附而从炭罐的通大气口逃逸出来。表6所列的试验数据为炭罐安置在车辆的不同位置所进行的蒸发排放试验结果，其中炭罐的环境温度为25℃的情形是将炭罐放置在车外，保持原炭罐的位置高度不变。

表 6 炭罐不同环境温度对蒸发排放的影响

项目 炭罐	炭罐工作能力 (g)	昼间呼吸损失时油箱总蒸发量(g)	昼间呼吸损失 (g)	运行时炭罐被脱掉的质量 (g)	热浸损失时油箱总蒸发量(g)	热浸损失(g)	热浸损失试验时炭罐的环境温度（℃）
C	23	10.28	0.20	8.98	3.21	1.83	64
C	23	10.28	0.21	8.04	3.17	0.17	25
D	45	18.86	0.45	15.96	7.23	1.66	58
D	45	18.86	0.44	14.24	7.28	0.47	25

由表 6 可见，炭罐工作位置对昼间呼吸损失结果没有影响，这是由于车辆在昼间呼吸损失前进行了 6～30 小时的试验室温度下的浸车，炭罐的工作环境温度都是试验室的环境温度。但是从表 6 可知炭罐的工作环境温度如果太高则热浸损失将会很高，因为高温时炭罐的有效吸附量相应减少。但从表 6 中可以看出，工作环境温度对炭罐的脱附也有影响，环境温度高则脱附效果好。因此，如何将炭罐放置在合适的位置/工作温度下，以求得到最好的脱附效果同时又能将热浸损失控制在合理的范围，最终只能通过试验来确定。

4 结论

1) 炭罐工作能力是影响车辆蒸发排放最主要因素之一，因此选择合适工作能力的炭罐很重要。

2) 炭罐击穿时间是评价工作能力相同的炭罐的重要指标，炭罐的击穿时间短则炭罐的性能就好，所装车辆的蒸发排放结果就好。

3) 炭罐的内部几何结构特性是影响炭罐工作能力的主要因素，提高炭罐的长/径比，改变蒸气/空气行走路线的截面积都可以有效地提高炭罐工作能力、减少蒸发排放。

4) 提高炭罐的脱附量可以有效地减少车辆的蒸发排放。

5) 炭罐工作环境温度会影响车辆蒸发排放，合理的炭罐工作位置最终应该通过试验来确定。

6) 应合理地选择和匹配炭罐，确保炭罐有效工作寿命满足标准要求。

参考文献

1 国家环境保护总局、国家质量监督检验检疫总局. GB18352.2-2001《轻型汽车污染物排放限值及测量方法》. 中国环境科学出版社，2001

2 国家环境保护总局. HCRJ047-1999 《汽油车燃油蒸发污染物控制系统（装置）认定技术条件》. 1999

3 Philip J.Johnson,Roger J.Khami,. Jeffrey E.Bauman,Thomas. Carbon Canister Development for Enhanced Evaporative Emissions and On-Board Refueling. AE 970312

4 J.E.urbanic,E.S.Oswald. N.J.Wagner and H.E.Moore etc. Factors Affecting the Design and Breakthrough Performance of Evaporative Loss Control Systems or Current and Future Emission Standards. SAE 890621

5 Roger S. Williams and C. Reid Clontz. Impact and Control of Canister Bleed Emissions. SAE 2001-01-0733

6 Detroit,Michigan. Studies on Carbon Canisters to Satisfy LEVII EVAP Regulations. SAE 2000-01-0895

7 Hideyuki Matsushima, Akio Iwamoto, Masahiro Ogawa etc. Development of a Gasoline-Fueled Vehicle with Zero Evaporative Emissions. SAE 000-01-2926

LPG 与汽油微粒排放特性的研究

李理光　王振锁　王慧萍　邓宝清　肖宗成　苏 岩
上海交通大学 吉林大学

[摘要] 本文介绍了火花点燃式发动机上应用液化石油气（LPG）和汽油两种燃料时的微粒排放特性的对比试验研究。试验在一台四行程、水冷 125ml 单缸电喷发动机上进行。试验结果表明，两种燃料的尾气排放中都有大量的微粒排出，且微粒排放的粒数浓度基本相当；应用汽油时微粒的粒数浓度分布呈典型的双峰分布特点，而 LPG 基本上也呈双峰分布，但第一个峰值有时不明显，两种燃料的第二峰值对应的粒径位置基本一致；在中等负荷，3000r/min 时两种燃料的微粒排放量都最大；60％负荷率时，汽油燃料随转速的升高微粒排放降低，但 LPG 燃料微粒浓度排放的最大转速位置在 3000 r/min，低转速时微粒排放量最低。

关键词：LPG 汽油 微粒排放 小型发动机

Characteristics of Particulate Emissions of LPG and Gasoline Fuel

Liguang Li, Zhensuo Wang, Huiping Wang, Baoqing Deng, Zongcheng Xiao, Yan Su
Shanghai Jiao Tong University, Jilin University

[Abstract] This paper presents experimental studies of particulate emissions in a small SI engine with LPG and gasoline fuels. A single cylinder, four-stroke, water-cooled, 125cc EFI engine with gasoline fuel is used as the baseline engine. Characteristics of the particulate emissions of the two fuels are compared. Test results show that: there are great quantities of particulate emissions for both the gasoline and LPG, but the total numbers of particulate emissions for the two fuels are generally in the same level. The distribution of the particulate size is in bimodal type for gasoline, but for LPG its first peak is not markedly in some conditions. The particulate size of the second peak for two fuels appears at about the same size. At medial loads and 3000r/min, the particulate emissions for both of the two fuels emit the highest quantity of particulates. At 60% load ratio, the particulate emissions decrease with the increase of the engine speed for gasoline fuel, but the for LPG fuel, the higher particulate emissions is at middle engine speed and the lowest particulate emission is at the lower engine speed.

Key words: LPG　gasoline　particulate emissions　SI Engine

结论

(1) LPG 和汽油两种燃料的尾气排放中都有大量的颗粒物排出，但微粒排放的总粒数和尺寸分布基本相当。

(2) 应用汽油时微粒的颗粒数浓度随粒径的对数值呈典型的双峰分布，而 LPG 基本上也有呈双峰分布特点，第一个峰值有时不明显，两种燃料第二峰的粒径位置一致。

(3) 发动机转速为 3000r/min 时，两种燃料在中等负荷率的微粒排放量最大；怠速时，汽油燃料的尾气排放中，大粒径部分粒子大幅增加。

(4) 发动机负荷率在 60％时，转速变化对两种燃料的微粒排放的影响不同，随转速的升高汽油尾气中的微粒排放呈下降趋势，而 LPG 发动机微粒排放在中等转速时最大，低转速时最小。

注：本文全文刊登在 2003 年《汽车工程》（增刊）上。

基于 ADVISOR 混合动力汽车正向仿真平台的开发

王庆年 曾小华 吴强华 王伟华 初 亮

吉林大学汽车工程学院

[摘要] 本文基于国内已经得到广泛应用的 ADVISOR 软件，开发了以满足课题需要的混合动力汽车前向仿真平台 CHEV2002。完成了利用 MATLAB/Simulink 和虚拟现实工具箱来自主开发混合动力汽车仿真平台的初步尝试。

关键词：ADVISOR 混合动力汽车 计算机仿真 虚拟现实工具箱 SIMULINK

The Development of HEV Forward Simulation Platform based on ADVISOR

Wang Qingnian, Zeng Xiaohua, Wu Qianghua, Wang Weihua, Chu Liang

College of Automobile Engineering, Jilin University

[Abstract] Based on the software ADVISOR which is very commonly applied and researched in china, this paper has developed a new HEV forward simulation platform CHEV2002 which meet the need of the actual project. The initial attempt to develop independently the HEV simulation platform by use of MATLAB/Simulink and its virtual reality toolbox was fulfilled with success.

Key words: ADVISOR HEV PC simulation virtual reality toolbox SIMULINK

1 引言

混合动力汽车（HEV, hybrid electric vehicle）是指用多于一种的能量转换器（一般是内燃机和电动机）来提供驱动动力的混合型电动汽车。在燃料电池技术取得革命性突破以前，混合动力技术是解决汽车节能和环保问题的最佳方法，因而成为现在汽车领域研究的热点。

目前，混合动力技术已成为国家高技术研究发展计划——“863 计划”的重大专项课题，因此，开发混合动力汽车仿真平台对研究混合动力汽车是极其必要的。在本课题进行之前，已经对由美国再生能源实验室（NREL）针对 PNGV 计划开发的混合电动汽车仿真软件 ADVISOR 进行了深入的研究，并应用其对整车的动力源参数匹配及控制策略参数等方面作了比较细致的工作。随着课题深入进行，发现由于 ADVISOR 只是双向仿真，不能完全反映实际情况，为了自主开发的需要，我们在掌握 ADVISOR 的基础上，开发了基于前向模拟仿真的软件 CHEV2002。该软件是为了配合实际课题，通过与试验对比确定各相关参数，然后按实际驾驶员开车情况，也是课题第一轮试验的实际要求为背景下，我们开发了该正向建模仿真软件。

2 利用 MATLAB/SIMULINK 进行混合动力汽车的建模

仿真模型是进行仿真的核心，图形用户界面（GUI）是为方便用户设定参数及观察仿真结果而作的工作。所以首先要根据实际课题的要求，建立起初于驾驶员油门输入的前向模型。所建立的 SIMULINK 仿真模型如图 1 所示。

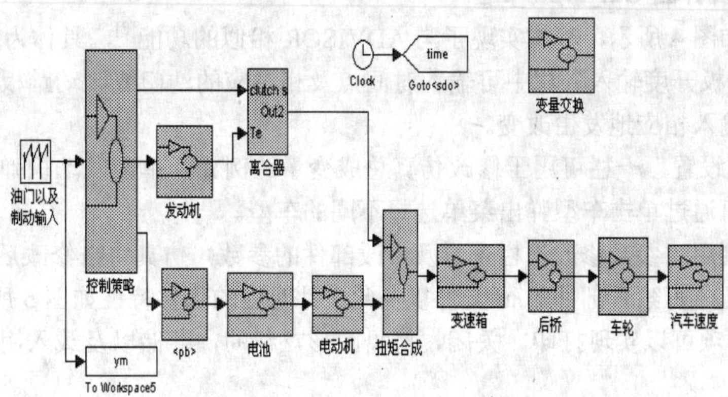

图 1　Simulink 正向仿真模型

整个模型以驾驶员踩下的油门开度和制动踏板开度作为输入。整车控制策略模块接收输入信号，然后根据用户确定的控制策略对驾驶员要求的功率（即反应路况情况）进行分配。输出信号包括离合器信号（控制离合器接合或分离），发动机信号（发动机扭矩与最大扭矩的比值即发动机负荷率和发动机开关命令状态）和电机信号（电机负荷率和电机的开关命令及电动或发电命令）。发动机分支根据要求的输出扭矩，结合当前发动机的工作情况，输出当前发动机实际能提供的扭矩。电池+电机分支亦然。扭矩合成装置负责将发动机提供的扭矩和电机提供的扭矩进行合成，并将合成后的扭矩值送给变速箱模块，经过变速处理后再传给后桥，车轮，最后计算汽车速度。还可在发动机模块中对发动机的油耗进行计算。

油门及制动踏板开度的输入可采用 SIMULINK/ Sources 模块库里的 Repeating sequence 模块，双击模块，将其 time values 参数设为 Tsim，将 Output values 设为 throttle。用户也可以通过后面所建立的界面对这两个变量进行设置。如果输入值为正，表示油门输入；输入为负，表示制动踏板输入。输入为要求值与极限值的比值，其范围为 - 1 到 1。将上面所建立的顶层模块命名为 auto_par.mdl。

3　仿真平台人机交互界面制作

3.1　仿真平台的引导界面 Chev_fig

如图 3 为利用 MATLAB/GUI 建立完的 CHEV 的引导界面，它通过 MATLAB 的 GUI 设计并产生两个文件：chev.fig 和 chev.m，用户通过对.fig 文件进行外观设计，使用.m 文件进行功能编程。将 axes 对象拖拽到设计区，调整大小使其与设计区一致，并在右侧添加的三个按钮，如图 2 所示。各按钮的具体编程及相关参数的配置和引导详细讨论参见文献[1]。

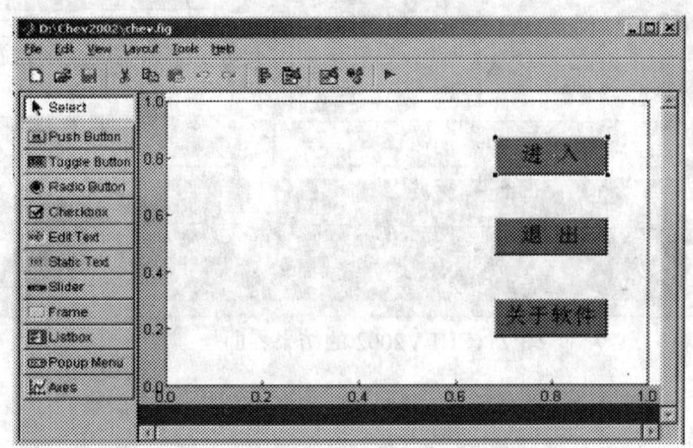

图 2　利用 GUI 设计引导界面

图 3　制作完的 CHEV2002 引导界面

3.2 参数输入及修改仿真界面 Gui_input_fig

制作完的仿真界面如图 4 所示，基本实现了与 ADVISOR 相似的功能[2]，具体为：

(1) “油门及制动踏板开度输入”栏中可输入时间点及相对应的油门或制动踏板开度，右边的油门—时间曲线会根据用户的输入相应地发生改变。

(2) “汽车仿真参数设置”一栏可用于修改仿真总成变量。例如，单击发动机弹出菜单可以选择相应的发动机类型。同样也可通过单击车型弹出菜单选择不同的车型。

此外，还可方便地利用“参数修改”栏查看及修改部件的参数，仿真将按修改后的参数进行。此外，如单击“总成名称”按钮，可察看部件的.m 文件以及此文件对应的部件特性如图 5 所示。

(3) 界面顶端的菜单项可以实现打印，关闭，拷贝图形，帮助，存储以及载入用户自定义汽车等基本功能。如图 6。

(4) 界面右下方的按钮，可以实现运行仿真、 察看并修改仿真模型、帮助等相关功能。

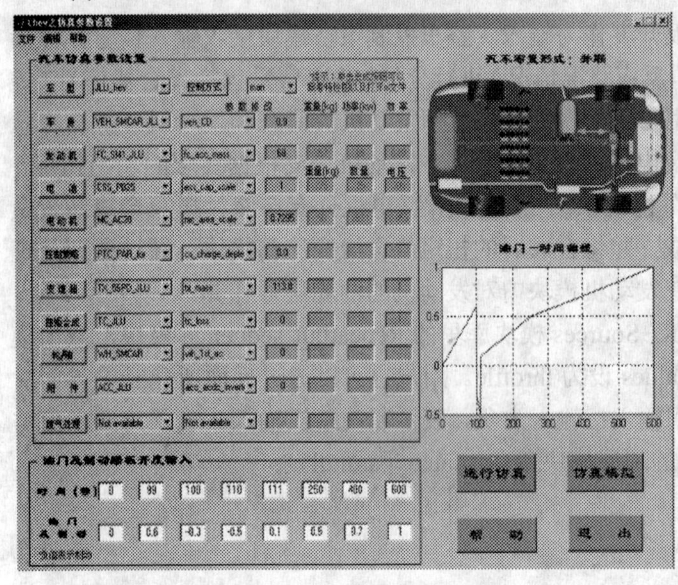

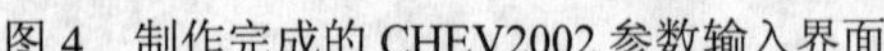

图 4 制作完成的 CHEV2002 参数输入界面

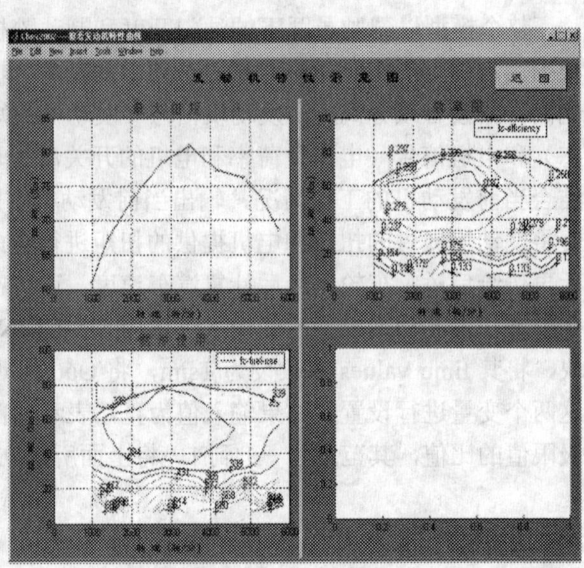

图 5 CHEV2002 察看发动机特性的界面

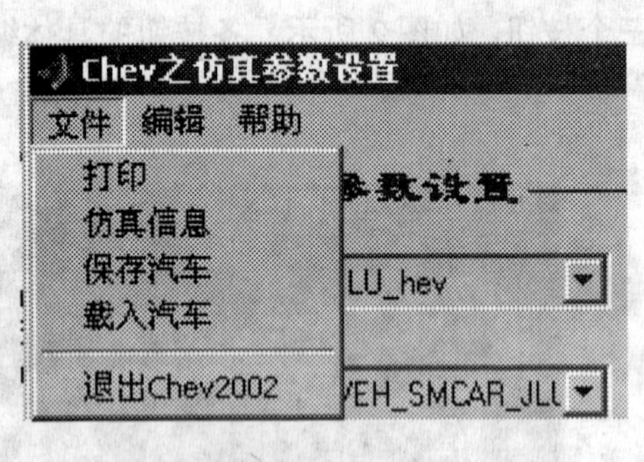

图 6 CHEV2002 菜单项

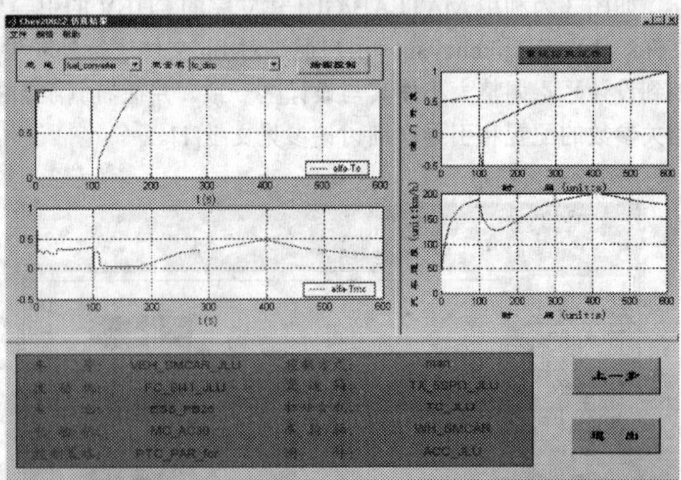

图 7 CHEV2002 的结果界面

3.3 仿真平台的结果界面 Resultfig

结果界面如图 7。其基本功能为：

(1) 左边上部允许用户选择及察看变量随时间的变化曲线。

(2) 单击右侧“重现仿真过程”，系统以动画及各种测量仪表形式将仿真过程以较慢速度进行重放。如图 8 所示。图中的汽车将随仿真车速变化，即仿真的汽车速度增加时，它的移动速度也增加；汽车因为制动停止时，它也会停止。而图 9 中的汽车速度表，SOC 表以及时间，档位也会随着仿真的进行而发生改变。

(3) 图 7 下部显示仿真所对应的部件名称。

(4) 图 7 上部的菜单项可实现储存、载入仿真结果及帮助等功能。

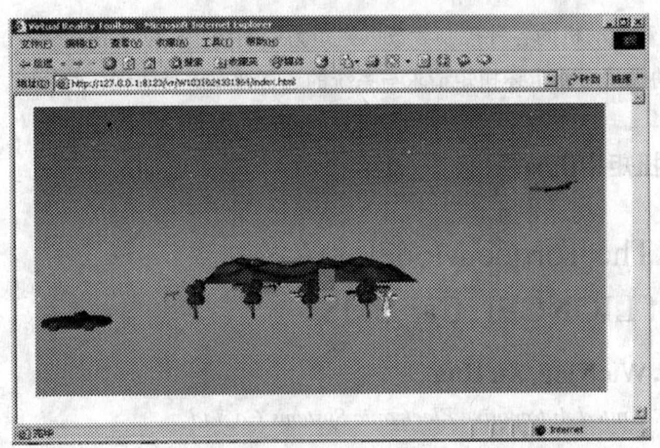

图 8　CHEV2002 重现仿真过程动画

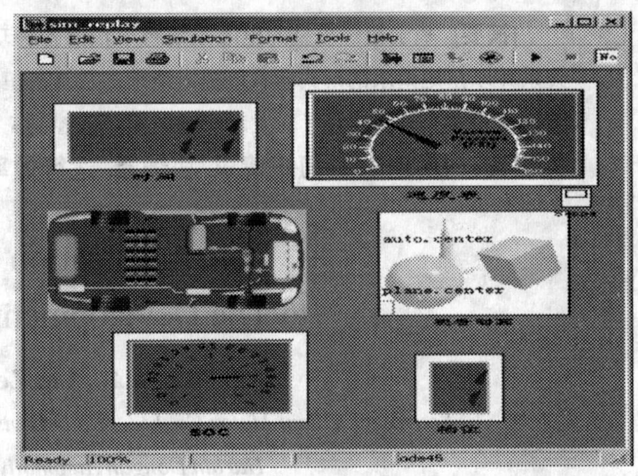

图 9　CHEV2002 重现仿真过程动画（仪器仪表）

4 结论

通过对 ADVISOR 软件的学习和改造，本文设计了满足课题实际要求的 HEV 仿真软件平台，即包括对 HEV 正向建模及用户输入界面的制作，到目前为止，该仿真平台结合实际台架试验一起运行，而且运行可靠，比较真实反映实际，基本完成了目前国内自主开发 HEV 仿真平台的初步尝试。

参考文献

1　吴强华. 串联混合动力城市客车若干关键问题的研究[D]. 长春：吉林大学汽车工程学院，2003.

2　曾小华. 军用混合动力轻型越野汽车动力总成匹配控制策略研究[D]. 长春：吉林大学汽车工程学院，2002.

3　陈清泉，孙逢春. 混合动力车辆基础[M]. 北京：北京理工大学出版社，2001.

扭矩模型在菱帅轿车电喷系统开发中的应用

林 建 林泽湖 吴 宁 许 华

东南(福建)汽车工业有限公司技术部 联合汽车电子有限公司 哈尔滨东安汽车发动机制造有限公司

[摘要] 基于扭矩模型的电喷系统将车辆的各种功能和发动机的各种控制参数以扭矩为中间变量建立了扭矩关系并以扭矩请求的形式向系统提出请求。系统在扭矩协调器中将上述扭矩请求与系统的运行效率进行协调，并通过扭矩中央转换实现了对发动机输出扭矩的控制。

关键词：扭矩模型 扭矩请求 协调器 运行效率 扭矩中央转换

The Application of The Torque Model to The Development of LIONCEL Car EMS

Lin Jian, Lin Zehu, Wu Ning, Xu Hua

Soueast (Fu Jian) Motor Co.,Ltd ., R&D Division, United Automotive Electronic Systems Co.,Ltd., Harbin Dongan Automotive Engine Manufacturing Co.,Ltd.

[Abstract] The torque relationships of the control parameters on the vehicle and engine are builded up by the EMS base on the torque model through the middle parameter,torque. When the torque requirements are applied by the functions of the vehicle and the control of engine,the torque coordinator will coordinate the torque requirements and the running efficiency into the torque output of the engine by the torque central transformation.

Key words: torque model torque requirement coordinator running efficiency torque central transformation

1 引言

基于扭矩模型的发动机管理系统其控制策略是以扭矩为主，通过子系统（如起动控制、怠速控制、转速控制、零部件保护控制等）、车辆功能要求（如真空助力转向、空调运行等）、传动系统控制（如自动变速器换档等）以及驾驶性要求等向系统提出发动机输出功率和扭矩的要求。系统对上述请求通过计算产生该请求扭矩的发动机进气充量，再控制电子节气门提供理想的进气冲量，从而实现对发动机输出扭矩的请求。

虽然实现上述扭矩模型控制策略的一个重要执行元件是电子节气门，但是在采用机械连接式节气门的发动机管理系统开发过程中引入扭矩模型的控制策略，其同样也能获得较满意的效果。目前东南汽车与上海联合电子合作的菱帅轿车新电喷系统开发过程中采用了扭矩模型控制策略，其不仅在标定和匹配过程中简化了工作，而且更重要的是在满足 EURO-Ⅱ排放法规的前提下获得了良好的动力性、驾驶性和燃油经济性。

2 模型介绍

根据 Moskwa 和 Hedrick 建立的汽车动力传动系统控制的四冲程火花塞点燃式发动机模型，它有三个状态变量：进气管内的空气质量（也可是进气管内压力），进入燃烧室的燃油质量流动速率和发动机转速。

第一状态方程： $$m'_a = m'_{ai} - m'_{a0} \tag{1}$$

m_a 为进气管内的空气质量。

m'_{ai} 为进入进气管的空气质量流动速率，是节气门开度 α 的函数 f(α)。

m'_{ao} 为离开进气管并进入燃烧室的空气质量速率。

第二状态方程，即燃油质量流动速率状态方程：

$$\tau_f \bullet m''_{fi} + m'_{fi} = m'_{fc} \tag{2}$$

m'_{fi} 是进入燃烧室的真实燃油速率。

m'_{fc} 是控制元件发出指令所要求的燃油质量流动速率。

τ_f 是有效供油时间常数，是空燃比 λ 的函数 τ_f=f(λ,...)。

第三状态方程，牛顿第二定律用于发动机旋转动力学：

$$I_e \bullet n' = T_i - T_f - T_a - T_p \tag{3}$$

T_i 是发动机的指示扭矩，是由混合气燃烧产生的，所以我们又叫它燃烧扭矩。

T_f 是发动机摩擦扭矩，是由活塞、活塞环对缸壁的摩擦，曲柄连杆机构轴承的摩擦以及配气机构的摩擦所产生的损耗扭矩。

T_a 是发动机驱动附件，如驱动水泵、发电机、空调压缩机等所需的扭矩。

T_p 是发动机的泵气损失扭矩。

$I_e\, n'$ 是发动机从飞轮端输出的扭矩，其可有效用于驱动车辆，我们又叫它飞轮扭矩。

由于发动机扭矩的产生是离散的，并且决定于发动机的转速 n，为建立时间连续的发动机扭矩模型，引入了周转滞后概念：吸气至产生扭矩的滞后和点火至产生扭矩的滞后。于是可得到发动机扭矩模型如下：

$$T_i = C_T \bullet m'_{ao}(t-\Delta t_{it})/n(t-\Delta t_{it}) \bullet AFI(t-\Delta t_{it}) \bullet SI(t-\Delta t_{St}) \tag{4}$$

Δt_{it}=5.48/n 为吸气至产生扭矩的滞后期。

Δt_{St}=1.30/n 为点火至产生扭矩的滞后期。

AFI 是标准化空燃比影响函数，AFI=f(λ)。

SI 是标准化点火影响函数，SI=f(θ)。

C_T 代表 AFI=1、SI=1 时发动机产生最大扭矩的能力。

若考虑整车上传动系统的损耗，包括离合器损耗、变速器损耗、传动轴损耗以及差速器损耗等，由(3)可得到

$$F_r \bullet R = T_i - T_f - T_a - T_p - T_v \tag{5}$$

$F_r \bullet R$ 为用于驱动车辆的扭矩，由于它作用于驱动轮上，因此我们又叫它车轮扭矩。

T_v 即为整车传动系统的损耗扭矩。

由以上模型可知车用发动机的扭矩模型有三个状态变量（m_a、m'_{fi}、n），两个调整参数（λ、θ）和一个控制变量（α）。发动机的扭矩都和发动机的所有变量、参数相关联，可以以扭矩作为中间变量，将这些原本相互独立的变量、参数进行协调统一，因此就可以采用以扭矩为主的控制策略对车用汽油机进行控制。

3 扭矩模型控制的实现

3.1 扭矩协调

1）不以扭矩模型为基础的发动机管理系统工作过程中，若子系统（起动控制、怠速控制、转速控制、零部件保护控制等）、外部驾驶员的动力性、驾驶性要求以及车辆功能要求（如空调运行等）等几项要求同时出现，由于这些要求之间相互独立，各项要求的优先等级在各自系统中独立定义，缺少中央控制调节，它们就直接在控制参数（气缸冲量、喷油和点火）上进行控制，如图 1。

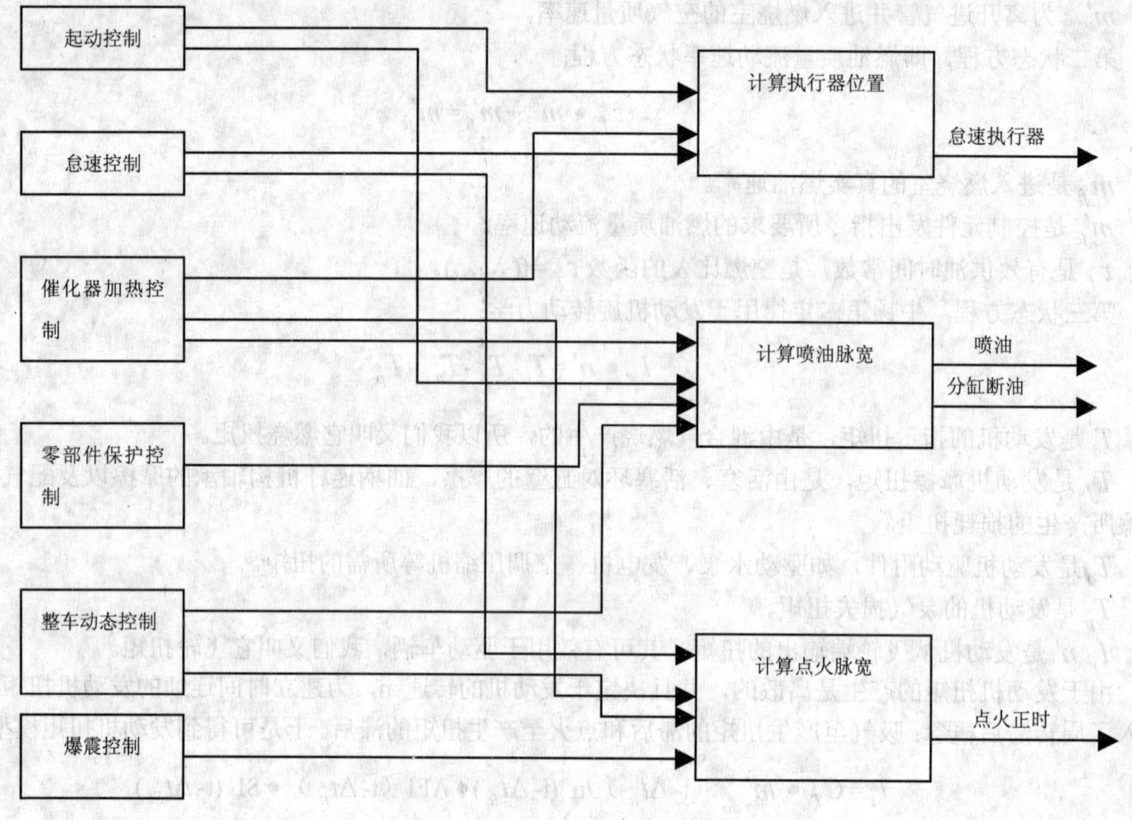

图 1

这样满足了动力性，但在每个实际的运行点上的排放和燃油消耗往往就不是最优的。发动机在工作过程中若工作点发生了偏移就会使得各项要求相互影响。而且在匹配过程中，不同的子系统匹配数据之间有很强的依赖性，匹配过程中每个工作点要进行多次测量，重复标定，使得标定工作变得繁琐。

2）扭矩模型系统的扭矩协调，其系统结构见图 2.

所谓车辆的扭矩要求体现在无论驾驶员踩油门对动力性、驾驶性的要求，还是开空调、开大灯、打动力转向等舒适性和方便性要求以及车速限制、整车动态控制等要求，其最终的目的就是车辆向系统发出扭矩要求。

对于发动机本身为了能顺利起动，得到良好的怠速稳定性，同时通过实时监控为了保护发动机本身和电喷系统零部件，还有发动机转速限制控制等，其最直接的表达就是向系统提出扭矩要求。

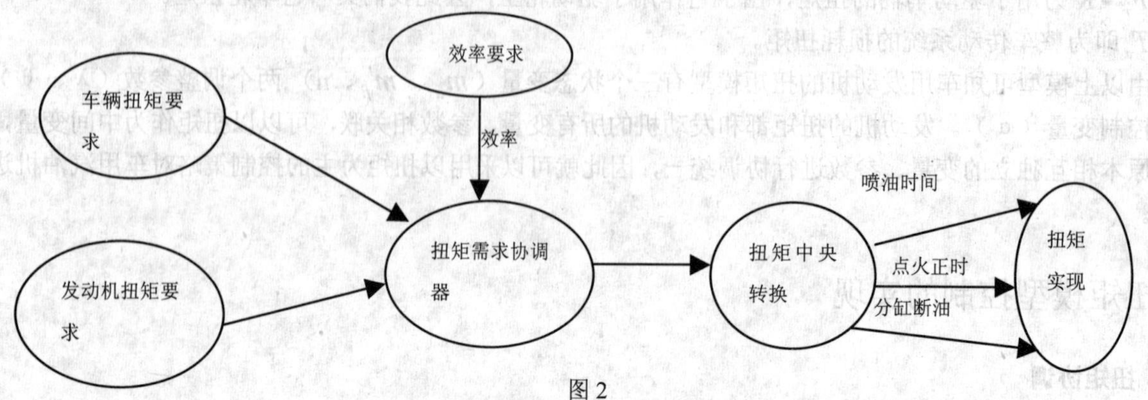

图 2

同时为了满足排放和获得低的燃油消耗等必须确保起动过程、加热催化转化器和怠速控制等的运行效率。由于车辆和发动机的扭矩要求与运行效率要求两者是矛盾的，可以把前者看作目标，把后者看作约束，因此基于扭矩模型的电喷系统就必须对扭矩要求和运行效率要求进行协调，使得在效率要求的约束下，满足扭矩要求。

基于扭矩模型的电喷系统其重要的功能就是在扭矩协调器中将扭矩要求与运行效率要求进行协调：在使用已获得的控制参数实现所要求的扭矩之前，先区分各项要求的优先次序，然后再对它们进行扭矩协调。这样使得发动机能够在每个实际运行点上得到最优的排放和燃油消耗。

3.2 扭矩转换

扭矩模型控制的最终目的是精确地选择发动机控制参数，这些控制参数是正确地响应驾驶员的要求，并同时补偿发动机及车辆的各种损失和补充一些要求所必须的扭矩。通过扭矩中央转换就是用发动机管理系统已获得的控制参数高精度地实现发动机对输出扭矩的要求。

扭矩要求的实现有两种方式：一种方式是系统提供渐进响应，触发怠速控制器调节进气冲量来实现；另一种方式是系统提供快速响应，靠调节点火角和部分缸断油来实现，这样能对扭矩产生中的动态变化作出快速响应。

4 扭矩模型在菱帅轿车电喷系统上的应用

菱帅轿车在新电喷系统开发的过程中应用了扭矩模型，在满足 EURO-Ⅱ排放法规的前提下获得了较为满意的动力性和燃油经济性，见表 1、表 2。

由于采用了扭矩模型，菱帅轿车在新电喷系统开发过程中，发动机基本特性曲线和脉谱图仅依靠发动机数据，与其它函数不发生干涉，不同子系统匹配数据间相互独立，每个工作点只需测量一次，避免了重复标定，从而简化了标定工作；同时由于通过各种扭矩要求的集中协调，在整车上提高了驾驶性。

表 1　菱帅轿车发动机主要参数

机型	DA4G18 、直列四缸、SOHC、多点顺序喷射
排量	1.584L
缸径×行程	76.0mm×87.3mm
压缩比	9.5
进气系统	自然吸气
燃烧室形状	屋脊型
气门数	16 气门

表 2　新、旧电喷系统的动力性、燃油经济性比较

电喷系统	旧系统	新系统（试验样车结果）
最大功率	73.5kW6000r/min	74.2 kW/6000r/min
最大扭矩	133.3N•m/3000 r/min	135.0 N•m/3000 r/min
油耗	446g/km•h@4.4kW/2000 r/min 340g/kW•h@14.7/3500 r/min	437g/km•h@4.2kW/2000 r/min 330g/kW•h@14.3/3500 r/min

5 结论

1) 车辆及发动机请求均以扭矩定义，特性曲线和脉谱图仅依靠发动机数据，简化了匹配。

2) 发动机控制变量之间相互独立，提高了控制精度。

3) 扭矩要求的集中协调提高了车辆驾驶性。

4) 扭矩为变量的模型有利于系统将来的扩充。

参考文献

1 庄继德著. 汽车电子控制系统工程. 北京：北京理工大学出版社, 1998.5

2 蒋德明主编. 内燃机原理 第 2 版. 北京：机械工业出版社, 1986.10

运动汽车车外噪声场的测量分析

杨殿阁 罗禹贡 郑四发 李克强 连小珉
清华大学

[摘要] 本文在分析运动汽车车外噪声场特点的基础上，提出了利用声全息方法来测量分析运动汽车车外噪声场，建立了一套完整的声全息理论，并对运动声源的信号采集、多普勒消除等方法进行了研究。在以上研究的基础上，建立了一套用于汽车车外噪声场的测量分析系统，利用该系统对多款汽车在运动状态下的车外噪声进行了测量分析研究，试验结果表明，该方法以及该系统可以有效地用于汽车车外噪声场的测量分析。

关键词：声全息 运动声源 汽车噪声 多普勒

Research on the Noise Source of the Moving Vehicle

Yang Diange, Luo Yugong, Zheng Sifa, Li Keqiang, Lian Xiaomin
Automotive Engineering Department, Tsinghua University

[Abstract] Based on the characteristics of the moving vehicle's exterior noise, this paper presents the acoustical holography method, and research on some topics such as moving sound source's sampling and how to remove Doppler effect from the signals. Using the acoustical holography method, the radiated noise filed of the moving vehicle has been analyzed in this paper. The results proved that this method is valuable to the measuring and analysis of the vehicle's exterior noise.

Key word: Acoustical holography Moving sound source Vehicle Noise Doppler

结论

通过高速运动的单频声音箱的识别实验可以看出，在高速运动状态下利用声全息方法可以准确识别声源的位置和大小。进一步对汽车表面噪声的识别实验结果可以看到，利用声全息方法能够识别出运动汽车表面的主要噪声源，并可以进一步发现汽车轮胎的运动噪声。结果表明，声全息方法是一种有效的运动噪声识别方法，可有效地用于对运动汽车车外噪声场进行测量分析。

注：本文全文刊登在 2003 年《汽车工程》（增刊）上。

汽车动力装置的节能新动向

钱人一
上汽集团汽车工程研究院

[摘要] 提高发动机负荷率可以提高燃油经济性。因此，在同样满足汽车功率要求的情况下提高发动机的负荷率，成了汽车动力装置节能的新动向。顺着这条思路，除了采用混合动力装置和自动变速器以外，还可以采取利用可切换液压挺杆实现分缸断油和通过增压缩小排量的策略。

关键词：燃油经济性 负荷率 可切换挺杆 缩小排量

1 发动机燃油经济性与工况的关系

发动机燃油经济性以发动机输出每千瓦小时的功所消耗的燃油量克数，即 g/kW·h 来表征。这个指标称为燃油消耗率，或比油耗，主要取决于发动机工况。所谓发动机工况，主要由发动机的转速和转矩确定。图 1 和图 2 所示分别为 BMW 公司 2001 年 320d 手动变速箱轿车的 4 缸 2.0L TDI 柴油机和 1997 年 318i 轿车的 4 缸 1.9L2 气门汽油机的万有特性曲线。图中的横坐标是发动机转速，纵坐标是发动机比功，单位为 kJ/dm^3，其数值跟以 MPa 为单位表示的平均有效压力相同。在发动机排量确定之后，平均有效压力跟转矩成比例关系，所以代表发动机的负荷。由图可见：

- 在整个工况范围内，只有一个极小的区域能够达到最小燃油消耗率。
- 在同一台发动机中，最高燃油消耗率可以达到最低燃油消耗率的一倍，甚至更多。
- 最佳燃油经济性出现在柴油机和汽油机的较高负荷率区域。负荷率定义为在一个确定的发动机转速下实际负荷跟该转速下的最大负荷的比值。最佳燃油经济性出现在一个很小的发动机转速区域内，而在此区域中的最佳负荷率大致为 80%～90%。
- 燃油经济性最佳的转速区域，在现代轿车柴油机中是略高于 2000r/min 的中速范围，在汽油机中则在更低的转速范围即 2000r/min 左右。

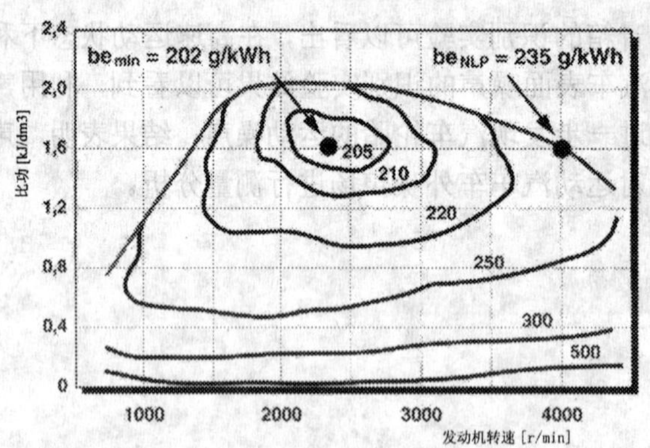

图 1 320d 轿车的 2.0L TDI 柴油机万有特性曲线（资料来源：BMW）

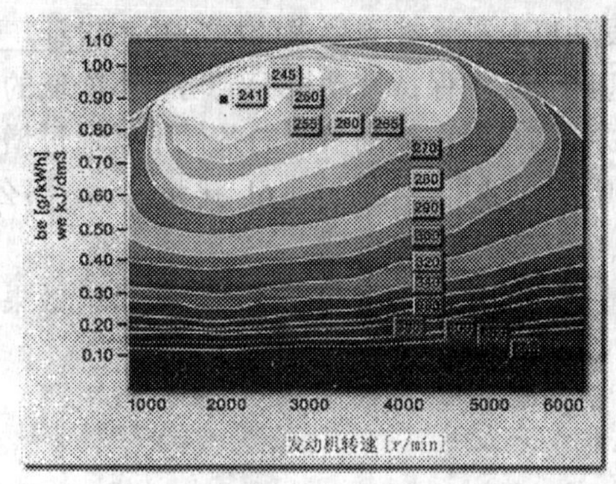

图 2　318i 轿车的 1.9L 2 气门汽油机万有特性曲线（资料来源：BMW）

2　优化发动机工况以节能的新动向

发动机的万有特性曲线指出了通过优化发动机工况来提高汽车燃油经济性的巨大潜力。由于对温室气体排放的限制，这种节能潜力目前已经越来越受到世界汽车工业的瞩目。挖掘这种潜力的策略有如下几种：

（1）混合动力装置

混合动力装置就是既有内燃机又有电动机的动力装置。无论是串联式、并联式还是混联式混合动力装置，其中的内燃机都可以工作在比油耗最低的工况区域。当然，三种形式的混合动力装置节能效果不同，而且节能效果也不能完全归功于发动机工况的优化。但是它们都有明显的节能效果，最高可达 30%左右，而且节能效果都跟发动机工况的优化有关。自从日本丰田汽车公司率先于 1997 年推出第一代、2001 年推出第二代 Prius 混联式混合动力轿车以来，其卓越的燃油经济性和低排放已经引起公众的注意。现在世界上各大汽车公司都在争相开发混合动力装置。其缺点是成本较高。本文对此不做进一步的讨论。

（2）节能优先的自动变速器

当汽车在恒定的车速下行驶时，如果采用不同的档位，发动机就工作在不同的转速，当然还有不同的发动机转矩，带来不同的燃油消耗率。在计算机的控制下，自动变速器可以选择在最合适的时刻切换到最合适的档位，得到最佳的转矩和转速组合，从而缩短汽车的加速时间，提高动力性；但是，自动变速器也可以选择最经济的档位，使发动机工作在最低油耗的工况区域，借此提高燃油经济性。所以现代自动变速的轿车的电子控制单元软件包含着一套动力优先的控制方案和一套节能优先的控制方案，可供驾车人选择。这种技术已经相当普及，本文也不做进一步的讨论。

通过自动变速器节能的效果是有限的。普及型轿车对最高车速要求较低，所以哪怕是装备一台标定功率只有 30kW 左右的发动机也可以勉强过得去了。可是豪华型轿车对最高车速要求很高，甚至超过 220km/h，所以后者装备的发动机功率可达前者的十倍。某些豪华型轿车装备了 12 缸 V 型或 W 型发动机，功率达到或超过 300kW。但是，在城市行驶工况中，汽车怠速时间长，平均车速低，不可能达到最高车速。这种状况不会因为轿车豪华程度不同而有所不同。所以，即使是大功率豪华型轿车，在都市中行驶时的功率需求也只有 7.5kW 左右，这个数据不会跟普及型轿车有太大的差别。此时，豪华型轿车只利用了发动机标定功率的很小一部分，甚至只有四十分之一。发动机实际功率和标定功率之间如此巨大的落差带来的燃油经济性问题不可能完全借助于自动变速器得到补偿。

要解决豪华型轿车在低工况下的燃油经济性问题，最有效的办法是，缩小低工况下发动机实际功率和标定功率之间的差别，从而提高发动机的负荷率。下面介绍的另两种策略就是按照这条思路提出的。

（3）分缸断油

这种策略就是在低工况下切断发动机一部分气缸的燃油供应，其余各缸就会大幅度提高其负荷率，工作在经济性和排放都大为改善的工况区域。一旦这几个工作气缸已不能满足功率要求时，断油的气缸便恢复供油并点火工作。这种工作方式称为分缸断油。

（4）缩小排量（downsizing）

分缸断油策略的思路是，发动机总排量按照要求的标定功率设计，低负荷条件下关闭一部分气缸以提高负荷率；而缩小排量策略的思路是，在保持发动机标定功率不降低的前提下，缩小发动机总排量，使得在较低负荷条件下的负荷率得以提高，而在较高负荷的条件下就通过增压来达到标定功率。举例来说，如果说标定功率为 300kW 的自然吸气汽油机需要 12 缸 6L 排量的话，那么采用增压以后也许只要 6 缸 3L 排量就可以了。

如果将分缸断油和缩小排量这两种策略结合起来使用，则节能效果更佳。

3 分缸断油的实施

断油缸的进、排气门可以封闭，也可以不封闭。所谓封闭，就是进、排气门在断油过程中始终关闭。所谓不封闭，就是在断油过程中进、排气门照常启闭。以下分别介绍。

最简单的模式是，断油缸只是切断了燃油供应，可是它的进、排气门照常启闭，断油缸吸入和排出的都是新鲜空气。

一种类似的模式是，令工作缸排出的废气部分地进入断油缸，见图 3。全负荷时一切如常；部分负荷时，只有左面三个气缸得到燃油供应并点火工作。这三个工作气缸排出的一部分废气被送回已经断油的三个气缸，再经过专门为这一组气缸设置的排气管排出。

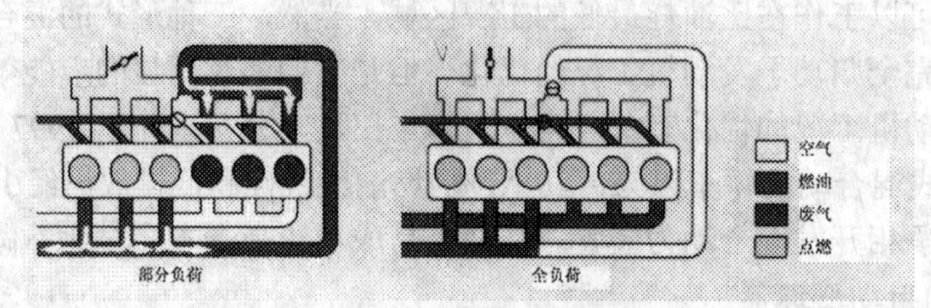

图 3 断油缸进、排气门照常启闭的汽油机断缸控制（资料来源：BOSCH）

但是这样做会白白增加泵气损失。所以，另一种更好的模式是，使断油缸进、排气门暂停启闭。如果在断油时能够解除气门跟凸轮之间的联系，那么就能实现这个目标。此时，尽管凸轮还在转动，气门却不为其所动。可切换液压挺杆就是为此而开发的。

跟断油缸进、排气门照常启闭的模式相比，断油缸进、排气门暂停启闭模式的节油潜力可以提高两至三倍，达到整车节油 8%～15%的效果，排放也可以相应地减少，但是增加了开发和制造费用，成本比较高。

这里介绍一种由德国 INA（依纳）公司开发的可切换液压挺杆，见图 4。它由内挺杆和外挺杆两部分组成。内、外挺杆可以互相分离，也可以锁定为一个整体。分离时，内挺杆可在外挺杆的孔内上下滑动。外挺杆只是一个壳体；真正的液压补偿元件在内挺杆里面，最终通过液压补偿元件操纵气门杆。内凸轮接触内挺杆；外凸轮接触外挺杆。内凸轮只是一个圆柱体，所以不可能依靠它将内挺杆压下，它的作用只是管住内挺杆不让它超越应有的位置；外凸轮才是真正的凸轮，可以将外挺杆压着朝下运动。内挺杆的构造跟普通的液压挺杆相仿，但是尺寸较小。在外挺杆的顶部，直径方向上的两端，分别各有一个锁定柱塞和一个柱塞弹簧。外挺杆中的锁定柱塞可以在柱塞弹簧的压力下插入内挺杆的孔内，此时内挺杆和外挺杆连成一体。内挺杆中有两个操纵柱塞，用于在机油压力下克服柱塞弹簧的压力，将锁定柱塞朝外顶回到外挺杆中。如果发生这种情况，则外挺杆和内挺杆互相分离。外挺杆的下面是一个支承弹簧；支承弹簧下面有一块支承板。

在内、外挺杆分离的状态下，内挺杆保持不动；外挺杆可以由外凸轮压着朝下运动，并依靠支承弹簧的力朝上返回。

在内、外挺杆锁定的状态下，内挺杆可以由外挺杆通过锁定柱塞带着朝下运动，并通过气门弹簧的力和惯性力朝上运动，并进一步带动外挺杆朝上运动。

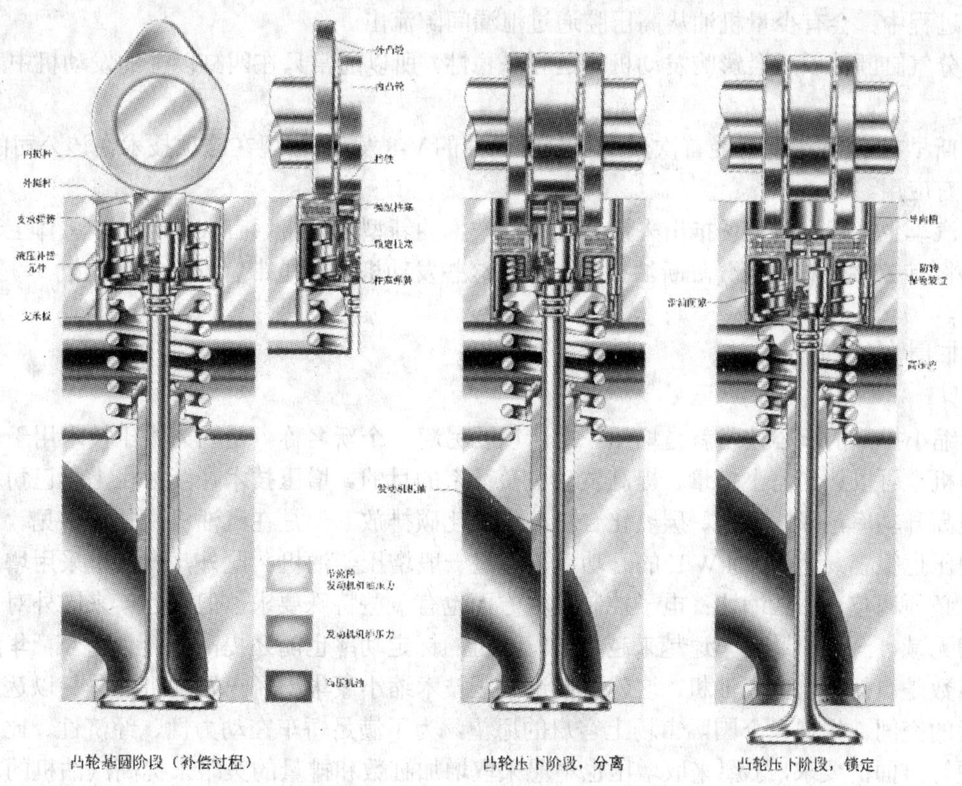

图 4　可切换液压挺杆（资料来源：INA）

左部：凸轮基圆阶段，补偿；中部：凸轮压下阶段，内外挺杆分离；右部：凸轮压下阶段，内外挺杆锁定

可切换液压挺杆的工作过程分为两个阶段：

（1）凸轮基圆阶段

如图 4 左部所示，此时支承弹簧将外挺杆朝上压靠到内挺杆的挡铁上。由于是凸轮基圆跟挺杆接触，所以液压补偿元件处在补偿阶段。在补偿阶段，气门间隙的补偿通过内挺杆中的液压补偿元件实现，这跟在液压挺杆内发生的情况是一样的。此时，原本外凸轮应当跟外挺杆接触，但是在外挺杆和外凸轮之间存在着微小的间隙，所以实际上没有接触。在这一阶段中，外挺杆内的锁定柱塞是否将内、外挺杆锁定成一体无关紧要。

（2）凸轮压下阶段

这个阶段可分成两种状态来讨论：

1）内外挺杆分离

如图 4 中部所示，随着凸轮的转动，同一个气门所对应的左右两个外凸轮克服支承弹簧的力，将外挺杆压下。但是内凸轮不会将内挺杆压下，因为内凸轮只是一个圆柱体。所以，如果发动机机油压力足够高，以至能够克服柱塞弹簧的压力，通过操纵柱塞将锁定柱塞压回到外挺杆中，使得内外挺杆分离，那么此时虽然外凸轮能够将外挺杆往下压，可是外挺杆却不能带动内挺杆往下运动，所以内挺杆里面的液压补偿元件也不会被压下，气门将保持静止。如果同一个气缸的所有气门都保持不随着凸轮的旋转而开启和关闭，那么这个气缸就被封闭了。活塞的压缩冲程和排气冲程中，缸内气体被压缩，消耗功；吸气冲程和膨胀冲程中，已经压缩的气体发生膨胀，对外做功。两者相抵，发动机真正损失的只有摩擦功。

2）内外挺杆锁定

如图 4 右部所示，在凸轮压下阶段，如果机油压力不足以克服柱塞弹簧的压力将锁定柱塞压回到外挺杆中去，那么柱塞弹簧就会将锁定柱塞压入内挺杆，并令其跨越内、外挺杆，使内、外挺杆锁定成一个整体。此时，外凸轮就会通过外挺杆和锁定柱塞将内挺杆压下，内挺杆进一步将液压补偿元件压下，并开启气门。这一过程中，会有少量机油从高压腔通过泄漏间隙流出。

由于部分气缸断油以后会影响发动机的运行平稳性，所以通常只在四缸以上的发动机中才采用这项节油技术。

梅塞德斯早在 1996 年就已经首次采用了分缸断油的 V-8 发动机。现在这项技术在该公司的 V-8 和 V-12 发动机上都有应用。

美国的汽车生产商将向市场推出采用分缸断油技术的新型发动机。有人估计，从总体上看，将来美国生产的汽车将有 20%左右采用分缸断油技术。但是这些发动机主要是带有推杆的发动机。

4 缩小排量的实施

其实，缩小排量的核心技术就是增压。之所以要另起一个新名称，是因为增压技术用于豪华型轿车的大排量汽油机，可以达到缩小排量、提高发动机负荷率的目的。增压技术在柴油机上早已司空见惯，其主要目的是提高升功率，降低碳烟、碳氢化合物与一氧化碳排放。但是在汽油机上却不多见。这是因为汽油机即使不增压也很容易达到 50kW/L 的升功率，超过一般增压柴油机；此外，汽油机采用增压技术会增大爆震倾向，必须调整一下压缩比；电子控制策略方面也有一些特殊要求。但是近年来国外对于汽车动力性的要求有增无减，汽车的最高车速越来越大，发动机的标定功率也随之提高。而且当今豪华型轿车的大排量发动机多数是自然吸气的汽油机。这就给通过增压技术缩小豪华型轿车发动机的排量以达到节能的目的留下了发展的空间。根据当今国际市场上客户的愿望，为了满足轿车在动力性、经济性、比重量、灵活性和停车方便等方面的要求，宁愿采取增压也不愿采取增加缸数和排量的策略来提高汽油机的功率。1994 年欧洲生产的汽油机中只有 1%是增压的。1997 年欧洲生产的 1100 万台汽油机中这个比例上升到了 4.1%。现在这个发展趋势还在继续。这一动向值得我国汽车企业注意。

目前常用的增压技术是涡轮增压，但是机械增压正在悄然兴起。两者对比如下：

1）涡轮增压器的瞬时响应特性比机械增压器差。

2）涡轮增压发动机的低速转矩受到限制，必须采取谐波增压或变截面喷嘴技术应对；机械增压器的低速转矩好，汽车加速性能好。

3）涡轮增压器必须采用放空阀或者采用可变截面喷嘴进行调节；机械增压器则不需要。

4）涡轮增压器会延长催化转化器起燃时间；机械增压器不会。

5）机械增压器可以兼作二次空气泵。

6）涡轮增压器需要发动机提供机油以便润滑，还要解决散热问题。机械增压器不需要跟发动机润滑系统连接，不需要冷却，免维护，工作可靠，寿命长。

7）涡轮增压器如果装配不当，会将润滑油带入进气管，引起结焦问题；机械增压器不会。

8）涡轮增压器不需要机械传动；机械增压器需要通过皮带传动，增加设计和制造工作量。

9）涡轮增压器对发动机排气噪声的降低有一定贡献。但是在进气噪声方面，则是机械增压器见优。

10）涡轮增压器的高工况增压效果优于机械增压器，这对于大排量发动机尤为重要。

11）涡轮增压器成本和价格比较昂贵。机械增压器对于中小排量的发动机具有价格上的优势，所以它用于小型轿车，在经济相对落后、城市交通比较拥堵的发展中国家尤其受欢迎。

12）机械增压的燃油经济性不及涡轮增压。但是，如果在保持原型车动力性不变的前提下，在采用机械增压器的同时减少发动机排量，那么跟原型车相比，肯定能够提高燃油经济性。

13）涡轮增压器的涡轮机及其调节机构都承受很高的温度，相关零部件的材料要求较高；机械增压器没有这方面的问题。

对于汽油机来说，机械增压跟涡轮增压相比更有其独到之处。涡轮增压的根本特点是，它所能处理的质量流量跨度范围比较小。一旦质量流量增幅达到一定程度，就必须让一部分流量通过放空阀旁通。这给发动机的工作过程带来不利因素。

恰恰在质量流量的跨度范围这一点上，汽油机跟柴油机有很大的区别。柴油机因为依靠质调节的方式调节转矩，没有节气门，每个循环吸入的空气量相差不大，其质量流量的差异主要由于转速变动而造成，所以柴油机的质量流量跨度范围只有 6.5:1 左右。相比之下，传统的汽油机（指缸内直喷式汽油机 GDI 以外的汽油机）依靠量调节的方式调节转矩，通过节气门调节空气流量，随着负荷的变动，每个循环吸入的空气量相差很大，加上汽油机转速的变动范围也比柴油机大得多，所以汽油机的质量流量跨度范围可达 75:1，接近于柴油机这个指标的 12 倍。这导致涡轮增压汽油机的瞬时工况比较差。而采用机械增压就没有这个问题。

综上所述可见，汽油机采用增压以缩小排量正在成为汽车动力装置的一个节能新动向。其间究竟选择涡轮增压还是机械增压，要根据原型发动机排量确定。

轻型车排放实验室比对试验

李永胜 周波
北京市汽车研究所

[摘要] 实验室间比对是“根据预先确定的条件，由两个或更多个实验室对相同或相似的试验物品进行试验的组织、实施和评价”。机动车排放实验室间比对是评价机动车排放实验室检测能力，完善实验室质量保证体系，保证不同实验室间检测结果的一致性和有效性是十分重要的。本文介绍了 2002 年组织实施的轻型车排放实验室间比对试验的情况，对影响比对试验结果的因素进行了分析，并论述了运用 Z 比分数作为实验室能力统计量的数据处理方法。

关键词：实验室比对 机动车排放实验室 Z 比分数

Light-duty Vehicle Emission Laboratory Comparison Testing

[Abstract] Interlaboratory comparison is that “organization, performance and evaluation of tests on the same or similar test items by two or more laboratories in accordance with predetermined conditions”. It is very significant for motor vehicle emission test laboratory to carry out interlaboratory comparison that evaluate test competence and assure the consistency and effectivity of test result among laboratories. In this paper, the implementation of 2002’ light-duty vehicle emission laboratory comparison testing has been introduced, and relevant influence factors in comparison testing is analyzed and how to treat test data by calculating Z-score as performance statistics is presented.

Key words: interlaboratory comparison motor vehicle emission test laboratory Z-score

我国从 80 年代末开始，陆续引进国际上先进的试验设备，建立起一批满足国际和国家排放标准的机动车排放实验室，开展对机动车排放污染物的检测和控制技术研究。其提供的试验数据是我国评价机动车排放污染物控制水平，制定控制机动车排放污染物政策的重要依据。提高机动车排放实验室的检测质量，保证试验数据的正确性和有效性具有重要的意义。实验室间比对是保证不同实验室间检测结果的一致性和有效性重要途径，为实验室提供了一个评估和证明其出具数据可靠性的客观手段。ISO/IEC 17025 《检测和校准实验室能力的通用要求》中明确提出，实验室应“参加实验室间的比对试验或能力验证计划”，“定期使用有证标准物质进行内部质量控制”，“以监控检测和校准的有效性”。中国已与国际实验室认可合作组织（ILAC）签署了互任协议，相互承认认可实验室出具的证书/报告，实现与国际接轨。因此，实验室间比对试验的作用将愈来愈重要。

2002 年进行的轻型车排放实验室比对试验，是由国家环保总局负责的《中国-欧盟合作项目 子项目3——中国机动车排放实验室质量控制》项目的要求，在北京、天津和上海三个城市八个轻型车排放实验室进行的，对影响排放实验室检测结果的各种因素和评定方法等进行了研究和分析，为评价和验证实验室检测能力、质量保证体系提供了有益的尝试。

1 国内外机动车排放实验室间比对试验状况

1994 年，1996 年和 1999 年，我国汽车行业举行过 3 次轻型车排放实验室的比对试验，对提高实验室检测水平、加深对排放标准的理解、提高人员素质起到了积极作用。由于排放试验的特殊性和复杂性，怎样通过比对试验评价和验证实验室的能力仍然需要进一步研究。

欧洲在实验室管理方面有着严格的制度。为了减少各实验室间的试验结果的差异，排放实验室与欧洲各认证机构和制造商共同采取的主要措施是定期进行实验室之间的比对，这项工作已经开展了 20 年，成为排放实验室每年必须进行的工作，被称为"Round Robin Testing Programs"。其组织形式有多种：认证机构的实验室之间、认证机构与制造商实验室之间、制造商内部各实验室之间（如大众汽车公司等）的比对。各实验室通过比对试验活动对标准有了共同的理解，规范了操作规程，提高了试验人员的技术素质，保证实验室间试验结果的一致性。

美国国家环境保护局（EPA）有两个专家工作组，专门负责研究和协调与机动车排放相关的技术问题，包括各个实验室的质量体系建设等。实验室之间比对试验在一年间循环的、连续的在各个实验室间进行。EPA 的排放实验室作为标准实验室被称为"Golden Standard"。

2 机动车排放实验室比对试验的重要性

机动车排放试验主要包含轻型车排放试验（汽油车、柴油车）、燃油蒸发试验、曲轴箱排放试验、污染控制装置耐久性试验、汽油机排放试验、柴油机排放试验、柴油车自由加速烟度试验、摩托车工况法排放试验等。以轻型车排放实验室为例，典型的轻型车排放实验室如下图 1：

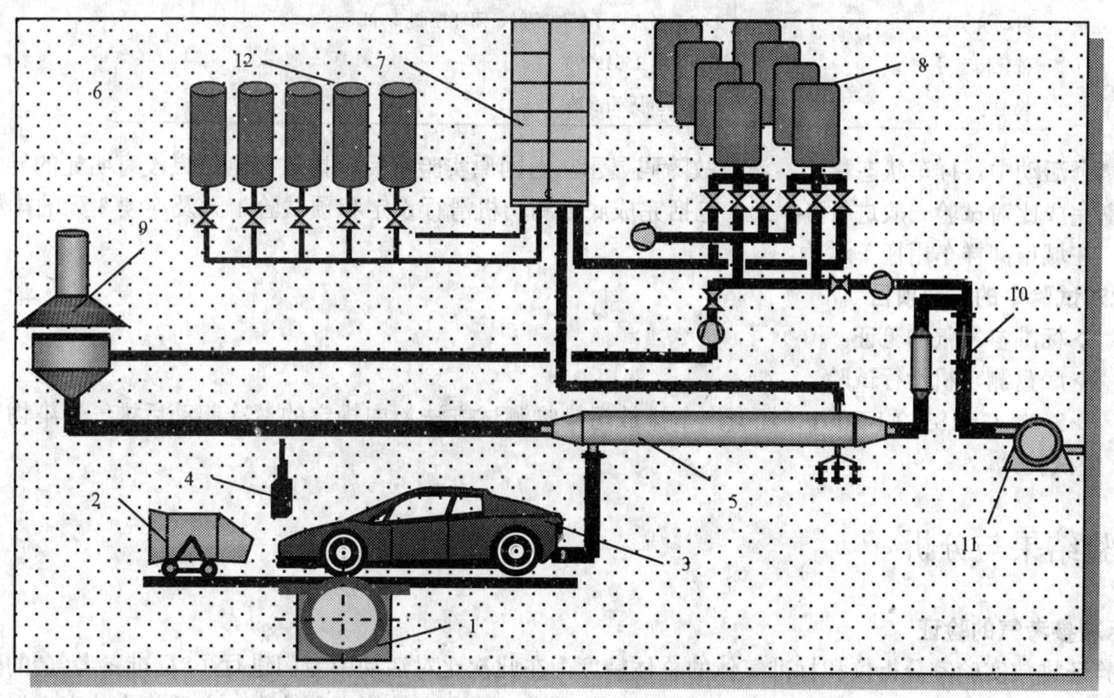

1-底盘测功机 2-风机 3-试验车辆 4-司机驾驶柱 5-混合室 6- 实验室环境空间 7-排放分析仪
8-取样袋 9-稀释空气滤清器 10-层流流量计 11-鼓风机 12-标准气体

图 1　典型的轻型车排放实验室

从图中可见，机动车排放检测工作需要的仪器设备多、技术含量高，试验方法复杂，涉及到机动车及发动机的工作机理、燃烧过程；高精度机电一体化仪器设备的使用及校准；高纯度的标准物资；设施和环境；试验人员的能力和经验等。在试验过程中，司机操作，环境的温度湿度及其变化，仪器和设备的系统误差，标准气体的误差，试验前和试验过程中的某些差别等等，都会影响排放试验结果，很难直接判定可能造成数据偏离的原因。这些因素影响的程度（如统计规律等）还没有定量的分析研究结果。（在 70 年代的美国，以后还有如德国大众汽车公司都曾做过相关研究）这些影响因素都会直接反映在实验室的检测结果上。另外，还有一个重要的影响因素是其检测对象本身——测试车辆的排放物含量本身在每次试验中是不确定的。因此，实验室出具的试验数据是否正确和可以信赖，除了实验室自身具有完善的质量保证体系，用标准样车定期进行内部质量监控，保证测试系统的稳定外，最重要的是通过实验室之间的比对试验，才能评估和证明出具数据的可靠性 。

3 比对试验的实施过程

这次轻型车排放实验室间比对试验主要依据 ISO/IEC 指南 43-1,43-2（1997 年）《能力验证试验方案的建立和实施》、ISO/IEC 17025《检测和校准实验室资格的通用要求》等国际和国家标准进行的，比对试验前举办了专家研讨会，制定了实施细则。整个过程严格按程序进行并组织了专家和试验人员观摩和交流。参加的实验室包括北京 6 家，天津和上海各 1 家，共 8 家轻型车排放实验室。其中 5 家轻型车排放实验室是国家授权承担轻型车排放检测任务的。有 3 家实验室通过中国实验室国家认可委员会认可。

3.1 试验样车

基本参数如下：

车型	BUICK GL
车辆基准质量 kg	1540
变 速 器 形 式	自动挡
发动机	L46，多点电子燃油喷射、闭环控制,2.98L
催化器型号	EDLPHI 25319790
燃油	市售 93#无铅汽油

在整个活动中，样车状态稳定，没有故障码显示。返回原实验室后，排放检测结果没有明显的异常。各实验室完成比对试验一般进行 3-4 天，包括完成底盘测功机滑行设定和预试验 1 天及连续 3 天的排放检测试验。在城市间样车用拖车运输。

3.2 比对试验中的主要项目

✧标准参考气的验证

✧底盘测功机滑行试验

✧3 次 GB18352.1-2001《轻型汽车排放污染物测试方法》中规定的《冷起动后排气污染物试验（I 型试验）》。

4 试验结果与分析

4.1 标准参考气的验证

为验证排放实验室分析仪和标准气体的总体精度，在此次比对活动中专门进行了“标准参考气”的验证项目。实验室首先用自身的标准气完成排放分析仪的零点和量距点的标定和检查，之后将实验室未知浓度的“标准参考气”（CO 257ppm，NO 81.3ppm，丙烷 89.8ppm，CO_2 1.8%）接入分析仪通路，在流量和气体浓度稳定后，记录分析仪显示值，计算与标准参考气标称浓度的相对误差。按照国家标准的规定，允许分析仪有标准气体±2%的读数误差，同时所用“标准参考气”标称浓度自身也有±1%的不确定度，考虑最大的误差可能，分析仪读数在±3%的范围内将被认为是正常的。图 2 是标准参考气验证结果。可见大部分实验室的分析仪读数的相对误差<±3%，这说明实验室的分析仪和标准气体的总体精度良好，其对排放检测数据的影响将不是主要的。

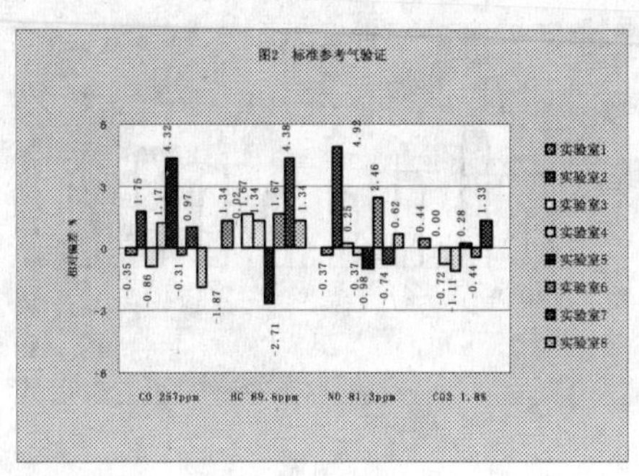

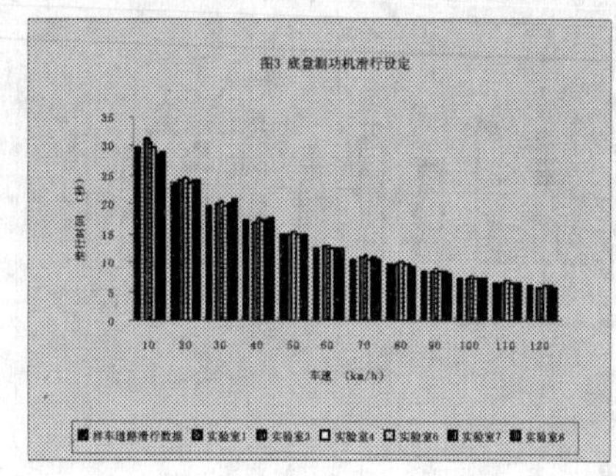

4.2 底盘测功机滑行试验

目前，各排放实验室所用的底盘测功机类型、功能和设定方式有许多不同。除实验室 1 是固定载荷曲线的测功机外，其余 7 家实验室使用可变载荷的测功机。实验室 1、3、8 是 8.65 英寸双转鼓，实验室 6 是 20 英寸双转鼓，其余 4 家实验室是 48 英寸单转鼓。图 3 中，实验室 1 只在 80 km/h 一点进行设定。实验室 2、5 没有提供底盘测功机实际滑行时间，所以图中未列出。尽管底盘滑行时间与道路滑行时间不完全具有对应的关系，但图示仍可以定性的比较各实验室间的差异。

实验室内部—实验室设备有能力精确的模拟车辆道路滑行曲线，实际滑行的偏差可以做到很小。实验室之间—各实验室底盘测功机滑行设定方式不一样，实验室 1 采用单点(80km/h)方式设定功率。实验室 3、6 输入的是道路滑行时间。实验室 2、4、7、8 换算道路滑行数据成力的多项式拟和公式，输入 F0，F1，F2 参数。实验室 5 输入道路滑行功率。最后判断滑行后扭矩、功率的误差是否满足标准。由于各实验室设备功能上的差异，实际输入的参数难以统一和比较。比对试验过程中，只要求实验室按自己日常试验时的方式设定，所以测功机实际的加载负荷可能仍有一些差别。

4.3 司机驾驶

由于样车变速箱是自动档，对实验室司机的驾驶技术提出了较高的要求。从实验室内部的重复性看，司机的驾驶对排放检测结果有一定影响（这主要从 CO 的重复性可以看出）。这就要求司机能尽快熟悉车辆，并在试验过程中严格按照标准的要求操作，保持均匀的加速，平滑的跟踪工况曲线和良好的重复性。在实验室之间，由于各实验室司机不同，对最终的一致性还是有一定影响。（在国外，有的实验室使用自动驾驶仪操作，以消除人员对试验的影响）

4.4 设施与环境条件

虽然各参加实验室的设施和环境控制水平存在较大差异，但在此次比对试验活动的期间，外部环境的温度和湿度十分接近试验条件的规定，且变化不大，非常有利于进行排放比对试验。在每次排放试验前，工作人员采用同一温度表检测发动机的机油温度，用以表示样车经过静置后的温度，这有助于比较各实验室温度控制的差异。比对试验中，背景气浓度没有明显异常。但个别实验室的背景气浓度偏高，应引起一定的注意。

4.5 排放检测结果

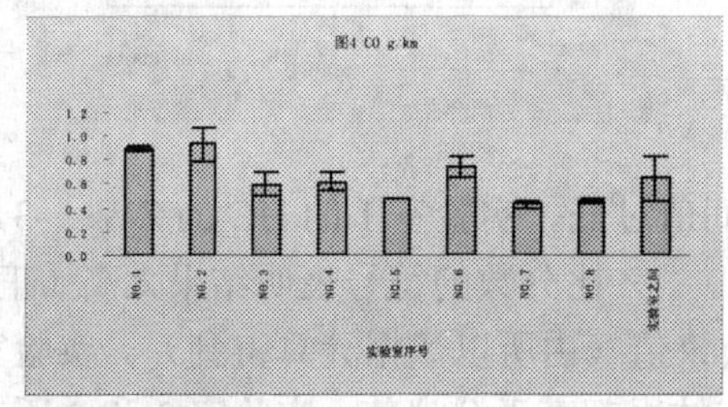

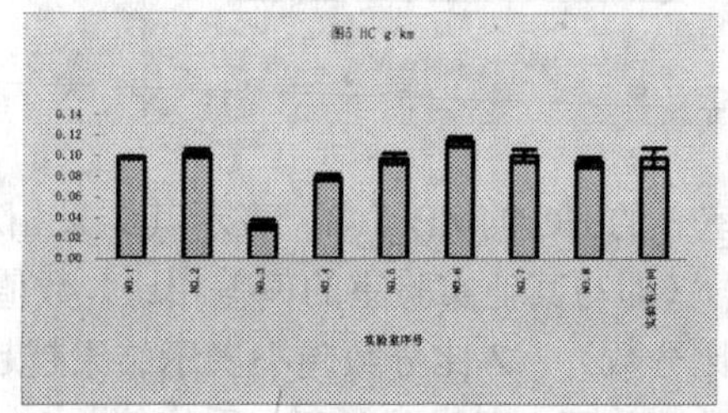

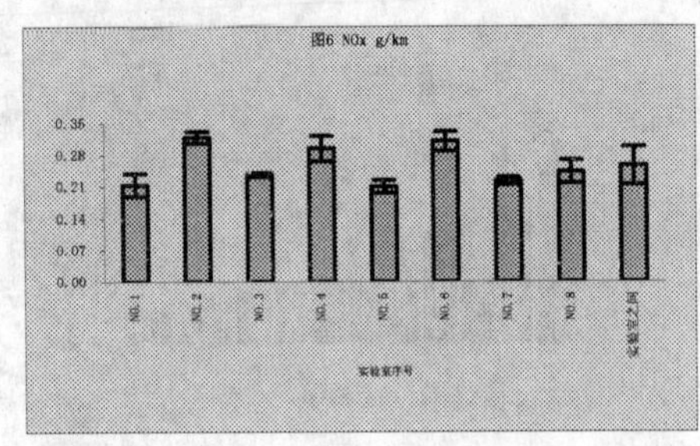

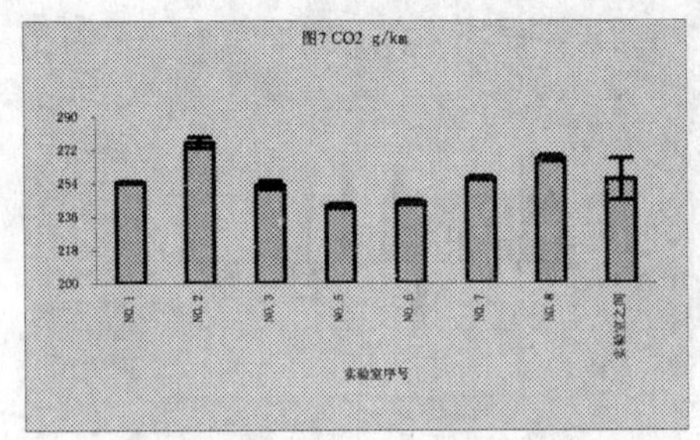

4.6 统计计算

本此比对试验结果采用 Z 比分数表示以及传统的平均值和标准差表示。Z 比分数是表示一组试验室检测结果的“得分”的正态化统计值。$z=\dfrac{(x-X)}{s}$，其中 s 是满足计划要求的变动性的合适估计值/度量。X，s 由所有实验室结果推导出（公议值）。使用 Z 比分数的前提假设是所有试验结果都服从相同的正态分布。对 Z 值有：|Z|≤2 = 满意　2<|Z|<3 = 有问题　|Z|≥3 = 不满意　|Z|≥3 置信度约为 99%，表明该结果在总体结果中，有小于 1%的几率是正确的。同理，2<|Z|<3 置信度为 95%，实验室则应努力检查该结果。通过简单的能力统计量表示实验室的能力，便于各参加实验室理解数据结果。

从实验室数据结果的频次分布图中可见，所有数据呈连续、对称、单峰分布的趋势，非常接近正态分布的“钟形曲线”。图中标准差由各实验室的平均值计算得到。

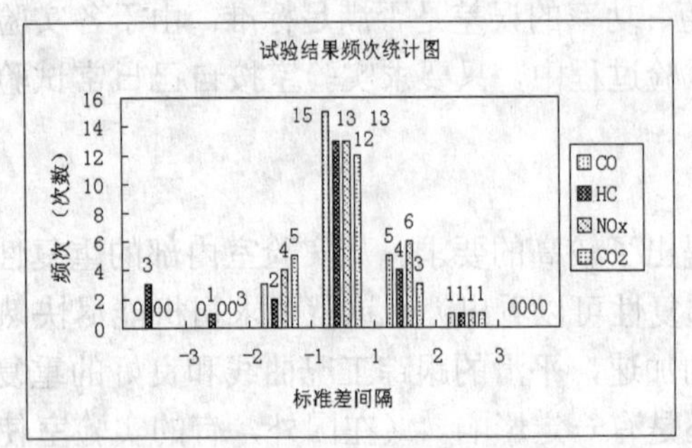

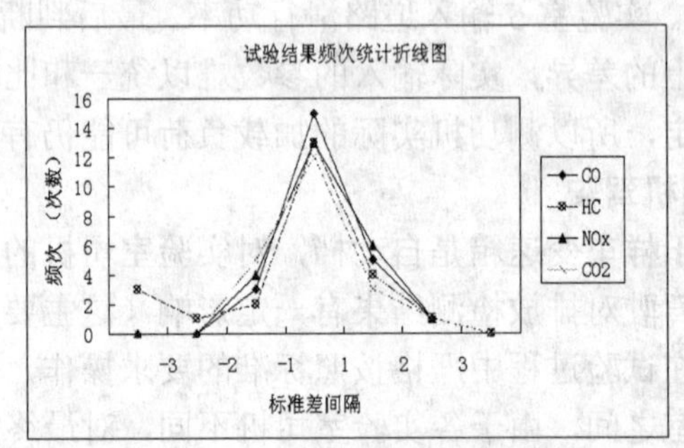

使用稳健的中位值和标准 IQR 代替传统的平均值和标准偏差计算 Z 比分数。相对传统统计量，它们受数据中离群值的影响将较小，并且容易计算。在本文中，计算每个实验室的实验室间 Z 比分数（ZB）和实验室内 Z 比分数（ZW），具体统计计算方法见参考文献。由于排放比对试验是用一辆样车重复 3 次检测，取 3 次的平均值表示每个实验室的“标准化的和 S”，标准差表示“标准化差值 D”。

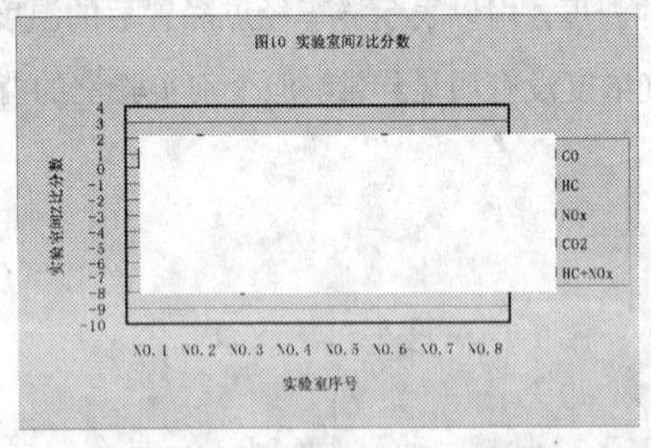

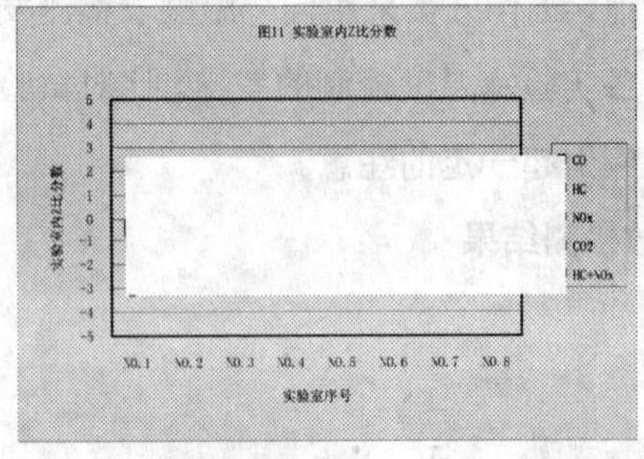

其中实验室 3 的 HC 的 ZB< -3，表示其结果相对中间值过低。实验室 1 的 HC 的 ZW< -3，表明结果间的差值太小，（即与其他实验室的偏差相比，数值过小）。Z 比分数的符号表明结果太高（正 Z 比分数）或太低（负 Z 比分数）。Z 比分数越小表示结果越趋于公议值（由所以数据计算得到）。实验室 2 所有实验室间 Z 比分数都为正，表明可能存在系统偏差——所有结果都高于公议值。实验室 3 和 5 所有实验室间 Z 比分数都为负，表明可能存在负的系统偏差。从总体看，大部分实验室的各 Z 比分数值都很小，反映了各实验室的质量控制能力普遍较好，比对试验是成功的。

从检测数据的统计上看，实验室内部的重复性较好，有些实验室的各项检测数值的重复性相当好；实验室之间，由于样车本身排放较低，在最终统计计算上，CO 相对偏差显得较大，HC 和 NOx 相对较好。并且 CO，HC 和 NOx 的相对偏差各相差一个数量级，表明实验室间在测量不同排放物的水平上有显著差异，这反映了目前实验室的质量体系控制水平的现状。（其中 HC 统计计算前删除了离群值。）

不管采用稳健的 Z 比分数还是采用传统统计量分析比对试验结果，都会帮助实验室了解自身的能力和水平。采用 Z 比分数可以比较明显的表示实验室完成比对试验的能力和水平，揭示某些存在问题的数据。但对于排放实验室而言，尽管 CO 的 Z 比分数在实验室之间普遍较好，但检测平均值的值域较大仍不能认为是令人满意的，对授权承担检测任务的实验室尤其如此。所以传统的统计方法对排放实验室仍有价值，特别是在实验室数量有限和试验次数总体有限的情况下，可以发现许多敏感的数据问题。将以上两种方法结合起来使用会更有实际意义。

5 结束语

在各机动车排放实验室的全力支持下，这次比对试验获得圆满成功。本文通过对比对试验结果的分析，就影响机动车排放检测数据的诸多因素、怎样组织和实施比对试验进行了一定的研究。为了实现我国政府制定的 2010 年机动车排放控制与国际同步的目标，在已经和正在建立一批满足相应法规和标准要求的、高水平的排放实验室之间，有组织、有计划地进行机动车排放实验室间比对试验对完善实验室质量保证体系，保证国内外不同实验室间检测结果一致性和有效性具有重要的意义。

参考文献

1 ISO 3534-1 1993 统计学——词汇和符号 (1993)

2 ISO/IEC 导则 43-1 利用试验室间比对的能力验证试验 第一部分：能力验证试验方案的建立和实施 (1997)

3 GUIDE TO NATA PROFICIENCY TESTING (1997)

4 ISO/IEC 17025 General requirements for the competence of testing and calibration laboratories (1999)

EMS 中智能标定系统的研究

成有 杨伟
绵阳新晨动力机械有限公司 四川工业学院

[摘要] 发动机管理系统(EMS)已经在车用汽油及柴油发动机上普遍应用。传统的标定经历的时间较长，成本高，关键应用技术较低。这将不适应现代发动机及整车开发周期、成本等要求。本文提出智能标定系统的基本概念，并作简要分析，同时对判缸、确定充气效率等关键技术进行简要论述。

关键词: 发动机管理系统 智能标定系统 判缸技术 充气效率

The Research of EMS and Aptitude Demarcate System

Cheng You, Yang Wei

[Abstract] Engine managing system（EMS） is popular used in diesel engine and gasoline engine.The traditional EMS demarcate need a long period and cost more and hold lower technigue. This will not fit for period and cost requirement of modern engine or complete vehicle. The paper advances the concept of aptitude demarcate system, and differentiate discusses differentiate cylinders technique, fix volumetric efficiency, and so on.

Key words: engine managing system aptitude demarcate system differentiate cylinders technique volumetric efficiency

1 概述

发动机管理系统(EMS)已经在车用汽油及柴油发动机上普遍应用，电喷系统及零部件在不断优化，在EMS 中，一些硬件如 ECM、氧传感器、压力/温度传感器、上止点/转速传感器等已为许多人熟知，相比之下，研究 ECM 如何通过传感器采样及控制发动机运转却是一项深入、细致的工作。ECM 中的程序控制着发动机运转，这种程序是如何控制的呢？应该怎样更合理的控制呢？显然，依据来源于各种自然环境和各种工况的发动机及整车大量的试验数据，ECM 中的程序根据这些数据控制发动机运转。确定 ECM 中大量数据的过程即标定。通过标定要求达到以下目标：

整车在环境温度条件（－30～45 ℃）的起动性能，驾驶性能良好，不出现爆燃、回火等异常情况，低温条件下节气门体无结冰现象；整车在高海拔地区的起动性和驾驶性能良好；各种温度保护（三元催化器保护、发动机过热等）状态良好；各种条件下加减速及换档等过渡工况过渡平稳，不出现熄火等异常现象；动力性及经济性达到设计要求；排放达到国家规定的限值；故障码显示正常等。

不同的 EMS 系统标定方法、工作内容、经历时间、采用的技术及其难度也各异。

要精确的控制发动机及整车的运行，ECM 各种控制参数均需要准确的确定，而这些参数中,许多需要在特殊的自然环境下试验，如高原（海拔 4500 米以上）、高温（环境温度 45℃以上）、高寒（环境温度－30℃以下）等，这样，确定的周期较长，成本也高，而且，绝大多数试验仅仅是一两台样车试验数据，因此，由于个体差异，控制参数对批量产品来说不是最优。

可见，传统的 EMS 标定系统存在着诸多缺陷，而当今，新发动机、新车型的开发周期要求越来越短，有必要对传统的 EMS 标定系统及方法进行提升，为此，我们提出智能标定系统的研究。

2 智能标定系统的概念

在 EMS 系统中，以常规试验数据及理论数据为初始数据，ECM 通过不同条件下的反馈信号自动调整控制参数，同时智能积累并优化控制参数的标定系统定义为智能标定系统。

EMS 智能标定系统的组成包括：动态数据处理设备（含数据采集和处理的软件）、数据采集传感器、笔记本电脑（带智能数据分析处理软件）、智能型 ECM、通信联线、电源等。按现在芯片技术，动态数据处理设备体积可以做的很小（一本教科书大小），大量的工作由笔记本电脑的软件完成，当基础数据确定后，智能型 ECM 将代替笔记本电脑工作，直接按相应的软件控制模式控制发动机和整车运转，智能型 ECM 与一般的发动机 ECM 不同的是，它具有强大的软件系统和更快的运算速度。

EMS 智能标定系统基于软、硬件技术的发展。软件技术的发展使得如判缸、数据分析和处理等复杂控制逻辑大大简化；随着传感器技术及电子技术的发展，信号采集很准确，能够通过不同方式的滤波分析，如通过对爆燃传感器反馈信号不同方式处理，可以较好地排除无关的噪声，从而准确辨析发动机工作粗暴情况，动态调整点火提前角等控制参数；常规芯片技术发展，ECM 能够高速进行大量的复杂运算，从而适应高速内燃机精确控制要求。

3 智能标定系统的组成

EMS 智能标定系统开发流程如下图。

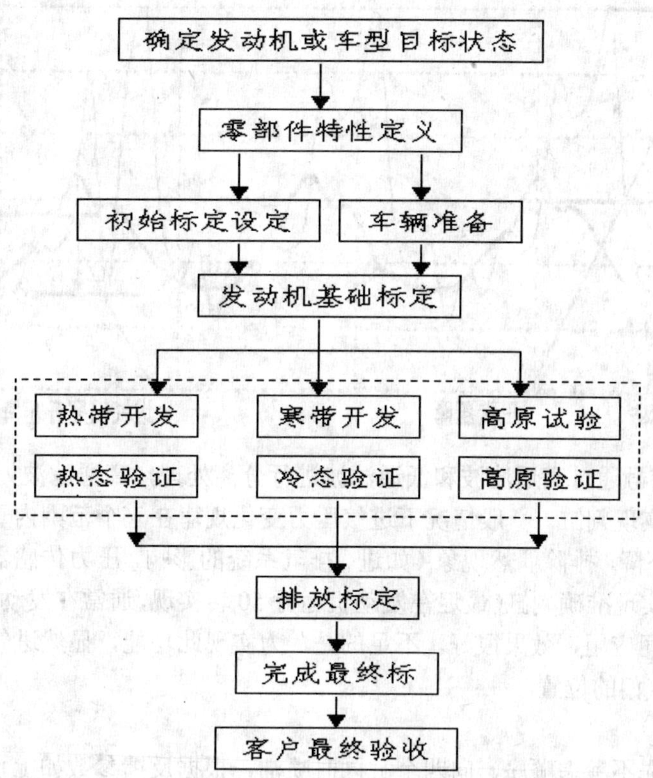

与传统的 EMS 标定系统标定过程相比，流程大大简化了。发动机基础标定时间可以很短，在整车标定中，试验涉及到的工况，特征数据将被记录，在试验中根据数学规则进行调整，经过反馈和对比确定一个默认值，以后的调整将在默认值附近调整。因此，通过试验室能够对绝大部分控制数据确定出一个较准确的值（除高原标定外，因为受试验地点限制，目前无法准确模拟高海拔条件），传统的 EMS 标定系统经过初次标定后，需要进行至少一次验证，并需要客户确认，这个周期将很长，且受样车个体差异影响较大。智能标定系统开发流程中，在进行首次标定，如高温、高寒、高原等标定时，由于 ECM 能够智能积

累数据并调整控制，只要得到一个相对准确的值即可达到目标，因此，不在需要多次验证，在标定过程中，客户可以同时参与验收。

4 智能标定系统中关键技术研究

EMS 标定系统在解决一些关键技术如判缸技术、确定充气效率、确定空燃比及点火提前角等方法不尽相同，这些技术的解决方法标志着响应的 EMS 的技术水平。

4.1 判缸技术

从目前发动机电控燃油喷射技术的发展及国家强制指标要求上看，为了满足排放指标，抗无线电干扰等要求，越来越多地采用多点顺序喷射，在顺序喷射的发动机中，要精确控制喷油及点火，首先需要判别各缸的工作状态，判缸可以通过硬件判别和软件判别，硬件判别即通过取得凸轮轴位置信号予以判别，如丰田 RZ 系列汽油机通过分电器（分电器齿轮与凸轮轴端齿轮啮合）取得凸轮轴位置信号，这种方式判缸很可靠，但对于现今普遍采用 ECM 控制无分电器点火的系统来说，会增加元件及缸盖加工工序，致使成本增加。软件判缸则借助于系统能够采集参数，通过其变化规律判别。现在应用的判缸方法有：

（1） 通过进气压力判缸

根据试验及研究进气压力的变化规律发现，发动机气缸工作在进气行程时，进气门突然打开，靠近进气门附近的歧管压力会有 1kPa 左右的急剧压降，这个急速下降的现象被进气压力传感器检测到（见下图）。

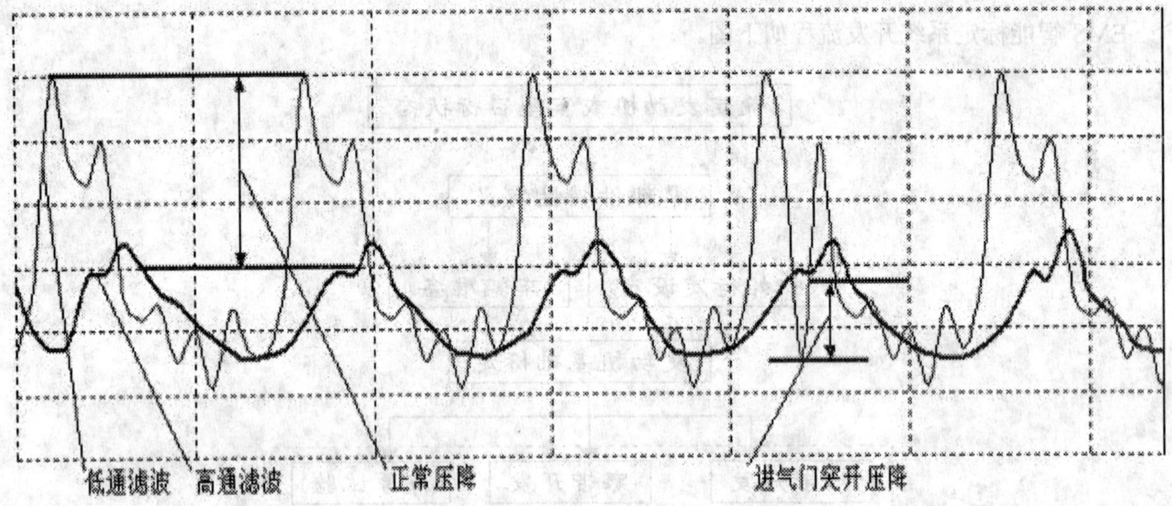

ECM 通过软件对此信号通过高通滤波和低通滤波进行分离处理，高通滤波处理发动机相关供油逻辑，而低通滤波通过软件处理实现判缸。一般情况下进气压力变化规律在一个范围内重复出现，当进气门突然开启时，其附近压力迅速下降，排除偶然现象（如进、排气系统的影响，压力传感器偶然误差等），当 ECM 检测到 5 次这种压降即可实现准确判缸（最迟在发动机运行 50 转实现，通常在发动机运行 13 转以内实现）。这种技术已在 DELPHI 公司应用，效果很好。不足的是，为实现此功能，显然进气压力传感器需安装在第 1 缸或第 4 缸歧管靠近进气门的位置。

（2） 通过喷油判缸

这种方法，起动最初先不考虑顺序，向四个缸同时喷油，根据反馈参数如上止点、转速及氧传感器特征，设定一系列的相关变量，通过检测到的变量与以前积累的相应发动机状态的参数对比，将范围确定在 1 缸和 4 缸上，之后再选定（ECM 在这两缸中任意确定一缸）1 缸或 4 缸，认定其为 1 缸，同时，仅向其喷油，这样，再通过检测到的变量与以前积累的相应发动机状态的参数对比，判别原设定是否正确，如是，则判缸成功，否则 1 缸实际为 4 缸，仍然可由此判缸。采用判缸技术，可靠性好，压力传感器不受位置限制，可安装在进气总管上，但软件逻辑较复杂。

4.2 充气效率的确定

发动机工作中，不同工况及不同环境（如温度、大气压、节气门变化率等）充气效率（Volumetric Efficiency，简称 VE）不一样，实际上 VE 是与发动机的整个进排气系统（包括从空气滤清器到消声器）密切相关的，所以任何进排气系统的改变都会引起 VE 的变化。

多数 EMS 系统中，ECM 中给出各工况稳态值，再通过水温对进气量修正。节气门开度对 VE 的修正，对不同海拔非标准大气压的修正来控制 VE。海拔高度对 VE 的影响明显，即便是通过较好的修正，仍有较大差异(见下图)，这是今后系统需改进的地方。

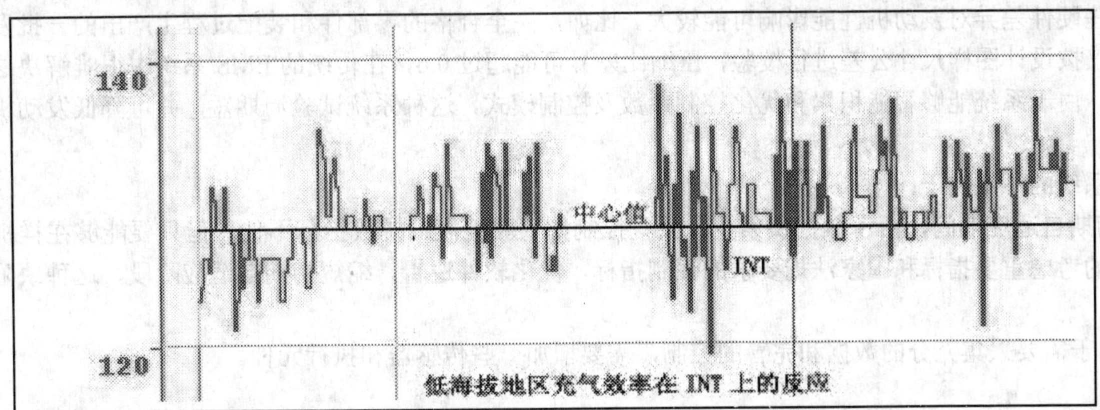

491Q-ME 采用 DELPHI 公司 EMS 系统在 97kPa 处采集

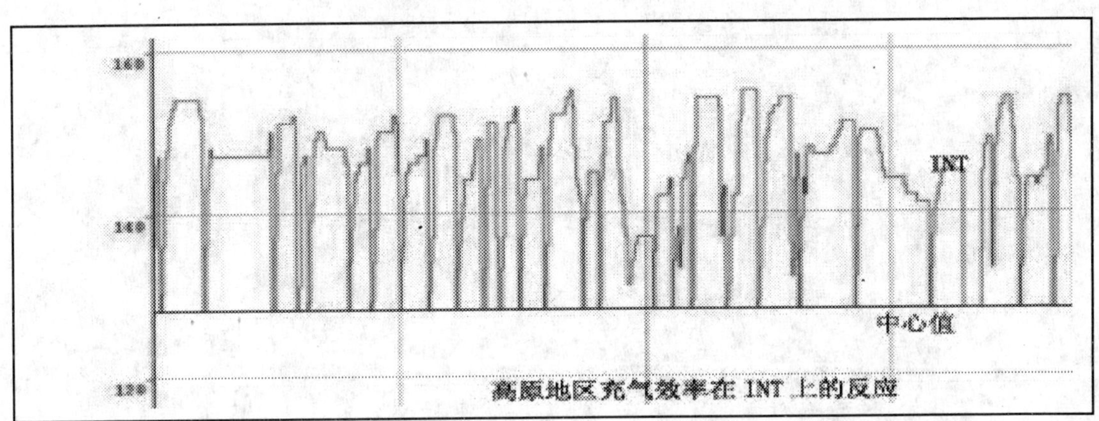

491Q-ME 采用 DELPHI 公司 EMS 系统在 60kPa 处采集（海拔 4500m 附近）

为了减小因发动机运转时间的增长而造成的缓慢变化和发动机及整车的生产散差，引入块学习修正即 BLM（Block Learn Memory），BLM 的值将被存储在存储器内，通过其记录的 BLM 值的大小及变化对与充气效率直接相关的燃油积分值（Fuel INT）的大小及变化趋势在中心值附近作相反的校正。

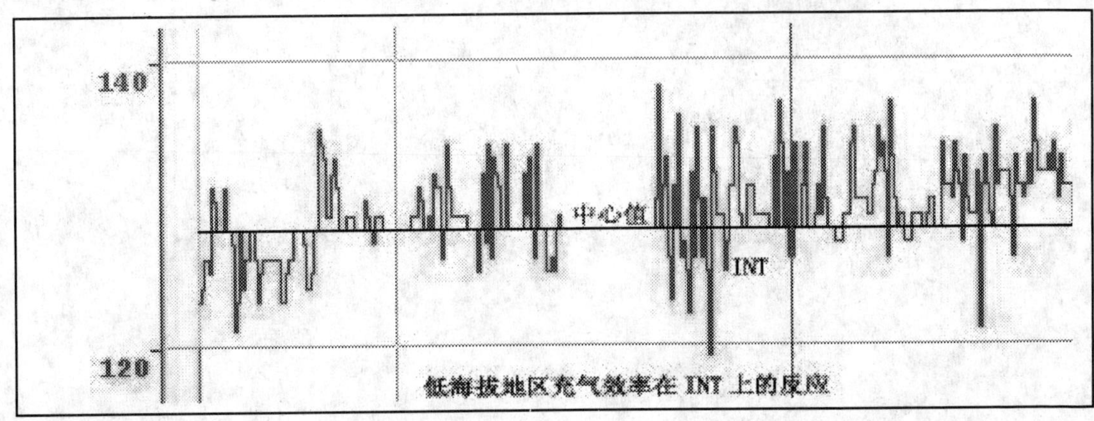

5 结论

EMS 智能标定系统将作为一种新的标定系统取代传统的标定，是 EMS 系统及相关技术发展的必然。这种系统的的优点在于：

1）适应性强，能够根据不同条件自动适应；

2）能够对因加工、装配等引起的压缩比、活塞行程等差异采用不同的控制参数，使发动机工作状态最优。一些硬件差异对发动机性能影响可能较大。比如，完全合格的零部件和装配过程生产出的一批发动机中，仅仅按设计图样尺寸公差进行校验，压缩比差异可能超过 0.6，在传统的 EMS 系统中很难解决这种个体差异。由于系统能够智能积累和优化控制参数及控制模式，这种系统试验周期短，并可降低发动机开发成本。

这种系统的不足在于：

1）初期自适应期间，由于数据积累少，某些控制如驾驶性能、排放指标不佳，但只要能够在样机阶段较充分的考虑重要指标和国家法规要求的强制指标，优化软件逻辑，缩短初期自适应阶段，这种缺陷可得到改善。

2）由于需要采集充分的数据和完善的控制，需要增加一些传感器和执行元件。

LNG 汽车的开发及存在的问题

董必文
福建省汽车工业集团公司

[摘要] 本文指出天然气是地球上含量极为丰富而干净的能源，LNG（液化天然气）在低温储存技术解决之后，LNG 汽车的开发具备了必要的技术条件。我国的"西气东输"等天然气项目为我国 LNG 汽车的发展创造了有利环境。汽车行业应开发单燃料天然气发动机，同时作好与 LNG 生产部门的协调。

关键词：天然气 液化天然气（LNG） 天然气汽车

石油资源的世界性短缺，汽车排放对大气所造成的污染比重上升，人类不得不寻找新的清洁能源。天然气(主要成分为 CH_4)是优质清洁燃料和重要化工原料，是地球上三大能源（石油、天然气和煤炭）之一。目前已探明地球上可开采的天然气储量多于石油，特别是近几年科学家从深海中发现了"可燃冰"这种能源。据初步估计，地球上"可燃冰"所含的能量相当于石油、天然气和煤炭总和的三倍。美国和日本在开采"可燃冰"技术上投入大量精力，他们提出到 2010 年实现对"可燃冰"的大规模开采。"可燃冰"其实是一种"固态"型式的天然气。1 体积"可燃冰"可分解成 164 体积的天然气和 0.8 体积的水。人类大可不必为石油资源的枯竭而担忧。

天然气燃烧所产生的温室效应是煤炭的 48%，石油的 54%。燃烧后基本无烟尘，其它有毒排放物也是最少的。天然气汽车与汽油汽车的排放对比在 CO_2 上下降 21%，CO 减少 24%~32%，HC+N0x 下降了 40.9%；与柴油汽车对比烟度接近零，燃烧噪声也下降很多。近几年世界各国都加大了天然气在能源消耗中的比重。表 1 为 1998 年我国与世界的一次性能源消费结构对比表。

表 1　　我国与世界一次性能源消费结构对比　　(%)

	石　油	天然气	煤炭	核电+水电
中　国	19.8	2.4	71.3	6.5
世　界	34.9	23.5	26.7	9.9

表中说明我国能源利用绝大部分是污染严重的煤炭。为了改变这种不合理的能源消费比例，"十五"期间国家花巨资实施了"西气东输"工程，向沿海人口密集、经济发达的地区提供天然气；并且在广东、福建开始建造接收国外 LNG（液化天然气）的接收站；将东海天然气引上岸工程等等具有重大战略意义的可持续发展项目。这些都给发展天然气汽车创造了极为有利的条件。

天然气汽车有 CNG（压缩天然气）汽车和 LNG（液化天然气）汽车两种。目前世界上至少有 100 多万辆天然气汽车在使用，其中大多数是 CNG 汽车。国际上除美国外，从 1992 年才开始大力发展 CNG 汽车，而 LNG 汽车由于 LNG 的储存技术原因这几年才得以发展。这方面技术美国的研究处于领先地位。我国在 1999 年 4 月确定，京、津、沪等十二个城市为清洁汽车试点示范城市。截止 2001 年 8 月这十二个城市的燃气汽车（除天然气汽车外还包括 LPG 汽车—液化石油气汽车）达到近 11 万辆，其中 CNG 汽车只占 2.5 万辆。而 LNG 汽车刚刚开始开发，但势头看好。北京市乘着 2008 年申奥成功的东风，大力发展清洁汽车，2002 年已经开发成功首辆 LNG 公共汽车，2003 年将首批开通五十辆 LNG 公交汽车，并建造一座 LNG 供气站。

CNG 汽车虽然发展较早，但由于 CNG 成分不稳定而造成发动机功率和排放物的变化，以及储气罐体积过大，需高压（20MPa）储存等原因，在汽车使用范围上受到限制。LNG 在液化过程中对天然气进行了提纯，所以燃料组分变化小，是气体燃料组分最稳定的燃料。同时，同等重量的 LNG 的体积大大小于 CNG，有利运输携带。重要的是，由于真空隔热罐储存技术的完善，LNG 的低温储存难题得以解决，所以 LNG 汽车近几年得到显著发展。

表 2 是 CNG 汽车和 LNG 汽车的比较

成份	温度（K）	压力（MPa）	安全性	密度（kg /m³）	一次性充罐行驶里程（km）	能量密度（MJ/kg）
CNG（主要是 CH4，有少量杂质）	常 温	20~25	差	130	200~300	5.0
LNG（纯化处理后 CH4 纯）	110（-163° C）	0.05~0.5	好	420	800	17.14

从表中看出，CNG 的组分除主要是 CH_4（甲烷）外，还有其他几种气体。不同气田生产的天然气其甲烷的含量不一样，一般在 70%～95%之间，因此不同渠道的天然气在同一发动机上的功率输出和排放物会有很大差别。LNG 由于液化过程经过纯化处理，气体组分稳定，甚至也可以象汽油、柴油一样建立不同质量标准牌号的 LNG，这样发动机的燃烧就会稳定。因此对排气污染的控制就容易的多。LNG 的储存压力属于低压范围（0.05~0.5MPa）很安全。LNG 的密度是 CNG 的 2．97 倍，因此运输 LNG 是很方便的。常压下 1m³ 天然气的热值略高于 1L 汽油,而一体积 LNG 相当于 600 体积的天然气，这就是说一辆小汽车的油箱如若装 60L 汽油，理论上需要 100L 的 LNG 才能产生同样的能量。在车辆上储存 CNG 燃料箱的空间有限，目前 CNG 汽车一次性充气的续驶里程只达到 200～300km，而 LNG 汽车的续驶里程可达 800km。这样的续驶里程是用户可接受的。

燃气汽车的燃料成本比燃油汽车低很多。据资料介绍，在德国市场上天然气的价格比现在车用超级汽油（相当于我国的 95 号汽油）便宜近 50%，比车用柴油便宜近 35%；据广东省有关部门预计，广东省从澳大利亚引进的 LNG 在 2005 年供气时 1m³ 居民用气价格大约为 1.64 元，工业用气为 1.40 元，而目前 93 号汽油的价格在 3.00 元以上。显然，由于石油越来越成为极重要的战略物资，石油及其产品价格只会处于上涨趋势中。

总之，开发 LNG 汽车从燃料后续来源的持久，使用后的清洁，使用中的低成本都比燃油汽车优越，是值得我们花精力给予关注的。

LNG 汽车的开发有一些问题应给予注意。

1) LNG 需要在低温下（－163℃）储存，气化后进入发动机燃烧（发动机与 CNG 发动机一样）。当汽车在运行时，气化了的天然气可以正常给予消耗，不会出现泄漏。但在停车较长时，管路和阀门的漏气将使汽车上的低压气体容器内的气压上升而造成危险，因此不得不在气体容器上设置安全阀排气，造成对大气的污染。国际上先进技术已能保证真空隔热储气罐和相关附件的气体泄漏量控制在安全范围内，LNG 的日蒸发量小于 1%才能保证容器的安全，还不污染大气。我国在这方面技术还须进一步提高。

2) 我国目前天然气发动机的研究主要以汽、柴油机为原机进行改造，改造后的机子效果不尽理想。由于 1kg 天然气（CH4）较 1kg 汽油在理论上完全燃烧所需空气量多 2.3kg，所以将燃油发动机改造为天然气后，充气不足造成燃烧不完全，功率下降，有害排放物增加。研究表明采用中冷增压技术可以使改造后的天然气发动机各项指标恢复或略好于原发动机水平。但必竟天然气（CH4）与汽油（C_7H_{15}）和柴油（$C_{15}H_{28}$）燃烧反应有别，研发单燃料天然气发动机使其各个系统的设计趋于完善，如采用电喷控制燃烧、增加充气量、使用 EGR 等，并配备专用的催化转化器，天然气发动机的排放可以做到与电动汽车媲美。

3) LNG 的加注方式和 LNG 加气站的设备技术也需完善。LNG 加注的方便性、可靠性和安全性必须给予充分考虑。LNG 的加注时间太长，加注方式过于复杂都将影响 LNG 汽车的推广。

4) LNG 在气化时产生大量的冷能（860～883kJ/kg）。在发动机设计或汽车设计时可以给予考虑，持别是一些专用汽车如保温车、医疗救护车等上面给予利用。

5) 我国在 LNG 的生产方面发展比较晚，但这几年石油天然气部门正在给予规划。www.lng.com.cn 网站上介绍了我国在液化天然气技术装备上的进展，目前 LNG 低温储液罐的技术和产品已有企业在生产，中小型加工 LNG 工厂设备正在试制中，国产大型 LNG 运输船计划在三年后下水。能源部门为了实现国家对能源战略的调整，这些年做了大量工作，汽车工业也应适应这样的转移。天然气汽车的开发应提到日程上来。除了开发天然气汽车本身零部件外，LNG 在液化过程的提纯达到什么样质量标准，汽车行业应该积极配合，避免再出现燃油汽车在开始控制排放时有许多问题是因为燃油质量与发动机不相适应所造成的麻烦。

参考文献

1 张小虞等主编. 汽车工程手册 （设计篇）

2 中国汽车工程学会. 世界主要地区多种能源汽车发展研究报告. 西南汽车信息, 2002. 9

3 田在艺，张庆春，史卜庆. 21 世纪中国气资源勘探前景. 中国科学院网站, 2003. 4

4 陈曦等. 液化天然气汽车的应用优势及存在的问题. 石油与天然气化工, 2002. 6

5 陈赓良. 国内外天然气利用的现状与展望. 石油与天然气化工, 2002. 5

6 孙雪松，刘生全. 天然气特性参数的分析与计算. 陕西汽车, 2002. 2

串联混合电动公交车动力系统设计与评估

程夕明 刘明基 欧阳明高 卢青春
清华大学汽车安全与节能国家重点实验室

[摘要] 参考北京市某新能源公交车原型数据，阐述了串联混合电动公交车动力系统的设计过程和评估方法，重点分析各部件的性能指标选择，包括牵引电机功率和转速、辅助功率单元功率、动力电池组容量和功率以及传动系减速比。其中，探索了感应牵引电机基速和传动系减速比选择的分析方法。通过 Advisor2002 仿真软件，评估串联混合电动公交车动力系统设计的性能指标，为整车设计提供了参考依据。在整车性能评估中，车辆的动力性和经济性是一对矛盾。因此，对于串联混合电动公交车设计而言，根据不同的城市道路工况，在低排放前提下，优化车辆动力系统的动力性和经济性。

关键词：汽车工程 串联混合电动车辆 公共交通车辆 动力系统仿真

1 前言

在大城市，诸如北京市，有上万辆的传统燃油公交车低速高负荷运转，低效率，尾气排放严重威胁城市居民的生存空间。国外实践证明，串联混合电动车辆是一种适合城市公交运行的清洁节能新型动力车辆，能够有效降低城市公交车尾气排放，以及提高燃油经济性[1-2]。

新能源动力系统是串联混合电动公交车区别于传统燃油公交车的核心，它包括牵引电机、动力电池组、辅助功率单元（APU）和传动系等部件。动力系统每个部件的性能指标确定及其优化匹配，影响串联混合电动公交车的动力性和经济性。为此，有必要系统阐述串联混合电动公交车动力系统设计与评估。Ehsani 等[3]从车辆的加速特性分析了混合电动车辆牵引电机的功率需求下限，Doerffel 等[4]应用 Advisor2002 评价了一辆基于有刷直流电机和锂电池动力系统的微型串联混合电动轿车的性能，在确定 APU 功率指标时，忽略了牵引电机效率。

参考北京市某新能源公交车原型数据，作者设计与评估了一辆基于感应牵引电机的串联混合电动公交车的动力系统，混合电动公交车的基本性能数据如表 1 所示。

表 1 混合电动公交车基本设计指标

项目	指标
最高车速（km/h）	60
0－50km/h 加速时间（s）	40
最大爬坡度	20%
续驶里程（km）	300
纯电动模式续驶里程（km）	60

表 2 混合电动公交车基本参数表

项目	数据
车辆总质量（kg）	16795
迎风面积（m^2）	6.50
滚动阻力系数	0.012
空气阻力系数	0.65
空气密度（kg/m^3）	1.23
总机械系统传动效率	0.90
车轮半径（m）	0.501

2 零部件性能指标计算

2.1 公交车基本数据与计算

混合电动公交车的基本参数如表 2。考虑理想的道路负载特性：①滚动阻力系数 f 为常数，②空气绝对速度为零，③良好的水泥路面，讨论车辆行驶性能计算[5]。这样，车辆在不同坡道上匀速行驶时，牵引装置的功率需求如图 1 所示。

2.2 牵引电机主要参数选择

2.2.1 功率估算

北京城市公交车的平均运行速度 15～30km/h，道路坡度不大于 12%，因此以车辆平均速度 15km/h 在 12%的道路上持续运行作为确定牵引电机额定功率的重要参考量。根据图 1d)，牵引电机持续运行功率选择为 100kW。在减速比满足条件下，该牵引电机功率完全满足车辆在水平道路上以 80km/h 高速运行时 80kW 的功率需求（如图 1a）所示）。

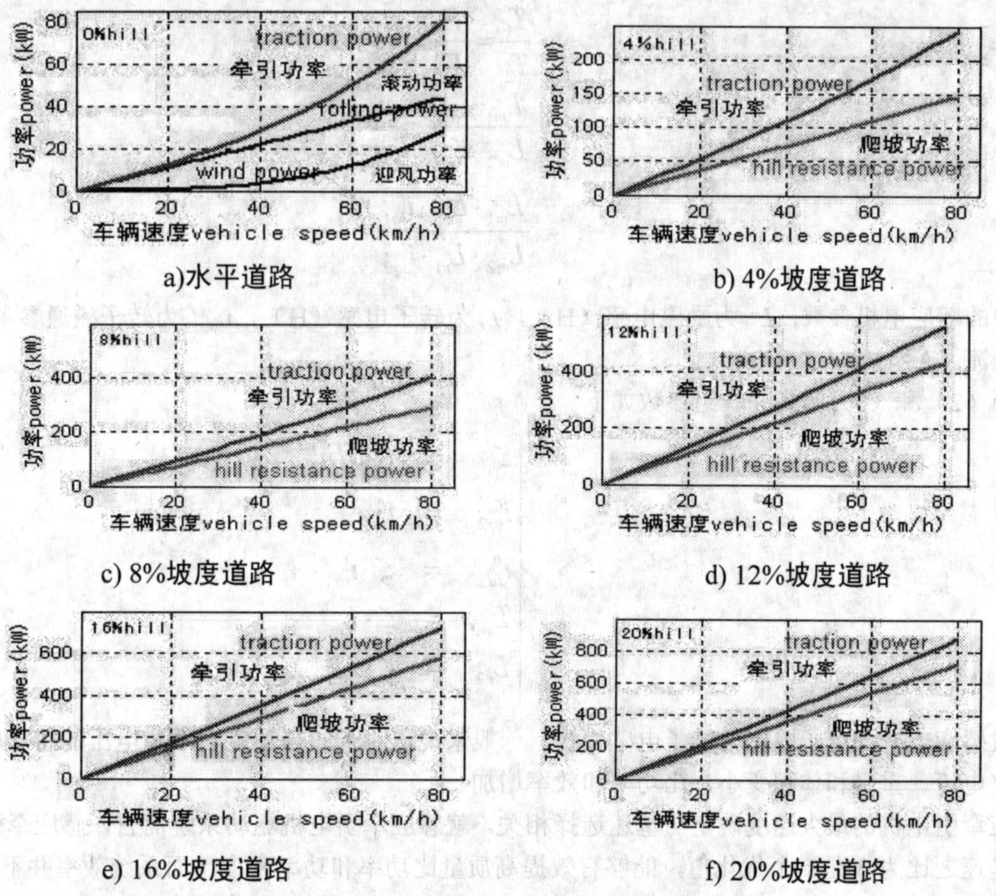

图 1 六种不同道路坡度条件下牵引电机功率与车辆匀速行驶速度之间的关系

将图 1b)的坡道阻力折算成水平道路上车辆持续加速行驶所需的功率。如果认为旋转质量转换系数为 $\delta=1.05$，那么车辆的平均加速度为 0.3733m/s^2、0～50km/h 平均加速时间为 37.2s，以及 50km/h 加速瞬时功率分别计算为 140kW。而且，从图 1(a)可知，车辆在水平道路上 50km/h 匀速行驶的持续牵引功率不到 40kW，远远小于相应的加速瞬时功率。如果牵引电机过载功率（持续 1 分钟）按额定功率的 1.5 倍计算，完全满足车辆 0～50km/h 加速时间不大于 40s 的要求。另一方面，根据图 1(f)车辆在 20%坡道上以 15km/h 运行的短时运行功率约为 160kW，那么选择牵引电机持续 1 分钟的最大功率为 160kW。

2.2.2 感应牵引电机速度计算

确定感应牵引电机速度的前提条件是：① 相同的额定功率和最大功率，② 相同的额定电压 U_{rated}。感应牵引电机的速度选择有两个方面，即基速 n 和最大速度 n_{max}。一方面，基速是感应电机恒转矩和恒功率两个区的分界，是感应电机的基本特征参数；另一方面，可以通过感应牵引电机的基速来确定其最大速度。假设满足条件①和②的两个感应牵引电机，一个电机的基速为 n_1，另一个电机的基速为 n_2，则额定转矩 T 与基速 n 关系如图 2(a)所示，额定磁通 F 与基速 n 关系如图 2(b)所示。

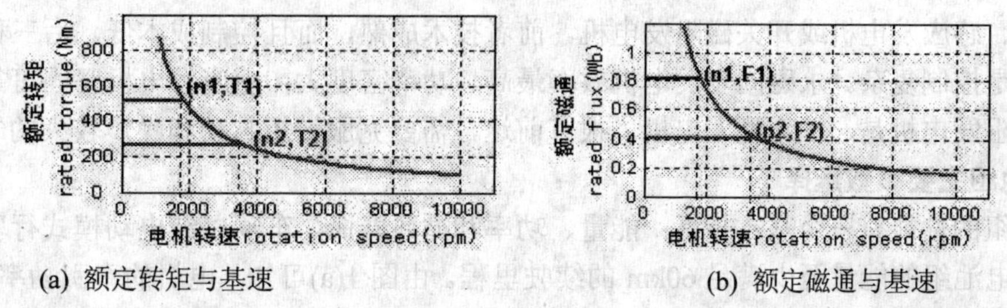

(a) 额定转矩与基速　　(b) 额定磁通与基速

图 2 相同额定功率和电压的两个感应牵引电机的额定转矩、额定磁通与基速的关系曲线

根据感应电机转子磁场定向控制原理[6]，基速以下，保持磁通额定，进行恒磁通控制；基速以上，进行弱磁控制。忽略极高速的自然模式效应[3]，存在如下关系，

$$\frac{T_1}{T_2}=\frac{F_1}{F_2}=\frac{n_2}{n_1} \tag{1}$$

$$\frac{L_{m1}\cdot i_{sd1}^r}{L_{m2}\cdot i_{sd2}^r}=\frac{n_2}{n_1} \tag{2}$$

$$\frac{L_{m1}\cdot L_{r2}\cdot i_{sq1}^r}{L_{m2}\cdot L_{r1}\cdot i_{sq2}^r}=1 \tag{3}$$

式中的感应电机参数，L_m 为励磁电感（H），L_r 为转子电感（H），$i_{sd,q}{}^r$ 为转子磁通参考坐标系 d、q 轴定子电流（A）。

符合（2）和（3）两式的一组参数如下

$$\begin{cases}\zeta & = \sqrt{n_1/n_2}\\ i_{sq2}^r & = i_{sq1}^r\\ i_{sd2}^r & = \zeta\cdot i_{sd1}^r \quad 。\\ L_{m2} & = \zeta\cdot L_{m1}\\ L_{r2} & = \zeta\cdot L_{r1}\end{cases} \tag{4}$$

假设感应电机的定子电感与转子电感相等。一般来说，对于同等额定功率和电压的感应电机，基速升高，额定电流、重量和体积变小，比功率和效率增加。

感应牵引电机的最大速度确定与基速选择相关。就感应牵引电机驱动系统而言，感应牵引电机的最大速度与基速之比为 3 是一个优化值，能够有效提高质量比功率和功率密度，而系统效率并不会降低[7]。感应牵引电机的最大速度越高，要求逆变器的开关频率越高，开关损耗随之增加，也带来控制难度。与此同时，相应的传动系统机械强度要求迅速提升，成本增加。

从国内感应牵引电机及逆变器的技术状况，选择 100kW 感应牵引电机的基速为 1800r/min，这样相应的最大转速为 5400r/min。

2.3 APU 主要参数选择

串联混合电动车辆的 APU 功率由车辆平均功率决定。然而，公交车运行所需的平均功率由城市道路状况决定，如北京、上海、天津的道路比较平坦，而重庆、大连、青岛的道路有较大坡度。就北京城市公交车来说，车辆以最大速度在水平道路上持续行驶的功率作为平均功率较为合适。那么，由车辆 60km/h 的允许行驶功率，认为感应牵引电机的平均效率为 85%，那么 APU 发电机的连续输出功率为 59kW。

如果考虑发电机运行的平均效率为 85%，那么发电机所需的机械输入功率约为 70kW，也就是 APU 发动机的最小连续输出功率为 70kW。

APU 发动机运行好坏直接决定串联混合电动公交车的尾气排放和燃油经济性。在符合城市公交车的运行状况下，适当减小发动机功率，增加动力电池容量和功率，有助于降低尾气排放和提高燃油经济性。串联混合电动公交车的 APU 发动机选择高效电控柴油机比较好，而发电机可以是无刷交流同步发电机、永磁同步发电机、感应发电机或开关磁阻发电机。前者技术成熟，而且控制成本低。后三种发电机能够兼有电动功能，只是控制复杂。永磁同步发电机效率最高、功率密度大；感应发电机坚固可靠，维护少，而且便宜；开关磁阻发电机是一种新型发电机，很有前途，需要克服转矩脉动和噪声较大的缺点。

2.4 动力电池组主要参数选择

动力电池组的性能有三个基本指标：能量、功率和循环寿命。车辆以纯电动模式行驶时，平均速度为 40km/h，动力电池组的能量至少满足 60km 的续驶里程。由图 1(a)可知，电机的牵引功率约为 30kW。如果

认为该工况下牵引电机的平均效率为 75%，而电池组的放电效率为 90%，那么所需的动力电池组最小能量为 66.7kWh。

而电池组和发电机的功率必须满足牵引电机的最大运行功率，认为牵引电机的平均效率为 85%，那么动力电池组所需的最大功率为 132kW。动力电池组必须具备 3 倍于额定容量的放电电流，那么电池组的存储能量为 44kWh。

这样，动力电池组所要求的最小能量为 66.7kW•h，即使选择铅酸电池，也完全能够满足最大输出功率 132kW 的指标。

2.5 减速比选择

对于串联混合电动车辆来说，一般以牵引电机最大转速和车辆最大行驶速度来确定传动系的最小减速比。同时，牵引电机要满足车辆最大行驶速度时的转矩要求。当车辆的最大行驶速度为 80km/h 时，最小减速比约为 12.749；而最大行驶速度为 60km/h 时，最小减速比约为 17。

车辆的最大减速比由牵引电机具备以稳定低转速的最大转矩输出能力确定。具体用车辆爬坡所需的转矩与牵引电机最大转矩、额定转矩之比确定车辆最大减速比，由于车辆爬大坡时速度较低，迎风阻力可以忽略不计。这样，车辆最大减速比与道路坡度、牵引电机转速之间的关系曲线如图 3(a)所示。

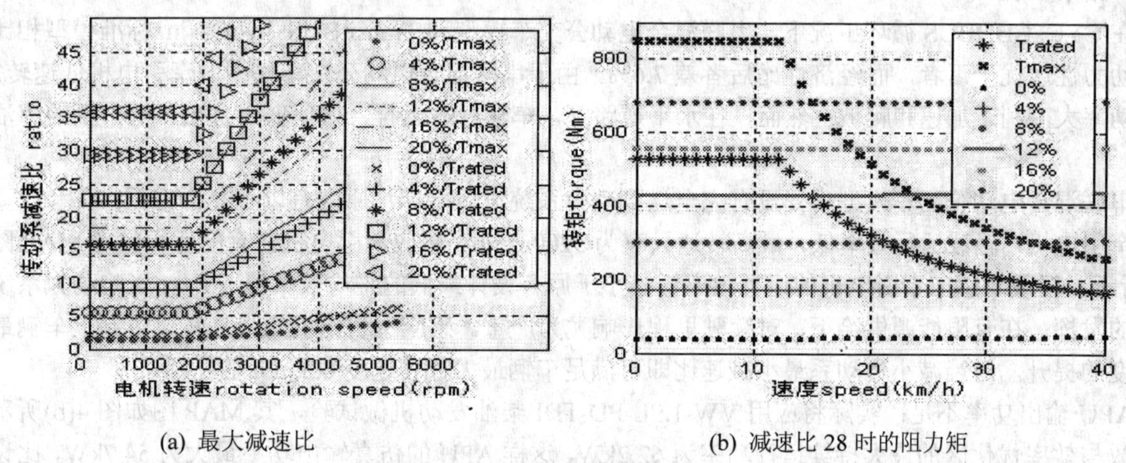

(a) 最大减速比　　(b) 减速比 28 时的阻力矩

图 3 车辆在各种坡道上行驶的最大减速比及阻力矩

根据最大减速比曲线图 3(a)，认为最大减速比在 25～30 是合适的。如果要求牵引电机在输出额定功率和额定转矩内满足车辆在 15%的坡道上低速稳定行驶，而且低速档和高速档之间的比数最好小于 1.7 [5]。那么，车辆的最大减速比应在 28 左右，最小减速比约为 17。

图 3(b)表示最大减速比 28 时，车辆在各种道路坡度下的阻力矩情况。由图可知，车辆能够以最大速度 36km/h 左右在 4%坡道上匀速行驶，车辆足以 15km/h 在 12%的坡道上匀速行驶，能够爬 20%的坡道。

表 3 Advisor 串联混合电动公交车仿真部分参数

项目			数据
车辆总质量(kg)			17429
感应牵引电机	额定功率/最大功率(kW)		100 / 160
	基速/最大转速(r/min)		1780 / 5200
APU	发动机	型号	VW-1.9L-PD-TDI
		最大功率(kW)	85
		最大转矩(Nm)	265
		最高转速(r/min)	4000
	发电机	额定功率(kW)	60
		典型效率	88%
动力电池组	类型(ESS_PB85)		铅酸
	两组并联额定容量(Ah)		170
	SOC 范围 / 初始值		0.4~0.8 / 0.7
最大 / 最小减速比			28 / 17

3 Advisor 仿真

Advisor 是一种基于 Matlab®的能量流分配的后向式电动车辆、混合电动车辆和燃料电池车辆仿真软件，通过各种自行设计或标准循环行驶工况仿真整车、动力系统或部件模型的性能，比如整车的动力性、经济性和排放性，控制算法的功率流和效率特性等。

基于上面的计算，用 Advisor2002[8]仿真串联混合电动公交车的设计性能，车辆仿真参数如表 2 和表 3 所示。

仿真结果表明：

(1) 车辆短时行驶最大速度为 57.8km/h，持续行驶的最大速度为 53km/h，感应牵引电机效率为 77%；

(2) 车辆持续行驶在 4%坡道上的最大行驶速度为 18km/h，感应牵引电机效率为 82%；

(3) 纯电动模式时，车辆以 40km/h 匀速行驶的续驶里程为 36km，感应牵引电机效率为 68%；

(4) 串联混合电动公交车模型与标准模型 TransitBUS_hybrid_in 行驶 30 个 CYC_CBDBUS 标准城市道路循环工况（约 96km），作动力性和经济性比较，结果如表 4。

表 4 串联混合电动公交车模型与标准模型 TransitBUS_hybrid_in 性能比较（CYC_CBDBUS）

项目		串联混合电动公交车模型	TransitBUS_hybrid_in
0-50km/h 加速时间(s)		11.2	14.2
最大爬坡度		18.5%	8.8%
油耗(L/100km)		60.8	56.5
感应牵引电机		72%	78%
APU	总效率	35.2%	36.9%
	控制算法	开关式	负载跟随式

在 CYC_CBDBUS 循环工况下，串联混合电动公交车模型和 TransitBUS_hybrid_in 标准模型相比，前者的动力性远优于后者，而经济性比后者差 7.6%。由于串联混合电动公交车模型的牵引电机低速转矩高，后备功率大，利于加速和爬坡；然而，在水平道路下，车辆轻载运行，效率低，直接影响车辆的燃油经济性。

串联混合电动公交车模型仿真没有完全达到动力系统设计指标，原因有以下几个方面：

牵引电机：轻载运行效率低，最高转速只有为 5200r/min。感应牵引电机仿真的运行效率 MAP 图如图 4(a)所示，轻载时感应牵引电机的运行效率低，小于原有设计最低的平均效率值 75%，影响动力系统设计能力的发挥。在有限能源供给下，对续驶里程影响尤为严重。感应牵引电机的最高转速限制了车辆最大行驶速度的提升，适当减小传动系最小减速比即可满足车辆最大行驶速度 60km/h 的指标。

APU 输出功率不足：实际将应用 VW-1.9L-PD-TDI 柴油发动机做试验，其 MAP 图如图 4(b)所示，它的排放与效率优化区的最大持续运行功率为 62.2kW，这样 APU 的仿真输出功率最大为 54.7kW，比设计值 59.5kW 小 8%。限制了感应牵引电机功率的输出，直接影响车辆以最大速度持续行驶，对车辆的爬坡能力也有影响。

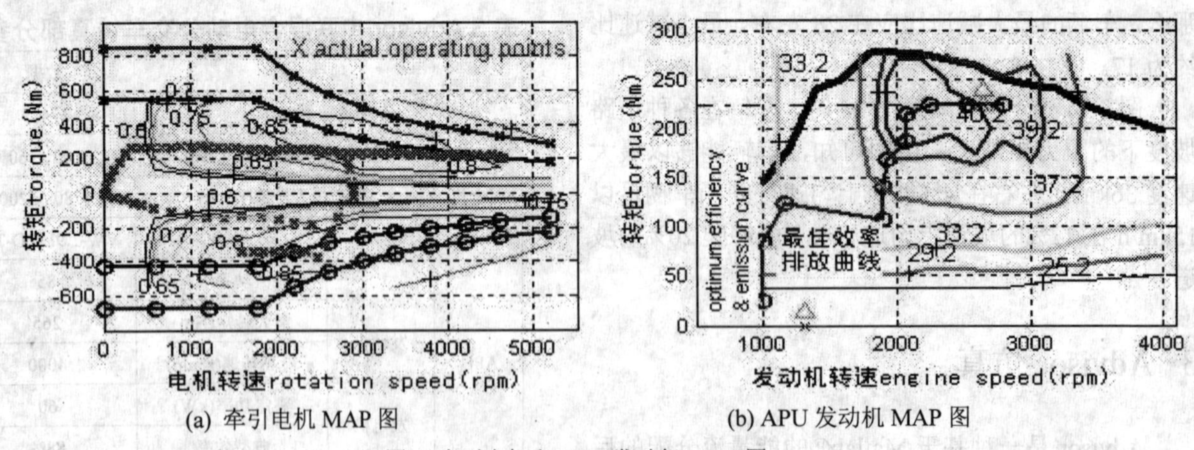

(a) 牵引电机 MAP 图

(b) APU 发动机 MAP 图

图 4 牵引电机和 APU 发动机 MAP 图

动力电池组：质量增加，全面影响动力系统性能的进一步提高；SOC 最小值为 0.4，也降低了车辆续驶里程。

4 结束语

串联混合电动公交车是一种介于纯电动公交车和燃料电池公交车之间的具有超低排放能力的过渡型“绿色”环保车辆，研究一整套规范化的设计与评估方法极为重要。就动力系统而言，根据不同的城市道路工况，在低排放前提下，进行优化设计与匹配，改善车辆的动力性和经济性。本文重点分析动力系统各部件的性能指标选择，包括牵引电机、APU、动力电池组和传动系，探索了感应牵引电机基速和传动系减速比选择的分析方法。借助于 Advisor2002 进行整车性能评估，如牵引电机及其逆变器、动力电池组和 APU 等部件工作效率直接影响串联混合电动公交车的经济性，尤其牵引电机及其逆变器的系统效率变化大，是平衡动力性和经济性矛盾的关键，值得深入研究。而且，为串联混合电动公交车动力系统设计提供了参考依据。

参考文献

1 Kevin Chandler，Kevin Walkowicz，Leslie Eudy. New York city transit diesel hybrid-electric bueses: final results，July 2002

2 K. Kelly，L. Eudy. Field operations program – overview of advanced technology transportation: CY2000，NREL/MP-540-27962，July 2000

3 M. Ehsani，K. M. Rahman，and H. A. Toliyat. Propulsion system design of electric and hybrid vehicles. IEEE Trans. On Ind. Elec.，VOL. 44，NO. 1，Feb. 1997

4 D. Doerffel，S. Abu-Sharkh. Performance evaluation of a low cost series hybrid electric vehicle. EVS-19，Seoul Korea，Oct. 2002

5 余志生. 汽车理论. 北京：机械工业出版社，1994

6 Chee-Mun Ong. Dynamics simulation of electric machinery using Matlab/simulink. Newyork：Prentice-Hall，1998

7 E.M. Hall，S.S. Ramamurthy，J.C. Balda. Optimum speed ratio of induction motor drives for electrical vehicle propulsion，APEC proceedings V1，Mar. 2001

8 National Renewable Energy Laboratory NREL，ADVISOR (Advanced Vehicle Simulator)，Ver：2002

磁悬浮技术在汽车工程中应用的分析与探讨

祁建城

天津军事医学科学院卫生装备研究所

[摘要] 电磁悬浮系统具有较好的可控性，永磁悬浮系统具有良好的非线性刚度特性，且具有使用寿命长、技术实施要求不高、无噪声、无污染等优点。本文综述和分析了磁悬浮技术在汽车主动悬架、汽车减振器、汽车座椅、救护车担架中的应用，提出了一些需要思考和解决的问题，并展望了磁悬浮技术在汽车工程中应用的前景。

关键词：磁悬浮 汽车 应用

Investigation on Application of Magnetic Levitation Technology to Automobile

Qi Jiancheng

Institute of Medical Equipment, Academy of Military Science, Tianjin

[Abstract] The electromagnetic levitation actuator has a good performance of controllability, and the magnetic levitation using permanent magnetic materials has the merits include non-linearity, reduction of problems related to friction, noise, and pollution, long life and not having critical technology requirement. In this paper, the applications of magnetic levitation technology to active suspension of automobile, seat suspension, ambulance stretcher suspension are reviewed and analyzed, some problems as magnetic shield, realization, damping capacity still need to be studied and resolved are put forward. It has shown that magnetic levitation technology has a good prospect of being used in the area of automobile in the near future.

Key words: magnetic levitation automobile application

1 前言

磁悬浮是在没有接触性约束的条件下，在磁力作用下，使物体在空间处于稳定的一种状态。由于它具有非接触、无摩擦、无污染等特征，使其在工程中的应用场合显示出极大的优越性，近年来倍受工程技术人员关注。

按悬浮方式分，如图 1 所示，磁悬浮机构可分为排斥式和吸引式两种类型。排斥悬浮的优点是对应于负荷上下位置比较稳定，但为防止其侧向移动而需垂直导向；吸引悬浮的优点是左右位置比较稳定，但上下位置不能调整，左右位置需导向。按动力来源分，磁悬浮机构可分为电磁悬浮和永磁悬浮两种类型。电磁悬浮系统是通过控制电磁铁的电流来达到控制间隙、悬浮物体的目的。目前，磁悬浮产品的研制尚主要限于超导技术、电磁技术范畴，其在振动控制中亦主要用于主动隔振。随着超导技术的飞速发展，磁悬浮列车已步入实用化阶段，磁悬浮轴承在工业中获得了越来越广泛的应用。但因电磁悬浮系统需要较强的动力供给，控制系统较复杂，技术水平要求较高且价格昂贵，从而限制了其在工程中的应用。永磁悬浮系统是利用永磁体的磁感现象以及永磁体之间的斥力和引力来达到悬浮的目的。20 世纪 70 年代以来，永磁材料的应用范围日益扩大。目前，永磁材料已进入第三代，并在磁性材料的研究上取得了重要突破。Nd-Fe-B 系永磁材料被称为现代磁王，其潜在磁能积的理论值高达 525.4KJ/m^3，能推起相当于自身重量 640 倍的重物，而一般铁氧体也能推起相当于自重 120 倍的重物。由于永磁悬浮系统具有技术实施及维修保养水平要求不高、成本较低等优点，其在工程中的应用愈来愈广泛。

目前，成熟的磁悬浮系统在汽车工程中的应用较少，但磁悬浮技术在磁悬浮列车中的应用给我们带来了启示：既然采用磁场作为弹性介质的磁悬浮列车比采用钢板弹簧和螺旋弹簧的旧式列车有更好的减振性能，那么将磁悬浮技术应用于汽车也应当有类似的结果。因而，一些有识之士已开始探讨将磁悬浮技术应用于汽车工程中。本文综述和分析、探讨了磁悬浮技术在汽车工程中的应用，并展望了应用前景。

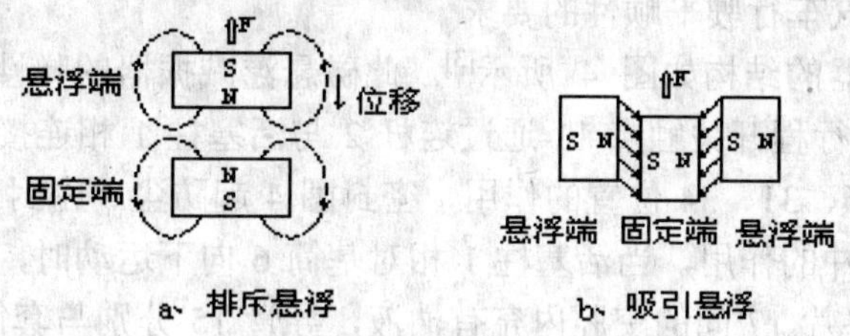

图 1 磁悬浮机构悬浮方式原理示意图

2 磁悬浮技术在汽车主动悬架中的应用

通过改变电磁铁线圈中电流，不但可以改变电磁力的大小，而且可以改变电磁力的方向。因此，可基于电磁铁设计汽车主动悬架系统[1,2]。汽车磁悬浮主动悬架系统的工作原理框图如图 2 所示[1]，主动悬架系统的机械部分由工作缸筒、永磁体和铸钢体等组成。控制系统由电子元件、超声波传感器、控制器、功率放大器和线圈组成。由超声波传感器检测位移激振信号，该信号转换成电信号后经过控制器处理，来调整线圈电压的大小，使作用在铸钢体上的力发生变化，达到调整系统刚度和阻尼系数的目的。为了克服主动悬架系统中电磁力控制稳定性差和电磁悬浮刚度小等缺点，可采用弹簧和电磁力共同构成悬挂系统的刚度，如图 3 所示。

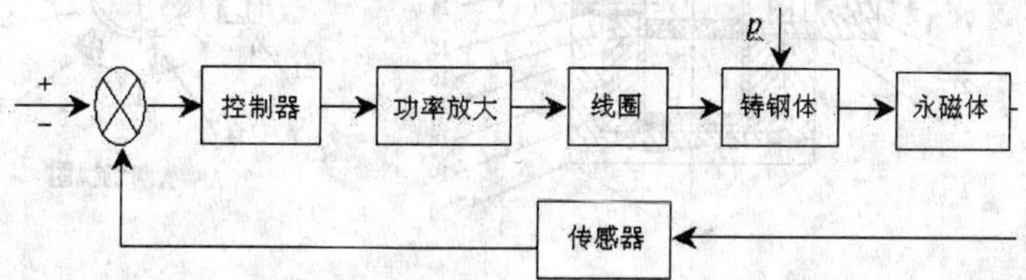

图 2　汽车磁悬浮主动悬架系统的工作原理框图

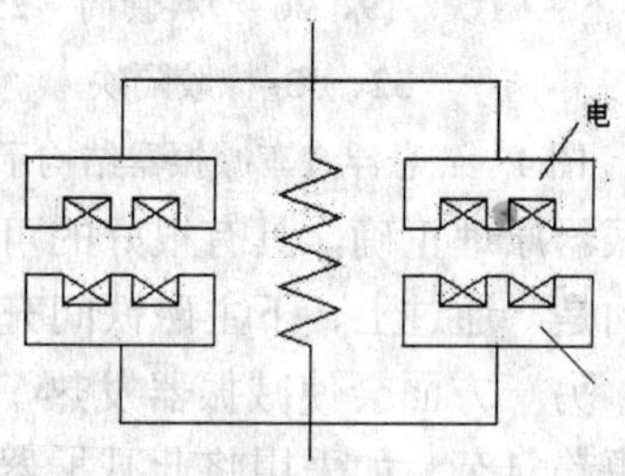

图 3　电磁力、弹簧复合刚度控制器

仿真结果表明，由于电磁悬浮主动悬架系统的控制器参数可调，使得该系统具有很好的动力可调特性，其刚度和阻尼在线可调。但电磁悬浮技术在汽车主动悬架中的应用还有许多问题需要进一步研究，如系统参数优化，控制策略和算法，电磁悬浮系统的工程实现等。

3 磁悬浮技术在汽车减振器中的应用

如采用由两块同极相对的高强度永久磁铁产生的磁场作为汽车减振器的弹性介质，两磁铁同极间的斥力随着两磁级间距离的减小而变大，因此具有良好的非线性刚度特性，而且可根据负载自动调整刚度及车身高度，可以很好地满足汽车行驶平顺性的要求。

一种磁悬浮汽车减振器的结构如图 4 所示[3]。此磁悬浮减振器的弹性力主要由上、下主磁铁 29、18 的 N 极间的排斥力产生。行程开关触点 11 通过连杆 2 与活塞柱 1 相连接，塑料套筒 19、26 和橡胶隔块 32、33 起限定聚磁磁铁 16、31、34 位置的作用，密封圈 4 起防尘、密封的作用。当活塞柱 1 相对压盖 5 向上运动时，弹簧 7 起缓冲的作用，当活塞柱 1 相对基筒 6 向下运动时，橡胶垫片 17、20、30 起缓冲的作用。固定片 27 与橡胶垫片 17 间的空腔内充有油液，导管 15 分别与套筒 8 及一储液罐（上部空腔内充有气体）相连。当该减振器被压缩时，套筒 8 内的油液通过导管 15 进入一储液罐，由于此时储液罐内的阻尼片可随油液上升，所以油液阻力很小。当该减振器被压缩后复原时，活塞柱 1 向上运动，储液罐内的气体压力较大，把油液下压，经阻尼片上的阻尼孔压回套筒 8 内，油液经阻尼片上的阻尼孔时发热，振动能量转化为热能。另外，通过控制电路液力左右移动活塞柱 24，可运用聚磁原理调整减振器的刚度特性，并可改变减振器的长度，从而调整车高。

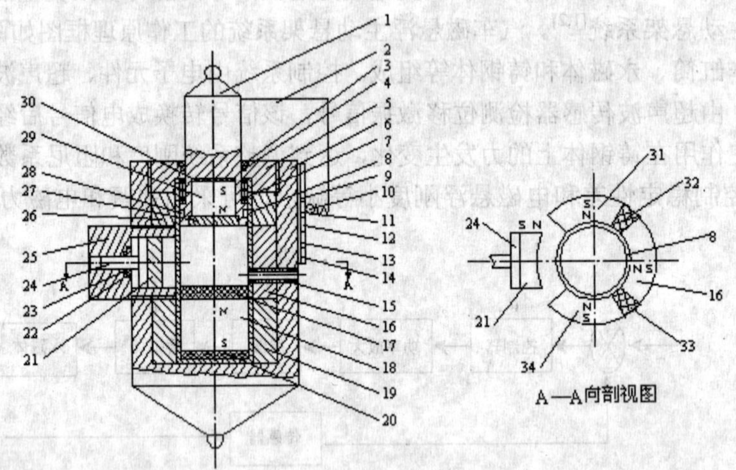

1、24–活塞柱 2–连杆 3、22–压环 4、23、28–密封圈 5–压盖 6–基筒 7–螺旋弹簧
8–套筒 9、10、12、13、14–行程开关 11–行程开关触点 15–导管 16、21、31、34–聚磁磁铁
17、20、30–橡胶垫片 18–下主磁铁 19、26–塑料套筒 25–基座 27–固定片 29–上主磁铁
32、33–橡胶隔块

图 4 磁悬浮汽车减振器结构示意图

由以上可以看出，此磁悬浮减振器原理正确，具有很好的可行性，但其减振性能仍需做深入细致的仿真分析和实际试验验证。值得一提的是，通过上、下主磁铁间充有油液的方式缓冲振动一方面会增加减振器的加工技术要求（如密封技术），另一方面会使减振器发热，而温度对磁性材料的性能有一定的影响，如采用加装散热片散热，将使结构更趋复杂。如采用将此减振器与一阻尼器并联的工作方式，可能会具有更好的可行性。

4 磁悬浮技术在汽车座椅中的应用

为提高汽车乘坐舒适性和操纵性能，可将磁悬浮技术应用于汽车座椅上[4,5]。

图 5 所示为按照吸引悬浮的原理设计的汽车磁悬浮座椅[4]。该座椅所采用的磁铁为断面尺寸为 30mm(H)×24mm(W)(W/H 比为 0.8)的钕-铁-硼磁铁，磁铁间距在 1～5mm 内可调。上导槽的上下升程为

10mm，为了使悬浮磁铁不接触下导轨，上下导轨间安装了树脂衬垫，当产生冲击时，为了不使座椅脱开，采用了上导槽夹住下导轨的结构。为了使左右方向磁铁间隔一定，外侧安装轴承来定位。左右上导槽间以刚性结合来限制向外的偏移。试验结果表明，试制的座椅前后滑动时，与常规座椅相比，滑动阻力减小到1/5～1/10。

为克服排斥型磁悬浮系统刚度大、难于控制的缺陷，可采用线性弹簧和非线性磁浮装置组合的方法设计汽车座椅[5]，使该座椅具有小变形时较“软”的线性特性，大变形时较“硬”的非线性特性。试验结果表明，该种座椅隔振性能良好，基本相当于半主动隔振系统，抗冲击性能良好，可克服常规座椅在大载荷下“撞底（bottoming）”的现象，同时该种座椅还具有行程小的优点。

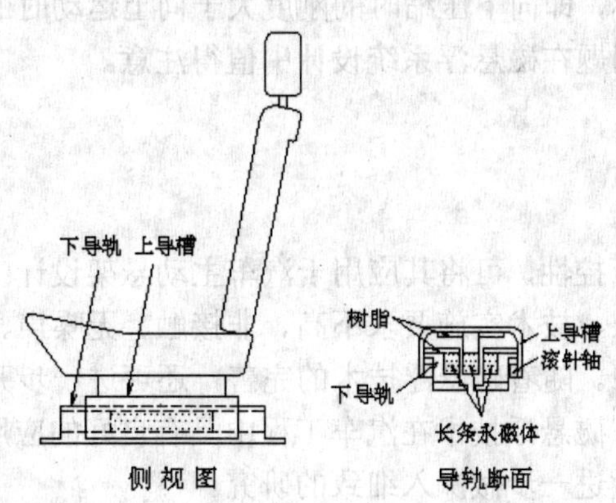

图 5　汽车磁悬浮座椅的可调轨道机构

5　磁悬浮技术在救护车担架隔振中的应用

一种救护车磁悬浮担架的结构如图 6 所示[6]，该磁悬浮担架由支架、安装在支架下方及地板上方磁极相对的上磁体和下磁体、支架与地板之间的四边形连杆机构组成。在上述两块磁体的作用下，担架支架通过四边形连杆机构悬浮在地板上，从而可有效吸收担架支架的振动。

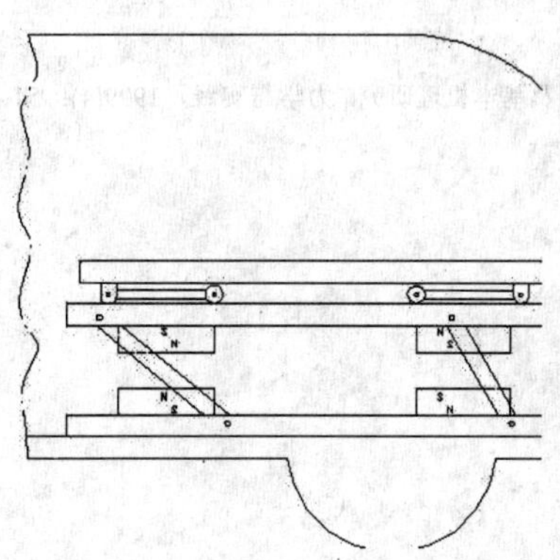

图 6　救护车磁悬浮担架结构示意图

6　几点探讨

6.1　磁屏蔽问题

磁场是否损坏人体健康、能否有效屏蔽是磁悬浮技术在汽车工程中应用最值得注意的主要问题之一。在现有磁悬浮技术在汽车工程中应用方面的文献中，对磁屏蔽问题都没有述及，但该问题已在磁悬浮列车中得到有效解决。根据日本的报告，磁悬浮系统形成的电磁回路所产生的磁场，仅相当于地磁，对人体丝毫不会产生危害。而德国的测量结果更明确：坐在他们的磁悬浮列车上所感受到的磁场影响，小于坐在 4

米远的地方看一台 21 英寸的黑白电视机。因此，根据磁悬浮列车的研究成果，磁屏蔽问题能够在汽车工程中应用的磁悬浮机构中得到有效解决。

6.2 磁悬浮系统阻尼问题

在现有的磁悬浮机构中，有些系统采用磁悬浮与阻尼器并联使用的方式[2,3,5]，有些系统仅采用了磁悬浮方式，未加阻尼[1,6,7]。有的研究者认为，磁悬浮自身可产生阻尼，且阻尼因子δ=0.23[7]，有的研究者认为，磁悬浮自身产生阻尼是因相位变化而引起的[5]。磁悬浮系统的阻尼是自身产生还是因导向机构的摩檫力造成，其产生阻尼的机理如何，尚需进一步研究。

6.3 正负刚度不对称问题

磁悬浮系统正负刚度不对称，即向下压缩时的刚度大于向上运动时的刚度，从而造成了磁悬浮系统时域振动曲线的非对称性，这一问题在磁悬浮系统设计中值得注意。

7 结语

电磁悬浮系统具有较好的可控性，可将其应用于汽车主动悬架设计中。永磁悬浮系统具有良好的非线性刚度特性，且具有使用寿命长、技术实施要求不高、非接触、无噪声、无污染等优点，可将其应用于汽车减振器、座椅、救护车担架中。随着磁悬浮技术的完善，还可进一步开发出磁悬浮式发动机支架、磁悬浮式防撞保险杠等产品。因此，磁悬浮技术在汽车工程中具有良好的应用前景，但有些问题诸如磁屏蔽、工程实施、磁悬浮阻尼等尚需做进一步做深入细致的研究。

参考文献

1 刘小英，王凌，赵淑英等. 汽车磁悬浮减振系统的结构分析与模型研究. 武汉汽车工业大学学报，2000（3）：14~17

2 陈渝光，李太福，肖蕙蕙等. 基于磁悬浮刚度控制器与可调阻尼器的智能减振器研究. 重庆工学院学报，2001（2）：62~64

3 李辉，何锃. 磁悬浮减振器的研究. 汽车工艺与材料，1999(5)：34~37

4 刘继承. 磁悬浮技术在汽车座椅上的应用，国外汽车，1992(1)：25~28

5 Etsunori Fujita, Noritoshi Nakagawa etc.Vibration Characteristics of Vertical Suspension Using Magneto-Spring. 1999 Society of Automotive Engineers, 1999-01-1781,2893~2908

6 坂本丰.防振担架架，专利号：JP10277095

7 崔瑞意，申仲翰，刘玉标.磁悬浮隔振装置的研制及基本机理研究. 力学与实践，1999(4)：54~56

减振圈解决汽车传动轴的 NVH 问题

朱卓选
上海纳铁福传动轴有限公司

[摘要] NVH 是汽车研究与设计过程中既需要一定理论基础又需要大量实践经验才能解决的应用问题。本文阐述了汽车动力系统引起整车 NVH 问题的原理，重点分析介绍了减振圈的质量、刚度、阻尼、安装位置等因素对汽车传动轴 NVH 问题的影响。

关键词：汽车　传动轴　NVH

1　简介

随着科学技术与制造工艺的发展及物质生活水平的提高，汽车乘坐的舒适性问题日益引起人们的重视，解决好 NVH（噪声　振动　异响）问题是改善汽车乘坐舒适性的重要内容，在这之中调控汽车传动轴的异常振动是解决车辆 NVH 问题的关键环节之一，而安装减振圈就是调控传动轴异常振动的主要手段。

减振圈是一个质量弹簧阻尼系统，其作用是调控传动轴一阶弯曲模态引起的异常振动，但不会影响传动轴的平衡、扭转等特性。恰当调节减振圈的质量、刚度、阻尼等参数，可以阻断异常振动的传播路径，取得优异的降噪防振效果。

2　传动轴弯曲与减振圈

汽车的动力系统时时刻刻向传动轴作用着各式各样的激振，尤其以发动机的燃烧做功冲击和差速器齿轮的啮合冲击作用最为显著。传动轴的响应与传动轴的尺寸规格、材料特性和边界条件有关，而且理论上是一个拥有无数模态的连续结构。不过通常情况下，只有当传动轴的一阶弯曲模态受到激发时才能引起明显的共振问题；此时外界激励的频率与传动轴本身的一阶固有频率重合，在传动轴中部引起较大的动态位移。

传动轴的振动通过外万向节、轮毂、悬挂将激振能量传递至车身，车身面板受激共振后又将振动能传入腔体，车辆腔体受激共振即发出隆隆的低频噪声。另外，内万向节及差速器齿轮啮合转动的不平稳性还会引起车辆产生波动式耦合噪声和刺耳的尖叫声音。

上述发生的由传动轴一阶基本模态共振造成的汽车 NVH 问题可以通过在传动轴上安装减振圈来解决。如图 1 所示，可以看出减振圈显著的改变并调控了传动轴的振动特性曲线。

与传动轴一样，由钢铁质量、橡胶弹簧组成的减振圈也是一个具有本身固有频率的振动系统。减振圈与传动轴构成的组合系统将具有两个共振频率，分别位于原传动轴的共振点两侧，而且组合系统的两个新共振频率及振动幅度可以通过减振圈的质量、固有频率和阻尼系数来调制。

3　减振圈的特征参数

为了更好的发挥减振圈的作用，减振圈的参数应根据汽车传动轴的实际应用情况合理调制优化。可以优化调节的减振圈特性参数包括：钢圈质量、共振频率、阻尼系数及安装位置。在这些参数中，只有钢圈质量可以随意选取，其余参数应根据汽车传动轴系统动态响应的优化算法来确定。

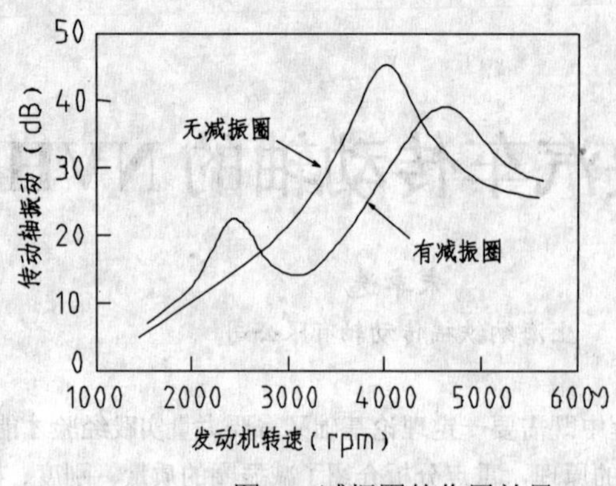

图 1 减振圈的作用效果

3.1 减振圈的质量

减振圈钢圈的质量，通常用其与传动轴等效质量之比来表示。该质量比控制着传动轴减振圈系统的两个共振频率之间的距离，一般情况下质量比越大两共振峰相距越远，如图 2 所示。

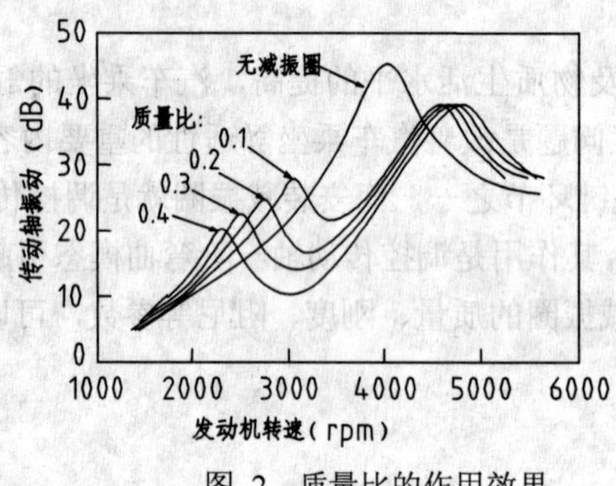

图 2 质量比的作用效果

对于一阶弯曲模态来说，传动轴的等效质量近似等于中间轴质量之半。举例来说，质量比 0.25 意味着减振圈钢圈的质量大约是传动轴总成中间轴质量的 1/8。从图 2 可以看出，质量比大，可以在较大的带宽内发挥减振圈抑制传动轴振动的作用，但是实际上减振圈质量的大小要受到成本、重量及安装空间的制约，不可能太大。

3.2 减振圈的共振频率

减振圈的共振频率与汽车传动轴共振频率之比称为调谐比。调谐比的变化不但影响两峰值点的轴向位置，而且影响两峰值点的相对大小。两峰值点的间距由质量比决定，基本保持不变，如图 3 所示。

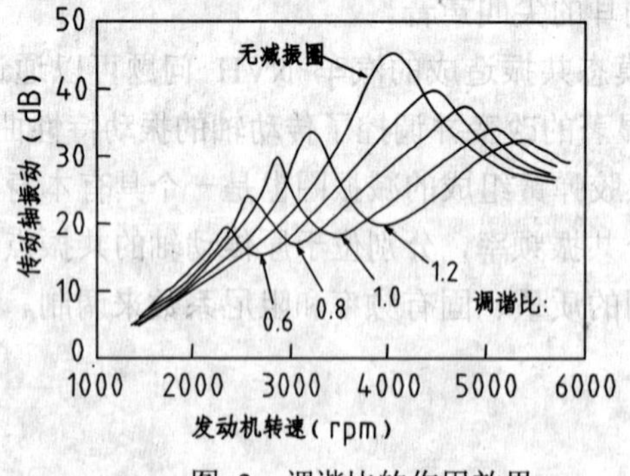

图 3 调谐比的作用效果

从图 3 可以看出，当调谐比大于 1 时，系统的振动特性曲线向高频段移动，高端峰值减小，低端峰值增大；当调谐比小于 1 时，结果正好相反；当调谐比等于 1 时，理论上可以取得最大的汽车传动轴振动响应抑制作用。但是当发动机低速运转时，路噪和风噪相对较强，所以实际上我们通常选取的减振圈调谐比总是小于 1。

3.3 减振圈的阻尼特性

减振圈阻尼的大小对其使用效果起着举足轻重的作用，通常用耗散因子表示阻尼的大小。汽车传动轴本身的阻尼主要来源于等速万向节内部的摩擦损耗，其一阶弯曲模态的耗散因子一般为 0.1～0.15。增大减振圈的耗散因子可以减小汽车传动轴的共振峰值，如图 4 所示。

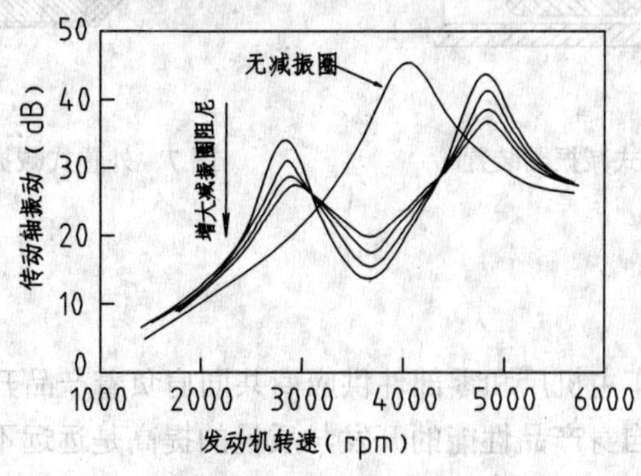

图 4 阻尼比的作用效果

当减振圈的耗散因子等于或小于传动轴本身的耗散因子时，组合系统的一个或两个共振峰值将非常接近原汽车传动轴的一阶共振幅值。因此，减振圈的耗散因子不能小于 0.12，最好大于 0.2。

3.4 减振圈的安装位置

从理论上来说减振圈的最佳安装位置在汽车传动轴的中部，但实际上由于周围空间的限制，减振圈通常安装在外万向节附近，如图 5 所示，表示不同安装位置的减振圈传动轴系统传递给汽车轮毂的作用力的大小。

从图 5 可以看出，当减振圈安装在传动轴中部 1/3 区域时，其作用效果并无多大差异；当减振圈安装位置超出传动轴中部 1/3 区域时，其改善车辆 NVH 性能的作用显著降低。不过，如果减振圈必须安装在传动轴中部 1/3 以外的区域，我们可以通过显著加大质量比、改变调谐比等措施强化减振圈的作用效果。

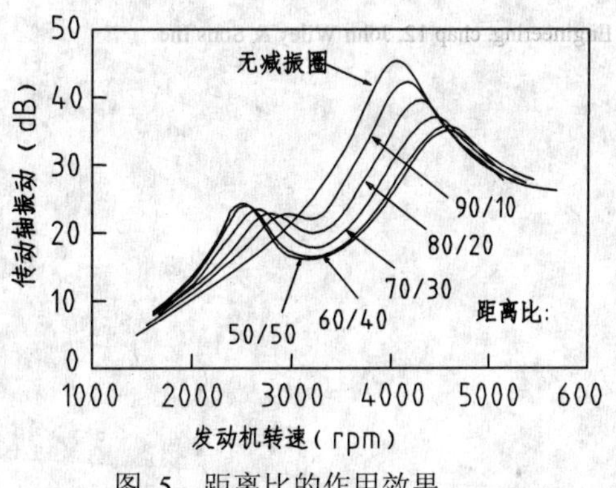

图 5 距离比的作用效果

4 减振系统的结构形式

按照配置方式，弯曲振动汽车传动轴减振圈可分为内置式和外置式两种，如图 6 和图 7 所示。

内置式减振圈通常用于轴管式汽车传动轴内，结构简单，但装配工艺较为复杂。外置式减振圈通常用于中间轴是实轴或直径较小的空心轴汽车传动轴上，装配工艺简单，但减振圈的结构尺寸及安装位置往往受到汽车底盘空间的制约。

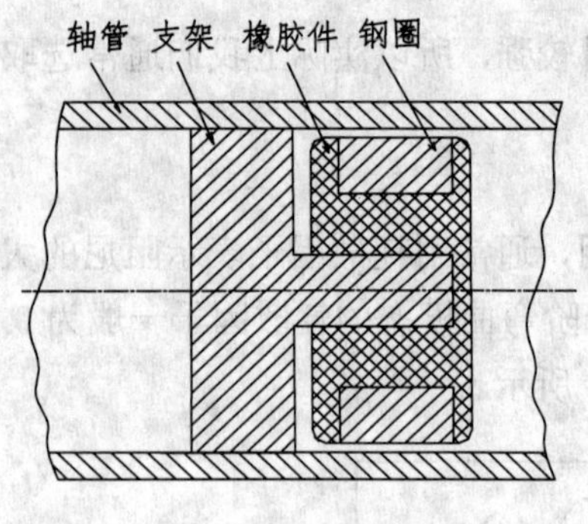

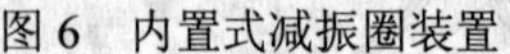
图 6 内置式减振圈装置

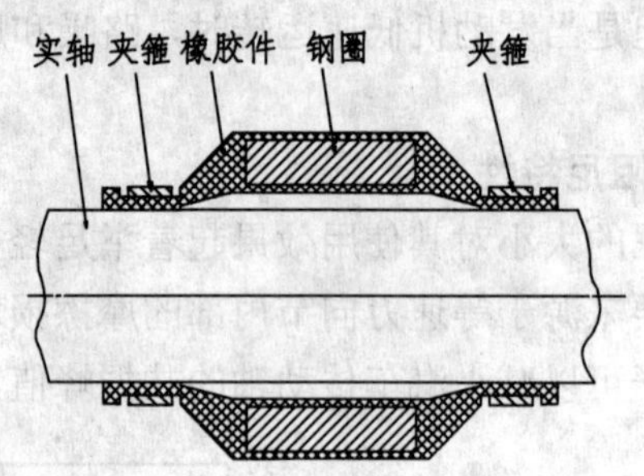

图 7 外置式减振圈装置

5 结论

在当今社会经济活动中，汽车主机厂和零部件供应商共同肩负着产品开发与质量改进的光荣使命，任何一个零部件供应商仅仅满足于自身产品性能的开发与质量的提高是远远不够的。我们应该全面了解自身产品与整车上其它零部件之间的相互作用、相互影响，特别是要注意是否会引发整车的 NVH 问题。

安装减振圈是克服汽车传动轴引发整车 NVH 问题的有效手段，只要合理地选用减振圈的相关特征参数，就能最大限度地降低甚至彻底消除与汽车传动轴有关的车辆 NVH 问题，大大提高汽车的乘坐舒适性。

汽车的 NVH 问题是多因素的综合性的问题，任何因素的变化都会或多或少地影响整车的 NVH 性能。减振圈的作用效果既要依据结构动力学理论进行设计计算，又要根据车辆路试的实际测量结果进行修正。特别值得一提的是，减振圈所用的弹性元件——橡胶的动态性能会随着环境情况的变化产生较大的差异，例如：温度敏感、松弛滑移、时效老化等，这些变数都是我们在选取初始解决方案时应该统筹考虑的因素。

参考文献

1 陆伟民等. 结构动力学及其应用. 同济大学出版社, 1996

2 胡志强等. 随机振动试验应用技术. 中国计量出版社, 1996

3 C.M.Harris. Shock & Vibration Handbook. chap 36, McGraw-hill Book Company

4 L.L.Beranek. Noise & Vibration Control Engineering. chap 12, John Wiley & Sons Inc

客车的后横置驱动

黄 河

广州骏威客车有限公司

[摘要] 后横置驱动有其独有的优势与特点。本文介绍了在后横置驱动实践探索中的经验和教训，以引起同行对这方面的思考及研究。

关键词：客车 后横置 传动

1 后横置驱动的应用范围

由于后置发动机客车的一系列优点，这种布置已成为中高档客车的主流。但在下述情况下，后纵置发动机布置难以满足使用需求。

1) 8 米以下的高速客车：要求有贯通式的大行李箱，最高车速超过 120km/h，必须选用大功率的 6 缸发动机。这时传统的后纵置发动机布置由于后悬长度不足而难以实现。

2) 低入口城市客车（从前门至中门无台阶，后桥上方高地台布置座位）：为尽可能扩大低地板区的面积，要求后悬尽可能短，这时需要发动机横向布置。

因此，后横置驱动装置特别适合在 8 米以下中型高速客车及低地板城市客车使用。它的冷却系统简单（散热器风扇可直接装在发动机上），但需要增加角齿轮箱等装置而使传动系统比后纵置发动机布置复杂很多。

在日本，7 米左右的中型客车普遍应用后横置驱动技术，日本五十铃、三菱、日产、日野等均有产品。在欧洲，8 米车左右的中型客车（后横置大功率 6 缸发动机、大行李舱）比 8 米中巴（一般为前置发动机）在产品价格上要高近 3 倍。

2 几种后横置驱动方式

在实际应用中，后横置驱动主要有如下几种方式：

1) 在变速箱后端装角传动器，后桥主减速器偏置。这种方式应用于大型低地板城市客车（配门式专用后桥，主减速器偏置），例如德国 ZF 公司的变速器有这样的装置。如图 1a、1b 所示。

2) 设计专用变速器，把角齿轮箱合成到变速器中，如图 2 所示。目前国内有数家变速器生产厂进行这方面的研究及试制，扬州亚星试制过这种结构的样车。

3) 在变速器后装平行齿轮箱，动力通过中间传动轴传递到独立的角齿轮箱，再通过传动轴输出到后桥，如图 3a 所示。一汽客车底盘厂试制过这种结构的样车；日本中型客车大部分也采用这一动力传递路线，如图 3b 所示。

4) 在发动机离合器后装平行齿轮箱，动力通过中间传动轴传到装在变速器输入轴的角齿轮箱再到变速器（变速器纵向布置），然后通过传动轴到后桥。如图 4 所示。

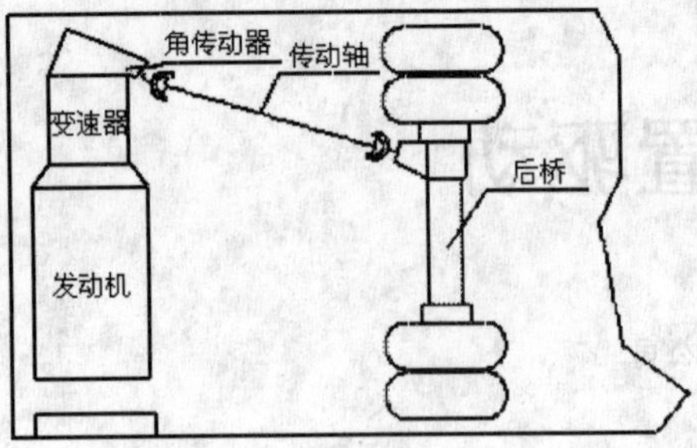

图 1a

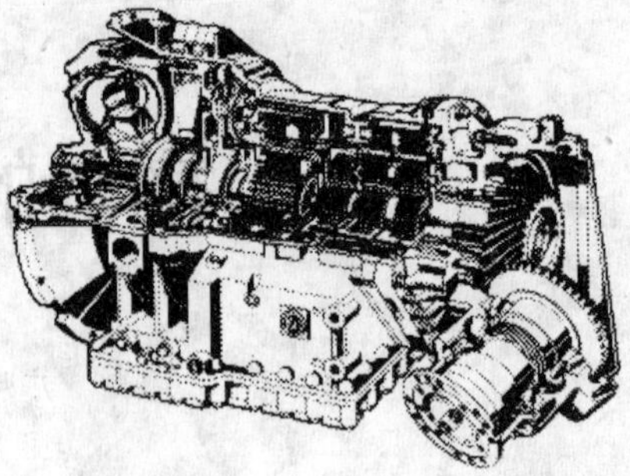

图 1b

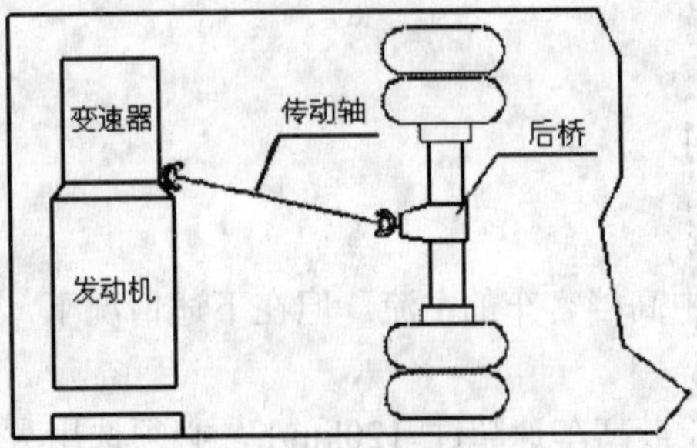

图 2

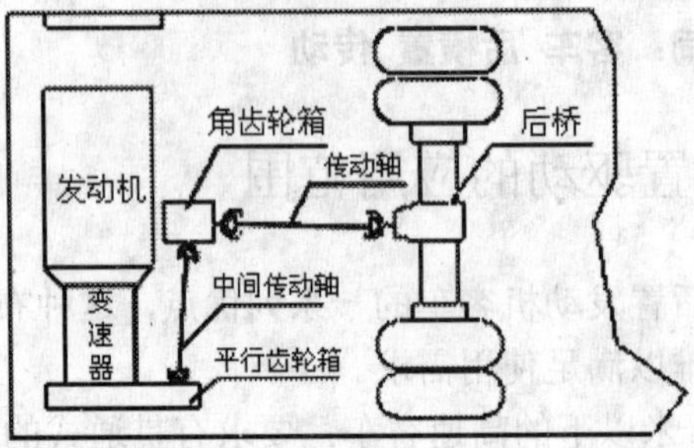

图 3a

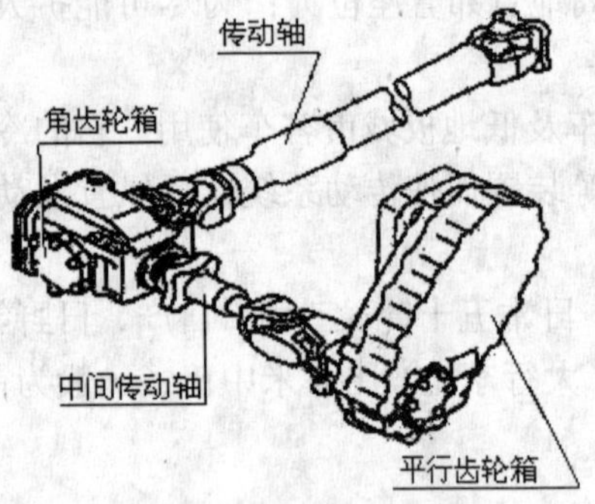

图 3b

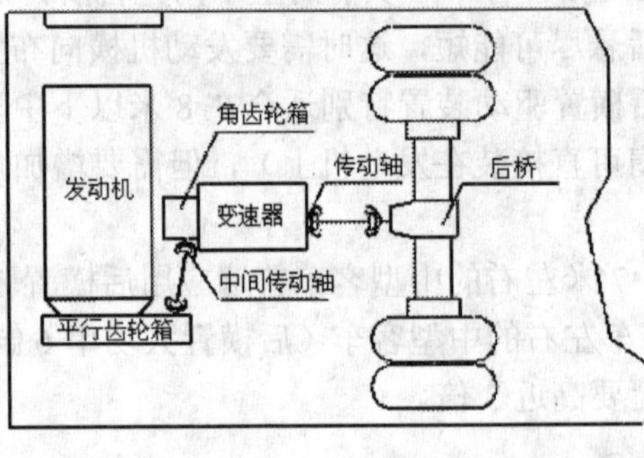

图 4

3 后横置驱动的实际探索

广州汽车制造厂在 1999 年初开始设计试制 GZ6800 高速豪华客车。设计思想是作为 8 米中型客车要有大的贯通式行李箱，足够的动力；主要用于发车密度大而客流量不大的高速营运及小团队的旅游客运。产品达到当时公路营运客车的中型高一级标准（装用空气悬挂后可达高二级标准）。GZ6800 的外形见图 5。

图 5

3.1 GZ6800 主要参数及总成结构

参数	车型	GZ6800	GZ6800B
长/宽/高（mm）		8000/2320/3240	
前悬/后悬/轴距（mm）		1800/2200/4000	
前轮距/后轮距（mm）		1830/1650	
车厢内高/地板离地高（空载）（mm）		1980/1180	
座位数/座位间距（mm）		29＋1＋1/780	
行李舱容积（m^3）		3.2	
整车质量（整车/前轴/后轴）（kg）		7000/2330/4670	
允许最大质量（整车/前轴/后轴）（kg）		9500/3170/6330	
最小转弯直径（m）/接近角/离去角（°）		17/12/11	
最高车速（km/h）		120	112
最大爬坡度（%）		28	25
直接档加速时间 s（30~70km/h）		59	72
连续换档加速时间 s（0~80km/h）		32	45
限定条件下平均使用燃料消耗量/多工况燃料消耗量（L/100km）		16.1/17.8	14.4/14.8
60km/h 等速油耗（L/100km）		12.6	12.2
加速行驶噪声/车内匀速噪声 dB(A)		85.6/74	85.9/77
发动机	型号/生产厂/排量(L)	6BTA/东风康明斯/5.9	6BG1/日本五十铃/6.5
发动机	额定功率（kw）/转速（r/min）	132/2500	121/2900
发动机	最大扭矩（Nm）/转速（r/min）	617/1500	431/1800
离合器		单片、液压气助力	
变速器	型号/型式	EQ150/机械式，全同步	
变速器	前进档位	5	
变速器	操纵方式	推拉索软轴式	机械硬杆式
后桥	型号/型式	24R20—00005/双曲线齿轮单级减速器	
后桥	主减速比	4.875	5.83
前桥		30R20--00005	

3.2 后横置结构的主要特点

GZ6800 的后横置驱动采用上述 2.4（图 4）提到的方式，主要由三部分组成：

1) 平行齿轮箱：装在离合器之后，结构如图 6 所示。动力经轴 1 输入，经齿轮 2、中间轮 3，由齿轮 4 输出，采用斜齿轮飞溅润滑。油面高度设置有一定要求，过高则由于搅油损失太大导致油温过高，过低会影响润滑效果。日本的产品其平行齿轮箱一般采用链传动方式，如图 7 所示。

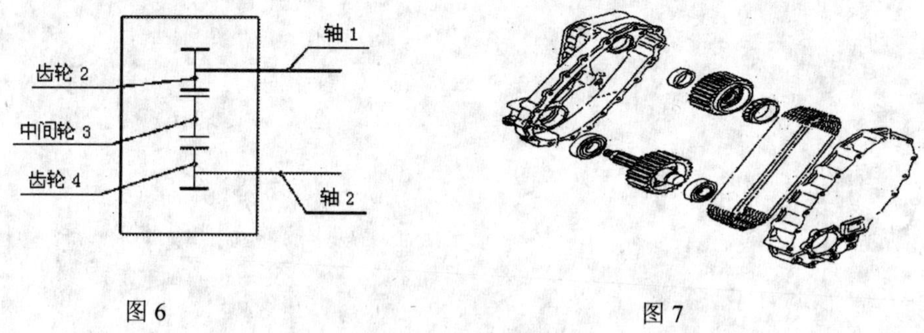

图 6　　图 7

2) 中间传动轴：能采用球笼式万向节最为理想，样车中采用普通的十字轴万向节。

3) 角齿轮箱：内含一对锥齿轮。

之所以采用这种方式而没采用 2.3（图 3a）所示的结构，是考虑：

1) 这种布置的平行齿轮箱、中间传动轴、角齿轮箱所受扭矩较方案 2.3 为小，结构上可轻巧一些。

2) 变速器纵向布置，变速操纵机构相对简单，尤其对硬杆操纵而言。

3) 发动机前端面有很大空间便于散热器、中冷器、冷却风扇等的布置。如发动机变速器一起横向布置，加上散热器、中冷器、冷却风扇及平行齿轮箱，其总长度一般超出车宽范围。

3.2.1 主要优点

GZ6800 采用后横置驱动后，并结合采用广州汽车制造厂专利技术——两段式底盘配中脊梁车身，实现了 8 米以下客车装用 6 缸柴油机，并具有 $3.2m^3$ 贯通式行李箱的技术突破。

1) 动力性好，采用 132kW 发动机，最高车速达 120km/h。

2) 车内空间利用率高，设置乘客座位 29 座(7 排)，座椅间距 780mm（净间距），车内高 1950mm；乘座空间大大优于同车长中巴。

3) 前悬、后悬、轴距分配合理，加之油箱布置在前段底盘中部，内置式空调蒸发器布置在车厢后部，整车轴荷分配十分理想，空载及满载前后轴负载比都在 1:2。

3.2.2 主要问题

在试验场进行了 3 万公里可靠性定型试验，基本上未出现重大故障；但当客户购买作为中距离（单程 400Km，其中坏路约 30 km，高速公路约 200 km）营运近一年时间，暴露了不少问题。这一方面反映了汽车试验场工况跟实际使用工况有很大差异，同时也表明车辆的保养维修水平是出现问题的重要原因（在试验场由厂专职维修人员保养，而用户则缺乏保养常识及经验）。

1) 后横置驱动装置的可靠性：在用户使用过程中，后横置驱动装置发生了一系列问题，其中平行齿轮箱输出轴断两次，中间传动轴的万向节损坏三次，角齿轮箱损坏三次。这些问题主要是设计经验不足造成的。角齿轮箱改进设计后，再没出现故障；但平行齿轮箱输出轴和中间传动轴由于种种原因限制而未能在样车上作彻底改进。

2) 后横置驱动装置的噪声问题：在使用较长时间后，传动机构加减速时发出较大噪声。

3) 变速操纵的平顺性：由于在变速器输入轴之前增加了一套驱动机构，输入轴之前的转动惯量增大，曾担心变速器的入档会比较困难，但实际使用过程中，入档的平顺性不存在问题。

4 结束语

采用后横置驱动的 GZ6800 高速豪华客车的开发，是广州汽车制造厂一次不算成功的探索。本文把有关的经验及教训作了一个简单的总结，希望对同行有所启发和借鉴。

机动车工况法污染物排放检测专用数据库系统

马岳峰 刘昭度 姚圣卓 齐志权 扬其校
北京理工大学汽车动力性及排放测试国家专业实验室

[摘要] 本文介绍了一种由北京金铠星科技有限公司和北京理工大学联合开发的适用于机动车污染物排放检测的专用数据库系统的结构和特色。该系统基于 Visual Basic 编程，支持 Access 和 SQL 数据库格式，具有良好的检测系统与检测模式兼容性、可扩展性和网络接口。针对应用的特殊性，与检测系统所采用分级授权管理、时钟锁止、系统锁止等功能相结合，进一步加强了系统安全性，受到了用户的高度评价。

关键词：数据库 机动车 工况法污染物排放检测

[Abstract] The database system used for vehicle pollutants inspection in loaded mode developed by Beijing Jin Kai Xing Technologies Co., Ltd. and Beijing Institute of Technology is presented. This database system is designed by Visual Basic language and supports Access and SQL database type. It has prefect compatibility, expansibility and network interface. Due to its special usage, several new methods such as qualified management, unchanged clock and lock of inspection system were used to enhance the database system's safety. It has been appraised by users for its good performance.

Key words：database motor vehicle pollutants inspection in loaded mode

1 引言

适用于机动车工况法污染物排放检测的数据库系统是针对机动车工况法排放检测这一特殊行业建立的，它体现了机动车工况法污染物排放检测系统作为执法工具的严肃性，便于机动车排放管理部门对车辆信息和车辆排放检测信息的管理。

在信息技术飞速发展的今天，机动车污染物排放检测系统应在保证正常工况法检测的前提下，具有自动化、网络化、实时化、智能化的功能。完善的数据库管理系统和强大的网络接口功能成为检测系统的必要组成部分。近几年来，我国相关部门一直致力于建立适合机动车污染物排放检测系统的高水平专用数据库系统。本数据库系统正是以此为出发点的，同时支持汽油车稳态加载工况污染物排放检测（ASM）、轻型汽油车简易瞬态工况污染物排放检测（VMAS）、柴油车加载减速工况烟度排放检测（LUG DOWN）三种尾气排放检测系统的新型、实用数据库系统。

2 数据库系统的结构

本数据库系统根据 DB11/122－2000《汽油车稳态加载污染物排放标准》、DB11/123－2000《轻型汽油车简易瞬态工况污染物排放标准》和 DB11/121－2000《柴油车加载减速工况烟度排放标准》的要求，针对实际检测过程中的需要进行了扩展。考虑到当前我国尚没有建成专用的车辆信息中心数据库，对数据库的结构尚没有统一和成熟的标准，本数据库以建立本地数据库为基础，同时留有局域网接口。检测站用户可在此数据库的基础上建立以检测站为单位的局域网，将局域网同中心数据库连接，实现网络管理功能。如果车辆信息中心数据库建成，则可依照相应的接口协议直接将本地数据库同公共数据库相连。

本数据库系统基于 Visual Basic 开发，支持 Access 和 SQL 数据库格式，具有良好的检测控制软件接口。考虑到检测软件的专用性，对数据库进行了加密。功能结构如图 1 所示。

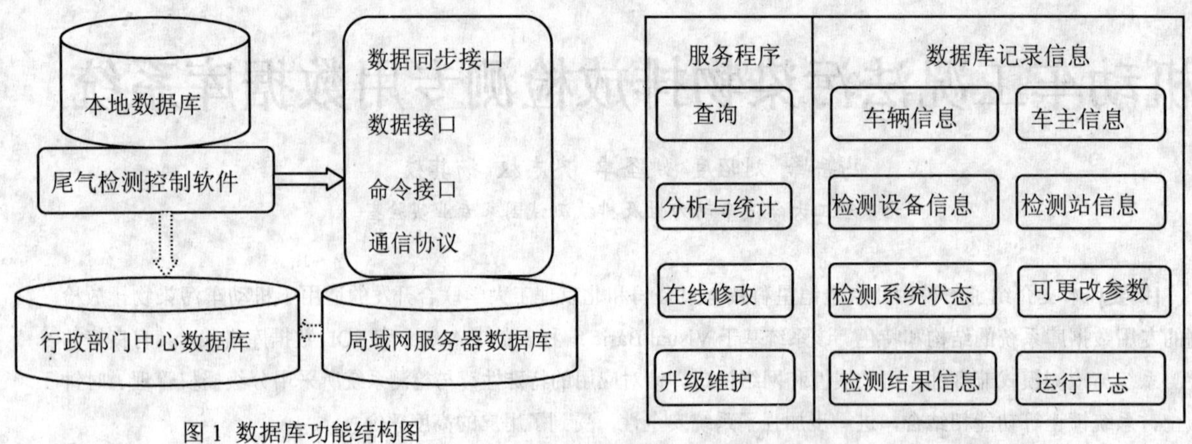

图 1 数据库功能结构图

图 2 数据库记录信息和管理

本数据库系统具有完整、全面的信息记录，可为管理部门进行车辆信息统计、分析排放结果等工作提供有力的数据支持。信息数据结构和管理结构如图 2 中“数据库记录信息”部分所示。

1）检测站信息主要包括检测站的认证信息，如：认证有效期限、检测站的检测员的详细信息、检测设备编号等。

2） 车主信息主要记录被检测车辆的所有者的姓名、身份标志和联系方式等。

3） 车辆信息包括了检测车辆的主要注册信息，如车牌号、车架号、发动机号、车辆型号、制造厂家、出厂日期、登记日期、有无绿标、基准质量、发动机功率、发动机排量、燃料种类等，为行政管理部门进行车辆信息统计服务。

4） 检测设备信息记录了检测站检测设备的认证信息、专用检测密码、检测设备的使用记录和标定记录等。

5） 检测系统状态信息包括详细的有关系统当前状态的信息，如：系统锁止信息、工作模式信息、检测类型信息等。

6） 可更改参数信息针对不同的检测系统包括了不同的允许在线修改的一些控制参数，如排放标准限值、功率加载曲线、设备标定周期等。行政管理部门可通过服务程序对这些数据进行调整，从而达到对检测规程和检测限值进行快速修改的目的。

7） 检测结果信息记录了完整的车辆检测结果数据、判定结果、检测中间数据等，对于不同的检测系统，记录的内容不同。

8） 运行日志记录了全部检测过程参数，对于不同的检测系统，检测过程记录的内容不同。

3 数据库系统的特色

根据机动车工况法污染物排放检测行业管理的需要，数据库的特色主要表现在信息记录完整全面、查询方便、良好的安全性、检测系统与检测模式兼容性和扩展性等方面。

3.1 信息记录完整全面

如上所述，分类记录了检测站、车主、车辆、检测设备、检测系统状态、可更改参数、检测结果和运行日志等各项信息。

任何人无权改动数据库信息，只有一定管理级别的人员才可以通过提供的数据库服务程序在一定范围内对数据库进行分析和统计。

3.2 查询方便

本数据库提供了数据查询功能，并将该功能嵌入检测系统主控软件中，在输入检测车辆信息时除第一次进行检测的车辆需要逐项输入车辆信息外，可通过车牌号对数据库进行查询，实现被检车辆信息的快速录入，提高了检测效率。

本数据库还将检测统计报表、日常运行日志和检测结果等查询功能集成至主控软件中，可直接通过主控软件获得车辆检测统计信息，可按年、月、日进行统计。对日常运行日志和检测结果的查询直接输入车牌号和检测顺序号即可显示被试车辆信息。

3.3 信息简明，重点突出

所有可供查询和进行统计的内容都本着简明洁、清晰和突出重点的原则，以有限的记录篇幅尽可能多的反映实际检测情况。以统计报表为例，其内容由三部分组成：车辆信息部分主要包括车主信息和标志车辆类型的信息；检测信息部分主要包括检测时间和检测站信息；检测结果部分主要包括排放检测值、排放限值和判定结果。从而具有代表性的有限项把被检车辆的主要检测信息比较全面的体现在统计报表中，完全体现了统计报表的作用。

对汽油车稳态加载工况污染物排放检测，记录全部检测过程参数的运行日志分为有效点部分和全部点部分。有效点部分是作为检测结果判定的 10 秒检测的各项数据，是分析人员和管理人员最感兴趣的部分，记录中重点突出了污染物浓度排放数据及其修正系数、检测过程监控参数数据等，以表格形式示出，便于分析和管理。全部点部分为整个工况排放检测过程数据，内容和记录都很多，供分析人员必要时访问。

三种工况法排放检测过程因故可能中止，检测数据为无效数据。为便于分析和管理人员掌握具体情况，对无效数据另外存储，供分析人员必要时访问。

3.4 检测过程和结果曲线显示和打印

本数据库存储每一份检测报告，以利核对检测报告。

对汽油车稳态加载工况污染物排放检测，可分别显示和打印 BASM 5024 工况和 BASM 2540 工况车速、载荷、修正后的各污染物浓度随工况时间的变化曲线。

对柴油车加载减速工况烟度排放检测，快显示和打印功率扫描过程轮边功率随车速的变化曲线，五点烟度值随三点车速值的变化曲线。

对轻型汽油车简易瞬态工况污染物排放检测，具有 12 种曲线回放和打印功能，这 12 种曲线包括：每秒排放的 HC 浓度（10^{-6}），每秒排放的 CO 浓度（%），每秒排放的 CO_2 浓度（%），每秒排放的 NO 浓度（10^{-6}），每秒排放的 HC 质量（mg/s），每秒排放的 CO 质量（mg/s），每秒排放的 CO_2 质量（mg/s），每秒排放的 NO 质量（mg/s），每秒排放的原始氧浓度（%），每秒稀释氧浓度（%），每秒空燃比，实际车速（km/h）。

具有检测过程和结果曲线显示和打印功能，便于对车辆检测过程的污染物排放值进行分析及采取相应的限制措施，以利于进一步改善大气质量。同时监控检测设备的性能。

3.5 良好的安全性

保证数据库系统的安全性是首要的，特别是对于机动车污染物排放这一具有法律严肃性的行业，既要避免单独的检测站对已经检测的车辆信息和结果人为改动，同时又要保证行政部门对检测站具有唯一的管理和控制能力。除了通常数据库应具有的通常安全性措施外，针对机动车污染物排放检测的具体情况，本数据库具有以下加强系统安全性的新特色：

1） 分级授权管理的数据库安全机制。为保证数据的安全和合理使用，设置了严格管理等级。本数据库具有三级管理等级，即：检测站操作员级别，检测站管理员级别，行政管理部门级别，形成了行政管理部门对检测站的最高控制和管理体系。行政管理部门可以通过数据库接口程序对数据库进行操作，通过更改数据库的某些字段标志就可以对检测站的检测系统进行控制。例如，当检测站的检测设备认证编号失效后，行政管理部门可以通过清除检测设备有效标志来启动系统锁止功能，禁止检测站使用该检测设备进行检测，保证了排放测试系统使用的合法性。

2） 时钟锁定功能。为防止检测站通过改变系统时间来达到改变车辆检测信息的目的，本数据库具有时钟锁定功能。该功能由三级保护措施实现：一是不直接使用操作系统时间，每次启动检测系统软件时，自动将来自硬件的时间（如五气分析仪）记录在数据库中。二是留有网络接口，在建成中心数据库后可以通过网络将中心数据库的时间读入本地数据库中，从而保证进行检测时使用的时间为用户不可更该时间。三是当不明原因导致本地数据库的时间记录出现错误时，自动启动系统锁止功能。

3） 系统锁止功能。为防止误操作和系统出现故障时继续进行检测而导致不可预测的结果，系统在某些特殊情况下将自动启动系统锁止功能。系统锁止的原因主要有：网络连接失败（指连接网络数据库），行政管理部门锁止，打印机检测故障，检测站许可证到期，检测设备认证编号失效，检测设备标定超期，检测设备标定失败，时钟被更改，数据库被损坏，输入设备操作密码和程序操作密码错误超过设定次数等。不同的锁止方式有不同的解锁方式，以输入错误密码为例，当输入设备操作密码和程序操作密码错误次数超过设定次数时，系统提示输入密码错误后锁止，数据库自动记录锁止标志，同时将相关数据表锁止，禁止用户使用，检测控制软件无法运行检测。锁止标志主要包括：锁止原因，锁止时间等。此时，可由检测站管理人员或者由行政管理部门输入解锁密码对检测系统解锁，解锁成功后，数据库自动清除锁止标志同时记录解锁过程参数如：解锁时间，解锁人员等级等。

3.6 良好的检测系统和检测模式兼容性

本数据库同时支持汽油车稳态加载工况污染物排放检测、轻型汽油车简易瞬态工况污染物排放检测、柴油车加载减速工况烟度排放检测三种尾气排放检测系统，具有培训和正常检测两种工作模式，具有很强的兼容性，可满足大多数用户的需要。

底盘测功机配备五气分析仪、流量计和烟度计可分别进行汽油车稳态加载工况污染物排放检测、轻型汽油车简易瞬态工况污染物排放检测、柴油车加载减速工况烟度排放检测。启动检测系统主控软件，经过身份确认后，用户可以选择检测系统类型，根据用户选择的检测类型，数据库自动设置检测类型标志，同时锁止数据库中与选择检测类型无关的数据表。例如：如果要进行轻型汽油车简易瞬态工况污染物排放检测，数据库自动使汽油车稳态加载工况污染物排放检测和柴油车加载减速工况烟度排放检测相关的数据表锁止，避免发生误操作。

为满足检测站用户在尚没有取得检测设备认证编号或者没有取得检测许可证时可以使用检测系统对检测员进行培训，该数据库支持两种工作模型：正常检测模式和培训模式。检测控制软件启动后，当用户输入预先设定的培训模式密码后，数据库自动设置检测模式标志，同时锁止数据库中相应的数据表，避免在培训模式下对数据库的某些数据进行操作，如：锁止检测结果和运行日志等。

3.7 良好的可扩展性

目前我国机动车污染物排放检测还没有统一的标准，排放检测水平同国际先进水平相比相对落后，无论是在检测流程的细节设计方面，还是在检测排放标准的制定方面都还存在许多需要修改和完善的地方。本数据库建立了可更改参数系统，并通过数据库管理接口允许具有一定级别的管理人员修改可更改参数表，从而在一定的范围内使检测系统具有更大的灵活性。

汽油车稳态加载工况污染物排放检测可更改参数主要包括：底盘测功机标定有效期限、测功机转速标定周期、滑行阻力检查和分析仪标定周期、仪器自动标定检查有效期限、滑行阻力检查最高次数、允许输入错误密码的极限次数、三类排放标准限值等。

轻型汽油车简易瞬态工况污染物排放检测可更改参数主要包括：底盘测功机标定有效期限、滑行阻力检查周期、分析仪标定周期、流量计标定周期、测功机转速标定周期、滑行阻力检查最高次数、允许输入错误密码的极限次数、加载功率曲线设定、三类排放标准限值等。

柴油车加载减速工况烟度排放检测可更改参数主要包括：底盘测功机标定有效期限、测功机转速标定周期、滑行阻力检查和烟度计标定周期、滑行检查的最高次数、测功机转鼓速度变化率、功率扫描的稳定时间、烟度测试稳定时间、最终实验车速百分比、初始载荷、烟度限值、所需最小功率和发动机转速限值范围等。

4 结论

本数据库系统在由北京金铠星科技有限公司和北京理工大学联合开发的汽油车稳态加载工况污染物排放测试系统、柴油车加载减速工况烟度排放测试系统、轻型汽油车简易瞬态工况污染物排放测试系统中应用，在检测站实际使用效果很好，受到了一致赞扬。这几种检测系统通过了北京市环保型式认证，北京市计量认证和汽车工况法污染物排放测试系统鉴定。数据库系统的功能和性能得到了实际运行检验，表现出良好的功能完善性、使用方便性、操作安全性、检测系统和检测模式兼容性和功能扩展性，受到了用户和专家的高度评价。

该数据库系统和网络接口为中心城市应用分布式检测、集中式管理提供了技术尝试，可作为行政管理部门建立机动车污染物排放检测行业标准以及公共车辆中心数据库的参考。

参考文献

1 北京市地方标准. DB11/122-2000. 汽油车稳态加载污染物排放标准. 2000

2 北京市地方标准. DB11/123-2000. 轻型汽油车简易瞬态工况污染物排放标准. 2000

3 北京市地方标准. DB11/121-2000. 柴油车加载减速工况烟度排放标准. 2000

JM002 汽油车稳态加载污染物排放测试系统

刘昭度 马岳峰 时开斌 梁鹏霄 胡剑威

北京理工大学汽车动力性及排放测试国家专业实验室 北京金铠星科技有限公司

[摘要] 本文通过测试数据介绍了 JM002 汽油车稳态加载工况污染物排放测试系统及其设备的结构和性能，设备的排放检测质量保证体系。该测试系统及其设备完全满足汽油车稳态加载工况污染物排放测试的要求，投放市场以来受到用户的一致好评。

关键词：JM002 汽油车稳态加载工况污染物排放测试系统 底盘测功机 五气分析仪 性能

[Abstract] The structures and performances of BASM of model JM002 and its equipment are introduced and met the inspecting requirements of BASM. Its quality control system is elaborated. A lot of praise are given by users.

Key words：BASM of model JM002 dynamometer 5-gas analyzer performance

1 前言

北京金铠星科技有限公司致力于大气环境保护，承担了“机动车工况法排放检测”国债项目，依托北京理工大学的技术支持，依据 DB11/122－2000《汽油车稳态加载污染物排放标准》，研制了 JM002 汽油车稳态加载工况污染物排放测试系统，通过了国家环境保护总局的专家鉴定，环保型式认证和计量认证。该测试系统功能齐全完善，测试流程设计完美，操作方便，自动测试，性能稳定，精度高，质量高，重复性好，可靠性好，产品系列化。投放市场以来，受到用户的一致好评。对控制汽油车排放污染，改善北京市的大气质量做出了贡献。

2 汽油车稳态加载污染物排放测试系统

汽油车稳态加载污染物排放测试系统主要由底盘测功机、五气分析仪、发动机转速计、主控计算机及其测试软件等组成，如图 1 所示。

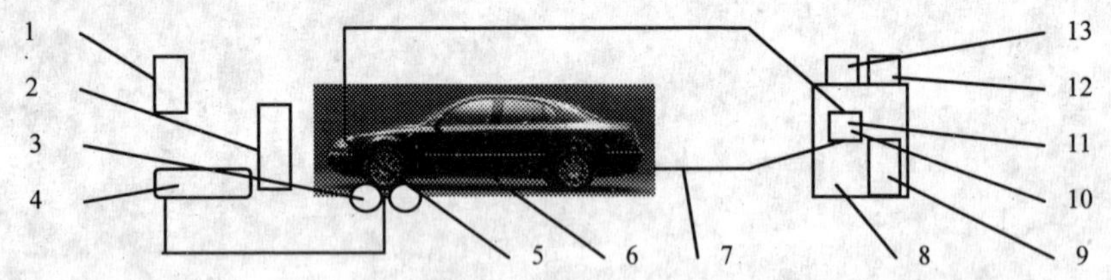

图 1 汽油车稳态加载污染物排放测试系统

1－司机助 2－冷却风机 3－底盘测功机 4－空气压缩机 5－发动机转速计 6－被试汽车 7－采样系统 8－操作台 9－主控计算机 10－五气分析仪 11－气象站 12－打印机 13－显示器

2.1 底盘测功机

JM002 汽油车稳态加载污染物排放测试系统可由用户选用底盘测功机为德国 MAHA 公司的 ASM AF/BF/P/P Plus 型共 4 种型号，这些产品均通过了美国 BAR 97 的认证。图 2 为 ASM－P 型底盘测功机结构示意图。

ASM AF/BF 最高车速为 160km/h，最大吸收功率为 110kW，ASM P/P Plus 型最高车速为 200km/h，最大吸收功率为 200kW。ASM AF/BF/P 三种型号测试最大轴重为 2750kg，P Plus 型测试最大轴重为 5500kg。

配备了基本惯量为 907 kg 的机械飞轮，飞轮惯量的准确度为±2 %。测功机可正反两个方向测试被检车辆，适应窄小检测场地的需要。使用双滚筒结构，飞轮与前滚筒相连，前后滚筒的耦合采用机械方式。速比为 1∶1，同步精度小于±0.1km/h。可保证在 1～43℃的环境温度和 20%～95％相对湿度范围内都能够正常工作。

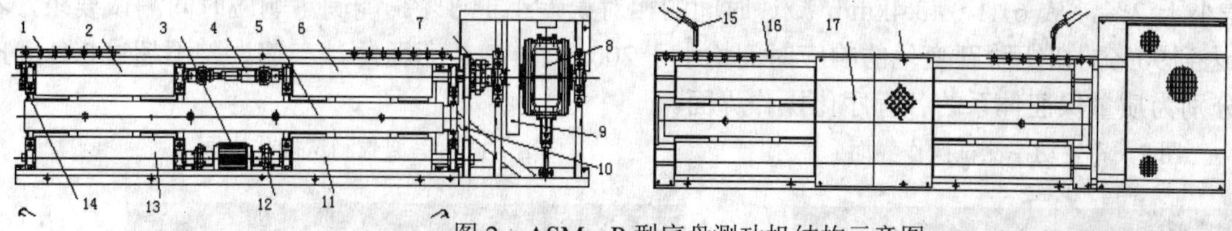

图 2　ASM－P 型底盘测功机结构示意图

1－限位轮孔　2、 6、11、13－滚筒　3－驱动电动机　4－联轴节　5－举升器　7－联轴器　8－电涡流测功器　9－支架　10－传动带　12－电动机联轴器　14－转速传感器　15－限位轮　16－支承框架　17－盖板

表 1 所示为 ASM－P 型吸收功率和允许持续时间。图 3 和图 4 示出了 ASM－P 型底盘测功机吸收功率和制动力矩与行驶速度的关系。

表 1　ASM－P 底盘测功机吸收功率和持续时间

吸收功率（kW）	持续时间（min）	吸收功率（kW）	持续时间（min）	吸收功率（kW）	持续时间（min）
18.6	永远	75	7.5	260	3
37.5	15	185	5	375	1

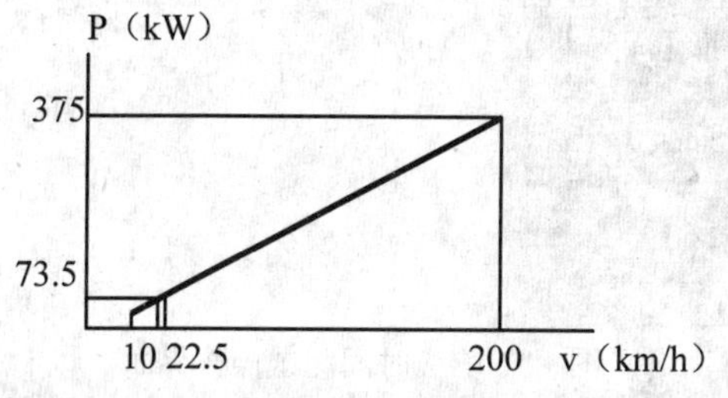

图 3　ASM－P 型底盘测功机吸收功率和行驶速度

T_b（Nm）
680
10
200　v（km/h）

图 4　ASM－P 型底盘测功机制动力矩和行驶速度

底盘测功机能够在 25km/h 和 40km/h 的测试车速下，吸收功率可以 0.01kW 为单位可调。正反双向转动时吸收功率的准确度可达到±0.1kW，或设定吸收功率的±1%。当环境温度在 1～43℃之间时，功率误差不超过±0.2kW。能模拟车辆的加速惯量，可在（0～22.5）km/h 的测试车速范围和最少 18.6kW 的负荷下，具有模拟 907～2722kg 之间的质量，产生 0～1.47m/s^2 的能力。控制单元发出指令后，扭矩响应在 200ms 内至少应达到目标值的 90％，300ms 内达到目标值的 98％以上，最大扭矩冲击量不超出目标值的 25%。具有轮边功率的速度调节和扭矩调节方式，很好地满足了对被检车辆加载测试的要求。

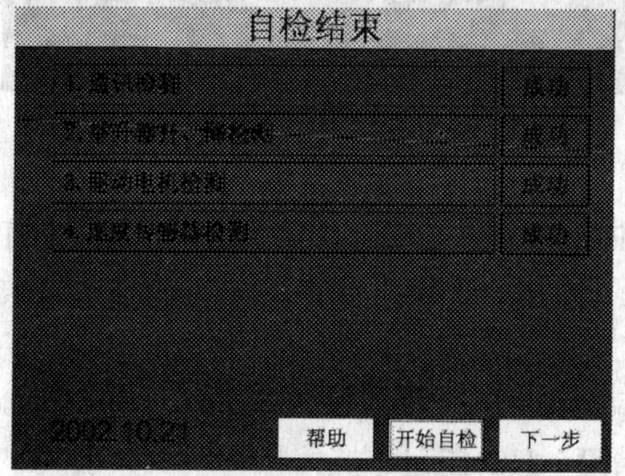

图 5　自检操作界面

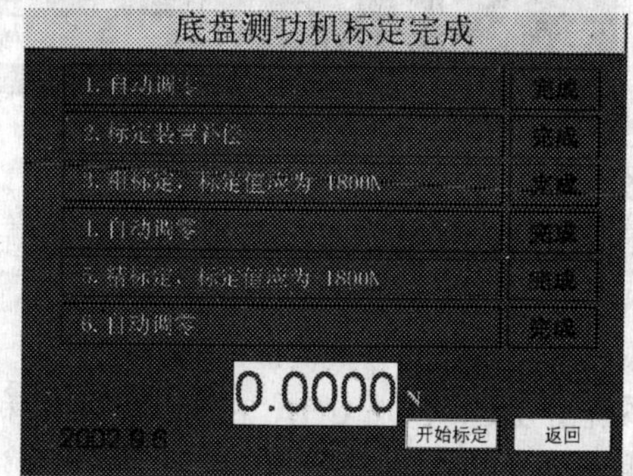

图 6　压力计标定操作界面

具有完善的排放质量保证体系，如自检、预热、压力计标定、寄生功率测试、恒功率加载测试、变载荷测试、转速传感器标定、响应时间测试等，程序化操作。进行压力计标定时，安装好标定装置，调用标

定程序即可。可分别测得车速在 24km/h 和 40km/h 时的底盘测功机的寄生功率值，给出寄生功率曲线。在 24km/h 和 40km/h 时，其寄生功率仅为 0.3kW 和 0.7kW 左右。恒功率加载功率可在 4～40kW 范围内任意选取，在 11kW 时，滑行时间误差不超过±2%，其它功率加载时，不超过±4%。能完全按照 BAR 97 规定的变载荷测试方法进行测试，从 80.5～8.0km/h 减速时间的相对误差小于 4%，从 72.45～16.1km/h 减速时间的相对误差小于 2%，从 61.1～43.4km/h 减速时间的相对误差小于 3%。能满足响应时间测试要求，在各个测试点，达到 90%的扭矩阶跃变化的响应时间均小于 200ms。转速传感器测试车速误差不超过 0.1km/h。图 5～图 11 分别为质量保证体系的各程序化操作界面。

图 7 寄生功率测试操作界面

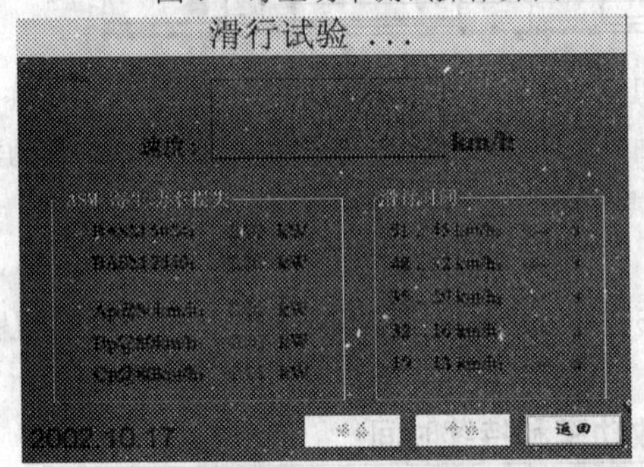

图 8 恒功率加载测试操作界面

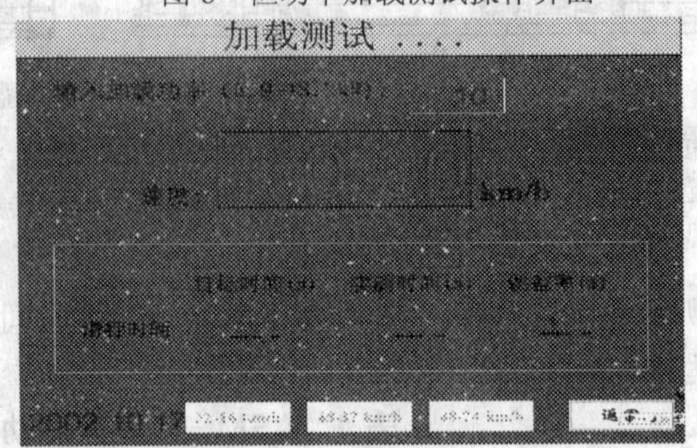

图 9 变载荷测试操作界面

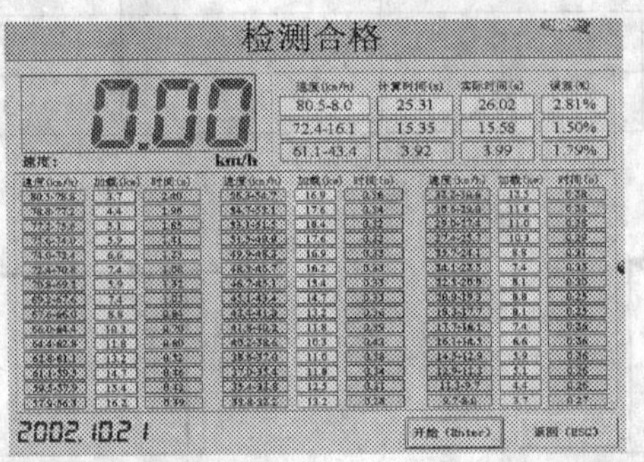

图 10 转速传感器标定操作界面

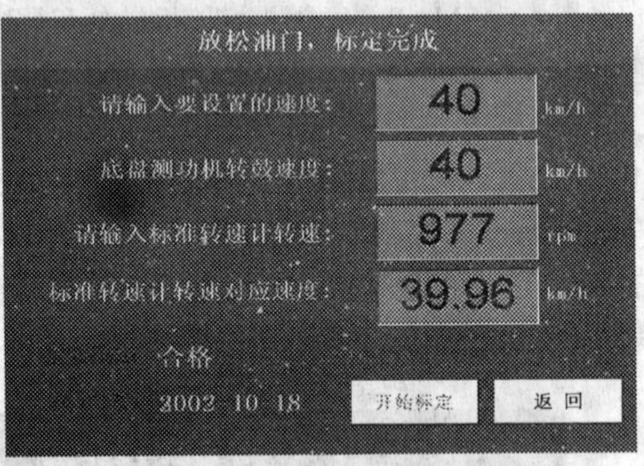

图 11 响应时间测试操作界面

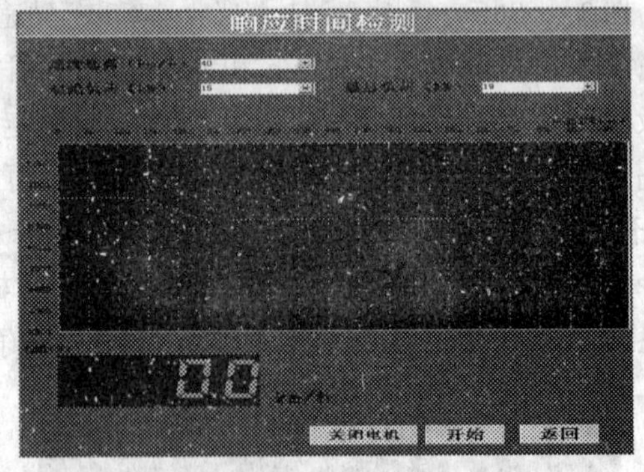

2.2 五气分析仪

JM002 汽油车稳态加载污染物排放测试系统配备德国 MAHA 公司的 MGT 5 五气分析仪，具有完善的测量、预热、泄漏检测、低流量检测、零位校准、HC 残留量检测、反吹、标定等功能，程序化操作，通过了北京环保型式认证和计量认证。

分析系统由 HC、CO、CO_2、NO、O_2 等 5 种气体浓度的自动分析仪器组成，采用原理是：CO、HC 和 CO_2 采用不分光红外法，NO 和 O_2 采用电化学法。满足精度、HC 挂起、抗稀释、气流灵敏度、气流低流量、传感器响应时间、正己烷／丙烷转换系数、零点和量距点漂移、电压变化和持续工作能力要求。在排放检测过程中不发生置零操作。表 2 为该分析仪 100%浓度的准确度测试值，表 3 为该分析仪 80%浓度的准确度测试值，其它浓度的准确度测试值从略。表 4 为重复性和惰性气体干扰影响指标。图 12～图 25 为该分析仪的响应时间、HC 挂起、零点漂移、量距点漂移的试验数据。

取样系统可靠耐用，无泄漏且易于保养。直接接触排气的取样管路不存留排气、不改变排气成分、防腐蚀、能够承受 BASM 工况 290 秒试验期间的排温。探头前端能承受 593℃的持续高温达 10 分钟，对排气背压的影响不超过±0.25kPa。取样系统在两次试验间用清洁空气能至少连续清洗 30s，清洗时间可自动设定，使用方便。除水装置可使取样系统中无水冷凝。

表 2 MGT 5 五气分析仪的 100％浓度点测试和计算数据

	HC（10^{-6}）	CO（％）	CO_2（％）	NO（10^{-6}）
样气值	3080 丙烷	8.1	12.3	2740
测试值	3076，3077，3080，3079，3081	8.06，8.08，8.1，8.1，8.1	12.3，12.3，12.3，12.3，12.36	2741，2739，2724，2746.5，2758
$\bar{x}$	3078.6	8.088	12.312	2741.7
σ	1.850	0.016	0.024	11.040
$k_{sd}=1.24\times\sigma$	2.294	0.0199	0.025	13.690
$y_1=\bar{x}+k_{sd}$	3080.894	8.108	12.337	2755.390
$y_2=\bar{x}-k_{sd}$	3076.306	8.068	12.287	2728.010
y_1-y_2	4.588	0.04	0.05	27.38
$\bar{x}$ 相对误差	0.084％	0.148％	0.098％	0.062％
$\bar{x}$ 绝对误差	2.6	0.012	0.012	1.7
$\bar{x}$ 相对允差	±3.4％	±3.32％	±3.54％	±4.25％
$\bar{x}$ 绝对允差	±5	±0.03	±0.4	±27
y_1-y_2 允差	±5	±0.03	±0.4	±27

表 3 MGT 5 五气分析仪的 80％浓度点测试和计算数据

	HC（10^{-6}）	CO（％）	CO2（％）	NO（10^{-6}）
样气值	2464	6.48	9.84	2192
测试值	2464，2465，2467，2468，2468	6.45，6.45，6.45，6.45，6.45	9.89，9.90，9.90，9.89，9.91	2192，2200，2201，2191，2190
$\bar{x}$	2466.4	6.45	9.898	2194.8
σ	1.865	0	0.008	3.958
$k_{sd}=0.715\times\sigma$	1.333	0	0.006	2.830
$y_1=\bar{x}+k_{sd}$	2427.733	6.45	9.904	2197.63
$y_2=\bar{x}-k_{sd}$	2425.067	6.45	9.892	2191.97
y_1-y_2	2.666	0	0.012	5.66
$\bar{x}$ 相对误差	1.526％	0.463％	0.059％	0.128％
$\bar{x}$ 绝对误差	2.4	0.03	0.058	2.8
$\bar{x}$ 相对允差	±3.4％	±3.32％	±3.54％	±4.25％
$\bar{x}$ 绝对允差	±5	±0.03	±0.4	±27
y_1-y_2 允差	±5	±0.03	±0.4	±27

表 4 MGT 5 五气分析仪的量程、重复性和惰性气体干扰影响指标

气体	量程	重复性相对误差	重复性绝对误差	惰性气体干扰
HC	0～2000×10^{-6}	± 2％	3×10^{-6}	<4×10^{-6}
CO	0.01％～10.00％	± 2％	0.02％	<0.02％
CO_2	0.10％～16.00％	± 2％	0.1％	<0.20％
NO	0～4000×10^{-6}	± 3％	20×10^{-6}	<20×10^{-6}
O_2	0.0％～25.0％	± 3％	0.1％	

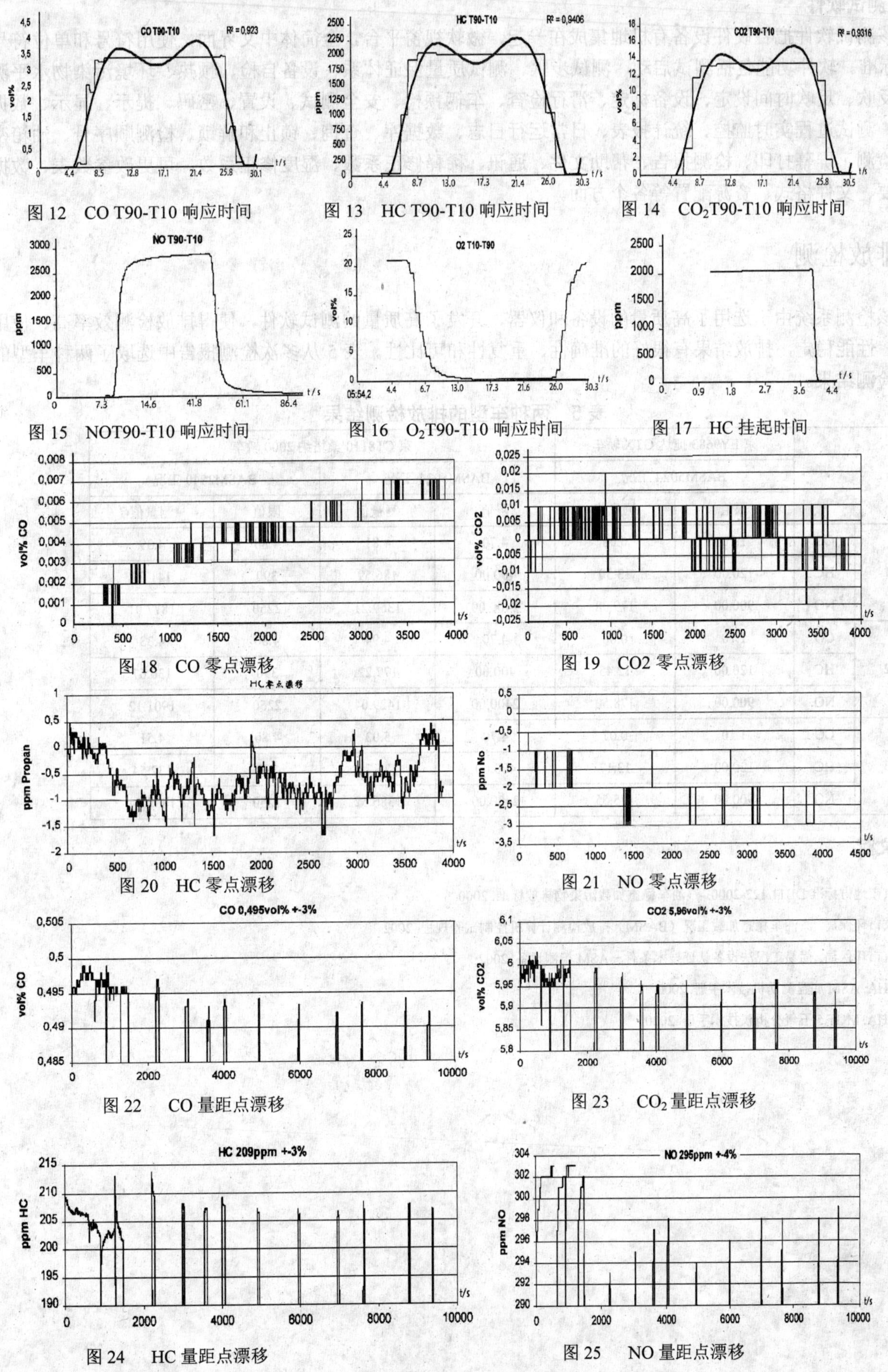

图 12　CO T90-T10 响应时间　　图 13　HC T90-T10 响应时间　　图 14　CO_2T90-T10 响应时间

图 15　NOT90-T10 响应时间　　图 16　O_2T90-T10 响应时间　　图 17　HC 挂起时间

图 18　CO 零点漂移　　图 19　CO2 零点漂移

图 20　HC 零点漂移　　图 21　NO 零点漂移

图 22　CO 量距点漂移　　图 23　CO_2 量距点漂移

图 24　HC 量距点漂移　　图 25　NO 量距点漂移

2.3 测试软件

该测试软件把各硬件设备有机地集成在一起，微软视窗平台，全简体中文界面，使用符号和单位符号ISO 标准。软件功能包括测试启动、测试步骤、测试质量保证体系、设备自检、预热、环境污染物水平测量、反吹、反吹时间设定、设备标定、滑行检查、车辆预检、安全测试、设置、密码、提示、显示、数据录入、测试过程实时监控、统计报表、日常运行日志、数据库、查询、锁止和解锁、检测顺序号、油箱密封性检测、屏幕打印、检测报告、帮助文件、通讯、稀释修正系数、湿度修正系数、可更改参数表、数据域摘要、文件格式、资源配置等各个方面。

3 排放检测

该检测系统由于选用了高质量的设备和仪器，开发了高质量的测试软件，使得排放检测效率高、使用方便、性能稳定，排放结果有很好的准确性、重复性和可比性。表 5 从多次检测报告中选取了两种车型的排放检测结果。

表 5 两种车型的排放检测结果

		京 EY9683 捷达 GTX 轿车		京 CT8110 桑塔纳 2000 轿车			
		BASM5024 工况		BASM5024 工况		BASM2540 工况	
		限值	测量值	限值	测量值	限值	测量值
1	CO	1.10	0.08	4.70	4.81	4.80	4.39
	HC	120.00	13.30	400.00	186.59	390	141.09
	NO	900.00	179.08	2400.00	1357.21	2250	1877.01
2	CO	1.10	0.08	4.70	4.94	4.80	4.33
	HC	120.00	12.45	400.00	177.22	390	136.67
	NO	900.00	178.50	2400.00	1429.04	2250	1901.12
3	CO	1.10	0.07	4.70	5.03	4.80	4.51
	HC	120.00	13.17	400.00	176.78	390	132.54
	NO	900.00	175.55	2400.00	1386.52	2250	1898.34

参考文献

1 北京市地方标准 DB11/122-2000. 汽油车稳态加载污染物排放标准. 2000

2 北京市环保局. 汽油车稳态加载工况（BASM）排放检测计算机控制试验规程. 2002

3 北京市环保局. 简易工况法设备认证技术条件－ASM 检测设备. 2002

4 MAHA. ASM 底盘测功机技术手册. 2000

5 MAHA. MGT 5 五气分析仪技术手册. 2000

燃料电池轻型电动客车的设计与试验研究

陈 勇 陈全世 仇 斌
清华大学汽车工程系

[摘要] 介绍了燃料电池轻型电动客车的布置，燃料电池发动机、动力电池充放电特性和控制策略。通过计算值与试验值的比较，表明该车采用的混合驱动方案是合理的。该设计方案的实现可以为进一步研究燃料电池车提供参考。

关键词：燃料电池 电动汽车 混合动力

[Abstract] The layout of fuel cell bus, fuel cell engine, charge and discharge characteristics of storage battery and control strategy are introduced. Comparisons between computation and experiment show that hybrid drive technology is reasonable. The experiences can provide helpful reference to development of fuel cell vehicle.

随着汽车数量的不断增加，世界范围内的能源危机和环境污染问题已经引起各国的普遍重视。由于燃料电池利用氢气和氧气结合产生电和水，没有污染，使用燃料电池的电动汽车被公认为是 21 世纪的重要发展方向，所以世界上许多国家都在积极研究燃料电池电动汽车[1]~[4]。

燃料电池是一个能量生成装置，在燃料用尽之前一直产生能量，而且燃料电池的反应物加料时间远远短于电化学电池的充电时间，所以，与纯电动汽车相比，使用燃料电池的电动汽车可以使续驶里程增加，而且大大缩短蓄电池的充电时间。本文介绍了所开发的燃料电池电动轻型客车的布置及其主要部件，整车性能计算与性能试验。

1 燃料电池轻型电动客车的布置

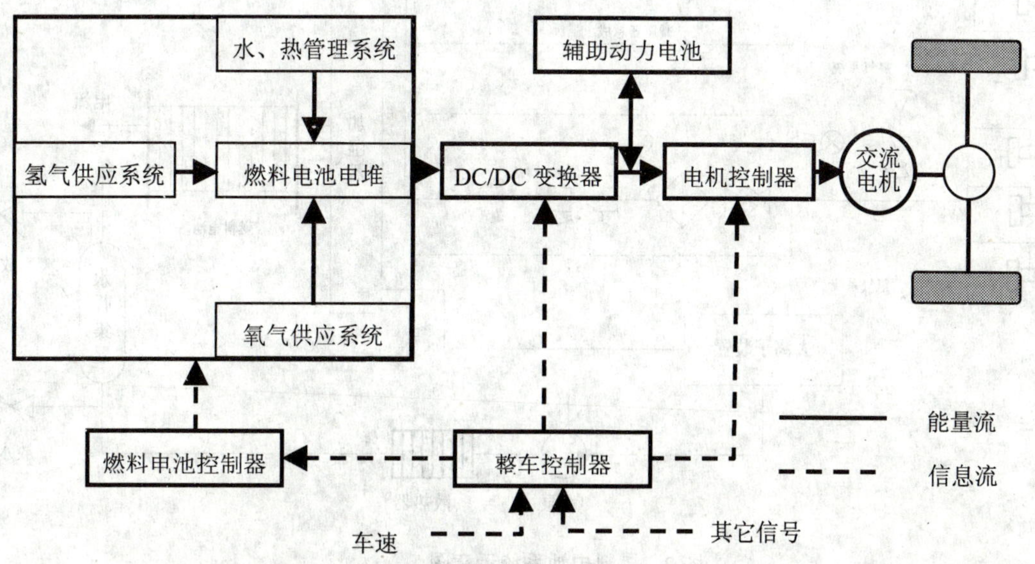

图 1 燃料电池轻型电动客车原理图

燃料电池轻型电动客车采用了燃料电池和辅助动力电池的混合驱动方案，如图 1 所示，其动力系统主要包括燃料电池，主、辅 DC/DC 变换器，控制器，感应电机，传动系，辅助动力电池组等。中央控制系统是由清华大学自主开发，主 DC/DC 变换器的输出根据动力电池的 SOC（State of Charge）、车辆的运行工况进行调节。在开发过程中，尽可能选用已经成熟的技术，集中精力解决燃料电池轻型客车的各系统间协调工作等主要问题。

燃料电池车轻型电动客车底盘选用厦门（苏州）金龙公司的 XMQ6600EN 底盘，整车技术参数见表 1。

表 1 燃料电池轻型电动客车整车参数

项目	外形尺寸 /m			轮距 /mm		轴距 /mm	前悬 /mm	后悬 /mm	接近角 /(°)	离去角 /(°)	最小离地间隙 /mm	最小转弯直径 /m	座位数(包括司机)
	长	宽	高	前	后								
参数	5990	2010	2700	1670	1520	3100	1180	1710	18	12	176	12	13

2 燃料电池发动机

自 2001 年 10 月在德国召开的国际电动车会议（EVS18）之后，国际电动车界基本统一了燃料电池发动机的概念。燃料电池(Fuel Cell)是一个把燃料的化学能直接转化为电能的电化学装置，由阳极、阴极、电解质和电极隔离板组成，燃料（富含氢的气体）输入阴极，氧化剂输入阳极，在电极上发生电化学的氧化还原反应，产生电，反应产物是水。单个燃料电池的电势不足 1V，只有将多个燃料电池串联起来才能产生足够的电压，这些串联起来的电池称之为电池堆（Stack）。电池堆中的燃料电池数量决定其输出的功率。燃料电池系统（Fuel Cell System）则包括电池堆、进气系统、水和热管理系统等，其输出是电能。燃料电池发动机（Fuel Cell Engine）则包括燃料电池系统、DC/DC 变换器、电机及其控制器，输出的是机械能。

2.1 燃料电池系统

燃料电池是绿能公司制造的氢氧型质子交换膜燃料电池（PEMFC），燃料电池的额定功率为 15kW，额定输出电压 60V，最大输出电流 300A，燃料电池系统示意图如图 2 所示。

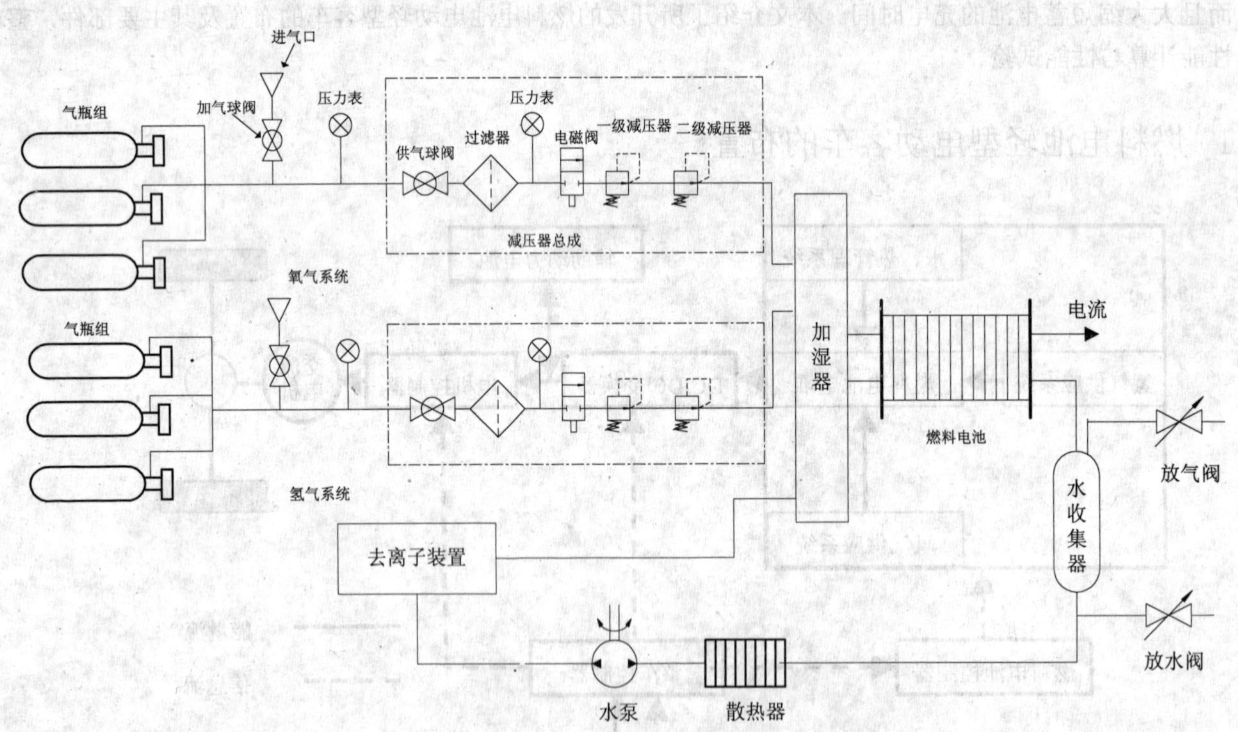

图 2 燃料电池系统示意图

2.2 驱动电机、控制器及主 DC/DC 变换器

驱动电机及控制器选用 Solectria 公司的 AC60 感应电机，在 312V 时的机械特性如图 3 所示。该电机直接通过齿形皮带减速，依次驱动传动轴、主减速器和车轮，取消了变速器，操纵简单。

主 DC/DC 变换器由北京机电研究所设计，具有两个功用：一是把燃料电池输出的低电压升高至辅助动力电池组的端电压，因为辅助电池组端电压随动力电池的 SOC 值和车辆工况变化而变化，所以需要进行调节；二是保护燃料电池系统可靠工作，并使燃料电池能够及时对车辆控制策略进行响应。实践表明，为保护燃料电池系统，既应限制燃料电池系统的最大输出电流，又要限制限制燃料电池的最小电压，具体的限值可以有燃料电池生产厂家提供，也可根据试验确定。

3 辅助动力电池的充放电特性

如果单独采用燃料电池做动力源，就要求燃料电池的功率满足车辆的所有行驶工况，导致燃料电池的功率很大，一方面会增加生产的难度，另一方面在大多数时间内车辆行驶在非极限工况，尽管此时燃料电池堆的效率较高，但因重量增加会导致整车重量增加而消耗更多的功率，而且与小功率的燃料电池系统相比，大功率的燃料电池系统氢气的消耗量会增加，此外，单独使用燃料电池时无法实现能量回收，综合考虑采用燃料电池和辅助动力电池的混合驱动方案，这种驱动方案也是目前广泛采用的[5]~[6]，辅助动力电池用于提供峰值功率和制动能量的回收。

目前，在电动汽车上使用的动力电池有铅酸电池、镍镉电池、镍氢电池和锂离子电池[7]。这里应首先考虑动力电池的比功率，也要考虑电池的成本和工作可靠性等方面，最终辅助动力电池采用了香港金山公司的 60AhNiHM 电池，辅助动力电池组由 26 个电池模块串联工作，总电压 312V，单个动力电池模块的充放电特性曲线如图 4 所示。

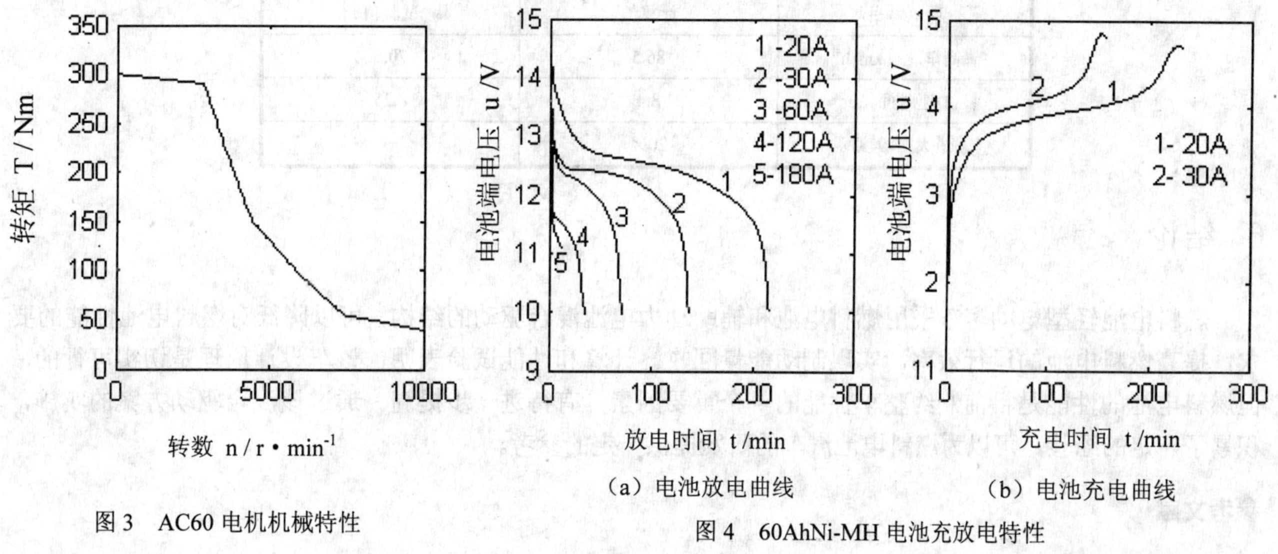

图 3　AC60 电机机械特性

（a）电池放电曲线　　（b）电池充电曲线

图 4　60AhNi-MH 电池充放电特性

4 控制策略

电池的使用寿命直接关系到燃料电池轻型客车的可靠性和成本，动力电池的过充电和过放电都将缩短动力电池的使用寿命，因此控制的核心应确保动力电池的 SOC 在规定的工作范围内，这里选择辅助动力电池工作在 SOC＝0.2~0.8 之间，并尽量保持不变，以减少充放电次数。此外，电动车的动力性也应得到满足，以便满足行驶工况要求。综上所述，希望的控制策略是在辅助动力电池 SOC 值基本不变的前提下，保证车辆动力性的要求，提高燃料电池的效率，即尽可能提高氢气的能量转化率。具体地，在车辆起步，加速爬坡等工况，需要燃料电池和辅助动力电池共同工作；在车辆以一定速度匀速行驶时，可完全由燃料电池提供动力，当辅助动力电池 SOC 较高时则不充电，较低时则进行充电；当辅助动力电池 SOC 超过设定值则单独工作，燃料电池可以不工作；当动力电池 SOC 较低时，燃料电池为辅助动力电池组进行充电；制动时，驱动电机回收的电能为辅助动力电池组充电。

5 计算分析与性能试验

根据整车参数，进行了性能参数计算，图 5 和图 6 分别为驱动力－行驶阻力平衡图和加速时间曲线。在样车试制完成后，对该车进行了性能试验，计算结果与试验结果见表 2。由于燃料电池实际的最大输出功率达不到预期值，导致最高车速的试验值与计算值有较大差距。

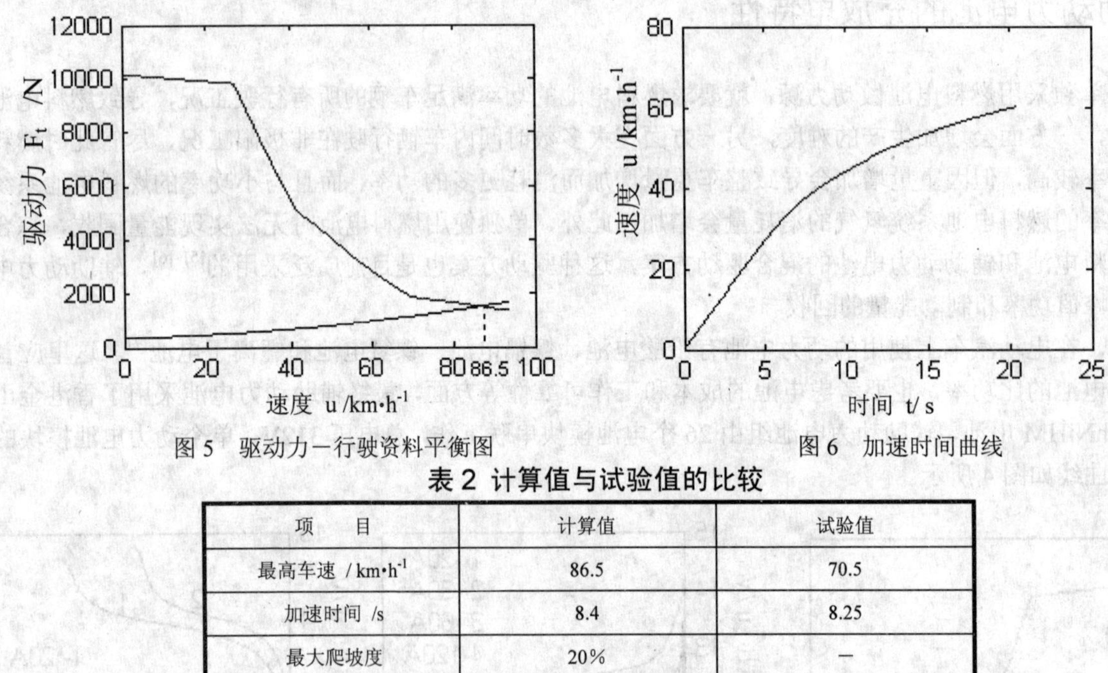

图 5 驱动力－行驶资料平衡图　　图 6 加速时间曲线

表 2 计算值与试验值的比较

项　目	计算值	试验值
最高车速 / km·h^{-1}	86.5	70.5
加速时间 /s	8.4	8.25
最大爬坡度	20%	—

6 结论

燃料电池轻型电动客车采用燃料电池和辅助动力电池混合驱动的结构，可以降低对燃料电池性能的要求，提高燃料电池的运行效率，实现制动能量回收。计算和性能试验表明，该车设计原理是切实可行的，但燃料电池的性能是目前制约整车性能的一个重要因素，有待进一步提高。通过该混合驱动方案的实施，积累了一定的经验，可以为燃料电池汽车的研发提供一定的参考。

参考文献

1 Gaston MAGGETTO, Joeri VAN MIERL. ELECTRICVEHICLES, HYBRID ELECTRIC VEHICLES AND FUEL CELL ELECTRIC VEHICLES : STATE OF THE ART AND PERSPECTIVES. Ann. Chim. Sci. Mat, 2001, 26 (4).

2 R.M. Charnah. Fuel cell drives for road vehicles. Journal of Power Sources, 2000

3 PER EKDUNGE and MONIKA RABERG. THE FUEL CELL VEHICLE ANALYSIS OF ENERGY USE, EMISSIONS AND COST. Int. J. Hydrogen Energy, Vol.23, No.5, 1998

4 Liqing SUN, Fengchun SUN and Yong Chen. The Design and Trial Manufacture of Euel Cell Car Prototype, The 19th International Electric Vehicle Symposium, 2002

5 Jörg Folchert, Dietrich Naunin, Sina Block. Dynamic Behaviour of a Fuel Cell with Ultra Capacitor Peak Power Assistance for a Light Vehicle. The 19th International Electric Vehicle Symposium, 2002

6 Lars Overgaard and Gerald Karch. A hybrid fuel-cell concept realized in a Midi-Bus Concept of energy source and drive train. The 18th International Electric Vehicle Symposium, 2001

7 陈清泉，孙逢春，祝嘉光. 现代电动汽车技术. 北京：北京理工大学出版社，2002

冷起动阶段车辆排放特性研究

史广宝

中国汽车技术研究中心

[摘要] 本文就汽车冷起动阶段排放特征及不同测试方法对测量结果的影响进行了阐述分析，指出针对冷起动阶段的排放控制对策，并给出我国目前部分轻型汽车排放水平。

关键词：排放 冷起动 控制

1 前言

随着汽车排放标准限值的加严，电控多点燃油喷射加催化转化技术作为有效的净化方式已经得到广泛应用，现代的催化转化器对三种污染物的转化效率普遍在90%以上（催化剂充分起燃后），且车辆三种污染物（HC、CO、NO_X）的70%～80%产生在冷起动阶段。例如，FTP75在测试循环下，三种污染物HC、CO、NO_X在冷起动阶段排放量占整个循环的84%、83%、51%[1]。为适应新的排放法规要求，降低车辆冷起动排放已经成为新的工作重点。我国已基本明确了向欧洲靠拢的排放标准体系，汽车制造商及科研单位已经开始EUROⅢ试验室建设及技术储备。表1给出了欧洲不同阶段的排放标准限值，单从排放限值来看，从欧Ⅱ到欧Ⅲ的过渡并无太大变化，但由于在新的测试方法（NEDC）上取消了前40秒怠速过程，使得冷起动阶段排放量大大增加。从欧Ⅱ到欧Ⅲ的过渡将面临新的技术挑战。

表1 欧洲不同阶段的排放标准限值 （g/km）

	CO	HC	NO_X	测试循环
EURO Ⅰ	2.7	0.97		UDC+EUDC
EURO Ⅱ	2.2	0.5		UDC+EUDC
EURO Ⅲ	2.3	0.2	0.15	NEDC
EURO Ⅳ	1.0	0.1	0.08	NEDC

2 冷起动阶段车辆排放特征

冷起动阶段较高的污染物排放由许多复杂因素决定，按其影响方式可分为以下几方面；

1）发动机本身的HC和CO排放量较大，HC和CO虽然都是不完全燃烧的产物，但CO排放量主要取决于空燃比，所有影响空燃比的因素都会影响CO排放。油温、水温没有达到设定值之前，发动机未能进入闭环控制状态，空燃比发生偏离以及为了迅速提高排气温度而在发动机标定时的燃油加浓等原因而导致发动机本身的CO排放量要远远大于热机状态。而一切对火焰传播和燃烧有抑制作用的因素都会影响HC排放，冷起动阶段由于冷却液温度上升缓慢，燃烧过程有大量的热需要向较冷的气缸壁传递，如果在某一瞬间局部热量传递速度超过燃烧热量传播，部分燃油混合物将不充分燃烧而产生较多的HC。研究发现，气缸壁温度与冷却液温度大致存在如下关系；

$$T_w=T_c+（0.01575-0.00013T_c）+4.6P_e$$

式中 T_w——气缸壁温度

T_c——冷却液温度

N——转速

P_e——功率

2） 催化转化器未能有效发挥作用

催化转化器的转化效率是控制汽车排放的关键，由于冷起动阶段排气温度未能达到催化剂起燃温度以及空燃比发生偏离使得催化转化器的转化效率很低，图 1、2 为某催化转化器温度特性及空燃比特性图。

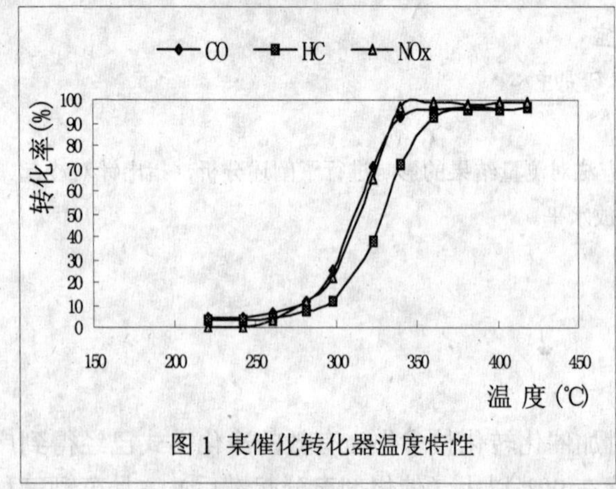

图 1 某催化转化器温度特性

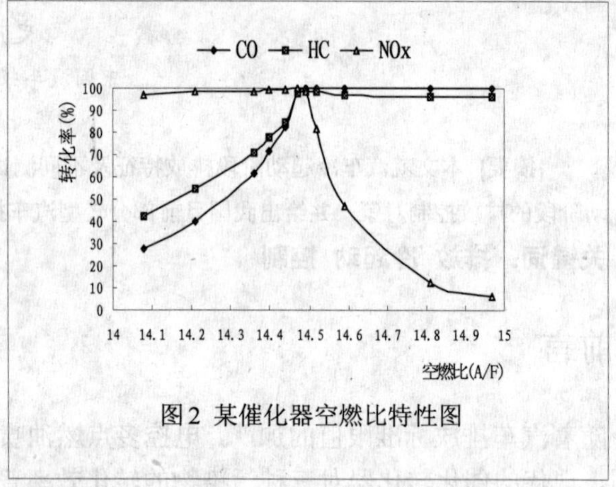

图 2 某催化器空燃比特性图

图中可以看出，当空燃比偏浓时，HC 和 CO 转化效率明显降低，而"S"形的温度特性曲线表示了催化转化器在低温状态（低于 250℃）基本不起作用。现代的催化转化器起燃温度（T_{50}）一般在 300℃左右，一些起燃性能较好的进口产品（或国内封装）起燃温度可以达到 250~260℃，并且催化转化器起燃性能将随使用过程逐步降低。经过 100 小时的台架老化(相当于实车行驶 80000km)后，起燃温度一般都要升高 20~50℃。表 2 为部分催化转化器起燃温度，基本代表了目前我国催化转化器产品现状（近 40 种试验样本中选取）。

表 2 部分催化转化器起燃温度

样品	初试（℃）(1)			复试（℃）(2)		
	CO	HC	NO_x	CO	HC	NO_x
1	282	287	284	335	344	337
2	287	288	289	308	315	308
3	250	256	252	---	---	---
4	222	236	231	---	---	---
5	320	322	323	323	321	320
6	272	277	275	318	320	318
7	280	287	286	287	290	287
8	267	271	269	317	323	318
9	287	293	286	311	317	308
10	289	299	289	311	325	309

注：（1）为新鲜催化器试验结果

（2）为经过 100 小时老化后试验结果

3 测试循环对排放结果的影响

从欧Ⅱ到欧Ⅲ的过渡主要就在于新的测试方法（NEDC）同以前相比（UDC+EUDC）取消了前 40 秒怠速过程，同时，将欧Ⅱ标准下对 $HC+NO_X$ 总量的限制改为对 HC、NO_X 分别进行限制。欧Ⅲ标准下的测试循环图见图 3。新的测试方法（NEDC）同欧Ⅰ、欧Ⅱ标准要求下的（UDC+EUDC）以及 FTP 75 测试方法相比存在以下特征。

	NEDC	UDC+EUDC	FTP 75
开机（怠速）	0 s	0 s	0 s
开始取样	0 s	40 s	0 s
开始加速	11 s	51 s	21 s
首次加速到车速（km/h）	18	18	40
行驶里程（km）	11.007	11.007	17.88
测试时间	1180 s	1220 s	1877 s
平均车速（km/h）	33.6	33.6	34.1

由于测试方法的变化，已经满足欧Ⅱ标准的车辆在欧Ⅲ测试方法下必然要得出完全不同的结果。图 4～图 6 分别为欧洲市场 5 种代表车型在欧Ⅱ、欧Ⅲ两种测试方法下得出的试验结果（数据来源 SAE1999-01-1073）。

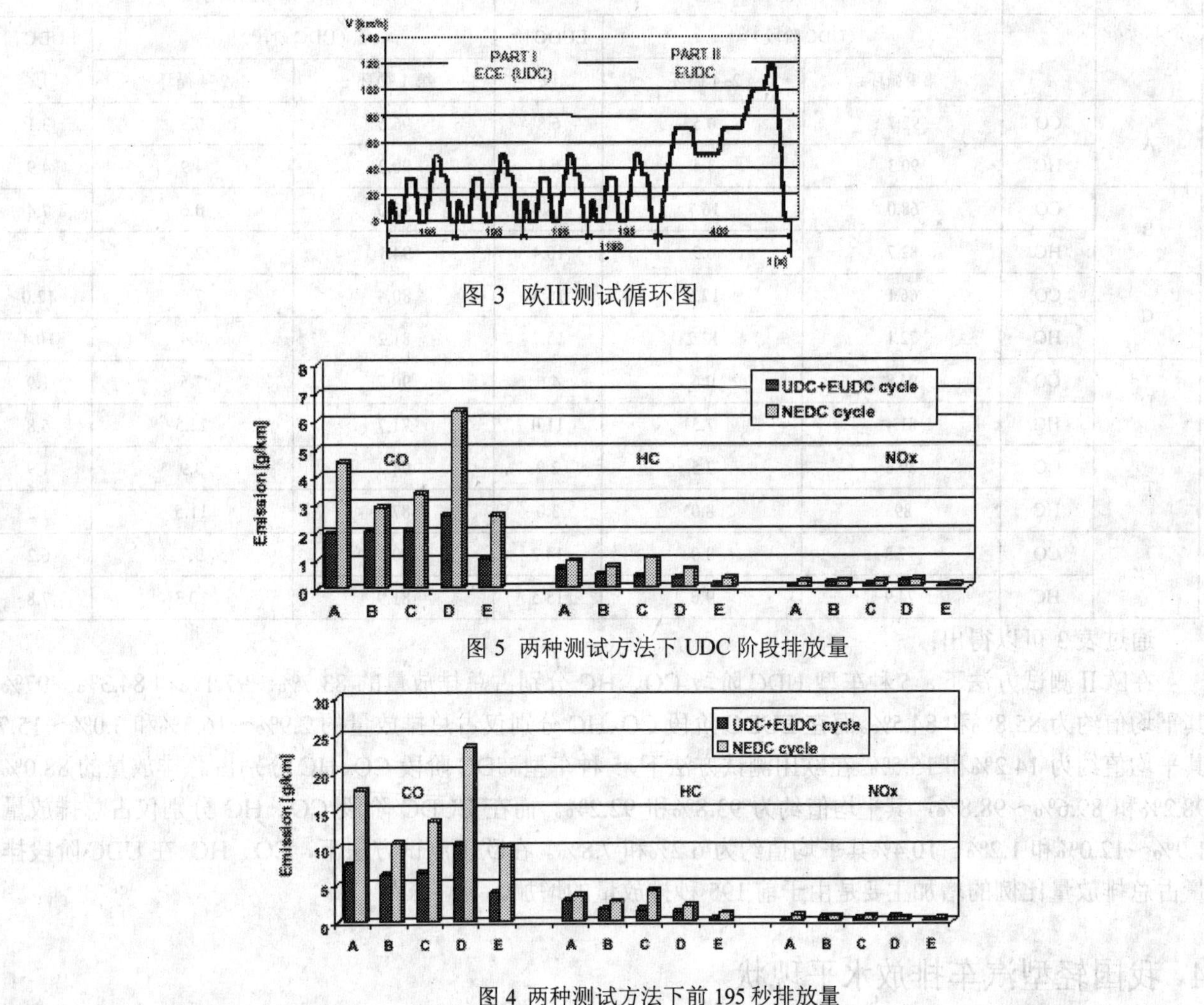

图 3 欧Ⅲ测试循环图

图 5 两种测试方法下 UDC 阶段排放量

图 4 两种测试方法下前 195 秒排放量

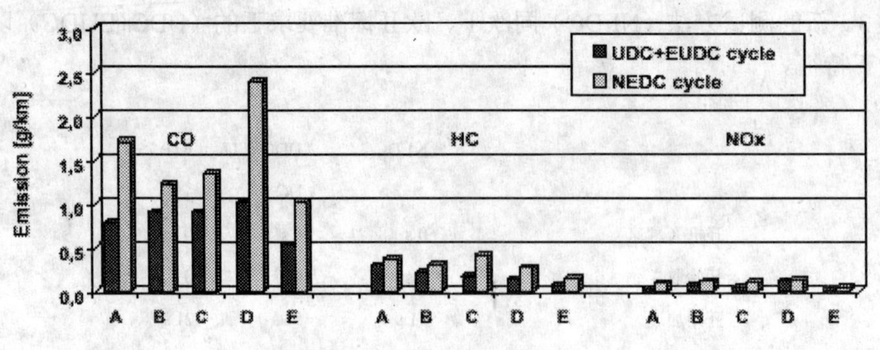

图 6 两种测试方法下总排放量

由于在取样点上取消了前 40 秒怠速过程，使得欧III测试方法下，同一车辆 CO、HC 排放量将增加约 30%～40%，这主要在于前 195 秒排放量大约增加 60%～80%。两种测试方法下，分别对 5 种车型各阶段排放量（CO、HC）占总排放量的比例进行统计，结果见表 3。

表 3　CO、HC 各阶段排放量占总排放量比例统计表

车型		占总排放量的比例（%）					
		欧Ⅱ测试方法			欧III测试方法		
		（UDC 阶段）		EUDC 阶段	（UDC 阶段）		EUDC 阶段
		第 1 循环	2~4 循环		第 1 循环	2~4 循环	
A	CO	92.7	0.5	6.8	96.6	0.3	3.1
	HC	90.3	3.4	6.3	90.2	4.9	4.9
B	CO	68.0	16.7	15.4	92.0	0.6	7.4
	HC	82.7	6.9	10.4	94.1	2.1	3.8
C	CO	66.1	17.6	16.3	80.4	7.6	12.0
	HC	72.1	12.2	15.7	81.2	8.4	10.4
D	CO	94.8	0.6	4.6	90.7	7.5	1.9
	HC	81.4	7.5	11.0	71.7	22.5	5.8
E	CO	89.6	7.5	2.9	94.2	3.9	1.9
	HC	89.	8.0	3.0	87.3	11.5	1.2
平均	CO	77.8	8.0	14.2	90.1	3.7	6.2
	HC	74.9	9.6	15.5	81.9	10.3	7.8

通过表 3 可以得出：

在欧Ⅱ测试方法下，5 种车型 UDC 阶段 CO、HC 分别占总排放量的 83.7%～97.1%和 84.3%～97%，其平均值约为 85.8%和 84.5%。而在 EUDC 阶段 CO、HC 分别仅占总排放量的 2.9%～16.3%和 3.0%～15.7%其平均值约为 14.2%和 15.5%。在欧III测试方法下，5 种车型 UDC 阶段 CO、HC 分别占总排放量的 88.0%～98.2%和 89.6%～98.8%，其平均值约为 93.8%和 92.2%。而在 EUDC 阶段 CO、HC 分别仅占总排放量的 1.9%～12.0%和 1.2%～10.4%其平均值约为 6.2%和 7.8%。在欧III测试方法下，CO、HC 在 UDC 阶段排放量占总排放量比例的增加主要是由于前 195 秒排放量的增加。

4　我国轻型汽车排放水平现状

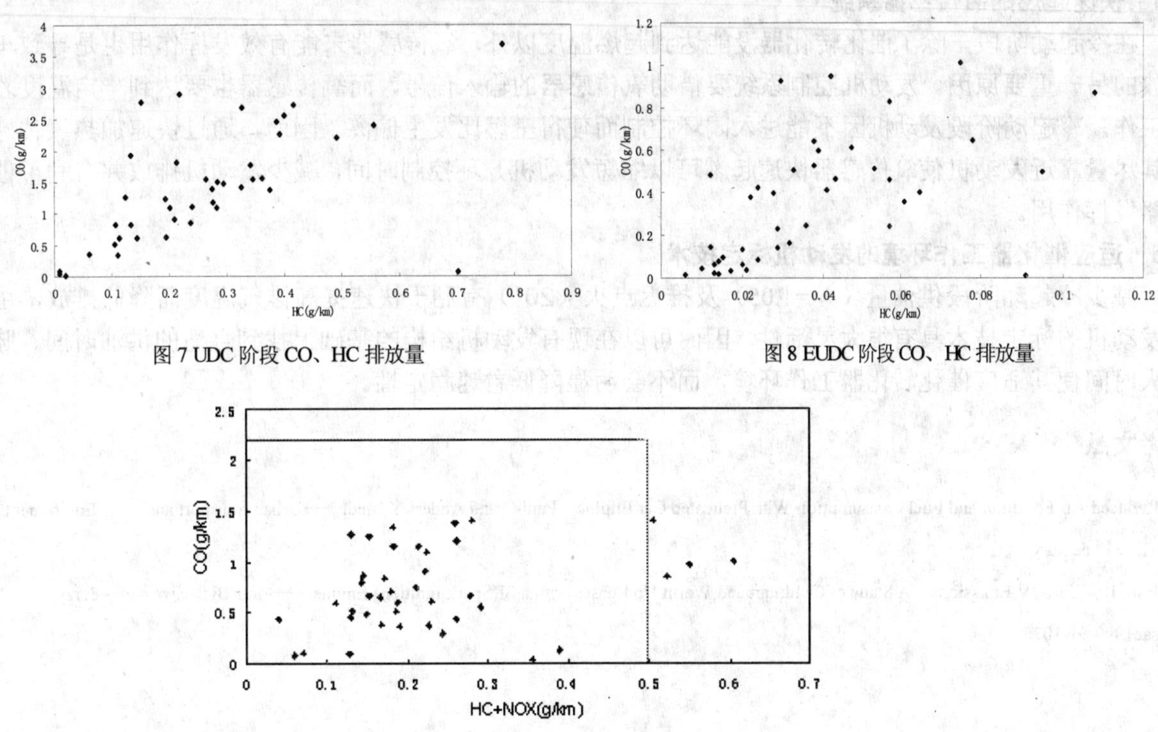

图 7 UDC 阶段 CO、HC 排放量　　图 8 EUDC 阶段 CO、HC 排放量

图 9 （ECE+EUDC）阶段总排放量

在法规要求和政策鼓励的推动下，国内各汽车制造商都在增加技术投入，努力降低汽车排放水平。图 7～图 9 为我国部分最新车辆排放结果，图 7 为 UDC 阶段 CO、HC 排放量，图 8 为 EUDC 阶段 CO、HC 排放量，图 9 为 CO、（$HC+NO_X$）总排放量，所有车辆均为经过磨合的新车，试验在在欧Ⅱ测试方法下进行。从试验结果来看，绝大部分车辆均能满足欧Ⅱ排放限值，但如果按新的欧Ⅲ测试方法进行，必然要得到完全不同的结果。

5　降低冷起动阶段排放对策

5.1　优化发动机结构设计

HC 排放主要产生在燃烧室缝隙紧挨缸壁的边界层及第一活塞环上部间隙。紧凑的燃烧室具有较小的火焰冷激表面，同时降低冷态时活塞与气缸壁之间间隙以及将第一活塞环上移等结构改进都有利于降低冷起动阶段 HC 排放量。减少冷起动时的加浓可降低冷起动阶段 CO 排放量，但必须要改进进气系统以保证冷起动阶段燃烧稳定性。

5.2　适合催化转化器快速升温的排气系统

高孔密度薄壁载体能够提供更高的表面积及更低的热容，有利于催化剂快速达到起燃温度而降低排放。另外，传统的发动机排气歧管一般由铸铁铸造而成，热容量大，将其改为低热容的冲压排气歧管并结合催化转化器前段的双层保温排气管有助于催化转化器快速升温。这种排气系统在国外部分车辆上已经得到了应用。

5.3　CCC 催化转化器（Close Coupled Catalyst）的应用

在不改变发动机设计及催化转化器内部结构的前提下，将催化转化器向发动机方向靠近而形成 CCC 催化转化器可有效降低冷起动阶段排放，其对降低 HC 的效果最为明显，相同结构的 CCC 催化转化器较底盘下催化转化器大约能降低 60%的 HC、9%的 CO、及 10%的 NOX（EPEFE）。但 CCC 催化转化器在车辆高速行使时需要承受更高的热负荷从而加速其老化。因为 Pd 催化剂较 Pt/Rh 催化剂具有更好的热稳定性，因而在 CCC 催化转化器中得到了广泛应用。

5.4 快速起燃的氧传感器系统

在冷起动阶段，除了催化转化器没能达到起燃温度以外，氧传感器未能有效发挥作用也是导致车辆高排放的另一重要原因。发动机控制系统要借助氧传感器的输入信号，而氧传感器也要达到一定温度才能有效工作，冷起动阶段发动机因不能进入闭环控制而使得空燃比发生偏离。因而，通过快速加热氧传感器或将其尽量靠近发动机使氧传感器快速起燃可以缩短发动机开环控制时间，减少发动机排放并有利于催化转化器发挥作用。

5.5 适应催化器工作环境的发动机标定技术

减少冷起动阶段供油量（λ=1.05）及推迟点火（20°）有利于快速提高排气温度而降低排放，由于电控发动机的标定技术具有很大灵活性，因而可以在现有发动机结构的基础上找到合适的供油时间、脉宽及点火时间使其适应催化转化器工作环境，而不会明显降低怠速稳定性。

参考文献

1 Reduced Air Pollution and Fuel Comsumption With Preheated Car Engine Paul G and Anders Ydstedt——Urban transport and Enviroment For The 21st century

2 Euro III / Euro IV Emissions – A Study of ColdStart and Warm Up Phases with a SI(Spark Ignition) Engine——Piotr Bielaczyc and Jerzy Merkisz, sae1999-01-107

我国轻型汽车排放控制水平现状的分析

李孟良　景晓军　戴春蓓　陆红雨　马杰
中国汽车技术研究中心

[摘要] 零公里排放水平与劣化系数是评价机动车排放控制水平的两个指标。两个指标的变化往往伴随着采用更先进的排放控制技术和更严厉的法规。本文基于 2000 年～2002 年间我国 22 个厂家 70 余辆轻型汽车的 8 万公里耐久性试验数据，进行统计和分析，研究了我国轻型汽车排放控制水平现状。并依据结果，对我国排放法规趋势进行了预测。

关键词：轻型汽车　排放因子　零公里排放水平　劣化系数　Ⅴ型试验

An Analysis On The Actuality Of Light-duty Vehicle Emission Control Level In China

Li Mengliang, Jing Xiaojun, DaiChunbei, LuHongyu, MaJie
China Automotive Technology and Research Center

[Abstract] Zero Mile Level and Deterioration Factor are the two parameters for evaluating the level of vehicle emission. The variation of the parameters always come up the implement of advanced let control technology and strict emission regulation. This paper analysis the actuality of light-vehicle emission control level base on the statistic collecting from test. The forecast of the trend are discussed on paper.

Key words: light-duty vehicle　emission-factor　zero-mile-level　deterioration-factor　Ⅴ-type test

1　引言

由于城市机动车保有量的迅速增加，汽车排放已经成为最主要的空气污染来源。我国汽车工业生产技术相对落后、维修服务体系不完善（无车辆 I/M 制度）、机动车运行的工况条件较差，造成了车辆对城市的污染物。由于单车污染物排放因子高，使得我国大型城市机动车污染物排放总量已经超过发达国家同等规模的城市，机动车污染物排放密度和造成的污染浓度则比发达国家搞出几倍，见表 1[1]。为改善这种状况，必须提高车辆排放控制水平。

表 1　中国在用汽车基本排放状况

车型	CO (g/km)	HC (g/km)	NO_x (g/km)	美国技术 (年代)
轿车	4.3	43.0	1.3	1971
微型车	5.7	25.3	2.1	1974~1978
吉普车	6.2	33.5	3.2	1974~1978
中型车	9.5	51.7	4.6	1971~1974

反映机动车的排放控制水平有两个指标——零公里排放水平（Zero Mile Level，或简称 ZML）和劣化系数（Deterioration Factors,或简称 DEF）。ZML 是反映新车的污染物排放水平；DEF 则反映车辆使用过程排放水平降低、排放增加的速率。

与汽车工业发达国家相比，我国机动车排放污染物控制起步较晚，1999 年开始实行 GWPB1--1999，随后被 GB18352.2 - 2001[2]取代，后者成为车辆排放唯一法规。I 型试验中车辆零公里排放水平乘上规定的劣化系数后的排放值不超过规定的限值，新车必须达到这个标准才能生产。车辆开始采用满足法规的新技术（电喷+三元催化转化器），从根本上提高了我国车辆的排放水平。车辆在使用过程中，由于车辆可靠性、检查和维护、燃油质量以及环境条件等诸多因素的影响，法规中 DEF 未必反映实际。2000 年少量车型进行[2]中的 V 型试验，通过 8 万公里耐久性试验检验污染控制装置，通过实际的劣化系数评价车辆排放控制水平的。2001 年国家出台减免税收政策，我国绝大多数轻型车型都进行了 V 型试验。

国家又开始起草新的排放法规，车辆要达到相当于欧洲 3 号标准（EUIII）。我国汽车产品的排放水平现状如何？我们基于大量轻型车辆耐久性试验数据，针对机动车辆排放控制水平的两个指标——ZML 和 DEF，分类统计和分析了排放测试的结果，研究排放水平及其相关技术。本文介绍了研究结果。

2 试验描述

2.1 试验方法

试验规范遵从 GB18352.2001《轻型汽车污染物排放限值及测量方法》中《冷起动后排气污染物排放试验（I 型试验）》（简 I 型试验）和——《污染物控制装置耐久性试验（V型试验）》（简称V 型试验）。

所有试验车辆磨合 3000 km 里程左右做 I 型试验，试验结果为零公里排放水平 ZML；V 型试验过程中，每隔 10000 km（±400 km）做一次 I 型试验，以固定的间隔直到 80000 km。排放试验数据按最小二乘法拟合，插值计算劣化系数 DEF。

V 型试验中车辆维护和调整按制造厂的要求进行，包括更换机油及机油滤清器、汽油滤清器、空气滤芯以及火花塞。

2.2 试验设备和试验场地

I 型实验采用 ECE15 工况全套试验设备，包括定容取样系统、多点设定测功机和实验室级排放分析仪，试验在天津中国汽车技术研究中心（CATARC）排放试验室进行；V 型试验中工况复现采用速度跟踪提示系统，在交通部通县试验场高速环道上进行。

2.3 试验车辆

从 2000 年至 2002 年底，国内已有 22 个厂家 70 多辆新车型通过了 8 万公里耐久性试验，达到 GB18352.2 标准，进行测试均为轻型车辆。我们选择的车辆包括： 轿车有 35 种车型共 48 辆，客车有 15 种车型共 22 辆。这些车辆基本覆盖了我国当前时市场上所有轻型车型，也代表了我国当前汽车水平，可以代表我国轻型汽车排放控制的总体情况。

3 试验数据处理和解析

基于工况法测试结果的试验数据库，我们按轿车、客车进行归类。由于 GB1835.2001 将 HC+NOx 作为总体评价，我们将 CO 指标作为图形的横坐标，HC+NOx 视做一个指标作为图形的纵坐标，这样下列各散点图的一个点代表一个测试车辆的排放数据。

3000km 左右的 I 型试验数据作为车辆 ZML，一个数据点代表一个车辆，所有车辆的 ZML 排放数据见图 1（轿车、客车）。为了便于更直观地分析耐久性试验效果，将 V 型试验 8 万 km 间隔的排放数据结果布置在图 1 中。

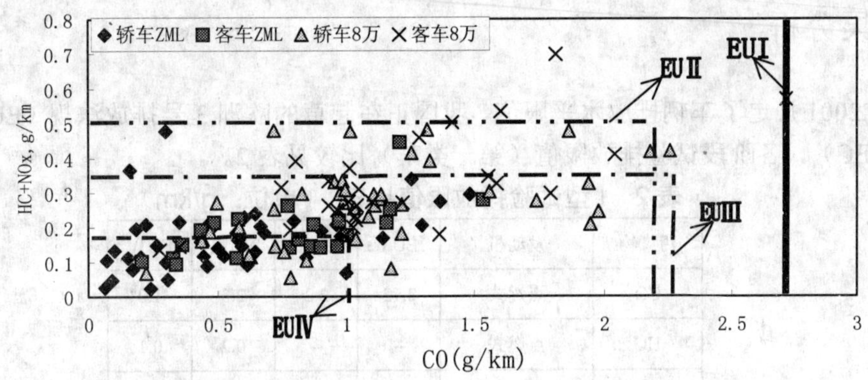

图 1　轻型车辆的 ZML 和 8 万公里后排放数据

试验完成后，车辆不同里程间隔的排放数据采用最小二乘法进行最佳拟合直线，插值计算出 6400km 污染物排放量，然后将各里程间隔的数据与 6400km 数据相除，得到车辆不同里程间隔的排放因子（CO、HC+NOx）的劣化系数；8 万 km 间隔的 DEF 作为 I 型试验的 DEF。横坐标为 CO 的 DEF，纵坐标为 HC+NOx 的 DEF，不同的里程分成不同的系列，一个数据点对应一个车辆在相应里程的 DEF。图 2a 和图 2b 列示了车辆劣化系数分布图。

耐久性排放试验数据又按不同的里程作为不同的系列，所有车辆的劣化进程的排放水平数据分别见图 3a V 型试验不同进程排放水平数据（轿车）、图 3b V 型试验不同进程排放水平数据（客车），一个数据点对应一个车辆在相应里程的排放水平。

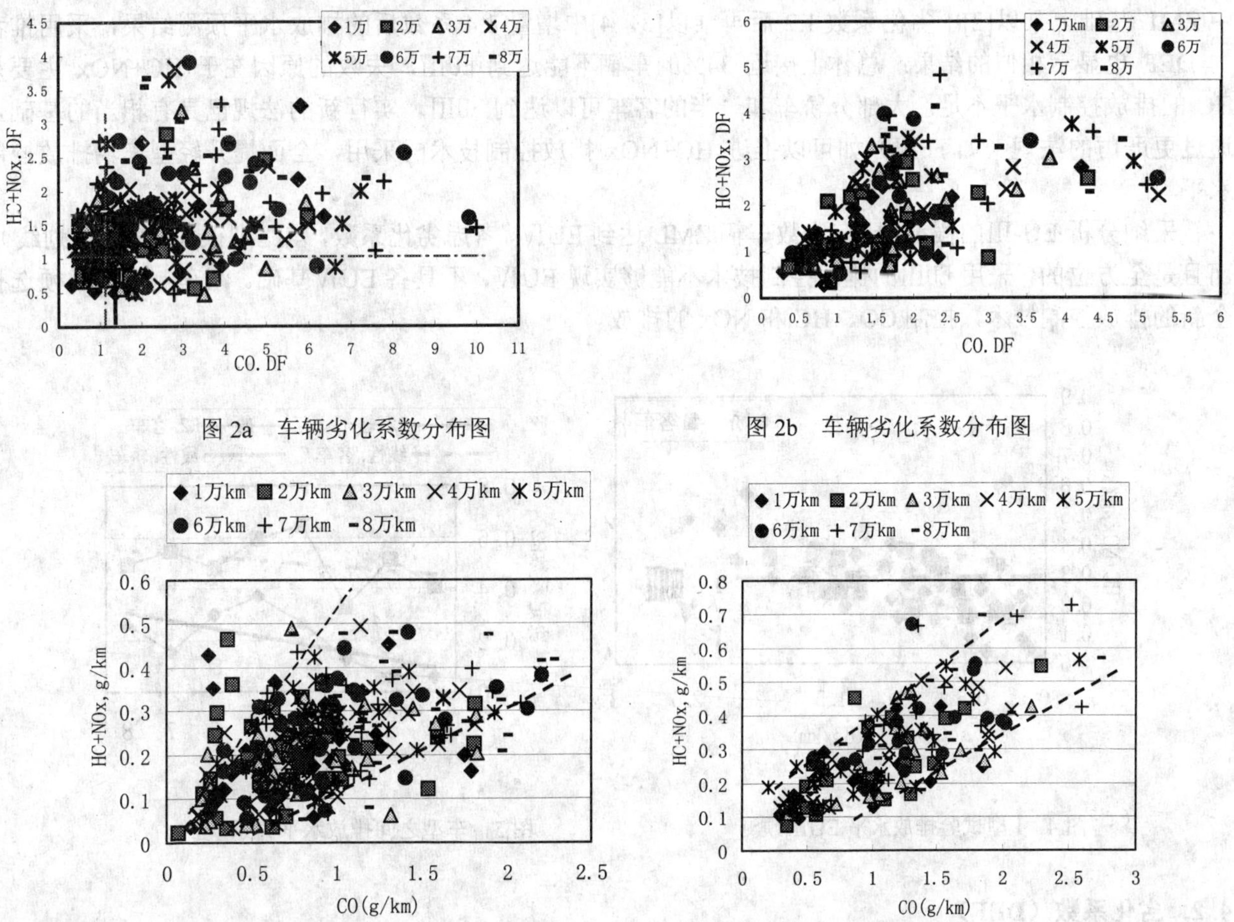

图 2a　车辆劣化系数分布图　　图 2b　车辆劣化系数分布图

图 3a　V 型试验不同进程排放水平数据（轿车）　　图 3b　V 型试验不同进程排放水平数据（客车）

4 试验结果分析

GB18352.2001 规定了车辆排放水平限值，我国正在起草的欧洲 3 号排放法规（EU-Ⅲ/Ⅳ，等效于欧盟指令 98/69/EC），各阶段试验排放限值（第一类车）比较见表 2。

表 2 Ⅰ型试验排放限值比较 （单位：g/km）

污染物	发动机	EU Ⅰ	EU Ⅱ	EUⅢ	EUⅣ
CO	点燃式	2.72	2.2	2.3	1.0
HC	点燃式	--	--	0.2	0.1
NO_x	点燃式	--	--	0.15	0.08
HC+NO_x	点燃式	0.97	0.5	--	--

注：DEF：1.2

4.1 排放水平

按照表 2 中限值范围在图 1 中划分了四个区域。粗实线覆盖了 EU Ⅰ 限值范围，双划线框 A 覆盖了 EU Ⅱ，点划线框 B 覆盖了 EUⅢ，和短划线框 C 覆盖了 EUⅣ。可以清楚看出，2000~2002 年度轻型车辆 V 型试验后排放水平已经完全且大大超过 EUI 水平、几乎全部达到 EU Ⅱ，且绝大部分都处于限值下限。

假设不考虑 EUⅢ的冷起动后前 40S 的采样，车辆几乎都能满足 EUⅢ的 CO 限值，HC+NOx 限值（为便于比较，EU-Ⅲ/Ⅳ车辆排放物 HC 和 NOx 限值权宜合并考虑）则不能完全达到。考虑到图 1 结果尚未包含冷起动后前 40S 排气，而冷起动会使 CO 增加特别是 HC 的增量增加 40%左右[3，4]。图 4 是在图 1 中 ZML 基础上乘以[2]中劣化系数 1.2 后再乘以[3，4]中增量 1.4 系数后的排放水平预测结果，采用推荐的 DEF 也显示相似的结果：总体上接近 34%的车辆不能达到 EUⅢ，失败的原因在于 HC+NOx 主要是 HC 的排放控制水平不足；大部分轿车和一半的客车可以达到 EUⅢ。实行新的法规已具有相当的基础，通过更严厉的法规（如 EUⅢ）如可以推进 HC+NOx 排放控制技术的采用，全面提升轻型车辆排放控制水平。

采纳分析 EU-Ⅲ的假设，已有少数车辆 ZML 达到 EUⅣ，考虑劣化系数，差距则很大（图 4 短划线），而且是全方位的，采用 EUⅢ的排放控制技术不能够实现 EUⅣ，不具备 EUⅣ基础。汽车制造商必须选择全新的排放控制技术，控制 CO、HC 和 NOx 的排放。

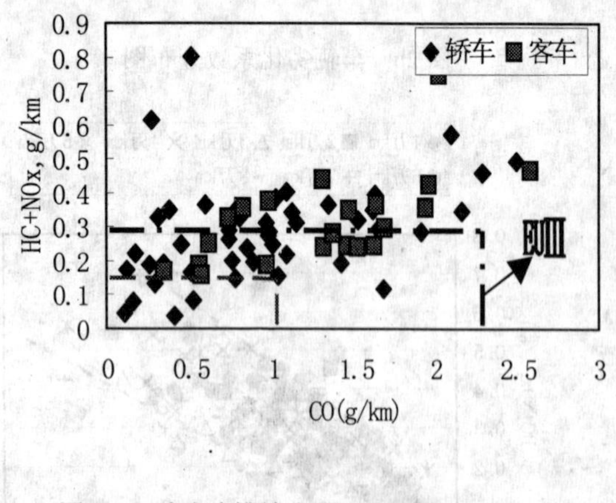

图 4 Ⅰ型试验排放水平 EUⅢ预测

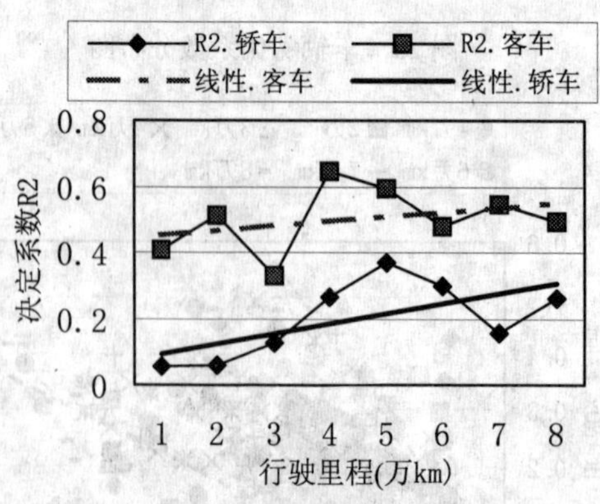

图 5 车型之间排放水平关系

4.2 劣化系数（DEF）

用点化线按排放因子 CO 和 HC+NOx 的劣化系数 1 分割图 2 和图 3，区域第三象限和第四象限，表明车辆的污染物排放量不仅未升高，而且得到降低；这种现象在各个不同进程的比例不同，在前 4 万 km

内比例较高，后前 4 万 km 内比例很少。进一步观察发现，在前 1~2 万 km 内，CO 排放 DEF 较多小于 1；而 3~4 万 km 内 HC+NOx 排放 DEF 较多小于 1。我们分析认为，车辆在试验初期，车辆性能较好；燃油质量、气候温度的等因素都会造成 DEF 的这种波动。

从图 2 中我们还发现，V 试验的劣化系数都比较高，随着行驶里程的增加而增大。在整个耐久进程中，个别特例出现了高达 10 左右。大部分的排放因子 CO 的 DEF 超过 1.2，处于 1.2~5 之间，而排放因子 HC+NOx 的 DEF 达到 5,大部分处于 1.2~3 之间。客车和轿车比较,CO 的劣化系数要小很多,但 HC+NOx 的劣化系数则大一些。GB18352.2 中可选的劣化系数 1.2（图 2 中粗实线方框内）的覆盖区域车辆很少，但是我们对照图 1 明显可以看到，总的排放水平并没有因此而出现对应的超标现象。我们细致地分析发现，是由于这种较高的劣化系数往往对应着较低的 ZML。虽然客车的 DEF 要低于轿车，但是其超标的比例要高于后者（失败车辆 3/1）。

我们还可以欧美国家普遍实行的检查/维护（I/M）来理解 DEF 的波动和劣化系数显著加大。在 4.1 中，我们从 ZML 上已知道许多车辆采用了先进的排放控制技术（EUIII技术），其对行驶工况、气候温度和燃油质量等因素影响很敏感，污染控制装置性能波动和降低；在试验过程中，又禁止对车辆的排放控制装置进行调整和维护。国外的研究证明，如新车的 ZML 较低，若 I/M 未起作用，则车辆随行驶里程的增加劣化明显[4]。所以在车辆的生命周期内，对于车辆的排放水平的劣化系数的控制，需要采取正确的 I/M。

4.3 车型之间排放水平关系

图 3a 和图 3b 列示了排放水平随里程变化情况，离散程度轿车大于客车，呈开放结构，车型之间比较散乱，差异大；客车则呈线性增加，车型之间差异较小。我们进一步地以每里程的车辆排放水平为对象按里程线性回归[5]，分别求出决定系数 R^2 并列示于图 5。结果清楚地显示了总体上轿车耐久性排放水平差异很大，客车车型之间排放水平足够接近。

4.4 排放因子与行驶里程的回归分析

为了验证试验数据的科学型，我们对所有测试车辆的两种排放因子（CO、HC+NOx）的总体均值按行驶里程进行线性回归，见图 5a 和图 5b。图中直线的斜率表示的就是劣化率；这些点代表对应里程的平均排放因子。从车型上看，轿车的排放因子 CO 和 HC+NOx 的 R^2 分别高达 0.9518 和 0.9724；客车排放因子 CO 和 HC+NOx 的 R^2 则分别为 0.9264 和 0.8726，都与行驶里程具有很好的相关性；轿车比客车的排放因子要低些。从排放因子方面看，CO 与里程的相关性好于 HC+NOx 的；在 HC+NOx 的劣化率方面客车要高于轿车，这与前面的分析结果相吻合。由于 ZML 和 DEF 与行驶里程的良好相关性，可以作为评价和修正在用轻型车辆排放因子的基准。

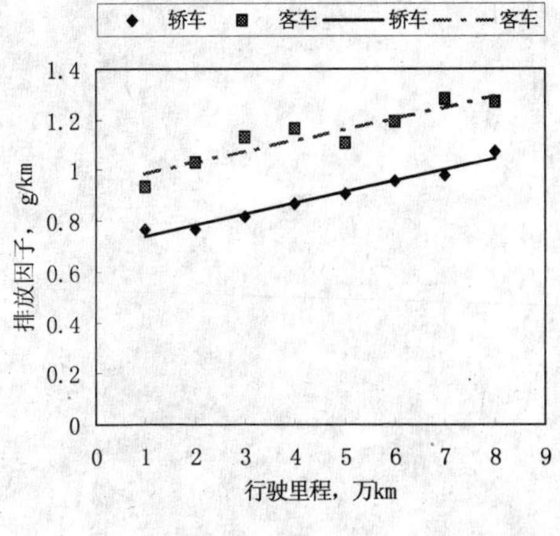

图 3 排放因子 CO 与行驶里程的回归

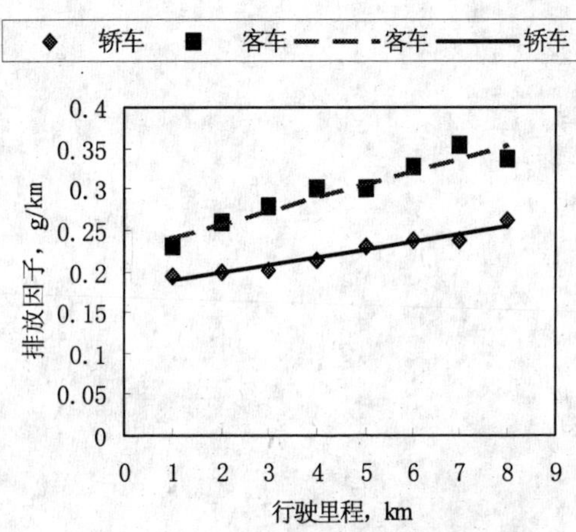

图 2 排放因子 HC+NOx 与行驶里程的回归

5 结论

基于以上的分析，我们认为：

1） 轻型车辆排放水平已经完全且大大超过 EUI 水平、几乎全部达到 EUⅡ，且绝大部分都处于限值下限。以某种系数推算排放水平的预测结果，总体上接近 66%的车辆能达到 EUⅢ，失败车辆的原因在于 HC+NOx 的排放控制水平不够。实行进一步严厉的法规（如 EUⅢ）已具有相当的基础，但不具备 EUⅣ基础。

2）由于在试验过程中，禁止对车辆的排放控制装置进行调整和维护。劣化系数波动较大，劣化系数都比较高，大部分的排放因子 DEF 超过 GB18352.2 中可选的 1.2 值，由于 ZML 较低，并未导致对应的排放水平超标。对于 ZML 较低的车型在车辆的生命周期内，需要采取正确的 I/M 控制车辆排放水平的劣化系数的。

3）车型之间排放水平随里程的劣化，轿车车型之间排放水平差异很大，客车排放水平足够接近。

4）两种排放因子（CO、HC+NOx）的总体均值按行驶里程的线性回归有很好的决定性，可以作为评价和修正在用轻型车辆排放因子的基准。轿车的排放因子比客车要低。排放因子 CO 的劣化率轿车和客车相当；HC+NOx 的劣化率客车要高于轿车。

参考文献

1 郝吉明，傅立新，贺克斌，吴烨等. 城市机动车排放污染物控制—国际经验分析与中国的研究成果. 北京：中国环境出版社。2001，1，P131~134

2 国家环保局. 国家质量监督检验局. GB18352.2-2001. 轻型汽车污染物排放限值及测量方法（Ⅱ）. 中国环境科学出版社，2001

3 Dipl.-Ing, etc. “Design and optimization of a close-coupled catalyst concept for audi 4-cylinder engines” SAE Paper 980417

4 Joon-Ho Yoo, Joseph V. Bonadies, Eric Detwiler, Mitch Ober and Dennis Reed, “A Study of a Fast Light-Off Planar Oxygen Sensor Application for Exhaust Emissions Reduction.” SAE Paper 2000-01-0888.

5 范金城，梅长林. 数据分析. 北京：科学出版社, 2002，7, 94~106

电动汽车智能充电机设计研究

王晓明
中国汽车技术研究中心

[摘要] 面对电动汽车的快速发展，大功率动力电池智能充电机以及充电算法的研究显得愈加重要。本文研制了智能充电机系统，开发了恒流、恒压以及智能充电算法。试验测试结果表明，充电机较好的实现了恒流限压、恒压限流、智能充电以及放电等功能。该智能充电机可以为电动汽车提供稳定可靠的能量转换，并将随着电动汽车的广泛使用不断发展。

关键词: 电动汽车 智能充电机 微机控制

[Abstract] As electric vehicle develop quickly, the research of intelligent charger and its arithmetic becoming more and more important. In this paper, the intelligent charger system is developed, the arithmetic of constant current and voltage and intelligent charge is provided. The result of test verifies that the intelligent charger is reasonable and stable.

Key words: electric vehicle　intelligent charger　microcomputer control

1 引言

电动汽车是目前世界上唯一能达到零排放的机动车。由于环保的要求，加之新材料和新技术的发展，电动汽车进入了发展高潮。电动汽车作为绿色交通工具，将在 21 世纪给人类社会带来巨大的变化。顺应当前国际科技发展的大趋势，将电动汽车作为中国进入 21 世纪汽车工业的切入点，不仅是实现中国汽车工业技术跨越式发展的战略抉择，同时也是实现中国汽车工业可持续发展的重要选择。

目前我国电动汽车研究已取得阶段性成果，已经完成了电动轿车、电动中型客车和电动大型客车的开发工作。在我国大中城市都普遍存在着十分严重的交通问题和汽车尾气排放污染问题，电动汽车是一种非常理想的中速和短途的日常公共交通工具，因此在我国有着得天独厚的发展条件和广阔的应用前景。

根据欧美和日本等先进国家的经验，在进行电动汽车的开发和制造的同时，必须开发电动汽车公共充电站和进行电动汽车示范工程建设，为电动汽车的推广使用积累经验。在城市繁忙地段开辟电动汽车交通线，进行电动汽车的推广示范是一项很有意义的工作，为了作好这项工作，就必须进行电动汽车充电机及其充电管理系统的开发。

随着电动汽车研究的深入，对于电动汽车用电池充电器有了一定的需求，因为这是一个比较新的应用领域，开发者主要集中在一些科研单位或大学中。国内的生产单位主要是面向电瓶车、电动游览车、蓄电池维护等应用场合，因此充电机功率范围有限。从上面的分析可以看出，研制电动汽车大功率智能充电机具有重要意义。

2 充电机设计与研制

2.1 智能充电机系统特点

- 指示功能：

状态指示：包括电池电压不足、正在充电、充电结束；

故障指示：直流输出侧过电压及欠电压，温度异常，主断路器断开。蓄电池温度异常。

- 记录功能：

交流输入：对公用充电机记录输入的电力（kW•h），记录一次充电值和日累计值。

温度：充电时电池温度、充电机温度、环境温度。

故障记录：直流输出侧过电压及欠电压，电池或充电机温度异常；

- 自动计费功能：

充电机预留 IC 卡接口，开发 IC 卡管理系统。对充电机可以采用 IC 卡充电操作，充电机能自动计费，并显示及打印计费结果或直接用 IC 卡结算。

- 监测功能：

充电过程中要监测电池的温度，不能超过最大允许值，否则会损害电池和减少电池的使用寿命。

- 充电机预留 CAN 总线接口和 485 接口，一方面为了和车上设备通信，另一方面便于连接上位机，实现连接计算机观察全程充电曲线和组网微机监控。

- 充电机具有断电时保护数据；具有电流、电压、时间等参数超出了操作人员所设定的范围以及软件故障提示等安全保护措施。

- 具有完善的故障保护和报警功能。对输入电源过压、缺相，充电机过流、过热，蓄电池短路、开路、极性接反、超温等故障均有自动保护并发出声光报警信号。

2.2 充电机主电路设计

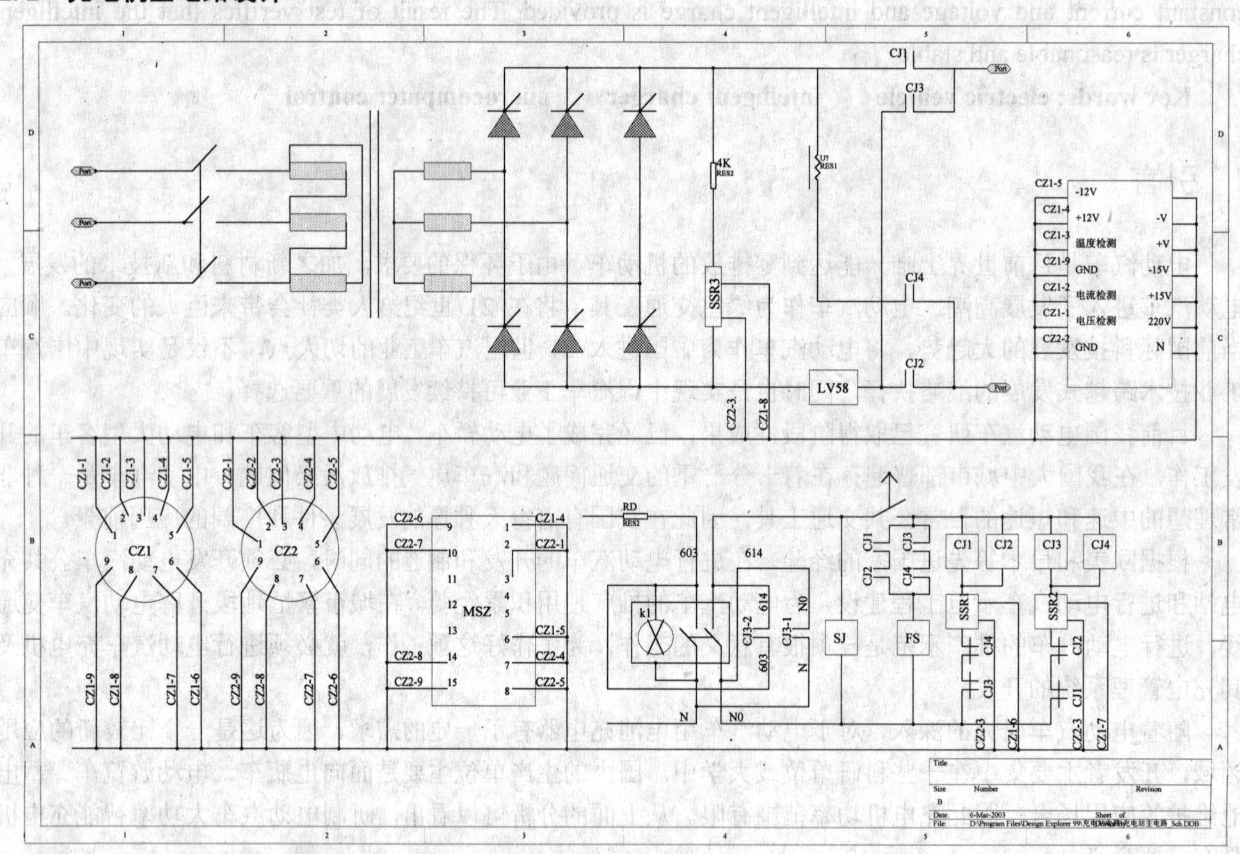

图 1 智能充电机主电路图

经分析认为，对于大功率（10kW 以上）充电机适合采用相控方式，控制方法成熟，性能稳定可靠。图 1 为设计的智能充电机主电路。

与主电路相关的设计说明：

1） 路形式采用全控整流电路，选用集成化控制模块，具有集成度高、多相脉冲对称性好、线性度高、相序自动识别，无须同步变压器、软启动以及缺相保护等功能。

2） 检测蓄电池电压、直流侧电流的传感器，选用 LEM 模块采集电压和电流信号。

3） 计了自检用假负载，要求逻辑部分可以控制假负载的投入和断开，保证充电机自检。

4）温度检测采用 AD590 型集成温度传感器，可以长距离传输信号。

2.3 微机控制系统的设计与实现

控制器可以分为主控单元和执行单元，其中，执行单元具有参数采集、输出直流控制信号和放电控制信号、故障显示等功能。主控单元具有电能计量、上位机通信、状态和报警显示、键盘扫描、液晶显示控制以及向执行单元传送指令等功能。

(1) 微机控制器硬件设计

采用 ATMEL 公司的 89C52,该单片机片内 8K FLASH,片内 256 字节 RAM,32 条可编程 I/O 口线,3 个 16 位定时器/计数器,8 级中断源,有一个通用串行接口。外围器件主要有 SD2000D，内置 64Kbit NVSRAM，晶振、电池，时钟。选用 AD574 作为 A/D 转换器件，DAC0832 用作 D/A 转换。

液晶显示模块：自带显示驱动电路，具有字符显示功能。显示设定参数时具有提示输入参数范围功能。

预留 CAN 总线接口电路，拟采用 Philips82c200 CAN 总线控制器、82c250 CAN 总线收发器。

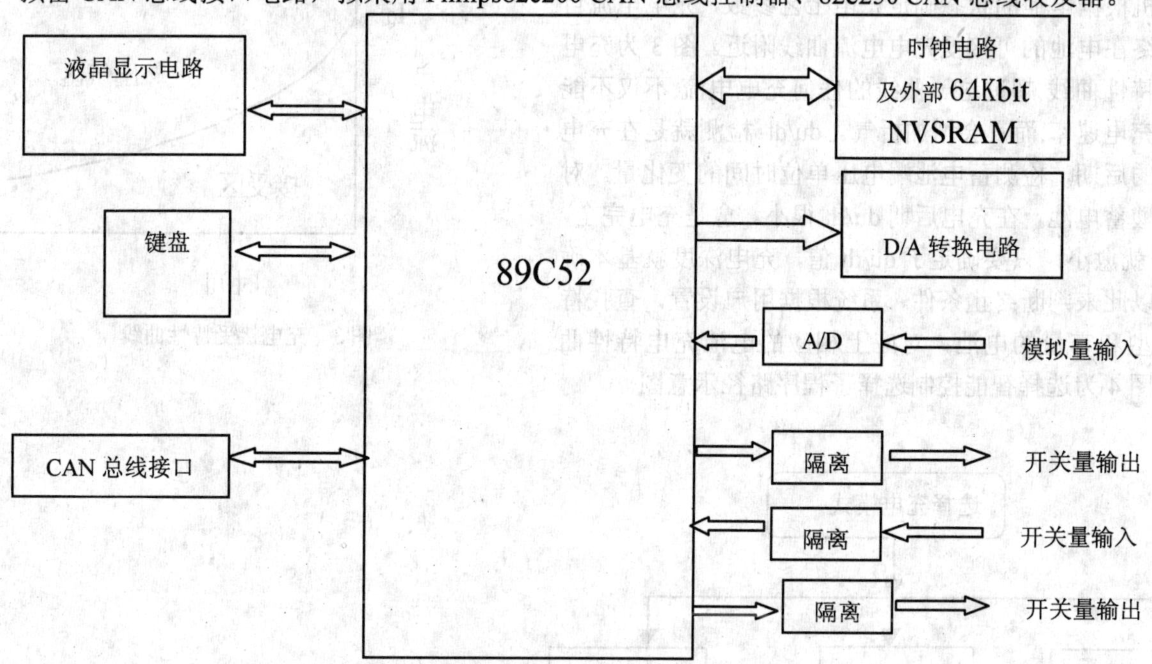

图 2 微机控制硬件连接示意图

单机控制系统与主电路接口信号主要有：固态继电器驱动信号；控制模块有对缺相、过流的检测装置；检测蓄电池电压、直流侧电流的传感器；控制模块配置移相触发电路；CAN

总线通信接口。

为使主电路安全可靠的工作，增加了“指令冗余”和“软件陷阱”等软件容错功能。在硬件上采用 MAX813 芯片组成系统监控电路。

在抗干扰设计方面，主要采用光耦和固态继电器实现了输入、输出信号的隔离，对温度等需要长距离传输的信号采用电流环。考虑到现场的空间辐射干扰，本系统采取了严格的屏蔽措施，所有的输入、输出信号一律采用屏蔽线，所有屏蔽线在机箱汇成一点接大地。

(2) 微机控制器软件设计

该智能充电机具有恒压限流、恒流限压、智能充电、放电等控制模式。根据充电机需要具备的功能，确定软件需要实现的功能，编制流程图和代码。

● 恒压限流充电模式

采用恒压限流充电方式，由于开始时蓄电池电压低，若以大电流充电，有损电池寿命，因此可以先采取恒流充电方式，软件设定初始充电电流，例如 15A，在恒定电流充电方式下，充到输出电压达到设定的电池组端电压值。然后，输出电压维持恒定不变，随着充电进行，充电电流逐渐减小，当充电电流下降到程序设定的较小的数值时，例如 2A，充电机维持这个设定的小电流进行恒定电流充电，即为涓流充电，以此实现无人值守。

● 恒流自动充电

采用恒流限压方式，需要人工设定充电电流和限定电压。充电机以恒定电流充电，电池组端电压达到限定电压时充电结束，可以无人值守。

恒流限时实现方式为：人工设定分段恒流充电的电流和时间，程序设定电流转换的时刻，自动转接到下一步低档充电电流，充电终止的判据为设定的总体时间。

● 智能控制自动充电

应用 du/dt 和 di/dt 技术，动态跟踪电池可接受的充电电流。充电系统由充电机和电池组成二元闭环回路，充电机根据电池的状态确定充电工艺参数，充电电流自始自终在电池的可接受充电电流曲线附近。图 3 为充电接受特性曲线,超过这一曲线的任何充电电流,不仅不能提高充电速率,而且会增加析气。du/dt 检测就是在充电过程的后期，检测蓄电池端电压单位时间的变化量。对于铅酸蓄电池，在充电后期 du/dt 很小。愈是充电完全，du/dt 就愈小，只要确定了 du/dt 值，充电深度就基本确定，以此来判断终止条件。系统根据用户设置，查找特定类型和容量的电池，对应上相应的电池充电特性曲线，图 4 为选择智能控制选择子程序路径示意图。

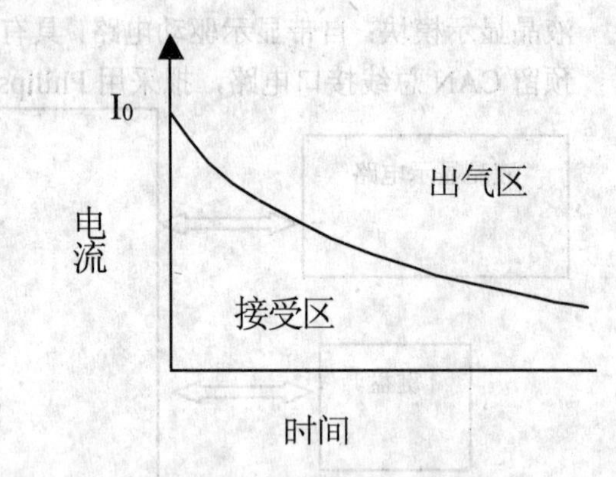

图 3 充电接受特性曲线

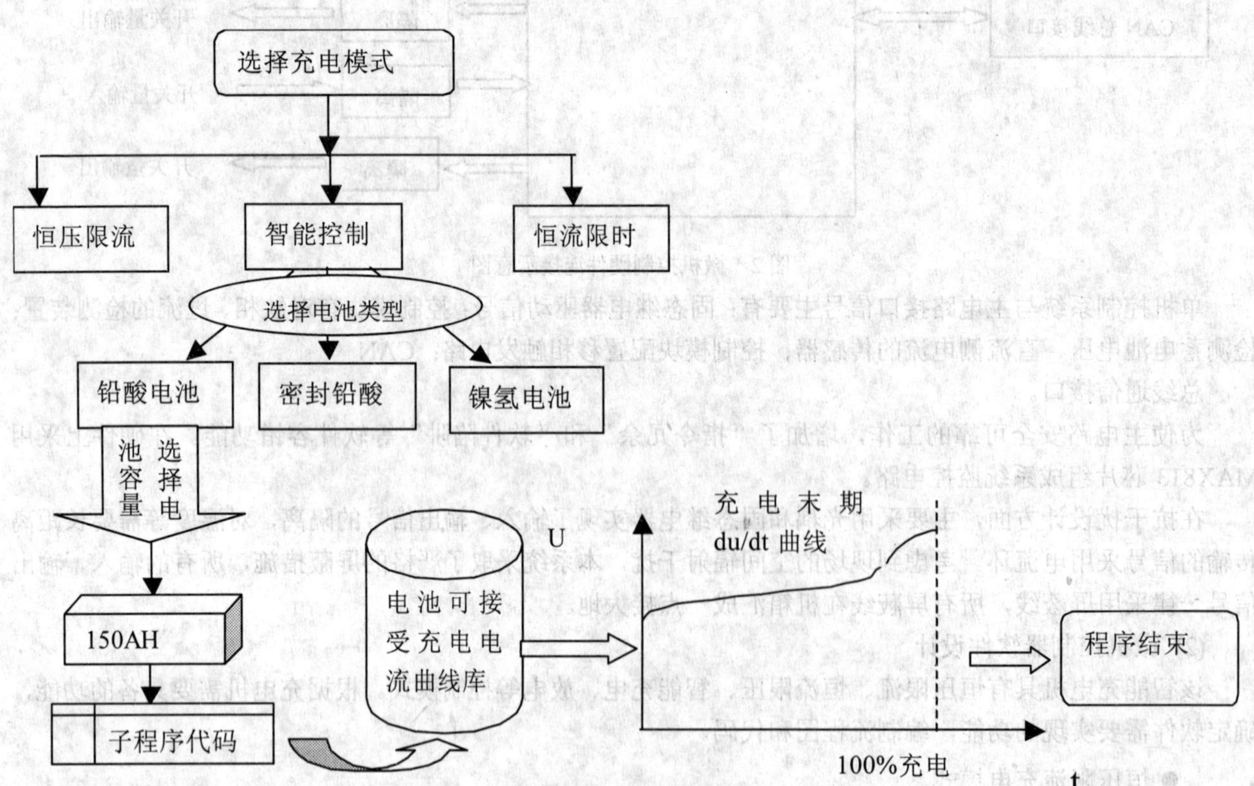

图 4 智能充电机程序执行路径框图

3 智能充电机性能测试与试验

图 5 为实际测试得到的恒压限流充电的充电曲线；图 6 为恒流限压的充电曲线。

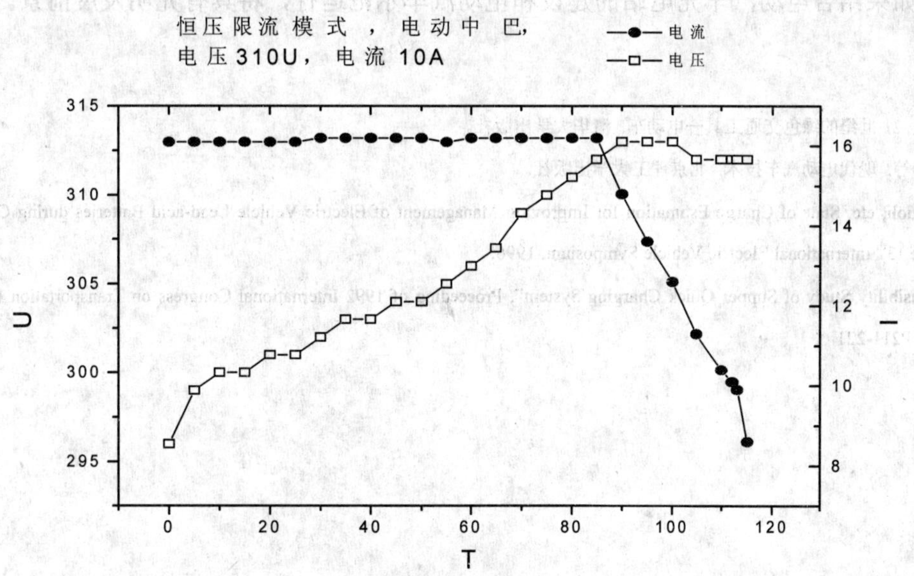

图 5 恒压限流方式充电曲线

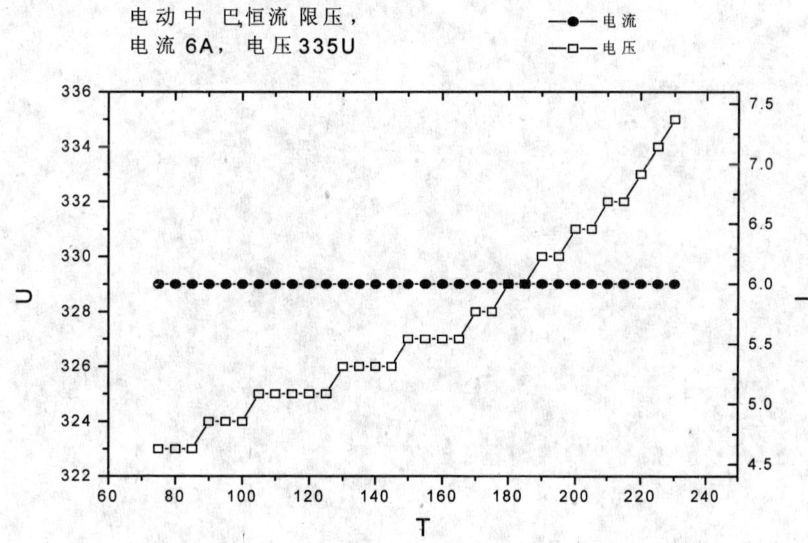

图 6 恒流限压充电曲线

4 结论与展望

智能充电机采用了较为先进的技术，例如大功率晶闸管相控自同步触发模块集成技术，IC 卡实现充电计费自动化，实现智能充电和放电等先进模式等。整个系统设计时，充分考虑了系统的安全性和可靠性，系统不但在硬件上采取了一系列的抗干扰措施，而且软件也具有较好的容错能力。由于采用了 IC 卡和全汉字显示技术，使系统具有较好的人机交互界面，使操作简单。

充电设备可分为常规充电机和快速充电机。本文重点研究开发了常规充电机样机，主要目标确保功能完善，性能可靠，并且为二次开发预留相应的扩展接口。本文的研究开发中，核心在于各种充电算法的开发、智能充电控制算法、无人值守和自动计费的实现等。这些也是本智能充电机的特色和关键技术。后续开发包括多台充电机组网监控以及充电机同电动汽车上车辆能量管理单元通信。依据先进国家的经验，充电设备的开发如果结合电动汽车充电站的建设和电动汽车示范运行，将具有光明发展前景。

参考文献

1 陈清泉，詹宜巨. 21 世纪的绿色交通工具—电动车. 清华大学出版社。

2 陈清泉，孙逢春等. 现代电动汽车技术. 北京理工大学出版社。

3 M.Ceraolo,R.Gigioli, etc. State of Charge Estimation for Improving Management of Electric Vehicle Lead-acid Batteries during Charge and Discharge. Proceeding of the 13th International Electric Vehicle Symposium, 1996.

4 Shoji Tange. Feasibility Study of Supper Quick Charging System", Proceeding of 1992 International Congress on Transportation Electronics IEEE Cat. No92CH3231-8, P211-221

汽车燃料经济性评价体系研究

高海洋 高继东 田冬莲 高俊华 陆红雨 金约夫
中国汽车技术研究中心

[摘要] 本文简要介绍了世界上两大汽车燃油经济性评价体系，并依据数据对我国的情况进行了分析，认为基于汽车整备质量的重量分组体系更符合我国现在的国情.

关键词: 节能 标准 油耗 体系

1 前言

汽车燃料经济性评价体系是对汽车燃料经济性的限制对象进行确定或分组的依据，是汽车燃料经济性限值标准的重要内容，是促进汽车燃料经济性提高的重要基础。要建立我国的燃料经济性标准，必需对国外的相关经验进行研究，并仔细研究我国汽车行业的基本状况。

2 国外情况介绍

目前在全球范围主要有两大燃料经济性体系，一个是美国的公司平均燃料经济性（CAFÉ）体系，另一个是日本的重量分组体系。

2.1 美国 CAFÉ 体系

美国执行的是公司平均燃料经济性（Corporate Average Fuel Economy（CAFE））体系，即汽车公司各车型年度销售量加权平均的燃料经济性。汽车公司除了通过增加各车型的技术进步，也可以通过调整自己的产品结构实现 CAFE 标准要求。美国从 20 世纪 70 年代石油危机开始实行 CAFE 标准，CAFE 的简单情况如下：

限制对象：在美国销售汽车的汽车公司，而不是单个车型。所以这种体系是一种“总量控制体系”，能较好地实现能源使用和 CO2 排放的总体控制目标，例如“京都协议”规定的控制目标。

燃料经济性试验行驶循环：城市循环+高速公路循环。

可以将富裕的燃料经济性指标留到以后再用(三年)。

目前美国的标准是轿车 27.5miles/gallon（即 11.7km/L），轻型卡车（包括运动型车、面包车等）20.7miles/gallon（即 8.7km/L）。

对于达不到要求的汽车公司进行惩罚：每差 0.1mpg(0.042km/L)以本年度在美国销售的轿车总数乘以$5.5（1999 年以后）。

对燃料经济性低于标准的车辆（用户）征收“油老虎税”（Gas Guzzler Tax）：除了对汽车公司的罚款之外，对于燃料经济性低于 22.5mpg(9.57km/L)的车辆按照所差的额度一次性交税$1,000~7,700，例如对于低于 11.5pmg(4.89km/L)的车辆将收$7,700 的税。

美国之所以要采用 CAFE 的办法，原因很多。但美国的油价低是一个主要的原因。因为油价低，消费者在购买汽车时对汽车油耗的考虑就少。所以国家必须在汽车制造的时候就控制汽车的油耗。而控制油耗的办法一个是使每种汽车都节油，一个就是使强迫汽车制造厂家生产“小”汽车。

2.1.1 美国 CAFÉ 的效果

1975 年 CAFE 开始实行以后，美国生产的汽车组成比例发生了很大的变化。销售的汽车中，小型汽车的比例大大提高；汽车的平均重量大大减少，例如 1975 年，美国本土的汽车平均重量有 4380 磅（1987kg），大大超过了从欧洲（1676 磅(760kg)）、亚洲（1805 磅(819kg)）进口汽车的平均车重。到 2000 年，汽车平均重量比欧洲低 75 磅(34kg)，仅比亚洲高 245 磅(111kg)。再加上技术上的改进和发展，汽车的燃料经济性得到大大改善。

2.1.2 美国 CAFÉ 的问题

CAFE 没有考虑汽车厂家在产品品种上的差异，而不同品种的汽车燃料经济性相差很多，提高 CAFE 限值对只生产小型车辆的企业的压力较小。而美国本土的汽车公司，产品中大型车的比例较大，将受到较大的压力。

实际上美国近年来多功能运动型汽车比例的增加就是美国汽车制造商对待 CAFE 法规的一种策略。而这些车辆的燃料经济性比较差。美国将这些车辆归于轻型卡车，按照较低的标准要求。造成了图 1 曲线“两

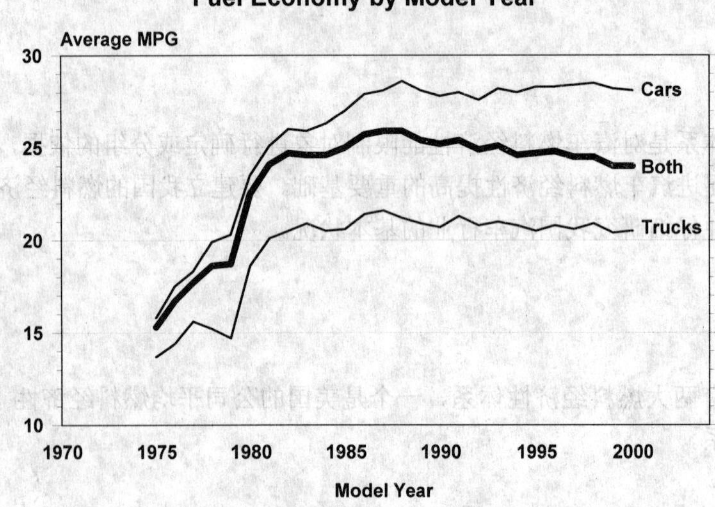

图 1 美国 CAFE 体系的效果

者平均”（both）从 1988 年以后就一直下降。

汽车制造商抱怨，更加严格的 CAFÉ 将迫使美国人民都坐小型汽车。汽车制造商同时抱怨，汽车的轻型化将影响汽车的安全性。

CAFE 的标准从 1989 年以后就没有变化，技术的进步都用来提高汽车的动力性、舒适性、安全性和驾驶性，汽车的燃料经济性没有进一步改善。最近美国又开始研究提高 CAFE 限值的可能性，但是各方面的意见不一样，特别是美国本土汽车制造商的反对声很强。再加上一些政治原因，美国参议院最近否决了关于在 2010 年将 CAFE 限值提高到 36mpg(15.3km/L)的议案。

2.2 日本重量分组

2.2.1 日本重量分组体系的主要内容

日本是根据汽车重量将乘用车分类，对不同的组别提出限值。同一重量组别内各公司的所有车型按照汽车销售量加权平均计算总燃料经济性，该燃料经济性要达到相应重量组别的要求。富裕的燃料经济性指标，可以加到经济性不好的组别，但该指标将只能算 50%。

2.2.2 日本重量分组体系的优点和效果

由于分类依据是汽车重量，而汽车重量对汽车燃料经济性有决定性影响，所以对每个汽车制造商，不论生产较重的车，还是生产较轻的车，受到的提高燃料经济性的压力是接近一致的。其效果是，在日本、欧洲和美国这三大汽车生产基地中，日本制造的汽车是最轻的，燃料经济性是最好的。当然日本的油价高，造成顾客在购车时关注汽车燃油经济性，这在一定程度上起了鼓励小型汽车的作用。

2.2.3 日本重量分组体系可能存在的问题

由于各种重量的车辆可以对应不同的限值，在鼓励了车辆的多样性的同时，表面上也失去了对减轻汽车重量（或生产小型汽车）的刺激。但从日本限值标准 2010 年提高的幅度来看，轻质汽车的提高幅度较小，重量较大的车辆限值提高的幅度较大，显然也考虑了对轻质汽车的鼓励和对重质汽车的抑制，见图 2。

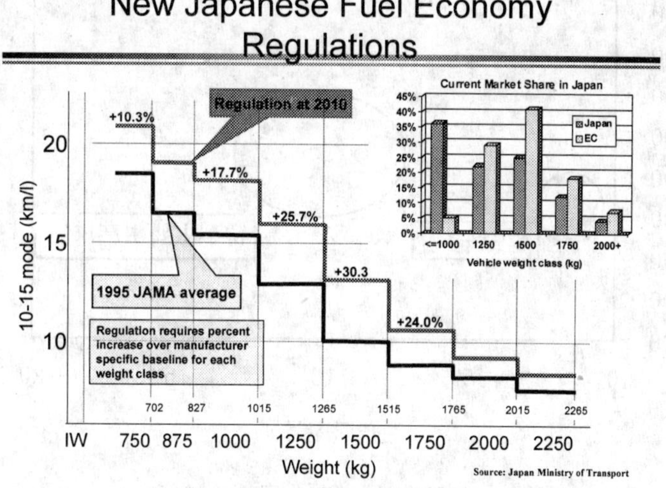

图 2　日本汽车燃料经济性标准

由于增加重量可能进入下一个组别，故处于边缘重量的汽车可以通过增加重量进入下一个组别，满足较宽松的限值，虽然进入下一个组别后，油耗实验要按照较重的惯性质量（阻力）来做，会使抵消一部分效果。但日本专家认为增加总量会使其车辆的“商品”性能（即汽车的驾驶性、动力性等），日本的汽车公司没有这样做的。

2.2.4 日本体系如何确定分组边界

日本相关标准中，汽车有三个重量：

汽车重量（test vehicle weight）：相当于我国的汽车整备质量。

汽车试验重量（test vehicle weight）：汽车重量+110kg

汽车试验当量惯性质量（equivalent inertia weight）：按照汽车试验重量来定，如 1126-1375kg 之间的汽车，其当量惯量为 1250kg=（1126+1375）/2 kg。

在日本以前和现在的标准中，汽车分组的重量跨度较大，组别的数量较少。但是在最近公布的燃料经济性 2010 年标准中，汽车的分组与排放（油耗）试验时确定当量惯量时的汽车试验重量分组是一致的。例如试验重量处于 1126～1375kg 的车辆，对应的汽车重量为 1016(=1126-110)kg~1265(=1326-110)kg。这些汽车试验时依照同一个当量惯量，而在燃料经济性限值标准中，这些车辆被分配到了一个组别。

2.3　欧洲及其它地区的情况

欧洲主要以高的燃油价格来鼓励消费者选择高能效车辆，进而促进汽车燃油效率的提高。通常欧洲的燃油价格大致是美国的 3 倍，而且欧洲也在研究是否在燃油价格中增加 CO_2 排放税。直到现在，欧洲仍然没有汽车燃料经济性的强制标准，只有欧洲委员会与欧洲汽车协会达成的协议。协议中要求企业自愿达到公司平均的 CO_2 排放指标。而且，也有人建议采用 CO_2 排放指标可以买卖的制度来推行该项制度。

韩国根据汽车认证试验时得到的燃油经济性，将汽车分成 5 个等级，并予以公示，让市场推动燃料经济性的提高。

台湾根据汽车重量将汽车分为 7 组，各车型的燃料经济性必须达到相应的要求。

3　中国汽车燃料经济性的现状

3.1　中国的燃料经济性：中国 CAFE

3.1.1　1999 年中国 CAFE 的状况

图 3 是中国汽车 1999 年度的公司生产量加权平均燃料经济性。主要的轿车产生企业 CAFÉ 不好。越野车生产企业的 CAFÉ 较差。图上其它企业主要车型为微型汽车，这些企业的 CAFÉ 较好。

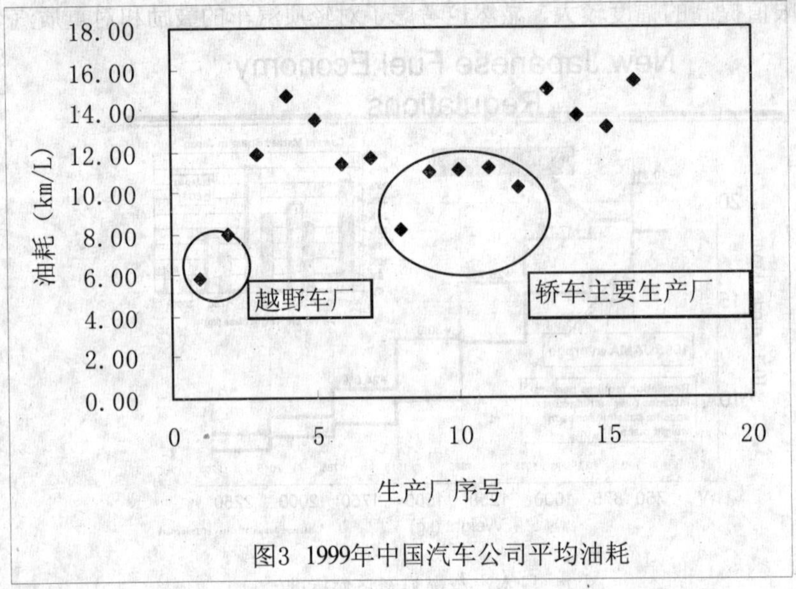

图3 1999年中国汽车公司平均油耗

3.1.2 中国 CAFÉ 的问题

首先，中国汽车行业的状况是企业数量多，产品品种少，表现之一就是产品的重量覆盖范围小，如图 4 所示，没有哪一个公司具有比较宽广的汽车重量范围。由于汽车重量是决定汽车燃料经济性的主要因素，所以产品重量分布上的差异，实际上就造成了 CAFE 值的差异。如果采用 CAFE 体系，各个厂家用同一个 CAFE 要求，各公司提高燃料经济性的压力将有很大差异。

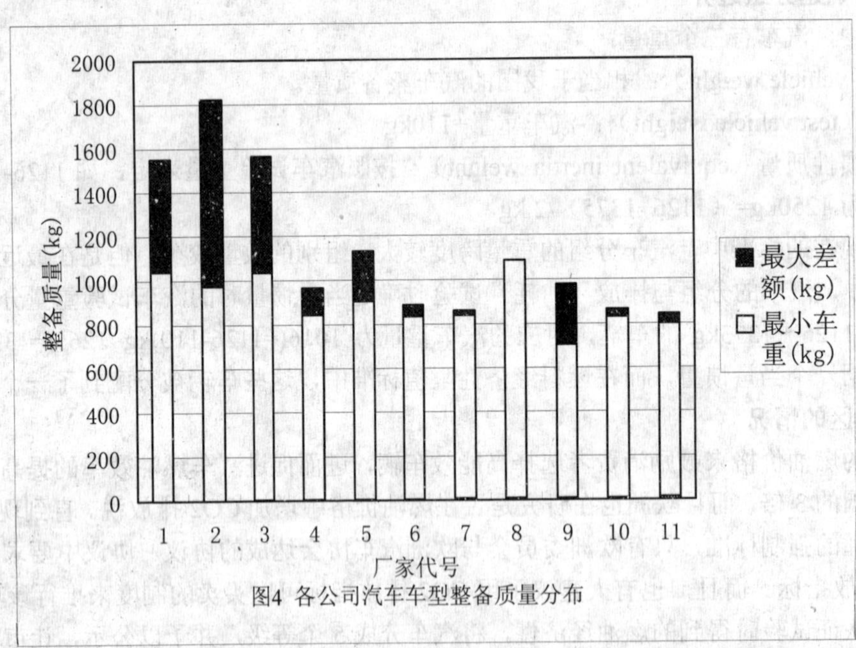

图4 各公司汽车车型整备质量分布

另外，各汽车公司的技术水平也不一样，生产非微型车的汽车公司，技术较强，但 CAFÉ 却不好。有些生产微型汽车的公司，车辆的技术水平不太强，但 CAFÉ 好。显然，CAFE 体系不利于所有企业都积极提高汽车的技术水平。尤其是中国将进入家庭轿车快速增长的时期，小型经济型轿车将是百姓的首选。提高这些车辆的技术水平和燃油经济性同样重要。同时提高重质汽车和小型轿车的技术性能，才可以整体提高我国汽车的燃料经济性。

另外，据欧洲的研究，由于需要销售量的数据，以及可能需要采用指标拍卖制度，这种方法的操作成本高。如果采用 CAFÉ，执行法规所牵涉的部门就比较多，对法规实际效果的发挥是非常不利的。

3.1.3 中国全国新车生产量加权平均燃料经济性

1999 年中国乘用车全国总产量加权平均为 11.42km/L（包括越野车），试验方法为 ECE 法。显然主要的轿车生产企业的 CAFE 低于这个值，而微型汽车生产厂的 CAFE 一般高于这个值。

美国现行标准(轿车，不含吉普车)为 27.5mpg=11.6km/L，试验方法为 FTP 法。参考有关资料，转换为 ECE 试验方法下数据为 10.0km/L。

我国汽车燃料经济性好于美国的原因，首先是中国汽车的重量轻、动力小，且配置较低，另外是中国的一些汽车企业与它们的国外合作者同步生产汽车，技术上保持一致。需要说明的是，因为试验方法不同，这种比较仅有有限的意义。

3.2 中国汽车的燃料经济性：重量分组

与 CAFE 相比，重量分组体系看起来简单、容易操作，且比较适合中国生产厂车型单一的国情。这种体系对生产较重汽车的企业和生产较轻汽车的企业将产生基本相同的提高汽车燃料经济性方面的压力。

3.2.1 分组方法

参照日本的方法，燃料经济性标准中汽车的分组可以采用排放（油耗）试验时确定当量惯性质量时对汽车的分组办法。

需要指出的是，我们认为，由于同组汽车做油耗试验时，试验台模拟汽车阻力的最主要依据是汽车的当量惯量，而同组汽车的当量惯量是相同的，所以同组汽车按照一个同样的油耗限值要求燃料经济性在一定程度上是比较合理的。

另外，如果加严对重质量车辆的限值，或采用高油价（中国现行的油价绝对值与美国相差不多，但考虑到收入水平，中国的油价就相当高了），或罚款等措施，同样可以取得美国 CAFE 对抑制大型汽车的作用。

3.2.2 在重量分组体系下中国新车的现状

按照试验时汽车惯性质量的确定方法，将乘用车按照汽车整备质量分组。确定惯量时依据汽车的基准质量，基准质量是整备质量加上 100kg，故分组时仅需将排放试验时的分组值减去 100kg，如表 1 所示，个别重量段进行合并。由于分组细、汽车的品种少，组内各公司的车型数最大值一般为 1~2，只有个别组别为 4。

表 1 中国汽车燃料经济性评价体系的重量分组方法

序号/单个公司最多车型数	整备质量(kg)	基准质量(kg)	当量惯性质量(kg)
1/1	CW≦750	BW≦850	680/740/800 等
2/2	750<CW≦865	850<BW≦965	910
3/2	865<CW≦980	965<BW≦1080	1020
4/1	980<CW≦1090	1080<BW≦1190	1130
5/2	1090<CW≦1205	1190<BW≦1305	1250
6/1	1205<CW≦1320	1305<BW≦1420	1360
7/2	1320<CW≦1430	1420<BW≦1530	1470
8/4	1430<CW≦1540	1530<BW≦1640	1590
9/2	1540<CW≦1660	1640<BW≦1760	1700
10/0	1660<CW≦1770	1760<BW≦1880	1810
11/2	1770<CW≦1880	1880<BW≦1980	1930
12/1	1880<CW≦2000	1980<BW≦2100	2040
13/0	2000<CW≦2110	2100<BW≦2210	2150
14/0	2110<CW≦2280	2210<BW≦2380	2270
15/0	2280<CW≦2510	2380<BW≦2610	2270
16/0	CW>2510	BW>2610	2270

图 5 是我国新车型重量分组燃料经济性的情况。从图 5 可以看出：轿车燃料经济性的平均值图形呈现比较好的下降台阶，说明重量分组的方法可以体现车辆在燃料经济性上特性。

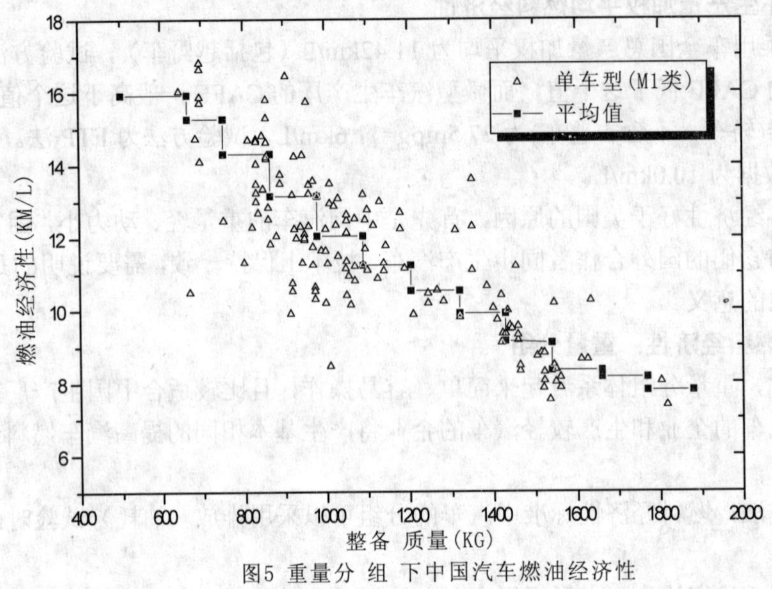

图5 重量分 组 下中国汽车燃油经济性

由于各组内单个公司车型数较少，而且数据也显示一般情况下汽车重量相差很少，所以进行组内销售量加权平均似乎还没有必要。日本采用小 CAFE 的原因在于日本的重量分组跨度较大，2010 年总共有 8 个组别，1984 年的标准中，汽车只分为 4 个组别，组别内汽车的车型数量较多，在组内进行公司销售量平均，对公司的产品多样性有一定的好处。但是我国采用欧洲的试验方法，汽车的分组较细，重量的跨度较小，总共将有 16 组别，这就造成各公司在每个重量组别的车辆少，一般只有 1-2 个。所以，进行“小 CAFE”的意义不大。而且“小 CAFE”的执行仍然会有执行成本高的问题。

3.3 其它方法

3.3.1 公式法

如将汽车燃料经济性拟合成汽车重量的线性公式，任何重量的汽车都可以计算出本身重量下的燃料经济性限值。这避免了以上日本重量分组法对减轻重量缺乏鼓励的缺点。我们对国内新车的重量与燃料经济性进行了拟合，见图 6，其拟合结果如下：

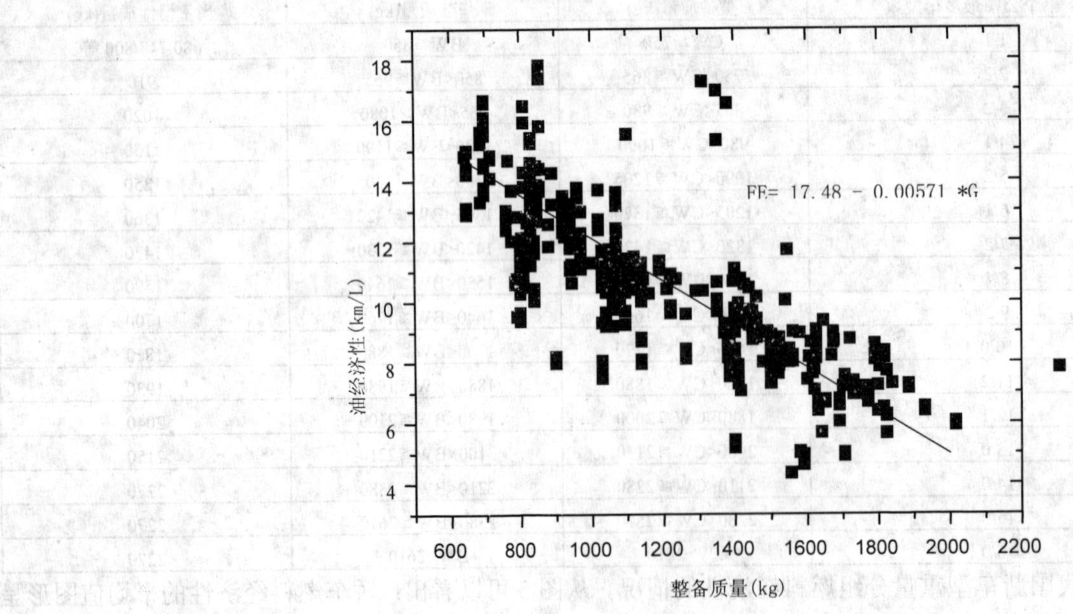

图 6 汽车燃油经济性与整备质量的拟合

FE =17.48 - 0.00571 *G

FE: 燃料经济性;

G: 整车整备质量。

但是这种方法的缺点是：一方面，这种拟合的理论根据不足；另一方面，实际上平均值并非一条很好的直线，数据的离散程度还是大。

另外，我们也拟合了燃料经济性与发动机功率、排量、最高车速的关系，但都没有良好的相关性。所以也不能采用这些性能参数作为分类指标。

所以我们不能采用拟合公式法给出限值。

3.3.2 基于重量的连续变化限值

如在标准中给出一系列汽车燃料经济性与汽车重量的关系点，每个车型都可以直接找到或线性插值得到限值。这样任何重量的汽车都可以得到本身重量下的燃料经济性限值。这避免了以上重量分组法的缺点。我国关于压燃式发动机和装压燃发动机的车辆的可见污染物排放法规中，采用了这样一种方法来给出限值。

在标准中我们给出每一定间隔（如 25kg）汽车重量下燃油经济性的值，如果汽车的重量恰好是这些值中的，就可以直接采用；如果不是，则可以利用相邻两个点的值插值得到。这种方法完全避免了分组限值的“边缘重量” 问题。如果将这些点连起来，就形成了一条连续的曲线（折线），例如图 7 表示的形式。但是这种方法的缺点是操作起来麻烦。

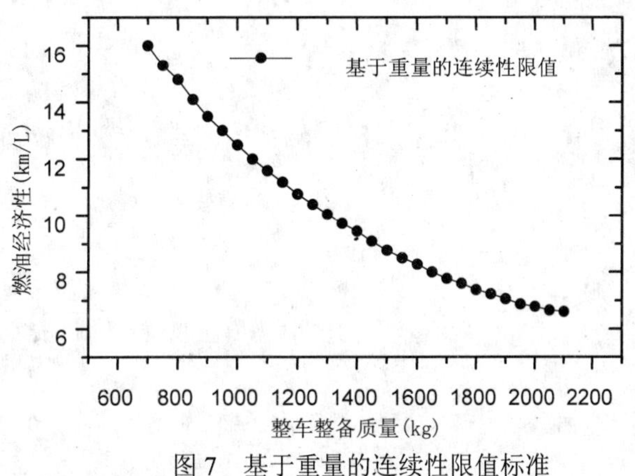

图 7　基于重量的连续性限值标准

4 结论

目前世界上成熟的体系主要是 CAFE 和重量分组。但是采用哪一种应该根据其特点，以及是否适合中国的国情，是否符合未来中国汽车和汽车工业健康发展的需要来定。

CAFE 体系下，企业除了采用技术进步来达到要求，还可以通过调整高油耗和低油耗产品的比例来实现目标。表面上看是给了企业灵活性，但是实际上企业是迫不得已才调整自己的产品比例，企业毕竟有自己所长的产品，而不可能所有类型的产品都面面俱到。对于我国来说，汽车公司的产品品种少，有的长于大型汽车，有的长于小型汽车。如果采用 CAFE，生产大型轿车的公司可能不得不考虑合并，扩大产品的品种，它们将处于不利的地位。而小型车辆生产厂家，受到的压力很小，也许根本不需要技术努力，就可以达到目标，导致它们的技术与世界先进水平的差距越来越大，小型车辆的能量效率停滞不前，导致能源的浪费，最终会造成汽车能源效率总体上降低。

但是 CAFE 的优点也是明显的，强制汽车企业生产小型汽车，为节约能源开辟了第二个途径。然而我国的情况与美国也不一样，燃油价格相对收入来说是较高的，将来燃油税实行后油价会更高。消费者在选择车辆时会将油耗的高低作为主要因素来考虑，在一定程度上市场就鼓励了小型汽车的发展。

重量分组将对所有企业产生压力，这种压力将迫使所有汽车生产厂家提高产品的技术含量，分别达到产品相应的目标。小型车辆也同样有要求，技术水平高的小型汽车，会处于有利的地位。那些生产小型车辆，但是技术水平低、工艺水平粗糙的工厂，将受到更大的压力。汽车燃油效率的提高，必须依靠技术进步，不仅从发动机，而且要从全车的各个部分着手，提高各个部分的效率。如果各种车型，不论大小，技术水平都提高，将使各种汽车能效得到提高，实际上直接导致整个国家汽车能源效率的整体提高，同时也促进了我国汽车工业的健康发展。另外，我们还可以考虑在限值上对较重的车辆严格一些，以抑制较重车辆的增加，鼓励小型车辆的发展。进一步促进我国汽车能源效率的整体提高。另外为标准执行的可行，也考虑到中国的汽车公司车型少、重量分组细，在中国，第一步只针对单个车型，过一段时间以后再考虑是否采用组内公司销售量加权平均。

可以看到，各种方法有其优点，也有其缺点，显然基于重量的体系更适合当前中国的实际情况一些。

汽车复合驱动系统中的自动控制

刘宏新 房俊龙
东北农业大学

[摘要] 复合驱动是以节能为目标的汽车回收减速、制动能量的系统，该系统受汽车运行工况、使用环境的影响较大。控制系统根据实际情况适时控制能量回收与释放的转换，适度控制能量回收与释放的强度，控制过程以驾驶人员意图为前题，以实际运行参数为依据，以提高动力性，降低油耗、排放，减少磨损为目标。

关键词：汽车 复合驱动 自动控制

The Automatic Control Of Hydraulic Compound Drive System In Automobile

Liu Hongxin, Fang Junlong
Northeast Agriculture University

[Abstract] the compound drive system is used to regenerate the loss energy of brake and slows down. The low oil consumption and low bleeder of vehicle are the goal. This system is seriously affected by the state of vehicle and the environment. According to the real circumstances the automatic control system commands the change and intensity of energy drawing back and releasing at the right moment. The procedure of control takes the driver's intention as topic , the real parameters as basis , in order to raise motive force, reduce oil consumption、pollution and wear.

Key words：automobile　　the compound drive　　one board computer

1 前言

汽车运行过程中，除高速公路及高等级公

路正常行驶外，其它大部分路况和时间是处在一种变速运动状态，匀速运动只占很小一部分。如图 1，为某市市郊路况下实测的汽车运行速度随时间变化曲线的一段。

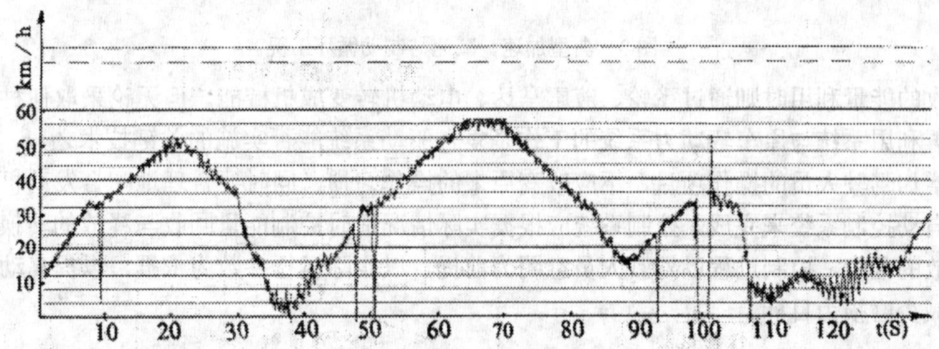

图 1　汽车行驶速度变化实测图

如图 2，为各运行工况所占时间比例的统计直方图，其中加速、匀速、减速分别占取样时间的 44.9%、27.8%、27.3%由以上两图可明显看出汽车运行时不断地进行加速、减速的交替。

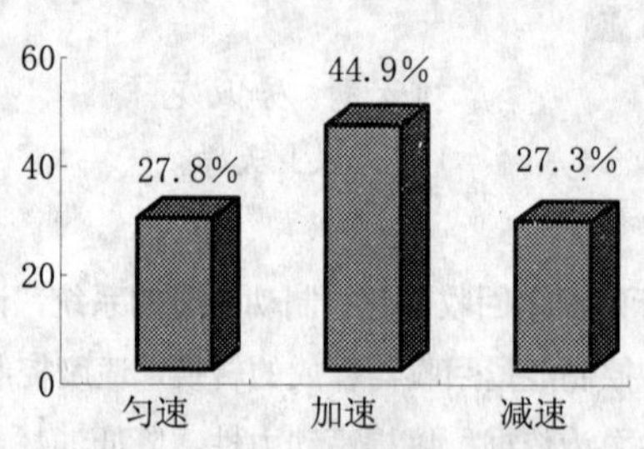

图 2 加、减、匀速频率图

在汽车的减速及制动过程中若减速度大于车辆在该车速、环境、路况下自由滑行的减速度，则该过程中即有可回收利用的惯性能量（通过发动机制动、制动器制动所消耗的能量）。

如图 3，为典型加速、减速过程。汽车在一般运行中几乎不断地重复上述两个过程，若将减速过程中可回收的能量回收，并在加速过程中释放，则既可减少制动系统的磨损、降低发动机油耗和排放，又可提高车辆的加速能力、减轻发动机负荷。惯性能量的回收与再利用最终以车辆运行经济性的提高得以体现，实现该过程的装置即为复合驱动系统。

PNGV（美国政府和汽车工业界组成的合作契约简称）计划十年内开发出三倍于目前燃料效率的汽车，其中拟定的三大技术攻关目标分别是“热效率达到 44%；降低车重 30%；再生制动回收能量 60%”。

再生制动即通过前述复合驱动系统来实现，惯性能的回收可以通过飞轮、液压泵、发电机等装置分别转换成机械能，液压能和电能，并分别在高速旋转的飞轮、液压蓄能器、蓄电池中加以储存。

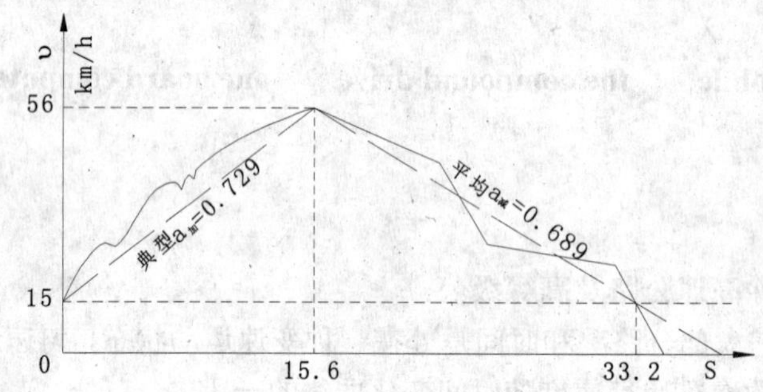

图 3 典型加速、减速与制动循环工况

所存回收的能量利用时则通过飞轮、液压马达、电动机转变成机械能。但无论采取何种方式，如何协调能量回收再利用系统与原车辆动力系统的工作是复合驱动系统能否实施的关键技术之一。复合驱动装置的采用不应增加驾驶人员的操作项目，不应改变原来的操作习惯，同时要合理地配合发动机工作，这就需要智能化的自动控制系统来完成。控制系统应根据实际情况适时控制能量回收与释放的转换，适度控制能量回收与释放的强度，控制过程以驾驶人员意图为前提，以实际运行参数为依据，以提高动力性，降低油耗、排放，减少磨损为目标。

2 控制原理

2.1 控制参数

控制系统所选控制参数应能反映上述对车辆动力性能、发动机工况和驾驶规程的要求。

表 1　系统控制参数

序号	参　　数	说　　明	用　　途
1	油门位置，状态	油门的开度；开大、关小的趋势。	与转速综合确定发动机负荷；反应驾驶员加、减速的意图
2	刹车踏板位置	制动踏板自由行程内的下踏程度	反映驾驶人员欲实施的减速强度
3	离合器状态	离合器的分离；接合；半联动。	离合器非接合状态下，为不影响换档及对车速的一些特殊要求，液压系统暂时关闭
4	变速杆位置	位置；低档增高档；高档降低档。	辅助识别驾驶员操作意图
5	发动机转速	r/min	与油门位置综合确定发动机负荷
6	动力流向	发动机— 底盘; 底　盘— 发动机	动力的正向、反向流动分别是启动系统能量回收和能量释放功能的必要参数
7	车辆总质量	kg	车体总质量的变化影响加速度、减速度的大小，即相应蓄能与释放的强度
8	蓄能压力	MPa	液压系统允许能量释放门限

表中所列的油门位置、制动踏板位置、离合器状态、变速杆位置等作为控制参数，是因为驾驶人员对车辆速度的控制通过对油门、制动、离合器、变速杆的操作来实现，所以对这四个机构的位置及状态的信息采集及判断就可以准确地反映驾驶人员的行为意图：“欲加速”、“欲减速”；“加速强度”、“减速强度”；第五项参数：“发动机转速”，该参数与油门位置综合确定发动机负荷，根据负荷与油耗率的关系，使回收能量的释放配合发动机的负荷程度使油耗最低；表中第六项参数“动力流向”是反映车辆动力传动链上力的传递方向，是起动或关闭复合驱动系统的必要条件；只有在车体由于惯性推带发动机运转（发动机制动，动力反向传递）时才有回收多余惯性能量的可能、车辆运行过程中只有在发动机向驱动轮输出功率（动力正向传递）时才有将回收能释放的必要；第七项参数的选择如表中所述。

以上所选参数可根据复合驱动系统应用的具有不同特点的不同对象灵活取舍，以简化控制系统的设计。

2.2　控制过程

根据控制参数出现的先后和相互制约关系设定如下控制系统信号处理逻辑关系，如图 4。以此作为控制系统程序编制和参数设定的依据。

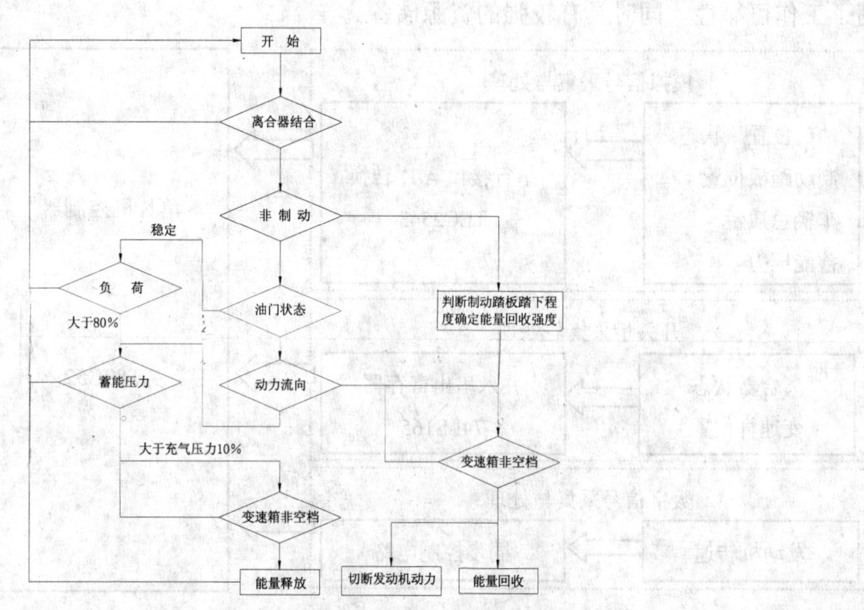

图 4　系统控制逻辑框图

其中：油门状态稳定与否由其变化率是否大于实验值确定，根据人体反映时间及一般驾驶操作情况，当油门在 200 毫秒内变化小于 30%则认为其处一稳定状态。

发动机负荷以油门开启程度（大于 80%）及发动机转速（小于该油门开度下经济转数的 35%）确定，见图 5。重新分配制动器的总行程为自由行程、蓄能减速行程、刹车制动行程。动力流向由实验制取的发动机空负荷时油门位置与发动机转速曲线将油门——转速区划分为动力正流向区和动力负流向区，见图 6。

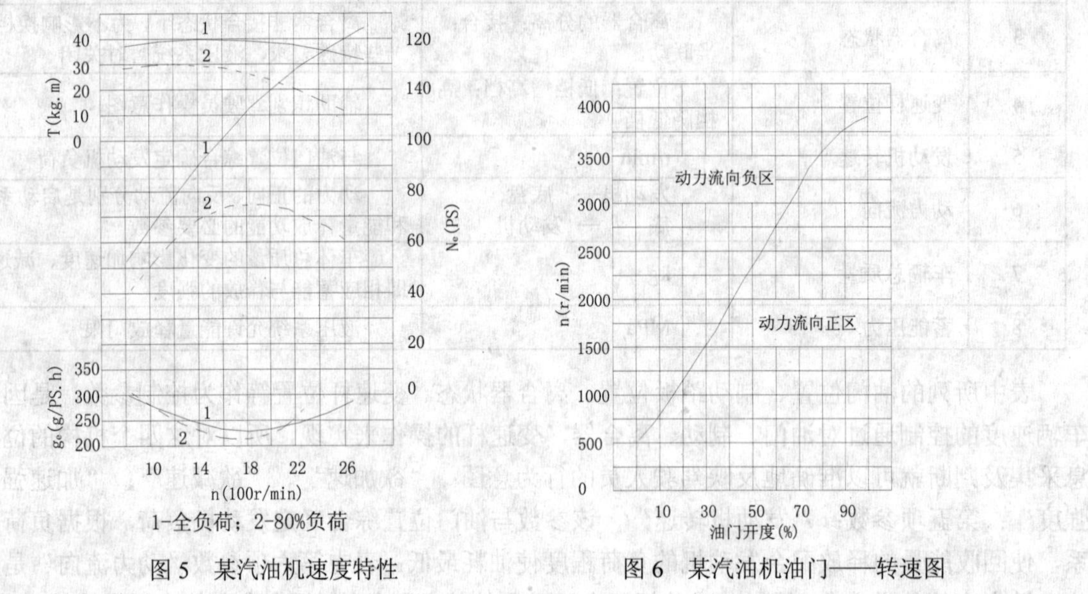

图 5 某汽油机速度特性　　图 6 某汽油机油门——转速图

2.3 信号处理

信号处理利用单片机对所选控制参数产生的信号进行处理，通过与初始标定值的比较和计算，输出控制复合驱动系统各有关部件及车辆相关部件的动作信号。实现快速、准确，灵敏及最佳控制的要求，主要由以下五部分构成：模拟信号的采集与处理、数字信号的采集与处理、开关量的采集与输出控制、LED 的显示与驱动、看门狗复位电路。其组成结构示意如图 7。控制器主体采用 AT89C52 单片机，其工作主频为 12MHz，内部有 8KE^{2}PROM 和 256 字节的 RAM，无须外扩 RAM、ROM 即可满足系统控制要求，使可靠性大大提高。油门开启程度、制动踏板位置等模拟量的 A / D 转换，档位、离合器状态等开关量的采集及 LED 数码管的显示与驱动采用串行接口芯片，占用的 I/O 口资源少，从而使控制单元的硬件结构紧凑，提高了工作可靠性，同时具有较强的资源储备。

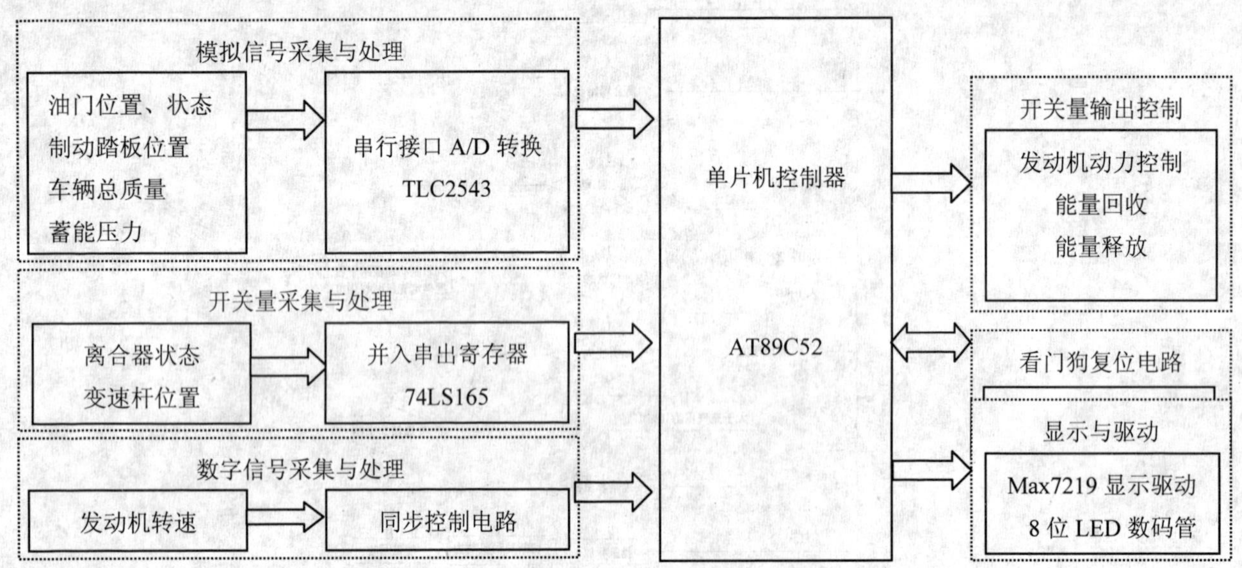

图 7 控制单元组成结构

3 主要传感器

3.1 油门传感器

结构如图 8 所示，装于节气门阀体上，通过节气门轴带动转动，把角度信号通过电位器或电开关转化成电信号送给 ECU，由 ECU 计算其开闭程度及过渡工况（加速、减速）。

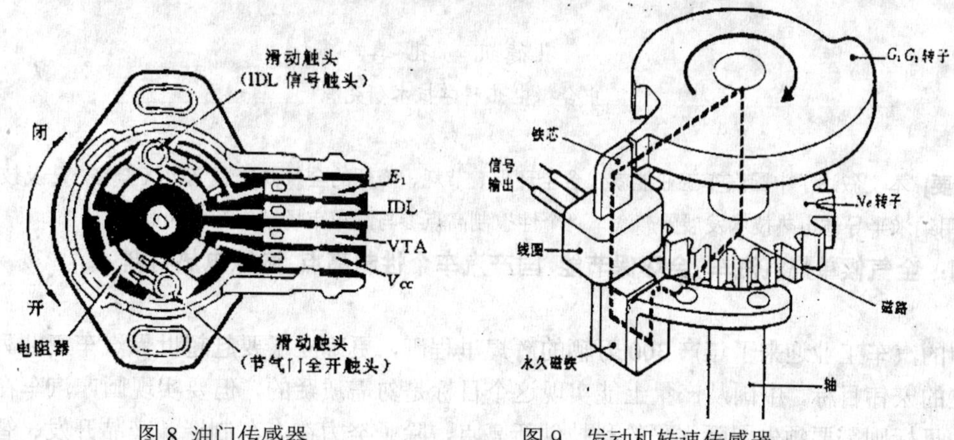

图 8 油门传感器　　图 9 发动机转速传感器

3.2 发动机转速传感器

发动机转速传感器结构示意图如图 9 所示，利用电子点火系统的转速和触发信号发生器的装置分取其 V_e 转子所形成的矩形波信号作为转速信号。或将图示信号检拾部分安装于飞轮壳上，利用飞轮齿圈上的齿形作用于信号检拾线圈形成转速波形信号。ECU 根据矩形波变化频率计算出发动机转速。

4 结论

由于发动机技术、液压技术、电子技术的高度完善与成熟，汽车液压复合驱动系统具备了成功研究与应用的基础。在合理解决液压复合驱动系统与发动机、底盘等车辆各系统、部件的协调性及充分考虑操作规程和驾驶习惯的前提下，加之该系统在节能的同时提高动力性的独有优势，在汽车节能的技术领域必将占有重要地位。

参考文献

1 陈海涛，刘宏新等. 汽车惯性能量转换理论在 EQ—1090 上应用研究. 东北农业大学, 1996.09

2 黄德中. 汽车液压或电力复合驱动系统及其展望. 节能技术, 1993.05

3 关家午. 电动汽车复合驱动系统. 汽车技术, 1994.12

4 张兴业. 汽车科技新动向. 汽车杂志, 1997.22

5 李秉操. 单片机接口技术及在工业控制中的应用. 陕西电子编辑部, 1997.03

6 刘振闻. 汽车电器与电子技术. 北京：人民交通出版社, 1998.06

7 徐灏. 机械设计手册：液压、气动篇. 北京：机械工业出版社, 1995.12

8 中国强制性国家标准汇编：车辆卷. 北京：中国标准出版社, 1994.07

汽车燃气电热增温增压泵可实现单燃气汽车出台及其技术原理

孔德凯　孔喜
中合微电热科学技术研究院

[摘要] 本文叙述了中国汽车工业能就出台全环保、节耗、降耗的全气候单燃气型汽车的方法及技术原理，提出了应用纳米半导体电热技术发展国产汽车“个性”制高点参与汽车市场销售竞争的商机。

关键词：全气候单燃气汽车 全环保节能 国产汽车个性制高点 微球电热材料

腾飞中的汽车工业迎来了年产 300 万辆的辉煌里程碑，更确立了要赶超世界汽车工业列强，跃上世界排名第五位的宏伟目标，中国从产量上能实现这个目标是勿需质疑的，但要实现国产汽车在国内外市场上立于畅销的目标则需要领先国际水平的科技创新亮点，除了努力在汽车制造、产品开发、智能技术、外观亮丽、实用方便和新材料上提高共性制高点，还可能在节耗、环保和降低汽车制造成本上创造个性制高点出奇制胜。

实现在国际上首先将双燃料型汽车换代成只使用燃气的全气候单燃料型汽车，第一亮点是可推出全环保形象；第二亮点是省去了汽油箱、汽油电磁阀、燃料转换开关，降低了汽车制造成本并增加了汽车利用空间；第三亮点是降低了燃料成本（每百公里燃气费较汽油费节耗 6 至 8 元）；此外，由于此举对汽车燃料发动机及对汽车电路接线不必作改动，汽车制造工艺流程可明显简化；显见，此招能大幅度降低汽车造价，贴近汽车制造商的降耗心态，又能大幅度降低行驶成本，对每天行驶路程达到 500 公里以上的商用汽车年节约燃料费用可达一万元以上，贴近用户的消费心态，还因基本解决了汽车尾气的污染弊病，贴近各国政府优选进口的决策心态。中国的汽车如果在国内外首先换代双燃料汽车成为全气候单燃气汽车并利用知识产权控制和领先市场 20 年，可带来缩小共性竞争差距的机遇，相对只利用少量的经济投入，使具有环保、节耗、降低汽车制造成本的具中国个性特色汽车在市场竞争中拥有畅销吸引力。

汽车从只使用汽油燃料到使用汽油和燃气双燃料的进步后，进一步研发出台全气候单燃气汽车的目标未能实现的障碍，瓶颈问题在于处在低温环境中的燃气点燃不起来，汽车燃气以液态储能形式供气，液态气转为气态气是个制冷过程，必须有足够的热能使低温液态气液化并增温增压才能供足可燃燃气或使燃气燃尽实现环保和节耗，在汽车上方便获得热能的途径有二种：一种是利用蓄电池供电经电加热装置加热燃气，另一种是利用达到 90℃的汽车水箱中的热水循环泵入燃气蒸发换能器中加热燃气，由于汽车蓄电池为保障额定使用寿命（2 至 2.5 年）配有限流 10A（安培）保护器，利用 12V 汽车蓄电池所能获得的最大用电功率 P 只能在 P=U×A=12V×10A=120W（瓦）内，又由于常规流体过流加热结构的综合热利用率最大极限只能达到 56%，因此汽车蓄电池实际最大可利用电热的实际功率只有 67.2W（实际上还很难达得到），这么小的可利用电热功率对处在高寒地区环境中的液态燃气的加温绝对不足以达到汽车在高寒低温环境中正常起动的燃气增温增压要求，只能解决非高寒环境中的汽车燃气增温增压。近二年来，国内外采用合金电热材料或 PTC 电热材料使用汽车蓄电池电供电加热汽车燃气实现全气候增温增压的努力均告失败的原因就在于此，特别是使用 PTC 电热材料的方法，由于其电流变化大达 10^5，电热工作时释放铅，电热功率衰退速度快，已被 ISO14000 明确规定于 2004 年起禁用。另一种是使用水箱热水循环的方法加热燃气，但在水箱水温升温至 90℃前，汽车只能依赖使用燃油起动行驶并使水箱在行驶中升温达到 90℃后切换燃料（将供油改为供气）继续行驶，这个过程大约需要 30 分钟左右，业内人士共识到若不换代蓄电池或拿出提高热效率 1.5 倍以上的电热器技术，双燃料汽车进步为全气候单燃气汽车而研发任何常规电加热方法均是徒劳的。欧美汽车因此已经采用扩大容量的汽车蓄电池并将蓄电池限流增加到 15A 后使用电加热方法解决直接使用燃气在低温环境中起动汽车，此举增加了汽车制造成本和售价，可以换来在冬天直接使用燃气起动汽车的成功概率扩大，但不能因此改变双燃料汽车成单燃气汽车，原因是处在特冷环境中的汽车，仍然存在因电力不够加热燃气不能直接发动汽车的隐患而必须保留利用汽油先起动行驶的余地，换代昂贵大容量的蓄电池的方法显而易见不适用中低档价位的汽车，特别不适用排量大的汽车。

在不改变汽车蓄电池换代的条件下能不能在限流 10A 的前提下提高较传统电加热方法的热效率二倍，甚至在限流 10A 的前提下利用现有蓄电池条件将起动燃气汽车的电热利用容量提高三至四倍，是单燃气汽车能否在任何高寒地区具有实用性的瓶颈关键，这一技术在中合微电热科学技术研究院获得突破。1992 年获得航空航天部技术进步三等奖的（1991）航技鉴字 307 号“LGZ20/1 燃气轮机燃料气前置增温增压装置”项目，在中合微电热院配合下使用 DZR（半导体纳米）电热材料研制的“可燃气体（外热式）加热器”鉴定结论指出稳定、可靠、高效地实现了油田伴生的可燃气体的增温增压，表 1 摘录了该鉴定文件附件中对空气加温时的实测数据，表 2 摘录了对油田伴生气加温时的实测数据，表 3 根据表 1 分别计算列出了空气在不同升温段状态下的每升空气平均增温 1 度所耗的电功率，表 4 根据附表 2 分别计算列出了油田伴生气在不同升温段状态下的每升油田伴生气平均增温 1 度所耗的电功率和不计该外热式加热装置对反向辐射进空气的热能前提时的实际电热利用效率（注：实验参数为油田伴生气密度 Pg=0.89kg/m^3，油田伴生气比热 $C_{P,g}$=2.0KJ/kg•K）

表 1

序号	流量 Q（m^3/hr）	功率 P（kW）	温升 ΔT（℃）
1	1813.8	5.74	10
2	1526.2	6.61	13.5
3	868.9	7.51	21

表 2

序号	流量 Q（m^3/hr）	功率 P（kW）	温升 ΔT（℃）	热效率%
1	960	3.92	8	96.9
2	960	4.53	9	94.3
3	960	5.13	10	92.5

表 3

序号	ΔT（℃）段	平均功耗 W
1	10	0.317
2	13.5	0.322
3	21	0.411

表中 W 指在该升温段前提下每升空气平均升高 1 度时分摊的电耗功率

表 4

序号	ΔT（℃）段	平均功耗 W	热效率%
1	8	0.51	96.9
2	9	0.52	94.3
3	10	0.53	92.5

表中 W 指在该升温段前提下每升油田伴生气平均升高 1 度时分摊的电耗功率（瓦）

据该鉴定文件的鉴定意见 2 提及：“在国内实现了单滑油系统的喷油螺杆压缩机应用于油田伴生气等燃料气前置（增温）增压，填补了国内这一领域的空白，在国内处于领先水平。”鉴定意见 3 提及：“经 7500 小时试验运行中运转平稳，工作可靠，维护简便，运行率达到 98%，远优于其它类型（增温）增压装置。”鉴定意见 4 提及：“该先进的燃料气（增温）增压装置，不仅为扩大国产轻型燃机的应用范围，而且为石油、石化气行业替代进口前置（增温）增压装置，充分利用能源提供了新途径。在胜南热电厂试验运行取得了与现场所有的滑片式压缩机（增温）增压装置相比，每年可节电 102.4 万度的显著经济效益。”

从该项目可知，ΔT 为 10 度时，对每升油田伴生气平均升高 1 度所耗的电能是对每升空气升高 1 度所耗电能的 1.67 倍；ΔT 越大，则每升油田伴生气平均升高 1 度所消耗的电能越大，递增规律定性值约为 1%；电加热油田伴生气体的电热利用效率随着ΔT 增大而下降，热效率变化规律在ΔT10 度±2 度范围中的定性变值约为每度 2%。

图 1 为功率分别为 7.51kW，6.05kW，5.74kW 时改变气体流量 Q（m^3/hr）时测得气体温升ΔT（℃）的关系图，由图 1 可知电加热功率恒定时，气体流量与气体温升基本呈线性关系。

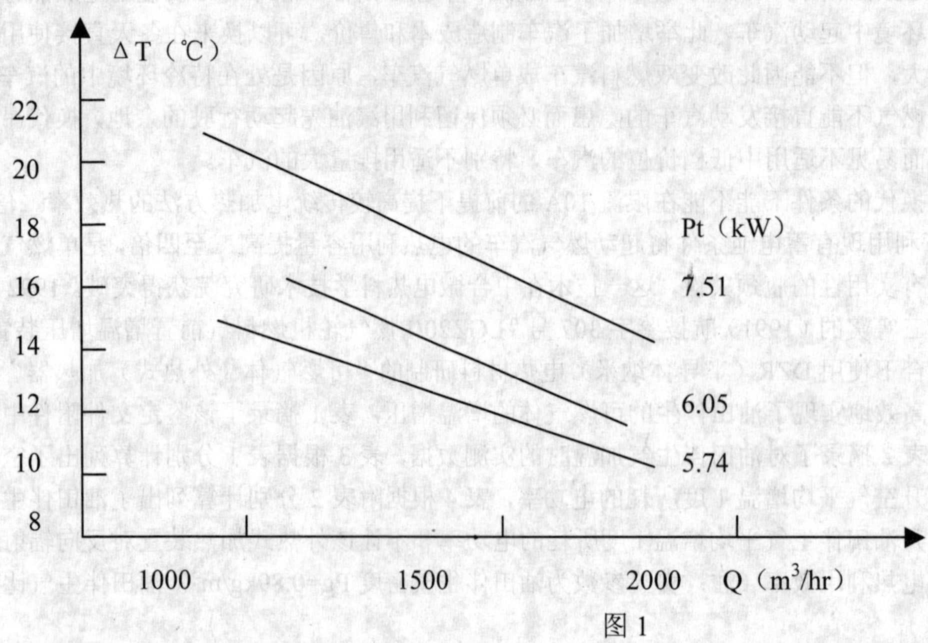

图 1

显见，使用纳米半导体 DZR 电热技术，如能采用内热式结构防止电热辐射流失加热汽车燃气，是完全可以在不换代汽车蓄电池前提下实现对汽车燃气过气电加热较常规电加热提高热利用效率二倍的目的的。

纳米半导体技术是一种高温物理法制取的氧化物，其中纳米半导体电热材料包括了瓷管元件、石头纸元件和柔性薄膜元件，是中合微电热院孔德凯院长于 1988 年申请的一项国际专利，列为首批国家级火炬项目，已经实现标准化、系列化制造，这类技术在美国最先由佐治亚理工大学纳米技术中心主任王中林教授迟至 2001 年 3 月 9 日的（科学）杂志上才发表论文公布了研究信息，审稿人哈佛大学查尔斯·李玻尔教授评价该论文“报道了崭新的而独特的研究成果，其重大意义在于发现了一种新的具有独特形态而无缺陷的半导体氧化物体系。这在纳米物理研究和纳米器件应用中是非常重要的。”（参见《科学中国人》杂志 2001 年第 4 期 P10 页。）中国实际上领先了美国十余年并由发明人先后发表了“微球理论”、“微球电热材料的计算规律”、“技改电老虎的原理与方法”等系列论文，发明人定义半导体纳米材料为“微球”材料是意指这种半导体材料的直径是最小（即纳米级范围）的材料。

2003 年 2 月 24 日，中合微电热院孔德凯、孔喜、陈逗、陈遛四人提交了 03204496.8 号“汽车燃气电热增温增压器（泵）”专利并分别于 2003 年 1 月 10 日在浙江平湖晨人燃气设备公司于零下 2℃环境中使用 57W/12V 样机在燃气卡车模拟发动环境和于 2003 年 1 月 27 日在长春市 14 路燃气大巴客车上于零下 12℃环境中使用 87W/12V 样机使用汽车蓄电池供电直接试发动均顺利成功，但又于 1 月 28 日长春气温骤降至零下 22℃时仍在长春市 14 路大巴客车上作试验时发动不起来，由此激发 03204496.8 号专利补充了分时预热的结构解决高寒起动，该结构采用了三种微球电热管部件并均置于封闭的 500g 导热油小体积绝热环境中，其中二根 12V 微电热装置分别为过气即热式燃气增温增压泵和微电热管，功率均在 120W 内，针对零下 15℃到零下 50℃的特低温环境，可采取预设定的 IC 时钟灵活控制提前在 0.5 小时至 1.5 小时内使用 12V 辅助微电热管分时预加热导热油，发动汽车时切换单独使用浸在热油中的过气即热的汽车燃气电热增温增压泵，使燃气可在该泵体迷宫中内外处在足够热交换流程环境中获得足够的增温实现增压。汽车燃气增温增压泵的体积只有（ϕ31×200）mm^3，其由内外双层各 4 个迷宫共 8 个迷宫组成，被金属管壳封闭的微球电热管置于泵中心，其被直接单独使用时过气即热，随开随用，液化燃气在内迷宫中获流程 72cm 的加热区充分吸热循进升温，升温过程中的液化气向外层传导流失出的热量，均被率先流经外层 72cm 吸热区的迷宫中的低温燃气吸收后又被输送进内层迷宫接受电加热，因此这种结构的外壳具有自然热屏蔽功能而不升温，其浸在预热的导热油前提下工作时，内外层迷宫中的燃气在循进中同步被加热，其热效率 η_1 是常规过气热结构的 1.5 倍左右，微球电热材料的电热转换效率 η_2 是合金电热材料的 1.353 倍，综合热效

率 $\eta_1 \times \eta_2$=203%，提高了二倍以上；分时电加热管结构可以容纳和"预支"相当于 0.5 个至 1.5 个蓄电池的同步加热环境，提前积蓄在导热油中的热能被流经燃气电热增温增压泵的 72cm 流程的铝外壳内的外层 4 个迷宫中的燃气吸收，这种过气加热泵加上预支用电预热的电热法可使汽车蓄电池的供热能力提高到原三至四倍，如上所述，在不改造或换代汽车蓄电池的前提下，全气候单燃气汽车因使用了小巧的纳米半导体电热技术和分时预加热技术制成的燃气增温增压泵是可以成功出台的，表 5 为单燃气汽车在不同低温环境中利用车用蓄电池直接起动燃气汽车的使用方法。

表 5

车种	环境温度	直接使用过气热泵	提前使用 12V 辅助电热管
轿车	-30℃以内	是	不需预热
轿车	-30 至-50℃	是	预热 0.5 至 1 小时
大巴车	-15℃以内	是	不需预热
大巴车	-30℃以内	是	预热 0.5 至 1 小时
大巴车	-30 至-50℃	是	预热 1 至 2 小时

在实际使用中，轿车在－30℃以内、大巴车在－15℃以内的环境中可以直接方便的利用蓄电池电直接发动燃气汽车，遇到特别的低温环境单独使用过气热燃气增压泵不足以发动汽车时，驾驶员可灵活设定 IC 预热时钟和设定 12V 蓄电池电预热时间的范围，12V 辅助电热管的最长工作时间限在 2 小时内，辅助微电热管设有二种，除 12V 车用电源微电热管外，另有一根可外接市电快速加热导热油，其功率可设定至 500W 以上，因此可在 10 分钟左右搞定足够预热导热油，并置有限温元件或时间继电器自动切断电源；汽车起动时，车用辅助微电热管能自动终止电加热工作，汽车起动后，蓄电池电量可立即得到发电机的补充，汽车水箱水增温达到 90℃时，可有传感器导向自动切断对燃气电热增温增压泵的供电，燃气电热增温增压泵应使用有灯光指示通断状态的开关，利用外接市电预热法，可以解决蓄电池电量不足时在非特冷环境中直接起动燃气汽车，也可以解决无需启用蓄电池电源，在非特冷环境中起动燃气汽车。

微球电热材料的电热转换率高的原理参见 1998 年第 5 期"家用电器"《电热产品的理念革命》论文和 2000 年第 7 期"科学中国人"《技改电老虎的方法及原理》论文，利用微球电热技术还可以就环保、节电、轻巧的汽车采暖器、汽车吸收式制冷器（冰箱及空调）、增加透光率和阻止外结霜内结雾的汽车冷暖气屏蔽帘、100W 内小功率生煮熟功能的车用电饭煲、小功率热得慢水加热笔、车用电热防雾视镜、车用蒸发（熏香或消毒）器、无电感车用电烙铁电热工具等为中国产汽车实现"个性"制高亮点增添各种亮点，为实现中国汽车工业的宏伟目标添砖加瓦。

关于汽车选择清洁代用燃料的思考

崔心存

华中科技大学

[摘要] 由于石油燃料的短缺及控制排放法规的强化，如何为汽车选择清洁的代用燃料的问题，已提到议事日程上。本文详细分析比较如 CNG、DME、甲醇及乙醇等不同燃料，作者认为首先应考虑选用甲醇及乙醇。

关键词：汽车、清洁代用燃料

Something Thinking about the Selection of Clean Alternative Fuel for Automobiles

Cui Xincun

Huazhong University of Science and Technology

[Abstract] The shortage of petroleum fuel and the stringency of emission control standard, the issue concerning how to select clean alternative fuel is put forward to the order of the day. In this paper, various fuels such as CNG, DME, methanol and ethanol are analyzed and compared in detail. The methanol and ethanol are considered to come first on the list of the candidates in author's view.

Key words: automobile clean alternative fuels

前言

近几年来我国汽车工业发展很快，各类汽车的总产量由 1991 年的 70.4 万辆增加到 2001 年的 233.44 万辆，平均年增长率为 15%是同期世界汽车增长率的 10 倍[1]。摩托车的年产量及销售量均超过 1000 万辆。2002 年汽车的总产量为 320 万辆，预计 2003 年将达到 390 万辆，2010 年达到 600 万辆，可能占世界汽车总产量的 1/10。不言而喻，汽车及摩托车的产销量如此大幅度增加，对石油的需求量也会大幅度逐年增加，成品油的缺口量也愈来愈大，再加上全国及地方排放法规日趋严格，降低 CO_2 排放的任务也很重，汽车行业及用户选择和使用清洁的代用燃料势在必行。各大汽车公司不得不考虑如何开发代用燃料的车辆。

1 能源形势

1.1 国际能源形势

根据美国地质调查局及一些国际能源专家的统计预测，石油、天然气及煤炭的储采比分别为 34 年、44 年及 245 年。世界能源大会 1995 年版《能源资源调查》报告认为石油天然气及煤的储采比分别为 44 年、57 年及 230 年，尽管看法不一，这些预测可能不完全符合实际情况，但是石油及天然气的储采比大大地小于煤炭的储采比。非再生能源资源日益减少，则是比较肯定的。

表 1 几次石油危机使石油价格上涨

年代	1973 年	1978 年—1979 年	1990 年	2003 年
简况	以色列与埃及爆发战争	1978 年伊朗伊斯兰革命爆发，1979 年两伊战争	伊拉克攻占科威特	美国攻打伊拉克
油价	\$3.1/桶 ↑ \$12.6/桶	\$13/桶 ↑ \$28/桶 ↑ \$34/桶	油价 ↑ \$42/桶	\$24/桶 ↑ \$37/桶

1.2 我国能源形势

我国缺油少气，能源资源人均拥有量只有世界人均拥有量的 1/10。能源储存及供应形势严峻，根据中国工程科学院在 1994 年~1995 年统计，1997 年发表的能源供需矛盾报告，如按 2003 年计，我国石油的储存量只够开采 14 年。

从 1993 年起我国就已经是石油净进口国。2000 年进口原油 7000 万吨，成品油 3000 万吨，花去 250 亿美元。随着经济高速发展，人民生活水平的提高，交通车辆逐年大幅度增加，石油缺口也将大幅度增加。买得起汽车的人日益增多，面临的问题是燃料供需矛盾大，或者价格逐步上涨，用不起油怎么办？有人认为世界石油储存量还多，可以大量进口，这可能不是稳妥之计，而且本国产量有限，进口太多，会产生严重的能源安全问题。

我国在十五规划中明确规定要开发和使用甲醇等代用燃料。中央领导多次在经贸委及多位专家给中央的报告上批示，要建新厂及化肥厂改造增产甲醇；又决定在河南、吉林及黑龙江用陈化粮生产乙醇，在汽车上使用醇燃料及生物柴油。汽车工业部门有责任以及为了本身发展，都应该迅速开展醇燃料汽车的试验研究和使用运行的工作。

2 环境保护

2.1 净化空气的任务繁重

汽车排放物是污染空气的重要根源之。我国对 660 个城市空气质量分析结果表明，达到一级质量标准的城市仅占 1%。2001 年卫生部门统计结果表明，全国癌症患者达 300 万人，每年以 3%的速度递增，在癌症患者中以肺癌占首位，然后是胃癌及肝癌。肺癌除了与吸烟有关外，也与空气质量及汽车排气中有害物密切相关。

2.2 承担降低 CO_2 等温室气体的义务

温室气体导致地球变暖，造成世界巨大的人员伤亡及经济损失。据美国公共利益研究集团的资料报导，20 世纪后 10 年是 1000 年来最热的 10 年，全世界夺走 33 万人生命，损失 6252 亿美元。与 20 世纪 50 年代比，自然灾害多 4 倍，经济损失多 9 倍。1997 年 12 月各国通过《京都议定书》，各国都要承担降低 CO_2 排放的义务。我国 CO_2 排放量占世界总量 14%。如何降低 CO_2 排放是当前各国关注和研究的焦点。能源及汽车工业部门既要考虑解决能源短缺，又要研究如何降低 CO_2 排放，开发和使用清洁代用燃料是同时能解决两个问题的重要途径。

3 汽车动力装置及燃料的现状与发展趋势

汽车动力及燃料的现状与发展趋势如图 1 所示。图 1 的左侧是内燃机过去用油的情况，中间部分是当前动力装置开发研究及所用燃料多元化的情况，右侧部分是正在研究试验中的动力及燃料。目前研究及应用的电动汽车，混合动力及多种代用燃料，各有优缺点。毫无疑问，电动汽车及混合动力对降低排放，保护环境有利，应该研究。然而能在局部地区城市首先投入使用的是混合动力，仍要选用燃料。初期电动及混合动力车辆的价格也较高，常规内燃机动力的车辆仍占很大比例。

未来的汽车动力是用可再生资源生产的氢、醇燃料(甲醇、乙醇)等作燃料，由燃料电池发电。燃料电池是通过电化学反应，将燃料化学能直接转换成电能做机械功，不受卡诺循环的限制，效率可达 50%以上，无污染，噪声很小。利用先进的纳米材料及技术，通过光电作用及利用风能水能制取廉价的氢，另一方面用丰富的可再生资源制取醇燃料，然后通过车载裂解器，生产出氢，这样整个装置重量大较复杂。所以一些国家已经在试验研究，将醇燃料直接输入燃料电池，在其中分解出氢发电 [3][4]。

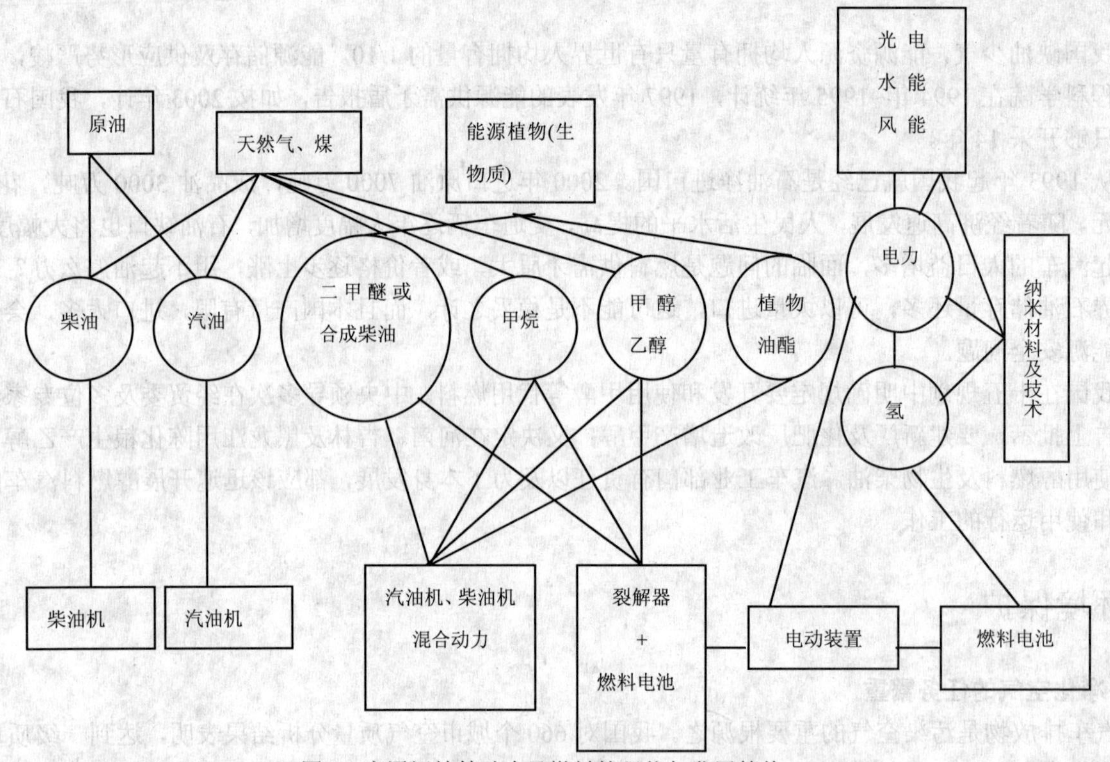

图 1 交通运输等动力及燃料的现状与发展趋势

综上所述，我国面临车用燃料日益短缺以及进一步降低 CO_2 等排放的繁重任务，选择使用清洁代用燃料势在必行。国内外研究，使用的清洁燃料有 CNG、LPG、二甲醚(DME)、醇燃料、氢及植物油酯(生物柴油)。考虑到我国 LPG 资源有限，民间生活用 LPG(液化石油气)的一部分还要靠进口。氢气是公认的清洁燃料，只是要解决如何廉价制造及储存的问题。同时考虑文章篇幅不宜太大，所以本文主要对 CNG、DME、及醇燃料进行分析比较。

4 代用燃料性质的分析比较

1) 天然气是以甲烷(CH_4)为主与丙烷，丁烷等的混合物气体。二甲醚是简单的醚构成物，在常压下为气体。甲醇及乙醇是碳氢化合物(CH)与羟基(OH)结合的单一化合物，醇是烃分子中的氢原子被羟基取代后的生成物，其通式为 $C_nH_{2n+1}OH$。而汽油及柴油是多种碳氢化合物(烃)的混合物。

2) 甲醇及甲烷只含 1 个碳原子，乙醇及二甲醚含 2 个碳原子。甲醇含 50%的氧，乙醇及二甲醚含 34.8%的氧。汽油中烃类含 5~12 个碳，柴油的烃则含更多的 10~26 个碳原子。因此，代用燃料的 C/H 原子量比汽油及柴油的小得多，这样有利于燃烧完善。

3) 醇燃料比汽油重但比柴油轻，液态的二甲醚最轻，它们的凝固点比汽油及柴油低得多。粘度比汽油大，但比柴油小，这些性质对供油过程及供油系零件磨损有影响。

4) 对内燃机动力性产生重要影响的低热值，二甲醚、醇燃料比汽油及柴油低得多。由于含氧理论空燃比低，理论空燃比下的混合气热值醇燃料和汽油柴油基本一样，而天燃气的要低些。

5) 醇燃料的气化潜热比汽油、柴油大 3~4 倍，这对内燃机低速、低负荷时的工作过程产生不利的影响。天然气(液态)及二甲醚(液态)的气化热比汽油及柴油也要高一些。

6) 醇燃料的辛烷值高而 16 烷值低。有利于在汽油机上使用，而在柴油机上使用的技术难度较大。二甲醚则相反，16 烷值比柴油还高，有利于在柴油机上使用。天然气的辛烷值也高。

7) 代用燃料的着火极限宽，有利于使用稀燃技术，提高内燃机的热效率，降低有害排放物。

8) 天然气及醇燃料的自燃温度比汽油及柴油的高。代用燃料蒸气压和沸点与汽油及柴油不同，都会对内燃机及汽车的性能产生不同的影响。

5 燃料的毒性和环境安全性

5.1 燃料的毒性

在分析比较的几种燃料中，甲醇的毒性是令人关注的。令人致死的甲醇口服量是 50~100mL。吞服甲醇后，随吞服量的不同，开始可能是无症状表现，而后出现头晕、呕吐、头疼、视力衰退，吞服量大会导致失明以及因代谢酸中毒而死亡。甲醇溅入眼中，也会影响视力，损伤视神经。甲醇由破损的皮肤处渗入人体，或者皮肤长时间与甲醇或含有甲醇的混合燃料接触，会损伤皮表面的脂肪层，使皮肤干燥粗糙。

甲醇作为化工原料生产和使用已数十年，并未发现有严重的职业病人。国内外研究和应用甲醇作燃料也有 30 年以上的历史，包括作者在内的我国从事甲醇研究和应用的人员也经历了 20 多年，也没有发现健康异常现象。在“六五”~“八五”期间北京医科大学对甲醇中毒机理、急性中毒解毒药及甲醇对人体健康的影响等方面进行研究，并且对使用甲醇/汽油混合燃料的人员进行了为期三年的健康跟踪检查，得出的结论：只要遵守操作规程，不吞报甲醇，溅入眼中后及时冲洗，人体健康并无异常现象[6]。

人们处在空气中甲醇浓度为 1000×10^{-4}%的环境中，就会头痛、眼睛发炎，浓度达到 2000×10^{-4}%可以闻到臭味。5000×10^{-4}%会使人们困倦，昏麻，时间久了就相当深度麻醉，在甲醇浓度为 5000×10^{-4}%的环境中 1~2 小时会导致死亡。在环境中甲醇浓度不够大时，不容易被人发觉，长时间吸入甲醇蒸气也是有害的。因此要注意防止甲醇的泄漏以及使用场所的通风。

汽油、柴油是多种碳氢化合物的混合物，汽油中的苯、丁二烯是强致癌物，柴油燃烧后形成的碳烟微粒也会附着致癌物。而甲醇、乙醇是单一化合物，不是致癌物。人们吞服汽、柴油或者在浓度较高的汽油、柴油、天然汽(NG)及液化石油气(LPG)气氛中生活，同样严重损害人体健康。

5.2 环境安全性

为汽车选择燃料时，必须要考虑该燃料的防火灾的安全性及对生态环境、宝贵的水资源影响如何。美国能源部根据燃料的物化特征分析比较几种燃料的相对危险，以七级划分，1 级—7 级为相对危险逐渐由低变高。相对危险由高到低的顺序为汽油—LPG—柴油—甲醇。甲醇燃烧时很难看到火焰，而乙醇的火焰可以看到，同时乙醇的气味浓度比甲醇的低。人们容易嗅到乙醇的存在，会引起注意，从此可看到乙醇的相对危险比甲醇低。二甲醚(DME)在常温下为气体，其理化性质和 LPG 接近。CNG 为处于高压状态下的易燃气体，有明火接近，易引起火灾及爆炸，所以 DME、CNG 和 LPG 的相对危险处于同一级别，比醇燃料及柴油高

原福特汽车公司负责代用燃料汽车开发的经理、美国国家工程科学院院士 Roberta Nichols 博士认为[13]，虽然甲醇是有毒的，但其它燃料包括汽油也是如此。她又指出，美国国家环保部(EPA)在 20 世纪 80 年代对甲醇及甲醛的毒性进行了研究，在出版的西卷研究报告中认为，甲醇作为运输燃料使用，没有潜在的健康危险。在火灾方面，由于甲醇的许多物理特征，使它比汽油更安全得多。

5.3 对生态环境的影响

海水中甲醇浓度达到 0.1%~5%时,有一些生物经受不住甲醇毒性的急性作用,会出现神经细胞受损,心脏病变及颜色不正常变化等迹象。有的研究结果表明，如果该海水中含重金属，那么甲醇的毒性就更明显些。国外研究表明，海水中含 3%的甲醇或乙醇，生活在其中的蟹及龙虾，容易出现脱皮的现象。有时乙醇的毒性比甲醇更重些，会使一些海水中生物神经肌肉发生不可逆转的损伤。而淡水中有机物质一般能经受得住 1%浓度的甲醇。

在水中，甲醇及乙醇的生物降解过程要比原油或者汽油迅速得多。醇燃料在水中的滞留时间以几小时计算，而原油、汽油、柴油的滞留时间则以几年计算。从这一点分析，用船舶运输醇燃料或者船用柴油机使用醇燃料，泄漏出醇对生态环境的危害要比石油及其成品轻得多。

当陆地土壤中溢流着甲醇时，真菌及细菌表现出较大的容忍性。有资料表明，当土壤表面中甲醇达到饱和状态，1 星期以后，在 10cm 到 30cm 深度处 50%以上的真菌(蘑菇)能恢复活性，3 星期以后 90%能恢复活性。细菌的活性也恢复得较快。

瑞典曾在草地上进行试验，以 1.35L/m^2 的汽油及 M15 的量和以 2.7l/m^2 的甲醇及乙醇的量洒向草地.然后在深度为 10cm 及 30cm 处取出土壤对上述燃料及主要成分如苯、甲苯及烷烃进行分析。结果表明，甲醇及乙醇容易从表面蒸发掉，而且容易转移到土壤中微生物活性使其浓度减小的地方。经过 4 星期以后，土壤中上述燃料及各成分的浓度只有 3×10^{-4}%

为了评价洒向草地的醇燃料及汽油对土壤长时间的影响，一年以后测量分析了土壤的呼吸通气能力(氧的消耗情况)。低的通气氧的消耗表明土壤中微生物体受到损伤。汽油及 M15 洒的草地的土壤就显示了较低的氧消耗情况。国外还对醇燃料及汽油对植物生长的影响进行了试验，研究结果表明在喷洒了甲醇及乙醇的土壤中植物生长受到的影响比汽油及 M15 混合燃料的低。一年以后在受醇燃料污染的地方，植物生长出的总量是正常土壤的 65%，而受了汽油及 M15 污染的土壤生长出植物的总量只有未受污染土壤的 50%及 45%[14]。综合试验研究情况表明，甲醇对陆地生态环境的影响，并没有汽油的影响严重。

6 不同燃料的排放性能

6.1 排放性能的比较

国际能源机构(IEA)委托芬兰国家试验研究中心进行的试验评估结果表明，M85 的常规排放物比汽油低得多，比 LPG 及 CNG 也低些，非常规排放物 1.3 丁二烯及苯要低些,其余的则高于汽油。

6.2 低比例醇/汽油混合物燃烧的排放

当醇燃料产量不大，较方便的方案是内燃机不变动，使用低比例醇/汽油混合燃料，如果汽车加不到混合燃料，还可以改用汽油工作。由于影响内燃机及汽车排放的因素多，使用混合燃料后排放如何变化没有规律。国内在 CA-15 及 EQ6100 汽油机上分别使用 M15、M20 和汽油的排放普遍有所降低。

一般来说，汽油机不作任何变动，使用低比例含氧醇燃料与汽油的混合燃料后，由于稀释效应，改善了燃烧，普遍会降低 CO 排放，如果最高燃烧温度比用汽油时升高，则 NO_X 会增加，而 HC 排放则可能增加或减少，这决定于燃料的组分及内燃机工作过程的温度情况。

6.3 醇燃料汽车容易达到严格的排放标准

无论是汽油机或柴油机改用甲醇或乙醇进行优化后，排放都会低于原机水平，容易达到严格的排放法规。美国西南研究所(SRI)按 FTP 要求对 2.8.L 车用汽油机使用 M100 的排放进行了测定，并与超低排放标准(ULEV)进行比较，达到了严格的 ULEV 标准要求[19]。

瑞典斯堪尼亚汽车集团对城市汽车使用不同燃料后的排放试验结果表明，使用乙醇的排放已能达到 1991 年美国关于重型汽车排放法规的要求。除了 NOx 外，HC 及 CO 低于天然气发动机。

6.4 未燃醇及醛类排放

表 2 甲醇燃料汽车的排放

测出的物质	SRI 试验(g/mile)	ULEV(g/mile)
THC	0.48	—
CO	0.96	1.7
NOx	0.15	0.2
CH_4	0.035	—
NMHC	0.011	—
碳酰	0.005	—
甲醇	0.464	—
NMOG	0.479	0.04
甲醛	0.003	0.008
乙醛	0.0002	—
丙酮	0.0012	—
二异丁基甲酮	0.00018	—

清洁燃料汽车的排气中还有非常规排放物，未燃醇是醇燃料未完全燃烧的产物，醛类是燃烧过程的中间产物，未优化的内燃机使用醇燃料后的未燃醇及醛类比原先的汽油机或柴油机要多，那是比较自然的。然而优化的醇燃料内燃机，有毒的未燃甲醇及甲醇的排放量是比较低的，例如表 2 中所列的美国西南研究所(SRI)所列的结果；未燃甲醇的排放量为 0.464g/mile，目前排放标准中没有规定无法比较，然而从该表可见，该值低于 THC 的值 0.48g/mile，而 THC 中也有有害排放物。甲醛的排放量为 3mg/mile，低于严格的美国超低排放限值 8mg/mile。

7 CO_2 排放

在温室气体中 CO_2 的作用最大，如何降低 CO_2 排放成为焦点，降低 CO_2 的措施较多，而采用能降低 CO_2 排放的清洁燃料是重要措施之一。加拿大道路车辆研究所对各种燃料在生产、运输过程中以及在城市公共汽车上使用转换到车轮上的 CO_2 排放进行比较，并以柴油机的 CO_2 排放作为比较基础 1.00，根据文献[18]图示摘录的参考数据表明，使用二甲醚、CNG 及甲醇的 CO_2 排放较低，而使用汽油时最高。无论汽车使用汽油中含 10%(V01%)或 85%的乙醇汽油混合燃料(E10 或 E85)，燃料的生命周期全循环的 CO_2 排放量都比只使用汽油时低，而且使用 E85 比 E10 降低得更多。此外，用柳枝稷(美国及加拿大等国生长的一种黍科类干饲料)或谷类茎杆生产的乙醇的生命周期的 CO_2 排放量比用谷类生产时要低，因为用谷类生产乙醇时消耗的矿物燃料要多，排放出的 CO_2 量也多。

8 汽车性能

分析汽车使用不同燃料后性能如何，也是选择燃料时要考虑的问题。

8.1 动力性能及燃油经济性

内燃机在机外形成天然气与空气的混合气，再进入气缸燃烧，必然会使原机的功率较大幅度下降；用这种方式掺烧部分天然气也会影响功率。要使天然气发动机功率不下降，就需要向气缸内喷射气体燃料乃至液化天然气，但是这样原来内燃机就需较大的变动或者重新设计专用内燃机。在常压下二甲醚是气态，如果加压将其变成液态喷入气缸中，那会同柴油机的功率一样。

醇燃料的低热值比汽油、柴油低得多，但是理论空燃比下的混合气热值和常规燃料一样，醇燃料的理论空燃比比汽油、柴油低。因此掺烧部分醇燃料或者使用 100%醇燃料，只要增加醇供油量，功率不会下降，如果进行优化，功率还会有较大幅度增加。

汽车使用醇燃料能提高功率及降低内燃机的比能耗(MJ/kW・h)，亦即能提高热效率的原因如下：

1) 气化潜热高，有内冷作用，可以提高充气系数；

2) 含碳原子数少，层流火焰传播速度快，容易燃烧完善，等容燃烧比例大；

3) 含氧，对于原来混合气较浓时有稀释效应；

4) 混合气可燃范围宽，可以使用稀混合气，燃烧更完善可以提高热效率；

5) 辛烷值高，燃烧室壁面温度低，可以提高汽油机受爆燃限制的功率；燃烧无烟，可以提高受冒烟限制的柴油机功率；

6)理论空燃比混合燃烧后，分子变化系数大，可以提高膨胀功。

交通部公路科学研究所在使用 213SC 化油器的解放 CA-15 汽油机上，使用不同含乙醇混合燃料的试验结果表明，在提高压缩比 ε 后最大功率 Pe 都增加，而按等热值折算成汽油的比油耗 be 都降低，即热效率提高 [24]。

汽油机使用 100%甲醇或 100%乙醇后，动力性能及燃油耗的变化表明，汽油机使用 100%甲醇后，功率扭矩都比汽油分别增加 15%及 13%，热效率也由 28.1%提高到 35.6%，折算成当量汽油后，比油耗则由 291kW・h 下降到 229.5g/kW・h。使用乙醇后功率及扭矩分别提高 12%及 9%，而热效率则由 28.1%提高到 36.7%。

柴油机的功率受排气冒烟的限制，改用碳原子很少的醇燃料，排气不冒烟，因此无论掺烧或者使用100%的醇燃料，只要增加供油量，动力性能及热效率都会有不同程度的提高。

8.2 起动性、加速性及爬坡性能。

实验表明，燃料的10%馏分温度愈低愈容易起动，汽油的这一馏分温度为45～55℃，而单一组分的甲醇及乙醇的沸点分别为65℃及79℃，醇燃料的气化热也比常规燃料高得多，使用大比例及100%醇燃料汽车在环境温度低时的起动性能差，需要采取改善措施后能满足用户的要求，能在－25℃低温下起动。详情参见文献[5]。

汽车的加速性能爬坡性能除了受燃料组分及蒸馏特性的影响外，在很大程度上受动力性能的影响。优化的醇燃料内燃机的动力性能比原机还有较大幅度提高，最高车速、加速及爬坡性能也会较好。

汽车使用含不同甲醇混合燃料后的加速性基本上和原汽油机一样，最高车速还略有提高[25][26]。

9 不同燃料使用经济性及方便性

9.1 燃料油箱的自重及加油的方便性

德国针对高尔夫轿车容量为55L汽油的油箱，如果改用等能量其它燃料的比较结果表明，使用CNG汽车在保持同等行驶里程下，自重增加，影响效率。

使用醇燃料可以将现有的加油站适当扩建就行，投资不多，而且使用低比例醇—汽油或醇—柴油混合燃料，内燃机可以不变动，因此找不到混合燃料加油站时，仍可加汽油或柴油工作。建设加气站则要较大的投资。另外由低压的天然气管网向高压NG气瓶加气，需要数小时，这只适宜在夜间汽车停驶时加气；由高压CNG气罐向CNG气瓶加气的时间比加汽油的时间要延长1倍多的时间。

9.2 使用费用及投资费用的比较

1990年美国能源部门以每天代替一百万桶汽油为目标，对改用醇燃料汽车、天然气汽车及电动汽车所需的费用(单位：10亿美元)进行了测算表明，用醇燃料代替汽油所需的费用是最低的[27]。

由于常规燃料汽车的有害排放物对大气的污染，使人们患呼吸系统，血液循环、神经系统及癌症的病人日益增多：影响了生态环境，带来了经济损失，在上述分析比较中，将这些危害给社会增加的负担损失，分成低费用及高费用两类。考虑了有害排放物影响因素后，使用清洁燃料或电力驱动后，每公里平均总费用比使用汽油时增加的幅度(%)减少了，而且使用醇燃料时增加的幅度是最低的，比使用天然气时低。

9.3 国际上日益重视可再生醇燃料等生物燃料

1973年石油危机后很多国家投入大量的人力及物力。对醇燃料进行研究及应用，为了交流研究成果及使用经验，1976年瑞典发起在斯德哥尔摩召开了首届国际醇燃会议(ISAF)，每隔2～3年召开一次，1998年在北京召开了第12届，2002年在泰国召开了第14届，前面几届论文主要集中在用煤或天然气制甲醇及甲醇的应用，以后乙醇的论文逐渐增多，而且更多地关注用生物质制甲醇、乙醇以及生物质燃料的开发及应用，除了ISAF外，国际上还经常召开生物质燃料的专门学术会议。

第13届国际醇燃料会议的主题是地球的生存环境——实施可持续发展的运输系统，会议较明显地转向讨论如何降低CO_2排放、乙醇燃料的生产及应用以及在柴油机上应用乙醇等，第14届会议主 题是可持续发展的能源在21世纪中的作用，会议上共发表了82篇文章，其中大约59篇文章是与乙醇有关的，乙醇更加受到国际上的重视。

为了降低CO_2等排放及弥补石油燃料的不足，欧州要求减少矿物燃料的使用，到2005年要求生物燃料(主要指乙醇及生物柴油)占整个燃料消费量的3%，为此要增加乙醇的产量5～6倍。到2010年生物燃料的使用量要达到6%，一些国家加大将植物纤维通过酸解、酶解、发酵制取甲醇、乙醇的研究试验工作，预计到2008年这一技术将达到廉价制取醇燃料的商业化要求，在经济上可与汽油相竞争。[28]

由于柴油机用途广，功率范围比汽油机宽得多，比油耗比汽油机低，小排量汽车愈来愈多采用柴油机作动力，柴油机掺烧醇燃料可以明显地降低排气烟度、微粒及NOx，使柴油机容易达到严格的排放法规要求。因此，国外在柴油机上掺烧醇燃料以及改用 100%醇燃料的专用车辆也愈来愈多，并与使用其它燃料进行比较。例如最近美国代用能源技术公司对汽车使用 CNG 及 E10 进行比较的结果表明，使用 E10 比使用 CNG 的好处要多 [29][30] 。

瑞典对城市公共汽车使用不同燃料对环境及人们健康影响的试验研究结果表明[29]：①柴油机的 NOx 排放高，使用 CNG 较低，而使用乙醇时的 NOx 排放居于两者之间；②未经过滤处理的柴油机排气中碳烟微粒高，有较大的致癌潜在危险，使用乙醇及 CNG 比仅用氧化催化后处理的柴油机还要低些；③CNG 的温室气体排放比柴油高，而使用生物乙醇燃料的温室气体排放最低。

10 结论与建议

结论：天然气及二甲醚是清洁燃料，天然机在汽油机及柴油机上用，二甲醚特别适合柴油机上用，都能有低排放效果。然而二者常压是气态，要获得良好的动力性及燃油经济性，内燃机要进行较大的变动。在储油库及加油站方面需要较大的投资。使用 CNG 影响汽车的行驶里程，而二甲醚还处于开发的初期。

甲醇及乙醇可利用丰富的可再生资源生产，是可持续发展的可再生燃料，符合世界能源及动力发展的趋势，近 30 年的国内外试验研究及使用结果表明，醇燃料是良好的汽车的清洁燃料，应该首先加大开发及使用的力度。

建议：

1）当前醇燃料汽车开发的重点应放在汽油机及柴油机上掺烧低比例(15%及以下)醇燃料，要研究开发资源丰富，成本低的助溶剂及适应醇燃料需要的抗蚀剂及着火改善剂等。

2）在汽车生产线上与醇接触的供油系统等零部件使用与醇相容的材料。同时研制生产醇燃料内燃机需要的润滑油及橡胶件等。

3）研究解决在低温及高温下醇燃料汽车遇到的冷起动及气阻等问题。

4）研究开发优化的灵活燃料汽车(FFV)及优化的 M85、E85 汽车、M100 及 E100 汽车。

5）研究开发稀薄燃烧的醇燃料内燃机及降低未燃甲醇及甲醛的措施。

6）研究开发适合高原(缺氧)情况下的醇燃料(含氧有自供氧效应)汽车及军用醇燃料特种汽车；以便适应战时石油短缺的需要。

7）研究开发优化的醇燃料摩托车及快艇主机等，醇燃料增压柴油机等。

8）研究开发能适应醇燃料及生物柴油的狄塞尔循环内燃机。

9）研究、开发二甲醚内燃机及汽车。

10）对醇燃料混合气形成及燃烧过程进行基础理论研究。

11）各汽车公司组织起来，进行调研、统一规划，分工合作制订科研及开发计划，并成立醇燃料及醇燃料汽车的研究技术中心，进行交流，加强合作力度，提高效率，加快完成一批具有自主知识产权产品的步伐。

参考文献

1 中国汽车工业协会. 1992 年~2002 年中国汽车工业发展最好的 10 年. 经济日报，2002 年 10 月 23 日

2 Carvalho, L.C.C. & Szwarc. Understanding the Impact of Externalities: Case Studies Brazil. A International Development Seminar on Fuel Ethanol, ashington DC, September 2001

3 Jeff Oestmann. Ethanol & Fuel Cells: Converging Path of Opportunity, The 14 ISAF, 2002, Thailand

4 Arthur D Little. Ethanol: A Premium Fuel for Fuel cell Vehicles The 13 ISAF, 2000, Sweden

5 崔心存. 内燃机的代用燃料. 机械工业出版社，1990

6 北京医科大学“甲醇(M100)对人体健康的影响”与甲醇毒性的研究，“七五”国家重点科技攻关专题鉴定材料之Ⅳ，1991

7 Swedish Motor Fuel Technology CO, Handling and Use of Alternative Motor Fuels in Western Europe. Prepared for the Swedish Board for Technical evelopment and the Swedish Board for Enengy Source Develop ment. NE 1982: 17

8 G.L. Borman, et all. Alcohol as a fuel for farm and Construction Equipment. University of Wiscosin Madison. 1982

9 Alcohol Fuel for Higyway Vechicles: The Stat us of The ART Technology, American Institute of Chemical Engineers 1981 Summer National Meeting etriot Michigan, August 16~19 1981

10 Chemical Rubber Company. Handbook of Analytical Toxicolgy, 1975

11 中国甲醇发动机技术攻关协调组，M100 甲醇燃料在点燃式发动机应用技术，鉴定材料。中国科学院工程热物理研究所 1991 年 6 月

12 The Aerospace Corp. Assessment of Methane Related Fuel for Automotive Fleet Vehicles Prepared for Department of Energy, DOE/CE/5D179-1982

13 潘奎润 甲醇汽车对环境和健康的影响 中科院工程热物理研究所，2002

14 Sweden IEA, Alcohols and alcohol blends as Motor fuels, Vol Ⅱ A, 1986

15 潘奎润. 调整汽车燃料结构，发展醇燃料汽车. 重庆汽车工程学会 2002 年会论文集

16 Nyluand etc.. Performance Evalution of Alternative Fuel/Engine Concepts 1990-1995,Final Report to IEA,Technical Research center of Finland SPOO.1996

17 崔心存，金国栋. 内燃机的排气净化. 华中理工大学出版社，1991

18 R.Verbeek and J.Van der Weide. Global Assesment of Dimethyl-Ether Comparsion with other Fuels. SAE 971607

19 崔心存. 现代汽车新技术. 北京：人民交通出版社，2001

20 Mark A. Deluchi, et all. Methanol VS. Natural Gas Vehicles: A Comparison of Resourse Supply、Perfor mance, Emissions, Fuel Storage, Safety, Costs, and ransitions. SAE 881565

21 Donald V.O connor. Full Fuel Cycle Analysis of Greenhouse Gas Emissions from corn and Biomass Derived Ethanol Fuel in Canada. The ⅩⅢ ISAF, 000 Sweden

22 崔心存等. 大力开发生物燃料——解决能源、环保及“三农”问题的重要途径. 河南天冠集团技术中心，2003，3

23 王岳，潘奎润等. 1.3 升灵活燃料汽车发动机的研究开发. 代用燃料学术会议论文集，1995，重庆

24 王风桐，黄宇文. 在用汽车燃用代用燃料的研究. 代用燃料学术会议论文集. 1991 年，厦门

25 H.Menrad. A Konig . Alkohol Kraftstoffe.Spring---Verlag wien, New york,1982

26 H,Menrad and B,Niethauve. Engine and Vehicle Concepts for Methanol---Gasoline Blends. SAE 831686

27 New york City Alternative Fuels Task Force. Fiscal year 1993 Alternative Fuel Vehicle program Evaluation. The Clean Fuels Report, Volume 5.NO.4

28 Gustavo de Albuguergue Maranhao.A New Aproach for the Promotion of. Fuel Ethanol International Trade. The 13 ISAF, 2000, Sweden

29 Pearse Lyons et, all. The US Fuel Ethanol Industry from 1980 to 2002:Lesson for other Markets the 14 ISAF, 2002, Thailand

30 Alan Rae. An Immediate & Practical Air Quality and Energy Security Solution. AAE Technology Inc. USA,The 14 ISAF, 2002

31 Peter J.E.Ahlvik, et all. Impact on environment and health from alternative fueled City buses in Sweden. The 13 ISAF, 2000, 7, Sweden

公交增压柴油车排放污染原因分析

白希盛
温州长运集团修造公司

[摘要] 以多年修理公交柴油机的经验，分析排放污染原因并提出防治办法。

关键词：公交 排放 柴油机

柴油机以其扭矩大、油耗低、维修方便等优点，在汽车上得到了普及。而增压技术的广泛应用，更使柴油机如虎添翼，进而成为当今运输业的一名主角。如玉柴 6108 高速增压柴油机，在进气系统采用霍尔塞特涡轮增压器，使低速扭矩增大，排放降低至≤欧 I 标准，被我市公交公司所器重，在空调车上大量使用。

但是由于种种原因，这些公交车经过一段时间的运转后，会出现排放严重超标的问题，在车辆起步、加速时更为厉害：排气管冒出滚滚的浓烟，刺鼻辣眼，行人无不避而远之。一时间，浓烟成了我市公交增压柴油机的一种通病，而为社会所关注。现就其原因分析于后。

压燃式柴油机，在常温下应看不到烟色。冒黑烟说明发动机燃烧不完全，归根到底，是发动机进气量与喷油泵供油量不匹配，形成燃烧恶劣的产物。原因主要有以下几方面：

1 进气方面

1.1 进气不畅

由于公交车的动力是后置式，空滤器安装在汽车尾部车架上，距离地面较近，当汽车行驶时，在车背后部产生一定真空度，其所产生的吸力，将车后的灰尘大量吸附在汽车的尾部，加上公交车停靠站间距离短，车辆起步、停车频繁，制动时使路面上的灰尘大量张扬，而起步时加大油门使灰尘大量被吸入，造成空滤器堵塞，导致发动机因进气不足，燃烧恶化。公交车每行驶一趟都清洗一次车身，所以从外表是不易看出的，而等到常规保养时，打开车后盖，缸盖上已布满厚厚的尘埃，而此时的空滤器早已被灰尘团团包围。此外排气管出口朝向地面排气，也是造成灰尘泛滥的另一个重要因素。这个问题在其它长途车上是不会出现的。

1.2 增压器工作不良

1）转子不平衡：增压器是一个精密构件，它是利用排气能量推动进气叶轮转动，使进入气缸的空气密度增加，提高气缸压缩力，从而可以燃烧更多的油，使发动机动力增强的装置，其转速很高，每分钟为几万至十几万转，因此对转子的动平衡要求很高。由于空滤器失效，灰尘、泥垢被增压器吸入附在压气机叶轮及蜗壳内壁上，越积越厚，最终导致转子不平衡。转速无法到达额定值，造成空气供给不足，引起燃烧不良。

2）载荷冲击：由于增压器长期处于高速运转，并受到高温高压燃烧气体的冲击，工作条件相当恶劣，加上公交车起停频繁，发动机转速忽高忽低，使增压器转速变化过快，突变的转速对转子及轴承产生很大的震动，使其磨损加速，产生松旷，最终导致转子叶轮与涡壳内壁发生碰撞，转动不顺畅，功率随之下降。

3）润滑不良：增压器长时间处于高速运转，产生大量的热，而冷却润滑的任务全部靠润滑油来承担。为了使增压器具有良好的运转条件，要求润滑油有较高品质和清洁度，且必须使用规定的品牌、级别。这类润滑油都具有良好的高温抗氧化性、抗结胶能力和清净分散性，能使杂质从中分离出来。如润滑油质量不合要求，则更容易变脏、变质，生成油泥，使转子轴及轴承因润滑不良而发生烧蚀卡滞，造成工作不良。

4）使用不当：增压器是高速旋转件，对使用有一定的要求。机器冷启动后，必需先怠速运转 3～5 分钟后方可行驶，如果此刻马上行驶，将造成因润滑不良而损坏。怠速时间也不能过长，一般不大于 15 分钟。增压器转轴设计时采用浮动轴承，转轴两端无油封，它是依靠高速运转时叶轮产生的气体涡流压力来阻止机油向外泄漏的。而怠速时发动机转速低，时间一长，容易在增压进、排气两侧产生机油泄漏，渗漏的机油受到发动机的高温影响会氧化结胶，对转子产生阻滞力。再则，怠速时发动机转速低，喷油泵供油压力相对降低，容易使燃油雾化不好，燃烧不良，形成积炭，使喷嘴堵塞。同样在高速运转后仍需怠速运转数分钟后方可熄火，目的是让增压器得到良好的散热，防止因高速运转突然熄火后，润滑油路被切断，而增压器由于惯性的作用继续保持高速运转，产生大量的热量，使增压器因缺油而烧毁。如某浙 C03384 车，在行驶中突然排气管冒浓烟，同时伴有排机油，动力明显下降，无法继续行驶。经途中修理工拆检，诊断为增压器损坏，经更换新件后，没行驶多远，又出现相同故障，再次抛锚。事后，经了解，修理工在更换增压器时，未按规定要求加注机油对浮动轴承进行预润滑，结果发动后烧毁。使原本使用寿命可达 30 万公里的增压器，一下子就报废了。可见，正确的使用操作，是保证机器正常使用寿命的前提，是不容忽视的。

1.3 气门间隙失准

气门的开闭是确保发动机进气和排气所必需的，它的准确性直接影响发动机的充气系数和燃烧质量。气门间隙是制造厂家确定的，使用后，各气门间隙会发生变化，变化的大小不一。为了恢复其良好的工作性能就必需按标准进行调整，这对增压柴油机极为重要。如有一辆 101 路公交车，行驶途中突然产生异响“嘭、嘭、嘭……”，十分粗暴，类似猛烈的击鼓声，机器振抖厉害，同时空滤器排屑口处向外窜气。经拆检发现为第五缸排气门调整螺钉松脱，使该气门推杆脱位、弯折，使该缸排气门无法开启，而进气门开闭正常，燃烧膨胀的高温高压气体只有反其道而行之，从进气门窜出，产生回火，经检修后恢复正常。出现这样现象说明维修人员素质良莠不齐，存在操作不规范现象，造成机器工作不协调。

1.4 气缸早期磨损

由于空气净化不良，使大量灰尘通过增压器进入气缸，对缸壁产生磨粒磨损，使气缸磨损量倍增，气缸压缩压力迅速下降，使用寿命大打折扣，导致燃烧恶化，排放大增。产生一系列连锁反应，结果因小失大造成不必要损失。如某浙 C04608 车，才行驶 21090 公里，就出现了排气管严重冒蓝烟，机油消耗量大增，曲轴箱通风口向外窜大气严重、行驶无力等现象。经拆检发现缸套、活塞及环磨损严重，气缸磨损量比标准大 0.27mm，使原本设计使用寿命可达 20 万公里的缸套，因空气过滤的不洁净，只能使用 2 万公里。空气净化不良造成的磨损量竟为正常使用的 10 倍，可见做好进气系统的清洁工作是何等重要。

2 供油方面

2.1 喷油器失效

柴油的品质是保证发动机良好燃烧的必备条件，柴油的清洁性是保证柱塞、喷油嘴、出油阀等精密偶件正常工作的前提。滤清器起过滤、沉淀、清洁作用，去除水分、机械杂质等物，以保证燃油供应通畅。就目前而言，国产燃油的质量不是很高，柴油中含有较多的机械杂质和水分。这些杂质的存在会产生腐蚀、生锈、堵塞等危害。尤其是劣质柴油的使用，极易造成精密偶件的早期损坏，特别易使喷油器喷孔堵塞、引起压力下降、雾化不良，产生滴油现象，使混合气形成不良，燃烧恶化；其中部分排入大气，增加污染，同时雾化不了的另一部份燃油在压缩气体的作用下通过气缸壁顺流而下，渗入油底壳，稀释机油造成油面上升，使润滑油膜成份破坏，润滑性能下降。如发现不及时有可能造成拉缸烧瓦等重大机件事故发生。某车方行驶了 8190 公里就出现了起动困难，机油平面上升，行驶发抖现象。经检查发现燃油过滤器已有大半被水垢、杂质所占领，使多缸喷油器堵塞、失效，不能良好雾化、造成起动不良，经清洁、更换新件后才恢复正常。该车在设计时就安装置了多级柴油滤清器及油水分离器，目的是为了使燃油保持清洁、通畅使机器具有良好的工作条件，而使用者却没有很好的运用，造成不必要的损失。实践证明劣质燃油是供油系的致命“杀手”，是造成燃烧不良的主要因素，是造成环境污染的“罪魁祸首”，因此必须按制造厂家所规定的间隔里程校正油嘴，同时更换滤清器。

2.2 供油不正时

众所周知，供油时间的准确性是保证发动机顺利起动和良好动力的前提。柴油机对供油时间非常敏感，供油时间过大，会产生敲缸，使发动机工作粗暴，动力下降，烟度增大；反之，过小则会使发动机工作起动困难，燃烧延迟，水温升高，排气管冒白烟，行驶无力。对于喷油泵的传动是由气泵通过传动盘连接的机型，由于使用磨损，供油时刻会发生变化，烟度也就随之而来了。如某车在常规保养时，修理工忽略了对该作业项目的检查，校准，结果行驶中排气管突然冒浓白烟，动力迅速下降。经诊断为供油提前器连接螺丝松脱，折断，造成供油不正时。由此可见，规范保养的重要性，它不但能保证机器正常运转，还能减少许多不必要的问题发生，避免损失。

2.3 供油量过大

有些机型所采用的 P 型增压喷油油泵，是根据进气岐管内的空气压力的大小来控制喷油泵，从而控制烟度的，油量只有在实验台上才能调节精确。由于公交车的空调压缩机是由发动机直接驱动的，本身功率就消耗了 30 马力。为了提高车辆重载时的起步性能，公交公司的维修人员在不了解该泵结构、原理及性能的情况下，对油泵进行了盲目调节，擅自增大供油量，以为只要调大供油量就能提高低速扭矩，却忽视了空气供给的重要性，违反了燃烧规律，造成空燃比失调，导致燃烧更恶化，排放更严重，产生严重的负面影响。

3 温度的影响

适宜的温度能使发动机工作可靠耐久，使混合气形成良好，从而具有良好的动力性和经济性。正常的工作温度在 75～85℃。水温过高，易使发动机出现早燃现象，使各机件膨胀、配合间隙减小，使润滑油膜性能下降，容易造成拉缸、抱轴等机件损坏；反之，低温时润滑油粘度大、流动性能差，不易进入各摩擦表面，因而润滑不良，磨损特别厉害。由于该车动力后置，机器采用湿式缸套，外部接受到冷却水的侵蚀，容易腐蚀，出现穴蚀，加上公交营运线路特殊，相邻两停靠站之间距离短，长时间处于低速行驶，水温略高些（约 90℃）水温报警器就会发响，故不少驾驶员就将节温器取下不用，致使发动机长期处于低温状态下运行，使温度下降到只有 50℃多。而低温是造成燃烧不良的主要因素：一方面使燃油与空气混合不良引起燃烧不彻底，助长积炭的生长，另一方面易使燃烧生成酸性物质，凝结在气缸壁上，对气缸产生腐蚀，使磨损加剧。如某车才行驶了 54868 公里，就出现了排气管冒蓝烟严重，机油消耗量大增，出现动力不足现象，经拆检发现，缸套、活塞环磨损严重，开口间隙最大达 8mm，气缸磨损量为 0.20mm，达到了大修程度。低温会产生如此巨大危害，可见保持正常的工作温度是保证发动机使用寿命的前提。

4 工作环境及使用方面

公交车营运线路短，但工作时间长，近乎是全天候服务，换人不歇车，劳动强度极大。而营运行驶途中停靠站点密集。相邻两停靠站之间的距离只有短短的几百米，车辆起步速度尚未提起来，就已到了下一站头就得停车，长期如此频繁的起步、停车，长期处于低速行驶，使柴油机的高速增压性能没能发挥出来，功率受到节制，久而久之，在排气管及消声器内形成大量炭烟，如不及时进行清理，必定造成污染。公交车线路从起点至终点换档次数数以百计，驾驶疲劳强度大，有些驾驶员操作不规范，存在有拖档现象，在车速很低的情况下，也不愿意减档，尤其是在踩制动后不但不减档，反而加大油门，靠提高发动机的转速来增加扭矩，使发动机经常处于超负荷状态下运行。这种以油门代替减档的方法造成发动机燃烧恶化，其产生的负面影响及对发动机的损害是可想而知的。

基于以上各方面的因素，只要严格按制造厂家的使用保养说明书要求，进行全面规范操作，做好进气、供油、润滑、冷却及排气系统的清洁工作，并结合自己的实际使用情况及特点适当侧重于某些项目的保养质量，做到清洁、清洁、再清洁，相信通过我们大家的努力，定能收到满意的效果，还市民一个洁净的空间。

电喷车燃油蒸发系统设计

吴照说
江西昌河铃木汽车有限责任公司设计所

[摘要] 文中介绍的为昌河 CH6328Ei 车和 CH6352 车燃油蒸发系统，着重从燃油蒸发系统的供油性能、燃油蒸发特性、安全性方面进行设计，并就其主要部件油滤、油泵、炭罐、软管、油箱等进行结构和性能分析，从而全面地阐述了昌河电喷车燃油蒸发系统的设计。

关键词：燃油蒸发性能系统设计

燃油系统的功用是向发动机气缸内供给燃烧所需的汽油，保证发动机在各种工况下正常工作；蒸发系统的功用是对燃油系统的蒸发污染物进行控制以达到环保要求，并符合国家标准 GB18352.2—2001《轻型汽车污染物排放限值及测量方法（Ⅱ）》中对污染物的限值要求。昌铃公司早在 99 年就开始研制电喷车，其目的是与国家的环保法规相衔接。电子燃油喷射系统需要提供高压燃油供给发动机，同时又采用了炭罐清洗阀对燃油蒸发污染物进行控制，因此，需要重新设计燃油蒸发系统。该系统的设计原则：既要符合电子燃油喷射系统的要求，又要最大范围地借用化油器车燃油蒸发系统的布置、零部件，尽量减少变更。

1 供油性能设计

由燃油喷射的特性，决定了油路系统的工作压力为 250～350kPa，因此燃油系的零部件耐压性能要求高。要满足此要求，油泵、供油、回油管路、油滤的结构性能设计成为油路系统的核心设计。图 1 为电喷车燃油蒸发系统图。

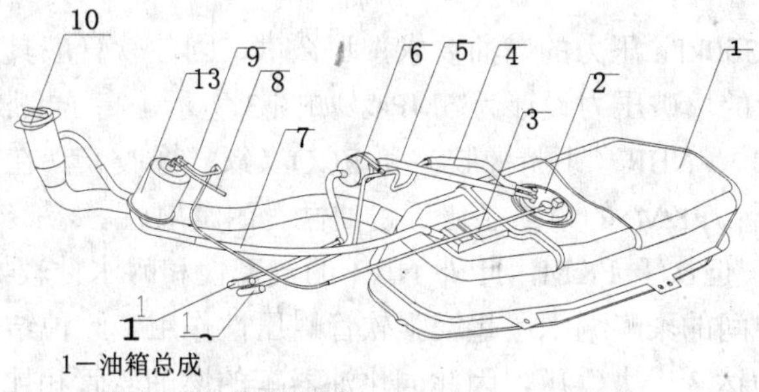

1—油箱总成
2—油泵及油位传感器总成
3—燃油蒸发软管
4—1 号回油软管
5—1 号供油软管
6—燃油滤清器
7—换气软管
8—炭罐脱附软管（接炭罐清洗阀）
9—炭罐吸附软管
10—加油口盖
11—3 号供油软管（接发动机油轨供油端）
12—2 号回油软管（接发动机油轨回油端）
13—炭罐

图 1

1.1 燃油泵设计

燃油泵应能输出高压及一定流量的燃油，为此油泵的功率相应增大，油泵电机运转时易产生热量，提高了燃油温度，油路则易产生气阻。为此应将燃油泵内置在油箱中，那么在燃油泵工作时，油箱内的燃油和流经电机内的燃油便会对电机起到冷却作用，气阻就不易产生，同时采用内置燃油泵还具有不易发生燃料泄漏和噪声小的优点。燃油泵内设置单向阀可防止燃油回流，保持管路残余压力，便于发动机热起动和重新起动。当发动机熄火，燃油泵刚刚停止送油时，单向阀便立即关闭，以保持燃油具有一定压力，即管路内的残余压力。通常，燃油遇到高温易汽化，从而引起油泵和喷嘴工作性能下降，造成发动机热起动困难。设置单向阀使发动机熄火后油路内仍保持一定压力，减少了气阻现象，使发动机高温起动容易。油泵内还应当设置安全阀，当油泵输出油压达 400～600kPa 时，卸压阀打开，防止油路堵塞时油压过高导致燃油泄漏。为建立起高压燃油和满足流量要求（大于 60L/h），油泵采用叶轮结构，此结构还有利于减小工作电流，图 2 为燃油泵电机结构简图。燃油泵进油处应装配滤网（过滤精度 130μm），防止杂质进入油泵电机内而加速电机磨损。将油位传感器集成到燃油泵总成上，既可减少零部件种类，又可提高生产线装配效率。

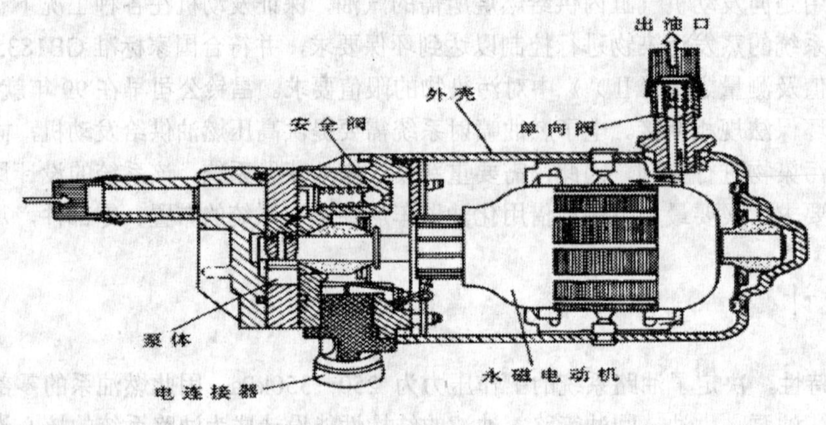

图 2

1.2 供、回油橡胶软管设计

油路系统必须保证 250～350kPa 压力的燃油要求，那么供、回油软管应具有满足此性能的结构，为提高燃油软管的安全系数，软管的爆破压力设计为 5MPa。如图 3 所示，高压橡胶燃油软管由 3 层胶料构成，从内到依次为 FKM（氟橡胶）、NBR（丁腈橡胶）和 ECO（氯醚橡胶），在软管中间有聚酯编织层。以下对各层胶料的性能进行分析：FKM 的耐热老化、耐油性、耐臭氧性、渗透性以及铜板污染性方面较优良；NBR 具有优异的耐油性，但次于 FKM，此外 NBR 的气密性和耐水性较好，耐臭氧性较差；ECO 的耐低温性及耐臭氧性较高。中间的聚酯编织层起增强软管耐压性作用。此种结构的软管具有较强的综合性能，由于高压软管的工作压力达 3 个大气压，因此同化油器车的燃油软管相比，要求增加编织层；同样，由于燃油的高压作用，对软管的耐油性具有较高要求，因此内胶层采用 FKM 必不可少，而且对该层的厚度也有一定要求。

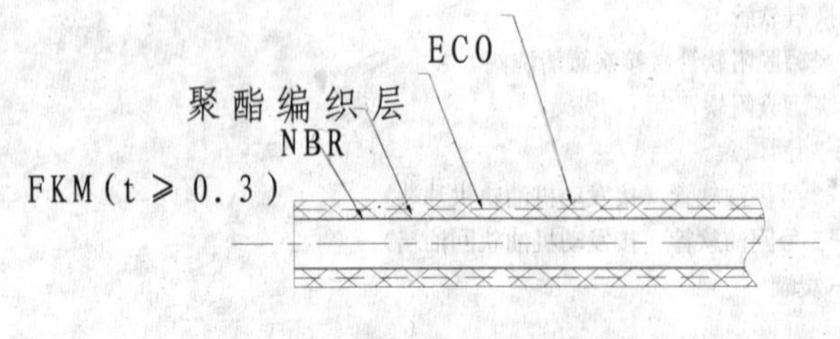

图 3

1.3 汽油滤清器设计

汽油滤清器安装在油泵之后的高压油路中，其作用：滤掉燃油中的氧化铁、粉尘等固体夹杂物（了解燃油成分），防止燃料系统堵塞，减小系统的机械磨损，确保发动机稳定运转，提高工作可靠性。滤清器滤芯采用卷筒型结构，此结构可增大过滤面积，从而减小油滤的体积、重量；油滤耐压性能高，要求采用金属壳体，如图 4 所示，来提高耐压性能。为满足燃油系统供油性能要求，汽油滤清器应具有过滤效率高、寿命长、压力损失小（≤5kPa）、耐压性能好、体积小、质量轻等性能，同时过滤精度为 8～10μm，以防止堵住燃油喷嘴。

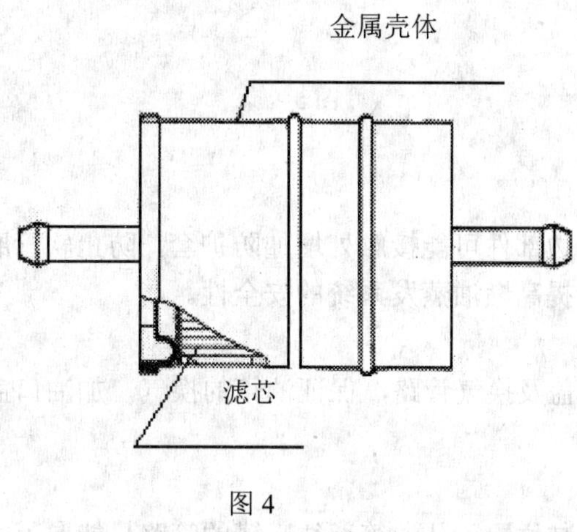

图 4

1.4 高压燃油软管安装卡箍设计

各管路的连接处应能保证不发生燃油泄漏，为此可借用北斗星车成熟的技术，即燃油系统用双层钢带卡箍，此卡箍具有生产线装配效率高，价格低的优点。避免了传统的蜗轮蜗杆卡箍需规定拧紧力矩、易划伤软管，装配效率低，价格高的缺点。

2 安全性能设计

严格来说，燃油蒸发系统零部件均属于关重件，各零部件生产、装配、连接处均严格按照设计文件要求，才能符合系统的安全性能要求。以下重点阐述系统设计时如何从系统安全性要素来进行设计。

2.1 油箱设计

由于采用了内置燃油泵并集成了油位传感器，因此燃油箱需重新设计，除蒸发油管、供油、回油管接口取消外，还应重点设计燃油泵的安装接口，接口处采用 O 形密封圈密封方式，见图 5，以防燃油外泄。燃油箱部件性能应符合国家标准 GB18296—2001《汽车燃油箱安全性能要求和试验方法》。

2.2 油泵安装方式

车辆发生碰撞事故时，如油泵的密封和安装方式不合理，在油箱接口油泵安装处可能会发生燃油泄漏，为此油泵的密封和安装方式极其重要。在设计此安装方式时，以北斗星车的油泵安装方式为参考，即采用法兰盘螺栓固定方式，图 5 为油泵安装方式图。海象车进行碰撞试验时没有发生燃油泄漏，由此证明了此安装方式的可靠性。

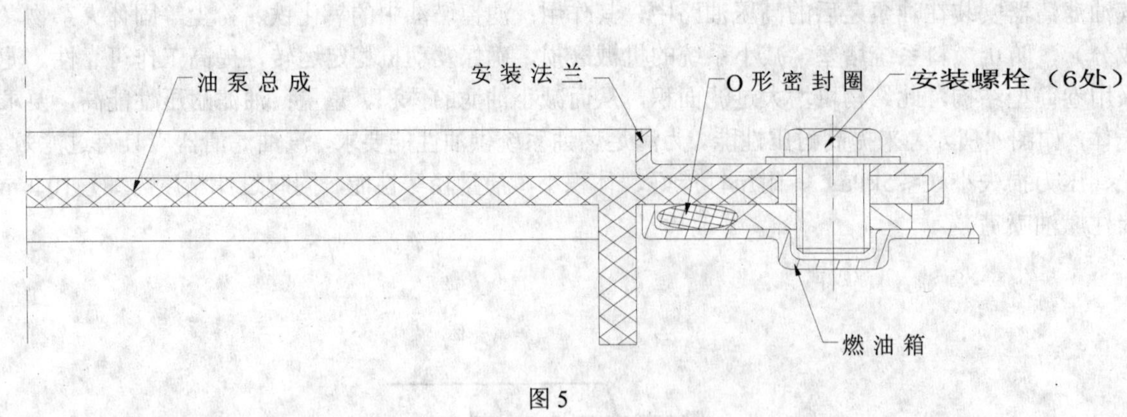

图 5

2.3 防护设计

在高压燃油软管与车体及周边部件可能接触处增加防护套，防止软管磨损而导致燃油泄漏。采取增加防护套的方式，成本低廉，又能提高燃油蒸发系统的安全性。

2.4 换气功能

延用 18 化油器车的加油口盖及换气管路，保证油箱的换气，加油口盖具有油箱负压吸气功能，防止油箱受负压作用而变形。

2.5 炭罐安装位置设计

延用 18 化油器车的炭罐安装位置，从油箱通往炭罐的管路只能向上，不能有向下的走向，以防止燃油从炭罐流出，一般要求炭罐要比油箱高出 500mm。见图 6 所示。

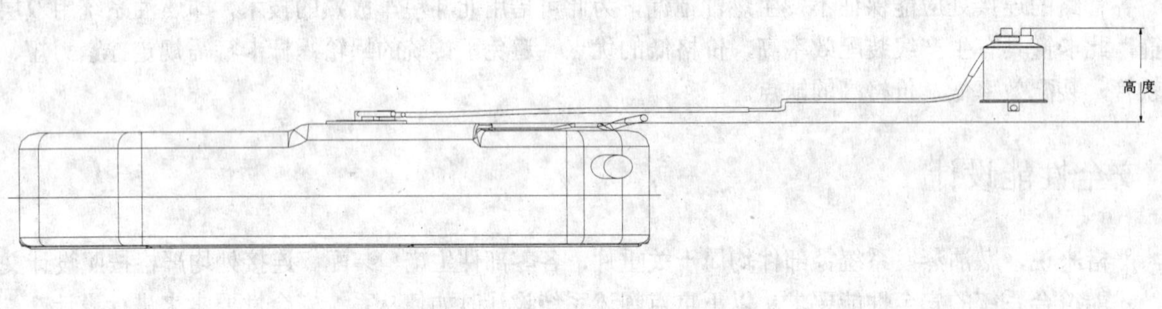

图 6

3 蒸发性能设计

炭罐对汽车蒸发排放的影响最为显著，因电喷系统采用了炭罐清洗阀，在延用 18 车炭罐基础上，对炭罐稍加变动，取消了炭罐脱附阀即可，不需重新开发炭罐模具。

活性炭罐蒸发污染控制系统工作原理。来自油箱中的燃油蒸气通过炭罐吸附阀进入炭罐上部，空气从炭罐下部进入清洗活性炭。发动机工作时，ECU 根据发动机的转速、温度、空气流量等信号，控制活性炭罐电磁清洗阀的动作来控制排放控制阀上部的真空度，从而控制排放阀的开闭动作。当排放控制阀打开时，汽油蒸汽通过阀中的定量排放小孔吸入进气歧管，然后进入气缸烧掉。图 7 为炭罐蒸发污染控制系统工作原理图。

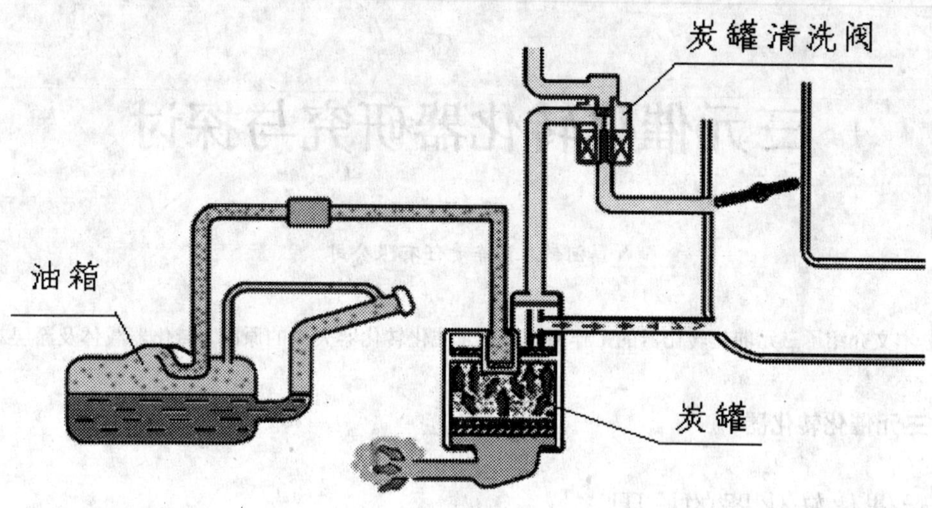

图 7

4 结束语

电喷车燃油蒸发系统是电喷系统中的大系统，其设计的合理性将直接影响电喷系统的工作性能。该文从几方面详细阐述了燃油蒸发系统的设计依据及其零部件选用原则，并尽量借用原化油器车燃油蒸发系统的布置、零部件、安装方式，减少不必要的变更。实践证明开发的电喷车工作可靠，性能稳定，其燃油蒸发污染物符合国家标准要求。同时，由于燃油喷射系统具有许多共性，所阐述的燃油蒸发系统设计依据及原则，还可供开发其它电喷系统时作为参考。

三元催化转化器研究与探讨

王 涛

昌河铃木汽车责任有限公司

[摘要] 本文介绍了三元催化转化器的工作原理、三元催化转化器失效的原因、转化器载体及涂层对尾气排放的影响。

关键词：三元催化转化器

1 使用三元催化转化器的原因

随着国民经济的快速增长，以及汽车价格的不断下调。汽车已再不作为高档的奢侈品而是作为代步工具的一种正以惊人速度走向普通百姓家庭。在城市汽车保有量的迅速增加的同时，城市的大气污染也随之严重，并影响到了人们的正常生活与身体健康。为此中国国家质量技术监督局于 1999 年 3 月 10 日颁布中华人民共和国国家标准 GB14761—1998（汽车排放污染物限值及测试方法），并于 2000 年 1 月 1 日起开始实施。随后国家又出台了只要通过国家欧 2 标准（2004 年以后的要求）的车型，用户所购买的整车就可享有减免 30%消费税的优惠的政策。

国家目前及将来对排放的要求见表 1

表 1

	GB14761-1999	欧 1	欧 2	欧 3
实施时间	2000.1.1	2000	2004	2008
CO（ km/g）	2.72	2.72	2.2	2.3
HC+NO （km/g）	0.97	0.97	0.5	0.2+0.15

在解决排放污染问题上，世界各国的整车生产厂和科研机构都投入了巨大的人力物力对其进行研究，中国作为整车生产与消费的大国为此也投入了大量的人力和物力。在研究的各种方案中，各国整车生产厂大多认为只有使用汽油机电子喷射技术加三元催化转化器来改善排放问题才是最希望达到商业化阶段的方案。

2 三元催化转化器的结构

三元催化转化器主要由外壳、隔热保护罩、中间段、入口和出口锥段、弹性夹紧材料、防直通密封催化剂等几部份组成， 其中催化剂作为三元催化转化器的技术核心包括载体、涂层两部分。

2.1 载体

基本材料为陶瓷（MgO_2， Al_2O_3，SiO_2）。目的是提供承载催化剂涂层的惰性物理结构。为了在较小的体积内有较大的催化表面，载体表面制成为蜂窝状。

2.2 涂层

在载体表面涂敷有一层极松散的活性层，它以金属氧化物 γ-AL_2O_3 为主。由于表面十分粗糙，这使壁面的实际面积增大了约 7000 倍，大大的增加了三元催化转化器的活性表面和储存氧的能力。在活性层外部涂敷有含锆 Zr 和铈 Ce 等元素的助催剂，含有铑 Rh、钯 Pd、铂 Pt 等贵金属的主催化剂。

3 三元催化转化器的工作原理

发动机尾气中主要的三种污染物为 CO，HC，NO_X。三元催化转化器的作应就是利用转化器上的重金属作催化剂，使 CO、HC、NO_X、O_2 各气体间相互之间发生氧化与还原的化学反应，生成 N_2、CO_2、H_2O 等无害气体。

3.1 反应的三个步骤：

1）外部物质交换阶段：从废气流到催化表面的物质交换。

该步骤与载体的目数（液压直径），催化转化器直径、气体流量（雷诺数）有关。

2）微孔扩散阶段：废气扩散到催化剂的微孔中。

该步骤与催化器涂层厚度，微孔形状有关。

3）氧化反应阶段：与贵金属作用发生的催化反应。

该步骤与废气浓度，废气温度有关。

注：整个反应速度及转化率取决于反应速度最慢的步骤。

影响催化转化器转化效率的参数见表 2。

表 2

	转化率	比热	流通截面	几何表面积	液压直径（目数）
冷起动	↑	↓	↓	↑	↓
热起动	↑	o	↓	↑	↓

3.2 催化反应

氧化反应：

$$CmHn + (m+n/4)\,O_2 \longrightarrow mCO_2 + n/2\,H_2O$$

$$CO + 1/2\,O_2 \longrightarrow CO_2$$

$$H2 \quad + 1/2\,O_2 \longrightarrow H_2O$$

还原反应：

$$CO + NO \longrightarrow 1/2\,N_2 + CO_2$$

$$C_mH_n + 2(m+n/4)\,NO \longrightarrow (m+n/4)\,N_2 + n/2\,H_2O + m\,CO_2$$

$$H_2 + NO \longrightarrow 1/2\,N_2 + H_2O$$

注意：

1）在氧化反应中，由于各种碳氢化合物有不同的氧化性质，导致氧化过程产生差异。在实际的使用过程中，整车生产厂在催化剂配方的设计中，应充分考虑到本国汽机油产品和整车自身的特点。

各种气体在氧化过程中的性质如下：

- 烯烃和其他不饱和的炭氢化合物被优先氧化。
- 饱和的炭氢化合物很难被氧化。
- 甲烷是最难被氧化的炭氢化合物－典型氧化催化剂对甲烷的氧化率很低。

2）氧化催化剂将排气中的 H_mC_n 和 CO 氧化成 CO_2 和 H_2O，反应发生在多氧的环境中，多氧的提供主要可通过空气泵和贫油标定两个方法提供。

3）催化剂氧化排气中的 H_mC_n 和 CO，并把 NO_x 还原为 N_2，要求排气的空燃比被控制在理论空燃比附近，即过量空气系数 $\lambda=1$ 具体效果见图 1。

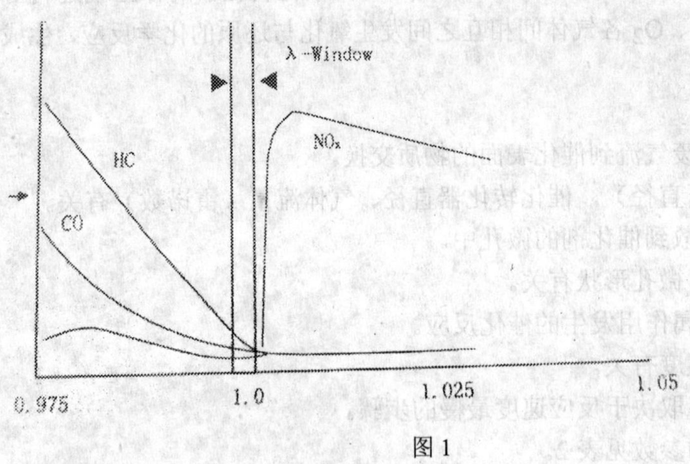

图 1

4 三元催化转化器中贵金属的作用

4.1 为同时进行氧化还原反应，必须有贵金属作为催化剂参与化学反应

Pt、Pd：是很好的氧化催化剂。

- 氧分子被拉开而分离在金属表面（下图所示）

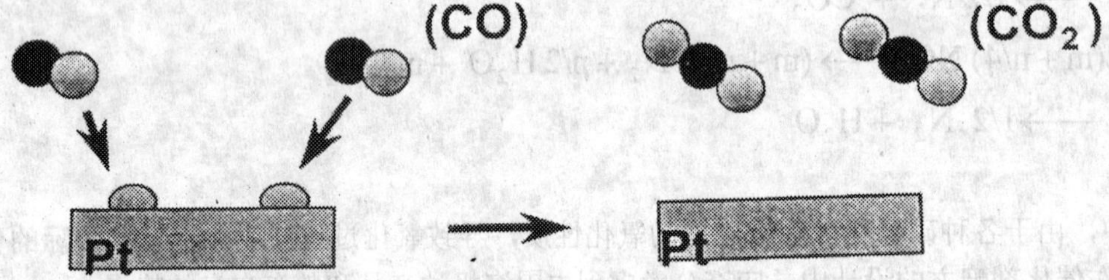

- 单个氧原子容易和 CO 分子反应（下图所示）。

Rh：是极好的 NO_x 的还原剂。

- NO 被拉开而分离在贵金属表面（下图所示）。

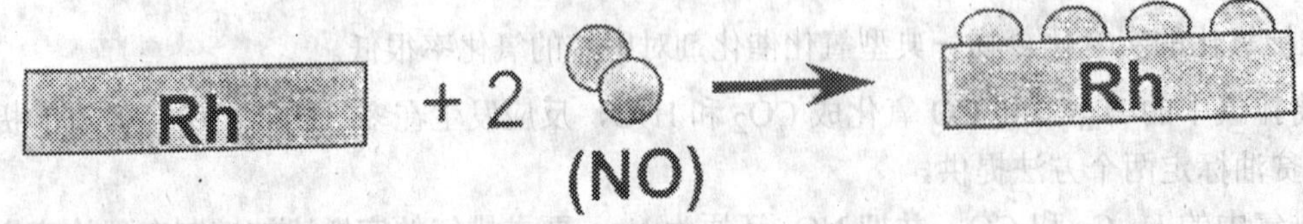

- 氮原子在表面移动结合形成氮气而释放（下图所示）。

- 氧原子留在表面需要一氧化碳来消除它们。

注意：O_2 和 NO 分子竞争相同的贵金属表面的 O_2；

NO 分子占领贵金属表面的概率取决于 NO 和 O_2 分子的相对数量以及催化剂表面是否对 NO 和 O_2 有优先选择。

4.2 不同方案的催化剂配方的特点

1）Pt/Rh：是一种传统的配比模式。其对燃油中的铅有最好的抵抗中毒的能力。

Pt：很好的氧化作用。生成一些 NH_3。

Rh：极好的 NO_X 的还原剂，但在高温下易与 AL_2O_3 反应而丧失活性。

2）Pd/ Rh ：比较适合燃油较清洁的环境下，分成涂敷可避免合金的形成。

3）Pt/ Pd / Rh：高含量 Pt 与 Pd 和 Pt 的分离涂敷有高温稳定性和好的 HC 活性。Rh 和 Pt 加上金属氧化物改善 RH 和 NO_X 反应的热稳定性。

4）只有 Pd：高温位置有卓越的去除包括 NO 污染的整体性能。

4.3 其他金属及金属化合物在三元催化转化器中的作用

1）氧化铝：提供“可涂性”及涂层粘性。

分散贵金属，得到最大花的表面积/活性。

2）氧化铈：通过“储氧”，帮助催化剂对付空燃比的波动。

3）鎳：可以捕捉 H_2S 去除难闻的臭味。

注意：

- Rh 会和氧化铈发生有害的相互作用。
- Pd 和 Rh 在高温下会形成 Pd－Rh 合金。

5 三元催化转化器失效分析

在正常的使用情况下，由于三元催化转化器的工作特性及不可避免的元素污染，随着行驶的时间和公里增加，三元催化器会发生老化失效现象。根据各种试验，总结失效的原因主要是以下三个方面。

5.1 各种元素对三元催化转化器的影响

（1）铅、锰元素对三元催化转化器的影响

含铅汽油的使用，将导致催化转换器重金属中毒，催化效果降低。国内汽油市场，铅含量根据国务院129 号文件规定为 0.005L/g 以内。基本可以满足使催化剂不中毒的要求。但是国内的炼油厂在停止使用四乙基铅作为汽油抗爆剂的同时，采用了羟基锰（MMT）作为抗爆剂，直接造成三元催化转化器中锰元素含量大幅增加。根据世界车用燃油规范中的介绍，MMT 中的锰元素经燃烧后，将稳定地沉积在发动机火花塞和三元催化转化器内，造成火花塞失火，增加排放，降低发动机机械性能。同时锰元素沉积在催化器上，引起堵塞，起燃特性及稳态转化效率降低。会使微粒增加。MMT 的燃烧生成物将沉积在催化器表面，该沉积物有储氧的功能，将造成三元催化转化器氧传感器误报，放过因催化器实际失效而引起的高排放检测。

（2）磷、锌元素对三元催化转化器的影响

磷、锌元素与三元催化转化器活性材料反应或覆盖在催化转化器活性表面上，造成催化转化器效率下降。由于机油添加剂中磷、锌元素无法取消，而内燃机烧机油的特性也不可避免，所以催化剂配方以及涂层技术仍需改进。

（3）硫元素对三元催化转化器的影响

汽油燃烧后，其中的硫元素随着尾气进入三元催化转化器，这些硫元素与催化转化器的表面上的金属氧化物反应生成硫酸盐，减弱了催化剂对空/燃比变化的敏感程度，使其丧失储存，释放氧的功能，硫化物吸附在催化剂的表面，妨碍了 HC、CO、NO 的吸附。较高含 S 油在整个空/然比范围内延长了催化剂的点燃时间，提高了起燃温度，降低转化效率。

5.2 机械损伤对三元催化转化器的影响

催化转化器在制造和装配过程中由于受力不当会产生裂缝，尤其是纵向裂缝一旦产生，排放的尾气将通过相对阻力较小的裂缝间隙排除催化转化器，不通过带有催化剂的表面，不能达到转化目的。催化转化器壳体或密封材料产生泄漏也会产生无法催化。

5.3 自身老化对三元催化转化器的影响

经过一定时间的使用，三元催化转化器表面的活性物质自身受到热老化或被覆盖，造成催化转化功能逐渐下降，直到失效。优势车辆使用不当，出现烧结，也加速老化。例如：燃油在发动机内未完全燃烧，残余物随尾气进入三元催化转化器内继续燃烧，其局部温度将超过 900℃，活性物质 γ-AL_2O_3 转变为 α-AL_2O_3，发生烧结。

6 其它

由于三元催化使用条件比较复杂，催化效果受到来自诸多方面的影响，本文不能一一列举。希望通过本文能使大家了解三元催化转化器在汽车环保中的作用，同时也能初步了解三元催化转化器的应用机理和失效原因，希望能为给整车生产和使用提供一定的参考。

参考文献

1 潘正堂，陶海龙. 上海大众三元催化转化器失效分析研究报告.

2 ENGELHARD. 昌河铃木汽车技术交流－汽车催化作用概况

3 EMITEC. 应用匹配催化转化器

4 RolfBruck,PetetHirth and WolfgangMaus. 优化后处理各组成部分之间的相互作用

欧盟汽车整车型式批准最新指令 2001/116/EC 及对我国的借鉴作用

朱 毅

中国汽车技术研究中心

[摘要] 本文在对欧盟汽车整车型式批准最新指令 2001/116/EC 进行分析的基础上，以图表及流程图的形式介绍了该指令的主要内容，2001/116/EC 是对 70/156/EEC 的最新修订本，为欧盟 M1 类车辆整车型式批准的框架性指令，其实施是建立在系统而有完善的汽车零部件型式批准制度的基础上，对我国的汽车产品管理体制的建设和完善具有较大的参考借鉴作用。

关键词：欧盟 汽车 型式 指令

欧洲联盟目前共有 15 个成员国，它们是：奥地利、比利时、丹麦、芬兰、法国、德国、希腊、爱尔兰、意大利、卢森堡、荷兰、葡萄牙、西班牙、瑞典、英国，它是在原欧洲经济共同体（EEC）的基础上进一步发展而来的，由 EEC 这样一个单纯的经济实体发展成为较统一的政治、经济、外交和军事实体，在许多领域内制定并实施统一的政策和法律、法规。

在对汽车产品的管理上，也不例外，原欧洲经济共同体和目前的欧洲联盟以原欧洲经济共同体 1957 年签订的基本法律《罗马条约》以及 1991 年欧洲联盟成立时通过的《罗马条约》修正案《马斯特里赫特条约》为依据，制定一系列有关汽车产品（含摩托车）安全、环保、节能及车辆有关部件要求方面统一的、强制执行的 EEC 指令（欧洲联盟成立后称为 EC 指令），并按照这些技术指令实施了欧洲联盟汽车产品型式批准制度，它是欧洲联盟地区汽车产品准入的基本条件。

欧洲联盟的 EEC、EC 技术指令和汽车产品型式批准原来只涉及零部件和系统，20 世纪 70 年代初欧盟开始建设统一的整车型式批准制度，从 1998 年 1 月 1 日开始，欧洲联盟对 M1 类车辆（即包括驾驶员座位在内，座位数不超过 9 座的载客车辆）及某些由 M1 车辆改装的特种车，诸如：某些防弹车辆、旅居车辆、救护车、殡仪车等，开始强制实施各成员国统一的整车型式批准。这样各国原有的 M1 类车辆整车型式批准不复存在，统一按照 70/156/EEC 及其以后该指令的各修订本进行 M1 类车辆的整车型式批准，目前欧盟正在实施 70/156/EEC 的最新修订版本：2001/116/EC。

1 欧盟指令 2001/116/EC 的主要内容和运作程序

欧盟指令 2001/116/EC 详细规定了 M1 类车辆进行欧洲联盟的统一整车型式批准的程序，车辆生产厂家可以任意采取下列两种方式之一获取整车型式认证的批准。

方式 1：在欧盟的整车型式批准时一次性做完 2001/116/EC 中所规定的各个零部件检验项目（共计 47 个项目，检验按照相应的 EEC/EC 技术指令进行），合格后即获得 EEC 整车型式批准，具体流程如下：

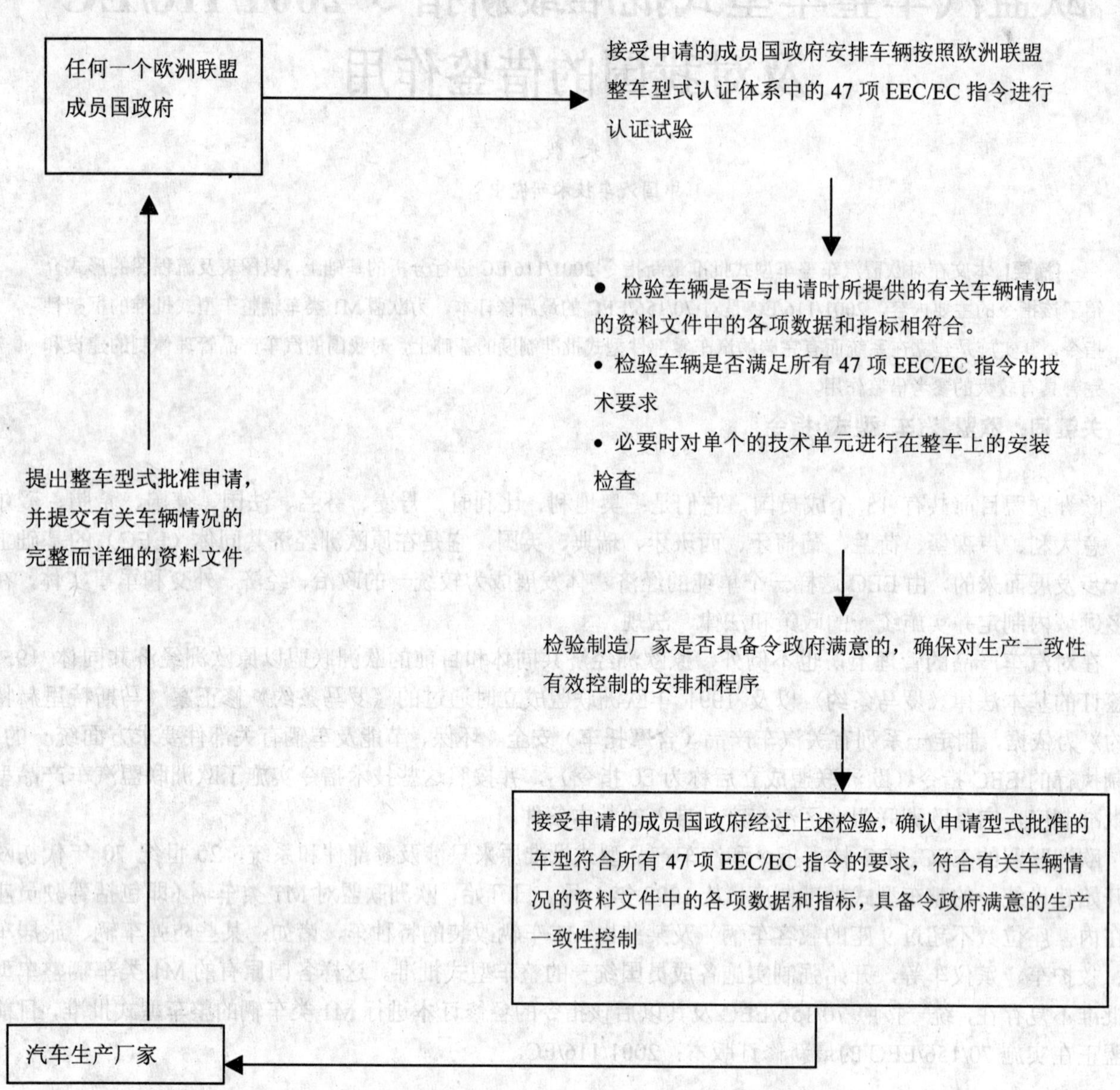

批准汽车制造厂家申请车型的型式认证，向厂家颁发整车型式批准证书，并通知其它的欧洲联盟成员国。

已获得 M1 类整车型式批准的厂家，对其批量生产的车辆还必须按照 2001/116/EC 中规定的格式填写完成生产一致性证书，每一辆车带有一份生产一致性证书，欧洲联盟各成员国根据该证书对进入该国市场并投入使用的车辆进行注册。

方式 2：由厂家先在不同的时间内分阶段、分步骤进行 2001/116/EC 中规定的所有 47 个零部件项目的单项 EEC/EC 指令的认证，再凭这些项目的型式批准证书获取 EEC 整车型式批准，具体流程如下：

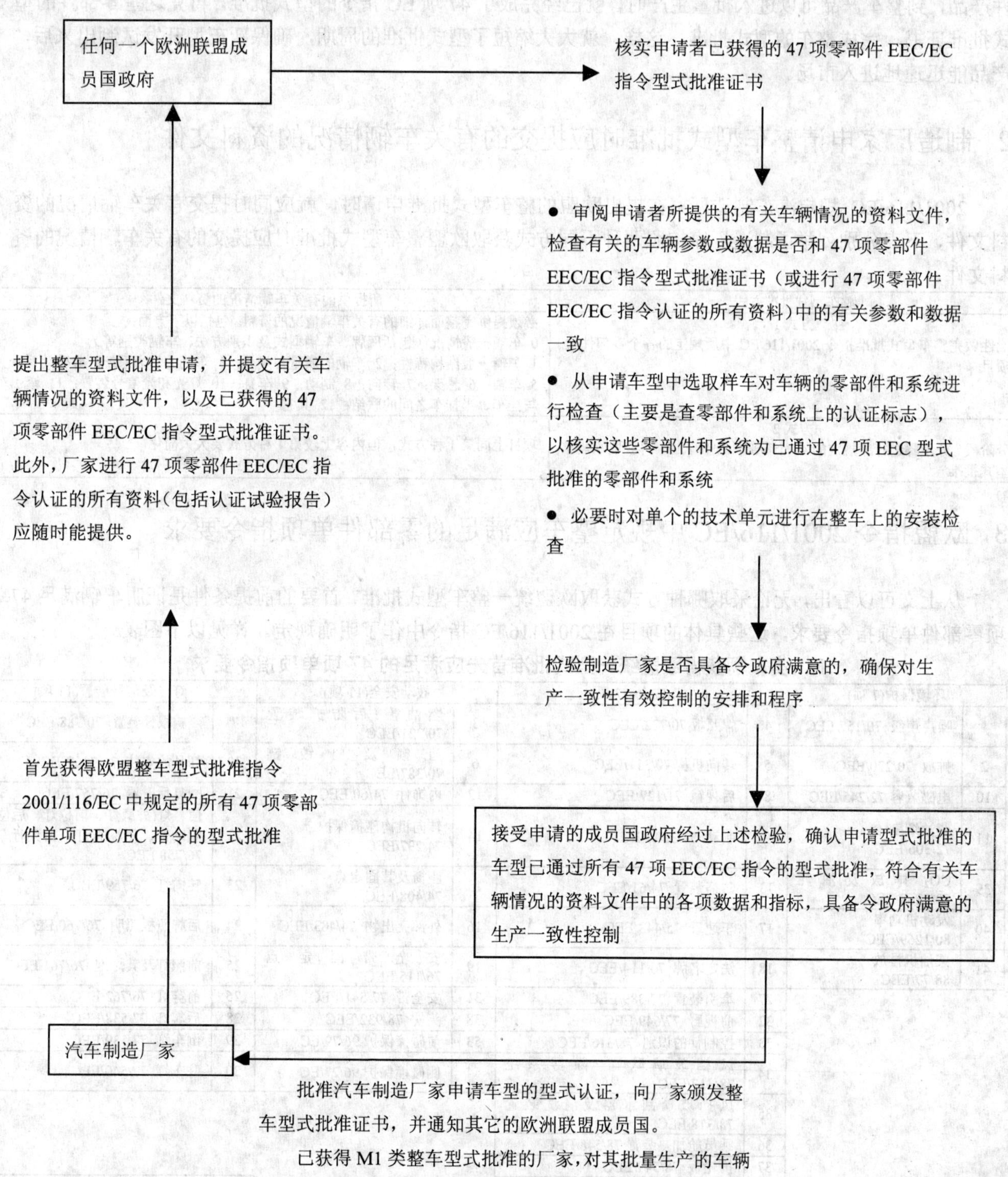

已获得 M1 类整车型式批准的厂家，对其批量生产的车辆还必须按照 2001/116/EC 中规定的格式填写完成生产一致性证书，每一辆车带有一份生产一致性证书，欧洲联盟各成员国根据该证书对进入该国市场并投入使用的车辆进行注册。

尽管 2001/116/EC 中规定，汽车的制造厂家可采取任何一种方式申请整车的型式批准，但一般制造厂家都选择第 2 种方式获取整车产品的型式批准，而且从某一新车型的开发、试制过程开始就有步骤、分阶段、有计划的开始 47 项零部件的 EC 型式批准，或者在整车产品的开发中就直接选用已经型式批准的零部件产品，到整车产品可以进入批量生产时，就已经完成了 47 项 EC 指令的型式批准，再凭这些零部件的型式批准证书，完成整车的型式批准。这样，就大大缩短了型式批准的周期，确保新车型开发试制出来后，产品能迅速地进入市场。

2 制造厂家申请整车型式批准时应提交的有关车辆情况的资料文件

2001/116/EC 规定汽车制造厂家在提出欧盟的整车型式批准申请时，就应同时提交有关车辆情况的资料文件，下表分别列举了制造厂家按照两种不同方式获取欧盟整车型式批准时应提交的有关车辆情况的资料文件。

整车型式批准方式	所提供的有关车辆情况的资料文件
方式 1 一次性做完整车型式批准指令 2001/116/EC 中所规定的各个零部件检验项目	必须提供完整而详细的有关车辆情况的资料，包括以下方面： 0 车辆一般情况（包括厂牌、车辆型式及识别方法、车辆类别等） 1 车辆一般结构特性；2 车辆的质量与尺寸；3 车辆的动力系统；4 传动系统 5 车轴；6 悬架；7 转向；8 制动；9 车身；10 灯光和光信号装置；11 牵引车与挂车、半挂车之间的联结；12 其它
方式 2 先分阶段、分步骤进行所规定的 47 个零部件项目认证，再获取欧盟整车型式批准	项目上同第 1 种方式，但内容上较第 1 种方式要大大简化

3 欧盟指令 2001/116/EC 中规定整车应满足的零部件单项指令要求

从上文可以看出，无论采取哪种方式获取欧盟统一整车型式批准，首要的前提条件是证明车辆满足 47 项零部件单项指令要求，这些具体的项目在 2001/116/EC 指令中作了明确规定。详见以下图表。

M1 类车辆获得欧盟统一型式批准首先应满足的 47 项单项指令要求

环境保护(7 项)		主动安全(17 项)		被动安全(11 项)		灯光及信号装置(11 项)	
1	噪声声级 70/157/EEC	4	牌照板 70/222/EEC	3	燃油箱/后防护装置 70/221/EEC	7	声响报警装置 70/388/EEC
2	排放 70/220/EEC	5	转向机构 70/311/EEC	6	门锁及门铰链 70/387/EEC	20	灯具的安装 76/756/EEC
10	电磁兼容 72/245/EEC	8	后视镜 71/127/EEC	12	内饰件 74/60/EEC	21	回复反射器 76/757/EEC
11	柴油烟度 72/306/EEC	9	制动 71/320/EEC	14	转向机构碰撞保护 74/297/EEC	22	信号灯(外廓灯、前位灯、后位灯、制动灯、侧标志灯、白天行车灯) 76/758/EEC
39	CO_2 排放及油耗 80/1268/EEC	13	防盗装置 74/61/EEC	15	座椅及其固定点 74/408/EEC	23	转向灯 76/759/EEC
40	发动机功率 80/1269/EEC	17	车速表 75/443/EEC	16	外部突出物 74/483/EEC	24	后牌照板照明 76/760/EEC
41	柴油机排放 88/77/EEC	18	法定名牌 76/114/EEC	19	安全带固定点 76/115/EEC	25	前照灯及其灯泡 76/761/EEC
		27	牵引装置 77/389/EEC	31	安全带 77/541/EEC	26	前雾灯 76/762/EEC
		32	前视野 77/649/EEC	38	头枕 78/932/EEC	28	后雾灯 77/538/EEC
		33	控制件的识别 78/316/EEC	53	前碰撞保护 96/79/EC	29	倒车灯 77/539/EEC
		34	风挡玻璃除霜/除雾系统 78/317/EEC	54	侧碰撞保护 96/27/EC	30	驻车灯 77/540/EEC
		35	风挡玻璃刮水器及清洗装置 78/318/EEC				
		36	乘员舱加热装置 78/548/EEC				
		37	护轮板 78/549/EEC				
		45	安全玻璃 92/22/EC				
		46	轮胎 92/23/EC				
		50	挂车拖挂装置 94/20/EC				

其它（1 项）	
44	质量和尺寸 92/21/EC

注：表中各列中左侧的数字为下图车辆上的位置标识。

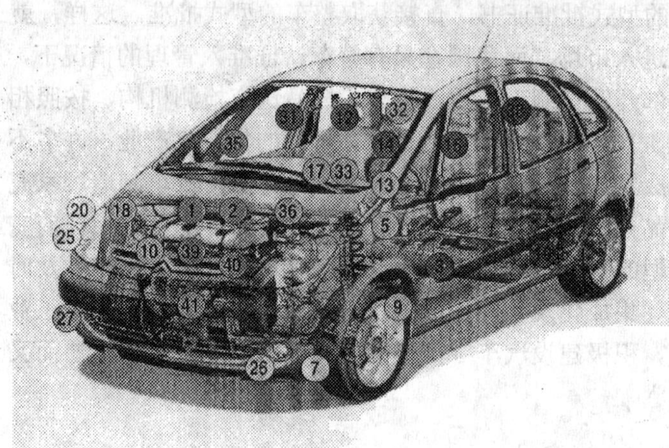

以上图表中所列举的 47 项零部件项目，即为欧洲联盟政府认为对 M_1 类整车的安全、环保和节能这几方面至关重要的项目，任何型式的 M_1 类整车必须首先通过这些零部件项目的认证后，才能被证明满足了政府对车辆在安全、环保和节能方面的控制要求，才能通过整车的型式批准，进而才能被准入，进入欧盟市场。

4 2001/116/EC 对我国汽车产品管理工作的借鉴作用

欧洲联盟的统一整车型式批准制度，经过近年来的实施与发展，在国际上产生了深远的影响，是国际上典型的汽车整车型式批准制度，许多国家以及包括 WP29 和 APEC 在内的国际组织都在借鉴参考这一制度，建设自身的整车型式批准制度。

我国从 20 世纪 80 年代未就开始了对汽车产品进行法制化管理的建设工作，首先对我国的汽车标准进行全面而深入的清理、整顿工作，严格按照《标准化法》的规定确定标准的级别，将有关汽车安全、环境保护、节约能源方面的标准划归汽车强制性标准，其它标准定为推荐性标准，逐步建立并完善我国的汽车强制性标准体系。目前该体系中已完成制订并发布的项目 70 项，其中汽车 58 项，摩托车 12 项，全部为国家标准，在技术内容上主要参照欧洲 ECE/EEC 汽车技术法规体系，少数项目参照美国 FMVSS 和日本安全基准制定。在制定完善我国汽车强制性标准体系基础上，不断加大其实施力度。我国自 1995 年下半年起，开始对汽车新产品的目录管理制度中增加汽车安全、环保、节能方面的强制性标准检测，即按照相应的汽车强制性标准的进行检测，未通过此检测的车辆型式不能列入汽车产品目录，不能注册使用。强制性标准检测项目最初为 12 项，1997 年 1 月 1 日，增加至 25 项，1998 年 10 月 1 日起，增加至 34 项。2001 年 4 月汽车强制性标准的检测项目增加至 43 项（2002 年 10 月 18 日又在此基础上增加 5 项），同时汽车行业的主管部门改革原有的汽车产品目录管理制度，以发布《车辆生产企业及产品公告》的方式对车辆产品进行管理，作为汽车产品管理体制向国际通行的型式认证制度转变的过渡措施。

我国汽车强制性标准的制修订和实施工作对改变旧的汽车产品管理体制，实现政府对汽车产品在安全、环保、节能方面的法制化管理，发挥了十分重要的作用。可以说我国现行的汽车产品管理体制从性质上讲与通行的国际惯例，即型式批准制度逐渐在接轨，已经能够越来越多地体现政府对汽车产品安全、环保、节能等社会公众利益上的控制和管理意志，但是在具体运作程序和内容上与国际通行的做法还有一些差距。与欧盟指令 2001/116/EC 中规定的型式批准程序相比，在我国现行的汽车产品管理体制中还只有对整车的认证准入管理，缺乏相当于国际通行的汽车零部件型式批准这样一个管理层面（我国只有极个别的项目承认已有的认证标志，而不必重新检测认证），而这恰恰是开展整车型式批准的基础和前提条件。欧盟的整车型式批准由于有了系统而完善的汽车零部件型式批准制度作为基础，使得汽车制造厂家能够提前从某一新车型的开发、试制过程开始就有步骤、分阶段、有计划的开始各单项零部件的 EC 型式批准，或者在整车产品的开发中直接选用已经型式批准的零部件产品，到整车产品可以进入批量生产时，就已经完成了各单项 EC 指令的型式批准，再凭这些零部件的型式批准证书，直接获取整车的型式批准。这样，就大大缩短了型式批准的周期，确保新车型能迅速地进入市场。而我国在只有整车认证准入管理的情况下，任何一个申请列入“公告”的车型，都要在完成全部开发试制工作后，将整车样品送交检测机构，按照相应的强制性标准完成对有关零部件的所有单项检测工作，由于汽车工业是个大规模的集成化产业，许多不同的车辆型式用的零部件都是相同的，这样势必造成了许多工作的重复进行，同时无法使汽车制造厂家充分利用市场上已有的各种零部件产品，或在整车产品开发试制过程中，针对条件许可的零部件产品提前完成其认证检测工作，保证汽车制造厂家在完成新车型的开发试制工作后产品能马上进入大批量生产并及时推向市场。这一切都违反了大工业化生产的社会化、集成化及其高效率等客观规律，不利于我国汽车工业的健康快速发展，因此在我国汽车产品管理体制中，积极建设汽车零部件的型式批准制度是一项重要而又紧迫的工作。

参考文献

1 国际汽车标准法规中文译本《欧盟理事会机动车型式认证指令 70/156/EEC（2002/116/EC）》出版单位：大众汽车（中国）投资有限公司中国汽车技术研究中心

轻型汽车排放新标准对测试能力的要求研究

方茂东

中国汽车技术研究中心

[摘要] 本文首先简要介绍了我国正在制订的轻型汽车排放新标准情况，然后按照试验项目，对比分析了它与目前排放标准的差异，着重研究了这些差异对测试能力提出的新要求，并指出应对措施。

关键词：轻型汽车 排放 新标准 测试设备

1 概述

2001 年 4 月 10 日，国家环境保护总局和国家质量监督检疫总局联合发布了国家标准 GB18352.1－2001《轻型汽车污染物排放限值及测量方法(I)》[1]、GB18352.2-2001《轻型汽车污染物排放限值及测量方法(II)》[2]，上述国标分别等效于欧Ⅰ、欧Ⅱ排放法规。随着 2001 年 7 月北京申奥成功，北京市必然会加大大气污染治理力度，估计 2006 年左右开始实施欧洲目前实施的轻型汽车排放新标准——欧 III 排放法规[3]。

2001 年底我们受国家环保总局的委托，组织制订等效于欧 III、IV 的国家标准 GB18352.3—200X《轻型汽车污染物排放限值及测量方法(III、IV)》[4]，预计 2003 年底完成，2008 年左右在全国开始实施。总的来说，该新排放标准与现行轻型汽车排放标准的主要区别主要体现在以下几方面：

1) 关于 I 型试验，不仅大幅度加严排放限值，更在试验循环中删除冷起动后的 40s 怠速时间。

2) 关于 IV 型试验，试验程序作了重大调整，昼间呼吸试验从原来的 1h 变为 24h，且密闭室内环境温度随时间变化，导致密闭室结构变化。

3) 增加了 VI 型试验，即－7℃环境温度下汽油车排放试验。这项试验要求建立一个带底盘测功机的低温室，以便汽车在其内运行。

4) 新增车载诊断(OBD)系统测试要求。要求选取合适的车辆及劣化过的部件，以便制造故障来检查 OBD 系统是否能正常工作。

5) 新增在用车生产一致性检验和路边检查试验。对满足选取条件的在用车，按照 I 型试验后仍应满足排放限值的要求。

上述技术要求和测试方法的变化，有的会对测试能力和测试设备带来变化，而有些项目不会对测试设备带来新的要求，如在用车生产一致性检验。本文详细分析了制订中的新排放标准与目前排放标准的差异，研究了这些差异导致的对测试能力的新要求，并提出应对措施。

2 I 型试验—常规排气排放试验

我们对比了制订中的新排放标准与原来的欧 I/II 排放标准中 I 型试验的技术要求和试验方法，结果发现对于 I 型试验，新排放标准中测试方法，除了测试循环删除了冷起动后的 40s 怠速时间外没有其它变化，主要是加严了排放限值。正是限值的变化，导致对测试能力产生新要求。

2.1 排放限值及比较

以第一类车为例，我们比较分析限值的变化，如表 1 所示。

表 1 各阶段 I 型试验排放限值比较表（第一类车） （单位：g/km）

<table>
<tr><th>污染物</th><th>汽车发动机</th><th>第一阶段</th><th>第二阶段</th><th>第三阶段</th><th>第四阶段</th></tr>
<tr><td rowspan="2">CO</td><td>点燃式</td><td>2.72</td><td>2.2</td><td>2.3</td><td>1.0</td></tr>
<tr><td>压燃式</td><td>2.72</td><td>1.0</td><td>0.64</td><td>0.5</td></tr>
<tr><td rowspan="2">HC</td><td>点燃式</td><td>--</td><td>--</td><td>0.2</td><td>0.1</td></tr>
<tr><td>压燃式</td><td>--</td><td>--</td><td>--</td><td>--</td></tr>
<tr><td rowspan="2">NO_x</td><td>点燃式</td><td>--</td><td>--</td><td>0.15</td><td>0.08</td></tr>
<tr><td>压燃式</td><td>--</td><td>--</td><td>0.5</td><td>0.25</td></tr>
<tr><td rowspan="3">$HC+NO_x$</td><td>点燃式</td><td>0.97</td><td>0.5</td><td>--</td><td>--</td></tr>
<tr><td>非直喷压燃式</td><td rowspan="2">0.97</td><td>0.7</td><td rowspan="2">0.56</td><td rowspan="2">0.3</td></tr>
<tr><td>直喷压燃式</td><td>0.9</td></tr>
<tr><td rowspan="3">PM</td><td>点燃式</td><td>--</td><td>--</td><td>--</td><td>--</td></tr>
<tr><td>非直喷压燃式</td><td rowspan="2">0.14</td><td>0.08</td><td rowspan="2">0.05</td><td rowspan="2">0.025</td></tr>
<tr><td>直喷压燃式</td><td>0.10</td></tr>
</table>

2.2 排放限值变化带来的影响

排放新标准中排放限值的变化，会直接导致被测污染物排放浓度的降低。以第二、第三阶段的第一类车为例，以汽油车或柴油车中较严的排放限值的 70%作为目标值（厂家开发产品需要保持足够的富裕量，以保证产品大批量生产时都满足限值），假定稀释比为 10（CO_2 浓度约为 1.33%时）时污染物的浓度（取样袋浓度）的估计值（假定背景浓度为零）如表 2 所示。

表 2 取样袋浓度估计值(假定背景浓度为零)比较

污染物	排放量参考值		袋浓度估计值	
	第二阶段	第三阶段	第二阶段	第三阶段
CO	0.70 g/km	0.45 g/km	62 ppm	41 ppm
HC	0.18 g/km	0.14 g/km	32 ppm	25 ppm
NOx	0.18 g/km	0.10 g/km	9 ppm	5 ppm

基于 I 型试验的以上变化，我们分析后认为轻型汽车新排放标准对测试设备的要求变化，主要体现在以下方面：

1) CVS 一般采用组合式文杜里管。可以通过一个或多个小文杜里管组合成一个合适的流量，使得既不至于稀释不足导致水蒸气出现冷凝现象，又不至于稀释过大导致取样袋中污染物浓度太低、分析不准确。AVL 专家推荐根据经验，选择合适的文杜里管（稀释流量），使得取样袋中 CO_2 浓度小于下列数值：汽油车 —CO_2<3%；LPG —CO_2<2.2%；NG—CO_2<1.5%，乙醇—CO_2<1.5%。

2) 关于分析系统。如表 2 所示，新排放标准要求分析仪具有更高的分析精度、更低的量程，一般 CO 分析仪最低量程应在 100×10^{-6} 以下，HC 分析仪最低量程应在 30×10^{-6} 以下，而 NOx 分析仪最低量程应在 10×10^{-6} 以下。所以如果原来就具有足够低的量程，分析系统就不需更换即可满足新排放标准的要求。

3) 试验用标准气体的准确度是我们需要重点考虑的问题之一。由于分析仪的量程较低，低浓度的标准气体成为影响最终试验结果的关键因素。

4) 背景空气中污染物浓度是我们需要重点考虑的问题之一。按照 AVL 专家的说法，由于稀释排气中的背景污染物浓度已经从试验结果中去除了，所以只要背景浓度足够低且稳定，如 $2\sim3\times10^{-6}$，则可以不予特别处理。但是，经常发现，我们现有试验时背景气污染物浓度接近样气浓度，有时 HC 浓度高达 15×10^{-6}。这时应采取措施了，主要是增强室内通风系统，定期换气；蒸发试验的汽油处理要采取措施等。

2.3 I 型试验的变化对测试能力的新要求

基于以上分析，仅就轻型汽车排放新标准中 I 型试验的变化对测试设备的要求小结如下：

1）模拟道路负荷的底盘测功机没有变化，但目前一般都采用鼓径为 48in 的单鼓底盘测功机，采用多点设定法来设定负荷。

2）CVS 最好采用组合式文杜里管。这样可以通过一个或多个文杜里管组合成一个合适的流量，使得既不至于稀释不足导致水蒸汽出现冷凝现象，又不至于稀释过大导致取样袋中污染物浓度太低、分析不准确。

3）一般 CO 分析仪最低量程应在 100×10^{-6} 以下，HC 分析仪最低量程应在 30×10^{-6} 以下，而 NOx 分析仪最低量程应在 10×10^{-6} 以下。

4）目前，国内轻型汽车排放试验能力，基本能满足上述要求，但是为了更好地满足排放新标准的要求，建议分析系统更新为低量程的分析单元（包括定容取样器），同时应注意以下要点：

a）最好视车型适当更换文杜里管，保证平均稀释比在 10 左右。

b) 法规试验时最好只采用一组气袋来收集样气以提高样气平均浓度。

c) 低浓度的试验用标准气体准确度是需要重点考虑的问题之一。

d) 背景空气中污染物浓度要保持足够低且稳定，如 $2\sim3\times10^{-6}$ 以下，特别是 HC 浓度。

3　Ⅳ型试验—蒸发排放试验

新排放标准中的Ⅳ型试验对密闭室法(SHED)测量蒸发排放测试方法作了改进。欧Ⅲ法规正文指出欧Ⅲ采用新的 IV 型试验方法的原因：“鉴于 IV 型试验《装点燃式发动机车辆蒸发排放物的确定》须进一步改进，以更好地体现真正的蒸发排放及测量技术的现状”。就是说，随着测量和控制技术的进步，有能力进一步地模拟汽车实际蒸发污染物排放过程。通过改进 IV 型试验方法，可以更近似地测量汽车实际蒸发排放量，进而更严格控制蒸发排放。与欧Ⅰ相比，新排放标准Ⅳ型试验的区别包括试验程序、试验设备等方面。下面具体分析试验设备的差异及对策。

3.1　蒸发排放试验设备

蒸发排放试验时，一般需要以下试验设备：底盘测功机，蒸发排放测量用密闭室，氢火焰离子化型(FID)碳氢化合物分析仪，数据记录系统，燃油箱加热及控制装置，标准气体及附加设备等。新排放标准对各试验设备的要求与欧Ⅰ有很大的不同，主要表现在以下三方面。

3.1.1 蒸发排放测量用密闭室

欧Ⅰ对蒸发排放测量用密闭室的要求比较简单：①符合规定的气密性要求。②有良好的散热性。③至少有一个侧面装有柔性的不渗透材料，以平衡由于温度的细小变化而引起的压力变化。当密闭室内温度升高时，该柔性材料便向外稍稍鼓起，使得密闭室内外压力达到平衡。

新排放标准昼间换气损失试验程序历时 24h，温度变动范围大(20~35℃)，导致密闭室内空气体积变化范围更大(内外压力平衡时)。因此需要采取措施来适应密闭室内温度变化导致的容积变化。新排放标准提供了两种方案，即可变容积和定容积密闭室。图 1 描述的是可变容积密闭室原理。

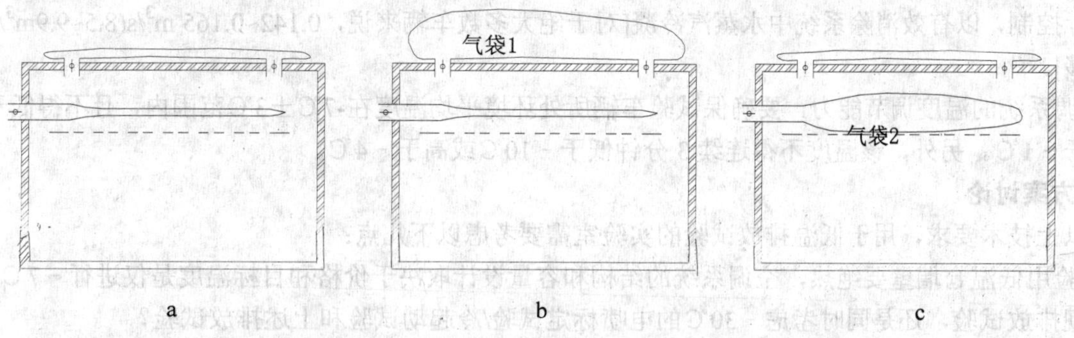

图 1　新排放标准(欧Ⅲ/Ⅳ)双气袋可变容积密闭室原理图

密闭室内有双气袋，气袋 1 仅通过阀门与密闭室连通，气袋 2 仅与环境空气连通。试验开始前，密闭室经过较长时间换气，室内外碳氢化合物的浓度、压力、温度与外界一致，两气袋均未充气，如图 1a 所示。试验过程中，当室内的温度升高时，气袋 1 自然膨胀，保持密闭室内的压力与外界基本相同，如图 1b 所示。当室内温度降低时，气袋 1 收缩以减小室内的容积，当这还不足以维持室内外的压力平衡时，气袋 2 便开始充气膨胀，如图 1c 所示。这样，通过这两个气袋的收缩和膨胀，来实现密闭室的体积变化(应能在其名义容积的±7%之内变化)，以保持密闭室内外压力平衡。

3.1.2 密闭室温度调节系统

欧 I 的昼间换气损失试验只要求对燃油箱按照规定进行加热，密闭室内环境温度升高较小；欧III昼间换气损失试验时温度变动范围大，要求密闭室内环境温度按照规定的曲线从 20℃升至 35℃，再回到 20℃，所以欧 III 要求温度调节系统有足够的加热和制冷能力来得到规定的密闭室内温度。一般通过空调和加热器来调节进入密闭室内散热器的水介质温度来实现。此外还要求温度控制系统提供圆滑的温度模式，相对于理想的长期环境温度曲线有最小的超调、振荡和不稳定。

3.1.3 燃油箱加热装置

欧 I 的昼间换气损失试验需要油箱加热和控制装置。通过加热垫之类的热源加热油箱中的汽油，通过安装在燃油箱内的油温传感器的反馈来控制加热功率，得到规定的加热曲线。新排放标准则不需要此类加热装置。

3.2 Ⅳ型试验的变化对测试能力的新要求

基于以上比较分析，我们得出以下结论和对策：

1) 试验程序的差别导致了对试验设备的不同要求。新排放标准（欧III）对密闭室适应容积变化的能力和温度调节系统提出了更高的要求。

2) 目前国内简易密闭室，理论上是可以改造成为满足新排放标准要求的密闭室，但是在国内很难买到大容积的压力平衡用气袋，建议另采购一套符合欧 III 要求的密闭室，价值 200 万左右。

4 Ⅵ型试验—低温排气排放试验

Ⅵ型试验是轻型汽车新排放标准新增内容，它适用于装点燃式发动机的车辆。该标准附件专门描述 VI 型试验所需要的设备要求和试验条件及试验程序，以便确定低环境温度下一氧化碳和碳氢化合物的排放量。

4.1 Ⅵ型试验对测试设备的技术要求

新排放标准有专门的附件描述对测试设备的要求，总的来说，低环境温度下排气排放试验所需的设备，与常规排气排放试验设备要求相同，除了以下几点差异：

1) 底盘测功机的转鼓表面一般都镀铬，所以即使有一点水也不至于生锈；支撑轴承可以是单独加热型或普通型。

2) 特别要求取样系统的“管路结构、CVS 流量和稀释空气(可能不同于车辆燃烧用气源)的温度和比湿度必须进行控制，以有效消除系统中水蒸汽冷凝[对于绝大多数车辆来说，0.142~0.165 m^3/s(8.5~9.9m^3/min)的流量足够]。”

3) 空调系统的温度调节能力，要确保试验车辆所处环境平均温度在-7℃±3℃范围内，且不得低于-13℃和不高于－1℃。另外，该温度不得连续 3 分钟低于－10℃或高于－4℃。

4.2 建设方案讨论

基于以上技术要求，用于低温排放试验的实验室需要考虑以下几点：

1) 实验用低温仓墙壁要绝热，空调系统的结构和容量设计取决于价格和目标温度是仅进行－7℃排放试验和常规排放试验，还是同时考虑－30℃的电喷标定试验/冷起动试验和上述排放试验？

2) 热浸空间问题。常规低温仓的设计一般能同时放置 3 辆车，可以满足大多数情况下的检验需要。如果要单独建一个较大空间的热浸室，距离低温仓不能太远，以尽量缩短暴露在非低温环境的时间。

3) 湿度控制问题。尽管法规要求，进行－7℃试验时，环境空气湿度需维持在 5.5～12g/kg 范围内，但这不太可能，因为要保证这样的湿度，环境仓内会出现下雨雪现象。但是，实验室设计时必须考虑常规温度下的湿度控制，所以加湿处理和湿度控制系统必不可少。

4) 底盘测功机的结构设计可能需要与低温环境隔离，但是如果仅仅进行－7℃试验，也可以不采取特别措施。

5) CVS 问题。CVS 一般放在低温环境之外，如果放在低温仓内，则需隔离和加热处理。稀释空气取样点问题，标准规定稀释空气可不同于车辆燃烧用气源，但此时若低温仓内外背景浓度相差较大时，对本来排放就较低的车辆来说，测量误差较大。所以最好采用仓内取稀释气体的方式，此时，排气管至 CVS（在仓外）的管路、稀释气体取样管路必须加热保温，以防止冷凝。

6) 司机助在低温环境下，也需要采取措施，可以放在一个小加热柜内。

7) 冷却风扇、分析仪等装置与 I 型试验的要求相同，不需特别考虑。

4.3 VI型试验的变化对测试能力的新要求

根据上面分析，我们可以得出以下几点结论：

1) 除了控制环境温度的空调系统和定容取样系统的取样管路外，试验设备与常规 I 型排放试验设备基本技术要求相同。

2) CVS 一般放在低温环境之外，尽管可以从仓外取常温环境空气作为稀释气，但推荐采用仓内取稀释气体的方式，此时，排气管至 CVS（在仓外）的管路、稀释气体取样管路必须加热保温，以防止冷凝。

3) 低温仓的空调系统的结构和容量设计取决于价格和目标温度—是仅进行－7℃排放试验和常规排放试验，还是同时考虑－30℃的电喷标定试验/冷起动试验和上述排放试验？

4) 常规低温仓的设计一般能同时放置 3 辆车，可以满足大多数情况下的检验需要。如果要单独建一个较大空间的－7℃热浸室，则它离低温仓不能太远，以尽量缩短暴露在非低温环境的时间。

5) 如果仅进行－7℃试验，底盘测功机可以不采取特别处理。

5 OBD 试验的技术要求和测试设备

轻型汽车排放新标准的附件中规定了 OBD 的功能要求和试验方法，其附录中详细描述了试验步骤和要求。

根据新排放标准中规定的技术要求和试验步骤，可以看出 OBD 的功能性检查所需测试设备与常规的 I 型试验要求相同。

但是，要求制造厂提供的试验样车和带有缺陷的部件和/或模拟失效的电气装置。这是进行 OBD 试验的关键。因为对这些有缺陷的部件的要求较高当按照 I 型试验时，这些有缺陷的部件或装置不得导致车辆排放超过在用车排放限值的 20%。所以需要制造厂收集或快速老化出这样的有缺陷样品，这是 OBD 试验的关键条件。

6 结论

基于以上分析和对各试验项目的小结，可以看出轻型汽车排放新标准对我国现有的以欧 I/II 为基础的排放测试能力提出了诸多新要求。

总的来说，为了全面满足新排放标准的要求，需要新建一个能进行 I 型试验、VI 型试验的低温/常温排放实验室；需要新购 IV 型试验用密闭室系统；考虑到常规的 I 型排放试验任务量较大，需要更新现有常规排气排放试验室的分析设备，以便将来能继续满足新排放标准规定的测试要求。

参考文献

1　国家环境保护总局. GB 18352.1-2001　轻型汽车污染物排放限值及测量方法(I). 2001.4

2　国家环境保护总局. GB 18352.2-2001　轻型汽车污染物排放限值及测量方法(II). 2001.4

3　EU DIRECTIVES. 98/69/EC Relating to measures to be taken against air pollution by emission from motor vehicles and amending Council Directive 70/220/EEC. 1998

4　国家标准征求意见稿. GB18352.3-200X《轻型汽车污染物排放限值及测量方法(III、IV)》.

微波加热在车用三效催化剂制备中的应用研究

王大祥 王务林
中国汽车技术研究中心

[摘要] 本文将微波加热技术引入到车用三效催化剂的制备中，制得了相应的三效催化剂。在相同的条件下，对微波法催化剂和常规法催化剂的起燃特性进行了测试和比较，结果表明微波加热法制备的催化剂的起燃特性相当于或优于常规法制备的催化剂。

关键词：微波加热 三效催化剂 起燃特性

Application of Microwave Heating Process for the preparation of Automotive Three Way Catalysts

Wang Daxiang, Wang Wulin
Catalytic Purification Engineering Center, CATARC

[Abstract] Microwave heating process was used for the preparation of automotive three-way-catalysts in the present paper, and three kinds of the catalysts were obtained. Under the same testing conditions, the ignition properties of the catalysts by microwave heating process was tested and evaluated, comparing with the normal catalysts. The results indicated that the ignition properties of the microwave catalysts are same good as that of the normal catalysts, if not better than that. While, by microwave heating process, large amount of energy and time would be saved.

Key words：mierowave heating three way catalysts ignition properties

汽车废气净化用三效催化剂的制备过程本身应该是节能和环保的。微波加热被公认一种高效、清洁的材料制备的加热方式。利用微波还可以实现均匀加热，而均匀加热对材料的制备、尤其是三效催化剂制备过程很重要。目前在化学化工领域，微波已被广泛地应用于材料的合成与加工、样品的粉碎与分解过程及诱导催化反应等[1]，但在三效催化剂的制备过程中的应用却鲜有报道。本文将对微波加热在三效催化剂制备中的应用作探索性实验研究，为对比本文同时也将采用常规加热法制备相应的催化剂。

1 三效催化剂制备实验

本文三效催化剂的制备主要包括γ-Al_2O_3涂层、助剂及贵金属的浸渍涂覆、烘干与焙烧等过程[2]。常规法和微波法的浸渍与涂覆过程相同，常规法加热过程为 60℃烘干 6～10h；550℃焙烧 6h。微波加热系统如图 1 所示，微波炉频率为 2450MHz，最大输出功率为 700W。烘干时催化剂直接置于绝热板上，焙烧时置于小坩埚内。微波烘干过程为 300W/10～20min，微波焙烧过程为 300W/5min；700W/10min；500W/7min。

按表 1 所示加热方式同时制备四个对比样：

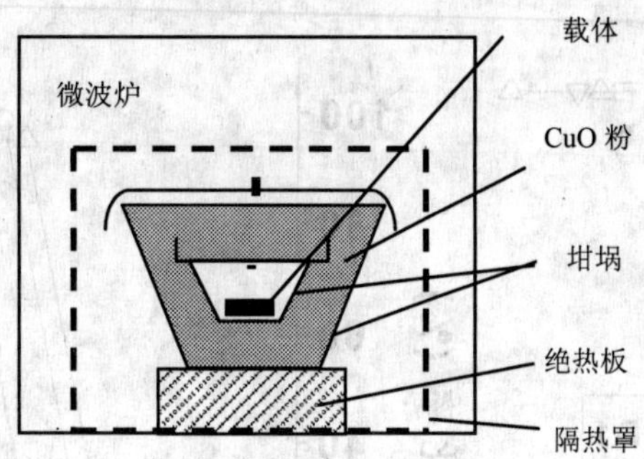

图 1 微波加热示意简图

表 1 微波法制备三效催化剂的实验条件

催化剂	涂层	涂层增量(mg)	助剂制备	助剂负载量(mg)	贵金属负载量①
D1	微波	128	微波	18	0.25
D2	微波	128	常规	21	0.26
D3	常规	124	微波	18	0.23
D4	常规	124	常规	20	0.27

① 指每平方米涂层表面所含贵金属的毫克数，单位是 mg/m^2。

表 1 同时还给出了浸渍法涂覆过程γ-Al_2O_3涂层、助剂及贵金属的负载增量。

应用连续升温法，在实验室模拟配气测试系统上[2]测 D1~D4 四种催化剂的起燃特性。测试条件：空燃比 A/F=14.7，空速 SV= 60000h^{-1}。采用最大量程为 600℃的 K 型热电隅、带 XMT 数显表头的可控硅变频温控仪进行温度调节和控制，检测初温 160℃，升温速率 1~2□/min，终温 360□。在马弗炉内空气气氛中对 D1～D4 进行老化，老化条件 1050℃/1.5h。在相同条件下测老化样的起燃温度，检测初温 210℃，终温 400□。测试结果见表 2～3 和图 2～7。

表 2 D1~D4 老化前对 3 种气体的 $T_{30\%}$、$T_{50\%}$及 $T_{90\%}$ (℃)

三效催化剂	CO			C_3H_6			NO		
	$T_{30\%}$	$T_{50\%}$	$T_{90\%}$	$T_{30\%}$	$T_{50\%}$	$T_{90\%}$	$T_{30\%}$	$T_{50\%}$	$T_{90\%}$
D1	272	277	283	261	275	283	272	278	284
D2	258	265	272	257	263	272	247	258	337
D3	251	257	268	257	260	267	252	258	269
D4	271	276	283	261	275	283	273	278	284

表 3 D1~D4 老化样的 $T_{30\%}$、$T_{50\%}$及 $T_{90\%}$ (℃)

三效催化剂	CO			C_3H_6			NO		
	$T_{30\%}$	$T_{50\%}$	$T_{90\%}$	$T_{30\%}$	$T_{50\%}$	$T_{90\%}$	$T_{30\%}$	$T_{50\%}$	$T_{90\%}$
D1	310	315	327	312	316	340	316	325	350
D2	305	312	326	305	311	323	319	322	328
D3	311	317	326	310	315	323	317	320	332
D4	313	319	326	312	316	323	319	322	326

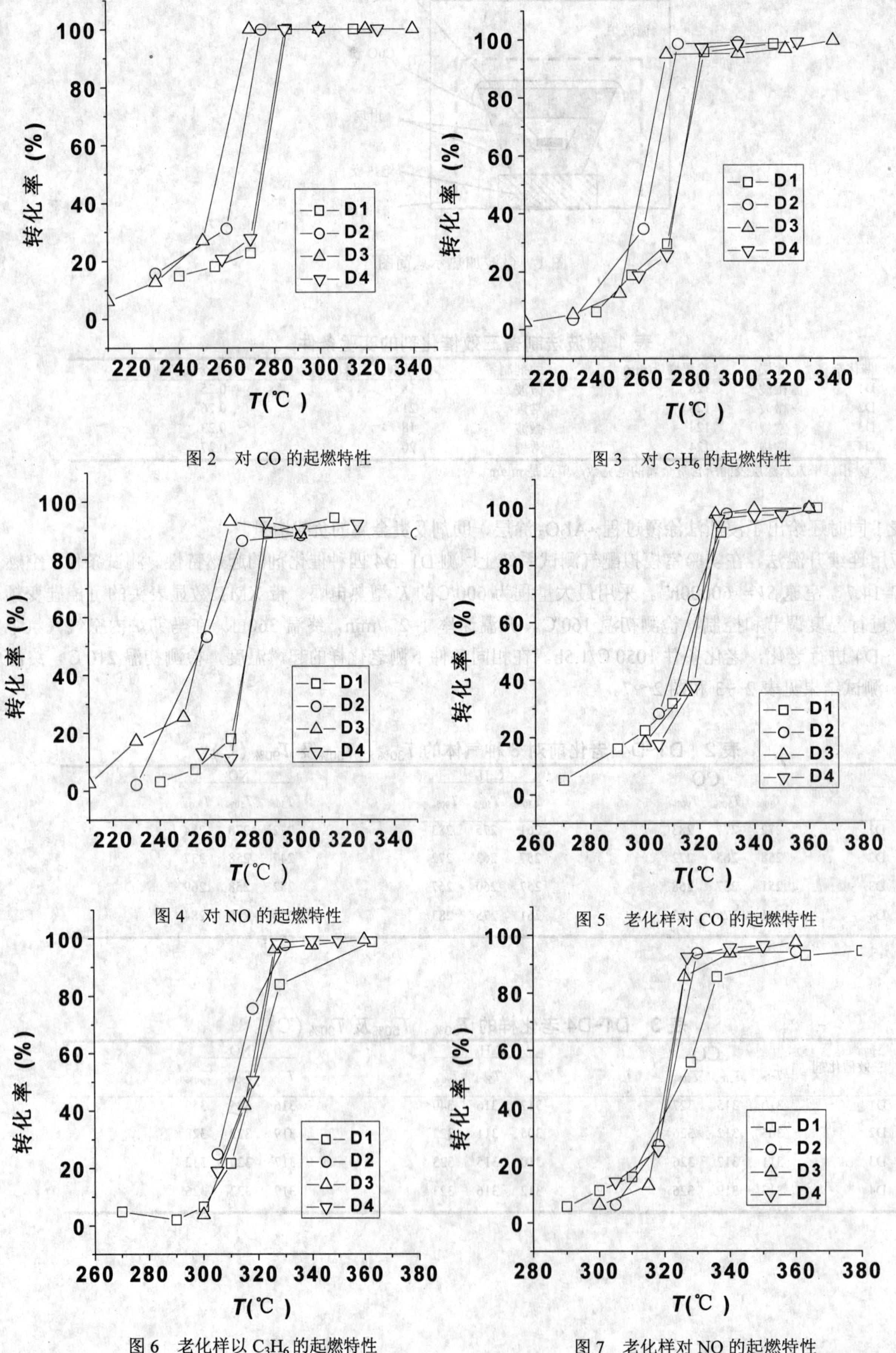

图 2 对 CO 的起燃特性

图 3 对 C_3H_6 的起燃特性

图 4 对 NO 的起燃特性

图 5 老化样对 CO 的起燃特性

图 6 老化样以 C_3H_6 的起燃特性

图 7 老化样对 NO 的起燃特性

2 实验结果分析与讨论

CO、C_3H_6 和 NO 在 D1~D4 上达到 30%、50%及 90%转化率所对应的温度记为 $T_{30\%}$、$T_{50\%}$和 $T_{90\%}$。$T_{30\%}$ 反映催化剂的冷起动(Cold start)能力；$T_{50\%}$ 常被用于评价三效催化剂的起燃(Light off)能力；$T_{90\%}$ 则主要反映三效催化剂的最大催化净化能力。表 2 列出了 D1~D4 四种催化剂的相应温度。

从表 2 可以看出 CO、C_3H_6 和 NO 在 D1、D4 上的 $T_{30\%}$、$T_{50\%}$及 $T_{90\%}$几乎一致，表明 D1、D4 具有相同的起燃特性。D2、D3 的 $T_{30\%}$、$T_{50\%}$及 $T_{90\%}$比较接近，比 D1 和 D4 的相应都低些(D2 三效催化剂 NO 的 $T_{90\%}$除外)，表明 D2、D3 的起燃特性要优于 D1 和 D4。

图 2~4 表明，D1 和 D4 具有几乎相同的起燃特性。CO、C_3H_6 和 NO 在 D1 和 D4 上的起燃特性曲线近乎一致，且 3 种气体所能达到的最大转化率都很接近。D2 和 D3 的起燃特性比较接近，D3 要略优于 D2。D3 对 CO 和 C_3H_6 的起燃温度要略低于 D4 的，但两者的起燃特性均要好于 D1 和 D4。

图 2~4 和表 2 还表明，D1 对 CO、C_3H_6 和 NO 的 $T_{30\%}$、$T_{50\%}$及 $T_{90\%}$都相差不大，表明这 3 种气体在 D1 上能同时冷起动和起燃，D2~D4 也具有相似的特性。

D1 的涂层和助剂都是采用微波加热法制备的，D4 的涂层和助剂都是采用常规加热法制备的，两者却具有极其相似的起燃特性。D2 的涂层、D3 的助剂是采用微波法制备的，两者的起燃特性也比较接近且优于 D1 和 D4。D2、D3 起燃特性优于 D1 和 D4 可能是因为微波加热时间要远小于常规加热时间所致[3]，也可能是微波的“非热效应”[1]所致，尚待进一步的实验验证。由以上 D1~D4 新鲜样的起燃特性分析可得出如下结论：采用微波法制得的三效催化剂的起燃特性，与以常规法制得的三效催化剂的起燃特性相当要或优于常规三效催化剂。

图 5~7 给出了 D1~D4 老化样的起燃特性曲线，表 3 列出了 D1~D4 老化样的 $T_{30\%}$、$T_{50\%}$及 $T_{90\%}$。

图 5 表明，对于 CO，D1、D3 和 D4 具有相近的起燃特性曲线，即 3 种三效催化剂对 CO 的起燃特性相当。D2 CO 的起燃特性曲线在低温区略向左偏，表明在 D2 上 CO 具有更好的冷起动能力。表 3 中 CO 的 $T_{30\%}$、$T_{50\%}$及 $T_{90\%}$测算结果也表明了这一点。表 3 中 CO 在 D2 上的 $T_{30\%}$比其它 3 种三效催化剂低 5~8 ℃，而其 $T_{50\%}$和 $T_{90\%}$却与其它的三效催化剂相当，这都表明 D1~D4 对 CO 的起燃特性相近。

图 6 中 D2 对 C_3H_6 的起燃特性曲线在低温区要略向左偏，而 D1 的曲线在高温区向右移。表 3 中 D2 对 C_3H_6 的 $T_{30\%}$、$T_{50\%}$要比其它三效催化剂的低 5℃左右；而 D1 对 C_3H_6 的 $T_{90\%}$比 D2~D4 的高 7℃，这也表明 D1~D4 对 C_3H_6 的起燃特性相别不大。

图 7 中 D1 对 NO 的起燃特性曲线在高温区明显向右偏，反映在表 3 中，D1 对 NO 的 $T_{90\%}$比其它 3 种三效催化剂高 20℃，但其 $T_{30\%}$和 $T_{50\%}$却与其它 3 种三效催化剂相当，$T_{90\%}$主要反映的是三效催化剂的最大催化净化能力，可见 D1~D4 对 NO 的起燃特性也很接近。

3 结论与展望

综上所述，D2(微波涂层)和 D3(微波助剂)的起燃特性要略优于 D1(微波三效催化剂)和 D4(常规三效催化剂)；老化后，4 种三效催化剂的起燃温度都有所升高，但其起燃特性仍比较接近。可见采用微波法制得的三效催化剂的活性与采用常规法制得的三效催化剂相当或优于常规三效催化剂，而微波加热过程所需的能耗仅为常规加热过程的 1/10；生产周期也仅为常规法的 1/10[2]。

本文应用微波法制得的 3 种三效催化剂 D1~D3 中，D2、D3 的起燃特性要略优于常规三效催化剂 D4，可能和微波的“非热效应”有关。

微波在车用三效催化剂方面的应用发展也很快。目前微波在汽车尾气净化方面的应用主要表现在以下几个方面①用于车用三效催化剂及其涂层γ-Al_2O_3 的制备[4,5]。②与负载型三效催化剂或分子筛三效催化剂联合使用，利用微波对三效催化剂进行快速加热，以达到迅速起燃的目的；或利用两者间的协同效应，达到最大催化净化效果[6]。③单纯利用微波“非热效应”进行尾气的催化净化[7]。

参考文献

1 金钦汉，戴树珊，黄卡玛．微波化学[M]．北京：科学出版社．1999

2 王大祥．含钇铈锆单钯三效催化剂的若干研究[D]．北京：北京理工大学博士学位论文．2002.7

3 安琴．陶瓷蜂窝载体γ-Al_2O_3涂层技术途径研究[D]．北京：北京理工大学博士学位论文．2001.2

4 王大祥，冯长根，王丽琼等．微波法制备γ-Al_2O_3蜂窝陶瓷涂层的实验研究．无机材料学报[J]，2002(4)：893~896

5 王大祥，王丽琼，冯长根．微波法制备三效催化剂的实验研究．上海环境科学(网络版)[J]，2002(1):1~4

6 Tang J, Zhang T, Liang D, *etc*. Direct Decomposition of NO by Microwave Heating Over Fe/NaZSM-5. Applied Catalysis B: Environmental[J], 2002, 1. 36(1): 1~7

7 张寒琦，金钦汉．微波化学．大学化学[J]，2001(2):32~36

汽车振动分析的试验研究

朱用国
东风汽车工程研究院

[摘要] 本文通过对某三吨车的整车振动分析，说明了如何利用汽车各结构总成的固有频率及振动传递环节的频率分析来解决汽车实际出现的问题。

关键词：频率 振动分析 功率谱 传递环节

1 前言

汽车在行驶过程中会出现各种各样的问题，有可靠性的问题，也有乘坐舒适性的问题等，这些问题大都和振动有关，如何通过振动分析测试来解决这些问题就变得很关键。而汽车的振动问题表现在各结构的振动传递，其振动传递特性可以通过频率分析来说明，本文通过对某 3 吨车的振动分析测试来说明如何利用频率分析来解决此类问题。

2 试验过程

某 3 吨车整车振动较大，乘员的乘坐舒适性较差；在该车的可靠性试验中，其前保险杠在支撑点（保险杆与车架相连处）附近开裂较频繁。因此对该车进行平顺性试验、悬架固有频率测试、汽车车架模态分析、汽车动力传动系模态试验、发动机振动测试、前保险杠模态试验，以对其从频率成分上进行振动分析。

3 试验分析

3.1 平顺性分析

3.1.1 试验结果

通过汽车平顺性试验，验证出此车平顺性较差。

3.1.2 分析

由悬架固有频率试验得出该车的前悬挂偏频为 2.7Hz，后悬挂偏频为 2.82Hz，过高的偏频值说明汽车的前后悬挂系统的刚度较大，汽车悬挂上质量振动过大，致使汽车的平顺性降低。

由于此车的悬挂系统基本上采用的是五吨车的悬挂系统，而汽车的额定载荷却只有 3 吨，这造成该车的悬挂刚度相对过大。这是该车悬挂偏频较大的原因。

由动力传动系统弯曲模态试验结果可知，该车动力传动系的第一阶弯曲模态频率为 44.07Hz，其值偏低，即该车动力传动系的弯曲刚度较低；由于该车发动机的额定转速为 2800r/min，其对应的频率为 46.7Hz，大于动力传动系的第一阶弯曲模态频率，这使得在发动机工作转速范围内（较高转速上）将出现共振。从发动机振动试验结果得出，该车发动机在 2500r/min 左右的转速时有共振出现，尽管发动机本身的振动不大，但由于其悬置的隔振性能较差，致使车架的振动较大，从而降低汽车的平顺性。

由上面的分析可得出，影响此车平顺性的因素主要为：

1）汽车前后悬挂系统的刚度较大。

2）动力传动系的弯曲刚度偏低，发动机高转速时，动力传动系易产生弯曲共振，又由于发动机悬置隔振性能差，从而导致汽车振动较大。

3.2 保险杠振动分析

3.2.1 试验结果

通过试验，证明该车前保险杠振动较大。

3.2.2 分析

在平直的 B 级沥青路面和砂石路面，对汽车原始状态下的保险杠进行了振动测试，测点为保险杠上翻边中间偏左的位置，测量方向为 z 向（垂直向上）和 x 向（水平向前）。

通过对汽车保险杠测点在平直的 B 级沥青路面的自功率谱和砂石路面的自功率谱进行分析，得出保险杠的振动主要发生在 f_1=13.6Hz、f_2=22.2Hz、f_3=26.4Hz 这三个频率上，并且不因车速路面的不同而发生变化，此三个频率为保险杠整车状态下的固有频率。

下表 1 为保险杠测点振动（原始状态）的统计值。

表 1

试验工况	车速 (km/h)	保险杠 Z 向（m/s^2） Max~Min	σ	保险杠 X 向（m/s^2） Max~Min	σ
B 级沥青路面	30	27.2~26.0	4.35	24.2~26.3	3.89
	40	31.9~30.4	6.20	23.4~25.8	5.45
	50	38.8~33.6	6.60	35.7~37.4	5.93
	60	37.2~35.6	7.77	33.7~33.7	7.12
	70	47.2~49.4	8.91	40.3~46.9	8.14
砂石路	25	58.6~67.9	11.12	40.4~44.8	7.98

从上表中可看出，保险杠在 Z 向和 X 向的振动均很大，二者在数值上相差不大，以 Z 向的振动略大；在平直的 B 级沥青路面试验时随着车速的升高，保险杠的振动也随着增大。

从保险杠的模态分析的试验结果可知，固有频率 f_1、f_2、f_3 与保险杠整车状态下的第一阶模态频率（13.44Hz）、第三阶模态频率（23.30Hz）、第四阶模态频率（25.96Hz）接近，其中第四阶模态振型为保险杠的整体一阶扭转变形。在上述三个频率下，保险杠的振动表现为两端前后振动和扭转振动，节点主要位于保险杠右支撑点附近（第三阶模态在左支撑点附近也有节点），说明在这些部位存在较大的应力，即保险杠在支撑点附近易产生开裂，这与该车可靠性试验结果符合。

在保险杠三种状态下（原始安装状态，加装支架的安装状态，自由悬挂状态）的模态试验分析中得出，在保险杠加装支架后，其结构的模态频率比原结构普遍提高，保险杠的一阶扭转变形频率提高至 29.94Hz。从振型上看，在保险杠加装支架后，各测点相对变形减少，振型复杂程度降低。因此，通过在保险杠上加装支架可提高保险杠的振动频率，减少振动。

保险杠处在自由悬挂状态下时的模态频率中，没有出现 f_1、f_2、f_3 这三个频率，说明保险杠的这三个固有频率，是由于与车架连在一起而受其影响形成的。从该车车架模态试验分析中得到，频率 21.6Hz 为车架整体一阶垂直弯曲，与 f_2=22.2Hz 吻合，这说明现结构下的保险杠在 22.2Hz 处，受车架垂直弯曲振动影响强烈。

从上面的分析可得出，致使保险杠振动过大的原因主要为：

1）由于自身材料及安装结构的原因，保险杠在实际使用中易产生抖动和大变形，在支撑点处有较大的应力集中，导致此处产生开裂。

2）保险杠在 22.2Hz 处受车架垂直弯曲振动影响。

3.2.3 验证试验及分析

通过上述分析，得出要想减少保险杠的振动，必须加强保险杠的整体结构刚度，以提高其自身的振动频率并避开车架的一阶垂直弯曲频率。为此在保险杠上加装简易支架（支架位于车架与保险杠上小灯边框间，为一薄钢条）后，在平直的B级沥青路面重新测试了保险杠的振动，测点与原来一致，

通过对保险杠加支架后保险杠测点的自功率谱分析，得出保险杠Z向主要振动频率为17Hz、27.6Hz、30.6Hz，X向主要振动频率为17Hz、30.6Hz，综合起来，保险杠的三个主振频率为f_{11}=17Hz，f_{22}=27.6Hz，f_{33}=30.6Hz，此三个振动频率不随车速的变化而变化，为保险杠加支架后整车状态下的固有频率。
下表2为加支架后保险杠测点的统计值。

表2

试验工况	车速（km/h）	保险杠Z向（m/s^2）		保险杠X向（m/s^2）	
		Max~Min	σ	Max~Min	σ
B级沥青路面	30	22.9~17.7	3.80	12.3~13.5	2.53
	40	22.2~22.4	4.41	15.5~22.4	3.27
	50	23.3~26.0	4.94	21.3~18.5	3.41
	60	28.5~31.6	5.82	20.4~22.7	4.06
	70	29.5~39.9	6.58	21.9~23.3	4.52

比较表2和表1的试验数据，可看出在保险杠上加装支架后，保险杠的振动值显著下降。从标准差上看，Z向振动下降了12.7%～26.2%，X向振动下降了40%～44.6%，车速越高，保险杠的振动值下降越大。因此，该车的保险杠在加装支架后，能使自身振动显著下降，尤其是能大幅降低保险杠前后方向的振动。

从保险杠模态分析试验结果可知，固有频率f_{11}、f_{22}、f_{33}与保险杠在加支架后的第一阶模态频率（16.75Hz）、第三阶模态频率（27.71Hz）、第四阶模态频率（29.94Hz）接近，其中第四阶模态振型为保险杠的整体一阶扭转变形。从振型上看，保险杠在加支架后的第一、四、五阶模态分别对应于原结构的第一、三、四阶模态，其模态频率均得到提高。在加支架后，保险杠的模态振型也有变化，如出现了第二阶（27.7Hz）不同型式的振动模态。由上分析可知，保险杠在加装支架后，其整体固有频率得到提高。

从保险杠自功率谱图分析，保险杠在X向的振动中出现了22.6Hz的振动，但不是主要振动，这说明保险杠在加支架后，由车架垂直弯曲振动带来的影响得到很好的抑制。

通过上面的分析可得出，保险杠在加支架后，提高了保险杠的整体刚度，达到提高自身的固有频率，大幅降低振动，从而提高振动可靠性。因此，可以通过给保险杠加装支架或换用具有较大刚度的材料制作保险杠，以提高保险杠的固有频率，从而解决保险杠开裂问题。在后来的工作中，该车生产时通过采用大刚度的材料来制作保险杠，以后的使用中没有出现开裂现象。

4 结论

汽车振动是一个比较复杂的问题，必须进行系列相关的振动测试分析才能判断引起问题的原因。通过对各部分的振动频率进行分析，最终可确定引起问题的原因，并由此找到解决问题的方法。

参考文献：

1 ［丹麦］R.B.兰德尔. 频率分析. 上海机电二局计量情报站译，1979.

多缸汽油机气缸压力的缸间差异研究

李兴虎　马 飞　小栗康文　吉田正武
北京航空航天大学汽车系 上智大学

[摘要] 本文提出了评价多缸发动机缸间差异的指标，介绍了四缸汽油机的各气缸压力同时测量的试验装置；对平均指示压力、最高压力、最大压力升高率的偏差率 δ_{Pi}、δ_{Pm}、δ_{DPm} 和其偏差率的绝对值的缸间均值 σ_{Pi}、σ_{Pm}、σ_{DPm} 进行了统计分析。结果表明 δ_{Pi}、δ_{Pm}、δ_{DPm} 的变化范围大约在±10%、±30%、±50%之内，σ_{Pi}、σ_{Pm}、σ_{DPm} 的范围大约为 0~10%、0~25%和 0~45%。

关键词：汽油机 缸间差异 气缸压力 循环变动

引言

由于各种原因，多缸汽油机气缸间的工作状况总是存在一定差异，这种差别通常被称为缸间差异. 缸间差异可用各缸工作参数（如压缩比、空燃比、进气量等）、排放指标、性能指标（如指示功、平均指示压力）等的差异（或称均匀性）表示。对于进气量(1)、空燃比(2)、排放指标(3、4)等差异的研究已有不少报导。但对于气缸压力的缸间差异的研究报导却很难找到。众所熟知，气缸压力携带了内燃机工作过程的大量有用信息，并且与内燃机工作过程的评价参数及内燃机性能指标有着密切关系(5、6)，采用气缸压力传感器的汽油机闭环反馈控制系统的开发研究也深受重视(7)。由于各缸的工作参数、排放指标、性能指标等的差异都全部地或部分地反映在气缸压力上，因此作者采用测量气缸压力的方法对多缸汽油机的缸间差异现象进行了粗浅探讨。

1　多缸汽油机缸间差异的评价指标

汽油机的缸间差异产生的原因有结构设计、制造误差、使用和循环变动等。缸间差异是汽油机难以克服的缺点之一。为了便于分析和评价不同发动机和发动机不同工况的缸间差异的大小，对于各缸的平均指示压力、进气量、空燃比、功率、转矩等的缸间差异通常采用偏差率 δ（或称不均匀度）衡量。假定发动机具有 n 个气缸，某一参数（或性能指标）X 的 n 个气缸的测量值依次为 X_1，X_2，•••，X_n，则 n 个气缸的参数 X 的平均值 X_m 为（$X_1+X_2+\cdots+X_n$）/n。于是，第 i 个气缸的参数 X 的偏差率 δ_i（%）可由下式求取

$$\delta_i=100（X_i-X_m）/X_m$$

由 δ_i 的定义可见，δ_i 为负值时表示第 i 个气缸的参数 X 偏小；δ_i 为正值时表示第 i 个气缸的参数 X 偏大；δ_i 为零时表示第 i 个气缸的参数 X 正好等于 n 个气缸的平均值；显然 n 个气缸的 δ 的变化范围越大，表明参数 X 的缸间差异越大，或者说均匀性越差。由偏差率的定义可知，各个气缸的 δ 之和为零，即 n 个缸的 δ 的均值也为零。故无法用 δ 的均值表示不同工况下或不同发动机的某一参数（或性能指标）X 的缸间差异的大小。因此，有必要引入参数（或性能指标）X 的偏差率 δ 的绝对值的均值 σ_X 的概念。σ_X 的计算式为

$$\sigma_X=[|\delta_1|+|\delta_2|+\cdots+|\delta_n|]/n$$

由 σ_X 的定义可知，σ_X 的值越大，表示参数（或性能指标）X 的缸间差异的越大，各缸的均匀性越差。因此，在以下的讨论中采用 δ 和 σ_X 两个参数，表示不同工况或同一工况不同循环的缸间差异的范围和大小。

2 试验装置简介

试验中使用的气缸压力测试系统的示意图如图 1 所示。试验中使用的发动机为 CA16E 多点喷射四缸四冲程顶置凸轮式汽油机，气缸直径（mm）、冲程（mm）、排量（L）和压缩比依次为 78、83.6、1.598 和 9.0，燃烧室为半球形燃烧室。为了测量各缸的压力，试验时采用了 CA16E 汽油机的单火花塞点火系统，在每一个气缸安装第二只火花塞的位置安装了四只石英晶体压力传感器。由压力传感器得到的气缸压力信号，经过四只 6907 型电荷放大器放大后被送入 AVL16 通道数据采集与分析系统，与压力信号同时记录的还有来自曲轴转角发生器的上止点和曲轴转角信号（每度一个）。为了监视测量时发动机的运转工况变化，试验时采集和记录的发动机工作参数还有空燃比、进气管压力、空气流量、燃油消耗量、点火提前角、进气、排气、燃油、机油和冷却水的温度、燃油、机油压力、发动机转速和转矩等。

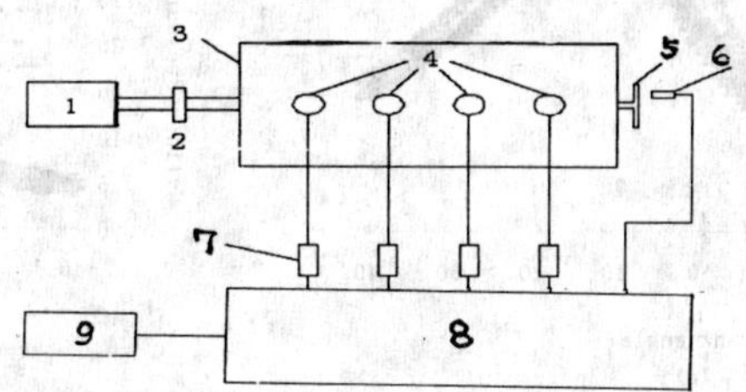

图 1 气缸压力测试系统简图

1—测功器 2—联轴节 3—发动机 4—压力传感器 5—光栅 6—接受器 7—电荷放大器 8—数据采集装置 9—计算机

另外为了对压力、上止点和曲轴转角等被测信号进行实时监测，测试系统中配备了一个具有存储记忆功能的多通道示波器。测量时发动机节气门大小通过手动旋转螺母调节，其开度大小用进气管压力表示。喷油量和点火时间采用了旋转式手动调节电子控制装置。上止点的确定采用了 AVL620 气缸压力采集分析系统中的倒拖压力软件。采集的数据存储在计算机中供分析使用。试验时对每个工况采集了 100 个循环的压力数据。气缸的编号规则为由曲轴前端起依次为 1、2、3、4 缸，压力数据中采用的曲轴转角的定义为：压缩上止点为 0ºCA，吸气、压缩的曲轴转角为负；膨胀、排气的曲轴转角为正。

3 试验结果分析

3.1 气缸压力的测量结果

燃烧最高压力 P_m 决定了发动机机件的最大受力情况，它是气缸压力曲线上一的个被经常检测的压力。各个气缸的 P_m 随测试循环数的变化的测量结果的一例如图 2 所示，图中记号旁边的数字为气缸编号（下同）。试验时发动机处于宏观稳定工况，发动机转速 n=1800r/min、进气管压力（表压）P_{in}=-280mmHg、点火提前角 θ_{ig}=38℃A、空燃比 α=14.7 保持不变。然而 P_m 却呈现出较大的循环变动和缸间差异。P_m 的循环平均值、标准偏差、循环变动率（=100×标准偏差/平均值）见表 1。可见循环间的 P_m 的变动是很大的。从平均值来看，四缸的 P_m 最大，由于循环变动的存在，使得四缸的 P_m 并不总是保持为最大。图 3 为图 2 所示试验条件的四个典型的单一循环的燃烧压力曲线，该结果表明，多缸汽油机的缸间差异是随着循环数而变化的，P_m 的平均值大的（或小的）气缸的 P_m 的值不一定总是大的（或小的）。

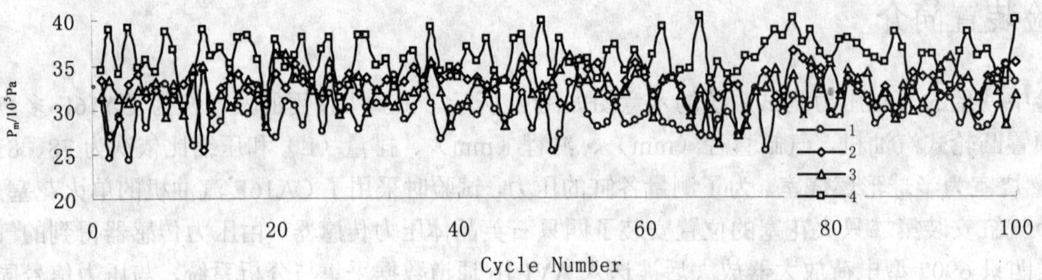

图 2　各个气缸的 P_m 随循环数的变化

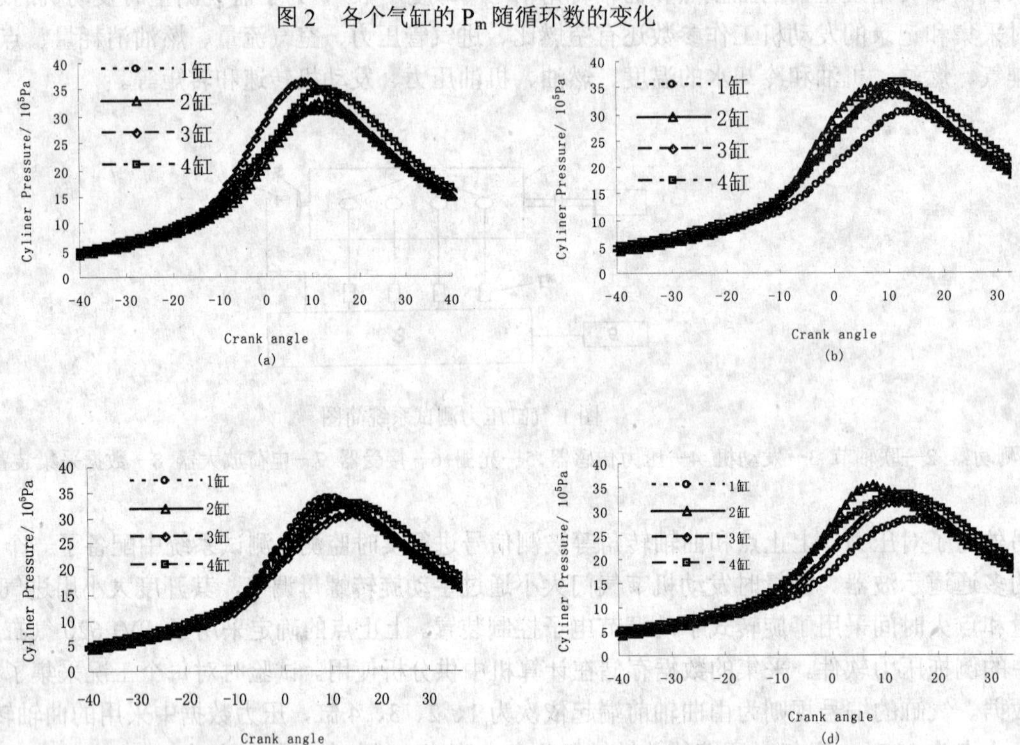

图 3　典型循环的燃烧压力示例（n=1800r/min；P_{in}=-280mmHg，θ_{ig}=38℃A；α=14.7）

表 1 最高压力 P_m 的循环平均值、标准偏差、变动率测量结果

气缸编号	1	2	3	4
P_m 的均值/10^5Pa	29.81156	32.46982	32.15203	35.89153
P_m 的标准偏差/10^5Pa	2.194602	1.941904	2.140421568	2.187094
P_m 的变动率	7.361582	5.980643	6.657189509	6.09362

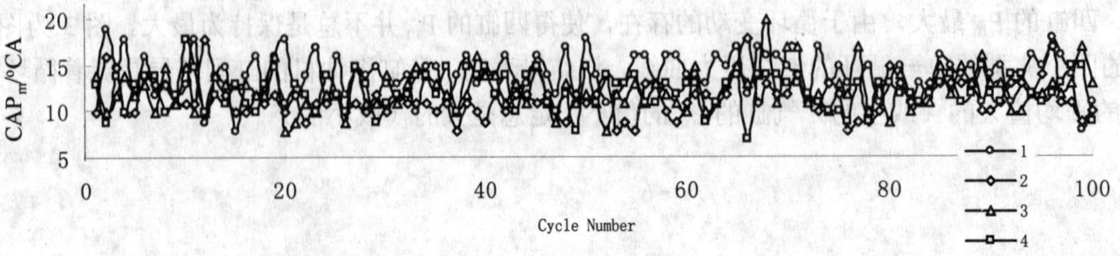

图 4　各个气缸的 CAP_m 随循环数的变化（n=1800r/min；P_{in}=-280mmHg，θ_{ig}=38℃A；α=14.7）

最高压力所在曲轴转角 CAP_m 对发动机的动力性经济性有重要影响，CAP_m 过小，则压缩过程负功增加，压力升高率增大，P_m 过大；CAP_m 过大，则膨胀比将减小，高温燃烧期的传热面积增加，使热损失增加，燃油经济性变坏。图 1 所示工况的 CAP_m 的循环变动和不同循环的缸间差异如图 4 所示。

平均指示压力 P_i 反映了各个曲轴转角下的压力情况，并且是衡量发动机动力性的重要指标。因此，本文也分析了 P_i 的循环变动和缸间差异情况，其结果的一个例子如图 5 所示。图 5 所示试验条件与图 3 所示数据相同。该结果表明除个别循环（如第 89 个循环）外，各个气缸的 P_i 的变动范围并不大。

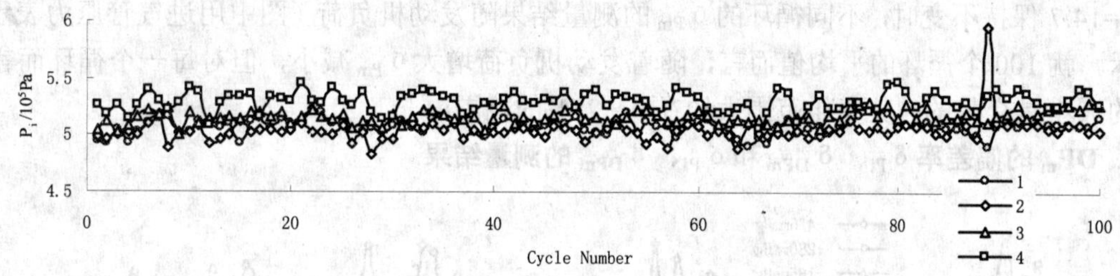

图 5　各个气缸的 P_i 随循环数的变化（n=1800r/min；P_{in}=-280mmHg，θ_{ig}=38℃A；α=14.7）

压力升高率代表发动机的工作粗暴的程度，它与振动、噪声和火焰传播速率密切相关。压力升高率中的最大压力升高率 DP_m 是较为重要的参数之一，DP_m 的循环变动和缸间差异测量结果的一例如图 6 所示（试验条件同图 3 所示工况）。

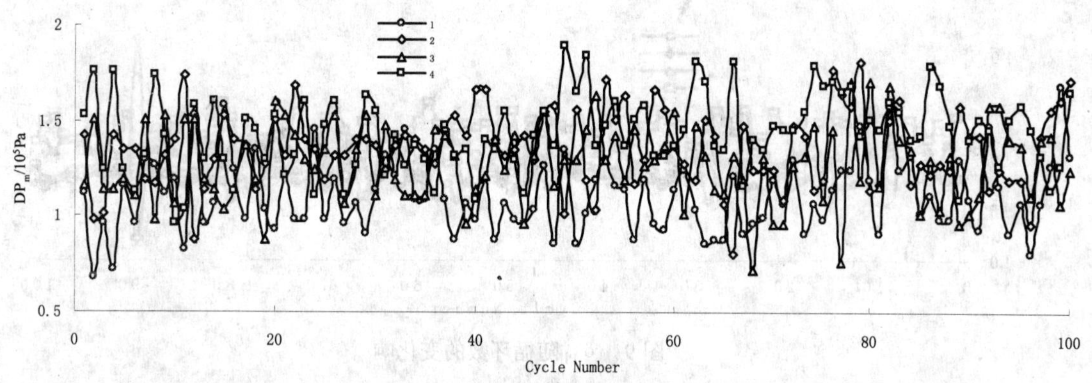

图 6　各个气缸的 DP_m 随循环数的变化（n=1800r/min；P_{in}=-280mmHg，θ_{ig}=38℃A；α=14.7）

3.2　偏差率 δ 和 δ 的绝对值的均值 σ 的测量结果分析

气缸压力曲线上有很多重要信息，其中最重要的参数有最高压力 P_m、平均指示压力 P_i、最大压力升高率 DP_m 等。限于篇幅，故此处仅对 P_i、P_m 和 DP_m 三个参数的偏差率 δ 和 δ 的绝对值的均值 σ 的部分测量结果做一介绍。

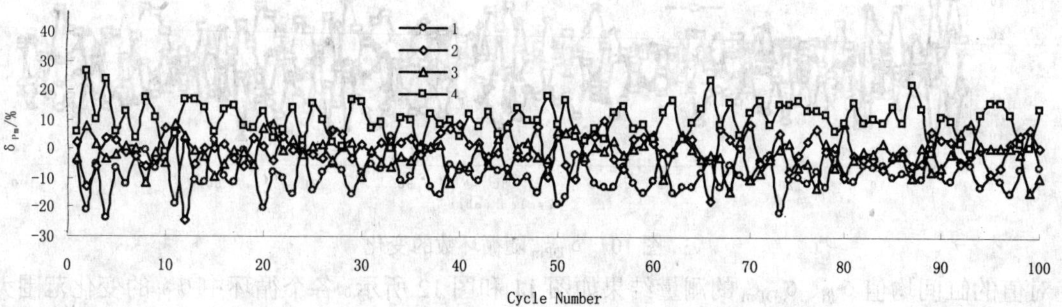

图 7　δ_{Pm} 随循环数的变化

3.2.1 最高压力 P_m 的偏差率 δP_m 和 δP_m 的绝对值的缸间均值 σP_m 的测量结果

各个气缸 δ_{Pm} 随测试循环数变化的测量结果如图 7 所示，试验时 n=1800r/min；P_{in}=－280mmHg，θ_{ig}=38℃A；α=14.7 保持不变。该结果表明，在发动机稳定工况下，δ_{Pm} 呈现出较大的缸间差异。由此可见，各缸的 δ_{Pm} 的变化范围大约为±30%。

为了比较不同循环和不同工况下缸间的差异，必须将同一条件下多缸发动机各个气缸偏离全部气缸的平均值大小用一个参数表示，δ 的绝对值的缸间均值 σ 就是最为合适的一个参数。n=1800r/min；θ_{ig}=38℃A；α=14.7 保持不变时，不同循环的 σ_{Pm} 的测量结果随发动机负荷（图中用进气管压力表示）的变化如图 8 所示。就 100 个循环的平均值而言，随着发动机负荷增大 σ_{Pm} 减小，但对每一个循环而言，不同循环的 σ_{Pm} 的大小是交替的，其变化范围大约在 0～25%的范围内。

3.3 P_i、DP_m 的偏差率 δ_{Pi}、δ_{DPm} 和 σ_{Pi}、σ_{DPm} 的测量结果

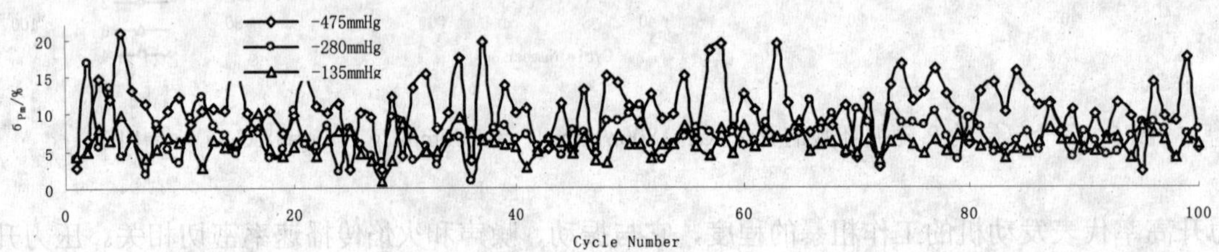

图 8 发动机负荷对 σ_{Pm} 的影响

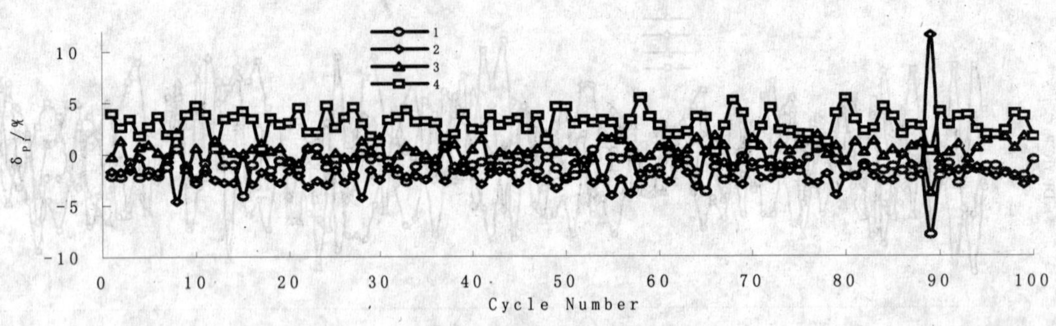

图 9 δ_{Pi} 随循环数的变化响

用同样的方法可以得到不同循环的 P_i、DP_m 的偏差率 δ_{Pi}、δ_{DPm}，δ_{Pi}、δ_{DPm} 的计算结果的例子分别如图 9 和图 10 所示，数据的试验条件与图 8 相同。由该结果可见，δ_{Pi} 的变化范围大约在±10%之内，而 δ_{DPm} 的变化范约在±50%之内。因此可以说平均指示压力、最高气缸压力、最大压力升高率的偏差率 δ_{Pi}、δ_{Pm}、δ_{DPm} 的变化范围大约在值±10%、±30%和±50%之内。图 9 和图 10 所示试验条件的 P_i、DP_m 偏差率的绝对值的缸间均值 σ_{Pi}、σ_{DPm} 的测量结果如图 11 和图 12 所示。各个循环中 σ_{Pi} 的变化范围大约在 0～10%的范围之内。σ_{DPm} 的值则呈现出大的变化，其变化范围大约在 0～45%的范围之内。可见试验条件下 σ_{Pi}、σ_{Pm}、σ_{DPm} 的范围大约为 0～10%、0～25%和 0～45%。

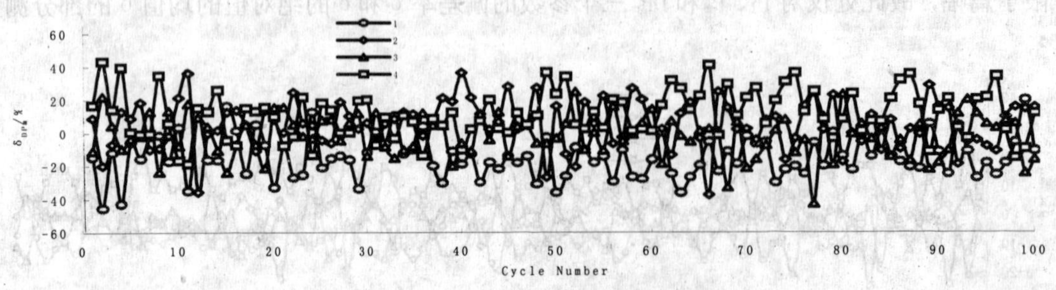

图 10 δ_{DPm} 随循环数的变化

4 结论

1）平均指示压力、最高气缸压力、最大压力升高率的偏差率 δ_{Pi}、δ_{Pm}、δ_{DPm} 的变化范围大约在值±10%、±30%和±50%之内。

2）平均指示压力、最高气缸压力、最大压力升高率偏差率的绝对值的缸间均值 σ_{Pi}、σ_{Pm}、σ_{DPm} 的范围大约为 0～10%、0～25%和 0～45%。

3）多缸汽油机的缸间差异是随着循环数而变化的，P_m 的平均值大的（或小的）气缸的 P_m 的值不一定总是大的（或小的）。

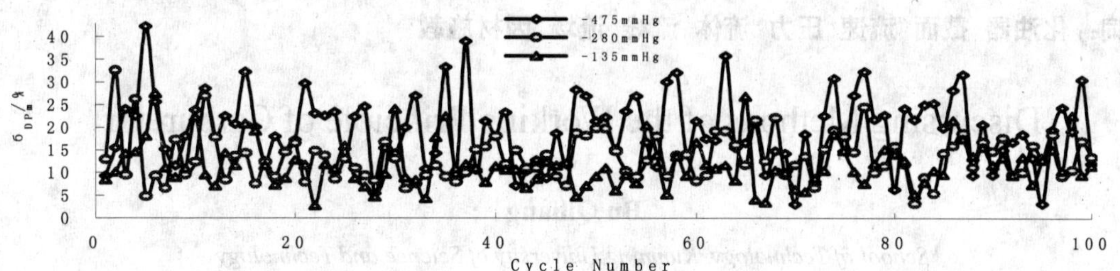

图 11 发动机负荷对 σ_{Pi} 的影

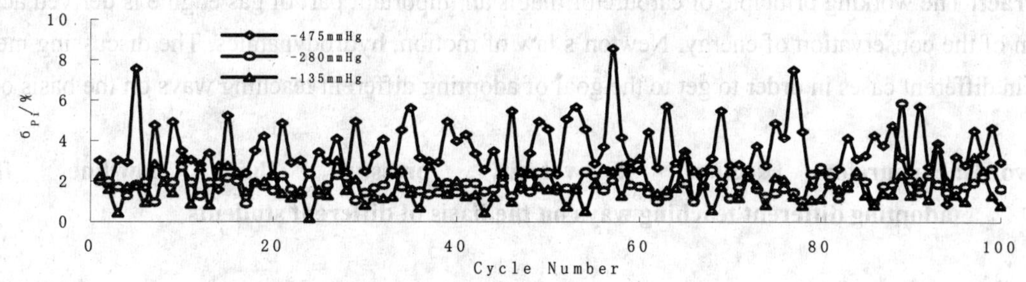

图 12 发动机负荷对 σ_{DPm} 的影响

参考文献

1 李兴虎，韩泽民，金克成等. 多缸汽油机倒拖示功图分析.内燃机学报，1999, 17（3）:252~256

2 GregoryW.Davis,StevenBaumbach,ColinJordan,etal.Thedeterminationofair/fuelratiodifferencesbetweencylindersinaproductionengineusingexhaustgasoxygensensors.SAE1999-01-1170

3 李兴虎，邢瑞栋，王婷婷，金克成. 492WQB 汽油机排放的缸间差异研究. 内燃机学报，2000，18（1）: 48~52

4 Jeffrey K. Ball, MartinJ. Bowe, C. Richard Stone, Nick Collings. Validation of cyclic NO formation model with fast NO measurements. SAE2001-01-1010

5 李兴虎，蒋德明，沈惠贤. 火花点火发动机压力循环变动的评价方法研究,内燃机学报，2000,18（2）: 171~174

6 李兴虎．内燃发动机燃烧变动研究．内燃机学报，1999,17（1）: 71~74

7 Herden, W. Küsell, M. A New Combustion Pressure Sensor for Advanced Engine Management. SAE Paper No.940379, 1994

化油器工作原理的几种讨论方法

卜其亮

昆明理工大学楚雄应用技术学院

[摘要] 从能量守衡定理、牛顿运动定理、流体力学原理几方面推导出汽油发动机的重要部件化油器的工作原理。根据不同文化层次的学生采用不同的教学方法，达到“因材施教”之目的。

关键词：化油器 截面 流速 压力 流体 流线 流场 因材施教

Discussing Methods of the Working Principle of Carburetor

Bu Qiliang

School of Technology, Kunming University of Science and Technology

[Abstract] The working principle of carburetor that is an important part of gas engine is derived according to the theorem of the conservation of energy, Newton's law of motion, hydrodynamics. The discussing methods can be applied in different cases in order to get to the goal of adopting different teaching ways on the basis of different students.

Key words: carburetor section flow velocity pressure fluid flow line fluid field adopting different teaching ways on the basis of different students

在讨论汽油机燃料供给系时，要涉及到一个重要的部件——化油器，教材中一般都不过多涉及化油器工作原理，只是简单地引用流体力学的知识，对截面、流速、压力之间的关系作简单的说明，针对不同层次、不同文化水平的学生，要求教师采用不同的教学方法，因材施教。

对一般学生，在讲授中左右手各持一张薄纸，当两张纸距离得很近时，对两纸之间吹气，此时两纸不是被吹开，而是相互靠拢，由此可引导学生得出：流体（气体或液体）在管道中流动时，流速越大、静压力越低，反之亦然，喉管处截面较小，气流通过该处时，在前后压力差的作用下，流速最大，静压力 P_h 最低，低于大气压力 P_0，于是浮子室和喷口处（咽喉部）产生压力差，即真空度 $\Delta P_h=P_0-P_h$，汽油在 ΔP_h 的作用下，克服了喷嘴与液面间的高度差，从喷管喷出。

对已经有了物理学、液压传动、机械原理、数学方面的基础知识的学生，可在前一种方法的基础上，更进一步。首先可导出理想流体的连续性方程式，如图 1 所示的管道，两端的过流截面为 A_1、A_2，在管道内取一微小流管，其两端截面积为 dA_1、dA_2，此两截面上的速度为 U_1、U_2。假定流体不可压缩，并作稳定流动。

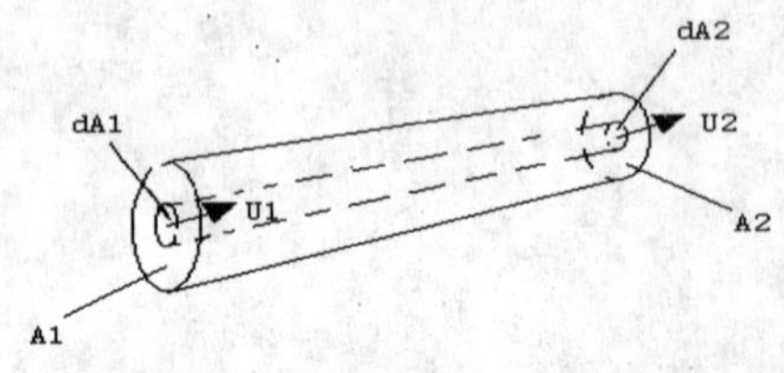

图 1

根据质量守恒定理，在此时间内流入微小流管截面积 dA_1、密度为 ρ 的流体质量 dQ 应恒等于流出微小流管截面积 dA_2 的流体质量。即

$$\rho U_1 dA_1 dt=\rho u_2 dA_2 dt$$

$$U_1 dA_1=U_2 dA_2=C(常数) \quad (1)$$

对于整个流管，可由上式积分得出

$$\int A_1U_1dA_1=\int A_2U_2dA_2$$

$$Q_1=Q_2 \quad (2)$$

用过流截面面积 A_1、A_2 和平均流速 V_1、V_2 来表示，得

$$A_1V_1=A_2V_2 \quad (3)$$

由于流管两截面的过流截面是任选的，故

$$Q=AV=C\ (常数) \quad (4)$$

这就是理想流体的连续性方程，该式表明，不管平均流速和过流截面沿着流程怎样变化，流过不同截面的流量是不变的,按照流体连续性定理，在管子粗的地方，流体流得慢，管子细的地方（如喉管处），流体流得快，即不管管子粗细，在同一时间内，要流过同体积的流体。在管子细的地方流得快，也就是说它会得到加速度，要受到流管较粗的液体一定的作用力。出现流体内部的这种作用力，只可能是流体不同部分之间的压力差（真空度）引起的，由此可见，流管较粗处的压力，大于流管较细处的压力，在流管收缩处压力较低。

此时可再引出伯努利（D.Bernoulli）方程作定量说明，假设流体为理想流体，并作稳定流动，根据能量守恒定理，在同一管道内各个截面处的总能量都相等。对于静止流体，单位质量流体的总能量为单位质量流体的压力能 P/ρ 和单位质量流体的势能 gz 之和，对于流动着的流体，除上两项外，还有单位质量流体的动能，即: $mu^2/2m=u^2/2$。

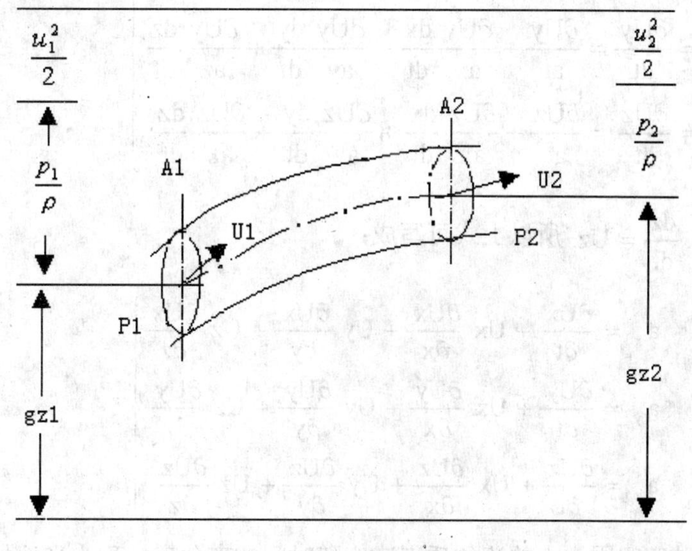

图 2

当流体在图 2 所示的管道中流动时，取两过流截面 A_1、A_2,其离基准线的距离分别为 z_1、z_2，流速分别为 U_1、U_2,压力分别为 P_1、P_2,根据能量守恒定理，有

$$gz_1+P_1/\rho+u_1^2/2=gz_2+P_2/\rho+u_2^2/2, \quad (5)$$

由于 A_1、A_2 截面是任取的，故

$$gz+P/\rho+u^2/2=C\ (常数)$$

上式即为理想流体的伯努利方程，它表明：在管内作稳定流动的理想流体所具有的压力能、势能和动能三种形式的能量，在任一截面上可以互相转换，但其总和保持不变。该式可用来说明喉管内压力 P 与流

体流速 U 之间的依从关系，在其总能量保持不变时，压力 P 的增加或减少，必然导致速度 U 的减少或增加。若是水平流管（平吸式化油器）$z_1=z_2$,则（5）式变为（6），上面的结论更为明显。

$$P_1/\rho+U_1^2/2=P_2/\rho+U_2^2/2。\tag{6}$$

这样，对化油器内不同截面的压力、流体流速不但作了定性说明，也用数学表达式作了定量说明，为教师进一步讲解、学生进一步理解化油器的工作性能和结构创造了有利条件。

在化油器喉管前面是空气室，只有气体，而喉管后面是混合室，既有气体和液体，是空气和汽油的混合物，若要计及压缩，气体和液体就必须分别处理，但在化油器喉管前后，气体的压力和温度变化不大，气流速度远小于音速，这时气流与液流的规律，在质的方向是相同的，只要量的方面有区别。与理论力学中引入绝对刚体的概念相类似，把化油器内的气体和液体看成是理想流体（忽略粘性，不可压缩），首先研究这种理想流体的运动，可以很容易得到一些理论结果，对所得理论结果进行修正，便与实际相符合。

化油器中喉管前后充满流体的空间称为“流场”。在同一时刻，流场内各空间点的流体质点速度是不同的，在同一空间点的不同时刻，流体通过该点的速度也可以是不相同的。由于流体是连续介质，所以某点的速度应是空间位置坐标 X、Y、Z 及时间 t 的连续函数。

$$\left.\begin{aligned}\bar{U}&=\bar{U}(x,y,z,t)\\U_x&=U_x(x,y,z,t)\\U_y&=U_y(x,y,z,t)\\U_z&=U_z(x,y,z,t)\end{aligned}\right\}\tag{7}$$

通过流场中某点流体质点的分加速度可表示为

$$\left.\begin{aligned}a_x&=\frac{\partial Ux}{dt}=\frac{\partial Ux}{at}+\frac{\partial Ux}{ax}\frac{dx}{dt}+\frac{\partial Ux}{ay}\frac{dy}{dt}+\frac{\partial Ux}{az}\frac{dz}{dt}\\a_y&=\frac{\partial Uy}{dt}=\frac{\partial Uy}{at}+\frac{\partial Uy}{ax}\frac{dx}{dt}+\frac{\partial Uy}{ay}\frac{dy}{dt}+\frac{\partial Uy}{az}\frac{dz}{dt}\\a_z&=\frac{\partial Uz}{dt}=\frac{\partial Uz}{at}+\frac{\partial Uz}{ax}\frac{dx}{dt}+\frac{\partial Uz}{ay}\frac{dy}{dt}+\frac{\partial Uz}{az}\frac{dz}{dt}\end{aligned}\right\}\tag{8}$$

由于 $\frac{dx}{dt}=Ux,\frac{dy}{dt}=Uy,\frac{dz}{dt}=Uz,$ 所以上式可写成：

$$\left.\begin{aligned}a_x&=\frac{\partial Ux}{\partial t}+Ux\frac{\partial Ux}{\partial x}+Uy\frac{\partial Ux}{\partial y}+Uz\frac{\partial Ux}{\partial z}\\a_y&=\frac{\partial Uy}{\partial t}+Ux\frac{\partial Uy}{\partial x}+Uy\frac{\partial Uy}{\partial y}+Uz\frac{\partial Uy}{\partial z}\\a_z&=\frac{\partial Uz}{\partial t}+Ux\frac{\partial Uz}{\partial x}+Uy\frac{\partial Uz}{\partial y}+Uz\frac{\partial Uz}{\partial z}\end{aligned}\right\}\tag{9}$$

上式中右边第一项表示通过空间固定点的流体质点速度随时间的变化率，称为当地加速度，等式右边后三项反映了在同一瞬时（即 t 不变）流体质点从一个空间点转移到另一空间点的速度变化率，称为迁移加速度。

若流场中某一瞬间的空间曲线上各点的流体质点所具有的速度方向与曲线在该点的切线方向重合，则该曲线叫做“流线”，整个流场为被无数流线所充满的空间，它显示出流体运动的几何形象。如图 3 所示，设在流线上某点 M（x、y、z）的流速为 U（其中分量为 Ux、Uy、Uz），M 点流线微元段长 ds（其分量为 dx、dy、dz），根据流线定义，M 点的速度 U 必与 M 点切线（在这里用 ds 表示）相重合，所以 ds 与坐标轴的夹角同 U 与坐标轴的夹角相等的，因而相应夹角的余弦必相等，即

$$\cos(U \wedge X) = \frac{Ux}{U} == \frac{dx}{ds}$$

$$\cos(U \wedge Y) = \frac{U_y}{U} = \frac{dy}{ds}$$

$$\cos(U \wedge Z) = \frac{U_z}{U} = \frac{dz}{ds}$$

由上式可求出 $$\frac{dx}{Uy} = \frac{dy}{Uy} = \frac{dz}{Uz} \tag{10}$$

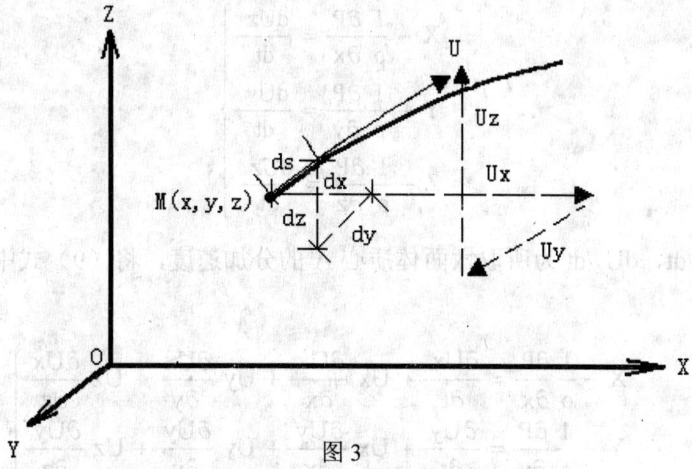

图 3

在流场中取一微元六面体，其边长为 dx,dy,dz，如图 4 所示。六面体形心 A（x,y,z）处流体静压力为 P，流速沿坐标轴的分量为 Ux、Uy、Uz,密度为ρ。该六面体上作用着由压强产生的法向表面力和单位质量力 X，Y，Z，以 X 方向进行分析。

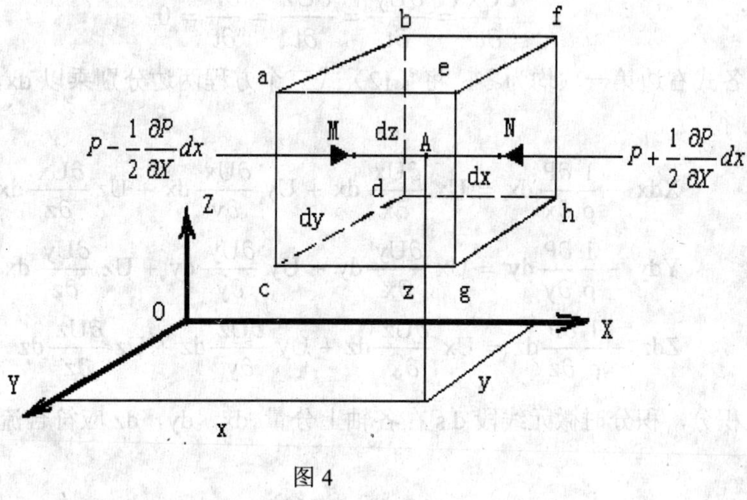

图 4

压力：作用在微元六面体中心 A 的压力为 P、左侧 a b c d 面形心 M 点压力为 $(p - \frac{1}{2}\frac{\partial p}{\partial x}dx)$，其中 $\frac{\partial p}{\partial x}$ 是压力 P 沿 X 轴的变化率，M 点相对 A 点只有 X 轴的坐标变化 $(\frac{-dx}{2})$，因此坐标变化很小，可以认为 $\frac{\partial p}{\partial x}$ 不

变，则$-\frac{\partial p}{\partial x}\frac{dx}{2}$项是 M 点相对于 A 点压力的变化量。所以，M 点压力为$(P-\frac{1}{2}\frac{\partial P}{\partial X}dX)$。同理，右侧 e f g h 面的形心 N 点压力为$(p+\frac{1}{2}\frac{\partial p}{\partial x}dx)$。微元六面体的质量力在 x 轴的分量为 x ρ dxdydz。

根据牛顿第二定理 ΣF=d(mu)/dt，对于 x 轴有

$$x\rho\rho dxdydz+(p-\frac{1}{2}\frac{\partial p}{\partial x}dx)dydz-(p+\frac{1}{2}\frac{\partial p}{\partial x}dx)dydz=\rho dxdydz\frac{dUx}{dt}$$

等式两边同除以微元六面体质量 ρ dxdyxdz,则得单位质量流体沿 x 轴的运动方程,同理可得 y,z 轴上的运动方程

$$\left.\begin{aligned}X-\frac{1}{\rho}\frac{\partial P}{\partial x}=\frac{dUx}{dt}\\Y-\frac{1}{\rho}\frac{\partial P}{\partial y}=\frac{dUy}{dt}\\Z-\frac{1}{\rho}\frac{\partial P}{\partial z}=\frac{dUz}{dt}\end{aligned}\right\}\tag{11}$$

上式中 dU_X/dt、dU_Y/dt、dU_Z/dt 为所取六面体质心 A 的分加速度，将（9）式中各分加速度代入上式，则得

$$\left.\begin{aligned}X-\frac{1}{\rho}\frac{\partial P}{\partial x}=\frac{\partial Ux}{\partial t}+Ux\frac{\partial Ux}{\partial x}+Uy\frac{\partial Ux}{\partial y}+Uz\frac{\partial Ux}{\partial z}\\Y-\frac{1}{\rho}\frac{\partial P}{\partial y}=\frac{\partial Uy}{\partial t}+Ux\frac{\partial Uy}{\partial x}+Uy\frac{\partial Uy}{\partial y}+Uz\frac{\partial Uy}{\partial z}\\Z-\frac{1}{\rho}\frac{\partial P}{\partial z}=\frac{\partial Uz}{\partial t}+Ux\frac{\partial Uz}{\partial x}+Uy\frac{\partial Uz}{\partial y}+Uz\frac{\partial Uz}{\partial z}\end{aligned}\right\}\tag{12}$$

在喉管内，流体的流速，压力只是位置坐标连续函数而与时间无关，即

$$\frac{\partial Ux}{\partial t}=\frac{\partial Uy}{\partial t}=\frac{\partial Uz}{\partial t}=\frac{\partial P}{\partial t}=0$$

因此（12）式中各式右边第一项均为零。将（12）式三个方程两边分别乘以 dx，dy，dz（沿流动方向微元线段 ds 的分量）得

$$\begin{aligned}Xdx-\frac{1}{\rho}\frac{\partial P}{\partial x}dx=Ux\frac{\partial Ux}{\partial x}dx+Uy\frac{\partial Ux}{\partial y}dx+Uz\frac{\partial Ux}{\partial z}dx\\Ydy-\frac{1}{\rho}\frac{\partial P}{\partial y}dy=Ux\frac{\partial Uy}{\partial x}dy+Uy\frac{\partial Uy}{\partial y}dy+Uz\frac{\partial Uy}{\partial z}dx\\Zdz-\frac{1}{\rho}\frac{\partial P}{\partial z}dz=Ux\frac{\partial Uz}{\partial x}dz+Uy\frac{\partial Uz}{\partial y}dz+Uz\frac{\partial Uz}{\partial z}dz\end{aligned}$$

若在同一流线上积分，积分时微元线段 d s 在各轴上分量 dx，dy，dz 应符合流线方程，即（10）式，则有

$$\begin{aligned}Uxdy=Uydx\\Uydz=Uzdy\\Uzdx=Uxdz\end{aligned}$$

将此关系式代入上面三个方程，则得

$$Xdx-\frac{1}{\rho}\frac{\partial P}{\partial x}dx=Ux(\frac{\partial Ux}{\partial x}dx+\frac{\partial Ux}{\partial y}+\frac{\partial Ux}{\partial z}dz=UxdUx=\frac{1}{2}dU_X^2$$

$$Ydy-\frac{1}{\rho}\frac{\partial P}{\partial y}dy=Uy(\frac{\partial Uy}{\partial X}dx+\frac{\partial Uy}{\partial y}dy+\frac{\partial Uy}{\partial z}dz)=UydUy=\frac{1}{2}dU_y^2$$

$$Zdz - \frac{1}{\rho}\frac{\partial p}{\partial z}dz = Uz(\frac{\partial Uz}{\partial x}dx + \frac{\partial Uz}{\partial y}dy + \frac{\partial Uz}{\partial z}dz) = UzdUz = \frac{1}{2}dU_z^2$$

将上面三个方程两边分别相加，得：

$$\begin{aligned}&(Xdx + Ydy + Zdz) - \frac{1}{\rho}(\frac{\partial p}{\partial x}dx + \frac{\partial p}{\partial y}dy + \frac{\partial p}{\partial z}dz) = \frac{1}{2}d(U_x^2 + U_y^2 + U_z^2)\\&(Xdx + Ydy + Zdz) - \frac{1}{\rho}dP = \frac{1}{2}d(U^2)\end{aligned} \tag{13}$$

如果作用在流体上质量力仅为重力，z 轴垂直向上，xoy 为水平面，则上式可写成：

$$-gdz - \frac{1}{\rho}dp = \frac{1}{2}d(U^2)$$

$$gdz + \frac{1}{\rho}dp + \frac{1}{2}d(U^2) = 0$$

若是理想流体，ρ=常数，对上式积分得：

$$gz + \frac{P}{\rho} + \frac{U^2}{2} = C \tag{14}$$

上式就是单位质量不可压缩理想流体沿流线或微小流束的能量方程——伯努利方程式，式中 C 为积分常数，对同一流线上任意 1，2 两点有

$$gz_1 + \frac{P_1}{\rho} + \frac{U_1^2}{2} = gz_2 + \frac{P_2}{\rho} + \frac{U_2^2}{2} \tag{15}$$

式（15）中 g 为重力加速度，它建立了流体运动的运动参数压力 P，流速 U，流体密度为 ρ 和位置坐标 z 沿流速（流线）变化的关系式，用它能很好地说明喉管内流体运动的规律。特别地，若是平吸式化油器，则 $z_1=z_2$，式（15）变为

$$\frac{P_1}{\rho} + \frac{U_1^2}{2} = \frac{P_2}{\rho} + \frac{U_2^2}{2} \tag{16}$$

式中 ρ 为常数，用（16）式更能说明喉管内流体的运动规律，说明方法与第二种情况相同。

把式（14）、（15）、（16）同式（4）、（5）、（6）式比较看出，它们完全相同，但式（4）、（5）、（6）是从能量守恒定理导出的，而式（14）、（15）、（16）式则是运用了牛顿运动定理，流体力学的基础知识得出的，它使我们向纵深运动了 Δh。在教学中，以上方法可分别应用于不同文化层次的学生，达到因材施教之目的。

参考文献

1 李一帆编. 教学环节与方法. 内蒙古人民出版社

2 李诗久主编. 工程流体力学. 机械工业出版社

3 卜其亮. 高原上使用发动机的两点改进. 汽车与配件. 1997, (21)

甲醇燃料汽车在富煤省区的试验示范

降连葆 石 磊

山西省汽车工程学会

引言

一碳化工产品甲醇（CH_4O）自 20 世纪进入国际车用燃料领域以来，基本上以每十年一个变化周期，经历了如下的发展过程：

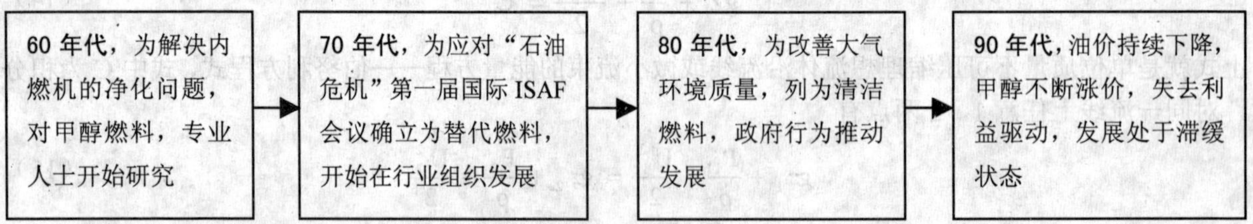

据国际醇燃料权威人士称，自 20 世纪 90 年代以来，世界上坚持对甲醇燃料汽车实施示范工程的只有中国山西省。

众所周知，“缺油少气富煤”是我国资源结构的基本特征，所以在煤的转化上寻求新的车用燃料是符合我国国情的必然选择。山西省作为我国的富煤省区之一，不论从国家能源安全、环境友好的全局考虑，还是从地方经济的发展考虑，都理应在发展煤基代用燃料方面多做一些工作。笔者作为山西省甲醇燃料汽车试验示范阶段的直接参与者，就实践探索中的一些切身体会总结成文，以此与汽车界的同仁进行交流，希望大家对甲醇燃料汽车给予关注，引起重视并惠予指正。

1 目标、思路及实施步骤

山西省发展燃料甲醇和甲醇汽车的工作自 20 世纪 80 年代开始，前后已延续了二十多年，在国家和地方政府的组织和支持下，省内外有关科研院所、高校、企业联手合作，在甲醇燃料汽车研发、生产、应用方面做了大量工作，实践表明，甲醇燃料汽车是一项涉及面广、包容要素多（燃料、动力、整车运营、检测、输配、管理、政策法规等）的系统工程。由此出发，制订出相应的总体目标、工作思路及实施步骤。

（1）总体目标：把山西省建成国家燃料甲醇生产基地和清洁（甲醇）汽车产业化示范地区。

（2）工作思路及实施步骤：概括为“123”示范工程，见下图：

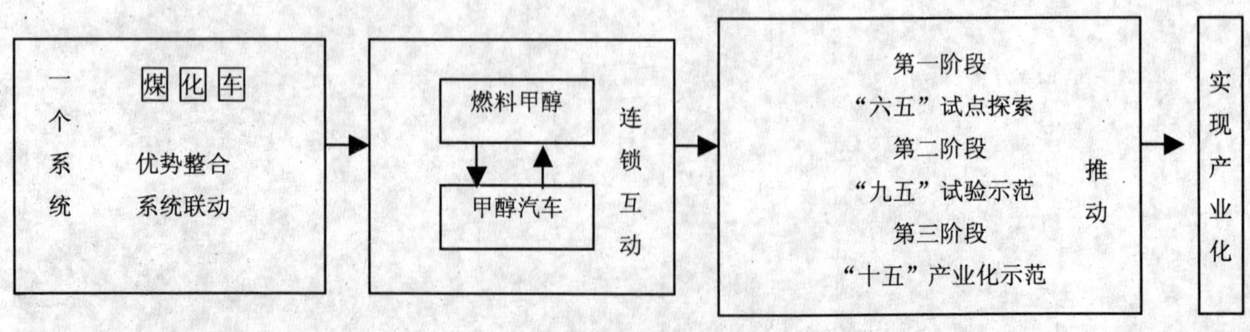

（3）“九五”至“十五”初期的试验示范阶段是推动整个项目发展承前启后的关键时期，在这个时期我省分成前后两期组织了实施。

1）前期：软科学研究，1996 年 3 月开始，历时一年半，由原国家科委组织，中美合作，福特汽车公司、麻省理工学院、山西省、中科院、清华大学、化工部等合作，采用了生命周期的研究方法，以我省为研究对象，进行了煤制甲醇的“3E”研究。得出了“在山西省等富煤地区将煤转化汽车燃料甲醇是重要选择”的研究结论，通过软科学研究，一方面衔接和提升了试点探索阶段的应用成果，另一方面为后继工作充实了必不可少的理论准备。

2）后期：从 1998 年 7 月开始由国家经贸委组织一直在山西省进行着“国家煤制甲醇——洁净燃料汽车示范工程”，并已在 2000 年底通过了国家验收。山西省也陆续在五个地市组织了百辆（106 辆）中巴车进行试验示范运营，收集整理大量的运营经济性、发动机及整车的技术性、汽车排放的环保性、司乘人员及输配系统工作人员使用燃料甲醇与甲醇汽车安全性等方面的系统数据，证明了项目的可行性。

3）通过试验示范，初步形成了较为系统完整的项目体系，创造了从试验示范阶段转入产业化示范阶段的必要条件。见以下框图：

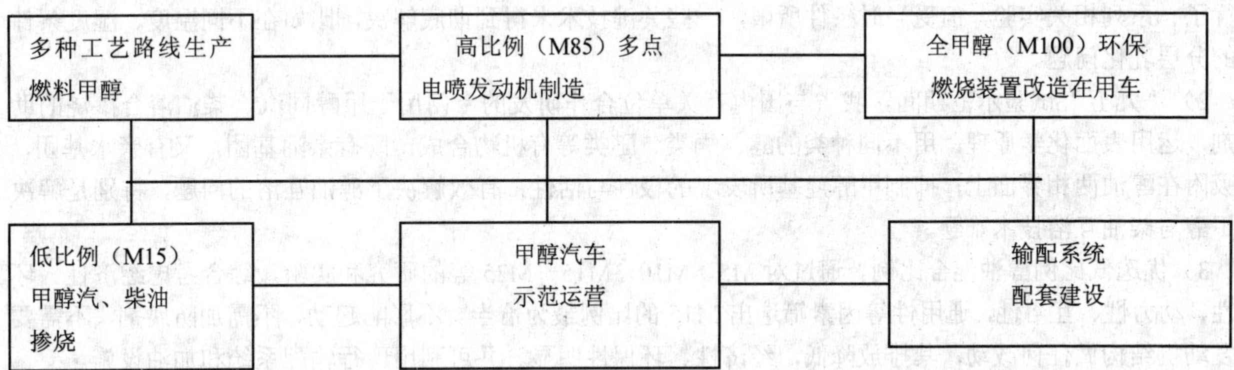

2 关键技术的确定及研究攻关

抓示范，必须攻关键。根据当时甲醇燃料发动机在我国尚属空白的情况和我省汽车工业的基础条件，我们没有把研发重点放在整车上，而是锁定在燃料甲醇发动机技术和醇油掺烧技术两个方面。

2.1 甲醇燃料发动机产品

充分利用我省现有的具备配套优势的车用动力研发生产工作基础（兵总北方发动机研究所，太原理工大学，山西柴油机制造公司（616 厂），山西淮海发动机有限公司，山西新天地发动机制造公司，山西净土实业有限公司，大同云岗汽车集团公司）。

充分利用国内外在醇燃料发动机方面的研发力量和研究成果（天津大学、西安交大、北内、中科院工程热物理所，德国 FEV、澳地利 AVL 等）。

充分利用灵活多样的合作形式，形成符合中国国情和当前市场需要的产品，一是高甲醇 M85 定比例汽油机，二是用于改造在用车（化油器型）的全甲醇（M100）燃料装置。

（1）定比例多点电喷甲醇发动机

国内首创了 M85 定比例多点电喷 495 甲醇发动机，被列为 1999 年国家技术创新项目，已投入批量生产，成为山西省实施国家煤制甲醇——洁净燃料汽车示范工程车辆的主要动力。在 495 汽油机基础上优化改装成多点电喷，功率和扭矩分别提高 3%和 4%，冷起动正常，替代比 1.75，怠速排放 CO 和 HC 分别降低 60%。国内专家对行驶 36 万公里未大修换件的 M85 发动机进行检测，万公里磨损在正常范围内。

（2）全甲醇（M100）燃烧装置

根据甲醇燃料特点优化进排气支管等的燃烧装置——模块。简单改造发动机。用汽油小盒进行冷起动，油醇转换方便。动力性与原汽油相同，已取得国家发明专利。与汽油替代比 1.5，节省燃费 25%。不加尾气净化装置、排放可达欧 I 标准。主要用于对在用的化油器汽车进行改造，已配用于十多种机型。并在 7 个省内城市和大庆改装在用车 710 辆，运行状况良好。

（3）高压缩比醇—氢电喷发动机

高压缩比 12（设计是 14）全甲醇 JT468Q1L 电喷发动机通过产、学、研合作，已研发成功。主要性能指标超过同级世界先进水平的汽油机，功率 62.5kW，高出汽油机 12%～24%和柴油机 39%，相当于 1.3L 的汽油机水平。与汽油的替代比＜1.5。排放近欧 III 标准。正在准备建线生产。同时正在研发具备自有知识产权的四个系列十五个品种。

（4）甲醇重整富氢气发动机（H_2和 CO）的研究取得关键性的突破。该机克服了纯氢气发动机功率下降大（由 240 降到 150）的缺点，在保持功率不降，汽油替代比为 1.3，NO_X、CO、HC 的排放分别下降 76%、82%和 91%。

2.2 甲醇汽、柴油（M15）低比例掺烧技术

1）“六五”试点探索阶段，我省就开展了汽、柴油掺烧甲醇技术的研发。当时，由国家科委组织、交通部牵头在省运汾阳公司选用了 473 辆 M15 甲醇载重车，5 个配套加油站，经过 6468 万吨公里的运营进行了一系列相关实验，但受当时条件所限，一些关键技术未得到彻底解决，比如在不同温度、湿度条件下的分层乳化问题。

2）“九五”试验示范期间，我省与国内有关单位合作研发的专门用于甲醇同汽、柴油溶合掺烧的助溶剂，运用表面化学原理，用不同种类的醇、酮类、醚类等有机物合成，既有亲油基团，又有亲水基团，能吸附在醇油两相界面上，抑制甲醇羟基所表现的极性与活性，有效解决了醇油互溶的问题，特别是解决了甲醇与柴油互溶技术难题。

3）优选低比例醇油混合比例。通过对 M5、M10、M15、M25 等的研究和实验，综合考虑经济性、环保性、动力性、互溶性，通用性等因素筛选出 M15 的比例最为恰当。不影响起动，不需加防腐剂，不需要对发动机结构做任何改动，其排放降低，经济性、环保性明显。并可利用现行输配系统和加油设施。

4）进入产业化示范阶段后，已开始在省会城市太原等四个城市陆续开始试点推广。

5）研制添加剂解决关键技术。通过对存在问题的分析，结合国内外研究成果，在不改变发动机结构条件下，实现甲醇与汽油能长期稳定使用，必须选用相应的添加剂，以抑制甲醇羟基所表现的极性和活性。为此，选择了不同种类的高碳醇、醚、酮类等有机物，经过千百次的对比试验，配制成添加剂，并按不同比例和严格调配技术解决了遇水分层和低温乳化问题，使水分含量在 1.5%之内不分层，－30℃下 48 小时不分层。1999 年在试验室反复调配，并进行了小范围试用，试用成功。但又发现了低温起动困难、高温气阻、橡胶件腐蚀溶胀等问题，同样还是通过对添加剂中不同组分进行优化配制。通过近三年的行车试验，基本上解决了低温起动困难和高温气阻的问题，在 26℃环境温度下，静置 12 小时后正常起动在 38℃高温环境未发生气阻，腐蚀溶胀问题经检测认定，已得到解决。

6）甲醇柴油的研发取得初步成果。柴油是多碳化合物，碳原子越多，与甲醇越难互溶，解决甲醇与柴油互溶是一个技术难度较大的课题。对甲醇柴油的互溶技术研究首先研制出甲醇柴油(M5O-M90)即甲醇配比为 50%-90%，先分别用于工业锅炉、窑炉和灶炉上替代柴油使用，效果良好，验证了研究方向的正确性和技术的科学性，为 M15 车用清洁甲醇柴油研究建立了一个平台。

7）“十五”期间，为配合国家调整能源结构，在汽车上发展甲醇替代（部分或全部）成品油的节能规划，在前阶段醇基代用燃料的研发实践及清洁甲醇柴油 M5O-M9O 技术基础上，研制出了 Ml5 车用甲醇柴油，填补了国内外一项空白。经国家指定检测单位进行有关性能检测，结果认为:在柴油机结构参数都不改变的情况下，使用 M15 甲醇柴油，对柴油机的起动性能无影响；对柴油机的动力性能影响较小；而且可以明显降低尾气中的 NOx 及 CO 等有害排放物和排气烟度，对净化空气、保护环境、节约石油资源有明显效果，是值得推广应用的清洁燃料。现已在“山西孝义——天津塘沽”运煤专线的重型运煤车上小规模示范运营。

3 在反复试验研究中初步找到主要热点问题的解决途经

主要集中在经济性、环保性和安全性三个方面：

（1） 经济性问题。

这是甲醇燃料汽车能否市场化的一个关键，20 世纪 80 年代，就因为甲醇在成本价格上，不具备与汽柴油竞争的条件，因而出现了现有成熟技术，但缺乏市场拉动的停滞局面的主要成因。

通过试验示范，我们从三个方面对经济性问题进行了实践检验：

1）制造成本方面：在我省及国内其它富煤省区，煤制燃料甲醇工艺路线多，制造成本低。见下表。

类型	工艺路线	甲醇生产成本，元/t
技术改造模式	化肥副产甲醇（合成氨联醇）	900-1000
环保——资源综合利用模式	焦炉气制甲醇	990-1010
后继潜力发展模式	煤层气制甲醇	1100
“多联供”资源综合利用模式	粉煤、高硫煤、多联产制甲醇	750
规模经济大型化模式	60 万 t/a 煤制甲醇装置	600-850

2）改造成本方面：

——低比例 M15 掺烧时，不需要改变发动机的任何零部件。

——高比例多点电喷甲醇发动机比同型号规格的汽油机的制造成本仅增加 3000 元。

——全甲醇（M100）燃料装置在用车改装费用为 4000 元。

3）运营成本方面：分“低、高、全”三种情况，见下表：

类型	低比例	高比例	全甲醇	备注
示范形式	M15 清洁汽油试点推广	M85 中巴车城际示范运营	M100 环保汽车燃烧装置改造出租车	
燃料甲醇平均销售价格（元/吨）	1700	1700	1700	甲醇价格波动幅度 1400～2050
汽油平均销售价格（元/吨）	3450	3450	3450	汽油价格波动幅度 3200～3750（以 90#汽油为例）
实际运营中甲醇与汽油的消耗比	1.02:1	1.5:1	1.5:1	
甲醇+汽油混合燃料消耗成本（元）	3256（含添加剂）	2686	2550	
价差（元/吨）+为比汽油低的值 -为比汽油高的值	+194	+764	+900	

4）输配系统建站成本方面：这是甲醇燃料汽车的一个比较优势，在现有的常规汽、柴油加油站场增设一套甲醇输配装置即可（改造费用 2 万元，建设费用 22～24 万元），且不影响现有的汽、柴油加注运作程序和安全管理，同时可以充分利用现有的加油站网。

综上所述，在汽油价 2800～4000 元/吨范围内，甲醇价低于 2300 元/吨时，使用 M15 甲醇中巴车的燃料费用均低于同类汽油车。当甲醇价与汽油价之比低于 0.52 时，M85 甲醇车的经济性均优于同型汽油车。

（2）环保性问题

1）常规排放，甲醇比汽、柴油好，并和 CNG、LPG 相当，这是我省试验示范验证的一个不争的事实，本文不多累述。

2）非常规排放是社会关注的一个热点，我国尚无汽车的非常规排放标准，山西省现在已研究出非常规排放物甲醛的定性比较测试方法和加装两元催化尾气净化装置的控制措施，经对使用 M100 甲醇发动机的中巴公交车进行排放对比试验，排放尾气中甲醛含量低于汽油车，见下表。

甲醛专用尾气净化器试验与比较表

	催化前	催化后	转化率%
汽油机	40	4	90
甲醇机	88.22	2.99	99.6

（3）毒性及使用的安全性问题

这是甲醇燃料中最受社会关注的敏感点，我省在试验示范中始终作为重点，进行了不间断的跟踪研究。

1）甲醇和汽油在化学毒性物质规范中均属中等毒性，国内外已有大量权威的科学结论证实。汽油和醇对生态的影响，用百分衡量，汽油为 100，乙醇 50，甲醇 30。国内外长期大量的研究成果表明，甲醇的毒性低于石油燃料。

2）七五国家科委组织 M100 甲醇攻关和中德科技合作研究期间，对“中毒机理”，“中毒解毒药”和“对人体健康的影响”等课题已进行了研究和为期三年详细的连续跟踪检查。结论是，只要遵守操作规程，没有发现人体健康有异常。

3）我国生产甲醇已有数十年历史，由于在生产储运中有一套管理制度和操作规程，从未发现甲醇工厂工人有甲醇职业病史。“六五”期间，山西省在国家组织的试验中就参与了研究工作，在“九五”国家“煤制甲醇——清洁燃料汽车示范工程”及在全省五个地市示范运营中，制定了严格的操作规程，坚持跟踪检测。至今，未发现一例违章操作的安全和误饮食的急性中毒事故。省里对涉及燃料甲醇和甲醇汽车项目的 9 个单位的有关人员进行体检，也未发现一例因甲醇引起的健康异常和职业病。

（4）涉及发动机动力性及腐蚀性等技术问题

该问题在局部范围已基本解决，但由于受示范车型种类和系统检测数据的局限，还有待于继续深入研究。

4 阶段性评价及后继措施

4.1 对“九五”及“十五”初期试验示范阶段工作的基本评价

（1）总体评价

可以援引 2003 年元月国家经贸委组织了包括中科院、工程院院士参加的 14 名国内的能源、化工、石化、汽车领域的专家对山西省燃料甲醇与甲醇汽车产业化示范工作进行系统考察后的两条考察结论意见：

1）煤制燃料甲醇作为汽车代用燃料在技术上、经济上成熟可行，有竞争力。把煤炭作为我国可持续发展的战略能源，符合我国国情。

2）充分肯定山西省在燃料甲醇和甲醇汽车产业化方面所做的工作，一致认为山西省在燃料甲醇和甲醇汽车技术开发等方面已取得较为系统的成果和经验，显示了技术、经济、环境等优势。

（2）子项目评价

目前我省已拥有甲醇发动机专利技术 15 项，甲醇汽车燃烧及净化装置专利技术 18 项、甲醇生产专利技术 1 项。试验示范阶段在燃料甲醇与甲醇汽车相关领域，承担国家级科技攻关项目 1 项、国家火距计划项目 1 项；国家技术创新项目 3 项，省级技术创新项目 1 项；国家级重点新产品 1 项。获国家科技进步奖 1 项，国际金奖 1 项，技术成果达到国际先进水平 2 项，国内领先水平多项。这些子项目成果对试验示范工程的支撑，对产品技术的提升，对整个项目的推进和发展打下了必不可少的科学技术基础。

（3）我省通过试验示范阶段的运营实践和跟踪检测，系统研究，对症攻关，虽然取得一些阶段性成果，但客观地讲，不论从试验示范的广度、深度和时效检验的角度分析，都有许多局限性。产业化推广的条件还有不小距离，还须作许多深入细致的工作，必须通过产业化示范阶段，在相当范围、较大规模，更高层次上的产业化示范实践，把任何一个涉及经济、技术、环境友好方面的薄弱环节和疑点都解决在产业化之前。对此，我们有一个清醒的认识，并制订了扎实可行的工作计划。

4.2 后继措施

（1）继续加大政府行为工作力度，同时在产业化示范阶段中后期逐步加大市场化运作的程度

1）我省已经成立了由省长任组长、两位副省级领导为副组长的“山西省燃料甲醇与甲醇汽车领导组”，落实了办事机构的编制和职能，衔接并规范了与国家清洁汽车领导组及办公室的工作渠道，聘请了由国内十名专家组成的资深专家组。

2）编制、通过了开始实施“山西省建设国家燃料甲醇生产基地和国家清洁（甲醇）汽车产业化示范地区的实施方案”；“山西省燃料甲醇与甲醇汽车产业化示范暂行管理条例”；省直十六个委、办、厅、局联合下发的“关于加快我省燃料甲醇和甲醇汽车产业化示范推广的若干措施”

3）颁布实施了《车用燃料甲醇》、《M15 燃料甲醇汽油》两个地方技术标准。

4）认真落实省政府“关于车用甲醇汽油产业化试点工作的通知”，先在太原等四城市试点推广，随后，在全省进行市场化营运。

（2）以我省承担的“十五”国家科技攻关计划“清洁汽车关键技术研究开发及示范应用”两大项目为高起点的平台（甲醇燃料汽车示范工程、M85 点燃式甲醇燃料轻型车研发），按计划、分步骤起动产业化示范工程的各项工作，在新的技术层面上，再形成一批具有自主知识产权的研究成果。重点抓好以下六个方面的研发和攻关任务：

1）燃料甲醇与甲醇汽车推广运营的安全操作规程，并实现规范化。

2）定比例高甲醇发动机（包含全甲醇燃烧装置）的可靠性技术提升及 FFV 甲醇发动机的研发生产，并实现与整车技术的匹配和产品系列化。

3）低比例醇油掺烧（汽油、柴油）添加剂配方的筛选优化，实现组分规格化。

4）燃料甲醇汽车常规排放达到欧Ⅱ标准，非常规排放实现地方标准化。

5）燃料甲醇生产做到资源综合利用和技术改造兼收并举，实现低成本化。

6）负责制订或参与制订系统配套的国家燃料甲醇与甲醇汽车技术标准（约 13 个标准）的基础工作，即标准的起草、编制及参数的试验、筛选、优化。

（3）积极争取国家批准将山西省列为国家燃料甲醇生产基地与清洁甲醇汽车产业化示范地区，将甲醇燃料列入国家能源发展计划。与此同时，由国家主管部门牵头，以国内相关部门负责人及相关领域的专家为主，我省全方位参与成立国家燃料甲醇和清洁甲醇汽车协会，积极推进这项工作的开展。

（4）通过国际醇燃料会议的工作渠道，扩大和加强与国际同行业的交流合作，积极主动吸收国际上的相关研究成果，加大在产业化示范阶段的转化和推广运用的力度，加快在我国实现产业化的步伐。

CNG 顺序喷射系统及其应用技术

曾庆亚

北京市公共交通研究所

[摘要] 近几年燃气汽车的推广和技术在我国得到了快速的发展。本文介绍了目前采用最新技术开发的 Dream XXI 顺序喷射系统的控制原理，对早期的燃气系统在使用中存在问题的解决措施，以及该系统与捷达 CI 型轿车的匹配试验情况。

关键词：天然气 燃气系统 顺序喷射 匹配试验 排放

Technology and Application of CNG Sequential Injection System

Zeng Qingya

Beijing Public Transportation Institute

[Abstract] The technology of gas vehicles has been quickly developed and promoted in China in recent years. This paper has introduced the control principle of a CNG sequential injection system named Dream XXI, which has applied the latest ECU technology. The new system has been satisfied applied in Jetta Ci car of FAW-Volkswagen car and successfully resolved the problems that existed in the early gas systems.

Key words: CNG gas system sequential injection match test emission.

结论

Dream XXI 燃气系统采用了先进的多点、顺序供气方式，在与捷达等车型的匹配中，在没有对原车发动机作任何改动的条件下，排放能够达到相当于欧洲二号排放的水平，在加装点火提前角调节器时，动力下降幅度在 9～15%之间。由于没有吸入式燃气系统中混合器的节流作用，对汽油的性能计划没有影响，且彻底解决了吸入室燃气系统在使用中存在的回火问题。在吸入式燃气系统中需要手动进行调节，调试的性能稳定性差。在 DreamXXI 燃气顺序喷射系统中，在所有工况下均由控制系统全程控制，性能稳定性和生产的一致性大为提高。Dream XXI 顺序喷射系统独有的汽油反馈模拟信号模式，彻底解决了早期系统存在的对汽油 ECU 的影响问题。

注：本文全文刊登在 2003 年《汽车工程》（增刊）上。

柴油/天然气双燃料发动机的开发研究

窦慧莉　李　骏　徐振波　杜喜云

一汽集团公司技术中心

[摘要] 采用单点电控喷气系统、增压中冷技术、稀薄燃烧方式、匹配新型高效增压器，及用于天然气废气的特殊催化器，开发了一种以天然气和柴油为燃料的 CA6110ZLA5N2 双燃料发动机。试验结果表明，该发动机不仅保持原柴油机的动力性，而且排放满足欧Ⅱ标准的要求。

关键词：柴油/天然气双燃料发动机　开发　性能　排放

1　前言

环境保护（降低 CO_2、NOx 和臭氧排放）和能源问题已经变成全球日益关心的重要问题。天然气以其丰富的资源和清洁燃烧特性而成为改善环境的一种好的清洁燃料。世界各大发动机公司都在积极研究开发可代替汽油机和柴油机的天然气发动机。

柴油/天然气双燃料发动机同时燃用柴油和天然气两种燃料，具有不同于柴油机或汽油机的工作特点。双燃料发动机的性能不仅取决于电控系统的优劣，而且取决于柴油、天然气和空气的合理组织。

CA6110ZLA5N2 双燃料发动机在结构上采用电控单点天然气喷射系统。同时，通过匹配新型高效增压器、优化空燃比、燃烧过程、柴油供油提前角以及天然气替代率等方面进行了性能开发，使该双燃料发动机不仅具有原柴油机的动力性，而且排放满足欧Ⅱ标准的要求。

2　CA6110ZLA5N2 双燃料发动机的结构开发

CA6110ZLA5N2 柴油/天然气双燃料发动机采用电控单点喷气控制方式。其供气系统如图 1 所示，主要由天然气瓶（包括逆止阀、安全泄放阀、充气阀、手动关闭阀等）、燃气压力调节器与电磁阀、气体流量阀、燃气喷射器、节流阀体、中央控制器、燃气压力传感器、燃气温度传感器、进气温度传感器、进

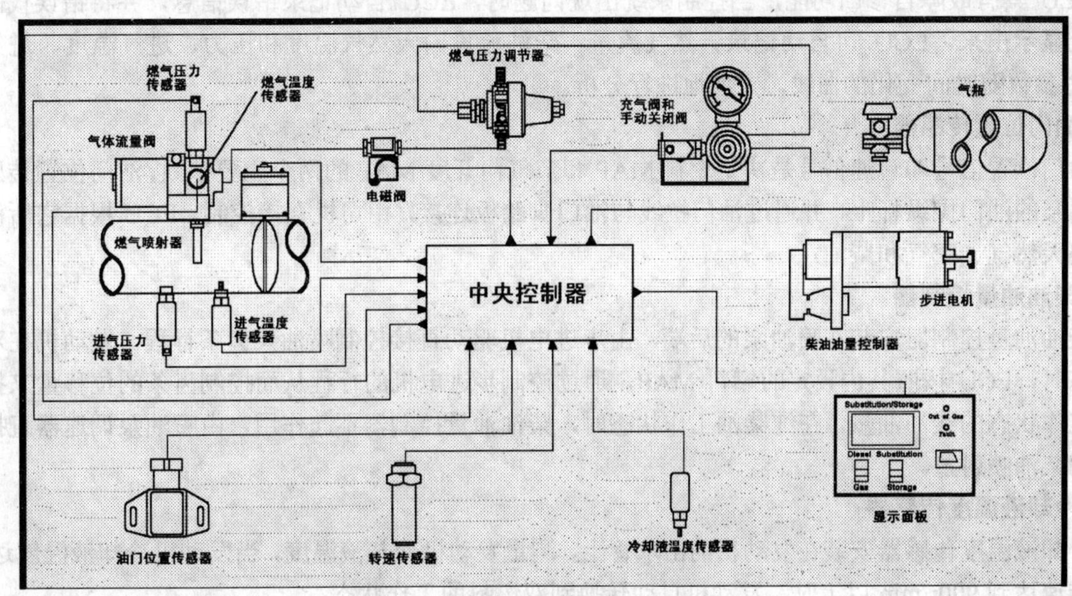

图 1　CA6110ZLA5N2 发动机供气系统电子控制图

气压力传感器、油门位置传感器、柴油油量控制器、冷却液温度传感器、转速传感器、天然气储量传感器、控制面板和线束等组成。

天然气从气瓶通过高压不锈钢管流入燃气压力调节器，在此天然气的压力由 20MPa 降低到 1MPa。发动机的冷却液被引入燃气压力调节器，以避免因天然气压力降低吸收热量而使压力调节器冻结。然后，天然气通过电磁阀进入气体流量阀，由燃气喷射器喷入节流阀体，在节流阀体内天然气与空气混合，流入进气歧管，最后到达各气缸内。

2.1 燃气压力调节器

燃气压力调节器可以将天然气的压力从 20MPa 降到 1MPa 左右，而且在压力调节器上装有压力传感器，与驾驶室内控制面板相连，这样司机在驾驶室内即可通过压力值了解气瓶内天然气的储量。燃气压力调节器内部带有 40μm 的滤清器，可以滤除气体中的杂质。燃气压力调节器后连接电磁阀，当发动机出现故障或发动机熄火时，电磁阀自动切断天然气的供给。

2.2 气体流量阀

气体流量阀精确控制双燃料工作状态下的燃气流量。其内有一小容积室，燃气喷射器、天然气压力和温度传感器与其相连。天然气压力和温度传感器分别测量出容积室中天然气的压力和温度，ECU 将实测天然气压力与存储在 ECU 内的目标压力值相比较，根据实测压力与目标压力的差值调整容积室的容积，保证精确的天然气喷射量。天然气的喷射压力为 100～800bar，天然气喷入节流阀体内，与空气充分混合后进入气缸。燃气喷射器的喷孔与空气的流向相反，使天然气与空气充分混合。

2.3 节流阀体

节流阀体安装在中冷器和进气接管之间并通过支架固定在发动机的前端。节气门的开度通过中央控制器内由发动机转速和油门位置（即负荷）确定的节气门开度 MAP 决定，并通过步进电机的步数调整节气门开度，进而控制空气的流量。

2.4 中央控制器（ECU）

ECU 是 CA6110ZLA5N2 双燃料发动机的控制核心。它不但可以设定和储存燃料 MAP 与节气门开度 MAP，同时能检测和记录发动机的故障信息，通过控制面板显示出来或输送到外接设备中。ECU 接受转速传感器、油门位置传感器、进气压力传感器、进气温度传感器、燃气压力传感器、燃气温度传感器、冷却液温度传感器和天然气储量传感器等 8 个传感器的信息，通过计算分析处理后，向节流阀体、柴油油量控制器及气体流量阀等 3 个主要执行器发出指令，操纵和控制它们的运动，来控制节气门开度、控制双燃料状态下的柴油量以及燃气的流量，进而保证发动机的性能。

ECU 具有故障自诊断功能，当控制系统出现问题时，ECU 自动记录错误信息，并将错误代码在控制面板上显示出来。ECU 可自动记录天然气流量、柴油流量、天然气温度和压力、进气温度、进气压力等 30 余个参数随时间变化的曲线，方便地进行分析。

2.5 油门位置传感器

油门位置信号和转速信号是决定燃料 MAP 和节气门开度 MAP 的两个主要参数，油门位置传感器固定在喷油泵的油门操纵杆上，并通过油门拉线与油门脚踏板连接，由司机直接控制。ECU 根据它所测得的信号确定天然气、空气和柴油。

2.6 柴油油量控制器

柴油油量控制器安装在喷油泵的后端，由步进电机驱动直接控制喷油泵齿条行程。发动机在双燃料工作状态时，ECU 按照其内设定的燃料 MAP，通过控制步进电机的行程从而控制齿条的位移量来控制在双燃料工作状态的柴油油量。在纯柴油工作状态时，柴油油量控制器不起作用，由喷油泵调速器直接控制发动机的柴油喷射量。

2.7 冷却液温度传感器

冷却液温度传感器安装在发动机的出水管上，测量发动机冷却液温度，当发动机冷却液温度达 65℃以上，转速达到 900r/min 以上时，发动机自动转换到双燃料的工作状态。

2.8 转速传感器

转速传感器安装在齿轮室罩盖-飞轮壳上测量发动机的转速，其信号是决定燃料 MAP 和节气门开度 MAP 的主要参数。

2.9 控制面板

控制面版固定在驾驶室内的仪表板上。控制面板上有控制发动机工作状态的转换开关，还可以显示双燃料工作状态下的天然气替代率及气瓶内的天然气储量。当双燃料工作状态下出现故障时，控制面板上的故障显示灯就会提醒司机，同时可以通过外接设备端口把故障的原因打印出来。

3 CA6110ZLA5N2 柴油/天然气双燃料发动机的性能开发

3.1 匹配新型增压器

增压器对发动机的性能影响很大，尤其对低速低负荷影响更加敏感，匹配合适的增压器可以保证发动机低速充足的进气量，同时使高速时的进气量在可接受的范围内，这样双燃料发动机不仅能够保证良好的低速性能同时能够保证高速性能。CA6110ZLA5N2 双燃料发动机匹配了新型增压器，不仅大幅度改善了发动机中低速工况的动力性和经济性，同时对发动机高速工况的动力性和经济性影响不大。发动机在 1200r/min 时，转矩提高了 5%，功率提高了 6.3%，油耗降低了 2%。

3.2 空燃比优化

空燃比对发动机的排放影响很大。图 2 为本田公司开发的天然气发动机的试验结果[1]，表明不同的排放污染物随空燃比的变化趋势不同。该发动机在 2000r/min 时，当空燃比接近 23 时，发动机的各种排放污染物均达到较佳的水平。

根据这个规律，对 CA6110ZLA5N2 发动机的空燃比进行优化，随着空燃比增大，NOx 排放降低，其它污染物增加。但是，空燃比过大会造成发动机缺火，发动机性能恶化。

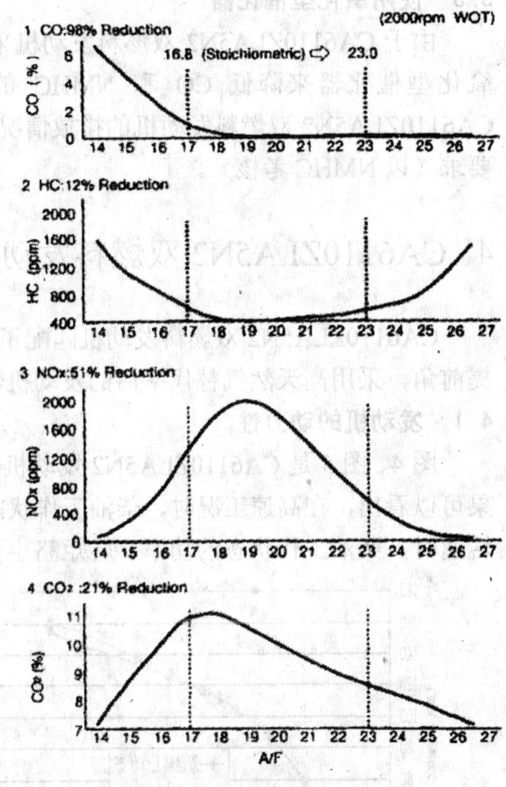

图 2 天然气发动机的空燃比对排放的影响

3.3 控制燃烧过程

CA6110ZLA5N2 双燃料发动机采取天然气和柴油混合燃烧的方式，发动机的缸内压力与柴油机时不同，图 3 为柴油与双燃料发动机额定工况和最大转矩工况的缸内压力比较图。可见不同工况时双燃料发动机的最大爆发压力有时比柴油机低，有时比柴油机高。因此，在发动机性能开发时，随时控制双燃料发动机的缸内压力，保持其低于柴油机的水平，以保持双燃料发动机具有柴油机的机械强度。

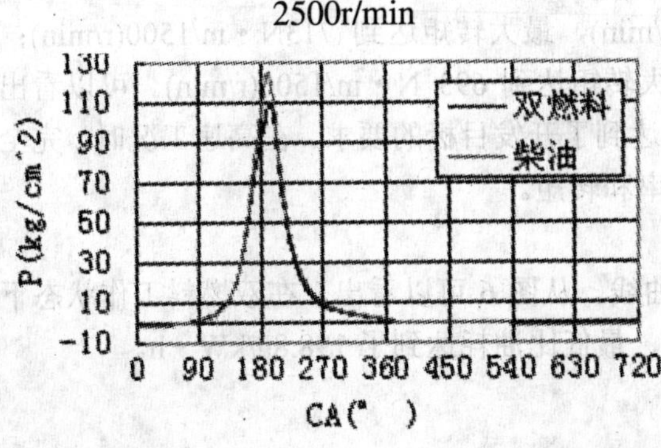

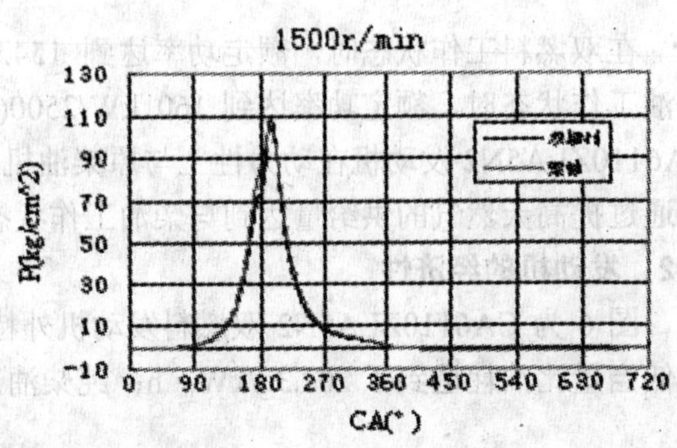

图 3　柴油与双燃料发动机外特性缸内压力曲线

3.4 柴油供油提前角优化

表 1 为不同柴油供油提前角时的发动机排放结果。可见，随着柴油供油提前角的提前，双燃料发动机的 NOx 排放增加，THC 和 CO 排放减小。这是由于随着柴油供油提前角加大，滞燃期延长，柴油-空气-天然气混合物的数量较多。在较大预混合区域内燃烧速率高，产生较高的燃烧温度，于是降低了 THC 排放。另一方面，喷油定时提前较多时燃烧温度较高，引起排气中的 NOx 升高。

表 1 柴油供油提前角对发动机排放的影响

柴油供油提前角	小提前角	小提前角+2°
THC(g/kW.h)	12.02	11.83
NOx(g/kW.h)	6.387	9.673
CO(g/kW.h)	1.043	1.026

3.5 使用氧化型催化器

由于 CA6110ZLA5N2 双燃料发动机采取稀薄燃烧方式，优化控制空燃比，NOx 排放很低，只需使用氧化型催化器来降低 CO 和 NMHC 的排放。不同配方的氧化型催化器对排放的效果不同，根据 CA6110ZLA5N2 双燃料发动机的排放情况，使用特殊配方的催化器，双燃料发动机的排放达到了欧Ⅱ排放要求（以 NMHC 考核）。

4 CA6110ZLA5N2 双燃料发动机的性能试验结果

CA6110ZLA5N2 双燃料发动机匹配了新型增压器、优化了空燃比、控制了燃烧过程、优化了柴油供油提前角，采用高天然气替代率后的发动机性能及排放试验结果如下。

4.1 发动机的动力性

图 4、图 5 是 CA6110ZLA5N2 发动机柴油工作状态与双燃料工作状态的台架试验对比结果。从试验结果可以看出，在高速工况时，柴油工作状态的功率、转矩略大于双燃料工作状态的功率和转矩，但在中低转速时，柴油工作状态的功率、转矩略小于双燃料工作状态的功率和转矩。

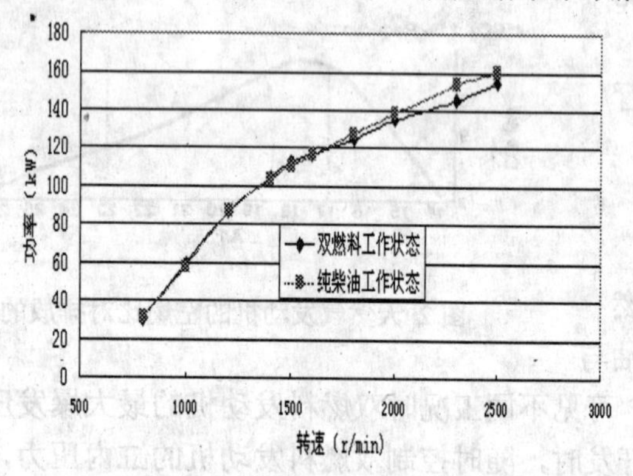

图 4 CA6110ZLA5N2 发动机外特性功率曲线

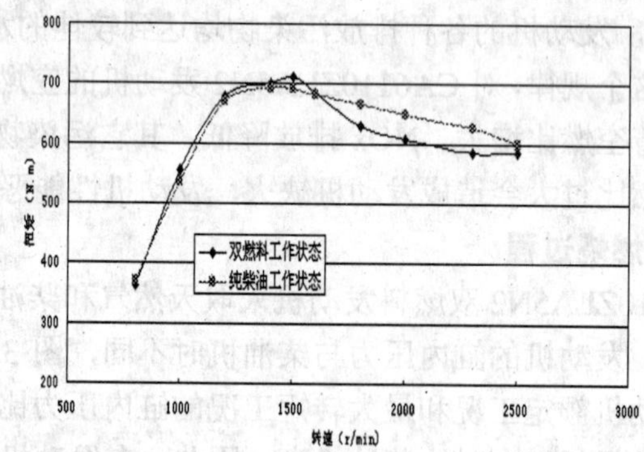

图 5 CA6110ZLA5N2 发动机外特性转矩曲线

在双燃料工作状态时，额定功率达到 154.7kW/2500(r/min)，最大转矩达到 713N·m/1500(r/min)；纯柴油工作状态时，额定功率达到 160 kW/2500(r/min)，最大转矩达到 693 N·m/1500(r/min)。可以看出，CA6110ZLA5N2 发动机在动力性上与原柴油机水平相当，达到了开发目标的要求。在高速工况时，完全可以通过提高天然气的供给量达到与柴油工作状态相同的功率和转矩。

4.2 发动机的经济性

图 6 为 CA6110ZLA5N2 双燃料发动机外特性比油耗曲线。从图 6 可以看出，在双燃料工作状态下，最低当量比油耗达到了 207.3g/kW·h；纯柴油工作状态下，最低比油耗达到了 198.8g/kW·h。

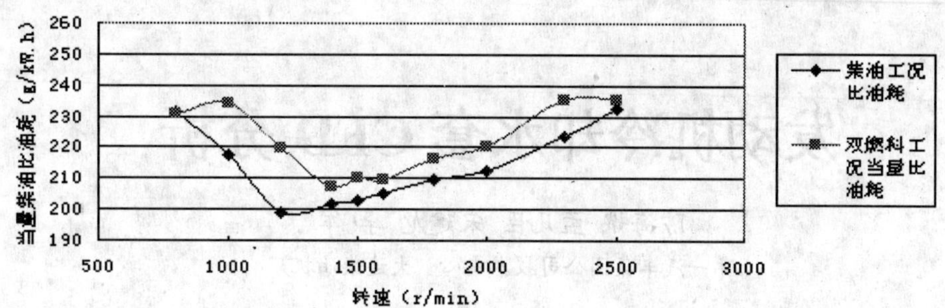

图 6　CA6110ZLA5N2 发动机外特性比油耗曲线

4.3　发动机的排放

表 2　CA6110ZLA5N2 发动机排放结果表

	欧 I 排放法规	欧 II 排放法规	CA6110ZLA5N2 发动机	
			双燃料工作状态	纯柴油工作状态
THC(g/kW・h)	1.1	1.1		0.395
NMHC(g/kW・h)			0.78	
CO(g/kW・h)	4.5	4.0	1.043	0.598
NO_x(g/kW・h)	8.0	7.0	6.387	7.87
PT(g/kW・h)	0.36	0.15	0.147	0.264

由表 2 可以看出，当在双燃料工作状态时，NMHC 排放为 0.78g/kW・h，本次将 NMHC 排放控制在低于 1.1g/kW.h；在纯柴油工作状态时，满足欧 I 排放法规。

图 7 为 CA6110ZLA5N2 发动机外特性烟度试验结果。由图 7 可见，CA6110ZLA5N2 双燃料发动机双燃料工作状态时的烟度比柴油工作状态时的烟度小得多。

4.4　发动机的替代率

从图 8 可以看出，在中高速大负荷时，CA6110ZLA5N2 发动机的替代率达到 85%以上。这对于降低发动机的排放，尤其对降低微粒排放大有裨益。

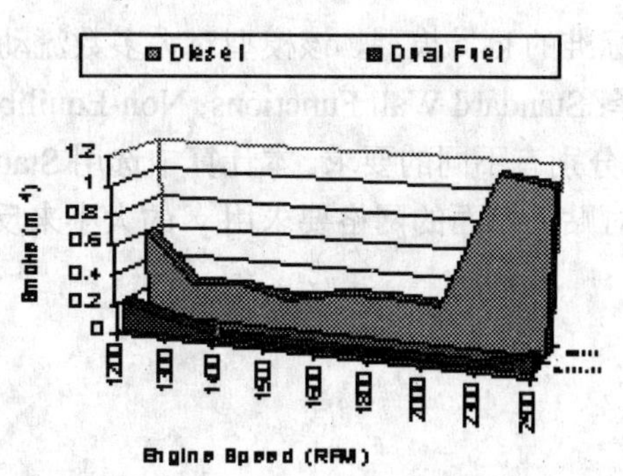

图 7　CA6110ZLA5N2 发动机外特性烟度　　图 8　CA6110ZLA5N2 发动机全负荷替代率

5　结论

通过发动机结构和性能的研究开发，柴油/天然气双燃料发动机在保持原柴油机动力性的同时，排放满足欧 II 法规要求，烟度远低于柴油机水平。而且，天然气替代率在外特性上可达到高于 85%的水平，充分发挥了天然气的燃料优点。

参考文献

1　Yamammoto Y et al.Study of Combustion Characteristics of Compressed Natural Gas as Automotive Fuel. SAE paper 940761

发动机冷却水套 CFD 分析

陈海娥 孟凡臣 宋建龙 李 军

第一汽车集团公司技术中心 大连柴油机厂

[摘要] 在现代汽车发动机的开发过程中，为了缩短其开发周期，计算分析在整个开发过程中的应用越来越多了。发动机冷却水套 CFD（computational fluid dynamics）分析已经成为目前发动机开发过程中必不可少的计算分析手段。利用该计算分析可以保证在发动机热负荷较高的燃烧室及排气道周围有良好的冷却液流动，而压力损失相对较低。所分析的发动机是一汽技术中心新开发的能满足欧 II 排放法规的中型系列柴油发动机。在其概念设计阶段利用 CFD 进行发动机冷却水套的分析。本文主要介绍利用 CFD 分析优化该发动机冷却水套的过程。

关键词：发动机冷却水套 CFD 分析

1 前言

在现代汽车发动机的开发过程中，为了缩短其开发周期，计算分析在整个开发过程中的应用越来越多了。发动机冷却水套的 CFD（computational fluid dynamics）分析已经成为目前发动机开发过程中必不可少的计算分析手段。利用该计算分析可以保证在发动机热负荷较高的燃烧室及排气道周围有良好的冷却液流动，而压力损失相对较低。

所分析的发动机是一汽技术中心新开发的能满足欧 II 排放法规的中型系列柴油发动机。在其概念设计阶段利用 CFD 进行发动机冷却水套的分析。本文主要介绍利用 CFD 分析优化该发动机冷却水套的过程。

2 计算模型及边界条件

计算使用的是商业软件 FLUENT，紊流模型选取的是标准的 k-ε 模型，该模型对大多数流动问题收敛性都比较好且结果较准确。贴近壁面处有三个模型可供选择：Standard Wall Functions；Non-Equilibrium Wall Functions；Two-Layer Zonal Model，它们对贴近壁面的网格分别有不同的要求。本计算中选用 Standard Wall Functions，该模型对工程中的很多流动问题都很适用，它对贴近壁面的网格要求用 y^+ 的大小来反映。y^+ 与壁面剪切应力及贴近壁面的网格离壁面的距离等有关。

具体计算公式： $y^+=\triangle y_p/\upsilon\,\mathrm{sqrt}(\tau_w/\rho)$

式中 $\triangle y_p$——贴近壁面的网格离壁面的距离；

υ——运动粘度；

τ_w——壁面剪切应力；

ρ——密度。

为了得到较准确的结果，选用标准壁面方程时应保证 y^+ 的值在一定范围之内。可以通过贴近壁面的网格尺寸来调整。

由于发动机水套的结构非常复杂，为加快前处理的速度，通常使用四面体网格，为得到较准确的结果，必须选用二阶差分格式。在该分析中计算模式为稳态，流动型式为绝热、不可压缩、紊态流动，冷却液选用的是 45%水和 55%已二醇添加剂。

发动机冷却水套的 CFD 分析除了能给出整个流场的流动情况，流速、流量分布，压降情况外，还能给有限元的热分析提供换热系数边界条件。

换热系数（HTC）的计算公式如下：

HTC= C_p・ρ・ sqrt (τw/ ρ) / Pr ・ (v / sqrt (τw/ ρ) + 9.24・ ((Pm / Pr) ^ 0.75 - 1) ・ (1 + 0.28・ e ^ (- 0.007 ・ Pm / Pr))

式中　C_p——比热容；

ρ——密度；

Pr——有效普朗特数；

Pm——分子普朗特数；

Tw——壁面剪切应力；

v——速度。

换热系数只与流体的流动情况有关，在有限元计算中局部需要用沸腾效应模型来修正，沸腾效应与流体和金属的温差有关。

计算的边界条件是：入口：mass flow；出口：outflow。

3　缸体水套优化设计

由于发动机缸体的上半部分离燃烧室较近，因而其热负荷较高，而下半部分热负荷较低。针对其热负荷的特点，缸体水套的结构应该实现上部流速高，下部流速低，但同时不能有不流动的死区。

最先提出的该发动机单缸缸体水套称为基本结构，其流速分布情况如图 1、2 所示，图 2 为展开的贴近内壁面的流速分布，可见该缸体水套结构基本实现了上部流速高，下部流速低的要求，但左右两边的流速分布不太均匀，内壁面左右两边的平均换热系数分别为：3028 W/m^2・K、4578W/m^2・K，差别也比较大。

为了使左右两边的流速分布均匀一些，去掉排气侧的出水孔，该结构称为改进方案 1。其流速分布情况如图 3、4 所示，可见流速分布趋于均匀，上半部的平均流速大约为 1m/s，下半部的平均流速大约为 0.4m/s 左右。内壁面左右两边的平均换热系数分别为：3911 W/m^2・K、4483 W/m^2・K，差别也比较小。

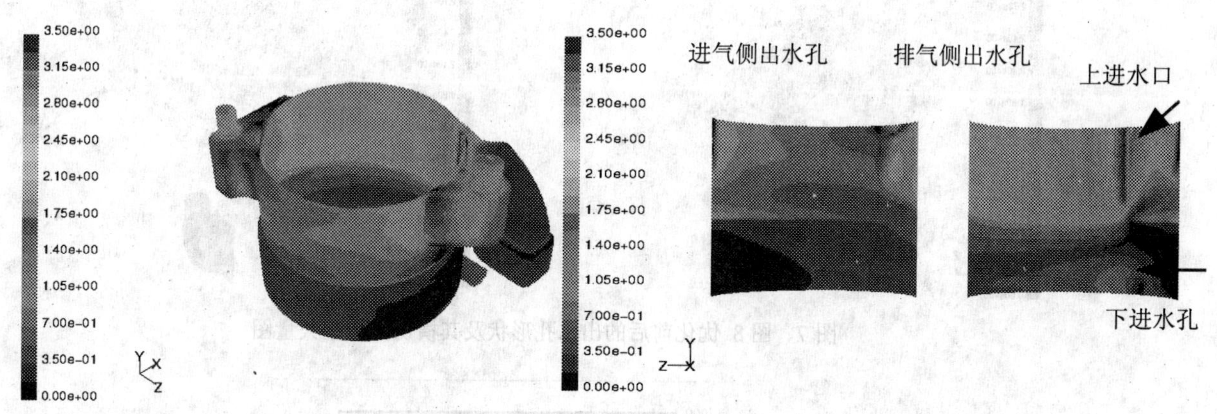

图 1　基本缸体水套结构流速分布　　图 2　基本缸体水套结构接近内壁面处流速分布

为了进一步提高上半部的流速，提出了改进方案 2。如图 5、图 6 分别为改进方案 1 与改进方案 2 贴近内壁面的流速分布，可见改进方案 2 上半部的平均流速有所提高。改进方案 1 内壁面左右两边上半部的平均换热系数分别为：5258、5489 W/m^2・K，改进方案 2 内壁面左右两边上半部的平均换热系数分别为：5608 W/m^2・K、5956 W/m^2・K，改进方案 2 均有所提高。

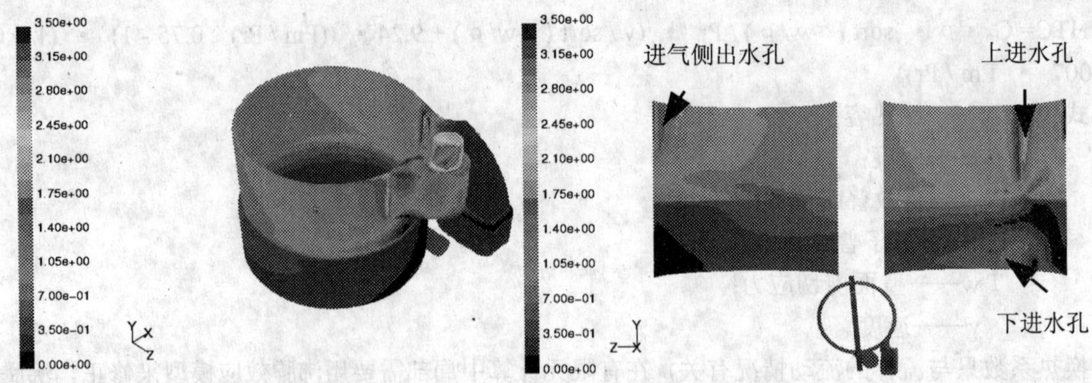

图 3　缸体水套改进方案 1：流速分布　　图 4　缸体水套改进方案 1：接近内壁面处流速分布

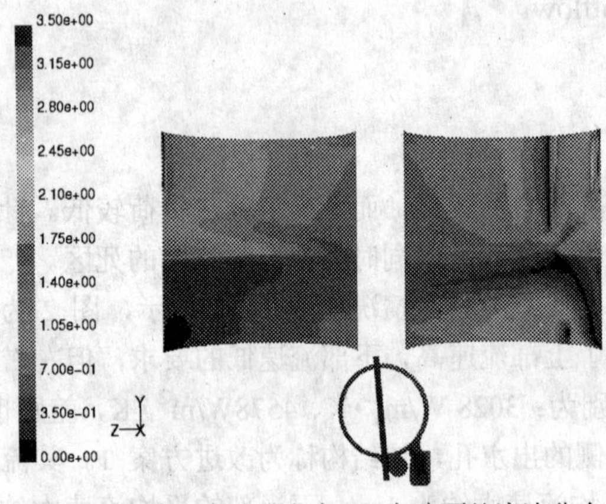

图 5　缸体水套改进方案 2：内壁面处流速分布

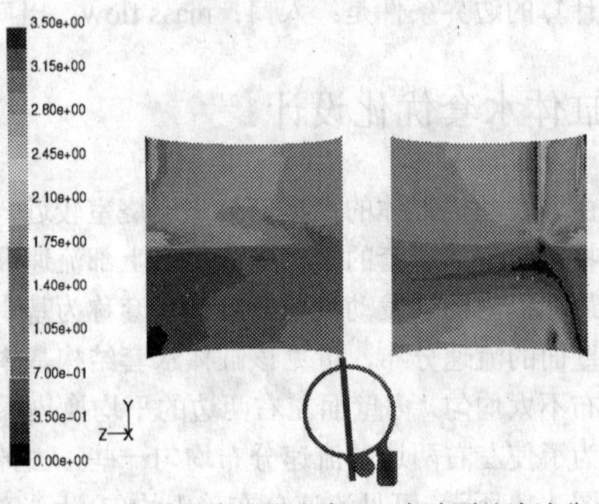

图 6　缸体水套改进方案 2：内壁面处流速分布

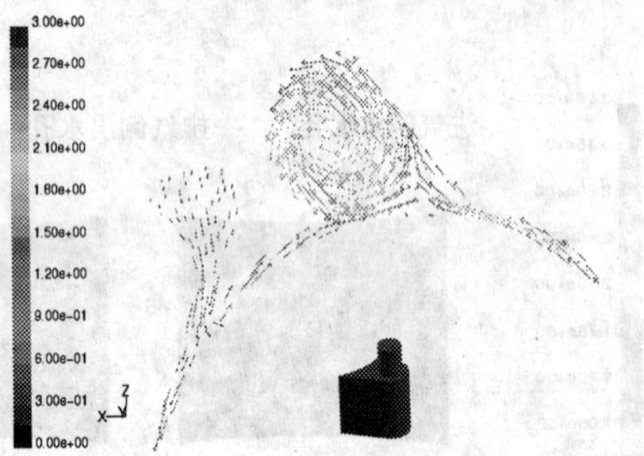

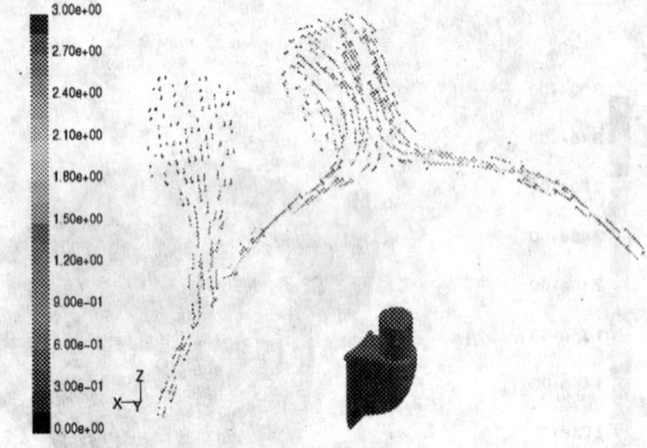

图 7、图 8 优化前后的出水孔形状及其横切面流速矢量图

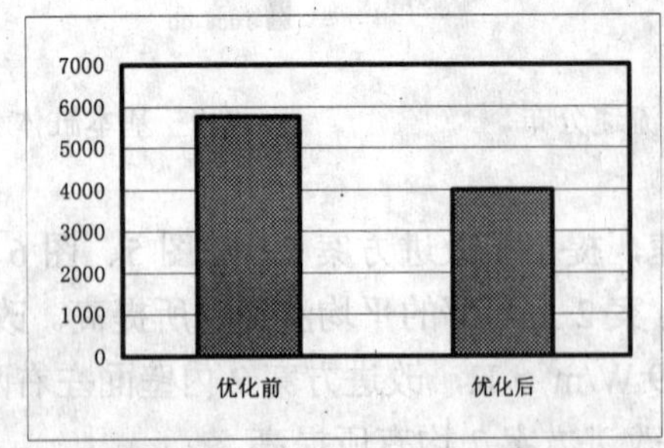

图 9　出水孔形状优化前后压力损失的比较

分析中还对出水孔的形状进行了优化，图 7 示出的是优化前的出水孔形状及其横切面流速矢量图，可见优化前的形状在出水口处导致较强的漩涡，因而压力损失较大。图 8 为优化后的出水孔形状及其横切面流速矢量图，可见新结构基本消除了漩涡。图 9 为两者压力损失的比较。可见优化的出水孔结构使压力损失降低了近三分之一。

4 缸盖水套优化设计

发动机缸盖热负荷较高的区域是与缸筒相对应的缸盖的底部，其中尤以进排气门之间的“鼻梁”区热负荷最高。因而发动机缸盖水套的设计应保证在“鼻梁”区有良好的流动。排气侧的燃气温度较高，因而也要有较好的流动。同时前后缸间要尽可能均匀。

最先设计出的该发动机缸盖水套结构称为原始结构。计算的底平面的流速分布及“鼻梁”区的流速分布如图 10、图 11 所示。图 12 显示的是每缸从进水孔来的水流向各个不同通道间的比例。

由图 10 可以看出，前后缸间流速不均匀，这是由于缸盖为纵流水，所有的水都必须从一缸排气侧前边出去，因而前后缸间的不均匀是必然的。不过可以通过适当调整六个缸的进水量来减小其差距。

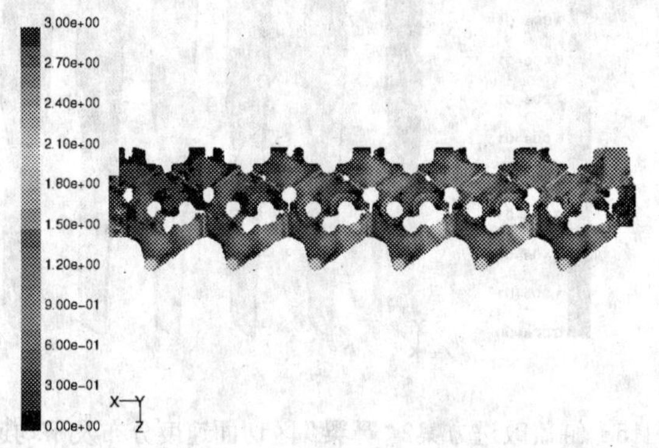

图 10 该发动机缸盖原始结构底平面流速分布

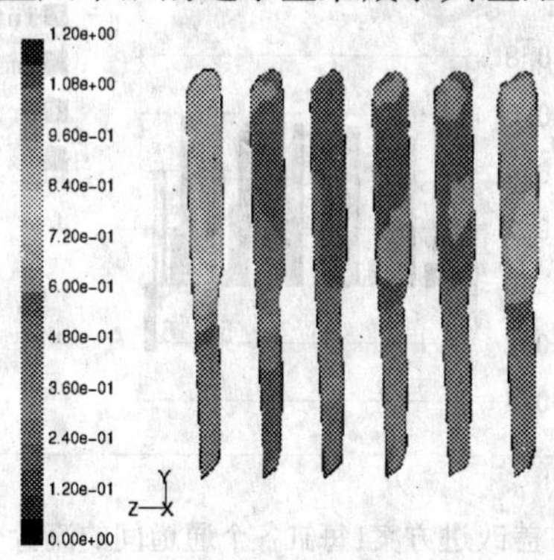

图 11 原始缸盖“鼻梁”区切面速度分布及平均速度

由图 11 发现，“鼻梁”区的平均速度在 0.45～0.76 m/s 之间，根据经验，该速度稍有些低，从图 12 各个通道间的流量分配比例来看，更多的水从进气道下面流走了。

为了提高“鼻梁”区的流速，减少从进气道下面通道流走的流量，提出了改进方案 1。

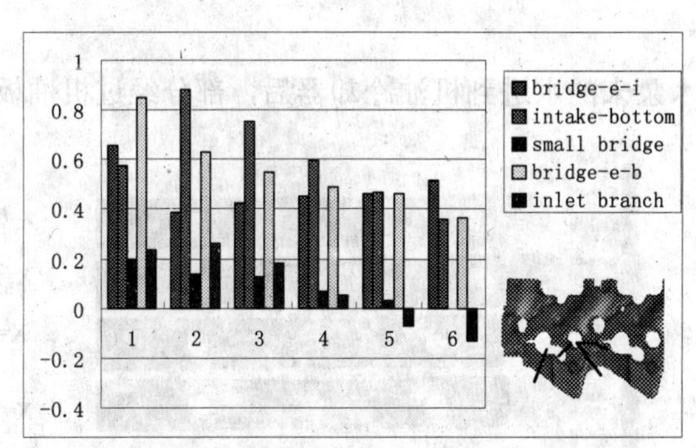

图12 原始缸盖每缸各个通道间的流量分配比例

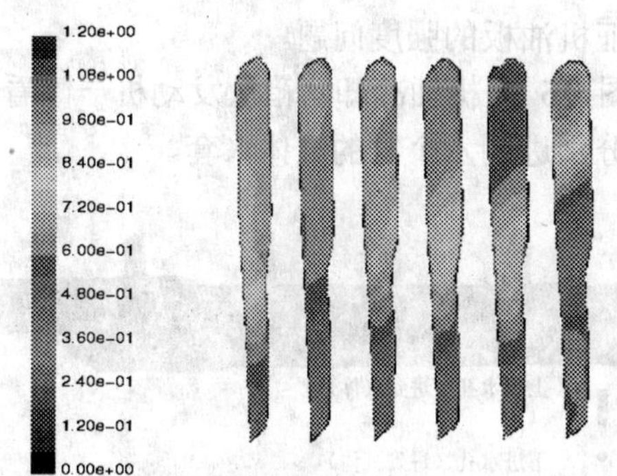

图13 缸盖改进方案1“鼻梁”区切面速度分布及平均速度

图 13、图 14 示出的是改进方案 1“鼻梁”区的流速分布及各个通道间的流量分配比例图。可见从进气道下面通道流过的流量大大减少，从主“鼻梁”区流过的流量有所增加，其平均流速增加 0.1m/s 左右。

从图 11、图 13“鼻梁”区的流速分布图可以发现，各个缸“鼻梁”区下面部分的流速均低于上面部分的流速，但下面更需要高流速，为了达到这一目的，提出改进方案 2。因为没有修改几何图，只是从改进方案 1 的网格上进行修补，所以形状不是特别圆滑。图 15 为改进方案 2“鼻梁”区的流速分布图，可见采取的改进措施使“鼻梁”区下部的流速及其平均流速均有所提高。

5 整体水套分析

前面所进行的分析都是单个缸体、缸盖，有些边界条件是假设的，为了检验真实的流动情况，需要进行整体水套的分析。

整体水套包括缸体、缸盖、缸垫及机油冷却器几个部分，分别在 FLUENT 的前处理器 GAMBIT 及独立的前处理软件 ICEM 中进行网格划分，缸体及缸垫的形状较规则，用的是六面体网格；机油冷却器箱和缸盖形状较复杂，用的是四面体网格。总网格数为 250 万左右。

由于每个部件的网格是单独划分的，在部件的连接处用 INTERFACE，这个功能使复杂模型的求解变得方便一些。

下面分别介绍整体水套计算中机油冷却器箱、缸体、缸盖的流动情况。

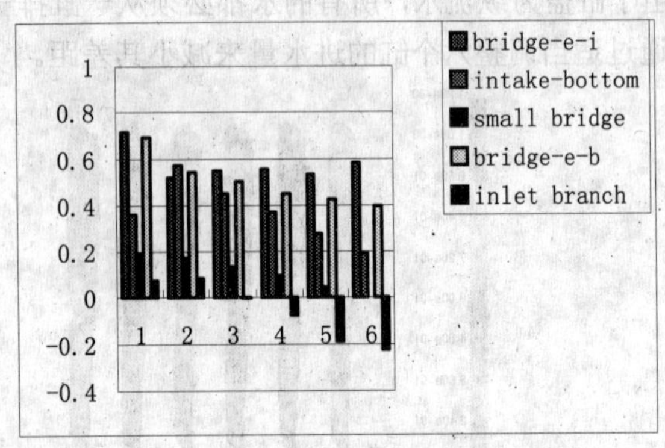

图14 缸盖改进方案1每缸各个通道间的流量分配比例

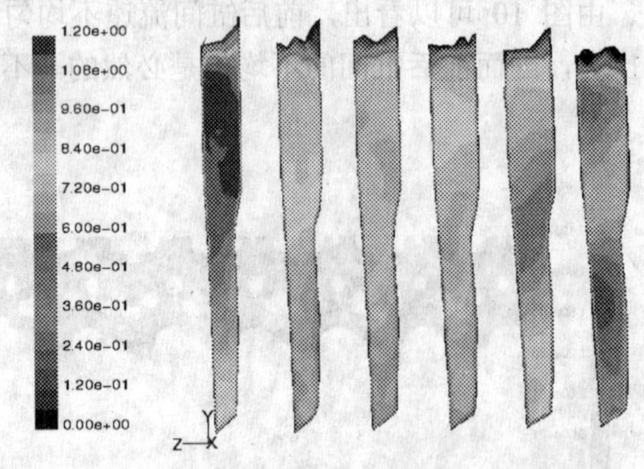

图15 缸盖改进方案2“鼻梁”区切面速度分布及平均速度

5.1 机油冷却器箱的流动分析

机油冷却器箱的主要目的是保证机油能够得到适当的冷却，当然它只能反映水侧的冷却情况，机油最终的冷却情况还与机油在机油板内的流动有关。只有水侧和机油侧都有良好的流动，机油的冷却才能满足要求。为了保证机油的冷却，通常要求机油冷却器板之间必须有 1m/s 左右的流速，但流速也不能太高，以保证机油板的强度问题。

图 16 为机油冷却器箱从发动机一侧看的形状，从水泵来的水进到机油冷却器后，部分经过机油板，部分分别进到六个缸的缸体水套。

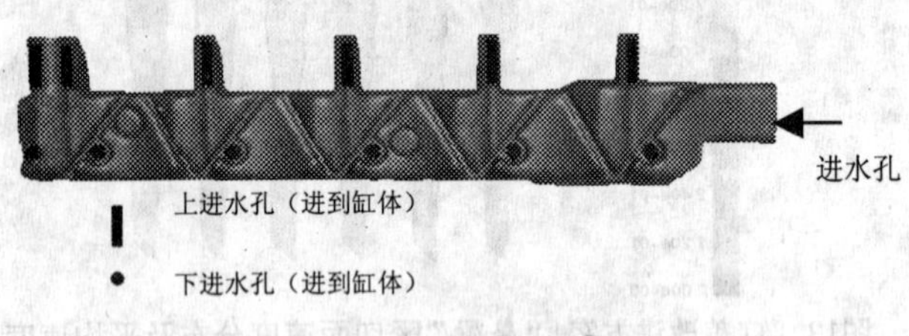

图 16 机油冷却器箱结构

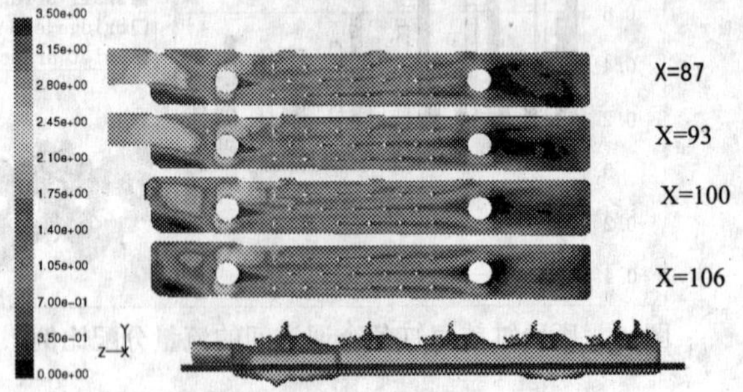

图17 沿机油冷却器长度方向的流速分布

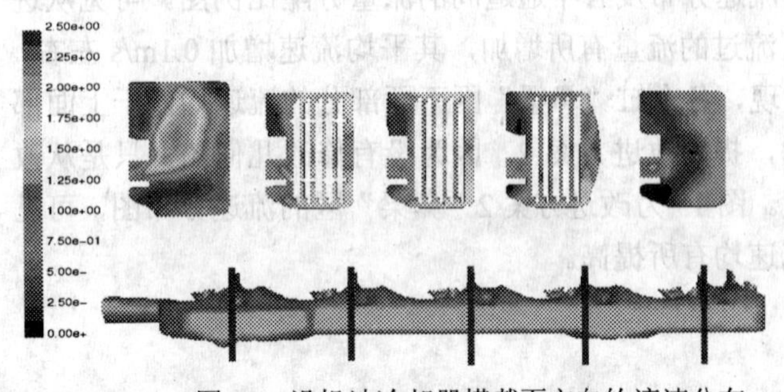

图 18 沿机油冷却器横截面方向的流速分布

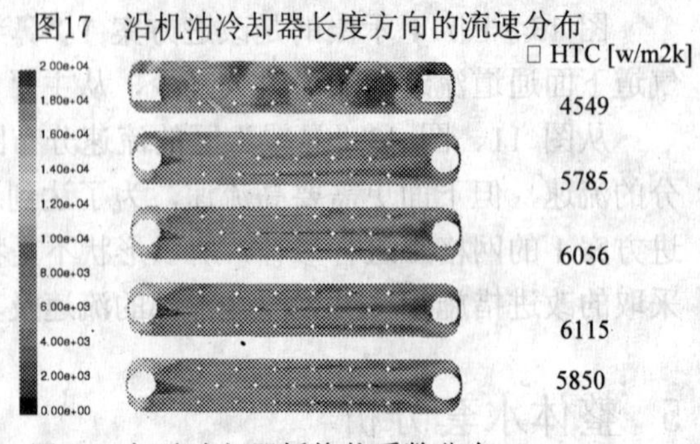

图 19 机油冷却器板换热系数分布

图 17、图 18 为沿其长度方向的切面和横切面的流速分布，两个圆孔之间为机油冷却器板，可见在机油冷却器板之间均有良好的流动，平均流速达到了 1m/s 左右，满足了机油的冷却要求，同时最高流速在 2.5m/s 以下，也不会造成结构问题。图 19 为机油冷却器板上的换热系数分布，所有冷却器板上的换热系数平均值为 5900 W/m^2 • K，从另一个侧面反映了机油冷却器内冷却水侧的流动是非常好的。图 20 为其压力降情况，可见最大压降为 0.06bar，与同类机油冷却器相比，该压降在合理范围。

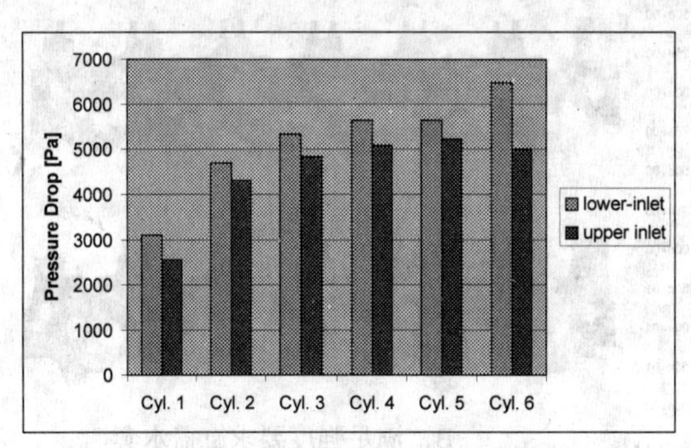

图 20 机油冷却器箱压力降

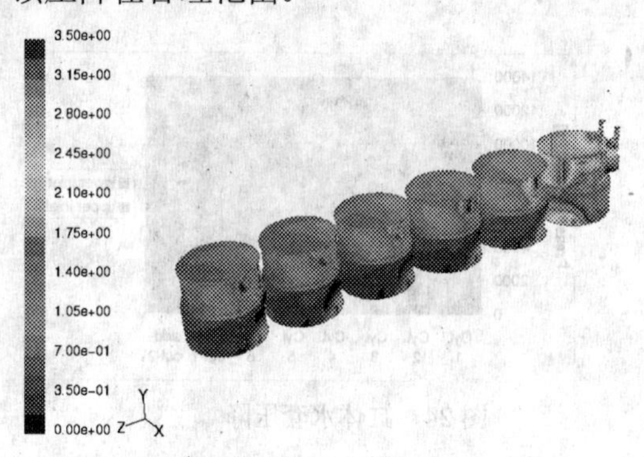

图 21　缸体水套近内壁流速分布

5.2　缸体流动分析

在前面单缸缸体优化设计中已经对缸体内冷却液的流动情况有所了解，这里需要检验上下进水口的流量是否与实际一致，另外，也需要考察一下六个缸的流动是否均匀。通常要求六个缸的流量尽可能均匀，以保证其冷却均匀。

图 21 为缸体水套的流速分布情况，可见每个缸的上半部流速均高于下半部，与要求的一致。前四个缸的流量基本一致，第五缸的流量稍有增加，第六缸的流量增加较多，这是为减少缸盖水套前后缸间流动不均匀性而做的变化。图 22、图 23 为缸体水套与缸套接触面的换热系数分布。可见 1 到 5 缸上半部的平均流速 1m/s 左右，上半部平均换热系数为 5000～6000 W/m^2 • K，整个内壁的平均换热系数大约为 4000 W/m^2 • K，六缸上半部的平均流速为 2 m/s 左右，上半部平均换热系数 9000 W/m^2 • K 左右，整个内壁的平均换热系数大约为 8000 W/m^2 • K。

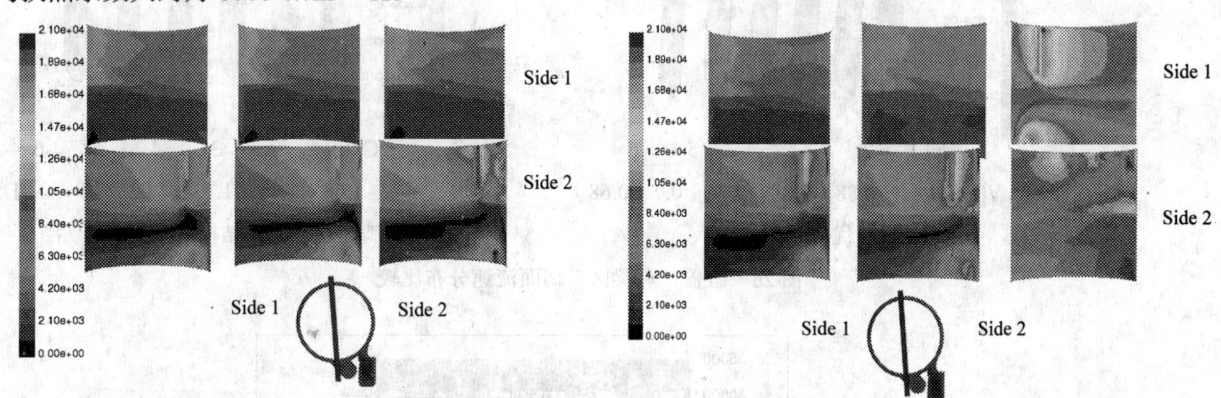

图 22　缸体水套内壁前三缸换热系数分布　　图 23　缸体水套内壁后三缸换热系数分布

假设空气侧的换热系数为 300 W/m^{2}K, 缸套的导热系数为 55 W/m • K, 缸套壁厚为 5.50E-03 m, 冷却水的温度为 90°C，如果一至五缸缸套上部的温度为 160°C，则由于六缸和一至五缸间水侧换热系数的差别（ 8000 / 4000 W/m^2 • K），将导致六缸缸套上部的温度低 20°C 左右，在缸套下半部分，随着空气侧换热系数及温度的降低，其缸套的温差会减小。

六缸和一缸间流动的不均匀可以通过调整缸垫孔尺寸来减小。但必须同时兼顾缸盖水套前后缸间的均匀性。

图 24 为缸体水套压降情况，可见最大压降为 0.12bar，它发生在六缸后端的附加孔，该孔尺寸较小。

5.3 缸盖流动分析

从有限元的分析结果发现缸盖的结构强度需要加强，因而缸盖水套结构需要做相应改变。图 25 为水套底平面流速分布情况，可见总体流速分布基本一致，排气侧流速高于进气侧流速，前几缸的流速高于后几缸的流速。

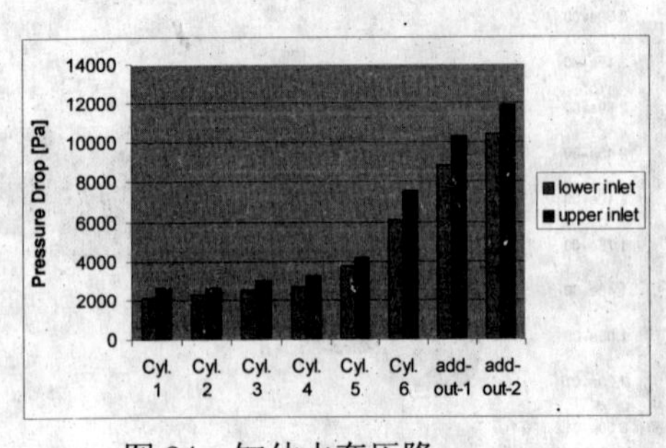

图 24 缸体水套压降

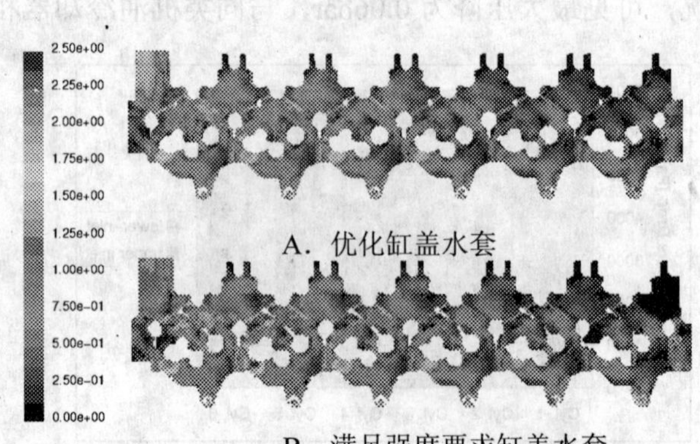

图 25 缸盖底面流速分布比较

新结构排气侧的冷却水面积局部减小了，但 “鼻梁区” 流速有所提高，图 26 为两者 “鼻梁区” 切面流速分布比较，可见新结构该截面平均流速有所提高。由于新结构缸盖水套排气侧流通面积减小了，所以最大压降稍有增加，但差别不大，原结构为 0.12bar，新结构为 0.14bar。

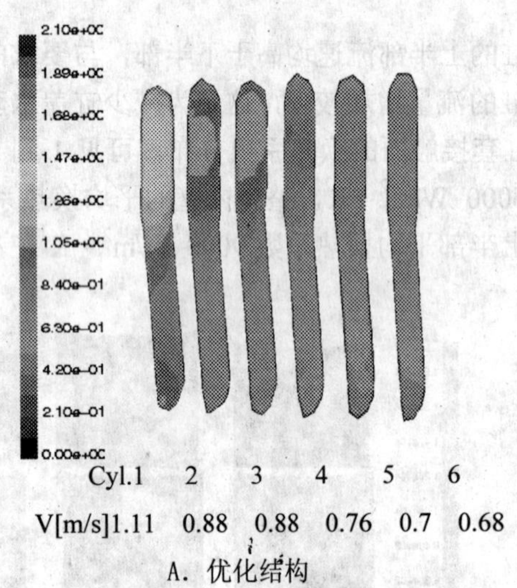

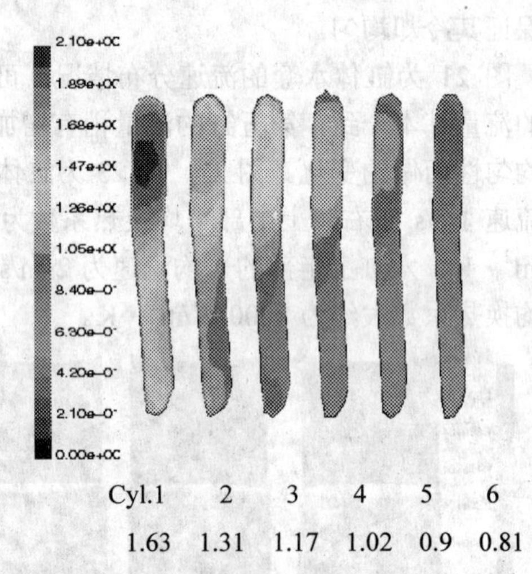

图 26 缸盖“鼻梁区”切面流速分布比较

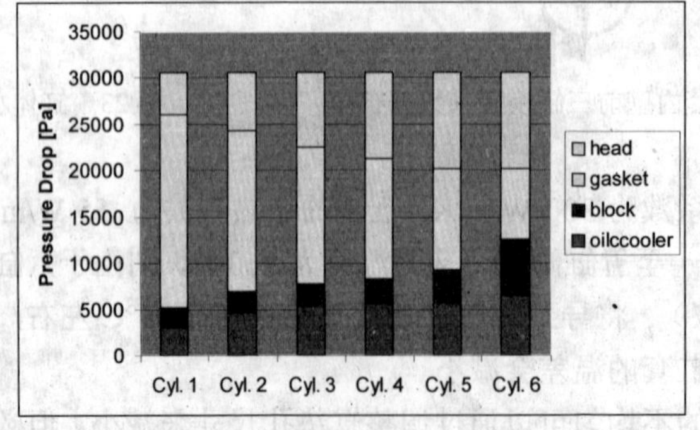

图 27 整体水套压降

图 27 为发动机整体水套压降曲线，发动机整体水套的压降为 0.33 bar 左右，与同类机型相比，该压降相对较低。

6 结论

由于 CFD 计算技术的日益成熟及计算机能力的快速提高，使得 CFD 在发动机冷却水套计算上准确性较高[1]，且速度非常快，通常在一周之内就能初步了解发动机水套内的流动情况，从而给设计指出方向。

在该发动机的开发过程中，利用 CFD 成功的分析并优化了发动机缸体、缸盖及机油冷却器腔的水套结构，确定出了流动性较好且压降较低的水套，确保了该发动机有良好的机内冷却。

参考文献

1 FLUENT user's Guide

2 Katoh,N. and Kuriyama, T., Numerical analysis of the heat and flow of engine coolant (in Japanese), JSAE Conf. Proc. Preprint Vol. 941, pp. 157-160,1994

汽车车内噪声分析与控制方法的研究

董立甲
一汽集团技术中心

[摘要] 本文通过对某一新型轿车车内噪声的诊断分析，确认了该轿车在发动机转速为 3700r/min 存在严重的共振噪声，并对整个噪声传递路径进行了深入细致的分析，提出了三种改进措施并分别进行了试验验证，将三种改进措施综合采用以后，对该车车内噪声产生降低了 3dB(A)的良好效果。

关键词：噪声 阶次 共振 隔振

1 引言

随着汽车噪声研究迅速发展，噪声目标制定得越来越高了，理想的噪声控制目标应该是令人容易接受的，时间长了也不令人厌烦的、完全符合顾客要求的、并具有动力感觉的噪声。因此，汽车的噪声性能虽不是汽车的基本性能，但却是汽车的质量指标，随着人们对汽车的进一步认识了解，汽车噪声将会决定汽车的销售状况，主宰着汽车市场。汽车的噪声性能也毫无疑问的成为了非常重要的一项汽车质量指标。

在对该车进行噪声感觉评价时，发现该车在 3700r/min 时噪声响度明显变大，如这种噪声持续时间较长，会令人感觉心情烦躁，极不舒服。从而会对该轿车的技术含量产生怀疑。因此，如何解决 3700r/min 时噪声问题成为了提高该车的重要问题。

2 车内噪声试验分析

2.1 转速跟踪车内噪声试验分析

由于发动机噪声对整车噪声起决定性作用，所以进行转速跟踪噪声试验可以看出整车噪声随发动机负荷变化情况，这样也可以查出整车噪声在某一阶次（以发动机转速为基准）的变化情况，进一步确认噪声激励源的激励频率与发动机转速之间的关系等。现对该车做转速跟踪噪声试验，试验结果如图 1，可以看出车内噪声在 3700r/min 存在较大峰值，与感觉评价结果是一致的，而且此峰值的激励是发动机二阶激励，共振噪声频率为 125Hz。

2.2 转速跟踪振动试验

现在用查询法对汽车上可能引起此噪声频率的零部件做振动实验，而底护板的振动试验结果如图 2，图 2 中示出的底护板的振动情况与车内噪声的试验结果比较一致，即在 3700r/min 时存在共振现象。拆下底护板进行噪声对比试验，试验结果如图 3，拆下底护板后车内噪声下降了 3.5 dB(A)左右，因此，车内 3700r/min 时共振噪声主要是发动机二阶激励下底护板的共振引起的。

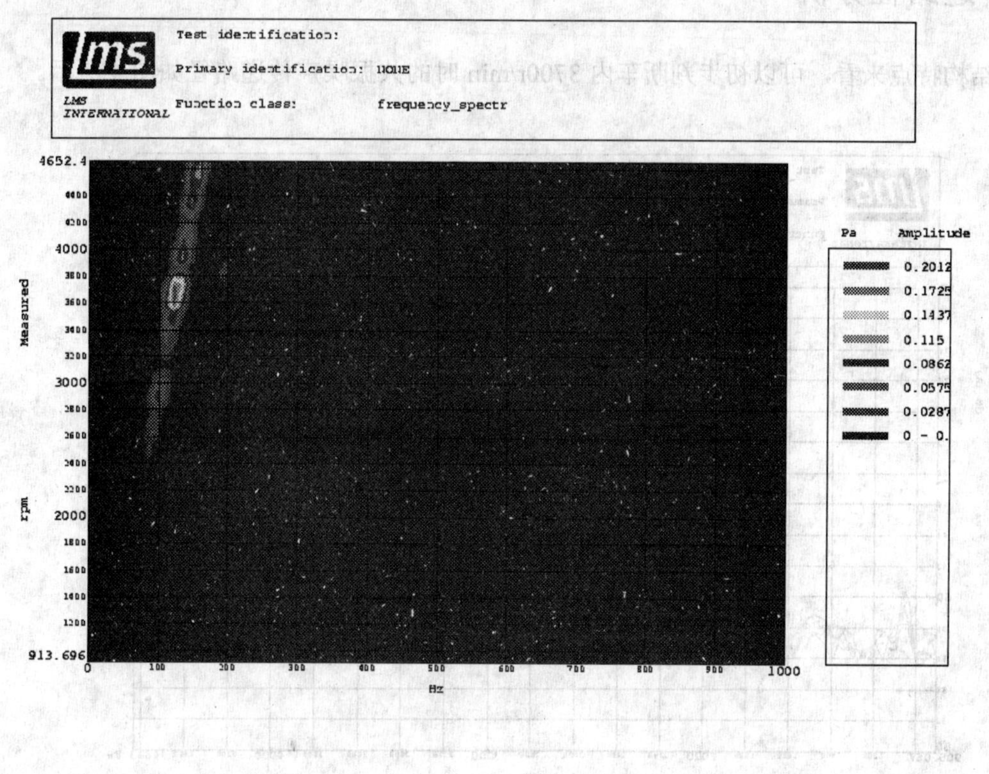

图 1 该车车内噪声转速跟踪阶次谱阵

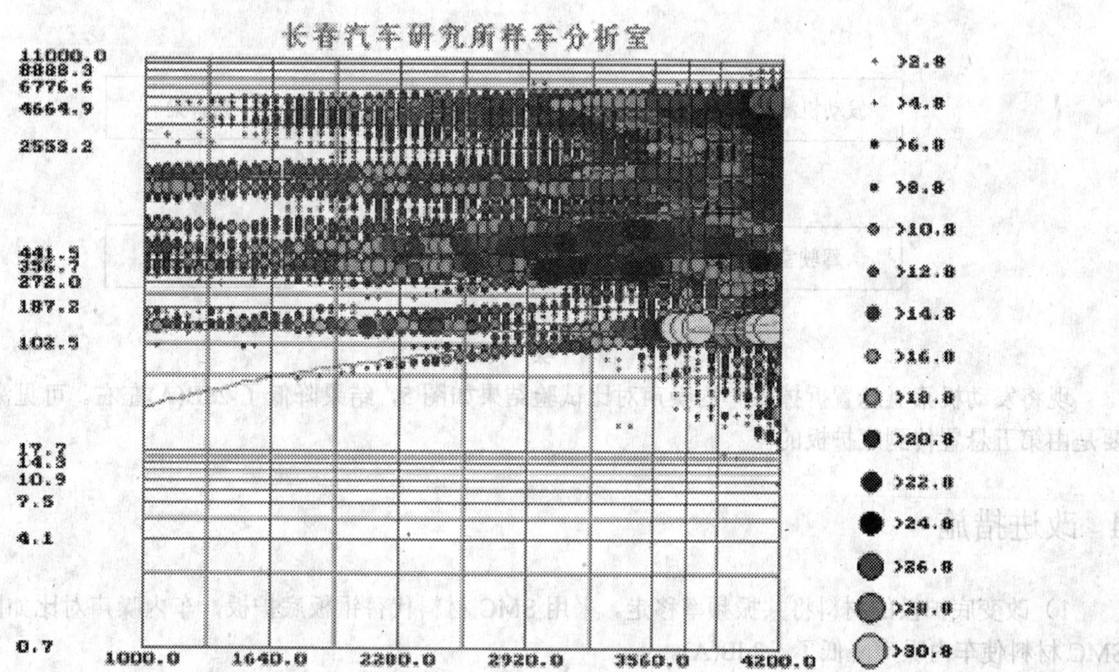

图 2 原地底护板振动阶次图

3 噪声传递路径分析

从该车结构特点来看，可以初步判断车内 3700r/min 时的共振噪声传递路径如图 4 所示。

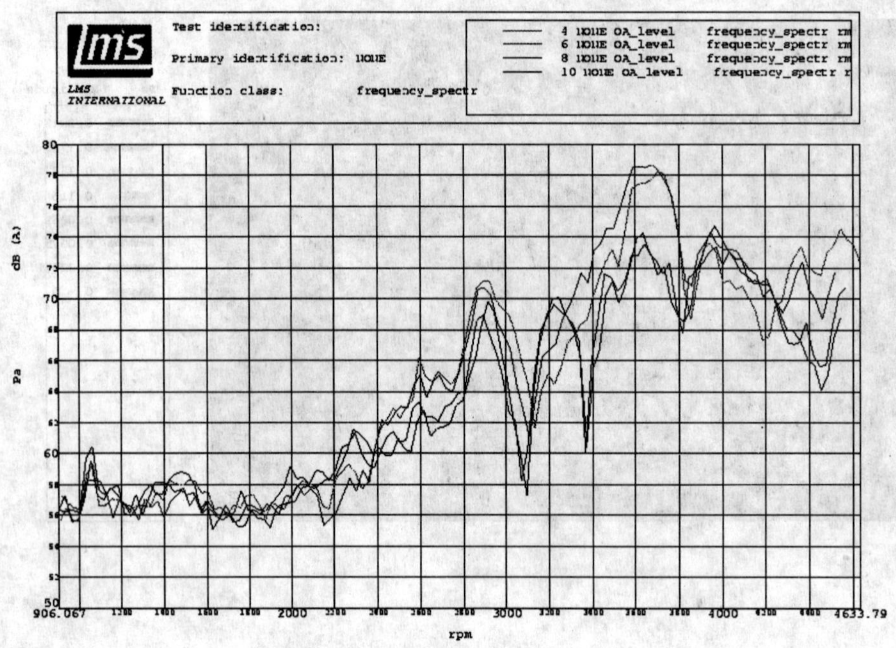

图 3 有无底护板四档车内噪声对比结果

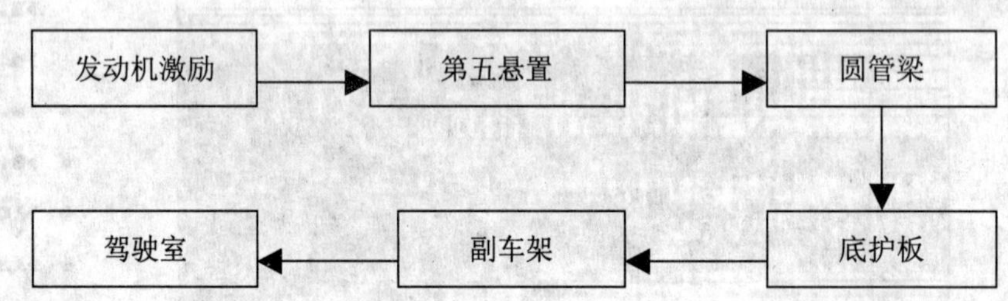

图 4 噪声传递路径图

现将发动机第五悬置拆掉做车内噪声对比试验结果如图 5，结果降低了 2dB(A)左右。可见激励确实主要是由第五悬置传到底护板的。

4 改进措施

1）改变底护板的材料将共振频率移走。采用 SMC 材料代替钢板底护板，车内噪声对比如图 6，因此 SMC 材料使车内噪声降低了 1.3dB(A)。

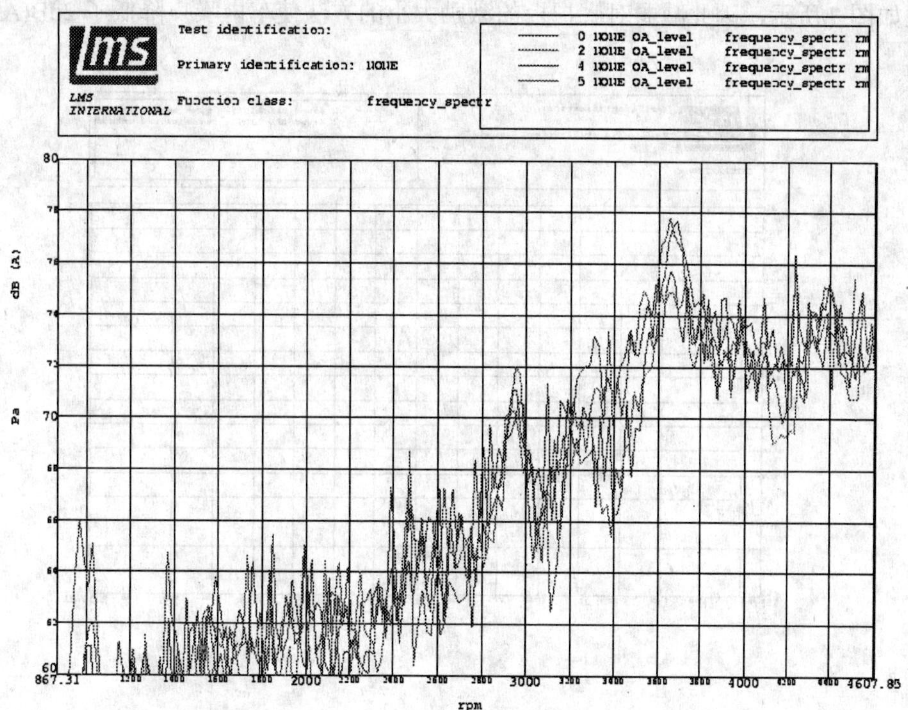

图 5　有无第五悬置胶垫三档车内噪声加速试验

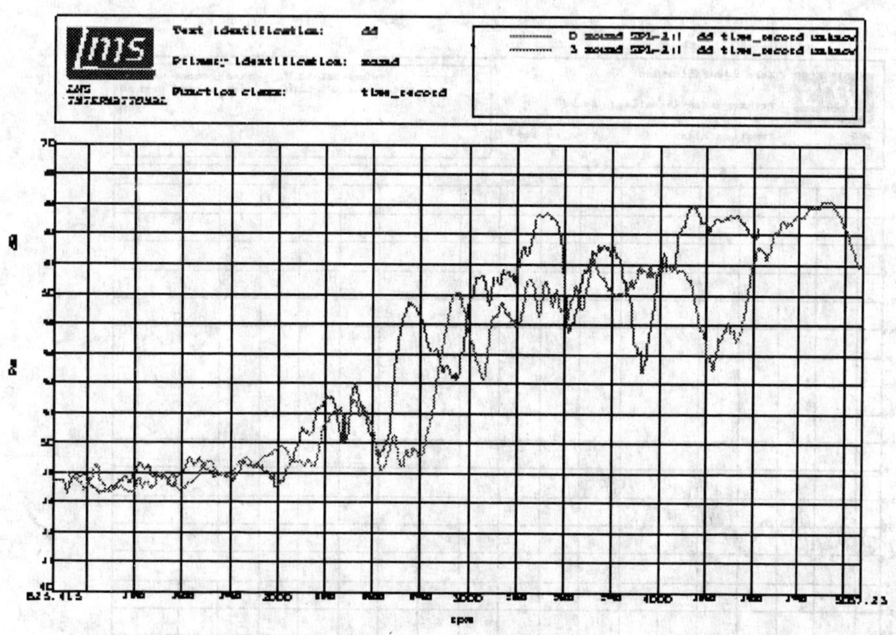

图 6　SMC 材料与钢板底护板车内噪声对比结果

2）减弱对底护板的激励大小，在横梁与底护板之间加入橡胶垫，采用隔振的方法减弱激励大小，车内噪声对比结果如图 7 所示，因此减弱对底护板的激励大小的方法使车内噪声降低了 2dB(A)。

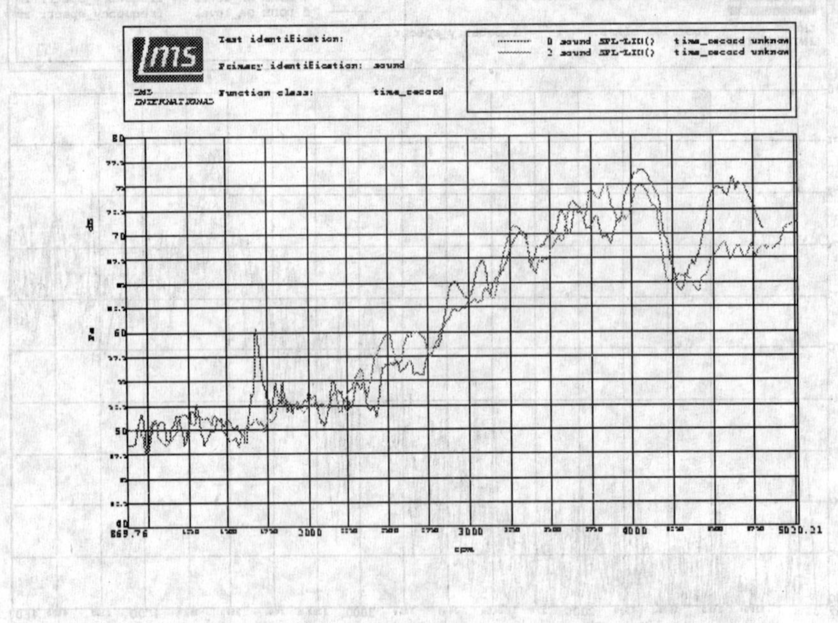

图 7　减弱对底护板的激励前后车内噪声对比结果

3）在底护板与副车架之间采用隔振的方法，加入橡胶垫以减小传入车身内的振动，车内噪声对比结果如图 8 所示，因此对底护板与副车架采用隔振的方法使车内噪声降低了 2dB(A)。

综上所述，将以上三种措施全部采用后，车内噪声对比结果如图 9 所示，使该车车内噪声降低了 3dB(A)，可见效果极其明显。

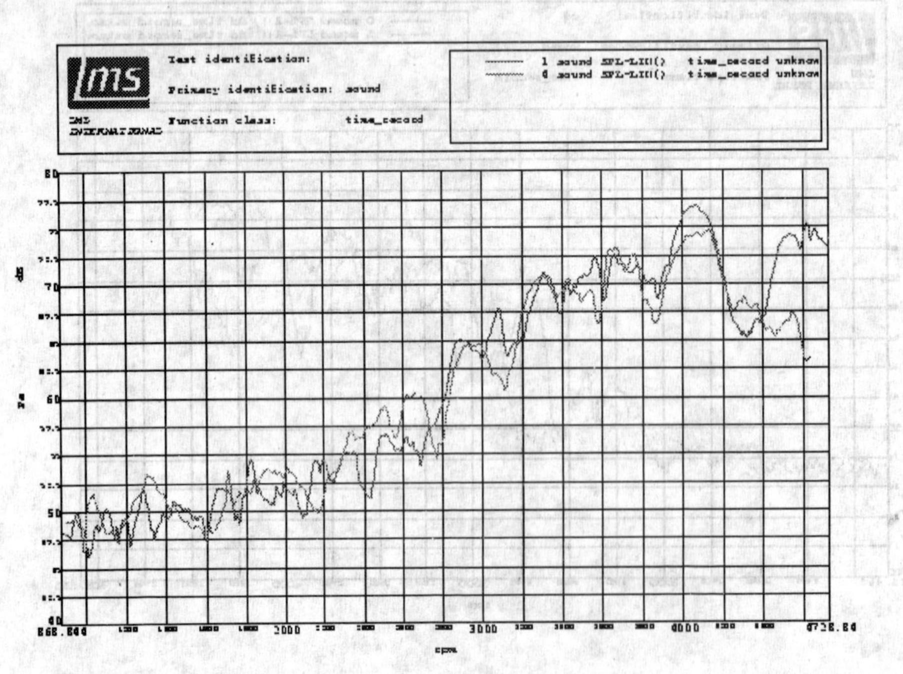

图 8 对底护板与副车架采用隔振后车内噪声对比结果

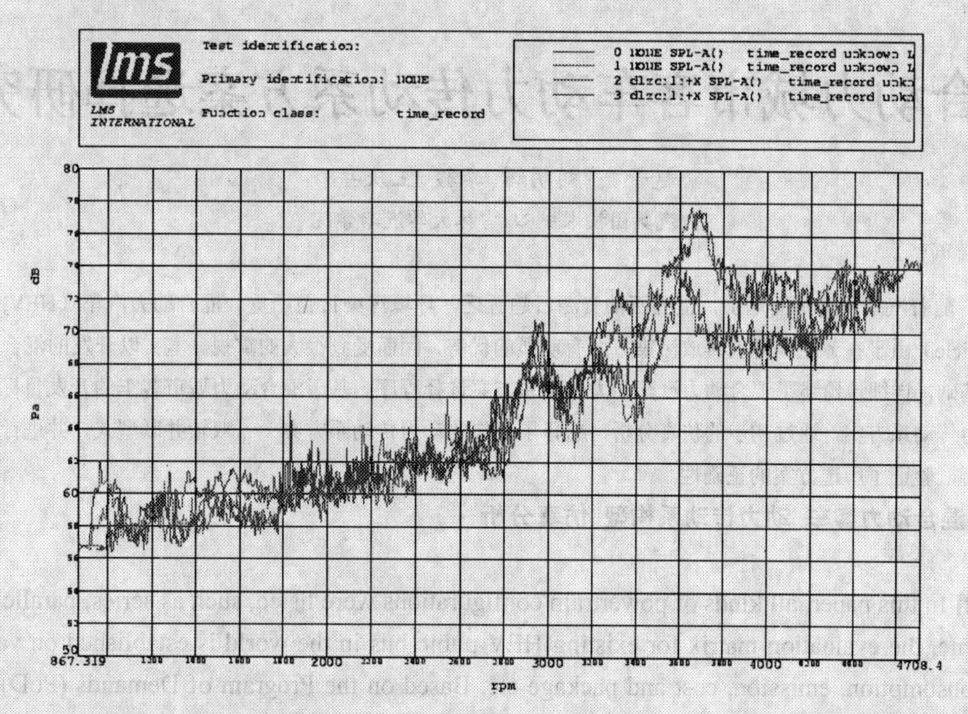

图 9 全用软连接时车内噪声对比结果

5 结束语

对于车内噪声试验，如果能按本文所述方法，对每一个部件都深入细致的分析测量，并且如能结合一些其它辅助方法如有限元方法、噪声模拟软件等，从而总结一些有效的试验经验，并积累起有用的数据库，进而一步步降低车内噪声，提高车内噪声品质，那么我们的噪声设计会完全满足顾客和市场需求的。

参考文献

1 张重超. 机电设备噪声控制工程学. 北京：轻工业出版社，1989

2 何渝生. 汽车噪声控制. 北京：机械工业出版社，1995

3 Suzukls,T &Kayaba, F. The Analysis and Mechanism of Engine Intake Rumbling Noise, SAE901755

4 Kuroda O &Fujil Y. (1988) Approach to Improve Engine Sound Quality, SAE880083

混合动力城市客车动力传动系方案选择研究

赵子亮 刘明辉 李骏 王庆年

一汽集团技术中心 吉林大学汽车学院

[摘要] 随着汽车保有量的增加，世界石油资源日趋匮乏，环境污染日益严重。混合动力汽车（HEV, hybrid electric vehicle）由于在节能和降低排放污染方面有明显的优势，因而受到很大的重视。本文以开发的混合动力城市客车为基础，详细地论述了混合动力汽车动力传统系方案选择程序。基于混合动力城市客车的开发目标，分析了各种动力传动系方案，通过初步的仿真分析，选择了最佳的动力传动系方案——双轴并联型式，并进行了系统的仿真分析，验证了所选方案的正确性。

关键词：混合动力客车 动力传动系构型 仿真分析

[Abstract] In this paper, all kinds of powertrain configurations were listed, such as series, parallel, combined. At the same time, the evaluation matrix for existing HEV pubic bus in the world is established on various items such as fuel consumption, emission, cost and package etc. Based on the Program of Demands (PoD) for Hybrid Electric Vehicle (HEV) public bus, a final powertrain configuration was selected by evaluation and preliminary simulation; the further simulation results show that the double shaft parallel powertrain configuration for hybrid bus can reach the development target.

Key words: hybrid public bus powertrain configuration simulation & analysis

1 绪论

混合动力汽车（HEV, hybrid electric vehicle）采用内燃机和电动机作为混合动力源，集中了两者的优点[1,2]。既继承了电动车辆作为“绿色汽车”的节约能源和超低排放的优点，又弥补了电动车辆续驶里程短的缺点，无须停车充电或频繁更换电池。已经成为国际公认的解决汽车尾气排放和石油资源匮乏两大难题的有效方法，是清洁汽车中最具有产业化和市场化前景的车型。与传统汽车相比，燃油消耗可降低40%~50%，尾气排放指标可降低 50%~60%[1]。同时，在配套设施方面，不需象燃气汽车和电动汽车那样投入巨资进行加气站和充电站的建设，易于推广。因此，在电动汽车技术取得重大突破之前，混合动力汽车成了各国的主要选择。

混合动力汽车已成为清洁、高效汽车的发展方向，是解决环保和节能问题的最佳途径，也是我国汽车工业可持续发展的必然选择。尤其是我国混合动力城市客车的研制开发对于缓解城市污染意义重大，特别是能够为北京 2008 年奥运会提供清洁的城市客车。因此，本文以开发的混合动力城市客车为基础，通过对各种动力传动系方案进行比较分析，最后选择了双轴并联结构型式，并进行了系统的仿真分析，结果表明此种结构型式满足开发目标。

2 混合动力城市客车开发目标与整车基本参数

混合动力城市客车的开发目标包括动力性、经济性、排放性、噪声以及成本等[3]，本文主要考虑前两个方面，即动力性和经济性，如表 1 所示。整车基本参数如表 2 所示。

表 1 混合动力城市客车的开发目标

参数	参数值
最高速度/$km \cdot h^{-1}$	>=80
0~60km/h 加速能力/s	<30
最大爬坡能力	25%
燃油经济性	比传统车降低 30%

表 2 整车基本参数

参数	参数值
总重（整备质量和载重量）/kg	15000
轴距/mm	5600
迎风面积/ m^2	6.5
风阻系数	0.65
轮胎动态半径/m	0.509
轮胎滚动阻力系数	0.008

3 混合动力城市客车概念设计

为了满足项目的开发指标，选择合适的动力传动系布置方案是十分必要的。这要对各种可能的动力传动系布置方案进行模拟仿真，综合评价，反复比较，优化，最后才能确定最佳布置型式。

3.1 混合动力城市客车动力传动系概念分析

基于 3 种常见的布置型式：串联、并联和混联[1,2]，其中并联型式又分为常规并联、SA（Start Alternator）和 Split 结构。各种动力传动系方案布置型式如图 1 所示。同时，对国外成功车型（客车）从不同的评价标准，通过专家打分列出了 24 种评价指标如表 3 所示。Meshed hybrid 是混联的一种型式。

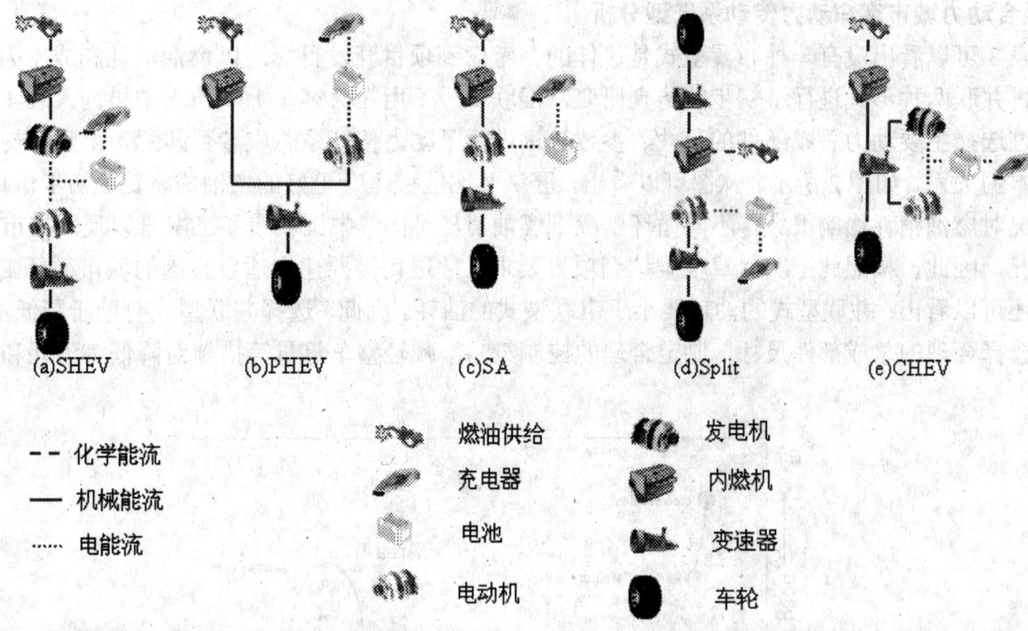

图 1 混合动力传动系各种布置型式

表 3 各种布置型式矩阵评价表

	1=killer criterion, 2=extra info for FAW, 3=info for abroad																								
Bus low storage		1	1	1	1	1	1	1	1	1	1	1	1	1	1	2	2	3	3	3	3	3	3	3	3
bus example	hybrid concept	降低燃油经济性	降低排放	开发成本	批量生产成本	运行成本	性能	有效载荷	噪声	组装自由度	专利	安全(高电压)	驾驶性	平顺兴	手动变速器	ZEV 性能	启动时发动机关闭	适于低存储能	爬坡能力	加速性能	续驶里程	保养成本	持续最高速度	Hill climbing	2WD
diesel bus	reference	-	-	++	+		o	+	-	o	n	+	-	-	y	-	n		o	o	-	++	o	o	y
Altra bus	series	++	++	o	-	o	-	-	++	++	n	-	+	+	n	++	y	o	-	+	o	-	-	-	y
Hino HIMR	parallel	+	o	-	o	+	o	-	o	o	n	-	-	o	y	+	n	o	+	+	o	o	-	-	y
Hino HIMR	SA	o	o	o	+	+	+	+	-	o	n	+	-	o	y	-	y	++	+	o	o	+	o	o	y
	split	+	o	-	o	+	o	-	o	-	n	-	-	o	y	+	N	o	+	+	o	o	-	-	n
Allison	CHEV	++	++	-	-	+	-	o	+	o	y	-	+	+	n	o	y	++	+	+	o	-	o	-	y
	split CHEV	++	++	-	-	+	-	o	+	-	y	-	+	+	n	+	y	++	+	+	o	-	o	-	n
FEV	meshed	o	o	o	o	o	+	+	-	o	?	-	-	o	y	?	y	+	+	o	o	o	-	-	y
TNO	EVT HEV	+	+	-	o	o	+	o	+	o	y	-	+	+	n	+	?	++	++	+	o	-	-	-	y

++ = very good, + = good, o = average of hybrids - = worse than average, all in mutual comparison y = yes, n = no

注:++ =非常好, + =好, o =一般, -= 差; y = yes, n = no; Reference — 手动变速器; PHEV, SA, split and meshed hybrid —手动变速器; 运行成本 — 可靠性、服务费用和燃油消耗; 开发成本 — 系统复杂性、控制 + 实用性 + 专利; 性能 — 最高速度 +加速性 + 爬坡能力 + 最大爬坡度

3.2 混合动力城市客车动力传动系选型分析

从表 3 可以看出没有一种布置型式是最佳的。考虑到项目开发目标，以燃油消耗和成本为最高指标，对串联、并联两种形式进行了初步的仿真研究，混联一般不用在大客车上。仿真结果列入表 4。

通过选择主要动力总成部件的尺寸、参数等，进行了动力传动系总成参数匹配，得到了初步的燃油消耗和成本的关系，如图 2 所示。从图可以看出，区域Ⅱ比区域Ⅰ有更好的燃油成本比。初步仿真结果表明，循环工况对燃油消耗影响很大，不同循环工况下燃油消耗不同，中国城市 4 工况难以反映城市客车的实际运行工况，因此，按照此工况计算很难达到项目要求，故迫切需要建立适合我国的城市循环工况。从图 2 和表 4 还可以看出：并联型式的油耗要小于串联型式的油耗。因此，选择并联型式有助于降低油耗和成本。此外，选择合理的总成部件尺寸，制定合理的控制策略，减轻整车重量等措施对降低燃消耗和成本有很大的帮助[4,5]。

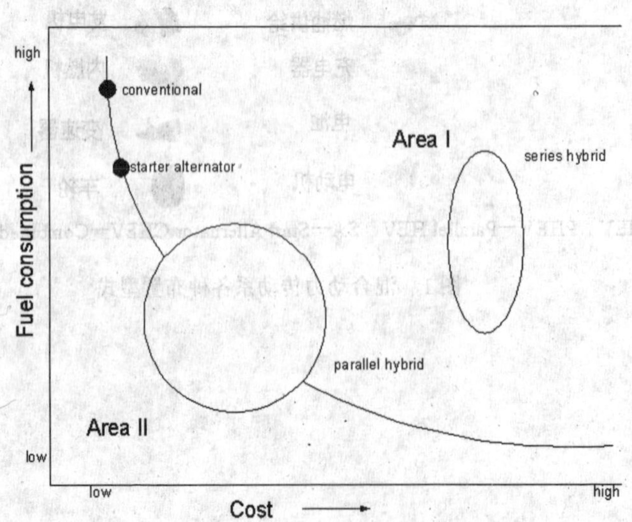

图 2 各种布置型式的燃油消耗与成本关系图

表 4 各种方案不同参数组合下的初步仿真结果

动力性能	传统车	PHEV			SHEV		
		SA Pem25kW BAT9Ah	Mild I Pem35kW BAT9Ah	Mild I Pem35kW BAT9Ah	Pge210kW Pem150kW BAT18Ah	Pge100kW Pem150kW BAT18Ah	Pge117kW Pem150kW BAT18Ah
发动机功率[kW]	155	155	117	100	210	100	117
加速性 0~60km/h [s]	15.9	14.3	20.4	28.6	21.1	21.1	21.1
最高速度[km/h]	85	89	83	89	90	90	90
燃油经济性[l/100km]							
中国城市 4 工况 [GB/T12545]	18.8	17.6 (-6%)	15.8 (-16%)	16.5 (-12%)	17.8 (-5%)	19.7 (+5%)	20.8 (+10%)
荷兰城市循环工况 DUBC	35.9	34.7 (-3%)	30.7 (-14%)	25.7 (-28%)	35.8 (-0%)	36.2 (+1%)	36.6 (+2%)
纽约城市循环工况 NYbus	67.4	63.5 (-6%)	59.9 (-11%)	44.2 (-34%)	61.7 (-8.5%)	68.2 (+1%)	71.5 (+6%)

3.3 混合动力城市客车动力传动系布置方案选择

考虑到混合动力客车所用总成的成熟性、组装、发动机 start/stop、再生制动、电起车、成本、控制复杂程度以及换档同步性等多种因素，经过两次矩阵评价，最终确定了动力总成布置方案——双轴并联型式（DSPHEV, Double Shaft Parallel Hybrid Electric Vehicle）[6]，如图 3 所示。

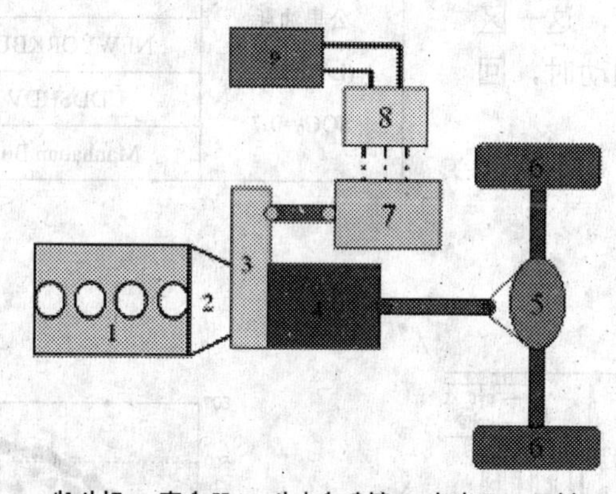

图 3 并联动力总成构型

该方案具有如下优点：①总体布置容易；②电起机（电机起动发动机）功能；③发动机 On/Off 功能；④电起车功能；⑤再生制动功能。

4 混合动力城市客车的仿真分析

基于所选择的动力传动系布置方案（如图 3），进行了系统的仿真分析，确定了动力总成参数，如表 5 所示。仿真计算中忽略了附件的影响，考虑了电池荷电状态 SOC 的校正算法。

表 6 为 DSPHEV 与传统车性能对比。从表中可以看出 DSPHEV 的动力性能要好与传统车，尤其是加速性能；在各种循环工况下，DSPHEV 的燃油经济性比传统车好得多，达到了降低燃油消耗 30%的目标。研究结果还表明，如不考虑电池 SOC 的校正算法，混合动力汽车的燃油消耗与电池初始的 SOC（State of

Charge）状态关系甚大，SOC 值越大，燃油消耗越小。为保证计算结束后电池 SOC 回到初始状态，就要消耗发动机的额外功率给电池充电，因此，要考虑电池 SOC 的校正算法，这样结果才具有可信性。

图 4 为 UDDSHDV 循环工况下电池 SOC 的时间历程。从图中可以看出，电池的 SOC 在一定范围内波动，始终保持在一定水平上，无需外部充电。

图 5 为 UDDSHDV 循环工况下发动机实际工作点分布。从图中可以看出：发动机的实际工作点可分成两部分：一是分布在发动机最大转矩线上的工作点，表示发动机工作在全负荷工况下（如全负荷加速或最优效率）；二是部分负荷工况，小于最优/最大转矩曲线，或最小转矩曲线，此时发动机不允许关闭。在车辆减速时，发动机反拖转矩（图中负转矩）。发动机的工作点大部分分布在高效区。

图 6 为 UDDSHDV 循环工况下电机实际工作点分布。从图中可以看出：电机的工作点大部分分布在持续转矩曲线附近，这一区间电机的效率最高。尤其是再生制动时，回收制动能效果最好。

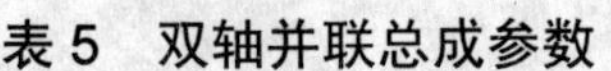

表 5 双轴并联总成参数

发动机	最大转矩		577Nm (1300~1400r/min)
	最大功率		117kW(2300r/min)
电机	最大转矩		380Nm
	最大功率		60kW
	基速/最高转速		1500/5000r/min
电池	电池模块	电压	12V
		容量(C/3)	80Ah
	电池组	块数	25
动力分配器速比			2

表 6 DSPHEV 与传统车性能对比

动力性/经济性		双轴并联	传统客车
原地起步连续换档加速时间(s)	0~10km/h	1.0	1.3
	0~30km/h	5.4	6.9
	0~60km/h	21.1	23.2
最高车速（km/h）		89	89.0
最大爬坡度（%）		25.4	33.0
等效百公里油耗(L/100km) SOC_0=0.7	ETC_URBAN	36.3	51.0
	CBDBUS	42.1	62.5
	NEWYORKBUS	84.5	166.6
	UDDSHDV	34.5	52.3
	Manhattan Bus	53.8	97.5

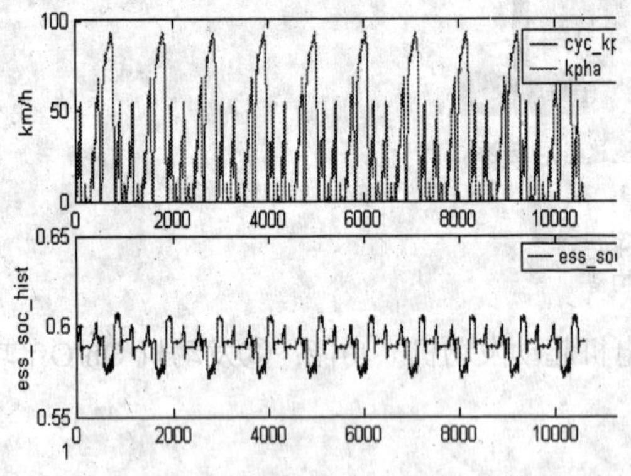

图 4 UDDSHDV 下电池 SOC 时间历程

循环个数 10，行驶距离 89.1km，燃油消耗 34.5L/100km

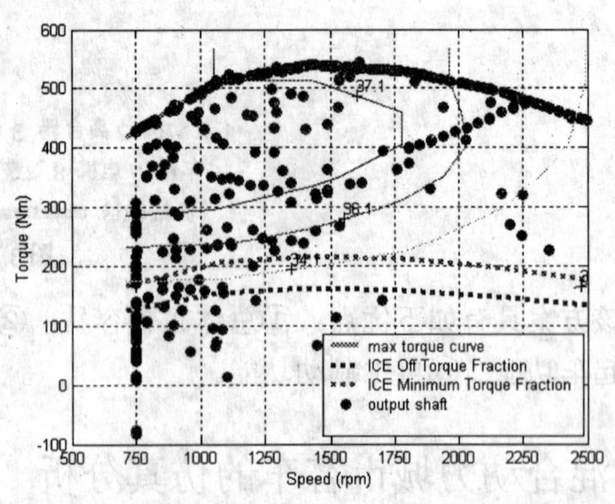

图 5 UDDSHDV 下发动机实际工作点分布

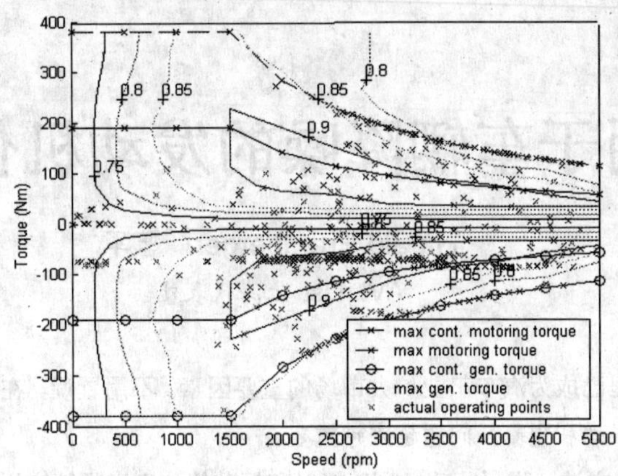

图 6 UDDSHDV 下电机实际工作点分布

5 结论

本文基于仿真分析的基础上，以混合动力城市客车为研究对象，对混合动力汽车动力传动系方案选择进行了研究，从中可得出如下结论：

（1）给出了混合动力城市客车方案选择的程序，即通过理论分析完成概念设计，参数匹配，然后进行系统仿真分析，下一步进行试验验证。

（2）混合动力城市客车动力传动系方案为双轴并联型式，此种结构具有结构简单、易于实现、再生制动效果好等优点。仿真结果表明，此种结构型式满足项目开发目标，其动力性和经济性比同类型的传统客车优越。

（3）不同的循环工况对燃油经济性影响很大， 因此急需建立适合我国城市客车的循环工况。通过控制策略和 SOC 算法，可保持电池的荷电状态 SOC 在一定范围内，实现整个循环过程无需通过外部电源充电，而发动机和电机工作在高效区间。

参考文献

1 初亮. 混合动力总成的控制算法和参数匹配研究. 吉林大学博士学位论文, 2002.6

2 Ralph Bady, Christian Renner, Martin Schüssler, etc. Categorization of EV configuration. Institut für Kraftfahrwesen Aachen, 2000.7

3 科学技术部."十五"863 计划能源技术领域--电动汽车专项课题申请指南. 2001.10

4 Wu-Qiang Long, Kenji Morita and Nobuo Iwai. Analysis of HEV Components Efficiency on Fuel Economy. SAE paper, 2000

5 Bradley Glenn, Gregory Washington and Giorgio Rizzoni. Operation and Control Strategies for Hybrid Electric Automobiles. SAE paper, 2000

6 FAW 混合动力城市客车可行性研究报告（内部资料），2002. 3

用于车辆降噪的发动机仿真

Harald Pramberger 蓝军

AVL List 上海代表处

[摘要] 噪声和振动工程已成为汽车工业扩大市场的重要因素。不用置疑，在中国为区别产品优劣和满足外部噪声法规，NVH（噪声、振动和粗暴）问题越来越重要。

与配置良好的工程试验方法一道，发动机噪声辐射和振动的仿真已频繁应用于发动机的开发过程中。仿真的基本方法仍然在不断发展，并获得稳步提高。

本文着重讨论发动机计算声学的当前常用方法，并展望新方法和新技术，可在不久的将来应用在发动机和车辆的开发过程中。

Engine Simulation for Vehicle Noise Reduction

Harald Pramberger, Lan Jun

AVL List Shanghai Representative Office

[Abstract] Noise and vibration engineering has already great importance in the vehicle industry for most markets and there can be little doubt that NVH (noise, vibration and harshness) issues are of increasing significance for product differentiation and for exterior noise regulations also here in China.

The simulation of engine noise radiation and engine vibrations becomes more frequently applied in the engine development process together with the well established experimental engineering approach. The simulation based approach is still under development and is subject to steadily improvements.

The paper summarises the state-of-the-art in computational engine acoustics and tries to give an outlook on new methods and techniques, which will be available in the near future for the engine and vehicle development process.

概述

为减少城市环境的噪声污染，并满足不断增长的舒适性要求，需要低噪声的车用发动机和动力总成。因此在设计阶段，需要适用广泛的仿真方法和软件工具，来分析噪声的产生和传递至机体或总成的复杂物理现象。

AVL EXCITE 正是为这些应用而开发的，它结合杰出的仿真技术，可实现发动机动力学和噪声的仿真计算，获得接近真值的理想结果[1]、[2]、[3]、[4]、[5]、[6]、[7]。

1 前言

当车辆在公路上高速行驶时，风声和轮胎噪声是主导的，但在城镇中使用时，发动机则是最重要的噪声源。由于法规旨在降低城镇环境噪声污染，故低噪声发动机是降低车辆噪声的重要手段。

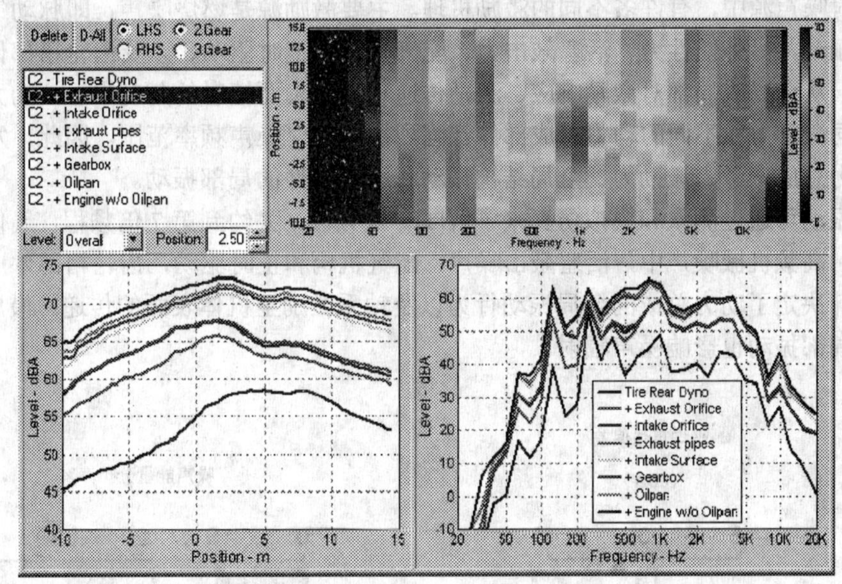

图 1　行驶噪声源分析实例

测量技术已在过去的时间里得到发展、应用和报道。由加窗及随后的其它处理方法，可成功获取单一噪声源，进而估计单一噪声源在车辆行驶总噪声中的主导贡献，包括考虑噪声源辐射的方向性、传播和反射，或使用车辆近场大型麦克风阵[4]。可确定的单一噪声源常来自发动机表面、油底壳、齿轮箱表面、排气口、排气消声器、排气管、进气口、进气管表面以及轮胎（与道路）等。图 1 为一实例。

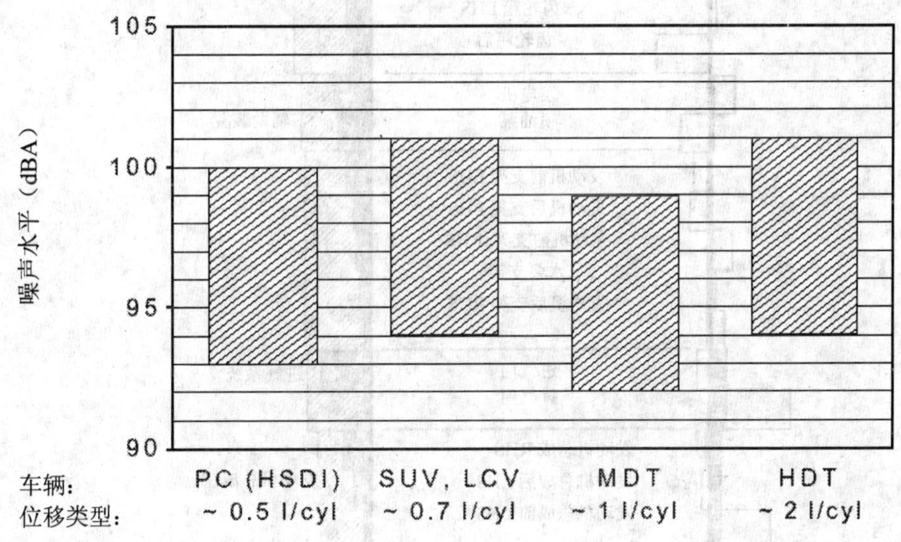

图 2　世界范围产柴油机典型的 1m 噪声级，根据 DIN 45636 (SAE J1074)

图 2 显示了世界范围产柴油机的 1 米噪声级的典型范围，测量依据 DIN45636 (SAE J1074)。额定转速下汽油机噪声的典型范围和绝对噪声级与此相似。在低速低负荷下，汽油机噪声级一般会比相当的柴油机小 10dB 以上[5]。

在无严格噪声法规的地区，发动机噪声差异巨大，非常先进的低噪声概念发动机噪声在下限，而技术过时的发动机噪声在上限。

图 3 为一典型的声强测量结果，可有效获得发动机声学特征，并确定单个部件对声功率的贡献[5]。

在发动机辐射噪声源中，有许多不同的激励机理。主要激励源是燃烧噪声，即脉动气缸压力导致的振动直接激励轴系振动，另外惯性力、活塞敲击力、配气机构和正时驱动、以及齿轮箱部件等也引起轴系和动力总成的振动。从全局或局部对激励响应、激励传递和噪声表面辐射的角度来看，动力总成的结构同样重要。再有，不同激励力和不同的动力总成部件都强烈影响辐射噪声频率范围。因此，发动机声学优化应主要瞄准整个动力总成，考虑激励力、全局结构振动和所有部件的局部振动。

发动机基本振动可通过测量和模拟仿真来了解[1]。低频段，大约到第 7 倍频程，气体力和轴系惯性力是最主要的因素；高频机械噪声中，活塞敲击噪声，配气机构和正时驱动，齿轮箱部件成为主导因素。曲轴箱的概念和设计决定了动力总成的全局振动行为以及轴系激励至机体表面的传递。最后，如油底壳、阀盖等部件的表面局部振动也影响噪声辐射。

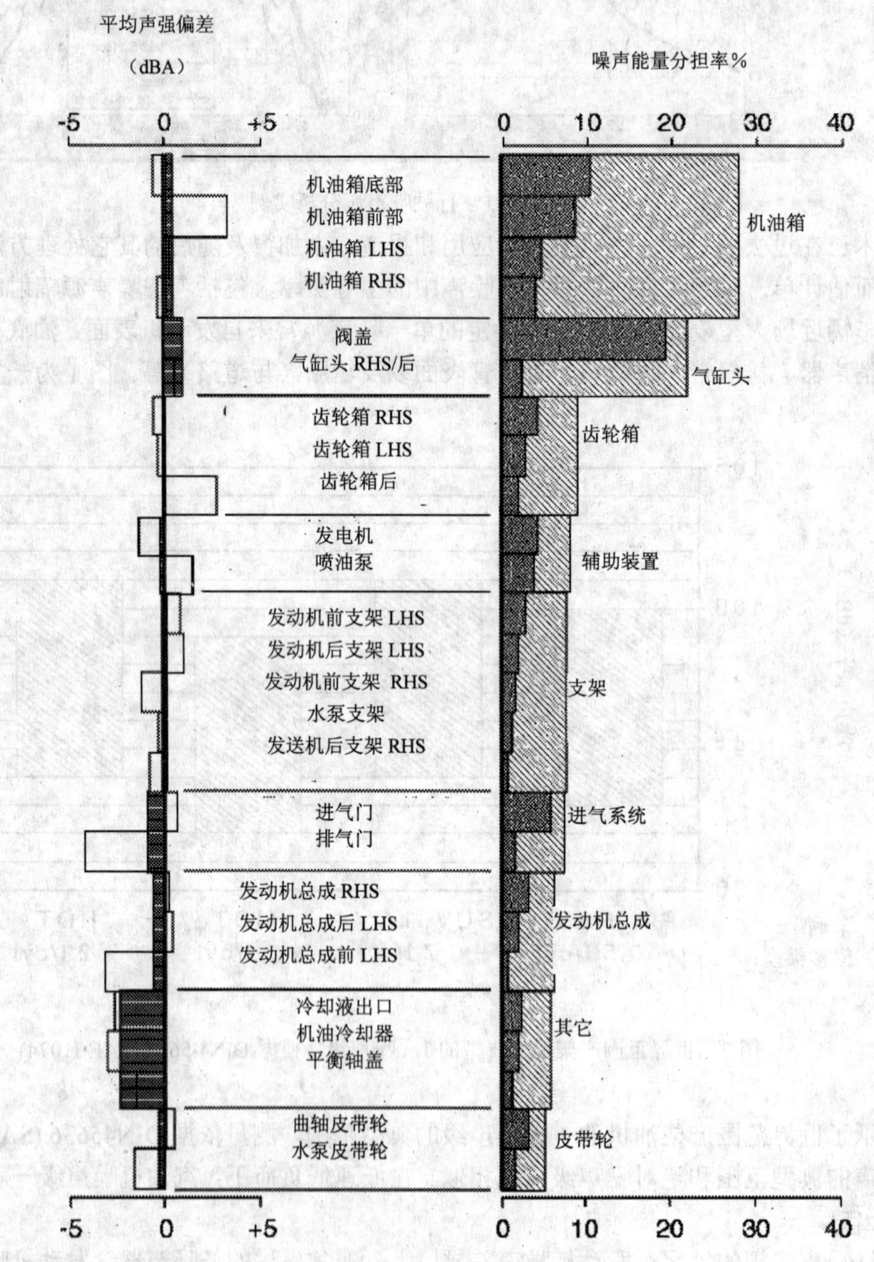

图 3　声强测量结果，获得单个部件对声功率的贡献

2 发动机导致的车辆外部噪声的仿真

2.1 基于有限元法的发动机 NVH 仿真

当前广泛使用的发动机有限元仿真是发动机开发过程中有效而重要的技术，可用来确定降低 NVH 的潜力。

图 4 为简要框图，用于探测发动机 NVH 的改进潜力。基于三维 CAD 数据、材料数据、基本发动机数据等，可建立用于 NVH 计算的有限元模型。对现有原形的发动机，可使用模态分析结果来校验有限元模型。同时，如燃气压力、齿轮系、配气机构和活塞敲击等激励力可计算得到，并施加在有限元模型上。

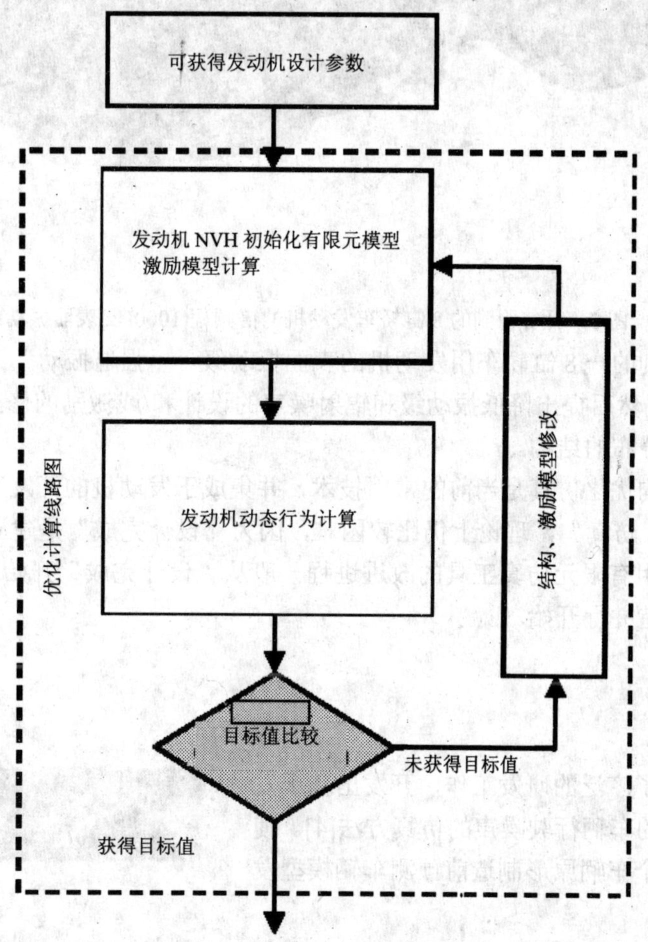

图 4　用于探究发动机 NVH 改进潜力的数值仿真简要框图

利用有限元模型和计算所得激励力，可计算得到发动机基本结构在不同工况下的动力学行为，如：不同频段的表面速度彩图，发动机悬置的速度和位移，曲轴行为，半球空间噪声辐射等。

针对得到的关键问题，可修改结构和/或激励，调整仿真模型并重新计算动力学行为。这些“优化循环”可理想地趋向确定目标，如图 4 所示。

依靠严格的边界条件，如发动机设计参数和计算获取的激励，基于有限元分析的发动机 NVH 改进潜力的探究，基本上大约需 10 人月的工作量，参见图 4。采用“并行过程”，即通过开发过程中的并行合作可有效缩减工作量。

图 5 计算得到的 8 缸轿车发动机的倍频程(1000Hz)表面振动级(dB)

图 5 显示计算得到的一 8 缸轿车用发动机的表面振动级。“强迫振动”计算结果清楚显示了预测的高噪声辐射的关键区域。然后提出降低振动级和辐射噪声的设计和/或激励的修改方案。仿真目标就是最终获得外表面振动级均匀分布的结构。

发动机有限元结构优化仿真是当前的常用技术，并集成于发动机的开发过程中。要完全并行执行“设计”和“有限元 NVH 仿真”，理论上仍比较困难，因为“设计完成”是建立可靠仿真模型的“必不可少的条件”。当前，利用有限元仿真工具的改进进程一般从“设计完成”开始，即：NVH 仿真的工作阶段一般与第一台样机制造并行开始。

3 行驶噪声模拟

近来 AVL 进行了广泛的研发工作，开发出基于发动机、进排气噪声源的车辆行驶噪声的仿真方法[4]。使用该新方法，可在首个车辆原形制造前预测车辆模型发出的噪声。

使用基于边界元分析的数值工具，可仿真计算车辆行驶噪声。图 6 显示了由发动机噪声导致的一轻卡的行驶噪声级的计算结果。所使的边界元模型定义了 6000 个线性单元。

图 6 一轻卡在 125Hz 下的辐射声压

与一般的车辆有限元模型相比，该“经单元缩减的”边界元模型的计算量非常小。然而该边界元模型的简化是有针对性的，可获得有一定限制的结果内容。

当前技术水平下，“整体系统水平”的车辆噪声仿真是难以进行的，即模型要考虑所有噪声源和所有相关结构特征。然而当前数值方法可使用不同的应用模型，来共同为 NVH 改进潜力提供有价值的信息。

当前的研究活动正瞄准于“整体系统水平”即“虚拟汽车”的仿真上。

4 动力学计算的理论基础

4.1 仿真趋势

对于先进的发动机和车辆动力学仿真分析，以下趋势和要求的重要性在不断增加[6]。

需考虑全局运动和局部变形的相互影响。缝隙和间隙的物理效应需采用适当的模型来模拟，而无须调整参数。这些要求特别存在于运动的发动机轴系模拟中，在燃气压力和质量力(引起当地应力)作用下，同时存在全局旋转运动和振动。该两类运动形式的相互作用导致非线性惯性力(如：陀螺效应)。另外，轴承油膜强烈影响当地结构变形。

AVL EXCITE 是为这样的目的而开发的非线性多体动力学软件，可仿真发动机和总成的动力学和声学。软件基本方法是利用了这样的事实：在非线性机械系统中，结构中大部分部位仍为线弹性行为。因此，在仿真模型中区分为线弹性部件（如曲轴、连杆等）和非线性连接体（如轴承）。这样，该软件可模拟复杂结构，诸如整个动力总成。虽然模型复杂，却有良好的计算效率，并在高达 3.5kHz 的范围内有效。

4.2 基本数学框架

AVL EXCITE 中大的弹性结构可由足够数量的刚性离散质量来描述。这些离散质量满足古典线性系统振动方程，其扩展形式是：

$$M \cdot \ddot{q} + D \cdot \dot{q} + K \cdot q = f + f^{*} + \mathrm{p} \tag{1}$$

方程(1)左边含不随时间变化的结构质量、阻尼和刚度矩阵。对这些线性结构区域，通过缩减算法/6/得到缩减模型，来减少需要求解的方程数量。除激励力外，方程右边含有“未知”力和力矩，它们是由接触连接体和额外惯量导致的。后两项取决于在时域中的运动分量。

还有，离散质量运动的振动方程，由线性动量原理给出每一整个弹性体的全局运动方程(2)：

$$m_{tot} \cdot \ddot{\mathbf{x}}_{B,tot} + \sum_{i=1}^{n} m_i \cdot \ddot{\mathbf{u}}_{i,tot} = \sum_{i=1}^{n} \left(\mathbf{f}_{F,i} + \mathbf{f}_{F,i}^{*} \right) \tag{2}$$

以及整体的角动量方程：

$$\begin{aligned}
&\sum_{i=1}^{n} \left\{ \mathrm{I}_{C_i} \cdot \left(\dot{\Omega} + \ddot{\varphi}_i - \dot{\varphi}_i \times \Omega \right) + \left(\Omega + \dot{\varphi}_i \right) \times \left[\mathrm{I}_{C_i} \cdot \left(\Omega + \dot{\varphi}_i \right) \right] \right\} + \\
&\mathrm{H}_{tot} \cdot \dot{\Omega} + \Omega \times \mathrm{H}_{tot} \cdot \Omega + m_{tot} \mathrm{c}_C \times \ddot{\mathrm{x}}_{B,tot} + \sum_{i=0}^{n} m_i \mathrm{c}_i \times \ddot{\mathrm{u}}_{i,tot} \\
&= \sum_{i=1}^{n} \left\{ \mathrm{f}_{M,i} + \mathrm{f}_{M,i}^{*} + \mathrm{c}_i \times \left(\mathrm{f}_{F,i} + \mathrm{f}_{F,i}^{*} \right) \right\}
\end{aligned} \tag{3}$$

其中

$$\ddot{\mathrm{x}}_{B,tot} = \ddot{\mathrm{x}}_B + 2\,\Omega \times \dot{\mathrm{x}}_B + \Omega \times \left[\Omega \times \left(\mathrm{x}_B + \mathrm{c}_C \right) \right] + \dot{\Omega} \times \left[\mathrm{x}_B + \mathrm{c}_C \right]$$

$$\ddot{\mathrm{u}}_{i,tot} = \ddot{\mathrm{u}}_i + 2\,\Omega \times \dot{\mathrm{u}}_i + \Omega \times \left[\Omega \times \mathrm{u}_i \right] + \dot{\Omega} \times \mathrm{u}_i$$

4.3 求解过程

由于系统非线性特征，求解是在时域中进行的。AVL EXCITE 确定初始条件并提供可变步长的有效的积分方法。给定外载的时间历程，并在每一时间步长下迭代计算连接体载荷及额外的惯性力。随后结果可转换到频域。

5 用 AVL-EXCITE 进行动力总成的动力学和声学仿真

5.1 应用

AVL EXCITE 应用于动力总成的振动和声学的实例，参见[7]。

瞬态载荷（发动机循环），用于应力和疲劳分析，如主轴承壁、发动机悬置和辅助支架。

1）低频范围－发动机悬置和支架的设计和分析。

2）预测结构产生的噪声（绝对表面速度级）。

3）识别潜在的噪声大的结构部件。

4）分析噪声的机械激励机理。

5）支持低噪声发动机设计优化。

6）设计参数的影响分析（材料、轴承间隙、飞轮和减振器设计、曲轴刚度等。

5.2 计算方法

仿真是基于将非线性机械系统分割成线弹性子系统和仅产生在这些子系统间相互作用的非线性连接体，线弹性体模型通过极度非线性的连接体相互作用（如：滑动轴承或活塞/缸套的油膜）。

弹性体经有限元模型压缩获得缩减结构矩阵。由与有限元求解器的接口将数据传递到 EXCITE。声学应用的典型模型包含数十万个自由度，通过缩减得到 1500 ～3000 个主自由度。为此，需结合静态和动态压缩方法，来满足计算要求。

所述方法能仿真如整个动力总成的复杂结构，可达 3.5kHz 的频率范围，得到有效高效精确的计算结果。

激励力可施加在仿真模型的任一体上。为考虑配气机构和正时驱动，可使用 AVL TYCON 计算如凸轮轴轴承、阀座、弹簧力、皮带轮力矩、齿轮或摇臂轴承力、正时驱动张紧器和导向器等激励。声学应用中，EXCITE 可考虑活塞二次运动的敲击力，使用活塞－缸套接触模型并读入 AVLGLIDE 的活塞动力学的分析结果。

5.3 功能和特点

(1) 前处理

应用动力总成的前处理，能快速简捷地生成模型，减少整个过程时间。

1） 自动化的曲轴模型生成器(AutoSHAFT) 。

2） 自动找寻连接体和载荷(边界条件)的节点组。

3） 方便输入从 AVL TYCON 和 AVL GLIDE 得到的外载数据。

4） 发动机悬置模型的参数判别。

5） 支持模型变参设定和定义计算工况。

6） 许多工具，如弹性体压缩控制文件的自动生成。

7） 与 MSC/NASTRAN, ABAQUS 和 ANSYS 的有限元接口。

(2) 连接体

EXCITE 的一重要特征是有许多不同类型的连接体模型，可根据应用要求来耦合各个发动机部件。

1） 增强型 HD：液体动力学轴承连接体，考虑轴承内的弯曲变形并传递力矩。

2） 线性和非线性弹簧/阻尼器，如可作径向轴承。

3） 活塞－缸套的干接触(粗糙接触)模型，适用于 NVH。

4） 活塞导向(用于单质量活塞模型中)，并可施加 AVL GLIDE 得到的敲击力。

5） EHD(可选)：用于滑动轴承和活塞－缸套接触的完全弹性液体动力学模型。

6） 专门的发动机悬置连接体，能根据测量的动刚度自动进行参数识别。

7） 扭振减振器。

8） 皮带轮的皮带线性连接体。

(3) 刚体

结构部件可模拟为刚体(如发动机机体)，由用户定义质量特性，并任意与弹性体组合。

(4) Shaft Modeler / AutoSHAFT

该工具能有效帮助结构化曲轴模型的生成。

(5) 与 AVL TYCON 的联合计算

正时驱动的激励力可离线或在线联合计算来考虑。因此整个发动机可考虑正时驱动和/或手工传动系统，同时考虑动力总成部件相互作用导致的最终影响。

(6) 自动化的二维后处理

1） 快速浏览计算结果。

2） 彩图, Campbell 图, 多种结果数据运算操作(FFT，均值等)。

3） 预制通用模板，可添加模板。

4） 报告自动生成（包括比较不同的计算工况结果）。

(7) 三维后处理和动画 AVL IMPRESS

在时域中，可动画显示未缩减有限元模型的动力学行为，如：全局运动、位移、速度、加速度，以及连接体结果，如压力、间隙、填充率等。

(8) 声学后处理提供多种表面速度结果的评价功能

1） XYZ 分量级，最大级，表面法向级

2） 单频率级，倍频程、1/3 倍频程积分级，用户自定义频段

3） 选择区域和部件的积分平均级

(9) 声学后处理

使用EXCITE专门工具(针对MSC/NASTRAN, ABAQUS 或 ANSYS 模型)或商用有限元求解器本身(MSC/NASTRAN)，将数据恢复到未缩减的模型上，可进行声学后处理。

5.4 优点

1） 用于应力和疲劳分析的瞬态载荷（发动机循环）计算，使设计接近耐久极限，如主轴承壁。

2） 达 3.5kHz 的精度高的结构噪声级计算。

3） 详尽的连接体模型可分析试验难以获得的轴系噪声的生成机理。

4） 非固定发动机加速过程的计算，来探究临界共振。

5） EXCITE – TYCON 的联合计算－同时计算整个系统（带正时驱动的发动机，发动机＋传动）。

6） 设计阶段的噪声优化－极大减少试验工作量。

6 结论

当前车辆开发过程中，还没有达到能使用“完全的”车辆数值模型的先进阶段，即考虑所有相关激励和结构部件。为实现车辆所有相关声学特性的虚拟建模，还需不断提升计算能力和已知计算技术。但发动机噪声辐射和发动机振动的仿真已成为当前常用技术，广泛应用于发动机开发过程中。AVL EXCITE 正是为这些应用而开发的，它结合杰出的仿真技术，可实现发动机动力学和噪声的仿真计算，获得接近真值的理想结果。

参考资料

1 Priebsch, H.H.; Loibnegger, B.; Pramberger, H.. “Simulation of Engine Noise – Influence of Design Parameters”, JSAE 1998, 20.5. - 22.5. Pacific Convention Plaza Yokohama, Japan

2 Loibnegger, B.; Pramberger, H.; Rainer G.Ph.: “Zusammenwirken von MSC/NASTRAN mit dem Mehrkörpersystem AVL/EXCITE für akustische Berechnungen von Motoren”, MSC-Anwenderkonferenz, München, 26. – 27. September 1996

3 Rainer G.Ph.; Gschweitl, E.; Pramberger, H.: "Dynamische Analysen von Motorbauteilen unter Verwendung großer FE-Modelle", Deutschsprachige MSC-Anwenderkonferenz, Frankfurt, September 1995

4 Pflueger, M.; Biermayer, W.; Priebsch, H.H.: "Simulation and Experimental Analysis of the Engine-Induced Vehicle Exterior Noise", Styrian Noise, Vibration & Harshness Congress, Graz, 22.05.2003 - 23.05.2003

5 Pflueger, M.; Rust, A.; Resch, T.: "Stand der Technik und Perspektiven in der rechnergestützten Motorakustik", Wiener Motorensymposium, Wien, 25.04.02-26.04.02

6 Loibnegger, B.; Resch, T.; Zmire, B.: "Enhanced Crankshaft Vibration and Stress Analysis", 19th CAD-FEM Users' Meeting 2001, International Congress on FEM Technology, Hotel Dorint Sanssouci, Berlin, Potsdam, October 17-19, 2001

7 Product Description AVL-EXCITE v6.0: "Dynamics and Acoustics of Power Units", April 2003

二、汽车制造与材料

一种发动机铸铁连杆性能分析

包雪鹏

南京汽车集团有限公司

[摘要] 一种轿车发动机连杆采用可锻铸铁 GTS65 和/或球墨铸铁 GGG70 制造，本文对这二种铸铁连杆材料的疲劳性能及其影响因素、疲劳断口和铸造缺陷和机械性能、金相组织、喷丸表面残余应力、缺口敏感性及脆性等进行了对比分析。

关键词：连杆 球墨铸铁 可锻铸铁 疲劳强度 脆性

1 前言

连杆是发动机中的关键零件，连杆材料应具有足够高的疲劳强度和冲击韧度。连杆一般采用中碳钢和中碳合金结构钢制造，如 40Cr、40MnB。鉴于铸造法生产连杆的成本较锻造法低，20 世纪 70 年代以来，为降低生产成本，珠光体可锻铸铁连杆先后应用于通用、Opel、VAUXHALL 等汽车公司的轿车发动机，成功地取代了部分锻钢连杆；之后，又采用球墨铸铁取代可锻铸铁，进一步降低生产成本。德国铸造业每年为欧洲汽车制造业提供铸铁连杆一千多万件[1]。

一种轿车发动机连杆采用可锻铸铁 GTS65 和/或球墨铸铁 GGG70 制造，本文对这二种铸铁连杆材料的疲劳性能及其影响因素、疲劳断口和铸造缺陷、机械性能和金相组织、喷丸表面残余应力、疲劳缺口敏感性及脆性等进行了对比分析。

2 疲劳性能

2.1 疲劳性能试验方法

发动机连杆要有足够的强度（疲劳强度），否则一旦失效，打坏发动机机体，造成巨大经济损失。但增加连杆强度，往往增加了连杆的重量，从而增加惯性力，造成曲轴和其它部件受力的增加，这是车用发动机所不能接受的。因此，在连杆生产和设计中，其疲劳强度至关重要。

连杆的疲劳性能试验有二种方法：一是发动机台架试验，试验结果准确可靠，这是发动机定型及可靠性检验不可替代的，但试验周期长成本高；二是通过高频疲劳试验机的疲劳试验，这种方法时间短、费用低，是对比试验、结构和工艺优化的理想试验方法，但不能完全模拟连杆在实际工作条件下的受力状态。

在高频疲劳试验机上进行连杆的疲劳试验，一般是在恒定平均载荷条件下测量连杆的疲劳极限载荷幅，根据连杆在发动机中的受力情况，疲劳试验应力比（载荷比）$R=-2\sim-1$。本文所述疲劳试验载荷比 $R=-1$，采用小子样升降法。小子样升降法疲劳试验可以在指定的疲劳寿命下较精确地确定材料（零件）的疲劳强度。根据铸铁特点，规定疲劳循环基数为 5×10^6 周次，本文用小子样升降法试验确定的是连杆的疲劳极限力[2]。

2.2 铸铁连杆疲劳性能

小子样升降法对一种轿车发动机的可锻铸铁和球墨铸铁连杆进行疲劳试验，得出的疲劳极限力如表 1 所示。

上述试验结果表明：球铁连杆的疲劳极限力要较可锻铸铁的高 20%。铸铁连杆疲劳强度的分散性应引起注意，二种连杆均有较大的分散性，在有铸造缺陷时分散性更大，因此，在设计铸铁连杆时应采用可靠性设计方法考虑疲劳极限的分散性。

对于连杆疲劳试验，待连杆正常生产或工艺成熟后可采用试验时间较短、样品数较少的通过性试验控制连杆质量。根据表1中99%存活率时球铁连杆的疲劳极限力，曾按±35 kN对一批球墨铸铁连杆进行通过性试验，共试验8件，其中1件3×10^6循环周次时断裂，其余7件均未破坏，通过性试验与升降法试验结果相吻合。根据上述试验结果和连杆的安全系数，可以确定该种球墨铸铁连杆通过性疲劳试验的规范力为：R=－1，±32 kN。

表1 连杆疲劳极限力 (kN)

材料	50%存活率疲劳极限力	标准差	90%存活率疲劳极限力	99%存活率疲劳极限力	99.99%存活率疲劳极限力
可锻铸铁	31.8	1.10	30.4	29.2	27.4
球墨铸铁1	39.9	1.95	37.4	35.3	33.7
球墨铸铁2	37.8	1.10	36.4	35.2	32.6

3 疲劳断口分析

可锻铸铁连杆断口面均没有明显的铸造缺陷，疲劳源起源于工字筋的中心，扫描电镜（SEM）分析表明（图1所示），工字筋的中心部位是铸造凝固后的枝晶组织及枝晶间显微疏松、夹渣/夹杂物，疲劳起源于疏松、夹渣/夹杂物处。

对球墨铸铁连杆疲劳试验后的断口进行分析，可将断口分为二类：一类在断口面上能观察到铸造缺陷，另一类无明显铸造缺陷。无铸造缺陷的球墨铸铁连杆断口，宏观观察判断疲劳源起源于杆身工字筋截面的中心处，SEM分析表明在工字筋截面的中心处也存在缺陷，这些缺陷是不可避免的显微疏松（图2所示），由于连杆没有大的铸造缺陷，疲劳源起始于这些缺陷处。有铸造缺陷的球墨铸铁连杆断口，疲劳源起源于铸造缺陷处，由于铸造缺陷的形状和位置各不相同，断口形态各有不同，图3是杆身近表面有夹渣的连杆断口。

总之，球墨铸铁连杆杆身工字筋中存在夹渣、气孔和疏松等铸造缺陷，铸造缺陷往往处于工字筋的表面和次表面，疲劳裂纹从这些缺陷处萌生和扩展；如果这些缺陷处于连杆杆身，则会降低连杆的疲劳强度；

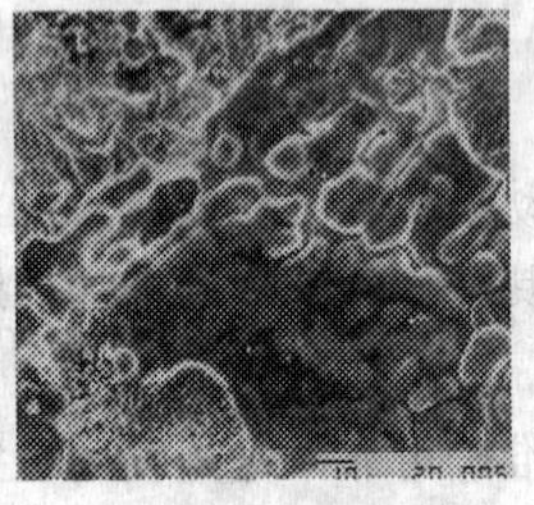

a) 枝晶及枝晶间显微疏松

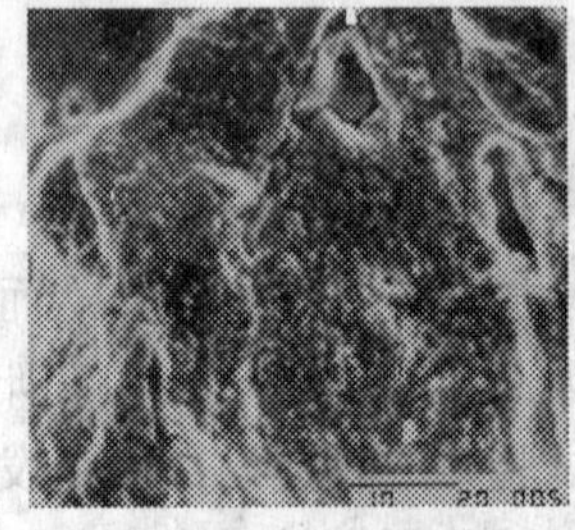

b) 显微疏松边的夹杂物及周围的疲劳裂纹

图1 可锻铸铁连杆疲劳断口

a) 中心疏松

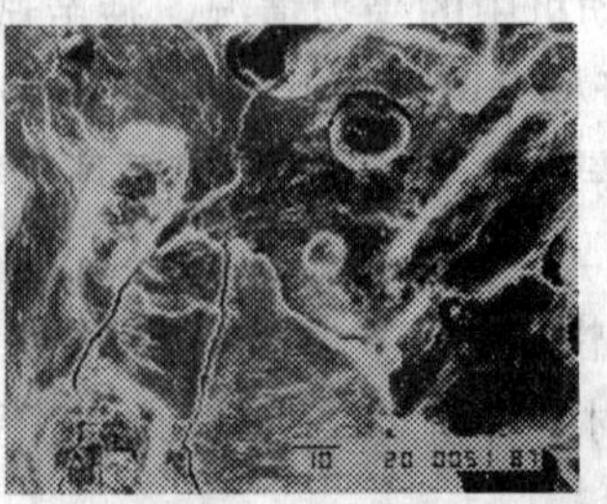

b) 疏松处疲劳裂纹和疲劳条纹

图2 球墨铸铁连杆疲劳断口

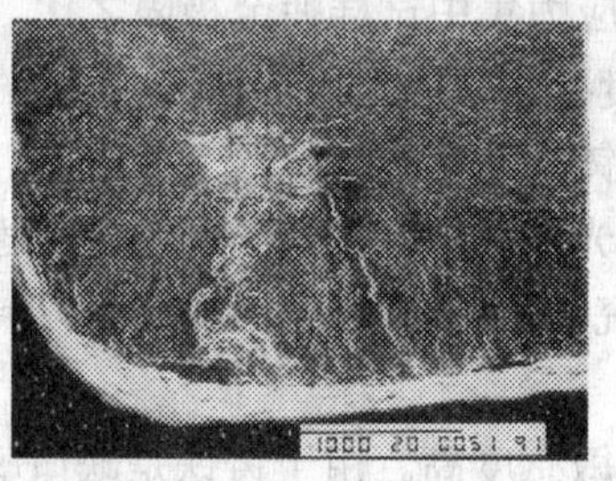

a) 近表面夹渣　b) 夹渣上部疏松及疲劳裂纹

图3　球墨铸铁连杆疲劳断口

如果这些缺陷处于连杆的危险截面处，则会大幅度降低连杆的疲劳强度；不存在上述这些缺陷时，疲劳裂纹从工字筋中心的显微疏松处萌生和扩展。因此，为保证连杆有较高的疲劳强度，必须严格控制连杆铸件质量，要严格控制铁水温度、纯度和化学成分，要100%对铸件无损检测。

4　机械性能和金相组织

拉伸试样取自连杆工字筋部位，可锻铸铁和球铁连杆的抗拉强度分别为 610～620MPa 和 690～780 MPa，断后伸长率均为 2.0%～2.5%。可锻铸铁连杆强度较低，二者断后伸长率相当；二者抗拉强度的差异与疲劳强度的差异一致。

DIN 1692、GB/T 9440 均规定可锻铸铁 GTS65-2（KTZ650-2）硬度为 210～260HBS，DIN1693 标准规定球铁 GGG70 硬度为 240～280 HBS。低硬度有利于机加工，高硬度保证连杆的疲劳强度。二种连杆的实际硬度均处于中下限，这既保证了连杆的疲劳强度又有利于连杆的机加工。

从连杆大头取标准夏比 V 形缺口冲击试样，可锻铸铁杆的冲击吸收功 A_{kV} 平均为 6.6J；几批球铁连杆的冲击吸收功 A_{kV} 为 3.3J、4.8J、3.9J、6.0J，可锻铸铁连杆的冲击吸收功较高。可锻铸铁连杆的冲击断口上有白亮区，白亮区 SEM 观察主要是铸造凝固的枝晶组织，断口以韧窝为主，并有夹杂物。球铁连杆的冲击断口 SEM 分析，断口是韧窝+解理。不同连杆之间断口面的韧窝面积差异同冲击功的差异相一致。

可锻铸铁连杆的基体是索氏体，其中有不同形态的夹杂,能谱分析确定夹杂物为 MnS；石墨呈团絮状，按“JB2122-1977 铁素体可锻铸铁金相”检验，石墨形状级别 2～3 级、石墨分布级别 1～2 级，石墨颗数等级 3～4 级。球铁连杆的基体组织是珠光体基体，珠光体 65%以上，允许有少量渗碳体；按“GB9441－1988 球墨铸铁金相检验”标准，石墨球化级别 1-3、石墨大小 6～7 级。

5　表面喷丸强化

连杆表面喷丸强化后的残余应力分析表明，二种连杆的表面残余压应力相当，均在－320～－440MPa 间，表面喷丸层影响区约有 0.3mm，并且喷丸使铸件表面缺陷遮蔽和闭合；表面喷丸覆盖率不小于 100%。

球铁的缺口敏感度较高，其表面铸造质量对疲劳强度有很大的影响，表面喷丸能消除铸件表面缺陷或使表面缺陷遮蔽和闭合，并在表层产生残余压应力，能延缓裂纹的萌生和扩展，强力喷丸能提高连杆疲劳极限 20%以上，因此对连杆喷丸强化必不可少，不可忽视。

6　疲劳缺口敏感性

由于应力集中的缘故，缺口零件的疲劳强度要小于无缺口零件的疲劳强度，疲劳缺口敏感度 q 是衡量它们之间差异的参数。疲劳缺口敏感度 q 的表达式[3]为：

$$q=K_f-1/K_t-1$$

式中：K_f是疲劳缺口系数，为无应力集中试样疲劳极限与有应力集中试样疲劳极限之比，K_t是理论应力集中系数。q越大，零件对缺口越敏感。铸铁的疲劳缺口敏感度要较钢的大，文献[4]报道的铸态球铁和珠光体可锻铸铁的q分别为0.34和0.17，铸态球铁的q是可锻铸铁的2倍。

根据EN1563－1997[5]标准列出的GJS－600－3和GJS700－2光滑试样和缺口试样的疲劳性能，计算得出球铁的q=0.38；文献[6]对不同铸铁的缺口疲劳性能进行了研究，据此计算得出可锻铸铁q=0.33～0.41，铸态球铁的q=0.34～0.43。

总的来说，球铁的疲劳缺口敏感度要较可锻铸铁的疲劳缺口敏感度高。由于铸铁是缺口敏感的材料，其疲劳缺口敏感度要高于钢，连杆工字筋部位的铸造缺陷特别是表面铸造缺陷提高了连杆的疲劳缺口敏感度。为此，减少、减小连杆工字筋部位的铸造缺陷特别是表面铸造缺陷对球铁连杆更为重要。

7 铸铁连杆脆性分析

连杆材料疲劳强度至关重要，但其冲击韧度（或脆性）同样应引起重视，下面从连杆受力情况来分析铸铁连杆脆性倾向的危害性。

连杆小头通过活塞销与活塞相连，其受活塞组的往复惯性力；连杆杆身在爆发上止点承受爆发产生的压力，在进排气上止点承受往复惯性力产生的拉力，即承受的是交变拉压力；连杆大头承受往复和旋转惯性力。此外，在连杆摆动平面内杆身还承受因连杆质量惯性力产生的横向弯曲力和由于加工或装配误差产生的纵向弯曲力，这二种力一般在安全系数中予以考虑。

就拉压疲劳应力而言，铸铁连杆完全可以满足设计要求。但当连杆脆性大（冲击韧度低）时，连杆的弯曲疲劳强度大大下降，其承受的一般在安全系数中予以考虑的纵向弯曲力成为主要矛盾，甚至会使连杆在装机试运行时就发生捣缸。

本文作者对一批脆性倾向很大（冲击韧度很低）的连杆进行了综合分析，认为Si量过高是造成连杆脆性倾向的根本原因。对于球铁，含硅量一般在2.0%～2.8%，高的硅量降低常温冲击韧度,提高韧脆转变温度[7]；Si量提高促使球铁的疲劳缺口敏感度增大，对于铁素体/珠光体铸态球铁，含Si1.8%时疲劳缺口系数K_f=1.57，含Si2.8%时K_f=1.76[8]；铸态珠光体球铁推荐的化学成分[9]：C 3.6%～3.8%、Si 2.1%～2.5%、Mn 0.3%～0.5%、P≤0.07%、S≤0.02%、Cu 0.5%～1.0%、Mo0%～0.2%，含Si量小件取上限，终硅量尽量低。

总之，连杆在发动机中承受一定的弯曲力，这种应力对较脆的连杆是危险的，连杆的脆性倾向使弯曲疲劳强度大大下降，过高的Si量是造成连杆脆性倾向的根本原因。因此，要严格控制连杆材料的化学成分和熔炼工艺，以保证连杆的韧性。

8 结论

1) 足够的疲劳性能是保证铸铁连杆在发动机中安全可靠运行的必要条件，二类铸铁连杆的疲劳性能足以保证在其发动机中安全可靠地工作；球铁连杆的疲劳极限力要较可锻铸铁的高20%左右，可以替代可锻铸铁连杆。在试生产阶段或产品开发阶段可采用小子样升降法精确地确定连杆的疲劳极限，待正常生产或工艺成熟后可采用试验时间较短、样品数较少的通过性试验控制连杆质量。

2) 球铁连杆铸造工艺和化学成分要严格控制，以保证连杆的韧性；球铁连杆杆身工字筋的表面和次表面的铸造缺陷，会降低连杆的疲劳强度。对连杆毛坯要有严格的缺陷检查，严格控制杆身部位的铸造缺陷，杆身部位的铸造缺陷应制定相应的控制标准。可锻铸铁连杆毛坯热处理时要控制表面脱碳；可锻铸铁连杆硬度较低，加工性较好。

3) 球铁的缺口敏感度高，表面喷丸能部分消除表面铸件缺陷或使表面缺陷遮蔽和闭合，并产生有利的残余压应力，延缓裂纹的萌生和扩展，连杆喷丸强化必不可少。

4) 铸铁连杆疲劳强度的分散性应引起注意，在设计铸铁连杆时应采用可靠性设计方法考虑疲劳强度的分散性。

参考文献

1 张国先等．浅谈铝质材料在发动机连杆上的应用．汽车技术，2001，（4）32～35

2 包雪鹏等．发动机球墨铸铁连杆疲劳性能研究．汽车技术 2000，（3）28～30

3 赵少汴，王忠保编著．抗疲劳设计——方法与数据．北京：机械工业出版社，1997

4 孟少农译 美国汽车工程学会钢铁技术委员会第四组疲劳设计委员会编．零件疲劳设计手册．北京：机械工业出版社，1980

5 欧盟标准．EN1563-1997 Founding—Spheroidal graphite cast irons

6 Manfred Huech. Moderne Schwingfestigkeitsunterlagen für die bemessung von Bauteilen aus Sphaeoguss und Temperguss, von allem für den Fahrzeugbau. Georg Fischer G.m.b.H

7 British Cast Iron Research Association BCIRA 221-1

8 Hasse Stephan. Duktiles Gusseisen: Handbuck für Gusserzeuger und Gussverwender. Berlin: Siempelkamp Giesserei GmbH＆.Co., 1996

9 中国机械工程学会铸造专业委员会编．铸造手册：第 1 册．北京：机械工业出版社，1993

VE 分配泵端面凸轮设计软件模块的开发

姜浩哲　沈志彬　王军华
无锡威孚高科技股份有限公司

[摘要] 通过VE分配泵端面凸轮设计软件模块的开发，为柴油机燃油喷射系统VE分配泵空间端面凸轮设计提供了坚实的理论基础和快速可靠的设计手段；可根据匹配柴油机的要求，设计和验证设计的合理性，有效地提高了凸轮工作的承载能力和产品的可靠性，避免由于对凸轮采用高成本的表面处理等其它措施而引起的大幅度产品成本的增加，从而提高喷油泵和柴油机产品的经济效益。

关键词：柴油机　燃油喷射系统　VE分配泵　凸轮　空间机构

1 引言

柴油机燃油喷射系统的功用是，在恰当的时刻，将定量的、雾化良好的燃油喷入到柴油机燃烧室中。它作为柴油机心脏的重要作用一直受到国内外工程技术人员的广泛重视，特别是随着柴油机排放法规的日益严格，给柴油机燃油喷射系统提出了更高的要求，为此开发了多种机械式和电控式燃油喷射系统，其中就有机械和电控分配泵。空间端面凸轮（见图1）是VE分配泵的关键零件之一，其设计质量的优劣直接关系到喷油泵的供油速率、最高转速、工作可靠性和喷射性能等，进而决定了柴油机的经济、动力性能指标和柴油机产品的可靠性。一直以来，国内始终采用以国外产品作为母凸轮的靠模加工方法，众所周知，从匹配的观点来讲，这对提高柴油机产品的性能存在很大的弊端。本文通过建立其数学模型，从理论上描述了端面凸轮设计和校验的方法，并为用户提供了操作简便、用户界面友好的软件模块，该软件模块已集成到CamPAC（本人开发于1998年的专门用于设计、校验和回归分析喷射系统凸轮产品）软件中，从而为设计高质量并满足匹配要求的端面凸轮、避免由于对凸轮采用高成本的表面处理等其它措施而引起的大幅度产品成本的增加和为提升我国柴油机产品的质量提供了一个高效快速的高科技工具，也为Hydsim和AMESim等用于燃油喷射系统的仿真软件提供了重要的边界条件。

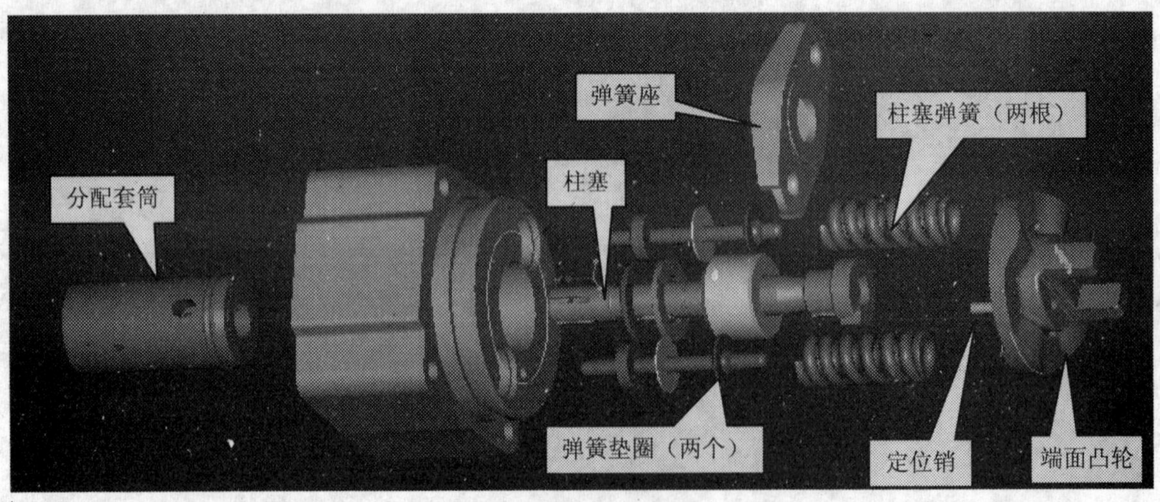

图1　VE分配泵主运动系

2 端面凸轮轮廓曲面设计

该部分的重要作用在于通过软件三维曲面的绘制，用户可以在计算机上清楚地观察到凸轮工作轮廓设计的合理性，认识接触线的形成规律，也为其它计算项目打下坚实的基础。

2.1 工作轮廓曲面设计准则

端面凸轮工作轮廓为空间不可展曲面,精确设计时应按空间包络曲面的共轭原理获得精确的解析解。由于 VE 分配泵用端面凸轮的工作转速很高，用展开成平面廓线的办法设计是不恰当的。精确设计时，凸轮工作轮廓与滚轮间的共轭接触点必须满足以下三个条件。

(1) 在共轭接触位置，两曲面上的一对对应的共轭接触点必须重合。

(2) 在共轭接触点处，两曲面间的相对运动速度必须垂直于其公法线。

两曲面在共轭接触点处必须相切，不产生干涉，且在共轭接触点的邻域亦无曲率干涉。

2.2 凸轮工作轮廓型线设计准则

(1) 有较高的供油速率。

(2) 使柱塞弹簧等参数不变的情况下，运动部件不会飞脱。

(3) 有较高的许用柱塞腔压力，减小凸轮与滚轮间的接触应力和噪声。

(4) 使柱塞运动部件对凸轮的机械作用力尽量减小。

目前已经设计完成了三种凸轮型线参数化设计模块，它们分别是 CPPA 型、CPPB 型和 CPPC 型，用户可根据匹配柴油机的需要来选择。因篇幅原因，这部分设计方法、VE 分配泵凸轮轴驱动求解模块和数据处理部分省略，图 2 为软件后处理界面，在三个子视窗中，分别显示了三种端面凸轮型线设计结果。

图 2 三种端面凸轮型线设计示例

2.3 坐标系的选取

图 3 为凸轮工作物理模型，*OaXaYaZa* 为定坐标系，固定在机架上，*ObXbYbZb* 为动坐标系，固定在端面凸轮上，*OcXcYcZc* 为动坐标系，固定在滚轮上。R_o [mm]为端面凸轮节圆计算半径。R_g [mm]为滚轮半径。h[mm]为从动件升程。θ [degree]凸轮转角。B [mm]为端面凸轮轮廓工作宽度。K 为凸轮与滚轮的接触点。

$\vec{r}_{ac}$ 为滚轮计算端面圆心在定坐标系中的矢量。$\vec{r}_{ak}$ 为接触点在定坐标系中的矢量。$\vec{r}_{ck}$ 为接触点在动坐标系中的矢量。β [degree]为压力角。

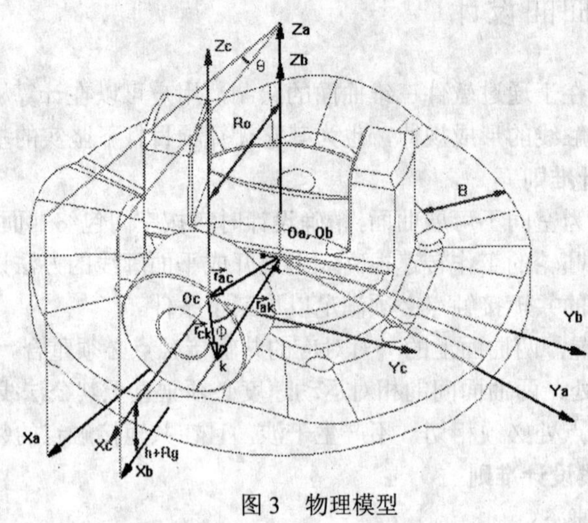

图3 物理模型

2.4 轮廓曲面（接触线）构造方程式

根据理论力学、刚体动力学和空间解析几何的基本理论，以及 VE 分配泵的工作原理，根据图 3 可得如下该软件模块的最基本、也是最重要的凸轮与滚轮接触点向量方程式。

$$\vec{r}_{ak} = \vec{r}_{ac} + R_{ac} \bullet \vec{r}_{ck} \tag{2-1}$$

其中 R_{ac} 为坐标系 $O_cX_cY_cZ_c$ 的旋转变换矩阵。

$$R_{ac} = \begin{bmatrix} \cos\theta & -\sin\theta & 0 \\ \sin\theta & \cos\theta & 0 \\ 0 & 0 & 1 \end{bmatrix} \tag{2-2}$$

由此可得端面凸轮轮廓曲面三维坐标方程式如下。

$$\begin{bmatrix} x \\ y \\ z \end{bmatrix} = \begin{bmatrix} R_o \cdot \cos\theta - R_g \cdot \sin\theta \cdot \sin\beta \\ R_o \cdot \sin\theta + R_g \cdot \cos\theta \cdot \sin\beta \\ R_g \cdot h - R_g \cdot \sin\theta \cdot \cos\beta \end{bmatrix} \tag{2-3}$$

根据共轭曲面设计的基本条件，即在共轭接触点处两曲面间的相对运动速度必须垂直于其公法线，可绘制图 4 和图 5 接触点速度向量图，并得出如下接触点凸轮与滚轮间压力角关系式。

$$\tan\beta = \frac{\dfrac{\mathrm{d}h}{\mathrm{d}\theta}}{R_o} \tag{2-4}$$

其中 $\mathrm{d}h/\mathrm{d}\theta$ 为从动件运动速度 [mm/rad]。

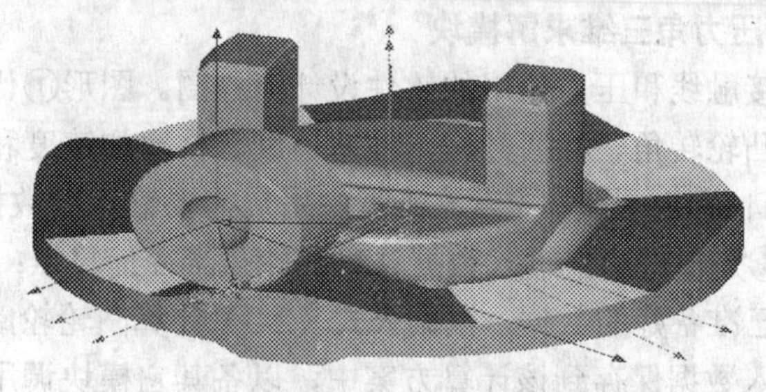

图4 接触点速度向量全景图

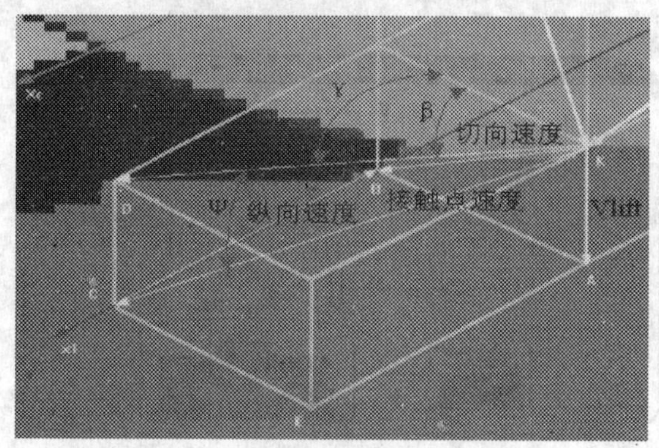

图5 接触点速度向量放大图

3 软件模块功能设计

根据 VE 分配泵端面凸轮产品在设计和校验中的需求，为软件设计了 10 个子模块。利用 VisualBasic6 和 Matlab 编程语言工具，采用面向对象的软件设计方法完成了全部设计开发工作。图 6 为 CamPAC 软件的端面凸轮三维曲面绘制界面，左侧为计算参数和绘图设置控制台，以及计算结果树和计算方案选择按钮，右侧为功能强大的图形视窗。

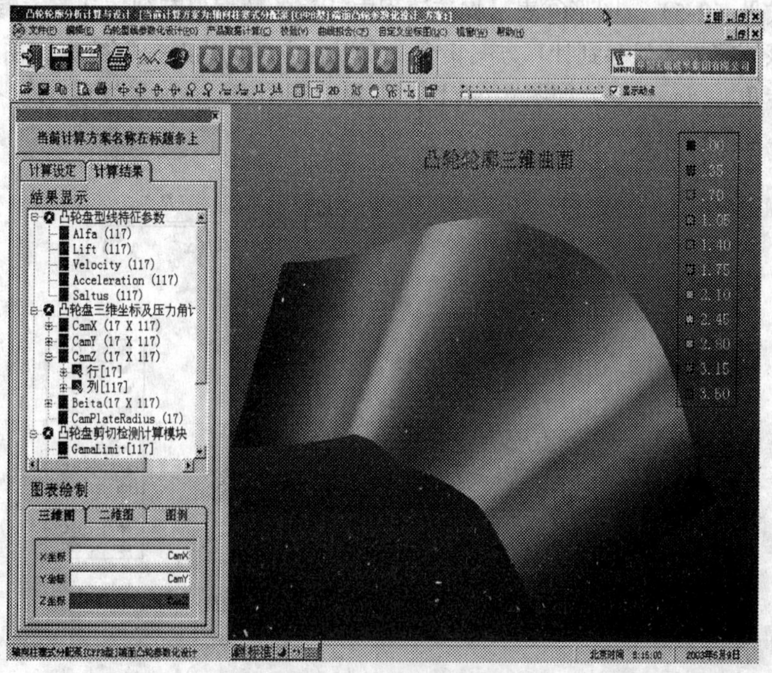

图6 CamPAC 软件界面

3.1 端面凸轮与滚轮接触线和压力角三维求解模块

图7为计算凸轮与滚轮间接触线和压力角用的软件设计流程图。图形①代表计算机内存，在该流程中要从内存调用图形②所示的凸轮转角、柱塞升程、柱塞速度、柱塞加速度和柱塞跃动度，这部分数据来源于先前完成的凸轮型线设计模块；图形③为该流程中用户需要输入的数据，即凸轮盘最大、最小半径、计算步长和滚轮半径，图形④是根据用户输入数据计算凸轮盘半径计算点；图形⑤代表根据公式（2-4）计算的压力角；图形⑥为利用已准备好的数据，根据公式（2-3）计算凸轮轮廓曲面坐标；图形⑦表示将该流程中计算的数据和用户输入数据保存到该计算方案中，以备其它模块调用；图形⑧表示将该计算方案保存到计算方案集合中，以备方案调用时提取数据。

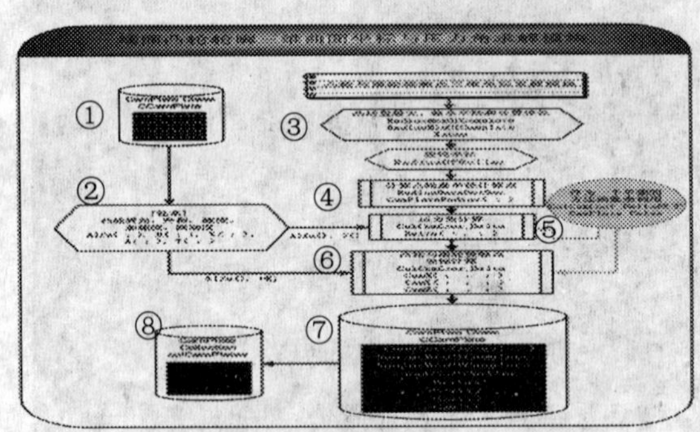

图7 计算接触线和压力角用流程图

3.2 端面凸轮轮廓是否被切除检查模块

设计该模块的目的在于校验当前设计的端面凸轮可否正常加工出来，会否产生切削现象，图8为产生切削现象的计算示例。图10为检查当前设计端面凸轮轮廓是否会产生切削现象的软件设计流程图，图形①代表计算机内存；在该流程中要从内存调用图形②所示的凸轮转角、柱塞升程、凸轮盘半径计算点、滚轮半径和压力角；图形③为调用子程序计算柱塞位于最大升程时的凸轮转角 θmax [degree]；图形④调用子程序计算接触点处的极限偏转角（$\theta max-\theta$）；图形⑤为调用子程序计算接触点相对滚轮轴线的偏转角 γ，其公式见（2-5）；图形⑥表示将该流程中计算的数据保存到该计算方案中以备其它模块调用；图形⑦表示将该计算方案保存到计算方案集合中，以备方案调用时提取数据。在后处理视窗中可以绘制 γ角和极限偏转角（$\theta max-\theta$）如图9（有切削现象检查图表），如果发现 $\gamma>(\theta max-\theta)$，表明该设计方案无效，需修改参数后重新设计。

$$\gamma = \text{sign}[\sin(\beta)] \cdot \text{acos}\left[\frac{R_o}{\sqrt{(x^2+y^2)}}\right] \tag{2-5}$$

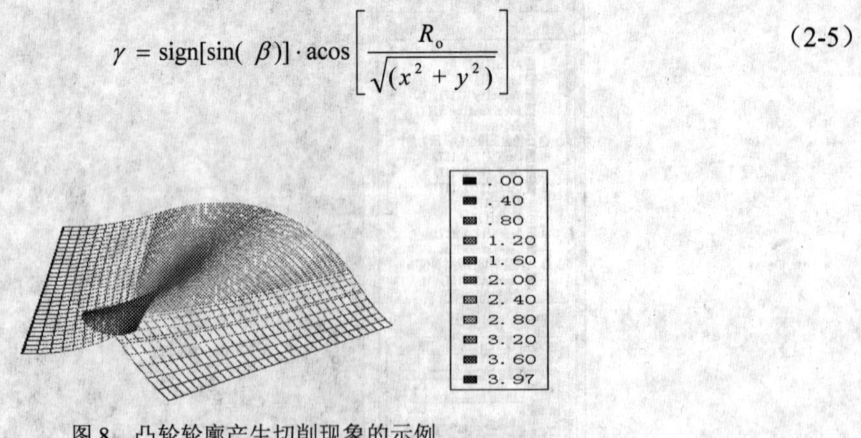

图8 凸轮轮廓产生切削现象的示例

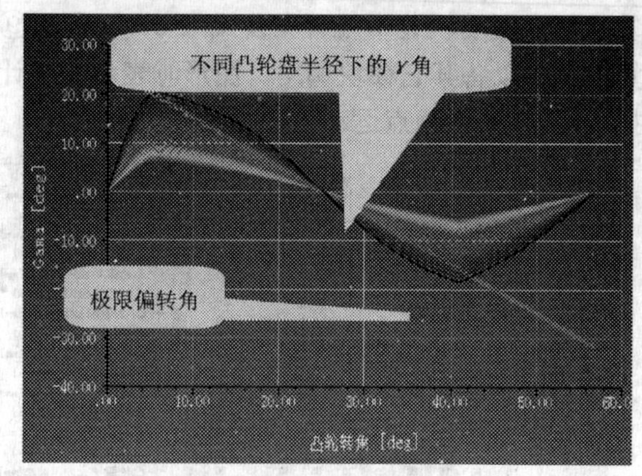

图9　切削现象检查图表

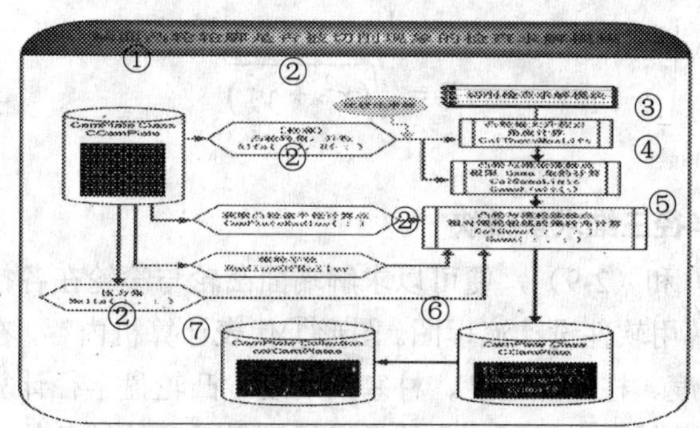

图10　凸轮轮廓切削检查用流程图

3.3　端面凸轮接触点运动轨迹半径求解模块

由于凸轮与滚轮接触点运动轨迹半径并非为常量，因此只有知道接触点运动轨迹半径的变化规律，才有可能正确地加工出合格的产品，并使产品正常工作。接触点运动轨迹半径与凸轮盘半径间的正确关系见图13。

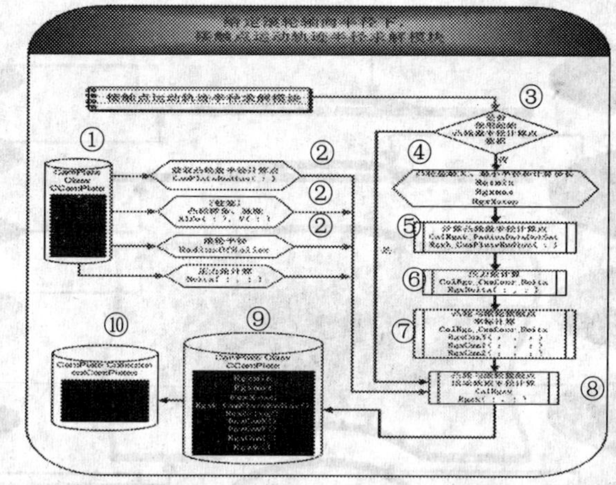

图11　接触点运动轨迹半径求解用流程图

图11为计算凸轮与滚轮间接触点运动轨迹半径用软件设计流程图。图形①代表计算机内存，在该流程中要从内存调用图形②所示的凸轮转角、柱塞速度、凸轮盘半径计算点、滚轮半径和压力角；图形③表示判断是否调用内存中已经计算出来的凸轮盘半径计算点；图形④代表用户输入的凸轮盘半径最大值、最小值和计算步长；图形⑤表示计算凸轮盘半径计算点；图形⑥代表计算压力角；图形⑦代表计算接触

点三维坐标；图形⑧代表计算接触点运动轨迹半径（见公式 2-6）；图形⑨表示将该流程中计算的数据和用户输入数据保存到该计算方案中以备其它模块调用；图形⑩表示将该计算方案保存到计算方案集合中，以备方案调用时提取数据。图 12 为接触点运动轨迹半径计算示例。

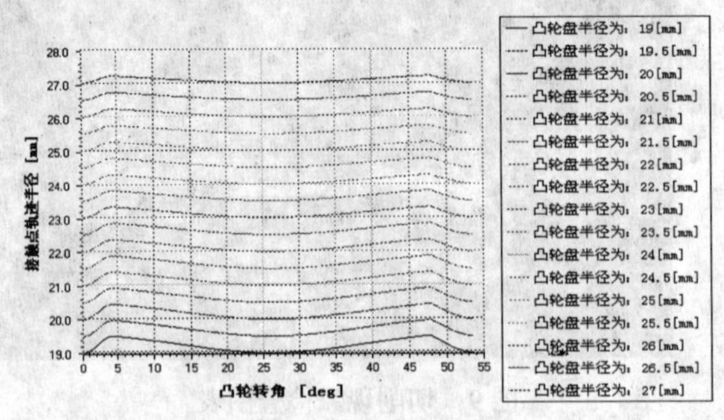

图 12 接触点运动轨迹半径计算示例

$$R = \sqrt{(x^2 + y^2)} \tag{2-6}$$

3.4 端面凸轮接触点处曲率半径三维求解模块

根据公式（2-7）、（2-8）和（2-9），便可以求解端面凸轮与滚轮在各接触点处曲率半径 ρ[mm]。图 14 为接触点处曲率半径求解用软件设计流程图。图形①代表计算机内存，在该流程中要从内存调用图形②所示的凸轮转角、柱塞速度、柱塞加速度、柱塞跃动度、凸轮盘半径计算点和滚轮半径；图形③代表参数曲线在给定凸轮转角和凸轮盘半径下，凸轮盘半径变量对凸轮转角的一、二阶导数求解；图形④代表求解参变量 y 和 z 对凸轮转角一、二阶导数用的中间变量；图形⑤代表求解参变量 y 对凸轮转角一阶导数；图形⑥代表求解参变量 y 对凸轮转角二阶导数；图形⑦代表求解参变量 z 对凸轮转角一阶导数；图形⑧代表求解参变量 z 对凸轮转角二阶导数；图形⑨代表求解曲率半径；图形⑩代表将该流程中计算的数据保存到该计算方案中以备其它模块调用；图形⑪代表将该计算方案保存到计算方案集合中，以备方案调用时提取数据。图 15 为接触点处曲率半径计算示例。

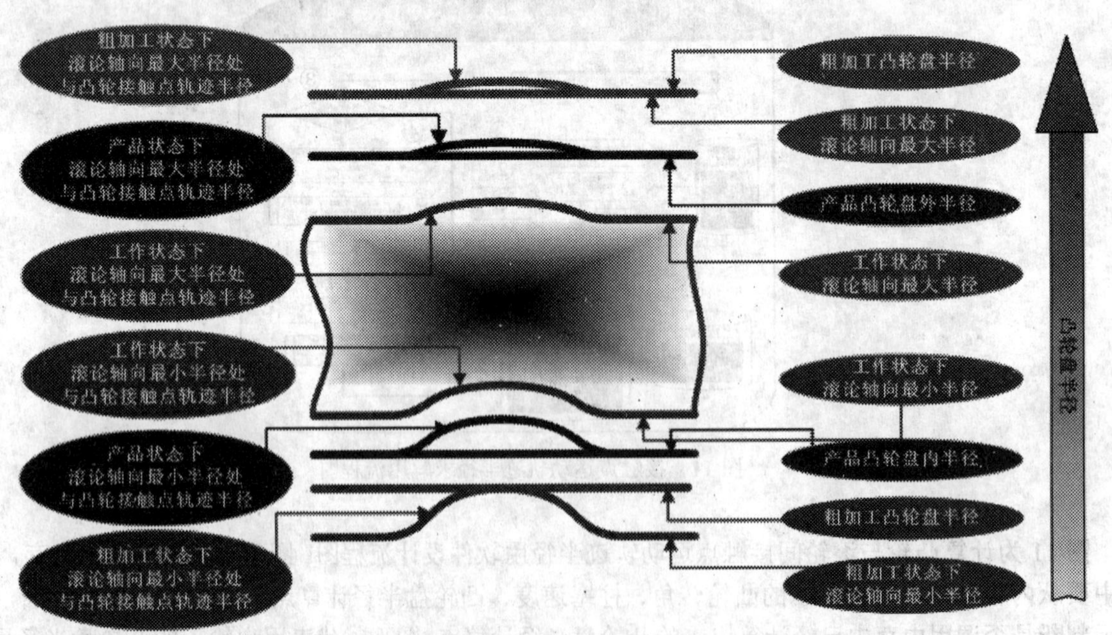

图 13 接触点运动轨迹半径与凸轮盘半径间的正确关系

$$V = \frac{dh}{d\theta} \tag{2-7}$$

$$\begin{cases} y = R_g \bullet \dfrac{V}{\sqrt{V^2 + R_o{}^2}} \\ z = R_g + h - R_g \bullet \dfrac{R_o}{\sqrt{V^2 + R_o{}^2}} \end{cases} \tag{2-8}$$

$$\rho = \frac{\left[\left(\dfrac{dy}{d\theta}\right)^2 + \left(\dfrac{dz}{d\theta}\right)^2\right]^{3/2}}{\dfrac{d^2 z}{d\theta^2}\cdot\dfrac{dy}{d\theta} - \dfrac{d^2 y}{d\theta^2}\cdot\dfrac{dz}{d\theta}} \tag{2-9}$$

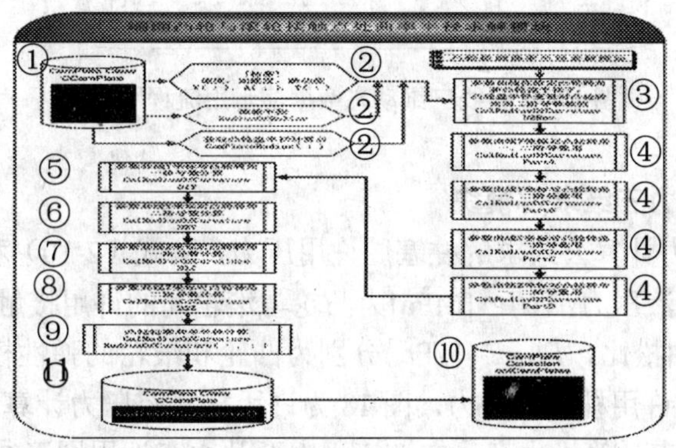

图 14　接触点处曲率半径求解用流程图

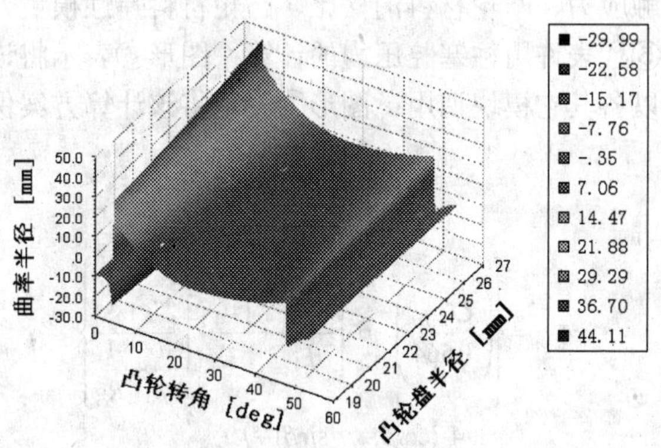

图 15　接触点处曲率半径计算示例

3.5　端面凸轮与滚轮接触线三维动态数据演示模块

设计该模块的目的在于使用户能够清楚地观察到凸轮机构在工作时，凸轮与滚轮理论接触线的形成过程。图 16 为接触线三维动态数据演示示例。图 17 为接触线三维动态数据演示用软件设计流程图。图形①代表计算机内存，在该流程中要从内存调用图形②所示的凸轮转角和接触点三维坐标；图形③代表根据用户设定的时间步长绘制接触点轨迹曲线。

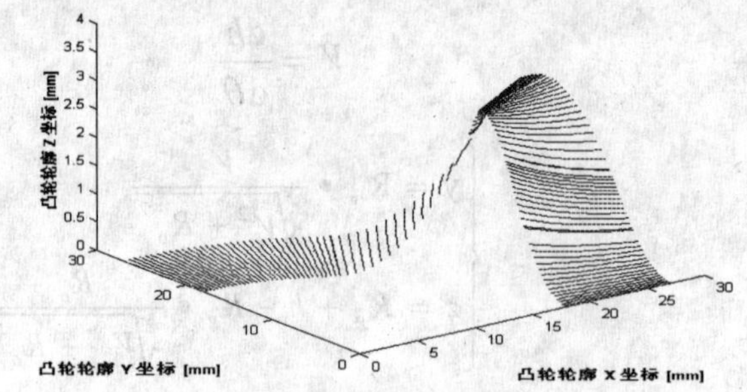

图 16 接触线三维动态数据演示示例

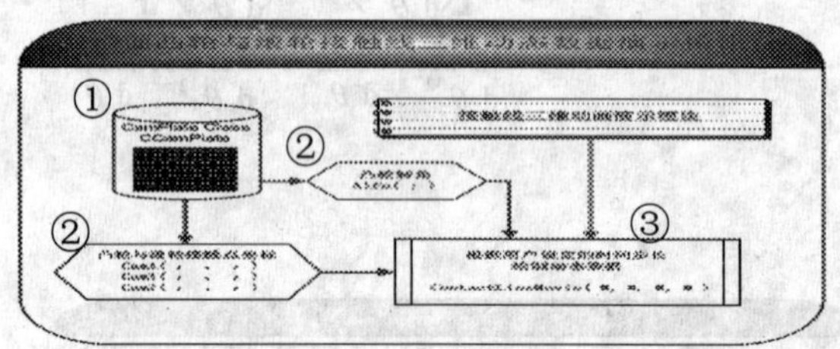

图 17 接触线三维动态数据演示用流程图

3.6 VE 分配泵许用柱塞腔压力三维求解模块

工程上可用 Hertz 接触应力计算公式求解柱塞腔许用压力，公式（2-10）和（2-11）为计算该值的公式，其中 F_{hyd} [N]为柱塞腔所受液压力，σ_{Hertz} [MPa]为凸轮与滚轮间的许用接触应力，d [mm]为柱塞直径，ν_1、ν_2 分别为凸轮和滚轮的泊松比，E_1、E_2 [MPa]分别为凸轮和滚轮的弹性模量，F_{mech} [N]为作用于柱塞上的机械作用力，P [MPa]为许用柱塞腔压力。图 18 为许用柱塞腔压力计算示例。图 19 为许用柱塞腔压力计算用流程图，图形①代表计算机内存，在该流程中要从内存调用图形②所示的压力角、凸轮轮廓接触点处曲率半径、柱塞直径、滚轮半径、柱塞升程、柱塞加速度、凸轮轴转速、柱塞弹簧预压缩、柱塞弹簧刚度、挺柱体运动部件总质量、摩擦系数；图形③代表机械作用力的计算；图形④表示要求用户输入凸轮与滚轮间的许用接触应力、凸轮材料泊松比、凸轮材料弹性模量、滚轮材料泊松比、滚轮材料弹性模量和滚轮宽度；图形⑤代表许用柱塞腔压力的计算；图形⑥表示将该流程中计算的数据和用户输入数据保存到该计算方案中以备其它模块调用；图形⑦表示将该计算方案保存到计算方案集合中，以备方案调用时提取数据。

$$F_{hyd}=\left\{\left(\frac{\sigma_{Hertz}}{0.564}\right)^2\cdot B\cdot\left[\frac{1-\nu_1^2}{E_1}+\frac{1-\nu_2^2}{E_2}\right]\cdot\frac{1}{\dfrac{1}{\rho}+\dfrac{1}{Rg}}\right\}\cdot 4\cdot(\cos\beta-\mu\cdot\sin\beta)-F_{mech} \tag{2-10}$$

$$P\leq\frac{4\cdot F_{hyd}}{\pi\cdot d^2} \tag{2-11}$$

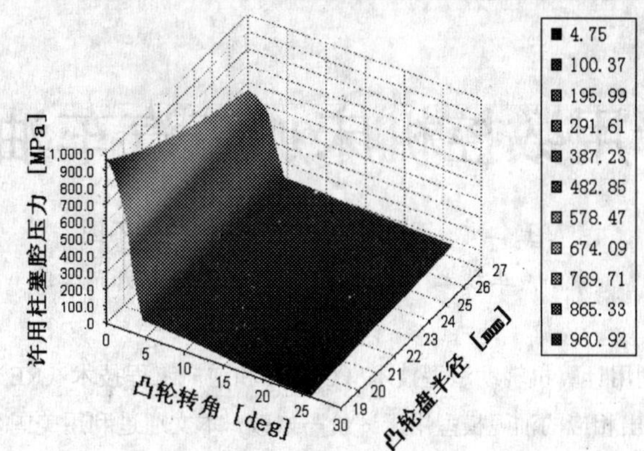

图 18　许用柱塞腔压力计算示例

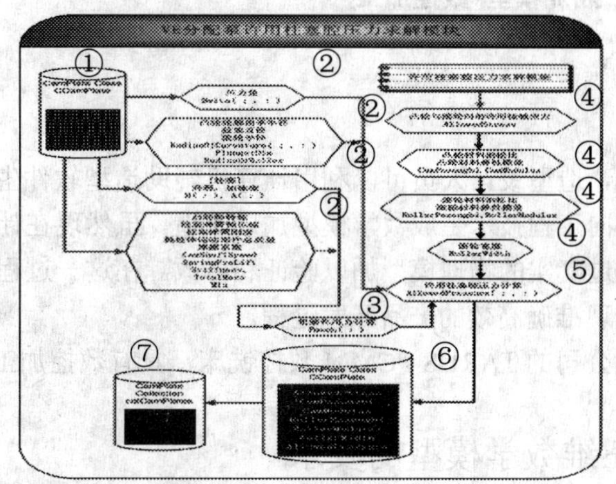

图 19　许用柱塞腔压力计算用流程图

参考文献

1　殷鸿梁，朱邦贤编. 间歇运动机构设计. 上海：上海科学技术出版社，1996

2　薛祖兴，许陆一等编. 喷油泵凸轮廓线设计. 内燃机工程，1985

3　姜浩哲编. 柴油机燃油喷射系统参数化仿真应用研究. 中国内燃机机学会年会，2002

利用专用数控机床加工汽车油泥模型

王仁广 张伯俊 杨方群 王怀国

中国汽车技术研究中心 天津职业技术师范学院

[摘要] 汽车造型人员利用计算机辅助造型技术（CAS）和逆向工程技术（RE）生成三维数学模型，数控加工人员根据数学模型，加工出相应的油泥模型用于评价与修改。本文通过利用美国TPI公司的TARUS-PCMM数控铣床对汽车油泥模型的具体加工操作，将有关技术加以总结，对产品的数学模型，刀具的选择，加工轨迹的生成等方面进行讨论。

关键词：曲面数学模型 油泥模型 数控加工

1 前言

在现代汽车开发过程中，造型设计人员可以利用计算机辅助造型软件生成三维数学模型，或者利用已有实物通过数据扫描，由逆向工程技术生成数学模型加以改造。虽然现在计算机技术可以仿真显示造型效果，但实际过程中往往要通过真实的物理模型加以验证和修改。在这一过程中利用先进的数控加工技术代替传统的手工操作，可以实现准确高效的产品开发过程。

作者所使用的美国TPI公司的TARUS-PCMM数控铣床，具有数控加工和三坐标测量功能。

2 数控加工对产品三维数学模型的要求

三维表面数学模型是铣削加工油泥模型的基础，汽车外表面是由复杂的三维自由曲面组成，且大多为修剪曲面，因此对产品的三维数学模型的要求较高。通过利用计算机辅助造型和逆向工程软件生成的汽车外表面数学模型，一般应满足以下基本要求：

(1) 要合理利用测量所得到的表面数据，在误差范围内，应该力求反映造型人员的思想。

(2) 模型表面要确定的边界，同一曲面曲率变化要均匀，相邻曲面的曲率变化要平缓。

(3) 对整个汽车车身外表面要合理分块，曲面间有唯一的公共边界，曲面的剪裁合理。

(4) 过渡面的调配自然，使整个模型符合光顺要求。

3 刀具轨迹的生成

加工油泥模型，生成高质量的数控加工刀具轨迹是关键的步骤之一。设置合理的铣削加工参数，确定适宜的加工方式，是生成数控加工文件的前提。

在刀具轨迹生成过程中，我们使用过两种计算机辅助加工（CAM）软件，分别为美国CV公司CADDS5软件CAM模块和TPI公司CAM模块。其中前者CAM模块功能较强，能生成两轴到五轴的加工程序，但参数设置较为复杂，对三维表面数学模型要求严格，且在机床的数据转换过程中存在缺陷。后者为TPI公司的可移动式油泥铣削机床（PCMM）自带的CAM模块，可生成三轴和五轴两种刀具加工程序，且生成的刀具轨迹经检查无误后可直接用于加工。在具体加工过程中，经过实际操作比较后，最后采用了TPI公司CAM模块来生成刀具轨迹。在生成刀具轨迹过程中主要考虑以下几个方面的问题。

(1) 表面的检查

为保证得到无异常刀位点的铣削加工轨迹，需要检查汽车外表面的曲面片的边界是否唯一，曲面间的接合间隙是否小于加工容差，曲面的方向（法向）是否一致等问题。

(2) 走刀方式的选择

由于汽车外表面为自由曲面，相邻曲面间为过渡面连接，且大多数曲面都为修剪面，所以不适合采用等参数法生成刀具轨迹，而采用多曲面等间距连续加工的方法。

(3) 刀具的选择

利用数控机床加工自由曲面选用球头铣刀。在加工过程中采用了直径分别为 20mm、10mm、3mm 三种尺寸的球刀。在粗加工和基体加工中为达到快速去除多余材料的目的，采用了较大直径的球刀；而在精加工中要根据自由表面的曲率半径来选择刀具，具体原则为球刀半径要小于或等于所加工曲面的最小曲率半径，只有这样，加工出来的模型才能真实反映数学模型形状。另外为使加工面光滑均匀，对吃刀深度和走刀速度也要合理确定。

4 汽车外表面油泥模型的具体加工过程

在油泥模型的具体加工过程中，根据油泥的特点，把整个过程分为基体加工、粗加工、精加工三个阶段。

4.1 油泥模型的基体加工

油泥模型的基体加工是指加工粘贴在木制骨架上的泡沫材料。木制框架的外廓尺寸比外表面的数学模型小 100mm 左右，在框架上粘贴泡沫塑料，要求用泡沫把木制骨架的外表全部充满，泡沫与泡沫间及泡沫与木头间都要粘贴牢靠。为保证粘贴效果，在粘贴完后停放 24 小时后才进行加工。由于泡沫本身的形状，粘贴的厚度不可能均匀，可用手锯对其表面进行适当修整，把明显多出部分去掉。

基体加工轨迹分两步进行。第一步设置加工余量为 0mm，第二步设置加工余量为负 30mm。这两步为去除多余泡沫，并为糊油泥留出地方。

有了以上准备后，即可准备进行加工。把骨架用螺栓固定加工支架上，模型尽量摆放水平，其中心线同机床 X 轴基本保持平行，定义加工坐标系，设定刀长，设置基准点，利用机床自身的相关功能生成刀具轨迹进行铣削。

4.2 油泥模型的粗加工

基体加工完后，就可以准备粗加工。这过程包括糊油泥，生成刀具轨迹、具体加工三大部分。

在糊油泥前要把基体上的泡沫碎屑打扫干净，以免影响油泥的粘贴；然后用长度为 60mm 左右的长铁钉扎在泡沫基体表面做厚度参照，使铁钉顶端距泡沫表面为 35mm 左右。接下来在泡沫基体上糊油泥，要注意油泥厚度基本同铁钉顶端持平，涂抹力求均匀，但不要覆盖铁钉，糊完后取出所有铁钉，并修补铁钉孔。

生成加工余量为 5mm 的刀具轨迹。生成刀具轨迹和糊油泥准备完后，就可以进行加工。加工所用坐标系和基准点同基体加工时一致，但更换新的刀具后要重新定义刀长。

4.3 油泥模型的精加工

精加工为达到尺寸精确，必须仔细确定有关加工参数。根据外表面数学模型的曲率半径确定所用刀具大小，在模型加工时根据具体情况采用了Φ10mm 和Φ3mm 两种尺寸的刀具。加工完毕后，造型人员对表面效果较为满意。

5 数据的传递

由于在工作过程中采用 IMAGEWARE 软件生成外表面数学模型，利用 TPI 公司的 PCMM 机床生成加工轨迹，因此两者之间存在着数据的转换与传递问题。利用 IGES 数据交换格式，顺利地实现数据在 IMAGEWARE 软件和 PCMM 机床间的传递。

6 结论

利用国内某厂家提供的汽车外表面数学模型，具体加工出比例为1：1前保险杠和1：5整车油泥模型，效果良好。并通过其它一些项目具体加工操作，初步总结出了利用数控机床加工油泥模型的基本方法和步骤。但在以下几个方面还须进一步工作和探讨：一是油泥的选择，在加工中发现有些油泥不适用铣削加工；二是加工参数的选择要使加工出的表面尽量光整；另外油泥粘贴到泡沫上的方法也有待进一步研究。

参考文献

1 美国TPI公司TARUS–PCMM机床使用操作手册

2 美国TPI公司TARUS–PCMM三轴CNC手册

3 美国TPI公司TARUS–PCMM五轴CNC手册

评价汽车用螺栓的重要参数——使用系数

杨 琪

南京汽车集团有限公司

[摘要] 介绍了评价螺栓的一个重要的参数——使用系数及其计算方法和评判标准。通过螺栓的拧紧试验，分析影响汽车用螺栓使用系数的主要因素，并对提高使用系数的方法进行了探讨。

关键词：螺栓 使用系数

引言

螺栓在汽车上被大量应用，从车轮螺栓、发动机固定螺栓到连杆螺栓、缸盖螺栓，从普通标准件到12.9级的高强度螺栓，各种螺栓在紧固着汽车上各种运动件和承受大应力的联接件。为了保证螺栓的使用性能和质量，各国制定了大量的检验标准。GB3098系列的14个标准就是关于螺栓的国家标准中的一部分。由于影响螺栓拧紧性能的因素太多，即使有如此之多的标准和检查方法，但仍不能完全控制螺栓的质量，无法全面地评价螺栓的品质。为了更全面地评判螺栓并保证其质量和使用性能，国际先进的汽车公司提出了螺栓的使用系数（USE COEFFICIENT）*Ku*。

1 螺栓的拧紧试验

由于螺栓的使用系数与拧紧试验紧密相关，所以在讨论使用系数之前有必要介绍一下螺栓的拧紧试验。

螺栓的拧紧试验原理如图1所示。电机带动拧紧装置（如套筒）拧紧螺纹紧固件，同时利用力传感器、角度传感器和扭矩传感器测出螺纹紧固件的紧固力、转动的角度（转角）、扭矩（螺纹部位的扭矩、头部支承面的扭矩和总扭矩）、摩擦系数（螺纹部位的摩擦系数、头部支承面的摩擦系数和总摩擦系数）。传感器的信号通过A-D转换输入到计算机，计算机用适当的软件处理后打印出紧固力－转角曲线（图2）、扭矩－转角曲线（图3）和紧固力、扭矩及摩擦系数的统计学处理的数据。

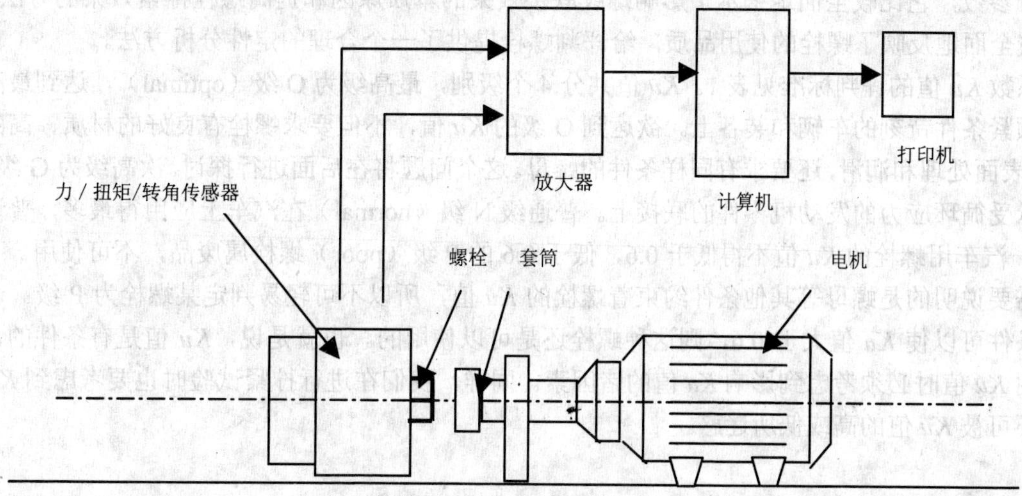

图1 螺栓的拧紧试验原理图

通过拧紧试验，可以得到常规机械性能试验所无法得到的重要信息，其中最大扭转断裂强度就是与高强度螺栓使用系数相关的一个重要参数。其他参数与本文讨论的内容关系不大，故不再赘述。

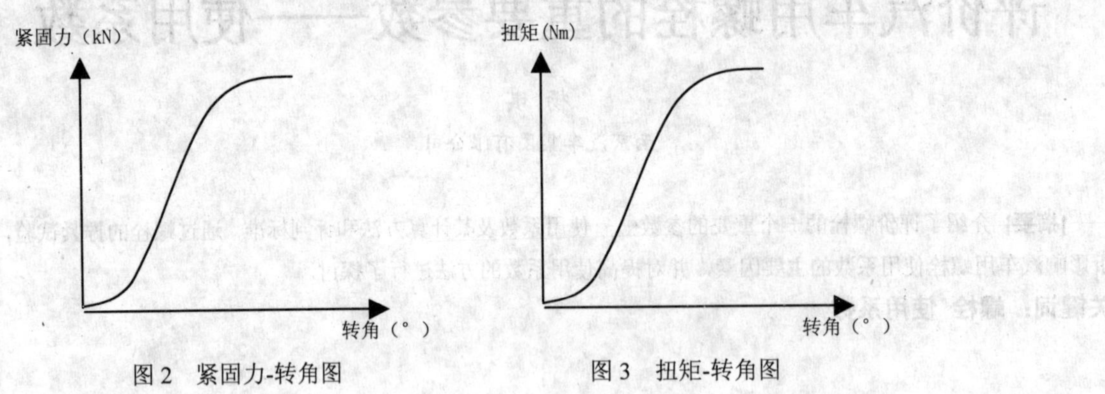

图 2 紧固力-转角图　　图 3 扭矩-转角图

2 螺栓使用系数 *Ku* 的定义

螺栓使用系数 *Ku*（以下简称“*Ku* 值”）的定义是最大扭转断裂力（强度）T_{RA} 与最大拉伸断裂力（强度）T_{RT} 之比：

$$K_u = \frac{T_{RA}}{T_{RT}} \leqslant 1$$

Ku 值反映了螺栓被拧紧时由于扭转应力的影响而造成螺栓拉伸力的减小程度。若 *Ku* 的最大值为 1(即扭转应力几乎为 0），则螺栓提供的预紧力就等于拉伸试验所得到的轴向力。

在几何条件相同的情况下，*Ku* 值主要取决于螺纹和螺母的表面状况（粗糙度、表面处理、润滑等）。但实际上由于材料、加工设备和加工工艺的变化，螺栓和螺母的几何条件也不尽相同，所以 *Ku* 值也要受到这些因素的影响。需要特别说明的是 *Ku* 值与螺栓的强度级别没有直接关系，强度级别高的螺栓 *Ku* 值未必高。反之，强度级别低的螺栓，其 *Ku* 值未必就低。以下将通过试验和统计学分析进一步讨论这个问题。因此，*Ku* 值是反映螺栓的材质、加工精度、表面状况（粗糙度、表面处理、润滑等）和配对螺母等情况的一个综合参数，它比较全面地揭示了影响螺纹联接效果的本质原因和提高螺栓拧紧效果的方法。*Ku* 值的大小比较全面地反映了螺栓的使用品质，给评判螺栓提供了一个合理的定性分析方法。

使用系数 *Ku* 值的评判标准见表 1。*Ku* 值共分 4 个级别，最高级为 O 级（optimal），达到最高级的螺栓可用于预紧条件苛刻的车辆和装备上。欲达到 O 级的 *Ku* 值，不但要求螺栓有良好的材质、高的制造精度、合适的表面处理和润滑，还要求有同样条件的螺母。这个问题将在后面进行探讨。次高级为 G 级(good)，一般用于承受循环应力的发动机零件的联接上。普通级 N 级（normal）在汽车上应用得最多，普通标准件即属 N 级。汽车用螺栓的 *Ku* 值不得低于 0.6，低于 0.6 的 P 级（poor）螺栓属废品，不可使用。

同样需要说明的是螺母等其他条件约束着螺栓的 *Ku* 值，所以不可轻易判定某螺栓为 P 级。若改变螺母或其他条件可以使 *Ku* 值大于 0.6，则这种螺栓还是可以使用的。也就是说，*Ku* 值是有条件的，我们在计算和使用 *Ku* 值时必须考虑到影响 *Ku* 值的诸因素。同样，我们在进行拧紧试验时也要考虑到 *Ku* 值的影响因素，不可被 *Ku* 值的高或低所迷惑。

表1 使用系数 K_u 的评判标准和用途

K_u 值	级别	评价	使用场合
>0.9	O	最好	用于赛车发动机与有竞争力的装备上
0.8~0.9	G	好	连杆螺栓、气缸盖螺栓、主轴承盖螺栓、飞轮螺栓
0.6~0.8	N	一般	螺栓或双头螺栓：进/排气管、油底壳等
<0.6	P	废品	不能使用

3 使用系数 *Ku* 值的测定

使用系数 *Ku* 的测定不很复杂，关键是要有一台拧紧试验机。*Ku* 值的测定程序如下：

⑴ 拧紧试验机上测出最大扭转断裂力 T_{RA}；

⑵ 在做过拧紧试验的螺栓上测出洛氏硬度（HRC）；

⑶ 利用硬度-强度换算表，通过插入法将洛氏硬度值换算成强度值 R_T;

⑷ 在有关螺栓标准上查出螺栓的有效截面积 *S*;

⑸ 用螺栓的有效截面积 *S* 乘以 R_T，即可得出螺栓的最大拉伸断裂力 T_{RT}；

⑹ 用最大拉伸断裂力 T_{RT} 去除最大扭转断裂力 T_{RA}。

以一个 M10×1.25 的气缸盖螺栓为例说明使用系数 Ku 值的测定：

⑴ 在拧紧试验机上测出该螺栓得最大扭转断裂力 T_{RA} 为 83.11kN;

⑵ 在洛氏硬度计上测得该螺栓的洛氏硬度值为 34.7HRC;

⑶ 从有关标准的硬度-强度对照表上查得 34.3HRC 对应的强度值为 1099MPa，35.5 HRC 对应的强度值为 1138MPa。利用插入法算出 34.7HRC 对应的强度值是 1112MPa;

⑷ 在有关螺栓标准上查出 M10×1.25 螺栓的有效截面积 S=84.3mm^2;

⑸ 1112×84.3=93.74kN;

⑹ $Ku=T_{RA}/T_{RT}$ =83.11/93.74=0.8866。

一般一次试验应在 20 个螺栓上进行 *Ku* 值的测定，然后对这 20 个 *Ku* 值进行统计学处理，计算出均值 μ_{Ku} 和标准差 σ，从而得出这批螺栓的 *Ku* 值范围：$\mu_{Ku}\pm3\sigma$。利用 Excel 可以十分方便地进行以上数据处理。

4 螺栓强度级别与 *Ku* 值的关系

一般说来螺栓的强度级别与 *Ku* 值无关，即强度级别高的螺栓 *Ku* 值未必高。反之，强度级别低的螺栓，其 Ku 值未必就低。表 2 是实测 10.9 级螺栓和 12.9 级螺栓的 *Ku* 值（20 个螺栓的平均值）。表 2 表明 12.9 级的螺栓既有 O 级的（连杆螺栓、主轴承盖螺栓），也有 G 级的（曲轴皮带轮螺栓、气缸盖螺栓）。虽然主轴承盖螺栓的强度级别为 10.9 级，但由于螺栓制造精度、表面状况和配合的螺母等条件不一样，其使用系数较高，达到了 O 级标准。由此可见，螺栓的强度级别并不直接影响使用系数。

从理论上讲，在最大扭转断裂力 T_{RA} 一定的情况下使用系数 Ku 与最大拉伸断裂力 T_{RT} 成反比；在最大拉伸断裂力 T_{RT} 一定的情况下，使用系数 Ku 与最大扭转断裂力 T_{RA} 成正比。

表2 不同强度级别螺栓的使用系数

品 种	强度级别	使用系数 *Ku*
连杆螺栓	12.9	0.9333
曲轴皮带轮螺栓	12.9	0.8727
气缸盖螺栓	10.9	0.8935
主轴承盖螺栓	10.9	0.9291

但实际上即使其他条件完全相同，T_{RT}和T_{RA}会互相制约，最终导致 Ku 与T_{RT}、T_{RA}之间的不确定关系。以下是几何条件完全相同的两个供应商提供的 12.9 级螺栓，在完全相同试验条件下测定使用系数后进行的相关性分析结果。

表 3　Ku 与T_{RT}、T_{RA}相关性分析

CJ 螺栓相关系数				GR 螺栓相关系数			
	T_{RT}	Ku	T_{RA}		T_{RT}	Ku	T_{RA}
T_{RT}	1			T_{RT}	1		
Ku	-0.594665	1		Ku	0.6239998	1	
T_{RA}	-0.05725	0.8154447	1	T_{RA}	0.8635997	0.9295757	1

从上面两种螺栓最大拉伸断裂力T_{RT}、使用系数 Ku、最大扭转断裂力T_{RA}的相关性分析可看出 Ku 可能与T_{RT}呈负相关（CJ 螺栓），也可能与T_{RT}呈正相关（GR 螺栓）。但 Ku 一般与T_{RA}呈正相关，只是相关的程度有所不同。

5　螺栓制造水平和表面处理状况对使用系数的影响

前面已提及“在几何条件相同的情况下，Ku 值主要取决于螺纹和螺母的表面状况”，由于客观存在的原因，螺栓的几何条件不可能完全相同。即使用同一设备生产的螺栓，由于搓丝模的磨损等因素的影响，同样规格螺栓的几何条件也会发生变化，更不要说由不同设备生产的同样规格的螺栓了。所以，螺栓的几何条件与表面状况一样对螺栓的使用系数有着不可忽视的影响。例如，同为 M8×1.25 的 12.9 级高强度螺栓，由两家供应商供货，供货技术条件相同，用相同的螺母，在相同的试验机和相同的试验条件下进行使用系数 Ku 值的测定，所得结果相差一级（表 4）。

表 4　两家供应商供货的螺栓使用系数

试验号 \ 供应商	G.R	C.J
1	0.888285	0.925524
2	0.899471	0.919405
3	0.870442	0.921645
4	0.852895	0.93349
5	0.872038	0.953397
6	0.883631	0.945498
7	0.893716	0.923196
8	0.901738	0.915493
9	0.898371	0.958199
10	0.866923	0.936809
均值 μ_{Ku}	0.882751	0.933266
标准差 σ	0.016478	0.014883

由此可见，制造水平对螺栓的使用系数有较大的影响。而这种影响在现行螺栓标准所规定的检查方法中无法体现出来。从这里也可看出使用系数有其独到的一面，正确地掌握使用系数便于控制螺栓的质量和保证使用的可靠性。

表面处理状况对使用系数的影响主要包括螺纹和头部支承面的粗糙度、螺纹表面处理和润滑条件等几方面。而这几方面的影响又不是孤立的，但它们的综合影响却可以从摩擦系数上表现出来。下面是使用系数与摩擦系数的相关性分析结果。

表 5　使用系数与摩擦系数的相关系数

	使用系数	总摩擦系数	螺纹摩擦系数
使用系数	1		
总摩擦系数	-0.489247083	1	
螺纹摩擦系数	-0.577251852	0.0532315	1

注：试验子样数为 30。

使用系数与摩擦系数的相关性分析表明：螺栓的总摩擦系数和螺纹部分摩擦系数与使用系数呈负相关，而且螺纹部分摩擦系数的影响要略强于总摩擦系数的影响。也就是说，螺栓螺纹部分的摩擦系数越小，螺栓的使用系数越大。当然，螺纹部分的摩擦系数过小对预紧力不利。适度控制螺纹部分的摩擦系数以兼顾使用系数和预紧力是十分重要的。

润滑条件对使用系数的影响似乎比较复杂，我们用经过润滑和未经润滑的两种螺栓进行使用系数的测定，结果表明润滑条件对使用系数的影响不很明显（表 6）。可能存在其他干扰因素，还需进行更进一步的研究。

表 6　润滑条件对螺栓使用系数的影响

供应商	无润滑	润滑
G.R	0. 882751	0. 891943
C.J	0. 933266	0. 939339

6　螺母对使用系数的影响

螺母是螺栓的配对件，由螺栓决定的影响使用系数的各种因素，对螺母也一样。换言之，螺母也和螺栓一样，直接影响着拧紧效果（表 7）。

表 7　螺母对使用系数的影响

供应商	SP 螺母	CH 螺母
G.R	0.950648	0.882751
C.J	0.959709	0.933266

从表 7 可以看出，无论是 G.R 生产的螺栓，还是 C.J 生产的螺栓，用 SP 螺母总比用 CH 螺母的使用系数高。用 SP 螺母的预紧力也比用 CH 螺母的预紧力大（表 8）。显然，用 SP 螺母的预紧效果要优于 CH 螺母。

表 8　不同螺母的预紧效果

供应商	SP 螺母	CH 螺母
G.R	33.03 kN	28.87kN
C.J	32.25 kN	28.6 kN

7 提高螺栓使用系数的方法

通过对影响螺栓使用系数因素的分析，不难找出提高螺栓使用系数的方法：在不影响预紧力的前提下减小螺栓的摩擦系数，特别是螺纹部分的摩擦系数；使用适当的表面处理；提高螺栓的制造精度；使用与螺栓相配的螺母。

8 结束语

综合以上分析我们可知：

(1) 使用系数 *Ku* 比较全面地反映了螺栓的使用品质，给评判螺栓提供了一个合理的定性分析方法。

(2) 螺栓使用系数 *Ku* 的定义是最大扭转断裂力（强度）与最大拉伸断裂力（强度）之比；*Ku* 反映了螺栓被拧紧时由于扭转应力的影响而造成螺栓拉伸力的减小程度；在几何条件相同的情况下，*Ku* 值主要取决于螺纹和螺母的表面状况（粗糙度、表面处理、润滑等）。

(3) 一般说来螺栓的强度级别与 *Ku* 值无关；*Ku* 可能与 T_{RT} 呈负相关，也可能与 T_{RT} 呈正相关。但 *Ku* 一般与 T_{RA} 呈正相关，只是相关的程度有所不同。

(4) 螺栓的总摩擦系数和螺纹部分摩擦系数与使用系数呈负相关，而且螺纹部分摩擦系数的影响要略强于总摩擦系数的影响。但螺纹部分的摩擦系数过小对预紧力不利。

(5) 润滑条件对使用系数的影响似乎比较复杂，还需进行更进一步的研究。

(6) 螺母的状况对使用系数有着不可忽视的影响。

(7) 提高螺栓使用系数的方法：在不影响预紧力的前提下减小螺栓的摩擦系数，特别是螺纹部分的摩擦系数；使用适当的表面处理；提高螺栓的制造精度；使用与螺栓相配的螺母。

重型商用车车架纵梁的柔性化制造技术研究

何宝杰
东风汽车公司载重车公司

[摘要] 本文介绍东风汽车公司载重车公司在重型商用车车架制造的发展规划和实施过程中，针对现行传统制造工艺存在的问题，对车架纵梁采用柔性化制造技术的研究结果。

关键词：车架 纵梁 柔性 制造

Study on the Flexibly Manufacturing Technology of the Side Rail of Heavy Truck Chassis

He Baojie
DongFeng Motor Corporation Limited

[Abstract] Aiming at the exist problems of traditional manufacture process for side rail of heavy truck chassis of DFL, this thesis introduces the process of development and practice, and study results using the flexible manufacturing technology.

Key words: chassis side rail flexible manufacture

注：本文全文刊登在2003年《汽车工程》（增刊）上。

车辆回收与再生技术

冉振亚　赵树恩　李玉玲
重庆大学　陕西理工学院

[摘要] 在分析废旧汽车零部件回收再生方案及其回收经济性的基础上，讨论了汽车回收再生的技术方法和策略；并提出了汽车面向回收再生设计及面向可拆卸性设计的基本原则，建立了可拆卸性设计系统模型；指出面向回收再生设计及面向可拆卸性设计是节约资源、降低成本、实现汽车产品绿色化设计及创建汽车工业可持续发展模式的有效手段之一。

关键词：回收再生设计 可拆卸性设计 拆卸规划 拆卸评价

The Technique of Recycling and Regeneration on Vehicle

Ran Zhenya, Zhao Shuen, Li Yuling
Chongqing University, Shanxi Institute of Technology

[Abstract] Based on analyzing the method and economic of regeneration of the parts on used product, the technology and strategy of automotive recycling are discussed and brought forward the principle of DFR (design for recycling) and DFD (design for disassembly). Then, the composition models of the DFD system are established. At last, it is pointed out that DFR & DFD is one effective means of saving resources、reducing costs 、gaining green automotive and implementing the sustainable development of automobile industry.

Key words: design for recycling design for disassembly disassembly sequence planning evaluation of disassembly

1 前言

随着经济的迅猛发展及人类物质生活需求的日益增长，世界范围内的资源短缺、环境污染等问题也正在不断地威胁着人类的生存环境。特别是近年来汽车工业的蓬勃发展，致使汽车的社会保有量急剧上升，与此同时，废旧汽车的数量也在同步增长，报废汽车留下的难以处理的垃圾对环境的严重污染，正逐渐为人类所共识。因此，如何使汽车制造业尽可能地提高报废车辆的再利用率及降低废弃物对环境的污染是当前设计研究的一个重要问题，也是汽车工业所面临的重要课题。

2 废旧汽车回收再生技术现状

进入20世纪90年代以来，世界汽车生产每年保持在5000万辆左右，我国1999年汽车生产量为180.5万辆，2002年达到325万辆,全世界汽车按普通轿车材料构成比和材料利用率70%计算，每年消耗的钢铁、有色金属、塑料、橡胶、玻璃等材料的数量令人震惊。同时，随着汽车产量和保有量的不断增加，平均每年的废旧汽车数量也在急剧增长，世界上废旧汽车每年产生的废渣约为550万吨，这些废渣的处理不仅带来了巨额的经济支出，而且大量废弃物的积存对生态环境也造成了严重污染。因此，废旧汽车的回收再生技术将以其节约资源、降低成本，减少废弃物生成、保护环境的双重优势而受到当代汽车设计研究及制造业的关注。

目前世界各国都已开始关注废旧汽车的处理和材料回收利用。特别是在德国、英国、美国、日本等经济发达国家和汽车保有量大国，都在报废车辆和废品的再利用方面制定了完善的制度，并且在汽车的报废标准、程序、方法和鼓励政策措施等方面不断的完善和提高。特别是日本政府已于 1991 年制定了“再生利用促进法”，亦即义务实施回收法规，日本汽车工业协会从 1997 年也开始推进“废旧汽车再生利用起动工程”，并提出了废旧汽车材料回收利用的具体目标。我国政府也已经把“以汽车为对象，提供可回收、可拆卸成套技术，并与企业结合，建立示范点”作为“十五”目标及主要研究内容之一。因此，有效的利用现有资源，充分利用资源再生，减少汽车废弃物，创建汽车工业可持续发展模式，将是 21 世纪汽车工业的永恒主题。

3 废旧汽车零部件回收的经济性分析

3.1 汽车零部件回收再生的形式

回收是指将废车中的可用零部件及材料按其性质进行分类，以实现零部件重用或材料循环；再生是指在新的产品中利用使用过的或废弃的零部件和材料。汽车零部件的回收通常包括：a) 直接使用；b) 维修后再用；c) 再制造等三种形式。依照零部件在产品生命周期内的循环过程，可以建立如图 1 所示的面向产品生命周期的回收再生模型。

3.2 回收效益与回收效率

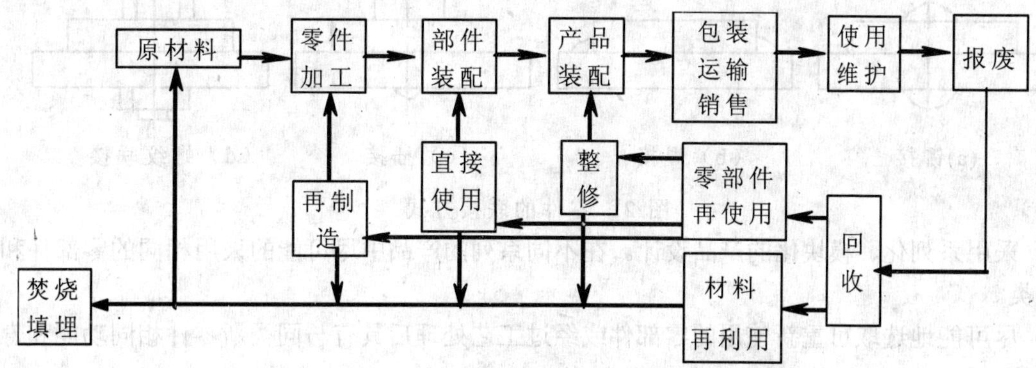

图 1 面向产品生命周期的回收再生模式

产品回收效益是指回收产品的总价值扣除拆卸成本后所得到的效益，即

$$V_{total} = V_r - C_d = V_{re} + V_{rs} + V_m - C_i - C_l - C_d$$

$$= \sum_{r=}^{n} P_r U_r + \sum_{m=1}^{n} P_m V_m - \sum_{i=1}^{n} P_i W_i - \sum_{l=1}^{n} P_l W_l - \sum_{d=1}^{n} T_d P_d$$

式中，V_{total}为拆卸回收的总利润；V_r为回收效益；C_d为拆卸成本；V_{re}为重用零件的回收效益；V_{rs}为重用部件的回收效益；V_m为材料的回收效益；C_i为焚烧处置的成本；C_l为填埋处置的成本；$\sum_{r=1}^{n} P_r U_r$ 为重用零部件回收效益的总和；$\sum_{m=1}^{n} P_m V_m$ 为焚烧处置的总费用；$\sum_{i=1}^{n} P_i W_i$ 为填埋处置的总费用；$\sum_{l=1}^{n} P_l W_l$ 为材料回收效益的总和；$\sum_{d=1}^{n} T_d P_d$ 为拆卸操作的总成本。

产品的回收效率是指零部件的净回收效益与其本身所具有的回收总效益之比，即

$$I=(V_r - C_d - C_i - C_l)/ V_r$$

式中，V_r为零部件的回收价值；C_d为拆卸成本；C_i为焚烧处置的成本；C_l为填埋处置的成本。由此可见，废旧产品的回收效率与产品的回收价值、拆卸难易程度有关。

4 面向回收再生的汽车设计策略和方法

报废车辆的回收再利用，不是报废后才需要解决的课题。而应在汽车设计时就应该制定相应的标准来规范产品的回收利用率、重金属含量计算(如铅、锡、锌、铜、等)以及回收利用时能够采取的回收办法和手段等。国际上提出了3R (Reduce、Reuse、Recycle)的概念和观点，来全面考虑汽车废品再利用的标准化研究，从“设计到回收”的理念已在发达国家的汽车产品研究领域和制造业中得到了贯彻和加强。

4.1 面向再生的设计方法（Design For Recycling, DFR）

车辆的回收再利用包括零部件的再使用和材料的再利用，因此在设计阶段应主要从这两个方面来考虑设计的策略问题。其主要目的是为了使构成产品的零部件和材料能够并且方便的被再使用，因此必须遵循以下原则：

（1）固定方法的标准化，提高拆解效率。图 2 为两个零件分别采用铆接、焊接、插接和螺纹联接等联接方式。从整体性来看，铆接和焊接较好；但就处理技术而言，焊接或铆接成组合件势必会造成回收困难，因此车体采取扣件插接或螺纹联接代替其它传统的接合方法，会提高组件的拆解容易度。

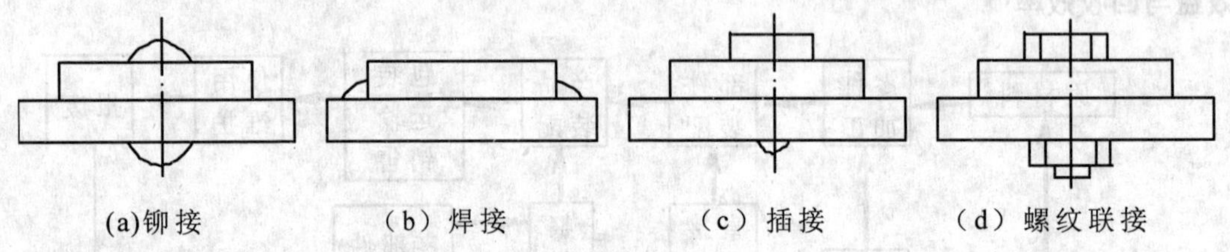

(a)铆接　（b）焊接　（c）插接　（d）螺纹联接

图 2　零件的联接方式

（2）采用系列化、模块化的产品设计。在不同系列的产品中尽可能的采用相同的零部件和标准件，以便于分类。

（3）尽可能地选取可重新使用的零部件或经过工艺处理后具有与同类新零件相同功能和寿命的零部件。

（4）考虑零件的异化再使用方法，在全社会范围内寻找其再使用的途径，充分利用回收的零部件。

（5）物质使用最小化。遵循“最少就是最好”的原则，在保证总功能的前提下，设计时应以使用物质最少作为目标来完成。

（6）材料种类最少化。设计适应尽可能的减少使用材料的种类，以便提高分类效率和回收率并降低材料的购买价格。

（7）选择理想材料。在不影响功能的前提下，尽可能使用可再循环利用材料、生物材料及回收再生材料，促使整个社会形成一个有效使用资源的良性循环。

（8）　分考虑材料的兼容性，即便这些材料构成零部件无法拆卸，也可一起被再生利用。

4.2 面向拆卸的设计方法(Design For Disassembly, DFD)

面向拆卸的设计是绿色设计的主要内容之一，要求在产品设计的初始阶段就将可拆卸性作为结构设计的目标之一。拆卸回收的目的是为了使零部件材料得到最大限度的回收再利用，使最终产生的废弃物数量为最小，以节约资源、保护环境，同时使企业获得最大利润。在零部件回收时必须遵循回收价值原则，即：当零件回收价值加上该零件不回收而进行其它处理所需的费用大于拆卸费用，则回收该零件；当零件回收价值小于拆卸费用，而两者之差又小于该零件的处理费用，则回收零件；反之，若两者之差大于该零件的处理费用，则不回收该零件。

可拆卸性设计系统是指对产品的设计进行拆卸分析、计算拆卸方向、生成拆卸序列并给出拆卸评价及设计建议的软件系统。可拆卸性设计系统有以下四个模块组成，图3所示为基于几何推理的拆卸性设计构成及流程框图。

(1) 产品模型的建立及信息的输入。随着CAx的集成化发展及DFx技术日臻成熟，在产品的设计、制造、装配、试验、销售、使用、维护、报废、回收的全生命周期内,应建立一个统一的产品模型，无需各个系统间再进行信息模型的转换。但在当前研究中，基于统一的产品模型研究还不完善，所建立的模型往往只针对某种领域。因此，可拆卸性设计系统不能直接采用CAD系统模型，必须进行再加工，建立针对可拆卸性设计的内部模型。它包括：零部件的分类、零部件的结构信息、材料及工作环境信息、相邻零部件的关系等信息，这些信息通常可通过从CAD系统读取数据交换文件或者通过用户交互式输入获得。

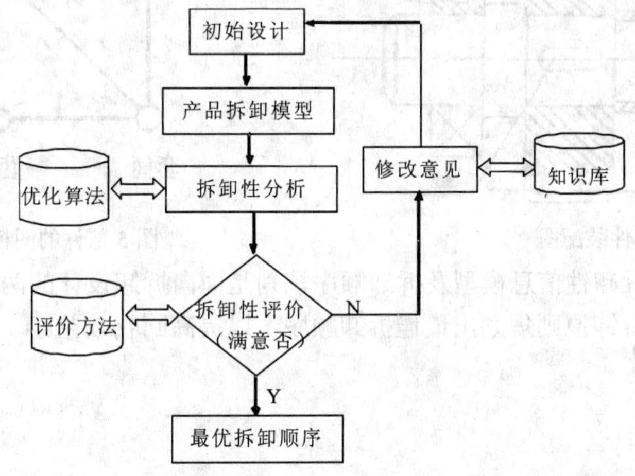

图3 可拆卸性设计系统构成及流程框图

（2）拆卸顺序规划（DSP, Disassembly Sequence Planning）。DSP是从产品的拆卸角度出发，优化产品的拆卸序列并对被拆的零部件生成拆卸方向，并用AND/OR树表示出来。AND/OR树的树根表示产品或部件，它由多个OR子孙构成。每个OR子孙可以表示为产品或部件的一个分解,并以节点表示，每个节点中包含该零件的所有信息，它们之间的连线表示相邻零件的联接关系。这样对同一部件可能会产生多种可行的拆卸顺序及路径，则需要依据拆卸原则从中优化出较快、较简单的方案作为拆卸的最优方向，从而缩短拆卸时间、降低拆卸成本、提高拆卸回收效率和回收效益。

（3）拆卸评价。拆卸评价主要包括拆卸成本及拆卸时间的计算。零件的拆卸性评价指标为[5]

$$d_t = (1 + \sum_{i=1}^{5} SW_i) \times sd_t$$

$$d_e = d_t \times c_l + c_{e2}$$

式中，d_t为拆卸时间；d_e为拆卸成本；c_l为单位时间劳动力成本；c_{e2}为所需工夹具的使用成本；SW_i为拆卸时间的影响系数；sd_t为标准拆卸时间；SW_1为重量的影响系数；SW_2为体积的影响系数；SW_3为材料脆性的影响系数；SW_4为零件刚柔性的影响系数；SW_5为拆卸阻力的影响系数。

（4）建立完善的知识库。通过对大量的连接结构进行分析，建立较完善的知识库，以便对产品中存在的不合理结构提出修正建议。

4.3 实例分析

图4所示为省略了部分零件的变速器中间轴的装配图，它由轴、轴承A、套筒、齿轮、轴承B、键等6个零件组成。假定要对轴进行回收，则可对其进行如下拆卸性设计。

首先，在可拆卸性设计系统中，运用“AND/OR” 树表达方法，对该部件进行拆卸性信息建模，可以建立如图5所示的无方向网络图。图5中的节点分别包含了相应零件的名称、类型、材料特征、形状特征及尺寸参数等信息，连线反映了这些零件之间的装配关系，它存储有装配关系的名称、类型、配合方向、装配参数等装配信息。

然后，确定其最优拆卸顺序。对于轴的拆卸而言，首先需确定从哪个零件开始拆卸。由图4可以看出，拆卸轴既可以从轴承A开始，也可以从轴承B入手。显然采用后者无需拆卸轴承A和套筒就可以得到要回收的轴，其拆卸路径最短，故在回收拆卸时应优先考虑。接着进行拆卸评价以决定最优方案，最后将有关信息反馈给初始设计。

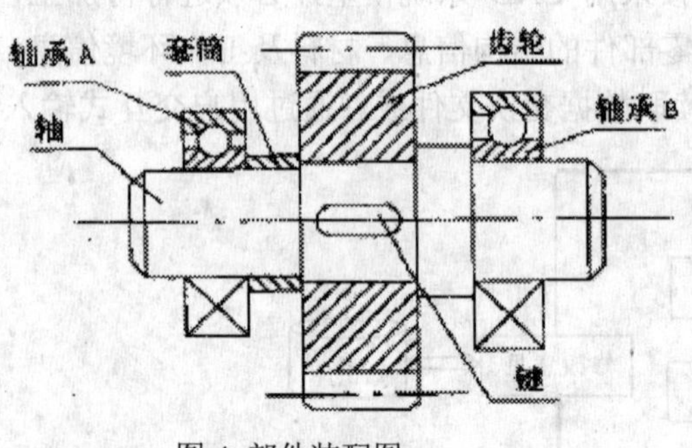

图4 部件装配图

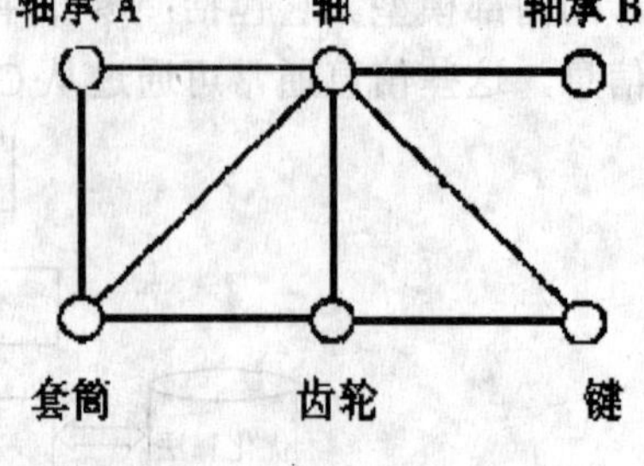

图5 部件的图模型

此简单例子说明，建立拆卸性信息模型及拆卸顺序规划是面向拆卸设计的两个关键技术；零部件的拆卸方案可能不止一种，应按拆卸原则规划出最佳拆卸顺序，以提高回收效益。

5 结论

(1) DFR/DFD是实现汽车绿色化设计的重要手段之一，也是汽车产品面向全生命周期设计的重要组成部分，在未来的汽车产品设计中必将进行DFR/DFD设计。

(2) 面向产品回收再生及可拆卸性设计并不是产品装配设计的简单可逆过程，应逐步建立适应于CAD/CAPP/CAM及DFD/DFR的统一信息模型，并使其能自动生成零部件的装配、拆卸等最优顺序，以利于产品并行化、集成化和面向生命周期的设计。

参考文献

1 邹家祥主编. 现代机械设计理论与方法. 北京:科学出版社, 1990

2 陈璐，蒋丹东，蔡建国. 可拆卸性设计中的面向对象建模技术研究. 中国机械工程,2000,9(9):987~991

3 徐顺利，薛学进，李鸣鸣. 面向装配及拆卸的产品设计. 中国机械工程, 2000, 9(9):1020~1021

4 蒋丹东，刘光复. 可拆卸性设计的系统构成. 合肥工业大学学报（自然科学版）1999,8(4):12~16

5 胡迪青，胡军军，胡于进等. 支持面向装配和面向拆卸设计的CAD系统. 中国机械工程,2000,9(9):1001~1006

6 刘志峰，林巨广，刘光复等. 废旧产品回收工艺流程评价决策支持系统研究开发. 中国机械工程,2002,10(20):1773~1776

7 倪俊芳，杨晓东，蔡建国. 面向经济回收的产品设计. 机械科学与技术, 1997,11(6):1009~1012

8 黄天泽. 世界汽车工业发展动向. 湖南大学学报, 1997,10(5):43~49.

9 刘志峰，刘光复. 产品的可拆卸性及其设计方法. 机械设计与研究, 1997(1):7~12

10 孟明辰，韩向利. 并行设计. 北京:机械工业出版社,1999

11 Hong C Zhang ,T sai C Kuo. A Graph-based Approach to Disassembly Model for End-of-life Product Recycling. IEEE/CPMT International Electronics Manufacturing Technology Symposium,1996:247~254

12 Woo T C, Dutta D. Automatic Disassembly and Total Ordering in Three Dimensions. Journal of Engineering for Industry, 1991,113:207~213

13 Harjula T, Rapoza B, Knight W A et al. Design for Disassembly and the Environment. Annals of the CIRP, 1996, 45(1): 109~114

汽车发动机 V 型皮带轮的旋压工艺

韩英淳　金秉实　辛　华　张丽萍

吉林大学轿车车型开发中心

[摘要] 为了提高产品质量，节省材料和提高生产率，采用劈开式旋压工艺将拉深的毛坯旋压成汽车发动机用 V 型或多楔式皮带轮。所研制的旋压式皮带轮的产品质量及技术性能达到了国际同类产品的水平。

关键词：汽车发动机　V 型皮带轮　旋压

The Spinning Technology of V-Belt Pulley for Automotive Driver

Han Yingchun, Jin Bingshi, Xin Hua, Zhang Lipeng

Jilin University

[Abstract] In order to increase the product quality and productivity, save the material, were used splitting method of spinning technology and has spinning the drawpiece to the V-profile or multiple belt pulley for automotive driver. The product quality and technical fuctions come to intenational standards of same kind.

Key words: automotive driver　V-profile belt pulley　spinning

1　引言

皮带轮是一种重要的机械传动零件，它广泛应用于汽车、农机及轻纺工业的各种机械设备的传动中。皮带轮的传统制造工艺是采用铸造工艺制成毛坯，再经切削加工制成，传统制造工艺的缺点是严重浪费材料、生产率低、产品精度低，所生产的皮带轮产品因精度低，需要进行平衡处理。为了克服传统工艺的缺点并实现皮带轮的轻量化，近 30 年来世界各国均致力于用板料液压涨形[1]或旋压成形板料皮带轮的研究开发[2]、[3]。其中具有代表意义的是德国莱菲尔德公司（LEIFELD）研制的劈开式旋压皮带轮工艺及专用皮带轮旋压机，采用此工艺与设备生产的皮带轮迅速应用于汽车发动机上，并带动了各国在该领域的研究与应用。在我国北京航空航天部工艺研究所最早开始该方面的研究工作，并于 15 年前在河北省景县合作建立了国内第一条旋压 V 型皮带轮生产线[4]，采用引进德国专用旋压机和旋压技术，产品为上海桑塔纳、北京切诺基、天津夏利等车型配套。为了适应中国第一汽车集团公司轿车产品发展的需要，实现就地就近配套，我们在一汽集团和长春市有关部门的支持下，于 1998 年开始汽车发动机 V 型皮带轮旋压工艺的研究，至 2000 年末研制出合格产品，产品通过国家汽车质量监督检验中心检测合格后，进行批量试装，并被一汽集团确认为配套产品。

2　V 型皮带轮的旋压成形工艺

2.1　V 型皮带轮旋压工艺原理

如图 1 所示，将拉深成盂并带有中心孔的皮带轮毛坯 3 放进专用旋压机的芯模工件上装夹后，芯模连同毛坯随旋压机主轴旋转，之后具有硬质尖角的旋轮 1 对毛坯的矩形截面的边缘作逐渐径向进给劈入，于是将其边缘面劈开呈“Y”字形两部分。依次有序连续进给，被旋金属产生连续局部塑性变形，便可得到皮带轮轮槽的截面形状。

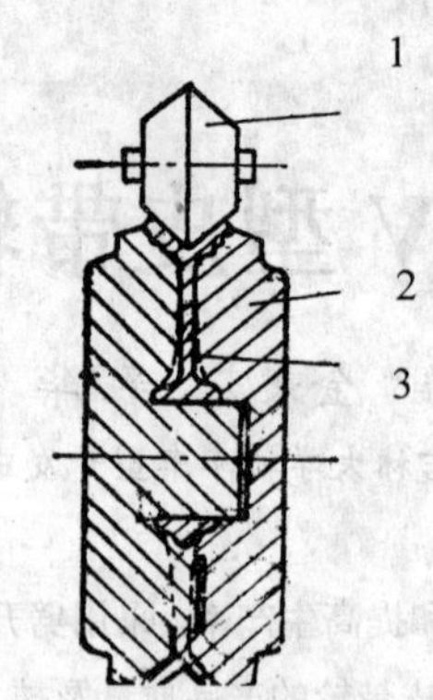

1—旋轮 2—芯模 3—工件

图1 V型皮带轮的劈入旋压成形原理

2.2 V型皮带轮的分类及其旋压成形过程

根据V型皮带轮的结构和旋压变形特点，可分为三大类：折叠式皮带轮（图2a）、多楔式皮带轮（图2b）、剖分式皮带轮（图2c）。

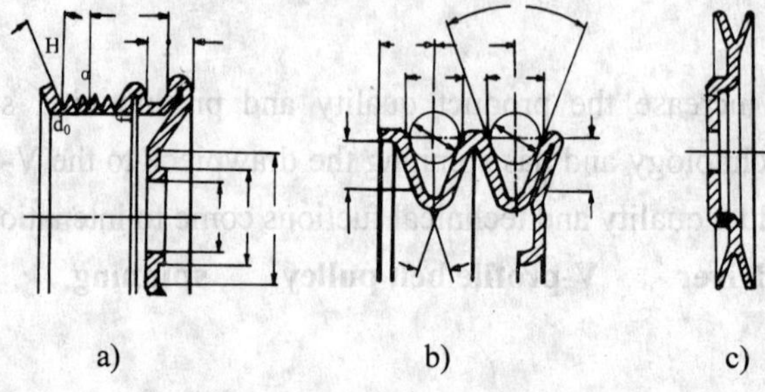

a) b) c)

图2 V型皮带轮的分类

由于折叠式皮带轮的变形特点是改变毛坯截面沿轴向的形状，而板料厚度基本不减薄。因此，为了控制皮带轮V型槽底部不减薄，在旋压过程中要采用逐步过渡的旋压工艺过程。而且要先预旋成形后精旋成形两步成形，并同时要对毛坯轴向加压以补充材料并产生折叠。

多楔式皮带轮的成形是首先用预旋旋轮对毛坯径向加载进给，使毛坯在厚度方向上产生预定的局部增厚，然后再用精旋旋轮精旋，于是增厚后形成多V型楔式皮带轮。

剖分式皮带轮的成形是先用尖劈旋轮对准毛坯厚度矩形截面的1/2处做径向进给，在厚度方向上劈成一分为二。之后用成型旋轮旋压成V型槽。

2.3 旋压设备与工艺装备

2.3.1 旋压设备

选用国产立式皮带轮专用旋压机作为主机设备，旋压机的主要技术指标见表1，我们在生产线上采用2台45t三工位旋压机，一台20t二工位旋压机，并匹配了液压机、冲床、剪板机电泳涂装线等通用设备。

表1 专用旋压机的主要技术参数

指标 \ 机型	V45型	V20型
主缸压力（kN）	450	200
旋轮进给力（kN）	125	90
旋轮工位	3	2
主轴功率（kW）	18.5	11
液压功率（KW）	15	11

表2 加工制品的范围

带轮型式＼加工范围		带轮成型最小直径(mm)	带轮成型最大直径(mm)	最大板厚(mm)
折叠式V带轮	单槽	65 (65)	400 (250)	3 (2.5)
	双槽 三槽	130 (130)	250 (200)	2.5 (2)
多楔式皮带轮		65 (65)	250	2.5~3
膀开式皮带轮		65 (65)	200 (160)	3~5 (3~4)

2.3.2 旋压工艺装备

(1) 整形与整修模具

为保证产品质量和定位精度，对拉深毛坯需进行整形以使同轴度和平面度提高。另外应对被旋压毛坯的外缘进行整修，保证表面平整。整形模与整修模设计参照文献[5]。

(2) 旋轮与芯模

旋轮是使旋压工艺取得良好效果的关键因素之一。皮带轮的外径尺寸、轮槽形状及表面粗糙度都靠旋轮来保证。在工作时，旋轮与毛坯局部接触，承受着巨大的接触压力、剧烈的摩擦和较高的工作温度。因此，工作条件要求旋轮的材质应具有足够高的强度、硬度、强韧性和耐磨性。我们采用 Cr12MoV 高铬工具钢制造旋轮，同时采用较严格的热处理工艺，淬火前进行正火消除应力，淬火硬度为57~59HRC。

要根据产品图纸对皮带轮槽型及槽角的要求设计旋轮的形状尺寸，根据旋压设备对旋轮最大和最小尺寸的要求来确定旋轮的直径。为了增加旋轮的使用寿命，其工作表面要进行抛光使其表面粗糙度达到0.4 μm。

芯模是旋压过程中不可缺少的工艺装备。旋压时芯模的外表面与皮带轮的内表面接触，一方面起支承定位作用，另一方面其工作表面还要承受相当大的局部作用力及材料变形流动而引起的剧烈摩擦。因此，对芯模的要求是兼顾强度、刚度及强韧性。实际中我们采用的是用 20CrMnTi 钢制造芯模，表面淬火硬度为 45HRC。

为了实现自动卸模并提高生产率，我们设计了偏心支撑轮结构的组合芯模，其工作原理是：利用旋压机下顶出的不旋转，用一偏心轴承体通过长螺栓与之固定，又通过一圈滚柱把偏心固定在偏心轴承体上。这样便达到偏心轮既能自转又中心固定的目的。经过反复试验，实现了旋压皮带轮的自动卸件。

2.4 生产工艺流程

V型皮带轮旋压生产线的工艺流程及各工序的制品如图3所示。

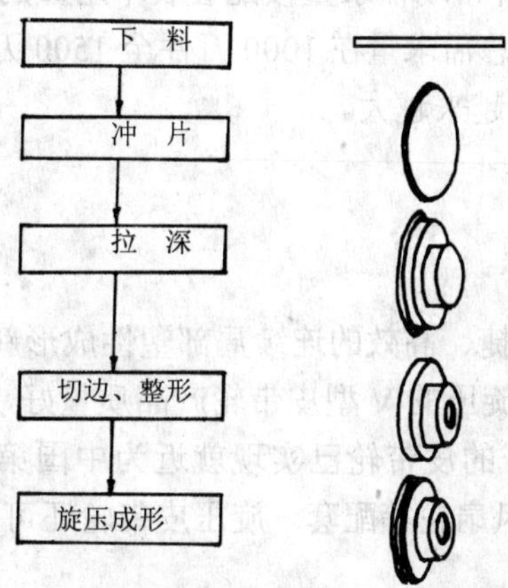

图3 V型皮带轮旋压线工艺流程及各工序制品

3 产品技术性能指标与经济效益分析

3.1 产品主要技术性能指标与国内外同类产品的对比

我们所旋压的V型皮带轮产品经国家汽车质量监督检验中心（长春汽车研究所）按照中国第一汽车集团公司的企业标准Q/CACB1000－3－1996,进行了样品检查与480小时的台架试验。经检查尺寸合格，经过480小时可靠性试验未见异常。检验结论是：产品合格。

我们研制与生产的V型旋压皮带轮的主要技术性能指标同国内外同类产品对比情况见表3。

表3 产品的主要技术性能指标

厂家 项目及指标	标准要求(图纸要求)	我公司产品	临海东星机械公司	德国
斜向圆跳动(mm)	≤0.35	0.2～0.3	0.25～0.35	0.2～0.3
轮槽表面粗糙度(μm)	≤3.2	1.6	3.2	1.6
最大静不平衡量(g.cm)	≤15	6.8～7.8	9～10	7
轮槽中心线与带轮轴线夹角	90° ±30′	合格	合格	合格
表面防锈处理	防锈保护(涂漆、镀锌、磷化)	阴极电泳漆	喷塑	电泳涂漆

3.2 经济效益分析及国内市场需求量分析

采用板料旋压V型皮带轮具有显著的经济效益：

（1）材料利用率较高，较传统工艺材料利用率提高15%~30%。

（2）产品重量轻，较切削加工的皮带轮轻30%~60%。

（3）生产率高（2~3件/分钟），比传统工艺提高4倍以上。

（4）产品转动惯量少，平衡性好，不需再平衡处理。

总计旋压V型皮带轮能比传统方法生产皮带轮降低生产成本25%~30%。

至2000年我国共生产各种汽车200万辆。若按每辆汽车采用旋压V型皮带轮4件计算，仅配套装车一年就需皮带轮800万件，社会配件市场需求量按配套装车用量的1/4计算，配件市场的年需求量为200万件。故国内汽车行业对皮带轮的总需求量在1000万件至1500万件之间。随着我国汽车工业的快速发展，对旋压V型皮带轮的需求量会越来越大。

4 结论

V型皮带轮旋压工艺是一种快捷、高效的连续局部塑性成形新工艺，它与传统工艺相比具有节材、节能、降低成本等综合经济效益。旋压的V型皮带轮产品质量好，不需要平衡处理，特别适用于汽车发动机的皮带轮。采用本工艺所生产的皮带轮已实现就近为中国第一汽车集团公司的CA488发动机和CA7120红旗轿车的水泵、曲轮及风扇轮等配套。旋压皮带轮还可推广应用于机械、轻工、家电等行业，具有广阔的国内市场与应用前景。

参考文献

1 《冲模设计手册》编写组．冲模设计手册．北京：机械工业出版社，1988， 365~367

2 王成和，刘克璋编．旋压技术．北京：机械工业出版社，1986， 88~89

3 日本塑性加工学会编．スピニング加工技術．东京：日刊工业新聞社．1984，123~125

4 中国汽车工业总公司汽车资料服务部编印．北京：引进汽车零部件企业名录．1996， 55~56

5 王孝培主编．实用冲压技术手册．北京：机械工业出版社，2001， 145~148

汽车轻量化中的管材液压成形技术

韩英淳　于多年　马若丁
吉林大学轿车车型开发中心

[摘要] 管材液压成形技术近来获得了广泛的应用。汽车结构轻量化是其重要的应用领域之一。本文对管材液压成形的原理、分类及液压成形过程中产生的塑性失稳等进行了综述，并介绍了典型汽车零部件采用液压成形的工艺过程和液压成形技术的最新进展。

关键词：汽车轻量化　管材　液压成形

Technology of Tube Hydroforming in Lightweight of Automobile

Han Yingchu, Yu Duonian, Ma Ruoding
Jilin University

[Abstract] The technology of tube hydroforming has gained wide ranging apply over the last few years. The lightweight constraction of automobiles is one of the main fields of application. This paper gives overview an of principles, classifcation of hydraforming and plastic starting in hydroforming process. Introduces technology processes of typical automobile parts by hydroforming and lately developmental trend on hydroforming technology.

Key words: lightweight of automobile　tube　hydroforming

结论

管材液压成形技术近年来在国外已广泛应用于汽车轻量化中。在我国汽车工业的快速发展与对液压成形产品的需求必将会促进该项新技术的快速发展与普及。据预测，至 2005 年，我国生产的轿车中车架与车身构件将会有 30%左右采用液压成形产品。液压成形技术的各种优点会越来越受到业内人士的重视，作者相信本文会对在我国汽车行业普及与推广管材液压成形技术，加速国产汽车的轻量化，具有推动作用。

注：本文全文刊登在 2003 年《汽车工程》（增刊）上。

采用复合成形工艺实现锻件近净成形

韩英淳 孙国斌 辛 华

吉林大学轿车车型开发中心

[摘要] 本文介绍了作者近些年研究开发的具有自主知识产权的复合成形工艺。这些新工艺已成功地应用于汽车、农机行业，实现了重要锻件的近净成形，并取得了节材、节能，减少机械加工量和降低成本等显著的经济效益。

关键词：复合成形工艺 锻件 近净成形

Net or Near-net Shape Forming of Forging by Compound Forming Technology

Han Yingchun, Sun Guobin, Xin Hua

Jilin University

[Abstract] The paper presents the net or near-net shape forming of forgings by compound forming technology, with independent intelligence property right for Chinese. These technologies has successfully applied to automobile and agriculture machinery, has brought into net or near-net shape forming of key forgings, and has gained save steel, save energy, reduce machine work and bring low cost etc. significant economical benefits.

Key words: compound forming technology forging net or near-net shape forming

1 前言

当前面对激烈的市场竞争和资源与环境问题的严峻挑战，研究开发具有原始创新性的复合成形工艺，实现汽车、农机等行业中的重要锻件的近净成形，具有重要的意义。本文介绍了作者近些年来采用产学研方式，独立自主开发成功的实现汽车、农机产品的锻件近净成形的几种典型复合成形工艺。这些研究成果已应用于实际生产，并取得了显著的经济效益。

2 典型锻件复合近净成形工艺

2.1 汽车半轴套管的正挤横轧成形工艺

2.1.1 产品简介与传统工艺

半轴套管是汽车后桥上的重要零部件，它承受动态垂直载荷与扭矩。作为汽车上的重要保安类锻件，目前国内外多沿用传统的整体式设计（图 1）和整体式模锻（或胎模锻）成形工艺来制造半轴套管。从图 1 可知，半轴套管的几何特征为：法兰直径是管体小端直径的 3 倍；而管体的长度是其大端直径的 3 倍。具有这样几何特征的半轴套管，采用传统的整体模锻工艺成形很困难，而且存在材料利用率低，锻件肥头大耳，后续机械加工量大、生产率低，制造成本高等一系列缺点[1]。

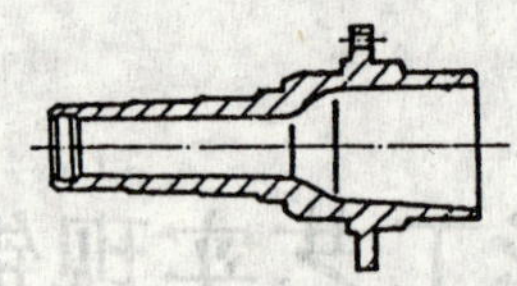

a) 整体式半轴套管

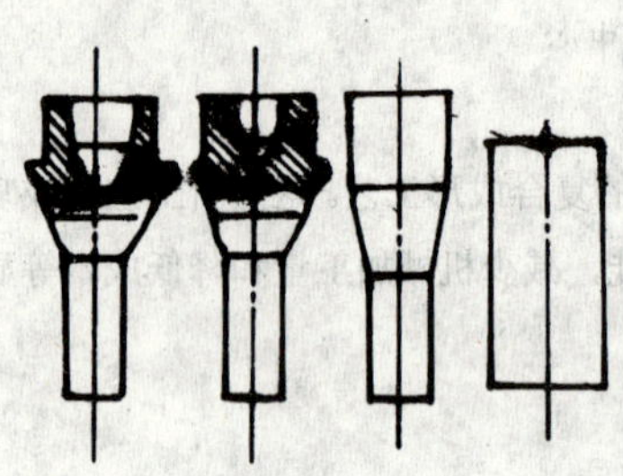
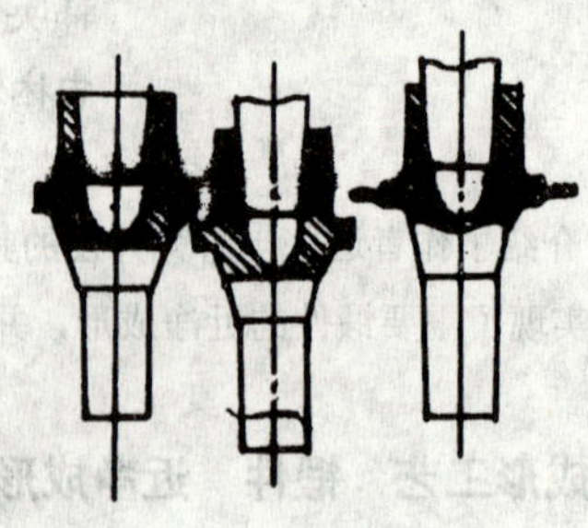

b) 胎模锻工艺过程

图1 整体式半轴套管及传统成形工艺

2.1.2 创新型半轴套管正挤与横轧成形工艺

为了实现半轴套管产品锻件的近净成形，我们经过多年研制，开发成功了基于分体设计的半轴套管正挤横轧及摆动辗压复合成形工艺[2], [3]。

（1）产品的分体式设计

在全面考虑了产品使用性能与生产过程中的成形、加工与装配、降低成本与节省材料诸因素后，首先将产品革新为分体式设计（图2）。将半轴套管体1和法兰2分离，之后经过设计合理的锻件图用正挤与横轧工艺成形半轴套管体，用摆动辗压工艺成形法兰[4]。

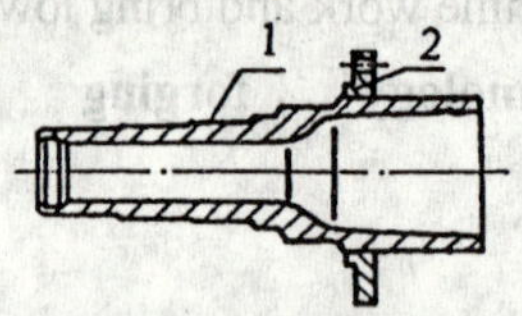

1—套管体 2—法兰

图2 分体式半轴套管

（2）半轴套管体的正挤与横轧新工艺

如图3所示，局部电加热的管坯由芯模推挤到由3个成形轧辊组成的回转型孔内，在轴向进给时，由于轧辊成形角的阻力使管坯前端产生缩径。在轴向推挤与径向横轧的复合作用下，使管坯依次通过两个轧辊成形角后产生2次缩径，并在缩径的同时增加壁厚。半轴套管体的外形由轧辊的成形面形成，其内腔则由芯模保证。

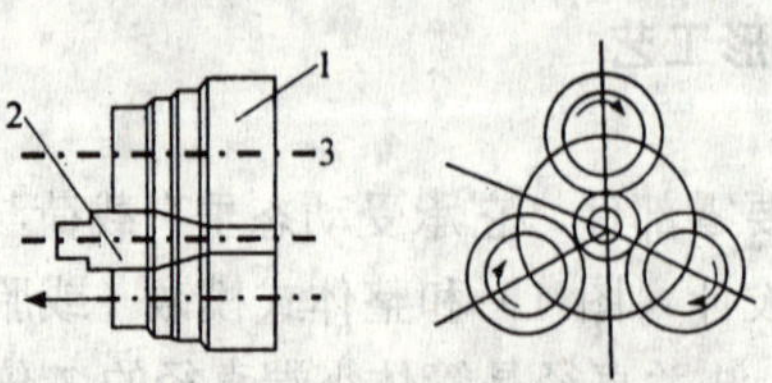

1—轧辊 2—芯模 3—管坯

图3 半轴套管体正挤与横轧工艺原理图

半轴套管体采用正挤横轧工艺成形的突出特点是达到了近净成形。以CA1040轻型车为例，采用新工艺后材料利用率由原来的35%提高到58%，减少后续机械加工量35%。同时分体式正挤与横轧的半轴套管较整体式每件减轻重量2.5kg，能使整车减轻自重5kg。

2.2 制造空心变速杆的缩旋与楔横轧工艺

2.2.1 产品简介与传统成形工艺

变速杆是汽车换档变速操纵的重要零件。驾驶员通过操纵变速杆以准确地将变速器挂入所需的档位。目前国内生产的汽车变速杆多为实心式的，其制造方法是采用棒料作毛坯，用锤上模锻与辊锻工艺成形，经校直后再弯曲。传统工艺的主要缺点是：材料利用率低（65%），成形工艺繁琐，生产率低。同时实心变速杆重量大，操作不灵活，产品刚性差。

2.2.2 成形空心变速杆的复合工艺[5]

为了实现变速杆的近净成形，提高材料利用率和产品的使用性能，我们研制了用复合工艺成形的空心变速杆。以国产 CA6440 旅行车的空心变速杆为例（图 4），先将变速杆设计成分体焊接式结构，之后采用径向锻造机将冷拔管按 1：30 的锥度将杆部缩旋成形，而球形拨头则采用楔横轧成形。经加工后的球形拨头的圆柱端迫入杆部大端的孔中，用氩弧焊将二者焊在一起，即可得空心变速杆。

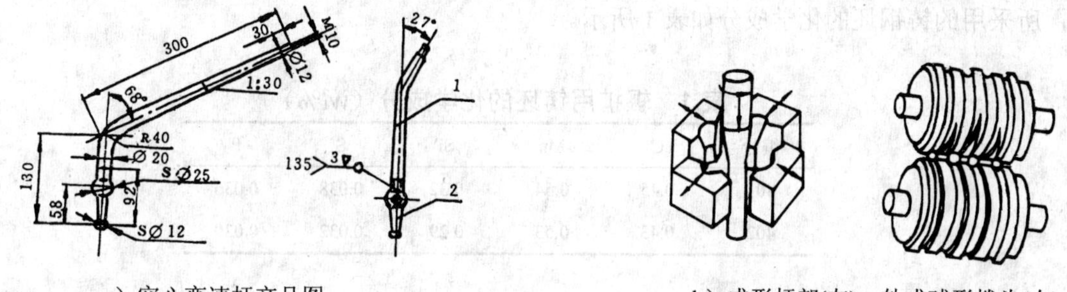

a）空心变速杆产品图　　b）成形杆部(左)，轧成球形拨头(右)

图 4　成形空心变速杆的复合工艺

用复合工艺制造汽车变速杆，具有材料利用率高（86%），零件减轻重量约 40%，节约机械加工工时 55%，节约能源 33%等显著经济效益。同时产品具有刚性好、外观好、操作灵活且回油性能好等优点。

2.3 轿车飞轮齿环铸辗复合工艺

2.3.1 飞轮齿环的现行加工工艺

飞轮齿环是第一汽车集团生产的 CA488 发动机上的一个重要零件（图 5）。这是典型的薄壁矮环件。此类零件的单个毛坯的制备难以兼顾高生产率和较高的材料利用率。目前国内外多采用扁钢滚圆环再闪光对焊的工艺生产飞轮齿环坯。但因所用扁钢为中碳钢（如 45GB699－1988），焊接性能差，同时因国产焊机性能不稳定，难以保证焊缝处质量，致使废品率高达 30%。而引进国外生产工艺及设备需 180 万美元的高昂投资。

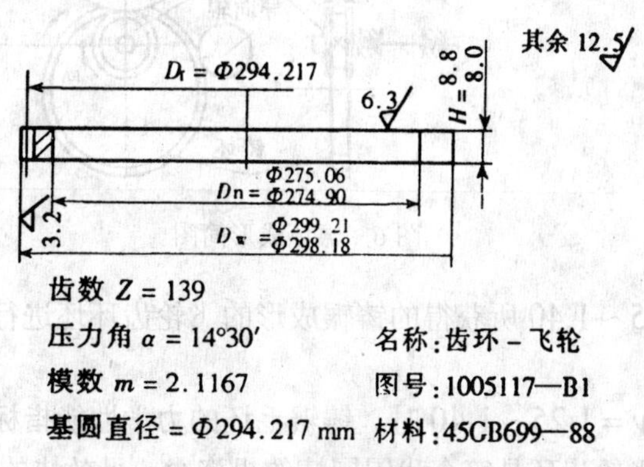

图 5　CA488 发动机飞轮齿环简图

2.3.2 飞轮齿环铸辗复合成形工艺

鉴于前述，为了促进引进车型零部件国产化的进程，有必要开发符合我国国情的轻、轿飞轮齿环毛坯的生产新工艺。经过分析产品的几何形状特点并结合协作厂铸造能力较强的优势，研究开发了飞轮齿环铸辗复合工艺。其要点为：

（1）将矮环件转化成易于辗环的筒形件

将相对厚度 H/D_w 为 4%的 7~8 个飞轮齿环迭加成相对厚度为 31%~32%的筒形件。这样可采用国产D51-350 型辗环机上辗扩成所要的筒形件。

（2）铸坯设计与铸造方法

设计筒形铸坯时应考虑到辗扩的成形特点：扩径变薄的同时高度增加。实际设计时取铸坯高度 $H_0=(0.4\sim0.5)H$，而 H_0 =40mm。为保证辗扩时辗透以得到锻造组织，辗压比取值范围为：$y=1.4\sim1.6$[6]。

为了使辗扩变形后的飞轮齿环坯的主要力学性能指标接近或超过钢 45GB699－88 的指标（σ_b、σ_s、δ），所采用的铸钢坯的化学成分如表 1 所示。

表 1 辗扩用铸坯的化学成分（*wt*%）

编号	C	Mn	Si	S	P
401	0.45	0.54	0.32	0.038	0.036
402	0.43	0.53	0.29	0.032	0.039

（3）铸造方法的选择

为了保证铸坯的内在质量（无夹渣、砂眼等）与表面质量，并降低成本，采用了砂型铸造。同时还采用了钢水净化、滤网除渣、喷涂料防止粘砂等技术措施。这样所获得细晶粒的再结晶组织，在辗扩时能实现由铸造组织间锻压组织的转化，并提高机械性能。

（4）辗扩成形工艺

将所获得的铸坯加热后进行辗环成形（图 6）。辗环的工艺参数为：辗环温度范围为 850~1150℃，变薄率 $\varepsilon=40\%\sim50\%$，进给量 $f=1\text{mm}/r$。

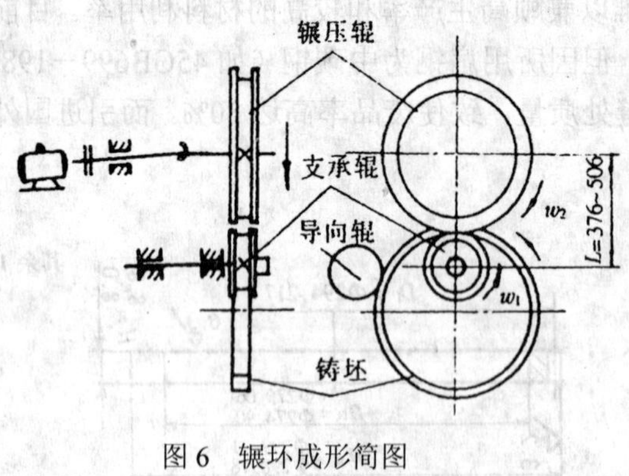

图 6 辗环成形简图

对于采用辗压比 $y=1.25\sim1.40$ 所获得的铸辗成形的飞轮齿环坯进行力学性能测试分析，其数据列于表 2。

由表 2 可知，在辗压比 $y=1.25\sim1.40$ 时，铸辗毛坯的力学性能指标都高于焊接的毛坯。

采用铸辗复合工艺生产飞轮齿环是符合我国国情的投资少、见效快的近净成形工艺。它与引进国外闪光对焊设备与工艺相比，节省投资 85%。铸辗复合工艺获得的飞轮齿环毛坯的质量高于焊接的毛坯。

表2 铸辗毛坯与焊接毛坯力学性能对比

毛坯种类	辗压比 y	力学性能		
		抗拉强度 σ_b/MPa	屈服强度 σ_s/MPa	伸长率 δ/(%)
ZG45		580	320	12.0
焊接毛坯		681	370	16.6
铸辗毛坯 B_1	1.33	585	370	18.2
铸辗毛坯 B_2	1.33	610	390	21.8
铸辗毛坯 C_1	1.14	655	375	20.2
铸辗毛坯 C_2	1.14	675	407	16.4
铸辗毛坯 D_1	1.39	683	388	21.0
铸辗毛坯 D_2	1.39	713	420	18.0
铸辗毛坯 A_1	1.60	734	383	16.0
铸辗毛坯 A_2	1.60	761	418	16.4
铸辗毛坯 E_1	1.25	615	340	16.7

2.4 链轨节铸锻复合工艺

2.4.1 链轨节的现行成形工艺

链轨节是联合收割机履带上的重要零件，它承受重载且工作条件恶劣。链轨节形状复杂，截面变化急突（图 7）其锻造成形较难。目前国内外均采用棒料毛坯经辊锻制坯后，在锤上模锻成形[7]。传统工艺的主要缺点是:·工艺步骤较多，其设备投资大，材料利用率低，浪费能源。

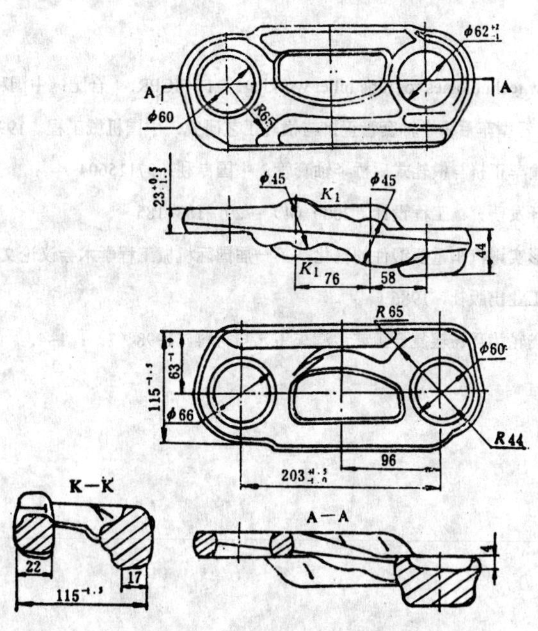

图7 链轨节锻件图

2.4.2 成形链轨节的铸锻复合工艺

（1）铸坯铸造工艺

为了使铸坯的体积接近于终锻件的体积，并减小锻压设备的吨位。在设计铸坯时，应将起伏的筋板与台阶设计得接近于终锻件图，但圆角应较大些，所有孔都设计成盲孔并留出锻压的冲挤余量。采用的锻造比为 1.2∶1.0。

采取必要的技术措施，保证铸坯具有较高的内在质量与表面质量。如采用中频电炉，钢水熔炼过程中采用去气除渣净化工艺，并采用过滤技术。用砂型潮模铸造，并在铸型表面喷上涂料，使铸坯表面光洁，并无粘砂、夹渣等缺陷。这样获得较高质量的铸坯无需退火处理即可直接进行锻造。

（2）链轨节的锻造成形工艺

将铸坯加以清理后，加热至始锻温度，在 J51-630 摩擦压力机上经过预锻、终锻两道工序成形。之后进行切边、冲孔与热校正，便可得到铸锻复合工艺成形的链轨节锻件。

采用铸锻复合工艺生产链轨节具有显著的经济效益：材料利用率约为 90%（因采用冲压其他产品的余料），高于锤上模锻的 67%；本工艺比锤上模锻节约能源 15%；节约设备与工装投资 25%；降低生产成本 16%。

3 结论

采用产学研方式，发挥高等学校的科技优势所自主研制的实现锻件近净成形的复合工艺，符合我国国情，不但具有显著的经济效益，而且具有示范作用。其中汽车半轴套管正挤与横轧工艺曾被机械工业技术发展基金会作为高等学校的产学研示范项目予以资助，在校内建成了年产 15 万件轻型车正挤横轧半轴套管的生产线，并为中国一汽集团独家配套。链轨节铸锻复合成形工艺亦在校内辊锻件总厂批量生产，并为佳木斯联合收割机总厂配套。上述两项研究成果在校内实现产业化，不仅提高了学校的行业声誉，而且创造了 3000 万元以上的直接经济效益与 1.5 亿元以上的间接经济效益。另外两项研究成果已分别获得了中国一汽集团公司发展改造处和长春汽车研究所的认同，即将实现产业化。

参考文献

1 Han Yingchun et.al. Rotary forming - new technologies for tube billet working. 11th ICPR. 合肥：中国科学技术大学出版社，1991：995~997

2 韩英淳，王学明，唐志强等. CA1040 轻型车后桥半轴套管正挤与横轧工艺研究. 中国机械工程. 1998（8）：4，71~72

3 韩英淳，王学明，陈义宝等. 农用运输车正挤与横轧式后桥半轴套管. 中国专利：97115604

4 韩英淳，朱晓波. 半轴套管产品集成开发研究. 工程设计. 2000（4）：29，183~185

5 韩英淳，王学明，张春景. 采用转成形实现汽车重要锻件的精化. 第一届国际机械工程学术会议论文集. 北京：机械工业出版社，2000.11.583

6 张承鉴主编. 辊锻技术. 北京：机械工业出版社，1986

7 韩英淳，贾树盛，华建辉. 轻、轿车飞轮齿环铸辗复合工艺. 汽车工艺与材料，1998（7）：1~4.

汽车驱动壳液压胀形工艺研究

韩英淳　于多年　李 伟　赵静宜　孙绍斌
吉林大学轿车车型开发中心

[摘要] 为了达到节材、节能和提高产品质量的目的，研究成功了用无缝管作毛坯，采用液压胀形生产汽车驱动桥壳的新工艺。该工艺过程较国外同类成形工艺更简捷，胀形时不用中间控制模且无需工序间退火处理。本研究工作为汽车驱动桥壳液压胀形产业化打下基础。

关键词：驱动桥壳　液压胀形　工艺简捷

Study on Hydroforming Bulge Auto Driving Axle Housing

Hang Yingchun, Yu Duonian, Li Wei, Zhao Jingyi, Sun Shaobin
Jilin University

[Abstract] Attain the goal for the saving material and energy, improving production rate. Had make development succeed in new technology which by using seamless steel tube as blank and adopting hydroforming bulge be produce Auto driving axle housing. This technology is compared with foreign similar technology more simple and direct. At the time of bulge need not use center control dies and middle annealing. This research is lay a foundation for industrialization of hydroforming bulge for automobile driving axle housing.

Key words: driving axle housing　hydroforming bulge　simple and direct

冲压焊接式汽车驱动桥壳，虽然较铸造桥壳具有重量轻，强度与刚度较好，制造成本较低等优势。但其制造工艺过程繁琐，焊接工作量大，污染环境，产品的疲劳寿命低，且易发生渗漏。因此，近三十年来世界各国皆致力于用无缝钢管通过胀形来制造驱动桥壳的技术开发。具有代表性的有法国索玛公司的机械胀形与日本 Terumori Ueda 等开发的液压胀形工艺[1]。前者在我国已应用于工程机械行业；后者则因技术不太成熟，未能用于批量生产。本文作者基于多年从事汽车零部件先进制造技术研究的工作基础，采用产学研方式，开发成功了轻型车驱动桥壳液压胀形新工艺[2]。该成形工艺过程简捷，并且具有显著的综合经济效益。

1　液压胀形工艺原理及工艺力概算

驱动桥壳属于中央带凸肚的轴对称直长轴空收件（图 1a）。其中央凸肚（装差速器）的直径为 D，两侧圆柱部分的直径为 d，总长度为 L，其中两侧圆柱段的壁厚为 t。通常这些参数之间的比例关系为：

$$D/d = 2.5 \sim 3$$

$$L/D = 5 \sim 5.5$$

$$t/d = 0.055 \sim 0.06$$

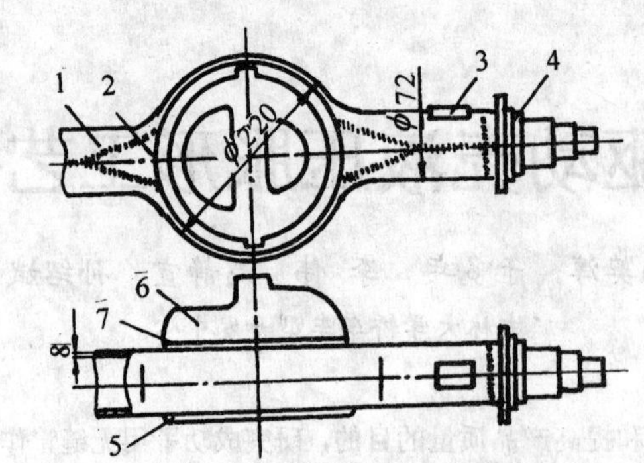

1—桥壳本体　2—三角形镶块　3—钢板弹簧座

4—半轴套管　5—前加强环　6—后加强环　7—后堵盖

a） 1608型农用车冲压焊接式桥壳

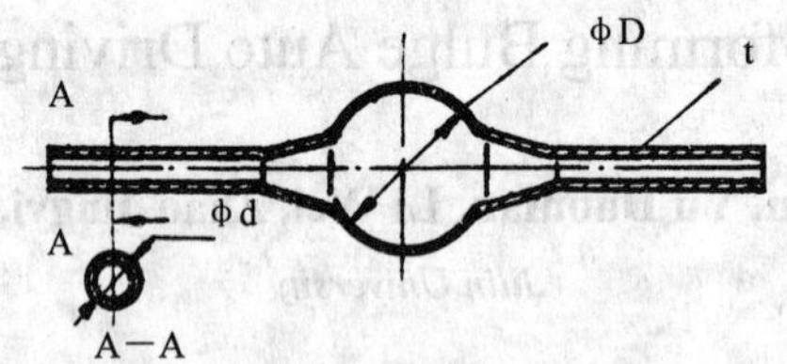

b） 整体式桥壳

图1 汽车驱动桥壳本体产品图

1.1 产品设计的改进

为了达到用液压胀形成形的目的，首先将原设计的冲压拼镶焊接的驱动桥壳，改进成整体式桥壳（图1b）。从而省略了原设计中的三角镶块、下加强环及后堵盖等件，并大幅度减少了焊接工作量。当然，整体式桥壳应满足于相关件之间的装配关系。

1.2 驱动桥壳液压胀形原理

用管坯液压胀形成形驱动桥壳的工作原理如图2所示。

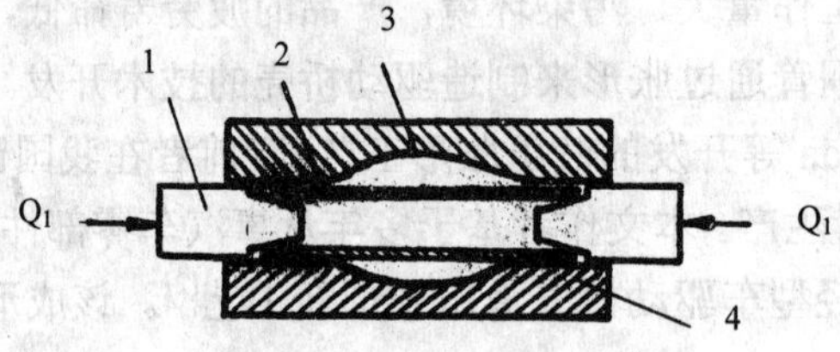

图2 驱动桥壳液压胀形的原理

将管坯2置于滑动式组合模具3、4闭合后的型腔中，在轴向由压塑柱塞2施加轴向力Q_1，同时由两端充入高压液体。于是管坯便在液体内压力p和压塑力Q_1的复合作用下，在中央形成胀形的凸肚。因轴向压塑力作用使材料流入胀形区，至胀形的部位与模腔贴紧时，使可胀成整体式驱动桥壳。

由于管坯的初始直径与所要胀形的中央球形壳体的直径之比为 1:3，用一次胀形难以达到。故根据文献[3]和我们的实验研究结果，采用了较为稳妥的两次胀形工艺。

1.3 胀形成形工艺力概算

为了设计成形工艺与专用液压机，需事先对液压胀形的工艺力进行概算。以图1b所示的1608型农用车（CA1020 轻型车桥壳与其基本相同）的驱动桥壳为例，先将所用管坯的尺寸规格及材料的性能和实验参数列于表1。

表 1　管坯材料的机械性能与几何参数

管坯材质	抗拉强度 σ_b (MPa)	管壁厚 (mm)	中央凸肚处球形直径 D(mm)	管坯直径 (mm)		
20 GB699－1988	4200	4	220	内径	中径	外径
屈服点 σ_s (MPa)	摩擦系数 μ	管坯长度 L(mm)	轴向压缩量 Δh (mm)	d_l	d_{ep}	d
2500	0.1	850	130	110	112	114

通过多次实验并参照文献[3]等，得出如下计算驱动桥壳液压胀形工艺力计算的经验公式：

（1）工作液体内压力计算公式

$$p = 100 \times (m + k\frac{\Delta h}{D}) \tag{1}$$

式中 $\frac{\Delta h}{D}$——轴向压塑柱塞的相对行程；

m, k——经验系数，根据胀形件的特点取；

$m = 50, k = 600$。

代入有关参数后计算得出 $p = 4045\text{MPa}$

（2）轴向压塑力 Q_1 的计算公式

$$Q_1 = p\frac{\pi d_{cp}^2}{4} + (\beta\delta_s + p)\pi d_{cp} t + \mu\left[\frac{(\beta\delta_s + 2p)t}{d_{cp}} + p\right]\pi d\Delta h \tag{2}$$

式中 β——洛德系数，取 $\beta = 1.15$。

带入有关参数计算出 $Q_1 = 3216\text{kN}$

（3）垂直方向合模压紧力的计算公式

$$Q_2 = \left[\frac{(\beta\delta_s + 2p)t}{d_{cp}} + p\right] \cdot F \tag{3}$$

式中 F——工件在模腔内的投影面积。

经计算得出 $Q_2 = 4200\text{kN}$。

2　驱动桥壳液压胀形工艺过程

基于上述胀形工艺力参数的概算，设计了专用胀形液压机与滑动式组合胀形模具，对轻型车与农用车的驱动桥壳进行液压胀形。以 1608 型农用车为例，所用钢管的规格为 $t = 4mm$，外径 $d = 114mm$ 的热轧无缝钢管（GB8162－87），供货条件为退火状态。

2.1　首次液压胀形

将滑动上模 3 与上模一同由液压机的提升缸开起，模具开启。同时两个串联在一起的轴向压缩油缸退回。这时将管坯 1 放进下模中。之后压机下行压紧下模；与此同时向管坯内充高压液油并将压塑柱塞

5 沿轴向同步推进。在轴向力 Q_1 与液体内高压 p 的联合作用下，压塑柱塞至预定行程时，管坯中部即进行胀形，得到如图 3b 所示的首次胀形件。

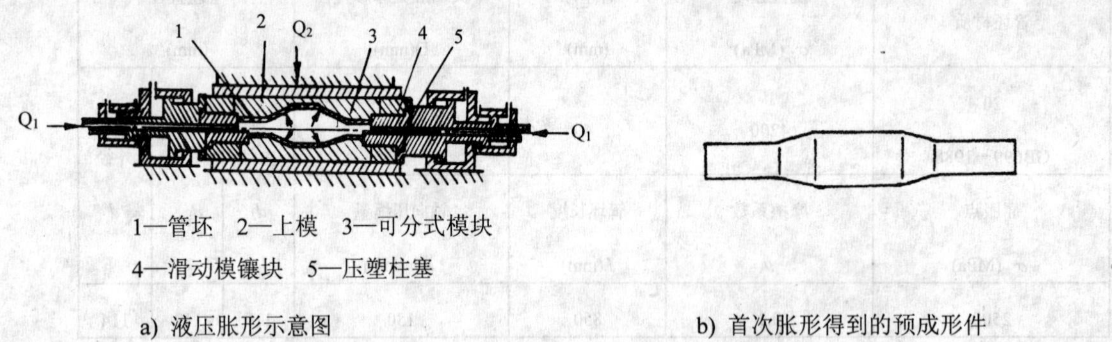

1—管坯　2—上模　3—可分式模块

4—滑动模镶块　5—压塑柱塞

a) 液压胀形示意图　　b) 首次胀形得到的预成形件

图 3　驱动桥壳的首次胀形

2.2　第二次液压胀形

如图 4 所示，第二次胀形所用的模具结构与首次胀形的模具结构相同，只是成形模腔不同。将首次胀形件经过酸洗处理后，放进开启的模具中。再进行一次与首次胀形相同的胀形过程。在轴向推进力 Q_1 和内高压 p 的联合作用下，管坯中央进一步胀形并贴满终成型模具腔。至此得到了所要求的桥壳中央球形壳体。

在制定胀形成型工艺时，两次胀形时管坯中央部分直径的扩大率控制在 50%以内，从而避免了破裂。实际胀形所用的力能参数见表 2。

表 2　1608 型驱动桥壳液压胀形的主要力能参数

工艺参数 / 材料规格	第一次胀形			第二次胀形		
	合模压力 Q_2(kN)	轴向压缩力 Q_1(kN)	胀形压力 p(MPa)	合模压力 Q_2(kN)	轴向压缩力 Q_1(kN)	胀形压力 p(MPa)
20GB699－1988	300	120	2500	320	150	3100
35GB699－1988 或 16MnGB1591－1988	400	160	3500	500	300	4500

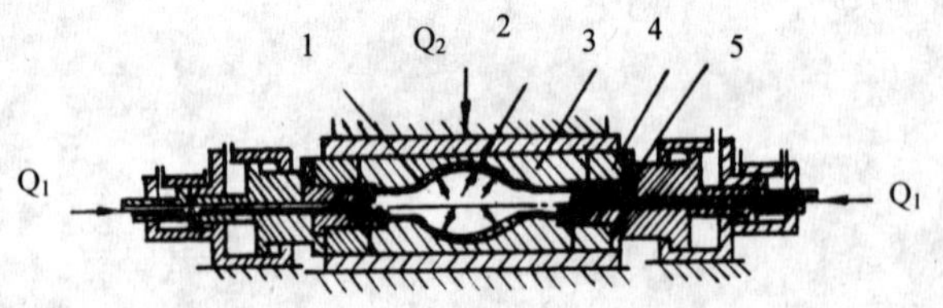

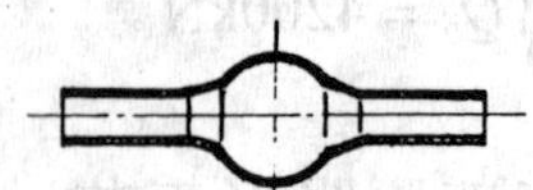

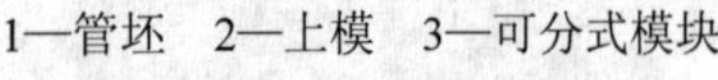
1—管坯　2—上模　3—可分式模块

b）最终得到的胀形件

4—滑动模镶块　5—压塑柱塞

a）液压胀形示意图

图 4　驱动桥壳的第二次液压胀形

最终得到的胀形件还需要在卧式液压机上进行缩径，使管坯中央桥壳的两侧圆柱部分的外径为 72mm。

3 产品质量与经济效益分析

3.1 液压胀形的整体式驱动桥壳质量好

用无缝钢管采用液压胀形式工艺生产的整体式驱动桥壳质量明显优于冲压焊接式桥壳。

（1）产品的疲劳寿命大幅度提高

将液压胀形的整体式驱动桥壳，按照标准JB3803－84《汽车驱动台架试验方法》进行台架试验，考核桥壳的疲劳寿命。台架试验结果表明，该类桥壳的垂直弯曲疲劳寿命大于120万次，远远高于标准要求的中值寿命80万次。

（2）产品的静扭强度与刚度高于冲压焊接式桥壳。

（3）由于该产品无焊缝，消除了渗漏油液现象，而且产品外观质量好。

3.2 经济效益分析

采用液压胀形新工艺生产驱动桥壳，具有显著的综合经济效益，并且具有无废料、节约工时费用等优点。下面对经济效益加以分析。

（1）节材效益显著

液压胀形工艺的材料利用率为95%，而冲压焊接工艺的材料利用率为70%~75%。

具体的两种工艺材料消耗对比见表3。

表3 液压胀形工艺与冲压焊接工艺耗材量对比

序号	项目	液压胀形工艺	冲压焊接工艺	材料价格	节约资金
1	单件材料消耗量	14.3	25	3.55元/kg	3.55×10.7 =38元
2	单件需焊接数量	0	0.6	4.6元/kg	0.6×4.6 =2.76元
3	合计节约				40.76元

（2）节约能源

经统计分析，液压胀形工艺比冲压焊接工艺，每生产1件桥壳节能为：

节电11kWh，节约电费8.8元。

节约气体效益6元。

合计节能效益14.8元。

（3）节约工时费与工人工资

采用新工艺后驱动桥壳的生产工序由11序减为6序。大大缩短了制造工艺过程，减少生产工人与检查人员12~14人。此项可使每件节约资金1.2~1.5元。

（4）节约工艺设备与工艺模具投资

主要工艺设备减少2/3，工装模具减少50%。摊销至每件可节约费用7元。

综合上述各项每件可节约资金100元。若年产10万件驱动桥壳，则新工艺可创年节约资金1000万元的综合经济效益。

4 结论

采用液压胀形工艺用管坯制造汽车驱动桥壳，能快速简捷的生产整体式驱动桥壳。产品质量明显优于冲压焊接式桥壳。新工艺具有显著的节材、节能与节约制造工时等综合经济效益，并且具有绿色制造特征，无油气污染。

本工艺技术先进，稳定可靠。通过更换模具可实现3T以下轻型车的驱动桥壳系列化生产。

本工艺具有自主知识产权，较文献[1]的工艺更为先进、简捷。主要表现在首次液压胀形时不需要中间控制模，同时采用20GB699-88材质的管坯胀形时，两次胀形工序之间无需退火处理。

本研究工作得到了吉林省科学技术委员会与吉林省辽源重型机械厂的资助与支持，在此一并致谢。

参考文献

1 Terumori Ueda, Differential Gear Casings for Automobiles: by Liquid Bulge forming Processes, par two, Sheet Metal Industries, April 1983, 220~224

2 吉林省汽车高技术工程中心，吉林工业大学，轻型车后桥壳液压胀形新工艺研究技术总结，1999.4，长春，中国

3 Богоявленийк·Н, СеряковЕ·И. Гидравлическая формовкатройникови Кресмовин. Кузнечно-Штамповочное Производство, 1972, No.4, 22~25

汽车研发的关键技术——快速模具制造及其应用

王运赣 文成 张琳
瑞鼎机电科技有限公司

[摘要] 模具是制约汽车开发与生产的瓶颈，新型快速模具不但能显著缩短制作周期、降低成本，还能提高制件的品质与生产效率，其中最适合汽车研发的是硅橡胶模。本文介绍了快速模具的类型、应用状况，以及制作大型、复杂、精密硅橡胶模的关键技术。

关键词: 汽车 模具 快速成形 快速制造 硅橡胶

1 快速模具制造及其应用的重要性

随着社会的进步与经济的发展，市场竞争愈来愈剧烈，迫使制造业在不断改善产品的性能与品质的前提下，最大限度地缩短新产品的开发周期、降低成本，以便快速响应用户最新的需求。这种趋势在汽车、摩托车、电子产品、家电产品、玩具等制造业显得尤其突出。例如，电子产品的开发周期已降至不到一年，在玩具制造业，常常是第一季度开发，第三季度大批量生产，第四季度销售。著名的 HP(惠普)公司 80%以上的利润来源于年龄不满 2 年的产品。所以，快速、高效地开发新产品是竞争取胜的一个关键因素。实现新产品的快速、高效开发涉及多种领域的先进技术，例如，计算机辅助设计(CAD)、计算机辅助工程(CAE)、计算机辅助制造(CAM)、新材料，以及产品与相应工艺装备的快速成形、制造等，其中特别是有关模具的设计与制作技术。

汽车是最复杂、最有影响的一种消费品，由于用户与竞争者的压力，迫使汽车工业必须优化其产品开发过程，迅速地提高产品的品质并将其推向市场，还要最大限度地满足用户的要求。10 年前，开发一辆新汽车的时间大约为 60 个月，而现在仅 18 个月。众所周知，汽车的开发、生产离不开模具，尤其是铸造、锻压、注塑等工艺所需的模具。试制原型件常常需要模具，汽车的生产更需要模具。然而，模具的开发、制作时间与成本，又往往是整个汽车开发时间与成本的主要部分，既费时又费钱。通常，25%的汽车开发时间与大部分的成本用于原型与模具的制作。例如，一付大型、复杂的模具的开发一般需要 6 个月以上的时间与几十万至几百万元以上的费用，一付小型、中等复杂的模具的开发一般也需 3 个月以上的时间与几万元至几十万元以上的的费用。根据美国汽车工业统计，其平均 67%以上的投资与模具有关。在我国，由于试制新车的能力比较差，因此，在试制阶段不得不高价从国外进口试制件，以进口装饰件为例，60 种（每种 15 件）就需 300 多万元。

因此，模具是制约汽车开发与生产的瓶颈，要缩短汽车的开发与生产周期、降低成本，必须首先缩短模具的开发与生产周期，降低模具的成本，使模具更结实、耐用。

通常，模具由锻造钢坯或铝坯经传统机械加工而成，砂型铸造模型虽然可用木材制作，但仍需机械加工。由于模具上常常有一些复杂的特征与自由表面，精度与光洁度要求比较高，所以加工周期长，成本高。应该指出的是，由于计算机数控(CNC)加工机床、加工中心、柔性系统，以及高速切削等先进技术的发展，能使模具加工的周期缩短，但是至今为止，每道工序的工艺并无重大改变，仍然存在调整时间长、复杂刀具轨迹的自动生成困难、成本高等大问题。当产品的生产批量较小时，模具的制作工时与成本分摊在每件产品上的数额更大，上述问题尤为突出。传统机加工模具的另一个问题是，这种模具的柔性比较差，一旦设计有些改变，原有模具难于修改，几乎不得不重新制作。所以，必须寻求快速模具制造的新方法。

2 快速模具制造的新概念

在现代先进制造技术中，有一项称为 Rapid Prototyping & Manufacturing(快速成形与快速制造，简称 RP&M)的支柱技术，应用这种技术能快速制作工件，并使其材质特性接近或几乎与期望的产品特性相符。其中, Rapid Prototyping (快速成形，简称 RP)指的是一种新工艺，它能根据工件的 CAD 三维模型，快速制作工件的实体原型，而无需任何附加的传统模具或机械加工; Rapid Manufacturing(快速制造，简称 RM) 主要指的是 Rapid Tooling (快速模具制造，简称 RT)——用快速成形工艺及相应的后续加工来快速制作模具。RT 是不同于传统机加工模具的一种新方法、新工艺，也不是过去的“简易模”，它涉及以下两方面的功能:

1) 快速开发用于传统制造工艺的模具，如快速制作注塑模与铸造模型。

2) 减少用模具成形工件所需的时间，缩短成形的循环周期，提高模具的生产效率，改善工件的品质。当然，并非各种 RT 方法都具有第二种功能。

快速模具制造(RT)与快速成形(RP)有密切的关系。RT 方法的出现与发展，在很大程度上取决于 RP 技术与新材料的发展，采用 RP 技术能直接或间接快速制作模具，而 RT 技术又能促进、扩大 RP 的推广应用。虽然，RT 工艺仍处于开发阶段，还不十分成熟、完善，但是，它已经能和传统的 CNC 机加工相竞争，并因此促进各自的发展。最新的进展表明，已经能用一些替代技术制作大批量生产用模具，它们在缩短产品的开发周期、降低成本、提高生产率与改善产品品质等方面，都很有成效。

3 快速模具制造及其应用的现状

近年来，在快速成形技术与新材料（特别是高分子材料）的推动下，快速模具制造技术取得了重大的突破。据不完全统计，在国外，商品化并相当广泛应用的快速模具制造方法已有 20 几种（如图 1～图 3 所示），按照模具所能成形的工件数量，模具可分为：试制用模具、正式批量生产模具，以及介于两者之间的过渡模具(Bridge tooling) 。应用的领域不仅遍及汽车、家电、玩具等许多制造行业，而且还深入到医疗领域。

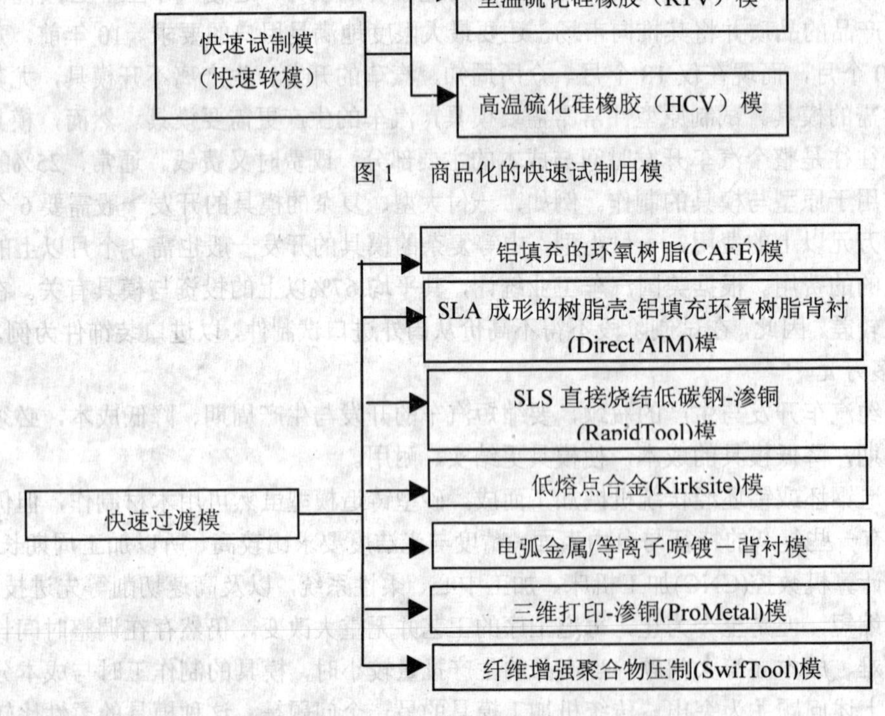

图 1 商品化的快速试制用模

图 2 商品化的快速过渡模

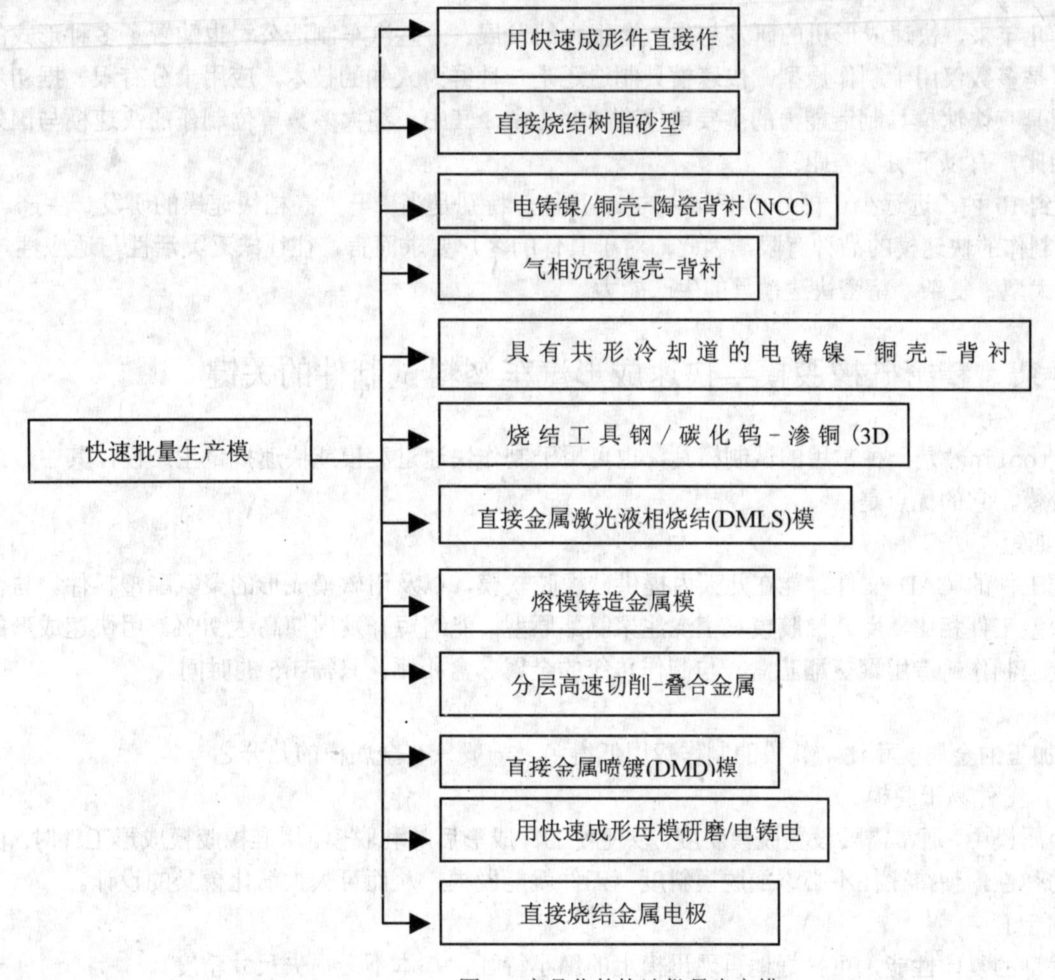

图3 商品化的快速批量生产模

国外的制造业十分重视快速模具制造，其应用的50%以上在汽车与消费品的制造业，已用于小批量（几百件）、中批量（几千件）与大批量（几万件以上）的生产，模具的尺寸精度可达0.025～0.127mm，硬度可达HRC 25～70，寿命可达10,000～500,000，因此不仅能与H-13模具钢比美，而且还能比传统模具提高生产率35%～40%。例如：

1）在Ford公司的开发部，装备了各种各样的快速成形机，他们用RT技术制作了注塑模、冲模、中空成形模、铸模与压铸模等，能在6天内完成从母模至快速压机模的制作，例如对于成形旋转叶片的压机模，模具费用节省75%～80%，模具寿命达到750 000件。

2）Toyota公司的实践表明，对于右侧镜壳体，采用RP技术后，由于不必制作原型的模具，节省模具费200 000美元；对于门把手，用快速成形母模，可节省模具费用300 000美元；仅仅FDM快速成形机就为汽车试制节省了2百万美元。

3）Volkswagen AG公司的实践表明，对于气缸头、曲轴箱、缸头盖与涡轮充电器壳体的铸造而言，与传统方法制作模具与铸件相比，为获得5个工件，RP/RT可缩短时间80%～89%。

4）FIAT公司的实践表明，RT至少缩短制作时间47%，降低成本55%～65%。

5）在韩国的汽车工业的4家公司中，拥有8台快速成形机，它们主要用于汽车内、外装饰件的设计与成形，以及发动机零件的铸造。例如在Hyundai公司，20%用于成形模具的母模，35%用于装配试验。他们的快速模具用于真空铸造、中空成形与离心铸造。Kir公司用真空铸造与熔模铸造成形金属件，以便对样车进行测试。对于发动机支架，他们将SLA快速成形件替代蜡模，然后进行熔模铸造，全过程仅需14天，比传统制作方法缩短9天（即缩短时间40%）。对于后组合灯支架，用SLA快速成形件作真空铸造的母模，能节省65%的成本与75%的时间。

在我国，近几年来，快速成形机的研发与生产有很大的发展，一些汽车制造公司也购置了多种形式的快速成形机，但是多数仅用于制作原型，快速模具制造还是一种鲜为人知的技术，应用十分有限。据初步统计，目前我国具有快速模具制造能力的主要单位有 20 几家，其中，绝大多数单位制作的快速模与国外商品化快速模相比，有以下明显差距：

1） 品种不到 10 种，远远少于国外已商品化的 20 几种，特别是尚未开展高档快速模的研发、生产。

2） 由于能制作的快速模的品种有限，因此，对于具体的客户要求而言，往往缺乏灵活性与适应性。

3） 不具备大型、复杂、精密快速模具的生产能力。

4 大型、复杂、精密硅橡胶模—快速成形汽车塑料试制件的关键

软模(soft tooling)是一种常用的试制模具，也可用于制作快速过渡模或快速批量生产模，其中，最常见的是硅橡胶模，它的优点是：

(1) 制作周期短

通常，根据工件的 CAD 文件，能在几天内提供硅橡胶软模，以及用软模成形的聚氨酯塑料件。与传统金属模注塑原型工件相比，用硅橡胶模真空浇注聚氨酯原型，能缩短开发周期高达 90%。用快速成形的母模通过硅橡胶模制作铸造用聚氨酯芯盒，与制作传统的金属芯盒相比，只需 1/5 的时间。

(2) 成本低

与 CNC 机加工的金属模相比，软模的制作费用低得多，一般只有金属模的几分之一。

(3) 弹性好，工件易于脱模

在传统的金属模中，通常需要设置脱模斜度，以便使工件成形后顺利脱模。用硅橡胶模成形工件时，由于模具有足够的弹性，使得往往不必添加脱模斜度，工件就能脱模，从而可大大简化模具的设计。

(4) 复印性能好

硅橡胶有优良的复印性能，可良好地再现母模上的细小特征，基本不会损失尺寸精度。

(5) 能用于在室温下浇注高性能的聚氨酯塑料件。

由于双组分热固性聚氨酯的新进展，已经能替代工程塑料。此外，浇注成形的聚氨酯工件的表面光洁度也很好，还有能获得高透明度工件的聚氨酯树脂，在真空浇注机(vacuum casting machine)中，用硅橡胶模可以浇注出高性能的聚氨酯塑料制品。

制作大型、复杂、精密的硅橡胶模，并用其成形汽车塑料试制件的关键在于：

(1) 尽可能减少硅橡胶材料的用量，降低制作成本 、

制作中型、大型硅橡胶模需要几十公斤至几百公斤的硅橡胶，一般硅橡胶的价格约 200 元/公斤，因此，硅橡胶材料费高达几千元至几万元，显然，这是成本的最主要部分。

(2) 提高硅橡胶模的加热效率

用硅橡胶模浇注聚氨酯塑料件时，一般要求模具温度达到 70°C 左右，因此须预先加热硅橡胶模，然而，由于硅橡胶的导热性很差，加热效率非常低，对于中型、大型硅橡胶模常常需要加热几小时，甚至近十小时，而且难于使整个模具的温度均匀，导致相当低的生产效率与塑料件较大的翘曲变形。

(3) 恰当选择聚氨酯的牌号，使浇注的塑料件的性能接近工件所需材料的性能

汽车上需要的工件常常是 ABS 等类别的高性能工程塑料件，因此，必须使所选的双组份聚氨酯的性能与其相接近，特别是强度、硬度与弹性，并且应有良好的流动性，以及足够的可操作时间。

(4) 正确设计浇注工艺与选择硅橡胶、聚氨酯的性能，使之能成形形状复杂的精细件

汽车塑料件上常常有精细、复杂的小特征，硅橡胶模的相应部分易损坏，并且浇注双组份材料时不易充满，所以必须采用恰当的浇注方向与浇道设计，以及高撕裂强度的硅橡胶和高流动性的双组份材料。

如果不能妥善地处理上述关键问题，根本无法经济、快速地生产合格的塑料件。

瑞鼎机电科技有限公司聚积了一批来自国内外的高级技术人员，他们长期从事快速成形、快速模具制造的研发与生产，积累了丰富的经验。公司拥有面积近一千平方米的快速模具制造车间，装备了国内最大、

最先进的德国 MKV II-XL 型真空浇注机，在充分吸取国外先进技术的基础上，通过长期的试验、研究，从材料改性与模具结构设计等方面着手，创造了一套独特的工艺方法，因此，为汽车、家电等行业提供了许多大型、复杂、精密的快速模具及其制件（如图4～图7），例如汽车保险杠、水箱面罩、车门内饰板、仪表板、车灯灯罩、音响系统面板、手机壳等零件的高精度母模、硅橡胶模，以及小批量塑料试制件，能在相当短的时间内，满足客户试制新产品的要求，从而使过去不得不进口的试制件改由瑞鼎机电科技有限公司供应，并可显著地降低成本。

图4　瑞鼎公司制作的水箱面罩的母模、硅橡胶模与塑料件

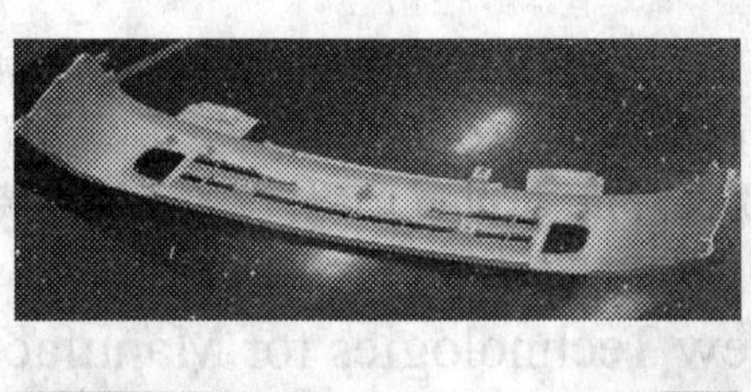
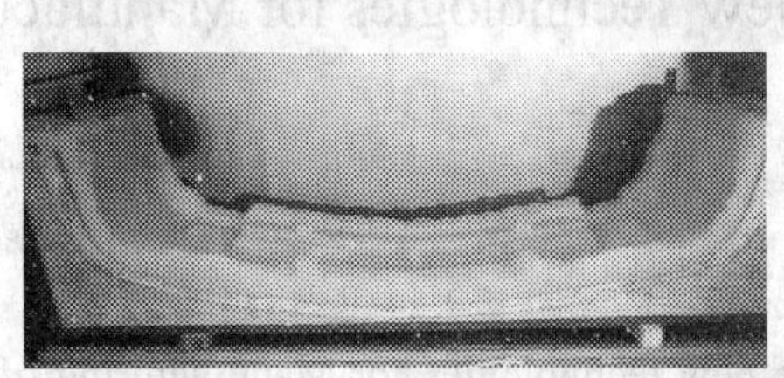

图5　瑞鼎公司制作的保险杠的母模、硅橡胶模与塑料件

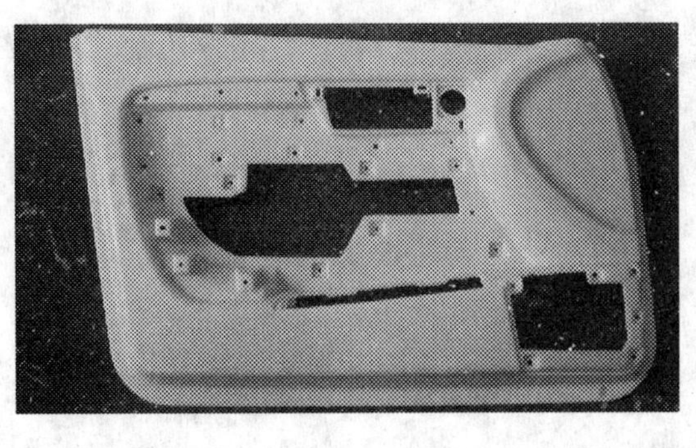

图6 瑞鼎公司用硅橡胶模成形的车门内饰板

图7 瑞鼎公司用硅橡胶模成形的精细件

参考文献

1　王运赣.快速成形技术.武汉：华中理工大学出版社，1999

2　王运赣.快速模具制作及其应用.武汉：华中科技大学出版社，2003

3　Peter　D Hilton , Paul F Jacobs. Rapid Tooling: Technologies and Industrial Application. New York: Marcel Dekker , Inc., 2000

POLO 轿车车身装配（制造）新技术

林丽华　林 刚　李 新
上海大众汽车有限公司

[摘要] 本文对 POLO 车身制造中所采用的激光焊技术、Arplas 凸焊技术、TOX 压铆连接技术及总成打孔整形技术等最新工艺方法、设备及其特点进行了详细介绍。

关键词：激光焊接 Arplas 凸焊 TOX 压铆连接 总成打孔整形

New Technologies for Manufacturing of Body-in-White of POLO

Lin Lihua, Lin Gang, Li Xin
Shanghai Volkswagen Automobile Company

[Abstract] The new technologies for Manufacturing of Body-in-White of POLO such as Laser Welding, Arplas Projecktion Welding, TOX Riveting Joining Method, Stiletto and Face Lifting in Bodyshop for Assembling Parts are introduced in this article, especially concerning on the methods, equipment and their characters

Key Word: Laser Welding　Arplas Projecktion Welding　TOX Riveting Joining　Stiletto and Face Lifting

注：本文全文刊登在 2003 年《汽车工程》（增刊）上。

车厢厂多品种混流生产的柔性焊接夹具

由俐 李靖 李佳 郭玉芹

一汽集团工艺装备有限公司

[摘要] 根据车厢类产品系列化程度高的特点，充分分析其结构及装焊工艺，将国外先进的柔性化设计思想、国际上通用的模块化设计方法，应用到车厢类焊装设计中。利用计算机高效率的优势，采用高精度移动滑台及特种定位夹紧机构实现了在一套夹具上混流生产多种车型的柔性焊接夹具设计。

关键词: 柔性 精度 定位

1 车厢类产品介绍

汽车车厢一般由底板、前板、左/右边板、后板四大部分构成。

前板、边板和后板的结构通常采用1～1.5mm钢板冲压成瓦棱板，然后焊上边框、立柱、栓钩，页板(如图1所示)。

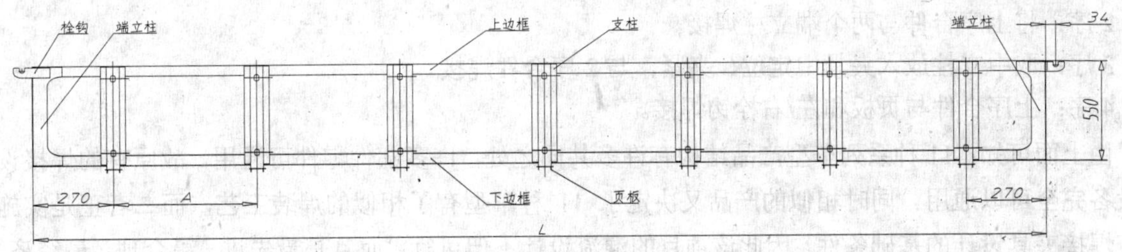

图1 车厢边板焊接总成

对于不同的车型，所焊边框、立柱、页板均相同，且焊接工艺相同，只是焊接位置以及立柱数量和车厢总体长度不同，这就为柔性焊接夹具的设计提供了良好的基础条件。

例如：以一套11种产品混流生产的柔性焊接夹具设计来加以说明，其产品情况见下表：

序号	车型	边板总长 L/mm	立柱间距 A/mm	立柱数量
01	8502015/20A10	4247	735	6
02	8502010-133	3247	683.5	5
03	8502015/20-8E	3795	651	6
04	8502015/20-133	3717	723	4
05	8502010-52	2593	684	4
06	8502015/20-4R	2890	783	4
07	8502015-13Y	4690	695	7
08	8502015/20-131	3695	551	6
09	8502010-8L	3333	931	4
010	8502015-11Y	4390	645	7
011	8502020A8L	3795	651	6

由上图及表可知：11种产品宽度均为550mm，只是总长度和所焊立柱数量不同。但是，第一根立柱到边框的尺寸均为270mm，最后一根立柱到边框的尺寸也是270mm。因此我们将每种产品的第一根立柱和边框分为一组，最后一根立柱和边框分为一组，其余立柱各为一组。每组的定位夹紧装置分别安装在若干组移动滑台上，以第一组滑台为基准，移动其它各组滑台来实现不同车型的定位、焊接。

2 工艺情况分析

车厢边板类焊接总成一般由 4 个工位来完成，整个焊接过程形成一条流水线。各工序间焊后产品的传递采用滚道式运输方式传送，滚道传输高度距地面均为 900mm。下面以边板为例介绍一下各工序焊接内容。（见图 2）。

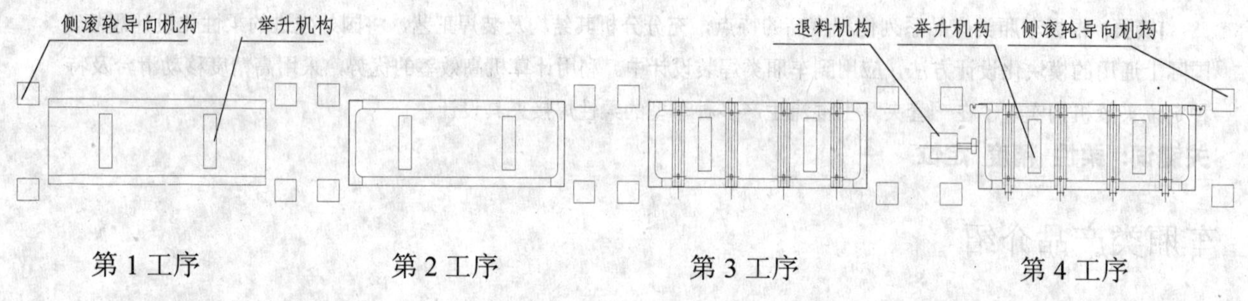

图 2 车厢边板总成焊接夹具流水线

1 序：瓦棱板、边板上框、边板下框焊接。

2 序：将上序合件与两个端立柱焊接。

3 序：取中立柱放入夹具中定位、夹紧，与 2 序合件焊接。

4 序：上序合件与页板和左/右栓钩焊接。

由上面可知：11 种系列车型产品结构有许多共同之处，许多部件零件可通用，故原有的焊接设备和专用设备完全可以通用。同时相似的产品又决定了 11 种车型有了相似的焊装工艺，而二者正是实施柔性化生产焊接夹具设计的基础条件。因此该项目的混流设计不但可行，而且是最先进、最合理、最经济的举措。它不仅能节省占地面积，保持合理的工艺流程，而且能节省时间和资金，提高设备利用率，使投入资金降低 70%。

3 夹具的柔性设计

通过对不同的车厢类产品和工艺进行仔细分析比较，发现车厢类产品系列化程度较好，实现车厢类焊接夹具的柔性设计方案完全可能。

图 3 即为 11 种车型混流生产的车厢边板总成第 4 工序焊接夹具总装图。该夹具动作原理如下：首先举升机构中的气缸带动滚轮升起，使滚轮距地面 900mm。将上工序焊接完成的边板分总成在侧滚轮机构的导向下，通过举升机构的滚道送入该夹具，然后举升机构中的气缸下降，使制件落入夹具中，制件定位夹紧，再将页板和栓钩放入夹具分别定位夹紧后焊接。焊接完成后，松开夹紧，退料机构将产品从页板的定位销中退出（见后面详细介绍），然后举升机构的气缸再次动作，将制件升起至 900 高，输入下一工位。

当生产多种车型时，靠移动滑台改变各种产品的位置来实现不同产品的焊接。图 3 为生产 8502015－13Y 车型的位置，当生产 8502015-11Y 车型时，工人只需将定位锁紧机构的限位销拔起，推动相关滑台移动到底板所示相应车型位置，然后插入限位销固定即可生产。由于混流生产车型较多，因此底板上的限位销孔很多，为保证更换产品时快速、准确，我们在每个销孔上贴上标签，做好产品标记。

尽管车厢类夹具由于所焊工序及所焊制件不同，致使焊接夹具有所不同，但是它的几大机构完全可以通用，我们将几大通用机构做成模块。

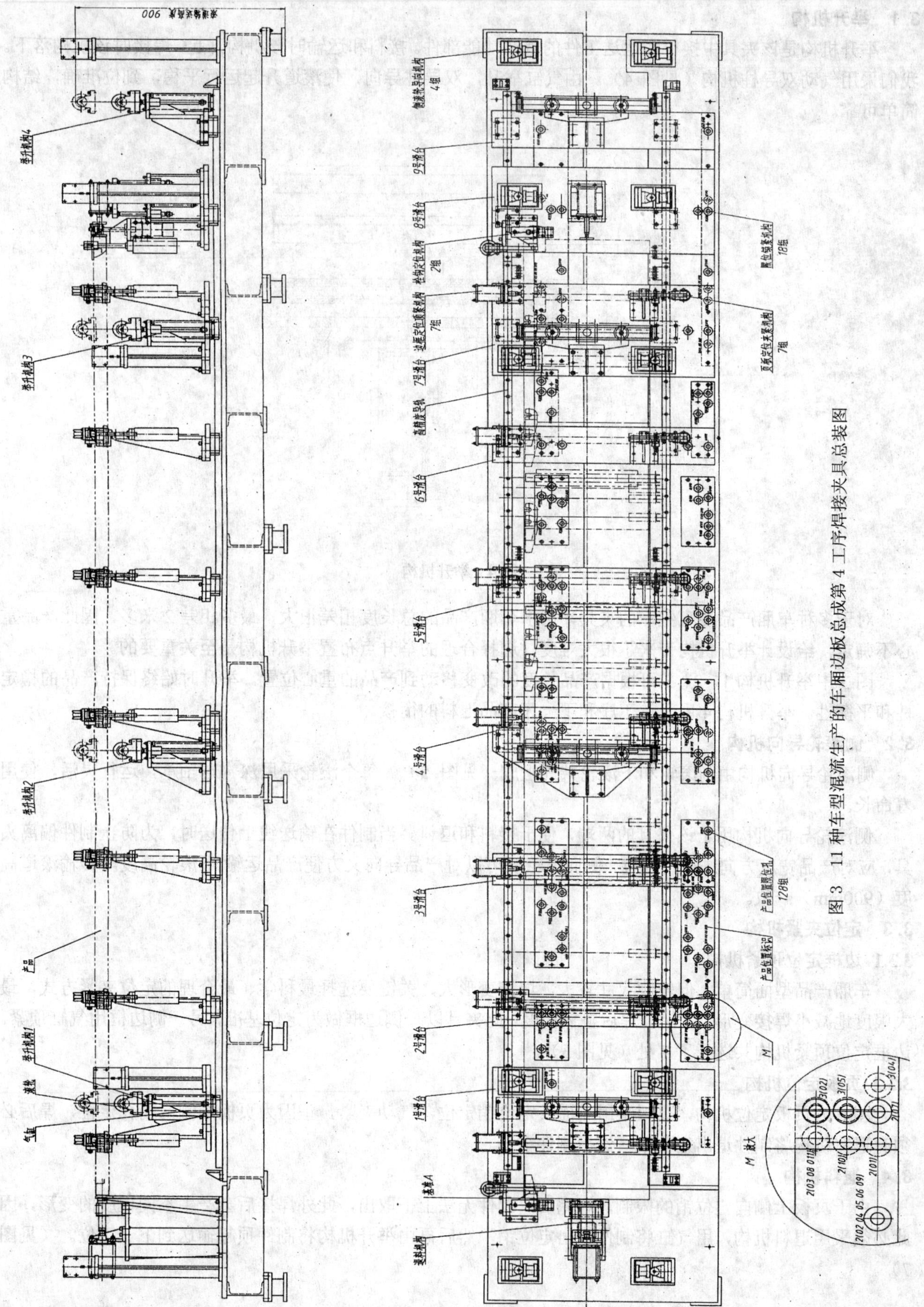

图3 11种车型混流生产的车厢边板总成第4工序焊接夹具总装图

3.1 举升机构

举升机构是该夹具中接料和运送工件的重要功能部件。接料和运输时该机构升起，焊接时该机构落下。我们采用气动双导柱机构（见图 4）。由气缸举升，双导柱导向，使滚道升起运行平稳，到位准确，结构简单可靠。

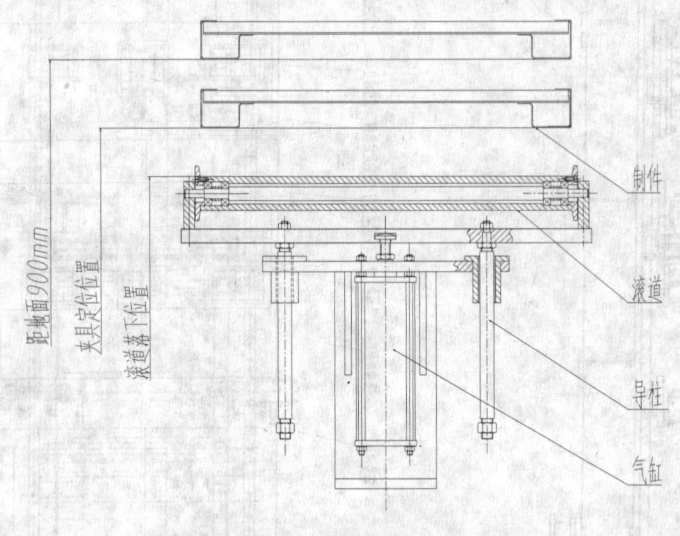

图 4 举升机构

对于多种车厢产品混流生产的夹具，由于车厢产品的总长度相差很大，最多相差 2 米多，因此产品重心不确定，给设计举升机构带来了很大难度，选择合理的举升点布置举升机构是至关重要的。

图 3 中举升机构 1、2、3 可根据产品长度的改变移动到产品的重心位置。举升时始终保持产品的稳定性和平衡性。举升机构 4 用于该工序和下一序产品退料的衔接。

3.2 侧滚轮导向机构

侧滚轮导向机构由侧滚轮和下滚轮共同组成（见图 5）。每个滚轮采用深沟球轴承，运行灵活，使用寿命长。

侧滚轮导向机构用于该夹具的两端，便于接料和退料。当制件在输送线上传送时，为防止制件偏离夹具，应对产品宽度方向进行初限位，侧向滚轮既可以对产品导向又方便产品运输,下滚轮高度与传输滚道高度（900mm）一致。

3.3 定位夹紧机构

3.3.1 边框定位顶紧机构

车厢产品型面简单，但轮廓尺寸较大，焊接变形大，关键要选择最科学、最合理的定位夹紧方式，最大限度地减小焊接变形，以保证焊后整体精度。此夹具以一侧边框做为定位基准，另一侧边框用气缸顶紧。边框定位顶紧机构共选择了 7 处（见图 3）。

3.3.2 页板定位机构

图 6 为页板定位机构，页板采用端面及定位销定位，气动夹紧，正因为页板的侧向销孔定位，焊后必须有退料机构将制件退出定位销，然后制件举升。

3.4 退料机构

由于页板上侧向定位销的限制，焊完后，制件无法上下取出，此外焊接后会产生不同程度的变形，因此必须采用退料机构，用气缸将制件推出定位销，然后再由举升机构将制件顶起输送到下一工位。（见图 7）。

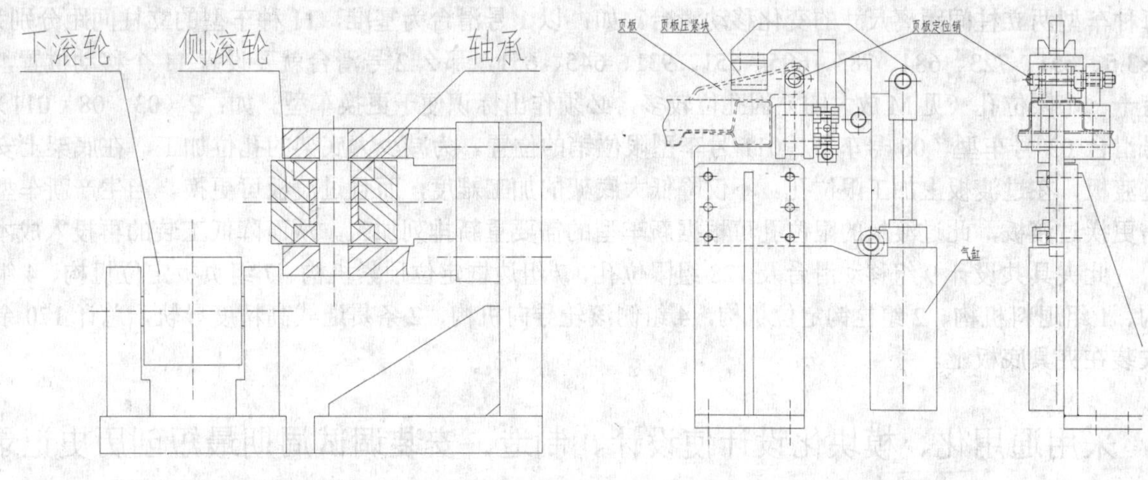

图 5 侧滚轮导向机构

图 6 页板定位机构

3.5 设计高精度移动滑台，保证系列车型的尺寸变化

为实现多种车型的混流生产，最简单可靠的方式是采用移动滑台带动各机构适应系列车型尺寸变化。为了保证滑台的运动精度，我们在移动滑台上使用了一般只在数控机床采用的高精度线性滚珠导轨。该导轨由长导轨和带有滚珠的滑块组成，导轨两侧和滑块内侧都平行延伸着四条弧形滚道，使钢珠在运动中有良好的线性接触。因此导轨运行平稳，精度高，机械能耗小，运动速度快。

此外，导轨中钢珠的过盈配置能实现不同的预负荷，完全可以承受滑动部分的重量。充分保证了滑台平稳、自如地运行。

3.6 限位锁紧机构

为准确控制滑台的移动行程 ，我们设计了定位销进行限位（见图 8）。滑台到位后，安装在滑台上的定位销插入到固定台上的限位孔里，保证定位准确，使用方便，完全满足产品设计精度和工艺要求，保证整车质量。

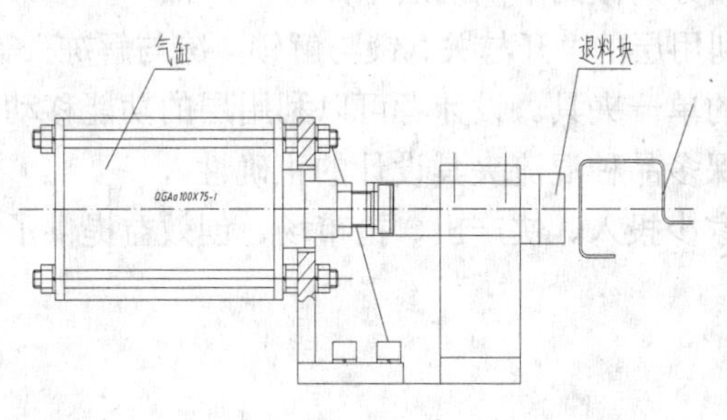

图 7 退料机构

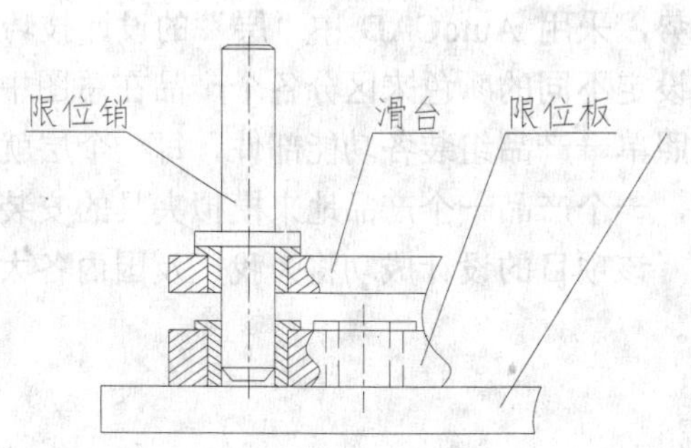

图 8 限位锁紧机构

4 合理利用有限空间，使系列车型柔性化生产焊接夹具更紧凑、更科学

由于多种车型混流生产，最短的总长 2593mm，焊立柱 4 根，最长的 4690mm，焊立柱 7 根。为适于多种车型的变化，每根立柱要采用一组滑台，由于长度差异太大，每组滑台的移动会出现相互干涉，各机构布局紧张等现象。因此设计中我们必须严格遵循四点设计原则：

(1) 设计部件及移动滑台不能影响制件的装焊及焊接操作；

(2) 各种车型的功能部件不能相互干涉，既要布局合理，又要结构紧凑；

(3) 设计部件结构要灵活可靠，操作简单，便于更换车型，维修方便；

(4) 夹具要有明显标识，便于生产工人频繁更换车型生产需要。

设计中将每一组边框定位顶紧机构、页板定位机构、举升机构等安装在一组滑台上，编上号，再根据每种车型两立柱间距离尺寸的变化移动滑台。如：以1号滑台为基准，11种车型的立柱间距分别为735、683.5、651、723、684、783、695、551、931、645、651，那么2号滑台就要设置11个移动位置，相对需有十一个限位孔（见M放大图）因孔位较多，必须作出标识便于更换车型。如：2（03　08　011）表示2号滑台03号车型、08号车型、011号车型限位销的位置。为减少大底架的孔位加工，在底架上安装若干过渡板，在过渡板上加工限位孔。不仅降低大底架的加工难度，而且过渡板可更换。当生产新车型时，只需更换过渡板，此过渡板的限位孔可根据新车型的需要重新排列加工。从而降低工装的再投入成本。

此夹具共设计9组移动滑台及128组限位孔，7组边框定位顶紧机构、7组页板定位机构、4组举升机构、1组退料机构、2组栓钩定位机构，4组侧滚轮导向机构，2条贯通式高精度导轨，总计170余种机构安装在夹具底板上。

5 采用通用化、模块化设计使设计、制造、安装调试周期最短创历史记录

我们本着柔性化的设计原则，采用模块化的设计方法，对车厢产品功能和焊夹结构进行分析，将经常的、重复使用的、具有共性的零部件进行简化和系列化，经过优化设计后成为具有独立功能的通用件，如：上面介绍的双导柱举升机构、侧滚轮导向机构、定位夹紧机构、退料机构、限位锁紧机构等。利用计算机辅助设计和数据库管理技术，将其结构实形完整绘制后作成图块，形成一个专用于焊装生产线的标准数据库，同时建立通用件、外购件等多个参数库，在设计时直接以模块方式调用插入到设计图纸中。使设计在一个较高的起点上进行，提高设计效率75%。同时大量的通用件降低了制造成本，促进了制造效率的提高，为解决日益缩短的工期给设计造成的压力，找出一条科学的设计方法。

6 多品种混流生产柔性焊接夹具的CAD设计技巧

该项目混流产品多，夹具繁杂，各功能部件多，夹具布置易出现干涉、操作不便等现象。以往手工画图将十余种产品及各部件同时罗列体现在一张总图中，图面复杂，差错率大。如今我们充分利用计算机的优势，采用AutoCAD中“层”的设计技巧，将多个产品分别做到不同的层中，一个产品一个层，通过对层设定不同的颜色来区分各个产品在总图中的位置，再利用层的“开与关、锁与解锁、冻与解冻”等功能，按照单一产品组装各功能部件，每一个层就是一个产品的单一夹具。设计者可以利用层的功能移动各个滑台，一个产品一个产品地来模拟夹具的安装与操作，确保多品种混流夹具设计的正确性。

该项目的设计成功将为我厂及国内各大汽车生产厂家少投入、快产出、抢市场、创效益提供了宝贵经验。

量检具 CAD 平台的开发与应用

王俊伟 王宏英

一汽工艺装备有限公司

[摘要] 量检具 CAD 平台是在 AutoCAD 和 Pro/ENGINER 开发平台之上构造的满足于几何量检测领域的二次开发平台。本文主要阐述该平台的构成和功能以及使用该平台对开发设计量检具所产生的效应。

关键词：CAD 设计平台 二次开发 参数化设计 文件管理

1 前言

随着计算机技术的飞速发展，对企业来说 CAD 技术已不再是一个陌生的概念，许多大大小小的企业都已经建立了 CAD 技术系统。但是如何能建立一个完善的 CAD 技术系统和在实际工作中充分发挥 CAD 技术的作用，却一直困扰着大多数企业。

量检具是保证汽车零部件质量的重要因素，因此，为满足汽车市场更新换代的需要，改变传统的手工设计模式，将 CAD 技术引入汽车量检具设计中显得十分必要。我们迫切需要专业化程度较高的 CAD 软件。有鉴于此，我们研究并开发了量检具 CAD 平台。

2 量检具 CAD 平台开发概述

2.1 什么是平台设计模式

在一个设计中，实行严格的标准化、系列化、规范化设计，并将某一类产品领域的基本硬件结构及基本软件形成产品的统一模式，即基础平台，并将基础平台相关的应用软件进行优化、筛选，形成基础平台的平台库资源。在开发新产品时，利用基础平台，并选择平台库中的相关资源进行。

2.2 量检具 CAD 平台的设计思想

随着科学技术的发展和生活水平的提高，顾客对产品质量和交货期的要求越来越高，只有借助于现代化的设计手段和先进的设计方法才能满足这些要求。因此，在设计方法上需要采取以下策略：

1）组技术和相似性原理，采用标准化技术、模块化技术，改变传统产品结构，建立标准化、模块化和系列化设计体系，充分利用现有的成熟技术和已有的零部件，快速响应市场需求，降低成本，提高质量；

2）采用组合式设计方法，实现原有技术和新技术的反复组合，扩大标准化成果的重复作用，从而加速产品开发过程，缩短产品开发周期；

3）单纯的 CAD 技术已不能满足市场竞争的需求，因此，运用价值工程、拟实技术、仿真技术等手段，研究面向 X 的设计方法，如面向成本的设计、面向加工的设计、面向测试和维护的设计、面向产品生命周期的设计等；

4）提高企业创新能力，利用现有的资源创造出新的原理和新的方法，实现新的功能。

2.3 量检具 CAD 平台的基本构成

1）基于二维设计软件 AutoCAD 之上的二次开发软件。

2）三维设计软件 pro/ENGINER 设计平台。

3）文件管理系统。

4）检测计算软件。

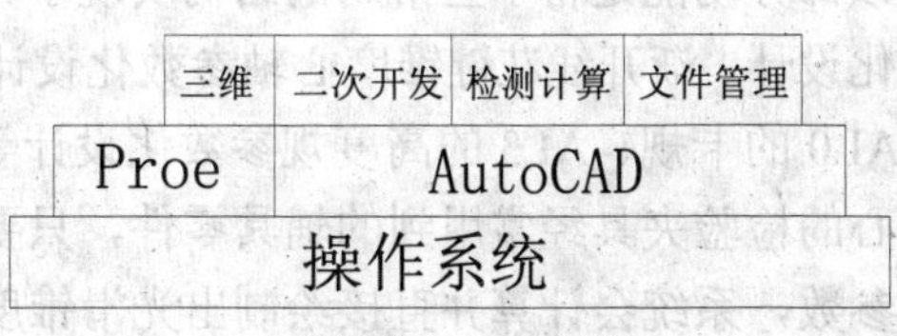

量检具 CAD 平台

3 量检具CAD平台综述

3.1 基于二维设计软件AutoCAD之上的二次开发软件

根据设计目标，该部分包含标准件库、常用结构库、典型检验夹具库、量检具参数化设计、常用绘图工具库。

所有的库是利用Visual LISP语言及对话框编程语言DCL（Dialogue Control Language）开发的。包含200多个lisp程序，300多个dwg块文件，200多个幻灯片文件，语句10余万条。并且全部以菜单形式挂在AutoCAD绘图环境中，见下图。

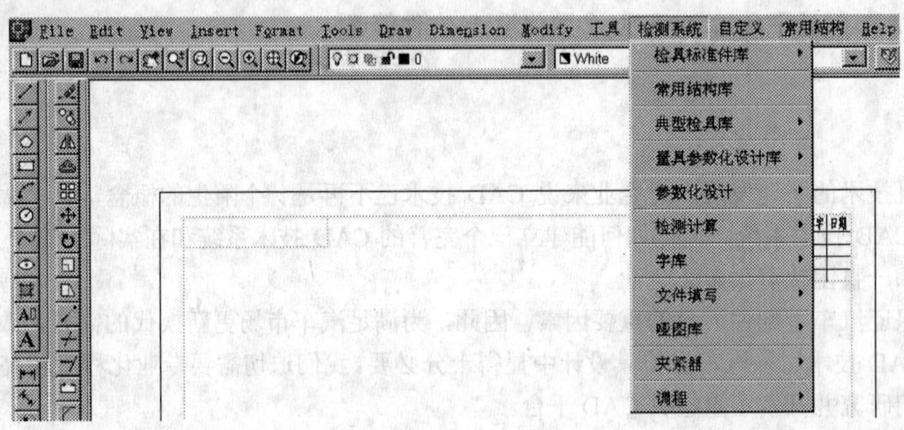

检测系统

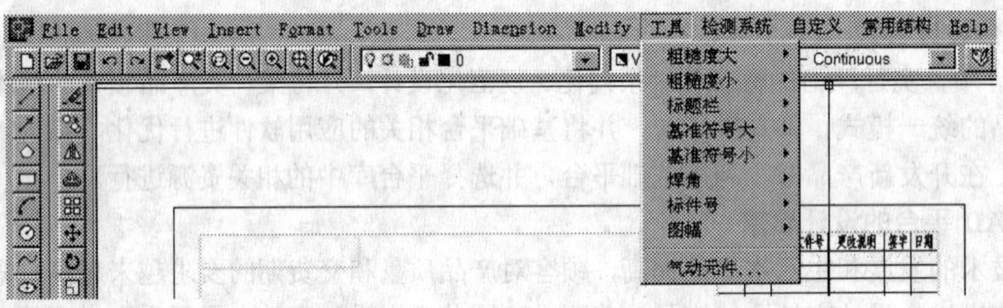

常用工具

3.1.1 标准件库

该部分功能是将我们通过几年来的设计工作，至今已积累的若干个系列的数百种标准件，建立如全部检验夹具的零部件AJ4—厂标标准、常用的国家标准、常用的机床夹具标准、自行开发的通用件及外购件在内的多个参数化库，在设计时可通过调用参数化库，以模块方式直接将标准零部件或各种型号的外购件插入到设计图纸中，极大程度的方便了设计工作，避免了大量的重复劳动，加快了设计速度。

3.1.2 常用结构库

该部分功能是将一些常用的结构实现了完全尺寸驱动的参数化设计。目前已完成的有：光滑锥度心轴参数化设计、渐开线花键锥度心轴参数化设计、弹性套心轴参数化设计、AL1的塞规、AL3的锥度塞（环）规、AL0的卡规、AL3的高度规参数化设计等六大系列100多品种。如：光滑锥度心轴参数化设计，它是孔定心的检验夹具经常用到的辅具零件，只要通过菜单选择光滑锥度心轴、根据弹出的对话框（见上图）输入参数，系统会计算并直接绘制出光滑锥度心轴。

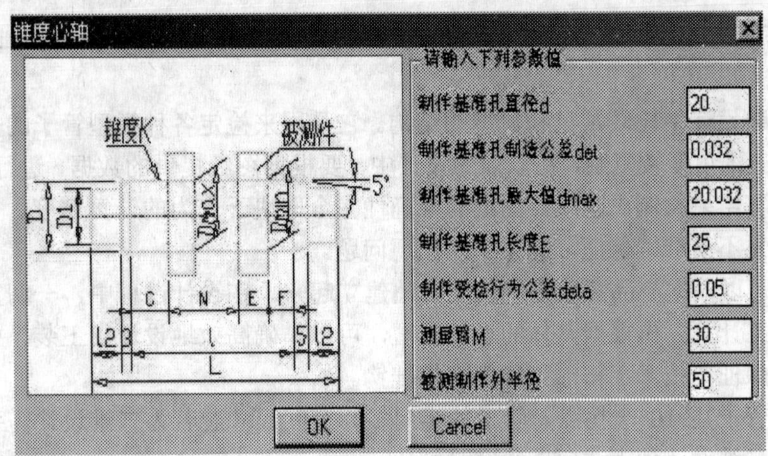

3.1.3 典型检验夹具库

该库是按各专业厂的典型零部件所使用的检验夹具分类所建。把工程技术人员长年积累的智慧和经验总结归纳成计算机里的知识和规则库，作为设计模板为以后设计所用，这对量检具设计是一份极其宝贵的财富。该部分共收集三个专业厂20余个典型零部件100多套检验夹具。

3.1.4 量检具参数化设计

该部分功能是将可参数化设计的量检具实现完全参数化直接生成工程图为一体的设计；弹性套心轴、便携式数显卡规是其中的代表作。

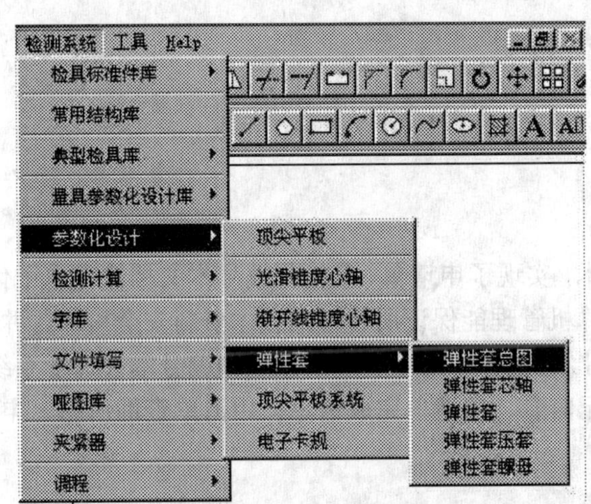

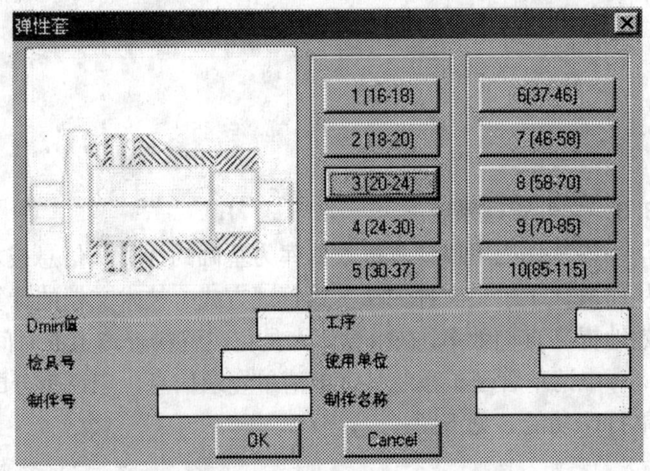

例如：弹性套心轴参数化设计，通过选取菜单，弹出相应的对话框（见上图），输入参数后，自动生成一张A1的工程图。一个设计员设计弹性套心轴大概需要半天时间，现在几分钟就完成，大大提高了设计效率。

3.1.5 常用绘图工具库

该部分功能是对二维工程图图纸标志的处理，包括：焊缝符号、加工符号、粗糙度符号、气动符号等的智能化标注；明细表、标题栏的自动生成；技术要求等文档的快速录入。

3.2 三维设计软件 pro/ENGINER 设计平台

随着CAD/CAM技术的日趋成熟，微机平台三维CAD软件呈迅猛发展之势。

用三维进行设计，能完成诸如有限元分析、机构运动仿真、数控加工，从而在产品的初始设计阶段，对产品的外观、性能了如指掌，利用理论设计和经验设计相结合的方法，使CAD源于传统设计，高于传统设计。

我们在工艺装备的设计制造中使用的三维CAD软件是由美国PTC（Parametric Technology Corporation）——参数技术公司推出Pro/E软件，现在还只是处于起步和摸索阶段，但却发展很快。目前在该平台上我们已经成功地开发了基于三维数据模型的检验夹具设计的方法，管子样板就是利用此设计方法的典型事例。

管子样板是检测工装设计中比较常见和典型的结构。它是用来检定各种类型管子的空间尺寸和形状的检具。由于管子的空间三维角度较复杂，在以前的设计中，要根据图纸提供的数据，进行人为手工的计算，计算量较大，再根据计算结果绘制出图纸。图纸的准确性完全取决于人为的计算精度。且整体性较差，个别部件的位置和相互关系不易准确保证，加工中易出现问题。

利用 Pro/E 软件，可以根据产品图纸将制件准确地建立起来。在设计过程中，一切重要的数据均从产品实体上提取，无须人工计算。再根据具体的设计原理，可以精确高效地设计出工装。杜绝了人为因素对设计的影响，而且可以保证在技术上与加工部门直接挂钩。

如：下图中，左图管子共 10 个拐点，管子的走向多为空间尺寸。若为二维设计需手工计算，还得考虑用二维工程图表达，三维设计使上述问题很容易解决。

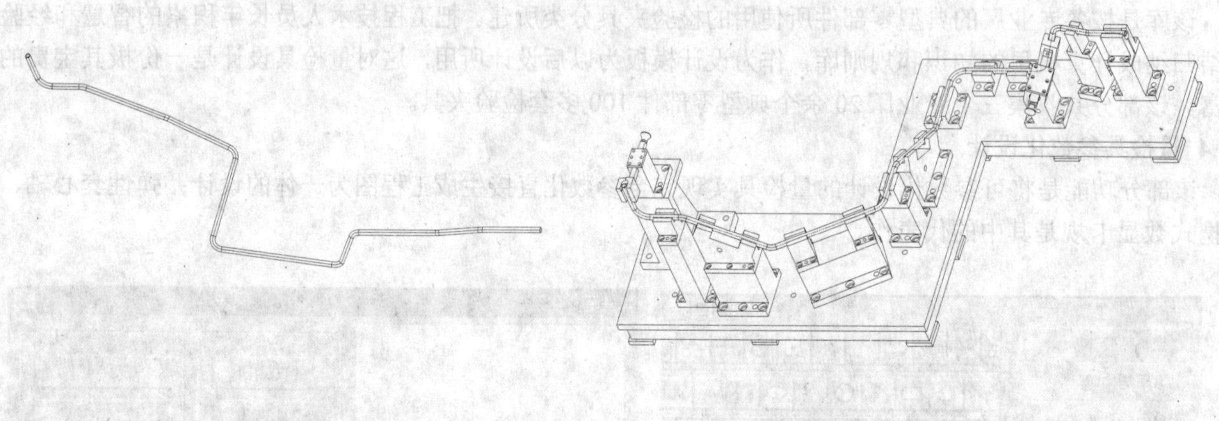

3.3 文件管理系统

该软件应用以计算机数据库为基础的计算机信息技术，实现了申请单、量检具编号本文档管理电子化，从而取代了手工文件的档案式管理方式。技术文档的计算机管理能保证所管理的技术资料安全可靠，并有效地提高查询效率，减少设计人员花在资料查询上的时间。它包含申请单管理子系统和编号本管理子系统。

申请单管理子系统具有申请单登录信息、申请单分配信息、申请单完成信息；申请单查询信息、申请单打印功能。见下图：

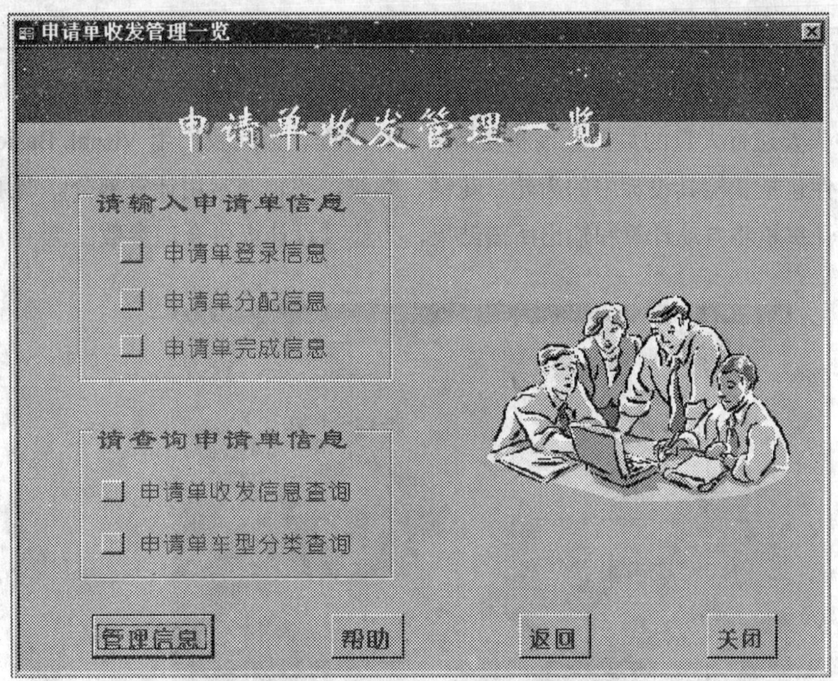
申请单收发管理一览
申请单收发管理一览
请输入申请单信息
申请单登录信息
申请单分配信息
申请单完成信息
请查询申请单信息
申请单收发信息查询
申请单车型分类查询
管理信息
帮助
返回
关闭

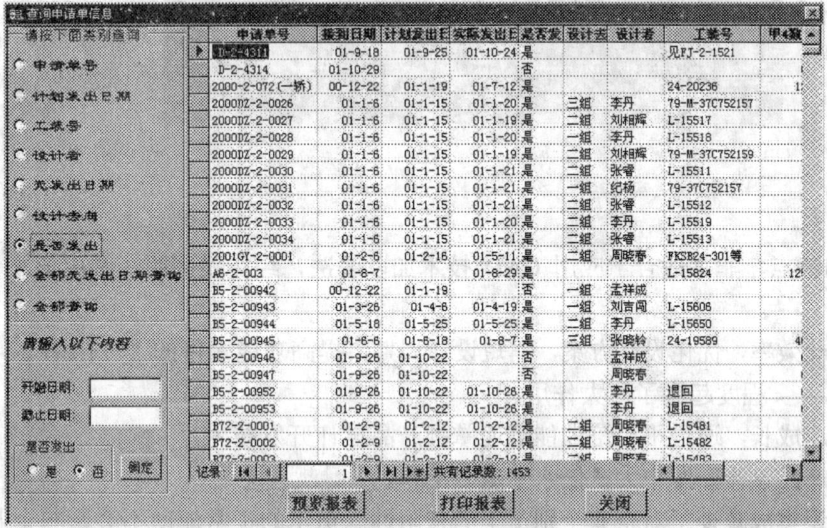
查询申请单信息
请按下面类别查询
申请单号
计划发出日期
工装号
设计者
无发出日期
设计查询
是否发出
全部无发出日期查询
全部查询
请输入以下内容
开始日期:
截止日期:
是否发出
是
否
确定
申请单号
接到日期
计划发出日
实际发出日
是否发
设计去
设计者
工装号
共有记录数: 1453
预览报表
打印报表
关闭

检验夹具查询
按全部查询
总记录数: 680
起始日期: 01-9-8
截止日期 01-6-9
工具号
24-
查询(G)
检验类别
直线度
查询(G)
用户
一发动机厂
查询(T)
设计者
张少红
查询(S)
制件号前部
检验类别:
直线度
查询(Z)
日期查询(T)
制件号
查询(H)
校对者
张少红
查询(I)
工具号 | 用户 | 制件号前部 | 制件号后部 | 制件名称 | 检验类别
FKSF24-104 | 光洋 | -208WA-1/D10-04W | | 齿条 | 尺寸
FKSF24-105 | 光洋 | -208WA-1/D10-04W | | 齿条 | 尺寸
FKSF24-106 | 光洋 | 310-208WA-1 | | 齿条 | 尺寸
FKSF24-408 | 光洋 | 320-208WB-1 | | 壳体 | 尺寸
FKSF24-409 | 光洋 | 20-208WB-1 | | 壳体 | 尺寸
FKSF24-410 | 光洋 | 320-208WB-1 | | 壳体 | 其它
FKSF24-411 | 光洋 | 320-208B-1 | | 壳体 | 尺寸
FKSF24-412 | 光洋 | 320-208B-1 | | 壳体 | 尺寸
FKSF24-413 | 光洋 | 320-208B-1 | | 壳体 | 尺寸
编号本输出(I)
检具输入(S)
全部查询(A)
退出(E)

编号本管理子系统具有检验夹具编号和量辅具编号的输入、查询及打印等功能。

3.4 检测计算软件

在检具设计中需要进行大量的数据查询和复杂的计算过程。为此我们用 Visual Basic 语言开发了检测计算软件，该软件包括量检具设计中的齿轮、花键、螺纹、心轴及常用计算部分。调用相应的程序，输入必要的数据，计算机将自动计算和输出所需结果，为检具设计提供合理参数。

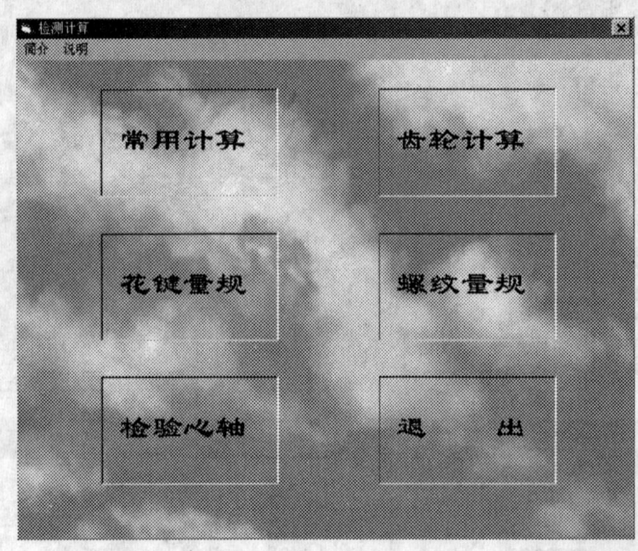

4 结束语

量检具设计的特点，非常适合于应用 CAD 技术加以解决，经实践证明，利用该平台进行量检具设计具有以下优势：

1） 对提高设计效率，优化设计方案，缩短设计周期，提高功能元件的“三化率” ——“系列化、通用化、标准化” —— 程度起到了巨大作用。

2） 设计员迅速成长，通过平台培训能迅速掌握产品设计开发技术。

3） 彻底根除产品设计开发中大量低水平重复工作。

4） 平台的知识集成减少了对企业个别员工的依附性。员工的正常流动不会影响企业的技术实力。

随着计算机技术的发展，量检具 CAD 平台还会不断更新完善，以适应专业化设计的需要。

弯柄螺母丝锥的设计改进

翟洪滨　倪晓林

一汽集团工艺装备有限公司

[摘要] 本文从实际工艺加工问题入手，分析产生加工问题的具体原因，确定螺母丝锥的优化设计结构，从根本上解决了存在的问题。

关键词：弯柄螺母丝锥　切削层厚度　切削锥角

1　问题的提出

一汽集团公司吉林标准件厂生产的标准螺母采用如图1所示的弯柄螺母丝锥进行内螺纹的加工，对于小直径细牙的螺母加工一直存在着在加工过程中攻丝扭矩大、丝锥弯柄发生扭断的现象，为此曾改进过焊接技术，确保了焊接质量，但丝锥仍只加工200多件便磨损或粘屑，造成螺母“串糖葫芦”，使得瞬时扭矩过大，丝锥弯柄形成扭曲或折断。最近由于原材料冷墩钢硬度略有降低，这种现象更加严重，影响了生产的正常进行。

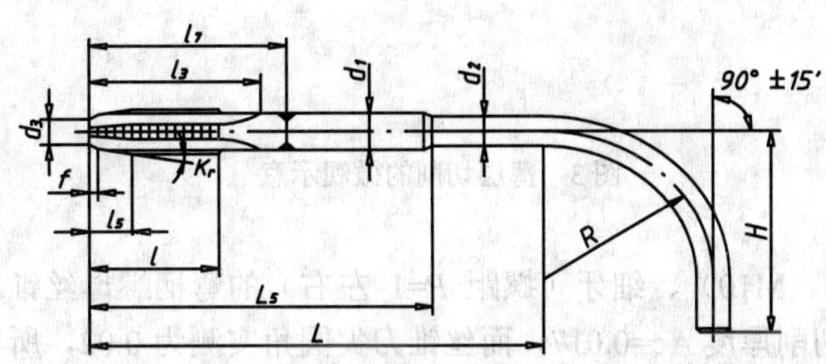

图1　弯柄螺母丝锥的外形尺寸

2　问题分析

丝锥工作时，其主要抗力为扭矩。攻丝扭矩由三部分组成，即切削扭矩、丝锥与已加工表面之间的摩擦扭矩和切屑阻塞在容屑槽中产生的扭矩。在正常切削条件下，主要的是切削扭矩，而丝锥的切削负荷与丝锥每一刀齿切下的切削厚度 Ac 以及同时工作刀齿数有关。

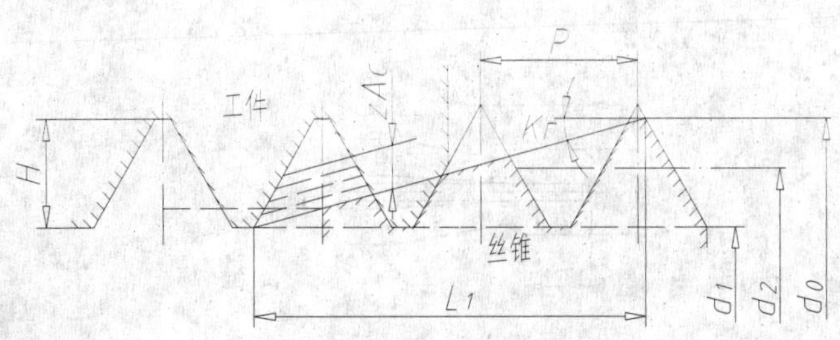

图2　切削层厚度分析

如图2所示，切削厚度Ac与丝锥结构参数的关系如下：

$$Ac=PtgKr/Z$$

式中 *Ac*——每齿的切削厚度；

P——丝锥的螺距；

Z——丝锥槽数；

Kr——丝锥切削锥角。

从上式看出，丝锥的每齿负荷不取决于机床进给机构，而是由其本身结构参数所决定。对于一种规格的丝锥来说，螺距 *P* 是常数，槽数 *Z* 受丝锥结构限制（一般 *Z*=3～4），这时，切削厚度 *Ac* 主要取决于丝锥的切削锥角 *Kr*。对于螺母丝锥 *Kr* 值小时，切屑薄，同时切削的总面积减小，可使扭矩下降。

但切削锥角 *Kr* 不是越小越好，当 *Kr* 较小且为细牙（螺距P较小）时，使得切削厚度 *Ac*<0.02mm，即接近或小于刃口钝圆半径（一般新刀在0.015mm左右），这样，如图3所示，由于刀刃钝圆半径的存在，刀具不能产生切削作用，而是对工件加工表面造成严重的挤压现象，切削热量急剧上升，加剧了刀具磨损，同时会使螺孔表面加工质量下降，而且挤压形成的冷硬层使后续刀齿的切削条件恶化，当挤压积累到一定限度时，局部硬度很高的硬化层反弹，使得某个刀齿切削厚度瞬时增加，切削扭矩急剧增加，超过了刀具材料的屈服强度，就产生了塑性变形的扭曲或扭断。

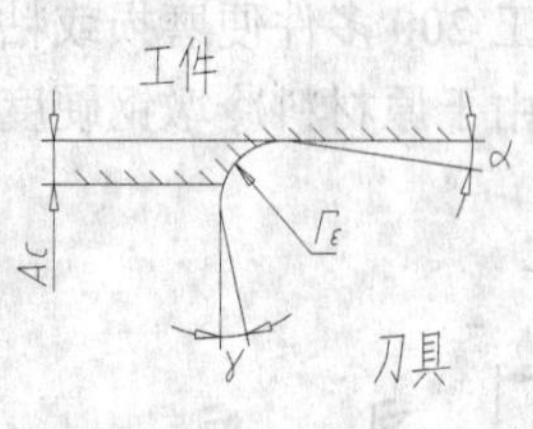

图3 薄层切削的微观示意

原来设计的小直径（M8、M10）、细牙（螺距 *P*=1 左右）的弯柄螺母丝锥切削锥角设计的较小，大多在3°左右，通过计算得切削厚度Ac=0.017，而丝锥刀尖圆角实测为0.02，所以产生了非切削的挤压刮削，扭矩大，切削温度高，加工后的制件烫手，刀具磨损严重，当刀尖磨损刀尖圆角半径增大时，形成更严重的挤压，使得丝锥扭断，实际加工的现象证实了我们的分析。

3 丝锥结构设计

通过分析确定较适合的单齿切削层厚度应控制在0.03～0.06mm，由此确定的丝锥切削角度 *Kr*=5°～10°，但由于小直径丝锥为了保证强度，容屑槽相对较浅，若采用大的切削锥角，切削层厚度较大，容屑槽容屑就不够，容易产生挤屑。为此，在M8、M10丝锥的设计上优化采用6°30′（切削锥部扣数为6）.

切削锥角 *Kr* 的增大，使得切削锥部长度减少了，为提高加工过程中丝锥的导向性，我们采用了如图4所示的带前导向结构。

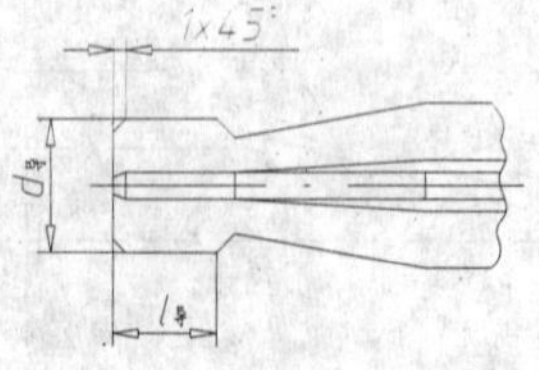

图4 丝锥前导向示意

根据以往试验确定，在加工珠光体冷墩钢（软钢）时，前角取2°～4°排屑较好，螺纹尺寸稳定。

为避免产生“串糖葫芦”现象，在保证尺寸精度的情况下，采用较短的校准锥部长度，取为8倍螺距，并在刃口圆周1/3处进行铲背，以减少螺母与丝锥间的摩擦，保证攻丝后的螺母顺利后移并脱离；另外，为增加容屑空间，将容屑槽长度增加。

4 改进结果

改进后的丝锥经过实际应用后，切削扭矩小，刀具正常磨损，刀具耐用度较原来提高了8倍多，加工出的螺母尺寸正确稳定，表面质量明显提高，对于硬度控制较好的工件，加工效果更好。

参考文献

1 肖诗纲，董仁扬，高则烈.《螺纹刀具》.机械工业出版社，1986

2 袁哲俊.《金属切削刀具》.上海科学技术出版社，1984

现代电子技术在汽车零部件检测领域的应用

王俊伟　张　威　周晓春　李志鸿　孙明瑞

一汽集团工艺装备有限公司

[摘要] 通过对现代电子技术在汽车零部件检测领域的应用的具体阐述和总结，进一步提高检测技术水平。

关键词：现代电子技术　检测　显示智能化　力的测量　形位公差

中国一汽的汽车生产，经历了五十个春秋，在这五十年的历程中，经受了由卡车到轿车；由单一产品到多元化产品；由手工制作到年产一百万辆的历练，发生了重大的转变。而汽车零部件质量的检测，伴随着汽车生产规模的扩大，也日益重要。随着科学的日新月异，检测技术得到了长足的进步。

现代电子技术在汽车零部件检测领域广泛的应用，取得了显著的成果。主要在显示智能化、力的测量、形位公差的测量、轴/孔尺寸的高精度测量等方面：

1　显示智能化

汽车零部件在生产过程中的检测，是保证质量的重要环节。测量技术的提高，是加工精度提高的前提条件。通常测量精度应高于加工精度一个数量级。

汽车零部件在生产过程中的检测，就是对工件是否合格的判定。只有合格，才可以进入下一道工序，最终安装在整车上。对检测结果的显示方式，通常有两种方式：

(1) 界限显示：通过控制加工公差的上限和下限，当工件在这一区间内，合格，落在区间外，则超差，不合格。优点是使用方便，具体应用如：塞规、卡规、水柱式量仪、电子柱量仪等。

(2) 读数显示：通过使用百分表（或千分表）对工件测量，读出数值，在要求的公差范围，为合格，否则即为不合格。优点是测量准确。有两类不同的使用场合：直接读数法——应用于尺寸的测量（有校准件）；间接读数法——需要读取最大值（或最小值），并对读数进行简单计算，应用在平面度、垂直度、同轴度、对称度、跳动等方面测量。

通过应用现代电子技术，在汽车零部件检测领域，引入传感器技术、单片机应用技术，实现了显示智能化。它综合了前述两种方式的优点，使测量更准确、更方便。应用范围更广泛。

车轮轮辐、轮辋测量跳动的检具，传统上采用指针式粗测表来显示数值，由于每种产品检测多个跳动值，操作者要记住每块表变化的最大值，非常不方便，不同的操作者也容易产生不同的测量结果，这对用户控制产品质量造成一定的难度,也影响到整车质量。

通过对上述问题进行分析、调研并与用户探讨，最后确定采用智能化显示来改善传统检具的不足，具体方案是通过电子部件将产品转动一周变化的最大值记录下来，并通过数显装置将其显示出来。对一个产品的多个检测项目可以通过一块显示面板来实现，给使用者带来极大方便。另外，在测量上采用了传感器，提高了测量准确性。

在为车轮厂设计6.00G－16轮辋与轮辐总成跳动检具时，我们根据上述方案，设计完成了两套机电检测量仪。该量仪的显示装置均采用工装公司自行研制的TD型跳动测量仪（见下图），它通过传感器与机械装置相连，用数字形式反映产品公差，同时对产品是否合格用红绿灯显示来提示用户，既方便又提高了准确性。解决了困扰质量的这一难题

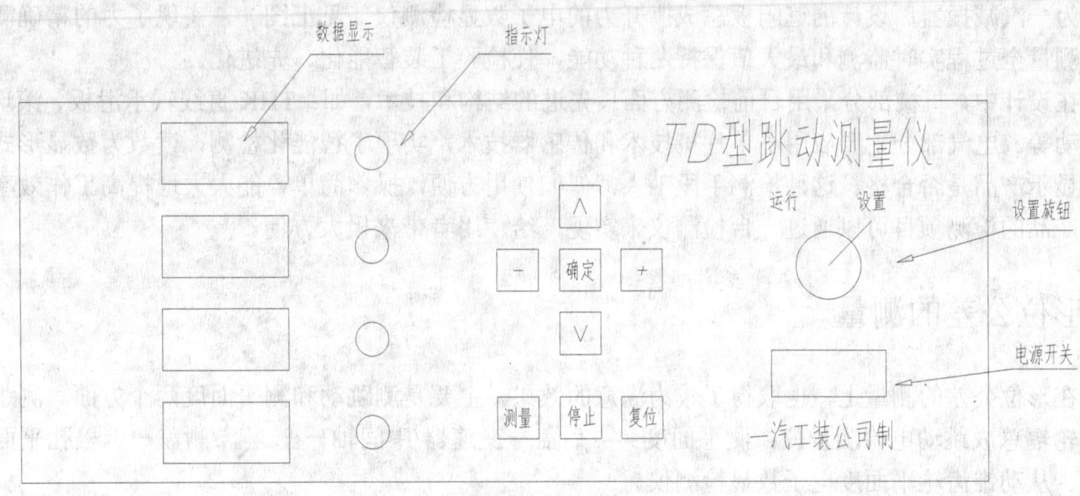

TD 型跳动测量仪是由我公司研制的，实现自动测量的电子检测仪器。可配合不同检验夹具使用，检测轴类零件的径向、端面跳动。能同时测量 1~4 个参数，可预置公差，有合格状态显示。另外，它的设计原理可以适用于其他以读数差为显示结果的形位公差的检测。

显示智能化测量是检具向电子化发展迈出的关键一步，并且这种智能化显示使测量更加方便可靠，对于一些测量参数多，精度要求高的产品尤为适用。显示智能化测量不仅广泛适用各类检具，同时，为发展自动化检具、乃至智能化检具，打好基础。

2 力的测量

关于力的测量是在汽车零部件检测领域一次突破性的应用。

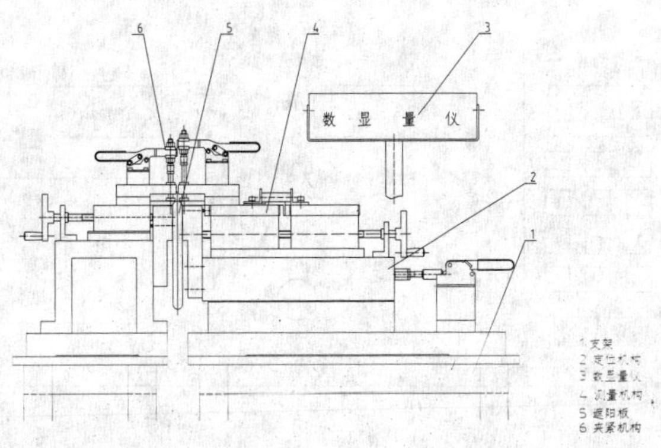

遮阳板总成撕开力的检测，通常不在检测设计范围内，因而一直未进行检验。如果采用机械式的测量方案，即：将制件定位，用弹簧秤或加挂砝码的机构，实现测量。这样，得到的结果，只是近似值，不准确，而且效率低，不能满足生产及用户需求。经过研讨，确立了机电结合的设计方案。

为一汽减振器厂设计的遮阳板总成撕开力的电子数显检测仪（见上图），实现了力的精确测量，并能实现测量全过程实时监测和最大值保持两种功能，使检验工装智能化、先进化。

在设计中，机械部分采用目前检测方面最先进的结构和技术，如：THK 直线轴承滑板、滚珠滑板、丝杠传动等。电气部分主要应用了单片机技术和传感器技术，实现了智能化检测，读数为数显形式，并用红绿灯显示产品是否合格。这种检测手段工人师傅们使用方便，操作简单，能大大地提高工作效率。对多个品种产品的检测项目可以通过一台检测仪来实现，给使用者带来极大方便。

3 形位公差的测量

在形位公差的测量上，也取得了较为满意的效果。主要是测跳动和测平面度两个方面。测跳动——轮辋与轮辐总成跳动电检测量仪；测平面度——后盖－变速器/中间轴－变速器/侧盖－倒档孔平面度数显检测仪、从动锥齿轮平面度电子数显检测仪。

为一汽热处理厂设计的多品种从动锥齿轮平面度的电子数显检测仪（见下图），实现了多种产品多工序平面度的精确测量，测量半自动化,降低劳动强度,提高检测效率,使检验工装智能化、先进化。热处理检测从动锥齿轮平面度采用两种方式：①采用滑尺法，需重复测量很多次；②采用塞尺法，塞周边。两种方法由于都重复测量，效率低，不能满足生产节拍需求。另外，现场采用喷丸的工艺去应力，粉尘较多，经常附着在工件表面；其中一道工序检验时，制件刚淬火完毕，制件表面挂满淬火油，而且，温度很高，如果等温度冷却后，油又会粘在工件表面。由于这些恶劣的环境因素，对检测过程的要求，也将更加严格。经过研讨，确立了机电结合的设计方案。

在设计中，机械部分采用目前检测方面新研发的结构和技术，如：检测仪采用了回转运动、重力平衡、多产品快换等机构；增加了防尘、防油、隔热等功能：将运动部件安装在封闭的箱体内，减少粉尘的影响；设计了特殊的雨伞式结构，防止油的渗漏，添加了排油槽；设计了灵活的传递杠杆，避免了高温对传感器的影响。电气方面应用了传感器技术和单片机技术，采用 12 个传感器，实现了数据重复采集、运算，保证了测量结果的正确性，自动打印测量结果，满足生产节拍要求，提高生产效率。这种检测手段工人师傅们使用方便，操作简单，能大大地提高工作效率。对多个品种产品的检测项目可以通过一台检测仪来实现，给使用者带来极大方便。

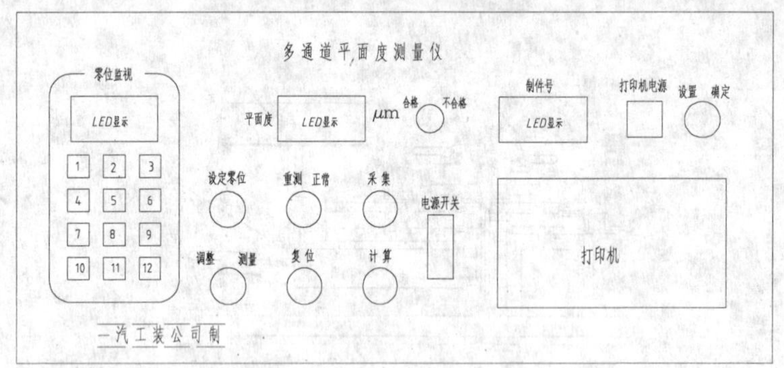

4 轴/孔尺寸的高精度测量

专门用于测量高精度汽车零部件轴径和孔径的数显便携式电子卡规和电子塞规。它的液晶数显表头采用 3 位半数字显示，数字读取精度在 0.001mm，实际重复测量精度在 0.001mm，完全可以适应生产现场的最高测量要求。电子卡规和电子塞规在实际测量前，需用标定实际值的校准件进行比较校准。汽车零部件轴径和孔径的测量现状及测量，现在在现场普遍采用的轴径和孔径的测量方法有这样几种：卡规、塞规测量，这种测量方法应用最广，时间最长；各类气动测量，应用比较普遍，尤其是水柱式量仪是我们公司李学授发明的，一段时间以来，在高精度轴径和孔径的测量中起到了很重要的作用；电子柱量仪测量轴径是20世纪90年代初发展起来的一种测量方法，由于引入了电子信号测量的量化才真正开始；气转电的测量则把气与电的优势充分结合起来，是新型测量技术应用的具体体现。

卡规、塞规测量的最大优点是使用方便，对生产现场没有任何要求，单件成本确实很低，但对于高精度轴径和孔径，磨损也很快。它的最大缺点是对于高精度轴径和孔径测量的可信度太差，在国外，高精度轴径和孔径早已不采用这种测量方式。

浮标量仪和水柱式量仪的测量精度可以满足现场实际需要，但也只能作为产品判定合格与否的一种测量手段，而且，量仪调整困难，易受气源干扰，对现场条件要求较高。

电子柱测量的最大优点是提供了可以量化的刻度，根据放大倍率的不同，每一个刻度所代表的精度指

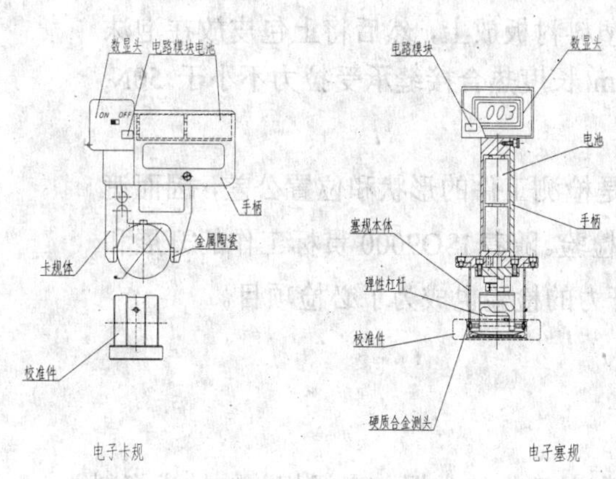

电子卡规　电子塞规

标不同，它的最大缺点是需要使用电源，而且由于使用笔式传感器，调整困难，机械结构受限制。它的典型应用是发动机活塞裙部分组，效果不错。

用气转电量仪进行测量对于高精度轴径和孔径，尤其是小孔径或粗糙度较好的零件比较实用。它同样可以提供量化的刻度，测量精度可以达到很高。它的缺点是使用中现场需要提供气源和电源，不方便。

我们研制开发的新产品——电子卡规和电子塞规。它的表头采用数字显示，重复测量精度基本可以达到0.001mm，电子卡规的测头采用陶瓷合金；电子塞规的测头采用硬质合金。电源采用两节9V电池供电，电池的使用寿命可以达到3个月。电子卡规的机械疲劳实验做到26万次以上仍可正常使用，电子塞规测头的测力只有5N，且可以调整。电子卡规和电子塞规整体的使用寿命在正常情况下，可以达到5年。由于采用便携式的设计，对现场没有使用要求，可以随时随地进行测量,具有其他测量方式无法比拟的的方便性。

5 总结

综上所述，应用了现代电子技术，检验工装实现了与现代化的生产的匹配，有效地保证了汽车零部件的质量。通过多年的推广和应用，在实际生产过程中，直接保证了产品质量乃至整车质量，达到了预期的效果，受到用户的好评。

遮阳板总成撕开力数显检测仪

周晓春 王俊伟 孙明瑞
一汽集团工艺装备有限公司

[摘要] 本文介绍机电结合的检验装置在汽车零件遮阳板总成撕开力的检测方面的首次应用实例，以提高检具工装的技术水平。

关键词：遮阳板 撕开力 检具 传感器 单片机

在汽车生产过程中，作为内饰件之一的遮阳板，是必不可少的。优质的遮阳板能够为驾驶者提供舒适性和安全性。在遮阳板总成工艺流程中，其中一道工序就是将上/下包皮放入电热恒温箱加热，温度为 50～80℃，取下包皮放在热合模上，再将粘合后的泡沫塑料衬板放上，然后将上包皮放在泡沫衬板上进行封口。要求 30mm 长度热合接缝承受拉力不小于 50N，精确到 1N。

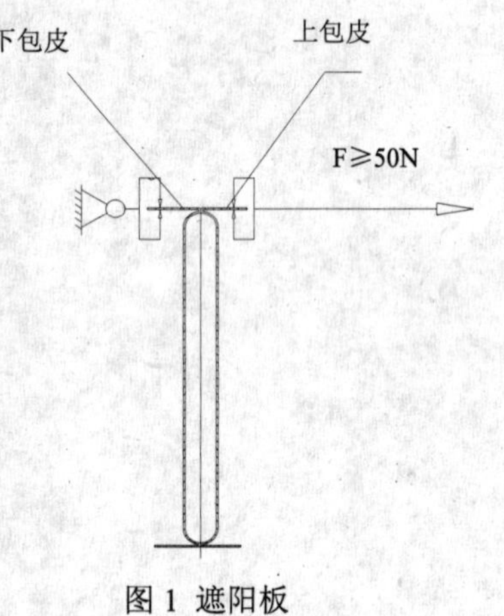

图 1 遮阳板

通常检具的设计，主要是检测工件的形状和位置公差，因而遮阳板总成撕开力一直未进行检验。随着 ISO9000 贯标工作的开展和 VDA 质量体系的贯彻，撕开力的检验也成为了必检项目。

1 方案的分析和确立

通过到生产现场的了解和对工件的掌握，查阅相关的技术资料，得到如下三种方式的测量方案：

1.1 弹簧秤法

弹簧秤法，即：将工件定位、夹紧，利用弹簧秤的机械结构进行检测。此种方法的优点是读数直观，便于判断；缺点是弹簧回复性差，刻线显示精度低，不能满足检测要求。

1.2 挂砝码法

挂砝码法，即：在检验夹具的结构中，增加一个定滑轮，悬挂定值砝码测量。这种方法的优点是检测结果准确；缺点是用临界值测量，没有量的显示，不直观。

1.3 机电结合法

机电结合法 ，即：将 MCS-51 单片机的应用技术引入到检验夹具的设计当中。此方法综合前述两种测量方案的优点，既能对测量过程进行实时跟踪，又能做到测量力的最大值保持。

综上所述，采用了机电结合的设计方案，见图 2。

2 设计过程的具体阐述

遮阳板总成撕开力数显检测仪的设计分为机械和电气两个部分。

2.1 机械部分

机械部分由定位机构、夹紧机构、测量机构以及支架等辅助部分组成。

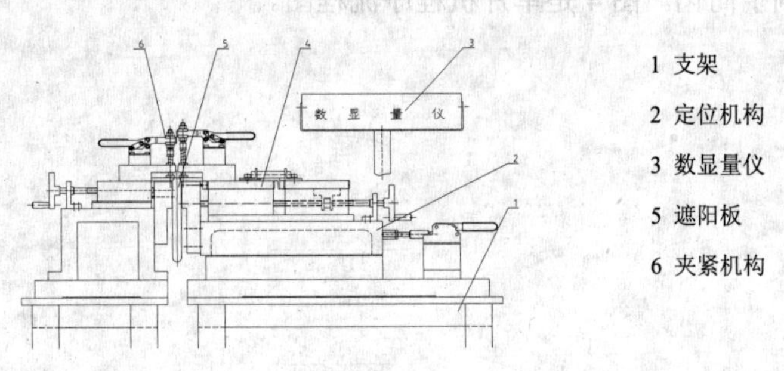

图 2

2.1.1 定位机构

定位机构包括固定夹板、活动夹板、滚珠滑板、推力器等部件。在夹板的表面，增加保护层，避免与工件接触时划伤工件；滚珠滑板采用单 V 型加平面的三个滚珠的结构，V 型确定了滑板的运动方向，滚珠保证了运动的轻便与灵活；推力器具有调整环节，确保定位机构在适当的位置，夹持工件，更好的起到定位作用。

2.1.2 夹紧机构

夹紧机构由左右相同的两个部件组成，分为三个部分，即：夹紧托架、弹力回复夹头、夹紧器。在这一环节，主要考虑夹紧力和夹头与工件的摩擦系数，产生足够的摩擦力，保证工件在测量过程中，无相对位移，测量结果正确。

2.1.3 测量机构

测量机构安装在定位机构的上方，分为左右两部分：左侧是预紧部分，采用了丝杠滑块运动结构；右侧是测量部分，采用了两个 THK 直线轴承运动部件，通过支架和传感器联结成一个整体，由丝杠螺母结构控制测量动作，同时，将传感器的信号传入到数显装置，进行数据处理。

另外，根据现场工作环境的要求和外观质量的需要，设计了相应的辅助部分。

2.2 电气部分

电气部分由信号接收和数据处理两部分组成。

2.2.1 信号接收

这部分主要是传感器的选择。通过对工作环境、测量量程、分辨率（精度）、性价比等因素的分析，选择传感器的各项参数，确定传感器的使用型号。

2.2.2 数据处理

数据处理即数显装置的设计，包括机箱设计和电路设计两部分。机箱设计主要考虑显示、操作功能和外观质量；电路设计包括：稳压电路、放大电路、A/D 转换、单片机应用电路四个部分。

电气部分工作框图如图 3 所示，传感器将采集到的信号传送到放大电路，再将放大后的信号经模数转换，转变为数字信号，进入单片机，按程序流程，最终输出显示。

图 3

在这次设计中，选用了MCS-51系列8051型号的单片机，具有4KB的ROM，方便了程序的编写，使应用电路的设计得到了简化。图4是单片机程序流程图。

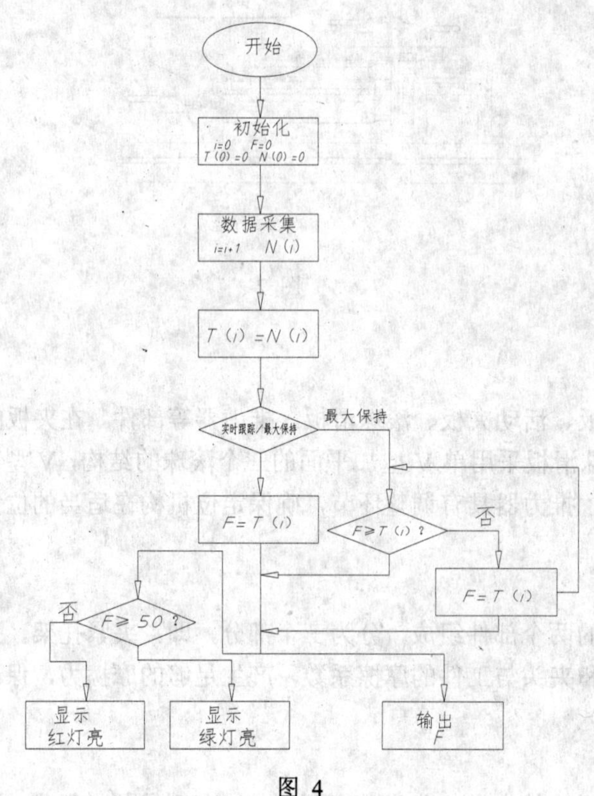

图 4

2.3 误差分析

由前面的阐述可知，误差也分为机械和电气两个部分。

2.3.1 机械部分误差

机械部分误差，主要是由机械结构自身的特性产生的，一部分来自于加工制造、装配的精度，另外是运动部件在运动中产生的摩擦力。这两方面对测量结果均有影响，前者可以通过严格要求，减小产生的误差；后者，考虑运动的情况，采用纯滚动运动方式，降低摩擦系数，同时提高运动接触面的表面质量。

2.3.2 电气部分误差

电气部分误差，主要是电子元件在工作状态的热稳定性。选择合格的电子元件，使其构成的电路工作在线性区内，消除零飘，增加抗干扰环节，使得电气部分误差可以忽略。

2.3.3 误差的消除

根据电子技术的特殊功能，调整输出显示的示值，校验机电结合后的检测仪的系统误差，通过示值标定的方式，消除系统误差。因而，误差可视为零。

3 应用效果

经过对制造和使用过程的跟踪服务，遮阳板总成撕开力数显检测仪实现了对工件撕开力的准确测量，达到了实时跟踪和最大值保持两种方式显示测量力，自动进行检测结果合格提示。测量节拍为1件/min，显示精度0.1N，稳定度为0.1N，满足了生产的工艺技术要求。

汽车总装配线改造工艺分析

戴 军 林茵茵
东风汽车公司总装配厂

[摘要] 通过对总装线的构成、工艺布置、设备、工装等的全面分析，找出影响重型车生产能力的主要因素，充分考虑新产品的结构变化方向和市场需求的趋势，利用工厂现有设施，采用最经济、合理、见效快的技术改造方案，实现生产纲领的目标。

关键词：装配线 改造 工艺分析 生产能力

前言

东风公司总装配厂三条整车装配自动流水线均在20世纪70年代末建成，其总装配线的结构为桥链加板链的型式，工艺设计主要是依据中型长头车的产品结构和生产纲领。随着汽车工业的发展，汽车产品的种类、结构在不断发展变化，为满足轻、中、重型多种载货车的生产，已对总装配线先后进行了2～3次局部改造，现在已成为能生产总重在6～24t的轻、中、重型，长、平头全系列载货车的混流自动流水线。由于公路建设的加快，我国交通运输将发生重大的变化。汽车运输由短途向长途发展，汽车车速将由中低速向高速发展，汽车载货量由中、轻吨位向大吨位发展。因此，提高大吨位重型车的生产能力已成为迫在眉睫的任务，总装配线又将面临着一次大的改造。

1 改造设计依据

通过对重型车需求市场的充分调研，预测重型车需求量将急剧上升。除保留现有生产结构和能力外，重型车系列的生产能力达到8万辆/年（其中双后桥中型车达到5万辆/年）。到2005年作为载货车主要生产基地的总装配厂，双后桥重型车系列的生产能力达到8万辆/年。

2 改造设计原则

1） 重型车系列的生产能力达到9万辆/年，其中双后桥中型车达到5万辆/年。

2） 具有总重为30吨的重型车系列的批量生产能力。

3） 具有双前桥重型车的通过性。

4） 采用先进成熟的科技成果，经济、合理、可靠，保证产品质量，投资少收效快，长期综合效益好，具有一定的产品变化适应能力。

5） 不影响正常的大循环生产。

3 工厂现状

由于这次改造的目的是提高重型车的生产能力，因此，下面只对重型车的生产现状进行分析。

3.1 装配线结构、状况平面图

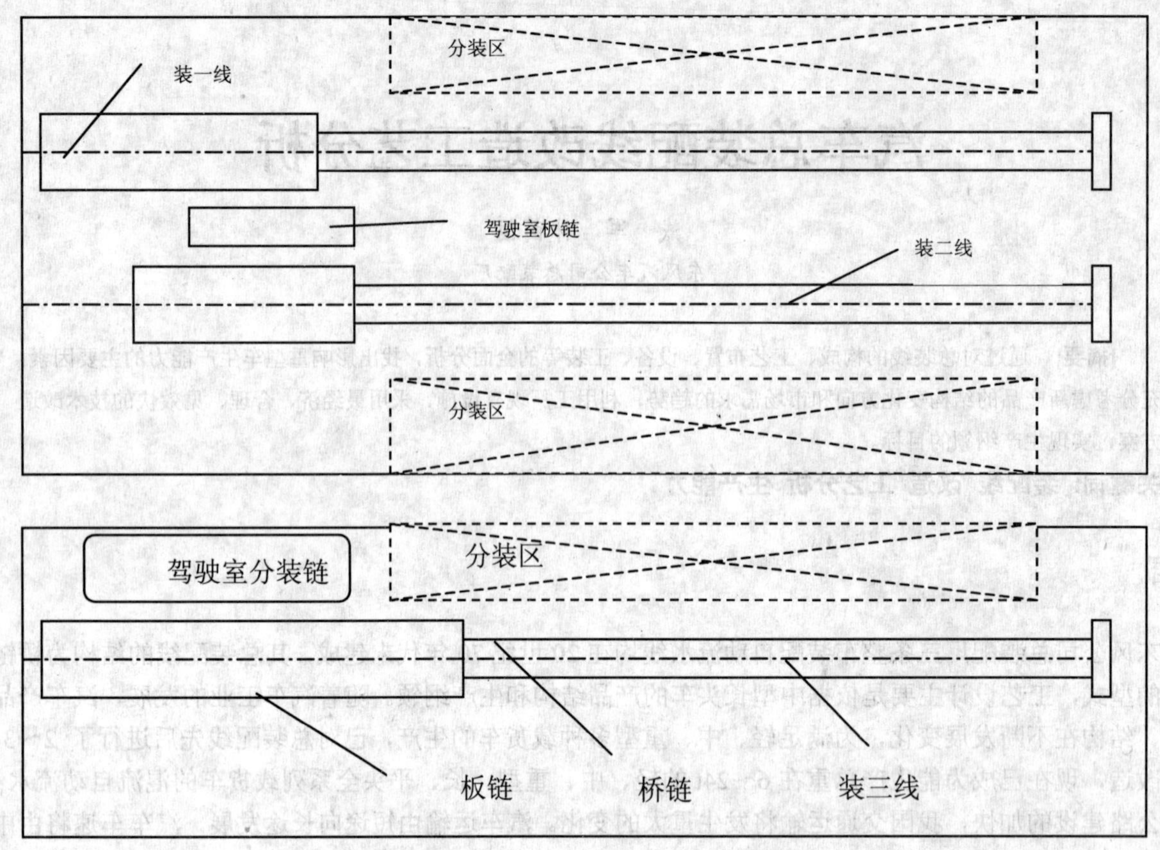

3.2 生产能力

总装配厂三条整车装配线均为桥式链和板式链相结合的自动流水线，具有轻、中、重型即总重为 6～24t 的载货车混流生产能力，但由于受装配线结构及工艺装备等的限制，双后桥重型车能力只有 4.9 万辆/年。

三条装配线重型车生产能力状况（单一品种） （万辆/年）

装配线	单桥重型车（总重 14—15t）	双后桥重型车（总重 20～24t）	工位数
一线	4.5	2.9	126
二线	2.5	2	64
三线	3.5	0	95

3.3 装配线工艺流程

整车装配工艺，由流水线主线装配工艺和总成分装工艺组成。

装配一、二线主要装配工艺流程：

车架上线——双/单后桥平衡轴悬架（包括后桥平衡轴分装）上线——双/单后桥上线——双/单中桥上线——前悬架合件上线（包括前桥分装）——底盘翻转——发动机、变速箱合件上线（包括发动机、变速箱分装）——制动系统密封性检测——润滑油（脂）加注——油箱、轮胎（包括油箱、轮胎分装链）——驾驶室合件上线（包括驾驶室分装）——制动液、防冻防锈液加注——整车调整——整车下线

装配三线主要装配工艺流程：

车架上线—前悬架合件上线（包括前桥分装）——后悬架合件上线（包括后桥分装）——底盘翻转——发动机、变速箱合件上线（包括发动机、变速箱分装）——制动系统密封性检测——润滑油（脂）加注——油箱、轮胎（包括油箱、轮胎分装链）——驾驶室合件上线（包括驾驶室分装）——制动液、防冻防锈液加注——整车调整——整车下线

3.4　主要工艺装备及主要总成装配工艺

项目名称	装配线	装配工艺	使用设备	上线方式
车架	1、2、3		天车	滑轨天车
	1			自行小车
前桥合件	2	前桥钢装台分装	单轴式螺母拧紧机 最大输扭矩 500N·m。	单轨电葫芦
	3			地轨过跨小车+单轨
	1			叉车+单轨
后桥合件（单后桥）	2	后桥钢装台分装	单轴式螺母拧紧机 最大输扭矩为 500N·m。	单轨电葫芦
	3			地轨过跨小车+单轨
	1			叉车+单轨
平衡轴合件（双后桥）	2	平衡轴钢装台分装带压平装置	单轴式螺母拧紧机 最大输扭矩为 500N·m。	叉车+单轨
	3			地轨过跨小车+单轨
底盘翻转	1、2、3	环形链条式空中翻转	环形链条式柔性翻转器	
				单轨电葫芦
发动机、变速箱合件	1、2、3	天车悬吊、人工对接	天车	单轨电葫芦
				地轨过跨小车+单轨
	1		四轴轮胎螺母拧紧机+ TG-B24 气动扳手(重型车用)	
轮胎装配	2		三轴轮胎螺母拧紧机+ TG-B24 气动扳手(重型车用)	轮胎链
	3		五轴轮胎螺母拧紧机+TG-B24 气动扳手（中型车用）	
油箱装配	1、2、3			油箱链
润滑油加注	1、2、3	桥链上在线加注	人工调节的定量加注机	
零部件拧紧	1、2、3		TG-B10、TG-B14、TG-B24 气动扳手有 5 台活塞式空压机，供气工作压力为 0.6MPa	
	1	贮存分装小车	贮存分装小车	
驾驶室总成	2	驾驶室分装	板链流水分装线	单轨电葫芦
	3	驾驶室分装	地拖链小车	

4　双后桥、双前桥、总重为 30t 重型车的结构特征

车型	驱动形式	前桥	后桥	平衡轴	中桥	底盘翻转重量	车轮尺寸	油箱尺寸
单后桥重型车	4x2	1	1			1t	1.12m	1.2x 0.7 x 0.6
双后桥重型车	6 x 4	1	1	1	1	1.4t	1m	1.07x 0.62x 0.5
双前桥重型车	8 x 4	2	1	1	1	1.9t	1m	1.07x 0.62x 0.5

此外，总重为 30 t 重型车的发动机功率达 235kW，变速箱有 8 档、9 档箱，合件体积大，装配较困难。

5 总装线生产能力的计算

生产能力（生产纲领）=（装配线工位数×年工作时间×生产班制×设备开动率 /（整车装配工时 x 工时利用率 ） 。

装配线工位数=（装配线长度/车位长度 ）×工位密度。

卡车装配的工位密度， 每车位长度一般取 4～6 个。

产量计算的边界条件：年工作日251天 双班生产制 每班工作时间 8小时 设备开动率90% 工时利用率 1.2。

因此，对于一个确定的车型，与其生产能力密切相关的因素是装配线长度和工位密度。

6 制约重型车生产能力的主要因素

通过对工厂现状和新车型主要结构特征分析，制约生产能力因素，主要有下列几点：

1) 装配三线不具备双后桥重型车生产能力。

2) 由于装配线的桥链长度限制了工位数的增加，从而限制了生产能力的提高。

3) 拧紧工具扭矩不能满足重型车扭矩值的需求。

4) 为达到重型车扭矩值，必须要多次反复拧紧，增加了装配工时，影响下道工序。

5) 装配线工艺设计欠合理。

6) 产品结构的装配工艺性差。

产品结构中拧紧空间有限，如平衡轴连接，现有的风动工具无法使用，只有靠手工拧紧，从而增加了装配工时，并且无法保证拧紧扭矩。

7) 部分工艺装备的结构、柔性化生产较差，生产效率低，不能满足重型车的生产。

8) 随着重型车产量、品种、载重量的的增加，叉车能力已不能满足生产。

9) 总重为 30t 的重型车的生产条件还欠缺。

10) 不具备双前桥重型车的生产能力。

7 三条装配线生产总重为 30t 及双后桥、双前桥重型车存在的主要问题

7.1 生产总重为 30t 重型车存在问题

总重为 30t 重型车，驱动形式有 4×2。如：EQ 1300 系列，装备 235kW 柴油发动机，9 档变速箱，变截面车架，全新结构保险杠，引进 C800 驾驶室，结构复杂，零部件装配紧凑，专用件 300 多种，零部件体积、重量大，装配难度大。

7.1.1 主要工艺流程

单后桥车型同装配三线的工艺流程，双后桥车型同装配一、二线的工艺流程。

7.1.2 存在主要问题

1）架结构特殊，前部翻转孔位销与前吊耳干涉，后部翻转孔处车架上翼面为斜面，车架宽度前宽后窄，翻转链不能直接使用，必须增加相应的翻转辅具，弥补以上不足，保证翻转工艺的通过性。

2）油箱链护网及悬挂吊钩不能满足大油箱的通过性。现在油箱链最大只能通过的油箱外形尺寸为 1070×620×500。

3）胎链护网及悬挂吊钩不能满足大轮胎的通过性。目前轮胎链能通过的轮胎直径为 1 米。

4）由于驾驶室结构同现生产的差异较大，长度增加了 150mm，宽度增加了 115mm，重量也有增加，驾驶室地拖链、贮存小车及合件上线吊具均不能满足正常生产。

5）体积重量大的零部件较多，上线装配时无相应的起吊设备。如：消声器、传动轴、储气筒合件等。

6）现有前、后桥钢装台不适应多品种生产。

7）现有的发动机存放架、过跨小车及上线吊具均不能直接使用。

8）由于车轮结构的改变，车轮螺母拧紧机已不适用。目前的五头拧紧机只能适用于螺柱中心距为285.7mm的车轮装配，而EQ1300系列车轮的螺柱中心距为335mm；车轮装配吊具结构也需作相应改变。

7.2 生产双后桥、双前桥车重型车存在问题

双后桥、双前桥车重型车的主要特征：驱动形式6×4、8×4，10t级贯通式双后桥，2个独立前悬架，由1个转向机控制同步转向。

7.2.1 主要工艺流程

双后桥：

车架上线——平衡轴悬架上线（包括平衡轴分装）——后桥上线——中桥上线——前悬架合件上线（包括前桥分装）——底盘翻转——发动机、变速箱合件上线（发动机、变速箱分装）——制动系统密封性检测——润滑脂加注——油箱、轮胎装配（包括油箱、轮胎分装链）——驾驶室合件上线（包括驾驶室分装）——制动液、防冻防锈液加注——整车调整——整车下线

双前桥：

车架上线—平衡轴悬架上线（包括平衡轴分装）——后桥上线——中桥上线——第一前悬架合件（包括前桥分装）——第二前悬架合件上线（包括前桥分装）——底盘翻转——发动机、变速箱合件上线（包括发动机、变速箱分装）——制动系统密封性检测——润滑脂加注——油箱、轮胎装配（包括油箱、轮胎分装链）——驾驶室合件上线（包括驾驶室分装）——制动液、防冻防锈液加注——整车调整——整车下线

7.2.2 存在主要问题

(1) 装配线总装工艺性

1) 装配三线无中桥、平衡悬架、第二前桥合件上线点。

2) 三条总装线桥链短，装配用工位数少。

3) 装配二线生产双后桥时，前悬架、后桥上线途径不合理。因为前悬架、后桥通过一条单轨相对上线，距离短，限制了生产节拍。再者，平衡悬架、中桥由叉车往装配线倒运，物流状态较差。

4) 发动机变速箱对接工艺较落后。变速箱对接过程中第一轴易磕碰损坏，发动机需多次倒运，造成人力、物力的浪费。同时，吊装对接还存在不安全隐患。

（2）工艺装备

1) 后桥分装螺母拧紧机。目前能达到最大扭矩500N·m，而双后桥重型车平衡悬架分装扭矩为843N·m，已不能满足生产。

2) 后桥钢装台不能满足多品种的生产，板簧压平装置操作不便，板簧支架间距不可调节。

3) 装配三线底盘翻转器能力不足。现在翻转能力为4t，由于双后桥、双前桥车重型车增加了平衡悬架等三大总成共5t，因此翻转能力必须提升到8t。

4) 产品结构的装配工艺性差，拧紧扭矩不能达到工艺要求，如平衡轴悬架联接等，受空间限制，现有风动工具无法使用，靠人工拧紧，扭矩没有保障，劳动强度大，装配工时大，是重型车装配的一大难点。

8 主要工艺方案

8.1 方案一：改造装配三线

8.1.1 总装配线改造

1）新建平衡悬架、中桥、后桥及2套前桥合件上线单轨，满足各大总成合理上线，平衡悬架合件（后桥合件）、前桥合件上线，各分别由2套过跨小车输送，从装配线右侧上线，中桥、后桥从装配线左侧上线。

2）改造6～8柱间3台手拉天车，右边供双后桥重型车储气筒合件上线用，左边供单桥重型车储气筒合件上线用。

3）增加重型车储气筒分装地增加平衡吊1台。

4）油箱链、轮胎链护网及悬挂吊具改造，加宽加深护网通道，改进悬挂吊钩结构，确保重型车大油箱、轮胎的通过性。

6）驶室地拖链、贮存小车及合件上线吊具改造。加大地拖链强度，使贮存小车及合件上线吊具能适应窄型、CPB12、CPB12加长型、C800平头驾驶室的储存、分装及合件上线的要求。

7）型车保险杠合件上线处增加一平衡吊。

8）拆除总装线上润滑油加注机，润滑油加注在各总成分装地进行。从而增加了总装线上装配操作有效长度6米。

9）建立发动机、变速箱对接阵地。发动机储存于环形地拖链上，运行系统由电脑全程监控，采用两台对接台，有自动找正、对中系统，8个自由度供调节使用，发动机、变速箱对接在对接台上完成后，通过过跨小车上线。提高了装配质量、分装节奏，减少总成倒运次数，同时适应多品种混流生产。

8.1.2 工艺装备

1）后悬架U型螺栓拧紧采用无级可调式双头螺母拧紧机，扭矩值在300～1000N·m之间可保证，U型螺栓中间距在190～300mm内可调，参数设置、修改简便快捷，拧紧结果自动识别，不合格自动报警，具有系统自检、零件标定、校正和故障自诊功能，适应多品种混流生产。

2）前、后桥及平衡轴钢装台采用可调式、自动压平装置，同时满足多种重型车生产，具有一定的柔性化生产能力。

3）翻转器改造。将其翻转的额定载荷由4t提升至8t。由于增加了三大总成的上线单轨，翻转器轨道需减短4m。

4）设计专用翻转辅具，保证底盘翻转同步、安全、可靠。

5）采用组合式发动机存放架、过跨小车及上线吊具，并具有一定的柔性化生产能力。

6）轮胎螺母拧紧机采用五轴组合式、轴距、扭矩可调的电动拧紧机。操作简便，能自动识别拧紧结果，不合格自动报警，适应多品种重型车生产。

7）平衡轴连接螺栓等处，需使用的电动特形装配工具，有待探索研发。目前，仍然由人工扳手拧紧，为解决这一瓶颈问题，采用双工位，使之得以缓解。

8.1.3 实施效果

装配三线改造后，工艺装备、装配工艺水平有了较大的提高。通过改造，提高了劳动生产率，降低了劳动强度，营造了优良的劳动环境。

1）具备了总重为30t（EQ1300系列）系列车型以及双前桥重型车的批量生产能力；增加平衡悬架、中桥等17个装配工位后，双后桥重型车单品种生产能力将达到3.5万辆；同时，具备了双前桥重型车的批量生产能力。

装配线中、重型车生产能力（单一品种） （万辆/年）

装配线	双后桥重型车	单后桥重型车	中型车	工位数
1	2.9	4.5	5.3	126
2	2	2.5	3	64
3	3.5	3.9	4.6	105
合计	8.4	10.9	12.9	

2）通过改造提高了后桥分装（平衡悬架分装）的技术水平和自动化程度，提高了各大总成分装的柔性化程度。

3）使用的拧紧工具技术水平和功能上了一个新的台阶，提高了劳动生产力，并且使整车装配质量保证能力有了大的飞跃。

8.2 方案二：对装配二线进行局部改造

采用先进的工艺装备，科学、合理地调整三条装配线上产品的种类

8.2.1 装配一线

采用先进的工艺装备调整产品的种类，提高双后桥重型车的生产能力。

1）后悬架U型螺栓拧紧采用无级可调式双头螺母拧紧机，扭矩值在300～1000N·m之间可保证，U型螺栓中间距在190～300mm内可调，参数设置、修改简便快捷，拧紧结果自动识别，不合格自动报警，具有系统自检、零件标定、校正和故障自诊功能，适应多品种混流生产。

2）前、后桥及平衡轴钢装台采用可调式、自动压平装置，同时满足多种重型车生产，具有一定的柔性化生产能力。

3）轮胎螺母拧紧机采用五轴组合式、轴距、扭矩可调的电动拧紧机。操作简便，能自动识别拧紧结果，不合格自动报警，适应多品种重型车生产。

4）采用先进的定扭、扭矩可控的装配工具。平衡轴连接螺栓等处，需使用的电动特形装配工具，有待探索研发。目前，仍然由人工扳手拧紧，为解决这一瓶颈问题，采用双工位，使之得以缓解。

5）整装配线上产品种类，最大限度地利用装配线的长度和人员，提高重型车产量。

8.2.2 装配二线

进行局部改造后具有总重为30t重型车的批量生产能力和双前桥重型车的通过性，提高双后桥重型车的生产能力。

1）对中、后桥上线单轨、平衡轴上线环轨进行改造，增加后桥上线点，平衡悬架合件及后桥采用过跨小车上线，同时也具备双前桥车型（8×4）的通过能力。

2）拆除驾驶室自行小车及回转道，新建驾驶室上线单轨，能顺利通过EQ1300系列重型车驾驶室。

3）拆除总装线上润滑油加注机，润滑油加注在各总成分装地进行。从而增加了总装线上装配操作有效长度。

4）油箱链、轮胎链护网及悬挂吊具改造，加宽加深护网通道，改进悬挂吊钩结构，确保重型车大油箱、轮胎的通过性。

5）后悬架U型螺栓拧紧采用无级可调式双头螺母拧紧机，扭矩值在300～1000N·m之间可保证，U型螺栓中间距在190～300mm内可调，参数设置、修改简便快捷，拧紧结果自动识别，不合格自动报警，具有系统自检、零件标定、校正和故障自诊断功能，适应多品种混流生产。

6）前、后桥及平衡轴钢装台采用可调式、自动压平装置，同时满足多种重型车生产，具有一定的柔性化生产能力。

7）轮胎螺母拧紧机采用五轴组合式、轴距、扭矩可调的电动拧紧机。操作简便，能自动识别拧紧结果，不合格自动报警，适应多品种重型车生产。

8）采用先进的定扭、扭矩可控的装配工具。平衡轴连接螺栓等处，需使用的电动特形装配工具，有待探索研发。目前，仍然由人工扳手拧紧，为解决这一瓶颈问题，采用双工位，使之得以缓解。

9）合理布局，尽可能减少线上装配的操作工时，增加工位数14个。

8.2.3 装配三线

提高中型车和载重为8t的重型车的能力。

1） 后悬架U型螺栓拧紧采用无级可调式双头螺母拧紧机，扭矩值在300～1000N·m之间可保证，U型螺栓中间距在190～300mm内可调，参数设置、修改简便快捷，拧紧结果自动识别，不合格自动报警，具有系统自检、零件标定、校正和故障自诊功能，适应多品种混流生产。

2） 拆除总装线上润滑油加注机，润滑油加注在各总成分装地进行。从而增加了总装线上装配操作有效长度6米。

3） 采用先进的定扭、扭矩可控的装配工具。传动轴等装配空间有限的工位，采用电动特种扳手，减少人工拧紧点，降低传动轴装配工时。

8.2.4 实施效果

1) 采用先进工艺装备、对装配二线进行局部改造后，解决三条装配线重型车生产瓶颈，从而提高生产率，降低整车生产节拍。

2) 达到了 8 万辆的重型车生产能力，其中双后桥重型车 6.7 万辆，同时，具有双前桥车型的通过能力，投资少，见效快。

装配线中、重型车生产能力（单一品种）　　（万辆/年）

装配线	双后桥重型车	单桥重型车	中型车	工位数
1	4	4.5	5.4	126
2	2.7	3	3.5	84
3	0	3.9	4.6	101
合计	6.7	11.1	13.2	

8.3 对装二线进行加长改造

提高双后桥重型车生产能力，使之成为具备总重为 30t 重型车的和双前桥重型车的批量生产能力。

8.3.1 装一、装三线改造同方案二

8.3.2 装二线加长改造具备双前桥和总重为 30t 的重型车批量生产能力

1) 桥链加长 16 米，板链加长 12 米。

2) 对中、后桥上线单轨、平衡轴上线环轨进行改造，增加后桥和第二前桥上线单轨。平衡悬架合件及后桥采用过跨小车上线。

3) 拆除驾驶室自行小车及回转道，新建驾驶室上线单轨，能顺利通过 EQ1300 系列重型车驾驶室。

4) 轮胎链加长，护网加宽、加深改造。

5) 油箱链护网加宽、加深改造。

6) 加油塔及计算机房移位改造。

7) 拆除总装线上润滑油加注机，润滑油加注在各总成分装地进行。从而增加了总装线上装配操作有效长度 6 米。

8) 采用先进的定扭、扭矩可控的装配工具。平衡轴连接螺栓等处，需使用的电动特形装配工具，有待探索研发。目前，仍然由人工扳手拧紧，为解决这一瓶颈问题，采用双工位，使之得以缓解。

9) 轮胎螺母拧紧机采用五轴组合式、轴距、扭矩可调的电动拧紧机。操作简便，能自动识别拧紧结果，不合格自动报警，适应多品种重型车生产。

10) U 型螺栓拧紧采用无级可调式双头螺母拧紧机，扭矩值在 300～1000N·m 之间可保证，U 型螺栓中间距在 190～300mm 内可调，参数设置、修改简便快捷，拧紧结果自动识别，不合格自动报警，具有系统自检、零件标定、校正和故障自诊功能，适应多品种混流生产。

11) 前、后桥及平衡轴钢装台采用可调式、自动压平装置，同时满足多种重型车生产，具有一定的柔性化生产能力。

8.3.3 实施效果

改造后，装配二线的工位数将增至为 125 个，双后桥重型车生产能力将达到 4 万辆。具备双前桥和总重为 30 吨的重型车批量生产能力。为将来重型车需求量高速增长做充分准备.。

装配线中、重型车生产能力（单一品种）　　（万辆/年）

装配线	双后桥重型车	单桥重型车	中型车	工位数
1	4	4.5	5.4	126
2	4	4.5	5.4	125
3	0	3.6	4.3	101
合计	8	12.6	15.1	

9 工艺方案对比分析

工艺方案	改造后年生产能力（万辆）			装配线长度（米）	投资（万元）	完成工期（天）
	双后桥中型车	单后桥重型车	中型车			
1	8.4	10.9	12.9	242	508.9	10—12
2	6.7	11.1	13.2	240	558.5	10--12
3	8	12.6	15.1	235	1034.5	90--100

从上表中可以看出，达到设计目标，投资少见效快，不影响大循环生产，方案一是最经济、合理，有较好的综合效益的。将其确定为最终的工艺方案。

10 创新点

在本次工艺设计中，我们对每个项目都充分考虑了柔性化、通用性，不因为技术改造而影响原有车型的生产能力，从而在不加长装配线、不进行大幅度的工艺调整及资金投入的基础上，装配工艺及工艺装备采用国内外先进技术，实现轻、中、重型车混流生产，达到了预期的目的。

10.1 工艺创新

10.1.1 工艺布局的创新

1) U 型对接单轨：在有限的空间内，为满足两大总成上线装配，采用 U 型对接单轨。两大总成先后分别从单轨两端上线，共用单轨直线段，延长有效工作区间，从而保证生产节拍。

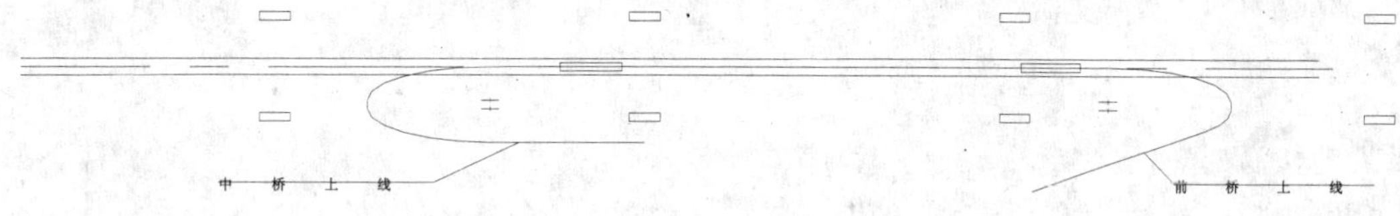

2) 多种形式单轨优化组合：装配三线在有限的空间内，实现双后桥、双前桥车型的五大总成上线，打破过去单一的“L”型单轨模式，采用“U”型、“L”型、“S”型单轨的优化组合，在有限的空间内实现电葫芦并行，减少电葫芦行走辅助段。

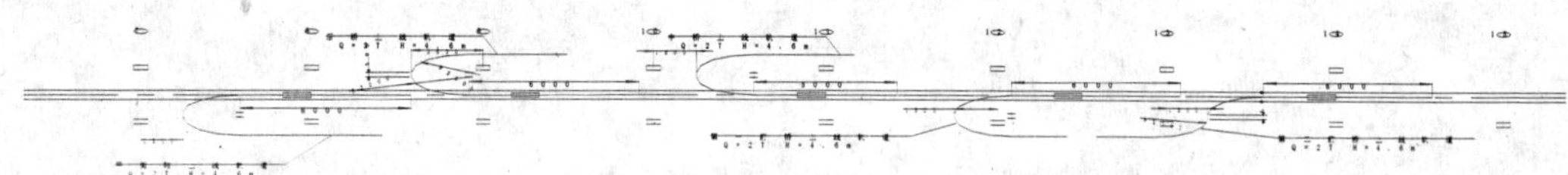

10.2 装配工艺创新

1) 双工位法：采用多个工位间隔作业共同完成同一个作业内容的方法解决影响重型车生产的瓶颈工序工时大的问题。

2) 预充气法：整车装配完成下线调整前采用外部压缩空气，对制动系统预充 0.8MPa 的气压，解决重型车冷起动困难的问题，同时也减少了尾气排放量。

3) 车架上线前的预装配法：双后桥重型车增加了两大总成的上线段，为提高生产率，优化车架存贮方式，在车架上线前对部分零件进行装配，等同于延长了装配线的长度。

4） 装配柔性化设计：充分利用原有设备、工装，通过技术改造、工位器具及专用工具的柔性化设计，在原有装备的基础上实现轻、中、重及长头车系列的混流生产，提高快速应变能力。

10.3 技术装备创新

10.3.1 采用先进的拧紧设备

1） 悬架系统 U 型螺栓拧紧采用双头、无级可调式静扭矩电动拧紧机。

2） 轮胎拧紧采用五头可调式静扭电动拧紧机。

拧紧头间距可调式静扭电动拧紧机适应多品种柔性化生产，采用微电脑全程控制、具有完备的质量监控系统、扭矩自动识别及不合格警报系统。具有拧紧过程实时监控，拧紧过程曲线分析，数据屏幕显示、储存、统计、图表生成等功能。

11 结束语

总装配生产线的技术改造，将随着市场对产品需求的变化不断进行。技术改造中，要全面分析新产品的结构以及市场需求的趋势，装配工艺机工艺装备要有较强的边品种适应能力。同时达到投资少、建设速度快、提供优质产品、满足生产纲领、获得良好的经济和社会效益的目的。

对 INGERSOLL-RAND 拧紧机原理的探讨及自动拧紧机的研制

冯德富
一汽轿车公司第二发动机厂

[摘要] 本文简要地点击了美国 INGERSOLL-RAND 公司 20 世纪 70 年代自动拧紧机所存在的主要问题，对其工作原理进行分析和探讨，并给出了原理框图。重点是针对这些问题，参照其基本原理，应用当代新技术提出的研制方案，给出了研制成功的拧紧机的结构原理框图，并对框图中各环节的功能做了简要介绍。最后给出了自动拧紧机主控单元控制系统的程序流程图。

关键词：　**扭矩　伺服电机　主控单元　轴控单元　驱动器**

1 前言

螺栓的拧紧应用于机械行业的装配是一个普遍现象，以前人们只是考虑在装配时，把螺栓（或螺母，下同）拧到最紧的程度。后来人们才发现，这个“最紧”不过是一个非常模糊的概念，它是因人而异的。一台机器有几十，以至成百上千个零件采用螺栓紧固的方法装配，在大生产中又是由多数人在不同的时间里完成的。而且每天又要装配几十或几百台机器，这个“最紧”的离散度将是可想而知的。另外，还有些零件（如汽车发动机中的连杆大头孔），在生产车间需要用螺栓把瓦盖装配起来进行加工，而到了装配车间进行整机组装时，又先要松开螺栓，拆下瓦盖，套到曲轴上后再重新拧紧，如用这个“最紧”来进行，可想而知，其结果将是非常危险的。因而，如何有效的控制“拧紧”，并使其达到“最佳”，也就成为了机械行业十分关注的课题。自动拧紧机就是作为有效的控制“拧紧”，并使其达到“最佳”的装配工具。

2 我厂自动拧紧机的原状

自动拧紧机是集机械传动、电气传动、电子技术、自动检测于一体的机电一体化设备。一汽第二发动机厂建厂初期，用于自动生产线上的自动拧紧机有 7 台，其中有 2 台为美国 INGERSOLL-RAND 公司 20 世纪 70 年代的产品。拧紧的驱动部件为气动马达，控制气动马达的执行部件是快速截止阀。该快速截止阀受控于扭矩检测控制单元（因每轴一个，故称之为轴控单元），该阀平时常通，得电迅速断开，并自动保持到断开该阀的气源。其基本结构框图如图 1 所示。

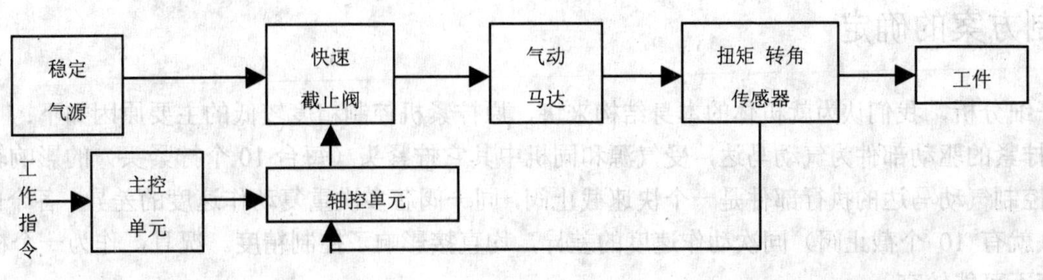

图 1

该两台拧紧机由于机械件磨损严重，控制单元的电器元件老化，加之海损等原因，使其控制和测量精度低下，故障率高，稳定性差。且有些主要电子元件在当时已为淘汰品，无处购买，损坏无以更换。而且既无图纸，又无使用说明书，给维修造成了极大的困难。故而，严重地影响了产品的质量和生产的顺利进行。

针对上述问题，开始我们曾对其轴控单元进行了测绘，结合其工艺过程进行分析和研究，在弄通其检测和控制原理的基础上（通过测绘、分析、研究所得的系统原理框图见图 2），应用当前通用的电子元件进行试制，并得到了成功地应用（该项目曾荣立分厂一等功）。然而其主机毕竟是20世纪70年代的产品，且随着对产品质量要求的提高，也就很难再适应了。但当时国内尚无此类成型产品，购买国外的价格又很高，我们难以承受。故对拧紧机的彻底更新这一问题也就提了出来。由于生产的急需，加之我们对加工拧紧机条件的欠缺，完全自行研制困难较大。故决定寻求合适厂家进行合作研制。经调研，拧紧机研制的合作伙伴我们选定了大连德欣公司。

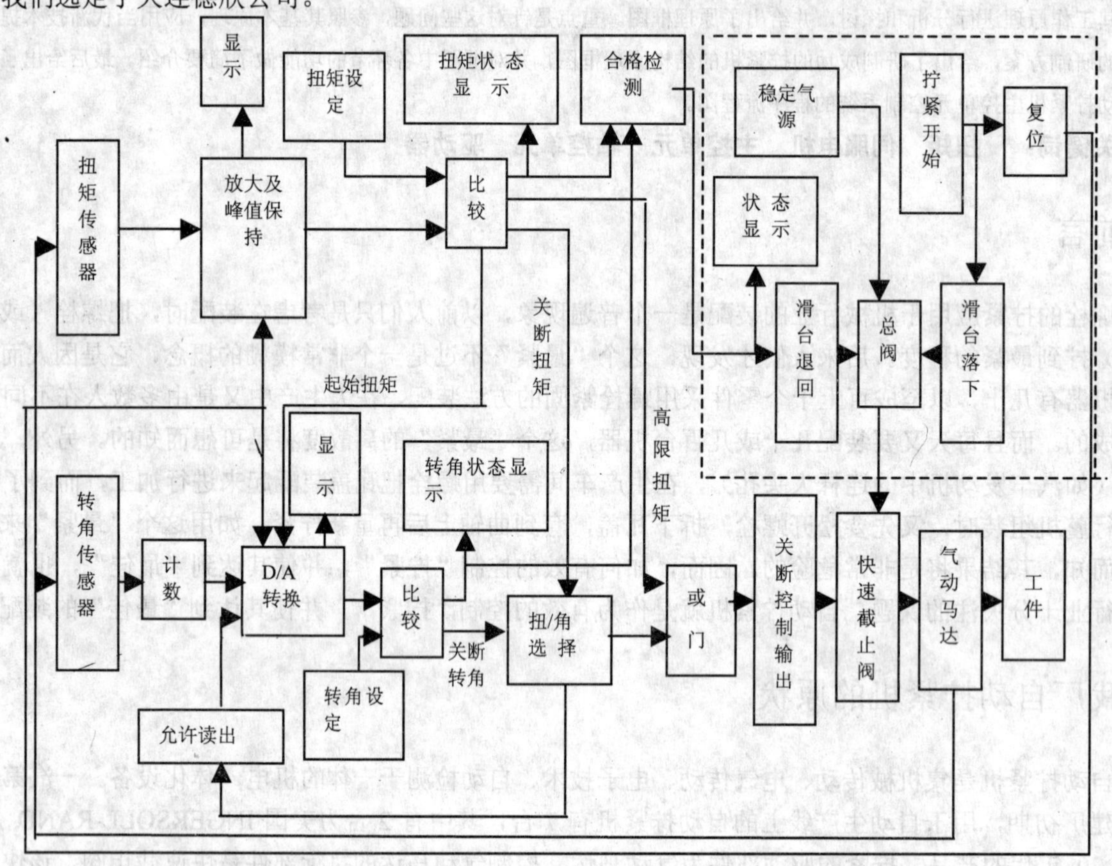

图 2 原INGERSOLL-RAND自动拧紧机控制系统原理框图

3 研制方案的确定

经仔细分析，我们认为就机体的本身结构来讲，原拧紧机控制精度较低的主要原因如下：

⑴ 拧紧的驱动部件为气动马达，受气源和同机中其它拧紧头（每台 10 个拧紧头）的影响较大。

⑵ 控制气动马达的执行部件是一个快速截止阀，同一阀芯多次重复动作速度的差异、各个阀芯间（10个拧紧头就有 10 个截止阀）同次动作速度的差异，均直接影响了控制精度。况且，作为一个机械阀，其控制精度不可能较高。

鉴于上述，研制的基本方案是：拧紧的驱动部件采用伺服电动机，用以取代气动马达。由于交流伺服系统为发展方向，且体积较小，控制灵敏，精度高，故采用交流伺服电动机。

对各螺栓拧紧的控制及检测均为相对的独立系统，各独立系统主要包括：拧紧头，电机驱动器，轴控单元。即需要同时拧紧几个螺栓，就需配置几套这样的独立系统。我们首先研制的拧紧机是用于缸体瓦盖的拧紧，由于同时要拧紧十个螺栓，故计用十套这样的独立系统。

为协调各轴控单元的动作、设置和传递各种参数、接收和输出各种信号、存储和显示各种数据等，每台拧紧机均配置了一个主控单元。

轴控单元和主控单元的核心均采用INTEL的51系列单片机，均自成系统，并采用了模块式结构，灵活组配，便于维修。

为方便现场工作的调整、检修和操作，配置了操作按钮盒，盒上设置了手动/自动、多轴/单轴转换开关，手动正反转、启动、急停、复位按钮，合格、不合格、拧紧结束信号灯。

4 主要环节功能简介

我们研制成功的拧紧机的系统原理框图见图3。

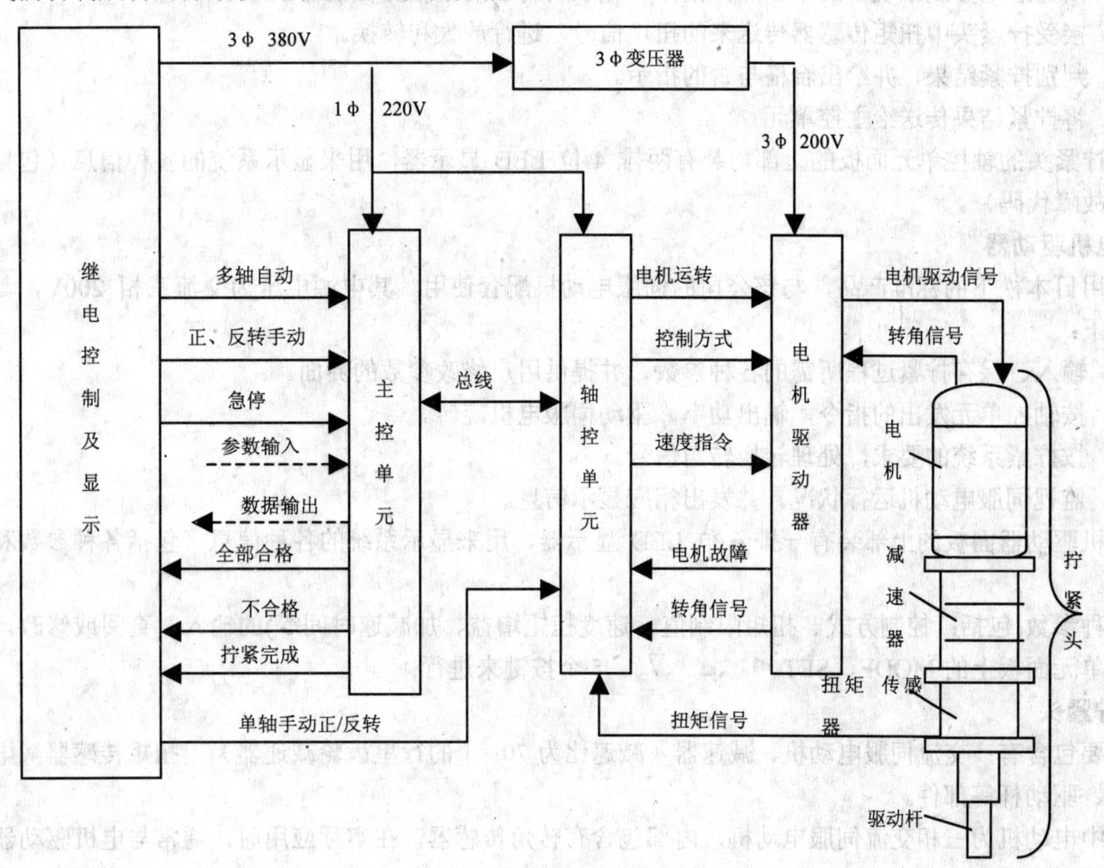

图 3

由图可见，自动拧紧机的控制及检测系统主要分为三相变压器、继电控制及显示、主控单元、轴控单元、电机驱动器、拧紧头等几大部分。下面仅对其中主要环节的功能予以简要介绍（继电控制部分略）。

4.1 三相变压器

由于该拧紧机中交流伺服电机所用电源为三相交流200V电压，故须把电网的三相380V电压，通过三相变压器变为三相200V电压。

4.2 主控单元

每台拧紧机装设一个，核心是由51系列单片机组成，主要功能是：

(1) 通过控制、协调各轴控单元来实现整个系统拧紧动作的协调控制。

(2) 输入、保存拧紧过程所需的各种参数，并提供用户修改参数的界面。

(3) 统计拧紧产量及拧紧结果，并加以保留，以便显示或打印。

(4) 对拧紧结果进行判断，并发出合格、不合格、拧紧完成的控制信号。

(5) 判别工艺参数的合理性，有非法参数则报警。

(6) 对与之有关的硬件进行检测，如有故障，自动报警。

各种参数(包括：工艺参数、控制参数、校准值)的输入、查阅或修改，可以通过本单元面板上的FUN、CON、＋、－、STD、RST六个按键来进行；数据的输出：设有标准并行口（15针）和标准的RS—232C接口（9针）二个。

另外，主控单元面板的上部装有两排4位LED显示器，用来显示系统的各种信息（包括各种参数和故障代码）。

4.3 轴控单元

每个拧紧头装设一个，核心也是由51系列单片机组成的系统，其主要功能是：

(1) 接受主控单元的指令，并按指令控制所对应的轴（即拧紧头）工作。

(2) 接受继电控制系统中的单轴操作指令，完成所对应的单轴操作动作。

(3) 接受拧紧头中扭矩传感器传送来的扭矩信号，进行放大和转换。

(4) 判别拧紧结果，并给出合格与否的指示。

(5) 将拧紧结果传送给主控单元。

各拧紧头的轴控单元面板的上部均装有两排4位LED显示器，用来显示系统的各种信息（包括各种参数和故障代码）。

4.4 电机驱动器

采用日本松下的标准产品，与该公司的伺服电动机配套使用。其电源电压为交流三相200V，其主要功能如下：

(1) 输入、保存拧紧过程所需的各种参数，并提供用户修改参数的界面。

(2) 按轴控单元发出的指令，输出功率，驱动伺服电机旋转。

(3) 按拧紧系统的要求，处理转换转角信号。

(4) 监视伺服电动机运行状况，并发出相应显示信息。

电机驱动器面板的上部装有一排6位LED显示器，用来显示系统的各种信息（包括各种参数和故障代码）。

各种参数(包括：控制方式、扭矩限制值、速度扭矩增益、加减速时间等)的输入、查阅或修改，可以通过本单元面板上的MODE、SET、◀、▲、▼ 5个按键来进行；

4.5 拧紧头

主要包含有：交流伺服电动机、减速器（减速比为70：1的行星齿轮减速器）、扭矩传感器（电阻应变式）、驱动杆等部件。

其中电动机为三相交流伺服电动机，内部包含有转角传感器，在实际应用时，通常与电机驱动器配套使用。其主要功能是：

(1) 把由驱动器输入的电能转换成旋转的机械能输出以驱动负载。

(2) 把电动机旋转的转角（或位置）信号输出送给驱动器。

扭矩传感器用以检测拧紧过程中的扭矩；旋转扭矩由驱动杆传递输出。

5 拧紧机程序流程图及简要说明

主控单元的控制程序流程图见图4，其中：“自检” 主要是：检验本身系统、与上位机通讯、与轴控单元通讯、有无非法参数等。若有上述故障，则在主控单元面板的数显表上显示出相应代码。“向各轴控单元传递参数” 主要是：传递工艺参数和控制参数。

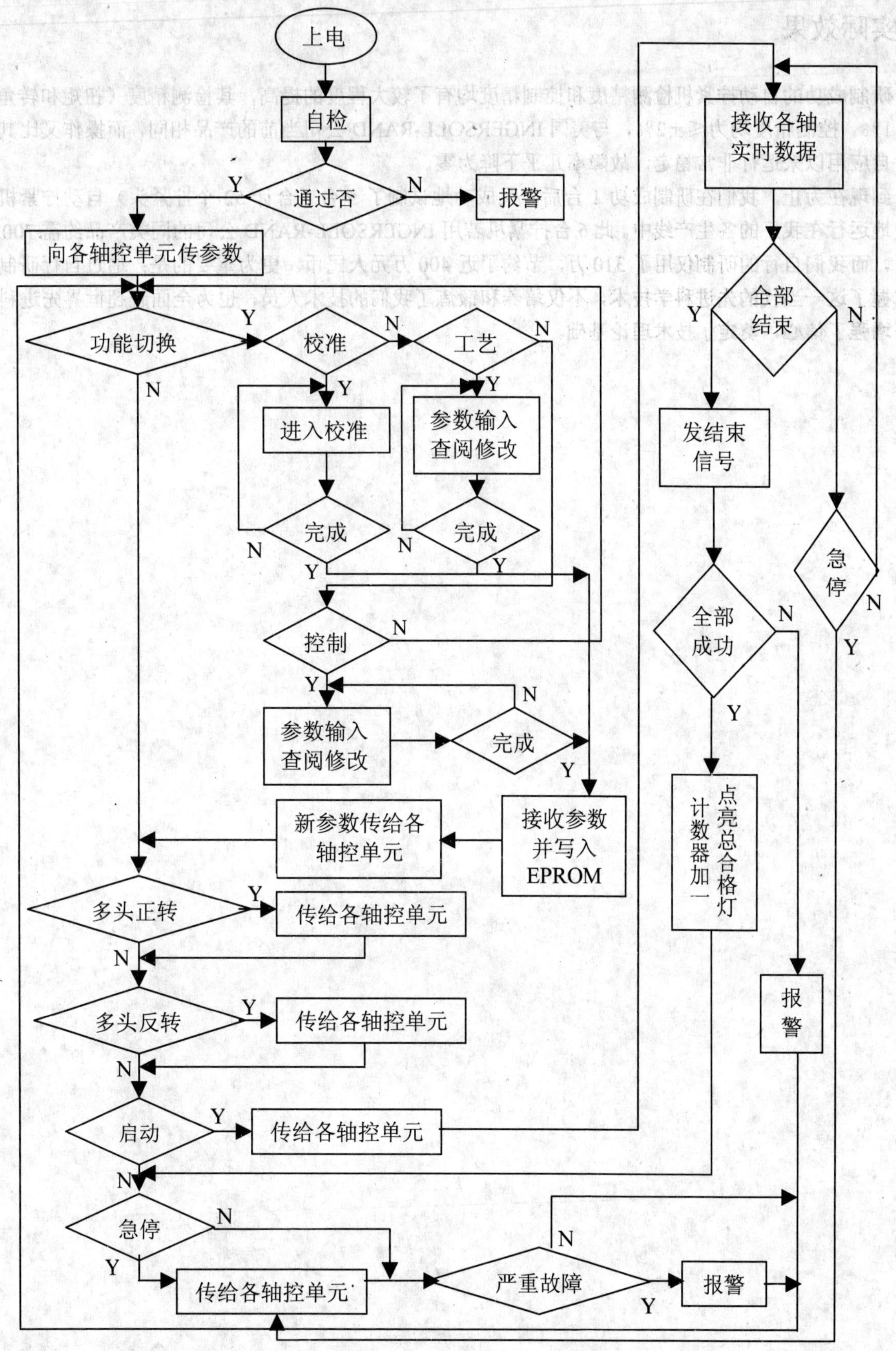

图4 主控单元控制程序流程图

6 实际效果

研制成功的自动拧紧机检测精度和控制精度均有了较大程度的提高，其检测精度（扭矩和转角）均为≤±1%，控制精度均为≤±2%，与美国INGERSOLL-RAND公司当前的产品相同，而操作又比其方便得多。自应用以来运行非常稳定，故障率几乎下降为零。

到现在为止，我们在研制成功1台后，又成功地试制了5台（合计52个拧紧头）自动拧紧机，现均稳定地运行在我厂的各生产线中。此6台拧紧机若用INGERSOLL-RAND公司的同类产品约需700余万人民币，而我们自行的研制仅用了310万，节约了近400万元人民币。更为重要的是：通过自行研制，使我们掌握了这一当代的先进科学技术，不仅培养和锻炼了我们的技术人员，也为全面赶超世界先进科学技术水平增强了信心，奠定了技术理论基础。

澳大利亚淬火机闭环定位控制系统设计

修立新
一汽轿车股份公司第二发动机厂

[摘要] 机床中广泛采用的一种闭环位置检测装置是脉冲编码器，它是一种旋转式脉冲发生器，把机械角变成电脉冲。近年来，可编程序控制器即 PLC（programmable logical controller）技术在中国有了广泛应用。旧设备改造、新设备配套越来越多地使用它。PLC 是高科技的结晶，因此，它的应用也就成了现代化的象征。PLC 具有很多特殊控制功能如小型 PLC 上的高速记数功能，高速记数单元可以进行脉冲记数，并根据记数结果运算编程控制，利用这个特点，可与编码器配合。本文中通过分析原控制系统缺陷，提出了有效的设计方案，具体阐述了如何利用 PLC 技术结合变频技术实现位置闭环控制，使淬火定位准确，总结了实施后的效果。这次改造成功的意义不仅在于解决了二发厂眼前的生产问题，而且对于一汽乃至国内的相同或相似设备的此类故障也有极好的借鉴作用。

关键词：闭环系统 高速记数 脉冲编码器 变频调速

1 原系统缺陷分析

二发厂凸轮轴淬火机是 1992 年从澳大利亚引进的中频淬火机。多年来其中频电源部分一直工作良好，但其行程控制部分的故障率却居高不下，经常因凸轮轴定位不准而产生大量废品。其控制系统极为落后、并且严重老化，已失去了维修的价值，甚至有时会严重影响生产的顺利进行，因此定位控制系统的彻底改造就显得尤为重要了。

1）目前，国内同类型或同档次的机床有很多，其中很多都存在定位不准的问题。而定位的准确性正是影响淬火质量的关键因素。我厂凸轮轴淬火机自进厂以来，一直存在定位不准的问题，这一问题困扰了我们多年。虽经与澳大利亚生产厂家联系，始终没有得到妥善的解决办法。

2）该机床行程控制系统控制器是采用 20 世纪 80 年代初的 Z80 单板机技术的专用控制装置。其编程及参数设置非常复杂，控制功能较少，并且经常发生故障。此外，由 Z80 单板机所组成的控制器也是极为落后的产品，它不但功能有限、控制不灵活，故障率高，还无同类替换产品，一旦损坏将直接影响生产。

3）定位系统的执行机构为直流调速系统，直流调速系统在国内机床工业中虽然仍占据较大的份额，但由于它是落后的技术，并存在故障率高、稳定性差、控制不灵活等缺点，已逐步被更为先进的交流调速系统所代替。该机床由一台直流伺服电机实现凸轮的定位控制，由于凸轮的运动方式是立式，并且由滚珠丝杠驱动（其本身没有自锁功能），同时，由于凸轮台架质量很大，其运行时产生的巨大的惯性仅仅靠直流电机电枢产生的微弱的电磁力来制动是远远不够的，制动力矩不足是导致凸轮轴定位不准的根本原因。

4）位置控制系统及直流调速系统均是淬火机公司自己研制开发的产品，由于产品的更新换代这个产品已淘汰，不再生产，因此无法购买到备件，如果单独定做价格极其昂贵，国外相应的此种控制模块需 8 万美元。这套系统既无原理图又无详细说明，维修极其困难。

2 设计方案

PLC 及变频调速技术在国内已经得到了非常广泛的应用。在国内同行业中，应用 PLC 技术对各种机床包括大型自动线的改造的例子非常多，但对于像凸轮轴淬火机这样要求定位精度很高的设备应用变频调速技术结合 PLC 技术进行闭环调速系统改造的例子却很少。

1）采用位置闭环控制，能满足定位准确，达到定位精度的要求。利用机床中广泛采用的一种闭环位置检测装置脉冲编码器，脉冲编码器是一种常用的角位移传感器，即一种旋转式脉冲发生器，它能把机械角变成电脉冲。

2）由于PLC技术控制灵活简单、故障率低、功能强大、价格较低，目前已得到了广泛的应用。本次控制器改造采用的是日本OMRON公司的C60 PLC。C60 PLC虽然属于小型机，但其上的高速计数单元能接收脉冲编码器的信号，完全可以实现本机床位置闭环控制的需要。OMRON公司是世界著名的几大PLC开发与制造商之一，其新产品开发在世界上一直遥遥领先。OMRON的PLC性能价格比高，质量可靠，较适合中国国情，所以一直受到国内的欢迎。

3）该机床行程控制系统的关键部件除控制器和编码器之外，还有驱动装置及执行机构。原驱动装置及执行机构分别是一块可控硅直流调速驱动板和一台直流伺服电机。本次改造方案定为：用YEJ系列自刹车交流电机替代原直流电机。用日本SANKEN电气株式会社的IHF系列变频器替代原控制板。这种变频器属于通用型全数字式变频器。适用于感应电动机的调速驱动。其内部配备16位微处理器，故其功能十分齐全。另外，交流调速理论现在已经非常成熟，并且由于造价低、控制方便可靠、故障率低等特点，它正在取代直流调速的位置。

3 设计内容

3.1 硬件接口及设置

C60的高速计数单元属于单向加计数单元，记数单元最高只能接受2KHZ的脉冲信号，可以对普通光电编码器的A、B项脉冲进行准确计数（要求编码器规格在每转几百脉冲之内）。经计算出每个脉冲的位移当量，即可通过PLC程序实现对凸轮轴的准确定位。

3.1.1 脉冲编码器信号的接收

本机床的脉冲编码器的工作电源是直流5V的，其A、B、Z三项脉冲的幅值都是5V，而C60 PLC的输入要求24V，因此两者之间不能直接匹配，必须设计一个转换电路，经过高速光偶电路后，A、B、Z项脉冲幅值被提升到24V。

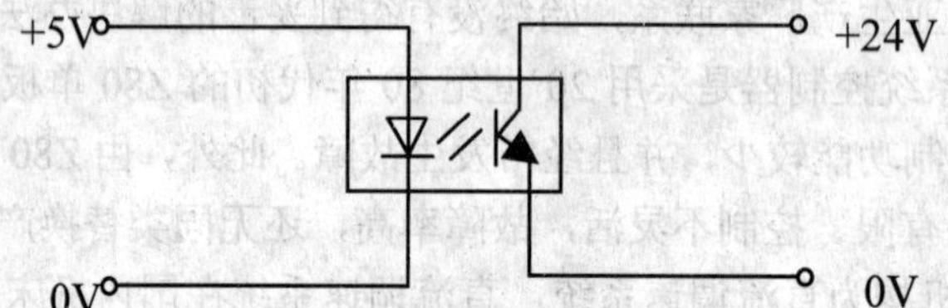

3.1.2 编码器Z脉冲展宽

由于脉冲编码器的Z脉冲宽度过窄，C60的输入口无法识别。Z脉冲在绝大多数数控系统中的主要作用是控制数控轴准确回零。因此，它的作用是非常重要的。Z脉冲的展宽问题是通过自制脉冲展宽及放大电路来实现的。下图是CC14528芯片的原理图和逻辑图。

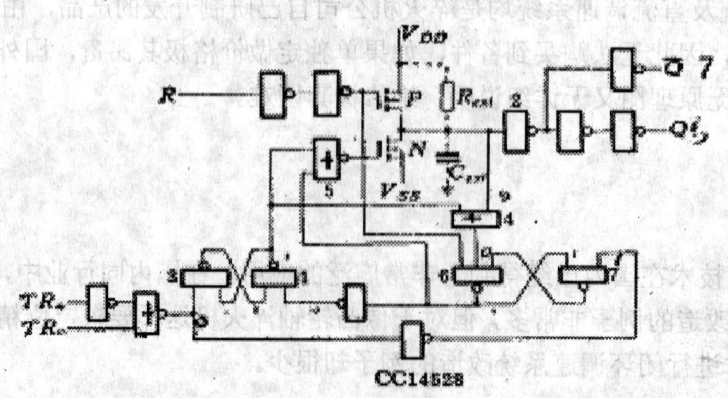

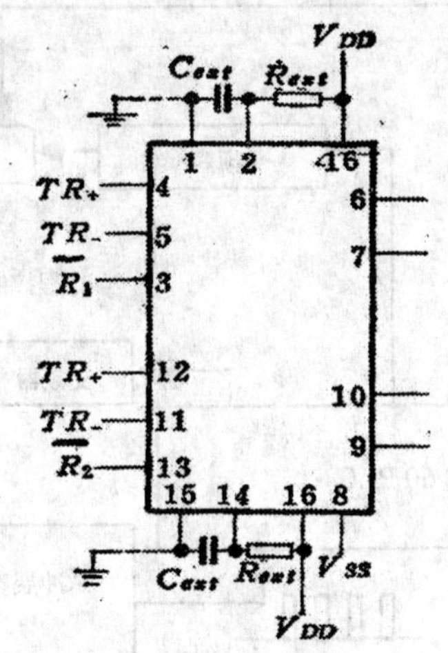

CC14528 由 R-S 触发器、门电路和三态电路组成，一般选取较大的电阻值和较小的电容值，以获得所需的时间常数，降低电路功耗。下面是应用 CC14528 搭成的 Z 脉冲的展宽电路，编码器的 Z 脉冲信号接到 Vi 端，输出 Vo 端接到 PLC 的输入口 0002，如波形图所示，输入一个窄脉冲经展宽电路后脉冲宽度加大。输出脉冲的宽度 tw 可由外接元件 Rext 和 Cext 调节，图中 tpd 为输入到输出的延迟时间。

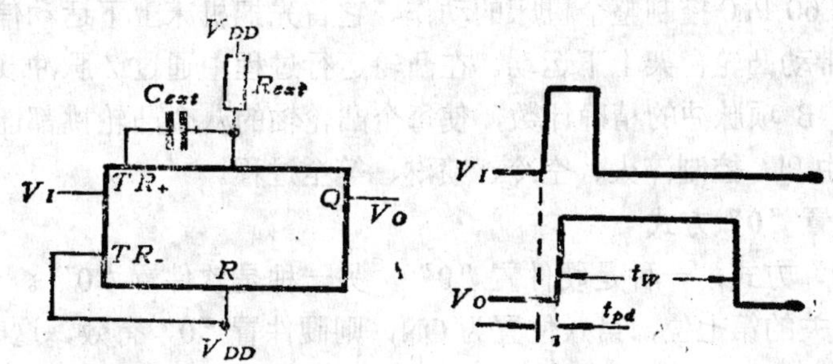

3.1.3 OMRON C60 PLC 的地址分配

当使用高速计数器时，下列资源用于高速计数器，不能再做它用。

输入点 0000（计数输入）

输入点 0001（硬件置零）

内部辅助继电器 1807（软件置零）

TIM/CNT47（当前计数值）

DMCH32 到 DMCH63（上限下限值）

如果电源掉电高速计数器保持掉电前的计数值。

高速记数器有 16 个输出。外部的脉冲源通过 0000 点输入到 CPU，作为高速计数器的输入信号，当输入信号从 OFF 到 ON 时计数一次。

输入信号的每次正跳变都使 CPU 内部的计数缓冲器计数，在执行高速计数器指令时把内部计数缓冲器的内容传送到高速计数器的计数值存放单元 CNT47 中。传送计数值后，用此值与予置在 DM31 到 DM63 的上下限值做比较，如果数值相符，则被指定作为输出通道的相应的点变为 ON，所以在对高速计数器编程时，必须指定一个输出通道作为高速计数器的输出。

3.2 程序设计

3.2.1 程序流程

整个机床行程控制系统的工作过程如下图所示：

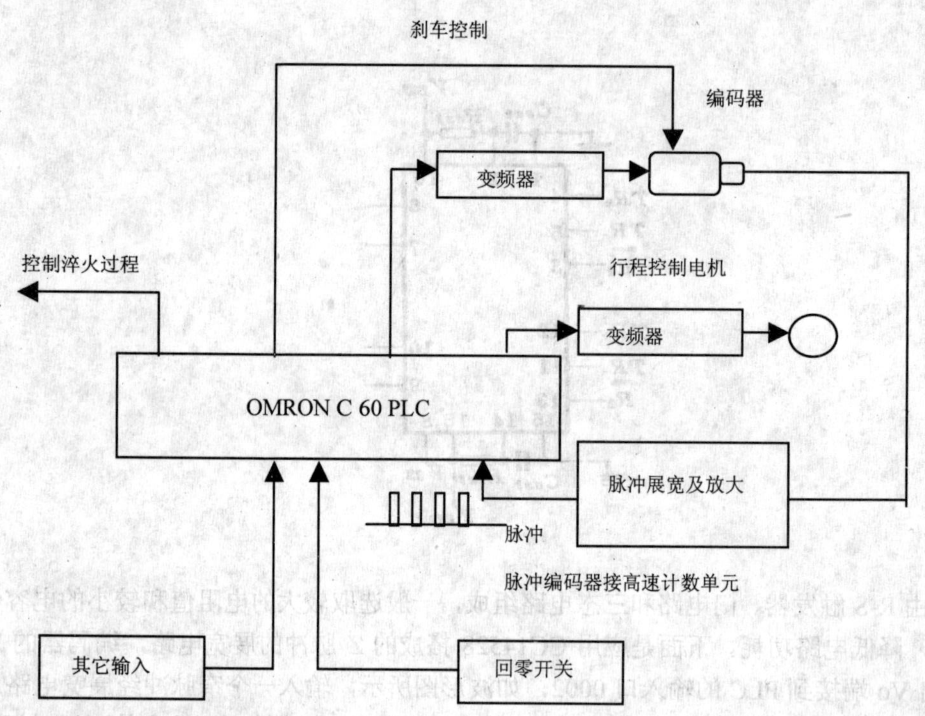

由上面的原理框图可见 C60 PLC 控制整个机床的动作。它首先把机床上下运动信号发给变频器，由变频器驱动自刹车电机运转，带动凸轮台架上下运动。在凸轮运行过程中通过 Z 脉冲及回零无触点开关使凸轮台架回零，同时通过对 A、B 项脉冲的精确计数，使每个凸轮轴的八个凸轮桃都能实现快速—减速—定位的过程。在凸轮定位后，由 PLC 控制淬火、空冷、喷淋、等全过程。

3.2.2 OMRON C60 PLC 的置“0”方式

高速计数器有两种置“0”方式，一种是硬件置“0”，另一种是软件置“0”。

硬件置“0”：把 DIP 开关的第七位，第八位置为 ON，则硬件置“0”有效，这时输入点 0001 是计数器的置“0”输入端，0001 为 ON，把 CPU 内部的高速计数器饿计数缓冲区置为 0000，此时计数器输入信号无效。

软件置“0”：内部辅助继电器 1807 是高速计数器的软件置“0”，当 1807 为 ON 时把高速计数器的当前值置为 0000。

3.2.3 上、下限值的设置

上下限设置是建立在 DM31 到 DM63 中，下表中的“S”表示 CNT47 中的当前值，“D”表示使用的输出通道。上下限设置必须是 4 位 BCD 码，从 0000 到 9999，在设置上下限值时，下限值一定小于上限值，另外在设置上下限值时，要使用 MOV 指令。注意如果从上限到下限所用的时间很短，小于 CPU 的扫描时间，高速计数虽然计数了，但响应的输出点可能没有反应。

下限	上限	当前值	输出位
DM32	DM33	DM32 值≤S≤DM33 值	00
DM34	DM35	DM34 值≤S≤DM35 值	01

3.2.4 PLC 程序

软件程序包括：总控制程序、零点确认程序、位置传送程序、位置判断程序、变频控制程序、置位清零程序、淬火喷淋控制程序、淬火线圈控制程序。以第一凸轮桃子位置传送程序为例如下图：

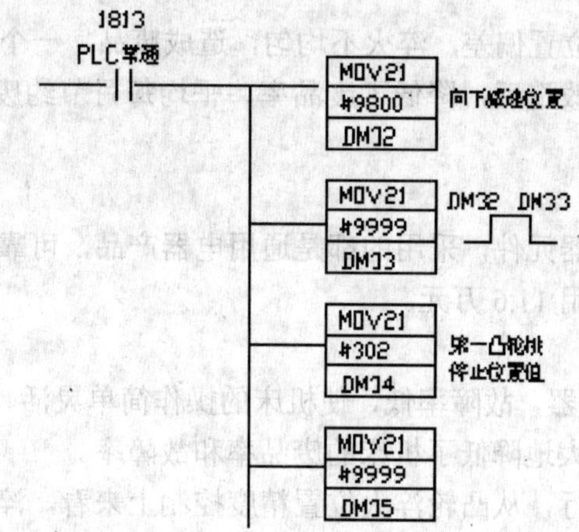

3.3 零点设计

设计中最关键的就是零点位置的确定，零点的准确与否关系到8个凸轮桃子的定位精度。在数控机床找零点的控制启发下，设计中采用了用零点开关限定大体位置，移动时经过零点开关并不是真正的零点，因为普通开关的闭合时间每次都不同，那么取过零点开关后脉冲编码器的一转信号即Z脉冲信号当作真正的零点信号。脉冲编码器安装在电机轴上，它检测的行程位置是固定的，因此取它的一转信号，是与工件驱动保持一致的，这样保证了位置控制的准确性。将每个淬火位置存入存储区，可以进行位置的调整修改。

3.4 信号干扰的处理

由于有变频设备，对开关信号尤其是接近开关的信号产生干扰，使得PLC输入假信号，怎样对干扰进行滤波，得到真正的控制信号呢？只能在软件程序中处理，设计软件滤波程序，将干扰信号过滤掉。用此种方法处理干扰信号也是PLC编程应用的一个小技巧。

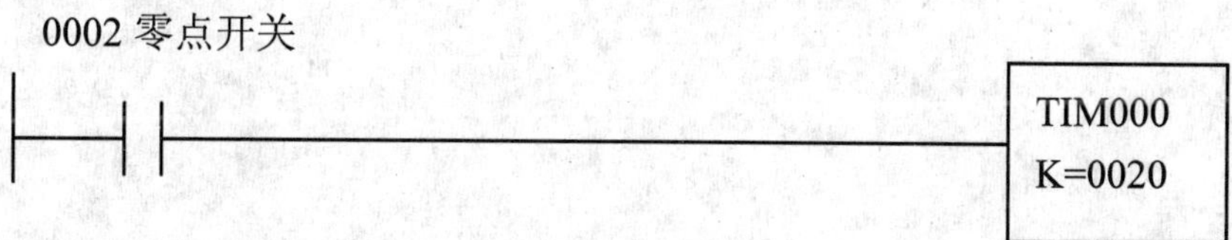

从上面这条程序可以看出，开关信号通过一延时时间继电器，由于干扰是瞬间发生的，干扰信号消失时，延时未到，时间继电器无输出，但当真正开关信号接通时，通过延时后，确切检测到开关信号，通过延时对干扰信号进行了过滤。

4 改造后效果

(1) 提高定位精度

由于采用了脉冲编码器进行位置反馈，用变频器控制及自刹车交流电机，克服了直流调速和直流电机难维护的缺点，使凸轮轴的定位非常准确，彻底杜绝了凸轮定位不准的问题。同时为同类或近似机床的维修及改造积累了宝贵的经验。

(2) 减小累计误差

由于零点设计思路的改变，每个凸轮桃子位置的计算都是从零点位置算起，而不是第一个位置的计算从零点开关位置算起，第二个位置又从第一个位置算起，可以看出大大减小了累计误差，提高了定位精度，确保淬火位置的准确。

(3) 有效降低成本

改造前，控制行程经常出现位置偏差，淬火不均匀，造成废品，一个凸轮轴就损失二百八十九元，每个月废品数平均将近三十多根。改造后，降低了废品率，平均每月节约废品费 8.67 千元，减少维修工时 16 小时。

(4) 解决备件问题

改造取代了进口特殊专利电器元件，采用的都是通用电器产品，可靠性高，采购方便，解决了长期无法解决的备件问题，节约备件费用 11.6 万元。

(5) 方便维修

由于采用了 PLC 机作为控制器，故障率低，使机床的操作简单灵活、参数输入方便、动作可靠。CRT 显示方便了维修，更重要的是极大地降低了机床的废品率和故障率。

设备改造后，经近两年的运行，从凸轮淬火位置精度控制上来看，淬火质量得到了明显上的提高，有效地减少了废品，设备故障率大大减小，这次改造成功的意义不仅在于解决了二发厂眼前的生产问题，而且对于一汽乃至国内的相同或相似设备的此类故障也有极好的借鉴作用。

38SiMnVB在少片变截面簧上的应用研究

牟正明
南京汽车研究所

[摘要] 对新型高强度弹簧钢38SiMnVB在NJ1020和NJ6400车型上横置少片变截面板簧上的应用进行了研究，介绍了该板簧的工艺、台架疲劳试验和3万公里可靠性试验。测量了所制板簧的弹性松弛稳定性，从而得出这类弹簧钢具有广阔应用前景，所制板簧具有较大经济效益。

主题词：高强度钢 板簧 应用

[Abstract] Application and study on new high strength spring steel 38SiMnVB used in transverse-placed taper leaf spring in NJ1020 and NJ6400 motor vehicles are conducted in this paper. The process, fatigue test in test bench and 30 000 km actual reliability test in motor vehicle for this leaf spring are described in the paper. The stability of elastic relaxation of leaf spring already made is measured, it is proved this kind of spring steel has a broad application prospect and a major economic benefit.

Key words: High strength steel Leaf spring Application

1 引言

我国低碳弹簧钢的开发应用经历了 28SiMnB→30SiMnB→35SiMnB→35SiMnVB→38SiMnVB 的发展过程。35SiMnVB早在北京汽车有限公司用于制造BJ2032Qc轻型载货车的少片变截面板簧。目前郑州海纽弹簧钢开发公司开发了新型高强度弹簧钢38SiMnVB已在轿车螺旋簧（重庆奥拓轿车）上取得了达到国际先进水平的力学性能和台架疲劳寿命试验效果，但目前国内还没有在汽车板簧上应用这种新钢种。

南京汽车研究所采用新型高强度弹簧钢开展了在NJ1020和NJ6400车型横置少片变截面板簧上的应用研究。具体方案是使用该钢对NJ1020小型客货车和NJ6400小型乘用车的原方案横置少片变截面钢板弹簧进行试制，对新型高强度弹簧钢进行一系列的分析、研究及试验验证工作。

2 38SiMnVB在少片变截面板簧上的应用试验

2.1 成分、性能、处理及制簧工艺

新型高强度弹簧钢的成分（质量分数）为：碳0.34%~0.43%，硅0.80%~1.40%，锰1.10%~1.60%，磷<0.025%，硫<0.015%，钒0.08%~0.14%，硼0.0005%~0.035%，余量为铁。

为使新钢种达到设计要求和一系列严格的技术要求，保证钢的高质量，本钢种在普通电炉一般工艺冶炼之后，又在炉外钢包加热、抽真空、吹氩及喂丝条件下进行合金化、成分微调、脱气、除非金属夹杂物的精练处理工艺。

这种新型弹簧钢强度高，韧性好，有良好的抗疲劳性能和抗松弛性能。该钢种淬透性强，工艺性能好，易生产，成本低，可有效地解决轿车悬架螺旋弹簧用材料问题，也可用于汽车变截面板簧和其它重要弹簧。

由于新钢种含碳量少，合金元素少，因而轧制、拉拔、热处理及绕簧工艺性能好。与该钢种配套使用的制簧工艺先进，采用先热处理成高强度钢丝然后再绕簧，生产效率高，不存在绕簧后热处理变形，各件性能均匀一致（至少每盘绕的簧性能是一致的，每盘质量为几百千克甚至1t以上），质量好，成本低。

2.2 性能及台架垂直弯曲疲劳试验

试验表明，该簧的性能符合设计技术要求，台架垂直弯曲疲劳试验寿命达到《NJ1020系列汽车钢板及底盘横置钢板弹簧总成技术条件》的10万次疲劳寿命的设计技术要求指标，且弹簧试验前、后的刚度变化量小于设计值的5%，然后又加大试验振幅进行试验，试验结果详见表1及表2，图1是汽车横置钢板弹簧总成性能曲线图。

表1 NJ6400汽车横置钢板弹簧疲劳试验参数

参数	进口			厂家1			新钢种		
	1#簧	1#簧	1#簧	1#簧	2#簧	3#簧	1#簧	2#簧	3#簧
片数×厚/(mm)	2×6.4（原方案二片）			2×7（现方案二片）			2×6.4（原方案二片）		
刚度(N/mm)	21.1	21.8	21.4	25.5	27.5	26.6	25.3	25.28	24.77
振幅(mm)	±58.0			±58.0			±58.0		
预加变形(mm)	58.0	52.0	55.0	40.0	28.0	33.0	35.0	35.5	36.0
疲劳寿命（万次）	5.16	4.15	4.76	3.39	4.76	7.38	>10	>10	>10
断片位置(mm)	距中心350 第2片	距中心358 第2片	距中心315 第1片	距中心312 第1、2片	距中心310 第2片	距中心260 第1片	距中心332 第2片	距中心328 第2片	距中心334 第2片
超载振幅(mm)							±69		
超载预加变形(mm)							35		
超载寿命(万次)							3.0	6.3	5.4
合计寿命（万次）							13.0	16.3	15.4
硬度(HRC)	48~45	49~50	49~50	41~42	43	41	51~52	51~52	50~51
脱碳层深(mm)	0.16	0.17	0.15	0.4		0.3	0.05	0.12	0.10
材料	50CrV						新钢种		
喷丸残余力(MPa)	550			750			890		

表2 NJ1020汽车横置钢板弹簧疲劳试验参数

参数	厂家1		厂家2		厂家1		新钢种		
	1#簧	2#簧	1#簧	2#簧	1#簧	2#簧	1#簧	2#簧	3#簧
片数×厚(mm)	2×8（原方案二片）				1×8+2×7（现方案三片）		2×8（原方案二片）		
刚度(N/mm)	49	47.5	54.7	56.5	55.6	59.5	48.6	49.5	50.3
振幅(mm)	±58		±46		±53.5		±58		
预加变形(mm)	13.5	6.9	17.2	17.5	13		21.1	19.8	13.4
应力幅（MPa）					475.0	483.5	517		
最大应力（MPa）					1106	1100	1210		
疲劳寿命（万次）	3.4	2.3	4.3	3.7	5.74	5.69	>10	>10	>10
断片位置(mm)	距中心348 第2片	距中心303 第2片	距中心10 第2片	距中心10 第1、2片	距中心45 第1片	距中心245 第1片	距中心330 第2片	距中心314 第2片	距中心326 第2片
超载振幅mm							±70		
超载预加变形(mm)							30		
超载寿命（万次）							4.5	3.14	6.2
合计寿命（万次）							14.5	13.14	16.2
硬度(HRC)	41~42	42	46~47	47~48	45~46	43~45	50~51	51~52	50~52
脱碳层深(mm)	0.35	0.3	0.10	0.12	0．05	0．03	0.05	0.07	0.1
材料	60Si2Mn				50CrV		新钢种		
喷丸残余力(MPa)			660		750		890		

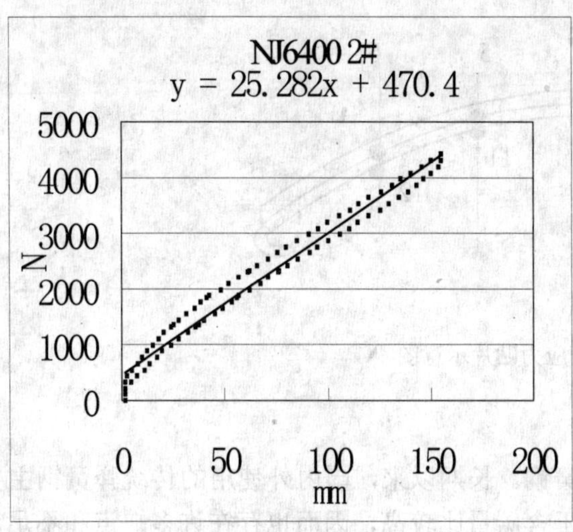

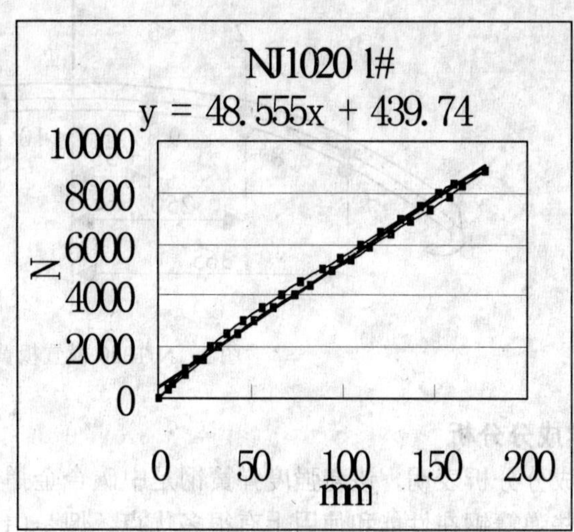

图 1 汽车横置钢板弹簧总成性能曲线图

2.3 道路试验

新型高强度弹簧钢研制的 NJ1020 汽车横置少片变截面钢板弹簧的道路试验在海南汽车试验场完成，该车的载荷增加了 1000N，3 万公里未发生断簧。道路试验前、后的刚度下降量小于设计值的 5%。

2.4 台架应力测量和道路应力测量

台架应力测量在南京汽车研究所完成，测出的台架垂直疲劳试验的最大应力为 1200MPa，NJ1020、台架疲劳试验最大应力见图 2。道路应力测量在海南汽车试验场完成，采集道路试验场可靠性路面的应力谱，试验结果证明 NJ1020 汽车横置少片变截面钢板弹簧的道路最大应力为 1200MPa，与台架垂直弯曲疲劳试验相当，说明新钢种 NJ1020 汽车横置少片变截面钢板弹簧在最大应力为 1200MPa 条件下进行台架垂直弯曲疲劳试验是合理的。NJ1020 汽车横置少片变截面钢板弹簧结构及应力贴片示图见图 3。

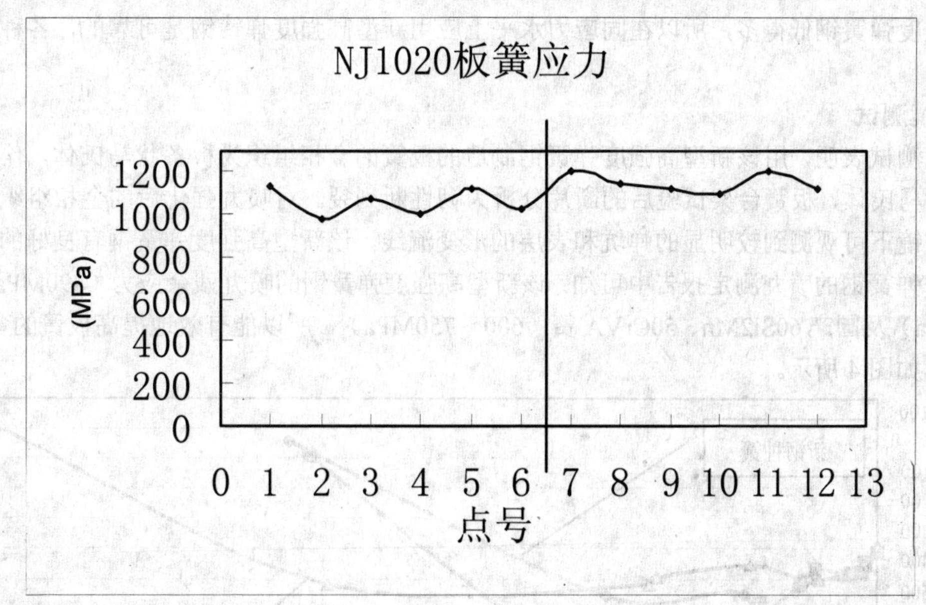

图 2 NJ1020 台架疲劳试验最大应力

3 新型高强度弹簧钢的材料分析

我们对新型高强度弹簧钢做了材料的化学分析，拉力试棒的强度、金相分析、电镜分析，并在西安交通大学进行了喷丸残余应力测定。

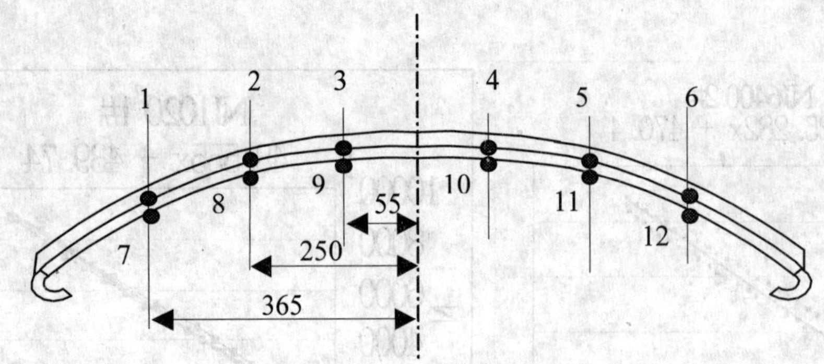

图3 NJ1020横置板簧应力贴片示意图

3.1 化学成分分析

化学成分分析表明，该高强度弹簧钢是中碳合金弹簧钢。长期以来，国内外使用的传统弹簧钢主要是高碳钢这些弹簧钢在性能和使用上有很多优点，但是由于含碳量比较高，因而也存在许多缺点和不足。其中主要是塑性和韧性差。所以综合力学性能不够理想且使用寿命短，另外制造工艺性能也不够好，容易脱碳，变形抗力大，加工性能差，特别是冷成型困难等，这些问题都给弹簧的制造和使用带来麻烦。我们测试的这种符合我国资源优势的新型高强度中碳合金弹簧钢与国外新型高强度弹簧钢向中碳发展是一致的。

3.2 基本力学性能测试

基本力学性能测试表明，该新型高强度弹簧钢在抗拉强度 σ_b 达到1900MPa时，断面收缩率 φ 和延伸率 δ 分别达到50%和10%，这次焦作华丰汽车弹簧厂采用新型高强度弹簧钢研制的2片板簧的材料抗拉强度 σ_b 为1800MPa，断面收缩率 φ 达到50%水平，这样高的强度和塑性结合是能够承受试验弯曲应力1100MPa，并具备达到1300MPa的超负荷能力的基础，两者是有对应关系的。这样高的抗拉强度，使得它有比实际使用应力1100MPa高得多的屈服极限及弹性极限，因而其抗弹性松弛性能很好也是必然的结果。不同的弹簧钢的抗弹性松弛性能是在同一试验应力水平下测试的，传统弹簧钢的强度极限、屈服极限及弹性极限比新型高强度弹簧钢低得多，所以在同应力水平上应用新型高强度弹簧钢是可靠的，各种试验也证明了这一点。

3.3 显微电镜测试

显微电镜测试表明，用该新型高强度弹簧钢制造的板簧的金相组织为板条状马氏体，伴有很少量的片状（或针状）马氏体，板簧台架试验后的断片分析为韧性断列裂。对喷丸强化后的金相组织变形流线分析表明，在显微镜下可观测到较明显的弹坑和表层的形变流线，该新型高强度弹簧钢有良好的强韧性。从西安交通大学的弹簧钢的喷丸测定报告中可知：该新型高强度弹簧钢的喷丸残余应力（890MPa）明显高于进口簧（520MPa）及国产60Si2Mn、50CrVA簧（600～750MPa），所以能有效地提高板簧的弯曲疲劳性能。喷丸残余应力如图4所示。

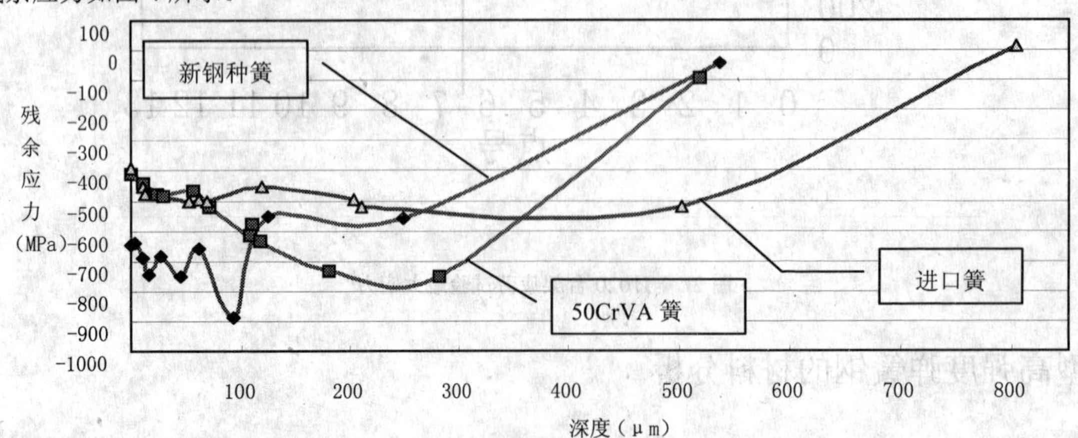

图4 板簧喷丸后表层应力分布

4 效益分析

新型高强度弹簧钢制品的质量比较见表3。

表3 新型高强度弹簧钢制品与常规弹簧钢制品的质量比

项目	进口	厂家1	新钢种	厂家1	新钢种
	NJ6400用板簧			NJ1020用板簧	
材料		50CrVA	新钢种	50CrV	新钢种
片数×厚 (mm)	2×6.4	2×7	2×6.4	1×8+2×7	2×8
单架质量 (kg)	7.9	8.7	8.1	13.4	9.8
减轻质量 (kg) (%)			0.6 (7)		3.6 (27)

新型高强度弹簧钢具有较高的强度和塑性，强塑性配合较好，适用于设计应力较高的少片弹簧，在提高舒适性的同时还可以大大节省钢材，提高汽车的行驶经济性，从表3可知，两种车型的新钢种板簧的质量均比国产簧轻，可使汽车的自身质量降低，油耗降低，降低汽车的使用成本。

目前板簧要求抗拉强度σ_b=1800MPa水平的是少量的，只要达到抗拉强度σ_b=1500～1650MPa水平，对多数传统板簧就是一个突破，而$\sigma_b \geqslant$1800MPa 精炼的新型高强度弹簧钢价格比国内外同等性能水平的弹簧钢价格要低的多。σ_b=1500～1650MPa的用另外一种新型高强度弹簧钢价格与国产60Si2Mn相当，在大批量应用后还会稍低。现在的新型高强度弹簧钢制板簧的价格与现有国产簧价相当。

新型高强度弹簧钢具有良好的冷加工性，新材料轧制抗力低，成材率高。可以提高劳动生产率，提高材料利用率，提高轧机的使用寿命，降低辅助原料消耗，节省能源，从而带来较大的经济效益。

5 总结

以上分析表明，新型高强度弹簧钢在NJ1020和NJ6400车型横置少片变截面高应力板簧上的应用技术研究是成功的，该簧最大使用应力远远高于国家标准要求，并且影响板簧疲劳寿命的喷丸强度这一指标高达到 890MPa。其样簧的试生产成功对国内板簧行业有较大的触动，该新材料、新工艺和新技术可以较可靠地应用于汽车少片板簧，在不增加汽车成本的基础上满足车辆的舒适性、可靠性，并且具有很大的超载能力。

参考文献

1 新型高强度弹簧钢（38SiMnVB）制横置变截面少片簧试验报告. 南京汽车研究所

2 韩建中. 轿车悬架簧用国产化新材料的研制试验. 汽车工艺与材料，1998（11）

3 惠卫军. 高强度弹簧钢的疲劳性能. 弹簧工程，1998（3）

4 祖荣祥. Cr-Mn系列弹簧钢的发展及低中碳弹簧钢的研究. 弹簧工程，1988（4）

5 祖荣祥. 低碳弹簧钢的研究. 弹簧工程，1989（2）

6 祖荣祥. 碳及合金元素对弹簧钢弹性减退抗力的影响. 弹簧工程，1988（2）

7 西安交大. 弹簧钢的喷丸测定报告. 1999

CATIA曲面造型在汽车设计中的应用

郭立峰
哈飞汽车制造有限公司

[摘要] 本文简要介绍由法国著名飞机制造公司达索-布雷盖公司开发的 CATIA 曲面造型模块的主要功能特点，结合汽车几何造型设计的实例探讨CATIA曲面造型设计的功能、要点。

关键词: CAD 曲面造型 汽车产品结构设计

1 前言

CATIA是目前一种优秀CAD/CAM/CAE/PDM软件应用系统，由法国著名飞机制造公司Dassau1t开发。

工作站版的该软件运行于IBM的工作站上，驱动系统为VM/CMS，而新版既可运行于IBM的工作站上，也可以运行在高档微机平台上。CATIA起源于航空工业，它可以帮助用户完成大到飞机小到螺丝刀的设计及制造，提供了完备的设计能力。其最大的标志客户即美国波音公司，波音公司通过CATIA建立起了一整套无纸飞机生产系统，取得了重大的成功。

曲面造型模块的是评估任何一种成功的CAD软件的基础，也是计算机辅助几何造型设计（CAGD）的主要方法和手段之一。所谓CAGD,即主要研究工程中的几何造型问题。它是对各种几何外形信息的计算机表示、分析和综合。曲面造型主要研究曲线曲面的表示方法和分析综合。广泛应用在航空、航天、船舶、汽车、轻工业等行业中。它的主要数学理论基础即为计算几何（Computational Geometry）,由函数逼近论，微分几何、代数几何、计算数学、计算机图形学等形成的。与UG、I-DEAS、EUCLID、PRO/ENGNEERING等现在流行软件相比，该软件在曲面造型方面具有其独到的数学准确性的特点。

在汽车曲面的设计中，有很多部分在结构上是由一系列复杂的空间曲面构成的，这些曲面是由不同曲率的空间曲面相互连接而成，这种连接既要满足零件功能、结构的要求，又要光滑过渡，达到平顺、和谐的效果。CATIA软件的曲面造型模块功能为这类零部件的设计提供了先进、方便、快捷的手段，使产品的设计更趋完美，设计周期越来越短，极大地提高了产品开发效率。

2 CATIA曲面造型原理与方法

2.1 曲面造型原理

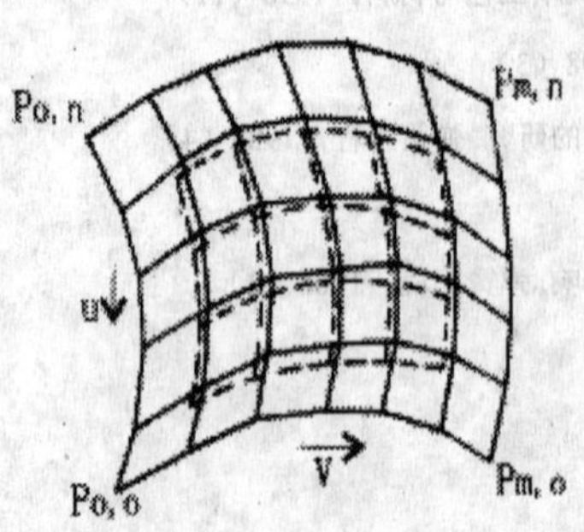

图1 B样条曲面

任意空间曲面都可以看作是无数点的集合。如图1所示，在V方向任意截面上选择M+1个点为特征顶点，用最小二乘积逼近方法可生成一条曲线，该曲线即为B样条曲线。同样，在V方向的不同截面上可生成一组(N+1)条B样条曲线。用同样的方法在U方向的不同截面也生成一组(M+1)条B样条曲线。两组B样条曲线的直积可求得B样条曲面。该曲面即为我们要描述的任意复杂空间曲面。其数学表达式为：

$$P(U,V)=\sum_{i=0}^{n}\sum_{j=0}^{m}P_{ij}N_{ik}(U)N_{j1}(V)$$

B样条曲线特征顶点越多、样条曲线数量越多，那么生成的B样条曲面与实际曲面就越接近，但同时计算量也越大。CATIA曲面造型的原理就是基于上述曲面数学模型来描述任意空间曲面。在汽车产品设计中，由于汽车车身表面覆盖件或内部结构件多为一些曲率变化不规则的复杂型面，因此它不可能由一张光滑的曲面构成，一般情况下，它是由一些大小不等、形状各异的曲面片连接而成。因此在构造这些曲面片之前，就应先生成由型值点控制，经过拟合、逼近和优化而生成的高级曲线，然后根据不同的控制条件由曲线生成最终的理想曲面。

2.2 CATIA主要曲面造型方法

CATIA曲面造型技术主要有规则曲面造型和复杂曲面造型两种，以不同的数学算法为依据，充分考虑各种可能的情况和边界条件，建立了强大的高级曲面和曲线的造型功能模块。具体如下：

(1) 在车身设计中主要用到的曲线、曲面功能模块

1） ARC FUNCTION；

2） SPLINE FUNCTION（包括SPLINE型曲线和SPLINE2型曲线）；

3） NURBSCRV FUNCTION；

4） CURVE2 FUNCTION；

5） SURF1 FUNCTION；

6） SURF2 FUNCTION；

7） BLENSURF FUNCTION；

8） PATCH FUNCTION；

9） NET1 FUNCTION；

10）NET2 FUNCTION；

11）NURBSSRF FUNCTION；

12）CLOUD FUNCTION。

(2) 根据其曲面构造的方式，曲面分为以下几类

1） 扫描曲面：发生线沿"脊线"运动扫过形成的曲面；

2） 截面驱动曲面：控制各截面形状/面积，按"脊线"运动形成的曲面；

3） 连接曲面：以确定的控制线对两个曲面倒圆形成的曲面；

4） 填充曲面：在已有的曲面围成的区域的空白处填充形成的曲面；

5） 网格曲面：由一系列纵横交错的曲线逼近形成的曲面；

6） 规律描述曲面：对构成曲面的某一特征量如角度、半径、面积等按定义的规律变化形成的曲面；

7） 布尔运算曲面：对几个曲面的布尔运算形成的曲面。

复杂曲面的造型是以不同曲线、曲面及各种边界为约束条件，由一组曲线按一定的规律运动和变化产生的。曲面的质量即曲面的光顺性取决于曲线的光顺性，因此构造高质量的曲面，必须先构造高质量的曲线。CATIA提供了REFLECT、COMBINE，PROP等生成光顺曲线的强大功能。通过光顺处理的曲线构造出的曲面借助于曲面渲染着色等方法进行粗略地检验、修正，还可以进一步借助于分析工具定量分析曲面的最大、最小和高斯曲率，之后根据需要进行修改，使之满足设计需要，达到满意的效果。

3 曲面造型设计流程

3.1 CATIA曲面造型设计流程框图

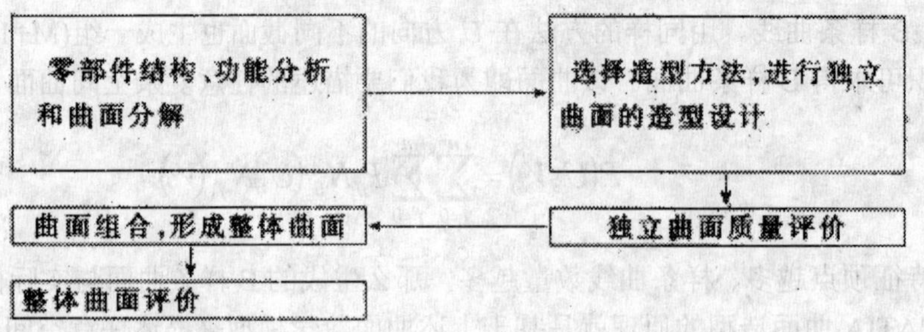

3.2 下面结合汽车冷却扇的设计，讨论CATIA复杂曲面造型的过程和各步骤要点

图2为要求完成的汽车冷却扇。具体设计时应结合汽车冷却扇的曲面特点和结构要求进行，步骤如下：

图2 冷却扇外型图

(1) 冷却扇结构分析、曲面分解

按冷却扇的曲面特点和结构要求对冷却扇进行分析，将构成冷却扇整体的曲面进行分解，可分解为基本曲面和过渡曲面。基本曲面为形成冷却扇主要轮廓的曲面，过渡曲面为曲面之间的配合面或结合面。冷却扇整体曲面划分为2个基本曲面1、2和两个过渡曲面3、4，还有一个整体的旋转实体5（如图2所示）。还应当注意的是，在曲面分解时，应使分解的曲面尽可能的减少，结构尽可能简单，曲率的变化趋势尽可能平缓。

(2) 曲线的构建

首先，根据功能的要求及结构的特点，选择正确的曲面设计方法，构建正确的曲面曲线。其次，按曲面造型方法的要求，根据图3的生成曲面限制曲线的限制点，确定切矢方向后，构造“脊线（SPINE线）”和其他约束曲线。“脊线”是曲面造型的方向约束线，其他约束线均指形状约束线和限制边界条件的曲线。确定约束条件时应注意：①“脊线”应比要生成的曲面长些，以保证生成的曲面足够大，使以后的根据边界线裁剪生成曲面时，有足够的曲面空间；②“脊线””尽量与其他约束线平行，减少方向曲线与形状约束线的曲率变化范围，这样生成曲面的质量较好；③通过“脊线”上任何一个位置的法线与其他约束曲线的交点不应多于2个。对这类封闭型扇状零件，可选其分模面与断面的交点来生成约束线。对生成的各种约束曲线进行分析确定后，生成建立曲面的各个生成曲线，通过对这些曲线进行包括曲率、切矢等项调整、更改达到满意后，可用这些生成曲线构建成高级曲面。曲面2的“脊线”和约束曲线如图4所示。

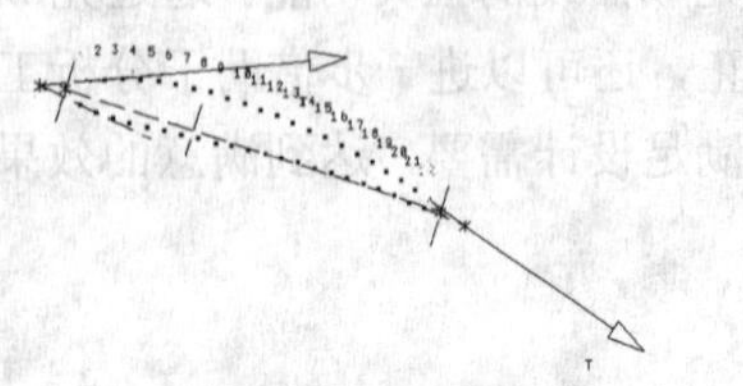

图3 生成曲面约束曲线的限制点

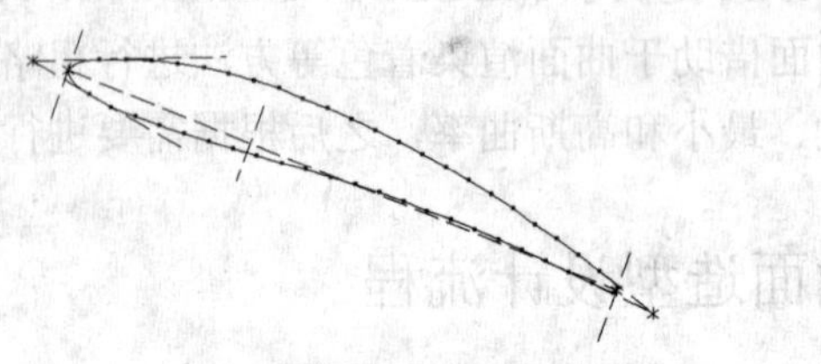

图4 生成的曲面限制线

(3) 曲面的设计与连接

每一种用于曲面造型的模块都有其各自的约束条件和不同的造型效果，设计时应根据不同的曲面特点进行选择使用。具体总结如下

1) URF1 FUNCTION (SURF1+FILL)

此功能以封闭的2~6条边界和与边界相关的切矢条件（相切曲面）作为输入，生成曲面片。这种曲面片由于只控制边界条件，中间部分是自由拟合，非常容易因为边界切矢的变化跳跃而造成曲面片中间部分的曲率变化非常剧烈，极易形成不合格的曲面扭曲或皱褶（在曲面片狭长的时候容易发生），这种现象随曲面片的增大而益发突出。但这种方法输入条件简单，使用时只要保证边界封闭即可，因此在边界条件较好，曲面中间部分控制的型值点较少的情况下使用此功能较为适宜。

2) SURF2 FUNCTION (SURF2+CURVE+CRV CRV)

此功能的输入条件较多，可根据通过曲面片的一组（<9条）与周边曲面严格相切的曲线和两条曲线的端点控制边界来构造曲面片。因此曲面片与两端曲面片可保证切矢连续，且可由型值点生成的曲线较好的控制曲面片的中间部分。但该方法也由于只能控制两条边界线，不能完整的构造多边界条件的曲面片，因此多用于两曲面片之间的过渡曲面片的生成。

3) BLENSURF FUNCTION

此功能多用于两曲面片之间的过渡曲面片的生成。由于是根据边界条件的自由曲面造型，因此在两端曲面切矢方向变化较大的情况下，也容易造成曲面片的曲率变化不均匀。

4) NET1 FUNCTION & NET2 FUNCTION

此功能是根据（U，V）方向上的网格曲线拟合逼近型值点而生成的曲面片，由于此方法适用于面积较大，曲率变化较小且型值点排列规则的曲面片的构造，是车身逆向工程设计中较为常用的一种曲面的生成方法。

5) NURBSSRF FUNCTION

此功能多用于曲面片的调整与修改。

6) PATCH FUNCTION

此功能多用于生成高质量的高级曲面。该种曲面只能通过ARC FUNCTION生成的BEZIER曲线来构建要生成的PATCH 曲面。因为ARC曲线是一种1∽15阶的多项式拟合曲线，该种曲线可以保证曲线在每一点都切矢连续，曲率变化小。通过该种曲线生成的PATCH高级曲面，质量高，表面光滑，曲率均匀变化，效果比其他种类的高级曲面要略胜一筹。同时，PATCH 曲面的调整改进是所有曲面中最方便、效果最直接的，它可以通过调整（U，V）方向的网格控制点来改变曲面的，也可以通过改变曲面在该控制点的空间位置来改变曲面，还可以通过直接改变与相邻曲面之间的曲率和切矢方向，或改变曲面边界曲线的位置来调整曲面，达到设计的要求。

结合汽车冷气扇的的实际结构，我们可以知道，该冷气扇扇页是由两个基本的构造曲面和两个过渡曲面构成。我们通过生成的构造曲线，用PATCH功能生成质量高的高级曲面，用SURF2+CURVE+CRV CRV生成两个过渡曲面（见图5），完成冷却扇叶片的曲面设计。

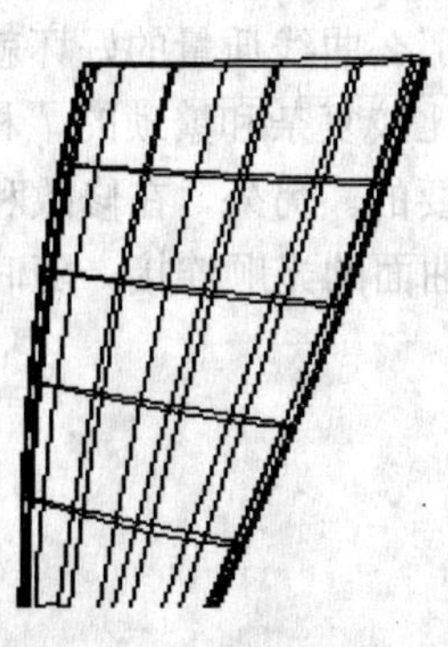

图5 生成曲面部分

(4) 曲线、曲面的分析调整

由于高质量的曲线是生成高质量曲面的保证，所以要生成高质量的曲面，首先应生成高质量的曲线。CATIA 提供了功能强大的曲线分析和调整功能。ARC、SPLINE、NURBSCRV 通过最小二乘法、分段多项式函数或非均匀有理 B 样条函数，生成充分和完全逼近空间曲线的参数表达式。ANALYSIS+CURVE 以图解的形式描述了曲线曲率半径和切线方向变化的规律，通过 ARC+DEFORM、SPLINE+DEFORM 等模块对曲线进行调整，使生成曲线尽可能的达到要求。曲面的分析功能和调整功能与曲线的相类似，主要是通过调整曲面的节点、UV 方向上的 BEZIER 特征多边形网格顶点的位置调整曲面片。准确的分析和调整将保证我们生成高质量的曲面片，达到设计要求。

(5) 曲面质量的评价

在曲面设计中，对生成曲面片质量的检查是一个很重要的环节。具体如下：

1) 对生成的单个曲面进行简单的上光着色检查，确认生成的曲面平滑、无扭曲变形。
对多个曲面进行检查。

2) 检查连接时，应注意是否有 T 型连接和错位连接，曲面的连接偏差不应该大于 0.02mm,如果偏差过大会对派生曲面（OFFSET）和数控加工（扎刀）造成困难。另外，必须保证两个曲面片的跨界切矢或跨界曲率连续，用跨界法检查时，其跨界法矢的角度不大于 1 度。用反光线检查时，反光线的趋势要一致，在曲面连接处不应有错位。用光谱检查时，光谱形状疏密应变化均匀，符合造型要求，在曲面连接处不应有错位。

3) 曲面组合连接，构造冷气扇的整体曲面

将前述生成的曲面两两连接为一个整体。曲面连接时利用生成的曲面的边界，用 SURF2+FILLET 功能做变半径倒圆，实现曲面 3 与曲面 5 的光滑连接，见图 6 所示。

图 6 曲面连接

4) 曲面整体的评价

光顺的独立曲面连接并不能保证一定能生成光顺的整体曲面，因而对整体曲面的评价是保证设计零件光顺的重要一步。

3.3 设计过程中应注意到的几点问题

首先因为曲线是曲面生成的基础，那么曲线质量的好坏就会直接影响着曲面片的质量，而且在实际的的操作过程中，曲面片的修改和调整是比较复杂和繁琐的，相比较而言，曲线的修改要简单的多，因此，耐心的构造出质量较高的曲线是非常重要的。另外，在修改和调整曲线是时要注意保持曲线端点的控制条件（至少 C2 阶连续），这样才能保证曲面的光顺连接。随时检查曲线和曲面的质量，以避免不必要的返工和重复。

4 小结

本文结合具体示例，介绍了 CATIA 软件的曲面造型功能模块的组成、作用和功能。因此我们可以看出曲面造型功能模块在 CATIA 软件中的重要地位与巨大作用。正因为 CATIA 所具有的强大的曲面设计造型功能，使我们在产品设计中外形更完美，在设计过程中对结构的了解更清晰，对结构发展的进一步探索起到了积极的作用。CATIA 的应用，使我们在汽车产品零件复杂曲面造型设计中使这项工作更加容易实现和方便操作，使设计过程简化、快捷、精确，缩短了开发周期。本文在此方面的论述还有不全面之处，以待今后改进。

参考文献

1 Surface Design. CATIA Training

2 Advance Surface Design. CATIA Training

3 谭浩强主编. 计算机图形技术与 CAD. 清华大学出版社

冲压仿真成型分析在某汽车底板中的应用

蔡志武

江铃汽车股份有限公司

[摘要] 本文结合 eta/DYNAFORM 软件在某汽车复杂底板设计及模具制造中的应用，介绍了复杂汽车底板冲压仿真中的经验。

关键字：冲压 仿真 成型

[Abstract] The paper introduced on the experiences in the plastic forming simulation of complex automotive floor and combining the process of the design & making die of the type complex automotive floor using eta/DYNAFORM software.

Key words: stamping simulation forming

面对汽车市场越来越激烈的竞争，顾客对汽车质量性能要求也越来越高。汽车界提出 3R 战略，即缩短产品的市场化周期、降低产品开发费用和减轻汽车质量。随着计算机技术及有限元技术的发展，有限元仿真分析技术在汽车大型覆盖件的设计及模具制造等方面，已发挥越来越重要的作用，仿真分析技术应用能大大降低成本，缩短生产周期，提高企业的市场竞争力。目前国内外市场上有一些专业化、商品化的板料成型有限元仿真分析软件，如：eta/DYNAFORM，AUTOFORM 等，可以解决成型过程中所遇到的问题，如：可成型性、起皱现象、回弹问题、划痕、吨位预测、拉延筋、模具设计和修改等。本文结合某汽车底板在设计及模具制造中冲压仿真，阐述板料成型有限元仿真分析过程中的一些关键技术问题及 eta/DYNAFORM 软件冲压仿真的应用经验。

1 冲压仿真成型分析的实施过程

在应用板料成型有限元仿真分析软件进行覆盖件冲压仿真的过程中，主要包括三个基本部分，即建立计算模型、计算、分析计算结果，其中最主要的工作是建立计算模型。

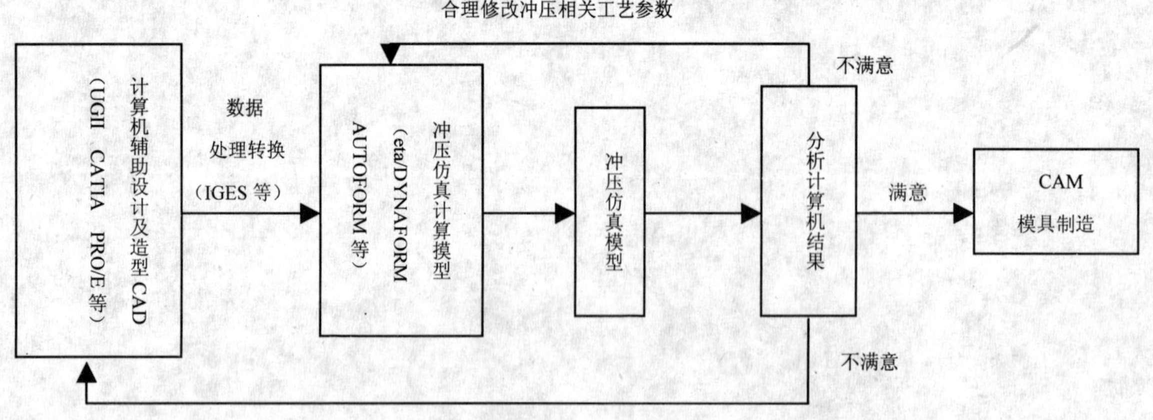

图 1 冲压仿真过程

2 某汽车底板模具冲压仿真成型实例分析的应用

现在某汽车底板模具制造过程中，发现其产品模具制造工艺很复杂，根据模具工艺专家经验分析非常难制造，并且经验无法准确判断其模具制造成功性。为进一步降低开发费用，缩短开发周期，考虑进行相关冲压仿真分析。

2.1 分析数模建立

通过相关三维CAD软件系统完成有关的CAD数学模型，以一定数据转换格式（如IGES等）将曲面数据读入 eta/DYNAFORM，再进行网格划分，并且修理这些网格单元交叉、重叠、小空洞等满足分析需要，保证网格单元法向一致。

2.2 分析计算及结果分析（本文采用的单位制为 Ton-MM-S-N）

2.2.1 大型板料的初始变形问题

如图1所示，建立的板料模型没有与下模贴合，而实际冲压中，由于板料自身重力作用下会发生变形，对于汽车底板这样的大型模具冲压仿真计算，板料必须考虑自身重力的作用，图3和图4为重力作用下板料的变形应力和位移图。

图2 （上、下）模、板料和压边模型图

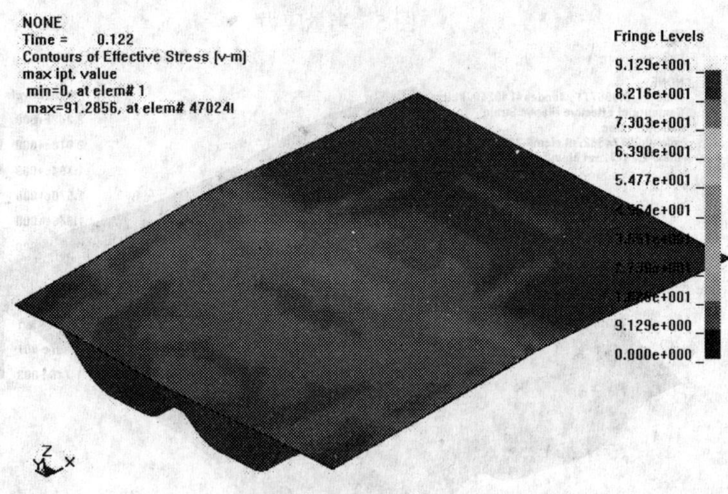

图3 当量应力

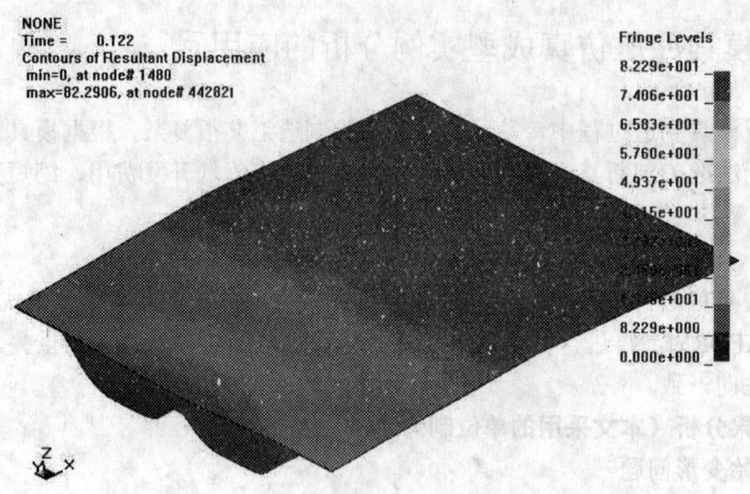

图4 位移变化

2.2.2 板料重力作用下初始变形后进行压边闭合和冲压成型仿真

该例初步给出成型过程的技术结果。所采用的工艺参数为常用值，没有考虑准确的开口线等因素，在重力作用下板料变形后进行压边闭合和冲压成型仿真计算，结果如下：

图5 当量应力

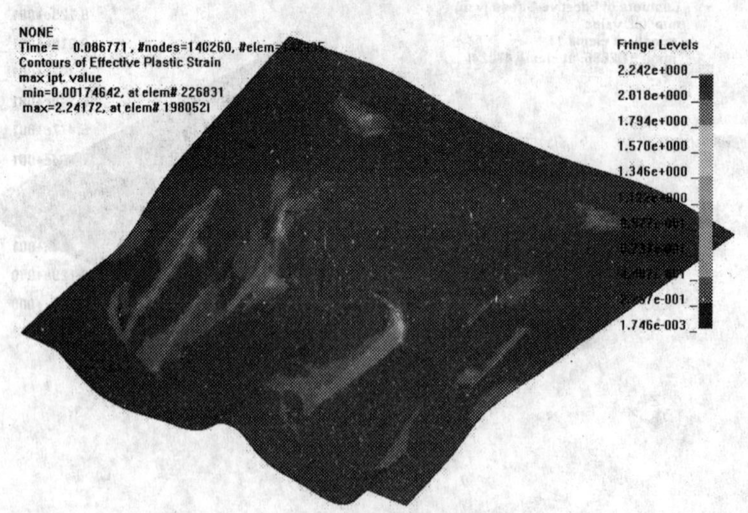

图6 塑性应变

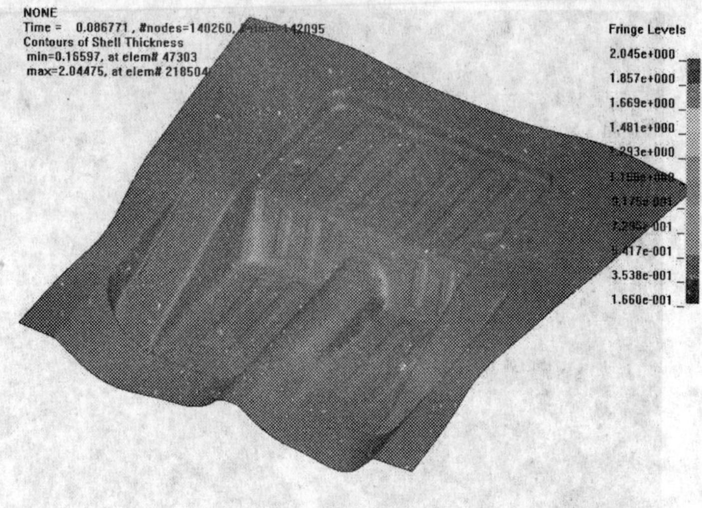

图7 厚度变化

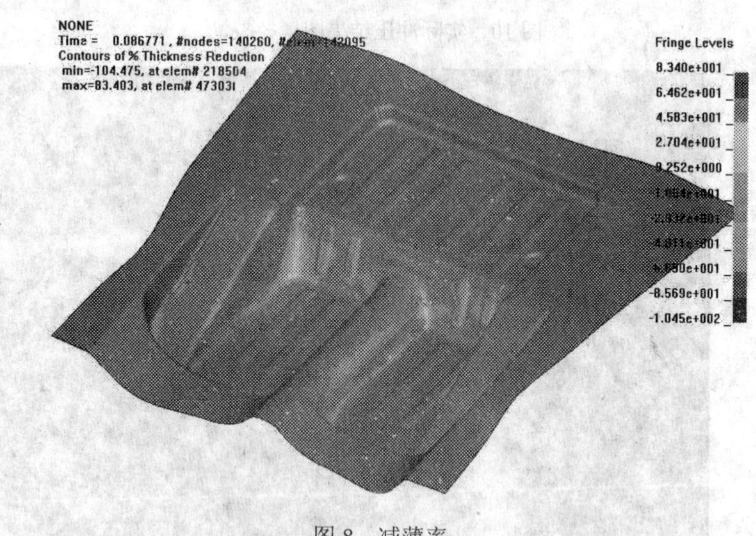

图8 减薄率

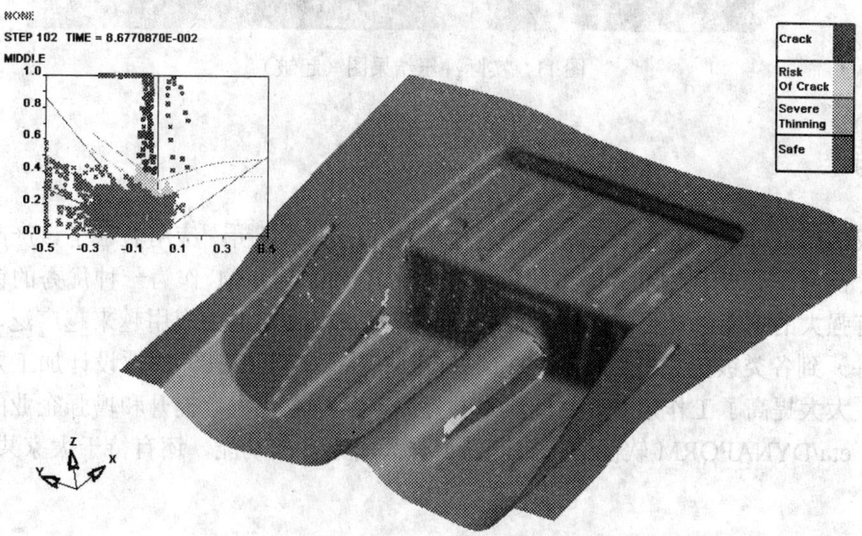

图9 成型极限图（发生拉裂和起皱）

图10 实际冲压结果图（拉裂）

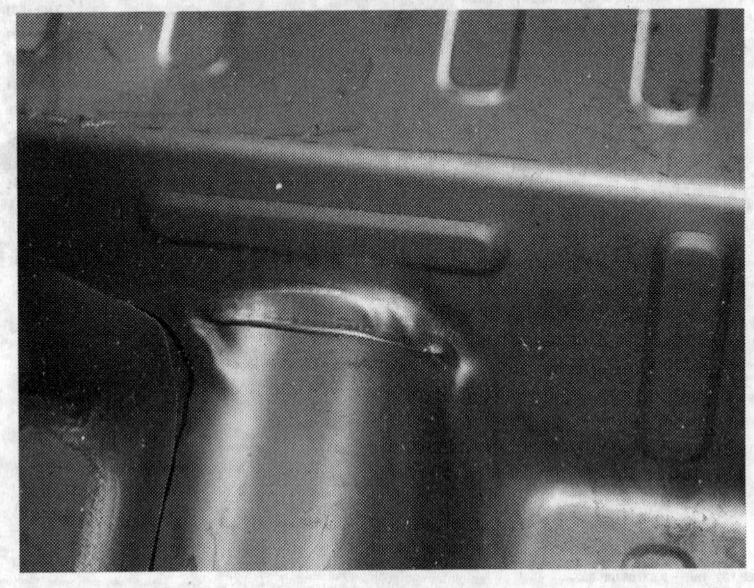

图11 实际冲压结果图（起皱）

3 应用小结

以上仅为我们应用 eta/DYNAFORM 软件进行模具冲压仿真分析，应用验证了该产品在模具制造中存在的缺陷，为产品开发、模具制造等提供理论依据。eta/DYNAFORM 作为一种优秀的钣金成型专用仿真分析软件，具有强大的功能，在公司的钣金件新产品开发及模具制造中应用越来越广泛，从汽车的覆盖件（主要为钣金件）到各类钣金成型件。eta/DYNAFORM 将在汽车模具、部件设计加工方面有效加快新产品的开发进度，大大提高了工作效率，降低成本并提高产品质量，大幅提升和增强企业的技术水平和竞争力。总而言之，eta/DYNAFORM 软件给我们提供了强大而丰富的功能，还有待于大家共同研究、探讨。

参考文献

1 eta/DYNAFORM User's Manual Version 2.0 [M] Release Date :March 15，1997

虚拟现实技术的研究与分析

李自才
哈飞汽车股份有限公司

[摘要] 本文主要讨论了虚拟现实技术的概念、组成部件以及原理；重点论述了虚拟设计的方法、意义，阐述了虚拟制造的相关技术等。

关键词：虚拟现实 虚拟设计

1 虚拟现实技术

我们所说的虚拟现实就是对现实世界进行的思维时空的模拟，即除了时空外，还包括沉浸式的人机交换界面，这种沉浸式及互动的特点是设计者能够更好地在虚拟空间中观察、处理三维的设计元素，了解各部件的组成，装配的协调性等，并更好地判断和选择，达到最优的设计。

虚拟现实（Virtual Reality），也称 VR，虚拟现实技术主要有三个基本特征：自主性（imagination）、交互性（interaction）、沉浸感（immersion）。它是一种可以创建和体验虚拟世界（Virtual World）的计算机系统，是用计算机技术生成一个逼真的三维世界，让用户可以从自己的视点出发，利用自然的技能和某些设备对这一生成的虚拟世界物体进行交互和互动观察。这种由计算机生成的互动式仿真环境的特点是：感觉逼真，交互自然，随人的视点及行为而迅速反应。

虚拟现实系统的设备主要由以下几大部分来组成：

主计算机它用来生成虚拟的场景；环绕的立体显示屏幕作为视觉设备（如头盔）；数据手套作为交互的输入设备；分布式的立体声音响作为听觉设备；以及相应的计算机软件等。

“虚拟现实”技术最开始应用在飞机的飞行训练上，它要求系统能随着受训飞行员的不同反应做出相应的模拟响应。由于计算机硬件成本的急剧下降，计算速度的提高以及软件技术的迅速发展，使虚拟现实技术的应用得到了普遍发展。

1.1 虚拟现实中的几个关键设备

(1) 非头盔式（Desk-mounted）系统

这类系统利用计算机将所需要左右眼频道的景像进行处理并投射到普通的显示器上，然后通过特别设计的眼镜将左右眼影像分开显示。它可以提供较高的分辨率，可通过增加眼镜的数量让其他使用者有同步的体验，花费较小，但对观测位置和角度有一定的要求。用于构造此类系统的工具有 VRML（Virtual Reality Modeling Language），QuickTimeVR。这两种工具可以把虚拟世界的产品造型发布在互联网上。

(2) 头盔式（Head-mounted）系统

这类系统将用户的个人视点完全沉浸在虚拟环境中，系统包含两个配置在眼前的由头盔支持的微型显示屏，有时需要配置数据手套。此系统可以提供全方位的视野，真实感较强，便于复杂部件的设计。

(3) 感知手套也叫数据手套（Cyber-Grasp）

它最初是由美国海军为遥控机器人研制开发的。现在正逐渐应用在汽车领域上。这种手套上有各种电线和传感器，通过操作者的手做各种精确、微小的牵引动作，使计算机生成的各种零件被感知像真的一样。电脑的指令传给一个能放在桌面或能戴在腰带上的控制器，控制器上的电缆再给出压力及牵引力，使戴感知手套的人“能够感觉到”电脑虚构出来的物品。同时，在电脑屏幕上有一只手正重复操作者手部的动作。这种手套利用力反馈的原理制造的。它的另一产品是（Cyber-Glove），这种产品只能显示位置而没有力反馈的功能。这两种产品在汽车制造上有着重大的作用。它可以用在工人生产前的培训上，工程师可用它设计装配生产线，因为它能确定在生产线建成以前各种零部件是否可以正确容易地装配起来。感知手套也可作为专家的信息反馈，因为它可以显示熟练工人采用的各种技巧。也可用来培训新手及验证产品设计问题，如何将各种油管方便地安装到汽车上或将其从汽车上卸下来等一系列问题。

2 虚拟现实的增强显示

为了在虚拟现实系统中融入强化现实的思想，解决好虚拟现实化和实物虚化的问题，恰到好处地掌握虚实的变化，凸显重点，从而高效率地完成现实世界中无法完成的工作。随着IT业的迅猛发展，数据库、多媒体、网络、人工智能、计算机图形处理等软件技术的成熟运用，以及相应的硬件技术的发展，都为虚拟现实的增强现实技术提供了可靠的保证。

2.1 虚实结合技术

在产品的虚拟制造过程中，产品所在的虚拟环境往往非常复杂，为了减少建模的工作量，将建模的主要工作集中在虚拟产品的制造上，我们先将产品所在的环境拍照或录像，通过二维图形向三维图形转化算法的研究，将照片或录像转换为特殊场景。这使虚拟制造的工作量大大减少，从而，将注意力集中在虚拟产品的制造上。

2.2 碰撞检测技术

碰撞检测是虚拟设计制造中不可缺少的技术之一。数据库技术是解决碰撞检测的有效途径，即建模过程中建立模型数据库。当模型进行虚拟装配过程时，给出适当小的时间片，在每个时间片末，系统对场景中的所有对象之间的位置关系进行一次检验，如果物体占有的空间发生重叠，那么就认为发生了碰撞。在虚拟装配过程中，对于不合理的结构参数，增强虚拟现实系统应能汇报并提出修改建议。目前，人工智能技术发展比较成熟，将人工智能技术与数据库技术相结合，建立虚拟场景的智能化数据库，该数据库应具有数据查询、数据挖掘、关系数据校验等功能。比较完善的增强虚拟现实系统，可以实时渲染，进行可装配性、干涉、碰撞检测，以虚拟浏览的方式对场景进行观察，通过颜色、透明度、材质、纹理、光照等来真实表现所要设计的产品，这种增强虚拟现实系统具有智能化，可视化，集成化，网络化的功能，对产品的设计提供了自由想象的空间。

3 虚拟环境的设计

虚拟设计是一门新兴的跨学科交叉技术。它涉及多方面的学科与专业制技术，通过以虚拟现实技术为基础，以设计产品为对象，进而把设计人员从传统的键盘和鼠标解放出来，使他们可以通过众多的传感器与多维的信息环境进行交互，并且虚拟设计技术可以大大减少实物模型和样机的制造。

虚拟设计方法产生的由来之一，是由于当前CAD软件技术远远不能适应目前丰富多彩的产品设计任务。现在的CAD软件距离理论设计要求相差很远，只能说是“二维电子图板”，目前的CAD软件系统只能根据系统的固定模式帮助设计人员建模，以及分析评价设计方案，但不具有灵活的创造性功能。而在多维空间的设计功能方面还比较弱。

3.1 目前的CAD软件系统主要存在的缺点

1） 键盘及二维鼠标的数据及指令输入方式不自然，缺乏交互功能，设计人员不能从触觉、听觉上来感觉设计产品。

2） 软件操作复杂不易掌握，特别对不太熟悉计算机的人尤为困难。专业技术人员必须花费很大精力去学习软件的应用，并且使用时操作繁琐严重影响设计人员的创造思维的发挥。

3） 在不需要具体尺寸的概念车的设计时，现行软件三维建模系统难于实现。

4） 目前的CAD软件系统，仍然需要一定的实物模型和样机来验证产品的工作性能，提高产品的成本。

然而，虚拟设计方法与传统CAD技术有着本质区别，虚拟设计在应用时，能发挥多维空间的设计思想，可考虑到受力、变形分析、装配等或与其它软件集成来进行设计。所以其计算机辅助设计/制造/装配的功能大大增强。另外，虚拟设计还可以利用网络技术、多媒体、远程通信、工程数据库、灵镜技术等实现分布式并行设计。

3.2 虚拟设计所涉及的主要技术

1） 虚拟建模；

2） 工程学与数据分析；

3） 网络的并行设计；

4） 参数交互时的可视化。

3.3 虚拟设计关键的科学理论依据

1） 全息产品的建模理论和方法；

2） 设计过程的规划、集成与功能化；

3） 虚拟环境下的人机工程学；

4） 产生虚拟环境的工具库、数据库；

5） 虚拟环境与设计过程的融合。

3.4 虚拟设计按照配置的档次可分为两大类

一类是基于 PC 机的廉价设计系统；另一类是基于工作站的高档产品开发设计系统。虽然分为两类，但工作原理是一样的。基于 PC 机设计系统，主要是由于其廉价性，对于小型虚拟设计系统的开发非常适宜，并且它的用户比较广泛，所以具有广阔的市场前景。随着 PC 机性能的迅速提高，越来越多的问题完全可以利用 PC 机解决，如目前应用较广泛的软件 UG、CAXA、Proe 等都是微机版，连工作站应用的软件之一 CATIA 也发行了微机版本。但是由于当前机的 PC 发展仍不够完善，还很难胜任大型复杂产品的虚拟设计，所以功能强大的高档工作站就被用来进行大型复杂产品的虚拟设计。

3.5 虚拟设计系统按应用的情况分类

虚拟设计是以计算机辅助设计(CAD)为基础，利用虚拟现实技术发展的一种新的设计系统。这种设计系统按应用的情况又可分为：增强的可视化系统和基于虚拟现实的 CAD 系统。

(1) 增强的可视化系统

利用现行的 CAD 系统进行建模，虚拟环境系统对数据格式进行适当的转换，然后输出虚拟环境。在虚拟环境中利用三维的交互设备（如头盔式显示器、数据手套等）在一个"虚拟"真实的环境中，设计人员对虚拟模型进行多视角的观察。目前投入使用的虚拟设计大多采用增强的可视化系统，这主要是由于基于虚拟环境建模系统的技术还不够完善，而 CAD 建模技术比较成熟，所以广泛应用。

(2) 基于虚拟现实的 CAD 系统（即虚拟设计系统）

利用这项技术系统，设计人员就可以在虚拟环境中进行建模等设计活动。与纯粹的可视化系统相反，这种系统不再使用传统的二维交互手段进行建模，而是直接进行三维设计。它利用三维的输入设备将相应数据输入，与虚拟环境进行交互。这种系统也支持像语音识别、手势、眼神等，这种系统不需培训即可掌握，普通设计人员稍微熟悉了解使用方法便可以进行产品设计。通过实践验证，这种虚拟设计系统比现行的 CAD 系统的设计效率至少提高 5~10 倍。目前很多大的汽车公司，在产品设计中都采用了虚拟设计技术，如通用汽车公司、大众汽车公司、福特汽车公司、丰田汽车公司等都运用了这项技术。随着科学技术的不断进步，虚拟设计技术在产品的概念设计、工装夹具设计、装配设计、人机工程学等方面将发挥重大作用。

3.6 基于虚拟现实的 CAD 系统结构

3.6.1 虚拟现实环境生成部分

虚拟现实环境生成部分是虚拟设计系统的核心部分，其任务是根据用户需求，通过各种工具软件及数据库来产生完成任务必需的、多维的、具有真实感的情景和实例。虚拟现实环境生成部分由各种计算机软硬件、软件开发器及其他配件组成。其中的几何建模系统是用来生成对象和操作对象的，几何建模系统是虚拟设计系统中最关键、最复杂的部分。

人机交互、数据转换、信号控制的各种工具。虚拟设计系统提供了多种人机交互方式，使人机交互更自然、更有效率，人机交互方式是双向性，即输入和输出模式。虚拟设计系统中的人机交互技术大致有三种：视觉、听觉、触觉。如图所示：（人机交互示意图）

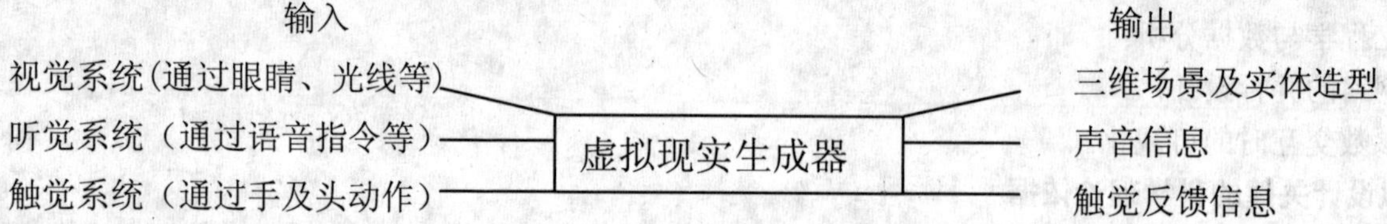

随着计算机技术的迅猛发展，软件和硬件技术的提高，人机交互工具的品种越来越多，功能越来越强，使用越来越方便；操作环境简单，生成场景、实体容易逼真。根据目前的最新统计，主要的人机交互工具和系统有：

1） 多维语音处理系统——CONVOLVOTRON 系统等。

2） 视觉输出系统——头盔显示器，双目全方位显示器，桌面显示器，光闸眼镜等。

3） 触觉反馈系统——力反馈手套，CYBER TOUGH 触觉反馈系统，力反馈接口等。

4） 探测追踪工具——如头盔追踪器，多维探测器，鸟标，数据手套，数据衣服等。

3.6.2 在用虚拟现实设计的方法进行产品的设计时，需要的虚拟设计系统，包括以下几个部分

(1) 几何建模系统

它是虚拟设计的核心，它的进一步应用是动态过程仿真，图形数据处理，有限元分析，动画制作等，实体建模可以在计算机内部对几何物体进行唯一的无冲突的完整描述。

实体建模的主要任务在于为虚拟产品提供数据库，这个数据库不仅存储随机信息，而且还可以集成产品模型的形式存储开发过程中所收集的信息，并尽可能提供较大的应用范围和后续过程使用。为了使设计团体能够在计算机中查看或操纵实体模型，以及精确交流设计意图，就必须在造型时全面考虑产品的制造、工艺、装配等各种信息，使零件的造型顺序尽量与实际的工序一致，特征的定位也应与实际加工的基准一致。应让工艺人员能根据清晰的模型树快速制出零件的加工工艺。

(2) 复杂外形、特征处理系统

虚拟产品的开发设计是一种参数化和面向特征的设计。在产品设计过程中，从构思到加工材料的确定是个逐渐细化详述的过程，需要频繁地修改直至满足各项要求，这一过程可利用具有可变参数几何建模的参数化设计。目前大多数 CAD 系统都提供了参数化设计功能，这也是人机交互的必备功能。

产品的设计、制造、装配以及应用过程中包含许多信息，为了使这些信息共享并保证其完整性、一致性，必须采用面向特征的设计方法，可以满足所有阶段的要求。特征中存储的信息涉及产品开发的所有阶段。所以复杂外形、特征处理系统是虚拟设计的重要组成部分。

(3) 数据管理系统

由于整个产品开发过程中会形成大量信息，这些信息包括产品过程的数字模型和这种模型的连续循环以及整个产品开发过程中相关的过程信息等，并且由于参与设计的包括生产厂商、设计、制造、合作伙伴、客户、配件商等，他们在地理位置上往往很分散，而且计算机品种各种各样，因此要使产品信息流能够在公司内外畅通无阻，得以有效传输和共享，就必须有强有力的产品数据和信息管理软件的支持，使整个生产过程的每个环节都能进行有效的控制。

(4) 计算机分析系统

它主要分析构件对失效的安全性、产品功能性检测、外部因素影响的综合评价、通过轻型化构造减少重量、充分利用材料并进行优化排料设计、经济性的加工分析、有限元分析。

(5) 仿真技术系统

仿真作为研究任意动态系统的方法，在虚拟产品中广泛应用。利用仿真技术，人们在早期产品规划阶段就可以预示产品的特性，了解所采用的加工方法的结果或加工进程的可行性，这样可以及早发现问题和错误，否则在以后的阶段才能发现问题，这就会增加修改的时间、工作量、成本。

(6) 输入输出及图形表达系统

(7) 各种接口系统以及虚拟的人机工程学系统

3.7 虚拟概念设计使用的手段

它是采用听觉、视觉及触觉的交互方式，使设计人员能自然、直观的与虚拟建模环境进行交互，快速完成概念的设计。虚拟装配设计是通过研究产品的拆装过程，可在虚拟环境中来检验产品的各部件以及是否与其他部件发生干涉，同时也可以在虚拟环境中对产品进行装配和拆卸操作，根据产品部件的具体形状开发专用的工具以适应零件的拆装，还可考验操作的难易性等，这样就代替了实物模型及样机的制造。虚拟人机工程学的设计能够满足产品的人机工程学方面的要求，通过这样的系统，设计人员可以精确研究产品的人机工程学参数，来修改虚拟零件的位置等以满足不同的消费者对产品的要求。

基于虚拟现实的 CAD 系统可以使设计人员置身于虚拟环境中，通过触觉、听觉、视觉的交互手段来完成产品的基本形状的生成和组合等过程。基于虚拟现实的 CAD 系统的功能比较强大。它有生成实体功能，调用已有实体功能，编辑实体功能，装配实体功能，选择实体功能，约束及重约束实体及实体间的关系功能，查询各种数据、实体的功能。

3.8 基于虚拟现实的 CAD 系统的主要特点

1） 虚拟设计系统将人在 CAD 环境下的活动提升到了人机交融一体的交互活动，具有智能化的特点，可以发挥人的设计才能。

2） 因为在虚拟设计中，对虚拟产品进行了多方位的分析、评价、修改、检验，保证了产品的结构合理性，降低了产品的成本，缩短了产品的开发周期。

3.9 基于虚拟现实的 CAD 系统存在的不足

1） 硬件技术：计算机的处理能力和各种人机交互系统的功能还需进一步提高。

2） 数据的交换功能：它包括从虚拟环境到 CAD 系统的数据交换和从 CAD 到虚拟环境的数据交换两个方面。比较难于实现的是前者，从 CAD 到虚拟环境的数据交换也无法将诸如材料信息、零件信息和力学特性等很完美地传送到虚拟环境中。

3） 数据缩减技术：由于零件的数据信息量非常庞大，为了实时显示特征性的、有用的数据，必须有更好的数据缩减技术。

4） 网络传输速度：由于目前网络传输速度比较慢，使设计、制造异地化、网络化进展缓慢。

4 虚拟制造 VM(Virtual Manufacturing)

它是虚拟现实（Virtual Reality）技术在制造中的应用。虚拟现实技术是借助计算机、多媒体声像技术及先进的传感器技术，虚构的一种场景，给人以身临其境的真实感觉。其过程为：在产品设计阶段，充分考虑产品性能要求，制造过程，成本价格和市场销售等产品全生命周期的影响因素，利用虚拟制造软硬件资源通过建立统一的产品生命周期模型，在计算机上实时并行地动态模拟产品的工艺设计、制造过程、生产调度、库存管理、成本估算和质量控制等生产活动，以便全面确定产品设计和生产的合理性，减少产品投资风险，从而更有效、更经济、更灵活地组织生产，以达到新产品的开发周期最短，成本最低，设计质量最优的目的。虚拟制造技术将对制造业产生革命性的影响。它是并行工程、敏捷制造、精益生产的关键性技术，是设计高质量产品的有力保证。

4.1 虚拟制造技术在车间生产中的应用

虚拟制造技术在提高生产车间制造水平方面有特别大的辅助作用，它提出建立一个离散事件仿真驱动的加工制造单元虚拟环境，它着眼于制造单元的 VR 模型的建立、系统仿真的关系以及在仿真事件下的动画设计实现。用户可在计算机模拟的真实场景中观察到加工中产品的变化过程。通过计算机模拟来评估产品的功能和可加工性等方面存在的问题，这将使制造技术具有更高的集成化、智能化的特点。虚拟制造环境系统将采用模块化及同阶控制结构来进行控制，而不是采用传统的中心化控制结构或是递解控制结构，此制造系统除在制造过程中具有敏捷性和经济性外，它在生产控制和管理方面还应具有智能化的特性。一个较好的虚拟制造环境，应把人、软硬件资源，产品生命周期的活动评价以及真实制造系统积极地协调起来；它包括三位造型阶段、可靠性分析、色彩分析、成本分析、各种优化设计和市场需求分析等几个模块，虚拟技术可以大大缩短研发、制造的准备周期。

总之，随着新技术、新工艺的不断发展，虚拟现实技术也将越来越成熟，它对汽车行业的发展将起到决定性的作用。

试论上汽集团产学研合作大平台的构建与管理

诸葛镇
上海汽车工业教育基金会

[摘要] 上汽集团多年来在产学研合作过程中，逐步形成了利用“外脑”的有效形式——产学研合作大平台。本文论述了其构建的主要思路，由咨询、科技、人才、教培合作平台组成的主要结构，以及加强管理、促进发展的主要措施，以求得产学研各方“双赢”的大好局面。

关键词：汽车 集团 科技 管理 产学研合作

上汽集团于 2002 年在我国汽车行业中取得了产销量、销售额、利润“三个第一”的好成绩，很大程度上得益于产学研合作的成果；在生产、经营、科技开发和管理创新过程中，上海和全国高校及科研院所强大的科技力量成为上汽集团发展的坚强后盾。利用“外脑”、开拓创新，已成为上汽集团上下的共识。在多年合作过程中，上汽集团逐步形成了利用“外脑”的有效形式——产学研合作大平台。本文试图在构建产学研合作平台方面，探讨其必要性、构建思路和应注意的问题。

1　产学研合作是企业创新的助推器

1.1　产学研合作为企业创新提供了人才精英和创新思路

企业只有不断创新才能生存和发展，在激烈的竞争中脱颖而出。概括地说，企业创新包含了技术创新和管理创新两大方面，而这些都离不开创新的思路。思路来自实践的启示和精英的头脑。而企业精英的现实思考，高校精英的前瞻思路和科技精英的辨证思维三者结合、碰撞，则会迸发出智慧的火花，点燃创新的熊熊烈焰。而忙于当前事务的企业、囿于学术探讨的高校和困于实验室的科研都不会成就创新的硕果。产学研合作为三路精英的结合提供了广阔的舞台，使来自企业内外的人才精英和创新思路与企业发展的实践相结合，终将成为企业创新强有力的助推发动机。

1.2　企业是产学研合作的最大受益者

产学研合作的重要作用是科技成果的产业化和管理成果的实用化。无论是生产经营提出的课题还是科学研究发现的课题，要服务于经济建设，必须产业化和实用化。只有这样，这些成果才能发挥其真正的效益。而实现产学研合作，进而实施产业化和实用化，就为企业的科技创新和管理创新提供了极其丰富的成果，使企业拥有不断完善的战略决策、不断创新的产品、不断改进的管理和不断人性化的服务，最终赢得不断增长的利润和市场，取得可观的经济效益和社会效益。因此，企业是产学研合作的最大受益者，也应该是产学研合作的积极维护者。

1.3　企业应成为产学研合作的主导力量

产学研合作是企业、高校、科研院所共同奋斗的大舞台，需要三方竭诚的合作。而在产学研合作实施成果产业化和实用化的过程中，企业应该是主导力量，高校、科研院所则应是合作的主体。因为企业处在经济建设和精神文明建设的第一线，每天都面临着瞬息万变的工商信息、竞争机遇和严峻挑战，从中不断产生出大量科技和管理的需求，这些就是产学研合作课题的源头；同时，企业有着雄厚的资金，足以支撑合作的运行，可以为高校和科研单位的许多前沿研究成果提供风险投资和中试基地，进而引进到大生产中去；最终，企业又是产学研合作成果的享用者和实践者，这些都是形成企业主导作用的因素。高校和科研院所有着雄厚的人力资源和实验手段，在科技和管理方面拥有前沿的成就、前瞻的思考和研究的经验。在企业人员的指导和配合下，他们将成为产学研合作的主体力量。

2 构建上汽集团产学研合作大平台

企业应该为产学研合作提供一套合理的体制和机制，提出课题，提供经费，创造条件，解决困难，使产学研合作得以有效地运行，使研究成果得到充分地应用。这种合理的体制和机制，可以囊括科技、管理和人力资源多方面的合作，形成产学研合作的大平台。

上汽集团在多年与高校科研单位的合作过程中逐渐形成了一整套行之有效的合作体制和机制，已经和正在构建着一个包括两会、两站、一校的产学研合作大平台。这一大平台现设有四个各施其职的分平台。

2.1 咨询合作平台——上海汽车工业教育基金会

建立于 1993 年 1 月，是民政部门批准的非盈利性独立社团法人，拥有由上汽集团及所属企业捐赠的基金 3000 万元。通过 10 年的运行，截至 2002 年底，以基金利息为市内外 12 所高校的管理、机械和汽车院系累计提供了 1282 万元的资助和奖励经费，包括资助完成 501 项课题和案例，资助奖励 743 项教材专著和课题，并支持全市大学生的科技作品竞赛等项活动。在上海汽车工业（集团）总公司的关心和指导下，教育基金会近年来实现定位调整，加强产学研合作，在继续资助奖励高校教师编写教材专著的同时，侧重在集团和企业急需的政策咨询、经营管理类课题方面，争取高校、科研单位研究力量的支持，成为企业和高校、科研院所间合作的纽带和桥梁。由教育基金会资助的许多著作和课题为上汽集团的体制和机制创新、汽车行业的兼并重组策略、产业价值链和物流管理的分析与创新、中国入世后汽车工业面临的机遇挑战及对策等方面提供了一大批可供利用的理论分析和咨询意见。

2.2 科技合作平台——上海汽车工业科技发展基金会

建立于 1996 年 2 月，是民政部门批准的非盈利性独立社团法人，由上汽集团捐赠 6000 万元作为基金。此前，为加强上汽的科技开发力量，充分利用社会资源，上汽集团先后投资 4000 万元，与全国 8 所著名高校、1 个研究所共同组建了 17 个工程研究中心，在整车、发动机、传动、排放节能与安全、材料、照明等方面开展了卓有成效的研究，为集团及企业的整车和零部件的开发作了许多工作。科技基金会的建立不仅为上述工程中心提供了日常的联系渠道和经常性的经费补助，并在更广阔的领域内为上海汽车工业的科技进步、高新技术推广应用等方面提供产学研服务，资助共同开发的研究课题。至 2002 年底已在科技基金会立项 220 项，完成 153 项，资助经费 3505 万元，在车身制造质量控制、虚拟样车技术、燃料电池电动车、液力变矩器、毫米波汽车防撞雷达、非树枝晶铝合金与半固态成形技术、模具 CAD/CAE/CAM 等方面取得了一大批研究成果。当前，科技基金会正围绕上汽集团 2007 年战略目标中，生产 5 万辆自主品牌汽车的开发需求，组织实施产学研课题，推进集团自主品牌汽车的开发进程；并大力协助上汽集团构建以汽车工程研究院为主、充分利用泛亚、上海大众及 17 个工程中心技术资源的技术开发体系。

2.3 人才合作平台——上汽集团博士后科研工作站和上汽集团-清华大学工程硕士培养工作站

分别建立于 1998 年和 1997 年。这是上汽集团通过跨越式超常规发展来开发人力资源，提高核心竞争力的成功尝试。两个工作站的建立为发挥高校的科研优势，吸引“流动型”高层次人才开辟了广阔的空间，为开展上汽集团急需的关键性、前瞻性的研究项目注入了活力；同时，集团内的科技人员通过与他们的共同工作，也得到了培养和提高，有利于形成企业良好的创新氛围。至今已先后有上海交大、复旦、同济等著名高校的 21 位博士后和清华大学的 12 位工程硕士研究生进站工作；至 2002 年底，已有 7 位博士后、8 位硕士生完成自己的科研任务顺利出站。他们在噪声诊断与分析、零部件有限元分析、离合器自动操纵、业务流程优化及企业资源计划实施、汽车市场研究与营销网络化等方面完成了一系列研究项目，为提高上汽集团的科技和管理创新水平做出了新的贡献。通过两个工作站的实践和进站人员的卓越成果，也为集团各级领导树立了“人才不在‘所有’，而在‘所用’”的新观念，开辟了人才低成本扩张的新途径。

2.4 教培合作平台——上海汽车（虚拟）大学

是上汽与社会教育培训单位合作形式的深化，现正在规划中。上汽教育培训工作与高校、科研院所有着多年友好合作的历史。从聘请高校教师上课、合作编写教材，到引进微软、清华-德尔福研究所、AUTODESK 和 ANSIS 公司、ISO 系列质量标准等的培训课程；同时，聘请上汽集团的合作伙伴美国通用、德国大众等公司高层经理为上汽领导干部讲课，并选派骨干去美国、日本、德国进行多项培训；与国内高校还进行了共同培养本科生、研究生等企业急需人才的试点。现在上汽人力资源委员会委托上海汽车工业培训中心研究了建立上海汽车（虚拟）大学的可行性，并制订了建设方案，将以虚拟大学为教育培训的平台，联合产学研各方面的培养力量，实施知识开发、知识传播和知识评价三大功能，运用讲学、讨论、现场、远程等多种教学手段，形成产学研合作培训的新局面。

上汽集团在科技、管理、人才资源等方面形成的产学研全方位合作的大平台，体现了上汽集团高层决策者对产学研合作的高度重视和寄予的厚望，体现了企业家的战略眼光，宽阔视野和前瞻性思考。这一大平台为上汽集团创造了巨大的财富，无论在战略决策、改善管理，还是在产品开发、人才开发方面都使集团受益匪浅，充分说明了产学研合作道路的正确性与巨大作用。

3 搞好平台的管理与服务，促进产学研合作的健康发展

3.1 加强领导，健全制度

构建产学研合作的大平台事关企业科技创新和管理创新的大局，理应受到企业领导的高度重视。上汽集团就对平台实施了强有力的领导。教育基金会和科技基金会各自组成了有各方代表参加的理事会，集团董事长和总裁亲任理事长，集团分管科技、人事培训的副总裁和副书记出任副理事长；博士后工作站和上汽（虚拟）大学则建立了领导小组或在集团人力资源委员会领导下工作，由总裁和分管人事培训的副总裁担任组长和委员会主任。这些措施保证了产学研平台在集团主要领导的直接关怀下开展工作。

各个平台均有自己健全的工作制度。两个基金会分别制定了章程、实施细则、资助奖励办法和项目申报、经费审批程序等制度，以及由各方面专家组成的评审委员会。理事会定期研究基金会决策性问题，评委会贯彻公平、公正、公开的原则负责项目的评审，秘书处按批准程序执行基金会的决定，确保资助奖励工作的健康发展。博士后工作站制定了《管理条例》，对博士后进出站、经费、待遇、配偶及子女随迁、研究成果、知识产权等问题作出具体规定。硕士生培养工作站也对硕士生下厂、生活津贴、设置企业高校双导师，以及高校导师来厂指导的要求和待遇做了相应安排。健全的工作制度使平台的运行有章可循，井然有序，对合作伙伴一视同仁，公正、高效地开展工作。

3.2 创造条件，服务用户

产学研平台构建以后，把平台支持的企业、高校、院所和人才当作自己的用户，以“用户满意”为宗旨，为用户创造条件、搞好服务，是平台发挥良好作用的前提。其中，加强平台工作人员的用户意识、服务意识是极其重要的。

广泛征询，选准课题。把握好平台各单位的研究方向是平台高效运转和取得实际成果的基础。两个基金会每年都要主动向集团部室、集团所属企业征询需要请高校研究咨询的课题，以此为依据制定出全年的课题指南，向高校和院所招标；对一些重点课题还要组织强有力的研究团队，形成“A、B 角”，以便获得多角度的咨询意见；为了及时满足研究急需，还实行了滚动计划，一年多批发布课题指南，使集团部室和有关企业及时获得研究成果，配合了他们的工作进程。两个工作站也根据集团的关键性、前瞻性问题，同高校、院所的研究生院、博士后流动站及时联系，并结合进站人选的具体特长确定其研究方向。

筹建网站，方便用户。随着信息化的普及，高校和企业的教师干部办公室和家里大都有了电脑。为了使招标意向、企业动态、课题进展等各种信息能及时送达每一位高校教师、集团企业领导和主管人员，两个基金会都建立了网站，及时发布基金会的年度工作计划、课题招标指南、申报项目的步骤、表格和批准情况、资助奖励的评审结果，以及有关高校、企业和有关专家的最新信息，使用户及时了解基金会，产学研之间能够得到及时沟通。这样，产学研合作的平台就能运转得更加顺利。

公正评审，规范操作。对申请资助和奖励的项目以及进站人员的资格，均通过规范的评审和筛选，贯彻公平、公正、公开的原则。如，教育基金会要先将每本申报的教材专著送两名教授、高工进行预审，写出评审意见和等级建议，再隐去评审者姓名后交评审委员会评议，并进行无记名投票。评审通过的项目还

要由《教育基金会会讯》发布公告，实行两周的异议期，公开听取意见，再交会长会或理事会审议批准后，由秘书处执行。科技基金会和两个工作站也都有相应的评审制度。

主动沟通，排忧解难。高校院所人员在平台所担负的工作中会遇到不少困难，平台工作人员应与他们主动沟通，尽可能帮助他们解决。一是明确企业中的课题责任人，使企业与高校院所的研究人员有直接沟通的渠道。二是提供调研方便，使高校能够深入集团和企业，结合实际，有针对性地开展研究。三是调解“摩擦”，解除双方不必要的误解，同心协力完成任务。四是关心高校院所研究人员的工作条件和生活待遇等切身利益，使他们全身心地投入研究工作，发挥最大的作用。五是推广成果，跟踪成效，为集团和企业发展服务。高校编写的教材、研究的课题都是研究人员心血的结晶，为集团发展提供了具有创新性的成果和中肯的咨询意见，是集团的宝贵财富。平台的作用还在于积极倡导这些成果的应用和推广，使之真正转化成生产力。

3.3 各方合力，争取“双赢”

产学研合作需要各方共同维护，促进其健康地发展。

作为企业，要把产学研合作看作是自己战略发展的重要手段。随着中国加入 WTO，中国的企业怎样既融入全球经济一体化的潮流，又能求得生存和发展，这既是一个长远战略决策问题，又是牵涉到当前经营策略的现实问题。诸多需要研究的问题不可能由企业单独完成，必须借助“外脑”。因此，构建产学研合作平台，夯实平台的根基，提供顺利运行的条件，使平台得以高效运行是企业责无旁贷的责任。

作为高校和科研院所，要把产学研合作看作是自己通向经济主战场的重要途径。高校和科研院所通过产学研合作，既要研究解决经济和社会发展中的重大理论和实践问题，又要促成科技成果向现实生产力的转化。因此，高校和科研院所要积极进入产学研平台，不仅为企业发展提供人才和智力储备，而且直接参与企业的建设事业；同时，要跳出自己的学术圈子，深入企业的生产经营实际，真正围绕企业的实际需要展开研究，付出辛勤的劳动，才能拿出受企业欢迎的成果。

我们相信，产学研合作的大平台在参与各方的共同努力和合作下，必能取得“双赢“的结局。

参考文献

1 上海汽车工业教育基金会. 十年磨一剑——上汽教育基金会十周年. http://www.saef.org，2003/6

2 上海汽车工业科技发展基金会. 2003 年立项指南. http：//www.saic-tf.com，2003/2

3 孟嗣宗. 上海汽车（虚拟）大学建设方案. 上汽集团政策研究课题，2002/9

4 朱庆敏. 企校联盟构筑人才高地. 上海汽车报，2002/4/28

电化学机械加工对汽车齿轮使用性能和寿命的影响

王晓明 周锦进
中国汽车技术研究中心 大连理工大学

[摘要] 分析了齿轮生产现状和存在的主要问题，提出了采用电化学机械加工提高汽车齿轮表面质量的新思路。检测并分析了电化学机械加工后汽车齿轮的表面特性，研究了电化学机械加工对汽车齿轮使用性能和寿命的影响。

关键词：电化学机械 光整加工 表面特性 使用性能和寿命 汽车齿轮

[Abstract] The main problems of gear production are analyzed. The new thought that adopting electrochemical mechanical machining to improve the surface quality of gear is put forward. The surface peculiarity of gear after electrochemical mechanical machining is analyzed. The performance and life of gear after electrochemical mechanical machining is researched.

Key words: electrochemical mechanical machining finishing surface quality performance and life gear

结论

汽车齿轮经电化学机械光整加工后不仅可以消除啮合冲击，使齿间、齿宽载荷分配合理，还可以明显降低齿面表面粗糙度，轮廓形态也更接近于理想平面，轮廓高度分布密度范围减小，轮廓支承长度率曲线向轮廓偏移，这均有利于降低齿面摩擦，齿面闪温，提高油膜承载能力，改善齿轮润滑状态，从而改善齿轮各项使用性能，大幅度降低噪声，大幅度提高零件寿命。

研究结果已经显示，电化学机械加工在汽车齿轮加工中拥有巨大潜力，特别在大尺寸齿轮光整加工方面具有独特优势。将电化学机械加工技术用于齿轮轮齿的光整加工是可行、有效的，对提高齿轮的表面质量极为有益。作者深信，电化学机械加工工艺必将对汽车齿轮制造业乃至整个机械制造业带来深远影响。

注：本文全文刊登在2003年《汽车工程》（增刊）上。

VIN条码生产管理系统的研究与实现

丁雪颂
昌河铃木汽车有限责任公司

[摘要] 本文介绍了VIN编码的规定，分析了条码方案的数学评价方法，并阐述了系统总体结构、网络结构、建设规模和实施效果以及今后的发展方向。

关键词：车辆识别代号 条码

1 问题的提出

21世纪标志着新经济时代的到来，随着我国加入WTO，又进一步推动经济全球化的进程，它既给企业带来了大发展的机遇，又将使企业面临巨大的挑战，使企业间的国际竞争更加激烈。

昌河铃木汽车有限责任公司（以下简称公司）为了迎接挑战，与国际接轨，规范了车辆识别代号（Vehicle Identification Number）标准。并从不断提高公司管理水平的角度出发，计划通过实施VIN代号，建立公司的计算机生产管理系统，以提高生产计划和调度、在制品管理、质量跟踪、物资配套等管理的实时控制。进一步提高管理水平，从而达到提高公司生产能力和经济效益。因此，建立一套先进的基于识别技术的计算机信息管理系统势在必行，最终为公司实现21世纪的宏伟战略目标，在信息化方面奠定坚实的基础。

2 微型车VIN编码的规定

为了与国际接轨，与国际标准保持一致，使航空工业汽车产品的车辆识别代号的管理与国内统一，同时为本集团汽车产品创造一个良好的发展环境。

2.1 航空工业总公司对VIN的规定

中华人民共和国航空工业总公司特制定了《道路车辆 车辆识别代号（VIN）内容、构成及管理规则》（Q/HBm113—1998）标准，要求其下属的汽车制造厂商坚决贯彻执行。在这个标准中，明确规定了微型车VIN的内容与构成。其构成主要有三部分：一是世界制造厂识别代码（以下简称WMI），其代码有三位构成；二是车辆说明部分（以下简称VDS），其代码共有六位；三是车辆指示部分（以下简称VIS），其代码共计八位，VIN代码总体构成如图1所示。

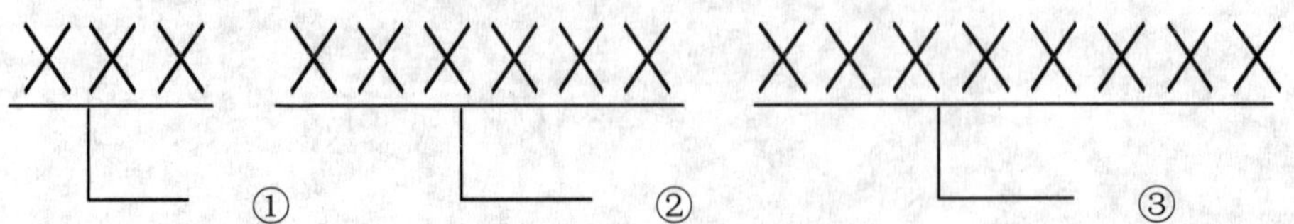

①世界制造厂识别代码（WMI） ②车辆说明部分（VDS） ③车辆指示部分（VIS）

图1 VIN代码总体结构图

2.2 VIN 编码举例

昌河铃木汽车有限责任公司计划在2000年8月份生产一批客车,其中8月份该类型车计划生产40台,本台车是这40台车中的第5辆。这种车的主要性能要求如下：车身长6米；车门4个；制动方式是液压制动；排量是1.5升。求该车的VIN编码？

第一步确定VIN中的WMI编码。根据标准知，该代码是：LKD;

第二步确定VIN中的VDS编码。根据标准知，该代码是B2425-，其中第六位检验位在第四步确定;

第三步确定VIN中的VIS编码。根据标准知，该代码的前四位是YB08，再由生产顺序号知其后四位的编码是0005。故其VIS编码是YB080005;

第四步确定检验位。根据标准知，其计算过程略。6即为此VIN代码的检验位。此车的VIN代码为：LKDB24256YB080005。

3 条码应用方案的数学评价

为了更优化实施公司VIN生产管理系统，基于以上编码方案，在调研、讨论的基础上，公司提出了三种不同的方案以供选择。

3.1 三种条码方案

(1) 方案一：一维条码应用方案

在整个生产过程中使用一维条码。

(2) 方案二：二维条码应用方案

在整个生产过程中使用二维条码。

(3) 方案三：一维和二维混合方案

在焊装车间的起点和整个生产过程中采用一维条码，只是在总装车间的最后一道工序上，通过网络及利用后台数据库将一维条码转换成二维条码。

3.2 方案的数学评价

为使方案的决策科学化、现代化，以便公正合理的选择承包商进行此项工程，特采用模糊矩阵方法进行定量分析，从而得出最优方案。在方案评价中有一些属性如性价比、先进性、安全性、实用性、扩展性、易更改性等无法用定量分析，只能用好、一般、差等“模糊概念”加以描述。

方案指标 / 设计方案	Y1 性价比	Y2 先进性	Y3 安全性	Y4 实用性	Y5 扩展性	Y6 可更改性
方案1	差	差	差	好	好	好
方案2	差	好	好	好	好	差
方案3	好	一般	好	好	好	好

评语集= { X1, X2, X3, X4 } = {优、良、中、差}

评价指标集= { Y1, Y2, Y3, Y4, Y5, Y6}

（1）先进行单指标模糊评价

方案1在指标Y1下的模糊评价向量为 {0,0,0.5,0.5} （由专家评审得到），类似地以求得该方案在Y2, Y3, Y4, Y5, Y6等指标下的模糊向量为{0,0,0.5,0.5}，{0,0,0.5,0.5}，{0.6,0.25,0.15,0} {0.6,0,25,0.15,0}，{0.6,0,25,0.15,0} 。

由此可得方案1的模糊评价矩阵为:

$$R1=\begin{vmatrix} 0 & 0 & 0.5 & 0.5 \\ 0 & 0 & 0.5 & 0.5 \\ 0 & 0 & 0.5 & 0.5 \\ 0.6 & 0.25 & 0.15 & 0 \\ 0.6 & 0.25 & 0.15 & 0 \\ 0.6 & 0.25 & 0.15 & 0 \end{vmatrix}$$

用同样的方法可求得其他方案的模糊评价矩阵如下：

$$R2=\begin{vmatrix} 0 & 0 & 0.5 & 0.5 \\ 0.6 & 0.25 & 0.15 & 0 \\ 0.6 & 0.25 & 0.15 & 0 \\ 0.6 & 0.25 & 0.15 & 0 \\ 0.6 & 0.25 & 0.15 & 0 \\ 0 & 0 & 0.5 & 0.5 \end{vmatrix} \quad R3=\begin{vmatrix} 0.6 & 0.25 & 0.15 & 0 \\ 0 & 0.25 & 0.5 & 0.25 \\ 0.6 & 0.25 & 0.15 & 0 \\ 0.6 & 0.25 & 0.15 & 0 \\ 0.6 & 0.25 & 0.15 & 0 \\ 0.6 & 0.25 & 0.15 & 0 \end{vmatrix}$$

（2）再进行多指标模糊评价

由公司 VIN 生产管理系统实施要求，权重向量为：

$A=\{0.3,0.2,0.1,0.1,0.1,0.2\}$

然后按$M(\wedge,\vee)$模型进行多指标综合模糊评价。

$A \circ R1=\{0.3,0.2,0.1,0.1,0.1,0.2\} \circ R1=\{b1, b2, b3, b4\}$

求得 $b1=0.2$

同理 $b2=0.2, b3=0.3, b4=0.3$

为便于比较，对上述结果进行归一化处理，归一化结果为：

$B1=\{0.2,0.2,0.3,0.3\}$

它就是方案 1 的综合模糊评价向量。

同理可得其他方案的综合模糊评价向量为：

$B2=\{0.2,0.2,0.3,0.3\}$

$B3=\{0.32,0.26,0.21,0.21\}$

(3) 最后进行决策

根据（1）、（2）可知方案 3＞方案 2＞方案 1，方案 3 为最优方案。

4　系统的总体结构

公司生产管理系统由计划调度和采集指导两个部分组成，分别采用高速以太网和数据通信两种网络形态。各车间的调度工作站将成为这两部分网络的联系接点，既发挥车间调度工作站的作用，同时，又担任本车间信息采集点的上位机，将计划调度部分和采集指导部分连接成为有机整体。如图 2 所示。

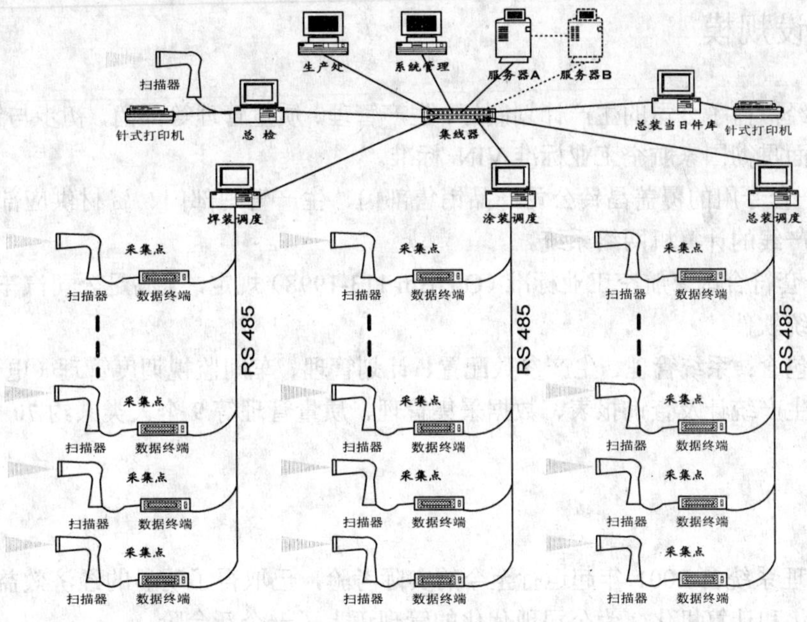

图2 公司生产管理系统结构示意图

5 系统的网络结构

本系统硬件网络采用工控机与PC工作站混合的两级网络。其中，一级网络为WINDOWS NT局域网，网络结构采用光缆+双绞线的星型结构。

一级网络与二级网络之间以一台通信主机作为二级网络的连接点，该通信主机既是一级网上的一个工作站，又是二级网上的通信服务器，由它完成二级网络之间的联接。其结构如图3所示。

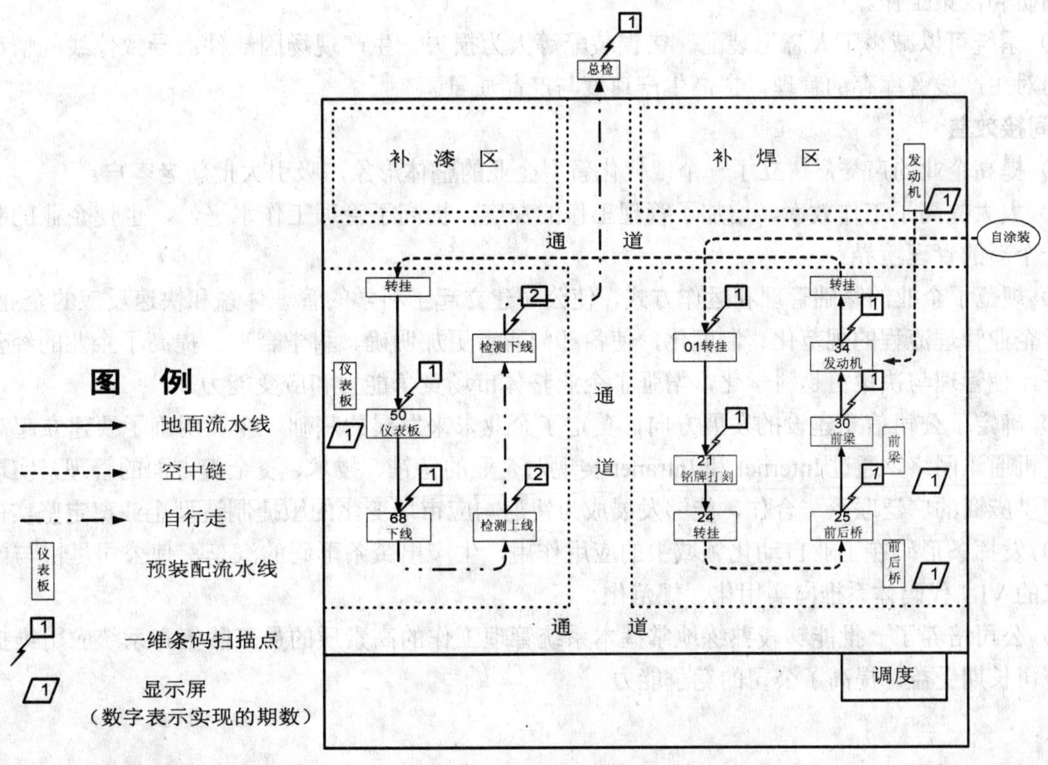

图3 总装车间二级网络结构

6 系统的建设规模

整个系统已经覆盖了公司的生产计划制订、生产管理、质量管理等部门，初步与销售部门进行了集成。并且在系统中全面贯彻国家航空工业标准 VIN 标准。

1）建立了一套专用的覆盖昌铃公司产品销售部门、生产管理部门、资材供应部门、质量控制部门以及各车间和全生产线的计算机网络系统。

2）开发了一套符合国家航空工业标准（Q/HBm 113-1998）规定，又满足公司汽车生产管理需要的 VIN 条码信息管理系统软件。

该软件系统包含：系统管理、生产参数配置、计划管理、车间监视调度管理（电子看板组态及监控）、生产报表管理、生产统计及查询报表、数据采集管理、质量管理等 **9** 个大类共约 **70** 个模块。

7 实施效果

VIN 生产管理系统自 2001 年起运行至今的实际考验，已取得了明显的经济效益和社会效益，全面实现生产管理信息化和计算机化，为公司现代化的管理迈上了一个新台阶。

7.1 直接效益

1）系统运行至今，提高业务处理能力 10~20 倍，产品质量明显提高，使得产品技术服务费减少，减少额度初步估计为 0.3%。单车节约工时 261 秒（4 分 21 秒），按年产 100000 台计算，一年节约直接工时 7250 小时。每日单车节约生产统计时间 185 秒，单车节约出错核查及月初盘查时间 7 秒。 生产管理模块的应用，预计能至少减少产品生产成本 0.5%～1%。基本满足了生产部门的需求。

2）系统不仅可以使公司更好地适应市场的竞争与变化，提高生产能力，而且准确及时的提供各种生产报表，减少了决策的盲目性，减少了人为损失，相应提高利润，加快资金周转。从而降低了人工成本在管理成本费用中所占的比例，也使得管理人员从繁杂的事务处理中解放出来，可以有更多的时间和精力来从事调研和决策工作。

3）系统可以减少工人忘记装配、错误装配等人为损失、生产现场因缺件而导致停线的情况，提高资材部门对生产线旁库存的管理，提高生产速度与产品质量。

7.2 间接效益

1）提高企业的声誉，树立了一个现代化新型企业的整体形象，吸引大批新老客户。

2）大大提高了工作效率，增加了管理工作的深度，提高了管理工作水平，，也使企业的整体管理提升了一个新的管理境界。

3）规范了企业的基础管理和运作方式，使公司建立起了科学的管理体系和快速反应的企业经营机制，推动了企业管理流程的规范化、制度化，使各部门职责更加明确、科学合理。提高了企业的经营管理和决策水平，使管理与决策更趋科学化，增强了企业整体市场竞争能力和应变能力。

4）确定了公司信息建设的发展方向，奠定了企业未来发展的基础。企业明确了要建立起高速、通畅的计算机通讯网络，通过 Internet 和 Intranet 实现对企业的营销、技术、资金等方面的管理，实现与国内外客户和供应商的广泛联系与合作，能够发展成为快速响应市场变化的敏捷制造型企业奠定坚实的基础。

5）发挥条形码在工业自动化领域中的应用作用，生产出带条形码的汽车，使公司尽快与国际接轨，将国家的 VIN 代码体系推向实用化、规范化。

6）公司培养了一批能够较熟练地掌握本系统管理工作的高素质的员工队伍和系统应用维护队伍，这将使公司长期受益，提高了公司的竞争能力。

8 展望

1）系统只是车间在制品管理，还只是则重于单个车间的在制品流动，而车间之间的在制品流动问题，怎样保证在制品在各个生产车间之间合理有序的流动，还应该考虑各个车间在制品的交付管理。

2）系统应考虑对市场和客户的管理，对市场和客户的管理应该是公司管理的又一个重要内容，这种管理应该是生产前对市场进行比较准确的预测，根据预测和客户的产品定单来制定生产计划，组织生产。

3）系统应考虑物资仓储管理，物资仓储管理始终是生产管理的一个主要内容，公司生产管理就是从物资管理研究开始的。过多或过少的物资库存都对公司发展不利，过多的物资库存占用了公司大量的流动资金，对公司的后续发展不利；而物质储备不足，则不能满足公司的正常生产需求。

参考文献

1 王旗林. ERP 实施中应注意的问题. 计算机系统应用，1999

2 于海生等编. 微型计算机控制技术. 北京：清华大学出版社，1999

3 刘玉莎等. 信息管理系统中的安全方案的设计与实现. 计算机工程与应用，1999

4 薛华成. 管理信息系统（第三版）. 清华大学出版社，1999

汽车用镀锌钢板点焊质量控制的研究

耿化联

东风汽车股份有限公司

[摘要] 本文从镀锌层特性、电极材料和形状、工艺参数优化、控制方法等四个方面综述了国内外汽车用镀锌钢板点焊质量控制的研究现状和发展趋势。

关键词：镀锌钢板 点焊 质量控制

Research on the Quality Control of Resistance Spot Welding for the Galvanized Steel Plates Used in Automobile Industry

Geng Hualian

DengFeng Automobile Co.LTD

[Absract] This paper give a general account of current status and developing trend of spot-welding quality control of steel plates in automobile manufacturing field both domestic and abroad, which mainly concerns the characteristic of zinc coating layer, the material and shape of electrode, the optimization of the process parameters and the control methods.

Key words: galvanized steel resistance spot welding quality control

1 引言

近十年来，我国汽车工业发展迅速，随之而来的汽车车体防蚀问题也日渐突出。据有关调查表明，一般国产新车运行一年即出现腐蚀斑点，3至4年即出现腐蚀穿透，为此全国年维修费用达数十亿元人民币[1]。因此，为了提高车体使用寿命和增强车体材料的抗腐性能，表面带镀层的低碳钢板被广泛使用，但目前用得最多的是镀锌钢板，欧美国家汽车用镀锌钢板占整个车体材料的60%左右，日本则更多[2、3]。我国也早就制订了相关政策鼓励汽车制造业推广使用国产镀锌钢板，还曾把镀锌薄板的焊接列入国家基金项目。

镀锌钢板虽然具有较好的抗腐蚀性能，但在国内外汽车车体制造中，大量采用的都是电阻点焊方法，与无镀层钢板相比，镀锌钢板的点焊过程中存在以下问题：先于钢板熔化的锌层形成锌环而分流，致使焊接电流密度减小；锌层表面烧损、粘连、污染电极而使电极寿命降低；锌层电阻率低，接触电阻小；容易产生焊接飞溅、裂纹、气孔或组织软化等缺陷。

正是由于镀锌钢板的点焊存在上述问题，因而引起国内外相关领域的广泛关注，并做了大量的研究工作。目前对于镀锌钢板点焊工作的研究主要从四个方面着手：一是镀锌板的点焊焊接性，二是电极材料和形状的正确选择，三是主要工艺参数对点焊质量的影响，四是点焊质量控制的模式和方法。

2 镀锌方式和厚度对点焊的影响

根据镀锌工艺的不同，镀锌钢板大致可分为电镀锌钢板和热镀锌钢板，还有一种合金化渗锌钢板，是在热浸锌后保温在450℃以上进行合金化处理。这三者相比较而言，电镀锌板镀层薄，焊接性相对较好，但造价高；热镀锌钢板镀层厚，耐蚀性好，但焊接性差；合金化渗锌钢板的焊接性相对热镀锌钢板则有所改善；在锌层厚度相同的情况下，热镀锌板比电镀锌板具有更优良的焊接性。

锌层对于钢板来说厚度虽然非常小，但对于焊接性的影响却很大。一般认为，随着锌层厚度的增加，所需焊接电流越大，但程轩挺等[4]通过试验比较，发现在一定镀层厚度范围内，锌层越厚，所需电流越大；但当锌层达到一定厚度时，则所需电流反面减小。而美国金属学会主编的有关资料[5]则明确提出，镀锌钢板在镀层厚度增加时（锌层厚度在0.005～0.025mm范围内），焊接性降低，但锌层厚度在1.52mm以上时，焊接性不受镀层厚度的影响。在国内外汽车车体制造中，使用的电镀锌板镀层厚度一般为20～90g/m^2(0.003～0.013mm)，热镀锌钢板镀层厚度为40～180g/m^2(0.006～0.025mm)，可见汽车用镀锌钢板的点焊需要合理选择工艺参数以保证焊接质量。但笔者工厂实践证明，尽管有锌层的存在，但只要选择适当的设备、工艺等，镀锌钢板的电阻点焊质量完全可以达到车体制造的技术要求。所以镀锌钢板本身的镀锌方式或锌层厚度，并不是影响车体点焊质量好坏的决定因素。

3 电极材质及形状的选择与设计

在镀锌板的点焊研究中，电极材料是一个注目的焦点，研究主要集中在现有电极与镀层之间的相互作用特点分析，以及开发新的电极材料。国外镀锌板点焊用电极材料主要有Cu—Cr(0.8%Cr)、Cu—Zr(0.15%Zr)、Cu—Cr—Zr，以及含Al_3O_2粒子的弥散强化铜(简称DSC)。美国有人采用铬铜上嵌钨电极头的复合电极做实验，结果证明这种电极使用寿命很长，但因钨极的导热性差，只能采用低电流的焊接规范，故难以在车体制造业推广使用[6]。也有人主张在电极表面喷涂一层高熔点材料，如钴、氧化钛、铑等，或在镀锌板间预置氧化铝粉末，以增加接触电阻，缩短焊接时间，从而提高电极寿命。国内研究大都是通过试验研究上述几种材质电极的使用性能，大量实验证明，在焊接条件不太理想的情况下，无论是价格较便宜的Cu—Cr、Cu—Zr合金电极，还是较贵的DSC电极，其使用情况相近，但工厂经验表明，在实际生产的某些情况下，使用DSC 20级合金电极时，电极粘着性减小。

至于电极的形状及端面尺寸方面，圆锥台形被认为是最好。同时，文献［5］指出，在使用移动焊钳时，推荐采用端面半径为1～2in的球面电极，但文献［7］却强调要避免使用这种球面电极。

国外研究者很早就认识到，对于镀锌钢板的点焊而言，电极寿命取决于电极头与熔化金属发生合金化反应的难易程度，一些合金电极可在5周波（60Hz）时间内完成合金化过程，越容易发生合金化反应的电极其寿命越短。另外大量的点焊试验表明，电极在焊接过程中其表面温度比焊接普通钢板时有显著提高[8]。因此，电极的冷却十分重要，冷却水流必须充分，保证电极接近室温，这样才能将电极与镀层的合金反应减至最小，并防止因电极软化而产生的“凸起”或电极胀大。然而，冷却水流速度多大，温度多高才不至于引起电极端部过热，目前尚无结论。文献［7］推荐，对于直径为16 mm的圆锥台形电极而言，水流速度不小于1加仑/分，进水最高温度为32℃。

4 工艺参数对镀锌板点焊过程和质量的影响

在目前缺乏可靠实用的检测或自适应控制手段的条件下，靠人工选择（输入）适宜的工艺参数是件特别困难的事情，因为对于最常用的恒流控制点焊机来讲，镀锌板点焊时可利用焊接电流的调节范围非常小，而且点焊质量还涉及到网压波动、设备特性、焊机(焊钳)回路、各种分流、电极磨损、电极压力波动、材料状态及特性、料厚组合、接头形式、冷却条件、作业方式等二十余种影响因素，而这些因素又相互作用，任何一种因素的波动或异常，都会导致设定焊接规范值与焊点实际获得值的差异，从而影响工艺参数的优化匹配。而对于企业生产来说，合理选择工艺参数则是控制焊点质量的最主要途径，所以这方面的研究工作极有实际意义。

有学者对镀锌钢板的点焊工艺进行了研究。上海交大的王晶等人[9]通过对比普通冷轧钢板、电镀锌钢板和二种不同锌层厚度的热镀锌钢板的点焊工艺及力学性能实验结果，分析认为，就熔核尺寸和接头强度随电流变化的规律而言，电镀锌钢板与普通钢板基本相同，呈抛物线型，而热镀锌钢板则为单调上升的对数曲线；镀锌钢板点焊时当电极压力大于2.0kN后，电极压力的提高对减小飞溅并无明显作用；镀锌钢板接头强度随通电时间的变化规律同普通钢板基本相同，也是先明显增加而后趋于平缓或有所下降。这与宝钢研究院的阎启[10]从热镀锌板的点焊工艺实验中所得到的结论是相吻合的。

也有学者对镀锌钢板点焊时熔核形态进行了分析，从微观特征讨论了镀锌板工艺参数对点焊质量的影响。文献［11］认为，镀锌钢板点焊时的熔核结晶形态均为方向性很强的粗大柱状晶；增加或减小焊接电流对改善镀锌板点焊熔核结晶形态无明显作用，而增大电流反而会使柱状晶更粗大；增加通电时间和提高焊接压力可改善镀锌板点焊熔核结晶形态，前者作用最为明显，基本可形成等轴晶组织。但是有学者认为，即使焊接性好的普通钢板点焊时，在一般情况下也很难得到等轴晶组织[12]。而文献［13］也指出，即使优质普通钢板点焊接头，其熔核也是由“柱状+等轴”组成。所以，对于焊接性差的镀锌钢板来说，仅依靠工艺参数调整就可得到“等轴+柱状”晶或大量等轴晶组织，颇值得怀疑。而且，有人采用正交实验方法对08Al镀锌钢板进行研究，得到的结论是焊接电流是接头强度的第一影响因素，其次才是通电时间[14]，这与普通钢板的点焊特性是一致的，但却与文献［11］相矛盾。

另外，尽管国内外大多权威焊接机构都推荐了镀锌钢板的点焊规范表，但相关数据并不统一。笔者也曾在同样点焊条件下，用同种材料去验证IIW、JIW所推荐的焊接规范，点焊效果却均不理想。而且上述一些文献从实验中所得到的最佳规范在相同焊接条件下也多不一致。

或许，对于焊接过程复杂、影响因素很多的镀锌钢板点焊来说，这些矛盾或差异在一定的实验条件下都是合理的，这也正是工艺参数人为优化选择的难点所在。目前，已有许多研究者提出集成模糊系统(Fuzzy)、专家系统(ES)和人工神经网络(ANN)的人工智能系统及其它综合系统来优化选择点焊工艺参数，有的已在实验室里获得了成功，这将推动镀锌钢板点焊工艺参数优化研究工作的深入开展，甚至从根本上解决工艺参数优化传统方法的弊端。

5 点焊质量控制方法方面的研究现状

目前汽车车体生产中，点焊质量基本上都是靠工艺实验、目视检测和破坏性试验来检查，而缺乏方便有效可靠的质量控制手段。但是，由于电阻点焊的广泛应用和质量稳定的迫切需要，点焊质量控制始终是各国学者和设备制造商们关注的重点，并做了最为广泛的研究。

现在已经提出的质量控制方法包括电参数法、热膨胀法、红外辐射法、超声波法、声发射法以及综合控制法等，其中红外线辐射线、超声波法、声发射法由于受各方面条件的限制而难以推广应用。电参数法包括恒流、动态电阻、能量积分、电极间电压法等。虽然，这些控制方法的研究已取得了许多可喜进展，但至今尚没有一种方法可以在实际生产中补偿各种因素的影响，而且还因各自的局限性，都未在生产中得到推广应用。所以十多年前就有学者指出进一步的研究应该是发展多参数综合控制。

在AWS国际焊接博览会上，国外某公司曾展出了一种可检测点焊过程中每个焊点的多个参数(电流、电压、动态电阻、电极位移、电极压力等)的电阻焊测温器，使用效果不错[15]。西北工大用STD工业控制微机研制的电阻焊多参数监测仪，也可实现多个参数的检测，已在试验室条件下获得了较满意的结果[16]。曹彪等人[17]则用IBM—80286建立的点焊过程动态参数测试系统，也能可靠地获得点焊过程的多种动态参数。这些控制方法精度虽高，但缺点是检测系统复杂，笔者认为也很难在生产中得到推广使用。

值得一提的是，逆变式电阻点焊机目前在国内汽车、电器等制造业已有推广使用之势，其工作原理是将输入的三相交流电桥式整流、滤波成直流电，再经逆变器产生中频交流电(f=600～1000Hz)，然后反馈给焊接变压器输出低电压交流电，最后经单相整流后输出脉动很小的直流电。该种控制方法原来采用脉宽调制法(PWM)，到20世纪90年代已趋于采用“零转换—PWM”或“零开关—PWM”变换器的方式，这样不但经济节能，而且焊接规范调节范围扩大3～4倍[18]，这对焊接参数选择范围很小的镀锌钢板点焊来说无疑是个福音。

总体来说，点焊质量控制的发展趋势为控制模式及控制方法的综合化、过程及质量控制规律描述的数量化和控制决策的智能化。当然，任何一种控制方法要有好的市场前景，首先必须有效可靠、操作简单、成本合理。

参考文献

1 符寒光，吴建中. 汽车用镀锌钢板的现状和发展趋势. 钢铁研究. 1998，(11)：57~60

2 *Makhnenko, V.I.*; *Skosnyagin, Yu.A.*; *Romanova, I.Yu.*.Information support of system for designing technology of resistance spot welding .Avtomaticheskaya Svarka n 5 May 1992：3

3 *Vakatov, A.V.* Resistance spot welding of galvanized steels . Avtomobil'naya Promyshlennost 2 1998： 31~32

4 程挺轩等. 镀层厚度对镀锌钢板点焊质量的影响. 电焊机. 2001，(11)：28~30

5 美国金属学会. 金属手册.第六卷.焊接与钎焊. 北京:机械工业出版社. 1984

6 浜崎正信(日). 搭接电阻焊. 北京:国防工业出版社. 1997

7 朱水兵. 汽车制造中镀锌板的点焊. 焊接技术. 1994, (4)：46~48

8 *Matsuda, Hiroshi*. Spot weldability of hot-dip galvanized steel sheet. KK Technical Review n 77 Dec 1997 NKK Corp， 64~70

9 王敏等. 几种镀锌钢板点焊工艺性能研究. 第八次全国焊接会议论文集：第 2 册. 2~209

10 阎启. 热镀锌板点焊工艺研究. 宝钢技术. 2000，(5)：32~35

11 王敏等. 镀锌钢板点焊参数对熔核结晶形态的影响. 材料开发与应用. 1998，(4)：1~6

12 赵熹华，姜以宏. 薄板点焊熔核凝固组织分析. 焊接学报. 1994，15(2)：89~93

13 赵熹华. 压力焊. 北京:机械工业出版社. 1985

14 赵麦英等. 08Al 深冲镀锌薄钢板单点焊试件的疲劳特性. 武钢研究. 1997， (9)：27~31

15 许瑞麟. AWS 国际焊接博览会见闻. 电焊机. 1996，(6)：41~45

16 谭义明等. 电阻焊多参数监测仪研制. 航天工艺技术. 1994，(1)：24~26

17 曹彪. 点焊动态参数计算机测试的研究.华南理工大学学报(自然科学版).1995，(2)：41~45

18 马福临. 逆变点焊机的发展与在我国应用的展望. 第六届全国焊接学术会议论文选集. 第七集. 7~60

虚拟现实技术在汽车工业中的应用现状与发展前景

张尚娇 吴 咏

东风汽车工程研究院 湖北汽车工业学院

[摘要] 介绍了虚拟现实、虚拟设计、虚拟制造等的概念，阐述了虚拟现实技术在汽车工业中的应用现状与发展前景。

关键词：汽车 虚拟现实 虚拟设计 虚拟制造 虚拟试验

1 引言

虚拟现实技术，是近年发展起来的高级计算机技术，是建立在计算机图形学、仿真学、并行技术、人工智能、多媒体技术及高性能计算机系统等技术基础之上的。目前世界上对它还没有一个确切的定义，不同的人对其有不同的理解。那么，何谓虚拟现实呢？比较有代表性的解释有下列三种：

(1) 虚拟现实有时也称灵镜和幻境，英文名称 Virtual Reality，简称 VR，是一种可以创造和体验虚拟世界（Virtual World）的计算机系统。这里所说的虚拟世界是全体虚拟环境（Virtual Environment）或给定仿真对象的全体。而“虚拟环境”一般是指用计算机生成的有立体感的图形，它可以是一特定现实环境的表现，也可以是纯粹构想的世界。

(2) 虚拟现实是使人可以通过计算机看见、操作极端复杂的数据并与之交互的一种方式。

(3) 虚拟现实是一种媒介，它具有三维合成环境，人们可以按自己的意愿，从任选视点实时地在其中连续而自由地探测、考察和体验。

Virtual Reality 一词最早是由美国 VPL 公司的创建人之一 Jaron Lanier 于20世纪80年代初正式提出来的，他认为，与传统的“人—机界面”相比，虚拟现实技术具有质的飞跃。传统的“人—机界面”是将用户和计算机视为两个独立的实体，将界面视为信息交换的媒介，用户将要求或指令输入计算机内，计算机将信息或动作反馈出来。而虚拟现实技术则将用户和计算机视为一个整体，通过各种直观的工具将信息可视化，用户直接置身于这种三维信息空间中自由地操作和控制各种信息，由此成为信息的主人。

虚拟现实技术具有多感知性（Multi—Sensory）、交互性(Interaction)、沉浸感(Immersion)、自主性(Autonomy)4 个重要特征。沉浸感是指用户有“身临其境”的感觉，而交互感是指用户可以用日常使用的方法对环境内物体进行操作。

全球虚拟现实技术发展方兴未艾，美、日、欧等工业国家预备将该项技术作为竞争未来市场的关键手段。对汽车工业而言，虚拟现实既是一个最新的技术开发方法，更是一个复杂的仿真工具，它旨在建立一种人工环境，人们可以在这中环境中以一种“自然”的方式从事驾驶、操作和设计等实时活动。并且虚拟现实技术也可以广泛用于汽车设计、试验和培训等方面。

2 虚拟现实技术在汽车工业中的应用现状

2.1 在产品设计中的应用

借助虚拟现实技术建立的3维汽车模型，可显示汽车的悬挂、底盘、内饰直至每一个焊接点，设计者可确定每个部件的质量，了解各个部件的运行性能。这种三维模型准确性很高，汽车制造商可按得到的计算机数据直接进行大规模生产。

美国通用公司是全球汽车界最早利用虚拟现实技术的公司之一。它采用的虚拟现实软件具有3个图形流水线部件，可分别投影在设计师的左边、前面和地面上的大屏幕上，另外一台单独的桌面系统有时用做右面的第四面墙，设计师借助于该软件就能设计一辆惟妙惟肖的汽车。

在通用公司的技术中心，当工作人员进入正在进行虚拟现实工作的工作室时，戴上立体滤色眼镜或头盔式显示器、数据手套等显示设备，在大屏幕上就可以看到和真实的汽车一样大小的三维立体图像，它具有完全真实的立体空间，人们可以围绕汽车来回走动观察，提出各个部位的改进设想，也可以在另一个设计室中，坐在汽车的座椅上，让各种各样的仪表板、变速杆及各种附属装置都显示在他们的眼前，还可以和坐在驾驶室另一侧的工程师一起，对汽车的内装置进行评价、改进。这种活生生呈现在你眼前的虚拟现实的情景，使你感到完全是身临其境，在用自己的想象创造一辆汽车。

而在福特汽车公司，产品设计师运用虚拟现实软件可以看到虚拟汽车车门及发动机罩的铰接，可以设想在驾驶室的座位上来解决人机工程和视野问题。也可以观察到汽车在乡村公路上奔跑的情景。同时，动力系统的工程师借助更换一个虚拟机油滤清器来模拟发动机的维护。

最近，位于美国威斯康星洲的一个名叫“M & L汽车专家”的公司，用一种能产生汽车虚拟模型的计算机软件设计了一辆时速可达200英里、取名为“扑食者”的轿车，该车是世界上第一辆不用图纸和黏土模型设计的汽车。这种软件不但能模拟显示汽车的外观形状，还可以模拟汽车的内部构造及运作情况。“扑食者”在设计时先把整车分成若干部分，设计者逐个部分进行修改，直到满意为止。然后进行组装，即使各设计好的部分组装成了一辆完整的汽车，仍可以对其进行整体修改。

在戴姆勒—克莱斯勒公司耗资巨大的梅赛德斯汽车设计中心里，设计人员可在该中心提供的“虚拟现实中心”的虚拟环境中进行工作，车身设计师可以在这里检查车体的线条和轮廓，检测车身表面的光洁度，分析汽车的空气动力学性能等。

据报道，通用和戴姆勒—克莱斯勒公司采用虚拟现实技术开发一种新车型的时间从1年以上缩短到两个月左右，开发成本最多可降到原先的十分之一，而按常规，单单就车型开发时间看，新款汽车的设计，至少需12~18个月。

在马自达汽车公司的汽车虚拟演示室，为了让顾客购买到理想型号的汽车，配有特制的头盔和手套。顾客可以通过头盔和手套，来改变汽车的颜色和构造。

2.2 在汽车制造中的应用

虚拟现实技术是虚拟制造系统的基础和灵魂，虚拟制造系统是由多学科知识形成的综合系统，是利用计算机支持技术对必须生产和制造的汽车进行全面建模和仿真，它能够仿真非实际生产的材料和产品，同时产生有关它们的信息。也可以制定零件生产的机加工方案、拟定产品检验和试验步骤等。

虚拟制造系统(Virtual manufacturing system)由虚拟信息系统(Virtual information system)和虚拟物理系统(Virtual physical system)组成。虚拟信息系统也叫虚拟逻辑系统，主要是用来模拟处理设计、管理、计划调度等制造活动中的信息；而虚拟物理系统是计算机对实际的加工车间、包括机床、材料、工人等进行建模，并在此模型的基础上进行仿真实际制造系统的制造过程。虚拟物理制造系统中的信息和实际的制造系统相一致，它是虚拟制造系统的关键。

虚拟制造技术的应用范围涉及到汽车的整个生命周期，它可以在汽车生产设备、工装和模具，甚至样车的设计之前，很容易地生产系统和工艺过程进行建模、修改、分析及优化。在汽车柔性生产系统（FMS）、计算机集成制造系统（CMIS）的设计和应用中，就广泛运用了虚拟现实技术。

早在1997年，福特汽车公司就宣称，它已成为第一个采用计算机虚拟设计装配工艺的汽车厂商。这些技术的采用可以极大地促进该公司更快地向市场推出新轿车、卡车。福特公司使用的是以色列Technomatix Technologies公司所提供的软件。

据报道，在美国通用汽车公司，汽车设计师可以利用虚拟现实原型技术精心进行测试，工作人员可以驾驶虚拟汽车在虚拟公路上行驶，以便检查汽车的各种功能，或坐在驾驶室中检查视野情况等。此外，虚拟制造系统还被应用到齿轮的并行设计和装配以及机器人的训练等地方。

由于生产过程和设计过程都在使用同样的计算机虚拟模型和设备模型，因此，可以对设计、制造等生产过程进行建模，在产品设计阶段，实时地、并行地模拟出产品未来制造全过程及其对产品设计的影响，预测产品性能、产品制造技术、产品的可制造性，从而更有效、更经济、柔性灵活地组织生产，使工厂和车间的设计与布局更合理、更有效，以达到产品的开发周期和成本最小化、产品设计的最优化、生产效率的最高化。

日产利用虚拟现实技术，模拟生产线上的过程，它使用虚拟工具，虚拟机械手和虚拟雇员（穿着与日产汽车工人一样的蓝色制服），利用数据库中已经存在的 CAD 信息模拟一种虚拟的生产线，使各生产过程中的不同问题呈现出来。

例如：日产曾用虚拟现实软件“试线”，模拟从仪表板上拆除气囊组件，这时发现挡风玻璃碍事，总装线上的工人得窝着脖子干活，由于预先发现了这一问题，并得到了及时解决，避免了正式生产时的麻烦。

2.3 在汽车试验中的应用

虚拟试验技术作为虚拟制造技术的一个环节，在汽车空气动力学及汽车被动安全性研究中正得到越来越广泛的应用，汽车被动安全性研究包括车身抗撞性研究、碰撞生物力学研究以及乘员约束系统和内饰件的研究。

虚拟试验方法的核心是有限元法和多刚体动力学的数值方法，它通过一定的前后处理程序和数据转换模板，以 CAD 文件为输入，在计算机中模拟出与实际试验一样的环境。通过计算，得到试验报告。

设计师设计出的新型汽车是否合理，往往需要经过碰撞、风洞等测试加以检验。

最初检验新型汽车性能的方法是：先在一辆样车上放置木偶，加速后让它与墙壁碰撞，然后，再检测车身与木偶的受损程度，由此断定碰撞过程中，车与人的受力情形。这种方法，不仅存在着严重的误差，而且需先把样车做出来，费事费力。

而采用虚拟试验方法，则只需先用木材、黏土或陶土做一辆汽车模型，在风洞中测定其空气动力学数据，再把模型扫描进虚拟环境系统，把它放大成与真车一样的大小。通过虚拟环境系统模拟撞车，可以精确地把木偶的手或脚的受力情况反映出来，采用这个系统，可以减少约一半的设计费用及时间。

虚拟试验方法在中、外汽车界获得了日益广泛的运用

在代表世界汽车工业最高科技水平的 F1 赛车界，每年参赛的赛车都要进行一项虚拟测试。这项测试的环境与真实的赛场毫无二致，同样是马达轰鸣、风驰电掣，惟一不同指出是没有车手参赛。在这种虚拟环境中，计算机忠实地展现出了 F1 赛事中各个赛道中可能出现的情况，重点是虚拟出发生车祸后赛车能够提供给车手的保护，通过它判断赛车能否有效地保护车手不受或少受伤害。近几年，F1 赛坛车祸频发，而几乎没有车手因此丧生，无疑，这套虚拟环境系统功不可没。

3 虚拟现实技术在汽车工业中的前景展望

从总体上看，汽车工业应用虚拟现实技术开发、制造产品尚处于摸索阶段，目前，该项技术主要应用于概念车和车身内外模型的开发，另外在汽车装配中亦有少量使用。但随着虚拟现实技术自身的不断发展完善，人们有理由相信，它必将引起汽车各个领域的革命性变化。

3.1 敏捷制造/虚拟工厂

事实上，虚拟现实技术将广泛应用于汽车工业，主要是以美国工业界提出的一个敏捷制造/虚拟企业为契机的。1991 年，美国里海大学受美国国防部委托，牵头组织编写了《21 世纪制造企业的战略》的报告。在该报告中，首次提出了敏捷制造(Agile manufacture)和虚拟企业(virtual enterprise)的概念。他们认为敏捷(agility)是一种能使企业在无法预测、持续变化的市场环境中保持并不断提高竞争力的能力。

该报告设想到2006年建立美国汽车（USM）公司，即实现汽车工业的敏捷制造/虚拟工厂，若该设想能如期实现，则可达到下列目的：

(1) 每辆USM公司的汽车都按用户要求制造，每辆USM公司的汽车从定货起3天内交货。USM汽车在整个生命周期内有责任使用户满意，并且这种汽车能重新改造，使用寿命长。

(2) 用户可以利用USM公司的图表、虚拟设计软件设计自己所需的汽车，并了解其售价、运行费用等。

(3) 用户初步选定车型后，可进行模拟试验，通过模拟试验或重选或提出意见，满意后办理订货手续。

(4) USM公司工厂按年产6万辆设计，同一条生产线上可装配其所有型号的变型车，数量不限。

(5) 在世界各地建厂，6个月内投产。

(6) 4个月提出一种新车型。

(7) 设计与制造能力匹配，产品设计与工艺设计同时进行，对全车设计与制造工艺进行虚拟设计和仿真。

(8) 设计通过后，有计算机选择所有制造设备，并投入生产。

未来敏捷制造/虚拟企业的模式将表现为由计算机网络控制的多个柔性制造单元组成的分布式自动制造与虚拟制造系统。

3.2　对并行工程的促进

不断发展的CAD、CAM、CAS(计算机辅助造型)、CAT(计算机辅助试验)、CAE(计算机辅助工程分析)等各个领域渗入虚拟现实技术 ，并形成一个具有集成性、并行工程的网络。各个虚拟现实工作室工作人员，可以在不同的地点、不同时间、不同场合进行虚拟现实对话，在进行产品设计的同时，虚拟现实技术有能力提供大量的数字化三维模型，对分析、研究、建立生产装配线、工艺流程、原材料品种和消耗、工厂费用和成本等，通过检测，最终选定一套最佳的工厂设计方案。

同时，企业领导、工程技术人员、经销商、供应商等，还可在该虚拟现实环境中，共同探讨各种产品的性能与市场前景，以便生产出用户满意的汽车产品，并且有关产品的供货合同、设计、生产、试验、储运等问题，都可以一并解决。

3.3　在产品试验中的应用

按传统的工作方式，汽车从产品设计到最后投产，期间不仅要经过几轮实车试装，以检验设计和工艺的合理性，而且要进行大量艰苦又费时耗力的野外试验，若利用虚拟现实技术，则可在计算机上虚拟各种试验条件，进行车辆的动力性、经济性等试验。

如虚拟风洞可以让汽车工程师看到模拟的空气流场，使人感到好像真的站在风洞里一样。试验人员把虚拟发动机放入这种“风洞”中，可考察发动机进气、燃烧、排气时气体流动的状况，观察热量在其零部件上的散发过程，以改善制动、排气系统的冷却性能。

3.4　供、销商介入汽车生产

以前，每当主机厂设计新车型时，经常因一些技术参数的更改而与零部件供应商进行反复沟通与协商，而这些沟通与协商几乎都是以邮件、传真等方式进行的，很不方便。

但在虚拟现实技术的环境中，主机厂工程技术人员设计新车型时，可要求主要零部件供应商将拟采用的零部件数据以CAD及CAS的方式输入主机厂的数据库，并让它们进入主机厂的开发网络，当主机厂修改设计方案时，与之配套的零部件也将实时进行修改，不必与供应商反复沟通与协商。

据悉，IBM公司已开发了一种“汽车模拟开发系统”，该系统已不仅仅局限于车型开发，还可以提供给汽车生产商以下方面的模拟数据：市场调查、工程研究、数字化制造及产品模拟、测试、制造、产品支持、数据管理及使用、商业推广计划等。

3.5　人员培训

利用虚拟现实技术建立虚拟培训基地，对有关从业人员进行继续工程教育，关于这一点，可以借鉴航空界利用虚拟现实技术模拟飞行器的经验，设计模拟驾驶室，训练驾驶员。英国皇家装甲公司曾用虚拟现实技术对一种新的14.5吨车辆进行了试验，创建立一种专用车辆训练软件。

4 小结

目前，我国汽车界对该项技术得实际运用尚处于起步阶段，仅在清华大学、天津中国汽车技术中心等单位的试验室有所利用。

其实，我国汽车生产企业运用虚拟现实技术，已经具备了不少有利条件，首先，一汽、二汽、上汽等大公司已有多年运用三维计算机软件（如 UG、CATIA、PRO-E 等）进行产品设计的经验，且他们的产品大多已形成了 CAD、CAE 等数据，可以很方便地将这些电子数据输入到虚拟现实环境中。

虚拟现实技术正渗入汽车工业的各个领域，如汽车的虚拟造型、虚拟设计、虚拟工艺制造、虚拟试验、虚拟装配等，它不仅为汽车开发人员创造了更为自由得工作环境，而且，从根本上动摇了一系列被视为经典的汽车产品开发理论和原则。虚拟现实技术的推广和应用将使汽车工业的思想概念、开发方式、部件供应、组织形式、市场竞争及人才培训方面产生全方位的创新和变革。在虚拟现实技术的未来发展中，虚拟汽车和真实汽车之间的界线会变得越来越模糊。

我国汽车界在推广和引进虚拟现实技术的时候，要从我国的实际出发，通过认真地研究外国先进技术和经验，努力探索出中国汽车工业迈向该技术的道路。

参考文献

1 汪成为等. 灵镜（虚拟现实）技术的理论、实践及应用. 清华大学出版社、广西科学技术出版社，1996

2 苏汉元等. CAX 技术与汽车工程. 上海汽车，1999（2）

3 周杰韩等. 虚拟制造系统与结构框架. 华中理工大学学报，1996（9）

4 袁清珂等. 虚拟制造系统. 中国机械工程，1995（4）

5 熊文等. 虚拟试验技术在汽车被动安全研究上的应用. 99 汽车安全技术会议，1999

背门外板冲压拉延工艺的分析及改进

曹琴生 马德松

神龙汽车有限公司

[摘要] DCACA 生产的 ZX 车背门总成，原为复合材料成形。根据国产化的需要，将其改为钢板冲压件。一般来说采用符合材料的零件是很难直接用冲压拉延成形零件来替代。可想而知，背门外板的冲压成形工艺性极差。

DCAC 分别和西班牙公司和模具制造中心对背门外板分别就模具制造及试制模签订合同。MATRICI 公司采用了 OPTRIS 及 PAM.STAMD 计算机模拟系统进行了拉延工艺分析，结果制件开裂。故其提出产品更改，要求将零件改为上下两件或将零件变浅。模具制造中心拉延试制模经过数轮调试，但拉延件仍开裂。

面对国内外两方面传来拉延失败的信息，DCAC 工程技术人员根据自己的冲压工艺经验，提出了一套工艺修改方案：建议改变拉延成形的条件，使传力区（强区）改变为弱区，以改变材料的流动方向，从而使得危险断面处材料得到补充，达到解决拉延开裂之目的。并通过实践，顺利地拉延出了合格拉延件。

关键词：拉延　修改　传力区（强区、弱区）

The Analysis and Lmprovement of Drawing Process for the Trunk Cover

Cao Qinsheng, Ma Desong

Shenlong Automotive Ltd. Co.

[Abstract] The trunk assemble in ZX of DCAC is made from composite. It will be substitued by sheet-metal forming part because of the domestic requirement. On general, parts made from composite are very difficult to be substituted with pressing drawing parts. It is natural that the pressing formability of the trunk cover is rather bad.

DCAC made contracts with MATRICI company (Spain) and Baoma company (Chengdu, China) respectively on dies making an d the drawing testing die for the trunk cover. MATRICI used OPTRIS and PAM.STAMD (simulating softwares) to analyse the drawing process on computer with the conclusion that the sheet ruptured in the drawing prossion. MATRICI demanded DCAC to modify the product design to change the part into two simple parts or a deeper part. Although Baoma adjusted the drawing die for several times, there were always rupyures in parts.

In accordance with the failure information abroad and home, the engineers on pressing in DCAC brought out a new modified process according their experiences on pressing. They suggested to changing the forming condition to make the force transition zone (the strong zone) become a weak zone.

Key words: drawing process　modify　transition zone (strong zone, weak zone)

注：本文全文刊登在 2003 年《汽车工程》（增刊）上。

浅谈虚拟制造技术与汽车制造工艺的发展

尹 洋

第一汽车集团公司

[摘要] 本文简要介绍了虚拟制造技术的概念及其在汽车制造中的应用，给出了采用虚拟制造技术时的一些建议。

主题词：虚拟　汽车　制造工艺

[Abstract] In this paper, it just introduced the concept of virtual manufacturing technology and the wide application in the field of automobile manufacturing. It also pointed out some suggestion when it was be used.

Key words: virtual　automotive　manufacture technology

该项技术已越来越广泛地应用于汽车、电子、航空、航天、通讯、机械、轻工、交通领域。国外知名企业如美国三大汽车公司等已经应用了该项技术，并且有全球化的趋势；国内上海大众也引进了部分模块，在通用、宝马、福特等知名大公司都已得到广泛使用。随着计算机技术的日益发展，虚拟制造技术将会在汽车制造业得到越来越广泛的应用。

综上所述，可以看出对于越来越复杂的汽车制造工艺来讲，越来越迫切地需求一个平台来解决其复杂问题；反之，虚拟制造技术正好为汽车制造工艺提供了很好的工艺平台。该项技术与汽车业的结合，已产生一场汽车行业的革命，这种革命的效果 10 年前就已在发达国家得到了实现，效果十分明显，目前正向我国波及。也可以说，谁掌握了这门技术，那么可能就又获得了一次领跑的机会。但是，如果不掌握这门技术，就根本没有领跑的机会！

注：本文全文刊登在 2003 年《汽车工程》（增刊）上。

伺服焊枪在汽车车身制造中的应用

张延松 陈关龙 来新民 李永兵 林忠钦
上海交通大学机械与动力工程学院

[摘要] 伺服焊枪使用带有数字控制的伺服电机，它是应用在焊机上的最新技术。伺服焊枪无法在实际生产中得到广泛的应用，主要的原因是对伺服焊枪的经济利益和成本效率缺少足够的论证。本文就伺服焊枪的新特征和对焊接过程的影响从生产率和技术效益几个方面与气动焊机进行了对比分析。结果表明：伺服焊枪有着传统气动焊机所无法具有的优点，是值得信赖的。它的特征和优点决定了伺服焊枪是未来车身装配生产线上主要的点焊连接设备。

关键词：伺服焊枪 成本效益 生产率 技术效益 车身装配

Study on the Application of Servo Welding Guns to Auto-body Manufacturing

Zhang Yansong, Chen Guanlong, Lai Xinmin, Li Yongbing, Lin Zhongqin
Shanghai Jiaotong University

[Abstract] Servo guns use servomotors with numerical control. It is the latest technology applied to welding machines. The lack of information about the benefits and cost-effectiveness of the servo guns is the primary reason for their rare application. In this paper, the features and influences of servo guns in RSW processes are compared with conventional pneumatic welding machines in Productivity and Technical Benefit. The data showed that the advantages of the servo guns applications are distinguished. Servo guns will be an excellent alternative to pneumatically operated spot weld guns for sheet metal assembly.

Key words：servo guns cost benefit productivity technical benefit body assembly

1 前言

电阻点焊是一种主要的薄板连接方法，广泛应用于汽车及航空等工业部门。自从 1933 年第一辆主要由点焊连接完成的汽车下线以来，电阻点焊的应用近年来获得了突飞猛进的发展。目前，平均一辆轿车白车身大约由 4000～5000 个焊点。因此，电阻点焊已经成为轿车白车身装配的重要连接方法。

电阻点焊机用以实现所选用的焊接方法及工艺参数，焊接质量的好坏多由焊机决定。

最常用的类型是气动焊机，这种类型的焊机如今被广泛地应用在汽车工业中，将气动和液动技术同时应用的增强型气动焊机有了更多的功能，但由于焊机的价格和保养等问题，此类型焊机并没有在汽车工业中得到很好的应用。

伺服焊枪使用带有数字控制的伺服电机，它是应用在焊机上的最新技术。在伺服焊枪的动作中，伺服电机的轴间角、旋转速度和转矩由一个精确的 PLC 控制。由于伺服焊枪是靠电驱动的，就可以实现运动过程的精确控制。同时伺服焊枪的可焊范围也很大，以前气动焊机焊不到的位置现都可以由伺服焊枪来实现。这种伺服焊枪对于汽车车身装配生产线来说相对较新[1,2]。最近几年，在日本大约有 500 个伺服焊枪被应用到汽车车身装配生产线上，而美国只有几十个伺服焊枪被应用。电伺服焊枪无法在实际生产中得到广泛的应用，主要的原因是对伺服焊枪的经济利益和成本效率缺少足够的论证。

本文就伺服焊枪的新特征和对焊接过程的影响从生产率和技术效益几个方面与气动焊机进行了对比分析，结果表明：伺服焊枪有着传统气动焊机所无法具有的优点，是值得信赖的。它的特征和优点决定了伺服焊枪是未来汽车装配生产线上主要的点焊连接设备。

2 伺服焊枪在焊接过程中的新特征

本文主要是对点焊过程中伺服焊枪的生产效率进行了分析。一般来说，点焊过程主要由四个阶段组成：预压、焊接、保持和休止。然而，在电极接触工件之前的动作会影响生产效率，这同时也是在实际生产中应该关心的主要问题。因此，有必要定义一个新的阶段——电极接触工件前的渐进阶段。本文对伺服焊枪的研究是基于渐进、预压、焊接、保持和休止五个阶段进行展开研究的，具体如图 1 所示。

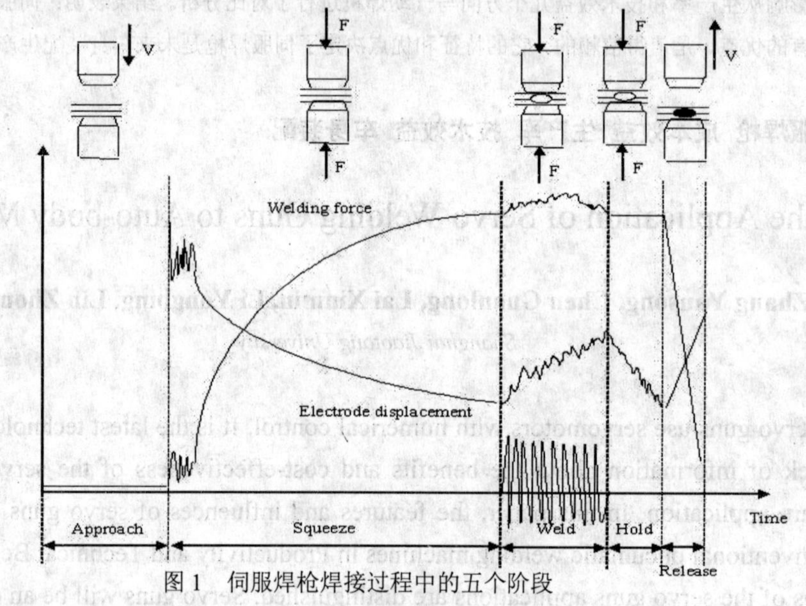

图 1 伺服焊枪焊接过程中的五个阶段

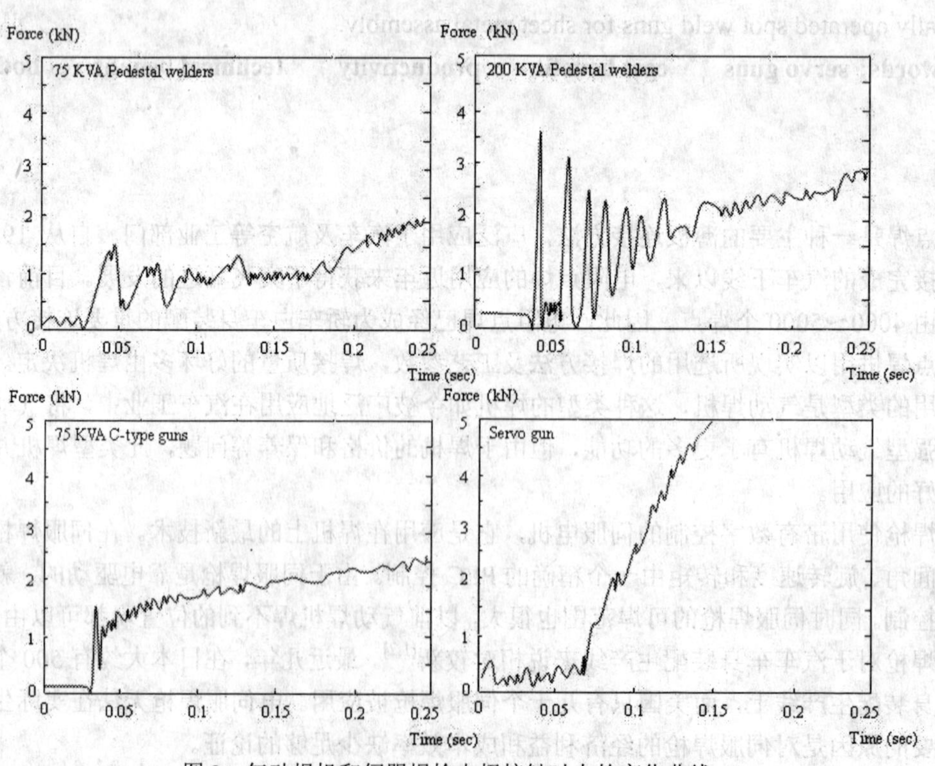

图 2 气动焊机和伺服焊枪电极接触时力的变化曲线

在这五个阶段中，焊接和保持阶段的持续时间对气动焊机和伺服焊枪都是一致的，因而，这两个阶段对点焊效率的影响也一致。另外，由于实际生产的连续性，休止时间对生产率影响也很小。因此，相比较可以看出：渐进和预压过程是影响焊接效率的两个重要阶段。

2.1　电极力的接触特性

对于气动焊机，电极的运动由气缸来控制，电极运动速率很难控制，由于电极运动的高速率，会造成电极与工件接触时的冲击很大，致使电极力会发生短时间的振荡，从而影响电极寿命。而对于伺服焊枪，电极的运动由伺服电机控制，能够很好地控制电极运动速率，电极与工件接触时的冲击很小，这可提高电极寿命。气动焊机和伺服焊枪的电极力变化如图 2 所示。

2.2　电极力和电极位移控制特性

在焊接过程中，尤其是焊接通电阶段，电极的控制模式是焊机的一个重要特征。因为通电过程中焊接区金属受热、膨胀，无法实现同时将电极力和电极位移作为常量进行控制。对于气动焊机，电极力由气压调节阀进行控制，并使其在焊接过程中保持常量。而伺服焊枪的电极力则由伺服电机进行精确的调节和控制。图 3 为 0.7mm 和 1.7mm 钢板在通电阶段电极力的变化曲线。0.7mm 钢板的焊接规范定为：焊接电流 5.8kA、电极力 3.4kN、焊接时间 12 周波（1 个周波为 0.02s）；1.7mm 钢板的焊接规范为：焊接电流 7.8kA、电极力 4.2kN、焊接时间 12 周波。为了减少噪声干扰，电极力曲线用一个指数模型来表示[3]。从图中的对比可以看出：伺服焊枪的电极力更能得到精确地控制，这归功于伺服电机高控制精度和运动时较小的摩擦力。与电极力不同，伺服焊枪和气动焊机在焊接过程中的电极位移变化趋势和位移量则基本一致，如图 4 所示。

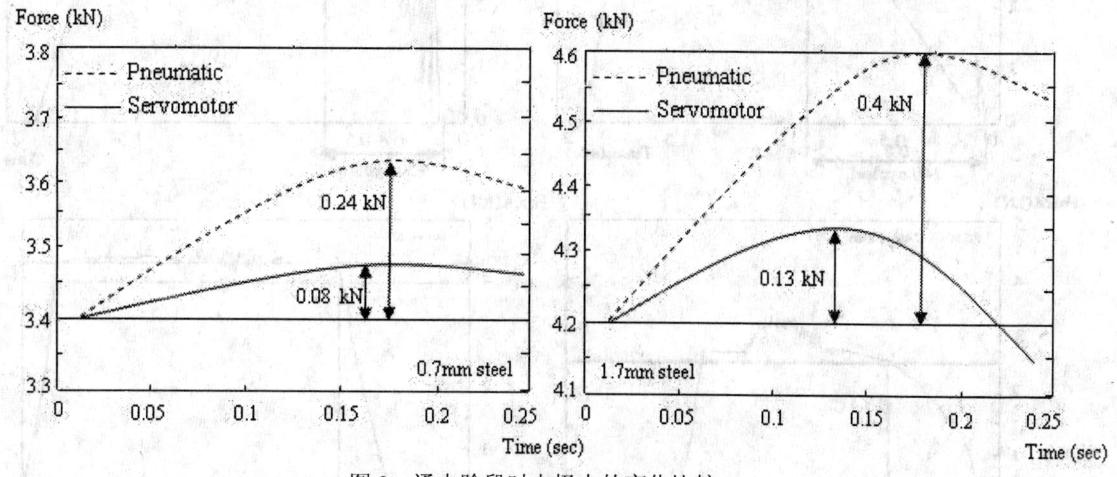

图 3　通电阶段时电极力的变化比较

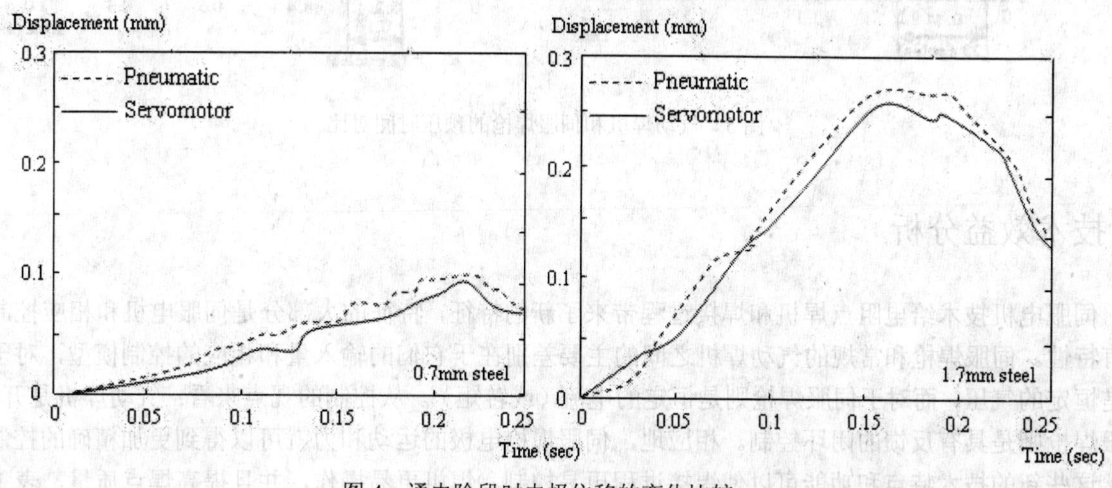

图 4　通电阶段时电极位移的变化比较

3 生产率分析

点焊的生产能力是目前车身装配中要考虑的一个主要问题。在点焊过程的五个阶段中，预压阶段相对来说是最长的阶段，气动焊机的预压时间一般是 20～40 个周波左右，但也随气缸的类型的不同而有所变化。

如要提高点焊生产率，就应将预压时间尽可能地缩短。为了比较不同焊机的点焊生产率，将所有进行研究的焊机的下落时间、焊接时间、维持时间和休止时间分别设定为 5，10，10 和 5 个周波。

图 5 列出了不同焊机在焊接过程中电极力的变化。其中，气动焊机的预压时间大约为 30 个周波（0.6 秒），而伺服焊枪则只用了 8 个周波（0.16 秒）预压时间就达到了 95％预压力。总体来看，伺服焊枪完成一个焊点所用的焊接时间为 38 个周波（0.76 秒），气动焊机则需 60 个周波(1.2 秒)。换句话说，用伺服焊枪完成一个焊点要节省 0.44 秒的焊接时间。相对于一台轿车的几千个焊点，节省 0.44 秒的焊接时间对装配过程生产率的提高就非常重要，轿车车身装配线的生产能力就可以大大提高。

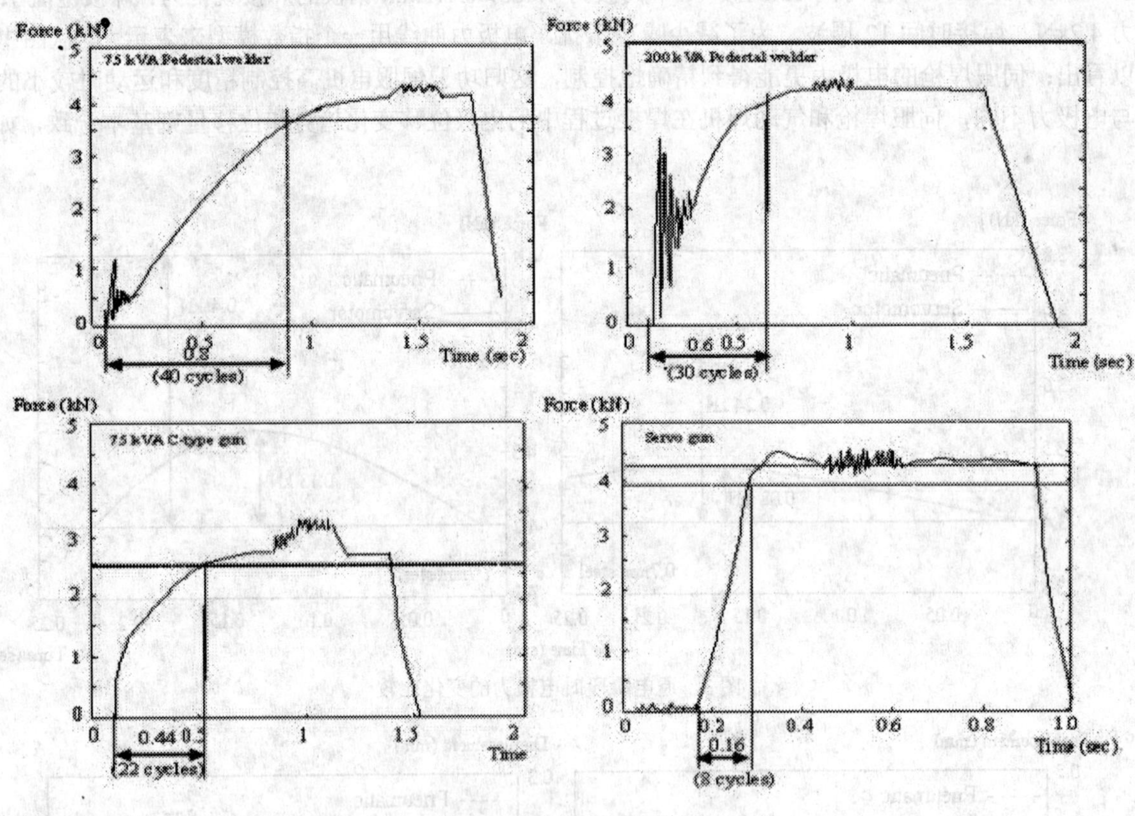

图 5 气动焊机和伺服焊枪的预压时间对比

4 技术效益分析

伺服电机技术给电阻点焊机和焊接过程带来了新的特征，特征的大部分是伺服电机和相应控制技术的固有特性。伺服焊枪和常规的气动焊机之间的主要差别在于它们的输入量和相应的控制模型，对于气动焊机是恒定的气压，而对于伺服焊枪则是恒定的电流（或转矩）。从控制的观点来看：气动焊机是开环控制，伺服焊枪则是具有反馈的闭环控制。相应地，伺服焊枪电极的运动和力就可以得到更加精确的控制。

这些新的技术特点和功能可以使焊接过程更易控制，焊机更易操作，并且提高焊点质量。表 1 概括了这些新的技术特点和功能。

表 1　伺服焊枪的功能和特点

生产率	可控性	操作性
可编程电极行程 可编程电极速度 缩短预压时间	锻压力 力和位移信息 电极力的控制 在线失效探测 电极补偿	较小的冲击 电极与工件软接触 没有气体噪声 没有气体系统的维护

正如前面所讨论的情况，通过缩短预压时间，伺服焊枪可显著提高点焊生产率，而且，可编程电极行程和速度也可以缩短同一工位上多个焊点的预压持续时间，这也可以提高焊接生产率。焊接过程的可控性要归功于伺服电机和它的控制技术。由于可以容易地改变电极压力，锻压力的得到就变得可能。伺服电机转矩和速度作为电机控制器的输出量，其变化量可以容易地转变为电极力和电极位置的变化，并且使电极力和电极位移信号的在线实时监控变得可行，电极位置、在线失效探测和电极补偿的准确测量也就变得更容易。

由于电极行程的可控性，电极与工件将会“软”接触。而气动焊机的电极与工件接触时会发生碰撞，电极力将发生剧烈振荡，接触时会产生很大的噪声。两者相比，“软”接触由于冲击小、噪声小可改善工作环境。Slavick[4]研究表明噪声可从 96.0dB 减小到 74.6dB。另外，冲击小也可以提高电极寿命。

总之，这些新的技术特征和功能对于点焊生产率提高、点焊过程最优控制和良好的工作环境都很重要。

5 结论

本文就伺服焊枪的新特征和对焊接过程的影响与气动焊机进行了对比分析，结果表明：伺服焊枪的优势是显而易见的。

首先，伺服焊枪能够提高焊接过程的生产率。其次，由于焊接过程参数，例如电极力和电极位移可从伺服电机中获得，伺服焊枪为过程监控、诊断和补偿提供了新的可能。第三，伺服焊枪可以得到焊接过程中所需的锻压力，从而可以提高焊点质量。第四，由于电极运动的可控性，电极与工件接触时冲击小，噪声低，有助于改善工作环境，提高电极寿命。

虽然包括电机控制器和软件的伺服焊枪元件价格较昂贵，然而，从长远的眼光出发，伺服焊枪有着传统气动焊机所无法具有的优点，是值得信赖的。伺服焊枪的特征和优点决定了伺服焊枪能极好地替代现有点焊机，并是未来汽车装配生产线上主要的点焊连接设备。

参考文献

1　Luthardt, C., Gilbert, M., and Mizuta, T.. Servo Controlled Spot welding Gun. Robot. Jan, 1997：31～34

2　Slavick, S.A. and Garza, F. J.. Overview of Servo-Driven Resistance Weldguns in Robotic Applications, Proceedings of the ASW 8th Sheet Metal Welding Conference, Detroit, Oct., 1998

3　Tang H., Hou W., Hu S.J., Zhang H. Force characteristics of resistance spot welding of steels, Welding Journal, 2000, 79(7): 175S～183S

4　Slavick, S.A. Using Servoguns for Automated Resistance Welding. welding journal, July, 1999：29～33

实例重用在车身装配顺序规划决策中的应用

周江奇 张以柱 陈关龙

上海交通大学机械学院

[摘要] 整车质量的约40%直接和车身质量相关，采用并行设计方法是有效提高车身质量的关键。在产品全生命周期中概念设计阶段的决策最为重要。传统装配顺序规划方法不适合具有柔性特征的车身产品设计。本文采用基于实例推理(CBR)方法，研究了以车身分总成作为对象的实例表达方法，建立了面向设计重用的实例索引和匹配机制，通过分层索引和混合匹配方式，可以有效提取相似实例，为装配顺序规划决策提供辅助手段。研究还建立了面向装配顺序规划的原型系统。

关键词：车身 基于实例推理 分总成 装配工艺规划

1 引言

车身主要指白车身（Body-In-White，BIW），是由结构杆、梁件、加强件、薄板件组成的框架结构，是汽车中最大的零部件。据统计，整车质量的约40%直接和车身质量相关，车身设计阶段的决策对整车产品质量和成本的影响达到50%~60%[1]。在产品全生命周期中概念设计阶段的决策最为重要[2]，因此在概念设计阶段提高车身的关键质量指标——尺寸质量具有非常大的意义。

由于车身是由大量柔性薄板冲压件焊接而成，因此在概念设计阶段需要考虑不同的接头构形、不同的装配顺序对车身尺寸质量的影响。装配顺序规划传统上是以明确的CAD模型为前提，研究者主要也是根据零件的几何可行性、装配可行性出发，通过直觉式推理、基本原理等方式获取零件的优先关系知识，建立产品装配模型[3]-[5]。这些方法尽管可以生成完全意义上的装配顺序集，但都是基于零件刚性假设，并且依然存在知识获取困难、装配顺序生成效率不高的不足。由于车身零件在装配过程中需要夹具进行定位，焊装夹具本身也是造成车身尺寸质量波动的关键因素。因此，建立完整的产品知识模型不仅要考虑零件本身的几何、功能特征，还要包括产品实现所需的工艺能力指标，这也是现代并行工程的要求。

在概念设计阶段引入产品实例，为车身装配顺序规划提供了前提条件，从而使得在概念设计阶段实现面向尺寸质量的车身装配结构成为可能。本研究利用实例推理方法，通过构建面向重用的设计实例库，为车身概念设计阶段实现装配顺序规划进行了有益的尝试，以期有效地提高可行装配顺序的生成效率，实现并行工程意义上的车身产品结构设计。

本文首先讲述车身实例构建的基本方法、主要内容以及表达方式；接着重点论述实例重用的关键步骤，包括实例索引机制的建立和相似性匹配方法，并通过具体例子说明系统实现过程；最后进行讨论，并对未来工作进行了展望。

2 构建面向重用的实例库

车身产品结构设计实质上是一种变型设计，在设计自由度较大、产品信息有限的概念设计阶段，设计师主要根据设计实践积累的经验和以往成功的产品实例，针对特定的产品需求进行再设计。这个过程和基于实例推理方法具有很大的相容性。

2.1 基于实例推理

基于实例推理（Case-based Reasoning, CBR）方法最早由 Roger Schank 在认知科学研究的基础上于1982年提出。经过大量研究人员二十多年的开拓发展，已经成为人工智能领域的关键技术（方法）之一[6]。

CBR 基本思想是：把过去问题及其解决方案作为实例，通过新老问题的比较，提取老问题的解决方案求解新问题。其一般模型可以概括为 4REs[7]，如图 1 所示。CBR 被认为是在弱理论、强经验领域尤其是概念设计阶段有力的辅助决策手段。CBR 方法的前提是建立具有丰富产品知识的实例库。

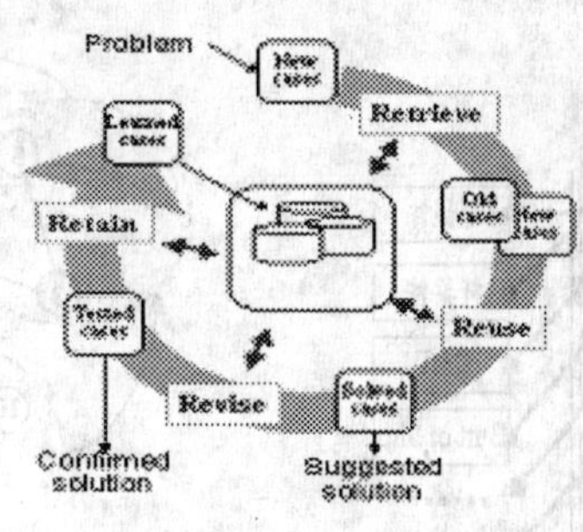

图 1　CBR 的 4REs 模型

2.2　车身结构的实例表达

2.2.1 车身结构

车身的具体结构可以用层次装配树（Hierarchical Assembly Tree, HTA）表示[8]。装配树各层由一定数量的子装配组成，最底层对应由单个零件组成的集合。这种表示方法的优点是车身结构可以映射到实际的生产线上，即分总成总是对应着生产线上某一或多个装配站，如图 2 所示。由于车身零件的柔性特征，装配站不仅是实现分总成物理连接的场所，如 PCWR（Place-Clamp-Welding-Release）过程，同时由于其不同的工艺能力，也对分总成的尺寸质量产生较大影响。

因此，车身实例的内容，应包含分总成及相应的工艺能力知识。

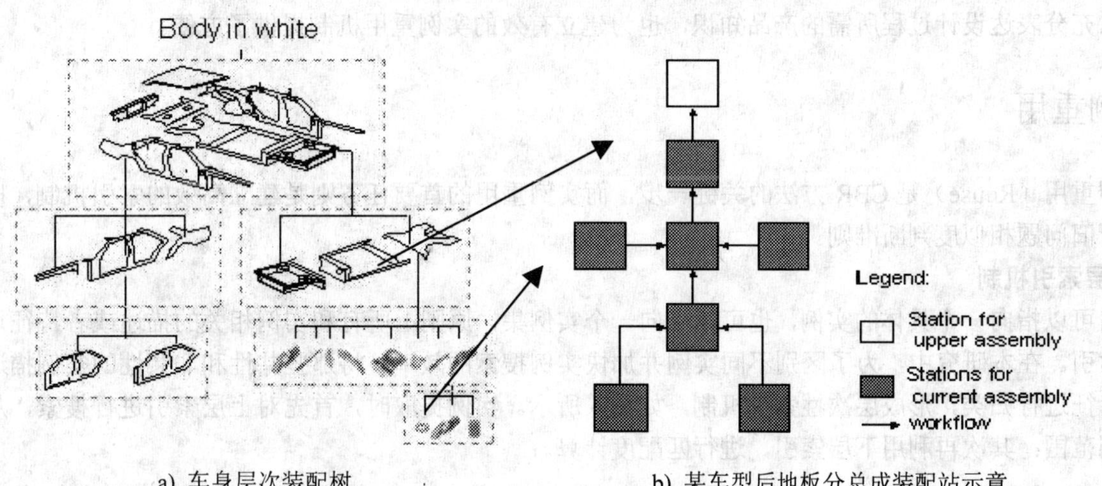

a) 车身层次装配树　　　　b) 某车型后地板分总成装配站示意

图 2　车身层次装配树和装配站的映射关系

2.2.2 分总成实例表达

一般的，实例可有两部分组成，即问题以及相应的解决方案。对问题部分，除了给出应有的描述以外，还应该对问题所存在的环境作出说明。对车身产品来说，问题可表述为实现一定设计要求的某分总成结构，而对应的解决方案则需要给出一定工艺能力条件下分总成的组成、工艺顺序，以及和设计要求相一致的该分总成的关键特征。

关键特征是分总成为了实现自身以及整个产品功能所具有的特征。由于设计过程是一个在一定的约束条件（产品的功能要求、外观要求、工艺能力）下不断提出方案，不断寻求优化解的过程，而作为整个设计问题的子问题的分总成，其关键特征应在相应的约束条件下体现出与产品总体功能特征的一致性和完整性。对车身尺寸质量要求而言，则要保证零部件尺寸特征的一致性和完整性。

本文采用的实例组成结构见图3所示。图3a表示实例数据对象的属性及相互关系，图3b表示车身分总成“后地板”实例的装配顺序属性。

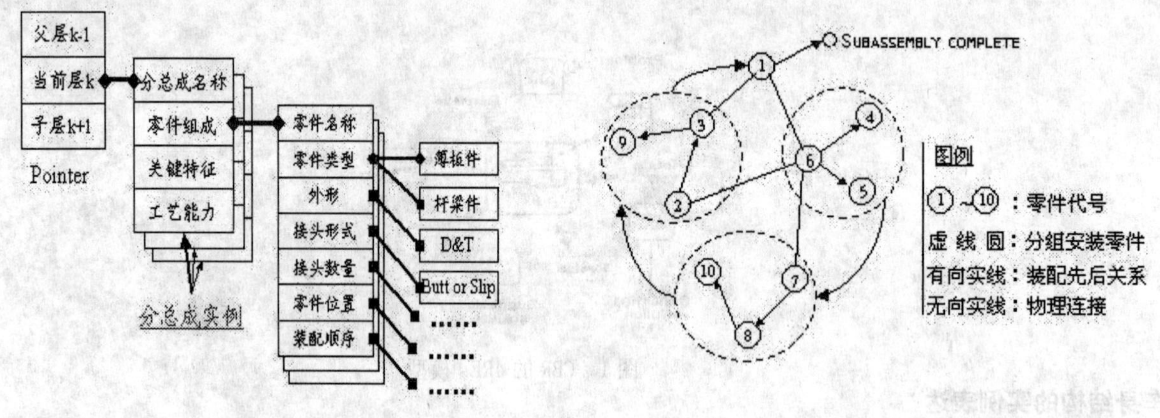

a)　数据对象的相互关系　　b)　后地板装配顺序

图3　车身结构实例的表达

需要说明的是，“后地板分总成”中的重要属性——关键特征应表示分总成尺寸特征在整个产品尺寸特征的相互关系，而工艺能力属性则反映出该分总成相应装配线的工艺保证能力（原则上可以用分总成关键点的均值漂移和偏差统计值进行表征）。零件组成属性的子属性“装配顺序”表示在该工艺能力下的零件装配顺序，可以为装配顺序规划的决策提供参考方案。

从图3可以看出，实例具有关系数据特征。正是利用计算机技术的关系数据建立方法，从而使得实例不仅可以充分表达设计过程所需的产品知识，也为建立有效的实例重用机制提供了方便。

3　实例重用

实例重用（Reuse）是CBR方法的关键一步，而实例重用的首要任务则是建立高效的索引机制，以及准确的新旧问题相似度判断准则。

3.1　分层索引机制

索引可以指向一个具体的实例，也可以指向一个实例集，原则上所有和实例相关的描述或者特征均可以作为索引。在本研究中，为了区别不同实例并加快实例搜索的效率，将那些共性和非共性的实例描述或者实例特征进行归类，形成层次性索引机制，如图4所示。实例提取时，首先对上层索引进行搜索，从而缩小实例范围；其次再利用下层索引，进行匹配度计算。

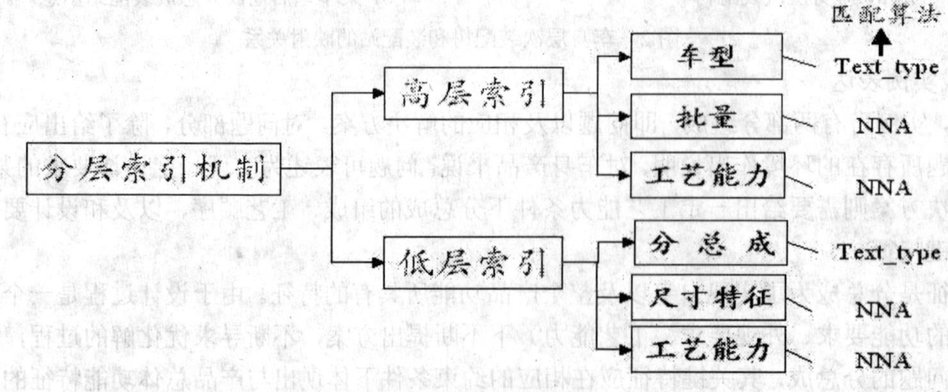

图4　分层索引机制及相应的匹配算法

3.2 匹配度计算

为了取得新问题的参考解，通过索引机制对实例库搜索，并对各特征值的匹配程度进行计算，匹配程度高的实例就可以作为新问题的候选参考解。本文引入最近相邻算法(Nearest Neighbor Algorithm, NNA)和字符（Text type）匹配混合方法，以决定实例的匹配程度，见图 4 所示。

NNA 是一种基于各特征属性数量化的匹配度计算方法。以匹配特征“工艺能力”为例说明。为说明方便，取偏差量（Variation，VAR）表示匹配特征，如图 5。图中，VAR 的最大值可取 4.5mm，最小值为 0mm（VAR 值越小，表明工艺能力强，但可能带来较高的成本负担），匹配范围设为－2mm，+1mm。如完全匹配，则权重为 10，若不匹配，则权重为－5。在此实例中，VAR=3.0mm，如设计要求的 VAR=2.5mm，则相应的匹配度为 7.5。

以此类推，实例匹配度可以通过下式计算得到：

$$\text{实例匹配度} = \sum_{i=1}^{n} S_i$$

其中 S_i 为第 i 个特征属性的匹配度，n 为实例的特征属性数量。

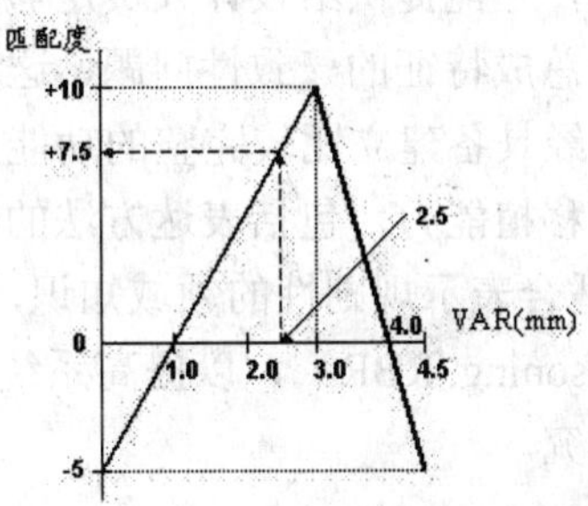

图 5　利用 NNA 算法计算匹配度

3.3 实例重用的实现

通过不同层次的索引机制和匹配度计算，可以得到和当前问题最为相似的已有实例（包括解决方案），但是过去实例的解决方案需要进一步修正（除非完全匹配），才能作为成功的解决方案。实例修正规则的确定，同样是实例重用非常关键的一步，对一般意义上的装配顺序规划来说，等同于方案评价方法的确定。为保证车身产品的尺寸质量，本研究采用基于齐次变换的柔性件偏差分析方法[9]作为实例的修正规则。

本研究采用 Visual Basic 语言开发了基于实例数据库的装配顺序规划辅助决策原型系统。图 6 所示为实例搜索结果界面。

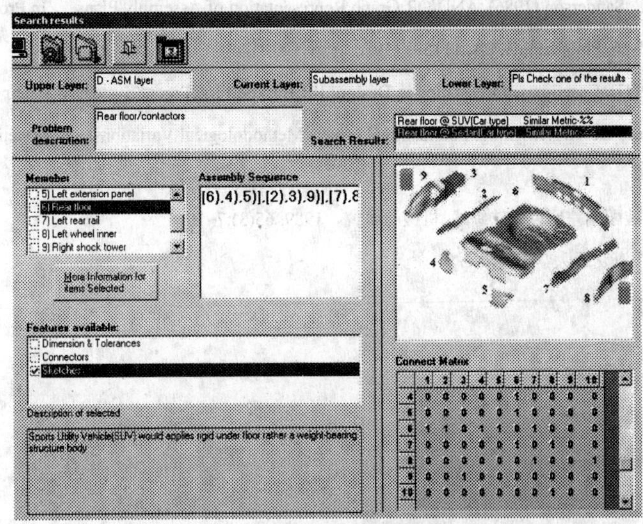

图 6　实例搜索结果界面

4 讨论及未来工作

本文引入具有计算机科学和人工智能科学背景的 CBR 方法，主要研究了产品实例的知识表达内容和方法，以及实例提取的搜索和匹配机制，并建立了面向装配顺序规划的原型系统，从知识获取和规划效率提高等方面进行了有益的尝试。

产品设计始终是一项困扰人们的一个问题，这是因为设计本身本质上属于一定约束条件下的空间搜索问题，从研究趋势看，越来越多的研究开始关注设计过程本身，而不仅仅关心如何对设计过程的产物——产品本身进行建模分析。CBR 方法符合设计专家的工作思维，并且原则上只要保证实例库的无限可扩充性，这种方法就可以融合并行工程思想，成为设计过程理想的设计辅助工具。对车身产品装配顺序规划来说，CBR 应用尚存在以下问题：

一是实例知识的获取。CBR 本身具备学习正反两方面经验的能力，这一点无庸置疑，但是在形成实例的过程中，必须要有足够的、准确的信息对实例进行表达，也就是实例知识的准确性和完备性需要保证，这是 CBR 方法发生作用的必要前提。

二是实例库需要具备足够的案例，才能提供给设计人员足够的信息进行准确的决策。

三是车身产品尺寸质量相关的分总成特征的一致性问题，这基本上是一个产品尺寸功能要求的逐层分解和整合问题。在实践当中，我们已经具备建立比较完整的功能尺寸系统能力，并已经应用于实际制造过程，但尚需要研究其向设计阶段的可移植能力，包括表达方法的研究。

四是 CBR 方法本身的缺陷，不适合表示规则性的领域知识，因此需要和其他人工智能方法进行整合，如基于规则推理系统（Rule-based reasoning, RBR），以提高系统表达领域知识的能力。

今后将围绕上述问题继续展开研究。

参考文献

1 J.D. Power and Associates（1995）. New Car Initial Quality Study . California: J.D. Power and Associates Publisher

2 邹慧君主编（1995）. 机械设计原理. 上海交通大学出版社

3 De Fazio, T.L., and Whitney, D.E.(1987). Simplified Generation of all Mechanical Assembly Sequence. IEEE Journal of Robotics and Automation, RA-3(6), 640~658

4 Huang, K.I (1993). Development of an Assembly Planner Using Decomposition Approach. In Proceedings of the 1993 IEEE International Conference on Robotics and Automation, 63~68

5 L.S. Homem-de-Mello, and A.C. Sanderson (1986), AND/OR Graph Representation of Assembly Plans. In Proceedings of the Fifth National Conference on Artificial Intelligence, AAAI-86, Philadelphia, PA, 1113~1119

6 Maher M., de Silva Garza A (1997). Cased-based Reasoning in Design: IEEE Expert Intelligent Systems & Their Applications. March-April 1997, 34~41

7 A. Aamodt, E. Plaza (1994). Case-Based Reasoning: Foundational Issues, Methodological Variations, and System Approaches. AI Communications. IOS Press, Vol. 7: 1, 39~59

8 林忠钦 胡敏 陈关龙等.轿车车体装配偏差研究方法综述. 机械与研究，1989, 65(3):7~10

9 张以柱（2003）. 博士论文. 上海交通大学

激光焊接技术及其在汽车制造中的应用

张旭东　陈武柱
清华大学机械工程系

[摘要] 本文综述了近年来国内外激光焊接技术领域研究和应用的一些进展，重点包括激光焊接过程检测方法、焦点位置闭环控制和激光－电弧复合焊技术。并介绍了激光焊接在汽车零件和车身制造领域的典型应用。

1 引言

激光焊接从上世纪 60 年代激光器诞生不久就开始了研究，从开始的薄小零件或器件的焊接到目前大功率激光焊接在工业生产中的大量的应用，经历了近 40 年的发展。由于激光焊接具有能量密度高、变形小、热影响区窄、焊接速度高、易实现自动控制、无后续加工的优点，近年来正成为金属材料加工与制造的重要手段，越来越广泛地应用在汽车、航空航天、国防工业、造船、海洋工程、核电设备等领域，所涉及的材料涵盖了几乎所有的金属材料。虽然与传统的焊接方法相比，激光焊接尚存在设备昂贵，一次性投资大，技术要求高的问题，使得激光焊接在我国的工业应用还相当有限，但激光焊接生产效率高和易实现自动控制的特点使其非常适于大规模生产线和柔性制造。其中，激光焊接在汽车制造领域中的许多成功应用已经凸现出激光焊接不同于传统焊接方法的特点和优势，也为许多大功率激光器制造商和激光焊接设备制造商提供了更为诱人的经济效益前景。这也是激光焊接能够吸引国内外越来越多的科技人员从事研究和技术开发的原因。本文综述了近年来国内外激光焊接技术领域研究和应用的一些进展，并介绍了激光焊接在汽车零件和车身制造领域的典型应用。

2 激光焊接技术的进展

2.1 激光器技术

在汽车制造和其它工业生产中广泛应用的大功率激光器主要包括两类，CO2 激光器和 Nd:YAG 激光器，而大功率半导体激光器在焊接领域的研究还处于起步阶段。

(1) CO2 激光器

用于大熔深激光焊接的 CO2 激光器一般以连续方式工作，主要包括快轴流和 Slab 型两种类型。同快轴流激光器相比，Slab 型激光器具有结构紧凑、气体消耗量少、维护成本低的特点。目前世界上 CO2 激光器最大输出功率为 45kW，工业生产中应用的激光器输出功率范围约在 700W 至 12kW 之间。

我国目前可以自主生产的快轴流激光器最大输出功率为 3kW。

(2) Nd:YAG 激光器

Nd:YAG 激光可以通过光纤传输，在柔性制造系统或远程加工场合更具有适应性。目前国外 Nd: YAG 激光器的最大输出功率达 10kW，而包括汽车在内的工业生产中应用较多的则是 3kW 和 4kW 的 Nd:YAG 激光器。最近几年，半导体泵浦的 Nd:YAG 激光器制造技术有了飞速发展，最大输出功率已经达到和氙灯泵浦的 Nd:YAG 激光器同样级别。例如，Trumpf 公司生产的氙灯泵浦 Nd:YAG 激光器的输出功率最大为 5500W，而半导体泵浦的 Nd:YAG 激光器最大输出功率已达到 6000W。

我国在大功率 Nd:YAG 激光器技术方面还相当落后，目前还不能自主生产千瓦级 Nd:YAG 激光器。

(3) 半导体激光器

半导体激光器具有波长短、重量轻、转换效率高、运行成本低、寿命长的特点，是未来激光器发展的重要方向之一。国外学者已经开始了利用大功率半导体激光器进行铝合金焊接的研究工作，可以获得2mm的焊接熔深。但半导体激光器面临的最大问题是光束模式差，光斑大，因此功率密度较低，这是半导体激光器今后用于工业生产必须解决的问题。

2.2 激光焊接过程监测与质量控制

激光焊接过程监测与质量控制一直是激光焊接领域研究和发展的一个重要内容，利用电感、电容、声波、光电、视觉等各种传感器，通过人工智能和计算机处理方法，针对不同的激光焊接过程和要求，实现诸如焊缝跟踪、缺陷检测、焊缝成形质量监测等，并通过反馈控制调节焊接工艺参数，从而实现高质量的自动化激光焊接过程。

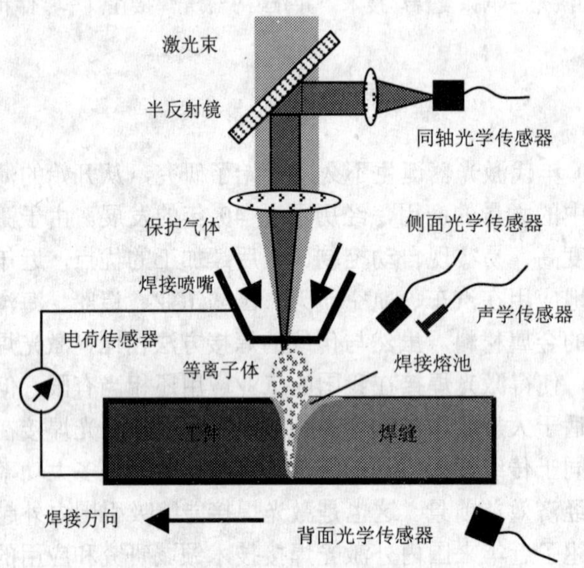

图1 激光焊接过程检测原理示意图

(1) 激光焊接过程监测

利用各种传感器对激光焊接过程中产生的等离子体进行检测是常用和有效的方法，如图1所示。根据检测信号的不同，激光焊接质量检测主要包括以下几种方式：

1) 光信号检测。检测对象为激光焊接过程中的等离子体（包括工件上方和小孔内部）光辐射和熔池光辐射等。从检测装置的安装来看，主要包括与激光束同轴的直视检测、侧面检测和背面检测。使用的传感器主要有光电二极管、光电池、CCD和高速摄像机，以及光谱分析仪等。

2) 声音信号检测。检测对象主要为焊接过程中等离子体的声振荡和声发射。

3) 等离子体电荷信号。检测对象为焊接喷嘴和工件表面等离子体的电荷。

利用光电传感器检测激光焊接过程中等离子体光辐射强度的变化是激光焊接过程监测与控制的重要方法之一。国内外研究工作表明，利用光电传感器可以自动检测出焊接过程中因激光功率、焊接速度、焦点位置、喷嘴至工件表面距离、对接间隙等工艺条件的波动引起的焊缝熔深和成形质量的变化，不仅可以诊断出诸如咬边、烧穿、驼峰等焊缝成形缺陷，而且在一定工艺条件下还可以检测焊缝内部质量，例如，气孔倾向的严重程度。

采用激光视觉传感器可以实时观察焊缝的成形质量，迅速及时诊断高速焊接中容易出现的咬边和气孔缺陷，同时可以在线测量焊缝的宽度变化。采用这种在线检测方法替代手动检查，大大减少了返修率，提高了生产效率，降低了成本。例如，在Nd:YAG焊接系统中，采用Ar+激光作为辅助光源照亮焊接区，在CCD前安装只允许Ar+激光通过的滤波片，就可以获得非常清晰的焊接熔池图象。这项技术在日本汽车制造领域已得到相当应用。

(2) 激光焊接过程控制

激光焊接过程控制的主要内容就是对焊接工艺参数的控制。在激光焊接时，光束焦点位置是影响激光深熔焊质量最关键而又最难监测和控制的工艺参数之一。在一定激光功率和焊接速度下，只有焦点处于最佳焦点位置范围时，才可获得最大熔深和良好的焊缝成形。偏离这个范围，熔深则下降，甚至破坏稳定的深熔焊过程，变为模式不稳定焊接或热导焊。但实际激光焊接时，存在多种因素影响焦点位置的稳定性，包括因非平面工件和焊接变形引起的焊接喷嘴－工件距离变化，激光器窗口、聚焦镜等元件热透镜效应引起焦点位置的变化，以及光束在飞行光路中不同位置引起焦点位置的变化等。如何迅速确定激光焦点位置并将其控制在合适的范围，一直是激光焊接迫切要求解决而又难度很大的课题。

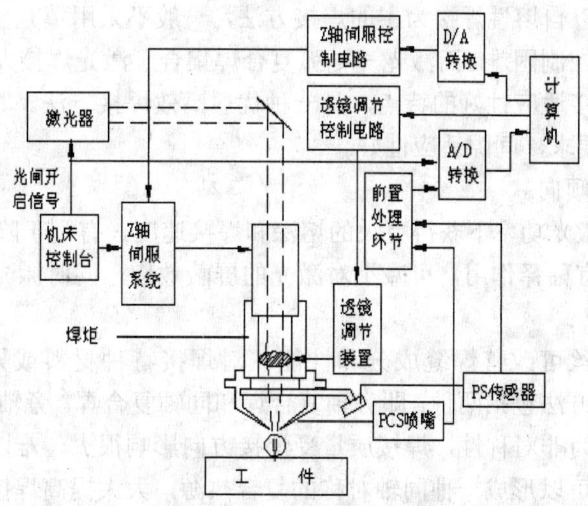

图2　激光焊接焦点位置双闭环控制系统组成

图2是清华大学研制的CO2激光焊接焦点位置的双闭环控制系统示意图。整个系统包括数控激光焊接机床(CNC)、特殊设计的激光焊炬以及检测控制系统。焊接喷嘴－工件距离可以通过上下调节焊炬位置实现，而聚焦透镜位置则由电机驱动在焊炬内独立上下运动，实现焦点位置的调节。检测系统由电荷传感器(pcs喷嘴)和装在喷嘴侧面的光学传感器(ps传感器)组成。焊接过程中，根据检测到的PCS信号变化，系统可以自动调节喷嘴至工件表面距离，保证在焊接过程中保持喷嘴－工件距离恒定；同时根据PS信号调整聚焦透镜的位置，用于补偿因热透镜效应引起的焦点位置波动，使焦点位置始终处在最佳焦点位置范围。

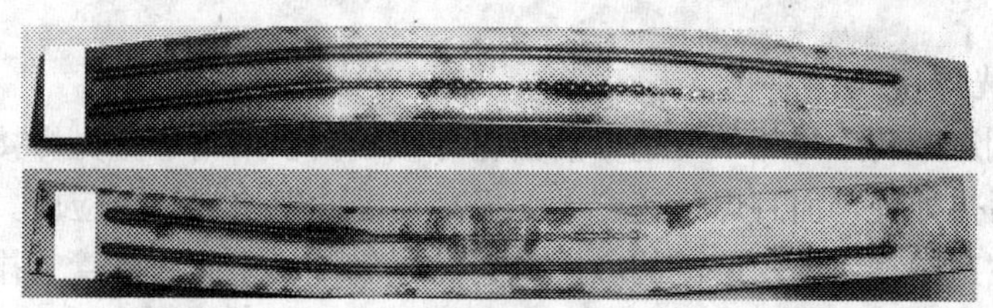

图3　焦点位置双闭环控制激光焊接样品

图3显示的是这种质量检测与闭环控制的实验结果。双闭环控制实验在450mm长的弯板上进行，包括了上坡焊、平焊和下坡焊三种情况。图中焊缝A为只采用PCS信号单独控制焊接喷嘴－工件距离的实验结果，可以看出虽然喷嘴受控随工件斜率升降能保持喷嘴-工件距离不变，但由于热透镜效应的影响，焊接过程中焦点位置逐渐偏离最佳焦点位置，由稳定的深熔焊变为模式不稳定焊和热导焊。而焊缝B则采用了双闭环控制，既控制了喷嘴-工件距离，又能自动调节透镜的高度，对焦点位置进行全闭环控制，补偿了包括热透镜效应在内的各种因素的的影响，所以焊接过程中能始终保证熔深和熔宽均匀。

2.3　新型激光焊接工艺与方法

(1) 双/多光束焊接

双/多光束焊接的提出最初是为了获得更大的熔深和更稳定的焊接过程和更好的焊缝成形质量，其基本方法是同时将两台或两台以上的激光器输出的光束聚焦在同一位置，以提高总的激光能量。后来，随着激光焊接技术应用范围的扩大，为减小在厚板焊接，特别是铝合金焊接时容易出现气孔倾向，采用以前后排列或平行排列的两束激光实施焊接，这样可以适当提高焊接小孔的稳定性，减少焊接缺陷的产生几率。

(2) 激光－电弧复合焊

激光－电弧复合焊是近年激光焊接领域的研究热点之一。该方法的提出是由于随着工业生产对激光焊接的要求，激光焊接本身存在的间隙适应性差，即极小的激光聚焦光斑对焊前工件的加工装配要求过高，此外，激光焊接作为一种以自熔性焊接为主的焊接方法，一般不采用填充金属，因此在焊接一些高性能材料时对焊缝的成分和组织控制困难。而激光－电弧复合焊集合了激光焊接大熔深、高速度、小变形的优点，又具有间隙敏感性低、焊接适应性好的特点，是一种优质高效焊接方法。其特点在于：

1) 可降低工件装配要求，间隙适应性好。

2) 有利于减小气孔倾向。

3) 可以实现在较低激光功率下获得更大的熔深和焊接速度，有利于降低成本。

4) 电弧对等离子体有稀释作用，可减小对激光的屏蔽效应，同时激光对电弧有引导和聚焦作用，使焊接过程稳定性提高。

5) 利用电弧焊的填丝可改善焊缝成分和性能，对焊接特种材料或异种材料有重要意义。

激光与电弧复合焊的方法包括两种，即旁轴复合焊和同轴复合焊。旁轴激光-电弧复合焊方法实现较为简单，但最大缺点是热源为非对称性，焊接质量受焊接方向影响很大，难以用于曲线或三维焊接。而激光和电弧同轴的焊接方法则可以形成一种同轴对称的复合热源，大大提高焊接过程稳定性，并可方便地实现二维和三维焊接。目前，对旁轴复合焊的研究较多，而同轴复合焊的还处于研究阶段。在复合焊的应用方面，许多汽车制造商正将其用于新型汽车的制造。例如，在进行汽车车身拼焊时，利用 3kW Nd:YAG 激光焊接 1.2mm 和 0.7mm 厚的拼板时焊接速度最高为 4.0m/min，采用复合焊后最大速度可达 7.4m/min，而允许的对接坡口间隙从原来的 0.05mm 提高到 0.15mm。国内近年来也开始了激光－电弧复合焊的初步研究。

3 激光焊接在汽车制造中的典型应用

汽车制造领域是当前工业生产中最大规模使用激光焊接技术的行业，从汽车零部件生产到车身制造，激光焊接已经成为汽车制造生产中的最主要焊接方法之一。总体上讲，激光焊接在汽车制造中的应用主要包括三个方面。

3.1 汽车零部件的激光焊接

激光焊接在汽车制造中的应用始于变速箱的齿轮焊接，由于采用了激光焊接，焊接后的齿轮几乎没有焊接变形，不需要焊后热处理，而且焊接速度大大提高，因此很快得到了应用。国外到目前为止，激光焊接已经在汽车零部件生产中得到非常广泛的应用，包括尾气排放系统（歧管、排气管、消声器等）、变速箱双联齿轮、减振器储油缸筒体、滤清器、车门铰链等。国内汽车领域应用激光焊接主要有变速箱齿轮和减振器储油缸筒的焊接。

3.2 激光拼焊技术

激光焊接在汽车制造应用最为成功，同时效益最为明显的一项技术就是汽车车身的拼焊技术。激光拼焊的目的是为了降低车身重量，即在进行车身的设计制造时，根据车身不同部位的性能要求，选择钢材等级和厚度不同的钢板，通过激光裁剪和拼焊技术完成车身某一部位的制造。激光拼焊技术具有下列优点：减少零件和模具数量；缩短设计和开发周期；减少材料浪费；最合理使用不同级别、厚度和性能的钢板，减少车身重量；降低制造成本；提高尺寸精度；提高车身结构刚度和安全性。

德国大众最早于 1985 年将激光拼焊用于 Audi 车型底盘的焊接，日本丰田于 1986 年采用添丝激光焊的方法用于车身侧面框架的焊接。北美大批量应用激光拼焊技术是在 1993 年，当时美国为了提高美国汽车同日本汽车的竞争力而提出了 2mm 工程。到目前为止，世界上几乎所有的著名汽车制造商都大量采用了激光拼焊技术，所涉及的汽车结构件包括车身侧框架、车门内板、挡风玻璃窗框、轮罩板、底板、中间支柱等。

3.3 汽车车身激光焊接技术

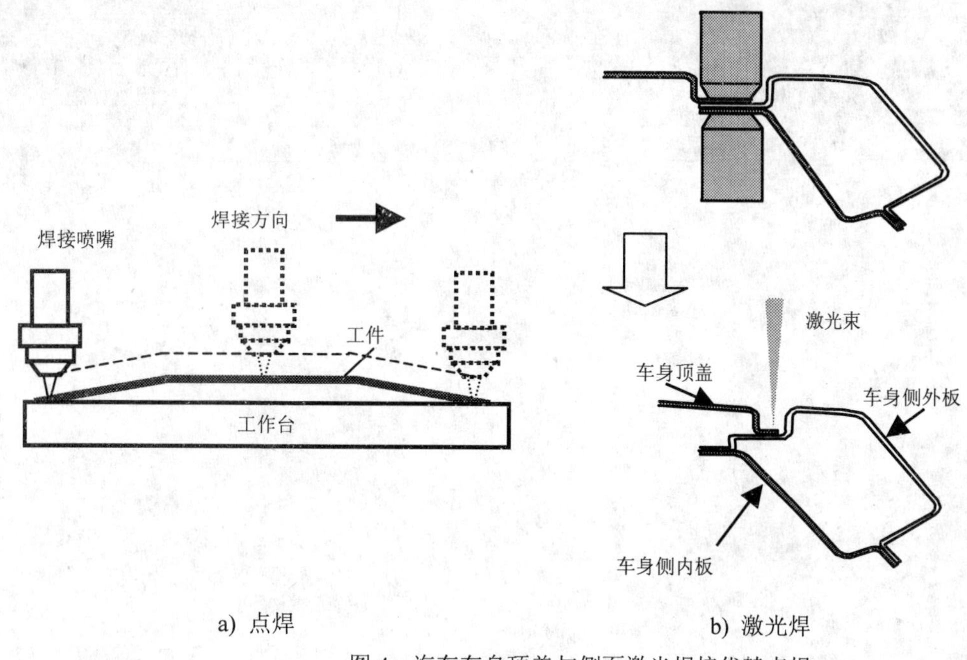

a) 点焊　　b) 激光焊

图4　汽车车身顶盖与侧面激光焊接代替点焊

激光焊接在汽车制造中的另一个重要应用是汽车车身框架的激光焊接，其中一个典型例子就是汽车车身顶盖与车身侧板的焊接。传统的焊接方法为点焊，如图 4a 所示，但现在正逐渐被激光焊接所代替（图 4b）。比较两者可以看出，采用激光焊接后，顶盖和侧面车身的搭接边宽度减少，降低了钢板使用量，同时提高了车体的刚度。目前这种车身框架的激光焊接技术在各大汽车制造商的较新型车中都得到了非常广泛的应用，例如 Audi A2 车体框架是由铝合金材料焊接而成，比同样结构使用钢材可减少重量 43kg，其中激光焊接的焊缝总长多达 30m。国内，上海通用的 Polo、上海大众 Passat 车型和一汽 Bora 的制造中，也都采用了激光焊接技术。这是我国汽车制造业真正使用激光焊接技术的一个重要标志。

4 小结

激光焊接在汽车制造领域的大量成功应用显示出激光焊接强大的生命力和非常广阔的应用前景。虽然我国激光焊接技术的整体应用水平还比较低，在激光器制造技术上还较发达国家落后许多，但是应当看到我国一些汽车制造厂家已经在部分新车型中采用激光焊接技术，而且从激光焊接技术本身研究的角度看，我国一些科研院所在一些具有特色的领域取得了具有特色的成果。随着我国汽车工业的快速发展，激光焊接技术一定会在汽车制造领域取得丰硕的成果和广泛的应用。

参考文献

1 Xudong Zhang, Wuzhu Chen, Ping Jiang, Jing Guo, Zhilin Tian. Modeling and Applications of Plasma Charge Current in Laser Welding. Journal of Applied Physics. 2003，93(11)

2 姜平，陈武柱，夏侯荔鹏等. 利用等离子体光、电信号对激光深熔焊焦点位置的双闭环控制. 应用激光，1999，19(5)

3 Ulrich Dilthey, et al. Laser Arc Hybrid Welding. Proc.of the 7th Int.Symp., 2001，Vol.1

4 Takashi Ishide, et al. Latest YAG laser welding system - development of hybrid YAG laser welding technology ICALEO'97, Vol.83

5 L. Quintino, P. Vilaca, R.Rodrigues. et al. Laser beam welding of automobile hinges. Welding Research Supplement, 2001,10.

6 朱海红，唐霞辉，朱国富等.汽车双向筒式减震器储油缸筒的激光焊接.汽车工艺与材料，2000(3)

7 苏保蓉，姚建华.汽车齿轮激光焊接及应用.电力机车技术，2003 25(4)

8 K. Shibata. Recent automotive applications of laser processing in Japan and future potential. Extended abstracts of papers of 6th China National Conference on Laser Materials Processing. May, 2003, Beijing.

⊔⌈形件拉弯成形及影响回弹因素的模拟分析

陈 鑫 韩英淳 于 雪
吉林大学汽车工程学院 一汽－大众汽车有限公司

[摘要] 针对⊔⌈形件拉弯成形时容易产生回弹的问题，采用有限元法对其拉弯成形过程进行了模拟，并分析了影响回弹的各因素。本文对有效控制⊔⌈形件拉弯时的回弹与指导模具设计具有一定的参考意义。

关键词：⊔⌈形件 拉弯 回弹 模拟分析

Simulation Analysis of ⊔⌈-draw Bending Forming and Influencing Factors of Springback

Chen Xin, Han Yingchun, Yu Xue
Jilin University, FAW-Volksvagen

[Abstract] For the question of springback of ⊔⌈-draw bending forming components, the process of forming was simulated by FEM, and the influencing factors of springback were analyzed. The paper is significant to control effectively the springback of ⊔⌈-draw bending forming components and design the dies.

Key words: ⊔⌈-draw Bending Springback Simulation Analysis

1 前言

⊔⌈形件或U形截面的结构件广泛用于汽车工业中，此类构件通常是在常温下通过模具弯曲板料来成形的，尤其是⊔⌈形件需要拉弯成形。回弹是该类零件弯曲成形与模具设计时需要考虑的主要问题[1]。因此研究影响⊔⌈形件拉弯成形时回弹的因素，具有重要的实用意义。通常采用三种方法研究板料弯曲的回弹，即解析法[1-3]，实验研究法[4-6]，数值模拟法[7-9]。由于板料冲压成形时的回弹是较复杂的问题，目前理论解析尚不完善。因此，采用有限元法对弯曲成形过程进行仿真分析，并能对回弹进行预报，是最行之有效的方法。

2 研究对象与目标选择

2.1 研究对象

采用动显式有限元法模拟分析带法兰的⊔⌈形件的拉弯成形（图1）过程，并分析影响拉弯成形回弹的主要因素。

2.2 影响回弹因素的选定

根据⊔⌈形件拉弯成形的特点，确定下列影响回弹的因素为研究分析目标：

1） 凸、凹模间的工作间隙对回弹的影响；

2） 模具成形圆角半径对回弹的影响；

3） 冲压材料特性对回弹的影响；

4） 压料力及缓冲力对回弹的影响。

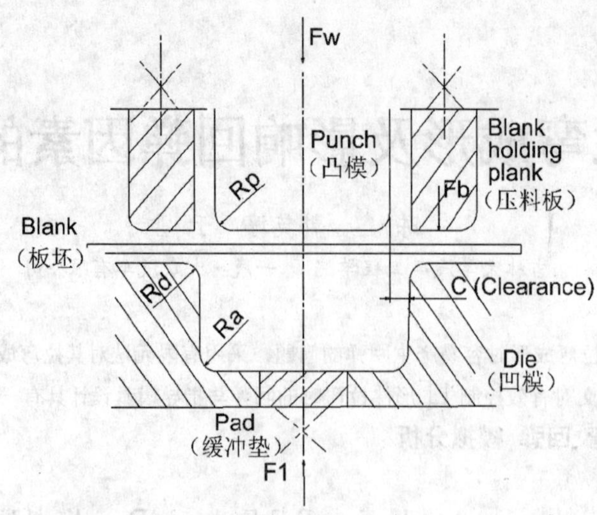

图1 ⎣⎦形件拉弯过程简图

根据⎣⎦形件弯曲时回弹的特点，选用如图2所示的两个特征角θ_1和θ_2来定量地评价回弹量，其中，θ_1是工件平底面与侧壁间的夹角；θ_2是工件直法兰与侧壁间的夹角。

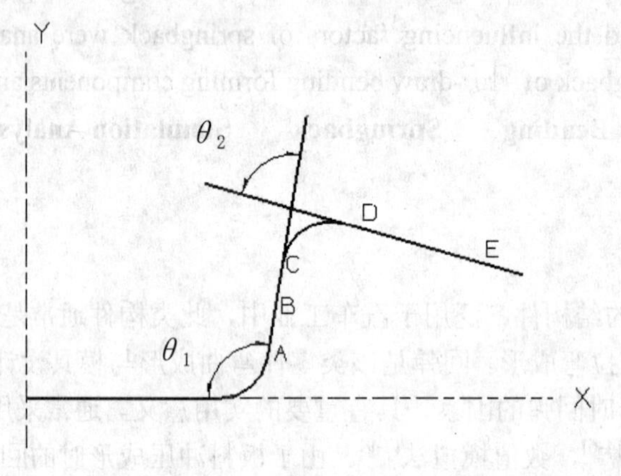

图2 表征拉延回弹的特征角θ_1和θ_2

3 有限元法模型与模拟条件

3.1 有限元法模型及基本方程

采用DYNAFORM与LS－DYNA3D软件来分析。用图1所示的刚塑性模型进行⎣⎦形件拉弯成形过程的模拟。由于对称性，故仅取一半作为有限元法分析模型。假设模具是刚体，板料是各向同性的弹塑性材料，并且在塑性变形时其应力应变间的关系满足下述指数方程：

$$\sigma_y = K(\varepsilon_0 + \varepsilon_p)^n \tag{1}$$

式中ε_0是弹性应变分量，ε_p是当量塑性应变；n为硬化指数；K为与材料性质有关的常数。n值和K值系由实验得出。

用于模拟分析的材料性能参数见表1，为拉伸试验值[10]。

表 1 用于模拟分析的材料性能参数

材料	弹性模量 E (GPa)	应变硬化指数 n	硬化系数 K (MPa)	泊松比 γ	屈服强度 σ_s (MPa)	抗拉强度 σ_b (MPa)	板厚向异性指数 $\overline{R}$	延伸率（%）
普通钢板	210	0.207	312	0.3	172	290	1.6	30
高强度钢板	200	0.227	536.5	0.3	180	312	1.5	38
铝合金	70	0.238	53	0.3	168	298	0.6	26

3.2 变形条件的简化

由于拉弯的板料的相对厚度 $B/t>3$，故可视⎿⏌形件的拉弯为宽板弯曲。宽板弯曲时其应变状态是平面应变状态，变形区的应力状态则是立体的三向应力状态。为此，可做如下假设：

1） 塑性弯曲后，弯曲区的横截面仍保持平面；

2） 板料宽度方向的变形忽略不计；

3） 弯曲变形区的等效应力 $\overline{\sigma}$ 与等效应变间的变化关系与单向拉伸时的应力应变关系一样，并且有下列关系[11]：

$$\overline{\sigma} = K\overline{\varepsilon}^{n} \qquad (2)$$

3.3 边界接触摩擦条件

根据板料与模具的切向运动情况，接触摩擦条件按库仑摩擦模型，并且取静摩擦系数为 0.1，动摩擦系数为 0.06。

3.4 拉弯成形模型的选择与描述

将⎿⏌形件弯曲的成形过程抽象成如图 1 所示的力学过程，它包括四种特征不同的运动体。成形时压料板先压住板料，之后凸模下行将板料压进凹模，至冲床下死点时完成拉弯成形。具体的成形模具与板料见图 3。上述四个运动体，仅有板料是弹塑性变形体，其余均为刚体。

图中取凹模宽度尺寸为 100mm，凸模宽度为 $100-2C$（C 表示凸凹模的单面工作间隙），C 值为 $1.1t$，$1.2t$ 及 $1.3t$，三个不同值（t 为板料厚度）。凸模的圆角半径 R_p＝10mm，凹模的圆角半径 R_d＝10mm。凸模的工作行程为 40mm，虚拟的冲压速度为 $5\,m/s$，板料的长度尺寸为 240mm，压料力 F_b 分别为 30kN，50kN 及 60kN。

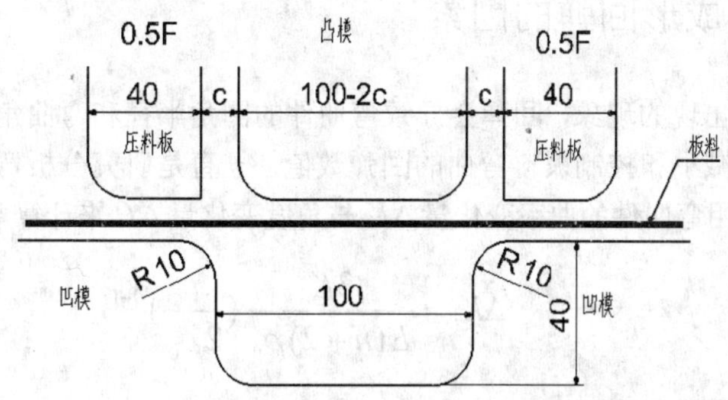

图 3　⎿⏌形件的拉弯成形模具与板料

3.5 有限元网格的划分

为了兼顾节省时间与保证计算模拟的精度，对凸、凹模的网格划分尺寸采用 5mm×5mm，而对板料来说，可以划分较大的网格 20mm×20mm，如图 4 所示。

在分析时可以运用自适应网格划分方法，当超过一定的误差范围时，网格会自动重新划分使网格细化。

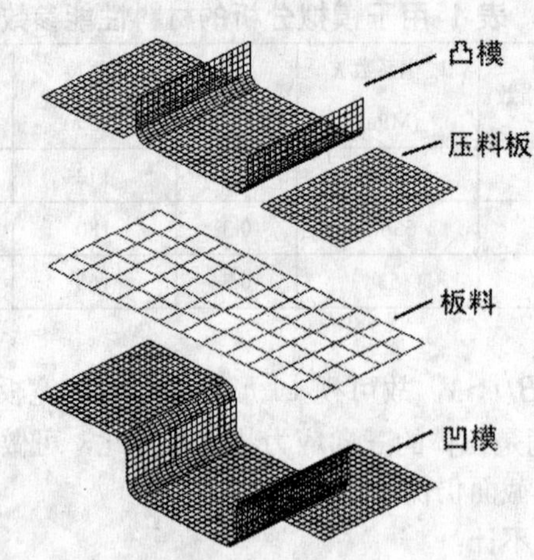

图4 划分网格后的凸模、压料板、凹模与板料的模型

3.6 仿真模拟具体条件

选用 100AKDQ 优质拉深钢板（其性能参数见表 2）作为板料。所进行的仿真模拟分析都是依据这些参数进行的。另外，为了进行比较，还对高强度钢板与铝合金的拉弯成形与弹性进行模拟分析。

表2 100AKDQ 钢板的部分性能参数（20℃）

材料	弹性模量 E（GPa）	应变硬化指数 n	硬化系数 K（MPa）	泊松比 γ	板厚向异性指数 $\overline{R}$	板厚 t (mm)
100AKDQ	200	0.227	536.5	0.3	1.5	1.0

在仿真分析中，对于本分析中对成形影响不大的参数都选用默认值，同时还要做如下假设与简化：

1) 材料为各向异性材料[12]；
2) 温度对过程的影响忽略不计；
3) 整个成形过程中的摩擦系数恒定；
4) 接触算法为罚函数法。

4 影响乚形件拉弯成形回弹的因素

回弹是弯曲成形时常出现的现象，回弹会导致弯曲件的圆角半径和弯曲角与模具形状产生差异而影响弯曲成形件的质量。如何减小和控制板料弯曲的回弹数值，一直是研究分析弯曲工艺过程与制定冲压弯曲工艺的重要内容。目前常用弯曲件的曲率变化量ΔK与角度变化量$\Delta\theta$来计算弯曲的回弹值[11]；

$$\Delta K=\frac{3K}{E(n+2)\rho_0}(\frac{t}{2\rho_0})^{n-1} \tag{3}$$

$$\Delta\theta=\frac{K}{E}\frac{3}{(n+2)}(\frac{t}{2\rho_0})^{n-1}\cdot\theta \tag{4}$$

式中 ρ_0——卸载前弯曲件中性层的半径；

θ——弯曲角；

$\theta\ E, n, K$——意义见表1。

由上两式便可知影响弯曲回弹的主要因素。

4.1 影响回弹模拟计算精度的因素

(1) 单元类型及尺寸的影响

基于宽板拉弯为平面应变的假设，取板壳单元并认为板料在变形前垂直于中性层的材料纤维在变形过程保持直线形状。

为保证模拟精度，取流过模具圆角处的单元尺寸为模具圆角半径的1/2～1/3。

(2) 本构关系的影响

由于弯曲成形过程中，材料在流经模具圆角时要经历较剧烈的弯曲与反弯曲变形，并引起强化现象。因此采用文献[13]随动强化模型，这样模拟的回弹结果与实验结果最接近。

(3) 有限元算法的影响

用DYNAFORM软件模拟成形过程用的是动态显式算法，而对回弹的模拟用的是静态隐式算法。既能保证精度，又能节约计算时间。

4.2 影响回弹大小的主要因素

当有限元模拟的有关理论参数如单元类型、单元大小、接触条件与摩擦法则等确定后，回弹的大小主要受如下物理参数的影响。这些参数包括：材料特性，压料力，摩擦系数，凸模与凹模的工艺间隙等。

(1) 材料类型与特性的影响

在压料力，摩擦系数，凸、凹模的间隙等参数相同的情况，铝合金材料拉弯后的回弹值远远高出高强度钢板和普通钢板。这是因为铝合金的弹性模量E比钢材的E值低得多的原因。模拟分析结果（表3中所列值）与公式（3）、（4）的结论一致。可见材料类型对弯曲回弹值的影响较大。

影响回弹值的材料性能参数还有应变硬化指数n值、硬化系数K值及板厚向异性指数$\overline{R}$值。下边分别阐述这些性能参数对回弹值的影响：

n值与冲压成形性能关系十分密切，一般认为n值大不仅能提高板料的局部应变能力，而且能使应变分布趋于均匀化，从而提高板料成形时的总体成形极限。同时由公式（3）、（4）可知，n值大会导致弯曲回弹值的减小。同时n值大板料抗破裂性强。

K值是硬化系数，它通过单向拉伸试验测得。显然材料的K值越大，弯曲回弹值成比例增大。

$\overline{R}$值称为板料的塑性厚向异性指数，它反映板厚方向和板料平面方向之间的塑性差异。$\overline{R}$值也与板料的冲压成形性能关系密切。$\overline{R}$值大，板料平面方向比板厚方向容易变形，故有利于拉弯成形。

综上所述，材料的类型与部分物理参数对于拉弯回弹的影响是：E值小的材料回弹大；K值大的材料回弹值大；n值大的材料回弹值较小，$\overline{R}$值大的材料能抑制回弹，回弹值较小。图5是用表1所列的材料采用不同相对凹模圆角半径进行拉弯试验得出的材料特性对回弹影响的关系图。

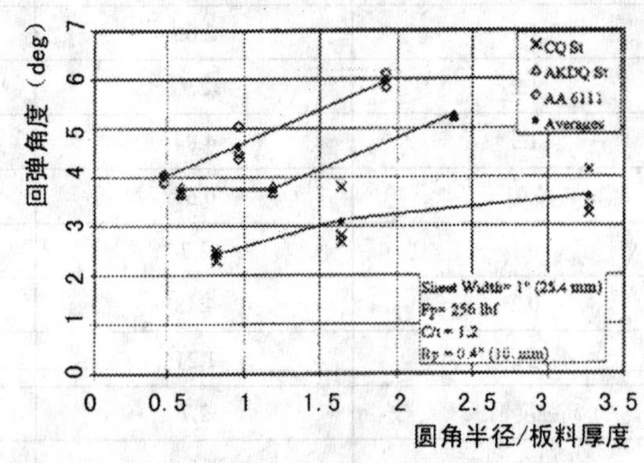

图5　不同材料用不同相对凹模圆角半径拉弯时的回弹情况

(2) 材料类型与特性的影响

通过模拟分析和固定模具工艺间隙值（$C=1.2t$）的拉弯试验均表明，在一定的范围内增大压料力有利于拉弯成形，并且随着压料力的增加回弹值会减小（图6）。

(3) 凸、凹模工艺间隙C的影响

在材料、压料力、摩擦系数均一定的情况下，采用间隙$C = 1.1t$，$C = 1.2t$，$C = 1.3t$三种情况对成形与回弹进行模拟分析。随着间隙增大，成形件的回弹角也逐渐增大。这是由于间隙小时在法兰圆角处产生了大的应变，卸载时会有较大的弹性能量释放所致。

(4) 摩擦系数的影响

摩擦系数对回弹模拟来说是一个重要的参数，模拟分析说明，随着摩擦系数的增大，回弹有增大的趋势。

为了更清晰地了解不同参数对拉弯回弹角度地影响，特分别将参数归类，列表表示取不同材料弯曲时的回弹角的绝对偏差，见表3。

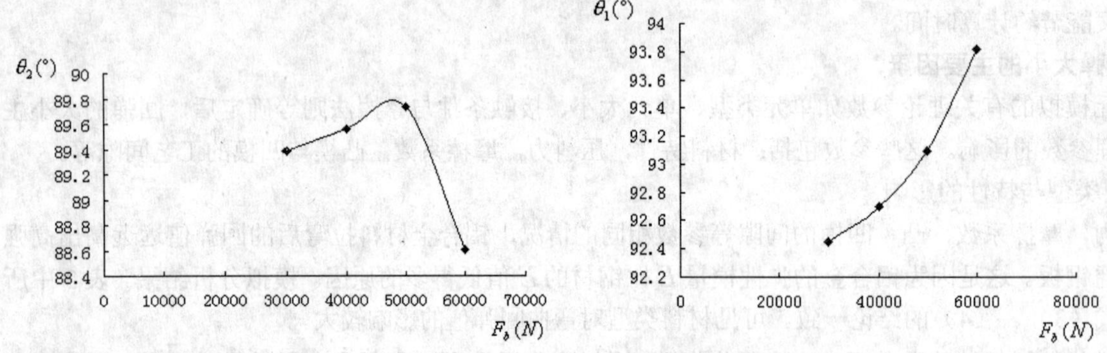

图6 压料力对拉弯回弹角的影响

表3 不同材料在取不同参数时拉弯的回弹角绝对值

项目		θ_1-90°	θ_2-90°
压料力(N)	30000	2.45	0.62
	40000	2.7	0.44
	50000	3.1	0.27
	60000	3.82	1.39
凸、凹模间隙(mm)	1.1	2.05	0.73
	1.2	2.7	0.44
	1.3	4.04	0.09
摩擦系数	0.01	0.67	1.14
	0.1	2.7	0.44
	0.2	4.48	0.66
材料	普通钢板	1.21	0.35
	高强度钢板	2.7	0.44
	铝合金	8.04	2.14

5 结论

⺃形截面结构件的成形属于使用压料板的拉弯成形，其成形工艺过程与回弹不同于常见的自由弯曲。本文应用基于刚塑性有限元的DYNAFORM，LS-DYNA3D软件，采用动态显示与静态显示法分别仿真分析了拉弯成形过程和回弹，探讨了材料特性参数和主要工艺参数对拉弯回弹值的影响。本研究工作对于设计汽车用乚⺁形结构件的成形工艺及控制回弹都具有一定的参考价值和实用意义。

参考文献

1 Johnson, W. etal, Springback after the biaxial elastic -plastic pure bending of rectangular plate-I, Int. J. Mech. Sci., 23-10(1981), 619~630.

2 Johnson, W. etal, On springback afeter the pure bending of beams and plates of elastic work-handing materials Ⅲ, ibid., 23-11(1981), 687~685

3 Johnson, W. etal, On the range of applicability of results for the springback of an elastic/perfectly plastic rectangular plate after subjecting it to biaxial pure bending-Ⅱ, ibid., 23-10(1981),631~637

4 R. Stevenson, Springhack in simple axisymmetric stampings, Metal. Trans. I (1981) 45~52

5 R. A. Ayres, SHAPESET, A process to reduce sidewall curl springback in high-strength steel rails, J. Appl. Metal Work. 3(1984)127~134

6 R. Stevenson, Springback in simple axisymmetric stampings, Metal. Trans. A24A (1993) 925~934

7 F. Pourboghrat, E. Chu, Springback in plance strain stretch/draw sheet forming, Int. J. Mech. Sci. 36(1995)327~341

8 Committee of NUMISHEET' 93, in: A. Makinouchi, E. Nakamachi, E. Onate, R. H. Wagoner(Eds.), Proc. 2nd Int Conf. NUMISHEET' 93, Isehara, Japan, 1993.

9 K. Mattiasson, P. Thilderkvist, A. Strange, A. Samuelsson, Simulation of springback in sheet metal forming, in: S. Shen, P. R. Dawson,(Eds.),Proc. NUMISHEET' 95, Balkema, Rotterdam, The Netherlands, 1995,115~124

10 H. Livatyali, T. Altan, Prediction and elimination of springback in straight flanging using computer aided design methods, Part1. J. Meter. Proc. Tech. 17(2001) 262~268

11 肖景容，姜奎华主编. 冲压工艺学. 机械工艺出版社，1990，62～69

12 R. Hill, The mathematical theory of plasticity. London; Oxford University Press, 1950

材料牌号对球铁曲轴弯曲疲劳强度的影响

冯美斌 卿晏清 王祖勇
东风汽车公司工艺研究所

[摘要] 通过试验测定了用不同牌号珠光体球铁产生的发动机曲轴在圆角未强化、氮化和圆角滚压等不同状态下的弯曲疲劳强度。结果表明，无论是否经过强化处理，材料牌号高的曲轴其弯曲疲劳强度并不优于材料牌号低的曲轴。据此，建议在曲轴的选材中优先采用铸态的 QT700-2 球墨铸铁。

关键词:发动机 曲轴 弯曲疲劳强度 球墨铸铁

The Effects of Material Grade to the Bending Fatigue Strength of Ductile Iron Crankshaft

Feng Meibin, Qing Yanqing, Wang Zuyong
Dong Feng Motor Corp. Ltd.

[Abstract] Tests were carried out to determine the bending fatigue strength of several kinds of pearlitic ductile crankshafts with different material grades and various strengthening processes. It was found that material grade had little effect to the bending fatigue limits of the specimens in both strengthened and non-strengthened conditions. Thus it is strongly suggested that the as-cast QT700-2 ductile iron is preferential to elect as the material of engine crankshaft.

结论

本文测定了氮化、圆角滚压和未强化等状态下，不同牌号球铁曲轴的弯曲疲劳极限。试验结果表明，无论在何种状态下，材料牌号高的曲轴其弯曲疲劳强度并不优于材料牌号低的曲轴。因此，在曲轴的选材中不宜追求材料牌号的高低，工作重点应放在工艺上，尤其是应尽量避免产生铸造缺陷。根据已有的经验，推荐优先采用铸态 QT700-2 球铁，建议的材料主要性能指标为：珠光体量控制在 70%~90%范围，抗拉强度 700N/mm^{2}左右，断后伸长率不低于 2%，硬度为 206HBS～270HBS。

注：本文全文刊登在 2003 年《汽车工程》（增刊）上。

汽车用碳纤维复合摩阻材料的摩擦磨损特性研究

韩英淳 桑 涛
吉林大学

[摘要] 研究了汽车用碳纤维复合摩阻材料在实际工况下的摩擦磨损特性，分析了碳纤维含量及碳纤维的强度、表面状态等对磨损机制的影响。实验研究结果表明，碳纤维复合摩阻材料的磨损性能、工作寿命与抗热衰退性能均明显高于传统的石棉摩阻材料。

关键词：碳纤维 摩阻材料 摩擦磨损特性

The Investigation On Wear Specialty of AFRP Composites Friction-Resistance Materials

Han Yingchun, Sang Tao
Jinlin University

[Abstract] The paper investigated the frictional and wearing specialty of AFRP composites materials in actual application, analyzed the effect of the contents, and surface state of AFRP on wearing mechanism. The experimental results showed that the wear specialty, the working length of life and anti-heat decay specialty of this material are all prior to the traditional asbestos friction-resistance material.

Key words: AFRP friction-resistance material wear specialty

前言

用传统的石棉摩阻材料制成的汽车制动器衬片，不但污染环境有致癌作用，而且工作寿命低，其在250℃以上工作时有热衰退现象。因此，近二十年来世界各国都对石棉摩阻材料的生产与使用加以限制，并致力于研究新一代摩阻材料来取代石棉摩阻材料。本研究工作在采用正交设计优化了碳纤维复合摩阻材料的基础上，针对汽车制动器衬片的实际工况，研究了碳纤维复合摩阻材料的摩擦磨损特性及磨损机制。本研究结果为研制碳纤维复合材料汽车用制动衬片打下了基础。

1 实验材料、内容及方法

1.1 实验材料的成分设计与制备

实验材料系用碳纤维作增强纤维，改性酚醛树脂作粘接剂并辅有各种性能调节剂与填料的多元组分体系。在材料成分配方设计中，采用了 L16（45）正交优化设计方法，并经多轮实验后，确定了碳纤维复合摩阻材料的经济实用型配方（见表 1）：

表 1　实验用碳纤维复合摩阻材料的成分

组　分	代号	质量分数（%）	备　注
增强纤维：碳纤维	Z_2	16～19	碳纤维长度约 5mm，事先进行表面处理
粘接剂：改性酚醛树脂	Z_3	15～17	
金属粉末填料：铸铁粉	Z_4	22～25	材质 HT200，粒度 40～60 目
固体润滑剂：石墨＋碳墨	Z_5	13～16	
摩擦剂：Al_2O_3	Z_1	8～10	粒度≥100 目

注：碳纤维分别选用吉林炭素厂与辽源市碳纤维厂生产的高碳纤维、低碳纤维与预氧纤维，并按不同强度的碳纤维组分进行实验。

按上述配方（其中碳纤维的强度不同），将各组分经过均匀混料、干燥处理后，用热模压成型压制成碳纤维复合材料汽车制动衬片试样[2]。

1.2　摩擦磨损实验

在 MM－200 磨损实验机上进行磨损实验，实验参数为：

摩擦压力 F=200kN

转速 n=400 rad/s

摩擦配副为直径φ40mm，材质为 HT400 的磨轮。

采用感量万分之一的精密天平称量试样的磨损量。在 JSM－5310 型扫描电子显微镜上观察磨损面的表面形貌。

磨损实验结果处理后的数据见表 2：

表 2　磨损实验结果处理

试验方案	1	2	3	4	5	6	7	8
摩擦系数	0.35	0.39	0.40	0.32	0.39	0.43	0.42	0.35
磨损量(g)	0.0190	0.0163	0.0155	0.0167	0.0172	0.0252	0.0186	0.0133
试验方案	9	10	11	12	13	14	15	16
摩擦系数	0.38	0.37	0.42	0.44	0.39	0.43	0.29	0.41
磨损量(g)	0.0163	0.0187	0.0254	0.0281	0.0164	0.0251	0.0127	0.0200

图 1 与图 2 为碳纤维表面经过改性处理与未经改性处理的 SEM 照片。

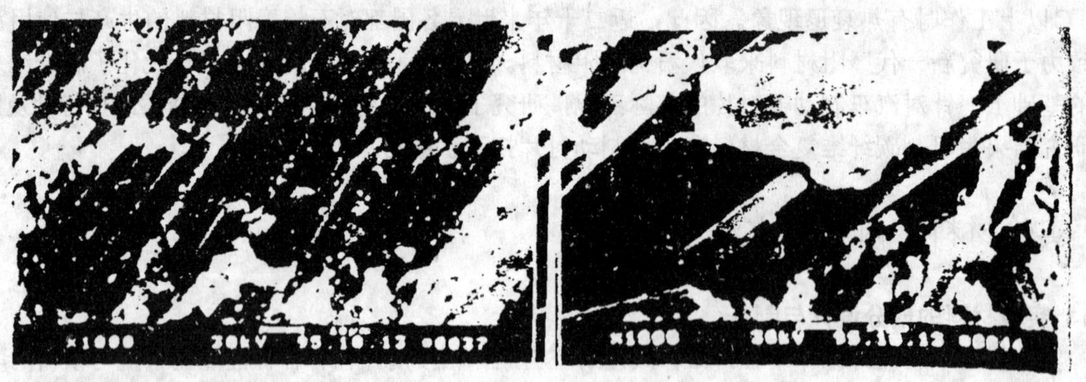

图 1　经表面处理的碳纤维摩阻材料的 SEM 照片　图 2　未经表面处理的碳纤维摩阻材料的 SEM 照片

1.3　在 D－MS 实验机上进行热衰退实验

在 300℃实验温度条件下，分别按摩擦系数和磨损率进行实验分析各组分的影响次序。实验结果见表 3。

表 3 碳纤维不同表面状态时的热衰退实验结果

特性 / 温度 / 材料表面状态		摩擦系数					磨损率（$10^{-8}cm^3/N \cdot m$）				
		实验温度（℃）					实验温度（℃）				
未处理	实验号	100	150	200	250	300	100	150	200	250	300
	5#	0.35	0.36	0.34	0.30	0.34	1.139	1.238	1.449	1.486	1.331
	13#	0.30	0.32	0.30	0.26	0.24	0.910	1.261	0.991	0.870	1.150
处理	5#	0.36	0.38	0.40	0.39	0.41	1.120	0.950	0.955	1.524	1.177
	13#	0.34	0.40	0.46	0.49	0.51	1.561	1.168	0.722	1.993	1.582

2 实验结果与分析

2.1 碳纤维对摩阻材料摩擦磨损特性的影响

2.1.1 碳纤维含量对摩擦磨损特性的影响

碳纤维含量是影响本摩阻材料摩擦磨损性能的重要因素。实验结果表明：当碳纤维含量较低时（15%~19%）摩擦系数与磨损率随碳纤维含量的增加而减少；而当碳纤维含量较高（19%~25%）时摩擦系数与磨损率都随着碳纤维含量的增加而增大。

出现第一种现象是因为碳纤维属“乱层石墨”式结构，其本身具有良好的自润滑性能，能起一定的减摩作用，致使摩擦系数减小[5]。在滑摩时，发生在摩擦界面上因碳纤维引起的犁削阻力较小，故此时碳纤维的减摩作用明显，因而会呈现随碳纤维含量增加摩擦系数与磨损率随之减小的现象。

出现第二种现象是因为当碳纤维含量相当高时，由于碳纤维比强度、比模量很高，故滑摩时的犁削阻力相当大，远远超过了碳纤维的减摩作用，从而呈现出摩擦系数随碳纤维含量的增加而增大的现象。同时，当犁削阻力大于碳纤维机体的结合强度时就会发生磨损，故随着碳纤维含量的继续增加，磨损率也会增大。

2.1.2 碳纤维表面状态对摩擦磨损特性的影响

对碳纤维需进行表面处理，以达到强化与粘接剂改性酚醛树脂的润湿与粘接的目的。

将对碳纤维进行表面改性处理的与未经处理的试样进行对比实验。碳纤维进行表面改性处理的工艺是：将碳纤维置于50%的硝酸水溶液中处理24h后取出，用水冲洗干净并作干燥处理后，再进行混料。

碳纤维与基体的粘接力在很大程度上取决于其表面性质。未经表面改性处理的碳纤维，由于其表面惰性，与粘接剂的相溶性差，致使摩阻材料的抗剪强度低，当对碳纤维进行表面改性处理后，会使其表面的沉积物减小，表面粗糙度增大，进而提高强度并增大摩擦系数，有利于提高锚固作用。图3与图4为碳纤维表面经改性处理与未经改性处理的摩擦材料的摩擦系数和磨损率对比。

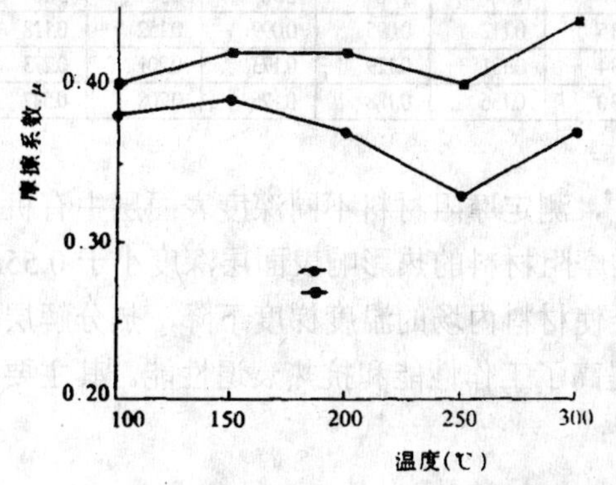

图3 碳纤维不同表示形态时的摩阻材料的摩擦系数

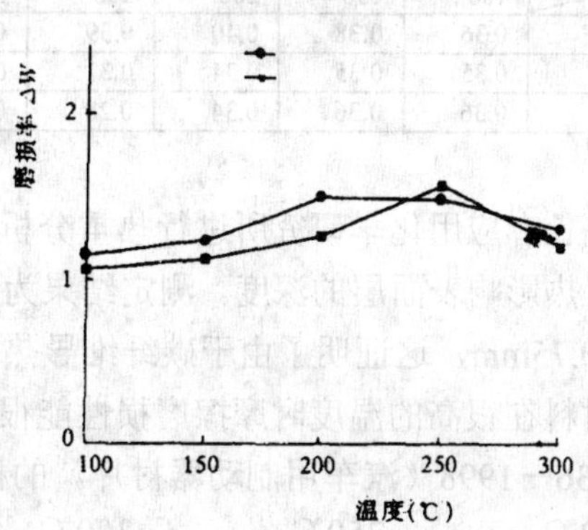

图4 碳纤维不同表示形态时的摩阻材料的摩损率

经过改性处理的碳纤维与基体结合好而紧密。这是因为经处理后碳纤维表面含氧官能团增多，提高了碳纤维与粘接剂的反应性，因而碳纤维自身的浸溶性提高，也增加了碳纤维与粘接剂的结合强度。因此，经改性处理后的碳纤维复合摩阻材料表面现出较好的摩擦磨损性能。图5是用23%的碳纤维所制成的制动衬片的温度与摩擦系数，时间与摩擦系数的关系。

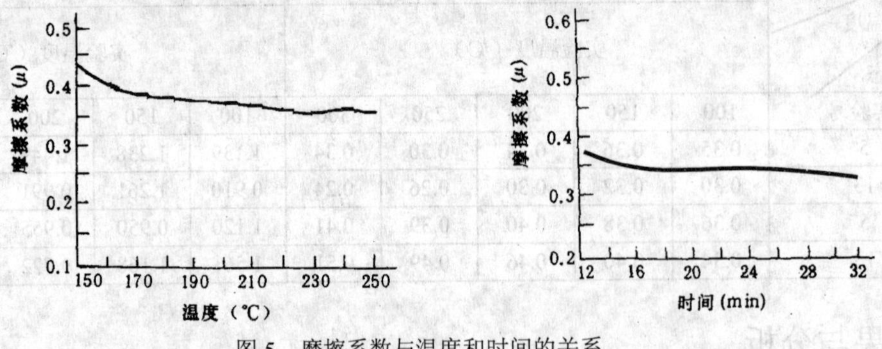

图5　摩擦系数与温度和时间的关系

2.1.3 碳纤维强度对摩擦磨损性能的影响

实验结果表明碳纤维强度越大，用其增强的摩阻材料的磨损系数也越大。这是因为碳纤维的比强度和比模量越高，摩擦时抗犁削阻力就越大，因此摩擦系数也越高。

2.2 碳纤维对摩阻材料抗热衰退性的影响

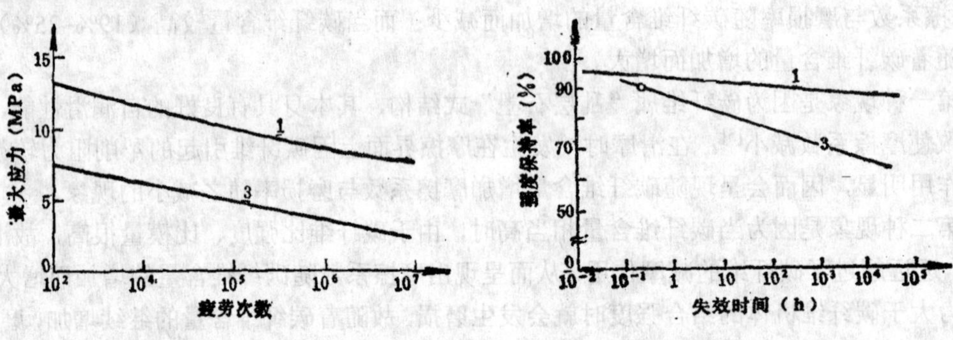

图6　碳纤维的疲劳特性　　　　图7　碳纤维的蠕变特性

碳纤维复合摩阻材料具有较高的强度(σ_b=17MPa，τ= 90MPa)，弹性模量（125GPa），故其具有较高的疲劳特性、蠕变特性（图6、图7）[1]。此外它还因碳纤维具有良好的导热性，高温性能好，故在高温条件下能减小犁削深度并减小材料表面层的剥落，抵御磨料运动的能力增强。所以碳纤维复合摩阻材料的抗热衰退性能好，明显优于石棉摩阻材料与半金属摩阻材料。在D－MS实验机上将碳纤维复合材料制动器衬片与日本产的半金属制动器衬片和国产石棉制动器衬片进行的对比实验结果见表4。

表4　三种制动器衬片摩擦磨损性能对比实验结果

性能参数 / 试验材料	摩擦系数（μ）						磨损率（$\times10^{-7}cm^3$）				
	100	150	200	250	300	100	100	150	200	250	300
碳纤维复合材料衬片	0.36	0.38	0.40	0.39	0.41	0.35	0.112	0.095	0.099	0.152	0.118
日本产半金属衬片	0.35	0.35	0.34	0.31	0.30	0.34	0.131	0.129	0.173	0.201	0.273
国产石棉衬片	0.36	0.36	0.34	0.28	0.24	0.30	0.136	0.188	0.176	0.208	0.547

经在中科学院长春应用化学研究所进行热重分析（TAG），测定摩阻材料不同深度表面层中有机组分的含量，进而求出热影响表面层的深度。测定结果为：碳纤维摩阻材料的热影响表面层深度小于0.55mm，石棉摩阻材料为0.75mm，这证明了由于碳纤维导热率高，会使材料内场的温度梯度下降，热分解层薄，因而碳纤维摩阻材料在很高的温度时摩擦磨损性能很稳定，提高了工作性能和抗热衰退性能。其主要性能指标达到了GB5736－1998《汽车用制动器衬片》的标准值[3]：

摩擦温度	100℃	250℃	300℃
摩擦系数	0.42±0.06	0.42±0.09	0.42±0.1
磨损率	≤0.10	≤0.41	≤0.60

2.3　碳纤维复合材料的磨损特性与磨损机理

2.3.1 碳纤维复合摩阻材料的摩擦磨损特性

由于碳纤维具有很高的强度和弹性模量，并且具有很好的耐蠕变性、导热性，将其进行表面改性处理后，以较高的组分制成的碳纤维复合摩阻材料具有良好的摩擦磨损特性。

在工作温度低于250℃时，碳纤维复合摩阻材料的摩擦系数较高，且稳定在0.32~0.44之间，在此温度范围之内磨损率变化也很小。

在滑摩速度为0.6m/s，载荷为200kN时，碳纤维复合摩阻材料的磨损特性相当稳定，且回复性好，抗热衰退性能好，基本上不发生蠕变。

2.3.2 碳纤维复合摩阻材料的磨损机理

在工作状态下，碳纤维复合摩阻材料制成的制动衬片与制动盘滑摩时，摩阻材料的磨损与比压和滑摩速度成正比[4]。在工作过程中，其接触压和磨损是在内外侧交替进行的，最终会使摩擦衬片沿径向的磨损保持均匀。在制动时，第一阶段因滑动速度较高在摩阻材料表面的磨损机制主要是犁削磨损。随着制动过程的进行，第二阶段磨损除了犁削磨损外还有粘着磨损，磨屑中有显微切屑与片状剥落[5]。由于碳纤维复合摩阻材料表面层强度高，耐疲劳性好，故能有效地抵御制动盘的磨料压入，而使犁削深度和表层材料的转移磨失体积减小。在温度升高时，由于碳纤维自身具有强度高、导热性与减摩性能好，故能有效地降低粘着磨损，减少剥离磨损。在反复制动的动态接触中，因其磨损系统呈现“衬片均匀磨损”特征，再加之碳素纤维具有良好的导热性和耐蠕变性，故碳素纤维复合磨阻材料具有较高的摩擦磨损性能。

3　结论

目前国内外对开发新型摩阻材料及对其磨损机理的研究已进行了大量的工作。但因碳纤维复合摩阻材料是一种新型复合材料，其工作过程的磨损是涉及到摩擦系统的外部条件和材料组成因素的复杂的物理—化学过程，对其摩擦学性能的研究大多都局限于一定的试验条件或以经验为依据。有关其磨损机理的研究和磨损模型的建立还有待于继续深入与完善，本文主要结合轿车盘式制动器摩擦块的国产化，采用碳纤维作增强纤维，通过系统试验分析，得出了碳纤维复合摩阻材料的磨损特性及其优点如下：

1）碳纤维复合摩阻材料是性能优异的新一代摩阻材料，其摩擦系数较高，抗热衰退性能好，工作寿命是石棉摩阻材料的2~3倍。

2）碳纤维的组分与表面状态、强度对碳纤维复合摩阻材料的摩擦磨损性能有显著的影响，本研究中通过优化碳纤维含量（19%~25%），选用高强度并经表面改性处理的碳纤维设计的复合摩阻材料，具有较高的摩擦磨损性能。实际应用时，呈现出摩擦平稳和良好的制动性能。

3）碳纤维复合摩阻材料的磨损机制主要是犁削磨损和粘着磨损 。由高强度、耐疲劳、导热性好且具有减摩作用的碳纤维组分制成的复合摩阻材料能减小犁削深度，降低粘着磨损。

参考文献

1　李尹熙、骆秀云．汽车塑料应用手册．北京：机械工业出版社，1989

2　韩英淳．碳纤维复合材料汽车用无石棉制衬动片的研制．汽车工程. 2002：24（1），46~50

3　国家汽车质量监督检验中心．碳纤维复合材料汽车用石棉制动片性能检测报告．长春，1998，10

4　Orthwein W C. Clutches and Brakes. New York: 1986.

5　郑林庆．摩擦学原理．北京：高等教育出版社，1994

汽车钢板酸洗用 YH-2 缓蚀剂的研制和应用

胡林林　姜婷娟

第一汽车集团公司　一汽解放汽车有限公司

1 前言

钢板的化学酸洗是指采用含有缓蚀抑制剂的各种酸洗液，能够去除钢板表面的锈蚀或轧制氧化皮(简称鳞皮)，同时抑制酸雾对环境的影响[1]。汽车用的热轧钢板在轧制等加工工艺过程中形成的鳞皮以及钢板在运输和存放过程中引起的锈蚀，都需要除去。钢板的化学酸洗是汽车制造工艺过程中的一个重要环节，钢板采用硫酸酸洗工艺，除去钢材表面的鳞皮和锈蚀产物，以保证酸洗后的钢材要有一个洁净的表面。钢板在酸洗过程中，不应发生基体的腐蚀，同时酸槽中要求产生的泡沫要少，又能持久抑制酸雾。酸洗液中就必须加入一种性能全面的高效酸洗缓蚀剂。研制的 YH-2 酸洗缓蚀剂，在进行了生产性试验后，结果表明：YH-2 酸洗缓蚀剂质量稳定，在硫酸酸洗中，对钢材的缓蚀效果好，抑制酸雾持久。YH-2 酸洗缓蚀剂现已在一汽车身厂钢板酸洗工艺中使用。

2 酸洗缓蚀剂作用机理

钢板表面轧制鳞皮一般厚度为 4-50μm，在空气中高温氧化下形成的鳞皮由如下几层组成：其成分由里往外依次为 FeO、Fe_3O_4 和 Fe_2O_3，以 FeO 为主[2]，结构如图 1 所示。在空气中氧化温度下降，鳞皮有所变化，FeO 层会逐步减少。硫酸酸洗去鳞皮，化学溶解反应如下：

$$FeO + H_2SO_4 = FeSO_4 + H_2O \quad (1)$$

$$Fe_2O_3 + 3H_2SO_4 = Fe_2(SO_4)_3 + 3H_2O \quad (2)$$

$$Fe_3O_4 + 4H_2SO_4 = FeSO_4 + Fe_2(SO_4)_3 + 4H_2O \quad (3)$$

同时，基体部分也根据缓蚀剂的效果，有部分溶解：

$$Fe + H_2SO_4 = FeSO_4 + H_2\uparrow \quad (4)$$

底层 FeO 质地较软，易被硫酸溶解，（1）式反应较快，加上（4）式产生的氢气鼓泡，对酸洗介质起到一定的搅拌作用，从而加速鳞皮中 Fe_3O_4 和 Fe_2O_3 的脱落。

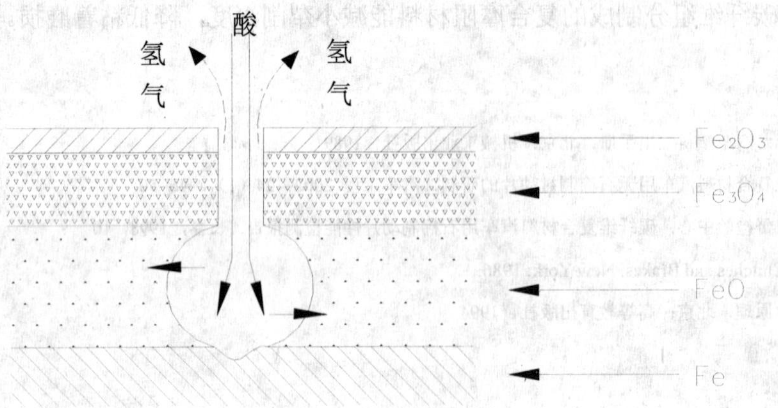

图 1　鳞皮成分及酸洗原理

钢板因腐蚀而浮在表面的一般铁锈，为 $mFe_2O_3 \cdot m_2Fe_3O_4 \cdot m_3FeO.nH_2O$ 疏松多孔结构，表面积很大，酸液易于渗透扩散到铁锈中，而迅速发生反应，溶解、剥落。

$$mFe_2O_3 \cdot m_2Fe_3O_4 \cdot m_3FeO \cdot nH_2O+2(3m+4m_1+m_2) \rightarrow 2(m+m_1)Fe^{3+}+(m_1+m_2)Fe^{2+}+(3m+4m_1+m_2+n)H_2O$$

酸洗缓蚀剂作用机理：缓蚀效率是缓蚀剂的主要性能。在选择缓蚀剂组分时，必须同时考虑对其它性能的影响。有些组分具有较高的缓蚀剂效率，但能促进钢材发生氢脆，有的有恶臭，这些都不宜选用。有机胺类化合物虽然缓蚀效率不是很高，但是它不会使钢材产生氢脆，对酸洗速率影响小。研制的YH-2缓蚀剂选择有机胺中缓蚀效率较高的季胺盐和有特殊结构的有机胺作为主剂，同时添加能与胺类产生协同效应，提高胺类缓蚀剂效率的特殊添加剂，以形成有机吸附膜对金属产生屏蔽效应，屏蔽过程使金属腐蚀介质机械地隔离，腐蚀速度可降低几个数量级，缓蚀效率高达98％～99％，在国内同类缓蚀剂中是最高的。

全面的高效缓蚀剂应该具有缓蚀效率高，不促使钢板发生氢脆，减少了对铁的反应速度。钢板酸洗后表面不产生腐蚀麻点，不泛黄，酸洗效率高，同时抑制酸雾能力强，低毒无恶无臭等性能。

抑制酸雾都是用添加表面活性剂的方法，但是选择不当时，开始使用时产生大量泡沫，造成酸液外溢，使用不久酸雾又增多，不得不频繁添加缓蚀剂，造成操作繁琐，费用大。YH-2缓蚀剂抑制酸雾的特点是:

(1) 提高了缓蚀效率，对钢板的表面有着好的物理屏蔽作用，减少氢发生量。

(2) 改变液体表面张力，使产生的气泡壁非常薄，减少酸液带出量。

(3) 在气一液界面保持一层表面活性剂吸附层，阻挡硫酸随蒸气溢出，能持久抑制酸雾。

在酸洗液中添加缓蚀剂后使酸洗速度降低，这是很难完全避免。因为酸洗时氧化铁不完全是化学溶解，而是在铁-氧化物界面处存在电化学溶解，结果氧化铁成片脱落。所以酸洗槽中有许多鳞皮中 Fe_3O_4 和 Fe_2O_3 沉淀。添加缓蚀剂后，这种电化学溶解也受到抑制，所以酸洗速度会有所降低。YH-2 缓蚀剂中增加了提高酸液渗透能力的组分，使酸液加快渗透到微裂缝中参加溶解，增加了 YH-2 缓蚀剂的酸洗速度。YH-2缓蚀剂选用的原料无难闻气味，无毒性，对环境不造成污染，对人身无毒害，在寒冷季节也不会凝固。

3 试验部分

3.1 腐蚀速度和缓蚀效率

(1) 试验条件：

电子天平；恒温水浴锅。

25％H_2SO_4；若丁缓蚀剂的添加量为酸液量的 0.5%，TL-3001 缓蚀剂的添加量规定为酸液量的 5%，YH-2 缓蚀剂的添加量规定为酸液量的 0.8%。

试片采用：A_3 钢片，尺寸：50mm×15mm×3mm。

带氧化皮的热轧板，尺寸：50mm×20mm×3mm。

(2) 失重法测定腐蚀速度和缓蚀效率

1） 试片经砂纸磨光，用丙酮洗净，测量其面积 S 和重量 W_1。

2） 在相同浓度，添加不同缓蚀剂的酸洗液中浸泡。水浴温度为 60℃±2℃，两小时后取出，依次用清水、丙酮冲洗，吹干后称得重 W_2。

3） 腐蚀速度按下式计算：

$$K=\frac{W_1-W_2}{S \cdot t}\left(\mathrm{g/m^2 \cdot h}\right)$$

4） 酸洗液中不添加缓蚀剂时测得的腐蚀速度为 K_A. 添加缓蚀剂后测得的腐蚀速度为 K_B，缓蚀效率按下式计算：

$$P=\frac{K_A-K_B}{K_A}\times 100\%$$

(3) 电化学综合测定仪测定腐蚀速度和缓蚀效率

(4) 在模拟酸液条件下测定气相中所含的酸量来评定缓蚀剂抑制酸雾能力

不加缓蚀剂时测得的酸消耗量为 L_p. 加缓蚀剂后测得 L_{p1}，原始吸收液的耗酸量是 L_0，用下式计算酸雾发生量V和抑雾效率E：

$$V_{p1}=(L_0-L_{p1})N_{H2SO4}\times 49\times 10/t$$

$$E=(L_{p1}-L_p)/(L_0-L_p)\times 100\%$$

3.2 酸洗老化试验

在 60℃±2℃条件下进行酸洗，钢板的氧化皮除净为止。分别加入不同的缓蚀剂，与空白对比试验。酸洗液洗至硫酸亚铁含量达到 250g/L 为止，计算酸洗钢板的数量。

最后，用万能试验机测定机械性能。

4 结果与讨论

在酸洗过程中，可以看出钢板的表面有大量的气泡冒出，同时伴有氧化皮的剥落。在酸洗形成的酸雾中，有酸液热挥发产生的，也有部分是铁在腐蚀中生成氢气而伴随逸出的。酸洗的目的是加快氧化皮的剥落速度，又要阻止铁的机体进一步腐蚀，防止氢气逸出。 那么，酸洗液对钢板的腐蚀速度和缓蚀剂对钢板的缓蚀效率是主要的影响因素。

4.1 YH-2 缓蚀剂的试验结果

(1) 缓蚀剂浓度的影响

YH-2 缓蚀剂不同用量时的腐蚀速度和缓蚀效率列于表 1，可以见到用量在 0.5%时缓蚀效率已在 99%以上，腐蚀速度≤1。表明该缓蚀剂具有很好的抑制腐蚀效果，继续增大缓蚀剂用量，钢材腐蚀速度进一步下降，此时缓蚀效率已变化不大，结果表明一般酸洗添加 0.5%-0.8％就可以得到很好效果。

表 1 缓蚀剂不同用量时的腐蚀速度和缓蚀效率

缓蚀剂用量（%）	腐蚀速度 $K(g/m^2\cdot h)$	缓蚀效率 P(%)
0	296.19	—
0.1	1.98	88.65
0.2	1.56	92.76
0.3	1.25	95.58
0.4	1.08	98.92
0.5	0.99	99.67
0.6	0.74	99.70
0.7	0.68	99.73
0.8	0.63	99.79

(2) 温度因素的影响

表 2 为不同温度下腐蚀速度和缓蚀效率的试验结果。温度升高，腐蚀速度和缓蚀效率都有增大趋势。空白试验腐蚀速度随温度升高急剧增大，但添加 0.8%缓蚀剂，腐蚀速度仍保持在 $1g/m^2\cdot h$ 左右，此时的缓蚀效率达到 99.85%，可见该缓蚀剂的使用温度可达 60℃，或略高一些。

表 2 不同温度下的腐蚀速率和缓蚀效率

温度(℃)	缓蚀剂量(%)	腐蚀速度 $K(g/m^2\cdot h)$	缓蚀效率 P(%)	空白腐蚀速度 $K(g/m^2\cdot h)$
20	0.8	0.25	98.96	24.00
40	0.8	0.52	99.42	89.10
60	0.8	0.63	99.79	296.19
80	0.8	1.06	99.82	826.85

(3) 硫酸浓度的影响

表 3 列出在不同浓度硫酸溶液中测得的腐蚀速度和缓蚀效率。在空白试验中，硫酸浓度从 5%增加到 25%时，腐蚀速率增大 2 倍多。同样条件下，添加 0.8%YH-2 缓蚀剂时，腐蚀速度和缓蚀效率有所增加，但变化不大，说明在此浓度范围内均保持极高的缓蚀效率。

表3 硫酸浓度对YH-2缓蚀剂缓蚀效率的影响

硫酸浓度（%）	空白腐蚀速率 K($g/m^2 \cdot h$)	添加缓蚀剂测得的腐蚀速度 K($g/m^2 \cdot h$)	缓蚀效率（%）
5	108.32	0.61	99.05
25	296.19	0.63	99.79

(4) 硫酸亚铁的影响

表4列出在定量酸洗液中，添加0.8%YH-2缓蚀剂后的酸洗液，硫酸亚铁（$FeSO_4$）增加速率显著减慢，酸洗钢板的数量大量增加。

表4 酸洗钢板的数量与硫酸亚铁的关系

	不添加缓蚀剂			添加缓蚀剂		
钢板数量（块）	4	16	28	16	60	108
$FeSO_4$ （g/L）	23.9	110.2	250.2	24.5	108.3	250.3

4.2 添加不同缓蚀剂的对比试验

(1) 腐蚀速度和缓蚀效率

添加不同缓蚀剂酸洗液的腐蚀速度和缓蚀效率用失重法和电化学两种方法测定，表5是失重法测得的结果。

表5 添加不同缓蚀剂时的腐蚀速度和缓蚀效率（反应时间 t=30min）

	若丁	TL-3001	YH-2	空白
K($g/m^2 \cdot h$)	10.37	4.44	2.41	92.13
P %	89.7	95.1	97.4	

电化学法是用极化曲线Tafel区直线部分外推到腐蚀电位，从交点读得腐蚀电流。测得的腐蚀速度和缓蚀效率结果列于表6。

表6 电化学方法测得的腐蚀速度和缓蚀效率（反应时间 t=30min）

	若丁	TL-3001	YH-2	空白
lgic	-0.18	-0.39	-0.7	0.9
ic(ma)	0.066	0.041	0.02	0.794
P (%)	91.8	94.2	97.7	
K($g/m^2 \cdot h$)	0.876	0.544	0.265	30.54

从表5、表6中可以看出：YH-2缓蚀剂的缓蚀效率好于其它的缓蚀剂。

(2) 抑制酸雾试验

抑制酸雾试验结果见表7。各种缓蚀剂对比的抑雾性能，添加YH-2缓蚀剂好于若丁缓蚀剂、TH-3001缓蚀剂。

表7 各种缓蚀剂的抑雾试验结果（反应时间 t=20min）

	若丁	TL-3001	YH-2
L_{pi}(mL)	7.8	8.2	9.0
V_{pi}(mL)	26.72	23.90	11.94
E (%)	35.93	38.58	68.75

(3) 酸洗液老化试验

试验测定酸洗液中Fe^{2+}浓度，结果见表8。在酸液中添加不同的缓蚀剂，酸洗一定量的钢板，硫酸亚铁的增加速率不同，添加YH-2缓蚀剂的酸洗液增加较少。

表8 酸洗老化试验结果

	若丁	TL-3001	YH-2
Fe^{2+} （g/L）	318.6	311.1	223.25

(4) 力学性能

采用宝钢16Mn大梁钢板作为测试板，在酸液中添加不同的缓蚀剂进行酸洗后，测试钢板的结果见表9。

表9 酸洗后钢板力学性能结果

	YH-2	TL-3001	若丁	空白
δs (MPa)	474.5	427.5	457.5	376.5
δb (MPa)	567.0	577.0	551.5	555.5
δ (%)	41.5	41.5	41.5	40.5
冷弯(180°,d=a)	合格	合格	合格	合格

δs—屈服强度(MPa)；

δb—抗拉强度(MPa)；

δ—延伸率冷弯(%)；

d—直径；

a—板厚。

从表9中可以看出：添加YH-2缓蚀剂的酸洗液和添加其它缓蚀剂的酸洗液，酸洗的钢板力学性能基本一致，检测结果都符合力学性能标准。

5 生产试验

在钢板酸洗中使用YH-2缓蚀剂，酸洗工艺流程如下：

摆料→酸洗→水洗→中和→防锈

工序过程说明如下。

摆料：钢板间每隔300～800mm加一根不锈钢隔条，摆完后吊入酸洗槽中。

酸洗：(5～25)%的硫酸；(0．5～0．8)%YH-2缓蚀剂；温度：(50～65)℃。

水洗：工作时保持水洗水溢流。

中和：(1.5～2.5)%的碳酸钠；温度：(90～95)℃。

防锈：根据下道工序，分别采用水性防锈剂和防锈油进行防锈。

在生产试验过程中，采用湿的PH试纸检测酸雾的挥发状况。钢板刚入酸洗槽时，酸液的表面覆盖着一层均匀薄的泡沫，PH试纸在酸槽上方测一分钟，试纸无变化；起料时，稍有酸雾。酸洗液使用三天后，PH试纸发红，稍有酸雾。没有发现过泡沫溢出现象。酸洗钢板的表面为铁灰色，无返黄现象，有少量鳞片状黑褐色花纹，没有发现过腐蚀造成的麻坑。

6 结论

YH-2缓蚀剂的研究和应用表明：在(5～25)%硫酸酸洗液中，(50～65)℃温度条件下，添加(0.5～0.8)%缓蚀剂，该缓蚀剂缓蚀效率达99%，有效防止过蚀和氢脆现象的发生。同时，该缓蚀剂具有良好的抑制酸雾能力，减少了对环境的污染，又无毒和无不良气味。YH-2缓蚀剂是一种性能全面的理想的汽车钢板用硫酸酸洗的缓蚀剂。

参考文献

1 陶映钢. 钢体材料酸洗化学. 北京：科学出版社，1993

2 M.G.Fontana, R.W.Staehle. Advances in Corrosion Science and Technology. Vol.1, Plenum Press, New

高强度钢板在松花江赛马车上的应用

张 钧

哈飞汽车股份有限公司

[摘要] 本文从高强度钢板的强度性能和工艺性方面入手，着重阐述了高强度钢板在赛马车上的应用，以及在冲压、焊接等方面应注意的问题。

关键词：高强度钢板 赛马 强度性能 工艺性

1 前言

在汽车制造业中，节约能源一直是研究人员解决的主要问题之一。影响汽车燃料经济性的因素很多，如汽车自重。发动机功率、传动效率以及各种摩擦阻力等。采用钢板制造汽车壳体具有很大的减轻质量潜力。材料专家认为，我们正面临开发包括塑料、轻质合金、高强度钢板在内的轻质材料的挑战。从材料角度出发，使用高强度钢板可减轻质量5%，如果配合加工制造和设计的减轻质量潜力(分别可达15%和25%)，则减轻质量效果会十分显著。日本从20世纪80年代开始，高强度钢板使用率增长20%，结果导致单位车辆投影面积的白车体质量由34kg/m^2降至26 kg/m^2。

汽车用高强度钢的开发始于20世纪70年代石油危机前后，先是微合金钢，含磷合金钢，20世纪80年代是DP(双相)钢和烘烤硬化钢、IF（无间隙原子）钢，1990年又开发出了强度更高的微合金钢-各相同性钢，接着又开发了TRIP(相变诱发塑性)钢，多相超高强度钢，抗拉强度已达到1000MPa，最高的甚至已达到1200 MPa以上。实际应用于汽车上的各种零件，收到了降低重量、节约能源、提高燃油经济性以及降低成本的效果。

松花江赛马车是与日本三菱公司合作开发的一款家庭多功能轿车，其优良的性能已是有目共睹，这里介绍的是她鲜为人知的另一面——绝对坚固可靠的车身结构。无论是正碰、侧碰、还是后碰，赛马都会给您提供一个安全的乘坐空间，这源于她在车身上大量使用的高强度钢板。高强度钢板的使用不仅减轻了车重，还使车体的扭转刚性得到显著提高，同时，车体的弯曲刚性也得到提高，因而保证了整车的抗冲击安全性。

2 高强度钢板在汽车减重方面的应用

降低汽车自重，既可以降低生产成本，又可以节约燃料，是国内外汽车生产厂家共同追求的目标。对汽车零件材料减薄，必须首先提高材料的强度，保证零件的可靠性。高强度钢板所以得到应用和发展，主要是能减薄板厚，降低重量，这是其基本优越性所在。高强度钢板的应用及其在汽车各类构件中的作用见表1。

表1 高强度钢板的应用和作用

构件使用中可能承受的变形量	用高强度钢板制造的零件	希望的零件性能	板厚、强度和性能之间的关系方程
大的塑性变形	保险杠、加强板、门、防撞柱	高的压溃强度	$P_s \propto t\sigma_b^n$ n ~ 1/2
	边梁、加强筋	高的撞击吸收能量	$A_E \propto t^2\sigma_b^{2n}$ n: 1/2~2/7
小的塑性变形	车顶盖、门、油箱盖板	高的压痕抗力	$P_t \propto t\sigma_p^n$ n ~ 1/2.5
非常小的弹性与塑性变形	车身边梁、横梁	高的弹性模量值	$P \propto tE_D^n$ $(1/E_D=1/E+1/E_S)$
非常小的变形	边梁、车轮	高的疲劳强度	$\sigma_w \propto \sigma_b$

表中 P_S 为压溃强度，A_E 为压溃吸能，P_t 为压痕抗力，P 为微量变形抗力，σ_w 为疲劳强度，σ_b 为抗拉强度，t 为板厚，σ_p 为成形构件应变下的流变应力，E_D 为动负荷设计弹性模量，n 为常数。

由表 1 中各类关系方程可以看出，除疲劳强度外，其它各性能均正比于板厚和相应的材料性能（抗拉强度、流变应力、动负荷设计弹性模量）n 次方的乘积。如果材料的性能提高，在所要求的性能不变或略有提高的前提下，则板材构件的厚度可以减薄。

汽车构件和外覆盖件的变形程度及变形所需的能量则与钢板强度、板厚、断面形状等有着复杂的关系。一般来说，钢板强度与板厚乘积的关系，大体上根据变形的方式来决定。采用高强度钢板代替普通碳素钢板时板厚减少的程度根据其受力方式的不同而不同。当构件承受拉压变形时，减少板厚的有效率最高达40%～62.5%；当构件承受存剪或存弯应力时，其有效率最低，为 22.5%～38.8%。

高强度钢板用于汽车车身，除能够减薄零件、降低汽车自重外，还能够达到以下目的：a）用于汽车表面件，以提高抗凹陷性；b）用于汽车易碰撞部位以提高抗毁坏能力。高强度钢板用于生产中也有其不利的一面：a）降低疲劳强度和焊接性能；b）降低钢板的塑性成形性能。为了提高抗腐蚀能力，有些表面件则使用表面质量很高的钢板。

3 高强度钢板在赛马车中的应用

3.1 高强度钢板的性能

对于高强度钢板和超高强度钢板，并无统一的定义，有人认为抗拉强度超过 340MPa 的称为高强度钢。按照 ULSAB 所采用的术语，将屈服强度为 210～550MPa 的钢定义为高强度钢，屈服强度超过 550 MPa 的钢定义为超高强度钢。

3.1.1 成型性能

在车身外覆盖件的选材方面，对 n 值和 r 值要求较高。n 值大，表示材料的变形抗力随变形的进展而增大的速度高。因此，在同样的条件下，n 值大的材料在成形中不易出现局部的集中变形和破坏，能扩展变形区，使变形均匀稳定；r 值大的材料，厚度变薄量小，起皱的趋向降低。采用高强度钢板后，由于钢板本身的化学成分、组织、材料的变化，因而对冲压成形和其他制造技术有不利影响。随着强度的提高，n 值、r 值、延伸率等特性在很多情况下都低于低碳钢。

表面翘曲度 θ 即回弹，也是反映钢板成形性能的重要指标之一，屈服强度越高，回弹越大，n 值低，不产生应变扩散，易于产生形状不良，所以车身外覆盖件用屈服强度高的钢板，易于产生回弹肋变现象。烘烤硬化高强度钢板在冲压成形之前屈服强度不变，经冲压成形后的烤漆工艺，可提高屈服强度 30～40MPa。

3.1.2 焊接性能

高强度钢板因其强度提高，焊接能力下降。钢板经点焊后，焊接处的抗拉强度受电流和时间因素的影响很大，此处化学成分对钢的可焊性也有显著的影响。首先是碳当量的影响，碳当量对各种不同高强度钢的可焊性的影响比较大，经试验分析碳当量应低于规定限度。降低高强度钢中 C 、S 和 Mn 的含量，使其接近于低碳钢的水平，可在原有的点焊规范下提高点焊质量。

3.1.3 抗腐蚀性

一般说来，高强度钢的抗腐蚀性与低碳钢相当。但是由于采用了高强度钢板，减薄了厚度，因此必须重视腐蚀问题。因为薄板与厚板相比更容易生锈，当薄钢板腐蚀入表面时，大大降低板材强度，很快就降低了截面上载荷能力，所以用高强度的薄钢板要采用保护涂层。现在采用的单面镀锌板或锌铬镀层或其他合金镀层，如 Zn 中加入镁或铅，也有用 Zn-10%-20%Fe， Zn-13%Ni 合金镀层以增加抗腐蚀性。近年来又发展了双面镀锌钢板。

高强度钢板的表面质量对抗腐蚀性非常重要，必须清除退火过程中表面残余碳层，涂漆前，经磷化处理后的钢板其磷酸盐也要很好清理，以保证钢板的表面清洁度。

3.2 高强度钢板在赛马车中的应用

图1为赛马车上使用高强度钢板的零件。表2列出了赛马车一些零件采用高强度钢板的例子。

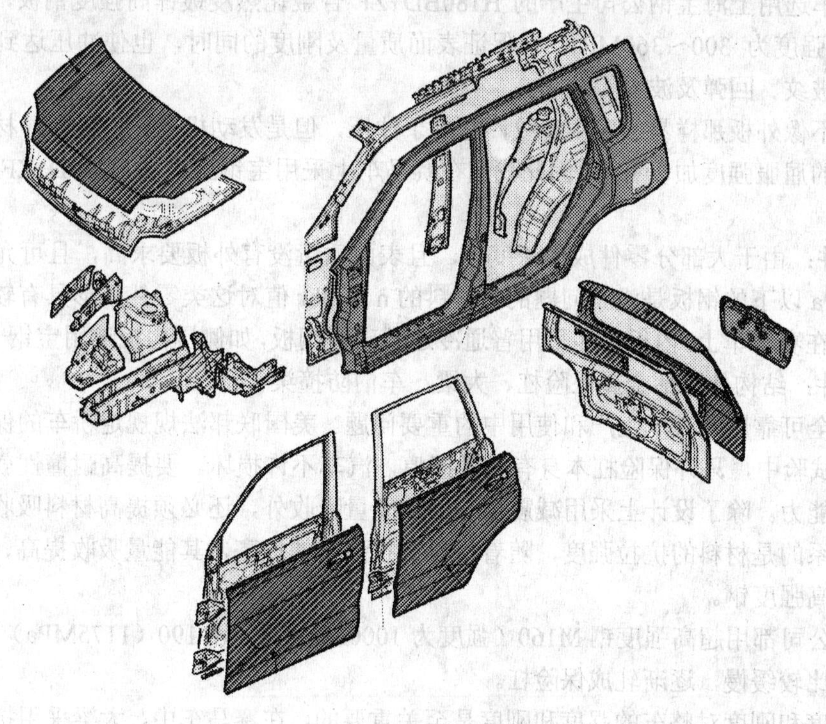

图1　赛马车上使用高强度钢板的零件

表2 某些零件用高强度钢板的例子

零件		厚度（mm）	屈服强度（N/mm^{2}）	抗拉强度（N/mm^{2}）
底盘零件	前束控制连杆加强件	2.6	340-420	410-510
	上控制臂支架加强件	2.6	340-420	410-510
	拖动臂加强件	2.3	240-380	≥390
车身零件	门外板	0.7	180-240	350-400
	行李箱盖外板	0.7	180-240	350-400
	发动机罩外板	0.7	180-240	350-400
	门的防撞梁	1.4	280-420	≥440

汽车上采用高强度钢板的零件可分为三大类：外板件、内板件和结构件，这三类零件对强度的要求如表3。

表3　车身零件所要求的强度

零件名称	刚度	抗压痕性	构件刚度	疲劳强度	冲击强度
外板件如门、发动机罩等	xxx	xxxH	xx	x	H
内板件如地板等	xx		xx	xxH	xxH
结构件如横梁、边梁等			xxx	xxH	xxH

注：x一与此性能有关，xx一紧密有关的性能，xxx一非常紧密有关的性能，H一高强度钢具有的特殊效应。

在松花江赛马车上，车门外板等零件采用了高强度钢板，下面分述如下：

1) 外板件：外板件对高强度钢板的性能要求是：①低的屈强比，高的n值和r值；②抗压痕性；冲压和烘烤后有高的屈服强度；③无常温时效；④优良的点焊性和抗腐蚀性。

门外板是延展式的冲压件，典型的缺陷是在突出部位断裂，并在四周有波纹，与模具间相接触的部位易断裂，这种缺陷可以选材料的屈服强度和抗拉强度的适当配合来避免。冲压件重要的是其表面质量与刚度。对于门外板，选择板中心得到2%形变时可得到最佳形状，因为其变形总量最小。为了得到某一形变，必须将屈服强度降低至某一定值，此值小于260MPa，面板用强度一般为350～400MPa。根据门外板的上述特点，赛马车选用上海宝钢公司生产的H180BD+ZF合金化热浸镀锌高强度钢板，其屈服强度为180～240MPa，抗拉强度为300～360MPa，在保证表面质量及刚度的同时，也使冲压达到最满意的效果，基本避免了断裂、皱纹、回弹及波纹等缺陷。

发动机罩不像外板那样易于发生波纹，它易于冲压，但是发动机罩比门板平，材料的变形量小，因而必须提高材料的屈服强度加以补偿，因此我们在赛马车上采用宝钢生产的H340D+ZF，其屈服强度为340～420MPa。

2) 内板件：由于大部分零件成形深度小，且表面质量没有外板要求高，且可允许少量皱纹存在，所以采用450 MPa以下的钢板是没有问题的。材料的n值和r值对这类零件成形具有较大的影响。考虑到价格、成本因素，在赛马车上，内板件多采用普通冷连轧碳素钢板，如侧围内板选用宝钢一期工程的SPCE-ZF。

3) 结构件：结构件包括金属保险杠、大梁、车门防撞梁等。

汽车的安全可靠性是汽车生产和使用中的重要问题。美国联邦法规规定轿车的保险杠必须保证车速在8km/h的冲撞试验中，只许保险杠本身有轻微撞痕，汽车不许损坏。要提高耐撞性就得提高保险杠系统吸收撞车能量的能力。除了设计上采用减震器等增加能量吸收外，还必须提高材料吸收能量的能力。而与能量吸收最有关系的是材料的抗拉强度，随着材料抗拉强度的提高，其能量吸收提高，因此，金属保险杠的材料逐步采用高强度钢。

目前，各公司都用超高强度钢M160（强度为1000Mpa）和M–190（1175MPa），钢板厚2.18mm，滚轧成形，成形比较缓慢，逐渐轧成保险杠。

大梁的强度和刚度对整车的强度和刚度是至关重要的，在赛马车中，大梁采用抗拉强度为370 Mpa的高强度钢板。

另外，前、后门的车门防撞杠亦采用了抗拉强度为370MPa和440MPa的高强度钢板来满足侧碰要求。

4 结束语

国外汽车生产中应用高强度钢板已相当普遍，一般说来，汽车外覆盖件采用强度为350～450MPa的高强度钢板，以提高抗凹陷性；内板件则采用450～600MPa的钢板。汽车减震器、保险杠等易受到冲击的部位采用600～800MPa级别的钢板。

国内高强度钢板也已开始使用，但比例较小。高强度钢板在满足汽车轻量化的同时，对汽车安全性也有很大提高。另外，冶金行业也正致力于开发包括成形性能和焊接性能在内的高质量高强度钢板。相信在不久的将来，高强度钢板能广泛应用于中国的汽车工业。

参考文献

1 史美堂编. 金属材料及热处理. 上海工业大学

2 日本钢铁学会编. 钢铁的性能与试验

汽车仪表板材料的现状和发展

赵立军　刘艳峰

哈尔滨工业大学汽车工程学院　天津摩托罗拉有限公司

[摘要] 本文介绍了汽车仪表板材料的应用现状、分类和常用材料的特性和优缺点，综述了近年来 TPO、TPU 车用 GMT 材料及镁合金压铸在汽车仪表板上的应用及发展概况，国内外在汽车仪表板材上的新材料的采用和开发情况，并提出了今后的发展趋势。

关键词：仪表板　材料　发展

[Abstract] This paper introduces the current status of material of automobile-instrument board, their characteristics and their sorts. In addition ,the merit and demerit of the material are also shown.The development and appliance of RPO GMT and magnesium alloy used for instrument board are outlined. Both domestic and international exploitation and appliance for new material of instrument board are narrated, and the trend is predicted in the end.

Key words: automobile-instrument board　　material　　development

1　前言

为创造更舒适、更安全而豪华的车内乘坐空间，人们一直追求高档次、高质量的汽车内饰。因此内装饰制品多采用复合材料来满足软饰化、纤维化、木纹化、真皮化等各种内饰要求，使汽车内饰材更加趋于多样化和高级化，从而造成成本提高和不利于材料再生利用的后果。既要满足材料再生利用的要求，又满足顾客的不同追求和低成本是非常困难的事，只能设法保持一定的平衡。

2　发展现状

目前汽车上使用的仪表板可分为硬质仪表板和软质仪表板。随着轿车上安全气囊的安装，软质仪表板已失去安全性的要求，因此只要外观质量得到解决，采用低成本的硬质仪表板完全可行。

传统硬质仪表板一般使用在轻，小型货车上，一次注射成型。这种仪表板尺寸很大而且没有蒙皮，表面质量要求非常高，同时要求高温耐热，刚性，因此与其他内饰制品不同，尽管牺牲了材料流动性，仍需多点注入口。采用多点注入口容易产生熔接痕和流痕，多数场合其制品表面需要涂装。材料可用改性 PPO、ABS 树脂、填充 PP。ABS 树脂的耐热性、窗玻璃的模糊性、玻璃上的倒影等问题有待解决；填充 PP 需要改善制品表面的缩孔和窗玻璃的模糊性。最近发展的气体辅助注射成型法，采用一点注入口也能够克服表面缩孔的形成和溶解痕的发生，同时提高制品的刚度。

软质仪表板由表皮、骨架、缓冲材料等三部分构成。一般档次的轿车采用 PVC/ABS 片材真空吸塑成型仪表板表皮，如一汽捷达，上海桑塔纳轿车。中高档次轿车上采用粉末 PVC 搪塑成型仪表板表皮，如一汽奥迪、小红旗轿车。骨架材料有金属板（如奥迪和小红旗）、硬纸板（如捷达和桑塔纳），也有 ABS、AS/GF、改性 PP 等。

3 常用材料特性

仪表板是汽车最主要的内饰件，目前除少量采用金属制造外，几乎全部用塑料制造。主要的仪表板塑料材料有聚氯乙烯和ABS树脂。

（1）硬质聚氯乙烯 相对密度为1.38～1.43kg/m^3，约为钢重量的1/5。机械强度高，电性能优良，对酸碱抵抗力极强，化学稳定性很好。其耐热性低，线膨胀系数比较大。硬质聚氯乙烯主要缺点是热稳定性差，受热引起不同程度的降解。

（2）软质聚氯乙烯 在组分中加入大量的增塑剂，就可以制得柔软而富于弹性的软制聚氯乙烯。由于增塑剂的加入，使塑料的可塑性、柔软性增高，但却使力学性能下降。软质聚氯乙烯对应变敏感，变形后不能完全复原；其耐热性比硬质聚氯乙烯更差，且在低温时变脆，但加入增塑剂可使耐寒性得到改善。

（3）ABS 树脂 不透明、着色性好、无毒无味、不透水、略透水蒸气、吸水率低，不易燃烧。ABS树脂有极为优良的抗冲击强度，在低温下也不会迅速下降。也有较好的抗蠕变性能和耐磨性。ABS树脂的电性能在较大的频率变化范围内很稳定，且温度、湿度对其电性能影响小。ABS树脂对水、无机盐、碱和酸类几乎无影响。

由于PVC和ABS加工制造成本较低以及性能优良，仍然被广泛的应用在仪表板上，但它的主要缺点如上文所述。软质仪表板由3种以上的材料构成，材料再生利用非常困难。

4 仪表板材料的最新进展

4.1 TPO在仪表板中的应用

为了提高内饰材料的再生利用性和舒适性，内饰材料的发展总趋势是聚烯烃和聚酯纤维。传统的PVC表皮材料逐渐用聚烯烃系热塑性弹性体TPO取代，因为TPO和PP能够相溶而且容易回收利用。为了便于回收利用，正在发展热塑性聚烯烃表皮（TPO），改性聚丙烯骨架，聚丙烯发泡材料构成的仪表板。捷达轿车的仪表板表皮正在进行TPO材料的试验工作。欧洲生产的欧宝Vetra II型车上已装出TPO仪表板表皮50万套。

硬质仪表板多用PPO、ABS/PC和改性PP材料。最近发展的气体辅助注射成型，采用一点注入口也能够克服表面缩孔的形成和熔接痕的发生，同时提高制品的刚度。

4.2 TPU在仪表板中的应用

与PVC相比，TPU的优点是：抗紫外线和长期热老化性能好，密度低15%，且可在原用PVC的加工设备上生产。今后，这种新型TPU将在北美普遍采用，其材料价格大概比PVC高出3倍多。但是采用TPU从经济角度考虑是合算的。其原因是TPU密度较小且可省去若干项其他工序和操作。Bayer公司和Textron汽车公司共同开发了热塑型聚氨酯（TPU）仪表板面层 Texin DPT-3014，以取代PVC，并用于 Chrysler Concorde，Chrysler LHS，Chrysler 300M等车型上。

4.3 车用GMT材料的应用

GMT(Glass Mat-Reinforce Thermoplastics)材料属于热塑性复合材料，它以热塑性树脂作基体，用短切玻璃纤维毡或连续玻璃纤维毡作增强材料，最外层为基体树脂，中间为树脂层和增强材料层交替铺叠所形成的夹层结构。由于聚丙烯树脂具有良好的性能价格比，因此是目前世界上应用最广泛的基体树脂。用不同材料的玻璃纤维毡和热塑性树脂基体可以复合出不同品种与规格的GMT材料。

GMT 材料有四大优势，即：生产周期短、生产率高；废料可再生利用；工作环境比较清洁；制品耐冲击、耐疲劳、防腐性能好；其密度低而比强度高；成型温度低（低于 300°C），成型加工周期短，能耗低；设计自由度大，易于实现复杂制件一次成型；被损坏制品易于修复；绝热性强；良好的电绝缘性能；良好的耐化学腐蚀性。由于 GMT 材料具有上述诸多优点，因而世界各大汽车公司纷纷看好 GMT 材料，车用GMT材料的消耗量稳步增长。

BMW850 轿车、Mercedes-Benz S 级和 C 级轿车仪表板骨架均选用 GMT 材料。如德国 RURGERS 公司以 GMT 为原料生产的 Mercedes-Benz E 级轿车的仪表板骨架，所用 GMT 材料的玻璃纤维含量为 30%。

4.4 镁合金压铸在汽车仪表板中的应用

近年来，镁合金压铸（以下简称镁压铸）的汽车零部件在欧美日等发达国家汽车工业中的应用出现了持续快速增长势头，如仅 1996～2000 年全球用于汽车零部件的镁量平均每年递增 15%以上。目前镁的主要应用领域是镁铝合金，如按这一发展速度进入 21 世纪，镁压铸结构件将成为镁最主要的应用领域。镁压铸的快速增长主要是由欧美地区发达国家汽车工业面临要求汽车重量轻、油耗少、环保的挑战而促成的。

德国奥迪公司于 20 世纪 80 年代研制成功第一个镁压铸仪表板并应用于 V-8 型奥迪轿车中。由于 AM 系列镁合金有很高的伸长率，奥迪公司用该系列合金研制成一种一片式轻型压铸结构件，用于安装汽车速度表，收音机及储物盒，该部件在冲击试验中只能被撞弯而不会被撞断，表现出良好的抗冲击性能，而其重量则大大轻于原来的钢结构件，例如奥迪 V-8 型轿车的镁压铸仪表板重量仅为 4.3kg。采用一片式压铸件的仪表板还可省去原来用钢结构件时所必需的许多零部件。由于其显著的优点，这一新设计现已被欧美汽车工业界普遍采用。

已采用这类镁压铸仪表板的有通用\奔驰、克莱斯勒、菲亚特-阿尔法等汽车公司。目前至少有 20 款以上车型正在采用或研制这类镁压铸仪表板。正在使用的最大款型为重量达 15kg 的通用汽车“G”型前卫车上的仪表板。如今全世界采用这类结构件的汽车超过 300 万辆。Meridian 公司在这一领域里卓有成就，其产品的主要客户之一是美国通用汽车公司。这一领域里的发展趋势是：部件的表面积变大，集成更多的功能，单位价格下降。从发展趋势看，基于塑料、钢等材料的仪表板将被镁合金压铸结构件取代。

参考文献

1 王力. 汽车用非金属材料最新进展. 汽车工艺与材料. 2002(8/9): 72～74

2 李尹熙. 中国汽车用塑料的现状和发展方向. 汽车工艺与材料. 2000(1):1～3

3 戴千策. 车用 GMT 材料应用现状与发展预测. 材料 • 工艺 • 设备，1999（7）：25-27

4 陈力禾. 镁合金压铸及其在汽车工业中的应用.铸造. 1999（10）：45～47

汽车用改性PP材料开发与应用

吴三清
东风汽车工程研究院

[摘要] 本文从PP材料的改性原理，汽车用改性PP材料的性能要求出发，全面阐述了汽车用改性PP材料的开发研制过程，开发出了一系列汽车用改性PP材料，并全面在东风轻型汽车EQ1030上得到了应用。

关键词：汽车 PP 共混改性

1 前言

塑料在满足汽车美观、舒适、安全、防腐、轻量化及设计自由度大等方面起着其它材料无法替代的作用。近十年来塑料在汽车上的应用获得了巨大的发展，其应用领域已扩展到整车的各大总成系统，零件数量已超过整车零件数量的10%，其重量已由20世纪80年代的每车数十公斤发展到20世纪90年代末期的每车一百余公斤。而在汽车用诸多塑料品种中，各类改性PP材料在汽车的上的开发与应用，一直是汽车工业和塑料工业关注的焦点。通过各种改性加工手段可以获得满足各种汽车部件不同功能要求的改性PP材料，加之其优异的性能价格比，使各种增韧、填充、增强PP材料在汽车各大总成系统中获得了广泛应用。并且不断有一些新的技术及应用正在或即将问世。目前，发达汽车工业国家单车PP材料的用量达到近40kg，占整车塑料材料应用量的1/3，成为汽车上所有塑料材料中用量最大的品种。

本文从PP材料的改性原理，汽车用改性PP材料的性能要求出发，全面阐述了汽车用改性PP材料的开发过程及应用状况。

2 PP材料改性原理

PP材料由于其来源广泛、密度小、力学均衡性好、耐化学腐蚀、易加工及价格低廉等突出优点，因而被广泛使用。但通用PP材料收缩率大，制品尺寸稳定性差，容易产生翘曲变形；低温易脆断，低温韧性差；耐光老化、耐热老化性能差等缺点[1]。无法满足汽车保险杠、仪表板、护风圈、发动机风扇等部件的特殊使用要求，因此必须对通用PP材料进行改性。

利用溶度参数相近的两种或两种以上的聚合物材料及助剂在一定的温度下进行机械掺混，得到一种新材料的方法叫机械共混改性法。由于这种方法投资少、见效快，材料性能设计自由度大，目前被广泛应用。PP材料的共混改性方法就是在PP材料中加入增韧剂、填充剂等改性剂得到改性PP材料。在PP材料中加入弹性体（增韧剂）可显著改善PP的冲击韧性及耐低温性，这就是增韧的作用。但弹性体的加入会带来材料的强度和热变形温度的下降，为克服这一现象，在增韧体系中填充高耐热、高刚性的无机物填料，可显著提高材料的刚性，耐热性及尺寸稳定性。通过对PP基体、增韧剂、填充剂三者间配比的协调，可制造出一系列不同性能的材料，满足汽车不同部件的功能要求。与未改性的PP材料相比，改性后的材料性能大大拓宽，既可制造超高韧性的增韧材料，又可制造增韧、填充并举的高刚性、高韧性的填充增韧材料及高刚性、高耐热的填充材料。

3 改性PP材料的主要品种及性能要求

3.1 改性PP材料的主要品种

目前国内外汽车用改性PP材料主要分为以下四大品种：

(1) 增韧型 即以弹性体为主增韧的改性PP材料，具有极高的冲击强度和低温韧性，主要用来制造汽车保险杠。

(2) 填充增韧型 即以无机物填充、弹性体增韧的改性PP材料，具有模量高、刚性及耐热性好、尺寸稳定性好等突出优点，克服了通用PP材料收缩率大、热变形温度低、力学持久性差等缺点，广泛用来制造汽车各内外装饰件，如仪表板、车门内护板、水箱面罩等。

(3) 填充型 采用高含量无机物填充的改性PP材料，可大大提高通用PP材料的刚性、耐热性及尺寸稳定性，主要用来制造耐高温的非受力结构零件，如护风圈、暖风机壳体等。

(4) 增强型 玻纤增强PP材料是聚烯烃塑料中强度最高，刚性、耐热性及尺寸稳定性最好的品种，主要用来制造发动机风扇等高强度、高耐热制品。

3.2 汽车用主要改性PP材料性能要求

不同类型的改性PP材料其改性原理、材料组成、配方均有很大不同，其用途也不尽相同，表1为国内引进车型典型零件用改性PP材料的技术要求。

表1 国内引进车型典型零件用改性PP材料技术要求

项目	单位	保险杠	仪表板	护风圈	发动机风扇
拉伸强度	MPa	15	20	25	50
弯曲强度	MPa	20	25	40	70
弯曲模量	MPa	900	1800	2500	4000
IZOD缺口冲击强度	J/m	350	120	30	80
耐气候老化(1000h)	—	≥4级	≥4级	—	—
热老化(1000h)	—	—	—	无粉化、龟裂等异常	无粉化、龟裂等异常

4 各类改性PP材料的开发

4.1 各类材料的配方体系确定

根据汽车零件的使用要求，对各类材料的配方组成，包括基体树脂、增韧剂、填充剂、增强剂、抗老化剂等组分进行筛选及试验：

(1) 基体树脂 对小本体PP、均聚PP、共聚PP等基体树脂从力学均衡性、加工流动性能等方面考虑进行筛选及试验。

(2) 增韧剂 对SBS、EPDM、POE等增韧材料，进行筛选及试验。

(3) 填充剂 填充粒子的粒径、表面处理剂对共混物的性能至关重要，应采用合适细度与处理方法的填充剂。

(4) 增强剂 采用无捻长玻璃纤维。

(5) 抗老化剂 根据不同材料的老化源及实际使用要求，选择相应的抗老化剂。

通过对上述各组分的筛选，同时根据各材料的使用要求，对各组分之间配比协调，确定各类材料的配方。

4.2 材料的老化及防老化研究

4.2.1 汽车用塑料材料的老化

汽车用塑料材料老化可分为两类：

(1) 车身内外装饰件材料的老化 仪表板、保险杠等零件长期置于光照条件下，由于太阳光的幅射作用，被反射的红外光使零件表面温度升高，而被吸收的紫外线引起塑料发生光化学反应，产生自由基[2]。自由基破坏高分子链段，使材料的分子链降解、支化和交联，导致材料力学性能与外观的破坏。

(2) 发动机系统材料的老化 该系统零件长期处于高温下工作，其热源是引起材料老化的主要因素，亦即热氧化。

4.2.2 改性PP材料防老化处理

改性PP材料的防老化分为抗热氧老化和抗光老化，表2列出了不同使用环境的材料抗老化体系。

表2 不同使用环境的材料抗老化体系

材料	老化源	抗老化体系
发动机系统（护风圈、风扇等）材料	高温热氧	主抗氧剂、辅抗氧剂
车身系统（保险杠、仪表板等）材料	光辐射高温热氧	紫外线吸收剂、复合抗氧剂

4.3 改善大型塑料制品用材料的加工工艺性

由于在PP材料中加入了相当数量的橡胶增韧剂及无机填充物，造成材料的流动性大幅度下降，而仪表板、保险杠等制品体积大、形状复杂、模具流程长，要求材料具有良好的流动性。在保证材料力学性能的前提下，采用化学调节法可提高材料流动性，即在共混物中加入经过氧化物处理过的降解母粒。过氧化物是PP塑料常用的分子量调节剂[3]，其作用是切断较长的PP分子链，使PP发生部分降解，并使分子量分布变窄，从而改善共混物的流动性。通过上述方案的采用，使得仪表板、保险杠等零件用材料的流动性大大提高。

4.4 汽车用系列改性PP材料性能

4.4.1 改性PP材料的物理力学性能

表3列出了开发的系列改性PP材料的物理力学性能，对比表1及表3的数据，开发的系列改性PP材料的各项物理力学性能均达到了国内引进车型同类材料的水平。

表3 系列改性PP材料性能

试验项目	试验方法	单位	材料						
			MPP1	MPP2	MPP3	MPP4	MPP5	MPP6	GPP1
拉伸强度	GB/T 1040	MPa	23.1	23.9	23.9	28.2	25.5	29.0	85.8
断裂伸长率	GB/T 1040	%	560	63	79	42	120	38	9.5
弯曲强度	GB 9341	MPa	27.7	37.9	34.7	45.2	30.3	47.9	111
弯曲模量	GB 9341	MPa	932	2369	2163	2696	1585	2917	4524
IZOD缺口冲击强度	GB/T 1843	J/m	467	102	123	60	83	50	92
热变形温度（0.46MPa）	GB 1634	℃	98	130	128	135	120	135	167
典型应用			保险杠	水箱面罩	仪表板	暖风组件	车门内护板	护风圈	发动机风扇

4.4.2 改性PP材料的抗老化性能

对进行老化处理和非老化处理的材料进行对比试验，试验结果见表4所示。

由表4可见，材料进不进行抗老化处理，其材料的老化性能具有本质区别。经过抗光老化和抗热氧老化处理的材料其抗老化性能均能达到国内引进车型同类材料的水平。

表4 老化处理和非老化处理的材料对比试验结果

零件名称	车身系统（保险杠、仪表板等零件）		发动机系统（风扇、护风圈等零件）	
抗老化体系	无	紫外线吸收剂、复合抗氧剂	无	主、辅抗氧剂
老化条件	黑板温度63℃，氙灯加速气候老化		150℃热空气试验	
试验结果	200h褪色色牢度3～4级	1000h褪色色牢度4～5级	300h出现粉化、龟裂	1000h无异常现象

5 改性PP系列材料的应用

目前东风轻型汽车EQ 1030已大量应用了改性PP材料，表5列出了该车型主要改性PP零件的应用情况。

表5 EQ1030主要零件的应用情况

零件名称	材料类别	材料代码	重量（kg）
仪表板	增韧填充型	MPP3	4
踏板垫及护罩		MPP2	1.5
车门内护板		MPP5	3
转向盘		MPP5	1
转向柱护罩		MPP3	1.2
其它内饰件		MPP5	2
保险杠	增韧型	MPP1	3
暖风组件	填充型	MPP4	3.5
护风圈		MPP6	1.5
发动机风扇	增强型	GPP1	1.5
其它			2
总计			24.2

6 结论

(1) 通过对改性PP材料的基体树脂、增韧剂、填充剂、增强剂等组分进行合理的筛选及匹配，并用机械共混方法能制造出不同性能要求的改性PP材料。

(2) 根据不同材料的防老化要求，选择不同的抗老化体系，对材料进行抗老化处理，能显著提高材料的抗老化性能，增加材料的使用寿命。

(3) 采用化学调节方法，能显著改善材料的流动性，满足制造大型制品的要求。

(4) 通过系列改性PP材料在东风轻型汽车EQ 1030仪表板、保险杠、车门内护板、护风圈及其它制品上的应用，不仅该车型在改性PP材料单车应用重量及零件应用数量居于国内领先水平，而且提高了材料质量及制品质量，促进了该系列车型整车质量水平的提高。

参考文献

1 王德禧，李兰等. 聚丙烯及其改性技术. 工程塑料应用，1998,（4）：26

2 区英鸿主编. 塑料手册. 北京：兵器工业出版社，1991

3 陈红. 聚丙烯过氧化物浓缩母粒生产控制. 塑料工业，2000，（3）：45

车用汽油清净剂评价方法的研究

李 洧 方茂东 李孟良

中国汽车技术研究中心

[摘要] 本文提出了评价用试验汽油主要指标。通过模拟试验、发动机台架试验以及车辆污染控制耐久性试验（含理化试验），对我国汽油与汽油清净剂结合后的车用汽油对发动机沉积物生成及其后处理装置影响，进行了系统的研究，并列示了试验结果。最后提出了车用汽油清净剂性能要求及试验方法。按照该技术要求的模拟实验和台架实验，识别率为75%（PFI和ISD）；IVD和TCD的台架实验识别率为77%。

关键词：沉积物 汽油 清净剂 试验

1 引论

虽然车辆排放法规越来越严，但车辆排放控制技术越来越先进。电喷发动机、三元催化转化器（TWC）和OBD已成为或即将成为先进车辆的标准装备。汽油会在发动机喷嘴、进气门和燃烧室堆积沉积物，影响进气系统、汽油供给系统及燃烧室效率，增加油耗和排放。在TWC、氧传感器和火花塞上堆积沉积物，造成它们失效。汽油质量对车辆排放水平的控制越来越重要。为满足EU-Ⅱ技术的需要，欧洲ACEA、美国AAM、EMA和日本JAMA等世界各汽车厂商组织联合在1998年发表了世界燃料规范[1]；根据EU-Ⅲ/Ⅳ的执行年限，2002年6月又发表了世界燃料规范新草案[2]。2000年我国出台了燃油方面GB17930-1999，车辆排放水平指标——零公里排放水平（ZEL）和劣化系数（DEF）得到大幅提高；但燃油水平差距仍然很大，在欧洲符合EU-Ⅲ的帕萨特1.8T和符合EU-Ⅳ的2.8V6，在上海只能达到EU-Ⅱ[3]。寻找提高燃油质量措施迫在眉睫，在燃油中添加清净剂成为一个共识，世界燃油规范中也要求在成品油中加入它。国际上建立起了完整的燃油质量的评价体系，理化试验、模拟试验和台架试验，清净剂的评价基于这些试验方法。

我们原则上采纳那些实验方法。但是由于我国汽油具有自己的特点，那些方法和限值是否适合，我们必须进行实验研究。理化和模拟试验我国早已具备，在近两年来，相关行业通过引进和吸收，又陆续拥有了CEC F-20-A-98（欧洲经济委员会，M111法）和ASTM D6201-99（美国Ford 2.3L法）等台架能力及其试验方法。

本文介绍了我国环保产业行业标准《车用汽油清净剂》制定过程的一些主要研究内容。

2 国际上汽油清净剂的评价方法

实践表明，加入适量汽油清净剂，可以改善汽油品质，提升车辆性能，削减污染物排放。但是清净剂的添加比例对车辆的性能、排放效果有不同的影响。不适当的比例，可能造成车辆性能的劣化，且不同的产品有不同的效果。必须控制总燃烧室沉积物（TCD）（它肯定要增加的）增量，消除过量增加造成的不良影响。见表1[4]。

	CO	HC	Nox	Fuel Econ.
来自清净剂的好处	10%~15%	3%~15%	5%~-5%	2%~4%
TCD	30%~50%	20%~30%	0%~50%	2%~10%

产品质量必须通过试验。随着清净剂的更新换代，在20年的发展过程中，其试验方法也从理化试验、模拟试验发展到精确度更高的台架试验。这些方法虽然未形成国际标准，但为行业所广泛认同。我国从20

世纪 90 年代末也发展了一些理化和模拟实验方法，基本都是借鉴国外成果。表 2 列示了国外汽油清净剂主要实验方法。

表 2　国外汽油清净剂主要试验方法

项目	技术要求	试验方法
破乳性	界面≥1B；相分离≥2	ASTM D1094
防锈性	PASS：≥B（分三级）	ASTM D665B
	A（0%）≤5%	NACE TM－01－72/ASTM D665B
进气系统沉积物	下降率　≥30%	FTM No.791C 方法 500.1
汽油喷嘴堵塞率	堵塞率＜2%～4%	Peugeot 205 GTI (CEC TAE 187)
	堵塞率＜5%	ASTM D6421-99 /ASTM D5598
进气阀和总燃烧室沉积物	评分＞9 平均沉积物重量：加剂＜1/2 基础；平均 8～20mg/阀	CEC F-20-A-98 (M111-E20)
	平均沉积物重量：＜100mg/阀	ASTM D 6201-99 (Ford 2.3L)

3　评价用试验汽油

清净剂最终要使用到汽油产品中，评价车用汽油清净剂的使用效果，离不开试验汽油。总体上讲，我国汽油组分控制不严，汽油质量等级低于国外先进国家，水平界于第 1 级与第 2 级之间。更特殊的是，由于工艺路线导致的烯烃和芳烃与欧美国家的差异：国外汽油产品烯烃含量低、芳烃含量高；我们烯烃高、芳烃低。虽然近 2 年来，京穗沪三地汽油质量控制不错，趋势也在向好，但差异还是明显的；而且全国各地的汽油质量差异太大[5]。

我们采用了一种国内汽油产品作为基础试验汽油，其主要指标和国家油品监督检验中心 2002 年度抽检报告的结果相近。表 3 列示了试验汽油、第 2 级、93#[6]以及 CEC 试验汽油。

表 3　几种汽油主要指标

项　　目		试验汽油	93#(均值)	CEC 试验汽油	第 2 级
抗爆性：					
研究法辛烷值（RON）		93.0~94.5	94.6	95	91
抗爆指数(RON+MON)/2			88.7	85	82.5
馏程：					
10% 的馏出温度（℃）		60	55.6	49	50~65
50% 的馏出温度（℃）		102	97.1	106	77~100
90% 的馏出温度（℃）		160	155.7	166	130~175
终馏点（℃）		197	185.8	203	195
残留量，%		2	1.1	1	1
实际胶质（mg/100mL）	≤	5	1	5	5
诱导期（min）	≥	480	480	1000	480
硫含量（%）(质量分数)		0.02～0.04	0.021	0.02	0.02
博士试验		通过	通过	通过	通过
机械杂质（%）		无	无	无	无
氧含量（%）(质量分数)	≤	2.0	1.18	--	2.7
苯含量（%）（体积分数）	≤	1.5	0.97	1.4	2.5
芳烃含量（%）（体积分数）		20-30	25.6	42	40
烯烃含量，%（体积分数）		30-35	30	18	20

4　针对各种清净剂的试验结果

下列试验中 4.1 和 4.2 采集了 20 种清净剂盲样，其中一种基础汽油；4.3 和 4.4 采取了其中的 14 种，其中一种基础汽油。试验汽油中加入了各种清净剂所规定剂量的清净剂。依据具体实验通过比较性能指标（与基础汽油）来判断车用清净剂的效果。

4.1 喷嘴（PFI）沉积物试验

由于我国汽油烯烃含量高，很容易在喷嘴、进气阀等处形成沉积物，使发动机的喷嘴流量损失。汽油中加入清净剂会保持喷嘴清洁，保证汽油供给。图 1 是采用 ASTM D6421-99《车用汽油对电子孔式喷嘴（PFI）堵塞倾向试验方法》的试验结果[7]。系列 4 是基础汽油，其它系列为添加不同种类的清净剂后的试验结果。《世界燃油规范》中限制是不大于 5%。从结果看，添加清净剂后的效果是明显的，大部分清净剂达到使用目的。

4.2 进气系统沉积物（ISD）试验

化油器式发动机的进气系统更容易形成沉积物，影响发动机性能。我国化油器式发动机车辆很多，针对化油器式发动机进气系统评价，主要采用来自美国联邦法规，一般称之为 ISD 法；属于模拟试验方法。沉积物下降率限值定为不小于 30%。图 2 是试验结果[7]（采用 FTM No. 791C 方法 500. 1）。系列 8 是基础汽油，其它系列为添加不同种类的清净剂后的试验结果。从结果看，添加清净剂后的效果是明显的，大部分清净剂达到要求.

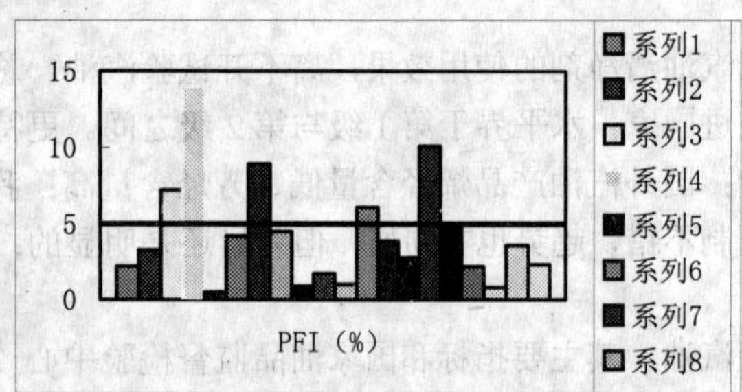

图 1 不同清净剂 PFI 试验结果

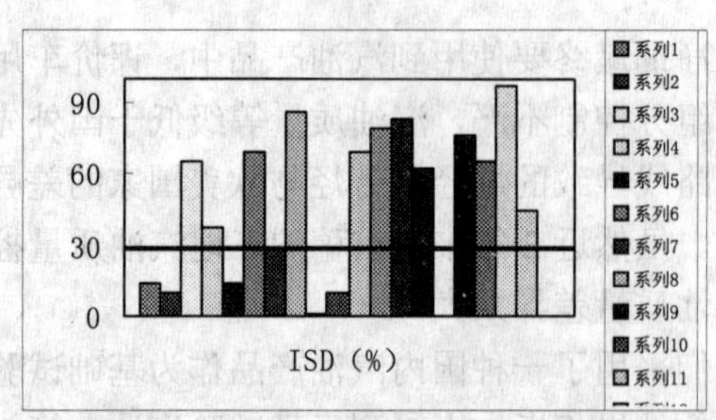

图 2 不同清净剂 ISD 试验结果

4.3 进气阀沉积物（IVD）试验

进气阀沉积物对发动机的影响在北美和欧洲都很严重，采用汽油清净剂可保持进气阀清洁，维持发动机良好的性能，同时为催化器提供一个良好的使用环境。评价的试验方法有多种，如 CEC-F-05-A-93/CEC-F-20-A-98、ASTM D5500 和 ASTM D6201 等。与上面两种模拟方法不同，这些都是比较精确的台架试验方法。图 3 是采用 CEC-F-20-A-98 得出的结果[8]，系列 1 为基础汽油。针对 EU-Ⅱ阶段的限值（90mg/阀），该方法对我国清净剂的评定仍具 77%的识别率。

4.4 燃烧室沉积物（TCD）

燃烧室沉积物对发动机的影响也很严重，但其不独立作为评价指标，通常与 IVD 一起使用。与喷嘴、进气阀沉积物在不同程度上都有所下降相反，随着清净剂的使用，沉积物的增量在燃烧室内只会增加，从而造成燃烧室空间减少。观察到的效果是增加 NOx 排放和发动机可能产生“敲缸”等不良现象。可是，由于降低了气缸壁的热损失（热效率更好），TCD 在降低 HC、CO 和 CO_2 方面又能获得一些利益[4]，不同的 TCD 效果差异很大，因而需要控制清净剂对燃烧室沉积物增量范围。国际上评价的试验方法和进气阀基本相同，近来又发展了通过对未洗胶质的判断来评价燃烧室沉积物的试验方法（TGA ELTM B21501（450℃））[2]。图 4 是采用 CEC-F-20-A-98 得出的增量结果（与基础汽油比较）[8]。国际上的评价标准是不超过 40%。

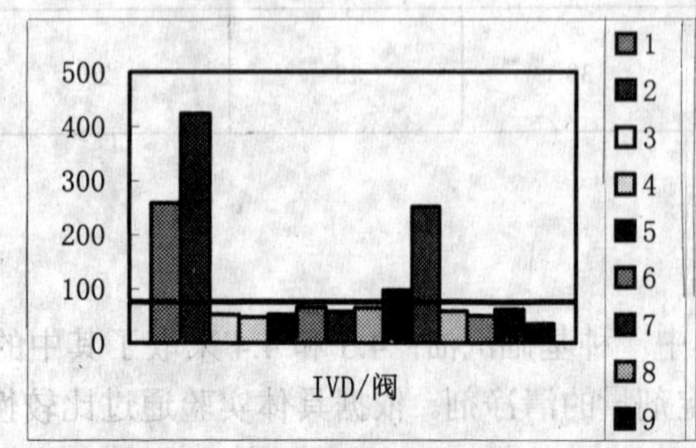

图 3 不同清净剂 IVD 试验结果

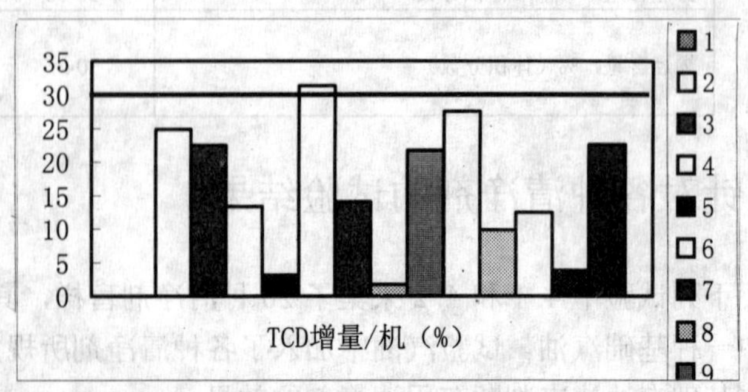

图 4 不同清净剂 TCD 增量试验结果

4.5 分析

从上面的试验结果我们可以发现，车用汽油清净剂在消除发动机喷嘴和进气阀沉积物方面确实有很好的效果。台架试验表明，基于所采集的试验盲样，所采用的试验方法具有相当的识别率，PFI 和 ISD 识别率为 75%；IVD 和 TCD 的识别率为 77%。

5 清净剂中微量元素含量的控制

随着车辆行驶里程的增加，发动机燃烧后排放物会在发动机后处理系统上产生沉积物， 对排放重要控制装置如催化器产生恶劣的影响。

图 5 是上海大众公司对某 EU-III技术车型在耐久性试验过程中催化器的沉积物测量[3]。图 6 是对应里程的车辆排放结果。图 5 结果显示，随着行驶里程的增加，Mn、P、S、Zn 等元素会增加，而 S 则起伏波动，对车辆排放控制产生不稳定性。图 6 的排放结果证明了微量金属元素堆积对车辆排放 DF 的影响，特别是 Mn、S 和 Zn，该车辆未能通过 EU-III的 8 万公里耐久试验。

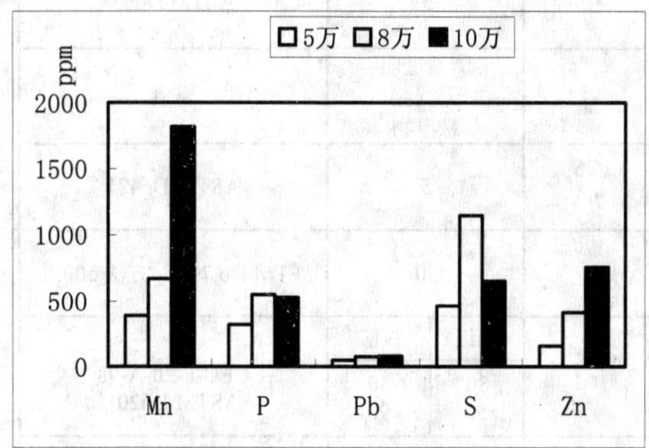

图 5　不同里程下微量金属元素堆积

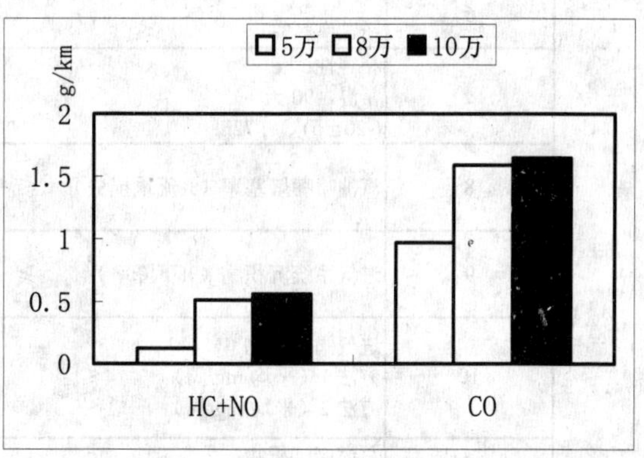

图 6　不同里程下车辆排放水平

转化器中的沉积物锰（Mn）、铅（Pb）、硫（S）元素主要来源于汽油，磷（P）和锌(Zn)主要来源于发动机油。锰和硫在沉积物中所占比例较大。特别是锰。

(1) 锰及其化合物。锰及其化合物对尾气后处理装置影响很大。在图 5 和图 6 上可以看出这一点，需要严格控制。

(2) 硫。这个因素大家都比较关注，进行的研究很多，因为所有的催化剂和氧传感器技术均对其异常敏感，可导致催化剂中毒和氧传感器失灵。

(3) 世界燃油规范中集中体现了燃烧物沉积物对尾气后处理装置影响的结论。

虽然汽油中微量元素的含量很低，但图 5 表明，随着车辆行驶里程的增加，它们在催化器中产生很大的堆积量。这些堆积造成催化器比表面的减少、甚至中毒，对车辆排放效果产生恶劣影响。所以世界燃油规范中禁止加入任何金属添加剂到燃油中。当汽油清净剂评定方法中，仍包含理化实验检测微量元素含量内容。

6 汽油清净剂的性能要求及试验方法

经过上面的研究分析，我们提出了表 4 汽油清净剂的性能要求及试验方法，包括理化试验、模拟试验和台架试验。

表 4 车用汽油清净剂的理化性能和使用性能要求及试验方法

序号	项目	技术指标		试验方法
1	外观	清澈透明		室温目测
2	倾点（℃） ≤	-20		GB/T3535
3	闪点（闭口）（℃） ≥	45		GB/T 261
4	微量元素含量: 铅（Pb） 锰（Mn） 铁（Fe） 铜（Cu） 钡（Ba） 硅（Si） 硫（S） 氮（N）%mm ≤	不得检出① 不得检出① 不得检出① 不得检出① 不得检出① 不得检出① 不得检出① 0.8		SH/T 0242 SH/T 0711 SH/T 0712 SH/T 0102 SH/T 0228 SH/T 0706 SH/T 0172 SH/T 0224
5	破乳性能，级 界面 ≤ 相分离 ≤	1b （2）		ASTM D1094
6	防锈性能 锈蚀率（%） ≤	5		ASTM D665
7	相容性: 常温，90 天 (-20±5)℃，72h	清澈透明 无沉淀 悬浮物		目测
8	汽油喷嘴堵塞率（%流量损失） ≤	5		ASTM D6421
9	进气系统沉积物（%下降率） ≥	30		FTM No.791C 方法 500.1
10	进气阀沉积物②: 方法 1（平均 mg/阀） ≤ 方法 2（平均 mg/阀） ≤	A 级 30 50	B 级 50 90	CEC-F-20-A-98 ASTM D6201
11	总燃烧沉积物: 方法 1， ≤ 方法 2， ≤	140%		CEC-F-20-A-98 ASTM D6201

①达到或低于所采用试验方法的检测下限，无人为添加。

②在国家轻型汽车第三阶段排放法规实施前，执行 B 级限值。

表中 4、8~11 项前面已有阐述。对于其它几项，我们简要说明如下：

(1) 外观：是产品给用户的最基本的感性认识。本条件提出产品应清澈透明，不能有浑浊和分层现象。

(2) 倾点：是产品可流动的最低温度，反映产品取样、使用的难易。本条件提出产品的倾点不高于-20℃，可以满足我国大部分地区对产品的使用。

(3) 闪点(闭口)：此项指标关系到本产品的储存和运输及其使用中的安全，也影响产品的质量。本条件闭口闪点的指标为不低于 45℃。

(4) 微量元素：氮含量反映清净剂中含氮化合物的多少，是它的一个主要指标。为防止二次污染，要求清净剂中含氮化合物的量既要有效，又不能过高，所以本条件提出清净剂中氮的最低有效含量不能高于 0.8%，中石化限值在 0.5%~0.8%之间。

(5) 破乳性：反映清净剂在含水汽油中所表现的分水能力。本条件提出在 5min 的静置时间内，油水界面评分达到或优于 1b 级，在五级分类中处于第二级；相分离情况达到或优于 2 级，在三级分类中处于第二级。

(6) 防锈性：反映清净剂在汽油中抑制金属表面腐蚀的能力。5%的指标属于中度锈蚀。

(7) 相容性试验 本项试验用于验证添加汽油清净剂后汽油产品的储存能力和有效期。

7 结论

本文通过模拟试验、发动机台架试验以及车辆污染控制耐久性试验（含理化试验），对我国汽油与汽油清净剂结合后的车用汽油对发动机沉积物生成及其后处理装置影响，进行了系统的研究。研究结果表明：

(1) 我们提出的试验汽油和世界燃油中第 2 级、93#（当前普遍现状）以及 CEC 基础汽油主要指标相当。而且可以在现有工艺条件下获得。

(2) 采用模拟试验和 M111 法台架试验是恰当的；PFI 和 ISD 识别率为 75%；IVD 和 TCD 台架实验识别率为 77%。表 4 所制定的限值是合理的；

(3) 催化器耐久性沉积物研究证明，必须防止车用汽油中添加清净剂后导致微量元素的增加；表 4 中的 4 项中各元素特别要求。

(4) 我们提出的车用汽油清净剂理化性能和使用性能要求及试验方法（表 4），既考虑我国汽油产业，又与世界燃油规范接轨，在标准的审定过程中，获得了业内专家的充分肯定。

8 致谢

本工作在国家环保局的大力支持下，中国环保产业协会机动车尾气净化委员会组织了多次“车用汽油清净剂”的专题研讨会，因而研究工作得到了众多行业代表和社会专家的热切关注，特别是中国石化和中国石油两家单位，贡献尤多。他们提供的意见、建议和试验验证，使本标准的内容得到了不断的改进和完善。在此，作为编制承担单位的尾气净化委员会秘书处(中国汽车技术研究中心汽车试验研究所)向他们致以衷心的感谢！

参考文献

1 世界燃料规范. 中国汽车工业协会翻印，2000 年 4 月.

2 世界燃料规范草案（2002）. 2002 年 6 月.

3 潘正堂、陶海龙. 上海大众三元催化转化器失效分析研究报告. 中国汽车工程学会油料委员会第十界年会论文专辑. 2002.3. 201~210

4 Woodyard, M.E. (1995) Gasoline additive and deposit effects on the road and a Ford 2.3L engine test. SAE Paper No. 952446

5 张淑华等. 汽车工业发展对燃料的需求. 中国汽车工程学会油料委员会第十界年会论文专辑. 2002.3. 30~43；

6 王洁青. 国内清洁汽油质量状况及分析. 中国汽车工程学会油料委员会第十界年会论文专辑. 2002.3.P57~60；

7 徐小红. 清净剂对发动机燃油系统沉积物形成趋势影响. 中国石油润滑油研究开发中心. 2003.3

8 张建荣. 清净剂对发动机进气阀及燃烧室沉积物形成趋势影响. 中国石油化工股份有限公司. 2003.3

钛铁中钛元素ICP-AES分析方法研究

马 红

东风汽车公司工艺研究所

[摘要] 研究应用ICP-AES分析技术测定钛铁中钛元素的方法。考察了铁基体及共存元素对被测元素分析谱线干扰情况，考察了基体及共存元素对被测元素的影响，确定了分析谱线，并对ICP工作参数进行了优化选择，精密度和准确度实验表明，方法的相对标准偏差小于5%，回收率为99%～102%之间。采用本方法对标准样品进行测定，测定值与推荐值相一致。

关键词：ICP-AES 钛铁 钛

钛铁中钛在国家标准中是采用氧化—还原滴定法来测定的。它是采用氢氟酸、硫酸、硝酸和盐酸溶样后，在二氧化碳或氮气气氛中用金属铝将钛还原为三价，用硫酸铁铵滴定钛，借此进行钛的测定。该方法干扰较为严重，首先必须进行干扰元素分离，并且在滴定过程中空气可将三价钛氧化为四价钛，所以滴定必须在与空气隔绝装置中进行。一般需要氮气滴定保护装置，并且化学分析方法操作繁琐，分析流程长。为了解决这一问题，本人采用ICP-AES分析技术开展了钛铁中主量元素钛的分析方法研究。本方法可直接进行钛元素的测定，效果良好。

1 试验

1.1 仪器及工作参数

法国JY公司生产的70P型电感耦合等离子发射光谱仪。

仪器工作条件：冷却气流量12 L/min；载气流量0.25L/min；反射功率（读数） 600；溶液提升量1.4 mL/min；观测高度为感应线圈上方15mm。

1.2 试剂及标准溶液

硝酸（1+1） 分析纯

浓硫酸 分析纯

氢氟酸 分析纯

纯铁粉 （纯度99.98%）。

钇标准溶液：20ug/mL 由GSBG62032-90钇标准物质稀释。

钛标准溶液：1mg/mL 由GSBG62014-90钛标准物质。

1.3 样品溶液的制备

准确称取0.1000g样品于50mL钢铁量瓶中，加入10 mL硝酸（1+1），1 mL氢氟酸，低温加热溶解，样品溶解后加5 mL浓硫酸冒烟，取下，冷却至室温，加水溶盐，煮沸，取下冷却至室温后用水稀释至刻度，摇匀，吸取5 mL试液于100 mL钢铁量瓶中，加10.00毫升钇标准溶液（20 μg/mL）用蒸馏水稀释至刻度，摇匀待测。

1.4 混合标准溶液的系列

移取适量钛标准溶液，按表1所示，配制成混合标准溶液系列。

表 1 混合标准溶液系列 (μg/mL)

编号	Fe	Ti
1	60	0
2	60	10.0
3	60	30.0
4	60	50.0

2 结果与讨论

2.1 分析谱线选择及铁基体影响考察

分别对浓度为 0、2、3mg/mL 的纯铁溶液、纯钛溶液及以纯铁打底的标准混合溶液进行扫描，结果表明，铁的存在对 Ti334.904 谱线有干扰，对 Ti334.941 谱线强度无影响，但为了使基体一致，我们还是进行了基体匹配。

2.2 共存元素之间相互影响

采用单一元素溶液在被测元素分析线处扫描，考察了 Si、Mn、Al、Cu、P 对 Ti 334.941 分析谱线的光谱干扰情况。试验结果表明：溶液中硅、锰、铝、铜、磷共存量在 100ug/mL 对 1ug/mL 钛的测定均不产生干扰。

2.3 ICP 工作参数选择

高频功率、载气流量、观测高度及冷却气流量是 ICP 的主要参数，直接影响元素测定，不同的元素要求的工作参数也不同，必须逐一试验加以选择。

2.3.1 功率选择试验

固定冷却气流量、载气流量、观测高度、提升量，仅改变反射功率，以空白液为低标，混合标准溶液 3 为高标，测得β值见表 2。

表 2 功率对测定的影响

冷却气流量（L/min）	载气流量（L/min）	观测高度（mm）	提升量（L/min）
12	0.30	15	1.0

	反射功率（读数）		
	500	600	700
β（Ti）	-0.057	-0.052	-0.058

2.3.2 冷却气流量选择试验

固定反射功率、载气流量、观测高度、提升量，仅改变冷却气流量，以空白液为低标，混合标准溶液 3 为高标，测得β值见表 3。

表 3 冷却气流量对测定的影响

反射功率（读数）	载气流量（L/min）	观测高度（mm）	提升量（L/min）
600	0.30	15	1.0

	冷却气流量（L/min）		
	10	12	14
β（Ti）	-0.048	-0.052	-0.061

2.3.3 载气流量选择试验

固定反射功率、冷却气流量、观测高度、提升量，仅改变载气流量，以空白液为低标，混合标准标液 3 为高标，测得β值见表 4。

表 4 载气流量对测定的影响

反射功率（读数）		冷却气 流量（L/min）		观测高度（mm）	提升量（L/min）
600		10		15	1.0
载气流量（L/min）					
	0.25	0.30	0.35	0.4	
β（Ti）	-0.047	-0.052	-0.05	-0.052	

通过试验我们选择的仪器主要工作参数为：反射功率（读数）600；载气流量 0.25L/min；冷却气流量为 12 L/min；观测高度：15mm。

2.4 方法精密度试验

按样品处理方法分解钛铁标准样品，按相同的测试条件，对同一试样分别进行六次测定，计算出测定结果的平均值及相对标准偏差（见表 5）。试验结果表明：各分析谱线测定精密度均较好，相对标准偏差小于 5%

表 5 精密度试验

元素	标钢编号	测定值(%)	平均值(%)	RSD(%)
Ti	第 66-30	29.45 29.69 29.8 29.55 29.51 29.56	29.59	0.43
	GBW01430	28.9 29.06 28.63 28.3 28.6 28.8 28.7	28.78	0.61

2.5 加标回收试验

按样品处理方法分解钛铁标准样品。在试液中加入适量的钛标准溶液，测定钛元素含量，计算回收率，钛元素回收率在 99%～102%之间。数据见表 6。

表 6 回收试验

元素	项目	1	2	3
Ti	原样含量（%）	29.68	29.68	29.68
	加入量（%）	5.0	10.0	15.0
	测定总量（%）	34.54	39.63	45.52
	回收率（%）	99	99	102

2.6 样品分析结果对照

采用本方法对钛铁标准样品进行了测定，将本方法测定结果平均值与标准推荐值进行了对照，考察了本方法的测定准确度。试验结果表明：本方法测定值与标准样品标准推荐值相一致，分析误差符合化学标准分析方法允许差要求。数据见表 7。

表 7 准确度试验

编号 / 元素	Ti（%）		
	标准值	测定值	平均值
第 66-30	29.65	29.45 29.69 29.56	29.57
GBW01430	28.76	28.80 28.70 28.63	28.71
GSBH42003-92	29.68	29.66 29.66 29.56	29.63
GSBH42002-92	25.18	24.98 25.37 25.05	25.13

3 结论

钛铁试样经硝酸、氢氟酸溶解，硫酸冒烟后，可采用 ICP-AES 分析技术测定其主量元素钛含量。本文在试验基础上优化了工作条件，建立了钛铁中钛的 ICP-AESf 分析方法。方法简便快速、分析数据可靠，能满足钛元素测定误差要求。

参考文献

1 钢铁及铁合金化学分析方法标准汇编（上）. 北京：中国标准出版社，

2 实用冶金分析. 沈阳：辽宁科学技术出版社

稀土硅铁合金、稀土硅铁镁合金中稀土分量ICP-AES分析方法研究

李虬玉

东风汽车公司工艺研究所

[摘要] 本文研究了应用ICP-AES分析技术测定稀土元素的方法。考察了各种共存元素对La、Ce、Pr、Nd和Sm元素多条谱线的影响情况。选择了合适的分析谱线，确定了仪器工作参数和分析条件。进行了样品加标回收试验和精密度试验，回收率在92%～106%之间，相对标准偏差小于5%。

关键词：稀土硅铁合金 稀土硅铁镁合金 镧 铈 镨 钕 钐 ICP-AES

1 前言

稀土硅铁合金和稀土硅铁镁合金在球铁冶炼过程中广泛使用，其含量及用量对生产影响较大，加入量有严格规定。各种稀土元素对生产和产品性能影响不同，因此，单一稀土元素分析已成为材料研究和生产中必不可少的项目。

稀土元素由于化学性质相似，很难相互分离和分别测定，传统化学分析是测定混合稀土总量。混合稀土单一分量测定，最常用的方法是X射线荧光光谱法，但这种分析技术灵敏度不高，基体干扰严重。ICP-AES法由于灵敏、基体干扰小，目前已成为稀土元素光谱分析重要手段。高纯稀土氧化物中杂质稀土元素分析报道最多，土壤、肥料、植物、金属与合金也有报道。

我们采用法国产JY70P型电感耦合等离子体发射光谱仪，开展了稀土硅铁合金和稀土硅铁镁合金中稀土单一分量分析方法研究。

2 试验部分

2.1 仪器及工作条件

法国产JY70P联合型电感耦合等离子体发射光谱仪

仪器工作条件： 冷却气14L/min；护套气0.3L/min；载气0.425L/min；溶液提升量：1.2mL/min.；功率0.97 kW；观测高度为感应线圈上方15mm。

2.2 试剂及标准溶液

实验中使用的硝酸、氢氟酸、高氯酸、盐酸均为分析纯试剂，水为蒸馏水。

各元素标准溶液均采用国家标准物质。

2.3 样品溶液的制备

准确称取0.1000g样品（预先过120目筛）于铂金或聚四氟乙烯烧杯中，加少量水湿润后，加入5mL硝酸，再滴加3～5mL氢氟酸。低温加热溶解试样，待试样溶解完全后，加入5 mL高氯酸，继续加热至冒烟。溶液体积蒸发至1 mL左右取下冷却，加入10mL盐酸（1+1）溶盐。冷却至室温后，转移到100mL容量瓶中，用蒸馏水稀释至刻度，摇匀待测。

2.4 混合标准溶液的制备

称取0.0300g高纯铁数份于100mL玻璃烧杯中，加入5mL硝酸和5 mL高氯酸，低温溶解。待试样溶解完全后，加热冒高氯酸烟，蒸发溶液体积至1mL左右取下，稍冷后加入10mL盐酸（1+1）溶盐。冷却至室温后，转移到100mL容量瓶中，吸取适量各元素纯标准溶液，按表1组成，配制成混合标准溶液系列。

表1 混合标准溶液 （μg/mL）

编号	La	Ce	Pr	Nd	Sm	Fe
1	0.0	0.0	0.0	0.0	0.0	300
2	1.0	1.0	1.0	1.0	1.0	300
3	20.0	50.0	5.0	10.0	2.0	300
4	70.0	140.0	17.0	60.0	10.0	300

3 结果与讨论

3.1 试样溶解

采用硝酸和氢氟酸分解稀土硅铁合金、稀土硅铁镁合金试样，溶液中剩余氢氟酸采用高氯酸高温加热冒烟赶氟。采用本方法溶解试样，样品分解完全，溶液清亮。

3.2 分析谱线的选择

根据被测试样组成、被测元素及共存元素含量初步选择谱线（见表2），并对各条谱线光谱干扰情况进行了实际考察。

表2 分析谱线及可能干扰元素

分析元素谱线	干扰元素
La333.749nm	Cr Cu Fe Mg Mn Ti V
La398.852nm	
Ce413.765nm	Ca Fe Ti
Pr422.293nm	
Pr422.535nm	Ca Fe Ti V
Pr417.939nm	Cr Fe V Th
Nd406.109nm	Ca Fe Cr Mn
Nd401.225nm	Ca Cr Ti
Nd415.608nm	Ca Fe
Nd430.358nm	Ca Fe
Sm442.434nm	Ca Ti V Cr

3.2.1 基体影响及消除

试样经高氯酸冒烟处理后，主量元素之一硅生成氟化物挥发了，因此，溶液中铁为基体，只要考虑铁对被测元素的影响。结果表明；除Pr422.535nm谱线外，铁量小于500μg/mL时，对La333.749nm线、Ce413.765nm线、Nd430.358nm线的影响很小，其干扰可忽略。其它分析线不受影响。大部分谱线基线强度不随铁量变化，采用高纯铁配制标准溶液系列，对含铁量进行大致匹配后进行试样分析，可以得到正确结果。本方法铁匹配量为300μg/mL。

3.2.2 共存元素的影响

溶液中除被测元素外，还含有锰、镁、钙、钛等共存元素。配制上述元素纯标准溶液，分别在表2所列分析波长附近进行谱线扫描，将各种谱线轮廓图重叠比较，发现Mn100μg/mL，Mg100μg/mL、CaTi50μg/mL、Al10μg/mL不干扰La333.749nm线和La398.852nm线测定，也不干扰Nd406.109nm、Nd430.358 nm 和Nd415.608nm谱线测定，Pr422.293nm谱线也不受干扰。Nd401.225nm线受Ca和Ti线尾翼重叠干扰，其它元素对它不干扰。Ca、Ti对Sm422.434nm谱线的影响可忽略不计，其它元素对此线不干扰。

3.2.3 被测元素之间相互影响及消除

配制稀土元素单一标准溶液，其含量分别为La、Ce、Pr、Nd、Sm100μg/mL、Ce150μg/ mL、Pr15μg/ mL、Sm10μg/mL，在各元素谱线波长附近分别作光谱扫描图，通过比较谱线轮廓图，认为La333.749nm

谱线和La398.852nm谱线受其它元素干扰影响较小，一般不影响0.5ug/mL以上La的测定。实际样品中，由于稀土元素组成较固定，且含量远低于试验量，因此，实际干扰影响更小。

Sm442.434nm谱线受Ce干扰，含铈高时会影响含量在1 ug/mL以下Sm的测定。

La和Sm 100μg/mL、Ce 150μg/mL不干扰Nd430.358nm谱线测定；Pr100μg/mL有光谱干扰，但溶液中含镨量不会这么高，而且测定时可采用含镨的溶液代替空白液作低标消除影响。

Nd415.608nm线：La 100μg/mL、Sm10μg/mL、和Pr15μg/mL不干扰测定，Sm、Ce、Pr100μg/mL对该谱线有干扰。

Nd406.109nm谱线：Sm、Pr100μg/mL溶液对该谱线有部分重叠干扰，影响1μg/mL含量Nd的测定。Ce100μg/ml、Sm10μg/mL和Pr15μg/mL不干扰0.1μg/mL以上Nd量的测定。

Nd401.225nm线受铈元素干扰， 含铈量150μg/mL时产生严重干扰、无法测定钕量。

对Pr422.293nm谱线，La 100μg/mL不干扰镨量测定；Ce和Nd100μg/mL有尾翼重叠干扰；Sm100μg/mL、Nd使谱线背景增大；Sm10μg/mL基本不干扰Pr的测定。

对Pr417.939nm谱线，Ce、Sm、Nd100μg/mL有直接和部分重叠干扰，特别是Nd产生严重干扰,该线应舍弃。

Ce412.765nm谱线，受La100μg/mL、Pr、Nd、Sm影响较小；Sm10μg/mL不干扰铈的测定。

综合考虑铁基体、共存元素之间干扰情况，选择了干扰小、且易消除的谱线作为分析谱线见表3。试样中La、Ce、Pr、Sm和Nd组成比例较固定，所测定稀土元素含量高时，以含稀土元素的低标溶液代替空白溶液作曲线，可消除稀土元素之间的影响，采用基体匹配后，铁基体和其它共存元素不干扰测定。

表3 析谱线

测定元素	La	Ce	Pr	Nd	Sm
分析谱线	333.749nm	413.765nm	422.293nm	430.358nm	442.434nm

3.3 ICP仪器工作参数

我们以等效背景浓度值为考察指标，逐个改变功率、冷却气流量、载气流量和观测高度，观察各种参数变化对测定的影响，通过多次试验、折衷选择适用于多元素同时测定的工作参数，以保证大多数元素特别是灵敏度差的元素能有较好的检出能力。功率 0.97kW；观测高度为感应线圈上方 15mm；冷却气流量14L/min；载气流量0.425μg/mL.

3.4 方法检出限

表4 方法检出限（3σ） （μg/mL)

谱线波长	La 333.749nm	Ce417.765nm	Pr422.293nm	Nd430.358nm	Sm442.434nm
检出限	2.1	5.5	5.13	2.1	2.06

3.5 精密度试验

采用含不同稀土量的稀土硅铁合金、稀土硅铁镁合金标准样品，按试样分解方法处理，在同样的分析条件下，分别进行6次测定，计算出平均值和相对标准偏差见表5。结果表明：五种元素测量精密度均比较好，RSD小于5%。

表5 精密度试验结果 (%)

元素	BH1908-1 本方法测定值						平均值	RSD
La	1.280	1.26 1	1.269	1.289	1.308	1.313	1.286	1.89
Ce	2.585	2.619	2.645	2.644	2.666	2.655	2.636	1.11
Pr	0.234	0.244	0.250	0.238	0.246	0.240	0.242	2.76
Nd	0.670	0.672	0.656	0.663	0.671	0.673	0.668	1.00
Sm	0.061	0.061	0.062	0.061	0.061	0.062	0.061	0.85

3.6 加标回收试验

按样品处理方法分解 稀土硅铁合金、稀土硅铁镁合金标准样品，在标准样品溶液中加入适量的稀土元素，测定各元素含量，计算回收率，结果见表6。各元素回收率在92%-106%之间。

表6 加标回收试验

元素	原样测定值(μg)	标准加入量(μg)	测定值(μg)	回收率(%)	标准加入量(μg)	测定值(μg)	回收率(%))
La	27.20	12.50	39.29	96.7	25.00	52.66	102
Ce	92.59	25.00	117	97.6	50.00	142.63	100
Pr	12.75	2.50	15.20	98	5.00	17.86	102
Nd	54.82	6.50	61.0	95	13.00	67.28	95.8
Sm	5.70	1.00	6.62	92	2.00	7.80	105

3.7 标准样品分析

采用本方法对稀土硅铁合金和稀土硅铁镁合金标准样品进行了测定。由于市售标准样品中无稀土元素分量值，我们将测定结果与混合稀土总量标准值进行了对照。

表7 标准样品分析结果对照 (n=6) (%)

编号	La	Ce	Pr	Nd	Sm	本方法测定总量	ΣRe 标准值（化学）
BH1907-1	0.937	1.97	0.18	0.50	0.049	3.63	3.71
BH1908-1	1.29	2.64	0.24	0.69	0.062	4.92	5.10
BH1909-1A	1.65	3.45	0.30	0.91	0.084	6.39	6.42
BH-1	2.73	9.26	1.28	5.48	0.57	19.32	20.48
BH-2	6.10	12.5	1.25	3.94	0.40	24.5	25.54

4 结束语

本文提出了应用ICP-AES法测定稀土硅铁合金、稀土硅铁镁合金中单一稀土分量方法，通过选择分析谱线、基体匹配等方法消除了共存元素之间相互影响，不需进行化学分离，可直接测定混合稀土元素中镧、铈、镨、钕、钐单一分量。方法简便， 适用于材料日常检验。

参考文献

1 GB/T4138-1993 《稀土镁硅铁合金》

2 万家亮. 现代光谱分析手册. 上海：华中师范大学出版社

3 李虬玉. 球墨铸铁中镧、铈、镨、钕、钐的ICP-AES法测定. 汽车科技. 1995年 第6期 40～42

送粉式激光熔覆 Co 基 WC 陶瓷层的研究

范希梅　王海东　连建设

长春工程学院　吉林大学汽车材料重点实验室

[摘要] 40Cr 表面激光熔覆 Co 基 WC 陶瓷，Co 基自熔合金后，在基体和熔覆层之间形成冶金过渡层。本文采用 SEM、TEM、X 射线能谱仪及显微硬度计分析两种熔覆层的组织、成分、界面的组织特征及界面的硬度梯度。

关键词：激光熔覆层 波形界面 硬度梯度

前言

金属表面激光熔覆金属陶瓷是材料表面改性的一种有效手段。作为金属陶瓷中的重要组成相，WC 因具有优异的高温强度，抗氧化性强、硬度高、耐磨耐蚀性好以及热膨胀系数小等特点，日益受到人们重视。但由于 WC 烧结性差，易断裂。因此我们采用 Co 基合金作为粘结基体，研究 Co 基 WC 熔覆层的组织、性能。

1　实验材料和方法

基体材料为 40Cr，其成分如下表 1。选用 Co 基自熔合金作为黏结金属，其成分如下表 2。硬质陶瓷相为小于 100μm 的铸造 WC。试验过程中先将钴基自熔合金与一定量的 WC 粉末混合均匀后，进行单道送粉式激光熔覆，混合后成分如下表 3。

表 1　基体材料的化学成分　　W (%)

元素	C	Mn	Si	Cr
含量	0.37～0.45	0.50～0.80	0.20～0.40	0.80～1.10

表 2　钴基熔覆材料的化学成分　　W (%)

元素	Ni	Co	Si	B	Cr	C	Fe
含量	12	46	3.0	2.5	10	1.0	余

表 3　钴基-WC 熔覆材料的化学成分　　W (%)

元素	Ni	Co	Si	B	Cr	C	WC	Fe
含量	6	23	1.5	1.25	5	0.5	50	余

1.1　实验设备、工艺参数

(1) 激光器相关参数：横流 CO_2 激光器，JKF-6 型激光器，宽带熔覆送粉器光斑尺寸 25mm×2mm，光束模式为多模，工作台为 X-Y 两坐标机密机床（单片机自动控制）。

(2) 金相显微镜型号：MM6 大型卧式金相显微镜，显微硬度计型号：HXD-1000。

(3) 扫描电子显微镜型号 JSA840。

(4) X 射线衍射仪：日本理光公司产的 D/max-ⅡB 型 X 射线仪，辐射源 CuKα，X 射线管压 40kV，管流 2Ma，扫描速度 4°/ min，步长 2Q=0.02。

2 试验结果与分析

2.1 熔覆层和基体结合界面显微组织特征

如图1、2所示界面形态为波浪型同时界面附近均出现黑色组织：熔覆过程中熔池内液体产生扰动，使基体表面活化部分强制卷入熔池。熔池形成时沿熔池横断面加热温度不均，造成熔池内各处液体的表面张力和密度的差别，产生使液体向一定方向流动的力偶[1]。表面张力随温度升高而降低，密度随温度升高而减小，激光束能量密度在横断面上分布具有不均匀性。以基模激光理论，光束边缘的能量密度比光束中心低得多。因此熔覆材料和基体表面形成熔池后，熔池边缘处表面张力大、密度大，熔池中心处表面张力小、密度小。上述两个力偶方向相同，使液体流动起来，形成波形界面[2]。波形界面形成的另一个因素是送粉式激光熔覆加热过程中基体表面与熔覆材料同时被加热到熔化状态，在熔覆层形成时，熔覆材料液滴与熔化的基体表面在重力、风压、光压的作用下撞合，此时可将基体熔化部分掀起，使熔覆材料与基体材料强制混融[3]，从而形成波形界面。由于纯Co合金粉末的熔点较低、在熔覆工艺相同的情况下基体熔化速度相对较快、熔化量较多、温度较高，利于波形界面形成，同理，Co基WC熔点较高基体熔化较慢、熔化量少、温度低，形成微波界面。

在送粉率较小、扫描速度较低时，基体吸收透光能量线密度较大，因此基体熔化深度大，基体侧原子扩散区宽，结晶时相对冷却较慢，原子有足够能力扩散到界面附近，同时由于前述的强制液体混流作用，使其在界面附近出现波形分布的黑色组织区域。

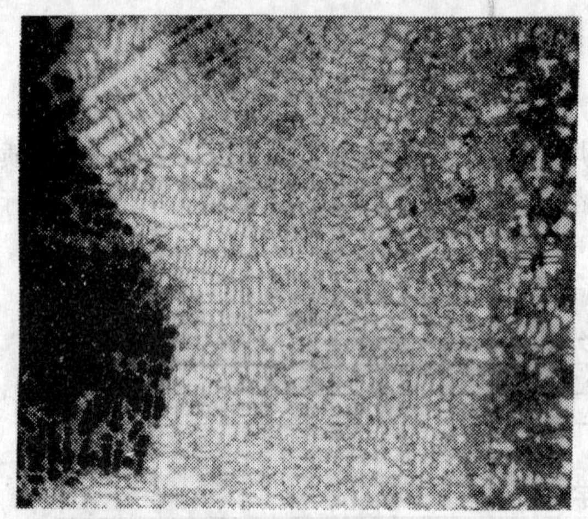
图1 Co基自熔合金界面金相照片×150

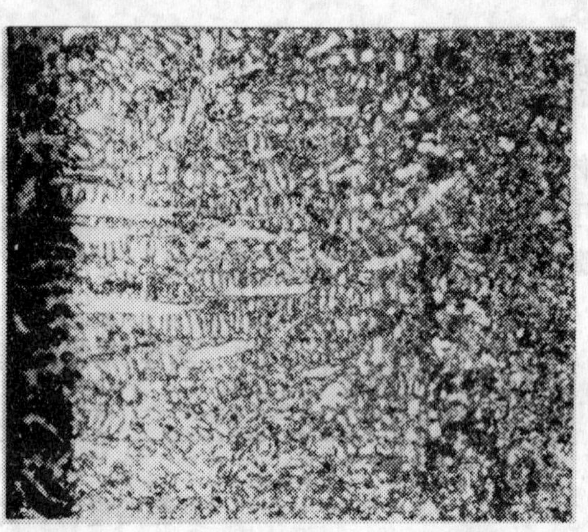
图2 Co基自熔合金+WC界面金相照片×150

2.2 覆层显微组织特征

图3 Co基自熔合金熔覆层金相照片×150

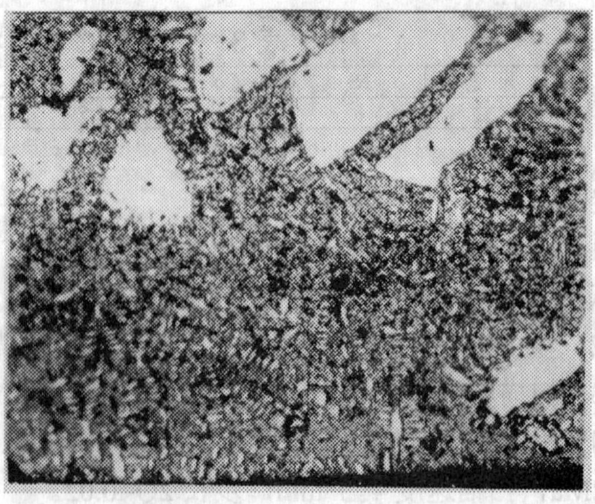
图4 Co基自熔合金+WC熔覆层金相照片×150

如图 3、4 所示均呈现硬质相大致均匀分布，所不同的是粘接硬质相的显微组织的形态和分布有所不同，从照片中可以明显看出，白色块状的硬质相均匀分布在粘接相金属中，硬质相的大小和形状各不相同。大块的硬质相在熔覆过程中没有熔解或烧熔而被保留下来，小块的硬质相部分被溶解或烧熔而使其颗粒变小，尖角变圆，但它们的共同之处就是硬质相均牢固地镶嵌在金属基体当中，被粘接相包裹，并通过粘接相将多个硬质相颗粒连成一体。粘接金属开始结晶时，是靠硬质相颗粒联生长大。这种结晶状态较为理想，这可以对硬质相颗粒起钉锚作用[4]，使之在服役过程中不至于脱落，在熔覆层中没有观察到明显的孔隙、疏松和裂纹。从图 2 可以看到 Co-WC 为熔覆材料的熔覆层组织为表层细晶粒区，该区一般为等轴晶，中部为硬质相均匀分布区，熔覆材料与基体界面附近为柱状晶区，该柱状晶较粗。以 Co 基自熔合金为熔覆材料的熔覆层组织为硬质相均匀分布区、树枝晶区、平面胞状晶区、同时界面处也有柱状晶区，柱状晶较大。表面等轴晶区是由于高温辐射散热，在各个方向上的散热速度大致相当，在加上合金元素的作用，而另外形核生长出新的晶体，其组织形态为等轴状、短棒状。对于熔覆材料与基体界面附近的柱状晶和胞状晶的形成是由于成分过冷和定向凝固造成的，成分过冷易于形成胞状晶[5]，定向凝固易于形成柱状晶。基体对熔覆层的冷却作用极大，相当于定向凝固。

2.3　熔覆层的硬度

对熔覆层与基体结合界面两侧硬度检测，其结果如图 5，此结果与图 1、2 金相显微组织相对应。从图中可见两种熔覆材料形成的熔覆层的硬度均高于基体硬度，两者硬度相差很大，这说明熔覆层的性能大大优于基体材料的性能，达到了表面改性的目的。

熔覆层的硬度与合金的含碳量和含硼量有关，随着 C、B 含量的增加，熔覆层的硬度提高，这是由于硼和碳与合金中的钨、铬等元素形成硬度极高的碳化物和硼化物的数量增加所致[6]。熔覆层表层硬度最高，热影响区其次，基体最低。比较可知，组织形态为等轴晶的硬度均大于组织形态为柱状晶的硬度。

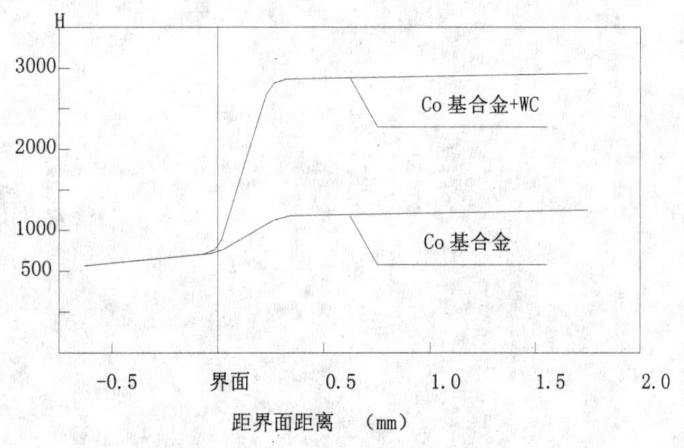

图 5　不同熔覆层与基体间界面两侧硬度分布曲线

2.4　熔覆层的化学成分及物相评估

从电子探针对熔覆层内各元素的面扫描和线扫描结果及 X 射线物相分析可以看出，熔覆层主要有三类：

（1）合金元素较均匀分布于基体当中，可能以固溶体的形式存在，，其构成的主要元素有（Co,Fe,Ni,C,Si），根据熔覆材料的种类不同，其合金元素的相对含量有一定差别，这种相分布于各种化合物的间隙中起到连接相的作用。

（2）熔覆层中有两类较细小的合金化合物，这两种化合物是在熔覆层结晶过程中析出来的，其成分分别为（Cr,Fe,C）和（Cr,W,C）。在（Cr,Fe,C）中 Fe 的相对含量较少，其形状为规则的六边形，估计是 M_7C_3 型化合物。在（Cr,W,C）中，W 的相对含量比较高，其形状为细长杆状。

（3）熔覆层中的大块化合物，成分分析结果表明，该化合物为 $W_{0.89}C_{0.11}$，这种化合物是在熔覆材料中加入的 WC 相，在熔覆过程中被保留下来。

3 结论

（1） 在熔覆层中硬质相均能大致均匀分布，硬质相起到强化作用。

（2） 在基体材料相同的情况下，熔覆材料的熔点越低，熔覆层与基体间的界面波浪形越明显，同时有黑色组织卷入。熔覆材料熔点较高时，熔覆层与基体间的界面为不明显的波浪型，界面附近也有黑色组织产生。

（3） 熔覆材料中加入的WC在熔覆结晶过程中与基体相达到冶金结合。

（4） 熔覆层中有三类物相，基体固溶体相、析出合金化合物相、加入的WC相。

参考文献

1 刘喜明. 送粉式激光熔覆基础理论研究. 中国科学院长春光机所博士论文，1998

2 关振中. 激光加工工艺手册. 北京：中国计量出版社，1998

3 扬永强等. 送粉式激光熔覆时激光与粉末的交互作用. 中国激光. 1998, A25（3）：565~570

4 邓启光等. 铝合金激光熔覆 Ni-WC 涂层的组织及耐磨性. 中国激光. A20(10)，1998

5 史华忠等. 激光熔覆含 SiC 金属陶瓷涂层显微组织特征. 金属热处理. 1997.10

6 高家诚等. 稀土对激光涂覆陶瓷涂层性能的影响. 材料研究学报. 12（1），1998

半固态触变注射成型镁合金的组织与性能分析

崔晓鹏 刘勇兵 修长军 王金山 王顺忠 梁 伟

长春华禹镁业有限公司 吉林大学材料科学与工程学院

[摘要] 本文对半固态触变注射成型镁合金 AZ91D 的组织与性能进行了分析，结果表明，该成形法所生产的镁合金产品的组织及力学性能均优于压铸产品，从而为应用半固态触变注射成型法进行镁合金汽车零部件的生产奠定基础。

关键词：触变注射成型 镁合金 组织 力学性能

1 引言

近年来，随着对绿色、环保等方面要求的提高，镁合金以其重量轻、比强度高、比刚度高、减震性好、耐电磁屏蔽、易回收等特点从众多金属材料中脱颖而出，广泛的应用于航空、航天、电子和汽车等行业。目前，镁合金应用的两大热点产业是电子业和汽车业。一方面，用于“3C”（*Computer*、*Communication*、*Consumption Electronics Products*)产品的壳体，有逐渐取代可回收性较差的塑料壳体的趋势；另一方面，作为实际应用中最轻的结构金属，镁合金能够满足交通运输业日益严格的节能和尾气排放要求，从而生产出重量轻、耗油少、环保的新一代交通工具。

国内外广泛采用的镁合金成形方法为压铸法。压铸镁合金产品具有尺寸稳定性好、生产率高等优点，但也具有夹杂多、气孔多、成形后难热处理、尺寸近净成形差等不足。采用压铸法制造的零件很难满足诸如用于“3*C*”产品中所广泛使用的薄壁壳体类零件以及用于汽车工业中的高性能镁合金零部件的要求。同压铸法相比，半固态方法制造的产品具有铸造缺陷少，产品的力学性能、尺寸精度、表面和内在质量高等优点，此外还有节约能源、安全性好、近净成形性好等优点。目前世界上已经成功工业化的镁合金半固态成型技术是触变注射成型技术[1]。长春华禹镁业有限公司是我国最早引进此项技术的厂家，本文利用该公司的触变注射成型机制备试样，对触变注射成型镁合金的组织及力学性能进行了分析，从而为公司下一步进行汽车用高性能镁合金的研究开发作适当的技术储备。

2 半固态触变注射成型技术的原理及工艺过程

2.1 半固态触变注射成型技术的原理

在普通铸造过程中，初晶以枝晶方式长大，当固相率达到 0.2 左右时，枝晶就形成连续网络骨架，失去宏观流动性。半固态成形是在液态金属从液相到固相冷却过程中进行强烈搅拌，使普通铸造成形时易于形成的树枝晶网络骨架被打碎而保留分散的颗粒状组织形态，悬浮于剩余液相中。这种颗粒状非枝晶的显微组织，在固相率达 0.5～0.6 时仍具有一定的流变性，从而可利用常规的成形工艺如压铸、挤压，模锻等实现金属的成形[2~4]。

半固态触变注射成形法是近些年来开发的一种新工艺，源于美国 *DOW* 化学公司，美国 ***THIXOMAT*** 公司将其商业化。该工艺是将塑料的注塑成形原理与半固态金属成形工艺相结合，集半固态金属浆料的制备、输送、成形等过程于一体，该法较好地解决了半固态金属浆料的保存输送、成形控制困难等问题。

2.2 半固态触变注射成型技术的工艺过程

注射成形法主要工艺过程如下：被制成颗粒的镁合金原料（由枝晶镁合金铸锭制成，其组织仍为枝晶组织）从料斗中加入；在套筒中的镁合金原料通过电加热转变成半固体状态，在螺杆的剪切作用下，在套筒中半固体金属浆料形成了近乎于球形状的固体颗粒，在注射缸的作用下，以相当于塑料注塑机的十倍速率压射到模具内成形。触变注射成形机的基本结构如图 1-1 所示。

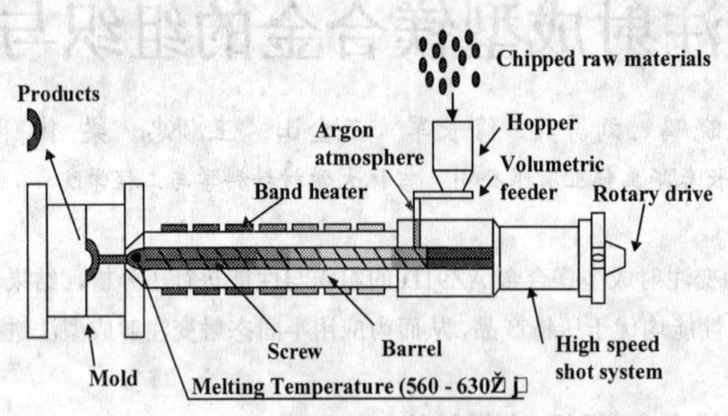

图 1　触变注射成形机原理图[5]

3　试验设备及方法

3.1　触变注射成形试样的制备

本论文采用日本制钢所的 JLM-450MG 型触变注射成型机制备了标准力学性能试样，在不同制备条件下，考察了目前最广泛使用的镁合金 AZ91D 组织与性能的变化以及耐腐蚀性能。该成型机的外观如图 2 所示，试样模具由日本制钢所提供，所制备的测试试样如图 3 所示，成形过程中模具温度为 180℃。图 3 中由左至右依次为标准冲击试样，标准蠕变试样，标准拉伸试样和硬度试样，在论文只采用标准拉伸试样进行试验，分别考察不同工艺条件下，半固态镁合金组织与性能的变化。

3.2　测试与分析方法

采用 CSS-1000 型电子万能材料试验机测量材料的力学性能，DMC-300 型密度测量仪测量试验合金密度。采用奥林巴斯光学显微镜和 JXA-840 型扫描电镜对试样进行组织观察和相分析，用 EPM-810 型电子探针对试样进行微区成分分析，所有照片均为数码照片。

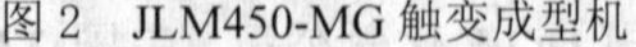

图 2　JLM450-MG 触变成型机　　　　图 3　注射成型的半固态镁合金试样

快速腐蚀条件如下：腐蚀介质为 0.5%NaCl 或 0.1molNaCl 溶液；试验温度：室温（静态）或 35±1℃；腐蚀时间：5 昼夜。

4　结果与讨论

4.1　半固态触变注射成型镁合金的组织分析

图 4 中组织是取自不同工艺参数制备标准拉伸试棒的中部，其工艺参数的区别主要表现在料筒温度的差别，在图 4 中由工艺(a)至工艺(d)料筒温度逐步升高。

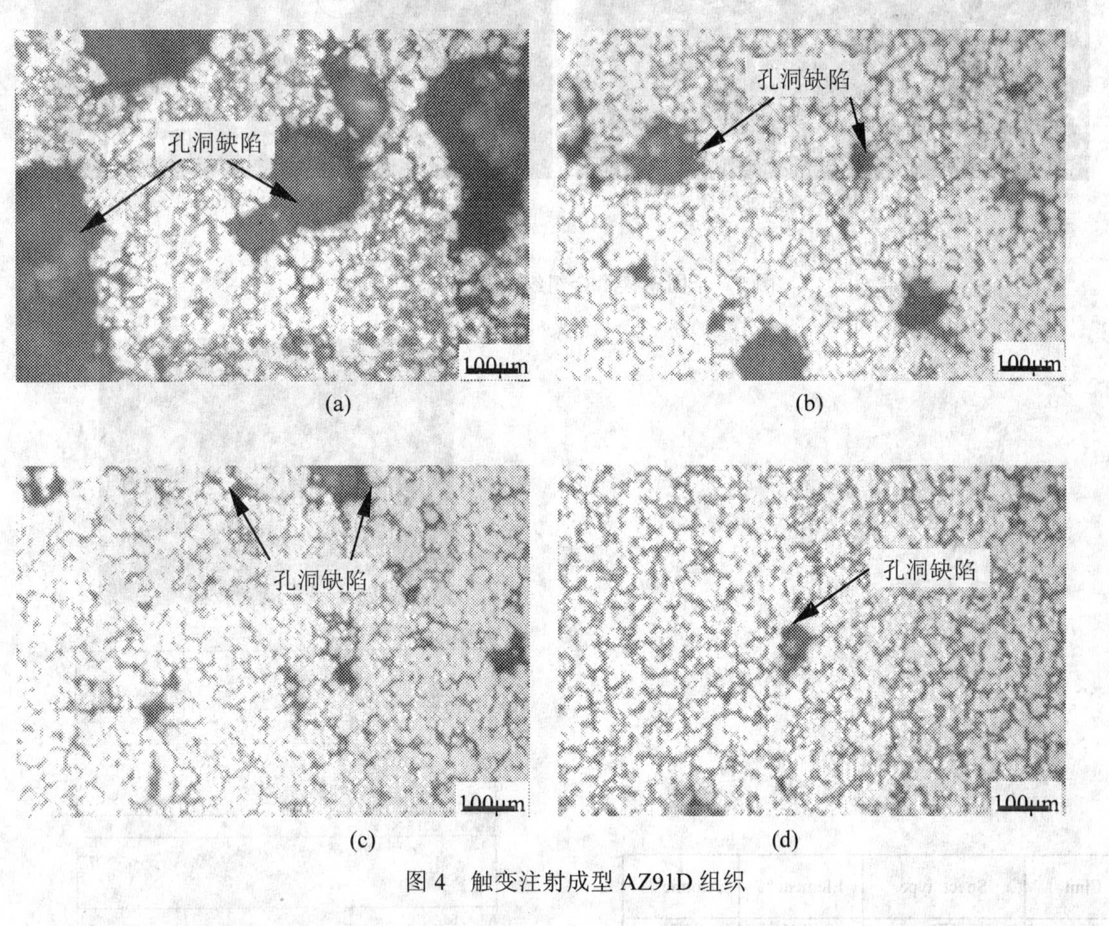

图 4　触变注射成型 AZ91D 组织

由图 4 可见，在不同工艺参数条件下，半固态镁合金组织的变化不大，主要差别表现在缺陷的数量和大小方面。可见，料筒温度对半固态镁合金成型性具有决定性的影响，在料筒温度较低的条件下，半固态浆料的流变性不足，成型性能不足，提高料筒温度可以明显的提高半固态浆料的流变性能，但会明显降低固相率，在工艺 d 的条件下，除晶粒细小外，其组织已经接近普通压铸合金组织。因此，在实际产品制备中必须控制好料筒温度和组织这两方面的因素，才有可能获得高质量的产品。

图 5 为半固态镁合金组织的扫描电镜照片。由图 5a 可见，半固态镁合金试棒的组织细小、均匀，图 5b 为放大的晶界相，对晶界相的定点能谱分析表明，其晶界相的主要组成为 Mg 和 Al，并含有少量的 Zn，其定点能谱分析结果如图 6 所示。对半固态镁合金进行线扫描的结果表明，Al 和 Zn 主要分布在晶界上，在晶内分布较少，Mg 则主要分布在晶内，在晶界处 Mg 含量明显减少，如图 7 所示。以上结果表明半固态触变注射成型镁合金的组织形态及分布基本与压铸组织相同。

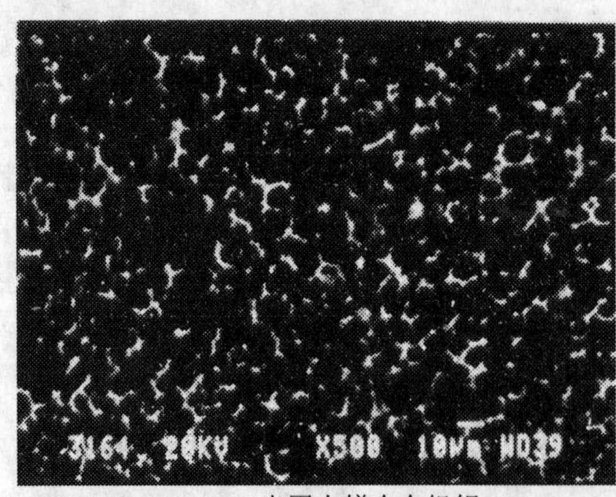

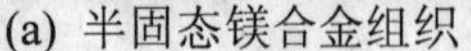

(a) 半固态镁合金组织

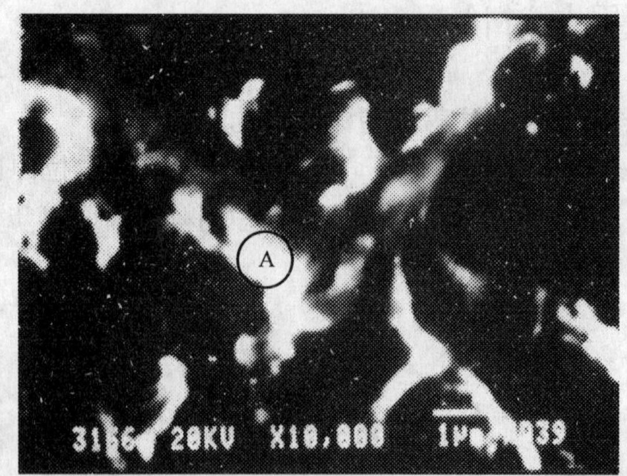

(b) 半固态镁合金的晶界相

图 5 半固态镁合金组织的扫描电镜照片

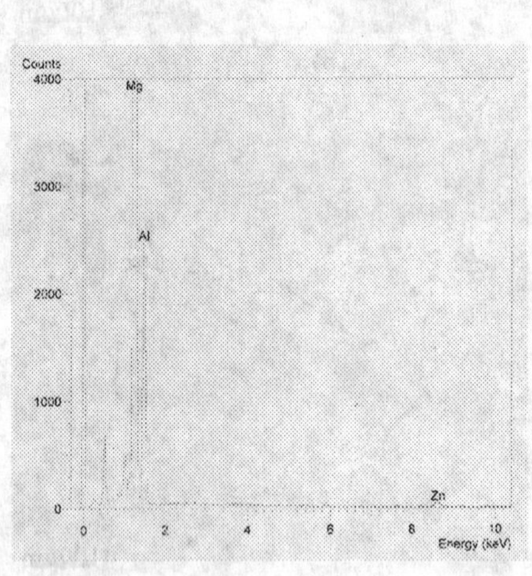

Elmt	Spect. type	Element %	Atomic %
Mg	ED	69.10	72.59
Al	ED	27.59	26.12
Zn	ED	3.30	1.29
Total		100.00	100.00

图 6 半固态镁合金晶界相分析

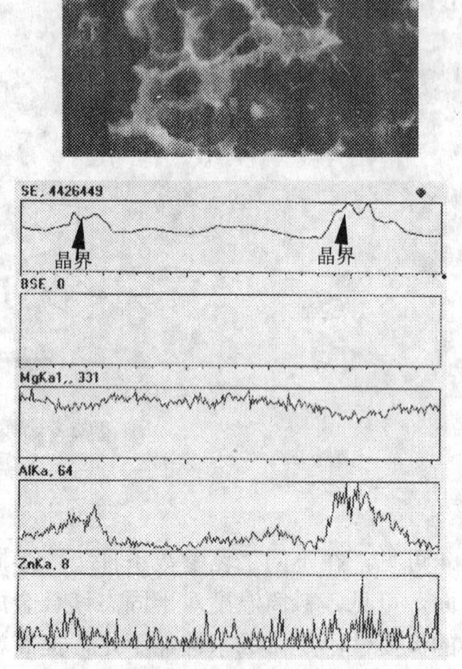

图 7 半固态镁合金线扫描结果

4.2 半固态触变注射成型 AZ91D 的力学性能分析

4.2.1 触变注射成型 AZ91D 的力学性能

图 8 中示出了 50 根试棒（图 4 工艺 d 条件下）中随机抽取 5 根试棒的力-位移曲线、力-变形曲线以及力学性能的测量数据。由此可见，半固态触变注射成形试棒已达到了很高的强度，其平均断裂强度可达到 270MPa 以上，平均屈服强度可达 150MPa 左右（由于镁合金试棒在拉伸过程中没有明显的屈服点，故而以 $\sigma_{p0.2}$ 估算屈服强度）。

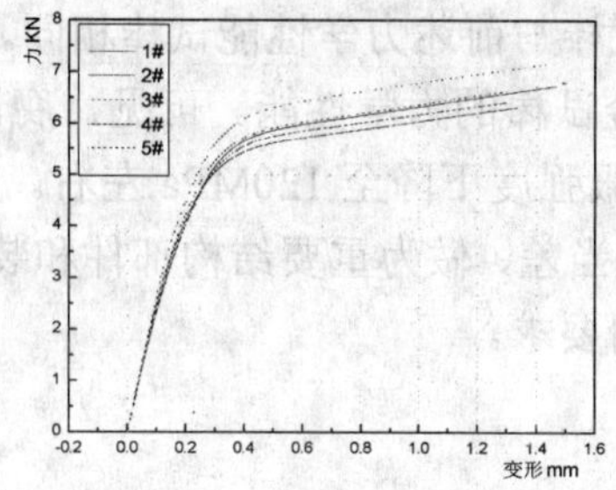

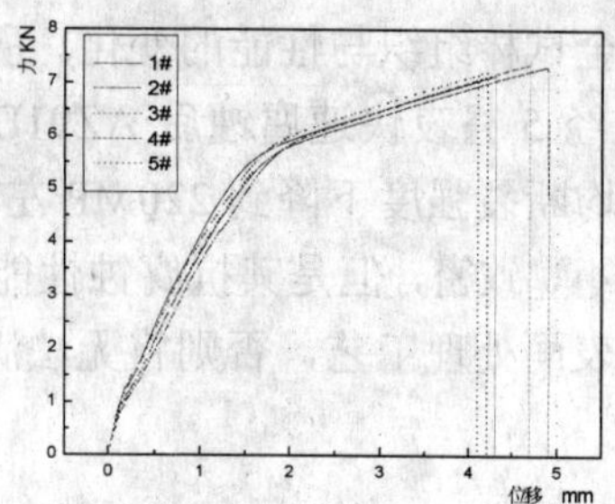

力-位移曲线　　　　力-变形曲线

试样编号	原始尺寸 Φ *L	F_b /(kN)	σ_b /(MPa)	$\sigma_{p0.2}$ /(MPa)
1	6.40*50.00	8.698	270.380	150.694
2	6.30*50.00	8.722	279.810	152.407
3	6.30*50.00	8.167	262.000	153.706
4	6.30*50.00	8.425	270.270	146.383
5	6.60*50.00	9.297	271.750	147.513
平均值		8.662	270.842	150.141

图 8　半固态镁合金的力学性能[6]

4.2.2　盐水快速腐蚀对触变注射成型 AZ91D 性能的影响

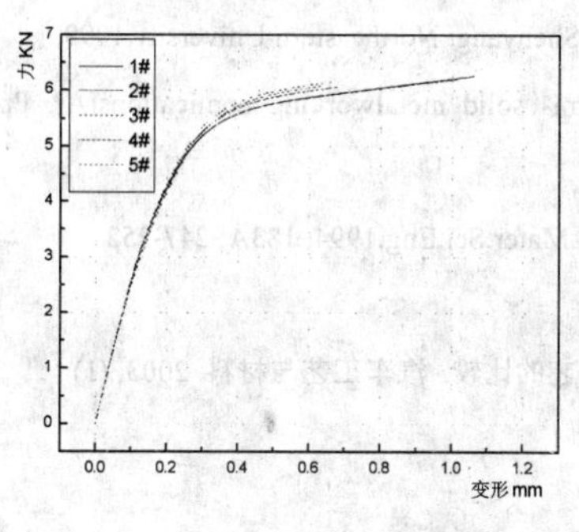

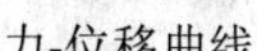

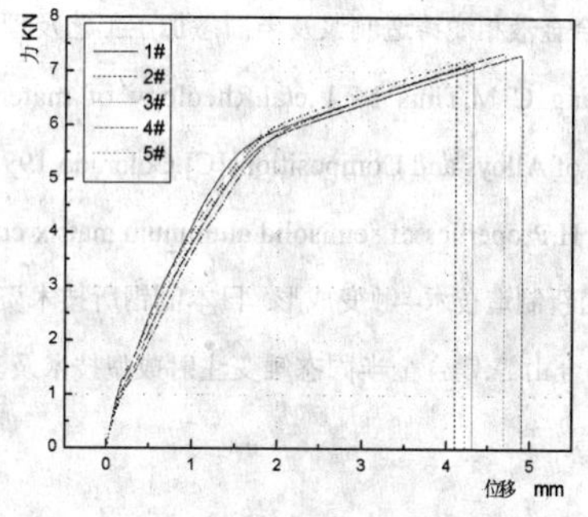

力-位移曲线　　　　力-变形曲线

试样编号	原始尺寸 Φ *L	F/(kN)	F_b/(Mpa)	$\sigma p_{0.2}$/(Mpa)
1	6.40*50.00	7.141	222.090	121.667
2	6.42*50.00	7.352	227.230	123.486
3	6.38*50.00	7.148	223.704	119.257
4	6.40*50.00	7.316	227.533	130.383
5	6.45*50.00	7.214	220.896	118.645
平均值		7.234	223.890	122.688

图 9　快速腐蚀后触变注射成型 AZ91D 的力学性能[6]

镁合金的抗腐蚀性能是衡量镁合金性能的一个重要指标，本文采用快速腐蚀试验考察了经快速腐蚀后触变成型镁合金试棒组织与性能的变化。所采用试棒与前述力学性能试棒相同。

图 9 示出了经 5 昼夜快速腐蚀后 AZ91D 镁合金试棒的力学性能。可见，腐蚀后镁合金试棒力学性能明显下降，平均断裂强度下降到 220MP 左右，屈服强度下降至 120MPa 左右。腐蚀试验结果表明，尽管半固态组织细小、致密，但是其抗腐蚀性能仍然相当差，做为重要结构部件和装饰性壳体类零部件时，仍须采用适当的表面处理工艺，否则将无法满足使用要求。

5 结论

近年来，世界各国高度重视镁合金的研究与开发，将镁资源作为 21 世纪的重要战略物资，加强了镁合金在汽车、计算机、通讯及航空航天领域的应用开发研究。美、日、欧等发达国家目前已经投入大量人力和物力，实施多项大型联合研究发展计划，研究汽车用镁合金零部件，这些研究开发计划加快了国外应用镁合金零部件的步伐。我国是一个摩托车生产、消费大国和出口大国，也是一个潜在的汽车生产和消费大国。然而，目前我国的镁合金成型技术还相对落后，镁合金零部件的力学性能及耐腐蚀性能较低是制约汽车用镁合金零部件在我国应用的一个重要因素。

本论文通过对触变注射成型 AZ91D 镁合金试棒的显微组织、力学性能分析和快速腐蚀试验，得出如下结论：应用触变注射成型技术可得到组织细小、致密，力学性能相对较高的镁合金部件。其综合力学性能优于目前广泛采用的压铸镁合金部件。但是应该看到，触变注射成型设备的高昂费用及所必须支付的专利许可费用，加之成型用原材料——镁粒的成本较高，整体投资比较大。因而该技术尤其适用于那些具有较高要求和高附加值产品的加工。

参考文献

1 Frederick. P. S., Bradley N. L. and Erickson S. C. Injection molding magnesium alloys[J]. Advanced Mater & Process, 1988, 134(4): 53~58

2 LIU Dan(刘 丹). 铝合金液相线铸造制浆及半固态加工工艺及理论研究[D].Shenyang: Northeastern University,1999.

3 Nickodemus G H,Wang C M,Tims M L,etal.Rheology of materials for semi- solid metalworking applications[A]. Proc of the 5th Int Confon Semi-solid Processing of Alloys and Compositions[C].Colorado,1998.29-34.

4 Quak C J and Kool W H.Properties of semisolid aluminum matrix composites[J].Mater.Sci.Eng,1994, 183A: 247-252

5 李博文.镁合金产品的新制造技术--触变成形. 日本制钢所技术资料

6 崔晓鹏，修长军，王金山等.镁合金半固态触变注射成型技术及其与压铸工艺的比较. 汽车工艺与材料, 2003, (1)

重型半挂车车架有限元分析

林 程 陈思忠 吴志成

北京理工大学机械与车辆工程学院

[摘要] 本文采用了参数化建模方法建立了60t重型半挂车车架有限元模型，采用了曲棱四面体等参单元，比传统方法提高了建模效率和可修改性以及计算精度。文中介绍了车架有限元模型的简化方法和不同工况下的力学模型抽象方法，根据计算结果，改进了结构并进行了验算，最后对有限元计算误差产生的可能原因进行了论述。

关键词：车架 半挂车 有限元方法 参数化建模

Finite Element Analysis of Heavy Transport Truck Trailer Frame

Lin Cheng, Chen Sizhong, Wu Zhicheng

Beijing Institute of Technology

[Abstract] In this paper, Parameter Variable technique is used to form finite element model for trailer frame of 60 ton heavy transport truck, and 10-Node Tetrahedral Structural Solid element is adopt for FEM mesh, which greatly improves building efficiency , revisability and of model than tradition methods. The simplification methods of FEM model and the mechanics analysis methods in various working conditions are introduced. Update the construction according the result, and check the computations. Finally, the reasons of FEM solving mistake are discussed.,

Key words: vehicle frame trailer finite element method parameter building model

1 前言

泰安专用汽车制造厂开发研制的重型半挂车将承担60t坦克的运输任务，为了全面了解该半挂车车架在不同工况下的强度和刚度状况，确定应力危险点、进行优化分析等，对其进行了有限元分析。

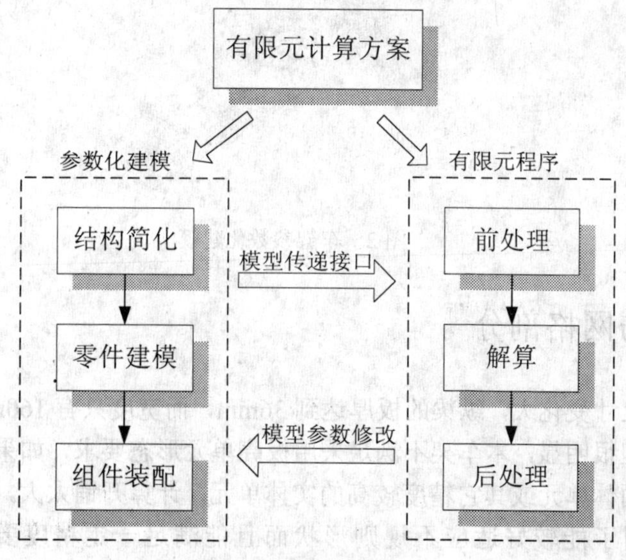

图1 有限元计算流程

分析计算利用 Pro/Engineer 软件对车架进行了三维实体参数化建模，并将模型导入 Ansys 软件中进行边界条件设定、加载、网格划分、计算及后处理。该方法的优势在于充分发挥了这两种的优势，Pro/Engineer 软件是功能强大的参数化建模软件，可轻易实现三维实体模型的建立和修改；而 Ansys 软件是著名的工程分析软件，但在建立象半挂车车架这样复杂的实体模型方面，明显能力不足。现通过接口程序实现模型传递，将两种软件有机结合起来，取得了很好的效果，具体流程参见图 1。

2 车架参数化建模

2.1 车架结构特点分析

半挂车车架包括两根纵梁和若干根横梁，皆为厚板和型材组焊而成。车架前部可通过牵引销连接牵引车，中前部可停放坦克，左右侧分别装有工具箱和备胎等附件，尾部可连接渡板。表面铺有压花铝板和若干防滑条，下部通过相互串通的空气弹簧连接五个车桥。车架为对称结构，但受力不对称。

表 1 计算中采用的主要半挂车参数

有效质量	60000kg	第一轴非簧载质量	1000kg
载荷重心高度	2550mm	第二轴非簧载质量	1000kg
载荷中心距主销距离	6860mm	第三轴非簧载质量	1000kg
车架质量（簧载）	12600kg	第四轴非簧载质量	1200kg
车架重心高度	1150mm	第五轴非簧载质量	1200kg
车架重心距主销距离	7100mm	车架附件质量	<2000kg
单侧履带接触面宽度	600mm	履带中心距	2800mm

2.2 结构简化

根据车架的结构与工作特点，在有限元分析计算前将对车架划分实体单元，因此需进行实体建模。但在实体建模时应充分考虑未来划分单元的密度和质量，必须尽量在不影响精度的前提下对模型进行简化。简化工作主要包括：

(1) 忽略了刚性较差的 4㎜ 压花铝板（平板）

(2) 忽略了细长的防滑条进行

(3) 对结构中细小的结构（如细小的倒角等）进行简化和忽略

在 Pro/Engineer 软件中对挂车车架进行参数化建模，装配模型如图 2 所示。

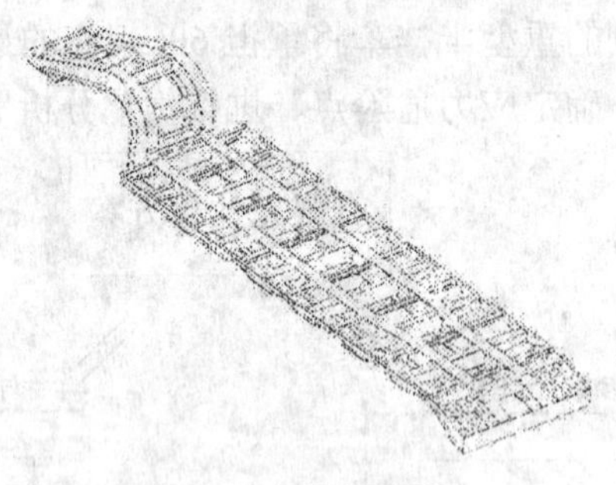

图 2 车架参数化建模

3 单元类型选择与网格剖分

车架的形状复杂，尺寸变化大，纵梁的板厚达到 36mm，而宽度只有 160mm。一般传统采用板壳单元对车架进行网格划分，但很明显，本车架不满足采用板壳单元形态要求，如果采用板壳单元计算精度会受到影响，但如果采用八面体单元或其它精度较高的实体单元，计算开销太大，这些单元也无法适应本模型的复杂程度。为此采用了能较好适应不规则形状而且能满足一定精度要求的曲棱四面体等参单元（solid92），如图 3 所示。该单元是十节点二阶单元，每个节点具有 x，y，z 三个方向的自由度。

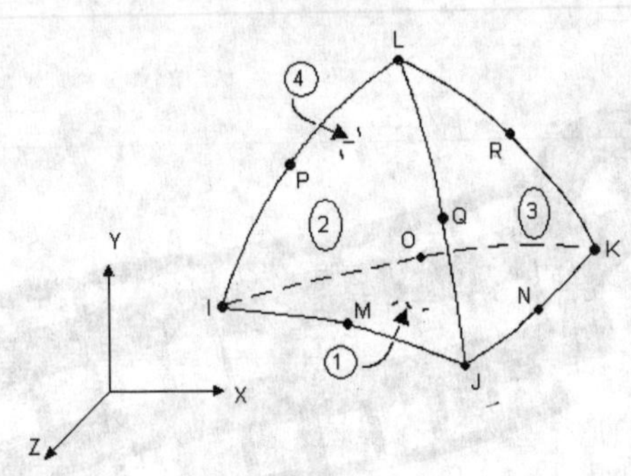

图3　曲棱四面体等参单元

单元尺寸的确定综合考虑了计算精度和计算开销等因素，对于纵梁和牵引座等厚大件采用了较大的单元尺寸，而对横梁和其他较薄的零件采用了较小的单元尺寸，自动网格划分后手工对过渡区域进行处理。划分后车架的单元数量为365487，PIII/256M以上微机在三个小时内可以完成一个工况的解算工作。

图4　车架单元划分（局部）

4　各工况有限元计算分析

通过对该半挂车可能出现的典型工况和极限工况，分别进行力学分析，确定边界约束条件和载荷状态，再进行解算和分析。该半挂车车架主要结构都采用优质合金钢，材料的屈服极限σ_s都在450MPa以上。安全系数取1.4，因此许用应力为：

$$[\sigma]=450\ \text{MPa}/1.4\approx 321\text{MPa}$$

4.1　牵引起步时，坦克处于车架上标准停放位置时的有限元分析

该工况车辆处于缓速起步状态，应对牵引部分施加牵引力。起步牵引力应等于拖车部分的滚动阻力，即：

$$F=F_f=w\cdot f$$

式中　w——半挂车车架（包括坦克）对路面的垂直载荷；

f——水平公路的滚动阻力系数。

对悬架支点进行垂直自由度约束，对牵引座进行垂直自由度约束。重力载荷包括坦克、半挂车车架及车架附件等。

图4为计算后的Von Mises应力分布图。图中显示该工况下的最大应力SMX为110MPa，位置处于半挂车车架前部鹅颈处，小于材料的许用应力。图5为计算后的垂直方向应变分布图，最大变形为2.3mm，位于车架中前部的坦克停放处。

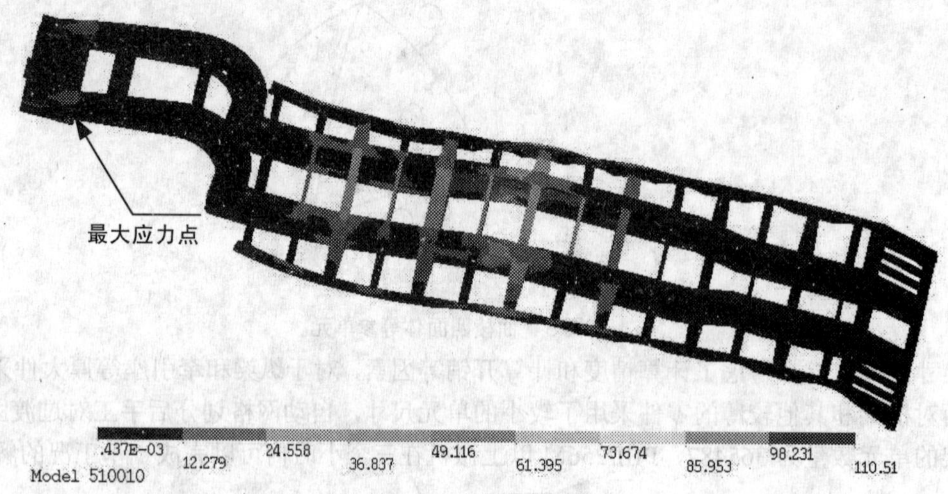

图4 坦克处于标准停放位置时的车架应力分布图（牵引起步）

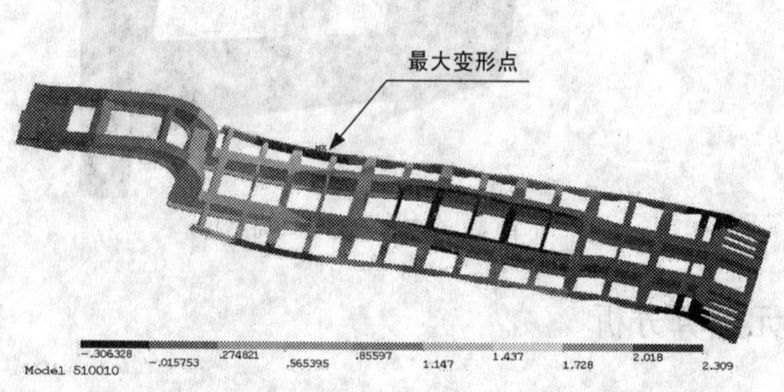

图5 坦克处于标准停放位置时的车架垂直应变分布图（牵引起步）

4.2 第一桥悬空时，半挂车车架弯曲工况有限元分析（牵引起步）

在该工况下，对后四桥的悬架支点进行垂直自由度约束，对牵引座进行垂直自由度约束。对车架第一桥支点施加向下垂直载荷。重力载荷包括坦克、半挂车车架及车架附件等。分析结果显示该工况下的最大应力 SMX 为 260MPa，小于材料的许用应力，位置仍处于鹅颈处。垂直方向变形最大为 4.5mm，位置处于车架中前部。

4.3 第一、五桥对角车轮悬空时，半挂车车架扭转工况有限元分析（牵引起步）

在该工况下，对第一桥和第五桥的对角悬架支点及其它桥的悬架支点进行垂直自由度约束，对牵引座进行垂直自由度约束。对第一桥和第五桥另一对角支点施加向下垂直载荷。重力载荷包括坦克、车架及车架附件等。分析结果显示该工况下的最大应力 SMX 为 236MPa，小于材料的许用应力，位置仍处于鹅颈处。应变最大为 5.3mm，位置处于车架中前部。

4.4 车辆以 30km/h 初速制动，制动距离为 14m 时的车架有限元分析

该工况车辆处于紧急制动状态，分析时应对半挂车车架施加制动惯性力。该工况下的最大制动减速度参考试验数据为 5m/s²，故制动惯性力应为：

$$F=(m_c+m_t)\cdot a$$

式中 m_c—车架（包括附件）质量；

m_t—坦克质量；

a—制动减速度。

此外还应施加坦克制动惯性力对车架产生的俯仰力矩。对悬架支点进行约束，对牵引座进行约束。重力载荷包括坦克、半挂车车架及车架附件等。计算结果显示该工况下的最大应力 SMX 为 148MPa，小于材料的许用应力，位置仍处于鹅颈处。垂直方向应变最大为 2.9mm，位置处于车架中前部。

4.5　车辆位于15%纵坡向上牵引起步，第四、五桥悬空时的车架有限元分析

车辆在爬坡时，如果坡度不均匀，由于多桥车辆很长，可能出现前部的车桥已上坡而后部的车桥被悬空的情况，如果第四、五桥悬空是最恶劣的极限工况，见图 6。

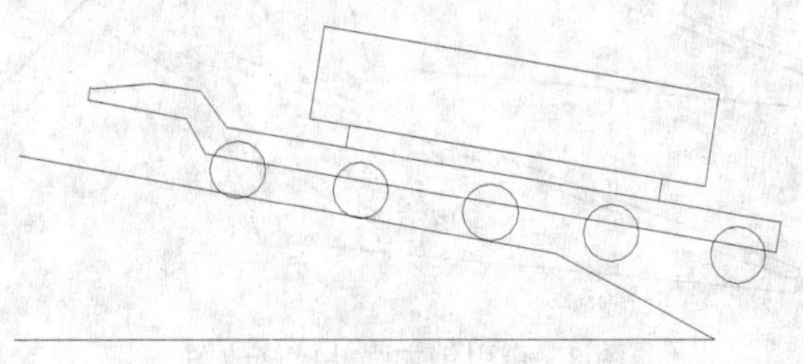

图 6　四五桥悬空的情况

计算时对牵引部分施加牵引力。起步牵引力应等于拖车部分的滚动阻力与坡度阻力之和，即：

$$F = F_f + F_i = G(f + i)$$

式中　G—半挂车车架（包括坦克）对路面的垂直载荷；

f—四级公路的滚动阻力系数；

i—15%的坡度阻力系数。

对第一、二、三桥悬架支点进行车架平面垂直自由度约束，对四、五桥悬架施加向下垂直载荷。对牵引座进行垂直车架平面方向的自由度约束。重力载荷包括坦克、半挂车车架及车架附件等，此外还应施加坦克重力分量对车架产生的俯仰力矩。计算结果显示该工况下的最大应力 SMX 为 305MPa，接近材料的许用应力，位置仍处于鹅颈处。最大变形为 2.14mm，位置处于车架中前部。

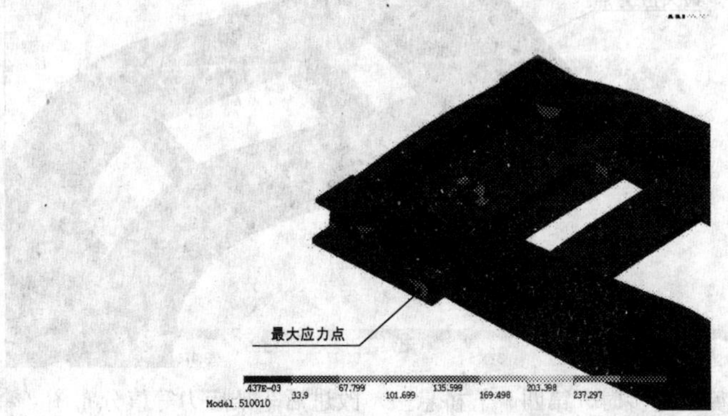

图 7　15%纵坡向上牵引起步时，第四、五桥悬空，车架应力等值分布放大图

5　结构改进及验算

根据以上计算结果，提出以下结构改进参考意见：

（1）　半挂车车架鹅颈部是各工况的最大应力部位，通过对应力分布放大图分析，最大应力区在鹅颈端部的牵引销加强补板上与纵梁相连接的区域。建议考虑更换补板材料，或加大料厚，或加大补板与纵梁的连接长度。

（2）　坦克一般停在半挂车车架的中前方部位（一、二、三桥上方），其前部和后部区域可适当考虑弱化，以利减重。

工厂根据实际情况，对牵引销加强补板增加了过渡部分，见图 8；对纵梁进行了改进，见图 9，去掉了中间下部的拐点过渡区域，使中后部断面尺寸改为一致，即减轻了重量，也是工艺更为简单。

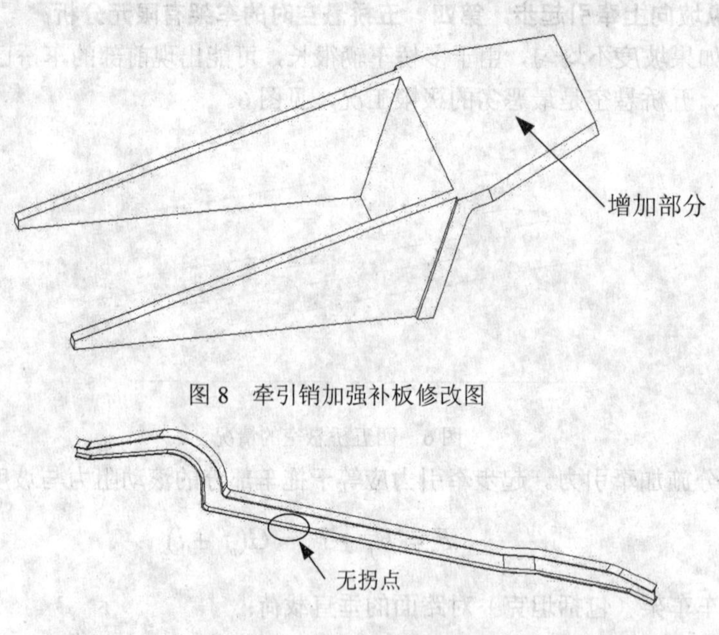

图 8　牵引销加强补板修改图

图 9　纵梁修改图

根据改进的结构对实体模型进行修改和分析，并对最恶劣的工况五重新进行了计算。结果显示该工况下的最大应力 SMX 为 93MPa，位置处于牵引销部位，见图 10。最大变形量为 1.9mm，位置处于边纵梁前部。原鹅颈端部的应力状况得到了大幅度的改善，整车的应力分布更为合理，说明改进是成功的。

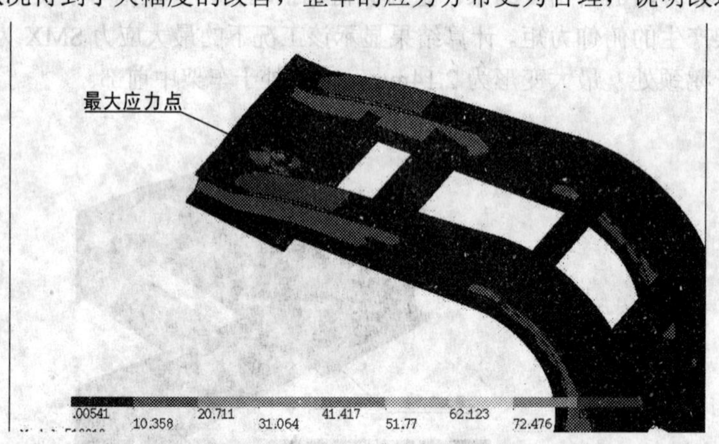

图 10　15%纵坡向上牵引起步时，第四、五桥悬空，改进后车架应力等值分布图（牵引起步）

6　计算误差分析

计算的误差主要由三个方面的原因造成：

（1）　几何及物理参数产生的误差。该误差产生主要的原因包括对实体模型的简化以及理想材料物理特性与实际材料特性之间的差距。该类误差在前处理过程中已加以控制，不会超出允许范围。

（2）　建立力学模型产生的误差。该误差产生的主要原因是在对各种工况进行力学抽象时与实际情况不一致产生的误差。该误差的产生往往与计算手段的局限、计算任务要求以及计算成本等因素有关。本次计算主要是针对车架的结构进行分析，偏重于静态计算，当然也进行了紧急制动等动态工况的计算（施加惯性力），但这和完全的动态分析在理论方法和手段上都不尽相同的。即使如此，我们还是完全可以根据静态计算的结果估算动态的情况，本文采用了车辆计算中常用的动载系数法实现动态估算。

（3） 计算方法产生的误差。该误差主要表现在所选单元的类型、网格划分的奇异，计算结果的收敛程度等等。本次计算选用的单元类型完全按照单元选择的原则进行，实体单元的选择符合模型的实际情况，奇异网格的数量都控制在允许比例之内。在确定单元尺寸时进行了多次试算，直到达到可以接受的收敛精度。

7 结论

本轮计算采用了参数化实体建模方法实现了复杂有限元模型的建立，并通过接口程序将模型导入专业工程分析软件中进行分析计算，大大提高了建模效率和模型的可修改性，同时由于计算机处理能力的加强，对于车架纵梁之类的大型厚板件的有限元计算，采用曲棱四面体等参单元比传统的板壳有着更高的精度，同时计算开销也不大。

参考文献

1 蒋维城. 固体力学有限元分析. 北京：北京理工大学出版社，1989

2 余志生. 汽车理论. 北京：机械工业出版社，1989

3 Ansys Inc. Ansys Elements Reference. United State, 2000

车辆产品选型中的多因素多层次模糊综合评判方法

岳惊涛　王太勇　刁增祥
天津大学

[摘要] 为了在车辆产品选型中对车辆产品性能与厂家研发生产能力等因素进行评判，本文应用系统工程中的层次分析与模糊评价相结合的方法，综合考虑了定性与定量因素的影响，研究了一种对整车给出定量的评价分数的方法，以减少人为因素的影响，公平合理的完成选型工作。

关键词：选型　多层次　模糊　评判

Simulation and Analysis of Trailer Comfort Character

Yue Jingtao, Wang Taiyong , Diao Zengxiang
Tianjin University

[Abstract] In order to judge the vehicle's capability and the R&D ability of factory in the biding process, this paper study a method to get a quantitative integrated estimation based on the multi-factors multi-arrangements and fuzzy judgment.

Key words: multi-arrangements　fuzzy　selection

1 前言

随着汽车工业的发展，竞争机制逐渐引入产品选型过程中，尤其是军队等大集团用户，往往需根据使用要求提出较为详细的指标，然后从参加投标的企业提供的车型中进行选择。为体现公平原则，常采用专家评审的方法，首先由参与竞争的几方厂家进行陈述，专家听取汇报，审阅材料，然后投票，按得票多少给出倾向性意见。

这种方法虽集中了一些专家的意见，可以从一定程度上优选产品与厂家,但一人一票制中存在的人为因素是无法排除的，例如专家对各厂家与产品的标准一致性。即使可以保证专家以完全公平的心态对各厂家评分，可由于对一个整车的评价涉及外观、性能、配套能力，制造厂的发展历史，品牌认知识度等很多因素，单凭借专家的经验是很难综合出一个准确的评价分数。

经过理论分析与实践检验，本文探讨了一种应用系统工程中的层次分析与模糊评价相结合的方法，对有试验数据的因素，给出定量分数，对一些需靠专家经验来综合分析评价的因素，采用模糊数学的方法，给出模糊评判的结果。最后，综合定性与定量因素，用层次分析法进行计算，对整车给出一个定量的评价分数，最大程度上减少人为因素的影响，公平合理的完成选型工作。

2 多因素多层次综合评价模糊数学方法

较复杂的评价体系，一般均涉及到多因素多层次，这些因素有些可用数量化描述，有些则具有模糊性。下面结合层次分析法[1]与模糊数学[2]中的综合评价原则，建立一种可量化的多因素多层次综合评价模糊数学方法。

首先建立评价指标因素树，以二级评价为例，见图1。

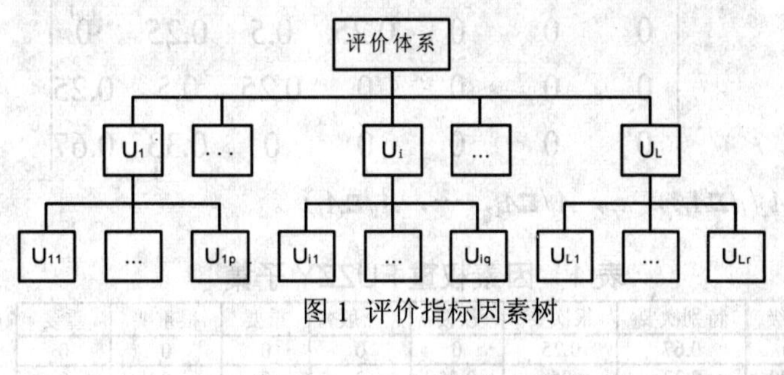

图1 评价指标因素树

图中：

U_1、K、U_i、K、U_L ：一级评价指标因素集，共L个。

U_{11}KU_{1p}、K、U_{i1}KU_{iq}、K、U_{Li}KU_{Lr} ：二级评价指标因素集，分别有p、K、q、K、r个。

2.1 因素集

$$U=\{u_1,u_2,\mathrm{K}\ u_m\}$$

u_i:因素，i=1,2,…,m。

2.2 方案集

$$F=\{f_1,f_2,\mathrm{K}\ f_m\}$$

f_i:方案，i=1,2,…,s。

2.3 评语集

$$V=\{v_1,v_2,\mathrm{K}\ v_m\}$$

v_j: 评语，j=1,2,…,n。

2.4 权重集

$$A=\{a_1,a_2,\mathrm{K}\ a_m\}$$

ai：权重,因素对上一级因素的"重要程度",并满足正数和归一性要求,即 $\sum a_i=1,\ a_i\geq 0$。

A 可用专家评分法、层次分析等方法确定。本文用模糊统计的方法确定 *A*，步骤如下：

首先由专家根据经验、推理确定各级评价指标因素集中各因素 U_i 的“相对重要程度”(表1中的权重评语),由此可以统计得出 U_i 在权重评语集 *V* “特别次要、很次要、次要、一般、重要、很重要、特别重要”上的隶属频率,即得出隶属频率向量 C_i:

$$C_i=(C_{i1},C_{i2},C_{i3},C_{i4},C_{i5},C_{i6},C_{i7})$$

$i=1，2，3，4，…，l$（或p、q、r）

由表1查出各权重等级隶属度，则计算各因素的得分值 A_i:

$$A_i=C_i\cdot R\cdot C_{权}^T \quad (1)$$

其中：C权为权重等级矩阵

$$C_{权}=(0\quad 0.20\quad 0.35\quad 0.50\quad 0.65\quad 0.80\quad 1.00)$$

$$R=\begin{vmatrix}0.67 & 0.33 & 0 & 0 & 0 & 0 & 0\\ 0.25 & 0.5 & 0.25 & 0 & 0 & 0 & 0\\ 0 & 0.25 & 0.5 & 0.25 & 0 & 0 & 0\\ 0 & 0 & 0.25 & 0.5 & 0.25 & 0 & 0\\ 0 & 0 & 0 & 0.25 & 0.5 & 0.25 & 0\\ 0 & 0 & 0 & 0 & 0.25 & 0.5 & 0.25\\ 0 & 0 & 0 & 0 & 0 & 0.33 & 0.67\end{vmatrix}$$

确定权重 A=（$A\Sigma A_i$，$A_2/_1/\Sigma A_i$ ，…，$A_i/\Sigma A_i$，…，$A_l/\Sigma A_i$）。

表 1 因素权重 FUZZY 子集

等级	特别次要	很次要	次要	一般	重要	很重要	重要
0	0.67	0.25	0	0	0	0	0
0.20	0.33	05	0.25	0	0	0	0
0.35	0	0.25	0.5	0.25	0	0	0
0.50	0	0	0.25	0.5	0.25	0	0
0.65	0	0	0	0.25	0.5	0.25	0
0.80	0	0	0	0	0.25	0.5	0.33
1.00	0	0	0	0	0	0.25	0.67

2.5 单因素评价矩阵

首先确定方案集 F 中各方案 fi 对最低层评价指标因素集 U 中的因素 ui 的相对贡献程度。分两种情况：

情况 1：对定性评价的指标，确定方案对表 2 中评价集 V 中某评语 v_i (i=1,2,…,7)的隶属关系（即属于很好、较好或好、…）；

情况 2: 对定量计算或试验得到的指标，计算方案对因素 u_i 的满足度 P_i（$P_i \le 1$）。

2.5.1 确定方案的单因素评判集

单因素评判集的形式为：r_i=（r_{ij}）7=（$r_{i1}, r_{i2}, \cdots, r_{i7}$）

其中，r_{ij}：对第 i 个因素 u_i 而言，方案对评价集 V 中第 j 个满足度的隶属度，$r_{ij} \in [0,1]$。

情况 1：按照方案对因素 u_i 贡献的“评语等级”，从表 2 找出对应行向量，即为单因素评判集 r_i=（r_{ij}）$_7$=（$r_{i1}, r_{i2}, \cdots, r_{i7}$）；

情况 2: 对满足度 P_i 值，利用表 2 中满足度与评语的对应关系，用插值法确定单因素评判集 r_i=（r_{ij}）$_7$=（$r_{i1}, r_{i2}, \cdots, r_{i7}$）。

2.5.2 确定单因素评价矩阵

由 m 个单因素评判集组成单因素评价矩阵 R，见公式（2）。

$$R_i=\begin{vmatrix}r_{11} & r_{12} & \Lambda & r_{1n}\\ r_{21} & r_{22} & \Lambda & r_{2n}\\ \mathrm{M} & \mathrm{M} & \Lambda & \mathrm{M}\\ r_{m1} & r_{m2} & r_{m3} & r_{mn}\end{vmatrix} \tag{2}$$

表 2 方案 FUZZY 子集

评语	0	1/6	2/6	3/6	4/6	5/6	6/6
很好	0	0	0	0	0	0.33	0.33
较好	0	0	0	0	0.25	0.50	0.50
好	0	0	0	0.25	0.50	0.25	0.25
一般	0	0	0.25	0.5	0.25	0	0
较差	0	0.25	0.5	0.25	0	0	0
差	0.25	0.5	0.25	0	0	0	0
很差	0.67	0.33	0	0	0	0	0

2.6　综合评价

二级（最低级）因素综合评价 $B_i=A_i \bigcirc R_i$。

一级因素综合评价 $B=A \bigcirc R$。

其中，$R=(B_i)_L$，即公式（3）：

$$R = \begin{vmatrix} A_1 \bigcirc R_1 \\ \mathrm{M} \\ A_L \bigcirc R_L \end{vmatrix} \tag{3}$$

L 为一级因素的个数。

对于多级因素树，用以上方法，由最低层向上一级综合，可得到最上层的综合值。

综合得分 E 为：

$$E = B \times F^T \tag{4}$$

其中

$$F = \begin{pmatrix} 0 & \frac{1}{6} & \frac{2}{6} & \frac{3}{6} & \frac{4}{6} & \frac{5}{6} & 1 \end{pmatrix}$$

3　计算实例

3.1　建立评价体系因素数

以某轻型越野车选型为例，首先建立整车评价体系因素树[3]，见图 2。

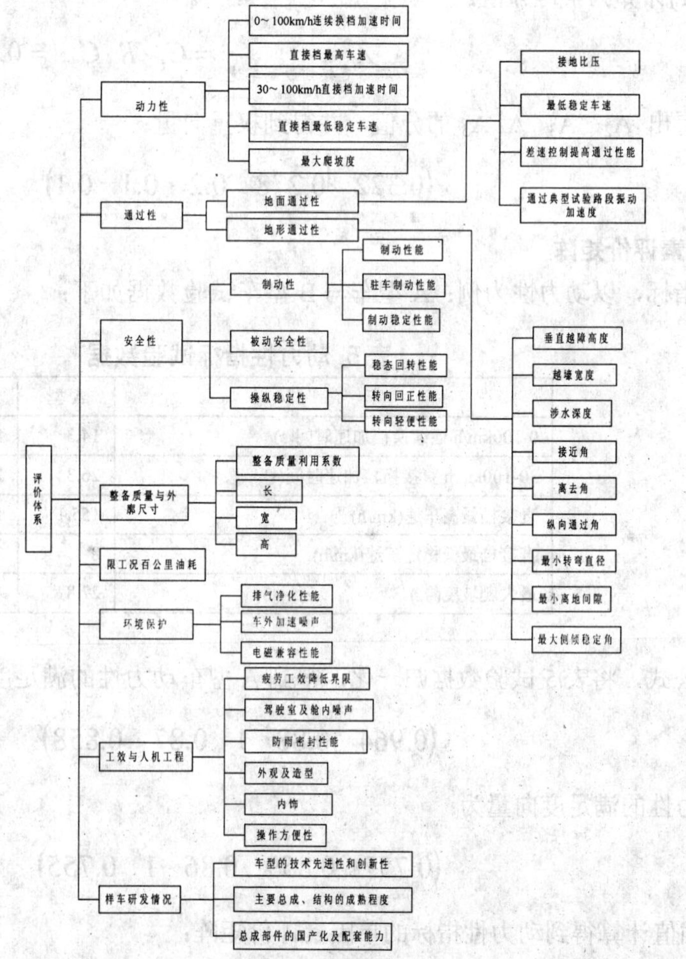

图 2　整车性能评价因素树

3.2 方案集

A 厂家车型为 A 型车，B 厂家车型为 B 型车，方案集为$\{P_A,P_B\}$

3.3 权重集

采用模糊统计方法确定各因素集的权重，以动力性为例，根据统计 12 位专家对表 3 填写的结果，得到各因素 Ui 在权重评语集 V “特别次要、很次要、次要、一般、重要、很重要、特别重要” 上的隶属频率,即得出隶属频率，见表 4（以直接档最高车速为例）：

表 3 相对重要程度关系表

因 素	0-100km/h 连续换档加速时间	30-100km/h 直接换档加速时间	直接档最高车速	直接档最低稳定车速	最大爬坡度
重要程度	重要	特别重要	重要	一般	一般

表 4 直接档最高车速隶属频率统计

等级	特别次要	很次要	次要	一般	重要	很重要	特别重要
频次	2	4	4	0	1	0	1

根据表 4 计算得出隶属频率向量为

$$C_{直接档最高车速}=\begin{pmatrix}\frac{2}{12} & \frac{4}{12} & \frac{4}{12} & 0 & \frac{1}{12} & 0 & \frac{1}{12}\end{pmatrix}$$

根据公式(1)计算因素得分值：

$$A_{直接档最高车速}=C_i\cdot R\cdot C_{权}^T=0.322$$

同理，可得出 A_2 A_3 A_4 A_5 的分值，并得到权重向量：

$$\begin{pmatrix}0.322 & 0.278 & 0.2 & 0.1 & 0.1\end{pmatrix}$$

3.4 形成单因素评价矩阵

对于定量指标，以动力性为例：A 型车与 B 型车试验数据如下：

表 5 动力性指标试验数据

车 型	A 型	B 型
0-100km/h 连续换档加速时间(s)	14.3	19.8
30-100km/h 直接换档加速时间(s)	26.3	27.7
直接档最高车速(km/h)	155.1	138
直接档最低稳定车速(km/h)	8	7.6
最大爬坡度(°)	22.8	14.2

根据评价公式，将表 5 试验数据归一化，得到 A 型车动力性的满足度向量为：

$$\begin{pmatrix}0.964 & 0.88 & 1 & 0.87 & 0.858\end{pmatrix}$$

B 型车动力性的满足度向量为：

$$\begin{pmatrix}0.757 & 0.859 & 0.86 & 1 & 0.755\end{pmatrix}$$

由表 2，插值计算得到动力性指标的单因素评价矩阵：

A 型车

$$\begin{pmatrix} 0 & 0 & 0 & 0 & 0.054 & 0.367 & 0.579 \\ 0 & 0 & 0 & 0 & 0.179 & 0.452 & 0.369 \\ 0 & 0 & 0 & 0 & 0 & 0.33 & 0.67 \\ 0 & 0 & 0 & 0 & 0.195 & 0.463 & 0.342 \\ 0 & 0 & 0 & 0 & 0.212 & 0.475 & 0.313 \end{pmatrix}$$

B 型车

$$\begin{pmatrix} 0 & 0 & 0 & 0.114 & 0.364 & 0.386 & 0.136 \\ 0 & 0 & 0 & 0 & 0.211 & 0.473 & 0.316 \\ 0 & 0 & 0 & 0 & 0.21 & 0.473 & 0.317 \\ 0 & 0 & 0 & 0 & 0 & 0.33 & 0.67 \\ 0 & 0 & 0 & 0.118 & 0.368 & 0.382 & 0.132 \end{pmatrix}$$

3.5 综合评判计算

因素树最底层起，按照公式（3）计算综合评判结果，仍以动力性计算为例，由 式

$$B_{A型车} = A \times R = (0 \quad 0 \quad 0 \quad 0 \quad 0.108 \quad 0.404 \quad 0.489)$$

$$B_{B型车} = A \times R = (0 \quad 0 \quad 0 \quad 0.049 \quad 0.255 \quad 0.422 \quad 0.275)$$

逐层计算，最后得到第一层综合评判结果，用公式（4）计算综合得分 E 为：

$$E = B \times F^T \tag{4}$$

$$E_{A型车} = A \times R = 0.56$$

$$E_{A型车} = A \times R = 0.72$$

由计算结果可以看出，B 型车的整体得分较高，说明 B 型车综合水平较 A 型车高，应优先选用。

4 结论

(1) 采用层次分析与模糊评判的综合分析方法，可以较为全面的量化考虑定量与定性因素对方案整体水平的影响，最大程度上减少人为因素的影响。

(2) 权重值对最后评价分数有重要的影响，宜采用专家评分的方法以提高其合理性与准确性。

(3) 评价应尽量以可试验定量参数为评价因素，减少定性评价指标的比例。

参考文献

1 刘广萍，吴辉. 层次分析法在模糊控制中的应用，佳木斯大学学报. 2000.03

2 汪培庄，韩立岩. 应用模糊数学. 北京经济学院出版社，1989

3 刁增祥. 军用越野汽车效能评价体系研究 [硕]. 吉林工业大学汽车学院，2000

逆向工程技术在车身外覆盖件设计上的应用

郭立峰
哈飞汽车股份有限公司

[摘要] 本文主要介绍了逆向工程技术在现代车身外覆盖件设计开发中的应用流程，并重点对车身外覆盖件的模型分块、曲面数学模型的创建及对曲面质量进行评析等关键技术的研究与探讨。

关键词：逆向工程 车身外覆盖件 曲面 质量评析

1 汽车车身逆向工程设计的概述

逆向工程是从已有的物理模型或实物样件获取产品的数学模型的过程。目前广泛应用于产品开发、模具制造、产品质量控制等领域，尤其在汽车车身外覆盖件的开发设计中，逆向工程技术已成为重要技术手段。车身逆向技术是计算机辅助造型几何设计 CAGD(Computer Aided Geometrical Design)的重要方法和手段之一。它主要研究工程中的几何造型问题，是对各种几何外形信息的计算机表示、分析和综合，通过计算机对所求模型进行数学描述和控制，其主要数学理论为计算几何（Computation Geometry），它是由函数逼近论、微分几何、计算数学、计算机图形学等形成。车身外覆盖件的逆向工程应用是由手工模型求表面数学模型的过程。它有别于一般的产品实物求数学模型的过程。在全新车身外覆盖件产品开发阶段实施逆向工程的过程中，不但要最大限度的忠实再现造型设计师的设计理念，还要充分考虑结构设计的要求，在曲面的建模过程中，还要注意消除手工制作油泥模型的表面缺陷和测量资料的离散误差，从一定的意义上来说，车身外覆盖件的逆向工程技术应用包含了一定的正向设计的方法。

2 车身外覆盖件逆向工程应用的流程

车身外覆盖件的逆向工程设计是造型设计和工程 CAD 设计的衔接，是车身概念设计中的关键过程；在整个车身的外覆盖件的设计实施过程中，表面数据的采集、曲面建模所占时间比重较大，曲面质量要求高，而且随着市场的不断变化，时间进度的要求也逐渐紧张，经过一些车型的逆向设计工作，我们总结了如下车身外覆盖件的逆向工作流程。

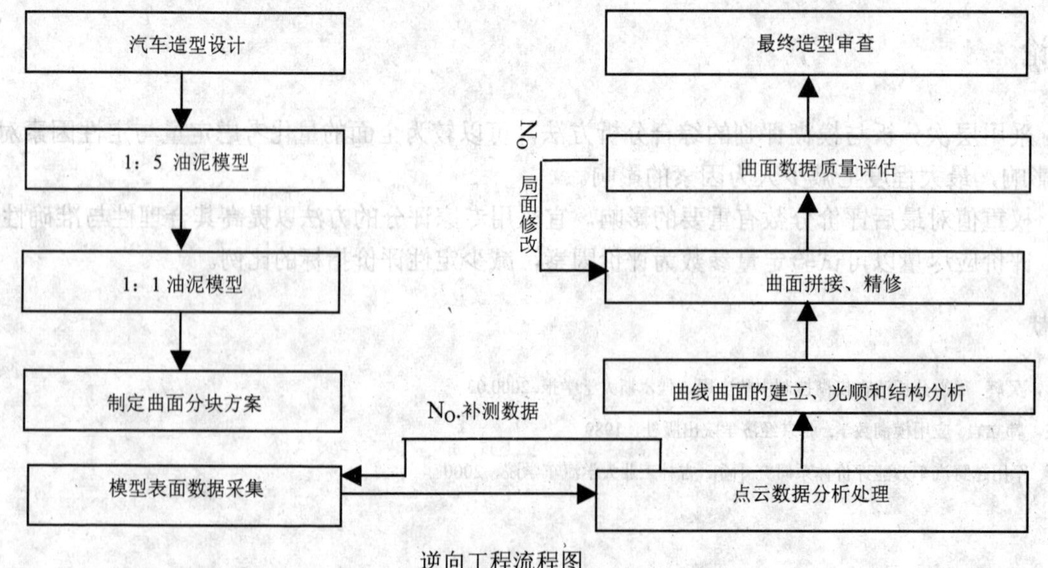

逆向工程流程图

3 逆向工程的关键技术

在车身外覆盖件逆向工程应用中有三项关键技术

(1) 快速、准确的从 1：1 汽车车身油泥模型上采集三维点云数据。

(2) 快速、高质量的创建曲面数学模型。

(3) 对曲面数学模型做正确的分析与评估。

3.1 三维点云数据的采集

车身外覆盖件的三维点云数据是将油泥模型的实物曲面以空间三维坐标的形式离散化。测量所得的点云数据是进行曲面建模和对曲面质量进行评析的基础。同时，对油泥模型进行物理数据采集的过程又是耗时较长的关键环节，它直接牵涉到曲面建模的速度与质量。如何在短时间内高质量的作完数据采集是第一项关键技术。目前，在国内大量应用的有三种测量技术：

(1) 接触式三坐标测量：传统接触式三坐标测量采用的测量方式一般可以达到很高的精度，但由于在测量过程中直接接触车身的油泥模型，首先降低了测量的效率，而且容易划伤油泥表面，造成点云数据中的坏点。在车身外覆盖件的测量中，极适于测量孔、曲面特征线等。

(2) 线状激光束测量：该测量法也就是相位法测量，基本原理是将周期性的光栅投影到被测曲面上，通过光栅图象的调制和解调，求出所需的三维点云信息。该测量方法优点是测量范围大、速度快，但只适用于测量起伏不大的平坦曲面，多用于发动机罩、车门外板等大型外覆盖件的测量工作。

(3) 光栅投影式测量（照相测量）：光栅投影式是将光栅投影到物体表面，形成一块待测区域，由光学扫描系统测取实物的表面数据，由数码相机获取点云数据的三坐标位置。该测量方法为非接触测量，对被测物表面没有划痕，对复杂曲面可以分块测量测量速度快，点云密度高。

各种测量方式都有其优缺点。在逆向工程中可根据不同的产品进行灵活选择。在我公司的车身外覆盖件数据测量中，主体采用光栅投影式测量方法，其后采用接触式三坐标测量对车身上的曲面特征线进行测量，最终获得完整的车身外覆盖件的点云数据。图 1 为我公司开发的民意车的外表面点云数据

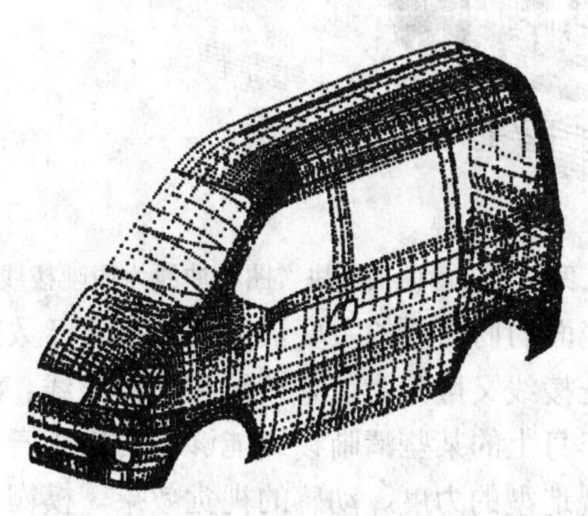

图 1　松花江民意车点云数据

3.2 车身外覆盖件的曲面要求

在车身外覆盖件的设计中，曲面最基本的要求是表面光顺。光顺的含义包括数学定义和主观美学描述。曲面光顺的数学条件是满足没有多余的凸区和凹区，一般用任意一张平面与曲面的截面曲线的光顺性作为曲面光顺的判据。车身曲面的主观美学描述主要体现在几项局部和整体的视觉效果上：

1) 单个曲面本身所形成的光反射效果。

2) 曲面之间的拼接和转折处形成的明暗变化。该项描述对整车的最后美观审查将起到决定性的作用。

3) 用高光灯照在曲面的边界、过渡面等处形成高光线和高光轮廓，从视觉效果上看应该连续、流畅，不允许局部多余的凸凹、褶皱或散乱的明暗对比等缺陷存在。

曲面的光顺主要对以下几个方面产生影响：

1) 造型效果：在外部光源的照射下，光线反射和明暗光影效果应该比较好。

2) 冲压工艺性：光顺的曲面，在冲压过程中材料的流动性比较好，尤其对于车身外覆盖件来说，褶皱是绝对不被允许的。

3) CAD、CAE、CAM的要求：曲面如果不光顺，在执行某些功能模块时将产生不良的影响，最简单的例子就是OFFSET（平移）模块。另外，如果曲面不光顺，CAE划分有限元网格过程中，会出现由于网格过密而导致运算时间过长；在某些情况下甚至无法划分网格。不光顺的曲面还导致模具的加工工艺性差，对数控加工的编程造成困难，加工时还可能产生扎刀现象。

我公司一般将曲面质量分为3个等级：A、B、C级。A级曲面要求满足上述所有光顺条件。从逆向工程角度来讲，A级曲面应在符合设计意图、曲率连续的基础上，应尽可能的与点云数据接近。根据不同软件标准，边界与内部的曲面与测量的点云数据偏差不大于0.5mm左右，在制造过程中不出现几何形状的变化和光照时视觉效果的差异。B级曲面要求满足曲面光顺的基本条件，在曲率变化和局部视觉效果方面可适当降低标准，在制造过程中允许出现微小变形。但多用于车身的内板冲压件，如轮罩、地板等。C级曲面即指A、B两级曲面之外的其他曲面。

3.3 曲面数学模型的构造技术

3.3.1 车身覆盖件的分块

车身覆盖件的表面是由若干个自由曲面片所组成的。这些曲面片大小、形状都存在着差异。如何将车身覆盖件表面分成合理的自由曲面分块，是构造车身覆盖件曲面数学模型的关键准备技术。图2以具体实例描述了松花江民意车的自由曲面分块：

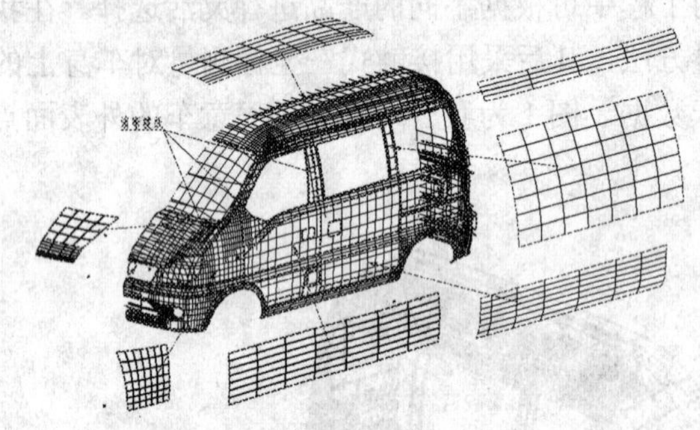

图2 松花江民意车自由曲面分块（图中曲线为清晰棱线）

由图示我们可以看出，划分车身表面的曲面片的主要依据是测量点云数据中的车身特征棱线和曲面的曲率变化规律。其中，车身表面的特征棱线又可分为清晰棱线和模糊棱线。清晰曲线是车身主要曲面的交线，对于现代车身的一些造型来说，车身上的某些清晰棱线能够表现出车身造型的显著特点，它主要用于将车身表面的功能区域进行划分，表现造型的力度、动感的视觉效果。模糊曲线是主要曲面之间用过渡面连接而形成高光轮廓，在构建曲面的过程中，模糊棱线是连接主要曲面的重要依据。另外，在划分车身自由曲面片是还应考虑以下因素：

1) 造型的要求。

2) 车身结构的可行性。

3) 曲面片的建立和曲面之间的拼接方法。

车身自由曲面的划分，直接影响后续的设计工作。在划分的整个过程中，造型师、测量工程师、逆向工程工程师需要进行充分的讨论、研究，甚至还要重复进行几次，在一定程度上采用了并行工程的一些方法。

3.3.2 曲面的建立和光顺

在车身外覆盖件曲面模型的建立过程中，通常的构造方法有三种：

(1) 网格曲面：又称点到面。即直接由点云数据生成曲面片，软件直接通过从点云数据中提取的纵横交错的点云网格，使用 U、V 两个方向参数线逼近点云数据的方法拟合曲面，该种方法多用于风挡玻璃的曲面模型的构造中。图 3 为松花江民意车前风挡玻璃的建构实例。

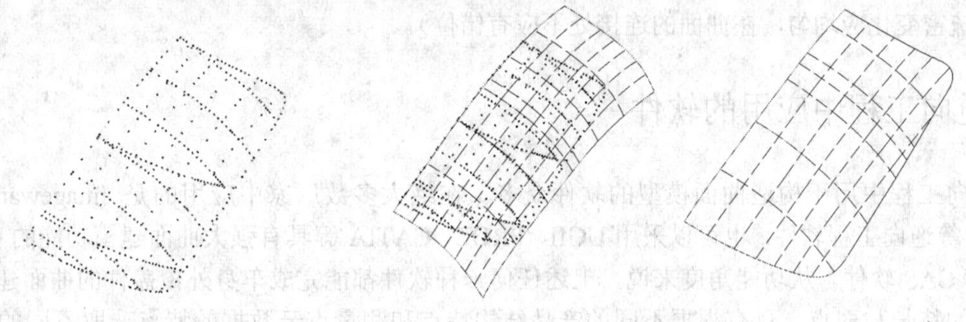

图 a 风挡玻璃点云　　图 b 由点云生成曲面　　图 c 生成最终曲面

图 3 松花江民意车前风挡玻璃的建构实例

(2) 截面驱动曲面：是应用最广泛的曲面构造方法。通过控制生成曲面不同位置的截面形状，在确立了生成曲面的四个边界后，按确定的脊线运动所形成的曲面，该种方法是应用最广泛的曲面构造方法。通常用于建立车身覆盖件的主要曲面。

(3) 规律描述曲面：对构成曲面的某一特征量如角度、半径、面积等按定义进行规律变化所生成的曲面。

在车身外覆盖件曲面数学模型的实际工程应用中，每种方法都可以单独使用，但多数情况下，需要对不同种方法进行综合运用，对生成曲面模型的元素进行反复调整，最终得到理想的光滑曲面。

3.3.3 自由曲面的拼接与裁剪

自由曲面的拼接，就是将已经光顺好的自由曲面用过渡曲面连接起来。在车身外覆盖件应用逆向工程的过程中，曲面的拼接与裁剪是一个很重要的环节。曲面的拼接处多是高光轮廓线和明暗对比效果明显的部位，曲面的拼接质量将直接影响到车身整体的视觉效果。

连接用的过渡曲面总体上分为两种。第一类是各种倒圆角曲面。可分为等半径和变半径、狭义圆角和广义圆角。圆角面的原则是先大后小，圆角曲面的阶数应高于基础曲面，按自然边界和特制线对曲面进行裁剪。第二类过渡面是连接两个或多个主要曲面并保证切矢连续或曲率连续的曲面。该类曲面多用于曲率变化较大，截面线形状比较复杂的情况。

在车身外覆盖件逆向工程设计中，有几个重要的过渡曲面对整车的造型效果影响很大，需要从不同的视觉角度进行正常光和高光检查，对曲面进行适当的光顺调整，以确保达到造型设计师的效果要求。这些面中包括 A 立柱表面、发动机罩棱线、车身侧围腰线等处的曲面。

3.3.4 曲面质量的分析与评估

曲面质量的分析与评估主要包括几何精度分析与评估和光顺效果分析与评估。在车身外覆盖件逆向工程设计中，曲面质量的分析与评估主要分以下几种：

1) 在初步构造曲面和光顺曲面过程中对单一曲面的检查：对单一曲面的分析与评估中，利用软件中检查工具模块，首先对生成的单个曲面进行简单的上光着色检查，以确认构造的曲面光顺，无扭曲、凸凹等现象。在保证曲面光顺的基础上，对曲面进行与点云数据的几何分析评估。

2) 构造过程中对多个曲面进行检查：通过软件中的检查功能，对多个相连曲面进行光顺检查。不当的连接会使曲面的修改产生困难。两个曲面的连接处不能出现 T 型连接和错位连接。曲线的连接偏差按照控制软件不同控制范围在 0 .05mm 以内，过大的偏差将会对派生曲面（offset 曲面）和数控加工造成困难（扎刀）。

3) 在曲面精修完成后，对曲面的光顺性做最终检查：该项检查是在所有外覆盖件曲面模型建立完毕后进行的。通过构建的曲面模型，通过数控加工制出钢制车身外覆盖件模型表面，组成一个完整的车身外覆盖件主模型。在光照间用不同光源性质的检测灯，从不同的角度对车身外覆盖件主模型进行光谱检查，最终由造型设计师来确认整个车身外覆盖件曲面模型是否符合设计要求，如在光照下有不完善或为完全突出所设计的造型效果的地方，则对曲面进行进一步的修改，直至达到造型的效果要求（光谱检查基本要求：光谱形状的疏密变化应均匀，在曲面的连接处不应有错位）。

4 车身逆向工程中应用的软件

车身逆向工程中用于构造曲面模型的软件众多。在绝大多数厂家中应用的是 Imageware-Surfacer、Icem-surface 等逆向工程软件，也可以采用 UGII、PROE、CATIA 等具有强大曲面建模功能的 CAD 软件以及 ALIAS 等 CAS 软件。从功能角度来说，上述任何一种软件都能完成车身外覆盖件的曲面建模工作。它们均有各自的特长与弱点，只有根据不同的产品结构特点和测量点云数据的特点选取不同的软件加以应用，才可提高曲面的建模质量和工作效率，才能达到事半功倍的效果。

5 小结

本文概述了车身逆向工程在车身外覆盖件设计应用中的作用和意义，并应用具体车型的具体实例阐述了在车身外覆盖件设计过程中逆行工程工作过程和巨大作用，由此我们可以看出，在车身的更新设计中，逆向工程设计是非常有价值的一项工作，随着不断出现的强大的高级曲面功能软件，逆向工程的设计工作将更容易实现和方便工作。本文还有许多不足之处以待今后改进。

参考文献

1 张小虞，叶平．汽车工程手册. 外部造型设计要点. 2001.6

2 张小虞，叶平．汽车工程手册．计算机辅助设计在汽车开发上的应用. 2001.6

3 阎华，林巨广．汽车覆盖件逆向工程中的若干关键技术探讨. 模具技术．2001.2

4 任为群，胡师金 .车身造型计算机辅助设计系统 . 上海汽车. 1998.1

客车车身的有限元计算与分析

马 勇 罗 伟 秦小奎

郑州宇通客车股份有限公司

[摘要] 汽车是一个复杂的结构，本文采用有限元法对半承载式客车车身进行强度计算。通过对车身的受力状态的应力分析，计算出整个车身结构的载荷和应力分布，为进一步改进设计提供理论依据。

关键词：客车 三段式底盘 模型简化 有限元分析 网格划分 载荷

1 前言

有限元法是近代随着高速电子计算机的勃兴而发展起来的一种有效的数值方法。尤其近年来计算机和软件技术的发展，有限元法也得到很大的发展，其应用范围不断扩大，在机械产品的设计中也得到广泛的应用。随着汽车工业的发展，有限元的计算及分析方法目前已成为汽车设计的一个重要的环节。目前ANSYS有限元分析软件是其中功能比较强大的一种有限元分析软件。

有限元分析在汽车上的应用十分广泛，从车身、车架计算到发动机的曲轴、及传动系统的计算。随着客车行业的快速发展，对客车的设计已发生了根本的改变，越来越多的技术被运用到客车的设计上，有限元法已成为各客车厂家所关注的重点。本文针对从实际的大客车车身有限元计算项目出发(该项目经过多次论证)，应用ANSYS软件在SUN工作站上对其进行结构强度分析。通过分析，找出其车身的薄弱环节，改进设计，使结构更合理。该车车身长为10m，宽为2.45m，高为3.5m，采用柴油发动机，发动机后置。后轮驱动，采用半承载车身，载客量为45人，主要用于长途客运。

2 车身计算的有限元模型

有限元法是把连续的弹性体划分成有限多个彼此只在有限个点相连接的、有限大小的单元组合体来研究的。就是说用一个离散结构来代替原结构作为真实结构的近似力学模型，即有限单元离散化，然后进行结构的整体分析，组集联系整个结构的节点位移和节点载荷的总刚度方程。总刚度方程是包含有限个未知节点位移分量的线性代数方程组，利用单元分析得到的关系，就可求出各单元的应力。车身的有限元法就是基于此原理而进行的计算设计。

对于半承载车身，它保留了底盘车架，将车身结构件与车架连接，使车身参与整车承载，从而可以对车架及结构断面进行减重，以达到材料的合理利用。该车身与车架的刚性连接一般是通过将车身的裙边梁立柱焊接在由车架纵梁两侧伸出的三段式底架引出的连接梁来实现的。由于客车车身结构的复杂性，必须对客车计算模型进行简化。车身外蒙皮是靠焊接固定在骨架上的，承载能力相对骨架小得多，为简化计算，本计算实际中忽略蒙皮的作用。客车的骨架结构由抗扭刚性很高的矩形钢管焊接形成的空间框架，由前、后、左、右，顶盖、地板六大部分组成。

另外根据需要简化车身内饰部分，结构叠合部分作了功能处理，即将一些邻近的节点进行合并处理，以减少总刚度方程的阶数。

经过以上处理，可建立简化模型。因为客车骨架大部分由开口薄壁梁构成，按照有限元计算的规律(根据国内和国外的先进经验)把单元类型选择薄壁梁单元（BEAM50），即单元格大小为50，矩形网格，允许在边界和结合处进行划分三角单元，每个单元有12个自由度，此次有限元计算共划分节点63481个，单元60015个，模拟焊点为7671个。模型如下图所示。材料的弹性常数由国家相关材料标准设定为:

弹性模量 $E = 2.1\times10^{11}(N/m^2)$

剪切弹性模量 $G = 8\times10^{10}(N/m^2)$

密度 $\rho = 7.8\times10^{3}(N/m^3)$

重力加速度 $g = 9.8(m/s^2)$

3 有限元划分注意事项

在客车车身计算的过程中，前期处理的是否正确直接影响到计算的结果。因此把连续体离散化成有限元计算简图时，应使原构件或结构尽可能比较准确地得到模拟。这步工作是否适当，关系到最后计算精度的高低。因此在划分有限元时，应该注意下列一些原则：

(1) 单元小，网格密，则计算精度高，但对计算机的整体性能要求高，计算时间长；单元大，网格稀，虽然对计算机的整体性能要求低，计算时间短，但计算精度低。因此，应在计算机容量的范围内，根据合理的工作时间，并考虑工程上对精度的要求，合理决定单元的大小。

(2) 对结构的不同部位采取相同的单元大小以便计算。对边界曲折的部位、应力或位移变化剧烈的部位，单元应尽可能的小。

(3) 对边界平直的构件，在用矩形单元的同时允许出现三角单元，便于减小不必要的误差，但三角单元的三个内角大小不要相差太大，不要有钝角，最好不要小于30度。

(4) 在载荷集度变化处和集中力处，应布置节点，以反映应力变化。

4 车身载荷

模型建立以后，就要将客车车身所受的载荷加到模型上，客车车身所受的载荷主要有：

(1) 车身骨架自重：此次计算将车身自重作为均布载荷分布在骨架上。

(2) 附件自重：座椅作为均布载荷分布在地板骨架上。

(3) 载重：乘客及司机作为均布载荷分配于相应节点上，根据统计资料，每个乘客的平均重量为65Kg。

(4) 总成及设备重量：主要指发动机和变速箱及空调重量，在计算中将其作为集中载荷，作用于边后梁的节点上，各部分载荷具体数值如下：

1) 发动机及变速箱质量：850kg，分布在发动机车身上。

2) 乘客质量（本车载45人）：45×65=2925kg；
乘客椅质量：45×30=1350kg；
司机质量：65kg；
司机椅质量：30kg；
司机、司机椅、乘客及乘客椅均匀分布在地板骨架上。

3) 空调蒸发器质量为100kg，分布于空调支架上；空调冷凝器质量为50kg，分布于冷凝器支架上。

4) 车身质量为6460.37kg(I-DEAS软件计算结果)。

5 材料特性

客车车身涉及两种材料：

(1) 汽车大梁用热轧钢板 WL510

(2) 普通碳素结构钢 Q235

查阅有关材料，得其材料特性如下：

材料	屈服极限 (MPa)	强度极限 (MPa)	杨氏弹性模量 (GPa)	泊松比	密度 (g/cm^3)
WL510	≥445	≥510~610	200	0.29	7.8
Q235	≥235	≥375~500	200	0.29	7.8

以上计算是静态计算。而实际中客车是以一定的速度行驶的，在行驶过程中由于路面不平等原因汽车产生振动，产生加速度，所以汽车在行驶过程中所受的载荷比静态计算的载荷要大的多，在强度分析中一定要考虑动载荷，一般是静载荷乘以动载系数。而动载系数主要取决于三个方面：道路条件、汽车行驶状况和汽车的结构参数。由于以上参数复杂，使动载系数很难用数学分析方法确定，所以在计算中采用经验数值。由实验和计算得出，在强度校核时，当客车四轮着地时，受对称垂直载荷时，动载系数可取为：Kzs = 2.0~2.5，本文取 Kzs=2.5。对于一轮悬空，客车受非对称垂直载荷时，在这种复杂的工况下客车不允许速度太高，动载系数取为：Kzs =1.2。

6 应力计算

载荷加好以后就可对模型进行计算。根据实际情况分两种情况分析。

6.1 四轮着地

此种结构就是车身结构完全支承，在满载的情况下计算各处的应力.该计算工况是在前、后悬架前吊耳处约束 X、Y、Z 三个平移自由度，后吊耳处约束 Y、Z 两个平移自由度.经过计算分析可得到如下结果，车身的变形形状如图 1 所示。

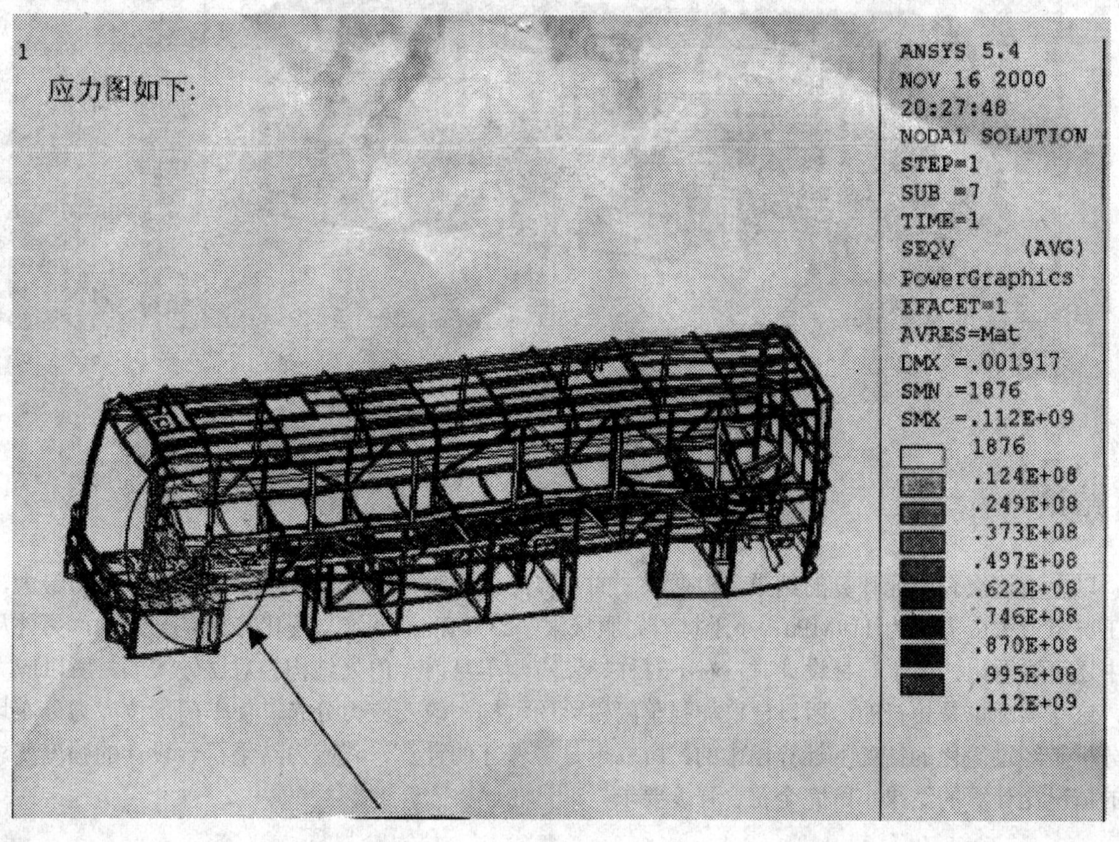

图 1

6.2 一轮悬空

这是一种危险的工况，汽车满载行驶在凹凸不平的路面时，往往会出现一轮悬空的情况，这时车身受到变扭联合作用，由于车身左右设计不对称，所以计算中分以下几种情况进行分析计算（图2）：

①右前车轮腾空状况；②左前车轮腾空状况；③右后车轮腾空状况；④左后车轮腾空状况。

四种工况计算的结果如下表：

工况	最大节点应力(MPa)及位置	最大单元应力（MPa）及位置
右前车轮腾空	83（发动机支架与纵梁焊接处）	88.3（后排座椅）
右后车轮腾空	119（发动机支架与纵梁焊接处）	119（发动机支架与纵梁焊接处）
左前车轮腾空	81.6（发动机支架与纵梁焊接处）	87.7（后排座椅）
左后车轮腾空	104（后纵梁与支撑立柱焊接处）	116（后纵梁与支撑立柱焊接处）

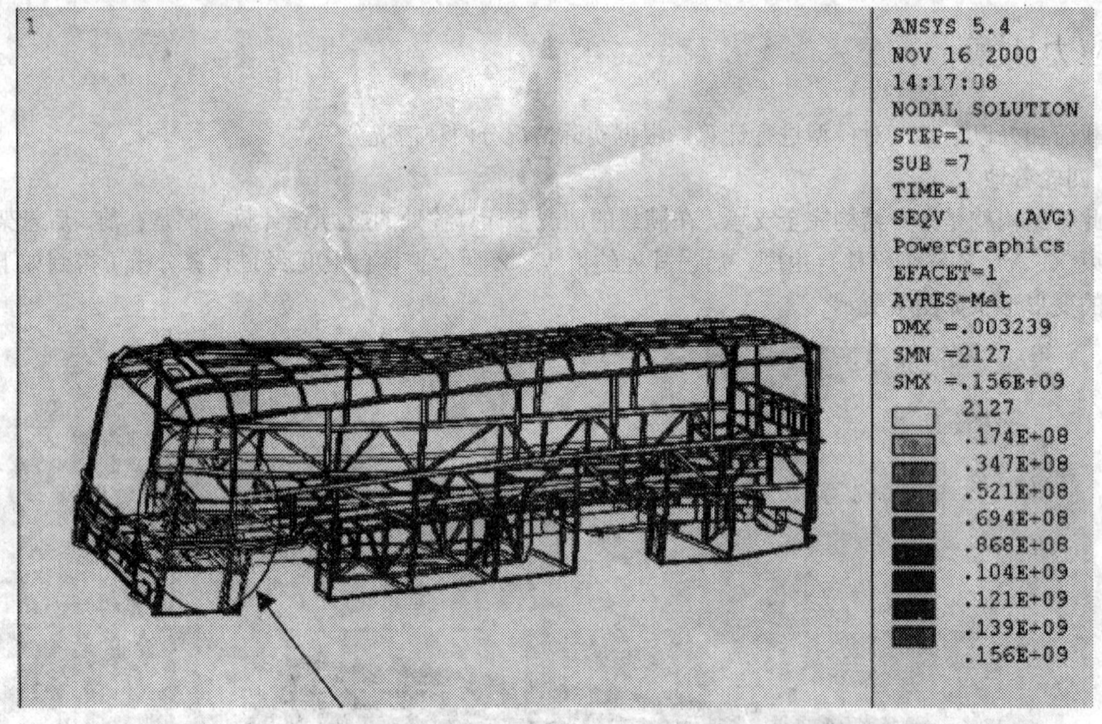

图2

7 结论

以上为该次有限元计算的结果，根据以上的计算结果可见，右后车轮腾空的工况下应力最大，在此极限工况下最大应力值为119MPa，小于材料屈服极限（235MPa），这与理化分析是一致的，另外从计算结果中还可以看出，由于车身设计时左右不对称导致右侧车身前车门处结构相对比较薄弱，所以应力值比较大，这与实际也是相符的，所以建议加强车门横梁的结构，改变应力分布，使车门部位应力分布均匀。以上分析是经过简化的情况下计算出来的，所以也是最保守的计算，其应力结果符合设计的强度要求，而实际的情况比计算的结果小，完全符合强度要求。

UG CAD/CAE 在产品开发中的应用

蔡志武

江铃汽车股份公司

[摘要] 本文介绍了在产品开发中对JX493发动机改型的应用，使用UG软件针对JX493结构改型的问题，对其改型前、改型后的状态进行CAD建模及UG/Motion机构运动仿真分析计算，解决了其存在的问题，为改进设计提供理论依据，从而减少了开发费用和开发周期。

关键词：CAD/CAE 机构运动 仿真

前言

随着市场经济的发展，企业竞争愈发激烈，要求企业必须缩短产品的开发周期、降低开发成本、提高产品质量，实现新产品的快速开发。对于企业要实现这一目标，必须改进传统的产品设计方法，谁能掌握计算机应用技术并应用于产品开发、制造，谁就能够掌握市场的主动。目前作为汽车设计中一个重要的环节，CAD / CAE技术为汽车设计验证、缺陷修改、及减少对于物理实验的依赖起重要作用。

江铃汽车股份公司十分重视CAD / CAE / CAM / PDM等计算机技术在企业中的应用，也为我们实现企业十三字方针：高品质、多品种、中价位、优质服务，提供了现代化的手段和基础保障。几年来，在全公司已全面普及了二维ＣＡＤ应用，并及时引进了EDS公司的三维CAD / CAE / CAM软件系统，应用于公司的新产品开发、制造、工程分析等工作中。计算机应用技术，提高了新产品开发、制造的效率，缩短了新产品的开发周期，改进了产品设计、制造的质量，并使企业形成了一种全新的新产品设计开发理念。本文介绍针对JX493发动机改型而影响到结构是否能满足要求，这一实际工程问题所作的CAD三维建模和CAE机构运动仿真分析。

1 问题背景

由于某型发动机改型后，引起发动机相关结构的改进。首先在改进配气机构后，发现该发动机凸轮轴在运行中检查到挠动较大，凸轮轴刚度不够。比较几种方案，确定对凸轮轴轴颈整体加粗，增加凸轮轴强度。然而凸轮轴轴颈整体加粗后，导致了曲轴连杆与凸轮轴在运转中结构是否合理，并快速进行结构调整，确定结构调整方案的可行性。在满足结构和强度要求下，在原有条件下修改凸轮轴轴颈结构，进行避让曲轴连杆大头干涉。由于凸轮轴、曲轴连杆的安装位置比较紧凑，修改凸轮轴轴颈结构将需要对其进行机构运动仿真分析。设计部门针对该问题提出了许多方案，利用机构运动仿真分析对于各种方案进行比较评估，时间紧，任务重，十分重要。一旦结构调整确定，不允许有大更改，否则就必须凸轮轴等部件重新开模需数十万元，并需要较长的时间，直接影响产品的开发周期。

2 准备工作

2.1 确立分析思路

明确该型发动机改型后的问题，确定分析问题的关键，关键在于凸轮轴轴颈整体加粗后，导致了曲轴连杆大头与凸轮轴在运转中结构是否合理。一方面在满足强度要求上的结构布置合理，一方面针对凸轮配气机构与曲轴运动机构，必须从静态和动态两方面来考虑其在工作状态下，能否发生干涉，目的是比较几种方案结构布置合理性。

2.2 确立分析模型

本次机构运动仿真分析的重点部位是凸轮配气机构与曲轴运动机构，首先必须建立该机构运动仿真分析的各部件三维 CAD 数模，然后确定机构运动的运动件、约束即运动幅等，最后进行机构仿真分析比较，确定不同方案结构布置合理性。

3 CAD 模型的建立

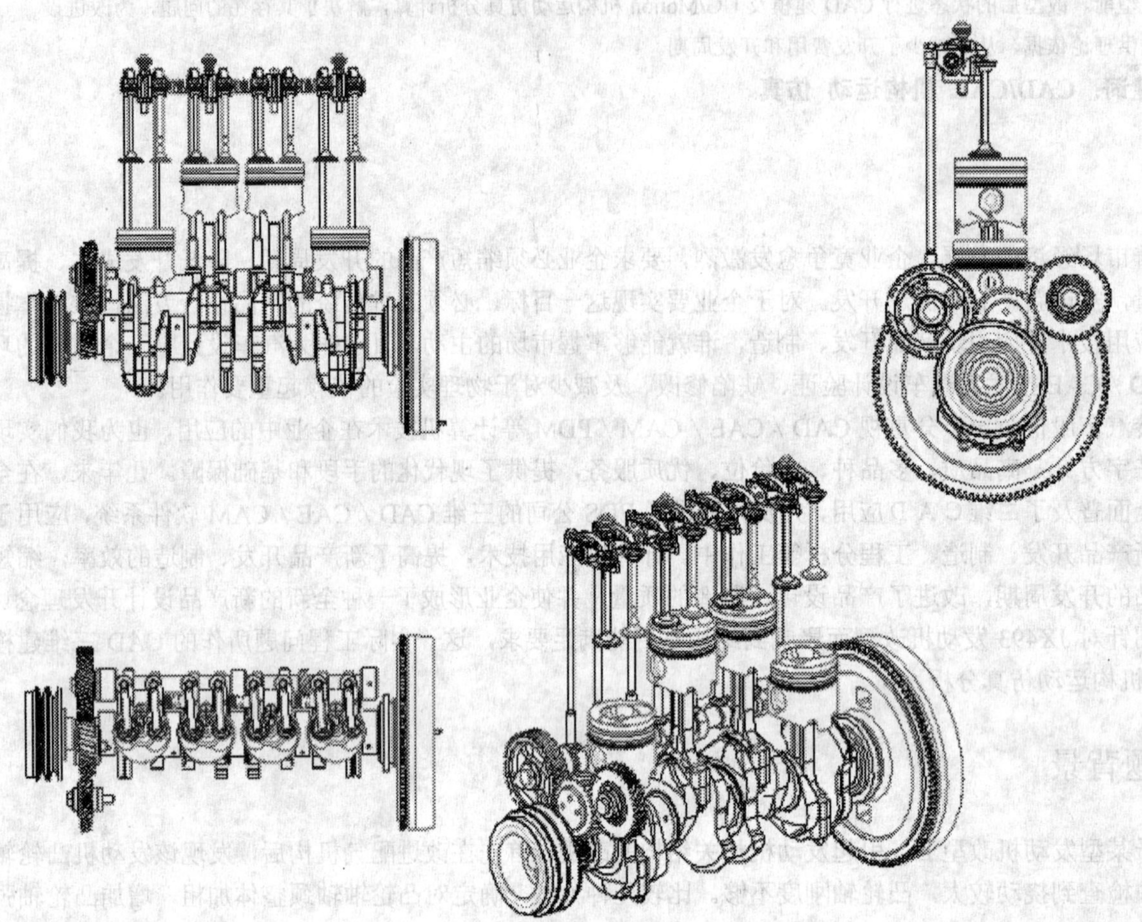

图 1 凸轮配气机构、曲轴运动机构

本次机构运动仿真分析以某型车发动机改型为例，重点针对凸轮配气机构、曲轴运动机构进行仿真分析，重点将建立其凸轮配气机构及曲轴运动机构三维ＣＡＤ数学模型，并针对曲轴运动机构和凸轮配气机构的部分关心的部件做细致的仿真分析。由于公司具有各部件的二维图样，然后每个部件根据二维图进行三维 CAD 实体建模并装配。具体三维 CAD 模型 （见图 1）。

4 构运动仿真分析的建立及实现

4.1 凸轮配气机构及曲轴运动机构之间的运动仿真分析的杆系建立

在ＵＧ／Motion 模块应用中,首先确定运动杆件,在凸轮配气机构中将摇臂、顶杆等转换为齿轮、齿条等作为杆系件，下面为典型的凸轮机构。曲轴运动机构中将曲轴、连杆、活塞等部件作为杆系件。这样将整个凸轮配气机构和曲轴运动机构的杆系件建立。（见图 2）。

4.2 杆系间的运动副

在 UG/Motion 中，在确定了杆系件后，将确定杆系件之间的约束即运动副，对于 JOINTS（运动副）有以下几种：

具体来说，凸轮配气机构和曲轴运动机构的运动幅均在上面加载有（图 2）。

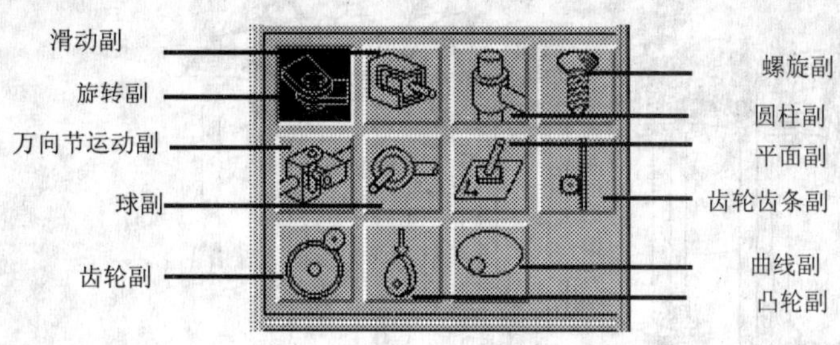

4.3 机构的运动仿真分析

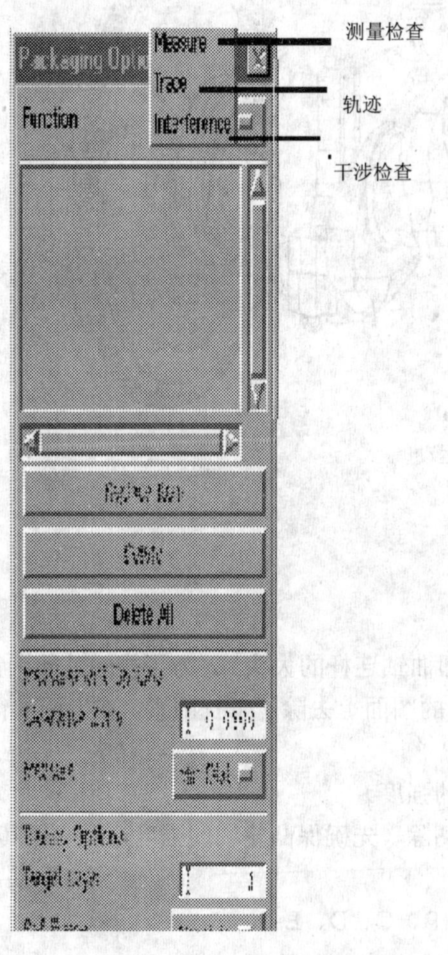

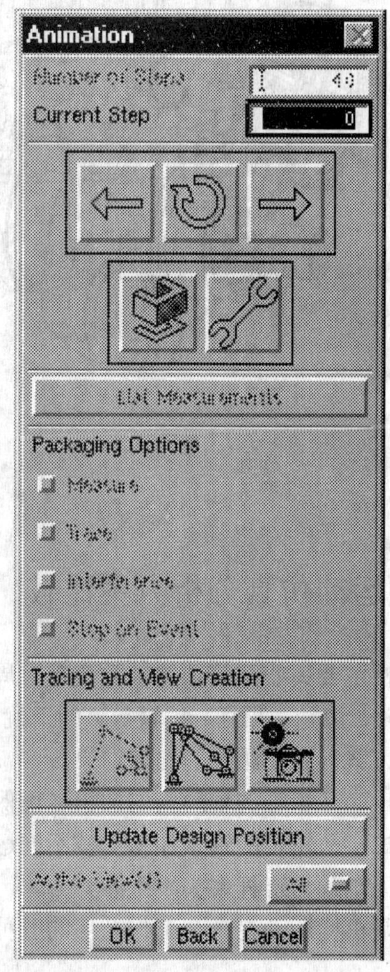

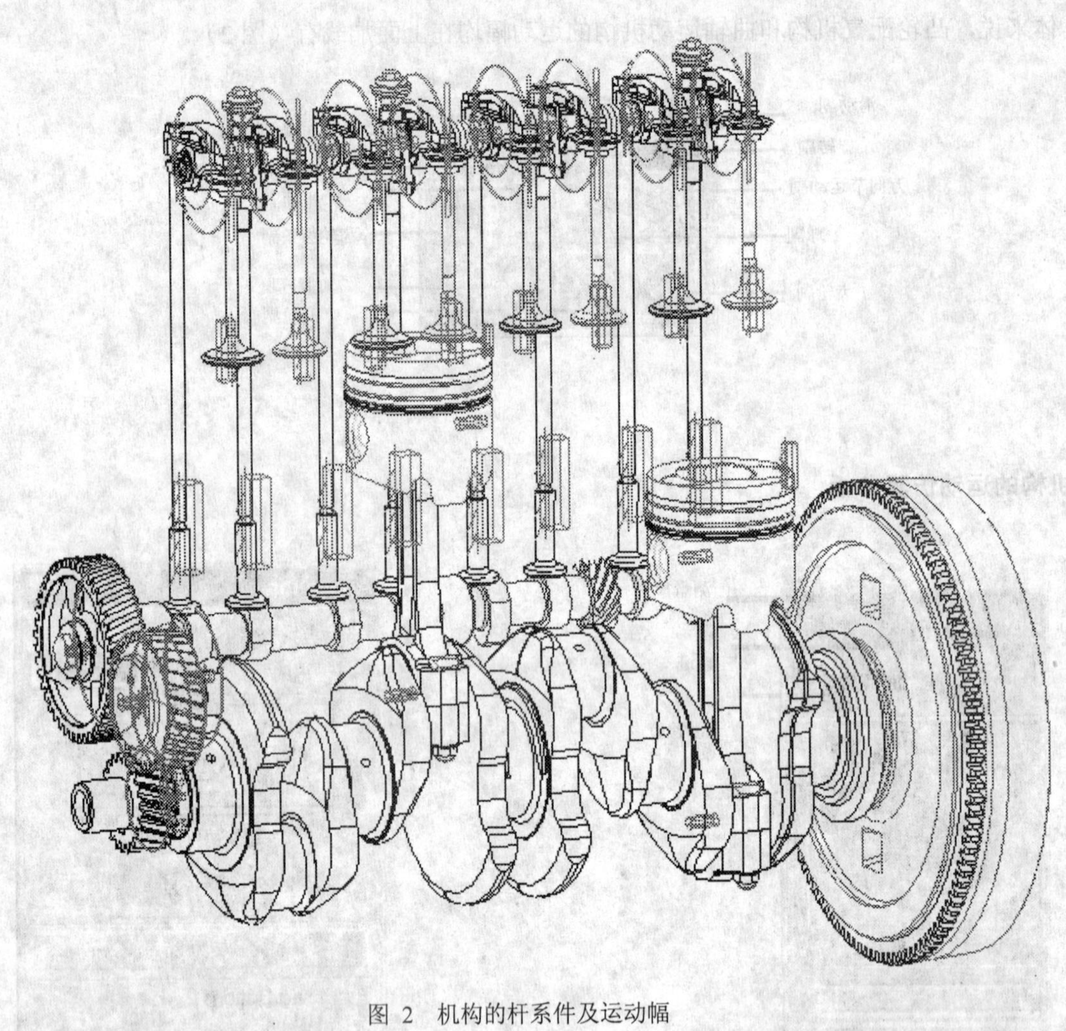

图 2 机构的杆系件及运动幅

5 机构运动仿真分析方案比较

本分析主要关心凸轮轴的轴颈变粗对周围结构的影响（即曲轴连杆的大头），为了排除其他因素（如：活塞、曲轴、齿轮、顶杆、摇臂等）的干扰，所以在运动仿真的图面上去除了干扰因素。在上面的情况下，比较几种方案得到了结构的比较结果。

方案一 凸轮轴的轴颈均匀加粗（确保凸轮轴在工作中的强度）

方案二 凸轮轴的轴颈加粗后按不同运动状态进行局部切除（先确保凸轮轴的强度，后确保其在运动工作状态下轴颈与连杆大头不干涉）

下面是机构运动在一个工作循环的五种状态情况：（A、B、C、D、E ）

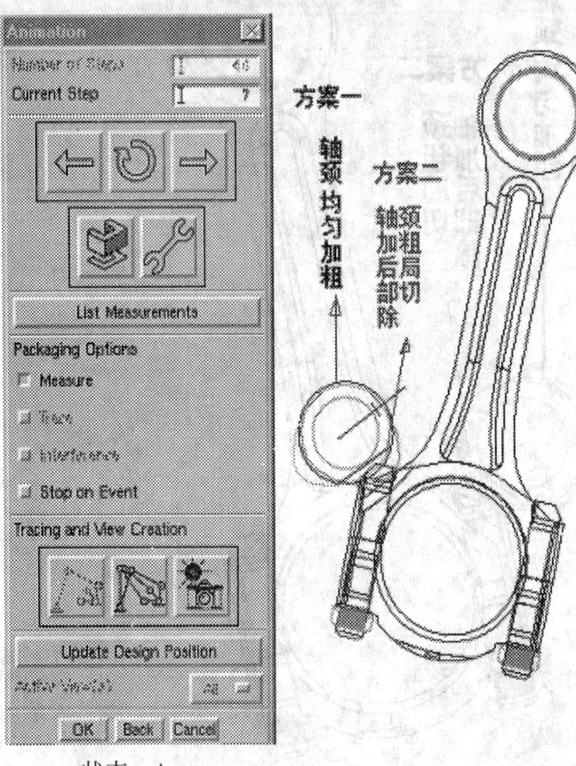

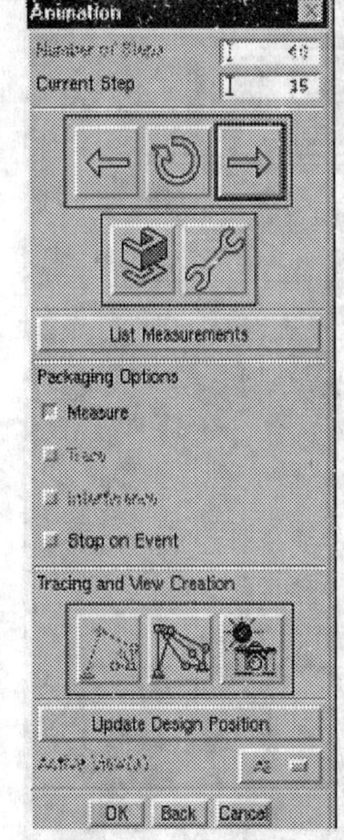

状态：A

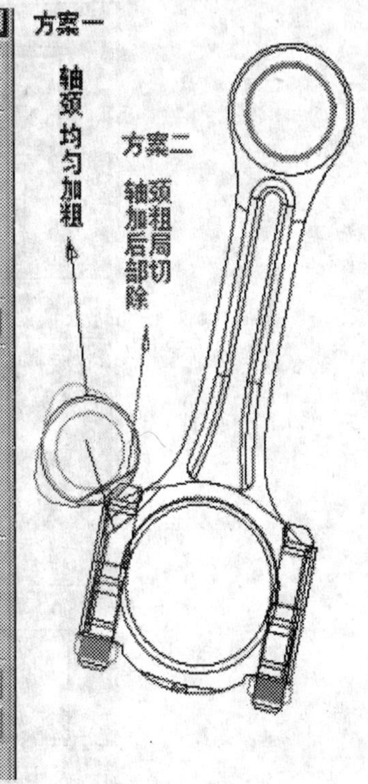

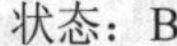
状态：B

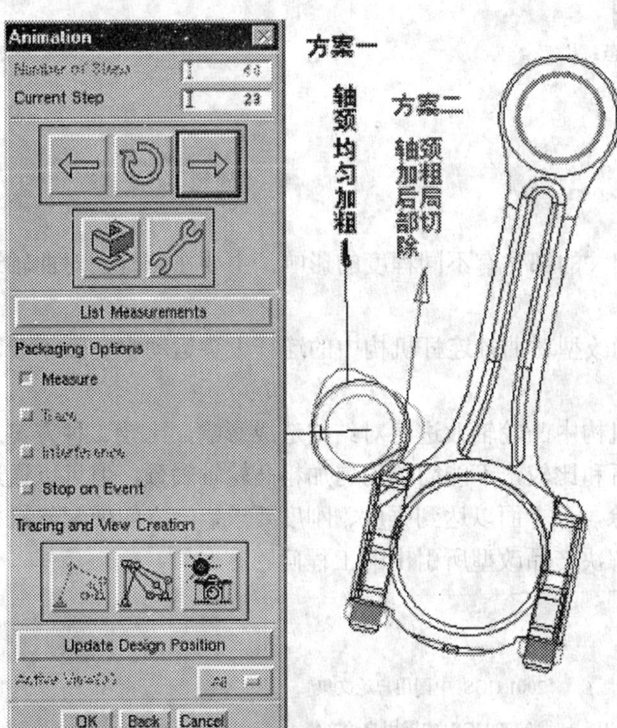

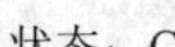
状态：C

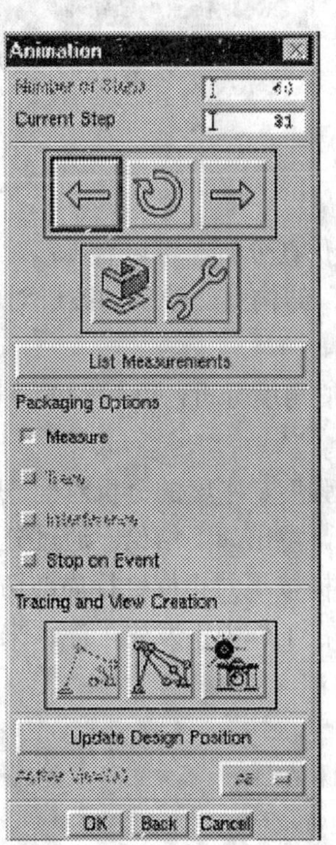

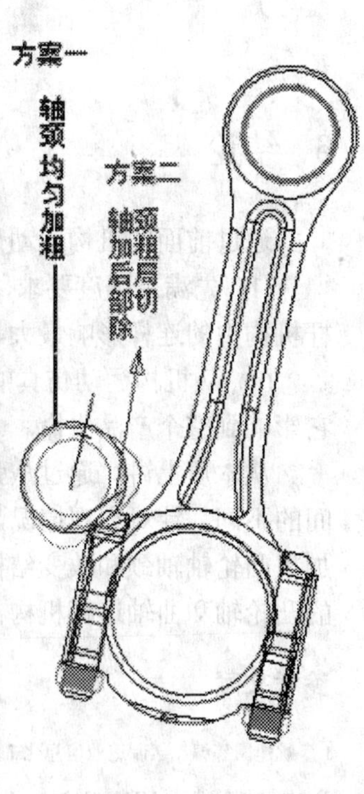

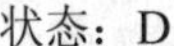
状态：D

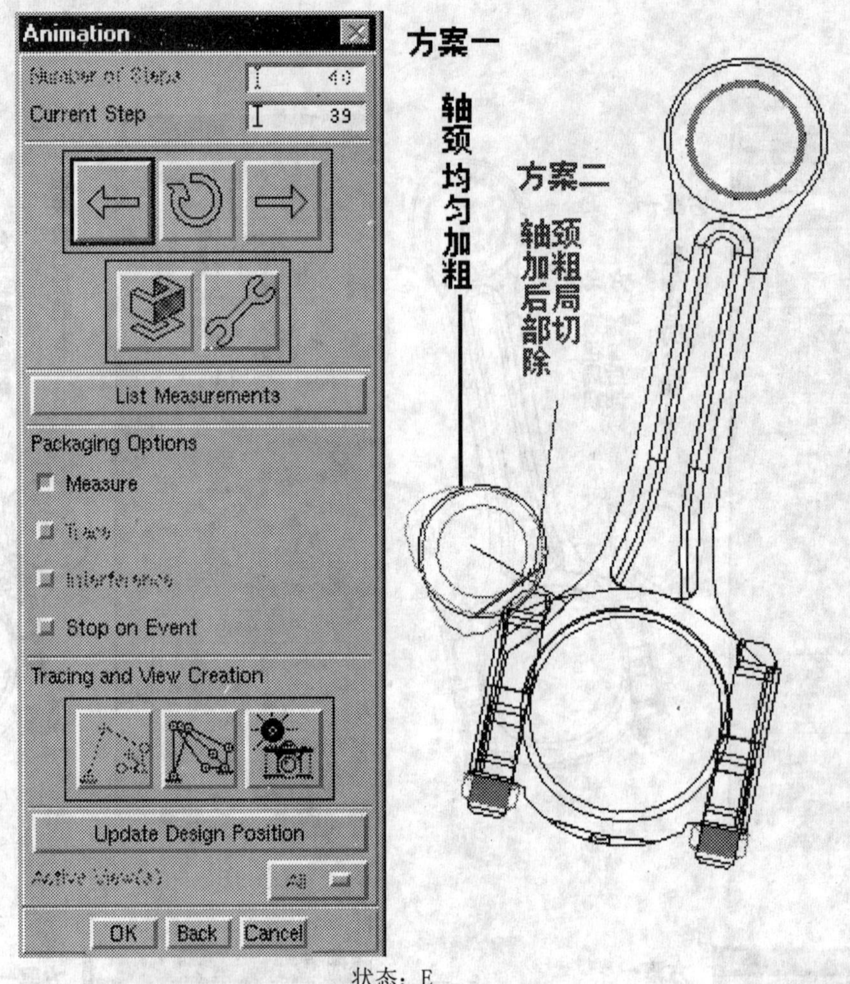

状态：E

6 结论

通过前面的机构运动仿真分析，可以看出：

(1) 先满足强度要求，结构上凸轮轴的改进对相关的部件有不同程度的影响，主要在结构上对曲轴连杆机构中的连杆影响最大。

(2) 从机构运动仿真的角度分析，凸轮轴的不同改型对曲轴连杆机构中的连杆大头运动中是否干涉，它影响到整个产品生命。

从本质上讲，通过从强度、刚度的分析对配气机构中凸轮轴改进将对结构造成影响，比较二种方案之间的不同，针对客观情况，得出如下结论：通过分析和比较，不能简单均匀加粗凸轮轴轴颈，但可以通过加粗凸轮轴轴颈和改变结构按不同相位进行局部切除，一方面以达到强度、刚度要求，一方面使配气机构的凸轮轴和曲轴连杆机构在工作中不发生干涉，来解决产品改型所引出的工程问题。

参考文献

1 姚建国等编 《制造业信息化工程的关键技术及应用》 机械工业出版社 '2001 UGS 中国用户论文集

2 姚建国等编 《CAD/CAM/CAE/PDM 技术开发与创新》 东南大学出版社 '2000 UGS 中国用户论文集

车身CAD技术新突破——WAVE技术和应用

龚勉　赵波

上海工程技术大学汽车学院

[摘要] 车身设计是一项复杂的工作，车身表面(特别是轿车)均为复杂的三维空间曲面，建模难度大，设计周期长，重复设计工作量大，装配精度难于保证。采用 WAVE 设计思想和方法，可以有效地解决车身设计“牵一发而系全身”的难题，避免了重复设计的浪费，大大减少了后续结构设计的等待时间，缩短了设计周期，并使得并行工程的优势得到充分的发挥。

关键词：CAD WAVE 车身

1 概述

WAVE(What-if Alternative Value Engineering)是美国EDS公司在其核心产品Unigraphics (简称UG)上进行的一项软件开发，于1997年在UG/V13.0正式推出，目前，UG在最新推出V18版本，WAVE技术已发展到较为成熟阶段。

UG/WAVE是美国EDS公司应通用汽车公司车身设计要求而开发的一项软件工程，特别适合于车身设计，是有效地解决车身设计“牵一发而系全身”难题的关键技术，可以明显地缩短整车开发周期，极大地提高企业的市场竞争能力。同时，配合使用UG的PDM软件iMAN，可使并行工程的优势得到充分的发挥。WAVE是当前CAD技术的重大突破。

WAVE是在概念设计和最终产品及模具之间建立一种相关联的设计方法，能对复杂产品(如汽车车身)的总装配设计、相关零部件和模具设计进行有效的控制。总体设计可以严格控制分总成和零部件的关键尺寸，而无需考虑细节设计；而分总成和零部件的细节设计对总体设计没有影响，并无权改变总体设计的关键尺寸。因此，当总体设计的关键尺寸修改后，分总成和零部件的设计自动更新，从而避免了零部件重复设计的浪费，使得后续零部件的细节设计得到有效的管理和再利用，大大缩短了产品的开发周期，提高了企业的市场竞争能力。

2 技术背景

随着汽车工业的高速发展，汽车发动机、底盘技术日臻完善，尤其是在全球一体化经济模式下，汽车发动机、底盘的总成和各种零部件采用全球采购方法，使得目前世界各大主要汽车厂商在发动机、底盘和整车性能上差距越来越小，竞争的焦点集中在车身造型、安全性、经济性、环保、内部装饰和各种选配件上。由于车身造型效果已经成为用户选购汽车重要依据，因此，车身设计在整车的开发中变得越来越关键和重要。

目前，在欧美和日本等先进国家已经广泛采用CAD/CAM技术进行整车开发，并将设计的周期控制在3年左右的时间，并取得了极大的经济和社会效益。在整车开发中，车身设计占据了相当大的比重，也是影响整车开发周期的关键。车身设计有别于一般机械产品的设计，车身表面(特别是轿车)均为复杂的三维空间曲面，建模难度大，设计周期长，装配精度难于保证，重复设计工作量大。因此，为了缩短整车的开发周期，缩短车身设计周期就成为关键的因素。

美国通用汽车公司在 5 年前就对产品开发提出了新的目标——将原来开发一个车型所需的 42 个月逐渐缩减到 18 个月，最终目标是 12 个月，每年推出多种变型车型。显然，利用目前的零部件级 CAD 技术方法无法做到，必须采用全新的设计方法和技术。

为了提高企业的产品更新开发能力，缩短产品的开发周期，UGS 适时地推出了带有革命性地全新的总体参数化设计技术 WAVE，它是真正的自顶向下的全相关的产品级设计系统，是参数化造型设计与系统工程的有机结合。

回顾 CAD 技术的发展历史，如果说上一次 CAD 业界重大变革是 20 世纪 80 年代的参数化建模，那么 WAVE 就是当前 CAD 技术最新的、最具戏剧性的重大突破。WAVE 通过一种革命性的新方法来优化产品设计并可定义、控制和评估产品模板。参数化造型技术是针对零件一级的，而 UG/WAVE 是针对装配级的一种系统工程，从而提供了实际工程产品设计中所需要的自顶向下的设计环境。

3 技术方法和应用范围

WAVE 技术起源于车身设计，采用关联性复制几何体方法来控制总体装配结构(在不同的组件之间关联性复制几何体)，从而保证整个装配和零部件的参数化和关联性，最适合于复杂产品和曲面相关性的设计。

3.1 技术方法

3.1.1 相关零件建模（Interpart Modeling）

用于简单产品的设计，可以在产品的装配结构中建立二个或多个组件之间的几何体的相关性。

3.1.2 自顶向下设计(Top-Down Design)

适合于中等复杂产品的设计，使用基准平面或草图来控制整个装配中所有零部件的基本形状、尺寸和装配位置。用概念设计控制结构设计，主要是组件之间曲面的相关性设计，可以使得设计变更自动进行，避免了大量重复设计的浪费，特别适合于新产品的开发和产品的系列化设计。

3.1.3 系统工程方法（System Engineering）

适合于诸如汽车、飞机等大型复杂产品的设计，采用控制结构方法定义产品的总体装配结构，再将总体装配结构分为若干个子系统（或子装配），用于进行分组并行设计。汽车的总体开发过程与 WAVE 系统工程与控制结构的关系如图 1 所示。

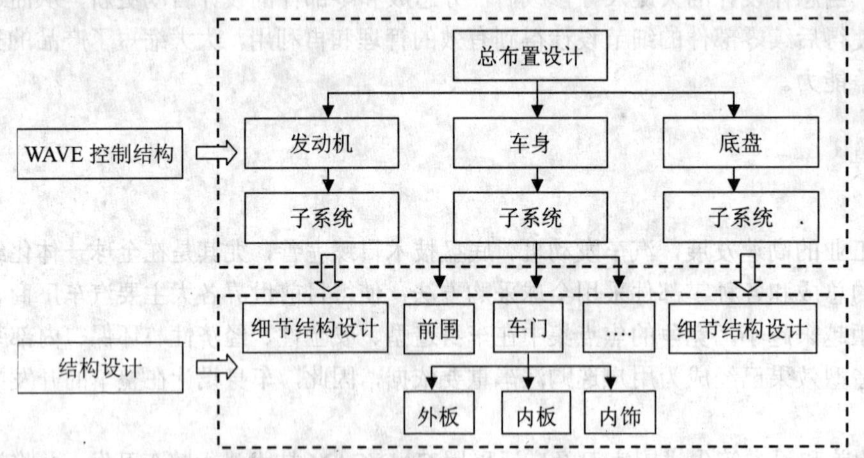

图 1 WAVE 系统工程与控制结构

以汽车开发为例，定义 WAVE 总体控制结构一般方法如下：

(1) 定义该产品的总体参数　根据汽车的总布置要求和车身造型定义该产品的总体参数（又称全局参数）。

(2) 定义控制结构关系　其次定义车身各大总成和零部件间的控制结构关系(类似于装配结构关系)，这种控制结构关系使得产品设计的规则和标准具体化。

(3) 建立零部件(子系统、子装配)之间的相关性　采用 WAVE 技术，我们可以通过少数的总体或全局参数来定义、控制和更改整车设计，以适应快速的市场变化要求。例如，对轿车来说，车门数、轴距、车身长是全局参数，如果这些总体参数的其中一个发生了改变，无疑都要引起该产品的从上向下的整个变动。这种更改和对新方案的评估，在采用传统的设计方案时，需要消耗大量的人力、物力和时间。采用 UG/WAVE 技术，当某个总体参数改变后，产品会按照原来设定的控制结构、几何关联性和设计准则，自动地更新产品系统中每一个需要改变的零部件，并确保产品的设计意图和整体性。WAVE 技术是把概念设计与详细设计的变化自始自终地贯穿到整个产品的设计过程中。

3.2　应用范围

除了车身设计，WAVE 的技术原理同样也适用于航天航空、机械产品、模具设计、工程分析计和制造中。可以说，WAVE 是对 CAD 领域的一场全新的革命。

4　高效方便的产品设计管理

随着产品复杂程度的提高，管理和协调的难度越来越大。在复杂产品的并行设计中，高效的管理和协调相当重要。这不仅直接影响到产品设计的精度、开发周期和设计成本，而且影响后续的生产工艺和设备，影响产品的利润和企业的市场竞争能力。

采用 WAVE 系统工程方法，可以对复杂产品的设计进行高效和方便的管理。以汽车产品开发为例，可以对总布置设计建立一个控制结构，如建立发动机、车身、底盘等几大系统，再建立各自的子系统，如车身子系统的前围、后围、车门、地板等。控制结构只需确定总体控制参数、外形曲面等一系列最基本和主要的控制参数，而不包括细节的结构设计，如车门轮廓的形状、尺寸、位置等。然后再将控制结构最底层建立用于细节结构设计的子装配，如将车门分解为内板、外板、车门内饰、密封条等（如图 3 所示）。

如果总体设计需要变化，总布置设计小组确定修改方案后，只需修改控制结构的有关参数或调整车身曲面，所有的细节结构设计将全部自动更新，总体设计意图自动传递到结构设计小组，无需通知或与结构设计工程师协商。而且，结构设计人员不能修改从控制结构得到的数据。因此，产品设计管理极为方便高效。

5　车身 CAD 存在的问题

目前商品化的高端 CAD/CAM 集成软件(如 UG、CATIA、Pro/E 等)都是非常优秀和成熟的产品，广泛采用参数化特征建模方法，并行工程、虚拟装配等先进技术，能够满足绝大多数产品的设计要求。

然而，对于像汽车车身这样复杂的产品，特别是形状复杂的车身曲面，为了保证足够的形状和装配精度，设计的难度大。另外，在产品的开发过程中，一旦需要调整总体参数或车身外形曲面，问题就来了。在车身设计过程中，为了保证整车外形与车门、车窗等分总成的协调和曲面的光顺，一般先建立整车曲面模型（如图 2 所示），然后再进行车身零部件的分块设计。例如，乘客门的设计既要保证车门曲面与整车侧围的光顺一致，又必须与车门立柱有一定的间隙，因此，采用 CAD 技术的一般方法是先将图 2 的车身复制若干个，在其中一个车身侧围开出车门切口（如图 3 所示），再利用另外一个复制的车身反向切除得到车门（如果直接切除车门缝隙，同时得到车身和车门，将使车身实体一分为二，从而导致参数的丢失，整车模型无法编辑，这是 CAD 核心模块算法的问题）。如果由于造型效果的要求需要编辑图 2 车身侧面的形状，由于复制的车身没有关联性，车门的形状无法相应改变，从而导致车门的重新设计。

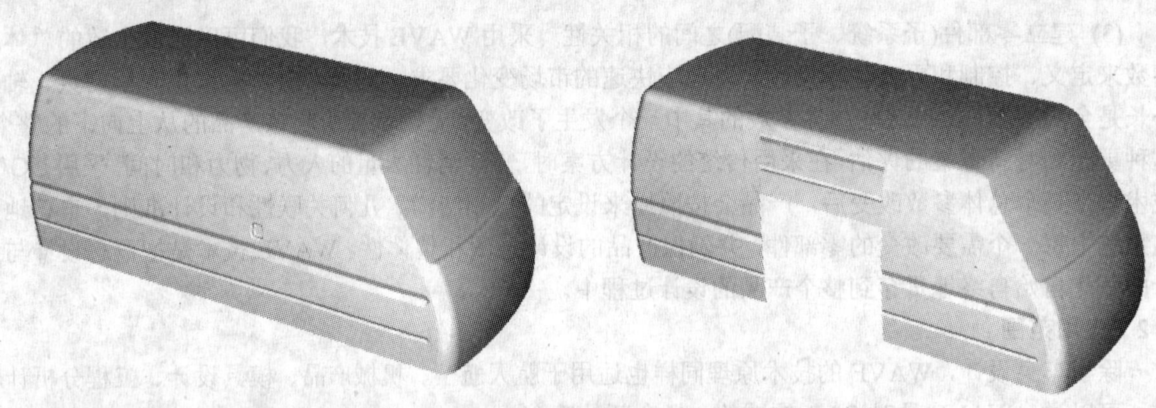

图2　车身模型　　　　　　图3　车门开口

为了满足汽车各种性能要求，在设计过程中调整总体参数和车身外形曲面的是必须和经常的。整车开发的一个重要步骤是样车试制和试验，通过试验发现问题，再对整车进行修改直到满意。由于整车性能与车身密切相关，改变整车性能意味着改变车身设计。例如，轴距过短会导致制动点头，一旦需要改变轴距，不仅需要改变轮罩和轮罩开口位置，而且将引起地板、整车长度、侧窗大小、乘客门位置大小等车身结构的一系列相关变化，正所谓“牵一发而系全身”。这是车身设计长期无法解决的难题，也是造成整车开发周期难于缩短的关键所在。

6　车身WAVE方法应用实例

为了具体说明WAVE的使用方法，这里以轻型客车车身为实例，介绍使用WAVE方法进行车身设计的一般方法。

6.1　定义总体控制参数(全局参数)

设计意图：当改变轴距后，自动调整车身长度，自动调整乘客门的宽度和位置，自动调整乘客门车窗和密封条的尺寸，并保证乘客门的车窗边框宽度不变，自动调整后轮轮罩开口位置和后侧窗的大小和位置。

根据车身总布置设计和车身造型方案确定所需要控制的总体结构参数（如总长、总宽、总高、轴距和车门/车窗的尺寸、位置等），采用全参数、全相关方法建立车身整体模型（如图2所示）。控制结构应该尽可能简单，可以使用基准平面或草图进行控制（由于篇幅所限，车身建模的方法从略）。图4所示为使用 Sketch(草图)建立的侧面门窗和轮罩开口的控制轮廓线，采用相关几何约束和尺寸约束，建立轴距与车门、车窗之间控制参数。然后定义总体控制结构和参数，用于控制车身结构细节设计，如车门、车窗的开口和车身曲面的分块等设计。

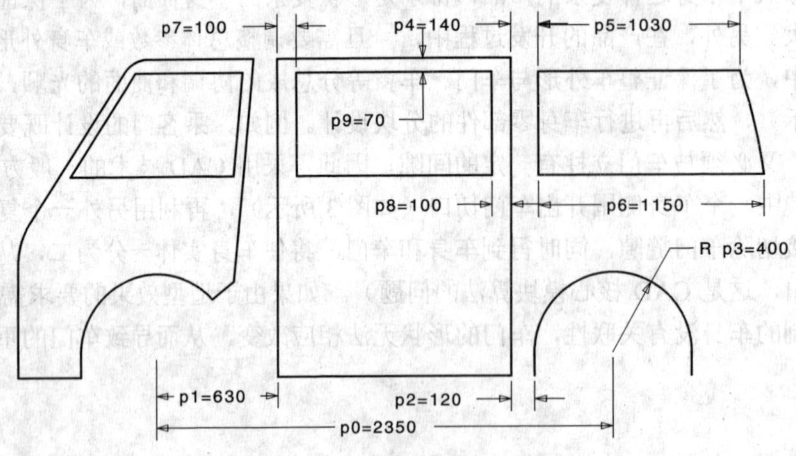

图4　控制侧面门窗和轮罩开口的草图

由于实际设计意图、要求的不同，总体控制参数的定义有相当大的差别，并对后续的结构设计将产生直接的影响。因此，前期工作应该尽可能考虑仔细周到，相关约束条件尽可能合理。当然，在设计过程中可以根据需要修改或增加约束条件。因此，WAVE 的实际应用具有相当大的灵活性。

6.2 定义 WAVE 总体装配控制结构

WAVE 总体控制结构的定义类似装配结构，通过关联性复制几何体来控制整个装配设计，是 WAVE 方法的关键。图 5 显示了一个车身控制结构的简单示意图，在各分总成和零部件中包含有从车身总成关联性复制的控制几何体（图 2 的车身曲面和、图 4 的草图）。

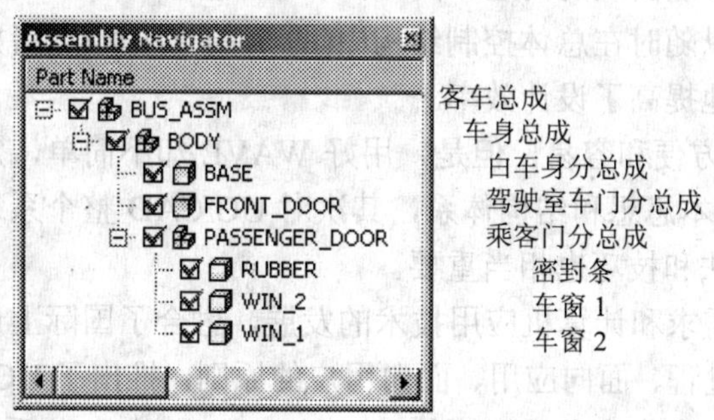

图 5 车身控制结构

(1) 建立白车身，利用车身曲面和控制轮廓线建立车门、车窗和轮罩等开口；

(2) 建立驾驶室门，乘客门等控制结构 (如图 6 所示)。

6.3 车身结构细节设计

此后，车身各大总成及车门的细节结构设计便可同时展开。应该说明的是，车身曲面和控制轮廓线在装配级，次级装配或组件无权编辑或修改控制轮廓线。通过这样的控制结构，可以有效地控制整车的设计管理，提高设计精度和效率，并将总体设计的意图始终贯穿于整个设计过程。当总体设计参数修改后，后续的结构设计将自动更新，避免了重复设计的浪费，使得并行设计工程的优势得到真正的发挥。

6.4 参数编辑与自动更新

(1) 编辑参数方法：

1) 可在 Toolbox→expression，直接改变表达式的值。

2) 在 Edit 或 Toolbox→sketch，通过激活草图，编辑尺寸。

(2) 将图 7 中的轴距 p0 改为 2800，（为了清楚地观察比较变化结果，轴距加长 500mm）。

(3) 自动更新或选择 Assembly→Update Session，结果如图 7，并比较与图 6 的区别。

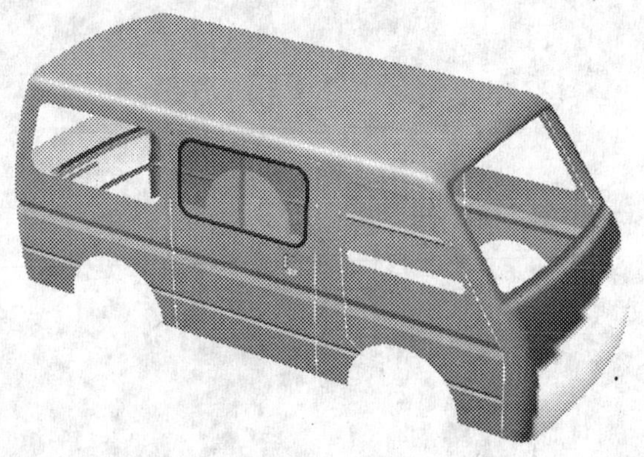

图 6 车身控制结构和分总成

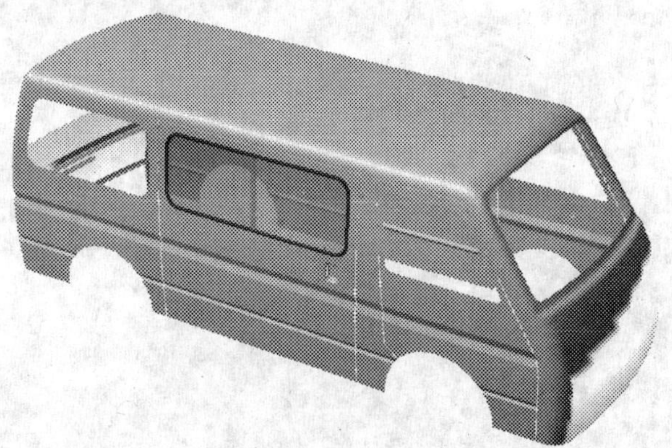

图 7 调整轴距后自动更新结果

比较图 6、7 我们可以明显地看出，车身长度自动加长，后轮罩开口位置自动关联性后移，乘客门和门上的窗、密封条、窗玻璃自动变宽，同时保证车门和车窗立柱宽度不变，这些变化结果均根据预先的设计条件而变化。当然，我们也可以改变整车的宽度和高度，也可以使得车门、车窗立柱宽度变化等等，这些变化结果都必须通过总体结构的参数预先定义而获得。

由此可见，当总布置设计参数需要调整时，我们只需要改变一个参数，后续的结构设计将自动更新，极大地提高了设计精度和效率。在一般的设计过程中，总布置设计往往需要进行周密的分析计算，并占用相当的设计时间，从而增加了相当多的后续结构设计和工艺设计的等待时间，并行工程的优势难以真正得到发挥。采用 WAVE 方法，总布置设计只需给出车身的外形和主要控制几何体，后续结构设计和工艺设计便可以同时进行，无须过多考虑结构上的细节。总布置设计的意图通过控制几何体传送到整个设计工作组，并可以随时修改在设计中可能出现的问题。例如在上述车身设计中，遗漏了驾驶室门把手凹陷、油箱开口和油箱盖的设计，我们可以随时在总体控制结构中(图 7 的草图)添加诸如此类的细节结构设计，后续的结构设计会自动更新，极大地提高了设计效率。

WAVE 的使用和操作非常方便和容易，但是，用好 WAVE 却不简单，定义合理的控制结构是关键。首先用户需要掌握 WAVE 的基本思想和结构体系，其次对 UG/CAD 整个系统有较为全面地理解掌握。另外，实际使用经验和建模的方法和技巧也相当重要。

UG 为适应制造业的市场需求和计算机应用技术的发展，融合了国际上最新的技术、理论和方法，遵循面向企业、面向产品、面向过程、面向应用、面向用户的原则，推出了 UG/WAVE 这样一些革命性的系统级工程方法和应用工程模块。它作为世界一流的 CAD/CAM/CAE/ PDM 系统，通过独特的、基于过程的方法和基于主模型的全相关的技术，为用户提供了一个企业级的，贯穿从产品设计、工艺制造到生产管理全过程的虚拟产品开发环境。

参考文献

1 Unigraphics User Manual (V18.0)，USA：Unigraphics Solutions Inc.

2 方正．UG 对制造业对新贡献与新发展．UG 用户通讯．1999（1）

3 赵波，龚勉．轻型客车车身 CAD．上海汽车．2000，5

4 王斌，陈昌明．WAVE 技术在客车车身的自动设计与快速成型系统中应用．CAD/CAM/CAE/PDM 技术开发与创新．南京：东南大学出版社，2000

5 孙晓勤．在电子设备机柜总体设计中应用WAVE．CAD/CAM/CAE/PDM 技术开发与创新．南京：东南大学出版社，2000

计算机的反求设计

李自才

哈飞汽车制造有限公司

[摘要] 本文主要论述了计算机的反求设计的概念、意义、方法，以及其应用软件的简介；并着重讨论了计算机的几何造型方法等。

关键词：计算机的反求设计 几何造型方法

当今世界科学技术迅猛发展，高科技、高质量产品层出不穷，为了发展我国的综合经济实力，提高科技水平，走科技兴国之路，因此我们有必要把发达国家的先进的科技成果，先进的产品引进来，消化吸收，改进提高或进行创新设计，进而发展我们自己的新技术，新工艺以及开发新产品，研制新课题。这一过程就是我们常常所说的反求工程。

1 反求工程中的反求设计

反求设计就是对已有的产品或技术进行分析研究，掌握其功能原理，零部件的设计参数、材料、结构、尺寸、关键技术等指标，再根据现代设计理论与方法，对原产品进行仿造设计，改进设计或创新设计。反求设计是一个国家发展科学技术及提高工艺水平的一个重要手段。日本在引进、消化、吸收方面做的尤为突出，其反求工程的应用对国家经济发展起到了重大的作用。

1.1 反求设计一般分为三种情况

(1) 仿造设计 完全按照引进产品进行设计、制造的产品，这些产品与引进产品基本相同。

(2) 改进设计 在对原产品分析研究的基础上，进行局部的改造性设计，其性能与特征基本和原产品相同，但局部性能有所改善。

(3) 创新设计 以原产品为基础，充分运用创新的设计思维与创新技法，设计、制造出优于原产品的新产品，这是最好的一种反求设计。如日本的SONY公司从美国引进晶体管专利技术后，进行反求创新设计，研制出了我们现在使用的晶体管收音机，日本的汽车、摩托车也是如此。这样为日本成为世界经济强国奠定了基础。

2 计算机辅助的反求设计

这种方法不仅可以提高产品质量，而且还可以缩短产品的设计与制造周期，它一般包括以下几个过程：

(1) 数据的采集　在反求设计过程中，数据的测绘与收集特别重要，一般利用三坐标测量仪、3D数字测量仪、激光扫描仪、高速坐标扫描仪或其他测量仪器来测量原产品的形体尺寸以及位置尺寸，就是将原产品的几何模型转化为测量点数据组成的数字模型。

(2) 数据处理　利用计算机中的数字化数据处理系统，将大量的测量点数据进行编辑处理，删除奇异数据点，增加补偿点，进行数据点的优化、平顺等工作。如CATIA种的CLOUD功能就是对数据点进行处理的。其功能如下，如图所示：

A. Importing Point Data(数据点的输入)；

B. Analyzing the Imported Cloud of Points(云点的分析)；

C. Displaying the Cloud of Points in Polyline Mode(用多元段的方式显示云点)；

D. Smoothing the Point Data(云点的光顺)；

E. Sampling the Point Data(云点的取样)；

F. Creating a Surface(曲面的生成)。

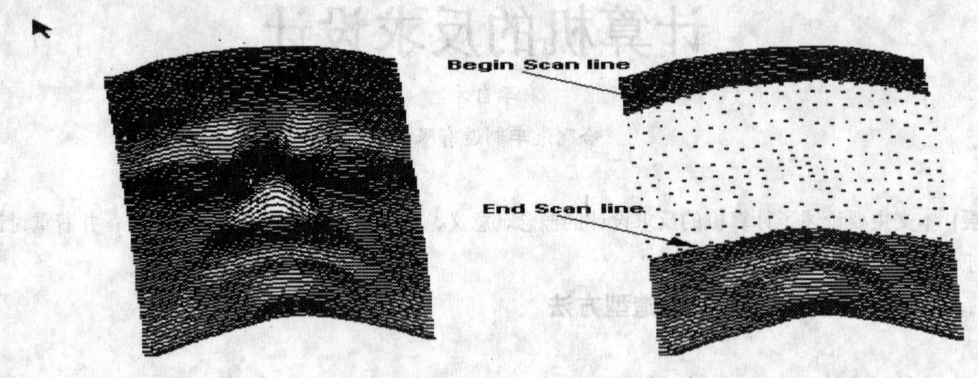

(3) 建立CAD模型　通过三维建模、曲线拟合、曲面拟合、曲面重构方法及理论建立相应的CAD几何模型。

(4) 数控加工　通过数模编辑出NC代码后，对有关数据进行刀具轨迹编程，产生刀具轨迹，进行数控加工。为了保证NC加工质量，实现加工过程中的质量控制，CAM系统可生成测头文件及程序，用于联机NC检验。

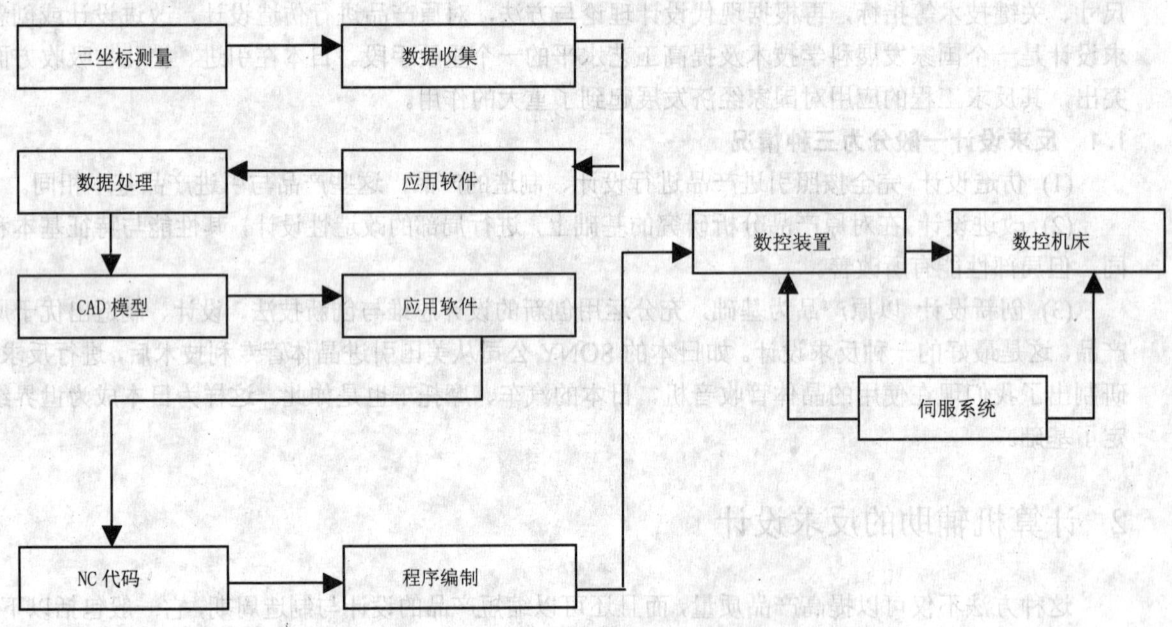

3 反求设计中的应用软件

在计算机的反求设计中，应用软件由三部分组成：产品设计和制造的数值计算及数据处理模块；图形信息交换和处理的交互式图形显示程序模块；工程数据库模块。

它们的主要功能如下：

(1) 曲面造型功能　根据测量所得到的离散数据点和具体的边界条件，来定义、生成、控制、处理过渡曲面与非矩形曲面的拼合能力，提供设计与制造某些由自由曲面构造产品模型的曲面造型方法。

(2) 实体造型功能　有定义和生成体素的能力及用几何元素构造法（CSG）或边界表示法（B-rep）构造实体模型的能力，并且能提供用规则几何形体构造产品几何模型所需的实体造型技术。

(3) 物体质量特性计算功能　根据产品几何模型能够计算其体积、表面积、质量、密度、重心等几何特性的能力，为工程分析和数值计算提供必要的参数与数据。

(4) 三维运动分析和仿真功能　具有研究产品运动特性的能力及仿真的能力，提供直观的、仿真的交互设计方式。

(5) 三维几何模型的显示处理功能　具有动态显示、消隐、着色浓度处理的功能，解决三维几何模型设计的复杂空间布局的问题。

(6) 有限元网格自动生成功能　用有限元方法对产品结构的静态、动态特性、强度、振动进行分析，并能自动生成有限元网格和供设计人员精确研究产品的结构。

(7) 优化设计功能　具有用参数优化法进行方案优选的功能。

(8) 数控加工的功能　具有在数控机床上加工的能力，并能识别、数模刀具轨迹及显示加工过程的模态方针。

(9) 信息处理与信息管理功能　实现设计、制造和管理的信息共享，达到自动检索、快速存取及不同系统的信息交换与输出的目的。

4 系统应用软件的简介

CATIA 是法国达索系统公司与美国 IBM 公司联合开发的工程应用软件，集自动化设计、制造、工程分析为一体，应用在机械制造与工程设计领域。具有原理图形设计、三维设计、结构设计、运动模拟、有限元分析、交互式图形接口、模块接口、实体几何、高级曲面、绘图、形象设计、数控加工等多项功能，特别是采用 1-15 次 Bezier 曲线、曲面和非均匀有理 B 样条计算方法，具有很强的三维复杂曲面造型功能和编程加工能力。

基本模块的主要功能：

1) 产生立体、透视或用户定义的视图。

2) 进行几何平移，三维旋转，比例变换，静态和动态消隐。

3) 模型或几何元素的组合与覆盖。

4) 几何的多组处理与图像处理。

5) 进行模型和文件管理、用户界面及显示管理，与外设连接等。

6) 三维设计。具有产生、修改和分析三维线框及曲面几何的能力；用点、直线、曲线、样条和平面构成线框曲面；产生一系列网格点生成的网格曲面；对线框及曲面元素进行修改，对曲面进行布尔运算；对 Bezier 控制点进行操作，改变曲线、曲面形状；对曲面进行装配，构成确切的体积；对所有曲面能进行加工编程。

7) 结构设计。生成平面和三维结构件。

8) 原理图。快速定义逻辑图、流程图。

9) 运动学。构成二维、三维线框、曲面和实体构成的运动机构；模拟机构的运动状态，进行运动分析；提供 20 多种运动机构组成的任意机械结构。

10) 有限元分析。 由 CATIA 的实体生成有限元分析模型；生成网格模型；提供 MSC/NASTRAN 和 ANSYS 有限元分析软件接口程序。

11) 接口模块。提供 CADAM 软件双向接口程序。

12) 交互式图形接口。提供用户在 CATIA 环境下开发应用功能的交互工具。

13) 实体几何。提供设计、修改和分析实体的快速有力工具；设计与制造能力结合在一起。

14) 高级曲面。进行参数化曲面设计和曲面/实体的集成；能处理 Bezier，Coons，NURBS 数学表达式表示的曲面；自动展开三维直纹曲面；在两曲面之间产生过渡曲面；能对曲线、曲面进行修改、控制、剪裁。

15) 绘图。具有二维和三维绘图功能，尺寸标注功能。

16) 影像设计。产生光滑、有明暗度的高质量的三维几何图像；能交互输入图像参数，定义多种色彩广元，环境光源等；应用三维纹理生成部件的真实图像；在曲面上进行数控刀具分析，提供像素交换标准借口。

17) 建库。存储和检索图素、二维或三维元素、数控机床、参数化几何等；快速建立和修改图形库。

18) 数控机床。输出 APT 文件和刀位文件；对刀位轨迹进行仿真；选择不同的数控加工机床。

19) 机器人。通过图像显示定义和模拟机器人；产生运动轨迹；模拟柔性制造系统。

5 计算机辅助几何造型方法

几何造型是 CAD/CAM 系统的核心技术，也是实现计算机辅助设计与制造的基本手段。常见的计算机辅助几何造型主要包括：线框造型、曲面造型、实体造型、特征造型。

用户可根据计算机应用软件提供的界面选择几何造型技术，输入产品的数据，在 CAD/CAM 系统中建立物体的几何模型并存入模型数据库，以备使用。

(1) 线框造型　线框造型由一系列空间直线、圆弧和点组合而成，在计算机中形成三维影像，描述产品的外形轮廓，用线框建立的物体几何模型，只有离散的空间线段，没有实在的面，所以比较容易处理，但几何描述能力较差，不能进行物体的几何特性计算。

(2) 曲面造型　它能对给出的一系列离散点数据进行逼近、插值、拟合而构成曲面，为形体提供了更多的几何信息，可自动消隐，产生明暗图、计算机表面积、生成数控加工轨迹。

(3) 实体造型　是以立方体、圆柱体、球体、锥体、环状体等基本体素为单元体，通过集合运算生成所需要的真实、唯一的三维几何形体。实体造型可以对复杂的机械零件进行几何造型，提供完整的几何、拓扑信息，在 CAD/CAM 系统中的作用日渐广泛。

(4) 特征造型　特征造型包括几何、拓扑、尺寸、公差、加工、材料、装配等与产品设计、制造相关的系统。目前线框造型、曲面造型、实体造型功能只能提供支持产品的几何性质描述，不能充分反映设计意图和制造特性。而特征造型不但能定义产品的几何形状而且能描述公差、表面处理、表面粗糙度、材料信息，是实现 CAD/CAM 的理想途径。由于特征识别的难度较大，目前的特征识别系统仅是初级的，还有待于发展。

6 反求设计中的CAD技术的作用

6.1 CAD 技术的特点

它具有强交互性，计算机在设计过程中需要不断与设计者交流，反馈设计信息，输入设计思维，直至完成产品设计。高效率，可以加快设计的计算速度，快速绘图；设计规范，质量高；能够快速进行产品的修改、变形、系列化；设计可视化；资源可以共享；CAD 技术具有智能化，网络化；CAD 技术具有集成化（CIMS）；设计人员可以利用计算机进行运动分析、动力分析、应力分析、数控加工等；CAD 技术具有建模参数化功能，如新的建模方法有虚拟场景建模、图形图像融合建模等。

反求设计中的几何造型技术是最关键的部分，几何造型技术是计算机图形学在三维空间的实际应用。离散造型和曲面造型是两种主要的几何造型方法。离散造型采用离散的平面来表示曲面，通过设定离散化精度，可以控制及和造型拟合真实物体的程度。离散造型技术方法简单，但由于曲面离散化后，面数急剧增加，这样增加了系统的数据量，占用了大量的存储空间，并对特定的元素类型需要有特定的离散算法，因此在应用上有一定的局限性，通常它与其他方法混合使用。

曲面造型方法：曲面生成以曲线参数化为基础，曲线的构成非常重要。

6.2 下面是几种自由曲线构造方法

(1) Bezier 曲线　具有对称性，若保持原 Bezier 曲线的全部顶点位置不变，只是把次序颠倒过来则新的 Bezier 曲线形状不变，只是走向相反。

(2) B 样条曲线　当移动一个顶点时，只是对其中一段曲线有影响，并不对整条曲线有影响。

(3) 均匀有理 B 样条曲线（NURBS）　当移动顶点时，仅局部发生变化。

6.2.1 参数曲面

(1) 矩形域上的参数面片　由曲线边界包围具有一定连续性的点集面片。

(2) 常用曲面片　矩形域的平面篇。球面。回转面。

(3) Bezier 曲面　可使用两组正交的 bezier 曲线来设计由控制点网格表述的物体表面片。

(4) 线性 COONS 曲面　线性 COONS 曲面是通过四条边界曲线构成的曲面片。

(5) 张量积曲面　定义边界切矢所用的调和函数与构造原来曲面方程时所用的调和函数相同，此时曲面片完全由四边形域的角点信息的矩阵来确定，这种类型的曲面叫张量积曲面。

另外还有 B 样条曲面，非均匀有理 B 样条（NURBS）曲面。

7　结束语

通过反求设计的研究，我们可以利用先进的 CAD 技术进行消化、吸收工作，这样就可以把我们的制造技术、工艺技术上升到一个新的台阶，为创新设计奠定坚实的基础。

参考文献

1　哈工大《CAD/CAM 技术》。

2　《计算机世界》。

汽车顶棚内饰设计

刘静波
哈飞汽车股份有限公司

[摘要] 本文阐述了汽车顶棚内饰种类、几种安装方式，着重介绍了几种用于制造顶棚内饰的隔热、吸声、防震新材料。

关键词：汽车 顶棚内饰 设计

1 概述

顶棚内饰是汽车整车内饰的重要组成部分，它的主要作用是提高车内的装饰性，同时顶棚内饰还可提高与车外的隔热、绝热效果；降低车内噪声，提高吸音效果；提高乘员乘坐的舒适性和安全性。由于太阳直射车顶，汽车顶部温度较高，因此顶棚内饰的耐热性和耐候性指标要求较严。

对不同档次的顶棚内饰在材料上、结构上有所不同，为提高隔音、隔热、降低噪声等效果，多采用各种纤维毡、聚氨酯泡沫、聚乙烯泡沫等与其他材质粘合在一起的结构作为衬垫，并与蒙皮材料（如无纺布、针织物等）通过一定的方式粘合形成一体。汽车顶棚内饰主要有两种：软顶和硬顶。

汽车顶棚内饰材料的发展趋势是高强度模塑基材。

2 汽车软顶

软顶一般由面料和泡沫层用层压法或火焰法复合在一起。面料多数为无纺布机织布或 PVC 膜等材料制造。泡沫层用聚氨酯或交联聚乙烯泡沫制造。面料起装饰作用，其颜色及质地要与车身内饰颜色和质地相协调。泡沫层起隔热、隔音、吸音、减振作用。

软顶的安装一般分两种：粘贴型和吊装型，用于货车、面包车和低档轿车上。

软顶的粘接有滚涂法和预涂法两种。用于滚涂法的粘接剂是氯丁橡胶，在施工现场工人手持蘸满胶的胶滚或胶刷，将胶均匀涂在顶盖的内表面上，晾置几分钟后，将软顶粘贴在指定位置上（见图 1）。 用于预涂法的压敏粘接剂是在生产软顶时，预涂在软顶的背衬上，用隔离纸将胶膜覆盖，以便包装和运输。在施工现场工人揭去隔离纸即可将软顶粘贴在指定位置上（见图 2）。哈飞 6373 车软顶是采用滚涂法粘接的，哈飞 6330E 车软顶是采用预涂法粘接的。

其优点是操作简单，成本低。

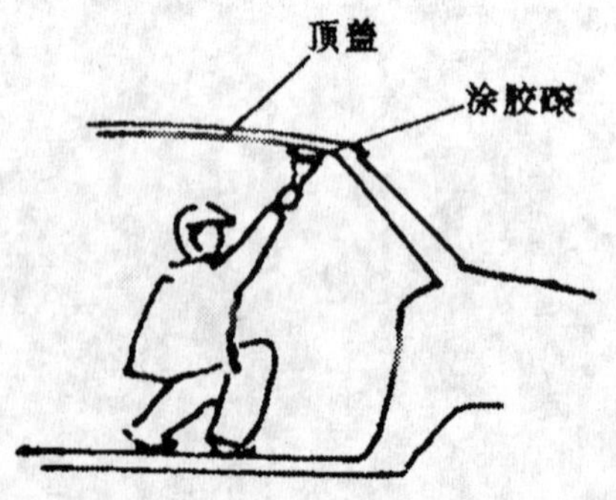

图 1

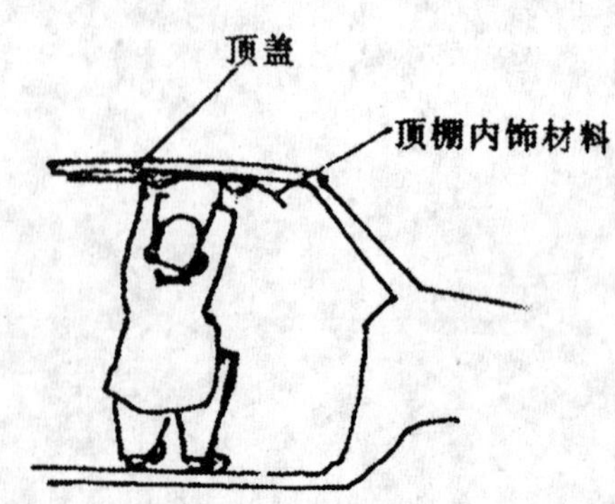

图 2

吊挂软顶的结构见图3所示。软顶饰面的背面缝有几行吊挂用的布袋或细绳，并同时配备软顶安装用细杆，该细杆弯曲成与金属顶盖断面相似的曲线。安装时，先将细杆穿过软顶背面的布袋，再将这些细杆固定在顶盖横梁上。饰面的周边用粘接剂粘到内护板和前风窗胶条上。

其优点是质量小，成本低，但软顶与金属顶盖间隙大，占用室内空间；布袋与饰面连接处上凸，行车时软顶振颤，整体装饰效果不理想。

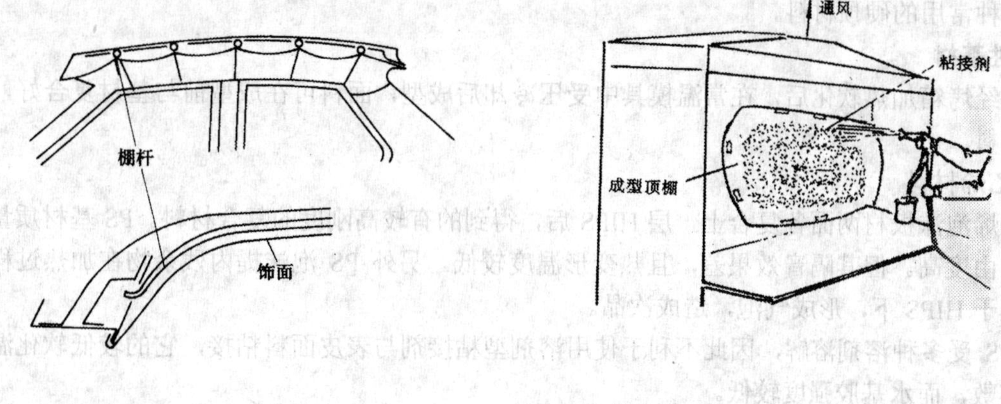

图3　　图4

3 汽车硬顶

随着我国汽车工业的发展，软顶已逐渐被成型硬顶所替代。

成型硬顶主要由饰面，泡沫层和基材三层组成，利用大型成套生产设备，用热压成型法将它们复合成一个整体，成为具有一定刚性和立体形状的内饰件。

成型硬顶的安装分为粘接式与镶嵌式两种。

成型硬顶的粘接是在施工现场工人手持喷枪，直接将粘接胶均匀地喷涂在硬顶背面的粘接区域内，根据工艺要求晾置一段时间内，再粘贴在金属顶盖上（见图4）。

镶嵌式安装分前、中、后及周边四部分。一般情况下，前部的安装点靠左右遮阳板和地图（驾驶员）灯固定装置实现，中部靠左右乘员把手和乘员灯安装点实现，后部则用塑料卡扣固定在顶盖后横梁上（见图5）。

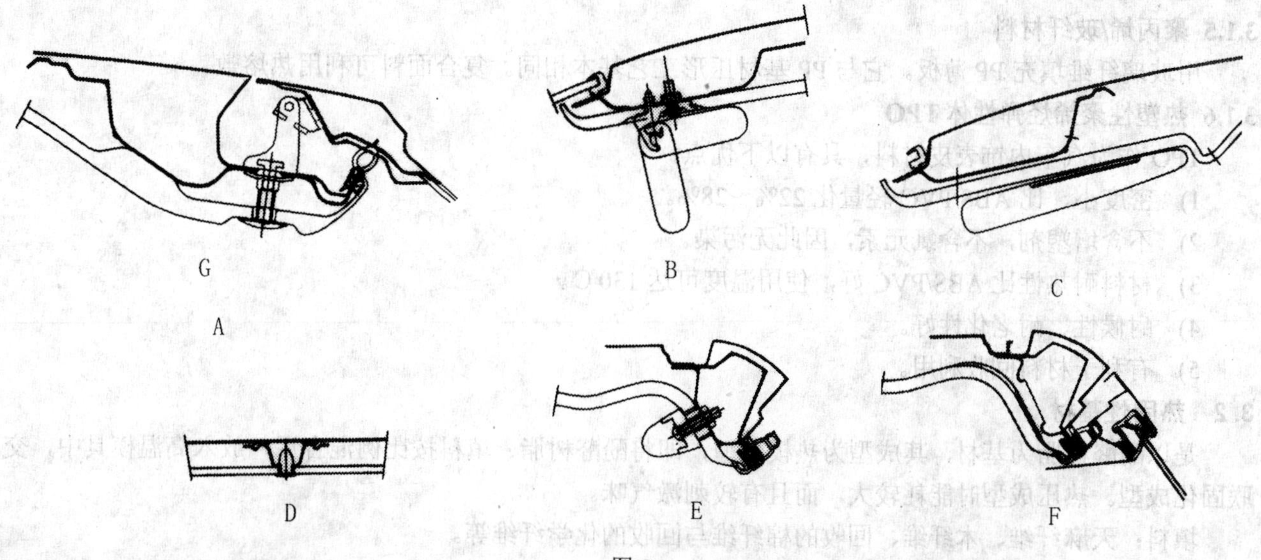

图5

A 硬顶前部与车体安装（Y=0处地图灯安装点）；B 硬顶前部与车体安装（遮阳板安装点）；C 硬顶前周边与车体安装；D 硬顶中部与车体安装（用卡扣安装在顶盖横梁上）；E 硬顶中部与车体安装（把手

安装点）；F 硬顶侧周边与车体安装；G 硬顶后周边与车体安装；成型硬顶的加工方法与使用性能主要取决于其材料性质。以往多数采用高压聚乙烯发泡材料制造。高压聚乙烯发泡材料具有无毒、质量轻、耐冲击、机械性能好、柔软性好等特点，但其成型性能差。目前，汽车顶棚采用多层材料复合成型的整体硬顶，由基材+缓冲隔热层+表皮层叠一体成型。基材可采用 PU 发泡片材、PP 发泡片材、瓦楞纸、浸渍树脂的再生棉或玻璃纤维等，缓冲隔热层采用硬质聚氨酯泡沫塑料板，表皮材料主要采用织物、TPO 或 PVC 膜。下面介绍几种常用的硬顶材料。

3.1 热塑性基材

此材料经烤箱加热软化后，在常温模具中受压冷却后成型，面料可在成型前与基材复合好，也可在成型时复合面料。

3.1.1 聚苯乙烯材料

聚苯乙烯泡沫板材两面各复合上一层 HIPS 后，得到的有较高刚度的复合材料。PS 基材质量轻、成本低、成型自由度高。但其隔音效果差，且热变形温度较低。另外 PS 泡沫提内残余物在加热过程中生成的气体可聚集于 HIPS 下，形成气泡，造成次品。

由于 PS 受多种溶剂溶解，因此不利于使用溶剂型粘接剂与表皮面料粘接，它的较低软化温度也不利于使用热熔敷，而水基胶强度较低。

3.1.2 聚氨酯材料

汽车用硬质聚氨酯结构泡沫是指高密度、光滑而坚韧的外表皮与低密度泡沫芯同时形成整体的泡沫塑料。这种材料具有良好的强度与硬度，低密度泡沫芯使它保留质量轻、导热系数小等优点。

聚氨酯基材是指无纺布/玻纤/胶膜/热塑性聚氨酯泡沫/玻纤/胶膜复合成的多层复合材料。该材料的压形工艺与压形模具与 PS 材料基本相同，但软化温度较 PS 高，加工温度范围较 PS 宽，工艺性能较稳定，压形出模后回弹和收缩率极低 PU 基材由于比强度高，面密度小，耐热性好，尤其是隔音隔热效果好，已得到广泛应用。

3.1.3 聚丙烯

用于汽车顶盖内饰的聚丙烯要求具有较高的耐热性、耐划伤、耐冲击、刚性高（超高流动性——不翘曲、不变形）、耐老化性能好的特点。

3.1.4 聚丙烯蜂窝材料

聚丙烯蜂窝基材是一种中空板材，比强度大大提高，保温隔音效果改善。PP 回收再利用方便。从环保及资源再生上讲优势较大。其缺点是出模后收缩率达 1.4%，且回弹较大。

3.1.5 聚丙烯/玻纤材料

用玻璃纤维填充 PP 薄板。它与 PP 基材压形工艺基本相同。复合面料可利用热熔敷。

3.1.6 热塑性聚烯烃弹性体 TPO

TPO 作为汽车内饰表皮材料，具有以下优点：

1) 密度小，比 ABS/PVC 轻量化 22%～28%。
2) 不含增塑剂，不含氯元素，因此无污染。
3) 材料耐热性比 ABS/PVC 好，使用温度可达 130℃。
4) 耐候性、耐老化性好。
5) 有利于材料回收利用。

3.2 热固性基材

是以酚醛树脂为基材，其成型为热模压型，即将酚醛树脂、填料按比例混合后，放入高温模具中，交联固化成型。热压成型时能耗较大，而且有较刺激气味。

填料：天麻纤维、木纤维、回收的棉纤维与回收的化学纤维等。

其优点是形状稳定，耐热性好，强度高，又可以回收利用。但它的价格太高，专业投资大，成形周期较长。随着其应用前景将更广阔。

由于顶棚材料难于回收利用，因此轿车的成型硬顶考虑用PP瓦楞板+PP发泡片材+ TPO层压成一体。面包车和低档轿车的成型硬顶可采用GMT片材冲压成型后植绒。

4 汽车顶盖内饰的隔音隔热设计

在现在的汽车设计中，安全环保是两大主要要求。噪声是公认的环保杀手。汽车行驶过程中，来自车顶的噪声主要来源于：①车外噪声声波作用于金属顶盖，激发金属顶盖振动，并向车内辐射，这种辐射强度与顶盖的隔声能力有关；②金属顶盖与硬顶之间相互颤动。

当直接从声源上治理噪声受到限制时，相对于以上两种噪声情况，在车身设计时通常采用隔声、吸声和阻尼相结合的办法降低车内噪声。对传入车内的噪声可以采用吸声处理，利用车身内饰做吸声材料，吸收辐射到其上的声能，减弱反射声能，从而降低车内噪声。

采用多孔吸声材料，其机理是当声波射到材料表面的空隙，引起空隙内空气中材料微小纤维振动，由于内摩擦和粘滞阻力，使相当一部分声能转化为热能，开孔壁吸声材料，这种材料的特点是在小孔背面保持一定的空气层，主要吸收中、低频率噪声使其产生共振而消耗能量，通常与多孔性材料配合使用，如：汽车顶盖内饰，背面常粘有泡沫或再生毡、废纺毡（见图6）。

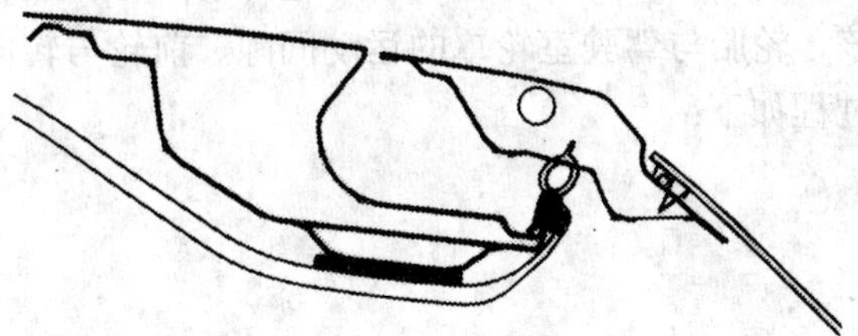

图6　硬顶后部与车体间减振隔音设计。

5 其它性能要求

主要指顶棚内饰材料的抗静电性、抗污染性、阻燃性等。

抗静电性非常重要，顶棚内饰必须进行防静电处理，把静电减少到最低标准，要求在使用过程中，不得产生静电作用，不允许产生起毛、起球、吸灰等现象。

对于顶棚内饰材料的阻燃性—水平燃烧特性，国家标准中有明确的规定，内饰材料必须达到：①不燃烧；②可以燃烧，但速度不大于100mm/min，燃烧速度不适用于切割试样所形成的表面；③如果从试验计时开始，火焰在60s内自行熄灭，且燃烧距离不大于50 mm，也认为合格；④抗污染性是指在使用过程中遇油、水的污染时，不易扩散。

6 结束语

硬顶的主要功能是装饰作用，正常使用时，虽不承受自重以外的其他应力，但因跨度较大，因而需要一定刚度，由于面积大，对车内隔音、隔热效果起到重要作用。泡沫塑料、蜂窝结构基材，具有重量轻、比强度高、导热系数低等特点，将成为发展方向。但考虑到环保及资源再生利用，热塑性材料---尤其是价格低、性能优的聚丙烯，将得到更多的应用。

参考文献

1　汽车硬顶材料. 汽车工艺与材料. 1999-12.

2　李尹熙. 汽车用非金属材料. 北京：北京理工大学出版社，1999.8

3　汽车工程手册。 北京：人民交通出版社，2001.5

利用 Pro/E 三维设计软件模拟动态分析

王建军
北汽福田汽车股份有限公司

[摘要] 本文根据自己在产品开发过程中探索的一套行之有效的 Pro/E 三维设计经验，以非独立悬架车型零部件为例，系统介绍了整车动态模拟分析过程中零部件的运动干涉分析方法。

关键词：动态模型 整车装配 运动校核

Pro/E 三维设计软件自身带有动态分析的模块，但如果没有购买该模块系统，无法使用模块分析时，我们也可利用其他一些手段来进行模拟动态分析，从而验证各种零部件之间的运动干涉现象。在日常设计工作中，我们探索了一套行之有效的建立模块进行运动校核的方法，以非独立悬架车型零部件运动校核为例，我们通常利用建立一套模拟动态的前后板簧和前桥，来进行前后减振器行程的校核、传动轴长度的校核、轮胎与货箱地板间隙的校核、轮胎与驾驶室轮罩的运动间隙、前轮与转向拉杆的运动间隙以及转向与前悬架的运动干涉等等。具体过程如下：

1 模型的建立

在此主要介绍跟运动有主要关系的板簧和前桥的动态模型建立。

1.1 板簧模型的建立

在板簧建模中，应该将板簧简化成一主片来进行建模，具体操纵如下：

(1) 首先在基准面 DTM2 上建立一条曲线，利用三点确定一条圆弧和标周长、弧高的建模方法建立一条板簧自由状态下板簧主片中心的圆弧曲线。

(2) 完成曲线建立以后，在曲线的两端建立两个点 PNT0、PNT1 和一个新的基准面 DTM4，并且利用新建的基准面 DTM4 和其他两个基准面 DTM1、DTM2 建立一个点 PNT2，新基准面 DTM4 距基准面 DTM3 的距离为曲线的弧高，同时在圆弧的弧高 Dx 和 DTM4 距 DTM3 的距离 Dy 之间增加一个关系式（IF Dy>0 Dx=Dy ELSE Dx=-Dy ）如图所示。

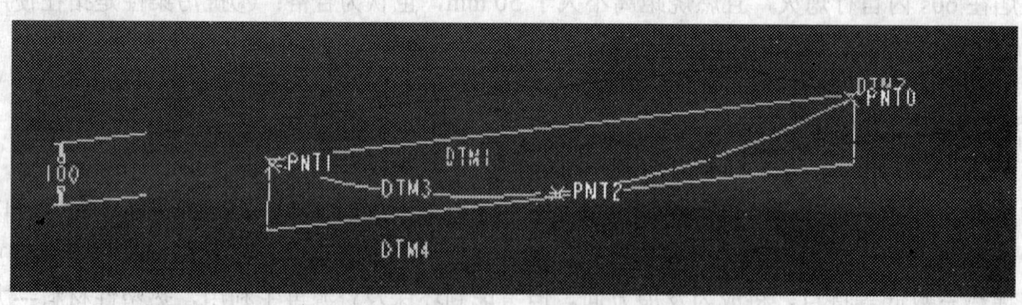

(3) 利用加材料中的“薄板”建模命令，利用这三个点建立一条样条线，并以此样条线来生成板簧的主片模型。

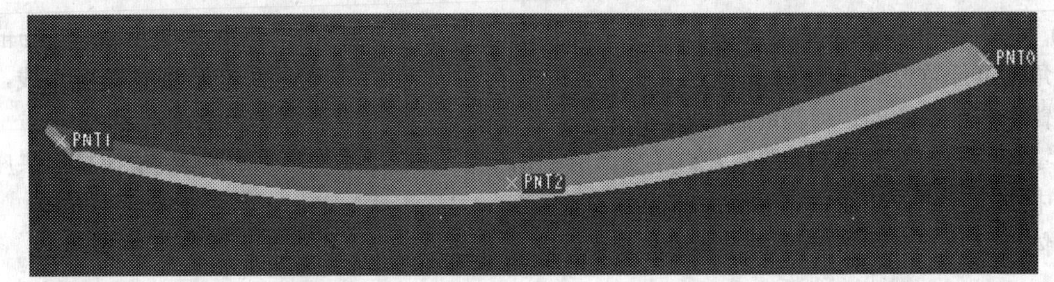

(4) 完成主片模型以后，再利用加材料的命令，完成整个简化模型的建立，并且在两边卷耳的中心各建一个点PNT04和PNT05，以及在板簧下接面中心处建一个点PNT3，这样一个能上跳、下跳和反弓的简化板簧模型就完成了。

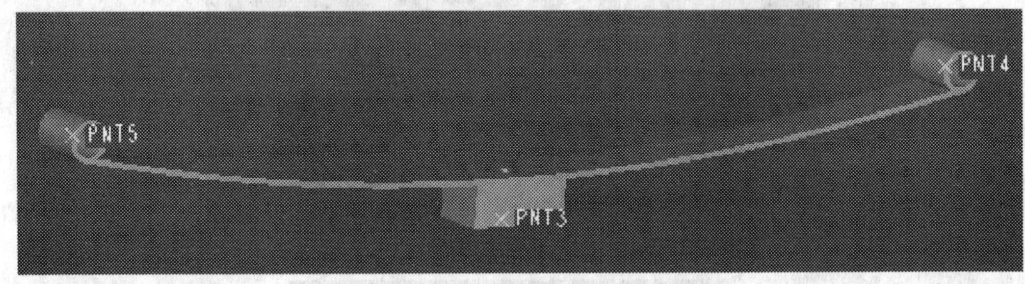

此时，可以更改基准面 DTM4 的尺寸 Dy 完成板簧的上跳、下跳和反弓；实现反弓时，需将基准面DTM4数值改为负数。

注意：弧高一定不能改为0，但可以无限接近0。

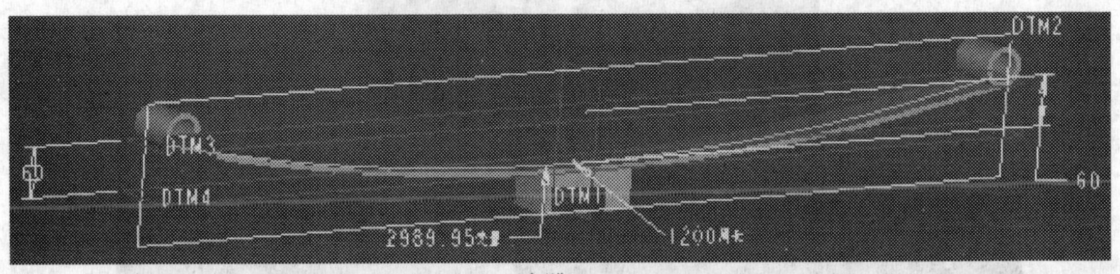

上跳 40mm

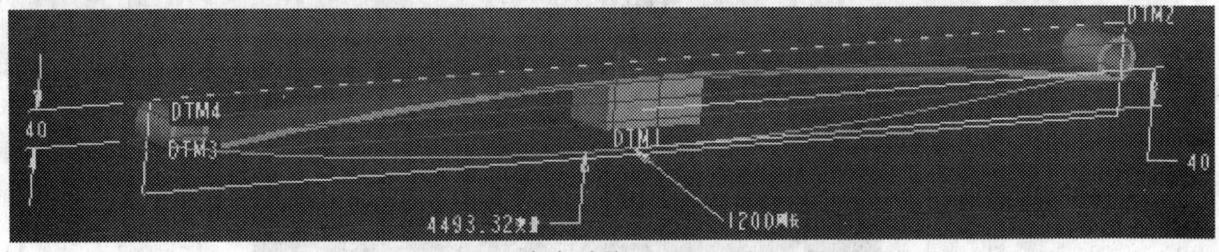

向上反弓 40mm

1.2　前桥动态模型的建立

前桥动态模型的建立主要是在前桥各零部件装配过程中增加各种关系，来约束前桥的各相关零部件，实现前轮的左转和右转。

首先，完成前桥的各种部件的数模建立，然后将位置相对固定的零部件装配在一体，整个前桥可分为四大部分：

(1) 左转向轮部分：包括制动鼓、轮毂、左转向节、转向节臂、左横拉杆节臂以及纵横拉杆的球销等零部件；

(2) 右转向轮部分：包括制动鼓、轮毂、右转向节、右横拉杆节臂以及横拉杆的球销等零部件；

(3) 横拉杆总成：该总成不要装配球销；

(4) 前轴：在前轴完成建模后，应利用主销中心线建立一个基准面“ZHUANJIAO”，其与前轴中心面的相对角度可任意设置，此角度即为实现前桥左右转向的输入角，并以主销中心线为基准轴线，画出右横拉杆节臂上球销中心的运动轨迹曲线。

在零部件的建模过程中，要在左右转向节的主销中心处、纵横拉杆球销中心、横拉杆球头座中心、前轴主销中心处各建一个点。

具体可参照下图：

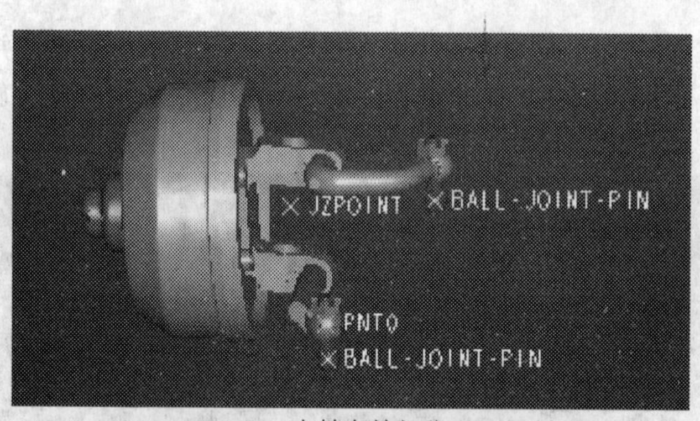

左转向轮部分

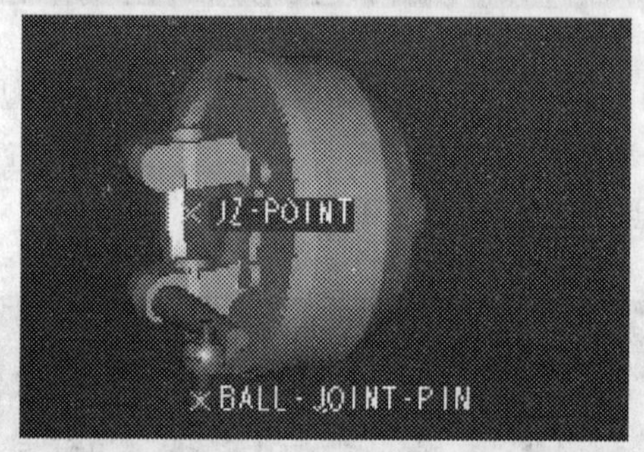

右转向轮部分

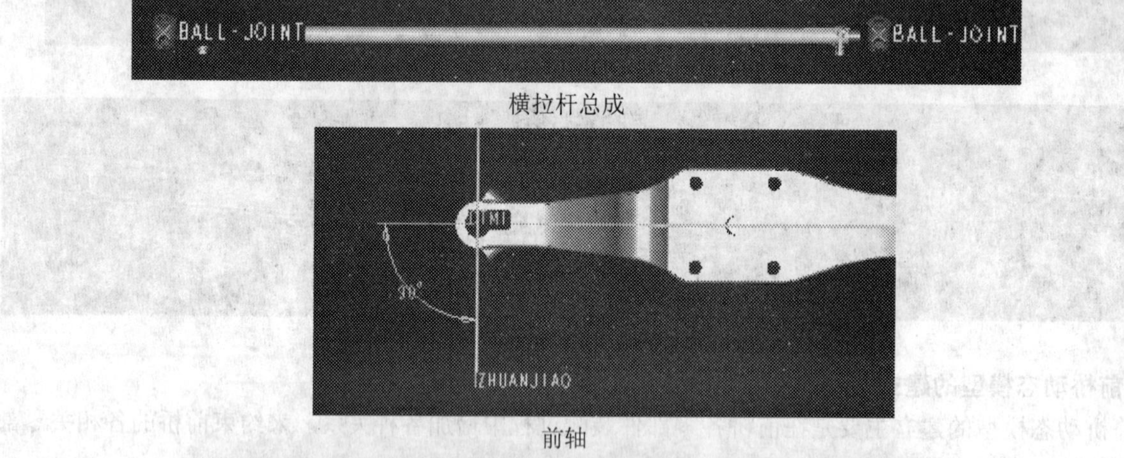

横拉杆总成

前轴

完成前桥的零部件准备工作以后，就可进行前桥的装配工作。

具体步骤如下：

(1) 将左转向轮部分与前轴的主销中心点、主销中心线对齐，左转向节臂上通过主销中心线的基准面和前轴的“ZHUANJIAO”基准面对齐，完成左转向轮部分与前轴的装配；

(2) 以左横拉杆节臂上的球销中心点为轴心，做一个半径等于横拉杆长度的曲面球，在曲面球和右横拉杆节臂球销中心的轨迹曲线的交点处建一个点 APNT1；

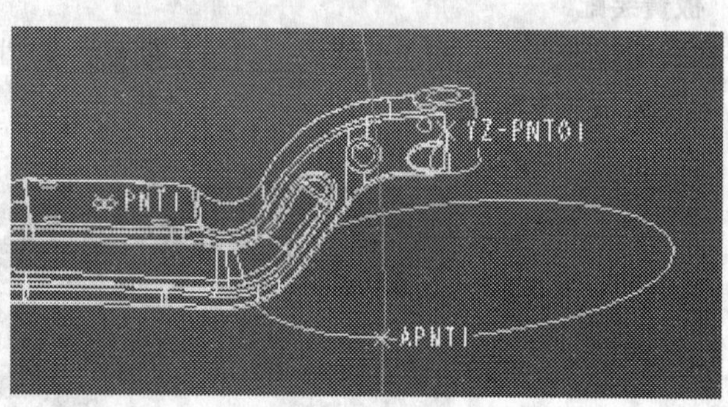

(3) 将右转向轮部分调入后，采用点“JZ-POINT”和点“YZ-PNT01”对齐、点“APNT1”和点“BALL-JOINT-PIN”对齐和主销中心轴对齐，完成右转向轮部分的装配；

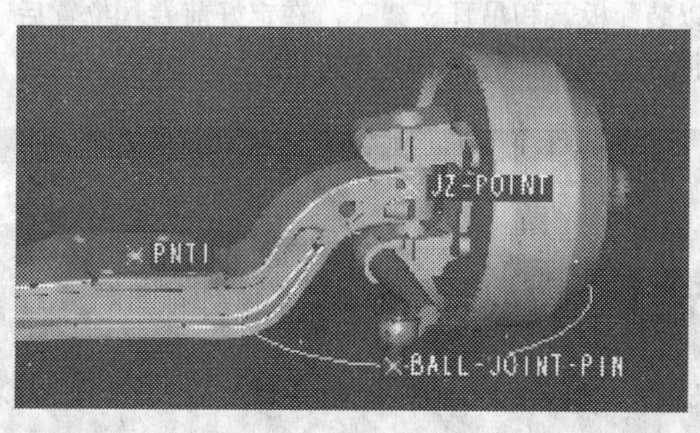

(4) 然后将横拉杆总成，采用点对齐和面对齐的命令，完成整个前桥的装配。

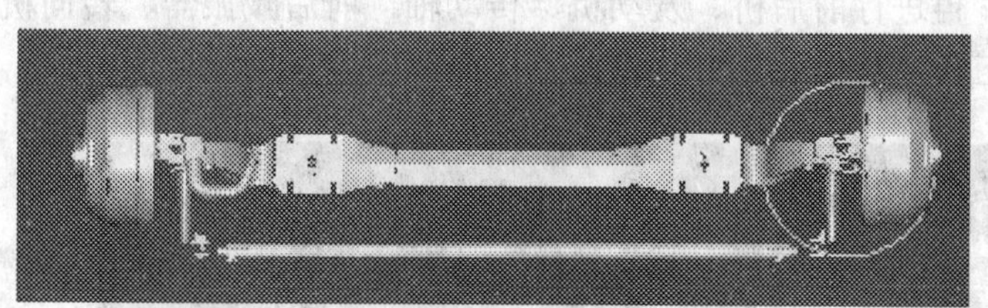

在将轮胎装配前桥上后，可利用更改前轴基准面“ZHUANJIAO”的角度值，来实现前桥的左转与右转。

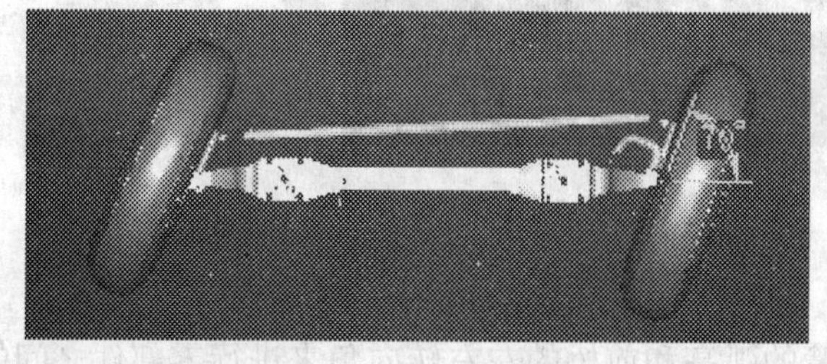

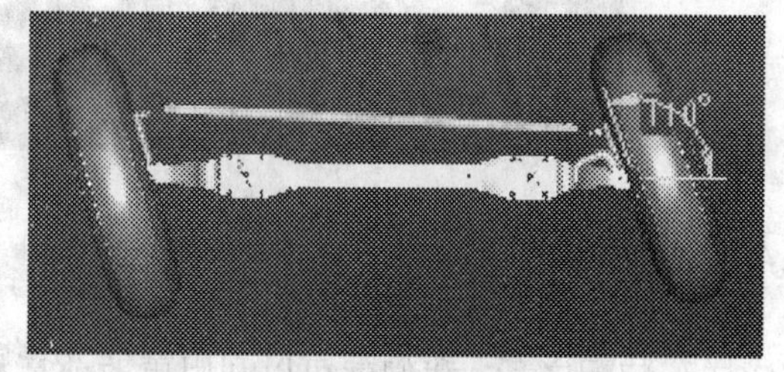

2 整车模型的建立

在完成前后板簧和前桥的动态模型之后，可进行整车数模的装配，在这里主要介绍板簧的装配，其他零部件的装配可参照板簧的装配和前桥的装配来完成。

2.1 板簧装配

在装配板簧之前，需在车架板簧后吊耳处建一条圆弧曲面，圆弧曲面中心线与板簧后吊耳销中心线重合，半径为吊耳支架的长度。

完成曲面的建立之后，就可以装配板簧和吊耳支架了，在定好前卷耳位置后，再利用“曲面上的点”命令将点 PNT4 放在新建的圆弧曲面上，从而完成了板簧的装配。

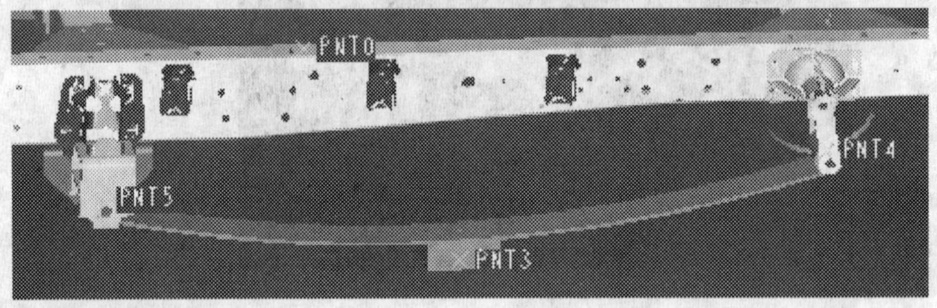

2.2 其他部件的装配

完成前后板簧的装配之后，再进行前后桥、发动机、传动轴、前后减振器、转向机及其转向直拉杆、驾驶室、货箱等零部件的装配工作，具体装配方法在此不再介绍。

3 运动校核

完成样车装配之后，我们就可以利用更改前后板簧的弧高和前桥的左右转向角来进行零部件之间的运动校核。现以前轮与转向拉杆的运动间隙校核和后减振器行程校核为例做一下介绍。

3.1 前轮与转向拉杆的运动间隙校核

通过更改前轮的转角“ZHUANJIAO”的度数，使前轮右转最大角度，若转向直拉杆为直杆时，则转向直拉杆与前轮发生干涉，此时我们可以根据干涉量的多少和预定拉杆与轮胎的最小间隙，将转向直拉杆设计成带折弯的形状，来避免最大转角时与前轮的干涉发生。

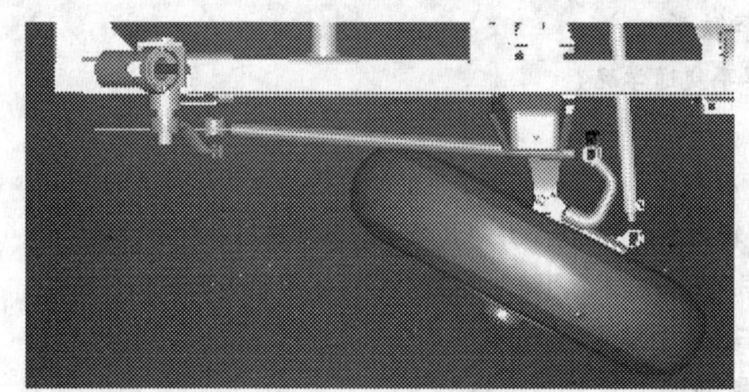

更改前拉杆与前轮发生干涉

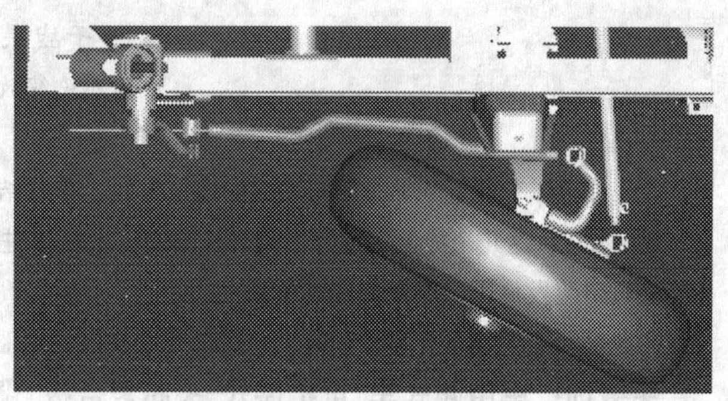

更改后拉杆与前轮不干涉

3.2 后减振器行程校核

在已知后减振器的最大行程和最小行程后，我们通过更改后板簧的弧高，来实现后轮上跳到最大点和下跳到极点。通过测量两种状态时减振器的长度，可看出减振器的布置是否满足需要。如某一种车型的后减振器行程的校核结果，该后减振器最大行程为 500mm，最小行程为 310mm，改变后板簧的弧高，实现后轮下跳 100mm（相对与板簧压平时）和反弓 55mm，测量结果符合要求。

后轮下跳 100mm 时，
减振器长度为 454.2mm

后轮上跳 55mm 时，
减振器长度为 317.58mm

这样，我们就可利用更改前后板簧的弧高和前桥的左右转向角来进行前减振器行程的校核、传动轴长度的校核、轮胎与货箱地板间隙的校核、轮胎与驾驶室轮罩的运动间隙以及转向与前悬架的运动干涉等其他方面的运动校核。

国外军用厢式车技术

于战果 李敏堂
中国人民解放军军事交通学院

[摘要] 车厢形式、车厢与底盘的连接方式、车厢结构和材料、车厢壁板的力学性能研究等是厢式车技术的关键，本文从这几个方面对国外军用厢式车的技术现状进行了较为系统的分析，并对其今后的发展趋势进行了预测。通过借鉴发达国家军用厢式车技术上的经验，可以提高我军厢式车技术水平，并对我军今后军用厢式车的发展方向起到一定的指导作用；同时，也可以带动我国民用厢式车技术的发展。

关键词：军用厢式车 可扩展式 夹芯复合板 聚氨酯泡沫

Technique of Foreign Military Van

Yu Zhanguo, Li Mintang

[Abstract] Technical actuality of foreign military van is systemically analyzed, in this paper, from van body shape, connected manner of van body and chassis, structure and materials of van body to mechanical properties of van body wainscot, etc, which are the key of military van technique, and that, the development trend of their van is forecasted. The military van's engineering level of our army may be enhanced and the van's direction of ours may be guided by using the developed country's experience for reference, at the same time, the development of our civil technique of van may be brought along.

Key words: military van expansible sandwich panel polyurethane

前言

现代化战争对部队的机动性提出了越来越高的要求，各种集成化机动作业车辆应运而生。军用厢式车作为其中的一种得到了世界发达国家军队的高度重视，近年来已有了较快的发展。随着各国军方对厢式车在资金和科研力量上的投入，军用厢式车的设计与制造技术也在不断的发展和成熟，其技术成果不仅在现代战争中发挥了越来越重要的作用，而且也已经应用到了民用厢式车上。

1 军用厢式车发展概况

20世纪50年代初，机动使用的军用地面装备大部分还是采用散装运输，到达现场后才组装配套、调试，形成系统。战争实践证明，采用这种方式，在运输过程中军用装备零、部件及备件容易丢失和损坏；到达现场后组装调试费时费力，作战反应时间长，难以应付紧急任务。对于有环境要求和防护要求的装备，仅能在临时架设的帐篷内安装和工作，无法保证装备和人员有适宜的工作环境。以上问题都直接影响了装备的可靠性和总体作战效能。为此世界各国逐步发展和装备了军用厢式车辆，把需要移动的军事装备事先安装在车厢内并调试好，运抵战场后可快速展开作业，并能充分发挥其作战效能，使军用厢式车成为了军事装备可靠的作战平台。为了确保人员和仪器设备在炎热和寒冷的气候条件下能够正常工作，后来又改进了军用厢式车车厢结构设计，应用了性能优良的车厢壁板，并在车厢内安装了空气调节装置和滤毒装置等，从而大大提高了军用厢式车的环境适应性，使其成为一种应用范围更为广泛的军事装备机动载体。图1为美军可扩展式指挥厢式车战场应用模型图。

图1 美军可扩展式指挥厢式车战场应用模型图

军用厢式车由于其车厢与装载底盘的一体性，在执行任务时不需要其它装备支援即可出动，被敌方侦测到后，能迅速的转移阵地，因而具有很强的战术机动性、随行保障能力和自我防护能力。目前在国外，军用厢式车在指挥、通信、医疗、维修、发射控制等方面均有所应用，并有逐步扩大使用范围的趋势。总后勤部后勤科学研究所对美军陆军101空降师编配的制式后勤装备调查统计（图2）表明，美陆军在战役和战术层面上配备的军用厢式车辆，占集装化保障装备的25%。

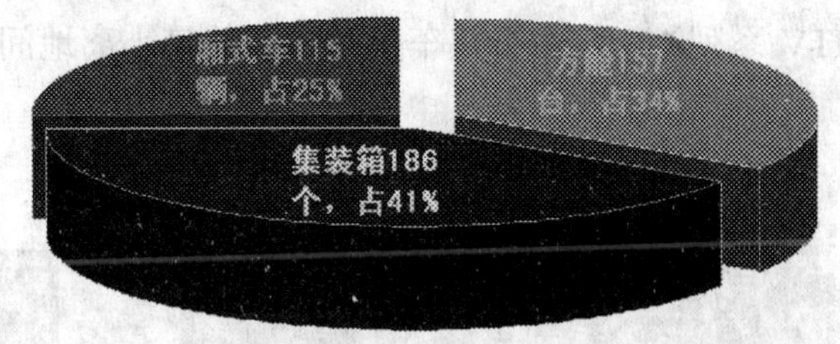

图2 美陆军101空降师各种集装化保障装备所占百分比

军用厢式车辆通常与集装箱、方舱等互补组成集装化保障系统。世界发达国家军队的集装箱、军用厢式车和方舱向着标准化、系列化、通用化、模块化发展，由三者组成的大型机动组合保障单元已形成了整体配套、普及应用的趋势，且具有较高的战略机动性和防护能力。

2 国外军用厢式车的技术现状

2.1 车厢形式的发展

2.1.1 车厢形式的发展过程

军用厢式车大多是由汽车二类底盘改装而成，其整体性能很大程度上依赖于底盘的性能，所以选用优良的底盘是提高军用厢式车整体性能的重要因素。典型的军用厢式车主要由底盘车、副车架和车厢组成。西方各国在发展军用厢式车的道路上，首先研制和生产的是非扩展的硬壁车厢。如美军2.5T级M1079军用厢式车（图3）。该车采用了美军中级战术车辆家族系列（FMTV）作为底盘，因而获得了非常优良的性能。FMTV是美军战术单元机动和后勤保障的中坚力量，采用全轮全时驱动（full time all-wheel），而M1079军用厢式车接近角和离去角均为40°，最小离地间隙为559mm，该车型具有很强的越野能力，能够在无路地带全时跟进（伴随其它装备进行保障，如坦克、装甲车等作战装备），而且能够适应-50℉（-28℃）的严寒气候和+120℉（+92℃）的高温气候。

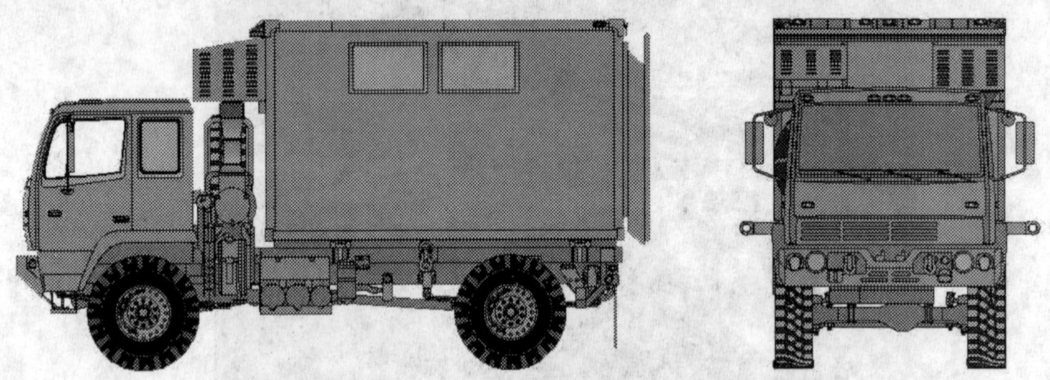

图3 美军2.5T中级战术厢式车（M1079）

M1079军用厢式车整个车厢具备水密封性，车门和车窗均具有灯光管制系统。每个侧壁开有两处车窗，车窗为长方形结构，双层玻璃。车门采用后双开门方式，车门上带有可拆卸的车梯供乘员进出车厢。

由于军用厢式车能够为设备和人员提供一定的环境保护，并且越来越多的军事部门要求军用厢式车能够提供一个更大的工作空间。于是，在20世纪70年代以后，车厢的形式发生了多种变化。首先是英、德、法等国家研制出了采用良好越野性能底盘载运的拖车和半拖车组合单元；随后，以美军为代表的西方各国在保证军用厢式车机动能力的前提下，以基型车厢为基础，发展了可扩展式军用厢式车。在20世纪80～90年代期间，西方发达国家扩展式厢式车的水平有了大幅度提高，技术上已经很成熟，并出现了多种扩展形式。图4为美军M1087可扩展式厢式车，该车也采用FMTV作为底盘。M1087具有与M1079同样的基本性能（底盘车同属于FMTV系列），但由于整车尺寸大，其最小离地间隙为356mm，离去角为17°，比M1079有所降低。

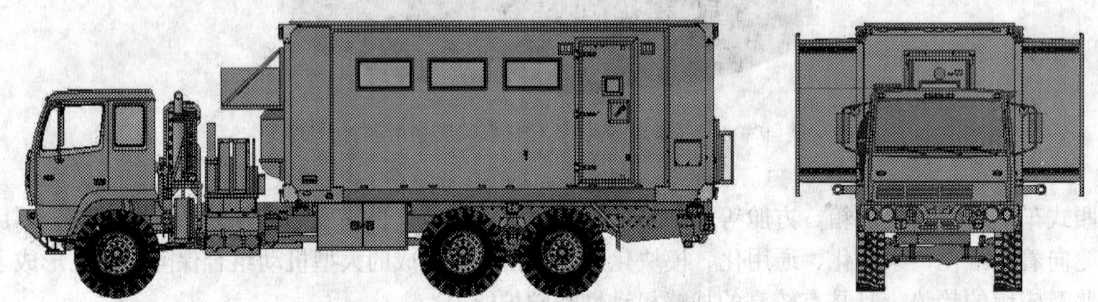

图4 美军5.0T中级战术可扩展式厢式车（M1087）

M1087军用厢式车车厢同样具有水密封性，车厢和车门都带有灯光管制系统。车厢每侧开有三个车窗，长方形结构，双层玻璃。后双开门，两侧各开有一单侧门，后门带有可拆卸的车梯和平台。

目前，美军的各种厢式车在车辆底盘和车厢尺寸上已经系列化，车厢各零部件的通用化程度也很高，已经形成了比较完善的厢式车系列。

2.1.2 可扩展式车厢的展开方式

可扩展式厢式车机动灵活，现场展开时车厢内部作业面积大，展开、撤收时间短，便于战时跟进和转移，是集大空间和灵活性于一体的军事装备机动载体。因而，得到了各国军方的高度重视，并相继研究出了许多不同的扩展方式。可扩展式厢式车的用途不同，车厢的扩展方式也不同，目前发达国家军队的军用厢式车主要有五种比较典型的扩展方式。

(1) 两侧车厢板掀顶伸缩式

该车厢由主车厢、左右伸缩式活动车厢、左右活动底板、左右活动顶板四部分组成。左、右两侧车厢为无顶式结构，当两侧车厢在液压缸（或人工机械力）驱动下伸出（或展开）时，侧车厢的活动顶板由上部滚轮（或人工机械力）掀起形成凸起的侧顶，同时左、右活动底板在液压缸（或人工机械力）驱动下，绕其旋转轴向外侧翻动，最后四部分组合形成一封闭车厢。这种扩展方式的车厢优点是提高了车厢内部高度，加大了扩展比，使其具有很大的作业空间，并在收拢后行驶状态下车厢刚度大；缺点是结构复杂、设计制造难度大，而且车厢的密封性能较难实现。如俄罗斯的扩展式就餐车（图 5），该车为人工机械扩展式。

(2) 两侧车厢板整体内伸缩式

该车厢由主车厢、左右伸缩式活动车厢、左右活动底板三部分组成，左、右两侧车厢为厢式结构，在液压缸（或机械力）驱动下两侧车厢整体伸缩，左、右活动底板在液压缸（或机械力）驱动下，绕其旋转轴上、下翻转。这种形式的扩展厢式车结构简单，整体性好，密封性能好，设计制造难度低，但是较掀顶式内部净高度低，扩展比小。如美军 M1087 可扩展式军用厢式车（图 6）。该车为机械扩展式，设有单人操作机构。

图 5 俄罗斯可扩展式就餐车

图 6 美军 M1087 可扩展式厢式车

(3) 两侧车厢板整体外伸缩式

整体外伸缩式车厢与整体内伸缩式车厢组成部分相同，伸缩原理也基本类似，不同之处在于外伸缩式车厢的伸缩部分是在基型车厢外部伸缩，而内伸缩式车厢则与之相反。两者相比，外伸缩式车厢具有更大的扩展比，更合理的内部空间布局，然而车厢整备质量太大，整车高度过高，超过了铁路运输界线，不适于安装在越野车的底盘上。如比利时 EMI（ ESPACE MOBILE INTERNATIONAL）公司生产的 CA600 通用型可扩展式军用厢式车（图 7），该车采用法国雷诺（RENAULT）公司生产的 M200 底盘，为液压扩展式，具有良好的密封性能及空气调节装置（制冷，制热能力较强），能够适应在沙漠地区以及环境气候恶劣的地区使用，曾在北约的部队中装备过一定数量。

图 7 比利时 CA600 军用型可扩展厢式车

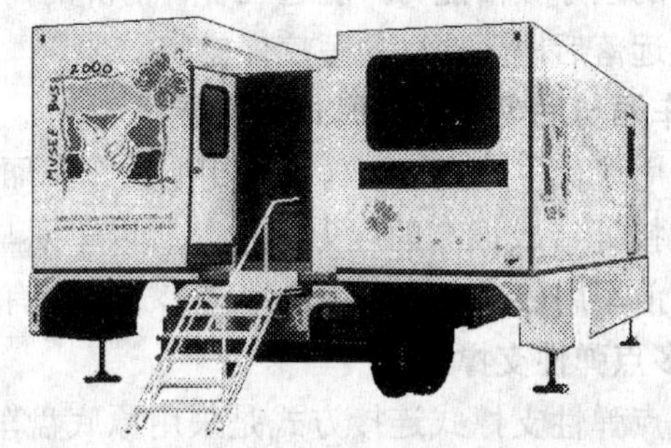
图 8 比利时 CA600 民用型可扩展厢式车

由于 CA600 型厢式车展开时车厢内空间比较大，展开时的车厢内面积可达到 $6m \times 5.5m = 33m^2$。因而，用途比较广泛，既可以在战时作为军用厢式车，也可以在平时作为民用厢式车使用。其军用型可以作为野战时条件下的指挥所、通信指挥中心及医疗救护中心等。而其民用型可作为流动学术报告厅、流动图书馆、流动学校等，图 8 为 CA600 民用型可扩展式厢式车。

(4) 两侧车厢板拉索收放式

拉索收放式车厢是通过拉索来收放侧板，实现展开和收缩。这种展开方式的车厢收缩后侧板为三层结构，并通过铰链固定在一起。展开时先通过液压机构（或机械力）将左右外侧车厢板举起，当其升高到一定程度，中间车厢板和内侧车厢板会在自重力的作用下向下放开，并由拉索来控制收放速度和限位，以及调节左右两侧收放平衡（左右两侧也可独立展开），最终将扩展车厢底板放平并定位，然后扩展车厢的前后端板分别向两边展开，与其它壁板形成一个封闭的系统。当收拢时，过程刚好相反。这种结构柔性比较大，但密封性能较好，而且在收拢状态和展开状态下车厢内部都有较大的空间。如瑞典 VEKKLA 公司生产的可扩展式厢式车（图 9）即采用了该方式，该车主要用于部队的野外宿营和野战医院。

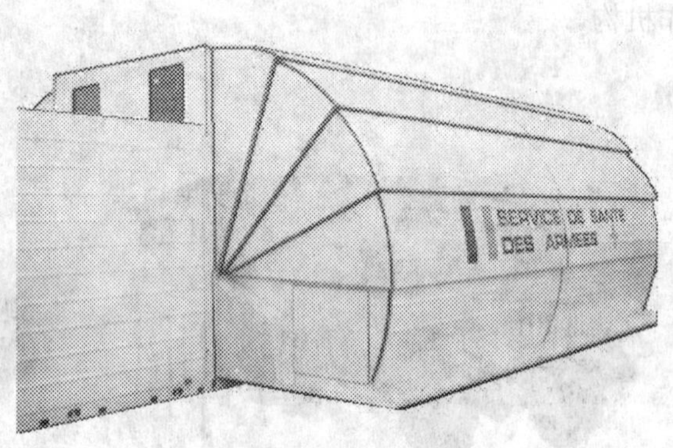

图 9 瑞典 VEKKLA 公司的可扩展式厢式车图 10 法国 SODETEG 公司的扇形扩展式车厢

(5) 两侧车厢板扇形展开式

扇形展开方式的展开过程：左右侧板在液力下绕底部的轴向外侧转动，配有双轴系统的液压千斤顶在转动侧板的同时升高顶板，侧板展开后端面为扇形，如图 10 所示。扩展后的车厢上配有 8 个受力支柱，确保车厢就位后的稳固性。这种方式结构比较复杂，制造难度大，但由于整个车厢为一体结构，伸缩采用手风琴式，所以密封性能极好，技术含量比较高。法国的索里蒂克（SODETEG）和 SANTE 公司均生产了此种扩展方式的车厢。图 10 为法国索里蒂克公司生产的扇形扩展式车厢，其在收拢状态下底板面积为 $16m^2$，展开后有效面积为 $34m^2$，主要用作野战医院的组成单元。通过载有现代化的医疗设备，它具有较高水平的医疗救治能力，能适应各种情况的需要。既可用于军事冲突的战场救治工作，又可用于抢险救灾以及边远落后地区居民的医疗保健。

2.2 车厢与底盘车连接形式的发展

采用现代生产技术制作的军用厢式车车厢为一刚性很强的整体，与有大变形能力的底盘车相连，常常会在连接处造成很高的应力集中。所以车厢与底盘车连接形式的好坏对整车的可靠性起着至关重要的作用。目前军用厢式车上采用的连接形式主要有以下四种方式。

2.2.1 多点弹性支撑式

多点弹性支撑式连接方式是采用原底盘车预留的连接位置，将车厢底板通过多个连接点固定在车架上，在连接处采用弹性装置，同时需要对该处的车厢底板进行加固，如图 11 所示。这种连接方式相比其它方式最为简单，其连接处所承受的工况也最为恶劣，但能够获得较低的车厢高度和较低的车厢整备质量，因而，可以有效地降低整车质心高度和整车偏频。如果只采用多点弹性连接，在厢式车受到垂直加速度时，车厢能够保持较好的动态性能。但当厢式车产生侧向加速度（转弯或越野行驶工况）和纵向加速度（加速或制动工况）时，车厢横向稳定性和纵向稳定性变差，连接处会产生较大的横向和纵向剪切力。其中侧向加速度是影响车厢稳定性的主要因素，所以需要对其横向变形加以约束，通常的方法是在车厢底部前端采用横梁与底部弹性连接。这种连接方式适合吨位较小的厢式车辆，目前在轻型军用厢式车上得到较多的应用。

图11　多点弹性连接方式

图12　普通副车架式

2.2.2 普通副车架式

与第一种方式相比，普通副车架式连接方式是在车厢与底盘之间增加了副车架，车厢底板与副车架的横梁通过螺栓固连在一起，而副车架的纵梁通常通过U形螺栓与车架弹性连接。这种形式实际上是通过副车架对车厢底板进行了加强，使副车架分担了部分扭矩。因而，这种车厢连接结构比较简单，并且也能获得较低的车厢高度，但在车辆行驶时，由于车厢同样要承受扭转力矩，使其工作条件变差。因此，车厢结构仍需采用各种加强措施。目前通用的方法是增加复合限位装置，即在副车架和车架之间采用多处弹性限位装置来对其进行加固，如图 12 所示。普通副车架连接方式在一些外形尺寸较大的硬壁车厢上应用较为广泛。

2.2.3 管梁固定式

管梁固定式是一种具有创新思维的连接方式，是基于圆管能够最有效的承载扭矩这一思想所设计的，该连接组件由管梁和托架组成。采用管梁固定式的车厢，在车辆行驶过程中可避免外部扭转力矩对车厢的直接作用，改善了车厢工作条件，提高了可靠性，为采用大板式车厢结构，降低车厢自重创造了条件，从而在一些中、重型军用厢式车及扩展厢式车上得到了广泛的应用，但车厢底板高度较普通副车架固定型式要高，对整车高度会产生一定的影响。其结构形式，如图13所示。

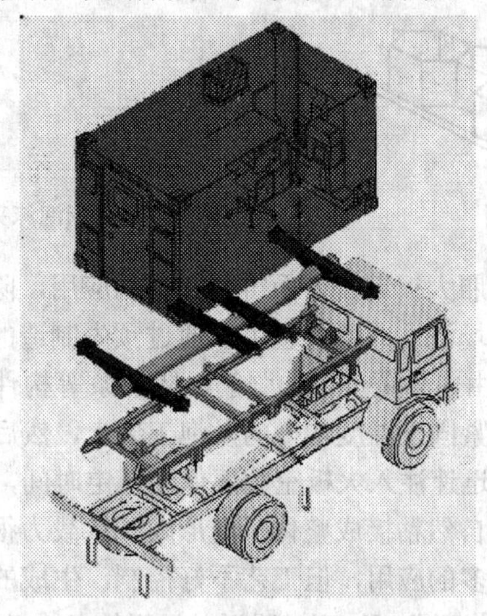

图13 管梁结构分解图

2.2.4 集装箱（方舱）角件、转锁固定式

在需要车厢与底盘车分离的情况下，往往采用集装箱角件、转锁固定式连接方式。该连接方式对于汽车底盘要进行改装，设置集装箱转锁，可以在一定程度上降低车厢所承受的扭转力矩。车厢经常要与汽车

底盘安装和分离，所以车厢通常设计成方舱型式。当车厢与汽车底盘分离后，可以进行铁、水、空等多种运输模式的转换。这种方式在车厢可拆卸式的军用厢式车上得到了广泛的应用。

2.3 车厢结构及壁板材料的发展

2.3.1 车厢结构的发展

初期的厢式车大部分是根据设备装载要求构制车厢内部承载骨架（或叫框架），然后以骨架为基础铆接外蒙皮，加装夹芯材料，再铆接内蒙皮。此种车厢称为骨架式车厢。随着汽车工业的发展，逐渐暴露出骨架式车厢的种种问题。它荷质比低、承载能力差；无法实现设备的随处安装，造成设备更新换代困难；由于存在骨架这一热桥，大大降低了车厢壁板的绝热性能，而且不适宜大规模生产。因此当今骨架式车厢逐渐被由多块夹芯复合大板构成的大板式车厢所取代。

大板式车厢一般由六块厚约50mm的夹芯复合板、12根角形件、8个角件，通过螺栓、铆钉、密封胶等固连在一起而形成，具有比强度高、比刚度好、荷质比高、保温性能及电磁屏蔽效能好、承载能力强等优点。除此以外，大板式车厢还易于实现车厢零件的标准化、车厢形式的通用化和系列化以及附属装置的模块化，适应了军用厢式车的发展方向。

2.3.2 车厢壁板材料及制作工艺的发展

在军用厢式车车厢壁板的发展过程中，其材料和结构工艺经历了几个阶段。在20世纪50年代，夹芯材料主要是纸蜂窝、铝蜂窝（图14），蒙皮与夹芯材料通过胶粘剂粘接成型。由于最初的军用厢式车经铆接的外表面密封性不是很好，使用一段时间后容易发生渗水现象，由蜂窝做芯材的夹芯复合板一旦进水，就会造成车厢壁板热导增加和脱粘，甚至会发生起鼓现象，因此夹芯材料逐渐被后来兴起的聚氨酯泡沫塑料（图15）代替，并在比利时、法国、德国、英国、美国等国家的军队中得到了广泛的应用。但由于蜂窝夹芯仍有自己不可替代的优点：能够获得极高的荷重比，能够获得极小的热导率，能够获得极佳的电磁屏蔽性能等。所以目前在美军的一些电磁屏蔽车厢和方舱的壁板上仍占有一席之地。在这种车厢上，美军采用无缝铝合金蒙皮，壁板连接处采用蒙皮与角件焊接方式，从而保证了外表面的密封性。到目前为止，军用厢式车车厢壁板的蒙皮主要有金属材料板、硬聚氯乙烯板、复合材料板等，芯材有纸蜂窝、铝蜂窝、聚苯乙烯泡沫塑料、硬质聚氨酯泡沫塑料等，而应用最为广泛的是蒙皮采用铝合金、夹芯材料是硬质聚氨酯泡沫塑料的夹芯复合板。

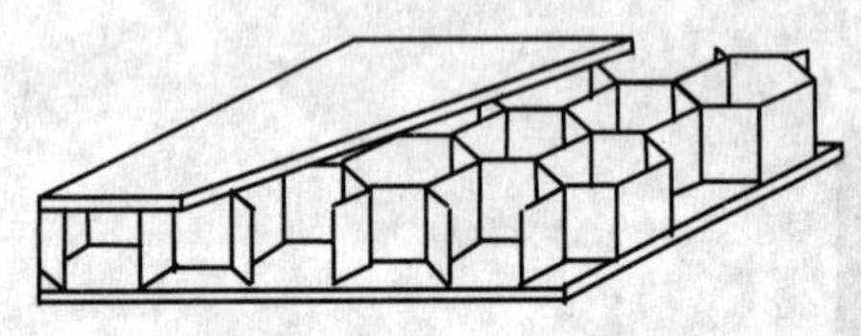
图14 蜂窝夹芯剖面图

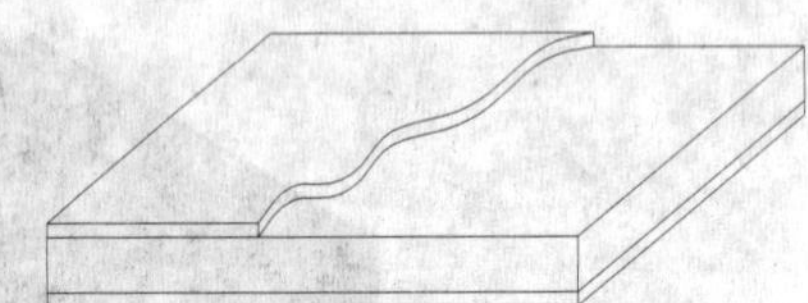
图15 聚氨酯泡沫夹芯剖面图

聚氨酯泡沫能够在军用厢式车车厢大板制作方面得到广泛的应用，除了它克服了蜂窝芯材的缺点外，更在于它成型的多样化，它既能够现场浇注成型，也可以通过预先制造的模具发泡，然后再粘结成型。

(1) 浇注成型法。这种方法是先由内外蒙皮、加强筋、隔热条等构件，通过高强度胶粘剂粘接、加压固化后形成空腔大板，再将空腔大板紧固于温度均衡的发泡工装上，然后按照一定比例的聚醚、PAPI、阻燃剂、F11等化工原料，经过混合后迅速注入大板空腔，保温一定时间，待其固化后，形成聚氨酯硬质泡沫。由于硬质聚氨酯泡沫与内外蒙皮自然粘接成整体，便形成了承载力很强的复合板。浇注成型法工艺简单，对设备要求不高，因而得到了较多的应用，但工艺不好控制，生成的芯板密度不均匀，气泡大小不一致，其密度中间小边沿大，而且在一些死角（如窗口附近、加强筋各个角落等）不容易被泡沫填满。因而，同一块板的各处性能差别比较大，其生成的大板经高低温试验后，板材的胶接强度有所下降，易发生起鼓现象。

(2) 粘结成型法。粘结成型法有两种方式，一种是用胶粘剂进行粘结，另外一种是采用结构胶膜进行粘结（胶膜耐温性、强度均好）。粘结成型法避免了上述浇注成型法的缺点，但自身也存在加工工序多，材料浪费大等问题。目前在国外，发达国家兼顾到环保因素，大多都采用粘结法。发泡法和粘结法是目前并存的两种工艺，粘结法有较好的发展趋势。

2.4 车厢壁板力学性能研究的发展

厢式车车厢壁板所用的夹芯复合板结构具有重量轻、强度大和刚度大的特点。适当选择蒙皮和夹芯还可以获得良好的抗振、隔热、隔音及防静电干扰等性能。同时，这种结构不用大面积铆接，可以减少应力集中，而使疲劳强度有较大的提高。由于以上这些优点，近几十年来，夹芯复合板在航天、船舶及车辆等工业得到了广泛的应用，目前军用厢式车车厢的壁板制作普遍采用这种板材。

由于夹芯复合板是由两种弹性模量相差很大的材料通过胶合粘剂粘结而成，因而横截面上的应力变得非常复杂，增加了对其进行结构应力分析的难度，引起了人们在此方面的研究和探讨。

2.4.1 夹芯复合板理论的进展

经过数十年的夹芯复合板的理论研究，已经提出了不少计算模型。由于聚氨酯泡沫在宏观上可以看作是各向同性材料，所以在工程计算上往往把由各向同性材料构成的夹芯复合板作为面内各向同性结构进行研究。对这种结构的线性理论而言，目前主要的理论大致可以概括为以下几种类型：

(1) Reissner 理论： Reissner 夹芯复合板理论把表层薄板看成一块薄膜，即认为只承受平面力，忽略其本身的抗弯能力，认为夹芯只起抗剪作用。由于其数学方程较为简单，并且能解决相应的问题，通过大量工作实践，证实了对于多数工程中涉及的复合板问题能够获得足够的精度。因而，这种理论被广泛采用，是工程中夹芯复合板分析与设计中最常用的理论。

(2) Hoff 理论：该理论把表层薄板看作为普通的薄板，即考虑其本身的抗弯刚度，而夹芯仍认为只承受剪切作用。

Reissner 理论对一些力学因素做了简化，因而存在一些不能解决的问题，如在集中载荷作用下，板的弯曲问题、板弯曲时固支边附近的表层局部应力问题等，而且用来解决刚硬蒙皮的夹芯复合板时，误差较大。Hoff 理论把夹层板看作为普通的薄板，在这种条件下认为夹芯只承受剪切作用，从而克服了 Reissner 夹层板理论的局限性，在解决刚硬蒙皮的夹芯复合板时，比 Reissner 理论更合理，应用范围更为广泛。但这两种理论都未考虑夹芯的弹性支撑作用，因而在分析柔性夹芯复合板时误差较大。

(3) ⅡpycakoB—杜庆华理论：该理论把表层薄板看作为普通薄板，而夹芯除了承受剪切作用外，还存在横向的弹性变形作用。

实际的夹芯结构元件中不仅有反对称型弯曲变形或总体失稳波形，而且还会有对称型弯曲变形或局部失稳形式，分析这种变形形式是 Reissner 和 Hoff 理论无能为力的。ⅡpycakoB—杜庆华理论在 Hoff 假设的基础上，分别提出了各自关于考虑夹芯横向弹性变形的夹芯复合板的理论。夹芯横向弹性作用对于由集中载荷和板的边界效应所引起的夹芯板表层局部应力有特定的影响。这是研究表层相对夹芯中面的对称型局部失稳时所必须考虑的因素。由于ⅡpycakoB—杜庆华理论考虑了夹芯的抗剪切与弹性支撑作用以及蒙皮的抗弯能力，是比较完善的理论，但由于其在数学处理上的复杂性，难以在工程中应用。

近几年来，夹芯复合板理论没有多少新进展，现有的一些研究大多数在以上几种理论基础上对近年来出现的复合材料夹层板的新特点的应用，还不太成熟，有许多问题有待解决。

2.4.2 夹芯复合板应力单元模型的发展

随着计算机技术的飞速发展，有限元方法作为一种极为有效的结构应力分析方法也迅速发展起来，同时运用有限元进行结构应力分析的软件越来越多，并且功能越来越强，其单元库中所包含的单元类型越来越多，以至于象 ANSYS 和 SolidWorks Cosmos 等这样的大型通用型微机版软件都已经包含了夹芯复合板单元类型，下面以 ANSYS 为例介绍一下夹芯复合板单元类型的特征。

ANSYS 单元库中，用作层状结构板壳单元的单元类型有多种，但只有 shell91 单元具有模拟夹芯复合板结构的功能。shell91 单元共有八个节点，六个自由度：X、Y、Z 方向的位移和绕 X、Y、Z 轴的转动，如图 16 所示。可以通过对其八个节点、各层的厚度、各层的铺设方向以及正交各向异性材料属性等进行定义确定单元的几何形状和属性。这种单元必须保留中间节点，以保持应力的连续性。

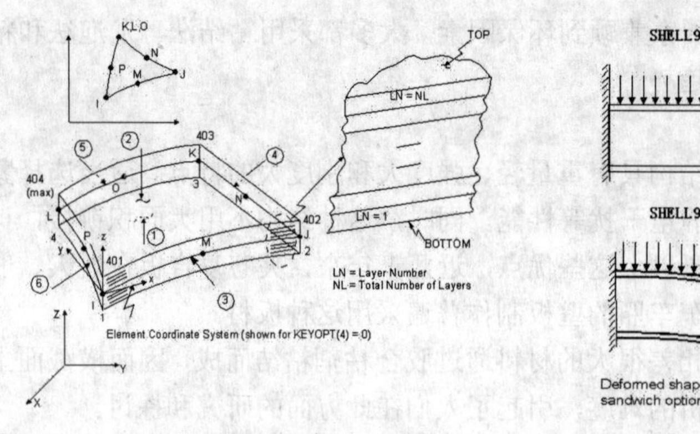

图 16 shell91 单元

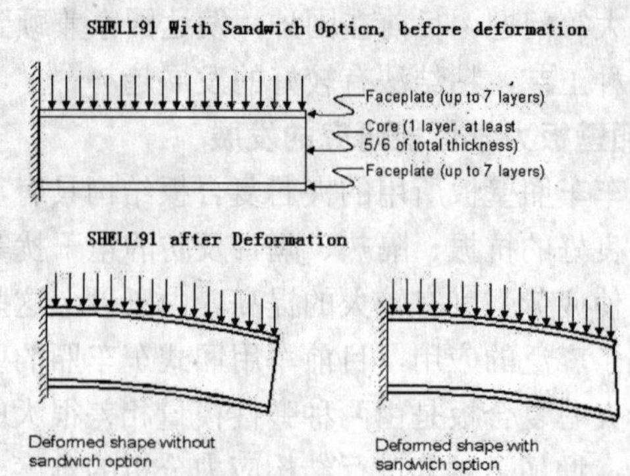

图 17 shell91 单元的 sandwich 特性

shell91 模拟的夹芯复合板要求具有较薄的表层（蒙皮）和较柔的夹芯，而这完全符合厢式车车厢夹芯复合板的性能要求。这种单元所采用的假设条件是：夹芯承受所有的横向剪力，而表层却不承受剪力，相反，表层承受所有的弯曲力矩，夹芯却几乎不承受夹芯复合板的弯矩。可见这种假设条件跟 Reissner 理论的假设条件完全相同，所以 shell91 单元应力模型是基于 Reissner 理论建立的。

图 17 为 shell91 的单元特性图，从图中可以看出， shell91 单元带有夹芯复合板（sandwich）属性和不带夹芯复合板属性在悬臂工况、均布载荷作用下的变形图有明显的区别。这是由于带有 sandwich 选项的 shell91 单元夹芯较柔，弹性模量低，对整个夹芯复合板的约束能力小，其整体变形形状主要由弹性模量很大的上下表层决定。但夹芯可以使表层充分发挥材料效能，起到类似工字梁的作用。

这种单元类型还有一个特点就是可以对同一个节点定义两种材料属性。对夹芯复合板来说，蒙皮和夹芯粘接处为两种材料属性，却具有相同的节点，所以这个功能对夹芯复合板非常有用，如图 18 所示。这种功能的属性可以通过 ANSYS 的 KEYOPT（11）来定义。

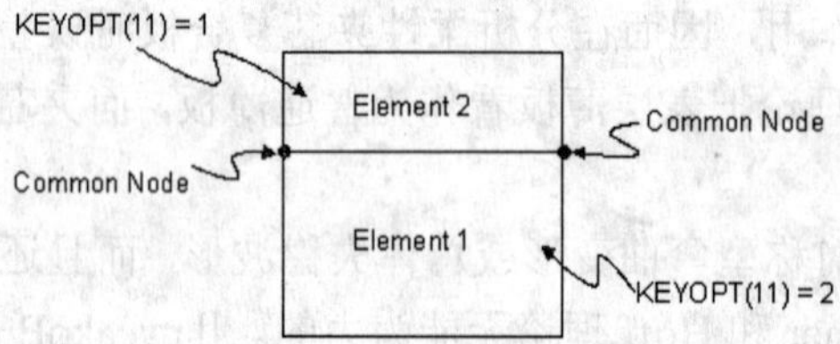

图 18 异材共点功能

为了使计算结果合理准确，ANSYS 在人们选定 sandwich 功能时附加了一些限定条件：

(1) 夹芯与整个夹芯复合板的厚度比 t_c/t 最好≥5/6，但必须≥5/7。

(2) 蒙皮与夹芯弹性模量的比值最好在 100≤ E_f/E_c ≤10 000 范围内，但必须在 4≤ E_f/E_c ≤1 000 000 范围内。

(3) 夹芯复合板在弯曲载荷作用下的曲率半径与夹芯复合板厚度的比值 r/t 最好≥10，但必须≥8。

经实验测定，ANSYS 中 shell91 单元的 sandwich 功能能够较好的解决夹芯复合板在弯曲工况的应力分析，但限于所依据的理论，对厢式车车厢上的复杂工况只能解决部分问题，有待于进一步完善和发展。随着人们对夹芯复合板理论研究的不断深入和计算机软件的不断发展，夹芯复合板单元的特性会更加有效，更接近于实际情况。

3 军用厢式车发展的总体趋势

世界各国由于自身实力和作战对象的不同，其军用厢式车的发展方向也不尽相同，但现代战争的共同点也使他们着重在以下几个方面进行发展。

3.1 标准化和通用化

在军用厢式车发展的初期，美军各军兵种都是根据自己的需要来研制、生产和装备军用厢式车的，导致车厢品种发展太多，通用性差，生产批量小，成本高。从 1975 年开始，美军就开始了标准化工作，确定了标准化、系列化的基型车厢。并在基型车厢的基础上发展了可扩展式车厢，使车厢在尺寸上形成系列化，在车厢结构上实现模块化。而德国也根据本国军用和民用车辆的情况，制定了军用厢式车系列标准。

外国军方除致力于基型车厢的标准化工作以外，在车厢的组件、零件或附件上也开展了标准化工作，如在门、角件、孔口尺寸、空调装置、电源接入板等上的标准化工作。这样不仅减少了研制费用，减少了后勤供应因品种繁多造成的困难，而且使不同类型的厢式车上对应组件或零件具有互换性，便于修理，提高了军用厢式车的作战效率。当前，车厢及其组件、附件等的标准化和通用化仍是国外军用厢式车发展的重点之一。

3.2 电磁屏蔽设计

现代战场上，军用厢式车是用作电子设备工作平台的主要装备之一。随着现代科技的发展，越来越多的先进复杂的电子设备如指挥控制系统、通信系统、探测与预警系统、雷达系统等电子设备安装到了厢式车上，这些电子设备能否发挥应有的作用，在很大程度上决定了战争的胜负。而这些电子设备通常都由晶体管或集成电路等制成，它们易受电磁干扰，易遭电磁脉冲损坏，所以厢式车的车厢必须为车厢内部的电子设备提供足够的电磁屏蔽防护能力。目前，电子干扰的基本技术已被世界上的许多国家所掌握，而且可以用多种方法设置或投放干扰机，干扰能力越来越强。而现在发达国家的军用厢式车内大量装备精密电子设备，极易被干扰，所以人们越来越重视车厢的电磁屏蔽设计。

军用厢式车车厢通常由内外金属蒙皮（一般用铝合金）的夹芯复合板组成，因此车厢本身就具有一定的电磁屏蔽能力。电磁干扰和电磁脉冲主要通过车厢大板蒙皮接缝、门、窗、孔、口进入车厢内部，也会通过电源线、信号线的传导进入车厢内部。为了提高车厢的电磁屏蔽能力，西方各国做了大量工作，采用的主要办法有：使车厢内、外蒙皮形成两个独立的法拉第笼；临接的蒙皮间采用焊接连接；改进门、窗设计，采用导电密封垫等防止电磁泄漏；孔、口采用蜂窝导电材料；电源线、信号线上装滤波器，并保证系统有良好接地。对于蒙皮不采用导电金属的车厢大板，可在蒙皮下敷设一层铝箔或金属丝网，达到电磁屏蔽目的。

目前美军在硬壁车厢上的电磁屏蔽设计已经相当的成熟，电磁屏蔽的衰减量达到 60dB 以上，要求高的甚至在 80dB 以上，但在扩展式军用厢式车上仍存在一定难度。由于扩展厢式车接合面多，达到高屏蔽衰减比非扩展车厢难度大。以前美军采用铝板桥接扩展后的壁板接合面，用这种方法尽管能使扩展车厢具有一定的屏蔽效能，但紧固桥接用铝板的时间太长，增加了车厢的伸缩作业时间，因而降低了扩展厢式车的作业效能。现在美军采用柔性金属网栅技术，在一块壁板上永久性连接金属网栅（用镀锡丝制成），在另一块壁板上装上金属网夹紧装置，使用时把网栅按要求铺展夹紧即可。在拐角处有三维金属网和一个用于夹紧的可卸角件。采用这种方法既减少作业时间，也提高了车厢的电磁屏蔽性能。美军目前仍在继续改进电磁屏蔽设计，谋求新的电磁屏蔽手段和方式。

3.3 三防设计

随着核技术的扩散，许多中小国家逐渐掌握了制造核弹技术。由于生化武器生产制造相对简单，费用低，又能造成大规模杀伤作用，极大沮丧敌方军民的抵抗信心，所以不少中小国家把化学武器作为其威慑力量。这样在未来的战争中，局部战争扩大为核生化战争的可能性仍然存在。尤其是伊朗、伊拉克在两伊战争中使用化学毒剂后，主要西方国家都重视有核生化功能（三防）的军用厢式车的研制生产。

具有三防功能的厢式车主要由车厢、车厢控制组件、保护性出口及其控制组件、尘埃收集器、气体/粒子过滤器、主风机、气流阀、配电装置、探测和警报系统等组成。车厢起放射性尘埃或毒剂的隔离作用。由于车厢门、窗、孔口处存在接缝，为了防止放射性尘埃、毒气和毒剂气深胶进入车厢，车厢内部要保持一定超压，通常在 175Pa 以上，在污染的环境里人员通过保护性进出口来进出车厢。为使外界污染空气不进入进出口，保护性出口也要保持 100Pa 左右的超压，并装有净化装置。从污染环境里进入车厢的人员在保护性进出口里清洗，然后作 5min 左右的换气净化，之后开启车厢门放人员进入。气体/粒子过滤装置用来过滤送入车厢的污染空气。主风机把过滤的净化空气送入车厢，并使车厢加压。为保证车厢内人员呼吸的空气中有合适的二氧化碳含量，通风量最少不少于 0.113m³/min/人。探测和报警系统则在车厢外污染达到危害人健康的给定量值上发出警报，并启动气体/粒子过滤装置和各种阀门进行消毒工作。

美英等西方国家通常是把集防设备装设在普通车厢上以组成三防车厢。美军采用模块化集防设备，可以通过结合装置安装在不同尺寸系列的车厢上。车厢及其门、空调装置等的标准化系列化给模块化集防设备的广泛应用创造了良好的条件。

在核生化战争环境中，具有三防功能的军用厢式车不仅能够保护车厢内人员，与穿戴防毒面具和服装相比，车厢内人员无戴面具和服装的沉重负担，而且极大提高了作战效率。英国、意大利、德国也都在发展三防车厢，三防功能已经从指挥、控制、通讯厢式车扩大到机械维修、电气/电子设备维修、医疗、炊事（其中包括可扩展式）厢式车，军用厢式车具有三防功能也成为重要发展趋势。

3.4 提高车厢的抗爆炸和防洞穿能力

随着高新技术在军事领域的应用，先进的高精度制导武器将会大量使用，未来常规战场上的火力强度和密集度将有很大增加。在势均力敌的常规战争中，当今的军用厢式车是极易被探测和遭摧毁的目标。因此，美军认识到，加固军用厢式车的车厢壁板使其具有一定的防超压和防洞穿能力是今后车厢发展的重要工作，并把其作为近、中、远期发展的重点之一。美军主要采用强度高、重量轻的结构材料（如 Kevlar 层压材料等）来制造车厢壁板以承受超压和防洞穿，图 17 为美军用 Kevlar 材料加固的车厢壁板截面图。这种车厢壁板可以使车厢承受 5×10^4Pa 的超压，它不仅能抗气体炸弹、炮弹、火箭弹在车厢附近爆炸形成的上述量级超压，而且具有 40g、60m/s 弹片击中和遭小型武器 7.62mm 子弹射击时的防洞穿能力，相当于装甲人员输送车的防弹能力。目前美国正在研究和试验车厢壁板上用的陶瓷、石墨、玻璃纤维等复合材料，以提高抗超压和防洞穿能力。可以预计，随着新技术新材料的发展和在军用厢式车车厢壁板上的应用，研制出具有一定抗超压和防洞穿能力的车厢只是时间的问题。

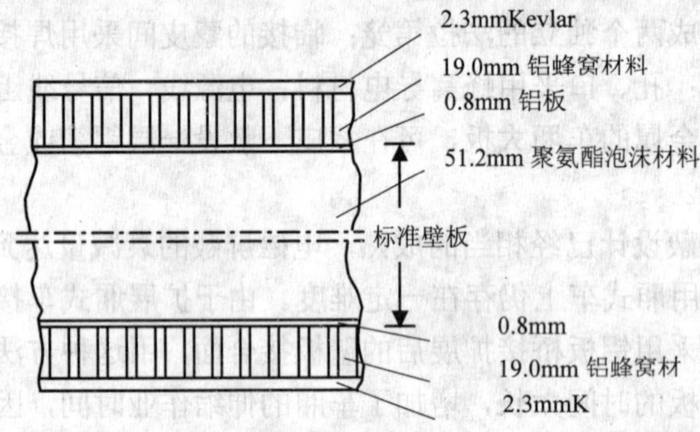

图 19 用 Kevlar 材料加固的车厢壁板截面图

3.5 军用技术民用化

军用厢式车技术的发展，大大提高了军队的机动性、战时后勤保障能力和自身防护能力，使军队更能适应现代高技术条件下的局部战争。它在提高军队机械化和信息化的同时，其技术成果也在民用技术上产生了很大的影响，促进了人们日常生产和生活水平的提高。

图 20 自行式房车

图 21 可扩展式房车

近几年随着人们物质生活水平的提高和旅游业的发展而迅速撅起的房车产业，在很多技术上应用了军用厢式车的技术成果，从车厢与底盘连接技术、车厢的扩展技术到车厢的结构材料等，这些技术促进了房车产业的发展，同时也促进了旅游业的发展，给人们的生活带来了更便利的交通工具和更舒适的旅游空间，提高了人们的物质文化生活水平，如图 20 所示，在汽车二类底盘上改装的自行式房车和图 21 所示的在大客车车身基础上改装的可扩展式房车。在运输行业里，部分民用厢式运输车如食品冷藏车、食品保温车、保鲜车等也在很大程度上应用了军用厢式车的技术，促进了该行业的发展。在和平年代时，军用技术越来越多的应用于民用工业，带动民用工业的发展，这是一种必然趋势。

4 结束语

军用厢式车的出现代表着部队在战术机动性、后勤保障能力和自我防护能力上有了很大的进步，军用厢式车车厢上各种技术的发展标志着军队正在适应现代化战争，向现代化方向发展；而民用厢式车的发展以及旅游房车的出现则标志着人们生活水平的提高和物质文化生活的丰富。军用技术和民用技术从来就不是独立发展的，我们借鉴外军的经验来研究军用厢式车技术，是为了提高部队现代化水平，维护世界和平，但最终目的是为了将技术更好的用于民用行业，促进民用技术的发展，造福于民。我们也希望在研究军用厢式车技术的同时，从民用厢式车技术上汲取营养，推动军用厢式车技术的发展。

参考文献

1　Christopher F Foss and Terry J Gander，Shelters and Containers，Jane's Military Vehicles and Logistics，1999-2000

2　Christopher F Foss and Terry J Gander，Shelters and Containers，Jane's Military Vehicles and Logistics，1997-1998

3　胡大宁. 军用方舱技术的发展状况及方向. 方舱技术。2001

关于大中型客车车身图案设计、施工的几点建议

彭陆祥 关进良 王家亮
郑州宇通客车股份有限公司

[摘要] 本文介绍了目前国产大中型客车图案设计、施工方面需要考虑的一些问题，及对完善客车图案设计、简化图案施工工艺提出一些建议，供同行们参考。

关键词：车身图案设计 图案施工 客车

[Abstract] The essay presents some points that should be taken into consideration in the current design and painting of drawing on domestically-made large and medium bus bodies and offers some advice on perfection of drawing and simplification of painting technique.

Key words: body drawing design drawing painting bus

随着我国国民经济的高速增长，城市公交和长途公路运输得到高速发展，再加入高速公路里程的日益延伸，近几年大中型客车的产量以30%~40%的速度增长，使得很多厂家（如中大集团、三一集团、长城）纷纷进入客车领域，客车行业的竞争日趋激烈。随着客户审美水平、个性化要求的进一步提高，客户特殊要求图案、企业专有图案越来越多，车身图案已成为一个产品的重要卖点之一，但同时对涂装车间的生产组织及生产工艺造成一定影响。现总结一下我在此方面的一些不成熟的观点，供同行们参考。因水平有限，肯定存在错误之处，请同行们批评指导。

1 烘烤系列面漆的修补问题

对于烘烤系列面漆来说，由于国产烘漆的色种、调色能力达不到进口漆的水平再加上受价格、供应、采购、成本的控制，往往许多颜色需要在涂装车间当场调色，极易造成质量（颗粒、色彩、施工性能）的不稳定及修补的困难。小面积、用量小的烘烤系列彩漆的调色、存放是一项极为棘手的课题。因要货太急需当场调色的彩漆修补问题是一项更加棘手的课题。对售后服务中车身面漆的修补工作将造成极为被动的局面。随着近年来涂装科技的进步，“高温烤漆+丙烯酸聚氨酯彩漆”新工艺的推广将成为可能，既可解决修补问题、供应问题，又可缩短工期，售后服务问题将得到一定的缓解。同时也存在风险，建议专门成立项目课题研究组对此新工艺攻关，并给予一定的优惠政策。例如采用项目竞聘制，成功给予重奖；失败给予重罚。

2 图案设计与涂装工艺的关系

(1) 客车图案设计是一项创意性比较强的工作，但不等于美术创作，必须考虑其施工性。否则将影响车间生产、整车效果，体现不出其应有的价值。

(2) 色调的选择：色调是色彩组合的总倾向和总特征。在一个图案中，施工工艺不同、涂层结构不同，同一颜色对人的视觉会有不同的感觉。如宇通公司的T6101H-18A中后部的图案中蓝色，在普档车中涂层结构为“灰色中涂+白色面漆+蓝色彩漆”，车辆下线后在阳光下观察有一种透亮、明亮的感觉。而在中、高档车中途层结构为“土黄色中涂+蓝色彩漆”，车辆下线后在阳光下观察没有透亮、明亮的感觉，而是

一种相对发暗的感觉。这说明同一种色采用不同的施工工艺体现在车身图案外观上会有明显的不同。建议尽可能采用“中涂+白色面漆+彩漆”的工艺。

(3) 色彩的配合分为色彩的对比和色彩的调和。色彩之间差异较大时，会形成对比，色彩之间相互映衬、排斥、吸引现象，能够给人比较深刻的印象。在金属漆作大面积的面漆时，建议小面积彩图最好采用素色漆。施工简单，价格低，质量又稳定。如宇通公司 T6101H-16B、T6101-16A/T6101HW-05AB/T6720H-11A 中的小面积图案采用素色漆的整体效果就很好。在色彩配合中设计很难设想全凭主观想像能够一次成功，往往需要多次色彩配合、调整，反复比较其效果，才能获得较为满意的方案，得出精品。建议在图案设计过程要给出相应的时间，需要进一步完善客车图案设计的程序。

(4) 图案设计中需要考虑的几个问题：

1) 新颖、别致、有创新。在创意时，每个图案都应具备自身的特色，要有别具一格的效果。在设计时可借助一定的参考对象，但不能照抄照搬，而要结合每个公司车身造型特点。现在特殊图案多的原因之一是由于没有设计出独具特色的图案让客户认可，作为其炫耀的资本。对于一个运输企业来说，专有图案越来越多。建议将运输企业的专有图案设计作为工作重点，靠此可以吸引更多的客户、更多的订单。

2) 要与车身外形相结合，遵循上轻下重、前轻后重、均齐平衡的原则。客车图案设计并不是把一幅艺术作品搬到车身上就能体现其艺术效果。它不仅要使车身增加美观，还要设法弥补外形的某些不足。例如风窗玻璃嫌小时，在玻璃下沿加一条稍宽些的深色条子；当车身偏短时，采用一些长的水平方向的线条，避免使用垂直方向的线条。例如宇通公司的 T6101H-18A 图案在长度方向有些短，拉伸一些效果会更佳。为了使车身造成重心低而稳的感觉，车体下部彩条的色彩要以深色为主，如大仓体的颜色应尽可能加深，使其与面料、底盘骨架的颜色相近似。另外很多车型有黑色压条，要考虑其对车身图案造成的影响。如奔马、飞龙的脚被压条压住是一种什么感觉，艺术美感大受影响。

3) 要有动感。客车是运动的物体，要有一定的速度。不论客车处于静止或行驶状态，车身图案都应该产生一种奔驰的感觉。如宇通公司 T6700-11A 中旗子在飘荡，T6700-18B 俗称疾风，T6700-25A、T6101H-12A 中豹子在跳跃，T6101H-14A 中马在飞奔，T6101HW-05B 中龙在飞翔；宇通公司上述图案给人的感觉非常不错。

4) 要考虑车的档次、利润空间和用途。近期客车生产销售的中、高档车的比例明显增加。在图案设计中要将普档车、中高档车的差距拉大，要显示其高贵的本质，吸引客户购买中高档车。普档车以降低生产成本、简化涂装工艺为主。具体建议如下：YTT6980-20A/T6101HW-05B 龙图案前移或缩小比例，与面漆颜色近似的飘带取消；YTT6101H-16B 中圆形、飘带由金属漆改为素色漆、位置互相错开；YTT6101H-14A 马图重叠部分分开、位置要设计好同样可达到万马急奔的感觉；YTT6101-12A 中窗户下沿的蓝色取消；YTT6700-22A 中数字为套色、采用贴膜、下线后再贴；YTT6700-25A 豹图与斜条位置错开；YTT6720H-14A 两种黄色合并为一种黄色；YTA2-TA-01-080 中“海汽标志”共三种颜色，采用贴膜工艺。贴膜工艺在国外客车车身上应用十分普遍，但国内进口贴膜目前成本较高，但加入 WTO 几年后成本肯定会大幅度下降。建议密切观察成本变化，在合适的时候采用之。

5) 考虑使用地区和社会风俗习惯。在我国南方地区要以冷色调为主，多采用山水风景画；在北方喜欢用暖色调图案，尤其在东北地区；在西北地区，由于地域辽阔，绿色植物少，以绿、蓝色为好；在环境脏的地区，颜色要较为耐脏。另外要考虑各地区的风俗习惯，例如 YTA2-TA-01-093 中大“S”形再加上许多红条子呈发射状，考虑欠周全，易让人产生误会。

6) 涂装施工的工艺性与经济性。复杂的图案如文字、标志、绘画、无规则的弧线、各种镶边等其工艺性差，适用于生产周期长、产量小的客车。对于产量大的客车用简洁的图案较为适宜。对于像文字、标志、绘画等最好采用贴膜。为进一步降低成本，可考虑采购喷绘机自行喷绘。特殊要求图案多造成花色品种多，虽然可投用户的不同喜好，但过于耗费精力，对工艺、设计、车间管理、材料成本的控制及涂装供应带来极大的困难。另外在涂装施工中还要考虑某些色彩的油漆能否提供及提供的及时性。

7) 图案、色彩的时间性。流行色的实际流行高潮较短，一般为 4~5 年优秀的图案的周期长些，否则要短些。要了解图案、色彩流行趋势，设计出更有生命力的图案和色彩，争取市场吸引力。

3 完善客车图案设计的程序

建议如下：

(1) 准备阶段：收集用户的喜好与要求；了解总体设计师对新车型的设想；初步图案色彩的具体要求。

(2) 绘制彩色效果图。

(3) 评审：召开用户、销售人员、工艺、质检、车间、供应、成本等相关部门参加的评审会。设计人员向与会者介绍图案设计的构想，还必须说明图画颜料与实际油漆的效果差别。评审者对方案评判，提出各自的喜好、看法、意见。设计人员进行整理、取舍作修整完善。

(4) 试喷：样车试喷，待整车安装完毕（包括窗框、玻璃、装饰条、后视镜等），再广泛征集对图案设计的反应，再次评审，再次对图案进行修饰。

(5) 定图样：按比例绘制图纸。要完整标注出图案各处的宽度尺寸和位置尺寸，标出各彩条的颜色名称及其代号、涂装的漆种、型号以及喷涂的要求和技术指标。

(6) 选择用量少的颜色时应注意选择相似的、已有的色号、不到万不得已的情况下不能选择新的色号。原因如下：在比较颜色时，对先后看到的颜色只有差不多的感觉，而很难进行准确的评判；对于同时看到的颜色就非常精确，例如修补涂装时修补地方与原来颜色不一样，一眼就能看出来。即不同的车型采用相似的颜色一般人很难区别出来。另外颜色相似的不同色号在夜晚施工时极难区别，易造成偏差导致返工，延误工期。

4 结束语

随着客车行业的竞争日趋激烈，客户审美水平、个性化要求的进一步提高，车身图案已成为一个产品的重要卖点之一。希望相关单位对车身图案设计及施工工艺引起足够的重视，在未来的国内、国际市场竞争中站稳脚跟，争得一定的市场份额。

参考文献

1 陈文弟等. 客车制造工艺技术. 北京：人民交通出版社，2002

UD 桁架式大型客车车架开发设计

杨合祥

东风日产柴汽车有限公司

[摘要] 随着人民生活水平提高和高速公路飞速发展，客车底盘技术研发水平得到了很大的提高。东风日产柴公司不断推出新产品，以满足市场的需求。本文阐述了东风日产柴最新开发的新产品 UD 桁架式车架设计思路和结构特点。

关键词：桁架式车架 适应性 总体设计

[Abstract] With the development of people's living situation, high ways are also developing rapidly. Thus, research and developmeng of bus chassis are also improved greatlly. To meet the need of the market, DND is producing new products endlessly. This piece describes the designing foundation and construction characteristic of the UD truss form frame,which was newly developed and manufactured by DND.

Key words: truss form frame　adaptability　Overall design

东风日产柴汽车有限公司是首例经国家批准生产重型车底盘的合资企业。以从日产柴公司引进先进技术、设备和现代化管理方法为主导，生产高质量的东风日产柴牌 UD 重型车底盘。UD 客车底盘一向以平稳、舒适、经济、可靠著称。其底盘设计紧凑，布置合理。给车身改装提供尽可能大的可利用空间。为适应市场经济发展需要，决定在贯通式客车底盘的基础上开发设计桁架式客车底盘。贯通式客车底盘，客车改装厂须自行设计中段桁架式底盘或三段式底盘，在车架已负载的情况下,截断搭拼时会有许多困难和不必要的浪费。为满足客户需要，便于客户改装，降低整车的成本，设计桁架式车架。

1 设计的目的、原则和要求

(1) 桁架式车架在改装后将降低整车自重，提高比功率，改善整车性能；减少改装费用，降低成本，车架负载前进行底盘组装，保证整车的质量和性能，提高市场竞争力。

(2) 客车底盘的设计原则：利用存量开发设计，贯彻“三化”：即系列化，标准化，通用化。同时又要尽可能少投入设备和资金。

(3) 桁架式车架底盘的总体设计要求：在符合三年内国家强制性检验法规和国家相关标准的基础上，其设计强度和相关性能特征不低于原贯通式底盘的日产柴企业标准。底盘性能和配置完全能满足我国交通部 2002 版的《营运客车类型划分及等级评定》中大型高二级的所有相关条件。

2 桁架式车架结构特点

2.1 桁架式车架的基本结构

桁架式车架（如图 1）是半承载车架，车身的骨架从其上面直接焊接或衍生，车身承受一部分力和力矩，这就要求其有较高的强度和较好的韧度。东风日产柴公司桁架式车架选用优质 16Mn 矩形钢材，采用多点焊接形式，横向矩形截面，平面三角形结构，保证了强度和韧度等性能，具体说明如下：

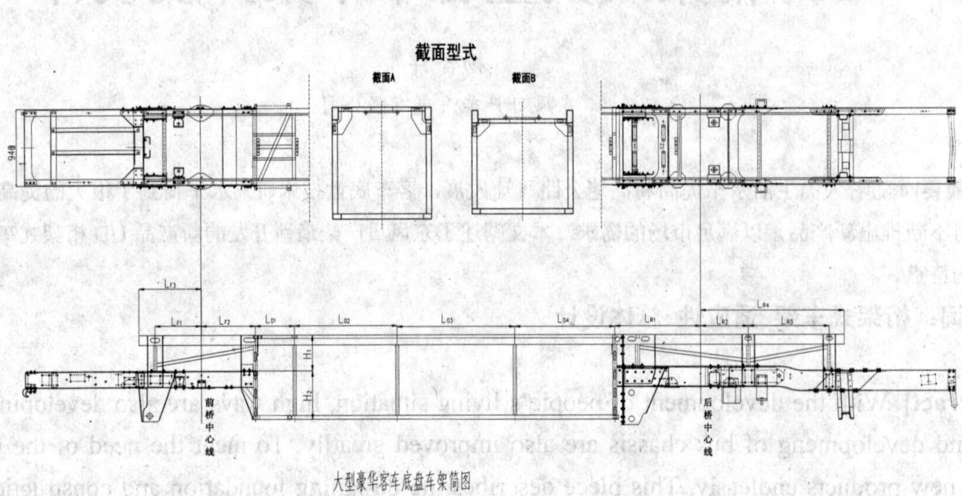

车架简图中的所有尺寸都可以适当的调整

(1) 桁架式车架结构纵梁采用贯通式，上下形成复层，横向截面为封闭的矩形，实际平面内采用三角形结构，纵向一定距离有垂直的梁连接，各个焊接点有支架保证连接（如图 2)。与底盘纵梁的连接尽量使受力多点化（图 1 上可以看出)，线形化，面接触（如图 3)，使承载分布均衡，强度试验论证符合要求。

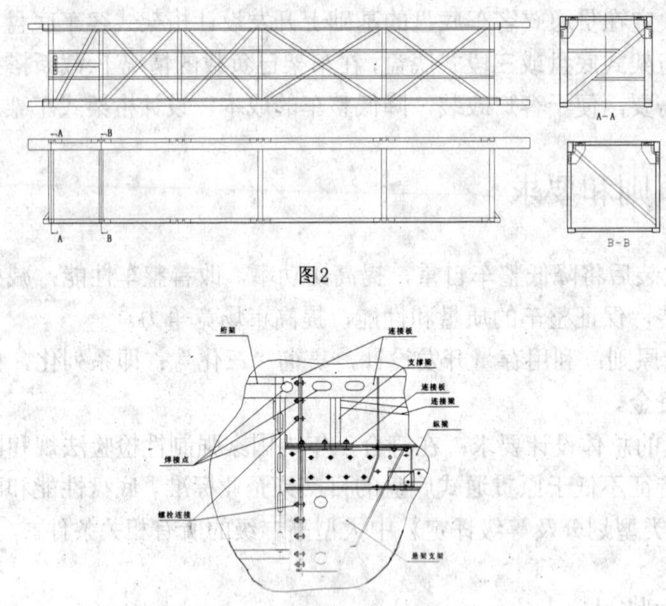

图2

图3

从上面两图连接板和纵梁，悬架支架是面接触，各个焊接点为圈焊，连接板与支撑梁的焊接为间断焊，应力集中现象得到一定的控制。

(2) 中间桁架的各个焊接点通过设计人员结合实际情况，发挥创造性的思维使整车的强度得到保证。通过在桁架和纵梁的连接处焊接三角架，形成三角结构，增加了连接点和连接面，稳定性得到了加强。桁架中纵梁和垂直连接梁两端焊接三角架，使的桁架两端的应力得到一定的缓解，有效的防止焊接点的开裂。同时也使纵向力更好的传递给主纵梁（如图 4）。

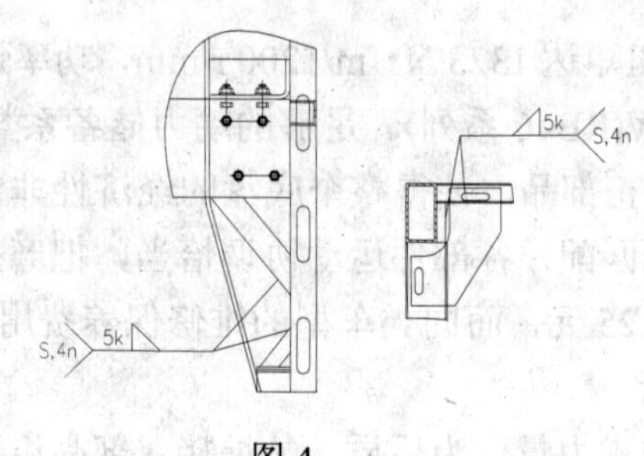

图4

(3) 专用夹具，焊机与焊丝来焊接，精确的校正措施.由于材料采用16Mn矩形钢材，所以焊接采用CO_2保护焊进口焊丝，减小应力和钢材的高温变形；焊接的电流经过多次实验和考证得出，既保证焊接处的抗拉强度不低于原焊接钢材，同时减少流焊，气孔等不良焊接。焊接后进行三种处理处理方式：自然时间失效，强度震动失效，高温处理失效。消除焊接预应力隐患，安全系数高。

(4) 桁架由东风日产柴公司结合自己的底盘和吸收国内同行业桁架的优点打造，经日本日产柴专家论证通过，设计质量得到了日产柴认可，同时在国内同行业横向比较中，在强度上是比较高的。可以对应国内大部分的客车改装厂，简化了改装厂家的焊装工作和改装过程，为用户降低了改造成本，提高了整车收益性，增强了市场竞争力。

(5) 桁架式车架可以比较方便的采用贯通式大型行李仓，从而为8m^{3}以上容积的行李仓提供了可能，为用户申报等级评定提供了很好的优势。同时在设计过程中，部分总成如制动系统，变速操纵系统等进行了更合理和实用性更强的布置，为改装厂较好的较方便的改造提供了便利的条件。

(6) 桁架式车架适应性更强，前后桥的轴距从6000mm到6350mm，由用户自由选择，包括6000mm以下的特殊轴距，也可以特殊处理，垂直方向尺寸和中间桁架的长度可以满足不同用户的要求。设计完全以改装厂和用户为主体，客车改装厂可以直接使用以前本公司成熟的车身来改装，不必重新为此做很多的改动，就能做到车身和底盘的完美结合。从而为丰富改装厂的产品系列、缩短新产品的开发周期、减少产品的开发费用、降低整车的成本、增强市场的占有率和竞争力提供了有力的保障。

底盘基本参数

尺寸（mm）	JA450系列	RB46系列
长	11595～11995	11195～11995
宽	940	940
高	1919	1910
轮距　前/后	2020/1820	2020/1820
轴距	6000～6400（或5710）	5600～6400
前/后悬	2315/3375	2315/3375
质量（kg）		
底盘整备质量/前轴/后轴	6375/1350/5025	6285/1405/4880
最大允许总质量	18000	16900

基本性能参数

最高车速	120km/h	120km/h
额定功率	235kW/2100 r/min	213kW/2200 r/min
最大扭矩	1323N• m/1200 r/min	1079N• m/1300 r/min
最大爬坡度	≥30%	≥30%
最小转弯直径	19.4～20.6m	9.6(5800轴距)
百公里油耗(50km/h)	20L	22L

底盘性能特征

动力性　底盘动力强劲，扭矩达1323 N• m/1200 r/min，功率达235Kw（JA450系列）和扭矩达1079 N• m/1300 r/min，功率达213kW(RB46系列)。足够的动力储备系数确保了车辆在全天候条件下运行。

经济性　日产柴的UD纯正部品，使得整个底盘的经济性非常优异。底盘的绝大部分部品的使用寿命与整车相同，加之底盘的优化匹配，各部件运动协调恰当，把磨损降低到了最低极限，因此保养得好的车辆其维修保养费用百公里仅1.25元，而同类车型的维修保养费用则超过我们的10～20倍之多。低油耗.因此该底盘成本回收率很高。

安全性　以日产柴强大的技术力量作为后盾，从焊接、部品组装到底盘检测出库，都是在从日产柴引进的整套生产流水线和检测线上进行。操作人员都经日产柴总部强化培训，为其制造出质量性能优良的产品提供了可靠安全的保证。

可靠性　各大总成件选用日产柴UD原装进口部品，具有可靠、耐用等特点，底盘吸收了日本汽车精细的设计风格，从小处见真功夫。整车故障率极低，具有良好的“低维修率，高出勤率”特征。

舒适性　底盘采用全空气悬架系统，前2后4气囊分布，结合横向稳定杆和纵向扭力杆结构，连接部位的柔性化，发动机后置和横向偏置，提高了底盘共振区。保证了发动机的高速平稳运转，使整车具有优越的高速行驶平顺性和稳定性。

通过性　整个底盘结构设计合理，较高的离地间隙（最小离地间隙240mm），较大的接近角（12.5°）和离去角(10.0°)。庞大的承载能力，高动力储备系数，提供了较大的爬坡能力和较快的加速性，保证了车辆的通过性能，能很好地应付恶劣路段的行驶。

适应性　桁架式底盘的系列化，标准化和贯通式底盘、三段式底盘间的通用化设计，使得改装更简捷，应变更灵活，适应更广泛。东风日产柴提供强大的技术支持和服务力量，和改装厂充分协调合作。该底盘保留了贯通式、三段式底盘的所有优点。

3 问题与解决的措施

在设计桁架式底盘时，也遇到了一些小问题，但东风日产柴利用自己强大的技术力量很好地解决了问题的症结所在，为桁架式底盘的推出争取了时间和市场。

(1) 因采用桁架式，原来的硬杆操纵系统无法布置，本着对用户的绝对负责，东风日产柴采用进口软轴结构，为客户的改装布置更加方便，同时操纵不但轻松灵活，且还具有较高性价比。

(2) 日产柴原有底盘不带缓速器，由于中国道路的复杂性，用户大多又需要安装缓速器。针对这一现象，东风日产柴由专人专项负责，选用世界知名品牌FRENLSA和TELMA缓速器进行安装设计，缓速器吊装支架全国独家开发，为缓速器与底盘的完美配合做了最为充分、可靠的论证。通过试验和运行也验证安装设计的可靠性和合理性。

(3) 由于焊装的变形，桁架结构初期试制时在尺寸上有少许偏差，尽管这个偏差在法规允许范围内，但本着执行世界先进标准的原则，东风日产柴专门设计了一套简易夹具和水平导轨，以减少桁架结构的焊接变形和车架组装误差，使产品精益求精。

(4) 管路和线束的布置要通过桁架，为此设计有防水接线盒，使得维修和保养简单直接，同时在底盘露天存放时，管路和线束的老化问题得到了很好的延缓。

4 结束语

桁架式底盘的推出，很快得到了市场的宠爱和用户的青睐。已完成二百余台的销售纪录，成为东风日产柴牌UD客车底盘的主打产品。通过用户回访，该车运行中各项性能良好。受到用户的广泛好评。

现代国内外商用卡车驾驶室设计技术综述

郭茂林

一汽集团技术中心

[摘要] 本文对世界汽车工业发达国家的驾驶室设计技术进行了跟踪研究。围绕驾驶室产品特征、造型设计技术、工程设计技术，以及先进的设计理念等几个方面，对当今先进的驾驶室设计技术进行了综合介绍。其中包括计算机辅助造型技术、虚拟现实技术、空气动力学模拟、人机工程技术、电子样车技术、CAE验证技术、模块设计技术、性能设计技术和并行工程。同时对国内驾驶室设计领域的现状作了简单回顾和总结。全文旨在对国外先进的设计技术和设计理念以及未来的发展趋势进行研究和分析，以促进和提高中国汽车工业设计领域的发展。

1 前言

从2000年法兰克福国际商用车展到2002年第59届汉诺威国际商用车展，商用卡车（尤其是重型车）在国际主流车市上凸显出强劲的增长势头和市场占有率。随着国内高速公路的发展，远距离大批量的物流运输特点，同样给商用卡车提供了巨大的舞台。轿车化、人性化、信息化是当今商用卡车体现高技术含量的主要发展趋势。驾驶室作为车辆的一个主要产品总成，尤其是造型和结构功能的有机结合体，同时也是驾驶员和乘员工作和休息的空间，体现出共性的技术应用和独有的发展特征。

纵观国内外商用卡车驾驶室，主流市场和制造商分布在三大地域：欧洲（BENZ, VOLVO, RENAULT, SCANIA, MAN, IVECO, DAF）、北美（Freightliner, Kenworth, Peterbilt, International, Mack, Sterling）和亚洲（ISUZU, MITSUBISHI, HINO, FAW, DFMC）。由于地域环境和文化背景的差异，不同地区的驾驶室具有独特的地域烙印和鲜明的技术特征。欧洲驾驶室代表了当今世界最先进的技术，追求舒适性和安全性，模块化和系列化设计程度高，以平头驾驶室为主，外部造型高大威猛、内部空间宽敞、配置齐全；北美驾驶室多以长头车为主，造型和设计风格自由流畅，先定制后装配的模式，使得驾驶室具有很强的个性和自我色彩；亚洲驾驶室更多地侧重于经济性，配置和装备简单实用，对安全性、舒适性和使用寿命要求不高。

目前顶级的欧洲驾驶室代表了当今世界最高的设计水平，如戴姆勒—克莱斯勒公司20世纪90年代中期开发的全新重型卡车ACTROS系列，VOLVO的FM/FH系列（其中VOLVO FMl2获得2000年度最佳卡车，其豪华型驾驶室GLOBETROTTER被称为21世纪卡车贵族的典范），SCANIA的第5代（4系列G级）代表着技术变革的前沿，MAN的重型卡车TG—A，五十铃F系列等都代表着目前世界最高水平的商用卡车驾驶室的设计水平。

2 世界汽车工业发达国家的驾驶室设计技术

2.1 先进的驾驶室产品特征

除了驾驶室的内外造型永远具有时代气息和流行元素之外，安全性和舒适性是驾驶室设计的主旋律。在产品结构和配置装备上具有如下特点：

(1) 驾驶室结构为全钢整体设计，安全性能满足和超过欧洲法规对驾驶室的安全要求（ECE R29）。

(2) 驾驶室防腐处理工序复杂，防腐耐久性可持续车辆的整个使用寿命周期。

(3) 外形设计充分考虑了空气动力学原理，每一个表面部件都单独经过空气动力学模拟和风洞试验，以求得到最完美的空气动力学外形。

(4) 驾驶室的内部布置充分考虑人体工程学原理，最大限度地降低驾驶员的疲劳程度，从而使驾驶员的工作效率和安全性得到很大程度的提高；“灵活空间概念”设计思想，使其在有限的内部空间内，提供个性化的功能配置，满足用户多样化的需求。

(5) 内部装备安全舒适豪华，室内居住性得到了极大的提高：配置空气悬挂座椅、宽大的卧铺、半自动/全自动空调、电控门锁/车窗、环绕式仪表板、安全气囊、碰撞吸能转向柱、电动天窗、高级音响娱乐系统。

(6) 驾驶室悬置系统完全采用空气弹簧，有效地隔绝了振动和噪声，提高了整车的舒适性和平顺性。

驾驶室正成为各种系统的中心控制室，更是司机驾车、办公或者休息的空间，制造厂商都对驾驶室给予了极大的关注，各种新技术、新工艺、新材料得到了大量的应用，豪华型驾驶室更是成为各制造厂商展示自身开发能力和核心技术的舞台。

2.2 先进的造型设计技术

驾驶室造型的风格和水平直接反映出整个产品的特质和档次。既能体现产品推陈出新的“新貌”，又能秉承产品传统血统的“遗传基因”，在产品参与市场竞争中占有很重要的权重。造型阶段的评审需要有高层领导进行决策也正说明了这一点。

2.2.1 计算机辅助造型技术 （CAS-Computer Aided Styling）

计算机辅助造型设计是随着扫描技术和矢量化技术的发展，在现代车身设计中得到应用的一门新兴的造型技术。CAS 设计区别于传统的仿形法设计，将表达完整的造型胶带图 (1:1) 由三维扫描仪直接输入工作站中、经过矢量处理后得到原始的数据点，再运用 CAS 系统进行实体造型，最后得到三维可加工的数学模型。根据内外表面数据状况的不同，可以采用不同的 CAS 软件进行制作。一般情况下，由于外形表面相对简单，可利用 ICEM-SURF 软件进行制作；相反，ALIAS 软件更适合表达复杂表面的内饰数据，但精度较差，只适合模型加工。

相对于传统的仿形法造型设计而言，CAS 技术具有如下特征和优点：

(1) 可省略比例模型的制作环节，减小劳动强度，缩短造型周期；对于一个完整的驾驶室，利用 CAS 技术可以在 20~30 个工作日的时间内完成所有内外饰表面和大部分细节的三维可加工数据模型的制作任务。

(2) 摆脱了手工模型制作和三坐标测量造成的误差链的影响，提高了数据精度，为最终模型的制作精度奠定了良好的基础。

(3) CAS 阶段生成的内外表面三维数据，可以为后序工程和工艺分析提供共享的数学模型，为并行工程的开展和深入提供了前期技术条件。

2.2.2 虚拟现实技术 （VR-Virtual Reality）

虚拟现实技术目前是国际上各大汽车厂商及设计公司展示自身实力及进行辅助造型设计的一种手段，同时为方案评审提供了准确的依据（虚拟现实技术除应用在造型设计中，还在汽车设计及其他领域中有广泛应用）。虚拟现实技术是一种先进的计算机用户接口，它强调将用户和计算机视为一体，通过多媒体的方法将信息进行可视化，展现在用户面前。用户通过专用的设备进入虚拟的环境中，以各种习惯的方式与计算机进行人机交互。

采用虚拟现实技术，设计师不再局限于固定的油泥模型，突破了传统的功能决定形式的束缚，而能充分发挥人的创造性，使得设计中渗入了更多实用性、更多艺术性和更多综合的因素。将车身的形式和功能在更高层次上实现有机结合和统一。

2.2.3 空气动力学模拟

过去空气动力学模拟在轿车造型中应用较多，强调轿车的流线形和完美的空气动力性，尽量减少空气阻力和空气升力，从而提高整车的经济性和操纵稳定性。目前，商用卡车的动力性得到了极大的提高，500 马力以上的超大吨位的重型牵引车在欧洲已经相当普遍，如何改进驾驶室的流线型设计，降低车辆的风阻和油耗，提高车辆运行的经济性，已经列入到了驾驶室的常规设计过程中。在车顶前部加装导流罩，在前保险杠上装设导风板，在侧围后部选装侧导流板，这些措施都能大大降低汽车行驶阻力。奔驰公司的 Actros

驾驶室，其外形的每一个部件都单独经过空气动力学模拟，驾驶室整体装配完成后，又经过多次风洞试验和设计修改，以求得到最完美的空气动力学外形。SCANIA 的顶盖导流罩的高度是可调的，调节高度也是经过空气动力学计算的，调节高度（H）与后部车厢或挂车集装厢的高度（B）以及驾驶室与车厢或集装厢的前后间隙（A）有关。

2.3 先进的工程设计技术

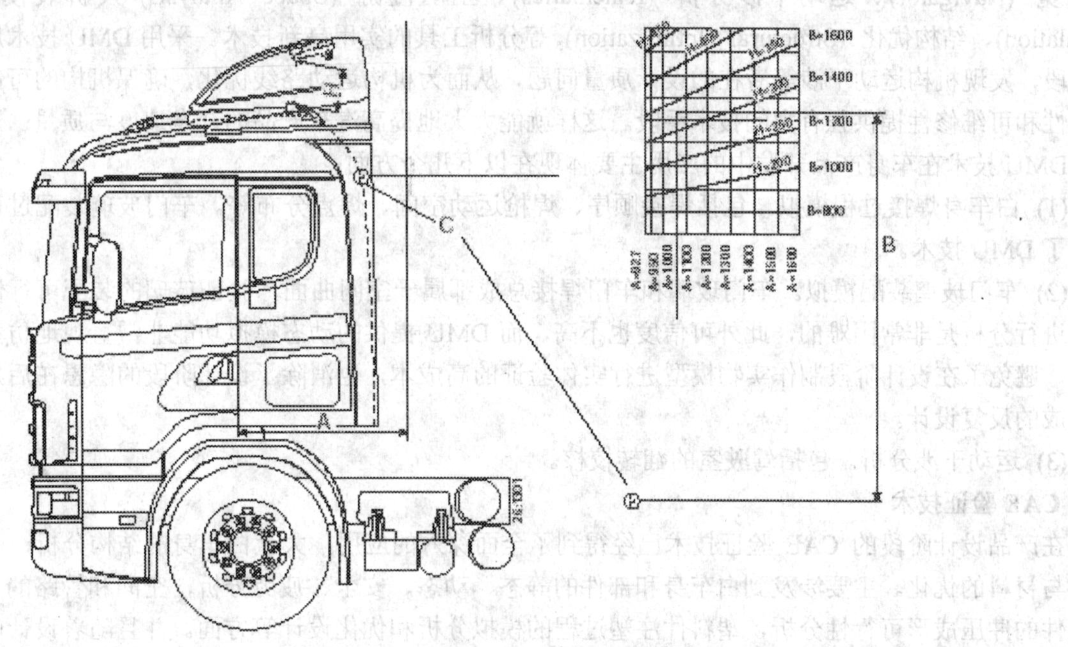

图 1　顶盖导流罩的空气动力学分析示意图

2.3.1 人机工程技术

人机工程学是从 20 世纪 50 年代开始迅速发展起来的一门新兴的边缘学科，从人的生理和心理特点出发，研究人、机、环境相互关系和相互作用的规律，以优化人-机-环境系统的一门学科。

人机工程技术在驾驶室产品开发过程中的应用，主要体现在驾驶员和乘员在驾驶和乘坐状态下的舒适性、视野性、手伸及性、操纵方便性等方面。在美国，过去长途卡车司机一般都是人高马大，但是近年来，由于身材较矮小的妇女和拉美人当司机的越来越多，汽车制造商必须让驾驶室能适应不同身材的司机。为此美国的卡车工程师将人体工程技术应用到卡车设计与制造当中，他们利用逼真的虚拟—现实仿真系统，研究出能够让不同身高的司机均能获得操作方便，视野开阔的设计。这些根据人体工程技术开发的创新设计（例如能够适应身材矮小、腿短或肚子大的司机的转向盘，可调式刹车，离合器和油门踏板等）最近已经用于正在生产的牵引车上。

目前三维人体模型在车身设计中的应用已经日趋成熟，并有一些商业应用软件进行辅助设计。如 EAI 公司的 JACK 软件，根据 1988 年美国军方人体测量调查结果（ANSUR 88）创建了精确的三维人体模型。能进行姿势预测、舒适评价（Porter, Krist, Grandjean, Rebitte, Dreyfuss 2D/3D 等评判标准）、手伸及性、空间适应性分析（Test fit and accommodation）以及基于最新的人体解剖学和生理学数据的生物力学（静态受力和疲劳强度）分析。福特公司已将 JACK 软件应用于其 C3P（CAD/CAM/CAE/PDM）项目中，进行人体工效分析，包括舒适性、可达范围、疲劳状态、视野范围，使其生产出的汽车更加符合人体的生理状况，更具竞争力。RAMSIS 软件是由德国汽车技术研究集团 FAT (Forschungs gruppe Automobil Technik)及多家汽车公司(AUDI、BMW、FORD、MERCEDES-BENZ、OPEL、PORSCHE、VW)以及几个座椅生产厂家(KEIPER RECARO、NAUE/JOHNSON CONTROLS)联合研制的。 RAMSIS 除了提供详尽的人体尺寸外，还特别注重于应用环境的建立。它可以测量、分析人体坐姿和运动情形，并能进行视野模拟、运动模拟等交互操作。自 1995 年开始成为商业应用软件后，目前有 50%多的汽车公司都在使用 RAMSIS 进行设计和布置。此外，用于人机功效分析的虚拟人软件还有：ANTHROPOS、BodyBuilder、ERGO、SAMMIE 等。

2.3.2 电子样车技术（DMU-Digital Mock-Up）

DMU 电子样车技术作为目前世界汽车行业产品开发的主流技术，在提高汽车产品开发的速度与质量方面起着越来越重要的作用。DMU 技术从宏观上来说，是一套基于协同作业机制与理念的并行工程开发技术。在产品的设计阶段，就充分考虑产品的装配环节及其相关的各种因素的影响，在满足产品性能与功能的条件下，改变零部件装配结构来降低装配时的复杂性。从微观上来说，它是一套结合一系列专用模块，如浏览 (Navigator)、运动干涉分析 (Kinematics)、空间漫游 (Space Analysis) 及拆装模拟 (Fitting Simulation)、结构优化 (Structural Optimization) 等分析工具的实用高新技术。采用 DMU 技术后，能在设计阶段，发现机构运动干涉等潜在的设计质量问题，从而为机构运动路线优化，确保机构的可制造性、可装配性和可维修性提供强有力的技术手段。这样就能大大地提高汽车产品的开发速度与质量。

DMU 技术在车身产品开发中的应用主要体现在以下几个方面：

(1) 白车身焊接过程模拟。包括焊接顺序、焊枪运动空间、焊点分布等。车门玻璃装配过程的模拟也采用了 DMU 技术。

(2) 车门玻璃装配模拟。车门玻璃和车门焊接总成都属于空间曲面，验证玻璃的装配可行性只靠几个断面进行分析是非常困难的，此外可信度也不高，而 DMU 提供的动态模拟功能非常直观地仿真整个装配过程，避免了在设计阶段制作实物模型进行实体验证的高成本，也消除了设计阶段的隐患在后期装配过程中造成的反复设计。

(3) 运动干涉分析。包括驾驶室的翻转校核。

2.3.3 CAE 验证技术

在产品设计阶段的 CAE 验证技术已经得到了全面深入的应用，大至白车身的结构分析，小至密封条结构与材料的优化。主要涉及到白车身和部件的静态、动态、安全、疲劳分析，空间和管路的 CFD 分析，钣金件的冲压成形可行性分析，塑料件注塑过程的模拟分析和优化设计等方面。并且随着设计的深入、数据的完善，CAE 验证工作按多轮次、层层展开，有力地支持了结构设计的可行性，保证了设计方案的优化。全面的 CAE 验证工作也充实了性能设计方面的评价标准和目标值的积累。

典型的 CAE 验证项目和商用支撑软件

CAE 验证项目	验证子项目	通用分析软件
结构静态分析	驾驶室典型断面分析	MSC/NASTRAN ANSYS COSMOS-STAR COSMOS-NSTAR ABAQUS
	驾驶室主要节点分析	
	驾驶室扭转分析	
	驾驶室弯曲分析	
	车门静态刚度分析	
	铰链、立柱和车门垂直载荷受力分析	
	仪表板固定点刚度分析	
	驾驶室支撑分析	
	前围外板静态分析	
	保险杠加载分析	
	扶手强度分析	
	积雪载荷下的顶盖弯曲刚度分析	
结构动态分析	白车身自由模态分析	MSC/DYTRAN COSMOS-DSTAR
	仪表板横梁模态分析	
	前围外板打开和关闭状态的频率分析	
	前保险杠模态分析	
安全性分析	前碰撞分析	PAM-CRASH
	顶盖静压分析	
	后围静压分析	
	座椅安全带固定点分析	

疲劳分析	刹车载荷作用下的驾驶室疲劳分析	MSC/FATIGUE COSMOS-FSTAR
	转弯载荷作用下的驾驶室疲劳分析	
	颠簸载荷作用下的驾驶室疲劳分析	
	扭转载荷作用下的驾驶室疲劳分析	
CFD 分析	通风和除霜流体分析	STAR-CD COSMOS-FLOWSTAR
	空调三箱性能模拟分析	
冲压成形分析	钣金件冲压可行性分析	LS-DYNA3D
注塑过程模拟分析	塑料件注塑可行性分析	MOLDFLOW

2.3.4 模块化设计技术

模块化设计技术是在系列化设计和平台设计的技术概念背景下提出的。随着零部件供应商的自主开发能力的不断提高，总成开发的技术革新和产品开发的职责向供应商转移，模块化的程度和趋势日益明显。

模块化设计的原则是力求以少数模块组成尽可能多的产品，并在满足要求的基础上使产品精度高、性能稳定、结构简单、成本低廉，且模块结构应尽量简单、规范，模块间的联系尽可能简单。

模块化设计分为两个不同层次，第一个层次为系列模块化产品研制过程，需要根据市场调研结果对整个系列进行模块化设计，本质上是系列产品研制过程。第二个层次为单个产品的模块化设计，需要根据用户的具体要求对模块进行选择和组合，并加以必要的设计计算和校核计算，本质上是选择及组合过程。

目前驾驶室设计的模块化程度已经达到车门模块化、仪表板（加副仪表板）模块化、顶后侧内饰（加地毯）模块化、白车身模块化。未来的发展趋势将形成两个主要的模块，即白车身模块（B.I.W）和座舱模块（COCKPIT），实现模块的高度集成和简化。

2.3.5 产品性能设计技术

传统的产品设计是以经验设计为主的结构设计，以满足功能要求为第一位。现在随着对驾驶室性能要求的提高，传统的设计方法已经不能适应产品性能和对市场快速反应的要求，以 CAE 技术为支撑的性能设计方法应运而生。

欧洲的商用卡车制造商，其设计部门已经全面应用性能设计技术，从产品的概念设计开始，贯穿于整个产品技术设计阶段，直到后序的产品试验验证也是以性能设计中的目标性能为指导纲要。对驾驶室而言，控制的产品性能主要包括以下几个方面：

(1) 安全性（主动/被动安全性，包括车体结构碰撞安全性、内外部凸出物要求、乘员约束系统安全性等）；

(2) 舒适性（静态/动态舒适性，包括居住性、驾乘操作舒适方便性、视野性等）；

(3) 综合 NVH 性能（振动匹配设计、噪声品质控制、车身固有频率主动控制技术等）。

性能设计由三大要素支撑，一是产品设计前期的对标技术（BenchMarking），准确的对标分析、科学的项目规划、周详的产品描述为项目的后期开发提供了参考蓝本和指导纲要，同时也是性能设计的前提条件和基准依据；二是产品设计过程中的 CAE 验证工程，CAE 的验证分析随着工程设计的数据状态进行动态更新，全程保证工程设计的质量，为性能设计提供了技术保障；三是实行闭环控制模式，在项目的运作过程中，产品验证环节捆绑于各个阶段，既是各个阶段的评审节点，又是性能设计的主线，从而保证各个阶段的输出均在控制目标内，整个项目的运作始终处于闭环控制中。

2.4 先进的设计理念—并行工程（CE-Concurrent Engineering）

并行工程是一种系统工程的方法，动态优化地处理问题。它在产品开发的设计阶段就考虑产品生命周期中工艺、制造、装配、测试、维护等其它环节的影响，通过各环节的并行集成，以缩短产品的开发时间，提高产品的设计质量，降低产品成本。并行工程的核心是并行设计，并行设计的特点是“集成”与“并行”。所谓“集成”是指在信息集成的基础上，更强调过程的集成，过程集成需要优化和重组产品的开发过程，组织多学科专家队伍，在协同工作环境下，齐心协力，共同完成设计任务；所谓“并行”是指一个以上的事件在同一时刻或同一时段内发生，以此来减少整个设计过程的时间。面向制造的设计（DFM, Design For Manufacturing）、面向装配的设计（DFA, Design For Assembly）是并行工程思想的重要体现。

设计阶段的并行工程主要在以下三个方面得到具体贯彻：开发流程的并行、设计方案的并行、项目团队的协同工作。

2.4.1 开发流程的并行

传统的产品开发流程通常是递阶串行结构，各阶段的工作按顺序进行，一个阶段的工作完成后，下一步阶段的工作才开始，某一阶段的输入是其上一阶段的输出。因此，传统的开发流程是一个串行设计过程，它以产品规划为第一步，以此顺序展开，直到最终开发产品的输出。产品的开发生命周期总时间可用下式表达：

T串行＝（T产品规划十T产品设计十T产品制造）×u

式中，T代表完成各个阶段所用的时间，u为返工系数。由于在传统的设计过程存在大量的设计修改，返工系数的值通常超过2。越是在产品生命周期后期发现的缺陷（如工艺规划、制造装配和检测试验时发现的缺陷）其修改周期比概念设计时发现的缺陷的修改周期要长，因为其反馈的修改结果依然是依原来的执行路线顺序执行下来，所以最终造成的修改成本及总设计成本升高，重要的是直接影响产品开发周期，推迟产品上市时间。

为了更大程度地缩短产品开发周期，必须在产品开发的第一步流程上采用并行工程哲理对开发流程进行重组。运用并行工程原理，产品的开发过程可建立并行流程模型（图2）。

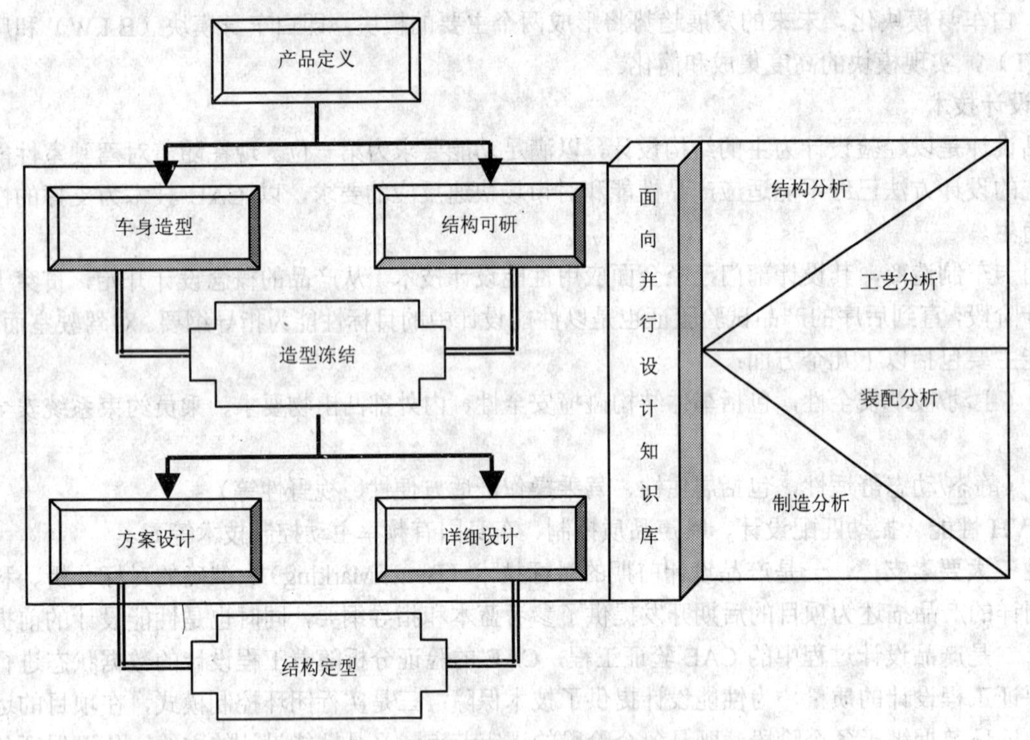

图2 车身产品开发并行流程模型

在这种模型中，设计知识库包含结构分析组件(CAE Analysis)、工艺分析组件(Process Analysis)、制造分析组件(Manufacturing Analysis)以及装配分析组件(Assembly Analysis)。其中，结构分析组件对产品的结构断面、接头形式、材料选择、料厚确定、加强方式等方面进行静态、模态、安全、疲劳等诸多因素的综合分析和评价，为设计方案提供技术支持。工艺分析组件用来为设计者提供冲压、焊装、涂装、夹具、检具等方面的工艺可行性技术支持。制造分析组件可以辅助设计人员在方案阶段就能考虑到制造工序的繁简、设备的投入以及成本的预估。装配分析组件可以帮助设计人员在装配可行性、装配成本和零部件优化设计中做出平衡决策。因此，概念设计、详细设计和方案评价都是在面向装配、制造的设计知识库的支持下进行的，实现了全局优化，克服了传统设计中对设计以外的其它过程因素考虑较少而造成反复设计的缺点。

2.4.2 设计方案的并行

并行工程的核心是使产品开发人员在设计过程中尽早地考虑产品生命周期中的所有因素，解决好产品的T、Q、C难题，即以最快的上市速度T(Time to Market)、最好的质量Q(Quality)、最低的成本C(Cost)来满足市场的不同需求和社会可持续发展的需求。而总体方案的设计与论证作为以后详细设计的依据，必须从总体上保证最优的性价比，优化设计，降低成本，缩短研制周期。

设计方案的并行意味着在时间概念上按照并行运作模式进行模块化、系列化方案设计。在关键的节点上完成阶段性控制，尽早发现问题、尽早解决问题，从而保证整个项目和产品的高效率、低成本。

2.4.3 项目团队的协同工作

开发流程是设计理念的体现，设计方案是技术经验的表达，而管理模式是对资源的优化和重组。项目的开发完全按照项目负责制的管理模式进行组织管理，运用并行工程原理，采用有效的“矩阵式”的集成团队组织形式，各职能部门协同地工作(Team Work)。车身开发项目组一般由技术管理人员、造型人员、工程设计人员、工程分析人员、电气人员、整车人员、工艺人员、产品数据管理人员、二次开发供应商等跨专业多学科成员组成。

协同工作过程中，由项目经理（负责人）负责总体规划、进度监督、信息管理和交换，以确保不同部门间的顺利协调。项目文档和信息（包括流程进度、数学模型、参考资料、历史记录、会议纪要等）按照并行工程思想在项目组内按级共享，确保对整个项目的历史进行总体稳定的控制。

3 我国汽车工业的驾驶室设计技术

改革开放初期，中国汽车工业总体技术水平比国际水平落后大约20～25年。20世纪90年代开始在不断加大R&D投资，提高自身研发能力和技术水平的同时，中国汽车工业加快了引进国外先进技术的步伐。到目前为止，中国汽车工业已基本具备除轿车外的多种重要车型和零部件的自主开发能力。但与国际水平相比，中国汽车技术水平和开发能力仍然很低。近年来，中国汽车工业的技术引进正在从单一全套产品引进向以引进开发技术为主的方向转变。载货车开始实现自主开发，关键总成（包括驾驶室）开始同国外厂家实行联合开发，以从中学习技术、积累经验，尽快向自主开发过渡。

在中国汽车工业发展的大环境下，单就驾驶室产品设计技术而言，也走过了一条“技术引进-自我开发-联合设计”的道路，并向自主开发的方向努力。近年来，随着西部大开发的实施以及对基础设施的投入，给装载量大、远距离、高效益的重型卡车提供了巨大的舞台。驾驶室设计技术的应用也得到了高度重视，设计手段也变得更加丰富。

国内驾驶室设计技术状况具有如下几个特征：

(1) 目前国内几个主要设计单位的设计技术水平已经达到全面三维设计的程度，从三维造型、线图设计、三维结构设计，到最后出二维文件图，全面应用三维造型和设计软件（ALIAS, ICEM-SURF，CATIA，UNI-GRAPHICS，PRO-ENGINEER），保证了在产品开发全过程中的数据的一致性和共享性，极大地提高了产品的开发质量、缩短了开发周期，为快速反应市场需求提供了技术条件。

(2) 部分设计单位初步具备了自主开发能力。尽管目前国内市场主流驾驶室产品都是通过技术（技贸）引进的方式实现的国产化，但在此基础上的改型设计（改前脸、改侧围、改内饰等）基本上都是自主开发。在这些改进项目中，初步具备和掌握了当前先进的设计方法和设计手段，如计算机辅助造型技术、CAE分析验证技术等。

(3) 产品开发流程和设计规范得到了提高和完善。随着联合设计项目的增多，与国外先进设计公司的技术交流也日益频繁，在技术培训和项目操作过程中，吸收了国外先进的开发流程和设计规范，并充实和应用到具体的产品开发过程中，实现了流程的再造。科学的流程对项目的管理运作、产品的开发和设计都起到了积极的指导性作用。

因此，国内设计技术的发展趋势就是，技术水平和开发能力不断提高，正逐步缩短与世界先进水平的差距。但是设计技术的综合实力受创新技术和方法、设计经验和数据的积累、软硬件环境这三大因素制约和影响。其中，软硬件环境可通过出资购买引进建立，创新技术和方法也可通过与国外先进设计公司进行联合设计，“走出去、请进来”等方式部分获取和掌握，唯有设计经验和数据的积累是一个公司的核心技术和知识库，只有通过项目的开发，不断摸索和积累，沉淀为企业自身的财富和资本。按照目前国内车身设计现状，软硬件环境方面基本上与国外处于同一水平，创新技术和方法方面还处于浅层次的掌握，在汽车工业全球性联合重组的趋势下，这方面的差距会快速缩小，由于我国完全自主开发的车型不多，在设计经验和数据的积累方面基础还相当薄弱，这方面直接影响技术方案的优化、导致产品开发质量的低下。

4 驾驶室产品开发发展趋势

4.1 对驾驶室安全性要求大大提高

目前欧洲经济委员会ECER29法规是欧洲驾驶室安全性的一个门槛，侧重于正面碰撞、顶盖静压、后面碰撞三大方面。正面碰撞时，碰撞的能量对于最大质量是7000kg的车辆来说，应是30000Nm，对于最大质量超过此值的车辆来说，应是45000Nm。碰撞后对于50百分位的假人具有足够的生存空间，并要求驾驶室前后悬置仍与车架保持连接。顶盖静压要求顶盖承受最大前轴允许载荷（最大10t），50百分位的假人具有足够的生存空间。后面碰撞时要求驾驶室后围应能承受按车辆允许的载荷，以2000N/t计算的静态力。

瑞典碰撞试验法规要求相对于ECE更为苛刻，尤其是对于A立柱上部的正面撞击以及顶盖静压（载荷为147kN）要求更高。目前欧洲顶级车型（如ACTROS, VOLVO FM12等）已经达到了该项法规要求。

最近欧盟执委会准备制定新法律，侧重于道路行人的安全，要求汽车生产商改变车头部分的设计，特别是改变极易造成行人及自行车使用者腿部受伤的保险杠部分的设计。

4.2 舒适性已经成为驾驶室性能控制的重点

驾驶室已经不再仅作为驾驶员的工作空间，同时也是其休息娱乐的场所，更是各种系统的控制中心。舒适性的要求也不再是静态的坐姿舒适性，对动态的舒适性要求也越来越高。广义的舒适性同时也包括居住性、视野性、手伸及性和方便的操纵性和上下车方便性等。

宽敞的室内空间（平地板），SCANIA的高顶驾驶室，其室内高度达到2275mm（图3）；带多种调节功能的部件（如座椅、转向盘等）；舒适的休息空间（宽大的双层卧铺，HVAC系统）；空气悬挂座椅加上驾驶室空气悬置为驾驶员提供了舒适的环境。

三维虚拟人的深入应用，满足多种百分位人体的设计概念，借助于虚拟现实技术的实现，在三维虚拟环境下就能进行舒适性设计。

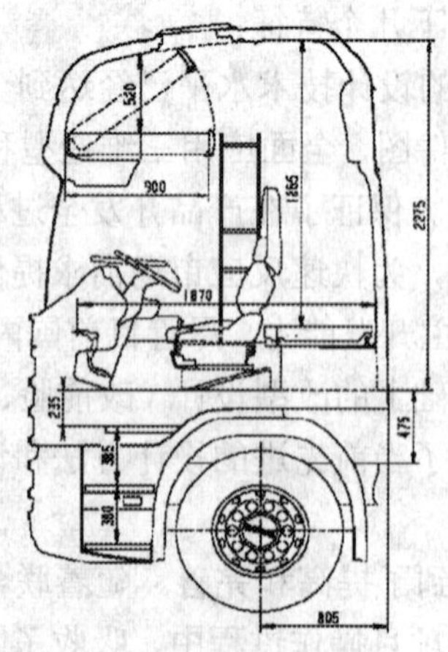

图3 SCANIA 驾驶室布置图

4.3 驾驶室产品设计的"轿车化"

由于商用卡车在经济发展中扮演着极其重要的角色，卡车制造商每年都要不断推出新技术，以适应市场竞争的需要，因此现在的世界卡车技术的发展速度和水平，与轿车相比，有过之而无不及，尤其是在新技术和新装备方面。下面仅就与驾驶室相关的轿车化发展趋势作一简要介绍：

(1) 外部造型的轿车化

驾驶室整体造型与附件局部外形的流线型，大圆角造型、弧线侧窗、异形晶钻整体式前大灯已经成为驾驶室外部造型的流行元素。

(2) 内饰设计与布置的轿车化

整体环绕式仪表板、功能开关和按钮触手可及；位置与角度可调的转向盘保证了不同百分位的驾驶员都具有极佳的仪表视野；全软化内饰辅以针织面料，使室内空间舒适高档。

下图为奔驰公司于2002年9月在汉诺威国际商用汽车展上首次亮相的改进型ACTROS驾驶室L型和LH型的全新内饰。

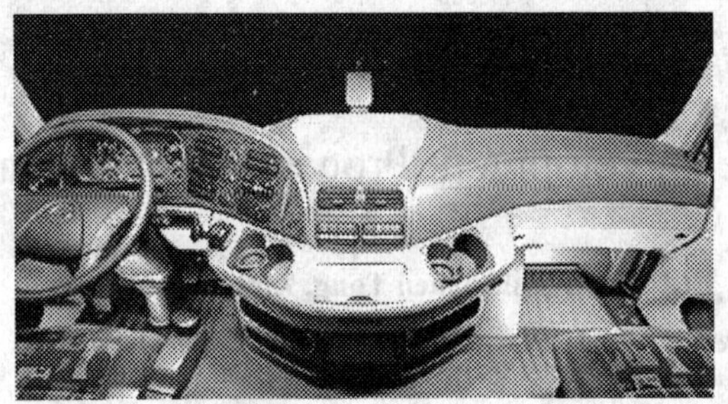

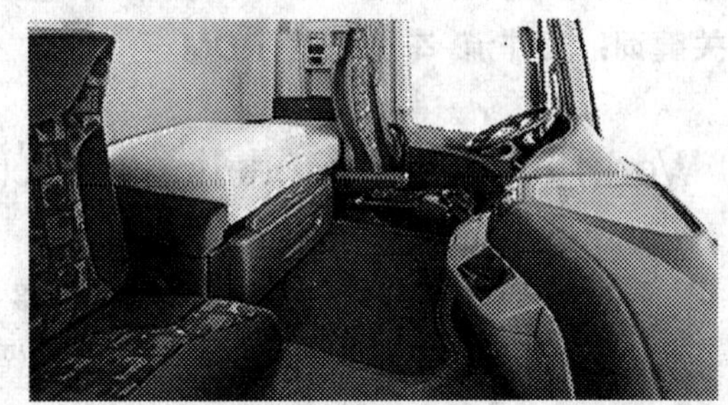

(3) 内部装备的轿车化

除了空气悬挂座椅、全自动空调、高级音响系统等装备外，用于高级轿车上的现代信息系统装备也已经嫁接到高级商用卡车上，如红外线夜视系统、翻车警告系统、卫星移动通信和跟踪系统（Omnitracs）等。

5 结束语

目前世界汽车产业的全球性联合重组步伐正在加快，技术创新能力成为竞争取胜的关键，采用平台战略、全球采购、模块化供货方式已成为趋势。产品开发的技术能力和水平也随之发生变化和重点转移。如何在WTO的过渡期内尽快缩短与国外先进国家汽车工业的差距，产品开发设计水平的提升是实现自主开发的关键和本质。本文对国外先进的商用卡车驾驶室设计技术的发展现状、发展趋势进行了综合研究，并对国内的设计技术现状作了粗浅的总结，供行业专家和同仁研究参考。

参考文献

1 Badler, N.. Virtual humans for animation, ergonomics, and simulation, Non-rigid and Articulated Motion Workshop, 1997. Proceedings., IEEE, P28 -36

2 Gill, S.A., Ruddle, R.A.. Using Virtual Humans to Solve Real Ergonomic Design Problems. Simulation '98. International Conference on, 1998, P: 223 –229

Andreas Seidl. RAMSIS – A New CAD-Tool for Ergonomic Analysis of Vehicles Developed for the German Automotive Industry. SAE Paper No. 970088, 1997, 51~57.

3 Engineering Animation Inc. Jack 2.3 Training Manual, 1999

4 曾建超. 虚拟现实的技术及其应用. 北京：清华大学出版社

5 汪成为，高文，王行仁. 灵境(虚拟现实)技术的理论，实现及应用

6 宁振波. 数字样机在飞机设计中的应用. 航空制造技术，2002, (10). -20-21, 34

7 冯飞. 国务院发展研究中心产业部. 中国汽车工业的发展与竞争力分析

8 中国汽车工业年鉴. 1999

基于工作流的车型开发过程管理模型

朱文峰　来新民　王　皓　林忠钦　陈　潼
上海交通大学　上汽集团汽车工程研究院

[摘要] 针对现代车型开发新模式和对开发过程全生命周期管理的需求，在分析现有工作流技术应用发展状况的基础上，提出了基于工作流的车型开发过程管理模型。它综合了 PDM 系统的开发数据管理和工作流系统的开发过程管理，以开发时序为主线，以实现各具体开发活动的多点并发控制为目标，形成了包括工作流建模、工作流执行和产品数据管理三大模块的车型开发过程管理模型，使开发过程按照一定规则和次序有控地进行，有效地支持并行协同环境下的集成车型开发。

关键词：工作流 车型开发 PDM

Workflow-based Modeling on Vehicle Development Process Management

Zhu Wenfeng, Lai Xinmin, Wang Hao, Lin Zhongqin, Chen Tong, Zhu Shenglei
Body Manufacturing Center of Shanghai Jiaotong University, The Automotive Engineering Academy of SAIC

[Abstract] Aim at the current vehicle development process (VDP) and the demand of product life cycle management (PLM), a workflow-based modeling on VDP management is proposed in this paper depended on the analysis of the nowadays workflow 's status on application and development. According to the baseline of timing, this model integrates the advantage of PDM and workflow system by adopting their product data management and process management respectively in order to reach the multi-point concurrent control. Three major modules are included in this process management system which are the workflow modeling module, workflow enactment module and the PDM system. By using of this modeling, the VDP's management is orderly and under-control. It effectively supports the integrated vehicle development under the concurrent and co-operative environment.

Key words: workflow VDP PDM

前言

轿车行业经过上世纪末的合并浪潮后，市场集中度提高，大集团之间竞争更加激烈。为保持竞争力，各大汽车公司非常重视车型开发。然而，新车型开发过程复杂、周期长，包括从技术经济可行性分析、概念设计、工程分析、样车试制、产品认证、小批试产直到正式投产上市等诸多环节，涉及计划、设计、工艺、生产、质保、供应等各部门。只有建立面向过程的管理模式，规范开发流程，有效地集成和组织各个阶段的活动，才能快速开发出质量高、成本低、满足市场需求的新车型产品，赢得激烈的市场竞争。

面对全球扩张和竞争加剧的行业背景，国外许多大型汽车公司引入项目管理的思想，采用联合开发、委托开发和自主开发相结合的方式，将非核心业务外包委托，而把主要精力用于体现核心竞争力。研发工程院改变过去“大而全，小而全”的模式，主要负责对项目实施进行监控，对开发流程进行审查。在这种新模式中，如何管理好各种活动（任务）、角色、资源（人员和设备），实现信息流、物流和资金流的全程优化成为开发项目成败的关键。

在国内，轿车行业的车型开发管理主要存在以下问题：①缺乏一整套详细量化的开发工作流程，可以用来明确定义各阶段活动（任务）的控制信息、数据信息、状态信息和资源信息等。②人工管理开发流程，环节数量多、过程跨度大，容易导致效率低、反馈慢。③各部门难以实现信息集成，存在“信息孤岛”，流动不畅通，难以发挥集成效应。鉴于以上现状，为了有效地完成面向过程的管理，需要一种能够支持过程建模、过程执行、过程集成和过程协调的应用软件系统。

工作流技术是20世纪80年末随着计算机支持协同工作（CSCW）而发展起来的[1]。它有效地解决了任务分配、进程调度和控制，以及任务资源的协调等问题。工作流技术最显著的一个特点是：可以方便的描述业务流程，并对流程进行有效监理。

本文结合工作流技术的特点和现代车型开发的新模式，提出一种基于工作流的车型开发过程管理模型。

1 工作流技术

工作流是业务经营过程的计算机实现，而工作流管理系统则是这个实现的具体软件环境[2]。国际工作流管理联盟（WFMC）给出了工作流的规范定义[3]，提出了工作流管理系统的参考模型，并为工作流管理系统的标准化开发提出了5个基本的功能接口，如图1所示。图中有5个基本组成部分：

(1) 过程定义工具。它借助一种描述工作流过程的软件工具，把实际过程用图视化的方法或简单的文本描述，并转换成规范的、可以被计算机处理的形式化描述（过程定义）。

(2) 工作流执行服务。由一个或几个工作流引擎组成，是工作流管理系统的核心，负责创建、管理、执行工作流实例。各种工作流应用通过工作流应用编程接口（WAPI）访问它。逻辑上它提供 5 个对外接口，分别是：过程定义模块接口；与工作流客户端应用模块接口；与管理和监视工作流工具接口；与供调用的各种功能服务接口以及和其他工作流系统接口。

(3) 供调用的应用。它是一些功能应用的集合，每一个应用负责完成工作流的某个子过程的执行或某个任务。工作流引擎根据运行状况调用。

(4) 工作流的客户应用。它可以通过工作列表访问接口访问工作流列表库，而工作流引擎把工作流任务分配到工作流列表库而由用户去接受分配的任务。

(5) 工作流的管理和监视。负责管理监视工作流，包括用户管理、角色管理、运行记录、错误恢复、停止和删除工作流。

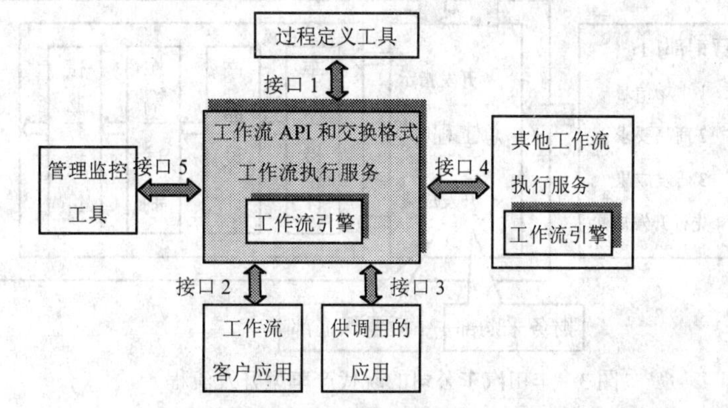

图1 WFMC定义的工作流系统参考模型

在工作流管理系统中，工作流定义模块最基础、最核心。工作流定义模型为系统提供了描述实际业务流程的方法。根据 WFMC 参考模型，工作流定义应包括工作流参与者、工作流过程活动、工作流相关数据、跃迁信息和工作流应用数据。其中，工作流过程定义是指工作流过程中的每一个活动环节，跃迁信息定义了工作流活动发生转变时所必须具备的信息，即活动开始条件和后续活动等。

工作流技术源于办公自动化领域，至今已经成功应用于报关检查、专利申请、银行存贷款等业务。

随着社会应用背景的变化，各种新技术不断被集成到工作流管理系统中，使它从最初的面向单一流程，实现单点线性控制转化为面对企业复杂信息环境，实现业务流程多点并发监控的必要工具。

2 轿车新车型开发流程

原则上，任何新车型开发都要经过图2所示的几个主要过程。

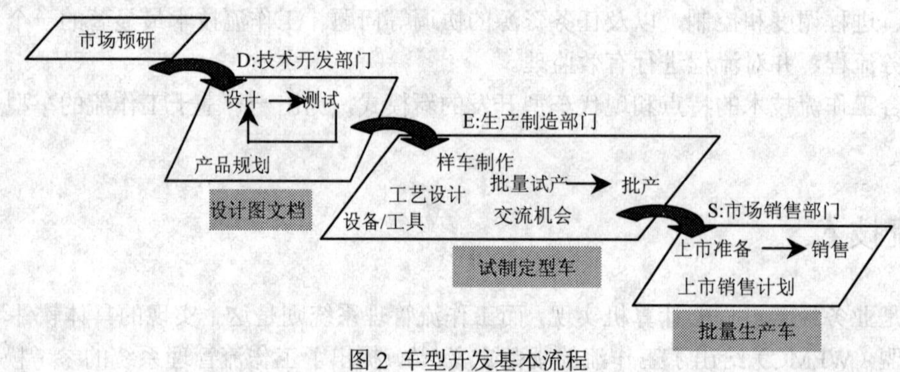

图2 车型开发基本流程

这种传统的开发方式按照时间顺序，各部门分工明确。产品开发从一个部门流向下一个部门，但是各部门之间这种“抛过墙”式设计流程不利于设计缺陷的及早发现，产品开发前期的问题很可能到设计末期才暴露出来，从而带来大跨度的返工。因此，这种开发流程已经很难适应当前动态多变的轿车市场对车型开发的时间周期和经济效益的要求。

进入20世纪90年代后，世界各大汽车公司不断改进开发组织和管理[4]；1，①丰田公司的总工程师负责制。如图3所示。②克莱斯勒公司的平台工作队。每个集成开发团队中不但有车身、动力系统、底盘、内饰、空调电器等方面的开发人员，还有产品策划、财务、生产、采购、销售等专业人员，使设计和工程同时进行。在轿车开发中广泛采用计算机软硬件技术。③本田的SED开发体系。将销售（SALES）、制造（Engineering）和研究开发（Developing）系统人员按照产品开发项目统一组成SED联合开发组，从拟定开发计划直到产品投产、上市都采用项目制和专业责任制结合的办法进行工作。

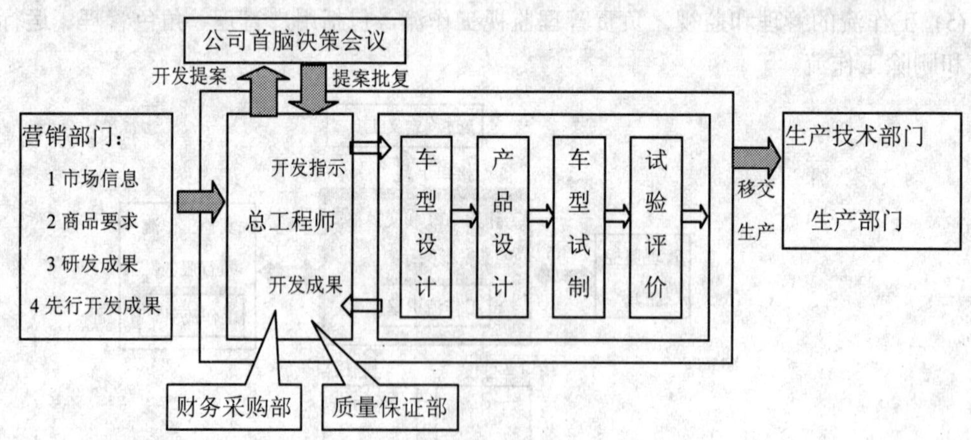

图3 丰田汽车公司的现代产车型开发流程

三大汽车公司的开发流程有一个共同特点就是使各相关部门协同工作，同时开发。

计算机软硬件技术的发展为新的开发流程提供了底层的技术支撑。各种CAX/DFX技术，例如辅助造型设计、辅助工程分析、虚拟仿真分析、辅助生产线，使设计等开发中各个环节实现协同工作。然而，对于简单产品而言，策划、设计、生产等步骤比较容易实现同时工程。对于一个有上万个零件的轿车而言，无论是物流、信息流、资金流、还是人力资源流的运作、协同、管理都非常复杂。而基于工作流的新车型开发过程管理目的在于把工作流管理技术引入到车型开发流程，实现对开发项目的过程控制和管理优化。

从拓扑结构上看，基于工作流的开发管理是实际开发流程管理在电子空间的映射[1]。电子空间中各个信息结点代表实际流程中各个开发设计部门、零部件供应商，结点的属性表示各个部门的开发工作内容。现实流程中各个环节的检验审批标准则作为信息结点发生跃迁时所依赖的条件，以工作流的形式映射到虚拟的电子空间，实现对整个开发流程的电子化管理。

从功能角度上看，基于工作流的开发管理要解决静态和动态两方面管理。所谓静态管理是指开发过程中各种图文档、试验分析数据等的查询、修改、提交入库以及建立通用设计知识库以实现知识的重复利用。所谓动态管理主要是针对现代车型开发中各种委托设计、外包设计、协同开发而提出，目的是解决各个分步异构开发实体之间的工作流协同。

车型开发的工作流管理模型有以下特点：

(1) 相对于学籍注册、顾客订单管理等办公自动化领域的工作流管理而言，车型开发的工作流管理流程更复杂，涉及更多环节。

(2) 由于存在多个项目参与者，车型开发的工作流管理属于松散耦和结构，流程活动以时序为主要约束关系。

(3) 在协同、委托开发环境下，开发流程活动在并行工程实施中有较强的资源约束关系。

3 基于工作流的车型开发过程管理模型

工作流管理系统的主要目的是产品开发全过程的活动管理和控制，即项目管理。具体说，就是把活动、角色、资源有效地管理起来，同时把与活动相关的信息在活动参与者之间传送。相对于PDM系统，工作流系统的优势在于有更强大的项目管理和过程控制能力，其劣势在于和产品数据本身的结合程度较低[5]。

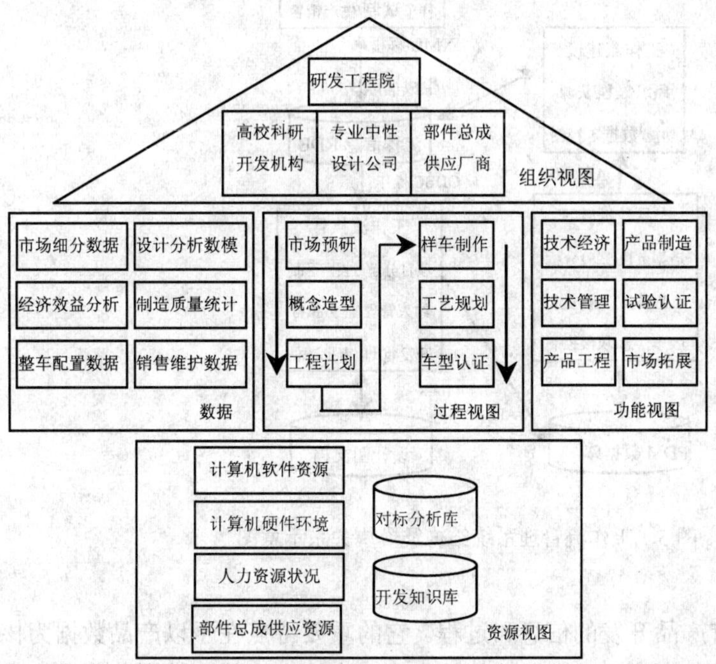

图4　工作流建模体系五视图结构示意

新车型开发过程管理应该包含对开发数据的管理和开发过程本身的管理两个方面。对于前者，各种PDM系统软件已经具备有较强大的功能。对于后者，工作流管理技术提供了很好的解决方案。因此，从功能角度看，基于工作流的新车型开发过程管理系统包含三大模块：①工作流建模和基本信息管理模块；

②工作流执行和文档管理模块；③PDM 模块。如图 4 所示。该系统集成了上述 3 大模块和相应的 3 大数据库。下面分别作叙述。

车型开发工作流程由一系列相关联的活动序列组成。建模系统通过特定方法，抽象描述活动的过程和约束条件，建立车型开发的集成化模型，同时提供与第三方建模软件交互的 XML 表示接口。

本工作流建模采用集成信息系统体系结构（ARIS）。它由五部分视图组成，如图 4 所示，分别是过程、功能、资源、组织和数据视图。其中，过程视图处于核心位置，相当于一个动力外齿轮，由它带动外围的内齿轮转动[6]。

通过工作流建模系统完成实际流程的计算机化表示后形成工作流定义，存放在流程信息库中并经过 XML 解析表示，供第三方使用。XML 是一种结构化信息表示格式和方法。在基于 Web 的协同开发中，各合作方可以快速、方便地得到基于 XML 表示的中性数据。

3.1 工作流执行系统

主要包括两个部分：工作流引擎和个人工作台面。执行系统通过 ODBC 获取工作流模型，并由工作流引擎解释，工作流引擎通过访问工作流定义中的活动先后顺序和当前状态决定某些活动是否发生，并把活动内容发送到相关人员，使各个项目参与者能够在个人工作台面上接收到他的任务，任务完成后提交给工作流引擎。

考虑到现代车型的外协、外包、委托开发等新方式，为了便于开发盟主的管理和掌握进度，采用分布式的两级工作流引擎。第一级采用集中式，主控引擎位于盟主的项目管理部门，负责管理四阶段开发流程中的关键核心过程。第二级采用分布式，位于分散的各协同协作方，负责管理自身的具体技术开发过程。

整个基于工作流的开发过程管理系统及三大模块关系如图 5 所示。

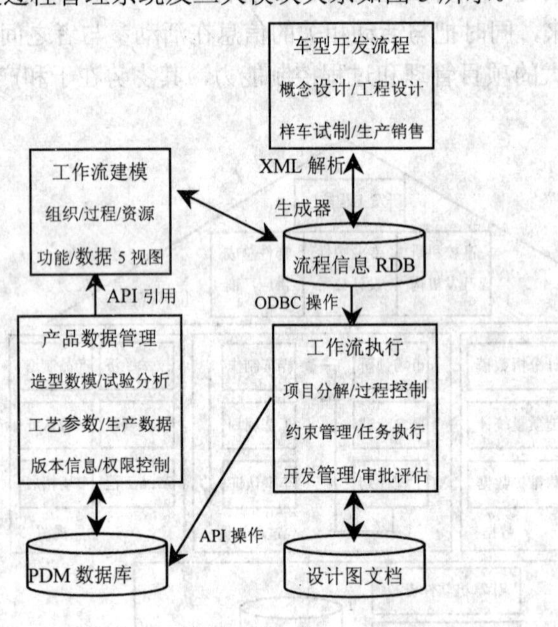

图 5 工作流管理系统结构及模块关系示意图

3.2 PDM 系统

PDM 技术用来管理所有产品开发的信息和过程。它的重要特点在于以产品数据为核心，能很好地通过产品数据管理实现各种 CAX 和 DFX 开发软件的集成，支持多功能开发团队实现产品的并行设计。

现代车型开发大量使用计算机技术，从概念构思与描绘、车型造型、工程分析、工艺流程规划直到最后的生产线设计都有大量的虚拟仿真软件支持。对于这些开发过程中产生的大量设计文档、CAD 图档、CAE 数据文件、部件总成的配置信息、设计版本和权限信息，PDM 系统提供了良好的管理功能。

4 系统实现

在模型体系所包含的三个模块中，PDM 模块技术较成熟，国际国内都有很多大型的企业级商用 PDM 系统提供，例如 EDS 公司的 i-MAN，它具有强大的数据管理功能，并且支持与 UGⅡ、CATIA 等通用车型开发平台的集成接口。因此，对整个模型实现的重点在于其他两个模块：工作流建模和工作流执行。

建模过程是实际过程的抽象表示。在针对车型开发的工作流建模中，必须依据现有可行的车型开发流程，将它映射到模型空间中，成为计算机可以“认知”的流程。目前，大型汽车公司采用的四阶段通用车型开发过程如图 6 所示。工作流建模必须体现二维递阶层次结构，即对车型开发项目活动的纵向分解和建立开发活动的横向联系。纵向分解体现出项目管理的思路，横向联系则建立活动之间执行的顺序和因果关系。

评估结点		初始方案评估	产品计划评估	开发过程评估	工艺流程评估	试生产启动评估	生产过程评估
评估内容		✓方案确认 ✓客户需求分析 ✓初始经济目标 ✓项目组成立	✓计划确认 ✓工程开发启动 ✓经济可行性分析 ✓整车性能确定	✓造型固定方案冻结 ✓整车配置固定 ✓经济可行性确认 ✓样车开发检查	✓最终样品确认 ✓开发数据冻结 ✓检查经济目标 ✓生产准备状况报告	✓工程开发结束 ✓试生产确认 ✓销售服务程序终结 ✓再次检查经济目标	✓生产准备确认 ✓市场价格确认 ✓营销计划确认 ✓最终经济目标
阶段划分及主要内容	产品预研	产品预开发		产品实际开发			⋮ ✓整过程评估 ✓客户满意度 ✓车型性能指标 ✓改进目标
	市场用户需求	把概念设计转换成工程设计		把概念设计转换成工程设计			
	方案设想	产品计划	样车制作	工艺开发	过程认证及试生产		持续改进

图 6 四阶段车型开发流程示意图

在工作流模型中，其基本组成单元是活动对象。车型开发工作流就是由这些基本活动对象串连、并联而成。同时把活动对象涉及的资源、组织等信息作为属性封装到活动对象中。活动对象发生的先后顺序由触发器实现。这样，车型开发项目的过程信息被结构化地表达，并经过 XML 解析后，存入关系数据库中，既可以被工作流执行系统调用，也可以输出到第三方使用。图 7 是一个简单的例子。

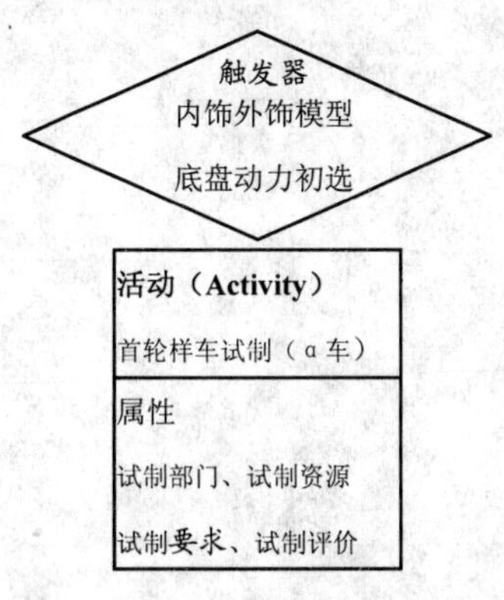

图 7　集成活动单

工作流执行系统采用 IBM 的群件系统 Lotus/Notes[7]。它提供了基于文档的群组工作方法，对于处理信息流转比较方便。Notes 对业务流程自动化运行的支持使其成为一种实现工作流应用的理想平台。但是，Domino/Notes 缺乏 WFMC 所要求的工作流定义工具、工作流引擎等功能模块。

要实现支持车型开发过程管理这样复杂的工作流系统，就需要进行二次开发。在 Domino 服务器上开发工作流引擎，在 Notes 客户端或者浏览器内实现个人工作台面。

5 总结

针对现代车型开发中并行工程、外包委托等新模式，为实现开发过程全生命周期管理的需求，本文提出了一种基于工作流的开发过程管理模型。它集成 PDM 系统对开发数据的强大管理和工作流管理技术对开发任务分配、进程调度和控制，以及资源协调等的优良项目管理功能，使开发过程按照一定的规则和次序有控地进行，有效地支持在并行协同环境下的集成产品开发。

该模型的研究是在工作流管理和 PDM 技术相结合方面的一个积极探索。目前，在上海交通大学 PACE 中心进行模型验证试验。在 PACE 中心优良环境下，包括 Sun Ultra60、UG、Adamas、e-Manufacturing、e-VIS 等 CAD/CAE/PDM 软硬件，验证试验以某新型旅行车数字化样车为载体，实现基于工作流的开发过程管理，分阶段完成基于局域网和基于 Web 的试验。验证环境和数据也将移植到国内汽车集团的工程研究院 CIMS 项目中应用实施。

参考文献

1 奚伟，周羽. 基于工作流的工程文档动态管理模型. 清华大学学报（自然科学版）。

2 2001 年第 41 卷第 10 期。

3 范玉顺主编. 工作流管理技术基础. 北京 ；清华大学出版社 2001

4 Hollingworth D。 The Workflow Reference Model [S]. Workflow Management Coalition Specification. TC00-1003(Draft 1.0)

5 张朴编著. 汽车计算机辅助开发技术. 北京：北京理工大学出版社. 1999

6 胡锦敏，张申生等. 产品开发过程管理系统. 高技术通讯. 2002

7 张涛，战洪飞等. 基于 Web 的企业工作流管理系统的研究. 计算机应用研究. 2002

8 Lotus Domino Designer (Release5). Lotus Development Corporation. an IBM subsidiary, 1999

基于"两权"优化发展的我国汽车产业自主发展战略

胡树华 汪秀婷 管顺丰
武汉理工大学

[摘要] 通过对自主发展的实质进行分析，提出了我国汽车产业自主发展的本质就是要控制"两权"，即股权和知识产权，只有以股权为基础，以知识产权为目的，"两权"优化发展，才能真正掌握汽车产业发展的主动权，使我国的汽车产业走上自主发展的道路。

关键词：股权 知识产权 自主发展 汽车产业

Strategies for China's Auto Industry to Develop Independently Based on the "Two Rights" to Optimize development

Hu Shuhua, Wang Xiuting, Guan Shunfeng
Wuhan University of Technology

[Abstract] Through the analysis of the essence of independence development for China's auto industry, the viewpoint that we should control the two rights of capital stock and knowledge property has put forward. We must optimize the "two rights", that is basis on the capital stock rights and taking the knowledge property rights aim. Only in this way, can we truly master the initiative power of our auto industry and make our auto industry walk up the road to develop independently.

Key words: capital stock right knowledge property right develop independently auto industry

1 基于"两权"的自主模式及中国现状

1.1 自主发展的本质——控制"两权"

中国汽车工业从无到有、从小到大、从弱到强，经历了漫长曲折的道路。中国汽车工业合资合作近20年，一直是坚持着在改革开放的前提下自主发展、建立完整产业链的目标。但是近来中国汽车工业出现的自主缺失现象时有发生，如何坚持自主发展将直接关系到中国汽车工业的崛起和发展。

所谓自主发展，就是自主决策、自主管理。汽车产业自主发展的实质就是要拥有资本的控制权和自主的知识产权。当然，自主发展的道路将是一个螺旋渐进的、漫长的发展过程，其最终目标是要实现汽车工业在经济发展过程中的牢固的控制权。

实践证明，社会的生产和再生产是离不开资本的，资本在经济运行中有着巨大的自发力量，是市场经济诸要素中起主导作用的要素，是非常积极、活跃、能动的一种内生变量。资本作为生产经济不可缺少的要素，决定着社会生产的发展与进步，进而决定着整个社会的发展与进步。资本自行增值、无限扩张的本质是企业主动地积累、扩大再生产、谋求长远发展的内在驱动力。是否拥有资本的控制权，将直接决定着汽车产业组织、管理、运用资本实现价值增值和获利的能力与利益分配的问题。

现代汽车产业正由资本密集型向技术密集型转换。在科技进步和经济全球化迅猛发展的新形势下，国际竞争的一个焦点就是知识产权。如果没有自己的技术，没有自主知识产权，企业就很难参与国际竞争，支柱产业就难以成为支柱。自主知识产权的拥有数量和质量、能力与水平成为反映一个企业竞争能力的重要指标。如果没有自己的知识产权，品牌和发展权就成了“空中楼阁”。从国外汽车跨国公司在中国投资的战略目标来看，他们合资合作的目的是为了更充分地利用其“独占性生产要素”在中国庞大的市场上获得最大的利益，他们根据自己的战略目标来决定其投资、增资或撤资，带入技术的种类和档次，以及是否在我国设立技术开发机构等等，并想尽办法消化其母公司过剩的能力（包括最大限度地利用其现有的开发能力），从而使他们更容易、更严密地控制其独占性技术优势，利用他们的知识产权逐步达到控制股权以分享更大利润的目的。在技术竞争的时代，在技术密集型的汽车产业里，知识产权的重要性正日益凸现出来。

资本的控制权是汽车产业实现自主发展的基础，而自主的知识产权则是汽车产业实现自主发展的能力。仅仅具备基础，却没有自主发展能力，将在竞争中逐步被淘汰；而仅仅具备自主发展的能力，却不能给国家、企业创造效益，则使得资本的作用大大削弱了。所以，对中国汽车产业而言，只有控制“两权”，即股权和知识产权，才能最终掌握汽车产业在经济发展中的控制权，实现自主发展。

1.2 基于“两权”的四种模式

依据股权、知识产权两个要素，对产业的主体模式进行界定，可以建立起“中资控股型、中资主导型、外资控股型、外资主导型”四种模式，如图1所示。

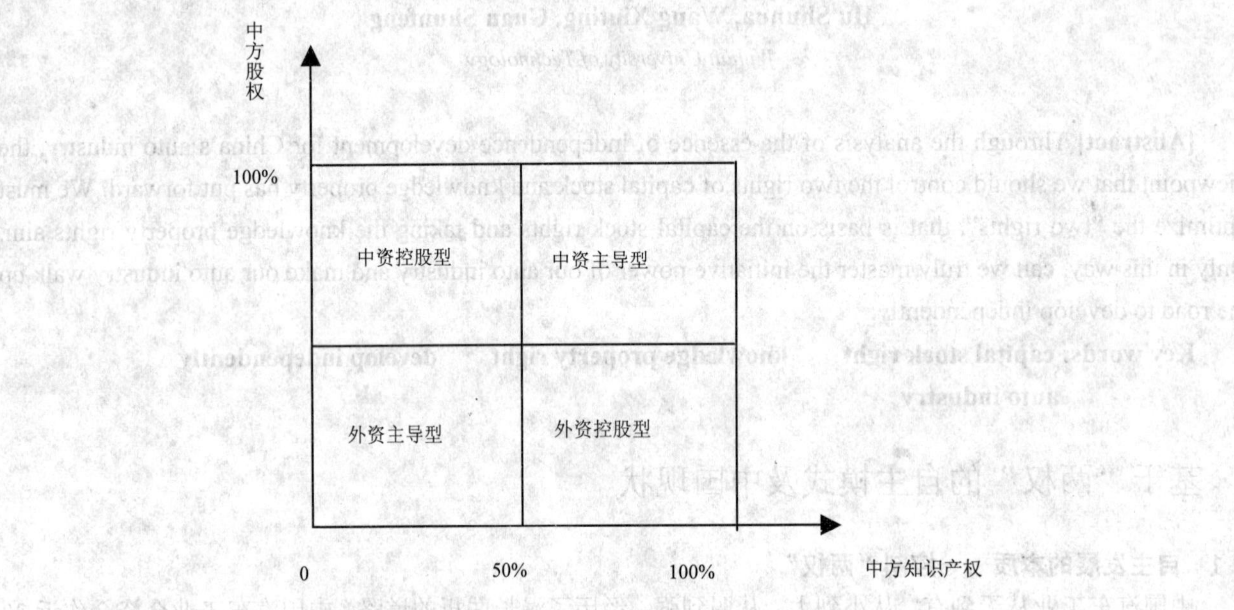

图1 汽车产业的发展模式

“中资主导型”将是我国汽车产业发展的理想模式，合资的中方企业既能在股权上具备一定的基础，又能在知识产权（专利权、商标权等）方面占有优势，企业具有充分的技术、品牌等自主发展权。

“外资主导型”则是我国合资企业中，中方最被动的一种情况，在股权上退让而居其次，又不具备自己的知识产权，企业的发展将不得不依赖于外方，发展的最终结局将是完全的产业被动依附型。

“中资控股型”是指合资的中方企业在股权上占有大于对方的股份，或者说，在资本上拥有控制权；但是，企业不具备自己的知识产权，没有自主开发能力。这种合资模式可能由最初的控股，慢慢地在股权上被迫退让，企业逐步丧失自主发展的基础。

“外资控股型” 是指合资的中方企业在股权上小于对方的股份，但拥有自己的知识产权。目前，我国的汽车企业在知识产权方面基本上还不具备控制力。如果拥有自主的知识产权，企业具备很强的竞争能力，最后也可能逐步走向自主发展的轨道。

1.3 我国“三类型”车的模式特点

汽车产品根据技术水平高低可以分为三种类型：经济型车、中高档车、新一代汽车。不同类型的产品具有不同的特征，表现出不同的模式特点。

经济型车：这类车型其结构简单，技术难度低，发达国家一般不生产，洋品牌较少。而且，这类车型在我国存在庞大的潜在市场，靠生产低价位经济型汽车发展壮大的企业在激烈的市场竞争中积累了一定的开发经验，无论从经济上还是从技术上考虑，我们完全具备自主开发的能力。目前，我国的经济型车生产企业，利用市场优势和产业基础，走自主开发之路，采取的是中资主导型的发展模式。

中高档车：这类车型处于成熟期。我国经历了几次大规模的以市场换技术的引进后，企业形成了一定的生产规模。从表1中可看出，中高档车尚处于中资控股型。随着加入WTO后国家保护力度的逐步减弱，我们的市场优势正在逐步消失，由于在产品开发方面的能力还很薄弱，少数中高档车型的生产企业不得不“以股权换技术”，在股份上逐渐有所退让。

表1 以中资股权为主的合资股权结构

跨国公司	合资企业名称	投资额（万元）	进入时间	股权比例	生产能力（万辆）	
					1997	2000
德国大众	一汽大众	1113000	1991	60/40	15	30
	上海大众	348500	1985	50/50	30	35
美国通用	上海通用	152000	1997	50/50	1	10
克莱斯勒	北京吉普	$15233	1983	58/42	10	
法国标致	广州标致	$16300	1985	78/22	3	15
法国雪铁龙	武汉神龙	1035800	1992	51/49	15	15
日本本田	广州本田	227750	1998	50/50	3	滚动
日本铃木	长安铃木	19074	1993	50/50		15
日产	东风汽车	855000	2002	50/50	“二全”	
丰田（天汽）	一 汽		2002	51/49		

新一代汽车：这类车型技术含量高，是汽车产业发展的必然趋势，是影响未来的战略产业。高新技术发展的跨越式特征，为发展中国家走向国际舞台提供了较为平等的发展机遇。我国汽车工业可以依托已有的汽车技术基础和高新技术优势，在少数几个局部领域取得世界级的突破和创新，新一代汽车完全可以按中资主导型的模式发展。2001年，科技部启动的“电动车计划”，也正是以中资主导型的模式进行项目攻关的。

1.4 中国汽车产业整体的模式特点——“两权”分离

我国汽车工业在20世纪50~70年代，从无到有、从小到大形成了以“解放”、“东风”两大品牌为代表的卡车生产能力和设计能力，“两权”合一的管理有力带动了整个制造业的发展。

20世纪80年代初，中国制订汽车工业“三大三小”规划的良好愿望是，先走进口替代之路，再通过引进国外先进技术，不断消化、吸收，再创新、提高、出口。然而，10多年来，技术虽引进来了，但水平不高，且发展缓慢、布局分散，尤其是没有形成自主开发能力和真正的自主知识产权。我们引进来的往往是别人即将淘汰的旧技术和设备，合资企业的日常运作中，技术都被严格地控制在外方的管理职权范围内，中国经过了多年的发展，仍然没有真正得到跨国车商的专有技术所有权，技术开发能力依然十分薄弱（见表2、表3）。

目前，我国的汽车企业纷纷与国外汽车巨头合资合作，虽然大部分国内企业仍在努力地维持着50%的股权，但是由于缺乏自主知识产权，实际上合资企业的控制权已经为跨国公司所控制，国内的市场也基本上被外国的品牌所垄断（见表4、表5），洋品牌的市场占有率达到了90%以上。我们的汽车产业出现了严重的“两权”分离局面，这种局面，将不可避免地使产业发展的主动权受控，给我国汽车产业的发展埋下严重的隐患。

表2 中国主要汽车产品及其技术状况（商用车）

车型		生产厂	技术来源
重型车	斯太尔	重型汽车集团	引进奥地利斯太尔技术
	东风	东风汽车公司	自行开发
	奔驰	北方工业总公司	引进德国奔驰技术
中型车	东风	东风汽车公司	自行开发
	解放	第一汽车集团	自行开发
轻型车	小解放	第一汽车集团	在引进总成基础上开发
	依维柯	中汽中公司	引进意大利菲亚特技术
	五十铃	江陵、庆铃等	引进日本五十铃技术
微型车	夏利	天津汽车集团	引进日本大发技术
	长安	重庆长安汽车股份公司	引进日本铃木技术
	五菱	柳州微型车厂	引进日本三菱车身技术

注：2002年9月东风汽车公司与日产公司全方位合作，双方各占50%的股权，并由日产公司提供相关的卡车技术。

表3 以引进技术为主的合资技术结构

车型	生产厂	技术来源
桑塔纳	上海集团	引进德国大众技术
小红旗	第一汽车集团	引进德国大众技术
捷达	第一汽车集团	引进德国大众技术
富康	东风汽车集团	引进法国PSA技术
夏利	天津汽车集团	引进日本大发技术
切诺基吉普	北汽集团	引进美国克莱斯勒技术

表4 以合资企业为主的汽车产品市场结构（前十位）

	2001年（全国销售721463辆）				2002年上半年（全国销售470200辆）			
企业名称	销量（辆）	同比增长（%）	市场占有率（%）	排名	销量（辆）	同比增长（%）	市场占有率（%）	排名
上海大众	241033	9.53	33.41	1	121465	-2.01%	25.84	1
一汽大众	124890	12.48	17.31	2	91980	51.61	19.56	2
天汽大众	70326	-21.88	9.75	3	46368	17.05	9.86	3
上海通用	58374	91.12	8.09	4	46501	192.15	9.89	4
神龙汽车	53194	2.23	7.37	5	33600	20.62	7.15	5
广州本田	51058	58.40	7.08	6	27896	9.56	5.93	6
长安汽车	43123	-10.6	5.98	7	32539	30.04	6.92	7
上汽奇瑞	28160	/	3.90	8	23571	180.67	5.01	8
一汽集团	21298	38.79	2.95	9	17247	130.45	3.67	9
东风公司	17620	/	2.44	10	12964	111.97	2.76	10

表5 中国最受欢迎的十大汽车品牌（中国社会调查所）

排名	高档车	中档车	低档车
1	奔驰	富康	夏利
2	宝马	捷达	奥拓
3	别克	红旗	昌河
4	红旗	桑塔纳	松花江
5	奥迪	风神蓝鸟	吉利
6	广州本田	宝来	哈飞赛马
7	沃尔沃	派力奥	悦达起亚
8	丰田	赛欧	秦川弗莱尔
9	雪铁龙	帕萨特	英格尔
10	欧宝	奇瑞	长安

汽车产业的自主发展，必须拥有“两权”，而“两权”的控制又是动态的。国内外合资企业的发展表明，强调50%以上的控股权，对没有技术优势的一方而言，是没有太大的实际意义的。但是，在发展的过程中，股权的重要作用也是不容忽视的。

股权和知识产权决定了产业发展的真正主导权。只有以股权为基础，以知识产权为目的，“两权”优化发展，才能真正掌握汽车产业发展的主动权，使我国的汽车产业走上自主发展的道路。

2 汽车产业发展的战略推进

2.1 汽车产业的“三类型”分层发展

针对我国汽车产业的经济型、中高档车和新一代轿车处于不同的模式，采取不同的发展战略（见表6）。

表6 我国汽车产业的“三类型”分层发展模式

轿车类型	战略目标	战略重点
经济型车	发挥优势，构筑有竞争力的中国汽车产业与市场阵地	充分利用现有基础，不断积累资金、积累技术、占领市场，通过竞争，实现优胜劣汰、产业集中与规模发展，为未来新一轮汽车产业竞争打下基础
中高档车	正视现实，整合资源，培养有研发能力的中国汽车技术基地	有限放开股权限制、放开投资，建立可控的技术开发与知识产权体系，实现技术引进、消化、创新、提高的良性循环
新一代车	抓住机遇，高起点研究新一代汽车技术，抢占新一轮汽车工业发展的主动权	政府主持、企业主体、多部门协调作战，联合开发，依托已有的技术基础和高新技术优势，在局部领域取得世界级的突破和创新

2.2 两权优化与控制

基于知识产权、股权的优化发展为目标，三类不同的汽车产品应该采取各具特色的自主发展道路，如表7所示。

经济型车：充分发挥我国的生产优势、市场优势，以市场机制进行运作，并配以政府鼓励汽车进入家庭和对自主发展的保护和支持，以“中资主导型”模式实现快速的自主发展。

中高档车：对于这一类型的汽车产品，应该采取市场机制与计划机制相结合的道路；以部分股权换技术，大幅度提高合资企业的技术水平和研发能力；从法律上硬化股权的控股作用，以使控股企业的技术真正变成自主发展的技术。即“中资控股型→部分外资控股型→中资主导型”的转换模式。在中资控股阶段，通过大量吸收外资和技术，实现产业的快速发展和产业水平的提升；最终，通过政府的主持和发挥市场机制的调节作用，利用我国新一代汽车技术创新突破的成果，进行技术渗透、参股，扩大国有或我国民营资本所占的比重，使中高档汽车产业向中资主导转换。

表7 基于两权发展的中国汽车产业模式转换

时间	战略模式	主体作用			运行机制
		国有资本	民间资本	外资	
经济型轿车					
	中资主导	1—适中 2—适中	1—比例大 2—比重高	1—低 2—低	市场机制
中高档轿车					
2003～2004	中资控股	1—偏低 2—适中	1—低 2—低	1—偏高 2—适中	计划机制 市场机制
2005～2006	部分外资控股	1—适中 2—适中	1—低 2—偏低	1—适中 2—偏高	市场机制 计划机制
2007～2008	中资主导	1—比例大 2—比重高	1—适中 2—适中	1—低 2—低	市场机制
新一代汽车					
2003～2008	中资主导	1—比例大 2—比重高	1—低 2—低	1—低 2—偏低	政府主导
2008年以后	中资主导	1—比例大 2—比重高	1—适中 2—适中	1—低 2—低	市场机制

注：“1”指知识产权，“2”指股权。

新一代汽车：由于这类产品是汽车产业转换的必然趋势，对于汽车产业未来的发展将产生深远的影响。因此，其发展的模式转换过程为：

第一阶段（2003～2008年）：由政府主持，建立起汽车产业创新平台，以政府为主导、以企业为主体、以官产学研大联合实现创新突破。

第二阶段（2008年以后）：以市场机制为主、同时充分发挥政府的引导作用，实现新一代汽车的规模化发展，使我国汽车产业不断成为走向世界、具有强大国际竞争力的支柱产业。

3 结束语

我国是世界大国，40多年的汽车产业发展历史意味着我们只能走自主发展的道路。汽车产业是我国的支柱产业，而中国的发展必须保持支柱产业的相对独立和主动权。根据横向国际比较和纵向发展研究，中国汽车产业必须正视现实，既要拥有一定的股权，更要掌握自主的知识产权，只有优化发展“两权”，走自主发展、螺旋式推进的道路，依靠我国汽车产业宏观政策的协调指导，才能最终实现汽车产业的强劲发展。

参考文献

1 胡树华. 创立和实施国家汽车创新工程的政策建议. 中国科技月报，2000.3

2 胡树华课题组. 国家汽车创新工程方案研究报告. 国家科技部，2002

3 胡清琪. 中国产业技术创新能力研究[M]. 北京：中国轻工业出版社, 1999

4 侯龙文等. 企业资本经营[M]. 成都：西南财经大学出版社，1998

5 中国轿车工业自主发展五大模式系列报道. 中国汽车报, 2002

非公路自卸卡车后桥静强度有限元分析中边界条件的确定

罗世魁　王国强　王继新

吉林大学

[摘要] 在某非公路自卸卡车后桥静强度有限元分析中，建立了一种新型的后桥力学模型，形成了一种确定边界条件的新方法。与以往不同，该模型将后桥与车架的连接等效为固定铰约束，将后桥与车轮的作用等效为车轮对后桥的载荷。利用该模型，在进行载荷求解时，可以避开局部考虑整体，使计算得到简化；在施加约束时，可以按照模型直接施加等效约束，提高了可操作性。另外,根据该模型确定的边界条件，使有限元分析更能反映后桥真实载荷及应力情况。

关键词：非公路自卸卡车　后桥　ANSYS　力学模型　边界条件

Definition of Boundary Condition in Static Strength Finite Element Analysis of Off-highway Dump Truck Rear Axle

Luo Shikui, Wang Guoqiang, Wang Jixin

Jilin University

[Abstract] In the process of static strength finite element analysis of a off-highway dump truck rear axle, a new mechanical model of rear axle was created and a new method of defining boundary condition was formed. To be different from mechanical model created before, the relations between rear axle and frame were regarded as fixed hinge constraints and the functions between rear axle and wheels were accepted as loads applied to rear axle. Based on the new mechanical model, when computing loads, we could deal with the truck as a whole, so the process was simplified. When applying constraints, the equivalent constraints could be applied just as it was in the mechanical model, so the operability was improved. When boundary condition was defined according to the new mechanical model, the results of finite element analysis were closer to actual load conditions and true stress distributions of rear axle.

Key words: off-highway dump truck　rear axle　ANSYS　mechanical model　boundary Condition

注：本文全文刊登在2003年《汽车工程》（增刊）上。

动态采样过程气体流动的数值模拟研究

李云清 李 波
北京航空航天大学汽车工程系

[摘要] 汽油机是靠火花塞处的电极跳出电火花来点燃混合气膨胀做功的，而火花塞的点火时刻对汽油机的动力性、经济性以及排放等都有着重大的影响，当可燃混合气过浓或过稀时，电火花放电后，并不能形成火焰中心及产生火焰传播，因此，研究火花塞处混合气的分布就显得尤为重要。本文对火花塞附近的混合气进行了动态采集的三维数值模拟，得出混合气流量随时间的变化关系，并对所采集到的混合气进行了分析。

关键词：动态采样 三维数值模拟

Three-Dimensional Numerical Simulation of Dynamic Sampling Mixed Gases

Li Yunqing, Li Bo
Dept.of Automobile Engineering,Beijing University of Aeronautics and Astronautics

[Abstract] The composition of mixed gases near the spark plug is an important factor to impel gasoline engine work. If the content of mixed gases is very low or high, the electric spark cannot ignite the mixed gases. This study simulates the mixed gases flowing effects and educes the relation between mass-flux and time. By the relation, it can conclude the used time corresponding with the mass of collected mixed gases for latter analysis.

Key words: synamic sampling three-dimensional numerical simulation

1 引言

本文采用STARCD公司的三维计算流体力学（CFD）软件，对化油器式汽油机进行了三维数值模拟，研究了在活塞位于压缩上止点前（此时进、排气门已经关闭）的某一时刻，动态采集火花塞处的混合气，得出采集到的混合气的流量随时间的变化关系，以此来判断采集需要的混合气的量所对应的时间，并对采集到的混合气进行了分析，同时分析了浓度、压力等相关参数。为了研究不同曲轴转角时刻的混合气，本次模拟把点火提前角范围（该发动机点火提前角范围是上止点前15°～35°）分为4个阶段，即活塞在点火提前角范围内的4个不同曲轴转角位置时刻动态采集混合气，为了详细了解每个时刻的状态，也可以将该范围划分得密集些，以便得到不同曲轴转角时刻火花塞处混合气的浓度。模拟结果对点火时刻的确定将会有一定的指导意义。

2 物理模型

本文所采用的物理模型依据是摩托车用单缸、化油器式、风冷汽油机。为了将混合气从火花塞处取出，因此对发动机进行倒托，火花塞处用一个与其尺寸相同的带有6mm孔径的螺栓代替。螺栓上设有阀门，螺栓外接密封容器，阀门的开启由伺服电动机控制。当数据采集系统获得发动机曲轴某时刻转角信号时，触发伺服电动机工作，从而打开阀门，将混合气从缸内取出，根据需要采集的混合气的量所对应的时间，数据采集系统定时触发伺服电动机将阀门关闭。如图1所示。

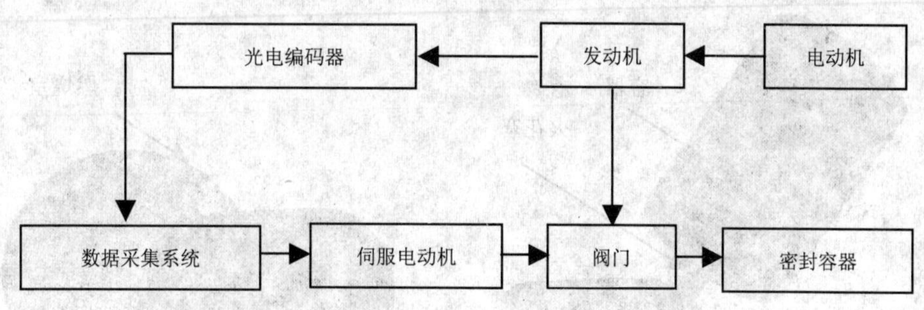

图 1

在模拟计算时，燃烧室构成包括活塞顶面、气缸壁面和缸盖底面。本研究假定活塞运动到某一位置，此时的进、排气门已经关闭，缸内初始条件已经给定。将混合气从火花塞处采集出来，为了使模拟更接近实际，火花塞处开一个小孔，孔径为6mm，当活塞位于压缩上止点前某一位置时，由于缸内压力很大，所以在火花塞处外接一个容器，将混合气存放在该容器内部，便于以后对混合气浓度进行分析。

该发动机的基本参数分别是：缸径 $D=56.5$mm；冲程 $S=49.5$mm；压缩比 $\varepsilon=9.2$。

外接容器的直径为 $D_1=36$mm，高度为 $H=50$mm。

燃烧室简化模型如图 2 所示。

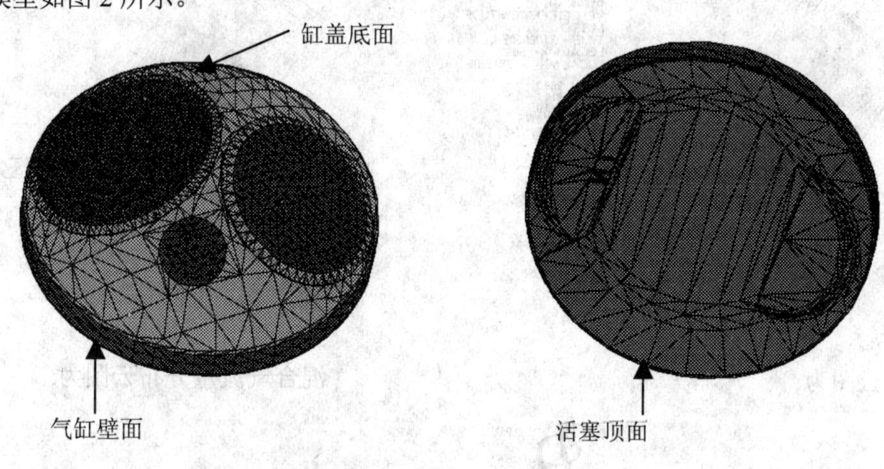

图 2

3　计算模型及基本参数

Star-CD 采用的湍流模型有 k-ε 双方程模型和 LES 模型等。LES 和其它模型的求解精度相对较高，但需要花费更多的计算时间，而对于发动机缸内工作过程的模拟，k-ε 模型（TURBLENT COMPRESSIBLE HIGH RE K-EPS MODEL）的精度已经能够满足模拟的要求，因此在本文中采用 k-ε 双方程湍流模型来进行求解计算，限于篇幅，本文所采用的方程不在这里一一列出。

由于是动态采集混合气，所以采用瞬态计算方法。

4　计算网格

4.1　曲轴转角 φ＝343.9CA 时

缸内压力 $P=16.28\times10^5$Pa，温度 $T=637.28$K。总网格数目＝366654，节点数＝391135，网格单元面数＝31683。时间步长为 5×10^{-5}，此时的计算网格如图 3 所示。

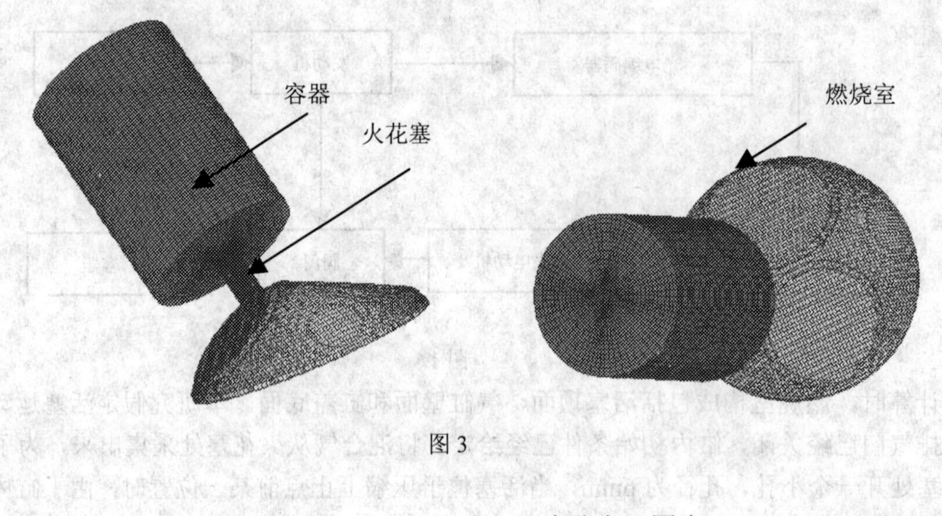

图3

流场分布云图为：

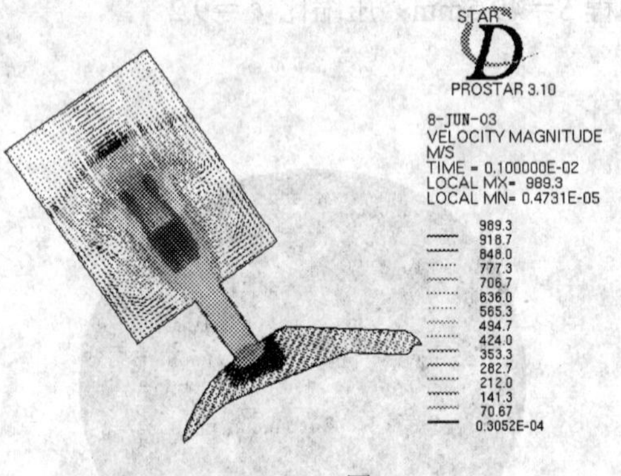

图4

压力分布云图为：

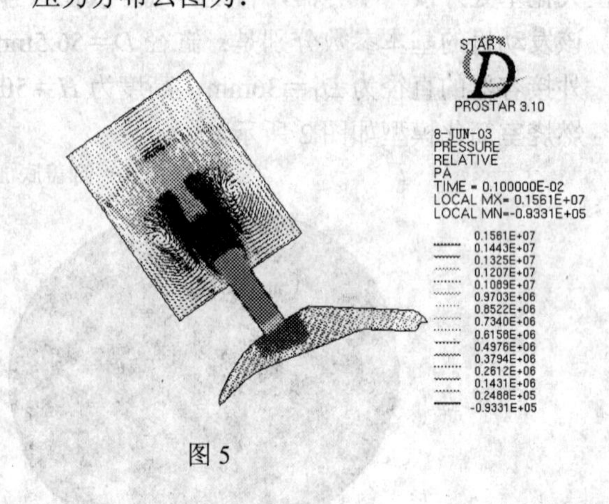

图5

温度分布云图为：

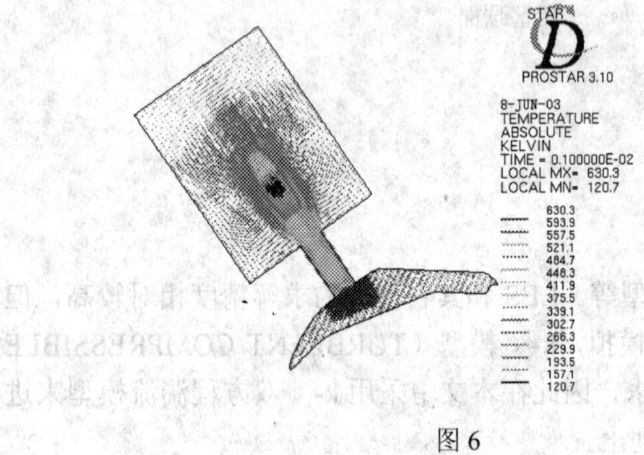

图6

混合气流量分布云图为：

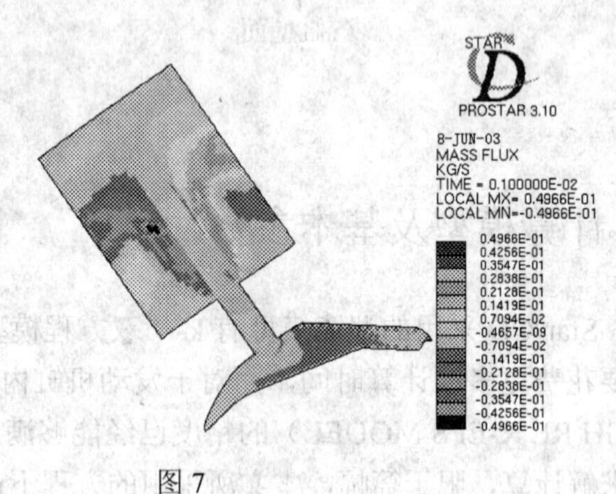

图7

分析 由流场分布图可见，在阀门打开的 0.001s 范围内，气缸内部处于等压状态.气流流经火花塞时，压力急剧降低，容器的初始状态是常温常压，压力差值达到 8 个大气压左右，气流以超声速流出，而气流流过的截面较小，进入较大的空间从而形成扩散的流动，这种扩散流动的流体微团产生强烈的无规则的脉动，从而形成紊流射流。从截面图可以看出这种射流形成轴对称射流，也就是圆射流。混合气从火花塞孔流出形成一个具有很大速度梯度的区域，射流边界层沿着流动方向不断向两边扩展，外边界向外扩展，带动更多的气体介质进入边界层。内边界向中心扩展，使速度等于初始值的区域逐渐减小，这样沿着流动方向射流边界层越来越宽，造成负压。由于射流边界层不断发展而继续抽吸周围介质的流体质量，火花塞轴心速度连续下降，射流扩展，厚度不断增长，从而形成整个的紊流射流。从温度分布图上可以看出，火花塞处的温度较高，在接近容器口时，温度下降很快，达到 302K。沿着气流方向，由于有负压，此处的气体密度相对较低，所以温度也比较低，大约在 120K 左右。从压力图上可以看出，混合气以超声速流出，碰到容器壁面时，气流受到急剧压缩而产生激波现象。

混合气流过火花塞截面的流量矢量图为：

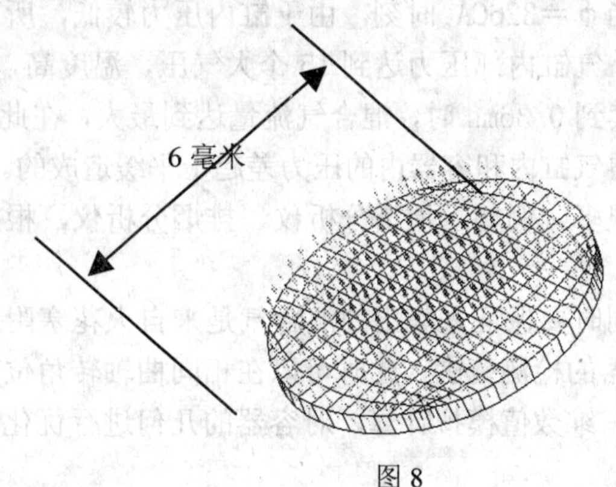

图 8

4.2　曲轴转角 Φ＝329.41CA 时

缸内压力 $P=10\times10^5$Pa，温度 $T=553$K。总网格数目＝376282，节点数＝38564，网格单元面数＝32235。

4.3　曲轴转角 Φ＝336.62CA 时

缸内压力 $P=13\times10^5$Pa，温度 $T=599$K。总网格数目＝368020，节点数＝385135，网格单元面数＝31841。

4.4　曲轴转角 Φ＝326CA 时

缸内压力 $P=8.12$Pa，温度 $T=528$K。总网格数目＝404314，节点数＝2864059，网格单元面数＝34103。

上述 4 个不同曲轴转角时刻所对应的混合气流过截面（图 8）的流量 Q（kg/s）随时间 T(s)的变化关系为（图 9）：

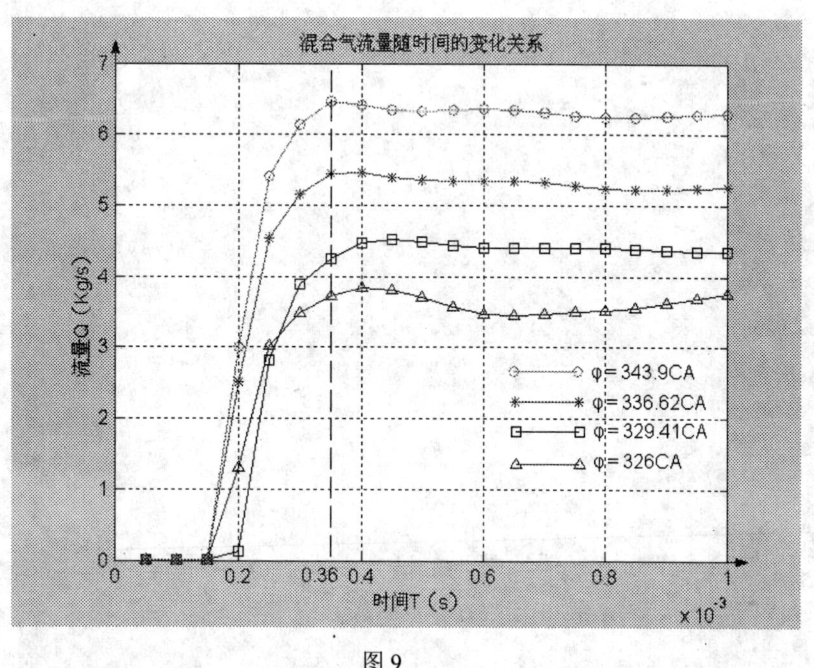

图 9

5　结论

通过数值模拟，可以得到如下结论：

(1) 在模拟的 4 种工作状况下，得出混合气流量随时间的变化关系。

(2) 根据压力和流场图可以得出，在采集时间极短的情况下，采集到的混合气是由火花塞附近流出的，这样就为混合气浓度的分析提供了可靠的依据。

(3) 从流量图 9 可以看出，在 $T=0.2\times10^{-3}s$ 时刻前，由于火花塞处孔径小，混合气的流量开始逐渐增大，该时刻后，流量急剧增加，这是由于气缸和容器内部的压力差造成的。

(4) 根据上图的对比可以看出，当 $\phi=326CA$ 时刻，由于缸内压力较低，所以此时的流量较其它曲轴转角时刻低，而在 $\phi=343.9CA$ 时刻，气缸内部压力达到 15 个大气压，温度高，所以该时刻的气流量大。

(5) 在开始采集混合气的时间持续到 0.36ms 时，混合气流量达到最大，在此之后，流量趋于平稳，这是由于缸内的气体流量不断的增加使得气缸内和容器内的压力差趋于平缓造成的。

(6) 由于检测混合气浓度的方法很多，例如，质谱分析仪、排烟分析仪，根据其检测灵敏度，采集适量的混合气。

(7) 在采集时间很短的情况下，同时要保证采集出的混合气是来自火花塞附近，所以采集的混合气量不会很多，因此有可能达不到分析仪器的检测范围，此时可以在相同曲轴转角位置时刻多次进行混合气的采集，取其平均值。也可以进行多次三维数值模拟计算，对容器的几何进行优化设计，使采集到的混合气浓度不会过浓或过稀。

(8) 由于采集时间相对较短，所以伺服电机的动作灵敏度要求高。

(9) 经过以上分析，可以得出本次动态采集火花塞处混合气的数值模拟结果与理论情况相吻合，对接下来的实验将会给予指导。

参考文献

1 Star-CD v3.15 参考手册

虚拟试验技术在汽车AMT开发中的应用研究

江发潮 曹正清 肖春泽 迟瑞娟
中国农业大学

[摘要] 提出了利用硬件在环仿真HILS（Hardware In the Loop Simulation）技术来构建汽车AMT（Automated Mechanical Transmission）电控单元虚拟试验系统的方法；建立了发动机的部分速度特性模型和万有特性模型；对最佳动力性换档规律和最佳经济性换档规律进行了分析，探讨了AMT理想工作过程模型；开发了汽车AMT电控单元虚拟试验系统。

关键词：虚拟试验 AMT 换档规律

Study on the Application of Virtual Test Technology on the development of AMT

Jiang Fachao, Cao Zhengqing, Xiao Chunze, Chi Ruijiuan
China Agriculture University

[Abstract] A method is given, which constructs automobile AMT Electronic Control Unit virtual test system by using Hardware In the Loop Simulation (HILS). Engine's partial velocity characteristics model and universal characteristics model are built. The optimizing dynamic performance and economic performance shift law are analyzed. An optimal work model of AMT is discussed. Dynamic and economic parameters are deduced. A Virtual Test System of Automobile AMT Electronic Control Unit is developed.

Key words: virtual test AMT shift law

结论

采用硬件在环仿真HILS技术来构造AMT电控单元虚拟试验系统，这种方法使建立的虚拟试验平台控制方便、实时性好，是一种行之有效的构建虚拟试验系统的方法。基于HILS技术的汽车AMT电控单元虚拟试验系统可以辅助AMT电控单元ECU的调试和开发，对于改进AMT电控单元的设计有重要意义。

注：本文全文刊登在2003年《汽车工程》（增刊）上。

高原上使用发动机的两点改进

卜其亮
昆明理工大学楚雄应用技术学院

[摘要] 由于地理条件和海拔的原因，发动机功率不能达到设计者的要求，文章中的两种使用方法能弥补这一缺憾。

关键词：发动机功率　气门间隙　主量孔尺寸

Two Improvements in Using Engine on the Plateau

Bu Qiliang
School of Technology, Kunming University of Science and Technology

[Abstract] By reason of geographical condition and altitude height, the power of the engine can't reach to the designer's desire. The insufficiency may be improved by two ways in the article.

Key words: engine power　valve clearance　dimension of major fluid aperture

在云贵高原上使用车用发动机，由于地理条件、海拔不同，功率往往达不到设计者的要求。说得直接些，也就是功率不能充分发挥出来。广大的驾驶员和修理人员在使用和维修中总结出一些行之有效的方法，这些方法，不但能使高原上所使用的发动机的功率损失得到一定的弥补，而且在理论上也有一定的参考价值。本文结合实际中的使用经验，试图作一些说明。

1 加大气门间隙

高原上的驾驶员和维修人员在使用发动机时，往往会加大气门间隙，一般取使用说明书所给调整值的上限，有时还会略有突破，超出 0.05mm 左右。初一看，似乎没有什么道理，因为随着海拔升高，气压下降，空气稀薄，气缸进气已不充分，若再加大气门间隙，势必使配气相位相对标准值变窄，进气时间缩短，空气进得更不充分，废气也排得不干净，雪上加霜，会使发动机功率下降更严重。而且按照常规，云贵高原上山高、坡陡、弯急、发动机经常是中低速运转，进气道空气流速减慢，按照我们掌握的与此有关的发动机知识，此时只应当减小气门间隙，而不应增大气门间隙。

但这些只是表面现象，实际情况是：在云贵高原上，发动机经常在中低速、重负荷下运转，水温偏高。众所周知，金属材料都有热胀冷缩的特性，配气机构各部件膨胀使气门间隙变小，破坏了正常的配气相位，使废气排得不干净，新鲜空气进得不充分，从而使发动机功率下降。而加大的气门间隙，恰好抵消了高温造成的膨胀部分，保证了正常的配气相位，从而使发动机功率不会由于这种原因造成下降。

2 减小主量孔尺寸

已有试验数据表明，在云贵高原，由于进气量不足，耗油量增加 7%～10%。从表面上看，这似乎是不合道理的，因为我们已经知道，高原海拔高、大气压力低，进气量不足，使功率下降。但进入喉管油量的多少只取决于作用在浮子室油面上的压力与喉管出油处压力之差。既然海拔高，作用在浮子室油面上的压力减小，促使燃油进入喉管的压力也减小，耗油量也应减小才对。但实际情况是：喉管处的压力还依赖于活塞的上下运动。与平原地区相比，高原上气缸进气量较小，但活塞下行所产生的吸力却较少地受到海拔升高的影响。也就是说，随着海拔升高，大气压力降低，作用在浮子室油面上的压力也低，与平原地区相比，只能把少量燃油压入喉管。但活塞下行所形成的负压却能保持吸进与平原地区基本相等的油量，这样一来，空气少了，油相对多了，此其一。其二，在这种情况下，我们不应该把燃油和空气统统看成“流体”，而应分别看成是“液体”和“气体”。空气在进气道中流动时有快、 慢、稀、密之分。根据液体不可压缩的原理，燃油在油路中流动只有快、慢之分，没有稀、稠之分。又由于燃油流动连续、惯性大，这也是燃油较空气多的一个原因。其三， 前已述及，云贵高原山高、坡陡、弯急、再加上发动机的重负荷、化油器的加浓和加速装置参加工作的机会增多，这也是使耗油量增多的一个重要原因。其四，在高原上使用发动机化油器，为增大喉管处的空气流速，使雾化状况得到改善， 一般使用二重以上的喉管，喉管处空气流速增加，压力降低，浮子室油面上的压力与喉管出油处压力之差相对变大，也会使进油量增加。

通过以上分析我们知道：在实际调整、维护使用中，为了遏制以上原因造成的耗油量增加，我们把化油器主量孔通道尺寸减小，不但可以减小耗油量、产生经济效益，而且与理论分析也是相吻合的。

加装增压器的发动机不在本文讨论的范围。

基于智能交通系统的汽车行驶主动安全技术研究

侯德藻　李克强　高　锋　连小珉
清华大学汽车安全与节能国家重点实验室

[摘要] 汽车行驶主动安全技术是智能交通系统的重要研究内容之一。本文针对智能交通系统环境下车辆行驶主动安全所涉及的主要内容，研究了车辆运动中对周围障碍物的感知技术和方法、车辆行驶危险或安全状态的动态辨识方法、汽车主动避撞控制及执行技术等关键技术问题，并开发了相关系统。文中通过仿真及实验结果验证了各相关技术的正确性及合理性。

关键词：智能交通系统 汽车主动安全 汽车主动避撞

利用信息感知、动态辨识、控制等技术与方法于一体提高汽车的主动安全性，是ITS的主要研究内容之一。世界各大汽车公司在政府的支持下，都在开展这方面的研究开发工作，例如：日本由各大汽车公司及大学等研究机构参与的先进安全汽车（ASV）项目，通过概念设计、单元技术实用化及系统综合技术研究开发、试验车制作、实车试验的实施等步骤，已取得实用化成果[1][2]。美国交通部（DOT）主导的 ITS 中的 AHS（Automated Highway Systems）开发项目结束后，于1998年开始了以主动避撞系统CAS (Collision Avoidance System)为中心的初级智能汽车IVI (Intelligent Vehicle Initiative)项目,并取得阶段成果[3][4]。国内对智能交通环境下汽车行驶主动安全技术的研究起步较晚，只对其中涉及的局部技术进行了一些尝试性的探讨[5][6]。

本文针对智能交通系统环境下车辆行驶主动安全技术所涉及的关键内容进行了研究。研究了车辆运动中对周围障碍物的感知技术和方法，解决了探测雷达信号处理中的干扰和实时性问题；研究了车辆危险或安全状态的动态辨识方法，提出了基于驾驶员感觉的安全距离确定方法；研究了汽车主动避撞控制技术及控制执行技术，针对车辆纵向控制系统中存在的问题，设计了控制算法及控制执行器系统。通过对各关键单元技术的研究，系统解决了智能交通系统环境下车辆行驶主动安全的关键技术问题。通过相应的仿真及实车实验结果，对各关键技术的研究成果进行了验证。

1　基于智能交通系统的汽车行驶主动安全系统

基于智能交通系统的汽车行驶主动安全系统指利用现代信息技术、传感技术来扩展驾驶人员的感知能力，将感知技术获取的外界信息（如车速、其它障碍物距离）传递给驾驶人员，同时在路况与车况的综合信息中辨识是否构成安全隐患；在紧急情况下，能自动采取措施控制汽车，使汽车能主动避开危险，保证车辆安全行驶，也就是通常所说的汽车主动避撞系统。国内外对车辆行驶主动安全技术的研究主要集中于车辆行车信息感知及行车安全状态辨识技术、车辆主动避撞系统控制技术及车辆控制执行技术等方面。系统中所涉及到的关键技术及相互关系如图1所示。

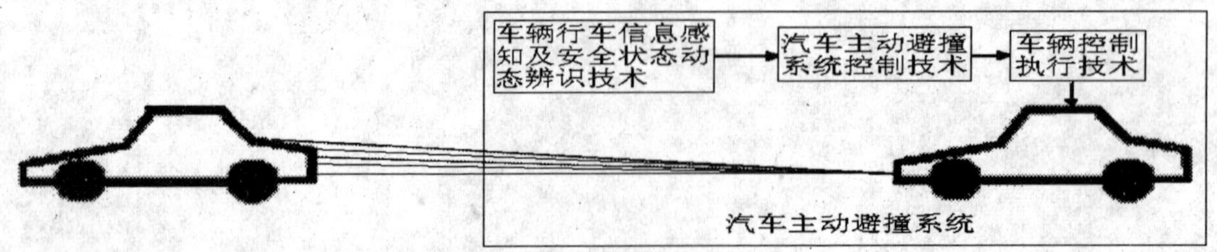

图1　汽车主动避撞系统关键技术

2 汽车行驶主动安全关键技术研究

2.1 车辆行车信息感知及安全状态动态辨识技术

车辆行车信息感知及安全状态动态辨识技术，就是利用安装于汽车上的各种传感器，实时的对车辆运行参数进行检测，并通过必要的信号处理及信息融合获得车辆的行车安全状态的动态信息。测距雷达信号处理技术和行车安全距离动态算法是其中最关键的技术。

2.1.1 测距雷达信号处理技术

经测距雷达传来的目标物距离信号含有随机误差，必须要对原始数据进行处理，才可以在系统计算中应用。另外测距雷达传来的只是车辆间的距离信息，必须从这些距离信息中比较准确的提取出车辆间的相对速度以及相对加速度信息。过去采用的办法是直接对距离信号取微分，得相对速度值，再对相对速度值取微分得相对加速度值，这种方法经实践证实是不可行的。问题主要有两点：一是距离误差对相对速度以及相对加速度的影响较大，实际计算得到的相对速度及相对加速度值难以应用。二是由于算法所限，系统实时性不好。在控制工程中常用的 Kalman 滤波算法是一种实时滤波算法，并可以得到系统状态向量的平滑估计，本研究将 Kalman 滤波算法应用于汽车主动避撞系统的雷达信号处理，可以有效地弥补上述两点不足。

图 2 是对一次试验记录数据的滤波结果对比图。首先，Kalman 滤波由于是实时滤波，保证了系统处理的实时性。其次，从相对距离对比图中可以非常直接的看出，经 Kalman 滤波处理后，由测量误差带来的距离值的突变得到了有效地抑制。从相对速度对比图可以看出，采用对距离值直接微分的方法得到的相对速度值波动非常巨大，实际计算中根本无法使用，而用 Kalman 滤波方法得到的相对速度值则去掉了相对速度值的大的波动，反映了实际相对速度值的变化情况。

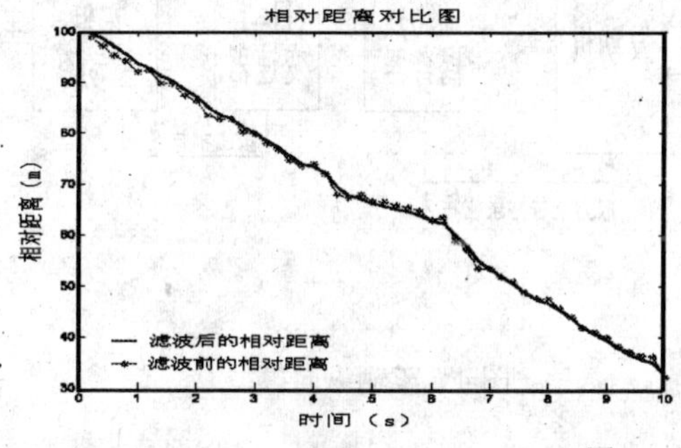

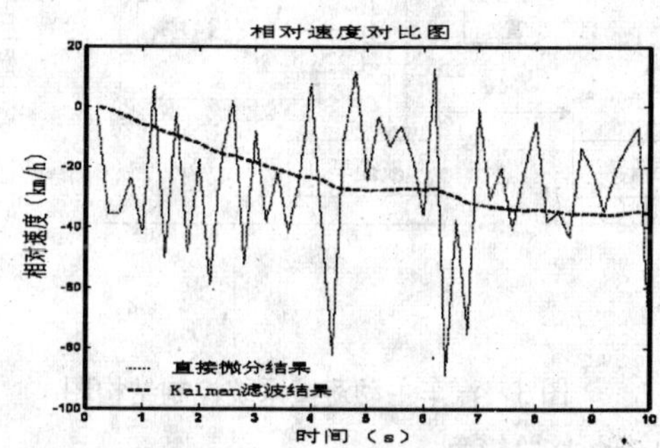

图 2 Kalman 滤波结果对比图

2.1.2 行车安全距离动态算法

传感器正确获取车辆行车信息之后，需要进行各种信号的融合，进行车辆危险或安全状态的实时辨识。需要确定的是当前情况下的行车安全距离。本研究提出了一种基于驾驶员模型的安全距离确定方法。

实际行车时，驾驶员总是要对车辆的运行进行一下预测，以决定当前的操作[7]，本系统所采用的驾驶员模型以此行为为基础。驾驶员预测 t 秒后车间距离，将此车间距离与驾驶员认为的界限车间距离 X_{lim} 进行比较，如认为车间距离将小于 X_{lim}，则在当前时刻制动，当前时刻的车间距离即为极限安全距离。即

$$X_{sa} = t \cdot \Delta V + \frac{a_t \cdot t^2}{2} + X_{\lim} \tag{1}$$

其中，X_{sa} 为极限安全距离；ΔV 为相对速度（V_c-V_t）；V_c 为自车速度；V_t 为目标车辆速度；a_t 为目标车辆减速度； 接近静止目标时：

$$X_{\lim} = \frac{V_c^{\ 2}}{2 \cdot a_c} \tag{2}$$

$$X_{sa} = V_c \cdot t + \frac{V_c^2}{2 \cdot a_c} \tag{3}$$

接近运动目标时：

$$X_{\lim} = t_{hw} \cdot \Delta V_c \tag{4}$$

$$X_{sa} = t \cdot \Delta V + \frac{a_t \cdot t^2}{2} + \mathrm{t_{hw}} \cdot Vc \tag{5}$$

其中，t_{hw} 表示驾驶员的主观车头时距；a_c 为驾驶员主观认为的自车最大制动减速度，其取值与路面附着系数有关；a_t、ΔV、V_c通过传感器测量或信号处理得到，t，a_c以及 t_{hw} 通过实验获得。这样，通过上述公式（2）、（3）、（4）、（5）就可以进行安全距离的计算。本模型的优点是通过实验手段，获得驾驶员主观特点数据，避免了由于路面附着系数不准确等因素带来的较大的安全距离计算误差。

2.2 汽车主动避撞控制技术

纵向汽车主动避撞系统对车辆进行控制的目的是将自车到前车的距离保持在安全水平。整个汽车主动避撞系统控制结构由上位控制器和下位控制器两部分构成，如图3所示。要进行上位和下位控制的研究，建立车辆纵向动力学模型是基础，因此，车辆主动避撞控制技术包括车辆模型的建立、上位控制及下位控制策略的确定。

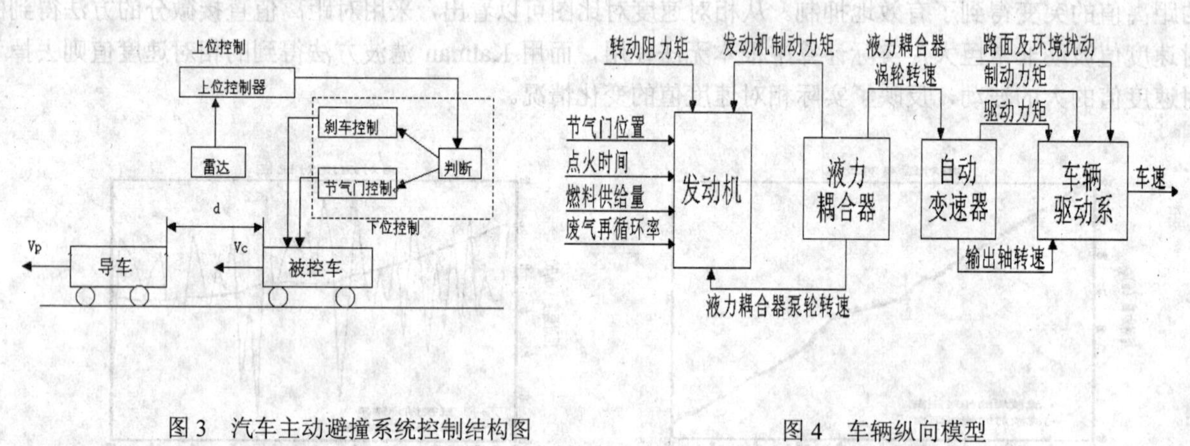

图3 汽车主动避撞系统控制结构图　　图4 车辆纵向模型

2.2.1 车辆纵向动力学模型

车辆控制方法的评价是基于系统仿真及实验的结果，作为仿真评价的基础，首先需要建立比较准确的车辆动力学模型。本研究使用的实验车辆是某型自动变速器轿车，发动机排量1.8L。汽车纵向动力学总成包括：发动机、液力耦合器、自动变速器及车辆驱动系。各总成的特性参数及相互间的动力传递如图4所示。 针对车辆纵向动力学各单元总成的特性，运用混合建模技术，得到整车纵向动力学仿真模型。基于Matlab/Simulink软件平台的车辆模型如图5所示。此模型的输入量有两个：节气门位置和制动压力，输出量是车辆速度和加速度。

为验证车辆纵向动力学模型的准确性，设计实车实验对车辆模型进行了验证，实验条件如表1所示。分别记录各实验的节气门输入信号、制动压力输入信号、车辆的速度及加速度输出信号，按相同条件，进行车辆的模型仿真实验，记录仿真模型的速度及加速度输出，并将实验及仿真结果进行对比，得到对比图如图6所示。

结果表明，该车辆纵向动力学模型能较真实的模拟实际车辆的行驶工况，特别是能够较准确的反映车辆的动态特性，作为仿真平台可以胜任对汽车主动避撞系统控制方法的研究。

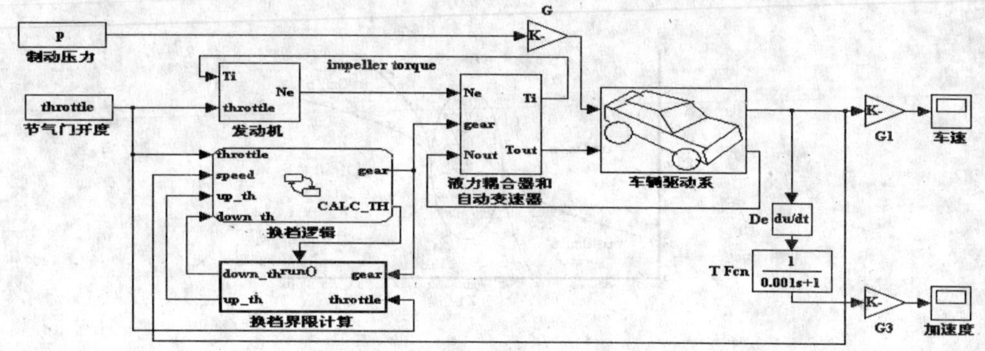

图 5　车辆仿真模型

表 1　车辆模型验证实验条件表

实验编号	实验条件	
	节气门开度	制动压力
1	输入均值为 30%，振幅 10%，频率 5rad/s 的正弦信号，14s 后阶跃降为 0	无制动压力输入
2	阶跃输入 40%，14s 后阶跃降为 0	节气门开度降为 0 后 1s，输入均值 1.5MPa，振幅 0.5MPa，频率 5rad/s 的正弦波形制动压力

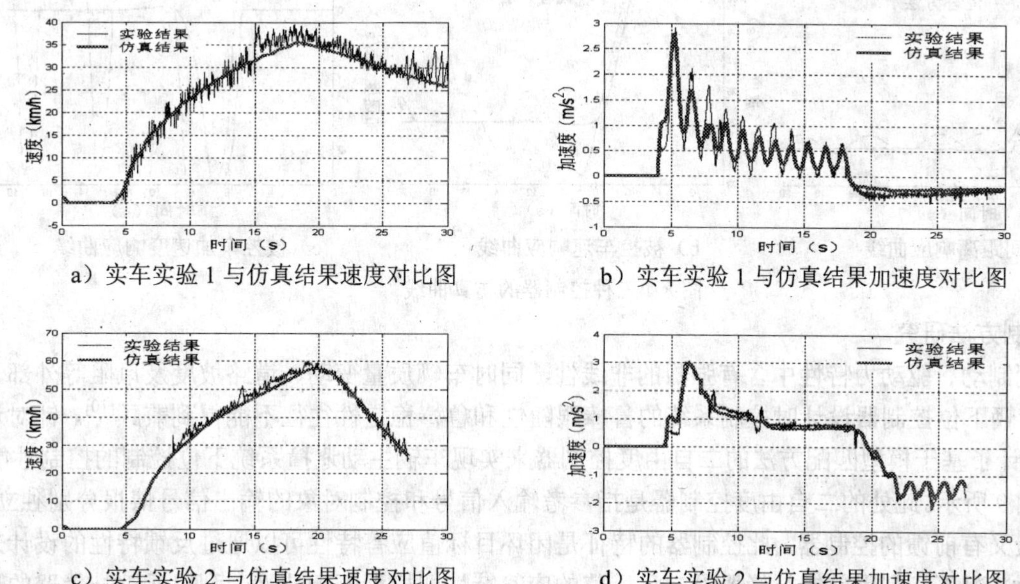

a）实车实验 1 与仿真结果速度对比图　　b）实车实验 1 与仿真结果加速度对比图

c）实车实验 2 与仿真结果速度对比图　　d）实车实验 2 与仿真结果加速度对比图

图 6　实车实验结果与仿真结果对比图

2.2.2 上位控制方法研究

目前，国内外对上位控制器的设计已经做了很多工作[8][9]，PID 方法、LQ 理论，滑模理论以及模糊理论都被应用于上位控制器的设计，但基于以上方法的上位控制器基本以提高系统某一性能为目标，未能使控制精度和响应时间两方面都得到改善。本研究提出了基于混合策略的上位控制器设计方法，理论分析和仿真试验结果表明，该方法满足主动避撞系统对安全性和驾驶舒适性两方面要求的同时，降低了系统的响应时间。

所谓基于混合策略的上位控制器是指结合了 LQ 方法和基于时间－能量最优控制方法优点的控制器。控制规律如图 7 所示。基于 LQ 方法的上位控制器取状态误差和控制量的二次型作为性能指标，所以该控制器的稳态误差小，控制过程中加速度也相对较小，但是由于性能指标没有直接体现系统的响应时间，所以系统响应相对较慢。基于时间－能量最优的上位控制器以响应时间和控制量的大小作为性能指标，较基于 LQ 方法的上位控制器响应速度有所提高，但是该控制器不能稳定在原点。基于混合策略的上位控制器将 LQ 控制稳态误差小和基于时间－能量最优控制响应速度快的特点结合，获得了较好的控制效果。

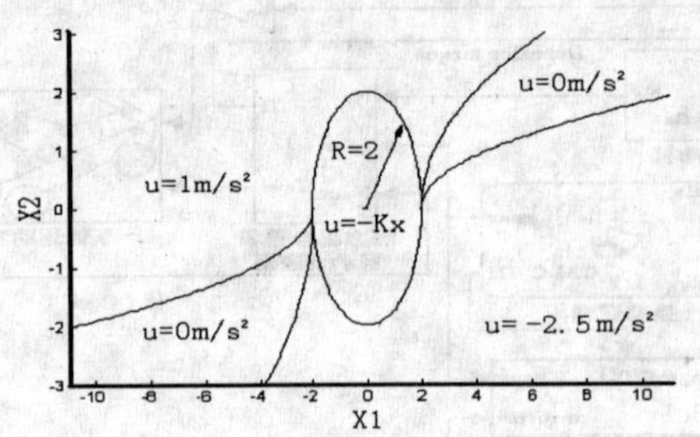

图7 基于混合策略的上位控制规律

针对汽车主动避撞对象的LQ控制方法、基于时间－能量最优的控制方法以及基于混合策略的控制方法的仿真结果如图8所示。从仿真结果可见，基于混合方法的上位控制器针对汽车主动避撞系统的特点，巧妙地结合了上述两种控制器的优点，即在保证良好的稳态精度的同时，改善了系统的响应速度。虽然该控制器的控制量相对较大，但仍然在舒适性的要求范围内。

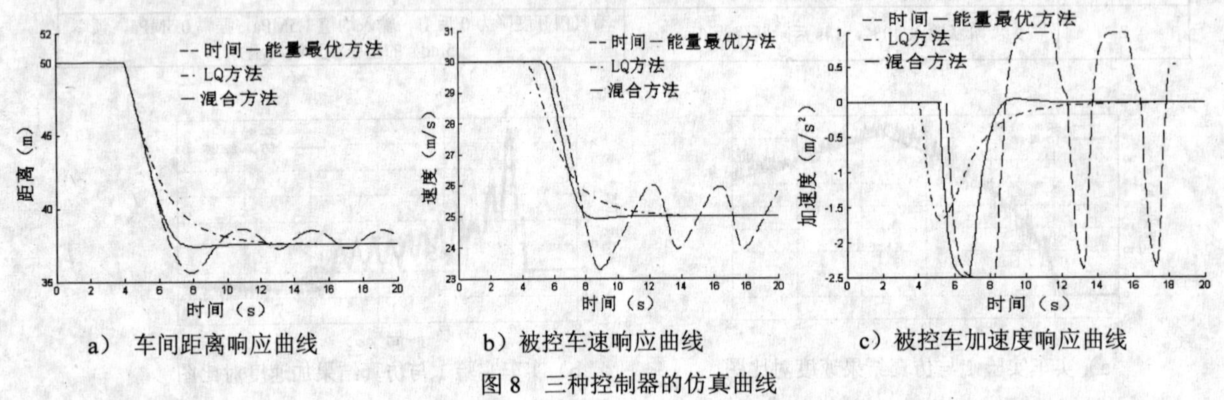

a） 车间距离响应曲线 b）被控车速响应曲线 c）被控车加速度响应曲线

图8 三种控制器的仿真曲线

2.2.3 下位控制方法研究

由于车辆制动、驱动力特性中含有强烈的非线性，同时车辆质量变动、道路坡度及风阻等外部干扰因素的存在，车辆下位控制器设计时控制系统的鲁棒跟随性和鲁棒稳定性往往不能得到兼顾[10]。针对这一问题，本研究设计了基于模型匹配方法的二自由度控制器来实现车辆主动避撞系统下位控制的控制性能。控制器结构如图9所示。此处的二自由度控制器是指参考输入信号和控制对象的输出信号情报分别独立使用，就是既有反馈又有前馈的控制器。此控制器的特征是闭环目标值应答特性可以通过反馈特性的设计来独立设定。在这种情况下，利用前馈补偿器设定目标值的应答特性即模型匹配特性，利用反馈补偿器的设计实现反馈特性即系统的鲁棒跟随特性和鲁棒稳定特性。

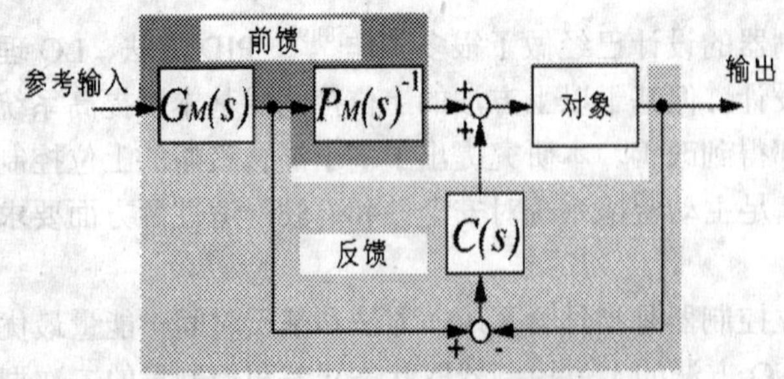

图9 二自由度模型匹配控制器

针对汽车主动避撞系统下位控制模型匹配控制器性能，进行了如表2所示内容的实车实验。实验结果如图10所示。从实验对比结果可见，对于车辆及环境中存在的不确定因素对控制结果的干扰，模型匹配（MMC）控制器能在一定范围内予以消除，使系统具有很好的鲁棒跟随性及鲁棒稳定性。

表 2 下位控制器性能验证实验条件表

实验编号	实验条件			
	制动起始车速（m/s）	要求车辆减速度（m/s^2）	路面坡度	车辆质量变动情况
1	13	-2	无	比标准质量增加 10%
2	13	-1	10%上坡	无

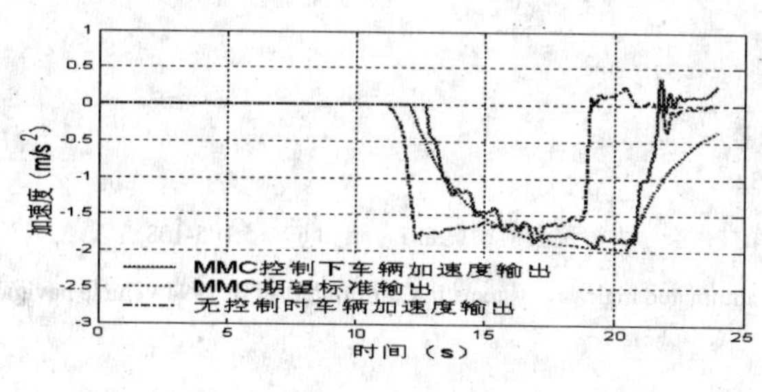

a）实验 1 结果对比图

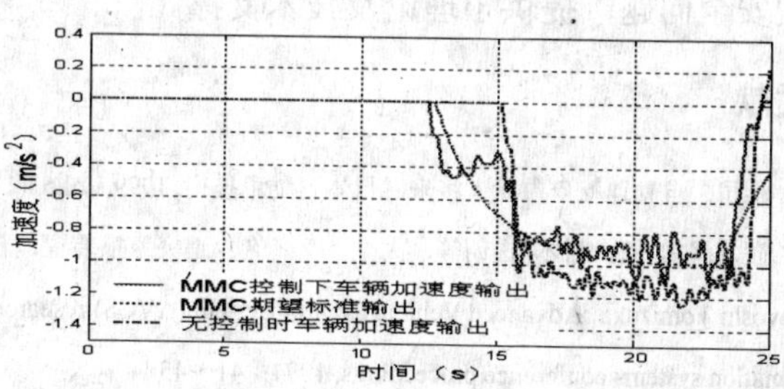

b）实验 2 结果对比图

图 10 下位控制器控制效果对比图

2.3 车辆控制执行技术

汽车主动避撞系统所用执行器有两个：节气门伺服执行器和制动作动器。对于节气门伺服执行器，采用脉宽调制（PWM）控制的直流电机来实现。对于制动作动器由于制动系统的好坏直接关系到驾驶员的生命安全，所以要求自动制动系统响应要快，可靠性要高；由于目前汽车内可用空间较好，所以要求自动制动系统体积尽量小；为能够直接、迅速、广泛地在国内轿车上得到应用，要求自动制动系统对原车的改动要尽量小。在汽车行驶过程中，仍然以人为主，只当汽车间距小于安全距离而人又没有采取措施时自动制动系统才会起作用。在自动制动作用过程中，只要人一踩制动或加速踏板，则控制权便交给驾驶员，自动制动系统不起作用。所以在自动制动系统和原制动系统之间应当有电控切换装置。本研究设计的自动制动系统采用液压系统，原理图如图 11 所示。本系统输出压力的控制采用高速开关阀结合脉宽调制（PWM）控制来实现。

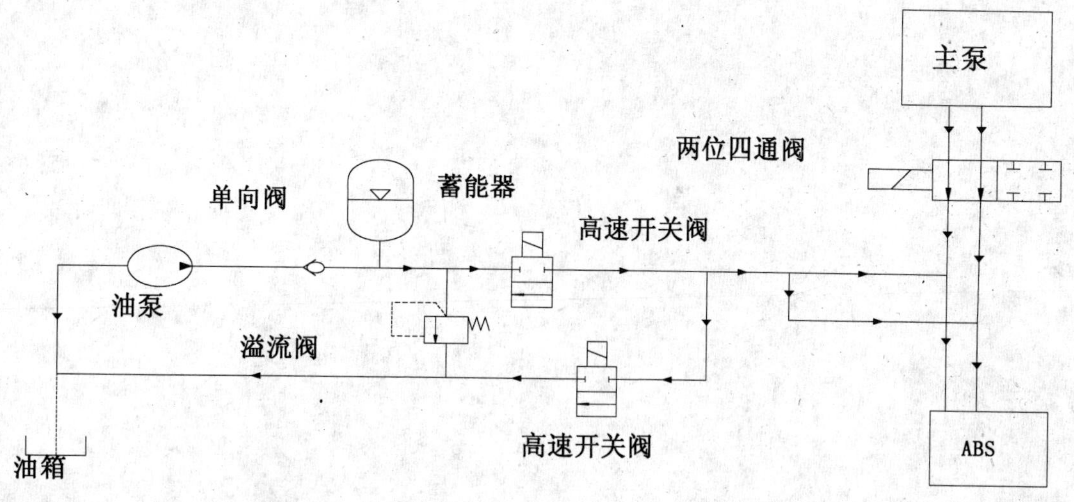

图 11 液压自动制动系统原理图

3 结束语

使汽车具有主动安全性，集信息感知、动态辨识、控制等技术与方法于一体是ITS的主要研究内容之一。世界各大汽车公司，都在开展这方面的研发，目前日本、欧美汽车企业在汽车主动避撞技术方面已取得实用化成果。这些技术虽然其理论研究成果可以借鉴，但涉及具体技术属于公司保密范围，国内企业难以得到具体技术资料，且中国的道路及驾驶习惯与国外不同，不能直接引进使用国外技术。本研究在车辆运动中对周围障碍物的感知技术和方法、车辆行驶危险或安全状态的动态辨识方法、汽车主动避撞控制及执行技术等关键技术问题的研究方面取得了一定的突破和创新，为解决智能交通系统研究开发过程中的汽车行驶安全问题，提供了理论及技术支撑。

参考文献

1 水越 雅司．自動運転の現状と将来．日本自動車技術, 1999,Vol.53(1):27-32

2 安間 徹，罔林 繁，村本 逸朗等．大型トラツクの追突警报装置．自動车技術会学术演讲会前刷集 881，昭和 63－5:105-108

3 Masayoshi Tomizuka. Advanced Vehicle Control System (AVCS) research for automated highway systems in California PATH. 1994 vehicle navigation & information systems conference proceedings, 1994：41～45

4 Richard Bishop．Intelligent vehicle application worldwide．IEEE intelligent systems, January/February 2000：78～81

5 屠大维．用于车辆防撞控制的行车环境传感研究．中国机械工程第 10 卷第 6 期，1999 年 6 月：701～703

6 李晓霞，李百川，侯德藻等．汽车追尾碰撞预警系统研究．中国公路学报第 14 卷第 3 期，2001 年 7 月: 93～95

7 橋本 佳幸，里中 久志，重松 崇．衝突回避システムの開発．自動车技術会学術講演会前刷集 943，1994 年 5 月：57～60

8 Shinjiro Endo, Hiroshi Ukawa, Kazushi Sanada,etc．A study on speed control law for automated driving of heavy-duty vehicles considering acceleration characteristics．JSAE Review 20,1999:331～336

9 Matsumura S, Omatu S, Higasa H．Improvement of speed control performance using PID type neurocontroller in an electric vehicle system．IEEE World Congress on Computational Intelligence,1994

10 大前 学．プラトウーン走行の高度化を実現するための制御システムに関する研究.日本东京大学: 1999 年 12 月

11 孙增圻．计算机控制理论及应用．北京：清华大学出版社，1989

浅谈废旧汽车的回收与利用

管秀丽
北汽福田汽车股份有限公司

[摘要] 我国的汽车回收率比较低，与国外相比差距很大。如何发展我国的废旧汽车回收和利用必须提上日程。

关键词：废旧汽车　回收　利用

随着我国社会经济的迅速发展和国民收入水平的不断提高，汽车作为一种重要的交通工具，在社会生产中发挥着越来越重要的作用。在我国，汽车作为生活消费品进入普通家庭已为期不远。据预测，到2005年全国的汽车保有量将达到3250～3500万辆，而到2010年将达到4600万辆左右。

汽车排放的尾气已经成为现代城市的最大污染源之一。而旧汽车对环境的污染更为严重，据测定，在汽车排放的尾气中有80%来自旧汽车。废旧汽车超期服役不仅污染环境，而且会造成交通隐患，引发一系列的社会问题。我国对汽车报废工作十分重视，《汽车报废标准》几经修订，加强了汽车报废工作的规范化和标准化，从一定程度上加速了汽车的报废更新。但是，报废的汽车露天丢弃堆放，既浪费材料，又影响环境和占用土地，在发达国家已成为社会公害。此类现象在我国虽然不是十分突出，但随着我国报废汽车数量的日益增长，废旧汽车的回收、利用和处置也引起了国家有关部门的高度重视。

1 国外汽车回收与利用管理发展现状

我国的汽车回收率比较低，与国外相比差距很大。国外的许多国家十分重视汽车的回收利用，分别制定了有关的法律法规，很值得我们借鉴。以汽车废旧轮胎的回收利用为例，在美国，已通过立法来推动废旧轮胎的再利用。早在1991年，就出台了关于回收利用废旧轮胎的法律。从1994年起，国家有关条例规定，靠国家资助铺设的沥青公路，其中必须含有5%用旧轮胎磨碎的橡胶颗粒。据调查，美国到1998年铺成的含有橡胶颗粒的沥青公路已达1.1万公里。在芬兰，1996年出台了关于废旧轮胎回收利用的专门法案，规定生产和销售轮胎的厂商有义务进行回收，厂商必须将用户更换下的废旧轮胎送到指定工厂加以再生和利用。据统计，废旧轮胎的回收利用，为芬兰培育出一系列的新兴产业，每年创造财富近12亿美元。

在国外，许多国家都针对汽车的回收与利用建立了专门的管理机制和体系。例如在日本对废旧汽车回收与利用就有一套比较完整的运行体系。

日本报废汽车回收拆解主要是通过旧车回收、废车拆解、金属切片加工(废钢铁破碎及分选)"三段式"来完成整个回收利用过程的。

日本的旧车及报废汽车主要是由汽车销售店和汽车维修厂来回收的。车主去销售店买新车时，原有的旧车通过评估、作价，如果还有一定的使用价值，便可用旧车抵价。如果旧车已经没有使用价值，车主需向销售店交纳一定的处理费。由销售店回收的废车量占废车总量的近99%，还有一小部分是通过汽车维修厂回收的。

汽车销售店回收来的车交由拆解企业进行拆解。拆解企业首先将油箱内剩余的汽油放掉，然后将空调、蓄电池、废机油等对环境危害大的废弃物收集起来，交由专业处理公司采取措施进行专门处理，再将重料件拆下，剩下的以车体为主的轻抛料，连同车座等一起，用专用设备压成块。供出口或给切片厂。废车压块交到金属切片厂以后，首先通过一套专用设备进行预加工，即进行初步粉碎和分选。然后再进入粉碎机加工、分选(包括人工分选)后，最终能生产出七、八种产品，除拳头大小的废钢铁块销售给钢铁企业外，铜、铝、塑料等产品也分别供应给其他用户。占废车压块 30%的终端垃圾(不能利用的铅、塑料、纤维、橡胶、少量金属等混合物)送垃圾填埋场填埋。

日本中央政府指导和管理报废汽车回收的机构主要是经济产业省和国土交通省，经济产业省负责研究制定指导报废汽车回收处理的政策法规，国土交通省实施对车辆和道路交通管理。为进一步促进废旧汽车的回收处理，2000 年 11 月，由日本自动车工业协会等九个相关业者发起，成立了日本废旧汽车回收促进中心，主要目的是推行以生产者负责制为主要内容的废旧汽车回收处理制度。

2 对我国废旧汽车回收与利用管理的建议

虽然国外废旧汽车的回收和利用管理方式有许多值得我国借鉴的地方，但也不能照搬。根据我国的现实状况，可重点从以下几方面考虑。

2.1 建立完善的关于废旧汽车回收利用的法律、法规和制度以及相关标准

对废旧汽车处理得比较好的国家，比如美国、日本等国，均是建立了完善的法律法规体系和管理制度，并由专门的机构进行管理，只有如此，才能有效地将废旧汽车的回收利用纳入正轨。我国应将该问题的管理归属到某一机构，由该机构制定法律法规或管理制度进行统一管理。虽然我国即将出台相关标准，但这只是一个技术支撑，要良好运作这一体系，必须要有完善的法律法规支持。

车辆回收再利用的国际标准也已经发布，该标准具体描述了车辆回收的四个主要阶段并提出计算方法。2002 年 10 月，汽车产品可再利用性和可回收利用性国际研讨会在北京召开，会议邀请大众汽车公司的专家介绍了国外的相关法律和要求，并对国际标准 ISO22628 的内容作了说明。中国汽车技术研究中心和大众汽车公司就合作起草“车辆可再利用性和可回收利用性——计算方法”的国家标准签定了协议，该标准将等同采用 ISO22628，这说明我国在汽车回收利用方面的工作有了实质性的进展。

2.2 汽车企业在设计时应考虑汽车零部件的易拆卸性，即可分解性，而且一个部件尽可能使用同一种材料，开发材料再生技术，从根本上加大回收利用的程度

国际标准中所提出的计算车辆零部件的回收率和再生率时的四个步骤中的分解步骤，要求由原汽车制造厂提出可回收、再生的部件，要遵循的基本原则是该部件必须能与汽车上的其他部件分离。然后，在保证安全和环保的情况下，考虑是否有成熟的技术使之回收。

在美国，由福特等三大汽车制造商联合建立了汽车回收利用研究中心。由专家们将崭新的汽车进行拆卸，他们将卸下的零件逐一称重，摄录每一个拆卸步骤并记下每一个拆卸步骤所耗费的时间，其目的就是为了设计出容易拆卸的汽车，使旧车大部分零件能再生利用，以减少垃圾。我国目前对这方面的研究还很少，而具体到我国的实际国情，由汽车制造企业进行研究，还是由政府投资研究，都是一个现实问题。

2.3 汽车制造企业需要加强回收再利用的意识

汽车企业有效利用好回收材料，可以节约成本支出，提高生产效率，对社会、对企业自身和消费者都有益。因此，汽车企业应在观念上加以重视，积极参与汽车回收利用的有关活动。因为要做好这项工作，最根本的关键还是在于汽车制造企业。只有企业意识到废旧汽车的回收利用与自己切身利益的关系，积极主动地参与，才能把我国废旧汽车的回收利用工作提升到一个新的高度。

有关资料显示，在美国，几乎 75%的汽车零部件都被回收利用起来，美国已形成了一个年获利数十亿美元的废旧汽车回收行业。废旧汽车回收和利用具有良好的社会效益和经济效益，如何发展我国的废旧汽车回收和利用必须提上日程。它必须以社会大系统为环境，并对汽车整个生命周期中存在的问题进行系统研究，寻求解决问题的方案，谋求汽车生产和运行与人类社会和自然环境的和谐发展。

参考文献

1 ISO22628《道路车辆—可再利用性和可回收利用性—计算方法》

主元素回归法在汽车市场需求预测中的应用

王 晶
第一汽车集团公司技术中心

[摘要] 主元素回归预测方法是将对因变量 y 有影响的多个自变量 x 按影响程度进行筛选，通过计算“贡献系数”，剔除影响较小的，将主要影响因素与 y 建立最优回归方程，用于预测。本文利用此方法选择出与汽车市场相关的经济因素，最后得出汽车需求量与全社会固定资产投资、轿车需求量与国内生产总值密切相关，并能通过各项检验，最后建立了相应的预测模型。利用此模型预测出 2005 年和 2010 年我国汽车总需求量和轿车需求量。

关键词：相关　回归　汽车　需求

1 主元素回归法

主元素回归法即多元回归法，将对因变量 y 有影响的多个自变量 x 按影响程度进行筛选，剔除影响较小的，将主要影响因素与 y 建立回归方程，用于预测。

1.1 主元素回归法的应用步骤

在实际问题中，选择合适的变量建立回归方程，并不是一件容易的事。因为影响因变量 y 的因素很多，而有些因素之间往往存在着多重共线性，特别是在经济数据中，许多因素之间常常有高度的相互依赖性，这样会给回归系数带来不合理的解释。所以在众多自变量中选出对 y 贡献度最大的变量是建立“最优回归方程”的关键。“最优回归方程”是指方程中包含所有对因变量 y 影响显著的变量。建立“最优回归方程”主要采用多元逐步回归法。

1.2 多元逐步回归法

多元逐步回归法是从大量可供选择的变量中，按自变量对因变量作用程度的大小来决定该变量是否引入或剔除。

该方法的关键是定义一个贡献系数 D_i，用以表示自变量对因变量的“贡献”。该方法根据初选变量的多少，进行若干次变量的引入或剔除。每次引入贡献最大的自变量，用 F 检验值来确定。

贡献系数的公式 $D_i^{(L)} = \dfrac{{r_{iy}^{(L-1)}}^2}{r_{ij}^{(L-1)}}$

其中 L 表示第 L 步计算，i 为自变量序号，i,j=1,2,…， m,y.

具体计算步骤如下：

1) 准备步骤：计算相关系数。利用计算机数据分析中的相关系数软件，求得相关系数矩阵 $R^{(0)}$

2) 进行各步计算，每步都需进行以下步骤

a) 利用相关系数矩阵 $R^{(0)}$ 计算每个自变量的“贡献系数” $D_i^{(L)}$；

b) 找出 $D_i^{(L)}$ 中值最大的一个；

c) 在第 L 步计算中，若第 k 个自变量的“贡献”系数最大，即 $D_k^{(L)}$＝Max $\{D_i^{(L)}\}$，则要用 F 检验来判断该自变量是否能被引入，即计算该变量第 L 步的 F_{in}。

$$F_{in} = \frac{(n-L-1)\times D_k^{(L)}}{r_{yy}^{(L-1)} - D_k^{(L)}}$$

其中：n 为样本个数，L 为计算步数，$D_k^{(L)}$为第 k 个变量第 L 步的“贡献”系数，$r_{yy}^{(L-1)}$为因变量第 L-1 步的自相关系数。F_α可自己定义，如定义 F_α＝0.5，也可查 F 分布表得出。如果 $F_{in}>F_\alpha$，则在显著性水平α意义下，该自变量可以被引入，否则将被剔除掉。

一般在引入 3 个变量后，就不但要对新引入的变量进行 F_{in} 检验，还要进行 F_{out} 剔除检验。公式如下：

$$F_{out}=\frac{(n-\mathrm{L})\times D_k^{(\mathrm{L})}}{r_{yy}^{(\mathrm{L}-1)}-D_k^{(\mathrm{L})}}$$

当 $F_{out}\leqslant F_\alpha$时，即在显著性水平α意义下，该自变量被剔除掉，反之则应保留。

在逐步回归分析中，每计算一步都要用自变量的“贡献”系数引入或剔除自变量，并用 F 检验来判断是否引入或剔除。

d) 相关矩阵变换，得到变换矩阵 $r^{(L+1)}$,(L=0,1,⋯,m)。每计算一步，都要对相关矩阵进行一次变换，相关矩阵变换公式为：

$$r_{ij}^{(\mathrm{L}+!)}=\begin{cases} r_{kj}^{(\mathrm{L})}/r_{kk}^{(\mathrm{L})} & (i=k,\quad j\neq k)\\ r_{ikj}^{(\mathrm{L})}-r_{ik}^{(\mathrm{L})}\times r_{kj}^{(\mathrm{L})}/r_{kk}^{(\mathrm{L})} & (i\neq k,\quad j\neq k)\\ 1/r_{kk}^{(\mathrm{L})} & (i=k,\quad j=k)\\ -r_{ik}^{(\mathrm{L})}/r_{kk}^{(\mathrm{L})} & (i\neq k,\quad j=k) \end{cases}$$

其中 k 为每一步中引入的自变量的序号。

3)到不能再引入时，变量的引入和剔除计算结束，再根据引入的变量，利用计算机中的回归软件求得预测模型。然后进行预测模型的其它检验，如标准误差 s 检验、相关系数 r 检验、显著性 F 检验、T 检验、随机性 DW 检验等。

2 主元素回归法在汽车市场需求预测中的应用

本文试图利用主元素回归法来确定与汽车需求密切相关的经济指标，最终建立预测模型。初选 9 个指标，具体过程如下。

历年汽车需求及相关经济指标（可比价）

	汽车需求量(辆)	国内生产总值(亿元)	工业总产值(亿元)	农业(农林牧渔)总产值(亿元)	全社会固定资产投资(亿元)	社会消费品零售总额(亿元)	城乡居民储蓄存款年底余额(亿元)	财政支出(亿元)	公路货物周转量(亿吨·公里)	公路旅客周转量(亿人·公里)
	QC	GN	GY	NY	GD	XFLS	CK	CZZC	GLHW	GLLK
	y	x1	x2	x3	x4	x5	x6	x7	x8	x9
1990年	509242	8930	11519	3689	2142	3996	3387	1484	3358	2620
1991年	708820	10116	12459	3817	2578	4406	4262	1585	3398	2872
1992年	976302	11829	15364	4034	3488	4882	5127	1662	3755	3193
1993年	1171613	13587	18989	4314	4887	4889	5791	1821	4070	3701
1994年	1221040	15074	22623	5078	5494	5243	6615	1868	4486	4220
1995年	1423639	16422	25806	5712	5622	5791	8330	1916	4695	4603
1996年	1438861	18156	26362	5918	6081	6557	10196	2101	5011	4909
1997年	1567474	19636	29867	6241	6644	7169	12153	2425	5272	5541
1998年	1603054	21449	32097	6610	7672	7860	14399	2911	5438	5950
1999年	1832470	22766	35473	6815	8298	8653	16571	3665	5724	6199
2000年	2088626	25277	39449	7005	9222	9656	18179	4489	5973	6600

准备步骤： 利用计算机中的相关系数软件，得到相关系数矩阵 $R^{(0)}$。

相关系数矩阵 $R^{(0)}$

	y	x1	x2	x3	x4	x5	x6	x7	x8	x9
y	1	0.9824	0.9842	0.9565	0.9869	0.9489	0.9454	0.8788	0.9776	0.9732
x1	0.9824	1	0.9964	0.9819	0.9919	0.9825	0.9839	0.9110	0.9945	0.9964
x2	0.9842	0.9964	1	0.9857	0.9921	0.9728	0.9756	0.9029	0.9954	0.9954
x3	0.9565	0.9819	0.9857	1	0.9681	0.9503	0.9594	0.8436	0.9918	0.9909
x4	0.9869	0.9919	0.9921	0.9681	1	0.9597	0.9624	0.8954	0.9881	0.9875
x5	0.9489	0.9825	0.9728	0.9503	0.9597	1	0.9974	0.9595	0.9642	0.9729
x6	0.9454	0.9839	0.9756	0.9594	0.9624	0.9974	1	0.9496	0.9692	0.9792
x7	0.8788	0.9110	0.9029	0.8436	0.8954	0.9595	0.9496	1	0.8737	0.8878
x8	0.9776	0.9945	0.9954	0.9918	0.9881	0.9642	0.9692	0.8737	1	0.9966
x9	0.9732	0.9964	0.9954	0.9909	0.9875	0.9729	0.9792	0.8878	0.9966	1

第一步计算： 利用相关系数矩阵 $R^{(0)}$ 计算各经济指标的贡献系数。

$D_1^{(1)}=$	$(r_{1y}^{(0)})^2/r_{11}=$	0.9652	(未引入)
$D_2^{(1)}=$	$(r_{2y}^{(0)})^2/r_{22}=$	0.9687	(未引入)
$D_3^{(1)}=$	$(r_{3y}^{(0)})^2/r_{33}=$	0.9148	(未引入)
$D_4^{(1)}=$	$(r_{4y}^{(0)})^2/r_{44}=$	0.9740	(未引入)
$D_5^{(1)}=$	$(r_{5y}^{(0)})^2/r_{55}=$	0.9005	(未引入)
$D_6^{(1)}=$	$(r_{6y}^{(0)})^2/r_{66}=$	0.8938	(未引入)
$D_7^{(1)}=$	$(r_{7y}^{(0)})^2/r_{77}=$	0.7722	(未引入)
$D_8^{(1)}=$	$(r_{8y}^{(0)})^2/r_{88}=$	0.9558	(未引入)
$D_9^{(1)}=$	$(r_{9y}^{(0)})^2/r_{99}=$	0.9472	(未引入)

Max $\{D_i^{(1)}\}=D_4^{(1)}$，在这些变量中，x_4 的贡献系数最大，$F_{in}=((n-L-1)\times D_4^{(1)})/(r_{yy}-D_4^{(1)})=336.8$，设 $\alpha=0.05$，$F_\alpha=238.9$，则 $F_{in}>F_\alpha$，全社会固定资产投资 x_4 引入。

根据相关矩阵转换公式，求得相关系数矩阵 $R^{(1)}$。

相关系数矩阵 $R^{(1)}$

	y	x1	x2	x3	x4	x5	x6	x7	x8	x9
y	0.0260	0.0036	0.0052	0.0010	-0.9869	0.0018	-0.0044	-0.0049	0.0025	-0.0014
x1	0.0036	0.0162	0.0124	0.0217	-0.9919	0.0305	0.0293	0.0229	0.0144	0.0168
x2	0.0052	0.0124	0.0158	0.0252	-0.9921	0.0207	0.0208	0.0146	0.0152	0.0157
x3	0.0010	0.0217	0.0252	0.0627	-0.9681	0.0211	0.0276	-0.0232	0.0353	0.0348
x4	0.9869	0.9919	0.9921	0.9681	1.0000	0.9597	0.9624	0.8954	0.9881	0.9875
x5	0.0018	0.0305	0.0207	0.0211	-0.9597	0.0789	0.0738	0.1002	0.0159	0.0251
x6	-0.0044	0.0293	0.0208	0.0276	-0.9624	0.0738	0.0737	0.0878	0.0182	0.0288
x7	-0.0049	0.0229	0.0146	-0.0232	-0.8954	0.1002	0.0878	0.1983	-0.0110	0.0036
x8	0.0025	0.0144	0.0152	0.0353	-0.9881	0.0159	0.0182	-0.0110	0.0237	0.0209
x9	-0.0014	0.0168	0.0157	0.0348	-0.9875	0.0251	0.0288	0.0036	0.0209	0.0248

依此类推，直到自变量的引入工作完成。

……

第八步计算： 利用相关系数矩阵 $R^{(7)}$ 计算各经济指标的贡献系数。

Max $\{D_i^{(8)}\}=D_1^{(8)}$，在未引入变量中，x_1 的贡献系数最大，$F_{in}=((n-8-1)\times D_1^{(8)})/(r_{yy}-D_1^{(8)})=0.03$，设 $F_\alpha=0.5$，则 $F_{in}<F_\alpha$，故 x_1 应剔除，自变量的引入工作至此结束。

生成预测模型：经过上述筛选，选入7个因素，分别是工业总产值、农林牧渔业总产值、全社会固定资产投资、社会消费品零售总额、财政支出、公路货物周转量、公路旅客周转量。

利用计算机中的回归软件，模拟出预测模型，进行各项检验。经计算机得出的各项指标如下：

指　标	数　值	指　标	数　值
相关系数 r	0.9988	t_2	4.61
r^2	0.9975	t_3	-2.11
调整的 r^2	0.9917	t_4	1.72
标准误差 s	42777.9	t_5	3.81
F	171.3	t_7	-4.40
DW	3.18	t_8	-1.43
		t_9	-2.57

预测模型为：

$$y=1694807.8+152.2x_2-339.1x_3+135.7x_4+418.3x_5-590.4x_7-419.3x_8-509.6x_9$$

◇标准误差检验

s/y` = 42777.9 / 1321922 = 3.2%<15%，说明该预测模型精度较高。

◇相关系数检验

r ＝ 0.9988，取 $\alpha=0.05$，自由度 V=n－2=11－2=9，$r_\alpha=0.602$，则 $r>r_\alpha$，说明 y 与 x 整体在置信度为95%时显著相关，检验通过。

◇拟合优度检验

r^2 ＝ 0.9975，调整的 r^2＝0.9917，说明自变量 x 整体的变动对总变差的影响占99%以上，y 与 x 高度相关。

◇F 检验

F＝171.3，取 $\alpha=0.05$，自由度 V=n－m－1=11－7－1=3，$F_\alpha=8.94$，则 $F>F_\alpha$，说明自变量 x 整体对因变量影响显著，检验通过。

◇序列相关检验

DW＝3.18，取 $\alpha=0.05$，n＝11，查表得 $d_L=0.56$，$d_U=2.21$，$4-d_L=3.44$，$4-d_U=1.79$。$4-d_U<DW<4-d_L$，检验无结论。

◇回归系数显著性检验－T 检验

$t_2=4.61$，$t_3=-2.11$，$t_4=1.72$，$t_5=3.81$，$t_7=-4.40$，$t_8=-1.43$，$t_9=-2.57$.取 $\alpha=0.05$，自由度 V=n－m－1=11－7－1=3，查T分布表，得 $t_{\alpha/2}=3.182$，则 t_2、t_5、t_7 的绝对值>$t_{\alpha/2}$，检验通过，t_3、t_4、t_8、$t_9<t_{\alpha/2}$，未通过检验。

若将 x_3、x_4、x_8、x_9 剔除重建模型，各个 t 值仍通不过检验，而在进行上述逐步回归计算的过程中，我们知道第二步在对工业总产值 x_2 进行 F_{in} 检验时，人为定义 $F_\alpha=0.5$，若按 F 检验表，当显著性水平为0.05时，可得 $F_\alpha=238.9$，$F_{in}=0.56<F_\alpha$，故 x_2 不能被引入，引入和剔除工作应该在第二步结束，所以实际上只有全社会固定资产投资 x_4 一个变量被引入。下面我们建立国产汽车需求量与全社会固定资产投资的回归方程。

生成汽车需求量与全社会固定资产投资的预测模型：

经计算机得出的各项指标如下：

指　标	数　值
相关系数 r	0.9869
r^2	0.9740
调整的 r^2	0.9711
标准误差 s	79770.5
F	336.8
DW	2.01
t_4	18.35

预测模型为：　　$y=175941.3+202.9x_4$

并通过了标准误差检验、相关系数检验、拟合优度检验、F 检验、序列相关检验、回归系数显著性检验－T检验。

为了进一步验证方法可行与否，我们利用 1990 年～1999 年的数据，建立汽车需求与全社会固定资产投资之间的预测模型为：$QCXQ_{2000}^{*}=189700.8+199.8GD$

将 2000 年全社会固定资产投资的可比价代入得 2000 年汽车需求量为 2032256 辆，实际值为 2088626 辆,绝对误差-56370 辆，相对误差 2.7%，预测精度较高。

将 1990 年～2000 年汽车需求与全社会固定资产投资关系绘制散点图，表明两者之间有明显的线性关系。

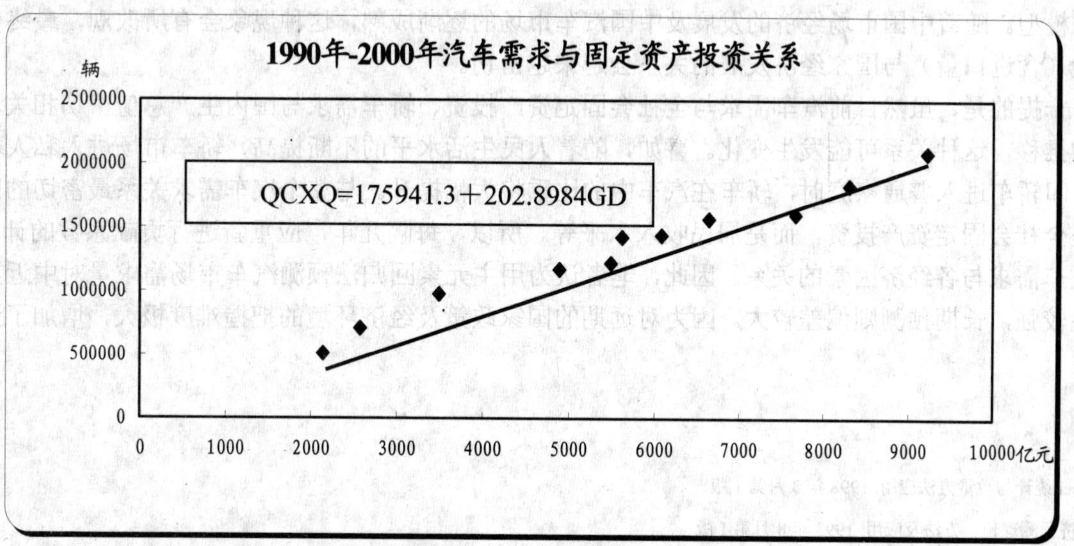

利用求得的预测模型预测未来几年汽车需求量，关键在于未来各年全社会固定资产投资数值的确定。

根据国家信息中心的预测，2001 年全社会固定资产投资有低中高三个预测值，将其代入上面的线性方程，可得 2001 年汽车需求预测值。

2001 年全社会固定资产投资及汽车需求量预测值

	低值	中值	高值
全社会固定资产投资（可比价：亿元）	10323	10654	10891
汽车需求量（万辆）	227	234	239

全社会固定资产投资的基数在逐年增大，增速相应将放慢，“九五”增速较“八五”下降了 10.5 个百分点。但近几年由于国家扩大内需，加大固定资产投资力度，故下降幅度不会这么大，所以取下降 2 个百分点，增速为 9%。2010 年相对“十五”降 4 个百分点，2005 年和 2010 年全社会固定资产投资及汽车需求预测值。

2005 和 2010 年全社会固定资产投资及汽车需求量预测值

		低值	中值	高值
2005 年	全社会固定资产投资（可比价：亿元）	14572	15039	15374
	汽车需求量（万辆）	313	323	330
2010 年	全社会固定资产投资（可比价：亿元）	18598	19194	19622
	汽车需求量（万辆）	395	407	416

3 讨论

◎采用逐步回归法分别对与汽车、轿车、载货车、客车等车型需求相关的各经济因素进行贡献系数测算，确定与各车型密切相关的因素。从结果看，在利用1990年～2000年的数据进行计算时，汽车总需求量与全社会固定资产投资、轿车需求量与国内生产总值密切相关，并能通过各项检验。而载货车、客车及各细分车型都没有找到与之关系极密切的经济指标，没有建立出合适的模型。

◎本文中所计算的汽车需求未含进口汽车需求量。曾尝试将进口量计算在内，但因中国市场经济的发展还不完善，且前几年处于计划经济向市场经济的转型期，汽车进口量受国家政策的影响很大，因此无法找到合适的模型。随着中国市场经济的发展及中国汽车市场的逐渐成熟，这种现象会有所改观，最终中国汽车需求量（含进口量）与国家经济发展的关系会越来越密切。

◎值得一提的是，虽然目前汽车需求与全社会固定资产投资、轿车需求与国内生产总值密切相关，但随着时间的推移，这种关系可能发生变化。譬如，随着人民生活水平的不断提高，轿车市场进入私人群体消费阶段，即轿车进入普通家庭时，轿车在汽车中的比重将大幅提升。与整个汽车需求关系最密切的因素可能就不是全社会固定资产投资，而是居民收入水平等。所以，每隔几年，应重新进行贡献系数的计算，重新确定汽车需求与各经济因素的关系。因此，笔者认为用主元素回归法预测汽车市场需求量对中近期预测可参考性较强，长期预测则偏差较大。因为对远期的国家政策及经济环境的把握难度极大，增加了预测的不准确性。

参考文献

1 倪安顺. Excel统计与数量方法应用. 1998年3月第1版

2 侯文超. 经济预测理论、方法及应用. 1993年8月第1版

3 李卓立. 实用经济计量模型与经济预测

4 李一智. 经济预测技术

5 罗积玉，邢瑛. 经济统计分析方法及预测

6 庄楚强，吴亚森. 应用数理统计基础

CA6DE1系列增压中冷柴油机开发

侯福建 李建群 李 康 吴芳敏
第一汽车集团公司技术中心

[摘要] 通过CA6DE1系列增压中冷发动机的开发，探索发动机各系统对排放、燃烧系统、可靠性的影响，自主完成新一代发动机的开发。

关键词：发动机开发 燃烧系统 排放 机械开发

1 开发目标

（1）动力性满足5t、7t、12t卡车动力需求。加速性好，使用转速范围宽。
（2）低油耗，整车百公里油耗比竞争对手降低1L。
（3）长寿命，具有B(50) 50万公里使用寿命。
（4）低噪声，提高整车驾驶舒适性。
（5）低排放，满足EURO Ⅰ排放法规，具有满足EURO Ⅱ排放法规潜力。
（6）低成本，充分利用6110发动机现有的生产和供应资源。
（7）外观紧凑整洁新颖

2 主要技术参数

2.1 缸径和行程参数的确定

6L排量的发动机可在106 ×125, 108 ×120, 106 × 120, 110 × 115参数之间选择，根据BOOST软件性能预测，S/D参数样机统计分析，目标发动机结构对比分析，认为采取较大的S/D方案，有利于获得充分的膨胀功和较长燃烧时间及较低燃烧噪声。另额定转速较低，活塞平均速度低于10m/s，满足高寿命发动机设计目标。综合分析后认为缸径x行程采用106 × 125方案比较合理。

表2.1 样机S/D统计表

机型	缸径x行程	S/D
CA6DE1	106×125	1.179
CA6108	108×120	1.111
BF6M1013EC	108×130	1.203
OM906	102×130	1.275
Cummins B	102×120	1.176
MAN D0826	108×125	1.157
6DL	110×135	1.227
Perkins	100×127	1.27
BF6M2012C	101×126	1.247

表2.2 BOOST对各方案性能预测分析结果

功率 / 方案 / 转速	106×125	106×120	108×120	110×115
2300	157.61	157.85	157.89	157.89
1900	137.71	137.54	137.84	137.70
1400	106.32	105.59	106.20	105.78
1100	77.70	77.11	77.61	77.31
900	55.38	54.91	55.30	55.04

2.2 CA6DE1系列发动机主要技术参数

表2.3 CA6DE1系列发动机主要技术参数

指标 \ 机型	CA6DE1-18	CA6DE1-21	CA6DE1-23
缸径×冲程(mm)	106×125	←	←
气缸数	6	←	←
排量（L）	6.62	←	←
进气方式	增压中冷	←	←
进气系统	2气门	←	←
喷油系统	国产P型泵 +S型喷油器	←	←
额定功率（kW）	132	155	170
额定转速（r/ min）	2300	2300	2300
额定功率点平均有效压力（bar）	10.43	12.17	13.33
最大扭矩[Nm /（ r/ min）]	650 /1400	750/1400	890/1400
最大转矩点平均有效压力（bar）	12.34	14.43	16.89
额定工况油耗率(g /kW · h)	220～225	←	←
外特性最低油耗率(g /kW · h)	200～205	←	←
污染物排放	EURO 1	←	←

3 主要结构设计特点简述

3.1 总布置设计

根据中型卡车匹配对6DE1发动机与6110系列发动机在整车接口尺寸相同的要求，总布置的设计严格确保附件总成的选择、悬置、进出气口、飞轮及飞轮壳等连接尺寸满足整车装配需要。

3.2 缸体设计

以提高缸体的强度和刚度为主要目标，保证发动机进一步强化满足EUROⅡ排放和降噪的要求。技术方案如下：

（1）改进回油通道和加强肋的布置，避免了直角结构而引起的应力集中弊端。在下腹板减少壁厚，增加过渡圆角，解决残余铸造应力。

（2）改进缸盖螺栓孔塔子过渡圆角结构，缸盖螺栓孔加深11 mm，提高承载能力。

（3）缸体缸盖螺栓孔下部与侧面水套壁之间增加了水平方向的圆弧加强肋，加大了缸盖螺栓孔与缸间腹板之间的过渡圆角。

（4）增大了曲轴箱部分加强肋的截面积。

（5）增加缸体油底壳法兰面厚度、宽度。

（6）曲轴箱的弧形裙与缸体横辐板用大过渡圆角连接。提高主轴承座的厚度由原R55变为15+R60偏心弧。

（7）加宽了主轴承座侧支撑板宽度。主轴承座与幅板采用大圆角过渡。

（8）加大主轴承座上部的横向加强肋与裙部之间的支撑筋宽度。并且下缸孔板上提，提高横隔板高度19㎜。

（9）高压油泵法兰置于缸间隔板处，增加加强肋。后端面周边法兰厚度由12增加到18㎜。发电机支架法兰处增加了肋板。

（10）缸套加厚1mm，由7mm 增加到8mm。提高刚度，降低穴蚀。

缸体的冷却和润滑方面的措施：

(1) 取消了冷却水的死区，保证了缸套冷却的均匀。

(2) 根据水流 CFD 优化计算，冷却水场重新布置，位于机油冷却器腔内的分水孔改为上端进水，并对进水孔直径进行了调整。在缸孔附近布置了挤流环，保证了一环附近冷却水的流动速度。

(3) 为了减小机油在主油道的沿程阻力，主油道的直径由 $\phi16$ 增加到 $\phi17$。

缸体的冷却系统的优化，为活塞、活塞环、缸套的可靠性和寿命也提供了基本保障。

3.3 缸盖

在气缸盖的设计中，需要解决的问题主要包括研制新的进/排气道，减少排气能量损失和减少冷却系负担；按增压机要求设计排气管截面，优化进、排气门阀盘/气道喉口尺寸；优化三孔坐标；优化缸盖水芯尺寸和结构，加强砂芯强度，减小铸造废品率和提高铸造质量，优化冷却水进口/出口的尺寸，确保冷却喷孔的方向和流速，使缸盖底板温度场均衡，解决缸盖裂纹等问题。采取的措施主要有以下几点：

(1) 油嘴安装孔采用半铜套结构以减少油嘴的受热和增加缸盖强度。

(2) 进气侧采用钻孔冷却结构，强化冷却效果。

(3) 调整冷却流道截面，增加冷却水流速。

(4) 最大限度将排气道与冷却水分离，减少排气能量损失，减少对冷却水的加热面积。

(5) 调整气道尺寸与形状时油嘴尽可能靠缸心布置以便燃烧室能靠缸心布置使燃烧过程优化。

(6) 进、排气门的阀盘直径以及进排气道的喉口也应作适当的调整。最终按 BOOST 的优选结果确定进排气道喉口尺寸。

(7) 通过对近 20 个方案的对比，确定缸盖三孔坐标。

(8) 缸盖冷却水，通过与缸体相连的三个水孔进水，调整了出水方向，强化了对排气道，油嘴铜套及进气道所形成三角区的冷却。提高了喷管的理论出水速度，改变了排气道下的 $\phi8$ 孔水流过大，及其直接冷却排气道中段的问题，利用一导向套将水流方向对准排气道喉口。另一个 $\phi10$ 孔采用钻孔结构穿过缸盖下后直接对准缸盖底平面的热区。通过 CFD 水流计算获得了最佳化效果。

排气道原为 44×44 方口，表面积过大，在缸盖水套中向冷却水散热过多。一方面热损失大，另一方面也加重了冷却系的负担。此外排气道前端收缩过大（约 740mm^2），形成了较大的节流损失。通过采用新研制的圆截面排气道，以及排气道出口端与冷却水的分离措施，使散热面积减少了 50%。

3.4 运动件

3.4.1 曲轴的设计

采用优选优质合金钢、气体氮化处理（最高功率档采用高频淬火工艺）。

采用大圆角结构。

对减振器进行优化设计计算和匹配试验，采用直径 $\phi205$ 减振器；高功率采用硅油减振器。

前端采用端面法兰连接。

3.4.2 摩擦副的设计

缸套采用新材质和新标准网纹。

第一道活塞环采用喷钼环提高抗拉缸性能和耐磨性。

第二道活塞环采用反扭曲环，提高刮油性能。

油环降低高度和刃口宽度，合理设计比压，提高追随性，降低机油耗。

轴瓦采用铜铅合金外加三元合金表面镀层，合理设定轴承间隙。

活塞采用热流型内腔，石墨喷涂技术。第一环岸上提，并优化了环槽间隙。

对油膜厚度影响因素进行了计算优化和分析。从而保证了在最严酷的工作条件下的油膜厚度。

通过优化设计，使发动机的可靠性及耐久性大大提高。经过两轮强化试验和热冲击试验，主要零件均无损坏，磨损正常。

3.5 配气机构

新匹配设计气门及气门座圈结构和形状。

新优化开发凸轮型线和正时。

3.6 其它系统

新优化设计的排气管，提高整机性能。

润滑系提高油泵能力，改善粗滤能力和效率，取消了机油离心滤清器，采用流量为70L/min的粗滤器。

改进机油冷却器，提高效率并降低阻力，降低主油道油温，提高整机可靠性。

提高水泵效率，改进调温器特性及控制精度；控制水温，提高冷却系统热效率。

4 燃烧系统开发

4.1 燃烧室设计

采用缩口型燃烧室设计方案，该燃烧室的特点是涡流保持系数大，适合中等喷射压力供油系统，滞燃期短，扩散燃烧迅速，可以达到降低Nox而不增加燃油耗的目的。但这种燃烧室对喷油嘴伸出高度敏感，应严格控制相关加工公差。

通过降低活塞顶岸至12.5 mm，进气门凹入度1.1mm，排气门凹入度1.3mm，活塞顶隙控制在1.0mm，增加一防火环等措施降低死区容积。确保 K系数≥72%。压缩比 ε =17～17.5 。

死区容积为如图4.1所示2、3、4、5、7 几部分容积之和。

燃烧室形状如图4.2所示。

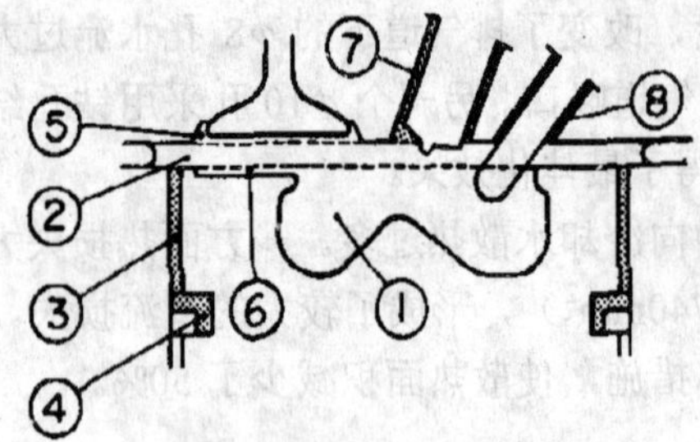

图4.1 死区容积

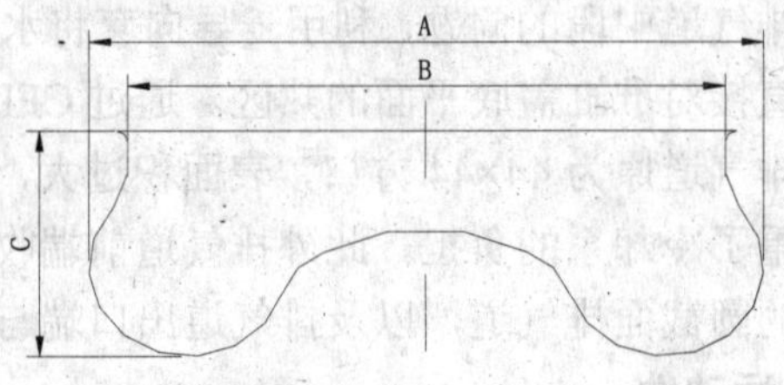

图4.2 燃烧室形状

4.2 三孔位置的确定

4.2.1 确定气门直径

通过 BOOST性能预测软件优化进排气门座圈喉口的大小，根据增压及增压中冷机的特点，应尽量增大排气喉口直径，充分利用排气能量。从计算分析中也可看出排气喉口大小是决定发动机经济性的关键因素（见图4.3、图4.4）。

通过模拟计算预测表明，进、排气喉口直径由 $\phi42/\phi35$ 改为 $\phi40/\phi38$ 后，在保持充气效率不变的前提下，由于换气损失的减少，使额定点油耗降低 2.46g/kW·h，最大转矩点油耗降低 0.74g/kW·h（见图4.5、图4.6）。

采用喉口直径 $\phi40/\phi38$ 后，还可以使喷油嘴中心，活塞燃烧室中心向气缸中心移动。由于喷油嘴偏心距的减少，可以极大改善油气混合和燃烧过程，降低排放。同时提高活塞可靠性。

根据喉口大小确定进排气门的布置和直径大小为，进气门 $\phi46$，排气门 $\phi41.8$，气门中心距为26.2×29.8。同时我们验证了进气门与气缸边距对气道性能的影响，结论是对阻力影响小，对涡流比影响较大（见图4.7）。

根据喷油器座孔与气门座圈孔最小壁厚大于5mm的原则布置 S型喷油器，结果是保持原倾斜角度不变，位置由10x4.5 变为8.5x1.1，偏心率由10%减小到8.1%。活塞燃烧室中心相应变化，偏心率由7%减小到5.2%。

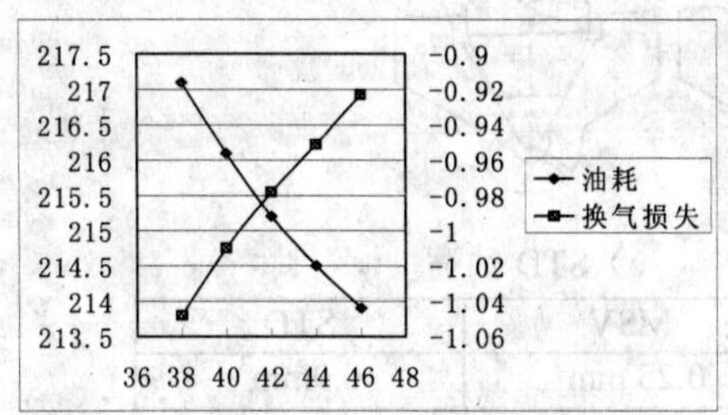

图 4.3　进气门座喉口优化计算结果

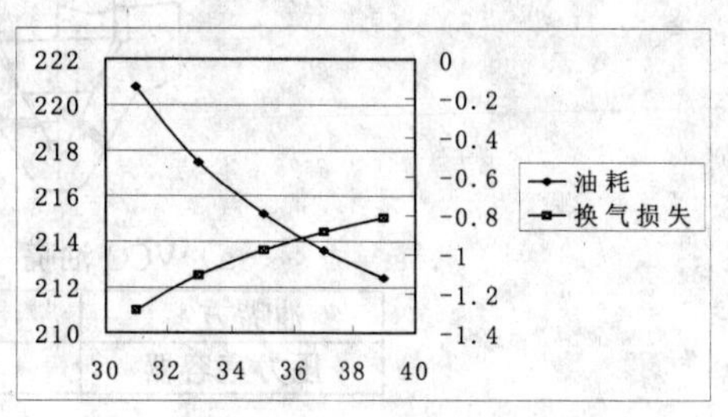

图 4.4　排气门座喉口优化计算结果

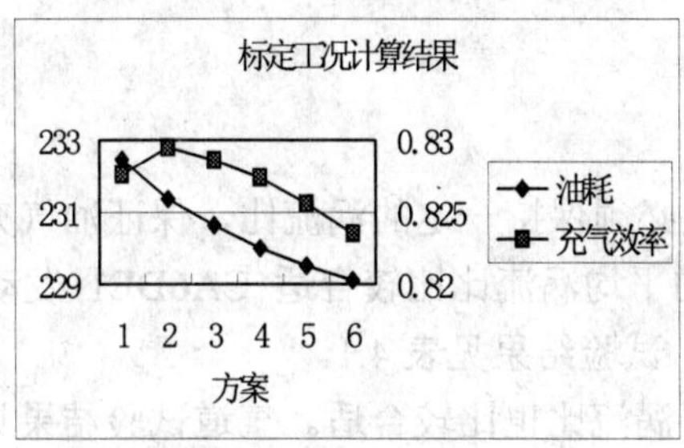

图 4.5　进排气门座喉口优化计算结果

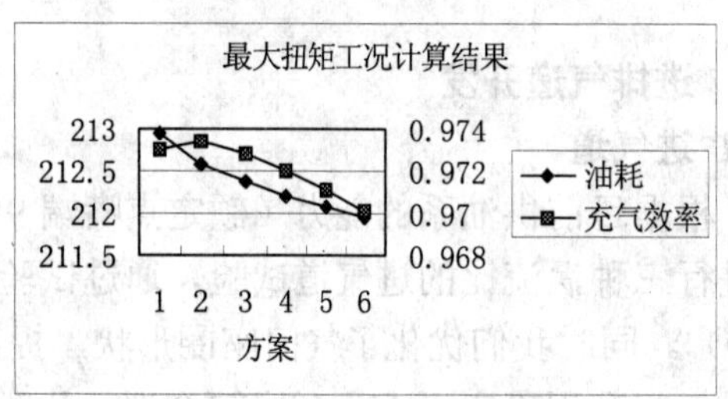

图 4.6　进排气门座喉口优化计算结果

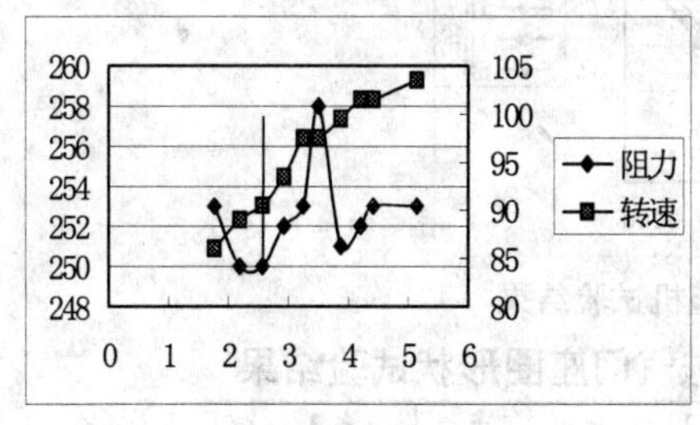

图 4.7 进气门变距对气道性能影响试验结果图

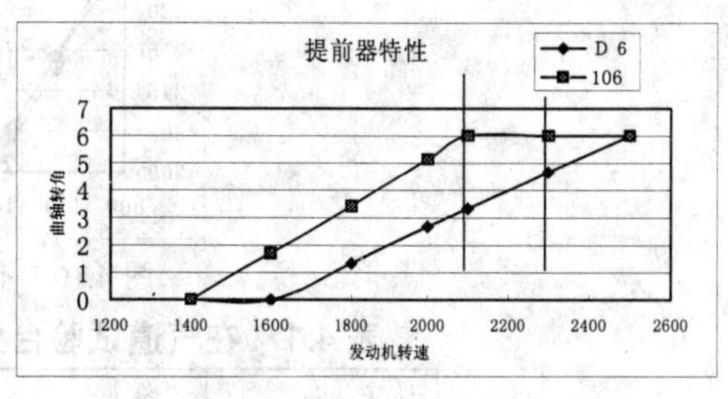

4.8　提前器特性曲线

4. 3　供油系统方案

4.3.1 燃油喷射泵技术要求

采用国产 PW 泵，确保额定点嘴端压力大于 950bar，最大转矩点大于 650 bar。措施为：

采用函数凸轮，柱塞最大速度提高 15%。

适当提高柱塞直径，增大柱塞直径到 ϕ11.5mm，柱塞面积增加 9%。

增加柱塞回油直径到 ϕ6mm，使断油迅速，缩短后燃期。

采用等压出油阀，改善低速性能。

4.3.2 改善提前器特性

改变原提前器特性后，中间转速提前角将增大 2 度左右（见图 4.8），对改善油耗将有极大的好处。但要实现这种特性，需要提前器能力足够大。主要采用双偏心 Φ145 直径的提前器。

4.3.3 喷油嘴设计方案

本次设计开发主要应用六孔小压力室油嘴，即减小喷油嘴压力室容积，通过液力挤压研磨增大流量系数，喷油器体内加滤芯。

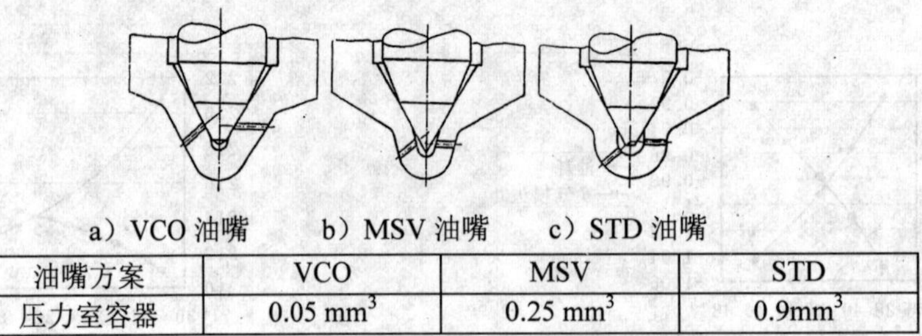

a）VCO 油嘴　　b）MSV 油嘴　　c）STD 油嘴

油嘴方案	VCO	MSV	STD
压力室容器	0.05 mm^3	0.25 mm^3	0.9mm^3

图 4.9　喷油嘴的主要结构型式

4.4 进排气道开发

4.4.1 进气道

根据目前供油系的能力（额定点嘴端 950bar），进气道必须保持一定的涡流比，保证油气充分混合。共进行三种涡流比的进气道试验，通过试验结果表明 2.0 的平均涡流比比较合适 CA6DE1 发动机（见图 4.10）。同时我们优化了气门座圈形状，提高流量系数 5%。试验结果见表 4.1。

气门升程确定为 12mm 比较合理，此时流量系数最大，涡流比也比较合适。气道试验结果见图 4.11。

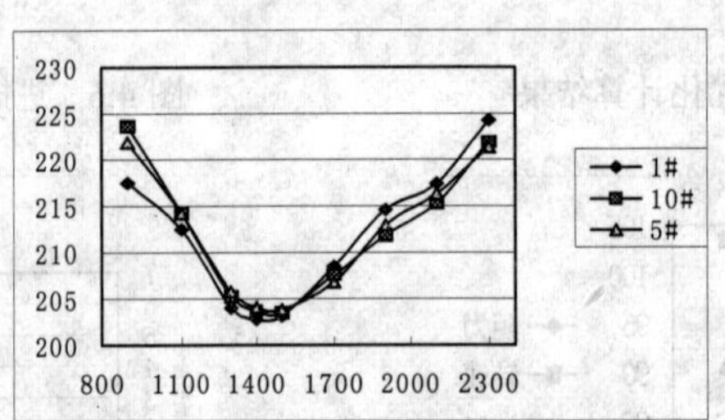

图 4.10　不同涡流比整机试验结果

表 4.1　在气道试验台上，优化进气门座圈形状试验结果

序号	方案 1	方案 2	方案 3
流量系数	0.389	0.399	0.409

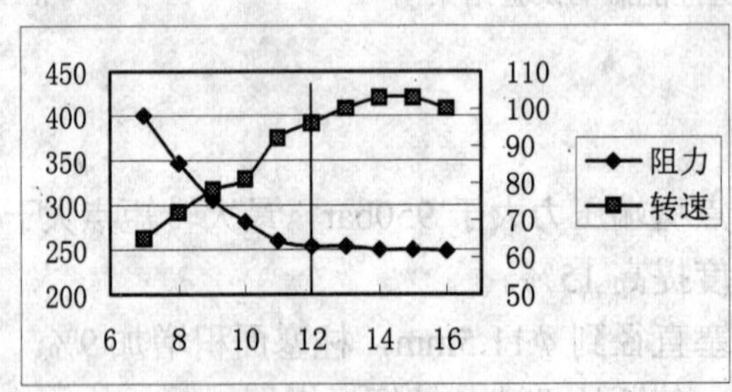

图 4.11　进气道流量试验结果

4.4.2 排气道

原排气道为方形，现开发等截面圆形排气道，既降低排气阻力，流量系数提高 28%，又减少对冷却水的散热，提高能量利用率，试验结果见图 4.12。

同时我们又优化设计气门导管搭子位置和气门座圈形状，气门导管搭子对气道流量系数影响 2.4%(见表 4.2)，气门座圈形状对气道流量系数影响 6%(见表 4.3)。

表 4.2　气门导管塔子影响试验结果

序号	方案 1	方案 2
流量系数	0.452	0.463

表 4.3　气门座圈形状优化气道试验结果

序号	方案 1	方案 2	方案 3
流量系数	0.387	0.404	0.411

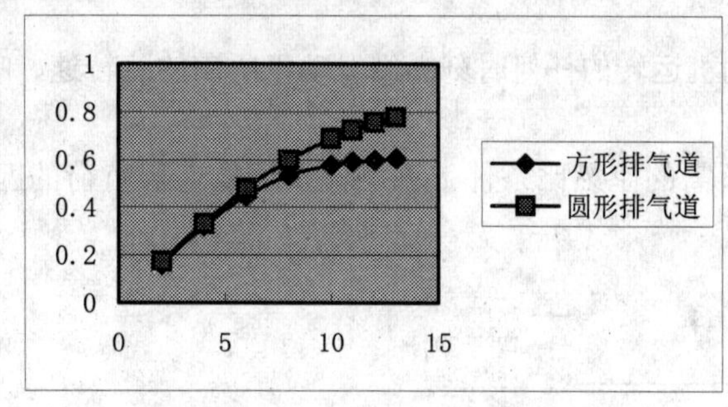

图 4.12 不同形状排气道气道试验结果

4.5 凸轮型线和正时优化试验开发

4.5.1 凸轮型线优化设计方案

凸轮优化设计方案如图 4.13 所示

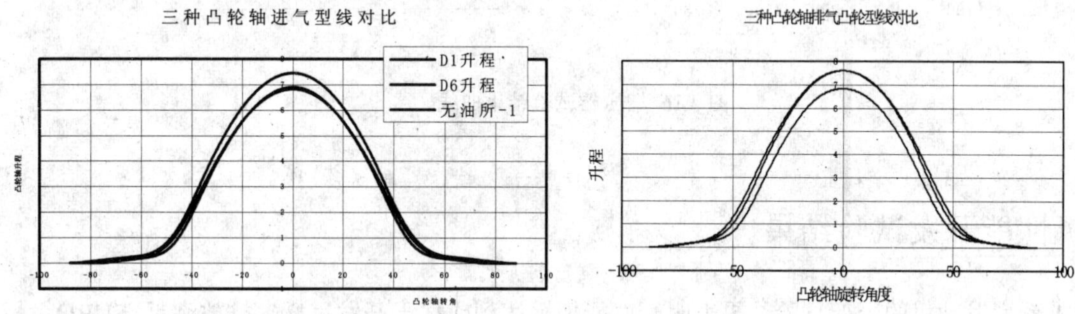

图 4.13 凸轮型线优化设计方案

4.5.2 凸轮轴方案试验结果

从整机台架充气效率、外特性试验结果可以得出结论（见图 4.14、图 4.15），新方案凸轮轴型线和配气正时明显优于原设计方案。

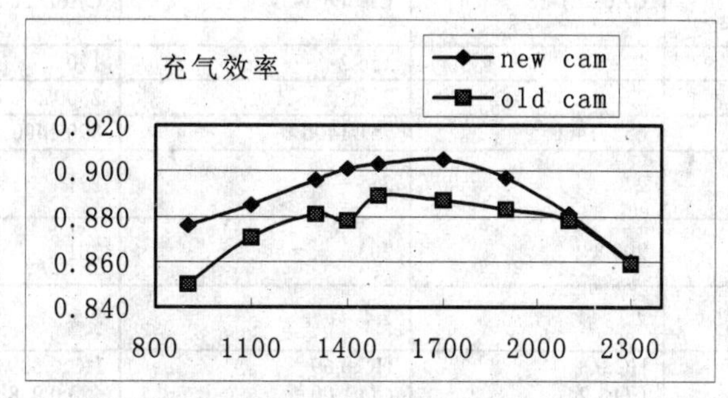

图 4.14 凸轮轴方案充气效率试验结果

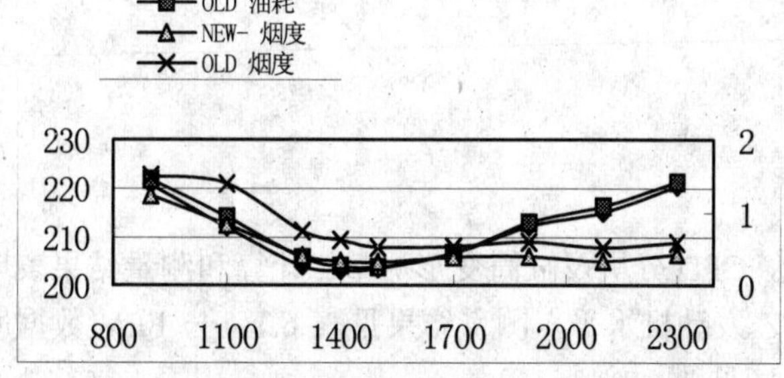

图 4.15 凸轮轴方案油耗和烟度试验结果

4.6 增压器匹配开发

增压器必须保证在发动机运转的任何时刻提供发动机所需的随转速、喷油量、大气压力、充气效率变化的空气量。

本次开发在保证排放所需的空燃比条件下重点偏重于低速低负荷的匹配。发动机匹配试验结果见图4.16。

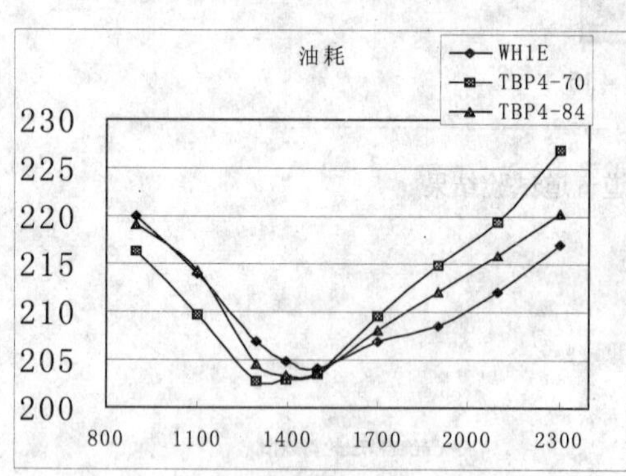

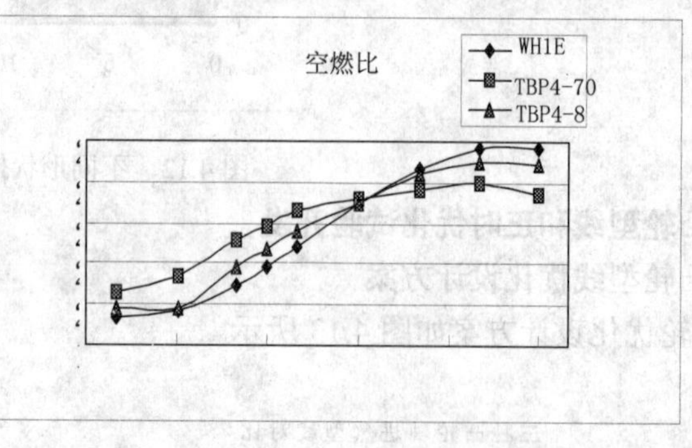

图 4.16 增压器试验结果曲线

5 发动机性能开发试验结果

CA6DE1 系列发动机的台架试验结果表明，性能指标达到或优于开发目标，排放满足 EURO Ⅰ 标准，并有一定裕度。说明燃烧系统的方案选择是合理的。试验结果见表 5.1。

表 5.1 CA6DE1 发动机台架性能及排放试验结果

机型 指标	CA6DE1-18	CA6DE1-21	CA6DE1-23
额定功率（kW）	132.8	156.2	170
额定转速（r/ min）	2300	2300	2300
最大转矩[Nm /(r/ min)]	652 /1400	751/1400	890/1400
额定工况油耗率（g /kW • h）	220	215	221
外特性最低油耗率（g /kW • h）	200.8	203	201
自由加速烟度（FSN）	2.5	2.4	2.5
污染物排放（g/kW • h）	HC:0.8 CO:1.24 Nox:7.77 PM:0.31	HC:0.69 CO:1.00 Nox:7.46 PM:0.21	HC:0.509 CO:0.958 Nox:7.56 PM:0.207

6 发动机机械开发

6.1 零部件开发

6.1.1 气缸体开发

主要进行了有限元分析，CFD 分析及缸筒变形测量。计算和测量结果表明，改进后缸套上部冷却明显加强。缸筒变形接近 DEUTZ 发动机水平，测量结果见表 6.1。与 FEV 数据库对比表明 6DE1 气缸体的设计满足低噪声结构设计要求（见图 6.1）。

表 6.1　缸筒变形测量结果

机型	缸号	圆度（μm）			圆柱度	直线度（μm）				平行度（μm）	
		a截面	b截面	e截面	（μm）	0° 母线	180° 母线	90° 母线	270° 母线	0° ～180°	90° ～270°
6DE1	1	32.61	24.9	12.22	35.1	10.57	22.16	10.65	14.68	23.58	47.5
	2	9	9.25	22.31	24.65	7.95	15.4	9.78	9.63	26.76	21.3
	3	32.26	29.73	22.1	29.88	11.57	22.43	14.25	11.52	42.13	57.28
	4	31.46	22.63	9.54	32.19	8.88	19.88	16.08	17.38	19.12	59.91
	5	25.73	23.39	15.98	29.6	21.12	10.45	19.32	15.2	13.18	46.75
	6	31.24	28.23	17.46	36.26	17.37	9.51	22.48	11.06	34.68	56
平均值		27.05	23.02	16.60	31.28	12.91	16.64	15.43	13.25	26.58	48.12
DUETZ	1	12.63	10.73	11.28	14.27	6.87	4.55	5.11	3.69	13.43	12.68
	2	17.78	20.63	23.26	25.36	8.59	3.42	10.36	6.06	13.46	13.63
	3	7.64	10.94	15.31	18.68	4.7	6.45	4.59	5.62	11.38	9.77
	4	15.85	16.22	12.83	19.96	4.29	6.15	5.92	4.3	7.86	6.09
	5	21.04	22.48	22.49	27.74	4.07	9.4	7.54	4.33	9.48	5.63
	6	19.61	19.58	20.42	24.38	8.67	3.63	7.4	3.98	19.61	20.97
平均值		15.76	16.76	17.60	21.73	6.20	5.60	6.82	4.66	12.54	11.46
ZLA3	1	59.24	24.69	29.82	55.42	45.82	55.38	8.87	22.68	55.21	21.09
	2	63.23	15.53	9.29	73.29	15.7	18.65	11.38	23	34.93	25.57
	3	72.95	18.54	31.16	74.95	31.94	36.3	30.56	15.55	67.37	39.54
	4	70.6	13.63	31.6	76.42	49.91	33.81	12.01	20.57	53.01	32.79
	5	91.86	21.55	13.43	97.42	43.82	61.13	27.6	12.48	89.51	40.56
	6	84.06	13.49	30.87	91.58	75.81	75.59	8.97	14.31	96.13	14.59
平均值		73.66	17.91	24.36	78.18	43.83	46.81	16.57	18.10	66.03	29.02

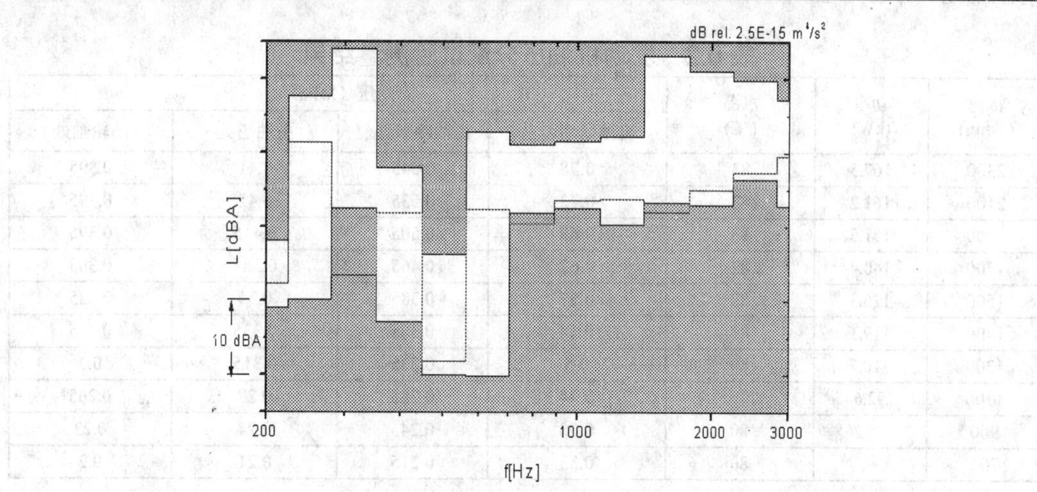

图 6.1　缸体噪声计算分析结果

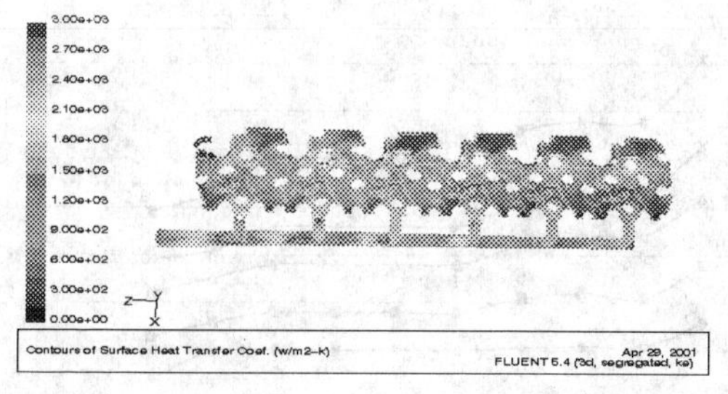

图 6.2　缸盖水流 CFD 计算分析结果

6.1.2 气缸盖开发

主要进行了有限元分析，CFD 分析及温度场测量。计算和测量结果表明(CFD 结果见图 6.2)，缸盖三角区冷却明显加强，流场分布合理，热负荷明显降低，传给冷却系统热量降低。温度场测量表明温度由 310℃降至 257℃，下降了 53℃。

6.1.3 曲轴和连杆疲劳试验

曲轴的弯曲疲劳试验表明安全系数大于 1.7。满足使用要求。

连杆疲劳安全系数大于 6.7，有较大富裕度，应进一步开发轻量化的连杆。

6.2 子系统试验开发

6.2.1 润滑系统试验

通过改变机油泵速比，合理设定轴承间隙，提高机油冷却器效率，降低阻力。取消转子滤等措施优化润滑系统。通过整机润滑系功能试验结果表明润滑系的设计是合理的。油压试验结果表 6.2。

6.2.2 冷却系统试验

主要进行了热平衡试验，整车冷却系统热平衡试验，重点进行水泵能力评估，节温器特性调整试验，试验结果表明冷却系统满足要求，但系统效率偏低。冷却系统水压分布试验结果见图 6.3。

6.3 整机开发

6.3.1 1000h 全速全负荷试验

主要考核发动机在高热负荷条件下耐久性和可靠性，重点考核活塞、活塞环、缸套、气门、轴承、喷油器、增压器等零件

6.3.2 3000 次热冲击试验

主要考核发动机热变形的耐久性和可靠性，重点考核缸盖、气缸垫、活塞、缸套、气门、排气管垫、喷油器、增压器等零件。

表 6.2 发动机油压分配试验测量结果

转速 (r/min)	功率 (kW)	水温 (°C)	油压（MPa）			
			机油滤清器前	机油冷却器前	主油道处	凸轮轴处
2300	167.5	83	0.78	0.545	0.41	0.395
2100	161.2	83	0.73	0.535	0.42	0.395
1900	151.5	83	0.68	0.505	0.415	0.395
1700	140.4	82	0.62	0.465	0.385	0.365
1500	126.3	82	0.57	0.385	0.34	0.325
1400	119.1	81	0.54	0.365	0.335	0.315
1300	110.7	80	0.5	0.335	0.315	0.3
1100	92.6	79	0.44	0.285	0.27	0.265
900	70.2	80	0.38	0.245	0.24	0.23
700		80	0.33	0.215	0.21	0.2

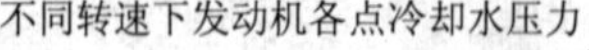

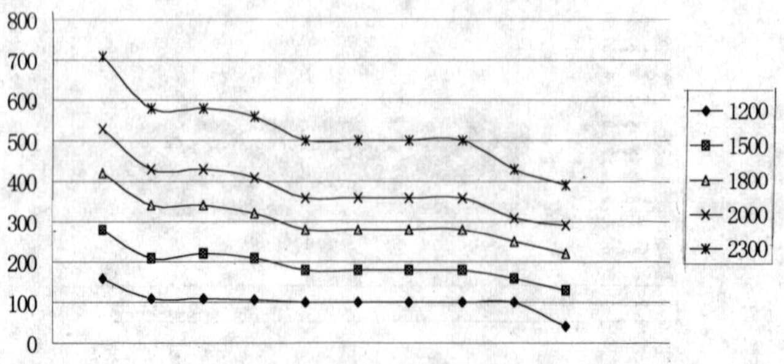

图 6.3 发动机水流压力分配试验结果

6.3.3 负荷循环试验和超速超负荷试验

主要考核发动机常规条件下耐久性和可靠性，评价磨损速率，检查发动机在最大热负荷、最大机械负荷和最大动态负荷下的机械功能完整性。评价发动机及相关系统性能和排放的劣化性。

6.3.4 热负荷测量试验

主要评估发动机在高热负荷条件下零件的温度分布状况。重点考核活塞、缸套、气门、气缸盖、喷油器等零件。

CA6DE1 发动机已经顺利通过上述试验，试验过程中没有发现影响可靠性的故障。试验后拆检数据折算表明发动机耐久性 50 万公里左右。1000h 试验样机拆检数据见表 6.3 。

6.4 整车道路使用试验开发

已有十台发动机装配在某运输公司载货车上，目前已运行 10 万公里左右，主要零件没有出现可靠性故障。

表 6.3 发动机 1000h 强化试验零件主要尺寸测量结果 (mm)

检测项目		1000 小时可靠性试验		磨损值（平均）	磨损极限
		前	后		
气缸孔		106.017	106.022	0.005	0.200
曲轴	主轴径	84.965	84.960	0.005	0.050
	连杆轴径	69.975	69.971	0.004	0.050
活塞	裙部直径	105.885	105.870	0.015	0.100
	销孔直径	42.005	42.011	0.006	0.030
活塞销		41.996	41.992	0.004	0.020
连杆小头孔		42.034	42.050	0.016	0.050
活塞环	一环开口间隙	0.40	0.48	0.08	1.5
	二环开口间隙	0.51	0.56	0.05	1.5
	油环开口间隙	0.33	0.35	0.02	1.5
气门下沉量	进气门	1.15	1.26	0.11	1.0
	排气门	1.22	1.34	0.12	1.0
凸轮轴	进气凸轮	48.360	48.240	0.120	0.50
	排气凸轮	49.065	48.955	0.110	0.50

7 整车道路性能试验

整车道路性能试验结果表明，无论是整车等速油耗，还是道路使用油耗，CA6DE1 发动机优于竞争对手，百公里省油在 1L 以上。达到设计开发目标要求。试验结果见图 7.1、图 7.2、表 7.1。

整车加速行使噪声试验表明，通过性噪声既满足现行法规，又满足即将颁布的新噪声法规。试验结果见表 7.2。

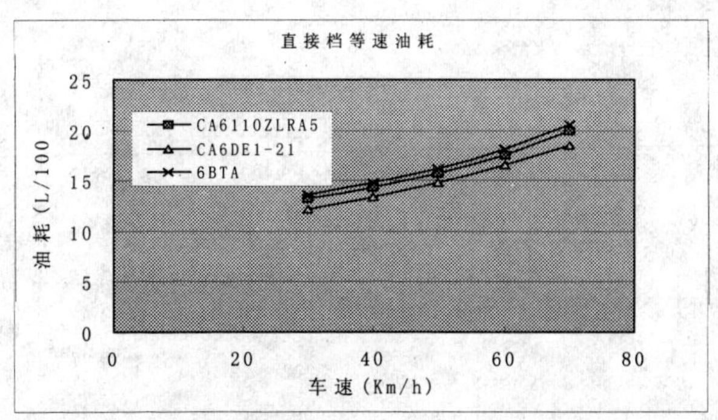

图 7.1 整车直接档等速油耗试验结果图

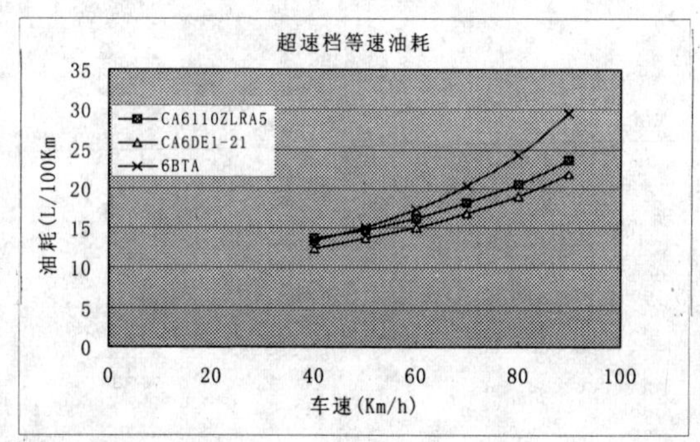

图 7.2 整车超速档等速油耗试验结果

表 7.1　道路使用油耗试验结果

	发动机 A	CA6DE1-21	发动机 B	发动机 C
满载(L/100km)	30.0	28.1	31.9	30.2
空载(L/100km)	20.9	20.2	24.6	23.5
超载(L/100km)	30.4	29.2	32.1	31.7

表 7.2　整车加速行驶通过性噪声试验结果　　dB(A)

	CA6DE1	发动机 B	GB1495(1 阶段)	GB1495(2 阶段)
3 档	84.4	87.4	88	84
4 档	83.6	85.5	88	84

8　结论

CA6DE1 系列发动机各种试验结果表明设计开发是成功的，方案选择是合理的，应用的设计方法是确实可行的。该机型的开发也表明我们已经初步具备自我开发高水平发动机的能力。目前该系列发动机已批量投放市场。

CAE技术在汽车塑料件生产中的应用

江梅　丛穆
第一汽车集团公司

[摘要] 采用CAE分析软件针对轿车塑料件的注塑过程进行模拟分析和优化设计。首先建立制品的三维几何模型，根据现生产用材料、设备，分别进行了注塑过程和注塑参数优化分析。找出了现生产中制品出现缺陷的原因。分析结果表明：塑料CAE模拟分析技术在汽车塑料产品结构优化、模具设计和产品生产中具有很大的应用前景。

关键字：塑料CAE模拟分析 模型 注射系统 优化

随着塑料在汽车上越来越广泛的应用，对汽车塑料件的质量需求越来越高。而设计制造高质量的汽车塑料零件需要优秀的产品设计、高水准的模具和优化的注塑成型工艺三个环节的有机结合。目前，在现生产中，诸如产品结构是否满足注塑成型工艺要求、所选的原材料是否能与模具结构相匹配、产品注塑成型工艺参数是否合理、产品熔接痕的位置、数量及对产品质量的影响、模具设计及反复试模耗费大量时间等问题始终困扰着我们。

由于塑料CAE模拟技术能事先对产品结构的工艺性、制件成型后的质量及模具流道结构进行有效设计，使发现的问题及时在产品设计完成之前予以修正，避免了传统设计程序的弊端——模具加工完成、试模出问题后，再去修改设计、试模调模。从而缩短了产品开发周期，降低了产品成本。

下面针对现有几种汽车塑料制件存在的质量问题，应用MOLDFLOW软件进行模拟分析，探索将塑料CAE技术与产品设计相结合，解决产品缺陷。以下是我们就塑料件的尺寸、缩痕、翘曲变形、应力集中等质量缺陷，应用CAE技术进行模拟分析的几个实例：

分析对象包括：汽车散热器水箱面罩、杂物箱盖、倒车灯灯罩；

分析模拟用软件：MOLDFLOW；

CAD建模软件：EUCLID、PRO/E。

1 模拟分析杂物箱盖翘曲问题的原因及消除

1.1 盖翘曲问题的原因

目前存在的问题是产品生产出来后，在盖的两角处发生向外翘曲，影响了产品外观质量和装车进度。

为找出问题产生的原因，我们首先用现生产工艺参数进行模拟分析。

表1　现生产工艺参数

材料名称	改性 PP
模具温度	40℃
熔体温度	210℃
注射时间	3s
注射压力	37MPa
保压时间	3.5s
保压压力	30 MPa

现生产工艺采用一级注塑、一级保压。经对制件体收缩分析，得到产品体收缩分布图（图1）。

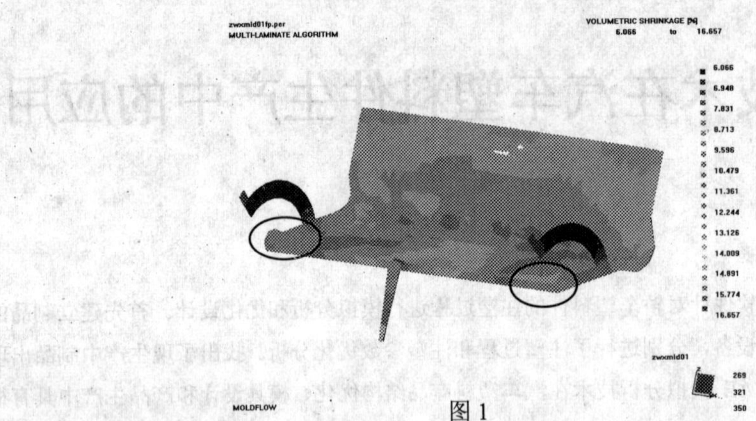

图 1

可以看出：两端处体收缩（比较大）达 11%，高于中间部位（7%）。由于产品整体体收缩不均，导致了产品翘曲。

1.2 改进方案一

按照传统的设计思想——修改产品结构：在产品内侧加两条加强筋。但实际生产出的产品，翘曲依然存在，而且加强筋外表面出现明显缩痕。经我们通过计算机模拟分析，得到如图 2 所示结果。

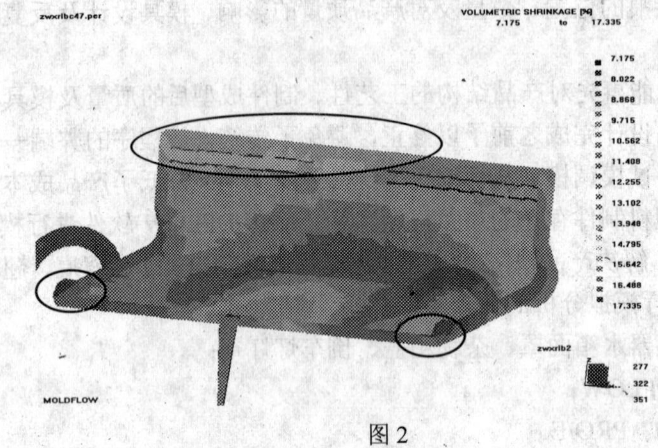

图 2

两端处体收缩仍为 11%，而且加强筋相对的外表面的体收缩增大，因而导致上述结果。可见这一方案并没有从根本上将问题解决。

1.3 改进方案二

采用 CAE 分析技术对工艺参数优化设计经过模拟分析，我们获得优化的工艺参数。主要是：增加了保压曲线（由一级保压变为二级保压），保压压力由原来的 30MPa 增加到 60 MPa，并延长保压时间，由原来的 3.5s 增加到 10s。

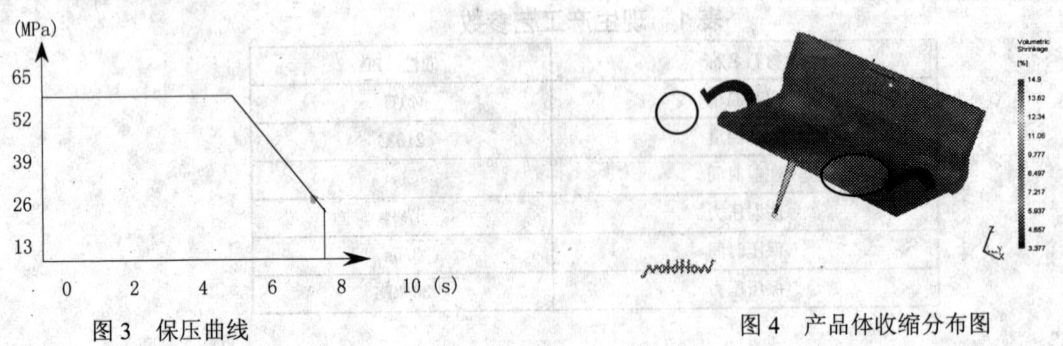

图 3 保压曲线

图 4 产品体收缩分布图

这样得到的产品两端体收缩降到4.5%，而且在产品表面分布均匀（图4），从而消除了翘曲变形。

2 汽车倒车灯灯罩的应力分析及结构优化

目前,此产品存在着成型后两端头出现内部裂纹的缺陷。分别按照现生产工艺参数(采用材料为PMMA模具温度50℃，熔料温度220℃）和MOLDFLOW数据库推荐参数（模具温度80℃，熔料温度230℃）进行模拟分析，得到的分析结果表明应力均集中在两端头，且均超过材料的最大的剪应力。图5是以MOLDFLOW数据库推荐参数进行模拟获得的应力分布图：

图5

从图5中我们看到，整个产品应力分布最大值为0.5～0.6MPa，并且位置集中在两端头。而材料的最大剪应力为0.4 MPa。一般在应力值高的地方易产生应力集中，而裂纹是应力释放的结果。这就是产品在两端部出现裂纹的原因。

随后我们采用修改两端头壁厚的方案，也就是将两端头的壁厚增加0.2mm，力图使此部位物料流动顺畅，从而降低此处剪切应力，使产品的整体应力水平下降。工艺参数不变，模拟分析得到产品成型后应力分布图（图6）。

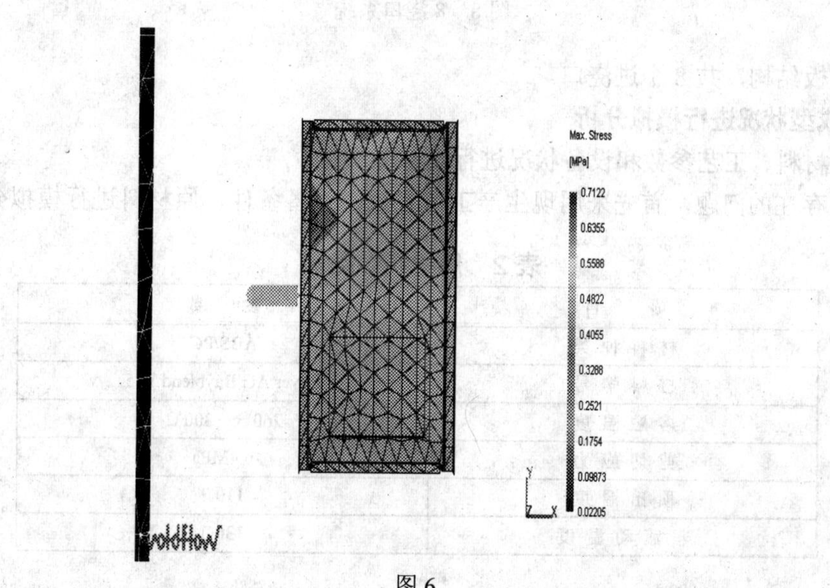

图6

结果使产品两端部应力值明显下降（降到0.4MPa左右），从而避免了应力集中，也就消除了产品内部裂纹。

3 应用CAE解决汽车散热器水箱面罩的质量缺陷

3.1 产品存在的问题

（1）产品横向尺寸偏大影响装车；

（2）零件表面在8个浇口附近有收缩痕；

（3）熔接痕数量多，影响产品外观质量。

3.2 模型准备

Moldflow动态模拟分析所采用的模型为三维实体（Fusion）模型。模型的来源可由其他造型软件输入，也可以用自身所带的建模模块（Moldflow moldeler）来建立。但由于我们所研究的产品造型较复杂，因此我们采用从其他图形软件中读取数据。

（1）数据最初是用EUCLID软件进行实体建模的，所以我们又用PRO\E 软件，将原模型中的面特征进行提取、剪切，缝合成实体后，形成封闭的曲面，再转化为实体，按STL格式输出（如图7）。

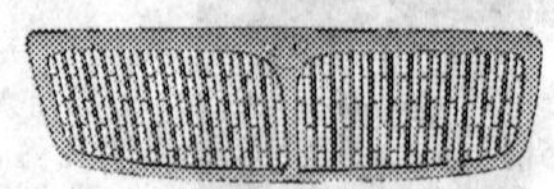

图7 PRO/E三维造型后的模型

（2）Moldflow读入STL格式文件，经输入网格、分类、匹配、叠合、缝合等操作得到有限元网格；根据模具图样设计浇口流道和冷却系统的面模型，再将其进行网格定义、分类。图8为目前浇注系统分布图：

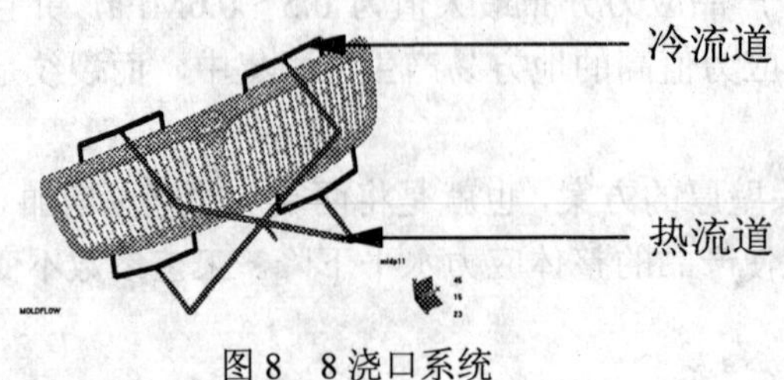

图8 8浇口系统

现有模具为三板结构，共8个进浇口。

3.3 对目前产品成型状况进行模拟分析

3.3.1 用现生产用材料、工艺参数和设备状况进行模拟分析

针对目前产品存在的问题，首先采用现生产工艺参数、设备条件、原材料进行模拟分析。

表2 原材料参数表

项 目	参 数
材料种类	ABS/PC
材料牌号	Bayer AG Bayblend T45
熔融温度	260 ～ 300℃
剪切应力	0.4MPa
顶出温度	110□
非流动温度	130□

3.3.2 现生产工艺参数(见表3)

表3 现生产工艺参数

项目	参数		
熔体温度(℃)	230		
模具温度(℃)	50		
注射压力(MPa)	1级90	2级85	3级80
注射时间(s)	1级5	2级8	3级10
保压压力(bar)	80		
保压时间(s)	10		

3.3.3. 设备参数

设备： UN－1380/6300g；

最大注射压力：140MPa；

最大锁模力：1380t。

3.3.4 模拟分析

用以上参数进行模拟分析，结果如下：

（1）时间分布图（图9）。填充时间分布图说明了熔融树脂在模具型腔中的填充过程，图9中的中间深色区域是熔体最后填充部位，分布较宽。

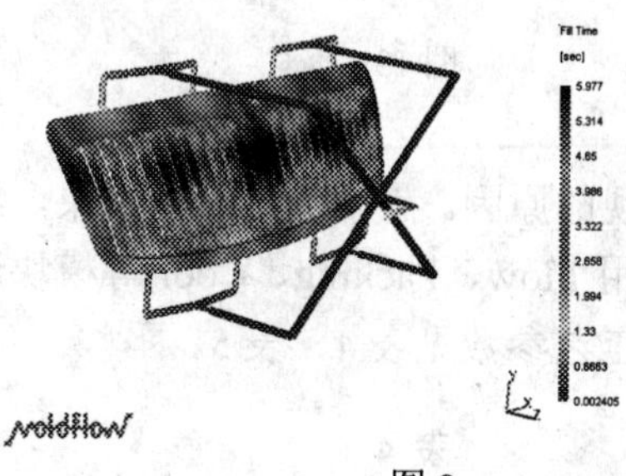

图9

（2）熔接痕位置分布图（图 10）。熔接痕是在料流相遇处形成的。从图中看出熔接痕大部分分布在料流最后填充部位。从零件整体看，中间格栅部分和外边缘处熔接痕较多（外边缘约九处），图中深色点表示该处熔接痕的质量不好。这与现生产中的情况相符。

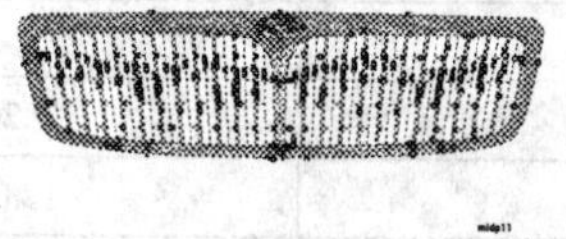

图10

（3）制件表面收缩情况 （见图 11）。延时保压使表面收缩痕都分布在 8 个浇口附近，收缩值是0.0145mm，是可见的缺陷：凹坑。（只有 Sink mark depth≤0.007mm 时，收缩才是肉眼不可见的）。这与实际情况相符。

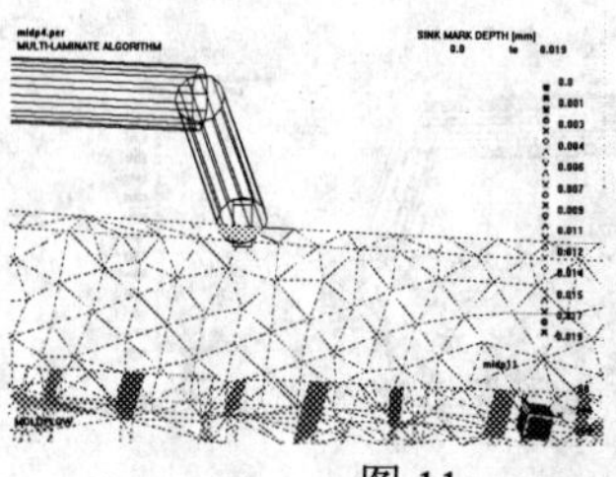

图11

（4）制品内部应力分布图 （见图 12）。图中表示超出材料最大剪应力的部分：制品内部最高应力值是 1.135MPa，而材料的最大剪应力为 0.4MPa。图中深色部分为剪应力超过材料极限应力的部分，分布较广。应力值高的部位易造成应力开裂。

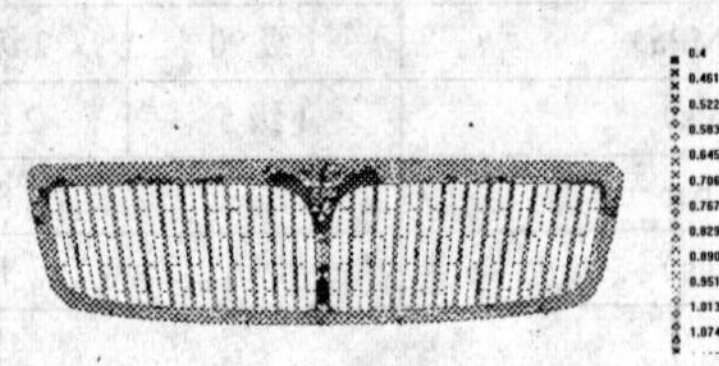

图 12

（5）制品横向尺寸变化趋势（见图 13）。按现有模具型腔设计尺寸注射成型的制品，横向收缩 4.8mm 才能达到产品设计要求。而实际生产中制品成型后，横向尺寸值收缩 2.5mm，造成产品尺寸偏大，不能满足装车要求。

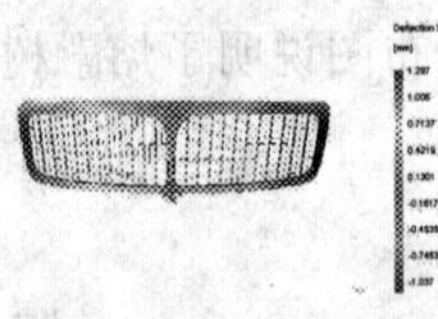

图 13

3.4 减少或消除缺陷的模拟分析

通过以上的分析结果，找到了问题出现的原因。针对上述分析结果，我们首先对各成型工艺参数进行优化设计，以期获得良好的效果。经过采用 Flow、Packing、Cool 等模块进行的模拟分析，并将原一级保压变为 3 级保压。获得的优化的注塑成型工艺参数见表 4、表 5。

表 4

模具温度 ℃	70
熔体温度 ℃	280
注射压力 MPa	67
注射时间 sec	5

表 5 保压压力参数

保压压力 MPa	保压时间 sec
32	0
32	7.2
31	12.0
7.1	7.5
0	0

通过上面对工艺参数的优化设计，得到如下结果。

3.4.1 优化后制品表面收缩痕减小（见图 14）

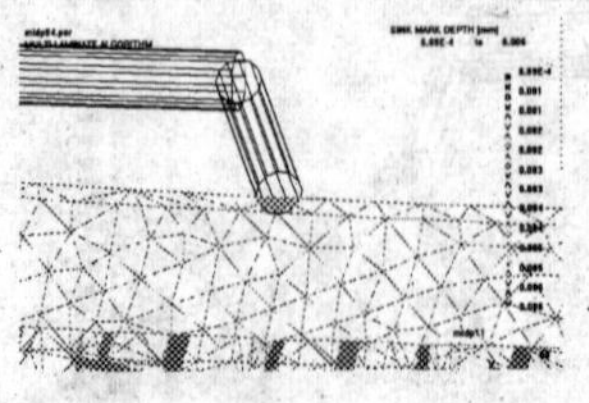

图 14

分析结果：浇口处体收缩值已由原来的 0.014mm 减小至 0.004mm，为肉眼不可见的，从而消除了 8 浇口处的缺陷收缩痕。

3.4.2　优化后产品内应力下降 （图 15）

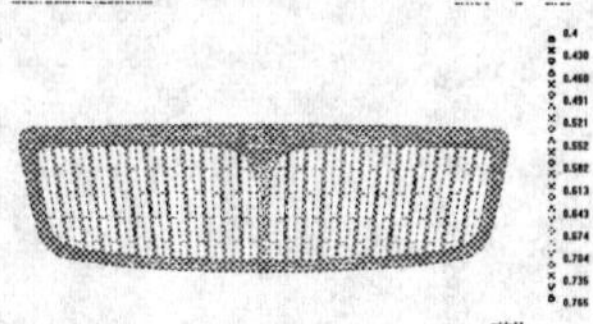

图 15

与上述按现生产工艺参数进行模拟的应力分布结果相比较，制品四边框和中间部分高应力值区域已消除，制品内部应力已大大降低，并且超值区分布较窄，从而使产品内在质量趋于稳定。

3.4.3　优化后，使产品尺寸得到校正

按优化的工艺参数进行翘曲分析，通过调整保压曲线，控制产品横向尺寸收缩，能够得到使产品横向尺寸缩小的趋势（图 16），从而达到满足产品设计要求的目的。

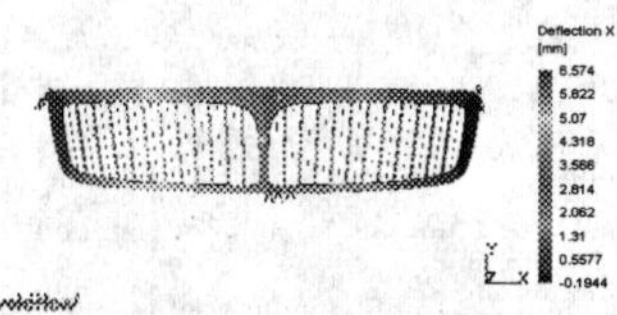

图 16

保压压力为 45MPa 时，制品横向尺寸收缩 6.7mm。

3.5　指导生产实际

以优化的工艺参数为基础进行现场调试，得到以下结果：

（1）浇口处收缩导致的冷斑（收缩痕）明显减小或基本消失，这与 CAE 结果相符。照片 1、2 是工艺调整前、后浇口处的收缩情况。

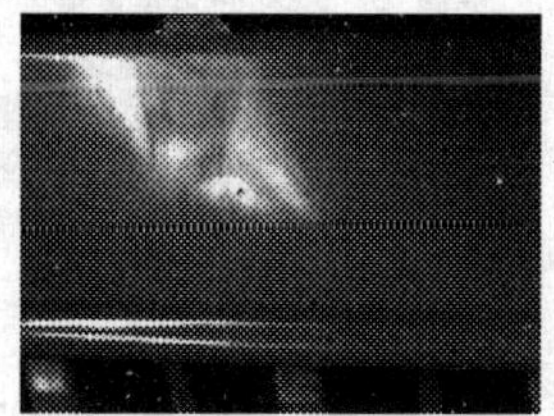

照片 1　调整前

照片 2　调整后

（2）产品横向尺寸比调整前缩小 1mm。

（3）由于产品模具浇注系统维持原状，所以熔接痕的问题未能得到彻底解决。

4　结论

通过以上对注塑过程的 CAE 分析，表明：在汽车塑料件生产中采用动态模拟分析技术，将三维实体造型读入 Moldflow 的 MPI 用户界面，对浇口、流道和冷却系统，进行深入全面的流动、保压、冷却、翘曲、结构应力分析，找出现生产中产品出现缺陷的原因，提出解决方案。同时对注塑成型工艺参数进行优化，从而提高了产品质量，降低废品率。因此，塑料 CAE 模拟分析技术在汽车塑料产品生产中有着广泛的理论指导意义和实际应用价值。

三、汽车电子技术

自动变速车辆电控系统过程信息在线监测系统的开发

阴晓峰 谭晶星 雷雨龙 葛安林

四川工业学院 吉林大学

[摘要] 为提高电控系统开发过程的“透明性”，本文完成了自动变速车辆电控系统过程信息在线监测系统的开发，并成功应用到机械式自动变速器的样车开发中，在保证产品质量的同时又达到了快速开发的目的。

关键词：自动变速 电控系统 在线监测

Development of An Online-monitoring System for the Process Information of the Electronically Controlled System of Automatic Transmission Vehicle

Yin Xiaofeng, Tan Jingxing, Lei Yulong, Ge Anlin

Sichuan Institute of Science & Technology,Jilin University of Technology

[Abstract] To improve the transparency of the development process of electronically controlled system, an online-monitoring system for the process information of automatic transmission vehicle is developed in this paper. The system is applied to the development of automatic mechanical transmission test vehicle, and the goal of assuring the product quality and rapid development is met.

Key words: automatic transmission electronically controlled system online-monitoring

前言

在机械式自动变速器（AMT）控制系统的软件开发过程中，往往需要经历较长时间的调试，通过不断调整控制算法及相关控制参数，以达到预期的综合控制效果。从保证产品质量、缩短开发周期及降低开发成本考虑，建立一个“透明”的可视开发环境显得尤为重要。

1 对 AMT 过程信息在线监测系统的要求

AMT 信息在线监测对象是控制系统工作过程中来自于各传感器的车辆状态信息。监测这些信息的目的是为了方便控制系统开发、调试等相关人员对系统的“微观”动态过程进行全面的分析。因此，AMT 在线信息监测系统应能满足如下基本要求：

(1) 实时性高。AMT 起步/换档过程都很短：一般起步最多不超过 3s，而换档时间就更短，一般在 1s 左右完成，控制周期都在 50ms 以内。要真实反映系统“微观”工作过程，在线监测系统数据更新周期也应在 50ms 以内。

(2) 信息量大。AMT 控制对象是整个车辆动力传动系统，在其工作过程中要对发动机、离合器及变速器进行综合控制，需要通过传感器采集各种车辆状态信息，包括：手柄位置、加速踏板位置、制动信号、节气门开度、车速、发动机转速、输入轴转速、离合器位移、选档位置、换档位置、转向盘转角和液压系统温度等。尽管每次采集的数据量并不是很多，但为充分了解系统动态控制过程，需要存储各信号的历史记录；又由前分析得知数据更新周期较短，所以总的信息量大。

(3) 信息重现性好。开发及调试人员经常要在事后分析控制系统行为特性，以便进一步提高产品性能；另外用户（即委托开发方）也需要评估 AMT 产品性能。这都要求在线监测系统能详细地把所有过程信息记录下来，并能方便灵活地让开发及调试人员或用户有选择地全部或部分重现这些信息。

(4) 移动性强。作为一种交通工具，车辆本身具有很强的移动性，这要求在线监测系统的载体应是可移动的，台式机已不能满足实际应用的需要。

(5) 具有故障诊断功能。传感器在 AMT 控制中起到提高闭环控制精度及稳定性的作用。传感器故障将对闭环控制产生严重破坏，甚至可能使控制系统瘫痪。另外，执行机构发生故障亦会对 AMT 的功能实现产生严重影响。在线监测系统应能及时地诊断出传感器及相关执行机构故障，以便开发、调试及维修人员及时排除故障。

2 AMT 过程信息在线监测系统的总体方案

2.1 传统 AMT 测试系统

传统 AMT 测试系统一般采用图 1 所示结构。来自于 AMT 车辆的过程信息经传感器、信号转换、整形、放大电路后通过磁带机在线记录到磁带上，然后再通过磁带机经数据采集卡由采样程序离线将记录在磁带上的信息采集到微机中进行分析和处理。

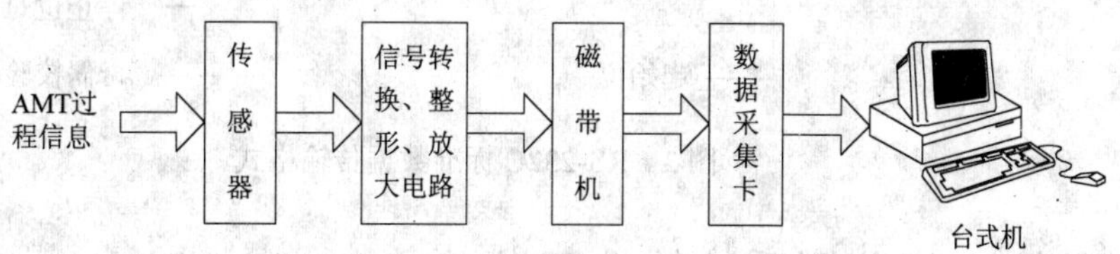

图 1 传统 AMT 测试系统

实践证明，传统测试系统具有实时性差、成本高、存储量小、影响控制系统性能、信息冗余等缺点[1]。事实上，AMT 控制系统也要完成过程信息的采集工作，传统测试系统完成的工作实际上是 AMT 控制系统数据采集与处理接口层完成工作的低效重复，未能有效地实现信息资源的共享。

综上分析，传统 AMT 测试系统不能适应过程信息在线监测的需要，不便于开发、调试人员及时了解产品性能，对保证产品质量、缩短开发周期及降低开发成本极为不利。

2.2 AMT 过程信息在线监测系统总体方案

2.2.1 系统结构

为克服传统 AMT 测试系统的缺点，考虑对 AMT 在线信息监测的要求，采用图 2 所示结构。AMT ECU（80C196KC 单片机）作为下位机，便携式电脑作为上位机，二者之间通过标准串行通信总线 RS-232C 进行通信。

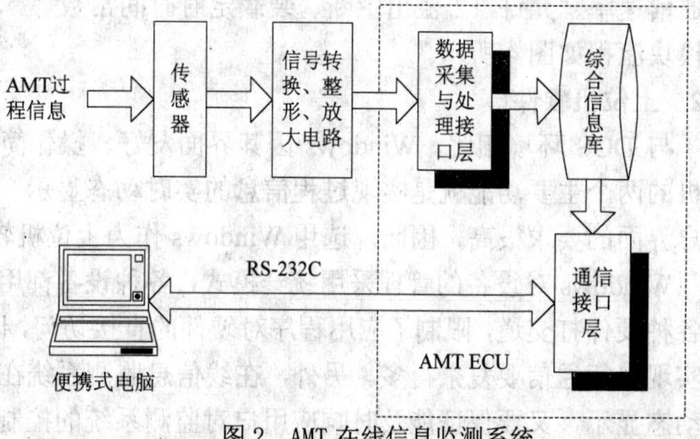

图 2 AMT 在线信息监测系统

对比图 1 和图 2 可以看出：在线信息监测系统的数据采集、处理、存储及显示全部在线完成，实时性好；该系统省去了传统测试系统中的磁带机和数据采集卡，而便携式电脑本身是 AMT 控制系统开发、调试过程中的标准配置，串行通信基本上没有附加成本，从而大大降低了设备成本；便携式电脑存储容量很大，有效地突破了 AMT 传统测试系统信息存储的瓶颈；信号转换、整形、放大电路输出端负载稳定，不会造成控制系统性能的变化；通过串行通信实现信息共享，使系统结构更加合理和规范。

2.2.2 功能分解

根据系统结构，可将系统功能分解为两部分：下位机在线信息采集、处理及数据发送；上位机在线数据接收、存储、动态显示和回放。具体地说，下位机根据采样定理及控制算法的要求，按一定采样周期将转换、整形、放大后的传感器信号经数据采集与处理接口层采集到 AMT ECU 中的综合信息库（位于 RAM 中），该层兼完成传感器故障诊断功能，而执行机构的故障诊断则在驱动控制层实现，故障代码存入综合信息库[1]，这些信息除供实时控制使用之外，还由通信接口层通过单片机 TxD 引脚发送至串行通信数据总线上；上位机通过串行端口接收数据存入输入缓冲区，后台线程以轮询（Polling）方式从输入缓冲区中读取数据，前台线程完成对后台线程的调度、过程信息的实时动态显示（包括数据显示及动态曲线绘制）及数据存储和回放等功能。

2.2.3 数据传输格式

RS-232C 总线是按位串行的通信总线[2]，并不限制所传送的数据类型和数据帧长。RS-232C 标准数据传输格式如图 3 所示，约定为起始位、若干数据位、奇偶校验位和停止位。

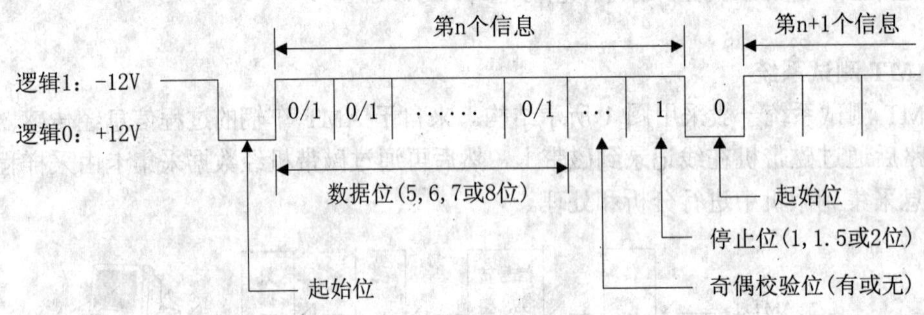

图 3 RS-232C 标准数据传输格式

3 AMT 过程信息在线监测系统软件开发

3.1 下位机通信模块

80C196KC 实现串行通信较为简单，为减少通信过程对系统控制的影响，采用 T2 定时器中断的方式实现下位机向上位机的数据传送。通信模块由初始化和中断服务程序两部分组成。初始化部分完成数据发送准备工作，包括设置数据块首地址及总长度、选择 P2.5 引脚的 TxD 功能，选择异步串行工作方式、设置通信速率、允许 T2 溢出中断、装载定时时间常数等。中断服务程序负责完成数据块的发送。下位机通信模块流程如图 4 所示。

3.2 上位机软件

与 DOS 环境相比，Windows 因其界面友好、操作简便、性能稳定等优点而倍受人们青睐。考虑到上位机的两个主要功能就是实现过程信息的实时动态显示（包括数据显示及动态曲线绘制）和回放，对图形用户界面的要求很高，因此，选用 Windows 作为上位机软件平台的运行环境。

Windows 对设备的管理采用统一模式，各种设备都用相应的设备驱动程序进行管理，由设备驱动程序与各种硬件打交道，限制了应用程序对硬件的直接访问，因此，在 Windows 环境下实现串行通信比在 DOS 下实现串行通信要复杂得多。另外，在线信息监测系统在接收串口数据的同时，既要完成相关数据及图形的动态显示，又要保证能及时响应用户对监测系统的控制，这需要引入多线程技术及线程间同步机制。

3.2.1 Win32 下串行通信类的实现

Win32 API（Application Programming Interface）提供了二十多个与串行通信相关的函数[3]。如果在程序中直接使用，一方面极不方便，另一方面还会因结构复杂降低软件质量。从软件重用（Reusing）、降低程序复杂度及便于使用的角度出发，本文用 C++语言实现了串行通信类 CComm，它封装了前述的大部分函数。CComm 类的 UML（Unified Modeling Language，一体化建模语言，已成为面向对象技术的工业标准）描述如图 5 所示。

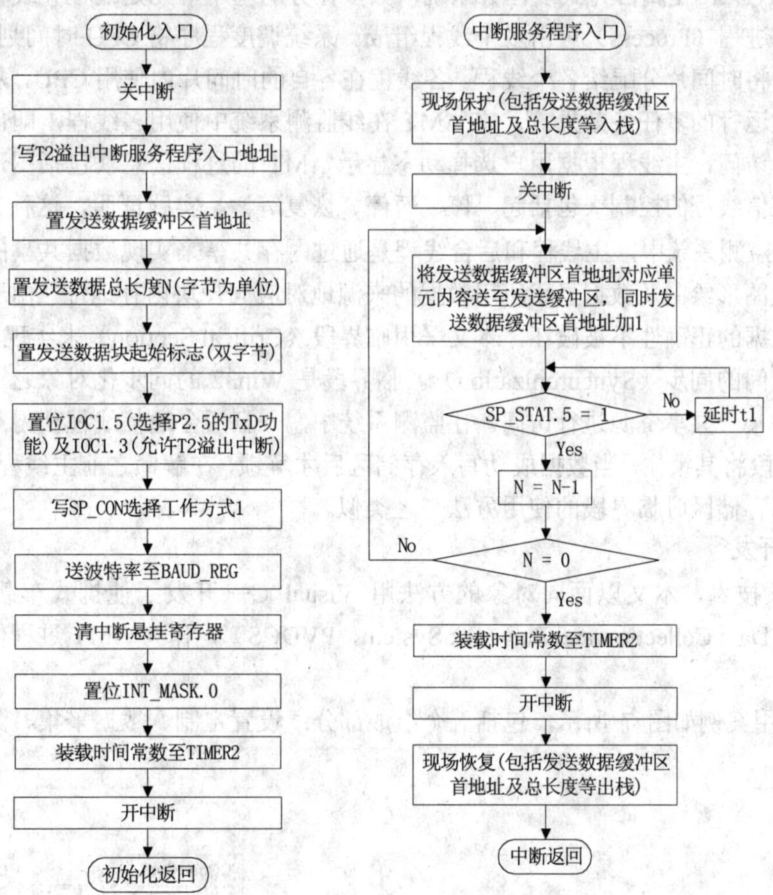

图 4　下位机通信模块流程

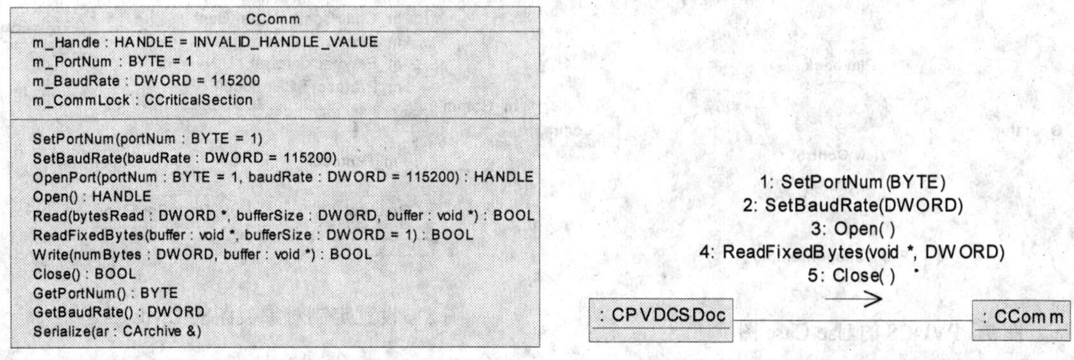

图 5　串行通信类 CComm 的 UML 描述图　　　　6　从串行口接收数据的对象协作图

对 Win32 API 的封装为 Windows 环境串行通信应用程序的开发提供了极大的方便。在实际应用中，只需申明一 CComm 的实例（Instance），对其相应成员函数进行简单调用即可实现 AMT 在线监测系统上位机端的串行通信需求。

图 6 是在线监测系统使用 CComm 类从串行口接收数据的对象协作图（Collaboration Diagram）的 UML 描述。从图中可以看出，要从串行口接收数据，只需简单地对 CComm 类的一个实例顺序调用五个成员函数（设置端口号、设置波特率、打开串行口、读取数据、关闭串行口）即可，而把大量的实现细节封装在 CComm 类的内部。

3.2.2 多线程技术及线程同步机制的引入

Windows 9X/NT/2K 是属占先式多任务系统，其多任务的基本单元是线程。线程是可由系统调度的最小执行单位，一个进程（Process）可由多个线程组成。系统调度程序将 CPU 时间划分为许多小的时间片，并按一定的优先级将时间片分配给各个线程。各线程在各自的时间片内使用 CPU，从而实现了微观上轮流执行、宏观上并发运行的多任务效果[4]。在 AMT 在线监测系统中使用多线程，即创建专门的后台通信线程实现对串行口的访问，主线程根据用户选择动态显示 AMT 的过程信息（包括图形和数据）及响应用户操作实现对后台通信线程的控制（包括起、停、暂停、恢复等）。实践证明，这种方法是行之有效的。

在 AMT 在线监测系统中，主线程和后台线程是通过内存共享来实现数据共享的，即串行口接收数据的存储地和主线程图形绘制及数据显示所用数据的来源地对应同一块内存地址。由于线程的占先性和无法预测性，为保证数据的正确性不被破坏，本文采用临界段（Critical Section）来实现 AMT 在线监测系统主线程和后台线程之间的同步（Synchronization）。临界段是 Win32 的同步化对象之一，能有效保证一次只能有一个线程可对某一共享资源进行访问。在监测系统中，一旦后台通信线程获得对共享数据存储区的访问权，立即用临界段将其锁住，当数据成功写入存储区后才解锁，在解锁之前主线程无法访问共享存储区。在主线程读取共享存储区时临界段的使用方法与之类似。

3.2.3 上位机软件开发

综合以上各项技术，本文以面向对象的方法用 Visual C++开发了便携式车载数据采集与回放系统（Portable Vehicle Data Collection and Playback System，PVDCS），作为 AMT 过程信息在线监测系统的上位机软件平台。

PVDCS 的使用案例如图 7 所示，包括五个组成部分：设置定制、数据采集、数据回放、视图控制和文件管理。

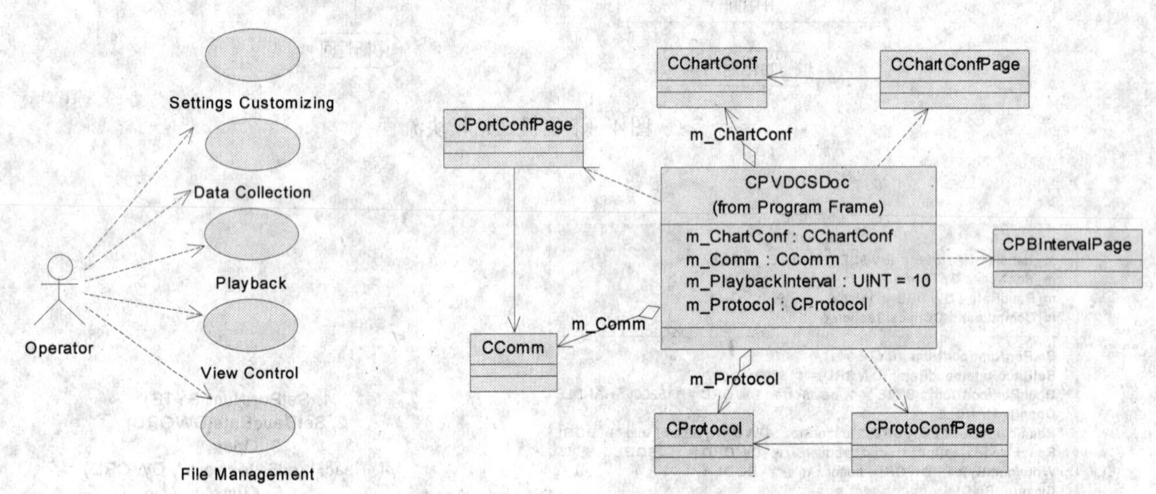

图 7 PVDCS 的 Use Case 图

图 8 设置定制对象类图的 UML 描述

设置定制（Settings Customizing）对象类图的 UML 描述如图 8 所示，主要完成串行端口的配置（端口号、波特率等）、串行通信数据包协议定制（头部标识项内容及长度、各数据项长度及含义、尾部标识项内容及长度）、曲线绘制属性配置（一个窗口绘制图形数量、一屏允许显示的数据采样点总数、是否显示图例、各数据项绘制位置、绘制颜色、线型及宽度、各图形的坐标范围等）、图形窗口数据更新周期设置等功能。

数据采集（Data Collection）实现串行口数据接收的起动、停止、暂停、恢复及与之同步的 AMT 过程信息图形绘制、数据显示更新等功能。

回放（Playback）用于事后分析，与数据采集过程中的 AMT 过程信息图形绘制、数据显示更新相比增加了定点搜索功能。

视图控制（View Control）实现数据采集/回放过程图形、文本显示方式的选择和切换。

文件管理（File Management）实现数据存储、文件载入、向其它数据分析软件进行数据转换、图形拷贝、图形打印等功能。

3.3 应用情况

本文所开发的 AMT 过程信息在线监测系统已成功应用于 SC6350 小客车 AMT 样车的开发过程，图 9 为 PVDCS 在线监测过程中的一个显示界面。该系统工作稳定可靠、数据准确度高，增强了 AMT 电控系统开发、调试过程的“透明性”，便于开发、调试相关人员及时分析控制系统性能，提高了产品开发、调试的工作效率，对缩短开发及调试周期、保证产品质量在实践手段上提供了有力的支持。

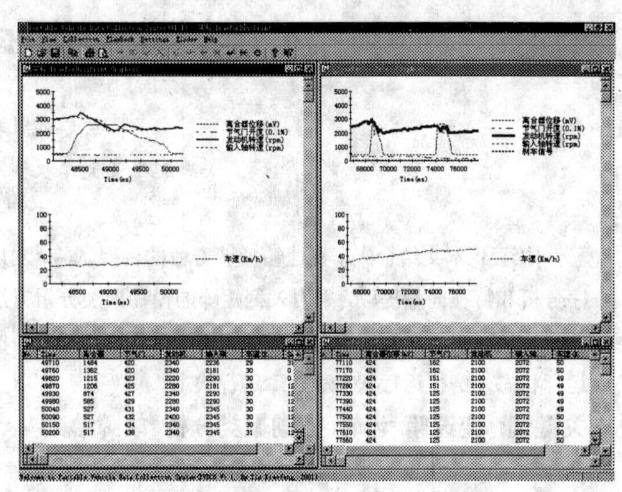

图 9 PVDCS 在线监测过程显示

另外，由于在开发过程中就考虑到通用性，本系统上位机软件 PVDCS 不需进行任何改动即可用于其它车辆电控系统及工业现场控制系统过程信息的在线监测。

4 结论

从保证产品质量、缩短开发周期及降低开发成本考虑，建立一个“透明”的可视开发环境对 AMT 控制系统开发显得尤为重要。

本文针对传统 AMT 测试系统的缺点及对 AMT 过程信息进行在线监测的要求，提出了以 AMT ECU 为下位机、便携式电脑为上位机、二者通过串行通信总线进行通信来实现 AMT 过程信息在线监测的总体方案。

从功能和实现上将监测系统软件划分为下位机通信模块和上位机软件两部分。在 80C196KC 单片机上编写了下位机通信模块，运用面向对象技术及多线程技术完成了基于 Win32 平台的上位机软件 PVDCS 开发。

本文所开发的 AMT 过程信息在线监测系统已成功应用于 SC6350 小客车 AMT 样车的开发过程，起到了辅助分析、提高工作效率、缩短开发周期的作用，实用价值高。

参考文献

1 阴晓峰．车辆动力传动力自动操纵系统体系结构及支撑软件开发的研究：[博士学位论文]．长春：吉林大学，2002.6

2 汪健主编．MCS-96 系统单片机原理及应用技术．武汉：华中理工大学出版社，1999.1

3 Microsoft Cooperation. MSDN Library. 2000.7

4 周之英编著．现代软件工程．北京：科学技术出版社，2000.6

模糊聚类分析在汽车变速箱齿轮故障诊断中的应用

尹安东 羊拯民

合肥工业大学机械与汽车工程学院

[摘要] 本文结合汽车变速箱疲劳寿命的台架试验，对所采集的 LC5T81 变速箱齿轮运行状态振动信号进行时序分析和特征向量提取，采用 λ 截矩阵的模糊聚类分析方法确定变速箱齿轮运行状态信号的特征向量样本的亲疏关系，从而实现对变速箱齿轮运行状态进行识别与诊断。验证表明，该方法能够有效的诊断出变速箱齿轮的跑合运行状态、磨损运行状态和故障运行状态。

关键词：变速箱 齿轮 模糊聚类分析 故障诊断

The Applications of Fuzzy Cluster in the Gears Fault Diagnosis of Automobile Transmission

Yin Andong, Yang Zhengmin

School of Mechanical and Automobile Engineering, Hefei University of Technology

[Abstract] Based on fuzzy cluster method the similarity relation between the feature vector of the working state transmission gears and the sample feature vector are obtained. working state of the automobile transmission gears is determined according to this similarity relation of the feature vector. This method was used to diagnose normal working state, wearing working state and fault working state of LC5T81 transmission gear. The result shows that this method of fault diagnosis of automobile transmission gear is effective.

Key words: transmission Gear fuzzy cluster analysis fault diagnosis

1 引言

随着汽车工业的高速发展，对汽车变速箱齿轮的运行状态进行有效的检测和故障诊断变得越来越重要[1]。汽车变速箱齿轮的运行状态的信息在很多情况下具有模糊性，模糊数学正好为解决这类模糊性问题提供了新的途径[2]。模糊聚类分析方法就是以模糊数学为理论基础，通过确定样本的亲疏关系来实现对样本的分类。本文以 LC5T81 变速箱为研究对象，采用 λ 截矩阵的模糊聚类分析方法对变速箱齿轮运行状态进行分类与诊断。

2 模糊聚类分析的基本原理[3][4]

2.1 样本参数标准化处理

设待分类对象的论域为：$X=\{X_1,X_2,\cdots X_n\}$，其中，n 为被分类对象的个数，每个被分类的对象作为一个样本；并设每个样本 X_i（$i=1,2,\cdots n$）可抽取 m 个特征参数来描述：$X_i=\{X_{i1},X_{i2},\cdots X_{ij}\cdots X_{im}\}$，其中，$Xij$（$j=1,2,\cdots m$）表示第 i 个被分类对象相应于第 j 个特征参数值。为了便于分析和比较，避免数据过小特征参数的作用被淹没，在进行标定之前应先对样本参数进行标准化处理。本文选用极值标准化对样本参数进行标准化处理，并把样本参数压缩到[0，1]区间内，具体计算公式为：

$$X'_{ij}=\frac{X_{ij}-X_{j\min}}{X_{j\max}-X_{j\min}}\qquad (i=1,2,\ldots\ldots, n),\quad (j=1,2,\ldots\ldots, m) \tag{1}$$

式中 $X_{j\max}=\max(X_{1j},X_{2j},\ldots\ldots, X_{nj})$，$X_{j\min}=\min(X_{1j}, X_{2j},\ldots\ldots, X_{nj})$ 。

故得到标准化后的待分类对象的论域为：$X'=(X'_1,X'_2,\ldots\ldots, X'_n)$。

2.2 模糊相似矩阵的建立

使用模糊聚类分析方法必须先给分类对象之间确定一个亲疏关系。在此就是根据实际情况按某一种方法，给论域 X′ 中的元素两两之间都赋以区间[0,1]内的一个数，数学上称之为相似系数。用 γ_{ij} 表示元素 x_i 与 x_j 之间的相似系数，当 $\gamma_{ij}=0$ 时，表示 x_i 与 x_j 截然不同，毫无相似之处；当 $\gamma_{ij}=1$ 时，表示 x_i 与 x_j 完全相似或等同；当 $i=j$ 时，γ_{ij} 就是 x_i（或 x_j）自己与自己相似程度，显然恒为 1。本文采用绝对值减数法计算相似系数，其定义为：

$$r_{ij}=\begin{cases}1\ldots\ldots\ldots\ldots\ldots\ldots\ldots\ldots\ldots(i=j)\\ 1-C\sum_{k=1}^{m}\left|x'_{ik}-x'_{jk}\right|\ldots\ldots\ldots(i\neq j)\end{cases} \tag{2}$$

式中 C 适当选取，使得 $0\leq\gamma_{ij}\leq1$。

对于 n 个待分类对象的论域 X’，可以得到 $n\times n$ 个表示元素两两之间相似系数，故可以把这 $n\times n$ 个数用矩阵形式来表示：

$$R=\begin{bmatrix}\gamma_{11} & \gamma_{12} & \cdots & \gamma_{1n}\\ \gamma_{21} & \gamma_{22} & \cdots & \gamma_{2n}\\ \cdots & \cdots & \cdots & \cdots\\ \gamma_{n1} & \gamma_{n2} & \cdots & \gamma_{nn}\end{bmatrix} \tag{3}$$

并称之为模糊相似矩阵。它反映了 n 个待分类对象的论域 X 的模糊相似关系。

2.3 模糊等价矩阵的求取

一个模糊相似矩阵，如果同时满足自反性、对称性和传递性，则是一个模糊等价矩阵。用上述方法建立的模糊相似矩阵 R 一般只具有自反性和对称性，并不满足传递性，因而不满足等价关系的条件，还必需对其进行改造。通常采用传递闭包法，使之满足传递性，成为模糊等价矩阵。具体的改造方法是平方法：$R^2=R\cdot R$，$R^4=R^2\cdot R^2$ ，$R^8=R^4\cdot R^4$ ，…。这里模糊相似矩阵 R 的平方定义为：

$$R\cdot R=(S_{ij})_{m\times n} \tag{4}$$

式中 $S_{ij}=\bigvee_{k=1}^{m}(r_{ik}\wedge r_{kj})$ ，“∨”、“∧”分别为“取大”、“取小”运算。

若在某一步有 $R^{2k}=R^k=R^*$ ，则 R*便是一个模糊等价矩阵。

2.4 采用λ截矩阵法进行模糊聚类分析

λ截矩阵是联系模糊关系与普通关系的桥梁。模糊相似矩阵 R 经过改造得到模糊等价矩阵 R^*后，对于任意 $\lambda\in[0,1]$截取的λ截关系所对应的λ截矩阵 R_λ^*，每一个λ截矩阵 R_λ^*可以决定一个λ水平的分类。随λ从大到小取值，R_λ^*所对应的 X 的分类不断发生变化，使分类形成一个动态的聚类图，这种聚类分析方法称之λ截矩阵法。这样对于任意 $\lambda\in[0,1]$，分类时 R_λ^*中各元素改为这样取值：大于或等于λ的元素都改取为 1，小于λ的元素都改取为 0，根据 R_λ^*中 1 与 0 的排列情况即可分出类来。 可见，模糊聚类的原理就是用模糊等价矩阵 R^*及其λ截矩阵 R_λ^*作出分类。

3 λ截矩阵的模糊聚类分析在变速箱齿轮故障诊断中的应用

应用λ截矩阵的模糊聚类分析方法对汽车变速箱齿轮故障进行诊断，就是对待诊断的变速箱齿轮运行状态样本进行有效的分类，判断其与哪一种标准样本属于同一类。本文以 LC5T81 变速箱为研究对象，结合变速箱疲劳寿命的台架试验，通过加速度传感器所采集的 LC5T81 变速箱三档齿轮运行状态振动加速度信号（时域波形图如图 1 所示），对其进行时序分析[5][6]。经时序分析提取的 AR 模型的 12 个参数组成的特征向量，能较好地表征变速箱齿轮的运行状态，可以作为变速箱齿轮运行状态聚类的标准样本[7]。变速箱齿轮在运行过程中的磨损过程可以分为跑合阶段、正常磨损阶段和剧烈磨损（故障）阶段[8]，故取 LC5T81 变速箱三档齿轮的跑合运行状态、磨损运行状态和故障运行状态的振动加速度信号各三组进行时序分析和特征提取，得到齿轮各运行状态的标准样本如下[7]：

（1）跑合运行状态的标准样本

X_1 =（-0.4587 0.3468 -0.1877 0.1274 -0.4702 0.2910 -0.0794 0.4054 -0.2417 0.3112 -0.0582 -0.0191）

X_2 =（-0.4200 0.2323 -0.1757 0.2462 -0.4053 0.1917 0.0012 0.3901 -0.1778 0.2859 -0.1225 -0.1215

X_3 =（-0.4701 0.3577 -0.2028 0.3296 -0.4919 0.1677 -0.0548 0.3588 -0.2139 0.3286 -0.2447 0.0923）

（2）磨损运行状态的标准样本

X_4 =（-0.4878 0.5036 -0.2398 0.3945 -0.4908 0.1780 -0.0166 0.5378 -0.3666 0.5170 -0.0585 -0.0100）

X_5 =（-0.4223 0.4980 -0.2565 0.3868 -0.5594 0.0817 -0.1270 0.5077 -0.3164 0.4465 -0.0428 -0.0077）

X_6 =（-0.4014 0.5729 -0.1864 0.4455 -0.4879 0.1541 -0.1600 0.4873 -0.3727 0.4935 -0.0696 -0.0119）

（3）故障运行状态的标准样本

X_7=（-0.5052 0.4186 -0.1400 0.0914 -0.0212 -0.0145 0.1543 0.1612 -0.0171 0.2117 -0.0471 0.0212）

X_8=（-0.5764 0.5161 -0.1840 0.1517 -0.0413 0.0305 0.1076 0.1265 -0.0328 0.1938 -0.0060 0.0332）

X_9=（-0.4796 0.4925 -0.2874 0.1697 -0.0651 0.0050 0.0969 0.1477 0.0160 0.1271 -0.0284 0.0698）

若待诊断分类的变速箱齿轮运行状态样本 X_d，经时序分析提取的特征向量为：

X_d =（-0.4993 0.5915 -0.2971 0.2017 -0.0480 0.0993 -0.0665 0.11872 -0.0302 0.1231 -0.1216 0.0250）

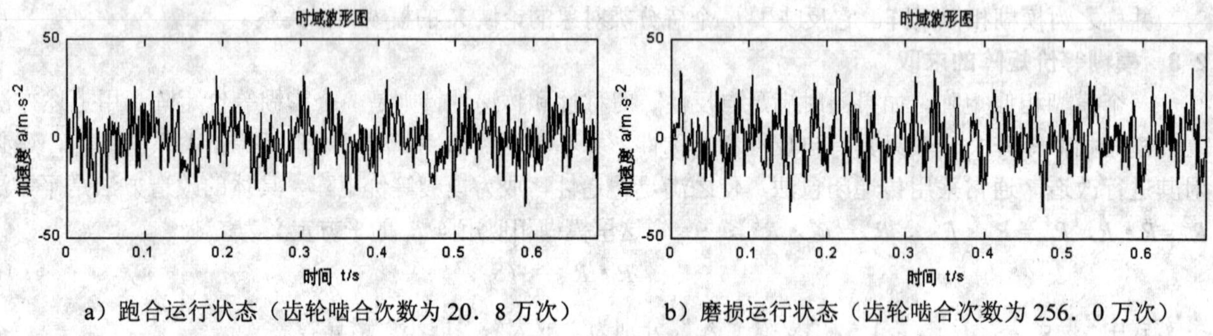

a）跑合运行状态（齿轮啮合次数为 20．8 万次） b）磨损运行状态（齿轮啮合次数为 256．0 万次）

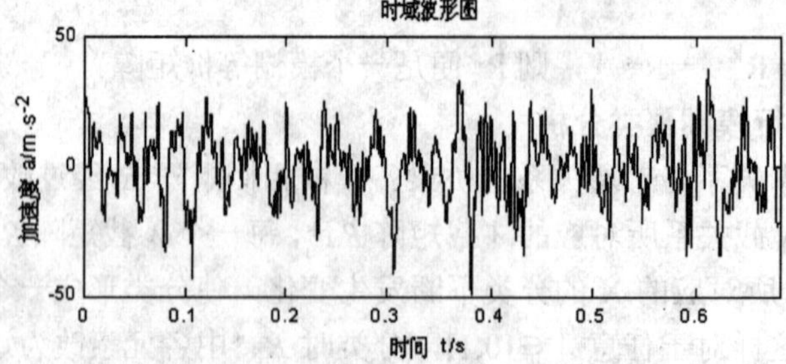

c）故障运行状态（齿轮啮合次数为 462．5 万次）

图 1 变速箱三档齿轮运行状态振动信号的时域波形图

则 10 个运行状态样本组成待诊断分类样本论域的参数矩阵 X 描述如下：

$$X = [X_1 \quad X_2 \quad X_3 \quad X_4 \quad X_5 \quad X_6 \quad X_7 \quad X_8 \quad X_9 \quad X_d]^T$$

$$
=\begin{bmatrix}
-0.4587 & -0.4200 & -0.4701 & -0.4878 & -0.4223 & -0.4014 & -0.5052 & -0.5764 & -0.4796 & -0.4993 \\
0.3468 & 0.2323 & 0.3577 & 0.5036 & 0.4980 & 0.5729 & 0.4186 & 0.5161 & 0.4925 & 0.5915 \\
-0.1877 & -0.1757 & -0.2028 & -0.2398 & -0.2565 & -0.1864 & -0.1400 & -0.1840 & -0.2874 & -0.2971 \\
0.1274 & 0.2462 & 0.3296 & 0.3945 & 0.3868 & 0.4455 & 0.0914 & 0.1517 & 0.1697 & 0.2017 \\
-0.4702 & -0.4053 & -0.4919 & -0.4908 & -0.5594 & -0.4879 & -0.0212 & -0.0413 & -0.0651 & -0.0480 \\
0.2910 & 0.1917 & 0.1677 & 0.1780 & 0.0817 & 0.1541 & -0.0145 & 0.0305 & 0.0050 & 0.0993 \\
-0.0794 & 0.0012 & -0.0548 & -0.0166 & -0.1270 & -0.1600 & 0.1543 & 0.1076 & 0.0969 & -0.0665 \\
0.4054 & 0.3901 & 0.3588 & 0.5378 & 0.5077 & 0.4873 & 0.1612 & 0.1265 & 0.1477 & 0.1872 \\
-0.2417 & -0.1778 & -0.2139 & -0.3666 & -0.3164 & -0.3727 & -0.0171 & -0.0328 & 0.0160 & -0.0302 \\
0.3112 & 0.2859 & 0.3286 & 0.5170 & 0.4465 & 0.4935 & 0.2117 & 0.1938 & 0.1271 & 0.1231 \\
-0.0582 & -0.1225 & -0.2447 & -0.0585 & -0.0428 & -0.0696 & -0.0471 & -0.0060 & -0.0284 & -0.1216 \\
-0.0191 & -0.1215 & 0.0923 & -0.0100 & -0.0077 & -0.0119 & 0.0212 & 0.0332 & 0.0698 & 0.0250
\end{bmatrix}^T
$$

按式（1）得到标准化处理后的待诊断分类样本论域的参数矩阵 X' 为：

$$
X'=\begin{bmatrix}
0.6726 & 0.8937 & 0.6074 & 0.5063 & 0.8806 & 1.0000 & 0.4069 & 0.0000 & 0.5531 & 0.4406 \\
0.3188 & 0.0000 & 0.3491 & 0.7553 & 0.7397 & 0.9482 & 0.5187 & 0.7901 & 0.7244 & 1.0000 \\
0.6964 & 0.7728 & 0.6003 & 0.3647 & 0.2584 & 0.7046 & 1.0000 & 0.7199 & 0.0617 & 0.0000 \\
0.1017 & 0.4372 & 0.6727 & 0.8560 & 0.8342 & 1.0000 & 0.0000 & 0.1703 & 0.2211 & 0.3115 \\
0.1657 & 0.2863 & 0.1254 & 0.1275 & 0.0000 & 0.1329 & 1.0000 & 0.9627 & 0.9184 & 0.9502 \\
1.0000 & 0.6750 & 0.5964 & 0.6301 & 0.3149 & 0.5519 & 0.0000 & 0.1473 & 0.0638 & 0.3725 \\
0.2564 & 0.5129 & 0.3347 & 0.4563 & 0.1050 & 0.0000 & 1.0000 & 0.8514 & 0.8174 & 0.2975 \\
0.6781 & 0.6409 & 0.5648 & 1.0000 & 0.9268 & 0.8772 & 0.0844 & 0.0000 & 0.0515 & 0.1476 \\
0.3370 & 0.5014 & 0.4085 & 0.0157 & 0.1448 & 0.0000 & 0.9148 & 0.8745 & 1.0000 & 0.8811 \\
0.4775 & 0.4133 & 0.5217 & 1.0000 & 0.8210 & 0.9403 & 0.2249 & 0.1795 & 0.0102 & 0.0000 \\
0.7813 & 0.5119 & 0.0000 & 0.7801 & 0.8458 & 0.7336 & 0.8278 & 1.0000 & 0.9062 & 0.5157 \\
0.4790 & 0.0000 & 1.0000 & 0.5215 & 0.5323 & 0.5126 & 0.6674 & 0.7236 & 0.8948 & 0.6852
\end{bmatrix}^T
$$

根据式（2）和（3），为了使 $0\leqslant r_{ij}\leqslant 1$，取 $C=0.1050$，求出 X' 中任意两个样本之间的相似系数 r_{ij}，并组成模糊相似矩阵 R 为：

$$
\begin{bmatrix}
1.0000 & 0.7199 & 0.7043 & 0.6138 & 0.6111 & 0.6135 & 0.4637 & 0.4270 & 0.3882 & 0.4439 \\
0.7199 & 1.0000 & 0.6587 & 0.5326 & 0.5133 & 0.5302 & 0.4028 & 0.3694 & 0.3364 & 0.4216 \\
0.7043 & 0.6587 & 1.0000 & 0.6169 & 0.5756 & 0.5621 & 0.3676 & 0.3571 & 0.3852 & 0.4638 \\
0.6318 & 0.5326 & 0.6169 & 1.0000 & 0.8142 & 0.7938 & 0.3010 & 0.3284 & 0.3536 & 0.4115 \\
0.6111 & 0.5133 & 0.5756 & 0.8142 & 1.0000 & 0.8047 & 0.2816 & 0.3095 & 0.3702 & 0.4224 \\
0.6135 & 0.5302 & 0.5621 & 0.7938 & 0.8047 & 1.0000 & 0.2220 & 0.2567 & 0.2131 & 0.3448 \\
0.4637 & 0.4028 & 0.3676 & 0.3010 & 0.2816 & 0.2220 & 1.0000 & 0.8047 & 0.7398 & 0.6217 \\
0.4270 & 0.3694 & 0.3571 & 0.3284 & 0.3095 & 0.2567 & 0.8047 & 1.0000 & 0.7794 & 0.6682 \\
0.3882 & 0.3364 & 0.3852 & 0.3536 & 0.3702 & 0.2131 & 0.7398 & 0.7794 & 1.0000 & 0.7663 \\
0.4439 & 0.4216 & 0.4638 & 0.4115 & 0.4224 & 0.3448 & 0.6217 & 0.6682 & 0.7663 & 1.0000
\end{bmatrix}
$$

根据式（4）求出模糊等价矩阵 R^*，由于 $R^4\circ R^4=R^4$，故 $R^*=R^4$。即：

$$
R^*=R^4=\begin{bmatrix}
1.0000 & 0.7199 & 0.7043 & 0.6318 & 0.6318 & 0.6318 & 0.4638 & 0.4638 & 0.4638 & 0.4638 \\
0.7199 & 1.0000 & 0.7043 & 0.6318 & 0.6318 & 0.6318 & 0.4638 & 0.4638 & 0.4638 & 0.4638 \\
0.7043 & 0.7043 & 1.0000 & 0.6318 & 0.6318 & 0.6318 & 0.4638 & 0.4638 & 0.4638 & 0.4638 \\
0.6318 & 0.6318 & 0.6318 & 1.0000 & 0.8142 & 0.8047 & 0.4638 & 0.4638 & 0.4638 & 0.4638 \\
0.6218 & 0.6218 & 0.6218 & 0.8142 & 1.0000 & 0.8047 & 0.4638 & 0.4638 & 0.4638 & 0.4638 \\
0.6218 & 0.6218 & 0.6218 & 0.8047 & 0.8042 & 1.0000 & 0.4638 & 0.4638 & 0.4638 & 0.4638 \\
0.4638 & 0.4638 & 0.4638 & 0.4638 & 0.4638 & 0.4638 & 1.0000 & 0.8047 & 0.7794 & 0.7663 \\
0.4638 & 0.4638 & 0.4638 & 0.4638 & 0.4638 & 0.4638 & 0.8047 & 1.0000 & 0.7794 & 0.7663 \\
0.4638 & 0.4638 & 0.4638 & 0.4638 & 0.4638 & 0.4638 & 0.7794 & 0.7794 & 1.0000 & 0.7663 \\
0.4638 & 0.4638 & 0.4638 & 0.4638 & 0.4638 & 0.4638 & 0.7663 & 0.7663 & 0.7663 & 1.0000
\end{bmatrix}
$$

采用 λ 截矩阵法对上述模糊等价矩阵 $R^*= R^4$ 进行故聚类分析，并得出动态聚类图（如图 2 所示）。

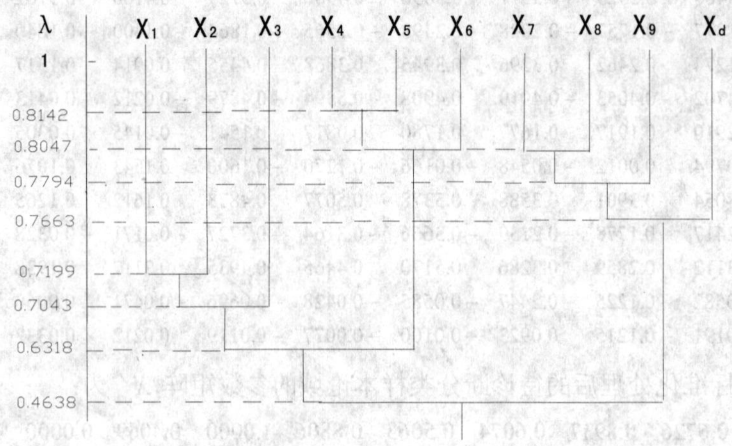

图 2 变速箱三档齿轮运行状态动态聚类图

由动态聚类图可知：

(1) $\lambda\in$（0．0000，0．4638）时，三档齿轮运行状态的样本属于同一类。因此不能确定待诊断分类的齿轮运行状态样本 X_d 属于哪一类运行状态 。

(2) $\lambda\in$（0．4638，0．6318）时，三档齿轮运行状态的样本聚为两类，即：X_1 、X_2 、X_3 、X_4 、X_5 和 X_6 属于一类；而 X_7 、X_8、X_9 和 X_d 属于另一类。可以确定待诊断分类的齿轮运行状态样本 X_d 属于故障运行状态。

(3) $\lambda\in$（0．6318，0．7043）时，三档齿轮运行状态的样本聚为三类，即：X_1 、X_2 和 X_3 属于第一类；X_4 、X_5 和 X_6 属于第二类；而 X_7 、X_8、X_9 和 X_d 属于第三类。这里不仅确定待诊断分类的齿轮运行状态样本 X_d 属于故障运行状态，而且能够准确聚类出三档齿轮的跑合运行状态、磨损运行状态和故障运行状态。

(4) 当 $\lambda\geq$0．7043 时，三档齿轮运行状态的样本聚为多类。

可见：利用 λ 截矩阵的模糊聚类分析可以确定出待诊断分类的三档齿轮运行状态样本 X_d 属于故障运行状态。 $\lambda\in$（0．6318，0．7034）时诊断效果最好，$\lambda\in$（0．4638，0．6318）时诊断效果次之 。

4 结论

(1) 结合汽车变速箱疲劳寿命台架试验实测的反映 LC5T81 变速箱三档齿轮运行状态振动信号数据，进行大量诊断验证，发现 λ＝0．55～0．65 时，所得到的诊断效果最好，此时诊断的准确率达到 90％以上。

(2) 模糊聚类分析方法能够有效的诊断出汽车变速箱齿轮的跑合运行状态、磨损运行状态和故障运行状态。该方法简单、可行，并对其它旋转机械运行状态的监测和故障诊断具有一定的实用价值。

参考文献

1 肖云魁编著．汽车故障诊断学[M]．北京：北京理工大学出版社，2001． 189～195

2 钟秉林，黄仁．机械故障诊断学[M]．北京：机械工业出版社，1998．68～74

3 L.A.Zadeh.Fuzzy Sets And Applications[J].John Wiley &Sons Inc. 1987.81~94

4 杨伦标，高英仪．模糊数学原理及应用[M]．广州：华南理工大学出版社，1998．94~122

5 羊拯民，张成宝．时序分析在汽车变速箱齿轮故障诊断中的应用[J]．农业机械学报，2000（3）．92～95

6 杨叔子，吴雅．机械故障诊断的时序方法．西安：西安交通大学大学出版社，1989．242～298

7 尹安东．汽车变速箱齿轮故障模糊聚类诊断技术的应用研究[D].合肥：合肥工业大学机械与汽车工程学院，2002

嵌入式车载导航电子地图

杨殿阁 卜 建 郑四发 李克强 连小珉
清华大学汽车工程系

[摘要] 本文描述了为有效提高车载自导航系统的运行效率，所建立的一套嵌入式车载导航电子地图。该地图针对嵌入式系统运行速度低，存储空间有限的特点对路网数据结构和表示方式进行了精简，采用分层模式管理地图，试验表明该地图可以很好地适合于车载导航系统。

关键词：电子地图 路网模型 汽车导航

1 引言

近些年来，车载自主导航系统得到了迅猛的发展，该系统主要是利用 GPS/DR(全球定位系统/航位推算)导航定位器提供的位置、速度信息，以地理信息数据为平台，实现自主导航的车辆信息系统，它是一种为驾驶员提供信息服务的系统，它主要为使用者解决三个方面的问题：目前在哪里；目的地在哪里；如何才能抵达目的地。在此基础上，它还可以向使用者提供诸如地理环境查询、车辆状况报告、数字地图更新，甚至通讯及娱乐等功能。

在这种导航系统中，数字地图是车载导航系统的基础，导航系统的绝大部分功能都必须依赖数字地图才能够实现。同时，并非所有数字地图都适用于车载导航系统。车载自主导航系统特殊的软硬件条件对数字地图有着特殊的要求。目前，绝大多数车载导航系统的设计采用嵌入式系统方案。嵌入式系统是指将应用程序和操作系统与计算机硬件集成在一起的系统。简单的说就是系统的应用软件与系统的硬件一体化。这种系统具有高度自动化，可靠性高等特点，但同时由于嵌入式系统硬件的处理能力限制，这种系统的处理能力和存储空间非常有限，因而它对应用于车载嵌入式系统的电子地图要求必须具备精练的数据结构、较高的数据处理效率，能满足系统的快速反应，同时考虑导航系统要能实现自动躲避交通拥堵，还要求电子地图能够有效反映交通状况，这就是嵌入式车载导航电子地图。

2 嵌入式车载电子地图模型

嵌入式车载导航电子地图采用分层方法管理地图数据。根据交通导航应用目标，将地图数据可以归类为路网层、地物层、背景层三大类。背景类层对导航应用来讲，主要目的是起到地图的美观直观作用，方便司机定位自己的位置，在地图中属于修饰类数据，其数据精度要求较低。地物类层是为用户提供导航、寻路以及查询目的地，是导航中必不可少的辅助数据，该类数据要求数量比较丰富，覆盖面广，但对数据的精度要求不高，在地图显示时，该类数据不是完全显示，而是针对用户的需求有针对性地显示部分数据，在地图中，地物类层内的数据间不存在相互之间的逻辑关系，但这些数据之间可以通过路网层数据建立起逻辑关系。

路网层是整个地图的核心，车辆的定位导航完全依靠路网层来实现，该层数据的精度要求最高，同时该层地图还必须具备完整的数学逻辑模型，该层数学逻辑模型的好坏往往就决定了整个车载导航系统软件的效率高低。

路网层的数学模型描述的就是路网层中所有道路线和道路路口之间的数学逻辑关系。它需要解决两个问题：一是正确的描述道路网络在空间上的连通性，即拓扑关系；另一个问题是正确描述道路网络的实际连通性，即汽车是否能够从路网中的某条道路行驶到其他道路上去。

图 1 显示了路网的基本元素和拓扑关系。道路交叉口、道路尽头、或者道路属性改变的地方的点都可以用节点来描述[1][2]，比如图中的节点 4 代表了道路②、道路③、道路④和道路⑥交汇的地方，而节点 1 则代表了道路②的尽头；道路则可以用折线来描述，它实际上表述了节点与节点之间在物理上的连通关系，比如图中道路③就表示节点 3 和节点 4 之间的通路；折线的形状是可以通过转折处的顶点(图中黑色实心点)来描述，称这种顶点为形值点[3]。形值点结合节点，就可以描述出道路的位置和几何形状了，比如图中的道路④的位置和形状就可以用节点 4、角点 i、角点 ii 和节点 5 来描述。

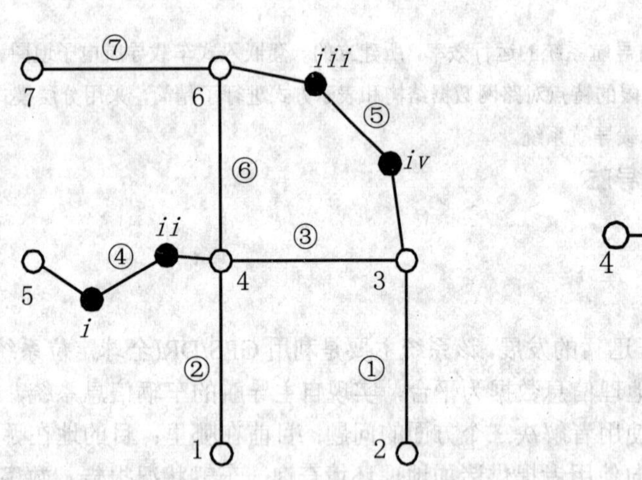

图 1 路网中的基本元素和拓扑关系

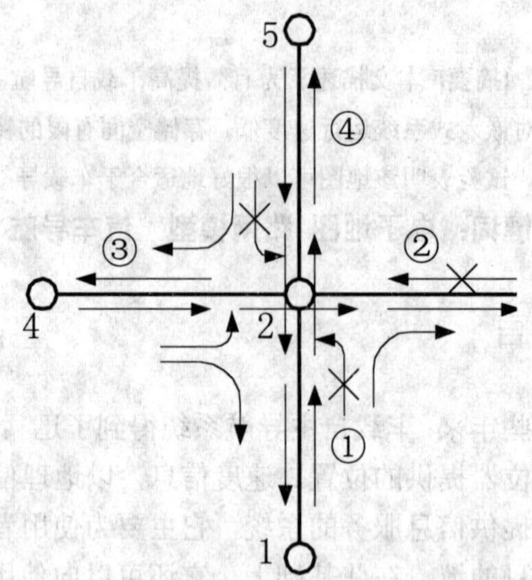

图 2 交通限制信息示意图

有了节点和道路，就可以描述出道路网络的形状、位置以及道路间在物理上的连通关系。但是，光有这些还不足以描述实际的道路网络，因为实际的道路网络中具有各种交通限制信息。如图 2，箭头方向表示汽车可以沿着此方向行驶，箭头上打×表示这个方向是禁止行驶的。则图中道路①是两个方向都能通行的，当车辆从道路①经过节点 2 时，可以右拐进入道路②，也可以直行进入道路④，但是不能进入道路③，即此处是禁止左拐的；道路②是单行线，车辆只能沿着从节点 2 到节点 3 的方向行驶；道路③也是两个方向都能通行的，而且当车辆从道路③经过节点 2 时，没有如何转弯限制，可以右拐进入道路①，也可以直行进入道路②，也可以左拐进入道路④；道路④的情况与道路①类似。

由此可知，交通限制可以分成两种：一种是道路本身的单行限制，另一种是交叉道口的转弯限制。

(1) 道路本身的单行限制

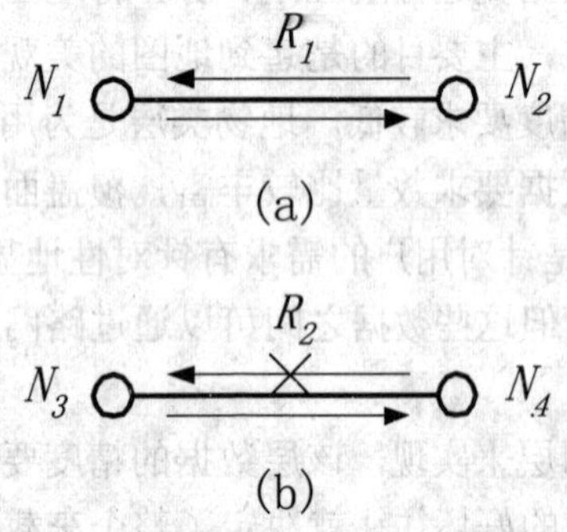

图 3 道路单行表示方法示意图

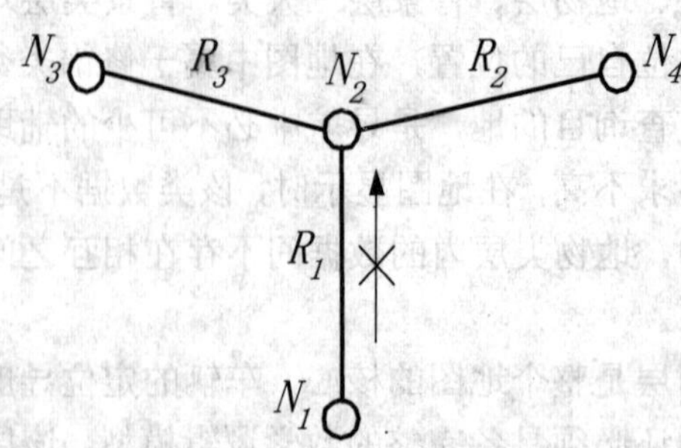

图 4 由道路单行造成的转弯限制

为了描述道路的单行信息，采用有序节点对〈首节点，尾节点〉的方式来描述道路的方向性，再通过在道路的属性中引入一个布尔变量 B 的方式来描述道路是否为单行。称这个布尔变量 B 为单行标志，若此道路为单行线，则变量为 TRUE（B 值为 1），反之为 FALSE（B 值为 0）。如图 3，R_1、R_2 为两种基本道路类型，R_2 是单行线而 R_1 不是。则 R_1 可以用〈 N_1，N_2〉来表示，且 $B=0$，表示 R_1 的两个方向都能通行；而 R_2 可以用〈 N_3，N_4〉来表示，且 $B=1$，表示 R_2 的方向是由首节点 N_3 指向尾节点 N_4，而且只有这个方向可以通行，反方向是禁行的。

(2) 交叉道口的转弯限制

采用道路有序对的形式来描述交叉道口的转弯限制。图 4 中画出了从道路经过节点到道路和的两种情况：可以通行和不能通行。从 R_1 到 R_3 是不能通行的，则采用有序对[R_1，R_3]来描述这个转弯限制信息，从 R_1 到 R_2 是可以通行的，不存在转弯限制。

(3) 由道路单行造成的转弯限制

如图 4，道路 R_1 是单行线，车辆不能从节点 N_1 驶向 N_2，自然也不能从道路 R_1 驶向 R_2，也不能从道路 R_1 驶向 R_3。如果此时还用[R_1，R_2]及[R_1，R_3]来描述转弯限制，从信息上来说就冗余了，此时只用道路的单行标志来描述交通限制信息就足够了。

综上所述，整个道路网络可以由三个集合来描述：节点集 N，道路集 R 以及转弯限制集 Φ。

设路网为 R_W，则：

$$R_W = (N, R, \Phi)$$

其中，N 代表节点集；R 代表道路集合，其元素是有序对 $\langle n_1, n_2 \rangle$，其中 $n_1 \in N, n_2 \in N$，表示由 n_1 到 n_2 存在一条汽车可以行驶的有向通路。

Φ 代表转弯限制集集合，其元素是有序对 $[r_1, r_2]$，其中 $r_1 \in R, r_2 \in R$，表示虽然 r_1 和 r_2 在地理上是相通的两条道路，但汽车不能从道路 r_1 驶向道路 r_2。

以图 1 中的路网结构为例，则

$$R_W = (N, R, \Phi)$$

其中 $N = \{1，2，3，4，5\}$；

$$R = \{①，②，③，④\}$$

其中①=〈1，2〉且 $B_1 = 0$，

②=〈2，3〉且 $B_2 = 1$，

③=〈2，4〉且 $B_3 = 0$，

④=〈2，5〉且 $B_4 = 0$；

$$\Phi = \{[①，③]，[④，②]\}$$

上式中：1，2，3，4，5 分别代表节点 1、节点 2、节点 3、节点 4、节点 5；①，②，③，④分别代表道路 1、道路 2、道路 3、道路 4。

可以看到，采用这种方式的数学逻辑模型，不仅可以清楚地表示出道路之间的连接关系，而且能够很好地描述清楚交通限制信息，并可以实现利用单线有效表示双向行车信息。不仅能够满足导航的需要，还可以有效地压缩地图数据，提高运算效率，大大缩小地图的存储空间。使其成为真正的交通车载电子地图。

3 交通车载电子地图的应用

为对以上所描述的交通车载电子地图的可行性进行验证，以该方式加工了一幅北京地区（五环范围内）的地图，应用于一款导航器，如图 6 所示。

图 5 车载导航系统外观照片

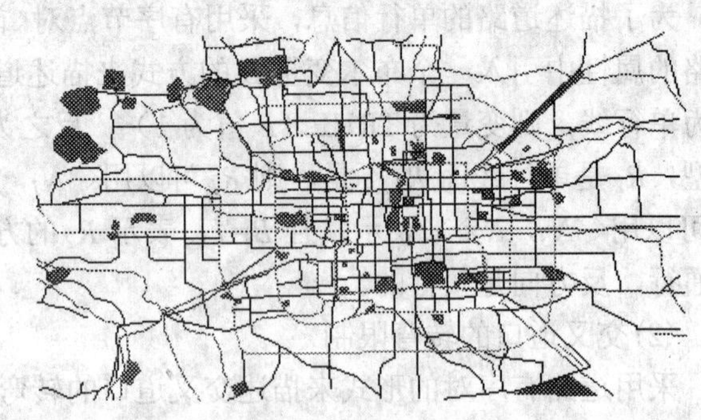

图 6 北京地图全貌

如图 6 所示为北京地区地图全貌，该图中只显示了城市主要路网，随着地图放大，地图的显示内容会随之丰富，如图 8 所示。

如图 7 所示为在该地图上进行的寻路操作，图中以“！”图标表示出目的地（目的地），“小人” 图标表示出发点（清华大学西门），图中黑色加粗线条为最佳路径的规划结果（在实际系统中，用绿色线路代表最佳路线），图 8 为在该地图上进行的导航引导操作。

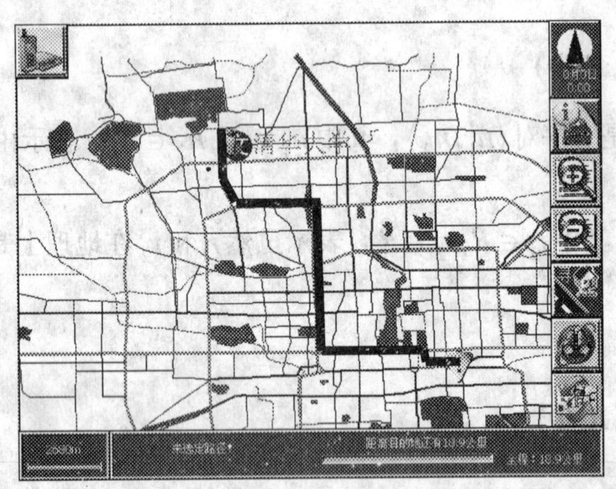

图 7 寻路结果显示

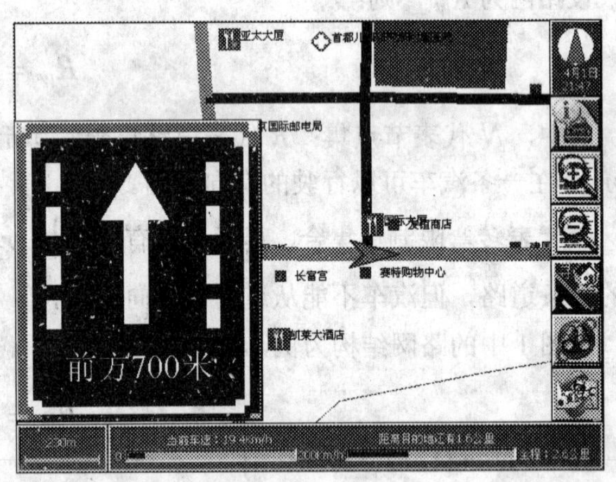

图 8 行车导航

4 结论

试验及实际应用证明，基于本文方法建立的北京市区数字地图信息丰富、占用空间较少、道路数据合法，可以满足地图缩放、漫游、地物查询以及寻路和导航等操作，是一种高效、实用的地图数据组织方式，适合于车载导航使用。

参考文献

1 杨殿阁，郑四发. GPS 汽车智能导航及其关键技术. 2002 中国北京国际数字化城市发展高层论坛与技术应用研讨会, 2002 中国北京 P39

2 邹旭东. 基于 GPS 的车辆自主导航研究 [学位论文]，北京：清华大学，1999

3 班学钢. GPS 车辆自主导航地系统方法研究[学位论文]，北京：清华大学, 2000

汽车自适应巡航控制系统(ACC)的研究与发展

詹 军　郭孔辉

吉林大学汽车动态模拟国家重点实验室

[摘要] 汽车自适应巡航控制系统（ACC）能减轻驾驶员疲劳强度，增加汽车安全性，减小环境污染，是发展最快的驾驶员辅助系统之一。ACC 由测距雷达、ECU、作动器组成。文章介绍了用于 ACC 系统的测距雷达的研制状况，ACC 中央系统控制器的研究，执行机构节气门作动器和制动作动器的研究。

关键词：自适应巡航控制　测距雷达　控制器　作动器

Research and Development of Vehicle Adaptive Cruise Control

Zhan Jun, Guo Konghui

State Key Laboratory of Automobile Dynamic Simulation of Jilin University

[Abstract] Because Adaptive Cruise Control (ACC)system can reduce workload of driver, improve safety of vehicle, and prevent environment pollution, it is one of the most quickly developed driver assistant system. ACC system is consisted of radar, ECU and actuator. Radar that is used to measure distance, ECU that is processor of control and actuator including throttle actuator and brake actuator are presented.

Key words: ACC　radar　ECU　actuator

1　前言

智能交通系统（ITS）最近几十年来得到快速发展[1]。由于驾驶员辅助系统可改进驾驶舒适性，提高汽车安全程度，受到研究者和汽车制造商的普遍关注。其中研究较多，受到汽车制造商普遍关注和用户认可的系统便是自适应巡航控制系统（ACC）[1,2,3]，它通过自动控制自车的加速度以保持自车与前车的车头距，从而大大减轻驾驶员在高速公路上旅行时的劳动强度，让驾驶员从频繁的加速和减速中解脱出来，享受更加舒适的驾驶，此外，它可增加汽车的主动安全，减小环境污染。本文将系统介绍汽车自适应巡航控制系统的研究和发展。

2　汽车自适应巡航控制系统（ACC）的原理与结构

汽车自适应巡航控制根据驾驶员设定的车间时距，通过控制自车的节气门和制动器来控制自车的速度和加速度，以实现设计的目标车头距，从而进行自适应巡航控制。自适应巡航控制是从传统巡航控制（Conventional Cruise Control）发展而来的，它工作的基本原理为：当自车通过雷达探测到前方没有汽车等其它障碍物时，汽车执行传统巡航控制，按驾驶员设定的速度行驶；当雷达探测到前方有汽车切入或减速行驶时，启动 ACC 控制系统，按照驾驶员设定的车间时距，通过调节节气门作动器和制动作动器来控制自车的速度和加速度，以保证计算的车头净距。ACC 的组成[2]如图 1 所示。

从 ACC 的组成图可以看出，ACC 系统主要由测距传感器（雷达）、ECU 和作动器组成。测距传感器即雷达，用于测量自车与前车的相对距离、相对速度、相对加速度；中央控制单元 ECU 进行控制计算，负责计算设定速度、实现车头净距控制的加速度，并发出控制指令，控制汽车速度和加速度的执行机构；

作动器包括节气门作动器和制动作动器，用于调节汽车的加速度，以满足控制的要求。本文将对测距雷达、ECU、作动器的研究逐一介绍。

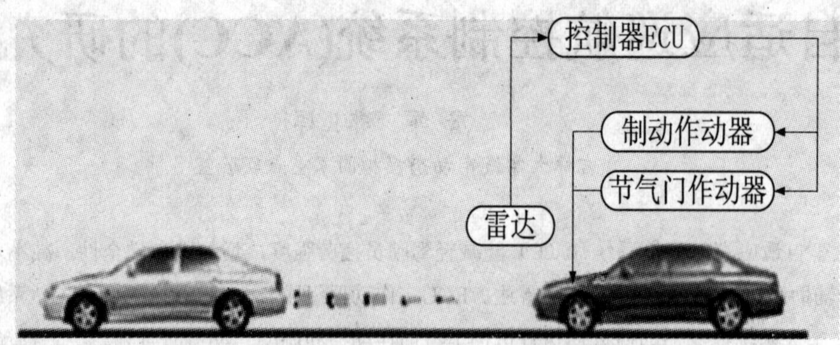

图 1 汽车自适应巡航控制（ACC）组成图

3 测距雷达的研究

在 ACC 系统中，测距雷达用于测量自车与前方车辆的车头距、相对速度、相对加速度，是自适应巡航控制系统中关键设备之一，也是决定该系统造价的主要元件。它造价的高低直接影响该项技术的推广应用，因而在该项技术中占有重要地位。它包括发射天线、接受天线和 DSP（数字信号处理）处理单元、数据线总成几部分。当前，测距雷达的研究主要集中在毫米波雷达和激光雷达上[6]。

毫米波雷达是利用目标对电磁波反射来发现目标并测定其位置的。毫米波频率高、波长短，一方面可缩小从天线辐射的电磁波射束角幅度，从而减少由于不需要的反射所引起的误动作和干扰，另一方面由于多普勒频移大，相对速度的测量精度高。在汽车上应用毫米波雷达测距，有以下特点：①探测性能稳定。它不易受对象表面形状和颜色的影响，也不受大气流的影响。②环境适应性能好。雨、雪、雾等对之干扰小。作为车载雷达，目前适用的主要有脉冲多普勒雷达、双频 CW 雷达和 FM 雷达三种。应用雷达测距，需要防止电磁波干扰，雷达彼此之间的电磁波和其他通信设施的电磁波对其测距性能都有影响。

激光雷达是一种光子雷达系统，它具有测量时间短、量程大、精度高等优点，在许多领域得到了广泛应用。激光雷达根据激光束传播时间确定距离。它的工作原理是：从高功率窄脉冲激光器发出的激光脉冲经发射物镜聚焦成一定形状的光束后，用扫描镜左右扫描，向空间发射，照射在前方车辆或其他目标上，其反射光经扫描镜、接收物镜及回输光纤，被导入到信号处理装置内光电二极管，利用计数器计数激光二极管启动脉冲与光电二极管的接收脉冲间的时间差，即可求得目标距离。利用扫描镜系统中的位置探测器测定反射镜的角度即可测出目标的方位。但当激光镜头被泥、雪等物质盖住后，或在强光干涉情况下，激光雷达工作将受到影响。

ACC 系统对雷达的基本要求为：外形体积（特别是天线）较小，适于在汽车上安装；测距范围大于 100m；测量精度小于 1m；接近速度在 100km/h 以上；应能利用汽车的电源，消耗功率较小。当前世界主要生产测距雷达的厂家及雷达参数如表 1 所示。

表 1 世界汽车测距雷达生产情况

公司名称	国家	类型	测距范围	更新速率
VRSS	美国	多普勒 CW	0.3~100m	200Hz
VORAD	美国	FMCW	0.3~120m	30 Hz
Safety First System	美国	FMCW	53m	—
Militech	美国	FMCW	0.5~100m	5 Hz
Mitsubishi ASV	日本	激光雷达	>110m	7 Hz
Honda ASV	日本	激光	4~100m	10 Hz
Multi Sensor	法国	MMW	30~150m	1000 Hz

4 控制器 ECU 的研究

控制器 ECU 是 ACC 系统的中央处理器，是系统的核心部分。它负责将传感器送来的数据（包括相对距离、相对速度）进行处理，然后按照控制算法进行计算，最后形成指令控制作动器工作。它主要包含目标车头距计算，决定自车与前车的距离；车头距控制器，它计算获得目标车头距的车速、加速度命令；车速控制器，它决定制动作动器和节气门作动器的工作。它的结构框图[2]如图 2 所示。

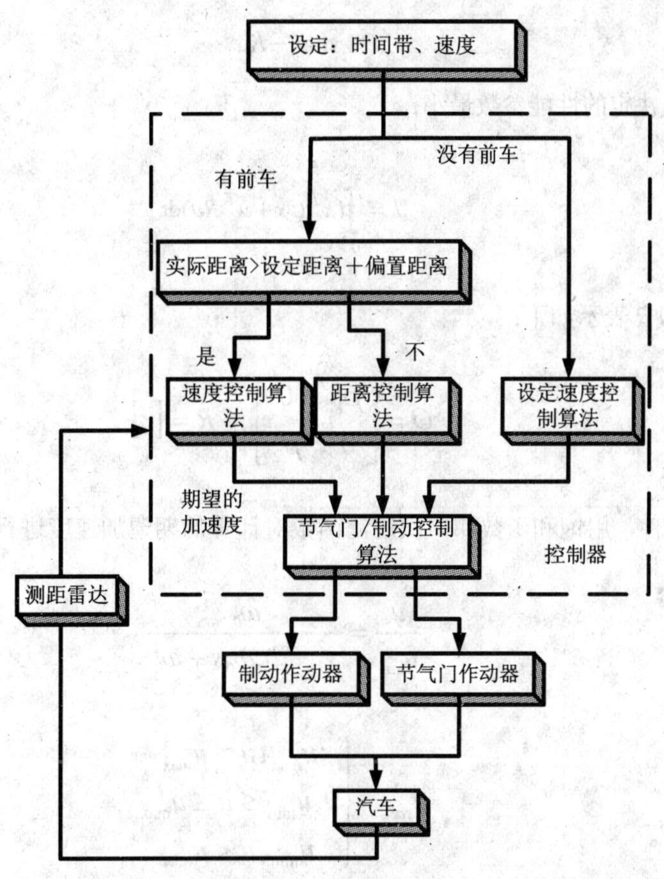

图 2　ACC 控制系统结构图

控制器的研究是整个系统研究的中心，是研究的重点，也是研究的主要内容。当前各研究单位研究的目标都集中在控制器上。研究采用各种方法，利用经典控制理论或现代控制理论，控制采用经典的 PID 控制，也有采用 LQ 最佳控制，LQG 最佳控制，模糊控制，神经网络控制，混合控制等。研究围绕提高车流稳定性、改善乘坐舒适性、增大控制器带宽以适应城市停——走车况需要等多方面开展。但基本原理都相同。

首先，根据雷达测试结果判断前方是否存在汽车等障碍物，如果没有，进入传统巡航控制，按照驾驶员设定的车速控制汽车，汽车在设定速度上行驶。如果前方存在汽车，先判断自车与前车的车头净距是否大于期望车头距（期望车头距由前车速度乘上驾驶员选定的时间带，加上预先设定偏置距离），如果是，进入速度控制算法，采用跟随前车的策略，控制自车与前车的速度相同；如果不是，进入距离控制算法，严格控制车头距最终让车头距保持在期望值上。

汽车纵向控制的状态空间模型[5]可表示为：

$$\dot{x}=\begin{bmatrix}0 & -1\\ 0 & 0\end{bmatrix}x+\begin{bmatrix}0\\ -1\end{bmatrix}u+\begin{bmatrix}t_h\\ 1\end{bmatrix}\omega$$

其中$x^T=\left[d_h-d,v_p-v_c\right]$是状态变量，$d_h=t_hv_p+d_0$是期望车头距，$d$是实际车头距，$t_h$是时间带，$d_0$是设定的距离偏置，$v_p$和$v_c$分别是前车和控制车速度，$u$是控制车的加速度，$\omega$是前车加速度。控制系统的输入$u$根据 LQ 最佳控制理论为：

$$u=-Kx$$

反馈增益K使下式决定的性能参数最小：

$$J=\int_0^{\infty}(x^TQx+u^TRu)\mathrm{d}t$$

权重系数矩阵Q和R表示如下：

$$Q=\begin{bmatrix}\rho_1 & 0\\ 0 & \rho_2\end{bmatrix},\quad R=\left[r\right]$$

为了保证乘坐舒适性，用饱和函数和二次过滤函数对计算的期望加速度进行处理：

$$\frac{u}{u_{sat}}=\frac{\omega_0^2}{s^2+2\varsigma\omega_0s+\omega_0^2}$$

$$u_{sat}=\begin{cases}u_{\max},u>u_{\max}\\ u,u_{\min}\le u\le u_{\max}\\ u_{\min},u<u_{\min}\end{cases}$$

根据研究[3]，$u_{\max}=1\mathrm{m/s^2}$，$u_{\min}=-2.5\mathrm{m/s^2}$既能保证较好的乘坐舒适性，又能保证加速时汽车不会换档。

5 作动器的研究

作动器是 ACC 系统的执行机构。作动器包括节气门作动器和制动作动器。控制器 ECU 计算出汽车的加速度，再将控制命令传递到作动器，控制节气门作动器和制动作动器的动作，实现汽车的加速或减速。对节气门的控制根据发动机的图谱反算节气门的开度，再通过机械的方式来控制节气门的开度，从而控制发动机的输出转矩。对制动的控制可通过增加由 PWM 电磁控制的电子真空助力器来实现。电子真空助力器与制动的真空助力器相连，其结构[4]示意图如图 3 所示。控制器通过电磁铁控制电子真空助力器的气压输入，从而控制真空助力器的压力，实现制动装置的制动。

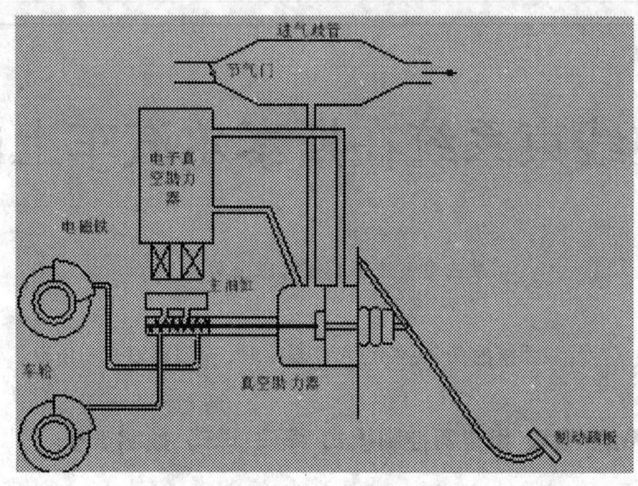

图 3　真空助力器结构示意图

6 结论

汽车自适应巡航控制系统（ACC）因为具有减轻驾驶员疲劳强度，增加汽车安全性，减小环境污染等优点，最近几年得到迅速发展，是最受欢迎的驾驶员辅助系统之一。本文就 ACC 系统的研究和发展进行了全面介绍，介绍了 ACC 的组成、结构，用于 ACC 系统的测距雷达的研究生产状况，ACC 中央系统控制器 ECU 的研究，执行机构节气门作动器和制动作动器的研究。

参考文献

1 Takao Kubozuka. Perspective of ITS Technology: A Scenario. Proceeding of International Symposium on Advanced Vehicle Control, 2002

2 Kyongsy Yi, Hki Moon, Sukki Min at al. Vehicle Tests of Longitudinal Control Algorithm for Stop and Go Cruise Control. Proceeding of International Symposium on Advanced Vehicle Control, 2002

3 Yoshinori Yamamura, Yoji Seto, Hikaru Nishira at al. An ACC Design Method for Achieving Both String Stability and Ride Comfort. Proceeding of International Symposium on Advanced Vehicle Control 2002

4 Akira Higashimata, Kazutaka Adachi, Takenori Hashizume at al. Design of a headway distance control system for ACC. JSAE review 22(2001) 15-22

5 Kyongsu Yi, Sejin Lee, Joonwoong Lee. Modeling and control of an electronic-vacuum booster for vehicle-to-vehicle distance control. Proceeding of International Symposium on Advanced Vehicle Control 2000

6 LU Jing，LIU Zhaodu，SHI Kaibin，AN Wei．New Adaptive Cruise control Method． Journal of Beijing Institute of Technology，2000，(9)，4：428～433

一线多控线束系统在斯泰尔汽车上的应用

马继周
陕西重型汽车集团有限公司

[摘要] 简要介绍了一线多控线束系统的概念、特点和控制原理，主要针对其在斯泰尔车型汽车电器系统改造上应用情况作了概括性的阐述。

关键词：一线多控线束系统 模块 继电器控制模式 编码 译码 数字信号

Operation of Single-harness Multi-control System on Styre Vehicle

Ma Jizhou
Study and Develop Center of Shanxi Heavy Auto Co.Ltd

[Abstract] This paper briefly introduce the concept,characteristic and theory of Single-harness Multi-control System. And expound synoptically from mostly aiming at its operation on auto electric parts system rebuilding of Styre vehicle.

Key words: single-harness multi-control system module relay control mode coding decode digital signal

斯泰尔车电器系统采用的是传统的电路设计思路，用开关、继电器、熔断丝等电器元件组合来实现汽车上的电器功能。长期以来汽车电路设计一直采用这种方式，其电路原理属于继电器控制模式。其特点是

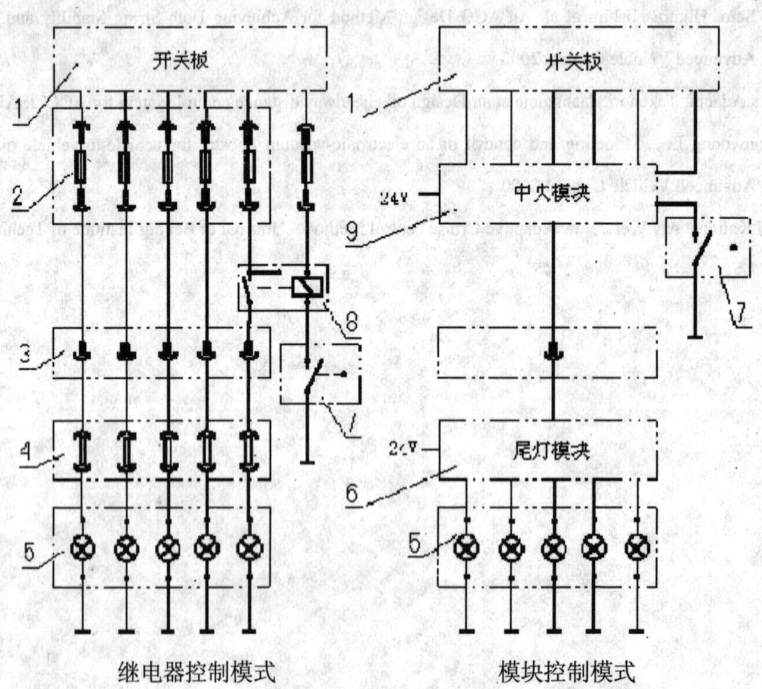

1—开关板 2—熔断丝盒 3—组合插接器 4—配电盒 5—组合尾灯 6—尾灯模块
7—制动灯开关 8—制动灯继电器 9—中央控制器模块

原理简单，每根导线功能是唯一的。但是随着汽车上电气化的程度增大，控制线路越来越庞大，线束越来越复杂，占用了大量的空间，这和汽车零部件紧凑化设计产生了矛盾。而且这种矛盾已经变得很尖锐，一定程度上制约了汽车电器在汽车上的应用。而一线多控线束系统则解决了这个矛盾，它将数字技术引入了汽车电器系统，一根导线上可传输多种信号，大大提高了导线的利用率。打个比方：把电线比作公路，把电信号比作汽车，继电器控制模式相当于一辆汽车在一条公路上行驶，每辆汽车都需要一条专用的公路。而一线多控线束系统相当于一条公路上同时行驶多辆汽车。可见后者公路的利用率更高，同时省去了其它公路的修建，节省了资源。两种控制方式比较如图。

1 斯泰尔车一线多控线束系统的概念

一线多控线束系统使用模块构成供电网络，用开关的闭合作指令信号，经模块内部电路处理后转变为一定格式的跳频信号，用一根导线作为公用信号线控制车身各处用电设备。

其与传统继电器控制模式相比，它有如下优点：

（1）电子开关替代寿命有限的继电器，实现整车无触点化；省掉了开关与电器间的复杂线束和插接件，以及电磁继电器、熔断丝等，实现整车数字化供电。

（2）增强了电器控制系统的可靠性，模块内采用自修复过载保护，基本达到免维修水平。

（3）基本消除了因电路故障而发生的火灾隐患，确保了整车的安全。

（4）简化控制线路的复杂程度且采取公共信号线传输，大幅减少了线束的数量，降低了线束成本。

2 斯泰尔车一线多控线束系统的组成

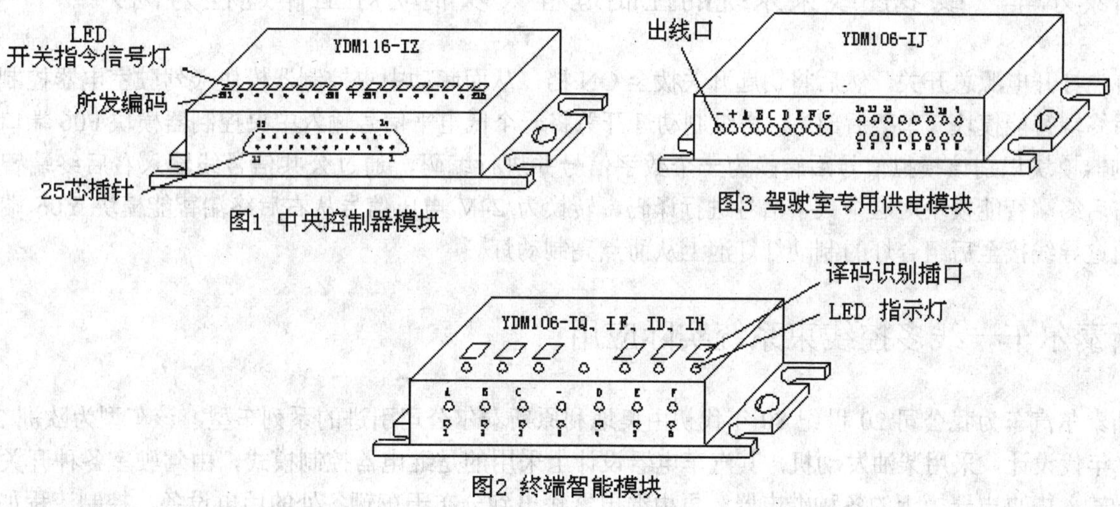

图1 中央控制器模块

图3 驾驶室专用供电模块

图2 终端智能模块

2.1 中央控制器模块（见图 1）

对驾驶室各种开关（包括组合开关、仪表台上的开关）指令信息进行编码的模块。它用一根导线输出多路信号，此导线简称 $f0$ 信号线。编码信号标记用 F01、F02、……F16 表示。可集成或提供其它功能，如雾灯功能、仪表指示灯显示功能等。

中央控制器模块为相当于一个 A/D 转换器，它将低电平的开关量转换为数字信号进行处理，并进行编码输出到车身各处的终端智能模块。

2.2 驾驶室专用供电模块（见图 2）

直接将开关指令输入到该模块（不需要编、译码），就能直接控制用电器（或让用电器能在不同状态下）工作，配合一线多路控制系统模块完成整车的电器控制。可集成多种功能满足实际车辆的需要，如鼓风机调速功能，雨刮低速、高速、间歇功能等。

2.3 终端智能模块（见图 3）

根据车辆需要设置在以某局部电器为中心，安装在车辆前、后、左、右、发动机室及底盘上的模块，一个模块有多路输出并能从一根信号线 $f0$ 上鉴别出该模块各路所要控制电器的开关信号（简称译码），驱动内部电子开关向负载供电，各路输出有独立的自恢复电子保险和诊断功能。译码信号用 Y01、Y02、……Y16 表示。它可以是一路输出或多路输出。

终端智能模块相当于一个 D/A 转换器，它将中央控制器模块输出的数字信号进行译码，转化为模拟量后从相应的端口输出到用电器。

2.4 控制开关

包括所有手动开关，用于控制所有用电器。控制开关仅需要控制一个低电平信号，以输入到驾驶室专用供电模块和中央控制器模块。

2.5 电子开关

内置于终端智能模块之中，利用半导体材料制作的开关元件，主要替代寿命有限的继电器。电子开关向负载供电，可改变传统的寿命有限的继电器控制，推动汽车电路向无触点、长寿命、电子模块化的方向发展。可根据电器工作要求，在模块内设置特种功能控制，对用电器进行自动控制。

2.6 自恢复电子保险

内置于终端智能模块之中，当输出电流增大或输出端发生短路时，能自动减小或切断输出电流，保护模块不受毁坏，并能在故障排除后又能恢复正常状态的保险装置。替代人工经常更换的熔断器。

2.7 信号灯、诊断灯

为了检修方便，我们在中央控制器和终端模块上设计了发光二极管（LED）信号、故障指示灯，驾驶员不需任何检测仪器或仪表，即可判断出有故障的电器。

3 斯泰尔车一线多控线束系统的控制过程（以制动灯工作过程为例）

首先打开电源总开关，然后将钥匙开关拨至 ON 档，从而起动中央控制器模块（驾驶室电器控制板）和右后终端智能模块（车架后部），操纵制动灯开关将一个低电平信号输入中央控制器模块 F06 端口。中央控制器模块识别该模拟信号后转换为一个数字信号并进行编码，通过公共信号线输入右后终端智能模块，右后终端智能模块对这个数字信号进行译码，转换为 24V 电压信号从右后终端智能模块 Y06 端口输出，通过导线接至后组合灯的制动灯灯泡上从而点亮制动灯。

4 斯泰尔车一线多控线束系统实际应用

斯泰尔汽车为我公司 20 世纪 80 年代初由奥地利原斯泰尔公司引进的系列车型，该车型为欧洲 20 世纪 70 年代设计，采用柴油发动机，其汽车电器设计上采用的是继电器控制模式，由驾驶室各种开关将控制信号输入中央电器板上的各种继电器，再由继电器输出到分布于车辆各处的用电设备。控制流程如下：24V 电源→熔断丝→开关→继电器→用电设备。其特点是：每一根电线只有唯一的功能，随着汽车电子设备在汽车上的广泛应用，中央电器板的控制功能日渐复杂化，电线的数量大幅增加，造成仪表台部分越来越拥挤，电线束极易与其它机械部件发生干涉，短路和断路现象增多，而且空间小不易检修。

为了解决这个问题，仪表台部分作了相当大的改造以增加内部空间，但是受驾驶室空间限制，仪表台内部空间不可能无限的增大，而线束数量随着新增的电器设备的安装不断的增加，所以无法改变设计上的被动局面。当接触到一线多控线束系统时，发现其设计思路另辟蹊径，从根本上解决了以上问题。

根据斯泰尔车的实际情况，我们将整车上的用电设备划分为六个区域：驾驶室区，发动机区，底盘区，驾驶室左前区，驾驶室右前区，尾灯区。用这六个模块分别控制每一区域的用电设备，针对每个区域的用电设备的用电量和工作特点进行了核算，以确定该区模块的功率及特性。

以尾灯区域为例：这一区域距离驾驶室较远，则在尾灯附近安装一个执行模块，驾驶员将控制信号输入中央控制板上的中央控制器模块，中央制器模块经过内部处理后把控制信号通过一根公共的信号线输入该执行模块，执行模块再按照控制逻辑将 24V 电源输出至相应的灯光设备，完成控制要求，从而节省了大部分导线。

再以驾驶室部分为例：这一区域包括驾驶室内部所有用电设备（如：开关照明灯、信号灯、暖风机、雨刷器等），其特点是用电量较小且分布分散，但整体区域不大。驾驶室专用供电模块将中央控制模块和终端执行模块功能合二为一，只要将开关信号输入其中即可按照一定逻辑准确输出给指定的用电设备，实现控制要求。

斯泰尔电器系统改进为模块控制模式对整车电器系统进行了重新设计后，电器系统与改进前相比，其变化主要体现在以下几个方面：

所有电器负载仍由原操作开关控制，开关闭合时只向控制器提供低电平命令信息，因此避免了误操作造成搭铁故障，每一信道信息电流≤4mA，降低了对开关电器性能的要求，有利于开关造型的优化、体积的缩小，电线直径也可大幅减小。

控制线路中的继电器和保险被中央控制器模块代替，外部连结线路大大简化，控制回路中减少了中间环节，更加简洁，底盘部分线路得到优化。线束数量大约减少 40%。

取消了全车原有的继电器和熔断丝配电盒，同时也取消了特种功能的电子装置。如：雨刮继电器、起动保护复合继电器及暖风机调速电阻等。

我们完成了斯泰尔车上一线多控线束系统设计后，即进行了试制和装车工作，样车进行了道路试验，实验数据表明，该系统在斯泰尔车上的工作正常，电器故障率较低。说明该系统在斯泰尔车上的应用是成功的。

实际应用中我们发现采用该系统需注意以下两个方面：

(1) 模块参数的设定方面需要重点核算后予以确定。

(2) 线束制作需严格检验已确认无误。

5 结论

一线多控线束系统是一套全面的、完整的高技术汽车模块供电网络。使用单导线智能模块控制平台，方便了车型变换的灵活性，使主机厂 CAD 线路设计更加简洁，也拓宽了设计空间，且降低了设计费用，提高了整车装配速度，而供电网络的可靠性减少了售后服务费用，并使车辆上升了一个档次。

参考文献

1 陈留见. 汽车无线束单线控制系统的开发与研究. 汽车电器，2000（3）：11～14

电动助力转向系统的建模与仿真分析

徐建平 何 仁 苗立冬 徐勇刚

江苏大学汽车与交通工程学院

[摘要] 在建立电动助力转向系统的数学模型和状态空间模型的基础上，对系统进行稳定性分析，并对系统模型进行仿真分析，分析电动助力转向系统的转向动态特性和路面干扰对于转向系统的影响，进而提出电动助力转向系统的阻尼控制方法。

关键词：汽车 电动助力转向 状态空间 仿真

[Abstract] On the basis of establishing the mathematical model and state space model of the electric power steering system, its stability is analyzed and simulation is conducted to exam the dynamics and the effects due to disturbance of the road surface on the electric power steering system., then the damping control method for the electric power steering system is put forward.

Key words: automobile electric power steering state space simulation

1 概述

由于动力转向系统具有转向操纵轻便、灵活，汽车设计时对转向器结构形式选择的灵活性增大，同时可以吸收路面对轮胎产生的冲击等优点，自 20 世纪 50 年代以来，在国外汽车上得到采用。但是，传统的液压动力转向系统在汽车行驶的时候需要消耗一定的能量，同时，它增加了液压油泵、液压缸、油管和一些辅助装置，还存在液压油的泄漏问题，对环境造成一定的危害。随着电子控制技术的发展，电子控制液压动力转向系统应运而生，该系统的某些性能要优于传统的液压动力转向系统，但它仍然无法克服液压动力转向系统的某些固有的缺陷。

电子控制电动助力转向系统属于另一种形式的动力转向系统，该系统根据汽车的转向状态，通过电子控制单元控制电动机直接驱动转向机构，使汽车的转向轮发生偏转。该系统不直接利用发动机动力，只有在需要转向的时候才由电动机提供动力，不转向的时候不消耗能量。电动机使用的动力来自于蓄电池，省去了液压油泵、液压缸、油管等装置，结构紧凑，重量轻。另外，该系统可以通过软件的方法实现汽车在不同车速下获得不同的静态助力特性，提高驾驶员转向时的路感。

2 系统数学模型的建立

电动助力转向系统结构如图 1 所示，主要包括转向柱、减速机构、齿轮齿条和助力电动机，以及 ECU 控制单元，这里建立的转向系统动力学方程为：

转向柱：
$$J_s\ddot{\theta}_s + B_s\dot{\theta}_s + K_s\theta_s = T_h + K_s\theta_e \tag{1}$$

输出轴：
$$J_e\ddot{\theta}_e + B_e\dot{\theta}_e = K_s(\theta_s - \theta_e) + GK_m(\theta_m - G\theta_e) - T_w \tag{2}$$

齿条：
$$m_r\ddot{x}_r + b_r\dot{x}_r + K_r x_r = \frac{T_w}{r_p} - F_\delta \tag{3}$$

电动机：
$$J_m\ddot{\theta}_m + B_m\dot{\theta}_m = T_m - K_m(\theta_m - G\theta_e) \tag{4}$$

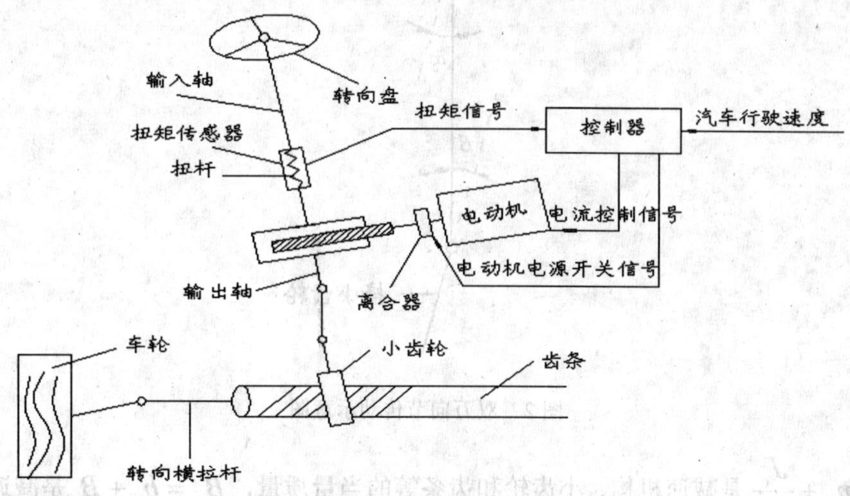

图 1　电动助力转向系统结构示意图

式中 J_s 为转向柱、转向盘的转动惯量，B_s 为转向柱的阻尼系数，K_s 为扭杆的刚性系数，θ_s 为转向柱的旋转角，T_h 为作用在转向盘上的转向扭矩，J_e 为减速机构的转动惯量，B_e 为减速机构的阻尼系数，θ_e 为输出轴的旋转角，G 为蜗轮蜗杆减速器的减速比，T_w 为作用在输出轴上的反作用扭矩，m_r 为小齿轮及齿条质量，b_r 为齿条的阻尼系数，K_r 为等效弹簧的弹性系数，x_r 为齿条的位移，F_δ 是路面的随机信号，I_m 是电枢电流，B_m 是电动机粘性摩擦系数，K_m 为电动机和减速机构的刚性系数，J_m 是电动机惯性矩，θ_m 是电动机转角，r_p 为小齿轮半径。

由于小齿轮和输出轴之间是通过一个双万向节连接的（如图 2），它们两者之间有如下关系：

$$\frac{\tan\theta_p}{\tan\theta_e} = \frac{\cos\beta}{\cos\alpha} \tag{5}$$

式中 θ_p 为小齿轮转角，α，β 分别是两万向节的夹角。

假定为等速万向节，$\alpha=\beta$，所以 $\theta_e=\theta_p$，而 $\theta_p=\dfrac{x_r}{r_p}$，联立方程（2）和（3）得：

$$J_s\ddot{\theta}_s + B_s\dot{\theta}_s + K_s\theta_s = T_h + K_s\frac{x_r}{r_p} \tag{6}$$

$$M_r\ddot{x}_r + B_r\dot{x}_r + K_r x_r = \frac{GK_m}{r_p}(\theta_m - G\frac{x_r}{r_p}) + \frac{K_s}{r_p}(\theta_s - \frac{x_r}{r_p}) + F_\delta \tag{7}$$

$$J_m\ddot{\theta}_m + B_m\dot{\theta}_m = T_m - K_m(\theta_m - G\frac{x_r}{r_p}) \tag{8}$$

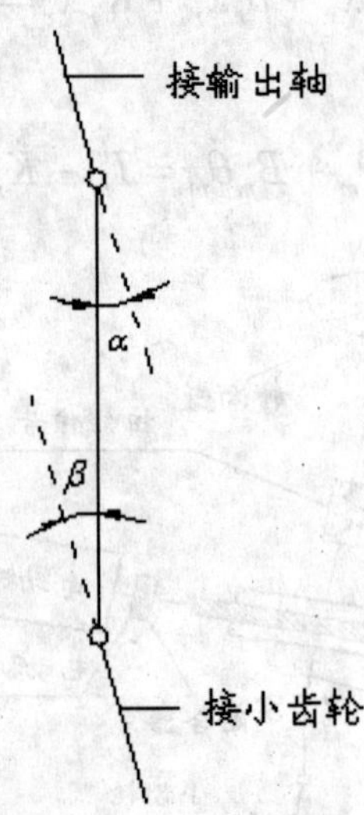

图 2 双万向节传动示意图

其中 $M_r = m_r + \dfrac{J_e}{{r_p}^2}$ 是减速机构、小齿轮和齿条等的当量质量，$B_r = b_r + B_e$ 是减速机构、小齿轮和齿条等的当量阻尼系数。

对该助力转向系统控制的目的就是使得电动机的目标电流为：

$$I_{ref} = K_a \cdot T_{sen} \tag{9}$$

式中 K_a 为的定义的助力增益，它和汽车的车速有关，描述了汽车在不同车速下转向系统的助力特性，T_{sen} 为传感器检测到的扭矩。

对于助力增益值的大小，可以根据车辆的实际需要设定。转向助力增益的选取和系统的稳定性以及转向路感密切相关，要获得理想的助力特性，转向助力增益的计算和选取非常重要。这里，定义了不同车速下转向助力增益的选取，在汽车高速行驶时，选取较小的助力增益值以获得较好的转向路感，而在低速时，转向沉重，选取较大的助力增益值，以减轻驾驶员的作用力，实现转向系统的助力作用。本文所述的转向助力增益分别为 1，2，4，6，8 五个速度区域范围。

3 状态空间模型的建立

假定各个状态变量为 $x_1 = \theta_s$，$x_2 = \dot{\theta}_s$，$x_3 = x_r$，$x_4 = \dot{x}_r$，$x_5 = \theta_m$，$x_6 = \dot{\theta}_m$，把各变量代入上述微分方程，可以得到

$$\dot{x} = Ax + Bu \tag{10}$$

$$y = Cx + Du \tag{11}$$

这里状态变量 $$x = [x_1 \quad x_2 \quad x_3 \quad x_4 \quad x_5 \quad x_6]^T$$

控制输入为 $$u = \begin{bmatrix} T_h \\ T_m \\ F_\delta \end{bmatrix}$$

$$A=\begin{bmatrix} 0 & 1 & 0 & 0 & 0 & 0 \\ -\frac{K_s}{J_s} & -\frac{B_s}{J_s} & \frac{K_s}{J_s r_p} & 0 & 0 & 0 \\ 0 & 0 & 0 & 1 & 0 & 0 \\ \frac{K_s}{M_r r_p} & 0 & -\left(\frac{K_s+K_m G^2}{M_r {r_p}^2}+\frac{K_r}{M_r}\right) & -\frac{B_r}{M_r} & \frac{K_m G}{M_r r_p} & 0 \\ 0 & 0 & 0 & 0 & 0 & 1 \\ 0 & 0 & \frac{K_m G}{J_m r_p} & 0 & -\frac{K_m}{J_m} & -\frac{B_m}{J_m} \end{bmatrix} \tag{12}$$

$$B=\begin{bmatrix} 0 & 0 & 0 \\ \frac{1}{J_s} & 0 & 0 \\ 0 & 0 & 0 \\ 0 & 0 & \frac{1}{M_r} \\ 0 & 0 & 0 \\ 0 & \frac{1}{J_m} & 0 \end{bmatrix} \tag{13}$$

$$C=\begin{bmatrix} 0 & 0 & -\frac{K_m G}{r_p} & 0 & K_m & 0 \\ K_s & 0 & -\frac{K_s}{r_p} & 0 & 0 & 0 \\ 1 & 0 & 0 & 0 & 0 & 0 \\ 0 & 0 & 0 & 0 & 0 & 1 \\ 0 & 0 & 1 & 0 & 0 & 0 \end{bmatrix} \tag{14}$$

$$D=\begin{bmatrix} 0 & 0 & 0 \\ 0 & 0 & 0 \\ 0 & 0 & 0 \\ 0 & 0 & 0 \\ 0 & 0 & 0 \end{bmatrix} \tag{15}$$

$$y=\begin{bmatrix} T_a \\ T_{sen} \\ \theta_s \\ \dot{\theta}_m \\ x_r \end{bmatrix} \tag{16}$$

为了分析系统的稳定性，首先分析系统的能观性和能控性。验算能控性矩阵 $[B\quad A^1B\quad A^2B\quad A^3B\quad A^4B\quad A^5B]^T$，可以求得该矩阵的秩为 6，因此该系统是可控的。验算能观性矩阵 $[C\quad CA\quad CA^2\quad CA^3\quad CA^4\quad CA^5]^T$，可以求得该矩阵的秩为 5，因此该系统是可观的。

下面分析转向系统的稳定性，分别求解当转向助力增益值取 1，2，4，6，8 时该反馈控制系统闭环极点的特征根，求解结果如表 1 所示。

表 1 不同助力增益值 K_a 的系统的闭环极点的特征根

$K_a=1$	$K_a=2$	$K_a=4$	$K_a=6$	$K_a=8$
-9.7774+1920.4i	-9.7802+1919.5i	-9.7859+1917.9i	-9.7915+1916.2i	-9.7972+1914.5i
-9.7774-1920.4i	-9.7802-1919.5i	-9.7859-1917.9i	-9.7915-1916.2i	-9.7972-1914.5i
-100.73+297.63i	-97.63+302.19i	-91.854+311.48i	-86.642+320.91i	-81.958+330.38i
-100.73-297.63i	-97.63-302.19i	-91.854-311.48i	-86.642-320.91i	-81.958-330.38i
-11.994+7.428i	-9.363	-5.0999	-3.6861	-2.9122
-11.994-7.428i	-20.828	-36.631	-48.457	-58.589

很显然，所有的特征根的值均具有负实部，因此，助力增益按如上取值均能使转向系统稳定的工作。

4 系统仿真模型的建立

该仿真模型中有转向机构模块，电动机模块，脉宽调制（PWM）器和脉宽调制变换器等效模块，非线性模块和控制器模块。在该控制模块中包括一个驱动电动机的驱动电路，它由四个开关元件构成，其形式为 H 桥式场效应晶体管（MOSFET），根据电动机驱动信号控制 MOSFET 的占空比来控制电动机的电压或电流的大小和方向。脉宽调制器和 PWM 变换器的传递函数根据其工作原理，当控制电压 U_a 改变时，PWM 变换器的输出电压要到下一个周期才会改变，因此，脉宽调制器和 PWM 变换器合起来可以看成是一个滞后环节，它的延时最大不超过一个开关周期 T，当整个系统的开环频率特性截止频率满足 $\omega_a \le \frac{1}{3T}$ 式时，可以将滞后环节看成一阶惯性环节。因此，脉宽调制器和 PWM 变换器的传递函数可以近似看成

$$G_{PWM}(s)=\frac{K_{PWM}}{Ts+1} \tag{17}$$

式中 $K_{PWM}=\frac{U_d}{U_a}$——脉宽调制器和 PWM 变换器的放大系数，该模型中取为 1；

U_d——PWM 变换器的输出电压；

U_a——脉宽调制器的控制电压；

T ——开关周期，这里我们取为 1/20000s。

对于永磁直流电动机，在电流和电压之间存在如下关系：

$$U=L\frac{dI}{dt}+K_e\omega_m+R\cdot I \tag{18}$$

式中 K_e 是电动机的反电动势常数，R 是电动机电枢电阻，L 是电动机电枢电感，I 为电动机电流。

因此对等式两边求拉普拉斯变换得到 $U(s)=L\cdot s\cdot I(s)+K_e\omega_m(s)+R\cdot I(s)$，很容易求得电流、电压和电动机转速之间的关系，整个电动助力转向系统的仿真模型如图 3 所示。

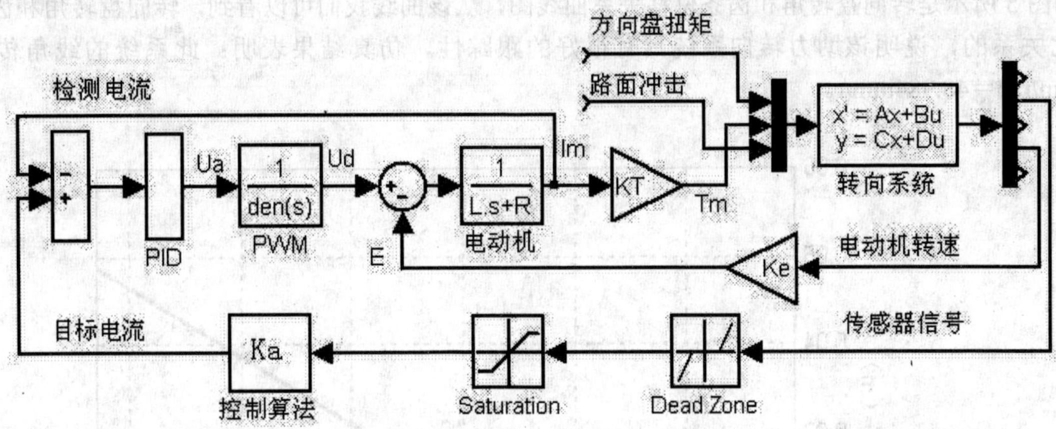

图 3 电动助力转向系统的仿真模型

系统仿真参数如下：

转向柱的转动惯量 $J_s=0.0012$（$kg\cdot m^2$），转向柱的阻尼系数 $B_s=0.261\,(N\cdot m\cdot rad^{-1}\cdot s)$，刚性系数 $K_s=115$（$N\cdot m\cdot rad^{-1}$），电动机刚性系数 $K_m=125$（$N\cdot m\cdot rad^{-1}$），电动机转动惯量 $J_m=0.0004704$（$kg\cdot m^2$），电动机粘性摩擦系数 $B_m=0.003339$（$N\cdot m\cdot rad^{-1}\cdot s$），减速机构、小齿轮和齿条等的当量质量 $M_r=32\ kg$，减速机构、小齿轮和齿条的当量阻尼系数 $B_r=653.203$（$N\cdot s$），减速比 $G=7.225$；小齿轮半径 $r_p=0.007783$（m），弹性系数 $K_r=91061.4\ (N/m)$。电动机的反电动势常数 $K_e=0.1(V\cdot rad^{-1}\cdot s)$，电动机电磁扭矩 $K_T=0.1(N\cdot m\cdot A^{-1})$，电枢电阻 $R=0.1$（Ω）。

5 系统仿真分析

由于电动助力转向系统转向过程是一个动态的过程，因此设定当传感器检测的转矩大于 1Nm 时电动机才提供助力，这样保证了电动机不会频繁的启动和换向，保护了电动机，同时也利于获得较理想的助力特性。由于转向柱存在阻尼和惯量，因此测得的转矩和作用在转向盘上的扭矩之间有一个偏差，反映在助力特性曲线（如图 4 所示）上就是车速较高时，当转向盘扭矩达到 6Nm 时，电动机的助力转矩将提前保持不变，车速较低时，当转向盘转矩达到 6.5Nm 时电动机助力转矩才保持不变。

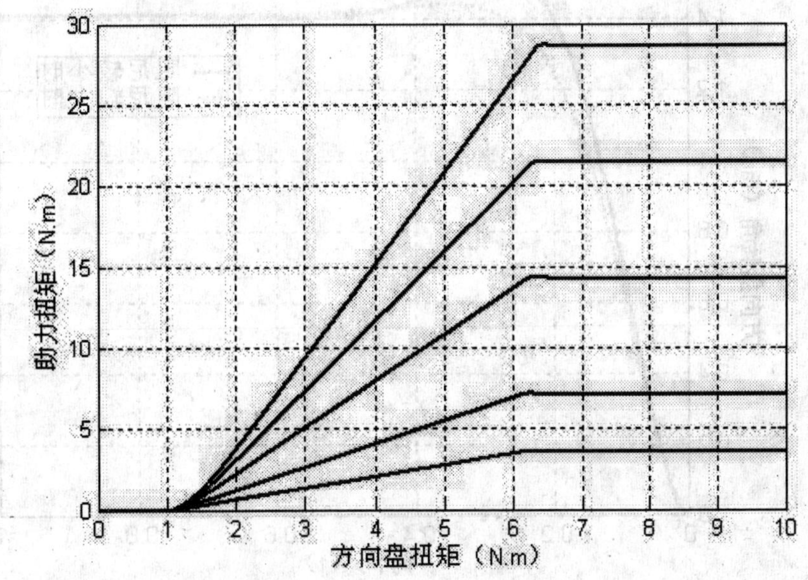

图 4 电动助力转向系统助力特性

如图 5 所示是转向盘转角和齿条位移关系曲线图，从该曲线我们可以看到，转向盘转角和齿条位移是成正比关系的，说明该助力转向系统具有很好的跟踪性，仿真结果表明：此系统的线角传动比约为 0.0078m/rad＝48.984mm/r。

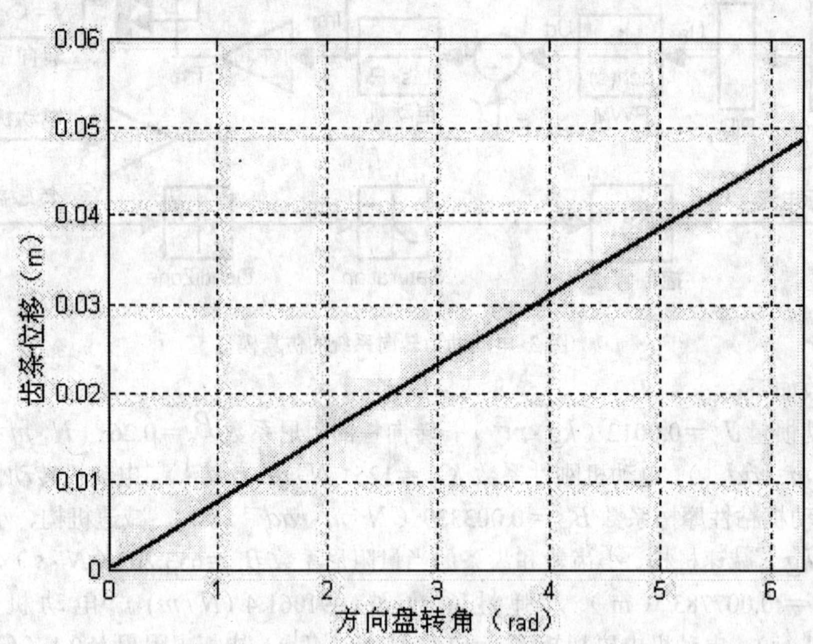

图 5 转向盘转角和齿条位移关系曲线图

当驾驶员松开转向盘，地面给转向系统一个冲击，这时，转向盘就会出现抖动，从图 6 的仿真结果可以看到，当转向系统的阻尼较小的时候，转向盘抖动比较大，相反，增大系统的阻尼，转向盘的抖动就可以很快的衰减，因此，当地面冲击较大的时候，可以采用阻尼控制的方法，增加系统的阻尼来衰减由于地面不平度引起的转向盘的抖动。

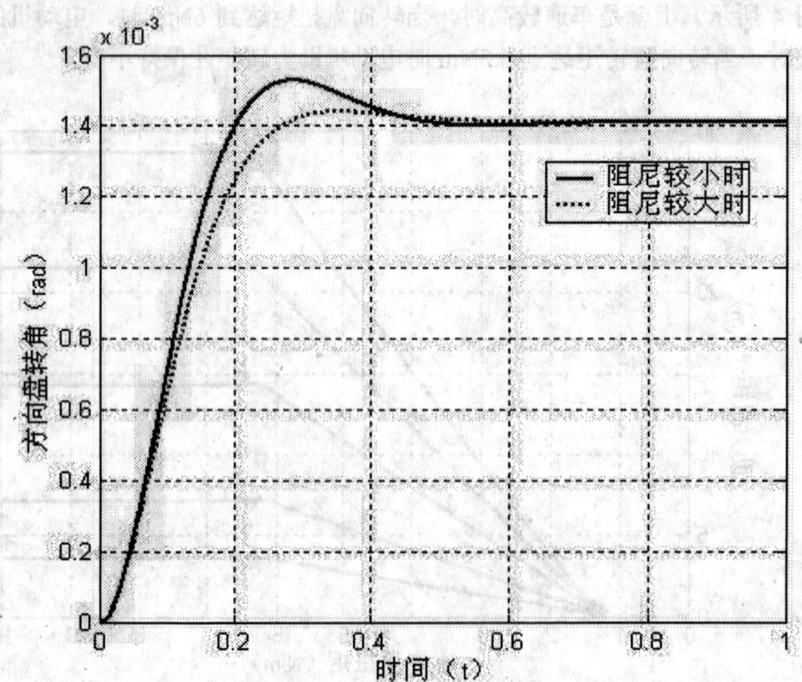

图 6 系统阻尼对路面冲击衰减的影响

6 结论

本文通过对电动助力转向系统模型的仿真研究，得到如下结论：

(1) 汽车在不同车速下行驶可以得到不同的助力特性，可以获得高速行驶时良好的转向路感和低速行驶时驾驶员的转向轻便性。

(2) 从转向盘转角和齿条位移关系曲线图可以看出，该转向系统具有良好的跟踪性，系统阻尼对由于路面不平度引起的振动具有很好的衰减作用，因此可以在特定频段内应用主动阻尼控制方法增加系统阻尼，减小车辆行驶时汽车转向盘的激烈抖动。

参考文献

1 陈伯时. 电力拖动自动控制系统. 北京：机械工业出版社，1997

1 Katsuhiko Ogata. 现代控制工程. 北京：电子工业出版社，2000

2 黄忠霖. 控制系统 MATLAB 计算及仿真. 北京：国防工业出版社. 2001

3 Chen J S. Control of Electric Power Steering Systems. SAE paper,981116

4 Rakan C. Chabaantand Le Yi Wang. Torque Estimation in Electrical Power Assist Systems*. Proceedings of AVEC 2000 5th Int'l Symposium on Advanced Vehicle Control. 2000.8. 22～24

5 A.T. Zaremba, M.K. Liubakka, R.M. Stuntz, Vibration Control based on Dynamic Compensa-

6 tion in an Electric Power Steering System. Prepr. of the Int. Conf. On Control of Oscillations and Chaos, St. Petersburg, v. 3, 1997, 453～456

汽车饰件测量坐标系的建立

朱 敏 朱顺华

延锋伟世通汽车饰件系统有限公司

[摘要] 本文阐述了汽车饰件在三坐标测量中依据基准点系统建立车身坐标系，以符合各大汽车厂商对零部件测量的要求。

关键词：三坐标测量 基准点系统 测量基准

1 引言

随着汽车开发技术的不断提高，各大汽车厂商纷纷引入汽车基准点系统，如：大众公司的“RPS”基准系统，通用公司 GD&T 图纸中的“Datums”也描述了产品的定位基准点，两者的目的基本一致，使汽车零件在设计－开发－装配－总装－测量所有部门都采用统一的基准点定位系统，减少总成及零部件因基准不协调而产生的偏差，以改善生产过程的稳定性[1]。所以汽车零件的测量也应紧紧按照基准点系统建立测量坐标系，才能真正体现零件在装车状态下与车身或其它零件的定位与匹配情况。

2 问题的提出

我公司生产汽车饰件，对汽车饰件的测量我们一般采用将零件与三维数模的比较测量，许多汽车饰件没有可供三坐标建立其整车坐标系的特征元素，如：平面、直线、孔等，如何使测量坐标系准确地转换到车身坐标系，这是三坐标测量的关键，这将直接影响到测量的结果。

3 建立测量坐标系的方法

3.1 方法简介

我们一般采用两种方法。一是设计制造专门的测量工装，将“RPS”点或“Datums”点作为零件的支撑定位点，即按照装车状态将零件固定于测量工装上，在测量工装的地板平面设置测量基准，以实现与汽车坐标系联系起来。这种方法对于体积大、材质软、易变形的零件是必须的，如：保险杠、门内饰板。这种方法对测量工装的设计制造要求很高，既要考虑测量工装的精度和安装的合理性，还要进行 MSA 的分析。另一种方法是直接在零件上将“RPS”点或“Datums”点转换为测量基准，这种方法适合于不变形的零件测量，可以省去设计制造测量工装的费用，降低测量成本，但在测量技巧上要求较高，因为汽车饰件的种类很多，要理解分析产品的三维数模（Mathdata），产品图中的 RPS 表（德国大众标准）或 GD&T 图纸中的 Datums 表（美国通用标准）或其它类似的基准信息，应用三坐标测量软件将基准点转换到车身坐标系。以下着重介绍第二种方法。

3.2 坐标系的转换

我们先简单介绍一下汽车的基准点系统。和任何一个物体在三维空间中占用六个自由度一样，汽车零部件在汽车总坐标系中的明确放置必须约束六个自由度，在实际操作中可采用 3－2－1 的法则，它规定了支撑位置的分配[1]：

Z 方向 3 个支撑位（约束 Z 平动，X 旋转和 Y 旋转）；

Y 方向 2 个支撑位（约束 X 平动和 Y 平动）；

X 方向 1 个支撑点（约束 Z 旋转）。

我公司使用的三坐标测量软件是法国的“PreludeINSPECTION”，在国内是第一家使用，通过研究积累了一些汽车饰件的测量经验。

以下举一个风管的例子，介绍如何利用基准点系统来建立测量基准。风管的基准点系统见图 1。

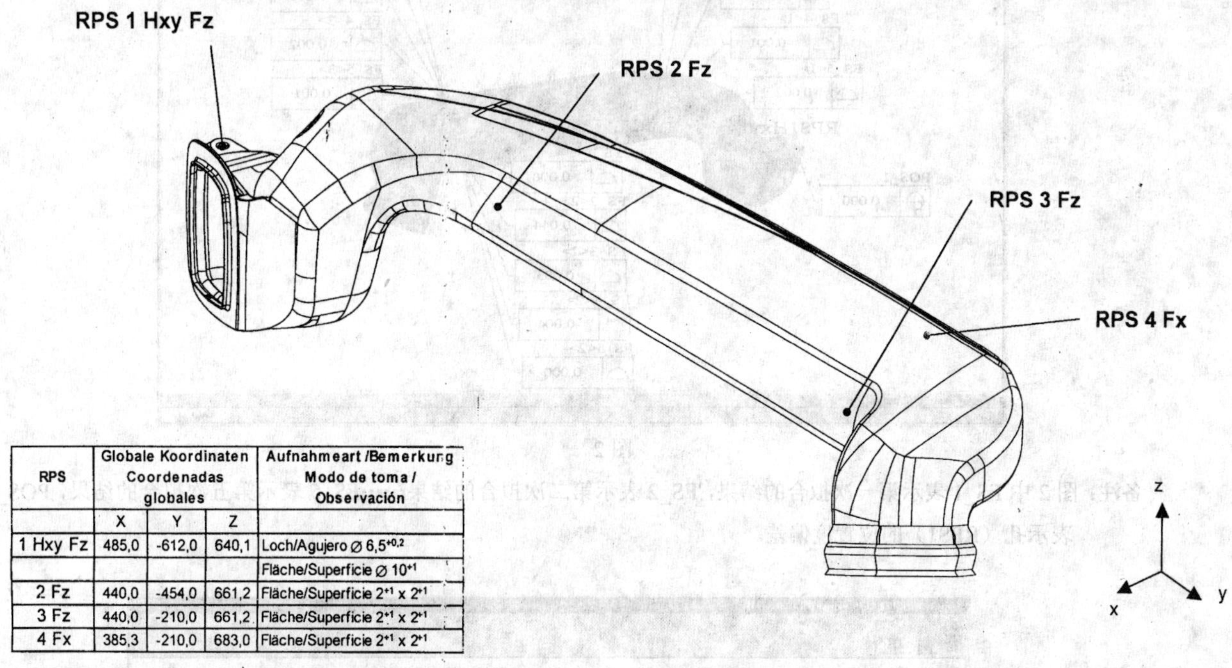

RPS	Globale Koordinaten Coordenadas globales			Aufnahmeart /Bemerkung Modo de toma / Observación
	X	Y	Z	
1 Hxy Fz	485,0	-612,0	640,1	Loch/Agujero ∅ $6,5^{+0,2}$
				Fläche/Superficie ∅ 10^{+1}
2 Fz	440,0	-454,0	661,2	Fläche/Superficie $2^{+1} \times 2^{+1}$
3 Fz	440,0	-210,0	661,2	Fläche/Superficie $2^{+1} \times 2^{+1}$
4 Fx	385,3	-210,0	683,0	Fläche/Superficie $2^{+1} \times 2^{+1}$

图 1

步骤：

(1) 分析零件的 RPS 基准系统

RPS1 为特征孔，RPS2、RPS3、RPS4 为非特征点，它们都是该零件的支撑位，我们按照 3－2－1 法则分析，Z 方向的 3 个支撑点是孔（RPS1）、曲面点（RPS2Fz）、曲面点（RPS3Fz），X 方向的支撑点是孔（RPS1）、曲面点（RPS4Fx），Y 方向的支撑点是孔（RPS1），零件的 6 个自由度得到了约束。

(2) 建立基准[2]

根据上述条件，我们先建立三坐标测量的第一基准，可以编制一个测量程序，将该零件的孔（RPS1）设为固定点，将 RPS2Fz、RPS3Fz、RPS4Fz 设在一个曲面里，根据 RPS1、RPS2、RPS3Z 向理论值设置假想平面 PLAN1，通过旋转定为 Z 轴，根据 RPS1、RPS4 的 X 的理论值设置假想线 LIN，旋转定为 Y 轴，RPS1 的理论值 X、Y、Z 设置为原点。

(3) 测量

手动测量这些 RPS 点在零件上的大致位置，让计算机找到手动采点与真实点之间的偏差，若存在偏差较大，可按计算机显示的偏差进行手动修正测量，若偏差较小，计算机就会默认通过。

(4) 拟合

在第一基准的基础上设立第二基准，用 best－fit 对 RPS2Fz、RPS3Fz、RPS4Fz 点进行拟合，让三坐标测量机自动去测量，检查测量偏差，在第二基准的基础上用上述方法再设立第三基准……，依次类推，我们可以进行多次拟合，建立多次基准，观察拟合结果，每次拟合后偏差会逐渐减少直至趋于一致。若一个零件在制造过程中比较稳定的话，通过 3～5 次的 best-fit，测量结果中反映出一组 RPS 的最终拟合偏差小于零件本身公差带的十分之一以下，反之说明零件在制造中已发生了变形。风管的公差为±0.5mm，即 RPS 的最后拟合结果≤0.1mm 即可。图 2 是风管 RPS 的拟合结果。

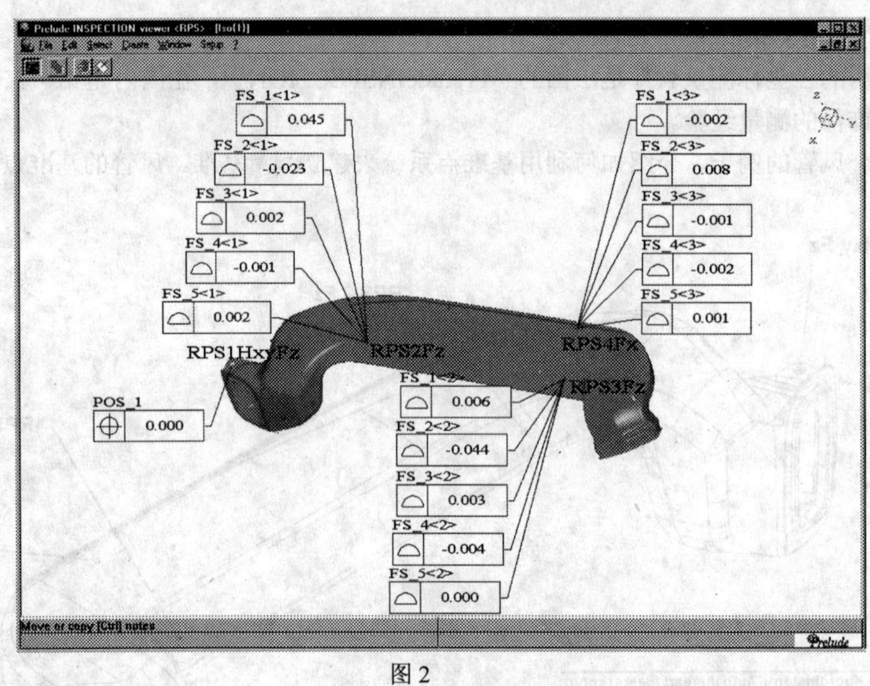

图 2

备注：图 2 中 FS_1 表示第一次拟合的结果，FS_2 表示第二次拟合的结果……FS_5 表示第五次拟合的结果，POS_1 表示孔（RPS1）的位置度偏差。

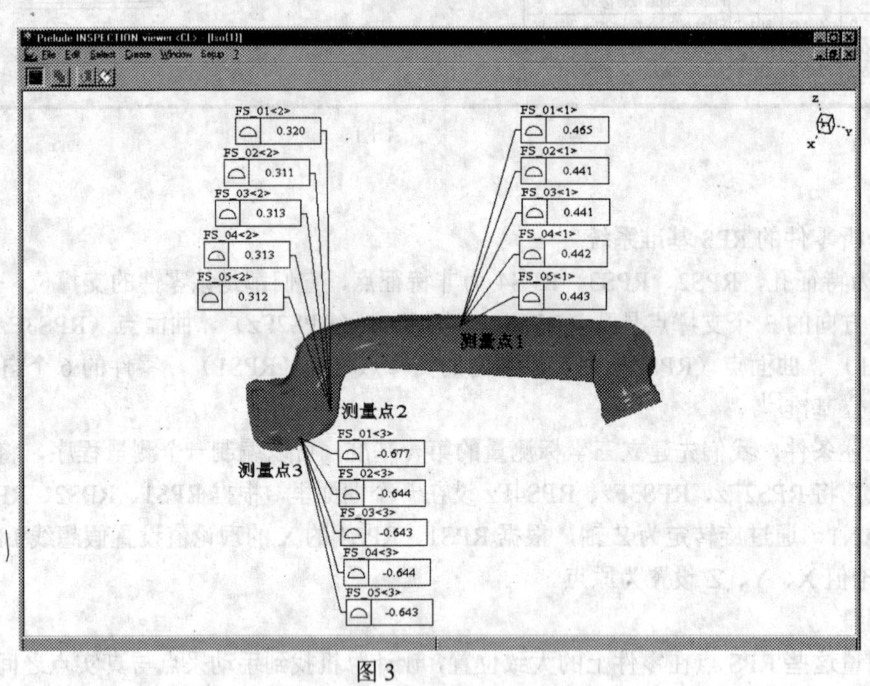

图 3

备注：图 3 中 FS_01 表示第一次拟合的测量结果，FS_02 表示第二次拟合的测量结果，FS_05 表示第五次拟合的测量结果。图中显示，第三次拟合至第五次拟合的测量结果趋于一致。

图中显示：该零件的第一次拟合至第三次拟合的偏差在逐步减少，第三次拟合至第五次拟合的偏差在很小的范围内波动，以趋于稳定，验证孔（RPS1）的偏差仍为零，所以整个测量基准已和 RPS 测量基准系统吻合了。

(5) 结果分析

通过测量发现，当零件通过基准点系统定位，定位点拟合至偏差很小时，其它匹配点的测量结果也趋于一致，如图 3 所示。

我们也做过重复性试验，所得的最终测量结果也趋于一致。这说明我们采用的上述方法建立零件的测量坐标系是完全正确的。只有这样，才能真正体现零件在装车状态下与车身或其它零件的定位与匹配情况。

4 总结

汽车饰件的种类非常多，在车身上定位的方式也各不相同，我们在日常测量中经常采用直接在零件上定位的方法，根据不同的零件各自的特点，结合基准点系统以建立和车身坐标相联系的测量参考系，如：以六个曲面点支撑的零件，两个定位的孔或销和一个曲面点支撑的零件，三个定位孔或销定位的零件，都可采用上述方法建立测量参考系，这样不但能反映出零件自由状态下的测量数据，而且可以节省制造测量工装的时间与费用，降低测量成本，同时也能满足基准点系统的测量要求。

参考文献

1 基准点系统基础（RPS）·上海大众汽车有限公司, 1997 年

2 PreludeINSPECTION6.0 测量软件操作手册·法国 MATRADATAVISION, 2002 年

汽车尾流速度测量的虚拟仪器系统

傅立敏　胡兴军
吉林大学汽车空气动力学研究所

[摘要] 汽车尾流结构对汽车空气动力特性具有决定性影响。为有效地进行汽车尾流速度测量进而搞清汽车尾流结构特性，在热线风速计基础上，针对传统测试仪器的弊端，引入虚拟仪器的概念，通过 LabVIEW 编程，为汽车风洞开发了尾流速度测量虚拟仪器系统。使用该系统进行某国产轿车尾流速度测量试验，所得结果与先前进行的试验研究和数值计算结果均保持一致，证明了系统是有效的。

关键词: 热线风速计 汽车尾流 速度测量 虚拟仪器

Virtual Instrument System of Measuring Automotive Wake Velocity

Fu Limin, Hu Xingjun
Institute of Automotive Aerodynamics, Jilin University

[Abstract] In order to reveal the wake structure's characteristics effectively, considering shortcomings of traditional test instruments and introducing the concept of virtual instrument, we developed a virtual instrument system based on hot-wire anemometer to measure automotive wake velocity in the automotive wind-tunnel by means of LabVIEW program. With this system we made experiments to gain the wake velocity distribution behind one certain kind of passenger car made in China, and the results are in accordance with those of the numerical simulation and the former research, which validated the virtual system.

Key words: hot-wire anemometer automotive wake velocity measurement virtual system

1 前言

随着高速公路的蓬勃发展，汽车车速不断提高，汽车气动阻力对燃油消耗的影响日益凸现出来。气动阻力的 85%是压差阻力，同时压差阻力 91%来自汽车尾部（其值随车身长短不同而异）；而汽车尾流结构对汽车空气动力特性具有决定性影响。为此，进行汽车尾流速度测量，搞清尾流结构进而改善汽车空气动力特性对开发低阻力汽车，降低汽车燃油消耗有重要意义[1]。

在进行尾流试验研究过程中，我们发现传统的测试仪器是功能固定且封装好的，专用于某项具体试验或任务，且价格昂贵。开发测试系统时，对设计人员的要求非常高：要求掌握测试仪器底层硬件知识，必须有广泛的计算机编程知识，并能编写硬件的驱动程序。从而导致了传统测试系统开发周期长、灵活性很差。为了缩短速度测试系统开发时间，并方便以后用户对其进行维护、扩展和升级，在热线风速计的基础上，我们引入虚拟仪器的概念，为汽车尾流速度测量开发出专用的虚拟仪器系统。

2 热线风速计

热线风速计的出现是流体力学试验技术进步的新突破。它使汽车空气动力学试验研究获得了研究非定常流特别是湍流的有力工具。尽管 20 世纪 60 年代出现了激光测速技术，试验研究发现测量湍流参量时，激光测速常因丢失粒子信号而导致测量结果不可靠[2]，并且由于激光测速仪价格和维持费用昂贵，在湍流场研究的应用范围上远不如热线技术广泛。今后热线技术仍将是汽车湍流，特别是汽车尾流场速度测量的主要手段。

对不可压缩气流强迫对流传热而言，Nu 数仅与雷诺数和热线的物理和工作状态有关[3]。为了方便起见，用热线风速计测量风速U时我们通常采用如下公式：

$$\frac{I^2 R_w}{R_w - R_g} = A + BU^n \tag{1}$$

n值随 Re 的变化而变化，试验测得的指数$n = 0.45 \sim 0.51$。式中，R_w、R_g是热线工作电阻和气流电阻常数，I是热线电流。系数A和B由试验确定。

在热线恒温工作时，热线的热电阻R_w=常数。因$IR_w = e$，故可把（1）式改写成

$$e^2 = A + BU^n \tag{2}$$

式中，e为与风速U相对应的热线电路输出电压值。

3 虚拟仪器的概念

LabVIEW（Laboratory Virtual Instrument Engineering Workbench）是一种图形化编程语言，利用功能图标来创建应用程序，也即创建虚拟仪器（VI，Virtual Instrument）。虚拟仪器即是其操作和外观均仿照示波器或万用表等物理仪器并实现同样功能的程序软件。在基于文本语句的编程语言中指令语句决定了程序执行；在 LabVIEW 中由数据流决定程序的执行，编程时根据数据流进行编程。

论文在 LabVIEW 平台上开发了汽车尾流速度测量虚拟仪器系统，该系统包括测速校准和测速两个子系统。

4 热线测速校准子系统

汽车外流场属于不可压的连续流动，热线测速的静态校准方程的表达式采用式（2）。在热线测速校准子系统中，我们将n作为变量对待，因而也就不必用专门的线化器硬件来线性化热线的输出电压。我们直接通过软件编程来实现：连续变换n的值进行不同的指数拟合，并用拟合曲线与试验数据之间的均方误差（*mse*）大小来判断拟合质量的优劣。这也体现了虚拟仪器的优越性：开发过程简便，节省时间和开支。

4.1 子系统硬件构成

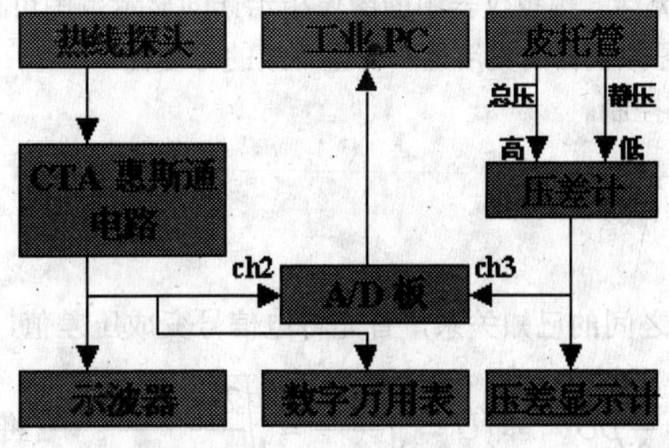

图 1 热线测速校准子系统的硬件结构

热线测速校准子系统的硬件构成如图 1，由图可知，硬件结构为两部分：一部分是热线风速计电路，产生热线电路输出电压 e；另一部分是皮托管部分，产生相应的压差（动压）的电信号 E_p。

本文热线测速时采用恒温式热线风速计（CTA）基本电路，电路形式为反馈电路。

当整个系统连接完毕，并接通电源后，惠斯通电桥达到平衡。当气流速度加大时，热线与周围流体的热交换增加，热线就会变冷，结果电阻减小。根据前面论述的恒温式热线风速计的工作原理，输出电压将增加。反之，输出电压将减小。输出电压数时间的变化波形通过示波器显示，而具体数值通过数字万用表显示。同时，通过 A/D 板将此输出电压 e 模拟信号转换成数字信号再经数据采集卡读入 VI 系统。另外，静压皮托管的压差电信号 E_p 也同时被采集卡读入 VI 系统。数据的采集完全由虚拟仪器软件控制。

4.2 子系统虚拟仪器构成

热线风速计测速校准子系统的软件构成和用户界面分别如图 2、3。

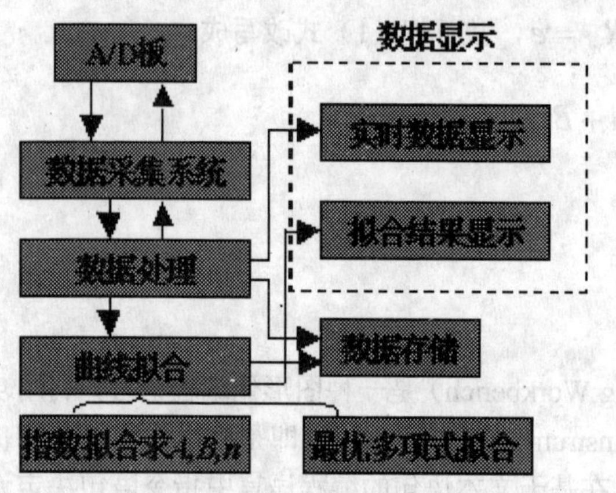

图 2 热线风速计测速校准系统虚拟仪器结构图

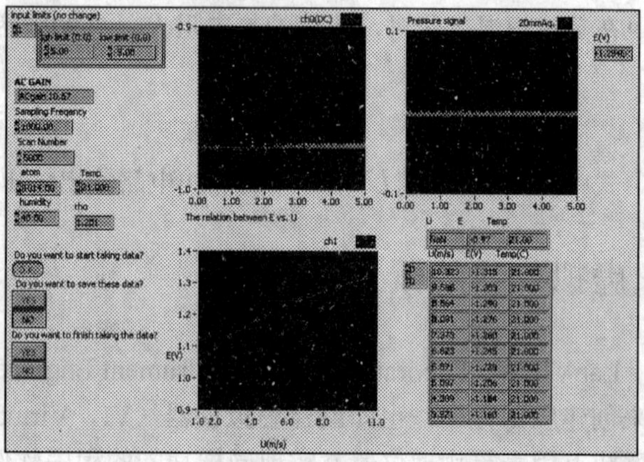

图 3 热线风速计测速校准系统虚拟仪器用户界面

该测速校准系统能完成以下功能：

（1）进行数据采集参数设置，数据采集系统可设置信号增益放大倍数、采样频率、信号扫描次数、以及被测量信号的上限与下限等。

在计算机不溢出的条件下可任意改变测量虚拟仪器的测量信号的范围，这点是传统测试仪器望尘莫及的。

（2）进行环境变量初始化，包括大气压和温度的初始化。

通过给定的大气压和温度等初始条件，系统还可算出试验当时风洞中空气的密度与空气湿度。

（3）进行待测信号实时显示，包括皮托管压力差对应的电信号与热线风速仪的输出电压信号显示。

这些任务由虚拟仪器中的图像指示器（Indicator）来完成，其功能与实际示波器相同。根据信号显示我们可以知道待测信号的变化何时剧烈、何时稳定，并根据需要进行采样控制。但是，示波器的显示范围很受限制，不如图像指示计灵活。虚拟仪器中的图像指示计的显示范围可根据需要进行任意设置，条件是计算机不溢出。这也体现了虚拟仪器的灵活性，调整升级的方便性。

（4）数据采集和存储的控制。

（5）数据处理。

数据包括两部分：

（1）初步处理

根据压差电信号与压差之间的已知关系，首先将电信号变成压差值，然后根据压差与风速间的关系

$\Delta p = p_{HI} - p_{LO} = P_0 - p = \dfrac{1}{2}\rho U^2$，即 $U = \sqrt{\dfrac{2\Delta p}{\rho}} = \sqrt{\dfrac{2(p_{HI} - p_{LO})}{\rho}}$ 将压差转变为速度。

（2）曲线拟合

该曲线拟合功能由一专门的子虚拟仪器（SubVI）完成，如图 4。初步处理的数据 U 和热线输出电压作为曲线拟合 VI 的数据输入。然后根据 King 指数定律，即采用公式（2）进行指数曲线拟合，求出 A，B，n，典型的拟合曲线结果如图 5。曲线拟合 VI 中，还进行了最优多项式拟合。通过两种拟合方法的比较可知，King 的指数定律的曲线拟合误差较小。由校准系统得到的结果，即系数 A，B，n 的值可通过文件 I/O 存储到硬盘里或其他存储设备上。

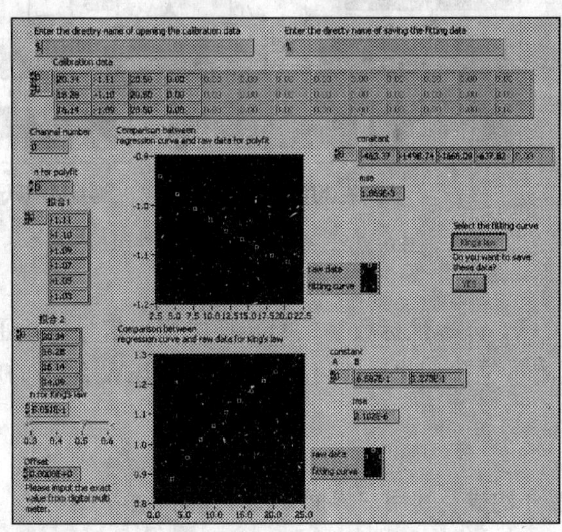

图 4　曲线拟合求 A，B，n 的子虚拟仪器

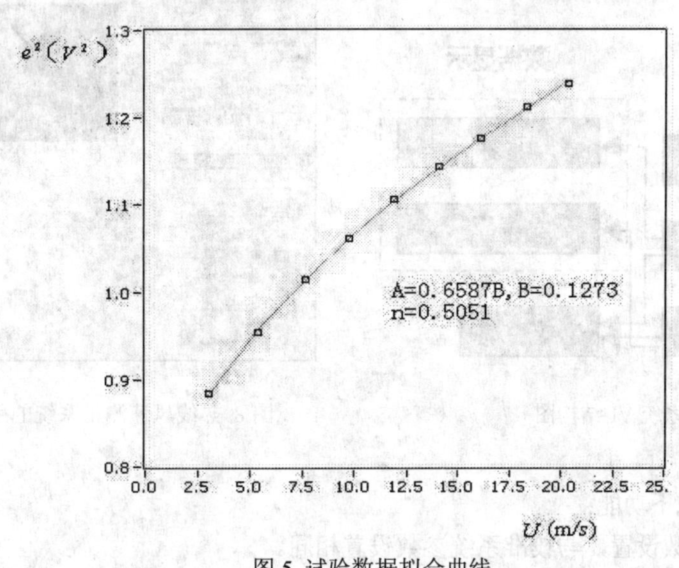

图 5　试验数据拟合曲线

5　热线风速计尾流速度测量子系统

该虚拟仪器子系统调用热线测速校准子系统得到校准关系式，热线风速计就可以进行汽车尾流风速电信号测量，并经虚拟仪器（VI）处理得到风速。

5.1　子系统的硬件构成

测量子系统的硬件系统结构如图 6。

与热线校准系统相比，该系统的硬件增加了固定热线探头的移测架、控制系统的执行机构——伺服系统，并且 A/D 板还必须是双向的，即能进行 A/D 和 D/A 转换。

在进行风速测量之前，需进行风洞风速的测量，此风速由静压皮托管风速计完成（如图 6 右边虚线框部分）。皮托管应放在试验段远离轿车模型的上游，以保证此处的流场未受到试验模型绕流场的干扰。

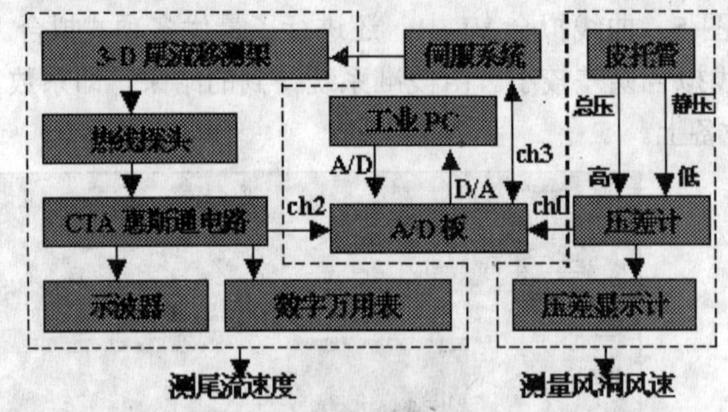

图 6 热线风速测量系统硬件组成

A/D 板将虚拟仪器发出的 x，y，z 坐标数字信号转换成模拟信号，并通过通道 3（ch3）发送给伺服器，触发驱动器驱动移测架移至测量位置。此后就可以通过 LabVIEW 编写的虚拟仪器程序控制进行数据的测量。

5.2 子系统虚拟仪器构成

热线风速测量系统 VI 部分构成及其用户界面如图 7、图 8。

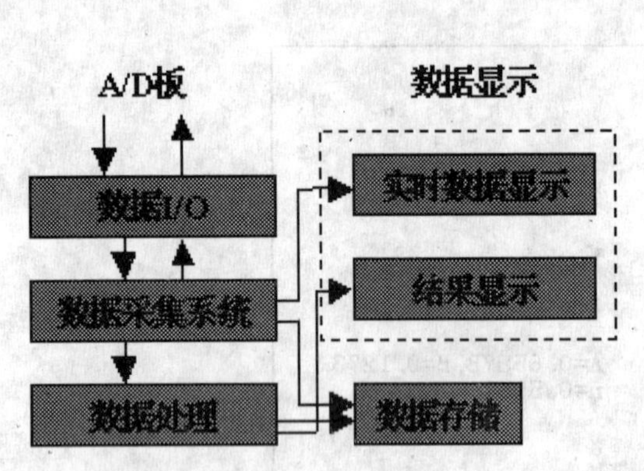

图 7 热线风速测量系统 VI 结构图

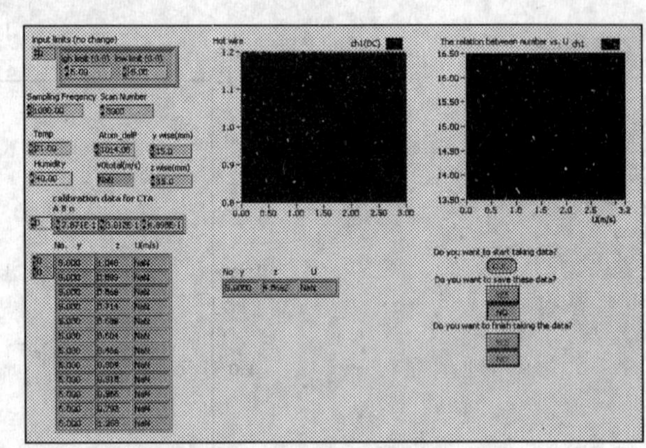

图 8 热线风速测量系统的用户界面

该测速系统能完成以下功能：

（1）数据采集的参数设置，与校准系统参数设置相同。

（2）试验环境变量初始化，除了校准系统的环境变量初始化外，还需给定热线风速计的热线探针所应测量的位置（x，y，z）。

（3）测量风洞风速，也即测量风洞中试验段流来均匀流场的风速。如图 6 中右边虚线框部分，首先皮托管的压差由压差传感器感应到变成电信号经 A/D 板转换后，由数据处理系统处理变为风速显示在面板的指示计里（V_{0total}，m/s），并暂存在缓存器里，试验完后一并存入存储器里。数据处理时原理与前面相同。

（4）赋 A，B，n 的值，将校准系统得出的 A，B，n 赋给控制矩阵，系统将这三个系数带入拟合函数，从确定了风速与热线输出电压信号间的对应关系。在测速试验过程中，热线输出的电压信号就通过拟合函数可直接转换成风速值。

（5）待测信号的时间变化显示。

（6）数据采集和存储的控制。

6　虚拟仪器的试验测试及其结果

针对某国产轿车的 1:10 模型，用本虚拟仪器系统进行了汽车尾流速度分布试验研究，并与我们先前研究的结果进行比较，以验证该虚拟仪器的有效性。

6.1　试验内容

测量横截面：试验对 4 个尾流速度测量横截面进行了速度分布测量。本车的模型高为 h=126mm，4 个面距离汽车尾端分别为 1h，2h，3h，4h 处，分别对应 x/h=1，2，3，4。4 个横截面位置如图 9 所示。

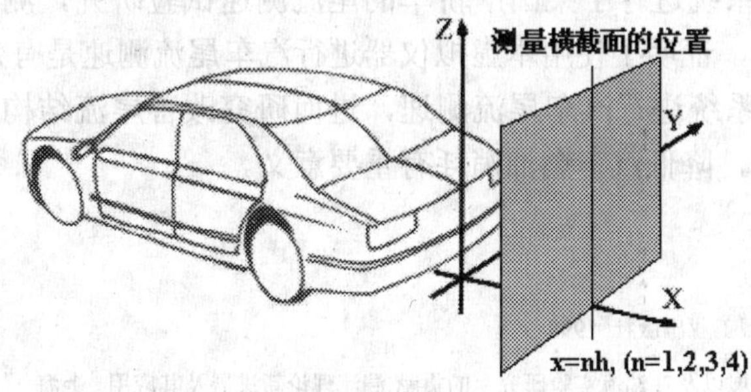

图 9　4 个测量剖面的位置图

测点布置：测量剖面分六个高度，第一高度距地板表面 5mm，第一至第五高度尾等间距，间距为 35mm。在剖面宽度方面有 7 个测点，间距均为 35mm，因而每一剖面共有 42 测点。测点布置既考虑到汽车模型正投影面积，又照顾到三维坐标移测架的调节范围[3]。

试验风速：20m/s。

堵塞比：6%。

6.2　试验结果

表 1 虚拟仪器系统测得的速度结果

23.25	22.58	22.52	21.84	22.45	22.72	23.25
22.65	22.72	22.29	20.81	22.35	22.68	23.01
22.85	21.33	20.29	13.21	19.84	21.49	23.15
22.17	7.07	11.39	12.14	11.4	5.17	22.49
18.43	5.32	12.32	9.02	11.92	5.4	18.35
11.85	8.55	3.21	3.9	3.28	8.51	12.14

尾流中气流速度按校正公式，用 LabVIEW 虚拟仪器系统测量并处理得到。距汽车尾端 $x=h$，即 x/h=1 处的尾流测量横截面内各点的速度试验值如表 1。进一步数据处理后得到该尾流横截面的速度分布等值线图，如图 10a。

利用该虚拟仪器系统在车尾部继续测量了 x/h=2、3、4 等 3 个尾流横截面，经过同样处理过程后分别得到了各截面的速度分布等值线图，如图 10b、c、d。

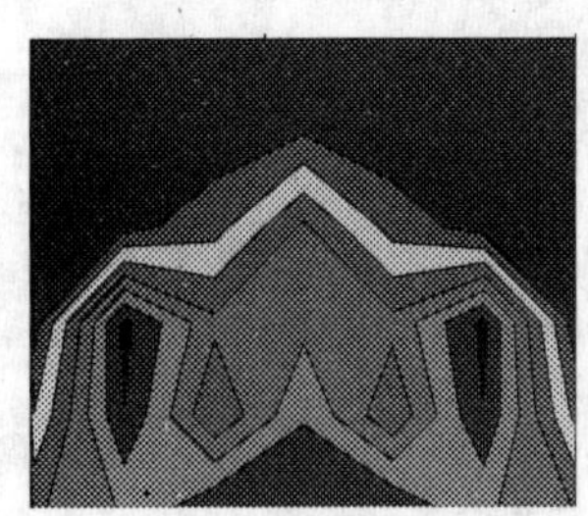

a）x/h=1 尾流截面

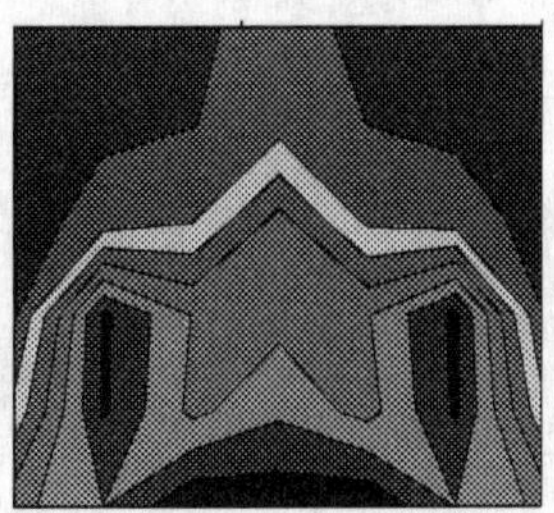

b x/h=2 尾流截面

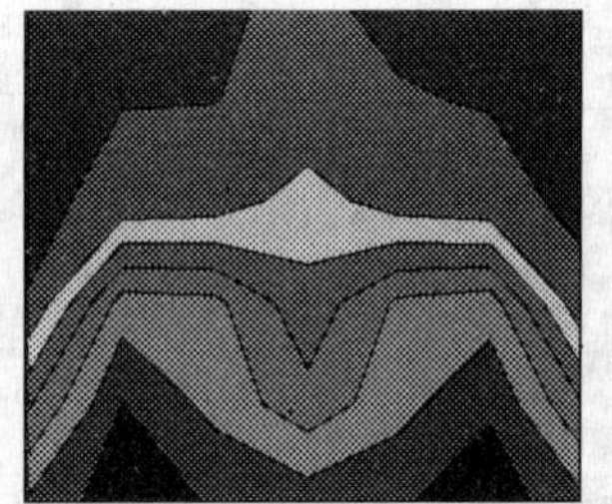

c）x/h=3 尾流截面

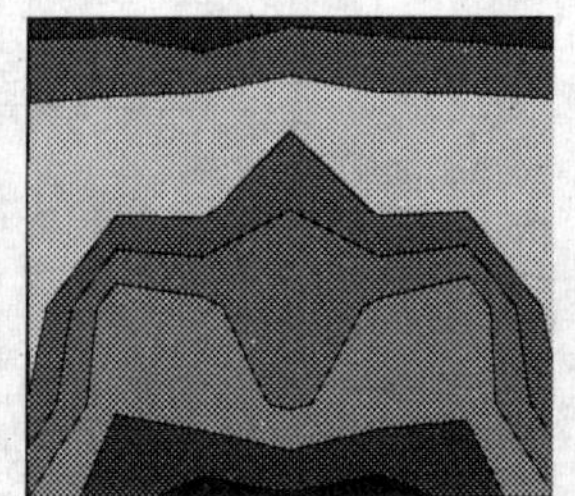

d）x/h=4 尾流截面

图 10　4 个尾流横截截面内的速度分布图

试验结果还表明，汽车横摆角为零度时，尾流两侧相对于中心的速度分布具有良好的对称性。由图可知，阶背式轿车在其尾流横截面内有着相似的速度分布，在行李箱盖后缘形成两个横向对称的拖拽涡，与数值计算结果[4]和先前研究所得的试验结果[5]均保持一致。

7 结论

（1）针对传统仪器的种种特点和弊端，在汽车风洞中引入虚拟仪器的概念，开发了基于热线风速计的、专门用于汽车尾流测速的虚拟仪器系统，该系统能够方便地进行维护、扩展和升级。

（2）使用该虚拟仪器系统进行了某国产轿车的尾流测速试验研究，测试结果与我们以前的数值计算结果和试验结果均保持一致，证明了使用本虚拟仪器进行汽车尾流测速是有效且可行的。

（3）应用该虚拟仪器系统进行汽车尾流测速，进而研究改善尾流结构的措施，对提高汽车空气动力特性，开发低阻力国产汽车，降低汽车燃油消耗有重要意义。

参考文献

1 傅立敏. 汽车空气动力学.北京:机械工业出版社, 1998

2 魏中磊. 热线风速以及其探针的发展以及在湍流实验研究上的贡献.湍流理论新进展及其应用. 上海 ：上海大学出版社，2000

3 H.H.Bruun. Hot-Wire Anemometry Principles and Signal Analysis. Oxford University Press, 1999

4 傅立敏. 汽车三维分离流动特性的数值计算研究. 汽车工程，2000 年

5 FU Li-min. Numerical Study of Separated Flow around Rear of Road Vehicle . 2000 FISITA, Jun 2000

奥德赛轿车空调系统压缩机油回油技术的研究

宋建伟　夏国春
广州本田汽车有限公司　　烟台首钢电装有限公司

[摘要] 通过对奥德赛轿车双蒸发器空调系统的压缩机回油问题的试验研究，全面掌握该车型从总装到使用中的压缩机油在系统内的循环情况，对三种极限状态下的工况进行了分析，找到了具体的解决方案，并对同类车型的压缩机油循环问题的解决提供了一种思路。

关键词：双蒸发器 空调系统 机油循环率 回油控制

1 前言

目前，轿车空调系统中普遍使用的是单蒸发器空调系统，随着市场对更大的驾乘空间和更多的乘员座位的轿车需求量逐渐增加，消费者对轿车舒适性的要求也不断提高。双蒸发器空调系统在多功能商务车（MPV - Multi Passenger Vehicle）中的应用越来越广泛。广州本田奥德赛轿车就是采用前后布置的双蒸发器空调系统实现对车厢内部的整体空气调节的。由于这种前后布置的双蒸发器空调系统的固有特性，会对压缩机油的回油问题造成一定的影响，因此，我们对奥德赛车型空调系统的压缩机回油问题进行了比较全面的研究。

2 空调系统中压缩机油循环率的设定

汽车空调系统中压缩机油的正常循环，是保障压缩机工作可靠性和耐久性的重要因素之一。对于定排量斜盘式压缩机，在外界气温 20℃，压缩机转速为 1000r/min，无压缩机油的条件下，压缩机达到锁死的时间为 15s，部位为斜盘与滑履摩擦副或活塞和气缸摩擦副，并最终会导致离合器烧毁。

为保证压缩机的品质而规定的系统压缩机油的封入量，是在考虑到压缩机的耐久性的条件下，确保一定的油循环率而设定的量。只有保证空调系统中一定的机油循环率，才能保证压缩机的正常运转，使压缩机不会因为润滑不良而发生磨损甚至锁死等现象。

在同一空调系统中，压缩机油循环率可由以下公式求出：

$$\text{机油循环率（\%）} = \frac{\text{循环机油量（g）} \times 100\%}{\text{循环机油量（g）} + \text{循环冷煤量（g）}}$$

需要指出的是：由于压缩机油是溶入制冷剂中，与制冷剂一起在空调系统中进行循环的。对压缩机而言，一定范围内，压缩机油量越多润滑性能越好；但对空调系统而言，压缩机油的存在反而导致制冷能力下降。因此，在设定压缩机的机油封入量时，一定要兼顾双方的要求，通常取值在 2.9%～6%之间。

3 奥德赛轿车空调系统的压缩机油循环问题

3.1 奥德赛轿车的双蒸发器结构

广州本田奥德赛轿车采用的是前后布置的双蒸发器空调系统，而且前后空调的温度控制系统是相对独立的。结构简图如图 1 所示。压缩机型号为 DENSO-10S20C，压缩机油型号为 ND-OIL8。其特点是后蒸发器布置在车厢后侧，制冷剂循环回路较长。

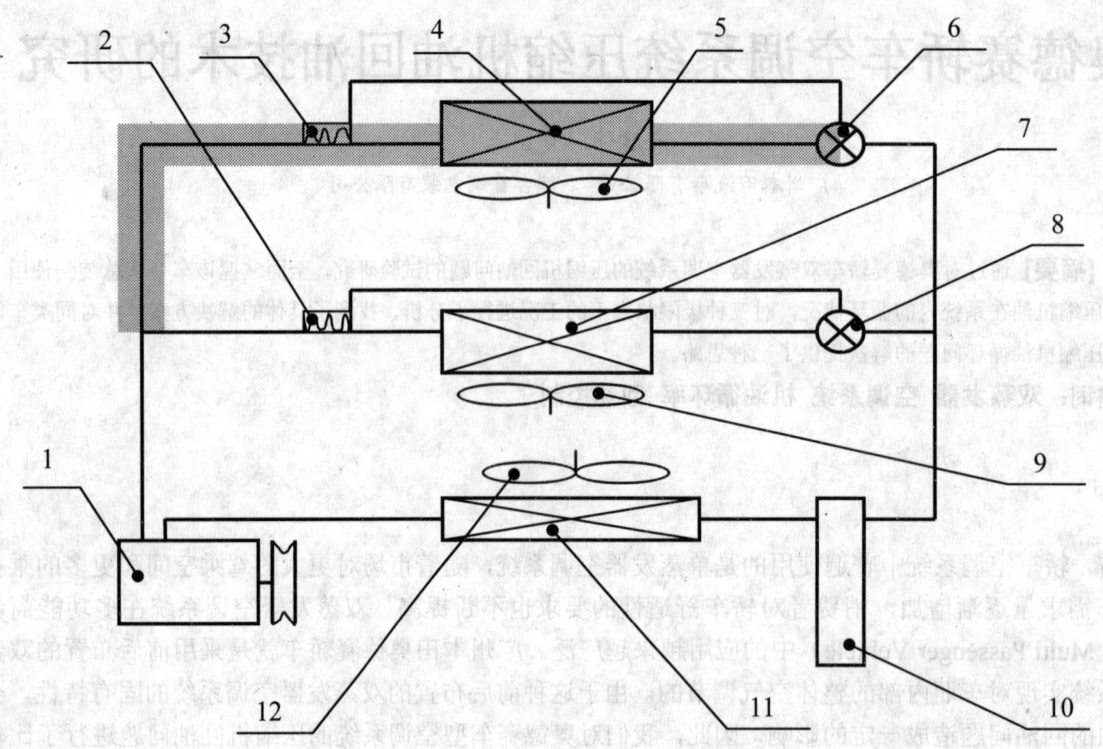

图 1 双蒸发器空调系统简图

1— 压缩机 2—感温包 3—感温包 4—后蒸发器 5—后鼓风机

6—膨胀阀 7—前蒸发器 8—膨胀阀 9—前鼓风机 10—储液干器 11—冷凝器 12—冷凝风扇

3.2 问题的提出

由于奥德赛车型空调系统的特点，经过研究分析，结果显示系统会在以下几个空调系统运行的极限工况下，产生压缩机缺油失效的情况：

（1）整车总装完成，空调开（A/C ON），压缩机磨合工况。

（2）冷车起动，空调开（A/C ON）工况。

（3）前空调开（A/C ON）而后空调关（A/C OFF），长时间持续运行工况。

3.3 问题的分析及解决方案

3.3.1 对于工况（1）

在整车总装完成时，产品车随即会进入检测线，对灯光、空调、刹车侧滑、排放等一系列指标进行在线检测。由于压缩机油是加注在压缩机内部，尚未溶解在刚刚加注到系统内部的制冷剂里面。而且根据后蒸发器的布置特点，制冷剂的循环回路较长。此时若是不经过压缩机的磨合程序，让压缩机油与制冷剂充分混合，直接进入刹车侧滑、排放指标等发动机高转速工序，则会造成压缩机缺油并导致压缩机早期磨损。

根据试验数据的我们得出 ND-OIL8 压缩机油的循环率-温度曲线（图 2），图中显示在外界气温越低的情况下，压缩机油的循环率越低。特别是在冬天，尤其需要保证压缩机的磨合程序。因此，我们对在整车终检前增加了一道工序，即在前后空调开启，发动机转速不大于 1500r/min 的工况下，进行 2min 的压缩机磨合。以保证压缩机油在制冷剂中充分溶解和循环。

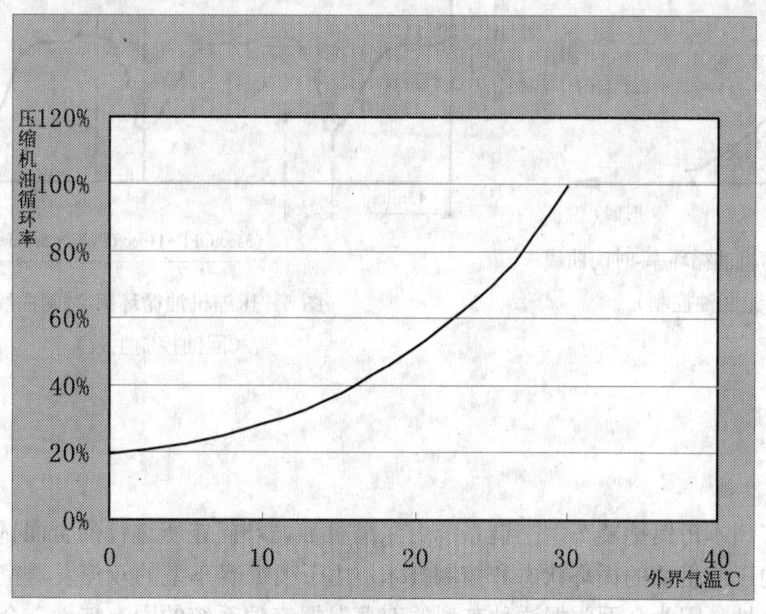

图 2　压缩机油的循环率—温度曲线

3.3.2 对于工况（2）

冷车起动时，由于压缩机油存在一定的析出，并在系统中位置较低处的积存。因此，我们需要采取试验的方式，对这一工况下的机油循环情况进行考察。在外界气温 20～22℃，利用在吸气管中串联的干净玻管进行观察。在发动机怠速、前后空调开，前后鼓风机风量最大的状态下，压缩机的回油时间为 12～13s；而在发动机转速 3000 r/min、前后空调开的状态下，压缩机的回油时间为 6～7s。对比 DENSO-10S20C 压缩机的缺油锁死耐久性能指标，在怠速时，大于等于 60s；在发动机转速 3000 rpm 时，大于等于 10s。因此，在这一工况下，压缩机不会产生缺油磨损和锁死问题。

3.3.3 对于工况（3）

这种工况是在实际使用中出现的情况较多，即当前空调开（A/C ON）而后空调关（A/C OFF）的情况持续较长时间。这时，由于后鼓风机停止工作，后蒸发器温度升高，蒸发压力减低。这种状态导致制冷剂在蒸发器内蒸发后，压缩机油较易以液态的形式逐渐积存在后蒸发器和吸气管内部（见图 1 阴影部分）。这时的压缩机油循环率—时间曲线如图 3 所示，经长时间运转，就会引起压缩机缺油，最终发生磨损或锁死损坏。

广州本田奥德赛车型在设计时为具体解决这一问题，采用了通过空调控制面板芯片的程序设定，使空调系统在较长时间的前空调开、后空调关的情况工作后，压缩机瞬停、瞬开，反复数次的方法，迫使在后蒸发器回路中积存的压缩机油在负压的作用下返回压缩机，从而保证了压缩机的良好润滑。而且通过这种方式，还可以保持乘员对后空调的设定不变，满足乘员特定的舒适性要求。

通过试验，我们验证了这一功能。我们通过采用可变电阻模拟温度传感器的热敏电阻的阻值，使得空调系统能够连续工作。空调系统在前空调开、后空调关的状态下工作，在达到 45 分钟时，压缩机连续出现 5 个循环的 5s 停、11s 开时的动作，此时压缩机油循环率—时间曲线如图 4 所示。显示回油控制程序发挥作用，使压缩机的机油循环率回到一个较高的值。

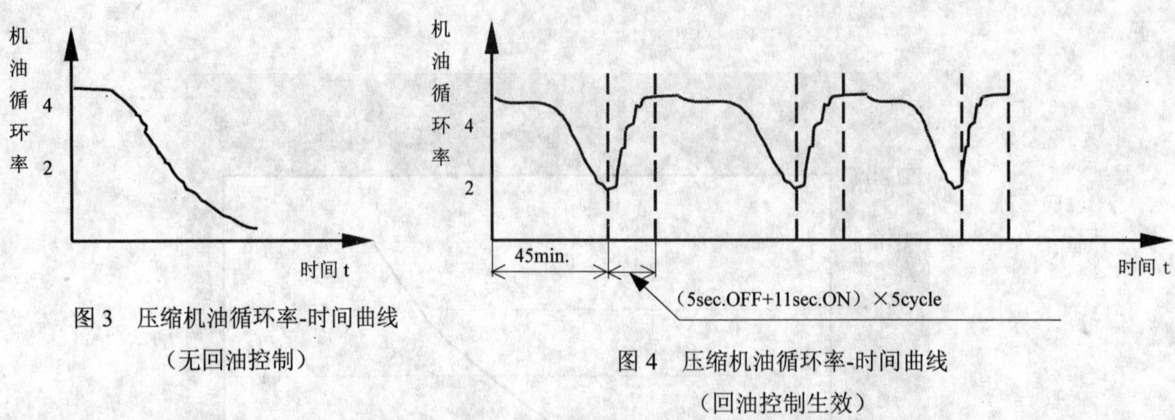

图 3 压缩机油循环率-时间曲线

（无回油控制）

图 4 压缩机油循环率-时间曲线

（回油控制生效）

4 结束语

我们通过对广州本田奥德赛车型空调系统内压缩机油循环问题所进行的全面试验的研究，掌握了该车型在各个工况下的压缩机油的循环状态和控制技术。由于奥德赛车型的双蒸发器空调系统在多功能商务车中具有一定的代表性，因此全面掌握这种车型的双蒸发器空调系统的固有特性，会对这类车型在质量保证措施和设计方案提供一些有益的借鉴。

参考文献

1 王运朋. 实用汽车空调技术[M]. 广东科技出版社，1995，2

2 吴宝志. 汽车空调[M]. 宇航出版社，1992，10

3 李天立. 小型制冷设备与维修[M]. 上海交通大学出版社，1998，9

汽车空调 CAD 系统初步设计研究

林小闹 曾冬琪

湛江海洋大学

[摘要] 本文系统地阐述了汽车空调 CAD 系统设计方法的基本内容，对汽车空调 CAD 系统设计中的设计规划图、功能模型图、IDEF0 图、程序流程框图等内容进行了分析和介绍，为汽车空调 CAD 系统设计方法的推广打下了基础。

关键词：汽车空调 CAD 系统结构 功能模型 工作流程

计算机辅助设计是一门新兴的综合学科，它充分利用计算机的硬件和软件环境，使计算机技术和各种不同领域中的工程问题相结合，即把各种工程设计中所涉及的设计理论，计算方法以及设计人员的经验与计算机的精密计算、图形绘制、数据库和图形库等有机地结合起来，从而改变了传统产品设计和工程技术设计的方法[1]。利用 CAD 手段进行设计与开发可缩短设计周期、提高设计能力、保证设计质量、适应多品种要求，使其经济效益大大改善。

汽车空调 CAD 是指以计算机为辅助手段来完成整个汽车空调设计过程。过程包括：制定任务规划书，确定方法和绘制任务的方法树；对功能进行模块划分，用 IDEF0 图明确各模块之间的相互关系；根据功能模块，确定系统的程序工作流程和对软、硬件的资源进行最佳配置等几个步骤，本文就这些步骤对汽车空调 CAD 系统设计的方法作初步研究[3]。

1 设计原理

汽车空调机组主要由四大部件组成：（1）压缩机；（2）冷凝器；（3）蒸发器；（4）节流装置。

1.1 压缩机选型及热力计算[2]

汽车压缩机是汽车空调的心脏，它起着输送压缩制冷剂蒸气、保证制冷循环正常工作的作用。选型时根据空调机组要求的制冷量选定压缩机的型号，使压缩机的额定制冷量与空调机组的名义制冷量基本相等，确定压缩机的结构尺寸和运行工况参数。根据这些参数对压缩机进行热力计算，得到压缩机的实际制冷量和实际输气量等性能参数值。

1.2 冷凝器、蒸发器设计[2]

由机组的制冷量和压缩机的输气量进行计算，确定两器的实际尺寸及其它性能参数。

1.3 节流装置设计[2]

汽车空调的节流装置主要是热力膨胀阀。另外还有组合式阀、H 形膨胀阀、膨胀节流管以及电子膨胀阀等。节流装置的设计根据空调机组的实际制冷量进行计算，确定节流装置的型号尺寸。

2 汽车空调 CAD 系统的任务规划

汽车空调 CAD 系统分为三大模块：设计计算模块、辅助绘图模块、打印输出模块，如图 1 所示。三大模块中以设计模块为主。设计模块提供交互式制冷系统热力设计的界面，通过建立热力系统数据库，减少查表的麻烦；设计模块还可进行压缩机的选型计算及冷凝器和蒸发器的设计计算。辅助绘图模块在计算完成全部结构参数以后生成系统的工程图，有二维图、三维图、三维动画造型的自动生成等。打印输出模块根据用户的要求，通过打印机等输出设备为用户输出设计图纸。

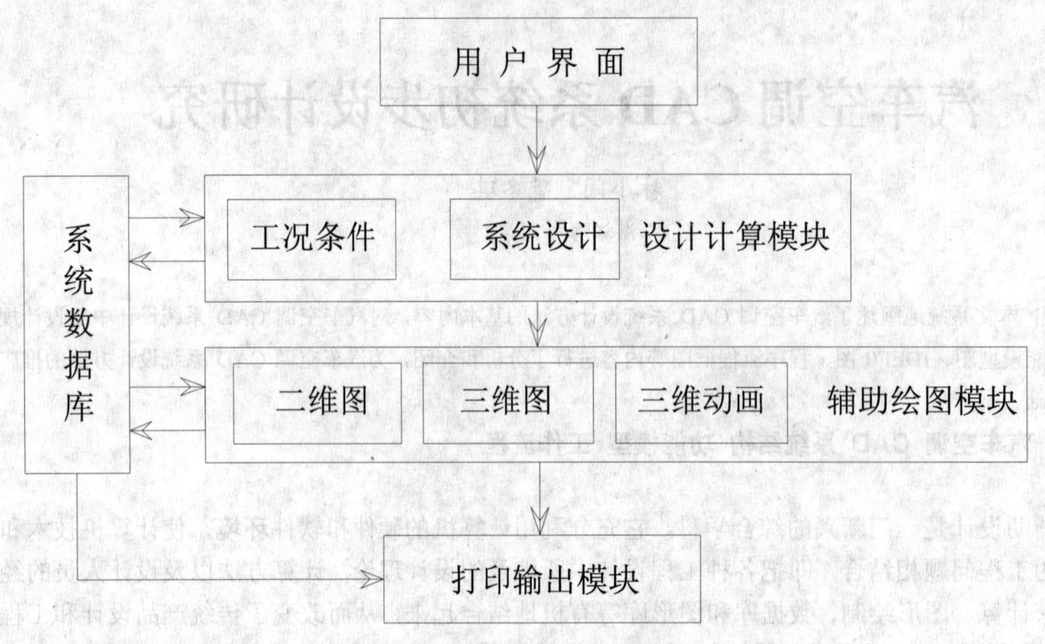

图 1　汽车空调 CAD 系统的结构

3　汽车空调 CAD 系统的模块划分

系统设计是按软件工程的基本思想及模块化、信息传递标准化和分布式控制方式进行的。模块划分，首先必须对 CAD 系统的任务进行规划，确定完成该任务的各功能模块，以及各功能模块的相互关系和信息流。

汽车空调的 CAD 设计分为汽车空调的工况条件、系统设计、图形管理和控制模块。各模块之间的关系见图 2。它反映了汽车空调 CAD 设计思想和建模过程以及各功能模块之间的关系。

4　汽车空调 CAD 系统功能分析方法 IDEF0

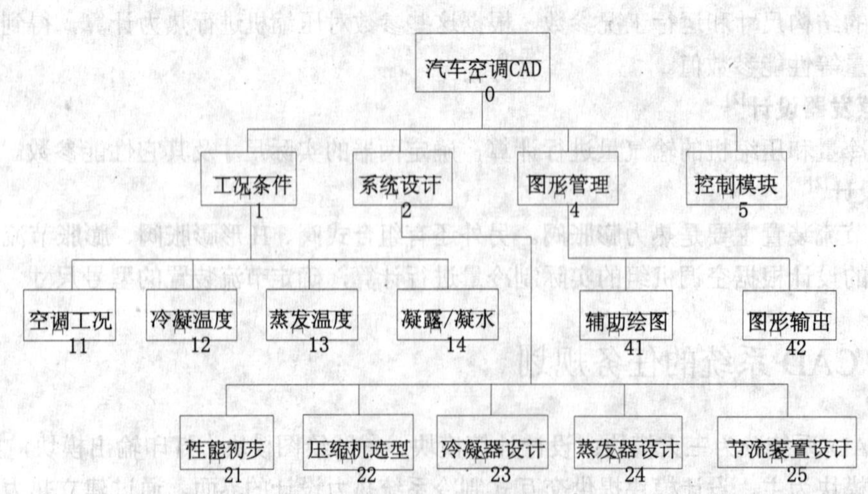

图 2　汽车空调 CAD 各功能模块图

IDEF 的基本概念是在 20 世纪 70 年代提出的结构化分析方法基础上发展起来的。结构化分析方法在许多应用问题中发挥了很好的作用。特别是在降低开发费用，减少系统错误，促进交流的一致性以及加强管理等方面都产生了效益。

IDEF0 方法通过建立模型来理解汽车空调系统：IDEF0 是一种图形语言，用于全面地描述汽车空调系统。它通过一系列的描述和图示，表达汽车空调系统的活动、数据和它们之间的联系，从而达到全面地描述汽车空调系统的目的。

IDEF0 的每个模型是由建立在某一观点之上的分层图形组成。由不同观点所建立模型的全体可得到汽车空调系统的、完整的视图描述。

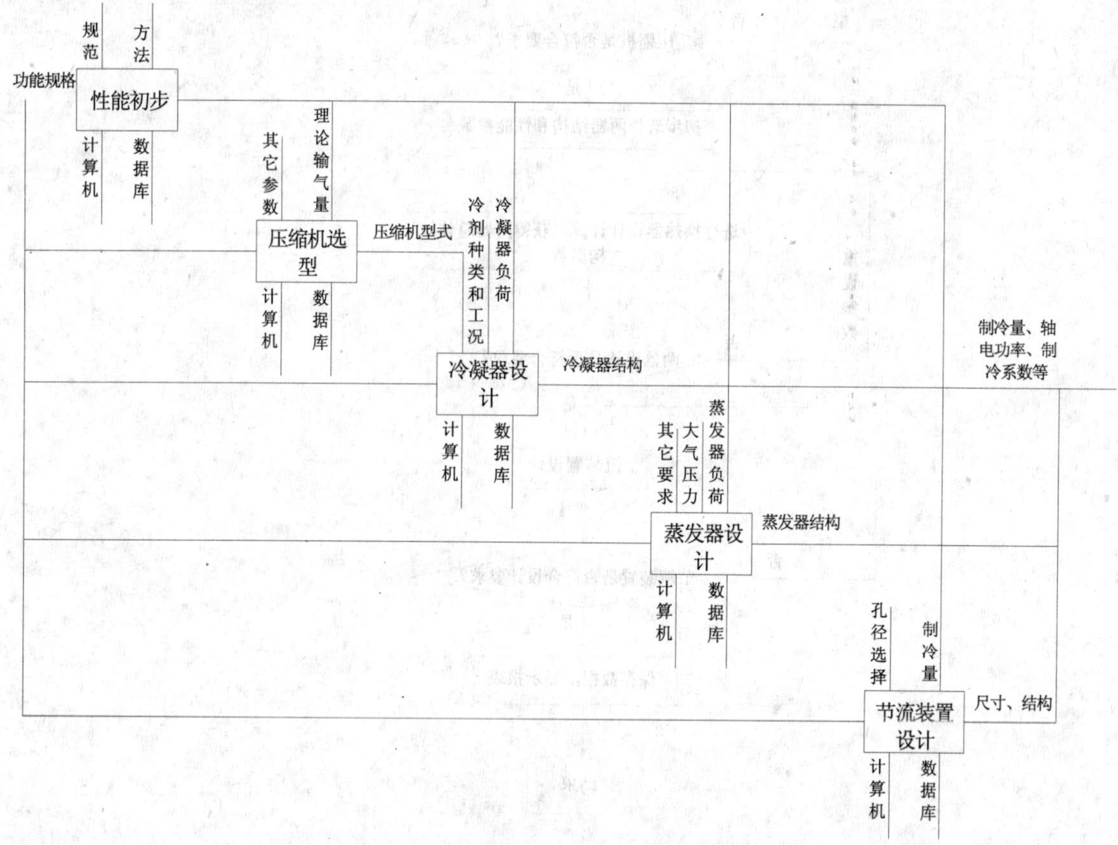

图 3　汽车空调设计的 IDEF0 功能模型图

5　汽车空调 CAD 系统主流程图

汽车空调设计主要是制冷循环热力计算及系统四大部分的设计计算。系统主流程图表述了空调设计的主要过程，根据设计主流程完成整个设计，如图 4 所示，其它过程由于篇幅有限恕不在这里论述。主流程按四大部件设计过程进行。根据制冷量的输入进行热力计算从而获取压缩机的各项性能；打开数据库进行压缩机的选型，同时把计算结果存入数据库；压缩机设计符合要求后进行冷凝器、蒸发器的设计，并保存计算结果；最后进行节流装置设计。

在主流程中建立支持设计的全局系统数据库及局部数据库，系统数据库中存放系统设计中所需的设备信息数据。

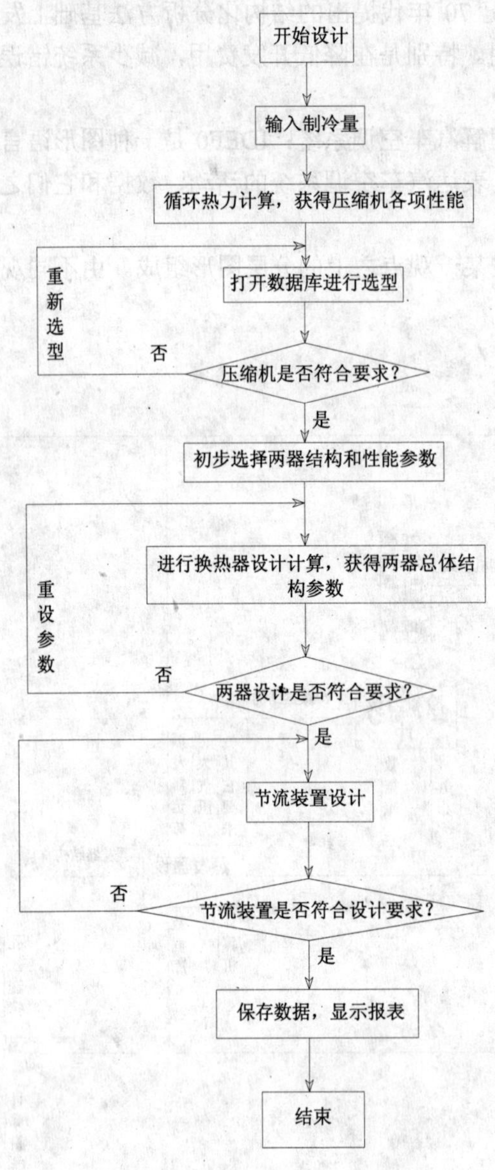

图 4 汽车空调设计主流程图

6 结论

汽车空调 CAD 系统可缩短设计的开发周期，满足市场瞬息变化的需要。我们所做的工作仅仅是确定汽车空调的整体设计方案，是汽车空调设计中的一个主要环节，对整个设计起着框架和决策作用，是下一步详细设计的基础。要完成汽车空调标准软件的研制，还包括工程数据库、专家系统、图形库、标准件库的建立等。另外，汽车空调 CAD 系统的必由之路将是和汽车其它部分的设计集成起来，这样才能更有效地提高生产和经济效率。

参考文献

1 刘文剑，常伟，金天国，柏合民. CAD/CAM 集成技术. 哈尔滨工业大学出版社，2000

2 方贵银，李辉. 汽车空调技术. 机械工业出版社，2002

3 赵汝嘉. CAD 基础理论及应用. 西安交通大学出版社，1995

基于特征的汽车同步器的参数化设计

姜立标　赵立军
哈尔滨工业大学

[摘要] 对同步器的实体造型主要采用了基于特征的参数化设计方法。通过对汽车同步器中各零部件结构形式的总结，建立了各零部件的参数化特征类模型；同时通过采用零件中特征取舍及零件尺寸的参数化方法可方便地实现零件结构的改变，然后以 Pro/E 软件为基础实现了同步器设计中零件参数化图形的自动生成。

关键词：汽车同步器　特征　参数化　实体造型

Parametric Solid Modeling Based on Feature of Parts of Synchronizer

Zhao Guifan, Jiang Libiao, Guo Zhenbo
Automobile Engineering College, Harbin Institute of Technology

[Abstract] The parametric design method based on feature is mainly adopted in the solid modeling of synchronizer. The feature based parametric part model is built in this paper after a full investigation of the characteristics of synchronizer parts. By selecting features and changing the dimension value of a model, the structure of a part could be changed expediently. And then realizing the automatic plot of the synchronizer parts on the base of a commercial software-CATIA.

Key words: automobile synchronizer　feature　parametric　entity shape

1 前言

随着工业生产的不断发展，工业部门对 CAD 的智能化和集成化有了越来越迫切的要求，而传统的基于实体造型 CAD 的技术已无法满足其需求，因此促使人们致力于研究新一代智能化、集成化的 CAD 系统，其中关键技术是基于约束的参数化设计和基于特征的设计[1][2]。

基于参数化的设计就是实现计算与零件图形生成间的数据双向交换的有效机制[3]。参数化设计是一种使用参数快速构造和修改几何模型的造型方法[4][5]。目前，计算机辅助设计的参数化方法有许多，如基于数值的参数化方法、基于约束的参数化方法等[5][6]。

特征是 20 世纪 80 年代中、后期为了表达产品的完整信息而提出的一个新概念。在引入了特征的概念后，以实体造型为核心的计算机辅助设计系统可以用一个特征库来支持产品开发的全过程，解决了产品设计和制造过程中信息量大、数据大量重复的弊端。使产品设计工作在更高的层次上进行，设计人员的操作对象不再是原始的线条，而是功能要素，体现了设计意图，使得建立的产品模型容易为人理解和组织生产，设计的图样容易修改[7]。

在汽车同步器计算机辅助设计系统的造型设计过程中，主要应用基于特征的参数化设计方法。通过特征的引入解决了几何模型无法表达非几何的工程信息的缺点。并且为汽车同步器中各种复杂的相似零件的实体模型的计算机辅助生成和信息的复用提供了基础。

2 同步器零件模型的建立过程

同步器中零件繁多，各零件又具有多种具体的形式。为了实现这些零件的参数化造型，需要将这些零件分类，为每一类零件建立组合零件模型。组合零件模型就是为了进行参数化实体造型而采用的具有该类零件的所有特征的虚构的实体模型，从这个组应能派生出该类零件的所有结构形式。

图 1 是基于特征的参数化同步器零件模型的建立过程。首先建立零件的实体模型并从中提取特征组成特征库，即描述零件由哪些布置形式，每种布置形式可以由哪几种特征表达并拼合而成；然后通过对零件布置形式的选取，决定模型中各特征存在性的参数，以达到对特征库中的特征的选取工作；接着对所选特征中的定形尺寸参数及定位尺寸参数赋值，新建特征实例；最后以新建的特征实例替换标准零件模型中相应特征，生成零件模型。从同步器零件模型的建立过程中知道，可以从零件的标准设计模型中派生出实际的零件模型来，而这一过程的关键在于如何实现零件中特征定形尺寸、定位尺寸及零件中包含特征的参数化。

3 同步器零件特征的参数化实现方法

3.1 由特征拼合的零件表达

在建立完特征后，可以进一步将特征拼合成零件，在零件模型中定义了零件标识、零件名、由所有组成零件的特征构成的特征链、描述特征间关系的特征关系树以及材料信息等，其结构如下：

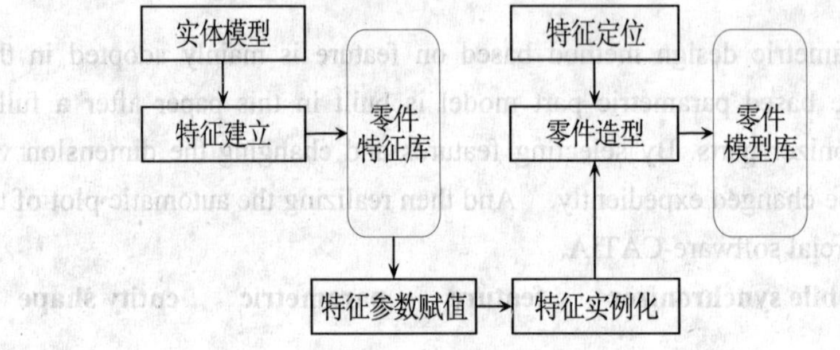

图 1 同步器零件模型构造过程

```
PART {
    PART_ID                       /* 零件标识 */
    PART_NAME                     /* 零件名 */
    FEATURE_LIST                  /* 形状特征链 */
    FEATURE_RELATION              /* 特征关系树 */
    PART_MATERIAL                 /* 零件材料信息 */
}
```

其中，最为重要的即为形状特征链及特征关系树，它们记录了组成零件的特征及表示其间关系的数据结构。由零件模型的描述可知零件模型的建立过程实质上是根据零件的实际结构形状而在特征关系树中添加删除特征，并对其尺寸参数赋值的过程，即特征的参数化过程。

3.2 特征形位尺寸参数化驱动

零件定形尺寸和定位尺寸的变化将引起零件中对应于该尺寸的特征的变化，并引起相关特征的变化。尺寸参数化方法如下：当发生尺寸变化时，系统根据尺寸节点找到与尺寸对应的特征以及与尺寸节点相关的特征；然后系统遍历特征关系树，根据尺寸参数顺序修改以上各特征的尺寸，实现模型的尺寸驱动。

3.3 特征存在性的参数化驱动

同步器零件模型中采用比尺寸参数和位置参数更抽象的参数化，即特征组成参数化。此时以外部参数控制向零件模型中加入或删除特征。

（1）特征的添加。当加入特征时，首先通过遍历特征关系二叉树结构，找出该特征定位基准属于哪一特征，然后以此节点为父节点插入所要添加的特征。在加入新特征节点之后，由于有多于一个特征依赖于父特征，则改变了二叉树的结构，变为森林结构。但是二叉树结构只允许每个节点至多有两个子节点，所以要把森林结构转换为二叉树。

（2）特征的删除。特征的删除算法为：系统首先从零件形状特征链中删除该特征，然后从特征关系树中删除相应的节点，若被删除节点为叶节点，可直接删除；若删除节点为中间节点，且其右子树为空，则删除该节点及相应的左子树；若其右子树不为空，则删除该节点及其左子树后，以右子节点代替之。在特征删除后，零件的特征关系树发生变化，形成新的零件模型。

4 同步器零件基于特征的参数化模型的建立

基于特征的设计要求从各种具体零件中总结出共性的信息进行描述，以利于设计的标准化及设计自动化[8]，本文采用成组技术中复合零件法的思想[9]，从各种不同结构形式的同步器产品中，总结出同步器零件特征类。以上面对零件构造、描述及参数化方法的分析为基础对同步器零件进行详细的描述，并建立同步器各零部件的参数化特征模型。当在设计过程中欲建立零件时，只需通过参数控制特征的存在性与特征的形状位置尺寸，即可由特征拼合出相应的零件。

以同步环的参数化特征模型的建立过程为例，通过对现有同步器的同步环结构的总结建立出同步环的参数化特征模型，如图 2 和图 3 所示，其特征组成及特征尺寸参数如表 1 所示

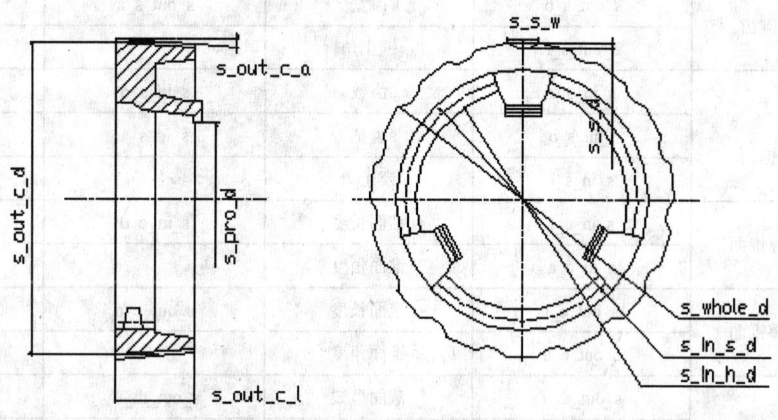

图 2　同步环的参数化特征模型一

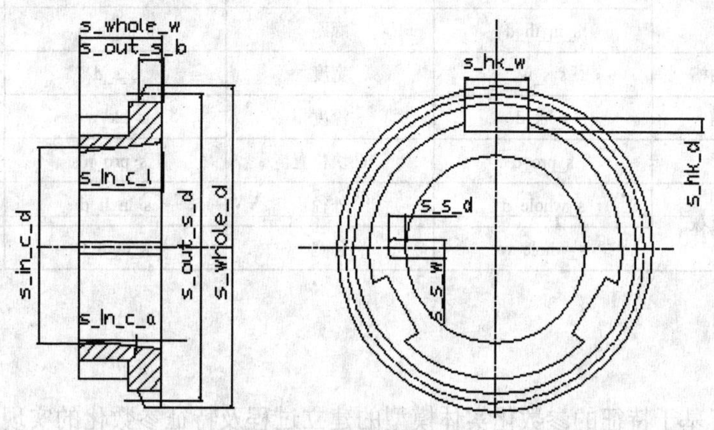

图 3　同步环的参数化特征模型二

对图 2 和图 3 所示的同步环参数化特征模型中的特征进行不同的取舍以及对特征尺寸的不同赋值，便可生成不同结构形式和尺寸的同步环零件。图 4 a)显示了具有滑块槽、外花键齿、内摩擦锥面，花键齿数

为 33 的同步环实例一。而通过改变结构形式，又可以生成图 4 b)所示的具有凸块、内花键齿、外摩擦锥面，花键齿数为 30 的同步环实例二，图 4 c)所示的无花键齿、外摩擦锥面的同步环实例三。

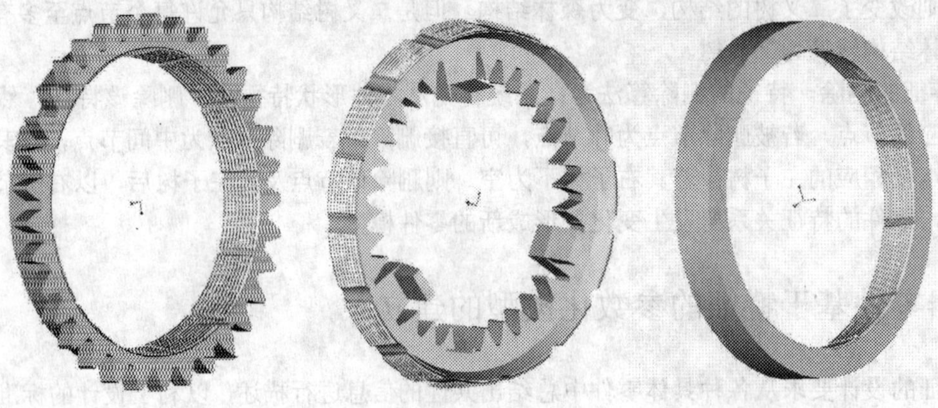

a）　同步环实例一　　b）　同步环实例二　　c）　同步环实例三

图 4　同步环实例

表 1　同步环参数化特征模型的特征组成及特征尺寸参数

特征名	特征参数名称	参数意义	特征参数名称	参数意义
外花键齿	s_out_s_z	齿数	s_out_s_d	分度圆直径
	s_out_s_b	齿宽	s_out_s_a	压力角
	s_out_s_l	锁止角		
内花键齿	s_in_s_z	齿数	s_in_s_d	分度圆直径
	s_in_s_b	齿宽	s_in_s_a	压力角
	s_in_s_l	锁止角		
内摩擦锥面	s_in_c_l	锥面长度	s_in_c_d	平均直径
	s_in_c_a	锥面角度		
外摩擦锥面	s_out_c_l	锥面长度	s_out_c_d	平均直径
	s_out_c_a	锥面角度		
外螺纹槽	s_out_th_f	截面型式	s_out_th_w	齿顶宽
	s_out_th_d	螺距	s_out_th_h	齿高
内螺纹槽	s_in_th_f	截面型式	s_in_th_w	齿顶宽
	s_in_th_d	螺距	s_in_th_h	齿高
轴向泄油槽	s_s_w	宽度	s_s_d	深度
滑块槽	s_hk_d	深度	s_hk_w	宽度
凸块	s_pro_d	凸块位置	s_pro_n	个数
同步环基体	s_whole_d	外径	s_in_h_d	内孔直径
	s_whole_w	总宽	s_in_h_l	内孔长度

5　结论

本文首先讨论了基于特征的参数化实体模型的建立过程及特征参数化的实现方法；然后针对同步器零部件的形状结构特点，分别建立了各零部件的参数化特征模型。并利用设计参数控制参数化的特征模型来生成各种不同结构形式和尺寸的同步器零部件图形。本系统采用基于特征的参数化信息模型，有利于 CIMS 系统的进一步开发集成。

参考文献

1 余晶，余淼．基于CAD模型的特征参数化定义的方法．计算机辅助设计与制造．1998，(10): 34～38

2 叶德亮，陆志强，戴开宇，蔡建国．基于约束的三维特征可变零件模型的研究．机械设计与研究．1999,1:36～37

3 D．Qiu．A Study of Parametric Design on Sub Assembly Module in Modular Fixture CAD．Journal of China Textile University．1996, 22(1): 52～57

4 R．Anderl，R．Mendgen．Modeling with Constrains Theoretical Foundation and Application．Computer Aided Design．1996, 28(3): 155～168

5 I．Fudos，C．M．Hoffmann．Constraint Based Parametric Conics for CAD．Computer Aided Design．1996, 28(2): 91～100

6 R．Light，D．Gossard．Modification of Geometric Models through Variational Geometry．Computer Aided Design．1982,14(4):209～214

7 A. Verroust，F. Schonek and D. Roller． Rule-oriented Method for Parameterized Computer Aided Design．Computer Aided Design．1992, 24(10): 531 ～540

8 C．A．McMahon，K．Lehane，J．H．Sims Williams．Observations on the Application and Development of parametric-programming Techniques Computer-aided Design．1992, 24(10): 541～546

9 谭柏珠，叶邦彦，陈澄洲．基于成组技术的面向对象CAD系统的研究．计算机辅助设计与图形学学报．1999, 11(5): 437～440

车上设备人机语音接口

秦贵和 张洪坤 葛安林 李柱张

吉林大学 韩国科学技术院

[摘要] 本文介绍了一个通过车上网络方式访问车上设备的语音接口。通过这个接口，驾驶员可以用语音命令控制车上设备和获得语音方式的反馈信息。这个接口装置是按车上网络的一个节点来设计的，它通过车上网络访问车上设备。硬件的核心是 RSC364 微处理器。对系统的结构命令处理算法以及网络接口等进行了详细设计。这种接口在家庭轿车上有应用前景。

关键词：接口技术 车上网络 语音识别与合成 车上设备

In-Vehicle Device Human-Machine Speech Interfaces

Qin Guihe, Zhang Hongkun, Ge Anlin, Lee Jujang

College of computer Science & Technology, Jilin University, Korea Advanced Institute of Science & Technology (KAIST)

[Abstract] In the paper, a speech interface system that can accesses the on-board devices through in-vehicle networks. With the interface the driver can control the in-vehicle devices with voice commands and can obtain the information from the devices in audio. The system is designed as an in-vehicle network node. Through the in-vehicle networks it accesses the devices. The hardware is based on Sensory's RSC364 processor. The structure, the command process strategy and the network interfaces of the system are designed and implemented. It has potential application in family cars.

Key words: interface Technology in-Vehicle Network speech recognition and syntheses automotive electronics

1 前言

随着社会信息化的不断深入，车上设备及其功能不断增加，驾驶中使用这些设备的频率很高。由于驾驶员的视觉和手直接控制驾驶操作，传统的基于视觉和手操作的人机接口访问方式，无法适应驾驶中对不断增加的车上设备的访问；不仅使用不方便，而且极大地影响安全性，并占用大量的车上空间。由于驾驶中使用类似于手机等设备引发的事故不断增加，很多地方禁止驾驶中使用这些设备。在对车上设备访问方式进行评估中，由于语言访问方式不需要视觉和手的直接介入，安全性、使用方便性以及占用车上空间等指标远高于其它方式，被认为是最有发展潜力的人机接口方式[1][2][3]。语言交流方式也是人类最自然的交互方式，随着语音识别和语音合成等相关技术的不断成熟，语言接口将不断取代目前基于视觉和手操作的接口。基于语言的人机访问接口将是车上设备人机接口的发展方向。

随着车上电子设备与装置不断增多，传统的连接方式已无法适应线束数量和连接复杂程度的增加，车上网络技术越来越受到重视；普遍认为，所有车上电子装置将通过车上网络连接。车上网络协议以及支撑器件的工业化和标准化也发展非常快。在不久的将来，所有车上电子装置都将通过车上网络连接。所以本系统与被访问的设备之间采用网络连接方式。这有利于本系统与被访问设备的硬件连接和推广应用。它与车上网络之间通过标准网络协议进行通信。把语音接口纳入到车上网络体系中，也是连接语音接口与被访问设备的最有效方式。

车上语音接口的支撑技术是小词汇量语音识别、语音合成和车上网络技术。小词汇量语音识别技术（尤其是孤立词小词汇量识别）已经达到实用水平。采用隐马尔可夫模型的小词汇量识别可以在非特定人和高噪声环境下可靠工作并达到很高的识别率[4]。对于大量的私人用轿车，可以采用特定人识别方式，不仅可以达到更高的识别率，而且可以适应个人说话口音等因素。车上网络已经有较成熟的系统，如 CAN 总线、MOST 总线等。而且越来越多的车上设备和总成支持网络连接方式。这些对与本文介绍的系统将来在车上的推广应用提供了有利的支持。

这方面的技术是国际上汽车电子技术研究的一个新领域，被认为是将来车上人机接口的必然发展方向，在我国尚未开展相关研究开发工作。对这项技术进行研究，并开发具有自主知识产权的技术产品，对提高我国汽车整体技术水平，提高我国汽车信息与电子技术产品的市场竞争力，具有重要意义。将来在车上使用语音人机接口方式，已经是一种共识，这项技术的市场潜力巨大。由于在车上应用语音接口方式的显著优点，和语音识别与合成技术已经进入实用阶段，也就是足以支持这类语音接口，国际上各大汽车公司和相应的配件厂家正展开车上语言人机访问方式一系列相关技术的研究，并且取得了一些成果。BOSCH 公司最近已经开发出了较为实用的车用语言操纵系统。SENSORY 等公司开发了适用于车辆环境的语音处理器件。这些工作目前还处于开发与完善阶段，不久将进入市场；预计，首先在高档车上使用，随着技术不断成熟成本将下降很快，然后在其它类型车上广泛应用。

2 车上设备与装置

这个语音接口访问的车上设备和功能主要包括通信装置（如电话）、车上计算机、车上媒体装置（如音响设备、CD 播放机等）、车上辅助装置（如空调、车门窗、后视镜等）。语音接口访问的设备不包括驾驶操作中影响安全性的装置和设备（如转向、信号、制动、加速踏板等）。这个接口与被访问设备之间按标准车上网络协议进行连接。

车上语音接口，一方面是一个驾驶员访问其他设备的界面，另一方面它也是一个车用设备。设计中必须遵循汽车环境要求的指标。在汽车环境下应用的设备必须满足一些特定的要求，包括：

(1) 高可靠性；

(2) 低成本；

(3) 工作温度范围-40~125℃；

(4) 应用方便；

(5) 体积小，安装灵活；

(6) 满足环保和电磁兼容要求；

(7) 驾驶中应用时，基本不分散驾驶员的视觉和手操纵的注意力；

(8) 在汽车可能出现的任何状态下，它是安全的（不应引起有害后果）。

3 系统功能与操作方式

3.1 车上语音接口的功能

车上语音接口的主要功能包括：

(1) 上设备的语言命令控制；即通过这个接口，驾驶员可以用语言命令对这些设备进行操作。

(2) 表盘；即可以通过语音方式给出传统仪表盘上的各种汽车状态信息，如车速、燃料状态、蓄电池状态、故障状态信息以及车上数据库信息等。

(3) 语音形式的提示与报警功能。

3.2 基本操作方式

这个语音接口的基本操作为：

(1) 启动：当汽车上电时，这个系统初始化，并进入接受语音命令状态。初始化也可以通过初始化按键随时重新进入。

(2) 初始化完成后，系统可以接受系统控制命令、设备控制命令和信息数据请求命令。

(3) 系统控制命令用于设置和检查语音接口系统状态。

(4) 设备控制命令完成设备访问功能。

(5) 信息数据请求命令完成获取汽车状态或其他数据库中信息的访问。

4 车上语音接口硬件结构

由于这个接口是通过车上网络与被访问系统连接，这个接口本身就是网络中的一个节点。它首先识别输入的语音命令信息，识别后根据识别的结果发送访问命令信息。在这个实验系统中，语音接口通过 CAN 网络与被访问设备连接。系统硬件结构如图 1 所示。它由两个信息通路构成，一个是由驾驶员到被访问设备的控制命令通路，包括拾音器、语音识别、控制信号转换以及与被控制设备的接口。另一个是由信息源或设备到驾驶员的反馈信息通路，包括信息获取设备接口、数据到词句的转换以及语音合成和发音器。语音识别部分完成识别驾驶员命令并转换为命令代码的功能。信号转换部分把命令代码转换为能控制对应设备的电信号形式。这个接口支持数字信号、模拟信号、串行接口信号和 CAN 总线网络连接方式。

对于网络连接方式，只要它的应用层支持，原则上任何连入网络的设备都可以通过这个接口访问。在反馈信息转换部分，反馈的数据或其它形式的信息帧中的数据被转换为对应的词句，在通过语音合成后送入发音器。

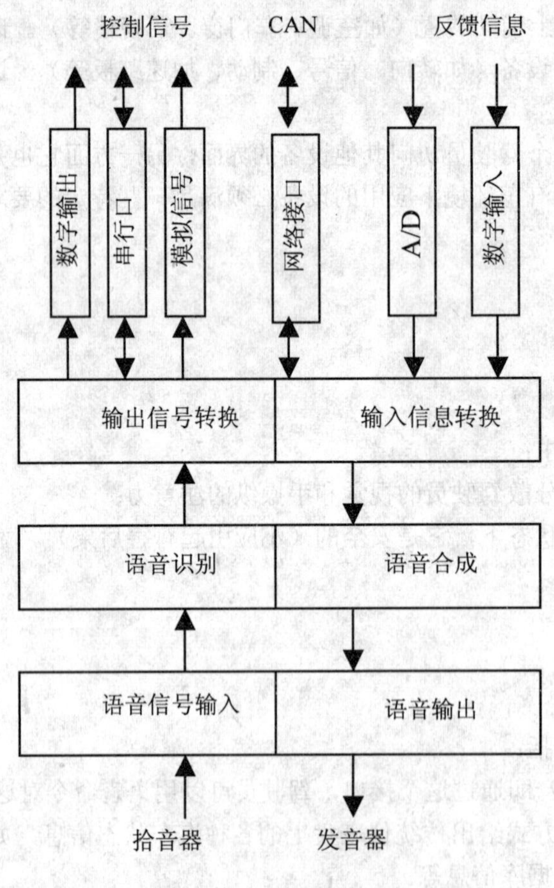

图 1 硬件结构

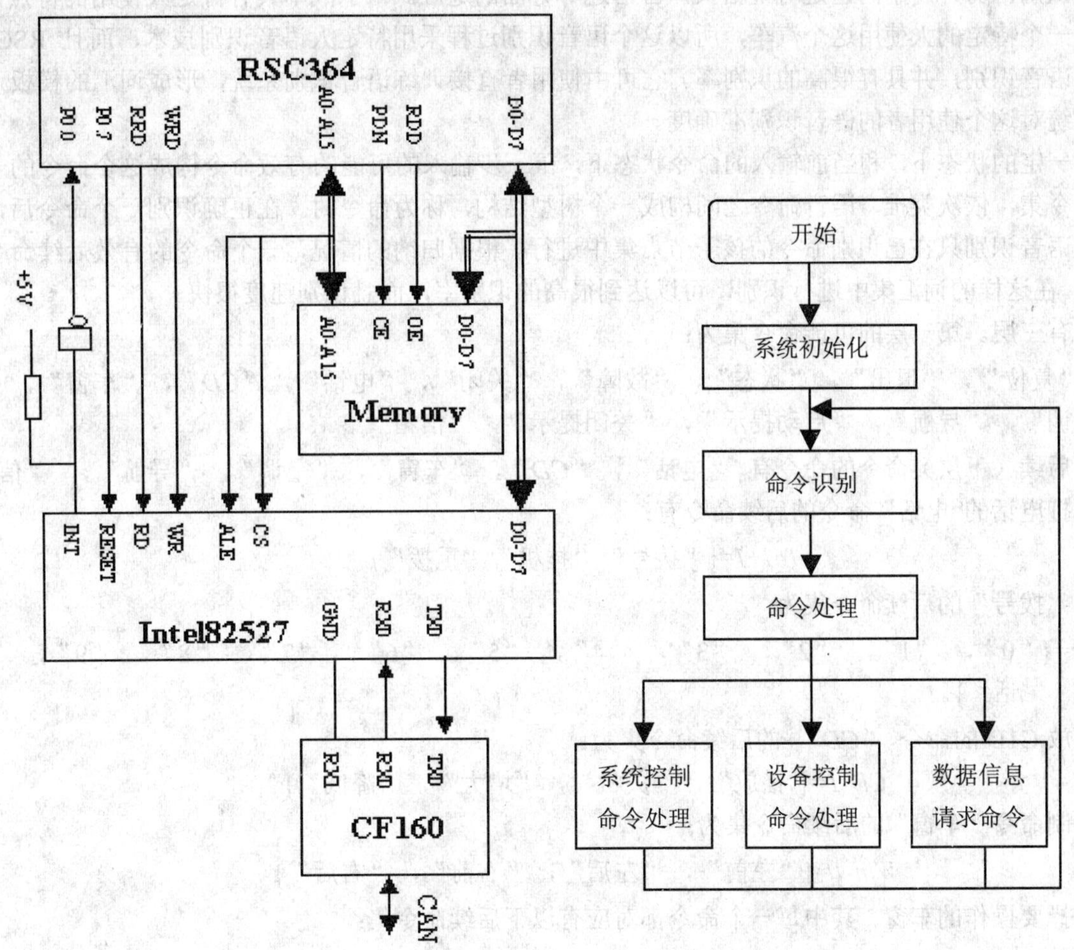

图 2　RSC364 与 Intel2527 的连接　　　　图 3　软件结构

实验系统中，核心处理器采用 Sensory 公司专门用于语音处理的微处理器芯片的 RSC364，它通过 CAN 控制器接口 Intel82527 连入网络。微处理器 RSC364 与 Intel82527 的连接如图 2。

5　软件结构

语音接口系统的软件包括语音输入滤波程序、语音识别程序、信号转换程序、命令词集数据结构以及网络通信的控制程序等。其总体结构如图 3 所示。系统初始化模块包括软件初始化和硬件初始化两部分。硬件初始化主要完成 RSC364 和 Intel82527 的状态设置。初始化完成后，系统处于等待命令输入状态。当一个命令被识别后，根据识别出的命令分类结果确定下一步的处理。如果这个命令属于系统控制命令则执行系统控制命令处理程序；如果是设备控制命令则转入设备控制命令处理；如果是数据信息请求命令则转入数据信息请求命令处理模块。在每一个模块中，又根据具体不同的命令执行对应的程序。

6　语音命令处理策略

语音接口中最重要也是最难处理的是语音命令的识别部分。在车辆环境下，识别方法必须对车辆运行中可能的噪声和车内的回音具有鲁棒性，并且要有足够高的识别准确率和具有响应的实时性。为了实现这些目标，这个系统中，在语音信号输入通道中引入了噪声抵消和回音抵消技术；在语音识别算法中采用多步分层策略，使每一步的有效待识别词汇集尽量小，以提高每一步识别的准确度和提高识别速度。

在语音识别中另外一个问题是对说话人口音语速等方面的适应。由于汽车具有特定人使用的特点，也就是一般有一个特定的人使用这个汽车，所以这个语音识别过程采用特定人语音识别技术，而且 RSC364 支持特定人语音识别，并具有很高的识别率。它可由使用者直接训练语音识别系统，形成词汇的模板可以大大提高系统对这个使用者的语音识别准确度。

在汽车一定的状态下，和当前输入的命令状态下，下一步输入的可能的有效命令构成这个命令的一个合法后续命令集，依次类推，语音命令之间构成一个树型结构，称为命令树。在正确识别一个命令后，其后续输入的语音识别只在已识别命令的孩子节点集中进行。根据归纳的情况，一个命令的有效后续命令不超过 20 个。在这样的词汇集中进行识别，可以达到很高的识别率，而且识别速度很快。

命令树有三层。第一层的可能命令集为：

Top={“复位”，“退出”，“状态”，“故障”，“关闭”，“电话”，“*CD*”，“车窗”，“空调”，“导航”，“启动提示”，“关闭提示”，“信箱”}

其中有后续（下层）命令的命令有 “电话”，“*CD*”，“车窗”，“空调”，“导航”，“信箱”

表示要打电话的“电话”命令的后续命令有：

Tel-1={“拨号”,“挂机”,“重拨”}

其中，“拨号”的后续命令集为：

Tel-2={“0”，“1”，“2”，“3”，“4”，“5”，“6”，“7”，“8”，“9”，“通话”}。

表示播放 C1D 的命令 “*CD*” 的后续命令集为：

CD-1={“播放”，“关机”，“增大”，“降低”}

车窗控制命令“车窗”的后续命令集为：

Win-1={“左前”，“左后”，“右前”，“右后”}

表示选择要操作的车窗。其中每一个命令都对应有以下后续命令集：

Win-2={“升”，“降”，“停”}

表示要进行空调操作的“空调”命令有以下后续操作：

AC-1={“启动”，“关闭”，“提高”，“降低”}

在每一种命令的操作过程中都可以通过“复位”命令终止这个过程，而回到初始化时的状态。

每一个命令集在 RSC364 中都用一个单独的词汇模板，以便进行训练。

7 结束语

本文介绍的系统可以作为一个统一的车上人机语音接口。与其它方式比较具有以下特点：

（1） 成本和价格完全处于车上应用能够接受的范围；单片机（嵌入式系统）能够满足其对计算能力和存储量的要求。

（2） 采用噪声和回声抵消等技术，使其完全能够满足车上环境的应用要求，可以达到用户接受的准确率。

（3） 通过网络与被访问设备连接，结构灵活、连接线路简单、适应性强。

基于语音的车上设备人机界面被认为是最自然、最安全、也最有发展潜力的人机交互方式。本文介绍的工作，目前还处于研究开发初级阶段，要应用于实车还有很多工作；而且，涉及到车上其它设备的连接问题。但是，这里给出的技术方法已经勾画出了一个完整的体系结构，进一步的工作可以在其基础上细化完成。汽车电子装置的网络化连接已经是一个必然的趋势，在这些装置具备网络连接接口时，本系统的连入就是一个非常自然和简单的事情了。虽然从目前的情况看，语音接口方式还不能推广应用，但它是一项必然要采用的技术方法。超前的研究开发工作对提高我国汽车电子技术水平具有实际意义。

参考文献

1 Charles J. Murray. "Automakers struggle with speech recognition technology," EE Times Dec 1, 2000

2 Deborah F.Allinger. Charles Strauss and Dennis Kwon. " Applications of speech technology to unmanned vehicles," 20th Digital Avionics Systems Conference, Volume: 1, 2001. Page(s): 5B4/1 -5B4/9

3 T. Kuhn, A.Jameel, M.Stumpfle and A. Haddadi, "Hybrid in-car speech recognition for mobile multimedia application." IEEE 49th Vehicular Technology Conference, Volume: 3 , 1999. Page(s): 2009～2013

4 Lawrence Rabiner, B-H Juang. "Fundamentals of Speech Recognition". 北京：清华大学出版社，1999

汽车用单相双半波
可控整流稳压式永磁发电装置的研究

张学义 耿松亮 史立伟

山东理工大学

[摘要] 通过对汽车用离心式永磁激磁发电装置稳压原理的研究，采用高磁性永磁材料和新的电子技术以及对发电装置绕组的创新设计，使发电装置输出电压稳定的直流电，解决了汽车的低速照明问题和用电设施需用直流电的问题。

关键词：可控整流 离心式 永磁发电装置

1 引言

汽车用单相双半波可控整流稳压式永磁发电装置主要为汽车夜间照明、转向指示、电喇叭、刮雨器、暖风机等提供直流电源和给蓄电池充电。该机采用高磁性的 Y30BH 铁氧体永磁材料和采用具有节能稳压作用的单相双半波可控整流稳压式电子稳压器研制而成的机电一体化产品,解决了汽车的低速照明问题和用电设施需用直流电的问题。

随着我国国民经济的迅猛发展，汽车工业已成为国民经济的支柱性产业之一，在工业生产、交通运输以及人类生活的各个方面都起着不可缺少的作用。随着农村经济的不断发展，我国农用车的生产批量不断增加，这对搞活农村经济带来了极为有利的条件。汽车、农用车、拖拉机每年生产量在 600 万台以上。目前汽车用发电机主要是硅整流发电机，该发电机由电励磁绕组产生磁场，转子的励磁绕组易烧毁、断线、消耗电能多，而且必须由蓄电池提供励磁电流才能发电，这样势必增加了汽车成本。一种硅整流发电机带有碳刷滑环装置，滑环直径大，线速度高，碳刷容易磨损，寿命短，故障率高；另一种硅整流发电机是无刷发电机，该机增加了磁场气隙，漏磁大，材料利用率低，成本高。农用车所采用的发电机主要是永磁交流发电机，仍然存在着低速照明效果差的现象，因此在夜间行驶、路面差、会车和转向时，发动机转速低，照明灯暗，容易发生交通事故，并且不能直接给农用车的刮雨器、暖风机、电喇叭等提供直流电，也不能给蓄电池充电。因此研制一种发电机转子为永磁转子，无电励磁绕组、无碳刷滑环结构、无整流桥、无调节转子励磁电流大小的电子调节器，电能消耗少，故障率低，整机结构简单，成本低，功率大，性能可靠，寿命长，效率高，低速照明效果好，输出电压稳定的直流电，无须外加电源，也适合在潮湿或多灰尘的恶劣环境中工作，能给车辆的刮雨器、暖风机、电喇叭等提供直流电源，也可直接给蓄电池充电。既能用于汽车，又能用于农用车、拖拉机的单相双半波可控整流稳压式永磁发电装置十分有必要。

2 稳压原理

离心式永磁激磁直流发电装置包括由带轮式离心式转子外壳、永磁材料、转轴构成的转子总成和由定子铁芯、线圈、安装支架构成的定子总成。其特征在于：轴承的外圈固定在安装支架的中心孔内，线圈绕在定子铁芯的凸极上，定子铁芯压装在安装支架的孔轴上。轴承外圈的支撑架，定子铁芯的固定轴和整个发电装置的安装支架三者合为一体，一同构成发电装置的定子总成。带轮与离心式转子外壳设计为一体，转子外壳内侧嵌有多块永磁材料，由非导磁材料间隔，通过螺钉固定在离心式转子外壳上，一同构成发电装置的转子总成。当转子转动时,磁场旋转,线圈切割磁力线，产生电动势。该技术已申请国家发明专利：专利号为：02 1 35709.9。如图 1 所示，简化原理图如图 2 所示。

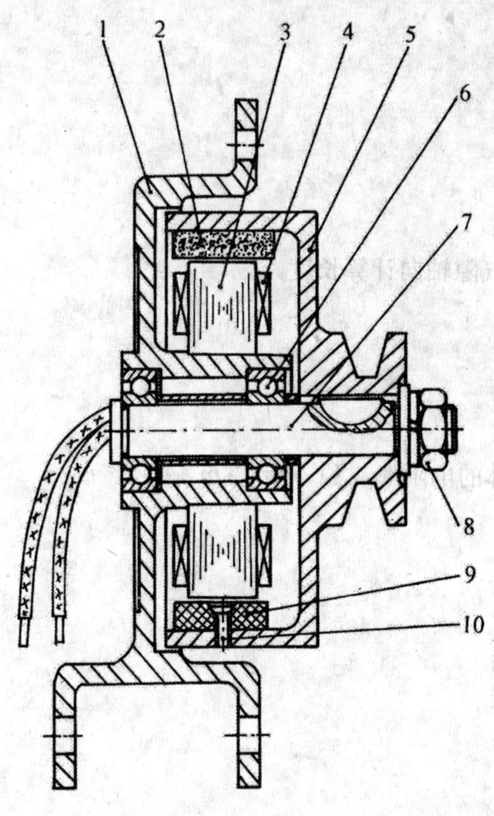

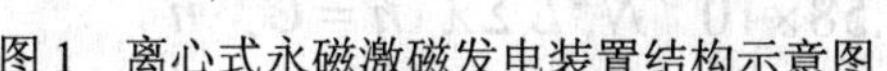
图 1　离心式永磁激磁发电装置结构示意图

1—安装支架　2—永磁材料　3—定子铁芯
4—线圈　5—皮带轮式离心式转子外壳　6—轴承
7—转轴　8—螺母　9—非导磁固定块　10—螺钉

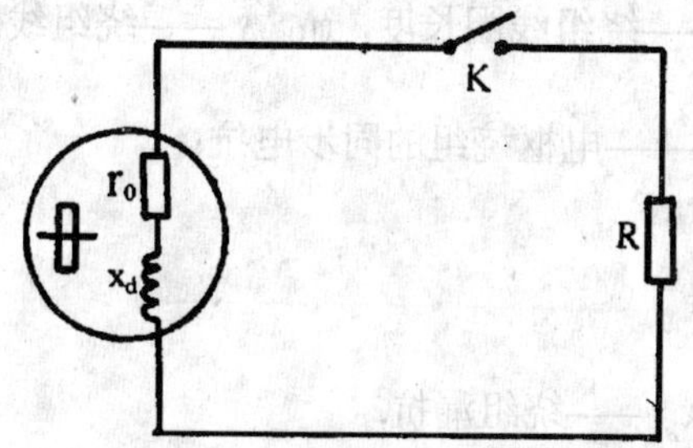

图 2　发电装置的简化原理图

汽车用离心式永磁激磁直流发电装置的外负载主要是照明灯，可认为是纯电阻性，电阻值不随交流电的改变而改变。当外电路接通时，在发电机电枢绕组感应电动势的作用下，通过负载的电流为：

$$I = \frac{E}{Z} = \frac{E}{\sqrt{(R + r_0)^2 + x_d^2}}$$

$$E = 4k_B fNk_w \Phi_0 \times 10^{-8}$$

式中 E——电枢绕组感应电动势；

其中 k_B——波形系数，当空气隙磁场为正弦分布时，取 k_B=1.11；

f——频率，$f = \frac{pn}{60}$，p——极对数，本设计为 10 极同步发电机，p=5，

n——发电机转速，r/min；

N——发电机每相定子绕组匝数；

k_w——电机绕组系数，取 k_w=0. 92；

Φ_0——通过定子绕组的有效磁通量，$\Phi_0 = \frac{\Phi_\delta}{\sigma_0}$

其中 σ_0——漏磁系数，无极靴星形转子σ_0=1.05～1.12，

$\varPhi_\delta$——空气隙中每极的磁通量，

$$\Phi_\delta = \alpha B_\delta \tau L_\delta$$

其中 α——极弧系数，无极靴星形转子α=0.6～0.7；

B_δ——空载磁感应强度，$B_\delta = (0.75\text{～}0.85)B_\gamma$

B_γ——磁钢的剩磁感应强度；τ——极距；L_δ——空气隙轴向计算长度。

因此 $E = 6.81\times10^{-10}\, pN\Phi_0 \cdot n = C_e n$，$C_e$为常数。

Z——电路中总电抗；

R——照明灯的电阻；

r_0——电枢绕组的电阻；$r_0 = \rho\dfrac{l}{s}$ ，其中ρ——导体的电阻率，$\Omega\cdot mm^2\cdot m^{-1}$；

l——绕组线圈长度，m；s——绕组线圈横截面积，mm²。

x_d——电枢绕组的同步电抗；

$$x_d = x_s + x_a$$

其中 x_s——绕组漏抗，

$$x_s = 15.5\frac{f}{100}\left(\frac{N}{100}\right)^2\frac{L_1}{p}\Sigma\lambda\times10^{-2} = 2.58\times10^{-9}N^2L_1\Sigma\lambda\cdot n = C_s\cdot n$$

式中 L_1——定子铁芯长度；$\Sigma\lambda$——电枢绕组总磁导漏磁系数。

x_a——电枢反应电抗， $x_a = \dfrac{2EF_a}{I\cdot\Sigma F}k_{aq}$

$$F_a = 0.45m\frac{Nk_{dp}}{p}I$$

式中 F_a——每极电枢磁动势，

m——相数；k_{dp}——绕组因数，取k_{dp} =1；

ΣF——总磁位差；

k_{aq}——交轴电枢磁动势折算系数；

$$k_{aq} = \frac{\alpha\pi - \sin\alpha\pi + \dfrac{2}{3}\cos\dfrac{\alpha\pi}{2}}{4\sin\dfrac{\alpha\pi}{2}}$$

$$x_d = x_s + x_a = (C_S + C_a)\cdot n = C_d \cdot n$$

C_s、C_a、C_d 均为常数。

$$x_a = \frac{6.13\times10^{-10} mk_{aq} N^2 \Phi_0}{\Sigma F}\cdot n = C_a \cdot n$$

负载两端的电压为：

$$U = IR = \frac{E}{\sqrt{(R+r_0)^2 + x_d^2}}R = \frac{C_e n}{\sqrt{(R+r_0)^2 + (C_d n)^2}}R$$

当发电机转速很低时，$(C_d n)^2$比（$R+r_0$）^{2}小得多，可略去不计，$U = \dfrac{C_e R}{R+r_0}\cdot n$，$U$与 n 成正比上升；当发电机转速 n 很高时，$(C_d n)^2$远远大于（$R+r_0$）^{2},$(R+r_0)^2$可忽略，$U = \dfrac{C_e}{C_d}R$接近于常数。

由此可见，发电机的输出电压，在转速较低时，随转速的升高成正比例地增加，然后随转速的进一步升高增长速度减慢，到最高转速时趋于平稳。因此在发电机负载 R 不变的情况下，发电机本身具有一定的稳压作用。但在实际应用中，负载 R 经常变化，输出电压也随之变化，因此采用 1 单相双半波可控整流稳压式电子稳压器进一步稳定发电机高速时的输出电压，以满足使用要求。单相双半波可控整流式电子稳压器具有节能稳压作用。该项技术已申请发明专利,专利号为: 02 1 35660.2，电路图如图 3 所示。

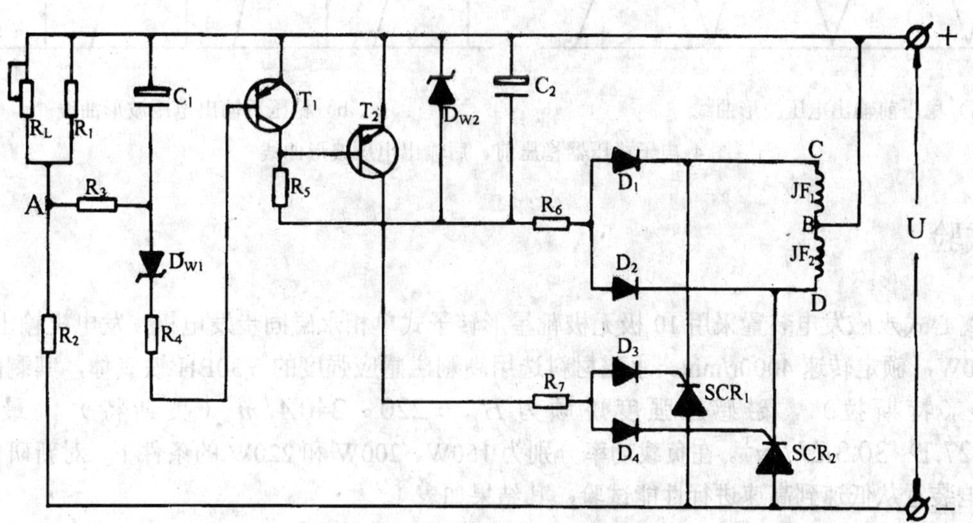

图 3 单相双半波可控整流式电子稳压器电路图

R_1、R_2、R_3、R_4、R_5、R_6、R_7—电阻 R_L—变阻器 C_1、C_2—电容

D_1、D_2、D_3、D_4 —二极管 D_{W1}、D_{W2}—稳压管 T_1 、T_2 —三极管

SCR_1、SCR_2—可控硅 JF_1、JF_2—交流发电机完全相同的两个绕组

通过调节变阻器 R_L 的阻值，可改变 A 点的电势，从而设置电子稳压器的目标稳压值 $U_0=14V$。

当发电机低速运转时，主要采用高剩磁强度的永磁材料，改进发电机结构设计，增加极对数，以及增加线圈绕组匝数等保证较高的输出电压 U。

端。当发电机开始转动时，由于转速低，输出电压 U 也低，小于目标稳压值 U_0，三极管 T_1 的发射极与 A 点的电压小于稳压管 D_{W1} 的击穿电压 U_1，三极管 T_1 处于截止状态。而三极管 T_2 的发射极与基极之间的电压大于 0.7V，因此三极管 T_2 导通。当交流发电机处于正半周时，JF_1 的尾端 B 为正极，首端 C 为负极，JF_2 的尾端 D 为正极，首端 B 为负极，触发线路电流由 B→T_2→R_7→D_3，给可控硅 SCR_1 的栅极提供触发电流，使可控硅 SCR_1 导通，负载电流由 B→负载→SCR_1→C，形成闭合回路，输出直流电。当交流发电机处于负半周时，JF_2 的首端 B 为正极，尾端 D 为负极，JF_1 的首端 C 为正极，尾端 B 为负极，触发线路电流由 B→T_2→R_7→D_4，给可控硅 SCR_2 的栅极提供触发电流，使可控硅 SCR_2 导通，负载电流由 B→负载→SCR_2→D，形成闭合回路，输出直流电。

当发电机转速进一步升高，输出电压 U 升高，三极管 T_1 发射极与 A 点的电压也升高。当输出电压 U 大于目标稳压值 U_0 时，三极管 T_1 发射极与 A 点的电压大于稳压管 D_{W1} 的击穿电压 U_1，三极管 T_1 由截止状态变为导通状态，三极管 T_1 导通后，发射极与集电极之间的电压为 0.2V～0.3V，小于三极管 T_2 发射极与基极之间的门槛电压 0.7V，三极管 T_2 由导通变为截止。当交流发电机处于正半周时，由于三极管 T_2 截止，不再向可控硅 SCR_1 的栅极提供触发电流，可控硅 SCR_1 延时到无正向电压时截止。当交流发电机处于负半周时，由于三极管 T_2 截止，不再向可控硅 SCR_2 的栅极提供触发电流，可控硅 SCR_2 延时到无正向电压时截止，这样使发电机输出电压 U 迅速下降。三极管 T_1 发射极与 A 点的电压也下降。当输出电压 U 低于目标稳压值 U_0 时，三极管 T_1 截止，T_2 导通，可控硅再次导通，输出直流电。当输出电压 U 再升高，大于目标稳压值 U_0 时，稳压管 D_{W1} 再击穿，三极管 T_1 导通，T_2 再截止，周而复始，三极管 T_1、T_2 反复处于通断状态。通过移相、削波、整流，从而保证了发电机输出电压稳定的直流电。解决刮雨器、暖风机、电喇叭等用电设施需用直流电的问题。电子稳压器稳压前、后输出电压 U 的波形如图 4 所示。

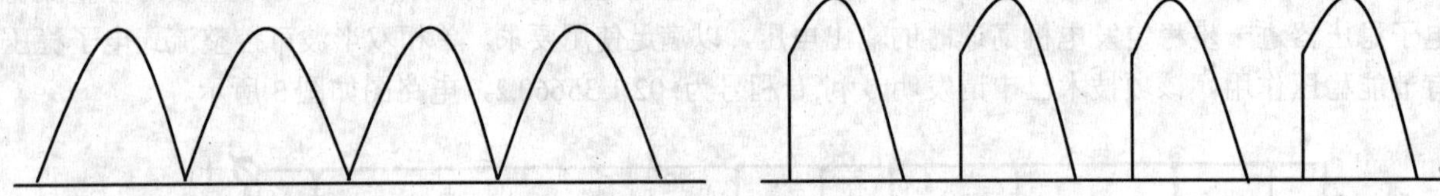

a）稳压前输出电压波形曲线　　b）稳压后输出电压波形曲线

图 4 电子稳压器稳压前、后输出电压波形曲线

3 性能试验

汽车用离心式永磁发电装置采用 10 极无极靴星形转子式单相永磁同步发电机，发电机输出电压 14V，额定功率 200W，额定转速 4000r/min。永磁材料选用高剩磁感应强度的 Y30BH 铁氧体，其剩磁感应强度 $B_r = 0.41T$（特斯拉），磁感应强度矫顽力 $H_C = 220 \sim 240 A/m$（奥斯特），最大磁能积 $(BH)_{\max} = 27.1 \sim 30.3 KJ/m^3$。在负载功率分别为 150W、200W 和 220W 的条件下，对新研制的离心式永磁直流发电装置从低速到高速进行性能试验，其结果如表 1。

表 1 发电机输出电压试验结果

样机编号	2000r/min 时输出电压（V）			4000r/min 时输出电压（V）			4400r/min 输出电压（V）		
	150W	200W	220W	150W	200W	220W	150W	200W	220W
1	12.8	12.1	11.7	14.2	14.1	14.1	14.2	14.1	14.1
2	12.5	11.9	11.5	14.3	14.2	14.2	14.3	14.2	14.2
3	12.7	12.0	11.5	14.2	14.1	14.0	14.2	14.1	14.1
4	12.9	12.2	11.8	14.3	14.2	14.1	14.3	14.2	14.1
5	12.6	12.1	11.7	14.2	14.1	14.1	14.2	14.1	14.1

从表中看出，当发电机转速由 2000r/min 变化到 4400r/min 时，负载功率由 150W 变化到 220W 时，输出电压稳定在 11.5～14.3V 之间，该性能指标达到了设计要求，并优于国家机械行业标准。

4 结论

(1) 对离心式永磁激磁发电装置的稳压原理进行了分析，研制出了一种具有良好稳压性能的离心式永磁直流发电装置。

(2) 发电机转速由 2000r/min 变化到 4400r/min 时，负载功率由 150W 变化到 220W 时，其输出电压在 11.5~14.3V 之间，稳压性能良好。

(3) 单相双半波可控整流稳压式电子稳压器通过移相、削波、整流，输出电压稳定的直流电，解决了汽车的低速照明问题和用电设施需用直流电的问题。

参考文献

1 唐任远，现代永磁电机理论与设计. 北京：机械工业出版社,1997

2 王正茂，阎治安. 催新艺等.电机学. 西安交通大学出版社,2000

3 田汉民. 磁性材料. 清华大学出版社, 2001

4 叶淬. 电工电子技术. 北京：化学工业出版社, 2000

5 刘振闻，陈幼平.汽车电器与电子技术. 北京：人民交通出版社, 1998, 17～42

6 张学义等. 农用运输车用张紧轮式永磁恒压发电机.农业机械学报, 2000 (6): 98～100

7 刘景林，李钟明. 小型稀土永磁同步发电机分析及应用. 中小型电机, 2001(5): 14～16

谈汽车内电磁骚扰及其影响

徐 立
中国汽车技术研究中心

[摘要] 电磁骚扰以多种方式存在于汽车内部，影响汽车电子化程度的提高，关系到汽车安全可靠性。

关键词：汽车 电磁骚扰 抑制

1 概述

自第一台汽油发动机驱动的汽车投入市场运行之后，人们发现，汽油发动机高压点火系统产生的强电磁波，干扰其周围的无线电广播和无线电通信业务的正常运行，并且对电磁环境造成污染。因而人们将此污染列入到汽车造成的三大污染源之一。自此，国际无线电组织开始对这种高能量脉冲形式的骚扰源进行研究并提出了测量方法和限制要求。目前，这种电磁污染的控制要求已被列入到世界各国的技术法规中。经过多年的技术规范，市场上运行的汽车基本实现了点火脉冲电磁噪声的有效控制。

但是，随着汽车技术的不断进步和发展，汽车电子电器设备的大量应用，汽车电磁骚扰的特点及其产生的影响也有了巨大的变化。汽车产生电磁骚扰的源，不单纯是点火系统，大量应用于车辆上的各种电子电器设备也同样产生电磁骚扰。

车辆产生的电磁骚扰不但对车辆外界的无线电设备造成影响，而且也会对车辆内部的各种电子部件造成不良影响。早期人们普遍关心的是车辆电磁骚扰对电磁环境的重大影响，随着有效的治理，这种影响已经得到了控制。近些年，汽车出现了许多由于车辆内部电磁骚扰对车辆的正常运行及安全性和可靠性等产生重大影响的现象，引起了人们特别关注。目前，人们开始研究车辆内部电磁骚扰的产生和影响及其控制技术。

2 汽车内电磁骚扰现象

汽车产生电磁骚扰的源有：高压点火系统；各种感性负载（如，电机类电器部件）；各种开关类部件（如，闪光继电器）；各种电子控制单元 ECU；甚至各种灯具，无线电设备等。这些部件产生的骚扰会在汽车内部造成相互影响。下面列举一些实际发生的现象。

现象 1，某种中高档次轿车，由国外某著名汽车企业集团公司设计，在中国境内生产，具有高性能 ABS 系统。样车在一次实况测试中遇到了雨天，启动雨刮器，在某一车速运行时，ABS 突然失去了作用。

现象 2，国内生产的某一型号微型汽车，其发电机调节器经常出现易被击穿损坏现象。经查，当雨刮器工作时，这种损坏现象就容易发生。

分析上述两个实例，造成这种现象的主要原因是雨刮器。雨刮器驱动电机作为感性负载，在切断电源时会产生反向电流并通过电源线传输到供电系统中，从而在电源系统中产生干扰脉冲，一些电子部件在这种干扰脉冲条件下，不能正常工作，甚至导致损坏。

现象 3，一种国内开发生产的安全气囊，在汽车整车装配线上突然引爆。经对安全气囊的电子引爆控制器进行试验检查，发现其不能承受较强的环境辐射电磁场，当有静电放电发生时，会有误动作。

3 汽车内电磁骚扰的特点

车辆内部的电磁骚扰特点不同于车辆对外部的骚扰。车内电磁骚扰可以通过各种连接线缆传播，也会以耦合方式、空间辐射发射的方式进行传播。典型的形式有：沿电源线传导骚扰；人体静电放电对电子部件的骚扰；骚扰能量通过空间辐射等。下面就一些典型骚扰源的特点进行分析。

（1）发动机点火系统产生沿电源线传导的骚扰

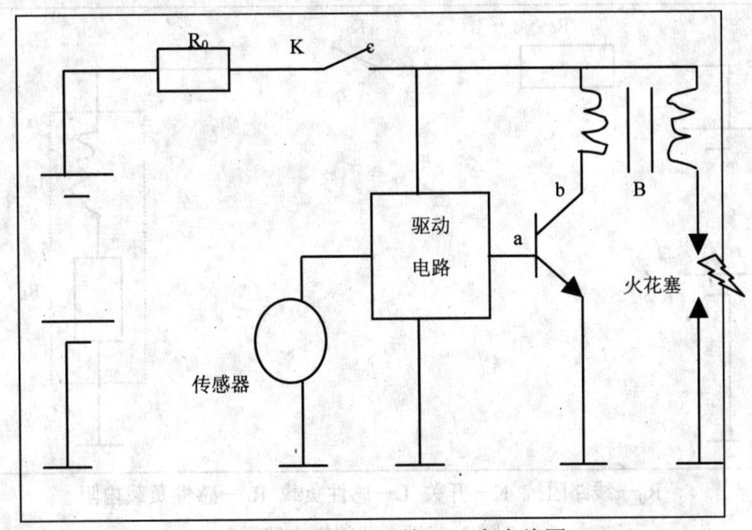

R_0—线路阻抗 K—开关 B—点火线圈

图 1 点火系统电原理框图

发动机点火系统的电路框图如图 1。传感器获取点火信号 V_a，由驱动电路在点火线圈初级产生一通断的脉冲电流 I_b，线圈次级产生高压脉冲使火花塞放电，点燃发动机燃油混合气作功。当线圈初级回路通断变化过程时，初级绕组会产生瞬变电压，次级绕组产生高电压使火花塞放电，残余能量形成高频电磁波辐射到空间中。初级回路中的瞬变电压则沿电源线传到电源系统中，干扰电源系统，产生一波动电压 ΔV。如图 2。一般情况下，实验测量得到 ΔV 为 2～4V。

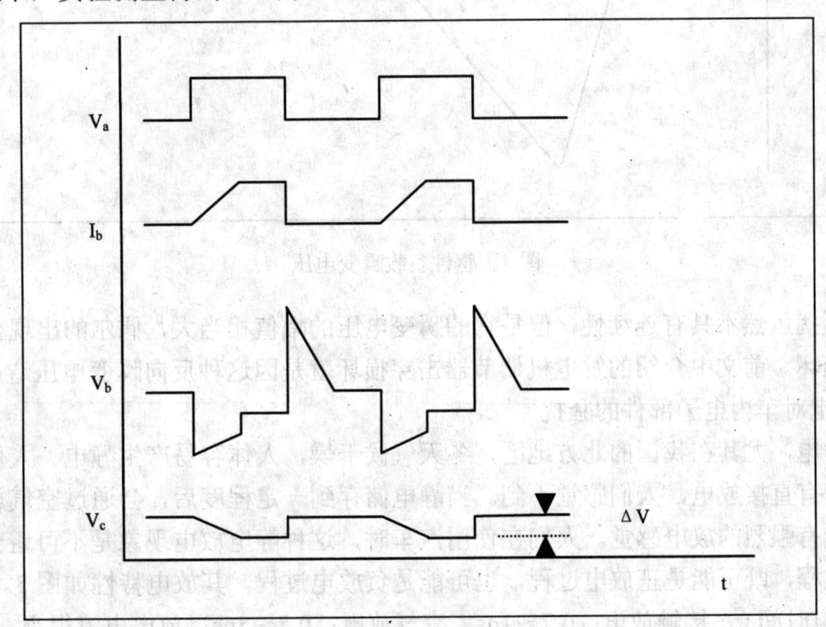

图 2 点火系统各部位信号时序图

汽车中应用的各种电子控制单元，要求有一个稳定的电源电压供电，才能正常工作。当供电系统中出现电压波动（如，ΔV），会对电子模块的正常工作产生影响。

（2）感性负载产生沿电源线传导的骚扰

汽车内使用的各种类型的电机都属于感性负载。如：雨刮器驱动电机，汽车启动电机，暖风电机等。这类负载特性电路如图 3。当感性负载的供电被突然切断时，会产生反向瞬变电压 V_c，如图 4。线圈初始储能越大，关断速度越快，瞬变过电压就越高。实测结果，一般 V_a 为－100～－300V，t_s 为 0.2～0.5s。

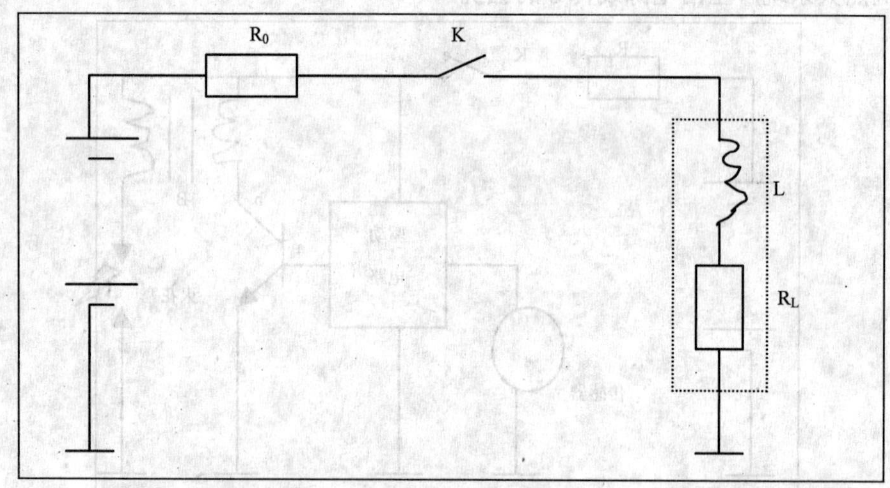

R_0—线路阻抗 K—开关 L—感性负载 R_L—感性负载内阻

图 3 感性负载特性电路图

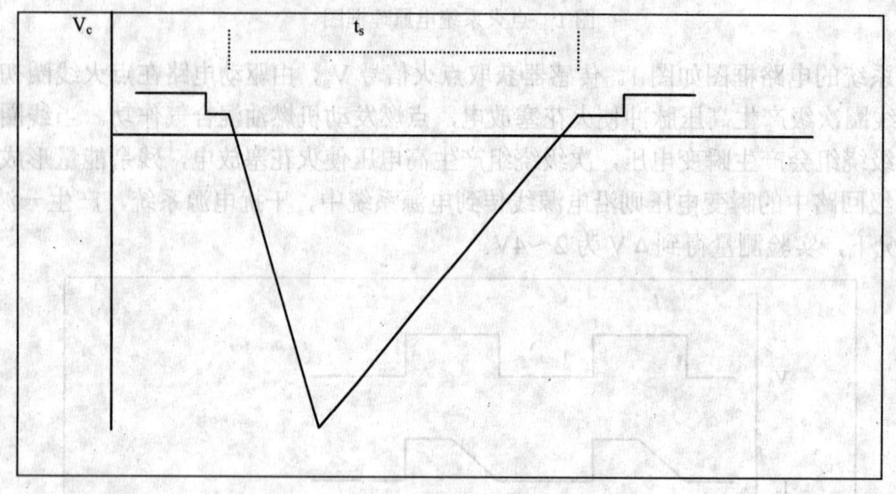

图 4 感性负载瞬变电压

这种类型的骚扰虽然不具有连续性，但是它的瞬变电压的幅值相当大，偶尔的出现会对电子模块造成严重影响，甚至损坏。前文中介绍的发电机调节器击穿损坏就是因这种反向瞬变电压造成的严重后果。

（3）静电放电对车内电子部件的骚扰

人体会产生静电，尤其在我国的北方地区，冬天气候干燥，人体容易产生静电。人体静电遇到一些导体就会释放出来。有直接放电，人们感觉不到。当静电储存到一定程度后，会通过空气放电，甚至会有火花产生，人们就会有强烈的放电感觉。人们在使用汽车时，这种静电放电现象是不可避免地会产生。

静电的放电过程，既可能是正放电过程，也可能是负放电过程，其放电特性如图 5。放电电压 U 最高达 15～25kV；放电时间 t_s，接触放电：0.7～1ns，空气放电：0.7～5ns；放电电流很小，nA 级。

这种类型的骚扰特点是：高电压；短时间；微小电流。其骚扰影响程度是巨大的，会使一些电子控制单元产生误动作，严重的会损坏电子单元。如前文描述的安全气囊的电子引爆控制器的误动作。

（4）部件或线缆间的相互耦合骚扰

汽车中的各种线缆经常将他们捆绑成一束沿汽车内侧布置，电源线中的瞬变骚扰会耦合到信号线或控制线中，形成差摸信号，会对车内 ECU 等电子模块产生影响。这一点常被人们所忽视。

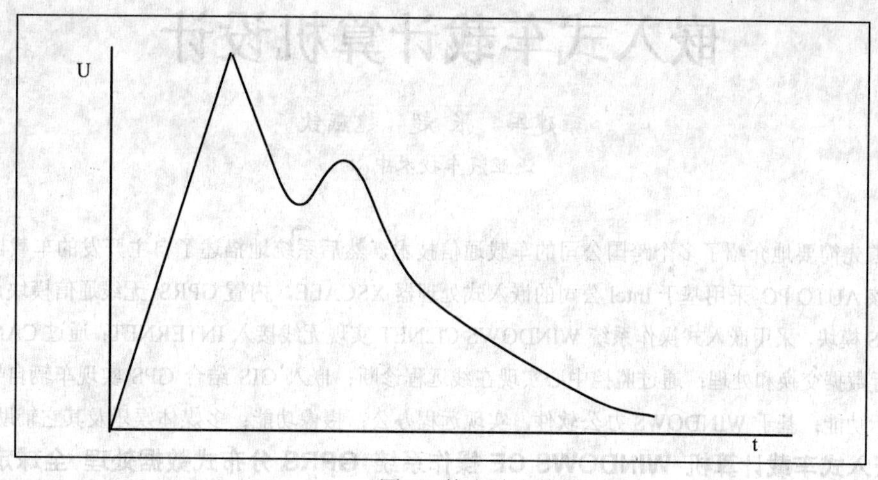

图 5 静电放电特性

（5）辐射骚扰

骚扰能量的电磁波辐射形式，人们比较熟悉。人们关注的频率范围是 150kHz～1000MHz。其它频段的骚扰也是存在的，人们正在进行研究。

4 电磁骚扰的抑制

电磁骚扰的抑制措施的选用，首先考虑骚扰源，要根据不同的骚扰源的特点采取不同的抑制方式。如：点火系统的骚扰；电源供电系统的骚扰；电感性负载或开关性负载引起的骚扰等。其次，考虑骚扰的传播途径，这对采取有效地抑制措施非常重要。骚扰途径可以是：通过供电系统的电缆；通过天线或各种导线；通过耦合；通过空间直接辐射电磁波等方式。

此外，骚扰抑制应充分考虑抑制成本。一般的处理方式，限制骚扰源产生的骚扰噪声达到规定的合理范围内；同时被骚扰体应具有一定的抵抗骚扰的能力，以达到相互共存、互不影响的状态。无限制地加大骚扰抑制会成倍地增加抑制成本，这在实际应用中是非常不可取的做法。

汽车电子电器部件的骚扰抑制方式，一般规定若干等级限值，不同部件根据其特点和使用方式的不同，选择一种合理的等级限值，以降低抑制成本。

对来自车内供电系统的骚扰，一种简单而有效的方法是利用蓄电池作为一个极低阻抗、大容量的瞬变电压抑制器，吸收各种瞬变电压产生的骚扰能量。最好的方式是保证蓄电池电缆接线良好。若负极搭铁，应保证搭铁电阻值最小。见图 1 和图 3，应尽可能保证线路阻抗 R_0 达最小值，甚至为零。

对于线缆间耦合引起的骚扰，一种节省成本的方法是在车内布线时充分考虑合理而有效地布置线缆。最好的方式为将 ECU 控制线或信号线与电源线分开布置，以减小因耦合而引起的骚扰信号侵入。此外，采用屏蔽电缆的方式，也是避免外界电磁骚扰侵入控制线和信号线的好方法。

对于电感性负载引起的骚扰，抑制方式可以采用并联一个适当数值的电容器，以消除反向过电压。

总体讲，骚扰抑制措施的方式有很多种，但归纳整理为：屏蔽、滤波、接地、阻尼。

5 结束语

总之，汽车内电磁骚扰及其产生的影响是重大的，关系到汽车安全可靠性。人们应该意识到现代电子化汽车中出现的许多新问题，在相当程度上与电磁骚扰的影响有关。

嵌入式车载计算机设计

雍建军　张 超　魏燕钦

泛亚汽车技术中心

[摘要] 首先简要地介绍了多个跨国公司的车载通信技术，然后系统地描述了自主开发的车载嵌入式计算机(Auto PC)，该 AUTO PC 采用基于 Intel 公司的嵌入式处理器 XSCALE，内置 GPRS 无线通信模块，外扩展全球定位系统 GPS 模块，采用嵌入式操作系统 WINDOWS CE.NET 实现无线接入 INTERNET；通过 CAN 总线与车内控制模块进行数据交换和处理；通过监控中心实现在线远程诊断；嵌入 GIS 结合 GPS 实现车辆自导航；免提电话、来电显示功能；基于 WINDOWS 办公软件，实现远程办公；摄像功能；多媒体娱乐及其它辅助功能。

关键词：嵌入式车载计算机 WINDOWS CE 操作系统 GPRS 分布式数据处理 全球定位系统

The Development of Embedded Auto PC

Yong Jianjun, Zhang Chao, Wei Yanqin

Pan Asia Technical Automotive Center

[Abstract] Telematic technology that is widely used by many international corporations was briefly introduced. And then provides general descriptions on self-research embedded AUTO PC, which use Intel's industrial embedded XSCALE processor. The AUTO PC contains wireless module GPRS, external extended GPS module and can run on WINDOWS CE.NET operating system. The PC can exchange and process data by CAN bus with car controller, also realize remote diagnosis through monitor sever center. Embedded GIS system achieves self-navigate; as well as windows office software to actualize remote office, also some other functions, such as photograph, multimedia etc. are provided.

Key word: embedded AUTO PC　WINDOWS CE　GPRS　distributed data processing　GPS

1 引言

车载电子设备以惊人的速度增加,包括应用如导航系统、通信设备和车载娱乐系统。汽车信息通信技术（Telematics）结合了通信和计算机技术为司机和乘客提供信息、通信和娱乐服务。汽车制造商为了从激烈的竞争中脱颖而出，也不断扩展其车内系统的消费类内容和连接能力。因此，毫无疑问：汽车行业的前途在于接入网络、连接数据——在任何时间、任何地点，通过对网络的无线接入，既可以满足用户随时随地的需求，也可以使汽车生产厂商从中获益。也可提供最优质的信息服务给客户，使他们在汽车中和网络的沟通时刻畅通，随时随地获得优质服务。在前端，通过在汽车上采用的 IT 解决技术，给汽车制造商提供了利润；同时，IT 技术的应用提供了有用的信息来反馈给后端的设计者们，使得成本降低，并且给用户带来满足需要的产品。通过无线接入将汽车用户变成英特网的一个有机部分，给整个社会带来了数不尽的好处。

通过无线接入给汽车用户带来的好处包括：

(1) 自诊断　检查过多的燃油或者溢出的洗涤器液，或刹车片磨损过度，或提供行驶路线；

(2) 娱乐和通信　在公路上塞车时让孩子们保持安静，和家中的父母保持联系。

(3) 信息　帮助提供实时交通状况和最快捷的路线；在汽车发生故障之前，提供汽车故障服务和修理厂的信息。同时给困境中的司机们提供紧急服务，如车被盗，或者需要大修。

(4) 安全　提供增强的与急救和故障服务中心的通信，汽车保护系统更加智能化，从而减少不必要的报警。

同样无线接入会给汽车制造商带来如下好处：

(1) 对客户的了解更加详尽　在以前这是不太可能的，可以跟踪汽车的里程，用户是如何驾驶的，耗在汽车上的时间，到访的地点，出行次数。所有的这些信息都可以用于汽车设计和提高服务以满足市场需求。

(2) 新利润的来源　向用户提供汽车服务，通信信息，获得再销售机会。

(3) 能够减少非市场需要的车型，出产满足市场需要的汽车数量。

(4) 提高客户关系的管理，促进客户的购买。

2 国外公司相关车载系统产品简介

目前的市场上存在多种计算机远程信息处理解决方案，形成了不同服务内容的功能和相同内容不同级别的功能。各种可行的解决方案都是出自满足不同用户的需要。而且，在未来这种趋势将会更加明显。当前市场所提供的相关产品如表 1 所示。

表 1

公司	产品或应用	产品特性	应用地点
Clarion (Developed by Infogation Corp)	Odyssey 2000	通过对车载 PC 的操作，为司机提供实时交通信息，移动地图显示，语音识别文字显示	美国
General Motors	Onstar	蜂窝式移动电话	美国
Global Telematic, a 50-50 joint venture between Racal and European Telecom	N/A	一套独立于牵引车，用于跟踪卡车零售的系统，使得各公司提供更好的销售组织	欧洲
Honda	Internavi	无线网络接入，提供旅程信息，修理厂信息，和实时交通报道	美国和亚洲
Microsoft	3rd version of Windows CE for vehicles	通过仪表板上的按钮，控制计算机设备，提供音频和视频娱乐	美国和欧洲
Peugeot-Citroen	Xsara car Window CE model	收发电子邮件，语音导航及相关系统	欧洲
Trafficmaster	Fleetstar	允许调整汽车监视器时钟，包括汽车里程，固定周期和平均时速	欧洲
Volkswagen and Hewlett Packard	Internet Golf Jornada	运用 Jornada 548 (也可用于汽车之外) 的标准，包含以下功能特性：例如交通信息、天气报道、语音记录、发声地图等	欧洲

3 信息服务平台系统设计

系统组件,包括主要有三部分组成(参见图 1)：

车载终端设备（嵌入式车载计算机）

网络服务供应商

网络平台监控中心

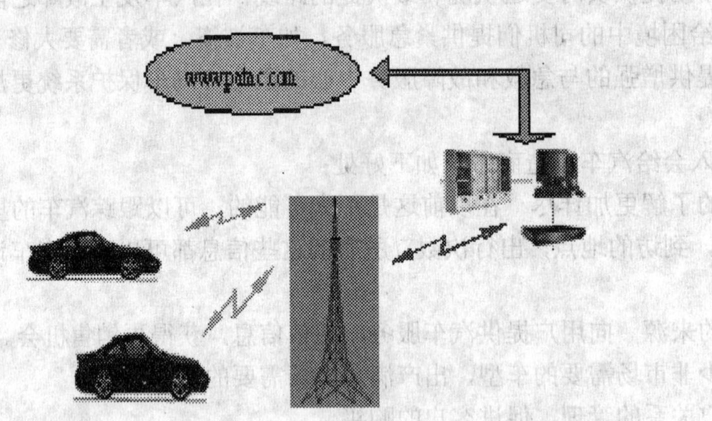

图 1　系统结构组成

整个系统采用计算机和工业控制技术，通过软件和硬件技术的结合实现了对整个系统进行控制和协调，使整个系统能够自动工作。车载终端设备采用工业级嵌入式计算机，对车内功能模块进行控制，采集车内各种数据信息，对数据进行压缩打包，通过网络服务供应商传输到系统监控中心。监控中心通过专用的配套软件对数据进行分析处理后，再通过网络供应商将监控中心的指令下达到车载终端，对车辆进行远程监控，同时提供车辆维护、娱乐、导航、通信等服务。本文仅对车载终端(AUTO PC) 作介绍。

4　嵌入式车载计算机 AUTO PC（车载终端设备）

该设备采用嵌入式系统，把计算机直接嵌入到应用系统之中，融合了计算机软/硬件技术、通信技术和半导体微电子技术。嵌入式系统由嵌入式处理器、嵌入式系统硬件和嵌入式应用软件组成。

4.1　功能描述

经研究，我们要开发的嵌入式车载计算机（AUTO PC）应当具有以下功能：

4.1.1 通过 GPRS 模块实现无线数据传输与语音通信

即实现无线接入 INTERNET 和接听电话。通过将因特网的功能集成到车辆中，使人们在车上就可以上网浏览、收发邮件等，使汽车消费者可以方便快捷地享受更丰富的全新的信息服务。采用内置 GPRS 模块，实现无线上网。GPRS 是一种高速、高效的无线系统，全称为“通用分组无线业务”（General Packet Radio Service），是在现有 GSM 网络上开通的一种新型的分组数据传输技术。它允许移动用户经分组方式发送和接收数据，特别适用于间断的、突发性的或频繁的、少量的数据传输，也适用于偶尔的大数据量传输，而这一情形正是大多数互联网应用的特点。高速传输 GPRS 采用分组交换的技术，数据传输速率最高理论值可达 171.2kbps，使用的信道类型既可以是 DCH(专用信令信道)也可以是 TCH(话务信道)，但实际速度受到编码的限制和终端的限制，可能会有所不同。

自动切换的 GPRS 系统还具有数据传输与话音传输可同时进行或切换进行的优势。也就是说用户在用移动上网冲浪的同时，可以接收语音电话。利用语言通道控制程序，通过对无线模块的控制，结合多功能电话手柄或触摸屏或语音呼叫完成电话拨号，进行车载电话拨接、免提等功能。

4.1.2 与车内控制模块的数据交换处理

现有的别克车内有 CLASS 2 和 CAN 两种总线。其中，发动机动力控制模块(ECM)与车身电子模块(BCM)之间的通信采用 CALSS 2 总线，而 ECM 与变速箱控制模(TCM)之间是采用 CAN 总线进行数据传递。但由于 CAN 通信简单（只要求双绞线）、速率快 (高速 CAN 可达 500Kbit/s) 、抗噪性强、可靠性高（自带错误检查）。在今后几年内 CAN 总线将逐步取代 CLASS 2 总线。因此，AUTO PC 采用 CAN 总线实现与车载模块的通信。

CAN 是一种多主竞争总线形式，废除传统的站地址编码方式，代之以对数据信息进行编码，最多可标识 2032(2.0A)或 5 亿(2.0B)多个数据块。网络上任一节点均可在任意时刻主动向网络上其它节点发送信息，而不分主从。非常适合现代汽车各电子控制单元之间的互连通信。因此，AUTO PC 可以通过 CAN 总线获得大量共享数据，从 ECM 及时获得发动机运行参数；从 BCM 获得车身状态信息。同时，AUTO PC 通过总线下达指令控制各模块，控制发动机的运转、控制车门和车窗的状态。

4.1.3 在线远程诊断

AUTO PC 通过 CAN 总线从各控制模块获得大量的车况信息，如从 ECM 获得相关的发动机进气、排气、供油以及各传感器的数据量，变速箱的状态信息，以及相关的车身状态信息，如门状态、窗状态、灯状态等状态信息量。时时追踪车辆信息，同时定位车辆位置，若有故障及时提醒乘客。所有的这些数据采集打包发送到监控服务中心。应用分析软件由于数据量大，占用空间大，同时也为满足多客户要求，只能存放于监控中心。监控中心得到这些数据包后，解压缩释放数据，通过专用的软件分析代码，得出故障信息，若故障原因简单，给出解决方法和步骤，用户可按要求进行，若问题复杂， 由于装配有 GPS，系统给出距故障车最近的维修地址和联系方法，同时系统自动通知维修中心故障车所在的当前位置、车主、车号。

采集到的车辆信息与监控中心的数据传输采用分布式数据处理，采用了基于客户机/服务器的计算环境分布式数据库系统，各终端机（Auto PC）通过远程调用（RPC）以 SQL 形式请求服务程序提供服务，服务器（监控中心）执行所需的处理，然后将结果返回给终端机，终端机和服务器之间无线网络实现无缝协同计算；在整个系统中，采用 TCP/IP 协议通信，通过数据复制技术、两阶段递交协议等来确保分布在网络各个终端的数据一致性、完整性和可用性。

4.1.4 车辆导航系统

现有的车载导航系统大体有：车辆独立导航定位系统、车辆组合导航定位系统。后者又主要有：GPS/DR 车辆导航系统、GPS/E-map(电子地图)导航系统。目前，车上预装产品多为 GPS/E-map 模式。在国内全球定位系统(GPS) 技术已日益成熟，能够提供车辆导航定位信息。但国内的基础地理贮存信息（GIS）不能满足需求，主要原因是：研发起步较晚；我国正处高速发展进程中，地理信息变化快，未能及时更新。

GPS/E-map 模式中，对 E-map 的处理方式主要有两类。一类是将地图贮存在 DVD 光盘上；同时与车内的娱乐系统相结合。另一类是 WEBGIS，也即地图储存在监控中心，即时局部下载更新使用。日本、韩国等城市建设已逐渐完善，道路交通变化不大。因此，大多使用 DVD 光盘地图。我国预装导航系统的车辆大多也采用此模式。但缺点是：由于我国正处于大规模经济建设中，城市发展变化快，地图更新频繁，需要不断更替 DVD 光盘。故本系统的地图模式采用 WEBGIS。同时，系统还嵌入了最新版本的分布式语音系统，驾驶中无须观看屏幕，语音导航实时报告当前方位，并提前通知行车方向；日夜显示状态切换易于在各种时间观看。

4.1.5 通过 USB 接口实现摄像技术

通过 USB 接口实现倒车摄像功能，提供倒车防撞服务。当变速杆切换到倒档位置时，Auto PC 显示摄像头摄制的车辆后方画面，方便驾驶员倒车，避免意外发生。

4.1.6 车内办公、娱乐功能及其它辅助功能

实现移动办公，配置多种办公软件，如 WORD, EXCEL,OUTLOOK 等。

通过无线接入 INTERNET，实现移动多媒体。移动多媒体还体现在智能无线产品、远程通信设备和信息处理产品等方面，其中包括提供语音识别系统，使驾驶者不用手动操作；智能信息/娱乐系统，从而腾出双手控制转向盘。同时采用“即插即用”的方式使汽车消费者可以方便快捷地更新他们的多媒体产品，享受更丰富的全新服务。

根据以上设计要求，下面给出了软硬件系统设计。

4. 2 AUTO PC 系统的硬件设计

车载计算机的硬件系统结构框图如图 2 所示。其中各主要模块设计说明如下：

(1) 嵌入式处理器（Processor）模块：采用 Intel 公司 32 位的 XSCALE PXA250 400MHz 处理器，该处理器是基于面向无线互联网的嵌入式系统架构——Intel 个人互联网用户架构 PCA (Personal Internet Client Architecture)。此处理器是为新一代无线手持式应用产品开发的嵌入式处理器。具有高性能，低功耗，电源管理特性：正常模式；空闲（省电）模式；睡眠（省电）模式。可极大限量的节电。

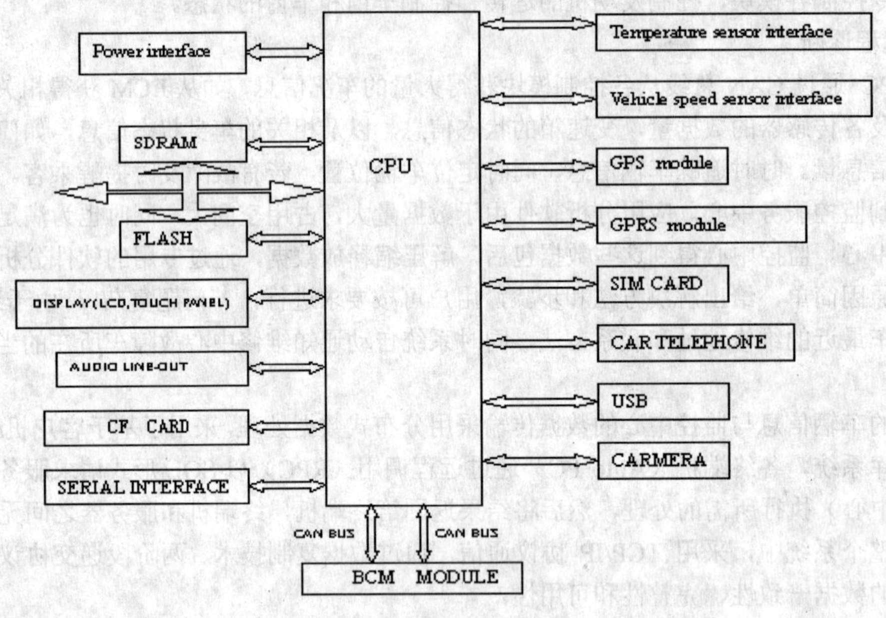

图 2 硬件结构框图

(2) 存储和初始化配置模块：Flash 、SDRAM、 内置 CF (Compact Flash)或 USB 接口外扩存储设备。

(3) 网络接入、通信和导航模块：采用内置 GPRS 模块、GPS 模块接口。

(4) 显示模块：彩色 TFT、 6.4 英寸的 LCD。

(5) 人机界面及外设接口：触摸屏、功能键、USB 接口、立体声插口、预留可扩展通用 IO 口。

(6) 局部总线模块：采用了 CAN 局部总线，实现车载分离模块数据交互。

(7) 电源模块：采用电源：DC+12V。

4.3 系统的软件设计

系统的软件结构如图 3 所示。

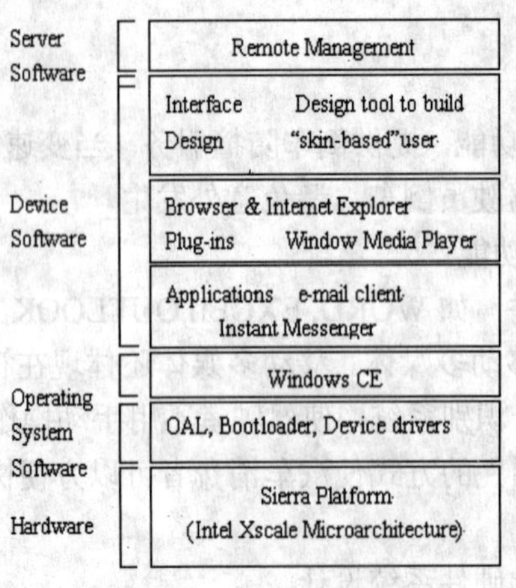

图 3 软件结构框图

4.3.1 操作系统

嵌入式操作系统有编码体积小；面向应用，可裁剪和移植；事时性强；可靠性高等特点。基于 XSCALE 架构的嵌入式系统，采用嵌入式 Windows CE.NET。

Microsoft Windows CE 是一个多平台的，可裁剪的 32 位嵌入式操作系统。针对不同的目标设备硬件环境，可以在内核基础上添加各种模块，形成一个定制的嵌入式操作系统。

Windows CE 提供了 Windows 程序员熟悉的各种开发环境。同时，内建了对多媒体（包括 DirectX）、通信（TCP/IP、SNMP、TAPI 等）的支持。而且，已经含有各种常用的应用程序，如,Pocket Internet Explorer、Pocket Outlook 和 Pocket Word 等。利用这些软件开发环境，容易地实现娱乐、通信和办公等嵌入应用。Windows CE 主要包括： 内核，持久存储，图形和多媒体，进程间通信，通信服务，安全服务，用户界面服务，Internet 服务和本地化支持。

4.3.2 应用软件模块

Windows CE 下的设备驱动程序将操作系统和硬件联系起来，使得操作系统能够管理硬件设备，向应用程序提供访问使用硬件的调用。

在 Windows CE 平台上，嵌入地理信息管理子系统、语音合成子系统及多个程序模块组成包括无线通信/电话管理程序模块、图像采集处理程序模块、视频处理程序模块、局部总线模块和相应的若干数据库组成。利用系统内嵌的 MINI OFFICE 实现车内办公。

第三方软件选配：如 MP3 播放、电子词典、游戏等。

5 结束语

该产品还处于样品试验阶段，取得了较满意的结果。当然，系统还有一些有待深入研究的问题，如车辆高速行驶时 GPRS 在网域切换中的掉线问题、电子地图精度分析与误差、分布式数据处理等，以及系统在稳定性、可靠性方面还需深入的研究。

参考文献

1 Steve Furber. ARM SoC 体系结构. 北京航空航天大学出版社

2 Jean J.Labrosse. 嵌入式系统构件. 北京；机械工业出版社

3 陈章龙，涂时亮. 嵌入式系统-Intel Strong ARM. 北京航空航天大学出版社

4 海搏创作室. 嵌入式控制器硬件设计. 浦东电子出版社

5 李永隆. Windows CE 程序设计实务. 北京；中国电力出版社

6 张瑞. 分布式呼叫中心管理系统技术实现. 计算机 1018

7 程军，崔继波，苟凯英. 车辆控制系统 CAN 总线通信的实施方法. 汽车工程, 2001 23 (5)

8 向怀坤，刘小明. 车辆导航系统的研究开发现状与趋势. 汽车工程, 2001 23(5)

9 韩斌杰. GSM 原理及其网络优化. 北京；机械工业出版社

10 SAE Standard SAE J1850

11 SAE Standard SAE J1962

12 GM Standard GMW 3203

汽车电动转向器研究

毕大宁
浙江正田汽车电动转向有限公司

[摘要] 汽车电动转向是汽车转向器的发展趋势，汽车电动转向是遵循一定规律进行计算机程序设计的，推出B 氏模型作为汽车电动转向程序设计的依据，介绍了制订的我国第一个汽车电动转向标准和汽车电动转向试验台。

关键词：汽车电动转向原理 B 氏模型 标准 试验台

1 国内外电动转向发展概况

国外 20 世纪 80 年代以来在汽车上大力发展电动转向（EPS），已经取得相当大的成果，在轻微型轿车、厢式车上得到广泛的应用，并且每年以 300 万台的速度发展。随着 2000 年昌河汽车之北斗星厢式车安装电动转向器，掀开我国汽车转向器历史上新的一页。由于它在转向方面明显的优越性，很受广大客户欢迎。最初组装的 200 台电动转向试销车很快被抢购一空。这几年正逐年增加安装电动转向汽车的产量，今年将达到三万六千台。正是由于北斗星汽车在国内首装电动转向，带动了国内电动转向开发热。到现在已有 10 家大专院校和 10 家国营和民营企业立项或独自开发该种产品，预计我国每年会以 10~20 万台速度发展。正是由于各方面电动转向研究的大量投入，该产品已接近成功，已有一部分产品开始装车调试。在汽车电动转向产品的开发中充分体现了我国市场经济竞争的特点，一些大专院校和企业相结合，国营、民营企业齐上阵，这种各方面竞争的结果加快了开发的进度。

电动转向所以称之为“精确转向”，就是在汽车转向过程中，该转向器根据不同车速、方向盘转动的快慢，准确的提供各种行驶路况下的最佳转向助力，这是在计算机（ECU）控制下实现的。电动转向器是在计算机控制下实施对电机电流大小的变化控制，实现不同的转向助力。所以它能精确的实现人们预先设置在不同车速、不同转弯角度所需要的转向助力。

电动转向的发展主要是针对解决纯液压助力转向的最大难题，高速行驶时方向盘发飘，这是汽车操纵稳定性的一大课题。液压助力转向虽然解决了汽车转向轻便性问题，但高速行驶时方向盘太轻，就造成了驾驶员发飘的感觉。新型转向油泵虽然可以作到高速转向时油泵流量可以下降，但高速行驶时并不保证发动机驱动下的油泵亦处于高速转动工况。因此不能彻底解决汽车高速行驶发飘的问题。电动转向系统可通过控制助力电机，降低高速行驶时转向助力，增大转向手力，解决高速发飘问题，而且成本相对较低。但由于电机的功率、扭矩及尺寸的限制，故多用于轻微型轿车和厢式车。随着新的电动转向结构研发，未来将逐步推广到中高级轿车和卡车上。由于目前已有装电动转向器的市场，未来潜在的市场也较广大；该种转向器成本较低，必将受到汽车厂家的欢迎。

综合起来，电动转向的优点，有以下几方面：

——提高了汽车操纵稳定性；

——有较好的汽车转向轻便性；

——有较好的汽车安全性；

——降低了发动机功率损耗；

——节省了油料；

——减少了污染；

——提高了转向系统低温工作性能。

电动转向器的分为四类：

——轴助力式（电机和减速装置装在转向传动轴上）；

——小齿轮助力式（电机和减速装置装在输入小齿轮一侧）；

——另端小齿轮助力式（电机和减速装置装在输入小齿轮对称另一侧）；

——齿条助力式（电机和减速装置套在齿条外侧）；

电动转向器主要包括以下五个部件：

——控制器（ECU）；

——扭矩（角度）传感器；

——直流电机（带电磁离合器）和减速装置；

——转向传动轴；

——机械转向器。

目前，我们应在大力提倡电动转向器的开发和研究的同时，尽快统一我国的电动转向标准，尽快开发标准试验设备。特别应在开发和研究阶段加强技术和信息交流，共同提高我国电动转向的技术水平。

2 汽车电动转向力模型探讨

汽车电动转向基本原理是方向盘的转动经扭矩传感器给控制器一个扭矩信号（也可以认为是角度信号或转动速度信号，这些都是可以通过计算机处理出来的）。通过车速传感器给控制器一个车速信号，控制器则根据此二信号根据预先设定的力模型对直流电机及电磁离合器实施控制。通过控制改变电机电流的大小，从而改变输出力矩。该输出力矩通过减速机构放大后直接作用于转向器输入轴，对操纵手力起助力作用。

汽车电动转向器动作原理框图如下：

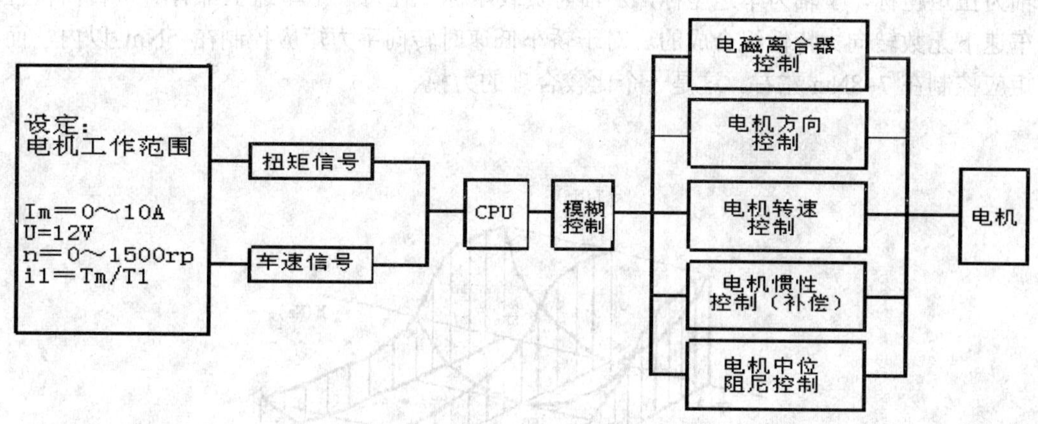

采用电磁离合器对汽车电动转向器的工作更有利，电动转向器工作时吸合，在出现了故障时电磁离合器自动脱开，一方面对直流电机起保护作用，一方面不影响机械转向器正常工作。

汽车电动转向的关键在于控制器（ECU）控制程序的设计，而 ECU 控制程序应该按什么力模型来设计，这是我们要研究的。按车速调整助力一般有两种方式，我们认为全程调速比半程调速优越性更大，更有利于对转向全过程进行控制。

根据研究动力转向多年的经验，我们提出电动转向手力 B 氏模型。该模型遵循汽车转向原理和要求操纵稳定性，随方向盘转动手力变化和在不同车速时有以下规律：

（1）随方向盘转角增大，电动电流（扭矩）按一定规律增大（见图 1）；

（2）随方向盘转动速度增大，电机转速增加；

（3）随方向盘转动方向不同，电机转动方向不同，换向时不得出现滞后现象。

随汽车车速增大，电机电流（扭矩）按一定规律减小（见图 2）

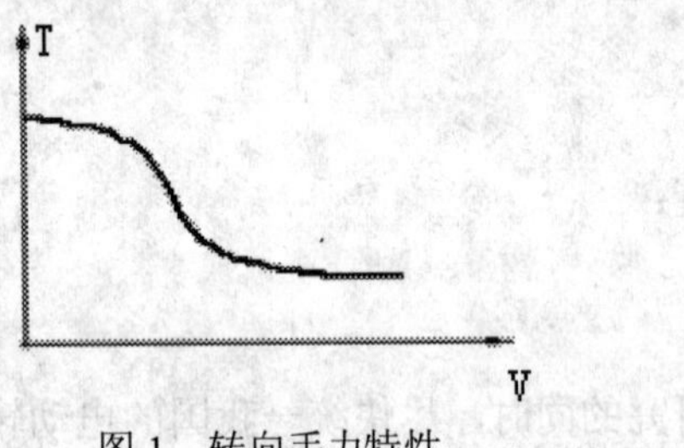

图 1 转向手力特性

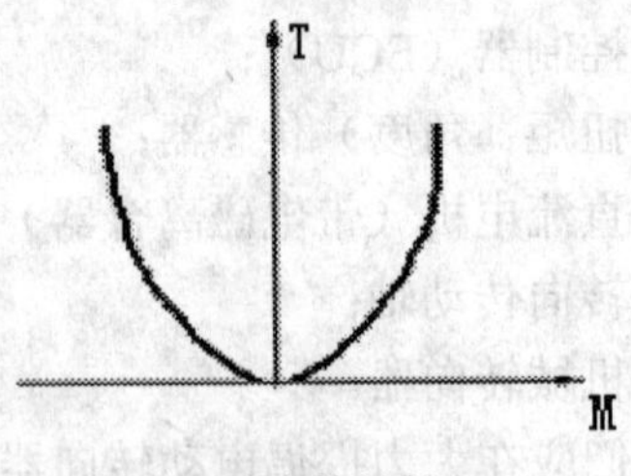

图 2 速度特性性

图 1 就是我们设计的电动转向器任意车速时的手力特性。该特性是否合理就是看其形状是否利于驾驶员操纵。根据动力转向设计的经验知道，在等刚度载荷作用下，在较小角度转向时，此时地面转向阻力较小，助力应增加的较缓；在较大角度转向时，此时地面转向阻力较大，助力应增加的快一些，因此它仍然应是两个 2 次曲线的组合圆滑曲线，中间应有一段自由间隙。

图 2 就是我们设计的电动转向装置转向手力按速度变化的特性。该特性设计的是否合理就是看能不能在低速时转向轻便，在高速时应当加大转向手力，从而解决高速时操纵稳定性问题。曲线形状应为在 40~50km/h 以下车速时，助力均应较大，可有较小的下降；而在 70~80km/h 以上车速时，助力应较小，且有较小的下降。在中间车速过渡段应有一个圆滑双曲线的过渡，保证驾驶员全过程操纵平滑。其下降助力比应为 100:30，在高速时仍应保持 30%助力。

转向力特性和速度特性相结合应该是如图 3 所示的曲线图。它显示的就是我们提出的电动转向器的 B 氏模型。

x 轴为扭矩座标，y 轴为车速座标，z 轴为负载座标。在每一个车速上都有一个转向特性，该模型就是不同车速下无数转向力特性组合成的。对于轿车低速时转向手力矩应控制在 5Nm 以内，而在高速时转向手力矩应控制在 7~8Nm 左右。这是一个比较合理的力模

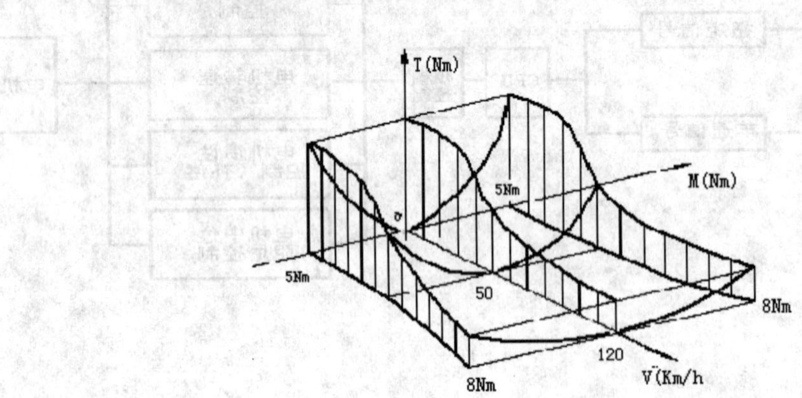

图 3 B 氏模型

3 电动转向系统设计重点

3.1 在控制器的设计中要保证对电机实现如下控制

(1) 电机的随动性能。方向盘在包括中间位置在内的任意位置停止转动，电机能迅速停止转动。

(2) 电机的中位控制。电机在方向盘中位进行阻尼控制，以保证中间位置路感。

(3) 电机的惯性控制。电机在启动、换向或停止转动时应进行惯性控制或惯性补偿。

(4) 电机的回正控制。保证电机在完成转向动作后迅速回正到中位。

3.2 电动转向系统设计重点

电动转向系统的设计可以有多种方案，关键要保证以下几点：

(1) 系统的稳定与安全性控制。在受到地面冲击或外界横向力（如侧风）作用时产生反向力矩，保持方向稳定和恢复正常行驶。

(2) 无故障保证设计。提高元器件安全系数，各部件必须经过严格出厂检测，实现误操作保护设计保护性电路设计，个别系统中个别部位电压、电流和温度保护。

(3) 失效保护设计。防止单个元件损坏影响其它元器件正常工作（采用各种保护电路），EC 失效后，可恢复机械转向器直接工作。

(4) 采用故障代码显示故障状况。

代码 1　系统正常
代码 2　扭矩传感器系统异常
代码 3　车速传感器信号系统异常
代码 4　电子控制器（ECU）工作异常
代码 5　电磁离合器异常
代码 6　电动机异常
代码 7　线路异常
代码 8　电源异常（蓄电池电压不足）

4 汽车电动转向产品标准

我们已制定出我国第一个电动转向装置的标准“汽车电动转向装置技术条件与试验方法”。

关于其中产品部分技术条件说明如下：

由于电动转向目前有四种结构，因此标准主要针对安装电机和减速装置的部位进行检测。不同的电动转向装置试验总成和加载方式都是不一样的。如轴助力式电动转向检测的部位主要是带电机和减速装置的传动轴，而其它结构的电动转向主要检测的对象就是带电动机和减速装置的转向器本身了。因此称为汽车电动转向装置产品标准最为适宜。

该标准参考了汽车转向器总成的技术条件和台架试验方法，汽车传动轴总成性能及试验方法，汽车电气设备基本技术条件，电工电子产品基本环境试验规程和关于保护车载接收机的无线电骚扰特性的限制和测量方法。

该标准分为二个部份：技术条件与台架试验方法。

4.1 技术条件规定了如下技术要求

4.1.1 性能试验测试项目

（1）功能试验

用手转动电动转向器在高、中、低车速下感觉在全行程内转动的平顺性。

（2）负荷特性

测不同车速下左、右转向手力，与输出负荷的关系曲线，测出左右最大转向力矩值和对称度确定该曲线族是否符合设计要求。

（3）电流特性

测不同车速下左右转向手力与电机电流的关系曲线，确定该曲线族是否符合设计要求。

（4）反向冲击试验

反向冲击转向器输出端，检测电机在冲击下迅速反应制止方向盘转动，反向冲击时电流响应时间不超过 10ms，方向盘上不能产生大于 3° 的转动角度。

（5）回正试验

在刚性面载下沉低速和高速行驶回正曲线，低速回正曲线应通过原点，高速回正曲线允许有残留角，该值在方向盘上残余不大于 5º。

（6）噪声试验

进行标准噪声试验，被试总成应低于 60dB。

（7）报警试验

对各元件及线路进行损坏测试，故障报警灯或故障代码显示灯应显示。

（8）电磁骚扰特性

被试总成应作电磁兼容试验，分别测量电动转向器电机及电磁离合器工作时发出的电磁波和防外界电磁波对电子控制器的干扰，都不能超过限值。

4.1.2 可靠性试验测试项目

（1）老化试验

类似 30 分钟机械启合试验，主要是使新电器元件工作稳定，确保正常运转。

（2）寿命试验

经过 10×10^6 换向操作，（可类比 30 万公里汽车行驶）产品应正常工作。

（3）强制转向试验

反复通电源和切断电源分别找反复循环工作，检验强制转向情况。

（4）高温试验

保证在（65±2）℃温度下放 2 小时后工作正常

（5）低温试验

保证在（－40±3）℃温度下放 2 小时后工作正常

（6）盐雾试验

保证在盐雾箱中，按 GB/T2423.17 盐雾试验方法试验持续 16 小时后工作正常。

（7）试验分型式试验和出厂试验两种

1）型式试验

包括以上全部试验，被试总成不少于 3 台，分别进行全项目测试。

2）出厂试验

进行性能试验前 7 项试验和可靠性试验第 1 项老化试验。

5 电动转向试验台

我们研制的电动转向自动试验台采用的是模拟地面转向阻力等幅加载机构。设定地面转向阻力为线性变化。在此前提下，我们设计了平台式仿转向器实际安装布置的试验结构。包括转向传动轴在内和机械转向器一起安装在平台上，驱动装置是通过步进电机和减速装置、电磁离合器、驱动转向轴，外装编码器，可对角度进行测量。该减速装置既可机动亦可手动。

其加载机构为单弹簧装置，弹簧为圆柱弹簧，因此是一个等载荷加载机构，在转向传动轴与驱动装置之间装有扭矩传感器，在机械转向器输出齿条端与加载装置间装有负荷传感器，可对转向手力、输出负荷进行测量（见图 4）。

该试验台可以对功能试验、负载特性、电流特性、反向冲击试验、回正试验、噪声试验、报警试验等项目进行试验。由于试验台大部分试验项目都是可以自动操作、自动采取数据，所以可称之为电动转向自动试验台。同时该试验台还可以进行老化试验、寿命试验、强制转向试验，配上烘箱、冷冻箱、盐雾箱还可以作高低温试验和盐雾试验。

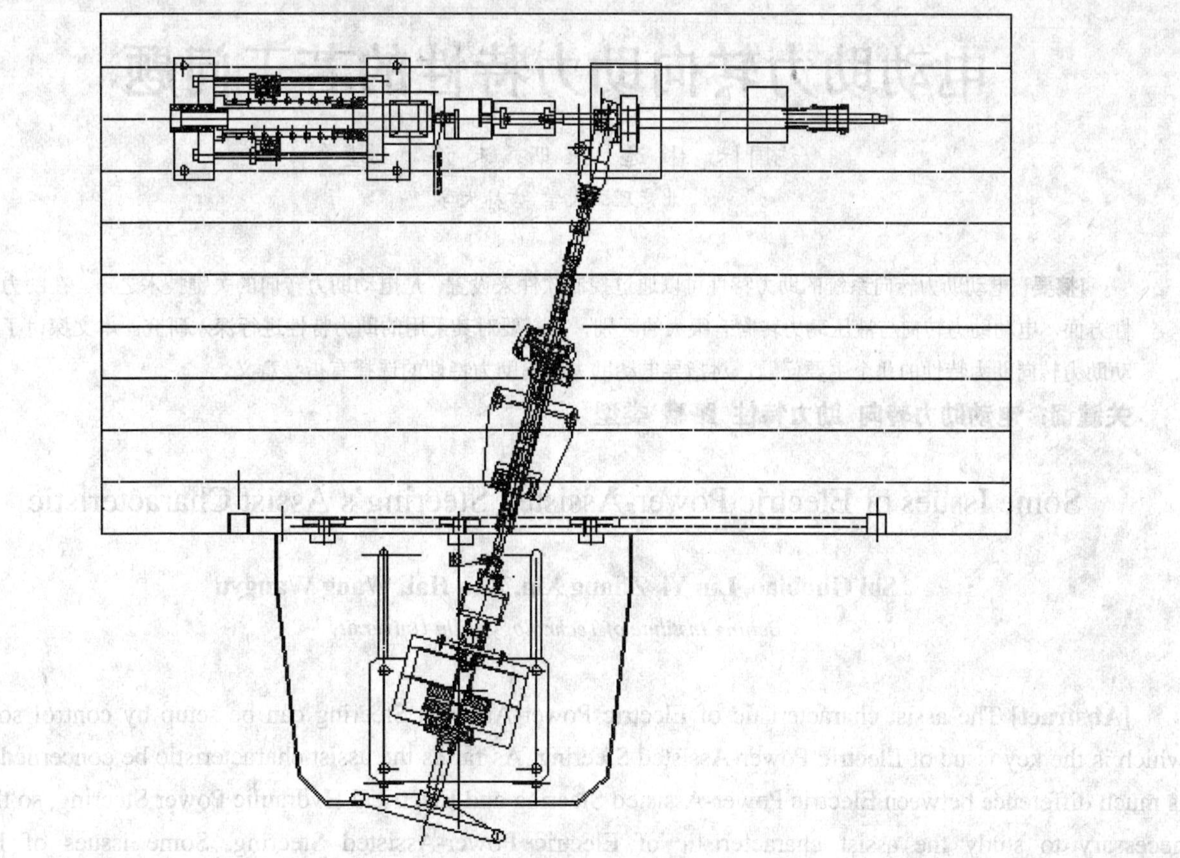

图 4　电动转向自动试验台

经我们对日本×××样机作的测试，已取得较理想的测试结果。所以可以说该试验台完全可以对国产电动转向器产品进行测试。

电动助力转向助力特性的若干问题

施国标　林 逸　张 昕　朱 海　王望予

北京理工大学 吉林大学

[摘要] 电动助力转向系统的助力特性可以通过控制软件来设置，是电动助力转向的关键技术之一。在助力特性方面，电动助力转向与液压动力转向有很大的区别，有必要对其采用的助力特性进行深入研究。本文探讨了电动助力转向助力特性的几个主要问题，对指导电动助力转向助力特性的选择有指导意义。

关键词：电动助力转向 助力特性 路感 类型

Some Issues of Electric Power-Assisted Steering's Assist Characteristic

Shi Guobiao, Lin Yi, Zhang Xin, Zhu Hai, Wang Wangyu

Beijing Institute of Technology, Jilin University

[Abstract] The assist characteristic of Electric Power-Assisted Steering can be setup by control software, which is the key issue of Electric Power-Assisted Steering. As far as the assist characteristic be concerned, There is much difference between Electric Power-Assisted Steering and Electrical Hydraulic Power Steering, so that it is necessary to study the assist characteristic of Electric Power-Assisted Steering. Some issues of Electric Power-Assisted Steering's assist characteristic are discussed, which can direct how to determine the assist characteristic of Electric Power-Assisted Steering.

Key words: electric power-assisted steering　assist characteristic　road feel　type

1 前言

近年来，电动助力转向（Electric Power-Assisted Steering, 简称 EPAS）发展迅速，有逐步取代传统液压动力转向的趋势。电动助力转向直接依靠电动机提供助力矩，助力大小由电子控制单元控制，其控制原理如图 1 所示。电动助力转向系统的助力特性可以通过控制软件来设置，随车速变化（车速感应型），是电动助力转向的关键技术之一。传统液压动力转向在设计完成之后，助力特性也随之而定。因此在助力特性方面，电动助力转向与液压动力转向有很大的区别，有必要对其采用的助力特性进行深入研究。本文探讨了电动助力转向助力特性的几个主要问题，对选取电动助力转向助力特性有指导意义。

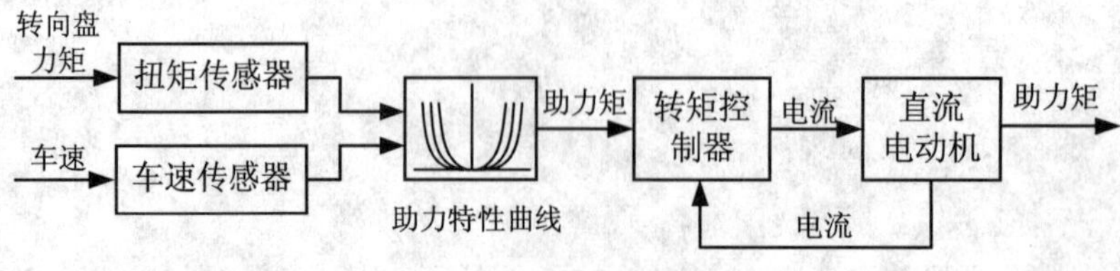

图 1　电动助力转向原理

2 路感及路感强度

汽车转向过程中的转向轻便性与路感是相互矛盾的。满足转向轻便就要求转向系能提供大些的助力，而助力增加后，路感就变差了。在转向阻力信息中包含前轮侧向力的信息，并且是主要信息，使汽车的运动状态（包括车轮与路面的附着状态）与驾驶员手力有了对应关系，这就是所谓的“路感”[1]。转向轻便性是对汽车低速行驶（如原地转向、泊位）时提出的要求，而路感是对汽车高速行驶时提出的要求，汽车在高速行驶时，应能把车轮与路面的接触状态以反力和位移形式，通过转向系传至转向盘，使驾驶员感到此种力和位移的反馈及其差别。如果路感很清晰，驾驶员就会心中有数，有利于提高行驶安全性。

路感的强弱通常用路感强度来表示。路感强度是指转向手力增加单位值时，相应输出力的变化量[2]。对于齿轮齿条式动力转向器，路感强度 E 用下式表示[2]。

$$E = \frac{\mathrm{d}T_d}{\mathrm{d}F_r} \tag{1}$$

式中，Td 为作用在转向盘上的转矩；Fr 为齿条输出的力。

由于

$$\mathrm{d}T_r = \mathrm{d}F_r \cdot r_p$$

式中，Tr 为转向阻力矩当量转换到转向轴上的转矩；r_p 为小齿轮分度圆半径。

又由于

$$r_p = \frac{g}{2\pi} \tag{2}$$

式中，g 为齿轮齿条式转向器的传动比，定义为小齿轮转动一圈齿条的行程，单位为 mm。

则

$$E = \frac{g}{2\pi} \cdot \frac{\mathrm{d}T_d}{\mathrm{d}T_r} \tag{3}$$

根据静力学原理，转向阻力矩 Tr、助力矩 Ta 和转向盘力矩 Td 的关系为

$$\mathrm{d}T_r = \mathrm{d}T_d + \mathrm{d}T_a \tag{4}$$

令

$$k = \frac{\mathrm{d}T_a}{\mathrm{d}T_d} \tag{5}$$

将式（4）、式（5）代入式（3）后得

$$E = \frac{g}{2\pi} \cdot \frac{1}{1+k} \tag{6}$$

当量路感强度 Ed 为

$$E_d = \frac{2\pi}{g} \cdot E = \frac{1}{1+k} \tag{7}$$

当 k＝0 时，为机械转向，当量路感强度等于 100%。当 dTd 趋于零时，k=∞，此时转向阻力完全由动力转向克服，当量路感强度等于 0。这是两个极端情况，动力转向的当量路感强度一般介于二者之间。

什么是理想的路感，目前尚无定论，对不同的人有不同的理解。不同的汽车类型、不同的行驶环境、不同的驾驶风格等，都需要不同的路感。例如，一辆经常以中等车速行驶在城镇的大型车辆，应该提供较大的助力。当汽车在高速公路上直线行驶、或在盘旋公路上行驶时，需要驾驶员对其精确地操纵，此时驾

驶员需要通过转向盘得到更多的汽车响应信息，使驾驶员能精确地控制汽车转向[3]。Norman 在文献[4]中经过试验证明，大多数美国轿车转向比较轻便，而路感不太好；而欧洲轿车在侧向加速度小，即转向角度小时，路感相对较好。对于经常在城市中低速行驶的车辆来说，对路感的要求并不突出，而是要求转向尽量轻便灵敏。而对于经常在高速公路上高速直线行驶的车辆而言，从安全性的角度出发，应该在小转角的中心直线行驶区域具有足够的路感。

3 转向力矩场的概念

由公式（4）可知，阻力矩、助力矩和转向盘力矩构成了一个力矩场，最大阻力矩是力矩场的边界。转向阻力矩在汽车原地转向时达到最大值 *Tr*max，在其它工况下运行的阻力矩一般小于 *Tr*max，图 2 所示为阻力矩 *Tr*、助力矩 *Ta* 和转向盘力矩 *Td* 之间关系的力矩场示意图，图中横坐标表示 *Td*，纵坐标表示 *Ta*。确定助力特性就是在某一阻力矩 *Tr* 下确定 *Ta* 与 *Td* 的分配关系。在某一阻力矩 Tr 下，*Ta* 与 *Td* 的分配关系将随着 A 点沿着直线到 B 点的移动而变化。

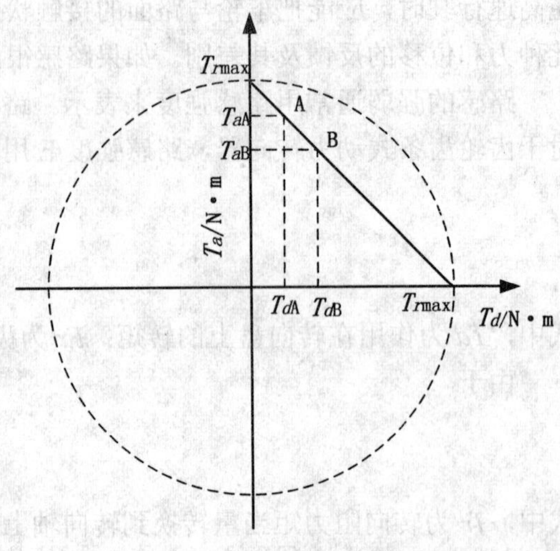

图 2 转向力矩场

4 助力特性的概念

助力特性是指助力随汽车运动状况（车速和转向盘手力）变化而变化的规律。对液压动力转向，助力与液压油压力成正比，故一般用液压油压力与转向盘力矩（及车速）的变化关系曲线来表示助力特性。对电动助力转向，助力与直流电动机电流成比例，故可采用电动机电流与转向盘力矩、车速的变化关系曲线来表示助力特性。

理想的助力特性应能充分协调好转向轻便性与路感的关系，并提供给驾驶员与手动转向尽可能一致的、可控的转向特性[3]。在满足转向轻便性的条件下，如果路感强度在整个助力特性区域内不变，则驾驶员就能容易地判定汽车行驶状况的变化，预测出所需要的转向操纵力矩的大小[5]。根据公式（6），若 *K* 为常数，即助力矩与转向盘力矩成比例变化，则路感强度也为恒值。但是这种直线型助力特性难以协调好转向轻便性与路感的关系。折线型助力特性是缓和这一矛盾的理想方法。图 3 是一种折线型助力特性，该特性曲线可以分为直线行驶区 I、强路感区 II 和轻便转向区 III。直线行驶区对应无转向或转向角非常小的中心区域；轻便转向区是转向盘力矩较大区域，此时要求助力大；强路感区介于二者之间。对应于这种助力特性的路感强度变化是阶跃式的。如图 3 所示，在 3 个不同的区域内分别保持常数，其大小是随着转向力的变大而阶跃减小。直线行驶区，路感强度为最大值，在轻便转向区最小，这样的路感对于动力转向而言是比较理想的。但是液压动力转向很难实现上述理想助力特性。这是因为流体的固有特性等，使得特性曲线只能是连续变化的[5]。与此相应，路感强度也是连续变化的。在离开小转向角的中心区域后，路感强度的变化是连续递减的，而且变化很剧烈，这不利于驾驶员做出准确的推测和判断。而电动助力转向的助力特性由软件设置，是电动助力转向的控制目标，可以设计成任意曲线形状，并可方便地进行调节。

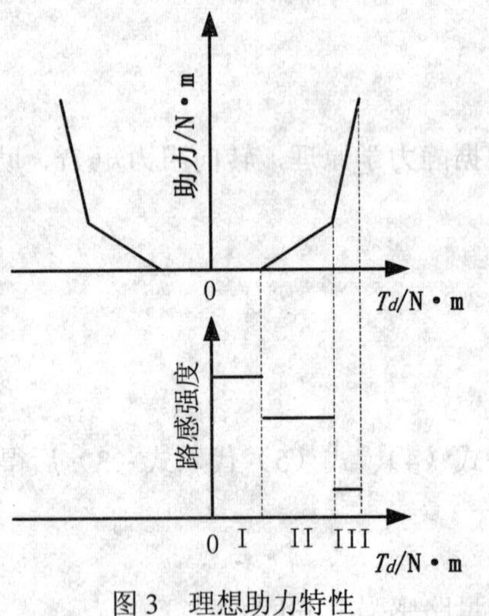

图 3 理想助力特性

5 EPAS 对助力特性的基本要求

助力特性对动力转向系统的性能，包括轻便性、回正性、路感等，有重要影响。在传统液压动力转向中助力特性主要由阀的结构决定，调整非常困难，并且设计完成后助力特性就确定了，不能随车速变化。而 EPAS 不同，助力特性曲线是电动助力转向的控制目标，由软件来设置，可以设计成车速感应型特性曲线，并可方便地进行调节。针对 EPAS 的特点，对助力特性曲线提出以下要求。

1) 当转向盘输入力矩小于某一特定值（通常设为 1N·m）时，助力矩为零，EPAS 不起作用。
2) 在转向盘输入力矩较小的区域，助力部分的输出应较小，以保持较好的路感。
3) 在转向盘输入力矩较大的区域，为使转向轻便，助力效果要明显。
4) 在转向盘输入力矩达到驾驶员体力极限的区域时，应尽可能发挥较大的助力效果。
5) 随着车速的增高，助力应减小。
6) 符合国家标准对动力转向作用在转向盘上的最大操纵力要求。

6 EPAS 助力特性的曲线特征

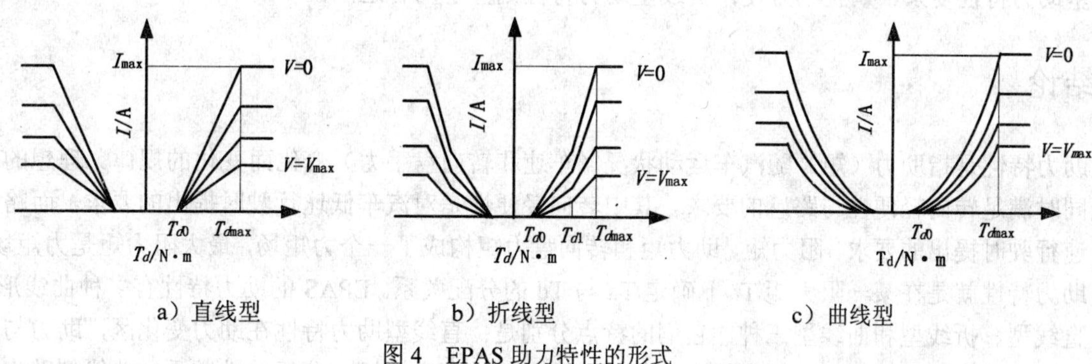

图 4 EPAS 助力特性的形式

EPAS 的助力特性具有多种曲线形式，图 4 为三种典型 EPAS 助力特性曲线。图中助力特性曲线可以分成三个区，$0 \le T_d < T_{d0}$ 区为无助力区，$T_{d0} \le T_d < T_{d\max}$ 区为助力变化区，$T_d \ge T_{d\max}$ 区为助力不变区。

（1）直线型助力特性

图 4a 为直线型助力特性，它的特点是在助力变化区，助力与转向盘力矩成线性关系。该助力特性曲线可用以下函数表示：

$$I = \begin{cases} 0 & 0 \le T_d < T_{d0} \\ K(V)\cdot(T_d - T_{d0}) & T_{d0} \le T_d < T_{d\max} \\ I_{\max} & T_d \ge T_{d\max} \end{cases} \tag{8}$$

式中，I 为电动机的目标电流；Imax 为电动机的最大工作电流；Td 为转向盘输入力矩；K（V）为助力特性曲线的梯度，随车速增加而减小；T_{d0} 为转向系统开始助力时的转向盘输入力矩；T_{dmax} 为转向系统提供最大助力时的转向盘输入力矩。

（2）折线型助力特性

图 4b 所示为典型折线型助力特性，它的特点是在助力变化区，助力与转向盘力矩成分段线性关系。该助力特性曲线可用以下函数表示

$$I=\begin{cases}0 & 0\le T_d<T_{d0}\\ K_1(V)\cdot(T_d-T_{d0}) & T_{d0}\le T_d<T_{d1}\\ K_2(V)\cdot(T_d-T_{d1})+K_1(V)\cdot(T_{d1}-T_{d0}) & T_{d1}\le T_d<T_{d\max}\\ I_{\max} & T_d\ge T_{d\max}\end{cases}\tag{9}$$

式中，*K1*（*V*）、*K2*（*V*）分别为助力特性曲线的梯度，随车速增加而减小；T_{d1} 为助力特性曲线梯度由 *K1*（*V*）变为 *K2*（*V*）时的转向盘输入力矩。

（3）曲线型助力特性

图 4c 所示为典型曲线型助力特性，它的特点是在助力变化区，助力与转向盘力矩成非线性关系。该助力特性曲线可用下式函数表示

$$I=\begin{cases}0 & 0\le T_d<T_{d0}\\ K(V)\cdot f(T_d) & T_{d0}\le T_d<T_{d\max}\\ I_{\max} & T_d\ge T_{d\max}\end{cases}\tag{10}$$

比较上述三种助力特性曲线，直线型助力特性最简单，有利于控制系统设计，并且在实际中调整容易；曲线型助力特性复杂，调整不方便；折线型助力特性则介于两者之间。

7 结论

助力特性是指助力（矩）随汽车运动状况（车速和转向盘手力）变化而变化的规律。理想的助力特性应能同时满足转向轻便性与路感的要求，其中转向轻便性是对汽车低速行驶时提出的要求，而路感是对汽车高速行驶时提出的要求。阻力矩、助力矩和转向盘力矩构成了一个力矩场，最大阻力矩是力矩场的边界。确定助力特性就是在某一阻力矩 Tr 下确定 Ta 与 Td 的分配关系。EPAS 的助力特性有多种曲线形式，常用的有直线型、折线型和曲线型三种。它们的特点分别是：直线型助力特性在助力变化区，助力与转向盘力矩成线性关系；折线型助力特性在助力变化区，助力与转向盘力矩成分段线性关系；曲线型助力特性在助力变化区，助力与转向盘力矩成非线性关系。直线型助力特性最简单，有利于控制系统设计，并且在实际中调整容易；曲线型助力特性复杂，调整不方便；折线型助力特性则介于两者之间。

参考文献

1 郭孔辉，汽车操纵动力学. 长春：吉林科学技术出版社，1991

2 毕大宁. 汽车转阀式动力转向器的设计与应用. 北京：人民交通出版社，1998

3 J. J. Adams. Power Steering 'Road Feel', SAE Paper No.830998

4 Norman K., Objective Evaluation of On-Center Handling Performance, SAE Paper No.840069

5 贵勇，张洪欣. 常规转向系统的路感特性及其改善途径. 上海汽车，2000.5，17~23

基于辨识的电动助力转向系统控制器设计

邹常丰 林 逸 施国标 陈万忠 王望予

吉林大学 北京理工大学

[摘要] 针对电动助力转向系统，利用系统辨识理论和 Matlab/Simulink，建立了包括 PWM、H 桥及直流电动机等在内的子系统数学模型，经过系统仿真及试验验证，表明所建模型是正确的。同时，基于辨识模型仿真所获得的优化 PID 控制参数为指导，经过台架试验进一步地细化调整，达到了较为理想的控制效果。

关键词：电动助力转向 控制器 系统辨识

The Controller Design of Electric Power-Assisted Steering System based on System Identification

Zou Changfeng, Lin Yi, Shi Guobiao, Chen Wanzhong, Wang Wangyu

Jilin University, Beijing Institute of Technology

[Abstract] A subsystem model of Electric Power-Assisted Steering including PWM, H bridge, DC motor and so on, is established by system identification method and Matlab/Simulink. By comparing the test and simulation results, the model is validated. And then an optimized digital PID controller's parameters are acquired based on the model. A good effect of this controller is achieved by the far adjustment of its parameters.

Key words: electric power-assisted steering controller system identification

结论

(1) 采用占空比α和转向盘转速ω作为输入（统一记为输入 u），电机电流 I 作为输出，在辨识中表示为输出 y，进行了基于最大相关系数的系统辨识，并获得了包括电机、PWM 和 H 桥等在内的子系统数学模型。

(2) 基于辨识模型，完成了 PI 控制器设计。依托 Simulink 和台架试验数据，分别进行了控制系统仿真、验证及调整，并取得了较为满意的控制效果。

注：本文全文刊登在 2003 年《汽车工程》（增刊）上。

基于VIN生产过程的电子看板监控系统

许 矗
昌河铃木汽车有限责任公司

[摘要] 本文首先对生产过程管理系统的组成框架、相关技术及实现方法进行了研究。通过研究，本文将制造业生产过程管理系统划分为生产数据采集子系统、生产业务管理子系统、生产过程监控子系统。生产过程监控子系统使用电子看板工具对生产过程进行监控。本文运用面向对象的建模方法，建立了电子看板组态的数据模型，进而构造了可以准确反映生产过程信息的电子看板工具。本文最后介绍了该系统的典型应用实例，并对全文进行了总结。

关键词：数据采集 电子看板 监控 组态

1 前言

江西昌河铃木（昌铃）汽车有限责任公司同其他制造业企业一样，面临着激烈的市场竞争。现代企业必须在激烈竞争中寻求新的出路，开拓新的经济增长点。用信息技术和现代管理技术来改造现有企业，是提高企业的技术实力和市场竞争能力，使企业在竞争中立于不败之地的关键步骤。

昌铃汽车有限责任公司从不断提高公司管理水平的角度出发，通过实施 VIN 项目，从而建立公司的一整套计算机生产管理系统，以提高生产计划、车间作业计划和调度、在制品管理、质量跟踪、物料配送管理的实时控制水平。而生产过程管理系统的实现是企业全面信息化的坚实基础。

2 制造业信息化的基本特点

企业生产经营的产品信息、工艺信息、物料信息、生产信息、财务信息和市场营销信息等一切信息不仅能够用 0 和 1 两位数字编码来表示和处理，而且能够以光的速度在光缆中传输，使企业生产经营的信息流实现数字化，从而使制造业的生产经营达到前所未有的高节奏和高效益。因此，制造业信息化的基本特点是制造业信息流的数字化，见图 1。

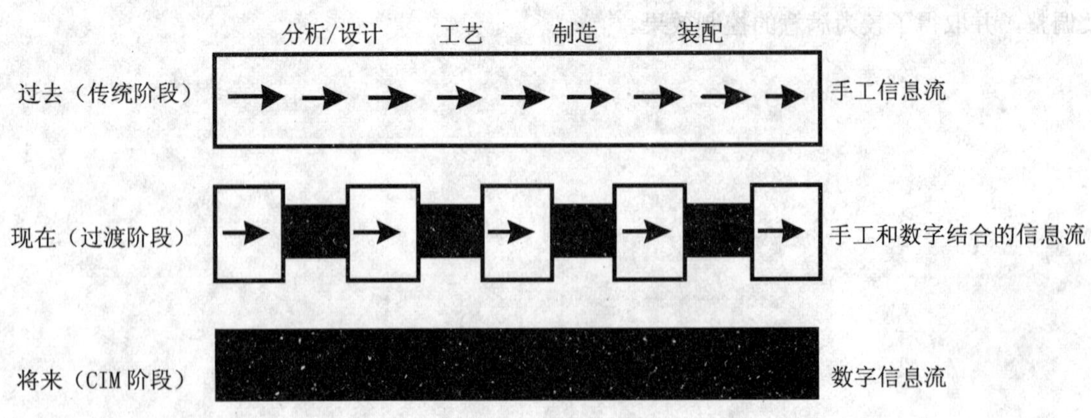

图 1 制造业信息流的数字化

3　电子看板管理系统

3.1　基本思想

电子看板管理的出发点是借助以电子计算机技术为主的信息技术，来实现生产过程控制的自动化，这个过程贯穿于车间生产线产品计划的动态下达到完整产品下线的始终，全程跟踪在制品的每一个生产加工工艺过程，建立完整的产品生产过程档案，并将在制品在生产线上的加工信息实时动态地反馈到生产管理部门，为生产调度管理提供充分可用的信息，生产管理人员在这些信息的基础上，实施生产过程的监督与控制，将生产指令及时动态地下达到生产线，为生产线上的工人组织生产提供依据。从上面的论述可以充分发现，生产和管理之间的联系加强了，生产管理人员可以实时动态跟踪生产过程中自动线上在制品的加工情况，并根据掌握的第一手资料迅速对生产作出反映。生产线上的工人可以将生产过程中的在制品加工信息传送到生产管理部门，并根据生产管理部门下达的生产指令组织或者调整生产，这样就使生产和控制的关系变得跟加紧密、和谐和统一，达到了增强生产管理时效性的目的。

电子看板管理的实现方法是模拟车间自动生产线的工艺流程，将这种组织生产的形式直观地反映在计算机的监视屏幕上，管理人员通过与屏幕上工艺流程中各对象的交互，动态获取所需的在制品实时信息，并将生产过程中的指令信息下达到生产线。电子看板系统既可为企业高层领导提供一个工具，供其查询生产信息，实时了解生产情况，又可为生产作业管理人员提供一个监督作业实施情况和调度作业，指导生产的工具。

3.2　总体框架

3.2.1 目标

建设一套符合于未来企业全面信息管理总需求的，在制品组装生产动态实时追踪信息管理系统，使管理人员在后台即可看到在制品信息贯穿自生产计划下达，在线组装生产至成品检验的全过程。

3.2.2 系统层次结构

通过上述生产过程管理的需求分析，认为整个系统可以由以下三个管理层次所组成，即：生产业务管理层、生产过程监督和控制管理层以及数据采集管理层，其结构如图 2 所示。其中生产业务管理层是其他两层的基础，它负责管理生产过程中所使用的一些参数信息，生产过程的监督与控制是系统的核心，它负责管理生产过程中在制品的加工信息和生产线的状态信息，并将这些实时信息及时呈递给生产管理部门，使企业领导和生产管理人员能够掌握第一手的生产作业情况。同时，管理部门可以根据这些信息对生产进行控制，及时调整生产作业计划和修改生产控制参数，以求在最短的时间内，使生产流程重新步入正常工作状态，确保生产计划能够顺利完成。数据采集管理是生产过程监督和控制的基础，它负责收集生产线上在制品的加工信息和质检信息，打包后上传到公司管理部门，供生产过程监督和控制分析使用。

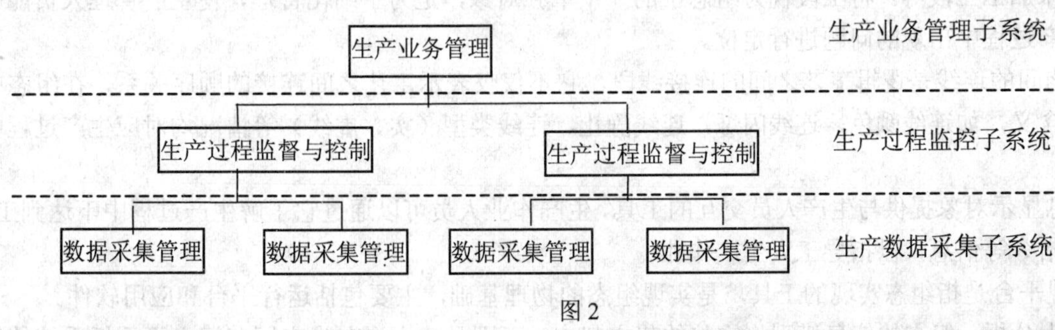

图 2

3.2.3 电子看板系统功能

（1）生产动态反馈　接受生产进度数据，完成有序化、分类化整理及生产进度的多方式展示，准确并及时记录生产数据，供分析、归档使用，实现即时目标查询。

（2）现场进度展示　将生产进度数据经过加工整理，显示在车间的信息显示载体上，如计划产量、实际完成量，差额和按照节拍生产节奏的超欠产量。

（3）生产工序阻塞点报告　根据在制品的分布，各工序流动在制品标识，自动生成工序阻塞点报告，为生产管理部门提供决策咨询。

4 电子看板组态设计

电子看板是看板管理和以电子计算机技术为主的信息技术相结合的一种管理工具。它将车间生产线的工艺流程直观地反映在计算机的监视屏幕上，管理人员通过与屏幕上工艺流程中各对象的交互，动态获取所需的在制品实时信息，对生产现场进行监督与控制的。因此，建立一个有效的、简洁的电子看板将有利于管理人员更直接的获得准确的生产信息，对生产线进行更直接、更有力的管理。而电子看板组态的信息模型是建立电子看板的基础。目前，组态的建模方法有很多种，如实例法、还原法等。但这些方法存在很多问题，如不能结合企业生产实际情况建立信息模型，或者建立的信息模型无法准确、有效的反映真实情况。本文提出了面向对象的建模方法可以避免将过多的、无用的信息体现到电子看板中，从而达到快速、准确的建立电子看板组态信息模型的目的。

4.1 建立组态信息模型的方法

所谓组态顾名思义就是组织形态，电子看板的组态决定了电子看板的组成要素，这些要素将反映所有必要的信息。组态信息模型的建立，关系到所建立的电子看板是否能够反映管理人员所需要的信息。在这里我们提出采用面向对象的分析方法来建立电子看板组态的信息模型。

面向对象的组态建模方法是将组态看作对象，此对象所包含的信息看作子对象，然后对所有对象进行分类、分析，从而抽象出组态信息模型。

组态对象所包含的子对象包括组态中的逻辑工艺、区间存储点及其各个功能子对象。

(1) 逻辑工艺可实例化为一些相关物理工艺的集合。因为，在实际生产管理中，并不是生产线上每一个实际工艺都要在组态上反映出来。只要控制某些典型的工艺，所有工艺的生产信息就会一目了然。所以在组态系统中，需要用到的并不是物理工艺，而是逻辑工艺。逻辑工艺主要涉及两个相关对象，分别是典型物理工艺和数据采集站。

(2) 区间存储点的设立是必须的，如用一个区间存储点将两个间歇传送装置连接在一起就是实例，用此方法可以把三条、四条甚至更多的作业线连接起来。在流水作业线上区间存储点还可以使几个不同步的生产点达到同步生产。

(3) 功能子对象是组成组态的重要部分。它包括逻辑工段、工艺间连线、信息显示对象、实现平台等子对象。

(4) 逻辑工段是由一组物理工艺组成，这些工艺常常从事相同的加工类型，如车床加工工段、铣床加工工段或钻床加工工段等。将工段视为组态中的一个单独对象，是为了细化管理，使生产管理人员能够更准确地对生产过程中出现的问题进行定位。

(5) 工艺间的连线是逻辑工艺之间的连接线段，它不仅仅表示工艺之间连接的顺序关系，在组态中还有其他重要含义，如连线颜色，连线闪烁，连线静止、连线类型（实、虚线）等情况均对应生产过程中的某种状态。

(6) 信息显示对象提供与生产人员交互的工具，生产作业人员可以通过它了解生产过程中下达到工段、工位的作业指令等信息，以指导工人生产作业。

(7) 实现平台是指组态实现的工具，是实现组态的物理基础，主要包括运行平台和应用软件。

根据以上分析，组态的信息模型将完整的建立起来，下面是建立汽车生产厂车间电子看板系统的组态信息模型实例，工厂包括焊装、涂装、总装三个车间。

车间电子看板组态系统被设计成可灵活地通过对生产工艺进行配置产生工艺流程图形式的监视调度画面的组态数据，也就是说电子看板主要是针对车间生产流水线的，生产过程的物流和信息流是单方向的，从加工开始的工序起，在制品向最后一个工位流动，这样对在制品的跟踪就比较简单了。

4.2 电子看板组态的信息模型

使用面向对象的方法将车间电子看板看作一个对象，其结构如图 3 所示。

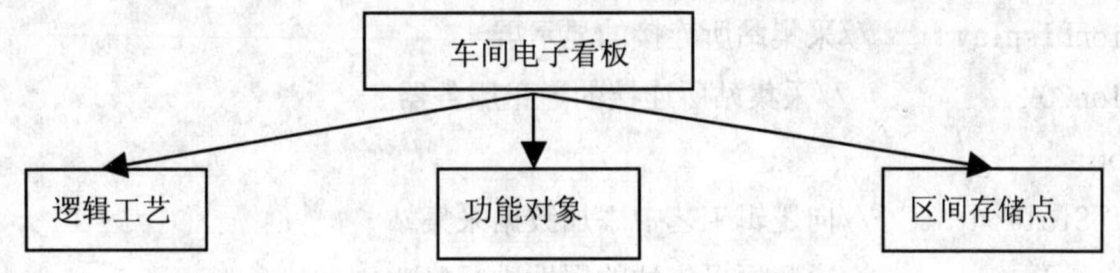

图 3　电子看板结构示意图

在焊装车间电子看板中，仅选择了五个有代表性的一个物理工艺点作为其逻辑工艺，分别是焊装上线、梁架地板走吊、1018 车身总装、配门线起吊、焊装检测下线，在这些工艺点上进行生产数据采集，可以了解所有相关工艺的生产情况，供生产调度参考。

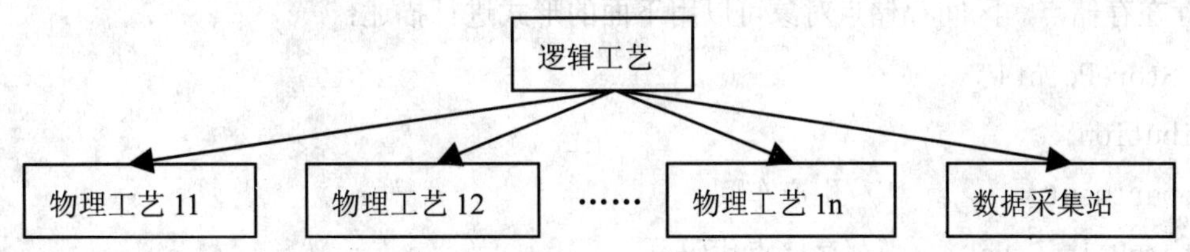

图 4 逻辑工艺结构示意图

电子看板组态的逻辑工艺主要涉及两个相关对象，其结构如图 4 所示。这两个相关对象分别是看板物理工艺和数据采集站，该逻辑工艺上的数据采集站所采集的信息，体现该逻辑工艺所包含的所有物理工艺的信息，它们可以分别用下面的形式来描述：Object

```
PanelCraft{          //看板工艺对象
  Attribution:
    Department          //生产车间
    PanelCode           //看板代码
    CraftCode           //工艺代码
    CraftType           //工艺类型
    CraftDescription    //工艺描述
    PanelIcon           //工艺图标
    PointX              //看板工艺在监视屏幕上的位置 X 坐标
    PointY              //看板工艺在监视屏幕上的位置 Y 坐标
    Comment             //看板工艺注释
  Operation:
    CreateCraft         //向逻辑工艺中添加新的物理工艺
    EditCraft           //对物理工艺的属性进行修改
    DeleteCraft         //删除逻辑工艺中的物理工艺
}

Object  Station{        //数据采集站对象
  Attribution:
    StationID           //采集站站号
```

```
    StationType        //采集站类型
    StationDisplay     //采集站所连接的显示屏
    StationCOM         //采集站所连接的通讯服务器
  Operation:
    CreateStation      //向逻辑工艺中添加数据采集站
    EditStation        //对数据采集站的属性进行修改
    DeleteStation      //删除逻辑工艺中的数据采集站
}
```

在电子看板系统中引入区间存储点对象是为了对存储点的在制品信息进行实时监控，以调控相应生产环节。如焊装车间设置的区间存储点，主要为协调两个不同步的工艺点的生产，使之同步。也可将需要维修的汽车暂存在存储点。区间存储点对象可以用下面的形式进行描述：

```
Object  StorePoint{
  Attribution:
    Department         //生产车间
    StorePointCode     //存储点代码
    StorePointName     //存储点名称
    BCraftCode         //存储点前面的生产工艺
    AcraftCode         //存储点后面的生产工艺
  Operation:
    CreateStorePoint   //在看板对象添加新的区间存储点
    EditStorePoint     //修改区间存储点对象的属性
    DeleteStorePoint   //删除看板对象中的区间存储点}
```

电子看板组态的功能对象，包括工段、工艺间连线、电子显示屏、管理微机（应用软件）等子对象。其结构如图 5 所示。

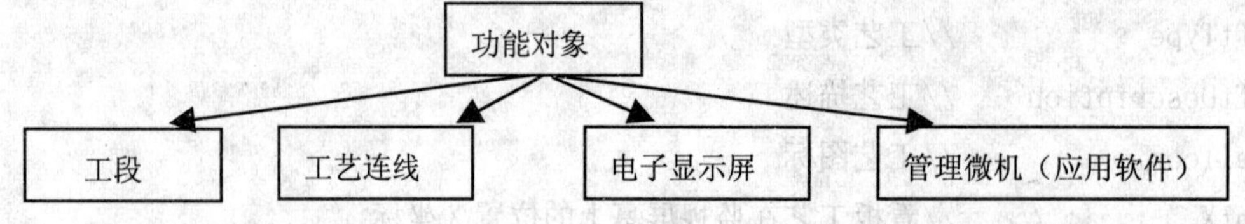

图 5 功能对象结构组成示意图

根据焊装车间的物理工艺，焊装车间电子看板设置两个工段，焊装工段和检测工段，工段可以用下面的形式进行描述：

```
Object  CraftSection{     //工段对象
  Attribution:
    Department          //生产车间
    PanelCode           //看板代码
    CraftSectionCode    //工段代码
    CraftSectionName    //工段名称
    CraftSectionIcon    //工段图标
    BCraftCode          //工段起始工艺
```

```
        ACraftCode          //工段终止工艺
        PointX              //工段在监视屏幕上的位置 X 坐标
        PointY              //工段在监视屏幕上的位置 Y 坐标
        Comment             //工段注释
    Operation:
        CreateSection       //生成新的看板工段对象
        EditSection         //对工段的属性进行修改
        DeleteSection       //删除看板中的工段对象}
```

车间电子看板的连线连接所有逻辑工艺，它表示逻辑工艺之间的顺序关系，连线颜色不同表示生产线不同状态（绿色：正常生产；红色：停产）；连线闪烁表示生产正常；连线静止表示此工段出现滞留。

```
  Object  PanelCraftLine{       //看板工艺连线对象
    Attribution:
        LineCode            //连线代号
        Department          //生产车间
        PanelCode           //看板代码
        CraftCode           //生产工艺
        CraftType           //工艺类型
        PointX              //线段在监视屏幕上的位置 X 坐标
        PointY              //线段在监视屏幕上的位置 Y 坐标
        LineColor           //线段颜色
        LineState           //线段状态
    Operation:
        CreateCraftLine         //在看板对象中添加新的工艺连线
        EditCraftLine       //编辑看板对象中工艺连线的属性
        DeleteCraftLine     //删除看板对象中的工艺连线}
```

电子看板管理系统的信息显示对象为电子显示屏，其功能主要是显示工作指令、生产计划数量、已生产数量以及生产工艺参数等信息。这些信息都通过该车间的电子看板发送下来，它是车间工作人员获得信息的重要工具。电子显示屏对象可以用下面的形式进行描述：

```
  Object DisplayScreen{         //电子显示屏对象
    Attribution:
        DisplayScreenCode //显示屏代号
        Department          //生产车间
        InfoCode            //信息代号
        StationID           //数据采集站
        DisplayType         //显示类型
        Row                 //行号
        Col                 //列号
        Width               //显示宽
        Height              //显示高
```

```
    Information          //显示信息
  Operation:
    CreateDisplayScreen    //向看板对象中添加新的电子显示屏
    EditDisplayScreen      //修改电子显示屏信息
    DeleteDisplayScreen //删除看板对象中的电子显示屏}
```

电子看板的实现平台是车间管理微机和电子看板应用软件。电子看板显示在微机屏幕上，管理人员可通过屏幕直接获得生产线的信息，并通过电子看板向车间的电子显示屏发送信息。

根据以上信息模型，以昌铃项目为例，生成焊装车间的电子看板，示意图如图 7 所示。

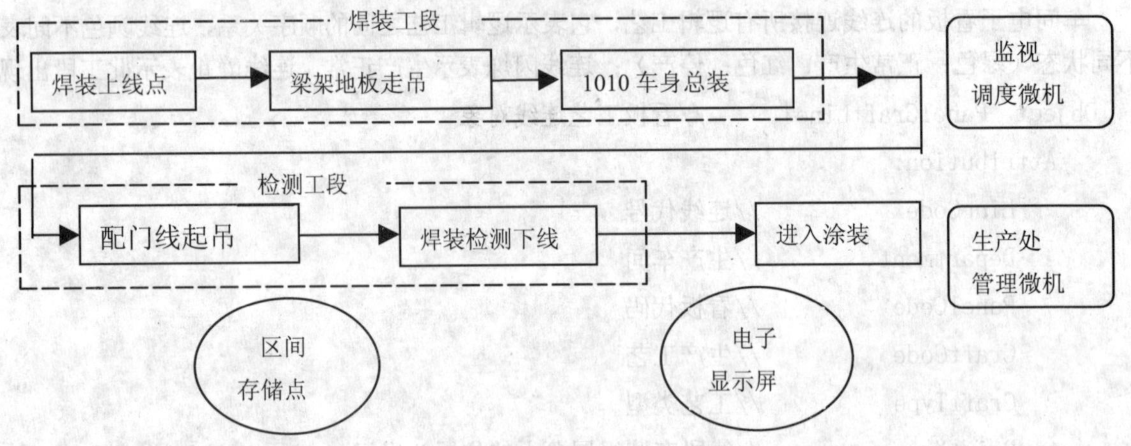

图 7 焊装车间电子看板示意图

5 实例

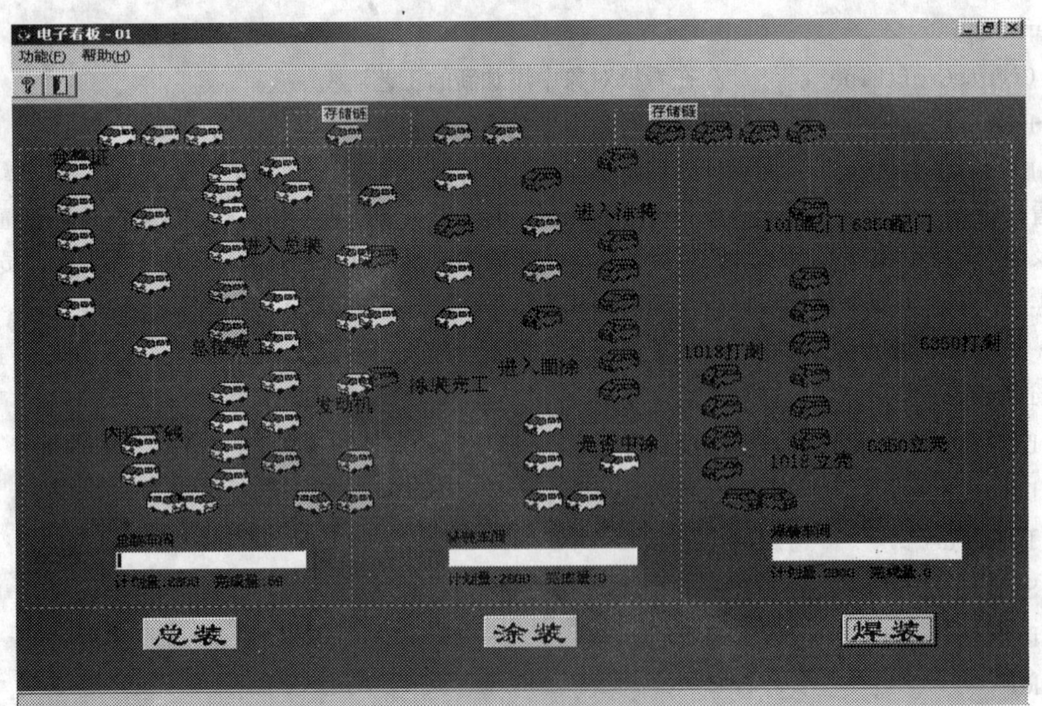

图 8 昌河电子看板管理

在数据采集的基础上，生产管理部门用组织好的电子看板工具来对车间生产过程进行监督与控制。图 8 就是昌河总装车间电子看板管理系统的运行界面示意图，在该看板中，安装发动机工位上有红灯闪烁，表示该工位上在制品有滞留现象，黄灯在检测上线、改装进口、改装出口及总检工位上闪烁，这表示这些工位上物料数量低于一定数额而报警。通过看板，生产管理部门可以了解总装车间的生产过程信息，这些信息包括：在制品信息（生产进度、在制品加工信息、在制品状态信息、在制品故障信息、在制品滞留信息）。图 8、图 9 分别例示的是工位上已完成的产品和质检工位上产品的质检信息统计。

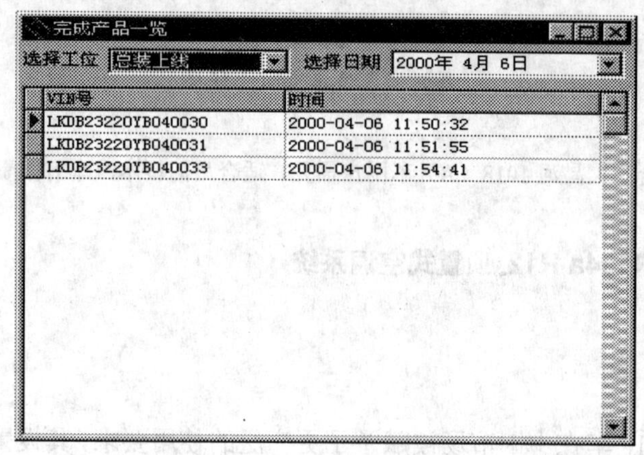

图 9　工位上已加工的在制品一览

与此同时，生产管理部门依据电子看板反映的生产过程信息，可以利用电子看板这个工具纠正生产过程中出现的偏差，如：调整生产作业计划、修改生产线的控制参数等。

6 总结

车间生产作业过程的监督与控制是生产管理的重要职能，是实现生产计划和生产作业计划的重要手段，是生产过程管理系统的核心。提出了使用电子看板管理，来实现生产过程的监督与控制。本文还对电子看板组态工具的作用进行了详细的阐述。并提出了使用面向对象的方法建立电子看板组态的信息模型。目前，昌铃公司成功地实施了电子看板的监控系统。

参考文献

1　薛华成. 管理信息系统（第三版）. 北京：清华大学出版社

2　Grover MP．Automation, Production Systems, and Computer Integrated

3　徐光明．信息时代的工业革命——制造业信息化．北京：计算机世界（产品 4、与技术）.1999,48

4　张后启．企业管理软件的发展历程．北京：计算机世界（软件与应用版），1998，21

5　张毅编著．制造业生产管理信息系统（MRPⅡ）．北京：科学出版社，1993

6　吴玉瑞，马世华．现代生产管理学．武汉：华中理工大学出版社，1994.3

7　张毅．制造资源计划 MRP－Ⅱ及其应用．北京：清华大学出版社 1997.9

8　张曙．中国制造企业怎样进入 21 世纪.北京：国防工业出版社，1997

9　王旗林.ERP 实施中应注意的问题，计算机系统应用

10　基于 VIN 条码的生产管理解系统决方案．武汉：　天喻信息产业有限公司开发部

11　王行刚．　计算机网络原理．北京：人民邮电出版社

CH1018（A）车 R134a 顶置式空调系统的开发

王虹宇

昌河铃木汽车有限责任公司

[摘要] 开发一套符合广大昌河 1018（A）车用户需要，适合昌河铃木汽车有限责任公司装配生产线安装要求的 R134a 顶置式空调系统。

关键词：开发 试验 R134a R12 顶置式空调系统

1 课题的提出

公司引进的日本 SK410 车在中国市场被赋予了更广泛的使用要求，其设置的前置式空调系统具有适合于私人用车性质的特点，但是不能很好的满足中国用户的实际使用要求，不能很好地适应车内多乘员时、多种乘员分布状态时的舒适性要求。顶置式空调系统以其兼顾车内前中后排要求、大制冷量、大风量等特点，很好地克服了前置式空调系统的以上不足。

经过 1996 年至 1997 年的大量试（实）验和试装，CH1018（A）车 R12 顶置式空调系统的开发工作基本取得成功，并在 1997 至 1998 年度进入了大批量装配生产。

但是为了保护大气臭氧层免受 CFC_S 类化学物质的破坏，汽车空调系统原制冷剂 R12 将被全面禁用，所以在 97 年度使用 R12 制冷剂的顶置式空调系统刚投入大批量生产后，即面临由使用 R12 向 R134a 的转产的要求。

由于 R134a 与 R12 在化学、物理及热物性等方面存在差异，R134a 汽车空调系统要在原 R12 系统基础上发展，需对原 R12 空调系统进行改造，如热力系统需重新匹配和设计，润滑油、分子筛、橡胶件等均需更换。其中，热力系统的匹配直接影响空调系统性能，是替代工作的关键。

本文主要从 R134a 与 R12 的热物性差异出发，分析使用 R134a 后对原 R12 系统热力性能的影响，使 R134a 汽车空调系统能达到与 R12 系统相同或更好的性能。以及 CH1018（A）车 R134a 顶置式空调系统的开发试（实）验工作和系统的匹配配置方案。

2 R134a 与 R12 的热物性差异及对空调部件的影响

表 1 列出了影响 R134a 与 R12 汽车空调系统性能差异的主要热物性参数，图 1 给出了两者的饱和蒸汽压曲线。

表 1 R134a 与 R12 的热物性参数对比

项目	R134a	R12
大气压力下的蒸发温度（沸点 ℃）	-26.18	-29.80
0℃时的饱和蒸汽压（kPa）	293.14	308.57
0℃时的汽化潜热（kJ/kg）	197.89	154.87
0℃时的饱和蒸汽比容（m3/kg）	0.06816	0.05667
10℃时的饱和蒸汽压（kPa）	414.88	423.01
10℃时的汽化潜热（kJ/kg）	190.13	149.97
10℃时的饱和蒸汽比容（m^3/kg）	0.04872	0.04204
50℃时的饱和蒸汽压（kPa）	1317.19	1214.65
60℃时的饱和蒸汽压（kPa）	1680.47	1518.17

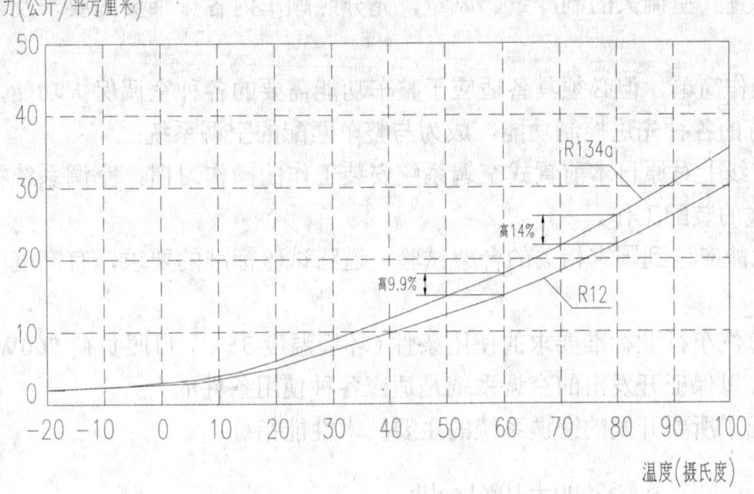

图 1　R134a 与 R12 的饱和蒸汽压曲线

由表 1 和图 1 可看出，与 R12 相比，R134a 的热力特性如下：

1）汽化潜热大，传热性能优于 R12，对循环有利；

2）另外热传导系数和表面张力小，热交换系数大；

3）饱和气密度小，导致压缩机排气质量流量小，若要达到于与 R12 同样的流量，应选用较大型号压缩机；

4）在蒸发温度范围内，两者饱和压力相近（R134a 略低），但是在冷凝温度范围内，其饱和压力高。导致压缩机排气压力增加，是不利影响。即 R134a 的工作压差高于 R12，压缩机工作功增加，冷凝器相应热负荷加大。

由于 R134a 的绝热指数比 R12 小，意味着在相同的吸气状态下，达到相同的压缩机排气压力，要使冷凝器与蒸发器有相当的换热能力，则 R134a 系统的排气压力大约需升高 10%左右，对冷凝器的性能影响较大。冷凝器得到充分冷却时，在相同的功耗情况下，R134a 系统的制冷能力稍大，系统成绩系数提高，但当冷凝器的冷却能力不足时，R134a 系统的成绩系数将下降。因此要求加大冷凝器与蒸发器的换热面积或改变材料与结构。

基本改进方案有两种：一是增加压缩机的容量或提高压缩机转速，改进电磁离合器的性能；二是增加冷凝器的换热面积或采用新型多元平行流式冷凝器（根据国内外实验结果，在相同条件下，多元平行流式冷凝器比蛇型管带式冷凝器的单位散热能力提高 20%，可满足 R134a 系统的需要），提高冷凝能力。

3　CH1018（A）车 R134a 顶置式空调系统的性能要求

CH1018（A）微型厢式车顶置式空调系统开发存在大量的不利因素：

1）车内乘座空间大，要求大制冷量的要求；

2）车内空间与外界隔热能力差，由门多、玻璃多等导致的保温能力差；

3）制冷系统安装空间小；

4）整车发动机功率小，要求制冷系统消耗功率、电能消耗小；

5）空调系统要求的控制功能复杂；

针对以上特点我们提出 CH1018（A）微型厢式车 R134a 空调系统开发的基本要求：

1）克服日本前置式空调的缺点，满足中国市场的广泛要求；

2）在 CH1018（A）原型车的基础上，不对整车做大的变动，采用顶置式单蒸发器，开发前后送风型式的顶置式空调系统，并能与整车的车身系统、动力性能匹配；

3）提供较日本前置式空调大的制冷量、风量，充分照顾车内各排乘员的要求及车内各种乘员分布情况时的要求；

4）空调系统应操作简单，但必须具备适应于整车功能需要的各种空调保护功能，同时也必须完全达到日本前置式空调系统的各种先进控制功能，成为与整车匹配的空调系统；

5）充分考虑生产线上对原日本前置式空调系统安装工作的操作习惯，空调系统零部件在满足系统要求的前提下适应生产线的装配工作。

6）空调系统的性能应达到国家相关的台架试验、道路试验标准的要求，有高度的（性能、功能方面的）可靠性。

开发过程中以国家汽车行业标准要求的使用条件（环境温度 35℃，日照负荷 760W/m^2，相对湿度 50%，半载）考核空调系统。以保证开发出的空调系统是适应各种使用条件的。

综合以上我们提出了所要开发的空调系统的主要技术性能指标：

制冷量	>3000±10%kcal/h
风量	>300～350m^3/h
蒸发器出口空气温度	低于 10℃
压缩机功率消耗	低于 3.2 马力
系统电能消耗	低于 220W
前后座迎面风速	2.5m/s 以上
整车降温能力	达到 QCn29008.9-1991《汽车产品质量检验 空调系统评定方法》的要求
风量调节	三档调节，高档－100% 中档－75% 低档－50%
发动机怠速自动提升	由（900±50）r/min 提升到（1100±50）r/min
膨胀阀	内平衡式膨胀阀；
高温易熔塞	（105±1.5）℃；
系统高、低压保护	双重压力自动保护，高压：3.14MPa 切断，2.55MPa 复位，低压：0.196MPa 切断，0.225MPa 复位
自动水温保护	（105±1.5）℃切断，（102±1.5）℃复位；

自动温度控制，手动温度调节；

开关型式：推压式，三档风速调节；

发动机起动保护。

4 空调系统热力系统的匹配

空调系统热力系统的匹配是整个空调系统开发的关键，其中涉及到压缩机的选型，冷凝器的设置和安装，蒸发器的型式与送风方式。下面对以上各点进行分述。

4.1 压缩机的选型

由于微型车的发动机部分安装空间狭窄及功率影响，目前仅有两种压缩机可供选择：

精工公司的 SS10 系列压缩机（五片旋叶式）和三电公司的 SD7B10（7 缸摇板式），其他类型的压缩机受体积和安装方式及功率消耗的影响，均不适合微车发动机。

旋叶式压缩机优点是功耗小、能效比高、容积效率高。三电公司的摇板式压缩机功耗较之为大，以上参数均不如旋叶式，仅低速性能优于旋叶式。

表 2 简单列出 SS10 压缩机的性能参数。

表 2

转速（r/min）	制冷量（kW）	功耗（kw）	容积效率	成绩系数
1000	2280	1.03	82%	2.21
2000	4670	2.13	85%	2.20
3000	7030	3.36	85%	2.10

所以针对微车发动机的实际我们选用精工公司的 SS10 压缩机，其外形与 R12 的 SS96 压缩机一致，对电磁离合器等进行了适应性改进。

4.2 冷凝器的布置

铃木公司原 SK410 前置式 R12 空调系统的冷凝器布置方式为双级冷凝器，第一级为平行流式（布置在整车左侧梁架上），第二级为管带式（布置在发动机散热器前）。

进行 R134a 顶置式空调开发时，鉴于制冷剂的改变及制冷量的增加，提高冷凝侧的散热能力是系统匹配的前提，原冷凝器应做较大变化。其中有两种方案供选择：

1）沿用原双级冷凝器的布置方案，各冷凝器的面积、安装方式均不变，但侧、前冷凝器均采用多元平行流式冷凝器，且侧冷凝器的管厚加厚到 20mm，前冷凝器的管厚为 16mm，试验结果按车速 40km/h，35℃工况，冷凝器散热能力为 3816kcal/h，但前冷凝器会对发动机散热器有一定影响。

2）采用单级侧冷凝器，冷凝器面积增大为原侧冷凝器的两倍，采用双电子风扇，但按同样工况，冷凝器散热能力为 3608kcal/h，且由于冷凝器面积较大，影响发动机及排气管的安装。

在 1998 年 6 月进行的环境模拟热室试验中，对两种冷凝器布置型式的空调系统进行了性能对比和对发动机水温的影响对比。结果示于表 3。

表 3

工况		怠速	20km/h	40km/h	60km/h
水温	双级冷凝器	93.3℃	95℃	97.4℃	99.8℃
	单级冷凝器	95.4℃	91.2℃	95.4℃	95.1℃

各工况差异最大仅有 4℃左右，可见影响发动机水温的主要因素是高温情况下的车辆实际驱动负荷和压缩机功率消耗，是否采用前冷凝器不是主要因素，但采用前冷凝器对提高冷凝散热能力，提升制冷量是极为有利的。

按以上试验结果，可以基本确定 CH1018（A）微型厢式车 R134a 空调系统的基本规格：

压缩机使用 SS10 系列压缩机，采用双级多元平行流式冷凝器的布置方案，各冷凝器的面积、安装方式与原进口件一致，侧冷凝器的管厚加厚到 20mm，前冷凝器的管厚为 16mm，各冷凝器的散热能力列于表 4。

表 4

	空气侧散热能力（W）	进口过热度（℃）	出口过冷度（℃）	进口压力（MPa）	环境温度（℃）	迎面风速（m/s）
前冷凝器	1520	25	5	1.47	35	4.5
侧冷凝器	5800	25	5	1.47	35	4.5

5 主要技术问题的研究解决

5.1 发动机、压缩机部分

1）因加装系统压缩机的需要，将发动机原带发电机侧支撑板、安装支架设计成满足压缩机安装调节需要的压缩机支架等部件；

2）设计将发动机曲轴皮带轮换装满足压缩机驱动需要的双槽皮带轮，对压缩机驱动轮直径通过协调制冷量要求、压缩机特性按相应要求确定为 100mm（SS10 压缩机的离合器直径为 118mm）；

3）增加发动机冷却风扇安装垫；

4）因增加了空调负荷，对 CH1018 型空调车要求至少使用 DA462-1A 型发动机，发动机所带发电机额定电流要求大于 40A；

5）适应国内外汽车空调都具备怠速自动提升功能的发展方向，对 DA462-1A 系列发动机及 F10A（465）系列发动机均在不对发动机化油器进行任何改动的基础上，设计开发了空调系统怠速自动提升装置。

5.2 侧冷凝器部分

CH1018A 型车侧冷凝器总成在车身上的已有安装孔,不需协调。

CH1018 型车的车身上原来并无侧冷凝器安装孔，参照 CH1018A 型车上侧冷凝器的安装方式，我们在 1010-2801709（左件），1010-2801703（左件）上协调设计了侧冷凝器安装孔；在 1010-2801801W（左件）上设计增加了侧冷凝器出口管管夹固定底孔，1018-2801101 上设计增加侧冷凝器进口管管夹固定孔，圆满解决了冷凝器部分元件的安装需要。

5.3 前冷凝器及储液罐部分

在 CH1018A 型车上，前冷凝器及储液罐在整车上的已经设有安装孔，不需协调。

在 CH1018 型车的整车上无前冷凝器及储液罐安装孔，参照 CH1018A 型车上前冷凝器及储液罐的安装方式，及加大发动机散热器散热量的要求，在 CH1018 车上换装了 CH1018A 车的散热器总成，在散热器支架上增加了前冷凝器、储液罐安装孔，解决安装问题。

5.4 顶置式蒸发器部分

1）由于装备顶置式蒸发器，在车身上增加了蒸发器进、出管通过孔，并且对 CH1018 车的电压调节器支架焊接位置进行了更改；

2）设计开发了蒸发器前、后装饰罩总成，对蒸发器送风管道进行布置，达到实现前后送风的目的，同时考虑安装、拆卸及检修的方便性，合理布置蒸发器的回风口位置，即满足了空调系统风量的要求，又使系统（蒸发器）易于检修，蒸发器前、后装饰罩总成在整车上装配后，外形美观、与整车浑然一体，不对驾、乘人员视野及乘座空间造成影响。

5.5 电器系统

可沿用原 R12 系统部件，协调组合仪表与空调系统放大器的参数，以达到符合技术指标的功能。空调系统各种保护功能在恶劣工作条件下，动作准确、执行可靠。

6 试验结果

在 R134a 顶置式空调系统的开发、研制过程中，对各种空调系统的安装方案、性能指标进行了综合优选，一共对各种方案进行了 4 车次的环境模拟热室室内试验，采用使用 SS10 系列压缩机，双级冷凝器的布置方案，环境模拟热室试验的试验结果如表 6。

表 6

工况		怠速	20km/h	40km/h	60km/h
	45℃	0.3	0.3	0.2	0.2
	42℃	0.7	0.5	0.4	0.3
降	40℃	1.3	0.6	0.5	0.4
温	38℃	2.2	1	0.8	0.6
时	36℃	3.5	1.5	1.1	0.8
间	34℃	5.7	2.2	1.7	1.2
(min)	32℃	10	3.2	2.8	1.7
	30℃	21	4.4	3.4	2.3
	25℃	—	12.8	8.8	5.3
	20℃	—	—	34.4	16.6
终点温度（℃）		28.7	21.9	19.8	18.1

系统舒适性和降温性能达到了 QCn29008.9－1991《汽车产品质量检验 空调系统评定方法》中的要求。

参考文献

1 陈孟湘. 汽车空调 原理 结构 安装 维修

2 清华大学热能系 R12 及 R134a 汽车空调系统的性能对比分析

3 现代汽车 R134a 空调系统原理与检修

解读天津城市道路交通

陈 弘 刘 鑫
中国汽车技术研究中心

[摘要] 本文运用城市已有的交通调查资料，从城市交通供给和需求入手，针对天津城市交通现状及存在的问题，对城市布局的成因、城市交通特征、交通方式构成等方面进行初步分析，旨在为采用智能交通手段解决城市交通提供依据。

关键词：道路交通 城市结构 交通结构 交通方式

1 概述

天津的社会经济在持续高速地向现代化大都市迈进的同时，也将城市交通的发展带进了一个“机遇”与“挑战”并存的境地，随着城市化进程逐步加快，城市规模不断膨胀，机动化水平日益提高，再加上天津特定的经济、社会、地理、文化条件，使得城市交通问题日趋严重，进而影响了城市经济的可持续发展，并已成为社会关注的焦点。由于机动车保有量的激增以及城市中可供修建道路的空间越来越小，使交通基础设施的供给能力与交通需求之间的矛盾更加突出，即便是在相当一段时间内，仍靠提供更多的基础设施来满足交通运输增长的需求，但这一矛盾在短期内还难以缓解。因此，解决城市交通是一个复杂的综合性问题，其产生和发展的原因涉及诸多方面，既有属于社会的客观原因，又有人为的主观原因；既有制度性因素，也有非制度性技术因素。天津作为全国十个智能交通系统示范城市之一，发展智能交通系统是毋庸置疑的。智能交通系统将有效地利用现有交通设施、减少交通负荷和环境污染、保证交通安全、提高运输效率、促进社会经济发展、提高人民生活质量，并以推动社会信息化及形成新产业已受到政府的重视。因而，从交通供给和交通需求两个方面，对城市道路交通现状进行分析研究是有效实施天津 ITS 交通对策前提之一。

2 天津城区道路交通现状

天津是中国北方重要港口和综合性工业城市，是环渤海地区的经济中心和文化都市，随着经济的迅猛发展及城市化进程的不断加快，截止到 2002 年底，全市机动车保有量 92.7 万辆，机动车保有量每年以 13% 的速度递增，远远超过了交通基础设施的建设速度，城市交通拥堵、交通污染、交通事故等一系列问题日趋严重，并已成为影响我市可持续发展的梗阻。

2.1 城市概况

天津行政辖区包括 15 区 3 县，总面积 11919.7 km^2，人口 948.2 万。城镇体系划分市区、近郊区、远郊区和县城，城市中心区包括和平区、河北区、河东区、河西区、南开区和红桥区六区，面积 167 km^2，人口 358 万，是天津的政治、信息、金融、贸易、文教、科研中心。

2.2 城市道路结构

现天津铺装道路长度 4158 km，其中市区道路长度 1099 km，道路铺装面积 17.46 km^2，其中市区干道 140 条，长度 316 km。天津市区位于外环线以内，市区道路呈“三环十四射”路网结构形式（图 1 所示）。内环线全长 15.21 km，主要承担市中心的客运交通。中环线全长 34.49 km，主要承担市区客货运混行交通。外环线全长 71.44 km，距市中心平均约 10 km，承担货运交通，截流和减少穿越市区的车辆。十四条放射线干道是沟通内、中、外三条环线和公路网的出口干线，联接市区主、次干道，形成交通主动脉。因此，环线建设是用以缓解城市交通拥挤、形成城市核心地带保护圈的一项重要措施。

由于天津的城乡差别不大，都市区域穿越交通量的比例不高，环线的主要作用是解决市内交通的疏解问题，更由于处于商业繁华区的和平及河西区域人口密度高达 4.99 万人/km^2，加之该地区旧路改造难度，使得交通的需求与现有道路的矛盾加剧，因此，虽然现有的道路网络从总量上看是合理的，但在城市中心区高密度的人口以及中心区过密、过狭窄的道路对交通形成的压力，造成了局部路网的不合理，未能发挥现有道路应有的作用。

图 1　天津城市道路交通结构

2.3　存在问题

尽管 20 世纪 80 年代以来，天津的道路交通建设和交通管理取得了很大的成绩，但交通需求和供给在总量和结构上的双重失衡依然严重，从而导致交通拥挤的范围不断扩大，城市活动效率每况愈下，造成这种结果的直接原因表现在以下几个方面：

（1）主干道路段交通拥堵严重

城市道路交通拥挤主要表现在：市内机动车行驶速度下降，流量饱和的道路路口增多，交通堵塞发生的次数加大。由于天津市区被铁路、海河分隔，能够贯通市区的道路承担了非常大的交通压力，据统计，天津市从 1990 年开始市内机动车行驶速度逐年下降，平均时速到 1996 年已降至 27 公里 / 小时，与 1989 年相比下降了 35%，现每天的高峰时间，市中心区某些路段机动车的时速仅为 7 公里左右。机动车流量达到饱和或超过饱和的路口不断增加，1990 年市区主要路口机动车平均流量为 1866 辆 / 小时，而到 1995 年，市区主要路口机动车平均流量为 2798 辆 / 小时，比 1990 年增加了 50%。2001 年全年 30%以上的交通量集中在了市区主干道上，汽车双向高峰小时交通量已达 4979 辆/小时，自行车双向高峰小时交通量达 14874 辆/小时，在现有的道路条件下，已趋于饱和（图 2 所示）。

图 2　主干道拥挤的交通

（2）混合交通严重。

混合交通具有十分复杂、多层次的状态结构特征，混合交通的实体构成包括公共汽车、公务及私人轿车、出租车、自行车和行人等，在不同路段、路口组成的路网混合交通流，则是由连续流、断续流组成的具有动态和静态两方面的混合交通流。天津市道路交通流具有典型的三元流特征，即除机动车流之外，存在着大量的非机动车流与行人流，三流混杂拥挤在有限的道路空间，形成这种较无序的混合都市交通流状况。混合交通出现的原因是多方面的，如人们的交通意识淡薄、城市建设传统和交通习惯不适应现代化的交通方式、城市交通结构不合理等使得很多有利于解决交通拥挤问题的交通管理措施根本无法实施，是目前城市交通管理中最大的问题，其中自行车交通表现的更为明显。

图 3　典型的城市混合交通

天津曾被称作“自行车王国”，现阶段天津市民的主要出行方式仍以自行车为主，次之为公交或步行，由自行车交通导致的混合交通问题是比较突出的，由于自行车交通参与者的大多数交通安全意识淡薄，交通安全感与实际的交通安全状况偏差较大，造成了严重混乱的混行交通状态，恣意横过马路、骑车带人、逆行、闯红灯的现象随处可见，严重加剧了道路交通的拥堵状况。天津机非混行现象主要集中在历史遗留且尚未改建的城市中心区的路上。路段上当汽车与自行车交通量均较大时，就很容易出现交通拥挤、相互干扰的情况（如图所示）。公交车沿路在站点停靠，也势必阻挡和干扰自行车的正常行驶。在市区 130 个主要路口中，自行车每小时高峰流量在 10000 辆以上的交叉口就有 80 多个。

（3）道路占用情况严重

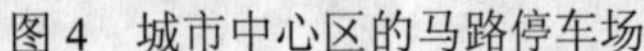

图 4　城市中心区的马路停车场

图 5　马路摊点

天津由于停车设施建设的严重滞后，车辆占路停放挤占了大量城市道路用地，各种机动车、非机动车乱停乱放，浪费了大量的道路资源（如图 4 所示），这不仅严重扰乱了正常的交通秩序，而且降低了车辆的行驶速度和道路的通行能力，这些车辆违章停放在道路上或者散落在胡同里巷和楼群通道，不仅时常引发交通拥阻和交通事故，严重影响了市容环境，甚至还引发了车辆被盗等一系列刑事案件，严重地影响了社会治安秩序。天津市区目前仅有各类停车泊位不足 6 万个， 其中市区机动车停车泊位缺口达 16 万个，市区共有占路机动车停车场 309 处，占用道路 15.3 万平方米，占路非机动车停车场 235 处，占用道路 4.3 万平方米。

其次是马路摊点增多（如图 5 所示）。商贩对经济利益的追逐促使他们随意占道设摊经营，甚至在不少繁华地段形成相对固定的集贸市场，影响了交通的通畅。道路占用现象的最主要原因是没有足够的、规划合理的停车场，此外也与工商、城建部门对流动商贩管理不力有关。大量车辆、商贩对城市道路的占用加剧了本已非常紧张的交通供需失衡的矛盾，给城市交通管理带来很大难度。

（4）交叉路口交通混乱现象严重

交叉口作为城市道路网上的节点，是城市道路交通系统的咽喉，其情况最为复杂，各种车辆汇集，行人密度大，是造成交通事故的多发点。由于平面交叉路口没有阻隔功能，在交通高峰时段，道路两侧排满了等候的长龙，人们焦急的心情加上拥挤的路况，为了能尽快通过，抢行、逆行现象时有发生，在很大程度上恶化了交通状况，大大降低了交叉路口的通行能力。图 6 为在商业区混乱的平面交叉路口交通状况。由于目前大多数平面交叉路口没有拓宽，路口面积狭小，没有渠化交通，当交通高峰时，相互干扰严重，交通秩序较为混乱。更由于绿灯亮时的麻痹大意、抢黄灯闯红灯抢行通过叉路口导致的交通肇事、加剧了交通阻塞。

图 6　混乱的平面交叉路口

3　交通拥挤问题分析

商品流通需要交通，人们工作需要交通，交往娱乐需要交通，总之现代社会离不开交通，然而交通问题的出现并不是孤立的，即受到交通需求的引导，又受到自然环境、土地资源、能源条件等交通系统的外部环境的制约，交通拥挤产生的实质就是当交通需求超过道路容量时，超过部分交通滞留在道路上的交通现象。即交通供给和交通需求产生了不协调，最终表现在土地资源的利用形态和交通结构两个方面，因此，分析研究这两方面的因素可在某种程度上解释交通拥挤形成的原因。

3.1　天津交通布局形态的演变

我国城市大多是在旧有的城市基础之上发展起来的，城市的结构、形态与道路系统不仅由历史积累形成的，同时受自然环境、各时代的经济、政治等因素决定的，天津也不例外。沿河发展是天津城市形成的基本特点，城市布局像一个被扭曲的"非"字形，天津地理位置处于九河下梢，河流纵横交错，加之受铁路分割和租界内道路各自为政的影响，因而旧市区道路系统缺乏整体性，但在局部范围相对独立，相互连通性较差，断头路多，这种由历史和自然环境形成的城市格局，使得天津城市布局混乱，道路狭窄，路网稀疏不均。

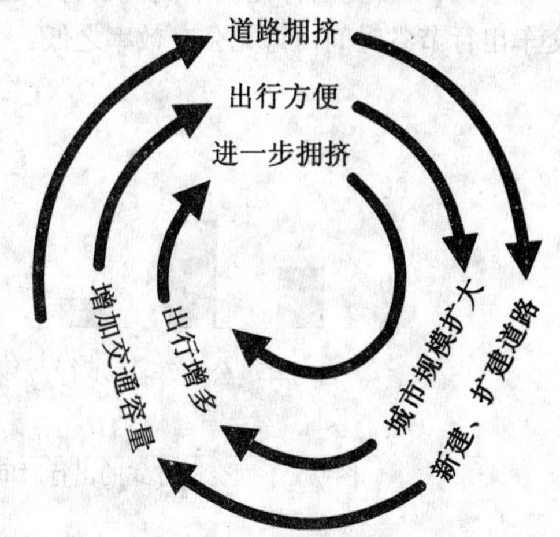

图 7　城市交通发展的怪圈

正是在这一背景下，在天津社会经济增长和经济体制转轨的过程中，城市结构也随之发生变化，呈同心圆结构向外扩展，整个城市像"摊大饼"一样扩张。其形成的主要原因是由于城市人口急剧膨胀和固有的城市发展规划模式限制，城市建设大多是沿着原有的城市道路不断延伸，这或许是受城市基础设施投资能力限制、同心圆扩展可以最大限度地利用现有基础设施；多层环路加反射道路的路网模式自然促使使用地的同心圆方式扩展；机动化水平较低，同心圆扩展可以保持较合理的可达性等因素的影响。尽管这种城市交通格局从总体上看，使城市道路结构趋于合理，在某种程度上可在短期内缓解城市交通设施的压力，事实表明，城市同心圆发展模式在建成之初的确方便了人们的出行。多修路可解决城市交通问题，但也具有很大的局限性，这种发展模式会引发新的交通需求，产生新的交通拥挤，结果陷入城市道路建设怪圈（图 7 所示），最终却导致更为严重的交通构成失衡、道路拥挤情况依旧。

另外，天津城市产业结构特征、计划经济体制下土地制度以及鼓励工业发展等造成的过高的城市中心区人口密度、城市工业用地比例较高，使得土地功能混杂现象十分普遍，难以发挥市场机制下中心区的金融商业的区位优势，也是形成城市交通结构不合理的重要因素。

3.2　交通结构与道路交通的相互关系

改善城市道路设施条件是从交通供给的角度来满足日益增长的交通需求，但是由于城市可开发的道路资源毕竟有限，单纯依靠修筑更多的道路来已不是城市交通问题唯一办法，转而考虑如何提高交通运输效率，即在保证满足交通需求（快速、安全、高效、舒适）的同时，最大限度地降低环境的负效应，最小程度地占用和消耗资源，追求总体效率的最大化。它是从交通需求的角度来看待交通拥挤形成的原因。

其中交通结构与交通方式在特定的环境下对交通效率的起着相当大的作用，它对掌握城市交通的特征和规律，评价城市交通的现状，预测城市交通的发展，有着十分现实意义。

3.2.1 天津城市交通结构

交通结构是指各种交通方式在城市交通中分担的出行比例。城市道路交通是由客运和货运两部分构成，就目前交通现状而言，客运在城市道路交通中占有很大的份额，并以城市居民出行方式表现出来，大体可分为步行、自行车、公交车和其他（地铁、出租汽车、单位班车等）四种交通方式，每一种交通方式都有其适用范围，即在某种距离范围内和交通需求特点下有其各自独特的优势。

据不完全统计，天津道路交通有两个高峰，即早高峰（7：00—10：00）和晚高峰（16：00—18：30）。自行车早高峰小时系数为 14.8%，晚高峰小时系数为 11.4%；公交车早高峰强度为 12.4%，晚高峰小时系数为 9.7%；步行高峰则在中午前后一段时间内形成，高峰小时系数分别为 11.59%和 11.3%。就各种交通方式在交通流中构成比例而言，自行车为 45%、公交车为 10%、步行为 39%、其它（含地铁、出租汽车、公务用车）为 6%（图 8 所示）。从使用不同交通方式所占用的出行时间去衡量出行特征的话，自行车平均出行时间为 25.4 分，公交车为 45 分，步行为 12.3 分，其它 38.8 分（图 9）。由此可见：

（1） 城市客运交通中的早高峰矛盾比晚高峰明显。

（2） 城市居民非弹性出行占绝大部分，市民出行主要目的以工作、学习为主，购物、娱乐为辅，出行方式的选择余地不大，居民出行所使用的交通工具仍以自行车为主。

（3） 公交出行比例不高，自行车出行比重偏高。在中短途交通中，选择自行车交通的出行比乘公交车出行节省时间，可见公交效率之低。

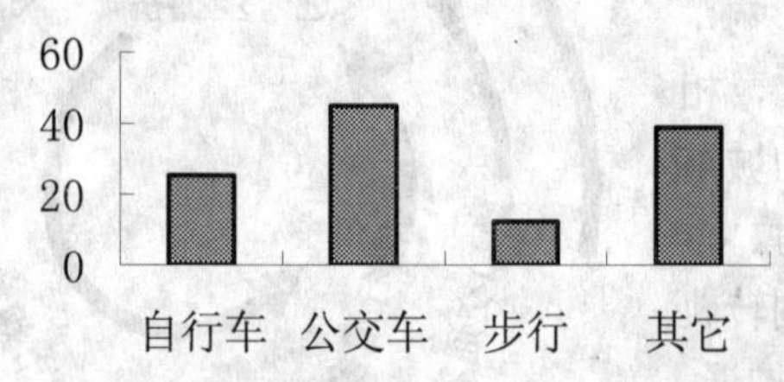

图 9 不同交通方式的出行时间

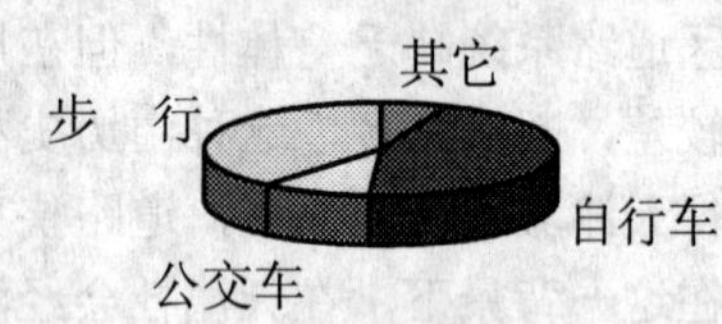

图 8 不同交通方式的分担比例

3.2.2 交通方式特征分析

在城市交通中，各种交通方式作为完成交通需求的直接载体和工具，对城市交通效率有着重要的影响。不同的交通方式由于其运行方式、运行速度、运载能力、运输成本、可达到范围、道路占用等方面有很大的差别，难以简单的办法来判断孰优孰劣，这是因为交通方式的总是有其存在的必然性。

从交通方式本身的特征看，不同的交通方式在运输效率和客运特性上存在不同的优势，见表 1 和表 2。

表 1 各种交通方式的运输效率比较

交通方式	平均载客人数（人/辆）	行驶的动态占道面积（m^2/车）	每位乘客的平均占道面积（m^2/人）	人均使用道路面积效率	备注
公交车	25	125.42	5.01	1.0	①汽车载客人数不包括司机
小汽车	1.5	152.25	101.5	0.09	②小汽车客运包括出租车、
自行车	1.0	7.0	7.0	0.35	单位车、私家车

表 2 各种交通方式的客运特性比较

交通方式	运输速度（km/h）	适用范围	特点
自行车	10～15	短途	低成本、无污染、灵活
小汽车	20～50	较广	成本高、投入大、能耗多、污染严重
公交车	20～40	中距离	成本低、投入小、人均资源消耗小、环境污染较小

从表中可以看出，如果从占用道路资源的角度来看，公交车具有明显的优势，从时间效率和运输成本来看，小汽车都有其可取之处，通常公共交通满足的是居民大量的、常规的出行需求，实现运输总量的最

大化，而小汽车则是保证满足城市经济运行的高质量和高效率的要求，自行车交通则因其经济、无污染、有益于健康等优势，成为城市居民交通出行的首选工具。

（1）自行车交通

天津是全国最大的自行车交通城市之一，天津市拥有自行车近 400 万辆，其中中心城区自行车拥有量就达到 300 万辆，人均 0.8 辆。自行车是天津人使用最多的代步工具，据统计，天津市民使用自行车的平均出行时间为 25.4 分，其中 74.26%的出行量不超过半小时，20～30 分占 32.31%，40～60 分的占 14.33%，如图 10 所示。由此可以看出，自行车交通承担了大量的短途交通，这里一方面与天津的城市社会经济和特定的平原自然地理环境有关，另一方面与城市居民出行需求行为心理相关。尽管自行车的好处显而易见：买得起，不上税，门到门（方便）等，但自行车作为个体交通工具，除有独自的特点外，它和其他交通工具相比有两个共同的特点，即①方便；②需要占用比公共交通更多的道路空间，因此，在强调自行车优越性时，不应回避它浪费道路空间的根本缺点。由于城市道路空间的有限性，城市越发展，可利用的空间就越少（特别是中心区），如任其发展势必意味着减少公交设施需要的用地和限制公共交通的优先权利。

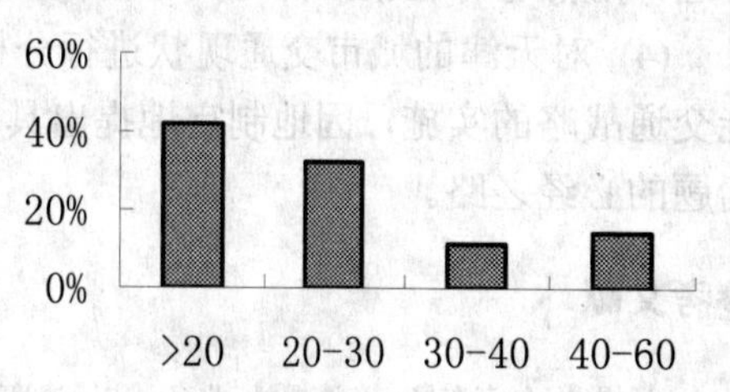

图 10　自行车不同出行时间段比例

（2）公共交通

尽管在加大交通基础设施的投资力度和提倡公交优先的交通对策的引导下，城市公交得到了前所未有的发展。公交线路由 93 年的 161 条增长到现在的 297 条，线路总长度由 3100 km 发展到 6864km，增长 124%，运营车辆由 1976 部发展到 4869 部，增长 146%，即便是这样并未使城市公交客运量得到相应的发展，客运量却停滞不前（图 11 所示），其中原因是多方面的，其一是公交线路布局不合理，内环线以内的公交重复系数高达 6.54，而中心城区公交线路重复系数一般是不大于 1.5 的。其二是本市有 1／2 的长途客运站都设在了中环线以内，造成郊区线路和长途客运共同与城市公交争夺客流，其三是交通拥挤、车质老旧等因素，市民没有从公交中得到实惠等。

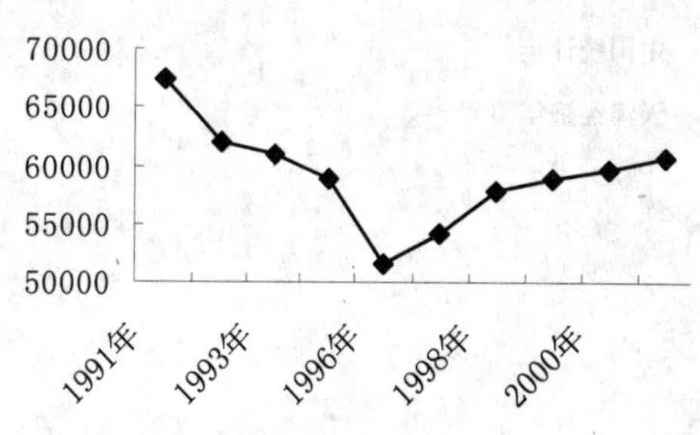

图 11　历年城市客运量（万人次）

（3）出租车交通

城市中的出租汽车是公交的辅助交通工具。近年来随着经济的发展，人们有乘小汽车的愿望，使出租汽车得到了快速发展。出租车虽然在城市机动车保有量中所占的比重不大，仅占 3.5%，它在城市交通流中扮演着重要的角色，它对城市交通的影响是不可忽视的，几乎城市道路的一半面积被流动的、半空驶的出租车所占用。造成这种局面原因可能有：①将它作为一种解决就业的手段，或拍卖牌照赢利，就会使车辆发展失控；②出租车大部分集中城市中心区。越是人口密集、商业繁荣、交通拥挤的地方，出租车就越多，这样就加剧了交通拥挤；③即使在交通高峰期，仍有相当一部分出租车存在空驶现象，且载客率不高，大多数为半载；④空驶的出租车司机为了承揽乘客，有意无意地降低车速，从而影响了整个交通流的运行速度。

4　结论与建议

(1) 现行投资体制的影响，城市交通建设过分强调短期性、实效性和可实施性，往往是采用“补丁”式建设过程，只注重局部道路的合理性、而忽视路网整体的科学性。简单地修路、架桥虽可缓解一时的交通紧张状况，有时却往往造成交通堵塞点的转移，甚至引来更多的交通流量，因此从城市规划的角度看应摆脱“一个中心”的城市发展思路。

(2) 市交通面临汽车发展的挑战，一方面汽车产业确实可以对国民经济产生巨大的推动作用，另一方面，小汽车的发展又会刺激交通需求，对现有的交通系统造成巨大的冲击，同时又将交通问题逐步扩展到污染、安全、能源消耗等方面。若以此作为实施对机动车的总量控制的理由，即现实也不利于汽车工业的发展。因此，现在就应对此引起高度重视，宜早规划、早研究，否则积重难返。

(3) 天津的城市交通问题不是一夜之间形成的，因此不可能在短期内解决。尽管目前的交通构成不尽合理，既然它存在就必然有其合理性，城市交通的治理必然是一个连续的、协调的和综合的过程。

(4) 对天津的城市交通现状进行分析研究使我们从宏观的角度去认识其普遍性和特殊性，结合城市智能交通战略的实施，因地制宜地提出具体的解决方案，实现道路容量的科学扩张，将是解决天津城市交通问题的必经之路。

参考文献

1 J·汤姆逊. 城市布局与交通规划. 北京：中国建筑工业出版社, 1982

2 周干峙等. 发展我国大城市交通的研究. 北京：中国建筑工业出版社, 1997

3 徐吉谦. 交通工程总论. 北京：人民交通出版社, 1996

4 陆化普. 城市交通现代化管理. 北京：人民交通出版社, 1999

5 段里仁. 我国城市交通拥挤阻塞原因及其缓解的基本途径，公安部科技信息工作会议论文，1998

6 朱敏, 邹南昌. 改善天津市区自行车交通的思考与建议. 城市交通，2002/3

7 《城市交通与环境》研讨会资料汇编. 中国环境与发展合作委员会环境与交通工作组，1999

8 中国统计年鉴

9 天津经济年鉴

汽车电子系统发展和实用化的三大技术

项 妍 操小军

神龙汽车有限公司

[摘要] 目前在汽车上使用的新技术有 80%来源于电子系统的不断更新和进步。目前已经开始进入实用状态的有三大技术，即：X-by-wire 技术、车载网络和 42V 电能方案。他们之间相辅相成、互相促进，使得汽车电子技术水平迈上了一个新的台阶。

关键词： 汽车电子 X-by-wire 技术 CAN 网 42V 能量方案

1 引言

在过去的数十年里，车用电子系统在数量和复杂程度上取得了极大的增长。由于大量使用了电子元件，如各类传感器、微处理器、电动驱动器等，汽车成本已大大增加。而今，中高级汽车上的电子系统已经占整车总制造成本的 23%以上。一辆汽车上的电子产品所占的平均费用由 1977 年 110 美元上升到 2001 年的 1800 美元。汽车专家们认为，当前汽车上的新技术有 80%来源于电子系统的不断更新和进步。预计在未来十年内，汽车电子及电子技术相关产品在整车成本中所占的比例将从目前的 20%上升到 32%。汽车电子的增长率将从目前的 10%上升到 20%。

由于人们对汽车节能、安全、舒适、便捷和豪华的追求，对汽车的性能提出了更高的要求。使用传统机械的办法已不能使汽车的性能进一步得到明显的改善和提高。近年来，微电子技术的飞速发展，特别是微型计算机技术的巨大进步，将电子技术和传统的机械相结合，使得汽车的环保、节能、安全、舒适、便捷和智能化等方面的问题均能得到很好的解决。

笔者认为，目前可实用化和正在实用化的汽车电子技术主要集中在三个方面，即以下的三种技术：

（1）电控技术的发展和使用，即电控化或叫线控化（X-by-wire）技术；

（2）车载网络系统特别是 CAN 网的不断使用和普及；

（3）即将采用的新的电压系统 42V（伏）整车电器系统。

这三种技术的发展，有的已经开始实用，有的即将投入实用。为此，我国在引进拥有这些新技术的新车型的同时，也需要对这些技术有必要的认识和研究，这样才有利于提高我们的汽车设计和制造水平，使得我国汽车生产企业能尽快的达到国际水平。

2 X-by-wire 技术

过去的汽车曾经是机械和液压系统的天下，随着人们对汽车要求的不断提高，特别是对排放和安全性的要求，如今的汽车已经变成了一个高度的机电一体化的自动系统。随着技术的发展这种趋势越来越明显。

人们现在常常提到一个名词“X-by-wire”，“wire”是电线的意思，“by-wire”可理解为电控方式，而这里的“X”就像数学方程中的未知数，代表着汽车中传统上由机械或液压控制的各个部件，大的如：发动机、悬架、转向机等，小的如：油门、门锁等。显然，为了满足人们对汽车更高的要求，这些由机械或液压控制的部件正在逐渐的转化为由机电液压一体化控制，甚至转换为纯电子控制方式。

目前，用合理配置的电子部件取代机械部件的工作正在有条不紊的进行中，系统的性能和水平也获得了不断提升。先进的电子系统的费用也在直线下降。底盘控制和灵敏传感等复杂的高性能的电子部件已被应用在高级汽车上，并逐渐的成为主流。图 1 表明自 1920 年以来在制动稳定性控制方面，电子控制化趋势十分明显。

由图 1 可以看到电子控制部分的比重越来越大，目前电子系统主要运用在传感器（Sensors）和电控单元（ECU）上，可以预见不久将出现纯电子控制，其液压执行元件将由电子执行器（Actuator）代替。

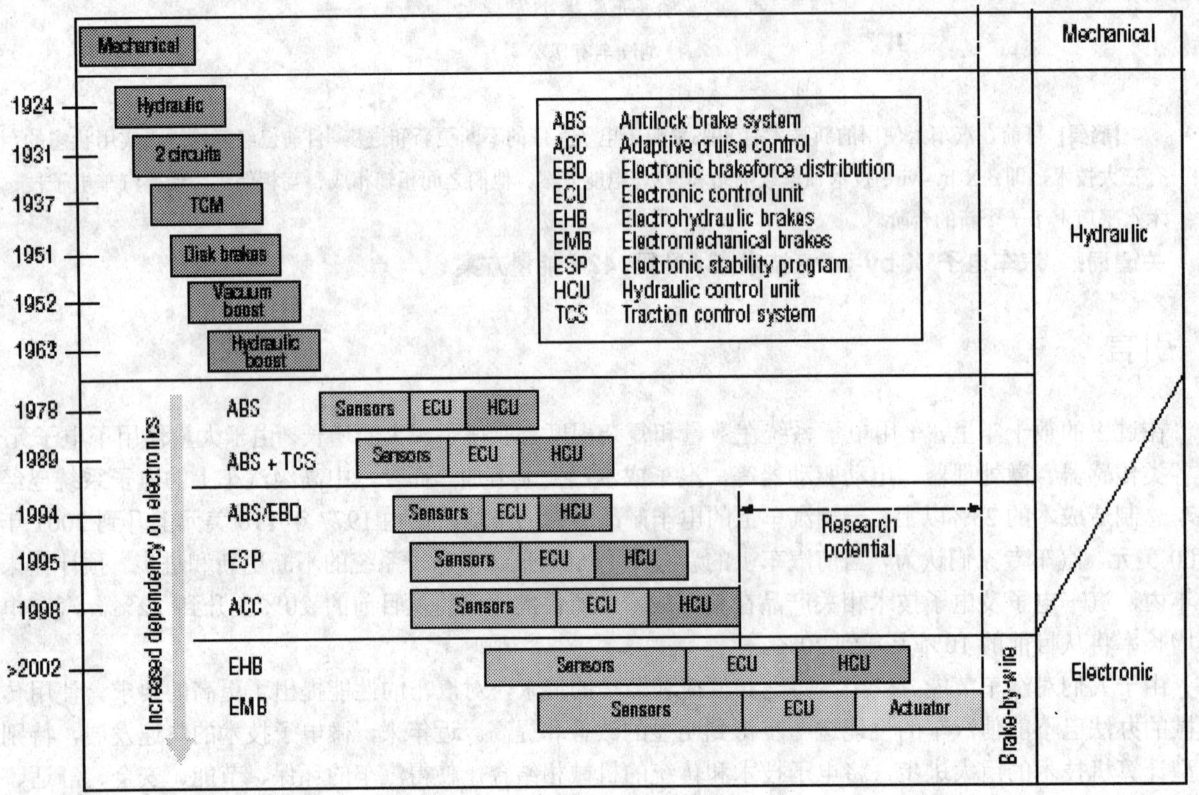

图 1

高可靠性的容错电子控制系统 X-by-wire 不依赖于传统的机械和液压装置，它使得汽车更轻、更便宜、更安全、更省油。其自诊断系统和适配系统对各类型车辆都适宜。这个系统可取消汽车的驱动带，液压制动泵，甚至转向柱，出现无转向盘的汽车。

事实上，到 2010 年将有 1/3 的新车拥有电子驾驶系统。正在开发的 X-by-wire 驾驶系统将用角度感应器和反馈电机取代转向柱。一个串行网络给安装在车轮上的执行电机提供控制链接。转向柱的这一变化将在发生冲撞时改进驾驶者的安全性。它将简化左右手驾驶零件。

在此电子系统基础之上,增加一些先进功能是很容易的。如：在机械转向系统中，驾驶员在高速时不能正确使用转向盘（如：由于惊慌，过快的转向），而电控方式可在适当范围内驱动执行电机跳过这一失控阶段。

所有大型汽车制造商都在开发 X-by-wire 系统雏形及其产品。如：TRW 电子辅助驾驶系统使得燃油经济性上升 5%，Delphi 汽车宣称在 E-steer system 中也作了类似改进。Bosch,Valeo 公司和其他一些设备制造商已开发或正在开发 X-by-wire 技术和产品。

3 车载网络

随着汽车电子技术的发展，汽车上出现了许多的电控单元，如：发动机控制模块(ECM)、BVA 电脑、智能显示屏、ABS 等。这些带微处理器的电子元件之间存在着大量的信息交换。以往，电线作为电器元件的标准连接方式。但是随着电子产品的不断增加，愈来愈多的连接线成为阻碍技术发展的壁垒。

采用传统的线束方案将使得连线的长度和数量大大增加，而不断加长的线束和增多的插接器增加了汽车质量，削弱了性能，使得可靠性很难保证。一辆正常行驶的车辆，线束每超过 50g 或能量损耗每超过 100W，百公里油耗将增加 0.2L。而且，繁杂的线束插接器使得电压大幅下降，限制了其他功能的正常使用，成为汽车电子系统中最昂贵、最繁琐的的一部分。

车载网络系统就是将电器元件连接在汽车控制网上，如同计算机连接在局域网上一样。这些网络都可以方便地进行信息和资源共享，从而成功的解决了上述技术难题，这也是现代计算机网络技术和汽车电子技术成功结合的一个典型范例。目前，车载网络系统已开始在全世界范围内得到广泛的应用。而在汽车中应用最广泛的网络协议标准就是 CAN（Controller Area Network）网。

20 世纪 80 年代中期，Bosch 公司开发出了这种控制局域网，这是最早的、使用时间最长的汽车控制网络。CAN 网已在当前的汽车上广泛应用。仅 2000 年其相关器件的销量就超过的 1 亿个。

一台典型安装有 CAN 网的车辆能同时容纳 2～3 个独立的运行在不同传输速率下的 CAN 网，低速 CAN 网运行在 125 Kbps 下，通常负责管理“舒适性功能”，如：电动座椅，电动玻璃升降等。一般情况下，没有实时要求的控制采用低速网。它有能量存储-睡眠模式，在此模式下，节点停止振荡直到一个 CAN 网信息唤醒它。睡眠模式可防止电量消耗。

高速 CAN 网用于满足实时性高的重要控制。如：发动机管理、ABS、巡航。尽管高速 CAN 网最大波特率可达到 1Mbps，但是 CAN 网高速运行时双绞线电缆中产生很大的电磁辐射，当传输速率超过 500kbps 后，其能量的损失会迅速增大。所以一般高速网为 500kbps。图 2 给出了一个典型的双速 CAN 网的模型。

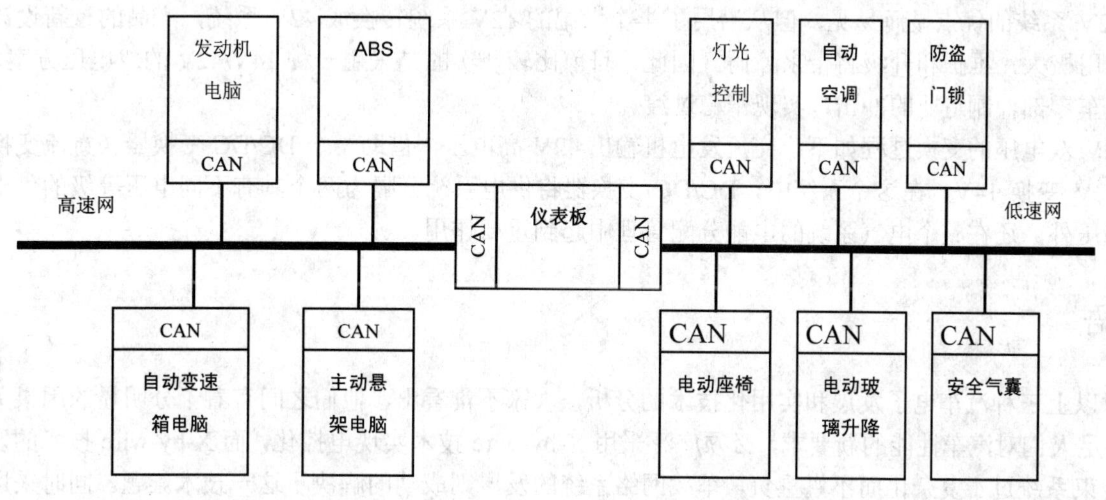

图 2　一个典型的 CAN 网模型

4　电能供应和 42V 方案

随着汽车上电子系统的迅速增多，他们将消耗大量的电能，使得总负荷即将超过 2kW。内部能量需求将以每年 4%的速度递增，如果这种趋势持续下去，那么，保守一点估计，到 2005 年，高级汽车的平均电能需求将达到 2.5kW。这种增长将使目前的供电系统显得力不从心。例如：在 3kW 负荷下，带托架和皮带传动的发电机会发出明显的噪声，并且需要附加额外的冷却装置。

表 1 指出了一些重要系统可能消耗的电能负荷。汽车专家们预计在 2005 年的电器负荷水平会达到表中的指定值。

在一个汽车电子系统内部，对于特定的功率，电压值的提高可使得系统电流减小。而小的电流可使得导线上的损耗减少，从而可使用更细更小的线束。提高电压值，也可以减少电器装置本身的体积、质量和损耗，也有利于控制装置的小型化，提高集成度。

表 1 汽车主要电器系统负载预计

系统名称	峰值负载（W）	平均负载（W）
机电式制动系统	2400	800
冷却循环水泵	300	300
发动机冷却风扇	800	300
助力转向（全电子式）	1000	100
风挡玻璃加热	2500	200
三元催化器预热	3000	60
主动式悬架	12000	360
车载计算机和导航系统		100
合计		2200

采用 42V 的电器系统需要一个 36V 蓄电池，最大工作电压 50V，峰值电压可达 58V。这是因为 60V 是工程师们认为的最大安全界限。更高的电压将产生危害。

尽管 42V 系统的优点显而易见，但从沿用了半个世纪的 12V 系统转换成 42V 系统，产品的重新设计和制造的费用极大，维护和升级将带来障碍。因此，目前比较现实的是采用一种 14V/42V 的双电压方案，以减小对汽车零部件制造业的冲击，实现平稳过渡。

14V/42V 双电压的变换过程如下：交流发电机输出 42V 高电压，借助一个 DC/DC 变换器（直流变换器），由 42V 变换 14V。在这个系统中，DC/DC 变换器将供电系统分隔为两个具有不同电压等级的供电系统，除降压外，还在整个电气系统的电能分配管理中起到重要作用。

5 结束语

通过对以上三种汽车电子发展和实用化技术的分析，大家不难看出，他们之间有着十分明显的因果关系。为了满足人们对汽车性能的新要求，必须广泛采用 X-by-wire 技术实现电控化，而 X-by-wire 技术的发展又使得线束系统过于复杂化而不堪重负，车载网络系统的发展则成功的解决了这一技术难题。同时采用 42V 能量方案又保障了前两者的能量供应，并为其发展提供了更广泛的空间和保证。这三者相辅相成、互相促进的共同发展，必将使汽车电子技术水平迈上一个新的台阶。可以预见，在最近几年，我国与国际同步推出的新车型里，我们将会经常看到成功应用这些技术的例子。

参考文献

1 Gabriel Leen, Donal Heffernan “Expanding Automotive Electronic systems” IN VEHICLE NETWORKS 0018-91621021 January 2002

2 吴玉生，刘曙生，陈大恒. CAN 网络应用软件的设计. 微机算计信息 2002 (2)

3 邬宽明. CAN 总线原理和应用系统设计. 第一版. 北京航空航天大学出版社， 1996

计算机网络技术在汽车中的应用

鲍警予
神龙汽车有限公司

[摘要] 在近十年里，用户对于汽车的舒适性、安全性以及环保等各种性能的要求不断提高。为了满足这些日益增加的需求，汽车上计算机控制的电子电器设备急剧增加，使得汽车（特别是轿车）设计中电器线路的布置越来越困难。此外，由于汽车上各种电子电器的接插点的数量随之剧增，汽车行驶过程中因为接插点的故障造成汽车上电子电器设备的功能失效的问题越来越突出。为了解决上述问题，很多新车型（特别是高档车型）的开发中开始广泛地应用计算机网络技术。本文介绍了计算机网络技术在汽车中应用的基本原理，并介绍了该技术在神龙公司的萨拉-毕加索车上的应用。

关键词：汽车 计算机控制 网络技术

前言

在近十年里，随着人们对于汽车的舒适性的要求不断提高，各种计算机控制的设备越来越多的应用在汽车上。例如：计算机控制的自动变速系统、主动悬架系统、自动空气调节系统、驾驶员座椅自动调节系统、卫星导航系统、带换碟机的多碟 CD 音响系统、密码防盗系统等。

此外，由于人们对于汽车安全性要求的提高，汽车制动防抱（ABS）及防滑系统，多安全气囊以及汽车前后防撞雷达报警系统在轿车上也广泛应用。

随着人们对于环境保护的日益重视，汽车排放法规的限值要求越来越严格，车载排气污染物监测系统也随之开始在汽车上应用。

到 2000 年，汽车上所装的各种电子电器设备的成本大约为整车成本的 30%，而且这种趋势仍然在继续发展。

表 1 和表 2 分别给出了从 20 世纪 60 年代到 90 年代轿车上电线束的长度以及接插点数量的增长情况。进入 21 世纪，随着计算机技术的发展和普及，汽车上各种运用计算机、传感器以及执行器组成的控制系统得到了更加广泛的应用。而在传统的汽车设计中，每一个自动控制系统就需要一个专用的计算机单元。如此多的控制计算机、传感器、执行器，以及为实现各种控制需要的各计算机单元之间的数据通信，使得汽车（特别是轿车）上的线束长度和接插点的数量急剧增加，对汽车的设计提出了挑战。

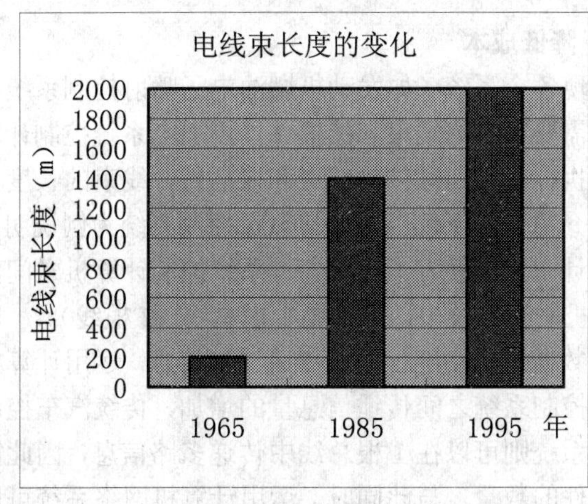

表 1 电线束长度的变化

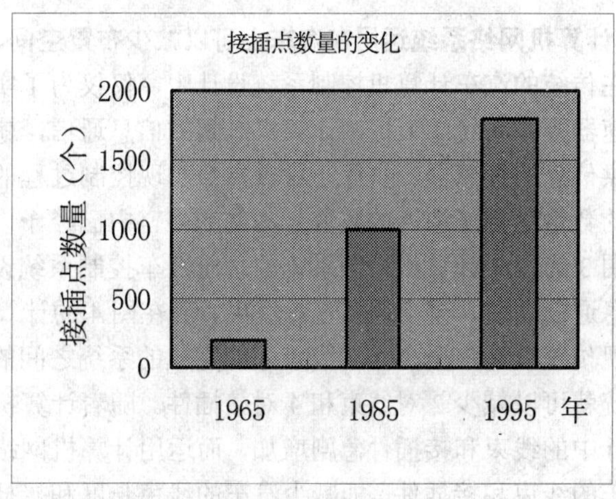

表 2 接插点数量的变化

汽车上电线束的长度以及接插点数量的急剧增加，使得汽车设计中电器线路的布置越来越困难。第一，由于空间的限制，汽车（特别是轿车）上有限的空间内难以布置下更长的电线束和更多的接插点。例如，在 20 世纪 90 年代末，仅仅在驾驶员座椅前仪表板内的电线束数量就达到 300 多根；第二，随着电线束数量的增加，电线束的设计越来越复杂。其复杂性在于除了需要考虑计算机单元、传感器以及执行器之间的联接外，还要考虑不同系统之间如何通信，系统之间如何共用接地点，才不会产生电位差，以及如何抗干扰，保证信号不失真；第三，数量巨大的电线束和接插件使得汽车成本不断上升；第四，由于电线束接插点的数量的增加，造成汽车行驶时由于接插点故障导致的汽车上某个甚至整个控制系统的功能失效问题增多。因此，将计算机网络技术应用到汽车上十分必要。

1 计算机网络技术在汽车上应用的基本原理

要在汽车上运用计算机网络技术实现不同控制系统的计算机的控制功能，以及运用计算机网络技术实现不同控制系统的计算机之间的信息通信，其基本原理是运用计算机总线技术，将汽车上各个控制系统的计算机控制单元组成汽车上的局域网络，通过计算机网络传递数据流，实现不同控制系统之间的信息传递和共享，同时减少传统汽车电器系统设计中的线束和接插件。

在将计算机网络技术应用于汽车上的研究开发过程的初始阶段，由于不同国家的各个汽车公司，对于开发过程的信息和技术都相对独立和相对保密。一般仅仅是一个国家的几个汽车公司共同开发，技术分享，因此，到目前为止，形成了多种互不相同的汽车计算机局域网络总线：

（1） J1850：美国通用、福特和克莱斯勒三大汽车公司联合开发和共用的总线。尽管美国的三大汽车公司共用一种汽车计算机网络总线，但是，由于每个公司汽车产品中所用的计算机通信协议是不相同，因此，其汽车计算机网络控制系统是不尽相同的。

（2） A 总线：德国大众公司专用的汽车计算机网络总线。

（3） CAN 总线：德国标准化的总线。开始是由德国博世（BOSCH）公司开发，主要用于机器人控制。由于 CAN 总线的数据传输速率较高，现在许多汽车公司都将 CAN 总线用于汽车计算机网络系统。

（4） VAN 总线：法国汽车标准化总线。由法国的雷诺汽车公司和标致集团联合开发的汽车计算机网络总线。同样，法国的雷诺公司和法国标致集团共用 VAN 汽车计算机网络总线，但是二个公司计算机网络所用的通信协议不相同，使得它们的汽车计算机网络控制系统也不相同。

（5） 专门的解决方案：德国的宝马（BMW）和日本的一些汽车公司采用了自己专门的解决方案，等等。

2 计算机网络系统在汽车上应用的优越性

2.1 计算机网络系统运用在汽车上可以减少布置空间、降低成本

在传统的汽车计算机控制系统设计中，仅仅为了实现各个系统（如发动机燃油电子喷射控制系统与自动变速器控制系统等）控制计算机之间的信息通信，就需要很多的线束和接插件，再加上系统控制计算机与提供信息的传感器、执行计算机指令实现控制过程的执行器之间联接的线束和接插件，线束的长度和接插件的数量达到了惊人的数量，本文的前言中已经予以介绍。以下仅以四个计算机控制系统为例说明。

图 3 为四个计算机控制系统的传统汽车控制系统设计中，仅仅为了实现各个系统控制计算机之间的一种信息通信功能，至少需要 6 对线束。而在图 4 的计算机网络系统中，只需要 1 根总线（2 根线）， 就能够实现传统设计中至少 6 对线束才能完成的系统之间的数据通信功能。仅仅传递一种信息，运用计算机网络系统就可以减少 2 对线束和 4 对接插件。随着计算机控制系统之间传递信息量的增加，传统汽车控制系统设计中的线束和接插件急剧增加，而运用计算机网络系统则可以在 1 根总线中传递多路信息，因此简化了汽车的线束和接插件，即减少汽车的线束长度和接插件的数量。与此同时，运用计算机网络系统可以减少线束和接插件布置时需要的空间，降低成本。随着汽车上的计算机控制系统的不断增加，如图 5 中给出

的某车型上的复杂的控制系统，运用计算机网络系统这种优越性就显得更为突出。减少的线束和接插件的布置空间可以使得汽车设计过程中的布置更加容易，同时可以用来增加新的功能，以满足用户的需求。

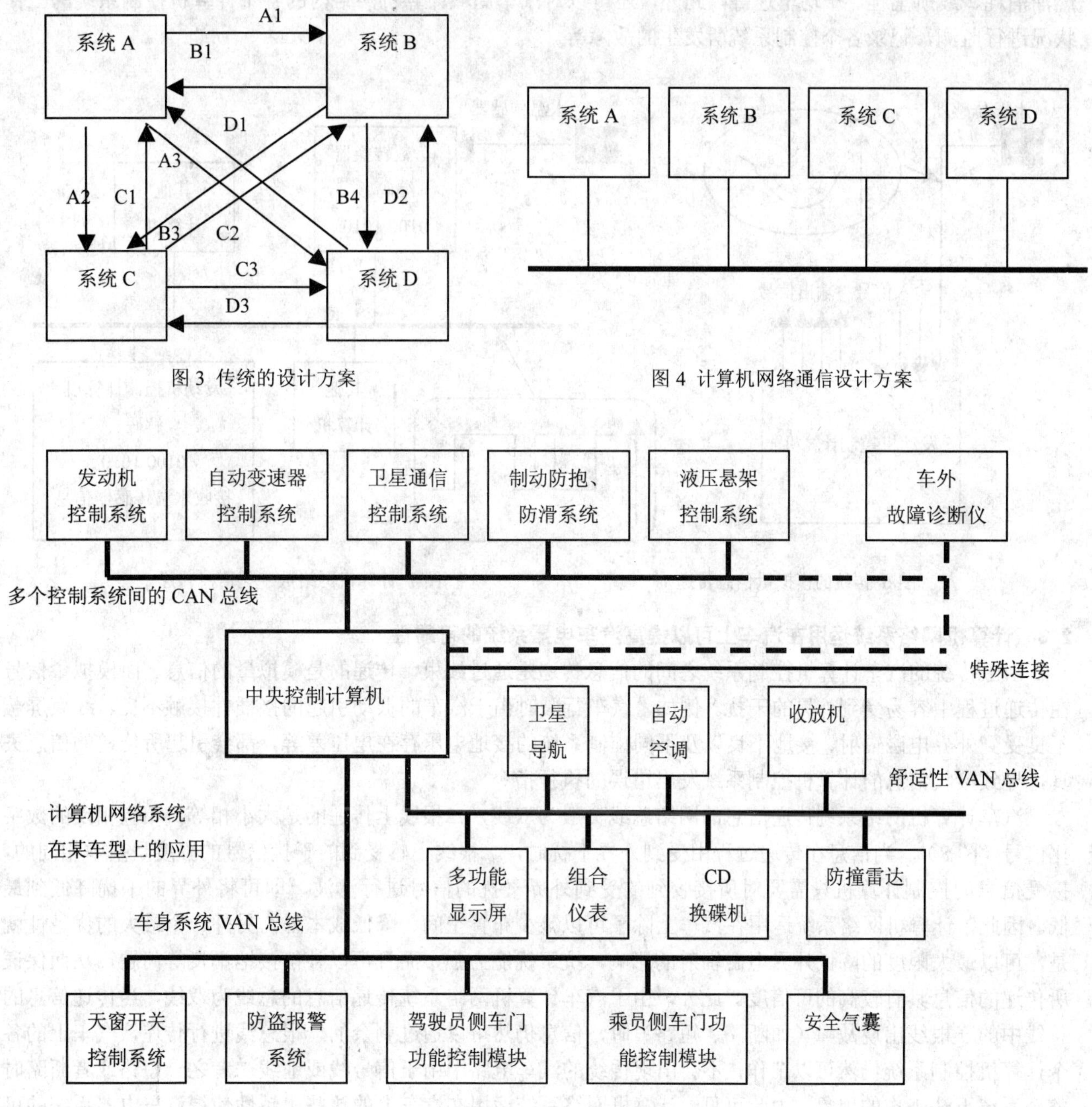

图 3 传统的设计方案

图 4 计算机网络通信设计方案

图 5　某车型计算机网络系统

2.2 计算机网络系统运用在汽车上可以管理更多的信息

传统的汽车计算机控制系统之间的信息是通过线束传递，传递的是模拟量的信息，如代表发动机转速、车速、温度或压力等物理量变化的电压、电流等（图 6）。由于传递的信息的是模拟量，加上线束与接插件的布置空间、以及显示仪表的布置空间的限制，各个控制系统之间的信息传递极其有限，各种信息一般是局限在本控制系统内部进行管理，不能提供给其它控制系统共享，提供给驾驶员的信息则更少。

汽车计算机网络系统采用了计算机总线控制技术，通过计算机总线传递的信息是数字化的信息流，发出信息的计算机根据通信协议对本控制系统中的各种信息进行编码后将信息发出，其他需要利用该信息的计算机根据通信协议对信息进行解码后即可获得信息（图 7）。因此，计算机网络系统运用在汽车上可以使得汽车上的各个控制计算机单元通过汽车上的局域计算机网络，从网络上获取所需的信息，或者将本控制系统中的各种信息发送给其它需要该信息的控制系统。汽车的中央控制计算机可以对所有控制系统的各种信息进行管理，并通过多功能显示屏向驾驶员提供尽可能多的信息，例如汽车的百公里燃油油耗、瞬时燃油消耗、续航里程、平均车速等，此外，还可以对汽车局域计算机网络内的各个计算机控制系统的工作状况进行监测，记录各个控制系统所发生的故障等。

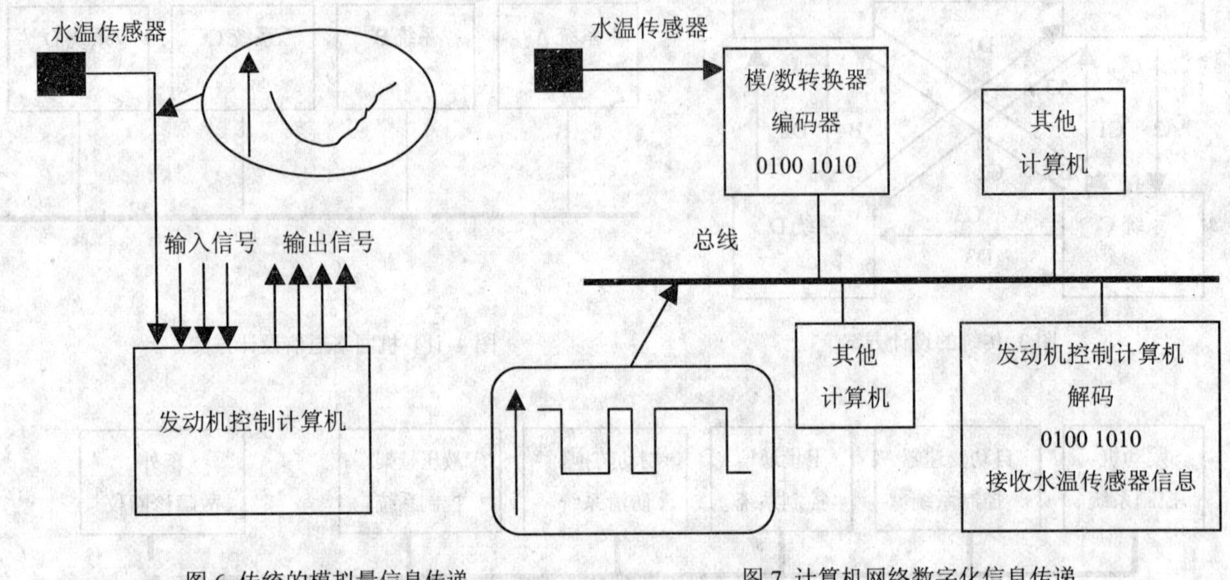

图 6 传统的模拟量信息传递　　图 7 计算机网络数字化信息传递

2.3 计算机网络系统运用在汽车上可以提高汽车电器系统的可靠性

由于传统的汽车计算机控制系统之间的信息传递是通过线束，传递的是模拟量的信息。而模拟量信号在传递过程中容易受到外界的干扰。例如，汽车行驶时由于汽车的振动引起的接插件接触不良、线束屏蔽不良受到外界电磁辐射、接地不良以及不同控制系统的接地电压存在电压差等，都会引起所传递的信息失真，导致接收信息的计算机控制系统发出错误的执行指令。

汽车计算机网络系统传递信息的网络总线一般为双线，二根线上传递的是大小相等、相位相反的数字化信号（图 8）。当信息在传递过程中受到外界干扰时，二根线上感受到的干扰信号的强度是基本相同的，接受信息的控制计算机只需要对所接收到的受到外界干扰的信号进行滤波，即可将外界的干扰降低到最低。因此，计算机网络系统运用在汽车上除了可以减少布置空间、降低成本外，另外一个最大的优越性就是，可以最大限度的降低外界电磁辐射的影响，抗干扰能力强，而且可以补偿接地不良等问题，从而保证所传递的信息具有较高的可信度。此外，由于汽车计算机网络系统传递信息的总线为双线，当传递信息的总线中的一根线出现故障（如断路、短路）时，信息仍然可以通过剩余的一根总线进行传递，汽车上的各个计算机控制系统仍然可以工作，不会出现传统的汽车电路中由于信号线或地线二者之一短路或者断路时整个系统无法工作的现象。由此可见，计算机网络系统运用在汽车上的这些优越性使得汽车电器系统的可靠性大幅度提高。

2.4 计算机网络系统在萨拉-毕加索汽车上的应用

神龙公司的萨拉-毕加索车以其独特的外型设计和舒适的内部驾乘空间获得过欧洲汽车设计奖。然而，该车的最大的特点是在电路系统设计中应用了计算机网络系统。

萨拉-毕加索车的计算机网络系统主要用于舒适性方面，如自动空气调节系统、卫星导航系统等。该车的计算机网络系统（VAN 总线）示意图如图 9 所示。在该车的计算机网络系统中，中央控制计算机与图 9 所示的各子系统的控制计算机单元之间的信息通信是通过 VAN 总线实现，中央控制计算机与其他子系统的控制计算机单元（如发动机控制系统、ABS 控制系统等）之间的通信，仍然是用普通的线束实现。

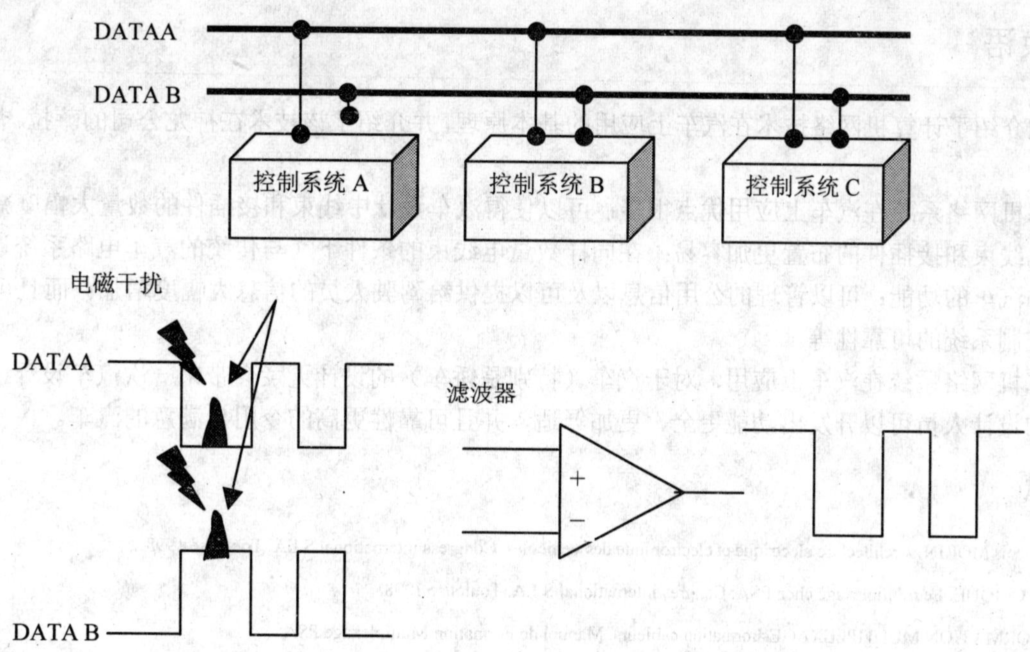

图 8　汽车计算机网络系统中的信息传递

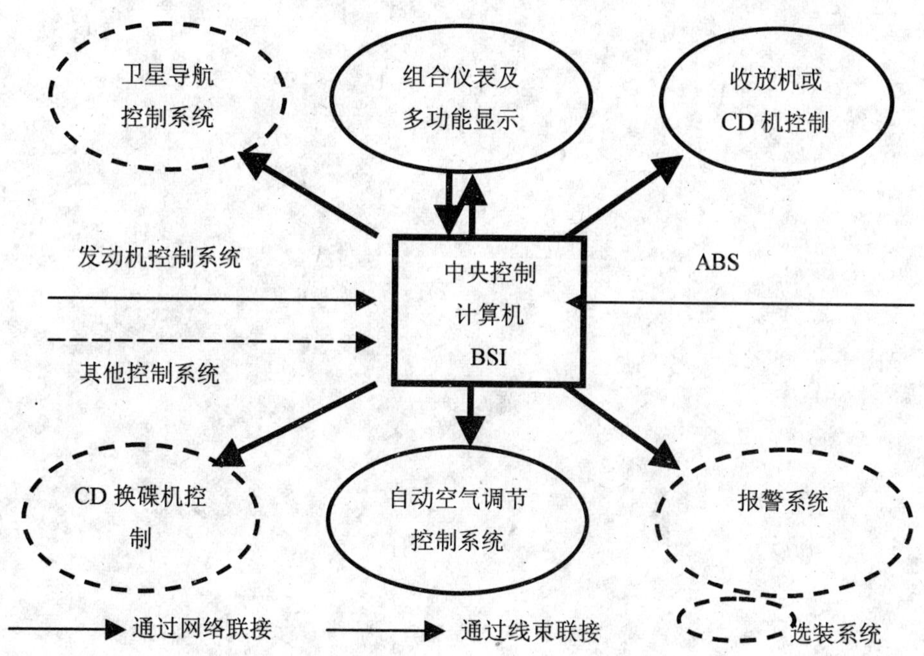

图 9　萨拉-毕加索车的计算机网络系统示意图

萨拉-毕加索汽车的中央控制计算机可以通过计算机网络实时管理 41 个主要的系统信息，例如，钥匙防盗密码、车门是否开启、前雨刮在停车时降低工作档位、后雨刮在倒车时自动工作、燃油量、燃油消耗量、续航里程、超速报警、低温行车时提示以及到达保养里程提示等等，并且还可以监测和记录各个控制系统工作中的故障，对于重要的故障，如发动机控制系统、ABS、安全气囊系统等故障，可以用报警灯提示驾驶员注意，同时便于在车辆维修时维修人员利用故障诊断仪读取车辆所发生的故障，在尽可能短的时间内排除故障。

3 结束语

本文介绍了计算机网络技术在汽车上应用的基本原理，并介绍了该技术在神龙公司的萨拉-毕加索车上的应用。

计算机网络系统在汽车上应用优点很多：可以使得汽车设计中线束和接插件的数量大幅度减少，汽车设计时电线束和接插件的布置更加容易；在同样数量电线束的条件下（与传统的汽车电路系统设计相比）可以增加汽车的功能；可以管理的公用信息以及可以提供给驾驶人员的信息大幅度增加；而且可以提高汽车各种控制系统的可靠性等。

计算机网络系统在汽车上应用，对于汽车（特别是轿车）的设计无疑会带来一次汽车设计上的变革，使汽车的设计人员可以开发出功能更全、更加舒适，并且可靠性更高的令用户满意的汽车。

参考文献

1 M. Francois MORIN. Architecture electrique et electronique des vehicules. Congress international S.I.A. Toulouse 1998

2 M. J.M CLIQUE. Le multiplexage chez PSA. Congres international S.I.A. Toulouse 1998

3 PSA. FORMATION MULTIPLEXAGE-Formation cableurs. Manuel de Formation Multiplexage PSA

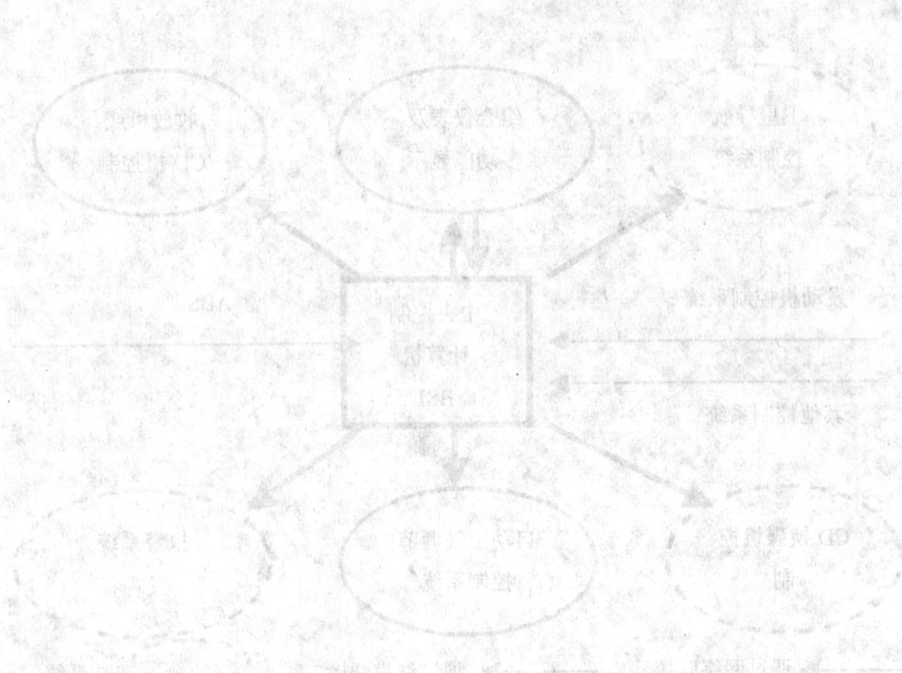

车载网络系统及 CAN 协议的应用分析

操小军
神龙汽车有限公司技术中心

[摘要] 现代社会对汽车各方面的要求不断提高，在汽车设计中运用电子控制技术是满足这些要求的最好方法，为了满足汽车内部信息交换量急剧增加的要求，有必要使用多路传输方式的车载的串行网络系统。目前，CAN 协议及其网络系统已被全球汽车厂商普遍接受。CAN 协议明确的定义了数据链路层和物理层的内容。CAN 具有十分优越的特点，这使得绝大多数的工程师都选择它作为车载网络协议的标准。在汽车领域，目前存在的多种车载网络标准，其侧重的功能也有所不同。SAE 将车载网络按传输速率的不同划分为三类。即将投产的“标致 307”系列车型采用的是 CAN 网络结构。CAN 必将在汽车领域得到更广泛的应用。

关键词：CAN 车载网络 网络协议 LIN

1 汽车电子技术的发展推动了车载网络系统广泛研究和使用

1.1 汽车电子技术的发展提出了网络化的要求

现代社会对汽车各方面的要求不断提高，这些要求包括：极高的主动安全性和被动安全性；乘坐的舒适性；驾驶与使用的便捷和人性化；尤其是低排放和低油耗的要求等。在汽车设计中运用计算机微处理器及其电控技术是满足这些要求的最好方法，而且已经得到了广泛的运用。目前这些系统有：ABS（防抱系统）、EMS（发动机管理系统）、多功能数字化仪表、主动悬架、导航系统、电子防盗系统、自动空调和自动 CD 机等。这些系统由多个电控单元相互连接而成，可分为控制器、传感器、执行器等。同时各个系统之间也互相连接，进行着越来越多的数据交换。这样就需要使用大量的线束和插接器来实现互连，进行它们之间的数据交换。随着汽车电子技术的不断发展，这种需求的增长是惊人的。图 1 给出了它的增长情况。

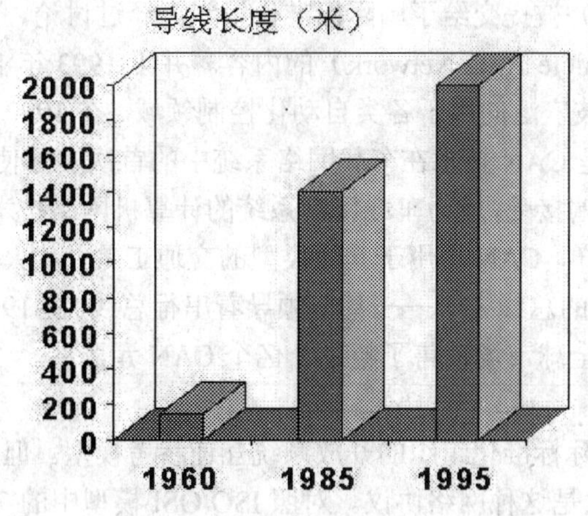

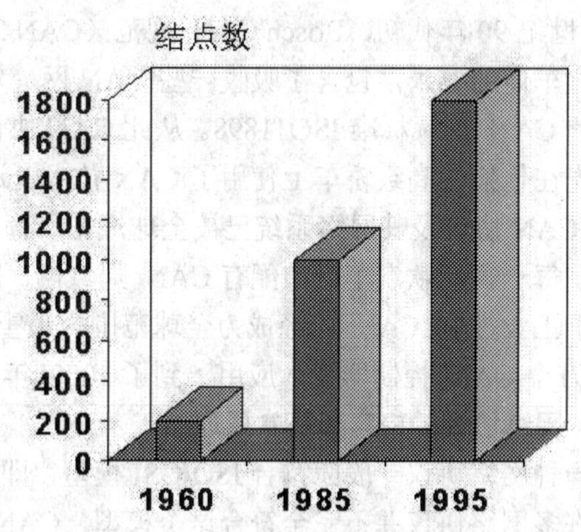

图 1

由于线束和插接器的数量不断增加，整车电子系统的复杂程度愈来愈高，其可靠性将难以保证，故障率会提高，维修更加困难。为了满足汽车内部信息交换量急剧增加的要求，有必要使用一种实现多路传输方式的车载网络系统。这种网络系统采用串行总线结构，通过总线信道共享，减少线束的数量。

1.2 车载网络系统的应用要求

车载网络系统的建立可参考现有的局域网络系统，但又有较大的不同，尤其是使用环境不同于一般局域网，其要求更加苛刻。一般汽车内（主要是机舱内）：温度变化大，可达－45℃～100℃；汽车在行驶中可能出现较大的振动；点火喷射系统等的装置也会带来较大的电磁干扰；同时对一些电控系统如 EMS、ABS 等的信息传递要求迅速及时。另外由于涉及安全性的考虑，要求网络系统有很好的可靠性。

这就要求网络除了采用总线拓扑结构方式外，必须具有极好的抗干扰能力；系统自身的健壮性；极强的差错检测和处理能力；信息传输实时性要求；同时具备故障的诊断和处理能力等。另外考虑到成本因素，要求其控制接口结构简单，易于配置。

1.3 车载网络的发展现状

众多的国际知名公司早在 20 世纪 80 年代就积极致力于汽车网络技术的研究及应用。到目前为止已形成了多种网络标准，如：SAE（汽车工程师协会）的 J1850 和 J1939、德国大众的 ABUS、法国 PSA 的 VAN、美国商用机器的 AutoCAN、德国 BOSCH 的 CAN 等等。

近几年，在欧洲和美国推出的车型基本上都配备了一个、两个甚至多个网络系统，不光高档车装备有，甚至低档经济型车也有。日本的汽车公司也开始逐步使用车载网络系统。

我国近一两年和欧洲同步推出的几款车型也装备了汽车网络系统,如：神龙汽车有限公司去年推出的“毕加索”轿车装备了 VAN 网、明年即将推出的“萨拉”N7 轿车将装备 VAN 和 CAN 混合网、后年推出的“标致 307”系列车将采用 FullCAN 网系统；一汽大众的“宝来”轿车在动力系统和舒适系统中装备了两套速率不同的 CAN 网；上海大众的“波罗”也装备了 CAN 网。

正如一些汽车专家认为的：就像汽车电子技术在上世纪 70 年代引入集成电路、80 年代引入微处理器一样，近十年来车载网络技术的引入也将是汽车电子技术发展的一个里程碑。

2 CAN 网逐渐发展成为车载网络领域中应用最为广泛的国际标准

2.1 CAN 网络协议的产生和发展

1986 年 2 月，Robert Bosch 公司在 SAE 年会上介绍了一种新型的串行总线系统—CAN（Controller Area Network）。根据这个 CAN 协议，在 1987 年中期，Intel 开发了首个 CAN 控制器—82526。不久，Philips 半导体也推出了 82C200。这两种 CAN 控制器在报文过滤和控制上有许多的不同。Philips 半导体的方式叫 BasicCAN；Intel 的方式叫 FullCAN，由此后的不断发展，从而形成了 FullCAN 和 BasicCAN 两大阵营。

在 20 世纪 90 年代初，Bosch CAN 规范（CAN 2.0）被提交给了国际标准化组织。经过讨论，应一些法国主要汽车商的要求，包含了吸收一些 VAN 网（Vehicle Area Network）的内容。并于 1993 年 11 月出版了正式的 CAN 国际标准 ISO11898。从此 CAN 协议被广泛的用于各类自动化控制领域。在 1992 年，奔驰公司首先在他们的高级轿车上使用了 CAN 技术。这是 CAN 技术在车载网络系统中的首次实际使用。

目前，CAN 协议及其网络系统已被全球汽车厂商普遍接受，成为车载网络系统的计算机网络技术基础。在欧洲几乎每一辆新款汽车均装配有 CAN 局域网。同样，CAN 也用于其他类型的交通工具，从火车到轮船或者用于工业控制。CAN 已经成为全球范围内最重要的总线之一——甚至领导着串行总线。在 1999 年，接近 6 千万个 CAN 控制器投入应用。到了 2000 年，全球市场销售了超过 1 亿个 CAN 元器件。

2.2 CAN 网络协议的内容和基本原理

作为一种网络协议一般应符合 ISO/OSI 模型，即国际标准化组织的开放系统互连参考模型。但目前广泛应用的许多网络协议并不完全符合这个模型，CAN 就是这种网络协议。对照 ISO/OSI 模型中的 7 层次，CAN 仅明确定义了相当于数据链路层和物理层的内容。图 2 给出它的层次结构。其中对象层和传输层包括所有由 ISO/OSI 模型定义的数据链路层的服务和功能。

CAN 是一种总线网，一般是采用廉价的双绞线作为其传输介质。一根线为高电位，另一根为反向的低电位，这样总体对外电磁辐射相互抵消。

CAN 协议的报文传输由以下四种不同的帧类型所表示和控制：

- 数据帧：数据帧携带数据从一个节点的发送器至所有节点的接收器。

- 远程请求帧：总线的一个节点发出远程请求帧，请求某个节点响应具有同一识别符的数据帧。

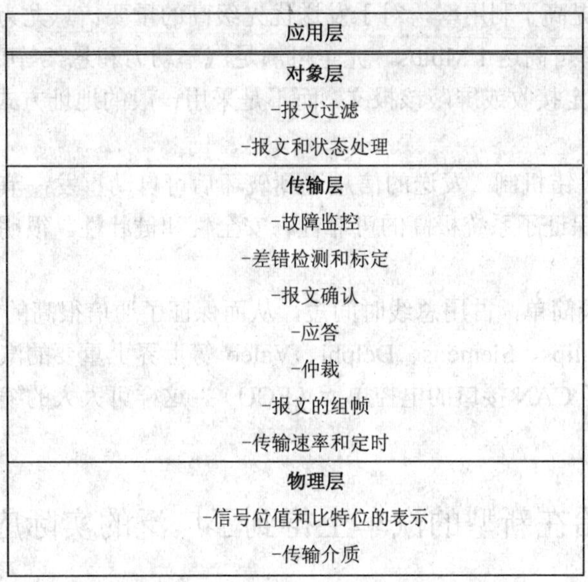

应用层
对象层 -报文过滤 -报文和状态处理
传输层 -故障监控 -差错检测和标定 -报文确认 -应答 -仲裁 -报文的组帧 -传输速率和定时
物理层 -信号位值和比特位的表示 -传输介质

图 2

- 错误帧：总线上的任何节点一旦检测到总线的错误就发出错误帧。

- 过载帧：过载帧用以在先行的和后续的数据帧（或远程帧）之间提供一附加的延时，防止产生接收器过载。

CAN 协议在其帧结构中定义了多种校验方式，确保信息传送的可靠性。信息在网络中采用广播的方式，总线上所有的节点均先接收到报文，然后根据帧结构中的 11 位或 29 位标识符进行识别，接收所需的信息，屏蔽掉本节点不需要的信息。

在报文发送时是采用内容（而不是一般的地址方式）择优的优先级方式，我们称其为载波侦听多路访问/冲突检测，即：CSMA/CD（Carrier Sense Multiple Access with Collision Detect）。

如果利用一般的 CSMA 访问总线，可对总线上信号进行检测，只有当总线处于空闲状态时才允许发送。利用这种方法可以允许多个节点挂接到同一网络上，但当检测到一个冲突位时，所有节点将重新回到监听总线的状态，直到该冲突时间过后才开始发送。在总线超载的情况下，这种技术可能会造成发送信号经过许多延迟。为了避免发送延时可利用 CSMA/CD 方式访问总线：当总线上有两个节点同时进行发送时，必须通过无损的逐位仲裁方法来使有最高优先权的的报文优先发送。在 CAN 总线上发送的每一条报文都具有唯一的一个 11 位或 29 位的标识符 ，CAN 总线状态取决于二进制数 0 而不是 1 ，所以 ID 号越小则该报文拥有越高的优先权。因此一个为全 0 标志符的报文具有总线上的最高级优先权。可用另外的方法来解释,在消息冲突的位置第一个节点发送 0，而另外的节点发送 1，那么发送 0 的节点将取得总线的控制权，并且能够成功的发送出它的信息。这种独特的总线争用方式保证了高优先级报文的及时发送，减少了时延。

在差错处理方面 CAN 也有其独特的优势。对于一个帧可以用互不排斥的 5 种方式检查出出错的帧。另外还有一个计数机制，当一个节点错误的次数满足一定条件时，会被进行相应的故障处理，以防止出故障的节点对整个系统的影响，保证其他节点之间的正常通信。

2.3 CAN 协议适宜于车载网络应用的优势

正如本文 1.2 节中所描述的那样，一个适宜于汽车环境的网络协议必须满足许多苛刻的要求，并具有一些独特的特性。CAN 具有十分优越的特点，这使得绝大多数的工程师都选择它作为车载网络协议的标准。这些优点包括以下内容：

(1) 低成本。由于 CAN 已经成为车载网络中应用最广泛的标准，这使得相关元器件的产量很大，从而大大的降低了成本。对于已经竞争非常激烈的汽车产业来说是十分重要的。

(2) 极高的总线利用率。如前一节分析的那样，其发送冲突解决方案是一种冲突规避的设计方式，减少了信息重发可能性，从而提高了利用率，对于发送优先级高的重要信息尤为如此。

(3) 高速的数据传输速率可高达 1 Mbit/s，完全可满足汽车动力和悬架等高速系统的传输需求。

(4) 可根据报文的 ID 决定接收或屏蔽该报文，而不是采用一般的地址方式。方便与网络相连的汽车电器系统的灵活配置。

(5) 可靠的错误处理和检错机制；发送的信息遭到破坏后可自动重发；节点在错误严重的情况下具有自动退出总线；这些特点都保证了系统极高的可靠性、安全性和健壮性。很明显，这对于车载的网络系统是十分重要的要求。

(6) 报文帧结构相对比较简单，占用总线时间短，从而保证了通信很高的实时性。

(7) 目前如：Bosch、Philips、Siemens、Delphi、Valeo 等世界上重要的汽车电器供应商已开发出大量成熟的 CAN 元器件和嵌入了 CAN 接口的电控单元（ECU），这样可大大的缩短相关汽车电器系统的开发时间，减少开发成本。

3 CAN 系统已经开始在新型的汽车上得到了广泛的实际应用

3.1 CAN 在车载网络中的应用

在 CAN 协议中仅对网络的低层进行了具体规定，其应用层协议并未给出。这样针对不同的应用，其应用层也不尽相同。在汽车领域，目前存在的多种车载网络标准，其侧重的功能也有所不同。为了便于设计和使用，SAE（汽车工程协会）将车载网络按传输速率的不同划分为 A、B、C 三类。其中 B 类在国际标准 ISO-IS11519-2 中称为低速 CAN 网，C 类在国际标准 ISO-IS11898 中称为高速 CAN 网。（参见图 3）

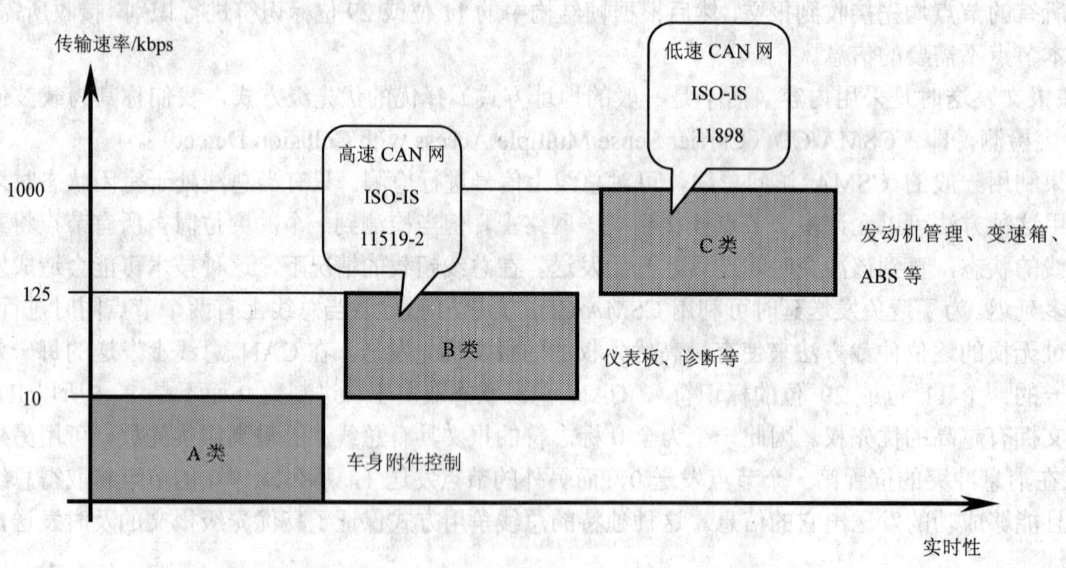

图 3

如图中所示，A 类是面向传感器和执行器控制的低速网络，传输速率只有 1～10kbps，主要用于一些车身内饰附件，如灯光控制、电动玻璃升降器、电动调节座椅等；B 类是面向独立模块间数据共享的中速网络，传输速率为 10～125kbps，主要用于一些防盗系统、故障诊断、仪表显示、安全气囊等；C 类面向高速和实时的闭环控制的多路传输系统，最高传输速率可达 1Mbps，主要用于 ECM、ABS、主动悬架等系统。在不同类的网络之间设有一个网关控制器，它可以保证位于不同速率网络上的节点之间的通信。

目前一般在汽车内采用 B 类和 C 类网络结合使用的方式，这可以在较低成本的情况下，保证满足相应的需求。而 A 类网络已经趋于淘汰，汽车工程师们开发了一种叫 LIN（Local interconnect network）的更廉价的网络标准，用于开关设备，如车辆座椅，门锁，遮阳蓬，雨刮，后视镜等。

3.2 一个应用了 CAN 的汽车实例分析

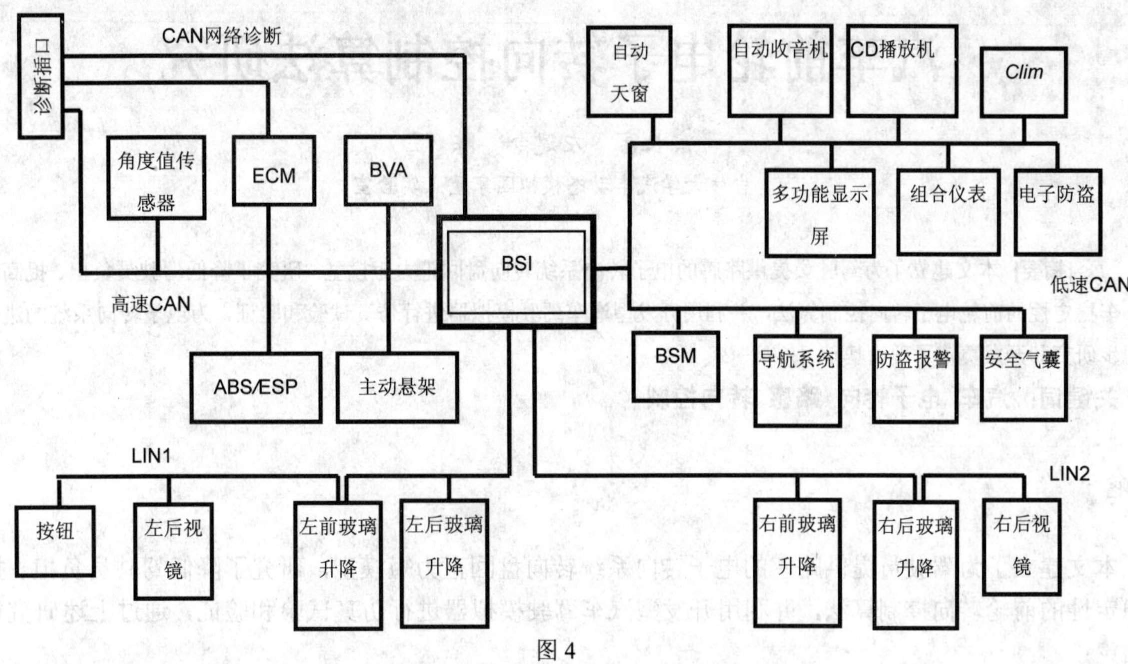

图 4

目前国内新近推出和即将推出的许多新型轿车，都不同程度的装备了 CAN 网络系统，这也是我国汽车装配水平与国际日益接轨的标志。神龙汽车有限公司即将在今年底或明年初，推出的有欧洲年度最佳轿车之称的“标致 307”系列车型。在这个先进的车型上就采用了 CAN 车载网络系统，现就其情况简单介绍一下。

“标致 307”系列车型采用的是 FullCAN 的网络控制器结构。图 4 给出了其车载网络系统的基本布局。整个网络系统分为高速网和低速网两个部分，另外对于一些开关和控制部件采用 LIN 网连接。他们通过一个叫 BSI（智能控制盒）的中心处理控制单元来连接和控制。

另外，与 BSI、ECM 和 ABS 等关键元件相连的诊断插口为外部设备与车内网络的通信和故障的诊断与检测提供接口，在整车下线前也可通过它对整个车载网络系统进行配置，这样可方便的生产不同电子配置的车辆。

4 结束语

可以预测，针对 CAN 协议及其车载网络系统的理论与应用的研究将对全球汽车制造业产生重要影响，并带动相关的巨大的经济效益。同时国内科研人员对该技术的不断研究和发展，可推动我国汽车制造业在这些关键技术上摆脱对国外的依赖，为使我们的汽车设计和制造水平早日赶上国际先进水平起到巨大的推动作用。

从国内目前的情况看来该领域的研究还不是很多，基本上处于“拿来就用”的状况。笔者谨希望本文能起到抛砖引玉的作用。随着越来越多的从事汽车及其零部件电子技术的科学工作者在该领域的研究和实践活动，必将使我国汽车及其零部件产业的技术水平迈上一个更高的台阶。

参考文献

1 邬宽明. CAN 总线原理和应用系统设计. 第一版. 北京航空航天大学出版社 1996 年 11 月

2 CIA-CAN,"An overview-VAN history",2002-12-21,http://www.can-cia.de/can/

3 Rober Bosch Gmbh. CAN Specification. Version 2.0,Stuttgart,Germany,1991

4 Controller Area Network (CAN). An In-Vehicle Serial Communication Protocol 1998 SAE Handbook,Volume 2 Parts and components,SAE J1583,May 90

汽车前轮电子转向控制算法研究

宗长富 左建令 陈 煜

吉林大学汽车动态模拟国家重点实验室

[摘要] 本文建立了为驾驶员提供路感的电子转向系统转向盘回正力矩模型，研究了降低驾驶员负担、提高汽车稳定性的前轮电子转向控制算法，并利用开发型汽车驾驶模拟器进行仿真试验和验证，为电子转向系统的进一步研究和开发奠定了理论基础。

关键词：汽车 电子转向 路感 转向控制

结论

本文建立了为驾驶员提供路感的电子转向系统转向盘回正力矩模型，研究了降低驾驶员负担、提高汽车稳定性的前轮转向控制算法，并利用开发型汽车驾驶模拟器进行仿真试验和验证，通过上述研究得出如下结论：

(1) 由车辆行驶状态确定的转向盘力矩，能够更好地向驾驶员提供车辆行驶信息，提高了驾驶员对车辆中间转向区的把握，提高了车辆的回正性和直线行驶能力。

(2) 采用横摆角速度反馈、横摆角速度和侧向加速度综合反馈的前轮转向控制算法，通过过度转向车辆连续加速试验以及对开路面制动驾驶模拟器试验，验证了这些控制算法有效性。试验结果表明汽车前轮电子转向控制算法，能够有效纠正过度转向车辆的转向特性，使其保持中性转向特性。而且，前轮转向控制算法能够减小车辆摆振，提高车辆的稳定性，减轻了驾驶员的精神压力。

本文对电子转向系统研究开发中的回正力矩模型和转向控制的关键问题进行了初步研究，为电子转向系统的进一步研究开发奠定了一定的理论基础。

注：本文全文刊登在 2003 年《汽车工程》（增刊）上。

层次分析法用于乘用车综合性能的评价

王国业 朱晓捷

中国农业大学工学院

[摘要] 本文探讨了用层次分析及其改进的方法评价家用轿车综合性能的方法，为家用轿车综合性能的评价提供了一条新途径。用层次分析法对家用轿车综合性能的各项指标进行分析排序，简便易行。本文所得结果与当前我国家用轿车综合性能的实际情况基本相符，对我国家用轿车生产、销售企业和用户具有一定的启示。

关键词：汽车 综合性能评价 层次分析法

1 引言

在当前我国的家用轿车产销两旺的发展形势下，生产和销售等诸多方面也存在着不少问题。为使企业进一步对家用轿车的生产和销售进行改进，也为用户购买家用轿车时作出更好的选择。本文试图用层次分析法[1]对家用轿车的综合性能进行评价，用层次分析法建立了家用轿车综合性能的评价指标体系，并对各项指标进行分析排序，对家用轿车综合性能的各项指标的重要性进行了比较。目前车辆性能的评价方法有多种，如，综合指数法、评分法和模糊评价法[3]等。由于家用轿车的评价涉及的因素较多，这些评价方法对家用轿车的综合性能进行的评价，其结果存在着不确定性，影响了评价结果的准确性。本文采用的改进的层次分析法使评价结果更加准确合理，基本符合我国家用轿车行业的实际情况。

2 家用轿车综合性能评价指标体系的建立

要对家用轿车综合性能进行科学的评价，必须采取系统的方法，综合考虑影响家用轿车综合性能的各个方面。考虑到当前我国家用轿车的技术水平和市场情况，依照我国与家用轿车有关的标准和法规，组织有关专家提出了概括家用轿车综合性能的 6 项总指标，如图 1，这也是层次分析法的第二层指标，以及 20 项具体指标，这也是层次分析法的第三层指标。需要求解的是各项指标，包括第二层、第三层指标，对总目标一家用轿车综合性能的重要程度，以下将用层次分析法对此进行分析计算。

3 用轿车综合性能的层次分析评价方法

3.1 层次分析法的标度及其改进

表 1 新旧标度对照表和标度定义

传统标度	新标度	标度定义
1	1	两因素比较，具有同等重要性
3	1.8	两因素比较，一个因素比另一个因素稍微重要
5	3.4	两因素比较，一个因素比另一个因素明显重要
7	5.8	两因素比较，一个因素比另一个因素强烈重要
9	9	两因素比较，一个因素比另一个因素极端重要

传统层次分析法确定指标因素的权重是通过两两比较而得到的，其标度是 1~9，见表 1。它具有简明直观的特点，但是也有一定的缺陷，如，这种标度方法可能破坏层次分析方法的排序优先功能和判断矩阵的一致性，也没有体现奖罚原则等，因此，须对传统层次分析法的标度加以改进，以建立一种合理的、通用的标度，一种较为合理的标度转换函数为：

$$P_j' = 0.1X(P_j)^2 + 0.9 \qquad (1)$$

其中 P_j' 为新标度，P_j 为旧标度。

通过这样的变换能够使权重更合理，更符合实际。根据式(1)的转换函数可得出新旧标度的对照表，见表 1。

3.2 评价指标的计算

用层次分析法评价家用轿车综合性能，即是用层次分析法确定家用轿车综合性能指标的权重。根据上述建立的家用轿车综合性能评价指标体系，通过对有关专家和用户的调查，经过计算可以得出家用轿车综合性能评价的第二层判断矩阵和权重。第二层新旧标度判断矩阵见表 2、表 3，权重的计算用新标度判断矩阵最大特征根的特征向量经归一化后得到。

第三层判断矩阵和权重为简便起见只给出新标度判断矩阵，各指标权重的计算同上，见表 4~表 9。

表2 第二层传统判断矩阵

A	B1	B2	B3	B4	B5	B6
B1	1	1	3	1	3	5
B2	1	1	3	3	3	7
B3	1/3	1/3	1	1	1	5
B4	1	1/3	1	1	1	5
B5	1/3	1/3	1	1	1	3
B6	1/5	1/7	1/5	1/5	1/3	1

表3 第二层新判断矩阵和权重（$\omega^{(2)}$）

A	B1	B2	B3	B4	B5	B6	权重
B1	1	1	1.8	1	1.8	3.4	0.224
B2	1	1	1.8	1.8	1.8	5.8	0.267
B3	0.5556	0.5556	1	1	1	3.6	0.150
B4	1	0.5556	1	1	1	3.4	0.167
B5	0.5556	0.5556	1	1	1	1.8	0.136
B6	0.2941	0.1724	0.2941	0.2941	0.5556	1	0.055

表4 动力性矩阵和权重（$P_1^{(3)}$）

B1	C1	C2	C3	权重
C1	1	0.5556	0.5556	0.214
C2	1.8	1	1.8	0.469
C3	1.8	0.5556	1	0.317

表5 经济性矩阵和权重（$P_2^{(3)}$）

B2	C4	C5	C6	权重
C4	1	1.8	1	0.400
C5	0.5556	1	1	0.271
C6	1	1	1	0.329

表6 使用性矩阵和权（$P_3^{(3)}$）

B3	C7	C8	C9	权重
C7	1	1.8	0.5556	0.317
C8	0.5556	1	0.5556	0.214
C9	1.8	1.8	1	0.469

表7 服务性矩阵和权重（$P_4^{(3)}$

B4	C10	C11	C12	权重
C10	1	1	3.4	0.436
C11	1	1	3.4	0.436
C12	0.2941	0.2941	1	0.128

表8 人机性矩阵和权重（$P_5^{(3)}$）

5	C13	C14	15	16	权重
C13	1	0.2941	1.8	1.8	0.183
C14	3.4	1	5.8	5.8	0.606
C15	0.5556	0.1724	1	1.8	0.121
C16	0.5556	0.1724	0.5556	1	0.090

表 9　技术工艺性矩阵和权重（$P_6^{(3)}$）

B6	C17	C18	19	C20	权重
C17	1	1.8	1	0.5556	0.244
C18	0.5556	1	1.8	0.5556	0.211
C19	1	0.5556	1	0.5556	0.180
C20	1.8	1.8	1.8	1	0.365

最后利用层次分析法对家用轿车综合性能进行总排序，其权重向量 $\omega^{(3)}$ 计算如下

$\omega^{(3)}=P^{(3)}*\omega^{(2)}$=（0.048，0.105，0.071，0.107，0.072，0.088，0.048，0.032，0.070，0.073，0.073，0.021，0.025，0.082，0.016，0.012，0.013，0.012，0.010，0.020）

家用轿车综合性能总排序为

$\{C4，C2，C6，C14，C11，C10，C5，C3，C9，C1，C7，C8，C13，C12，C20，C15，C17，C16，C18，C19\}^T$=$\{0.107，0.105，0.088，0.082，0.073，0.073，0.072，0.071，0.07，0.048，0.048，0.032，0.025，0.021，0.02，0.016，0.013，0.012，0.012，0.01\}^T$

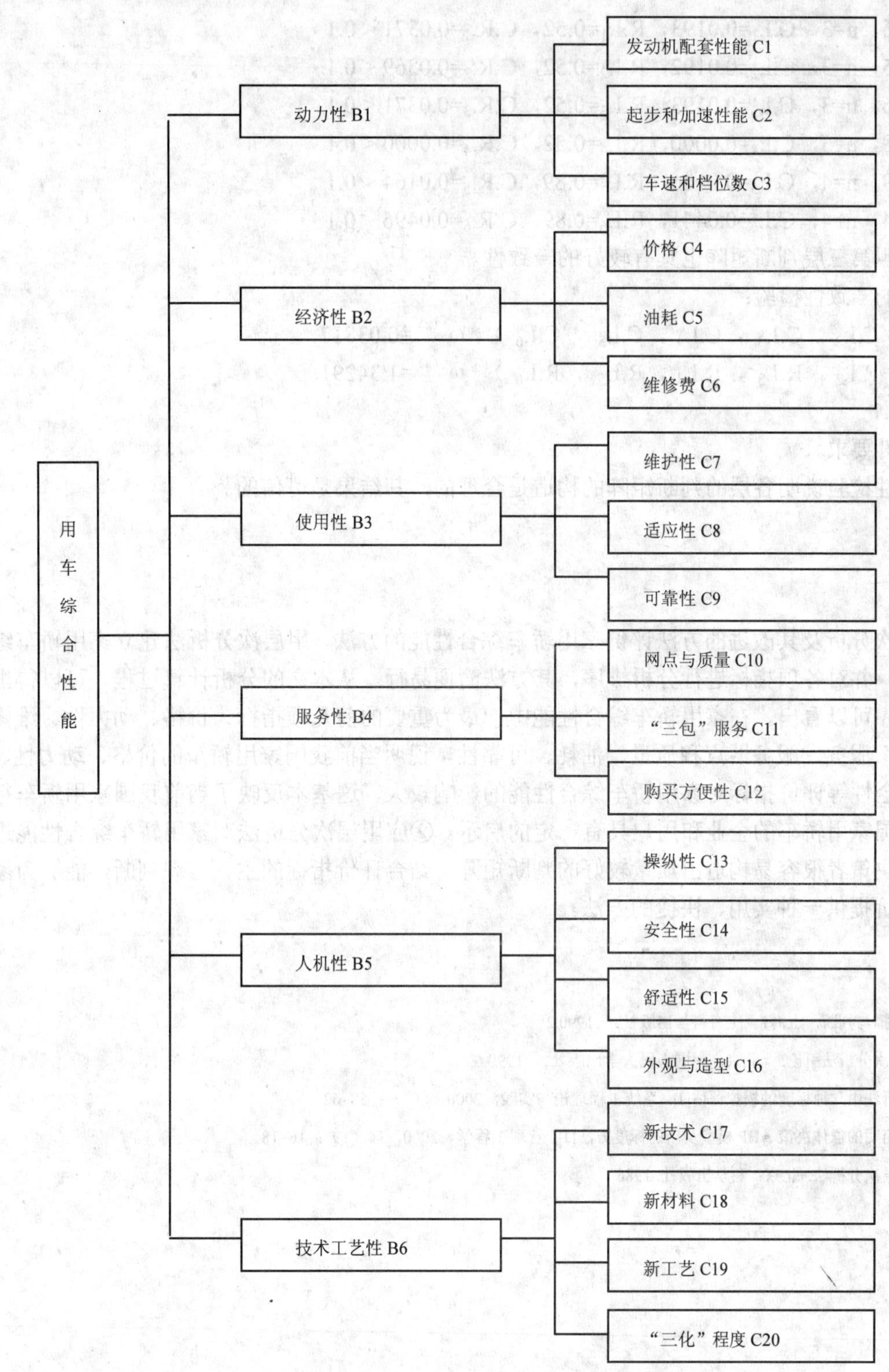

图 1　家用轿车综合性能评价指标体系

3.3　评价指标的检验

对以上第二层判断矩阵 A 的一致性进行检验，已知，λ_{max}=6.0789，n=6，计算可得一致性指标为：

$C.I.=(\lambda_{max}-n)/(n-1)=0.0158$

平均随机一致性指标为：　　R.I.=1.26

一致性比例为：　　C.R.=C.I./R.I.=0.0125 < 0.1

所以，第二层判断矩阵 A 具有较好的一致性。同理，第三层判断矩阵的一致性进行检验结果如下：

B1：λ_{max}= 3.0386，n=3，$C.I._1$=0.0193，$R.I._1$=0.52，$C.R._1$=0.0371 < 0.1

B2：λ_{max}= 3.0385，n=3，$C.I._2$=0.0192，$R.I._2$=0.52，$C.R._2$=0.0369 < 0.1

B3：λ_{max}= 3.0386，n=3，$C.I._3$=0.0193，$R.I._3$=0.52，$C.R._3$=0.0371 < 0.1

B4：λ_{max}= 3.0000，n=3，$C.I._4$=0.0000，$R.I._4$=0.52，$C.R._4$=0.0000 < 0.1

B5：λ_{max}= 4.0439，n=4，$C.I._5$=0.0146，$R.I._5$=0.89，$C.R._5$=0.0164 < 0.1

B6：λ_{max}= 4.1324，n=4，$C.I._6$=0.0441，$R.I._6$=0.89，$C.R._6$=0.0496 < 0.1

以上检验结果说明第三层判断矩阵也具有较好的一致性。

第三层对目标层的一致性检验：

$C.I.^{(3)}$ =（$C.I._1$ ，$C.I._2$ ，$C.I._3$ ，$C.I._4$ ，$C.I._5$ ，$C.I._6$ ）* $\omega^{(2)}$ =0.03817

$R.I.^{(3)}$ =（$R.I._1$ ，$R.I._2$ ，$R.I._3$ ，$R.I._4$ ，$R.I._5$ ，$R.I._6$ ）* $\omega^{(2)}$ =1.34291

$C.R^{(3)}$ =0.0284<0.1

故满足整体一致性要求。

经过以上的一致性检验说明各层的判断矩阵的构造是合理的，其结果是可信的。

4 结论

本文探讨了用层次分析及其改进的方法评价家用轿车综合性能的方法，用层次分析法建立家用轿车综合性能评价指标体系，并对各项指标进行分析排序，其方法简便易行。从本文的分析计算过程，可以得出下述结论：①由总排序可以看出，在家用轿车综合性能中，最为重要的前几项指标为价格、动力性、维修费、安全性、“三包”服务、服务网点和质量、油耗、可靠性，说明当前我国家用轿车的价格、动力性、服务性、维护性和安全性等评价指标对家用轿车综合性能的影响较大，这基本反映了当前我国家用轿车行业的实际情况，对我国家用轿车的企业和用户具有一定的启示。②应用层次分析法对家用轿车综合性能进行评价，在操作上，决策者很容易构造出质量较好的判断矩阵，结合评价指标的主、客观判断，能够为家用轿车综合性能的评价提供一种实用、快捷的方法。

参考文献

1 刘新宪，朱道立编著．选择与判断．上海：上海科学出版社．1990.2

2 王莲芬，许树柏编著．层次分析法引论．北京：中国人民大学出版社．1990.6

3 许泽水编著．关于层次分析法中几种标度的模拟评估[J]．系统工程理论与实践，2000，（7）：58~62

4 丁俭，王华等编著．一种简明的群体决策 AHP 模型及新的标度方法[J]．管理工程学，2000，14（1）：16~18

5 赵 臣，许树柏等编著．层次分析法．北京：科学出版社．1986

刚体定点运动理论在机械无级变速系统中的应用

李维纲　李维农

中国水利水电第三工程局子弟中学

[摘要] 本文介绍了一种综合利用刚体定点运动之陀螺效应和行星轮系之运动学特点，构造的新型机械无级变速系统；并对其工作原理进行了初步的研究，初步廓清了该无级变速系统之参数与性能之间的关系。认为，该新型机械系统具有结构简单、恒功率、高效率、自适应、无级变速等性质，在汽车、船舶、机床等领域，具有广阔的应用前景。

关键词：定点运动　陀螺效应　行星轮系　无级变速

[Abstract] this article introduce a sort of new mechanistic stepless speed change system which use rigid body fix a point motion's peg-top effect and planet-wheel system's kinematics character. The author has made a elementary study about the system's work principle and have some initial conclusions about the system's parameter and performance, thinking that the new system has very good performance such as simple structure, constant power, high efficiency, self-adapting, and continue variety transmission (CVT), etc. The system can be used in the fields of automobile, shipping, and machine tool, etc; it will have a widest application foreground.

Key word: fix a point motion　peg-top effect　planet-wheel system,　continue variety transmission (CVT)

1 引言

在机械系统中，为了满足使发动机工作在经济转速状态时，以不同的速度、带动不同大小负载的要求，变速器常是必不可少的子系统。简单的变速器子系统，常由齿轮和离合器构成，可以在几个固定的传动比之间手动或自动切换，以满足普通机械系统的要求。这种分档的简单变速器子系统，不但在变速过程中，随阶跃性跳变产生冲击，影响整个机械系统的平稳性；而且，由于简单的分档式变速器不能在发动机与负载之间，形成最恰当的适配，因此，设计经济、可靠、节能的机械式无级变速子系统，一直是机械领域里各国竞相研究的课题。

为攻克上述课题，在理论研究的基础上，通过样机实验发现：综合利用刚体定点运动之陀螺效应和行星轮系之运动学特点，可以构造一种结构极其简洁的新型机械无级变速系统。

2 原理

该系统的机械结构如图 1 所示，图 1 中，1 是输入轴，2 是行星齿轮，3 是中心轮，4 是输出轴，5 是特殊陀螺，5’是陀螺之“子运动体”。

为研究其力学原理，选取附着于特殊陀螺 5 本体的 *Oxyz* 坐标架，原点为陀螺本体的几何中心点 O；*X* 轴与行星齿轮 2 的自转轴重合，在图示状态，指向纸面上方；*Y* 轴与输入轴 1 的中心线重合，在图示状态，指向纸面左方；*Z* 轴可依右手螺旋方向确定，在图示状态，指向纸面以外方向。

根据对称性，可知，*X*、*Y*、*Z* 三轴是特殊陀螺 5 的三个惯量主轴。

如图所示，当系统输入轴 1 转动时，将驱使特殊陀螺 5 绕 *Y* 轴转动，并因为齿轮 2 与齿轮 3 的啮合关系，同时使特殊陀螺 5 绕 *X* 轴转动，即，使特殊陀螺 5 作定点运动。

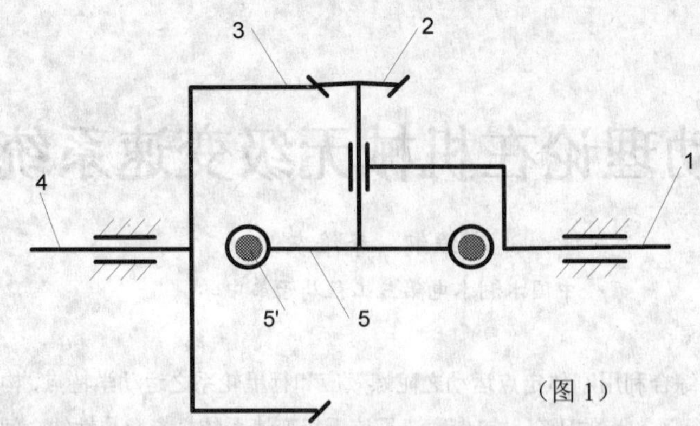

（图 1）

1—输入轴 2—行星齿轮 3—中心轮 4—输出轴 5—特殊陀螺 5' —陀螺之“子运动体”

根据刚体定点运动理论，若以刚体的三个惯量主轴为参照系，刚体之角加速度、回转力矩和外力矩三者在主轴坐标系中，遵守下列欧拉动力学方程关系，即

$$\begin{cases} J_x\dot{\omega}_x = M_x + (J_y - J_z)\omega_y\omega_z \\ J_y\dot{\omega}_y = M_y + (J_z - J_x)\omega_z\omega_x \\ J_z\dot{\omega}_z = M_z + (J_x - J_y)\omega_x\omega_y \end{cases}$$

式中，右边第一项是反映所谓陀螺效应的回转力矩项。

在以下对图 1 所示系统讨论中，可以约定——

加在输入轴 1 上的输入动力矩为 Mi，力矩的正方向与 Y 轴方向相同；

输入轴 1 的转速为恒常转速 ωi，转动的正方向与 Y 轴方向相同；

输出轴 4 上的承受的负载力矩为 Lo，力矩的正方向与 Y 轴方向相反；

输出轴 4 的转速为 ω_o，转动的正方向与 Y 轴方向相同；

特殊陀螺 5 自转速度为 ω_x，其正方向与 X 轴方向相同；

驱使特殊陀螺 5 自转的外力矩为 Mx，其正方向与 X 轴方向相同；

特殊陀螺 5 公转速度为 ω_y，其正方向与 Y 轴方向相同（显然，$\omega_y = \omega_i$）；

驱使特殊陀螺 5 公转的外力矩为 M_y，其正方向与 Y 轴方向相同（显然，$M_y = M_i$）；

在行星齿轮 2 与中心齿轮 3 相啮合的 A 处，行星齿轮 2 对中心齿轮 3 的作用力为 F，在图 1 所示状态，其正方向指向纸面以内；

R 表示由中心齿轮 3 圆心指向啮合点 A 处的矢量半径；

r 表示由行星齿轮 2 圆心指向啮合点 A 处的矢量半径；

通过作用点 A，由行星齿轮 2 施加于中心齿轮 3 的驱动力矩为 M_o，其正方向与 Y 轴方向相同；

那么，当不计陀螺效应时，对于图 1 所示系统，有下列关系成立：

$$\begin{cases} r \times (-F) = M_x & ① \\ R \times F = M_o & ② \\ M_o - L_o = \dot{\omega}_o J_o & ③ \\ J_x\dot{\omega}_x = M_x & ④ \\ J_y\dot{\omega}_y = M_y - RF & ⑤ \\ \omega_x = \dfrac{R}{r}(\omega_y - \omega_o) & ⑥ \\ \dot{\omega}_y = 0 & ⑦ \end{cases}$$

将②÷①并整理得：

$$M_o = -\frac{R}{r} M_x \quad ⑧$$

对⑥式求时间导数，得：

$$\dot{\omega}_x = -\frac{R}{r} \dot{\omega}_o \quad ⑨$$

将⑨代入④式，得：

$$M_x = (-\frac{R}{r} \dot{\omega}_o) J_x \quad ⑩$$

将⑩代入⑧式并整理，得：

$$M_o = (\frac{R}{r})^2 \dot{\omega}_o J_x \quad ⑾$$

由⑾式可见：当不计陀螺效应时，在输出轴 4 的加速度为零（包括输出端一直静止不动）这一情况下，行星齿轮 2 通过啮合点 A 施加于中心齿轮 3 的驱动力矩 Mo=0。即：若不计陀螺效应，图 1 机构无输出力距——无输出功率，是一种无用机构，这与《机构设计》[①]中的结论是完全一致的。

为简化理论分析，假定图 1 中特殊陀螺 5 的质量完全分布在其包含的子运动体上，并计及子运动体的陀螺效应时，上述方程组则应修订为下列形式：

$$\begin{cases} r \times (-F) = M_x & ① \\ R \times F = M_o & ② \\ M_o - L_o = \dot{\omega}_o J_o & ③ \\ J_x \dot{\omega}_x = M_x + (J_y - J_z)\omega_y \omega_z & ④ \\ J_y \dot{\omega}_y = M_y - RF + (J_z - J_x)\omega_z \omega_x & ⑤ \\ J_z \dot{\omega}_z = L_z + (J_x - J_y)\omega_x \omega_y & ⑥ \\ -L_z = \omega_z k & ⑦ \\ \omega_x = \frac{R}{r}(\omega_y - \omega_o) & ⑧ \\ \dot{\omega}_y = 0 & ⑨ \end{cases}$$

将②÷①并整理得：

$$M_o = -\frac{R}{r} M_x \quad ⑩$$

对⑧式求时间导数，得：

$$\dot{\omega}_x = -\frac{R}{r} \dot{\omega}_o \quad ⑾$$

将⑾代入④式并整理，得：

$$M_x = (-\frac{R}{r} \dot{\omega}_o) J_x - (J_y - J_z)\omega_y \omega_z \quad ⑿$$

将⑿代入⑩式并整理，得：

$$M_o = (\frac{R}{r})^2 \dot{\omega}_o J_x + \frac{R}{r}(J_y - J_z)\omega_y \omega_z \quad ⒀$$

由⒀式可见：当计及子运动体的陀螺效应时，在输出轴 4 的加速度为零（包括输出端一直静止不动）这一情况下，虽然式中右边第一项为零，但是，由于每个子运动体随特殊陀螺本体公转运动的转动惯量 *Jy* 与子运动体被约束在空腔中，只能以微自转形式实现之转动的惯量 *Jz* 是不相等的（*Jy*＞*Jz*），式中右边第二项一般不为零，从而，行星齿轮 2 通过啮合点 A 施加于中心齿轮 3 的驱动力矩 Mo≠0，即，若计及子运动体的陀螺效应，图 1 机构就有输出力矩——有输出功率，意味着，在输入轴与输出轴之间有功率流，是有用机构！

此外，式⒀中还蕴含着对于下文样机实验中之对比实验所见事实的理论解释：在对比实验中，由于 ω_z 被限制为零，对应式中右边第二项此时也为零，从而，对比实验装置的输出力矩为零，在输入轴与输出轴之间不能形成功率流。

3 样机实验

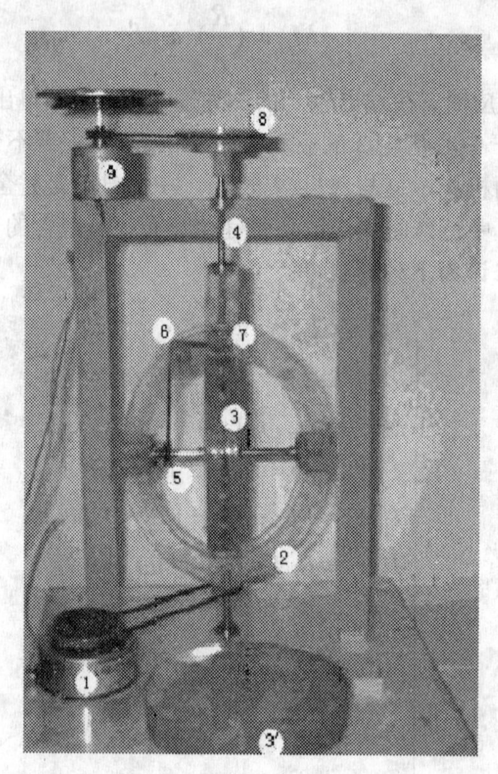

图 2

1—电动机 2—可绕竖直轴转动的“O 形框架” 3—水平支撑于“O 形框架”2 之框内的特殊陀螺
4—输出轴 5、6、7、8—带轮 9—发电机 3’—普通陀螺

图 2 即为实验用原理型样机照片。

图 2 中，1 是电动机；2 是可绕竖直轴转动的“O 形框架”；3 是水平支撑于“O 形框架”2 之框内的特殊陀螺，4 是输出轴，5、6、7、8 是带轮，9 是发电机。

特殊陀螺的特殊之处在于：在距陀螺中心等半径的圆周上，均布有多个空腔，每个空腔中均含有一颗滚珠。

上述部件之间的关系是：电动机 1 通过带轮，可驱动“O 形框架”2 绕竖直轴转动；发电机 8 作为系统负载，通过带轮 8 将阻力矩加在输出轴 4 上，使与带轮 8 同轴的带轮 7 倾向不转动，从而，当“O 形框架”2 绕竖直轴转动时，带轮 7 与“O 形框架”2 之间有相对运动，并因此可以通过带轮 6 和 5 等，驱使陀螺 3 在“O 形框架”2 内绕水平轴旋转，形成陀螺 4 既绕水平轴自转、又绕竖直轴进动这样一种复合转动。

实验所见：

当电动机 1 以近似恒定的转速（表现为电动机两端电压近似不变）驱动“O 形框架”2 绕竖直轴转动时，带轮 8 会发生转动，并且其转速与发电机所带负载的大小成反比，发电机所带负载的大小与电动机工作电流成正比。显示出，在实验一的电动机输出轴与带轮 8 之间的机构，具有自适应无级变速功能。

为了查明图 2 所示特殊陀螺 3 之空腔中相对陀螺本体可自由转动之子运动体——滚珠的作用，在其它参数完全一致的条件下，仅仅将陀螺 3 由特殊陀螺换为一个普通陀螺(如图 2 照片中 3’所示)。该普通陀螺的材质、尺寸等与特殊陀螺完全相同，仅有的区别是：每个空腔中的那颗滚珠，均被胶结在仅有微小间隙的空腔中，相对陀螺本体，不能运动。

对比实验中所见：

当电动机 1 以近似恒定的转速（表现为电动机两端电压近似不变）驱动“O 形框架”2 绕竖直轴转动时，系统强烈振动，带轮 8 初始（估计是由于静摩擦比较大的关系）可有缓慢、微弱的转动，带很轻的负载之后，带轮 8 就转为静止状态，在带轮 8 处，无动力输出。反映出，在电动机输出轴与带轮 8 之间，没有任何功率流发生。

4 效率分析

在肯定图 1 所示系统的输入轴和输出轴之间有功率流的前提下，可以进一步思考从输入轴输入的功率是否有被分流或被截留消耗的情况，对系统中部件各个运动自由度对应的能量收支情况算算账：对于特殊陀螺 5 和行星齿轮 2 的公转运动而言，由于输入速度 $\omega_i = \omega y$ 是恒定的，所以，在整个系统正常运行过程中，特殊陀螺 5 和行星齿轮 2 因公转运动而具有的动能无增减变化，对输入系统的能量，无截留消耗发生；

考虑输出动力矩 Mo 等于负载力矩 Lo 这种输出轴带动负载匀速转动的情况，根据系统中的运动学关系：

$$\omega_x = \frac{R}{r}(\omega_y - \omega_o)$$

知道：在所述前提条件下，ω_x 为定值，即，特殊陀螺 5 和行星齿轮 2 因自转而具有的动能无增减变化，对输入系统的能量，无截留消耗发生；

进一步，考虑子运动体在空腔中以微自转形式进行的章动，其能量来源也只能是输入系统的动能。从欧拉方程组来看，如果子运动体以微自转形式进行的章动没有阻力矩制约的话，可以由回转力矩无限加速，成为系统中的一个蓄能阱，将输入系统的部分能量蓄入其中；但是，实际上，子运动体以微自转形式进行的章动不可能没有阻力矩制约，这就是摩擦力矩，使得，当摩擦力矩随微自转速度的增加而增加，达到与加速子运动体微自转的回转力矩相等时，子运动体的微自转速度便不再继续提高，可见，由于子运动体之微自转而蓄存的章动动能也是有限的。

综上可见：系统中除了期望的功率输出途径之外，只有一个必然的分流功率漏洞——克服章动阻力矩做功。

于是，提高系统效率的关键是：降低子运动体为克服转动阻力矩所做的功。

若以 n 表示子运动体的个数，则系统用于克服子运动体于空腔中所受摩擦外力矩 L_z 的功率 $N \leqslant nL_z \omega_z$，由于通过调整子运动体与公转轴之间的平均距离，可以改变子运动体相对公转轴 Y 的转动惯量 J_y 使 $J_y \to J_x$，对 ω_z 的回转加速力矩$(J_x - J_y)\,\omega_x \omega_y$ 足够小，微小的摩擦力矩 L_z 便可以阻止 ω_z 被进一步加速到很高的水平，使系统用于克服章动阻力矩的功率 N 可以随具体结构、材料、加工精度的改进不断减小，使系统输出功率接近输入功率。即，系统具有恒功率、高效率、自适应、无级变速性质。

5 结论

(1) 理论和实验表明：利用刚体定点运动的陀螺效应及行星轮系的运动学特点，构造之如图 1 所示的系统，在输入轴与输出轴之间确实存在功率流。

(2) 系统中，除结论 1 所述的功率流之外，功率的分流消耗量是一个随具体结构、材料、加工精度之改进，理论上可以不断减小的量。

参考文献

1 傅则绍，肖大准，张眉，徐礼矩，胡秉辰，王厚宽，赵松年. 机构设计. 山东：石油大学出版社，1993

2 李俊峰，张雄，任革学，高云峰. 理论力学. 北京：清华大学＆施普林格出版社，2001

3 李维农、李维纲. 一种基于陀螺效应的机械无级变速系统. 专利说明书，专利申请号：02123433.7

汽车转向管柱组合开关的力特性测量

刘岩睿　夏群生　何　乐
清华大学汽车安全与节能国家重点实验室

[摘要] 为了更准确的描述操作者对组合开关的评价，本文确定了换档力、换档后力的平均下降梯度、换档位移等评价组合开关力特性的重要指标，设计了组合开关力特性测试系统。利用该系统，测量了组合开关力特性指标。测试结果表明，各指标之间有合理的相关性，其确立是有价值的，为进一步建立组合开关力特性客观评价的数学模型提供了试验基础。并且该系统可用于设计和生产过程。

关键词：组合开关　力特性　测试　传感器

Test and Measurement of Mechanical Characteristic of Multi-Function Switch System on Vehicles

Liu Yanrui, Xia Qunsheng, He Le
State Key Laboratory of Automotive Safety and Energy, Tsinghua University

[Abstract] In order to describe the evaluating of multi-function switch, the paper established some important index. And a test&measurement system for multi-function switch system was designed. With the system, the index were measured. The test results indicate the index relation was reasonable and construct the foundation for mathematical model of mechanical characteristic evaluating. And the system can be used in designing and production.

Key words: multi-function switch　mechanical characteristic　test and measurement　sensor

组合开关的力特性是评价一辆车的操纵性时要考虑的一个因素。所谓力特性，广义上是指驾驶员在控制组合开关动作时所有功能所有档位反馈给驾驶员的所有信息的集合，包括力的感觉、换档的位置感、换档过程中行程的感觉以及驾驶员与组合开关手柄接触时的手感等方面；狭义上是指控制换档时反馈给驾驶员的与力有关的信息。

力特性除了给驾驶员手上的感觉外，还反应了产品结构的特征和产品工艺的稳定性。例如弹簧的刚度不均匀，初始压紧量不一样会导致力的感觉的变化，因此力特性又是工艺稳定性的检查手段，当然更是安装正确与否的检测手段。一些安装错误和某些零件缺少都会在力特性中得到反应。例如当雨刷开关的点动档弹簧断裂或没有安装弹簧时，驾驶员会明显感觉力（或力矩）很小，并且无法复位；而当弹簧刚度不均匀时，驾驶员就会感觉到手上施加的力矩不稳定。

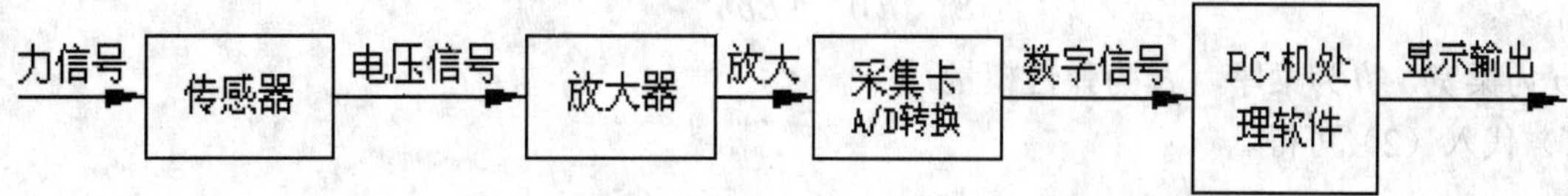

图 1　力特性测试系统的原理组成框图

力特性测试系统是测量组合开关与力有关的项目的系统，其原理组成框图如图 1。其中传感器、放大器、采集卡属于硬件部分，功能是将反馈的与力有关的物理量（力信号）转化为数字信号传输给处理软件；PC 机处理软件属于软件部分，功能是将反馈回的数字量进行显示、处理、分析。

1 传感器的设计

由于组合开关形状多样、受力形式不确定、受力方向不固定、信号很小、试验地点不固定。因此我们得出测试系统的要求如下：与开关的接触部分具有良好的适应性，可适应各种形状的开关；操作简便，进行试验时应使操作者对传感器的操作像手指一样灵活；灵敏度高，可以将小力准确的记录下来；美观实用，外观应符合使用时的心理感觉，使操作者看到后便知道该传感器的测量对象和操作方法；便于携带。

1.1 传感器的选型[1]

我们采用电阻应变式力传感器，根据前面的要求，选用双插入端悬臂梁作为压力传感器的弹性元件，轮辐式作为扭矩传感器的弹性元件，它们的结构图及贴片组桥方式如图 2、图 3 所示。

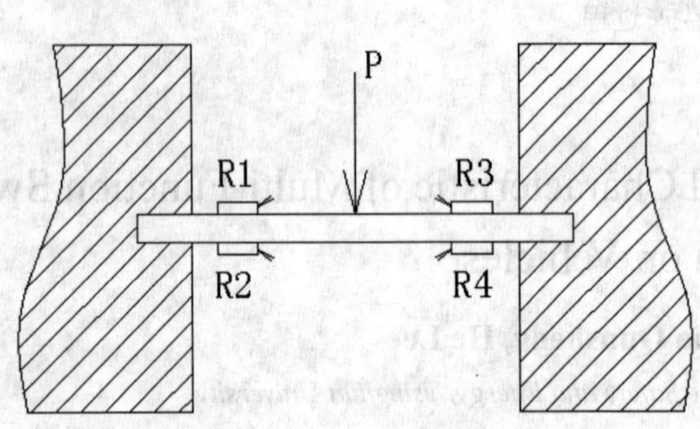

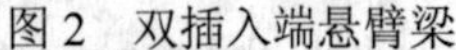
图 2 双插入端悬臂梁

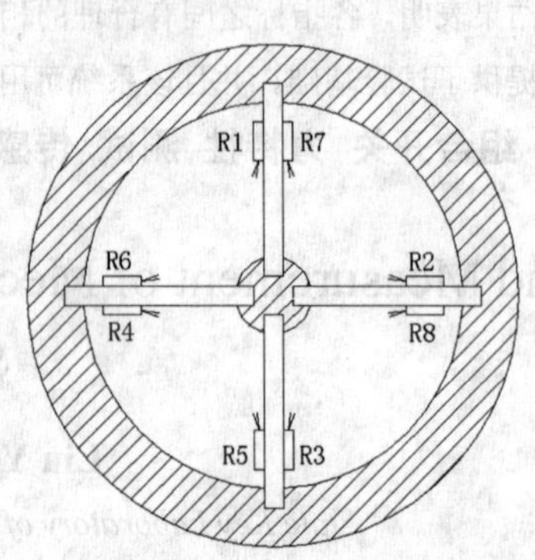

图 3 轮辐式

双插入端悬臂梁型传感器灵敏度高，可用于小量程测量，且结构简单；轮辐式传感器灵敏度高，抗侧向力能力好。

1.2 传感器弹性元件的设计[2]

我们选定弹性元件材料为 30CrMnSiA，其弹性模量 E=210GPa，线性膨胀系数 11μ/℃，抗拉强度 1.65GPa，屈服点 1.3GPa，用以制作重要的高精度弹性元件。应变片尺寸为（1x1）㎜，阻值 100Ω，输入电压 5V。

1.2.1 压力传感器的弹性元件设计

利用材料力学中超静定梁的叠加原理，当双插入端悬臂梁长度为 l 时，在施加于梁中点的外力 P 作用下，距端点为 a（$a \leq l/2$）的梁内弯矩为

$$M = \frac{Pl}{8} + \frac{Pa}{2} \tag{1}$$

我们又知悬臂梁压力传感器的微应变与外力关系为

$$\varepsilon = \frac{\sigma}{E} = \frac{M}{EW} = \frac{6M}{Ebh^2} \tag{2}$$

其中 b 为梁宽，h 为梁厚，E 为弹性模量。

将（1）代入（2）可得

$$\varepsilon = \frac{3P(l+4a)}{4Ebh^2} \tag{3}$$

设计时取最大挠度 f_{max}=0.014 ㎜，最大应变 ε_{max}=465μ，最大量程 30N。

我们认为应变片的阻值、性质均相同，由于贴片处关于受力点对称，因此其应变也相同，由应变产生的阻值变化也相同。因此不论采用恒流源还是恒压源，当一个应变片的阻值为 R、阻值变化为 ΔR 时，桥路输出电压 u_i 与 R、ΔR 的关系为

$$u_i = \frac{u_0}{2R}(R+\Delta R) - \frac{u_0}{2R}(R-\Delta R) = \frac{\Delta R}{R}u_0 = k\varepsilon u_0 \tag{4}$$

其中 k 为灵敏系数，一般取值为 2；u_0 为桥路输入电压，前面已经确定为 5V；ε 为应变片的应变。将（3）代入（4），得

$$u_i = \frac{3ku_0P(l+4a)}{4Ebh^2} \tag{5}$$

这就是理论外加力与输出电压的关系。将选定的尺寸及输入电压等已知量代入（5），可得到理论灵敏度 $K = 0.155mV/N$。

1.2.2 扭矩传感器的弹性元件设计

轮辐式扭矩传感器的微应变与外力关系为

$$\varepsilon = \frac{3M}{2E(R+l/2)bh^2}\left(\frac{l}{2}-a\right) \tag{6}$$

其中 M 为外加力矩，E 为弹性模量，R 为内轴半径，l 为外圆内半径与内轴半径的差值，b 是辐射翼宽，h 为辐射翼厚，a 为贴片处距外圆内表面的距离。

设计时量程选择为 0.04Nm～0.6Nm，最大最大应变 $\varepsilon_{max} \approx 1000\mu$。

与压力传感器弹性元件的组桥方式分析相同，我们将（6）代入（4），得

$$u_i = \frac{3ku_0M(l/2-a)}{2Ebh^2(R+l/2)} \tag{7}$$

我们将选定的尺寸及输入电压等已知量代入（7），可得到理论灵敏度 $K = 18mV/Nm$。

1.2.3 传感器的补偿

在桥臂上串连锰铜丝，作为初始不平衡补偿电阻，阻值为 $R_z = \frac{4u_iR}{1000u_0}$。

在桥臂中串入镍丝，作为零漂的补偿电阻，其阻值为 $R_t = \frac{4u_iR}{1000u_0a_m\Delta t}$。

在电桥的电源电路中接入镍丝作为温度补偿电阻，其阻值对于的 30CrMnSiA 为 $R_E = R/13.3$。

为保证在各种温度下的灵敏度均可以得到补偿，我们将动漂补偿电阻与镍丝线绕电阻并联，线阻 $R_P = 3.156R_E$。

补偿后的传感器应变桥路如图 4。

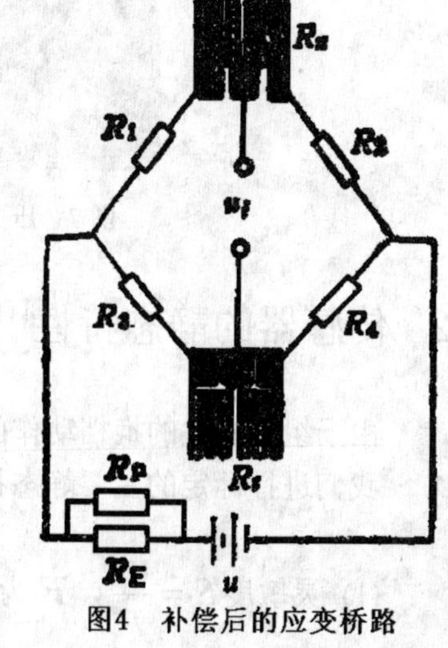

图4 补偿后的应变桥路

1.3 其它部分的设计[3]

我们要求传感器与各种形状的组合开关接触良好，外壳防尘，便于检修及加工。

与被测件的接触端我们采用 V 型槽；与弹性元件的接触端，采用半球头形式可以保证弹性元件与球头的接触微元面永远都和球头该点的切面重合，无论 V 型槽感受到何种方向的力，当力传到球头时，力总是沿着该点的法线方向传给弹性元件，即总是和弹性元件梁轴垂直。其结构原理示意如图 5。

由于扭动开关的外形为坡度不大的圆锥形或接近于圆锥形，这样在开关外缘上总可以找到三个点到转动轴心的距离相等，我们将卡具与开关的接触端设计成半圆柱体形式，它与圆锥外边的接触总处于圆柱体切面的切点上，保证良好的接触。故我们选择结构最为简单的三爪作为扭矩传感器的卡具。其结构示意如图 6。

最终压力传感器外形尺寸为 50×32 ×16 ㎜的近似长方体，中间开孔 $\phi 20$ 套入手指，如图 7；扭矩传感器的外形尺寸为 37 ×71 ㎜的近似圆柱体，手持部分 φ20×20 ㎜，如图 8。传感器的材料为 ZL106。

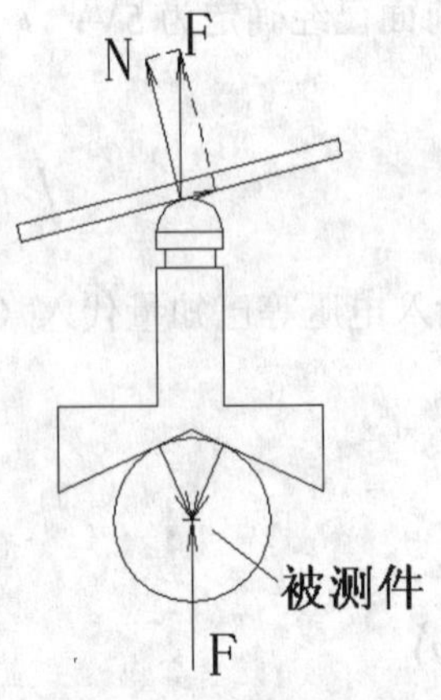

图 5 V 型槽与半球头

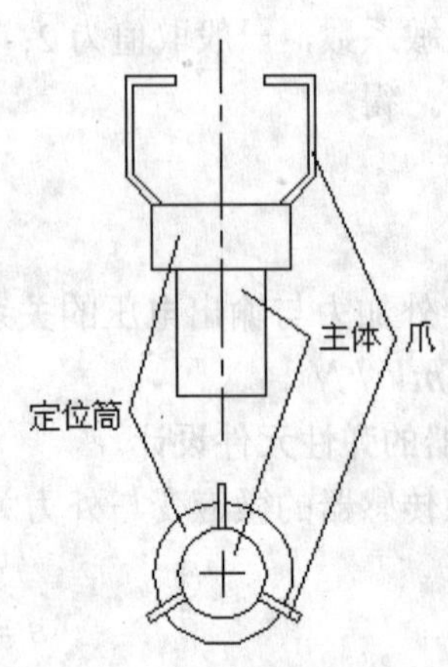

图 6 三爪

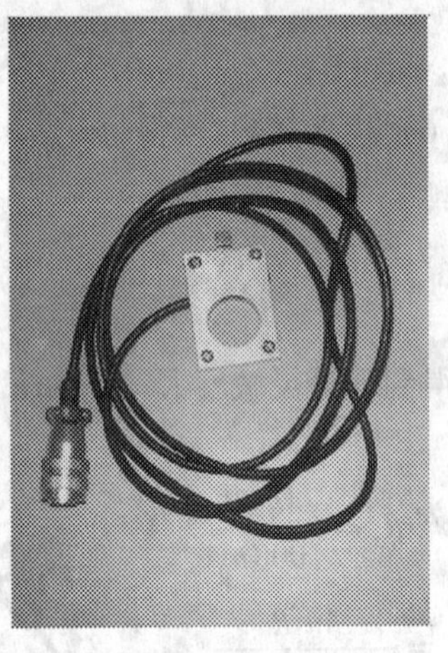

图 7 压力传感器

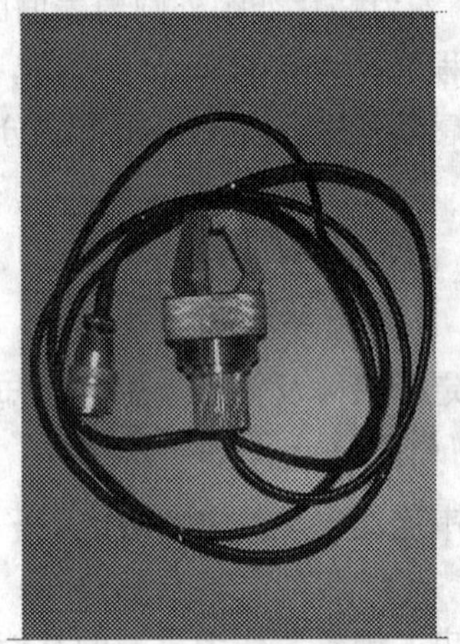

图 8 扭矩传感器

2 传感器的静态特性[1]

由于组合开关的换档动作的频率小于 100Hz，因此我们只对传感器的静态指标进行标定。

我们进行标定的主要静态指标有：

(1) 灵敏度 $S=\dfrac{u_i}{F}$，F 为输入载荷，u_i 为输出电压；

(2) 满量程输出 $y_{F,S}=y_H-y_L$， y_H 为上限输出，y_S 为下限输出；

(3) 直线度 $L=\pm\dfrac{\Delta\theta_L}{y_{F,S}}\times 100\%$，$\Delta\theta_L$ 为拟合曲线与实测曲线最大偏差；

(4) 迟滞 $H = \pm \frac{\Delta\theta_H}{2y_{F,S}} \times 100\%$，$\Delta\theta_H$ 为量程内正反行程测量最大偏差；

(5) 重复性 $R = \pm \frac{\sum_{i=1}^{k}(\Delta\theta_{i,F} + \Delta\theta_{i,R})}{kd(n,k)y_{F,S}} \times 100\%$，$\Delta\theta_{i,F}$ 为进程测量时的各点与拟合曲线的偏差，$\Delta\theta_{i,R}$ 为反程测量时的各点与拟合曲线的偏差，n 为测量次数，k 为每次的测量点数，$d(n,k)$ 为极差系数；

(6) 静态精度 $A_C = \sqrt{L^2 + H^2 + R^2}$，由直线度、滞后、重复性组成。

压力传感器的量程分为两档：0～10N，10～30N

这样我们得到标定结果如表 1。

表 1　传感器标定结果

		$y_{F,S}$ (mV)	L	H	R	A_C
压力传感器	0～10N	1.785	0.50%	0.95%	1.34%	1.72%
	10～30N	2.545	0.43%	1.22%	1.22%	1.78%
扭矩传感器		21.646	0.35%	0.62%	0.36%	0.80%

最终测定的压力传感器的灵敏度和理论计算结果相差 10%，扭矩传感器的灵敏度与理论计算结果相差 30%。产生误差的原因除加工误差外，和应变片的贴片位置也有很大关系。

综上所述，压力传感器和扭矩传感器的静态特性都是可以接受的，设计是可行的。

3　力特性测量

3.1　力特性指标

指标是表征某种物理现象的物理量，有明确的物理意义，力特性指标即我们在力特性测量试验中的研究对象。

自行开发的力特性测试系统，可以将整个换档过程中力的变化记录下来，换档过程的示意曲线如图 9。最终我们选定了 8 个不受人操作动作影响的物理量作为试验的指标如下：

(1) 拐点力（*Pc*）

它是指在平缓加力过程中出现的力突变增大的临界值。从开关的使用角度看，拐点力存在于与灯光有关的过程，起瞬间提示其它车辆的作用。它小于换档力，当人手松开（外力为 0）时开关会因为弹簧的作用跳回初始位置。为了读取方便，在进行试验测量时，我们在这些灯光瞬间打开的位置保持一段时间的稳定力。它体现在曲线上即为斜率近似为 0 的临界状态区域（见图 9）。它反映了开关内部弹簧的刚度和导向槽的高度，力值较大时会使人感觉换档费力。它在不同的开关中会有不同的叫法。

(2) 换档力（*Pm*）

它是指改变开关档位时所需要的力。它是个峰值力，当加力到这个值时开关在弹簧的作用下会跳进下一个档位，开关对外力的反力会迅速下降，体现在曲线上即为点临界状态（见图 9）。它也反映了开关内部弹簧的刚度和导向槽的高度，力值较大时会使人感觉换档费力。

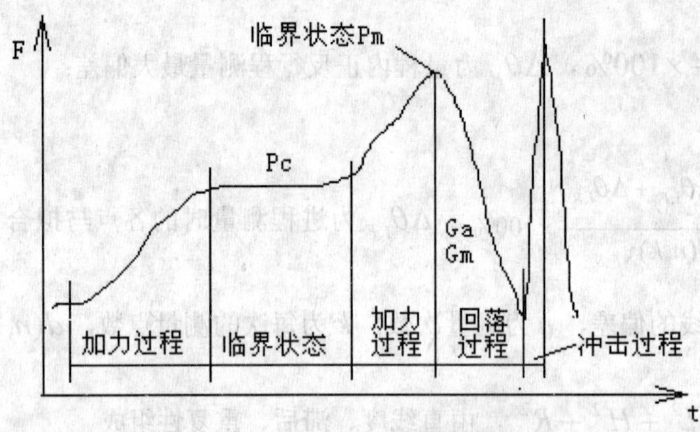

图 9 某开关转向灯打开的过程示意曲线

(3) 本档位换档力与同方向的下一档拐点力或换档力的差值（*Pd*，简称档位差值力）

$$Pd=Pm-Pn$$

Pn 为该过程同方向的下一过程的 *Pc* 或 *Pm*。

在某些开关的某些换档过程，其同方向接下来还有其它的换档过程。我们引入了差值力 Pd 的概念，很明显，如果 $Pd \leqslant 0$，则会出现蹿档现象，换档到位感不好。它反映了该档位的导向槽高度和下一档位的导向槽高度的差值。

(4) 换档后力的平均下降梯度（*Ga*，简称平均下降梯度，见图 9）

$$Ga = \frac{90\%Pm - 10\%Pm}{t}$$

t 为传感器采集到的力信号从 90%Pm 下降至 10%Pm 所用的时间。

平均下降梯度反映了开关内部弹簧的刚度和导向槽的平均坡度，一般来说，弹簧刚度和导向槽平均坡度大的开关平均下降梯度也大，会使人感觉换档过程生硬。

(5) 换档后力的最大下降梯度（*Gm*，简称最大下降梯度，见图 9）

$$Gm=\mathrm{Max}(Gi)$$

Gi 为 90%Pm～10%Pm 区域内每两个相邻采样点之间的下降梯度。

最大下降梯度反映了开关内部弹簧的刚度和导向槽的最大坡度，一般来说，弹簧刚度和导向槽最大坡度大的开关最大下降梯度也大，当它较大时会使人感觉换档过程生硬。

(6) 换档位移（*D*）

换档位移是指在换档过程中从本档位换至下一档位开关位置变化的距离。它反映了开关内部导向槽的跨度。当换档位移比较大时，势必使得换档过程的时间延长，同时人会感觉换档比较迟钝缓慢。

(7) 开关形状尺寸（*S*，简称尺寸）

它是指人手与开关的接触位置的开关外形尺寸，是人与开关发生联系时最先产生影响的物理量，直接影响人的触觉。

(8) 空间位置（*L*）

它是指开关距离方向盘的初始距离。由于驾驶员在驾驶过程中操作开关都是手扶在方向盘上用手指去控制，当开关距离方向盘过远或过近时，驾驶员都会觉得操作不舒服。它直接反映了开关设置的位置是否合理。

这 8 个指标根据不同的换档过程有不同的组合方式。

3.2　一些车辆的力特性测量结果

我们对 6 辆试验车的组合开关进行了测量，每个过程多次测量求平均值得出力特性指标，我们列出部分测量结果如下。

表 2　6 辆车的部分测量数据

变光开关	*Pc*(N)	*Pm*(N)	*D*(mm)	*S*(mm)	*L*(mm)
1#车	8.52	11.80	20	28	80
2#车	6.82	9.13	20	20	80
3#车	8.55	11.87	20	30	85
5#车	8.85	11.94	20	15	80
6#车	6.90	10.05	20	20	90

转向灯		*Pc*(N)	*Pm*(N)	*Ga*(N/s)	*Gm*(N/s)	*Pd*(N)	*D*(mm)	*S*(mm)	*L*(mm)
0～左	1#车	3.70	7.51	730	511.19		30	20	80
	2#车	3.22	4.86	280	199.86		20	20	80
	3#车	5.27	8.54	570	389.13		25	20	85
	4#车	3.71	5.56	415	262.70		25	20	110
	5#车	4.33	6.04	490	327.51		30	15	80
	6#车	2.28	3.83	313	207.53		20	20	90
左～0	1#车		2.23	215	73.25	1.77	30	20	80
	2#车		3.88	380	237.17	0.56	20	20	80
	3#车		2.76	160	98.72	1.72	25	20	85
	4#车		2.04	95	59.87	1.75	25	20	110
	5#车		2.94	300	173.36	1.20	30	15	80
	6#车		3.56	205	90.79	-0.41	20	20	90
	1#车	4.00	7.66	1120	752.00		25	20	80
	2#车	4.44	5.43	355	195.67		20	20	80
	3#车	4.48	8.14	500	276.74		25	20	85
	4#车	3.79	5.45	535	215.77		25	20	110
	5#车	4.14	6.49	480	178.83		30	15	80
	6#车	3.15	5.34	270	127.03		20	20	90
	1#车		2.44	195	138.52	1.26	25	20	80
	2#车		2.81	285	128.52	0.41	20	20	80
	3#车		4.21	255	160.12	1.06	25	20	85
	4#车		3.07	235	142.03	0.64	25	20	110
	5#车		2.49	385	237.39	1.84	30	15	80
	6#车		2.54	239	156.27	-0.26	20	20	90

雨刷开关		*Pm*(N)	*Ga*(N/s)	*Gm*(N/s)	*Pd*(N)	*D*(mm)	*S*(mm)	*L*(mm)
0～间歇	2#车	56.88	140	4.33	1.08	13	20	80
	4#车	47.62	145	3.86	0.33	15	20	120
	6#车	92.21	130	2.57	0.74	25	20	90
间歇～慢速	2#车	65.03	185	5.41	-0.70	13	20	80
	4#车	61.84	205	4.19	0.02	15	20	120
	6#车	79.40	140	3.31	0.61	25	20	90
慢速～快速	2#车	63.45	165	4.71		15	20	80
	4#车	124.26	220	4.21		15	20	120
	6#车	160.70	210	3.92		25	20	90
快速～慢速	2#车	78.72	165	3.26	0.14	15	20	80
	4#车	105.73	275	4.31	-0.30	15	20	120
	6#车	73.84	150	3.75	0.35	25	20	90
慢速～间歇	2#车	65.24	135	3.40	-0.24	13	20	80
	4#车	134.66	270	4.01	0.34	15	20	120
	6#车	71.77	150	4.10	0.96	25	20	90
间歇～0	2#车	81.53	130	3.16	2.71	13	20	80
	4#车	129.48	230	4.35	2.44	15	20	120
	6#车	48.15	140	5.06	1.73	25	20	90
点动	2#车			5.87		15	20	80
	4#车			6.79		25	20	120
	6#车			6.79		20	20	90

		Pm(N)	*Ga*(N/s)	*Gm*(N/s)	*Pd*(N)	*D*(mm)	*S*(mm)	*L*(mm)
0～慢速	1#车	121.73	400	4.03	2.25	20	20	80
	3#车	88.02	175	2.21	2.38	30	20	90
	5#车	405.08	580	4.37	0.69	25	15	75
慢速～快速	1#车	185.92	530	6.28		20	20	80
	3#车	87.51	455	4.59		25	20	90
	5#车	452.63	655	5.06		20	15	75
快速～慢速	1#车	154.28	265	2.79	-0.08	20	20	80
	3#车	164.42	250	3.07	-0.70	25	20	90
	5#车	332.50	475	2.90	1.08	20	15	75
慢速～0	1#车	119.86	235	2.71	2.99	20	20	80
	3#车	95.39	150	2.37	2.92	30	20	90
	5#车	453.75	685	3.98	3.65	25	15	75
0～间歇	1#车	473.22	720	5.70		20	20	80
	3#车	321.61	535	5.29		25	20	90
	5#车	325.59	1005	7.63		30	15	75
间歇～0	1#车	96.99	170	1.98	2.05	20	20	80
	3#车	53.35	85	1.92	0.29	25	20	90
	5#车	118.77	200	3.10	1.27	30	15	75

喷水开关	*Pm*(N)	*D*(mm)	*S*(mm)	*L*(mm)
1#车	8.40	20	28	80
2#车	4.70	13	20	80
3#车	5.12	15	30	90
4#车	6.29	20	34	120
5#车	13.64	15	15	75
6#车	5.74	20	20	90

在表 3 中我们得出了各指标之间的相关性。

表 3 测量数据的相关性

	Pc	*Pm*	*Ga*	*Gm*	*Pd*	*D*	*S*	*L*
Pc	1.000	0.772	0.271	0.334	----	-0.391	0.460	-0.286
Pm		1.000	0.940	0.965	0.554	0.501	0.269	-0.160
Ga			1.000	0.981	0.346	0.463	-0.035	-0.332
Gm				1.000	0.473	0.488	-0.045	-0.316
Pd					1.000	0.342	0.041	-0.090
D						1.000	-0.082	-0.116
S							1.000	0.417
L								1.000

3.3 力特性测量的数据分析

所有 6 辆车中，4#车的价格是最高的，其次是 6#车，2#、3#、5#为第三档次，1#车价格最低。

国家标准要求开关的左右转换力的差值不大于 30%，我们测量的所有车的转向灯开关的左右转换力的差值均在国家标准要求范围内，最大为 28.3%；4#车的雨刷开关的左右转换力和往复转换力很好的符合国家标准要求，其余车辆偏大。

(1) 在 6 辆车中，4#车的力指标适中，下降梯度指标较小，换档位移指标适中，尺寸和空间位置指标较大。

(2) 换档力、平均下降梯度和最大下降梯度这三项两两之间都有着良好的正相关性。这是不难理解的，由于这三项都只与开关内部导向槽上第二个临界点以及之后的过程有关，即只受弹簧压缩量（由弹簧刚度和导向槽高度决定）以及导向槽角度的影响，因此它们的变化趋势应该是基本相同的。

(3) 拐点力与换档力的相关性较显著，与平均下降梯度、最大下降梯度的相关性不显著。这是因为拐点力与第一个临界点时的弹簧压缩量有关，而换档力则与第二个临界点时的弹簧压缩量有关，两个梯度指标则只与第二个临界点之后的过程有关，因此产生了这种现象。

(4) 档位差值力与其它指标的没有显著的相关性，这是因为差值力是相邻两个档位的力的差值，它只反映了导向槽中相邻两个档位的最大力处的坡度的差值。而其它的指标都是对应某个档位的结构尺寸，因此这个现象是正常的。

(5) 换档位移与其它指标没有显著的相关性，因为它只与开关内部导向槽的跨度有关，而与坡度无关。

(6) 尺寸和空间位置与其它指标几乎完全无关，因为这两个指标反映开关外部的结构，而与开关内部结构无关。

3.4 生产过程中的力特性指标测量

为了验证力特性指标与工艺生产过程的关系，我们测量了某工厂生产的 100 个变光开关的远光变近光过程的换档力，其直方图如图 10。其测量均值为 6.37N，方差为 0.46N，从直方图分布中也可以看出，指标是基本符合正态分布的，因此生产过程是正常的。

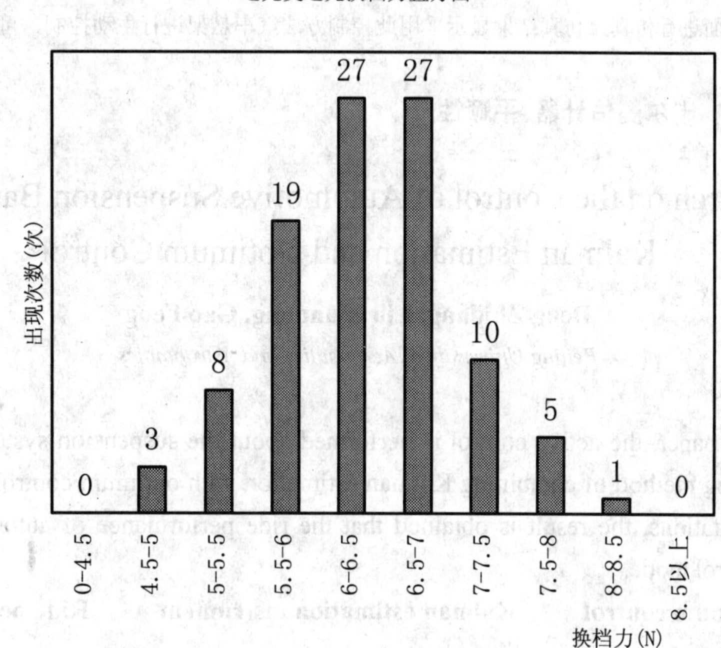

图 10

4 结语

力特性测试系统的成功开发，摆脱了国内长期以来换档力检测困难的局面。我们可以利用采集的数据得出整个换档过程的曲线，从曲线中得出反映开关内部结构的几个指标。不仅可以指导设计，而且可以作为产品质量的检测系统。

参考文献

1 王洪业. 传感器技术. 湖南: 湖南科学技术出版社，1985

2 陶宝祺. 电阻应变式传感器. 北京: 国防工业出版社，1993

3 辛一行，邹慧君，王成焘等. 现代机械设备设计手册（第 1 卷，设计基础）. 北京: 机械工业出版社，1996

4 金炳陶. 概率论与数理统计. 湖南: 湖南科学技术出版社，1988

基于卡尔曼估计和最优控制的汽车悬架控制研究

邓志党　刘献栋　高 峰
北京航空航天大学汽车工程系

[摘要] 本文采用了卡尔曼估计和线性二次型最优控制相结合的控制方法，对七自由度整车悬架系统进行主动控制. 通过对各种路面进行仿真，仿真结果显示采用此控制方法汽车悬架进行主动控制，可显著提高汽车的行驶平顺性。

关键词：最优控制 卡尔曼估计器 平顺性

Research on the Control of Automotive Suspension Based on Kalman Estimation and Optimum Control

Deng Zhidang, Liu Xiandong, Gao Feng
Beijing University of Aeronautics and Astronautics

[Abstract] In this paper, the active control is performed about the suspension system of automobile with 7 degrees of freedom using method of combining Kalman estimation with optimum control. After simulating under some road surface excitations, the result is obtained that the ride performance of automobile can be improved evidently with this control mode.

Key words: Optimum control　Kalman estimation instrument　Ride performance

结论

(1) 应用基于卡尔曼估计的最优控制对整车模型进行悬架主动控制，能大大的改善汽车的行驶平顺性，而不改变悬架系统的操纵稳定性。

(2) 通过对各种标准路面激励输入的仿真研究，能够反映汽车的各种行驶工况，从而能比较真实的表现该主动控制的性能。

注：本文全文刊登在 2003 年《汽车工程》（增刊）上。

故障自诊断和监控技术在机加工生产线上的应用

陈坚敏　张惠明　刘 铭　汪王照　王砚宁

江苏南亚自动车有限公司

[摘要] 文章通过对汽车变速器壳体加工线故障诊断技术的介绍着重阐述了故障监控、诊断技术的开发及应用，论述了设备故障诊断技术在工厂生产组织管理和提高设备综合功能方面所起的重要作用，并针对我国机加工行业的现状，分析了推广使用故障自诊断技术的必要性和可能性。

关键词：设备　故障监控　故障诊断

1 概述

设备故障诊断是设备管理学中的重要组成部分。可以定义为“在设备运行过程中或在停机状态基本不拆卸的情况下，了解和掌握设备的运行技术状态，确定其整体或局部正常与否，早期发现故障及其原因，判断故障的部位和程度，预测故障发展趋势和今后的技术状态变化”的一门技术。它伴随着现代工业的发展形成并完善，并由于计算机技术的发展，大量智能化元器件和控制装置的问世应用，赋予这门技术全新的内容。故障诊断可以分为两大内容，一是在设备出现异常和故障停机时，如何又快、又准地找到故障点，分析出故障原因，及时排除故障，恢复设备的正常运行。二是在设备运行中，对关键的工艺参数和零部件的状态进行在线的实时监控，根据这些参数在运行中的变化趋势，分析出可能出现的问题，为设备使用者提供制定预防措施的依据。

从现代设备管理的观点分析，能否应用故障自诊断技术到生产管理系统，对设备的运行状态进行实时监控，对工厂的正常生产组织、设备的开动率高低影响极大。现代化大生产是以产品的批量大、生产节拍快为显著特征，因此生产线上的设备运行状况直接影响到企业的经济效益。按照旧的设备维修管理模式，当设备出现故障造成非正常停机后，再派维修人员到现场，根据故障现象分析原因解决问题，根本无法适应快节奏的大批量生产要求。面对数量庞大的设备装置，不但要有一支人数可观的维修队伍，为设备的正常运行保驾护航，增加产品的生产成本，而且也因维修人员水平素质上的差异，无法保证故障的及时排除和控制故障停机时间的长短，制约着生产计划的完成。

如果把大量优秀维修人员的经验智慧都开发出来，通过先进的控制装置形成对设备故障的智能判断能力，构成先进完善的故障自诊断系统，加上友好的图形人机界面，就能在故障发生时，立即告诉操作人员，故障部位和可能的原因。既不要再请高级技术人员现场诊断，也省去了分析、判断故障原因所消耗的时间，使得许多问题操作工就能随手解决，大大缩短设备的故障停机时间，提高设备的开动率和生产效率。此外还可以根据在线监控的关键零部件的参数变化，有计划地利用正常停机保养设备的时间，更换使用寿命已到或者工作异常的零部件，减少非正常停机的次数，使设备的维护上一个新台阶。

目前工业发达国家在设备的监控和故障自诊断技术方面已进入到全面应用阶段，各种各样的工业控制软件和计算机网络技术的应用，已使这门技术趋于完善。从复杂的单机设备到成套的大型生产装置都配置了状态实时监控和故障自诊断的功能，不论生产装置任何部位出现问题，都能在远离现场的监控屏幕上得到相关信息。

我国的工矿企业现状是旧设备多，元器件老化问题突出，所以故障停机多，维护检修的工作量大。往往因为一个小故障，甚至非故障原因，由于维修人员的水平限制和对机床不熟悉造成设备长时间停机，或是由于优秀维修人才的流失，造成某些关键设备无法正常运转，使得企业生产效率低下。所以说推广应用设备故障自诊断技术对减少故障停机时间，降低对维修人员的依赖程度，提高生产效率是非常必要的。下面根据以往在设备故障分析方面的体会和已经开发的一套自动线故障自诊断系统，论述如何在工厂的生产线上实现设备故障的自诊断功能。

2 监控系统的构成

这套系统是应用于汽车变速器壳体加工生产线上的故障诊断和报警的监控系统。具有自动监控生产线的运行状态，诊断故障发生的部位和产生原因，自动停机提供报警的功能，并能通过友好的人机界面以图形画面和文本提示相结合的形式在屏幕上显示相关的信息。选择这条生产线配置开发故障诊断系统的主要原因:一是整条生产线包括了 5 条机加工自动线和 1 条自动装配线以及 18 个上、下料机械手。全长 100 多米，共有 104 个加工工位， PLC 输入输出点就多达 7000 多个，控制系统庞大而复杂，。由于该设备使用年限较长，大多数发讯元件已经老化，因此故障发生频率较高，检修工作量极大。加上人员素质因素无法保证故障的及时排除，给正常生产带来极大困难。开发应用故障自诊断功能，可产生明显的效益;二是组成这条生产线的 6 条自动线各自的主控系统 PLC 控制器经过换型改造后全部采用了美国 AB 公司的 PLC-5 型系列产品，从硬件上已具备和计算机联网通信功能，系统开发的投资费用较低。

整个系统由每条自动线的控制 PLC 主机 CPU 模块上的网络端口通过 DH+（Data Highway plus）网络和装有 RSView32 人机界面软件包的主监控计算机相连构成。每台 PLC 的 CPU 模块除对各自动线的正确动作和信号联锁的逻辑关系进行控制外，还可对采集的外部信号进行分析、判断、处理得到反映故障信息的综合信号。通过 DH+网络传送到计算机，再由 RSView32 监控软件进行加工处理，形成直观的图形画面和文本信息，显示在监控系统屏幕上。

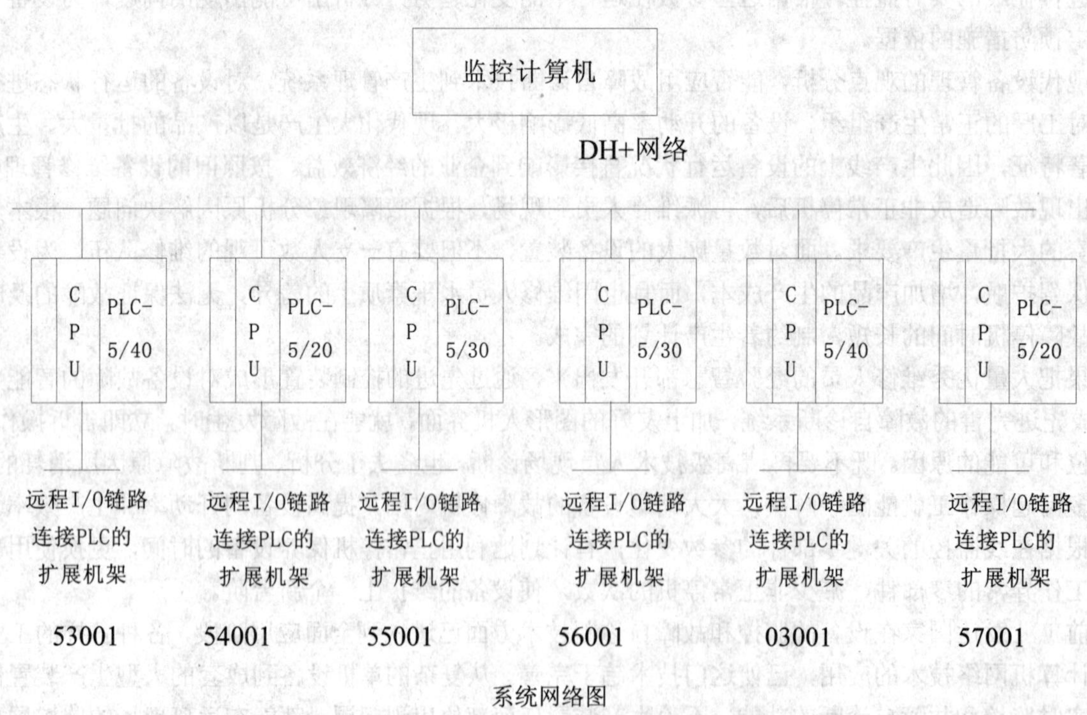

系统网络图

整个监控系统由模拟显示自动线加工状态和故障自动判断两部分组成。模拟显示由全线显示、分段显示、局部显示三种状态，相互之间可方便切换，一旦发生故障则自动显示故障来自那一段自动线，并能显示出具体的故障部位，再根据菜单提示进行操作，能显示故障的原因、排除方法及相应 I/O 的状态等。

3　监控诊断系统的工作原理和具体功能的实现

3.1　系统软件

系统软件主要由图形及报警文本显示、TAG 设定和监控程序等组成。

3.1.1 图形及报警文本显示

图形及报警文本显示包括加工自动线监控示意图、动力头系统示意图、夹具系统示意图、各种报警文本显示图、PLC 状态显示图等。

由于图形采用动态制作且涉及大量的 TAG 采集，制作过程比较复杂且图形数量较多，这里不再叙述，此处只给出一幅 57001 传动系统示意图。

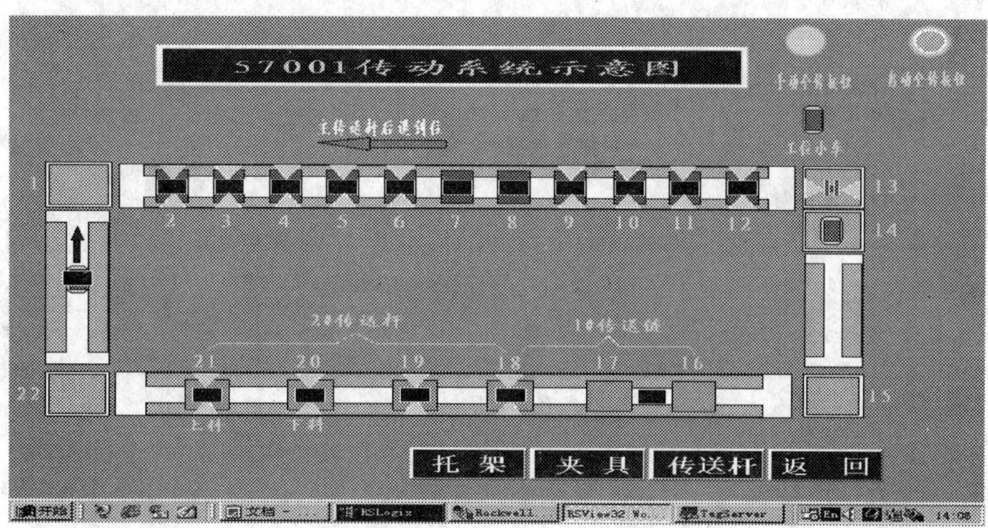

3.1.2 TAG 的设定

（1）通道的设置

通道是 RSVIEW32 监控软件和可编程控制器相连所必须的，用来进行数据交换。它在项目管理器的通道编辑器内设定，我们采用的网络类型是 DH+，故通道设定为 1。

（2）节点的设定

每个节点代表网络上的一个设备，通常是一台可编程控制器。它在项目管理器中节点编辑器内设定，包括数据源、站号及类型的设定。数据源用来确定标记数据来自哪里，我们设为直接驱动，即直接采集 PLC 的内容。站号从 53～57 线分别设定为 01～06。类型则根据 53～57 线的 PLC 类型设定为 PLC5/20、PLC5/40 两种。

（3）标记数据库的设定

标记数据库的设定即为具体的 TAG 设定，它在标记数据库编辑器内创建并设定，包括标记名、标记类型、数据源地址等内容的设定。标记名和对应的报警名称设为一致，标记类型主要是开关量和字符串两种，数据源地址直接设为需采集的 PLCI/O 地址。

3.1.3 监控程序的编制

由于两壳生产线十分复杂，我们对加工过程中可能出现的故障进行分析、归类，确定故障的类别，然后对相关的条件进行判断，编制 PLC 程序，通过 PLC 程序对标志位进行赋值，程序对标志位进行采集、判断，从而显示出故障信息（故障判断程序略）。

3.2 系统的工作原理

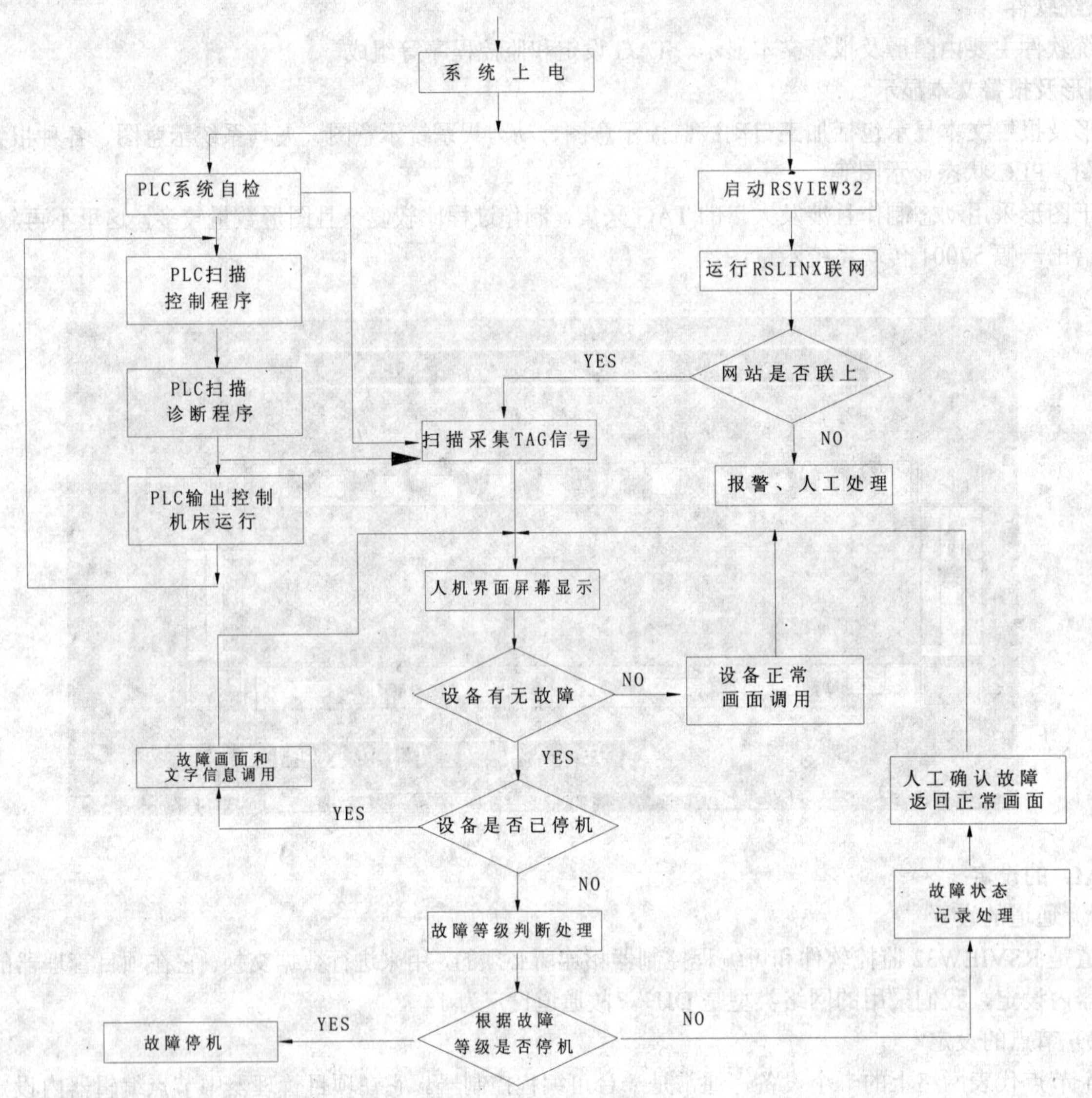

故障诊断监控系统流程图

系统的工作原理如下（详见故障诊断监控系统流程图），当系统上电后，PLC 控制器和上位机监控系统同时运行。其 PLC 进入 RUN 状态后执行机床的控制和诊断程序。而监控系统运行后，连通网络上的所有站点（即 PLC 通道）显示要求的信息画面。

AB 公司 PLC-5 型系列 PLC 控制器采用的 RSLogix 5 编程软件包也是一个 32 位 Windows 95 或 Windows NT 下的应用软件。它为用户提供了强大的编程和高级诊断功能、可靠的通信能力和方便的使用界面。整个系统的故障诊断就是靠 PLC 完成的。PLC 控制器自身软件、硬件出现故障可以通过内存中的 S 状态文件相应位的信息进行表达。而机床设备的各类故障则通过用户编写的梯形图逻辑进行分析判断，并给出关于排错的阶梯编号，即内存中的标志位，再把这些反映故障状态和原因的各种信息传送到装有 RSView32 软件包的上位机进行加工处理。PLC 系统的工作是相对独立的，它只是向上位机传送信息，不管上位机工作状态如何都不影响设备的正常运行。而在上位机我们利用 RSView32 的强大功能，做了大量的图形画面和报警文本，分别用来显示和描述各种外围控制元器件，包括执行元件和发讯元件的名称和位置。而这些图形画面和报警信息何时显示，以何种方式显示完全靠 PLC 诊断程序的判断结果来触发和控制。监控系统的信息流程是 RSView32 自动启动运行后，首先运行网络连接软件 RSLinx 和 PLC 的通信端口进行连接。如果系统硬件出现问题无法联网成功，自动弹出网络连接失败的信息图框，当系统正常连接到通信网络后，就开始扫描事先定义的标签（tag）状态。这里的 tag 就是被监控的信息源，按类型 tag 可分为数字量 tag 和模拟量 tag 甚至是字符串 tag，根据扫描采集的采源，tag 分别取自 device（这里是指网络上的 PLC 内存中间位）和系统本身。系统自身的 tag 是 RSView 启动后就建立的，有其特殊意义，包含系统的基本信息，如当前时间等，可以根据需要进行选用。其它应用软件的 tag 主要是为了形成资源共享，增加信息处理功能。

我们的系统主要是采集从 PLC 来的 tag 信息。从故障诊断监控系统流程图可以看出，来自 PLC 的 tag 反映了两种信息，一是 PLC 系统本身出现问题后引起系统 S 文件的相关状态位发生变化，它在 PLC 系统自检时发现，这种信息送到上位机后直接显示 PLC 系统的故障报警和相关信息。另一种是通过 PLC 梯形逻辑程序产生的 tag 信号，反映了被控机床设备的各类故障现象，送到上位机进行显示、报警。上位机扫描这些 tag 后，根据其状态调出对应的图形界面，如果没有异常现象和发生故障停机，屏幕就显示正常的自动线运行画面。一旦出现故障报警信号后，监控画面立即显示故障出现的初始画面，然后由操作人员按故障查询键，屏幕切换到相应的机床或具体的故障部位，同时显示报警的文字信息和故障可能产生的原因。这时按故障确认键系统对故障信息进行相应处理，回到正常运行画面，但没有动画效果，而当故障排除后，再按确认键，画面恢复动态效应。以上的故障是 PLC 控制机床停机产生的效果。对有些故障，虽属异常但不影响设备运行，所以只有报警信息而不停机，这时监控系统出现报警信号而不停止画面正常运行的动态效果。操作人员可以通过界面操作，了解详细的故障信息，提前采取预防措施。

4 应用故障自诊断技术产生的效益和推广使用的可能性

在大型复杂的成套生产设备和机加工生产线上开发应用高效、实用的故障诊断监控系统可以在两个方面产生明显的效益。

(1) 由于故障诊断程序和报警文本信息的编制开发都是由有经验的工程技术人员和高级维修人员，根据自己的实践经验和已经处理过的故障诊断实例完成的，而且可以通过时间的推移不断充实完善。因此基本上可以做到故障出现的同时，就能在屏幕上正确显示出故障的部位和故障原因以及涉及到的元器件。使维修人员可以直接确认故障，着手故障的排除工作，大大缩短了故障停机时间，提高设备的开动率。像壳体生产线这样庞大复杂的控制系统，出现故障停机后有时要分析查询很长时间，才能找到故障部位，分析出故障原因，使正常的生产计划无法完成。采用监控诊断系统后，故障停机时间可以减少 70～80%以上，大大提高了设备的生产能力，直接产生可观的经济效益。

(2) 减少维修人员的编制，特别是对高级维修人员的需求矛盾可以得到解决。现代工业随着计算机技术的发展，机床设备的自动化程度也不断增高，设备维修内容的复杂程度也在增加，因此对维修人员的自身素质和技术水平的要求就变得愈来愈高。特别是对一些关键复杂的大型设备正常运转，过分依赖一些专业人才的维护，一旦人才流失，将会给企业带来很大损失。而采用故障自诊断技术后，就等于给设备增加了专家诊断系统。可以脱离对具体维修人员的依赖关系，减少设备维修的固定人员配置。使优秀的技术人才脱离具体繁杂的维修工作，从而在提高设备的开动率上发挥更大的作用。

当然先进的故障自诊断技术的推广应用对设备控制系统的硬件装置有一定的要求。比如常规的继电器控制系统就很难增加故障的自诊断功能。随着我国工控领域 PLC 技术的普遍应用，众多的像 RSView 32 和 FIX 之类的优秀人机界面工业控制软件的成功开发应用，可以认为在我国特别是大型企业推广采用先进实用的设备故障自诊断技术已成为可能。先进的故障自诊断技术的推广应用将会为我们设备维修工作开拓一个全新的领域。

5 今后发展的方向

目前我们对于故障自诊断技术的应用还处于第一步阶段。局限于在设备故障发生后，通过故障诊断系统的功能，显示故障位置和可能的原因，帮助维修人员尽快排除故障，恢复设备的正常运行。这种应用主要是在通用的工业控制软件基础上进行针对性开发、完善，再加上形象直观的图形人机界面，使故障的处理简单明了、目的性更强。这一阶段的应用相对投资费用较低，易于推广。但它还不能达到预测故障发展的趋势，无法减少故障停机次数，进行预防性的设备维护保养工作。故障诊断技术今后发展的方向是对生产过程中设备的状态和生产工艺中的关键参数进行实时监控，采用数学分析的方法，对故障发生的可能性、技术状态的变化的趋势以及关键零部件的使用寿命等进行判断，及时报警提供信息，防止机床、工具、刀具等的损坏。做到在停机故障发生前就发出要求更换元件，添加溶剂或进行必要维护保养的信息，使设备维修人员可以在正常的设备保养期内，解决设备存在的故障隐患，减少故障停机次数，同时也避免由于故障停机带来的一系列不良连锁反应。所以真正意义上的故障诊断是对设备在生产使用中的全过程进行状态监控和诊断。为达到这一目的，需要在重要部位和关键零部件上加装可以直接监测运行状态和工艺参数的各类装置和传感器。采集这些信号后再应用像振动音响法、电阻法、压力脉冲法、温差法等等各种诊断技术，来判断相应的机械传动轴系统，滑动和滚动轴承的运行状态和使用寿命等具体问题，作出趋势性的判断。在信息通信方面采用底层的设备网络 Device Net 把单独的、分散的设备故障诊断系统连成整体，提高设备异常状况反映的真实性和故障诊断分析的精确性，同时减少维修人员配置。而且可以把设备故障诊断系统纳入生产管理系统，使生产管理组织者能更有效的安排生产计划的执行。继续开发更为友好的图形人机界面，使得故障信息的显示更加直观、形象、生动。

采用状态监测和故障自诊断技术是设备现代化管理的一种重要方法。是提高设备综合功能，确保设备发挥最大生产效能的有效手段。同时又是提高设备维修管理水平，实现高效维修的目标，实现预防性维修体制的必然途径。

浅谈空调系统的概念设计与优化设计

顾宏伟 杨国瑞

第一汽车集团公司技术中心

[摘要] 本文提出了汽车空调系统的一种全新设计方法：空调系统概念设计与优化设计。在设计过程中运用专业软件进行理论计算，提高了空调系统开发的质量、降低了开发成本、缩短了开发周期。并以 CA6471 箱式车空调系统开发为例，对空调系统的概念设计与优化设计进行了说明。

关键词：空调系统概念设计与优化设计 设计验证

1 空调系统的概念设计

概念设计是汽车空调设计摆脱了传统的经验设计与匹配设计束缚的一种全新设计方法，陈旧的设计模式已经不能适应现代汽车开发的需要，在总结经验设计与匹配设计的基础上，概念设计作为适应现代汽车空调开发的一种比较实用和科学的方法应运而生。它的特点是：提高工作效率，缩短开发周期，降低人为错误几率，确保系统的性能真实再现。空调系统概念设计可定义为：与整车开发同步进行的，按控制节点，分段提出与之匹配空调系统的方案设想，将“虚拟的”方案设想通过必要的控制手段和方法，变为假定的“现实结果”，提前模拟出未来实车状态下空调系统的效果。

汽车空调系统的概念设计，是在整车开发阶段开始的。其中包含的主要内容有：可研分析、设计目标的确定、设计方案的论证、设计资源的合理利用、结果的预测。

概念设计的方法首次应用于 CA6471 箱式车空调系统的开发，验证的结果非常令人满意。现在正在开发的换代卡车的空调系统，也正在应用此设计方法，前期看已经取得了一定的预期效果。

明确设计定位至关重要：以 CA6471 厢式车为例，该车时我公司在 CA6440 箱式车基础上开发的改进产品。对于箱式车而言，做到性能可靠、质量可靠、安全可靠时最基本的要求；从用户的角度看，对舒适性的评价，已经成为左右用户购买心理的关键因素，为什么呢？随着人们物质生活水平的不断提高，对汽车的要求已经不仅仅停留在“代步工具”的观念上，对乘坐的舒适标准要求越来越高。那么体现一种乘用车舒适性最普通的标志之一就是汽车空调。换句话，什么车，配置什么档次和水平的空调，市场定位非常重要。

明确设计性质非常重要：系统性能可靠、质量可靠、安全性好、舒适性好，用户才会认可。以 CA6471 车为例，该车的空调系统时在 CA6440 的基础上开发的。CA6440 的空调系统于 1992 年开始设计的，是我们接受的第一次比较正规的设计任务，受缺乏经验、设计手段落后等诸多因素的影响，导致投产后的 CA6440 车问题不断，陷于连续的质量攻关的被动局面之中，可以说，在 CA6440 车上我们获取了难得的经验，但也交足了学费。所以 CA6471 车空调系统的设计不能再重复 CA6440 的老路子，设计思想、方法都要彻底更新。

概念设计应遵循的原则：注重体现的是规范化、系列化、标准化、通用化、轻量化和模块化的设计原则。而以往的设计，这方面完全被淡化了，没有引起足够的重视。

规范化是指严格按着产品开发的程序进行操作，树立法规标准意识，加强理论计算和优化计算，提高设计质量，控制性能指标与目标成本。

系列化是指在基本车型的基础上，不断衍生出其它车型。就空调而言，是指以基本车型的空调系统中的某些关键部件为核心，建立主体数据模型平台，为其它车型开发提供条件和支持。如中重型卡车系列有一套空调系统平台，轿车有一套空调系统平台，而轻型车又有一套空调系统平台。

标准化是指设计要符合企业标准、行业标准与国家标准，尤其要满足强制法规要求。国家经贸委和环保局曾发出禁令：2002 年起全面废止 CFC—12 车用空调的使用，否则禁止整车销售。由于我们技术改造与设计都提前做了工作，保证了一汽所有的车型都适时地采用了符合环保要求的 CFC—134a 空调系统。

通用化是指设计过程中，要尽可能采用与本设计相关、相近、相同的空调其它部件，达到控制、降低成本的目的。如 CA1041L 轻卡 CA6471 厢式车的空调“三箱”就是一个通用的典型。

轻量化是指设计过程中，要尽可能采用新型轻质材料，尽量降低系统部件的重量，满足整车降重的要求。

模块化是将系统一个或几个部件集中在一起形成模块，目的便于安装与维修，提高装配效率。CA6471 厢式车空调系统是比较典型的模块化设计，空调的“三箱”总成，即风机总成、制冷器总成、加热器总成既可自成一块，又可合成一体。

设计目标是衡量空调系统的最高标准，也是一项重要的考核指标。设计目标的提出要有科学依据、可比性、可实施性。

以 CA6471 车为例，提出的设计目标：

(1) 纵向对比系统降温指标高于 CA6440 车。

(2) 横向对比系统降温指标不低于市场上同类车型。

(3) 按着性价比衡量，在 CA6440 的基础上，成本增加力争控制在 10%以内。

设计方案评审，评审的内容是：计划草图（方案图）和详细计划图。计划图的质量越高，后期的结构设计更改就越少，工作效率也越高。尤其是空调“三箱”总成的布置，与仪表板的结构和造型有着密切的关系，必须同步考虑。

以前的设计流程中，由于缺少评审这道关键环节，使得很多的设计错误及隐患未暴露出来，以至投产时才发现有设计失误，造成不良影响和损失。我们现在开发的换代卡车，空调系统的前期设计就是不断地经过反复的逐级评审，最终拿出来的方案就非常成功。

设计资源的合理使用与配置是影响设计质量、工作效率及设计周期的重要因数。

设计资源包括系统的专用件、通用件、标准件数据库及相关车型系统的试验数据库，还有先进的设计软件（PRO-E、CATIA）作为设计工具。现在我们已经建立了压缩机专用数据库、管接头通用件数据库、中型/轻型车空调降温试验数据库，作为新产品开发的参考依据；同时也正在开发空调模拟仿真设计软件，不断完善和提高设计手段。

2 概念设计中的理论计算

汽车空调热负荷是确定空调系统送风状态和确定空调系统部件规格的基本依据。

空调热负荷的计算方法有图表法、简易计算法、热稳定计算法和非稳定计算法。通常采用简易计算法，它的缺点是手工运算工作量大，偏差比较大，考虑的影响因素也有限。这是以往匹配设计时，经常采用的手段。如果采用经验设计甚至放弃计算，完全依赖后期的试验验证的结果来证明系统设计是否合理，使设计人员完全处于一种被动的期待状态之中。

现在系统设计的理论计算，完全采用我们自己开发的设计软件进行计算（校核）。其特点是运算速度快，准确率高，有助于性能参数的确定与设计目标的实现。

热负荷计算主要与驾驶室内饰及驾驶室外形尺寸长、宽、高，乘员数量等有关。

热负荷包括：乘员负荷（包括潜热和显热），换气负荷（与室内外温度、湿度和换气量有关），车身传导热负荷（与车身外表颜色、地板/侧围/前围/后围/风窗/内饰和车速有关），热辐射负荷（主要与风窗有关）。如果是手工计算，工作量非常大；如果用专用软件，又快又准，输入不同工况、不同车型、不同地区、不同车身颜色等条件就能得出结果，手工运算是无法比拟的。

主要性能参数的确定：根据热负荷的结果，同样以软件继续运算，进而确定系统各主要部件的性能参数。例如，通过运算知道，若满足热负荷的要求（输入工况条件），需要压缩机的排量为 170mL/rev 型号的，那么计算机会自动在压缩机库中，按着库中已有的压缩机性能曲线逐一进行判别，最后选出排量接近 170mL/rev 的一种或多种不同压缩机型号，再根据发动机的匹配要求，选出符合要求的机型。

同样，确定蒸发器结构形式（管带式/层叠式/管片式）就可以算出蒸发器本体体积大小，同样确定冷凝器的结构形式（管带式/平行流）就可以算出定冷凝器本体体积大小，由此再根据整车布置的要求，确定具体的结构形式、安装方式及细部尺寸。鼓风机的风量、电机的功率同样也可以通过计算确定。

3 空调系统的优化设计

优化计算：是建立在系统理论计算的基础上，对理论计算的结果进行反馈，对设计进行的完善与提高，最终实现对系统的优化设计。理论计算已经成为我们现在运用的方法，通过它可以初步判定系统设计是否合理；而优化计算是对样车出来后的降温试验数据，暴露出的设计缺陷，还需要进行改进设计而提出的。空调系统进行理论计算后，优化可提前纳入到概念设计中，提高空调系统开发质量、降低开发成本、缩短开发周期。

优化设计的目标确定：通过试制样车试验，检查空调系统是否工作正常，验证实际环境下的降温指标是否达到设计要求。以 CA6471 车空调系统为例，进行说明。

首先，分析一下试验数据：

CA6471 车降温数据　（环境温度 38℃）

时间(30min)	车室平均温度(℃)	出风口平均温度（℃）	吸气压力(MPa)	排气压力（MPa）
40km/h	25．6	12．4	0．249	1．490
80km/h	23．4	10．1	0．220	1．605
怠速	33．5	26．7	0．391	2．229

同类车型降温数据（环境温度 35℃）

时间(30min)	车室平均温度(℃)	出风口平均温度（℃）	吸气压力(MPa)	排气压力（MPa）
40km/h	28	13.7	0.247	1.473
80km/h	24.2	10.6	0.209	1.430
怠速	无	无	无	无

通过以上三组数据，可以得出以下结论：

(1) 40km/h 和 80km/h 工况下，空调工作 30min 系统平衡时，车是内平均温度在 25.6～23.4℃范围内。符合前面设计要求提出的 24～26℃的目标值。

(2) 如果环境温度为 35℃，估计车室内的温度至少还会降 1℃左右。但是，40km/h 和 80km/h 两组数据已经低于对手车型 1～2℃。至少说明一点，空调系统在性能上并不比它差。

(3) 怠速工况下，出风口平均温度为 26.7℃,车室平均温度为 33.5℃,这样的温度对乘员与司机来说，是不能忍受的。

因此，CA6471 车在怠速工况下，降温效果不理想，主要表现在出风口温度偏高。所以，如何采取措施加以改进，这就锁定了要优化的目标。

分析产生问题结症的方法：本文采用了排除法与数据分析法来最终判定在空调系统的哪个环节上出现了问题。

首先用排除法（前提条件系统内部无堵塞、杂质、空气和水分等）。压缩机是经过性能台架测试的，试验过程中未发现异常，可以排除；前制冷器与换代轻卡通用，性能参数一样；后制冷器与 CA6440 结构通用，性能参数也一样；唯一的变数就是冷凝器，那么问题极有可能出在这里。

其次用数据分析法（这是最科学、最合理的判定）。怠速工况下，系统工作最为苛刻：机舱高温辐射高达 90℃，热风回流导致冷凝器进风温度上升，完全靠冷凝器电机风扇强制散热。这一点，从系统的高低压侧的吸排气压力值就可以得到证实：30min 时，吸气压力 0.391MPa，排气压力 2.229MPa。正常状态下，吸气压力应在 0.35～0.37MPa，排气压力应在 2.0～2.1MPa。由此，判定结症是怠速工况下，系统压力偏高所致。而影响系统压力偏高的主要部件，最大疑点就是冷凝器。

通过以上两种方法判定，结症出在冷凝器总成身上。

为什么采用高效的平行流冷凝器，散热效率反而下降了呢？因为冷凝器的放热量标定是在台架上测试来的，而且通风效率很高，制冷剂流动性好，这都有助于冷凝器发挥最大效能。而 CA6471 实车状态的冷凝器确是呈腹卧式布置，两个风扇对角安装、制冷剂平行流动阻力大，造成风量的不均匀通过和不利于制冷剂的正常换热。也就是说，实车状态与台架是有区别的，它不能 100%地再现台架的结果，同样与概念设计的预测结果，也可能存在一定范围内的偏差（10%以内）。因此，提高风量的有效通过面积，进而提高风扇效率，最大发挥冷凝器的潜能。

优化设计的方法研究：根据上述提出的优化的目标，优化对象初步确定为：一是冷凝器与电机风扇的匹配研究，二是冷媒分配不均对系统的影响研究（本论文在此略）。通过下表分析：

车型	风扇形式	电机功率	转速	风量
6471 面包车	双叶轮	双电机 90W X2=180W	2300r/min	1700m³/h
同类型面包车	单叶轮	单电机 90W	2000r/min	1200m³/h

通过以上数据对比，CA6471 车采用双风扇叶轮比对手车采用的单叶轮的风量多 500m³/h，按理推算，这么大的风量将非常有助于冷凝器能力的发挥，但实际并非如此。两种风扇布置示意图如图：

双风扇对角布置

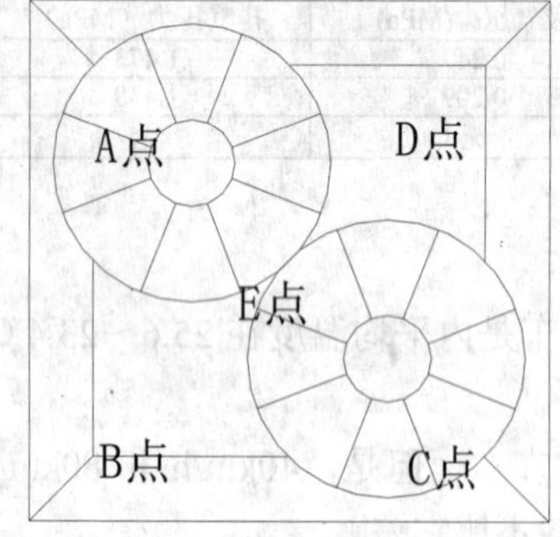

单风扇中心布置

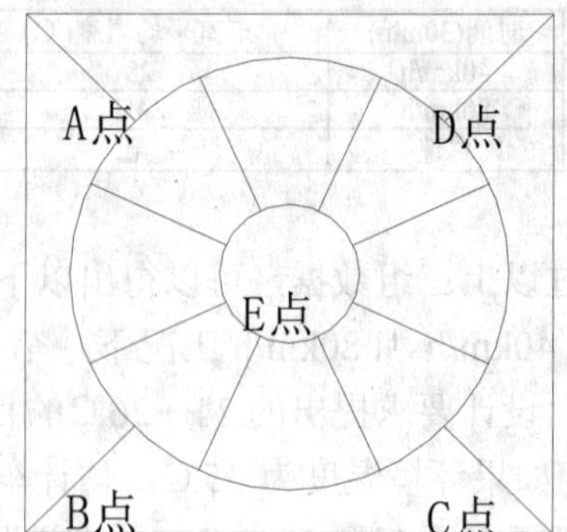

风量分布均匀性测试结果：

双风扇对角布置 电机转速 2300r/min	风速 (m/s)
A 点	5.0
B 点	3.5
C 点	5.0
D 点	3.5
E 点	1.5

单风扇中心布置 电机转速 2000r/min	风 速 (m/s)
A 点	5.6
B 点	5.6
C 点	5.6
D 点	5.6
E 点	5.6

从以上数据分析，双风扇对角布置时，电机转速在 2300r/min 时，冷凝器出风风速最大 5.0m/s，最小 1.5m/s，沿无电机对角线上的风速差别很大，风量不均造成风量的损失，导致电机及风扇效率大大降低。而用单风扇中心布置时，虽电机转速只有 2000r/min，但冷凝器出风风速却比前者高，且各点风速相同，风量均匀通过冷凝器，效率非常高。

冷凝器总成噪声来源，可确定为双电机、双叶轮、对角布置、转速高等几个主要原因。降噪采取的最好措施就是用单电机、单叶轮、中心对称布置。

4 概念设计与优化设计的试验验证

(1) 优化后降温结果

环境温度：（38±1）℃ 辐射强度:1kw/m^2 乘员：2 人

时间(30min)	车室平均温度(℃)	前出风口平均温度(℃)	后出风口平均温度(℃)	出风口平均温度(℃)	吸气压力(MPa)	排气压力(MPa)
怠速	29.5	23.6	19.9	22.3	0.376	2.186
40km/h	24.5	12.5	11.7	12.2	0.254	1.375
80km/h	21.0	7.0	6.9	6.9	0.204	1.220

从试验数据可得出如下结论：

1） 在怠速工况时，低压为 0.376MPa，高压为 2.186MPa，基本上接近正常；此时车室内平均温度为 29.5℃,比改进前降低 4℃，按着室内外温差 8～10℃衡量，已经符合设计要求。另外通过人的实际感受，主观评价也认为可能接受。

2） 车速在 40km/h 与 80km/h 时，降温效果也是非常明显的，车室内平均温度降温幅度分别为 1.1℃和 2.4℃。

结果说明改后与改前比较，无论是怠速工况还是正常行驶工况，空调降温效果都有改善和提高，达到了改进的目的。

(2) 噪声对比结果

经试验室内测试，数据对比如下：

双电机双叶轮冷凝器总成	噪声值： A 声级 78dB	2300r/min
单电机单叶轮冷凝器总成	噪声值： A 声级 68dB	2000r/min

从以上数据比较，单电机单叶轮冷凝器总成噪声要比双电机双叶轮冷凝器总成噪声低 10dB，相当可观。

5 结论

空调系统的概念设计是我们对前人的设计经验进行总结，学习先进的设计方法，并结合汽车空调专业的特点而提出的一种新的设计方法。

这种设计方法的特点是把更多的问题在设计前期以理论模拟计算的方式解决，以缩短设计试验周期、降低开发成本。随着设计要求和水平的不断提高，汽车空调的概念设计与优化设计将会得到不断的丰富与完善。

斜背式轿车气动特性和三维分离流的研究

乔军平 康宁

北京航空航天大学汽车工程系

[摘要] 本文用商用计算流体力学软件 STAR－CD 对斜背式轿车的外部流场进行了三维数值模拟，计算了在不同车速下的车身阻力系数和升力系数，并通过与试验结果的对比，验证了数值计算结果的正确性，同时还对车身周围的分离流和三维涡系进行了研究。

关键词：CFD 车身 数值模拟 气动力

The Study of the Aerodynamic Characteristics and 3-D Separated Flow around a Notchback Car

Qiao Junping, Kang Ning

BeiHang University

[Abstract] This paper numerically simulates the outer flow field of a notchback car with the CFD code STAR-CD. It studies the aerodynamic characteristics and 3-D separated flow of the car in different car speeds. Compared with the test, the results of the numerical simulation are verified correctly.

Key words: CFD body numerical simulation aerodynamic force

1 前言

轿车外形的演变经历了厢形、甲虫形、船形、鱼形、楔形等类型[1]，它们都具有着各自的优缺点。而斜背式轿车作为船形轿车的一种，由于其既具有厢形轿车室内空间大的优点，又具有甲虫形轿车阻力小的优点，它使人体工程学与流体力学成功的统一起来，因此至今仍然是汽车的主流车型。文献[2]对斜背式轿车进行了数值模拟，得到了整车流场结构和尾部流场的二维涡系结构。本文将对斜背式轿车周围的流场进行三维数值模拟，计算不同速度下车身周围的分离流、阻力系数和升力系数，研究车身周围涡系的三维结构以及车身表面分离流的细致情况。研究结果对减少斜背式轿车的阻力和升力，为进一步优化改种车型提供了技术支持。

2 控制方程组及数值方法

一般情况下，汽车车速低于 200km/h,远小于 0.3 倍声速，因此汽车周围流动可按定常不可压流处理，根据国内外对汽车外部绕流计算的经验，本文采用 K-ε 高雷诺数湍流方程模型对车身周围流场进行数值模拟。

为了比较精确地表现汽车车身的复杂曲面，本文使用专业建模软件 UG 进行车身建模。在建模过程中，为了减小计算量，对车身进行了简化，忽略了车轮、后视镜、门把手、雨水槽、排气管等外凸装置和复杂曲面，而以简单曲面代替。简化车身模型的长 L 为 228mm，高 H 为 65mm，宽 W 为 80mm，见图 1。

图 1　简化车身模型

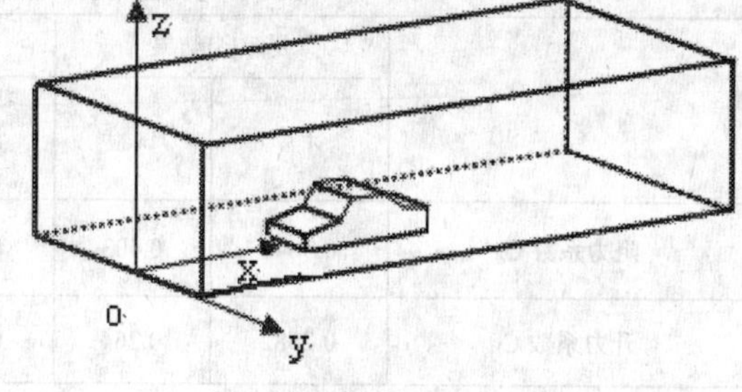

图 2　计算域

计算域为一个包围车身在内的长方体。根据文献[3，4]，在汽车模型前部取 5 倍车长，上部取 5 倍车高，后部取 10 倍车长，两侧面均取 5 倍车宽作为计算域较为适宜，模型底部离地面高度为 10mm。见图 2。x=0 处为入流边界，来流速度为车速；y=0 处和车身表面为无流边界，满足无滑移条件，速度为 0；在其它面上均为出流边界，采用外推方法，即出流边界上流向梯度为零的处理方法。

在 CFD 数值模拟中，网格划分的优劣关系着计算结果的好坏。为了节约计算机的计算时间，需要对网格的疏密度进行调整。首先将整个流场区域进行分区，对车身以及车身底部地面附近的区域进行网格加密，使之能够清楚的表现车身表面附近和地面边界层附近的细致情况。而对于远离车身的区域，网格适当的稀疏化，以减少网格的数量，节约计算时间。最终划分网格数为 204 万。计算域网格划分如图 3、图 4。

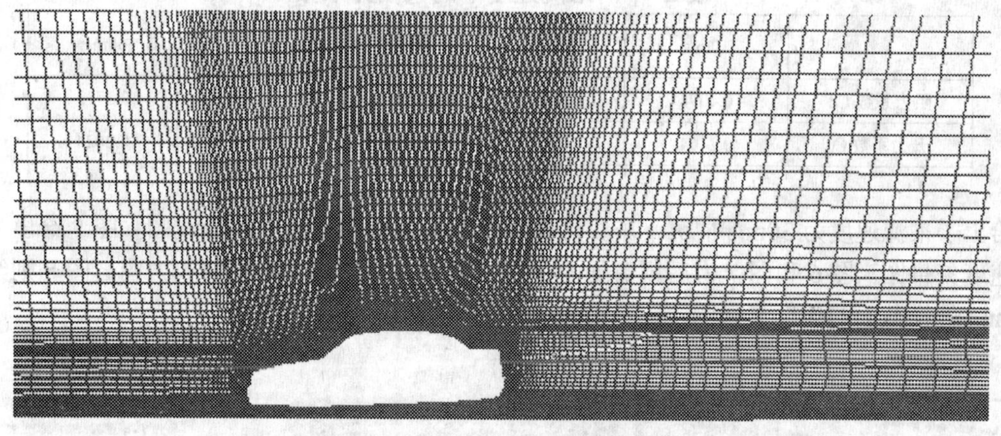

图 3　车身纵向对称面网格

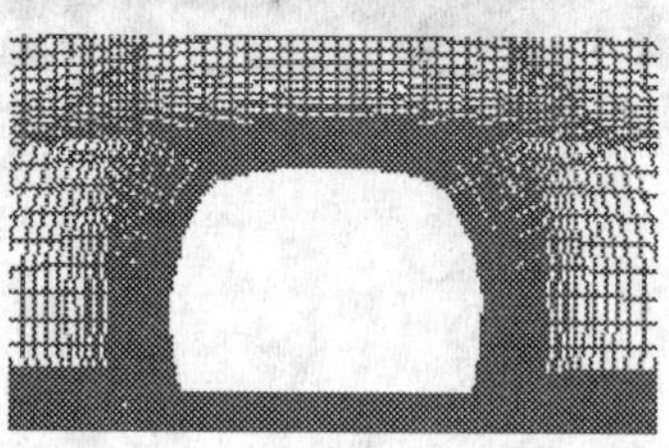

图 4　车身附近横截面处网格

本文使用 CFD 商用软件 STAR－CD 进行计算。STAR-CD 对定常流动采用 SIMPLE 格式来进行计算，空间差分格式是二阶格式。

3　计算模型的验证

为了验证计算结果的准确性，对来流速度为 35m/s 情况下计算的阻力系数和升力系数与文献[5]的计算结果和风洞试验结果进行了比较，见表 1。

表 1 数值模拟结果与文献[5]结果的比较

	文献[5]结果		本文结果		
	计算	试验	计算值	与文献[5]计算结果比较的相对误差	与文献[5]试验结果比较的相对误差
阻力系数 C_d	0.3842	0.403	0.3855	0.34%	4.34%
升力系数 C_l	0.2582	0.264	0.2524	2.25%	4.39%

由表 1 可知本文的计算结果与文献[5]的计算结果和试验结果还是很接近的,说明了计算结果的正确性。

4 计算结果及分析

下面对来流速度为 10m/s，20m/s，30m/s，40m/s，50m/s 的情况进行了计算。表 2 给出了在这几种来流速度下计算的气动力系数。由该表可知，阻力系数基本上在 0.39 左右，并随着来流速度的增加，呈减少的趋势；升力系数基本上在 0.23 左右，并随着来流速度的增加而增加。

表 2 不同来流速度下的气动力系数

	10m/s	20m/s	30m/s	40m/s	50m/s
阻力系数 Cd	0.4094	0.3924	0.3894	0.3783	0.3713
升力系数 C_l	0.2164	0.2257	0.2409	0.2559	0.2624

下面给出了来流速度为 30m/s 情况下车身周围的速度矢量图和三维空间流线图。图 5 给出了车身纵向对称面的速度矢量图。图 6 和图 7 为后风窗处的涡流和车身尾部的涡流的局部放大图。图 8 则给出了距车身尾部 10mm 处横截面的速度矢量图。

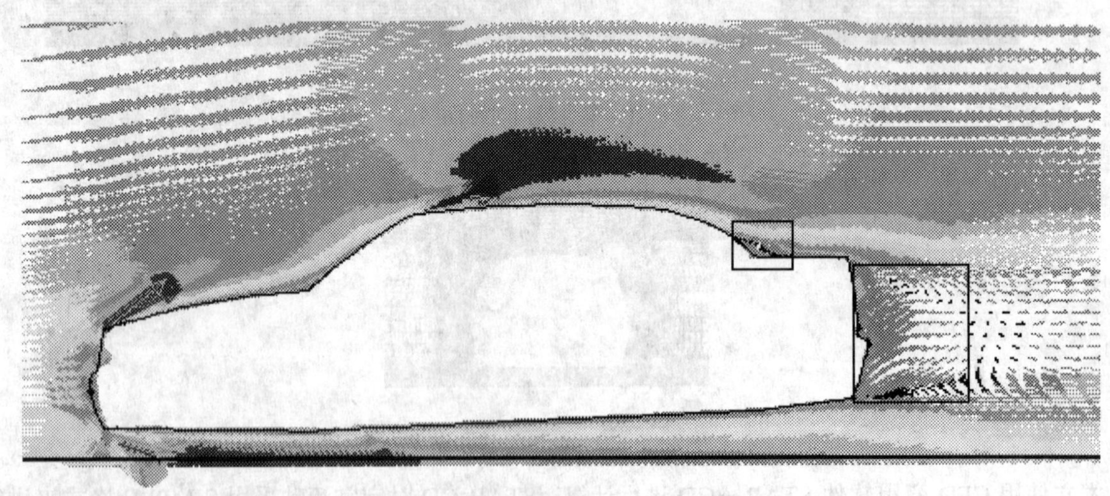

图 5 车身纵剖面的速度矢量图（x=3mm 处）

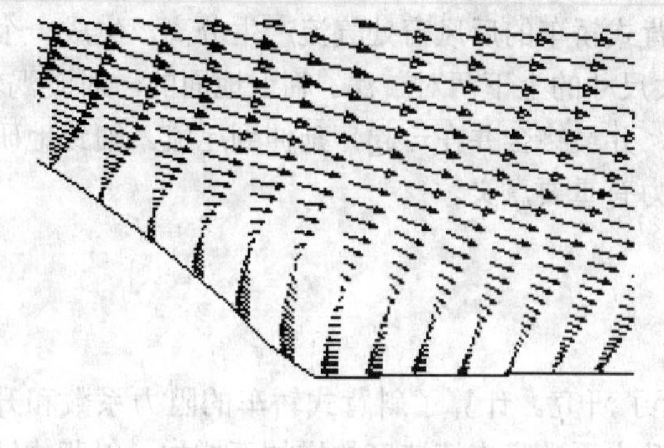

图 6 后风窗涡流局部放大图

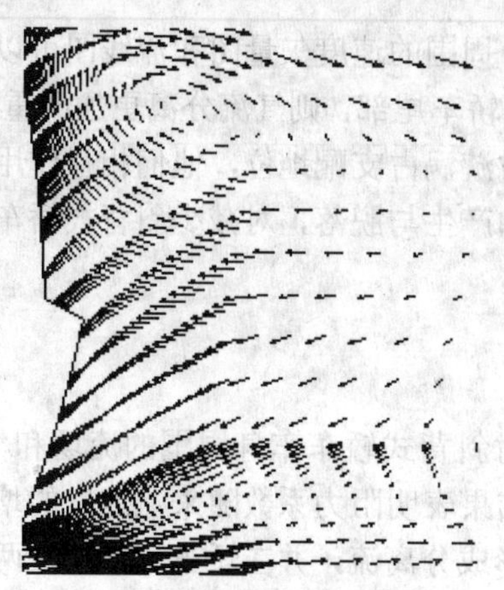

图 7 尾部涡流局部放大图

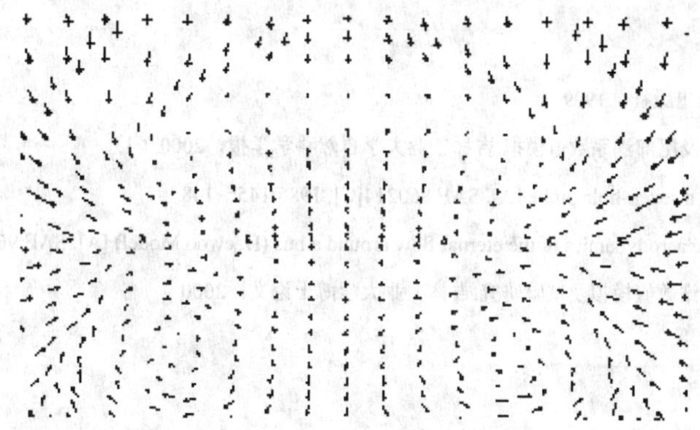

图 8 距车身尾部 10mm 处横向速度矢量图

图 9 给出了车身周围的三维流线图，图 10 为三维涡流的后视图和尾部放大图。

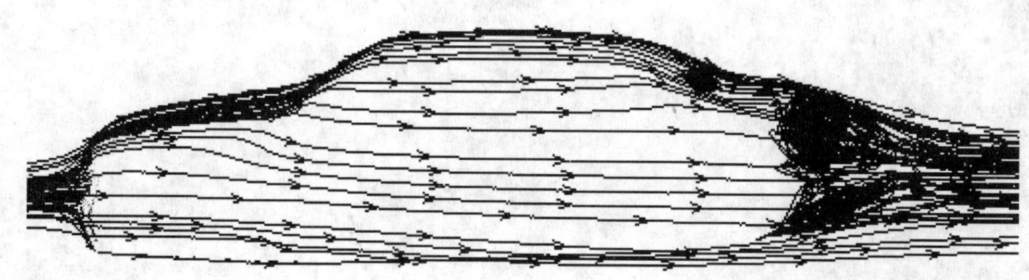

图 9 车身周围的三维流线图（u=30m/s）

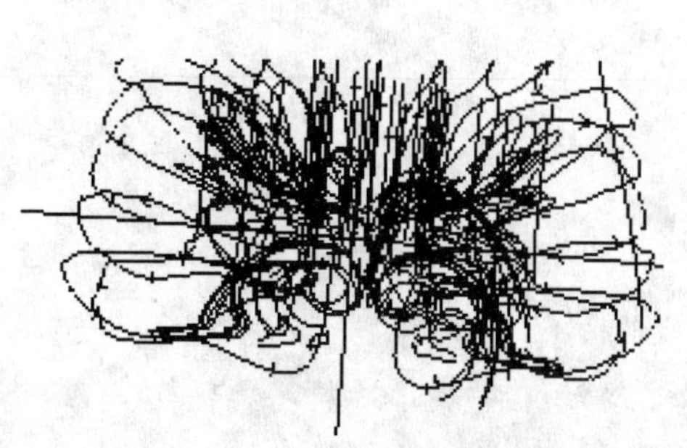

a）后视图

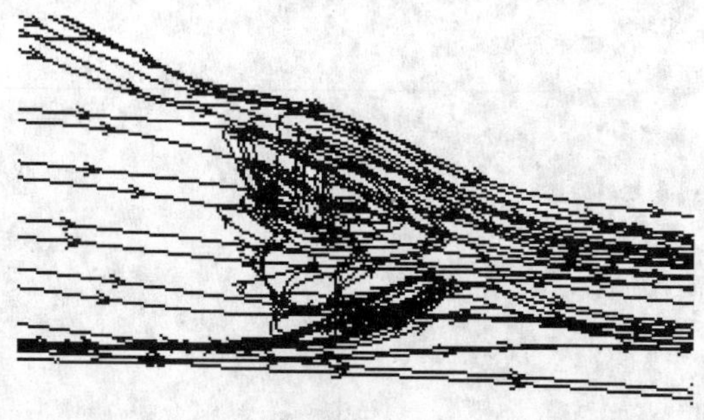

b）尾部放大图

图 10 车身尾部三维流线图（u=30m/s）

由车身周围的速度矢量图和流线图可以看出，在斜背式轿车的后风窗处气流产生分离，生成一个小的涡流。而在轿车尾部，则气流分离更加严重，形成了较大尺寸的上下两对漩涡。临近地面的一对漩涡较弱，上面的一对漩涡占支配地位，他们相互作用，相互吸引，并最终合并在一起，延伸到尾流。细致地研究这两对漩涡的产生与脱落，对减少斜背式轿车的阻力与升力有重要意义。

5 结论

本文对斜背式轿车车身周围的流场和气动特性进行了研究。计算了斜背式轿车的阻力系数和升力系数，研究结果表明阻力系数随来流速度的增加而减少，升力系数随来流速度的增加而增加；斜背式轿车在后风窗处形成分离流，并在轿车尾部形成两对较大的漩涡。本文的研究结果为对减少斜背式轿车的阻力和升力，进一步优化车型提供了技术支持。

参考文献

1 杜广生.汽车空气动力学.中国标准出版社，1999

2 傅立敏，沈俊，王靖宇.汽车流场及尾部涡系数值模拟.吉林工业大学自然科学学报，2000（4）

3 Cogotti A. Car-wake imaging using a seven-hole probe [A], SAE 860214[C], 1986:145～148

4 Addel A F. An investigation into the aerodynamics of the eternal flow around a bus (Daewoo Model) [A]. SAE 962173[C],1976:73～76

5 谢金法.高速轿车车身绕流场的三维数值模拟及试验研究.吉林工业大学博士论文，2000

四、汽车安全与试验技术

汽车防抱制动系统控制策略研究
——T_Q-P动态特性

李永 宋健
清华大学汽车安全与节能国家重点实验室

[摘要] 汽车防抱制动系统(简称 ABS)是主要的汽车主动安全性装置，是汽车制动电子技术的主要载体。ABS 控制策略是 ABS 的关键技术。掌握 ABS 控制策略的理论和实验方法，对于自主开发 ABS 和掌握主动安全性设计有着重大的意义。本文基于制动器耗散功率的 ABS 控制理论，对制动器的 T_Q-P（制动力矩、压力）动态特性进行了系统的研究，得出系统控制结论，探索出制动力矩与油压的动态特性。

关键词： 制动器 力矩 压力 迟滞 环路

Dynamic Characteristic of T_Q-P — Study on Control Theory of Anti-lock Braking System

Li Yong, Song Jian
State Key Laboratory of Automotive Safety And Energy

[Abstract] Anti-lock Braking System (ABS), which is an important device to improve the active safety of vehicles, is the basis of the automobile braking electronic technology. The core of ABS technology is ABS control method and the command of the design and matching the control method is thus of great significance in developing our own ABS and in doing further research in the theory and technology of the vehicle active safety. Based on ABS control theory which takes the maximum of the decay power of brake as its object, the paper conducts an in-depth study of the dynamic characteristics of T_Q-P of brakes, the conclusion drawn accordingly and the relational curve of T_Q and oil pressure.

Key words: brake moment pressure sluggish ring

结论

在增减压过程中，实验中只能实现起始升降，不能实现阶梯升降，针对 ABS 的工作过程，后续采用模糊插值算法[7]来模拟这一过程。

对防抱制动系统 T_Q-P 动态特性的研究，根据制动器耗散功率的理论特性，未来我们提出以下理论方法分别进行研究：①模糊推理动态鲁棒性控制理论；②可控基因遗传算法；③BP 神经网络法；④庞加莱映射摄动法；⑤当量控制法[8]；⑥梯度渐进法[9]。

鉴于以上分析，需特别提出的是，在 ABS 控制理论计算方法中，将制动器的耗散功率作为车轮制动过程的特征值，作为 ABS 执行机构的本质控制参数。

注：本文全文刊登在 2003 年《汽车工程》（增刊）上。

车辆控制系统开发软件闭环模拟方法及系统一体化的实现

程 军 崔继波

济南开发区捷特汽车电子技术研究所

[摘要] 本文介绍了车辆电子控制系统开发过程，提出了软件实时闭环模拟方法。通过 CAN 通信进行数据交换。利用嵌入式 PC 和 MATLAB 及工具箱实现了高效的开发系统。

关键词：车辆电子 车辆模拟 集成开发系统

[Abstract] In this paper, the process for vehicle control system developing is introduced. The method of software-in the-loop simulation is proposed. With CAN bus port, the data exchange between PC computer and micro-controller is realized. Using embedded PC and MATLAB as well as its toolboxes, a high efficiency developing system is established.

Key words: vehicle electronics vehicle simulation integrated developing system

1 概述

随着计算机技术的发展，车辆上的控制系统变得越来越复杂，因而控制算法变得也非常复杂，所以控制系统开发的主要工作是内部的控制算法的开发。我们知道近几年国外先进的开发过程是呈 V 字形，它分为下面几个阶段[1]：

(1) 系统设计建模与离线模拟

在这一阶段主要验证控制算法与概念，验证系统的可行性，使用 MATLAB/Simulink 软件可以很容易实现控制算法并进行系统建模，这些模型可以同样应用于实时硬件模拟。

(2) 系统原型实施

这一阶段仍是采用 PC 计算机或功能较强的计算机，如 DSP。将系统的硬件信号加入到模拟系统中，从而实现真实的物理系统。可以采用 MATLAB 工具箱，例如 RTW 和 xPC 等。很容易在 PC 计算机中实现实时硬件控制。例如可以直接用 PC 计算机对车辆进行控制验证。

(3) 目标代码产生

目标代码的产生是最困难的一步，可以采用专用的工具如 Targetlink，它可以从 Simulink 可视化算法直接转化为 C 代码，MATLAB/Simulink 中的实时嵌入式代码生成器工具箱也具有这类功能。但生成可用于大量生产的实用代码还要作较多的修改，或许要嵌入较多的用户手工代码。

(4) 实时硬件模拟

这一步骤是验证控制器硬件和软件算法，它的环境与实车比较类似，其相似程度取决于模拟模型与实际车辆的差别。如果模型比较准确，则经过这一系统验证后再到实车试验，其工作量就降低到最少，但一般情况下模型与实车都存在较大差距，所以仍需要较多的工作。

(5) 系统验证与调试

这一过程是将控制系统在实车上进行验证并进行系统的标定及参数修改等工作。如果前面的工作比较完善，则这一步的工作量就可以减少，并节省时间与费用。这一过程是一个一般的过程，但也存在下面几个方面的不足。

1) 传统的开发大多采用模拟的方法，纯软件模拟可以部分地验证控制算法，但大部分的纯模拟控制算法都是运行在 PC 计算机上。利用通用的编程工具如 VC、VB、MATLAB/SIMULINK，它们都是采用浮点数运算，也不必顾及内存空间的大小。这种模拟当得到理想的结果后再向目标计算机上进行移植，这种目标计算机往往要进行产业化生产，要求有较高的性能价格比，所以它的内存空间较小，同时采用整形数。模拟验征很好的代码一旦移植到这种目标计算机。由于上述差距的存在就会使控制算法的性能大大降低，这往往需要用户重新进行构造控制算法，这样就导致开发效率降低，那么最好是从一开始就使目标计算机参与到系统上来。

2) 实时硬件闭环模拟是一种非常好的工具，目前在开发过程被大量的使用。它可以有效地验证控制器的软硬件系统，但这种系统在实际使用中事实上主要是验证控制算法。硬件的验证只要没有故障，则在以后的工作中就不会再有什么作用。

3) 实时硬件模拟验证只是在实验室内进行，如果拿到实车上就很不方便，特别是一些混合模拟由于设备庞大，很难拿到车辆上。在实际车辆上调试 ECU 控制代码时要进行很多算法修改及参数的调整，这种修改与调整有些可能对算法的影响是很大的，有些情况可能会使控制失效。这样就需要再回到试验室中用实时硬件模拟再去验证算法，反反复复这样调试就会耗费比较多的时间。

4) 好的开发环境应该将这些过程集成到同一个环境下，如果系统要在不同的系统中切换，势必造成移植的困难。

基于在控制器开发过程中这几个比较困难的事情，本文提出了实时软件模拟方法以有效地解决上述系统的缺陷。

2 系统硬件

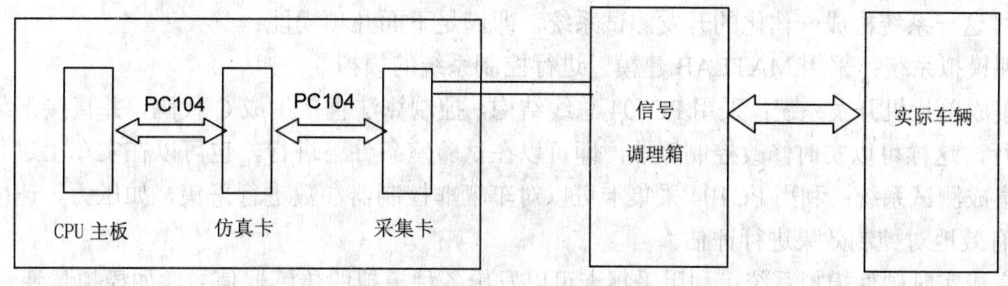

图 1 系统硬件框图

为了实现从模拟到最终样机的一体化集成开发，采用高性能奔腾 P4 嵌入式 PC 作为主机，主频 1GHz，嵌入式 PC 可以带有电子盘。采用嵌入式系统具有下面的优点：

1）系统是单板式结构，所以系统可靠性高。

2）采用 PC104 总线，具有抗振性，且体积也比较小。

3）PC 计算机性能高，可以作为模拟用主机，即直接用 MATLAB/SIMULINK 建模。

4）用 PC 计算机可以利用它采用 MATLAB 中的 xPC 工具箱生成较小内存的控制器代码，然后内置于主机板的电子盘中，形成可靠的基于 PC 的控制系统。

5）采用嵌入式 PC 体积较少，便于形成车载控制系统。

系统硬件包括下面几个部分：

(1) PC 主板：嵌入式系统，PIII或 PIV 主机。

(2) 采集卡：PC104 总线，用于数据采集及系统控制。

(3) 仿真器：单片机仿真器主要用于控制器程序的调试，也可采用 PC104 总线，这样可以使开发系统一体化，并在一台计算机上加以实现。

(4) 信号及驱动设备箱：这是一个专用信号调理箱，这种系统要根据车辆上应用确定信号调整的类型及驱动类型，作为一个通用的系统，采集驱动系统有如下功能：

1) A/D 采集　8 路：用于模拟量采集用调理箱，对信号进行放大，并规整变为 0～5V 电压。

2) D/A 输出　2 路：用于模拟量采集用调理箱，对信号进行放大，并规整变为 0～5V 电压。

3)数字输入：16 路，主要采集一些输入信号，如开关量。

4)数字输出：16 路，主要是一些驱动信号，如对电磁阀，通过调理箱对信号进行功率放大。

5)脉冲输入采集，8 路，主要对一些速度信号进行采集，一般的采集卡很难准确进行采集，采用专用的采集卡，可以对脉冲进行准确的计算，信号调理箱则可以完成信号的整形放大等处理。

6)脉冲输出，8 路，主要对一些速度信号进行模拟，一般的采集卡很难准确输出脉冲，采用专用的采集卡，可以对脉冲进行准确的计算，信号调理箱则可以完成信号的方波转换为正弦波等处理。

7) CAN 通信：共有 15 个信息帧可以编程使用，CAN 标准为 2.0B，CAN 通信参数可以定义。

另一种系统配置是采用笔记本电脑。PC 计算机固有的外设有串口、并口、USB 和网络接口，串口由于通信速度慢，显然不适于作采集数据。网络接口由于与单片机的接口比较复杂，也不太适于作系统的数据交换与通信。USB 和并口通信速度比较高，并且与单片机的接口也比较简单，这样可以外挂两个独立的外设。一般在我们的系统中一个作为单片机的仿真器用，一个作为采集卡构成实时模拟系统，这样采用笔记本就增加了移动性，方便灵活。图 2 为这一系统的框图。

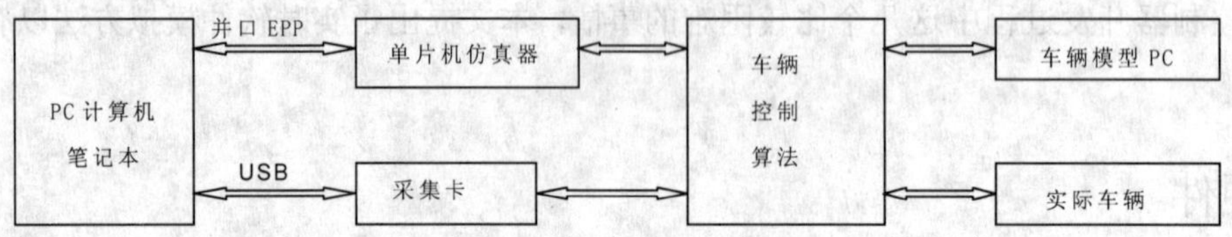

图 2　笔记本 PC 构成的开发系统框图

通过这一系统构成一体化的开发测试系统，即满足下面几项功能：

1)纯模拟系统：采用 MATLAB 建模，进行控制系统的模拟。

2)集成单片机开发系统：采用 PC104 总线结构，控制算法直接生成 C 代码，并直接下载到单片机仿真器中运行，这样可以实时修改控制算法，即可以在试验室条件下进行，也可以在实车上进行调试。

3)集成测试系统：利用 PC104 采集卡可以对车辆非控制器参数进行采集，如压力、速度等，用这些数据可以有效地对控制效果进行评估。

4)集成实时硬件模拟系统：利用采集卡可以发出各种模拟的传感器信号，如模拟量通过 D/A 发出，脉冲信号通过 PWM 信号发出。

5)集成的车载系统：采用专用的计算机抗振机箱，整套系统可以直接放到车辆上进行 ECU 的调试，调试过程中可以采集各种物理量，同时此系统可以进行各个阶段的模拟。这种系统将软件及硬件一体化，同时应用于车辆控制系统各个开发阶段，最有效地提高了设备的利用率，避免了开发环境的切换，从而可以缩短开发时间。图 3 为这一系统的外形图。这一系统首先硬件实现了从模拟到系统的集成化，硬件是同一设备完成各个阶段的开发，下面要介绍的软件也是一体化的。

图 3　开发系统外形图

3 实时软件模拟方法

系统软件采用 MATLAB 系统建立控制对象模型，即车辆模型。混合控制器的模型就可以形成纯模拟系统，但这种纯模拟系统可以采用统一的 MATLAB 环境控制器模型，也采用 SIMULINK 可视化模型，这是最初的模型。如果要使用 MATLAB 中的工具箱，这类模型有一定的限制，如不能采用连续性模块，采用嵌入式代码生成器工具箱，可以将控制器子系统生成 C 代码，也可以采用专用的单片机代码生成器生成 C 代码，如目前 MATLAB 中已有 Motorola MPC555、TI TMS320C6000、Infineon C167 系统单片机专用工具箱控制 C 代码的生成并可以控制 C 代码的编译、连接，最后生成可执行代码。生成可执行代码后，可以将系统直接下载到目标单片机上，这时就可以用目标单片机直接对应用对象即实际车辆进行控制了。但单片机代码不能直接对模拟模型进行控制了，这样就造成了开发过程的脱节。因为由 SIMULINK 生成代码的过程，有可能改变了系统算法的特性。不同厂商的编译器也会存在一些问题，所以直接用生成的单片机代码对模拟对象进行控制是最便利的，当然这时可以利用实时硬件闭环系统进行模拟与验证。但由于控制器硬件的过早介入要花费很大的精力去调整信号，而往往硬件连接会带来很多麻烦，如信号连接等。再者在算法调整阶段并不需要硬件的介入，在这种情况下，就需要有一种连接单片机与计算机之间的数据交换界面，从而形成一种快速实时交换数据方式，使车辆模型系统与控制系统能够实现快速通信，从而实现软件实时模拟，基于此在本系统中采用两种数据交换方式。

(1) CAN 通信方式

(2) 双口 RAM 通信方式

其结构方式见图 4。

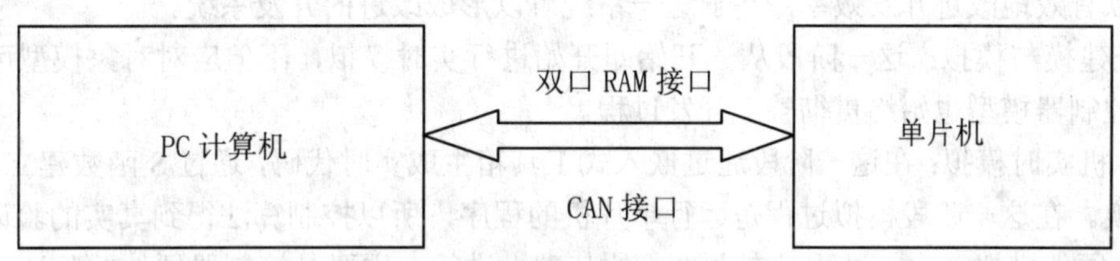

图 4 数据交换方式

双口 RAM 方式的原理是将仿真器的一部分内存地址映射为 PC 机外设设备的可访问的空间。通过这部分的共享内存进行数据交换，这种方式可以映射比较大的空间，交换的数据量也比较大，实时特性好，但这要求仿真器具有特殊的总线访问地址。一般通用的仿真器不具有这类功能，必须用户进行自己研制。本系统中也采用过这一方案，但它要求对仿真器系统作较多的研制与改进，所以难度较大，但这种方案是普通适用的，适合于任何类型的计算机。

采用 CAN 总线通信比较方便，这是因为目前许多单片机已内置了 CAN 控制器，一般 CAN 控制器具有 15 个信息体，新出现的单片机则可以带更多的 CAN 控制器，每个信息体有 8 个字节，这样就可以有 120 个字节用于实时数据交换，同时 CAN 的最高通信速度为 1MHz 波特率，足以满足实时模拟的要求。在 PC 计算机方面一般没有 CAN 接口，但 CAN 的接口卡是比较多的。本系统采用自制的 CAN 采集卡，该采集卡可以采用 USB 接口转换，也有并口、ISA、PCI 几种接口，只用两根 CAN 通信线就可以将单片机与 PC 计算机进行通信连接。当然串口与单片机的连接也很方便，除非是一些低速简单的控制系统，但串口通信一是速度慢，二是它的数据传递不像 CAN 是数据包的形式，所以容易产生错误。

CAN 通信只能传送字节型数据，对不同的数据类型要进行变换，例如要传送浮点数据，先把它变换为字节型变量，接收后要进行解码，把它还原为浮点数据类型。系统的原理见图 5。

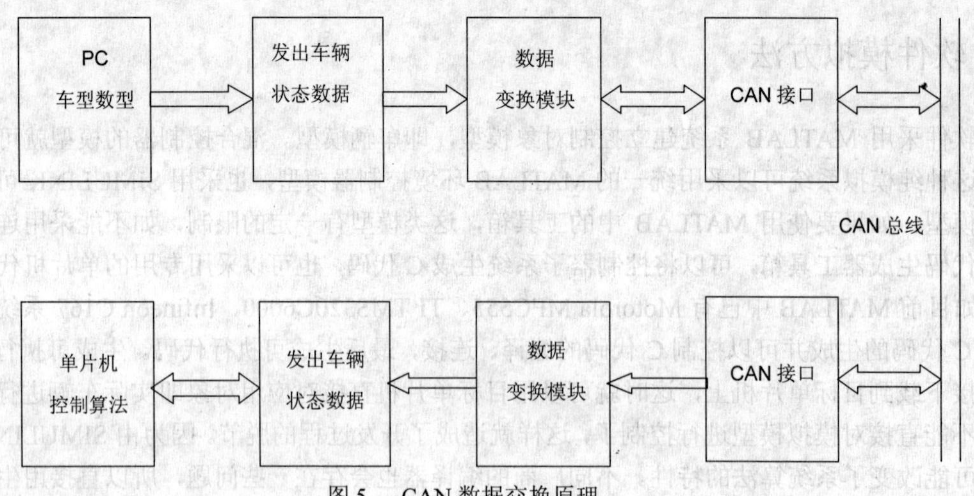

图 5　CAN 数据交换原理

CAN 通信的基本设置可以通过 MATLAB 的 GUI 界面编制定义程序，将参数定义可以保存在采集卡的 EEPROM 中，用户可以通过这个界面进行参数的定义与修改，例如数据长度、波特率、屏蔽字。

4　实时软件模拟的应用

4.1　改进的开发过程

前面介绍的 V 字形的开发过程由于存在各个阶段的不衔接，导致开发效率的降低，通过实时软件闭环模拟系统可以有效地改进开发效率，基于这一系统可以形成改进的开发系统。

(1) 系统建模与模拟：这一阶段从一开始即开始进行实时模拟，不但应对对象模型可以贯彻整个开发过程，而且控制器模型也始终贯彻整个开发过程。

(2) 单片机实时模拟：在这一阶段通过嵌入式工具箱生成实时代码，通过 S 函数建立 CAN 通信模块实现数据的交换。在这一阶段模拟过程是运行单片机的程序，所以控制算法得到真实的验证。

(3) 实时硬件模拟：这一过程是在上阶段的基础上进行，主要是控制器硬件的验证，所以只需比较短的时间。因为大量的算法验证主要在第二阶段，第三阶段只是验证硬件，这样大大降低了开发难度。

(4) 系统验证：这一阶段主要用于道路试验，将车辆模型用实际车辆代替。采用同一套开发系统直接放到车辆上进行控制，在调试过程当控制程序参数修改时，采用第二阶段的纯软件实时模拟进行验证，待算法没有问题时就可以马上进行道路试验，这样增加了程序的可靠性。

可以看出，通过这一过程可以有效地缩短开发过程，开始的模拟与最后的产品样机几乎是同一套模型，这样实现了开发过程的每个阶段有机衔接，无缝连接。图 6 为新的开发过程。

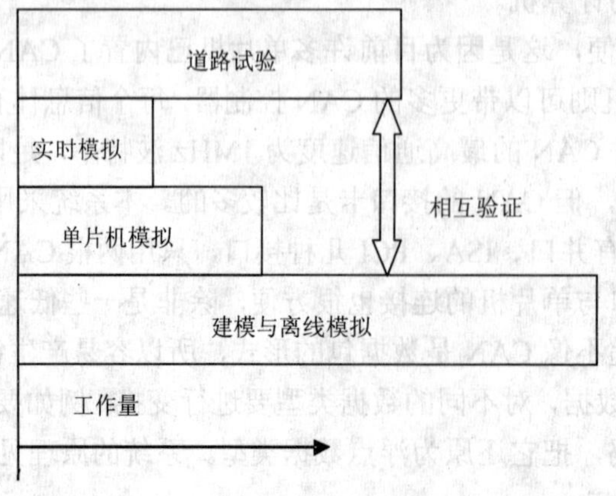

图 6　软硬件集成化的开发过程

在开发过程中最大的工作量是第一阶段，模拟建模这一系统一旦建立起来则对以后阶段都有重要的作用。道路调试也有较多的工作，则主要是作为一个最终的产品要求有较高的可靠性。要在道路上进行比较细致的调整，各种工况的校验，一般还要经历冬季和夏季试验等。这一系统的重要定义在于在进行道路试验的同时，可以同时交替地使用单片机纯模拟，以验证每一次修改的正确性。

4.2 系统实际工作过程的标定

车辆控制系统不同于一般的控制系统，它要求高可靠性，而它的工况是各种各样的，特别是传感信号是至关重要的，由于有各种干扰的存在，控制器抗干扰要强，但在模拟情况下很难产生真实的带有干扰的传感信号，这样模拟很好的控制系统往往在实际系统中得不到很好的控制效果，这要求把实际系统的信号进行采集，类似于采集"路谱"，然后在试验系统中进行回放，这样就可以测试控制器的响应并修改相关的控制算法。采用本系统可以很容易实现这一功能，这对 ECU 的改进具有重要的意义。这一工作包括两个部分，一部分是信号的采集，利用 CAN 通信将控制器采集的信号传递到上位 PC 中，在 MATLAB 环境中可以将它们存入数据工作空间中。

在试验室条件下可以循环播放这一数据，仔细验证与修改控制参数，研究滤波方案，这样提供了一种非常真实的模拟环境。为节省时间可以参考这些实际数据，人工产生各种噪声信号（用软件很容易产生各种信号，例如压力的干扰信号用纯模拟可以非常容易地合成，但用硬件的方法则很困难产生，并且费时费工）。采用纯软件单片机模拟可以避开硬件传感系统，直接将真实的传感信号导入到单片机内部，这是非常简单的。

对于外部硬件驱动来说，在实时硬件模拟时需要功率系统一次次工作，有些设备耗电也比较大，危险性也大，采用软件模拟则可以有效地避免这类问题。

4.3 模块化的实时硬件系统

实时硬件系统实际上包含有输入和输出两个部分，在许多情况下并不需要输入、输出都参与工作，有下面两种工况，即输入硬件和输出硬件模拟。

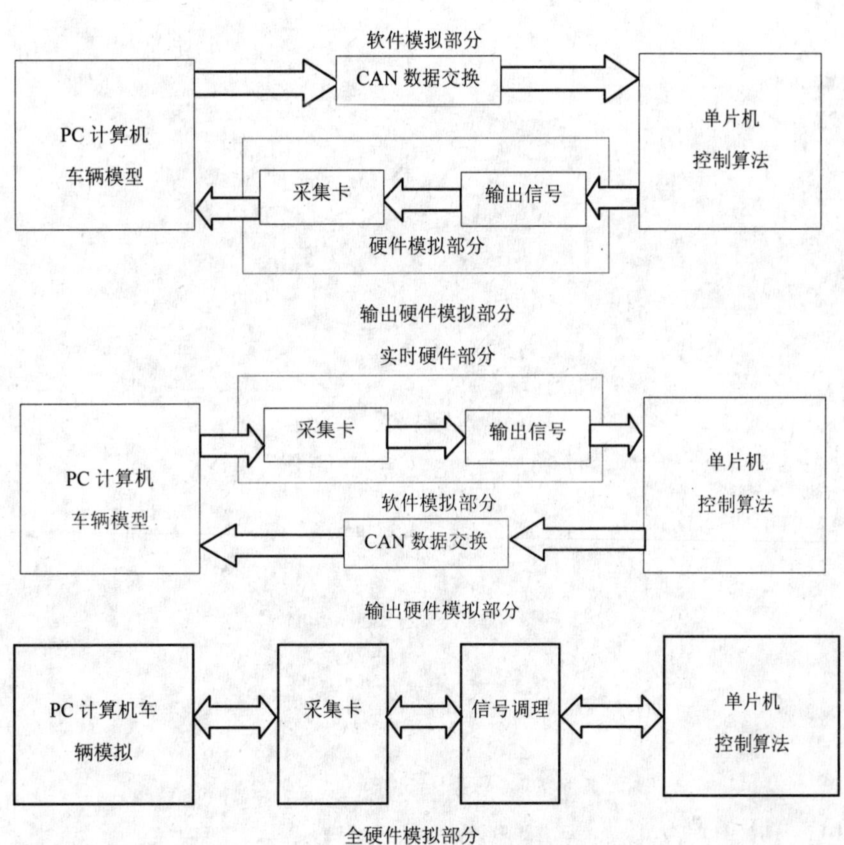

图 7　不同模拟系统的配置

输入硬件模拟是指单片机一方来说的，即单片机控制器的输入。在输入硬件系统中，其输入的硬件是真实的信号连接，而输出部分是采用 CAN 接口连接构成软件的数据交换连接，同样输出硬件模拟则是以单片机输出驱动和采集卡构成硬件连接，而输入部分是以 CAN 进行数据连接。如果输入输出部分都以硬件进行连接，通过采集卡构成数据的交换与传递，则这种系统就是全硬件模拟系统，但实际系统中为方便和灵活，则采用不同的模拟系统。可以分别调试输入和输出系统，图 7 为不同模拟系统的配置。

5 结束语

本文介绍的快速开发系统已成功地应用于不同的开发项目，并将本系统产品化，系统在使用中不断的完善，并逐步被客户所接受。本系统特点是软、硬件系统一体化，并贯穿整个开发过程中，大大提高了开发效率，缩短了开发时间。系统是一种通用的开发平台，几乎可以应用于任何车辆电子控制系统，更重要的是，它是一个开放的开发平台，所有资源对用户都是开放的，用户可以自行修改和建立特定的模拟开发模型。

参考文献

1 The dSPACE, Inc . Solutions for Automotive Control—System and Application. manual 2002

对我国现行汽车可靠性行驶试验规范的几点看法

闫仕军
国家汽车质量监督检验中心

[摘要] 根据有关课题研究，系统地对我国汽车试验场现行可靠性行驶试验规范提出了自己的见解，对制订或修订汽车试验场的零部件和整车可靠性与耐久性试验规范有较大参考价值。

关键词：可靠性 试验规范 试验顺序 载荷

可靠性试验的执行依据是试验规范。到目前为止，我国汽车行业已制订了一部分整车、总成及零部件的可靠性试验规范，但还很不完善，总体水平偏低。行业标准制订时考虑照顾各方面的水平和要求，一般偏于保守。

整车及零部件在汽车试验场内进行的可靠性行驶规范亦存在着诸多问题。一方面，各汽车试验场制订可靠性行驶规范时，过多地考虑试验的管理因素、易操作性等，而忽略了一些重要的方面，如循环行驶、例行操作等；另一方面，我国目前对汽车新产品定型需进行可靠性行驶检验，在汽车产品质量检验中也有可靠性试验的要求，两者虽然都规定了可靠性试验的要求，但是制订行驶规范时往往要兼顾各方，偏于简单。

近年来，国内很多汽车厂家走上与国外先进的汽车公司合资、合作的道路。它们中多数厂家在进行产品开发的可靠性行驶试验时，将国外有关可靠性行驶试验规范与国内汽车试验场的道路条件结合起来，来制订自己的可靠性行驶试验企业标准，并在试验中实施。如神龙汽车有限公司、上海通用汽车有限公司、江铃汽车有限公司、长安福特汽车有限公司和郑州日产汽车有限公司等。与此同时，我们也得以更加全面地了解国外先进的汽车公司如何进行可靠性行驶试验。经过长期的发展，国外先进的汽车公司针对不同产品均有完整的可靠性试验规范，并且随着使用条件、产品特点、用户需求，以及竞争对手的变化，对试验规范进行调整。国外先进经验值得长期从事汽车可靠性试验的工作者们借鉴，从而为提高我国汽车产品竞争力奠定基础。

制订汽车试验场内的可靠性试验规范的原则是“浓缩应力法”，以保证故障模式的一致性。可靠性行驶试验规范与指标限制规定的是否科学、合理的检验标准是：按该规范得出的结论是否符合用户的结论，是否满足预期的对整车可靠性的要求。不管以后国家汽车行业主管部门对汽车新产品是否进行定型可靠性行驶检验，在汽车产品质量检验中是否还有可靠性试验的要求，随着我国加入 WTO，汽车试验场内可靠性试验规范要与国际接轨，使其更具有科学性。另外，我国道路交通条件和车辆使用条件有了较大变化，也需要对现行规范进行调整。

结合科研项目“汽车试验场耐久性试验方法的研究”对襄樊汽车试验场道路强化系数的研究工作，谈谈对我国现行可靠性行驶试验规范的几点看法。

1 关于可靠性行驶总里程及各道路里程分配

现行的国内各汽车试验场的定型可靠性行驶试验规范规定，可靠性行驶总里程都在 30000km 以内。从试行的情况来看，对于汽车承载系、发动机、车身及附件等方面的考核较为全面，符合实际使用情况，这从某车型在汽车试验场试验和使用试验的故障统计对比可以反映出来。同时从故障统计对比也看出，对于传动系，汽车试验场试验的故障与使用试验则有较大差异且反映不充分，对于摩擦副的磨损也很难通过 30000km 可靠性试验反映出来。

Ford 汽车公司于 1996 年用三辆样车（微型轿车、轿车和轻型客车），对襄樊汽车试验场和海南汽车试验场的加速系数进行测试（按各汽车试验场行驶规范）。结果表明，对汽车传动系的加速系数都为 1 左右，基本上没有起到加速效应。

近年来，我国公路状况有了很大改善，铺装公路和高速公路所占的比例越来越大，坏路所占的比例越来越少，汽车平均行驶车速不断提高。海南汽车试验场最早制订了汽车定型可靠性行驶试验规范，到现在已经实行了多年。国内其它汽车试验场基本上都是在海南汽车试验场定型可靠性行驶试验规范的基础上，根据各汽车试验场的自身特点而制订的，基本沿用了与十几年前国内公路状况相符的道路里程分配。

随着我国道路交通条件和车辆使用条件的较大变化，必须对现行可靠性行驶试验规范进行调整。建议适当增加可靠性行驶总里程，增加高速公路的比例；增加诸如急加速、变换变速器档位等行驶要求，以达到对传动系的加速考核作用。

2 关于可靠性行驶试验顺序

疲劳研究已经表明，机械零件承受的载荷作用先后次序对结构疲劳寿命有明显影响。航空研究表明，制订飞机疲劳试验的载荷谱时，必须考虑载荷作用先后次序，否则试验的结果往往经不起实际使用的考验。

现行的国内各汽车试验场的定型可靠性行驶试验规范中，关于可靠性行驶试验顺序基本上都是一种道路行驶试验完后，再进行另一种道路，直至试验结束。这种行驶方法与实际使用有很大差距。某车型在襄樊汽车试验场和在实际使用道路上进行试验的故障规律有明显差异（分别服从威布尔分布和正态分布），也体现了现行规范的失真。

汽车在实际使用中是各种道路混合行驶。考虑到各种路面和工况作用的先后次序对结构疲劳寿命有明显影响。为了使汽车在汽车试验场内发生的故障反映行驶实际情况，同时借鉴福特、雪铁龙及 MIRA 等在汽车试验场进行可靠性行驶试验的做法，可靠性行驶试验应按循环进行。通过分别对汽车试验场的可靠性试验路段进行采样分析，结合产品特点、使用条件、用户需求及产品目标等制订循环方式和总的循环次数。

3 关于例行操作

在汽车试验场按现行行驶规范进行可靠性行驶试验时，对汽车的有些部分考核程度不够。为了对汽车进行较全面的考核，需要增加每班试验的例行操作内容（一般在试验开始之前）。例行操作内容往往应包括：从外面用钥匙开闭车门、从内部开关驾驶员侧车门、开关发动机罩和行李箱盖、升降侧窗玻璃、按喇叭、使用组合开关、倒车和前进行驶等，具体操作内容、方式和次数可以根据车型及使用条件确定。这些内容在国外汽车可靠性行驶规范中经常得到体现。

4 关于轿车等车辆的模拟城市道路行驶

国外轿车厂家在进行可靠性行驶试验时，大都有模拟城市道路行驶，而我国现行行驶规范没有该项内容。我国轿车在城市内行驶的里程占较大比例，按照现行行驶规范进行可靠性行驶试验，会发现在城市内行驶中出现的一些故障在汽车试验场内试验中没有得到反映。因此需要增加模拟城市道路行驶内容。

参考国外轿车厂家进行模拟城市道路行驶试验的经验，东风汽车公司襄樊汽车试验场在进行模拟城市道路行驶规范制订时，一方面模拟在城市内行驶常遇到的路面情况如铁路交口路、井盖路、住宅进口路、路面接缝路等；另一方面模拟在城市内行驶频繁起步、加速、制动的情况，模拟城市红绿信号灯等。

5 关于试验车辆的载荷

选定正确的试验载荷对汽车可靠性是很重要的。若载荷定得过低，试验通过了，但整车使用却表现出很低的可靠性；载荷定得过高又会使设计过于保守，增加费用。

现行的国内各汽车试验场的定型可靠性行驶试验规范中，除襄樊汽车试验场规定轿车、微型汽车的凹凸不平坏路行驶部分里程空载或半载外，其它汽车试验场均规定试验车辆以满载行驶。对客车、一些封闭式专用车辆来说，在凹凸不平坏路上行驶时，车身等部分在空载或半载状况下方能得到较全面的考核。

因此，建议参照国外的做法，规定试验车辆以空载或半载行驶部分试验里程。

参考文献

1 徐维新、秦英孝.可靠性工程.北京：电子工业出版社，1988

2 王秉刚.汽车可靠性工程方法. 北京：机械工业出版社，1991

3 高镇同.疲劳应用统计学. 北京：国防工业出版社，1986

用故障统计法估算汽车试验场道路的强化系数

闫仕军
国家汽车质量监督检验中心

[摘要] 以整车为研究对象，通过对在汽车试验场和实际使用道路下进行可靠性、耐久性试验的故障进行统计分析，利用概率论模型，估算了汽车试验场道路相对于实际使用道路的强化系数。

关键词：故障 统计 分布 强化系数

1 概述

汽车可靠性、耐久性试验直接得到的结果是整车、部件和零件的故障，包括故障的表现形式（即故障模式）和故障出现的频次。汽车试验场道路相对实际使用道路的强化系数最终也要反映在汽车出现故障的种类和频次上来。

通过对某车型在襄樊汽车试验场和实际使用道路下进行可靠性、耐久性试验的故障进行统计分析，利用概率论模型，分别得到汽车在两种条件下试验的故障分布规律，进而得到在相同累积故障概率下的各自运行里程数。根据有关汽车试验场道路强化系数的定义[1]：“在基准应力条件下进行试验与某应力条件下进行加速试验，两者达到相等的累积故障概率所需时间之比值”，用故障统计分析的方法，以整车为研究对象估算强化系数。

对整车用故障统计法进行汽车试验场道路强化系数的研究在国内属首次应用。

2 试验和故障统计

2.1 试验情况

1995 年～1998 年，某系列十余种车型按照《襄樊汽车试验场轻型载货汽车产品定型可靠性行驶试验规范》先后在襄樊汽车试验场进行可靠性试验。可靠性行驶总试验里程达四十多万公里，其中有行驶试验里程为 30000 公里/辆的基本车型开发、定型及定型验证试验，也有行驶试验里程少于 30000 公里/辆的多种变型车开发、定型试验。同时，该系列多种车型在实际使用道路（丘陵地区的达标二级公路）上进行了使用耐久性试验，试验总里程达 250 多万公里。

2.2 选择对比试验车辆对象

通过对汽车可靠性、耐久性试验结果影响因素的分析，确定对比试验车辆对象的几个原则：①车辆配置和生产工艺水平相当；②车辆生产日期接近；③样车数量较多，行驶试验里程较长；④试验过程中没有或尽量少受到意外事故的影响。

2.3 故障的统计

根据 QC/T 900－1997 《汽车整车产品质量检验评定方法》（又称作“白皮书”）故障的分类原则，参考“故障模式泛例”，对在襄樊汽车试验场进行可靠性试验样车和在实际使用道路进行耐久性试验样车发生的故障，分别进行了统计。故障统计的原则：

(1) 原则上统计某零部件、某总成或整车某一方面最初发生的故障，即“一次故障”，而将“二次故障”作为该“一次故障”的后果。但当“二次故障”或更高次故障不可避免时，用“二次故障”或更高次故障来描述，而将“一次故障”视为故障的原因。

(2) 只考虑主要因为汽车本身的毛病而发生的本质故障，对主要因为驾驶员失误而引起的误用故障，则不计入故障数。

(3) 未排除故障，只统计一次，故障类别按最严重情况划分，其对应里程为该故障里程。

(4) 同一里程不同零件发生故障分别统计；同一零件出现不同模式故障也分别统计；如果同一零件发生几处模式相同的故障，则只统计一次，故障类别按最严重的划分。

(5) 汽车试验场内的产品定型可靠性行驶是定时截尾试验，统计故障时按实际发生的进行统计；而对使用耐久性试验，为了进行对比，则采用定数截尾，当故障统计到与汽车试验场内的产品定型可靠性试验发生的故障总数相等时，不继续统计。

(6) 两种试验条件下，分别把故障发生的里程一律按从小到大顺序排队。

2.4 累积故障率计算

汽车是可维修系统，在 t_1，t_2，t_3……时刻发生了故障，并在维修后继续运行。进行汽车可靠性研究时，需分析累积故障率随行驶里程变化的规律。

累积故障数 $N(t)$ 表示行驶里程为 t（$0 \leqslant t \leqslant \mathrm{T}$，T 为试验截尾里程）时，这组汽车发生的平均故障数，$N(T)$ 常简记为 n。累积故障率 $F(t_i)$（i 指故障发生里程按从小到大顺序排列的序数除以样车数，$0 \leqslant i \leqslant \mathrm{n}$）是指到某一里程 $\mathrm{t_i}$ 时，累积故障数 $N(t_i)$ 与 n 之比，也可以称为累积故障分布函数。

本研究的故障样本较大（n=40），采用式（2-1）计算累积故障率[2]。

$$Fn(t_i) = \frac{i}{n} \tag{2-1}$$

3 故障规律的拟合分布及检验

3.1 常见的故障规律分布形式

故障的发生是由其微观原因引起的，但我们观察到的只是其外表的现象，分析故障时可用两类模型来处理，一是物性论模型，一是概率论模型。物性论模型是研究故障在产品的什么部位，以什么形式发生，从物理、化学或材料强度等方面对其分析，这是一种微观的分析，也是一种寻根求源的作法。概率论模型则研究故障与时间的关系，用数理统计的方法，找出故障时间的概率分布，这是一种宏观的分析方法。本文采用概率论模型分析故障时间的概率分布。

从可靠性、耐久性试验中得到的数据，是从某批产品（总体）中得到的一个样本，用数理统计的理论，可以判断出产品的寿命分布，得到累积分布函数。由此可以计算产品的可靠性参数，如可靠度、故障率、概率密度函数，以及各寿命特征，如平均寿命、可靠寿命、特征寿命、使用寿命等。

汽车可靠性研究中所用的理论概率分布类型很多，最常用的有四种：指数分布、正态分布、对数正态分布、威布尔分布。其中威布尔分布有很强的兼容性，将常见的正态分布、指数分布等都容纳在内。汽车可靠性研究中，如果没有把握确定属于某种分布，通常采用威布尔分布。这在欧美、日本等汽车工业发达国家，已获得普遍推广，被汽车工程技术人员广泛应用。

3.2 故障规律的拟合分布、参数估计及检验

为了分析累积故障率随行驶里程变化的规律，先假设总体分别服从最常用的四种分布形式：指数分布、正态分布、对数正态分布、威布尔分布，并根据样本的试验数据估计分布函数的未知参数，再进行分布拟合检验。

3.2.1 分布参数估计

为了简化计算量，对指数分布采用极大似然估计法；对正态分布、对数正态分布和威布尔分布采用比图估计法精确的最小二乘法估计。

(1) 指数分布的参数估计

设次序统计量的观测值为 $t_1 \leqslant t_2 \leqslant \cdots \leqslant t_r$，$n$ 为样本数，r 为故障数。设指数分布参数 λ，分布密度函数为：

$$f(t,\lambda)=\lambda e^{-\lambda t} \tag{3-1}$$

采用极大似然估计法得到在襄樊汽车试验场进行试验的 λ 估计值为 6.3579×10^{-5}/km；在实际使用道路进行试验的 λ 估计值为 1.3660×10^{-5}/km。

(2) 正态分布的参数估计

$$F(t_i)=\Phi\left(\frac{t_i-\mu}{\sigma}\right)=\Phi(Z_i) \tag{3-2}$$

设累积故障分布函数为

对于 Z_i 和 t_i 的一组数据，用最小二乘法求得 μ 和 σ 的估计值。得到在襄樊汽车试验场进行试验的分布参数估计值为：μ=15490.3，σ=9769.0；在实际使用道路进行试验的分布参数估计值为：μ=72224.4，σ=40265.3。

(3) 对数正态分布的参数估计

对数正态分布的 $F(t_i)=\Phi(Z_i)$，其中 $Z_i=(\ln t_i-\mu)/\sigma$

令 $x_i=\ln t_i$，有 $x_i=\mu+\sigma Z_i$。同样，对于 Z_i 和 x_i 的一组数据，用最小二乘法求得在襄樊汽车试验场进行试验的分布参数估计值为：μ=9.34420，σ=0.79593；在实际使用道路进行试验的分布参数估计值为：μ=9.34265，σ=0.85935。

(4) 威布尔分布的参数估计

对两参数威布尔分布，累积故障分布函数表达式可为：

$$\ln\ln\frac{1}{1-F(t)}=m\ln t-\ln t_0 \tag{3-3}$$

式中 $t_0=\eta^m$

用最小二乘法得出在襄樊汽车试验场进行试验的分布参数估计值为：m=1.39447，η=17292.0；在实际使用道路进行试验的分布参数估计值为：m=1.23050，η=93353.7。

3.2.2 分布拟合检验

总体的故障规律是否服从所假设的分布，需要进行检验。常见的检验方法有皮尔逊 χ^2 检验、柯尔莫哥洛夫-斯米尔诺夫检验（K-S 检验）等。本文采用 K-S 检验中适用于截尾样本的 K-S 检验[2]。

作原假设 H_0：经验分布 $F_n(t)$=理论分布 $F(t)$。统计量：

$$D_{n,t}=\sup_{0\le t<T}\left|F_n(t)-F(t)\right| \tag{3-4}$$

如果原假设 H_0 成立，那么统计量 $D_{n,T}$ 就不会很大；而当假设 H_0 不真时，它有偏大的趋势。

检验结果表明，在汽车试验场内试验的故障规律可以接受指数分布、正态分布、对数正态分布和威布尔分布四种原假设；在实际使用道路上进行耐久性试验的故障规律可以接受指数分布、正态分布和威布尔分布三种原假设。

3.2.3 确定最优拟合分布

在接受原假设的前提下，选择经验分布 $F_n(t_i)$ 和理论分布 $F(t_i)$（$0\leqslant i\leqslant n$）的残差平方和 Q 作为确定最优拟合分布的标准，Q 值的计算结果见表 1。

$$Q=\sum_{i=1}^{n}\left[F_n(t_i)-F(t_i)\right]^2 \tag{3-5}$$

表 1 最优拟合分布确定表

分布形式	Q 值	
	试验场内试验	使用耐久性试验
指数分布	0.8068	1.5881
正态分布	1.4617	0.1151
对数正态分布	0.7889	……
威布尔分布	0.7157	0.6251

因此，在汽车试验场内的试验最优拟合分布形式为威布尔分布，累积故障分布函数为：

$$F(t)=1-e^{-\left(\frac{t}{17292.0}\right)^{1.39447}} \tag{3-6}$$

在实际使用道路上的耐久性试验最优拟合分布形式为正态分布，累积故障分布函数为：

$$F(t)=\Phi\left(\frac{t-72224.4}{40265.3}\right) \tag{3-7}$$

4 强化系数的估算

利用累积故障分布函数表达式（3-6）、（3-7），可得到在相同累积故障概率下的汽车试验场和使用道路运行里程数 t_p 和 t_s，见表 2。

表 2 相同累积故障概率下的各自运行里程数 t_p 和 t_s

$F(t)$	运行里程数（km）	
	t_p	t_s
0.1	3442.8	20604.3
0.2	5897.0	39321.0
0.3	8254.6	51085.1
0.4	10679.9	62037.3
0.5	13293.0	72224.4
0.6	16238.5	78385.0
0.7	19750.7	93484.5
0.8	24231.0	106127.8
0.9	31442.9	123844.5

对 t_p 和 t_s 进行线性拟合，得出两种条件下的汽车寿命关系式。

$$t_s=19054.8+3.56t_p \tag{3-8}$$

使用 t 检验法对上述线性假设进行显著性检验[3]，结果表明回归效果是显著的。

从图 1 可以直观地看出，t_p 和 t_s 有较好的线性相关性，但回归的直线不通过坐标原点。

因为回归直线不通过坐标原点，所以当相同累积故障概率 $F(t)$ 不同时，t_s 和 t_p 的比值（即强化系数）有区别。对在汽车试验场进行的可靠性、耐久性试验而言，$F(t)$ 越大表明试验越接近结束。取 $F(t)$=90%，则：

$$K=\frac{123844.5}{31442.9}=3.94$$

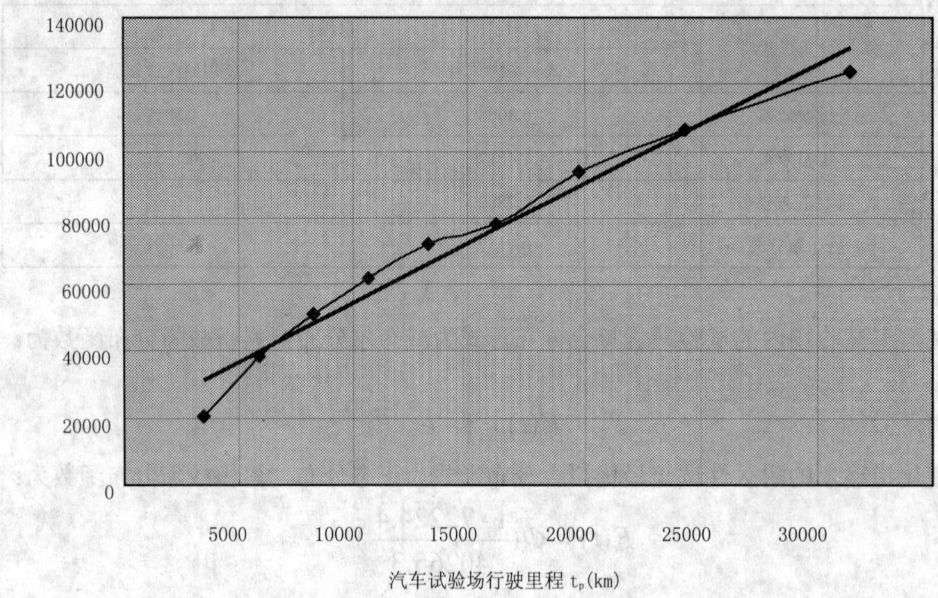

图 1 t_p 和 t_s 线性拟合图

注：粗黑线为回归直线

5 小结

上述强化系数的估算值是以某轻型载货汽车产品定型可靠性行驶试验规范为基础的。车型、零部件种类、道路种类、行驶车速等有差异时，强化系数的值可能会有明显不同。

强化系数的估算不仅为科学制订汽车试验场的整车可靠性试验规范提供依据，而且也为汽车试验场的汽车总成或零部件可靠性试验规范的研究提供了依据。如果制订汽车试验场的可靠性试验规范缺乏强化系数估算值这一依据，会出现要么试验通过的产品，实际上用户反应并不满意；要么试验通过的产品设计上安全系数过大。

参考文献

1 吴珂、虞明、郁工瑞. 汽车试验场可靠性试验强化系数的研究. 汽车工程，1996；18（2）

2 贺国芳等.可靠性数据的收集与分析. 北京：国防工业出版社，1996

3 盛骤等.概率论与数理统计. 北京：高等教育出版社，1997

4 杨万凯.汽车可靠性理论. 北京：人民交通出版社，1987

IVECO 客车整车疲劳台架试验研究

刘汉光　董栓牢
徐工研究院

[摘要] 采用室内台架试验的方式，在引进 INSTRON-SCHENCK 的整车道路模拟试验台上对 IEVCO 客车进行整车疲劳及可靠性试验研究，通过对采集路面谱的加速强化处理，既能有效地模拟车辆在路面行驶时的工况，又可在较短的时间内观察和分析车辆及部件的疲劳及可靠性。介绍了试验加速处理、试验系统识别与迭代等技术，为轻型客车的设计、开发和改善提供了一种新的研究途径。

关键词：试验 道路模拟 加速 ITFC

整车的室内台架道路模拟疲劳试验技术在小轿车中已得到了广泛的应用，如上海大众等轿车厂家都有自己的试验台架。由于试验及试验设备系统成本等原因，目前国内在客车方面还很少有这方面的尝试。采用室内台架道路模拟试验的方法对 IVECO 客车(以下称 IVECO)的行驶平顺性及各零部件系统的寿命及可靠性进行试验，在台架上再现 IVECO 在实际行驶中所遇到的各种复杂工况，研究其在随机振动环境中的振动状态和疲劳损坏原因。试验中可有效地控制工作台面的位移、速度和加速度，精确地控制和检测 IVECO 各部分的状况。通过信号处理加速车辆疲劳过程，这都是道路试验所不易做到的。

1 试验基础

室内台架道路模拟疲劳试验的目的就是在尽可能短的时间里确定所要求长的耐久寿命，并能同步监视整车及各部件的工作状况，快速准确地对汽车整车及其零部件可靠性能进行评估，及时提出合理有效的改进措施，从而缩短新产品的开发周期，这对于汽车工业尤其重要。

两桥车辆IVECO的道路模拟试验由四通道的电液伺服试验台系统和一套道路模拟控制软件系统组成。如图 1 所示。该套试验设备系统从 INSTRON-SCHENCK 引进。道路模拟控制系统输出信号控制试验台作动器，在试验室内重现被试车辆在道路上行驶时的振动工况。

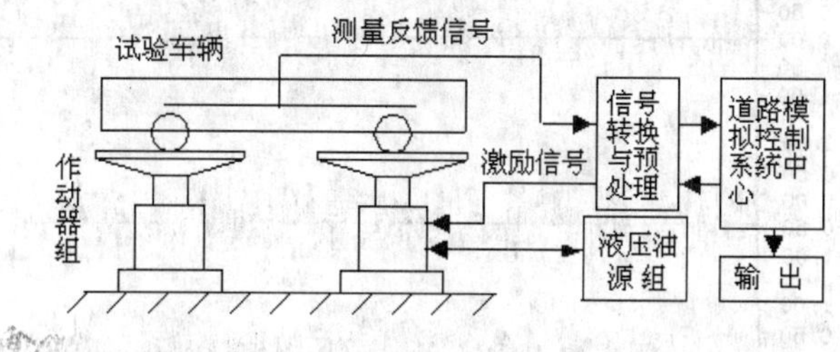

图 1　室内台架道路模拟疲劳试验测控系统原理图

试验激励信号获取一般有两种方式。一是用试验软件按照国际或国家标准生成路谱信号作为试验激励，这种方式产生的路谱信号并不能完全表示特定车辆实际路面的工况；另一是通过对同种车型在标准试车场试验时进行采集的路谱作为激励。如海南试验场对“引进技术的轻型客车国产化整车可靠性试验里程分配情况”，如表 1 所示。总里程为 30000km，其中不包括磨合里程。这种方式获取的激励信号较能真实地代表同种车辆的运行工况。

表 1 试验里程及分配

序号	试验道路类别		行驶里程（km）
1	一般公路		4000
2	山区工路		5000
3	高速		15000
4	强化坏路	综合	5000
		陡坡	1000
合计			30000

2 路面谱的采集

2.1 原始加速度信号采集

试验激励采用 IVECO 在标准试车场实际道路行驶时所采集的同一车型的道路谱（以下称为原始加速度信号）。IVECO 客车为两桥车辆。原始加速度信号采集点为四轮轴正上方垂直方向上的四个点。其中一个加速度传感器安装位置示意图如图 2 所示，其它传感器安装位置与之相似。

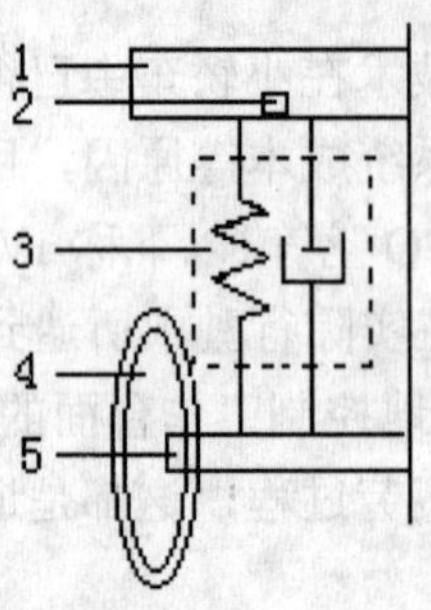

1 车架 2 加速度传感器 3 减振机构 4 车轮 5 车轴

图 2 加速度传感器安装位置示意图

四测点响应谱即四通道原始加速度信号，如图 3 所示。

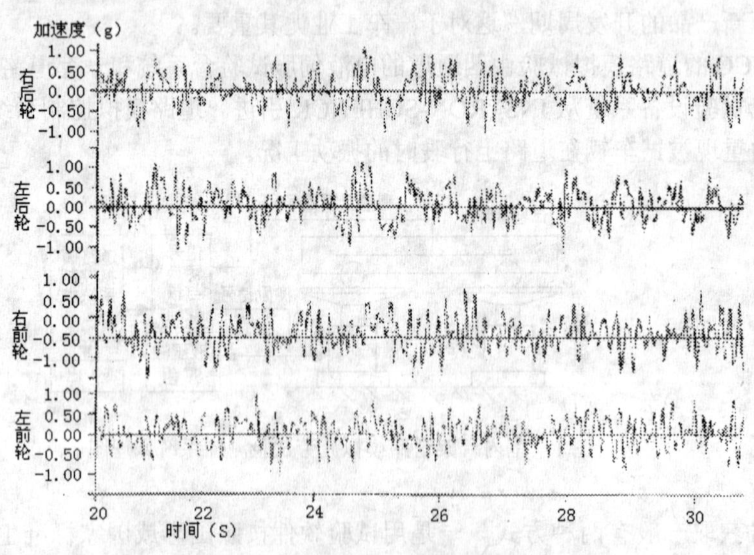

图 3 四通道道路谱即四通道原始加速度信号

2.2 试验前道路谱信号加速处理

在保证实际路面的振动对 IVECO 的疲劳贡献的基础上，为了缩短室内台架试验的时间，同时又保证路面振动对车辆的疲劳贡献。试验中采用了控制与分析试验软件 Labsite 对原始加速度信号进行疲劳编辑即加速处理。应用疲劳损伤等效原理，通过计算机准确的计算，进行频域分析、过滤和时间关联编辑，删除时域输入信号中的无损伤部分，从而加速试验。经过加速后的信号与原信号相比，所产生的疲劳部分损伤基本一致，并且所产生的损伤分布基本一致。这就保证了疲劳编辑的合理性。加速处理后台架试验的时间通常可以缩短5～20倍。其中一个通道经处理前后的加速度信号对比图如图4所示。

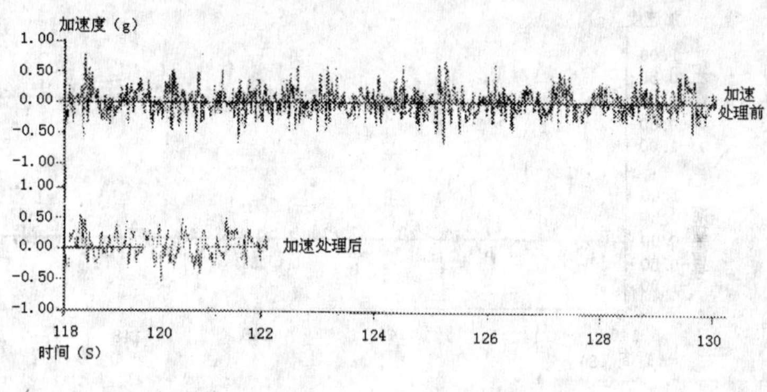

图4 加速度信号加速前后对比图

3 室内台架道路模拟疲劳试验

3.1 试验原理

根据疲劳理论，疲劳损伤主要由循环载荷引起。如果车辆的输入载荷相同，那么所引起的疲劳损伤理论上也应该一样。根据这一原理，如果已知车辆在使用环境中所受的载荷输入，则可以在试验台架上重现这一载荷，这一载荷重现通常可能在较短的时间里完成，从而达到试验加速的目的。

试验采用轮胎耦合的方式。试验时，将IVECO的四个轮胎用轮盘固定器固定于四个作动器上。作动器接受命令信号产生相应的激励，通过轮胎施加到整个车辆上。

室内台架道路模拟疲劳试验时，以位移控制的方式作为作动器的激励信号。在原始加速度信号各采集测点处安放加速度传感器，分别把各测点的反馈加速度信号反馈到控制中心作为对应每个作动器控制的参考依据，试验台架系统迭代识别（ITFC）后，只要再现了每个加速度时间历程（原始加速度信号经编辑加速处理后的信号），就等效于IVECO在试验场进行的路试。

室内台架道路模拟疲劳试验测控系统是一套软、硬件配合组成的计算机测控系统。室内台架道路模拟疲劳试验测控系统原理图如图1所示。

3.2 试验台架系统的识别与迭代

为了真实地再现车辆行驶时的振动状况，试验时采用了Labsite的ITFC（Iterative Transfer Function Compensation）技术，通过对试验系统的识别、迭代、补偿等，使得在各测点产生的反馈信号与在实际道路中采集的相应测点处的信号（经加速处理后）相一致。ITFC过程如图5所示。

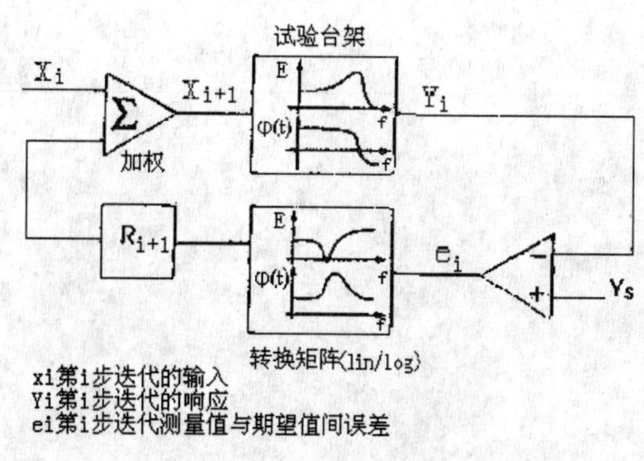

图5 ITFC过程

室内台架模拟试验中，经过若干次迭代后，同一测点产生的加速度信号与实际道路采集的信号（经加速处理后）分别如图6所示。

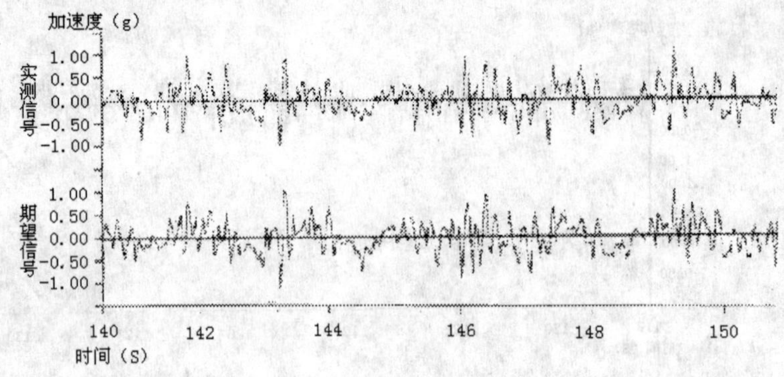

图6 同一测点台架试验实测信号与目标信号比较

由上图可以看出，试验台最终输出的激励谱和实际路面激励谱对车辆的贡献基本一致，可以用该激励谱作为路面谱对车辆进行台架道路模拟疲劳。

3.3 试验结果

试验中可通过对客车车体、车厢等较明显部位观察，看其是否有疲劳损伤，并在车架等关键部位加应变片（花）等传感器件，对其进行应力和可靠性分析。利用加速度信号可对其进行整车平顺性分析等。

4 结语

在试验室内，对汽车零部件和整车进行道路模拟试验是加速新车型开发、提高产品质量的有效手段。

本文对客车进行的室内台架整车道路模拟疲劳试验进行了初步研究，提出了一种代替车辆实际路试的试验方法，为车辆的设计、开发、研究、改进等方面提供更精确、更可靠的试验方法；同时，通过对关键子系统（如悬架系统）、结构件、零部件性能参数的检测、分析，为有效地提高整车性能与可靠性及各子系统合理配置提供了试验依据。室内台架整车道路模拟疲劳试验的方法也为客车行业的发展提供了新的研究途径。

参考文献

1 明平顺，杨万福. 现代汽车检测技术. 北京：人民交通出版社，2001

2 刘汉光. 全路面汽车起重机的道路模拟试验. 起重运输机械，2000,（7）24～25

汽车侧面碰撞过程的仿真

史广奎 朱西产 冯 琦 程 勇 陈晓东 游国忠

中国汽车技术研究中心 江苏大学

[摘要] 结合国内首次汽车侧面碰撞试验，建立了包括移动壁障、假人和轿车在内的汽车侧面碰撞模型。通过仿真准确地再现出复杂的实车侧面碰撞过程。

关键词：侧面碰撞 模型 仿真

Process Simulation of Vehicle Side Crash

Shi Guangkui, Zhu Xichang, Feng Qi, Cheng Yong, Chen Xiaodong, You Guozhong

China Automotive technology & Research Center, Jiangsu University

[Abstract] In accordance with the first vehicle side crash test in China, we built vehicle side crash model including the MDB, dummy and vehicle. The process of complicated vehicle side crash was exactly reappeared by simulating.

Key words：side crash model simulation

1 前言

大量的交通事故是汽车发生侧面碰撞。以 2000 年我国发生的交通事故为例，正面碰撞事故占 20.8%，而侧面碰撞事故占 34.4%[1]。从伤亡情况看，正面碰撞造成的伤亡人数占 26.9%，而侧面碰撞占 32.3%。可见研究汽车侧面碰撞对改善交通安全至关重要。

欧美从 20 世纪 80 年代初就开始重视对汽车侧面碰撞的研究。美国于 1990 年颁布并执行了汽车侧面碰撞保护法规 FMVSS214；欧洲在 1995 年也制定了相应的法规 ECER95，并于 1998 年强制执行。我国目前还没有颁布汽车侧面碰撞的强制性法规。2002 年 5 月 30 日，在国内完成了第一辆轿车的侧面碰撞试验。单靠试验来解决汽车侧面碰撞问题是不现实的，迫切需要将计算机仿真技术与汽车侧面碰撞试验结合起来。这样，可以利用仿真数据全、针对性强的特点对试验结果进行剖析，也可利用周期短、成本低的优势对产品改进方案进行评估。

2 试验方案

用移动壁障模拟撞击车，它由台车和吸能块组成，总质量为 956 kg，质心距地 503 mm。吸能块采用 ECER95 规定的标准吸能块，其前端面分成 6 个区域，处于下部的 1、2、3 区比上部的 4、5、6 区向前突出 60 mm，旨在模拟保险杠（图 1）。被撞车为一辆国产轿车，横置在移动壁障的跑道上。驾驶员为 EuroSID-I 型标准假人，其 H 点处在跑道中心线正上方。牵引绞盘通过钢丝绳带动移动壁障以 50±1 km/h 的速度行

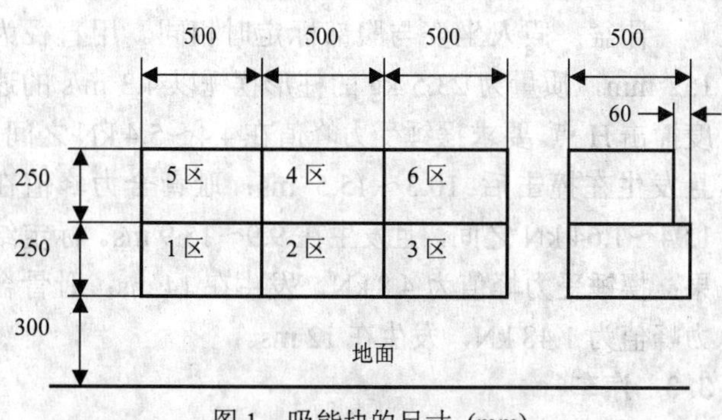

图 1 吸能块的尺寸 (mm)

驶，在距轿车 2 m 处钢丝绳和移动壁障突然脱开，让移动壁障和轿车左侧面发生碰撞。用高速摄像、电测量和光测量三种方式同时采集汽车、假人和移动壁障各部位的加速度和变形量。

3 汽车侧面碰撞模型

3.1 移动壁障

建立的移动壁障模型有 6661 个单元，7837 个节点。吸能块主体采用体单元和蜂窝铝材料，内部的衬板采用板单元和分段线形塑性材料，台车部分为刚体。

保证吸能块的变形特性和耗散能量特性是移动壁障建模的技术关键，需要对吸能块的单元特性反复进行调整，通过仿真验证确定最终的模型。验证方法是令移动壁障在光滑路面上以 35 km / h 的速度与刚性测力墙碰撞，要求吸能块的最大变形量为（330±20）mm，耗散能—变形曲线、整体和 1～6 区的力—变形曲线应在一定的界限范围内[2]。验证结果如图 2 所示，各项指标都满足了上述要求。

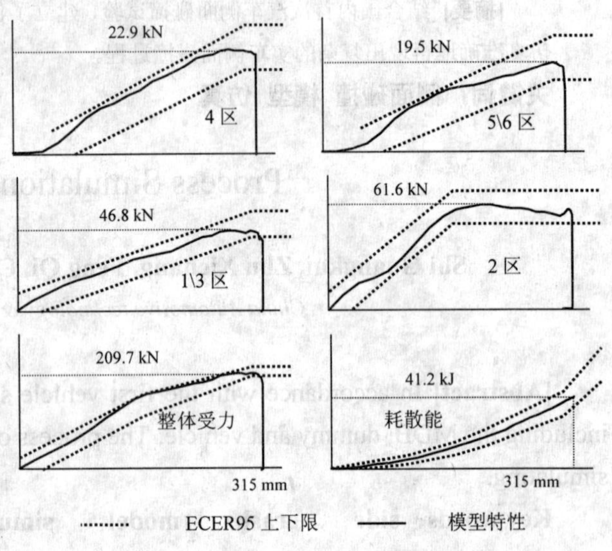

图 2 吸能块的变形特性

3.2 假人

假人模型是在 VPG（虚拟试验场）/Safety 模块中提供的 EuroSID-I 假人样本模型的基础上建立的。原模型头部、颈部、胸部和左右腿的质量低于标准假人[2] [3]。补足质量后，对头部、肩部、胸部、腹部和骨盆的响应特性进行了仿真标定。

头部：对称面与水平面成 35º，下方 200 mm 处设一刚性墙。对头部所有节点施以重力加速度，使之与刚性墙碰撞，要求头部质心的合成加速度的峰值在 100～150 g 之间[2]。标定结果为 131 g。

肩部：假人坐在刚性平面上，胸部竖直，上臂向前与竖直方向成 40°，两腿水平伸直。做一直径为 152 mm、质量为 23.5 kg 的柱形摆锤模型。摆锤以 4.3 m/s 的速度撞击肩轴，要求摆锤的加速度峰值在 7.5～10.5 g 之间。标定结果为 10.1 g。

胸部：将肋骨组件固定在刚性支架上。做一直径为 150 mm，质量为 7.8 kg 的柱形落锤模型。落锤以 1.0、2.0、3.0、4.0 m/s 的速度撞击肋骨侧面，要求肋骨的位移分别在 10～14、23.5～27.5、36～40、46～51 mm 之间。标定结果为：12.0、25.1、39.2、49.5 mm。

腹部：假人坐在刚性平面上，胸部竖直，上臂和两腿向前水平伸直。做一质量为 23.5 kg 的冲击锤模型(冲击面为 150mm×70 mm 的矩形)。冲击锤以 6.3 m/s 的速度撞击腹侧，要求冲击锤受力峰值在 9.5～11.1 kN 之间，且发生在撞击后 9.8～11.4 ms；腹部合力的峰值在 5.9～7.9 kN 之间。标定结果：冲击锤受力峰值为 10.2 kN，发生在 10 ms；腹部合力的峰值为 6.1 kN。

骨盆：假人坐姿与腹部标定时相同。用直径为 152 mm，质量为 23.5 kg 的柱形摆锤以 4.3 m/s 的速度撞击 H 点，要求摆锤受力峰值在 4.4～5.4 kN 之间，且发生在撞击后 10.3～15.5 ms；耻骨合力峰值在 1.04～1.64 kN 之间，且发生在 9.9～15.9 ms。标定结果：摆锤受力峰值为 4.8 kN，发生在 14 ms；耻骨合力峰值为 1.48 kN，发生在 12 ms。

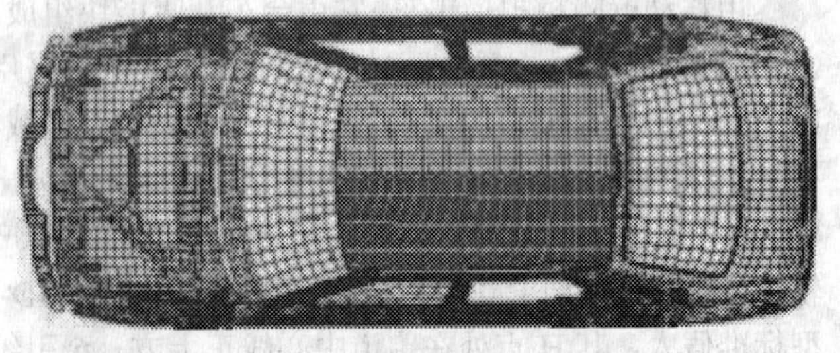

图 3 整车模型

3.3 汽车

汽车结构复杂，综合考虑计算时间和计算精度，对整车各部位采用了疏密程度不同的单元：位于车身左侧、前围最前点和C柱下部之间的区域为主变形区，单元边长为10～20 mm，主要部件包括左侧的车门、门柱、门槛、门横梁、地板、座椅、顶盖、顶盖横梁、仪表板、前轮罩等；与主变形区对称的右侧区域为次变形区，单元边长为20～40 mm；对于前后非撞击区，单元边长大多在50 mm以上。四边形单元的最大边长与最小边长之比不超过4:1，三角形单元不超过2:1；四边形单元各内角在 45º～120º范围内，三角形单元的最小内角不小于 25º；四边形单元的翘曲度在 10º以下。

图3为整车模型，共有173529个单元，173651个节点，5200个焊点。其中，车身骨架、车门、座椅骨架、副车架、发动机罩、行李仓盖采用可变形的板单元，悬架和轮胎利用 VPG 模型库中提供的模型进行参数定义，动力总成简化为刚体，其余对侧面碰撞影响不大的部件由质量点代替。模型总质量为1050 kg, 质心距地581 mm，距前轴1026 mm，与实车情况一致。

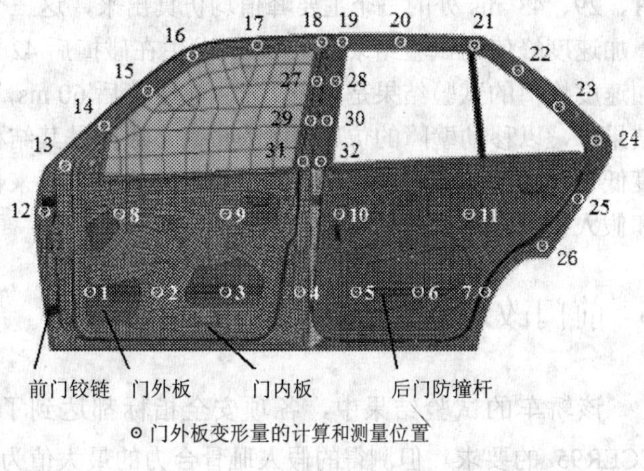

图4 左侧前后车门模型

图4为左侧前后车门模型。左侧车门是侧面碰撞模型中的关键部件，单元边长大多在15 mm以下，局部最小单元边长为6 mm。焊点位置参照了实际车门焊接位置布置。左前门有 14797 个单元，14957个节点和495个焊点。左后门有11910个单元，11213个节点和390个焊点。顾及到门铰合页为锻件，其刚度远高于与之连接的车门和门柱的局部刚度，使用了刚性的板单元来代替实体单元，铰链销采用柱铰单元；对门锁的锁止作用采用弹簧单元来模拟，为了模拟到门锁可能发生的脱离现象，定义了弹簧单元失效时的各方向变形量。

4 仿真与试验结果比较

按以下步骤完成仿真：读入模型→选择碰撞法规→定义移动壁障位置和速度→定义假人位置、坐姿和安全带的约束→建立碰撞中的接触→定义控制卡片→定义仿真结果输出→提交分析任务。

表1 车门变形量的比较 (mm)

部位	实测值	仿真值	部位	实测值	仿真值
1	200	190	17	-10	-30
2	318	311	18	46	51
3	365	342	19	45	70
4	352	323	20	5	22
5	311	340	21	-58	-12
6	225	318	22	-59	-6
7	121	140	23	-57	-1
8	186	220	24	-40	-9
9	310	350	25	25	29
10	294	341	26	79	93
11	183	224	27	101	96
12	85	95	28	114	157
13	50	61	29	167	200
14	20	67	30	171	236
15	-10	-9	31	243	290
16	-30	-47	32	247	298

车门变形量的仿真结果与试验数据的比较见表 1。计算和测量的部位同为图 4 标出的车门外板位置。从表 1 可以看出仿真结果准确再现出如下信息：车门最大变形（直接关系到对人体的伤害程度）发生在前门的第 3 点，与试验结果一致；计算的最大变形量为 342 mm，仅与试验结果相差 23 mm（约 6%）；车门的变形轮廓为前门第 15～17 部位和后门第 21～24 部位发生翘曲，其它部位侵入乘员室内，这也与试验情况相符；仿真的平均误差（以 32 点总变形量的误差计）为 18.8%。误差主要在后门的下部，在所测的 32 点中以第 6 点的偏差为最大，与试验结果差了 93 mm（约 41%）。

加速度响应的的仿真结果与试验曲线的比较见图 5。计算和测量的加速度同为汽车驾驶员座椅支座的侧向加速度、移动壁障质心的纵向加速度和假人头部的合成加速度。从图 5 可以看出：座椅支座加速度在 21、29、43 ms 处的三个主要峰值均仿真出来，这三个峰值的仿真误差分别为 5% 、11%和 23%；移动壁障加速度峰值的试验结果是-15.5 g, 发生在碰撞后 42 ms，仿真结果也是-15.5 g，发生在 44 ms；假人头部加速度峰值的试验结果是 80 g，发生在碰撞后 60 ms，仿真结果是 74 g, 也发生在 60 ms。在加速度的仿真结果中，以移动壁障的仿真精度为最高，原因是其结构相对简单，并预先进行了性能验证；假人的仿真精度低于汽车的仿真精度，原因在于假人的响应主要来自更为复杂的车内二次碰撞，其误差是车身响应误差和假人模型自身误差的积累。

5 前门改进意见

该轿车的试验结果中，各项安全指标都达到了 ECER95 的要求。但测得的假人耻骨合力的最大值为 5.5 kN，已接近 ECER95 所允许的上限（6 kN）。究其原因，发现前门最大变形部位正处于假人 H 点附近，对人体盆骨构成了较大的伤害威胁。通过仿真，对前门的改进提出了如下见解：防撞杆的板厚由 2.5 mm 改为 3 mm；窗台加强板的板厚由 1.2 mm 改为 1.5 mm；门槛加强梁的板厚由 0.6 mm 改为 1 mm。改进前、后假人耻骨合力的仿真结果及原车试验曲线一同绘入图 6。仿真结果表明，改进后假人耻骨合力可降低 17%。

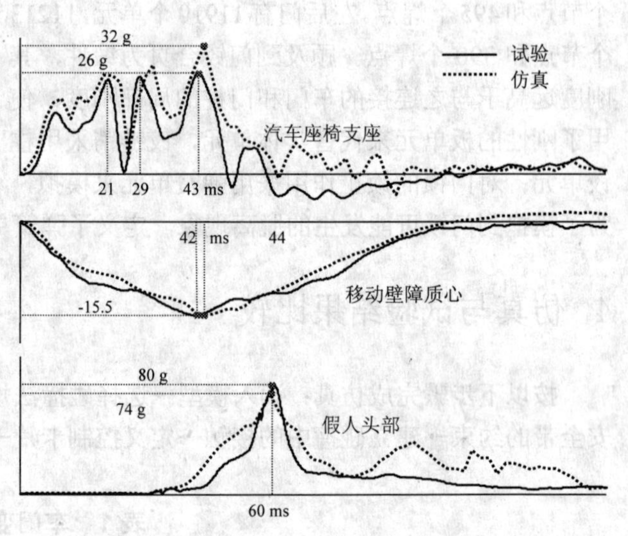

图 5 加速度响应的比较

6 结论

建立了包括移动壁障、假人和轿车在内的汽车侧面碰撞模型。仿真和试验结果对比表明，该模型能够准确地再现实车侧面碰撞过程，可用于对试验结果进行剖析和对产品改进方案进行评估。

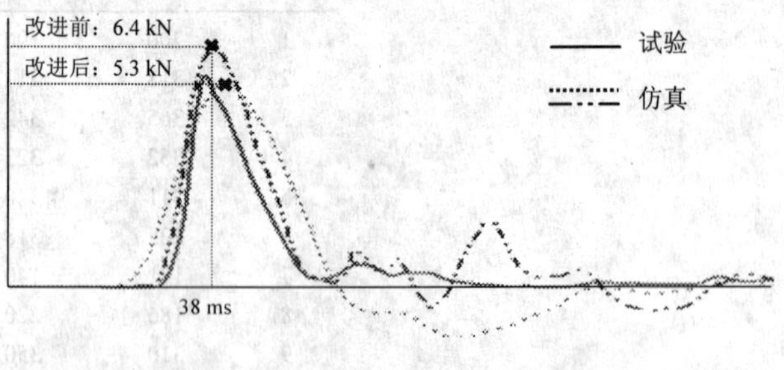

图 6 假人耻骨合力

参考文献

1 中华人民共和国道路交通事故统计资料汇编（2000）.公安部交通管理局，2000

2 ECE Regulation No.95. Uniform Provisions the Concerning the Approval of Vehicles with Regard to the Protection of the Occupants in the Event of a Lateral Collision. July 6,1995

3 Engineering Technology Associates, Inc. VPG/safety application manual, October 15，2001

汽车板簧刚度测试中计算机数据采集系统

牟正明 沈德民
南京汽车研究所

[摘要] 介绍了汽车板簧刚度测试中所采用的一种计算机数据采集系统，提出了一种廉价实现高精度高效率连续数据采集的方法。采用力和位移传感器、A/D 转换器、通用计算机和相应的办公自动化软件 Microsoft Excel，实现汽车板簧刚度连续测试，数据自动化采集和处理，提高了测试精度和工作效率。

关键词：板簧 刚度 采集系统

[Abstract] This paper, introduces data acquisition system in measurement of automotive leaf spring rate, advancing procedure in which full-range data can be acquired accurately, efficiently and cheaply. Applying sensor of force and displacement, A/D converter, general computer, related office software –excel, the system upgrade measurement accuracy and working efficiency in continuity test on automotive leaf spring rate of data acquisition and procession.

Key words: leaf spring rate data acquisition system

1 引言

在汽车结构中有很多弹性元件，汽车钢板弹簧是汽车悬架系统中最大的承载弹性元件。因此，其载荷（力）与变形（直线位移）之间的关系——刚度是一个十分重要的考核指标。在实际应用中，涉及频度比较高的是静刚度。在汽车板簧的生产过程中，材料、工艺变化，都必须进行板簧的性能检测。

一般物体的刚度是非线形的，载荷变形形成迟滞回线，回线所包围的面积即为物体由加载到卸载所消耗的能量。用简单的一个比数来表达物体的刚度是线性处理的结果是不确切的。但有的物体刚度接近线形，所以常用静刚度代替和表述复杂的力学机理。静刚度是物体在力的作用下发生变形，力与相应变形之间比即为物体的静刚度，$K=\triangle P/\triangle f$， 其中$\triangle P$为力变化值，单位 N；$\triangle f$ 为位移变化值，单位 mm。所以在板簧的刚度测试中，我们采用全程连续数据采集法，可以准确直观地反映板簧刚度的实际情况。

由于一般板簧的刚度变化是接近于线性变化，我们可以以静刚度来表示其弹性特征。而在非线性板簧中的刚度，也可简化成几段直线段来处理。

刚度的测量主要是采集力值与位移值数据。通常板簧传统的静刚度测试方法是沿用逐点测量、读数的测量方法。应用标准液压式（或机械式）压力试验机加载，板簧运行到相应的检测点位置上，其载荷由试验机度量盘指示，变形的位移值通过标尺指示，由人工读数的办法记录该点的载荷、位移值，然后通过手工计算得到板簧的刚度值。该方法的缺点是，测试精度较差，工作量大，效率低，无法得到连续的刚度曲线，可能导致试验结果的重大偏差。而且该类机器满量程较大，测试小载荷板簧时，误差很大。所以如在板簧刚度试验中采用计算机全程连续数据采集、软件分析的方法，可以方便地解决该问题。

2 系统原理

试验前，将力与位移传感器安装在标准液压式（或机械式）压力试验机上，并与计算机连接。板簧按装车状态装夹到位。预加载三次，消除残余应力、偶然误差的影响。打开计算机专用的数据采集软件，设置好参数（切换到所用的传感器标定系数等），仪器进行自检程序无错后，开始加、卸载测试，数据采集开始。

测试过程中力与位移传感器的二路信号通过接口卡，经过放大器、A/D 转换器，由专用的数据采集软件进行采集，力与位移曲线在线显示到计算机屏幕上。到达设定的最大载荷点后，开始卸载，重复采集过程。

同时该数据由专用数据格式存入 Microsoft Excel 工作簿。加、卸载测试完毕，关闭应用采集程序，进入 Microsoft Excel 程序，将保存的数据读入到 Microsoft Excel 程序中，调入图表功能，以 X、Y 散点图绘制板簧加、卸载完整的载荷—变形曲线（刚度曲线）（X：位移值/f、Y：力值/P）。在图表中使用趋势线，数据拟合，回归分析得到二次方程代数式，其中，斜率即是板簧的刚度值。如是多级刚度板簧，取每一直线段回归分析，可以得出板簧该段的刚度值。虽然有人认为这样操作太烦琐，但是，Microsoft Excel 软件应用普及，图表功能中趋势线分析形式较灵活，完全能胜任刚度曲线的分析工作，所以没有必要自己编制分析软件。

该程序最大采集点数量可以达到 500 点。并可以在板簧运行过程中采集任意一指定检测位置点上的数据，并计算其刚度值。如遇到多级刚度板簧，可以分段计算出各段刚度值。

3 系统硬件

该系统由传感器、数据采集控制装置、计算机和采集、分析软件四部份组成。

传感器：位移、力传感器。

数据采集控制装置：采集测试核心，具有传感器的放大器、A/D 转换器、数据采集、传输、保存等功能。

计算机：采集软件的硬件平台，基本要求为 CPU：486 以上的处理器、64M 内存、2G 硬盘、Windows98 操作系统。从减低成本考虑，计算机和分析软件也尽量采用大部分厂家已经具备的台式办公计算机，并使用其平台所提供的办公自动化软件为数据分析软件。

采集、分析软件：采集软件完成数据采集、传输、保存任务。分析软件利用 Windows98 中内含的办公自动化软件——Microsoft Exce 程序对采集来的数据作图、趋势分析和刚度计算。

技术数据：

输入：1 路位移传感器信号，1 路力传感器信号。

采样周期：100ms（由用户调节）。

存储媒体：全部测试数据可以存储在计算机的 HDD 上，用于计算机进一步处理。

数据输出：在 Excel 程序中读取全部测试数据，由图视或表格显示试验数据。该数据由 Microsoft Excel 工作簿保存，可以方便地由配备的打印机输出曲线，也可插入其他文件中。

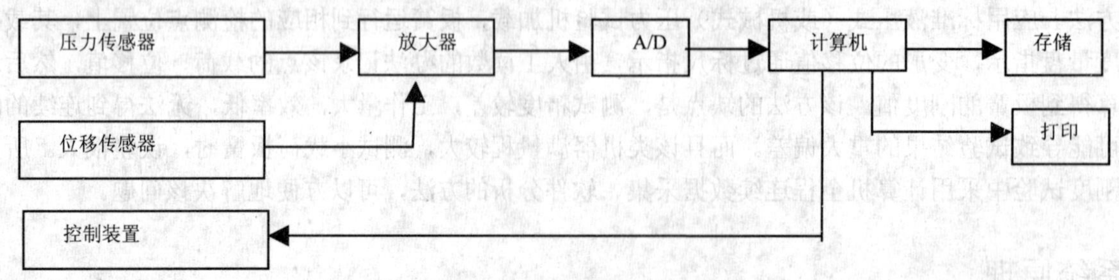

图 1 硬件框图

显示器：可以在线显示加载时载荷与变形值、刚度曲线。

温度范围：使用－25~65℃，储存：－25~85℃。

电源：220V。

系统的核心是传感器的电信号经过放大器、A/D 转换送入计算机，利用计算机对信号进行接受、分析、处理，及时发出控制指令，以及打印和储存，如图 1 所示。

4 系统软件

依据该系统要求，结合应用的计算机配置，选择了用 C 语言编写采集、显示、作图、传输、储存、标定程序。程序充分利用了 DOS 操作系统的操作特点。数据采集采用查询方式，以设定时间单元（时间片最短可到 5ms）为间隔。如果设定时间单元为 500 ms，则计算机每间隔 0.1s 进行一次数据采样，考虑到静刚度是在缓慢加载情况下得到的，中国汽车工业总公司推行的标准为 8 mm/min（加、卸载速度），或者采用 0~1.25P 加、卸载在 30s 内完成（P 为物体在使用时实际承受的最大静力）。所以其计算机采集频率不宜太高。我们设定时间单元为 200 ms。也可以设定位移或压力单元为间隔，采用查询方式采集。也可以以数个压力、位移、时间为特定的点来采集。

理论上，在板簧没有施加载荷时，位移变化为零。因此，为了保证采样数据的有效性，系统默认以位移控制采样程序的运行。系统在开始时首先清零，然后对板簧的位移进行采样。

该采集系统中的要点是：传感器的标定，在线实时显示力、位移曲线。

关于该系统的标定，一般采用 5 个（或更多）点，其为满量程平均分布。设计中用软件来满足。即标准值由手工输入，系统自动记忆，5 个（或更多）点一一对应，用最小二乘法回归出二次方程。每个传感器只要标定一次并记忆即可，该系统可同时储存多个传感器的标定参数，这样，既保证了数据采集的精度，又实施方便。

该系统为了在线实时显示加、卸载曲线，在软件的编写上采用了实时“跟踪”的方法，使图形一目了然。

采集的数据的保存格式是 Microsoft Excel 程序能够自动识别的格式，读取十分方便。 下面对系统流程进行大概叙述。

在 DOS 下运行的采集、控制系统采用 C 语言编制，其框架结构完全遵循 C 语言结构风格。

```
main()    //主程序
{
……
main_menu(); //主屏幕菜单显示
……
get_dada();    //采集数据
……
demarcate (); //标定
//    其他语句
    }

adcov(cha)            //    A/D 转换
int cha;
{
    int adl,adh,l;
    ……
        adl=inp(base+2);
        adh=inp(base+3);
```

```
        ……
        adh=adh & 15;
        data[l]=adh*256+adl;
        ……
    }

void reset_all(void)
{
//  所有的设备初始化
    int graphdriver=DETECT,graphmode=VGA;
    initgraph(&graphdriver,&graphmode,"");
  ……
    }
```

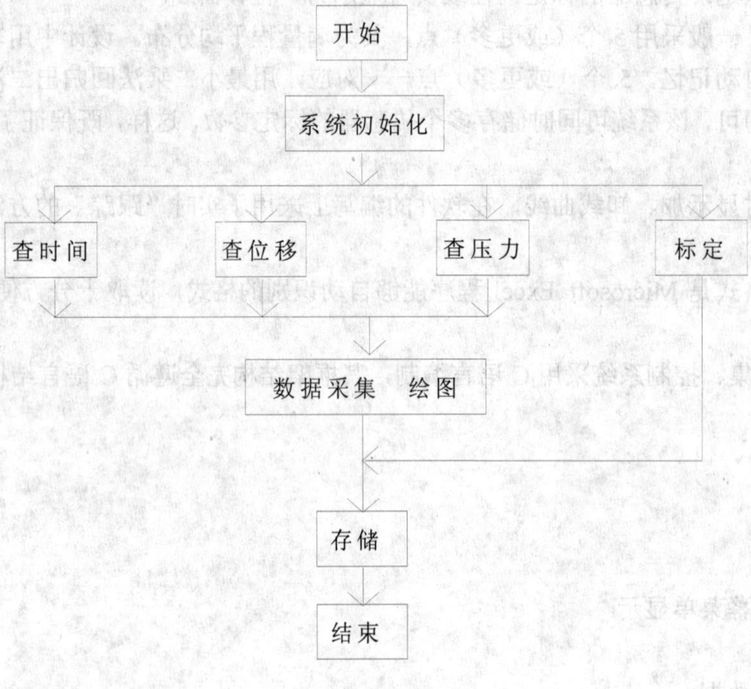

开始
系统初始化
查时间
查位移
查压力
标定
数据采集　绘图
存储
结束

图 2 程序框图

5 系统测试结果

将被测板簧放置到拉压力试验机上，系统设置后开始加载，计算机便自动采集试验数据。采集的数据实时地显示在计算机显示屏上，同时将数据以 Microsoft Excel 工作簿的形式保存起来。试验完毕后，打开 Microsoft Excel 软件，对试验数据进行综合分析。图 3 为南亚自动车有限公司的 NJ6400 轿车后横置板簧采用该系统进行刚度测试后的结果。在 Microsoft Excel 中对刚度曲线进行线性回归，得到线性回归方程为：P=34.132f+450.5 ，板簧的静刚度为：34.1(N/mm)。

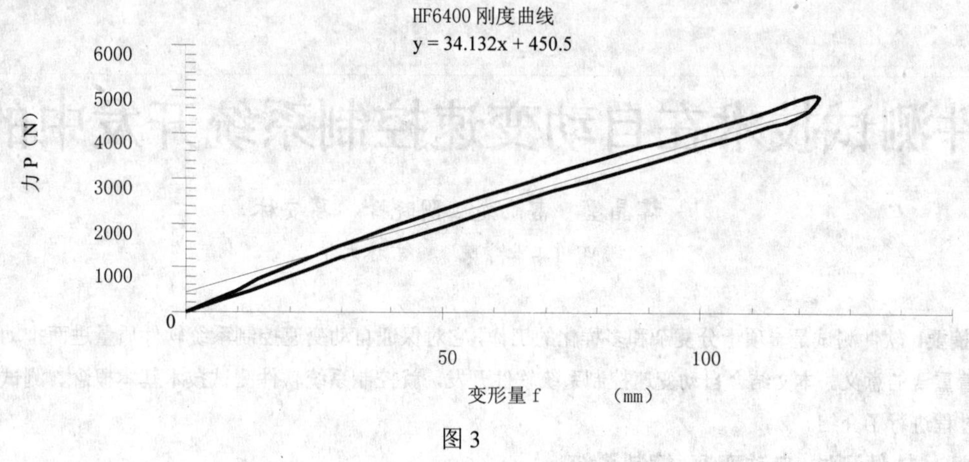

图 3

6 结束语

本文提供的板簧刚度曲线，是根据试验实测数据绘制的。数据采集程序系统流程给出了大概的结构，其余部分读者可以依据实际情况要求，自行完善。

本文所介绍的板簧刚度测试系统，对一般现有的汽车板簧厂的设备、人员素质均要求不高，可操作性强，便于大量推广使用。板簧厂一般都具备板簧加载设备（液压或机械式压力试验机），所以新系统在具体实施中只要增配传感器、数据采集控制装置，再利用本单位的办公用计算机及相应的办公自动化软件Microsoft Excel，即可实现板簧的全程连续检测，总投资约二千元左右（济南试验机厂改 造一台表盘读数式板簧性能试验机为自动测量系统的机器，费用约 4 万元）。所以采用该 150 新系统可以在不增加很大资金投入的情况下消除测量、计算误差，有效的提高测试精度和测试效率。

经过实践证明，该系统可以满足 JB3383－1983《汽车钢板弹簧台架试验方法》、QCn29035－1991《汽车钢板弹簧技术条件》、IVECO16-5503《汽车钢板弹簧试验方法》等试验标准要求。

参考文献

1 卞建东. 汽车板簧刚度测试方法探讨. 汽车技术，2000（11）

2 顾柏良. 汽车工程手册（试验篇）. 北京：人民交通出版社，2001

3 喻惠然. 汽车技术中弹性元件的刚度试验和计算. 汽车技术，2000（9）

4 Bjarne stroustrup . C 语言的设计和演化. 北京：机械工业出版社，2002.1

5 蔡德聪等. 工业控制计算机实时操作系统. 北京：清华大学出版社，1999.12

6 王家桢等. 传感器与变送器. 北京：清华大学出版社，2001.9

软件测试技术在自动变速控制系统开发中的应用

谭晶星 雷雨龙 阴晓峰 葛安林

四川工业学院 吉林大学

[摘要] 软件测试是一项十分复杂和多样化的工作，它对保证自动变速控制系统软件质量进而推动其产品化进程有着重要的意义。本文结合自动变速控制系统软件开发，就控制系统软件测试技术基本概念、测试分析方法及测试过程进行了介绍。

关键词：软件测试 自动变速 控制系统

Application of Software Test Technique in the Development of Automatic Transmission Control System

Tan Jingxing, Lei Yulong, Yin Xiaofeng, Ge Anlin

Sichuan Institute of Science & Technology, Jilin University of Technology

[Abstract] Software test is a job with quite complexity and diversity, and has significant bearing for ensuring the software quality of automatic transmission control system and accelerating its process of becoming product. Combined with the software development of automatic transmission control system, this paper leads detailed introduction about the basic concepts of test technique, test analysis methods and test process of automatic transmission control system software.

Key words: software test automatic transmission control system

1 前 言

现代控制理论、电子技术、计算机技术、车辆自动变速理论及人工智能技术的发展与应用，为车辆动力传动系统自动操纵的实现提供了理论支持和技术保障。自动变速控制系统软件存储于 TCU（Transmission Control Unit，变速器控制单元）的 ROM 中，主要由数据采集与处理、数据通信、决策调度、控制协调、驱动控制等模块和换档规律及相关经验数据等部分组成。共同完成驾驶员意图及环境参数识别、档位决策、故障诊断、起步控制、换档控制、制动控制、倒车控制及与外部通信等功能，实现发动机与传动系共同工作的最佳匹配[1,2]。作为质量保证的重要手段，软件测试技术的研究与应用，对提高 AMT 控制系统软件质量并推动其产品化进程有着重要的意义。

2 自动变速控制系统软件测试基本概念

2.1 测试目的及对象

自动变速控制系统软件测试的目的是发现控制软件的错误，而不是去证明其正确性。在测试活动中，应始终把目标对准未被发现的隐藏错误。找出软件错误不只是找出程序中的错误，所有与软件开发有关的文档资料也应是软件测试的对象。据我们在开发过程中的统计表明，在查找出的软件错误中，属需求分析和软件设计的错误约占 64%，而代码编写的错误仅占 36%。所以自动变速控制系统软件测试的对象应包括软件需求分析、设计规格说明及程序代码等方面的内容。

2.2 测试原则

自动变速控制系统软件测试遵循如下原则：

（1）测试用例（Test Case）应由测试输入数据及对应的预期输出结果两部分组成，其设计必须兼顾有效与无效输入、正确与错误输入[3]。

（2）编程人员避免测试本人的程序，为此在自动变速控制软件开发小组中设置专业测试人员。

（3）检查一个模块是否完成了所有的功能，只是完成了测试工作的一半。另一半是要检查该模块是否还有预料之外的行为。

（4）充分注意测试中的群集现象。经验表明，测试后模块中残存的错误数与该模块中已发现的错误数或检错率成正比[4]。

（5）应在系统有错的假定下进行测试。

2.3 错误类型

就错误发生的环境而言，自动变速控制系统软件错误类型可分类如下：

（1）功能错误：文档不完整、有歧义、一致性差，从而导致对系统功能的误解。

（2）系统错误：包括与外部通信协议错误、参数引用及子程序调用出错、I/O 操作及 I/O 地址错误、中断处理错误、控制序列错误、资源分配出错等。

（3）过程错误：运算、初始化及逻辑错误等。

（4）数据错误：信息、参数与控制数据混淆、数据结构与属性错误等。

（5）编码错误：语法、变量名错；局部与全局变量混淆等。

2.4 测试信息流

自动变速控制系统软件测试过程中的信息流如图 1 所示。

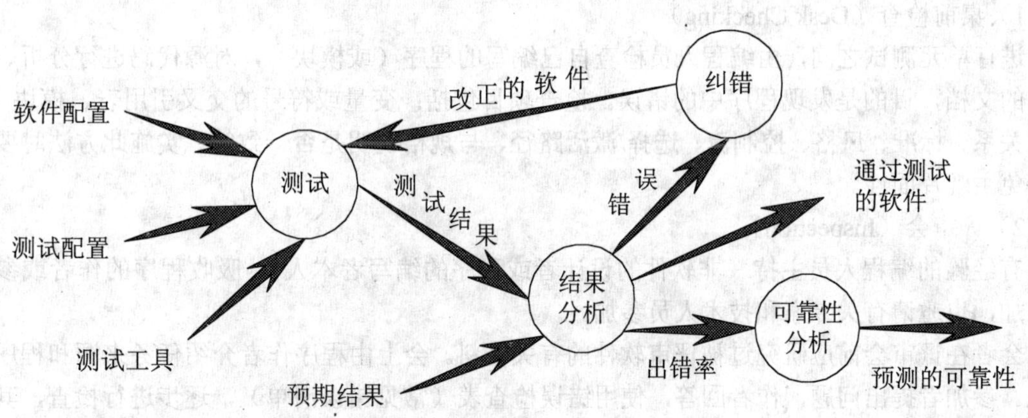

图 1 自动变速控制系统软件测试信息流

测试过程需要三类输入信息：①软件配置，包括软件需求规格说明书、软件设计规格说明书、源程序等；②测试配置，包括测试计划、测试用例、测试驱动程序等，在软件生存期过程中，它实际上只是软件配置的一个子集；③测试工具，指测试过程中为便于测试而使用的软件工具。

把测试结果和预期结果进行比较后可以得出是否有错的信息，如果有错需进行纠错处理，经改正后的软件（包括文档）需重新测试，直到错误消除为止。另一方面，可根据出错情况建立软件可靠性模型，用于可靠性预测。

3 自动变速控制系统软件测试分析方法

3.1 静态分析方法

静态分析的主要特点是无需运行软件系统本身，而是以一些人工的技术对自动变速控制系统软件开发各阶段所形成的软件配置进行测试，主要是对需求分析、设计和编码阶段的成果进行测试，以保证软件质量。经验表明，静态分析方法能够有效地发现 30%~70%的需求分析、逻辑设计和编码错误，是一种行之有效的软件测试分析方法。

（1）软件需求规格说明书的静态分析

在自动变速控制系统软件需求规格说明书里，通常要给出软件系统的功能、性能及输入/输出。对这些进行静态分析，首先列出检查表（Check List），然后利用它逐项地做人工检查。在检查表中列出的各种可能出现问题的条目，这些条目反映以下特性：相容性、必要性、充分性、可行性及可测性。

（2）软件设计规格说明书的静态分析

在自动变速控制系统软件设计规格说明书包含有数学方程、算法、模块功能描述、模块的接口、数据流程图、程序流程图、存储数据结构等设计环节。同样也要列出检查表对这些设计环节进行分析。检查表条目体现相容性、必要性、充分性及正确性。

（3）源代码的静态分析

对源代码进行静态分析有两种方法：一是程序特性信息分析，即在获取程序特性信息之后用人工方法来查找错误。这些特性信息包括模块 (或子程序)的调用关系、变量或其它符号名的交叉引用情况、模块的循环特性及模块的参数特性等；另外就是进行程序正确性分析，查找程序中特定类型错误或发现程序结构上异常现象。包括对模块逻辑结构错误、循环控制变量未被赋初值、数组使用越界、零做除数等情况的检查。

为提高静态分析的效率，人工测试的形式也很重要，在自动变速控制系统软件开发过程中常采用以下几种形式：

（1）桌前检查（Desk Checking）

在进行单元测试之间，由编程人员检查自己编写的程序（或模块），对源代码进行分析、检查，并补充相关的文档，目的是发现程序中的错误。检查项目包括：变量或符号的交叉引用表、模块 (或子程序) 的调用关系、标准、风格、控制流、选择/激活路径、与规格说明是否一致等。实施此方法时要求编程人员注意避免主观片面性。

（2）评审会（Inspection）

由有经验的编程人员主持（非软件的设计者或程序的编写者本人），吸收程序的作者或参加过设计的人员参加，也邀请有关专家和技术人员参加。

与会者在评审会前应研究过被评审软件的有关资料。会上由程序作者介绍任务来源和程序的编写与调试情况。参加者提出问题，作者回答，使用错误检查表（常见错误清单），逐步进行检查，其中涉及到数据引用、数据说明、计算、比较、控制流程、接口、输入和输出等方面。会议时间不太长，以保持审查的效率。评审会的目的只是为了发现问题。

（3）走查会（Walkthroughs）

会前工作与评审会相同，会上不是简单地读程序和对照错误清单进行检查，而是让与会者集体“充当”计算机。即会前由测试人员准备好有代表性的测试用例，提交给走查小组。会上由集体扮演计算机，让测试用例沿程序的逻辑“运行”一遍，随时记录程序踪迹，供分析和讨论之用。

3.2 动态分析方法

对自动变速控制系统软件进行动态分析是在运行（或仿真）程序（或模块）的条件下，取得程序（或模块）的动态特性信息，通过这些信息来发现软件配置中存在的错误。自动变速控制系统软件动态分析包括以下几个步骤：

（1）对软件需求规格说明书进行动态分析

典型的方法是黑盒测试（又称功能测试），即根据功能需求来设计测试用例，并通过测试结果来检验功能是否实现。

（2）对软件设计规格说明书进行动态分析

根据设计过程中所涉及到的计算公式、算法、模块功能及接口等设计环节设计测试用例，进行动态测试。从各个不同的设计方面设计不同的测试用例，使各个设计环节均能得到相应的验证。

（3）对程序（或模块）进行动态测试

一般采用白盒测试（又称结构测试或逻辑驱动测试）方法，即根据程序（或模块）的内部逻辑结构及有关信息（包括语句、分支、路径等）设计测试用例，对程序（或模块）的所有逻辑路径进行测试，通过不同点检查程序（或模块）的状态，确定实际的状态是否与预期的状态一致。白盒测试包括语句覆盖、判定覆盖、条件覆盖、判定-条件覆盖、条件组合覆盖、路径覆盖等测试方法，从语句覆盖到路径覆盖测试强度呈递增的趋势。实际上，对于自动变速控制系统软件这种控制逻辑比较复杂的程序，其执行路径比较庞大，采用完全路径覆盖方法进行测试是不现实的且没有必要，通常的做法是在程序控制流图的基础上，通过分析控制构造的环路复杂性，导出基本可执行路径集合，用于设计测试用例。

4 自动变速控制系统软件测试过程

自动变速控制系统软件测试过程分三步进行：单元测试、集成测试和确认测试。

4.1 单元测试（Unit Test）

又称模块测试，是针对自动变速控制系统软件实现的最小单位—程序模块进行检查，以发现各模块内部可能存在的各种错误。单元测试在模块编码阶段进行，各模块的测试可平行、单独地进行。一般使用白盒测试法。

单元测试的内容主要包括五个方面：模块接口、局部数据结构、重要执行路径、错误处理及边界测试。由于自动变速控制系统软件的模块本身并非独立的执行单位，为完成单元测试，往往需要编写一个驱动模块（Driver）和若干桩模块（Stub），前者相当于被测模块的主程序，后者则用来代替被测模块所调用的模块。模块的内聚性决定了单元测试的工作量。

4.2 集成测试（Integrated Test）

又称组装测试或整体测试。在单元测试的基础上，将各模块联接起来进行测试，发现并排除在模块连接中可能出现的问题。这些问题可能是：穿越模块接口数据丢失、一个模块功能对另一模块功能产生负面影响、各子功能组合后不能完成预期的父功能、全局数据结构的使用存在问题等。

选择什么方式将模块组装成一个系统，直接影响到模块测试用例设计、模块编号及测试顺序、生成测试用例的费用及调试费用等。常用的组装方式有两种：一次性组装和渐增式组装。

一次性组装首先对每个模块分别进行单元测试，然后再把所有模块组装在一起进行测试。这种方法试图在分别完成单元测试的基础上将所有模块连接起来进行测试，但实际上由于不可避免地涉及模块间接口和全局数据结构的问题，一次运行成功的可能性并不大，结果往往是发现有错误时查错和纠错都很困难。

对自动变速控制系统软件的组装方式应采用渐增式组装。即先对一个个模块独立进行测试，然后将这些模块逐步组装成较大的系统，在组装过程中边连接边测试，以发现模块连接过程中出现的问题，在规模渐增的过程中完成自动变速控制系统软件的组装。我们在实际中采用先自底向上（Bottom-up）将关键模块组装成功能比较完整且相对独立的子系统、然后再由主模块开始进行自顶向下（Top-down）组装的混合渐增式组装测试方式，其优点是在减少桩模块的同时，能及时发现主要控制方面的问题。

4.3 确认测试（Validation Test）

自动变速控制系统软件确认测试的任务是测试软件的功能、性能及其它特性是否达到用户要求，是对软件综合特性的全面测试。在这一阶段要完成有效性测试、软件配置复查、α测试、β测试及验收测试。

5 结束语

本文结合自动变速控制系统软件开发实践，对自动变速控制系统软件测试技术基本概念、测试方法和测试过程进行了较为全面的介绍。软件测试技术的研究与应用，有效地保证了自动变速控制系统软件质量，对其它汽车电控系统软件开发也有一定的借鉴意义。

参考文献

1 葛安林编著．车辆自动变速理论与设计．北京：机械工业出版社，1993

2 阴晓峰．车辆动力传动力自动操纵系统体系结构及支撑软件开发的研究：[博士学位论文]．长春：吉林大学，2002.6

3 李伟华等．实时软件测试用例构造的充要策略研究．航空计算技术，1996，(2)

4 周之英编著．现代软件工程（上）．北京：科学技术出版社，2000

松花江牌 HFJ6351A 微型客车转向回正仿真模拟研究

宋文春
哈飞汽车股份有限公司

[摘要] 本文从工厂的实际出发，为缩短整车开发-研制-试验的时间，采用 ADAMS 软件对整车建立数模，进行操纵稳定性之转向回正的模拟，并与试验对比，找出存在问题的原因，以利于在开发初期对整车操纵稳定性进行模拟仿真，加速整车推向市场的进度。

关键词：转向回正　模拟

Return Ability Simulation Study for Songhuajiang Brand HFJ6351B Minicar

Song Wenchun
Harbin HaFei Motor Co.，Ltd.

[Abstract] This article setting out in fact for factory, it used ADAMS software to make models, in order to shorten time for car developed, and made simulation of controllability and stability's returnability for car, then in contrast with test to find cause for in existence question, so that accelerated car going into market.

Key words: returnability　　simulation

1　前言

汽车的操纵稳定性历来是汽车性能中非常重要的一个问题，它涉及的时间比较长，涉及的方方面面的因素比较多，也比较复杂。随着现代汽车车速的提高，操纵稳定性的研究变得越来越重要。

按传统的方法对新车的操纵稳定性进行研究时，需要从设计完成到整车研制，然后试验，试验总结出来的问题反馈到设计，设计通过计算、更改后，然后再试验，将大大延长整车的开发周期，不利于整车的开发。

针对此种弊端，我公司引进了 MDI 公司的 ADAMS 软件。该软件通过简化整车的数学模型，通过转向盘输入驾驶员对车辆的各种操纵控制，计算出系统对输入的响应，来模拟整车的操纵稳定性。由于计算机的可重复性，不同的方案模拟所花费的时间较短，可快速调整各种设计方案，因此该方法日益被人们采用。

哈飞公司生产的 HFJ6351A 微型客车在天津汽车研究技术中心进行了操纵稳定性试验，试验结果表明稳态转向特性、转向轻便性、转向回正、蛇行试验均通过了测试。

为了更好的进行研究开发，并通过对原有的技术进行消化吸收，本文将应用 ADAMS 软件中 AVIEW 模块对 HFJ6351A 微型客车建立模型，进行转向回正特性仿真分析，以利于与试验结果对照分析，找出问题的所在及产生的原因，便于问题的解决。

通过本文对整车操纵稳定性之转向回正的初步模拟，意在探索如何利用 ADAMS 软件在模拟的过程及结果反映出来的问题及时修改，以提高整车的开发进度，加快汽车的更新换代。

2 整车相关参数对操稳性的影响

对整车操纵稳定性影响的参数有很多，其中，载荷、车速及轮胎影响最大。

2.1 汽车质心位置的影响

汽车质心位置、质量和横摆惯性矩随载荷的变化而改变，这些参数影响行驶特性。

汽车质心高度升高，不足转向特性有明显增强的趋势，但是，在汽车最大总质量状态下，由于汽车质心高度的升高，由不足转向向过度转向转变的转折点（中性转向点）所对应的横向加速度值也相应下降，因此，有可能过早地出现过度转向特性。

2.2 载荷的影响

行驶在路面上载荷大的车轮的侧向力要比载荷小的车轮相对要小些，载荷大的车轴需要有较大的侧偏角。当整车轴荷向前轴转移时，汽车不足转向特性明显增强。

汽车转弯时，由于侧向力的作用，外轮负荷增大，内轮负荷减小，引起了负荷转移。由于车身侧倾，使左右车轮的轴载质量发生转移，结果产生附加转角。

3 轮胎的影响

轮胎的侧偏特性对汽车的不足—过度转向特性影响很大，而纵向力和垂直载荷对轮胎的侧偏特性影响很大。由轮胎的侧偏理论可知，同一侧向力，当轮荷较大时对应的侧偏角较小，当纵向力较大时对应的侧偏角较大。

由于整车模型很复杂，需要进行相关的简化，才能进行应用。数学模型的简化步骤如下。

(1) 简化模型的假设不考虑发动机及传动系统，前、后悬架均为左右对称。

(2) 输入整车需要建立的模型的坐标值。

(3) 建立前、后悬架及转向系统的零部件模型，并输入关键部件的质量、转动惯量等数据。

(4) 输入各部件之间的运动铰链。

(5) 调整前、后悬架的刚度、阻尼，转向系统的传动比等参数，然后进行整车运动模拟。

4 整车参数

在建立数模时整车参数的选取至关重要，这是建立正确数模的前提，本文整车参数来源于三个途径，其一，参考整车图样；其二，通过试验测量；其三；采用有关的经验公式。

4.1 整车有关参数

HFJ6351A 微型客车整车技术参数如下：

轴距：1960mm　　轮距（前/后）：1215/1200mm

最大功率: 35.5kW/5000r/min　　最大扭矩 ：72N · m/3000-3500r/min

发动机排量：970mL　　轮胎规格：155SR12

前轮转角（内/外）：34° /28°　　整车质心高度：空载/满载：570/650mm

整车整备质量：890kg　　整车总质量：1450kg

整车轴荷：（空载）470/420kg

（满载）700/750kg

4.2 通过计算得来的数据

由于试验条件及环境所限，有些数据如整车转动惯量很难获取，因此，一般情况下，通过经验公式进行计算得到。

整车质心的转动惯量 Jx、Jy、Jz 是汽车绕质心处 X 轴、Y 轴、Z 轴的转动惯量，质心处的 XYZ 轴与原点处的 XYZ 轴相平行，方向保持一致。

计算转动惯量的经验公式：

$$J_z = TW \cdot WH / (K_z \cdot M)$$

$$J_x = (RH + Hg) \cdot TW / (K_x \cdot M)$$

$$J_y = (RH + Hg) \cdot WH / (K_y \cdot M)$$

式中 *TW*——轮距（m）；

WH——轴距（m）；

M——汽车质量（kg）；

RH——车顶离地高度（m）；

Hg——汽车质心高度（m）；

L——汽车总长（m）；

Kx、*Ky*、*Kz*——转动惯量的近似值常数。其中，*Kx*=9.4212，*Ky*=4.2193，*Kz*=2.2048。

因此，运用上述计算公式可以计算出汽车在空、满载状态下的转动惯量（kg . m²）。

在空载状态下转动惯量分别为 *Jx*=289.3 ，*Jy*=1859.1，*Jz*=965.6；

在满载状态下转动惯量分别为 *Jx*=478.53 ，*Jy*=3075.34，*Jz*=1566.14。

5 整车多体模型的建立

5.1 麦克弗逊式前悬架及转向系统

汽车前悬架采用麦克弗逊式独立悬架，转向系统采用齿轮齿条式转向器，如图 5.1 所示根据实际悬架及转向系统结构，抽象出前悬架及转向系统分析模型，左、右悬架对称。整个前悬架及转向系统包括：摆臂（2 个）、转向节（2 个）、转向横拉杆（2 个），减振器上半部分（2 个），减振器下半部分（2 个），中央摇臂（1 个），斜拉杆（1 个），转向下轴（1 个）、转向上轴（1 个），转向盘（1 个）、转向齿条（1 个），车身（1 个），纵拉杆、横向稳定杆采用 ADAMS 软件中的离散体（DISCRETE FLEXIBLE LINK）概念，将横向稳定杆及纵拉杆进行离散化，分成几小块，块（刚体）与块连接处用 BEAM 梁来连接，BEAM 梁的刚度、 阻尼矩阵由 ADAMS 软件根据截面形状及材质自动计算得出，这里横向稳定杆分成三个物体，每个物体由 8 小块组成，共 24 块。纵拉杆由 8 小块柔性体组成，共 57 个物体组成。其中减振器上半部分通过球形铰链与车身相接，它相对车身可进行前后左右两个方向的转动。转向节通过圆柱铰与减振器上半部分相连，它相对减振器上半部分可进行轴向移动和转动。摆臂一端通过转动铰与车身相连，使其可相对车身上下摆动，另一端通过球形铰链与转向节相连。转向横拉杆一端通过球铰与转向节相连，另一端通过万向节铰链与中央摇臂相连，中央摇臂另一端通过球铰与斜拉杆相连，约束了其绕自身轴线的转动。中央摇臂中心轴通过转动铰与车体相连，斜拉杆与齿轮齿条通过万向节铰链相连，转向下轴通过转动铰链与车身相连，转向上轴与转向盘通过固定铰链相连，并与车身通过转动铰链相连，转向上下轴通过耦合来连接，转向齿条通过移动铰与车身相连，它可相对车身斜向移动，转向下轴与齿轮齿条通过耦合来连接。

5.2 钢板弹簧后悬架

后悬架采用钢板弹簧非独立悬架。如图 5.2 为后悬架系统的分析模型，右悬架和左悬架完全对称。整个悬架包括：车身（1 个）、后桥（1 个）、吊耳（2 个）、左右半轴（2 个）以及主簧、副簧（单侧 22 个，共 44 个）共 50 个物体组成。其中主簧第一片第一段通过转动铰与吊耳相连，吊耳通过转动铰与车身相连，主簧第一片最后一段通过转动铰与吊耳相连，板簧片与片之间通过 IMPACK 铰链相连，板簧中间盒形件与后桥通过相连，左右半轴通过转动铰与后桥铰链相连，主减速器与后桥通过转动铰链相连，该铰链与半轴铰链耦合。

5.3 整车多体系统模型

该模型主要用于转向回正特性等动力学的仿真分析。其中前悬架采用麦克弗逊独立悬架，后悬架采用钢板弹簧非独立悬架。总体坐标系原点为汽车左右对称面和前轮旋转轴线的交点，XYZ 轴的方向如图 5.1、5.2 所示。X 轴平行于地面指向后方，Z 轴指向上方，Y 轴指向行驶方向的右侧。

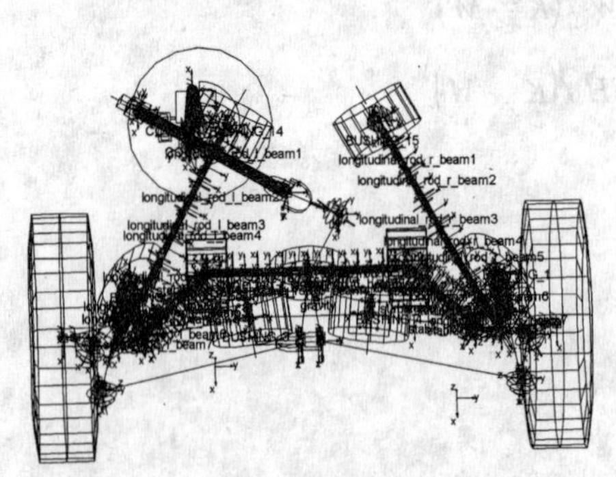

图 5.1 前悬架及转向系统分析模型

图 5.2 钢板弹簧后悬架系统分析模型

5.3.1 轮胎模型

使用 ADAMS/TIRE 模型时，需提供相应的轮胎特性文件。任一时刻，轮胎相对于地面的运动产生轮胎变形和侧偏角等运动信息。由于工厂试验条件及试验设备所限，所需要的 155SR12 轮胎模型的有些参数参考相近轮胎模型进行仿真。

5.3.2 多柔体模型

将含柔性元素的前后悬架模型、转向系统模型、轮胎模型与车身组装成整车多体模型。

该模型由 176 个物体（含地面）、3 个圆柱铰、12 个转动铰、11 个球铰、3 个移动铰、13 个万向节铰链、9 个固定铰、16 个在平面铰链、3 个耦合约束和 3 个运动学约束组成。每个球铰提供了 3 个约束方程，每个转动铰提供 5 个约束方程，每个万向节铰链提供 4 个约束方程，每个圆柱铰提供 4 个约束方程，每个移动铰提供 5 个约束方程，每个固定铰链提供 6 个约束方程。

系统自由度为：

$$DOF=(176-1)\times 6-3\times 4-12\times 5-11\times 3-3\times 5-13\times 4-9\times 6-16\times 1-3\times 1-3\times 1=802$$

这 802 个自由度包括车身的 6 个自由度，前悬架左右下摆臂的 2 个转动自由度和后钢板弹簧减振器上半部分之间的 2 个轴向移动自由度等。如果再加上模型中与车身连接处等橡胶衬套弹性铰链代替刚性铰链而释放的多个自由度，则整车自由度远不止 802 个。

5.3.3 悬架弹簧刚度验证

进行整车操纵稳定性分析之前，首先要校核整车参数的准确性，尤其是前、后悬架的刚度是否符合 HFJ6351A 车的要求，仿真模型与试验车有多大程度的吻合性是保证仿真摸拟能否成功的重要基础。针对此，对前悬架进行模拟，其弹簧变形曲线如图 5.3 所示，对后悬架进行仿真模拟，其钢板弹簧变形曲线如图 5.4 所示。

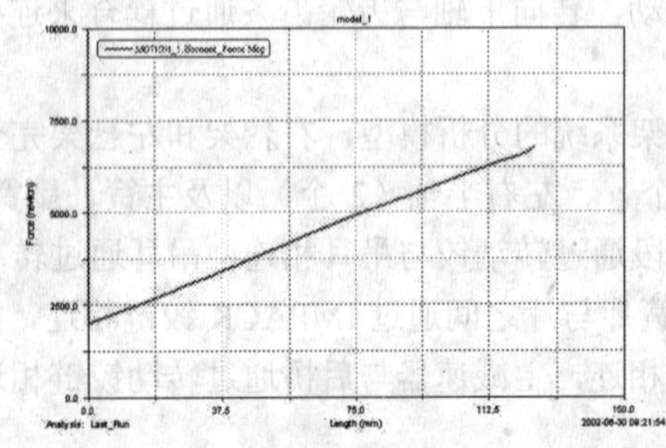

图 5.3 前悬架弹簧变形曲线

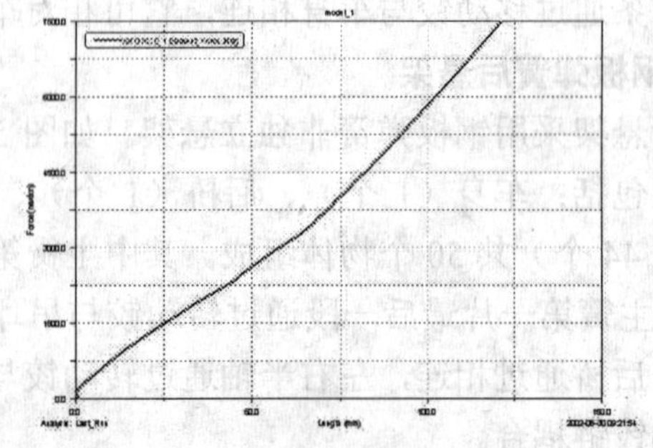

图 5.4 后钢板弹簧变形曲线

通过以上曲线显示，前弹簧刚度为 34.5N/mm，后钢板弹簧——主簧刚度为 3.7kg/mm，复合簧刚度为 8.1kg/mm，与图样上要求的基本一致。通过如此设置，从理论上保证了仿真的准确性。

5.4 整车动力学仿真

转向回正性能是汽车的一项重要性能，因而把转向回正性能作为评定汽车操纵稳定性能中的一项重要内容。

本文通过 GB/T6323.4－1994 模拟转向回正性能试验，来评价汽车转向回正能力的好坏。主要评定数据如下：

（1）稳定时间（回正时间）：指从松开转向盘的时刻起，至达到稳定状态的过度时间。

（2）残留横摆角速度：指稳定状态下汽车的横摆角速度°/s（≤2°）。

转向回正的模拟仿真严格按 GB/T6323.4－1994 试验程序沿着如下的轨迹进行：直线行驶 5s——开始转弯到转向盘开始固定行驶 5s——转向盘固定不动行驶 3s——松开转向盘行驶 5s。沿着轨迹行驶的模拟曲线如图 5.5 和图 5.6。

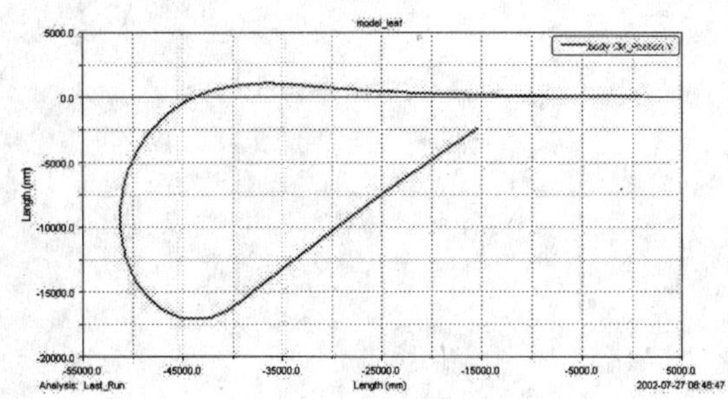

图 5.5 转向回正的运动轨迹

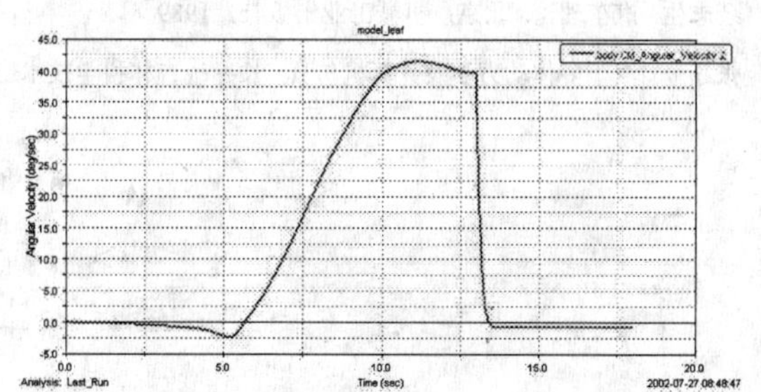

图 5.6 左转向横摆角速度与时间的模拟曲线

从模拟曲线图 5.7 上可以看出，模拟的稳定(回正)时间为 1.5s，残留横摆角速度为 0.716°/s 小于 2°/s，这说明该车在低速状态下转弯行驶时，转向盘撒手时，汽车能够回到直线行驶状态。

从图 5.7 与图 5.8 曲线相比较知，仿真结果和试验结果虽然存在微小差别，但整个变化分趋势基本相同，即呈不足转向。分析误差产生的原因一方面是由于整车自由度比较大（806 个自由度），模拟计算时矩阵常常发散，尤其钢板弹簧建数模时每片板簧离散化，大大增加了整车自由度，增加了模拟的难度，另一方面由于橡胶衬套非线性刚度值把握不准造成的，因此造成仿真结果和试验结果的偏差。

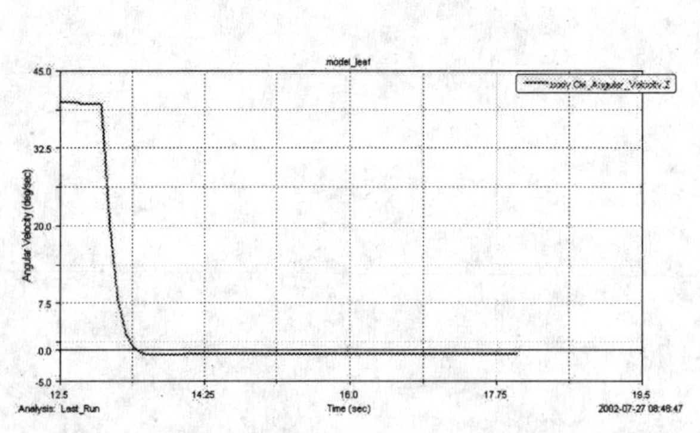

图 5.7 左转向回正时横摆角速度与时间的模拟曲线

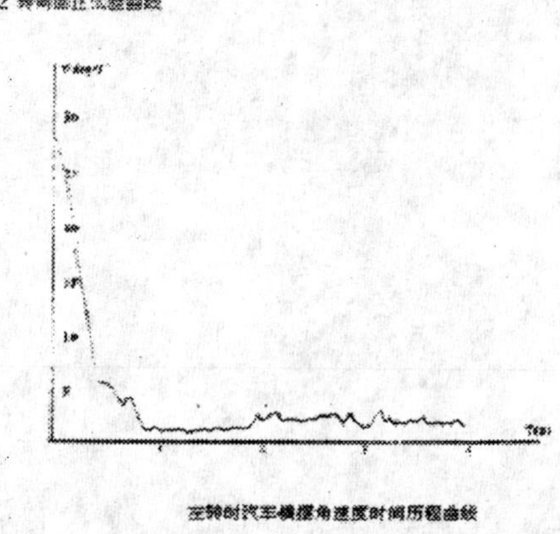

图 5.8 左转向横摆角速度与时间的试验曲线

6 结论

此次通过 ADAMS 软件进行模拟仿真转向回正等系列试验得到以下结果：

(1) 可以对汽车的操纵稳定性进行模拟仿真试验，在设计开发初期对整车进行模拟，可以及时发现问题，加快整车开发的进度。

(2) 仿真结果与试验结果的比较，虽然该微型客车转向回正性能中的残留横摆角速度没有形成波形，但小于 2°/s，说明该微型客车具有较好的转向回正性能。

(3) 进行整车操纵稳定性之转向回正分析时，整车上很多综合性因素起作用，如前后轴轴荷分配、整车质心、车速、轮胎等，以及整车转向系统刚度、橡胶衬套的刚度等，这些因素有时是相互矛盾等，如何搞好这些因素之间的协调关系，对整车操纵稳定性至关重要。

本文是研究 HFJ6351A 微型客车操纵稳定性的初步内容，还有很多内容有待进一步研究。

参考文献

1 郭孔辉. 汽车操纵动力学. 长春：吉林科学技术出版社，1991

2 阿达姆.措莫托. 汽车行驶性能. 黄锡朋、解春阳译. 北京：科学普及出版社，1992

3 吉林工业大学汽车教研室，汽车设计，北京：机械工业出版社 ，1983

4 余志生. 汽车理论. 北京：机械工业出版社，1989

5 张越今. 汽车多体动力学及计算机仿真. 长春：吉林科学技术出版社，1998

椭圆矩形罐液罐车转弯时液体质心坐标的确定

林永智　陈铭年　徐建全
福建新福达汽车工业有限公司　福建农林大学

[摘要]液罐车转弯时液体质心坐标的计算是分析横向稳定性的基础。椭圆矩形罐液罐车的罐体截面由多条曲线组成，因此液体质心坐标的计算复杂。本文以丹东汽车厂生产的加油车为例，介绍了椭圆矩形罐液罐车转弯时的液体质心坐标的计算公式。

关键词：液罐车　横向稳定性　椭圆矩形罐　质心坐标

1 前言

椭圆矩形罐液罐车是近年来厂家开发的新车型。由于它具有质心低，截面面积大等优点，所以受到了市场的青睐，并有发展的趋势。关于椭圆截面罐液罐车的横向稳定性的研究，已有不少资料发表，但尚未见到有关椭圆矩形罐液罐车的横向稳定性资料。

分析椭圆矩形罐液罐车的转弯横向稳定性可用类似椭圆截面罐液罐车的方法[1]解决。其中，液体质心坐标的计算是分析横向稳定性的基础。椭圆矩形罐的罐体截面曲线由多条曲线组成，因此液体质心坐标的计算比椭圆截面罐体的复杂。本文以丹东汽车制造厂生产的 DD5140GJY 型加油车为例，介绍椭圆矩形罐液罐车转弯时的液体质心坐标的计算方法。

2 简化的椭圆矩形罐截面曲线模型

DD5140GJY 型加油车油罐的椭圆矩形截面如图 1[2]。为便于分析，将该罐体截面曲线用上下左右四段圆弧组合而成的曲线来近似，如图 2 所示。分析表明[6]，四段圆弧模型与原椭圆矩形截面误差仅为 0.05%，因此可行。设上、下、左、右四段圆弧分别为圆弧 1、2、4、3。这四段圆弧的方程分别为：

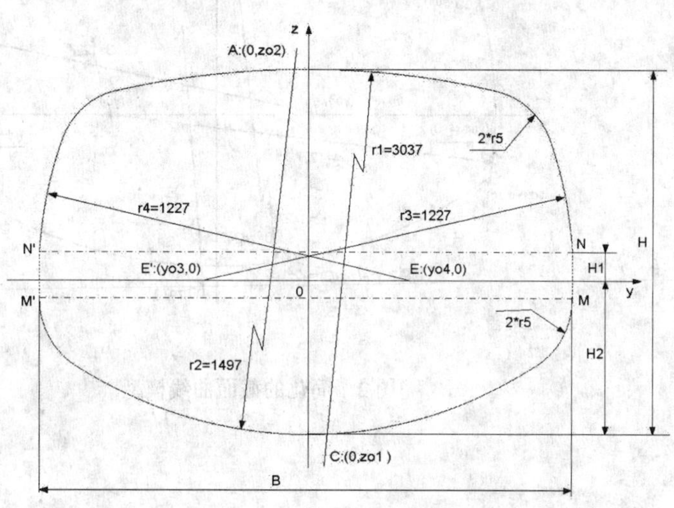

图 1　DD5140GJY 型加油车油罐的截面尺寸

圆弧 1：

$$y^2+(z-z_{01})^2=r_1^2 \quad (z>0) \tag{1}$$

其中：z_{01}= -2388，r_1=3037mm, 圆心坐标为 (0, -2388)。

圆弧 2：

$$y^2+(z-z_{02})^2=r_2^2 \quad (z<0) \tag{2}$$

其中：z_{02}=1022，r_2=1497mm, 圆心坐标为 (0, 1022)。

圆弧 3：

$$(y-y_{03})^2+z^2=r_3^2 \quad (y>0) \tag{3}$$

其中：y_{03}= -337，r_3=1227mm, 圆心坐标为 (-337, 0)。

圆弧 4：

$$(y-y_{04})^2+z^2=r_4^2 \quad (y<0) \tag{4}$$

其中：y_{04}=337，r_4=1227mm, 圆心坐标为 (337, 0)。

3 油液质心坐标的确定

油罐车满载在平地上按一定的转向半径 R 匀速转弯，为便于分析，假定转弯时沿油罐长度的油液表面是一致的，且为平面，则液面垂直于油液所受离心力和重力的合力作用线。设罐体长为 L_0，对 $L_0/2$ 处的横截面进行分析。在临界翻倾之前，油液质心位于该截面上，如图 3 所示。设中截面上的液面线与椭圆矩形长度 y 方向的夹角为 B，则有：

$$z=ky+c \tag{5}$$

式中：k 为斜率，k=tan B, c 为截距。B、c 为变量。则

$$k=(mv^2/R)/mg=v^2/Rg \tag{6}$$

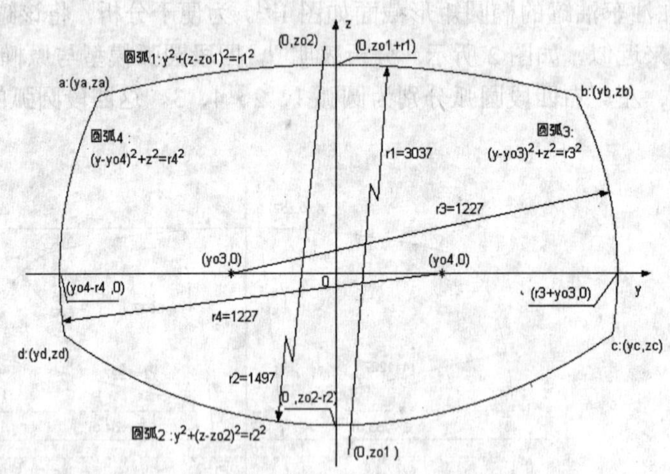

图 2 简化的截面曲线模型

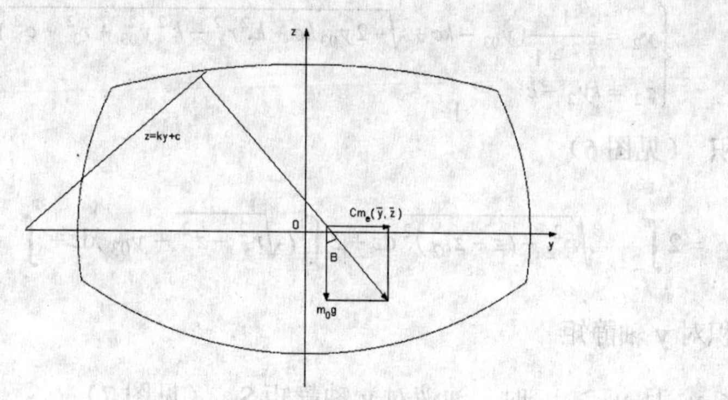

图 3　油罐中截面上的液面线与坐标系

因各种油车扩大容量和其他参数的不同，液面线相对于罐体曲线的位置有下列四种可能，如图 4 所示。从曲线的四个交点 a、b、c、d 作 z 轴的平行线交斜线 z=ky+c 于四个交点（y_a，z_a'）、（y_b，z_b'）、（y_c，z_c'）、（y_d，z_d'），如图 5 所示。液面线的四种可能情况就可用数学关系式来表达[3]：

当 $z_a' \leqslant z_a$ 且 $z_b' \leqslant z_b$ 且 $z_c' \geqslant z_c$ 且 $z_d' \geqslant z_d$ 时，为情况 I，如图 4(1) 所示；

当 $z_a' \leqslant z_a$ 且 $z_b' \geqslant z_b$ 且 $z_c' \geqslant z_c$ 且 $z_d' \leqslant z_d$ 时，为情况 II，如图 4(2) 所示；

当 $z_a' \leqslant z_a$ 且 $z_b' \leqslant z_b$ 且 $z_c' \geqslant z_c$ 且 $z_d' \leqslant z_d$ 时，为情况 III，如图 4(3) 所示；

当 $z_a' \leqslant z_a$ 且 $z_b' \geqslant z_b$ 且 $z_c' \geqslant z_c$ 且 $z_d' \geqslant z_d$ 时，为情况 IV，如图 4(4) 所示。

油液质心坐标 Y 和 Z 等于油罐中截面上油液面积的形心坐标。设 F 为油液截面积，S_Y、S_Z 分别为油液截面积对 Y、Z 轴的静矩，油液中截面的质心坐标（Y_c，Z_c）均按下两式确定：

$$Y_c = S_Y \big/ F, \quad Z_c = S_Z \big/ F \tag{7}$$

对四种不同情况，上式中的油液截面积 F 和静矩 S_Y、S_Z 应分别进行计算，推导公式如下。因限于篇幅，仅给出情况 I 的积分参考图。

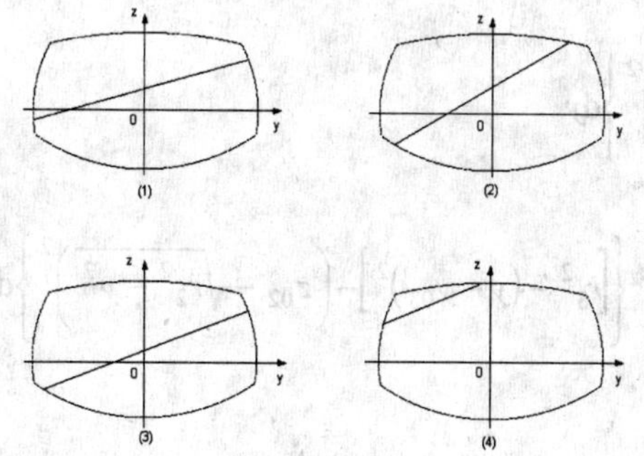

图 4　液面线相对于罐体曲线位置的四种情况简图

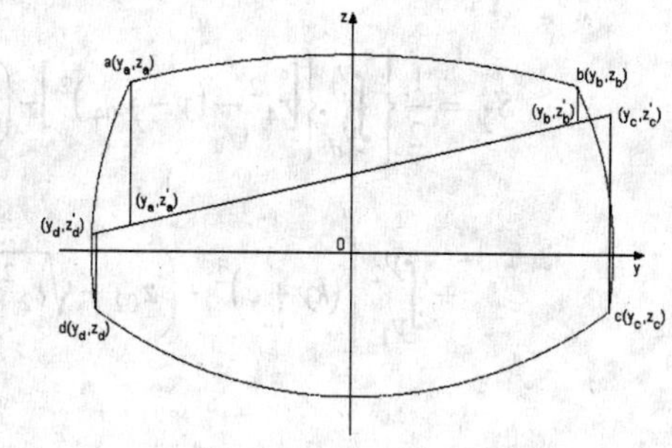

图 5 四种情况判断方法示意图

3.1　情况 I

分别联立式（4）与式（5）、式（3）与式（5），可求得油面线与罐体左圆弧交点 1 和右圆弧交点 2 的坐标分别为：

$$\begin{cases} y_1 = \dfrac{1}{k^2+1}\left(y_{04} - kc - \sqrt{-2y_{04}kc + k^2 r_4^2 - k^2 y_{04}^2 + r_4^2 - c^2}\right) \\ z_1 = ky_1 + c \end{cases} \tag{8}$$

$$\begin{cases} y_2 = \dfrac{1}{k^2+1}\left(y_{03} - kc + \sqrt{-2y_{03}kc + k^2 r_3^2 - k^2 y_{03}^2 + r_3^2 - c^2}\right) \\ z_2 = ky_2 + c \end{cases} \tag{9}$$

3.1.1 油液截面积 （见图 6）

$$F = 2\int_{z_{02}-r_2}^{z_c} \sqrt{r_2^2 - (z - z_{02})^2}\,\mathrm{d}z + 2\int_{z_c}^{z_1} \left(\sqrt{r_3^2 - z^2} + y_{03}\right)\mathrm{d}z + \int_{z_1}^{z_2} \int_{(z-c)/k}^{\sqrt{r_3^2 - z^2} + y_{03}} \mathrm{d}y\mathrm{d}z \tag{10}$$

3.1.2 油液截面积对 y 轴静矩

（1）当 $y_1 \le y_d$ 且 $y_2 \ge y_c$ 时，油液对 y 轴静矩 S_y （见图 7）

$$S_y = \frac{1}{2}\left\{ \int_{y_1}^{y_d} \left\{(ky+c)^2 - \left[r_4^2 - (y - y_{04})^2\right]\right\}\mathrm{d}y + \int_{y_d}^{y_c} \left[(ky+c)^2 - \left(z_{02} - \sqrt{r_2^2 - y^2}\right)^2\right]\mathrm{d}y + \int_{y_c}^{y_2} \left\{(ky+c)^2 - \left[r_3^2 - (y - y_{03})^2\right]\right\}\mathrm{d}y \right\} \tag{11}$$

（2）当 $y_1 \le y_d$ 且 $y_2 \le y_c$ 时，油液对 y 轴静矩 S_y （见图 8）

$$S_y = \frac{1}{2}\left\{ \int_{y_1}^{y_d} \left\{(ky+c)^2 - \left[r_4^2 - (y - y_{04})^2\right]\right\}\mathrm{d}y + \int_{y_d}^{y_2} \left[(ky+c)^2 - \left(z_{02} - \sqrt{r_2^2 - y^2}\right)^2\right]\mathrm{d}y + \int_{y_2}^{y_c} \left\{\left[r_3^2 - (y - y_{03})^2\right] - \left(z_{02} - \sqrt{r_2^2 - y^2}\right)^2\right\}\mathrm{d}y \right\} \tag{12}$$

（3）当 $y_1 \ge y_d$ 且 $y_2 \le y_c$ 时，油液对 y 轴静矩 S_y （见图 9）

$$S_y = \frac{1}{2}\left\{ \int_{y_d}^{y_1} \left\{\left[r_4^2 - (y - y_{04})^2\right] - \left(z_{02} - \sqrt{r_2^2 - y^2}\right)^2\right\}\mathrm{d}y + \int_{y_1}^{y_2} \left[(ky+c)^2 - \left(z_{02} - \sqrt{r_2^2 - y^2}\right)^2\right]\mathrm{d}y + \int_{y_2}^{y_c} \left\{\left[r_3^2 - (y - y_{03})^2\right] - \left(z_{02} - \sqrt{r_2^2 - y^2}\right)^2\right\}\mathrm{d}y \right\} \tag{13}$$

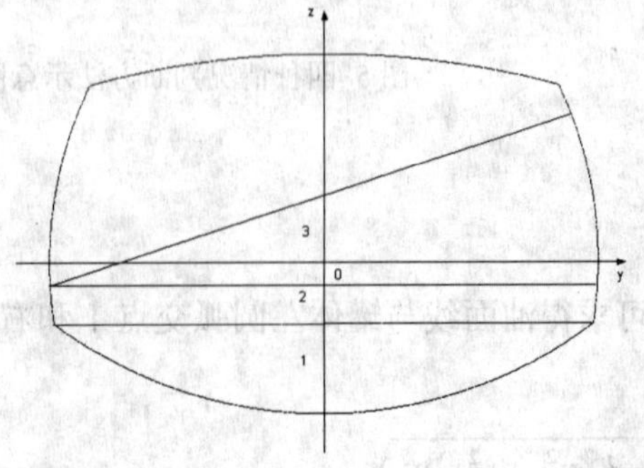

图 6 情况 I 的油液截面积计算示意图

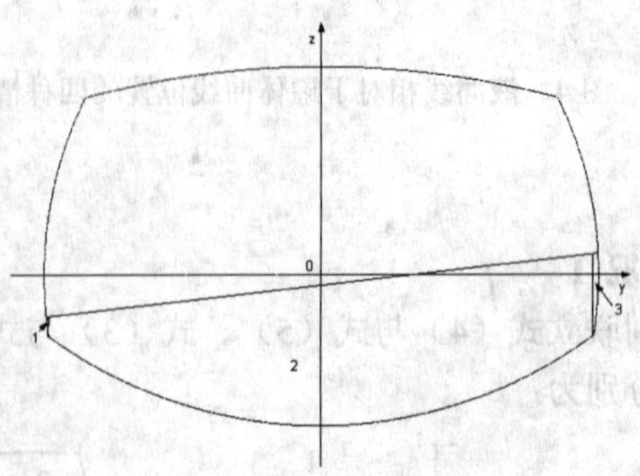

图 7 情况 I 的油液截面积对 y 轴静矩 S_y 计算示意图(1)

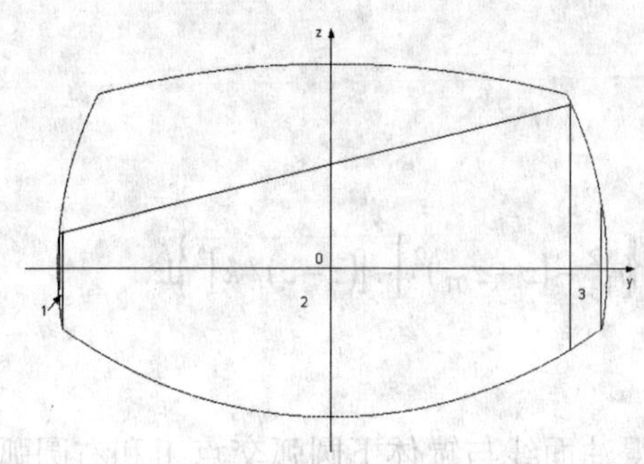

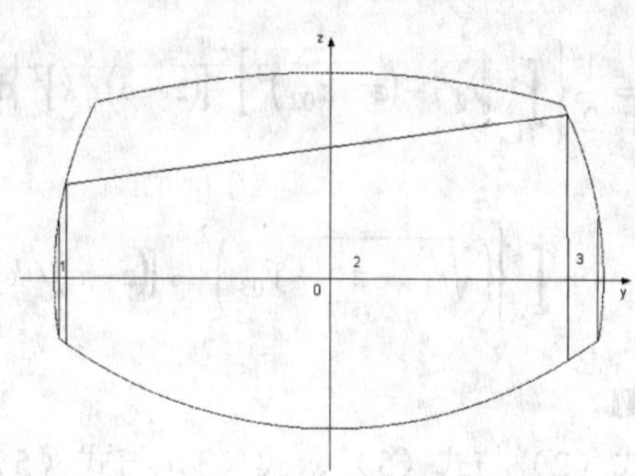

图 8 情况 I 的油液截面积对 y 轴静矩 S_y 计算示意图(2)　　图 9 情况 I 的油液截面积对 y 轴静矩 S_y 计算示意图(3)

3.1.3 油液截面积对 z 轴静矩 （见图 10）

$$S_Z=\frac{1}{2}\int_{z_1}^{z_2}\left\{\left(\sqrt{r_3^2-z^2}+y_{03}\right)^2-\left[(z-c)/k\right]^2\right\}\mathrm{d}z \tag{14}$$

3.2 情况 II

分别联立式（2）与（5）、（1）与（5），可求得油面线与罐体下圆弧交点 1 和上圆弧交点 2 的坐标分别为：

$$\begin{cases} y_1=\dfrac{1}{k^2+1}\left(kz_{02}-kc-\sqrt{k^2r_2^2+r_2^2-c^2+2cz_{02}-z_{02}^2}\right) \\ z_1=ky_1+c \end{cases} \tag{15}$$

$$\begin{cases} y_2=\dfrac{1}{k^2+1}\left(kz_{01}-kc+\sqrt{k^2r_1^2+r_1^2-c^2+2cz_{01}-z_{o1}^2}\right) \\ z_2=ky_2+c \end{cases} \tag{16}$$

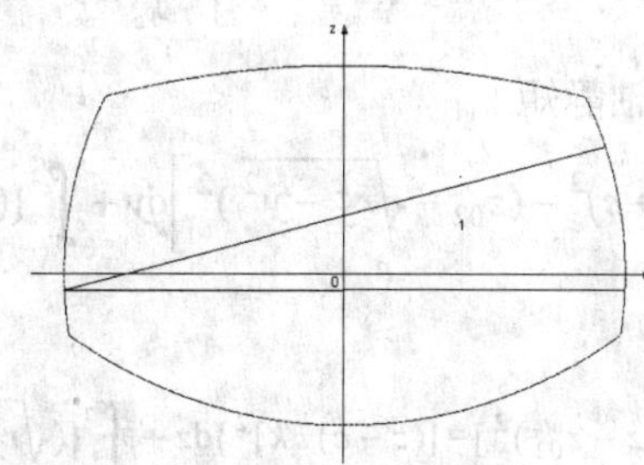

图 10 情况 I 的油液截面积对 z 轴静矩 S_z 计算示意图

3.2.1 油液截面积

$$F=\int_{y_1}^{y_2}\int_{\sqrt{r_2^2-y^2}+z_{02}}^{ky+c}\mathrm{d}z\mathrm{d}y+\int_{y_2}^{y_b}\int_{\sqrt{r_2^2-y^2}+z_{02}}^{\sqrt{r_1^2-y^2}+z_{01}}\mathrm{d}z\mathrm{d}y+\int_{y_b}^{y_c}\int_{\sqrt{r_2^2-y^2}+z_{02}}^{\sqrt{r_3^2-(y-y_{03})^2}}\mathrm{d}z\mathrm{d}y+2\int_{y_c}^{r_3+y_{03}}\sqrt{r_3^2-(y-y_{03})^2}\,\mathrm{d}y \tag{17}$$

3.2.2 油液截面积对 y 轴静矩

$$S_y=\frac{1}{2}\left\{\int_{y_1}^{y_2}\left[(ky+c)^2-\left(z_{02}-\sqrt{r_2{}^2-y^2}\right)^2\right]\mathrm{d}y\right.$$

$$\left.+\int_{y_2}^{y_b}\left[\left(\sqrt{r_1{}^2-y^2}+z_{01}\right)^2-\left(z_{02}-\sqrt{r_2{}^2-y^2}\right)^2\right]\mathrm{d}y+\int_{y_b}^{y_c}\left\{\left[r_3{}^2-(y-y_{03})^2\right]-\left(z_{02}-\sqrt{r_2{}^2-y^2}\right)^2\right\}\mathrm{d}y\right\} \tag{18}$$

3.2.3 油液截面积对 z 轴静矩

$$S_z=\frac{1}{2}\left\{\int_{z_1}^{c}\left\{\left[r_2^{\,2}-(z-z_{02})^2\right]-\left[(z-c)/k\right]^2\right\}dz\right.$$

$$\left.+\int_{z_c}^{b}\left\{\left(\sqrt{r_3^{\,2}-z^2}+y_{03}\right)^2-\left[(z-c)/k\right]^2\right\}dz+\int_{z_b}^{z_2}\left\{\left[r_1^{\,2}-(z-z_{01})^2\right]-\left[(z-c)/k\right]^2\right\}dz\right. \quad (19)$$

3.3 情况 III

分别联立式（2）与式（5）、式（3）与式（5），可求得油面线与罐体下圆弧交点 1 和右圆弧交点 2 的坐标分别为：

$$\begin{cases}y_1=\dfrac{1}{k^2+1}(kz_{02}-kc-\sqrt{k^2r_2^2+r_2^2-c^2+2cz_{02}-z_{02}^2})\\ z_1=ky_1+c\end{cases} \quad (20)$$

$$\begin{cases}y_2=\dfrac{1}{k^2+1}(y_{03}-kc+\sqrt{-2y_{03}kc+k^2r_3^2-k^2y_{03}^2+r_3^2-c^2})\\ z_2=ky_2+c\end{cases} \quad (21)$$

3.3.1 油液截面积

$$F=2\int_{z_{02}-r_2}^{z_1}\sqrt{r_2^2-(z-z_{02})^2}\,dz+\int_{z_1}^{z_c}\int_{(z-c)/k}^{\sqrt{r_2^2-(z-z_{02})^2}}dydz+\int_{z_c}^{z_2}\int_{(z-c)/k}^{\sqrt{r_3^2-z^2}+y_{03}}dydz \quad (22)$$

3.3.2 油液截面积对 y 轴静矩计算

（1）当 $y_2<y_c$ 时，油液对 y 轴静矩

$$S_y=\frac{1}{2}\left\{\int_{y_1}^{y_2}\left[(ky+c)^2-(z_{02}-\sqrt{r_2^2-y^2})^2\right]+\int_{y_2}^{y_c}\{[r_3^2-(y-y_{03})^2]-(z_{02}-\sqrt{r_2^2-y^2})^2\}dy\right\} \quad (23)$$

（2）当 $y_2\geq y_c$ 时，油液对 y 轴静矩

$$S_y=\frac{1}{2}\left\{\int_{y_1}^{y_c}\left[(ky+c)^2-(z_{02}-\sqrt{r_2^2-y^2})^2\right]dy+\int_{y_c}^{y_2}\{(ky+c)^2-[r_3^2-(y-y_{03})^2]\}dy\right\} \quad (24)$$

3.3.3 油液截面积对 z 轴静矩

$$S_z=\frac{1}{2}\left\{\int_{z_1}^{z_c}\{[r_2^2-(z-z_{02})^2]-[(z-c)/k]^2\}dz+\int_{z_c}^{z_2}\{(\sqrt{r_3^2-z^2}+y_{03})^2-[(z-c)/k]^2\}dz\right\} \quad (25)$$

3.4 情况 IV

分别联立式（4）与（5）、（1）与（5），可求得油面线与罐体左圆弧交点 1 和上圆弧交点 2 的坐标分别为：

$$\begin{cases}y_1=\dfrac{1}{k^2+1}(y_{04}-kc-\sqrt{-2y_{04}kc+k^2r_4^2-k^2y_{04}^2+r_4^2-c^2})\\ z_1=ky_1+c\end{cases} \quad (26)$$

$$\begin{cases}y_2=\dfrac{1}{k^2+1}(kz_{01}-kc+\sqrt{k^2r_1^2+r_1^2-c^2+2cz_{01}-z_{o1}^2})\\ z_2=ky_2+c\end{cases} \quad (27)$$

3.4.1 油液截面积

$$F=2\int_{z_{02}-r_2}^{z_c}\sqrt{r_2^2-(z-z_{02})^2}\,dz+2\int_{z_c}^{z_1}(\sqrt{r_3^2-z^2}+y_{03})dz+\int_{y_1}^{y_2}\int_{z_1}^{ky+c}dzdy+\int_{y_2}^{y_b}\int_{z_1}^{\sqrt{r_1^2-y^2}+z_{01}}dzdy+\int_{z_1}^{z_b}\int_{y_b}^{\sqrt{r_3^2-z^2}+y_{03}}dydz \quad (28)$$

3.4.2 油液截面积对 y 轴静矩

（1）当 $y_1 \le y_d$ 时，油液对 y 轴静矩

$$S_y = \frac{1}{2}\left\{\int_{y_1}^{y_d}\left\{(ky+c)^2-\left[r_4{}^2-(y-y_{04})^2\right]\right\}dy+\int_{y_d}^{y_2}\left[(ky+c)^2-\left(z_{02}-\sqrt{r_2{}^2-y^2}\right)^2\right]dy\right.$$

$$\left.+\int_{y_2}^{y_b}\left[\left(\sqrt{r_1{}^2-y^2}+z_{01}\right)^2-\left(z_{02}-\sqrt{r_2{}^2-y^2}\right)^2\right]dy+\int_{y_b}^{y_c}\left\{\left[r_3{}^2-(y-y_{03})^2\right]-\left(z_{02}-\sqrt{r_2{}^2-y^2}\right)^2\right\}dy\right\} \tag{29}$$

（2）当 $y_1 > y_d$ 时，油液对 y 轴静矩

$$S_y = \frac{1}{2}\left\{\int_{y_4}^{y_1}\left\{\left[r_4{}^2-(y-y_{04})^2\right]-\left(z_{02}-\sqrt{r_2{}^2-y^2}\right)^2\right\}dy+\int_{y_1}^{y_2}\left[(ky+c)^2-\left(z_{02}-\sqrt{r_2{}^2-y^2}\right)^2\right]dy\right\}$$

$$+\int_{y_2}^{y_b}\left[\left(\sqrt{r_1{}^2-y^2}+z_{01}\right)^2-\left(z_{02}-\sqrt{r_2{}^2-y^2}\right)^2\right]dy+\int_{y_b}^{y_c}\left\{\left[r_3{}^2-(y-y_{03})^2\right]-\left(z_{02}-\sqrt{r_2{}^2-y^2}\right)^2\right\}dy \tag{30}$$

3.4.3 油液截面积对 z 轴静矩

$$S_z = \frac{1}{2}\left\{\int_{z_1}^{z_b}\left\{\left(\sqrt{r_3{}^2-z^2}+y_{03}\right)^2-\left[(z-c)/k\right]^2\right\}dz+\int_{z_b}^{z_2}\left\{\left[r_1{}^2-(z-z_{01})^2\right]-\left[(z-c)/k\right]^2\right\}dz\right\} \tag{31}$$

4 结束语

本文介绍了椭圆矩形罐液罐车转弯时液体质心坐标的计算公式和方法，这是分析液罐车横向稳定性的基础。尽管这是以丹东汽车厂生产的 DD5140GJY 型加油车为例，但对其他椭圆矩形罐液罐车的质心坐标的计算也有重要的参考作用。

参考文献

1 陈铭年. 油罐车转弯横向稳定性的计算分析，汽车工程，2001 年第 5 期

2 张所滨，高军. DD5140GJY 型加油车油罐设计改进，辽宁汽车，1998 年第 2 期

3 陈铭年，林永智，徐建全. 椭圆矩形罐液罐车的横向稳定性分析. 中国汽车工程学会第十三届学术年会论文

椭圆矩形罐液罐车的转弯横向稳定性分析

陈铭年 徐建全 林永智
福建农林大学 福建新福达汽车工业有限公司

[摘要] 椭圆矩形罐液罐车是近年来开发的新车型。分析研究其转弯横向稳定性，对产品的设计改进和运用，是十分必要的。本文以丹东汽车厂生产的加油车为例，介绍了椭圆矩形罐液罐车转弯时的横向稳定性计算分析方法，包括简化建模，可行性分析，液面线与罐体的相对位置的数学判别法等。并给出了计算实例。

关键词：液罐车 椭圆矩形 转弯 横向稳定性

1 前言

由于液罐留有扩大容量和液体的流动性，液罐车转弯时液体质心偏移，容易横向翻倾。因此研究液罐车转弯时的横向稳定性，具有重要的实际意义。椭圆矩形罐液罐车是近年来开发的新车型，因其液罐质心低，截面面积大等优点，在液体运输中得到了越来越多的运用。分析研究这一新车型的横向稳定性等性能，无论对产品的设计改进，还是实际运用，都是十分必要的。

关于椭圆罐液罐车的横向稳定性的研究，已有不少资料发表[1~4]，但尚未见到有关椭圆矩形罐液罐车横向稳定性的资料。本文以丹东汽车制造厂生产的 DD5140GJY 型加油车为例，分析椭圆矩形罐液罐车转弯时的横向稳定性。其基本方法可参考椭圆截面罐液罐车的分析方法[1]，但椭圆矩形罐的截面曲线复杂，液体质心坐标计算繁琐，而且还必须增加简化建模，液面线与罐体相对位置的数学判别等步骤。

2 液罐的椭圆矩形截面

DD5140GJY 型加油车油罐的截面如图 1 所示[5]。其罐体截面曲线由 10 条线段构成。NM、N′M′ 两段为垂直线，过 N、N′ 以 r3、r4 为半径，E、E′ 为圆心作弧。弧与垂线构成两侧边。上下两边分别为半径 r_1、r_2 的大圆弧，四个圆角用半径 r_5 的小圆弧过渡。该截面介于椭圆和梯形之间，质心比椭圆低，截面比椭圆大。其中截面高 H=1124mm，直线 NN′ 与 EE′ 高度差 H_1=87mm，H_2=475mm，截面宽 B=1774mm，r_1=3037mm，r_2=1497mm，r_3= r_4=1227mm，r_5=242mm。油罐长 L_0 =5700mm。根据文献[2]介绍，截面积 F_0=1701670 mm^2，体积 V_0=9700L。

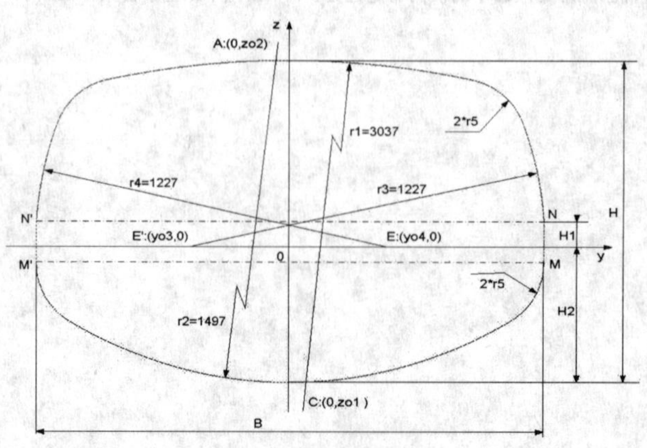

图 1 油罐的椭圆矩形截面尺寸

3 椭圆矩形的简化建模方法

为分析方便，将图 1 的罐体截面曲线简化为由上下左右四段圆弧组合而成的曲线，如图 2 所示。设上、下、左、右四段圆弧分别为圆弧 1、2、3、4。这四段圆弧的方程分别为：

圆弧 1：

$$y^2+(z-z_{01})^2=r_1{}^2(z>0) \tag{1}$$

其中：z_{01}= －2388，r_1=3037mm，圆心坐标为：(0，－2388)

圆弧 2：

$$y^2+(z-z_{02})^2=r_2{}^2(z<0) \tag{2}$$

其中：z_{02}=1022，r_2=1497mm，圆心坐标为：(0，1022)

圆弧 3：

$$(y-y_{03})^2+z^2=r_3{}^2(y>0) \tag{3}$$

其中：y_{03}= －337，r_3=1227mm，圆心坐标为：(－337，0)

圆弧 4：

$$(y-y_{04})^2+z^2=r_4{}^2(y<0) \tag{4}$$

其中：y_{04}=337，r_4=1227mm，圆心坐标为：(337，0)

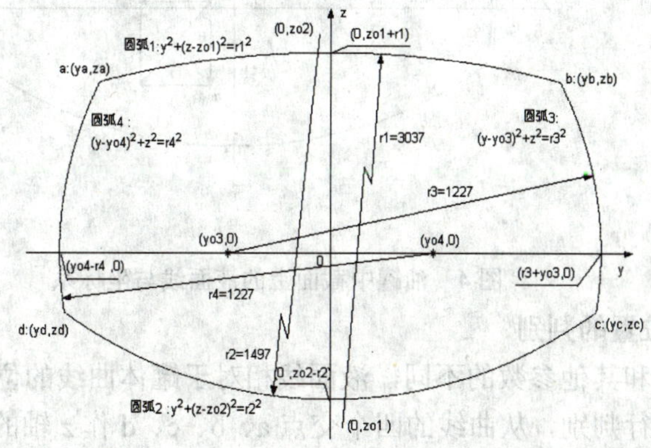

图 2　简化的四段圆弧模型

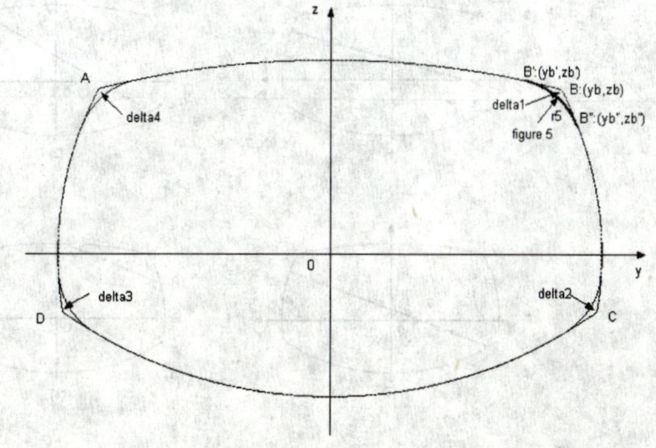

图 3　四段圆弧模型与原椭圆矩形罐体曲线的比较

为判别模型的可行性，计算这四段圆弧模型与原椭圆矩形截面的面积误差。四段圆弧模型的截面积为 F_1=1711302mm^2，原型的截面积为 F_0=1701670mm^2，相对误差（F_1-F_0）/ F_0=0.57%，四段圆弧模型与原椭圆矩形的截面积误差很小。将四段圆弧模型与原椭圆矩形重迭，也可看出两者的差别很小，如图 3 所示。可见，用四段圆弧模型近似椭圆矩形是可行的。

4 转弯横向稳定性的分析和计算

设椭圆矩形油罐车满载在平地上按一定的转向半径 R 匀速转弯，为便于分析，假定转弯时沿油罐长度的油液表面是一致的，且为平面，则液面垂直于油液所受离心力和重力的合力作用线。设罐体长为 L_0，对 $L_0/2$ 处的横截面进行分析。在临界翻倾之前，油液质心位于该横截面上，如图 4 所示。设中截面上的液面线与椭圆矩形截面长度 Y 方向的夹角为 β，则有：

$$z = ky + c \tag{5}$$

式中：k 为斜率，$k=\tan\beta$，c 为截距。β、c 为变量。则

$$k = (mv^2/R)/mg = v^2/(Rg) \tag{6}$$

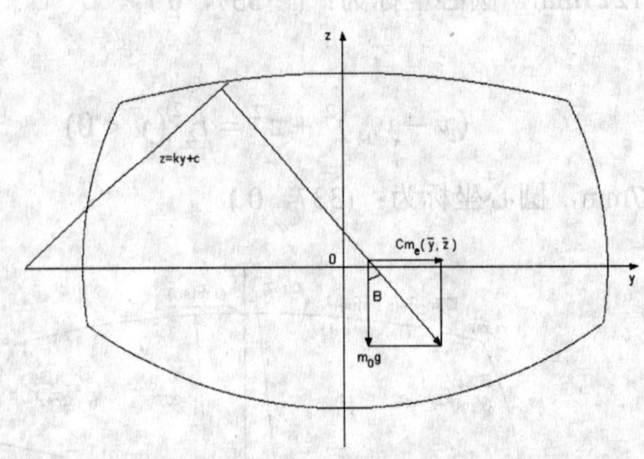

图 4　油罐中截面上的液面线与坐标系

4.1 液面线与罐体相对位置的判别

因各种油车扩大容量和其他参数的不同，液面线相对于罐体曲线的位置有下列四种可能情况，如图 5 所示。为对这四种情况进行判别，从曲线的四个交点 a、b、c、d 作 z 轴的平行线交斜线 $z=ky+c$ 于四个交点 （y_a，z_a'）、（y_b，z_b'）、（y_c，z_c'）、（y_d，z_d'），如图 6 所示。用数学不等式来判别：

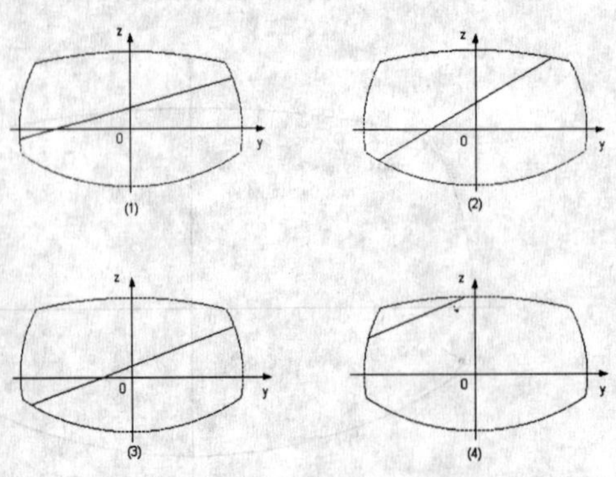

图 5　液面线四种情况简图

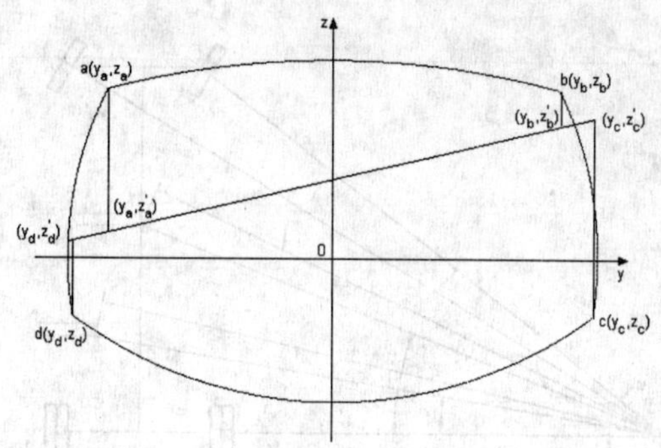

图 6　液面线四种情况简图

当 $z_a'\leqslant z_a$ 且 $z_b'\leqslant z_b$ 且 $z_c'\geqslant z_c$ 且 $z_d'\geqslant z_d$ 时, 为情况 I, 如图 5(1) 所示;

当 $z_a'\leqslant z_a$ 且 $z_b'\geqslant z_b$ 且 $z_c'\geqslant z_c$ 且 $z_d'\leqslant z_d$ 时, 为情况 II, 如图 5(2) 所示;

当 $z_a'\leqslant z_a$ 且 $z_b'\leqslant z_b$ 且 $z_c'\geqslant z_c$ 且 $z_d'\leqslant z_d$ 时, 为情况 III, 如图 5(3) 所示;

当 $z_a'\leqslant z_a$ 且 $z_b'\geqslant z_b$ 且 $z_c'\geqslant z_c$ 且 $z_d'\geqslant z_d$ 时, 为情况 IV, 如图 5(4) 所示。

4.2　油液质心坐标的计算

油液质心坐标 Y 和 Z 等于油罐中截面上油液面积的形心坐标。设 F 为油液截面积，S_Y 、S_Z 分别为油液截面积对 y 、z 轴的静矩，则图 5 所示四种情况下油液中截面的形心坐标（Y_c ，Z_c）均可按下两式计算：

$$Y_c = S_Y/F \ ,\ Z_c = S_Z/F \ Z_c=S_Z/F \tag{7}$$

上式中的油液截面积 F 和静矩 S_Y 、S_Z 应分别情况进行计算，因 F 和 S_Y 、S_Z 的计算较繁琐，限于篇幅，将在文献[6]中介绍。

4.3　横向稳定性的计算

求出油液质心坐标后，横向稳定性的计算可参考文献[1]。设油罐车以转向角速度 ω 在平地上转弯时，作用在整备质量质心上的离心力 P_0 和作用在油液质心的离心力 P_e 分别为：

$$P_0 = m_0 \cdot \omega^2 \cdot R_0 \tag{8}$$

$$P_e = m_e \cdot \omega^2 \cdot R_e \tag{9}$$

式中：m_0、m_e 分别为整备质量和油液质量，R_0，R_e 分别为整备质量质心和油液质心处的转向半径。

设 γ_0、γ_e 分别为离心力 P_0、P_e 和后轮轴心线在水平面上投影的夹角，可将离心力 P_0 和 P_e 分别沿汽车的纵横向分解为 $P_0\sin\gamma_0$、$P_0\cos\gamma_0$ 和 $P_e\sin\gamma_e$、$P_e\cos\gamma_e$，参见图 7。则

$$P_0' = P_0 \cos\gamma_0 = m_0 \cdot \omega^2 \cdot R_0 \cdot R / R_0 = m_0 \cdot v^2 / R \tag{10}$$

$$P_e' = P_e \cos\gamma_e = m_e \cdot \omega^2 \cdot R_e \cdot (R+Y) / R_e = m_e \cdot v^2 \cdot (R+Y) / R^2 \approx m_e \cdot v^2 / R \tag{11}$$

临界翻倾时应满足的两个条件为：

（1）油罐中截面的油液截面积 F 应等于按额定容量 V 计算的截面积 $A=V/L_0$。即

$$F - A = 0 \tag{12}$$

（2）稳定力矩 M_1 应等于倾复力矩 M_2。

$$M_1 - M_2 = 0 \tag{13}$$

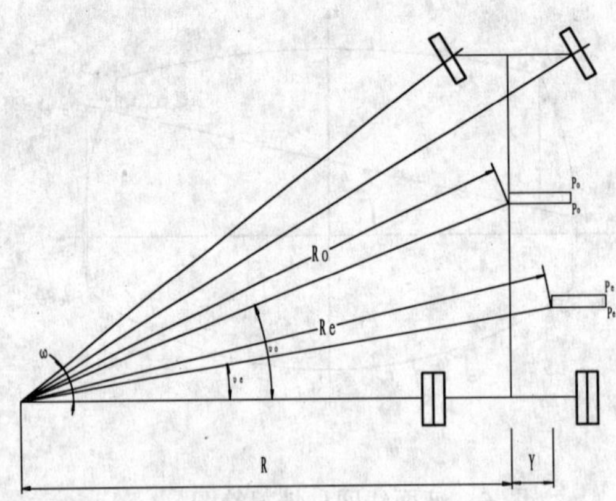

图 7　液罐车转向时的离心力

横向翻倾是以外侧前后轮胎胎面中心连线为轴线的。此时内侧前后轮接地压力为 0。该油罐车后胎为平行双胎，故以外侧前轮胎面中心与后轮外胎胎面中心连线为翻倾轴。该轴一般不平行于油罐车纵向中心线。但两者夹角 γ 很小。为计算力矩，可参考图 8、公式(10)和公式(11)，得：

$$M_1 \approx \left[m_0 \cdot d_0 + m_e \cdot (d_e - Y)\right] \cdot g \tag{14}$$

$$M_2 \approx \left[m_0 \cdot H + m_e \cdot (h + Z)\right] \cdot v^2 / R \tag{15}$$

式中：d_0、d_e 分别为整备质量质心和油液质心所在的横截面上翻倾轴与该横截面交点的 Y 坐标值。设 L 为轴距，B_1 为前轮距、B_3 为后轮外胎中心距，x_o 和 x_e 分别为侧视图上整备质量质心和油液质心至前轮中心线的距离，可得：

$$d_0 = B_1 / 2 + x_0 \cdot (B_3 - B_1) / 2L \tag{16}$$

$$d_e = B_1 / 2 + x_e \cdot (B_3 - B_1) / 2L \tag{17}$$

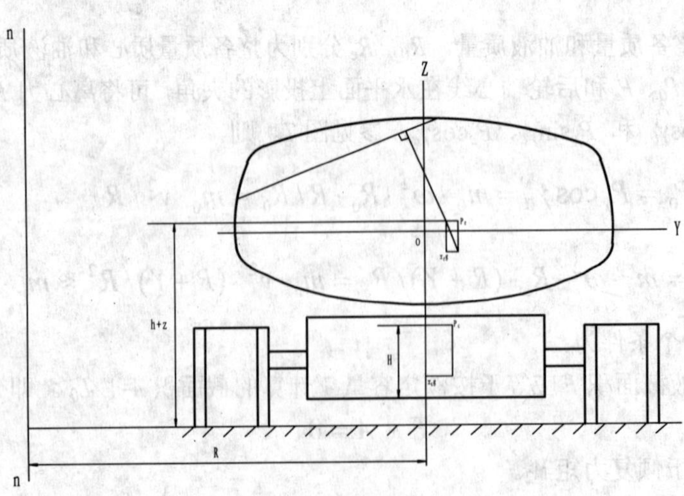

图 8 油罐车转向时的离心力

式(12)和式(13)是一组超越方程，可采用优化方法求解，设β，c为自变量，构造优化目标函数如下：

$$\min f(\beta,c)=\left|\frac{F-A}{A}\right|^2+\left|\frac{M_1-M_2}{M_2}\right|^2 \tag{18}$$

约束条件为$\beta>0$，适当选取β，c的一组初始值迭代，就能使计算收敛。根据油罐车的不同载油量（即充油率）计算k值，绘制转弯横向稳定性特性曲线，进而确定油罐车的临界转向加速度。

5 样车计算实例

某椭圆矩形罐液罐车罐长L_0=5700mm，宽1774mm，高1124mm，如图1所示。罐体装在二类汽车底盘上，车架上平面对地面的倾斜角很小，可忽略。因此沿罐体长的 0 轴线与地面平行，设其距地高 h=1750mm，如该车轴距 L=4400mm，前轮距 B_1=1810mm，后轮外胎中心距 B_3=2010mm； 整车整备质量m_o=7611kg，质心高度 H=780mm，侧视图上质心至前轮中心线的距离 x_o=2200mm；油料质心至前轮中心线的距离 x_e=3950mm。设装载密度为0.71的轻油，求该样车平地转向的横向稳定特性。

根据前述理论分析，用MATLAB程序编程计算。取载液量V=2，3，4，5……立方米，求出液罐车临界翻倾的液面线斜率$k=V^2/(Rg)$的值。再绘成$k=V^2/(Rg)$与V的横向稳定特性曲线，如图9所示曲线2。曲线与坐标轴包围区域为转向横向稳定区域。

为了和椭圆截面油罐车的横向稳定性进行比较，作一个与图1椭圆矩形等宽等高的椭圆，即令椭圆长轴2a=椭圆矩形宽1774mm，椭圆短轴2b=椭圆矩形高1124mm，其他参数不变。求出这辆椭圆截面油罐车的横向稳定性曲线，如图9曲线1。

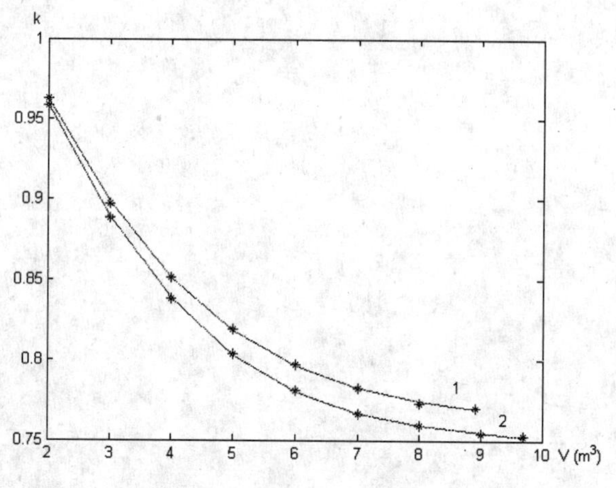

图9 样车横向稳定性曲线

从图9可以看出：椭圆矩形罐液罐车转弯时的横向稳定性，基本上是随着载液量的增加而减少。所以椭圆矩形罐液罐车载液量越多，转弯时越不稳定。从图9还可以看出：当截面的宽和高一定时，椭圆矩形液罐车转弯时的横向稳定性稍低于椭圆液罐车。

6 结束语

本文系统地介绍了椭圆矩形罐液罐车平地转弯时的横向稳定性的计算分析方法，包括简化建模，可行性分析，液面线与罐体的相对位置的数学不等式判别法等。据此可绘制给定椭圆矩形罐液罐车的横向稳定性曲线。尽管这是以丹东汽车厂生产的加油车为例，但对其他椭圆矩形罐液罐车的技术分析和设计也有重要的参考作用。样车计算分析表明，椭圆矩形罐液罐车转弯时的横向稳定性，随着载液量的增加而减少；当截面的宽和高一定时，椭圆矩形液罐车转弯时的横向稳定性稍低于椭圆液罐车。

参考文献

1 陈铭年．油罐车转弯横向稳定性的计算分析．汽车工程，2001（5）

2 张汉国，丁辉．液罐车横向稳定性的计算及分析．重型汽车，1999（4）

3 王望予，王占歧，姚祖兴等．液罐汽车稳定转弯行驶侧倾特性研究．汽车工程，1993（3）

4 刘灿荣．液罐车横向稳定性的计算及分析．专用汽车，1991（2）

5 张所滨、高军．DD5140GJY 型加油车油罐设计改进．辽宁汽车，1998（2）

6 林永智，陈铭年，徐建全．椭圆矩形罐液罐车转弯时液体质心坐标的确定．中国汽车工程学会第十三届学术年会论文

液罐车坡道上停驻时液体质心坐标的计算

——液罐车纵向稳定性计算分析研究之一

陈铭年　雷治国　徐建全

福建农林大学

[摘要] 液罐车在坡道上停驻、平地加速或制动时，由于液罐留有扩大容量和液体的流动性，液体质心位置产生偏移，引起整车质心坐标改变。液罐车液体质心坐标的计算，是纵向稳定性分析的基础。本文分析并推导了具有椭圆截面罐体的液罐车在上坡道上停驻时的液体质心坐标计算公式。该法结合使用 Matlab 软件，可通过中间消元而简化为一元迭代，比描点拟合法准确简便。

关键词：液罐车　纵向稳定性　极限坡路倾角　质心坐标

1 前言

按国标规定，液罐车液罐应有一定的扩大容量。实际生产的液罐车的扩大容量常较大。液罐车在坡道上停驻、平地加速或制动时，由于液罐留有扩大容量和液体的流动性，液体质心位置产生偏移，引起整车质心坐标改变，导致液罐车纵向稳定性的变化。液体质心坐标的计算不仅是计算极限坡路倾角的基础，而且也是分析制动稳定性等的基础。

20 世纪 90 年代初，潘俊兴曾推导过圆截面罐体的液罐车的液体质心坐标计算公式[1, 2]。王占歧等在分析液罐车制动稳定性时，采用描点拟合法计算椭圆截面液罐车的液体质心坐标[3]。该方法在当时是先进的，但在计算机技术迅速发展的今天看来，就显得复杂精度差。大型软件的问世为液罐车的简便计算提供了工具。本文分析并推导了椭圆截面罐体的液罐车在坡道上停驻时，液体质心坐标的计算公式。该法结合 Matlab 软件的应用，可使计算简便精确。限于篇幅，本文仅讨论液罐内无横向隔板的液罐车，对加横向隔板的液罐车，将另文分析。

2 液罐车

设液罐车轴距为 L，整备质量为 M_o，其质心为 C_{mo}，高度为 H，如图 1 所示。罐体长为 L_o，横截面为椭圆，其长轴为 $2a$，短轴为 $2b$。罐体装在二类汽车底盘上，车架上平面对地面的倾斜角很小，可忽略。罐体可简化为一椭圆柱体处理。椭圆柱中心线与地面平行，设该中心线距地面高度为 h。液罐所装液体的额定容量为 V，液体的密度为 ρ，路面的附着系数为 φ。

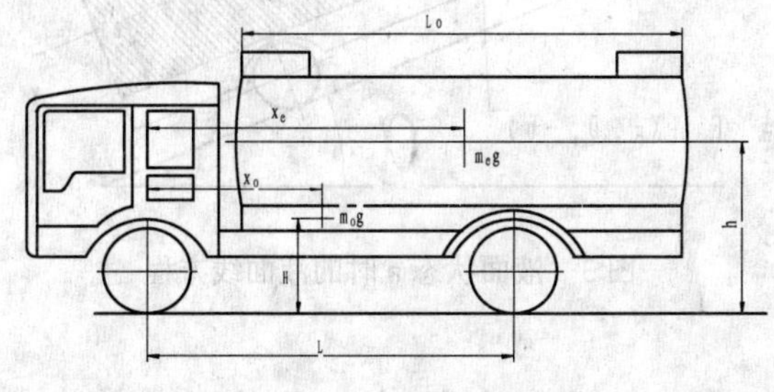

图 1　液罐车简图

3 液罐车在上坡路上停驻时，液体质心坐标的确定

3.1 液面状态分析

设液罐车装载额定容量液体 V 时，其充液率大于 50%。液罐中液面线相对于罐体的液面状态可能有五种，如图 2 所示：

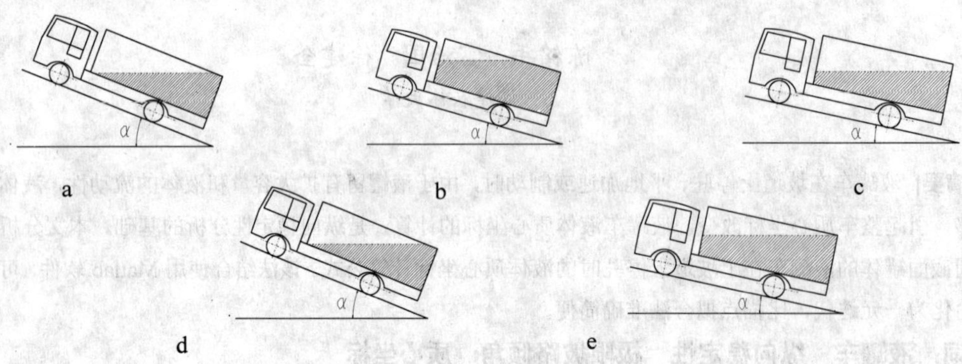

图 2 可能的液面状态

a．出现条件是坡路倾角 α>arctan(2*b*/*Lo*)；

b. 可出现在 α 大于、等于或小于 arctan(2*b*/*Lo*)；

c. 出现条件 α<arctan(2*b*/*Lo*)；

d. 是 a 和 b 的临界状态，可看作是 a 的特例；

e. 是 b 和 c 的临界状态，可看作是 c 的特例。

因此，可归结为 a、b、c 三种状态进行分析计算。判别三种状态的方法是，首先比较坡路倾角α与 arctan($2b/L_0$)的大小，然后按临界状态的体积 Vn 进行比较判别。

(1) 如α>arctan(2b/Lo)时，可用临界状态 d 的体积来判断。按图 2d 求出液体的体积 Vn。如果 Vn 小于等于 V，计算液体质心坐标可按 3.2 方法（液面状态 a）进行；如果 Vn 大于 V，计算质心坐标可按 3.3（液面状态 b）方法进行。

(2) 如 α<arctan(2*b*/*Lo*)时，可用临界状态 e 的体积来判断。按图 2e 求出液体的体积 Vn。如果 Vb 大于 V，计算液体质心可按 3.3 方法（液面状态 b）进行；如果 Vn 小于等于 V，计算质心坐标可按 3.4 方法（液面状态 c）进行。

3.2 液面状态 a 时，液体质心的坐标 X_B，Y_B，Z_B

建立空间坐标系 XYZ 如图 3 所示。坐标系的原点位于底面椭圆的中心，X 轴与椭圆柱的中心线重合，Y 轴由纸面指向纸内，Z 轴与底面椭圆的短轴重合。

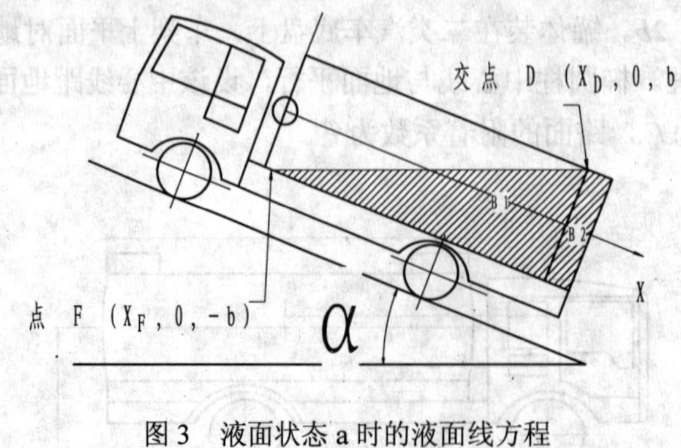

图 3 液面状态 a 时的液面线方程

椭圆柱方程为：

$$\begin{cases} Y^2/a^2+Z^2/b^2=1 \\ 0\le X\le L_0 \end{cases} \tag{1}$$

液面线方程为：

$$Z = kX + c \tag{2}$$

式中：斜率 $k=\tan\alpha$ ，c 为截距. α、c 为未知量。

分别令 $Z=b$ 和 $Z=-b$ ，由式（2）可以求出 D 点的 X 坐标值：

$$X_D=(b-c)/\tan\alpha \tag{3}$$

$$X_F=(-b-c)/\tan\alpha \tag{4}$$

将液体分为 $B1$、$B2$ 两部分，体积分别为 V_{B1}、V_{B2}，如图 3 所示。可建立以下两个体积方程：

$$V_{B1}=\pi ab(X_D-X_F)/2 \tag{5}$$

$$V_{B2}=\pi ab(L_0-X_D) \tag{6}$$

$$V=V_{B1}+V_{B2}=\pi ab(L_0-X_D/2-X_F/2) \tag{7}$$

联立式（3）、（4）、（5）、（6）、（7），可求得用 α 表示截距 c 的表达式：

$$c=(V-\pi abL_0)\tan\alpha/\pi ab \tag{8}$$

设 $B1$ 部分体积对 X、Z 轴的静矩 Sx，Sz。先求 Sx，图 4a 阴影部分为 dV，则

$$dV = 2Y(X_D - X_1)dZ \tag{9}$$

式中：$X_1=(Z-c)/\tan\alpha$ 。参考（1)、(2)、(3）式，可得：

$$Sx=\int_{-b}^{b}2aZ(b-Z)\sqrt{1-Z^2/b^2}\,/(\tan\alpha)\mathrm{d}Z \tag{10}$$

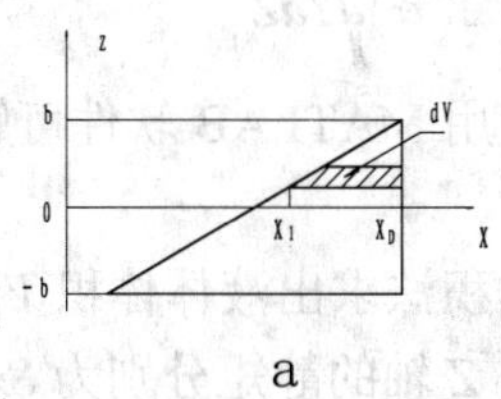

a

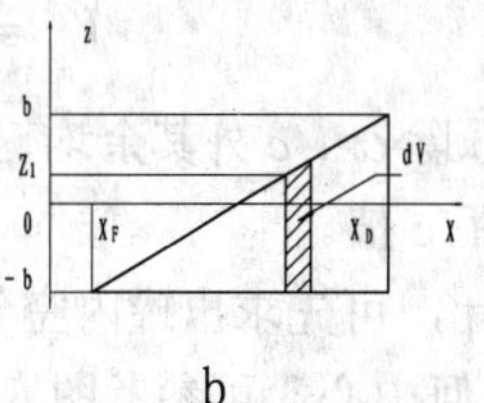

b

图 4　求液体体积静矩图

再求 Sz，图 4b 阴影部分为 dV，则

$$\mathrm{d}V=\left(\int_{-b}^{Z_1}\int_{-a\sqrt{1-Z^2/b^2}}^{a\sqrt{1-Z^2/b^2}}\mathrm{d}Y\mathrm{d}Z\right)\mathrm{d}X \tag{11}$$

式中：$Z_1=X\tan\alpha+c$

$$Sz=\int_{(-b-c)/\tan\alpha}^{(b-c)/\tan\alpha}\int_{-b}^{X\tan\alpha+c}\int_{-a\sqrt{1-Z^2/b^2}}^{a\sqrt{1-Z^2/b^2}}X\mathrm{d}Y\mathrm{d}Z\mathrm{d}X \tag{12}$$

设 $B1$ 部分液体质心的坐标值为 X_{B1}，Y_{B1}，Z_{B1}，则

$$X_{B_1}=S_Z/V_{B_1} \tag{13}$$

$$Y_{B_1}=0 \tag{14}$$

$$Z_{B_1}=S_X/V_{B_1} \tag{15}$$

设图 3 所示 $B2$ 部分液体质心的坐标值为 X_{B2}，Y_{B2}，Z_{B2}。

$$X_{B2}=(L_0-X_D)/2 \tag{16}$$

$$Y_{B_2}=0 \tag{17}$$

$$Z_{B_2}=0 \tag{18}$$

至此，可求得罐内液体的质心坐标：

$$X_B=(X_{B_1}*V_{B_1}-V_{B_2}*V_{B_2})/(V_{B_1}+V_{B_2}) \tag{19}$$

$$Y_B=0 \tag{20}$$

$$Z_B=(Z_{B_1}*V_{B_1}-Z_{B_2}*V_{B_2})/(V_{B_1}+V_{B_2}) \tag{21}$$

3.3 液面状态 b 时，液体质心的坐标 X_B，Y_B，Z_B

建立空间坐标系 XYZ 如图 5 所示。坐标系的原点位于底面椭圆的中心，X 轴与椭圆柱的中心线重合，Y 轴由纸面指向纸内，Z 轴与底面椭圆的短轴重合。其椭圆柱方程和液面线方程同方程（1）和（2）。

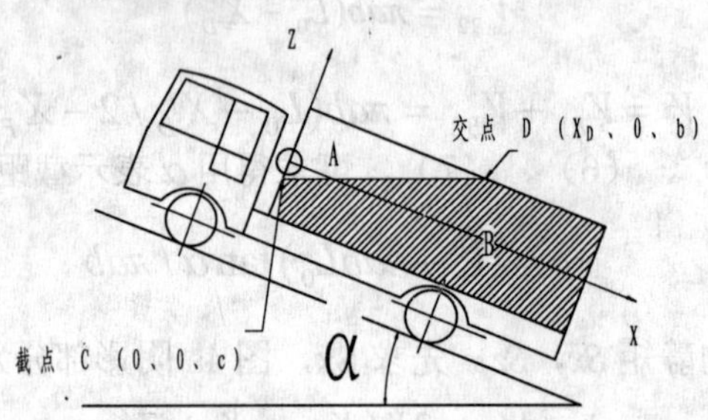

图 5　液面状态 b 时的液面线方程

设液体体积为 V_B，罐内空气体积为 V_A，如图 5 所示。则

$$V_A=\pi abL_0-V=\int_c^b\int_{-a\sqrt{1-Z^2/b^2}}^{a\sqrt{1-Z^2/b^2}}(Z-c)/(\tan\alpha)dYdZ \tag{22}$$

上式中，除 α、c 外其余均已知。计算时假设 α 为迭代参数，使用 MATLAB 软件可解积分方程[4]，由上式求得截距 c 值。

为简便计，可先求出罐内空气体积 V_A 的几何中心，再通过负体积法求出液体体积 V_B 的几何中心。求体积 V_A 的几何中心，可参考图 6 进行。显然，$Y_A=0$。设 V_A 对 X、Z 轴的静矩分别为 Sx、Sz。先求 X_A，如图 6a，阴影部分表示 dV，则

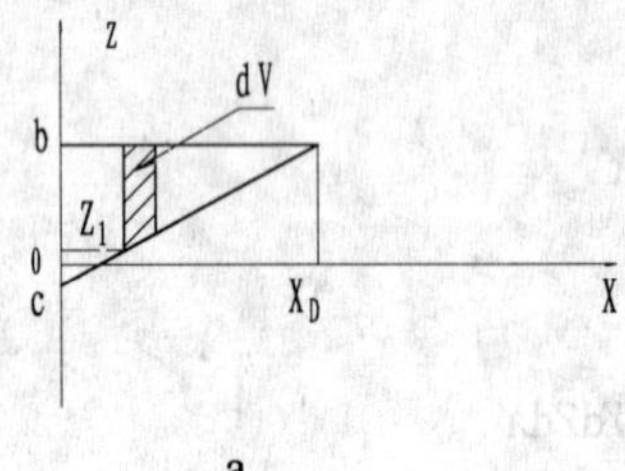

a

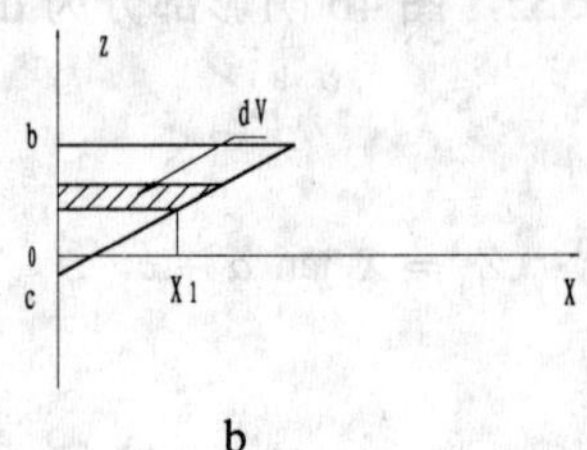

b

图 6　求液体体积静矩图

$$dV=(\int_{Z_1}^b\int_{-a\sqrt{1-Z^2/b^2}}^{a\sqrt{1-Z^2/b^2}}dYdZ)dX \tag{23}$$

式中，$Z_1=X\tan\alpha+c$

$$S_z=\int_0^{(b-c)/\tan\alpha}\int_{X\tan\alpha+c}^b\int_{-a\sqrt{1-Z^2/b^2}}^{a\sqrt{1-Z^2/b^2}}XdYdZdX \tag{24}$$

$$X_A=S_Z/V_A \tag{25}$$

再求 Z_A，如图 6b，阴影部分表示 dV，则

$$dV=2YX_1dZ \tag{26}$$

式中，$X_1=(Z-c)/\tan\alpha$，代入上式并参考（1）式，得：

$$S_x = \int_c^b 2aZ(Z-c)\sqrt{1-Z^2/b^2}/(\tan\alpha)dZ \tag{27}$$

$$Z_A = S_X / V_A \tag{28}$$

液罐体几何中心的坐标值为：$X_M=L_0/2$，$Y_M=0$，$Z_M=0$。液罐的容积为：

$$V_0 = \pi abL_0 \tag{29}$$

液体的质心坐标可通过负体积法求得：

$$X_B = (X_M * V_0 - X_A * V_A)/(V_0 - V_A) \tag{30}$$

$$Y_B = 0 \tag{31}$$

$$Z_B = -Z_A * V_A/(V_0 - V_A) \tag{32}$$

3.4　液面状态 c 时，液体质心的坐标 X_B，Y_B，Z_B

建立空间坐标系 XYZ 如图 7 所示。坐标系的原点位于底面椭圆的中心，X 轴与椭圆柱的中心线重合，Y 轴由纸面指向纸内，Z 轴与底面椭圆的短轴重合。为方便求解，将液体分成 B_1 和 B_2 两部份，体积分别为 V_{B1} 和 V_{B2}。

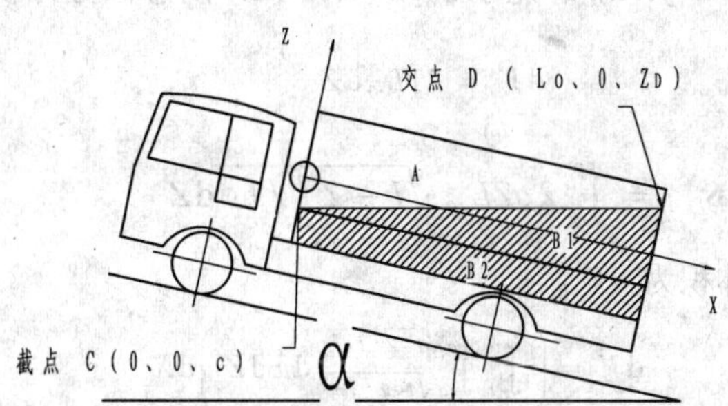

图 7　液面状态 c 时的液面线方程

$$V_{B_1} = \int_c^{Z_D}\int_{-a\sqrt{1-Z^2/b^2}}^{a\sqrt{1-Z^2/b^2}}\int_{(Z-c)/\tan\alpha}^{L_0} \mathrm{d}X\mathrm{d}Y\mathrm{d}Z \tag{33}$$

式中，$Z_D = Lo\tan\alpha + c$

$$V_{B_2} = \left(\int_{-b}^{c}\int_{-a\sqrt{1-Z^2/b^2}}^{a\sqrt{1-Z^2/b^2}} \mathrm{d}Y\mathrm{d}Z\right)Lo \tag{34}$$

$$V = V_{B_1} + V_{B_2} \tag{35}$$

$$V = \int_c^{Z_D}\int_{-a\sqrt{1-Z^2/b^2}}^{a\sqrt{1-Z^2/b^2}}\int_{(Z-c)/\tan\alpha}^{L_0} \mathrm{d}X\mathrm{d}Y\mathrm{d}Z + \left(\int_{-b}^{c}\int_{-a\sqrt{1-Z^2/b^2}}^{a\sqrt{1-Z^2/b^2}} \mathrm{d}Y\mathrm{d}Z\right)L_0 \tag{36}$$

上式中，除 α、c 外其余均已知。计算时假设 α 为迭代参数，使用 Matlab 软件可解积分方程[4]，由上式求得截距 c 值。

设 V_{B1} 对 X、Z 轴的静矩分别为 S_{X1}、S_{Z1}。先求 S_{X1}，如图 8a，阴影部分体积为 $\mathrm{d}V$，则

$$dV = 2Y(Lo - X_1)dZ \tag{37}$$

式中，$X_1 = (Z-c)/\tan\alpha$，代入上式并参考（1）式，得

$$S_{X_1} = \int_c^{Lo\tan\alpha + c} 2aZ\left[Lo - (Z-c)/\tan\alpha\right]\sqrt{1-Z^2/b^2}\,\mathrm{d}Z \tag{38}$$

图 8 求 B1 部分液体体积静矩图

再求 S_{X1}，如图 8b，阴影部分体积为 dV，则

$$dV=\left(\int_{c}^{Z_1}\int_{a\sqrt{1-Z^2/b^2}}^{a\sqrt{1-Z^2/b^2}}dYdZ\right)dX \tag{39}$$

式中，$Z_1 = X\tan\alpha + c$ (40)

$$S_{Z_1}=\int_{0}^{Lo}\int_{c}^{X\tan\alpha+c}\int_{-a\sqrt{1-Z^2/b^2}}^{a\sqrt{1-Z^2/b^2}}X\,dY\,dZ\,dX \tag{41}$$

图 9 求 B2 部分液体体积静矩图

设 V_{B2} 对 X、Z 轴的静矩分别为 S_{X2}、S_{Z2}。先求 S_{X2}，如图 9a，阴影部分体积为 dV：

$$dV = 2YL_0dZ \tag{42}$$

$$S_{X_2}=\int_{b}^{c}2aZL_0\sqrt{1-Z^2/b^2}\,dZ \tag{43}$$

再求 S_{Z2}，如图 9b，阴影部分体积为 dV，

$$dV=\left(\int_{-b}^{c}\int_{-a\sqrt{1-Z^2/b^2}}^{a\sqrt{1-Z^2/b^2}}dYdZ\right)dX \tag{44}$$

$$S_{Z_2}=\int_{0}^{Lo}\int_{b}^{c}\int_{-a\sqrt{1-Z^2/b^2}}^{a\sqrt{1-Z^2/b^2}}X\,dY\,dZ\,dX \tag{45}$$

液体的质心坐标可通过下式求得：

$$X_B=(S_{Z_1}+S_{Z_2})/V \tag{46}$$

$$Y_B=0 \tag{47}$$

$$Z_B=(S_{X_1}+S_{X_2})/V \tag{48}$$

至此，各种液面状态时的液体质心坐标已经确定。

4 结束语

本文分析具有椭圆截面罐体的液罐车在上坡路上停驻时的各种液面状态，并推导了液体质心坐标的计算公式。上述理论原用于二元迭代，但使用 Matlab 软件计算时，可假设 α 为迭代参数，直接求得复杂算式中截距 c 的值，从而简化为一元迭代。该法比描点拟合法精确简便。

上述方法还可推广到液罐车在下坡路上、加速或制动时液体质心坐标的计算。

参考文献

1 潘俊兴. 液罐车纵向稳定性的计算及分析. 专用汽车. 1992（1）

2 潘俊兴. 液罐车纵向稳定临界值的全面计算. 专用汽车. 1992（3）

3 王占歧等. 非满载液罐汽车制动稳定性的研究. 吉林工业大学学报. 1990（3）

4 张森主编. MATLAB6.0 程序设计及应用. 北京.：中国铁道出版社，2001

使用条件对液罐车极限坡路倾角的影响

——液罐车纵向稳定性计算分析研究之三

雷治国 陈铭年 徐建全

福建农林大学

[摘要] 为了理解使用条件对具有椭圆截面罐体的液罐车的纵向稳定性所起的的作用，本文应用 MATLAB 软件，通过计算分析探讨了充油率、液体比重和附着系数对液罐车极限坡路倾角的影响。

关键词：液罐车 极限坡路倾角 充油率 液体比重 附着系数

1 前言

机动车运行安全技术条件指出[1]，机动车的驻车制动性能是以空载状态下，车辆在坡度为 20%、轮胎与路面间的附着系数不小于 0.7 的坡道上正反两方向保持不动来检验的。这为汽车的纵向稳定性评判提供了一个检验标准。但是由于实际运行条件的复杂，如实际上轮胎与路面间的附着系数并不总是大于 0.7，所以研究车辆的使用条件对其纵向稳定性的影响是有意义的。

液罐车在坡道上停驻时，由于液罐留有扩大容量和液体的流动性，液体质心位置会产生偏移，导致了液罐车极限坡路倾角的变化。为简便计，本文暂不考虑液体的晃荡对驻车制动产生的影响。虽然，考虑液罐内流体流动的动态研究有重要的实际意义。但是，静态的分析却是基本的，而后者又是前者的基础。因此，液罐车极限坡路倾角的大小可认为受制于以下三个方面：车辆结构参数（底盘及液罐的尺寸参数），地面附着系数，装载液体情况（充油率、液体比重）。前者为设计参数，后二者为使用参数。

20 世纪 90 年代初，潘俊兴曾分析过圆截面罐体的液罐车的充油率对纵向稳定性的影响[2, 3]。但未见到关于椭圆截面罐体的液罐车的使用条件对纵向稳定性影响的研究。而具有椭圆截面罐体的液罐车应用广泛，研究它的使用条件及其影响有重要的意义。

2 理论分析

液罐车在上坡路上停驻的极限坡路倾角 α_1 为[4, 5]：

$$\alpha_1 = \arctan[\varphi \times L_1 / (L - \varphi \times h_g)] \tag{1}$$

液罐车在下坡路上停驻的极限坡路倾角 α_2 为[4, 5]：

$$\alpha_2 = \arctan[\varphi \times L_1 / (L + \varphi \times h_g)] \tag{2}$$

从上二式可知，极限坡路倾角 α_1、α_2 的正切，与地面附着系数 φ 以及总质量的质心与前轮垂直线的距离 L_1 成正比，与轴矩 L 加减附着系数 φ 和总质量的质心与地面的垂直距离 h_g 的乘积成反比。轴矩 L 为车辆结构参数，附着系数 φ 为使用参数。总质量的质心与前轮垂直线的距离 L_1、与地面的垂直距离 h_g 既与底盘及液罐的尺寸参数有关，又与装载液体情况（充油率、液体比重）有关。

3 计算分析

3.1 样车介绍

样车为具有椭圆截面油罐且无横向隔板的油罐车。罐体装在二类汽车底盘上。车架上平面对地面的倾斜角很小，可忽略。因此椭圆柱中心线与地面平行。油罐车轴距 L=4600 ㎜，前轮距 B_1=1800 ㎜，后轮外胎中心距 B_3=2100 ㎜，油罐椭圆柱长 L_0=5700 ㎜，椭圆 $2a$=2000mm,$2b$=1300mm，椭圆中心离地高 h=1900mm。整车整备质量 m_0=6000 kg,质心高度 H=780 ㎜，纵向坐标 X_o=2300mm，额定容量 V=6400L，平地满载时油料质心距前轮中心线为 x_e=4050mm。求充油率、油液比重和附着系数对该车的极限坡路倾角的影响。

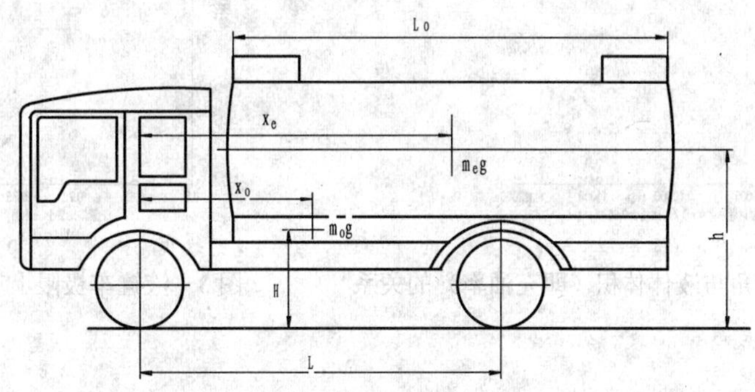

图 1　计算样车

3.2 计算分析方法

本计算采用 MATLAB6.1 软件。按照理论分析的结果[2, 3]，用 MATLAB6.1 软件编程计算极限上、下坡路倾角。计算时任意给定一初始角度，并取精度为 0.0001，代入极限上、下坡路倾角的程序计算，可求得结果。

分别以充油率、油液比重和附着系数为变量，计算样车的极限上、下坡路倾角曲线。根据曲线可直观地进行分析。

3.3 结果与讨论

充油率改变时，极限上、下坡路倾角的变化曲线示于图 2 和 5。油液比重改变时，极限上、下坡路倾角的变化曲线示于图 3 和 6。附着系数改变时，极限上、下坡路倾角的变化曲线示于图 4 和 7。根据图 2-7 可进行如下分析：

（1）从图 2 可以看出，液罐车额定容量为 6400L、路面附着系数为 0.7、比重为 0.95 时，极限上坡路倾角为 35.88 度。液体体积即充油率增加时，极限上坡路倾角略有增大。液体体积增加到 7200L 时（约为额定容量的 112.5%），极限上坡路倾角达最大值 36.05 度（约为额定容量时的 100.5%）。充油率继续增加，极限上坡路倾角反而减小。从总体来看，变化范围为 34.5～36.05 度，幅度不大。可见，超载对极限上坡路倾角的影响很小。

（2）从图 3 可知，极限上坡路倾角随液体比重单调增加，但幅度不大。当液体比重从 0.65 变化到 1.0 时，极限上坡路倾角从 33.5 度升至 36.5 度。可见，液体比重增加对极限上坡路倾角有一些增大作用，这对增强纵向稳定性是有利的。

（3）从图 4 可以看出，极限上坡路倾角随路面附着系数的减少而单调减少，且变化率很大。当附着系数从 0.8 降至 0.1 时，极限上坡路倾角从 42 度减至 4.5 度。可见，附着系数对极限上坡路倾角的影响最大。当附着系数等于 0.2 时，液罐车极限下坡路倾角即小于 9 度（相当坡度 15。8%）。

（4）从图 5 可知，额定容量为 6400L、路面附着系数为 0.7、比重为 0.95 时，液罐车极限下坡路倾角为 18.5 度。液体体积即充油率增加时，极限下坡路倾角单调增加，但幅度不大。可见，超载使油罐车在下坡路上的停驻趋于安全。

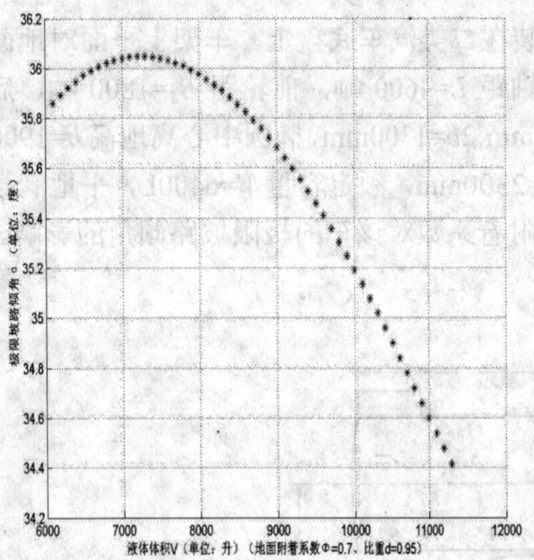

图 2　液罐车极限上坡路倾角与液体体积（即充油率）的关系

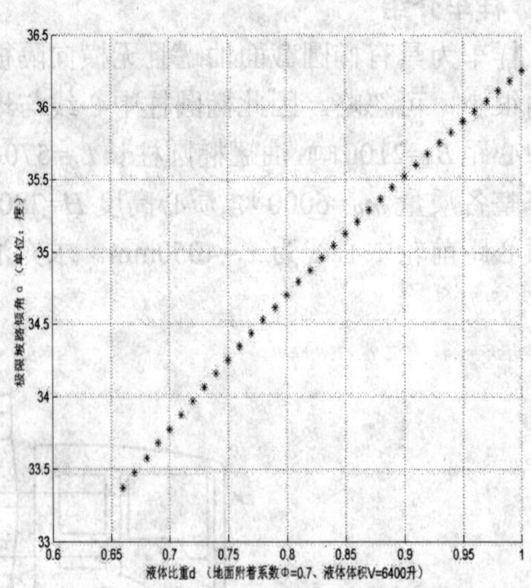

图 3　液罐车极限上坡路倾角与液体比重的关系

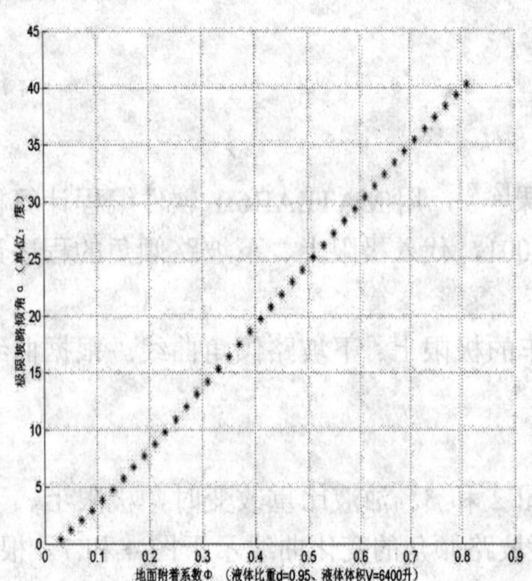

图 4　液罐车极限上坡路倾角与地面附着系数的关系

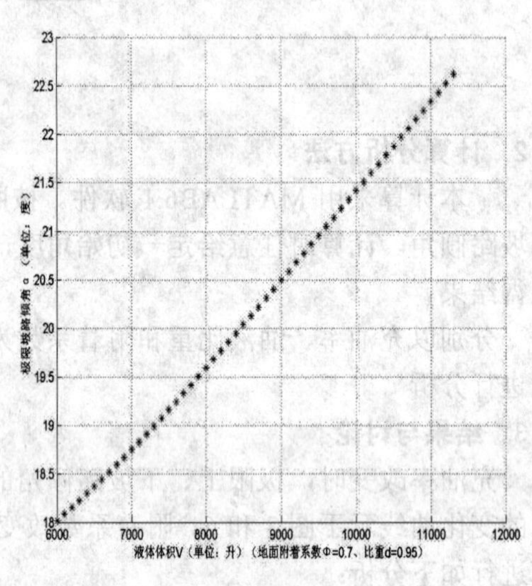

图 5　液罐车极限下坡路倾角与液体体积（即充油率）的关系

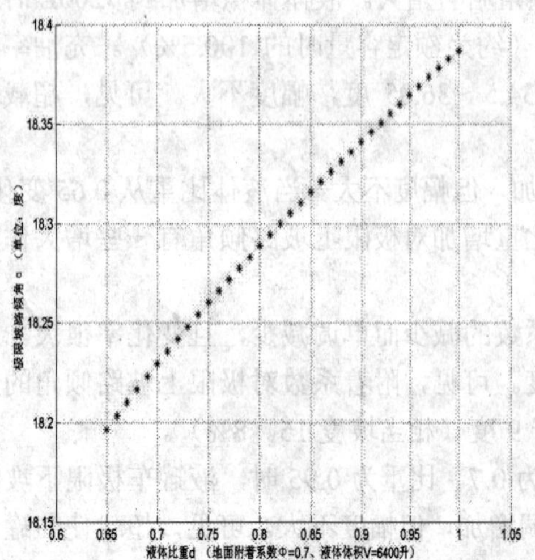

图 6　液罐车极限下坡路倾角与液体比重的关系

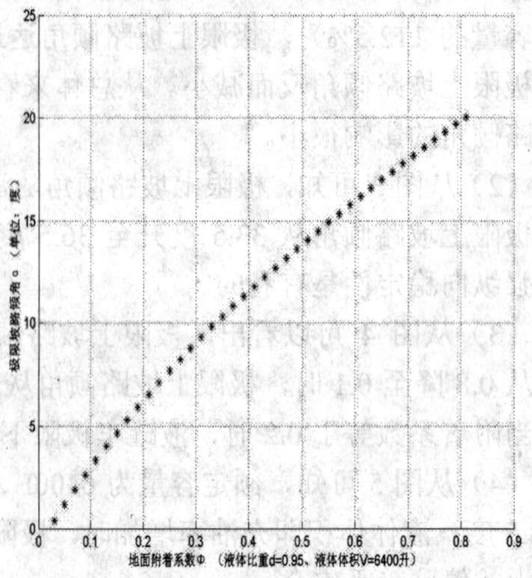

图 7　液罐车极限下坡路倾角与地面附找系数的关系

（5）从图 6 可知，液体比重增加时，极限下坡路倾角单调缓慢增加。当液体比重从 0.65 变到 1.0 时，极限上坡路倾角从 18.6 升至 18.87 度。可见，液体比重对极限下坡路倾角的影响很小。

（6）从图 7 可知，极限下坡路倾角随路面附着系数的减少而单调减少，且变化率很大。当附着系数从 0.8 降到 0.1 时，极限下坡路倾角从 21 度降至 4 度。可见，附着系数对极限下坡路倾角的影响很大。当附着系数等于 0.35 时，液罐车极限下坡路倾角约为 11 度（相当坡度 19.4%）。

当附着系数等于 0.2 时，液罐车极限下坡路倾角即小于 7 度（相当坡度 12.3%）。

4 结束语

本文通过计算分析样车的极限坡路倾角，探讨了充油率、液体比重和附着系数等使用条件对液罐车纵向稳定性的影响，结果表明，超载对极限上坡路倾角的影响很小，使油罐车在下坡路上的停驻趋于安全；运载比重大的液体对极限上坡路倾角有一些增大作用，这对增强纵向稳定性是有利的，但对极限下坡路倾角的影响很小。地面附着系数对液罐车的极限坡路倾角有着举足轻重的作用，当附着系数等于 0.35 时，液罐车极限下坡路倾角约为 11 度（相当坡度 19.4%）。当附着系数等于 0.2 时，液罐车极限上坡路倾角即小于 9 度（相当坡度 15.8%），而极限下坡路倾角即小于 7 度（相当坡度 12.3%）。

参考文献

1 GB7258-1997. 机动车运行安全技术条件

2 潘俊兴. 液罐车纵向稳定性的计算及分析. 专用汽车. 1992（1）

3 潘俊兴. 液罐车纵向稳定临界值的全面计算. 专用汽车. 1992（3）

4 陈铭年，雷治国，徐建全. 液罐车坡道上停驻时液体质心坐标的计算——液罐车纵向稳定性计算分析研究之一. 中国汽车工程学会第十三届学术年会论文

5 陈铭年，雷治国，徐建全. 液罐车极限坡路倾角的分析和计算——液罐车纵向稳定性计算分析研究之二. 中国汽车工程学会第十三届学术年会论文

横向隔板对液罐车纵向稳定性的影响

——液罐车纵向稳定性计算分析研究之四

陈铭年 雷治国 徐建全

福建农林大学

[摘要] 理解横向隔板对液罐车性能的影响，不仅对液罐车的液罐设计是必要的，而且对液罐车的使用也是有益的。本文推导了具有椭圆截面罐体带横向隔板的液罐车的液体质心坐标和极限坡路倾角的计算公式，并探讨了使用条件变化时，横向隔板对液罐车极限坡路倾角的影响。

关键词：液罐车 纵向稳定性 液体质心坐标 极限坡路倾角

1 前言

液罐汽车常在罐内安装横向隔板[1]，以阻止行驶中液体在罐中剧烈晃动，并用来加强罐的刚度。理解横向隔板对液罐车性能的影响，不仅对液罐车的液罐设计是必要的，而且对液罐车的使用也是有益的。纵向稳定性是液罐车基本性能之一，它可用极限坡路倾角来评价。液罐车极限坡路倾角来的大小可认为受制于以下三个方面：车辆结构参数（底盘及液罐的尺寸参数），地面附着系数，装载液体情况（充油率、液体比重）。前者为设计参数，后二者为使用参数[5]。

20 世纪 90 年代初，王占歧等分析了液罐车的横向隔板位置对制动稳定性的影响，对罐中隔板的安装位置进行了优化。此外，并未见到其他有关横向隔板的定量论述。作者曾经对椭圆截面罐体无隔板的液罐车进行过研究，推导出其液体质心坐标和极限坡路倾角的计算公式[3, 4]，并用以分析使用条件的影响[5]。在此基础上，本文通过样车计算探讨加横向隔板后，使用条件对液罐车纵向稳定性的影响。为此，先推导出加横向隔板后液罐车液体质心坐标和极限坡路倾角的计算公式。

2 液罐车

设液罐车轴距为 L，整备质量为 *Mo*，其质心为 Cmo，高度为 H，如图 1 所示。罐体横截面为椭圆，其长轴为 *2a*，短轴为 *2b*。罐体装在二类汽车底盘上，车架上平面对地面的倾斜角很小，可忽略。将罐体简化为一椭圆柱处理。则椭圆柱中心线与地面平行，设该中心线距地面高度为 *h*。液罐所装液体额定容量为 *V*，液体的密度为 ρ，路面的附着系数为 φ。以液罐车前轴中心作为 *X* 轴的原点，则液罐车整备质量的质心坐标值为 Xo，满载时整车质量的质心坐标值为 *Xe*，一块横向隔板将罐体分隔成体积完全相等的两部分，隔板的厚度与罐体的长度相比很小，可忽略不计。

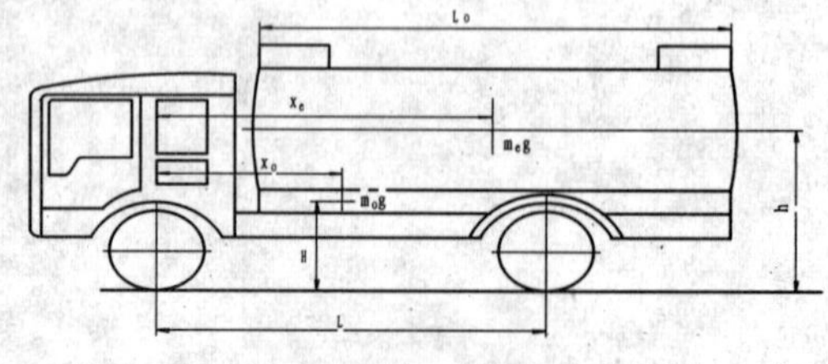

图 1 液罐车

3 加横向隔板后，液罐车的极限坡路倾角的计算方法

加横向隔板的液罐车的液体质心坐标和极限坡路倾角的计算公式，与无隔板的液罐车的类似。加横向隔板后，靠近车头的液罐前腔的液体质心坐标的计算公式，与无隔板的液罐车的相同，液罐后腔的液体质心坐标可比照前腔的结果得出。详述如下。

3.1 极限上坡路倾角的计算方法

3.1.1 液面线的位置

液罐车装载额定容量液体时，其充液率大于 50%。液罐中液面线相对于罐体的状态可能有五种情况，如图 2 所示。

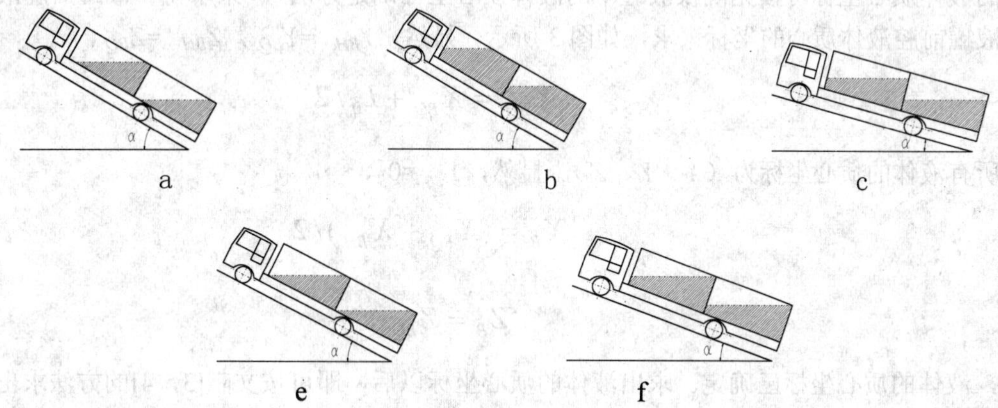

图 2　液面线的位置简图

a. 出现条件是坡路倾角 $\alpha>\arctan(4b/Lo)$；

b. 可出现在 α 大于、等于或小于 $\arctan(4b/Lo)$ 的条件；

c. 出现条件 $\alpha<\arctan(4b/Lo)$；

d. 是 a 和 b 的临界状态，可看作是 a 的特例；

e. 是 b 和 c 的临界状态，可看作是 c 的特例。

因此，可归结为 a、b、c 三种状态进行分析计算，设计算的液体体积为 V_b。判别三种状态的方法是，首先比较坡路倾角 α 与 $\arctan(4b/Lo)$ 的大小，然后根据临界状态进行判别：

(1) 如 $\alpha>\arctan(4b/Lo)$ 时，可用临界状态 d 的体积来判断。按 d 求出液体的体积 V_b。如果 V_b 小于等于 $V/2$，计算液体质心坐标可按 a 方法进行；如果 V_b 大于 $V/2$，计算质心坐标可按 b 方法进行。

(2) 如 $\alpha<\arctan(2b/Lo)$ 时，可用临界状态 e 的体积来判断。按 e 求出液体的体积 V_b。如果 V_b 大于 $V/2$，计算液体质心坐标可按 b 方法进行；如果 V_b 小于等于 V，计算质心坐标可按 c 方法。

3.1.2 上坡路上停驻时，液体质心坐标的确定

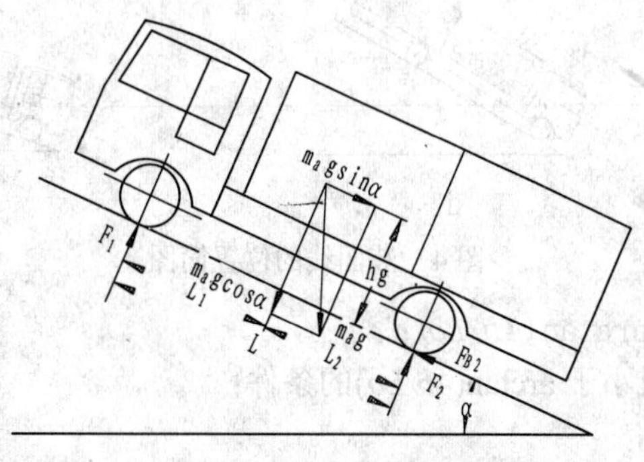

图 3　液面线和坐标轴的相对位置

建立空间坐标系，如图 3 所示。坐标系的原点是椭圆面的中心，X 轴是椭圆柱的中心线，Y 轴由纸面指向纸内，Z 轴与椭圆面的短轴重合。先取靠近坐标原点的液罐前腔作为研究对象。

椭圆柱方程为：

$$\begin{cases} y^2/a^2+z^2/b^2=1 \\ 0\le x\le Lo/2 \end{cases} \tag{1}$$

液面线方程为：

$$z = kx + c \tag{2}$$

式中： $k=\tan\alpha$ （ c 为截距 ）

设液罐前腔液体质心的坐标为（X_{BQ}、Y_{BQ}、Z_{BQ}），液罐后腔液体质心的坐标为（X_{BH}、Y_{BH}、Z_{BH}）。液罐前腔的液体质心坐标可按无隔板液罐车的液体质心坐标确定方法[2, 1]来求得。液罐后腔液体质心的坐标可以从液罐前腔液体质心的坐标来求，如图 3 所示。显然，$Y_{BH}=Y_{BQ}$，$Z_{BH}=Z_{BQ}$，

$$X_{BH}=X_{BQ}+L_0/2 \tag{3}$$

罐内所有液体的质心坐标为（X_B、Y_B、Z_B），显然，$Y_B=0$，

$$X_B=(X_{BQ}+X_{BH})/2 \tag{4}$$

$$Z_B=Z_{BQ} \tag{5}$$

至此，液体的质心坐标已确定。求出液体的质心坐标以后，即可按文献[3，4]的方法求出液罐车整车质心坐标和极限上坡路倾角 α。

3.2 极限下坡路倾角的计算方法

加横向隔板的液罐车的液体质心坐标和极限坡路倾角的计算公式，与无隔板的液罐车的类似。加横向隔板后，靠近车尾的液罐后腔的液体质心坐标的计算公式，与无隔板的液罐车的相同，液罐前腔的液体质心坐标可比照后腔的结果得出。详述如下。

3.2.1 液面线的位置

液罐车装载额定容量液体时，其充液率一般大于 50%。液面线相对于液罐的位置可能有五种情况，如图 4 所示：

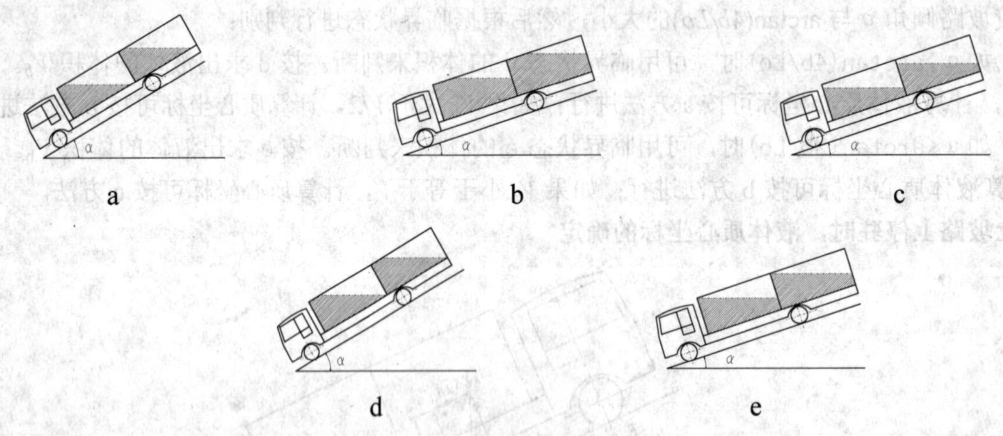

图 4 液面线的位置简图

a. 出现条件是坡路倾角 $\alpha>\arctan(4b/Lo)$；

b. 可出现在 α 大于、等于或小于 $\arctan(4b/Lo)$ 的条件；

c. 出现条件 $\alpha<\arctan(4b/Lo)$；

d. 是 a 和 b 的临界状态，可看作是 a 的特例；

e. 是 b 和 c 的临界状态，可看作是 c 的特例。

因此，可归结为 a、b、c 三种状态进行分析计算，设计算的液体体积为 V_b。判别三种状态的方法是，首先比较坡路倾角 α 与 $\arctan(4b/Lo)$ 的大小，然后根据临界状态进行判别：

(1) 如 $\alpha>\arctan(4b/Lo)$ 时，可用临界状态 d 的体积来判断。按 d 求出液体的体积 V_b。如果 V_b 小于等于 $V/2$，计算液体质心坐标可按 a 方法进行；如果 V_b 大于 $V/2$，计算质心坐标可按 b 方法进行。

(2) 如 $\alpha<\arctan(2b/Lo)$ 时，可用临界状态 e 的体积来判断。按 e 求出液体的体积 V_b。如果 V_b 大于 $V/2$，计算液体质心坐标可按 b 方法进行；如果 V_b 小于等于 V，计算质心坐标可按 c 方法。

3.2.2 下坡路上停驻时，液体质心坐标的确定

建立空间坐标系，如图 5 所示。坐标系的原点是椭圆面的中心，X 轴是椭圆柱的中心线，Y 轴由纸面指向纸外，Z 轴与椭圆面的短轴重合。先取靠近坐标原点的液罐后腔作为研究对象。

椭圆柱方程为：

$$\begin{cases} y^2/a^2+z^2/b^2=1 \\ 0\le x\le Lo/2 \end{cases} \tag{6}$$

液面线方程为：

$$z = kx + c \tag{7}$$

式中： $k=\tan\alpha$ （ c 为截距 ）

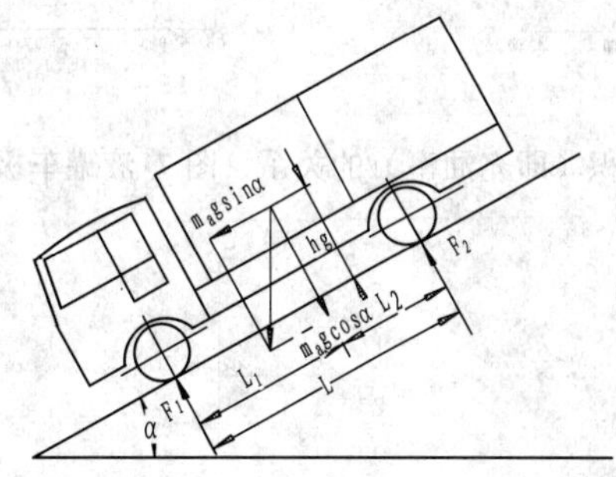

图 5 液面线和坐标轴的相对位置

设液罐前腔液体质心的坐标为（X_{BQ}、Y_{BQ}、Z_{BQ}），液罐后腔液体质心的坐标为（X_{BH}、Y_{BH}、Z_{BH}）。液罐后腔的液体质心坐标可按无隔板液罐车的液体质心坐标确定方法[2, 1]来求得。液罐前腔液体质心的坐标可以从液罐后腔液体质心的坐标来求，参考图 5。显然，$Y_{BQ}=Y_{BH}$，$Z_{BQ}=Z_{BH}$，

$$X_{BQ}=X_{BH}+L_0/2 \tag{8}$$

罐内所有液体的质心坐标为（X_B、Y_B、Z_B），显然，$Y_B=0$，

$$X_B=(X_{BQ}+X_{BH})/2 \tag{9}$$

$$Z_B=Z_{BH} \tag{10}$$

至此，液体的质心坐标已确定。求出液体的质心坐标以后，即 [3, 4]的方法求出液罐车整车质心坐标和极限下坡路倾角 α。

4 使用条件变化时，横向隔板对液罐车极限坡路倾角的影响

4.1 样车参数

如图 1 所示，椭圆截面油罐车轴距 L=4600 ㎜，前轮距 B_1=1800 ㎜，后轮外胎中心距 B_3=2100 ㎜，油罐长 L_0=5700 ㎜，椭圆 $2a$=2000mm，$2b$=1300mm，椭圆中心离地高 h=1900mm。m_0=6000 kg，其质心高度 H=780 ㎜，纵向坐标 X_o=2300mm。油罐额定容量 V=6400L，平地满载时油料质心距前轮中心线为 Xe=4050mm。罐体中部加一横向隔板。求该车的极限坡路倾角与充油率、油液比重和附着系数的关系。

4.2 计算分析方法

采用 MATLAB6.1 软件[6, 7]计算极限上、下坡路倾角[3, 4]。参照文献[5]，分别以充油率、油液比重和附着系数为变量，计算样车的极限上、下坡路倾角曲线。将所得曲线与文献[5]的曲线进行比较。

4.3 结果与讨论

充油率改变时，极限上、下坡路倾角的变化曲线示于图 6 和 9。油液比重改变时，极限上、下坡路倾角的变化曲线示于图 7 和 10。附着系数改变时，极限上、下坡路倾角的变化曲线示于图 8 和 11。

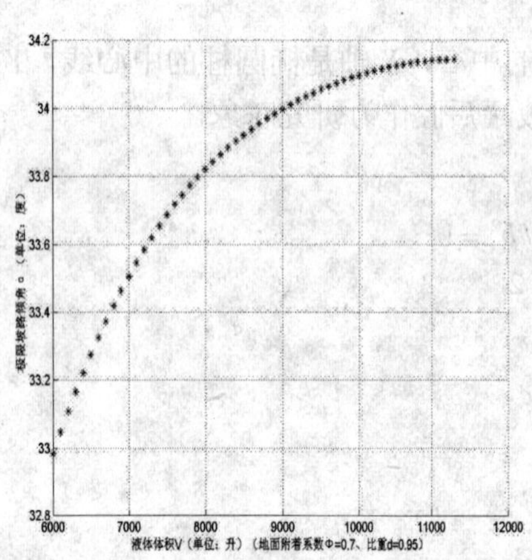

图 6 液罐车极限上坡路倾角与液体体积（即充油率）的关系

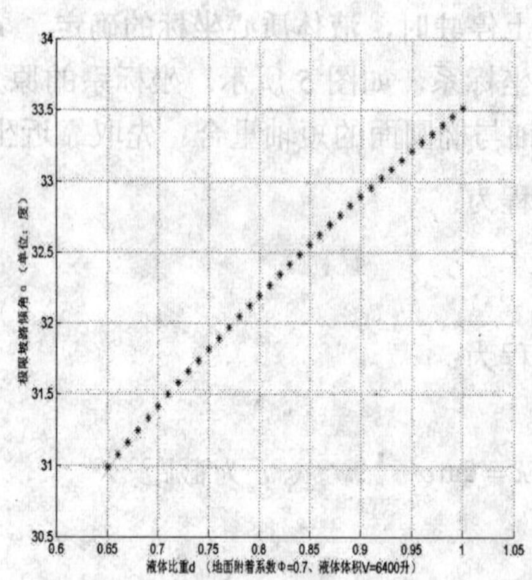

图 7 液罐车极限上坡路倾角与液体比重的关系

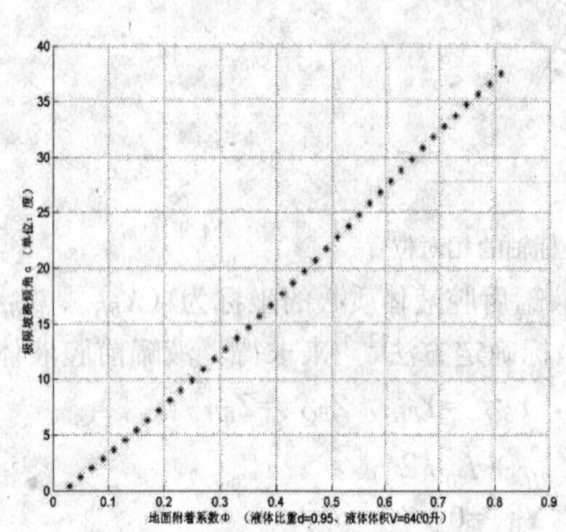

图 8 液罐车极限上坡路倾角与地面附着系数的关系

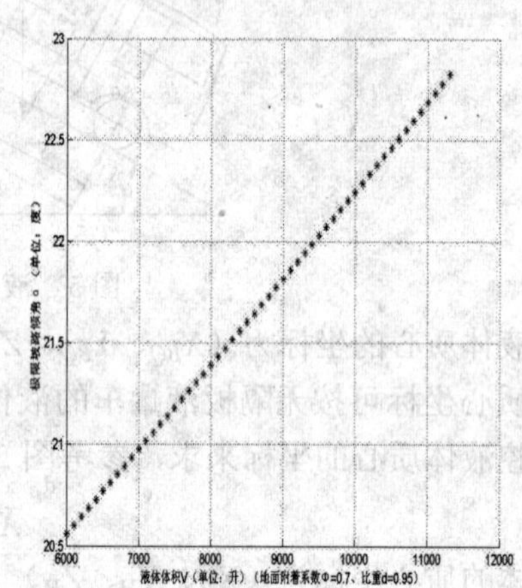

图 9 液罐车极限下坡路倾角与液体体积（即充油率）的关系

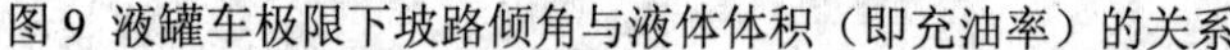

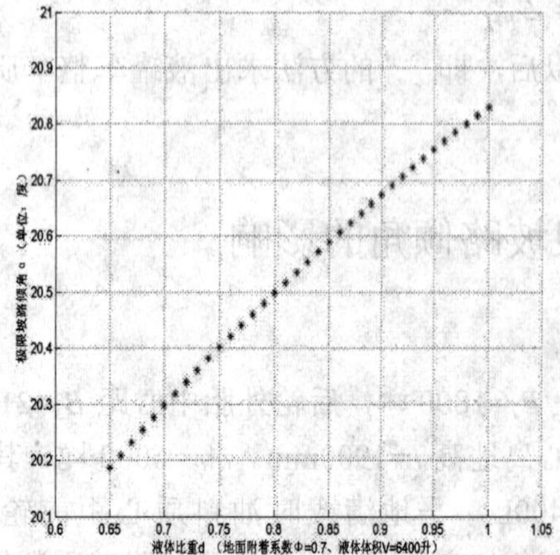

图 10 液罐车极限下坡路倾角与液体比重的关系

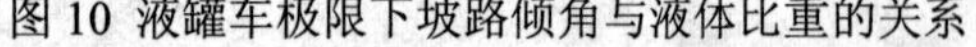

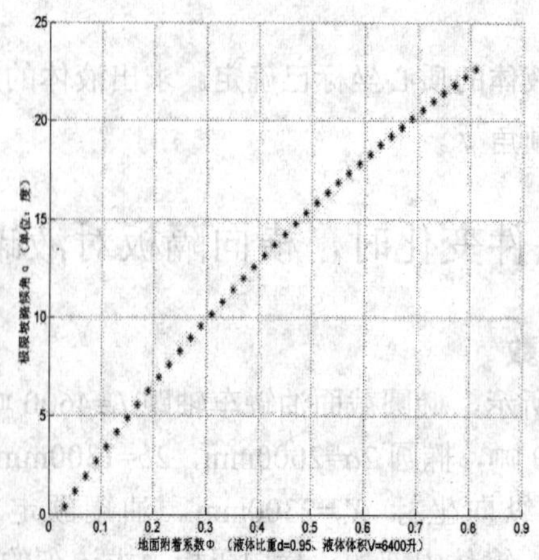

图 11 液罐车极限下坡路倾角与地面附找系数的关系

将这些曲线与文献[5]的同类曲线进行比较分析，可看出，横向隔板对极限坡路倾角隔板的影响：

(1)超载时，加横向隔板后的极限上坡路倾角有所减少，减少的幅度约在 0.4～2.7 度之间，即 1.2%～7.8% 之间。而且加横向隔板后的变化曲线为抛物线。

(2)液体比重在 0.65～1.0 变化时，加横向隔板后的极限上坡路倾角有所减少，减少的幅度约在 2.1～2.6 度之间，即 6.3～7.1% 之间。

(3) 附着系数在 0.8～0.1 变化时，加横向隔板后的极限上坡路倾角有所减少，减少的幅度在 2.5 度以内，即 6.0% 以内。附着系数大时，减少的幅度大。

(4) 超载时，加横向隔板后的极限下坡路倾角有所增加，增加的幅度在 2.4 度以内，即 6.0 以内。超载多时，增加的幅度小。

(5)液体比重在 0.65～1.0 变化时，加横向隔板后的极限下坡路倾角有所增加，增加的幅度约在 1.8～2.2 度之间，即 9.7%～11.7% 之间。

(6) 附着系数在 0.8～0.1 变化时，加横向隔板后的极限上坡路倾角有所增加，增加的幅度约在 2.3 度以内，即 11.1% 以内。附着系数大时，增加的幅度大。

总之，加横向隔板后，液罐车的极限上坡路倾角有所减少，极限下坡路倾角有所增加。极限坡路倾角变化的主要原因是，加横向隔板后，液罐车在上坡路上液体的质心前移，总质量的质心与前轮垂直线的距离 L_1 减小，而液罐车在下坡路上液体的质心后移，总质量的质心与前轮垂直线的距离 L_1 增大。因此，横向隔板能增强液罐车的纵向稳定性。

5 结束语

本文推导了椭圆截面罐体且具有一横向隔板的液罐车在坡路上停驻时，液体质心坐标的计算方法。并探讨了使用条件变化时，横向隔板对液罐车极限坡路倾角的影响。结果表明，加横向隔板后，液罐车的极限上坡路倾角有所减少，极限下坡路倾角有所增加。因此，横向隔板能增强液罐车的纵向稳定性。

参考文献

1 刘哲义，何明辉主编. 专用汽车构造. 武汉：武汉工业出版社，1994

2 王占歧等. 非满载液罐汽车制动稳定性的研究. 吉林工业大学学报，1999（3）

3 陈铭年，雷治国，徐建全. 液罐车坡道上停驻时液体质心坐标的计算——液罐车纵向稳定性计算分析研究之一. 中国汽车工程学会第十三届学术年会论文

4 陈铭年，雷治国，徐建全. 液罐车极限坡路倾角的分析和计算——液罐车纵向稳定性计算分析研究之二. 中国汽车工程学会第十三届学术年会论文

5 雷治国，陈铭年，徐建全. 使用条件对液罐车极限坡路倾角的影响——液罐车纵向稳定性计算分析研究之三. 中国汽车工程学会第十三届学术年会论文

奥迪轿车盘式制动器制动块国产化研究

韩英淳 桑涛 辛华
吉林大学轿车车型开发中心

[摘要] 本文研究并解决了奥迪轿车盘式制动器的制动块国产化中的两项关键技术。首先结合地区资源优势，开发成功性能优于国外摩阻材料的碳纤维无石棉复合摩阻材料，另外开发了制动块背板的精冲工艺。本研究成果为实现奥迪轿车盘式制动器制动块的国产化打好了基础。

关键词：盘式制动器 制动块 碳纤维复合摩阻材料 背板 精冲

Study on Promote the Localization of Clutch of Disk Brake on Audi Car

Han Yingchun, Sang Tao, Xin Hua
Car Research and Develop Center Jilin University

[Abstract] The paper was study and solved two problems of localization of clutch of disk brake Audi car. The first has combined local resources wore investigated the no asbestos CFRP composite frictional material, that function excel abroad. In addition, has developed fine blanking technology for bracket plate. This research work was laid foundation of localization of clutch of disk brake Audi car.

Key word: disk brake clutch CFRP composite frictional material bracket plate fine blanking

1 前言

盘式制动器是汽车制动系中的重要执行部件，目前已广泛应用于轿车中。该类制动器的摩擦副中的制动元件是由摩擦块（刹车片）与金属背板所组成的制动块，而摩擦块则由摩阻材料制成。半个多世纪以来，汽车制动器的摩阻材料一直沿用石棉基摩阻材料。由于石棉摩阻材料的使用寿命低，易出现“热衰退”现象[1]，特别是石棉粉尘污染环境，危害人类健康。因此，近 20 年来世界各国都对石棉摩阻材料的生产与使用加以限制，并开始研制与使用新一代复合纤维增强摩阻材料来制作汽车制动器的摩擦块。鉴于此种发展趋势，我们结合吉林省较丰富的碳纤维资源优势，针对奥迪轿车盘式制动器的制动块的国产化中的关键技术进行了研究开发。

2 碳纤维复合材料汽车制动器摩擦块的研制

所研制的碳纤维复合材料摩阻材料系由增强纤维、粘接剂和摩擦性能调节剂（填料）组成的多元体系。采用正交优化设计方法，确定材料组分的最佳优化配方，使摩阻材料具有良好的综合性能，之后经过混料、热压成形、热处理等工序，压制成盘式制动器的摩擦块。

2.1 材料配方的确定

2.1.1 材料的选择

（1）增强纤维的选择

由于碳纤维具有优异的综合性能：重量轻，比强度、比模量较高（分别是金属的 5 倍和 7 倍），导热性能好，耐磨性好，耐高温性能好（在小于 400℃时性能很稳定）[2]。因此，选定吉林省资源丰富的碳纤维作为所研制的摩阻材料的增强纤维。

（2）粘结剂的选择

粘结剂的作用是将多个组分结合成一个整体，来传递载荷并使载荷均衡。通常都使用酚醛树脂作粘接剂，因为酚醛树脂在耐热性、成型加工性和经济性等方面都具有一定的优点。但是未经改性的酚醛树脂硬度较高、脆性大，其极限耐热温度约为 250℃，超过 300℃时分解相当严重，使抗拉强度及抗冲击性能降低，从而使产品易形成制动噪声及打滑现象。同时由于其弹性模量较高，使产品与摩擦对偶贴合性不好，容易产生严重的局部过热，造成热裂现象。因此，在实际应用中均采用改性的酚醛树脂。根据我们多年研究石棉和半金属摩阻材料的经验，选用丁腈橡胶改性的酚醛树脂（FH-908）作粘结剂。该粘结剂具有耐高温、耐疲劳性能好，耐湿热老化，耐大气老化，耐介质性好等优点。

（3）摩擦性能调节剂

加入各种摩擦性能调节剂（填料）的作用是用以解决在各种情况下摩阻材料的摩擦系数稳定且耐磨，能改善热衰退性等。选择填料应遵循如下原则：填料的硬度不应大于偶对面的硬度；熔点应低于偶对材料的融合温度。实际采用的填料成分如下：

1） 金属粉末：它主要用以改善导热性，减少磨损并保持高温摩擦系数的稳定。我们选择的金属粉末有铜粉（粒度 30～80 目），HT200 铸铁粉（粒度 40～60 目）。

2） 固体润滑剂：它能提高摩擦系数的稳定性，减少噪声等。本研究中采用石墨和碳黑作固体润滑剂。

3） 摩擦剂：固体润滑剂虽能减少材料磨损，使摩阻材料工作稳定，但却降低了摩擦系数。故为了提高摩擦系数还需加入摩擦剂。本研究中采用 Al_2O_3、SiO_2 及铬矿粉作为摩擦剂[3]。

2.1.2 摩阻材料配方的确定

在研制过程中，摩阻材料配方的确定分两步进行：第一步提出初步配方；第二步进行优化设计。最后确定合理配方。

（1）初步配方

通过查阅国内外有关资料，并结合我们研制半金属制动衬片的经验[3]，提出碳纤维复合摩阻材料的原始配方。采用 L_9（34）正交表，即四因素三水平正交表进行筛选、考核。经过两轮的调整、测试，作为研究的初步配方。初步配方如下（wt%）：

碳纤维	16~25
粘接剂	11~17
摩擦剂（SiO_2+Al_2O_3）	4~10
金属粉末（铸铁粉）	19~28
固体润滑剂（石墨+碳黑）	10~19
固定成分	10

（2）最后配方确定

为了能用较少的试验次数获得优化配方，并了解影响摩擦磨损性能的主次因素，我们采用 L_{16}（4^5）即五因素四水平的正交表进行筛选、分析。同时采用 MM-200 摩擦磨损试验机进行磨损试验，分别按摩擦系数和体积磨损量来分析组分的优化水平及组分影响的主次顺序。还在 D-MS 试验机上进行了热衰退试验，根据试验结果，按摩擦系数分析组分的优化水平和组分影响的主次顺序。亦按体积磨损量分析了组分的优化水平及各因素影响磨损率的主次顺序。

最后综合分析上述试验结果，得出摩擦磨损性能良好的碳纤维复合摩阻材料的较佳配方范围是(wt%)：

摩擦剂（Z_1）	6~8
碳纤维（Z_2）	16~19
粘结剂（Z_3）	13~15

金属粉末（Z_4） 22~25
固体润油剂（Z_5） 10~13

为了降低成本并扩大应用范围，在上述试验的基础上，选用较便宜的预氧碳纤维（长度为 8mm）进行试验研究。在多轮试验的基础上，确定了实际生产中的经济型配方。其成分范围是：Z_1：8%~10%；Z_2：19%~22%；Z_3：15%~17%；Z_4：22%~25%；Z_5：13%~16%。

2.2 碳纤维复合材料摩擦块的摩擦磨损性能

2.2.1 摩擦系数较高

由于碳纤维比强度、比模量高，并且具有自润滑性能。在所设计的碳纤维含量为 19%~22%时，摩阻材料具有较高的摩擦系数，同时体积磨损率也较低。

2.2.2 抗热衰退性能好

碳纤维复合摩阻材料，在高温摩擦作用下，其抗犁切阻力增大，表现出在高温时摩擦系数较大，热分解层薄，能使摩擦磨损性能在很高温度时保持稳定，抗热衰退性能好。

所研制的碳纤维复合材料摩擦块，经国家汽车质量监督检验中心检验，其技术性能指标符合国家标准 GB5763－1986，其使用寿命是石棉摩阻材料的 2~3 倍[3]。

3 摩擦块背板精冲工艺

奥迪轿车盘式制动器摩擦块背板的产品图如图 1 所示。按照英国卢卡斯·格林（Lucas.Girling）公司的技术条件与大众公司供货标准（TL-VW-110）的要求，对背板的特征与技术要求见表 1。

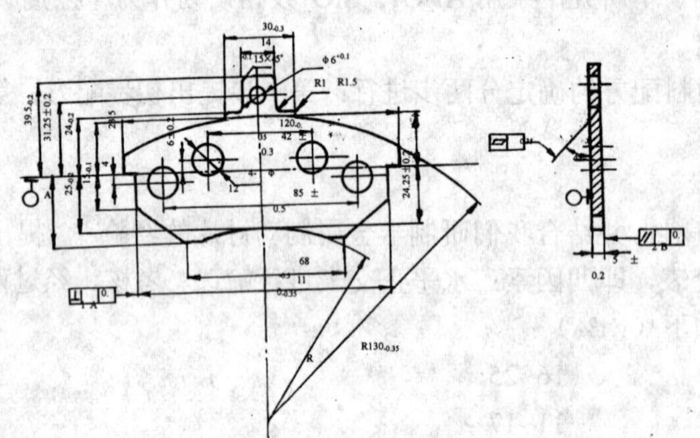

图 1 奥迪轿车盘式制动器摩擦块背板产品图

鉴于背板的制件精度要求较高，且用量大，故采用精冲工艺生产具有较显著的经济效益。

3.1 精冲工艺设计及计算

根据背板的产品图样与技术要求，采用国产钢 35（GBT699－1999）材料，钢板厚度为 t=5±0.2mm。该材料的主要力学性能为：抗拉强度 $\sigma_b = 530\,\text{MPa}$，供货时退火状态硬度为 197HB。

冲裁力按下式计算

$$W = 1.2 L_\tau t \tag{1}$$

式中：W——冲裁力，kN；

L——冲裁件内外轮廓周长，mm；

τ——板料的剪切强度，MPa；

t——板料厚度，mm。

表 1 背板零件的特征与技术要求

	项 目	特 征	备注
形状特征	板料厚度 t	(5±0.2) mm	可以精冲
	小孔直径 ϕ_1	6mm	$\phi_1>t$ 可以冲出
	孔边距 a	4mm	$a>0.6t$，可以进行精冲
	孔边距 b	5.26mm	$b>0.6t$，可以进行精冲
质量特征	剪切面质量	外周边毛刺高度 ≤0.5mm IT10~11 级	可以达到
	尺寸精度		可以达到
	平行度	≤0.2mm	可以达到
	部分断面垂直度	≤0.1mm	可以达到

将相关值代入式（1）经计算得 W=1250kN

压边力按下式计算

$$P_2 = KL_1 \cdot 2h \cdot \sigma_b \tag{2}$$

式中 P_2——压边力，kN；

K——系数，取 K=1.6；

h——V 形齿的高度，取 h=0.8mm；

σ_b——板料的抗拉强度，σ_b=530MPa。

经过计算得到强力齿圈的压边力及反压力：P_2=200kN

综合上述两项知冲裁力总吨位约为 150t。

按文献[4]确定冲裁的搭边值，其中工件间的搭边值 b=8mm，外搭边值 a=6mm。

冲裁工艺安排如下：采用 GB3275－1991 的热轧钢板，剪床下料后进行酸洗处理，在 Y26-630 国产液压精冲压边机上采用复合模进行精冲。

3.2 精冲模的设计与制造要点

为获得表面平整且外轮廓面平齐的背板冲压件，采用如图 2 所示的固定凸模式复合模。

本模具选用 JD003－82 系列精冲模架，以提高模具质量和缩短加工周期[5]。

因冲裁板料较厚且为中等硬度钢板，模具的主要工作零件选用 Cr12MoV 钢制造，同时淬火硬度为 60~64HRC。

冲裁工艺间隙取 Z=1.0t%，即可收到较好断面质量。如图 3 所示，采用单面 V 形齿圈结构[4]，齿形内角 $\alpha = 40^\circ$。

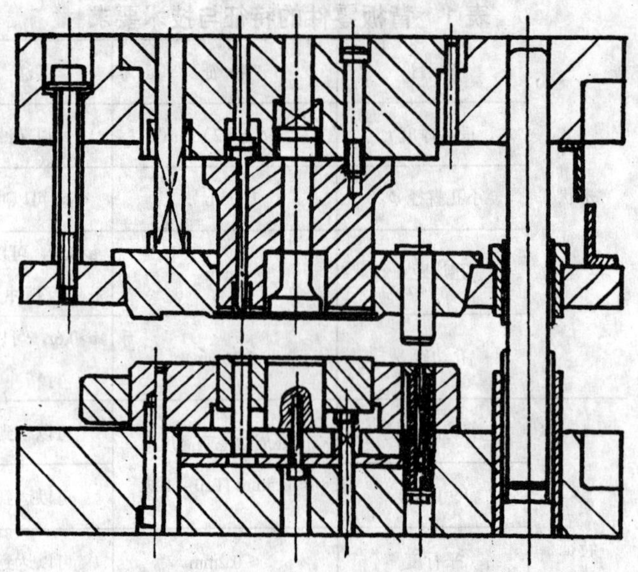

图 2 背板精冲复合模

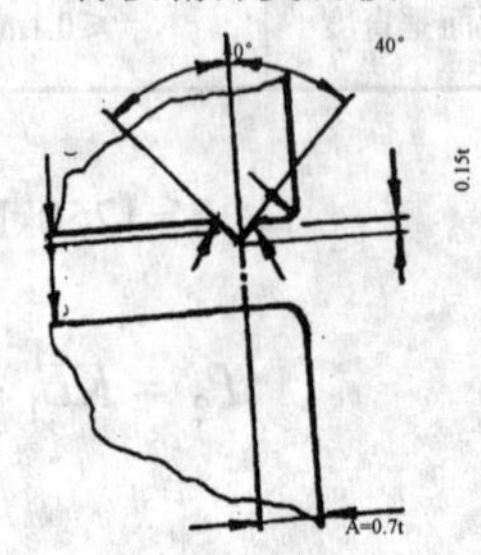

图 3 V 形压边齿圈

4 结论

奥迪轿车盘式制动器制动块是一种科技含量较高，使用寿命较长的关键零部件。根据德国大众汽车公司的供货标准 TL-VW-110：其摩擦块为无石棉摩阻材料；背板为中硬钢精冲件。目前国产奥迪轿车盘式制动器的制动块一直采用英国卢卡斯・格林公司的进口件配套。本研究针对这一背景并在充分利用吉林省碳纤维资源丰富的条件下，自主研究开开碳纤维复合材料无石棉摩擦块与背板的精冲工艺，解决了该产品国产化中的两项关键技术问题，为实现奥迪轿车盘式制动器制动块的国产化奠定了基础。

参考文献

1 韩英淳．碳纤维复合材料汽车用无石棉制动衬片的研制．汽车工程．2002，24-1，46～50

2 李尹熙，骆秀云．汽车塑料应用手册．北京：机械工业出版社，1989

3 吉林工业大学．碳纤维复合材料汽车用无石棉制动片的研制工作及技术报告．长春：1998.10

4 宫崎达考．FB 金型マニエアル，プレス技術，18-9，1980

5 涂光祺．精冲技术．北京：机械工业出版社，1990

17H 变速器试验中的故障监测

田松梅

跃进汽车集团公司

[摘要] 本文阐述了故障监测的基本原理，对汽车变速器中的易损件齿轮和轴承进行初步的振动分析。并结合 NJ17H 汽车变速器试验进行故障监测，在试验中应用 VDM1000 汽车变速器故障监测系统，发现问题，进行分析，得出结论，解决问题。

关键词：机械式变速器 故障监测

17H 型机械式变速器是 NJ17 系列机械式变速器的最新改进型号，它采用 IVECO“S”系列 28024 变速器的先进结构并使其符合 NJ1061 系列汽车的安装和换档操作要求，是为配合高速环保车而设计的一种新型的具有先进技术的机械式手动变速器。为检验设计寿命是否满足使用要求，进行了此次变速器齿轮、轴承疲劳寿命试验。在试验过程中应用了 VDM1000 汽车变速器故障监测系统（由中国科学技术大学和南京汽车研究所共同研制）对其齿轮、轴承等部件进行实时监测，根据对监测数据的分析，发现了试验的早期故障，及时解决问题，保证了试验的正常进行。

1 变速器试验故障监测原理

1.1 汽车变速器的失效形式和原因

变速器是重要的传动装置,各种机械中造成其失效的原因主要是由于设计不当、装配和制造不良及维护操作不善引起的。变速器中各类零件损坏的百分比如下表所示。

失效零件	齿轮	轴承	轴	箱体	紧固件	油封
失效比重（%）	60	19	10	7	3	1

由此可见，齿轮本身的失效比重最大，占 60%，轴承的失效比重次之，占 19%。一般情况下，常见的齿轮失效形式有四种：断裂、磨料磨损、粘附磨损或擦伤，以及疲劳剥落。滚动轴承失效的基本形式有：磨损失效、疲劳失效、腐蚀失效、断裂失效、压痕失效和胶合失效。

1.2 齿轮的振动分析

齿轮具有质量，轮齿的柔性可看作弹簧，所以若以一对轮齿为研究对象，则该齿轮副可以看作是一个振动系统，如图 1 所示。

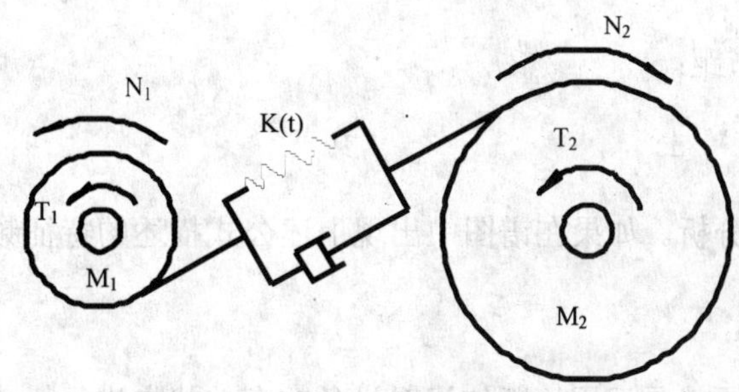

图 1　齿轮副力学模型

其振动方程为： $M_r \ddot{X} + C\dot{X} + K(t)[X - E(t)] = (T_2 - iT_1)/r_2$

式中 X——沿作用线上齿轮的相对位移；

C——齿轮啮合阻尼；

$K(t)$——齿轮啮合刚度；

T_1、T_2——分别作用于主动齿轮和从动齿轮上的扭矩；

r_2——从动齿轮节圆半径；

i——齿轮副的传动比；

$E(t)$——由于轮齿变形、误差及故障而造成的两个轮齿在作用线方向上的相对位移；

M_r——换算质量，$Mr=M_1M_2/(M_1+M_2)$。其中 M_1、M_2 为主动、从动齿轮的质量。

若齿轮副主动轮转速为 n_1，齿数为 z_1；从动轮转速为 n_2，齿数为 z_2，则齿轮啮合刚度的变化频率（即啮合频率）为：

$$f_m = z_1 f_1 = z_2 f_2 = z_1 n_1/60 = z_2 n_2/60$$

1.3 滚动轴承的振动分析

滚动轴承在旋转时，即使是新的轴承也会产生振动。其主要有下列两种振动组合而成：第一种是由于轴承滚动元件的不圆度、凹凸不平的粗糙度和波纹度引起的振动；第二种是由于外力的激励而引起的轴承各元件，在其固有频率上的振动。

由于润滑不良和混入异物等原因使滚动元件表面劣化，致使滚动表面原来的不平程度变得更加厉害，这种不平仍具有随机性。因此，由此而引起的振动也保持其随机性，只是由于凹凸形状的变大，相应的激振力也增大。因此，由此所产生的振动其振幅也相应增大。

当轴承的滚动体表面上产生剥落和裂纹等局部缺陷时，随着轴承的运转，缺陷部分每当与其他元件表面接触一次就会产生一个冲击激振力，该冲击具有明显的周期性。这种周期性脉冲振动一旦出现，就告诉人们：该轴承的某个元件已经产生了某种缺陷。

滚动轴承缺陷的振动特征频率如下：

(1) 内圈滚道上有一个损伤点与滚动体接触

$$f_1 = 0.5 f_0 n\left(1 + d \times \cos \alpha / D\right)$$

(2) 外圈滚道上有一个损伤点与滚动体接触

$$f_o = 0.5 f_0 n\left(1 - d \times \cos \alpha / D\right)$$

(3) 滚动体上有一个损伤点与外圈或内圈接触

$$f_b = 0.5 f_0 D\left[1 - \left(D/d\right)^2 \times \cos\alpha\right] / d$$

式中 f_0——旋转轴的频率，$f_0 = n_1/60$；

n_1——轴转速（r/min）；

n——滚动体数目；

D——轴承滚道节距；

d——滚动体直径；

α——接触角。

对振动信号进行频谱分析。如果在谱图中出现上述公式描述的特征频率成分时，就被认为对应的各轴承元件有缺陷存在。

1.4 故障诊断的基本过程

故障诊断最基本的问题就是运用诊断知识对设备的有关状态进行模式识别，其过程可表述为图 2 所示。

2 DM-1000 汽车变速器故障监测系统

2.1 硬件设计

VDM-1000 汽车变速器故障监测系统是采用单台微机进行数据采集、数据处理、数据及处理结果的显示与打印。具体来说，该系统的硬件主要由传感器（加速度、扭矩、转速）及其适调放大器、多路开关、滤波器、A/D 板、AT 微机及其外设等组成，见图 3。

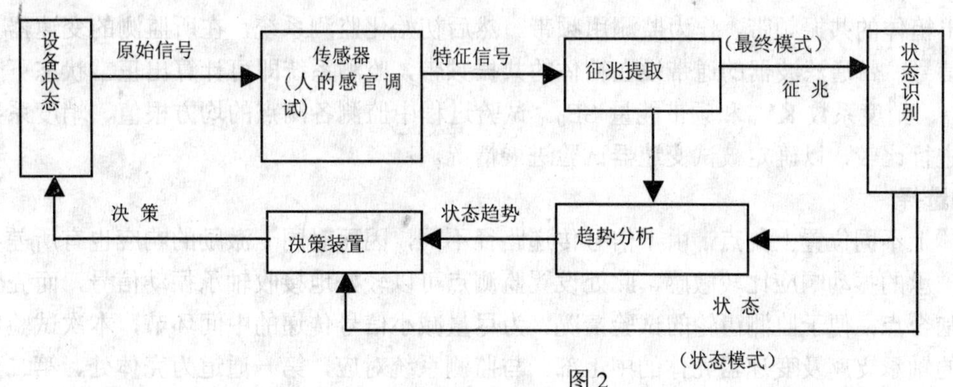

图 2

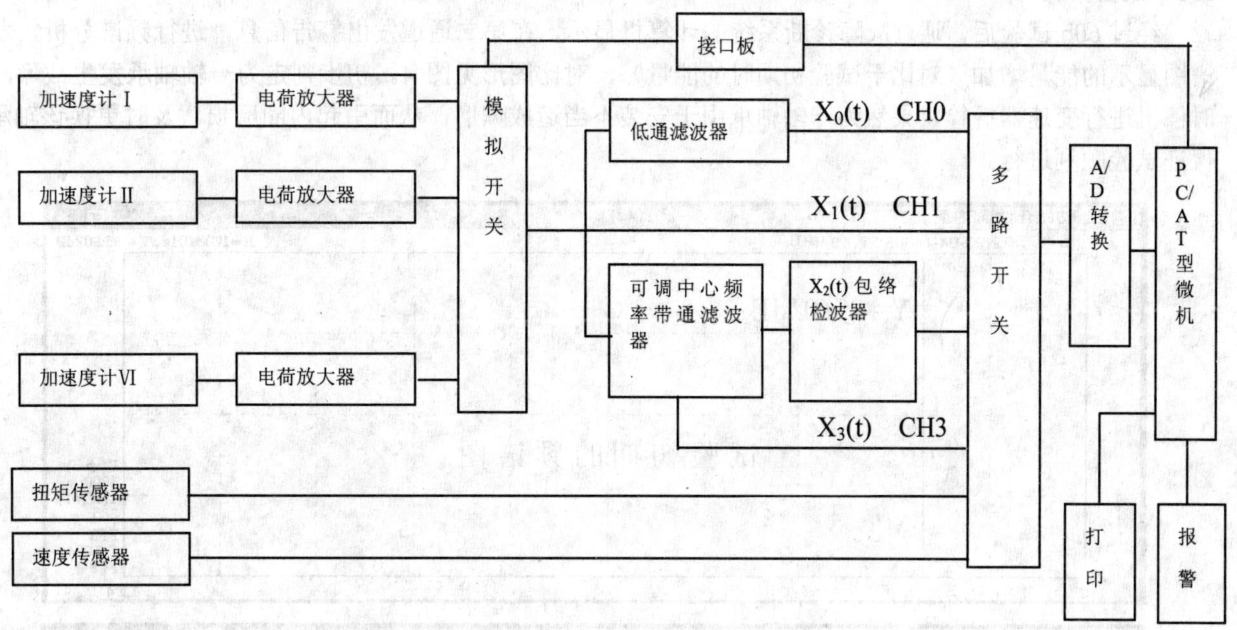

图 3 VDM-1000 汽车变速器故障监测硬件系统

(1) 加速度传感器输出的是电荷量，经电荷放大器转换成电压量，然后按以下路径分别处理：

(2) 经抗混叠低通滤波器（截至频率为 16kHz），作为原始信号保留，被进一步分析使用。

(3) 经可调中心频率带通滤波器，滤去与故障频率无关的频率成分，作监测信号用。

(4) 经带通滤波器和包络检波器，作信号的包络谱分析。观察特征频率成分的变化情况，可作为精密故障诊断和故障定位。

(5) 转速传感器输出的是正弦波，正弦波的频率反映了转速的大小。经转速扭矩仪输出的是电压值。根据测得的转速可计算出齿轮和轴承的特征频率。

(6) 扭矩输出形式是电压值。对扭矩变化的监测可使计算机监测系统了解变速器工况。

2.2 软件设计

VDM-1000 汽车变速器故障监测系统软件是由初始化模块、状态监测模块、信号分析模块、趋势分析模块、文件管理模块和标定模块等组成。并有求助模块给用户必要的帮助信息。

3 试验情况

3.1 监测诊断方法

试验时，首先对被监测的变速器作变速试验，得到不同转速下箱体振动信号的谱阵图。通过对谱阵图的相关分析，找出箱体的共振频带，作为监测用频带。然后初始化监测系统，在所监测的变速器上拾取正常状态下的振动信号。带通滤波器的通带设在箱体的共振频带，监测系统即可计算出正常状态下带通信号的均方根值 RMS_0、峭度系数 KV_0 和频带能量 SE_0。试验过程中监测各测点的均方根值、峭度系数和频带能量，与初始值进行比较，以确定被试变速器试验进展情况。

3.2 测点位置的选择

在变速器壳体上不同位置上的点，由于信号传递路径不同，因而对同一激励的响应也有所差异。变速器轴承支座处对轴承的振动响应比较敏感，此处设置监测点可以较好地接收轴承振动信号，而壳体中上部比较靠近齿轮的啮合点，便于监测齿轮的试验情况。为尽量减小信号传递的中间环节，本次试验监测点选在变速器三个轴的轴承支座及变速器壳体的中上部。与监测系统对应，第一通道为壳体处、第二至第四通道分别为一轴轴承、中间轴两端轴承处。

3.3 试验情况

经过 60h 试验后，通过故障诊断系统的计算机显示，在第二通道发出警告信息，进行频谱分析，发现谱图显示的能量增加（对比于试验初期时的能量），对比图形见图 4。初步判定为一轴轴承发生故障，及时停机进行变速器拆检，果然为一轴轴承由于安装不当造成偏磨，从而引起内圈磨损。及时更换该轴承，保证试验顺利进行。

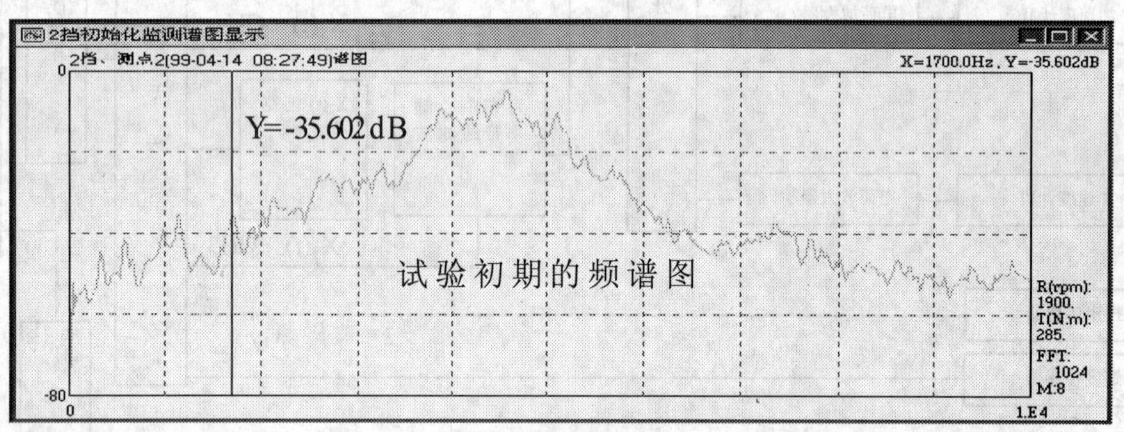

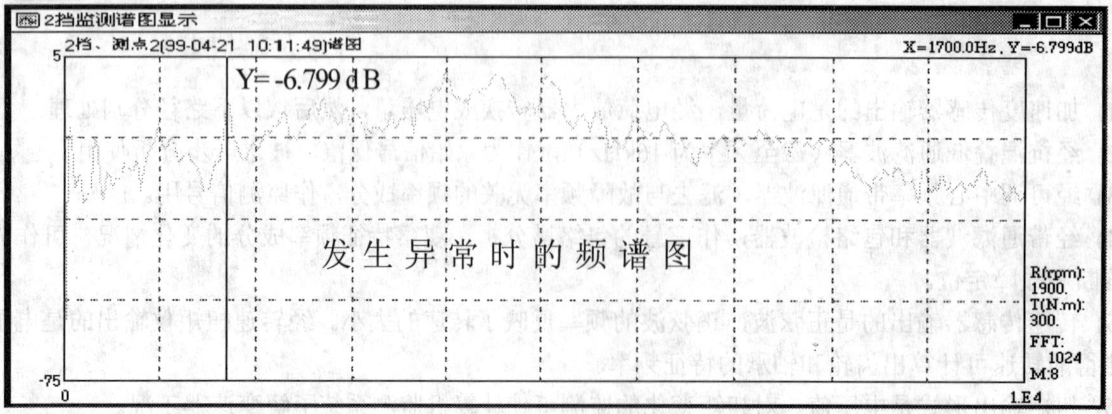

图 4 频谱图对比

3.4 试验分析

试验所用一轴轴承为 7206E 轴承，其尺寸参数如下：

轴承滚道节距 D=46mm，滚动体直径 d=8mm，接触角 α=14°，滚动体数目 n=15.

计算轴承各部件的频率如下：

$$f_I = 0.5 f_0 n\left(1 + d \cdot \cos\alpha / D\right)$$

=0.5×2200/60×15（1+8×cos14° /46）

=321.4（Hz）

$$f_o = 0.5 f_0 n\left(1 - d \cdot \cos\alpha / D\right)$$

=0.5×2200/60×15（1-8×cos14° /46）

=228.6（Hz）

$$f_b = 0.5 f_0 nD\left[1 - \left(D/d\right)^2 \cdot \cos\alpha\right]/d$$

=0.5×2200/60×46[1-(8/46)^2×cos14°]/8

=102.3（Hz）

以上计算为理论值，实际的频率应在理论值附近。由试验监测中的频谱图及波形图中显示，在 1700Hz 时振动增大。1700Hz 近似为 321.4Hz 频率的 5 倍，故而判定为轴承内圈损坏。

4 结束语

应当指出的是,使用的变速器故障诊断是一个非常复杂的课题，成功与否不仅决定于诊断系统提供的分析功能和诊断方法的有效性,还取决于操作人员的实际水平。变速器故障监测诊断系统的发展方向是提高系统的智能化水平，开发变速器故障诊断的专家系统。伴随着科技的发展和计算机的应用，故障诊断越来越为人们所接受，振动学的深入研究及分析软件的进一步开发，将使故障诊断的实施操作日益简易，也必将使诊断的精度日臻准确。

参考文献

1　熊明忠，胡凯成，李川奇. VDM——1000 汽车变速器故障监测诊断系统.

2　VDM——1000 汽车变速器故障监测诊断系统研究技术报告.

3　沈水福， 高大勇著. 设备故障诊断技术. 北京：科学出版社，1990

4　寇惠，付润兰，原配新编. 故障诊断的振动理论基础. 北京：冶金工业出版社　1989

6801 轻型客车气压制动防抱系统的开发

孙 骏 王启瑞 尹安东 王荣贵

合肥工业大学

[摘要] 针对 6800 系列轻型客车，开发了 ABS-Ⅰ型 4 传感器 4 通道气压制动防抱系统，该系统由传感器、压力调节器和电子控制单元组成，能充分利用路面的附着系数，提高车辆制动时的方向稳定性。试验证明，该系统已达到国家有关标准的要求。

关键词：汽车 制动防抱系统 电子控制单元

[Abstract] The ABS-Ⅰ type anti-lock braking system(ABS) with four sensors and four channels for the 6800 serials light bus is developed. This system is composed of sensors, pressure adjuster and electronic control unit. It can improve the directional stability and steer ability of vehicles by making the best of coherence coefficient of road. It also meets the demands of our country relatable standard by test testified.

Key words: automobile anti-lock braking system electronic control unit

1 前言

在世界经济日益迅速发展的今天，人们的生活质量在不断提高。随着交通和科技的进步，高速公路在不断的修建，汽车速度也在不断提高，高速下汽车制动的安全性越来越受到更多人的关注。作为能够提高汽车制动安全性的 ABS 装置，也逐渐成为汽车的标准配置。目前欧美各国的汽车制造商都将 ABS 装置作为出厂新车的标准配置，并且均制订了严格的 ABS 法规。但目前在我国 ABS 装置还不是汽车的标准配置，这不但增加了交通事故的隐患，也不能满足人们的需求。相信随着我国经济的发展，ABS 装置作为出厂新车的标准配置已为时不远。因此，要求国内能自主研制开发为国产车型匹配的实用 ABS 装置已经是势在必行。我们针对目前国内市场需求比较大的 6800 系列轻型客车，开发了 ABS-Ⅰ型 4 传感器 4 通道气压制动防抱系统，每个车轮都有一个轮速传感器，一个压力调节阀和一个独立的电子控制器通道。

2 6801 轻型客车气压制动防抱系统的布置

该系统由电磁式传感器、压力调节阀、电子控制单元以及线束和报警装置组成。系统在 6800 系列轻型客车上的具体布置如下：

(1) 电子控制单元安装在驾驶室中。报警指示灯安装在仪表板上，位于驾驶员正前方。通过灯的亮灭来指示系统的工作状况。

(2) 电磁式传感器包括一个齿圈和一个把轮速转换成与之成比例的正弦波信号的感应头。齿圈与轮毂紧配合安装，随制动鼓一起旋转。感应头通过弹性衬套安装在制动底板中，其端面和齿圈顶间的空气间隙为 0.5~1.5mm。

(3) 压力调节器固定在靠近制动气室的横梁上，并串联在原车制动系统的管路中。

总之，本系统在车上安装时，除安装传感器需要对制动器进行适当改动，以布置齿圈和感应头外，其他部分几乎没有变动，最大的保持了原车制动系统的原状，有利于工艺继承性。

3 ABS-Ⅰ型防抱系统的软硬件开发

电子控制装置（ECU）的核心部件是单片机。对于 ABS 这样实时性极强的控制而言，十六位单片机远优越于八位单片机，同时考虑接口、中断、计算指令的丰富程度等性能，以及该芯片目前市场供应、应用普及、发展前景及成本等因素，我们选择了 INTEL 公司 80C196KC 芯片。它的主要性能是：16 位 CPU、运算速度快、运算精度高；内部有 16K 字节 ROM 和 512K 字节的 RAM，单片集成度高，外围电路简单；高效的指令系统，有乘除法指令；还有数据规格化指令，编程操作方便；外部接口电路丰富。

齿圈固定在车轮上，与车轮同步转动。当汽车车轮转动时，则在 4 个传感器上产生频率与车轮转速成正比的交变信号电压，此信号电压值较小，必须经过放大整形电路以后才能被计算机所接受。另外为提高电路的抗干扰性能，在轮速信号送入计算机之前增加了一级光电隔离装置，确保轮速传感信号不受外界干扰的影响。

报警指示灯用来指示 ABS 的工作状况。当 ABS 有故障，不能正常工作时，报警指示灯亮，以提醒操作人员的注意，同时制动系统进入不带 ABS 的常规制动状态。图 1 是研制的电子控制防抱制动系统（ABS）的电路原理图。

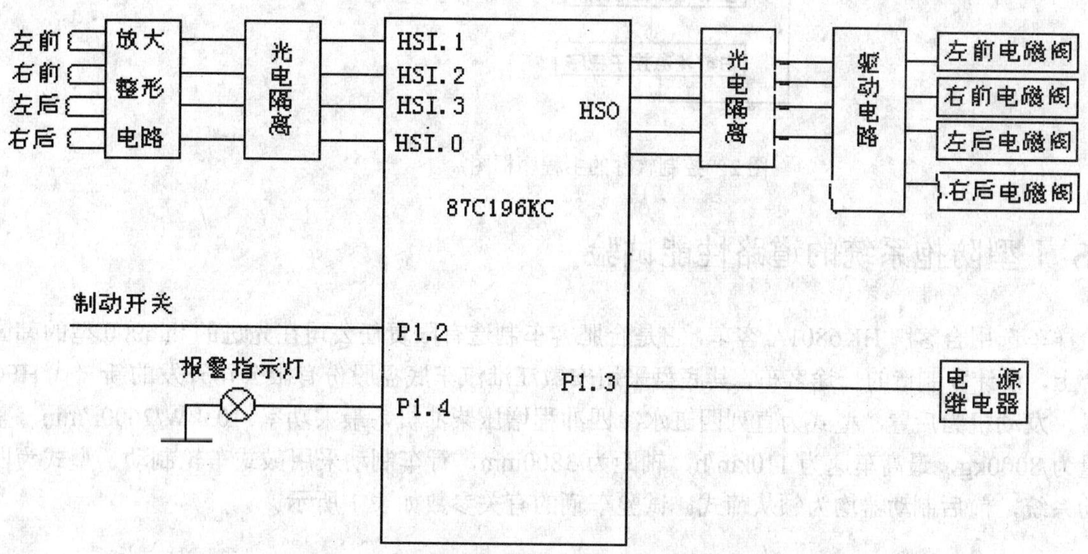

图 1　ABS 系统的电路原理图

ABS 的控制效果很大程度上取决于系统所采用的控制技术。目前提出的防抱控制方法主要有逻辑门限值控制、滑模变结构控制和模糊控制等，但较常采用的是逻辑门限值控制方法。此方法预先对若干个控制参数设定一些控制极限（门限）值，制动时，根据计算的实时参数值与对应门限值的大小关系，来调节制动压力，以获取足够大的制动强度和良好的方向稳定性。常作为 ABS 控制参数的有：车轮滑移率，车轮转动角加速度及其变化率等。一般仅用一个控制参数难于保证 ABS 在各种行驶条件下都有良好的性能，因此，6800 系列轻型汽车气压制动防抱系统采用逻辑门限值控制方法，其中利用车轮转动角加速度及其变化率等作为主要控制参数，将车轮滑移率作为辅助控制参数，以提高控制效果。

防抱控制系统的软件由防抱控制和安全保障两大部分组成。防抱控制部分的功能是对经过输入电路预处理后的车轮转速信号进行采样、计算和分析，并形成相应的控制指令；安全保障部分的功能是对系统的工作状态进行监测，在发现存在影响系统正常工作的故障时，发出警示，并将系统自动关闭。另外还具有一定的容错和抗干扰的能力。

图 2 是控制软件的主程序框图。

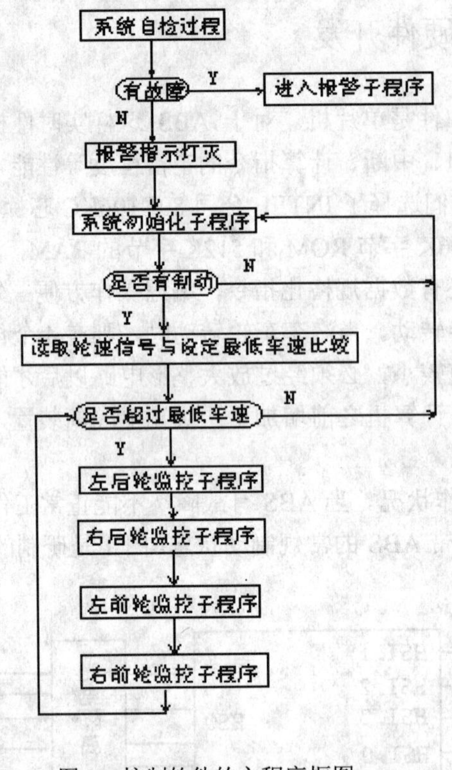

图 2 控制软件的主程序框图

4 ABS-Ⅰ型防抱系统的道路性能试验

试验样车选用合客牌 HK6801A 客车，它是合肥客车制造有限责任公司在先进的 HK6900 型的韩国现代车身平台上，设计和制造的长途客车，其底盘采用安徽江淮汽车底盘股份有限公司开发的新一代 HFC6782 客车底盘，发动机为后置，型式为直列四缸水冷四冲程增压柴油机，最大功率 103kW/2600r/min，整车最大总质量为 8000kg，最高车速为 110km/h，轴距为 3800mm，行车制动采用鼓式车轮制动，型式为四回路气压制动系统，前后制动器均为领从蹄式。试验车辆的有关参数如表 1 所示。

表 1 试验车的有关参数

载荷情况	轴距(mm)	质心距前轴(mm)	质心距后轴(mm)	质心高度(mm)
空载	3800	2508	1292	1139
满载		2430	1370	1155

试验道路有四种，分别是：干燥水泥路面(简称 G 路面)，纵向坡度为 0%，附着系数约为 0.8；潮湿路面(简称 D 路面)，为上述路面上铺装地板革并喷洒润滑物形成，附着系数约为 0.2 左右；对开路面(简称 DK 路面)，为上述“G”、“D”两种路面对开而成，汽车的左右车轮分别行驶在干燥和潮湿路面上；对接路面(简称 DJ 路面)，为上述“G”、“D”两种路面对接而成，汽车由干燥路面驶向潮湿路面或由潮湿路面驶向干燥路面。

试验项目有八项，分别是：防抱系统指示灯检查；剩余制动效能试验；防抱系统特征校核试验；附着系数利用率(ε)试验；对开路面上的适应性及制动因数(Z_{DK})试验；对接路面上的适应性试验；能耗试验和抗电磁场干扰试验。试验方法按国家标准 GB13594－1992《汽车防抱制动系统性能要求和试验方法》进行。

试验表明，所开发的 ABS-Ⅰ型 4 传感器 4 通道气压制动防抱系统的八项主要性能全部达到国家有关标准中一类防抱制动装置的要求。其中空载和满载的附着系数利用率分别为 0.9366 和 0.8531。对开路面上的制动因数为 0.1366。

5 结论

汽车制动防抱系统是适应汽车高速行驶和行驶于低附着系数的路面上，防止汽车制动时完全抱死滑移，遏制交通事故，提高汽车安全行驶能力和制动稳定性而发展起来的机电一体化的高新技术。所开发的ABS-Ⅰ型 4 传感器、4 通道气压制动防抱系统以车轮角加速度及其变化率作为主控制参数，以车轮滑移率作为辅助控制参数，选用逻辑门限值控制方法进行综合控制，效果十分明显。

参考文献

1　柯愈治，谢怀暄等. 汽车防抱制动系统结构原理与检修. 北京：人民交通出版社，1998

2　S. Drakunov P.dix et.al. ABS control using optimum search via sliding modes.Proc.conf. on decision and control,FL,1994.12.pp466-471

3　汪建，孙开放，章述汉. MCS-96 系列单片机原理及应用技术. 武汉：华中理工大学出版社，1999

采用碳平衡法对汽车燃料消耗量的分析

张西文 魏 朗 雷淼全

长安大学

[摘要] 提出了采用碳平衡法对在用汽车燃料经济性进行分析的科学方法，建立了汽车尾气的化学成分与汽车燃料消耗量之间的数学模型，为开发新型燃料经济性检测装备提供了理论依据。

关键词：碳平衡法 油耗量 汽车排放

1 基本概念与应用领域

所谓碳平衡法是指汽车在室内进行燃料经济性检测时，依据汽车燃料在燃烧前与燃烧后的碳元素的平衡原理，借用测量燃烧后气体的碳含量来获取燃烧前燃料质量的一种方法。该方法的测量装置称之为碳平衡法油耗计，是在底盘测功机上对汽车燃料经济性进行检测的一种不解体的测试装备，可通过对汽车尾气的测量以获取汽车燃料消耗量。该测试方法的研究打破了常规采用容积法、重量法测量的传统观念，避免了容积法、重量法在测试过程中需拆卸燃油管路而引起的安全隐患。碳平衡法油耗计以其方便、快捷、高效的特点将为我国汽车整车综合性能检测站在燃料经济性能检测方面提供了手段。

2 碳平衡法油耗计机体结构

2.1 恒温控制单元

恒温控制单元的主要功能是通过缓冲箱来消除汽车尾气的脉动现象，同时为数据采集与控制系统的二次仪表提供所需的信号源。

众所周知，在气体分析过程中一般采用范德瓦斯方程——状态方程，可是在实际气体测量中，由于汽车尾气中的 HC 的状态随着温度的变化而变化（在 95℃，HC 为汽液共存点），在常温下用状态方程无法准确测量出 HC 的含量。为了满足状态方程中的使用条件，本文提出在 113±8℃下测量汽油机 HC 的较为适宜测量方法。

汽车在进行等速油耗测量过程中，其排气管出口的温度一般在 300℃左右（该温度与负荷、环境温度等因素有关），欲想将其控制在 113±8℃，需加装冷却装置，冷却的方式为自然冷却法，它是通过在恒温控制单元前方加一根长约 4m 的金属软管以及恒温控制单元的金属外壳来实现（热传递换算略）。由于测量环境温度以及排量对排气温度的影响较大，在测量过程中，若流量传感器处的气体温度低于设定温度时，则需起动由 PID 控制的自动加温装置。我们将这一套装置定义为恒温控制单元。在恒温控制单元中，除了冷却软管、箱体、加热板等装置外，还装备了温度、压力和流量传感器。碳平衡法油耗计结构示意图如图 1 所示。

2.2 数据采集与控制系统

数据采集系统是由软件和硬件两部分组成的。硬件包括计算机、控制柜机体、五气分析仪、PID 控制电路、高速采集卡及信号预处理系统；软件的作用是测量汽车尾气的质量流量。它是通过与五气分析仪进行数据交换以获得汽车尾气中 HC、CO_2、CO 的成分，并且对尾气的流量、温度、压力进行测量，从而获得汽车尾气中碳元素的质量，再通过数学模型计算得出单位时间内汽车的耗油量，碳平衡法油耗计信号采集与控制系统框图如图 2 所示。

当汽车尾气通过恒温控制单元时，温度、压力和流量信号通过信号预处理系统将温度和压力转换为模拟信号，将流量信号转换为数字信号供计算机进行实时采集，同时，若测量温度低于设定温度时，计算机向 PID 控制发出指令，来改变给加热板提供电压的相位角度，以达到自动调节温度之目的。

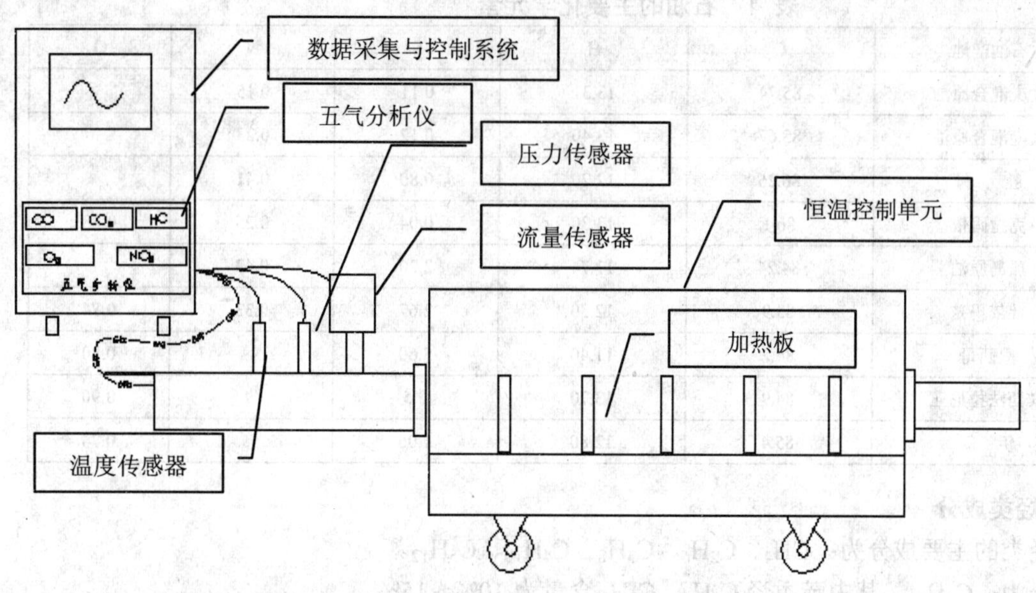

图 1 “碳平衡法”油耗计结构示意图

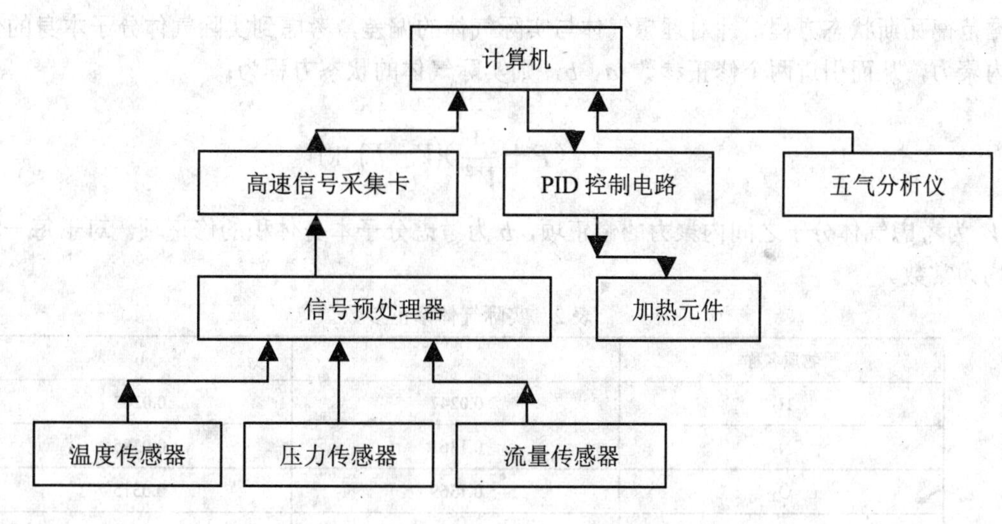

图 2 碳平衡法油耗计信号采集与控制系统框图

3 数学模型的建立

3.1 基本假设

(1) 废气中的碳成分只包含在 HC、CO 和 CO_2 中，因此可以忽略其它碳化物（如：含氧碳氢化合物、固体碳粒等）。

(2) 废气中的 HC、CO、CO_2 除来自燃料外，没有其它来源。

(3) 废气中的含碳量等于试验时所消耗燃料的全部含碳量，即蒸发损失以及在曲轴箱机油中没有燃料积累或碳氢化合物。

3.2 石油中的元素组成

石油中元素组成是指各种化学元素的百分含量。组成石油的主要化学元素是碳、氢、硫、氮、氧，见表 1。

表 1 石油的主要化学元素

石油产地	C	H	S	N	O
大庆混合原油	85.74	13.31	0.11	0.15	
大港混合原油	85.67	13.40	0.12	0.23	
胜　利	86.26	12.20	0.80	0.41	
克拉码依	86.1	13.30	0.04	0.25	0.28
孤岛原油	84.24	11.74	2.20	0.47	
杜依玛兹	83.9	12.30	2.67	0.33	0.74
墨西哥	84.2	11.40	3.60		0.80
宾西法拉尼亚	84.9	13.70	0.5		0.90
伊　朗	85.4	12.80	1.06		0.74

3.3 汽油中烃类成分

汽油中烃类的主要成分为：CH_4、C_2H_6、C_3H_8、C_4H_{10}、C_5H_{12}。

平均成分为：C_8H_{17}，其中芳香烃 C_6H_6、C_7H_8 含量为 10%～15%。

参考各国的汽油主要成分以及美国碳平衡法油耗计的数据，汽油中的碳氢比例为：H/C=0.154。

3.4 实际气体的主要参数确立

根据范德瓦斯状态方程，针对理想气体与实际气体的偏差，考虑到实际气体分子本身的体积和分子之间存在内聚力，从而引进两个修正参数 a、b，则实际气体的状态方程为：

$$\left(P+\frac{a}{V^2}\right)(V-b)=RT$$

式中 a/V^2 为考虑气体分子之间内聚力的修正项，b 为考虑分子本身体积的修正项。对于每一种气体，数值 a 和 b 均为常数。

表 2 实际气体修正参数

物质名称	a	b
H_2	0.0247	0.0265
N_2	0.1361	0.0385
O_2	0.1369	0.0315
CO	0.01463	0.0394
CO_2	0.3643	0.0427
H_2O	0.5507	0.0304

3.5 数学模型的建立

根据五气分析仪所测量的 CO、CO_2 和 HC 的含量以及流量，建立燃料消耗量的数学模型如下：

$$g=V\times(1+\mathrm{H/C})\times5.33\times10^{-3}\times\left(\mathrm{CO_2}+\mathrm{CO}+\frac{\mathrm{HC}}{10^{-4}}\right)$$

式中 g——燃料消耗量（g）；

V——0℃，700mmHg 干燥废气的体积(L)；

H/C——在燃料中氢与碳的重量比；

CO、CO_2——为百分比含量(%)。

HC——火焰离子所测量的碳氢化合物在废气中的浓度(ppm)。

其中：

$$V = V_m \times \frac{273}{(273+t)} \times \frac{(B-P_w)}{760}$$

式中 B——压力（mmHg）;

P_w——水在 t℃时的饱和蒸汽压（mmHg）

V_m——t℃时的气体体积（L）

t——气体的温度（℃）。

4 结论

采用碳平衡法测量油耗时，比一般体积法或重量法较为复杂。但考虑到目前测量燃料经济性在底盘测功机上的试验，即碳平衡法的主要优点是不需改变化油器的供油管路，可以用于有回路的燃料供给装置，如汽油或柴油燃料喷射装置，所以碳平衡法就成为更加有吸引力的方法。

对确定燃料经济性的碳平衡法和一般重量法已作了比较。由表 3 可见，碳平衡法的平均测量数据或标准偏差与体积或重量法比较，并没有很大的差别。

实验证明，在 HC 的测量过程中，若没采用火焰离子法而是采用的红外测量法，其测量误差将增大约 1%。

表 3　碳平衡法与体积、重量油耗测量法的比较

小客车	方法	平均燃料经济性（L/100km）	标准偏差
2.3L4 缸发动机汽车	碳平衡法	15.223	1.39
	重量法	15.174	2.58
	碳平衡法	15.389	2.61
	体积法	15.490	3.54
5.75LV8 缸发动机汽车	碳平衡法	26.455	1.61
	体积法	25.779	1.67
	碳平衡法	26.555	3.49
	重量法	26.356	3.11

可以得出结论，碳平衡法能够给出与一般燃料直接称重测量法或体积测量法相近似的准确度。但是，废气分析法测出的燃料消耗数值始终有偏低的趋向。

参考文献

1　俞佐平. 传热学.　北京：人民教育出版社，1980

2　华自强. 工程热力学. 北京：人民教育出版社，1979

3　王毓民. 汽车燃料与润滑油. 北京：人民交通出版社，1983

车身结构耐撞性能优化设计

李佳洁
哈飞汽车制造有限公司

[摘要] 本文主要针对在我国全面实行汽车整车正面碰撞标准之后，结合某微型车整车碰撞试验模拟分析及耐撞性能优化改进设计实例，对强制性标准中车身结构的被动安全对策加以深入探讨、总结。针对实车碰撞结果存在的问题，将理论分析、计算机模拟计算的方法相结合进行设计优化，并利用等数值分析手段对微车车架及前部结构进行了结构优化改进设计，碰撞结果表明系统的改进可使汽车的被动安全性得到显著提高。

关键词：正面碰撞 车身安全结构 被动安全

1 概述

汽车被动安全性能已是当今世界汽车技术发展的主流方向之一。汽车的被动安全性更是汽车产品竞争力的重要标志，也成为新车设计所应考虑的主要因素。汽车被动安全性设计是一个非常复杂的系统工程，其根本任务是通过合理设计控制汽车碰撞中结构部件的变形、受力和相互作用，使造成的成员伤害降到最低限度。汽车的被动安全性设计实际上就是寻找为保证碰撞安全所愿付出的代价与可能造成乘员伤害的一种平衡。现今的车身结构应具有良好的耐撞性，高强度化特性。在汽车碰撞中，车身是吸收能量的主体，车身的安全设计水平，主体上决定了车辆的被动安全性能。通过某些国产车型耐撞性改进成功设计实例，探索出汽车被动安全设计和改进的规律，积累汽车耐撞性改进和优化设计经验可以大幅度的降低研发成本，减少盲目探索。

2 碰撞法规与车身的碰撞特性

国际上具有代表性的汽车碰撞安全法规及技术法规共有三大体系，即美国联邦机动车安全法规（FMVSS）、欧洲汽车法规（ECE）、日本保安基准（TRIAS）。在国际大背景下，我国积极参与国际汽车技术法规制定和协调工作，并参考欧洲技术法规制定了我国的汽车强制性正碰标准体系（CMVDR294），侧碰标准的实施也将是必然趋势。

汽车是一个具有复杂结构的高速运动物体，其碰撞形式归纳起来可大致分为三种形式：正面碰撞、侧面碰撞和后面碰撞，另外还有车碰行人与翻车等。根据资料（如图 1）可知，汽车发生正面碰撞（包括斜碰）的概率在 40%左右。因此以正面碰撞特性为主要依据进行设计，对降低乘员的伤害将非常重要。图 1 包含所有伤害类型的撞击事故的概率分布，图 2 给出了汽车车头的理想变形特性曲线。

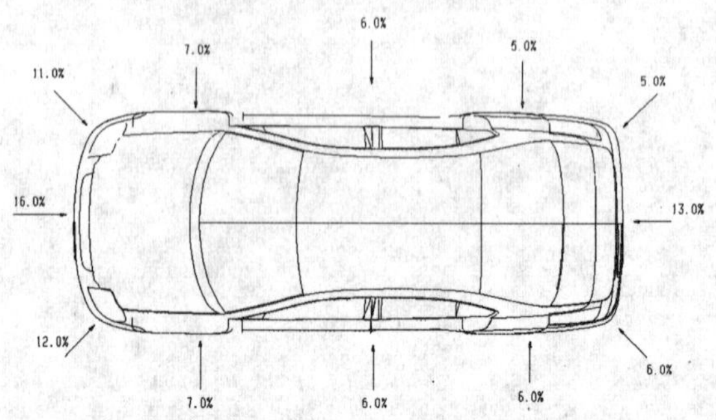

图 1 所有伤害类型的撞击事故的概率分布

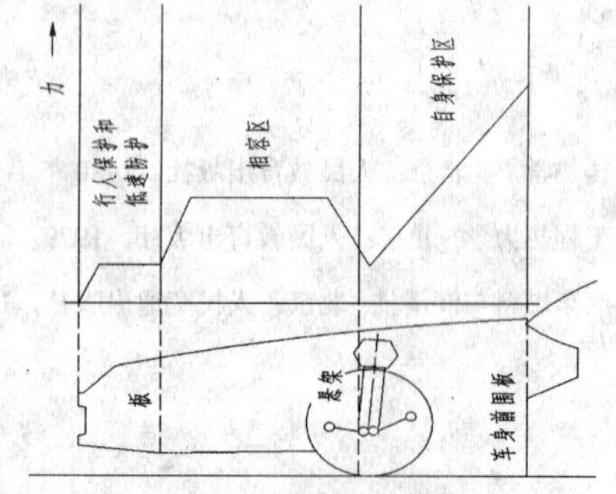

图 2 汽车车头的理想变形特性曲线

所谓良好的吸收特性：一方面，汽车的前部结构要尽可能多地吸收撞击能量（如图 2 所示的头部理想变形特性曲线），使作用于乘员上的力和加速度控制在规定的范围内；另一方面，控制受压各部件的变形形式，防止车轮、发动机、变速箱等刚性部件侵入驾驶室。

3 安全的车身结构设计

3.1 基本思想

从车辆的安全角度划分，可把整个车身分为三个部分：前撞部分、乘员乘坐部分和后撞部分。车身的三个部分的设计要求不尽相同。前、后撞部分结构设计要相对乘员乘坐部分“软”，当车辆发生碰撞时，“碰撞部分”应尽可能多变形以吸收撞击能量，剩余能量尽可能的传至大梁、立柱等处。换言之，通过良好的能量传递途径，尽可能少的将能量传至乘员乘坐部分。乘员乘坐部分的结构要设计得“硬”。从车辆的安全角度看，乘员区是车辆最重要部分，为保证乘员安全，这部分应尽可能减少变形，原因是车身变形可直接伤及乘员或直接影响乘员在发生事故后的逃逸性能。，考虑撞车安全性的车身结构设计的基本思想是利用车身的前、后部有效地吸收撞击能量。车室要坚固可靠，确保乘员的有效生存空间，即从安全角度看，车身总的设计原则是：两头“软”，中间“硬”。

与正面碰撞相比，侧面碰撞车身变形空间小，对乘员的危害较大，因此，增加车室刚度，保证乘员的有效生存空间显得尤为重要。为了加强乘员保护，车门、门槛和立柱都要设计成刚性结构，并且越来越多的采用防侧碰安全气囊，来减轻乘员因二次碰撞造成的伤害。实现侧面碰撞防护的指导思想是：将侧碰力有效地转移到车身具有保护作用的梁、柱、地板、车顶及其它部件，使撞击力被这些部件分散、吸收，从而极大限度的把可能造成的损害降低到最小程度。一般多采取增加车门强度、增加侧围物件的强度、增加门槛梁强度、合理设计门锁及门铰链等措施达到上述目的。

安全的车身结构设计的基本思想是利用车身的前后部最大可能的有效吸收撞击能量，使乘员在有足够的有效生存空间的前提下，让传递到乘员的碰撞能量最小。奔驰公司将这种思想称为安全室构造准则。图 3 是该准则的概念图，阴影线部分描述的是撞车时希望产生变形的区域。

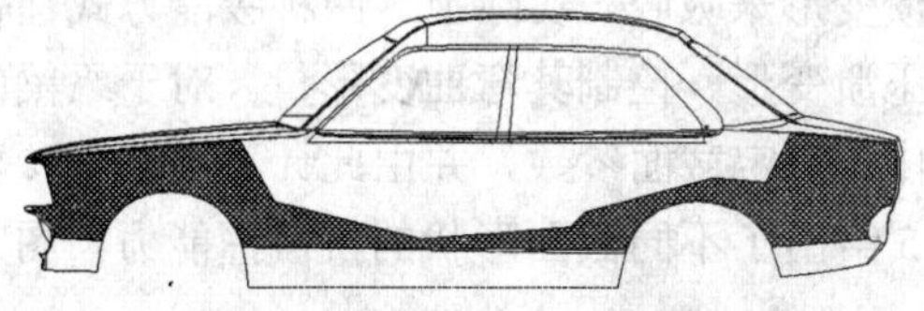
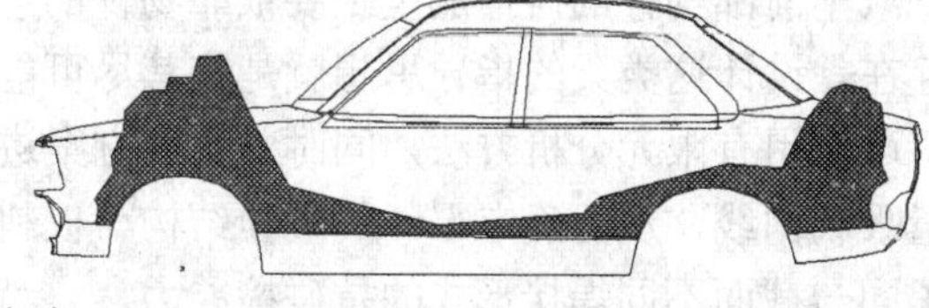

图 3　安全室构造

4 车身结构设计的安全对策

基本的车身结构设计不但决定了车身的整体变形方式和损害程度，还确定了汽车碰撞中的加速度变化。结构的耐碰撞性设计是汽车具有良好被动安全性的基础。该种设计的关键在于对结构碰撞非线性响应的准确预测。汽车结构碰撞响应是个极其复杂的过程，在不同时速、不同情况下，碰撞响应是不同的。为了满足不同情况下的碰撞安全要求，在车身结构设计时，需要从汽车的整体结构考虑，并将新材料、新工艺的研究成果应用到车身结构设计上来。

4.1 低速（ 8km/h）碰撞行人对策

该种碰撞速度标准的目的是保护行人安全、降低行人的伤害程度，并使汽车重要部件免遭损坏，节约因撞车造成的维修费用。与此相对应，设计车身结构时应考虑如下措施：采用吸能式保险杠，减轻一次碰撞伤害；将风窗玻璃框架外部设计成软结构，减轻行人因二次碰撞造成的对行人头颅和胸部等部分的损害；将门把手等装置设计成内凹式；采用具有缓冲机构的后视镜等措施。防止车外凸出物对行人三次碰撞伤害。例如筒状能量吸收式装置、利用泡沫材料作为能量吸收体。

4.2 正面碰撞（48km/h）安全对策

正面碰撞在汽车事故中发生频率最高，主要保护措施是利用汽车前部的压溃变形吸收能量，缓解碰撞加速度；加固车身驾驶室结构，保证乘员有足够的生存空间，即采用“高吸能前部结构”和“高刚性车室结构” 相结合的安全强化车体。并利用安全带、安全气囊等乘员保护装置，防止乘员因二次碰撞造成伤害。要想从根本上解决问题，我们需要从以下方面入手：

(1) 保证基本的许可变形量。许可变形量，决定了碰撞过程中的平均减速度。汽车的纵向变形量与平均减速度是成反比的。平均减速度作为汽车结构耐碰撞性的主要设计指标，在设计开始阶段就必须综合考虑确定。

(2) 保证基本的许可变形空间。保证许可变形空间是指汽车在发生正面碰撞后，前部变形区域不会对乘员形成威胁和伤害，而且包括前部许可变形区域内的塑性变形不会导致在碰撞过程中车门打开、碰撞后车门锁死等状况发生。

(3) 调整截面形状(通过吸能筋与加强筋的布置)、厚度、尺寸和结构形式等使结构的变形阻力保持在适当水平，并重视局部弱化使整车刚度分配符合设计原则及能量吸收曲线图。

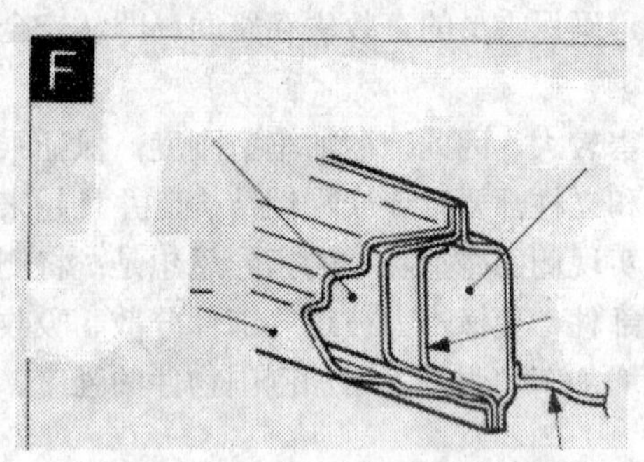

前门槛断面

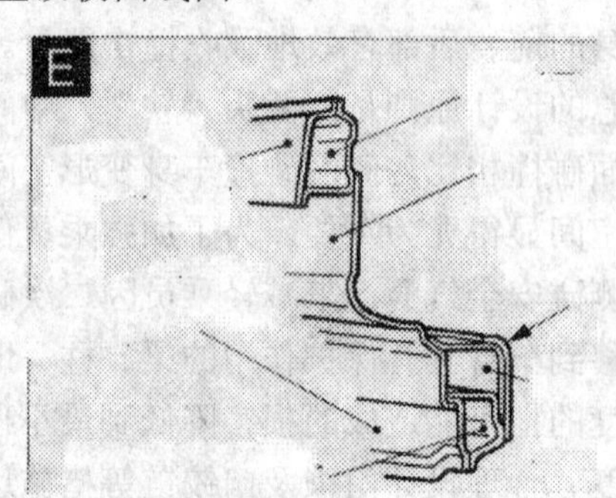

前纵梁断面

图 4 增大撞击吸收能量的腔型结构

4.2.1 汽车前部构件的结构设计

汽车前部构件的碰撞能量主要依靠物件的弯曲变形和压溃变形来吸收。实际上这两种吸能方式往往同时存在。设计这类梁的指导思想就是使其尽可能的沿着轴向压溃变形，控制其弯曲变形量。对于纵梁的设计，可运用有限元分析方法，同时对几种方案进行比较、优化，确定截面参数，并由此计算出不同参数的能量吸收曲线，从而确定零件的最佳结构与板料的厚度。图 5 给出了不同截面形状的抗碰撞能力，图 6 示出了同一截面不同焊接形式的抗碰撞能力。

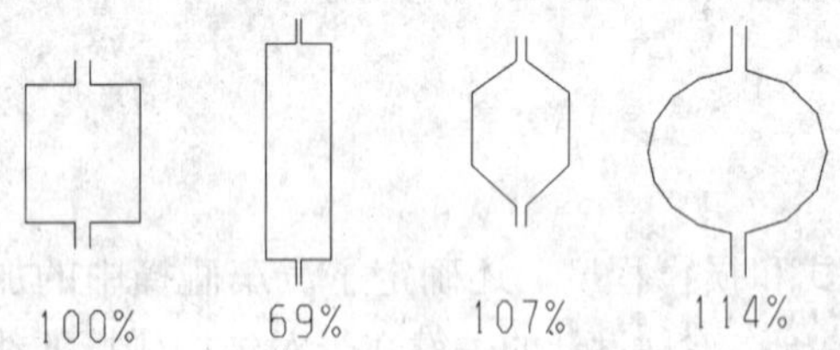

图 5 不同截面形状的抗碰撞能力

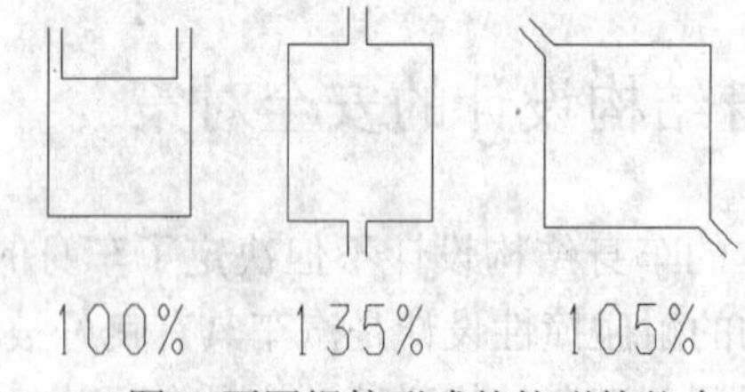

图 6 不同焊接形式的抗碰撞能力

4.2.2 结构筋的布置

在纵梁上合理布置加强筋和吸能筋（凸凹台），可以有效地控制纵梁的变形，提高其能量吸收能力或增强其强度。图 7 示出了有凸台和无凸台两种情况下边梁变形过程的模拟计算载荷变化曲线。无凸台的纵梁在发生明显变形，吸收能量能力显著下降。图 8 给出了常用加强筋和吸能筋（凸凹台）形式。

筋的刚性主要取决于它的深度。设计加强筋应注意：

(1) 加强筋的轴线必须直，否则在振动时会引起扭转。

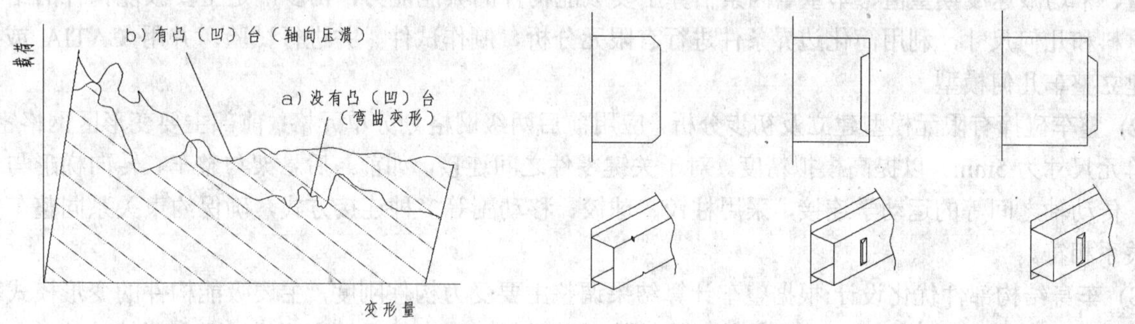

图 7　模拟结果-载荷曲线　　图 8　突台的三种形式

(2) 必须沿支撑之间最短距离布置。

(3) 采用交叉筋时，应考虑在交叉点容易产生应力集中，相对减小了交叉点的刚性。所以在交叉点要注意圆角过渡，圆角半径应大于筋的宽度的两倍。

(4) 加强筋的形状在平的或稍凸起的零件上，加强筋应沿零件对角线布置，在深弯曲的零件上应垂直于零件的弯曲轴线。

4.3　侧面碰撞安全对策

汽车发生侧面碰撞时车身空间变形小，为加强乘员保护，车门、门槛、立柱都要设计成刚性结构，并应考虑采用侧面安全气囊来减轻二次碰撞造成的伤害。实现侧面碰撞防护的指导思想是：将侧碰力有效地传递到车身具有保护作用的梁、门立柱、地板、顶盖及其它部件，使撞击力被这些部件吸收，从而极大限度地把可能造成的伤害降低到最小程度。可以采取的措施有：

(1) 增加车门强度：哈飞赛马车采用高强度钢板镀锌板（比传统钢板轻 26%）或抗凹陷钢板、增加防撞横梁与刚性车身结合为一体，提高侧面抗撞能力。车门内板采用分体结构，前部加厚满足受力要求并增加刚性，后部变薄减轻重量。

(2) 增加侧围钣金件的强度，包括增大 A 、B、C 立柱的截面形状，以及局部加强侧围与门加强件的接触部位、立柱与门槛和车顶纵梁连接部位的强度，保证侧碰力有效地传递到整个车身。

(3) 增加门槛梁强度。增强措施包括增大承载面积，在梁内增加加强板，以及填充发泡树脂等，哈飞赛马车门槛加强梁采取不等厚钢板等有效措施，保证撞击力有效地分散给地板等其它物件。

(4) 在车身 B 立柱高度上安装横梁系统，在仪表板下面以及后风窗下面安装加强横梁。

(5) 对于前置后驱动车合理设计地板中间的传动轴通道，对于提高汽车抗弯强度有一定作用。

(6) 合理设计门锁及门铰链，既要防止汽车发生侧面碰撞时车门自动打开，又要保证碰撞后车门不借助工具能够开启。同时增强车门铰链有利于车门所受的撞击力有效地传给立柱。

4.4　其它安全对策

(1) 采用新材料。如铝材具有规则的轴向压溃特性，其单位质量吸能率高于相应钢制冲压构件对于重量仅为钢制管 37%的铝管，可以吸收与钢管相同的能量，奥迪 A8 采用了全铝制车身框架。

(2) 采用玻璃纤维增强塑料。由带有聚氨基甲酸已]脂泡沫芯的夹层材料，和在两层聚脂层之间填充金属增强物质制成的夹层结构，比传统钢结构具有更高的撞击值。

(3) 用新的焊接工艺。如激光焊接方法大大改善了焊接处的连接强度，提高了整体的抗碰撞能力。

5　车身结构耐撞性改进设计步骤

5.1　耐撞性改进设计步骤

(1) 在外型设计和总体结构设计之外，应对碰撞法规体系进行充分研究。首先预留出足够的高速碰撞可变形空间，在保证变形区吸收足够的撞击动能的前提下，控制变形刚度具有重要意义。依据汽车的允许变形量、平均减速度期望值、车重等因素估算主要吸能构件的吸能能力，初步确定主要吸能构件的结构形式、材料和几何尺寸，利用简化边界条件进行有限元分析，制作试件、并进行试验。并用 CATIA 或 UG 软件建立整车几何模型。

(2) 整车碰撞有限元模型建立及初步分析：应用前后两级网格划分单元格：前部主要变形区网格密集，最小单元尺寸为 5mm，以提高模拟精度。对于关键零件之间连接，如前、后悬架与整车、转向梯形与悬架系统、传动轴之间等的运动学连接，采用柱铰、球铰、移动副等多种连接方式，确保约束关系同整车实际运动关系相符。

(3) 车身结构部件优化设计:根据整车计算结果调整主要受力构件刚度，主要吸能构件的变形模式和能量吸收能力满足整车刚度分配，确保主体耐撞结构以渐进的、稳定的压缩变形模式吸收碰撞动能。

(4) 碰撞时破坏方式和减速度曲线基本确定后，进行转向盘移动量、全风窗玻璃的破坏程度、座椅和假人伤害指标等的数值分析。

(5) PAM-CRASH 软件进行碰撞仿真分析：根据试验结果优化局部结构，完善有限元计算模型。

(6) 试制整车并进行实车碰撞试验。根据碰撞结果进一步优化设计。

5.2 现阶段广泛应用于车身结构设计中的各类计算机辅助功能软件

分类		适用范围	主要应用软件
CAS		车身造型	CDRS 、Alias
CAD		车身曲面数字化、结构设计、装配、干涉检查	CATIA 、 Pro-E 、CADDS5 UG、 STRIM100、 EUCLID
CAM		生成数控加工文件、加工工艺分析	
CAE	结构分析	强度、刚度、模态热传导、热应力	NASTRAN、BAQUS、 ARC、 BEAST
	振动 噪声分析	悬挂、车身、发动机	NASTRAN、 SYSTAN、 AXOUST/BOOM、 START-CD
	机构运动分析	操纵稳定性	ADAMS DADS
	碰撞分析	汽车碰撞金属板材成型	LS-DYNA3D、 PAM-CRASH、 ASINA MADYMO、 AUTOFORM
	流体分析	空气动力学、燃烧	NAGARE、 FLUENT、 KIVE START-CD 、 FLOW3D 、FLOTRON
	优化分析	机构特性的最优化结构的等强度	DON/DOC、 NASTRAN、 OPTISHAPE

6 被动安全性的设计实例

碰撞中，汽车结构的变形是非线形变形过程，既存在材料非线形，也存在几何非线形。车架是主要的吸能元件，其吸能变形形式决定了整车的变形形式和安全性。下例为某公司改型车的车架部分设计实例。

6.1 建立数学模型

利用 CATIA 软件建立整车零件的数学模型，原则是：①简化计算，利用对称关系，选车架为研究对象；②设置与实际相符的约束条件；③设置准确的材料，建立硬化材料模型④用能量控制原则，控制结构变形。图 9 为改进前、后的车架有限元模型。

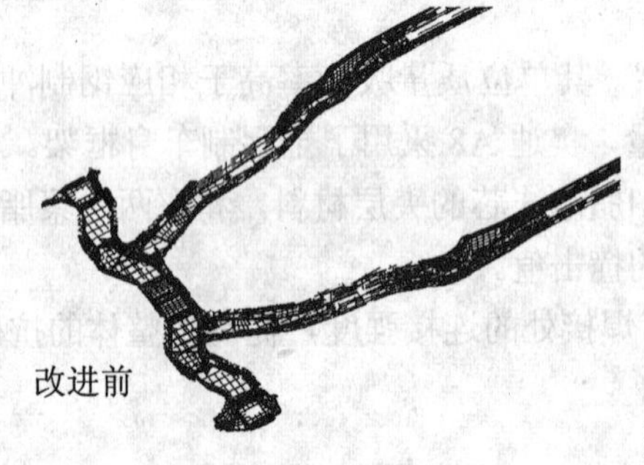
改进前

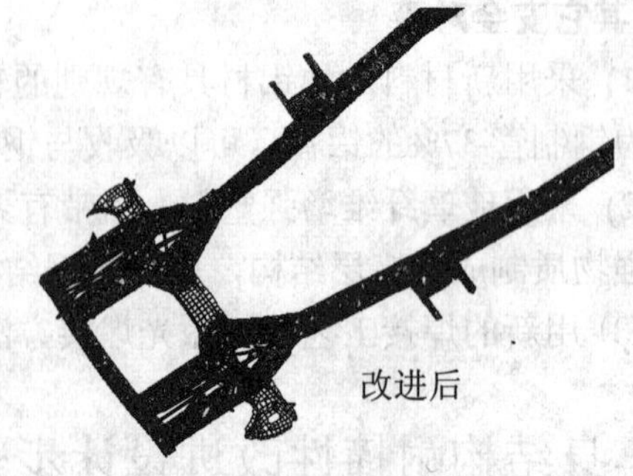
改进后

图 9

6.2 碰撞模拟分析

用 PAM-CRASH 软件进行碰撞模拟分析表明，水平力对新车架产生力偶矩的作用，结构有弯转的趋势，即车架此时会产生两种变形：①车架的水平压溃使前部能量吸收达不到 70%，A 立柱后移量达 150mm 以上。②车架结构弯点弯曲变形，使整车碰撞后失稳。

6.3 制定具体实施方案

（1）经过多次模拟试验后确定车体前部纵梁伸长长度，当汽车发生正面碰撞时，为整车提供一定的缓冲区，同时起到吸能及传递能量的功用。

（2）利用能量递增原则，软化车体前部使其充分压溃吸能；后部进行加强设计，增加弯点处的抗弯强度，改变梁的纵向趋势，使最终车体前部发生压溃变形吸能达到了 80%以上，A 柱后移量控制在 70mm 以内。

（3）前段车架采取框架式空腔盒形结构，如图 10 所示。

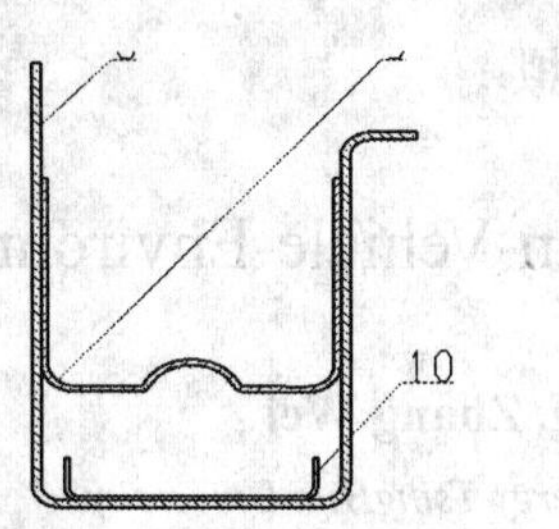

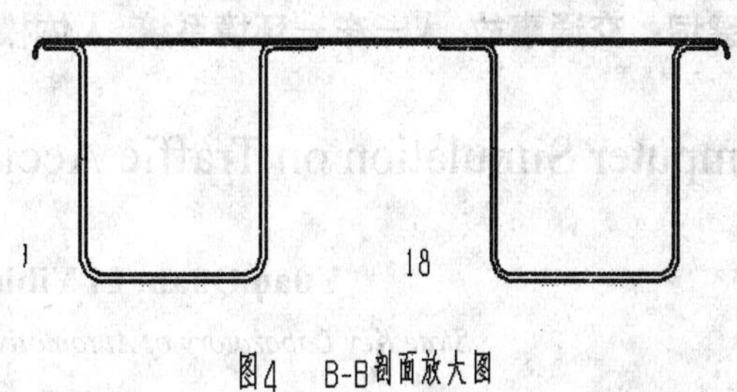

图 10

在力学中，横梁受力和挠度的关系遵循如下公式：

$$(f)_p = pl^3/48EI$$

式中，p 表示梁受到的力的作用，l 表示梁的长度，E 表示材料的弹性模量，I 表示梁的惯性矩 $I=\pi d^4/64$。可见，受力相同，截面积越大，挠度越小。而腔形结构不但使车体重量减少，而且车体的抗变形能力提高，从而使车体抗撞击的能力增强。因此增加两处槽形纵梁分别在左、右两侧焊接于地板前横梁前侧。

(4)利用左、右前纵梁连接件，采用交叉式焊接方式，将车架前段总成与左、右纵梁总成焊接为一体，充分保证接触承载部分有机结合，避免失稳。

7　结论

经过几次碰撞模拟和实车碰撞结构分析，进行系统结构优化设计后的车型充分满足正碰法规系列指标。汽车结构的耐撞性设计是根据预先规定的各个相互关联的零部件的变形方式和变形量确定合适的材料、结构形式和尺寸。本文结合具体车型，将实车试验、计算机模拟和理论分析相结合，对汽车局部结构进行改进，大大提高了整车耐撞性能。

参考文献

1　中国汽车技术研究中心. 汽车碰撞安全标准手册

2　现代汽车安全. 北京：人民交通出版社

3　谭浩强主编. 计算机图形技术与 CAD. 北京：清华大学出版社

交通事故人—车—环境系统的模拟

袁泉 李一兵 刘成 张伟
清华大学汽车安全与节能国家重点实验室

[摘要] 研究了交通事故中的车外人体，包括行人、骑车人等。根据交通事故中人体运动的具体特点，建立了三维人体模型，对其进行实时动画模拟。对各种车辆、人体附以道路及其设施、光线天气等外界环境，将车辆、人体、环境各自的模型加以组合，实现交通事故人－车－环境系统的模拟，更加逼真地再现事故发生的过程。

关键词：交通事故 人－车－环境系统 人体模型 计算机模拟

Computer Simulation on Traffic Accident Human-Vehicle-Environment System

Yuan Quan, Li Yibing, Liu Cheng, Zhang Wei
State Key Laboratory of Automotive Safety and Energy TsingHua University

[Abstract] The human body involved traffic accident is analyzed, including pedestrian and rider. Based on the motion character of body in accidents, the 3D model is built to simulate the human body real time. Through combining the outside environment model with vehicle and body model, traffic accident human-Vehicle-Environment system can be simulated. So the traffic accident will be reconstructed vividly.

Key words: traffic accident human-Vehicle-Environment system human body model computer simulation

目前，对交通事故中的人体和环境的模拟已有较多研究。PC-Crash 软件采用多体系统动力学方法，建立了人体模型，并用于车撞行人等情形的分析中[1]。Hermann Steffan 等人将 PC-Crash 和 MADYMO 集成，利用前者的车辆、环境模型和后者的人体模型，实现了对交通事故中乘客运动的仿真[2]。由 Terry D. Day 研制的 HVE 仿真软件[3]，以人、车辆及其环境组成的闭环系统为基本模型，可以建立三维物理、直观的人、车和环境模型，并能模拟三者之间发生的相互作用。上述软件在国外已有较广泛的应用。由清华大学汽车研究所研制的“道路交通事故再现系统”[4]，亦可实现对交通事故人-车-环境系统进行模拟。

将交通事故看作是人、车及其环境相互作用而组成的系统。一般情况下，导致交通事故发生的原因中，人的因素占据主要地位，再现交通事故发生过程离不开对参与交通事故的人的模拟。本文在分析参与交通事故的各种人体运动特点的基础上，采用 Visual C++语言、OpenGL 技术设计了三维人体及人-车-环境系统模型，实现了对行人、骑车人以及交通事故各种典型环境的三维动画模拟。

1 交通事故中的人体

人体是交通事故的直接受害者，也是汽车安全系统的重点保护对象，“以人为中心”已成为汽车安全性设计的基本要求。应用动力学方法，结合计算机模拟技术，建立人体模型，可实现对交通事故中各种人体的运动仿真。开发适用的人体模型，在事故再现中可实现对驾驶员、乘客、行人及骑车人的运动模拟，确切判断人在汽车碰撞过程中的运动变化，进一步确定每一位当事人在事故发生过程中扮演的角色，以此提高事故分析结果的准确性。

模拟人体的复杂性就在于人体属于活性生物体，具有较多的自由度和不确定度，而且人体自身的材料结构异常复杂，不同年龄、性别、体型的人体具有不同的运动特性。根据运动状态，人体的姿态通常分为静态和动态，具体包括立姿、坐姿、卧姿、步态、奔跑、骑行状态等。卷入各种交通事故中的人体包括车辆内部的驾驶员、乘员——通常为坐姿，相对位置固定；车辆外部的行人——通常为立姿、步态等，骑车人、推车人（所控车辆包括机动、非机动的两轮车、三轮车等）。对于各种各样人体的模拟，有助于研究交通事故发生的过程，为减少人体伤害以及预防事故发生提供必要的依据。

2 事故再现的人体模型

人体是非常复杂的多体系统。人体模型已被广泛应用于碰撞伤害与保护、体育运动分析和人机工程学等方面的研究。由于人体结构的复杂性和生物特性导致利用真人试验难度极大、假人试验造价昂贵，根据基本力学理论，利用计算机模拟技术已成为研究人体的一个重要手段[5]。

人体模型是事故再现的重要环节，也是事故再现的难点所在。建立新的、适用的人体模型，在事故再现中实现对驾驶员、乘客及行人的运动模拟和分析，确切判断人在汽车碰撞过程中的角色和行为，关系到事故分析鉴定结果的准确程度。人体模型根据人体的建模方法可以分为：质点模型、质量-弹簧-阻尼系统模型、实体模型和有限元模型等。其中，质点模型比较简单，多用于定性分析预测交通事故中人体作为一个整体的运动。描述人体模型的基本参数包括：人体的总体与各部位的尺寸、质量、惯量和体积等参数。本文建立的人体模型所需数据主要包括：①描述人体的基本数据；②人体碰撞前的运动状态参数；③与人体运动有关的物理参数等。

对于交通事故中各种车外人体的运动状态参数难以获得，因为人在遇到危急情况时，作为主观反应，通常其运动状态会发生突然变化，由此影响事故发生的特点和结果。一般人的速度因其运动能力及目的、天气、环境及交通状况的不同而有较大差异，比如自由步行的速度约为 1.29~1.5m/s，而人骑自行车的速度一般在 5～30km/h 的范围内变化[6]。

3 人体的三维动画模拟

二维人体模型已经可以用来研究一些常见事故类型，其碰撞情形可以近似看作二维的运动过程，如正面碰撞、追尾、单车等。但车辆碰撞行人、两轮车等事故类型通常在碰撞后各自运动轨迹发生分离，也即二维模拟不能真实反映整个运动过程，则需采用三维模拟才能更加全面描述碰撞的发生。

利用 Visual C++语言与 OpenGL 技术建立了三维人体模型及其实时动画模拟，实现了对行人、两轮车骑车人的全方位模拟，见图 1～图 3。

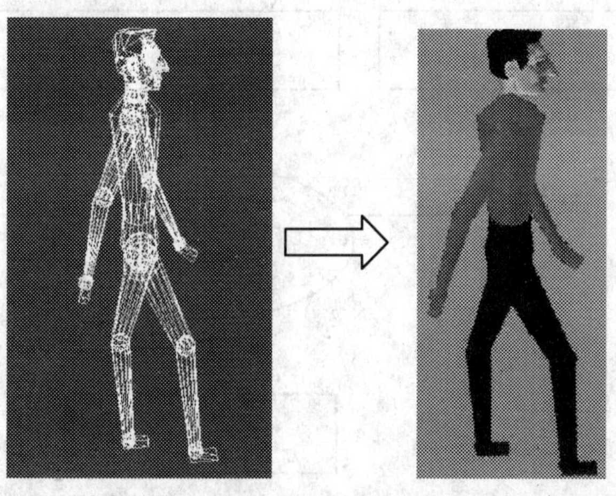

图 1 行人的步态模型（网格与实体）

图 2 车辆碰撞行人的三维动画示例

图 3 车辆碰撞两轮车的三维动画示例

车辆碰撞两轮车时，两轮车的骑车人与两轮车之间发生分离，然后分别沿不同的方向运行，按各自的运动轨迹抛出或滑行，直至最后停定，在此实现了对这一碰撞事故类型的模拟。图 3 为一起追尾事故的模拟，其中还附加了道路环境背景及视角、方位的变化。对于三轮车碰撞事故与两轮车事故类似，也可以完成再现模拟。

4 人－车－环境系统的模拟

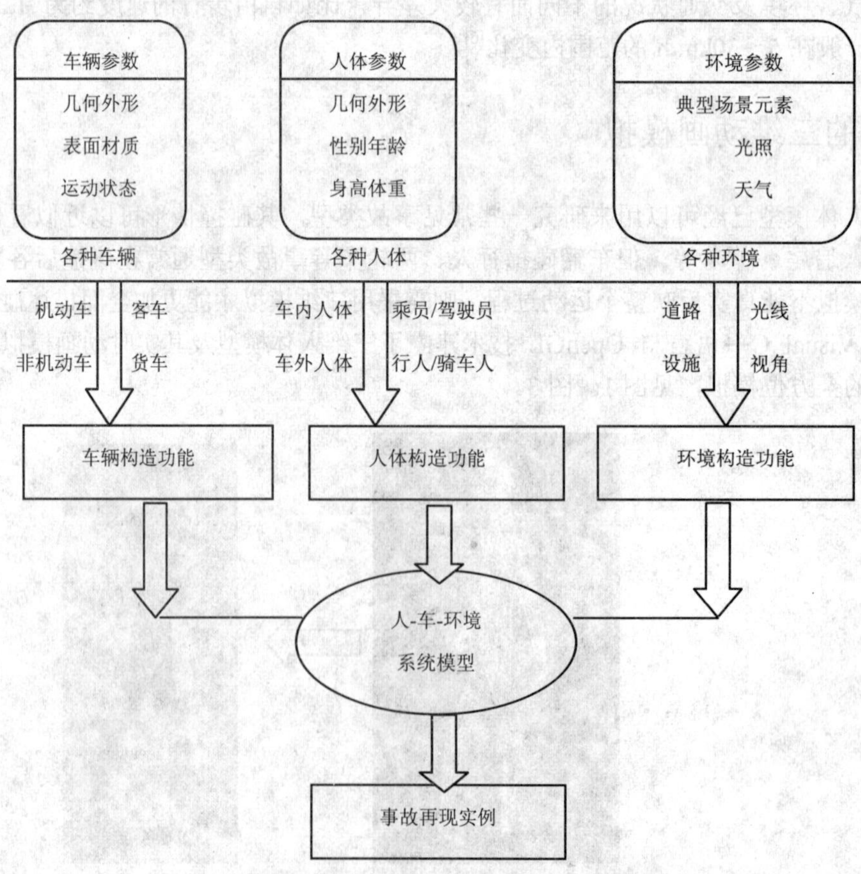

图 4 交通事故人－车－环境系统再现模型

应用虚拟现实技术，实现对交通事故环境的模拟，包括道路及其标志与标线、路面设施、建筑物、绿化带等实物以及天气、光线等环境因素，以此更加真实再现交通事故发生时的情景，了解车辆的行驶过程，辅助用于事故原因分析。对交通事故的场景进行再现，首先根据实际需要构造不同的车辆、人体及其相应环境，由此形成“交通事故人—车—环境”系统模型，实现三维动画的逼真效果，对交通事故进行全方位模拟，见图 4。

图 3 中显示了道路标线及天色，图 5 还描绘了事故所处的虚拟环境背景，显示比例、视角及明暗对比，可以根据需要加以调整。

图 5 交通事故虚拟环境的模拟示例

在汽车碰撞过程中，人体、汽车和环境三者之间在极短时间发生了强烈的相互作用。如何描述人与车、车与车及路面设施等环境间的相互作用及其变形成为再现的难点和至高点，现有软件基本上未能实现这样的模拟。为此，建立相应的力学模型及接触算法，加入二次碰撞分析，确切描述碰撞阶段发生的变化，以便从不同角度了解事故过程，更加准确地进行再现。然而这样的复杂功能还有待于深入研究。

5 结论

对人体的模拟是交通事故再现中的一个重要环节，利用计算机可实现对行人、骑车人等不同类型人体的三维动画模拟。通过对人体动作和行为的模拟，可以真实再现碰撞过程，根据事故发生时的具体情形，分析事故的原因，并探讨避免事故和减少人体伤害的方法。其中，对车外人体的步行及飞行过程实现了模拟。同时对交通事故包含的各种环境进行模拟，将车辆、人体与环境模型组合，在此基础上实现了交通事故人一车一环境系统的三维虚拟模型。

参考文献

1 Moser A, Steffan H, Kasanicky G. The Pedestrian Model in PC-Crash —The Introduction of a Multi Body System and its Validation. SAE1999-01-0445

2 Steffan H, Moser A, Geigl B C. A New Approach to Occupant Simulation Through the Coupling of PC-Crash and MADYMO.SAE1999-01-0444

3 Day T D. An Overview of the HVE Vehicle Model. SAE 950308：319-332

4 李一兵，陈云刚，吴卫东等.道路交通事故再现模拟分析系统的研究.汽车工程，2001,23(4)

5 Yuan Quan，Li Yibing.A Human model & its application in motion simulation of H-V-E system, IPC –2001 Presentation F119

6 (日)林洋著. 实用汽车事故鉴定学. 黄永和译. 北京：人民交通出版社，2001

汽车驱动防滑的模糊控制方法研究

张成宝　周中坚　丁玉兰　吴光强
上海采埃孚转向机有限公司　同济大学

[摘要] 汽车驱动防滑控制系统是一种新型的主动安全控制技术，本文通过对模糊控制技术的研究，将模糊技术和传统的 PID 控制技术结合，将其应用于车辆的防滑控制中，通过仿真结果比较看出，取得了较好的效果。

关键词：滑转 滑转率 模糊控制

Research of Fuzzy Control Method on Vehicle Anti-slip Regulation

Zhang Chengbao, Zhou Zhongjian, Ding Yulan, Wu Guangqiang
ZF Shanghai Steering Co., Ltd, Tongji University

[Abstract] Vehicle anti-slip regulation is a new active safety technology. Fuzzy control method is studied in this paper. It is combined with traditional PID control method and applied in vehicle anti-slip regulation. It is effective through the simulation results.

Key words: slip　slip ratio　fuzzy control

随着汽车行驶速度的提高，以及道路行车密度的增大，对于汽车的行驶安全性能的要求也越来越高。特别是汽车在高速工况下，驱动轮在低附着系数路面和附着系数分离的坡道、不平等路面行驶，或在起步和加速时，车轮发生滑转，导致汽车侧滑、空转和方向失去控制等安全问题显得更为突出。汽车驱动防滑控制系统(Anti-slip Regulation，简记为 ASR)是一种新型的主动安全控制技术，它们是继制动防抱死控制(ABS)之后又一新发展，对于改善车辆的牵引性、操纵性、稳定性和安全性、舒适性等具有重要的意义。所以它的研究就得到很大的重视，而且已迅速成为一个重要的课题。驱动防滑控制系统是防止汽车在驱动过程中(特别是起步、加速、转弯等过程)驱动轮发生滑转，使汽车在驱动过程中的方向稳定性、转向操纵能力和加速性等也都得到提高。它是伴随着汽车制动防抱死系统(ABS)的产品化发展起来的。

车辆－路面系统是一个非常复杂的非线性系统，它包括像路面、轮胎、驾驶员等诸多非线性因素，所以很难用一个数学模型将车辆系统准确地表示出来。而驱动防滑控制系统也是一类复杂的非线性系统，由于车辆系统本身的非线性使得驱动防滑控制系统的传统设计非常困难，所以国外车辆上安装驱动防滑控制系统大多采用逻辑门限控制方法，也就是一种开关控制，它的门限值要靠经验选取，而且控制过程不平稳，所以控制效果不是很理想。而智能控制方法恰恰正适用于该类系统的设计，所以本文将采用智能控制中较为成熟和有实际应用的模糊逻辑控制方法进行研究，将其应用于驱动防滑控制系统。

1　汽车驱动防滑控制的原理

在驾驶员、汽车和环境三者所组成的闭环系统中，汽车与环境之间的最基本联系是轮胎和路面之间的作用力(包括纵向力和侧向力、法向力以及回正力矩、翻转力矩等)，汽车的行驶状态主要是由轮胎和路面的作用力决定的，因此驾驶员对汽车的控制实质上是在控制轮胎与路面间的作用力，但是，车轮与路面间的作用力要受到轮胎与路面间的附着特性的限制。当轮胎与路面间的作用力接近或达到附着极限，如汽车起动或加速行驶过程中，如果路面附着系数较小，常常会使车辆驱动扭矩超过轮胎与路面间的附着极限，产生驱动轮过度滑转。这不但降低汽车的驱动性能，加剧轮胎磨损，增大传动系载荷和驾驶员负担，增加燃油消耗，而且损害车辆的操纵性、稳定性和安全性。所以合理地调节车辆轮胎与路面间的作用力，对于提高汽车的主动安全性具有重要的意义。

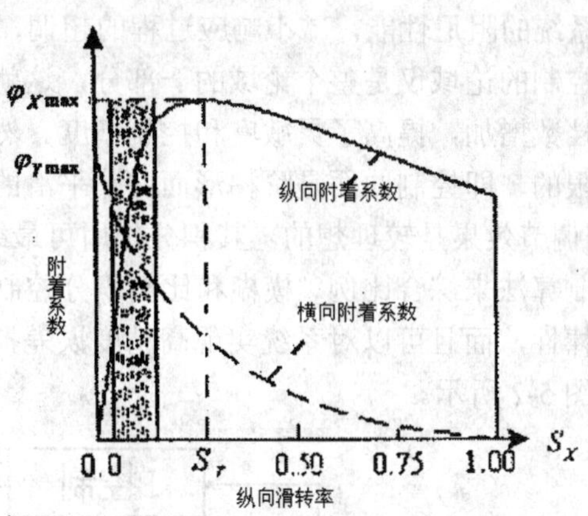

图 1 附着系数与滑转率的关系图

汽车在路面上行驶，其驱动力取决于发动机输出扭矩，但要受到路面附着条件的限制。轮胎与路面的附着极限与轮胎结构、路面状况、天气情况、车速等因素有关，是一个变化范围很广的不确定量，大量试验证明，轮胎与路面之间的附着系数与滑转率的关系如图 1 所示。从图中可以看出，纵向附着系数在开始随着滑转率的增加，当附着系数达到一最大值以后随着滑转率的增加而降低；侧向附着系数则随着滑转率的增加而降低，当滑转率为 1 时，侧向附着系数已非常小。而附着系数与附着力在一定范围内成正比例关系，综合考虑纵向附着系数和侧向附着系数，比较理想的驱动轮纵向滑转率应略小于峰值附着系数所对应的滑转率大约在 0.05～0.2 之间。这样不但可保证车辆具有良好的牵引性，同时又具有一定的侧向稳定潜能。汽车驱动防滑控制正是利用它们的这种关系，在驱动过程中将驱动轮的滑转率控制在 0.05～0.2 的范围内

2　模糊逻辑控制技术的基本原理

传统的控制是依赖于被控系统的数学模型，而模糊逻辑控制规则是依赖于被控系统的物理特性。物理特性的提取要靠人的直觉和经验。这些物理特性在人脑中是用自然语言来总结抽象成一系列的概念和规则的，自然语言的一个重要的特点就是具有模糊性。人可以根据不精确信息来进行推理而得到有意义的结果，而模糊控制系统就是用机器来模仿人的这样的过程。首先将人的实际经验进行总结和形式化描述，用语言表达成一组定性的条件语句和不精确的决策规则，然后利用模糊集合作为工具使其定量化，进而设计一个控制器，用那些形式化的人的经验法则模仿人的控制策略，再驱动设备对复杂的工业过程进行控制，这就构成了模糊控制器。

常规的模糊控制器对复杂的和模型不清楚却能进行简单而有效的控制，比较容易实现。但简单的模糊控制器由于不具有积分环节，因而在模糊控制系统中又很难完全消除稳态误差，而且在变量不够多的情况下，常常在平衡点附近会有小的振荡现象。PID 控制器是一种非常简单而有效的控制方法，是过程控制中应用最广泛最基本的控制方法，它具有积分环节，可消除余差。所以把这两种控制方法结合起来，就可以构成兼有这两者优点的模糊 PID 控制器。目前模糊技术与 PID 控制算法结合起来主要有两种形式：一种是利用模糊控制器来给 PID 控制器在线自整定(或者自校正、自调整)PID 参数，组成模糊自整定参数 PID 控制器；另一种是在大偏差范围内采用比例控制，而在小偏差时采用模糊控制，在 0 值附近采用 PI 控制，几种控制方式的切换是根据预先确定的偏差阙值来控制，这就构成 P-FUZZY-PI 分段控制器。本文主要进行后一种控制方法的设计研究。

2.1　模糊 PID 控制器的原理

要提高基本模糊控制器的设计精度和跟踪性能，就必需对语言变量取更多的语言值，即分档越细，性能越好。但同时带来的缺点是规则数和系统的计算量也大大地增加，以至模糊控制规则表也难以把握，调试更加困难，或者不能满足实时控制的要求。解决的一个方法就是在控制域内用不同的控制方式实现控制。当偏差大于某一个阙值时，用比例控制，以提高系统的阻尼性能，减小响应过程；当偏差减小到阙值以下时，切换转入模糊控制，以提高系统的阻尼性能，减小响应过程的超调，这样就综合了比例控制和模糊控制的优点。在这种方法中，模糊控制的论域仅是整个论域的一部分，这就相当于模糊控制论域已被压缩，就等效于语言变量的语言值即分档数增加，提高了灵敏度和控制精度。然而由于模糊控制没有积分环节，而且对输入量的处理是离散而有限的，即控制曲面是阶梯形而并非平滑的，因而最终必然存在稳态余差，而 PI 控制在平衡点附近的小范围调节效果是较理想的，其积分作用可最终消除余差。

由此就可采用多模态分段控制算法来综合比例、模糊和比例积分控制的长处，不但可以使系统具有较快的响应速度和抗参数变化的鲁棒性，而且可以对系统实现高精度误差控制的 P-FUZZY-PI 控制器，以汽车驱动防滑控制为例，其结构如图 5-2 所示。

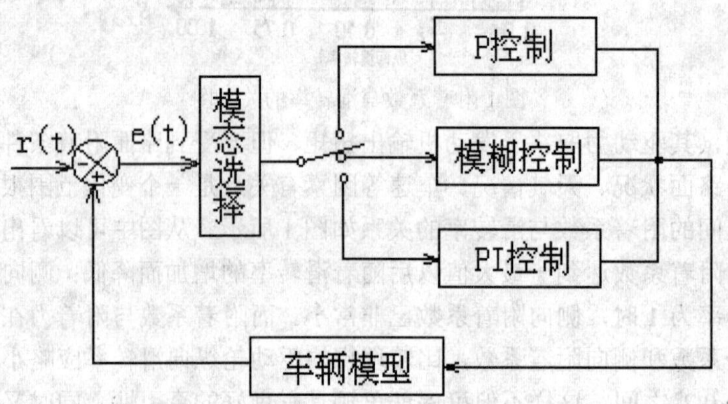

图 2 汽车驱动防滑的 P-FUZZY-PI 控制器

P 控制 当 e>=EP (切换阙值)

FUZZY 控制 当 Z<e<EP

PI 控制 当 e=Z (模糊语言中的 0 值)

由于其中三种控制方式在系统工作过程中是分段切换作用，不会同时出现而相互影响，所以三者可以分别设计和调试。但是切换阙值的设定是个关键。从 P 模态向 FUZZY 模态切换的阙值要选得恰当，如果选得太小，在接近目标值时，就可能出现较大的超调；反之，选得太大，就会过早的进入 FUZZY 模态而影响系统的响应速度，但这有利于减小超调。所以要找到一个相对最优点，或者根据系统的特点来选取。在从 FUZZY 模态向 PI 切换时，一般选在误差语言变量的语言值为“零(Z)”时，切换至 PI 控制，即当 e＝ZE 时，用以下 PI 算法：

$$U_n = U_{n-1} + K_P(e_n - e_{n-1}) + K_I e_n \tag{1}$$

式中 K_P——比例系数，

K_I——积分系数，

U——PI 的输出控制量。

在模糊控制中，其语言变量的语言值为“零(Z)”时，其绝对误差实际上并不一定为 0，所以在此基础上施加 PI 控制就能消除余差。P-FUZZY-PI 控制器与常规 PID 控制器相比，它大大提高了系统适应抗外部干扰和内部参数变化的鲁棒性，减小了超调，改善了动态性能。与简单模糊控制器相比，它减小了稳态误差，提高了平衡点的稳定度，提高响应速度，更加有利于实时控制。

2.2 汽车驱动防滑 P-FUZZY-PI 控制器设计

基于以上控制原理，设计了汽车驱动防滑的 P-FUZZY-PI 控制器，在该控制器中，采用了两个阙值进行不同控制模态的切换。同其它控制器一样将车轮的滑转率 s 作为车辆系统的输出，驱动扭矩为输入。假定主要考虑车辆的牵引性能，设车轮理想滑转率为 0.20。从 P 模态向 FUZZY 模态切换的阙值确定为 0.60，从 FUZZY 模态向 PI 模态切换时也确定一个阙值为 0.25。根据实际情况，将滑转率误差 E 分为 5 个等级：正大(PL)、正小(PS)、零(Z)、负小(NS)和负大(NL)，将滑转率变化率分为 3 个等级：正大(PL)、零(Z)和负大(NL)，输出 U 分为 5 个等级：正大(PL)、正小(PS)、零(Z)、负小 (NS)和负大(NL)。隶属函数选取常用的三角形隶属函数和铃形隶属函数，本文将滑转率误差 E 和输出 U 选取为铃形隶属函数，铃形隶属函数即正态分布的函数，滑转率变化率选取 EC 三角形隶属函数，模糊控制只采用了 7 条规则，如表 1 所示。其隶属度函数和输出响应曲线分别如图 3～6 所示

表 1 模糊控制规则表

		滑转率误差		
		NL	Z	PL
变化率	NL	NL	Z	Z
	Z	Z	PL	PL
	PL		PL	

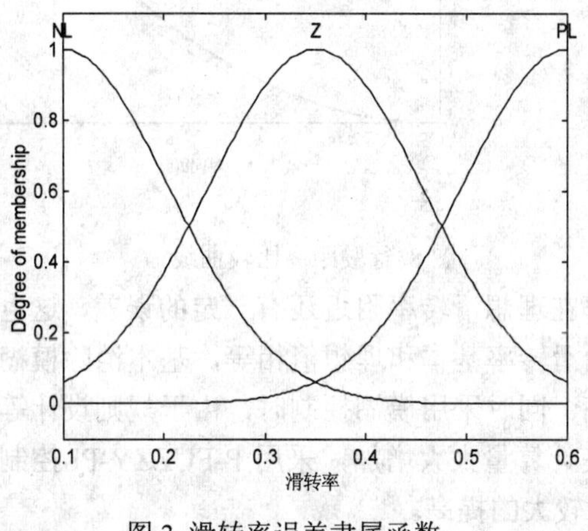

图 3 滑转率误差隶属函数

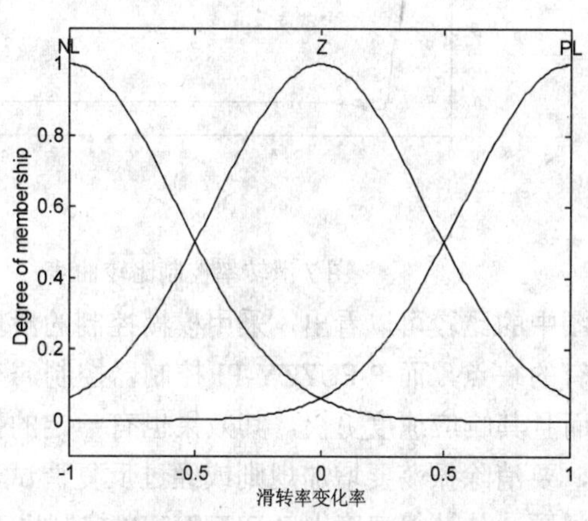

图 4 滑转率误差变化率隶属函数

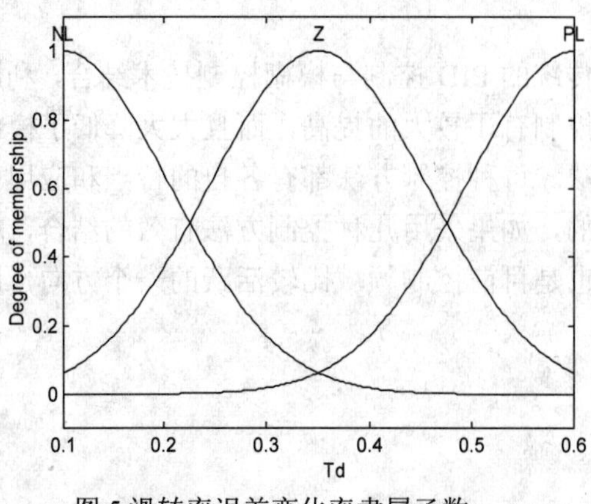

图 5 滑转率误差变化率隶属函数

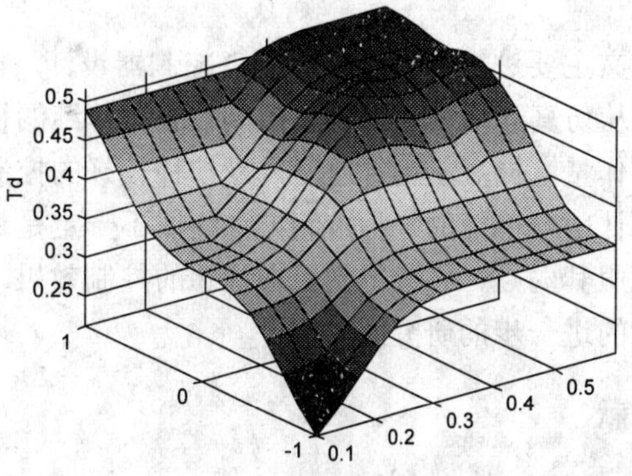

图 6 输出响应曲面

3 汽车驱动防滑 P-FUZZY-PI 控制器仿真计算

本文分别采用了两种控制方法在 8 自由度的车辆模型上进行了仿真比较，一种是采用传统的模糊控制方法，总共采用了 15 条推理规则如表 2 所示；另一种即 P-FUZZY-PI 控制。仿真工况为低附着路面(0.20)起步加速直线行驶，其滑转率控制曲线和行驶距离曲线分别如图 7、图 8 所示。

表 2 模糊控制规则表

		滑转率误差				
		NL	NS	Z	PS	PL
变	PL	Z	NS	PL	PS	PL
化	Z	NS	Z	Z	Z	PS
率	NL	NL	Z	Z	Z	Z

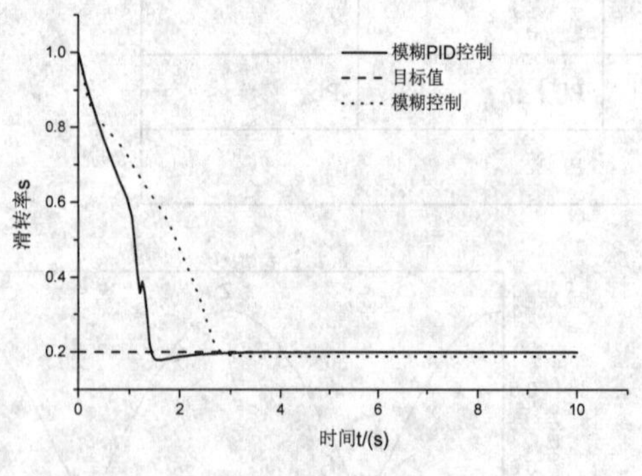

图 7 滑转率控制比较曲线

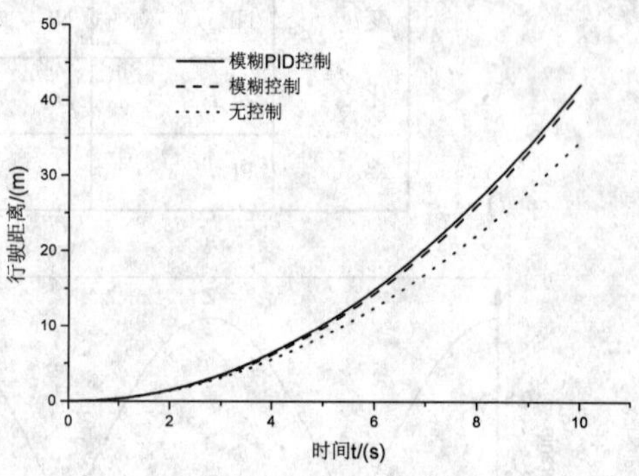

图 8 行驶距离比较曲线

从图中的比较可以看出，采用模糊控制的滑转率在理想滑转率附近还有一定的误差，这也是模糊控制器所固有的缺点，而 P-FUZZY-PI 控制器控制的车轮滑转率基本和理想值相等，基本消除模糊控制带来的余差，而且其响应速度更快，其效果也有一定的提高。同时采用模糊控制时，由于规则设计等原因常会引起振荡，要消除振荡要增加规则或经过反复调试，使计算量大大增加，采用 P-FUZZY-PI 控制就很容易解决这一问题。从计算速度上 P-FUZZY-PI 控制也有了较大的提高。

4 结论

本文主要进行了一类模糊 PID 控制器设计，它将传统的 PID 控制与模糊控制技术结合，利用了各自的优点，从仿真计算结果来看其控制效果比单纯的模糊控制有了较大的提高，而且大大降低了模糊控制器设计的工作量，提高了运行速度，是一种较好的控制方法。每种控制方法都有各自的特点和应用范围，控制系统设计中，单纯的一种控制方法往往不一定是最优的，如果采用几种控制方法有效的结合，利用各自的优点克服其弱点，将会得到更加理想的控制效果，这也是目前控制领域比较活跃的一个方向，以后将进行该方面的进一步的研究。

参考文献

1 郭孔辉. 汽车操纵动力学. 长春：吉林科学技术出版社，1992

2 Jurgen Gerstenmeier. Traction Control (ASR) – An Extension of the Anti-Lock Braking System (ABS). SAE 861033

3 窦振中. 模糊逻辑控制技术及其应用. 北京：北京航空航天大学出版社，1997

汽车侧面碰撞安全性的评价与改善

陈晓东 朱西产 史广奎 葛如海 程 勇
江苏大学汽车学院 中国汽车技术研究中心

[摘要] 本文介绍了我国汽车侧面碰撞法规草案所采用的汽车侧面碰撞安全性评价方法。针对评价方法提出了改善汽车侧面碰撞安全性的措施，并在整车侧面碰撞计算机仿真中进行了应用，仿真结果证明了其有效性和可行性。

关键词：汽车侧面碰撞 安全 评价方法 改善措施

The Evaluation and Improvement of Vehicle Side Crash Safety

Chen Xiaodong, Zhu Xichan, Shi Guangkui, Ge Ruhai, Chen Yong
School of Automobile, Jiangsu University, China Automobile Technology &Research Center

[Abstract] This paper presents the evaluation methods of vehicle side crash safety introduced by Chinese vehicle side crash law and regulation draft. According to the evaluation methods, this paper indicates the measures to improve the vehicle side crash safety, which is applied in vehicle side crash computer simulation. The results of simulation proved that the measures are available and feasible.

Key words: vehicle side crash safety evaluation methods improvement measures

1 引言

近几年，我国汽车工业发展较快，国民的购车热正逐渐升温，汽车的保有量迅速的增长，随之而来的交通事故发生率也在逐年增加。我国城市道路的交叉路口以平面交叉为主，机动车、非机动车混合交通现象严重，从而交通事故类型中汽车侧面碰撞的事故发生率最高。从 2000 年中华人民共和国道路交通事故统计资料显示：正面碰撞事故 12.852 万次，占交通事故的 20.83%，侧面碰撞事故 21.2292 万次，占 34.41%，超过了正面碰撞 13.58%。从死亡人数看，侧面碰撞比正面碰撞少 4.27%，而受伤人数，侧面碰撞要比正面碰撞多 7.59%[1]。由此可见，侧面碰撞是我国发生频次较高、造成严重受伤人数较多的交通事故。提高我国汽车产品的侧面碰撞安全性能，对改善我国道路交通安全具有重大意义。在国内许多汽车生产厂家都在为满足正面碰撞法规 CMVDR294 的要求而忙碌时，一汽、上汽、上海通用等国内大型汽车生产厂领先一步，已经开始考虑汽车侧面碰撞安全性的提高。目前，我国侧面碰撞法规的制定已纳入了“十五”规划，由中国汽车技术研究中心承担该法规的起草工作，预计在最近几年内将作为强制性法规颁布实施。

2 汽车侧面碰撞安全性评价方法[2]

从汽车侧面碰撞法规草案的起草工作和 2002 年中国汽车技术研究中心开展的三例实车侧面碰撞试验都证明，我国汽车侧面碰撞评价方法基本参照欧洲 ECER95 法规。因此，了解 ECER95 法规对汽车侧面碰撞安全性的评价方法，有利于汽车生产厂家有针对性的改善汽车侧面碰撞安全性能。

2.1 车身变形的评价方法

汽车侧面碰撞试验是采用移动变形壁障以 50km/h 的速度撞击驾驶员侧车身，撞击基准线为过驾驶员座椅 R 点的汽车横截面与车门的交线。当车身变形满足以下要求时认为合格：
在侧面碰撞试验过程中，车门不得开启；

(1) 碰撞试验后，不使用工具，应能打开足够数量能使乘员正常进出的车门，以保证所有乘员都能撤离；同时，能够将假人从约束系统中解脱出来，并从车辆中取出；

(2) 碰撞后安全带不能断裂，安全带扣不能脱开；

(3) 所有内部构件在脱落时都不应露出锋利的突出物或锯齿边，而增加乘员受伤的可能性；

(4) 在不增加乘员受伤危险性的情况下，允许出现由永久变形而产生的断裂；

(5) 碰撞试验后，若燃油供给系统存在液体连续泄漏，那么，泄漏速率不得超过 30g/min；如果来自燃油供给系统的液体与来自其它系统的液体混合，且不同的液体不容易分离和辨认，那么，在评定连续泄漏时，收集到的所有液体都应计入。

2.2 侧面碰撞假人的评价方法

试验采用 EuroSID-I 侧面碰撞假人来考核汽车对乘员的伤害，侧面碰撞假人考核的内容比正面碰撞假人要多，其评价指标如下：

2.2.1 头部伤害指数 *HIC*

HIC 的计算公式为：

$$HIC = (t_1 - t_2)\left\{\frac{1}{t_2 - t_1}\int_{t_1}^{t_2} a d_t\right\}^{2.5}$$

式中 a——表示假人头部质心的三向合成加速度（1000Hz 滤波），用重力加速度 *g* 的倍数表示；

t_1，t_2——碰撞过程中所选择的两个时刻，它们应使上式计算结果达到最大值，单位为 s。

HIC 值应小于或等于 1000，当没有发生头部接触时，则不必测量或计算 HIC 值，只记录“无头部接触”。

2.2.2 胸部性能指数

胸部性能指数包括肋骨变形指数和胸部粘性指数，其中肋骨变形指数由实际测量得到，胸部粘性指数是计算结果。目前胸部粘性指数不作为考核指标，只作参考。

(1) 肋骨变形指数（RDC）表示肋骨在受撞击时的最大变形位移量，RDC 应小于或等于 42mm；

(2) 粘性指数（VC）应小于或等于 1.0m/s，VC 是由瞬时产生的肋骨压缩量和变形速率的乘积求得，两者均由肋骨的变形获得。*t* 时刻，肋骨的压缩量为经 180Hz 滤波以后的肋骨变形量与假人胸部宽度一半（金属肋骨为 0.14m）的比值，即：C(*t*)=*D*(*t*)/0.14。*t* 时刻的肋骨变形速率按下式求得：

$$V(t) = \frac{8[D(t+1) - D(t-1)] - [D(t+2) - D(t-2)]}{12\delta_t}$$

式中 *D*(*t*)——*t* 时刻滤波后的变形量（m）；

δ_t——变形测量的时间间隔（s），最大值为 125×10^{-6}s。

粘性指数即为 MAX{C(t) · *V*(*t*)}。

2.2.3 腹部性能指数

腹部力的峰值（APF）应小于或等于 2.5 kN 的内力（外力相当于 4.5 kN），它是由安装在假人碰撞侧腹部表面下 39mm 处的三个力传感器测得的力经过 600Hz 滤波后累加所得的最大值。

2.2.4 骨盆性能指数

耻骨合成力峰值（PSPF）应小于或等于 6kN，由安装在假人骨盆耻骨位置的力传感器输出经 600Hz 滤波后得到。

3 改善汽车侧面碰撞安全性的措施

从满足汽车侧面碰撞试验的评价要求出发，要提高汽车抗侧面碰撞的安全性，需要对汽车侧面的车身结构进行适当的改进，主要从以下二方面考虑：①尽可能减少车门的陷入量，保证碰撞后假人盆骨附近有足够的空间；②尽可能地降低侧面碰撞过程中传递给假人的撞击，即降低二次碰撞速度，从而降低侧面碰撞假人的伤害值。

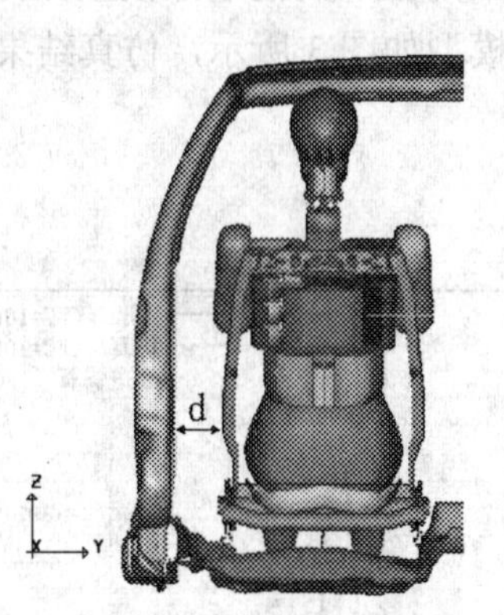

图 1　侧面碰撞理想变形量

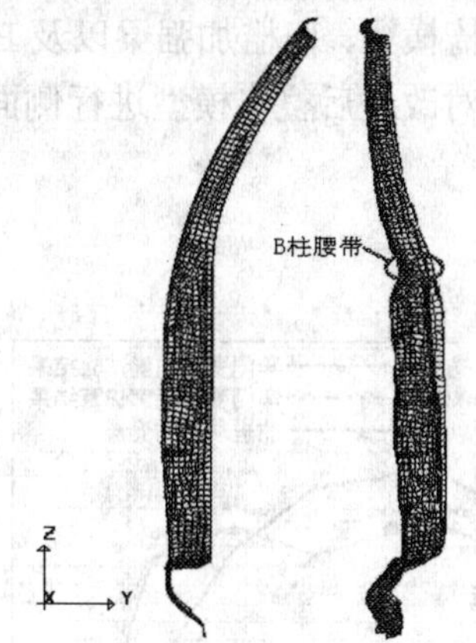

图 2　B 柱腰带位置

3.1　减少车门变形措施

图 1 所示 d 表示车门内侧距离座椅外侧的最小间隙，侧面碰撞时车身理想的变形量要求小于等于 d，这样能够保证乘员在发生侧面碰撞后能有足够的生存空间，及时离开事故车辆。要达到这一要求，最有效的方法是在车门中增加车门防撞杆；其次可以对座椅横梁、门槛加强梁、窗台加强板、B 柱进行适当的加强；最后，要保证 A/B/C 柱与顶盖、门槛的接合良好，包括门铰链和门锁的可靠性。因为车门所受的力最终传递给门框，由门框来承受，所以门框的坚固程度将会影响到车门的变形量，门铰链和门锁的可靠性直接关系到碰撞过程中车门是否开启或脱落。

3.2　降低二次碰撞速度措施

对车身侧面的加强，会在一定程度上增加碰撞过程中汽车侧向加速度，这与降低二次碰撞速度是相矛盾的，因此在对车身侧面加强的同时一定要兼顾到二次碰撞速度的变化。

从国外的试验统计结果显示，侧面碰撞时，人体胸部的伤害值与 B 柱腰带（乘员胸部高度位置，如图 2 所示）撞击假人的速度成正比[3]。同时，在实际试验中也发现 B 柱在变形过程中，腰带处的变形速度最大，如图 2 所示。所以，要降低侧面碰撞中乘员胸部的伤害，必须对 B 柱的结构进行优化，降低 B 柱腰带处的塑性变形速度，如图 4 中点划线所示。

降低腹部和骨盆伤害同样必须降低对应人体腹部和骨盆位置车身的变形速度，可以采用以下措施：一是在车门内部对应位置增加特殊吸能材料，减少传递到车门内板的撞击能量，从而降低车门内侧的变形速度；二是通过加强座椅骨架刚度，依靠座椅的支撑和缓冲，来降低二次碰撞速度。

图 3　实车侧面碰撞仿真模型

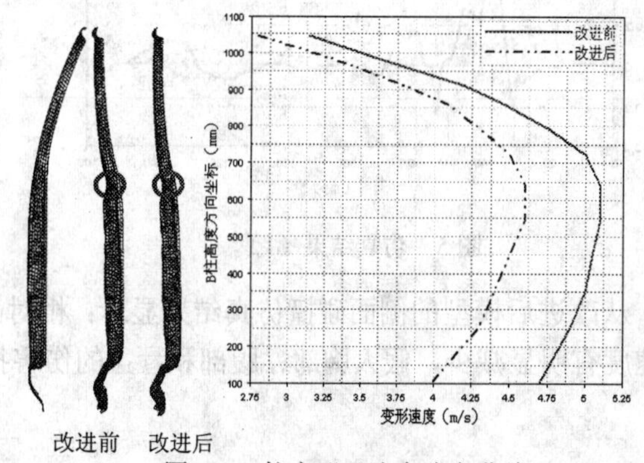

图 4　B 柱变形及速度分布曲线

4 应用实例

为了证明上述方法的可行性，本文利用经过试验验证过的整车有限元模型，对驾驶员侧车门的窗台加强板和防撞杆、座椅横梁、门槛加强梁以及 B 柱腰带位置进行了适当加强，其他零件模型保持不变。在同样的仿真条件下，对改进后整车模型进行侧面碰撞模拟计算，仿真模型如图 3 所示，仿真结果如图 5 至图 6 所示。

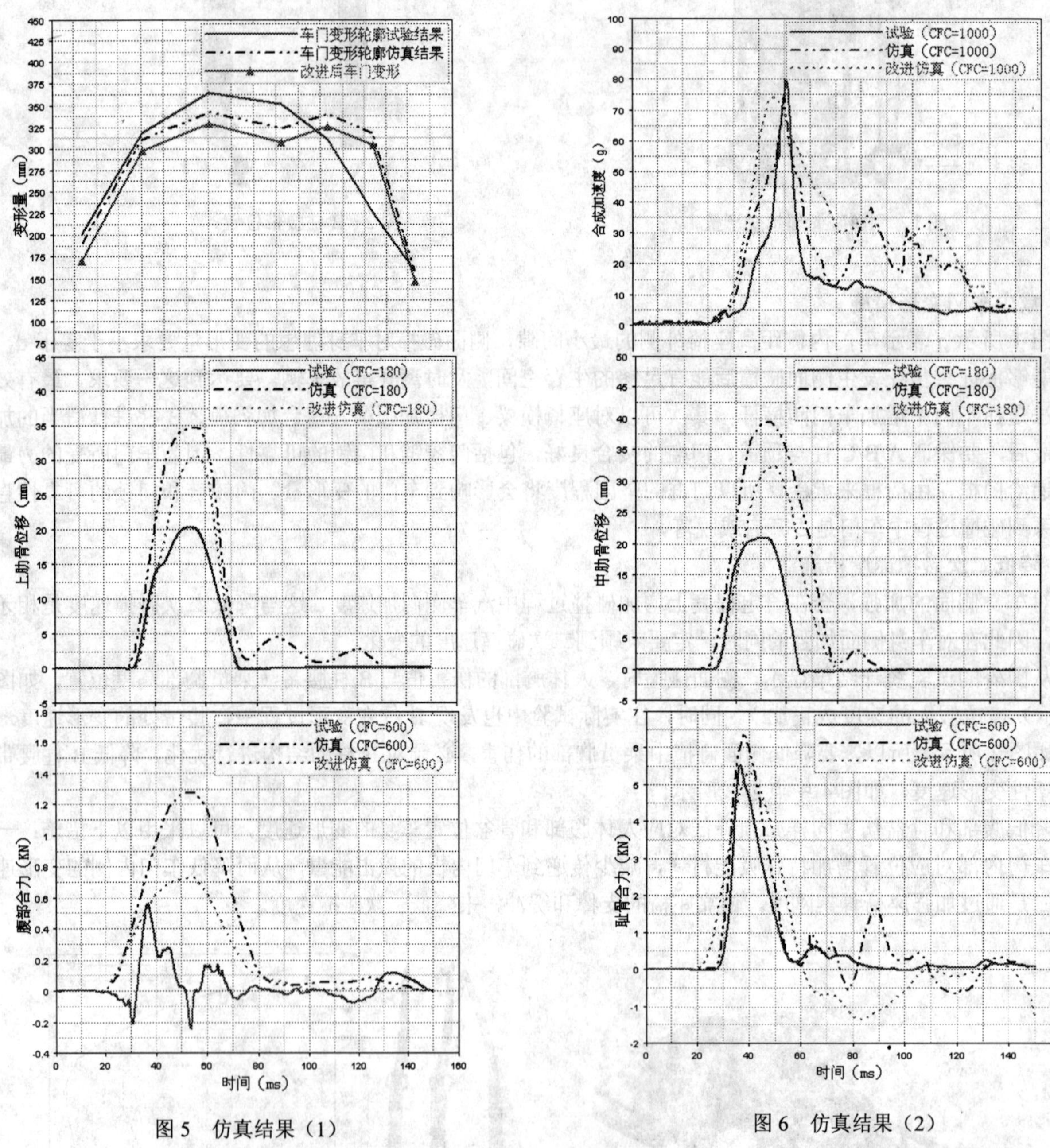

图 5 仿真结果（1）

图 6 仿真结果（2）

从改进后模型的侧面碰撞仿真结果显示：相对改进前的仿真结果，车身侧面的变形量和 B 柱腰带处变形速度有明显减少，假人胸部、腹部和骨盆的伤害指标有显著降低，但头部伤害指标有增加趋势。

5 结论

通过将改进的整车侧面碰撞仿真结果与改进前的仿真结果及试验结果的比较，可以得到以下结论：

(1)加强汽车地板、门框和车门能够减小汽车侧面碰撞时汽车的变形，确保乘员的生存空间；

(2)二次碰撞速度是人体胸部伤害值的重要影响因素，降低 B 柱的二次碰撞速度能明显降低碰撞时人体胸部的伤害。

对车身侧面的加强和增加吸能材料能减少碰撞对人体腹部和骨盆的伤害，但会增加对人体头部的伤害，因此在对车身加强时应进行优化设计。

本文介绍的汽车侧面碰撞安全性评价方法及改善措施具有现实指导意义，能够为国内汽车生产厂家提高汽车侧面碰撞安全性提供借鉴和帮助。

参考文献

1 中华人民共和国道路交通事故统计资料汇编（2000）.北京: 公安部交通管理局，2000

2 中国汽车技术研究中心 编.汽车碰撞安全标准手册.2002

3 Tomohiko Ariyoshi， Katsunori Noto. A CAE Application to Body Structure Development for Motor-vehicle Lateral collision. TOYOTA Technical Review Vol.46 No.2 Apr.1997

汽车防抱死制动系统控制技术的发展趋势

吴昌扣 孙 骏

安徽省农机研究所 合肥工业大学

[摘要] 本文简要介绍了汽车防抱死制动系统（Anti-lock Braking System，简称 ABS）的控制原理，对目前汽车防抱死制动系统所采用的控制技术进行了综述，并对其发展趋势进行了预测。

关键词：汽车 防抱死制动系统 控制技术

[Abstract] The control algorithms for anti-lock braking system (ABS) in automobile are summarized. The future developments of the control techniques are also presented in this paper.

Key words: automobile anti-lock braking system control algorithms

1 概述

随着汽车工业的迅猛发展和高速公路的不断修建，汽车的行驶安全性越来越为人们重视。为了全面满足制动过程中汽车对制动的要求，使制动器制动力分配更趋合理。汽车防抱死制动系统（简称 ABS）已越来越多地应用在汽车上。

汽车防抱死制动系统是指汽车在制动过程中能实时判定车轮的滑动率，自动调节作用在车轮上的制动力矩，防止车轮抱死。从而获得最佳制动效能的电子装置。它能把车轮的滑动率控制在一定的范围之内，充分地利用轮胎与路面之间的附着力，有效地缩短制动距离，显著地提高车辆制动时的可操纵性和稳定性，从而避免了车轮抱死时易出现的各种交通事故。

随着制动强度的增加，车轮滚动成分越来越少，而滑动成分越来越多，一般用滑动率 S 来说明制动过程中滑动成分的多少。滑动率越大，滑动成分越少[1]。

$$s=\frac{u-rw}{u}\times 100\%$$

其中： u——车轮中心的速度；

r——没有地面制动力时的车轮滚动半径；

w——车轮的角速度。

纵向和侧向附着系数可表达为车轮滑动率的函数（如图 1）。最大纵向附着系数所对应的滑动率称为临界稳定点 S_K。根据控制理论把滑动率小于 S_K 的区域称为稳定制动区，S_K 以后的为非稳定制动区。ABS 正是利用道路与轮胎之间的关系，强制性地把车轮滑动率控制在临界稳定点 S_K 附近，使路面附着性能得到最充分的发挥，从而达到最佳的制动效果[2]。

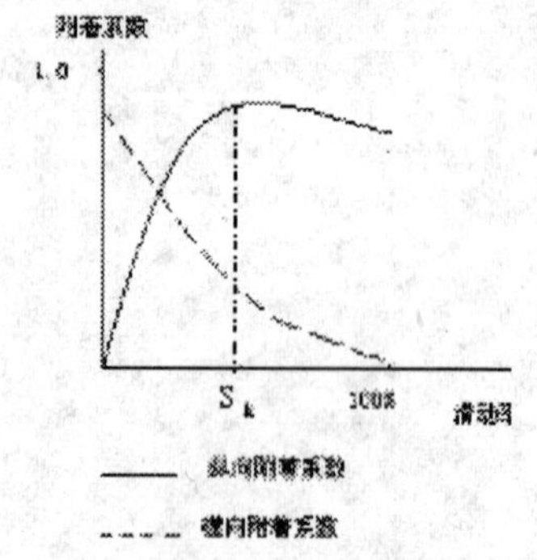

图 1 附着系数-滑动率曲线

目前所采用的 ABS 主要由轮速传感器，电子控制单元，压力控制阀和线束、管路等附件组成。ABS 的开发主要是研究设计优化运算和控制程序软件，实现实时精确制动调节的技术，同时提高硬件的水平[3]。

2 目前 ABS 所采用的控制技术

ABS 的控制效果很大程度上取决于系统所采用的控制技术[4]。目前所采用的主要是逻辑门限值控制技术。为进一步提高 ABS 的性能，还提出了一些基于滑动率的控制技术，如 PID 控制，滑动模态变结构控制，模糊控制等。每种控制均以不同的控制规律逼近期望的点。

2.1 PID 控制[5]

定义期望滑动率 S_0 与实际滑动率 S 之差为控制误差 $e=S-S_0$，则 PID 的控制规律可表示为：

$$U = K_P e + K_i \int_0^t e dt + K_d \frac{de}{dt}$$

因此，ABS 控制器的设计最后就归结为，根据 ABS 动态系统，确定出一组最佳的参数 K_p、K_i 和 K_d，使车轮的滑动率以最快的方式逼近设定目标 S_0。

2.2 滑动模态变结构控制[6]

由汽车防抱死制动的基本原理可知，其制动过程的本质问题是把车轮的滑动率控制在附着系数的峰值点 S_k，则滑动模态变结构根据系统当时的状态、偏差及其导数值，在不同的控制区域，以理想开关的方式切换控制量的大小和符号，以保证系统在滑动区域很小的范围内，状态轨迹（S，$\dot{S}$）沿滑动换节曲线滑向控制目标（S_k，0）。

通常取制动力矩为控制变量 U，切换条件为：

$$U = \begin{cases} M_b^- & \tilde{\nu} > 0 \\ M_b^+ & \tilde{\nu} < 0 \end{cases}$$

其中 M_b^-、M_b^+ 分别代表由调节系统所决定的制动力矩减少、增加两种不同的状态。

$\tilde{\nu} = e + c_1 \dot{e}$ $(c_1 > 0)$ 为切换函数，$e=S-S_k$ 为实际滑动率相对目标点的偏差。

2.3 模糊控制[7]

对于以滑动率为控制对象的防抱死制动系统，其输入量取期望滑动率与车轮实际滑动率的偏差 E 以及偏差的变化率 EC，输出量为制动管路油压。采用带修正因子的模糊控制器，把用模糊推理算法形成的控制表概括为一个解析式：

$$U = \alpha \cdot E + (1-\alpha)EC$$

其中 α 为修正因子，α 值的大小直接反映了对偏差及偏差变化率的加权程度。通过调整修正因子 α，就可以改变控制规则。当 α 较大时，表明对偏差的加权大，阶跃响应快，控制能量主要用于减少偏差，但易出现超调；当 α 较小时，控制目的是减少超调，但响应过程较慢。通常采用带两个 α 值的修正因子表达式就可满足性能要求，即：

$$u = \begin{cases} \alpha_1 E + (1-\alpha_1)EC & \text{当}E\text{较小时} \\ \alpha_2 E + (1-\alpha_2)EC & \text{当}E\text{较大时} \end{cases}$$

其中，修正因子 α_1、$\alpha_2 \in (0, 1)$ 且 $\alpha_1 < \alpha_2$，控制系统在判断 E 值的大小之后，选择控制规则表达式。

2.4 逻辑门限值控制[8]

此方法预先对若干个控制参数设定一些控制极限（门限）值，制动时，根据计算的实时参数值与对应门限值的大小关系，来判定车轮的运动状态，从而控制调节制动压力，以获取足够大的制动强度和良好的方向稳定性。常作为 ABS 控制参数的有：车轮滑移率 S，车轮转动的角加（减）速度 ω 及其变化率 $\dot{\omega}$ 等三种描述车轮运动情况或动力学状态的参数。由于仅用一个控制参数难于保证 ABS 在各种行驶条件下都具有良好的性能，因此，目前逻辑门限值控制方法通常将车轮转动的角加（减）速度作为主要控制参数，而将车轮的滑动率 S 作为辅助控制参数。其中滑动率是从各轮速信号按一定逻辑确定汽车的参考速度后，计算出的参考滑动率，与实际滑动率存在着差异。

3 发展趋势

采用逻辑门限值控制算法，可避免一系列繁杂的理论分析和对一些不确定因素的定量计量。简化了控制器的设计，而且因仅需测定车轮的角速度，便于实现，所以装车成本低。该算法现已趋近成熟，为当前汽车 ABS 系统所普遍采用，但它并非最佳的控制算法。由于不同路况下各种门限值及保压时间都是经过反复试验得出的经验数值，没有十分明确的理论依据，故 ABS 开发的周期长，且控制品质难以保证。

基于滑动率的控制算法容易实现连续控制，且有十分明确的理论加以指导，但目前制约其发展的瓶颈主要是实现的成本问题，根据我们的研究认为，今后 ABS 控制算法的发展方向将在以下几方面。

(1) 针对当前广泛采用的逻辑门限值控制算法所存在的缺点，研究能跟踪路面特性变化，使 ABS 各项性能指标始终处于最佳状态的控制算法。其中预测控制技术值得重视。由于在制动过程中，轮胎与路面间的摩擦特性导致防抱死制动系统具有非常明显的非线性、时变性和不确定性。因而难于建立其精确的数学模型，而预测控制具有预测模型、滚动优化和反馈校正的基本特性，可根据某一优化指标设计控制系统，确定一个控制量的时间序列，使未来一段时间内被调量与经过柔化后的期望轨迹之间的误差为最小。由于该算法采用的是不断在线滚动优化，且在优化过程中不断通过实测系统输出与预测模型输出的误差来进行反馈校正，所以能在一定程度上克服由于预测模型误差和某些不确定性干扰等的影响，使系统的鲁棒性得到增强[9]。

(2) 随着体积更小，价格更便宜，可靠性更高的车速传感器的出现，ABS 系统中增加车速传感器成为可能，确定车轮滑动率将变得准确而快速。其中非接触式的车速传感器（如光电式、多谱勒仪等）今后最有可能应用于汽车 ABS 系统中。此时基于滑动率的控制算法就可被重视。其中模糊控制将以其不依赖对象的数学模型，便于利用人的经验知识，鲁棒性好，简单实用等特点而会被广泛采用。

(3) 由单一的 ABS 控制目标转向多目标的综合控制[10]，其中已出现的牵引力控制系统（TCS）不仅能够在制动过程中防止车轮发生抱死，而且能够在驱动过程中（特别是在起步、加速、转弯等过程中）防止驱动轮发生滑转，使汽车在驱动过程中的方向稳定性、转向操纵能力和加速性能等也都得到提高。未来汽车电子控制系统将朝着从多电子控制单元（ECU）的分散的独立控制向单一 ECU 的整车控制，以网络的方式实现数据共享和综合控制的方向发展；或者向动态递阶控制方向发展，即各分散控制系统的 ECU 不仅是各自独立地构造自己的动态补偿器，而且要再统一地建立一个高层的动态协调器来帮助确定各 ECU 的控制策略，以增强各 ECU 的控制能力，解决分散控制系统存在不稳定模时不能用动态分散控制镇定的问题[11]，使整车综合性能得到保证。

4 总结

汽车防抱死制动系统（ABS）能提高汽车在低附着系数或变附着系数路面条件下的制动性能。目前 ABS 的控制技术主要采用逻辑门限值控制方法，但随着车速传感器技术的发展，基于车轮滑动率的各种控制算法将被广泛的重视和采用。另外。未来汽车电子控制技术与装置将以网络的方式实现资源共享和综合控制，并朝着多目标综合控制，以提高系统性能成本比的方向发展。

参考文献

1 余志生. 汽车理论（修订版）. 北京：机械工业出版社，1993

2 李朝禄. 汽车制动防抱装置（ABS）构造与原理. 刘荣华译. 北京：机械工业出版社，1995

3 柯愈治，谢怀暄等. 汽车防抱制动系统结构原理与检修. 北京：人民交通出版社，1998

4 潘旭峰. 现代汽车电子技术. 北京：北京理工大学出版社，1998

5 周云山，于秀敏. 汽车电控系统理论与设计. 北京：北京理工大学出版社，1999

6 张洪欣. 汽车系统动力学. 上海：同济大学出版社，1996

7 Gerorge F.maner，Gerard F.Gissinger，etc. Fuzzy Logic Continues and Quantizing Control of an ABS Braking system. SAE Technical paper 940030，1033~1042

8 司利增. 汽车防滑控制系统——ABS 与 ASR. 北京：人民交通出版社，1996

9 席裕庚。预测控制。北京：国防工业出版社，1993

10 Timonty w. Athan，Panos T.Papalambros. Multi-criteria Optimization of Anti-lock Braking System Control Algorithms. Engineering Optimization，1996，Vol.27，199~227

11 高为炳，霍伟. 大系统的稳定性，分散控制及动态递阶控制基础. 北京：北京航空航天大学出版社，1994

左舵化的车身设计

何淑琴
哈飞汽车股份有限公司

[摘要] 随着现代汽车业的发展，汽车行业已经成为一种国际化的产业，跨国设计、跨国制造、跨国销售已成为当今汽车生产主流。由于不同国家交通法规的差异，对出口汽车需做左右驾驶的更改设计。本文总结了左舵化车身结构设计经验，并重点介绍了一些产品结构的优化设计，针对中国路况及国情需要，在满足正碰、侧碰要求的前提下，简述了无图化设计在车身设计中的优势。利用 CATIA（三维造型）、NASTRAN（强度分析）、ALIAS（汽车造型）软件进行整车三维模拟动态分析。

关键词: 汽车 左舵化 车身设计

1 前言

一百多年前，德国人发明了汽车，但是并没有想到它会给世界带来如此巨大的影响。汽车产业发展非常快，在短短一百年内，迅速发展为全球第一大产业，现代汽车已成为世界各国国民经济和社会生活中不可缺少的一种交通、运输工具。汽车产业的规模和其产品的质量也成为衡量一个国家技术水平的重要标志之一。现代的汽车产业已经走向国际化轨道，跨国设计、跨国制造、跨国销售成为汽车产业发展的主流，对出口汽车由于各国道路交通法规的不同，因此在汽车设计时，需要考虑适应不同国家道路交通法规，采用左驾驶或右驾驶的情况。

2 左舵化设计的提出及设计理念

汽车的产业化、信息化、国际化的迅猛发展，使得汽车领域时有引进车型国产化的情形，又由于不同国家的道路交通法规规定的左侧通行与我国的右侧通行不同，左侧通行的驾驶员在车的右侧称为右驾驶（亦称右舵车），反之，右侧通行的驾驶员在车的左侧称为左驾驶（亦称左舵车）。为此对有些引进车型需进行右舵改左舵的设计，即左舵化设计。

所谓左舵化设计并非简单的左右对称，而是在满足左侧驾驶前提下，重新进行整体布置，作为整车支撑的车身钣金件也需相应更改，同时还要求满足碰撞法规要求。考虑到汽车设计的技术经济性（即技术先进性、工艺性、继承性）、生产成本和零部件通用化，作为改造车型为减少成本，对原车作了尽量小的改动，这就是左舵化设计理念。

3 左舵化车身设计的要点

左舵化设计中应继承原车的最大优点，如现在很多高档车在车体的多处采用不等厚钢板（即用厚度不同的钢板用滚压薄边焊接方式焊成一体）来提高整车的安全性和刚性，充分提高材料利用率，并降低整车重量。对车身而言，左舵化设计的关键部位是前机舱部分的设计。前机舱是发动机、水箱、散热器、制动器、离合器、主线束、空调进出水管及进风口、洗涤机构等等的主要支承部位，是整个车身的重要组成部分之一，也是全车改动设计任务量及难度最大的部分，它对于提高整车的动力经济性、安全性、改善冷却通风、改善和减少噪声有着至关重要的影响。车身侧围(SIDE PANEL ASSY)、地板(FLOOR PANEL ASSY)、车架(SIDE MEMBER ASSY)、顶盖(ROOF PANEL ASSY)也由于系统件的总布置的更改作相应改动。

3.1 前机舱的结构设计

为提高整车结构上的碰撞安全性，我们根据《CMVDR 294 关于正面碰撞乘员保护的设计规则》中要求，必须对驾驶员前部的车身结构作加强，目前多采用具有独立前机舱结构。在前部多采用大型的前端横梁和前大灯支架来提高碰撞安全性。前减支座分别焊装在侧立板与通风罩外板上，通过提高悬架与支撑部位的刚性来提高操纵稳定性和降低噪省。并在前机舱上多处涂敷一层阻尼减振吸音材料，以吸收发动机产生的一部分噪声，同时增强隔板隔热效果。在下隔板部分，采用下隔板与消音板焊接结构，必要时可在下隔板总成中加有复合隔音材料——消音垫，充分满足隔音、隔热要求。

前机舱的结构设计，充分考虑了将正碰时产生的冲击能力迅速吸收，采用合理的吸能结构，如采用高强度钢板和不等厚钢板。前机舱一般由前纵梁总成、前横梁、墙板总成、侧支承总成、下隔板总成等钣金件焊接组成。前横梁的主要功用是水箱、散热器的支承，前纵梁的主要功用是发动机等的支承，墙板及侧支承总成的主要功用是前减震器的支承，下隔板是离合器总成、制动总成、空调系统、仪表板系统的支承。

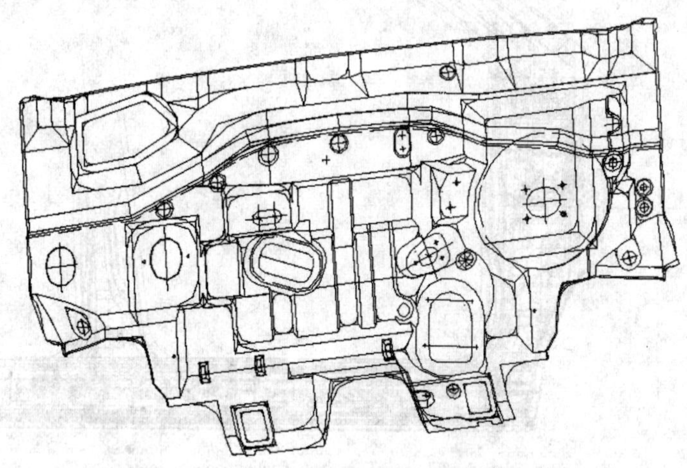

图 1 右舵化设计的下隔板总成

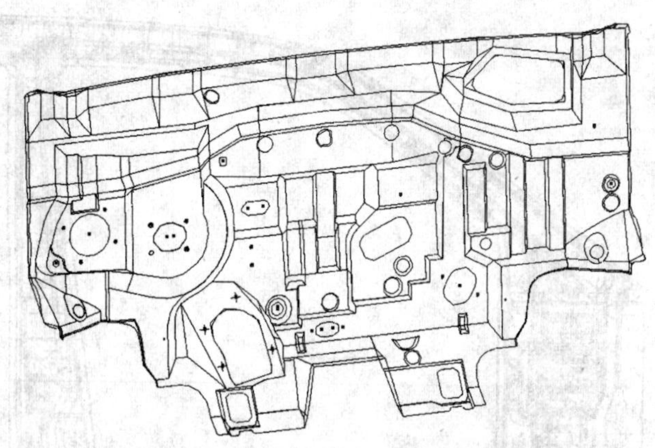

图 2 左舵化设计的下隔板总成

前机舱部分是左舵化车身设计中改动最大的部件，而下隔板总成(DASH PANEL ASSY)是左舵化车身设计的重中之重。因为该结构是分隔发动机舱和驾驶室及乘员室的主要屏障，整车主要的系统件如制动器、离合器、主线束、空调进出水管及进风口、洗涤机构等都安装在下隔板总成上。在作右改左设计时，因驾驶员布置在左侧，要求制动鼓、空调进出水管、空调进风口等也相应布置在左侧；如果原车是无级变速，而国产化后采用了手动变速，那么应将增加的离合器也安装在下隔板上；前洗涤机构因为驾驶员视野的要求做了左右对称布置；线束布置也作了相应的更改，主线束安装在下隔板上。上述一切布置的改动都要求下隔板总成在结构上重新设计以满足系统件装配及工作要求。图 1、图 2 分别为右改左前后的下隔板总成的对比。现代的汽车设计中，下隔板总成的结构设计多是在工作站利用 IGES 或 CATIA 等软件完成，建立总成中各零部件的数学模型，随着方案的逐步确立，经过反复迭代，不断优化结构，各零部件的结构即适应系统件安装又满足冲压工艺要求，每一个加强筋的设计都适应了结构及性能需求。

3.2 侧围的结构设计

现代高档车的侧围外板多采用高强度钢板、高强度镀锌钢板或不等厚钢板，不等厚钢板的加盟大大提高了侧围的防碰撞能力。在结构上多处采用双盒形的高强度结构，以满足侧碰及后碰要求。由于驾驶员布置在左侧，要求左侧的车体强度要高，既能防止侧碰对驾驶员的伤害又要保证在 45° 正碰时驾驶员有足够生存空间，因此在左舵化设计中应将前门框作加强，通常大的贯通的加强件可在此发挥极好的效力。例如将 A 立柱加强件贯穿整个前门槛，同时还可另增加一个延伸至顶盖前横梁后部，保证 A 立柱具有足够刚性；B 立柱可采用不等厚钢板，上厚下薄。这种材料的选择既保证 B 立柱结构的刚性，又充分提高材料利用率，同时降低重量，满足整车轻量化设计。图 3、图 4 分别为右改左前后的侧围总成（驾驶员门框部分）的对比。

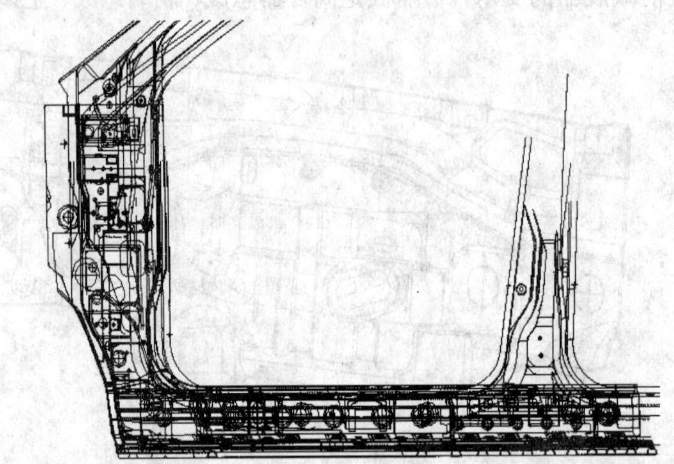

图 3 右舵化设计的驾驶员门框处的侧围总成

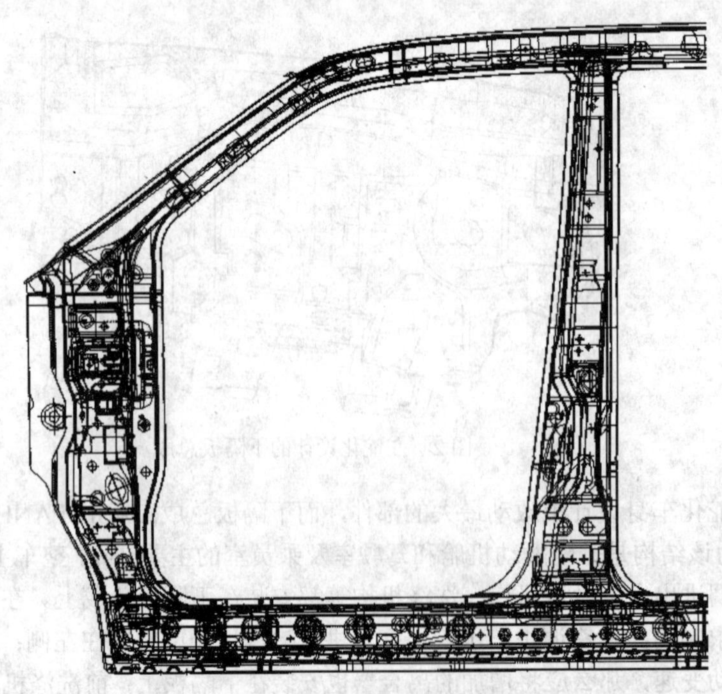

图 4 左舵化设计的驾驶员门框处的侧围总成

3.3　地板的结构设计

对发动机有单独的前机舱的车体结构，底盘、电器功能件的布置几乎都在前隔板上，前地板只布置钢索通过孔，浸漆孔等。采用中央通道结构的前地板大大增加了其刚性，如果在中央通道下部加一个贯穿前后的加强件，则会更增加前地板结构在正碰和侧碰时车体的刚性。不平整的地板可采用在通道两侧布置填充块的方式，使整个地板上表面平整，满足乘坐舒适性。图 5、图 6 分别为右改左前后的前地板总成的对比。

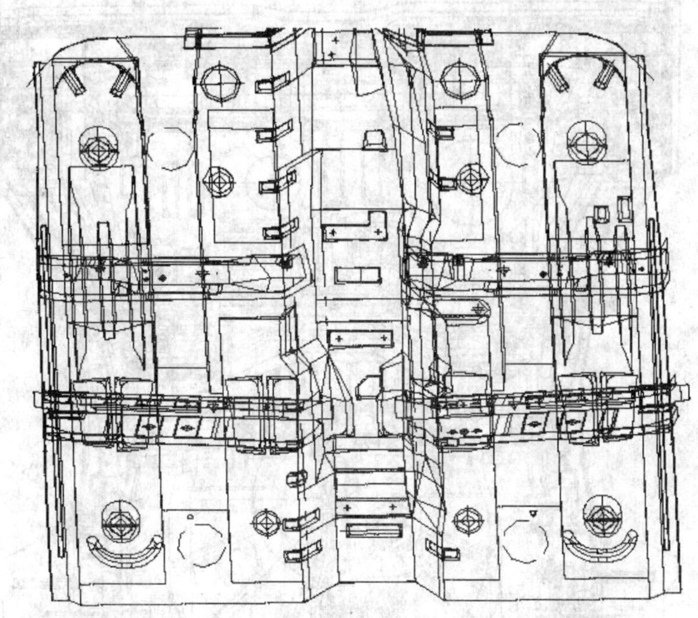

图 5　右舵化设计的前地板总成

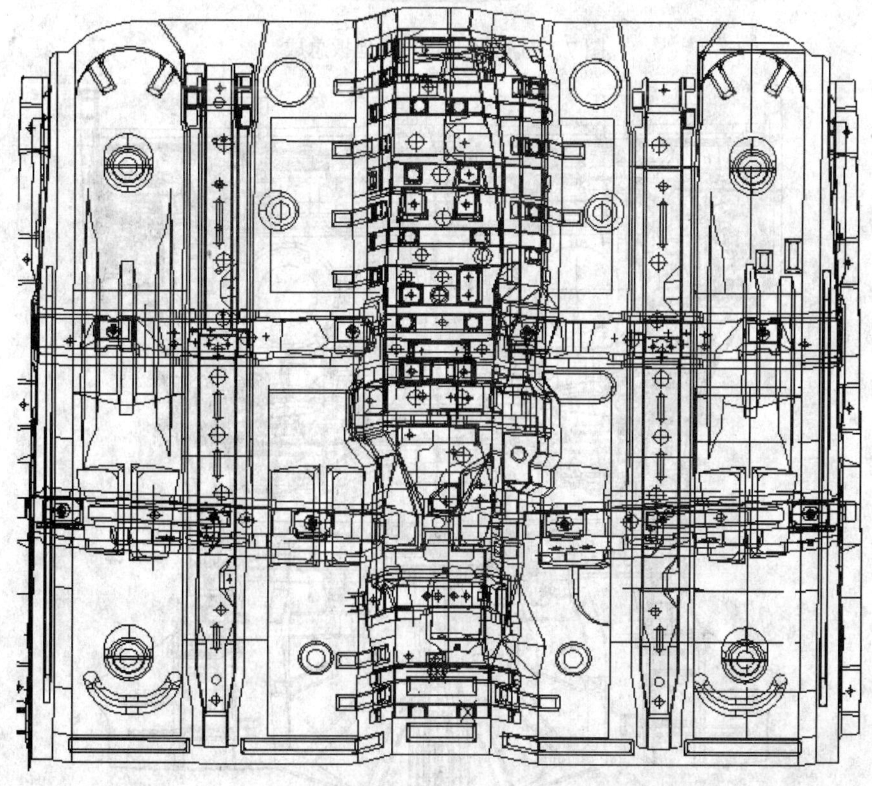

图 6　左舵化设计的前地板总成

一般国外的应急轮胎要比标准轮胎外形尺寸小，而我们国内的备胎则与标准轮胎一样，为此在引进车型后，还应将此方面考虑周全，通常而必要的做法是加大的备胎盆适应了标准轮胎的安装，因此后地板结构也要作相应改动。尾门槛多采用高强度的盒型结构，使后地板及尾门槛结构更有利于达到追尾的碰撞要求。由此使得整个地板结构更适合强度方面及碰撞法规要求。图 7、图 8 分别为右改左前后的后地板总成的对比。

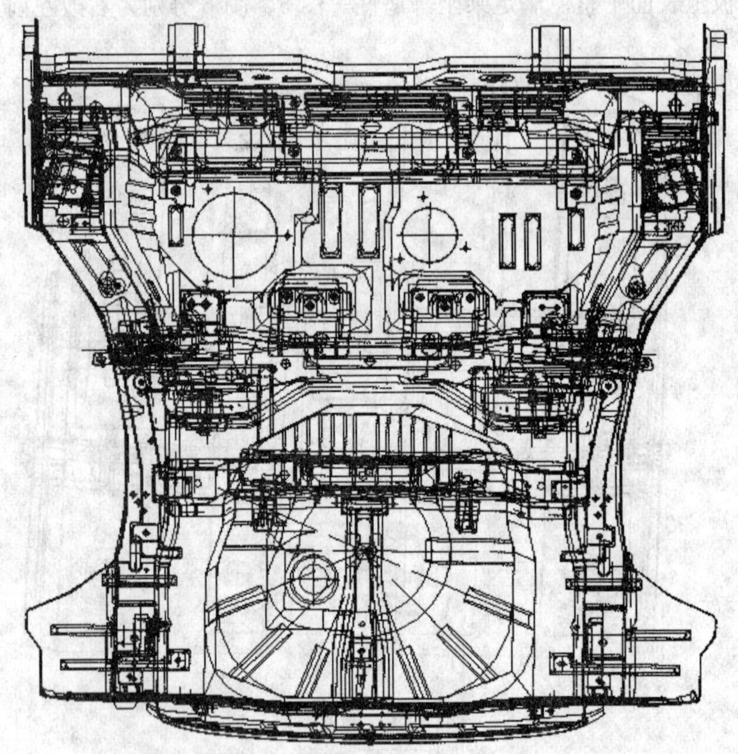

图 7 右舵化设计的后地板总成

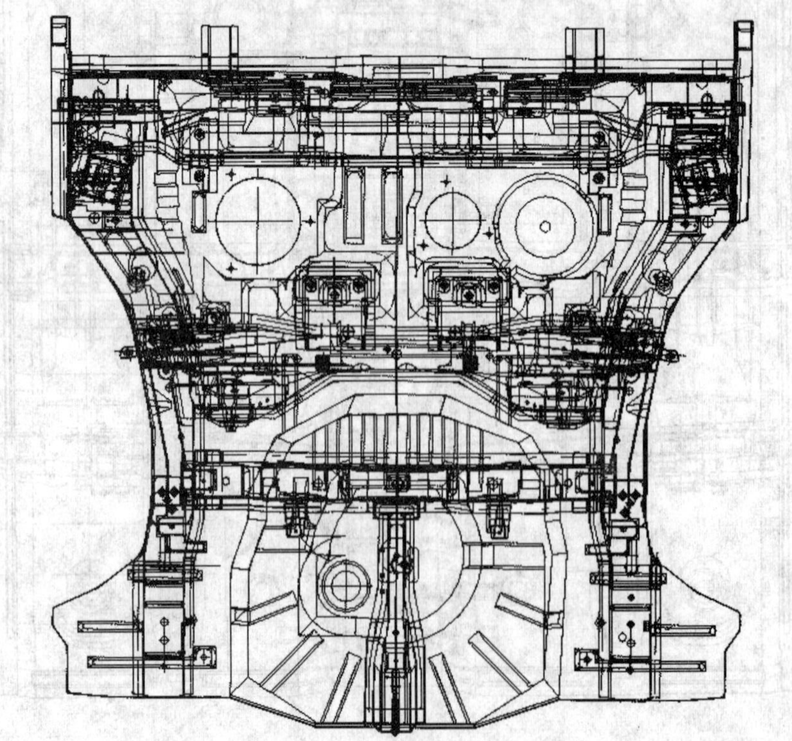

图 8 左舵化设计的后地板总成

3.4 车门的结构设计

车门是一个车的很重要的总成之一。但左舵化车身设计中车门的改动相对较小，对有中控门锁结构的车身，主要的改动缘于中控门锁及线束排布的改动。这里只简单介绍一下车门的优化结构。分体式车门是目前高档次车常采用的车门结构形式，该结构在受力部位采用稍厚板料，在其余部位采用通常料厚，这种布置既增强车体抵抗碰撞的能力又达到了减轻车体重量的目的。滚压式的窗框，体积小，视野好，但焊接工艺要求较高，在高档车中的使用率也较高。在车门多处板件之间加注结构密封胶，既起到增加刚性和强度的作用又可防振降噪。前门的防撞杠一般为一根或两根，防撞杠的增加可以增强抵抗前方、横向碰撞能力。绝大多数的微车都采用先进的中控门锁，即驾驶员门处的门锁的锁上后，所有车门同时锁紧。将锁芯暗藏于扣手中使提扭与内扣手成为一体，这种结构别致新颖，外观整体美观。门铰链多采用合页式铰链。为了减少模具投入，降低成本，提高零件的通用性，在前后门的左右侧仅用两种铰链。

3.5 其他成品的结构设计

因下隔板在左舵化设计时作了非常大的改动，下隔板隔热垫需作重新设计，在系统件安装位置开出通过孔；前风挡玻璃可为 A 类夹层玻璃、区域钢化玻璃，目前高档车也有采用防止紫外线 A 类夹层玻璃；前排安全带的织带上固定点采用滑道式结构，使上固定点的高度可根据乘员的需要调节，预锁紧式结构的卷收器更加满足乘员在二次碰撞时免受伤害的要求。与锁紧式安全带相比，预锁紧式安全带更加提高了二次碰撞的被动安全性。

4 结论

车身结构数模设计完成后，我们可以利用 NASTRAN（强度分析）软件对改动后的车体结构作正碰强度分析，如有不满足法规之处需作合理改进，直到结果满足《CMVDR 294》正碰法规要求。对引进车型进行改型设计是一个非常繁杂的过程，但成功的设计可使我们积累大量的实践经验，掌握许多先进技术和设计方法。自行设计与交给国外厂家设计相比可为公司节约大量资金，极大降低了开发成本 ，使产品投入市场后更具竞争力。

参考文献

1　郭竹亭主编. 汽车车身设计（上）长春：吉林科学技术出版社

2　《汽车工程手册.设计篇》编辑委员会. 汽车工程手册.设计篇. 北京：人民交通出版社

3　CMVDR 294 关于正面碰撞乘员保护的设计规则

4　王萱，李宏光，赵航等. 现代汽车安全. 北京：人民交通出版社

松花江路宝轿车的先进安全性结构

张 钧

哈飞汽车股份有限公司

[摘要] 本文介绍了松花江路宝车的车身特点，并着重分析了它的结构安全性的若干措施。

关键词：路宝车 安全性 结构

1 前言

安全是汽车发展过程中的永恒主题。汽车安全性是汽车可持续发展战略中的重要项目。汽车发达国家，越来越关注最大限度地降低汽车事故中的乘员伤害，汽车的安全性已经成为汽车产品竞争力的主要标志之一。松花江路宝是哈飞汽车与意大利宾尼法利纳公司继“松花江中意”之后成功合作开发的第一款轿车，该车采用流线型设计，外形美观，乘坐舒适，尤其在安全性方面，结构更是独具匠心。

汽车的安全性分为主动安全性和被动安全性。主动安全性是指防止汽车发生碰撞的性能，主要是指制动性能，通过性、操作稳定性等；被动安全性是指在汽车发生碰撞事故后将车内人员的伤害降到最低限度的性能。就国内外汽车工业的发展来看，在主动安全性上，各汽车厂家差不多都处在同一水平上，而在被动安全性上，各大汽车厂家均投入了大量的物力和财力。

优秀的车身设计可为乘员提供良好的视线、扩大视野。车身是安装悬挂部件的基础，其紧固可靠为行走安全提供必要的条件，车身零件主要是覆盖件，它具有造型、构成整体和控制碰撞三种功能。车身零件的几何形状和机械物理性能必须满足这三种功能要求，以保证车身的整体性能和质量。汽车车身结构安全性是指用汽车车身结构来保证乘员以及交通参与人的安全，即这样的结构应保证在发生汽车碰撞事故时，对乘员以及交通参与人的伤害程度减少到最低。在实际的新车开发中，也应以此为目标，努力实现车身结构高强度化。然而，车身能够直接发挥巨大作用的，还是提高撞车的安全性。为此，车身应有如下功能：

(1) 为了尽量缓解乘员受到的冲击，必须尽可能缓和和吸收车辆及乘员的运动能量。

(2) 在确保乘员的有效生存空间的同时，还必须保证碰撞后乘员易于逃逸和容易进行车外救护。

当然，这些功能并非由车身独自完成，而是与安全带、安全气囊、能量吸收式转向柱等围绕乘员的一些装置进行配合，共同完成保护乘员的使命。然而，车身所作的贡献最大，如果没有实现上述二项功能的车身，其它任何装置都是徒劳的。所以，车身的安全设计水平，便决定了车辆的被动安全性能。

研究车身的安全性就是研究如何处理这部分能量，使其尽可能少地危及乘员，避免或减少人员伤害。汽车碰撞时的能量大部分是通过车身变形被吸收，所以有关车身结构的安全性，分为以下两大重点：

(1) 利用车身变形吸收能量以减少对乘员的冲击力；

(2) 如何防止作为乘员生存空间的车厢的变形。

这种考虑到车身的缓冲和确保乘员生存空间的车厢构造称为“车身安全单元”。从车辆的安全角度划分，可把整个车身分为三个区域。即：“前撞区”、“乘员安全区”和“后撞区”。车身的三个区设计要求不同，前、后撞区要设计的“软“，当车辆发生碰撞时，“撞区”应尽可能多变形以吸收撞击能量，剩余能量按照设计者意图传至大梁、立柱等处。换言之，使尽可能少的能量传至乘员区。乘员安全区要设计的“硬”。从车辆的安全角度看，乘员区是车辆最重要部分，为保证乘员安全，这部分应尽可能少变形，原因之一是车身变形可直接伤及乘员。再者，车身变形、车门变形直接影响乘员在发生事故后逃逸。另外，为防止侧面碰车对人员伤害，乘员区左右两侧亦应有足够高的硬度。

综上所述，考虑撞车安全性的车身结构设计的基本思想是利用车身的前、后部有效地吸收撞击能量。车室要坚固可靠，确保乘员的有效生存空间。即从安全角度看，车身总的设计原则是：两头“软”，中间“硬”。

2 碰撞力的传递路径

松花江路宝车碰撞过程中碰撞力沿车身传递的路径主要有两条：

(1) 保险杠→保险杠支架→前纵梁→减震器支架下部→纵梁连接板→前底板小纵梁→整个底板→车身后部；

(2) 保险杠→散热器框架、前大灯框架→副梁→前立柱→车门、车门防撞杆，地板和门槛梁→中立柱。

这样，在发生碰撞时，由汽车前部吸收了一部分碰撞能，没有吸收的碰撞能量沿上述路径向后传递，保证乘员舱变形尽量小，从而保证乘员的人身安全。

3 安全的车身结构

3.1 缓冲吸能、防止轻度碰撞的前保险杠系统

保险杠是安装在汽车前后部防止轻度碰撞时损坏汽车的部件。由于在车辆的正面碰撞过程中，在交通参与人（行人或骑车人）首先接触的是车体的前保险杠系统，它直接影响到行人的安全。因此，有必要对前保险杠系统进行适当的讨论。

现代化的前保险杠系统要求如下特性：在规定的速度范围内发生碰撞时，没有损坏。按照汽车法规要求，碰撞速度低于 4km/h 时，保险杠绝对不允许留有损伤（指具有可逆变形的弹性保险杠悬置系统）；碰撞速度最大 16km/h 时，面对不同的障碍——如车辆或其他物体，碰撞后保险杠系统没有内部结构损伤。

正面碰撞是碰撞事故中最常见的一种。为满足安全方面的要求，该车的车头部分在结构设计时特别考虑到碰撞时能量分布情况，将车头分为以下几个能量区：

(1) 第一区段为行人保护和车辆低速防护区。采用保险杠装置，保险杠表面是光滑柔软的塑料蒙皮，能够减少被撞行人受伤程度；中间是可变形的塑料骨架；内部是刚性金属骨架，可为车辆提供有效的低速保护。

(2) 第二区段为相容区。也就是说该区段的设计必须在不同质量的两车相撞时，在两个撞区产生最佳的能量分布。从整个车身结构上考虑，将头部设计的软一些，正面碰撞的能量靠车头的变形来吸收，并通过纵梁将撞击力导入地板结构中。

(3) 第三区段为自我保护区。在结构上将乘客仓设计的相对强些，保证在碰撞过程中为乘员提供足够的生存空间。相应的，汽车前部的发动机、变速器必须采用相应的措施向下转移，使其不致侵入驾驶室。

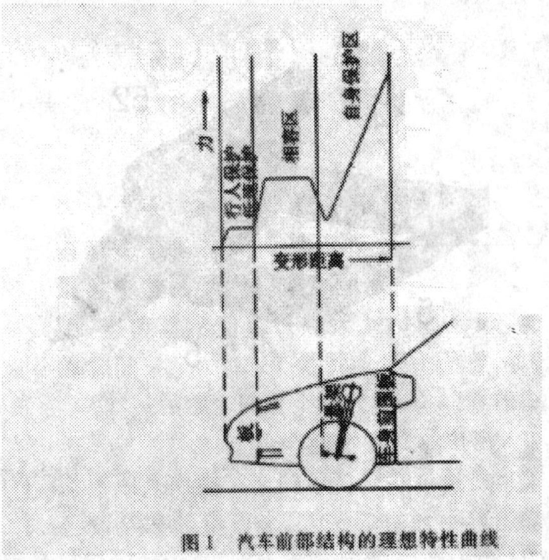

图 1　汽车前部结构的理想特性曲线

汽车前部结构的一种理想特性曲线见图 1。要保证低速情况下汽车的碰撞特性符合图 1 的理想特性曲线，前保险杠的作用非常重要。路宝车的保险杠由中间主截面逐渐向两旁过渡而成，与防雾灯组合成整体，并与前轮罩及前翼子板连接。前轮罩外围部分的保险杠，可减少被撞的人或物所受到的伤害。保险杠外部取较大的曲率半径并作大圆弧过渡，避免了尖锐处对行人的伤害。

保险杠是汽车上较大的外覆盖件之一，作为一个独立的总成在汽车上安装，它对车辆的安全防护、造型效果、空气动力性等有着较大的影响。因此，保险杠结构设计有着较严格的外部条件约束和复杂的内部结构

关系，在路宝车的前、后保险杠设计中，我们充分考虑了这诸多方面的因素，在装饰性能、缓冲吸能能力、安全防护方面有其独特的特点，是汽车的被动安全性有很大的提高。

3.2 吸收能量的前机舱结构

车身前部是车身的重要组成部分，包括车前钣制零件、装饰件及相应附件。其外部造型是决定整车艺术效果的关键。车身前部主要构件诸如翼子板、发动机罩、散热器面罩及保险杠等的形状、位置和配合，是整车形象特征的体现。对于高速行驶的现代轿车，考虑撞车安全性，车身前部的强度和刚度与车身本体乃至整车的良好配合，可以保证轿车在轻度碰撞时能充分吸收撞击能量，从而维持正常行驶。而在高速行驶撞车时，能有效地减轻撞击事故造成的车辆损坏和人员伤害。

在综合考虑造型、载荷、整车空气动力性等诸多因素的基础上，路宝车前机舱结构如图 2 所示，该结构依靠各零件的弯曲变形和压溃变形来吸收撞击能量，采用合理布置加强筋及凸台以及变截面边梁来提高边梁的耐碰撞能力。对于在碰撞过程中基本不产生变形的零部件，如发动机、变速箱、差速器等，为防止这些部件侵入驾驶室，采取相应措施使其向下转移。

对于前地板中央通道也做了加强。这样的结构可以适当的阻挡发动机等向后挤入驾驶室，从而保证了乘员区的坚固可靠。图 3 为该车的碰撞模拟曲线。

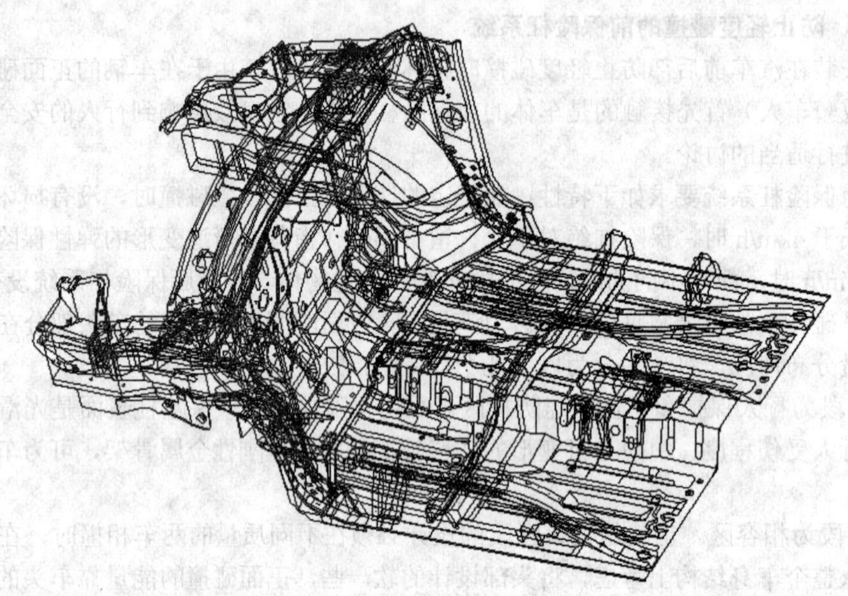

图 2 路宝车前机舱结构

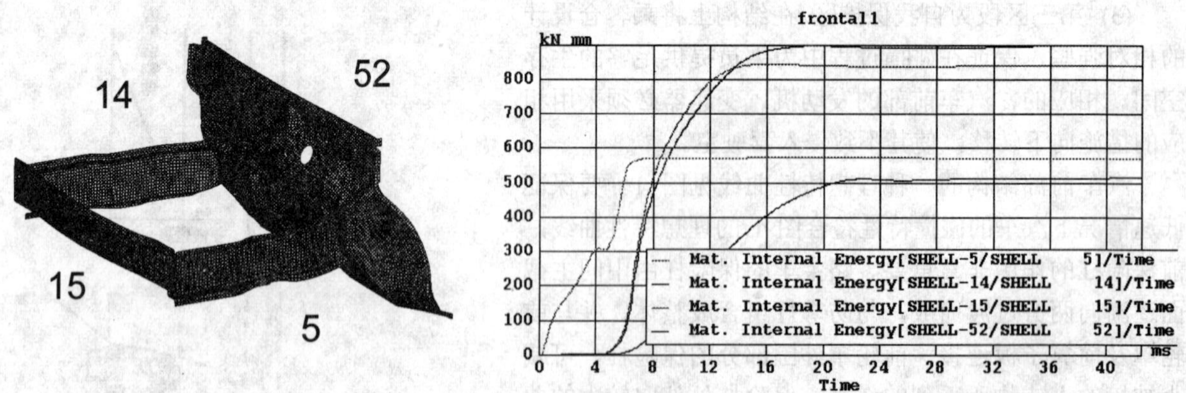

图 3 路宝车碰撞模拟曲线

3.3 安全耐撞的乘员区

路宝车的车厢内部很好地体现了安全车厢的设计概念。车厢内突兀的、棱角分明的中央通道，前部的地板横梁，后座位置的横向结构都使该车的车厢有较大的刚度和抗扭能力，同时也使得车身防侧碰撞能力得到加强。在车体的前风窗立柱处，它采用的是双腔式的截面结构， 在力学中，横梁受力和挠度的关系遵循如下公式：

$$(f)_p = pl^3 / 48EI$$

式中 P 表示梁受到的力的作用；

l 表示梁的长度；

E 表示材料的弹性模量；

I 表示梁的惯性矩 I= π d4/64。

可见，受力相同，截面积越大，挠度越小。而腔形结构不但使车体重量减少，而且车体的抗变形能力提高，从而使车体抗撞击的能力增强，腔形的结构在车体上得到了很广泛的应用，它的作用相当于受力的梁。

在通常的车身构造中，由于主要承载元件一般通过车身的前后方向，所以对于横向冲击力承受的强度较低，车身会发生很大变形，直接威胁到车厢的安全。为此，路宝车侧向碰撞的能量吸收的车身构造采取如下措施：

(1) 改进车身横向刚度，例如加强地板上的横梁。

(2) 内车门与内侧装饰件之间插入缓冲垫，缓冲垫与内装饰板串联成两极扩散碰撞载荷的吸能层，可起到缓解对乘员冲击和吸音、减震的作用。

(3) 车门内安装防撞杆，增加车门的刚度。由高强度钢板制成的防撞杆形成第一道抗冲击碰撞的屏障，可将侧面或前面的撞击载荷均匀地传递到车身的主要构件上。

(4) 车门外板内表面粘贴增强材料，提高车门的刚度。

3.4 可靠的内部安全措施

内部安全措施包括所有与车辆乘员有关的技术措施，目的是使事故发生时，作用于乘员的力和加速度限制在最低，为乘员提供足够的解救空间，保证乘员的安全。为此，路宝车在车身内部采取了以下一系列措施来满足有关安全方面的要求。

3.4.1 冲击能量吸收型内饰

冲击能量吸收型内饰也是提高车辆安全性的措施之一。路宝车具有适当硬度和柔软性的内饰（聚氨酯成形硬顶、带织物的车门内饰等）可以吸收撞车时的冲击能量，以减轻对乘员的冲撞伤害程度，降低 HIC(头部伤害评价标准)。

3.4.2 采用安全带

座椅安全带提高了汽车碰撞时的安全性，它将人体用高强度的织带约束在座椅上，避免撞车时人体由于强大的惯性而摔出车外或与车内其它部位第二次碰撞而造成伤亡。

3.4.3 安全气囊

在汽车发生碰撞是安全气囊能够有效的减少人员伤亡，它的安装与否，已成为考核汽车安全性能的重要指标。气囊系统配合安全带一起使用，能够有效的保护乘员生命。

3.4.4 胶粘式前、后风挡玻璃

胶粘式的前风挡玻璃可使车身强度大大提高，国内外的实验表明，胶粘式前风挡玻璃的汽车在整车的强度上要比镶嵌式前风挡玻璃的汽车高出 40%左右。

3.4.5 阻燃性材料

路宝车上阻燃材料广泛应用于车辆的各个部位，包括座椅安全带、硬顶、车门护板、侧围护板、座椅垫、座椅靠背、扶手、地毯等，并已通过阻燃试验，能够确保在车辆发生意外火灾时，为乘员提供足够的撤离时间。

3.4.6 采用安全玻璃

为减少车辆在碰撞过程中玻璃对乘员的伤害，该车的前风挡采用了夹层玻璃，车门窗及侧围角窗均采用了符合法规要求的钢化玻璃。

4 结束语

“松花江路宝”作为东西方智慧的结晶，其造型特点及结构设计思想独具匠心，不仅外形美观，行驶性极佳，它的结构安全性与同类车相比也是堪称一流。同时，路宝车有哈飞自己的知识产权，在探索“哈飞汽车之路”的同时，也是在探索中国的汽车之路。相信在不久的将来，会有真正属于中国人自己的汽车！

行人—车相撞事故中头部保护研究进展

刘艳锋　张晓乾　赵桂范
哈尔滨工业大学汽车工程学院

[摘要] 行人—车相撞事故造成的人头部损伤研究的对于改进汽车车身设计，保护行人安全有重要的意义。介绍了国内外交通事故中行人头部损伤研究的进展情况，以及欧洲车辆安全促进会(EEVC)行人头部保护的法规有关内容和测试方法。回顾了近年来各国在研究行人头部损伤方面的实验、仿真研究。对出现的几种行人头部保护策略进行了简要介绍和分析。

关键词：**行人保护　头部损伤　撞击**

[Abstract] Studies on head injury caused by car-pedestrian impact are important for the development of the design of car body structure and protection of pedestrian. Development of studies on this aspect is introduced. Pedestrian subsystem test methods for head protection from car-pedestrian accidents developed by European Enhanced Vehicle-Safety Committee (EEVC) are showed. Review both test and simulate studies on human head injury. Some means for head protection in accidents emerged recently are anglicized.

Key words: pedestrian protection　　head injury　　impact

1 引 言

过去三十年中，各国的立法机构和汽车制造厂商在汽车乘员的保护方面已做了大量工作，使得交通事故中涉及乘员的伤害无论在数量上还是在严重性上都不断减小[1]。相比起来，行人的保护问题长期以来却一直没得到足够的关注。虽然 20 世纪 70 年代后期已出现对涉及行人的车辆事故的调查研究，但直到最近才在行人保护方面做了大量努力[2,3]。

调查结果表明：行人与车相撞的过程中 50%以上是与轿车相撞[4]。大部分交通事故发生在行人横穿马路时。交通事故中头部碰撞伤害的发生率高达 54%，因为头部撞击损伤的危害性极大，死亡率高，因此，研究人的头部不同形式碰撞的伤害机理、伤害极限，头部碰撞载荷下的机械响应特性就成了行人保护研究的重要内容之一。

2 EEVC 测试法中的头部损伤测试方法

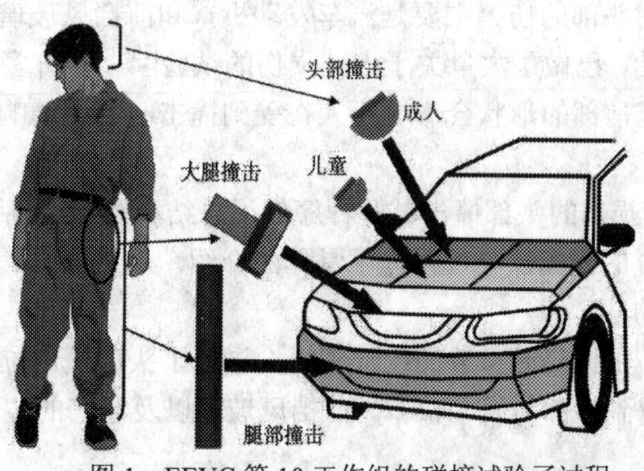

图 1　EEVC 第 10 工作组的碰撞试验子过程

1990 年，在 EC(欧洲委员会)的委托下，成立了一系列欧洲汽车安全机构。在这些机构的努力下，开发了一套精确的、可重复的行人撞击试验程序。如图 1 所示，来模拟典型的行人－车辆碰撞事故[5,6~8]。1996 年欧洲委员会提出了一个名为 III/5021/96EN 的草案[9,10]，建议将此草案用于 2000 年后的新车，到 2003 年在所有的车上使用。目前的法规提出了三种不同的测试方法：

(1) 一自由度的行人腿部碰撞模型与汽车保险杠及车身前部的碰撞；

(2) 大腿碰撞模型与汽车发动机罩/散热器罩前端的碰撞；

(3) 头部（包含成人及儿童的）碰撞模型与汽车发动机罩板的碰撞。

法规中用两种不同尺寸的头部模型以不同的角度和位置撞击发动机罩板来分别模拟成人与儿童不同的撞击情况。成人头部撞击角度为 65 度，儿童为 50 度；

1998 年，EEVC 的第 17 工作组对子撞击模型作了一些修正[11]。其中，头部部分主要有：

(1) 改变头部模型的材料以提高其耐久性，将头部模型的蒙皮厚度由 7.5mm 加到了 12.5mm，以避免结果过度振荡。

(2) 改进头部模型检验方法以更好的反映实际撞击过程。如图 2 所示，1kg 的铝制冲击器以 7m/s 的速度撞击头部模型，要求头模型的合成加速度峰值介于 300 倍～330 倍的重力加速度之间。

(3) 重新定义了儿童头部的撞击区域，避免与大腿撞击实验的区域重叠。

(4) 重新定义了发动机盖板的后边界，避免与挡风玻璃的碰撞。

(5) 降低实验撞击速度容许误差，减小结果波动，实验速度仍为 11.1 m/s，但容许误差降低为 ± 0.2m/s。

(6) 头部损伤指标以 HPC（Head Performance Criterion）值代替 HIC。HPC 值是在时间—加速度历程曲线上加 15ms 的时间窗后得到的 HIC 值。

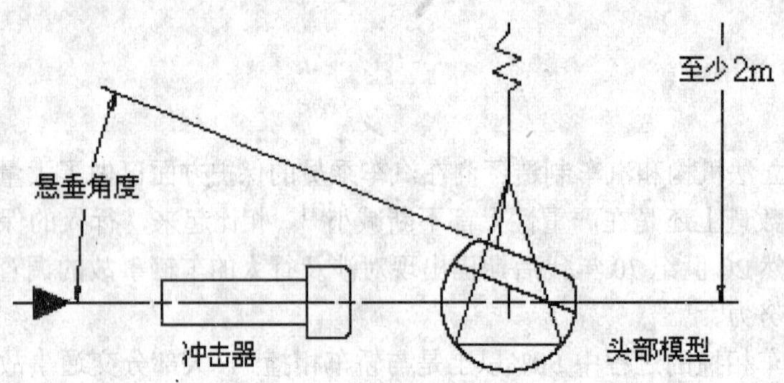

图 2 EEVC 第 17 工作组头部模型检验试验过程

3 头部损伤的实验与仿真研究

调查显示：引起行人交通事故的车辆 70%～80%是轿车[12]，其中 70%的行人是与汽车的前面相撞的，伤害的主要部位是头部和腿，对头部的伤害主要是汽车发动机罩和前挡风玻璃。

从 20 世纪 70 年代末期开始，已做了大量关于人体损伤的试验[13~15]。许多的试验研究证明了福特和大众汽车对人体的伤害不同。汽车前部的形状会影响行人在受到撞击时的运动响应，因此会影响到人体的伤害[16]。

Susan.W[17]对模拟行人头部损伤的头部撞击试验程序作了总结和介绍，随后 Thomas.F[18]和 Minoru.S[19]对行人头部和发动机罩中央部位的碰撞试验过程作了具体的介绍，从美国 12 种样车的试验结果分析中，得到了发动机罩板对头部撞击的 HIC 值。

日本学者 Koji Mizuno[20~22]根据交通事故的统计资料，讨论了头部撞击位置和损伤之间的关系，并依据行人头部撞击试验的数据，得到头部与发动机罩、前挡风玻璃以及它们的边缘碰撞时的 HIC 值，评价了头部伤害的危险程度。

Atsuhiro[12]和 Yasuki[23]分别作了头部撞击发动机罩的有限元数值仿真，同时和试验结果进行了对比。而文献[24,25]中介绍了假人的开发以及汽车结构设计应采取的保护行人的措施。文献[26~28]中介绍了有限元方法建立头部的分析模型，得到脑的应力和压力分布。主要研究了人体各部位在不同形式碰撞中的伤害机理、人体各部位的伤害极限、人体各部位对碰撞载荷的机械响应特性，以及碰撞试验用人体替代物。

文献[29]中介绍了建立行人 2D 有限元模型研究车-人事故中头部撞击响应。然而，2D 模型不适合用来对碰撞情况下行人的动态响应进行仿真。从一个在复杂的空间运动中被撞击的行人中得出结论如下：①行人不同的初始状态；②行人和移动的汽车之间相关的运动中，对身体各部分的连续的撞击；③身体各部分重心的 3D 分布都影响着撞击响应的结果，与 3D 运动相关的一些伤害参数不能由 2D 数学模型分析得出。采用行人 3D 有限元模型分析汽车前端参数对行人伤害的影响，用生物机械数据来描述此模型，在模拟的车-人碰撞动态响应中，这些结果更能反映出真实的响应。

现在，有许多商用有限元软件广泛应用于行人保护方面的研究工作，如 PAM-CRASH，DYNA3D，MADYMO 等[30]。MADYMO 所采用的头部冲击器可表示儿童或成人的头部。如图 3 所示，他们是半刚性材料组成的球状物体，外包一层橡胶。橡胶皮由有限元建模，橡胶皮与内钢球之间，皮与板之间的摩擦由 MADYMO 内部的标准接触算法描述。模型检验标使用的是 WG10 标准，即头部模型从 376mm 高处自由下落，要求加速度峰值介于 225G 与 275G 之间，如图 4 所示。

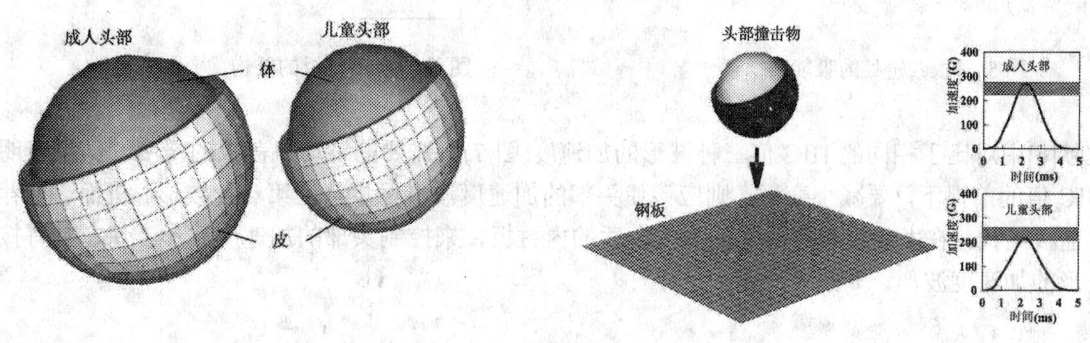

图 3 头部冲击器模型

图 4 头部冲击模型测试[48]

我国在 2001 年刚刚出台了行人保护试验法规，对行人保护的研究尚处于起步阶段。清华大学陆秋明和黄世霖[31]应用多体系统动力学方法开发了交通事故三维模拟计算软件系统 MUL3D，并运用该软件系统对发生在北京的一次真实的车辆撞行人的交通事故进行了模拟计算，得出的结果与真实事故中的被撞行人的运动姿态接近。但是该研究关注点与行人保护的要求不同，不能评价车身结构对行人损伤的影响和损伤程度。哈尔滨工业大学赵桂范[32~36]等用数学方法和计算机仿真等方法对行人保护问题，特别是头部撞击响应问题进行了大量系统的研究。

因为行人保护的复杂性和重要性，对其研究已连续进行了许多年。对损伤机理的理解并发现引起损伤的相关因素是很重要的。因此，应着重于车体结构的设计以减轻事故中损伤程度。

过去对汽车的行人保护功能的研究一般是：

(1) 行人事故数据的细节研究。这些研究在比较现有的汽车设计以及提供伤害数据方面有用，但是不能为将来的汽车设计提供帮助。

(2) 采用实验手段研究汽车与假人和尸体的碰撞。碰撞的计算机数值仿真。

(3) 计算机仿真相对比较便宜，但是现实性最差。

4 具有头部保护作用的车身结构研究进展

行人和车相撞，如何最大限度地保护行人安全，除了要求行人和车遵守交通法规之外，汽车结构具有保护行人功能的要求也是必要的。近年来，美国、日本、欧洲等各国一方面积极制定行人保护试验的法规

[4,5]，同时积极在近几年批量生产的汽车中采用具有行人保护功能的车体结构[37,38]，为行人的安全提供了保证。

Howard B.Pritz[1]通过对大量的车辆—行人的撞击结果的分析，对汽车的相关结构进行了重新的定义，以减小车辆-行人碰撞时的行人的加速度。但是这个结构对于头部落入罩板边缘的情况是很不利的。

文献[2]中也介绍了二种示的发动机罩板的结构设想。图 5 是在发动机罩板的铰链处加吸能结构。用于提高前挡玻璃下边缘和罩板铰链处的吸能，保护落入这个区域的头部免遭撞击损伤。图 6 结构是罩板加衬板的方法，这种方法对于头部落入吸能区域外的情况，头部的撞击损伤不会得到改善。

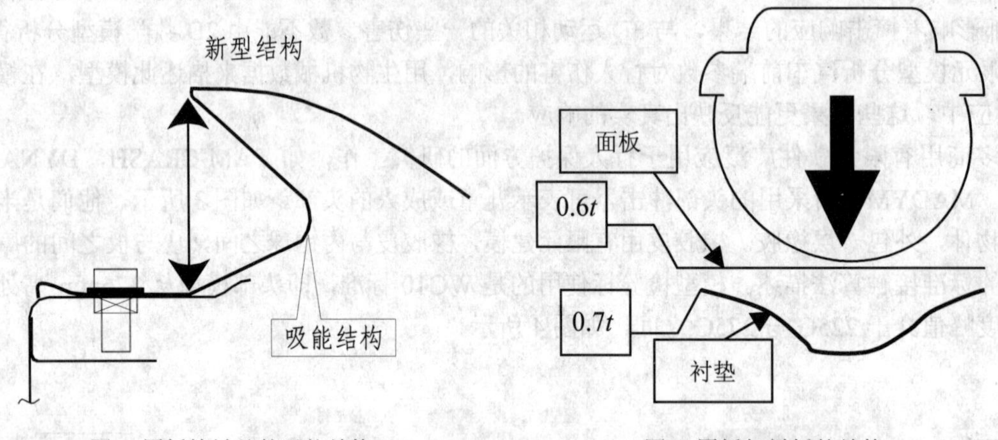

图 5 罩板铰链处的吸能结构　　图 6 罩板加衬板的结构

文献[6]中对比了相同的 HIC 值三种波形的加速度(图 7)所需要的发动机盖板的挠度，结果表明，在不提高 HIC 值的前提下，要减小变形，则应该使头部的加速度波形尽量接近第一种波形。进而，推荐了一种发动机盖板结构：在发动机和盖板之间加入合适的内衬板，来控制头部的加速度波形，使之具有接近于第一种波形的加速度波形。如图 8 所示。

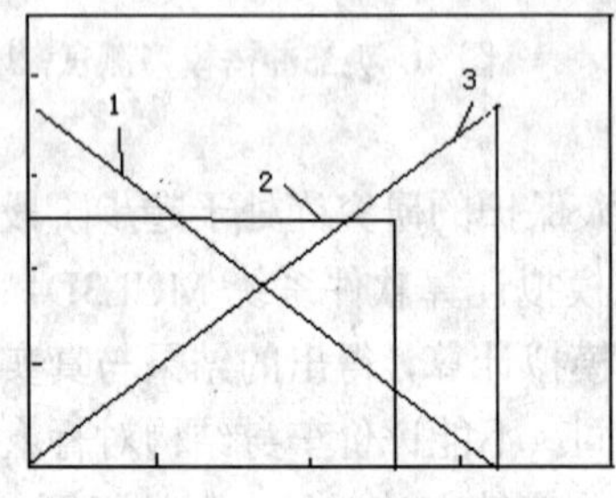

图 7 三种加速度波形

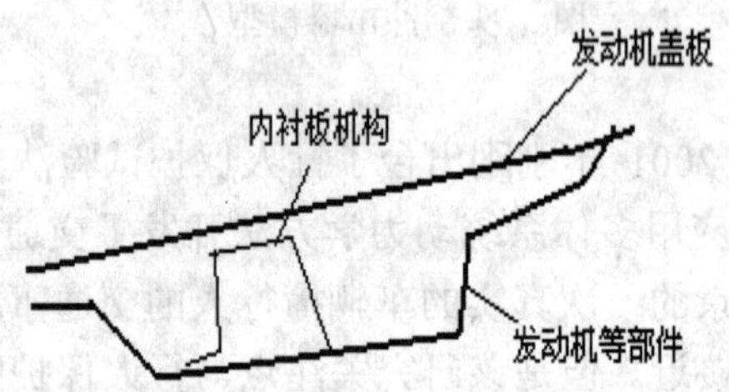

图 8 加速度波形控制发动机盖板实例

另一种是一个“后沿自升式盖板”。当汽车与行人发生撞击时，汽车上的传感器将信号传递给相应的控制单元，而后驱动一定的动力系统，在头与发动机盖板接触前，将其后边沿升起一定的高度以提供足够的吸能空间。文献中还提供了头部与车身 A 柱的撞击案例。并推荐在相应位置安装安全汽囊的方法。

5 结束语

行人保护的工作虽然在国内外已广泛开展，但到目前为止，尚无成熟的产品。还有许多工作。主要集中在下列方面：

(1) 进一步发展撞击生物力学，以提出更为合理的损伤标准和测试方法。

(2) 在不牺牲车辆空气动力性的基础上，进一步改进汽车前端形状，以合乎行人保护的需要。

(3) 更为合理的、实用的有保护行人头部的车身结构的研究和设计工作。

参考文献

1 顾力强，林中钦．国内外汽车碰撞计算机模拟研究的现状及趋势．汽车工程,1999, (21):1～11

2 Hirotoshi Ishikawa, et al. Computer Simulation of Impact Response of the Human Body in Car-Pedestrian Accidents. SAE 933129

3 J.Wismans, R.Happee, Pedestrian protection full-body simulations, dummy validation, VDA Technical Congress, Sindefingen, Germany, 1999, pp.21～29

4 佐佐木 彰．歩行者保護試験に關する規格作成及び規制の動向．自動車技術．1999，(53)11:54～59

5 European Experimental Vehicles Committee. Proposals for Methods to Evaluate Pedestrian Protection for Passenger Cars. EEVC Working Group 10 Report. 1994

6 Jerry J. Eubanks W.R. Height Pedestrian Involved Traffic Collision Reconstruction Methodology. SAE 921591:1393～1406

7 Annette L. Irwin and Harold J. Mertz Biomechanical Bases for the CRABI and Hybrid Ⅲ Child Dummies. SAE 973317:1～12

8 西本 哲也.村上 成之.コンピユータバイオメカニクスによゐ頭部傷害の預測. 1998, 52(4)

9 Mike Dickise. Development of Passenger Car to Minimizes Pedestrian Injuries. SAE 960091

10 Tetsuo Maki, Toshiyuki Asai, Development of pedestrian protection technologies for ASV, JSAE Review 23 (2002) 353～356

11 European Experimental Vehicles Committee. Improved test methods to Evaluate Pedestrian Protection Afforded by Passenger Cars. EEVC Working Group 17 Report. 1998

12 Atsuhiro S，Hirotoshi I and Robert K. Computer Simulation of Impact Test for Pedestrian Protection. Vehicle Technology. 1998, 52(4): 37～42

13 Tani. M, Emori R. L. A. Study on Automobile Crashworthiness. SAE 700175

14 S. J. Ashton, J. B. Pedder and G. M. Mackay. Pedestrian Injuries and the Car Exterior. SAE 770092

15 Howard B.Pritz. Experimental Investigation of Pedestrian Injury Minimization Through Vehicle Design. SAE 77095

16 David W. Twigg and James L. Touchier Optimal Design of Automobiles for Pedestrian Protection. SAE 770094

17 Susan W，Enouen. The Development of Experimental Head Impact Procedures for Simulating Pedestrian Head Injury. SAE 1988, 7888(6): 747～765

18 Thomas F, Macl A and Johu F. W. Pedestrian Head Impact Against the Central Hood of Motor Vehicles-Test Procedure and Results. SAE. 1990,2315(3)：1729～1737

19 Minoru S, Kzushige K and Hirotoshi I. Experimental Consideration on Head Form Impact Test for Pedestrian Protection. SAE, 1993,0095(1)：79～85

20 Koji M, Janusz K, Toshiki A. Influences of Vehicle Shape on Injuries in Vehicle-Pedestrian Impact. JSAE Convention Proceedings. 1999, 30（4）：55～60

21 Koji M, Hideli Y, Janusz K. Relation Between Head and Impact Location in Car-Pedestrian Impacts. JSAE Ed. Conference of Vehicle Technology. 1999, 67～72

22 Koji M, Hideki Y, Janusz K. The Study of Injury Risk to the Pedestrian Head Based on Head form Impact Test. In: JSAE Ed. spring Convention Proceedings. 1993, 9～12

23 Yasuki M, Tetsuo M, Toshiyuki A, Miaki T. Development of FEM Models of Imp actors for Pedestrian Impact Test. In: JSAE Ed. spring Convention Proceedings. 1999：9～12

24 Akihiko A. Development of Pedestrian Dummy and Body Structure for Reducing Pedestrian Injury. Vehicle Technology. 1999 ,53（11）：60～64

25 Suguru Y，Norio I , Akio T , Iwao I .Development of a Body Structure for Reducing Pedestrian Injury. In: JSAE Ed. spring Convention Proceedings. 1999, 1～4

26 J.S.Ruan ,T.Khalil，A. L. King. Human Head Dynamic Response to Side Impact by Finite Element Modeling. Journal of Biomechanical Engineering. 1991,113(2)：276～283.

27 Kazunari U, John W. Melvin. Finite Element Model Study of Head Impact Based on Hybrid III. Journal of Biomechanical Engineering. 1995,117（2）：319～328

28 J.S.Ruan, T.Khalil A. L. King. Dynamic Response of the Human Head to Impact by Three-Dimensional Finite Element Analysis. Journal of Biomechanical Engineering. 1994,116（3）：44～51

29 Atsuhiro Konosu, Hirotoshi Ishikawa, Robert Kant. Development of Computer Simulation Models for Pedestrian Subsystem Impact Tests. JSAE Review 2000, (21):109～115

30 王瑄，李宏光，赵航．现代汽车安全．北京：人民交通出版社，1998: 5

31 陆秋明，黄世霖. 汽车撞行人模拟计算研究. 汽车工程，1999,21(3): 129～133

32 Zhao Guifan,Tan HuiFeng,Du XingWen.Method of Model Analysis for Flexible Head Impact with Elastic Plane. Applied Mathematics and Mechanics.2003, 24 (3)

33 赵桂范，谭惠丰，杜星文. 头部撞击发动机罩板的损伤分析. 哈尔滨工业大学学报

34 赵桂范，谭惠丰，杜星文. 柔性头颅柔性撞击弹性板的动态响应分析. 应用数学和力学

35 赵桂范，宋宏伟，杜星文. 头颅撞击发动机罩板的危害性研究. 汽车技术

36 刘晓锋，赵桂范，杜星文. 行人在受到车辆撞击时的运动模拟. 哈尔滨工业大学学报

37 秋山 朗彦. 步行者保護を目的とした車體構造と步行者ダミーの開發. 自動車技術. 1999，53(11):60～64

38 Melvin J.W, Robbins D.H, Benson J.B. Experimental Application of Advanced Thoracic Instrumentation Techniques to Anthropomorphic Test Devices. Proc.7th ESV Conf, U.S. 1980

轿车尾部流场的数值模拟研究

傅立敏　扶原放

吉林大学汽车空气动力学研究所

[摘要] 以简化的轿车模型为研究对象，利用固定边界和移动边界条件进行了数值模拟，得到了该轿车的气动力数据、尾流速度场、气流迹线、尾流结构及尾部涡系。与 CA774 对比研究表明该轿车改善了尾流结构从而使气动特性改善、气动系数明显降低。

关键词：数值模拟 尾流结构 拖拽涡 移动边界

Numerical Simulation Research of Wake Flow-field of a Car

Fu Limin, Fu Yuanfang

Institute of Automobile Aerodynamics, Jilin University

[Abstract] A simplified car was studied with numerical simulation method of moving ground boundary condition and fixed ground boundary condition. The aerodynamic coefficients，its wake structure, flow trace and trailing vortices and the velocity sections of wake were obtained. It was compared with CA774. It is confirmed that its wake structure was improved. And so its aerodynamic characteristic was enhanced and aerodynamic coefficients reduced.

Key words：numerical simulation　structure of wake　trailing vortices　motive boundary

结论

(1) 通过对本轿车的数值模拟研究，可以清楚的了解整车的流场结构以及尾流场的涡系特征。通过将数值模拟结果与试验结果对比，可知数值模拟结果正确可靠。

(2) 两种边界条件下气动力计算结果与试验值的对比表明，采用移动边界条件的计算结果有较高的精度，误差较小，模拟效果真实。

(3) 从轿车底部冲出的气流，并没有在回流区上卷形成旋涡，这对改善尾流结构、防止泥土上卷及降低气动阻力均有利。

(4) 与 CA774 轿车的对比研究表明，本轿车由于改善了尾流结构，气动特性改善、气动阻力系数明显降低，由此使油耗降低，从而将带来重大的经济效益。由于升力系数、侧向力系数的降低，大大改善了汽车的操纵稳定性和行驶安全性。

注：本文全文刊登在 2003 年《汽车工程》（增刊）上。

在线检测设备精度评定中相关分析方法的建立与实践

朱正德
上海大众汽车有限公司

[摘要] 对在线检测设备的评定，尤其是其中的多参数综合测量机（仪）的精度评定，一直是个既棘手，但又极为企业关注、迫切要求解决的问题。本文剖析了现用的几种方法，进而提出了以数理统计中的相关分析作为客观评价精度的依据，再通过数据处理和修正、补偿的方法，真实地复现被检在线测量设备的精度状况。

关键词：精度评定 相关系数 修正补偿

1 关于在线检测设备的评定

位于生产现场，直接用于监测零部件工序质量和工艺过程运行的专用设备，常称为在线检测设备，它们在以批量生产为特征的现代企业的质量保证体系中，占有重要的地位。因此，对其进行正确、合理的评定，即新设备投入使用前的验收和在用设备的定期校准的重要性是不言而喻的。

虽然这类专用检测器具，尤其是其中的多参数综合测量设备的使用场合回异，工作原理、型式结构也千差万别，但运作模式中共性的地方也不少：测量对象基本固定，但形状复杂、被检参数多、使用频率很高、多数采用比较测量原理、工作环境差等。在此基础上，自 20 世纪 90 年代初以来，国外陆续出现了多种评定标准和指导性技术文件，对统一、规范在线检测设备的验收、评定起了重要作用 ，也对包刮中国汽车工业在内的广大产业部门产生了深刻的影响。

各种文件的表达虽然有所不同，归结起来在线检测设备的评定指标，主要有以下两项：重复性（repetitivity）和准确性（accaracy）。重复性表征了在相同条件下对同一被测量进行连续多次测量所得结果之间的一致性，它深刻地反映了设备器具自身能适应于检测工作的能力。运用这项指标，将能对测量结果随机误差的状况有透彻的了解。对于重复性，各项标准所采用的评定方法和指标值差异不太大，企业主管部门也较易掌握和操作，但对准确性，情况就全然不同。

准确性是指被测量的检测结果与其真值相一致的程度，按三年前颁布的 ISO 和国家标准“测量不确定度的评定和表示”中的术语解释，它是一个定性的而不是定量的指标，为避免引起误解，以下还是采用精度这一传统名称，它与诸多国外指导性标准中的 accaracy，也不相违背。无疑，精度是测量结果中系统误差和随机误差的综合反映，与重复性一样，也是评价一台在线检测设备（器具）的重要指标。

2 在线检测设备精度评定方法剖析

无论采用传统的误差分析，还是根据经验或其他信息估计的先验概率分布的标准偏差来表示测量不确定度（B 类评定），本质上都属于静态方法。为了对检测设备，特别是其中通用测量（试）仪器的精度水平能有一个定量的基本估计，应用这样的方法是必要的，也很有效的。但作为一台在线检测设备的用户，则总会要求采用更直接的方式来对这台的精度作出客观评价，而不会满足、局限于逐项分析和综合。事实上国外，近十年出现的多种指导性技术文件，所采取的“比对+处理”的动态评价方法，遵循的正是这样的思路。简单地说，这种方法就是根据同一批工件在专用检测（器具）设备和另一台准确度更高的检测仪器上的两组对应测量值数据处理的结果，再对照相应的规定，然后作出评价。

那些被测量单一，结构又简单的专用测量器具，如电子（气动）卡规之类，可用计量室中的测量仪、甚至量块作为标准器直接进行比对，此时的精度 A_c 可表达为：

$$A_c=|X_g - X_o| \quad \text{或} \quad A_c= |\overline{X}_g - \overline{X}_0| \tag{1}$$

式中，X_g 和 X_o 分别是检具和标准器的示值，也有采用多次重复测量后所得平均值的。但当今在线检测的主体乃是综合测量型，如前所述，这类设备的被检对象往往形状复杂、参数多，用于比对的仪器一般都为三坐标测量机（CMM）。虽然 CMM 的通用性强，准确度也较高，鉴于其工作原理、测量方式与所对比的在线检测设备差异很大，故仅就一个工件的某项参数按照式（1）的方法进行比对、评定，显然是不够全面的，因为各种不同属性因素　　的影响往往很大。

综观现有的一些评定标准（指导性技术文件），均采取以一定数量的样本进行比对测量的方式，只是数据处理和评价规定有所不同。采样的具体做法是根据被测零件（产品）的工艺特点，在一个时段收集一顶数量的样本 n，然后分别在专用检测设备测量一组数据 y_i(I=1~n),再在三坐标测量机上测得另一组数据 x_i。也有些标准出于更严谨的考虑，还规定了 y_i 和 x_i 需重复测量若干次。以下为二种代表性的评定类型。

对几个样本的两组测量值进行简单处理 y_i-x_i：，要求所有的差值（y_i-x_i）都介于[a_1，a_2]范围内。这一评定准则也可表示为

$$A_c=\max\{Y_i - X_i\} \tag{2}$$

尽管这种评定方法似乎过于简单，但因易于操作和理解，故被经常应用。实例之一是轿车拼焊生产线上的在线检测设备，为确认其测量焊接总或上关键点的准确性，就采用了该种方式。样本采集规定，至少要从 14 天的连续生产中提取 20 个工件，它们分别在两种测量设备上进行检测，所有测得值之差都应介于[－0.2mm、0.2mm]之内。而拼接件的各测量点公差为±1mm,故对精度的要求是：A_c≤20%T。

精度评定准则的通用表达式为

$$A_c=E_s+KS \tag{3}$$

式（3）中，Es 是系统误差，S 是实验标准偏差，系数 K 是置信因子，由置信概率 P 的水平 $A_c=E_s+KS$ 确定，若 P 为 95%，K=2。

不同指导性技术文件在测算 E_s 和 S 时，均采取比对测量方式，往往还要在专用检测设备上进行若干次重复测量，只是数据处理模式有区别。但总的来讲，这一类评定的整个过程较繁琐，一定程度上就制约了它们的应用。

以一个相对还较简单的评定标准为例，介绍其 E_s 的求取方法。选 n 个工件分别在专用检测设备上进行连续测量，第 i 个工件经 m 次重复测量后的平均值为：

$$\overline{y}_i=\frac{\sum_{j=1}^{m} y_{i.j}}{m}$$

这 n 个 工件经更高准确度的仪器（如 CMM）测量后，得一组测量值 x_1、x_2、…、x_n，由此可得在线检测设备测量第 i 个工件的系统误差 E_{si}：

$$E_{si}=\overline{y}_i-x_i$$

而 E_s则由下式给出

$$E_s=\sqrt{\frac{\sum_{i=1}^{n} E_{si}^2}{n}-(U_{95LAB})^2}$$

上式中的 U_{95LAB} 称为“计量不确定度”，它根据具体情况来确定，当被测参数为几何量时，U_{95LAB} 可取为 0.5um。实验标准偏差 S 的求取有些相似，此处不再赘述。根据最后得到的精度 A_c 之值，评定标准明确规定；

$$A_c \leqslant 20\% \cdot T \qquad (R_a \leqslant 0.8\text{um})$$

$$A_c \leqslant 30\% \cdot T \qquad (0.8\text{um} \leqslant R_a \leqslant 6.3\text{um})$$

R_a 是工件被测量表面粗糙度。

3 回归分析理论在精度评定中的应用

系统误差是由于偏离测量条件或因测量方法等原因导入的因素所引起的,它对检测结果有着极为重要的影响。不同于随机误差，系统误差具有一定的规律性，但如何揭示它们并由此提高一些测量设备的精度则并非易事，必须运用正确、合理、可操作性强的分析、处理方法才有可能做到。

当然，需要指出的一点是，若按上一节介绍的典型方式，在进行了一系列测试和数据处理后，精度 A_c 已经达到相应评定标准规定的指标，则就没有必要再去探寻系统误差的内在规律了。而在这之前已进行的重复性测试的合格，则表明了该设备的稳定性能满足要求。

然而确实存在这种棘手的情况，在线检测设备的重复性完全达到评价指标，但经与 CMM 比对测量及其后的数据处理，精度 A_c 超差，甚至严重超差。我们认为，此时宜郑重对待。

严格地说，系统误差还有定值系统误差和变值系统误差之分，前者对于每一个测得值的影响，不论在大小和方向上都遵循一定的规律。通过确认系统误差的存在，并找到其变化的规律，就有可能采用“设定修正量—补偿”的处理方法，有效地消除其中的定值系统误差。

我们应用回归分析理论来研究经过比对测量后生成的两组数据间的关系，以发现被评定在线检测设备测量误差的变化规律。最终达到以下两个目的：

(1) 通过评估两组测量值的线性相关，以确认在线检测设备与 CMM 等准确性更高的仪器之间是否存在一致性和具有可比性。若经过测算和判断，两者之间为弱相关，甚至不相关，则原来所作出的精度不合格结论有效。

(2) 若评估结果表明两组测量值之间呈现强相关，那么，在经过相应的数据处理，找出修正量后，应采取补偿措施，以消除在线检测设备测量结果中的定值系统误差。并在完成修正/补偿步骤后，再进行精度评定，以验证 Ac 是否已然达到规定指标。

相关（correlation）指两个或多个随机变量间的关系，而相关系数是这种关系紧密程度的度量，其定义为：两个随机变量的协方差与它们的标准偏差乘积之比值，用 Q 表示。

$$Q(X,Y)=\frac{V(X,Y)}{\sigma(X)\sigma(Y)} \quad (-1 \leqslant Q \leqslant 1)$$

实际工作中，不可能测量无穷多次，因此无法得到理想情况下的相关系数，只能根据有限次测量所得的数据求得其估计数，用 $r(x、y)$ 表示

$$r(x、y)=\frac{\sum_{i=1}^{n}(x_i-\overline{x})(y_i-\overline{y})}{(n-1)s(x)\delta(y)} \tag{4}$$

今将 n 个样本分别由坐标测量机和在线检测设备测得的数值记为 $\{x_1, x_2, x_3, \ldots, x_n\}$ 和 $\{y_1, y_2, y_3, \ldots y_4\}$，$i$ 为样本编号，由此求得各自的算术平均值 $\overline{x}$ 和 $\overline{y}$，以及实验标准偏差 $S(x)$ 和 $S(y)$。然后按式（4）可计算出相关系数的估计值 $r(x、y)$。需注意的一点是，我们为把一个随机变量 X 经 n 次测量获得的 n 个 x_i 值，以 n 个样本每个在 CMM 上测量一次所得到的 n 个 x_i 值替代之。变量 Y 情况相同。

可以证明$|r|\leqslant 1$,而当 r=0 时，称两组数据完全不相关，而 r 绝对值的大小决定了两组数值间线性相关的程度。习惯上，$|r|\geqslant 0.7$时，称为强相关，否则称弱相关，据此，在评估由在线检测设备和 CMM 生成的两组测得数据的相关性时，若求出的相关系数 r 小于 0.7，即认为两者无可比性，将不再采取修正和补偿措施。反之，按照以下步骤来求取修正量。

假如被评定的在线检测设备有 m 项被测参数，则既有可能需进行 m 次相关性分析，也有可能只需做 1、2 次，完全视具体情况而定。但在正常情况下，多为前者。设 j 是其中一项被测量，那么 n 个工件分别在两种仪器上的测量值就为$\{x_{1j}, x_{2j}, x_{3j}, \ldots, x_{nj}\}$和$\{y_{1j}, y_{2j}, y_{3j}, \ldots y_{nj}\}$。比较其中任一工件 i 的两个测量值，求出偏差Δ_{ij}:

$$\Delta_{ij}=Y_{ij}-X_{ij}$$

在线检测设备相对被测量 j 的修正量Δ_j为:

$$\Delta_j=\frac{\sum_{i=1}^{n}\Delta_{ij}}{n} \tag{5}$$

同样，可求出 m 项被测参数中的其他个修正量。

若采取让每个工件都在检测设备上重复测量 k 次的方式，则求得的偏差Δ_{ij}为$(\bar{y}_{ij}-x_{ij})$，　u 次测量是结果的平均值。相比上述一次测量，如此求得的修正量会更精确，经实施补偿，消除测量结果中定值系统误差的效果也更好。

现代多参数综合检测设备大多为计算机控制，无论采用的是比较测量原理还是绝对测量原理，输入一组修正值以实现补偿都已十分方便。

4　实例

以上方法的可行性和有效性，在经过实践后得到了很好的验证。下面通过两个应用实例予以说明。

4.1　缸盖多参数综合检测设备

该综合测量设备位于发动机厂机加工车间一条自动化程度很高的缸盖生产线中，用于检测进、排气凸轮轴孔直径，孔中心距，孔中心线至底面和侧面距离，同轴度等参数，被测量多达 42 项。它采用比较测量工作原理，传感器类型为气电（感）测头，具备完善的计算机控制系统。在车间一隅的测量室中，配有计量型三坐标测量机 PMM12106，按照规定，每天都要求送二个（1 个/班）合格工件到测量室比对、复检。

比对测量的结果表明，对任一被检参数，两种测得值之间都有 4～6μm 左右的差别，且在线检测设备无一例外地表现为偏大。鉴于这是一条由先进工艺装备组成的生产线，加工机床的机器能力指数很高，C_M、C_{MK} 值普遍远大于 2.0，使工件的实际制造尺寸均十分稳定地保持在中间公差附近。以缸盖被测量中要求最高的二组 16 个进、排气凸轮轴孔（10 进、6 排）的直径$\Phi 20_0^{+0.021}$为例，它们是这一工件中加工难度和检测难度最大的参数，但 CMM 实测结果显示，按批量生产方式加工的孔径均能控制在Φ20.010 左右。表 1、表 2 是针对其中二种不同的孔径，抽 10 个工件分别在检测设备和三坐标测量机上做比对测量后的结果。图 1、图 2 是据此绘制的图形，图中纵坐标是孔径尺寸，但为能清晰地表达，横坐标自名义值Φ20 起算，故指示的是偏离Φ20 的数值，单位为μm。尽管在线量仪较之 CMM 有 4～6 μm 的差距，但从表、图可看出，在工件实际尺寸处于中间公差附近时，不会影响对工件合格与否的相同评价，因此正面解决这一问题的迫切性一段时间来没有凸现。只是偶然发生了根据两种设备测量出的结果，对同一工件作出相反判断的情况，才导致了我们对这台在线检测设备做较深入的分析。包括表 1、2 和图 1、2 在内的统计资料就是这样积累的。事实是，一旦被加工零件的实际尺寸接近公差上限时，明明还是合格的工件也会被在线检测设备判为超差。尽管调整机床使加工处于最佳水平是有必要的,但在批量生产条件下，在线量仪的误判无疑是十分危险的。

表 1 进气凸轮孔 D_1

	1	2	3	4	5	6	7	8	9	10
Y_i(在线量仪)	14.2	15.1	12.9	13.3	13.1	13.5	12.9	13.1	13.6	15.5
X_i（CMM）	9.1	9.7	8.4	8.6	8.3	7.9	7.2	7.8	8.1	9.9
偏差$\triangle_{ij}$	5.1	5.4	4.5	4.7	4.8	5.6	4.7	5.3	5.5	5.5.

表 2 进气凸轮孔 D_6

	1	2	3	4	5	6	7	8	9	10
Y_i(在线量仪)	16.7	16.5	16.0	16.2	16.5	15.6	15.0	15.2	15.1	15.5
X_i（CMM）	11.1	11.0	10.9	10.8	10.7	9.7	9.1	9.7	9.3	11.1
偏差$\triangle_{ij}$	5.6	5.5	5.1	5.4	5.8	5.9	5.9	5.5	5.8	4.4

通过抽取 10 个工件，分别在 CMM 和在线检测设备上进行测量，整理出包刮表、图在内的统计资料。直观的印象已显示，任一被测量经两种设备检测，所获得的两组数据之间存在着相关性。为此需按照上一节提供的思路和建立的方法进行严格的计算，然后再采取有针对性的措施。

步骤 1，评估被测量 j 在两种仪器上的测得值$\{x_{1j}, x_{2j}, \ldots, x_{10j}\}$与$\{y_{1j}, y_{2j}, \ldots, y_{10j}\}$之间线性相关的程度。为此，需利用这两组数据，按上节中的公式（4）求出相关系数 r，再根据 r 的绝对值大小作出判断。

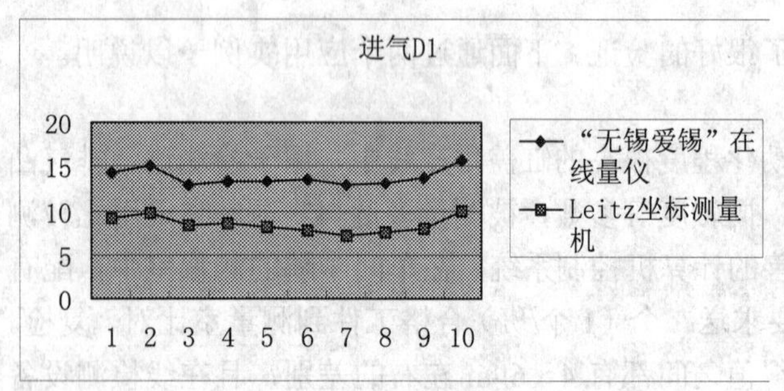

图 1

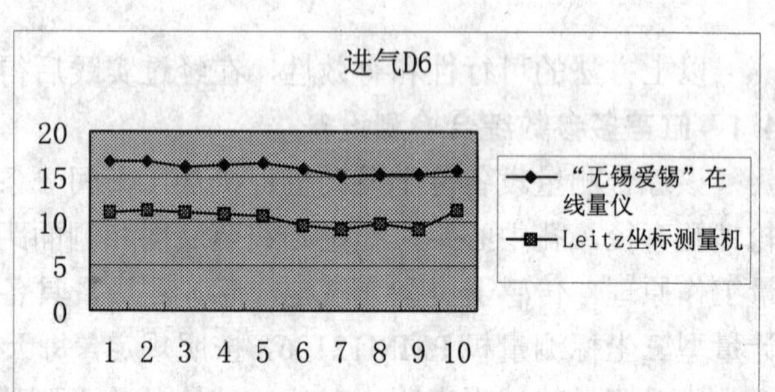

图 2

经实际计算，包括表 1、表 2 在内的全部被检参数的实测值，r 均在 0.80～0.95 之间，其中大于 0.90 的将近一半。这表明，该在线检测设备与三坐标测量机比对测量的结果为强相关，可以通过采取补偿措施，有效地提高前者的精度。

步骤 2，实践“修正—补偿”措施。用户首先应根据实际情况，并参照一些已有的标准（指导性技术文件），给精度 A_C规定一个指标，例如：本文第二节曾提到 $A_C \leqslant 20\% \cdot T$。对于前述缸盖的 16 个凸轮轴孔 $\Phi_0^{+0.021}$，可定为 $A_C \leqslant 4$ μm。而比对测量显示，多数情况下已超过了这个指标，故有必要采取补偿措施。反之，若某个被检参数 j 的“比对”结果表明还不到 4 μm，则完全可免去这一步骤。

在表 1、表 2 的第三行，已写入了两个实测值之偏差$\triangle_{ij}$，接着根据上一节中的公式（5）求出相对被测量 j（即表 1 中的进气凸轮孔 D_1和表 2 中的进气凸轮孔 D_6）的修正量$\triangle_j$。然后，将$\triangle_j$，$\triangle_{j+1}$等逐个输入在线检测设备的计算机控制器中，对这一台缸盖多参数综合测量机来讲，由于采用比较测量工作原理，配有一个作为置零用的“标准件”，因此上述修正操作是比较容易的。

为验证所完成的这一过程的效果，可再抽取若干工件进行比对测量，事实上确也如此做了。图 3、图 4 类似于图 1、图 2，也是两进气凸轮孔直径的比对结果，两对曲线的吻合程度表明，在证实强相关的前提下，经采取补偿措施，精度已大为提高，在线检测设备相对 CMM 的实测值偏差，均控制在 2～3 μm 之内。

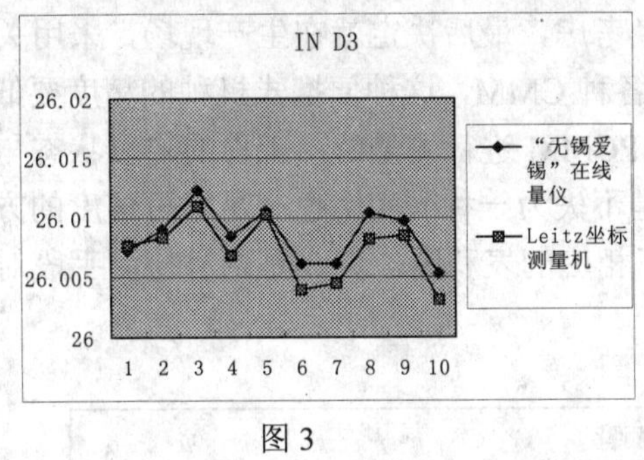

图 3

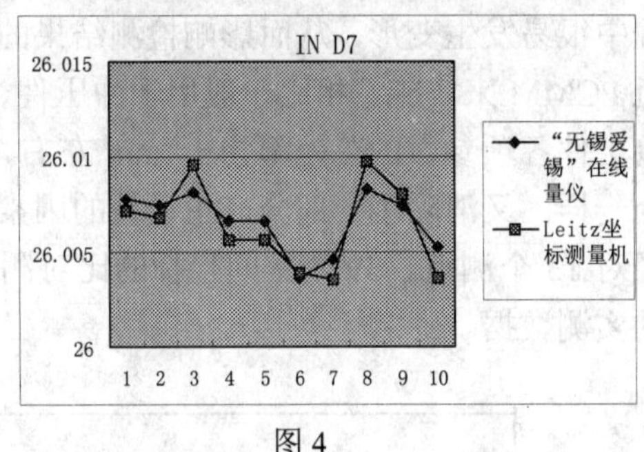

图 4

发现了测量结果中定值系统误差的存在，并在找出其变化规律后采取有效措施进行了校正，但这只是一个方面，能否找出产生这一误差的原因以从根源上予以消除呢？经分析和通过有关试验，弄清了内在机理，这完全是由于不同的测量方法引起的。前面曾提到，缸盖综合检测机采用气电（感）传感器和非接触式气动测头，气动测量对被测量表面的状态很敏感，稍为粗糙一些就会因凹凸处的异常反射使测得的值偏大。铝质缸盖经组合机床最终加工，表面粗糙度为 *Ra*2.5 μm 左右，而钢制标准件的被测面均经过磨削，表面光洁得多。当用 CMM 和在线量仪检测标准件时（后者为"置零"操作），测得值差别很小，但在测量工件时，检测设备的实测值就会比 CMM 大。另一项试验表明，当我们采用由接触式电感测头组成的在线量仪测量同样的铝质缸盖时，测得值与 CMM 的测量就结果相当一致（见图 5），这反过来也证实了开始时的判断。当然，气动测头的制造和安装等因素的影响，也会引起测量误差，就性质而言，也属系统误差，但与由测量方法引起的定值系统误差明显不同。由此也能理解，尽管经过统计分析，采取了修正/补偿措施，在线检测设备的测量结果与 CMM 之间还是有一定的偏差。

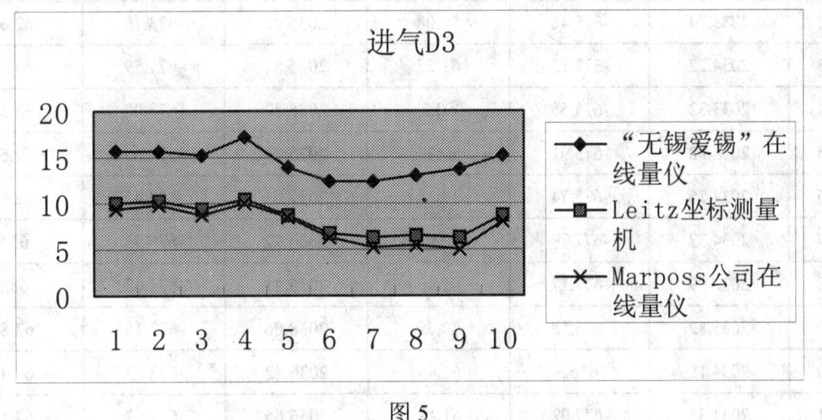

图 5

至于如何消除这一引起定值系统误差的根源，这乃是需要研制量仪的厂商解决的问题，应该在产品开发阶段就予以考虑。

4.2 底架焊接总成在线检测方法

这台检测设备配置在轿车整车厂车身（拼焊）车间一条焊接自动生产线上，测量的对象是底架焊接总成。完全不同于机加工零部件，焊接总成、冲压件这一类覆盖件主要是由自由曲面组成的，被测量均为型面特征点（包括孔的中心）在空间——确切地讲是车身坐标系中的位置。此底架焊接总成上共有 13 个被测点，都是曲面上的孔心位置，每个点都得用 *x*、*y*、*z* 三个坐标来表达，故事实上被检参数共有 39 项。该在线检测设备是一套先进的多传感器视觉测量系统，作为传感器的光学摄象头具有大量程、非接触、快速和较高精度等特点，而且借助某些精密测量仪器，通过采取局部标定和全局标定的方法，可把工件被测点在测量系统中的坐标转换为在车身坐标系中的坐标，这就大大方便了对底架焊接总成各项被测量的实测结果直接作出评价。

鉴于被测的拼焊总成体积大、刚性差，若将其送到安放大型三坐标测量机的房间中进行比对测量，搬运过程中很易发生变形，从而影响检测结果的准确性。经考虑，最后决定就在生产现场，采用关节臂坐标测量机 PCMM 来实施。相比一般用于冲压件、焊接件的各种 CMM，这种便携式机种的精度要低些，但由于被测工件各项参数的公差都为±1mm 左右，而且在用 PCMM 进行测量时，工件的定位状态与在线检测时完全一样，又消除了一部分产生误差的因素，因此还是不失为一种既实用也有足够可信度的方法。

经对 13 个测点、39 个空间坐标的比对测量，制成了相应的表和图，表 3 是两种检测手段对其中的测点 7 的实测数据。

表 3

测点 7 的比对测量						
	在线检测系统			PCMM		
	x	y	z	x	y	z
1	2035.41	-674.96	59.45	2037.68	-673.76	62.48
2	2033.6	-675.26	59.32	2036.35	-673.35	62.35
3	2034.18	-676.03	59.26	2035.58	-672.48	62.33
4	2034.1	-677.23	59.12	2036.57	-671.39	62.28
5	2033.78	-676.84	60.14	2035.66	-671.82	62.23
6	2034.04	-677.34	60.03	2036.23	-671.2	63.03
7	2035.09	-676.12	61.29	2037.13	-672.57	64.41
8	2034.84	-673.99	61.01	2037.19	-674.61	64.18
9	2034.12	-676.32	59.27	2036.18	-672.54	62.34
10	2034.67	-674.72	62.92	2037.12	-673.94	66.1
11	2034.72	-675.75	60.59	2037	-672.88	63.75
12	2033.74	-675.46	59.08	2035.92	-673.19	62.36
13	2034.22	-677.13	61.25	2036.51	-671.59	64.37
14	2033.32	-675.55	60.2	2035.52	-673.08	63.32
15	2033.98	-673.91	59.31	2035.92	-674.65	62.55
16	2034.76	-675.74	59.38	2037.03	-673.45	62.63
17	2034.32	-677.79	60.92	2036.72	-670.93	63.9
18	2032.99	-677.17	62.13	2035.41	-671.63	65.3
19	2035.82	-676.58	60.79	2038.06	-672.16	63.81
20	2034.18	-676.3	61.49	2036.42	-672.23	64.48
21	2034.35	-677.02	61.18	2036.65	-671.63	64.11
22	2034.07	-675.8	59.2	2036.54	-672.72	62.39

图 6 为按照表 3 比对实测数据绘制的三组相应曲线，直观地反映了在线检测设备与 PCMM 对工件测点 7 测得结果的关联状况。

首先，根据表 3 中 22 个样本的实测数据，按前面所述相关分析方法，求出工件上点 7 的 x、y、z 坐标分别由在线检测系统和 PCMM 测得的对应数据之间的相关系数 r，以确认其线性相关程度。计算结果为：

$$r_{7x}=0.935, \quad r_{7y}=-0.950, \quad r_{7z}=0.941$$

这就说明，两者之间的相关程度很高。通过对另外 12 个测点的比对测量，以及对两组实测结果的相关分析，获得了其余 36 个相关系数 r。全部 39 项被测量的线性相关水平如表 4 所示。表 4 表明，所采用的在线检测设备与关节臂坐标测量机比对测量的结果为强相关。需要指出的是，在通过局部/全局标定建立测量过程中的车身坐标系时，有几个测点的 Y 坐标方向设置反了，造成对比测量的结果分析呈现负相关，这从图 5 中的曲线图 7—*Y*—*Y* 可清楚看出。但在发现后由专业人员予以更正。

当然，在做以上这些工作之前，还是应当根据两组实测值的比对结果，对在线检测的实际结果设备各项被测量是否均达到规定精度指标作出评估。底架焊接总成与多数轿车车身覆盖件相似，其上的 39 项被测量的公差为±1mm，精度 A_C 则要求：$A_C \leqslant 20\% \cdot T$，实测结果表明。包括测点 7 的 3 项在内，所有参数均超出了这一范围，因此，进行上述线性相关分析，并在确认两种检测设备的测量结果有可比性，并呈强相关之后再采取相应的修正、补偿才是有必要和有价值的。

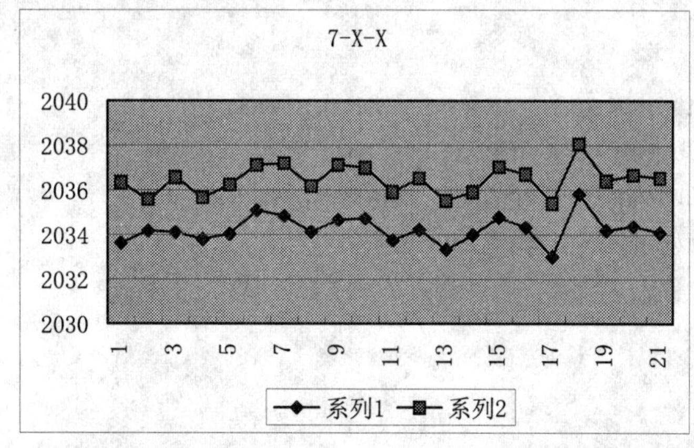

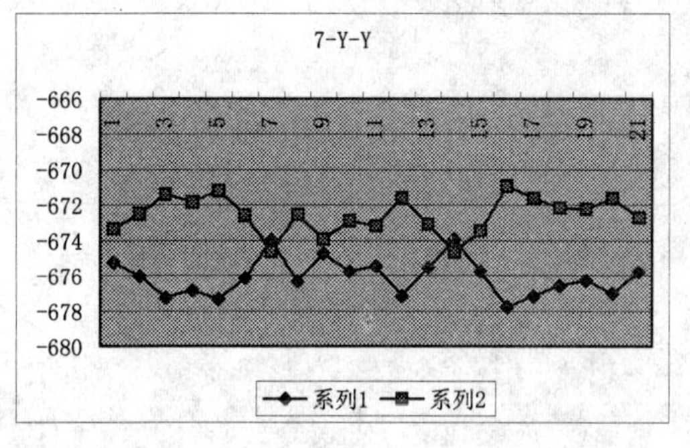

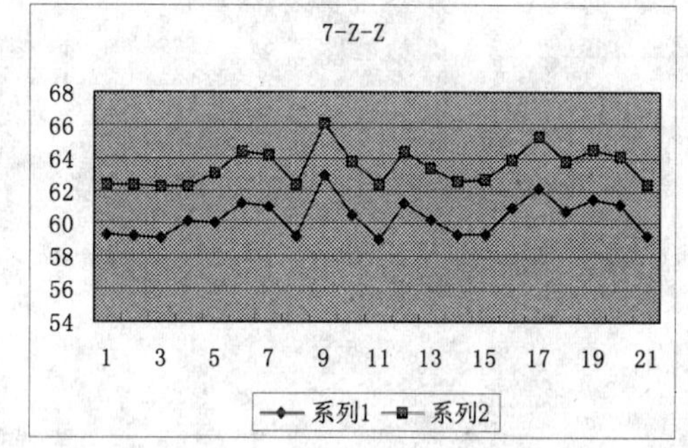

图 6

表 4

相关系 r	r>0.8	0.7<r<0.8	合计
被测量目	30	9	39
占百分比	77%	23%	100%

参照前面介绍的做法，如同实例 1 中的步骤 2 那样，先求出对应于每个被测量 j 的修正值$\triangle_j$，再将它们逐个输入在线检测设备的控制计算机中，实施对定值系统误差的补偿。然后，通过若干样本又一次的比对测量予以验证，结果表明了达到预期的目标。39 项被测参数经在线检测系统测量，与 PCMM 之间的差别在[-0.2mm，+0.2mm]范围内。

但需要指出的是，设置在车身生产线上的这台设备在对底架焊接总成进行检测时所显现的出的定值系统误差，与实例 1 的情况不同，主要在成因上。从前面分析可知，后者主要是由于两种测量方法的差别引起的，由于比较单一，故比对测量后的偏差较接近。而造成这套车身在线检测系统与 PCMM 两者测量结果差别的因素就多些，除测量方法不同是主要原因外，定位误差也是一个重要因素。实施在线检测时，工件由二维圆销和一维削边销定位，但因处在生产自动线上，故这一过程不是人为完成，加上由覆盖件的性质所决定，定位误差带来的影响就比实例 1 大，当然这里既有“定值”成分，也有“随机”成分，但结果都造成了两种检测设备比对测量的差别在较大范围内变动。无疑，要从根源上减少甚至消除这些误差成因是很困难的，特别是那些由被测件自身以及工艺特点所决定的因素。

毫无疑问，在评定一台检测设备时采用对比测量并不鲜见，可谓常用方法。但如何科学、合理地对待测得数据，进而采取相应的后续措施改善其精度水平，事实上在过去并未很好解决，正因如此，在线检测设备中的多参数综合测量机（仪）的精度评定才被认为是个棘手问题。通过本文前二节的表述和最后两个实例，说明了以数理统计中的相关分析为基础，再结合必要的数据处理和修正、补偿，能较真实地复现一台在线检测设备的精度状况，为客观地作出评价提供依据。所推出的这种方法既规范，又有很强的可操作性，无论对设备制造商还是用户都有价值。

参考文献

1 罗宁，张玉萍，任柏林. 微机综合测量系统的误差因素分析. 工具技术. 1999 No.1

2 朱正德. 在线检测设备评定方法的建立与实践. 计量技术. 2001，No.10

3 朱正德. 机械加工设备能力的评定指标——机器能力指数 . 汽车标准化，2002 No.1

4 陈功振. 定值系统误差的判断及消除方法. 计量技术. 2002，No.8

汽车布置 CAD 设计中数字化三维人体模型应用的研究

丁祎 胡平 郭竹亭

吉林大学汽车动态模拟国家重点实验室 第一汽车集团公司技术中心

[摘要] 汽车内部布置设计是汽车设计中以人为中心的复杂且重要的设计过程. 本文论述了数字化三维人体模型技术，及其在虚拟的汽车内部人机工程学布置设计中所发挥的重要作用. 列出了与汽车内部布置的相关的 SAE 标准。

关键词：数字化三维人体模型 人机工程学分析 汽车内部布置 虚拟设计技术

1 前言

汽车是非常复杂的产品并需满足各方面的性能要求，其设计开发过程也由许多不同的工作阶段组成，而各工作阶段又需要使用多种不同的设计验证技术。只有采用新技术将整个产品的开发过程及其不同的工作方式进行全面的集成才能达到加速和优化设计的目的。

数字化虚拟技术就是通过集成各种计算机技术，并充分发挥其应用潜能，使产品开发设计能够可靠地在计算机系统内，以数字化模型方式完成产品的设计和验证。在汽车开发中，虚拟技术有助于决策层及早对设计方案进行决策和进行跟踪管理；有助于加强异地的合作，共同解决技术难题；有助于在制造样车前进行反复验证和校核，从而及早发现和避免设计错误；有助于在产品投产前及早获取产品信息以进行市场调查。贯穿于产品开发全过程的数字化虚拟技术可使产品特性得到全面系统的优化，使开发周期大大缩短，开发费用大大减少，提高产品质量，最终提高企业在市场的竞争力。

2 汽车内部布置设计

汽车内部布置是一个从构思、设计到验证的复杂的系统工程. 布置时要考虑众多的约束关系和人机工程的要求。汽车内部布置是“以人为中心”的设计，即以人为中心，在满足一定的约束条件下，运用人机工程学达到人一车一环境和谐的设计理念。汽车内部布置设计是同时进行多方面布置的设计过程，也是不断反复递进寻求最优化方案的设计过程。

汽车内部布置主要任务是：①车型主要布置尺寸确定：乘员布置；整车主要尺寸确定；踏板，换档杆及手刹位置布置；转向盘及转向管柱布置；行李箱布置；侧车窗玻璃；顶盖位置；座椅及仪表板布置等。②人机工程学研究：确保驾驶员及乘员的居住舒适性，安全性，以及驾驶员的操纵方便性和具有良好的视野等。③法规符合性校核：风窗面积及雨刷布置；手伸及界面；仪表板可视范围；内外后视镜视野；安全带固定点等。在满足这些要求的同时，还要尽量减小整车质量，增大车室内空间，提高整车的经济性能。

在传统的设计中，工程师使用二维人体模板在二维主图版上进行汽车内部布置设计，无法事先对踏板、换档杆、转向盘的操纵性和坐姿及视野性等性能进行空间位置的评估和验证，只有在制作了物理样车后由一定比例的人进行实际的驾驶操作才可完成验证.

如今，由于计算机技术的发展和应用，在汽车开发中已广泛采用 CAD 方法进行三维数字化设计，以三维数据为主线，使用虚拟样车来优化产品设计和验证过程。因而，数字化三维人体模型相应地在汽车内部布置的人体工程学模拟和分析中发挥其潜能和优势。

3 数字化三维人体模型

在产品周期的各个阶段，人都是最重要的因素。数字化三维人体模型可有效地应用在汽车虚拟设计及制造的整个生命周期，从初始的概念方案设计至最后的产品验证。

图 1 数字化三维人体模型应用在 CAD 设计中

数字化人体模型技术可辅助设计者确定人在相应的工作环境下的性能，确定人体尺寸 / 形态 / 功能及其定位，满足舒适性和安全性标准的要求。如图 1 所示，在虚拟的 CAD 设计数据中，可调入此虚拟的人体模型，完成操作任务和分析工作。通过三维人体模型可运用数字人体和电子样车进行与人相关要素的模拟分析校核，如人的可操作性，舒适性，可视性等重要设计要素。在汽车内部布置过程中应用数字化三维人体模型可提高设计效率和设计质量；改善安全性及人机工程学性能；减少物理样车的制造及验证工作和周期。

波音公司、通用公司、戴姆勒－克莱斯勒公司等这些大的飞机和汽车公司已将数字化三维人体模型越来越广泛的应用于产品生命周期的各个方面和各个阶段．CATIA，EDS 等大的软件公司，也相继推出数字化三维人体模块供用户使用并不断补充及完善。

现以 CATIA 的人体模型模块（Manikin）为例简要说明数字化三维人体模型的主要功能。该三维人体模型包括 4 个子模块：构造人体（Human Builder）模块，生成可与产品相配合的人体模型；编辑人体尺寸(Human Measurement Edit)模块，可对人体模型的各部分的尺寸进行有比例地调整；人体动作分析（Human Activity Analysis）模块，对人肢体进行由静态姿势到复杂的动态动作的评价；人体姿态分析(Human Posture Analysis)模块，进行人体各种姿态的分析。此人体模型包括有 104 组人体测量数据；100 个无约束的连接；148 个自由度；各种姿势轮廓；包含所有关节的手模型、脊椎模型、肩模型、臀部模型等模型；可表现关节活动的制约及动作运动的上下极限并可进行调节。此模块具有如下几方面用途：测量人体尺寸；视野分析；坐姿分析；运动舒适角度分析；伸及范围分析；举升、放下和搬运分析；设计干涉检查；运动模拟等。

4 按 SAE 标准进行汽车内部布置时涉及到的人体工程学内容

在进行汽车内部布置时，SAE 中有如下用于驾驶员和乘员的人体工程学研究和设计的相关标准。

标准号	Standard Name 标准名称	简要描述
SAE J100	Class-A Vehicle Glazing Shade Bands A 类车型车窗玻璃遮阳带	风窗遮阳带位置的确定，其作用是防止驾驶员及乘员受阳光照射产生眩目
SAE J1050	Describing and Measuring the Driver's Field of View 驾驶员视野的定义及测量	驾驶员的直接视野和间接视野的确定及测量
SAE J1052	Motor Vehicle Driver and Passenger Head Position 驾驶员及乘员头部位置	确定头廓位置及包络形面是指不同百分位身材的驾驶员和乘员在正常驾驶和乘坐状态下，他们的头廓线的形成的包络面
SAE J1100	Motor Vehicle Dimensions 车辆设计尺寸	定义汽车设计中尺寸的标注和命名
SAE J1516	Accommodation Tool Reference Point 设计参考点	确定人体的 AHP 点，SgRP 点，BOF 点位置及踏板角度
SAE J1517	Driver Selected Seat Position 驾驶员乘坐位置的选择	确定汽车驾驶员及乘员适意 H 线分布的位置，包括 97.5,95,90,50,10,5 和 2.5%人体比例

续表：

标准号	Standard Name 标准名称	简要描述
SAE J1521	Truck Driver Shin-Knee Position for Clutch and Accelerator 卡车驾驶员相对于踏板的膝部位置	对于 B 类车型，确定二维侧视驾驶员的左腿（离合器踏板）和右腿（加速踏板）所对应的膝部包络线的位置及形状
SAE J1522	Truck Driver Stomach Position 卡车驾驶员的胃部位置	对于 B 类车型，确定二维侧视驾驶员胃部包络线的位置及形状
SAE J264	Vision Glossary 视野汇编	有关视野的标准
SAE J287	Driver Hand Control Reach 驾驶员手伸及界面	驾驶员的手伸及范围及操作钮件、杆件、开关等的位置布置校核
SAE J383	Anchorage Zones （座椅安全带）安装区域	确定车中座椅安全带上部及下部的安装位置区域
SAE J826	Devices for Use in Defining and Measuring Vehicle Seating accommodation 用于确定及测量车辆座椅位置的装置	用于测量及确定车辆乘坐位置的三维假人的装置及其使用
SAE J826	Human Physical Dimension 人体尺寸	提供美国人身材的人体数据，人体模型是汽车内部布置设计和校核的重要工具
SAE J902	Passenger Car Windshield Defrosting Systems 轿车前风窗除霜系统	汽车前风窗除霜区域的确定及校核
SAE J903	Passenger Car Windshield Wiper Systems 轿车前风窗雨刷系统	汽车前风窗雨刷刮扫区域的确定及校核
SAE J941	Motor Vehicle Drivers' Eye Locations 车辆驾驶员眼睛位置	确定驾驶员眼睛相对于汽车空间的位置及分布. 眼睛位置是人车系统的重要因素，是设计布置中的重要基准点，许多标准和法规，如：头阈线确定、H 点的位置、风窗位置及雨刷刮扫区域、后视镜的视野的范围等等，均与眼睛位置有直接关系

5 应用数字化三维人体模型进行汽车内部布置及设计校核

数字化三维人体模型在汽车内部布置设计及校核中承担着人机工程学的布置设计及校核验证的重要角色。图 2 所示为数字化三维人体模型在一汽车内部布置中的应用实例。它协助汽车设计工程师进行一系列乘员内部居住性的布置优化工作，主要包括：协助确定汽车主要控制尺寸；确定不同人体尺寸的驾驶员及乘员的乘坐位置和驾驶姿态；对人体乘坐姿态及其舒适性进行分析和评估；确定踏板、转向盘、操纵杆、仪表及控制按纽等零件的布置位置，并进行操作合理性评价；模拟乘员上下车姿态以评估上下车方便性；驾驶员及乘员的座椅位置确定及安全带的固定位置的确定；模拟座椅的滑动、及杆件操纵的运动过程并进行评价；校核驾驶员驾驶过程中的直接视野和通过内外后视镜的间接视野的法规符合性；协助进行仪表板布置和仪表板盲区的校核；确定合理的车内宽度和头顶空间；分析人体重量在座椅上的力的分布；对手及脚对操纵部件操作时所施加的力进行评估；同时检查设计间隙及干涉分析，最终记录数据并输出优化的布置结果。

图 2 数字化三维人体模型在汽车内部布置中的应用

6 结论与展望

数字化三维人体模型为汽车内部布置的虚拟设计提供了一个有利的工具。随着虚拟技术的发展，虚拟现实技术也被应用在汽车的虚拟产品开发过程中。例如，可以利用一个虚拟的座位把虚拟现实技术与物理模型联结在一起，让驾驶员戴着头盔和数字手套感知汽车驾驶室的内部空间的布置来评价虚拟的布置状况，检查内部空间设计的可操作性和舒适性。虚拟设计和验证技术将越来越广泛的应用于产品开发中。

参考文献

1 SAE Recommended Practices

2 Joachim Rix, André Stork，Combining ergonomic and field-of-view analysis using virtual humans，Fraunhofer Institute for Computer Graphics, Darmstadt, Germany，2001

3 郭竹亭主编. 汽车车身设计. 吉林科学技术出版社，1992

4 温吾凡. 汽车人体工程学. 吉林科学技术出版社，1991

5 CATIA – Manikin User Manuals, 2002 年

6 EDS - Jack User Manuals, 2002 年

汽车防滑控制系统道路识别技术的研究

边明远　李克强　冯能莲　连小珉
清华大学汽车安全与节能国家重点实验室

[摘要] 实时的道路状况识别对于充分发挥汽车防滑控制系统的作用效果具有重要的意义。本文阐述了目前国内外在该技术领域的研究现状、发展趋势以及常用的技术方法；提出了采用车辆动力学参数对路面状况进行识别的方法，建立了基于改进的 BP 神经网络和追加修正算法的道路识别系统的算法模型，并通过试验和仿真结果验证了其有效性。

关键词：动力学 防滑系统 道路状况 识别

1　绪言

汽车防滑控制系统能够提高车辆的牵引性和操纵稳定性，减少轮胎磨损和事故风险，增加行驶安全性和驾驶轻便性，使得汽车在附着状况不好的路面上能顺利起步和行驶并安全制动[1]。众所周知，防滑系统的控制效果主要取决于该系统的控制策略和控制算法等核心内容。目前大多数防滑控制系统都采用基于最佳滑移率为目标的控制方法，由传感器采集车轮转速及车身的加速度信号，由此获得车辆的滑移率的信息；并以车辆滑移率门限值为主、车轮加减速度门限值为辅的控制方法和控制逻辑算法对车辆的执行系统进行控制以优化驱动力（制动力）的分配，保证车辆能够充分地利用地面的附着力[2]。但应该注意的是，门限值的确定要考虑汽车的各种参数、驱动过程中的各种工况、外界条件及可能的变化等极其复杂的因素，在不同的道路条件下作为控制逻辑中重要参量的车辆的目标滑移率及地面的峰值附着系数都不是一个固定的量[3]，如图 1 所示。因此在防滑控制系统中应该根据车辆所处的道路状况采取不同的控制门限值及控制算法。在以最佳滑移率为控制目标的防滑系统中，目前大多数的系统都是用一个固定的、人为设定的最佳滑移率作为控制目标参量，并以此为根据将车轮的实际滑移率与之对比来确定出车辆的稳定区域和非稳定区域[4]，没有考虑到道路状况对目标滑移率、车轮速度及角加速度等参量变化的影响。而要从根本上改变这一状况的关键，便是要能够对车轮所处的路面进行实时的监测和识别，根据路面状况采用不同的控制门限值并采取不同的控制算法和控制逻辑。

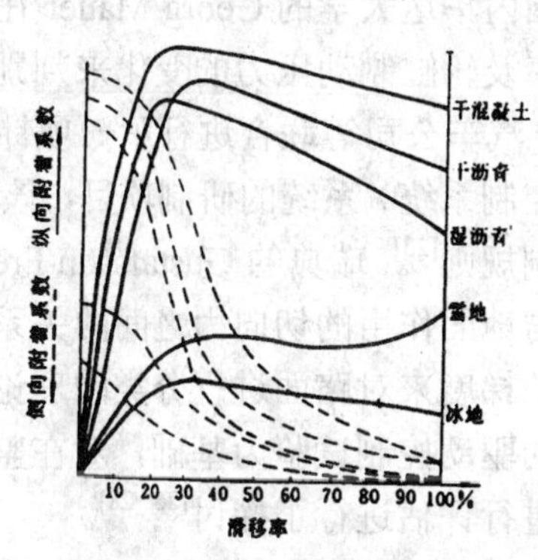

图 1　不同路况下的滑移率与附着系数

2　道路状况的识别方法

由于基于路况评价的控制算法和策略对车辆的自适应控制效果能够起到明显的改进作用，提高车辆的动力学性能并改善其操纵稳定性，所以近年来国外实时道路识别技术的发展很快。道路状况的评价方法总体上可以分为直接仪器测量、数字特征参量测量识别和采用车辆动力学参数解析辨识三类。

通过试验仪器来对路面附着系数进行测量是一种最简单的方法，20 世纪 70 年代在英、美、瑞典等国就已有了可以测量路面附着系数的设备[5]；国内的科技工作者在道路附着系数的检测仪器研究方面也开展了一定的工作，提出了可行的测量与计算方法。但由于测定附着系数的试验存在可重复性差、影响因素多等问题，从而给精确确定附着系数造成了一定困难[6~8]。

部分国外的研究人员将光学传感器装备在汽车上，通过对地面反射光进行频谱分析来对路面状况进行评估[9~10]。日本学者通过采用一种峰值功率为 200W 的激光束扫描的方法来对路面进行判别，该装置对干路面、湿路面以及冰雪路面的正确识别率可达 98%[11]。基于同样的原理，超声波传感器在路面检测中也有一定的应用[12]。有些国外学者将声学传感器安装在汽车上来采集车轮与路面间的摩擦噪声，并以此来作为识别路面的依据[13]。近年来在道路识别系统的研究中采用雷达波、毫米波等电磁波的方法日益增多[14~16]。基于数字图像处理和特征识别理论的道路判别技术的研究在最近一段时期来也逐渐被一些国外的科研工作者所采用[17~19]。和采用仪器直接测量道路附着系数的方法一样，采用光学、声学以及微波等传感器来对路面状况进行判别的方法虽然能够获得较好的判别效果，但也存在着诸如需要很多附加设备等缺点，而且它最大的问题是无法使用车辆安全性控制系统本身所固有的如轮速传感器、加速度传感器等设备，不能够与车辆本身的控制系统实现集成化。

基于上述原因，采用车辆的动力学参数来对路面状况进行评估和预测的研究近来被越来越多的学者提上了日程。作为一项随着车辆动力学控制系统的发展而产生的技术，这种方法能够直接应用 ABS（防抱死制动系统）等系统固有的传感器，亦无需附加其它的任何设备，从而降低了系统的复杂程度和成本，具有广阔的实用前景和潜力。

国外在车辆主动安全性控制系统中采用车辆动力学参数来识别道路的技术研究可以追溯至 1992 年[20]。美国内华达大学的 Georg Mauer 在 1994 年提出了一种基于 ABS 系统道路识别系统的方案，他利用车辆滑移率及轮缸制动压力的变化来判别车辆行驶的实际道路状况 [21~22]。1996 年，美国军方与克莱斯勒公司、ITT 汽车公司等联合进行了一项针对美军 4×4 型高机动性多用途轮式车辆（HMMWV）的 TCS（驱动防滑控制系统）系统的研制项目，该项目采用模糊逻辑的 TCS 控制器，根据不同的道路状况采取不同的模糊控制规则[23]。瑞典的 Gustafsson Fredrik 和韩国的 Wookug Hwang 等人分别对车辆正常行驶情况下车轮滑移率与地面作用的切向力之间的关系进行了探讨，并提出了采用估计出的道路附着系数对车轮滑移率相对变化的梯度来对路面进行分类的理论[13],[24~25]。日本东京大学的 Hideo Sado 和 Shin-ichiro Sakai 等人以电动汽车的驱动控制试验为基础，对在整个滑移率变化范围内以非线性化的μ－S 曲线的斜率来对路面的附着状况进行评估进行了探讨[26~28]。

近年来国内部分从事 ABS 理论研究的科研工作者对道路识别技术的理论也进行了一些探讨[29~30]。但就整体研究状况来看，国内关于汽车动力学控制系统的技术水平和国外相比相对落后，尚未有系统化的道路状况实时识别技术的研究报道。

3 基于车辆动力学参数的道路识别技术研究

道路作为车辆行驶的界面，其表面状况的任何差异必然引起与车辆行驶有关的参数的变化。轮胎作为车辆上直接与路面接触的媒介，它与地面之间力学状态的变化必然与路面的状况息息相关，这种变化则体现在车轮与路面间附着性能的差别。车辆－地面之间附着性能除了与路面状况有关之外，还与车辆的动力学参数有关。

如果将不同的路面状况以不同的离散化数值来表示，那么在车辆动力学系统解析过程中则可以由这些数值的差异来显示道路附着状况的改变。基于此，笔者采用一个参数 σ 作为表征路面状况的附着特征影响因子，从而引入路况因子的概念。对各种路面的路况因子的分配如表 1 所示。

根据笔者的研究，车轮与路面间纵向的附着系数可实时表述为路况 σ、车速 V、载荷 F_z 以及车轮滑移（滑转）状况 S 的非线性函数 $\mu = f(\sigma, V, Fz, S)$，这样不但能够随时掌握纵向附着系数的变化，而且也能够实时掌握任一路况条件下附着特征参数的变化。在车辆实际行驶的过程中，道路状况和车辆的动力学

表 1 常见路面的特征因子 σ 值

路面状况	沥青（干）	沥青（湿）（水膜厚度<2mm）	土路（湿）（水膜厚度<2mm）	雪（松散）	雪（压实）	冰（干燥）	积水路面（水膜厚度>2mm）
σ 值	0	0.134	0.253	0.60	0.75	1.0	1.2

参数都处于实时变化的状态，而该模型则能够捕捉这些变化，并将它们对纵向附着力的影响细致地表达出来。根据研究，$\mu = f(\sigma,V,Fz,S)$ 为一个非线性的单值函数，当 σ、V、F_z、S 等参数确定的情况下，μ 具有唯一的一个值。同时，该函数的反函数也为单值函数。当车轮与地面的纵向附着系数一定，而且反映车轮动力学状态的参数 V、F_z、S 确定时，反映路面状况的道路因子也就可以唯一确定。

如果以道路因子的差别来区分不同种类的路面状况，那么就可以由车辆的动力学原理根据车轮运动状态来对反映车辆－地面动力学状态的参数进行回归，进而对路面状况进行辨识。笔者针对车辆的防滑控制系统，采用改进的多层前向神经网络和误差反向传播的学习算法，即利用动量修正规则和自适应学习速率的 BP 神经网络，以车轮的动力学参数为输入量，对路面的状况进行辨识。在神经网络辨识结果的基础上，追加输出量调谐的二次分类算法，最终达到了对路面状况的细致而良好分类识别。

本文将 V、Fz、S 这三个描述车轮动力学状态的参数与路面附着系数 μ 一起作为路面辨识网络的输入参量，即确定了 BP 神经网络的输入向量为$\{V, Fz, S, \mu\}$。按照表 1 所示，将常见的道路工况按 6 类划分，以体现路面附着性能从高到低的变化情况。道路识别系统的最终输出，是依靠将这 6 种路面模型模糊化为 6 个路况因子来进行判断。该路面辨识网络在输出层设计了 6 个神经元节点，来对应网络训练样本集中输入参量的聚类情况。

网络输出的映射对照存在如下关系：

表 2　道路识别网络映射对照表

路面状况	路况因子值	网络输出
柏油（干）	0	y=[1,0,0,0,0,0]
柏油（湿）、砂土（干）	0.134	y=[0,1,0,0,0,0]
砂土（湿）	0.253	y=[0,0,1,0,0,0]
雪（疏松）	0.6	y=[0,0,0,1,0,0]
雪（压实）	0.75	y=[0,0,0,0,1,0]
冰（干燥）	1.0	y=[0,0,0,0,0,1]

特别规定当路况因子值为 1.2 时道路状况为积水路面（水膜厚度大于 2mm）。

道路识别系统的输出是对应于训练样本集类别的路况因子值，并需要由此来对路面进行划分，所以应对 BP 网络的输出再进行一次处理。

$$\lambda = y * [0,0.134,0.253,0.6,0.75,1]^T$$

道路识别系统将根据此 λ 值来判断路面工况，并将其作为车辆防滑系统控制器的输入参量用以确定最佳的控制参数门限及相应的最优控制策略和逻辑。

在神经网络训练的过程中，辨识系统的最终输出路况因子值在很多情况下并不等于期望输出的目标路况因子值，而是在目标输出值的周围一个很小的邻域内波动。本文经过对网络神经元输出的研究，在路面辨识系统 BP 神经网络输出的基础上追加了一个修正算法，以对神经网络的输出路况因子值进行调谐和二次划分。所建立的基于车辆动力学参数回归和追加修正算法的改进 BP 神经网络的道路识别系统组成结构如图 2 所示。

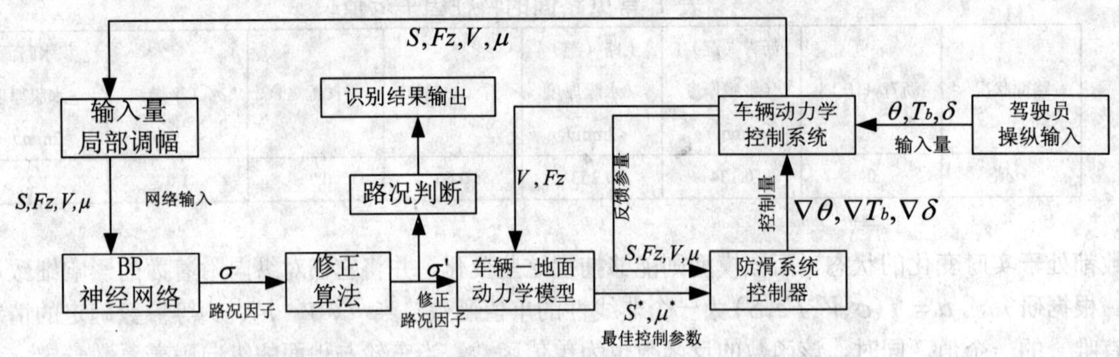

图 2 道路识别系统组成结构框图

4 道路识别系统的试验验证

根据图 2 的流程，对车辆在多种行驶工况下的仿真和试验数据进行处理，作为辨识样本提供给训练完成、神经元连接模式已冻结的 BP 神经网络，并根据修正算法对辨识网络的一次输出进行再处理，得到几种工况下路面识别的效果如图 3～6 和表 3 所示。

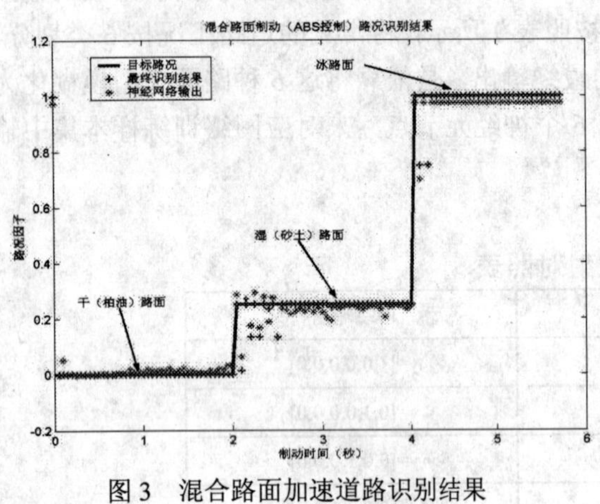

图 3 混合路面加速道路识别结果

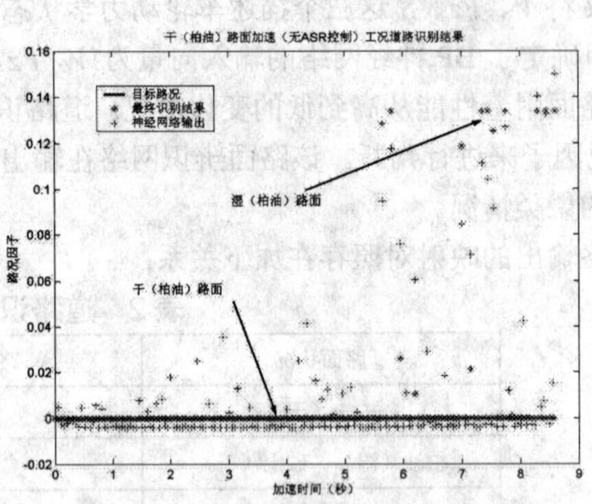

图 4 干柏油路面加速道路识别结果

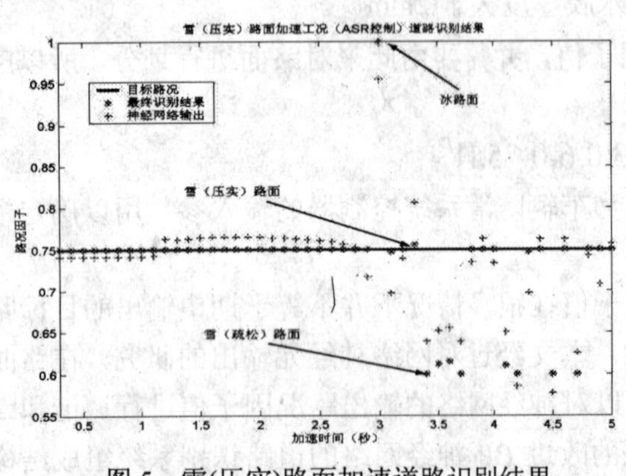

图 5 雪(压实)路面加速道路识别结果

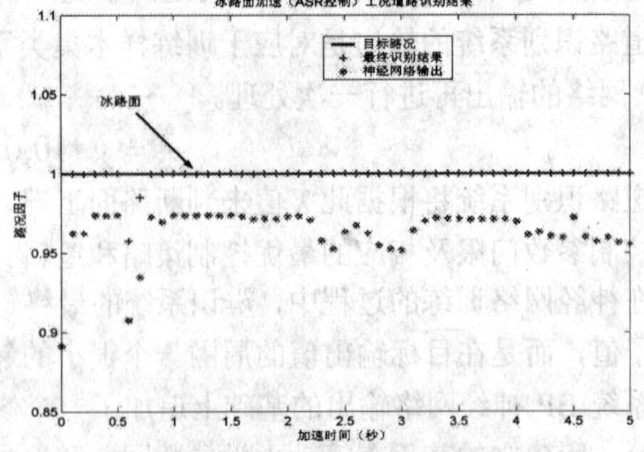

图 6 冰路面起步加速道路识别结果

表 3 几种试验工况下道路识别系统的性能对比

路面状况	行驶工况	有无防滑系统	样本个数	正确识别样本个数	正确识别率
干柏油－湿砂土－冰	制动	ABS	115	108	93.9%
干柏油	加速	无	173	160	92.49%
雪（压实）	起步加速	ASR	48	39	81.3%
冰	起步加速	ASR	51	48	94.12%

由对比结果可以看出，当车辆在各种路面上行驶过程中，无论是否装备了防滑控制系统，基于 BP 神经网络的道路识别系统在对网络输出经过修正算法调谐后都能够比较准确地辨识出实际的路面状况，神经网络系统的杂乱输出结果修正算法处理后能够较好地聚类，大部分收敛于目标点。网络的输出振荡较修正算法处理前有大幅度减小，网络的识别偏差有所改善，容错性能也得到了一定程度的提高。这充分证明了本文提出的基于动力学参数的路面辨识算法的有效性。

5 结论

车辆防滑控制系统的效果主要依赖于其控制算法和策略的准确性，由于在各种道路工况下车辆动力学控制系统的目标控制参数都不尽相同，相应地所采取的控制策略和算法也应该有所差别，所以在车辆行驶的过程中实时精确地识别路面状况对车辆防滑控制系统的意义非常重大。在道路识别技术的研究中采用车辆本身的动力学参数对车轮所处路面进行判别的方法不但能够使用车辆防滑控制系统固有的传感器，从而简化系统结构并降低成本，而且也能够保证路面判别的准确性。与其它的如采用仪器直接测量或采用光、电传感器以及数字图像分析和频谱分析的方法相比，具有明显的优势和更为广阔的应用前景。

本文所建立的基于 BP 神经网络的道路识别系统能够有效地对路面状况进行识别，较好地解决了车辆行驶过程中车轮－地面动力学界面特征的确定问题，有助于车辆的防滑系统控制器采用最佳控制参量和逻辑产生更精确的执行系统作动调节量。

参考文献

1 王德平，郭孔辉，高振海. 汽车驱动防滑控制系统[J]. 汽车技术,1997(4): 22~27

2 M.Y.Bian, S.Z.Chen. Research on road condition estimation for automotive traction control system [A]. Proceeding of the 11th International Pacific Conference on Automotive Engineering[C]. Shanghai: November 2001

3 范同顺. 轻型卡车 ABS 系统电子控制装置硬件电路的开发[M]. 北京理工大学硕士学位论文, 2000 .2

4 程军. 车轮最佳滑移率控制的研究[J]. 汽车研究与开发., 2000, 1(36): ~39

5 Liu Zhaodu. Mathematical models of tire-longitudinal road adhesion and their use in the study of road vehicle dynamics [J]. Journal of Beijing Institute of Technology. 1997, 5(2): 193~204

6 吴献金. 路面纵向附着系数参量仪[J]. 汽车技术，1985 (11): 22~26

7 吴献金. 关于路面纵向附着系数的讨论[J]. 汽车技术，1987 (1): 31~35

8 柯玮，朱俊. 道路附着系数的试验研究[J]. 内蒙古公路与运输，1996 (3): 31~33

9 Sasada, Yukihisa et al. Development of the road surface condition sensing system [A]. Proceedings of IEEE Conference on Intelligent Transportation Systems [C], 1999

10 Vagner E.A, Efremov A.V. Radiooptical technique for diagnostics of road surface condition [A]. Proceedings of SPIE - The International Society for Optical Engineering [C]. Moscow: Jun 1999

11 Mika Morii, Hiroyuki Yasuo et al. Road surface condition detector using high peak power fiber laser [A]. 电气学会论文志, D:产业应用部门 2000, 120-D (10): 1198~1204

12 Muneo Yamada, Koji Ueda et al. Discrimination of road condition toward understanding of vehicle driving environments [J]. IEEE Transaction on Intelligent Transportation Systems. 2001, 2(1): 26~31

13 Gustafsson Fredrik. Slip-based tire-road friction estimation [J]. Automatica. 1997, 33(6): 1087~1099

14 Rudolf H, Wanielik G, Sieber AJ. Road condition recognition using microwaves [A]. Proceedings of 1997 IEEE Conference on Intelligent Transportation Systems [C]. BOSTON, MASSACHUSETTS: NOV. 1997

15 Shinmoto Y, Takagi J et al. Road surface recognition sensor using an optical spatial filter [A]. Proceedings of 1997 IEEE Conference on Intelligent Transportation Systems [C]. BOSTON, MASSACHUSETTS: NOV. 1997

16 Fukui H, Takagi J et al. An image processing method to detect road surface condition using optical spatial frequency [A]. Proceedings of 1997 IEEE Conference on Intelligent Transportation Systems [C]. BOSTON, MASSACHUSETTS: NOV. 1997

17 Kuehnle Andreas, Burghout Wilco. Image-based winter road condition recognition [A]. Proceedings of the 5th International Conference on Applications of Advanced Technologies in Transportation Engineering [C]. Apr 1998

18 Kuehnle Andreas, Burghout Wilco. Winter road condition recognition using video image classification [A]. Source: Transportation Research Record 1627, 1998 National Research Council: 29~33

19 Tetsuya Kuno, Hiroaki Sugiura. Detection of road conditions with CCD cameras mounted on a vehicle [J]. Systems and Computers in Japan. 1999, 30(14): 88~99

20 Chia-shang Liu , Huei Peng. Road friction coefficient for vehicle path prediction [J]. Vehicle System Dynamics Supplement, 1996 (25): 413~425

21 Georg Mauer et Al. Fuzzy logic continuous and quantizing control of an ABS braking system [J]. SAE Paper 940830

22 Manuer G F. A fuzzy logic controller for ABS braking system [J]. IEEE Transactions on Fuzzy System, 1995(3): 381~388

23 Ka a C. Cheok et Al. Fuzzy logic approach to traction control design [J]. SAE Paper 960957

24 Wookug Hwang and Byung-suk Song. Road Condition Monitoring System Using Tire-Road Friction Estimation [A]. Proceedings of 5th Int'l Symposium on Advanced Vehicle Control (AVEC) [C]. Ann Arbor, Michigan: August 2000.

25 Gustafsson Fredrik. Monitoring tire-road friction using the wheel slip [J]. IEEE Control Systems, 1998, 18(4): 42~49.

26 Hideo Sado et Al. Road condition estimation for traction control in Electric Vehicle [A]. Proceedings of ISIE'99 [C]. Bled, Slovenia: 973~978.

27 Hideo Sado et Al. Road condition estimation based on driving force observer of Electric Vehicles [A]. 1999 年自动车技术会春季大会学术讲演会[C]. パシフィコ横浜: May 19, 1999, 5~8.

28 Hori Yoichi et al. Traction control of electric vehicle based on the estimation of road surface condition-basic experimental results using the test EV `UOT Electric March' [A]. Proceedings of the Power Conversion Conference[C]. Nagaoka, PCC: Aug 3-6 1997, 1~7

29 程军. 汽车防抱死制动系统的理论与实践[M]. 北京: 北京理工大学出版社, 1999

30 李君, 喻凡, 张建武. 基于道路自动识 ABS 模糊控制系统的研究[J]. 农业机械学报, 2001, 32(5): 26~29

汽车 CFD 分析中空间网格的生成

吴 军 谷正气 钟志华

湖南大学机械与汽车工程学院

[摘要] 本文详细叙述了运用椭圆型方程构造三维空间结构化网格的方法，并采用其为汽车 CFD （computer fluid dynamic）分析生成了结构化的贴体正交网格。

关键词: CFD 贴体正交网格 椭圆型方程

Three-Dimensional Numerical Grid Generation And Application

Wu Jun Gu Zhengqi Zhong Zhihua

Hunan University, College of Mechanical and Automobile Engineering

[Abstract] The paper describes how to generate three-dimensional numerical grid by the ellipse equation method. And we put this grid generation method into CFD application of the automobile. The result of aerodynamic analyze by the grid verified the efficiency of our method.

Key words: CFD body-fitted grid ellipse equation

1 引言

在汽车空气动力学中对于外流场计算时，其空间求解域数值网格的构造品质无疑对其计算速度、精度及收缩性都有着十分重要的意义。

1966 年，Winslow 首先采用 Laplace 方程来构造网格，用这种方法构造的网格具有分布均匀，适应性强的特点。1970 年，Barfield W.D 提出了用变分法来构造网格的思想，即给出某种度量网格性质的泛函，通过求泛函极小构造网格。1971 年，由 W.H.Chu 提出，F.Thomas 首次应用贴体坐标的概念。1974 年，Thompson 提出数值求解微分方程生成网格的方法，近年来这种方法也得到了广泛应用。1982 年，Brackbill J.U.和 Saltzman J.S.给出了多种描述网格性质(正交性、光滑性、体积)的泛函文献。1988 年，Antonios E.G. 提出了一种带方向控制的泛函来控制网格线走向的方法。

2 数值网格生成的理论基础

数值网格生成就是用数值方法在物理区域内建立一个适当的曲线坐标系，以坐标线相交形成计算网格，网格线光滑分布并与物理边界一致，在边界上网格线正交，并且网格线分布能自动适应物理解变化情况。实质上网格生成可视为一种坐标变换，即寻求笛卡尔坐标(X,Y,Z)和曲线坐标(ξ,η,ζ)之间的变化关系，把物理区域变换为计算域内一个或多个矩形(或长方体)区域。对于具有复杂形状的区域，可以采用曲线坐标系，并使物面与坐标系内某一坐标线(或面)相吻合，该坐标系可正交，也可非正交，网格的分布是否均匀，应视问题的需要而定。此外网格还可以设计为自动调节的，即所谓自适应网格。目前常用的数值网格生成的方法主要有三种：即代数法、微分方程法和保角变换法，其中又以代数法中的超限插值法和微分方程法中的椭圆型方程方法应用最为广泛。这两类方法各有其优缺点。概略地讲，用代数法生成网格比用微分方程法要快，一般用于区域对网格要求不十分精密的问题；但后者生成的网格比前者光滑，品质高，汽车外流场计算多采用此方法。本文采用椭圆型方程构造求解空间三维网格，并通过保角变化来保证网格线与物面边界的正交性。

3 数值网格的生成

3.1 参数空间的引入

首先考虑一个简单的三维空间域 D，其笛卡尔坐标为 $\underline{X}=(x,y,z)^T$，假定空间域 D 被六个面 F_1，F_2，F_3，F_4，F_5，F_6所包围，其中(F_1，F_2)，(F_3，F_4)，(F_5，F_6)为三组相对面，同时假定构成这六个面的十二条边为 $E_i\{i=1,2,\cdots,12\}$，如图 1 所示。

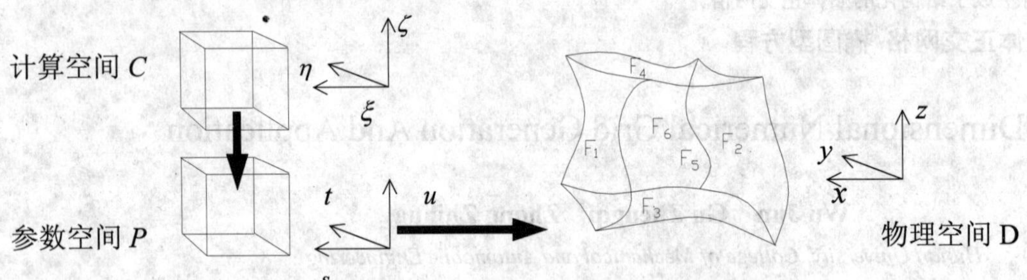

图 1 计算空间到物理空间的变换

计算空间 C 为单位立方体；其笛卡尔坐标为 $\underline{F}=(\xi,\eta,\zeta)^T$，假定映射 $x:\partial C\rightarrow\partial D$ 定义了从物理空间 D 到计算空间 C 的一对一对应关系，则：

$\xi\equiv0$ 在 F_1 面上和 $\xi\equiv1$ 在 F_2 面上

$\eta\equiv0$ 在 F_3 面上和 $\eta\equiv1$ 在 F_4 面上

$\zeta\equiv0$ 在 F_5 面上和 $\zeta\equiv1$ 在 F_6 面上

为了构造映射 $x:\partial C\rightarrow\partial D$，不仅满足边界条件及其一一对应的关系，同时内部网格点也较好地与边界网格点的分布相适应。与二维椭圆网格一样，引入一个单位立方体的参数空间域 P，其笛卡尔坐标 $\underline{s}=(s,t,u)^T$ 为，s, t, u 参数也要服从如下要求：

$s\equiv0$ 在 F_1 面上和 $s\equiv1$ 在 F_2 面上

$t\equiv0$ 在 F_3 面上和 $t\equiv1$ 在 F_4 面上

$u\equiv0$ 在 F_5 面上和 $u\equiv1$ 在 F_6 面上

s 是沿边 E_1，E_2，E_3和 E_4的规一化弧长

t 是沿边 E_5，E_6，E_7和 E_8的规一化弧长

u 是沿边 E_9，E_{10}，E_{11}和 E_{12}的规一化弧长

从前三个条件可有：

$s(0,\eta,\zeta)=0$ 和 $s(1,\eta,\zeta)=1$

$t(\xi,0,\zeta)=0$ 和 $t(\xi,1,\zeta)=1$

$u(\xi,\eta,0)=0$ 和 $u(\xi,\eta,1)=1$

参数空间 P 中的坐标(s，t，u)由物理空间域 D 中的十二条边界确定。同时计算空间 C 中的坐标(ξ，η，ζ)也由物理域 D 的十二条边界定义，这样物理域 D 的十二条边界上每一个点都有唯一的(ξ,η,ζ)坐标和(s,t,u)坐标，这也就是可推得，在计算空间的单位立方体上十二条边界的每个(ξ，η，ζ)对应于唯一的(s，t，u)值。

3.2 代数变换

从计算空间 C 到参数空间 P 的映射服从代数变换规律，其变换关系可定义为：

$$s = s_{E1}(\xi)(1-t)(1-u) + s_{E2}(\xi)t(1-u) + s_{E3}(\xi)(1-t)u + s_{E4}(\xi)tu \tag{1}$$

$$t = t_{E5}(\eta)(1-s)(1-u) + t_{E6}(\eta)s(1-u) + t_{E7}(\eta)(1-s)u + t_{E8}(\eta)su \tag{2}$$

$$u = u_{E9}(\zeta)(1-s)(1-t) + u_{E10}(\zeta)s(1-t) + u_{E13}(\zeta)(1-s)t + u_{E12}(\zeta)st \tag{3}$$

以上变换仅仅依赖于物理域 D 内的十二条边上网格点的分布，式(1)表明在ξ=常数的网格平面是作为一个双线性曲面映射到参数空间 P，s 是 t 和 u 的双线性函数。同理式(2)中 η=常数和式(3)中 ζ=常数的网格平面也是作为一个双线性曲面映身到参数的空间 P。对于给定的(ξ,η,ζ)坐标，其(s,t,u)的对应坐标在三个双线性曲面的网格交点上求得，因此，由式(1)~(3)所决定的变换可称为代数比性变换，与二维代数网格变换一样，在三维代数变换中，对于ξ为不同值的两双线性曲面在参数空间 II 内是决不同相交的。同理对两不同的η值和ζ值也是如此，这样就可推论代数网格变换是可微的一对一变换。

由于映射 $x:\partial C \to \partial D$ 预先要求，而映射 $s:C \to P$ 又被代数双线性变换所定义，因而(s,t,u)的坐标就被物理域 D 的全部边界定义，它们包括六个边界曲面 F_1，…，F_6 的内部点。要求点(s,t,u)是物理域 D 内的调和函数，即：

$$\left.\begin{aligned} \nabla^2 s = s_{xx} + s_{yy} + s_{zz} = 0 \\ \nabla^2 t = t_{xx} + t_{yy} + t_{zz} = 0 \\ \nabla^2 u = u_{xx} + u_{yy} + u_{zz} = 0 \end{aligned}\right\} \tag{4}$$

这是一个在映射 $s:C \to P$ 上的线性椭圆边界问题。这个映射是否一一对应的，仍是一个理论问题。此外假定映射 $s:C \to P$ 是一一对应，而因此逆问题 $s:C \to D$ 也就存在，这是一个椭圆型非线性偏微分方程组。当代数变换映射 $s:C \to P$ 和椭圆变换的映射 $s:C \to D$ 都假定为一对一映射时，其复合映射 $x:C \to P$ 也是一一对应的映射，定义为 $x=x(s(\xi))$。由于各映射的基本性质，可得到较好地反映边界网格点分布的内部网格。

3.3 基于复合变换的椭圆型方程网格

复合映射 $x:C \to D$ 实际上是服从于泊松方程，其控制函数由代数变换 $s:C \to P$ 所定义。这个带边界函数近似表达的三维椭圆泊松系统实际上就是前面所介绍的二维系统的延伸。

定义三维协变基矢

$$\underline{a}_1 = \underline{x}_\xi, \underline{a}_2 = \underline{x}_\eta, \underline{a}_3 = \underline{x}_\zeta, \tag{5}$$

和协变度量张量元素

$$g_{ij} = (\underline{a}_i, \underline{a}_j) \qquad i=(1,2,3),\ j=(1,2,3) \tag{6}$$

三维逆变基矢 a^1,a^2 和 a^3 由如下规律定义，

$$(\underline{a}^i, \underline{a}_j) = \delta^i_j \qquad i=(1,2,3),\ j=(1,2,3) \tag{7}$$

逆变度量张量元素为

$$g^{ij} = (\underline{a}^i, \underline{a}^j) \qquad i=(1,2,3),\ j=(1,2,3) \tag{8}$$

由下式

$$\begin{pmatrix} a_{11} & a_{12} & a_{13} \\ a_{12} & a_{22} & a_{23} \\ a_{13} & a_{23} & a_{33} \end{pmatrix}\begin{pmatrix} a^{11} & a^{12} & a^{13} \\ a^{12} & a^{22} & a^{23} \\ a^{13} & a^{23} & a^{33} \end{pmatrix}=\begin{pmatrix} 1 & 0 & 0 \\ 0 & 1 & 0 \\ 0 & 0 & 1 \end{pmatrix} \tag{9}$$

有逆变基矢的协变表示式为：

$$\left.\begin{aligned} \underline{a}^1 &= g^{11}\underline{a}_1 + g^{12}\underline{a}_2 + g^{13}\underline{a}_3 \\ \underline{a}^2 &= g^{12}\underline{a}_1 + g^{22}\underline{a}_2 + g^{23}\underline{a}_3 \\ \underline{a}^3 &= g^{13}\underline{a}_1 + g^{23}\underline{a}_2 + g^{33}\underline{a}_3 \end{aligned}\right\} \tag{10}$$

定义 g^2 为协变度量张量的行列式矩阵。

对于任意函数 $\phi=\phi(\xi,\eta,\zeta)$，其中定义在物理域 D 中的 Laplace 方程可表达为：

$$\nabla^2\phi=\frac{1}{g}\Big[(gg^{11}\phi_\xi+gg^{12}\phi_\eta+gg^{13}\phi_\zeta)\xi+ (gg^{12}\phi_\xi+gg^{22}\phi_\eta+gg^{23}\phi_\zeta)\eta \ +(gg^{13}\phi_\xi+gg^{23}\phi_\eta+gg^{33}\phi_\zeta)\zeta\Big] \tag{11}$$

分别将 $\phi=\xi$，$\phi=\eta$ 和 $\phi=\zeta$ 代入上式，就有 $\nabla^2\xi$，$\nabla^2\eta$，$\nabla^2\zeta$ 的表达式。将式（11）内部求导后有

$$\nabla^2\phi=g^{11}\phi_{\xi\xi}+2g^{12}\phi_{\xi\eta}+2g^{12}\phi_{\eta\eta}+g^{22}\phi_{\eta\eta}+2g^{23}\phi_{\eta\zeta} +g^{23}\phi_{\zeta\zeta}+\Delta^2\xi\phi_\xi+\nabla^2\eta\phi_\eta+\nabla^2\zeta\phi_\zeta \tag{12}$$

将 $\phi=(s,t,u)^T$ 代入式(12)，注意 s,t,u 为物理域 D 内的调和函数，即 $\nabla^2 s=0$，$\nabla^2 t=0$ 和 $\nabla^2 u=0$，这样就可以得到 ξ，η 和 ζ 的拉普拉斯表达式：

$$\begin{pmatrix} \nabla^2\xi \\ \nabla^2\eta \\ \nabla^2\zeta \end{pmatrix}=g^{11}p_{11}+2g^{12}p_{12}+2g^{13}p_{13}+g^{22}p_{22}+2g^{23}p_{23}+g^{33}p_{33} \tag{13}$$

式中

$$\underline{p}_{11}=-T^{-1}\begin{pmatrix} s_{\xi\xi} \\ t_{\xi\xi} \\ u_{\xi\xi} \end{pmatrix},\ \underline{p}_{12}=-T^{-1}\begin{pmatrix} s_{\xi\eta} \\ t_{\xi\eta} \\ u_{\xi\eta} \end{pmatrix},\ \underline{p}_{13}=-T^{-1}\begin{pmatrix} s_{\xi\zeta} \\ t_{\xi\zeta} \\ u_{\xi\zeta} \end{pmatrix}$$

$$\underline{p}_{22}=-T^{-1}\begin{pmatrix} s_{\eta\eta} \\ t_{\eta\eta} \\ u_{\eta\eta} \end{pmatrix},\ \underline{p}_{23}=-T^{-1}\begin{pmatrix} s_{\eta\zeta} \\ t_{\eta\zeta} \\ u_{\eta\zeta} \end{pmatrix},\ \underline{p}_{33}=-T^{-1}\begin{pmatrix} s_{\zeta\zeta} \\ t_{\zeta\zeta} \\ u_{\zeta\zeta} \end{pmatrix} \tag{14}$$

其中矩阵 T 定义为：

$$T=\begin{pmatrix} s_\xi & s_\eta & s_\zeta \\ t_\xi & t_\eta & t_\zeta \\ u_\xi & u_\eta & u_\zeta \end{pmatrix} \tag{15}$$

这六个矢量 $\underline{p}_{11}$，$\underline{p}_{12}$，$\underline{p}_{13}$，$\underline{p}_{22}$，$\underline{p}_{23}$，$\underline{p}_{33}$ 的十八个系数，就是泊松系统中的控制函数，它们完全由代数变换关系 $\underline{s}=\underline{s}(\xi)$ 计算。

最后将$\phi = \underline{x}$代入式(12)，并注意$\nabla^2 \underline{s} = 0$，有

$$g^{11}\underline{x}_{\xi\xi} + 2g^{12}\underline{x}_{\xi\eta} + 2g^{13}\underline{x}_{\zeta\zeta} + g^{22}\underline{x}_{\eta\eta} + 2g^{23}\underline{x}_{\eta\zeta}$$

$$+ g^{33}\underline{X}_{\zeta\zeta} + \nabla^2\xi\underline{x}_{\xi} + \nabla^2\eta\underline{x}_{\mu} + \nabla^2\zeta\underline{x}_{\zeta} = 0 \quad (16)$$

将式(13)代入上式，交将逆变度量张量元素用协变度量张量元素表示，最后可表示为：

$$\alpha^{11}\underline{x}_{\xi\xi} + 2\alpha^{12}\underline{x}_{\xi\eta} + 2\alpha^{13}\underline{x}_{\zeta\zeta} + \alpha^{22}\underline{x}_{\eta\eta} + 2\alpha^{23}\underline{x}_{\eta\zeta} + \alpha^{33}\underline{x}_{\zeta\zeta}$$

$$+(\alpha^{11}p_{11}^1 + 2\alpha^{12}p_{12}^1 + 2\alpha^{13}p_{13}^1 + \alpha^{22}p_{22}^1 + 2\alpha^{23}p_{23}^1 + \alpha^{33}p_{33}^1)\underline{x}_{\xi}$$

$$+(\alpha^{11}p_{11}^2 + 2\alpha^{12}p_{12}^2 + 2\alpha^{13}p_{13}^2 + \alpha^{22}p_{22}^2 + 2\alpha^{23}p_{23}^2 + \alpha^{33}p_{33}^2)\underline{x}_{\eta}$$

$$+(\alpha^{11}p_{11}^3 + 2\alpha^{12}p_{12}^3 + 2\alpha^{13}p_{13}^3 + \alpha^{22}p_{22}^3 + 2\alpha^{23}p_{23}^3 + \alpha^{33}p_{33}^3)\underline{x}_{\zeta} = 0 \quad (17)$$

其中：

$$\alpha^{11} = g_{22}g_{33} - g_{23}^2$$

$$\alpha^{12} = g_{13}g_{23} - g_{12}g_{33}$$

$$\alpha^{13} = g_{12}g_{23} - g_{13}g_{22} \quad (18)$$

$$\alpha^{22} = g_{11}g_{33} - g_{13}^2$$

$$\alpha^{23} = g_{13}g_{12} - g_{11}g_{23}$$

$$\alpha^{33} = g_{11}g_{22} - g_{12}^2$$

和

$$g_{11} = (\underline{x}_{\xi}, \underline{x}_{\xi}), \quad g_{12} = (\underline{x}_{\xi}, \underline{x}_{\eta})$$

$$g_{13} = (\underline{x}_{\xi}, \underline{x}_{\zeta}), \quad g_{22} = (\underline{x}_{\eta}, \underline{x}_{\eta})$$

$$g_{23} = (\underline{x}_{\eta}, \underline{x}_{\zeta}) \quad g_{33} = (\underline{x}_{\zeta}, \underline{x}_{\zeta})$$

方程(14)和(17)所定义的控制函数p_{ij}^k就构成了三维网格生成系统，通过求解这个非线性偏微分方程组就可得所求的网格坐标。

4 实际应用算例

本文应用实例为汽车空间贴体正交网格的生成。利用以上理论、方法，考虑到空气动力学仿真的具体要求，将车模放置于 10 倍车身长度，4 倍车身宽度和 4 倍车身高度的物理空间中。网格生成的数量和密度根据解题规模.计算机计算能力以及实际计算中的情况进行调整。图 2 为车模表面网格，图 3 为车模空间三维 CFD 数值网格。

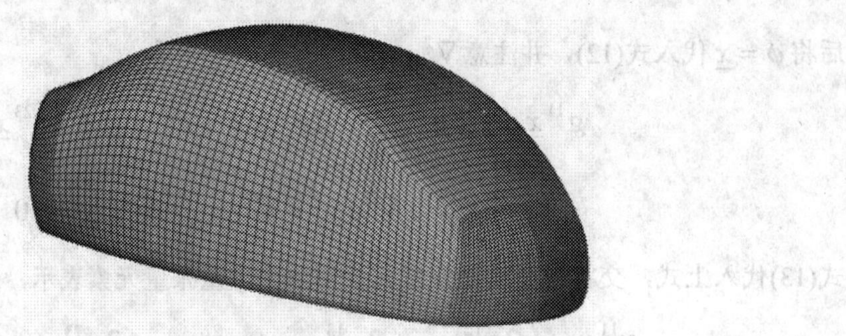

图 2　车模表面网格

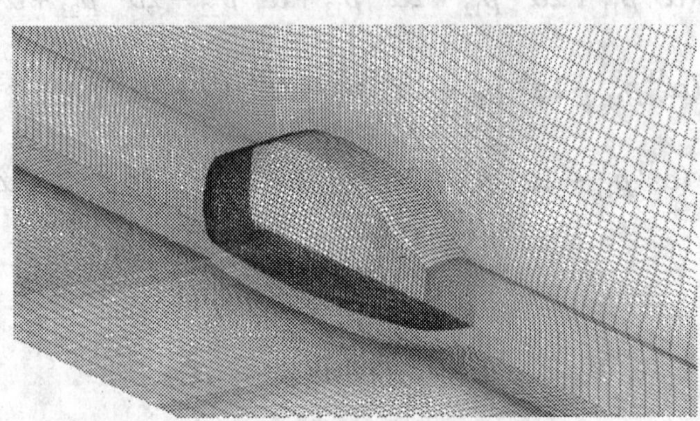

图 3　车模空间三维 CFD 数值网格

参考文献

1 Tomas P.D, Lombard C.K., Geometric Construction Law and Its Application to Flow Computations on Moving Grids, *AIAA J*, **17**:10, (1980), 1030-1037

2 P.R. Eiseman, High Level Continuity for Coordinate Generation with Precise Controls, *J.Comput.Phys*., **47**(1982),331-335

3 Thompson, J.F., Numerical Grid Generation, North-Holland, New York, 1982

4 Thompson, J.F., F.C. Thames, C.W. Mastin, Automatic Numerical Generation of Body Fitted Curvilinear Coordinate Systems for Fields Containing Any Number of Arbitrary Two Dimensional Bodies, *J.Comput.Phys*., 15(1974), 299-319

汽车制动防抱死系统的联合仿真研究

宋 明 梁鹏霄 刘昭度 边立舰 何 玮

北京理工大学汽车动力性及排放测试国家专业实验室

[摘要] 利用机械动力学仿真软件 ADAMS 建立汽车 ABS 的机械动力学模型，在 MATLAB/SIMULINK 环境下建立 Jetta GTX 轿车的 ABS 控制模型，构成了 ABS 机电液一体化联合仿真的动力学控制模型。利用 MATLAB 确定了 ABS 的控制参数的门限值，进行了仿真结果数据处理和分析，与大量的 ABS 实车道路试验数据对比，改进模型准确度，获得了正确和可行的 ABS 仿真控制模型，为加速开发 ABS 的控制算法奠定了基础。

关键词：ABS 动力学控制模型 联合仿真 ADAMS MATLAB/SIMULINK

[Abstract] The ABS combined simulation model is constructed which consists of ABS mechanical dynamics model for cars simulation using ADAMS software and ABS control simulation model using MATLAB/SIMULINK software. The thresholds of ABS regulated parameters are determined using MATLAB software. The ABS model accuracy is improved by comparisons of the simulated results with car Jetta GTX road test data. As a result, the exacter and more feasible model is achieved to develop ABS algorithm.

Key words: ABS dynamics & control models for simulation combined simulation ADAMS MATLAB/SIMULINK

1 汽车 ABS 机械动力学模型

1.1 汽车 ABS 仿真模型建立的要求

(1) 在仿真建模过程中要考虑到模型的准确性和可信度，在不失真的前提下尽量简化仿真模型，减少自由度数，提高求解效率。

(2) 能够正确的根据路面条件、道路状况、制动强度和法向载荷实时计算出车速和轮速，使模型尽可能反映实车的运动状况。

(3) 具有仿真建模改进的能力，能方便地修改子模型的参数，不需要花费很大精力或者重新建模，就可以在设计阶段，插入或改变仿真模型。

ADAMS 软件计算功能强大，求解器效率高，具有多种专业模块和工具包，以及与其它 CAD 软件的接口，可方便快捷地建立机械动力学模型，支持 Fortran 和 C 语言，便于用户进行二次开发[1]。基于 ADAMS 软件的上述优点，利用 ADAMS 软件建立汽车制动防抱死系统（ABS）的机械动力学模型。

1.2 模型建立

汽车是一个复杂的动力学系统，对汽车的 ABS 制动性能进行模拟仿真，输入的参数包括制动初速，路面条件如干铺设路面、湿铺设路面、雪路面、冰路面、对开路面、对接路面等，道路状况如直道、弯道、上坡、下坡等和整车参数。输出的参数包括汽车制动过程中整车和车轮的运动状态，如制动时间、制动距离、制动减速度、车轮滑移率、车轮角减速度、制动器制动力、地面制动力、地面侧向力、横摆力矩等。

根据以上研究目的，对整车进行适当简化。汽车悬架系统结构型式和转向系结构型式对汽车制动性能的影响不大，仿真模型中的惯性参数由 Pro/ENGINEER 软件三维实体建模计算得到，对悬架系和转向系简化如下：

悬架系统只考虑悬架的垂直变形；转向系忽略车轮定位角和转向传动装置。把汽车简化为具有十个刚体的模型，共 14 个自由度。十个刚体分别为车身、一个后非独立悬挂组质量、两个前独立悬挂组质量（两个前轮横摆臂和两个前轮转向节）、四个车轮。两前轮共有 3 个自由度，车身具有 3 个转动和 3 个平动自由度，两后轮各有 1 个自由度，前悬架各有一个自由度，后悬架 1 个自由度，如图 1 所示。

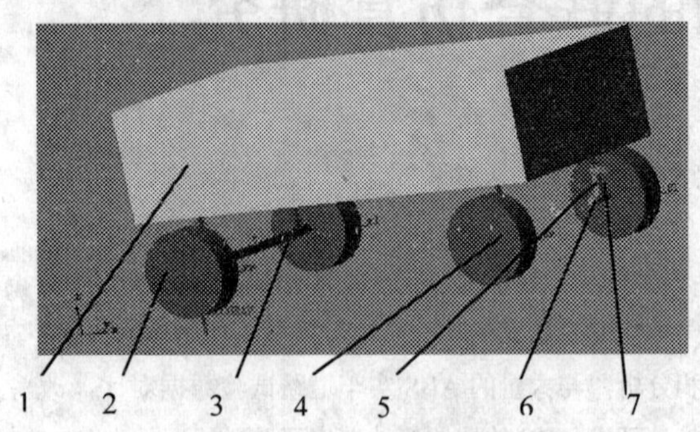

图 1 整车仿真模型

1—车身 2—后轮 3—后悬架 4—前轮

5—前悬架 6—横摆臂 7—转向节

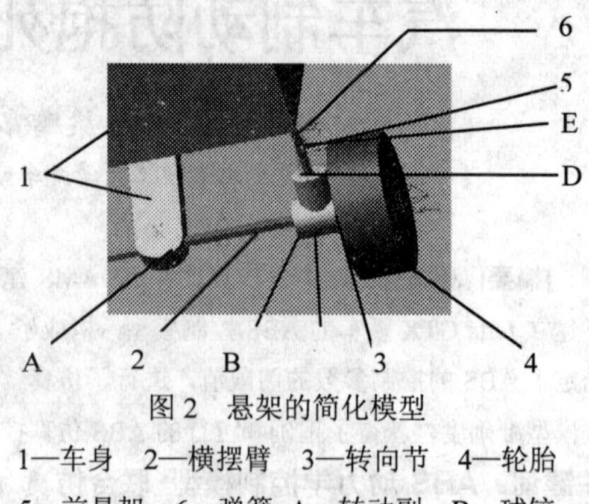

图 2 悬架的简化模型

1—车身 2—横摆臂 3—转向节 4—轮胎

5—前悬架 6—弹簧 A—转动副 B—球铰

C—转动副 D—滑柱铰 E—球铰

仿真模型包括以下几个子模型：

转向系模型：以转向角约束直接作用于左转向节。

前悬架模型：前悬架是独立悬架，一侧的简化模型如图 2 所示。转向节简化如图 2 中 3 所示，用转动副与前轮连接。横摆臂与减振器以球铰分别与转向节和车身连接。

后悬架是非独立悬架，只考虑垂直方向的自由度，悬架与车身之间用平移副表示它们之间的相对运动，悬架与车身用弹簧阻尼连接，与后轮用转动副连接。

轮胎模型：车辆的各种运动状态主要是通过轮胎与路面的作用力引起的。采用力约束方法，不考虑轮胎拖距、回正力矩以及滚动阻力的影响。采用 ADAMS 提供的非线性 Pacejka 轮胎模型[2]。

制动器模型：采用美国高速公路车辆仿真模型中的制动器模型。

液压模型：采用 ADAMS 中液压模块（ADAMS/Hydraulics）建立制动系统的液压仿真模块。

路面模型：设计出路面模型可进行对开路面和对接路面制动过程的仿真计算。利用 ADAMS 中提供的平面（Plane）作为路面模型的基础，定义了平面（Plane）的长、宽等参数，使得汽车制动过程有足够的空间，利用平面—圆（Plane-Circle）接触力（Contact）表示车轮与地面之间的法向作用力。ADAMS 轮胎模型中没有附着系数变化的路面模块，为此在 ADAMS 提供的路面模块基础上，对对接路面采用在路面模型上加入标记点（Marker）的方法，分别求出前轮和后轮质心到标记点 X 方向上的距离。当距离为正时说明轮胎已经跨过了标记点，此时根据所规定的路面情况对轮胎附着系数进行改变，使得模型可以计算路面附着系数变化。对开路面也采取了相同的加入标记点的方法，进行计算左右侧轮胎相对于标记点 Y 方向上的距离。

2 制动防抱死系统 ABS 的控制模型

在 ADAMS 中定义了与 MATLAB/SIMULINK 的接口，把 ADAMS 中建立的非线性机械模型转化为 SIMULINK 的 S－FUNCTION 函数，再把 S－FUNCTION 函数加入到控制模型里，这样就可以方便的利用 SIMULINK 提供的各种强大的工具进行控制模型开发，在 MATLAB 软件下进行联合仿真计算[3]。

图 3 所示为 MATLAB/SIMULINK 中表示的 ADAMS 机械模型，在 ADAMS 中定义四个车轮的制动力矩为输入变量，定义四个车轮的速度和滑移率为输出变量，保存在.m 文件中由 MATLAB 调用。图 4 所示为在 MATLAB/SIMULINK 下开发的 ABS 控制模块，图中深色的部分为 ADAMS 生成的子模块，输入参数为制动力矩，输出参数为车轮速度和车轮滑移率，以车轮的加速度/减速度和车轮滑移率为控制参数。

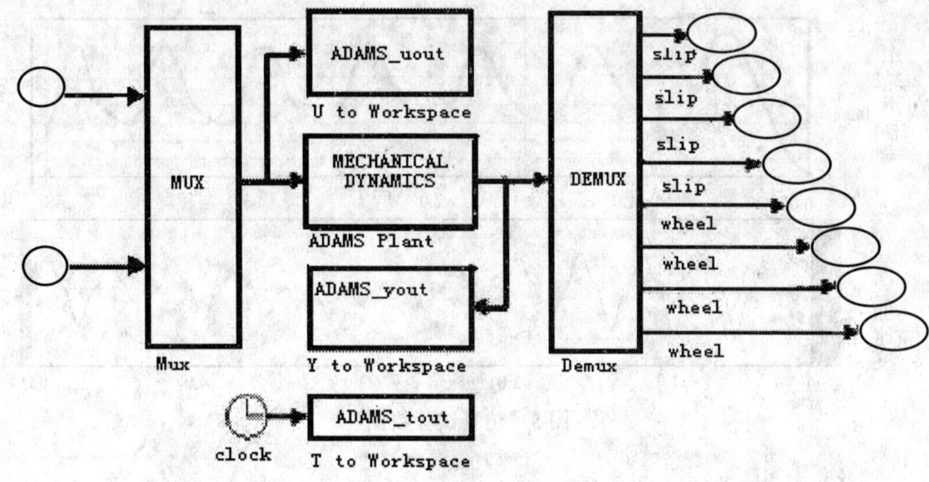

图 3　ADAMS 子模块

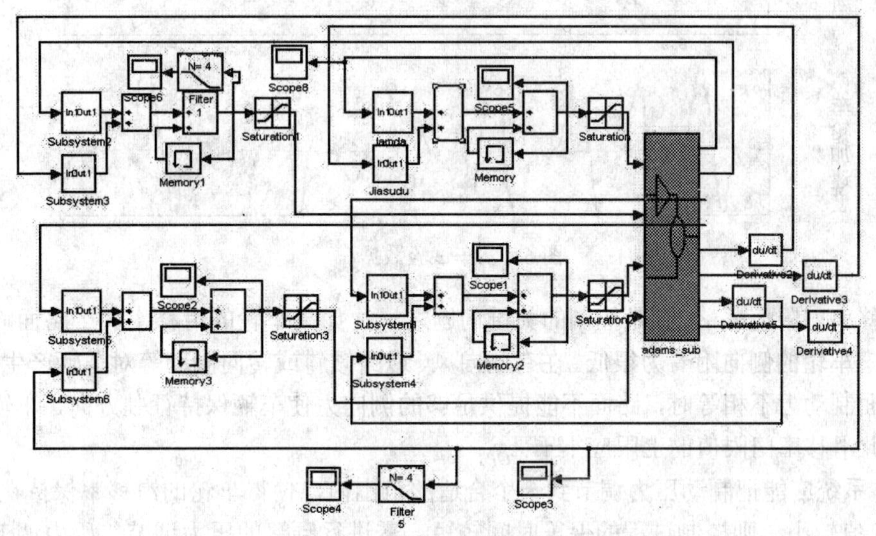

图 4　ABS 仿真控制模型

3　ABS 联合仿真控制规律结果与分析

3.1　确定车轮加速度和参考滑移率的门限值

根据 ADAMS 仿真制动过程计算出的车轮加速度曲线，分析出加速度门限值为 $\dot{\omega}_1$、减速度门限值为 $\dot{\omega}_2$。车轮滑移率下门限值 λ_1，上门限值 λ_2。

车轮的加、减速度和滑移率的门限值的确定是一个反复交替验证过程。方法为：计算车轮的加、减速度和参考滑移率，以参考滑移率为控制参数初步确定车轮的加、减速度的门限值，再以车轮加、减速度门限值控制车轮的滑移率, 确定滑移率的门限值。

图 4 中深色的部分为 ADAMS 生成的机械模型，在 MATLAB 中作为一个 S－FUNCTION 函数参与运算。通过上述交替验证的方法，车轮滑移率和加速度的仿真变化曲线如图 5 所示，实车测试数据如图 6 所示。比较图 5 和图 6，可以看出仿真数据与实车测试数据相吻合，验证了车轮加速度门限值和滑移率门限值的确定是合理的。

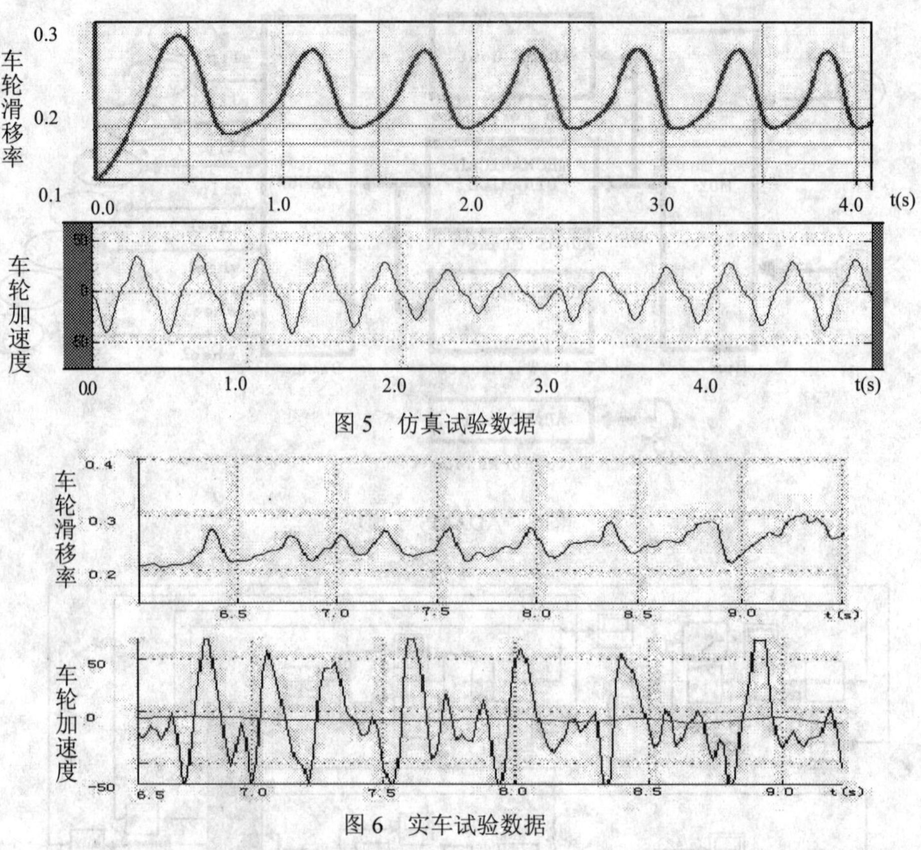

图 5　仿真试验数据

图 6　实车试验数据

选取适当滑移率门限值 λ_1，λ_2 是控制的关键问题之一。如果车轮的滑移率大于路面峰值附着系数相应的滑移率 λ_{OPT}，车轮的侧向附着力很低。在有侧向风、道路倾斜或转向制动等对车辆产生横向力情况下，或左右车轮的地面制动力不相等时，路面不能提供足够的侧向力使车辆保持行驶方向，车辆容易发生危险的甩尾情况，因此滑移率门限值的上限应小于 λ_{OPT}。

理想的 ABS 系统应能把制动压力调节到一个合适的范围内，使得车轮的滑移率保持在 λ_{OPT} 附近。如果（$\lambda_2-\lambda_1$）取值较小，则控制过程的保压时间较短，需进行频繁的压力调节，压力调节器需进行频繁的动作，而压力调节器和制动器需要一定的响应时间，过于频繁的压力调节会使压力调节器和制动器来不及响应，达不到控制效果。如果（$\lambda_2-\lambda_1$）取值较大，车轮的运动状态不能及时的控制，车轮的速度波动范围很大，还会造成制动效能降低。

3.2　ABS 的控制周期

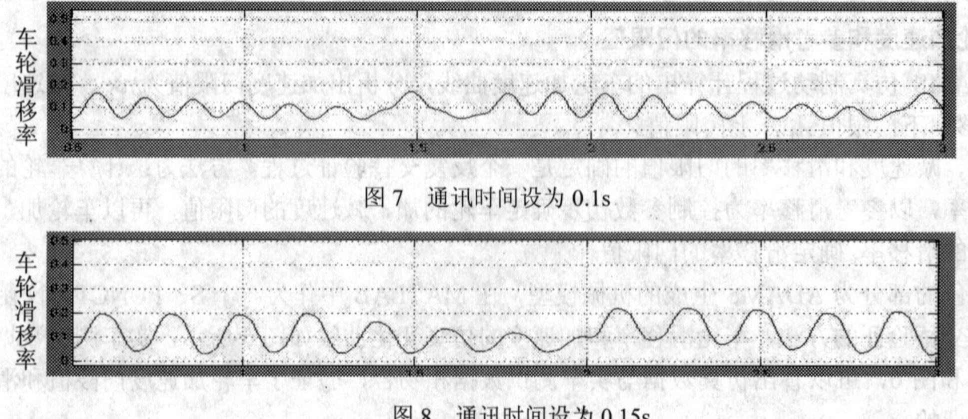

图 7　通讯时间设为 0.1s

图 8　通讯时间设为 0.15s

控制周期取决于车速信号采集频率，制动压力调节器的响应时间和控制逻辑运算时间之和。在仿真模型里进行了控制周期对 ABS 控制影响的分析。

模型中采用了改变控制模型与车辆模型之间的通讯时间来实现控制周期的模拟。以通讯时间为 0.1s 和 0.15s 为例，得到结果如图 7 和图 8 所示。从两图中可以看到控制周期增大，滑移率变化范围增大，说明车轮的线速度变化范围增大，车轮的抱死趋势强烈。在开发 ABS 的时候，应尽力缩短控制周期。

3.3　ABS 的联合仿真

图 9 为左前轮 3～5s 的 ABS 仿真试验数据，按照逻辑门限值的方式进行控制。从图 9 中可以看出，在加速度为$-20m/s^2$附近，进行了快速减压，车轮的加速度增大，但车轮速度仍在减小。然后在加速度为$-22m/s^2$时出现了保压过程，此时滑移率为 0.17 左右。紧接着是一个压力逐渐增加的过程，在这个过程中车轮的加速度逐步减小，但车轮速度继续增加，此时车轮滑移率控制在 0.1 附近，接着又是一个短暂的保压过程，车轮的加速度增大，此后又开始了新的一轮的制动压力的调节。车轮的加速度在（-20～20）m/s^2之间，管路压力在（1.5～4.5）MPa 之间。图 10 为道路试验数据，比较两图，仿真数据与试验数据基本吻合。

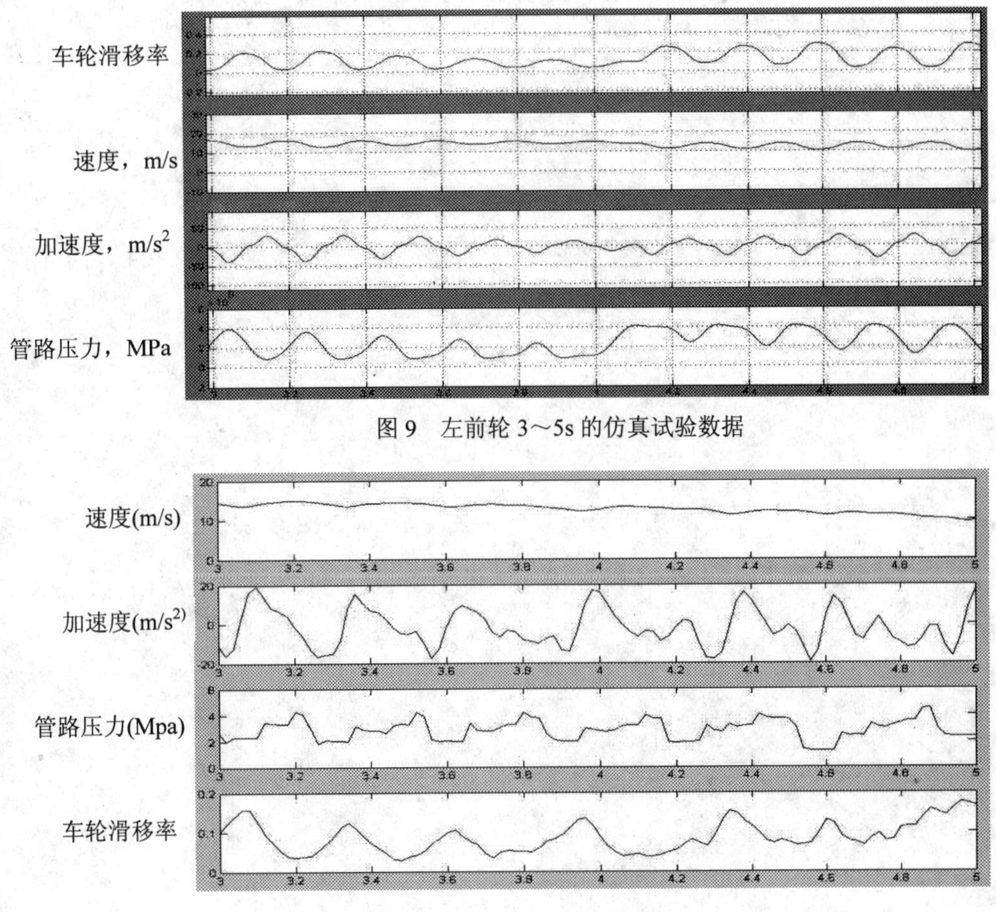

图 9　左前轮 3～5s 的仿真试验数据

图 10　左前轮 3～5s 的道路试验数据

4　结论

(1) 用两个软件 ADAMS 和 MATLAB/SIMULINK 分别建立机械模型和控制模型，发挥各自的优点进行联合仿真计算，精度较高。

(2) 采用交替验证的方法，确定车轮滑移率和加速度的门限值效果较好。

(3) 仿真数据与道路试验数据基本吻合，证明仿真方法和仿真模型可行。

(4) 此模型较准确地反映 ABS 制动过程各参数的变化情况，可以此为基础进行实车的 ABS 控制算法的开发，缩短开发时间，减少开发经费。

(5) 此模型还易于扩展，进一步开发和研究 ABS 以及与 ASR(Acceleration Slip Regulation)、ACC(Adaptive Cruise Control)的集成化系统。

参考文献

1 张跃今，宋健. 多体动力学仿真软件－ADAMS 理论及应用研讨. 机械科学与技术，1997.9

2 ADAMS Reference Manual Version 12, Mechanical Dynamics, Inc.

3 Matlab Reference Manual Version 6.1. Mathworks Inc.

越野车辆电器模拟检测器研制

杨其校　宿绍荣　赵来民

北京理工大学汽车动力性及排放测试国家专业实验室　空军驻包头地区军事代表室

[摘要] 本文介绍了越野车辆电器模拟应用的必要性和重要性,详细论述了一种新型越野汽车电器模拟检测器的设计思想、基本结构、工作原理和使用方法。应用该模拟检测器对整车的电器进行检测，操作简单、方便，减轻了产品检验的工作难度和劳动强度，提高了工作效率。

关键词：越野车辆　电器模拟检测器　研制

Development of Inspection Device for Electrical Parts of Utility Vehicles

Yang Qixiao, Su Shaorong, Zhao Laimin

National Lab of Auto Performance & Emission Test, Beijing Institute of Technology

Air Force Military Representative Agency at Baotou

[Abstract] The importance of the electrical part inspection simulator for utility vehicles is introduced. Its structure, operational principle, design and using method are described. By using this device, the working intensity can be reduced, the efficiency can be improved for its convenient use.

Key words: utility vehicle　electrical part inspection simulator　development

1　概述

汽车由发动机、底盘、车身、电器设备组成。随着车用电子技术的迅速发展，电器电子部分在车辆中所占的比重越来越大，其重要性也越来越引起人们的重视。在车辆的装配过程中，电器部分故障的检测和诊断也越显重要了。轿车、客车一般为大批量生产，多为承载式车身，对电器部分的检测一般在装配线上设置一、两个检测点和在总装完成后由专门检测设备进行故障诊断和检测。如沈阳的“中华”车用的是从德国 DSA 公司进口的检测设备。越野车辆一般是在驾驶室总成安装完成后，对驾驶室电器部分进行粗略的检查，和底盘连接后再对电器系统进行检测，一般没有专用设备，发现故障后，主要靠工人的实践经验手工或使用万用表等简单仪器检查排除。

汽车电器是整车的一个重要组成部分，它的质量好坏直接影响车辆的正常使用。对于定型汽车的装配，机械装配故障的发现、排除较为容易。而电器部分装配故障率相对较高，故障大多集中在驾驶室电器部分，故障现象复杂，排除较为困难。整车装配过程中电器故障既影响整车装配进度又影响产品质量。排除电器故障往往要对其他零部件和内饰件进行拆卸，会对零部件造成损坏，增加生产成本，给检验验收带来难度，降低工作效率。这样，在整车装配前对车辆的电路系统进行全面、细致、有效的检测，排除故障隐患，减少整车检验验收中电器部分故障率，提高工作效率是很有必要的。为此专门研制了一种汽车电器模拟检测器，用来在驾驶室与底盘连接前，通过对驾驶室总成电器安装的正确性，元器件的完好性，仪表、指示灯、报警装置工作的正常性，驾驶室与底盘连接电路的正确性进行全面的预先检查，更好地保证车辆装配的质量。

2 模拟检测器的研制

2.1 设计思路

此模拟检测器应用于驾驶室总成安装完毕后。此时，驾驶室内的电器和底盘部分的电器控制元件已全部安装。对其合理利用，可大大简化模拟检测器的设计。我们根据它们的不同特点和检测要求可以把它们分为以下三类：

（1）驾驶室内的车用电器。如雨刷器、风窗洗涤器、暖风机、收音机、驾驶室内部照明灯、门控开关等。这部分只要正常提供电源就能检查它们的功能是否正常。

（2）驾驶室内各种仪表、指示灯及各种报警装置。它们只有显示功能，要在模拟检测器上设计按钮或旋钮进行操作控制才能对它们进行检测。

（3）驾驶室内控制底盘上电器的开关或装置。如照明系统组合开关、制动踏板、起动按钮等。这部分通过在模拟检测器上设计的指示灯的显示来检测。

从以上分析，该模拟检测器的设计主要应解决如何提供电源，如何设计控制按钮，如何设计指示灯等问题。

另外，从使用性、可维修性等方面考虑，在设计中贯彻以下几个设计思想：

（1）集成化

将越野汽车驾驶室与底盘电缆连接的线路制成集成接线板，并将模拟检测器与驾驶室相连接的电路也制成能与驾驶室电路直接相连的集成接线板，这样两者间的连接非常方便、简单。另外，将模拟器设计成一个整体结构，制成一个操作盒，便于安装、拆卸和移动。

1	2	3	4	5	6	7	8	9
10	11	12	13	14	15	16	17	18
19	20	21	22	23	24	25	26	27
28	29	30	31	32	33	34		

图 1 面板布局图

1—左侧前转向指示灯 2—左侧夜行指示灯
3—前雾灯指示灯 4—大灯近光指示灯
5—大灯远光指示灯 6—倒档指示灯
7—后雾灯指示灯 8—右侧夜行指示灯
9—右侧前转向指示灯 10—左侧中后转向指示灯
11—充电指示灯 12—起动指示灯
13—大灯近光开关 14—大灯远光开关
15—倒档开关 16—脚制动指示灯 17—喇叭指示灯
18—右侧中后转向指示灯 19—电源开关
20—充电开关 21—钥匙起动开关
22—前桥轮间闭锁开关 23—前后桥间闭锁开关
24—后桥轮间闭锁开关 25—中后桥间闭锁开关
26—自动充放气电机开关 27—机油压力报警开关
28—油压调节旋钮 29—油量调节旋钮
30—油温调节旋钮 31—高低档转换开关
32—缸温调节旋钮 33—车速调节旋钮
34—里程调节旋钮

（2）紧凑化

用小型指示灯模拟底盘用电器（如大灯、雾灯等），用小型按扭模拟控制开关（如高低档转换开关、差速闭锁开关、自动充放气控制电动机开关等），用小型电位器模拟底盘上的传感器（如车速、里程、油压、油量、缸温等传感器），尽量做到结构紧凑，布置合理，使模拟器体积不大于（400×400×150） mm^3。

（3）元器件通用化

为了便于模拟器的制造、维修及使用，制造用的原材料、元器件应尽量选用车用产品，如导线、插芯、插壳、灯座、灯泡、指示标牌等均与越野汽车所用的一致，保证其具有良好的通用性和互换性。

2.2 模拟检测器结构

模拟检测器是体积为（400×400×150 ）mm^3 的操作盒。外壳用铝合金制成，内部导线、插芯、插壳等均为车用产品。上面为操作面板，左右两侧各有与驾驶室线路相连接的四个接线盒。底部为平板，便于安放。

模拟检测器面板布局如图 1 所示。

2.3　电路原理设计

该模拟检测器电路采用集成化设计，将其线路按不同检测功能分类集成。用 23 种不同颜色的导线分类布线，制成 8 个接线盒与驾驶室接线板连接、匹配。

模拟检测器电路原理图如图 2 所示。

模拟检测器的电源与车用电源一样，为 24V 直流电源，将两个 12V 蓄电池串联，由两根红色导线与电源输入导线相连。由此实现模拟检测器和驾驶室通电。

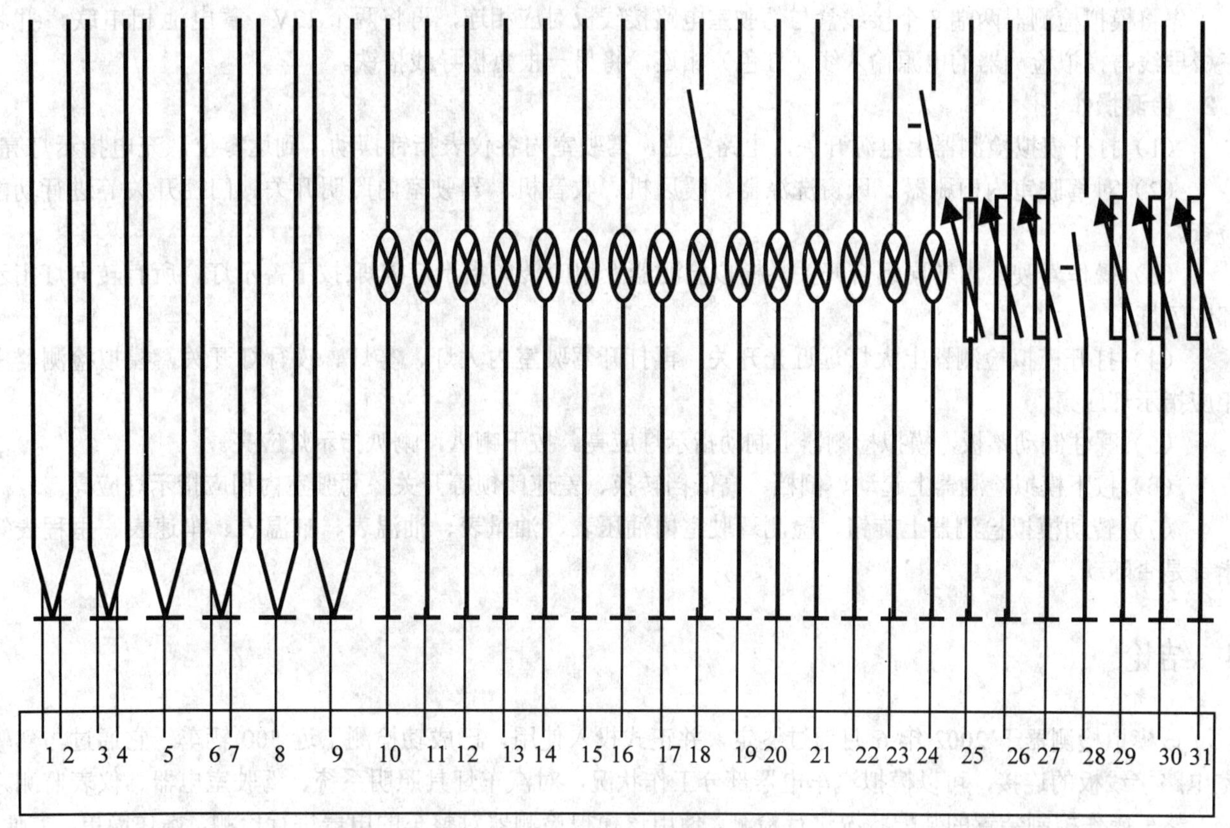

图 2　电路原理图

1—前桥轮间闭锁开关　2—前后桥间闭锁开关　3—后桥轮间闭锁开关　4—中后桥间闭锁开关　5—自动充放气电机开关　6—电源开关　7—充电指示开关　8—钥匙起动开关　9—机油压力报警开关　10—左侧前转向指示灯　11—左侧中后转向指示灯　12—右侧前转向指示灯　13—右侧中后转向指示灯　14—起动指示灯　15—左侧夜行指示灯　16—右侧夜行指示灯　17—大灯近光指示灯　18—大灯远光指示灯　19—前雾灯指示灯　20—后雾灯指示灯　21—脚制动指示灯　22—喇叭指示灯　23—充电指示灯　24—倒档指示灯　25—油压调节旋钮　26—测量调节旋钮　27—油温调节旋钮　28—高低档转换开关　29—缸温调节旋钮　30—车速调节旋钮　31—里程调节旋钮

整车灯具照明系统（包括大灯、雾灯、转向灯、夜行灯），喇叭（用指示灯模拟），脚制动指示和充电指示在模拟检测器上设计指示灯，电源、大灯远近光、起动指示和倒档指示设计控制开关。

前后桥桥间、中后桥桥间、前、后桥轮间闭锁、自动充放气电机、高低档转换、油压报警检测在模拟检测器上设计控制按钮。

车速、里程、油压、油温、油量、缸温模拟显示需要在模拟器上设计小型电位器。

2.4　模拟检测器箱体设计

模拟器箱体为方形，结构紧凑，体积为（400×400×150）mm^3。操作面板按指示灯、控制按钮、调节开关分类布置，并将相关按钮、指示灯（如远近光操作按钮与其指示灯）放在一块，以便于操作和检测。

2.5　材料、元器件的选用

模拟器外壳选用铝合金材料，轻便耐用。导线、插芯、插壳、灯座、灯泡、指示标牌均与实车所用的一致，小型电位器选用 WX—30，3W—470Ω和 WX—30，3W—100Ω两种，维修和更换很方便。

3 检测方法

3.1 电路连接

先将模拟检测器两端 8 个接线盒与驾驶室电路接线板对应相连，再将两个 12V 蓄电池相串联，并将正极导线与模拟检测器的电源输入线（红色）相连，将另一根负极导线搭铁。

3.2 检测操作

（1）打开模拟检测器上电源开关，电路接通，驾驶室内各仪表指针摆动，到达零位，充电指示灯亮；

（2）对驾驶室内雨刷器、风窗洗涤器、暖风机、收音机、驾驶室内照明开关、门控开关等进行功能检查。

（3）操作驾驶室内转向组合开关，模拟检测器上相应转向指示灯闪烁,按下警示灯，所有转向灯指示都应闪烁。

（4）打开模拟检测器上大灯远近光开关，再打开驾驶室内大灯、雾灯、夜行灯开关，模拟检测器上相应指示灯应亮。

（5）踩住制动踏板，模拟检测器上制动指示灯应亮。按下喇叭，喇叭指示灯应亮。

（6）按下模拟检测器上起动、倒档、高低档转换、差速闭锁等开关，驾驶室内相应指示灯应亮。

（7）转动模拟检测器上旋钮，检测驾驶室内油压表、油量表、油温表、缸温表、车速表、里程表等指针是否随动。

4 结论

该模拟检测器于 2002 年 6 月通过鉴定，并正式投入使用，已成功检测了近 500 辆车。它通过与驾驶室电路接线板的连接，可以模拟汽车电器部分工作状况，对汽车灯具照明系统、驾驶室电器、仪表监测系统、整车操作控制装置的装配状况进行检测。使用该模拟检测器对整车的电器进行检测，操作简单、方便，只需对检测项目按顺序逐项进行即可。从电路连接到整个检验过程的完成平均只需 15～20min 时间。经检测后，驾驶室总成与底盘连接以后基本上不再出现电器故障，返修率为零。该模拟检测器的使用能减轻产品检验验收过程中的工作难度和劳动强度，节省工作时间，提高工作效率，降低生产过程中的人力、物力、财力。以年生产 1000 辆车计，每年可节约成本 10 万元以上。另外，该模拟检测器也可用于汽车维修中对越野车辆驾驶室的电器故障检测，有广阔的推广应用前景。

车用电涡流缓速器的设计方法

何建清 何 仁 衣丰艳
江苏大学汽车与交通工程学院

[摘要] 在简要介绍电涡流缓速器的结构工作原理的基础上，理论推导出电涡流缓速器的制动功率和制动力矩公式，以此公式计算出的制动功率和制动力矩曲线与试验测定的曲线基本一致。同时提出了电涡流缓速器的设计方法，工程实践表明，此设计方法能有效地指导电涡流缓速器的开发工作。

关键词: 电涡流缓速器 制动功率 制动力矩 设计方法

Design Method of Eddy Current Retarder using in Automobile

He Jianqing, He Ren, Yi Fengyan
School of Automobile and Traffic Engineering, Jiangsu University

[Abstract] After briefly introducing the structure and working principle of eddy current retarder, the formula for calculating its brake power and brake torque is derived through theoretical deduction in this paper. And the formula is testified to be right by test. The idea and formula for design and calculation is also given. It is shown that the design method is very useful to research and development eddy current retarder through application.

Key words: eddy current retarder brake power brake torque design method

结论

电涡流缓速器是利用电磁学原理把行驶汽车的动能转化为热能而散发掉，从而实现汽车的减速和制动的制动装置，其具有结构简单，制动力矩大，响应时间短，制动力大小可调，易实现自动控制，可靠性高等优点，可以预见将在国内中高级客车、重型载重车和牵引车上得到广泛应用。

本文采用理论推导，试验验证相结合的办法获得电涡流缓速器的制动功率公式，对电涡流缓速器设计给出了较详细的思路过程，并对各主要设计参数的确定给出了计算公式。通过我们开发电涡流缓速器实践的检验，本文提出的设计计算方法能有效地指导电涡流缓速器的开发工作。

注：本文全文刊登在 2003 年《汽车工程》（增刊）上。

发动机进气道稳流模拟试验系统开发与试验评价方法的数值处理分析

赵春明　吴志新　亓玉梅

中国汽车技术研究中心

[摘要] 进气道性能（涡流强度、流量系数）对发动机的动力性、经济性和排放有重要影响。本文开发的发动机进气道稳流模拟试验系统旨在实现稳流试验的自动化，可帮助试验人员解脱繁重、重复的劳动，对进气道特性提供客观、科学地评价。系统采用上位计算机和下位可编程控制器实现分布式两级控制，具有自动化程度高、系统安全可靠、便于扩展维护和使用操作方便的特点。数据采集过程通过握手通讯由上、下位机协同完成，上位计算机实现设置原始参数、实时监视试验条件、动态处理试验数据、评价方法的算法程序处理、以固定格式存储数据文件、历史数据图表填充以及向外设打印输出等功能。对目前常用的几种评价方法进行了比较，并分析数据处理算法对试验结果的影响。

关键词: 发动机 进气道 稳流试验 评价方法

1 引言

发动机要想具有良好的燃烧过程，获得理想的动力性、经济性及低排放的性能指标，就必须合理匹配燃烧系统。要使混合气形成过程和燃烧过程完善，必须使缸内有充足的新鲜空气和合理的旋流运动，气缸内气体的涡流是通过气体在进气道的流动产生的，所以进气道性能（涡流强度、流量系数）对发动机的动力性、经济性和排放特性都有重要影响。从稳流试验获得表示气道流动阻力和气缸内涡流强度的平均流量系数及涡流比等重要参数，为进气道性能设计和改进提供了重要依据。气道稳流模拟试验可以用来模拟实际发动机的进气状况，评估发动机进气系统的通流特性及进气道涡流形成能力，为发动机进气系统的研究开发及燃烧过程研究提供重要的试验依据。通过发动机进气道的稳流试验来评定和预测进气道的流通特性，已经成为发动机重要的研究手段之一。无论是新机型开发还是老机型改造都需要对气道进行仔细、深入的研究。即使是在正常的批量生产中，也需要对进气道实物及模具作经常性定期检查，及时更换因磨损或其它各种原因而出现明显性能偏差的气道模具，以保证发动机的整机性能。

进气道稳流模拟试验中，测试项目较多，数据处理工作量很大，尤其是要以气门升程积分，手工计算十分繁琐且极易出错，更谈不上按多种评价方法作对比计算。本文开发的发动机进气道稳流模拟试验系统旨在实现稳流模拟试验的自动化，帮助试验人员解脱繁重、重复的劳动，对发动机进气道特性提供客观、科学地评价。

2 进气道试验与评价方法研究

经过几十年的研究发展，形成一定影响的进气道试验评价的方法有近十种，目前以 Ricardo、AVL 和 FEV 三家内燃机研究机构的评价方法最为常用。下面分析比较这几种试验评价方法。

2.1 Ricardo 方法

这种方法是英国 Ricardo 公司采用的方法，目前我国内燃机行业用的较多。它不但考虑了气道本身的特性、气缸直径，还考虑了气门的开启规律，近年来使用的人更多一些。

其以流量系数C_F表征气道的节流特性：$C_F = \dfrac{Q}{AV_0}$

平均流量系数C_{FM}为：

$$C_{FM} = \frac{\int_{\alpha_1}^{\alpha_2} C_F \mathrm{d}\alpha}{\alpha_2 - \alpha_1}$$

气门开启时气体流经气门所形成涡流无因次涡流N_R表示：

$$N_R = \frac{\omega_R D}{V_0}$$

用平均涡流比R_S预测进气终了时气缸内气体的涡流比：

$$R_S = L_D \frac{\int_{\alpha_1}^{\alpha_2} C_F N_R \mathrm{d}\alpha}{\left(\int_{\alpha_1}^{\alpha_2} C_F \mathrm{d}\alpha\right)^2}$$

其中，D:气缸直径，Q：空气流量，α_1：进气门开启时的曲轴转角，α_2：进气门关时的曲轴转角，ω_R：风速仪叶片转速，V_0：气门口空气名义速度，L_D为发动机的形状系数。

试验采用定压差法。在某一固定的模拟气缸真空度下对不同进气门升程进行试验，计算出对应该点的无因次涡流N_R和流量系数C_F，然后用有限积分法进行积分计算，得到平均涡流比R_S和平均流量系数C_{FM}。根据这些参数评价进气道性能是否满足要求，把试验数据和历史数据进行对比，分析该进气道的改进方案。

2.2 AVL 方法

这种方法被 AVL 公司倡导，首先假定进气只在吸气行程进行，整个试验按定压差法进行。

某一升程下的气道流量系数定义为实测空气流量与理论上流过直径与气门阀内径相等的断面的空气流量之比，这与 Ricardo 方法相同，用$\mu\sigma$表示。

平均流量系数$(\mu\sigma)_m$为：

$$(\mu\sigma)_m = \frac{1}{\sqrt{\frac{1}{\pi}\int_0^{\pi}\left(\frac{c(\alpha)}{c_m}\right)^3 \frac{1}{(\mu\sigma)^2}\mathrm{d}\alpha}}$$

其中：$c(\alpha)$为对应于曲轴转角α的实际活塞速度；c_m为平均的活塞速度。

涡流比定义为叶轮转速与实测空气流量当量发动机转速之比：

$$\frac{n_D}{n} = \frac{RPM_P}{Q/(2V_d)}$$

其中n_D=涡流转速，RPM_P=叶轮转速，V_d=气缸排量。

气门升程范围内平均涡流比定义为进气冲程下死点进气冲量等价的刚体转速与发动机转速之比：

$$\left(\frac{n_D}{n}\right)_{\mathrm{m}} = \frac{1}{\pi}\int_0^{\pi}\left(\frac{c(\alpha)}{c_m}\right)^2 \cdot \left(\frac{n_D}{n}\right)\mathrm{d}\alpha$$

2.3 FEV 方法

德国 FEV 公司使用此方法。与上述两种评价方法的不同之处是它用有代表性的气门升程的试验结果评价进气道性能是否符合要求，该方法反映了气道与气缸的匹配情况，其所用气门升程为最大升程的 0.9 倍。

流量系数定义为进气道气门的有效流通截面积和发动机活塞面积之比：

$$\alpha_k = A_s / A_k$$

它在一定程度上代表了该气道对发动机的适应能力。

涡流比用 C_u/C_a 表示，其中 C_a 代表在模拟气缸中的平均轴向速度，C_u 则代表空气在气缸内旋转的平均切向速度。

3 试验系统的构成和功能

3.1 试验设备的构成

进气道模拟稳流试验系统主要由上位计算机、下位可编程控制器、台体部分（包括缸盖定位装置、气门升程调整及测量装置）、模拟气缸、气体涡流测量装置、气体流量测量装置、压力调节装置、气体状态（压力、温度）测量传感器、两级稳压装置和旋涡式离心风机组成。系统结构示意图如图 1 所示。平台尺寸为 1470mm×500mm，可对气道模型及多至六缸一盖的发动机成品缸盖进行试验，最大缸径可达 135 mm。具有缸盖举升机构及移动辊道，可方便实现缸盖的快速举升及水平移动。采用 Good Hand 快速夹持机构实现缸盖的压紧，简便的气门开启及升程测量随动机构，可使在试验过程中不需拆掉气门弹簧，并且可以方便、准确地测量出气门升程。

试验系统采用离心风机抽气方式，使模拟气缸内形成负压，外部空气经过气道流入气缸内形成涡流。在每一整数气门升程下，发动机进气道稳流模拟试验系统把实时采集到的气门升程、缸内压力、流量计前真空度、气体流量、涡流转速以及气体温度等参数按照不同的试验评价方法进行计算、分析，从小到大，逐点进行测试计算，直到达到发动机实际最大气门升程，以所有测量点的数据为依据计算出各种试验评价方法的平均流量系数和平均涡流比。

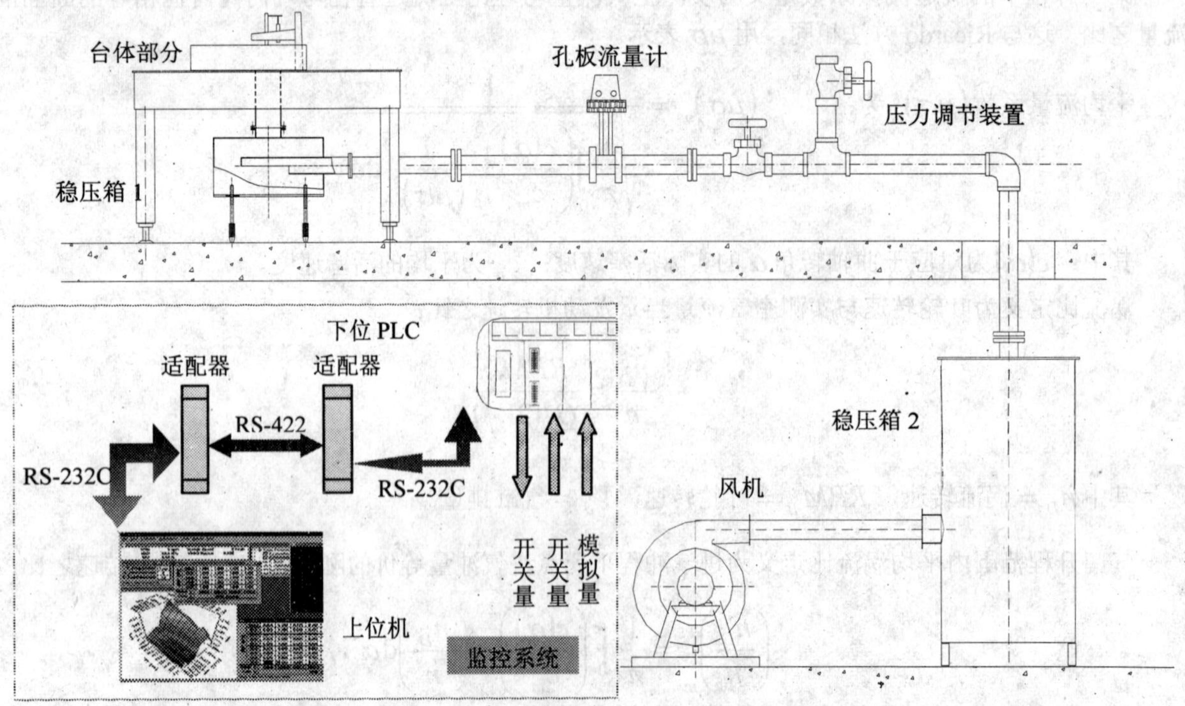

图 1 进气道模拟稳流试验系统结构示意图

3.2 测控系统设计

3.2.1 系统组成

传统微机测控采用 PC 总线模板加上廉价的前端调理单元，构成直接测控系统，这种结构成本较低，可以实现系统要求的各种功能，但要作到恶劣环境中的高可靠性及低漂移则相当不易；本系统采用上位计算机和下位可编程控制器实现分布式两级控制，数据采集过程通过握手通讯由上、下位机协同完成，上位计算机实现设置原始参数、实时监视试验条件、动态处理试验数据、评价方法的算法程序处理、以固定格式存储数据文件以及向外设打印输出等功能。测控系统由上位工控机、LF-GRS232/422 光隔适配器、LF-GS232/422 适配器和下位 PLC、现场参数传感器等部件组成。整个测控系统具有安全可靠、准确实用、易于扩展、便于维护的特点。

3.2.2 串行总线接口标准的选择

串行通讯可以通过接口电路。两接口电路之间的连接方法有电压控制和电流控制两种，其中电压控制的接口有 RS-232C 和 RS-422。RS-232C 为非平衡电压型线电路。逻辑‘1’为-3V～-12V，逻辑‘0’为+3V～+12V。最大负载电容为 2500pf。虽然电平的抗干扰能力比一般 TTL 强得多，但其负载电容限制了传送距离和传送速率，且不具有抗共模干扰特性和同一传输线上的多点连接特性。在一般情况下，RS-232C 仅用于短距离（15m 内）‘点-点’通讯。若要进行远距离传送和多点通讯，还需加调制解调器和线路分配器。RS-422 为差分平衡型线电路，该标准规定平衡发送和差分接收。驱动器在发送端将 TTL 电平信号转换成差分信号以电流环方式输出（最大输出电流可达 60mA）。在接收端，接收器差分接收，将差分信号变成 TTL 电平。这样，一方面具有较强的抗共模干扰能力。另一方面，使传送距离和传送速率也大大提高。

测控系统通过 LF-GRS232/422 光隔适配器和 LF-GS232/422 适配器实现 RS-232C 和 RS-422 的转换，实现上位工控机的异步串行口和下位 CQM1 型 PLC 的 RS-232C 端口的通讯连接，并满足了监控现场对传送距离和传送速率的要求。

3.3 测控系统的软件开发

3.3.1 通讯原理及 VB 的通讯机制

本文实现的分布式两级测控系统是一种主从式总线型工业局域网。它以上位机作为局域网通讯的主站，下位 PLC 为从站。主站主动发出命令帧，向从站发送资料或者从从站中读取资料。对于主站发来的命令帧，从站用响应帧应答。

利用 VB 提供的定时器和 MSComm 通讯控件，我们编制了面向对象的应用程序，命令传递、资料交换、图形显示在定时器控件和通讯控件中完成。使用 MSComm 通讯控件的第一步是建立与串行口的连接。通过设置 CommPort、PortOpen 和 Settings 属性来打开串行端口。在定时器中使用 Output 属性向下位 PLC 发送数据区指定单元的数据，作为应答，PLC 返回的的资料通过响应帧上传到上位机的输入缓冲区，上位机通过 OnComm 事件读取输入缓冲区中的资料并以字符串形式保存。实时分析“@”、“*”和回车符等特征码，以得到完整的响应帧。这样，上下位机之间的通讯就基本建立的起来。由于每次传送资料时，单帧的最大资料容量为 131 个字符，因此当传送的资料超过 131 个字符时，应该在传送前分成若干个帧，分段传送，第一帧和中间帧的结尾处用界定符（CR）代替结束符（*CR）。

3.3.2 系统的上位测控程序开发

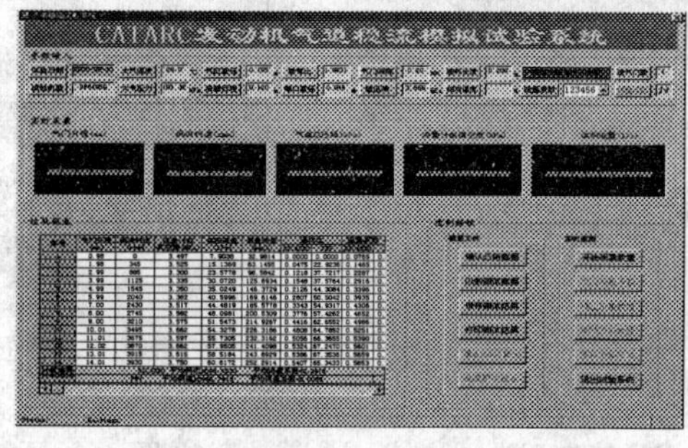

图 2 测控主界面

上位计算机实现设置原始参数、实时监视试验条件、动态处理试验数据、评价方法的算法程序处理、以固定格式存储数据文件、历史数据图表填充以及向外设打印输出等功能。测控系统的主界面如图 2 所示。界面上，参数设定、试验结果报表显示以及控制按钮等都有相应的功能区。

东风朝柴发动机气道稳流试验结果

机　型: 4BD1　　大气压力: 99.920 kPa　　大气温度: 18.0℃
相对湿度: 35%　　饱和蒸汽压: 2334 Pa　　饱和蒸汽密度: 0.03433 kg/m3

序号	气门升程 (mm)	涡流转速 (rpm)	流量计前真空度 (kPa)	体积流量 (l/s)	质量流量 (kg/h)	涡流比		流量系数	
						RICARDO	FEV	RICARDO	FEV
1	1.00	0	3.475	4.5802	18.9716	0.0000	0.0000	0.0337	0.0072
2	2.00	165	3.466	10.4940	43.4714	0.0228	0.5059	0.0770	0.0165
3	3.00	600	3.441	19.4286	80.5038	0.0830	0.9933	0.1425	0.0306
4	4.00	855	3.443	27.4765	113.8483	0.1183	1.0010	0.2016	0.0432
5	5.00	1335	3.444	33.1812	137.4842	0.1847	1.2942	0.2434	0.0522
6	6.00	1785	3.444	37.4144	155.0239	0.2480	1.5350	0.2756	0.0591
7	6.98	2130	3.528	42.0520	174.0880	0.2923	1.6301	0.3058	0.0656
8	8.00	2460	3.498	45.6352	188.9804	0.3409	1.7351	0.3351	0.0719
9	8.99	2730	3.537	49.2395	203.8237	0.3786	1.7854	0.3617	0.0776
10	10.00	3000	3.586	51.9498	214.9339	0.4156	1.8605	0.3811	0.0817
11	11.00	2760	3.585	53.8844	222.9400	0.3823	1.6501	0.3952	0.0848
12	12.00	2640	3.606	55.1902	228.2928	0.3653	1.5413	0.4043	0.0867
计算结果	RICARDO 平均涡流比=3.6327　平均流量系数=0.1531								
	FEV 平均涡流比=1.8178　平均流量系数=0.0794								

试验日期: 2002-11-06
存储文件: 标准芯盒1xd.qdw
试验人员:

图 3　打印输出的结果报表

Ricardo历史数据

平均流量系数

平均涡流比

图 4　历史数据填充

“开始采集数据”按钮控制上位机和下位机之间通讯端口的初始化，并激活时间中断事件 Timer3_Timer() 定时触发上下位机的数据通讯。每 0.4s 读取一次 PLC 存储在 DM0020-M0035 单元中的数据（PLC 采集数据已经经过了 72ms 的算术平均值滤波）。这些资料中既有需要显示或处理的物理量，也有系统设定的过程状态标志代码。PLC 返回的的资料通过响应帧上传到上位机的输入缓冲区，上位机通过 OnComm 事件读取输入缓冲区中的资料并以字符串形式保存。实时分析@、*和回车符等特征码，以得到完整的响应帧。这样，上下位机之间的通讯就基本建立的起来。当某一气门升程的试验状态准备就绪后，单击“确认本次数据”按钮，该点数据填入结果报表。“停止采集数据”按钮的单击事件中断通讯，并恢复通讯前状态。如果需要保存试验的资料，“保存测试结果”按钮激活文件保存对话框，把结果报表中的数据保存成扩展名为“qdw”的文件，同时底层操作把本次试验的输入参数保存为扩展名为“qdl”的同名文件。通过 OLE（对象联接与嵌入）技术将 MS Excel 融合在系统软件中，方便地实现了报表打印和试验结果填充历史数据图表模板的功能，图 3 为“打印测试结果”得到的 Excel 输出报表，“结果历史填充”把本次试验结果分别填充到与 Ricardo、AVL 和 FEV 方法对应的三种历史数据图中，方便地将其与历史数据进行对比，图 4 所示。

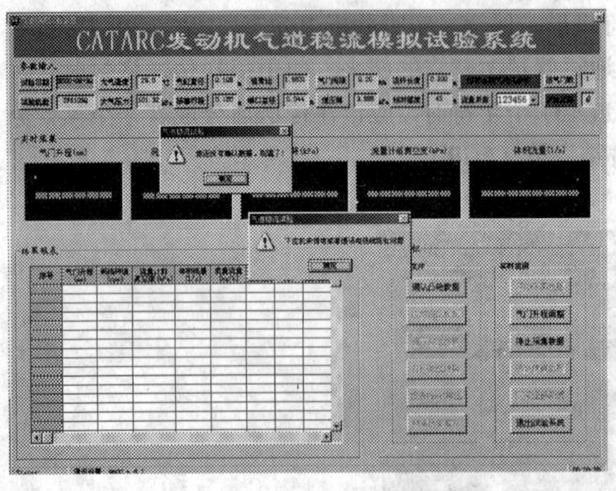

图 5　系统出错的实时提示警告

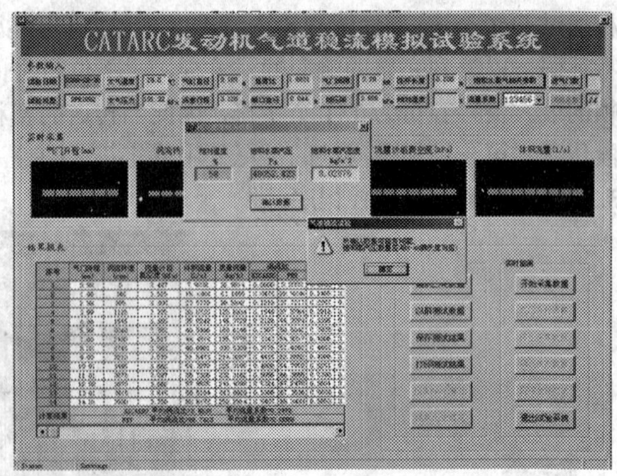

图 6　原始参数错误输入引发系统的动态警告

程序中设置错误陷阱机制，可以实现系统所有出错的实时提示（如图 5 所示）。界面中所有主要控件均有功能提示。在系统需要试验人员参与的人机对话过程中，原始参数的错误输入会引发系统的动态警告（如图 6 所示）。系统根据实际的操作过程来设计相关命令按钮的“使能”状态，在特定过程中，能够引起误操作的按钮都被相应“置灰”，从根本上避免了试验过程的错误操作。

在软件设计充分考虑试验过程的实际需要，加入了“数据确认取消”、“不同凸轮比较”等多项功能。如果操作人员错误执行了“确认该点数据”或某一升程下所做数据不太理想，按“取消确认”按钮即可方便撤消所确认数据。调入以前测试数据或完成某次试验后，可以执行“不同凸轮比较”功能，完成同一组测试数据针对不同凸轮所得结果的比较，而以前做此类工作需要试验人员对同一气道做多次稳流试验，既费时费力，又不能排除系统不稳定性的影响。

4　数值处理分析

在 Ricardo 和 AVL 评价方法中都涉及到有限积分运算，在以往的手工计算中只能用整数点旋转角度法近似处理，其结果精度不可能得到保证。进气门开启时至关时气门的开启规律可以用气门升程对曲轴转角对应的离散点表示，在有限积分过程中，可以采用每点四舍五入到整数点的矩形法、拉格朗日插值矩形法和拉格朗日插值梯形法处理数据，由于处理方法简单，第一种数值积分方法被很多人使用。为了进一步深入了解不同方法对试验结果精度的影响，我们编制了不同数值积分方法所得的 Ricardo 试验结果的比较程序，结果见表 1。

表 1 不同数值积分方法所得 Ricardo 试验结果的比较

数值积分方法	平均涡流比	平均涡流比偏差	平均流量系数	平均流量系数偏差
四舍五入到整数点的矩形法	3.6327	+2.56939%	0.1531	-1.60668%
拉格朗日插值矩形法	3.5569	+0.42917%	0.1542	-0.89974%
拉格朗日插值梯形法	3.5417	—	0.1556	—
注：以格朗日梯形法为准。				

从表 1 的结果可以看出，我们通常采用的数值积分方法对 Ricardo 试验结果都有不能忽略的影响。本文开发的发动机进气道稳流模拟试验系统实现了数值积分的精确计算。

空气密度计算是气道稳流试验数据处理的一项最基本的工作。传统发动机气道稳流试验中，空气密度的计算采用采用

$$\rho = \frac{P}{T \cdot R}$$

来计算，没有考虑相对湿度的修正。本系统中，我们考虑干空气密度和水蒸气密度，利用公式

$$\rho_1 = \rho_0 \cdot \frac{P_1 - \psi P_{s\max}}{P_0} \cdot \frac{T_0}{T_1} + \psi \rho_{s\max}$$

来进行空气密度计算。在相对湿度为 40%、大气温度为 29℃、恒压降为 3.55kPa、大气压力为 101.325 kPa 条件下，没修正的空气密度为 1.1273kg/m^3，而修正后为 1.12068 kg/m^3，所以密度计算的精度提高了+0.59%。

5　结束语

本文开发的发动机进气道稳流模拟试验系统成功地实现了整体化设计，采用 Ricardo、AVL 和 FEV 等评价方法处理数据，试验结果具有横向和纵向可比性。既便于进行气道的开发、研制和成品缸盖的抽样试

验，也易于同国内外同行进行技术交流。系统采用上位计算机和下位可编程控制器实现分布式两级控制，具有自动化程度高、系统安全可靠、便于扩展维护、使用操作方便和功能全面的特点。作为本单位的成熟产品，已经在东风朝柴和北汽福田得到应用，并正在做进一步的市场推广。

参考文献

1 许振忠、吕莜萍. 直喷式柴油机进气道稳流试验台参数的测定. 汽车技术， 2002, 12

2 冯星华等. PLC 与个人计算机间串行通讯及程序设计. 机电一体化, 2000, 1(6)

3 李康. 现代气道开发方法. 汽车技术, 2001, 3: 1-4

4 黄宜谅. 直喷式柴油机进气道测试方法和试验研究. 内燃机工程, 1982, 5

5 刘瑞林. 四气门汽油机缸内涡流的稳态测量研究. 内燃机学报, 2001, 19(4)

6 OMRON 公司. OMRON CQM1 型 PLC 操作、安装、编程手册，2000

ADAMS 在汽车制动仿真方面的应用与扩展研究

马恒永 贾杨成

合肥工业大学机械与汽车工程学院

[摘要] 本文阐述了 ADAMS 在汽车制动仿真中的应用，探讨了 ADAMS 在制动仿真的几个扩展研究方向，重点研究了具有制动力调节装置的制动仿真分析问题。

关键词：ADAMS 制动 仿真

[Abstract] The application of the ADAMS in automobile braking system are described in this paper. Several extend aspect of the application using in this field are discussed. Specially, setting of adjustment of brake force system is studied.

Key words: ADAMS brake simulation

1 前言

机械系统动力学分析软件 ADAMS(Automatic Dynamic Analysis of Mechanical System)以其强大的功能正迅速应用于各行各业，其中 ADAMS/CAR 模块在汽车操纵稳定性和平顺性等性能仿真分析方面显示了突出的特点，已为广大汽车工程技术人员广泛应用。但在制动性能仿真方面略嫌不足，如制动器只有钳盘式模型，且未引入制动力调节或 ABS 等控制系统。本文即以制动仿真为例，对 ADAMS/CAR 仿真方面的应用扩展进行一些探讨，并重点研究具有制动力调节装置的制动仿真问题。

2 ADAMS/CAR 制动仿真

2.1 ADAMS 简介

ADAMS 集建模、求解和可视化于一体的数字化虚拟样机技术，可以有效地将三维实体模型及应用有限元分析软件描述的零部件模型有机地结合起来，准确地进行机械系统的各种模拟，以分析和评估系统的性能，从而为物理样机的设计和制造提供依据。ADAMS 功能日益完善，所提供的 ADAMS/Car、ADAMS/Engine、ADAMS/Chassis、ADAMS/Driveline、ADAMS/Driver、ADAMS/Tire、Suspension Design 等汽车专业模块，能够帮助汽车工程师快速创建高精度的参数化数字样机和汽车的运动学和动力学仿真模型，进行汽车的操纵稳定性、制动性、乘坐舒适性和安全性等整车性能仿真分析。

2.2 ADAMS/CAR 的制动仿真功能

ADAMS/CAR 模块的整车制动仿真中包括直线制动和转弯制动，直线制动仿真时需输入开始时间、初始速度、路面条件和档位等参数，转弯制动仿真时还需输入转弯半径、制动减速度、侧向加速度等参数。制动仿真结果，可以通过结果的数据文件查看，也可以进入后处理窗口（Postprocessing Window）查看各种数据曲线[1]，包括制动过程中的制动管路压力、制动力矩、制动距离、车速、减速度、轮速等制动性能参数以及整车和其他部件参数的变化曲线。还可以利用动画（Animation Control）对整个制动过程进行演示。

2.3 ADAMS/CAR 的制动仿真模型

考虑到汽车基本上是左右对称，建模时只需建立左边或右边的 1/2 制动模型，另一半由软件根据对称性自动生成，当然也可建立非对称的整车分析模型。ADAMS/CAR 模块提供了一个左右对称的前、后皆为钳盘式制动器的制动仿真模型，并设置了制动系统的前后制动促动管路压力比、前后盘式制动器的制动作用半径、制动作用面积和摩擦系数等变量，定义了前后制动器的制动力矩计算函数，提供了该模板与其它模板进行数据交换的输入输出接口。在制动子系统调用制动器模型，而整车系统再调用制动子系统后，即可利用 ADAMS/CAR 模块的制动仿真功能进行制动性能仿真。

3 ADAMS/CAR 制动仿真应用的扩展研究

鉴于 ADAMS/CAR 模块制动仿真在应用方面的模型单一和缺少制动力调节控制等不足，作者认为可以从以下几个方向进行扩展研究：

(1) 增加和改进原有模型的控制功能，如引入制动力调节特性，对制动力进行动态控制；

(2) 扩展制动器模型，以满足多种制动器类型的设计，如建立鼓式制动器等模型。

(3) 适应 ABS 等新控制装置的广泛应用，进行具有 ABS 等系统的制动仿真。

3.1 制动力调节装置的引入

任何一种车型都各有其理想的前、后轮制动力分配特性曲线，而且可以换算成理想的前、后轮促动管路压力分配特性曲线。现代汽车越来越多的采用各种制动力调节装置，以改善汽车的制动性能。目前制动力调节装置有限压阀、比例阀、感载阀和惯性阀等型式。

ADAMS 提供了三种控制方式：①建模时对变量的设置和对控制函数的定义；②利用 ADAMS/Control 控制模块；③对于复杂的仿真，借助于一些通用软件如 MATLAB/simulink 和 ADAMS 一起进行联合仿真。本文重点研究制动力调节装置的引入，采用第一种方法即可以满足制动力调节的控制要求。

汽车制动系统采用制动力调节装置，主要目的是使前、后促动管路压力的实际分配特性曲线在不同程度上接近于相应的理想分配特性曲线[3]。以比例阀为例（图 1），比例阀串连在后促动管路中，当前、后促动管路压力 P_1、P_2 随着制动泵油压 P_0 的增长同步增长到一定值 P_S 后，即自动对后管路压力的增长加以节制，亦即使后管路压力的增量小于前管路压力的增量。这里设置变量 P_S 为比例阀开始起作用点的油压，α 角反映前后轮管路油压增长比例。

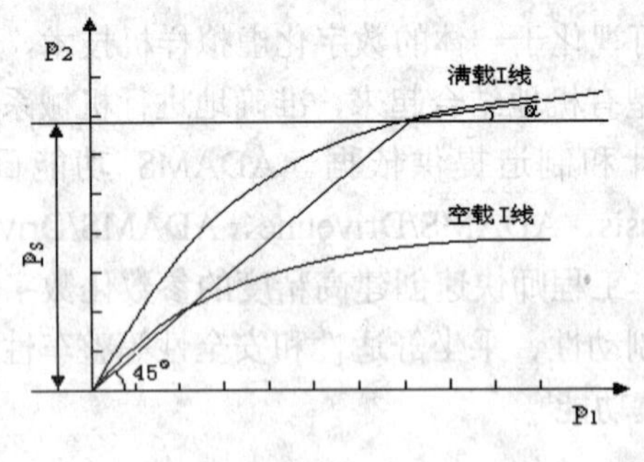

图 1 比例阀特性曲线

在 ADAMS/CAR 模块中，可以利用变量设置和控制函数的定义来引入制动力调节的控制特性。

定义前促动管路压力函数：

$$P_1=\text{VARVAL}(P_0)$$

函数 VARVAL(V)的功能是返回状态变量 V 的当前值,以此反映前促动管路压力随制动油泵油压的增长而增长。

定义后促动管路压力函数：

$$P_2=\begin{cases}P_1 & (P_2<P_s)\\ P_s & (P_2=P_s)\\ P_s+(P_1-P_s)\mathrm{tg}\alpha & (P_2>P_s)\end{cases}$$

在 ADAMS/CAR 模块设置函数体：P_2=if(P_1－Ps：varval(P_0)，Ps，Ps＋tan α(P_1－P_2))，即可反映比例阀的调节特性。

3.2 鼓式制动器模型的建立

在建立总成实体模型过程中，ADAMS/CAR 的建模顺序是自下而上的，所有的分析模型都是建立在子总成基础之上，而子总成又是建立在模板（Template）的基础上[5]。模板是整个模型中最基本的模块，又是整个建模过程中最重要的部分，分析总成的绝大部分建模工作都是在模板阶段完成的。

图 2 盘式制动器

图 3 鼓式制动器

ADAMS/CAR 模块已有钳盘式制动器模型（图 2），本文扩展的鼓式制动器模型（图 3），可以利用 ADAMS 的三维造型功能或在三维造型 CAD 软件生成，本文利用 UG 软件建立鼓式制动器模型，按照 ADAMS 的建模要求，将部件进行正确放置，然后通过 PARASOLID 接口将三维模型以文本文件（.xmt_txt）格式输出，再由 ADAMS/CAR 导入（import），设定材料的密度，ADAMS 即可根据三维模型计算出各种数据，并自动填入相应的属性对话框。材料密度也可在 UG 中设定，利用 UG 的计算功能计算，再通过人工填入 ADAMS/CAR 的模型属性对话框[2]。根据制动器零部件间的相对运动关系，定义零部件的拓扑结构，对零部件进行重新组合，将没有相对运动关系的零部件组合为一体(也可在建立约束时将这样的零部件锁定为一体)，确定重新组合后制动器与轮胎等其他零件的连接关系和连接点的位置，即建立各零件之间的约束关系，设置相应的变量和函数，完成对仿真的控制，最后建立该模板与其它模板进行数据交换的输入和输出接口。

3.3 制动防抱死装置(ABS)的引入

制动力调节的主动控制系统 ABS，通过轮速传感器及其控制系统使车轮的滑移率控制在最佳工作范围内。这一仿真较为复杂，常需利用 MATLAB/simulink 等软件实现控制，再和 ADAMS 一起进行联合仿真。

4 具有制动力调节装置的制动仿真算例

本算例利用 ADAMS/CAR 提供的制动算例中整车与其他子系统的模型，引入制动力比例调节阀的控制函数建立整车制动仿真模型，并进行了制动仿真实验。制动力调节特性设定 Ps=3MPa，tan α =0.43。算例还对无制动力调节装置的制动系统模型进行仿真计算。无制动力调节装置制动系统的前、后制动管路压力、制动力矩和轮速变化的仿真结果如图 4a）、5a）、6a）所示，带制动力比例调节阀制动系统的前、后制动管路压力、制动力矩和轮速变化的仿真结果如图 4b）、5b）、6b）所示。

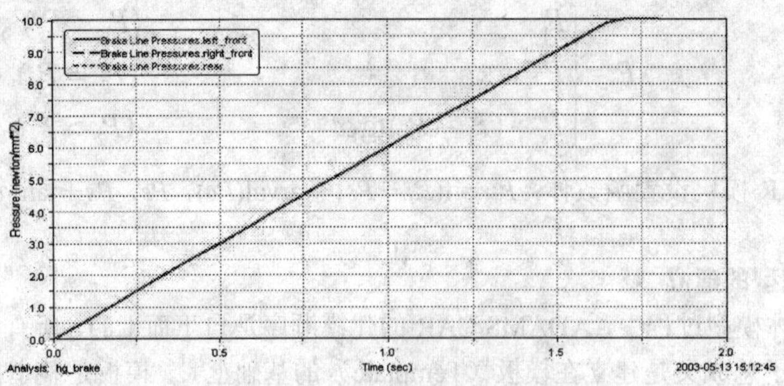

a) 无调节装置

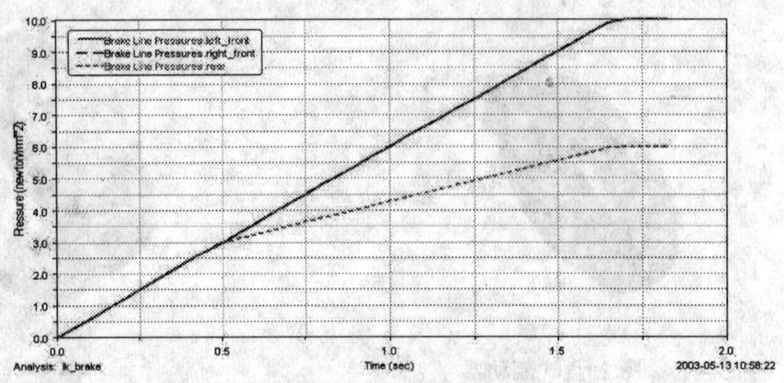

b)带比例阀

图 4 前、后制动管路压力变化

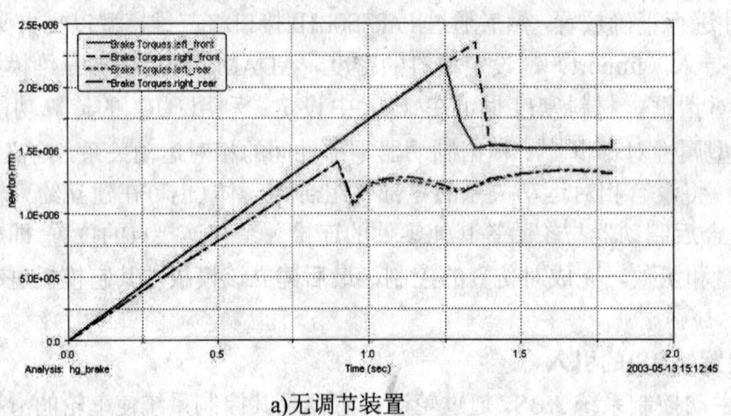

a)无调节装置

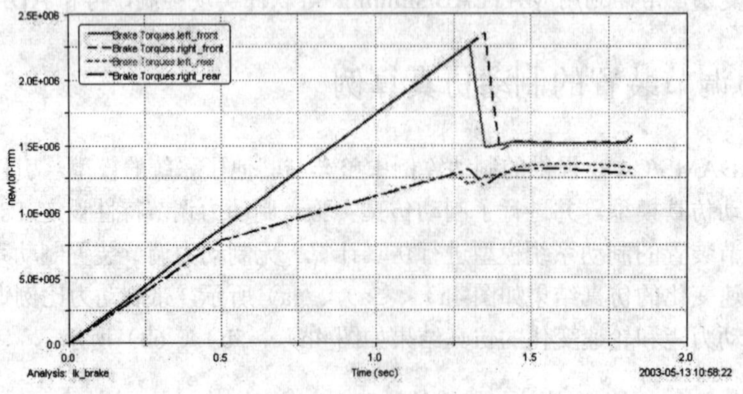

b)带比例阀

图 5 前、后制动力矩变化

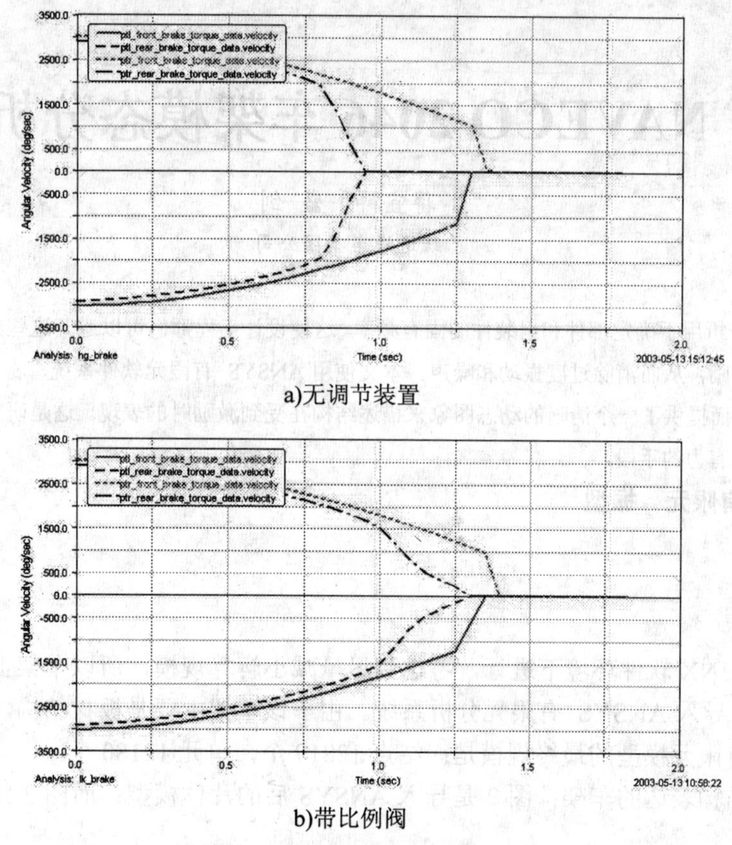

a)无调节装置

b)带比例阀

图 6　前、后轮轮速变化

由仿真结果可以看出，无制动力调节装置系统（图 6a ），后轮提前抱死滑移，发生甩尾现象容易造成交通事故。带制动力调节装置比例阀系统（图 6b ）后，前后轮趋于同步抱死，改善了算例样车的制动性能。

5　结束语

本文针对 ADAMS 软件在制动仿真应用方面的模型单一和缺少制动力控制等不足，提出了 ADAMS/CAR 模块制动仿真应用研究的扩展方向，并以引入制动力比例调节阀为例，研究了制动仿真模型，实现了制动仿真过程的制动力调节控制。

参考文献

1　王国强，张进平，马若丁. 虚拟样机技术及其在 ADAMS 上的实践. 西安：西北工业大学出版社，2002

2　周俊龙，吴铭. 应用 ADAMS/CAR 对轿车悬架系统进行建模仿真. MDI 公司 2001 年中国用户年会论文集

3　余志生. 汽车理论. 北京：机械工业出版社，2000

4　封飙. 汽车动力学特性仿真分析与 ADAMS 软件.城市车辆，2001-3

5　MDI 公司. ADAMS/CAR help file

NAVECO 2046 车架模态分析

蒋宜群　盛 剑

跃进汽车集团公司

[摘要] 模态分析用于确定部件和组装件的固有频率。这使设计工程师们可以避开这些频率或最大限度地减小对这些频率上的激励，从而消除过度振动和噪声。本文使用 ANSYS 有限元软件系统，将 NAVECO 2046 车架振动模态动态化，从而提供了一个清晰的动态图象来描述结构在受到激励时的表现。这是研究设计变更的效果以及解决问题对策的极有力的手段。

关键词：模态 有限元 振型

1 结构模型化

建模工作在 UG NX 软件环境下进行，考虑到尽量减小解算规模，所以车架上的全部实体都由片体表达，再由 IGES 文件导入 ANSYS 有限元分析系统。由于该车架主要是板材结构，因此模型化时全部采用板单元模拟。车架有限元模型的最终规模是：结点 12819 个，单元 12180 个。

图 1 是用片体结构表达的车架；图 2 是导入 ANSYS 后的片体模型；而图 3 则是分网后的车架有限元模型。

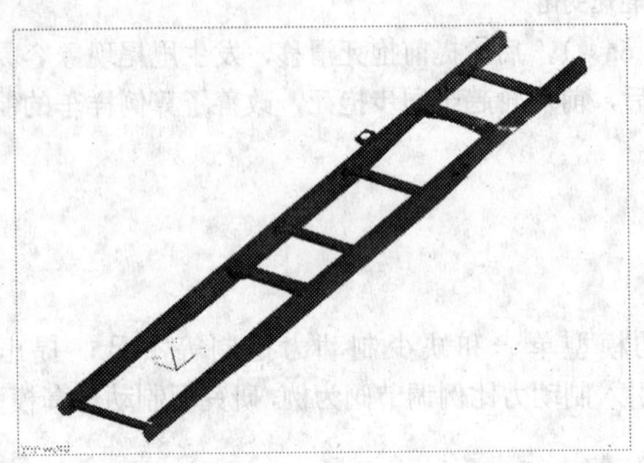

图 1

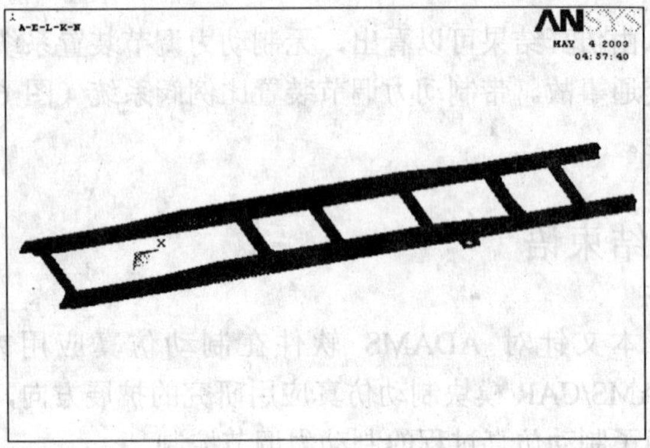

图 2

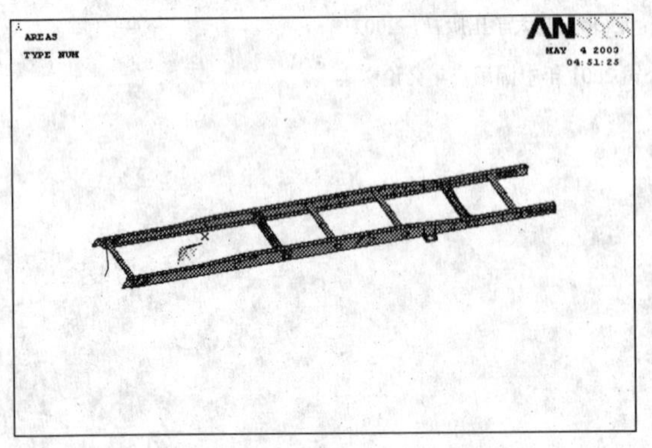

图 3

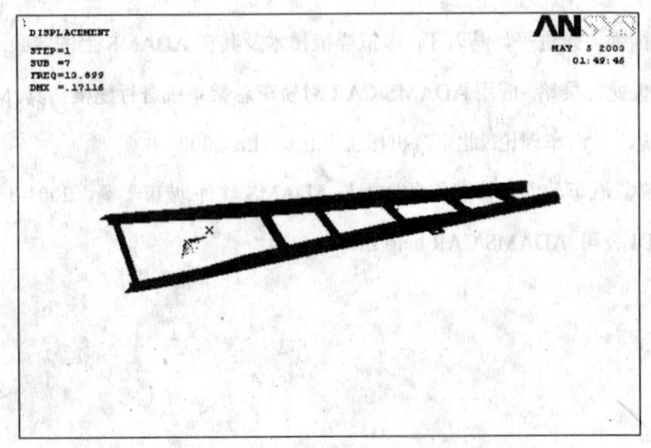

图 4

2 模态的提取与分析

模态分析主要用于决定结构的固有频率和振型。这是结构承受动态载荷设计中的重要参数，同时，模态分析也是其他动力学分析的起点，例如瞬态动力学分析、谐响应分析和谱分析的起点。

在模态分析中，只可以施加零位移约束。ANSYS 提供了 7 种模态提取方法，本例采用 Block lanczos 法求其圆频率，所得到的前六个模态称为刚体模态，它们分别对应于三个位移和三个转动自由度的结构，前六个模态返回的频率值均为零，表 1 中显示的正是如此。同时由表 1 可看到车架的前三阶模态频率分别是 13.9Hz、18.3Hz、31.7Hz。

表 1

频率模型 (Hz) 频率范围要求 ＝0.00000～1000.00	
1	0.000000000000
2	0.1031838216547E-03
3	0.8515384106777E-02
4	0.4176358603979E-01
5	0.4513288373252E-01
6	0.1058440025411
7	13.89941920093
8	18.29721951677
9	31.72534121207
10	34.77953304671
11	42.83670505406
12	49.89016634718
13	59.94388705104
14	69.30951664145
15	72.39884422178

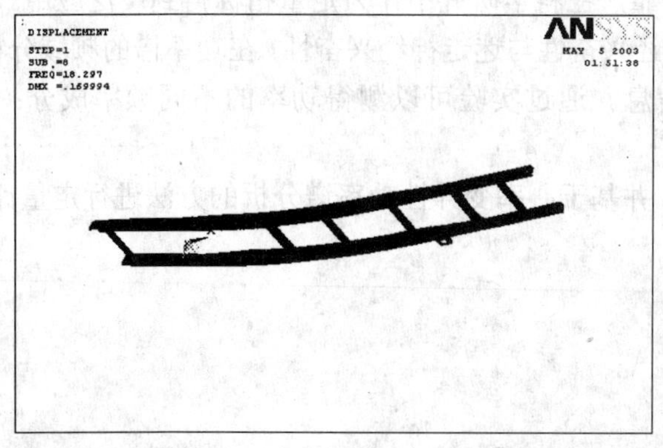

图 5

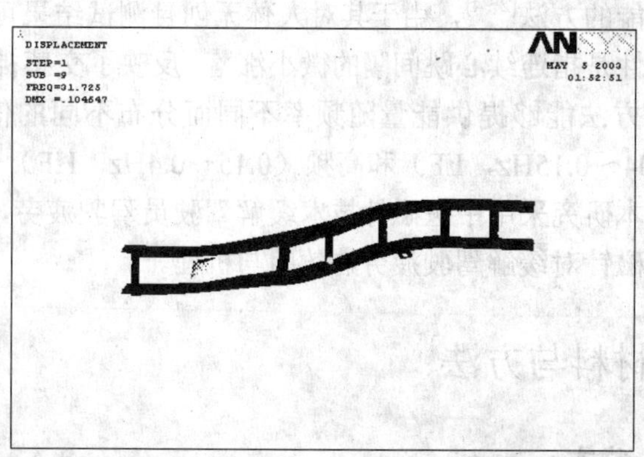

图 6

图 4～图 6 分别对应于车架前三阶模态频率的振型，它们的振型都是非常典型的。图 4 为扭转振型，图 5 为弯曲振型，图 6 为弯扭组合振型。

车架固有频率与振型的确定可以使产品设计师在后续设计中避开这些频率或最大限度地减小对这些频率上的激励，从而消除过度振动和噪声。

汽车驾驶疲劳及磁灸缓解技术研究

焦 昆 李增勇 陈 铭 王成焘

生命质量与机械工程研究所 上海交通大学机械与动力工程学院

[摘要] 在驾驶员疲劳情况下，运用心率变异性功率谱分析评价穴位磁刺激对自主神经功能的影响。实验人员分为磁灸组和对照组，分别参加 90 分钟模拟驾驶实验，对磁灸组，在实验进行 60 分钟后施加磁刺激 30 分钟。实验后，磁灸组迷走神经兴奋性提高，精神紧张及疲劳程度降低。结果表明，穴位磁刺激有利于改善心脏自主神经功能，缓解驾驶疲劳，有利于保护驾驶员身心健康及提高汽车驾驶安全性。

关键词：穴位 磁灸 心率变异性 驾驶疲劳

1 引言

驾驶疲劳是影响汽车乘坐舒适性及导致交通事故的重要原因，同时也是引发驾驶员职业病的重要因素，因此，驾驶疲劳研究是汽车人机工程学领域的研究热点之一。数据显示，由于驾驶疲劳而引起的交通事故已由 1980 年的 4%上升到 1995 年的 25%。另有调查表明，64%的响应者在驾驶过程中经历过疲劳，7%的被调查者宣称由于疲劳曾引发交通事故[1]。

一般认为，疲劳是有机体的正常生理过程，各系统和器官的机能在疲劳时，不能继续维持恒定的工作能力。疲劳不仅是人的生理反应，而且包含着大量的心理因素。如操作者为了某种目的，通过自己的努力可以在短时间内掩盖疲劳的效应。相反，若心理上的某种不适或不满情绪又会提前或加速疲劳的出现，由心理因素引起的疲劳往往叠加于由生理因素引起的疲劳之上。然而，基于目前人体生物力学、人体解剖学及人体生理学的驾驶疲劳研究结果，还不能令人满意。中医理论认为：人机界面对经络穴位的刺激可分为良性刺激与非良性刺激两种。良性刺激有助于调整经络内气血运行，并有利于调整脏腑机能；非良性刺激可导致经络局部阻滞或经络内气血运行不调，影响脏腑正常的生理机能。穴位磁刺激可以调整生物电磁平衡，进而调整神经功能。

疲劳是通过生理、心理学的一些测试手段来评价的。心率变异性的功率谱分析是一种用来评估心脏自主功能的方法[2~4]，由于其对人体无创且测试结果可靠，在科学研究中作为定量指标得到广泛应用。心率变异性是指连续心跳间隔的微小涨落，反映了交感神经兴奋性与迷走神经兴奋性。在功率谱的频域分析中，频域方法能够提供能量随频率不同而分布不同的信息。通过实验可以测得功率的不同频率成分：低频（0.04～0.15Hz，LF）和高频（0.15～0.4Hz，HF）[5]。

本研究采用中医磁针技术缓解驾驶员驾驶疲劳，并基于心率变异性功率谱分析的方法进行定量评估，探讨磁针对缓解驾驶疲劳的效用与机理。

2 材料与方法

2.1 样本

为避免性别和年龄对心率变异性的影响[6]，从上海交通大学职员与学生中选取 40 个男性样本（29.7±3.5 岁）参加实验，随机分成 A（28.8±4.3 岁，磁灸组）、B（30.6±2.7 岁，对照组）两组，所有样本均身体健康并且没有接受药物处理。

2.2 实验过程

所有样本在实验前需要充足的休息，实验前 2 小时内禁止喝水抽烟，以避免影响心率变异性和血压变异性的周期波动[7]。样本在同一天的同一时间（上午 8 点到 12 点之间）进行 90 分钟模拟驾驶操作，磁灸组在实验进行至 60 分钟时施加穴位磁刺激至实验结束，对照组只进行模拟驾驶操作任务。实验中全程监测心率变异性，并于实验前后 5 分钟内测试实验人员的心率和血压。由于自报告可以反映样本实验后的主观疲劳意识，所以自报告频繁应用于疲劳评价中。本实验中，主观疲劳症状及其对应序号见表 1，主观疲劳等级及其状态描述见表 2。

表 1 主观疲劳症状及其代表字母

代表字母	症状	代表字母	症状
a	身体疲惫	h	肩部僵硬
b	懒散	i	腰肌痛
c	想躺下	j	容易走神
d	烦躁	k	眼睛酸
e	无力	l	困倦
f	精神紧张	m	恶心
g	头痛	n	手脚打颤

表 2 主观疲劳等级及对应状态描述

疲劳等级	疲劳状态描述
1	没有疲劳
2	有一点疲劳
3	有些疲劳
4	疲劳
5	比较疲劳
6	很疲劳
7	极度疲劳

2.3 磁针与穴位

A 组实验进行至 60 分钟时，对实验人员的内关（PC6）和大椎（DU14）穴位加磁针，直至实验结束；B 组实验人员不进行加磁。磁针选用获得国家专利的哈慈五行针，表面磁场 250mT，其功效相当于传统针灸刺入皮肤 6～9cm[8]。

2.4 实验仪器与参数

心电测试系统（FDP-1，上海医科大学制造，3.01 版）通过贴在胸部的三个电极记录心电信号，该系统同时还用来分析心率变异性的低频和高频成分。心电信号采样频率为 250Hz，数据通过分辨率为 12 位的 A/D 转换器记录到计算机硬盘，所有心电数据通过自回归模型分析。

2.5 统计分析

用 t 检验分析实验最后 5 分钟与开始 5 分钟的低频、高频、血压和心率等指标的均值差异。实验过程中以每 5 分钟记录的数据均值作为表征指标变化趋势的数据点。$P<0.05$ 表示有统计显著性差异。

3 结果

3.1 心率变异性

实验前磁灸组、对照组的 LF、HF、LF/HF 没有显著性差异。实验后，对照组实验后的高频值与实验前相比有了显著下降（$P<0.05$），低频和 LF/HF 有了显著上升（$P<0.05$，$P<0.05$）。磁灸组实验前后的

低频、高频、LF/HF 没有显著性变化。实验后，A、B 两组的低频、高频、LF/HF 存在显著性差异（$P<0.05$，$P<0.05$，$P<0.05$）（表 3）。

表 3 A、B 组实验前后的 HRV

组别	LF		HF		LF/HF	
	实验前	实验后	实验前	实验后	实验前	实验后
A	34.1±14.3	42.7±8.3	27.9±11.6	24.3±10.5	1.41±0.3	1.62±0.7
B	35.7±12.1	62.8±18.5①	29.1±12.1	17.5±14.3*	1.38±0.2	4.2±1.3*

① $P<0.05$，组间有显著性差异。

3.2 血流动力学

实验前磁灸组、对照组的收缩压、舒张压和心率没有显著性差异。实验后与实验前相比，对照组收缩压与舒张压出现了显著下降（$P<0.05$，$P<0.05$），心率出现显著上升（$P<0.05$）；磁灸组的血流动力学指标没有显著差异。实验后，磁灸组、对照组的收缩压、舒张压和心率出现显著性差异（$P<0.05$，$P<0.05$，$P<0.05$）（图 1）。

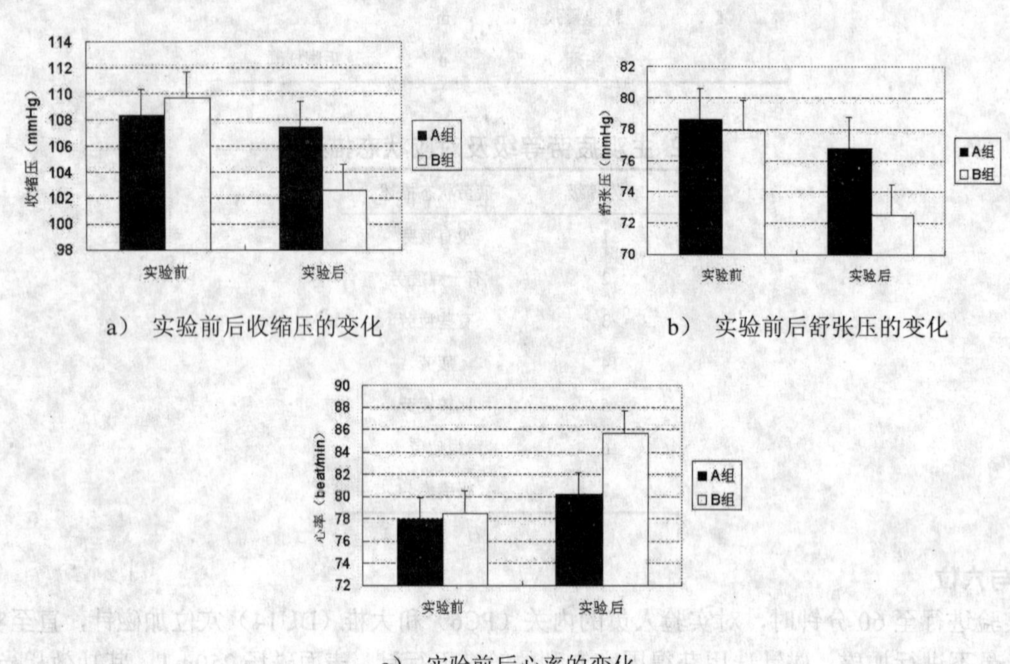

a） 实验前后收缩压的变化

b） 实验前后舒张压的变化

c） 实验前后心率的变化

图 1 实验前后血流动力学指标的变化

3.3 主观评价

图 2 给出了 A、B 两组主观疲劳症状的出现频率，B 组中身体疲惫（75%），懒散（75%），容易走神（80%）等症状出现频率较高与 B 组有显著性差异（$P<0.05$，$P<0.05$，$P<0.05$）。

实验后，A 组的疲劳等级为 5.47，介于比较疲劳和很疲劳之间；B 组为 2.66，介于有一点疲劳和有些疲劳之间。两组实验疲劳等级存在显著性差异（$P<0.05$）。

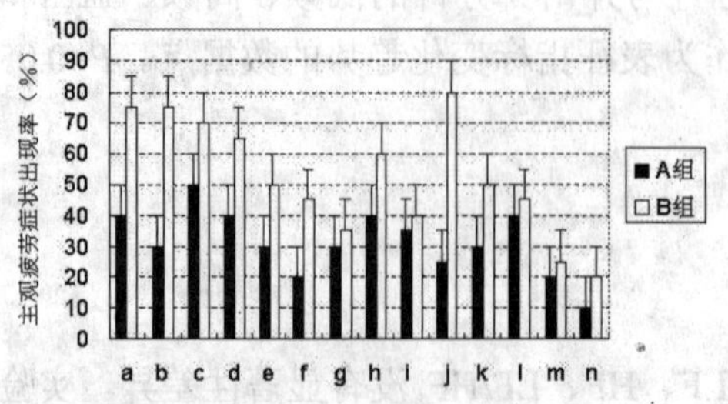

图 2 主观疲劳症状出现率

4 讨论

心率变异性表征心跳之间的变化情况，反映了输入窦房结的自主神经冲动，可用来表征自主功能水平。心率变异性的功率谱分析可以用来评估健康样本的交感与迷走神经兴奋性对自主功能的影响[2]，而且作为定量指标广泛应用于临床实践。

人体心脏受交感和迷走神经双重支配。在安静的条件下，心脏受交感迷走神经平衡调节，而在疲劳、运动、情绪变化时这种平衡调节被打破，表现为交感神经兴奋而迷走神经抑制。本研究中，对照组随着实验的进行，低频成分值越来越高，高频成分值越来越低，其中伴随小幅波动。这说明，该组实验样本在实验后的交感神经兴奋性处于一个很高的水平，而迷走神经兴奋性处于较低的水平。样本的交感迷走平衡性也从迷走神经兴奋性占优逐步变为交感神经兴奋性占优，实验结果与已有结论一致[9, 10]。而磁灸组人员由于始终处于较安静平和的状态，心率变异性没有出现明显的波动。实验结束时两组结果出现的显著性差异说明了振动环境中的驾驶操作可以导致交感神经兴奋性上升，迷走神经兴奋性下降。

大量的临床观察和实验研究表明，针灸对机体器官或组织的生理、病理状态的影响是一种良性的调整作用，具有双向性。所谓良性调整即指针刺刺激后机体的组织、器官的代谢变化和机能状态朝着有利于机体的方面转化，使机体状态趋于正常化，从而使脏腑，经络，气血，阴阳达到新的平衡和统一。双向性是指针灸对机体组织器官的机能状态的影响具有兴奋和抑制的双重效应，即在机体器官机能活动状态减弱或低下时，针灸可使之增强而显示兴奋性效应；但在机体器官机能活动状态增强或过度亢进时，针灸可使其减弱或发挥其抑制性效应[11]。

从经络学看，人体的经络具有电磁特性。经测定，经穴周围的皮肤具有较高的电位和较低的阻抗，经X射线衍射法摄象发现人体表面存在的微弱电场即是经穴，因而得出经穴是磁场的聚焦点。外加磁场通过经穴调整机体生物电磁平衡，进而调整神经功能。多数实验是通过磁场作用于经穴而不直接作用于局部，显示与经穴作用密切相关。利用电磁刺激人体电磁场的敏感点—穴位，可以引起穴位局部的能量变化和电子活动，将电磁场能量转化成人体内气能量， 疏通经络，调整机能。如电磁穴位疗法可通过经络穴位调整神经机能，使神经感觉冲动传导抑制， 痛阈升高、交感神经兴奋性降低， 从而达到良好的解疼和镇痛作用。外加磁场通过经穴调整机体生物电磁平衡，进而调整神经功能。利用电磁刺激人体电磁场的敏感点——穴位，可以引起穴位局部的能量变化和电子活动，将电磁场能量转化成人体内的气能量，疏通经络，调整机能。

5 结论

总之，实验结果表明，磁针组的心率变异性指标与血流动力学指标与非磁针组有显著性差异，证明了磁针作用于特定穴位可以有效缓解驾驶疲劳。这对人机工程学，神经生理学领域的研究提供了有益的参考。最后，研究结果同时揭示了振动条件下驾驶精神疲劳对驾驶员的不利影响，对保护驾驶员身体健康和减少由驾驶精神疲劳引起的危险有重大意义，同时对驾驶疲劳研究开辟了一条新思路。

致谢

感谢日本高日公司为本研究提供研究经费，同时感谢参与本研究的实验者，他们为此付出了自己的时间和努力。

参考文献

1 Stephen H. Fairclough.Monitoring driver fatigue via driving performance. Ergonomics and safety of intelligent driver interfaces. Mahwah， NJ， USA. Lawrence Erlbaum Associates， Inc. 1997: 363～379

2 Malliani. A.， Pagani. M.， Lombardi. F. et al， 1991. Cardiovascular neural regulation explored in the frequency domain. Circulation， 84: 482～491

3 Task Force of the European Society of Cardiology and the North American Society of Pacing and Electrophysiology， 1996. Heart rate variability: Standard of measurement， physiological interpretation an clinical use. Circulation， 93: 1043～1065

4 Pagani. M.， Montano. N.， Porta. A. et al， 1997. Relationship between spectral components of cardiovascular variabilities and direct measures of muscle sympathetic nerve activity in man. Circulation， 95: 1441～1449

5 Jean-Luc Elghozi， Arlette Girard， Dominique Laude， 2001. Effect of drugs on the autonomic control of short-term heart rate variability. Autonomic Neuroscience: Basic and Clinical， 90: 116～121

6 Duanping Liao， Ralph W.B. Lloyd E. et al， 1995. Age， Race， and Sex Differences in Autonomic Cardiac Function Measured by Spectral Analysis of Heart Rate Variability-The ARIC Study. Am J Cardiol， 76: 906～912

7 Laurent Fauchier， Dominique Babuty， Marie Laurence Autret， 1998. Influence of duration and hour of recording on spectral measurements of heart rate variability. Journal of the Autonomic Nervous System， 73: 1～6

8 Li-wen Guo， Ding-zhong Li， 2002. Testing the effect of Haci Five Element Needle on human body using superconducting quantum interference device (in Chinese). Biomagnetism 1:3～5

9 Harada N， 1994. Autonomic nervous function of hand-arm vibration syndrome patients. Nagoya J Med Sci. 57 Suppl: 77～85

10 Li Gui-lan， Wu Jun， Zhou Xiu-ling. et al， 1995. Effect of tractor vibration on nervous system function in drivers. Journal of Baotou Medical College， 11(3): 27～28

11 邓春雷，殷克敬. 实验针灸学[M]. 北京：人民卫生出版社，1998

车辆振动测试分析的虚拟仪器设计与应用研究

董正身 赵永立 杨 娜

河北工业大学机械学院 天津工业大学机械电子学院

[摘要] 车辆的振动测试通常在道路上进行，而试验分析需要带回实验室进行处理。这样一来，车辆的振动测试试验周期长，并且在测试中所需仪器繁多而复杂。基于图形化编成语言 LabVIEW 组建的便携式车辆振动测试分析系统，配以传感器、数据采集卡等硬件可以实现车辆振动测试的实时分析，并对 TJ1040 车辆的平顺性进行了实际检测。

关键词：振动测试 LabVIEW 实时分析 平顺性

1 引言

车辆的振动测量在大多数情况下需要在道路上进行，首先需要磁带机记录测试的振动信号，然后将试验数据带回实验室进行进一步的处理、分析。由于道路上有许多偶然因素的影响，可能导致试验分析结果中存在较大误差甚至得出错误结论。遇到这种情况只能重新回到路面重复一次试验，如此一来，整个试验的周期加长、试验设备增多，这样对教学实验来说很不实际，同时诸多仪器设备也给整个测量带来了不便。

便携式车辆振动测试分析系统可以进行实时分析，在道路试验过程中得到分析结果。该测试分析系统是由计算机硬件资源、模块化仪器硬件和用于数据分析、过程通讯及图形化用户界面的软件组成的测控系统，是一种由计算机操控的虚拟仪器系统[1]。

虚拟仪器的硬件系统一般分为计算机硬件和测控功能平台。其中计算机硬件可以是各种类型的计算机，如台式、便携式、嵌入式计算机及工作站等。计算机管理着虚拟仪器的硬软件资源，是虚拟仪器的硬件基础。

虚拟仪器的软件平台中最具有代表性的是美国国家仪器公司推出的 LabVIEW，它是采用 32 位的编译型的图形化语言作为其编程语言，集开发、调试和运行于一体，是一种强有力的虚拟仪器开发工具。LabVIEW 具有以下的特点：流程图式的编程环境，不需要预先编译就存在语法检测，调试过程中可使用的数据探针，丰富的库函数、数值分析、信号处理及设备驱动等[2]。编程者分别在 LabVIEW 语言编程环境的前面板和程序流程图组建仪器人机界面和进行程序设计开发，以完成虚拟仪器特定的逻辑分析处理能力[3]。LabVIEW 软件是仪器控制、数据采集、数据分析、数据显示的一种很好的选择。

2 车辆振动测试分析系统的组成

便携式车辆振动测试分析[4]系统就是利用虚拟仪器完成对车辆行驶过程中振动量的信号测量、数据分析及处理。它完全借助于计算机软件实现对振动信号的采集、显示、存取、分析处理等诸多功能。

该测试分析系统有两大部分组成：①传感器测量系统，它包括加速度传感器、电荷放大器及数据采集卡等，其作用是拾取表征车辆振动状态的各种信号或参数，并使之变成标准的模拟电信号和计算机能够识别的数字信号。②数据采集、显示、处理及分析系统，也就是虚拟仪器的核心部分，其作用是获得信号并显示具体振动值，同时进一步的相关分析、谱分析等分析处理。便携式车辆振动测试分析系统虽然主要部分为软件完成的数据分析处理，但它仍然需要传感器、信号调理器等硬件设备。这些硬件设备在任何振动测试分析系统中是必不可少的，它们构成了系统的测试前端。

3 振动测试分析系统程序设计

便携式车辆振动测试分析系统对信号的分析处理有两种工作方式：在线式和离线式信号分析仪。通常在线式用于信号的监测，实现实时测试分析；离线式则是先将信号记录下来，再进行分析，一般用于系统的动态特性测试，总体设计方案如图 1 所示。

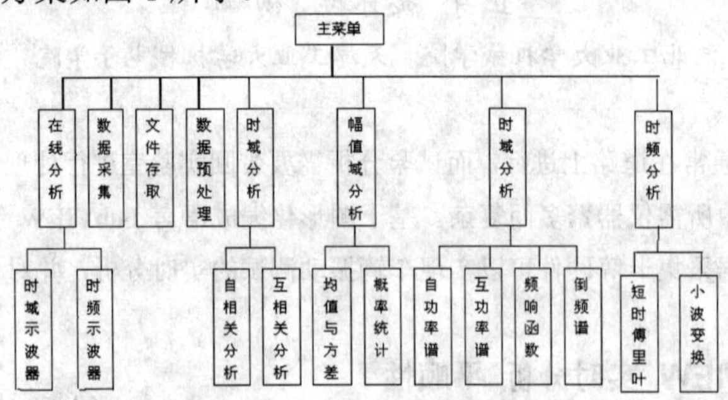

图 1 测试分析系统的总体设计

3.1 数据采集模块的设计

数据采集提供了整个测试系统的数据来源，是虚拟仪器的基本组成部分[5]。数据采集模块主要是实现车辆振动信号的拾取及对各种参数的控制，比如对数据采集卡、采集通道的选择，以及采样频率、点数、段数的控制等。

振动量转化为计算机所能识别的数字量是一个复杂的过程，首先经过压电式传感器将机械振动量转换为模拟电量，然后通过模拟信号调理设备进行信号放大、隔离、滤波、同步采样及保持等处理，送入数据采集卡完成采样及量化转变为数字量送给计算机作进一步的处理。本测试分析系统使用的数据采集卡为一款基于笔记本计算机 PCMCIA 插槽技术的 DAQCARD-AI-16E-4 采集卡[6]，信号调理卡为 SC-2040，可实现 8 通道同步采样和保持，并且各通道可选择不同的增益。

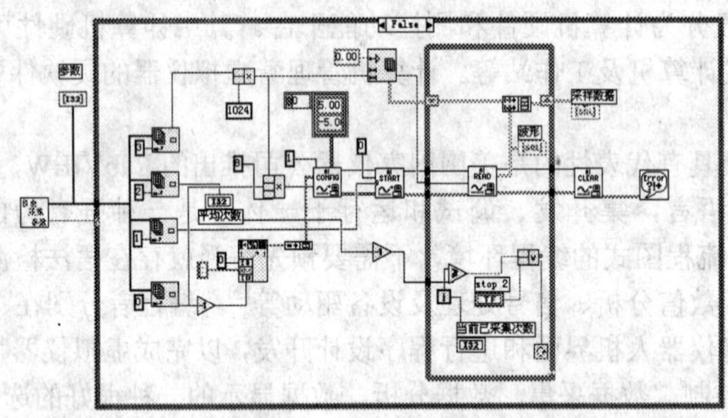

图 2 数据自由采集模块方框图

该模块中设置了两种采样方式：一种是自由连续采集，即设置好采集参数后直接进行连续采集，适用于随机平稳信号的采集；另一种是触发采集，设置好触发条件（包括触发电平、触发沿、触发前预保留点数等）后采集，适用于激励信号和脉冲信号的采集。 从图 2 所示的信号自由采集模块流程图中，可以看出主要调用了 LabVIEW 中 Data Acquisition 功能块下 Analog Input 中的 AI Config.vi、AI Start.vi 及 AI Read.vi 等子函数。通过这些模块可以实时采集实际的模拟信号，各子函数模块均可以图标形式放置在程序流程图中，这样不但增加了程序的可维护性，也增加了程序的可读性，使程序流程图更加清晰明了。

3.2 信号分析模块的设计

根据振动测试中对信号的分析和处理基本要求，主要从时域分析、幅值域分析、频率域分析和时频联合分析方面进行程序设计。主要功能包括：波形显示、滤波器设计、窗函数、概率统计、概率密度分布、自功率谱、互功率谱、倒功率谱、频响函数、自相关函数、互相关函数、短时傅里叶变换、Gabor 变换、小波变换、模态分析等。

3.2.1 时域和幅值域分析模块

时域分析中主要是波形显示、自相关分析和互相关分析。自相关用于判断信号的随机程度，也可以检测混在随机信号中的周期信号；互相关则反映了两个随机变量的统计依赖关系。图 3 是 TJ1040 汽车司机座椅在 50km/h 车速下振动时域波形显示图。

幅值域特性分析是振动试验必不可少的一项，该模块程序可以同时观测输入、输出信号的概率密度曲线、概率密度分布曲线，还可以直接求值，尤其对随机信号数字特征的偏态和峰值有关，用于故障检测分析和模态参数识别。

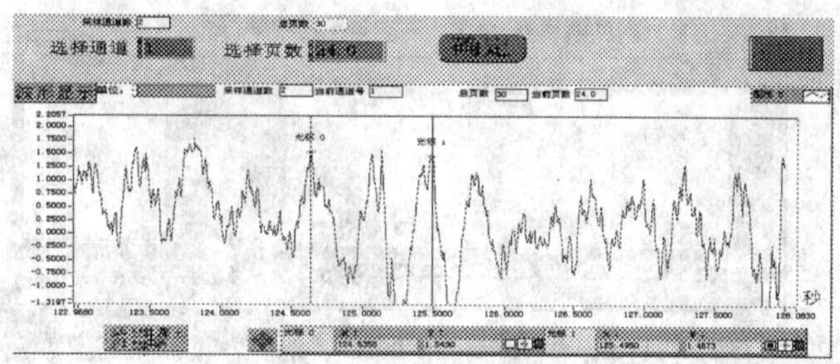

图 3　时域波形显示图

3.2.2 频率域分析模块

频率域分析功能较多，主要有功率谱分析、频响函数分析、倒频谱分析等。图 4 是车辆振动实时波形及功率谱分析程序的方框图，从中可见完成这些功能只需调用虚拟仪器软件中相应的自功率谱计算、显示波形等子程序模块即可以实现。

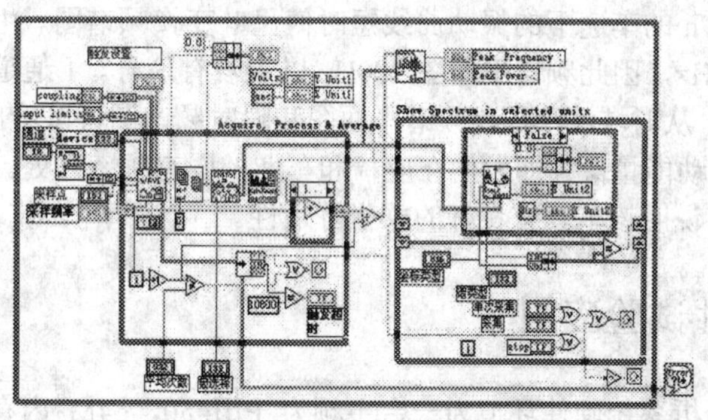

图 4　波形实时分析程序方框图

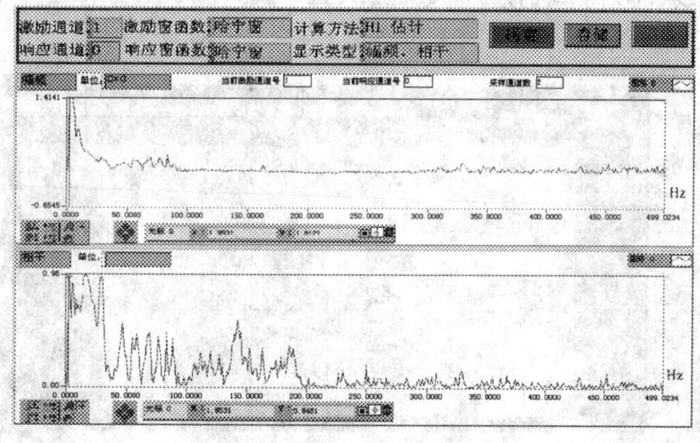

图 5　车厢与座椅振动的频响函数

频响函数表示激振力和测量点响应之间的关系，频响函数分析在车辆的振动分析中具有相当重要的地位，频响函数曲线也是模态参数识别的依据。图 5 是 TJ1040 在 50km/h 车速下车厢地板和司机座椅振动的频响函数（传递函数）曲线。以车厢地板的振动为激励信号，司机座位的振动为响应信号。计算方法采用 H3 估计，激励信号和响应信号都加哈宁窗函数，显示方式为幅频－相干。从图中可以看到相干系数有多处峰值，而其中在 2.34Hz 和 15.23Hz 处相干系数为极值对应为 0.9762 和 0.9513，这分别发生在司机座椅和车厢地板的固有频率附近，正好与相干常常发生在固有频率处这一理论相吻合。

3.2.3 时频联合分析模块

时频联合分析亦称时频局域化方法，是用时间和频率的联合函数来表示信号。典型的线性时频表示有：短时傅里叶变换、小波变换和 Gabor 变换。时频联合分析在振动信号处理中，能够很好的表示出信号在任一时刻的频域特性，下面以短时傅里叶变换为例说明时频联合分析模块的程序设计。

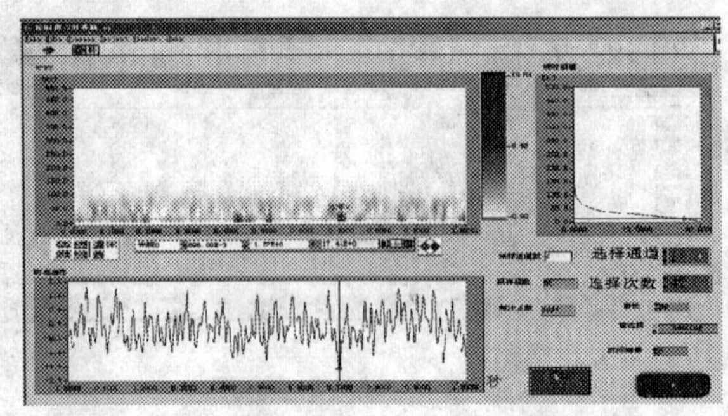

图 6 短时傅里叶变换分析程序

短时傅里叶变换是把信号划分为许多小的时间间隔，用傅里叶变换分析每个时间间隔，以便确定该段时间间隔存在的频率。

该程序前面板共有四部分组成：参数部分、短时傅里叶变换时频平面图、瞬时频谱图和信号时域波形图。图 6 为 TJ1040 在 50km/h 的车速下的振动曲线短时傅里叶变换频谱图。由于采集的信号为车辆平顺性分析信号，截止频率为 100Hz，因此频谱平面图 100Hz 以上没有信号。1 通道是司机座椅的振动情况，振动能量主要分布在 2～5Hz，从时域波形图、频谱平面图和瞬时频谱图可以看出在 3.52s 时刻对应的频率为 2.34Hz 和 13.11Hz，此时振动能量最大即发生在座椅和车厢的固有频率之处。从图中可以看出该车的振动情况在频谱允许范围值内，说明该车具有良好的乘坐舒适性。

4 系统对车辆平顺性试验应用

便携式车辆振动测试分析系统硬件环境为一台主频为 PIII450，64M 内存的笔记本计算机和一块数据采集卡、同步采样保持卡，运行软件环境为 Windows 98 下的 LabVIEW 5.1。

运用该系统对 TJ1040 在天津外环线作了平顺性试验，并对试验结果进行了实时分析，结果如图 7 所示。

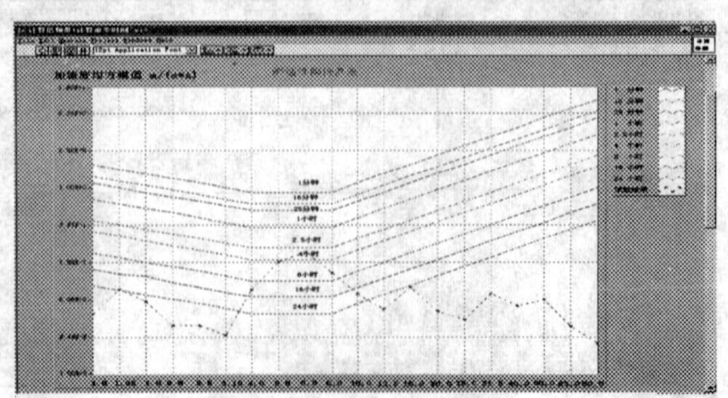

图 7 平顺性试验分析结果

该图是车速在 50km/h（常用车速）时舒适性降低承受时间在 ISO2631 指标体系中的分布情况，从图中可以看出在中心频率为 6.3Hz 下，振动最厉害、承受的时间最短，可以看出舒适性降低界线承受的最低时间为 190.72min（3.18h），发生在中心频率为 6.3Hz 的 1/3 倍频带上，与图形曲线完全相符。加速度加权均方根值为 0.31704m/s^2（等效均值 LEQ110. 02224d B），参照标准该车的 T_{CD} 值已达到轻型客车评价指标的限值，符合轻型客车平顺性评价指标。

试验结果与用清华大学的 DP-16 分析软件分析结果完全一致，这充分说明了该便携式车辆振动测试分析系统开发可行性与正确性。

5 结束语

基于虚拟仪器图形编程语言 LabVIEW 组建的便携式车辆振动测试分析系统，减少了测试过程中的硬件设备，实现了对车辆振动信号的实时采集、处理、分析的目的。

参考文献

1 樊强，徐运涛．虚拟仪器测试系统简介. [J] 现代军事通讯，2001, 3(1): 16～19

2 National Instruments Corp．LabVIEW User Manual．[M] Austin, Texas USA．January 1998

3 吴国新，许宝杰，朱春梅．基于 LabVIEW 的虚拟振动测试系统．[J] 北京机械工业学院学报，2000, 12(4): 39～43

4 赵永立．基于 LabVIEW 的车辆振动测试分析系统研究.[D] 河北工业大学，2003

5 陈敏，汤晓安．虚拟仪器软件 LabVIEW 与数据采集．[J]小型微型计算机系统，2001, 4(4): 501～503

6 National Instruments Corp. DAQCard E Series User Manual （Multifunction I/O Cards for PCMCIA）．[M] Austin, Texas USA．March 1999

排气制动与缓行器联合作用在客车连续下坡时的制动能力分析

余 强 陈荫三 马 建 郭荣庆 张庆余

长安大学汽车学院

[摘要] 本文对客车山区行驶过程中排气制动与缓行器联合作用时的下坡能力进行了试验和理论分析，结果表明采用排气制动与缓行器联合作用的持续制动方式可以使汽车在坡度不断变化的坡道上连续下坡行驶时满足持续制动的要求，同时车速在正常行驶的速度范围内。为汽车山区行驶的制动安全性提供了一个合理的解决方案。

关键词：客车 持续制动 联合作用 下坡能力

Brake Ability Analysis on Exhaust Brake and Retard Brake when Bus Continuously Downhill Travel

Yu Qiang, Chen Yinsan, Ma Jian, Guo Rongqing, Zhang Qingyu

Chang`an University

[Abstract] Experiment and theoretical analysis downhill ability have been done with exhaust brake and retarded brake used when bus travels in mountain area. The results show that it can make bus need the continuous brake demands when downhill traveling on various slopes in normal range of speed. It provides a reasonable solution of brake safety for bus to travel on mountain area.

Key words: bus continuous brake combined used downhill ability

汽车持续制动系统是与主制动系统和驻车制动系统并列的一个重要的制动系统。它的作用是其它制动系统不可替代的。特别是在山区道路上行驶的汽车，这一点尤为突出。汽车的主制动系统的特点是在短时间内可以产生很大的制动能量，但是随着制动时间的增长，制动器的热负荷不断增加，而它不能及时将产生的热量传递给周围环境，使得自身温度不断升高，制动能力不断下降，所以无法满足长时间连续制动的要求。而商用汽车在山区道路连续下坡行驶时，虽然要求的制动功率比较小（与紧急制动相比较），但是需要的制动时间很长。如果采用主制动器实施制动过程，会使得制动毂和制动蹄的温度大幅度升高，当温度过高时，制动器将失去或部分失去制动效能。结果使得在连续下坡坡道上交通事故发生的频率高于其它道路。实际上，在汽车连续下坡行驶时的制动工作应由持续制动系统（也称为辅助制动系统）来主要承担。这是由于它与主制动系统相比较，虽然在短时间可以吸收的功率比较小，但是，它吸收的功率可以在很长时间内保持不变（或基本保持不变），所以持续制动系统可以满足汽车连续下坡时的持续制动要求。在这方面国外已得到充分的重视。例如：在联邦德国道路交通法规中规定：客车总重在 5.5 吨以上，载重车总重在 9 吨以上必须加装持续制动装置(Dauerbremse)，或称为第三制动装置(dritte Bremse)[2]。而在国内，长期以来依靠给轮毂浇水，对它实施强行冷却，来满足汽车连续下长坡时的制动要求。这种方法一方面可靠性不高，另一方面冬季行驶时水流到地面上结冰直接影响到后续车辆的安全性。为改善运输条件，提高商用汽车在山区行驶的安全性，汽车上持续制动系统的加装及其对它的制动性能的研究是非常必要的。

我国山区公路中，大部分等级在三级到四级之间，上下行多为单车道且不分隔，道路中回头曲线比较多、且半径比较小。通过调研及分析得到商用车在山区道路上连续下坡行驶的车速在 30～40km/h 之间[3]。

持续制动装置包括发动机制动、排气制动、电涡流缓行器、液力缓行器等。而发动机制动和排气制动是最简单、成本最低的持续制动装置。随着国内客车技术的发展和道路条件的改善，客车行驶速度不断提高，要求客车的比功率不断增加，而它对排气制动的应用起到了积极的作用。但是，排气制动的制动功率有限，且随变速器档位的增加制动扭矩大幅度减小。无法满足汽车在上述速度范围内各种坡度的坡道上连续下坡行驶时的持续制动要求[4]。电涡流缓行器的安装使汽车的价格、总质量和使用过程中消耗增加，且增加的幅度随缓行器的容量（制动扭矩）的增加而加大。

由于各持续制动装置单独使用时存在着一定的缺陷，所以，本文提出采用排气制动与缓行器联合作用的持续制动方式来弥补各自的缺陷。并对它在下坡行驶时的制动能力进行了定量分析。

1 排气制动和缓行器制动性能试验研究

排气制动过程制动力的大小，受到许多因素的影响，例如：发动机的额定功率、发动机的工作容积、行程、气门大小、气门定时和排气制动阀安装位置等。所以对于一种车型其制动性能要通过实验进行测定。本文对江苏省扬州市亚星客车集团公司特种车辆厂生产的 JS6820C32D1 中型客车进行实验分析。

JS6820C32D1 中型客车主要技术参数如下：

车宽：2420mm；车高：3255mm；最大总质量：9685kg

变速器各档传动比为：

档位	I	II	III	IV	V	VI	R
传动比	5.606	3.340	1.991	1.382	1.000	0.790	6.06

主减速器传动比：i_h=5.148；轮胎滚动半径：r_d=0.485m

发动机型号：Phaser-160T；额定功率：118kW/2600r/min；最大扭矩：516Nm/1600r/min

客车上安装的缓行器型号为 HE50，安装位置在传动轴之间，其制动扭矩特性通过试验测定。试验在水平的水泥混凝土路面上进行，试验道路长度为 2000m。通过试验得到变速器分别处于 III、IV 档，排气制动工作时汽车行驶车速随时间变化的曲线。由于在山区道路上变速器 I 档、II 档时汽车行驶车速过低[4]，而 V 档时行驶车速过高，所以在此不予考虑。同时通过试验还得到缓行器制动时车速随时间变化的曲线以及汽车脱档自由滑行时车速随时间变化的关系曲线。

取 $t=f(V)$为试验中速度随时间变化曲线的逆函数，则减速度随速度变化关系为：

$$J(V)=\frac{1}{f'(V)} \tag{1}$$

其中：J 为减速度

根据汽车纵向动力学方程（在水平路面上）得到：

$$F_B+F_f+F_w=\delta_i G_a J \tag{2}$$

式中 F_B——制动力；

F_f——滚动阻力；

F_W——空气阻力；

δ_I——相应档位的旋转质量换算系数；

G_a——客车总质量。

通过对试验数据的处理、计算，得到排气制动时的制动力（包括空气阻力和滚动阻力）随汽车行驶速度变化的关系如图 1 和缓行器的制动扭矩随传动轴转速变化关系如图 2 所示。图 1 中：Gang III 为变速器 III 档排气制动；Gang IV 为变速器 IV 档排气制动；3%、4%、5%、6%、7%、8%为根据：

$$F_\alpha = G_a g \frac{i}{\sqrt{1+i^2}} \tag{3}$$

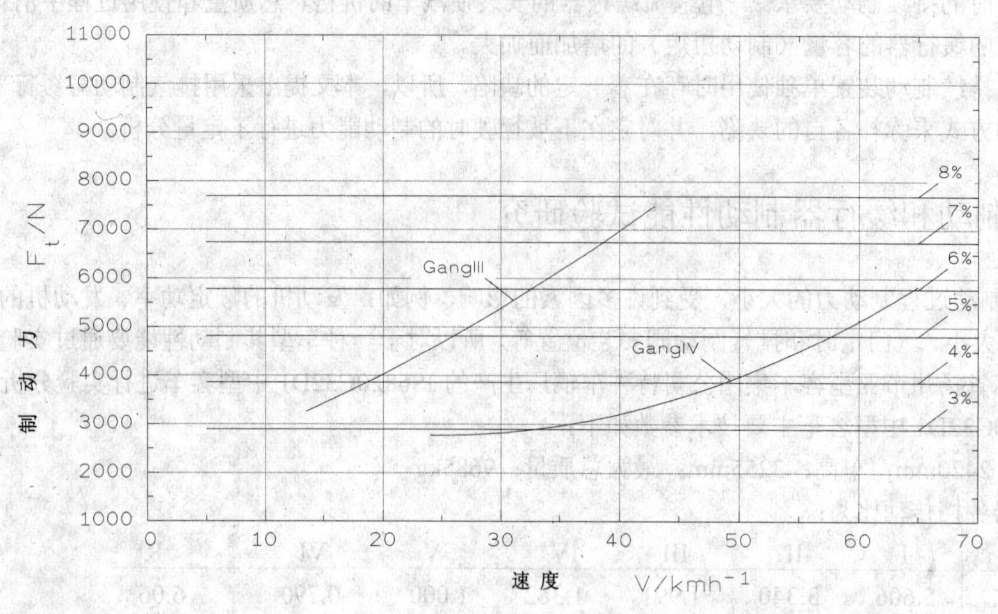

图 1 排气制动时制动力随车速变化关系曲线

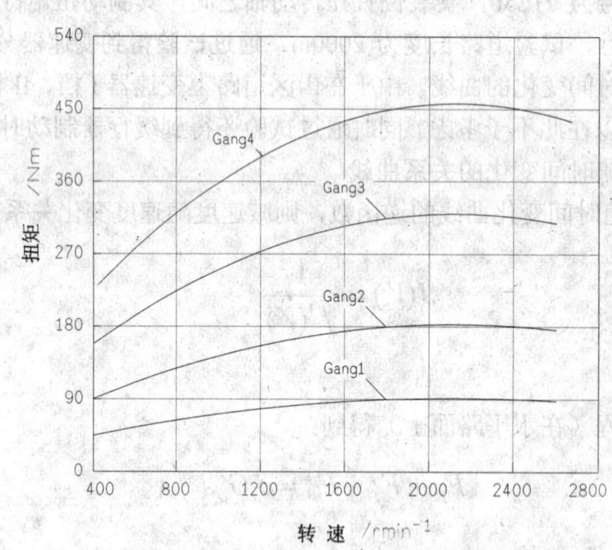

图 2 缓行器制动扭矩与传动轴转速之间关系曲线

得到的该坡度下汽车的下滑力。图 2 中：Gang1 为缓行器 1 档（二组线圈工作）的扭矩特性；Gang2 为缓行器 2 档（四组线圈工作）的扭矩特性；Gang3 为缓行器 3 档（六组线圈工作）的扭矩特性；Gang4 为缓行器 4 档（全部八组线圈工作）的扭矩特性。而空气阻力与滚动阻力之和随速度的变化关系为：

$$F_f + F_w = 0.0115V^2 + 5.09141V + 943.8111 \tag{4}$$

通过坡道坡度与制动力之间关系：

$$i = \frac{\dfrac{F_B + F_f + F_W}{G_a g}}{\sqrt{1-(\dfrac{F_B + F_f + F_W}{G_a g})^2}} \tag{5}$$

其中：i 为下坡坡度。

得到各档排气制动与缓行器不同档位联合作用时下坡坡度与稳定车速之间关系如图 3 和图 4 所示，而这里的制动力为各档位排气制动力与各档位缓行器制动力之和：

$$F_B = F_{MBi} + M_{REj} * I_H * r_d \tag{6}$$

式中 F_{Mbi}——变速器 i 档排气制动的制动力；

M_{Rej}——缓行器 j 档的制动扭矩；

I_H——主减速器传动比；

r_d——车轮的动力半径。

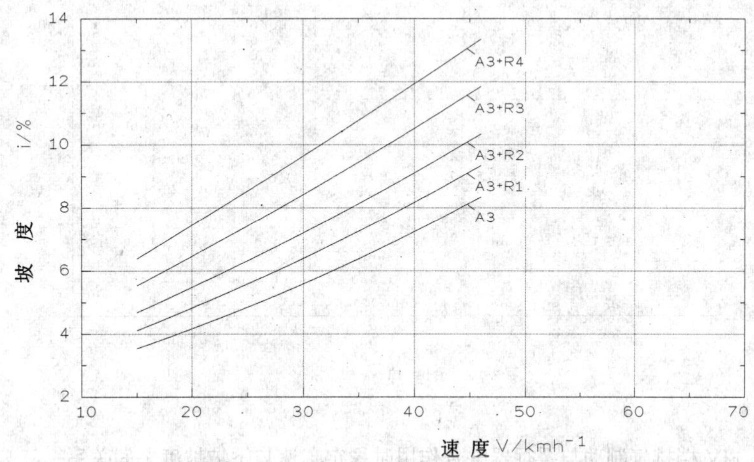

图 3　III 档排气制动与缓行器联合作用时下坡坡度与稳定车速之间关系

其中：A3-III 档排气制动；A3+R1-III 档排气制动+缓行器 1 档；A3+R2-III 档排气制动+缓行器 2 档；A3+R3-III 档排气制动+缓行器 3 档;A3+R4-III 档排气制动+缓行器 4 档

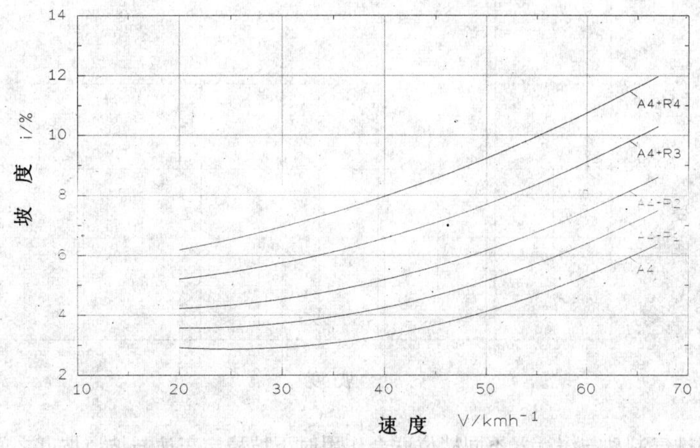

图 4　IV 档排气制动与缓行器联合作用时下坡坡度与稳定车速之间关系

其中：A4-IV 档排气制动；A4+R1-IV 档排气制动+缓行器 1 档；A4+R2-IV 档排气制动+缓行器 2 档；A4+R3-IV 档排气制动+缓行器 3 档;A4+R4-IV 档排气制动+缓行器 4 档

2 结果分析

由图 3、4 可以看出，在发动机有效的转速范围内，不同档位上的排气制动与缓行器不同档位的联合作用，可以使汽车在坡度从 2.92％到 13.39％之间的任意一个坡度的坡道上以一定的车速稳定行驶。我国公路工程技术标准规定在四级公路上的最大坡度不超过 9%[5]。这样采用排气制动与缓行器联合作用的持续制动方式，可以满足汽车在各种坡度的坡道上下坡行驶的制动要求。如果在一定坡度的坡道上，采用适当变速器档位的排气制动和不同档位的缓行器制动，同时使车速尽量在汽车正常下坡行驶的速度范围之内，可以有多个不同的组合方式满足汽车下坡行驶的制动要求。

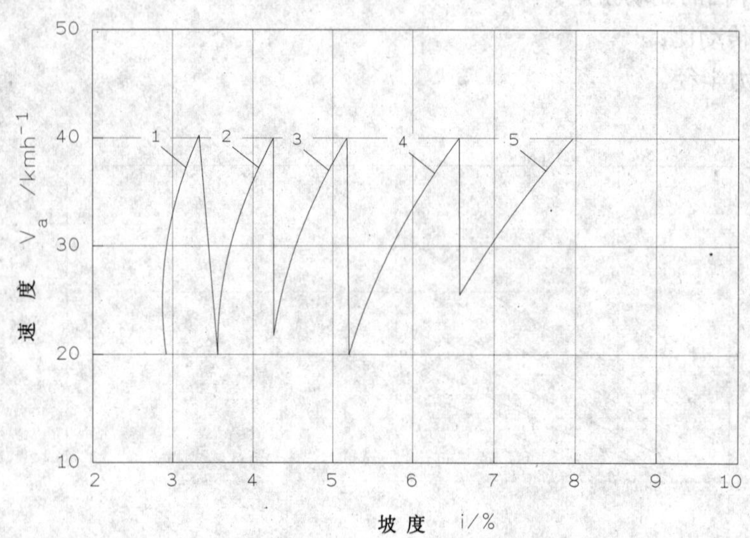

图 5 IV 档排气制动与缓行器联合作用时稳定车速与下坡坡度之间关系

其中：1-IV 档排气制动；2-IV 档排气制动+缓行器 1 档；3-IV 档排气制动+缓行器 2 档；4-IV 档排气制动+缓行器 3 档;5-IV 档排气制动+缓行器 4 档

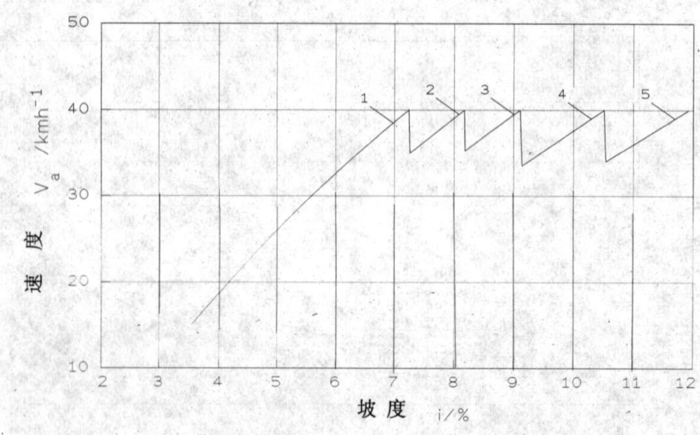

图 6 III 档排气制动与缓行器不同档位联合作用时下坡稳定车速与坡道坡度之间关系

其中：1-III 档排气制动;2-III 档排气制动+缓行器 1 档;3-III 档排气制动+缓行器 1 档; 4-III 档排气制动+缓行器 3 档;5-III 档排气制动+缓行器 4 档

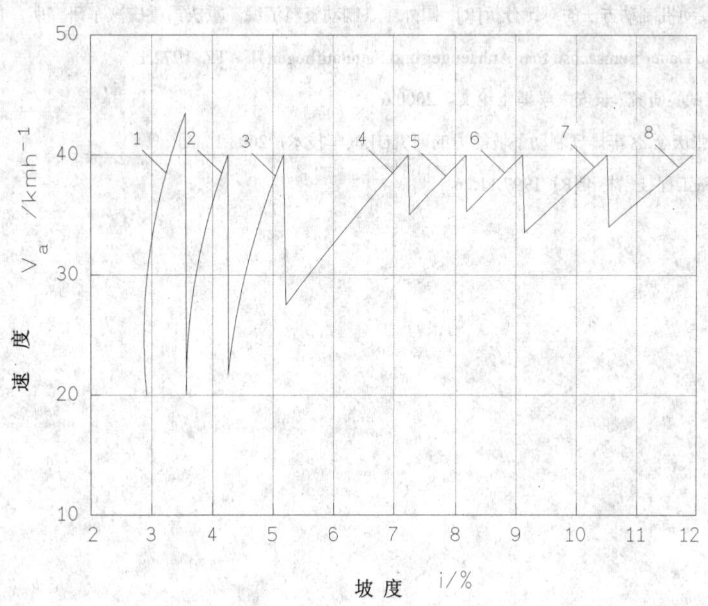

图 7　III、IV 档排气制动与缓行器不同档位配合时下坡稳定车速与坡道坡度之间关系

其中：1-IV 档排气制动；2-IV 档排气制动+缓行器 1 档；3-IV 档排气制动+缓行器 2 档；　4-III 档排气制动；5-III 档排气制动+缓行器 1 档；6-III 档排气制动+缓行器 2 档；　7-III 档排气制动+缓行器 3 档；8-III 档排气制动+缓行器 4 档；

将各种坡度下不同制动方式组合起来就形成了不同的制动方案，各制动方案中汽车在坡度不断变化的坡道上连续下坡行驶的稳定车速与下坡坡度之间关系如图 5、图 6 和图 7 所示。其中：图 5 为 III 档排气制动与缓行器联合作用持续制动方案；图 6 为 IV 档排气制动与缓行器联合作用的持续制动方案；图 7 为 III、IV 档排气制动与缓行器联合作用的持续制动方案。由此可以看出，三种联合作用的制动方案都可以满足汽车在各种坡度的坡道上下坡稳定行驶的要求，但是有时车速变化范围比较大，超出了汽车正常下坡行驶的速度范围。

三种持续制动方案相比较，IV 档排气制动与缓行器联合作用的方案在坡度变化时，稳定车速变化范围比较大，并且达到的最大坡度比较小。III 档排气制动与缓行器联合作用的方案虽然在坡度变化时，稳定车速变化范围相对比较小，但是在坡度比较小时，由于制动力过大而必须关闭持续制动系统，汽车处于驱动状态，增加了燃料的消耗。III 档、IV 档排气制动与缓行器联合作用的方案在坡道比较小时，稳定车速变化范围比较大，但在坡度比较大时速度在正常行驶的速度范围内。并且在坡度变化时会出现变速器换档操作，一方面增加了驾驶员的劳动强度，另一方面也影响到汽车下坡行驶的安全性。

3　结语

试验及计算结果表明，汽车在各种坡度的坡道下坡行驶时，选择合适的变速器档位，可以在不利用主摩擦制动器的情况下，通过排气制动与缓行器不同档位联合作用的持续制动方式，稳定下坡行驶。这样可以有效地降低主制动器的温度，提高了汽车连续下长坡行驶的制动安全性。同时，可以充分利用排气制动这种低成本、无消耗的持续制动方式，使得汽车上可以选装制动容量小的缓行器，降低安装缓行器的成本和使用过程中的消耗，也减小了它对汽车整备质量的影响，并且延长了主制动器摩擦片的使用寿命。但是在有些坡度的坡道上，难于保证行驶车速在正常速度范围内。尽管如此，此方法还是解决中、低档客车在山区公路上连续下坡行驶安全问题的比较理想的方案，对于有些坡度速度不满足正常行驶要求的问题，可采用与其它持续制动方式组合的方法来解决。

参考文献

1 C. R. Webb; J.G. Lavender. 各种发动机制动方法的对比分析[R]. 国外排气制动资料汇编。重庆：重庆汽车研究所，1980

2 Hans Otto Meyer. Hydrodynamische Dauerbremsachse fuer Anhaenger und Sattelauflieger[J]. ATZ, 1972.1

3 余强.客车连续下坡持续制动性能试验研究. 长安大学博士论文，2000.6

4 余强、陈荫三、马建、郭荣庆、张庆余.客车排气制动下坡能力的研究[J].汽车技术，2003.1

5 中华人民共和国交通部发布. 公路工程技术标准[R]. 1997.11.26

道路交通事故计算机辅助分析系统开发研究

魏 朗　陈 涛　杨存义　杨圣文

长安大学汽车学院　云南省交通科研所

[择要] 本研究针对我国道路交通事故鉴定处理的实际需求及相关法规要求，开发了一套基于 Visual C++和 OpenGL 平台，涵盖车-车、汽车-两轮车、车-行人、车-固定物碰撞以及车辆坠崖等基本事故形态的实用型道路交通事故计算机辅助分析软件系统(TACAR V1)。经试用，证明该 TACAR V1 系统具有面向实际事故现场数据、事故形态包容量大、模型计算精度较高、输入形式简洁、使用操作简单等特点。

关键词：实用型 道路交通事故 计算机辅助分析

对一起实际道路交通事故的鉴定主要包括：①对事故现场的勘察分析；②对当事人或知情人的询问分析；③对事故车辆技术状况的检测分析；④对事故车辆运动状态的计算分析等。其中的第 4 项对明晰事故过程、分清事故责任最为关键，同时也最具技术难度，成为事故分析鉴定技术领域的研究重点和热点。到目前为止，已开发出的较具影响的事故模拟分析系统有 CRASH、CRASH3、EES-ARM、CARS、TRAWIN、PC-CRASH 等近 10 种，不过，现在的所有此类系统，或失之于适用类型单一，或失之于只能正向模拟，仅仅从形态包容性的角度看，都还不能称之为实用的道路交通事故分析与再现系统。另外，还应该明确的是，对事故车辆运动状态的计算分析绝对不是事故分析鉴定的全部内容，因此，采用计算机模拟计算技术对道路交通事故进行分析与再现的系统只应该被称为“道路交通事故计算机辅助分析系统”。

实用的道路交通事故计算机辅助分析系统包括逆向计算与正向再现两大部分，其基本技术特征为：

（1）形式简洁、输入数据精练、约束条件易于确定、有一定计算精度的车辆运动力学模型和碰撞模型。

（2）计算与再现系统都应有较高的事故形态包容性，能够较好地适应道路交通事故类型繁多、过程复杂、个案差异大等的特点。

（3）系统应为模块式结构，层次分明、操作简单，不要求使用人员必须具备较高的专业学术水平。

（4）作为其前延，应有一套规范、准确的事故现场痕迹数据检测和记录办法。

（5）作为其后延，还应该有一套规范实用的关于计算与再现结果的输出文件。

本研究是在教育部科技重点项目（重点 02077）的支持下，针对我国实际道路交通事故鉴定的需求及相关法规要求，初步开发出一套基于 Visual C++和 OpenGL 平台的实用型道路交通事故计算机辅助分析软件系统- TACAR V1(Traffic Accident Computer Analysis Reconstruction 1.0 版)。

1 TACAR V1 的系统结构

该 TACAR V1 系统的技术基础为笔者在参考文献[4]、[5]、[6]、[7]中提出的车辆运动力学模拟计算模型（含车轮-地面理论力学模型）、轨迹逆向工程叠代计算模型和车辆碰撞计算模型等专业积累及其他文献[1]、[2]、[3]介绍的关于车辆变形能量、防护栏变形能量等计算方法。软件系统的开发目标是面向实际的道路交通事故鉴定需求，力求具有在目前条件下最大限度的事故形态包容性和扩展性，尽可能使之具备前面提到的实用的道路交通事故计算机辅助分析系统的五项基本技术特征。

TACAR V1 软件系统的首层结构如图 1 所示，主要由汽车对汽车(四轮车)碰撞、汽车对两(三)轮车碰撞、汽车对行人碰撞、汽车对固定物碰撞、车辆坠崖等基本道路交通事故形态的分析与再现主功能模块，以及操作权识别、系统说明与帮助、三维步进控制再现、计算模型实车实验验证演示、输出子系统等辅助模块组成。为了确保可靠性，本系统关于首层结构中的基本事故形态不采用计算机自动辨识分类的方式，而由程序使用人员根据来自事故现场的勘察报告直接认定其所属类型。

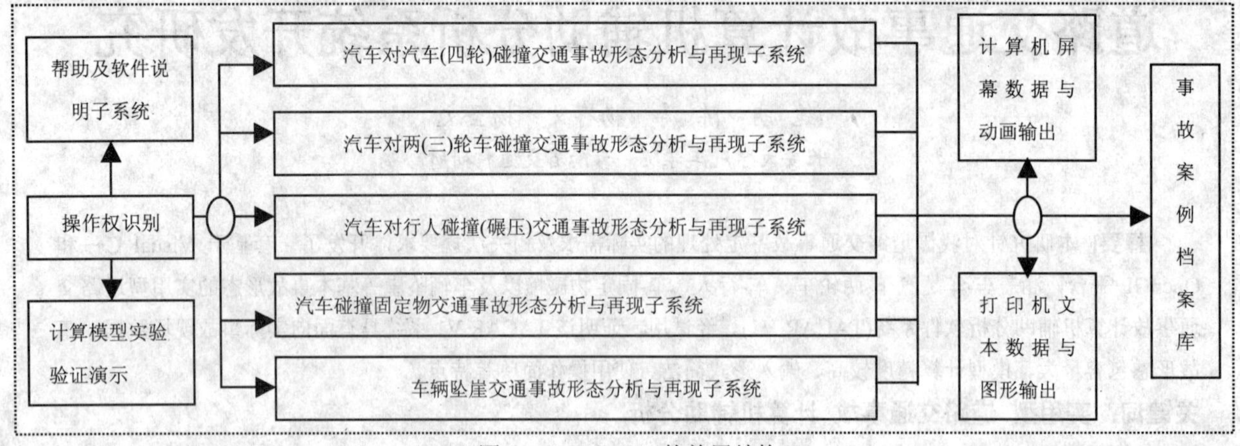

图 1 TACAR V1 的首层结构

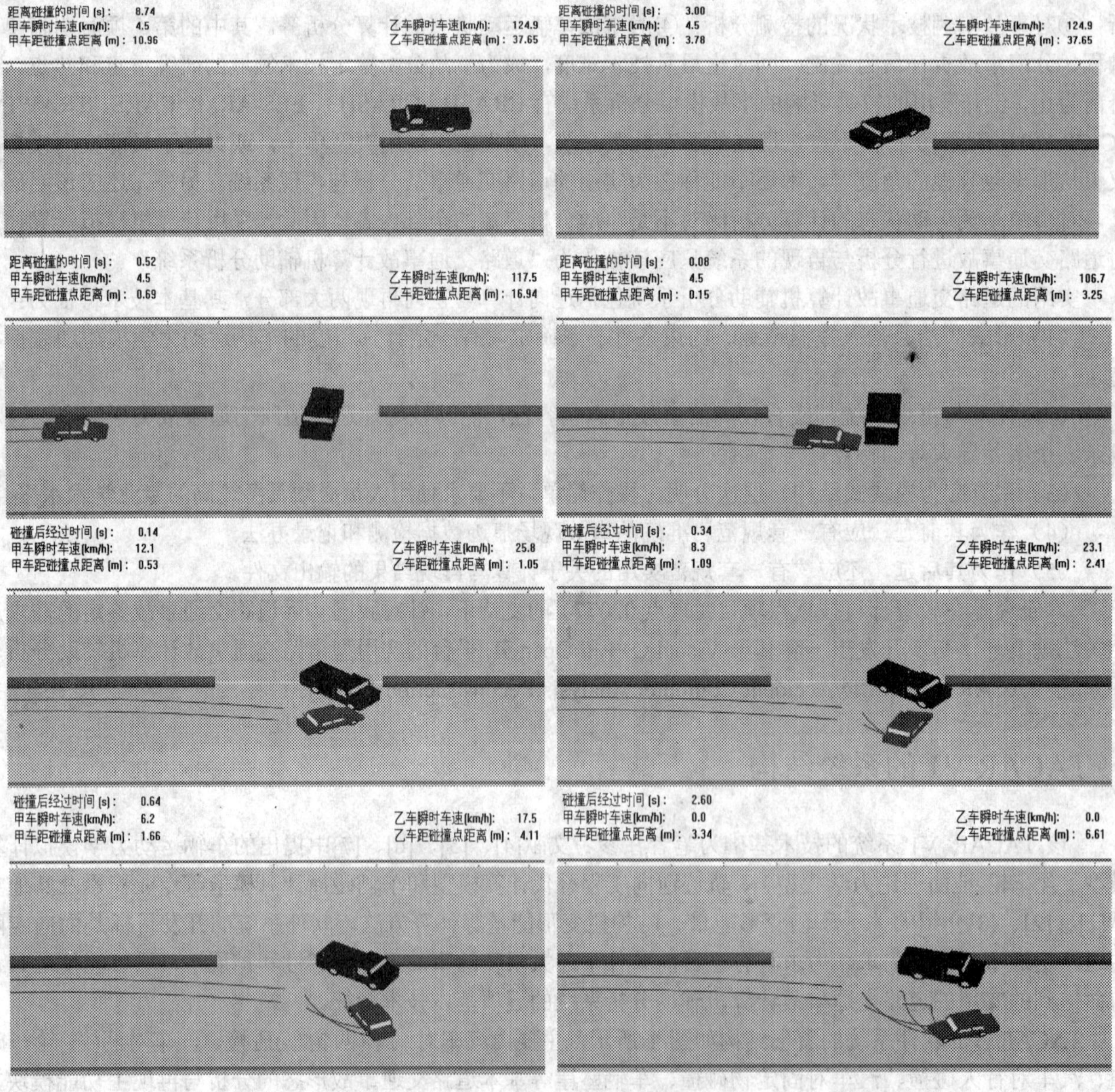

距离碰撞的时间 (s): 8.74
甲车瞬时车速(km/h): 4.5
甲车距碰撞点距离 (m): 10.96
乙车瞬时车速(km/h): 124.9
乙车距碰撞点距离 (m): 37.65

距离碰撞的时间 (s): 3.00
甲车瞬时车速(km/h): 4.5
甲车距碰撞点距离 (m): 3.78
乙车瞬时车速(km/h): 124.9
乙车距碰撞点距离 (m): 37.65

距离碰撞的时间 (s): 0.52
甲车瞬时车速(km/h): 4.5
甲车距碰撞点距离 (m): 0.69
乙车瞬时车速(km/h): 117.5
乙车距碰撞点距离 (m): 16.94

距离碰撞的时间 (s): 0.08
甲车瞬时车速(km/h): 4.5
甲车距碰撞点距离 (m): 0.15
乙车瞬时车速(km/h): 106.7
乙车距碰撞点距离 (m): 3.25

碰撞后经过时间 (s): 0.14
甲车瞬时车速(km/h): 12.1
甲车距碰撞点距离 (m): 0.53
乙车瞬时车速(km/h): 25.8
乙车距碰撞点距离 (m): 1.05

碰撞后经过时间 (s): 0.34
甲车瞬时车速(km/h): 8.3
甲车距碰撞点距离 (m): 1.09
乙车瞬时车速(km/h): 23.1
乙车距碰撞点距离 (m): 2.41

碰撞后经过时间 (s): 0.64
甲车瞬时车速(km/h): 6.2
甲车距碰撞点距离 (m): 1.66
乙车瞬时车速(km/h): 17.5
乙车距碰撞点距离 (m): 4.11

碰撞后经过时间 (s): 2.60
甲车瞬时车速(km/h): 0.0
甲车距碰撞点距离 (m): 3.34
乙车瞬时车速(km/h): 0.0
乙车距碰撞点距离 (m): 6.61

图 2 TACAR V1 对一起实际道路交通事故过程的计算机屏幕三维动画输出(帧)例

图 2 为 TACAR V1 对实际道路交通事故过程进行屏幕三维动画再现的输出例，该系统采用了 OpenGL 图形技术，具有较好的可视性。图 3 为 TACAR V1 对实际道路交通事故分析计算结果的打印机文本与图形输出例。输出数据表中列出了事故的主要计算数据，图形输出文本的左侧对事故过程进行了简述。

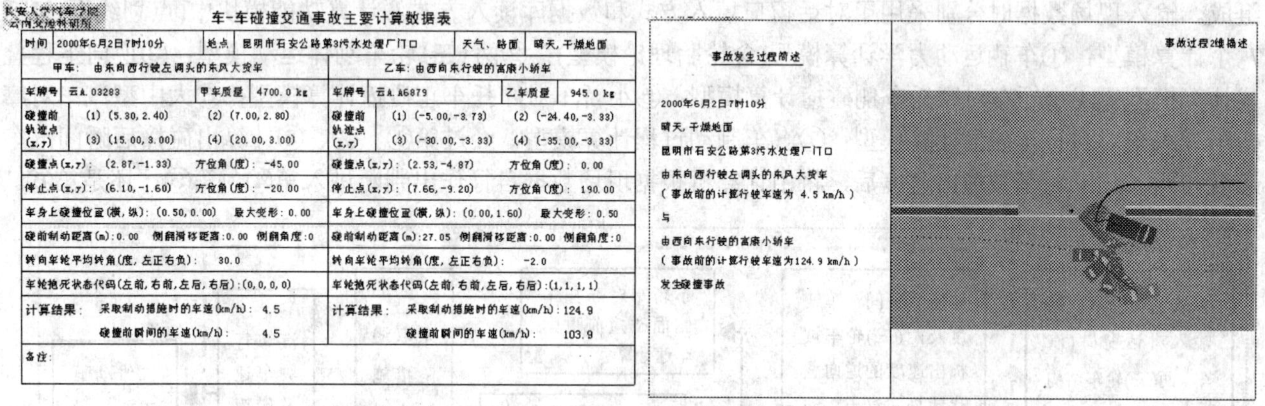
长安大学汽车学院
云南交通科研所

车-车碰撞交通事故主要计算数据表

时间	2000年6月2日7时10分	地点	昆明市石安公路第3污水处理厂门口	天气、路面	晴天，干燥地面
甲车：由东向西行驶左调头的东风大货车			乙车：由西向东行驶的富康小轿车		
车牌号	云A.03283	甲车质量 4700.0 kg	车牌号	云A.A6879	乙车质量 945.0 kg
碰撞前轨迹点(x,y)	(1) (5.30, 2.40)　(2) (7.00, 2.80)	(3) (15.00, 3.00)　(4) (20.00, 3.00)	碰撞前轨迹点(x,y)	(1) (-5.00, -3.73)　(2) (-24.40, -3.33)	(3) (-30.00, -3.33)　(4) (-35.00, -3.33)
碰撞点(x,y)：(2.87, -1.33)　方位角(度)：-45.00			碰撞点(x,y)：(2.53, -4.87)　方位角(度)：0.00		
停止点(x,y)：(6.10, -1.60)　方位角(度)：-20.00			停止点(x,y)：(7.66, -9.20)　方位角(度)：190.00		
车身上碰撞位置(横，纵)：(0.50, 0.00)　最大变形：0.00			车身上碰撞位置(横，纵)：(0.00, 1.60)　最大变形：0.50		
碰前制动距离(m)：0.00　侧翻滑移距离：0.00　侧翻角度：0			碰前制动距离(m)：27.05　侧翻滑移距离：0.00　侧翻角度：0		
转向车轮平均转角(度，左正右负)：30.0			转向车轮平均转角(度，左正右负)：-2.0		
车轮抱死状态代码(左前，右前，左后，右后)：(0,0,0,0)			车轮抱死状态代码(左前，右前，左后，右后)：(1,1,1,1)		
计算结果：采取制动措施时的车速(km/h)：4.5 碰撞前瞬间的车速(km/h)：4.5			计算结果：采取制动措施时的车速(km/h)：124.9 碰撞前瞬间的车速(km/h)：103.9		
备注：					

图 3　TACAR V1 对一起实际道路交通事故计算与再现结果的打印机文本数据与图形输出例

2　汽车对汽车(四轮)碰撞交通事故形态分析与再现子系统

据我国道路交通管理部门的统计数据显示，在全部基本道路交通事故形态中，车对车碰撞交通事故(包括正面碰撞、侧面碰撞、尾追碰撞、对向刮擦和同向刮擦)一直占到事故总数的 80%以上，同时其分析计算难度也最大。TACAR V1 的车对车碰撞交通事故分析与再现子系统所采用的计算模型是经过与实车碰撞实验数据[8]的对比验证(参见 TACAR V1 的“计算模型实验验证演示”模块)，关于碰撞车速的逆向计算总体平均误差为 6.65%，而再现时的车辆运动轨迹则与实验记录轨迹基本一致。

TACAR V1 的汽车对汽车碰撞交通事故形态分析与再现子系统由如图 4 所示的 7 个功能模块组成。输入现场数据时分别采用了对话窗口填入方式和数据库读入方式。计算功能模块中(点划线框)包括 5 个计算模型：①车辆运动力学计算模型(含轮胎理论模型)；②逆向工程叠代计算模型；③车辆侧碰撞计算模型；④车辆正碰撞计算模型；⑤车辆制动过程计算模型。当经过第①、②计算出碰撞后瞬间车速后，将由计算机根据现场数据自行作出判断进入第③或第④。

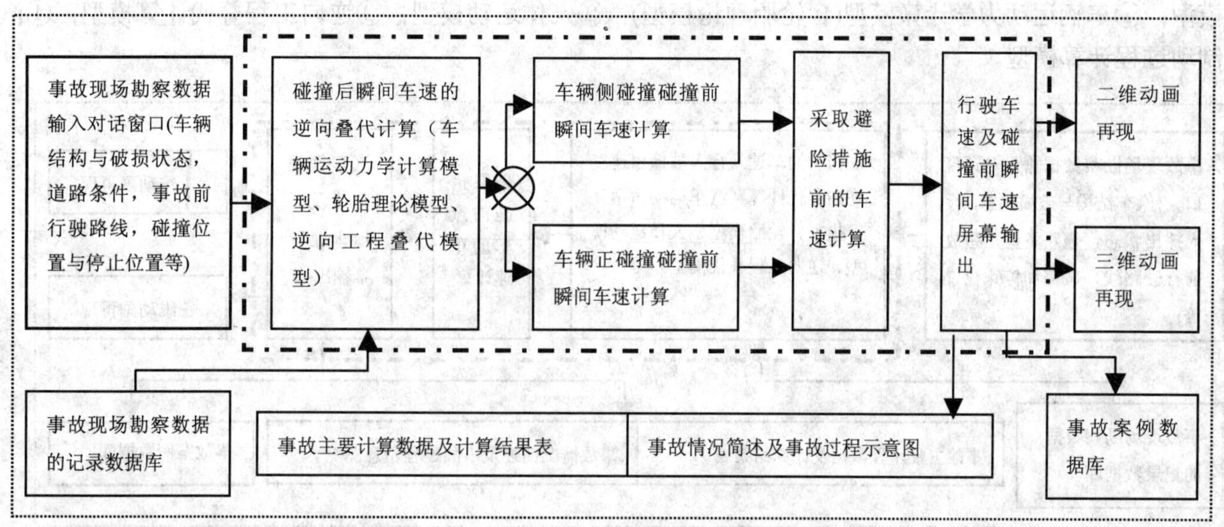

图 4　汽车对汽车碰撞交通事故形态分析与再现子系统结构

3 汽车对两（三）轮车碰撞交通事故形态分析与再现子系统

TACAR V1 的汽车对两（三）轮车碰撞交通事故形态分析与再现子系统由如图 5 所示的 7 个功能模块组成。输入现场数据时分别采用了对话窗口填入方式和数据库读入方式。计算功能模块中(点划线框)包括 7 个计算模型：①车辆运动力学计算模型(含轮胎理论模型)；②两(三)轮车刚体运动模型；③逆向工程叠代计算模型；④小轿车对摩托车侧碰撞计算模型；⑤小轿车对摩托车正碰撞计算模型；⑥大中型汽车对摩托车或汽车对自行车碰撞计算模型；⑦汽车制动过程计算模型。经过第①、②、③计算出碰撞后瞬间汽车速度和两（三）轮车被撞出速度后，将由计算机根据现场数据自行作出判断进入第④、第⑤、还是第⑥。

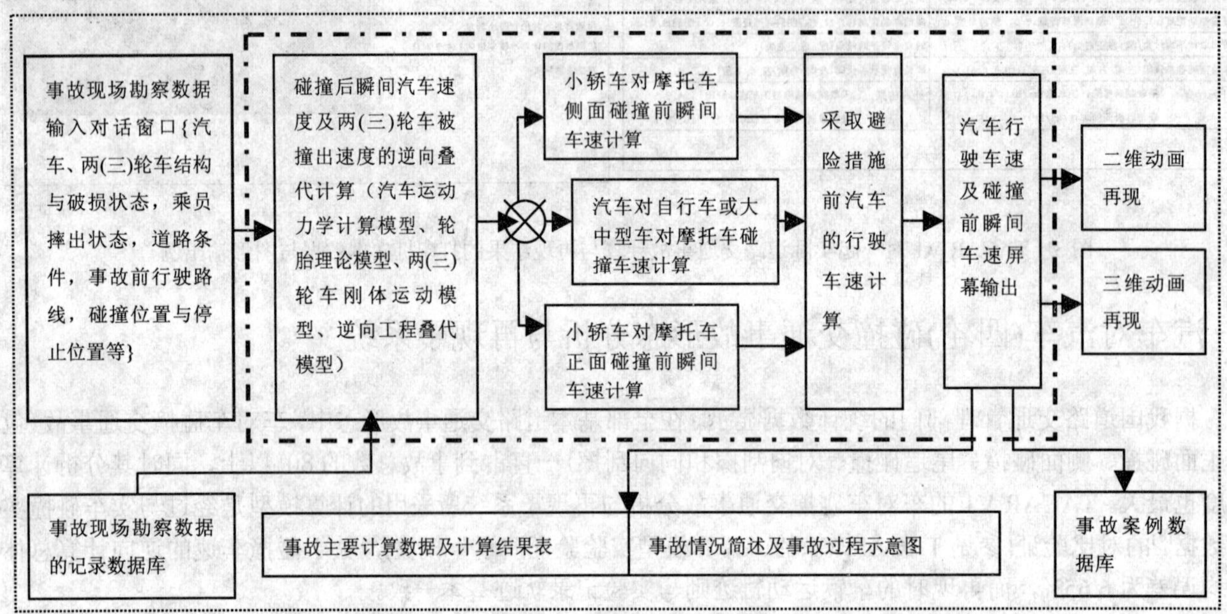

图 5 汽车对两（三）轮车碰撞交通事故形态分析与再现子系统结构

4 汽车对行人碰撞交通事故形态分析与再现子系统

TACAR V1 的汽车对行人碰撞交通事故形态分析与再现子系统由如图 6 所示的 7 个功能模块组成。输入现场数据时，分别采用了对话窗口填入方式和数据库读入方式。计算功能模块中(点划线框)包括 4 个计算模型：①车辆运动力学计算模型(含轮胎理论模型)；②人体运动模型；③逆向工程叠代计算模型；④汽车制动过程计算模型。

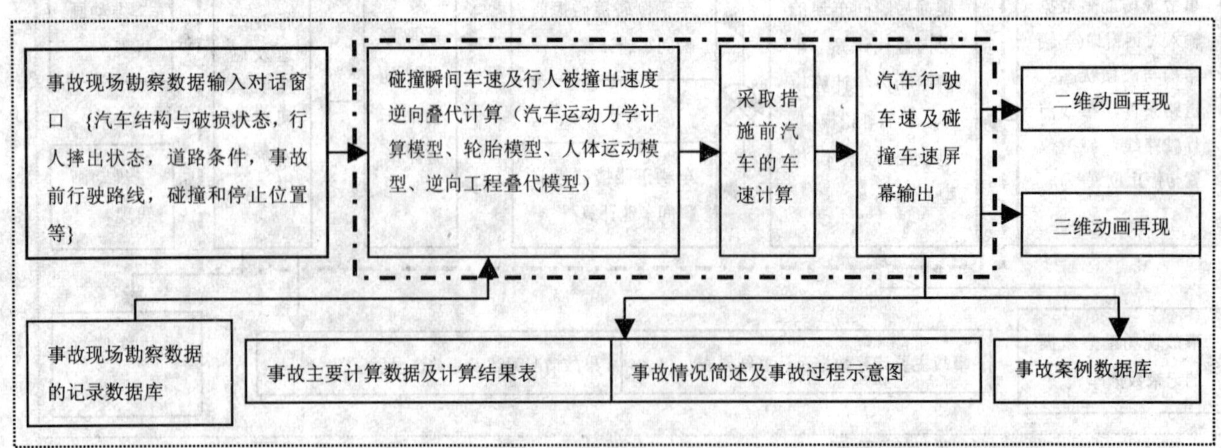

图 6 汽车对行人碰撞交通事故形态分析与再现子系统结构

5 汽车碰撞固定物交通事故形态分析与再现子系统

TACAR V1 的汽车对固定物碰撞交通事故形态分析与再现子系统由如图 7 所示的 6 个功能模块组成。输入现场数据时分别采用了对话窗口填入方式和数据库读入方式。计算功能模块中(点划线框)包括 4 个计算模型：①车辆运动力学计算模型(含轮胎理论模型)；②逆向工程叠代计算模型；③车辆及固定物变形能量计算模型；④汽车制动过程计算模型。

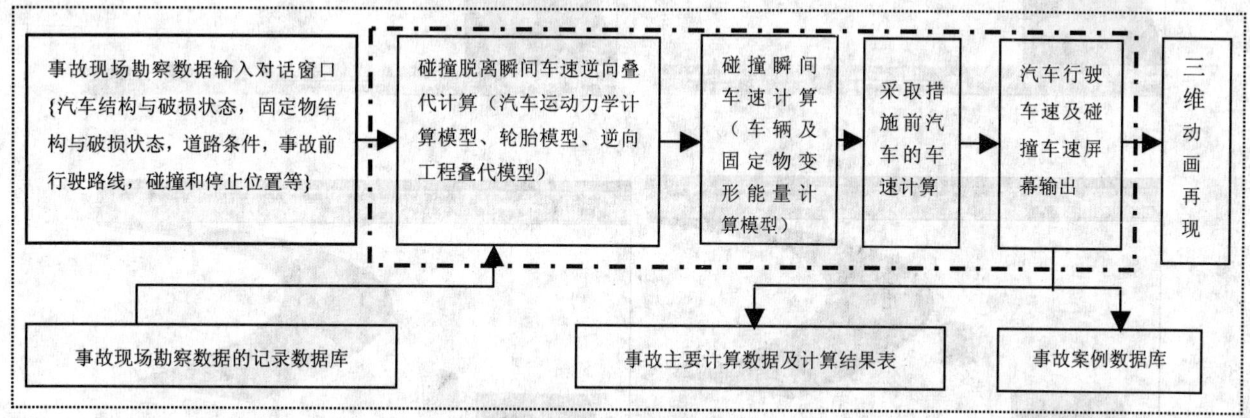

图 7　汽车碰撞固定物交通事故形态分析与再现子系统结构

6 汽车坠崖交通事故形态分析与再现子系统

TACAR V1 的汽车坠崖交通事故形态分析与再现子系统由如图 8 所示的 6 个功能模块组成。输入现场数据时分别采用了对话窗口填入方式和数据库读入方式。计算功能模块中(点划线框)包括 3 个计算模型：①车辆刚体运动计算模型；②车辆、护栏变形能量计算模型；③汽车制动过程计算模型。在根据①计算出车辆冲出道路瞬间时的车速后，根据道路路边防护设施状况，TACAR V1 系统自动识别是否调用车辆、护栏及立柱变形能量模型来计算碰撞车速。

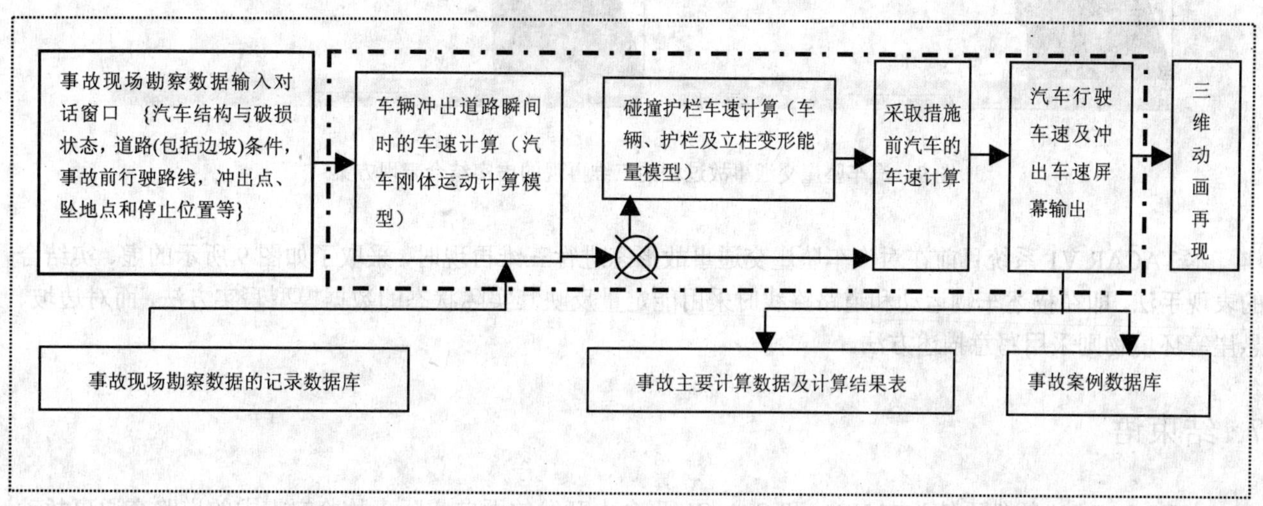

图 8　汽车坠崖交通事故形态分析与再现子系统结构

图 9 汽车坠崖交通事故过程的三维再现的虚实结合表现方案

本 TACAR V1 系统目前在对汽车坠崖交通事故形态进行三维再现时，采取了如图 9 所示的虚、实结合的表现手法，即在描述车辆运动和道路路线时采用能定量反映其实际状态的数据模型写实方法，而对边坡、悬崖等环境物则采用写意描述方法。

7 结束语

本 TACAR V1 软件系统为在 VC++和 OpenGL 平台上开发的面向实际事故鉴定需求的道路交通事故动力学辅助分析计算系统，其专业技术内核为车辆运动力学模拟计算模型（含车轮-地面理论力学模型）、轨迹逆向工程叠代计算模型、车辆碰撞计算模型、车辆变形能量及防护栏变形能量计算模型等。该系统能对汽车-汽车、汽车-两(三)轮车、汽车-行人、汽车-固定物碰撞，以及车辆坠崖等主要基本形态的道路交通事故进行动力学计算（求得碰撞车速和行驶车速）、事故过程的二维轨迹描述及三维动画再现。另外，该系统还有操作权识别、计算模型实车实验验证演示、三维步进控制再现、图表输出等辅助功能，具有事故形态包容性较好、模型计算精度较高、输入形式简洁、使用操作简单等实用性特征。

参考文献

1 江守一郎. 汽车事故工程. 北京：人民交通出版社，1987

2 袁士杰，吕哲勤. 多刚体系统动力学. 北京：北京理工大学出版社. 1992

3 石川 博敏. 車たい車衝突ときはんぱつ係数，自動車研究，第 17 卷第 1 号，1995.1

4 魏 朗，石川 博敏. 中辻 隆衝突事故再现の解析モデルに関する研究，自動車研究，第 17 卷第 10 号，1995.10

5 魏朗. 用于碰撞事故中车辆动力学模拟的轮胎模型分析，西安公路交通大学学报，1999.2(1)

6 魏朗，陈荫三，石川 博敏. 含第二次碰撞的车对车碰撞事故模拟计算模型研究，汽车工程，2000.1

7 魏朗，陈荫三等. 车辆碰撞过程的试验分析研究，汽车工程，2000.4

8 魏朗. 车辆碰撞事故解析计算中主要影响因素的误差界定，中国公路学报，2000.1(1)

BJ1027 皮卡轮胎偏磨故障分析与研究

祝少春
北汽福田汽车股份有限公司

[摘要] 针对 BJ1027 皮卡轮胎偏磨的问题，进行了大量的市场调查，在此基础上，通过相关检测与试验、数据统计分析、理论分析计算及同类产品对比分析，最终提出了轮胎正常磨损与否主要取决于其在车辆运动过程中相对于地面的横向滑移量这一观点。BJ1027A 皮卡前束在车轮跳动时的较大变化增大了轮胎的横向滑移，从而导致了轮胎偏磨故障的发生。

关键词：轮胎偏磨 前束变化 转向梯形 断开点

1 问题描述与故障模式

BJ1027A 皮卡是北汽福田公司自行开发的客货两用车。该款车投放市场后，皮卡轮胎偏磨时有发生。自 2001 年 6 月至 2002 年 3 月，我们随机抽调了 2197 台 BJ1027A 皮卡，其中：轮胎异常磨损数量 57 台，占售出车辆的 3%。故障车主要分布于威海地区、湖南金八闽地区、浙江温岭地区、首都机场等。

通过对收集到的大量资料进行分析，可知轮胎磨损的故障模式主要有以下三种情况：

(1) 侧偏磨，占轮胎故障比例的 80%；

(2) 单个前轮偏磨（左轮或右轮偏磨）；

(3) 胎面中线外侧间断规律性磨损（首都机场较多）。

图 1 为轮胎磨损的典型故障。

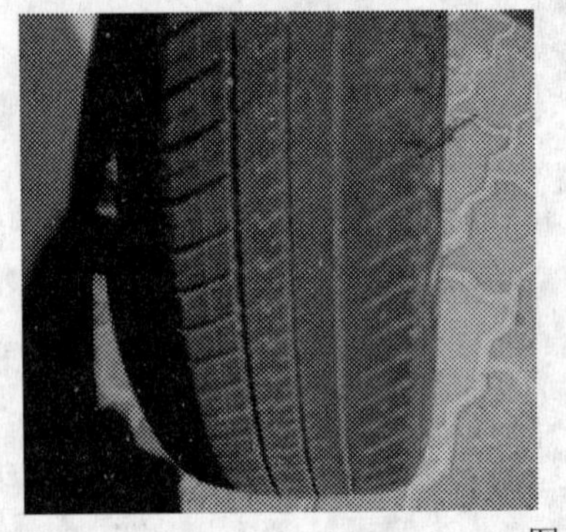

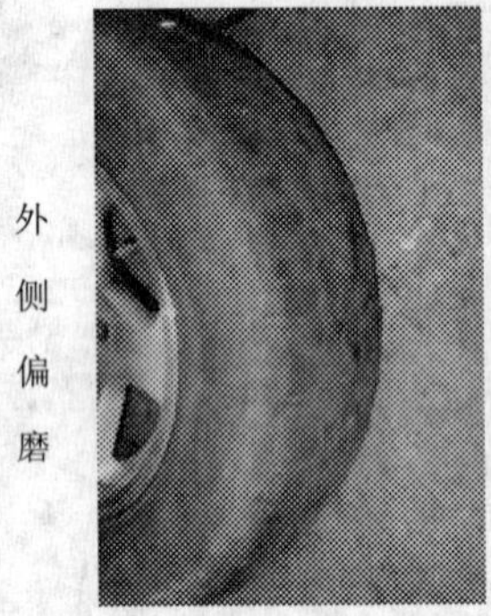

图 1

2 故障诊断

2.1 原因初步分析

BJ1027 皮卡是独立悬架车型，其前悬架为扭杆式双横臂独立悬架，后悬架为钢板弹簧非独立悬架。由于独立悬架的特点，前轮定位参数可调，且这些定位参数值在车辆的运动中是在不断变化的，前束及轮距的变化将对轮胎的磨损产生重要影响。轮胎偏磨是一个系统问题，影响轮胎磨损的因素很多，如：车架制造质量、车架刚度、轮胎气压、四轮定位及整车装调控制等，偏磨往往是由各种综合因素造成的。

图 2 列出了可能产生的故障原因。

2.2 故障样车的检测与试验

我们选取了 4 台故障样车、1 台无故障样车、对比车辆 2 台（其中田野皮卡和桑塔纳各 1 台），采用理论分析和检测与试验分析相结合的方式，按以下项目进行检测与试验。

(1) 各辆分析用样车车况检查、故障程度描述、试驾体验；

(2) 整车姿态及相关整车参数检测；

(3) 前轮定位参数动态测试（空载→半载→满载三种状态）；

(4) 车架三坐标检测；

(5) 重要零部件拆检；

(6) 车轮动平衡检测。

检测与试验数据分别见表 1 和表 2。

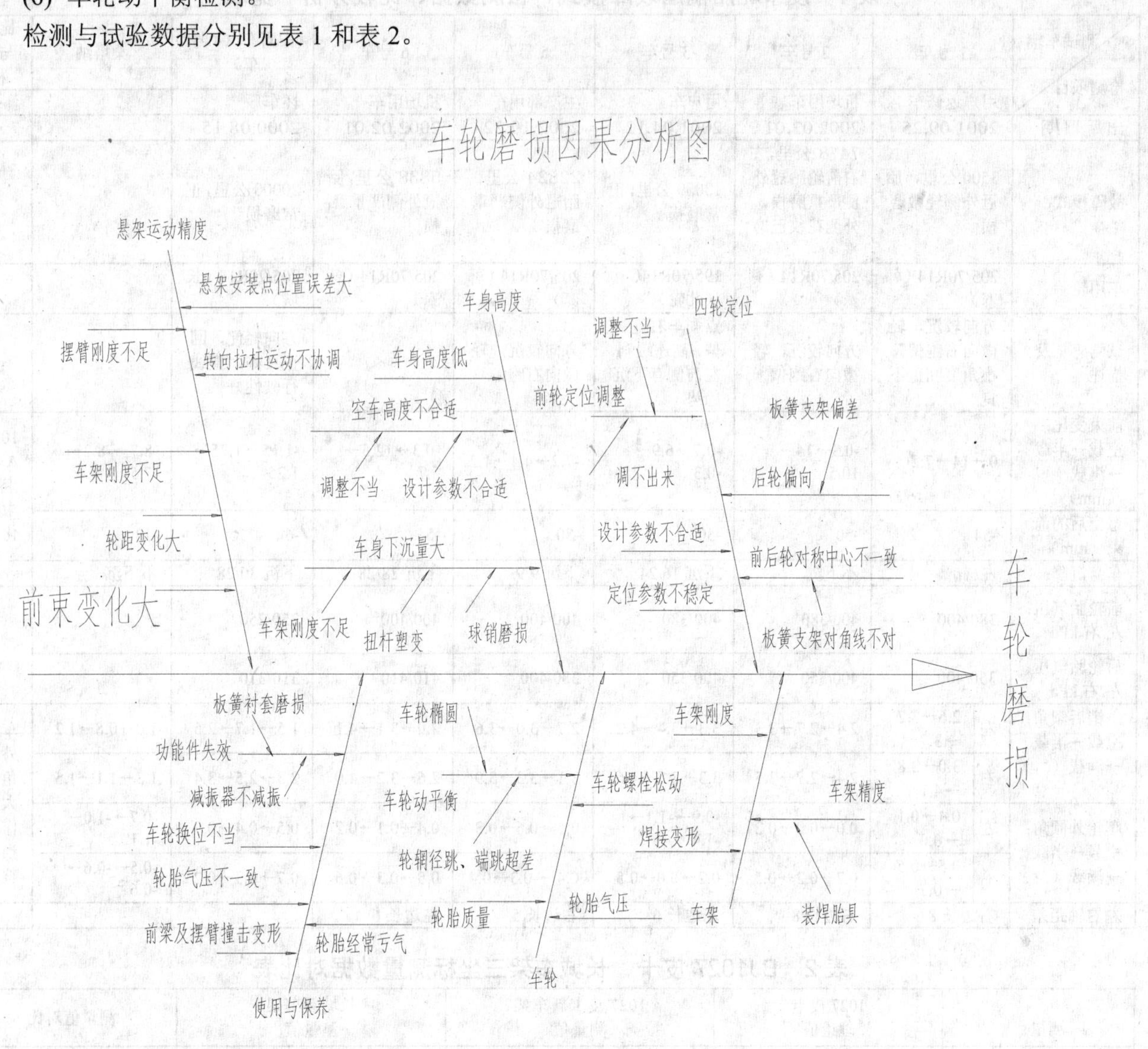

图 2

2.3 数据分析、故障诊断

通过表 1、表 2 可以看出，福田车存在以下问题：

(1) 车轮跳动过程中，前束变化太大。BJ1027A 皮卡从空载→半载→满载，前束变化 7mm；从满载至车轮悬空时前束变化 50～80mm。而田野皮卡与桑塔纳前束变化不大，从满载至车轮悬空时，田野皮卡约 7mm，桑塔纳在 5mm 以内。

(2) BJ1027A 皮卡车轮外倾角偏大，并且不稳定。

(3) BJ1027A 皮卡使用了一段时间以后，车身有不同程度的沉降，说明扭杆产生一定的塑变。

(4) 轮胎气压偏高，实测为 350～400kPa （规定要求：前后轮均为 300kPa。）。

(5) BJ1027A 皮卡转向机固定位置比长城皮卡低约 7mm，此差值影响转向梯型的平面高度。转向机安装点与随动臂安装点理论上应处于同一高度，而 BJ1027A 皮卡实测值相差 5mm 左右。该因素不仅影响转向梯型的平面高度，而且影响转向梯型空间平面，使转向梯型产生扭曲。

通过对检测数据进行分析，我们认为轮胎偏磨的根本原因是车辆行驶时，前束变化量过大所致，而造成前束变化量过大的原因则是转向梯型高度位置偏低。为此，我们进行了悬架与转向系统的运动分析，并进行了理论计算，得出 BJ1027A 皮卡转向梯型断开点位置偏低 17.8 mm。

表 1 皮卡轮胎偏磨故障模式、检测数据、比较分析一览表

测试车辆 / 检测项目		1 号车	2 号车	3 号车	5 号车	6 号车	田野车（4 号车）	桑塔纳	比较与分析
		用户返修车	机场用车	用户车	生产部用车	机场用车	怀车厂		
出厂日期		2001.09.25	2002.02.01	2001.04.12	2002.10.22	2002.02.01	2000.08.15		
故障模式		3500 公里，胎冠外侧轻微磨损	7478 公里，左右前轮胎冠外侧严重磨损，外侧花纹已磨平	13059 公里，正常磨损	22824 公里，胎冠外侧严重磨损	5838 公里，胎冠外侧严重磨损	20000 公里，正常磨损		
车用轮胎		205/70R14（韩泰）	205/70R14（韩泰）	195/70R14C（北轮）	205/70R14（韩泰）	205/70R14（韩泰）	205/70R14（长城）		
试驾感觉及描述		方向较沉，轻微向右跑偏，小角度回正不良	方向较沉，轻微向右跑偏	点刹车右跑偏，高速缓刹，左前侧有下沉趋势	方向较沉，轻微向右跑偏		方向轻便，回正良好，直线行驶性好		
前束变化：空载→半载→满载（mm）		0→14→7.2	-0.3→14→10.5	-0.7→6.9→-0.3	-7.2→4.4→1.2	-0.3→12.5→5.7	-1.15→1.75→1.25	-8.7→-8.2→-7.5	1027 A 皮卡前束变化大
悬空后的前束（mm）		-54	-50	-30	-80	-55	-6	-13	
车身沉降：		左/右	不下沉	下沉 16/24	下沉 9/9	下沉 28/28	下沉 30/28	不下沉	
前轮胎气压：左/右 kPa		380/400	400/380	400/380	400/400	400/400	250/250		
后轮胎气压：左/右 kPa		350/400	400/350	400/350	380/400	410/410	310/310		
主销后倾角：空载→半载→满载（°）	左	2.6→3.2→3.7	2.4→2.7→3.3	3.3→3.4→4.2	2.7→3.0→3.6	2.9→3.1→4.1	1.5→1.7→2.5	1.0→0.8→1.2	车轮外倾角偏大，作适当调整
	右	3.0→3.8→4.1	2.4→2.7→3.5	3.3→3.7→4.6	3.1→3.3→3.9	2.6→3.2→4.0	2.3→2.5→3.4	1.3→1.1→1.5	
车轮外倾角：空载→半载→满载（°）	左	0.4→0.1→0.0	0.0→0.0→0.2	-0.9→-1.1→-1.4	0.5→0.6→0.3	0.4→0.1→0.2	0.5→0.4→0.9	-0.7→-1.0→-1.1	
	右	0.5→0.5→0.7	0.7→0.2→0.5	0.2→0.0→0.5	0.4→-0.3→0.4	0.5→0.3→0.6	0.7→0.3→0.2	-0.5→-0.6→-0.6	
左右轴距差		右边长 8	右边长 8	左边长 6	右边长 5	左边长 6			

表 2 BJ1027 皮卡、长城车架三坐标测量数据对比表

测量点	1027 皮卡理论值	1027 皮卡新车架测量值	长城新车架测量值	测量值对比
上摆臂安装点前点 D1、D2	X_{D1}= X_{D2}= -50.9 Y_{D1}=-357 Y_{D2}= 357 Z_{D1}= Z_{D2}=132.3	X_{D1}= -52.8 X_{D2}= -53.4 Y_{D1}=-357.5 Y_{D2}=358.6 Z_{D1}=132.2 Z_{D2}=131.1	X_{D1}= -41.5 X_{D2}=-47.2 Y_{D1}= -356.4 Y_{D2}=358.5 Z_{D1}= 135.8 Z_{D2}=134.2	1027 皮卡上摆臂安装点较长城皮卡靠前约 6.5 mm (此差值对主销后倾角会产生影响) 1027 皮卡实测 X 值较理论值靠前约 2mm
上摆臂安装点后点 E1、E2	X_{E1}= X_{E2}= 64.58 Y_{E1}=-357 Y_{E2}= 357 Z_{E1}= Z_{E2}=122.2	X_{E1}=62.69 X_{E2}=61.99 Y_{E1}=-357 Y_{E2}=359.2 Z_{E1}=122.69 Z_{E2}=121.3	X_{E1}=73 X_{E2}= 67.8 Y_{E1}=-356 Y_{E2}=358 Z_{E1}=118 Z_{E2}=121.2	
下摆臂安装点中点 A1、A2	X_{A1}= X_{A2}= -4.2 Y_{A1}=-245 Y_{A2}= 245 Z_{A1}= Z_{A2}=-116.7	X_{A1}=-4.2 X_{A2}= -4.19 Y_{A1}=-245 Y_{A2}=245.1 Z_{A1}=-116.7 Z_{A2}=-116.7	X_{A1}=-4.18 X_{A2}=-4.18 Y_{A1}=-244.1 Y_{A2}=244.1 Z_{A1}=-116.69 Z_{A2}=-116.7	仅 Y 方向相差 1mm
转向机安装点前点 B1	X_{B1}=-360 Y_{B1}=-350 Z_{B1}=2	X_{B1}=-363 Y_{B1}=-351 Z_{B1}=-2.7	X_{B1}=-356.6 Y_{B1}=-348.6 Z_{B1}= 9.3	1027 皮卡转向机固定位置较长城皮卡低约 7mm 1027 皮卡转向机固定位置较长城皮卡靠前约 4mm
转向机安装点后点 B2	X_{B2}=-275 Y_{B2}=-350 Z_{B2}=32.78	X_{B1}=-277.2 Y_{B2}=-351.3 Z_{B2}=26.9	X_{B2}= -277.9 Y_{B2}=-348.2 Z_{B2}=38.8	
转向机安装点上平面点 B3	X_{B3}= -341 Y_{B3}= -266 Z_{B3}= 80	X_{B3}=-341.4 Y_{B3}=-268 Z_{B3}=74.9	X_{B3}=-341 Y_{B3}=-269.4 Z_{B3}=83.05	
随动臂安装点前点 C2	X_{C2}= -360 Y_{C2}= 350 Z_{C2}= 2	X_{C2}=-362.5 Y_{C2}=352.5 Z_{C2}=-7.4	X_{C2}=-357.2 Y_{C2}=350.1 Z_{C2}=6.2	1027 皮卡随动臂固定位置较长城皮卡低约 4mm
随动臂安装点后点 C3	X_{C3}= -280 Y_{C3}= 350 Z_{C3}= 31	X_{C3}= -281.9 Y_{C3}=352.5 Z_{C3}=21.3	X_{C3}=-277.96 Y_{C3}=350.8 Z_{C3}=36.8	
随动臂安装点上点 C1	X_{C1}= -381 Y_{C1}= 350 Z_{C1}= 60.2	X_{C3}= -382.2 Y_{C3}=352.9 Z_{C3}=50.1	X_{C1}=-379.1 Y_{C1}=351 Z_{C1}=64.6	

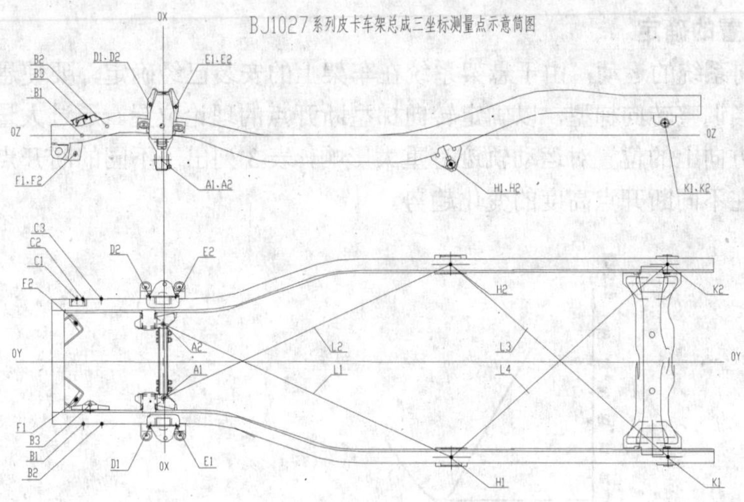

3 悬架与转向系统的运动分析

3.1 前束变化太大的根源

造成前束变化太大的原因是悬架系统与转向系统的运动不协调。根本因素是转向梯型断开点位置不对。图 3 是 BJ1027A 皮卡的转向传动系统，P1、P2、N1、N2 四点构成了转向梯型，M1、M2 为转向梯型断开点。对于转向节臂 N1、N2 点，在悬架运动过程中，一方面要随车轮作四连杆运动，一方面要绕 M1 作圆弧运动（见图 4）。二种运动轨迹不吻合造成前束变化太大，轮胎发生偏磨。

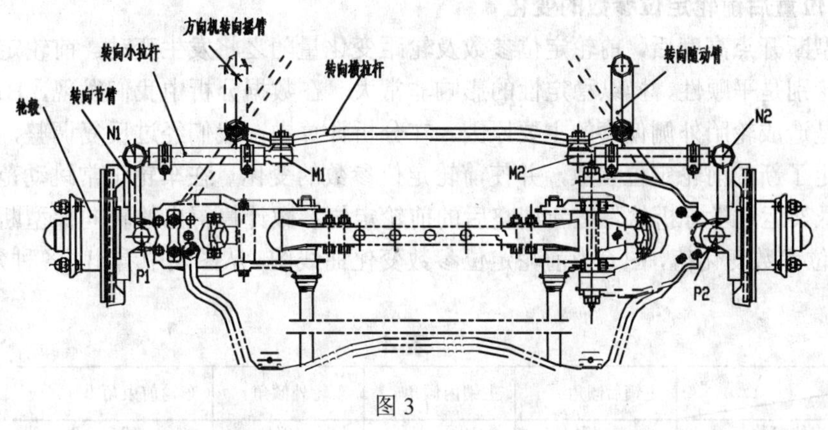

图 3

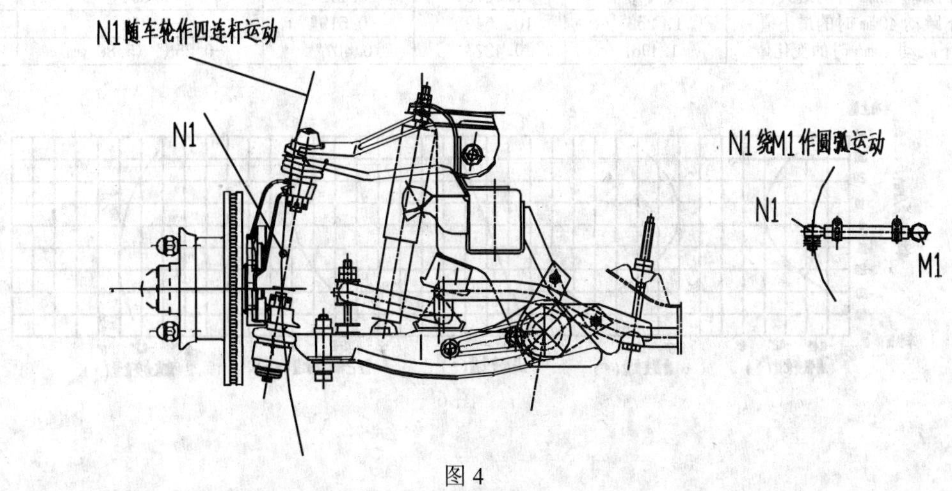

图 4

3.2 转向梯型断开点位置的确定

对于悬架系统与转向系统的运动，由于悬架系统在车架上的安装已经确定，要使悬架系统与转向系统的运动协调一致，可适当调整转向梯型，以确定转向梯型断开点的理论位置。通过大量的计算，我们发现转向梯型断开点在高度方向上的位置对运动轨迹有重大影响，表 3 列出了不同的断开点高度下的前束变化量。图 5 为前束变化量在不同断开点高度的变化趋势。

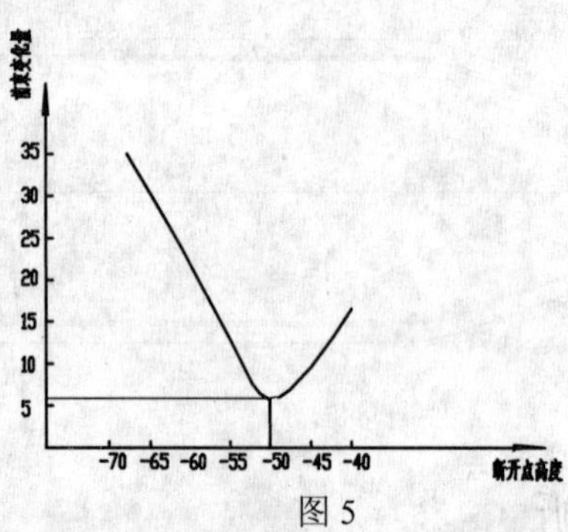

图 5

表 3 中-67.8mm 为现生产车的断开点距车架零线距离，对应的前束变化量为 35.5 mm。当断开点距车架零线距离在 50mm 时，前束变化量最低，为 5.80 mm，实际上，现生产车转向梯型断开点比理论位置偏低 17.8mm。调整断开点位置后，前束变化量可控制在 6 mm 以内，保证车辆不发生非正常磨损。

表 3 不同的断开点高度下的前束变化量

断开点距车架零线距离 mm	-40	-45	-48	-50	-52	-55	-67.8
前束变化量 mm	16.46	10.74	9.28	5.80	9.62	16.05	35.5

注：前束变化量为车轮在正常行驶状态下，上下跳动 40mm 时的变化量。

3.3 调整断开点位置后前轮定位参数的变化

调整转向梯型断开点高度后，前轮定位参数及轮距变化量随之将发生变动。前轮定位参数的选取对汽车的使用性能、特别是平顺性、操纵稳定性的影响非常大。在数据分析中我们发现，BJ1027A 皮卡车轮外倾角偏大，这也是造成轮胎外侧偏磨的主要原因。在分析计算中，我们经过反复调整，大胆尝试负的车轮外倾角，最终确定了新的前轮定位参数，并使前轮定位参数的变化量在车轮正常跳动范围内达到最佳。

表 4 是利用悬架运动学分析软件按新调整后的前轮定位参数计算得出的转向梯型断开点在距车架零线 50mm 时的前轮定位参数变化值，图 6 为前轮定位参数变化曲线图。从图表中看出，各种角度变化量均较小，结果比较理想。

表 4

参数值 \ 参数	主销后倾角	主销内倾角	车轮外倾角	车轮前束角	1/2 轮距变化
理论值（新的定位参数）	1° 45′	10° 40′	-10′	-2 — 0 mm	
车轮上下跳动 40mm 时的最大值	2. 748°	11. 076°	-0. 112°	-0. 094°	+0. 270 mm
车轮上下跳动 40mm 时的最小值	1. 252°	10. 649°	-0. 519°	-0. 352°	-1. 469 mm
\车轮上下跳动 40mm 时的变化值	1. 496°	0. 427°	0. 407°	-0. 258° (5. 80 mm)	1. 739 mm

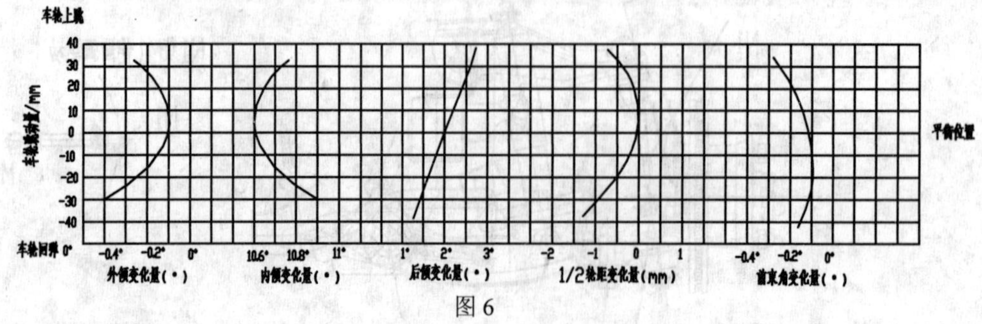

图 6

4 分析结果验证与解决问题的措施

4.1 数据分析

从以上的分析数据中可以看出，BJ1027A 皮卡在断开点调整以前其前束变化量理论计算值为 35.5 mm，实测值为 50～80mm（车轮悬空，实测下跳量为 60mm），如此较大的前束变化增大了轮胎的横向滑移。根据经验数据，轮胎单边横向滑移量控制在 4～8 mm 以内，轮胎的自身变形可以对它进行补偿，轮胎不会发生异常磨损。从表4的分析数据来看，提高转向梯形断开点及调整前轮定位参数后，前束变化量为 5.80 mm(单边 2.9 mm)，1/2 轮距变化为 1.738 mm，两者合成不足 5 mm，横向滑移量非常小，轮胎不会发生异常磨损。

4.2 分析验证

我们按分析计算结果对转向梯型进行了改进。根据系统分析，改制转向横拉杆最为简单方便，可将转向梯型断开点位置提高 17mm。按此方案改制了一台转向横拉杆，并进行装车验证，故障样车从空载→半载→满载，前束变化仅 0.5mm；从满载至车轮悬空时前束变化仅 1 0 mm。

对三台偏磨严重的故障样车，我们更换了经改制的横拉杆，并对前轮定位参数及轮胎气压进行了调整，经 5000km 路试后轮胎完好，没有发生异常磨损。

4.3 改进措施

(1) 改进横拉杆结构，提高转向梯形断开点的位置，使车轮跳动时，前束变动量最小。

(2) 调整前轮定位参数如下：车轮外倾角：-10´±10´ 主销后倾角：1°45´±15´

主销内倾角：10°40´±10´ 前 束：-2 mm –0

(3) 重新标定 205R70/14 轮胎气压：前轮气压为 250kPa ，后轮为 310kPa，并在仪表板上设置警示牌：“注意：该气压为装车后的气压，测量气压时应在冷态下测量。”

(4) 严格控制扭杆塑变，确保在扭杆 50 万次疲劳寿命期内，车身前部下沉量不高于 8 mm。

(5) 严格控制车架上悬架安装点的位置精度。

(6) 规范整车姿态和前轮定位调整。

1） 前轮定位调整前必须首先进行整车姿态检查。

2） 整车姿态检查以下项目：

①前悬架左右高度差不大于 3 mm。

②后悬架左右高度差不大于 3 mm。

③左右轴距控制在 L=3025±2.5 mm。

④前后轮对角线差≤3 mm。

(7) 动平衡量控制在 500gmm 以内。

(8) 为预防故障再发生，工艺部门根据纠正措施对工艺进行调整，并规定：

1） 前轮定位调整等关键工位必须由技术工人持证上岗。

2） 对装调技工进行有针对性地培训，提高对前轮定位及其重要性的认识，熟练掌握装调工艺，保证装调质量的稳定。

3） 对车架、悬架、转向、轮胎等关键零部件的控制要素进行严格掌控，对供应商的胎具、夹具等进行认证，并定期检查。

5 结束语

按以上整改措施，我们对市场上存在轮胎偏磨的车辆重新进行了技术调整，通过六个月的市场验证，未再发生类似故障，该问题已经从根本上得到了解决。

参考文献

1 汽车设计. 吉林工业大学汽车教研室编

2 余志生编. 汽车理论. 清华大学

3 （加）唐・诺里斯，（美）杰克・尔贾维克著. 悬架系统及转向系统

4 （日） 安部正人著. 汽车的运动和操纵

风景海狮碰撞安全性改进设计

孙际辉　林恩涛　许先锋　马 东
北汽福田汽车股份有限公司

[摘要] 福田公司"风景海狮碰撞安全性改进"项目通过采用碰撞试验与模拟计算相结合的方法来提高风景海狮系列车型的碰撞安全性，使其符合我国汽车被动安全法规的要求。考虑到改进设计的可行性，要求改进设计方案尽可能少地改动原设计，特别是外形钣金件要不作改动。经过三轮 "样车碰撞试验→理论分析提出改进方案→模拟计算验证→台车及零部件试验验证→样车碰撞试验"的循环开发过程，在较短的时间内该车的主要技术指标就已满足我国碰撞安全法规的要求。最后，通过生产一致性实施，保证批量生产的风景海狮完全满足国家碰撞安全法规的要求。

关键词：被动安全性 改进设计 正面碰撞试验 模拟计算

1 项目意义

风景海狮车型是北汽福田公司为更好地满足人们对商务用车的需求而设计开发出的一款"平头"车型。因其最初的设计方案存在整车前部吸能变形空间比较小、碰撞安全性不满足我国碰撞法规要求等缺陷，该系列车型起先并不适用于客货两运，需要对原方案作适当改进。本项目开发目标为提高风景海狮车型的碰撞安全性，使其达到国家标准 CMVDR 294《关于正面碰撞乘员保护的设计规则》的要求。本项目立题同时兼顾了社会效益、经济效益和科技创新三方面的效应。

随着汽车工业的快速发展，人们对汽车的经济、安全、美观、实用等性能的要求越来越高。其中，安全性对汽车的重要性不言而喻。每年全世界因交通事故死亡的人数达 18 万之多，因交通事故造成的各种损失触目惊心。汽车被动安全性的提高，有助于降低安全事故造成的各类损失，更重要的是使乘客和驾驶员的生命安全得到了有效保障，极大减少伤亡的机率。因此，汽车碰撞安全性的改进设计具有良好的社会效益。

另一方面，2003 年 1 月 1 日国标 CMVDR 294《关于正面碰撞乘员保护的设计规则》的强制实施，使按原设计方案设计的风景海狮面临被迫停产和停止销售的命运，由此会给北汽福田公司造成大量销售利润的损失；如果完全更改此车型，则需改换整套生产线、模具、夹具，需要四到五个亿的资金投入和两年的整改时间，这是现实所不允许的。有鉴于此，项目小组提出了采用实车碰撞试验和样车碰撞计算机模拟相结合的方法提高风景海狮安全性的改进方案。与传统的"经验性设计与实车碰撞试验"相结合的办法相比，本方案能显著地缩短改进设计周期并大大降低成本。因此本项目的开发同时还具有相当的经济效益和科技创新意义。

2 项目内容和实施方法

2.1 项目的主要内容

本项目的主要内容包括：

(1) 建立风景海狮的整车 CAD 和 CAE 模型，为后续的模拟计算做准备。

(2) 在大量模拟计算和整车及零部件试验结果综合分析的基础上，找出该车存在的问题，提出改进设计原则和可供选择的改进方案，并对这些方案进行分析，具体过程如下：

1) 通过整车碰撞试验检验本车型的车身结构耐撞性；

2) 通过台车碰撞试验检验乘员约束系统的安全性；

3) 通过虚拟样车碰撞的计算机模拟，快捷地对原方案或改进方案作出初步评测，找出可能存在的问题，改进方案作进一步分析，直至找到较理想的改进方案，再生产物理样车进行实车碰撞试验；

通过物理样车的整车和台车碰撞试验，对原方案或改进方案进行评测，试验结果作为进一步改进设计的依据。

(3) 根据具体生产情况确定可行的改进设计方案，保证各项工艺要求和加工质量；

(4) 依据我国 CMVDR294 法规的要求，由权威机关对具体的改进设计方案进行验证；

(5) 通过碰撞试验后，进行结构改进设计和模具开发、零部件换型、生产线改进等，落实生产一致性要求。

2.2 项目实施方法和实现途径

风景海狮改进过程是一个“样车碰撞试验—理论分析提出改进方案—模拟计算验证—台车及零部件试验—样车碰撞试验”的循环过程。

汽车碰撞安全性研究有两个主要手段，即实车碰撞试验和数值模拟。

实车碰撞试验是用整车碰撞试验和台车碰撞试验来分别考核结构耐撞性和乘员约束系统的安全性；在整车碰撞试验和台车试验中采用非常先进的日本共和电子设备来保证测试的高效准确，其中包括（KYOWA）LBT-S-20KNS2 型安全带传感器和 DIS-3000A 型车载数据采集系统。

数值模拟在产品的设计阶段就可以进行，通过数值模拟，分析、发现并解决问题，缩短开发周期，降低研制费用；可以很方便地得到任意零部件的应力变形情况，修改设计方案后，便于修改计算模型，得到有关分析数据。在本项目的数值模拟计算中，硬件采用 IBM 公司提供的大规模并行处理机群系统（4 个结点机，8 个 CPU），软件采用 ANSYS 公司提供的 LS-DYNA3D960 并行版计算软件，计算效率比串行计算高 4～5.3 倍。

3 风景海狮安全性改进设计

3.1 改进前风景海狮车存在的问题

本项目一共进行了 4 次整车正面碰撞试验。2002 年 3 月 4 日，在清华大学汽车安全与节能国家重点实验室对风景海狮车进行的第一次正面碰撞试验充分暴露了该车在碰撞安全性方面存在的问题，大部分问题都出在零部件质量上，只需要更换零部件或者局部加强就可以解决。而其中对整车安全性有重要影响，而且比较难以改进的因素有以下两项。

3.1.1 车架变形情况

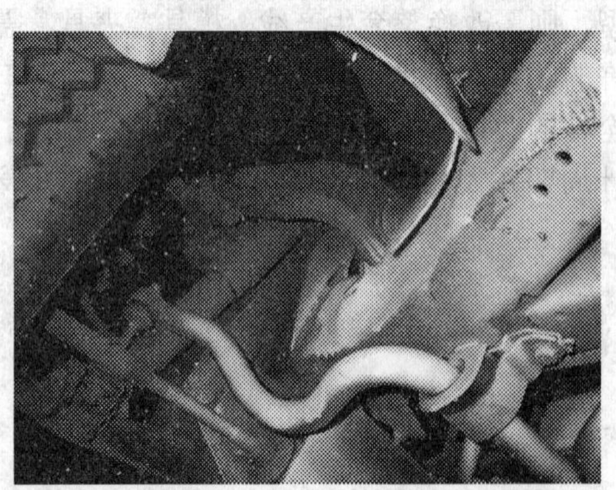

图 1 改进前车架主梁三叉处向上翘曲

风景海狮车在结构上属于非承载式车身，在强度和重量比较大的车架上焊接车身结构，碰撞试验时，车架吸能约 60%～70%，因此车架变形情况对碰撞安全性具有决定性影响。通过风景海狮车的碰撞试验，发现车架主梁三叉处向上翘曲大约 20 度（见图 1），这直接导致两个严重后果：第一，导致转向管柱后移量较大，压缩乘员空间，影响乘员头部和胸部伤害指标。第二，导致仪表板后移量较大，影响乘员腿部伤害指标，甚至影响头部和胸部伤害指标。因此，需进行大量模拟计算，寻找合理的改进设计方案，增强吸能效果，以降低车身的加速度，最终降低乘员头部、胸部和腿部的伤害指标。

3.1.2 安全带失效

安全带失效直接影响到假人头部 HIC 和腿部伤害指标。对整车来说，安全带是非常敏感的部件，与车身软硬度和乘员空间匹配都有很大的相关性。因此，必须通过台车试验进行安全带性能的检验和选配。

3.2　碰撞安全性改进设计

碰撞安全性改进设计是模拟计算与实车碰撞试验相结合的过程。两种手段配合使用可保证在较短的时间内完成汽车碰撞安全性的改进设计工作，节省试验经费，提高汽车被动安全性研究工作的效率。

通过模拟计算为试验测试提供参考和方向，在计算机上方便、快捷地进行多方案的分析比较，效率高、成本低。由于风景海狮车架变形情况对碰撞安全性起着决定性的影响，在进行碰撞模拟时，采用了车架的 CAD 和 CAE 模型来进行计算和分析（图 2、图 3）。同时，使用 IBM 公司提供的并行计算机群系统和 ANSYS 公司提供的 LS－DYNA960 并行计算软件，大大提高了计算效率，确保样车碰撞试验、模拟计算和改进设计同步进行，取得了很好的效果。

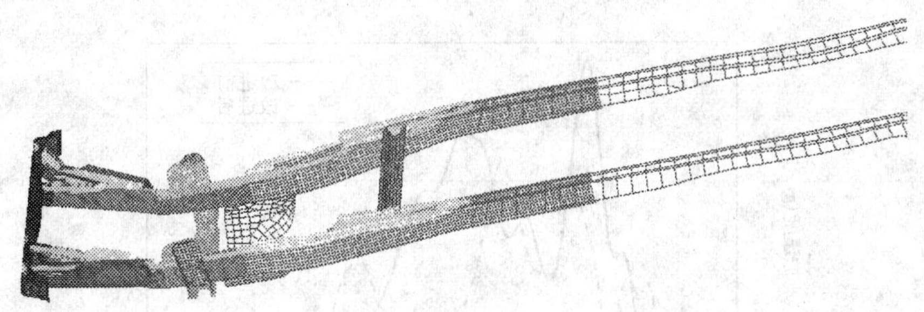

图 2　风景海狮改进前车架的模拟变形图

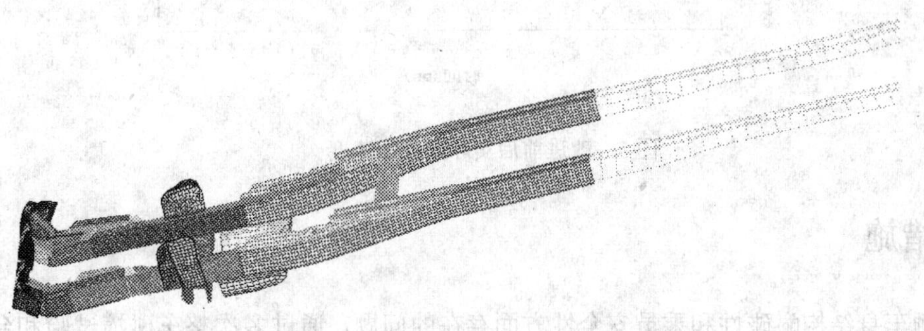

图 3　风景海狮改进后车架的模拟变形图

实车碰撞试验可有效地验证改进设计方案的正确性和可行性。在大量模拟计算的基础上择优选出改进设计方案，并通过实车碰撞试验来验证可行性。在两轮的车架改进设计工作中一共进行了两次实车碰撞试验。随后进行了 7 次台车试验来对安全带进行改进和选型。根据前两轮车架改进设计和 7 轮台车试验的结果，制定了最终的改进设计方案，并进行了第四次实车碰撞试验来验证方案的实际效果。实车碰撞试验结果表明，改进后的车架在三叉点没有翘曲，车身加速度降低约 25%。由图 4 和图 5 可见，实车碰撞试验与模拟计算所体现的改进前后车身加速度均相差 25%左右，表明模拟计算结果可有效的应用于改进设计指导工作。整个改进设计工作历时 4 个月，耗费资金 520 万左右，与国内外同类改进设计工作相比，具有很高的效率，节约了大量的试验经费。

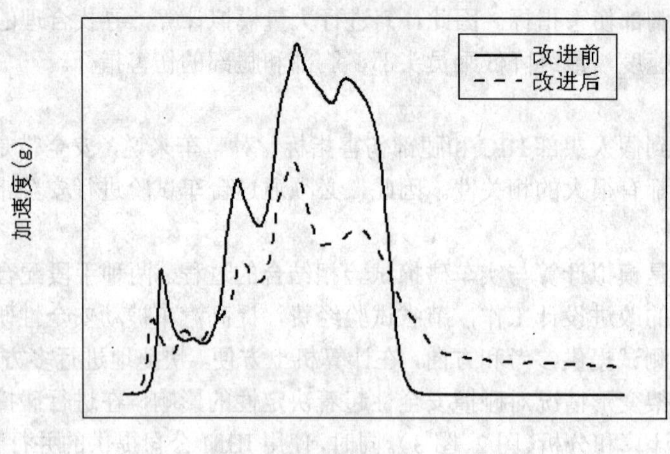

图 4　改进前后模拟计算的车身加速度

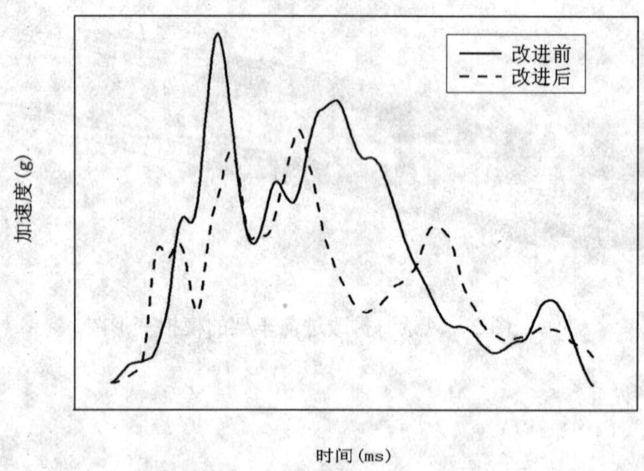

图 5　改进前后实际车身加速度

4　主要改进措施

针对风景海狮车身结构耐碰性和乘员安全性方面存在的问题，通过多次整车碰撞试验和台车碰撞试验以及大量模拟计算，提出以下主要改进措施：

(1) 由于原车型碰撞后主梁三叉处翘曲 20° 导致转向盘后移量过大而影响乘员空间，故对车架三叉处的局部进行加强处理。

(2) 同样针对此问题，在前横梁和保险杠之间加装了双层吸能结构。

(3) 经台车试验对安全带进行选型并检测，选用三点紧急锁紧式安全带，保证了乘客约束系统的安全性。

(4) 对于油箱焊缝开裂，燃油大量泄漏问题，我们更换了塑料油箱。

(5) 针对发动机挂点撕裂，导致发动机前移量过大的问题，给发动机加装了较软的限位装置。

(6) 对于座椅头枕飞出的问题，采取了更换豪华座椅，改进座椅头枕锁止机构的措施。

(7) 对风挡玻璃破碎的问题，采取了更换夹层玻璃并胶粘固定的措施。

(8) 对于座椅地板螺栓孔拉脱问题，采取了对地板进行局部加强的措施。

(9) 对于车架前端和三叉处焊点开裂问题，加强了对焊点质量的控制。

5 生产一致性实施

通过国家安全法规要求的样车改进措施在生产中落实，具体为车身主要承载结构、车架纵梁的改进设计及模具开发、安全带、坐椅、油箱等重要部件的换型，焊装线工艺改进以及工艺控制等，通过生产一致性实施，保证批量生产的风景海狮完全满足国家碰撞安全法规的要求。

6 总结

经过三轮 “样车碰撞试验→理论分析提出改进方案→模拟计算验证→台车及零部件试验验证→样车碰撞试验”的循环过程，我们在较短的时间内提高了风景海狮的碰撞安全性。通过车架主要承载结构的改进设计和模具开发、缓冲吸能装置设计与模具开发、安全带换型、焊装线工艺改进和控制，实施生产一致性，最终保证批量生产的车辆完全满足国家碰撞法规的要求。

参考文献

1 中国机动车设计法规 CMVDR 294，1999

2 朱西产. 应用计算机模拟技术研究汽车碰撞安全性. 世界汽车，1997(3)

3 裘新，黄存军，张金换，黄世霖. 汽车正撞的数值模拟及实验验证. 清华大学学报，1999(2)

4 宗子安，曹力波. 计算机模拟技术在汽车碰撞试验中的应用. 汽车研究与开发，1993(1)

5 裘新，李一兵，黄世霖. 汽车设计中应用非线性有限元模拟计算对其结构耐撞性进行分析和研究，中国汽车工程学会论文选编，清华大学主编，1997 年 3 月

6 贾宏波，黄金陵，郭孔辉等. 汽车车身结构碰撞性能的计算机模拟、评价与改进. 吉林工业大学学报，1998(2)

7 黄世霖等. 汽车整车正面碰撞试验研究. 中国汽车协会论文选编，清华大学主编，1997 年 3 月

8 北京理工大学机电工程系. ANSYS/LS-DYNA 算法基础. 北京：北京理工大学出版社，1996

9 K.H.Park.S.H.Shin, H.S.Cho, J.T.Jlnn, Application of the Finite Element Method for Improvement of Vehicle Crashworthiness, SAE 912582 IPC-6 Congerence, Seoul, Korea, Ovtober 1991

10 Najagawa Ken, Tatsuhiro. Crash Simulation of a Passenger Car. SAE 900464

11 Kamal, M.M., Analysis and Simulation of Vehicle to Barrier Impact, SAE Transactions,Vol.79, Paper No.700414,pp.1453～1467,1970

12 K.Pickett,L.T.Kisielewicz, E.Haug, G.Milcent, F.X.Wijnant, S.H.Park.S.H.Shin,H.S.Cho, Optimization of the Crash-worthiness of a Passenger Car Using Iterative-Simulationsm, SAE Transaction, Vol. 102,Paper No.931977,pp.2172～2179,1993

13 Gustav A.Nystrom,Garrison Kost, Stephen M.Werner, Stiffness Parameters for Vehicle Collision Analysis, SAE Transactions, Vol.100, Paper No.910119, pp 169～176,1991

14 Ansys Inc. The Theory Manual[M]. Third Edition, USA:SAIP,Inc,1997,1~20

用双向速度传感器进行汽车运动变量测试

巢凯年

西华大学汽车与交通工程系

[摘要] 本文讨论了汽车运动稳定试验中用双向非接触车速传感器和陀螺仪测试车速、加速度、方位和路径的方法。分析了测试误差，提出了传感器安装误差角的校正方法，讨论了有关加速度测试中一些容易混淆的问题。

关键词：汽车试验 操纵稳定性 汽车运动变量 车速传感器

1 概述

汽车运动稳定电控系统如 ABS、EBD、TCS、VSC 等已在中高档汽车上大量应用，其功能的检测、试验是很必要的。当汽车有抱死、侧滑、甩尾倾向时，这些电控系统能调节制动力，防止抱死或产生和甩尾趋势相反的力矩，使汽车回到正确的方向上来。为了检测、评价配备有这类电控系统的汽车的运动稳定性，须测试其在高速、急转、急刹等极端工况下的运动轨迹、方向角、侧滑角等运动学时间变量。传统的操纵稳定性测试仪和单向车速仪的组合仪能测试汽车单向速度、横摆角速度和加速度，无法进行上述测试，已不适应于当代汽车运动稳定的检测。国外已经普遍使用先进成套仪器对汽车运动稳定性进行试验检测。其中关键设备是汽车纵、横双向车速仪，但极为昂贵。国内已有单位研制出双向非接触车速传感器，能达到国外同类产品精度。因此，现在完全可以采用国产仪器进行汽车运动稳定性测试。

笔者在文献[1]中讨论了陀螺仪和经过改装加有角位移传感器的五轮仪进行汽车运动变量测试问题。但五轮仪不易安装，且测试误差较大，双向非接触车速传感器是更好的选择。目前国内一些单位开发的 GPS 导航系统除精度因素外，最大的问题是不能测试车辆侧滑角。因此 GPS 目前还不能取代陀螺-双向车速仪组成的运动变量测试系统。本文将详细讨论使用陀螺仪和国产双向非接触车速传感器进行汽车运动稳定性变量测试问题。

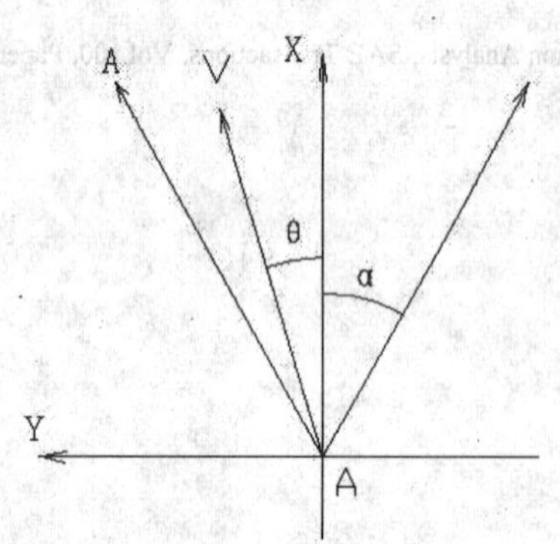

图 1 双向车速传感器原理图

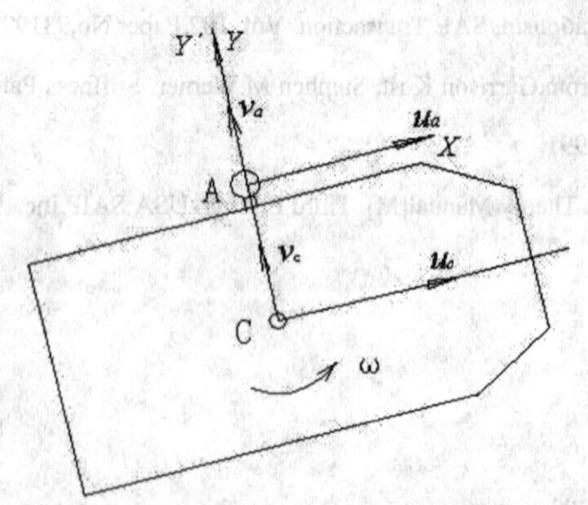

图 2 汽车质心与传感器安装点 A 的运动学关系

2 车速的测试及误差

单向非接触式传感器的主要问题是汽车有侧滑或侧偏时不能确定车速的正确方向，同时因为它的输出是实际车速在其安装轴上的投影，当车速方向和汽车纵轴方向有较大夹角时，车速测试值误差迅速增大。这一问题只能用双向车速传感器才能解决。

双向非接触式车速仪用光电探测头作传感器。汽车行驶时，通过成像系统将地面上的随机杂乱明暗不同的图像在二个组成一定夹角的梳状硅光器件上成像，经光电转换和跟踪滤波器滤波后，输出二组持续脉冲信号。对其计数即可求出纵、横向车速。如图 1 所示，设双向车速传感器纵横轴分别为 x，y 轴。它有 A，B 两路对称布置、性能相同的探测器，各与 x 轴成固定α角。在采样时段Δt 内，设 A，B 探测器的脉冲计数分别为 N_A，N_B。传感器安装位置处 A 点的纵向和横向速度 u_a，v_a[2]分别为

$$u_a = \frac{C}{\Delta t}(N_A + N_B) \tag{1}$$

$$v_a = \frac{C}{\Delta t}\frac{(N_A - N_B)}{\tan\alpha} \tag{2}$$

式中 C 为与白线校正系数、倍频倍率、正向脉冲当量等有关的常量。为了减少测量误差，选择脉冲量的测量方法是很重要的。M/T 法同时测量检测时间和在此时间内的脉冲个数，它对高、低速都具有较高的测速精度。数据采集器应有足够高的时钟频率，并要处理好计数同步问题。

如图 4 所示，传感器安装位置处的速度大小及其与汽车纵轴的夹角（侧滑角）为

$$V_a = \sqrt{u_a^2 + v_a^2} \qquad \theta_a = \arctan v_a / u_a \tag{3}$$

国产 OES-III 型双向车速传感器θ_a 角测试有效范围是±30°，这对大多数工况是够用的。单向车速传感器的速度误差公式[3]可推广到双向情况。传感器安装位置 A 点处（图 2）的纵、横向车速误差分别是：

$$\delta u_a = \sqrt{\frac{a_x^2(t)\Delta t^2}{4} + \frac{p^2}{\Delta t^2}} \tag{4}$$

$$\delta v_a = \sqrt{\frac{a_y^2(t)\Delta t^2}{4} + \frac{p^2}{\Delta t^2}} \tag{5}$$

式中，a_x，a_y 分别是 x，y 向加速度分量；p 为正向脉冲当量（车速方向对正纵轴时一个脉冲对应的行驶距离）。应指出 a_y 是侧向加速度，并不一定等于向心加速度(例如，汽车以一固定侧滑角作直线减速运动，其 a_x，a_y 都是非零常量，但向心加速度为零)。

A 点处车速的综合误差为：

$$\delta V_a = \sqrt{\delta u_a^2 + \delta v_a^2} = \sqrt{\frac{[a_x^2(t) + a_y^2(t)]\Delta t^2}{4} + \frac{2p^2}{\Delta t^2}} = \sqrt{\frac{a^2(t)\Delta t^2}{4} + \frac{2p^2}{\Delta t^2}} \tag{6}$$

式中，a 是车速传感器安装点处的总加速度。适当选择Δt，可使速度误差最小。

如果车速传感器按图 2 布置，则汽车质心处的沿车辆坐标系 X′CY′的纵、横向速度分别为

$$v_c = v_a \qquad u_c = u_a + \omega b \tag{7}$$

式中 u_c, v_c——汽车质心 C 点纵向和侧向速度。

ω ——汽车横摆角速度；

b——A 点到汽车质心 C 点的距离 AC。

上述各量除 b 外都是随时间变化的。汽车质心处车速和侧滑角为

$$V_c = \sqrt{u_c^2 + v_c^2} \qquad \theta_c = \arctan v_c / u_c \tag{8}$$

对(7)求变分，得

$$\delta v_c = \delta v_a \qquad \delta u_c = \delta u_a + b\delta\omega$$

各时间变量前加 δ 表示该量在某时刻的误差。式中 $\delta\omega$ 是横摆角速度误差。显然车速传感器安装点离汽车质心越近，误差就越小，因此它安在汽车中部侧面比安在前、后端更好。如果要求质心处纵向速度测试误差限 δu_c 为 0. 2m/s，取 $\delta\omega$=0.5deg/s，b=1m，则 A 点处纵向速度测试误差限 δu_a 应控制在 0.19m/s 以内。再根据（4）式，设 Δt=0.05s，a_x=6m/s^2，则可以求得相应的正向脉冲当量 p 应小于 5.8mm（OES-III 型双向车速仪的 p 为 3mm）。

路面反射光线过弱会导致传感器输出脉冲有脱落现象。除了试验时天气应良好外，数据处理必须有补偿漏脉冲功能，以保证测试精度。

3 安装角误差的校正方法

理论上双向车速传感器安装轴x应和汽车纵轴平行，但实际安装时总免不了有一安装误差角 $d\theta$ 。它是一系统误差，用白线信号校正很不方便，可通过以下更简便方法校正。如图3所示，设车辆坐标系平移到A点，记为XAY。车速传感器坐标为X′AY′。使汽车沿直线前进，由于 $d\theta$ 的存在，仪器的纵、横向均有对应于速度 $\hat{u}_a, \hat{v}_a$ 的信号输出。安装误差角为

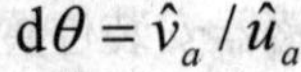

$$\mathrm{d}\theta = \hat{v}_a / \hat{u}_a$$

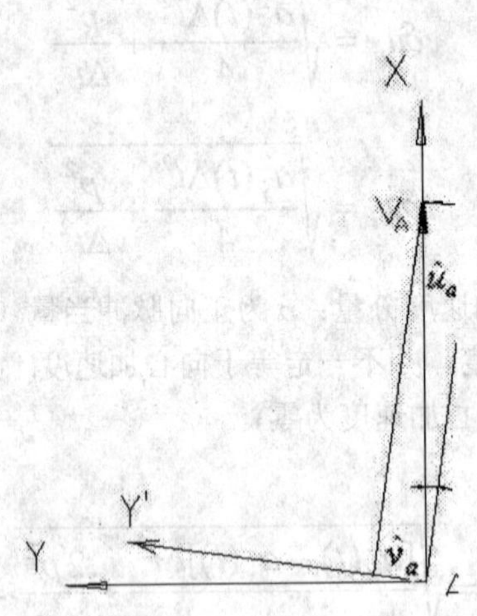

图 3 安装误差角的校正

求出 $\mathrm{d}\theta$后，可开始试验，校正值为：

$$u_a = u'_a \cos \mathrm{d}\theta + v'_a \sin \mathrm{d}\theta \tag{9}$$

$$v_a = v'_a \cos \mathrm{d}\theta - u'_a \sin \mathrm{d}\theta \tag{10}$$

式中 u'_a, v'_a 为根据式（1）、（2）求出的速度值。

4 汽车方位和轨迹

汽车纵轴的实时方位角β可以对陀螺仪输出的横摆角速度信号ω积分得到。β的误差会随着工作时间而累积，好在汽车运动稳定性试验时间最多仅几分钟。为了把误差减少到最低限度，在陀螺仪及 AD 间应加插抗混淆滤波器，以避免高频信号混入所关注的频带。使用的采样率在几十至 200Hz 之间。在 AD 采样后，进行 0～10Hz 的数字低通滤波和卡尔曼滤波（移动平均），然后再进行积分运算求出汽车方位角β。

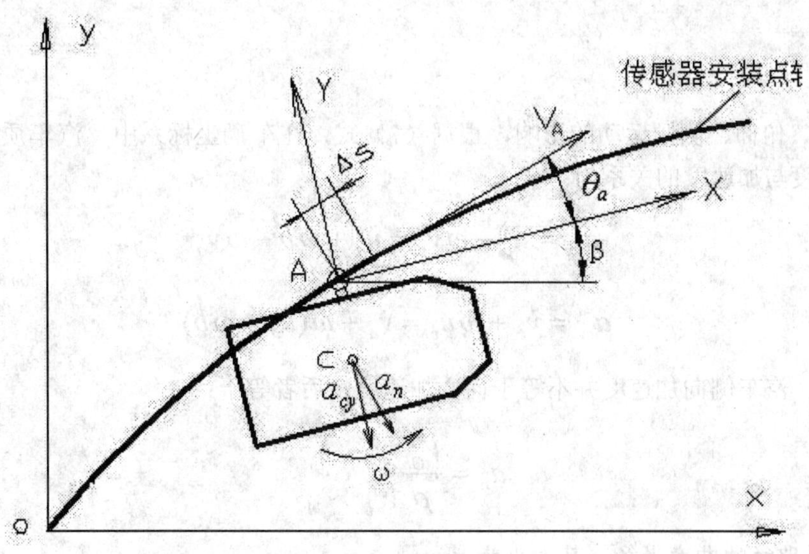

图 4 汽车运动轨迹的测试

非接触式车速传感器实际上是一“路径”传感器，它输出的每个脉冲对应于光线扫过的一微小路径长度。如果脉冲采集系统速度足够快，能无遗漏地采集、记录传感器输出的每个脉冲段及其对应的时间，汽车行驶路径位置与时间的关系可以直接用以下方法得到。

使用曲线自然坐标。如图 4 所示，考虑式（1）、（2），在Δt时间内传感器安装点 A 扫过的微弧段长度为

$$\Delta s = C\sqrt{(N_A + N_B)^2 + \left[\frac{(N_A - N_B)}{\tan\alpha}\right]^2} \tag{11}$$

传感器安装点 A 在第 k 个时段末及其对应的轨迹曲线的弧长坐标为：

$$t_k = \sum_{i=1}^{k} \Delta t_i \qquad s_k = \sum_{i=1}^{k} \Delta s_i \tag{12}$$

各采样时段必须首尾连续。上述位置弧段的切线与地面坐标系 x 轴的夹角为：

$$\varphi = \theta + \beta = \tan^{-1}\left[\frac{N_A - N_B}{\tan\alpha(N_A - N_B)}\right] + \beta \tag{13}$$

式中，侧滑角θ由式（3）计算。传感器安装点 A 在第 k 个时段末在地面坐标系的坐标为：

$$y_{Ak} = \sum_{i=1}^{k} \Delta s_i \sin\varphi_i$$

$$x_{Ak}=\sum_{i=1}^{k}\Delta s_i\cos\varphi_i \tag{14}$$

汽车质心 C 的地面坐标为：

$$x_{Ck}=x_{Ak}+b\sin\beta \qquad y_{Ck}=y_{Ak}-b\cos\beta \tag{15}$$

式中，b 为传感器安装点 A 到汽车质心 C 的距离。

5 汽车加速度

除去汽车质心垂直、俯仰、侧倾运动的影响，根据（7）式，在车辆坐标系中，汽车质心纵、侧向加速度和传感器安装点速度与加速度的关系为：

$$a_{cx}=\dot{u}_c-\omega v_c=\dot{u}_a+\dot{\omega}b-\omega v_a \tag{16}$$

$$a_{cy}=\dot{v}_c+\omega u_c=\dot{v}_a+\omega(u_a+\omega b) \tag{17}$$

有侧滑角的情况下，汽车侧向加速度并不等于向心加速度，后者等于：

$$a_n=\frac{V_C^2}{\rho} \tag{18}$$

式中，ρ为汽车质心路径的曲率半径，其大小为：

$$\rho=\frac{(\dot{x}_C^2+\dot{y}_C^2)^{3/2}}{\dot{x}_C\ddot{y}_C-\ddot{x}_C\dot{y}_C} \tag{19}$$

式中 x_C，y_C 是根据（15）式计算的汽车质心坐标时间函数。

6 关于ωu法、“侧向加速度”和“向心加速度”的讨论

值得注意的是，式（18）中的 V_C/ρ并不一定等于横摆角速度ω。设想质心速度为 u 沿直线前进同时以横摆角速度ω自转的刚体，其质心向心加速度为零，而非ωu。因此向心加速度并不一定等于ωV_C。即使汽车质心作圆周运动，只要其侧滑角不为常数，横摆角速度ω也不一定等于 V_C/ρ，当然侧向加速度也不一定等于ωV_C。正确的做法是求出路径曲率半径后根据（18）式计算。

GB/T 6323“汽车操纵稳定性试验方法”在蛇行试验、转向瞬态响应试验、稳态回转试验中均规定可以用ωu法求侧向加速度。文献[1]详细讨论了用ωu法求侧向加速度存在的问题，不再赘述。其仿真计算表明，用ωu法误差有时可能高达 50%。类似地，稳态回转试验中的“转弯半径比”应当是路径曲率半径比。转弯半径用 GB/T 6323.6-94 规定的公式 V/ω计算是不准确的，特别在车速较高、侧滑角较大的情况下。以往由于测试仪器的限制，试验标准中不得不采用一些近似的计算。现在在采用双向车速传感器的情况下，就可以对汽车运动变量进行更准确的试验、计算，今后的有关标准中理应反映这一情况。

“侧向加速度”的定义是沿汽车横轴方向上的加速度分量（如图 4 中 a_{cy}）。“向心加速度”则是沿曲率半径方向的加速度分量，它垂直于汽车路径的切线，也即垂直于汽车质心速度方向（如图 4 中 a_n）。我们研究汽车运动稳定性时，究竟应当是采用路径自然坐标系的向心加速度还是车辆坐标系的侧向加速度？汽车中低速下大转弯时因侧滑角很小，二者相接近。但在高速急转弯的情况下，二者可能有很大差异。笔者认为，从动力学角度看，采用向心加速度作为评价指标是较合理的，但侧向加速度对诸如车厢侧倾角计算也是有用参数。今后修订汽车操纵稳定性试验方法标准时可将侧向加速度和向心加速度明确分列。

7 结语

双向非接触式车速仪和陀螺仪组合，可以完整地检测汽车运动参数。该系统可测试汽车在诸如高速、急转、急刹等极端工况下的运动轨迹、方向角、侧滑角等运动学时间变量，能准确区别侧向加速度和向心加速度。和单向非接触式车速仪比较，可测参数大大增加，试验精度大大提高。对试验、评价汽车运动稳定性有很高应用价值。

参考文献

1 巢凯年. 汽车运动变量的测试与误差. 中国汽车工程学会第十二届年会论文，四川工业学院学报，2000 年第 2 期

2 郑元林. 二维测速传感器说明书，2002

3 王振峰等. 非接触车速仪车速误差的分析及采样时间的自适应调节. 汽车技术，1996.1

4 Kainian Chao (巢凯年). Path and Other Parameters in Moter Vehicle Dynamics Tests and Their Errors，Vehicle System Dynamics，1996. 4

5 余志生主编. 汽车理论，第一版，1987.

6 GB/T 6323—1994《汽车操纵稳定性试验方法》. 1994

PIV 技术在汽车尾流瞬态测量中的应用

傅立敏　杨 博

吉林大学汽车空气动力学研究所

[摘要] 在国产轿车瞬态尾部湍流的测量中应用了粒子成像速度场技术（PIV）。通过试验数据建立了三维绕流动态仿真理论模型。分析了拱形涡的特点，拱形涡是尾流结构中的重要部分。

关键词：PIV 技术 尾流结构 瞬态测量 拱形涡

PIV Technology in the Transient Measurement of Car's Wake Turbulence

Fu Limin, Yang Bo

Institute of Automotive Aerodynamics, Jilin University

[Abstract] The Particle Image Velocimetry (PIV) is applied to measure a China car's transient wake turbulence in this paper. The model of the 3-D passing-by flow dynamic simulation theory is built with these experimental data. The characteristics of the arch-vortex are analyzed which is an important part of the wake structure.

Key words: PIV technology　wake structure　transient measurement　arch-vortex

1 前言

尾流结构的特点对于汽车空气动力特性有重要的影响。改善这些特点对于优化汽车空气动力特性具有重要意义。因为尾流结构的不稳定性，目前还没有关于瞬态特性的完整研究，为了揭示瞬态特性，在国产轿车的设计研究中应用了 PIV 技术。

2 试验设计

2.1 风洞

试验风洞是一座单回流闭口式低速风洞，其试验段截面为 3m×3m、四角为圆角（圆角半径为 0.5m）的正方形，试验段长度为 12m，风速范围为 10～100m/s。在先前的研究工作中，已经讨论了有关此风洞的详细数据[1]。

2.2 PIV 技术概述

PIV 是基于流态显示和图像处理之上的新的流动测量技术。应用示踪粒子进行流场分析。目前，在许多领域中，PIV 作为一种可靠的全流场测量技术得到广泛应用。它的主要特点是打破了单点测量技术的限制，而且诸如二维速度场、涡流等全流场的瞬态信息可以被有效地记录。PIV 非常适合研究湍流和其他复杂流动结构[2]。

3 试验内容和分析

试验中应用了 1:5 阶背式轿车模型，应用 PIV 技术和传统测量技术进行了瞬态测量。Carr[3]定义了∠QRT(Luther[4]引用过这个定义)，Nouzawa[5]进行过相似的研究而且得出了临界值∠QRT = 25°，若∠QRT＜25°，流动将重新附着，若∠QRT＞25°，流动将保持分离，∠QRT 的定义如图 1 所示。

3.1 热线风速仪测量

应用热线风速仪[6]进行了模型临界形状的尾流结构的测量和分析。我们测量了 X-Z 平面的速度 u 分布和雷诺应力分布。测量布置如图 2 所示。

图 3、4 表示了 X-Z 平面上的速度分布（u）和雷诺应力分布（等压线表示，∠QRT = 10°，25°），我们可以看出在从后窗到行李厢盖板之间的全流场中，∠QRT = 25° 情况下，大多数位置，

$$0.7U < u < U \tag{1}$$

$$-\overline{u'w'}/U^2 > 8\times10^{-3} \tag{2}$$

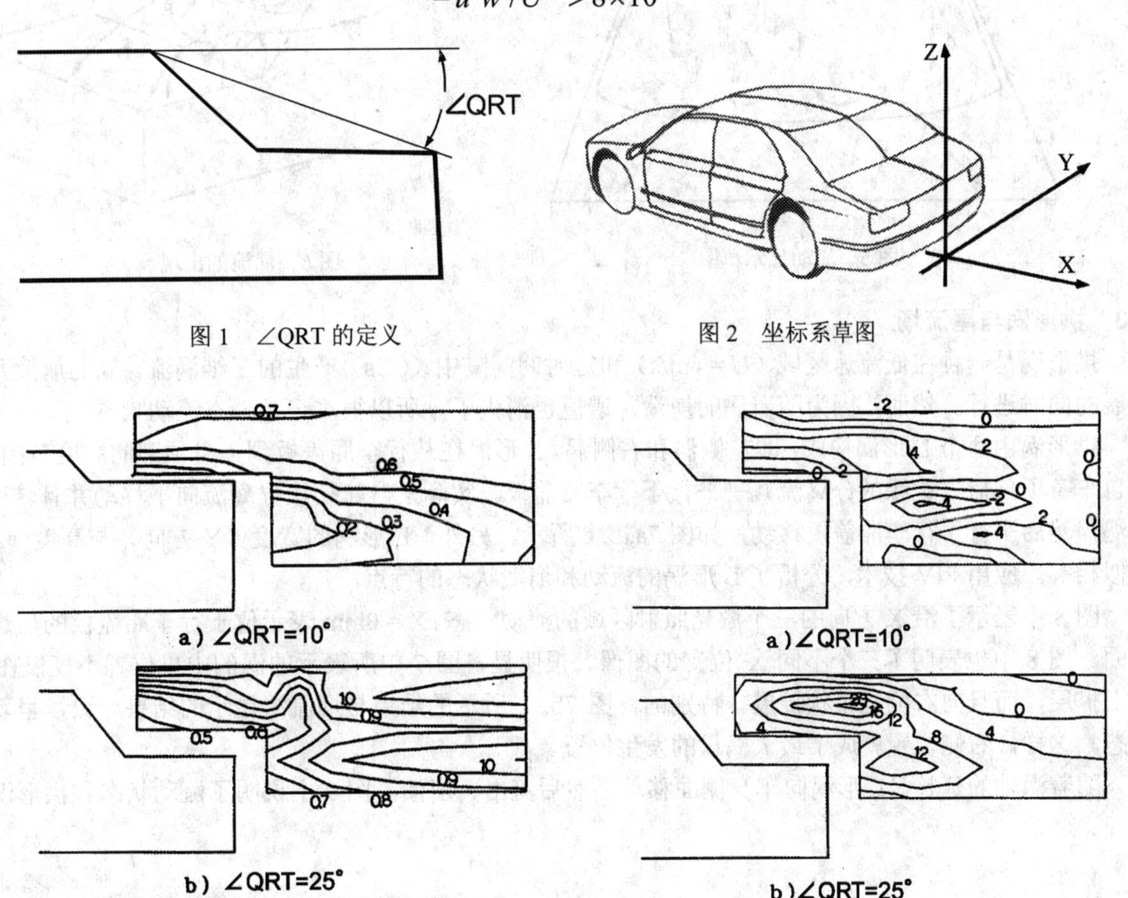

图 1　∠QRT 的定义　　　　图 2　坐标系草图

图 3　X-Z 平面 X 方向速度分布(u/U)　　　　图 4　X-Z 平面雷诺应力分布($-\overline{u'w'}/U^2$)

对时间平均流动结构的测量表明，关于全流场的压力分布，最复杂的流动情况发生在后车体外形为临界外形之时。同时，在压力参数在－0.3 到 0.4 之间时，出现了强低压区域。尾流场在临界外形时出现骤变。相应地，气动阻力将发生显著变化。

如试验中所表示，阻力将显著增加而且将产生托拽涡。托拽涡将在尾流场中时而发生时而消失，它具有三维的，不稳定的特性。

3.2 应用 PIV 技术进行拱形涡的测量研究

临界状态下，尾流中会出现强三维湍流。PIV 有效地记录了最大涡量的瞬态流动状态，最大涡量沿 Y 轴方向出现。

尾流场的主流在流经模型顶部时保持稳定，在后风窗的倾斜表面上将产生逆向流动，如图 5 中 D、E 所示。向下的流动将在车身 C 柱附近出现，如图 5 中 A 所示。

来自车身两侧的扩展气流 H 迅速变成了侧面涡流。气流 D 沿后窗向上流动，从而在后窗的上部边缘产生了强涡流，此涡流向左侧和右侧扩散。这样，如图 6 所示，涡流 F 在车身顶部后方边缘区域产生。

3.2.1 拱形涡的产生

涡流 K 与 I 互相干扰、互相诱导，这样就产生了拱形涡。这里提到的涡流 K 由模型顶部的边界层在后窗上部区域发生分离所导致。涡流 I 由于车身侧面气流在车身 C 柱附近发生分离并且流入尾流中所导致。

3.2.2 拱形涡的不稳定性

拱形涡时而产生时而消失，有时左侧涡强于右侧涡，有时右侧涡强于左侧涡。

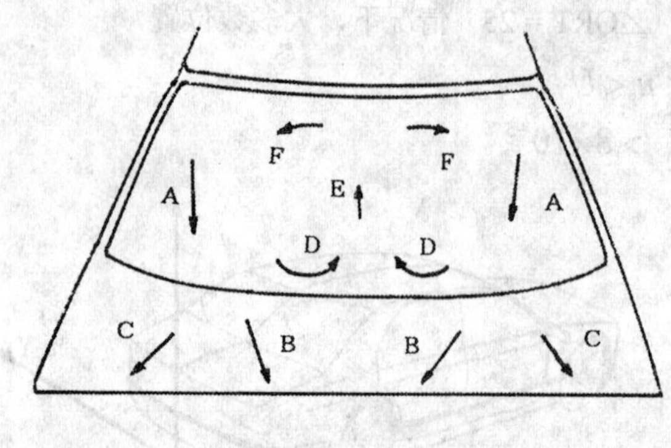

图 5 流动显示草图

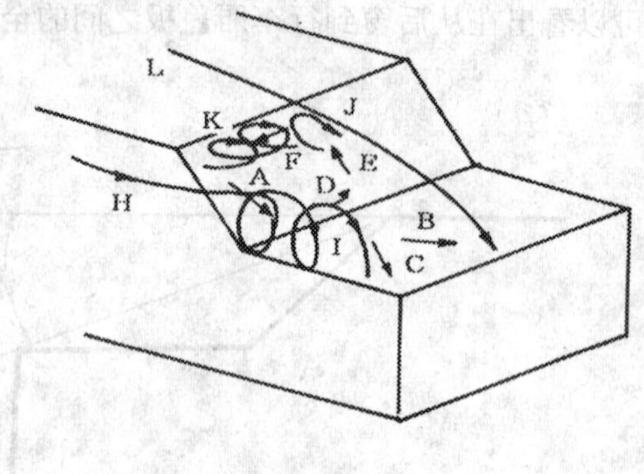

图 6 涡流的出现

3.3 拱形涡与尾流场

拱形涡是一种在低流速区域（$U = 4\text{m/s}$）和短时间间隔中（0.3s）产生的三维涡流。涡的崩溃几乎在其发展的同时进行。然而，因为随着涡的崩溃，谱值也消失了，所以很难记录瞬态流动状态。

拱形涡由两个 L 形涡构成，即左侧涡和右侧涡。L 形涡在从行李厢盖板到车身顶部的高度范围内移动。来自车身顶部后方边缘的分离流几乎平行于行李厢盖板。实际上，起初该分离流向下移动并且转变成为 L 形涡，然后平行于行李厢盖板移动，如图 7a, b, c 所示。另外，L 形涡的宽度（Y 方向）与高度（Z 方向）近似相等。应用 PIV 技术，分析了 L 形涡的流动和崩溃状态的特点。

图 8 中表示了沿 X 方向的三个激光照射区域的流动状态。X = 0mm 表示位于行李厢盖板的后边缘垂直平面。图 8 中也表明了三个不同 X 位置的图像。很明显，图 7 中所表示的涡的中央位置不仅仅在 X-Z 平面上扩展，而且向右侧呈带状扩展。特别的，图 7b, c 所示的结果与烟流法显示的结果一致，呈现了聚集状态。这样，右侧位置就成了最大涡量的发生位置。

随着涡轴的延长，L 形涡向车身侧面移动，然后流出、崩溃。图 9 中说明了流动状态和拱形涡的产生过程。

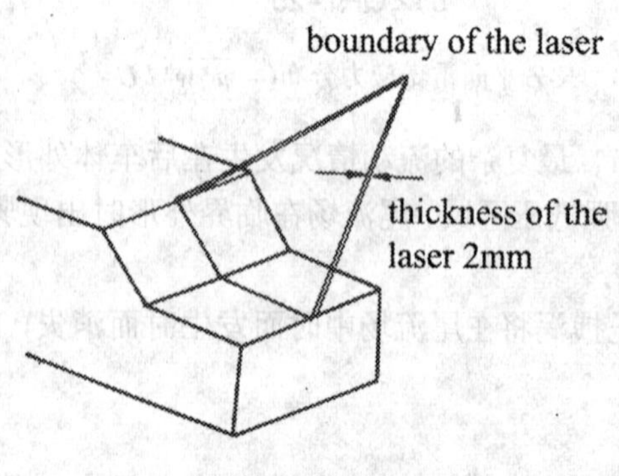

图 7 PIV 测量尾流流动状态

图 7 a)

图 7　b)

图 7　c)

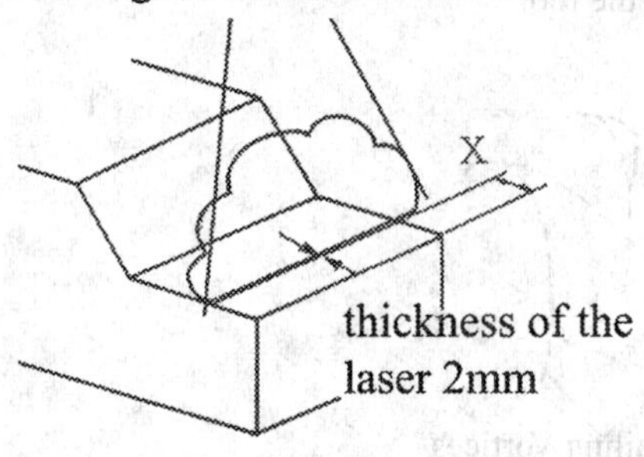

图 8　与 Y-Z 面平行的平面上的流动状态

图 8　a) X =　－50mm

图 8　b) X =　－25mm

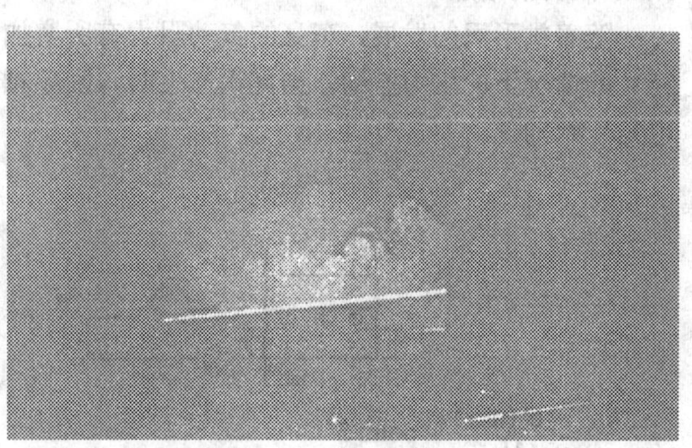

图 8　c) X =　－5mm

3.4　临界状态下的阻力

由于 L 形涡的发展产生了车身后窗后方的强烈负压，从而导致了气动阻力的显著增加。

3.4.1 L 形涡出现的时间段

在行李厢盖板平面上方 70mm 处测量了 3 个点的平均脉动速度（u'）。计算了基于时间间隔的平均值。图 10a 表示了在 50Hz 时的平均脉动速度 u'的波动图。从图 10b, c, d 可以看出这三个点的速度梯度是很高的。点 1 和点 3 包含了许多频率下的速度分量。点 2 的测量结果表明，主流是 20 ~ 30Hz 的波形。点 1 的峰值接近 15Hz，点 3 的峰值接近 20Hz。在尾流的中央位置，最大涡在 20~30Hz 频率下，U = 15.8m/s 速度下持续的出现。因此，根据三点的平均值测量，L 形涡出现在频率为 20Hz 的情况下。另外，如图 11 所示，在点 4 和点 5，一对方向相反的涡流（左侧 L 形涡和右侧 L 形涡）交替流出。

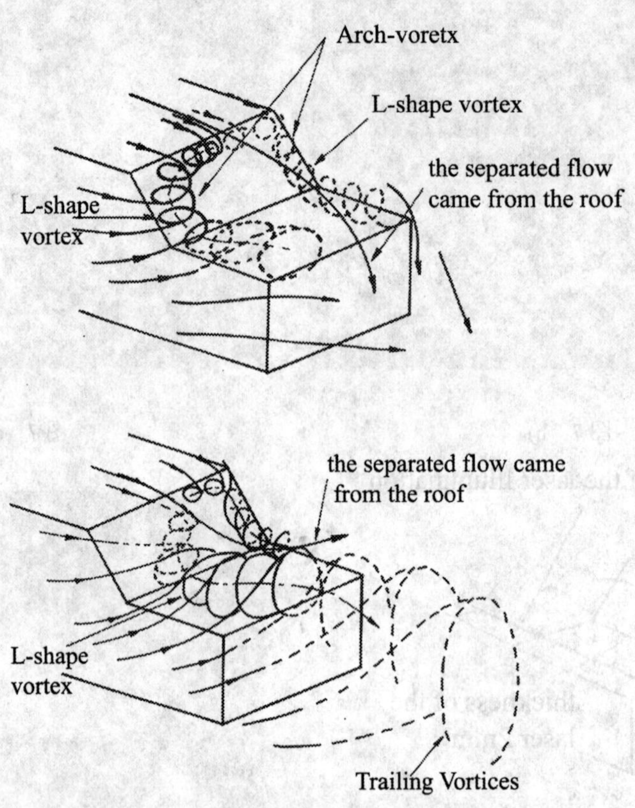

图 9 拱形涡的发展

3.4.2 阻力的增加

随着拱形涡的发展，车身的气动阻力有所增加。图 12 中记录了在 $U = 15.8\text{m/s}$，$\angle QRT = 10°$，25°，35° 的情况下的阻力波动。当尾涡产生时，励起频率与 20Hz 的峰值一致。另外，频率的变化与阻力变化也是一致的。

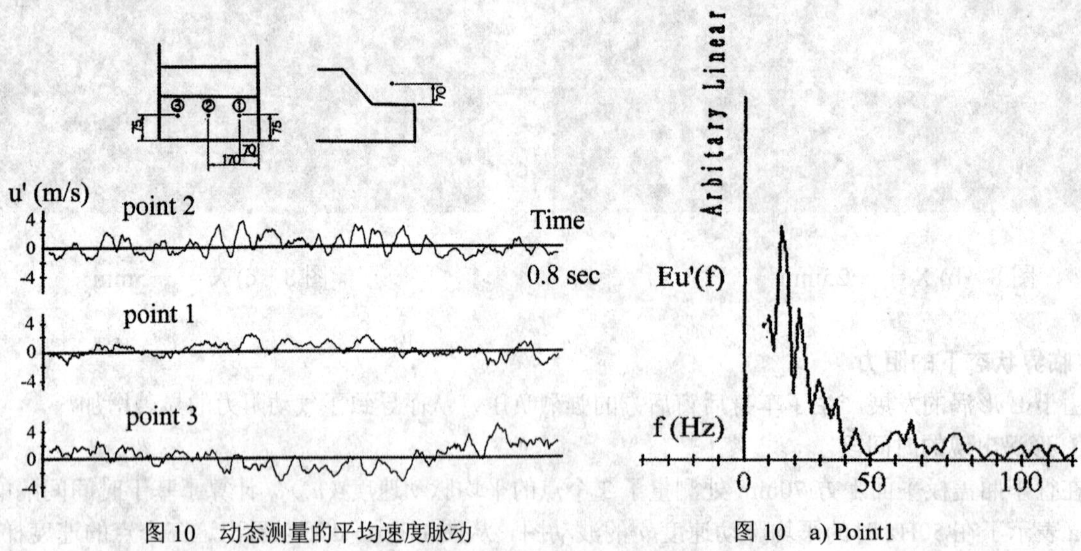

图 10 动态测量的平均速度脉动 图 10 a) Point1

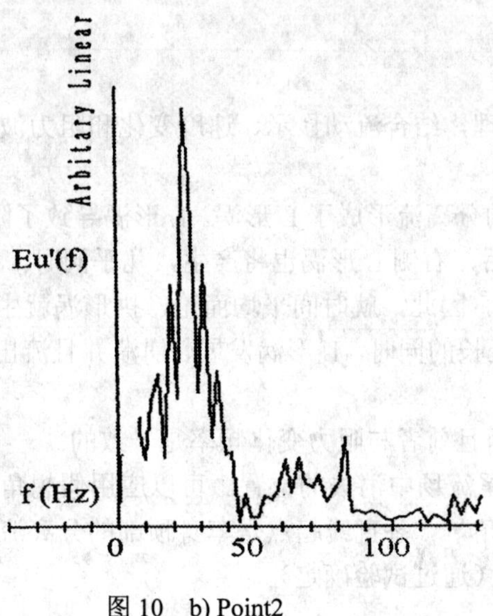

图 10 b) Point2

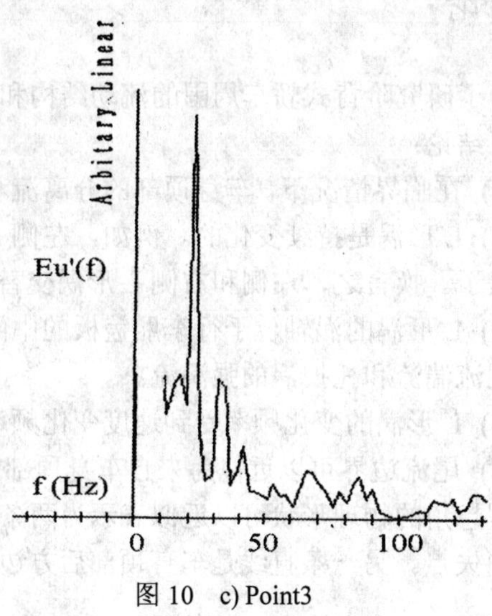

图 10 c) Point3

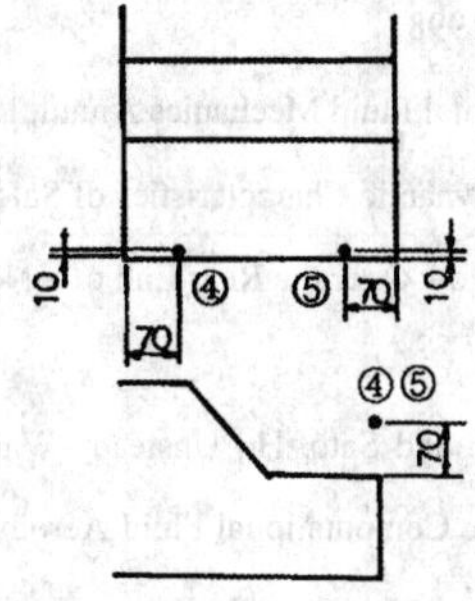

图 11 尾流场中的点 4 和点 5

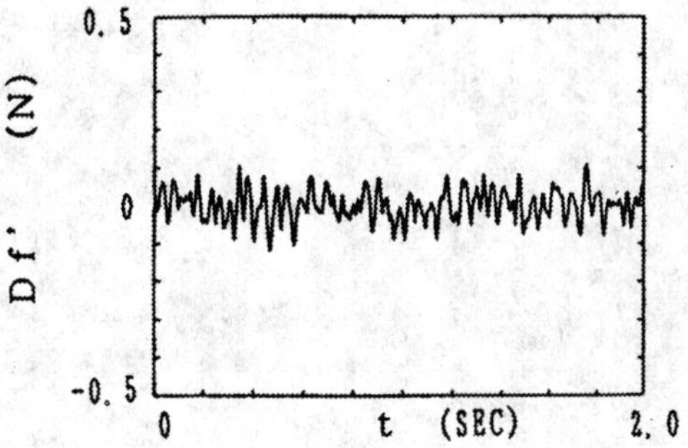

图 12 a) 阻力波动∠QRT = 10°

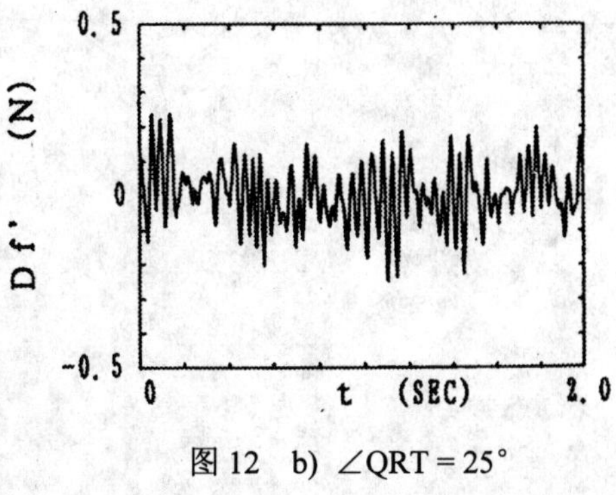

图 12 b) ∠QRT = 25°

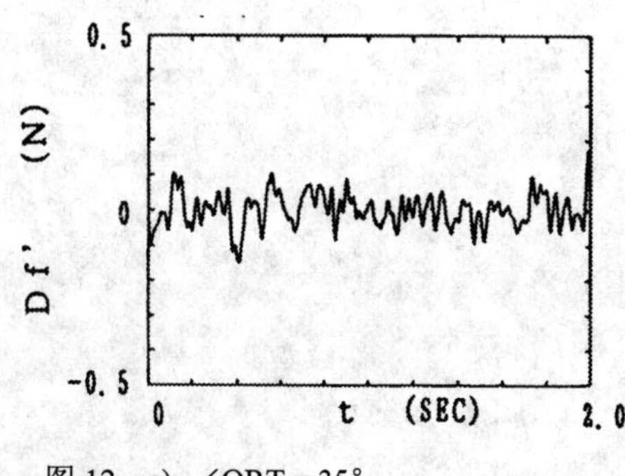

图 12 c) ∠QRT = 35°

4 结论

为了研究阶背式轿车周围的流动结构和尾流结构机理，结合流动显示、速度变化和阻力波动分析，得出以下结论：

(1) 在临界情况下，车身顶部的分离流和车身侧面的分离流形成了 L 形涡。L 形涡导致了阻力的增加。

(2) L 形涡是持续变化的。例如，左侧 L 形涡产生后，右侧 L 形涡也将产生，几乎同时，左侧 L 形涡又崩溃了。换言之，左侧和右侧 L 形涡交替产生和崩溃。因此，就时间平均而论，拱形涡就生成了。

(3) L 形涡的涡轴位于行李厢盖板的中间。在涡轴延长的同时，L 形涡发展、崩溃并且流出。L 形涡是导致尾流湍流和托拽涡的强涡流。

(4) L 形涡的变化频率受到速度变化频率的影响，而且前者与阻力变化频率是一致的。

(5) 尾流边界可以近似为来自车身顶部的分离流在尾流场中消失的位置。可以应用假想角定义它的形式。假想角的物理形状可以近似表示为两条直线间的夹角，一条直线起点是车身顶部的分离流，终点是尾流的消失点。另一条直线是车身顶部后方边缘的延长线（通过试验确定）。

参考文献

1 傅立敏. 汽车空气动力学. 北京：机械工业出版社，1998

2 Adrian, R. J., Particle Imaging Techniques for Experimental Fluid Mechanics Annul. Rev Fluid Mechanics, pp. 261～304, 1991

3 Carr, G. W., Influence of Rear Body Shape on the Aerodynamic Characteristics of Saloon Cars, Mira Report 1974/2,1974

4 Luther N. Jekins, An experimental Investigation of the Flow Over the Rear End of a Notchback Automobile Configuration, SP–1524, SAE, Detroit, pp. 136, 2000

5 Nouzawa, T., Hiasa, K., Nakamura, T., Kawamoto, A., and Sato, H., Unsteady-Wake Analysis of the Aerodynamic Drag of a Notchback Model with Critical Afterbody, Vehicle Aerodynamics: Wake Flows, Computational Fluid Aerodynamics, and Aerodynamic Testing, SP-908, SAE, Pennsylvania, pp. 1～12

6 H. H. Bruun, Hot-Wire Anemometry Principles and Signal analysis, Oxford University Press, 1999

北斗星车碰撞安全性研究

徐剑峰

江西昌河铃木汽车有限责任公司

[摘要] 安全、环保和节能是现阶段国家对于汽车行业各类产品的要求。随着 CMVDR294《关于正面碰撞乘员保护的设计规则》于 2002 年 7 月 1 日正式实施，未通过正面碰撞试验的汽车将不能进行生产和销售。为使碰撞时产生的能量有效地得到吸收，在合理地进行车身结构设计的基础上，提高北斗星汽车碰撞安全性的有效途径有两条。其一，在转向盘和仪表板上配置安全气囊，以减轻碰撞发生时对前排乘员的伤害；其二，合理匹配乘员约束系统，包括座椅、安全带等，使乘员在发生碰撞时身体的各个部位参与均衡受力，防止个别部位伤害值超标，这样无须配置安全气囊，也可以达到满足国家法规规定的要求。本文着重介绍了第二条途径。

关键词：碰撞安全 乘员约束系统 吸能

1 概述

北斗星车，在日本被称为 WAGON 车。铃木公司进行开发时，为达到标准规定的安全性要求，在转向盘和仪表板上配置了安全气囊。在中国天津汽车检测中心进行的正面碰撞试验表明，在安全带和安全气囊的协调作用下，北斗星汽车具有良好的安全性能。

北斗星车自从投放市场以来，由于其外形小巧、内部空间大、乘座舒适性好、驾驶性能好等特点，受到用户的普遍欢迎。但是，与北斗星车同时面市和此后陆续上市的新车型多达五、六十种，因此，北斗星车今年将面临激烈的竞争。为处在竞争中的优势地位，降低汽车的价格势在必行。开展北斗星简单配置车开发工作，在节省两个安全气囊的前提下，保证改进后汽车达到 CMVDR294《关于正面碰撞乘员保护的设计规则》的强制要求。

2 汽车碰撞领域试验技术和设计技术发展的趋势。

2.1 国内外开展正面碰撞试验的情况

国外实施正面碰撞乘员保护措施的情况大致如下：在日本，驾驶员侧安全气囊在 M1 类车型上装车率非常高，99%的车型上都可装备驾驶员侧安全气囊，其中约 90%为标准装备；而副驾驶侧装备安全气囊的车型占到所有车型的 93.5%,其中 76.7%为标准装备。日本在对汽车产品进行认证时，对于安全气囊作为选装装备的车型，提交型式认证的车辆应该是不安装安全气囊的最低配置车辆；对于匹配合理的气囊产品，原则上，气囊将改善正面碰撞保护性能，所以对于装备气囊的车型只需由厂家提供气囊匹配时的碰撞试验报告，证明气囊匹配的合理性即可。欧洲大致也是这种情况。也就是说，将安全气囊作为辅助约束系统（SRS）的法规体系（如欧洲、日本）中，安全气囊并不是强制（或必须）安装的装备，如果安全带系统经过合理匹配，能够满足正面碰撞乘员保护要求的话，完全可以不安装安全气囊。

我国的 CMVDR294《关于正面碰撞乘员保护的设计规则》法规是参照欧洲 ECE R94 法规制订的，法规中并没有强制安装安全气囊的要求。作为约束系统，安全带是强制安装的，而安全气囊属于辅助约束系统。从这一点可以看出，北斗星车去掉安全气囊与国家法规并不抵触。

天津汽车检测中心通过总结、分析 2000 年到 2001 年度近百次试验结果，得出结论：我国 CMVDR294《关于正面碰撞乘员保护的设计规则》法规中规定的 100%重叠率的刚性固定壁障正面碰撞条件下，车身刚度最大，车内乘员承受的惯性力较大，乘员生物伤害指标超标的风险较高，这种碰撞试验方式对乘员约束系统的考核最严格。我国现有 M1 类车型的车身大多能够满足法规要求，超标的主要原因在驾驶员侧假人头部 HIC 值超过 1000。为了满足 CMVDR294《关于正面碰撞乘员保护的设计规则》法规要求，很多车型通过匹配驾驶员侧安全气囊获得了理想的结果。只是目前国内 10 万元以下的 M1 类客车的安全气囊大多属于客户选装方式，市场上销售的大部分车辆并为装备安全气囊，如果汽车产品型式认证工作中对汽车正面碰撞乘员保护检验项目实施生产一致性检验的话，必须使最低配置的车型能够满足强制性检验标准要求才行。

2.2 低配置车型提高安全性能的技术措施

为使低配置车型通过碰撞试验，国内一些厂家做过尝试，并且取得了较好的效果。哈尔滨飞机工业公司的中意车，柳州微型汽车厂的微型车等车型通过改进车架结构，重新匹配乘员约束系统等技术手段，有效地提高了汽车的安全性，通过了汽车正面碰撞试验。

2.3 北斗星车安全性的现状

2000 年 7 月 7 日，配置安全气囊北斗星车进行了一次汽车正面碰撞乘员保护试验，结果如下表所示：

序号	试验项目	法规要求	试验结果
1	试验车速	48～50km/h	48.91km/h
2	车架左侧加速度峰值	无要求	60.53g
3	司机侧假人头部合成加速度峰值	无要求	61.65g
4	司机侧假人头部 HPC 值	1000	467
5	司机侧假人左大腿受力	10kN	3.82kN
6	司机侧假人右大腿受力	10kN	5.06kN
7	司机侧假人胸骨变形量	75mm	34.65mm
8	乘员侧假人头部合成加速度峰值	无要求	71.77g
9	乘员侧假人头部 HPC 值	1000	708
10	乘员侧假人左大腿受力	10kN	4.11kN
11	乘员侧假人右大腿受力	10kN	0.71kN
12	乘员侧假人胸骨变形量	75mm	56.97mm

从上表数据可以看出，北斗星车配置安全气囊时，试验中各项指标均远离限值，如果减少安全气囊没有过分恶化整车安全性，完全有可能达到指标要求。

综上所述，北斗星车减少安全气囊，但仍然满足我国法规要求在技术和法规上是可行的，但是必须解决好乘员约束系统的匹配，优化吸能方式。

3 研究目标

（1）取消安全气囊并使用普通安全带，正面碰撞时各项指标应能满足 CMVDR294《关于正面碰撞乘员保护的设计规则》要求。

（2）整车重量基本不增加。

（3）整车其他型能不低于北斗星原型车。

（4）整车外形尺寸和外覆盖件保持不变，尽可能地减少新制零部件的品种和数量，减少开发费用，缩短开发周期。

（5）尽量借用现有的工装、夹具，避免新制大型工装、夹具，减少生产线改造的投入，实现新、老车型的平稳过渡。

（6）部件及整车的工艺性，尽早实现批量生产。

4 开发方式和基本方案

（1）与清华大学汽车工程系进行合作开发。

（2）改进工作分三阶段进行。

第一阶段：

1) 已经做过碰撞实验的车辆进行详细的结构变形及变形方式等测定，深入分析存在的问题，为下一步的改进工作作好前期准备。

2) 验样车运送到清华。

3) 样车进行宏观分析，包括吸能部分情况，乘员保护系统等状况。

4) 根据上述分析情况在清华对样车进行必要的改进。

5) 通过正面碰撞法规试验，出具报告。

第二阶段：

如果实验车出现问题，未能达标，则进行本阶段工作。

1) 提供的 CAD 数模进行 CAE 建模工作。

2) 将初步实验结果与模拟计算结果进行对比分析，修正模型。

3) 提出改进方案并进行模拟计算预测。改进设计应满足以下条件：①使产品符合中国碰撞法规要求（不装安全气袋，并使用非预紧式安全带）；②尽可能少地改动原设计，外形尺寸不变（特别是外形钣金件尽量少做改动）。

4) 结合改进方案进行车身台车碰撞试验。

5) 确定最终的改进方案，进行改进后的整车碰撞试验，最后应达标（除非乘员保护系统方面有问题），出具报告。

6) 开发工作中同时对昌铃公司技术人员进行计算机仿真计算及结构耐撞性等方面的培训，以提高昌铃公司在有限元分析及结构改进方面的技术水平。

如果实验车达标，则项目结束。

第三阶段：

如果第二阶段未能达标，问题出在乘员保护系统方面，则双方经协商一致后进行本阶段工作。

1) 乘员保护系统试验台车。

2) 研究分析乘员保护系统的改进（与附件厂共同进行）。

3) 进行台车碰撞实验，进一步考核乘员保护系统。

4) 第二次改进后的整车碰撞试验，最后应达标。

5 工作内容和技术措施

（1）为并行工作，缩短开发周期，作好在第一阶段未完成开发目标的准备，进行建立北斗星白车身电子模型工作。通过周密安排组织，在一个月内完成了所需的全部数模。

（2）对安全带约束性能进行改进：

1) 采用了低延伸率织带，提高了约束效果。更改了安全带卷收器构架材料，提高了零件强度，严格控制了卷收器芯轴铸造材料元素配比，加大了铸造压力，提高了零件强度。

2) 更改了安全带带头、吊环、带扣、肩高调节器等零件材料及热处理工艺，提高了零部件强度与刚度。

3) 改进了卷收器带感、车感敏感元件，提高了带感、车感的灵敏度，提高了卷簧卷收力矩，采用了大力矩卷簧，调整卷收器棘爪和惯性盘间隙，减少了锁止滞后时间。

4) 格控制了安全带小批量生产一致性。改进后零部件性能见表 2。

表 2　改进后安全带性能

	卷收器强度 N	吊环强度 N	带头强度 N	肩高调节器强度　N	带感性能
GB14166 要求	8850	14900	11200	/	≤50
改进试验数据	12100	24350	25600	34300	34
	车感性能	带扣强度 N	织带强度 N	卷收器卷收力 N	织带延伸率
GB14166 要求	≤25	13500	22300	1～7N	≤30%
改进试验数据	20	20500	29000	3～7N	≤9%

（3）对于座椅，我们按铃木公司图纸核查更改了座椅骨架滑轨材料，严格按铃木公司 SIS P 检查标准检查座椅骨架滑轨焊点分布、焊接强度，确保了实车碰撞不失效。

（4）同时，我们选用了 4 幅软发泡方向盘，仪表板严格按图纸规定的材料。

（5）样品试制试验：为落实上述措施，组织各配套厂商进行了艰苦的样品试制工作。增加了质量控制点，加强了对关键零部件的抽检力度。

（6）碰撞车的准备。严格按技术状态规定进行碰撞试验的样车的试制。精心组织，精益生产，确保样车状态完好。

6　整车碰撞试验

一切准备工作就绪之后， 2003 年 1 月 21 日在清华大学汽车安全与节能国家重点实验室进行了一次碰撞试验。试验取得了圆满成功。各项指标均符合 CMVDR 294《关于正面碰撞乘员保护的设计规则》中的限值要求。主要性能指标如下表所示。

序号	试验项目	法规要求	试验结果
1	试验车速	48～50km/h	49.6km/h
2	车架左侧加速度峰值	无要求	104.1g
3	司机侧假人头部合成加速度峰值	无要求	102.4g
4	司机侧假人头部 HPC 值	1000	752
5	司机侧假人左大腿受力	10kN	2.64kN
6	司机侧假人右大腿受力	10kN	1.952kN
7	司机侧假人胸骨变形量	75mm	27.5mm
8	乘员侧假人头部合成加速度峰值	无要求	74.6g
9	乘员侧假人头部 HPC 值	1000	962
10	乘员侧假人左大腿受力	10kN	6.136kN
11	乘员侧假人右大腿受力	10kN	1.994kN
12	乘员侧假人胸骨变形量	75mm	21.5mm

在试验速度达到 49.6km/h 接近最高速度 50km/h 的情况下，我们的汽车仍然一次试验成功，说明汽车的安全性处在较高的水平。但是通过试验及分析，北斗星车仍存在一些问题有待改进以提高汽车正面碰撞的安全性。

(1) 试验后，副驾驶侧座椅没被有效束缚，发生旋转。主要原因在于内侧的防碰撞拉板从滑轨中过早脱落，导致座椅在惯性的作用下绕外侧防碰撞拉板在滑轨上的固定点发生旋转，使假人膝盖侵入仪表板上手套箱处，致使该侧假人膝盖处受力明显偏大。

(2) 试验录像显示，前排两侧的安全带仍存在延伸率偏大的现象，使两侧假人向前的位移加大。

7 结论

通过前期大量的分析工作，北斗星车通过乘员约束系统的合理匹配，取消了气囊，整车满足碰撞法规要求。但是鉴于试验仍暴露出一些问题，因此诸如座椅防碰撞拉板、座椅滑轨、安全带等零部件则必须进行整改，以保证生产一致性。通过本项目提前圆满完成，公司可以立即恢复不装备安全气囊车型的生产和销售。取消安全气囊、气囊控制器等高关税、高附加值的部件，取消气囊线束、气囊螺旋线束等价格高的部件，用普通紧急锁止安全带代替电子预紧式安全带，用国产转向盘代替进口方向盘等方式，将使整车制造成本在原车型基础上降低大约 4000 元/台，如果今年生产 8 万辆北斗星汽车，其中一半为简配置车的话，该车型将为公司创造产值 20 亿人民币，节约成本 1.6 亿币。

参考文献

1　朱西产. 汽车正面碰撞试验法规及其发展趋势的分析. 汽车工程，2002，（1）

2　史广奎等. 汽车模拟碰撞吸能装置的研究. 汽车技术，2003，（1）

3　王登峰等. 汽车吸能转向机构与驾驶员碰撞的仿真与试验.汽车工程，2003，（1）

基于网络的汽车故障诊断专家系统信息安全研究

张代胜 周卫兵 陈朝阳
合肥工业大学机械与汽车工程学院

[摘要] 依据基于网络的汽车故障诊断专家系统（BN-AFDES）的框架结构和工作流程，分析系统安全威胁，提出了 BN-AFDES 安全设计要求，采用 IDEA 和 RSA 混合加密方式实现了 BN-AFDES 安全结构的设计，经原型系统验证了设计的可行性。

关键词：专家系统 数字签名 IDEA 算法 RSA 算法

The Study of Information Security of Vehicle Fault Diagnose Expert System Based on Network

Zhang Daisheng, Zhou Weibing, Chen Zhaoyang
Hefei University of Technology

[Abstract] According to Vehicle Fault Diagnose Expert System Based on Network's architecture and procedure, the paper analyzes the system security threat, putting forward the BN-AFDES request of security design, adopting the hybrid encryptions method of IDEA algorithm and RSA algorithm to realize the BN-AFDES security architecture design, validating the feasibility of the security design through the use of BN-AFDES prototype.

Key words: expert system digital signature IDEA algorithm RSA algorithm

1 引言

计算机联网技术的发展改变了以单机为主的计算模式。但是，网络入侵的风险和机会也相应地急剧增多[1]。基于网络的汽车故障诊断专家系统（BN-AFDES）[2][3][4]是大型汽车企业 MIS 的重要组成部分之一，该系统连接汽车售后服务行业内各个服务网点，具有管理各类服务信息功能，是企业级服务信息网络的主网络节点。BN-AFDES 采用 C/S 设计结构。BN-AFDES 的安全问题对整个企业级服务信息网络系统有着重大影响，设计安全措施来防范访问系统未经授权的资源和数据，是当前安全领域的一个十分重要而迫切的问题。因此，在 BN-AFDES 的规划当中，应把网络安全放在一个十分重要的位置。

在分析研究了 BN-AFDES 的框架结构和工作流程后，本文采用 IDEA 和 RSA 的混合加密方式来保证 BN-AFDES 中的信息安全。

2 BN-AFDES 的安全威胁分析

在 BN-AFDES 中，安全是指对 BN-AFDES 所存储的资源和 BN-AFDES 客户端和服务端之间传送的信息资源的访问控制。其中，前者主要包括专家知识所形成的规则（ER）、存放在知识库中的知识（DK）、实例库中的实例（DE）；后者包括用户提交的用户名（U）、密码（P）、查询条件（Q）、反馈的实例（E）、反馈的知识（K），特别是专家提交的诊断建议（S）、结论（C）和规则（R）。为了文词规范化和下文表达简洁，统称上述各类资源为信息（M）。BN-AFDES 的工作过程如图 1。其中 $I_{M(U,P,Q,S,C,R)}$ 为发出请求，$R_{M(E,K)}$ 为回答请求，R（0）为拒绝，R（1）为接受，ERD 为规则库，KD 为知识库，ED 为实例库，其它类似。

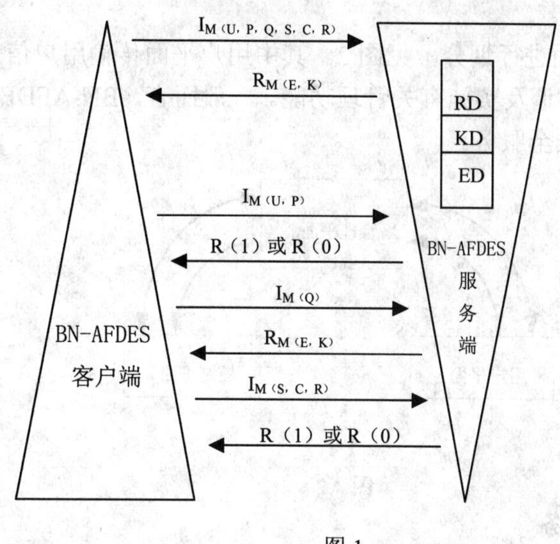

图 1

对 BN-AFDES 分析，可能采取的攻击分为两类：一是主动攻击，即攻击方主动攻击 BN-AFDES 中信息，如伪造、篡改信息（用户名、诊断知识等）；二是被动攻击，主要是 BN-AFDES 所在的缺陷导致被攻击方攻击，如窃听、泄密等。信息认证是防止主动攻击的重要技术，信息加密则是防止被动攻击的基本手段。针对 BN-AFDES 采取的主动攻击方法有：①替换信息：攻击者在传输链路上截收到 BN-AFDES 客户端（或服务端）发送的信息，用自己伪造的信息替换合法信息并发给 BN-AFDES 服务端（或客户端）；②伪冒信息:攻击者假冒一个合法用户发送给 BN-AFDES 服务端一个信息,而实际上该用户并没有发送信息;③相互否认：BN-AFDES 客户端和服务端进行了合法的通信，但事后，客户端否认与服务端进行了合法通信，或者服务端否认与客户端进行了合法通信，或者两者相互否认进行了合法通信；④重复攻击：攻击者截收到一条合法信息并复制下来，然后不断发给客户端（或服务端）。针对 BN-AFDES 采取的被动攻击方法有：①非法窃听：攻击者不但窃听信息的内容，还可在不了解通信内容的情况下采用网络分析仪对 BN-AFDES 的客户端与服务端传送的数据流进行分析；②信息泄露：由于传输链路的不安全性或网络体制自身缺陷导致 BN-AFDES 传输信息失密。

采取上述攻击给 BN-AFDES 安全带来威胁可能来自以下人员：①外部入侵者，指系统的未授权用户。②内部入侵者，指逾越了合法访问权限的系统授权用户。这些内部威胁可以分为：伪装者，指盗用其他人帐户的系统授权用户；暗中行事的用户，指成功地躲过系统审计和检测的系统授权用户。③违法者，指超过了他们的权限的授权用户。④试图获取对系统或数据的访问的人。⑤程序的威胁（软件攻击，如病毒、特洛伊木马、恶意的 Java 或 ActiveX 小程序等）。⑥探测和扫描系统以发现系统漏洞，为将来的攻击做准备的人。

3 BN-AFDES 安全设计

3.1 BN-AFDES 安全设计的特殊要求

根据 BN-AFDES 信息传播特性，进行 BN-AFDES 网络安全设计时必须满足以下独特的要求[5][6]：

（1）由于信息传输在 BN-AFDES 中有高速特性需求，增加安全服务不能引入过多额外的时间延迟。

（2）高速传输速率导致建立连接的对话周期很短，要求对协议进行适当修改使它满足频繁更新密钥的要求，并要求更新密钥建立在长期应用的基础上。

（3）目前的密钥变换可运行在千兆比特速度，加密技术必须能够满足这种要求。

（4）BN-AFDES 运行在不同速率的网络环境下，加密技术要求满足不同用户连接速率的要求。

（5）由于 BN-AFDES 中专家诊断建议等信息特殊性，需要对其内容进行数字签名。

（6）安全服务必须平滑嵌入到现有的 BN-AFDES 结构中。

3.2 BN-AFDES 安全结构设计

BN-AFDES 安全结构按照平面进行划分，见图 2。其中用户平面传输用户信息，控制平面负责信令功能，管理平面负责各个平面间的协调及实施有关管理功能。一般而言，BN-AFDES 安全结构设计主要考虑的是控制平面和用户平面提供的安全服务。

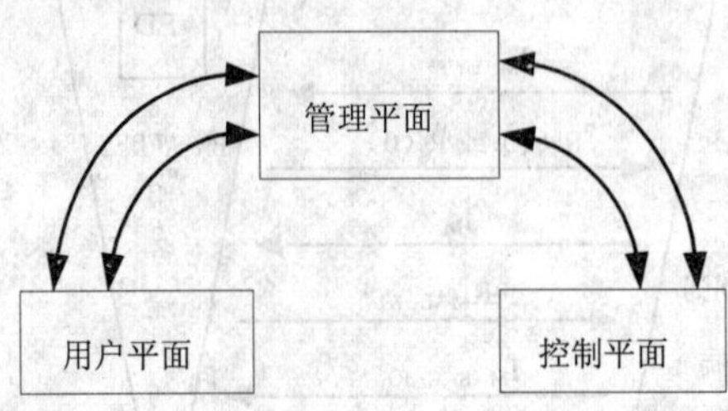

图 2

3.2.1 BN-AFDES 控制平面安全服务

BN-AFDES 的控制平面处理所有与虚连接有关的功能，BN-AFDES 终端通过控制平面发送信令信息建立虚通路连接(S V C)。控制平面的安全服务主要负责提供信令的安全保护，其认证功能要求提供防止欺骗的强保护能力，以保证服务端确信请求信息(或连接信息)由一个可信用户(客户端)发出，即实现客户端和服务端相互认证。同时也有效防止了否认攻击的发生。

3.2.2 BN-AFDES 用户平面安全服务

BN-AFDES 在用户平面进行安全服务主要提供建立虚连接后用户信息传输的保护。BN-AFDES 用户平面的安全服务包括认证服务、访问控制服务、完整性服务以及对话密钥修改等安全服务类型。BN-AFDES 安全服务主要针对以下三种情况：用户到用户，用户到网络及网络到网络。

一般来说，在进行安全设计时有许多方案可供选择。从安全可结合性角度出发，在进行 BN-AFDES 安全结构设计的折衷考虑主要集中于抗重复攻击的认证服务以及安全算法[7][8][9]两个方面。

4 BN-AFDES 的安全结构设计实现方法

4.1 BN-AFDES 采用的信息加密算法

IDEA 算法即国际数据加密算法，是 Xue Jialai 和 James Massey 于 1992 年提出的，是目前已公开的可用的算法中最好的且安全性最强的分组密码算法。在密钥管理方面，IDEA 算法必须在通信前分配密钥，密钥管理复杂度为 $O(n^2)$。

RSA 算法是公开密钥体制的代表，于 1978 年首次推出，并以三位发明者 Rivest、Shamir 和 Adelman 的名字命名。RSA 的安全基于大数分解的困难性。其公开密钥和秘密密钥是一对大素数的函数(100 到 200 位或更大)。RSA 算法的密钥管理复杂度是 $O(n)$。

在传统通信方式中，人们一般依靠手写签名来辨别信息的真伪，在以计算机文件为基础的事务处理中则应采用电子形式的签名，即数字签名。一种完善的签名应满足以下三个条件：①签名者事后不能否认自己的签名；②任何其他人均不能伪造签名；③如果当事双方关于签名真伪发生争执，能够在公正的仲裁者面前通过验证签名来确认其真伪。

由于公开密钥系统可以先解密再加密，即 E（D（X））=X，利用这一特性可进行“数字签名”。数字签名系统是公开密钥加密技术与信息摘要函数（MDF）相结合的产物。信息摘要函数是能把信息集合提炼为一个固定长度数字串的单向不可逆数学函数。首先，用信息摘要函数把要签署的文件内容提炼为一个固定长度的数字，称为信息摘要函数值。签字人用他的秘密密钥加密该值，生成所谓的“数字签名”。收件人在收到经数字签名的文件后，对数字签名进行鉴定。用签字人的公开密钥解开“数字签名”，获得信息摘要函数值，重新计算文件的信息摘要函数，比较其结果，若完全相符，文件内容的完整性、正确性和签字的真实性都得到了保障。因为如果文件被改动，或者有人在没有秘密密钥的情况下冒充签字，都将使数字签名的鉴定过程失败。

总之，IDEA 算法具有密码使用简便及处理速度快等优点，但在密钥分配和保密管理方面存在问题。而 RSA 算法保证了文件加密和传输的可靠性，安全管理容易，但运算量大、处理速度慢。因此为了充分利用两种算法的优点，同时避免其缺点，我们采用 IDEA 和 RSA 的混合加密方式来保证 BN-AFDES 的信息安全。其过程如下：

（1）加密过程　如图 3 所示，随机数发生器产生仅使用一次的 128 位 IDEA 会话密钥，对明文（BN-AFDES 客户端提交的查询条件、用户名等）进行加密，生成密文。另一方面，发方从公钥管理中心获取收方的公开密钥，对会话密钥再作加密。最后，将 RSA 加密后的会话密钥与 IDEA 加密后的密文合并在一起进行发送。

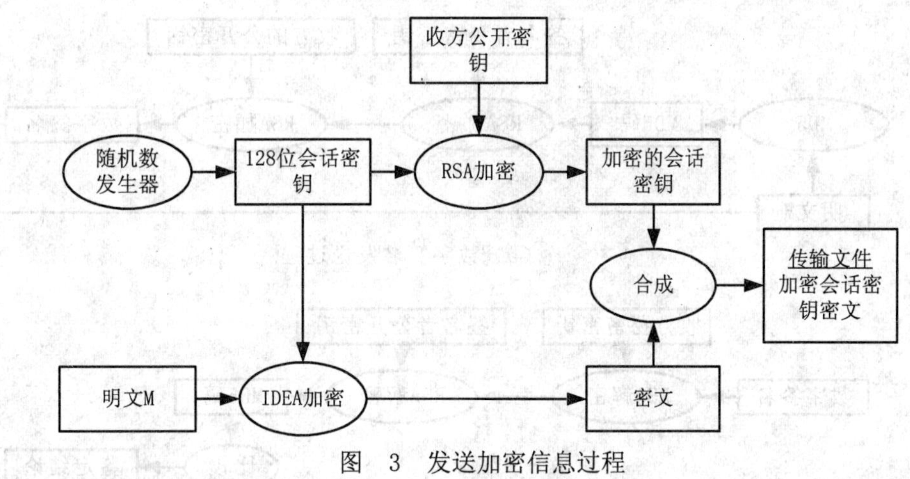

图　3　发送加密信息过程

为防止重复攻击，要求认证信息业务流必须唯一且不断更新，加入了时间章和随机数实现信息的唯一性认证。

（2）解密过程　解密过程如图 4 所示，收方首先将密文拆分成两部分：一部分是经 RSA 算法加密的会话密钥，一部分是经 IDEA 算法和会话密钥加密的原信息内容（BN-AFDES 客户端提交的查询条件、用户名等）。收方用 RSA 秘密密钥恢复出会话密钥，再用会话密钥和 IDEA 解密算法得到原信息内容。

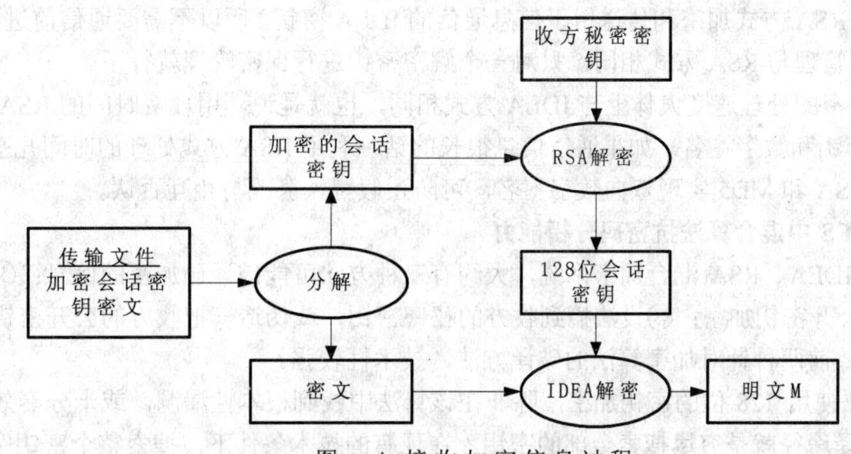

图　4 接收加密信息过程

（3）数字签名与鉴定数字签名　文件在不安全的环境下，通过计算机网络等媒介传输之后，可能会发生意外的错误，甚至被别有用心的人篡改。如果文件带有数字签名，收方可以利用发方的 RSA 公开密钥，来鉴定签名真伪和文件是否经过任何的改动。在 BN-AFDES 中，利用数字签名的这一特性对其传送的重要数据，如专家提交的诊断意见和诊断结论进行数字签名。数字签名的过程与加密过程十分相似。其过程如图 5 所示。

签名时，对被签名的明文内容（专家提交的诊断意见和诊断结论）计算其 MD5 码。该码经过签名者的 RSA 秘密密钥和收方（BN-AFDES 的服务端）公开密钥两次 RSA 加密之后，变成了被加密的 MD5 码，形成数字签名。然后再附加到原明文之后，合并为可向外发送的传输信息。

BN-AFDES 的服务端（收方）在得到带有数字签名的传输信息以后，须对数字签名进行鉴别。鉴别过程与签名过程类似。首先从公钥管理中心取出签名者的 RSA 公开密钥，数字签名经过收方 RSA 秘密密钥和发方（BN-AFDES 的客户端）公开密钥以及解密算法，恢复出 MD5 码。然后，再重新计算原信息的 MD5 码。与前者相比，如果相同，宣布原信息属实，否则原信息或签名已被改动。

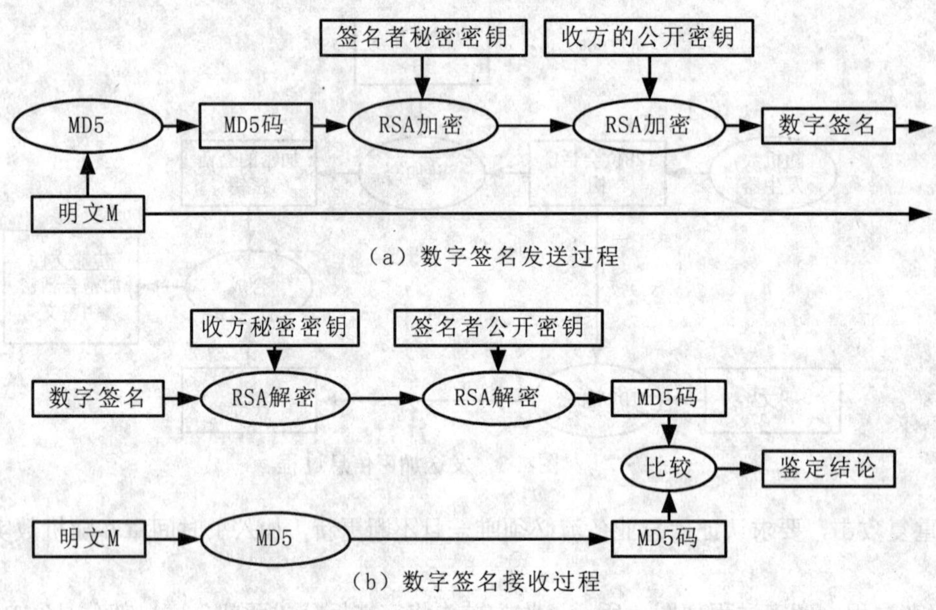

图　5　数字签名和鉴定数字签名过程

这样，由于把 IDEA 算法和 RSA 算法组合起来使用，使系统设计具有如下优点：

1）由于用 RSA 方式加密和传送用于信息通信的 IDEA 密钥，所以不需要通信前进行密钥的秘密发送。

2）密钥的管理与 RSA 方式相同，只对一个解密密钥进行保密管理就行了。

3）加、解密的处理速度大体上与 IDEA 方式相同，也就是说，用耗费时间的 RSA 方式处理的仅仅是 IDEA 的会话密钥和数字签名，如果通信信息很长的话，利用 RSA 方式处理的时间几乎可以忽略不计。

4）利用 RSA 和 MD5 实现双向数字签名，可防止假冒、篡改与相互否认。

4.2　BN-AFDES 中混合算法抗密码分析能力

要想破译 IDEA、RSA 混合加密系统，大约有三种方法可能破译已加密的信息：①破译 IDEA 加密；②破译 RSA 公开密钥加密；③设法搞到收方的秘密密钥，或伪造一把收方的公开密钥。最后一种办法属于非技术手段，前两种针对加密算法的破译方法，技术性较强。

IDEA 算法使用 128 位的密钥加密，除非在该算法中找到根本性漏洞，或十分奏效的密码分析方法，否则唯一的破译途径就是穷尽搜索全部的密钥。在现有的技术条件下，搜索整个密钥空间，共计 2128 把密钥，是完全行不通的。而 RSA 公开密钥加密的安全性完全依赖于分解大数问题，如果 n 为 1024bits (308

位) 模数的 RSA，计算机分解大约需要 10^{10} 年。用文献[10][11]中的方法证明 BN-AFDES 采用 IDEA、RSA 混合加密方式是安全的，另文详述。

5 结 论

作为一个安全系统，对 BN-AFDES 仅采用一种算法是不够的。本文根据 BN-AFDES 中要传输的重要信息，采用 IDEA 和 RSA 的混合加密方式的数字签名技术，兼有加、解密处理速度快的传统密码体制的优点和不需要进行密钥秘密分配，且保密管理的密钥量也较少地公开密钥体制的优点，抗攻击及密码分析能力较强。另外，该系统将网络安全技术应用于汽车故障诊断专家系统中，为信息技术在 BN-AFDES 中应用提供了思路。

参考文献

1 蒋建春，马恒太等. 网络安全入侵检测：研究综述软件学报, 2000，1460～1466

2 Luka J, Stubhan F. Mobile diagnosis. IEEE International Vehicle Electronic Conference, Changchun, China, 1999: 215～220

3 肖应魁. 汽车故障诊断学. 北京：北京理工大学，2001

4 张代胜，王悦等. 融合实例与规则推理的车辆故障诊断专家系统. 机械工程学报：2002.07，91～95

5 蒙杨，刘克龙等. 一种新型的综合型安全系统研究. 软件学报, 2000，616～619

6 Adams D.A. Pappa.S.R Issues in Client/Server Security，Information System Security,1995.27～41

7 卢开澄. 计算机密码学—通信中的保密与安全，北京: 清华大学出版社

8 [美]B.施奈尔. 应用密码学—协议、算法和 C 源程序，成都:国防科学技术保密通信重点实验室

9 Diffie W、Hellman M. New Direction in Cryptography,IEEE Trans.Inform.Theory,1976(It22):644

10 白硕，隋立颖等. 安全协议的验证逻辑. 软件学报，2000，213～221

11 余祥宣，马建平等. 安全性质的可结合性. 软件学报，1998，718～720

基于粗集遗传算法的故障诊断规则提取研究

张树强　韦 伟　张代胜
合肥工业大学机械与汽车工程学院

[摘要] 本文构建基于粗集遗传算法的规则提取系统框架，并结合领域知识用于轴承的故障诊断。结果验证该系统能提高故障诊断的准确率和诊断速度，对保障生产效率具有十分重要的实践意义。

关键词：故障诊断 粗集理论 遗传算法 规则提取

Research on Rule Extraction of Faults diagnosis Based on Rough Set Theory and Genetic Algorithm

Zhang Shuqiang, Wei Wei, Zhang Daisheng
Hefei University of Technology

[Abstract] The paper builds a framework of rule extraction system based on rough set theory and genetic algorithm. The system is used to diagnose bearing's fault and the result shows it is efficient and promising.

Key words: fault diagnosis　rough set theory　genetic algorithm　rule extraction

引言

从大量经验数据中提取规则是数据挖掘的重要研究领域，其重要性在于帮助人们获取真实世界和抽象世界特定范围的必要知识，并进一步利用知识作出合理决策。机械设备的故障诊断就是利用所测取的机械设备在运行中或相对静止条件下的状态信息，通过对所测信息的处理和分析，并结合诊断对象的历史情况，来定量识别机械设备及其部件、零件的实时技术状况，并预知有关故障和预测未来技术状态而确定必要的对策的技术。但随着科技的发展，设备结构日益复杂，故障诊断也越来越困难，因此可将数据挖掘技术引入故障诊断中。

粗集理论(Rough Set, RS)是由波兰华沙理工大学的 Pawlak.Z 教授于 1982 年提出的，已成为人工智能领域的一个新的学术热点。它能够有效地分析和处理不精确、不一致、不完备的信息，并揭示潜在的规律，为分析样本、特征以及它们之间的包含关系提供了有力的数学工具[1][2]。遗传算法(Genetic Algorithm, GA)由于其强大的搜索能力，得到机器学习研究者的密切关注，试图从搜索空间提取有用的信息和知识[3]。本文阐述了基于粗集遗传算法规则提取系统框架，并实例证明了该系统的准确性和有效性。

1 理论基础

1.1 粗集理论

粗集理论出发点在于认为知识是基于人们对研究对象分类的能力。根据当前已有的关于给定问题的知识将问题论域进行划分，然后对划分后的每一部分确定其对某一概念的支持程度，即分为：肯定支持此概念、肯定不支持此概念和可能支持此概念。粗集理论应用的主要思想是在保持分类能力不变的前提下，通过知识的约简，导出概念的简练分类知识[1]。

粗集理论认为知识源于分类，并用等价关系形式化表示。因此，可以这样理解：知识是使用等价关系 R 对离散空间 U 的划分，记为 $U/R=\{X_1,X_2,\dots,X_n\}$，称 X_i 为 U/R 的等价类，$|U/R|$ 表示分类 U/R 的等价类的个数。

知识表达系统 KBS(knowledge based system)可表示为 $S=\langle U,C,D,V,f\rangle$，$U$ 是对象的集合，$A=C\bigcup D$ 是属性集合，子集 C 和 D 分别为条件属性集和决策属性集，$V=\bigcup_{a\in A}V_a$ 是属性值的集合，V_a 表示属性 $a\in A$ 的属性范围，$f:U\times A\to V$ 是一个信息函数，它指定 U 中每一个对象 x 的属性值。知识表达系统可以方便地用表格表示，成为决策表。

知识系统 S，$\forall X\subseteq U$，当 X 为某些 R 基本范畴的并时，称 X 是 R 可定义，否则为不可定义。R 可定义集是论域的子集，它可在 S 中被精确定义，称作 R 精确集；而 R 不可定义集不能在 S 中被定义，不可定义集也称作 R 的粗集。粗集的概念就由此而来，可以定义两个精确的集合来描述：

$$R_{-}(X)=\bigcup\{Y\in U/R;Y\subseteq X\}$$

$$R^{-}(X)=\bigcup\{Y\in U/R;Y\bigcap X\neq\varnothing\}$$

分别称它们为 X 的 R 下近似和 R 上近似。

集合 $BN_R=R^{-}(X)-R_{-}(X)$ 定义为 X 的边界；$POS_R(X)=R_{-}(X)$ 定义为 X 的正域；$NEG_R=U-R_{-}(X)$ 定义为 X 的正域。

1.2 遗传算法

遗传算法起源于达尔文的进化论，是人工智能领域的方法论。它热衷于物种间的竞争，有几个组成部分：

(1) 群体 GA 保持一个类似于染色体的数据群体。通常一个染色体代表一个个体，每个个体以位串的形式表示问题的解决方案。一个“基因”可以是串中一个字符，也可以是串中几个字符。基因值称为属性。群体也称为“代”。

(2) 算子 GA 有三个基本算子：

1) 繁殖 选择要存活的个体。适应度好的个体被选择的几率大。

2) 交叉 繁殖后，个体之间通过一定比率交换某些属性值，实现交叉和生育下一代。

3) 变异 按照一定比率改变某些属性值，有单点变异和多点变异之分。

(3) 参数 许多参数应确定，如群体规模、交叉率、变异率。选择参数时，往往采用经验方法。

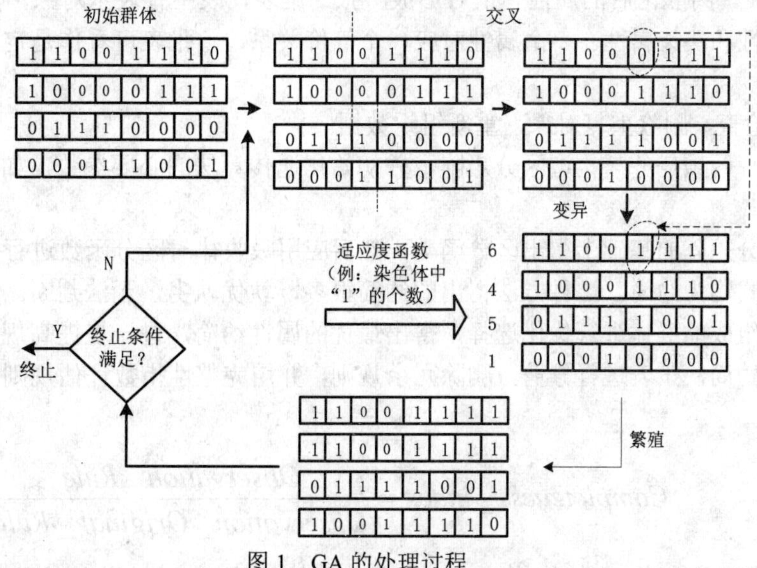

图 1 GA 的处理过程

图 1 显示了遗传算法的基本处理过程。初始群体有 4 个个体，分成两组，形成两对“双亲”。双亲交换部分基因，成为新染色体（称“子代”）。染色体接着变异，其中属性值由“0”变为“1”。变异后，适应度函数计算每个染色体的适应度值。例子中，适应度假设为染色体中“1”的个数。因此，4 个个体适应度值分别为 6，4，5，1。繁殖时，低劣的个体(“1”数最少的个体)被淘汰，优势个体（适应度为 6 的个体）被复制。群体继续进化，直到满足终止条件。

2 基于粗集遗传算法规则提取系统构成

基于粗集遗传算法规则提取系统的框架如图 2 所示。它由四个主要模块组成，即预处理器、粗集分析器、GA 属性约简器、规则修剪器。

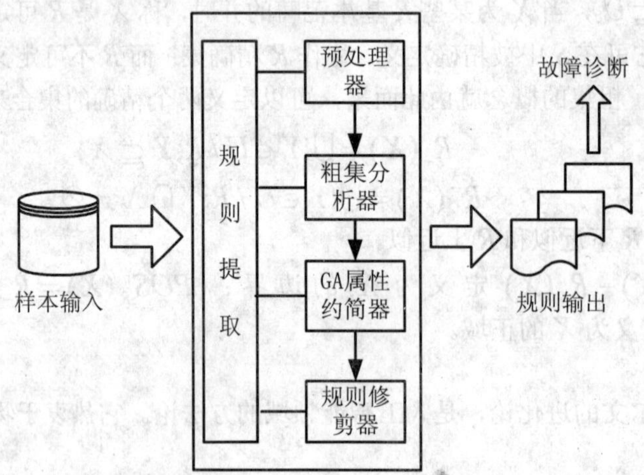

图 2 粗集遗传算法规则提取系统

预处理器的功能有：

(1) 获取输入数据。

(2) 识别属性和其值。RS 理论是一类符号化分析方法，因此粗集分析器在处理数据前，连续属性值必须离散化。常用的离散化方法有：PawlaK.Z 提出的粗糙函数的概念；神经网络方法；利用相关的领域知识，求出与各技术状态等级相对应的征兆临界值，以该数值为分界值对样本数据进行量化。一般来讲，离散化后的空间维数应尽可能小，丢失的信息应尽量少。

(3) 组织决策表。离散化后的属性—值对形成一张二维表，表中行表示对象，如事件或实例，列表示属性，包括条件属性和决策属性。一个属性对应一个等价关系，一张表可看作是定义的一族等价关系，即知识库。

(4) 进行冗余检查，删除重复对象，重新组织数据。

粗集分析器执行两项任务：构造区分矩阵，并初始化遗传算法的必要参数，如群体规模、迭代次数、交叉率和变异率。

约简一般在区分矩阵的基础上得出区分函数，然后应用吸收律对区分函数进行化简，使之成为析取范式。则每个主蕴含式均为约简。这种方法得出的约简很多，孰优孰劣，无法判断。因此可用 GA 属性约简器对区分矩阵各项组成的群体进行优化选择，得出最优的属性约简，进一步提高规则提取质量。

规则修剪器对约简决策表进行修剪，删除冗余规则，并用完整性指数评估规则。完整性指数数学表达式为：

$$Completeness\_index = \frac{Observation\_Rule}{Observation\_Original\_Rule}$$

其中，$Observation\_Rule$ 是规则能正确区分的对象数，$Observation\_Original\_Rule$ 是样本数据

中与规则条件属性相同的对象数。完整性指数实际上表示了一个规则的有用性和有效性。

一旦所有规则从样本数据中提取出来，就可以对故障进行诊断。

3 应用举例

运用本系统对文献 4 数据表（部分数据如表 1）进行规则提取，诊断轴承故障。

表 1　部分样本数据

No.	s1	s2	s3	s4	s5	s6	s7	s8	s9	s10	s11	s12	D
1	97.2	83.1	1.4	0.3	11.0	22.0	25.0	21.0	14.0	15.0	30.7	33.9	0
2	89.4	85.1	0.6	0.4	7.5	8.0	26.5	17.0	14.5	11.0	31.1	21.8	0
3	92.9	82.6	0.9	0.3	5.5	7.5	17.0	12.5	12.5	12.5	21.0	19.2	0
4	97.7	86.3	1.5	0.4	8.5	14.5	22.5	17.0	15.0	13.0	28.3	25.9	0
5	107.7	97.7	4.9	1.5	23.0	31.0	95.0	75.0	46.0	43.0	108.0	91.8	1
6	94.2	79.4	1.0	0.2	6.3	2.8	14.5	5.2	15.5	4.5	22.1	7.4	0
7	94.4	75.8	1.0	0.1	6.5	3.1	11.5	5.7	18.0	4.2	22.3	7.7	0
8	94.9	77.6	1.1	0.2	6.0	4.5	12.5	6.8	20.5	5.5	24.7	9.8	0
9	95.3	78.8	1.2	0.2	6.3	3.7	15.0	4.8	21.0	5.5	26.6	8.2	0
10	93.0	71.7	0.9	0.1	8.5	1.1	17.0	3.5	22.0	1.8	29.1	4.1	0
11	94.3	76.8	1.0	0.1	6.3	2.8	11.0	5.5	19.5	4.8	23.3	7.8	0
12	95.1	76.6	1.1	0.1	6.5	2.5	12.0	5.5	11.5	4.5	17.8	7.5	0
13	102.4	102.1	2.6	2.5	5.0	17.0	17.0	25.5	9.5	26.5	20.1	40.5	0
14	107.7	97.3	4.9	1.5	27.0	33.0	90.0	81.0	47.0	46.0	105.1	98.8	1
15	103.0	104.0	2.8	3.2	20.0	27.0	76.0	76.0	38.0	52.0	87.3	96.0	1
16	95.0	84.0	1.1	0.3	8.0	15.0	26.0	36.0	22.0	34.0	35.0	51.7	0
17	103.6	92.1	3.0	0.8	17.0	23.0	65.0	45.0	31.0	27.0	74.0	57.3	1
18	99.9	95.3	2.0	1.2	5.6	11.0	16.5	17.0	9.5	15.5	19.8	25.5	0

具体步骤如下：

(1) 连续属性离散化。表 1 中决策属性只分为两类（0 和 1），所有每个条件属性只需要一个分割点[5]，数据表也相容。表 2 显示了系统划分的属性分割点。

表 2　属性分割点

属性	s1	s2	s3	s4	s5	s6	s7	s8	s9	s10	s11	s12
分割点	103.1	93.5	3.5	1.5	19.2	28.5	69.0	65.3	36.5	43.1	80.8	85.0

(2) 建立决策表，删除冗余对象。小于分割点值记为“0”，大于等于分割点值记为“1”。表 3 是删除冗余后的部分决策表。

表 3　部分决策表

No.	s1	s2	s3	s4	s5	s6	s7	s8	s9	s10	s11	s12	D
1	0	0	0	0	0	0	0	0	0	0	0	0	0
5	1	1	1	1	1	1	1	1	1	0	1	1	1
6	0	0	1	0	0	0	0	0	0	0	0	0	0
13	0	1	0	1	0	0	0	0	0	0	0	0	0
16	1	1	0	1	1	0	0	1	0	1	1	1	1
17	1	0	1	0	0	0	0	0	0	0	0	0	1
18	0	1	0	0	0	0	0	0	0	0	0	0	0

(3) 构造区分矩阵如表 4，激活 GA 属性约简器，初始群体规模为区分矩阵内所有项，迭代次数为 20，交叉率 $P_c = 0.6$，变异率 $P_m = 0.05$。

表 4 区分矩阵

No.	1	5	6	13	16	17	18	…
1								
5	s1-s9,s11,s12							
6		s1,s2,s4-s9 s11,s12						
13		s1,s3,s5-s9 s11,s12						
16	s1,s2,s4,s5, s8,s10-s12		s1-s5,s8, s10-s12	s1,s5,s8,s1 0-s12				
17	s1,s3		s1	s1-s4				
18		s1,s3- s9, s11,s12			s1,s4,s5,s8, s10-s12	s1,s2, s3		
…								

(4) GA 求出最优约简。

每个位串代表区分矩阵的一项，即两个对象的区分属性集，某位为 1 时表示该属性存在，否则不存在。这样每个位串 h 是一个约简的候选，所有约简组成初始群体。对 Bjorvand 提出的适应度函数[6]稍作如下修改：

$$Fitness(h) = \left(\frac{N - L_h}{n} + \frac{C_h}{(m^2 - m)/2} \right)^2$$

其中，N 是属性集合的长度，L_h 是 h 中 1 的个数。C_h 是 h 能区分的对象个数，与上面的完整性指数意义相同。n 是群体尺寸，m 是对象的个数。平方算子有利于低适应度位串的抑制和高适应度位串的繁殖，加速了算法收敛。

采用轮赌法选择，即当群体中第 i 个个体的适应度值为 $Fitness_i$，则这一个体被选择的概率为

$$P_i = Fitness_i \Big/ \sum Fitness_i$$

个体适应度值越大，其被选择的机率就越高，反之亦然。

求得最优约简为$\{s_2, s_6, s_7, s_8, s_9\}\{s_6, s_7, s_8, s_9, s_{10}\}\{s_1, s_7, s_8, s_9, s_{10}\}$

(5) 以$\{s_1, s_7, s_8, s_9, s_{10}\}$为例，进行规则修剪和评价，结果见表 5。

表 5 部分规则

s1	s7	s8	s9	s10	D	Completeness_index
0	0	0	0	0	0	100%
1	1	1	1	0	1	98.7%
1	0	1	0	1	1	97.5%

4 结论

该系统利用遗传算法对粗集理论的约简进行优化，提高了规则提取的准确性，实验进一步证明系统的有效性。从实际来讲，系统稍加改造，就可用于其它设备的规则提取，只是样本数据需重新收集，条件属性和决策属性要重新定义，这种可移植性是系统的主要特色。规则和系统的进一步完善，可以进行在线诊断。

参考文献

1 Pawlak Z. Rough Sets[J]. International Journal of Information and Computer Science, 1982,11:341～356

2 Zdizislaw Pawlak, Jerzy Grzymala-Busse, Roman Slowinski, et al. Rough Set[J]. Communication of the ACM, 1995,38(11):89～95

3 Ali Kamrani, Wang Rong, Ricardo Gonzalez. A genetic algorithm methodology for data mining and intelligence knowledge acquisition[J]. Computer & Industrial Engineering, 2001,40:367～377

4 Ryszard Nowicki. Evaluation of vibroacoustic diagnostic symptoms by means of the rough sets theory[J]. Computers in Industry,1992,20(2):141～152

5 Khoo, L.P., & Zhai, L.Y.(2000). Rclass: A prototype rough-set and genetic algorithms enhanced multi-concept classification system for manufacturing diagnosis[J]. In J. Wang, & Kusiak(Eds), Computational intelligence in manufacturing handbook(pp.19-1-19-20). Boca Taton, FL: CRC Press

6 胡可云, 陆玉昌, 石纯一. 粗糙集理论及其应用进展[J]. 清华大学学报（自然科学版）, 2001,Vol.41, No.1

7 史忠植. 知识发现[M]. 北京：清华大学出版社, 2002

汽车故障诊断知识库管理系统的研究

陈朝阳　王永宽　张代胜
合肥工业大学机械与汽车工程学院

[摘要] 本文针对汽车故障诊断专家系统中知识库的特点，设计了一种基于 Windows 平台的知识库管理系统（Knowledgebase Management System 以下简称 KBMS），该系统充分利用了数据库技术，实现了对知识库中知识的存储、增加、删除、修改和查询，以及对知识进行一致性和完整性校验。为汽车故障诊断专家系统的开发和运用奠定了重要基础。

关键词： 故障诊断 专家系统 知识库 知识库管理系统

Research on Knowledgebase Management Systemin the Vehicle Fault Diagnose

Chen Zhaoyang, Wang Yongkuan, Zhang Daisheng
Hefei University of Technology

[Abstract] According to the characteristic of knowledgebase in the vehicle fault diagnose expert system， we designed a knowledgebase management system. the system makes fully use of database technology to realize knowledge store、add、delete、modify and seek. Besides, it can also check the consistency and integrality of knowledge .in a word the system establishes a important base of the whole vehicle fault diagnose expert system.

Key words：fault diagnose expert system knowledgebase knowledge base management

1 引言

汽车故障诊断专家系统主要由三部分组成：知识库管理系统、推理系统和人机接口系统。其中知识库管理系统(KBMS)是以适当形式表示的领域专家知识的集合，包括常识的、书本的和经验的。故障诊断专家系统运行过程中所需要的知识都是由知识库来提供的。系统的推理、决策都是围绕着运用知识库中存储的知识进行匹配、决策、归纳、演算等操作，从而得到最终结果。因此，在某种意义上来说，知识库建造的好坏直接影响到整个专家系统是否成功，而构造高效、完善的知识库管理系统将会对整个汽车故障专家系统性能的提高起到非常重要的作用。

目前，SQL Server 这种基于客户机/服务器模式的关系数据库在各行各业得到了广泛的应用,它在易用性、可伸缩性、可靠性以及数据仓库等方面都有非常明显的优势和特点。基于此以及汽车故障诊断这一特定领域知识的特点，我们选取 SQL Server 为汽车故障诊断知识库的构造工具，保证了系统知识库部分的数据量和安全性不断发展的需要，以及知识库管理维护的方便性和知识库、数据库易于移植性的需要，使系统知识库能轻易的和其他数据库系统（如 Oracle、Sybase、Excess）进行数据共享。另外，专家系统中的知识库管理系统充分利用了 SQL Server 自身强大的知识库管理与维护功能，保证了知识库的数据完整性、一致性及安全性。

2 故障诊断知识库的建立

由于汽车故障诊断专家系统采用了融合实例（Case）与规则(Rule)的推理方法，为了更好的对知识库进行管理和维护，把知识库分成两个部分：实例库和规则库。其中实例是指以前曾成功解决过的问题或案例。结合汽车结构特点，将实例库分为三个子库：发动机库、底盘库以及汽车电器库。每一个子库又划分为若干个小块，每一小块对应一张表。如汽车电器部分划分为：电器仪表系统、照明与灯光信号系统、汽车空调系统 、电动门窗系统、安全气囊系统、汽车音响系统这 6 块。所以汽车电器子库包含 6 张表，每一张表记录了该块的所有故障诊断实例。每个诊断实例看作是一条记录，诊断实例所需要的参数为一个字段。具体的实例表示方法如表 1 所示。

表 1　汽车故障诊断实例的存储

故障号	故障描述	车辆型号	空调形式	热源	故障原因	诊断方法	故障排除措施	状态
1	空调无制冷作用	桑塔纳 2000	制冷		1.制冷剂不足；2. 系统脏堵；3. 冷凝器风机不转	用压力计检查系统压力....	检修补漏后向系统补充制冷剂....	1

表 1 中的字段“状态”是指该条记录是否处于激活状态（只有激活的记录才是可用的记录）。如果值为 1 表示该条记录处于激活状态，相反，如果其值为 0，则表示该条记录有错误，暂时处于静止状态。规则则是表达由一定的前提推出确定的结论的知识，故障诊断中的规则一般都是领域专家从长期的实践经验中得出的规律性的结论。规则的一般形式是：If X Then　Y ，这里 X 表示前提，Y 表示结论。和实例库一样，规则库也分为发动机、底盘和电器 3 部分。每一部分又划分为若干块，每一块对应一个规则表。规则采用表 2 的形式记录：

表 2　汽车故障诊断规则的存储

规则号	规则名	规则前提	规则结论	结论补充	规则可信度	状态
1	发动机故障 1	启动时，启动机发出嗒，嗒声，启动不连续很难使发动机启动	启动机电磁开关中的维持线圈开路	维持线圈开路一般由线圈头与接点开焊折断引起	0.85	1

知识库中存储的领域专家知识可以由蕴含关系的规则来表达：If X Then （Y，CON），含义为“如果 X 成立则有置信度为 CON 的结论 Y”，上式笛卡尔乘积的形式表示为：<X,Y,CON>。当然故障诊断知识库中的实例库和规则库并不相互独立，相反它们是有密切联系的。运用专家系统中的知识挖掘机制对实例库中的实例进行研究，挖掘出“准”规则，将这些准规则存放到一个临时库中，然后请领域专家对这些规则进行逐一检查，合格的存放到规则库中，不合格的抛弃。整个汽车故障诊断知识库的结构如图 1 所示。

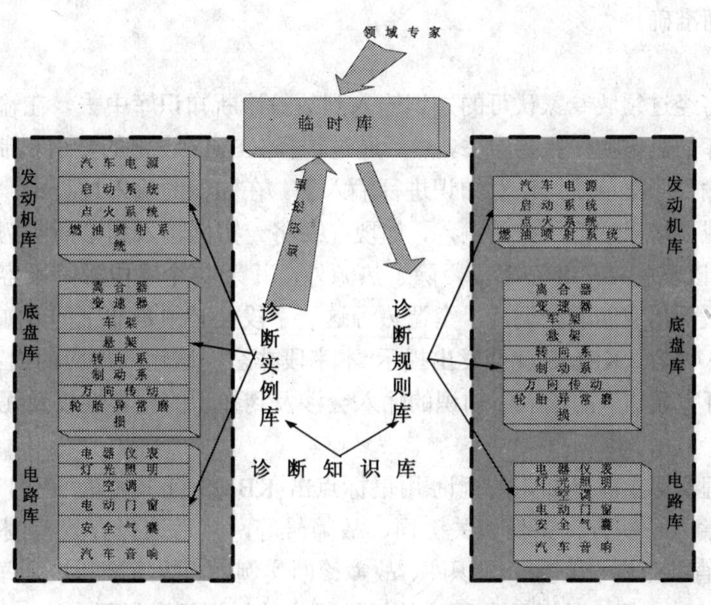

图 1　汽车故障诊断知识库结构图

3 故障诊断知识库管理系统的总体结构

本文的汽车故障诊断知识库管理系统(KBMS)是以 Delphi 5.0 为开发工具,采用 SQL Server 为后台数据库而开发的.其总体结构可分为三层，如图 2 所示。

由于汽车故障诊断的工作量是巨大的,而且随着 KBMS 应用的不断深入,其功能和结构都会有所变化,系统的维护就成为 KBMS 基本定型后经常进行的工作。而要做到系统维护和修改方便、数据的兼容性好,最好的方法就是使数据的存取和逻辑操作相分离。为达到此目的.我们在知识库管理系统设计时将所有的操作函数分为三层：知识库管理层，知识库层，知识库表层。其中知识库管理层直接面向应用，用于知识库管理的各项操作调用，它直接调用知识库层的各函数；知识库层函数位于知识库管理层和知识库表层之间，起到连接两层函数的纽带作用；知识库表层函数直接实现知识在知识库中的存取、查询、修改、删除等操作，它直接面向数据库，操作的对象为底层函数。具体实现时，对于每一个具体的知识库管理操作，都将其分为三层调用形式来实现，各层函数完成的功能不同。这样，当因功能或需求的改变而使知识库管理层的功能发生变动时，如添加数据项、选用另一种数据库时，它都只影响本层的操作，而其它层不必修改。

4 知识库管理系统的知识管理

汽车故障诊断这一特定领域的特点，决定了故障诊断知识库要管理的知识具有多样性、复杂性以及模糊性等特点。另外，要管理的知识量是庞大的，而且故障诊断的每一步都离不开知识库的支持。因此，知识库中知识的调用、检索和查询效率，知识的一致性维护和完整性检查等都成为知识库管理系统建造的是否成功的关键。本文的知识库管理系统（KBMS）充分利用了关系数据库 SQL Server 的知识，实现了对知识的输入、查询、浏览、删除、修改等基本管理；提供知识的一致性、完整性以及亢余检查；实现了数据库形式的知识存储模式。

5 知识的基本管理

KBMS 中知识的基本管理可以在其主界面上直接进行操作，通过选取相应的菜单项或快捷便可以完成相应的操作，方便而准确。

5.1 知识的存入

知识的存储是将经过领域专家认可的知识输入到故障诊断知识库中去，在输入知识前，用户须明确要将知识添加到知识库的具体哪一张表中去，然后通过选择 KBMS 设定的索引机制进入该表的操作界面，点击编辑主菜单下的输入子菜单就可以对知识进行输入了。在知识的输入过程中，知识库管理系统会设定一些知识输入的格式或要求以规范用户的输入，如现在要将一实例输入到诊断实例库的汽车电器子库的空调表中去(参看表 1)，该表总共有 8 个字段，除了热源外，其余 7 个字段都是不容许为空值的，而当用户选择的空调形式为冷暖两用或制暖空调后，空调热源这一字段又必须是非空的，如果用户在输入知识时，某一非空字段没有输入内容，KBMS 就会发出提示“本字段非空，请输入相应的内容”。用户输入完以后，点击“保存”按钮，便可完成知识的输入。知识的输入会涉及到知识的相容性以及冗余等问题。

5.2 知识的取出

知识的取出管理实际上就是知识的查询.用鼠标点击 KBMS 工具栏的“查询”按钮，知识库便进入查询状态。首先用户要输入一些查询条件如关键词、故障号等，然后选择查找范围后就可以进行知识的查询了.KBMS 将知识的查找范围设为整个知识库、故障诊断实例库、故障诊断规则库 3 种。如果知识库中没有符合条件的知识，KBMS 便给以提示.如果有的话，相应的知识便会显示在 KBMS 的主界面中，用户还可以对这些知识进行 2 次查询或更多次的查询直到找到需要的知识为止。

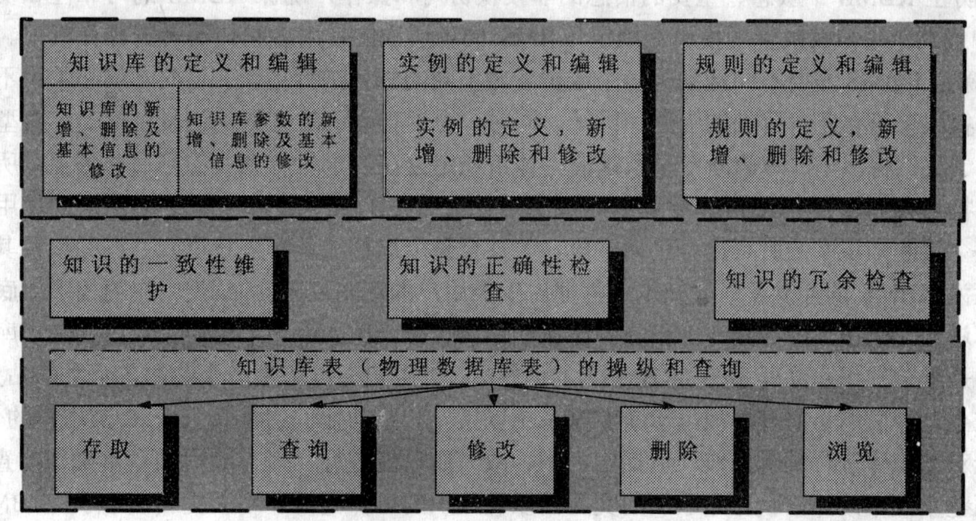

图 2　汽车故障诊断知识库管理系统的基本结构

5.3　知识的删除和修改

在知识库的使用过程中，若发现一些知识误差很大或错误很多，可以对知识进行删除或修改。首先选择要删除或修改的记录，然后点击编辑菜单下的删除或修改子菜单。为了防止误操作，系统在删除知识时会提示是否真的要删除该条记录。当选择了修改子菜单后，该条记录便进入编辑状态，此时便可以对知识进行修改了，修改完毕后，点击保存，退出编辑状态,便可完成知识的修改。

5.4　知识的检验管理

(1) 正确性检验

KBMS 的正确性检验主要是对故障诊断知识库中的知识进行语法检查，对语法检查不合格的记录，将其状态设为不激活状态（即将该记录的状态属性值设为 0）。为了实现对知识库中的不合法知识进行检验，我们利用 SQL 语言设计的关系数据库中的触发器在新知识增加时自动、及时的检验知识的合法性，保证了将这些错误消除在萌发阶段。

(2) 多义性检验

这种检验主要是对规则库中的规则而言的，当已经给出完备的规则前提时应该得到唯一的结论，如果知识库中存在前提相同而结论不同的规则就出现了多义性的错误.如现有两条规则，它们的前提均为接通点火开关后，启动机不转。但前一条规则的结论是由蓄电池的故障引起的，而后一条记录的结论却是由启动机本身的故障引起的.当发现此类错误后，知识库管理系统会将这些记录提交给领域专家进行处理。

(3) 冗余检验

冗余检验是检查诊断知识库中是否存在完全相同或非常相似的记录，特别是在规则库中要检查是否存在结论相同而规则前提中除有些条件互逆外其余的条件都相同或等价的规则。如果存在上述两种情况，则需要将这些知识进行合并，消除知识冗余。

(4) 知识的一致性检验

故障诊断知识库管理系统中知识的一致性检验主要是检查知识库中是否存在自相矛盾的知识.如果在相同情形下根据知识库的不同知识会导致不相容的动作或结论，如都是桑塔纳 2000 车的空调无制冷作用，由一条记录导出的结论是由缺少制冷剂引起的，而由另一条记录却得出是由制冷剂过多引起的。这时，KBMS 就会发出矛盾信号，提示出现了一致性的错误。

6　用户权限管理

为了防止 KBMS 中敏感、重要的信息的非授权访问和操作，确保 KBMS 的可靠性和安全性，我们在 KBMS 中设立了用户权限管理模块。规定 KBMS 的各层次的使用者和使用者的操作权限。由于知识需要不断的更新，KBMS 需要不同级别的多个维护者对不同的知识进行更新。这时，就必须为不同的维护者赋予不同的权限来进行各自范围的管理和维护。同时，为了管理上的方便，还可以把一定类型的用户划分为群组。由于我们将汽车故障诊断专家系统的主体市场定位在汽车生产企业的售后服务上。所以根据汽车生产企业的特点我们将整个 KBMS 的用户等级设为 4 级 A、B、C、D。其中 A 类用户的使用权限最大，他可以对整个诊断知识库的所有内容包括字段、表甚至整个局部知识库进行增减、删除以及其它操作；A 类用户一般为 KBMS 的开发者，如知识工程师。B 类用户的使用权限比 A 类用户的权限要底一些，他不能对知识库进行影响很大的操作，如删除和添加知识库表等。B 类用户一般为企业内的知识库管理员，他的任务主要是维护知识库管理系统（KBMS）的运行。C 类用户为汽车生产企业的各个维修站点的工作人员，他们通过企业内联网访问汽车故障诊断专家系统以指导和帮助他们的维修服务。C 类用户的使用权限较低，他们不能对知识库进行编辑操作（包括增、删、改）而只能进行一些非编辑的基本操作如查询和浏览等。为了保证整个汽车故障诊断专家系统的交互性以及知识的可扩充性和不断更新，我们在 KBMS 中设立了留言板的功能。C 类用户可以通过留言板对整个 KBMS 和汽车故障诊断专家系统发表意见、指出知识库中的错误以及提供知识库中目前还没有的实例或规则。企业可以派专人负责 KBMS 的流言板，及时发现和整理有价值的留言送到知识库管理员处.知识库管理员进行相应处理后再将一些不能确定的问题交给知识工程师,这样就保证了知识库中知识的不断扩充和更新。D 类用户是除 A、B、C 类用户以外的所有用户，是使用权限最底的一种用户群体。具体实现时，用户首先必须输入用户名和密码以登陆 KBMS，KBMS 再根据用户输入的用户名判断其属于哪种类型的用户，赋予相应的操作权限。图 3 简要说明了 KBMS 用户权限管理的结构。

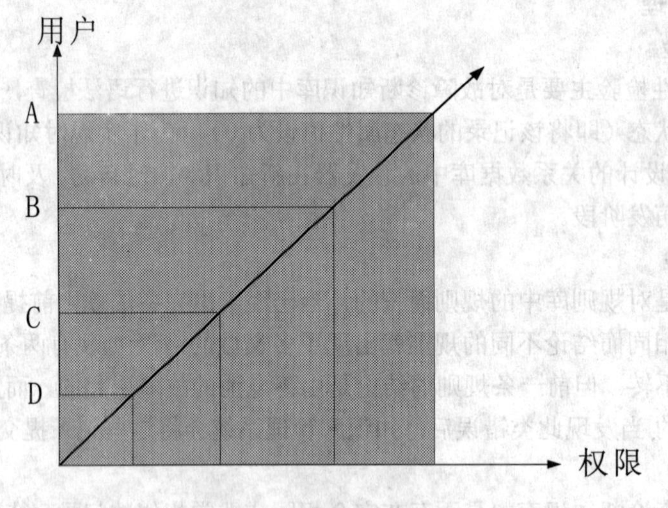

图 3 用户权限管理示意图

7 知识库运行管理

知识库运行管理是指在知识库管理系统运行时协调会话、通讯和显示等。如在对知识库进行修改知识时，就不能再查询了。在不同时刻，可能实例库中实例数目不同,通过“统计”可以了解实例数目的变化等。总之，知识库运行管理主要是在总体上控制知识库管理系统的变化。

8 结论

应用 Delphi 5.0 和 SQL Server 为工具开发的汽车故障诊断知识库管理系统(KBMS)，用户界面良好，操作直观简便，运行准确高效。该系统作为汽车故障诊断专家系统的一个子系统，提高了整个专家系统的综合诊断能力以及汽车故障诊断的方便性、准确性，具有很强的应用价值。

参考文献

1 格得劳（美）. SQL Server 2000 从入门到精通 . 北京：电子工业出版社，2001

2 Kyoung-jae,Ingoo han. Maintaining case-based reasoning systems using a genetic algorithms approach. Expert Systems With Applications, 2001, 21:139~145

3 张代胜,王悦.融合实例与规则推理的车辆故障诊断专家系统.机械工程学报, 2002,38(7):91~95

4 徐享忠,王精业.知识管理的模型框架及其关键技术.计算机工程, 2002,28(2)

5 徐洁磐.知识库系统导论.北京:科学出版社, 2000

6 李维.Delphi 5.x 多层分布式应用体系. 北京:机械工业出版社, 2000

7 R.Weber,D.W.Aha. Intelligent lessons learned systems. Expert Systems With Applications, 2001,17:17~34

8 肖应魁 . 汽车故障诊断学 . 北京：北京理工大学，2001

动力电池综合性能测试系统的开发研制

李国洪 资新运 刘鲁源

天津大学自动化学院 天津清源电动车辆有限公司 解放军军事交通学院

[摘要] 电动汽车动力电池综合性能测试系统以上位工控机作为系统的控制核心，系统集采集、数据处理、充放电控制、数据显示、打印于一体，可实时检测动力电池的单体（或模块）电压、充放电电流、电池壳体温度、估计电池容量及剩余电量。充放电过程可手动控制，也可自动控制。经实际使用证明，本系统性能稳定、实用性强、充放电电流可达 300A，满足电动汽车用大容量动力电池和电池组的充放电性能检测、容量检测、能量测量和寿命实验，解决了电动汽车用动力电池检测的难题。

关键词：电动汽车动力电池 性能 测试

1 前言

近年来，由于环境污染和石油资源日益枯竭，电动汽车（包括纯电动汽车和混合动力电动汽车）已成为世界汽车领域研究和发展的热点，电动汽车的一些关键技术也相继取得突破，蓄电池技术、能源管理系统、电力驱动及其控制技术和车体技术等关键技术已经开始进入实际应用阶段。相对其它关键技术，蓄电池技术仍不是十分成熟且成本较高，是当前制约电动汽车应用的主要瓶颈技术。因此，选择合适的蓄电池并加以合理的使用对电动汽车来说是十分重要的。

为了正确地评价、选择和合理地使用蓄电池，在电动汽车的实际应用条件下对蓄电池进行试验和研究。由于蓄电池车载试验成本高、测试手段受限，针对电动汽车的实际使用条件，自主开发了一套适合多种蓄电池（铅酸电池、锂离子电池、镍氢电池等）的全自动蓄电池测试评价系统。该系统利用模拟仿真技术，在实验室模拟蓄电池车载使用的状况，进行测试评价与试验研究，从而以较低的成本获得蓄电池性能评价。同时，该系统提供可为电池能量管理研究提供试验平台，最终实现合理地使用蓄电池，及时显示蓄电池状态并处理故障。经过实际使用，该系统精度高、性能稳定、可靠，完全满足电池性能检测要求。本文就系统的检测原理、技术路线和测量结果等方面进行介绍。

2 动力电池检测要求

动力电池的检测特性主要包括：电池端电压、充放电电流、电池表面温度、电池内阻、容量、寿命、荷电保持能力等。一般来说，一次充放电过程可测试得到上述大部分指标。

动力电池的性能检测一般可分为几个阶段：①充电阶段。有峰值电压、充电电流、充电模式、充电时间、充电安时数、记录时间间隔、电压差等设定。充电终止以先满足的条件为依据。当充电时间、充电安时数、峰值电压、电压差等其中任一条件满足时，即停止充电，避免过充电。②充放电间隔。充放电之间的自然放电状态。③放电阶段。该阶段有放电模式、放电时间、电压截止、记录时间间隔、电压差、等设定。电池的充放电容量、内阻等在充放电过程得到，剩余电量相应得到。④周期间隔。多周期工作时两周期之间的时间间隔，此阶段电池处于自放电状态。

下图是动力电池组综合测试系统框图。

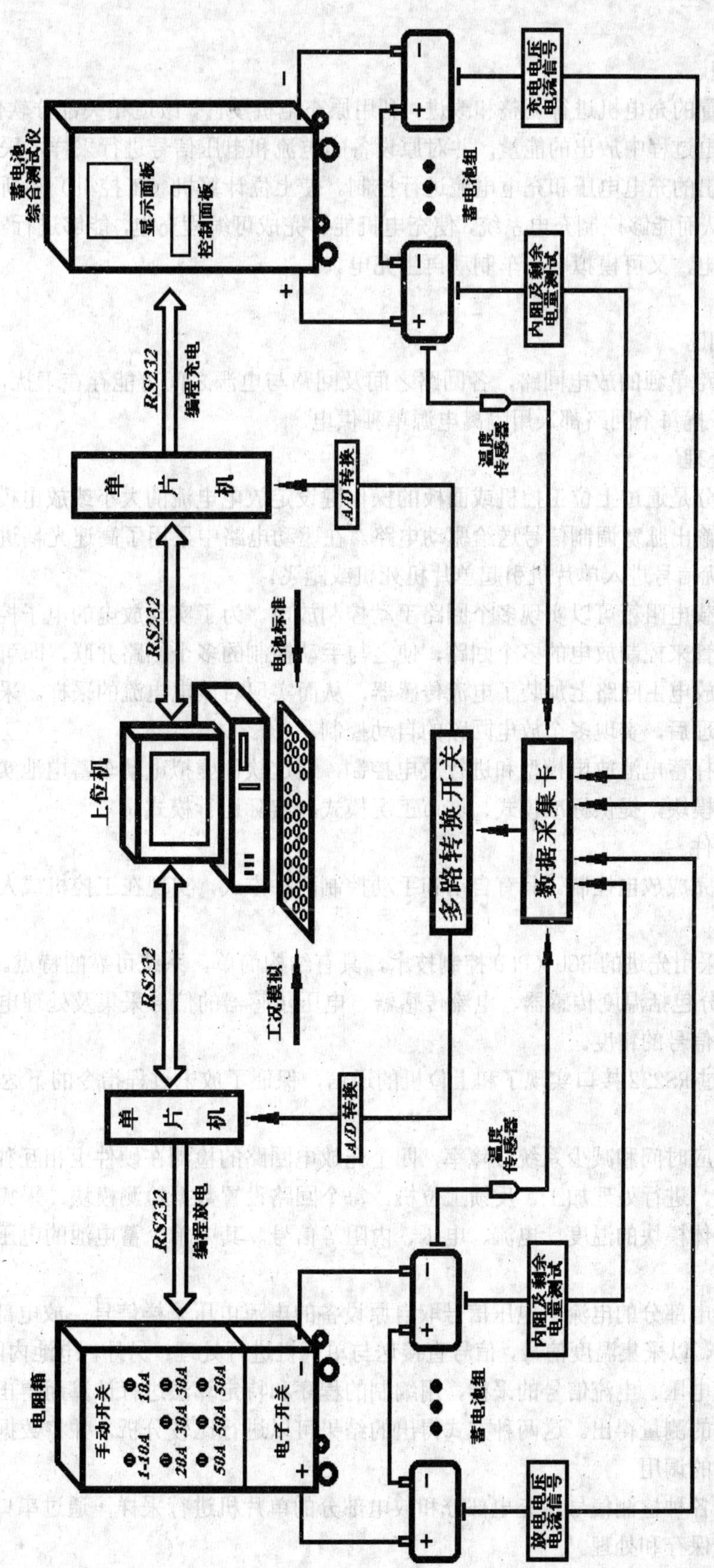

蓄电池综合测试系统总体框图

3 系统测试原理

3.1 充电工作原理

充电部分对购置的充电机进行调整和改进，利用原充电机硬件，改造相关部分软件，加装放电电阻箱，以消耗动力电池放电过程中放出的能量，并对原设备的电流和电压信号进行采样，采样信号输入新设计的单片机，从而对输出的充电电压和充电电流进行控制。使上位计算机（工控机）和新设计的单片机通过串行接口进行通讯，从而能够控制充电系统，使充电机能够完成可编程充电，能够进行实现自动变电流充电，既可按标准进行充电，又可模拟电动车制动再生充电。

3.2 放电原理

3.2.1 蓄电池放电回路

整体划分为多路单独的放电回路，各回路之间及回路与电源之间可能存在干扰，为了防止 MOSFET 与 MOSFET 之间干扰每个回路都采用隔离电源单独供电。

3.2.2 驱动信号的处理

蓄电池放电部分是通过上位工控机或面板的操作键设定放电电流的大小或放电模式，它将信号传送给单片机，单片机将输出脉宽调制信号送给驱动电路。在驱动电路中采用了高速光耦进行信号隔离，防止功率 MOSFET 的干扰信号进入单片机引起单片机死机或跑飞。

购置的放电负载电阻箱可以实现多个回路手动控制放电。为了实现放电的电子控制，放电部分选用了多只大功率场效应管来控制放电的多个回路，使之与手动控制的多个回路并联，即可以实现放电的手动和自动的切换。并在放电主回路上加装了电流传感器，从而实现对放电电流的采样。采样信号送给放电部分的单片机，经过处理后，实现多个放电回路的自动控制。

这样，可以选择蓄电池放电模型和进行放电控制，通过软件虚拟电动车蓄电池实际放电工作状态，蓄电池用电模式选择模块，提供标准模式、城市工况模式和实际运行模式。

3.2.3 放电控制硬件

放电控制模块完成放电控制。具有自动和手动控制两种方式，实现在工控机或人工指令下的放电过程控制。

(1) 控制模块采用先进的 ECU+CPLD 控制技术，具有结构简单，系统可靠的特点。

(2) 传感器部分包括温度传感器、电流传感器、电压传感器的信号采集及处理电路，采取了适当的抗干扰措施，保证了信号的精度。

(3) 本系统通过 RS232 接口实现了和上位机的通信，保证了放电过程指令的下达和过程参数的上传。

3.3 数据检测

为保证测试响应时间和减少系统故障率，四个充放电回路的检测在硬件上相互独立，因此测试软件可实时采集过程参数，进行处理加工，反馈上位机。每个回路设置数据检测模块，采集相应硬件线路上电池组或每一路电池单体模块的温度、电流、电压、内阻等信号。其中单个蓄电池的电压、内阻和温度都采用巡检方式。

具体如下：充电部分的电流、电压信号取自原设备的电流电压采样信号；放电部分加装电流传感器；配置了温度传感器，以采集温度信号，信号直接送与单片机进行处理；另外，电池内阻的检测有两种方式：一是通过对电池的电压、电流信号的采样，用编制的程序和特定算法进行计算而得出；二是通过蓄电池内阻检测仪进行直接的测量得出。这两种方式得出的结果可以进行比较分析，并将数据存入系统数据库中进行保存，以便以后的调用。

每组蓄电池的各种检测信号由充电部分和放电部分的单片机进行采样，通过串口输入到上位计算机，由上位计算机进行保存和处理。

下图是数据检测硬件结构框图。

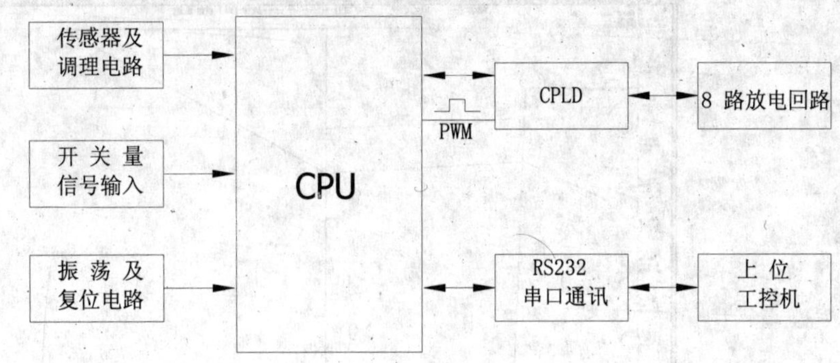

数据检测硬件结构框图

3.4 数据显示

蓄电池综合测试系统具有独立的数据显示模块，对于放电部分，在放电负载电阻箱的面板上加装数据显示模块。实时显示组电压、电流、温度（电池组平均温度）、SOC、环境温度。

单个蓄电池的数据显示在上位工控机采用图形和数据表结合的方式来显示。

电池的故障诊断与报警。

3.5 控制软件

开发的测试系统具备以下软件功能：

系统能够与蓄电池硬件控制部分通过串口方式进行通信，接收测试数据存入数据库，并且向下位机传送各种控制命令，具有良好的用户接口；可输入编辑蓄电池充放电制度；控制充放电装置按给定的制度进行充放电，能同时对 4 个充放电回路进行管理；对处于测试状态的蓄电池的参数进行测试并显示；具有管理被测蓄电池和测试数据的数据库；故障测试并诊断、保护硬件；打印测试结果等。

4 系统技术指标

(1) 输入系统电压 380V、50Hz 交流电，总功率 120kW；

(2) 系统共四路：2 路 0~18V、1 路、0~150V，1 路 100~400V；

(3) 可检测充放电特性、容量、能量、电池壳体温度、剩余电量 SOC；

(4) 电池充放电电流（0~300A）±0.5%FS；

(5) 电池充放电电压（0~400V）±0.5%FS；

(6) 充放电循环周期数：理论上无次数限制。

5 测试结果分析

经实际使用证明，本系统性能稳定、实用性强、充放电电流可达 300A，电压测试精度为 0.5%，电流精度为 0.5%，总电压精度为 1%，温度精度为±0.5°C，系统使用温度范围为-10°C~60°C。完全满足电动汽车用大容量动力电池和电池组的充放电性能检测、容量检测、能量测量和寿命实验，解决了电动汽车用动力电池检测的难题。

下图是一个 12V、55AH 单体模块电池的充放电过程图。

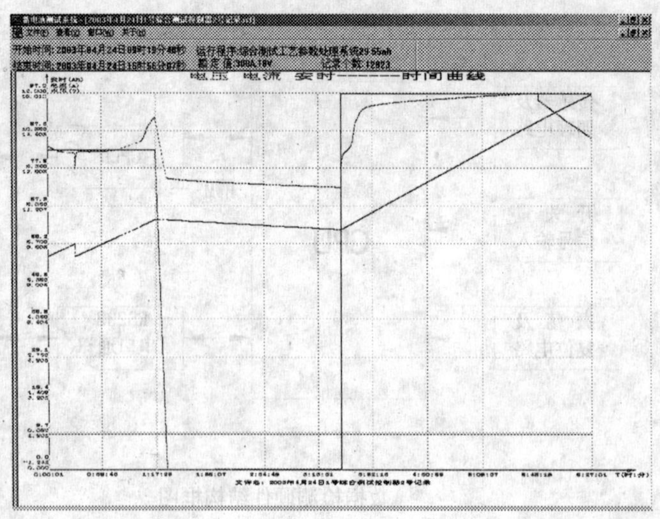

参考文献

1 曾巍等. 电动车用动力电池检测系统. 电源技术，2001 NO.1

2 张培仁等. MCS-51 单片机原理与应用. 北京：清华大学出版社，2003

3 王幸之等. 单片机应用系统抗干扰技术. 北京：北京航空航天大学出版社，2001

汽车驾驶员反应能力评价方法的研究

王国业　余群

中国农业大学工学院

[摘要] 汽车驾驶员反应能力属于汽车驾驶员的职业适应性的研究范畴。本文作者通过对北京地区不同群体的150 名驾驶员反应能力的综合测试及分析，提出了与驾驶员职业适应性密切相关的驾驶员反应能力的评价方法和评价指标。

关键词：　汽车驾驶员　反应能力

1　概述

汽车驾驶员职业适应性检查应该包括身体条件检查和心理条件检查，而现行的驾驶员考核标准一般只作身体条件检查。但是国内外研究已经表明，心理条件检查是驾驶员职业适应性检查的一个不可忽视的重要方面。与驾驶员职业适应性关系最为密切的心理条件就是驾驶员的反应能力。本文依据对实际测试结果的研究试图得出驾驶员反应能力的检查方法和标准。

2　汽车驾驶员反应能力的构成

“反应”在心理学上泛指机体对刺激的回答。其存在于一切有机体对刺激物作用的规律性回答中。对于“高级动物”人，会因身体内外的变化而发生肌肉运动或腺体分泌，以及其它有关的人的活动。在驾驶汽车的过程中，人会对身体以外的刺激作出各种反应，包括驾驶操作的反应，它与驾驶安全有直接关系，这种驾驶操作反应的速度和准确性反映了驾驶员的反应能力。

从上述概念出发，反应能力是一项综合能力。要对外界刺激作出正确回答，首先要充分感知外界刺激，其次要认清刺激性质，最后作出正确的动作回答。心理学上，反应能力一般用反应时间来衡量，即用有机体感受刺激开始到作出反应这段时间来作为反应能力的评价指标。人的反应时间会随感觉通道、反应器、身体状况、刺激的性质和强度、练习程度、主体经验及测试条件等多种因素的不同而不同。因此，反应时间的测量应结合具体情况在规范的条件下进行，而对于不同的感觉通道和反应器其反应时间也是不同的。

反应时间一般由两部分组成，感知时间（T_z）和动作时间(T_d)。感知时间是自刺激信号发生，经感受器、感觉神经、中枢神经传到运动神经所经历的时间。动作时间是刺激信号自运动神经传到动作器及至动作器开始动作所经历的时间，因此，反应时间应为感知时间（T_z）和动作时间(T_d)之和，即 $T_R=T_z+T_d$。

上述所指反应时间为一般心理学意义上的反应时间。而对于驾驶安全有直接意义的驾驶员反应时间还应该包括从动作器开始动作到车辆系统达到操作目标这段时间，在此称为操作时间(T_c)。操作时间反映了人的运动能力、机器性能以及其相互作用的协调性。因此，驾驶员的反应时间(Ts)应该是一般心理学意义上的反应时间（T_R）和操作时间之和（T_c），即 $T_s=T_R+T_c$。

除反应时间之外，反应的准确性和稳定性也应该作为驾驶员反应能力的一个方面。因此，驾驶员反应能力应该由驾驶员的反应时间(Ts)、反应的准确性和反应的稳定性等构成。

3　驾驶员反应能力的评价方法

3.1　反应能力的测试

驾驶员反应能力的测试应该用统一规范的驾驶模拟装置进行。心理学上，反应时间一般用反应应答器来测量，这种反应应答器所测量的只是上述提到的反应时间(T_R)，而不是驾驶员的反应时间（T_S）。因此，用于驾驶员反应能力的测试的驾驶模拟装置应该包括反应应答器、汽车驾驶操作装置（转向装置、制动装置、离合装置和油门）。反应应答器为电子装置，由信号发生器、驾驶操作传感器和测试结果记录仪组成。

汽车驾驶操作装置的空间布置、操作力和操作行程应符合人机工程学的要求，也即符合典型的汽车驾驶室结构，只有这样测试结果才有可参照性和实际意义。为此，我们根据上述要求研制出汽车驾驶员反应能力的测试装置。

3.2 反应能力的评价指标

确定驾驶员反应能力的评价指标的依据依然是驾驶过程中驾驶员的各种驾驶反应情况。我们从驾驶过程中驾驶员对体外刺激信息的处理过程进行分析可知，与驾驶有关的刺激信息源主要是道路上的视觉信息（如行人、车辆、红绿灯等），其次是车辆内外的听觉信息，而在视觉范围内视觉信息应先于听觉信息被感知；接受到刺激信息后驾驶员的最主要的反应动作是转向和制动，而且两者与交通安全有直接关系。因此，从具有实际意义出发，我们确定驾驶员反应能力的测试项目为：光信号转向反应时间（*agp*）、光信号制动反应时间（*bgp*）。

测试规程如下：首先驾驶员坐于反应能力驾驶模拟测试装置上，注视前方水平位置 2M 远处的信号发生器；

光信号转向反应时间（*Agp*，以下简称：转向反应时）：当信号发生器发出黄色信号时，驾驶员转动方向盘分别到左、右 180 度，各连续测 10 次（有效次数）。

光信号制动反应时间（*Bgp*，以下简称：制动反应时）：当信号发生器发出红色信号时，驾驶员右脚从初始位置油门踏板上，迅速移到制动踏板上并将制动踏板踩到制动位置，连续测 10 次（有效次数）。

根据以上测试项目我们得出驾驶员反应能力的评价指标为：转向反应时（*Agp*）、制动反应时（*Bgp*）、行为稳定性（*wdp*）。其计算方法为：

$$Agp = \sum_{i=1}^{k} at_i / k$$

其中 at_i 为各次转向反应时的有效值，k 为有效次数；

$$Bgp = \sum_{i=1}^{k} bt_i / k$$

其中 bt_i 为各次制动反应时的有效值，k 为有效次数；

$$wdp = \sqrt{s_1^{\ 2} + s_2^{\ 2}}$$

其中 s_1 、s_2分别为 at_i、bt_i 的均方差。

Wdp 反映了 at_i、bt_i 的离散情况，从而反映了驾驶员动作行为的稳定性。

3.3 测试结果的分析

根据上述确定的测试项目和评价指标，我们对北京地区不同群体的 150 名驾驶员反应能力的测试结果进行了统计分析，分析结果见表 1。由表中可见三项指标的测量值相对是比较集中的，这说明测试结果具有一定的可信性。我们取三项指标 95%的置信区间的上限作为驾驶员反应能力评价指标的标准值，见表 2。对于此标准的合理性以下还需要进一步的论证。

表 1 驾驶员反应能力测试结果分析

项目	Agp（秒）	Bgp（秒）	wdp
均值（E）	0.846	0.679	0.252
方差（S）	0.055	0.093	0.052
置信区间（95%）	0.836~0.856	0.663~0.696	0.242~0.261

表 2　驾驶员反应能力评价指标

项目	*Agp*（秒）	*Bgp*（秒）	*wdp*
标准值	0.856	0.696	0.261

对于上述结果的可信性，我们从另一个方面也可以加以证实。心理学研究表明：一般心理学意义上的反应时间，即上述提到的感知时间（Tz）和动作时间(Td)之和 T_R，对于光信号一般 T_R=0.2~0.3 秒。本文所提到的驾驶员驾驶过程中的反应时间 $T_S=T_R+T_c$，其中 Tc 为驾驶员开始操作驾驶装置到驾驶装置完全起作用这段时间，其值作为纯操作时间（即无信号刺激时，连续操作的时间）我们也进行了测试，结果见表 3，其中 Acp、Acp 分别为纯转向操作时间和纯制动操作时间。结合表 1 可得，对于转向反应测试 T_R= Agp-Acp=0.296，对于制动反应测试 T_R= Bgp-Bcp=0.299。可见测试结果和一般心理的研究是一致的。

表 3　驾驶员操作时间

项目	*Acp*（秒）	*Bcp*（秒）
均值（E）	0.550	0.380
方差（S）	0.075	0.060
置信区间（95%）	0.535~0.565	0.367~0.392

上述提出的驾驶员反应能力的评价标准能否作为考核驾驶员的一个指标，我们作了进一步研究。在对驾驶员进行测试的同时我们对驾驶员驾驶情况的历史记录进行了调查，结合测试结果我们得出了事故组和无事故组的显著性分析，见表 4。当 a=0.05 时，显著性 u(1-a/2)=1.96，当 a=0.1 时，显著性 u(1-a/2)=1.65。对照表中结果我们可以得出如下结论：①三项指标事故组和无事故组存在较为显著的差异，说明事故组和无事故组对于反应能力检查在总体上存在较为明显的差异性。②无事故组三项指标的均值均小于上述标准值，事故组三项指标的均值均大于上述标准值，这说明无事故组反应能力检查合格率远远大于事故。由此可以说明以上述标准进行驾驶员反应能力的检查具有参考价值和可行性。

表 4　事故组和无事故组显著性检验

项目	*agp*（秒）	*bgp*（秒）	*wdp*
事故组均值（E）	0.878	0.761	0.263
方差（S）	0.049	0.119	0.043
无事故组均值（E）	0.855	0.686	0.247
方差（S）	0.057	0.099	0.049
显著性（u）	1.719	2.885	1.472

4　结论

本文试图为驾驶员职业适应性的反应能力检查提出一套初步的检查方法和标准，但驾驶员的反应能力检查能否作为考核驾驶员的一个统一标准还不能就此得得出结论，还有待于进一步的研究。通过我们的研究可以认为：对驾驶员进行反应能力的检查是具有实际意义的，如果将驾驶员的反应能力检查作为考核驾驶员的参考标准是可行的，其检查数据的不断积累可以为进一步的研究提供可靠依据。

参考文献

1　伍正良. 机动车驾驶员视觉功能与交通安全关系调查分析. 道路交通工程, No.1 1990

2　左腾伍. 汽车的安全. 北京：机械工业出版社，1988

3　荆其诚等. 心理学概论. 北京：科学出版社，1988

4　刘金秋等. 驾驶员职业适应性检查和培训设备. 汽车运输研究，No.3 1990

汽车四轮定位仪计算模型的建立

王国业　刘昭度

中国农业大学工学院　北京理工大学车辆工程学院

[摘要] 本文探讨了汽车四轮定位测量计算模型的建立，明确了汽车四轮定位参数的几何意义；根据测量原理，用几何关系推导出车轮前束，转向主销倾角的计算方法，由推导过程可以看出，此计算方法完全由几何关系得到，不存在测量计算原理上的误差，系统误差仅由测量误差和传递误差构成。因此，本文所介绍的汽车四轮定位的测量计算模型具有较高的实际应用价值。

关键词：汽车　四轮定位　计算模型

1　引言

为了提高性能现代汽车在结构上有了很大的变化，其中车轮定位已从转向轮定位发展到四轮定位。汽车四轮定位大大提高了汽车高速行驶时的操纵稳定性、制动性、平顺性以及减小了车轮的磨损，尤其当前后轮均采用独立悬架时，更有必要。

在生产和维修中，四轮定位的检测较转向轮定位的检测技术要求要高，为提高生产率和检测精度，现在普遍采用由微机控制的具有自动实时检测功能的四轮定位仪。国内目前使用的四轮定位仪主要是从国外进口，国内还处于起步阶段，少数已经上市产品性能上不够完善。为进一步提高我国四轮定位仪的技术水平，本文就四轮定位仪中最关键的测量计算模型的建立进行深入的探讨。测量计算模型直接关系到四轮定位仪测量原理的正确性和测量精度。

汽车四轮定位仪测量的包括：前轮前束、后轮前束、前轮外倾、后轮外倾和主销后倾。其中前轮外倾、后轮外倾可用倾角仪直接测出，无须建立计算模型。本文就前轮前束、后轮前束和主销后倾的测量计算进行了探讨。

2　前、后轮前束值计算模型的建立

2.1　前、后轮前束值的定义

出于方便测量起见，前束值过去一直采用左右轮的前后轮缘的距离之差来表示。目前国内外生产的四轮定位仪均采用先进的光电式传感器，如图 1 所示。使直接测量每个车轮的前束角更为方便，因此，车轮的前束值可直接用车轮的前束角来表示。

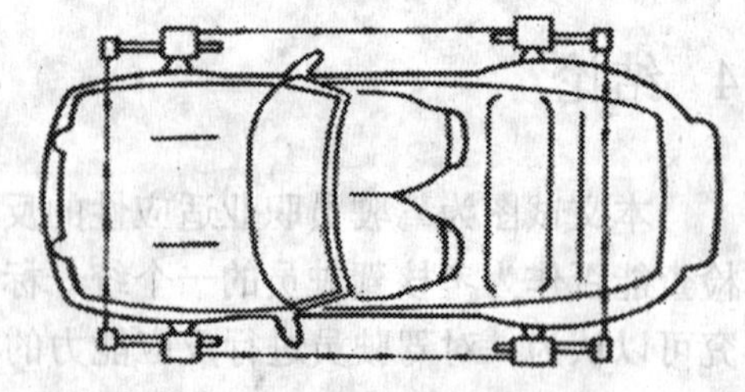

图 1　光电式四轮定位仪测量原理

四轮定位仪测量计算几何模型如图 2 所示。图中，①为汽车中心对称线，即前、后轮距中点的连线。②为推力线，即两后轮前束角的平分线，推力线②与中心对称线①的夹角为推力角。③、④分别为前、后桥轴线，δ_1、δ_2、δ_3、δ_4分别为各车轮轴线与前、后桥轴线的夹角。ρ_1、ρ_2、ρ_3、ρ_4、Y_1、Y_2、Y_3、Y_4由光电传感器测出。图 3 为图 2 中的放大部分，D 点为右侧前后激光束与前轴线的交点，D_1点为两光电传感器中点的连线（与车轮中心线垂直）与前轴线的交点。其余 C、C1、E、E1、F、F1 的定义与 D、D_1同理。前、后轮前束角的计算如下。

2.2　后轮前束角

由上述定义可求出后轮前束角，分别设为θ_3和θ_4，如图 2 所示。

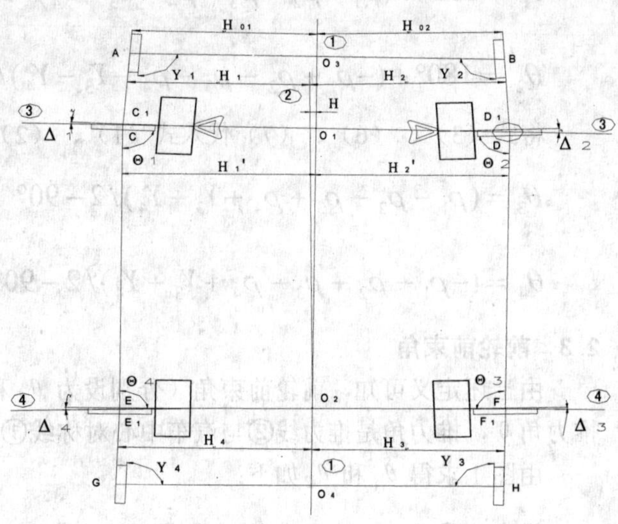

图 2 四轮定位仪测量计算几何模型

在 $\triangle O_4O_2F_1H$ 中，

有 $\angle O_4O_2F_1 = 180° - (\rho_4 - \delta_4 + \theta_1')$ ，

$\angle O_2F_1H = \delta_3 + 90°)$，$\angle O_2O_4 / F_1H = \theta_3$

从而，由

$$\angle O_4O_2F_1 + \angle O_2F_1H + \angle O_2O_4 / F_1H = 180°$$

得：

$$\theta_3 = \rho_4 - \delta_3 - \delta_4 + \theta_1' - 90° \quad (1)$$

同理由 $\triangle O_4O_2E_1G$ 得：

$$\theta_4 = \rho_3 - \delta_3 - \delta_4 + \theta_2' - 90° \quad (2)$$

求$\delta_3 + \delta_4$，由 $\triangle E_1GHF_1$ 得：

$$Y_3 + Y_4 + 90° + \delta_3 + 90° + \delta_4 = 360°$$

所以，

$$\delta_3 + \delta_4 = 180° - Y_3 - Y_4 \quad (3)$$

求θ_1'和θ_2'，在 $\square CDFE$ 中，

有$\angle CEF = \rho_4 - \delta_4$，$\angle EFD = \rho_3 - \delta_3$，$\angle CE / DF = \theta_1' + \theta_2'$

由$\angle CEF + \angle EFD + \angle CE / DF = 180°$，得$\theta_1' + \theta_2' = 180° - \rho_3 - \rho_4 + \delta_3 + \delta_4$，将式（3）代入得：

$$\theta_1' + \theta_2' = 360° - \rho_3 - \rho_4 - Y_3 - Y_4 \quad (4)$$

利用求解后轮前束角时，两前轮相对于汽车中心对称线的前束角（分别设为 θ_{01}和 θ_{02}）相等的条件求θ_1'和θ_2'的另一个方程。

在 $\triangle ACO_1O_2$ 中，有$\angle CO_1O_2 = 180° - \rho_2 - \delta_2 + \theta_2'$，$\angle ACO_1 = 90° - \delta_1$，$\angle AC / O_1O_2 = \theta_{01}$由$\angle CO_1O_2 + \angle ACO_1 + \angle AC / O_1O_2 = 180°$，得$\theta_{01} = \rho_2 + \delta_1 + \delta_2 - \theta_2' - 90°$

同理由 $\square O_1O_2BD$ 得$\theta_{02} = \rho_1 + \delta_1 + \delta_2 - \theta_1' - 90°$，由条件$\theta_{01} = \theta_{02}$得：

$$\theta_1' - \theta_2' = \rho_1 - \rho_2 \quad (5)$$

解方程组（4）和（5）得：

$$\theta_1' = 180° + (\rho_1 - \rho_2 - \rho_3 - \rho_4 - Y_3 - Y_4)/2 \quad (6)$$

$$\theta_2' = 180° + (-\rho_1 + \rho_2 - \rho_3 - \rho_4 - Y_3 - Y_4)/2 \quad (7)$$

将式（3）、（6）、（7）代入式（1）、（2）可得：

$$\theta_3 = (\rho_1 - \rho_2 - \rho_3 + \rho_4 + Y_3 + Y_4)/2 - 90° \quad (8)$$

$$\theta_4 = (-\rho_1 + \rho_2 + \rho_3 - \rho_4 + Y_3 + Y_4)/2 - 90° \quad (9)$$

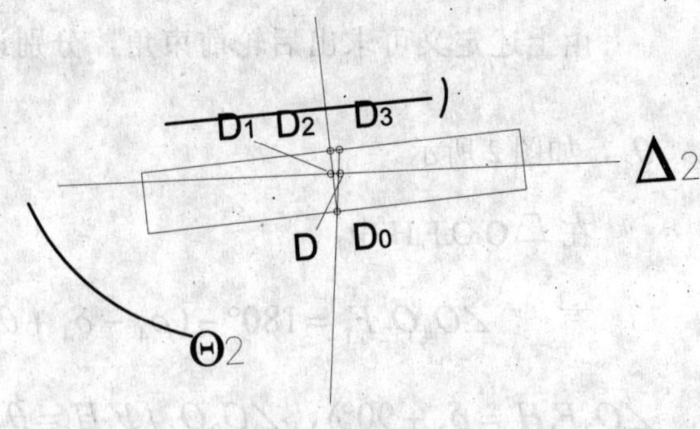

图 3 图 2 中的放大部分

2.3 前轮前束角

由上述定义可知，前轮前束角（分别设为 θ_1 和 θ_2）分别为两前轮相对于推力线的夹角，所以首先求推力角 θ，推力角是推力线②与汽车中心对称线①的夹角。

由图 1 求得 θ_1 和 θ_2 如下：

推力线②是 F_1H 和 E_1G 的平分线，所以，$\theta = \theta_3 - (\theta_3 + \theta_4)/2$，将式（8）、（9）代入得：

$$\theta = (\rho_1 - \rho_2 - \rho_3 + \rho_4)/2 \quad (10)$$

汽车中心对称线①也是 AC、BD 的角平分线，所以，$\theta_1 = \theta_{01} + \theta$，$\theta_2 = \theta_{02} + \theta$。

由⏢ABDC 得 $Y_1 + Y_2 + 90° + \delta_1 + 90° + \delta_2 = 360°$，所以，

$$\delta_1 + \delta_2 = 180° - Y_1 - Y_2 \quad (11)$$

将 θ_{01}、θ_{02} 和式（6）、（7）、（11）代入 $\theta_1 = \theta_{01} + \theta$，$\theta_2 = \theta_{02} + \theta$ 得：

$$\theta_1 = (\rho_1 - \rho_2 - \rho_3 + \rho_4 + Y_1 + Y_2)/2 - 90° \quad (12)$$

$$\theta_2 = (-\rho_1 + \rho_2 + \rho_3 - \rho_4 + Y_1 + Y_2)/2 - 90° \quad (13)$$

3 转向轮主销倾角计算模型

设主销后倾角为 β，如图 4，车轮左右转 20^0 时车轮相应倾角的变化量为 Δ_1 和 Δ_2，Δ_1 和 Δ_2 可由倾角仪测出，*AB* 为主销。

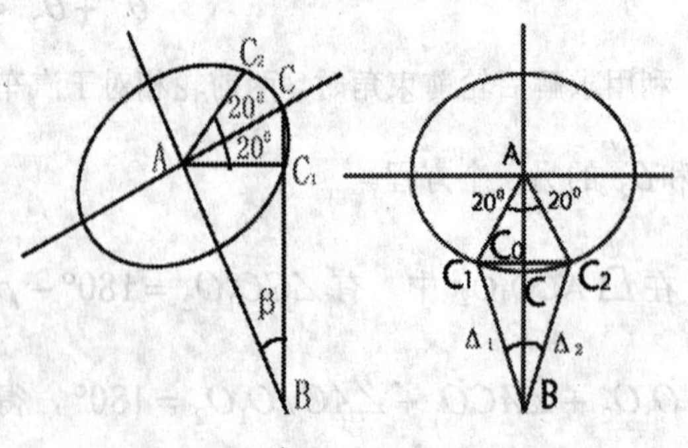

图 4 主销后倾角测量原理

在 $\triangle AC_1C_0$ 中，

$$C_0C_1 = AC_1 \times \sin 20° = AC \times \sin 20°$$

在 $\triangle BC_1C_0$ 中，

$$C_0C_1 = BC_1 \times \sin \Delta_1 = BC \times \sin \Delta_2$$

故：$\sin \Delta_1 = (AC / BC) \times \sin 20°$

同理：

$$\sin \Delta_2 = (AC / BC) \times \sin 20°$$

从而，$$\sin\Delta_1 + \sin\Delta_2 = 2(AC/BC) \times \sin 20°$$

而，$$AC/BC = \sin\beta,\ \sin 20° = 0.342$$

所以，$$\sin\beta = 1.46(\sin\Delta_1 + \sin\Delta_2)$$

主销内倾角可以同理求得。

4 结论

本文就汽车四轮定位中最关键的测量计算模型的计算问题进行了探讨，根据测量原理，用几何关系推导出前、后车轮前束，转向主销倾角的计算方法。计算方法完全由几何关系推导得出，所以，不存在测量计算原理上的误差，系统误差仅由测量误差和传递误差构成，这种误差可以通过系统校正来消除，因此，本文所介绍的汽车四轮定位的测量计算模型能大大提高汽车四轮定位仪的测量精度，希望能使我国四轮定位仪的技术水平得到进一步的提高。

参考文献

1 刘昭度，韩秀坤编著. 汽车检测技术与设备. 北京：中国劳动社会保障出版社，2002

2 David Johnson. Four Wheel Alignment. Society of Automotive Engineers Inc.,2002

3 GB 7258—1997. 机动车运行安全技术条件. 国家技术监督局, 1997.4

论混凝土搅拌运输车的行驶速度限制

贺 劲 周润珈 帅国菊 钟正强

长沙中联重工科技发展股份有限公司 国家建筑城建机械质量监验中心

[摘要] 本文对混凝土搅拌运输车的行驶侧翻现象进行了分析，强调限制其最高行驶车速的重要性，提出了安全车速取值建议，阐述了在其产品使用说明书中提出安全车速的必要性。

关键词：混凝土搅拌运输车 行驶速度限制

Aspects on the Speed-limit of Concrete Mixing Truck

He Jin, Zhou Runjia, Shuai Guoju, Zhong Zhengqiang

Zoomlion Heavy Industry & Science Co. Ltd.

China National Quality Supervision & Test Center for Construction & Urban-Building Machiner

[Abstract] This article analyzed the driving speed of concrete mixing truck from mechanical view and emphasized the importance of the speed limit for it. The speed value of safe driving of the truck was proposed and the necessity of indicating the speed value in the product instruction of concrete mixing truck was stressed.

Key words: concrete mixing truck speed-limit

关于混凝土搅拌运输车的最高车速（以下简称运输车），各厂家的广告所提及的几乎都是底盘车改装前的最高车速，一般在 90km/h 左右。同时，有些厂家甚至于将这些底盘车最高车速作为整车最高车速写入了使用说明书。然而，我国汽车行业标准《混凝土搅拌运输车技术条件》（QC/T 667—2000）（以下简称《技术条件》）的第 4.1.8 条中明确规定：搅拌（原文此处有误，应用搅动一词——笔者注，下同）行驶时，最高车速不得高于 50km/h。由此可见，对最高车速指标有着不同的理解，一遇行车过速，不慎翻车，易引发不必要的纠纷。笔者认为有必要就此问题从以下方面进行讨论，引起大家对运输车行驶速度限制必要性的重视，提出安全车速取值建议，促使有关厂家在运输车产品使用说明书中正确表述行车速度，杜绝产生相应纠纷的可能。

1 最高车速

汽车的最高车速是汽车的动力性三大指标之一。运输车生产厂家对此项指标十分重视，将其作为重要性能指标列出。

其实，所有汽车的速度测试都是附有条件限制的。《技术条件》规定：运输车的最高车速测试是执行《汽车最高车速试验方法》（GB/T 12544）；最低车速的测试是执行《汽车最低稳定车速试验方法》（GB/T 12547））。然而,进行这两种速度测定的场地要求又都是按照《汽车道路试验方法通则》（GB/T 12534）的规定，即“试验道路 除另有规定外，各项性能试验应在清洁、干燥、平坦的，用沥青或混凝土铺设的直线道路上进行。道路长 2～3km，宽不小于 8m，纵向坡度在此期间０.１％ 以内”。由此可知，运输车的最高（低）车速数据测试都是特别指定在平直道路上进行的。

运输车属于城区运输类型车辆，其大部分运输时间内要进行转向，避让行人及车辆等行驶动作，不大有可能做最高车速行驶。更为重要的是，运输车是由底盘车改装而成的，其整车重心较改装前的底盘车重心有了显著增高；同时在其运输途中搅拌筒带动着混凝土翻转，使其重心朝着搅拌筒转动方向偏移，从而使其重心偏离搅拌筒轴线的垂直平面，以至于影响到整车行驶稳定性，易于在转弯时发生侧翻，尤其是在高速行驶时，将会导致较高的翻车事故发生率。急刹急转，也常常是造成运输车翻车的主要原因。

基于以上的认识，笔者认为运输车本身重心高，行车路况复杂，作为城区运输车这一客观存在，在其使用时应引起高度重视的是行驶稳定性，防止侧翻。 生产厂家不应在突出宣传其最高车速时，不对可能因之引发的翻车事故隐患予以切实的警告。更不能在使用说明书内将底盘最高车速标注为整车最高车速，不说明实际行驶时应遵从《技术条件》的规定："搅动行驶时，最高车速不得高于 50km/h"。因此，在使用说明书中应充分明示高速行驶将有带来翻车事故的高度危险性。

2 最低稳定车速

最低稳定车速是衡量运输车能否较好地平稳缓动进入预拌混凝土搅拌站，并使得其进料口准确对位于预拌混凝土搅拌站出料口的一项指标。[《混凝土搅拌运输车》（JG/T5094－1997）]在 5.1.15c 中规定：（运输车）应能在不大于 5km/h 的速度下稳定行驶。《技术条件》在型式试验中一处按《专用汽车定型试验规程》（QC/T252）规定了最低稳定车速试验项目。

3 安全车速

转向行驶时的侧翻现象是运输车较易发生的问题。这一问题既与运输车搅动行驶时搅拌筒旋转，带动筒内混凝土，使其整车质心朝某个确定方向偏移的情况有关，也与运输车行驶状态（转弯半径，行驶速度，车辆质心总偏移量等）因素有关。本文所述安全车速主要是指能保证运输车转向行驶时不会发生侧翻现象的行驶速度。直线行驶时的侧坡安全性与侧坡角度有关，此间不予专门讨论。

各国运输车行驶时的搅拌筒旋转方向一般是按其道路车辆靠向某侧行驶规定来确定的。根据我国道路车辆靠右行驶的行驶规定，国内大多数运输车在搅动行驶作业时，搅拌筒旋转方向为右旋（面向车尾朝前看，顺时针旋转），相应搅拌筒螺旋叶片旋向为左旋。这种布置适应了靠右行驶时公路截面左高右低的实际情况。搅拌筒右旋设计的运输车在搅动工况下整车的重心搅拌筒轴线的垂直平面，向右偏离了整车中心线 50～100mm，使得运输车的横向稳定性稍好了一些。由于历史的原因，我国有些运输车搅动行驶作业时，搅拌筒旋转方向为左旋（面向车尾朝前看，逆时针旋转），相应搅拌筒螺旋叶片旋向为右旋。这种布置使得搅拌筒左旋的运输车在搅动工况下整车的重心向左偏离，不适应靠右行驶时公路截面左高右低的实际情况，有着增大侧向惯性力所产生侧倾力矩的不利影响，导致整车横向稳定性相对较差。但是，仅靠设计时的搅拌筒偏置并不能杜绝运输车的侧翻。

每当转向行驶之时，运输车不发生侧倾的条件是侧向惯性力所产生的侧倾力矩小于重力所产生的稳定力矩，即：

$$m \cdot (V^2 / R) \cdot H < mg \cdot B_4 \tag{1}$$

由式（1）可以看出，$m \cdot (V^2 / R)$就是侧向惯性力，其值大小取决于 m，V^2 和 R 这三项因素。侧向惯性力所产生的侧倾力矩是与运输车的重车质心离地高度值 H 成正比的。以 $7m^3$ 运输车来说，其底盘车质心离地高度为 1.030m，满载重车质心离地高度就达到了 1.792m。而轴荷与之相近的 16t 汽车起重机的行驶状态质心离地高度只有 1.466m。这些数据说明运输车的重车质心离地高度比其改装前的底盘车质心离地高度有了不容忽视的增高。若忽略汽车悬架和轮胎变形，不计非簧载质量及侧倾影响，汽车的侧翻阈值 a_y (单位为 g)可由式（2）表达：

$$a_y / g = B' / (2H) \tag{2}$$

式 2 中 B'——轮距，m；

H——整车质心离地高度，m。

一般而言，汽车质心高度每增高 250 mm，侧翻阈值就下降 0.05g [3]。侧翻阈值愈小，愈易侧翻。载重汽车，尤其是运输车，其侧翻阈值受到质心高度的极大影响。因此，以底盘车的最高车速来标为运输车重车状态允许的最高车速是十分不妥的。

本文仅就重车（满载运输混凝土）状况下的运输车转弯行驶，进行稳定性分析，讨论重车侧翻临界速度计算式 [1]：

$$V_{翻} = \sqrt{\frac{R \cdot g \cdot B_4}{H}} \ \text{(m/s)} \tag{3}$$

式（1）（3）中 R——重车转弯半径, m ；

（依据向左，右两个方向的转弯，分别代入不同的转弯半径值 R_L 和 R_R）

g——重力加速度, m/s^2；

B_4——有效稳定幅，B_4=B-e ，m ；

B——重车平地静止的稳定幅，m；

e——质心的总偏移值($e = e_1 + e_2 + e_3 + e_4$, 取代数和), 反映混凝土偏心力矩 Mc($e_1$), 路拱坡度 $i_L(e_2)$,轮胎变形(e_3)，悬挂变形(e_4)等四因素对稳定幅的综合影响，mm;

H——整车质心离地高度，m。

式（3）是根据式（1）的要求而整理出来的重车侧翻临界速度计算式。笔者认为有效稳定幅 B_4 和整车质心离地高度 H 这两项因素主要受制于车辆结构设计和路面拱度实况，重力加速度 g 是常量。因此，驾驶员可以控制，同时也是最为重要的两个操作因素就是行驶车速 V 和行驶转弯半径 R。对应于每一种行驶车速 V，相应有一个使整车不至侧翻的确定之最小转弯半径 R。驾驶员较为容易的操作也是按行驶车速 V 确定整车转弯半径 R。将式（2）改写为式（4），并对某一种搅拌筒右旋的运输车分别做向左及向右转向行驶时，结合一组运输车结构数据，就 90km/h 和 50km/h 这两种“最高车速”,进行转弯半径 R 计算比较：

$$R = V^2 \cdot H/(g \cdot B_4) \ \text{(m)} \tag{4}$$

1）向左转向行驶：

已知：

$$B_4 = B - e$$
$$= B -（e_1 + e_2 + e_3 + e_4）$$
$$= 1074 -（-53 + 41 + 76 + 254）$$
$$= 756 \text{ mm} = 0.756 \text{ m}$$

满载重车质心离地高度 H = 1.792 m

取重力加速度 g= 10 m/s^2

a. 当行驶车速 V = 90km/h= 25m/s

$$R_{L90} = V^2 \cdot H/(g \cdot B_4)$$
$$= 25^2 \cdot 1.792/(10 \times 0.756)$$
$$= 148.15\text{m}$$

b. 当行驶车速 V = 50km/h= 13.89m/s

$$R_{L50} = V^2 \cdot H/(g \cdot B_4)$$
$$= (13.89)^2 \times 1.792/(10 \times 0.756)$$
$$= 45.73 \text{ m}$$

2）向右转向行驶：

已知：

$$B_4 = B - e$$
$$= B -（e_1 + e_2 + e_3 + e_4）$$

$$= 1074 - (53 - 41 + 76 + 254)$$
$$= 732\ \text{mm} = 0.732\ \text{m}$$

满载重车质心离地高度 $H = 1.792$ m

取重力加速度 $g = 10\ \text{m/s}^2$

a. 当行驶车速 $V = 90\text{km/h} = 25\text{m/s}$

$$R_{R90} = V^2 \cdot H/(g \cdot B_4)$$
$$= 25^2 \times 1.792/(10 \times 0.732)$$
$$= 153\ \text{m}$$

b. 当行驶车速 $V = 50\text{km/h} = 13.89\text{m/s}$

$$R_{R50} = V^2 \cdot H/(g \cdot B_4)$$
$$= (13.89)^2 \times 1.792/(10 \times 0.732)$$
$$= 47.23\ \text{m}$$

由以上的计算示例可知：无论是朝哪一侧方向作转弯行驶，当车速分别为 90km/h 和 50km/h 时，两相比较，维持重车行驶不致于侧翻的最小转弯半径都相差极大。这也就足以说明要防止运输车转向行驶侧翻现象就一定要限制其行驶速度，更不能将底盘车的最高车速与满载整车的最高车速混为一谈。否则，就是埋下了事故隐患，既害运输车用户，也害运输车生产厂家。

应当着重指出在高速行驶条件下，运输车不但在转向行驶时，可能发生侧翻，即便在直线行驶时，若做紧急避让，或成“S”形行驶，急刹急转，也会发生翻车。个中原因在于这些操作都会导致车辆做较小转向半径的曲线行驶，达不到符合相应高速所要求的最小不倾翻转弯半径。通常情况下，这是造成运输车翻车的最主要原因。若设计一套装置，根据行驶速度读数，引导运输车驾驶员确定相对应的安全转弯半径，可能有助于减少运输车的侧翻事故。

关于安全车速（Vs）的取值,目前尚无明确规定。若 Vs 过于接近 $V_{翻}$，运输车易于倾翻；Vs 过低，则运输不经济。因此，笔者根据黄金切割取值原理建议 Vs 取值宜采用 $V_{翻}$的 76%左右为宜。这一取值既能保证较快的车速，又适当留有余地，有利于在紧急状况下安全行车。在已了解到的 Vs 取值中，有取 70% $V_{翻}$的，也有取 80% $V_{翻}$的。取 76% $V_{翻}$，显然是较为居中的选取。

4 行驶速度限制在运输车使用说明书中的表述讨论

我国产品使用说明书编制准则的《消费品使用说明 总则》（GB5296.1—1997）在 3.2 条中定义“使用说明 instruction for use 是向使用者传达如何正确、安全使用产品的信息工具。它通常以使用说明书、标签、标志等形式表达”；并在“4 总则”中就产品的安全使用做了以下相关要求，即“使用说明应有助于消费者正确使用产品，并应能有效地帮助消费者避免可能导致危险的错误使用。使用说明不能用来弥补设计上的缺陷”（见 4.1 条）；“使用说明应该. . . . . . d)包括有关正确和安全使用产品和（或）有关服务和保养所需的一切信息”（见 4.3 条）；“使用说明应对可预见的使用错误进行说明，并给予充分警告。注：大多数国家规定生产制造者有法律责任做出这种警告”（见 4.4 条）。由此可见，产品使用说明书是涉及到能否安全使用该产品的重要环节。每个产品的生产厂家都会要求其用户一定要按章操作，但是这个“章”完全是由厂家自己制定的。如果用户循章操作，产品还出事故，生产厂家是难答其责的。因此，厂家对自己产品使用说明书的编制一定要认真负责，切实保证这个“章”正确，清晰。

由前述关于运输车高速行驶的危险性讨论，笔者认为在使用说明书中应当明确警告这种危险性，并且依据《技术条件》提出最高车速限制值（ < 50km/h）；或各厂根据具体车型计算安全车速，提出安全车速范围。不能再将底盘最高车速直接作为运输车的整车最高车速。以免留下行车安全方面的隐患，杜绝制造厂与用户因此发生翻车事故原因归属纠缠。

值得一提的是国外很多建设机械产品的使用说明书均对有关安全性要求都能予以列出。国内也有在此方面做得较好的企业。例如韶关新宇建设机械有限公司的运输车说明书对其产品的行驶速度限制表达清晰，符合《技术条件》的规定，体现了安全性要求[2]："当车在凹凸不平道路上行驶时，车速必须保持 15km/h 以内，以免对卡车车架和液压系统造成坏影响。在一般公路上行走，车速控制在 40km/h 左右"。

随着信息记录技术（常称黑匣子）的进步及推广应用，很多事故成因将会是有据可查，查无实据的时代即将结束。铁路机车，客运车辆都已逐步推广采用黑匣子。笔者认为运输车也到了该采用黑匣子的时候。在记录数据面前，因高速行驶等违章操作所造成的运输车倾覆事故将会真相大白。因此，各厂运输车使用说明书对其产品行驶速度限制的表达就显得十分重要。因为《消费品使用说明 总则》在 4.1 条中规定"使用说明书是所交付产品的组成部分"，所以从某种意义上来说，产品使用说明书就是一种具备着法律意义的物证。

5 运输车检测时落实最高车速安全警告的标准依据讨论

《中华人民共和国标准化法》的第六条规定"企业生产的产品没有国家标准或行业标准的，应当制定企业标准，作为组织生产的依据。企业的产品标准须报当地政府标准化行政主管部门和有关行政主管部门备案。已有国家标准或行业标准的，国家鼓励企业制定严于国家标准或行业标准的企业标准，在企业内部适用"。简而言之，国家不允许无标准组织生产。我国的各类产品，都必须按一项明确的标准指导生产及检测。

《技术条件》是运输车生产行业的推荐性国家行业标准，国家鼓励企业自愿采用。如果企业不采用之，就应制定要求不低于《技术条件》的企业标准用于指导生产和检测。不能存在拒不执行已有国家标准或行业标准，只能自行降低产品要求的厂家。若因特殊原因，供方产品需按低于《技术条件》的要求生产，需方也予以接受，则该产品的销售合同之中就应明确说明某处不按《技术条件》的要求，并在产品使用说明书中予以说明。

笔者认为无论采用哪一种标准，产品使用说明书中都应明示此产品生产所依据的标准，确定为该运输车产品检测的标准依据。如此，既便于质监检测，也利于用户维权，更能促使厂家全面提升产品质量。

《消费品使用说明 总则》（GB5296.1）的 1.2 条指出："本标准的原则和详细建议应和特殊的产品或系列产品标准中使用说明的特殊要求同时使用"。《技术条件》就是专门涉及运输车的设计、生产、使用等多方面要求的推荐性国家行业标准。也是我国运输车生产企业实际进行新产品认证许可生产的主要依据。最近由国家经贸委下发的《汽车定型试验规程的补充规定》（2001 版）着重强调：汽车鉴定试验机构所出"报告中的技术要求应与企业标准或国家标准一致"。 由此考虑，行驶速度限制的表述（搅动行驶最高车速等）应当成为运输车产品说明书中的重要内容之一，并进入运输车产品认证检测内容。

综上所述，笔者认为运输车行驶速度限制是由其自身特点所决定的一个不容忽视的安全性要求，应当引起运输车的生产厂家，用户，检测者的高度重视。运输车的搅动行驶速度应在最高车速 50km/h 与最低稳定车速 5km/h 之间。安全车速 Vs 的取值以取 $V_{翻}$的 76%左右为宜。运输车产品使用说明书中应当明示采用哪种标准来组织生产。厂家在产品设计时，应遵从《技术条件》的最高车速限制，认真核算该车行驶速度限制值（$V_{翻}$），并将其写入产品使用说明书，作为一项明确的安全警告，同时对可以预见的危险，如高速行驶下 S 型行驶，急刹急转等状况易造成车辆倾覆等后果，给以充分的警告。

总之，如何进一步提高运输车抗倾覆能力，使其真正做到安全地多拉快跑，应当成为运输车行业值得注意的攻关内容。

参考文献

1 杨纪明．搅拌输送车螺旋叶的旋向对行车稳定性的影响．建设机械技术与管理．1997．（2）

2 韶关新宇建设机械有限公司．SGX5280GJBVL 混凝土搅拌运输车使用说明书

3 Rakheja S Piche A,Sankar T S. On the development of an early warning saety monitor for articulatd freight vehicles [J]. Int J of Vehicle Design, 12, (4): 420～449

某型军用车辆整车的多体动力学建模与仿真

王 军

中国北方车辆研究所 CAE 中心

[摘要] 将虚拟样机技术应用于履带车辆系统。充分考虑碰撞、摩擦等复杂因素的存在，建立了履带车辆系统虚拟样机分析的力学模型，生成了路面文件。对整车进行动态仿真分析、运动学和动力学分析，获得了整车系统构件在运行过程中的性能曲线，从而可以对车辆系统在运行过程中的动态性能、动态响应和动载荷等，进行全面的评估和安全分析。给出了车辆行走姿态的动画演示过程，进行了碰撞检测、故障再现、干涉检查。

关键词: 多体动力学 仿真 军用车辆

1 引言

履带车辆由于其零部件数量多，机构运动关系复杂，加上有大量极难研究的碰撞、摩擦存在，长期以来很难建立描述车辆整体性能的整车模型。在过去对整车系统模型研究过程中，往往将零部件不规则曲面间碰撞后的作用视为连续接触，这与实际情况并不完全相符。由于车辆中存在诸多通过接触传递力和运动的零部件，碰撞作用较多，对碰撞过程连续接触的假设将在很大程度上影响计算精度。随着多体系统动力学理论的迅速发展，使得借助动力学仿真软件在计算机上对整车系统进行仿真研究成为可能。

约束反力是很难计算的一类力，部件（如平衡肘轴、负重轮、减振器等）的作用在不同时刻将发生不同的变化，因此约束反力将反映许多作用的综合结果，以前用传统理论和手段很难较精确地对约束反力加以计算，虚拟样机技术很好地解决了这一问题。通过计算获得了重点零部件受力大小的时间历程，可以看到冲击引起的尖峰载荷。此外对运动范围进行了干涉检查、碰撞检测、故障再现。

在方案设计阶段用履带车辆的工具箱——ATV(Adams Tracked Vehicle)对整车进行动力学仿真,对于某型步兵战车来说,意义非常重要。对于行动部分的薄弱环节是否满足刚强度要求，需要利用仿真软件提前获得行动部分薄弱环节的受力情况、冲击响应特性。再利用相关分析软件与工具进行校核，加强或改进薄弱环节的设计，能够提高整车性能与可靠性，节约经费与时间，对于及时保证研制任务的按计划完成、少走弯路具有重要意义。另外，对于整车的动力性能和机动性能进行动力学分析，为总体在方案设计阶段提供了强有力的分析和比较工具。对于试验受到驾驶员的驾驶技术、安全原因、场地原因等条件的限制而不能完全实现的情况，通过仿真试验虚拟实现危险情况下的试验意义尤为重要。

2 模型的特点

本文运用多体动力学软件 ADAMS12．0 版的履带工具箱 ATV 建立某型战车整车模型。该模型有两条履带系统，采用双销履带，每条履带系统由 1 个诱导轮、6 个负重轮、1 个主动轮、3 个托边轮和 89 块履带板组成。每侧 1，2，6 负重轮上装有减振器；3，4，5 负重轮尚未安装减振器，针对这一悬挂系统的具体结构特点，在第 1，2，6 号负重轮上设置了减振器阻尼，用独立的弹簧阻尼元件来表示悬挂系统。

整车共有 401 个移动部件（不包括大地）， 2200 个自由度。为了提高计算效率，对于重点研究垂向和水平运动的情况，根据对称关系建立了以过车体质心的 xoz 平面为对称面的整车一半的模型。此时以一个平面副把车体限制在 xoz 平面内，此时模型有 1100 个自由度。整车的计算模型如图 1 所示。

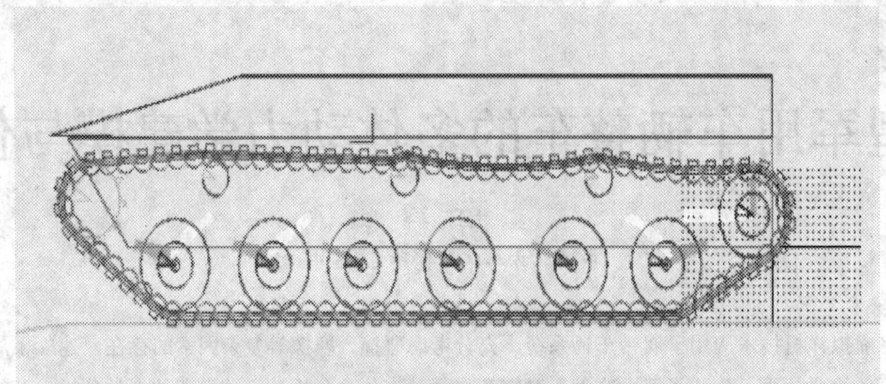

图 1 整车的计算模型

3 碰撞力的描述

在 ADAMS 中用下述模型描述碰撞作用过程：

$$F = K\delta^{e} + C(\delta)\dot{\delta}$$

式中 F——法向接触力；

K——Herts 接触刚度；

C——阻尼系数，通常随 δ 呈正比变化；

δ——接触点法向穿透距离；

e——不小于 1 的指数。

该模型可描述整车系统中各零部件间碰撞作用的不连续性。

4 数值仿真计算

4.1 碰撞指数的选取

由于采用双销履带，给求解带来很多困难。碰撞指数的选择基于 Hert2(赫兹)的理论，就压在板上的柱体而言，压入体积是压入深度的二次方程，指数取 2 到 3 得到了较好的收敛和速度。

4.2 碰撞力的计算

为了验证前面提到的碰撞问题，图 2、图 3 出车辆运行中两个碰撞力的变化规律。可以看出，碰撞过程中接触力的变化并不平滑，且可能出现两部件碰撞后短期脱离，而后再次碰撞的现象。

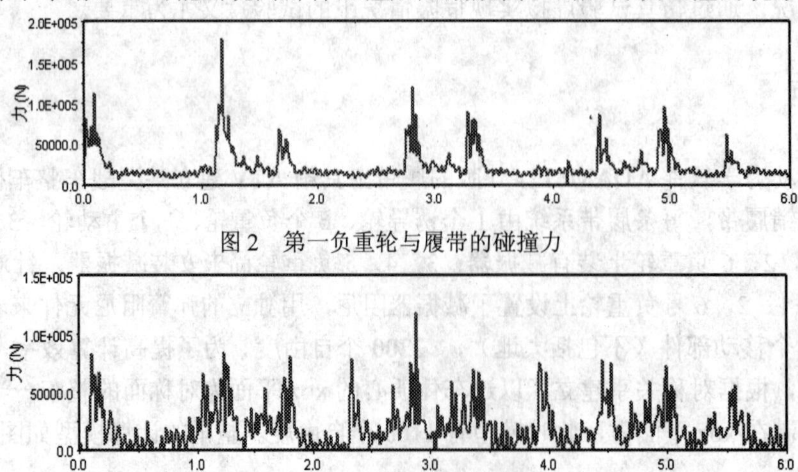

图 2 第一负重轮与履带的碰撞力

图 3 第二负重轮与履带的碰撞力

4.3 仿真算例

对多种工况进行了仿真计算，得到了整车及其关键部件的受力曲线。限于篇幅这里只给出以车速 v=11.1111m/s(即 40km/h)，在随机路面条件（不平路面的平均高度值为 0.194m，平均长度值为 2.097m，微观纵剖面的均方偏差为 0.012m）进行仿真得到的部分响应曲线如图 4~图 10 所示。

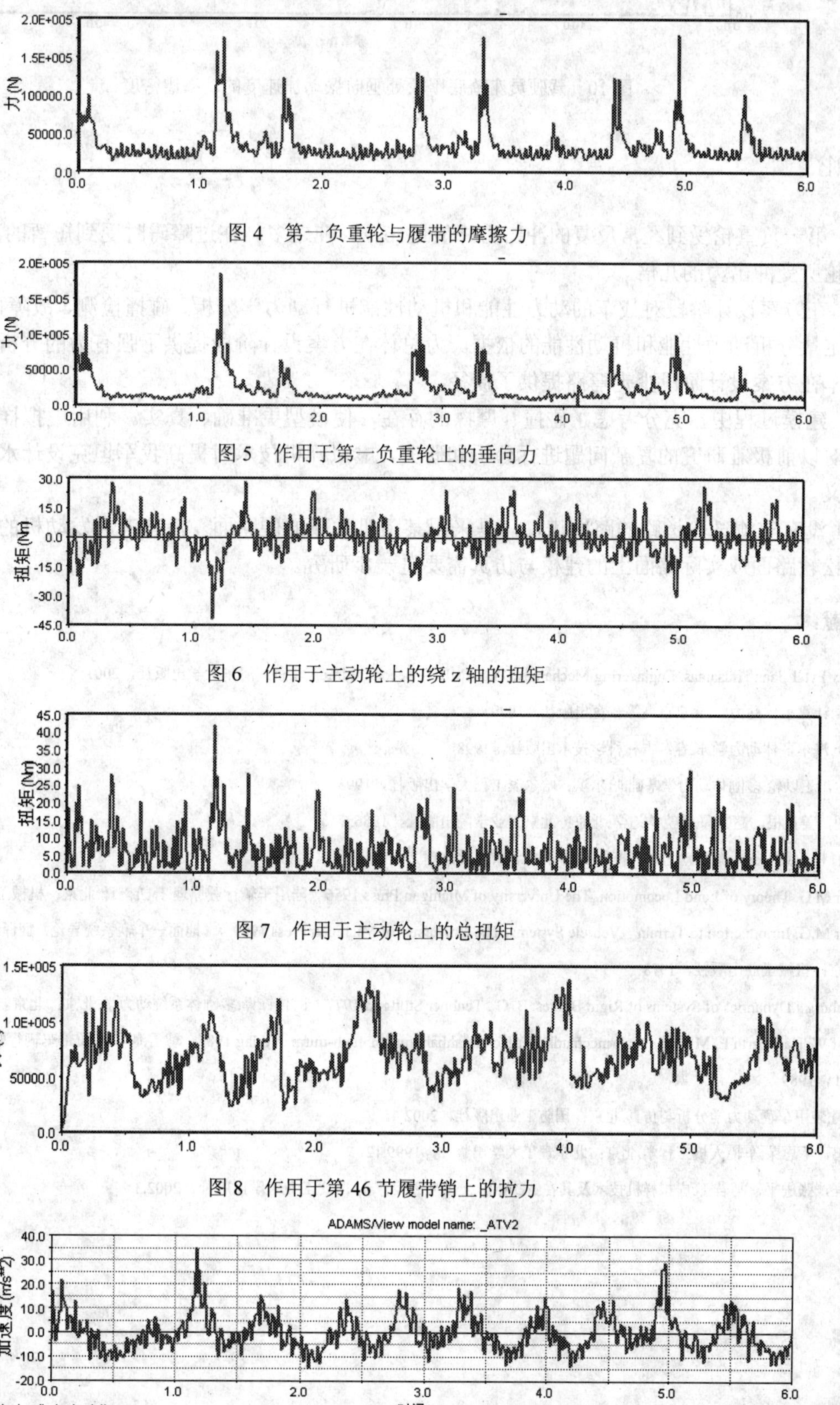

图 4 第一负重轮与履带的摩擦力

图 5 作用于第一负重轮上的垂向力

图 6 作用于主动轮上的绕 z 轴的扭矩

图 7 作用于主动轮上的总扭矩

图 8 作用于第 46 节履带销上的拉力

图 9 驾驶员座椅底甲板处垂向振动加速度

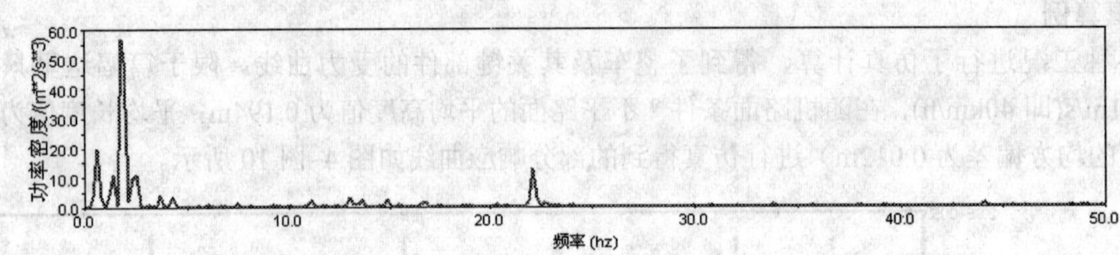

图 10 驾驶员座椅底甲板处垂向振动加速度的功率谱密度

5 结论

(1) 第一负重轮受到经常反复的冲击力峰值达 6、7 吨之多。在过障碍时受到短暂的冲击力更大,甚至是其它轮所受冲击力的几倍。

(2) 在方案设计阶段对战车的动力性能和机动性能进行动力学分析、碰撞检测、故障再现、干涉检查，得到了定量分析动力性能和机动性能的依据。为总体在方案设计阶段提供了强有力的分析和比较工具，从而为整车在方案设计阶段少走弯路提供了捷径。

(3) 建模过程中，充分考虑了碰撞、摩擦的存在，使模型更准确、真实。利用虚拟样机这一新技术手段可以对以前极难研究的复杂问题进行分析和研究，虚拟样机技术对提高我军坦克设计水平有十分重要的现实意义。

(4) 没有实测试验道路的路面谱，只是采用某随机生成的硬路面。没有考虑发动机的激励作用。履带车辆在松软路面或实际路面上的建模与仿真需要进一步研究。

参考文献:

1 Andrew Pytel ,Jaan Kiusaiaas. Engineering Mechanics DYNAMICS. Second Edition.北京：清华大学出版社，2001

2 洪嘉振.计算多体动力学.北京：高等教育出版社，1999

3 张越今.汽车多体动力学.长春：吉林科学技术出版社，1998

4 陈乐生，王以轮.多刚体动力学基础.哈尔滨：哈尔滨工程大学出版社，1995

5 张洪图，姜正根，赵家象.坦克构造学.北京：北京工业学院出版社，1986.6

6 [德] H P 威鲁麦特.车辆动力学 模拟及其方法.北京：北京理工大学出版社，1998.

7 Bekker M G. Theory of Land Locomotion. The University of Michigan Press,1956 陆用车辆行驶原理.孙凯南译.北京：机械工业出版社，1964

8 Bekker M.G. Inrtoduction to Terrain Vehicle Systems. The University of Michigan Press,1969 《地面－车辆系统导论》翻译组译.地面－车辆系统导论.北京：机械工业出版社，1978

9 Wittenburg J.Dynamics of Systems of Rigid Bodies. B. G . Teubner Stuttgart 1977 谢传锋译.多刚体系统动力学.北京：北京航空学院出版社，1986

10 Merhof W. Hackbarth E. M（德）.Fahrmechanik Der Kettenfahbahrzuge. Leuch-tturm. Verlag,1985 韩雪海等译.履带车辆行驶力学.北京：国防工业出版社，1989

11 居乃鵕.装甲车辆动力学分析与仿真.北京：国防工业出版社，2002.4

12 周一鸣，毛恩荣.车辆人机工程学.北京：北京理工大学出版社，1999.12

13 王国强，张进平，马若丁.虚拟样机技术及其在 ADAMS 上的实践.西安：西北工业大学出版社，2002.3

轿车地板振动问题的研究

韩松涛　沈洵灏　罗 清

泛亚汽车技术中心

[摘要] 本文针对某轿车开发过程中的地板振动问题，通过道路试验和模态试验，发现排气管的振动对地板振动影响很大，是地板振动的主要原因。根据试验的结果，对原排气管的悬置位置进行了调整，从而使车身地板的振动得到了明显改善。

关键词：振动　排气管　模态试验

[Abstract] In this paper, aiming for vibrating problem of floor during one sedan development, the author finds out the reason lies to exhaust pipe system by road test and modal test. According to test results, the mounting locations of exhaust pipe are modified. The vibration of floor is greatly improved through modification.

Key words: vibration　　exhaust-pipe　　modal test

1 引言

轿车的 NVH 特性是轿车提高竞争力一个主要方面，随着人们生活水平的提高，人们对车辆舒适性的要求也越来越高。所以，世界上各个汽车生产公司，在产品开发时，都把 NVH 作为一项主要指标来校合。在对某轿车的产品样车进行 NVH 性能主观评估的过程中，发现当发动机转速处于某一范围时，感觉到车身地板有明显的、不舒适的振动，这些振动极易引起客户的抱怨，因此必须进行试验分析研究，采取有效的措施，以减小或消除该振动。

1.1 车辆的试验

为弄清产生振动的原因，必须进行必要的试验。由于振动大小与发动机的转速有关，所以激励源应该是发动机。发动机的激励通过三个路径传递给地板：

(1) 发动机的悬置系统[2]；

(2) 排气管的悬置系统；

(3) 传动轴的支撑。

在这三个传递路径中，发动机的悬置、传动系统及其支撑在整车设计初期已经进行了认真考虑，而排气管和其支撑的设计，只是进行了基本功能(如消声、固定等)设计，没有详细地考虑其动态特性对车身地板振动的影响。因此试验首先针对整车和排气系统进行。

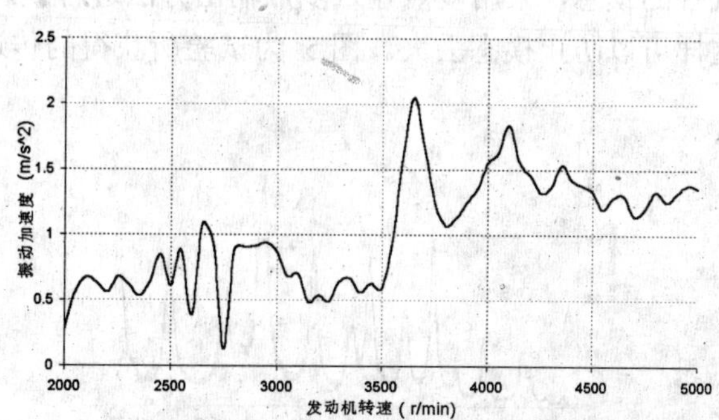

图 1　不同发动机转速下地板的振动加速度

为弄清车身地板振动所对应的具体转速和频率，首先在平坦的道路上，变速箱挂三档，油门全开，发动机转速从 2000r/min 开始，测量了车身地 板的振动。试验结果表明在发动机转速处于 3400~4200r/min 范围时，感觉到地板振动剧烈，地板上的振动加速度与发动机转速的关系如图 1 所示。找到了振动较大的转速范围后，为了弄清是否真的是由于排气管的振动所引起。对排气管进行了隔离试验，即在转鼓上分别拆除排气管前面的支撑和中间的支撑，测量在上面所述范围内某一转速下，地板的振动加速度。图 2、图 3 分别为试验的结果。

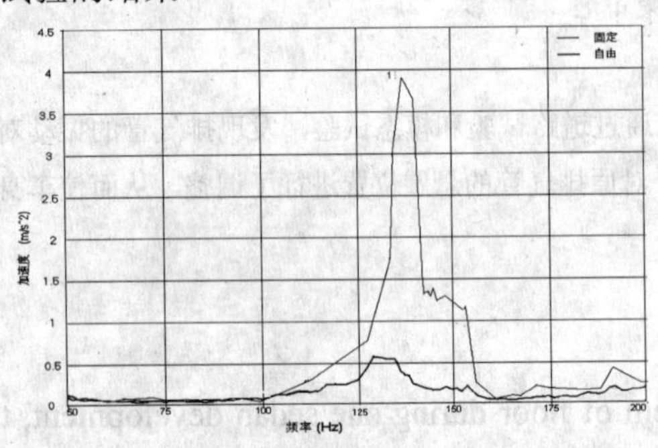

图 2 排气管前支撑对地板振动的影响

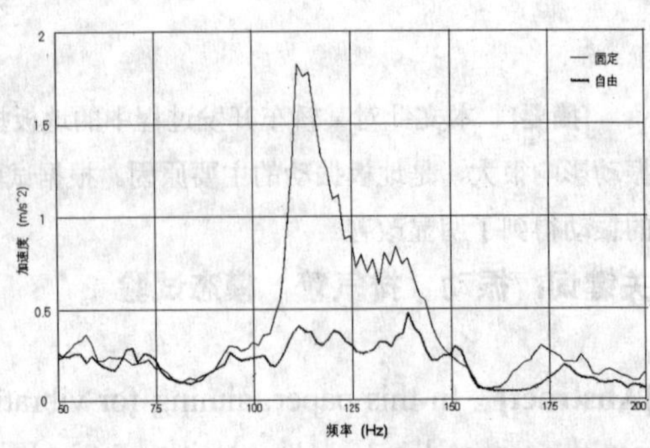

图 3 排气管中间支撑对地板振动的影响

从图 2、图 3 的试验结果可以发现，排气管不与地板连接工况下，地板振动明显减小，同时振动剧烈时的主要振动频率大约 110~140Hz 之间，这正好对应着发动机转速的 2 阶次（3600~4200 r/min），说明发动机及其所关联的系统的振动激励引起了车身地板的振动。同时比较图 2 和图 3，发现前悬置点的影响更大些。因此可以确定排气管的振动是一个主要的振动激励源。由于只有在特定发动机转速下，才出现地板剧烈振动现象，所以可以断定是结构共振引起，需要对排气管进行模态试验分析[1]。

2 排气管的模态试验

根据上面的结果，模态试验的分析频率为 0～250Hz。采用 B&K 信号采集和 LMS_CAD_X 模态分析系统，对排气管进行模态分析。为了较真实的反映排气管在车辆上的安装状态，把排气管前端(与发动机连接处)与一块大的钢架(质量与发动机基本一致)接起来，在中间用很软的橡皮绳悬挂起来，图 4 为模态试验测点布置图。

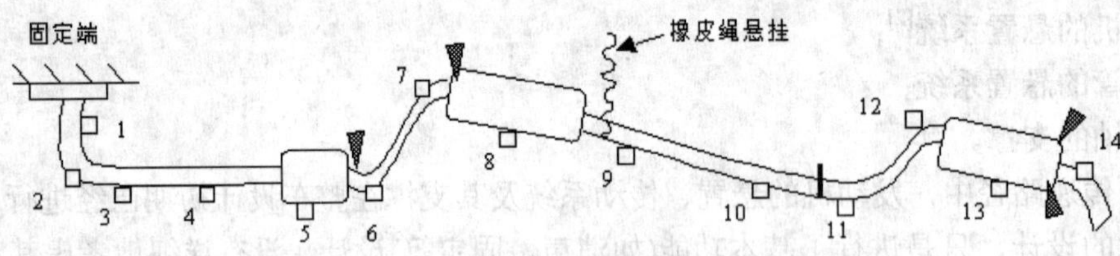

图 4 排气管模态试验

为了更全面的获得排气管的模态，采用多点输入多点输出方法进行模态拟合，分别在排气管的尾端和排气管的前部进行激励，这样可以防止模态丢失。图 5 为试验所获得的传递函数曲线。

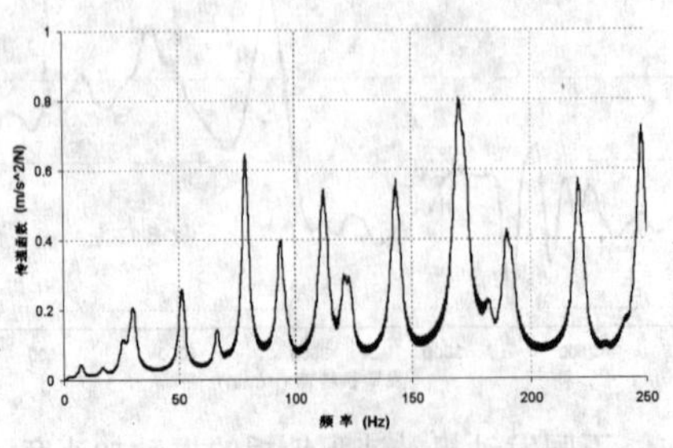

图 5 试验获得的传递函数曲线

通过试验获得的部分排气管模态频率如表 1 所示。

表 1　部分排气管模态结果

模态频率（Hz）	振型上最大振幅点
110.83	Point 3, 4 and
112.37	Point 3, 4 and 6
113.42	Point 9 and 10
114.17	Point 7, 8 and 13
121.46	Point 3, 4 and 6
123.91	Point 2, 5 and 8
142.99	Point 9, 10 and 11
143.92	Point 3, 4 and 6
144.74	Point 7 and 8

从表 1 中的结果可以，看出在 110~145Hz 内确实存在着一些模态，且在原支撑位置点(6、7 点)附近是最大振幅点，这就使发动机传递到排气管的振动以及高速废气引起的排气管自身振动经过放大再传递到车身地板。图 6~7 不同频率下的模态振型。

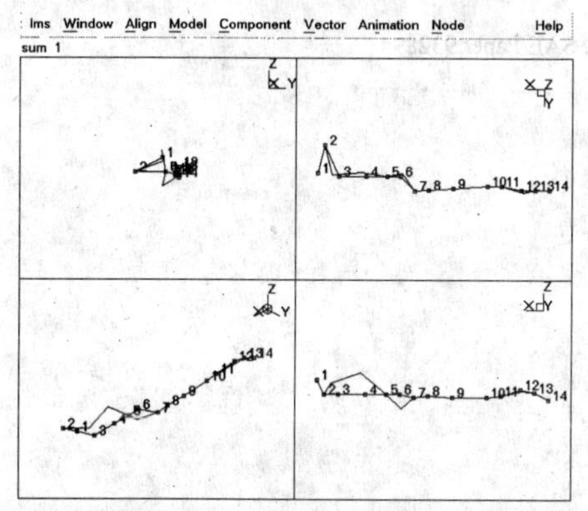

图 6　121.46Hz 时排气管的振型

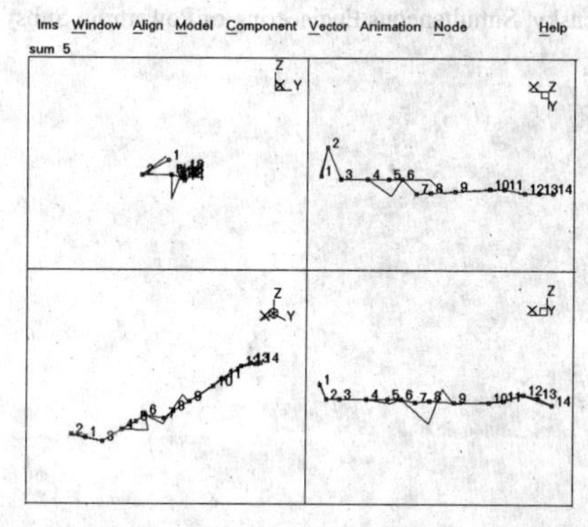

图 7　144.74Hz 时排气管的振型

从振型图上可以清楚的看到，在这些振型下，6 点或 7 点基本上都是振幅最大的点。所以当排气管的支撑安装在这两个位置时，在发动机排出的高速气体的激励下，激起了排气管这些模态，产生共振现象，从而导致地板的振动加剧，因此需要改进这两个悬置的安装位置。但是按照实际情况的需求，本次改动只是针对 6 点的支撑。从振型图上看，4 点和 6 点都是容易出现大振幅的点，而且 4 点和 6 点的振动为反相位振动，即振动的方向相反，因此支撑安装在 4 点和 6 点之间即 5 点应该是最好，但是，实际结构中 5 点在三元催化器的中心上，是不可能布置安装点，所以选择 4 点和 5 点之间最接近 5 点，又能布置支撑的地方作为新支撑的安装点；同时也选择 4 点来作为比较。图 8 是调整支撑位置后，在同一道路上，不同安装位置下地板同一点的振动加速度比较。

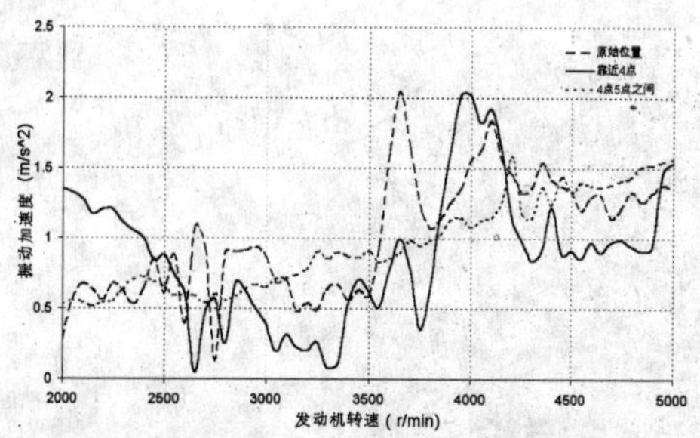

图 8　不同支撑位置下地板的振动

从图 8 实际试验结果看，当支撑点选择在 4 点和 5 点之间时，地板的振动没有出现明显的峰值，而是随着发动机的转速增加而增加，这应该是正常的现象，因为转速增加，发动机的振动加剧，通过发动机悬置传递给地板的振动也增加。当支撑选择在 4 点时，虽然在 3650 r/min 处的振动幅值降低了，但是另外一处的振动峰值却没有降低，反而有所升高，这与模态分析结果一致。

3 结论

针对某轿车开发过程中出现的地板振动问题，本文从试验出发对问题进行了分析，通过对车辆地板振动的测量和排气管的模态分析实验，排气管的振动是引起地板的原因之一，通过调整排气管前支撑的位置使地板的振动得到了改善，最终使问题得到了有效的解决。虽然，通过改变排气管支撑位置，降低了地板在某一转速范围内的振动，但是由于排气管在 0~256Hz 内有许多模态，在很宽的发动机转速内废气都会激起这些模态，但是只是在 110~140Hz 内的模态共振通过地板表现出来，说明除了排气管之外还存在其它的振动放大路径，特别是排气管和地板之间的联系系统车架，因此对车架进行动态特性研究是今后车辆进一步改善 NVH 性能的工作方向。

参考文献

1 傅志方. 振动模态分析与参数识别. 北京：机械工业出版社，1990

2 R. G. Dubensky. Simultaneous Engineering of Powertrain Subsystems Design Aspects. SAE Paper 932894

轮速脉冲信号失真原因分析及其软件抗干扰处理

方裕固 丁能根 潘为民
北京航空航天大学

[摘要] 在车辆防滑控制系统中，微控制器根据输入的轮速脉冲信号计算控制量，所以对轮速脉冲信号的处理方式将直接影响到整个系统的控制精度。本文在分析轮速脉冲信号失真原因的基础上，比较了三种轮速脉冲信号抗干扰预处理算法的优劣，并提出轮速异常数据的后续修正算法。实车试验证明，处理后的轮速值满足控制需要，达到预期效果。

关键词：防滑控制系统 轮速 抗干扰 算法

Analysis of the Distort of Wheel Speed Pulse Signal and the Processing of Software Anti-interference

Fang Yugu, Ding Nenggen, Pan Weimin
Beihang University

[Abstract] The control quantity is calculated depending on the input wheel speed pulse signal by micro controller in anti-slip control system of vehicle, so the method of processing the signal will directly influence on the control precision of the whole system. Based on analysis of the reason of distort, three kinks of pretreatment algorithm of anti-interference of wheel speed pulse signal are compared and the following correcting algorithm of wheel speed value at abnormal point are put forward. It is proved by actual vehicle tests that the processed wheel speed value can satisfy the need of control and the predictive effect has been achieved.

Key word：anti-slip control system wheel speed anti-interference algorithm

注：本文全文刊登在 2003 年《汽车工程》（增刊）上。

HybridIII模型人内置式数据采集器的设计

顾 光　张金换　黄世霖

清华大学汽车安全与节能国家重点实验室

[摘要] HybridIII假人是汽车正面碰撞试验使用的标准假人，也应用于航空航天领域的冲击试验中。通常，在试验测量中，传感器安装于假人内部，采集器则置于假人体外。本文介绍了一种安装于假人体内的多通道采集器的设计实现，采集器拥有 16 个采集通道，采用 CAN\总线通讯。使用这种采集器，假人无须拖线测量，减少了试验中断线的可能，提高了测量可靠性。

关键词：数据采集　单片机　CAN HybridIII假人　汽车碰撞

The Design of Data Acquisition Instrument Installed in HybridIII Dummy Applied to Impact Test

Gu Guang, Zhang Jinhuan, Huang Shilin

State Key Lab of Automotive Safety and Energy, Tsinghua University

[Abstract] HybridIII dummy is a standard instrument in automotive crash test, applied to the impact test in aeronautic and astronautic area. Sensors are installed in dummy, but data acquisition instrument is installed out of dummy in usual test. A kind of data acquisition instrument installed in dummy is introduced in this paper, which has 16 acquisition channels and CAN communications. Dummy has no more wires in tow with this instrument so that wires broken in test was decreased and measure reliability is improved.

Key words: data acquisition　MCU　CAN　hybridIII dummy　vehicle crash

1 前言

HybridIII假人是国际上汽车正面碰撞试验使用的标准假人，其中 50 百分位男性假人应用最为广泛，除了应用于汽车碰撞试验外，还用于其它冲击试验中，比如航空工业的飞机座椅弹射试验，以及载人航天的回收舱落地冲击试验等。

HybridIII假人的头部、颈部、胸腔、骨盆、四肢的骨骼和关节处都经专门设计，不仅其冲击响应与真人相似，而且这些部位均可安装相应的传感器。

在汽车碰撞试验中，通常这些传感器的导线从假人身体引出，然后连接到数据采集设备上。这样做，带来的问题是，拖着的导线会因为运动和剧烈的撞击造成信号干扰或者断线；而汽车碰撞是破坏性试验，试验成本非常高，因此为了提高试验可靠性，最好是把数据采集系统完全内置于HybridIII假人内部。

但是假人内部空间狭小，现有采集系统很难安装进假人内部，因此必须充分利用假人内部的空间，设计一个体积小，多通道，耐冲击的采集器。

2 采集系统设计要求和总体结构

汽车碰撞法规对假人不同部位测量通道的频率响应作出了规定，根据我国的汽车碰撞法规《关于正面碰撞乘员保护的设计规则 CMVDR294》的要求，测量通道最高频率等级的要求是 CFC1000，即：采样频率>8kHz，最低通过频率<0.1Hz，最高通过频率＝1650 Hz。此外，法规还对滤波器的相位滞后，以及采样同步性作出了要求。

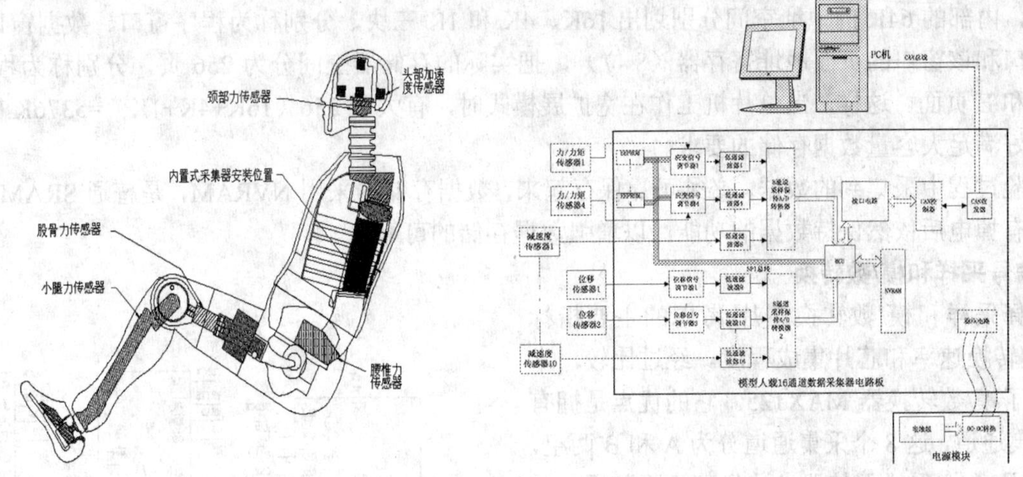

图 1　HybridIII模型人和部分传感器　　图 2　采集系统的总体结构

图 1 显示了 HybridIII假人身上的部分传感器的安装位置，传感器总的测量通道数可超过 200 个，常用的有 20 多个。可见，假人胸腔中脊柱两侧的有两个空间，可以利用这两个空间，各安装一个内置式数据采集器。

采集系统的总体结构如图 2 所示，系统分为地面部分和安装于假人内的部分两块。从假人各部位传感器来的信号送入信号调节电路板，经信号调节电路转换成电压信号，输出至采集电路板，经过低通滤波，然后转换为数字量存储在采集电路板的非易失性存储器中。采集电路板采用了 2 个 14 位的 A/D 转换器，拥有 16 个独立的采集通道，每通道采样频率为 10kHz。

试验后可以通过 CAN 总线把采集到的数据读出至 PC 机进行分析处理。之所以采用 CAN 总线，首先，除了它的数据传输速度(最大 1Mbps)比较快以外，更主要的是极易扩展测量通道。试验中可以通过 CAN 总线把多个试验假人连接起来，也可以再与车载的采集器连接起 来，构成一个分布式的采集系统。利用 CAN 总线的实时性和可靠性好[3]的特点实现不同假人之间以及假人与车载采集器之间所有通道的同步采集。根据以前的试验数据，假人一般在汽车碰撞发生后 20ms 才开始移动，这段时间已经足够实现同步信号的发送和接收了，此后既使发生断线，也不会影响采集；此外，CAN 的各个节点地位相同，为无主式结构，便于接上一台 PC 机与多个采集器通信，试验时，去掉 PC 机也不会影响其它节点；最后，可设置其中一个节点为触发节点，通过 CAN 总线来触发其它采集节点或安全气袋控制器节点。

3　采集器硬件设计

由于安装空间的限制，简化硬件设计，并满足多通道、高采样频率是硬件设计关键。

3.1　微控制单元和数据存储

为了缩减采集电路板的尺寸，就要采用功能强的控制器，控制器功能强，外围电路设计就可以简化。本文选用 MOTROLA 公司的 MC68HC812A4 单片机作为控制器。这种单片机属于 MC68HC12 系列，是一种新型的 16 位单片机，速度快而时钟频率低，因而具有较强的抗干扰能力和可靠性。

因为通道数比较多，采样频率也较高，因此采集电路板要有足够的数据存储空间。MC68HC812A4 单片机

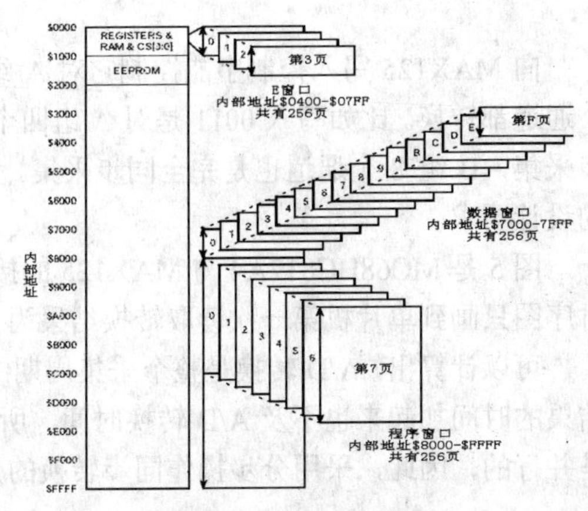

图 3　MC68HC812A4 单片机寻址空间

有比一般 16 位单片机大的多的寻址空间（大于 5M）。MC68HC812A4 单片机内部虽然也是 16 位地址总线，但外部有 22 条地址线。其内部的 16 位地址总线决定内部只有 64K 的地址空间，但当其工作在宽扩展模式时，内部的 64K 的地址空间分别划出 16K、4K 和 1K 三块，分别称为程序窗口、数据窗口和 E 窗口，通过窗口和该窗口的页面地址寄存器（8 位），把实际的存储器空间分为 256 页，分别称为程序页面、数据页面和 E 页面。这样，当单片机工作在宽扩展模式时，有大于 256（16K+4K+1K）=5376K 的寻址空间，可以很好满足大容量数据存储的要求。

试验过程中采集到的数据，必须可靠保存起来，数据存储器采用 NVRAM，是普通 SRAM 加锂电池构成，具有掉电后依然保持数据的功能，以增强数据存储的可靠性。

3.2 信号采样和模/数转换

选择采样和模/数转换芯片,考虑的主要指标是模/数转换速率和芯片集成程度。经过比较，本文选择了模/数转换器 MAX125。它的优点是拥有 8 个采集通道，这 8 个采集通道分为 A 和 B 两组，两组公用 4 个采样保持器。这样可不再使用单独的采样保持器，大大减少了元件数量。但它的最大转换速率只有 250kHz，需要精心设计转换方式才能满足同步和每个通道达到 10 kHz 采样频率的要求。为此，采用了双 MAX125 分步操作同步转换的方式。图 4 中给出了两个 MAX125 与 MC68HC812A4 的接口电路。两个 MAX125 都连接在数据总线上，它们分别占据不同的地址空间，单片机对其中一个空间的地址进行读写操作时，单片机片选管脚 CS1 或 CS2 会选通相应的 MAX125，并读出或写入数据。为了同步时序，两个 MAX125 与 MC68HC812A4 单片机使用同一个时钟源。

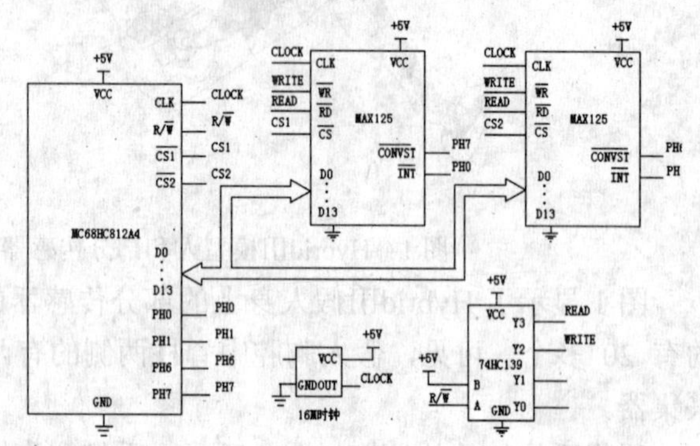

图 4 MC68HC812A4 与 MAX125 的接口电路

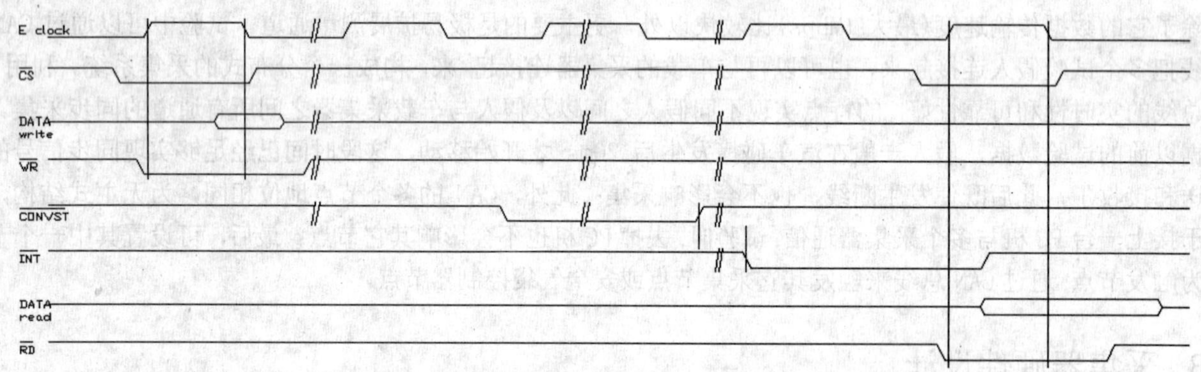

图 5 MC68HC812A4 与 MAX125 的接口时序

向 MAX125 写入控制字能控制它对 A 组还是 B 组进行转换，也能控制是只转换该组一个通道还是四个通道都转换。比如写入 0011 是对 A 组四个通道进行转换。两个 MAX125 的 A 组 8 个通道实现了完全同步采集，B 组 8 个通道也是完全同步采集。A 组 B 组之间有约 25us 的时差，但满足同步时差小于 100us 的设计要求。

图 5 是 MC68HC812A4 与 MAX125 的接口时序，其中 E clock 为 MC68HC812A4 单片机的总线时钟，时序图只画到单片机第一次读取转换结果为止。

可以计算出，A/D 转换是整个采集周期中最耗时的时间段，向两个 MAX125 写控制字和读取存储转换结果的时间加起来也不及 A/D 转换时间，所以采用同步启动转换的方式，两个 MAX125 的 A/D 转换时间是并行的，因此，采用分步操作同步转换的方式大大提高了系统的采样频率。

3.3 信号适配电路

假人身上传感器类型不同，输出的信号也各异，要有相应的信号适配电路把它转换成一定幅值的电压信号，然后经过抗混滤波器滤波，才能进行 A/D 转换。这里，抗混滤波器采用了固定频率低通滤波，而在数据后处理中用数字滤波的办法来满足不同通道的不同频率等级的滤波要求。

这里重点介绍一下力传感器适配电路的设计。力传感器的实际上是四个接成全桥的应变片。测量前一般要对传感器的电桥进行调零，否则电桥输出的不平衡电压，经放大后会造成很大的零飘。通常的动态应变仪结构复杂，体积庞大，不能安装到假人内部，因此要设计一个可程控调节的动态应变仪。

本文采用了集成调节芯片 MAX1457 作为信号适配芯片。MAX1457 内部有一个可程控调节增益的放大器，另有 5 个数模转换器，输出的模拟量，与放大器的输出叠加，可以对传感器的零飘、输出幅值、温飘以及非线形进行调节补偿。试验前，先要针对某个力传感器在不同温度下进行补偿设置。MAX1457 通过 SPI 接口外接一个 EEPROM 来存储补偿因子。单片机也通过 SPI 接口来读写 EEPROM。

3.4 通讯电路

数据通讯采用了 CAN 总线通讯方式。本文采用了 PHILIPS 公司的独立 CAN 控制器 SJA1000。这种控制器既可以与 INTEL 模式的单片机接口，又可以与 MOTOROLA 模式的单片机接口。但 SJA1000 的 8 位地址和数据线采用了复用的方式，而 MC68HC812A4 单片机的地址线和数据线是完全分开的，这样就要设计一个接口电路，把单片机并行的地址信号和数据信号转换成串行的地址数据信号以满足 SJA1000 的读写要求。

接口电路见图 6，使用了两片 74AC245 总线收发器，用来控制单片机的地址线和数据线在不同时间段与 SJA1000 的地址数据复用线导通。SJA1000 的输出信号经 82C250 收发器连接到 CAN 总线上。74AC245 的导通和 SJA1000 所需的控制信号由另外的时序控制电路产生。

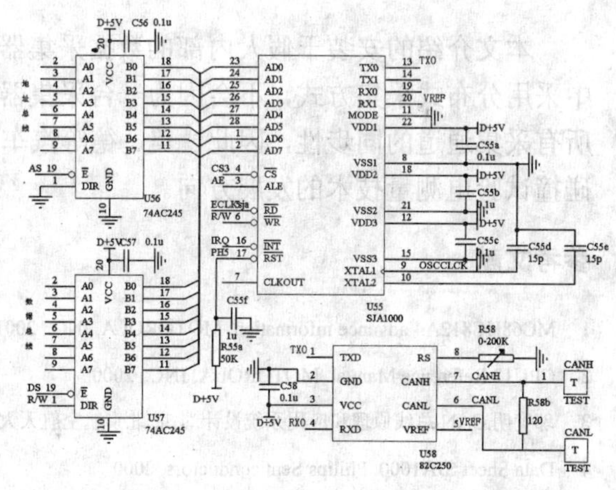

图 6　MC68HC812A4 与 SJA1000 的接口电路

4 采集器软件设计

MC68HC812A4 单片机内部有 4K 的 EEPROM，充分利用这块空间，可以不用片外的 EEPROM，从而减少元件数量。为此，单片机复位时，令其工作在单片模式，此时 4K 的 EEPROM 位于 64K 内部地址空间的最顶部，程序、复位向量、中断向量都可以写在这里；然后更改单片机模式寄存器内容，使单片机工作于宽扩展模式，此时外部的地址数据线可用，而内部 4K 的 EEPROM 仍保持在原来的地址空间不变。

程序按功能分为主程序、采集子程序和通讯子程序三块。采集器上电复位后，进入主程序，主程序先初始化、自检，然后进入相应工作状态，流程图如图 7 所示。

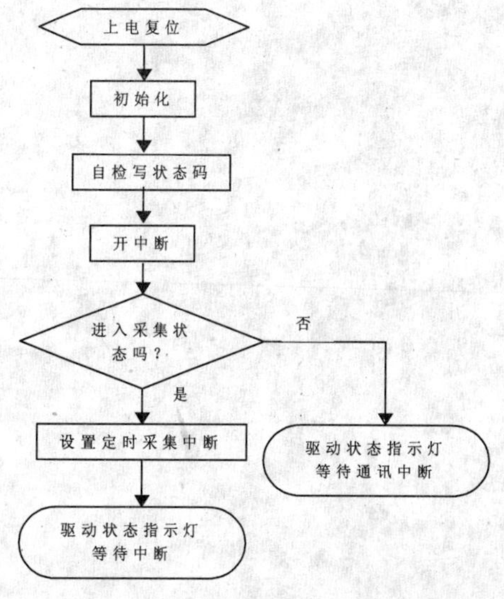

图 7　主程序流程图

其中，初始化包括设置单片机的工作模式，设置外部总线状态，设置存储窗口，设置看门狗状态，设置各 I/O 口状态以及设置 SJA1000 寄存器等。自检主要检查 NVRAM 内容并保存自检状态码。系统根据状态码决定进入何种工作状态。一是进入等待通讯状态，当 CAN 总线上发来的命令码，SJA1000 产生接受中断，系统进入通讯子程序解释并执行命令码；二是进入等待数据采集状态，设置采集中断的发生时间间隔，并等待采集中断。采集中断子程序每隔设定的时间间隔执行，采集 16 个通道的信号一次。这种状态下，也可响应通讯中断。

5 上位机软硬件设计

上位机部分采用了 HK-CAN20C 通讯卡，这种通讯卡插在 PC 机的 ISA 插槽上，使用 CAN2.0A 协议，最高数据传输率为 1Mbps，其 Win98 下驱动程序提供了 7 个函数接口。本文用 VC++6.0 开发环境，编写了 Win98 下的通讯程序 THDAS。通讯时，先调用 InstallCANDriver()函数初始化通讯卡，初始化成功返回 0，然后可调用 SendCANFrame()/ReadCANFrame()发送/接收一帧，通讯结束，则调用 UninstallCANDriver()函数释放驱动程序占用的系统资源。

6 结束语

本文介绍的安装于假人内部的数据采集器是汽车碰撞试验分布式数据采集系统的一部分。在碰撞试验中采用分布式采集方式，不会因为一台采集器失灵而导致试验完全失败，降低了试验风险，同时又能保证所有采集通道的同步性，因此，美、德等汽车工业发达国家均把采用现场总线技术的分布式数据采集作为碰撞试验电测量技术的发展方向。

参考文献

1 MC68HC812A4 advance information. MOTOROLA, INC., 2001

2 CPU12 Reference Manual. MOTOROLA, INC., 2000

3 邬宽明.CAN 总线原理和应用系统设计.北京:北京航空航天大学出版社,1996

4 Data Sheet SJA1000. Philips Semiconductors, 2000

某微型客车结构耐撞性改进设计

宋正超 孔凡忠 张金换 黄世霖
清华大学汽车安全与节能国家重点实验室

[摘要] 某微型客车正面碰撞法规试验表明，车身前部变形过大，直接导致前排两个车门碰撞后无法正常开启。在对车架进行了大量的数值模拟的基础上，提出优化方案，对车架前地板总成进行了改进设计，调整了焊接工艺和焊点分布。改进后的碰撞试验表明，车架前部变形量减少了大约 50mm，从而使得前排两个车门在碰撞后能够正常开启，提高了该车的结构耐撞性能，为该车通过正面碰撞法规试验奠定了坚实的基础。

关键词：微型客车 结构耐撞性 改进设计 有限元法

Improvement Design on a Type of Minibus'S Frontal Crashworthiness

Song Zhengchao, Kong Fanzhong, Zhang Jinhuan, Huang Shilin
State Key Laboratory of Automotive Safety and Energy, Tsinghua University

[Abstract] A frontal impact test of a type of minibus indicated that the deformation of its frontal part was too large which led the frontal doors to be unopenable. Basing on a mass of simulations, this paper presented an optimality design, which improved the assembly of frame and frontal floor, and adjusted the welding techniques and weld point distribution. The impact test of the improved design indicated that the deformation of the frontal part reduced about 50mm, the frontal doors were openable normally after the impact test, and the frontal crashworthiness of this minibus was improved to meet the requirement of the Safety Regulation.

Key words: frame deformation improvement frontal impact simulation

1 引言

在汽车结构耐撞性方面，为满足汽车正面碰撞法规，通常将汽车的乘员区设计为具有足够的变形刚度和强度，而将汽车前部设计有保证一定的许可变形量。如果变形量太小，也就是结构太“硬”，将产生较大的加速度峰值，对乘员约束系统产生较大的压力；如果变形量太大，也就是结构太“软”，将使 A 立柱和乘员空间受到挤压。一方面容易造成车门变形严重，在碰撞时自动打开，或者在碰撞后无法正常开启，另一方面容易使方向盘和仪表板的后移量过大，对乘员产生较大的伤害。因此在正面碰撞过程中，前端吸能区变形量必须得到很好的控制，同时也要保证变形区发生持续稳定变形并且不产生较大的加速度峰值。

2 原车的正面碰撞试验的关键问题

某微型客车在经过正面碰撞试验后，发现车身前部变形量过大，导致以下两个方面的后果：一是挤压 A 立柱，使之产生较严重的变形，从而导致碰撞后两个前门均无法正常打开；二是乘员空间受到挤压，假人的伤害指标超标。碰撞后的情况如图 1 所示。

图 1 原车的碰撞情况

3 车架的数值模拟与改进

为了缩短改进周期，减少经费，通过模拟计算来设计并优选方案。由于这种形式的车在正面碰撞过程中能量的吸收 60%～70%集中在车架，所以为了加快进度，主要针对车架部分进行建模和分析。图 2 是车架加前地板的有限元模型。

图 2 车架加前地板的有限元模型

原车碰撞后车架的变形情况和模拟的情况如图 3 所示。

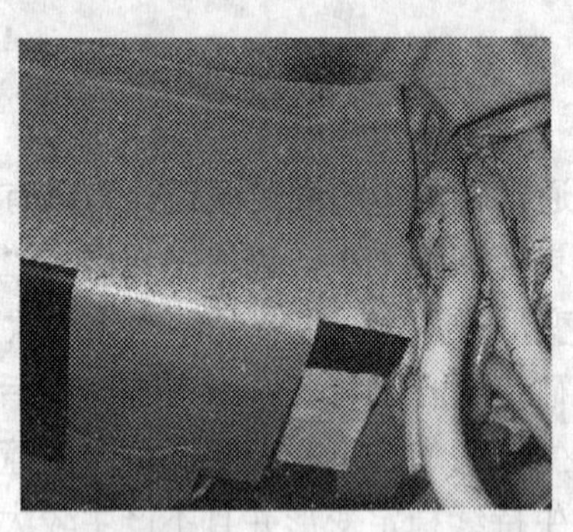

图 3 试验变形和模拟变形的比较

由于原车架和车身前地板焊接在一起，而焊点分布比较稀疏，碰撞后前部变形量大，车架偏“软”，所以改进主要集中在两个方面：一是加强车身前部焊接工艺及焊点密度；二是改进车架结构，增加车架局部刚度。

模拟计算的结果显示改进后车架变形区的中后部变形更加合理，吸收了更多的能量，而车架的变形量也受到了较好的控制，图 4 显示了改进前后模拟的车架变形量的对比。

由图中可以看出，改进后的变形量比原车架减少了约 45mm，这样的结构可以使 A 立柱及乘员空间受到较好的保护。

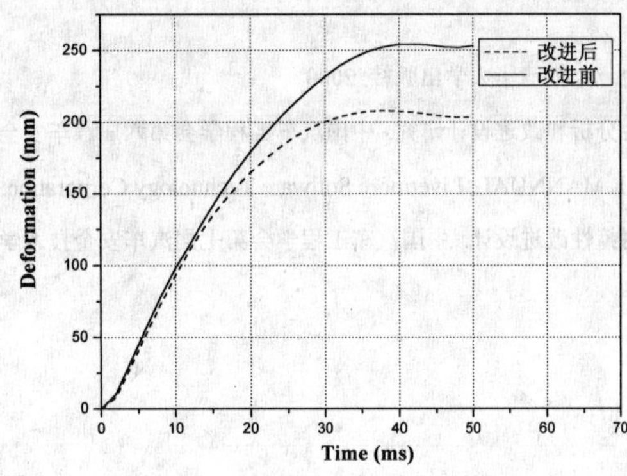

图 4 改进前后车架的变形量

4 改进效果分析

该车在改进的基础上进行了第二次整车正面碰撞试验，试验结果很好验证了模拟的结果，车架前端变形量减小了约 50mm，A 立柱受到了较好的保护，两个前排车门均能顺利打开，转向盘和仪表板的后移量减小，乘员空间得到有效的保护。

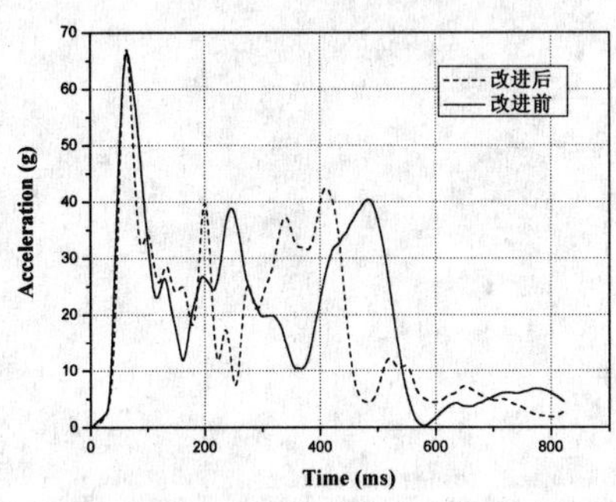

图 5 改进前后实车加速度波形的对比

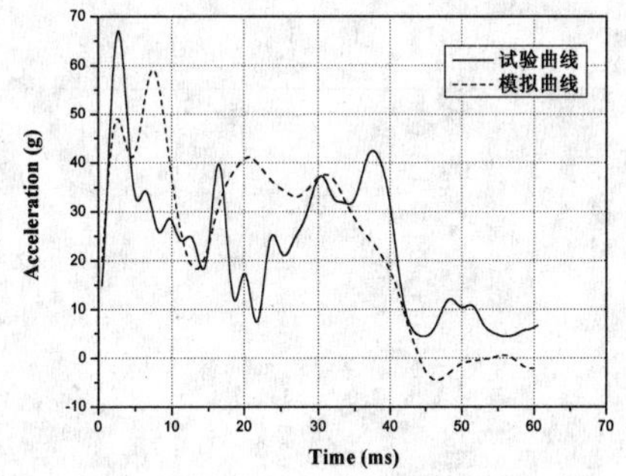

图 6 改进后实车车架和模拟的加速度对比

图 5 是改进前后实车车架的加速度曲线对比，从图中可以看出，改进后加速度波形的脉宽比改进前减少了约 10ms，而加速度峰值和波形没有明显的变化，车身前端的吸能能力得以提高。图 6 是改进后车架上实验所测的加速度曲线和模拟加速度曲线的对比，两条曲线基本一致，说明模拟计算较好地预测了试验的结果。

5 总结

针对某微型客车在正面碰撞过程中前端变形量过大的问题，对车架的局部进行了改进。在改进过程中，建立了车架和前地板的局部有限元模型，针对各改进方案进行了大量的模拟计算。通过对车身前部焊接工艺、焊点密度的加强以及对车架某些零部件结构参数的调整，使车身前端的吸能能力增强，并控制变形量在 A 立柱以前，以保证车门和乘员空间不受较大的破坏。改进后的整车试验验证了模拟的改进效果，车身前端的变形量减少了约 50mm，碰撞后前排两车门均能顺利打开，而改进前后加速度波形和峰值没有太大的变化。总的来说，改进后该车的结构耐撞性得以增强，为通过正面碰撞法规试验打下了良好的基础。

参考文献

1 黄世霖，张金换，王晓冬等. 汽车碰撞与安全. 北京:清华大学出版社, 2000

2 刘凤梧，张金换，龚剑等. 微型客车的耐撞性分析和改进设计研究. 中国汽车工程学会第六届汽车安全技术学术会议论文集, 2001, 14~26

3 John O.Hallquist. LS-DYNA3D THEORETICAL MANNUAL. Livermore Software Technology Corporation, 1997

4 王大志，孔凡忠，刘凤梧等. 轻型客车结构耐撞性改进设计. 中国汽车工程学会第七届汽车安全技术学术会议论文集, 2002, 43~47

某轻型客车安全带的动态特性分析及改进

顾 光 刘凤梧 张金焕 黄世霖

清华大学汽车安全与节能国家重点实验室

[摘要] 安全带是轿车上最重要的乘员约束装置，三点紧急锁止式安全带则是轿车安全带中应用最广泛，装备数量最多的一种。本文在试验的基础上，应用电测量和图像测量，结合电测数据和图像数据同步后处理方法，对某车型配备的三点紧急锁止式安全带及其约束下的HybridIII假人的动态特性进行了分析和探讨。根据分析结果，提出了提高安全带动态性能减小乘员伤害的方法，并进行了台车试验验证。最后实车试验结果证明了分析改进方法的正确性和有效性。

关键词：三点紧急锁紧式安全带 动态特性 HybridIII假人 汽车碰撞试验

Analysis and Improvement of Dynamic Characteristic of Seat Belt for a Light Passenger Car

Gu Guang, Liu Fengwu, Zhang Jinhuan, Huang Shilin

State Key Laboratory of Automotive Safety and Energy, Tsinghua University

[Abstract] Seat belt is key occupant restraint equipment in vehicle. Specially, ELR (Emergency Locking Retractor) is one of the popular seat belts. Using data and photo synchronous processing, this paper analyzes dynamic characteristic of seat belts equipped in a light passenger car. According to analysis, this paper put forward a method to improve the dynamic characteristic of seat belts and decrease injury of occupants. Finally, the Analysis and method were proved by the crash test.

Key words: seat belt ELR dynamic characteristic hybridⅢ dummy vehicle crash test

1 前言

安全带是汽车上的重要的乘员约束装置，在汽车工业发达国家，汽车安全带大量装备汽车是从 20 世纪 60 年代的，安全带的发展历史见表 1。

表 1 安全带发展历史状况

年代	1960-69	1970-79	1980-89	1990-96	1996-今
国际上主流安全带	二点式 三点固定式	前排座椅装备 ELR	前后排座椅均装备 ELR	ELR+预张紧机构	ELR+预张紧机构+织带限力机构
我国主流安全带	无	无	无	前排座椅装备 ELR	部分车辆前后排座椅均装备 ELR 小部分车辆装备 ELR+预张紧机构+织带限力机构

从表 1 可见，在汽车工业发达国家，三点紧急锁止式安全带（ELR）是从 20 世纪 70 年代开始装备汽车的，因其良好的动态约束性能和舒适性成为汽车的标准装备，至今已有三十年的历史。当前的研究重点是更好地提高安全带地动态约束性能，其中在 ELR 的基础上增加织带预张紧装置以及织带限力装置是研究开发的重点。

我国从 20 世纪 90 年代初期开始引进 ELR，并很快大批量装备汽车。90 年代末，又引进了预张紧限力式的安全带技术。但对安全带的研究特别是与车型相结合的动态特性的研究还很不够，因此安全带的匹配开发能力比较落后。

2 影响乘员伤害的因素

在不装安全气囊的情况下，某轻型客车在正面碰撞试验中，乘员受到的伤害过大，超出了法规要求。为提高碰撞安全性，减小乘员伤害，必须对该车乘员约束系统进行改进。

在正面碰撞中，乘员约束和乘员生存空间是影响乘员伤害的主要因素。乘员约束主要由安全带和座椅组成，可细分为以下参数：① 安全带参数,包括安全带固定点位置、织带纵向刚度、卷收器剩余卷绕量和卷收器锁紧特性；② 座椅参数，包括靠背倾角、座垫倾角、座垫深度和座垫刚度。

这些因素的变化或相互作用，对碰撞中人体的姿态有很大影响，其中座垫倾角、座垫深度和座垫刚度这三个参数可归结为一个方面，即座垫对人体的动态支撑，而是否具有足够的动态支撑又与安全带的因素相关。

当座垫对人体动态支撑不够时，乘员便会下滑（见图 1）。下滑时安全带腰带不再作用在人体骨盆上，而是滑向腰部，腰带力全部作用在脆弱的腰部。没有骨盆的支撑，柔软的腹部支撑不住腰带的力，这样腰带深嵌入腹部，会对腹部造成较大伤害，表现在图 1b 中，腰带力发生一次较大的起伏。

a

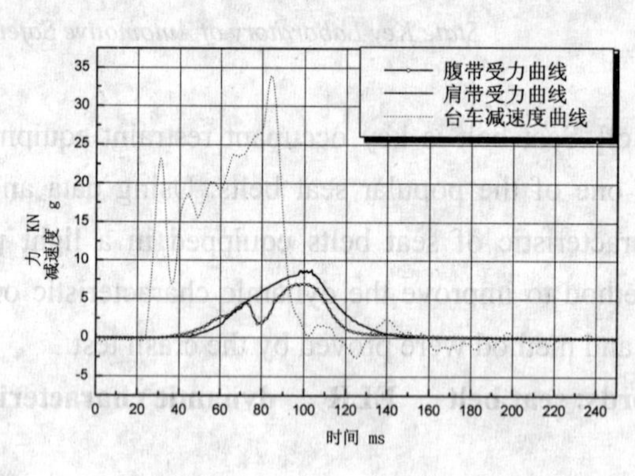

b

图 1 试验中乘员下滑现象

从安全性考虑，座垫应具有较大的上倾角，较大的深度(即车辆 X 方向的长度)，和较大的前端刚度，这样可以有效地防止乘员下滑，但这些值过大又会影响驾驶和乘坐舒适性。

该车前排右侧座椅的动态支撑特性不好，碰撞时右侧乘员下滑现象严重。在对相应的座垫参数进行调整后，提高了座垫的动态支撑特性，碰撞时乘员不再下滑，前移姿态变得稳定。因为前排右侧乘员的生存空间较大，碰撞时乘员有足够的前移空间并且不与仪表板发生二次碰撞，所以碰撞中右侧乘员所受伤害相对较轻，满足法规要求。

但对于司机来说，虽然约束相似，但生存空间相比要小得多，因为司机侧有转向盘、转向管柱等车辆操纵部件，这样生存空间在几何上比较复杂，在碰撞过程中，司机头部可能会撞击转向盘，膝部可能会撞击转向管柱或仪表板，造成头部或膝部伤害过大。该车在实车碰撞试验中，司机头部伤害值过大，HIC 值达到了 1362，因此设法降低司机头部 HIC 值成为改进的重要目标。

3 司机安全带的动态约束特性分析

为了分析司机安全带的动态特性和司机的碰撞前移响应，模拟该车的乘坐环境，进行了台车试验。

为了更清楚得了解碰撞中司机安全带的受力过程，在司机安全带上安装了两个织带张力传感器，图 2 中是安全带力传感器的布置方式，一个安全带力传感器安装在肩带上，另一个传感器安装在腰带上。

试验测得的安全带肩带和腰带的受力情况见图 3。可以看出安全带肩带和腰带的受力是不同的，主要特征是肩带受力峰值大于腰带，而相位滞后于腰带。

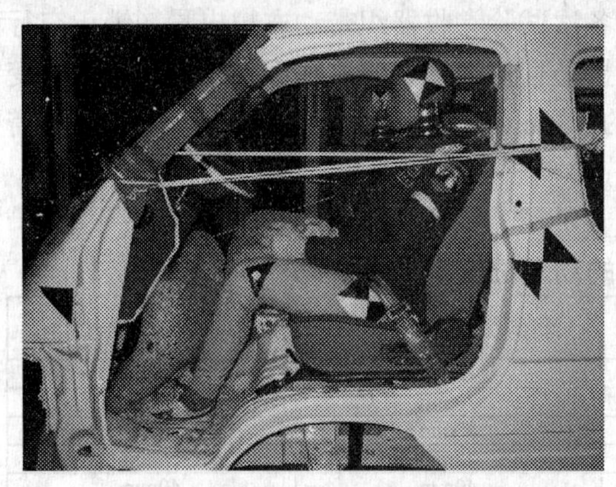

图 2　安全带里传感器布置方式

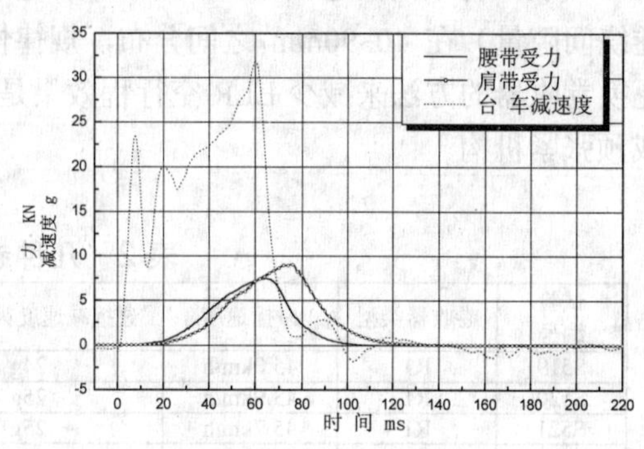

图 3　典型的司机肩带腰带受力曲线

图 3 中肩带的受力在起始阶段（0 到 65ms）是小于腰带的，这是因为碰撞发生后，织带需要拉出一段距离，卷收器才能锁死织带，另外卷绕在卷收器内部的织带间也有间隙，为了消除间隙，织带也要拉出一个空行程，而腰带在碰撞初始阶段就能束缚得很紧，因此在图 3 中，肩带受力曲线要滞后于腰带。

此后，因为人体上躯干质量较大，惯性也大，对肩带产生较大的张力，表现为肩带的受力以及人体肩部的前移量的较快增长，而腰带受力则相对增长缓慢一些。碰撞 50ms 后，肩带和腰带的力才上升到 5KN 左右，此时安全带的约束作用比较显著，表现在力曲线下的面积（跟吸能相关）增长较快。在 65ms 时刻，两条曲线交于一点，此时腰带力和肩带力大小相同。在 70ms 左右，腰带受力达到最大，图像分析表明，此时假人的臀部前移量也达到最大值。图像分析还表明，此后假人肩部前移并未停止，所以肩带力继续增大，直到接近 80ms 时刻，肩带受力到最大值，此时假人肩部前移量也达到峰值。

图 4 是试验中，假人前移量曲线，图中可见，假人的臀部参考点的最大前移量是 210mm，肩部参考点的最大前移量达到 340 mm，而头部参考点的最大前移量则达到 610mm。

根据分析，该车型正面碰撞时，司机头部肩部前移量过大，头部与转向盘中心部位剧烈碰撞，见图 5，造成头部 X 方向、Z 方向减速度出现较大峰值，导致 HIC 值超过了法规要求。因此要减小司机头部伤害，必须提高安全带肩带的约束效率，减小司机头肩部位移，以降低头部对转向盘的冲击。

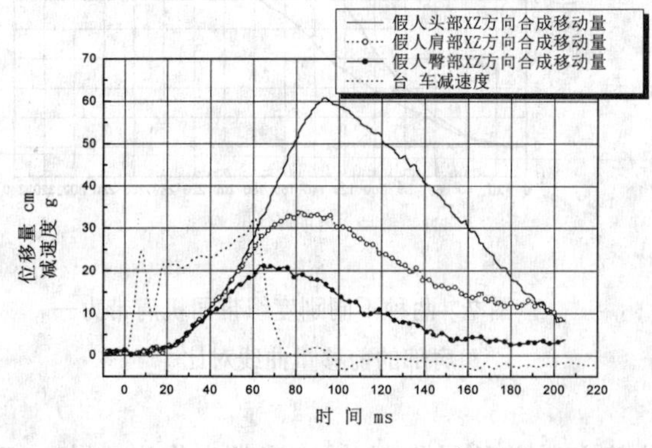

图 4　司机前移曲线图

图 5　实车碰撞中模型人头部剧烈撞击转向盘

4 提高安全带的动态约束效率

分析已表明，肩带在碰撞初始阶段对人体的约束作用不如腰带。为了提高肩带的初始约束能力，很显然的措施是减小织带锁止时的空行程以及织带卷绕间隙量。根据以前试验数据（见表 2，卷收器类型项 R1、R2 和 R3 代表三种不同的卷收器），对于三种卷收器，各次试验卷收器织带动态拉出量（锁止空行程加上织带卷绕间隙量）在 40~90mm 之间分布，规律性不明显，且各种卷收器差别不大。因此采用改变锁止方式即更换卷收器的方法来减少 ELR 空行程效果是有限的。若想较大幅度降低锁止空行程，卷收器需要采用夹紧或预张紧机构。

表 2　几种卷收器的动态拉出量

试验编号	卷收器类型	碰撞速度	碰撞减速度第一峰值	司机侧卷收器动态拉出量	乘员侧卷收器动态拉出量
S519	R1	45.0km/h	24g	75mm	75mm
S520	R1	43.9km/h	25g	70mm	90mm
S521	R1	45.7km/h	25g	80mm	60mm
S529	R1	44.0km/h	60g	45mm	55mm
F080	R2	48.2km/h	65g	40mm	40mm
F082	R3	48.1km/h	62g	65mm	65mm
F084	R2	49.4km/h	50g	50mm	40mm

根据正交试验模拟[1]，对于普通 ELR 安全带，安全带织带刚度对司机头部伤害指标影响较大，这也就是说织带刚度对安全带动态特性影响很大。这是因为织带刚度大，则织带在较小的变形时便会产生较大的约束力，相对改善了肩带在碰撞初始阶段约束力较弱的不足。国标 GB14166 对安全带织带拉伸特性要求是延伸率小于 30%，国内满足这一要求的织带，延伸率约在 7%到 18%范围内可选。

因此，采用大刚度织带进行了台车对比试验。图 6 中共有四条曲线分别是四次台车试验（碰撞速度 49km/h）得到的肩带力曲线，其中二条实线是采用的大刚度织带（8%左右延伸率）的肩带力曲线，二条虚线是原车采用的小刚度织带（14%左右延伸率）的肩带力曲线。

图 6 中可见，试验中肩带受力曲线开始上升的时刻是基本相同的，都在碰撞后大约 10ms 左右，但大刚度织带肩带受力曲线显然上升得更快，即大刚度织带前移了肩带力曲线的相位，这样肩带的初始约束能力得到改善。

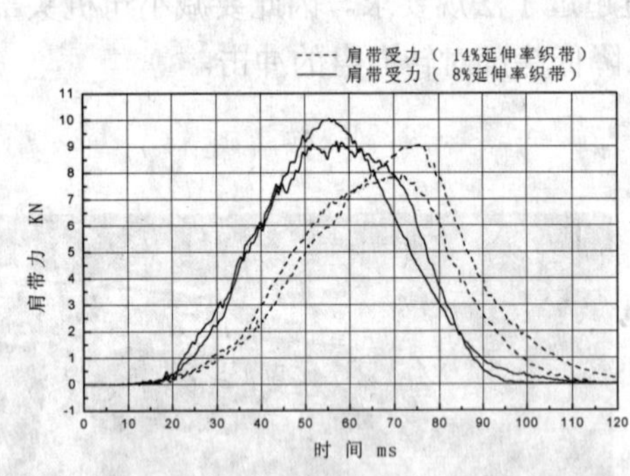

图 6　两种不同刚度织带司机肩带受力曲线对比

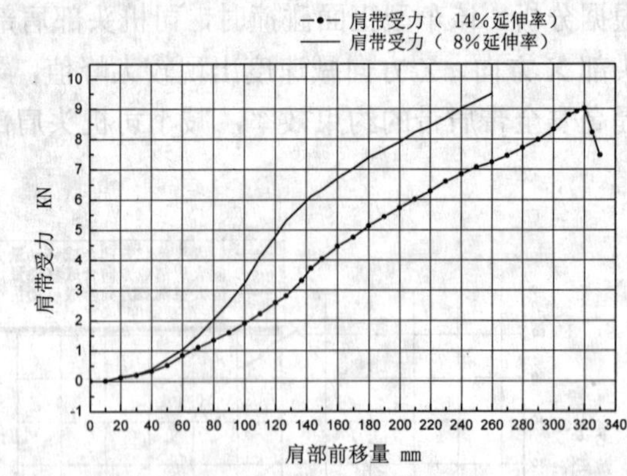

图 7　两种不同刚度织带司机肩带力—肩部的前移量曲线对比

为了更好地对比两种织带动态特性的差别，把假人肩部的前移量作 X 轴，肩带力作为 Y 轴，可画出肩带力—肩部的前移量曲线(见图 7)。图 7 中可见，假人肩部前移 20mm 的时候，肩带开始受力，其后大刚度织带的张力上升明显比小刚度织带快，大刚度织带的受力在整个肩部前移行程中分布的更加均匀，显然对假人的初始约束更为有效。

再看假人的前移量(见图 8)，采用大刚度织带后，假人的臀部参考点的最大前移量比改进前减小了 30mm，肩部参考点的最大前移量比改进前减小了近 80 mm，而头部参考点的最大前移量则比改进前减小了 150mm。

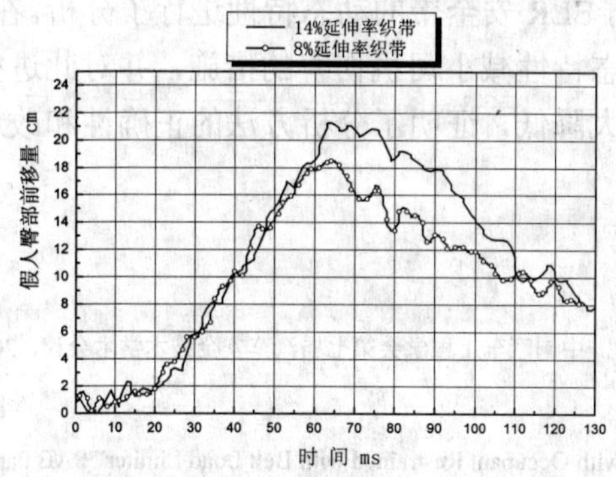

8a

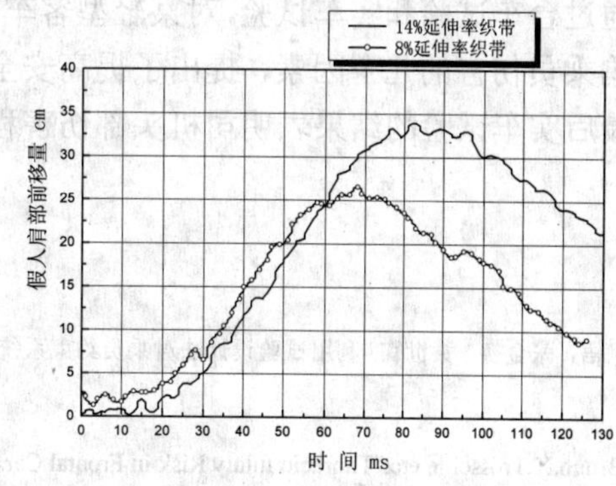

8b

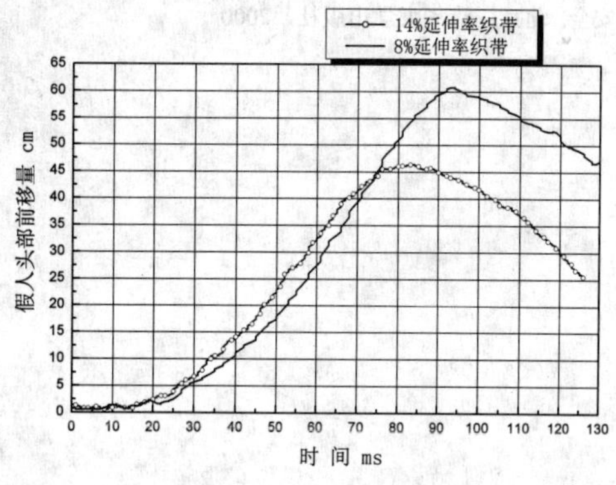

8c

图 8　两种不同刚度织带的司机前移量曲线对比

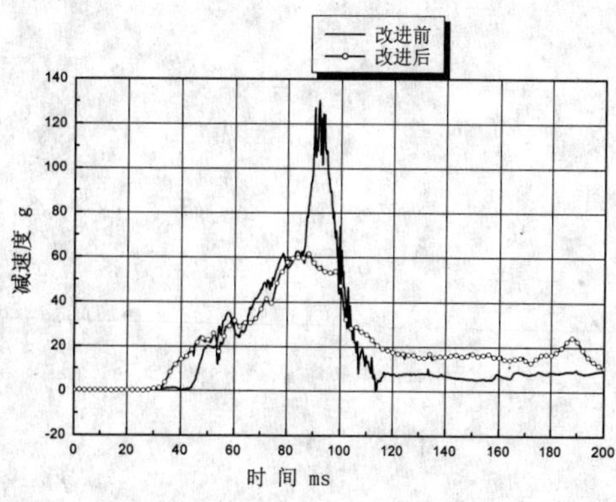

图 9　改进前后司机头部合成减速度对比

可见，增加安全带织带刚度后，虽然乘员臀部最大前移量减小不多，但肩部和头部前移量有较大幅度的减小。对于该车型来说，司机肩部和头部前移量的大幅减小有利于 HIC 值的降低，因为前移量的减小，意味着头部与转向盘碰撞时，头部的瞬时冲击速度也减小了，从而减轻司机头部与转向盘的碰撞程度，降低了碰撞减速度。司机头部的 HIC 值因此也得以降低。

改进方案应用于实车，在实车碰撞试验时，司机头部减速度曲线有峰值有较大降低（见图 9），从图 9 可见，司机头部减速度峰值从改进前的 130g 降低到改进后 60g， HIC 值也从改进前的 1362 降低到改进后 662。试验结果证明了改进方法的有效性。

5 结论

本文通过台车试验和实车试验，对某轻型客车配备的 ELR 安全带的动态特性进行了分析。在此基础上，讨论了影响乘员伤害的几个因素，提出了提高安全带动态特性减小司机伤害的措施，并对此进行了台车试验验证，最后实车试验的结果表明司机头部伤害程度大大降低，证明了分析方法的正确性和改进方法的有效性。

参考文献

1 龚剑，刘凤梧，张金换，黄世霖. 利用试验设计法对乘员约束系统进行优化. 中国汽车工程学会第七届汽车安全技术学术会议，2002.5.21~23，大连

2 J-Y.Foret-Bruno,X.Trosseille etc."Thoracic Injury Risk in Frontal Car Crashes with Occupant Restrained with Belt Load Limiter" SAE Paper No.983166

3 Michael Araszewski,Eric Roenitz and Amrit Toor,"Maximum Head Displacement of Vehicle Occupants Restrained by Lap and Torso Seat Belts in Frontal Impacts" SAE Paper No.1999-01-0443

4 黄世霖，张金换，王晓东等. 汽车碰撞与安全. 北京：清华大学出版社，2000

汽车侧面碰撞下乘员骨盆响应的模拟方法

程秀生 向晋乾 刘中华

吉林大学 上海交通大学

[摘要] 本文以多体系统理论为基础，应用碰撞伤害模拟软件 **MADYMO** 建立了基于美国韦恩州立大学侧面碰撞台车试验基础上的三维多体数值仿真模型。此仿真模型包括选用的 **MADYMO** 数据库中的 BIOSID 侧碰假人模型、Heidelberg 型座椅模型、相关台车环境模型及缓冲材料模型。应用模型分四种碰撞条件进行了模拟研究，通过比较分析模拟结果与台车试验结果在量值和变化趋势两方面的一致性，验证了所建数值仿真模型的有效性，为应用此模型进行侧面碰撞下乘员骨盆响应的研究提供了有效手段。

关键词：侧面碰撞 骨盆响应 模拟方法

The Simulation Method on Pelvis Response in Side Impact

Cheng Xiusheng, Xiang Jinqian, Liu Zhonghua

Jilin University of Technology, Shanghai Jiao Tong University

[Abstract] On the basis of multibody, such a Victim Simulation software as **MADYMO** software is introduced to research some problems in the dissertation. Using this software to set up 3D numerical model of multibody based on sled test in side impact in Wayne State University, including a BIOSID side impact dummy model selected from databases of **MADYMO** software, a Heidelberg-type seat model, some sled surrounding model and padding model. The numerical model is used to simulate side impact situation under four conditions of crash. The coherence is obtained in two aspects of value and variety trends between model results and test results through analyzing and comparing, and then indicates that the model is effectively used to research response of pelvis in side impact.

Key words: side impact pelvis response simulation method

结论

本文以多体系统理论为基础，应用碰撞伤害模拟软件 **MADYMO** 所建立的三维多体数值仿真模型，包括 **MADYMO** 数据库中的 **BIOSID** 侧碰假人模型、**Heidelberg** 型座椅模型、相关台车环境模型及缓冲材料模型。论文应用模型分四种碰撞条件进行了模拟研究，通过比较分析模拟结果与台车试验结果在量值和变化趋势两方面的一致性，验证了所建数值仿真模型的有效性，为应用此模型进行侧面碰撞下乘员骨盆响应的研究提供了有效手段。

注：本文全文刊登在 2003 年《汽车工程》（增刊）上。

颅脑撞击损伤的生物力学机制研究综述

马春生 黄世霖 张金换
清华大学汽车安全与节能国家重点实验室

[摘要] 在各类损伤事故中，颅脑撞击损伤的高发生率和高死亡率，使得颅脑撞击损伤生物力学的研究成为撞击损伤生物力学领域的研究热点。本文综述了颅脑撞击损伤生物力学研究的历史发展过程和最新进展，包括实验研究、力学分析模型、损伤机理和伤害指标。最后讨论了未来有待探讨的问题。

关键词：颅脑 撞击损伤 生物力学

Review on the Research of Head Impact Injury Biomechanics

Ma Chunsheng, Huang Shilin, Zhang Jinhuan
State Key Laboratory of Automotive Safety and Energy of Tsinghua University

[Abstract] The research of head impact injury biomechanics has become one focus in the domain of human injury impact biomechanics because the high incidence and mortality rate of head impact injury in all kinds of accidents. This paper reviewed the history and latest advances on the research of head impact injury biomechanics that included experimental research, mechanical analytical models, injury mechanism and injury criteria. In the end, the recommendations for future research are discussed.

Key words: head impact injury biomechanics

1 引言

颅脑撞击损伤是交通事故中常见的损伤和主要致死原因之一，根据国外统计资料，颅脑撞击损伤的发生率高达 54%[1]，是伤后致死、致残的首要原因。头部创伤在所有人体创伤中的比例约 34%，在导致死亡的创伤中比例更高达 68%[2]（Gennarelli et al,1992）。在美国，每年大约发生 200,000 例脑部创伤[3]（Kraus and McArthur,1996），脑部创伤的治疗费用高达 90～100 亿美元。根据我国四川某地区交通事故伤害的统计数据，头部伤害在人体各部位伤害中所占比重最高，为 33.7%[4]。鉴于此，关于颅脑撞击损伤的生物力学研究成为冲击损伤生物力学研究领域的热点。颅脑撞击损伤生物力学的研究目的在于了解颅脑组织对撞击的力学响应，确定颅脑损伤与力学载荷的量效关系，进而阐明脑损伤机理，对于颅脑损伤的防护和损伤指标的制定提供理论基础。

目前，撞击损伤生物力学的研究手段有实验研究、制作物理模型和建立力学分析模型等手段。因为颅脑撞击损伤发生机制复杂，科学的研究方法是同时对实验模型、物理模型和数学模型进行综合研究才能得出适合于人的可靠结论，将实验模型的病理、生理指标和相应的物理模型的结构响应用于力学分析模型的输入和验证，分析伤害机理，得到人体在一定撞击条件下相关伤害指标。本文将从实验研究、力学分析模型、伤害机理和伤害指标等方面对颅脑撞击损伤的生物力学研究情况进行综述。

2 实验研究

实验研究是撞击损伤生物力学基础和主要手段，用于实验研究的模型包括人尸体模型、动物模型和非生物模型。尸体具有和活体相同的解剖结构，人新鲜尸体是进行冲击损伤生物力学研究的较好的代用品，但因组织降解，缺少冲击对机体造成的生理或病理反应的直接观察，在这些方面动物实验是一种有益的补充。动物实验可以做到损伤水平，能够研究机体内部组织和器官的动态变化过程，是探讨损伤机理的较好的方法。但因动物在物理特性上和人体的差别较大，无法将动物实验的定量结果推广到人体上。非生物模型主要适用于理论研究，稳定性好，避免了生物材料的个体差异[5]。

2.1 人尸体实验

由于社会、伦理和法律等方面的原因，尸体的标本获得受到很大的限制，所以尸体实验的数据较难得到。较早关于颅脑撞击损伤的尸体实验是 Lissner 等人于 1939~1965 年间在美国韦恩州立大学进行的，实验的目的是为了研究脑振荡、线性颅骨骨折和颅内压的力学机理，通过实验得到了第一条关于头部伤害的耐受曲线 WSTC[6](The Wayne State Tolerance Curve)。

Nahum 用未防腐尸体进行头部的前后和侧向的撞击，观察加速度和颅内压等的瞬态变化，并比较戴头盔和不戴头盔时对冲击时的响应[7]，这次尸体实验的数据后来被很多学者引用用来验证数值模型的有效性。Got, C. 等人使用未经防腐尸体头颅进行了 42 例头部直接冲击实验，头颅自由落体，撞击区域为额骨、颞一顶骨、额一面骨[8]。Nusholtz 用冲击实验机对人尸体头颅进行上下和后前方向冲击，观察了头的运动、颅内压变化和颅脑损伤情况[9]。

最近，韦恩州立大学进行了钝物对人尸体头颅枕骨撞击的实验。实验前，用金属球和薄壁管制成 2.3mm、长 3.9mm 的和大脑密度接近的标志物。撞击过程中将标志物置于大脑中，采用高速 X 光机（250 帧/秒）对颅脑的冲击历程进行拍摄。同时在颅骨内也安装微型标志物，对拍摄的图像进行分析就可以得到大脑中标志物相对颅骨的运动情况。这是一种新的测量手段，为损伤机理的研究和数值模拟就算提供了珍贵的原始资料[10]。

2.2 动物模型

1940 年，Denny-Brown 对灵长类动物进行头部撞击实验，结果表明当头被固定时，脑振荡发生的几率减小，并证明了加速度是脑损伤和脑振荡病理特征的重要部分[11]。Gurdjian,Lissner 等用狗、猫和灵长类动物进行脑振荡的实验研究，认为脑振荡可能由脑干伤害引起，脑干伤害主要由头部整体运动、颅骨变形和颅内物相对颅骨的相对运动引起[12]。

Ommaya 等使用恒河猴、松鼠猴和黑猩猩三类动物作挥鞭伤实验和直接撞击实验，认为大约 50%脑损伤归咎于头部的旋转运动[13]。但是，Abel 等使用 HYGE 装置产生旋转加速度，对恒河猴的颅脑损伤进行研究，认为导致脑振荡的发生的因素不是单纯的角加速度，而是线性加速度和角加速度的合成作用[14]。

Hodgswon 等使用新鲜狐猿的大脑半球模型进行撞击实验，结论为脑干伤的发生除和头部运动有关外，还与脑脊髓的伸展引起的剪切力有关[15]。Ono 等使用 63 只猴子进行了一系列实验。结果表明猴子脑振荡的发生和头的角加速度没有显著的相关性，和头的线性加速度有很高的相关性[16]。

2.3 非生物模型

Gurdjian 在四十年代用脆漆法研究外力作用下颅骨受撞击的应力分布和应变。Anzelius 和 Guttinger 用充满无粘性流体的刚体球壳代表颅脑。在美国的交通工程界，十余年来有大量人力投入人头颈物理模型的研制，最完善的是 Deng 和 Goldsmith[17]制作的模型。国内焦大宾等在 1992 年设计了双线性粘弹性固体球壳充以线性粘性流体的头颅模型[18]，姜燕平等设计了颅脑的光弹性模型[19]，如图 1 所示。

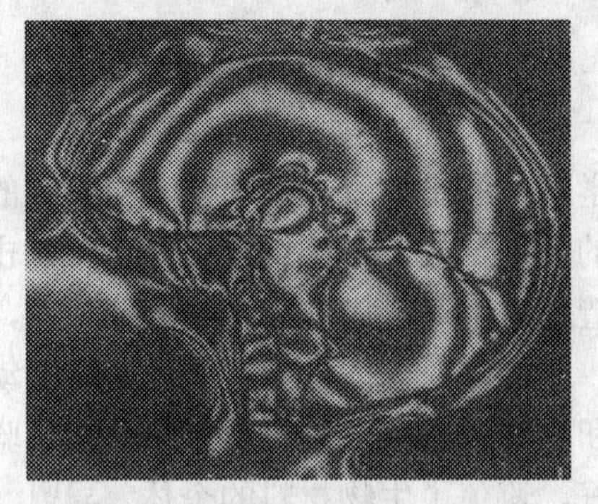

图 1 光弹性模型在模拟受撞击时的条纹

3 力学分析模型

尸体实验可以得到颅脑在撞击条件下的力学响应和生理、病理指标，但对于我们了解颅脑伤害的深层机理还是远远不够的，因为以目前的手段无法对人体组织的应力、应变等微观变化进行测量，建立力学分析模型来进行分析伤害机理是非常必要的手段。由于颅脑在结构、材料和结构上的复杂性，对颅脑撞击生物力学响应的数学模拟是困难的，需要进行简化处理。在颅脑撞击的力学模型中，对材料属性的假设经历了把颅骨假设为刚性、弹性、粘弹性，把脑组织假设为无粘性液体、粘弹性介质的发展过程。在几何外形上，经历了从二维到三维，从将头颅假设为球壳、椭球壳到实体模型的过程。关于早期较简化力学模型的研究，杨宜谦等进行了较详细的综述[20]，本文着重对有限元分析模型的研究情况进行论述。

3.1 二维有限元模型

Shugar 和 Katona(1975)建立头部中心矢状面的二维有限元模型，单元类型为壳单元和流体[21]。Khailil 和 Hubbard(1977)建立了轴对称的充满液体的球壳模型[22]。该模型模拟了头皮、颅骨和大脑。发现了液体在冲击点附件存在的压力梯度，在对冲点附近存在张力梯度。

Cheng 等（1990）建立了大脑冠状面的二维有限元模型研究 DAI(弥漫性轴突损伤)问题[23]。模型结果和尸体实验结果相比较，结果表明颅骨和大脑的接触表面、几何形状以及大脑的分布等都大脑在惯性载荷下的响应均有很大影响。Ruan 等(1991)建立了头部的冠状切面平面应变模型研究头部在侧向撞击下的响应，模型的响应和公开的尸体实验的数据符合较好[24]。该研究表明脑膜在大脑应力分布有重要影响。Willinger 等（1992）建立头部矢状面的有限元分析模型[25]，以模型振动模式为基础，作者认为大脑在颅骨内的整体振动是对冲伤产生的原因。Tetsuya 等建立了头部的冠状切面二维模型研究 DAI 损伤机理[26]，结果表明转动加速度可以引起 DAI 损伤，而且由于头部结构的影响直接的线性加速度冲击也能引起 DAI 损伤。图 2 是 Tetsuya 建立二维有限元模型，模型具有大脑的解剖结构，包括颅骨、大脑和脑脊髓液。

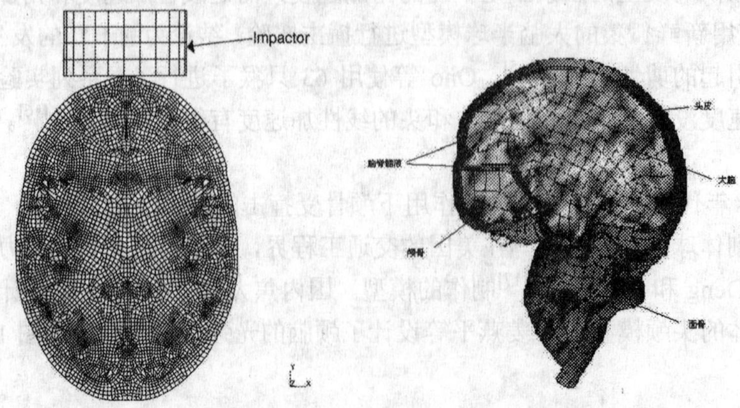

图 2 Tetsuya 等建立的颅脑二维有限元模型　　图 3 Willinger 等建立的三维头部有限元模型

3.2 三维有限元模型

近 30 年来，学者们建立了有很多具有真实几何结构的头部三维有限元模型。Ward(1975)建立了包括大脑、小脑、脑干、脑室和硬脑膜的三维有限元模型。但模型中颅骨被定义为刚体，颅骨变形对大脑冲击响应的影响无法估测[27]。Ruan 等（1994）具有细致解剖结构的三维模型[28]，包括头皮、三层结构的颅骨、硬脑膜、脊髓液、大脑和脑镰。使用尸体实验的数据验证颅脑在冲击响应下的力和颅内压力。模拟结果表明对冲压力在枕骨受冲击时比额骨受冲击时大，最大剪切应力发生在脑干处。大脑的粘弹性对压力响应影响很大，冲击速度较冲击质量对大脑压力响应的影响大。

Willinger 等[29]建立了基于核磁共振扫描的三维有限元模型，模型包括大脑的主要解剖结构。该模型在冲击下的加速度、颅内压力等响应与尸体实验有一定差别，原因可能是将颅骨简化为刚体和实际情况不符合。后来 Willinger 等又对模型进行了修正，重新建立颅骨模型，改进了模型响应和尸体实验的相关性。图 3 所示是 Willinger 等建立头部三维有限元模型。

Zhou 等(1995)[30]重新对 Ruan 等建立的模型进行了改进，重新划分了大脑有限元网格，采用更小的单元，灰质和白质使用不同的材料属性，为了节省计算时间将三层结构颅骨简化为单层结构。最近，AI-Bsharat 等（1999）[10]又对 Zhou 发展的有限元模型进行改进，在颅骨和大脑之间引入了滑动面。这样脑脊髓液的内表面就可以相对软脑膜的外表面更接近真实情况的进行滑动。

4 损伤机理

无论是实验研究还是力学分析模型，其主要目的之一就是揭示颅脑撞击损伤的伤害机理。对颅脑撞击损伤致伤机理了解越深入，越能采取有效的防护手段来减轻和避免伤害的发生。一般认为，接触式直接撞击引起的线性加速度和非接触式惯性载荷引起的角加速度是引起颅脑伤害的两大主要因素，另外还有弯曲－拉伸假说。

4.1 线性加速度理论

运动的头部碰撞到静止的物体，颅骨收到撞击而产生很大的减速度，脑组织因惯性关系仍沿原方向继续运动，因而产生损伤。在着力点，由于直接撞击会产生正的压力梯度，在着力点的对冲部位则会产生负的压力梯度。另外，由于大脑相对颅骨的线性和扭转变形以及颅骨变形对大脑的影响都可能成为大脑损伤的原因。Gurdjian（1975）[12]等使用动物和人尸体实验的结果研究表明，脑挫伤、脑血肿等局部性大脑伤害一般是由头部在水平面内的线性加速度引起。Ono 等（1980）[16]使用猴子实验的研究表明，脑振荡的发生和直接撞击引起的线性加速度有很大的相关性，和旋转加速度没有显著的相关性。

4.2 旋转加速度理论

旋转加速度致颅脑损伤的概念由 Holbourn(1943)[31]首先提出。该理论认为有角加速度引起的脑与颅骨之间、脑组织各部分之间的剪切应变会引起脑弥漫性损伤、脑振荡和脑桥血管的破裂。Thibault，Gennarelli 等(1982)[32]的研究表明，角加速度是产生脑振荡性损伤、弥漫性损伤和硬脑膜血肿的最有害的因素，但是单纯角加速度致脑损伤的量级是非常高的。

4.3 弯曲－拉伸假说

撞击过程中，由于头颈连接处的相对运动，可以使脑与脊髓交界处产生弯曲变形或者弯曲－拉伸变形也能引起损伤[20]。

4.4 脑振荡伤害机理

在各种类型的颅脑损伤中，脑振荡的发生频率很高，其伤害机理被广泛研究。脑振荡的致伤机理有：①旋转运动产生的剪切应变[31]；②脑和颅骨之间的相对变形[33]；③由直接冲击和线性加速度产生的压力梯度可能会引起脑干内的剪切变形和运动；④大脑内部向心运动的顺序引起的在功能和结构上意识扰动。

目前人们关于颅脑损伤的机理的研究结论大部分仍停留在假说阶段，每种假说均可以解释部分情况下的伤害机理，但不能解释全部损伤结果 。近几年来，一些研究指出大脑变形和应力是主要的致伤因素，但是对组织变形和应力无法进行微观的直接测量。所以，加速度、颅内压力等仍是解释颅脑损伤机理的主要引用参数。

5 伤害指标

伤害指标的制定是以伤害机理的研究成果为基础的，主要给出在不同量级冲击载荷下的人体伤害严重程度，为采取防护措施和安全设计提供参考依据。

5.1 线性加速度耐受指标

线性加速度的指标目前是汽车安全和头盔设计标准法规中使用的指标。最早的人体头部冲击耐受曲线，是韦恩州立大学耐受性曲线（WSTC）[6]，如图 5 所示。该曲线是在大量尸体实验和志愿者实验的基础上得出，因为时中等程度的脑振荡 80%会伴发头盖骨线性骨折，所以以头盖骨骨折作为头部损伤的判断标准，加速度是头部质心的合成加速度。以 63 只猴子活体头部撞击实验为基础，日本汽车研究所的 Ono 等（1980）[16]提出了 JHTC 头部耐受性曲线。

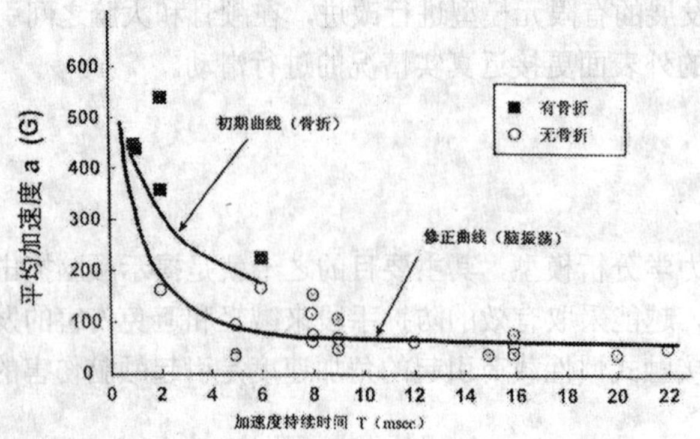

图 5 WSTC 人体头部耐受曲线

Gadd 等用双对数坐标来画 WSTC 曲线，发现可以用一条直线来近似前述的曲线，以此为基础提出了 *GSI*（Gadd Severity Index）伤害指标。

$$GSI = \int_0^T a^{2.5} dt$$

式中，a 是撞击过程中的头部质心合成加速度，t 是冲击历经的总时间。

Versace(1971)对 *GSI* 指标进行了修改，得出了 *HIC*（Head Injury Creterion）指标，成为当前绝大多数国家汽车安全法规的评价指标。

$$\mathrm{HIC} = \max\left((t_2 - t_1)\left[\frac{1}{t_2 - t_1}\int_{t_1}^{t_2} a(t)dt\right]^{2.5}\right)$$

式中，a 为碰撞过程中头部质心合成加速度，以 g 为单位；t_1 为碰撞过程中的任意时刻，t_2 是以 t_1 为起始时刻而使等号右边求得最大值的那个时刻。

James 等[34]提出了一种基于最大碰撞能量的头部伤害指标 MPI(Maximum Power Index)。

5.2 转动加速度耐受指标

许多学者提出了各种基于志愿者实验和人体代用品实验的人体头部转动加速度耐受指标，但是在如何将动物等伤害指标转化到对人体的评价存在很多困难和不确定因素，所以此类指标的可信性较差。也有学者通过数值模拟的方法得到人体旋转加速度的耐受指标，其结果也有很大差异。截至目前，仍没有经过验证的关于角速度的人体颅脑损伤极限。表 1 是几种通过人体代用品实验和数值模拟得到的头部转动加速度耐限推荐指标[35]。

表 1 部分学者推荐的人体头部角速度和角加速度耐受值

研究者	研究对象	推荐耐受值	
		角加速度(rad/s^2)	角速度(rad/s)
Ommaya, 1967	灵长类动物	7500	——
Ommaya 等, 1967	灵长类动物	1800	——
Lowehielm, 1975	人尸体实验，数值模型	4500	50-70
Ewing, 1975	志愿者实验	1700	32
Pincemaille 等，1988	志愿者实验	16000	25
Margulies 等，1990	灵长类动物	13600	48
	力学模型	16000	46.5

5.3 其它大脑损伤耐受指标

颅内压力耐受极限是 Ward(1980)[36]在动物、人尸体实验和有限元模型的基础上提出来的。Ward 推荐的耐受值为：颅内压力峰值超过 235kPa 会发生大脑会发生严重损伤；颅内压力峰值在 173～235kPa 之间，大脑会发生中等程度伤害；颅内压力低于 173kPa 会发生轻微伤害或者无伤害。

Newman[37]等在实验研究和模拟计算的基础上，认为当大脑 Von mises 应力超过 0.07MPa 大脑就有可能发生轻微伤害。Willinger 等[29]的研究认为，17kPa 是中等脑神经损伤发生的应力限值，33kPa 是严重脑神经损伤的限值。

5.4 颅骨骨折耐受值

关于颅骨骨折撞击力耐受值的研究很多，其研究概况和结果如表 2 所示[35]。

表 2 颅骨骨折撞击力耐受值研究概览

研究者	冲击方向	冲击头	平均峰值力（N）	
			骨折	无骨折
Nahum,1968	前额	直径 6.48cm^2，平面	4195	
	侧向		3559	
Hodgson, 1968	前额	直径 20.7cm^2	5600	
		直径 2.0cm^2	5470	
Schneider,1972	前额	直径 6.43cm^2	5785	6270
	侧向		3631	3248
Stalnaker,1977	侧向	直径 181.1cm^2，平面，10kg	9600	7100
Nusholtz, 1984	前额	25kg	2600	
		65kg	4500	
Trosseille,1981	侧向	自由球面	11630	6290

6 讨论

对于撞击时颅脑撞击损伤的生物力学的研究已历半个多世纪，取得了一定的研究成果，但是由于颅脑本身的几何、材料和结构等的复杂性，至今还没有成熟和完善的理论。根据已有的科研成果和实际工程需要，本课题未来的研究趋向将有以下几个方面：

(1) 进一步研究颅骨和脑组织各部分的材料特性和力学参数；

(2) 进行更多、更系统的尸体和动物撞击模拟实验，以确定颅脑在不同撞击条件下的伤害程度，研究其伤害机理。由于该类实验的困难性，需要加大各研究机构间的联合，实现实验设计的优化和实验数据的共享；

(3) 建立更具仿真度的数值模型，使模型更接近颅脑的实际形状和结构并考虑颈部脊髓的影响。

(4) 加强生物力学和医学的结合。

参考文献

1 王正国. 交通事故伤研究近况，中华创伤杂志，1996；12(6):12

2 Gennarelli, T.A., Champion, H.R., Copes, W.S. Importance of Mortality from Head Injury in Immediate Survivors of Vehicular Injuries, Proceeding of the 1992 International IRCOBI Conference on the Biomechanics of Impacts, 167～178

3 Kraus,J.F.,and McArthur, D.L.(1996). Epidemiologic aspects of brain injury. Neurol. Clin. 14(2):435～450

4 许树耘，董凯. 交通事故伤 1256 例分析. 四川医学，1999，Vol.20，No.5：458

5 刘炳坤. 冲击损伤生物力学研究进展. 航天医学与医学工程，1999 年 2 月

6 Lissner,H.R.,Lebow,M., and Evans F.G.(1960). Experimental studies on the relation between acceleration and intracranial pressure changes in man. Surg.Gynecol. Obstet. 111:329～339

7 Nahum A., Smith R., Ward C. Intracranial Pressure dynamics during head impact. Proc. of the 21st STAPP Car Crash Conf., 339～366, 1977

8 Got,C., Patel,A,. Tarriere,C., and Walfisch,G. Results of experimental head impacts on cadavers :the various data obtained and their relations to some measured physical parameters. SAE 780887

9 Nusholtz, Guy S.; Lux, Paula; Kaiker, Patricia; Janicki, Miles A. Head impact response - skull deformation and angular accelerations. Proc.of the 28th STAPP Car Crash Conf., pp. 275～288, 1984

10 Al～Bsharat, A., Hardy, W.N., Yang, K., et al. Brain/skull relative displacement magnitude due to blunt head impact :new experimental data and mode. Proceedings of 43rd Stapp Car Crash Conf. SAE 99S～86

11 Denny～Brown, D., and Russsell, W.R(1943). Experimental cerebral concussion. Brain. 64:93

12 Gurdjian, E.s.(1975). Impact Head Injury. Thomas Publishing Company, Spring Field, Illinois

13 Omma, A.K. and Hirsch, A.E.(1971). Tolerance for cerebral concussion from head impact and whiplash in primates. J. Biomechanics 4:13～21

14 Abel, J.M., Gennarelli, T.A., and Segawa, H.(1978). Incidence and severity of cerebral concussion in the rhesus monkey following sagittal plane angular acceleration. Proceeding of 22nd Stapp Car Crash Conference . SAE 780886

15 Hodgson, V.R., and Thomas, L.M.(1979). Acceleration induced shear strains in a monkey brain hemisection. SAE 791023

16 Ono, K., Kikuchi, A., Nakamura, M., Kobayashi, H., and Nakamura, H.(1980). Human head tolerance to sagittal impact reliable estimation deduced from experimental head injury using sub～human primates and human cadaver skulls. Proceeding of 24th Stapp Car Crash Conference. 101～160

17 刘艳辉等. 颅脑撞击伤的生物力学机制研究进展. 生物医学工程学杂志，1997:14(1):73～76

18 焦大宾,吴文周,杨桂通.人头颅受撞击作用的力学分析. 中国生物医学工程学报. 1992 年 9 月

19 姜燕平,刘宝松,王正国等.模拟颅脑受撞击致伤时颅内应力的光弹性法测定.中国物理医学与康复杂志,1999 年 12 月

20 杨宜谦,马中和，薛菲.人头颅受直接撞击作用的力学分析研究进展. 力学进展，1996 年 11 月

21 Shugar, T.A. and Katona, M.G.,1975. Development of Finite Element of Head Injury Model," J.ASCE, Vol.101. 223～229

22 Khailil, T.B., and Hubbard, R.P., 1977. Parametric Study of Head Response by Finite Element Modeling. J.Biomechanics., Vol. 10. 119～132

23 Cheng, L.Y., Rifai, S., Khatua, T., and Piziali, R.l., 1990. Finite Element Analysis of Diffuse Axonal Injury. SAE 900547

24 Ruan, J.S., Khalil, T.B., and King, A.I. Human Head Dynamic Response to Side Impact by Finite Element Modeling. ASME Journal of Biomechanics Engineering, Vol. 113, pp. 276～283

25 Willinger, R., Kopp. C.M., and Cesari, D. New Concept of Contrecoup Lesion Mechanism, Modal analysis of a finite element model of the head. Proceedings of the 1992 International IRCOBI Conference on the Biomechanics of Impacts

26 Tetsuya Nishimoto, Shigeyuki Murakami. Direct impact simulations of diffuse axonal injury by axial head model. JSAE review 21(2000) 117～123

27 Ward, C.C., and Thompson, R.B. The Development of a Detailed Finite Element Brain Model. SAE 751163

28 Ruan, J.S., and Prasad, P. Head Injury Potential Assessment in Frontal Impact by Mathematical Modeling. Proc. 38th Stapp Car Crash Conf., SAE 943114

29 Willinger R., Baumgartner D., Chinn B., Neale M. Head tolerance limits derived from numerical replication of real world accidents. Proc of the IROBI Conf., pp. 209～221, 2000

人体膝关节的冠状面力学模型建立及损伤研究

杜汇良 黄世霖 张金换

清华大学汽车安全与节能国家重点实验室

[摘要] 我国行人伤亡事故占交通事故死亡人数的 25.96%，其中下肢是最容易受伤害的部位之一。本文通过对于行人事故的特征和人体膝部损伤机理的分析，提出了基于冠状面内的膝关节变型咬合生物力学模型，给出了动态相应的计算方法和公式。在适当假设的情况下，通过 EEVC WG10 给定的数据进行比较验证。通过数值计算，探讨了在低速撞击情况下，关节相对侧向倾角和副韧带、十字韧带和关节头受力和损伤的关系。所得结论可为我国开展行人事故损伤研究和车辆的行人安全性设计法规的制定提供参考。

关键词：膝关节 冠状面 咬合接触 力学模型 损伤

A Biodynamic Model and Damage Study of Human Knee-Joint in the Transverse Plane

Du Huiliang, Huang Shilin, Zhang Jinhuan

State Key Lab of Automotive Safety and Energy, Tsinghua University

[Abstract] In China, the pedestrian accidents occupy 25.96 percentages of the total traffic accidents, and the lower limb is one of the most vulnerable parts. This paper presents a biodynamic model of human knee-joint in the transverse plane basing on the analyses of characteristics of pedestrian accidents and the mechanism of human knee-joint damage. The method and formulas for the dynamic responds are presented as well. The biodynamic model is validated by the data of EEVC WG10 under some special conditions. The relationship between lateral knee angle and cruciate ligament, collateral ligament and bones in lower speed impact conditions is summarized by numerical methods. The conclusion of this paper is helpful for the study on the pedestrian accident injury and the establishment of vehicle design regulations for pedestrian protection.

Key words: knee joint transverse plane articulate contact biodynamic model injury

结论

本文针对行人/车辆碰撞事故中的人体膝关节侧撞击下的损伤类型，建立了冠状面内的膝关节动力学矢量方程。从而为研究冠状面内的膝关节咬合和动态相应关系提供了理论参考。

结合 CT 医学图象的数据和文献的结果进行了数值计算，标定数值计算的结果能够基本满足 EEVC WG10 的法规要求。从而验证了模型的有效性。

对低速撞击、考虑因为弯矩而造成的膝关节损伤变型的情况下的膝关节最大正压力、最大应力、接触面积、十字韧带、副韧带受力与变形角之间的关系和进行了分析，并对其损伤机理进行了研究。

本文的相关结果可以为车辆的行人安全性设计和行人事故的相关勘查鉴定提供参考。

注：本文全文刊登在 2003 年《汽车工程》（增刊）上。

轿车侧面碰撞安全性的试验研究

朱西产　李向荣
中国汽车技术研究中心

[摘要] 在我国道路交通环境中，道路路口以平面交叉为主。交通事故统计数据表明，侧面碰撞事故发生次数约占 34.4%，位居第一。开展汽车侧面碰撞安全性研究工作对改善我国道路交通安全具有积极的意义。本文介绍了我国侧面碰撞试验能力的开发及三种国产轿车的侧面碰撞试验结果，分析了这三种车型侧面碰撞安全性能存在的问题。

关键词：汽车 侧面碰撞 试验

我国汽车产品型式认证中将汽车的安全、排放、节能、防盗列为政府强制性检验项目。1999 年 10 月颁布了 CMVDR294《关于正面碰撞乘员保护的设计规则》，2000 年将汽车正面碰撞列入了 40 项强制性检验项目，要求新生产的 M_1 类乘人客车 2000 年 4 月 1 日后满足正面碰撞乘员保护要求，在生产的 M_1 类乘人客车到 2002 年 7 月 1 日前满足 CMVDR294 的要求。

在欧洲、美国、日本等汽车工业发达国家，已将正面碰撞、侧面碰撞、追尾碰撞等常见的事故形态都列入了安全法规体系中。我国全国汽车标准化委员会也已将侧面碰撞标准的起草列入了 2002 年的工作计划中，参考 ECER95.01 版本起草我国的侧面碰撞乘员保护标准。汽车碰撞安全性技术涉及安全车身和乘员约束系统两大关键技术，目前国内车身抗侧面碰撞安全性研究和侧面碰撞安全气囊技术都是空白，而技术准备需要相当长的周期，尤其是车身抗碰撞能力改进工作要改车身结构，技术难度很大。

我国汽车侧面碰撞法规的制订及汽车企业对轿车车型侧面碰撞安全性的改进都需要有能够满足法规要求的侧面碰撞试验能力的支持和侧面碰撞安全性改进措施的技术指导。为此，我们于 2002 年开始开发 ECE R95 法规的侧面碰撞试验能力，并通过一些在生产的国产轿车车型的侧面碰撞试验了解我国轿车车型的侧面碰撞安全性能。

1　ECE R95 侧面碰撞试验能力的开发

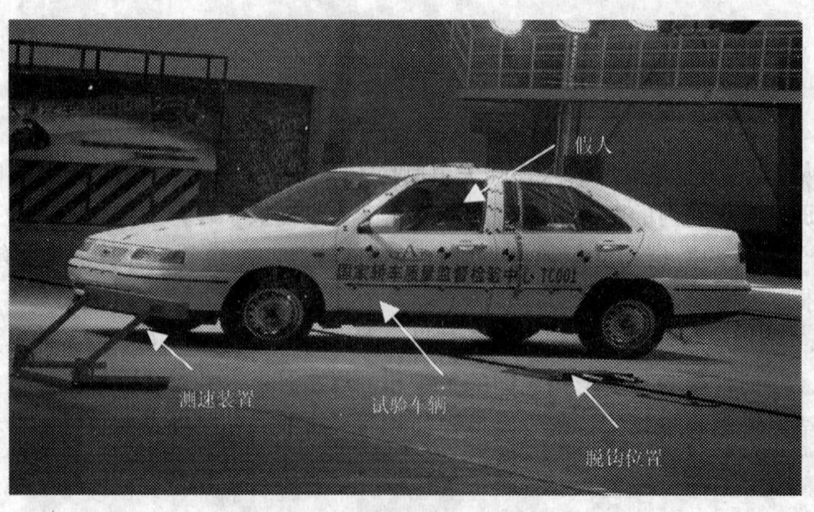

图 1　试验前试验车状态

本文的侧面碰撞试验依据欧洲 ECER95 的试验方法。试验场地要求平直、干燥和干净，侧碰假人安放在驾驶员座位上，被撞车辆垂直于牵引导轨静止停放在规定位置，如图 1 所示。试验时，移动变形壁障以（50±1）km/h 的车速撞击汽车驾驶员侧侧面，距离撞击位置前 0.5m 处设有测速装置，脱钩装置保证移动变形壁障在距离被撞车 1m 时处于自由运动状态，要求保证 MDB 的跑偏量小于 25mm。

1.1　MDB 的开发

在侧面碰撞试验中，移动变形壁障作为“平均车”撞击被试车辆，如图 2 所示，它由移动台车、变形吸能块、制动系统三部分组成。移动变形壁障的设计有严格的质量和重心位置要求，吸能块采用多层蜂窝铝结构。

图 2　移动变形壁障

吸能块通过通风装置与移动台车安装在一起，通风装置的结构如图 3 所示。在安装吸能块时，先将吸能块与通风装置用铁丝固定在一起，再用螺栓将通风装置与移动台车前固定板联结在一起。安装时，需要注意的是：台车停放的地面要水平，检查台车轮胎气压是否一致，保证吸能块下表面距离地面的间隙为（300±5）mm。

图 3　通风装置

移动变形壁障在碰撞后要求制动以防止发生二次碰撞，所以在移动台车上还必须安装制动系统。整个制动系统由一个单片机集中控制：采用带状开关触发电磁阀，保证在碰撞发生后一段时间后启动制动系统。电磁阀控制储气罐中的高压气体推动液压制动总泵工作，使各车轮制动器起作用。为了保证制动时不跑偏，需要进行制动试验，对各制动器的间隙进行调整，尽可能地使各车轮制动力保持一致。

1.2　碰撞位置的定位及 MDB 跑偏量的测量

碰撞试验时，移动变形壁障左右对称平面与车辆上通过碰撞侧前座椅 H 点的横断面间的距离必须保证在±25mm 内，如图 4 所示。试验前，在被撞侧车门上标出 H 点位置，过 H 点铅垂方向画出撞击基准线。

在试验汽车停放位置， 保证试验汽车与牵引轨道垂直，通过调整试验汽车与移动变形壁障的相互位置，使撞击基准线与移动变形壁障对称中心线对齐，从而确定试验汽车的位置。发车前在MDB的中线上用水彩划线，碰撞中MDB中线会印在试验车车身上，从而测量侧面碰撞试验中MDB的跑偏量。

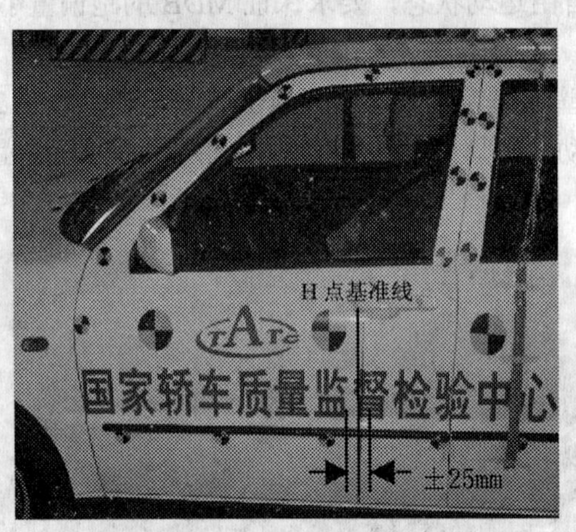

图4 碰撞基准

2 三种国产轿车车型侧面碰撞试验结果的分析

A车型是重量为1100kg的国产中型轿车，B车型是重量为1400kg的大型轿车，C车型是重量为900kg的紧凑型轿车。碰撞初速度为50.5km/h。表1所示为试验结果。MDB上X轴向冲击加速度波形如图5所示，车辆中央通道上测量获得的横向冲击加速度波形如图6所示。

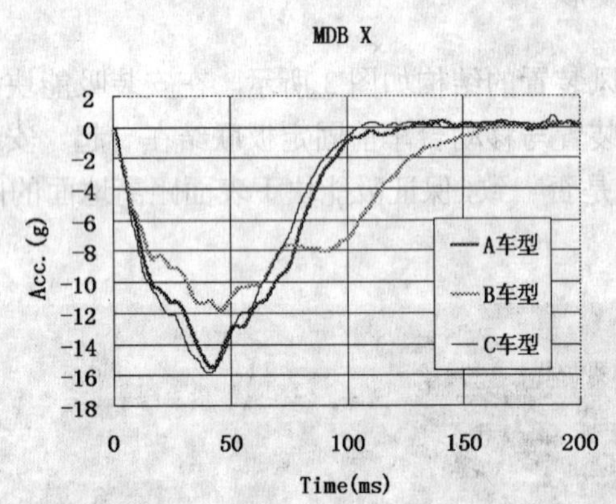

图5 MDB上X轴向冲击加速度波形

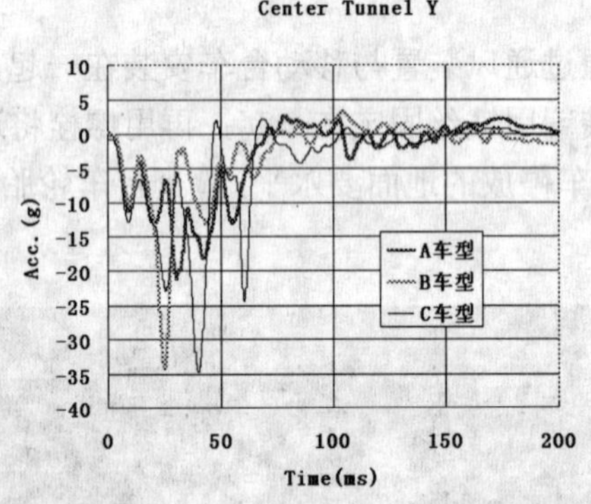

图6 车辆中央通道横向加速度波形

2.1 法规要求的符合性分析

从表1的试验结果可见，三个车型都存在不符合法规要求的情况。

(1) A 车型：门锁系统在碰撞中被全部锁死，碰撞后所有车门无法开启，将手伸入车内，将中控锁打开后未遭受撞击的右侧车门才能够打开，不符合法规要求。

(2) B 车型：不符合法规要求的直接原因是安全带失效，碰撞后假人被严重侵入的车门从司机侧座椅上挤出来，安全带上固定点脱落，试验后假人落在了副司机座椅上。

(3) C 车型：车身、约束系统都没有问题，但是假人的胸部伤害指标超过了限值。

2.2 各车型侧面碰撞试验结果的特征分析

对MDB和试验车的冲击加速度波形进行积分，可计算出碰撞过程中试验车和MDB的速度变化曲线和侵入量变化曲线。如图7、8、9所示为A、B、C车型侧面碰撞速度变化曲线。图10所示为三个车型

MDB 侵入量曲线。表 2 列出了 A、B、C 三个车型的重量、碰撞中试验车最大车速、MDB 最大侵入量的关系。

表 1　碰撞试验结果

项目		标准要求	A 车型结果	B 车型结果	C 车型结果
碰撞过程中车门情况	左前门	不许开启	未开启	未开启	未开启
	左后门		未开启	未开启	未开启
	右前门		未开启	未开启	未开启
	右后门		未开启	未开启	未开启
碰撞后车门情况	左前门	不使用工具，每排至少有一个门能够打开	不能开启	不能开启	不能开启
	左后门		不能开启	不能开启	不能开启
	右前门		不能开启	能开启	能开启
	右后门		不能开启	能开启	能开启
安全带		不许失效	未失效	失效	未失效
燃油系统		≤30g/min	未泄漏	未泄漏	未泄漏
假人伤害	头部 HIC	≤1000	254	73	421
	上部肋骨变形	≤42mm	20.31	23.00	46.02
	中部肋骨变形		20.93	23.48	44.66
	下部肋骨变形		26.64	24.24	44.20
	上部肋骨 VC	≤1.0 m/s	0.14	0.30	1.52
	中部肋骨 VC		0.26	0.31	1.92
	下部肋骨 VC		0.43	0.20	1.37
	腰部性能指标	≤2.5 kN	1.53	1.93	1.41
	骨盆性能指标	≤6 kN	5.53	2.23	2.54

从上述计算结果可以总结出下述特征：

(1) 碰撞中试验车的速度与试验车的质量成反比，被代表“平均车”的 MDB 碰撞后，试验车质量越大，碰撞后的速度越小。重量较大的车辆侧面碰撞中遭受的冲击较小。

(2) 碰撞中 MDB 的侵入量主要取决于车身侧围刚度。A、B、C 三个车型中，C 车型碰撞中的侵入量最小，B 车型在碰撞中侧面结构发生坍塌，侵入量最大。C 车型是较新型的紧凑型轿车，其质量虽然小，但由于侧围刚度大侵入量却是三个车型中最小的；B 车型是三个车型中车身结构最老的车型，侧面梁系结构存在缺陷，在侧面碰撞时 B 柱位置的车身地板、顶梁发生屈曲，无法抵抗侧面碰撞。

(3) 假人头部伤害指标 HIC 值与接触速度直接相关，重量小的 C 车型 HIC 最大；重量大的 A、B 车型 HIC 较小。从三个试验看，ECE R95 法规的侧面碰撞中，假人头部伤害 HIC 一般不会超标。

(4) 假人胸部伤害指标与车辆侧围与假人的接触速度相关，C 车型虽然侵入量较小，但是 B 柱在车身腰线位置产生了塑性铰，车门内板在假人胸部位置的侵入速度最大，并且由于 C 车型质量小，碰撞中试验车速度较大，造成了胸部伤害值超标。A 车型下部刚部较小，大量的侵入变形集中在假人腰部以下，所以胸部伤害较小。

(5) 假人腰部和骨盆位置的耻骨接合力指标在 ECE R95 法规的侧面碰撞中均没有超标。但是由 A 车型下部刚部较小，大量的侵入变形集中在假人腰部以下，骨盆位置的碰撞力很大，耻骨接合力已经接近法规限值。

表 2　三个车型的最大速度、最大侵入量（碰撞速度 50.5 km/h）

车型	A	B	C
车重	1100 kg	1400 kg	900 kg
最大车速	6.5 m/s	5.6 m/s	8.6 m/s
最大侵入量	533 mm	631 mm	481 mm

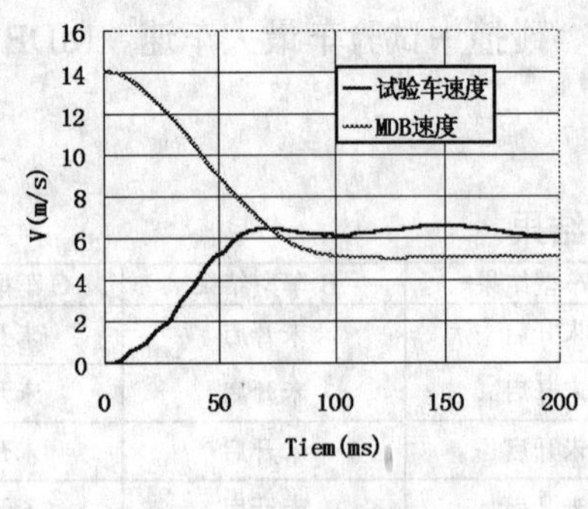

图 7 A 车型碰撞速度曲线

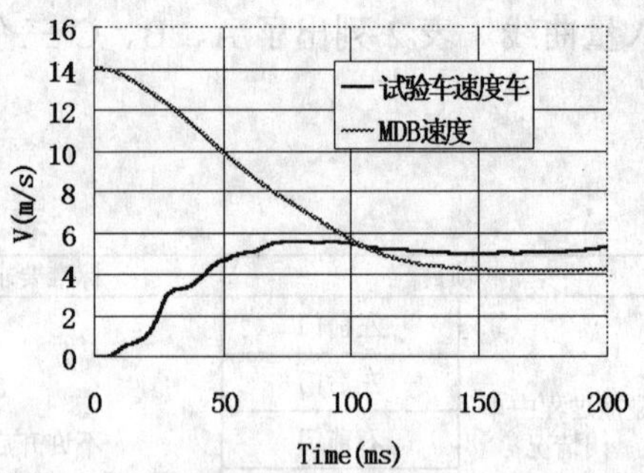

图 8 B 车型碰撞速度曲线

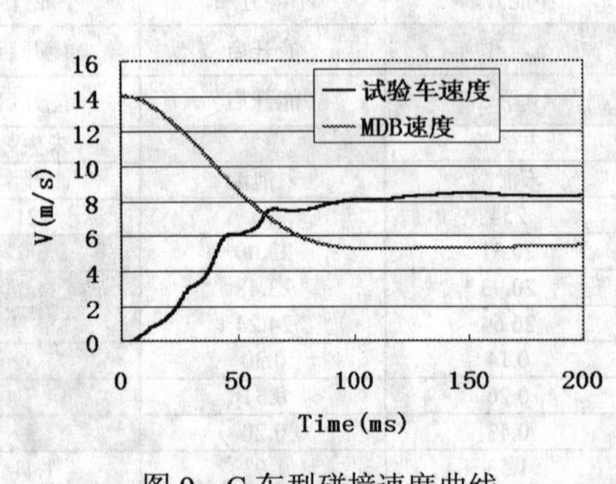

图 9 C 车型碰撞速度曲线

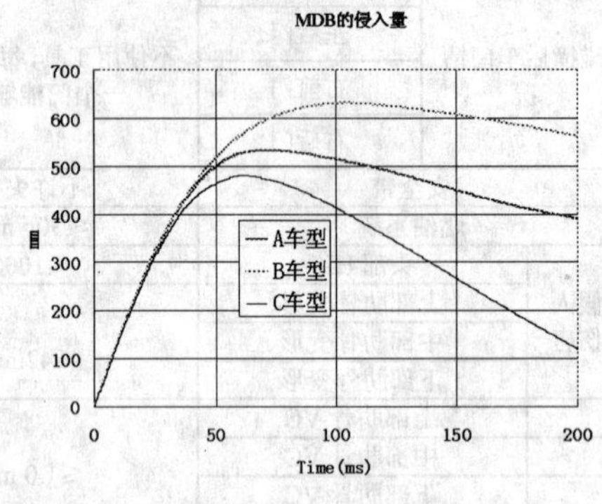

图 10 三个车型 MDB 侵入量曲线

2.3 三种车型侧面碰撞安全性缺陷的分析

车身结构缺陷：B 车型存在的问题是车身结构存在严重缺陷，在车身梁结构设计中完全没有考虑侧面碰撞安全性要求，车身上没有完整的侧面梁系结构，遭受侧面碰撞时 B 柱下方的车身地板、顶梁位置发生压溃变形，MBD 侵入到乘员舱内，挤压司机座椅。B 车型碰撞前后司机座椅的变形较大，碰撞中座椅侧面被挤压，坐垫位置的变形量达到 260mm，碰撞后司机座椅宽度仅 280mm，无法安全地容纳司机。根据人体尺寸，碰撞后座椅宽度不应小于 400mm，才能够安全地容纳车内乘员免受挤压伤害。

车门锁结构缺陷：A 车型存在的问题是中控锁结构的联动，被撞击侧侧门的变形量很大，而车门锁的联动机构就在车门内板中。对车锁联动机构进行分析，必须确保在侧面碰撞中不能发生车门的联动锁止。

假人的胸部伤害超标：C 车型存在的问题是假人胸部伤害指标超标。其主要原因有三方面，①质量较小的车型在侧面碰撞中被冲击后速度较大；②侧围刚度分布不合理，B 柱在腰线位置产生了塑性铰，造成车门内板在假人胸部位置的侵入速度最大；③车门内板没有很好地软化，如果车门与假人接触的部位充分软化，吸收部分碰撞能量，也能减缓假人胸部的伤害。

3 改进措施的分析

C 车型是比较典型的侧面碰撞安全性缺陷，对于小型轿车，由于其车辆重量较小，碰撞中由 MDB 传递给试验车的动能较大，这种车型存在假人伤害值超标的可能性。该类缺陷的改进有下述两条途径：

改进车身结构：消除 B 柱车身腰线部位的塑性铰，使车门侧向侵入变形下移，降低车门内板与假人胸部接触的速度，从而达到降低胸部伤害的目的。

匹配侧面安全气囊：由于车身改进的工作量很大，而安全气囊已经被市场普遍接受，对于侧面碰撞的该类超标完全可以不做车身改进，匹配侧面安全气囊，通过胸部的侧面安全气囊，吸收车门内板与假人接触时的碰撞能量，缓和冲击，达到降低胸部伤害的目的。目前普遍采用的侧面安全气囊一般安装在座椅靠背上，胸部气囊用于保护胸部，使之达到 ECE R95 法规的侧面碰撞要求；头部气囊对 ECE R95 法规作用不大，主要用于侧面柱碰撞事故形态的头部保护。

参考文献

1 陈晓东 . 轿车侧面碰撞试验方法与计算机仿真技术研究。江苏大学博士学位论文，2003 年 3 月

2 Tomohiko Ariyoshi. A CAE Application to Body Structure Development for Motor-vehicle Lateral Collision. TOYOTA Technical Review, Apr. 1997

3 Hisaaki Kato. Side Airbag System. TOYOTA Technical Review, Apr. 1997

汽车侧面碰撞试验研究

金 鑫 李振平 张金换 黄世霖
清华大学汽车安全与节能国家重点实验室

[摘要] 随着我国汽车安全性研究的不断发展和国内汽车碰撞试验水平的提高，有关汽车侧面碰撞安全性的法规也开始准备颁布实施。清华大学汽车碰撞试验室根据 1998 年机械工业局集编的《机动车侧碰乘员防护认证规定》（CMVDR 295），已对侧面碰撞进行了大量的研究工作，试验中的软硬件设备都达到了侧面碰撞试验的要求，同时通过对标准铝蜂窝和多种吸能材料力学特性的研究，得到了满足汽车侧面碰撞法规试验要求的吸能结构。

关键字：侧面碰撞 图像运动分析 铝蜂窝

Research of Vehicle Side Impact Test

Jin Xin, Li Zhenping, Zhang Jinhuan, Huang Shilin
State Key Lab of Automotive Safety and Energy, Tsinghua University

[Abstract] With the development of vehicle passive safety research and the improvement of the vehicle impact test methods, the side impact regulation will be brought into effect soon in China. Based on the China Motor Vehicle Design Regulation (CMVDR295), a lot of research of side impact test has been carried out in automobile collision test laboratory in Tsinghua University. In these tests, the instruments and the procession fulfilled the request of the regulation. In addition, this paper introduces the research based on the mechanical character of the aluminum honeycomb which is used in the side impact test, putting forward the blue print of a new energy absorbing structure for vehicle side impact tests.

Key words: side impact analysis of image motivation aluminum honeycomb

1 引言

汽车侧面碰撞事故是我国发生频次较高、造成严重受伤人数较多的交通事故。数据统计显示，1998 年汽车侧面碰撞事故的发生率占整个交通事故的 31.56%，严重受伤人数占 30.15 %，都超过了正面碰撞事故相应的数据。因此，提高汽车侧面碰撞乘员的保护性能的研究很有必要。汽车侧面碰撞试验在我国刚刚开展，清华大学汽车碰撞试验室根据 1998 年机械工业局集编的《机动车侧碰乘员防护认证规定》（CMVDR 295），已进行了数次汽车侧面碰撞试验，对开展汽车侧面碰撞试验和侧面碰撞吸能材料进行了一些研究工作。

2 侧面碰撞试验吸能材料研究

侧面碰撞法规中的移动壁前方安置了一块蜂窝结构的吸能材料，用来模拟两车发生侧面碰撞事故中冲击车辆的车头刚度情况。移动可变形壁障（MDB）的特性值（质量、形状和刚度）是依据各国的汽车特性来模拟的，欧洲和美国法规体系中关于 MDB 的规定也有很大不同。目前我国的侧面碰撞法规草案是根据 ECE R95 编写的，关于吸能材料的特性也与欧洲法规一致。

汽车侧面碰撞试验中所必须的标准吸能材料为消耗性材料，目前只能通过进口获得，价格比较昂贵，且采购周期较长。为了在我国顺利开展侧面碰撞研究，必须解决标准变形材料的来源问题。基于我国的材料来源，清华大学汽车碰撞实验室对大量的可能替代材料进行了广泛的试验研究，提出了通过多种材料组合成的吸能结构。通过试验证实，所试制的吸能结构达到了法规要求，大幅度降低了成本，取得了良好的效果。

2.1　侧撞试验法规对于碰撞壁障的规定

汽车侧面碰撞法规对试验中使用的标准吸能结构有详细的规定：碰撞材料为铝制蜂窝状结构，碰撞壁由六个独立块组成，法规中不仅规定了碰撞壁整体的吸能特性，还给出了每一块的力－变形特性。但法规中也注明，对于满足特性规定的其他材料，经有关机构认可后，亦可以在侧撞法规中使用。因此本文中的吸能结构的研制主要集中在对不同国产材料或规格的选取。

2.2　替代材料试验及结果分析

在研究过程中对包括泡沫塑料、泡沫铝、多种规格的芳伦纸蜂窝、铝蜂窝，以及纸制蜂窝材料等多种材料进行了静态压缩试验，考察其力－变形特性，确定能用于汽车侧面碰撞试验的材料及组合。

法规中要求的材料特性大致表现为三个阶段：压力线性增加达到抗压极限－压力下降至较稳定的抗压强度－变形完毕压力开始增加。

通过试验发现，芳伦纸材料胶粘表现出明显的不均匀性，导致其在变形过程中压力不断升高。图 1 为芳伦纸蜂窝的特性曲线，这种材料结构的不均匀性将会使试验结果的不确定性增加，难以作为标准碰撞吸能结构的选用材料。理想的泡沫铝具有良好的碰撞响应特性，但由于目前泡沫铝生产工艺水平所限，其发泡工艺和发泡的尺寸很难控制，试验中选用的泡沫铝由于工艺的不均匀性表现为静态压缩特性的稳定阶段压力不断升高。尽管泡沫塑料对其工艺性有一定的保证，但静压特性在整个压缩阶段同样表现为压力－变形特性曲线不断升高，并且上升幅度很大，难以实现法规要求的压缩响应特性。

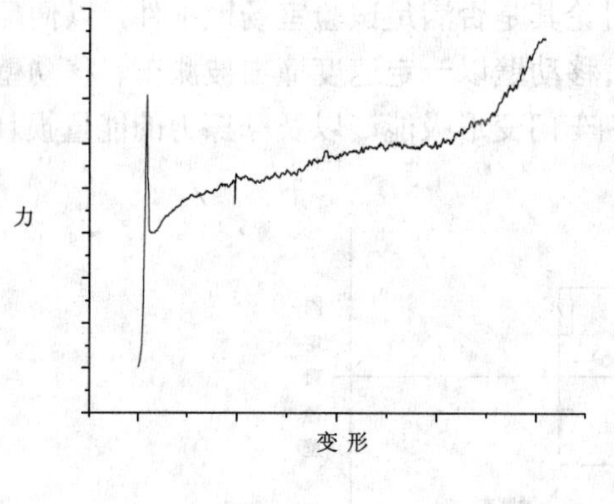

图 1　芳伦纸蜂窝特性曲线

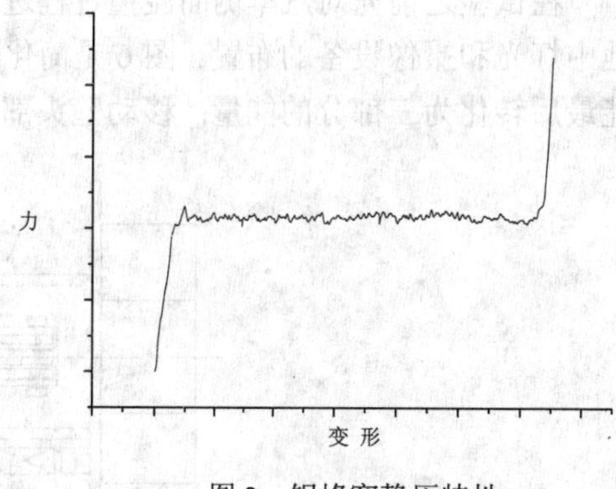

图 2　铝蜂窝静压特性

通过试验筛选，纸制蜂窝和铝蜂窝材料的静态压缩特性比较理想，如图 2 所示。在稳定的褶皱屈曲阶段，静态压缩载荷变形曲线表现出良好的特性，可以作为标准吸能材料结构的备选材料。国际上通用的标准吸能结构也都是利用铝蜂窝材料，国内铝蜂窝的用途还主要集中在刚度加强，其规格型号不多，为组成符合法规的标准吸能结构增加了难度。

通过对可能采用的材料的大量试验，选定了组成侧撞用吸能结构的材料，根据法规的载荷特性要求提出了组合方案，并用不同的材料组成了所需的结构。以第二块吸能结构为例，图 3 所示为由不同规格的纸制蜂窝和铝蜂窝组成的吸能材料，图 4 是该侧撞吸能结构的静压试验结果和法规要求特性的对比。可以看出该吸能快的静态压缩载荷变形曲线表现出良好的力学特性，可以作为标准吸能材料结构的备选材料。而且新材料的成本相对于进口材料的价格较低，降低了试验成本，为侧撞标准吸能材料的国产化奠定了基础。

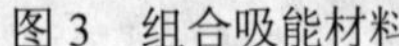

图 3 组合吸能材料

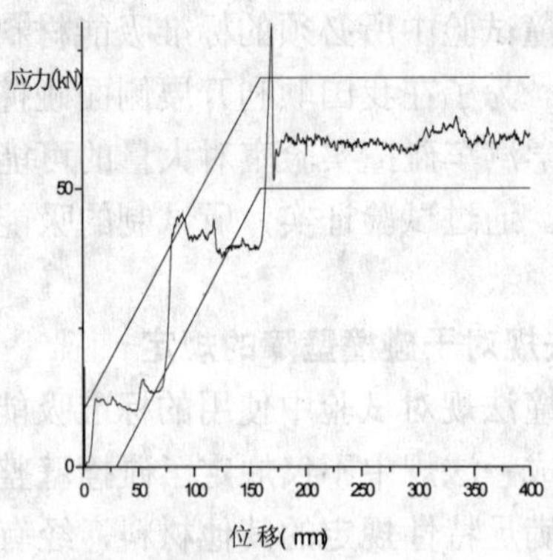

图 4 组合材料静压特性

3 汽车侧面碰撞试验方法研究

3.1 侧面碰撞运动学分析及试验场地布置

国内汽车正面碰撞开展的比较早，一些汽车碰撞试验场地是以正面碰撞试验而规划的。随着汽车安全法规的不断完善，有关汽车侧面碰撞试验的研究也得到了发展。清华大学汽车碰撞试验室根据 1998 年机械工业局集编的《机动车侧碰乘员防护认证规定》（CMVDR 295），对侧面碰撞研究做了大量的工作，硬件和软件设施都具备了侧面碰撞试验的要求。

本次侧面碰撞试验是在正面碰撞试验台基础之上进行的，在原有场地上依据侧面碰撞法规进行做了些规划，图 5 是试验室场地布置简图。在试验过程中，导向装置用缓冲器进行制动后与移动壁分离，使移动壁以（50±1） km/h 的速度撞击被测车辆，且与被测车辆不能发生二次碰撞。在试验中被测车辆位置应适当，以避免导向装置影响碰撞过程。

在试验之前先对汽车侧面碰撞过程进行了动力学分析，讨论其是否满足试验室场地条件，以便配合场地中灯光和摄像设备的布置。图 6 是简化的侧撞动力学模型，移动壁以一定速度撞击被测车，移动壁的动能最后转化为三部分的能量：移动壁头部吸能材料和被测车辆车门变形吸能，以及摩擦力的能量损耗。

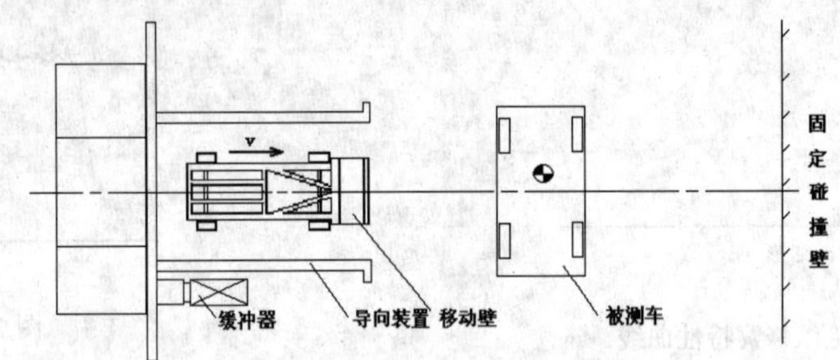

图 5 试验室场地布置简图

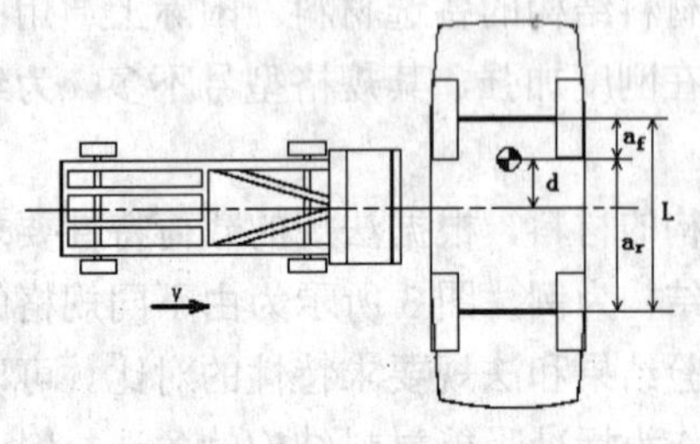

图 6 侧面碰撞动力学模型

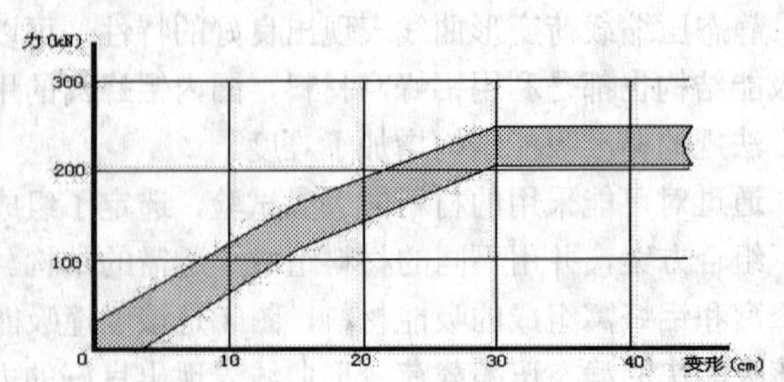

图 7 吸能材料特性曲线

为研究方便，假设移动壁与被测车发生完全非弹性碰撞，对此模型进行简单运动学分析，可以估算出被测车辆在碰撞后的位移。设移动壁质量为 m_1，碰撞时刻速度 V_1，可知，系统总动能为 $E_{总}=\frac{1}{2}m_1v_1^2$ 。

移动壁吸能材料特性曲线如图 7 所示。

根据法规中关于碰撞过程中吸能材料的变形限度，设其压缩量为 350mm，简化积分后得到其吸收的能量 $E_{吸}$。

其余能量作为整个平面运动刚体系的总动能 $T=\frac{1}{2}(m_1+m_2)v_0^2+\frac{1}{2}I_cw^2=E_{总}-E_{吸}$

另外，法规中要求移动可变形壁障与被测车不发生二次碰撞。根据对侧面碰撞分析研究，在碰撞发生后 200ms 时对移动壁进行制动，此时碰撞变形过程结束。

由实验测得的轮胎与地面滑动摩擦系数 μ，移动壁阻力 f，计算得到碰撞后 200ms 移动壁和被测车的滑行距离 S_1。

移动壁被制动后，被测车在地面滑动阻力作用下停止，滑动距离为

$$S_2=\frac{v_0^2}{2a}$$

则碰撞过程中被测车总移动距离为 $S=S_1+S_2$。分析中未考虑车门变形时对能量的损耗以及被测车转动的动能，故计算结果偏大，被测车实际滑行距离应不大于 3.2m。

上述计算得到的是车辆质心的运动情况，碰撞过程中被测车将发生转动，车身转动也应在场地规划中进行考虑。被测车所受的平均力矩

$$\overline{M}=\overline{F}*D+(F_f*a_f-F_r*a_r)*\cos\theta=Ic*\ddot{\theta}$$

其中，$\overline{F}$ 是移动壁对被测车的平均作用力，由应力－变形曲线可求出。F_f、F_r 分别为前、后轮与地面的滑动摩擦力，其中

$$F_f=\mu\frac{a_r}{L}m_1g\text{，}\quad F_r=\mu\frac{a_f}{L}m_1g$$

被测车转动角度为 θ，Ic 是被测车的转动惯量。对微分方程求解，可估算出被测车碰撞后的转动角度 $\theta\approx28°$。

3.2 ES-2 型侧撞假人的标定

碰撞用试验假人在最初投入使用以及使用过一段时间以后，为了验证其仿生拟真性能，必须对假人进行标定。由于 ES-2 型假人作为新的国际统一性侧撞假人，论文中对 ES-2 假人标定方法进行了研究设计。ECE R95 中以 EUROSID-1 型假人为例，对于在侧面碰撞试验中的假人进行了规范，并对假人标定方法进行了详细的规定。需要进行标定的部位有头部、颈部、肩部、腰椎、腹部、肋骨和骨盆。如图 8 所示。

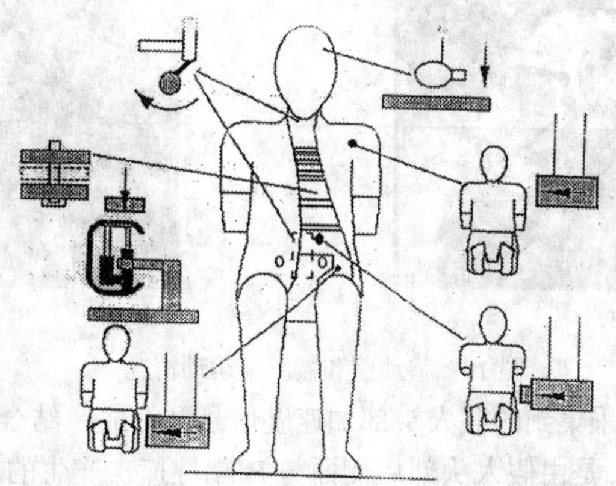

图 8 假人标定示意图

我们对试验室原有的 Hybrid III 型假人标定试验台进行了改进，使之能够进行侧撞假人各部位的标定。原有的胸部标定试验台增加了对肩部、腹部和骨盆的标定功能，颈椎试验台改进后也可用于对腰椎的标定。此外，还设计制造了肋骨标定试验台，对侧撞假人的肋骨进行了标定，图 9 是肋骨标定试验中的照片。在侧面碰撞法规试验中，假人的伤害指标是影响试验结果的主要因素。因此，侧撞假人的使用是侧面碰撞试验的关键环节，侧撞假人的维护和标定工作必不可少。

图 9　标定肋骨时的效果图

3.3　试验电测量结果讨论及图像运动分析

经过了充分的理论分析与试验准备，依据侧面碰撞法规进行了侧面碰撞的试验。图 10 为试验中移动壁和被测车的运动情况。其中，图 10a）为碰撞起始时刻，图 10b）为吸能材料变形结束，两车开始一起运动，图 10c）所示为移动壁开始制动，图 10d）所示为被测车停止运动的状态。

a）　b）

c）　d）

图 10　移动壁和被测车运动情况

图 11 是车载数据采集系统采集到的假人头部加速度信号及合成，结合图像运动分析可以看出，头部加速度峰值出现在碰撞后 53ms，是由假人头部后侧面与 B 立柱撞击产生的。本次试验假人头部 HIC 值计算结果为 700 左右，其他部位伤害指标也都满足侧撞法规要求。

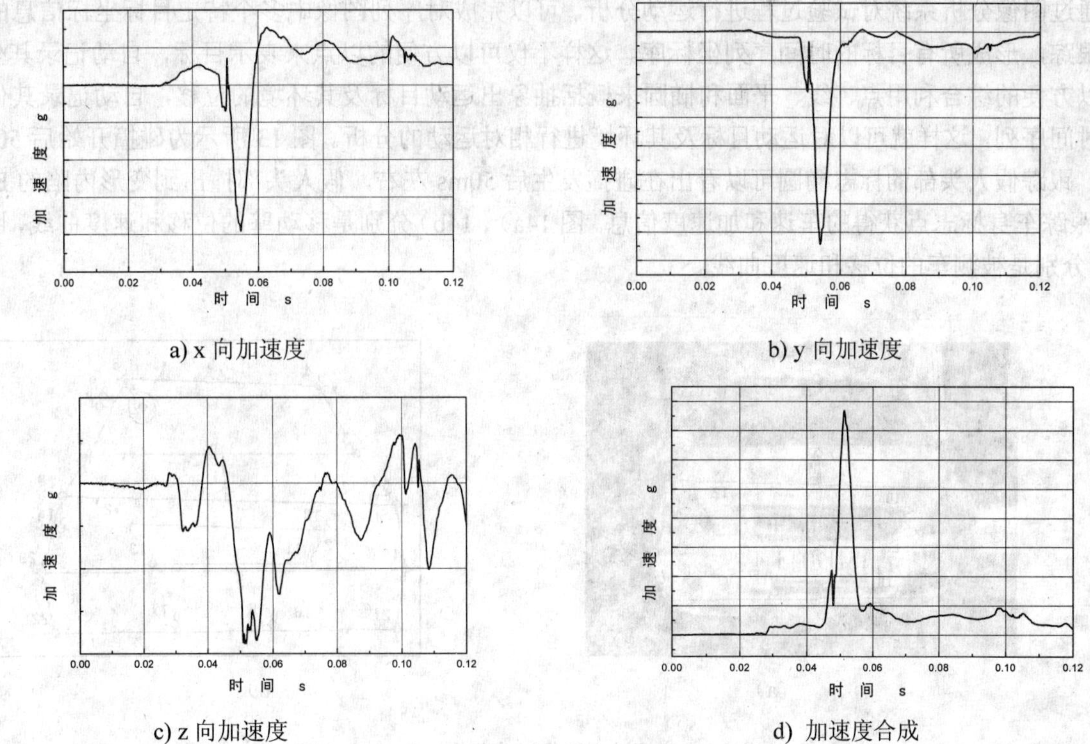

a) x 向加速度　　b) y 向加速度

c) z 向加速度　　d) 加速度合成

图 11　假人头部三向加速度及合成

图 12a）和 b）所示为假人肋骨变形及其粘性指数(VC)，图 12c）和 d）分别为假人腹部力合成和骨盆力。其中比较值得注意的是假人肋骨的变形和粘性指数。由于本次侧撞试验中使用的是 ES-2 型侧撞假人，对比同样车型中 EUROSID-1 假人肋骨数据发现，ES-2 假人在试验中所发生的肋骨倾斜特性会稍有不同，表现为肋骨变形特性会稍圆，没有表现出 EUROSID-1 假人的肋骨峰值平缓特性。反映到粘性指数上，有可能出现两个峰值，如图 8 中的上侧肋骨粘性指数所示。世界范围内关于 ES-2 和 EUROSID-1 在整车试验中参数的研究也在继续开展中，特别被关注的就是肋骨的变形和粘性指数的比较，更进一步的分析还有待于更多试验数据的积累。

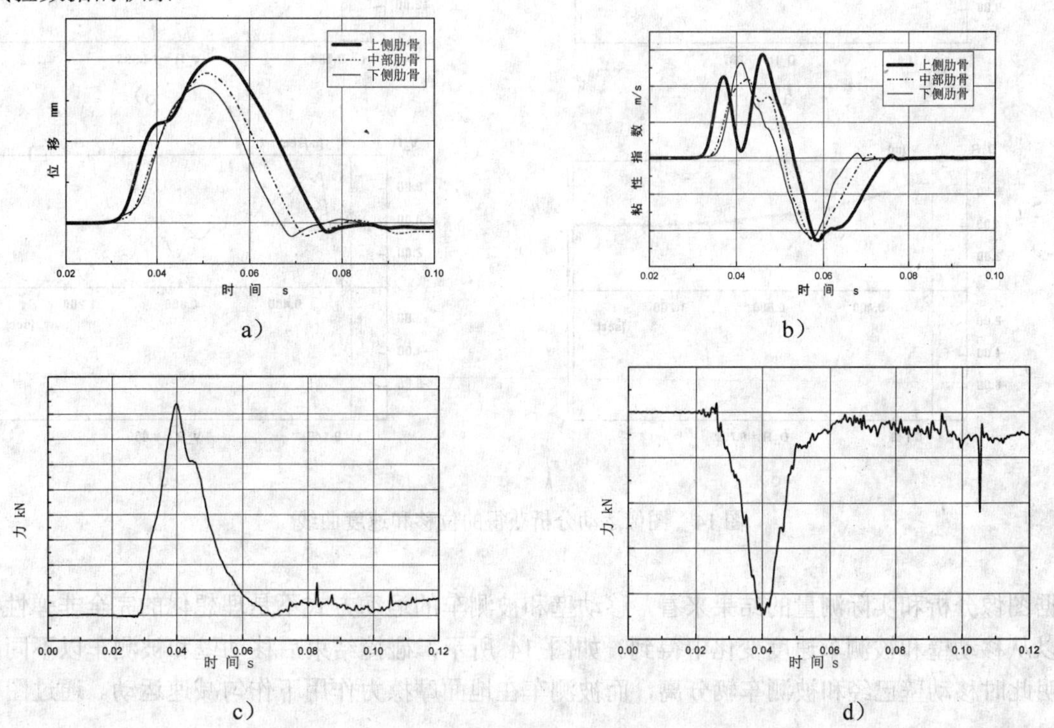

a)　　b)

c)　　d)

图 12　假人各部位响应曲线

通过图像分析系统对试验过程进行运动分析，可以完成对序列图像中多个特定目标坐标信息的自动标识和跟踪，形成所有目标的时间序列坐标库。这样不仅可以方便的以点来表示目标，自动记录其坐标值，还可以方便的综合利用点、线、平面和椭圆来概括抽象出运动目标及其环境的位移，自动记录其位移关系形成时间序列，这样就可以对运动目标及其环境进行相对运动的分析。图 13 所示为碰撞开始后 50ms 的被测车。跟踪假人头部的标志椭圆可以看出在碰撞发生后 50ms 左右，假人头部撞击到变形内陷的 B 柱。图 14 是跟踪车身标志点获得的车速和加速度信息。图 14a）、14b）分别是移动壁的位移和速度曲线，图 14c）、14d）分别是被测车的位移和速度曲线。

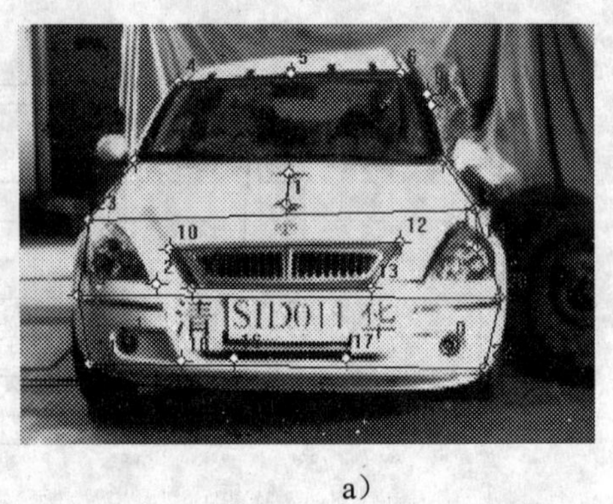

a）

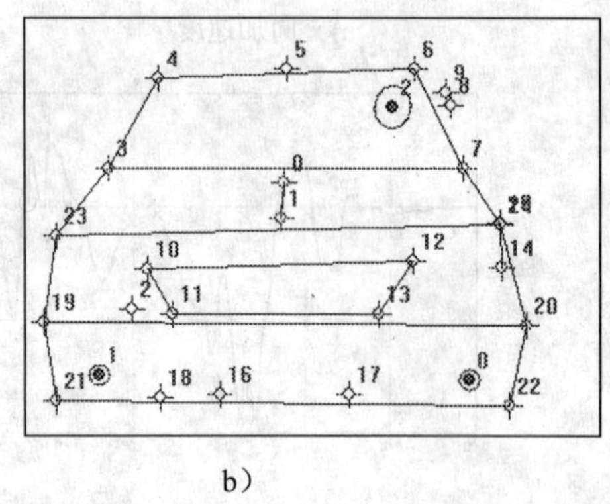

b）

图 13 碰撞过程图像运动分析(t=50ms 时刻)

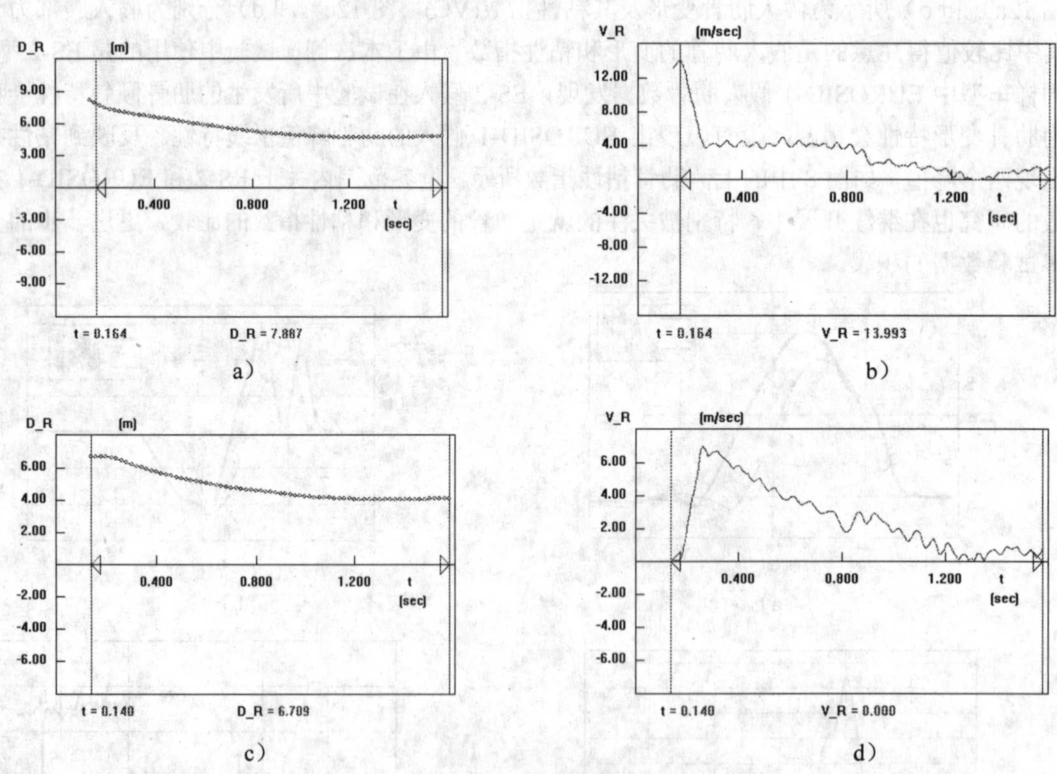

图 14 图像运动分析获得的位移和速度曲线

根据图像分析和实际测量的结果来看，移动壁和被测车的运动方式不是理想化的完全非弹性碰撞，这一点可以从移动壁和被测车速度变化中得到。如图 14 所示，碰撞结束后移动壁和被测车以不同的速度运动，说明此时移动壁已经和被测车辆分离，而被测车在地面摩擦力作用下作匀减速运动。通过图像运动分析，我们获得了移动壁和被测车更确切的运动信息。图像运动分析也提供了电测量数据无法采集的信息，是电测量数据的有力补充，有助于我们更详细的了解整个碰撞过程并开展研究。

4 总结

本文根据 CMVDR 295 的规定，对汽车侧面碰撞进行了一系列研究工作。以某某国产轿车的汽车侧面碰撞试验为背景，通过电测量，图像运动分析系统对碰撞试验结果进行了分析研究。这些技术手段不仅提供了汽车碰撞检测结果，也为今后进一步的研究，如侧面碰撞模拟计算的开展奠定了基础。同时，试验室根据法规中对汽车侧面碰撞试验中使用的吸能结构的规定，对铝蜂窝材料和多种吸能材料的力学特性进行了大量试验研究，提出了多种材料组合结构的替代方案。

参考文献

1 黄世霖，张金换，王晓冬等. 汽车碰撞与安全. 清华大学出版社

2 蔡甄. ES－2 侧撞假人的应用和标定研究. 清华大学毕业设计论文

3 Michiel van Ratingen, Development and Evaluation of the ES-2 Side Impact Dummy, EEVC, Europe

轻型客车车架冲击试验方法探讨与应用

王大志 孔凡忠 黄世霖 张金换
清华大学汽车安全与节能国家重点试验室

[摘要] 本文参考模拟计算和实际试验结果，针对具有车身车架结构的轻型客车，设计了车架冲击试验的方法。车架冲击试验是一种简单有效的验证性试验，可以在汽车正面碰撞安全性结构改进过程中代替整车正面碰撞试验，快速准确直接地检验车架改进方案的实际效果，是可以加快改进速度，节约成本的高效方法。

关键词：车架冲击试验 车架

Discussion and Appliance of Frame Impact Test Method

Wang Dazhi, Kong Fanzhong, Huang Shilin, Zhang Jinhuan
State Key Lab of Automotive Safety and Energy, Tsinghua University

[Abstract] Basing on the results of simulations and tests, this paper designs a new method of frame impact test for some minibuses with frame-body structure. Frame impact test is a simple and efficient method to validate the actual effect of improvement design on frame structures, so that it can be used to replace the real vehicle impact test to validate the new design improvement measure more rapidly, correctly and directly in the course of vehicle structure improvement. It is an effective method to expedite the process of safety improvement at low cost.

Key words: frame impact test frame

1 引言

众所周知，对汽车的正面碰撞安全性的改进，虽然模拟计算起到越来越重要的作用，但试验的方法是必不可少的。由于整车正面碰撞试验的巨大消耗，它不可能经常性地用于检验改进工作的阶段性效果。而对于具有车身车架结构的轻型客车来说，车架在汽车正面碰撞中起主导作用，改进车架前端结构可以提高整车的正面碰撞安全性。本文在分析了车架结构与整车碰撞性能关系的基础上，设计了车架冲击试验方法用以代替在汽车结构改进过程中的整车正面碰撞试验。通过车架的结构改进设计并采用车架冲击试验方法，以较低的代价阶段性地验证支持了设计改进方案，加速整车结构改进的进程，为改进车通过正面安全法规奠定基础。

2 车架冲击试验方法研究

车架冲击试验是一种新的试验方式，适用于车身车架结构汽车的碰撞安全结构改进。具体来说，车架冲击试验方法是将车架总成固定在台车上，使台车按照整车能量的折算速度冲击固定障碍壁，测量车架的变形量和加速度进行分析。这种试验方法费用较低，而且可以在短时间内进行多次试验，取得大量的试验数据，不仅可以验证数值计算结果的有效性，还可以预测判断整车正面碰撞的效果。车架冲击试验实际情况如图 1 所示。

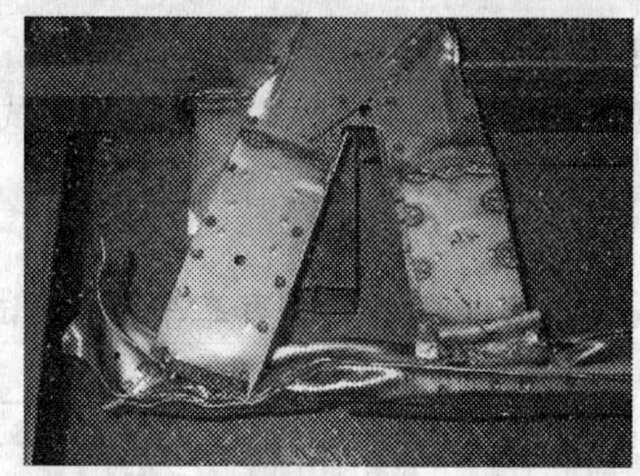

图 1　车架总成冲击试验情况和试验结果

车架冲击试验作为整车正面碰撞试验的代替试验，衡量整车结构耐撞性改进效果，与整车的正面碰撞结构耐撞性存在一定的联系。一般情况下，车架冲击试验的台车速度按照整车能量 60%的标准折算，车架冲击试验的结果与整车正面碰撞试验结果就能够吻合较好。这个速度折算标准可以通过计算机模拟和试验两种方法得到证明。

首先从模拟计算的角度来验证该标准比较简单，对几种不同的具有车身车架结构形式的整车的模拟计算结果表明，车架在碰撞中吸收能量都超过整车碰撞能量的 60%[2][3]。下面主要从试验角度来验证 60%的这一标准。这里采用的是假设验证的方法。先假设标准成立，在此基础上进行车架冲击试验，通过试验结果反过来检验该标准是否确实成立。通过车架冲击试验和整车正面碰撞试验的试验加速度和变形量的对比，建立起车架冲击与整车正面碰撞之间的联系，使车架冲击试验可以用于预测整车正面碰撞效果。

2.1　试验加速度分析

对比两种不同的轻型客车的车架冲击试验与整车正面碰撞试验的加速度曲线，如图 2 所示。加速度测点都位于车架上对应于 B 柱下方的位置。

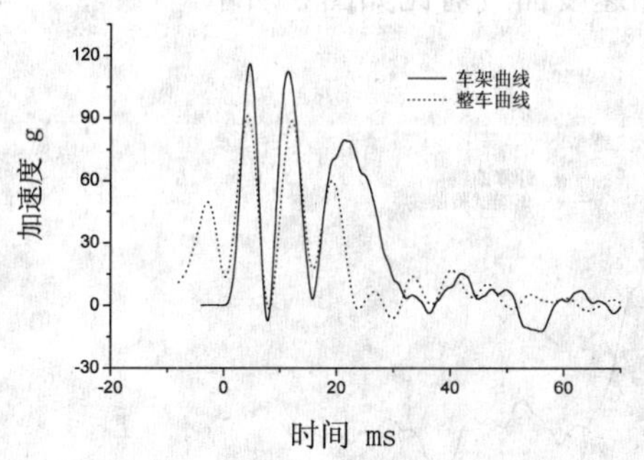

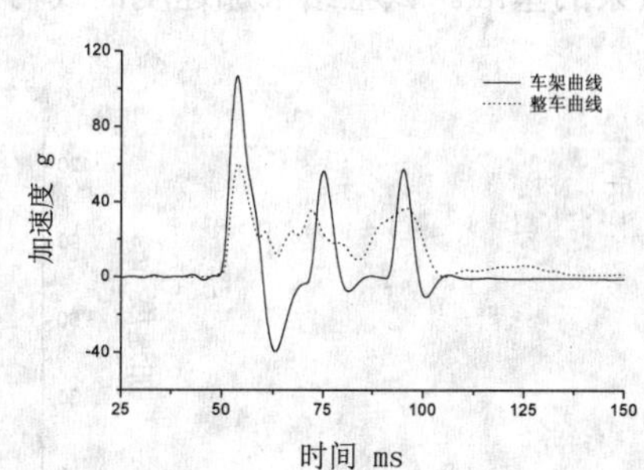

图 2　两种轻型客车车架冲击试验与整车试验加速度对比

由图 2 加速度对比可知，车架冲击试验加速度曲线与整车碰撞加速度曲线在波形上走向大体趋势是一致的，但存在一定的差异，这是试验方法和试验条件造成的，原因分析如下：

首先，刚性的车架结构直接撞击刚体墙，当碰撞开始后车架前端结构将发生塑性硬化现象，这样直接导致了车架冲击试验的第一峰值较高。

其次，车架冲击试验是将车架固定在台车上冲击障碍壁的试验方法，使用同一台车对不同改进车架总成进行多次的试验，车架总成与台车间的连接是活动的，因此车架总成与台车之间的连接必然存在间隙，碰撞后车架与滑车间要消除各部位的连接间隙，使得试验加速度曲线波动性较大。

第三，整车正面碰撞时，车架作为汽车底盘件的承载结构刚度较大，而位于整车前部零件比如保险杠等相对刚度较小，在汽车发生碰撞时能够起到一定的缓冲作用，使得整车碰撞加速度曲线相对于车架曲线比较平缓，波形各个峰值较低。相应的车架冲击试验各峰值较高。

另外，由于实际车架制作质量控制不完全一致，也是使车架冲击试验结果加速度曲线有比较明显的波动的原因。

2.2 车架前端变形量对比

表 1 列举了几种轻型客车的车架冲击试验和整车正面碰撞试验车架变形量数据。其中前两种车型就是图 2 加速度的车型：

表 1 几种轻型客车车架冲击试验与整车正面碰撞试验车架变形量对比（mm）

试验方式	轻型客车 1	轻型客车 2	轻型客车 3	轻型客车 4
车架试验	150	250	270	210
整车试验	150	245	260	215
车架吸能	65.09%	57.97%	66.47%	57.09%

车架结构的变形量可以作为衡量能量吸收量的一个标准，试验结果对比说明在类似车身车架结构的轻型客车发生正面碰撞时，其车架结构是主要吸能变形部分，车架总成的能量吸收量占总碰撞能量的 60%左右。

通过以上车架冲击试验与整车正面碰撞试验加速度曲线和变形量的对比，证明了对于非承载式车身结构的轻型客车，车架可以在很大程度上表征整车碰撞性能，对车架的改进能够大大提高整车的正面碰撞性能。因此在整车的改进过程中可以用车架冲击试验代替整车正面碰撞试验，阶段性地检验改进措施的效果。并且，在一般情况下，对这种轻型客车进行车架冲击试验时，按照 60%能量吸收标准折算台车的碰撞速度是有效可行的。

3 车架冲击试验的实际应用

采用车架冲击试验方法实际验证计算机模拟车架改进方案的实际碰撞效果，并预测整车正面碰撞性能。首先对改进前车架做冲击试验，以检验车架冲击试验与模拟计算结果的一致性，并且作为衡量改进措施实施效果的基准。试验结果加速度曲线与模拟计算加速度曲线对比如图 3 所示。

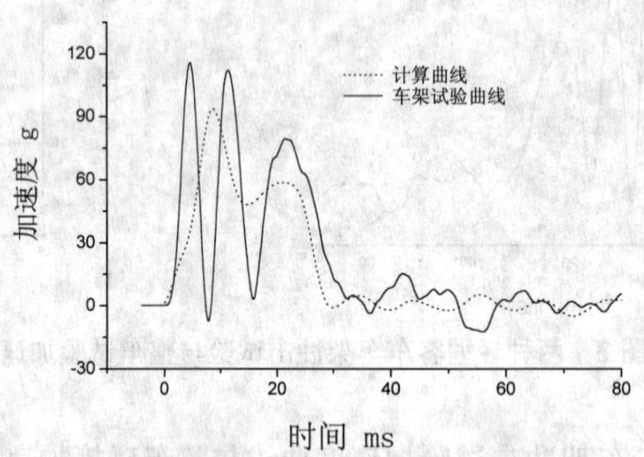

图 3 改进前车架冲击试验与计算加速度对比

从试验变形量看，试验车架前端纵向变形量 150mm，模拟计算车架前端纵向总变形量 155mm，试验值与计算值基本吻合。车架冲击试验很好地再现了模拟计算车架变形方式，说明模拟计算模型是准确有效的。从加速度波形上看，车架冲击试验加速度波形与模拟计算加速度波形也比较接近。加速度波形有一定的差异，原因是如上一节分析，车架冲击试验有许多不确定因素，试验加速度波形与模拟计算加速度波形不可能吻合得非常好，但波形的基本形状是一致的。以改进前车架的冲击试验结果作为基础衡量车架改进方案的效果。在此基础上，对应用了改进方案的两种车架进行冲击试验，两种车架 B 立柱位置的加速度曲线与模拟计算曲线对比如图 4 所示。

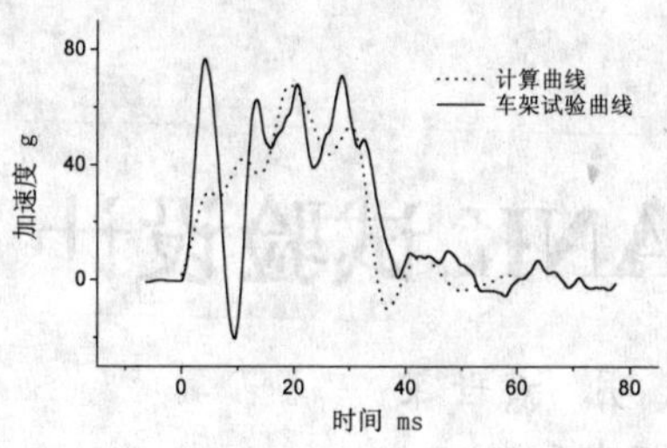

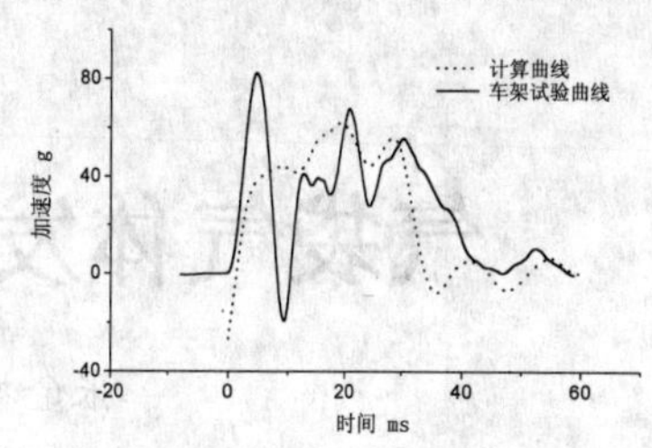

图 4　两种改进方案车架冲击试验与模拟计算曲线对比

对比结果试验与模拟加速度曲线吻合较好，车架冲击试验实际验证了模拟计算模型的准确性。对比改进前后车架冲击试验结果，车架结构的改进降低车身加速度 30.8%，由此推测在整车上的应用改进方案后，车身加速度将相应降低 30%左右。通过试验测得改进前后整车正面碰撞车身加速度峰值降低 35%，与车架冲击试验结果接近。事实证明，车架冲击试验验证了改进方案的实际可行性和有效性。

4 结论

车架冲击试验是承载式车身汽车正面碰撞安全性改进过程中的简单试验方法，它操作相对整车试验简单，可以在短时间内多次试验，以较低的资金和时间代价，快速准确直接地检验了车架改进方案的实际效果，是一种可以加快改进速度，节约成本的高效方法。

根据模拟计算和试验两方面的对比分析，一般情况下对于具有类似车身车架结构的轻型客车，车架能够在很大程度上表征整车正面碰撞性能，可以在汽车结构改进过程中代替整车正面碰撞试验，阶段性地检验车架改进方案的实际效果。在设置车架冲击试验条件时，以车架吸收汽车总碰撞能量的 60%来折算车架冲击试验的台车速度的试验标准是可行的。

参考文献

1　黄世霖, 张金换等. 汽车碰撞与安全[M]. 北京: 清华大学出版社, 2000

2　王大志. 轻型客车正面碰撞安全性改进设计研究[D]. 清华大学硕士学位论文, 2003

3　龚剑. 利用数值模拟改进某微型客车的碰撞安全性[D]. 清华大学硕士学位论文, 2002

4　Richard W.Kent, Charles E.Strother. Wooden Pole Francture Energy in Vehicle Impacts[C]. SAE Paper No.980214, 1998

5　Axel Kaiser, Adam Opel AG. Some Example of Numerical Simulation in Vehicle Safety Development[R]. SAE Paper 921074, 1992

气袋气体发生器 TANK 试验设计

张金换　白远利　沈 明　黄世霖
清华大学汽车安全与节能国家重点实验室

[摘要] 本文介绍了气袋气体发生器的用于气袋模拟计算的理论模型，阐述了气体发生器 TANK 试验 SAE 推荐规范（SAE J2238 MAR95）。并按照中国压力容器设计标准，参照 SAE 规范，设计了一个 60 升的容器。同时搭建了整套试验装置，包括容器密封固定装置、点火装置、数据采集记录系统和相关的安全保护设备等。并对某一国产气体发生器进行了 TANK 试验，采集了点火脉冲和容器内压力变化曲线，计算出气体发生器的描述参数。试验的成功对容器的设计进行了验证，同时也为今后气袋的计算和试验奠定了基础。

关键词：气袋　气体发生器　容器试验

Studies on Tank Test Design for Airbag Inflator

Zhang Jinhuan, Bai Yuanli, Shen Ming, Huang Shilin
State Key Laboratory of Automotive Safety and Energy, Tsinghua University

[Abstract] In the paper the theoretic model of airbag inflator and the SAE specification on inflator's tank test (SAE J2238 MAR95) were introduced. A 60 litres tank was designed, according to the Chinese specification on pressure vessel design and the SAE specification. The necessary setups, including the inflator fixing setup, the fire device, the data acquisition system and the safety equipment etc, were built. A tank test on a certain domestic airbag inflator was done. The describe parameters about the inflator were calculated based on the acquired fire impulse signal and the tank pressure curve. The success of the test proved the tank design, and became the important base of further studies on airbag.

Key words: airbag　inflator　tank test

1 概述

安全气袋已经成为现在汽车中重要的被动安全措施之一，气袋的匹配研究也是目前汽车被动安全研究的重点之一[1]，气袋的充气元件就是气体发生器，如何描述和标定气体发生器就成为气袋匹配的基础，它也是进行气袋模拟计算最重要的输入参数。

1.1 气袋模拟计算的理论模型

目前气袋模拟计算常使用的是均匀压力计算模型，这个模型是目前广泛使用的气袋展开模型，Madymo、Dyna3d、Pam-Crash 等软件中均用此模型计算气袋的展开过程[2]。气袋的模型如图 1 所示。将气袋看成是不断扩大的控制容积(Control Volume)，气体的流入和流出以质量流量计算。假设控制容积内部的气体是理想气体且热容量系数为常数，与外界没有热量交换。进一步假设在控制容积内部温度和压力都是均匀的。在模型中还考虑了由气袋节流排气孔和其他原因泄漏出气袋的气体质量流量[2] [3]。

1.2 TANK 试验的理论模型

作为这个模型的输入是气体发生器的描述参数，主要是气体发生器容器试验（TANK TEST）得到的质量流量曲线和温度曲线，如果要准确描述气袋展开过程，还要求考虑气体发生器喷射特性，这个参数是通过气体发生器喷射（JET）试验得到的[4]。

由于气体发生器起作用的时间很短暂，一般是 100ms 左右，如果直接测量它的温度变化是很困难的，而只测量容器试验中的容器压力是不足以描述气体发生器的，因此产生了几种气体发生器参数的测量方法，常用的有压力－温度法、双压法、开孔容器试验法和比对方法[5]，气体发生器容器试验的理论模型如图 2。

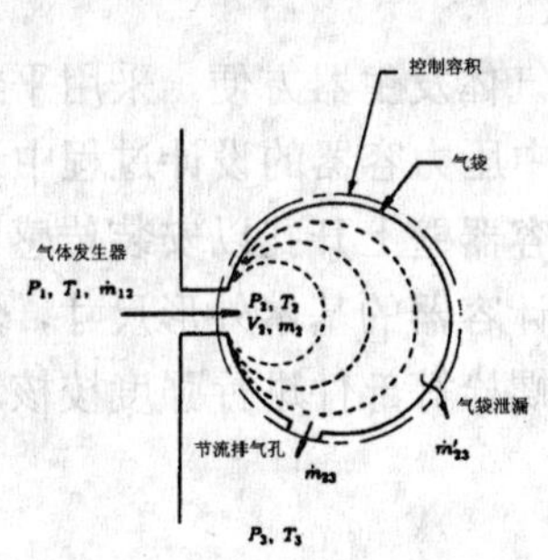

图 1　气袋模拟计算的理论模型

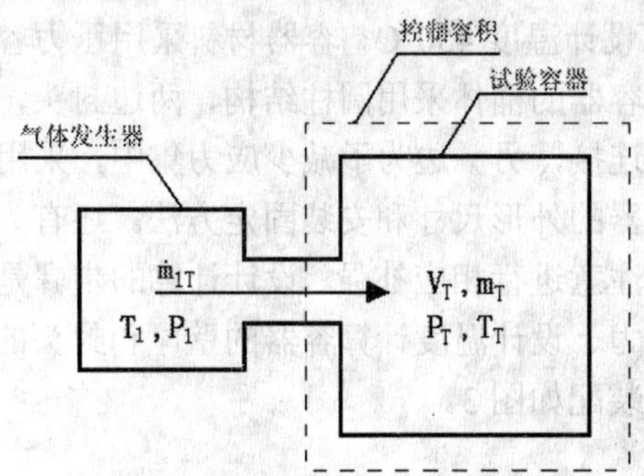

图 2　气体发生器容器试验的理论模型

以双压法为例，如果在气体发生器点爆充气过程中，测量下气体发生器内部压力 P_1 和容器内部压力 P_T 变化，那么可以换算出气袋模拟计算所需的参数，即质量流量曲线和温度曲线。

$$T_1 = \left(\frac{V_T}{kC_{oa}C_T}\right)^2\left(\frac{\dot{P}_T}{P_1}\right)^2$$

$$\dot{m}_{1T} = \left(\frac{kC_{oa}^2C_T^2}{RV_T}\right)\left(\frac{P_1^2}{\dot{P}_T}\right)$$

其中，$C_{oa} = C_{1T}A_{1T}$ ，

$$C_T = \sqrt{2g_c\left(\frac{kR}{k-1}\right)\left(\frac{2}{k+1}\right)^{\frac{1}{k-1}}\left(1-\frac{2}{K+1}\right)}$$

2 TANK 试验的规范

在 SAE 中对气体发生器的标定试验有相应的推荐标准，即气袋气体发生器弹道容器试验程序（SAE J2238 MAR95），里面针对压力容器的设计和试验程序都给出了具体的规定，还包括压力传感器的选用，电测量系统的性能和气体发生器描述参数等。其中对容器容积的规定如下：

气体发生器类型	容器试验使用容器体积
司机侧的气体发生器	（28.3±0.28）L 或者（60.0±0.60）L
乘员侧的气体发生器	（60.0±0.60）L，（100.0±1.0）L 或者（146.0±1.5）L

其中试验的样品在试验之前必须放置在温度调节柜里进行温度调节，司机侧气体发生器的典型低、高端温度范围是－30℃±3℃和+80℃±3℃，乘员侧气体发生器的温度由于在车辆上放置位置不同而不同。

试验过程中采集容器内的压力变化曲线，对于温度变化曲线，由于对温度传感器的动态响应性能要求很高，只是作为推荐采集参数。

3 容器的设计

为了使设计的容器对于司机侧的气体发生器和乘员侧的气体发生器都适用，我们把容器体积设计为60L。为了保证安全，对于压力容器的设计要符合相应的国家标准或者地方标准。中国的压力容器设计标准是：GB150—1998《钢制压力容器》等。

根据气体发生器试验中的容器内的温度变化范围和压力变化范围来确定容器的设计参数为：设计压力1.5MPa，设计温度450°C。容器材料采用压力容器中常用的16MnR。

压力容器的桶体采用圆柱结构，两边封头，一边为了安装固定气体发生器方便，采用平封头形式，再采用法兰连接，另一边为了减少应力集中，采用椭圆封头形式。其中压力容器的设计过程中还要充分考虑气体发生器的外形尺寸和安装固定方法。还有为了测量方便，要在容器壁上开孔以安装传感器，这样开孔的部分要注意进行相应补强。设计计算的步骤是根据容器的容积设计容器的基本外形尺寸，然后根据容器的设计压力、设计温度计算容器的壁厚和封头的壁厚，最后对连接螺栓等部件进行强度校核。最后容器的设计加工装配如图3。

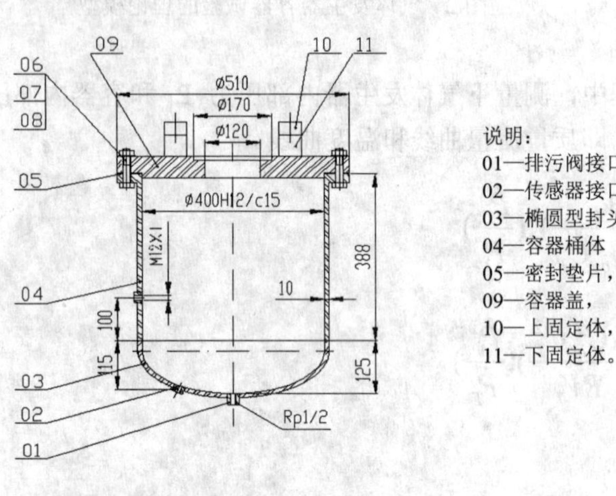

图3 容器试验装配图

图4 容器实物图

4 容器试验结果

4.1 TANK 容积标定试验

制造装配完成的容器实物如图4所示。因为容器的容积对试验测量的压力影响很大，所以进行TANK试验时对容积有严格的要求，SAE推荐的容器容积标准是（60.0±0.60）L。因此进行TANK试验之前要对所制造的容器容积进行标定。如果容器的容积不满足这个要求就必须对试验结果进行修正。

容积标定采用注水标定的方法，测量将容器完全充满所需要的水的重量，从化学手册[6]上查出该水温下水的密度，然后换算出注入水的体积，就得到容器的容积。标定试验的数据如表1所示。

表1 TANK容积标定试验数据

试验水温	该温度下的水密度	注入水的重量	容器容积	估计误差值
14.0 °C	0.9992464 kg/L	60.54 kg	60.59 L	0.5 L

标定结果容器的容积为60.59L，基本满足TANK试验的要求，所以可以不再对试验的结果进行修正。

4.2 气体发生器 TANK 试验

试验的对象是国内某气袋公司的一个40L司机侧气袋的气体发生器。进行TANK试验时整体的设备如图5所示，包括压力容器装置、气体发生器固定装置、点火装置、数据采集记录装置和相关的安全保护设备。

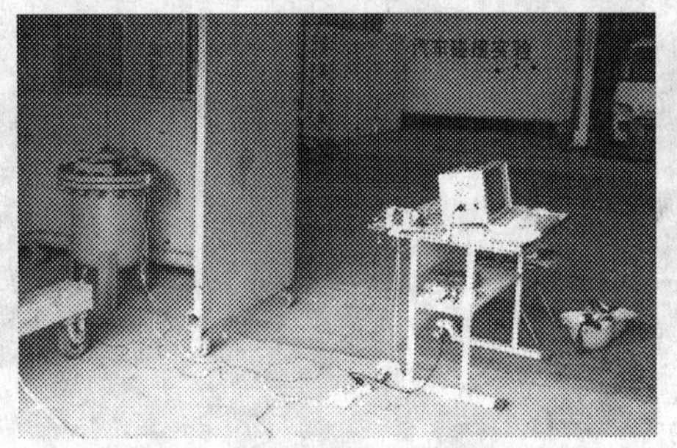

图 5　Tank 试验整体试验装置图

其中容器装置部分为了试验过程的安全，要求放置在单独的房间里，或者用其他遮盖物进行隔离。同时还需要使用其他一些必要的安全保护装置。点火装置采用 12V 的直流电源，气体发生器内部的电阻大概 2Ω，这样连接上电源后瞬间就产生大约 6A 的电流，达到了气体发生器的点爆条件。同时为了采集下点火脉冲，在直流电源的两端并联一个由两个大阻值电阻组成的串联回路，通过电阻的分压，得到 5V 以下的电压脉冲，然后经过 AD 板的转换，就可以直接和压力信号同时进行采集。具体的电路如下图 6 所示。

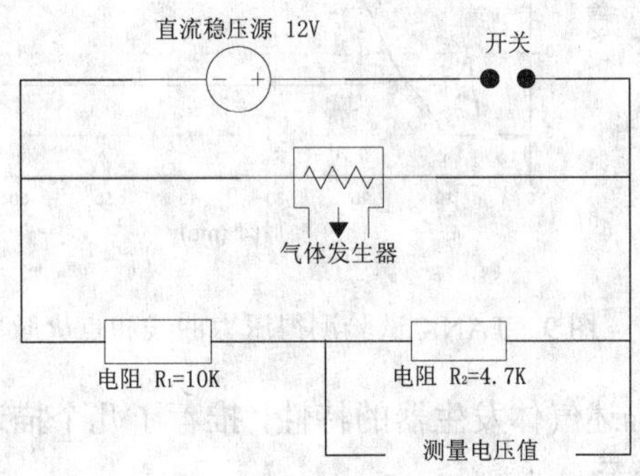

图 6　气体发生器点火电路

其中 SAE 规范中对数据采集记录的主要要求如表 2 所示。

表 2　TANK 试验数据采集记录要求

主要项目	参数要求
采集频率	5000~10000Hz
低通滤波	1000Hz
后处理数字滤波	CFC60
压力传感器相应时间	1/3ms 以下
其他要求	点火脉冲和其他信号同时采集

TANK 试验中还有一个关键，就是气体发生器的固定和密封方式。由于气体发生器的充气过程会产生较大的向后冲力，所以固定的装置必须有足够的强度。同时保证容器的密封，以确保准确采集容器的压力信号。本试验中采用方式如图 7 所示。

a)

b)

图 7　气体发生器固定和密封方式

试验前后的气体发生器如图 8 所示。试验采集的点火脉冲信号和压力变化曲线如图 9 所示，图中显示的压力曲线是经过 CFC60 数字滤波的结果。

a) 试验前

b) 试验后

图 8　试验前后的气体发生器

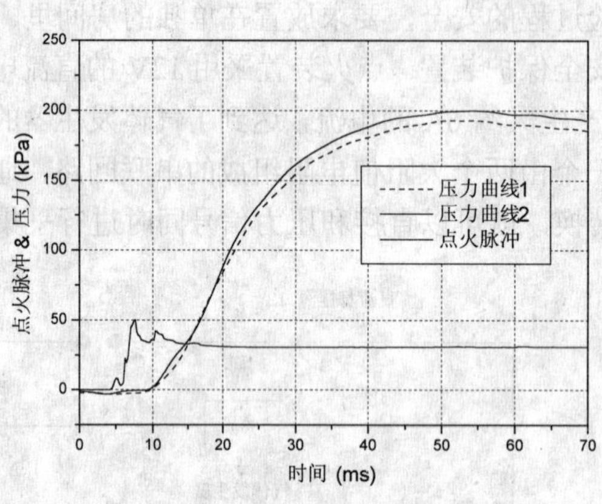

图 9　TANK 试验测得压力曲线和点火脉冲

SAE J2238 MAR95 中为了描述气体发生器的特性，推荐了几个描述参数，从本次试验得到的数据可以算出这几个描述参数，如表 3 所示。

表 3　TANK 试验测得的气体发生器特性参数

气体发生器描述参数	数 值	
出现初始压力的时刻 (1KPa)	3 ms	
20ms 时刻的压力	0.14 MPa	
40ms 时刻的压力	0.19 MPa	
最大压力	0.2 MPa	
5 ms 间隔压力上升	最大值	0.0582 MPa
	平均值	0.0128 MPa
10 ms 间隔压力上升	最大值	0.0970 MPa
	平均值	0.0269 MPa

5　总结

本文介绍了气袋气体发生器用于气袋模拟计算的理论模型，阐述了容器试验的规范（SAE J2238 MAR95）。并以这个规范为基础，按照中国压力容器设计标准设计了一个 60L 的试验容器，同时搭建了整套试验设备。给出了某一气体发生器进行容器试验的结果，从而对容器试验的设计进行了验证，结果证明容器试验的设计是成功的。同时也为今后气袋的计算和试验奠定了基础。

参考文献

1　黄世霖等编著. 汽车与安全. 北京：清华大学出版社，2000

2　王晓冬. 安全气袋模拟计算方法及抗干扰实验研究（博士学位论文），北京：清华大学

3　J.T. Wang and donald J. Nefske. A new CAL3D airbag inflation model. SAE 880654

4　P.Groenenboom, D.Lasry. A Diffusive Gas Jet Model in PAM-SAFE for Airbag Inflation. SAE 930238

5　J.T.Wang. Are tank pressure curves sufficient to discriminate airbag inflators? SAE 910808

汽车模拟碰撞用液压缓冲器的动态特性分析

胡敬文　张金换　黄世霖

清华大学汽车安全与节能国家重点试验室

[摘要] 汽车模拟碰撞试验是汽车被动安全试验的一个重要分支，而缓冲减速装置是其中的核心部件。本文分析了汽车被动安全研究对液压缓冲器提出的不同要求。在试验、理论分析和模拟计算的基础上，详细的分析了多孔式液压缓冲器的三种动态特性。同时根据这些特性，总结了控制碰撞波形的四种方法。这些控制方法在新研制的可调液压缓冲器上都得到了很好的应用。

关键词：汽车模拟碰撞试验　液压缓冲器　动态特性

Dynamic Characteristic Analysis of the Hydraulic Shock Absorber for Sled Impact Test

Hu Jingwen, Zhang Jinhuan, Huang Shilin

State Key Lab of Automotive Safety and Energy, Tsinghua University

[Abstract] Sled impact test is one of the most important branches in the field of automotive passive safety, and the shock absorber is the key device of it. This paper analyzed a variety of requirements presented by the diverse purposes. Basing on the impact tests and simulation, three dynamic characteristics of hydraulic shock absorber were analyzed, and some methods for controlling the deceleration wave of sled impact tests were enumerated as well. These methods were well applied to the new adjustable hydraulic shock absorber of our lab.

Key words: sled impact test　hydraulic shock absorber　dynamic characteristic

1 前言

汽车模拟碰撞试验是汽车座椅、安全带、仪表板、安全气袋等零部件研究、开发、生产过程中重要的试验手段。与实车碰撞试验相比，它具有试验费用低、碰撞波形可以控制、重复性好等优点，现已普遍为国内外汽车厂家和科研机构采用。汽车模拟碰撞试验中缓冲减速装置是一个十分关键的设备，它决定了台车在碰撞中的减速度、脉冲时间等一系列重要参数。本文将在试验和模拟计算的基础上，对多孔式液压缓冲器的动态特性进行具体分析，并对控制碰撞波形的几种方法进行介绍。

2 汽车安全性研究对液压缓冲器提出的要求

2.1 法规要求

世界各国关于汽车模拟碰撞试验环境都有明确的法规规定，如：欧洲的 ECE—R16（安全带和乘员约束系统的统一规定）和 ECE—R80（座椅及固定装置强度的统一规定）、美国的 FMVSS—207（座椅系统）、日本的 JIS D 4604 和 11-4-44 （安全带动态试验标准）、澳大利亚的 ADR4D（安全带动态试验标准），以及我国的 QC 244－1997（汽车安全带动态性能要求和试验方法）等。其中有两种典型的碰撞加速度波形，如图 1 所示。从图中可以看出，虽然不同的法规对碰撞波形的要求不同，但只要达到一定的缓冲效率，就可以实现。

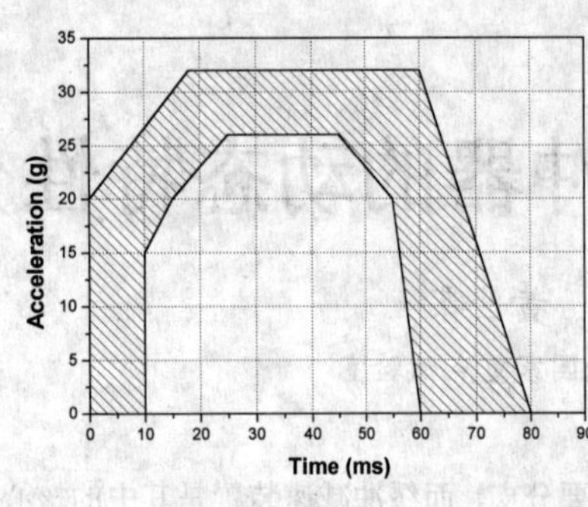

a) ECER16 碰撞波形[（50±1）km/h]

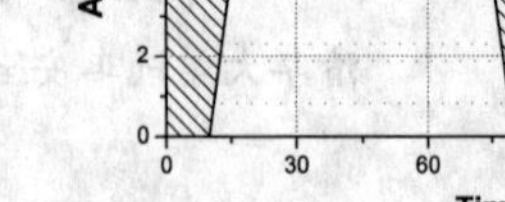

b) ECER80 碰撞波形（30^{+2}km/h）

图 1　法规对碰撞波形的要求

2.2　实车碰撞的要求

为了汽车各种零部件的试验研究，缓冲器应能模拟汽车在不同速度下实车碰撞的波形。多孔式液压缓冲器由于结构的原因，很难把某次实车的碰撞波形模拟的非常精确。从统计学的观点来讲，模拟某次实车碰撞波形其实是没有意义的，缓冲器能模拟出碰撞过程中的加速度峰值和脉宽等重要参数就足够了。但由于实车碰撞的速度特性和液压缓冲器的速度特性存在本质不同，这就需要一套调节缓冲器的方法，以适应在不同速度下的碰撞试验的需要。

2.3　气袋试验的要求

在气袋试验中，由于 ECU 要判断碰撞的剧烈程度，进而决定是否点爆气袋，因此碰撞的初始阶段的波形应该和实车的碰撞波形相似。但是液压缓冲器产生的加速度波形相对于理想状况有一定的滞后性，碰撞第一峰并不完全由液压油的节流特性决定，因此这个问题给液压缓冲器的研究提出了控制碰撞第一峰的要求。

3　液压缓冲器力学模型的简化

在文献[2]中，曾详细的介绍了液压缓冲器的理论模型的建立过程。该模型可以对缓冲器的碰撞波形进行准确的预测，但是由于采用了数值计算的方法，我们很难从计算中对缓冲器的动态特性作直观的分析。因此，为了能找出一种更直观的分析方法，对该模型进行如下的简化：

考虑到在碰撞过程中小孔节流吸能占缓冲器吸能的 90％以上，起到了核心的作用，因此忽略偏心环缝节流、漏油和液压油的压缩性。由于碰撞过程中的缓冲力很大，所以忽略各个部件之间的摩擦力。由于碰撞中高压腔的压力将达到几十兆帕，因此忽略低压腔的压力（一个大气压左右）。同时把台车和活塞考虑成一个整体，不考虑活塞加速的过程。通过上面的简化，节流面积曲线可以用很明确的公式来表示，具体的模型如下：

根据动能定理有如下公式：

$$\frac{1}{2}mv_0{}^2=\int_0^s F(x)dx \tag{1}$$

式中 m——台车和活塞质量和；

v_0——碰撞初速度；

$F(x)$——碰撞缓冲力；

s——缓冲行程。

$$\int_0^x F(x)dx=\frac{1}{2}mv_0{}^2-\frac{1}{2}mv^2 \tag{2}$$

把式(1)代入式(2)，可以得到：

$$\frac{1}{2}mv^2 = \int_x^s F(x)\mathrm{d}x \Rightarrow v = \sqrt{\frac{2\int_x^s F(x)\mathrm{d}x}{m}} \tag{3}$$

力平衡方程为：

$$F(x) = p(x)\cdot A \Rightarrow p(x) = \frac{F(x)}{A} \tag{4}$$

式中 A——活塞面积。

液压油的连续性方程：

$$A_c(x)\cdot C_q\cdot\sqrt{\frac{2p(x)}{\rho}} = A\cdot v \tag{5}$$

式中 $A_c(x)$——节流面积曲线；

C_q——流量系数；

$p(x)$——高压腔压力；

ρ——液压油密度。

进而得到：

$$A_c(x) = \frac{A\cdot v}{C_q}\sqrt{\frac{\rho}{2\cdot p(x)}} \tag{6}$$

把式(3)和式(4)代入式(6)，可以得到节流面积曲线为：

$$A_c(x) = \frac{A}{C_q}\cdot\sqrt{\left(\frac{\rho\cdot A}{m}\right)\cdot\left(\frac{\int_x^s F(x)\mathrm{d}x}{F(x)}\right)} \tag{7}$$

令：

$$C_A = \frac{A}{C_q}\cdot\sqrt{\left(\frac{\rho\cdot A}{m}\right)},\quad I_A = \sqrt{\frac{\int_x^s F(x)\mathrm{d}x}{F(x)}}$$

则：

$$A_c = C_A\cdot I_A \tag{8}$$

由上式可以看出，C_A 对于一个固定的缓冲器而言是一个常数，而 I_A 只和碰撞缓冲力波形有关。下面就几种典型的碰撞缓冲力波形对节流面积曲线的影响进行讨论。

(1) 碰撞缓冲力为矩形波。当碰撞缓冲力波形为矩形时，碰撞缓冲力和缓冲力做功为：

$$F(x) = F_0$$

$$\int_x^s F(x)dx = F_0\cdot(s-x) \tag{9}$$

将式(9)代入式(7)，可以得到：

$$I_A = \sqrt{s-x}$$

$$A_c(x)=\frac{A}{C_q}\cdot\sqrt{\left(\frac{\rho\cdot A}{m}\right)\cdot(s-x)} \tag{10}$$

(2) 碰撞缓冲力为半正弦波

当碰撞缓冲力波形为半正弦波时，碰撞缓冲力和缓冲力做功为：

$$F(x)=F_0\sin\left(\frac{\pi x}{s}\right)$$

$$\int_x^s F(x)\mathrm{d}x=\int_x^s F_0\sin\left(\frac{\pi x}{s}\right)\mathrm{d}x$$

$$=\frac{s\cdot F_0}{\pi}\left[1+\cos\left(\frac{\pi x}{s}\right)\right]$$

$$=\frac{s\cdot F_0}{\pi}\left[\cos\left(\frac{\pi x}{2s}\right)\right]^2 \tag{11}$$

将式(11)代入式(7)，可以得到：

$$I_A=\sqrt{\frac{2\cdot s}{\pi\cdot\sin\left(\frac{\pi x}{s}\right)}}\cdot\cos\left(\frac{\pi x}{2s}\right)$$

$$A_c(x)=\frac{A}{C_q}\cdot\sqrt{\left(\frac{\rho\cdot A}{m}\right)\left(\frac{2\cdot s}{\pi\cdot\sin\left(\frac{\pi x}{s}\right)}\right)}\cdot\cos\left(\frac{\pi x}{2s}\right) \tag{12}$$

(3) 碰撞缓冲力为三角波

当碰撞缓冲力波形为三角波时，碰撞缓冲力和缓冲力做功为：

$$F(x)=\begin{cases}\dfrac{2F_0}{s}x & 0\le x\le\dfrac{s}{2}\\[2ex] \dfrac{2F_0}{s}(s-x) & \dfrac{s}{2}<x\le s\end{cases}$$

$$\int_x^s F(x)\mathrm{d}x=\begin{cases}\dfrac{F_0}{s}\left(\dfrac{s^2}{2}-x^2\right) & 0\le x\le\dfrac{s}{2}\\[2ex] \dfrac{F_0x^2}{s} & \dfrac{s}{2}<x\le s\end{cases} \tag{13}$$

将(13)式代入(7)式，可以得到：

$$I_A=\begin{cases}\sqrt{\dfrac{s^2-2x^2}{4x}} & 0\le x\le\dfrac{s}{2}\\[2ex] \sqrt{\dfrac{x^2}{2(s-x)}} & \dfrac{s}{2}<x\le s\end{cases}$$

$$A_c(x)=\begin{cases}\dfrac{A}{C_q}\cdot\sqrt{\left(\dfrac{\rho\cdot A}{m}\right)\cdot\left(\dfrac{s^2-2x^2}{4x}\right)} & 0\le x\le\dfrac{s}{2}\\ \dfrac{A}{C_q}\cdot\sqrt{\left(\dfrac{\rho\cdot A}{m}\right)\cdot\left(\dfrac{x^2}{2(s-x)}\right)} & \dfrac{s}{2}<x\le s\end{cases}\tag{14}$$

由式(10)、(12)、(14)可以看出，对于同一个液压缓冲器，节流面积是 C_A 和 I_A 的乘积。其中 C_A 对于一个缓冲器是一个固定的数值，它和缓冲器的活塞面积、台车和活塞的总质量、液压油的密度以及小孔节流流量系数有关；而 I_A 在通常情况下只和缓冲器的行程和活塞每时刻的位置有关。这个结论对于分析液压缓冲器的动态特性是十分有意义的，同时对于通过改变节流面积曲线控制碰撞波形也有很强的实用价值。

4 液压缓冲器的动态特性

多孔式液压缓冲器由于受小孔节流特性的影响，台车质量对于碰撞波形的影响很大，同时带有很强的速度敏感性。另外，由于是撞击式的试验台，因此加速度也有滞后性。下面就在试验和模拟计算的基础上对这三种特性分别进行具体的分析。

4.1 质量匹配特性

汽车模拟碰撞试验虽然碰撞波形主要由缓冲器产生，但是由于台车的质量对波形的影响很大，因此在设计台车试验时，必须把缓冲器和台车考虑为一个统一的系统。根据碰撞波形的要求，缓冲器的每一种节流面积要对应一个固定的台车质量，这就是所谓的质量匹配特性。换句话讲，在节流面积不变的情况下，碰撞时的台车质量不同，产生的碰撞波形形状会有很大的差别。

上文中关于节流面积公式的推导可以很清楚的说明这个问题。在碰撞波形为矩形波、正弦波和三角波三种情况下，节流面积都和 $\sqrt{m}$（这里的 m 是台车和活塞的质量和）成反比。这就说明，不同的台车质量对应着不同的节流面积曲线；而节流面积曲线不变的情况下，台车的质量不同，碰撞波形一定不同。

如图 2 所示，缓冲器的匹配质量为 1000kg，台车质量分别增加或减小 30%，产生的波形差别很大。虽然这三次试验的碰撞速度不同，但是下文对碰撞速度的讨论中可以得到，在极限碰撞速度内，碰撞速度是不影响碰撞波形的形状的。因此，在台车质量不同时，碰撞波形的形状有很大的差别。表 1 列举了这三次试验的试验条件。

表 1 质量匹配试验试验条件

	碰撞质量	碰撞速度
m>M	增加 30% (1300kg)	42.8km/h
m=M	匹配质量（1000kg）	48.6km/h
m<M	减小 30% (700kg)	30.2km/h

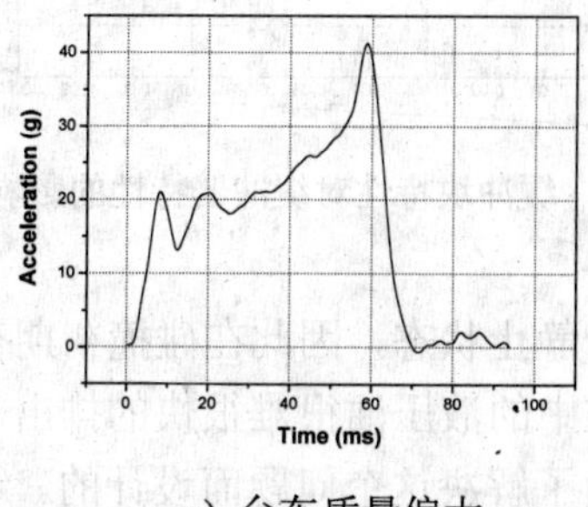

a) 台车质量偏大

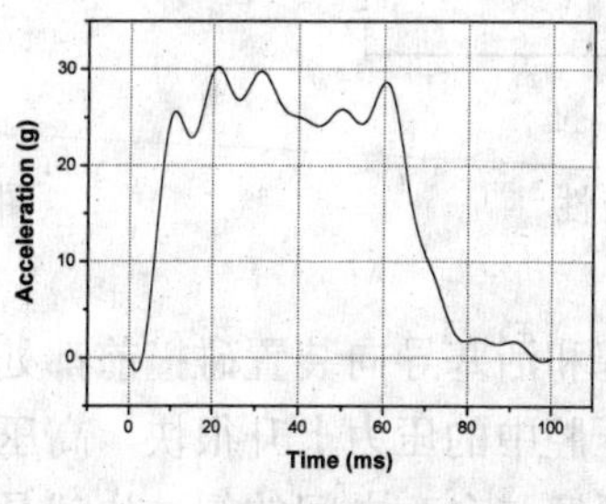

b) 匹配质量

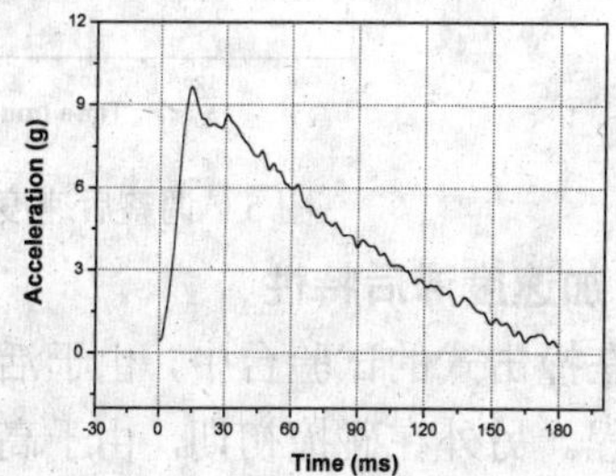

c) 台车质量偏小

图 2　台车质量不同时的碰撞波形

由图 2 的碰撞波形可以发现，在台车质量大于匹配质量时，加速度波形初始值较低，但结束时峰值很高，形成梯形形状；当台车质量等于匹配质量时，加速度波形平稳，近似为矩形；而当台车质量小于匹配质量时，加速度波形初始值较高，但以后就逐渐降低，形成三角形形状。因此，只有在试验质量与匹配质量相等时，碰撞波形才能达到一般法规和实车碰撞的要求，这时的缓冲效率通常为 80%～90%。

同时应当指出的是，液压缓冲器的质量匹配特性和碰撞速度无关，也就是说，在不改变节流面积的条件下，相同质量的台车在不同的速度下，碰撞波形的形状是相同的。从公式（10）、（12）和（14）中可以看出，节流面积曲线和碰撞速度 v_0 是没有关系的。它只和缓冲器的活塞面积、台车和活塞的总质量、液压油的密度、小孔节流流量系数以及缓冲器的行程有关，因此只要上述的条件不变，节流面积曲线和碰撞波形的形状就存在着一一对应的关系。试图用较小质量台车，以较高的速度，模拟出大质量台车的碰撞波形是不可能的。换句话说，如果低速碰撞波形为三角形，那么在不改变节流面积的情况下，无论怎样改变碰撞速度，碰撞波形会始终为三角形。

4.2　速度敏感特性

碰撞速度对液压缓冲器的碰撞波形有很明显的影响，如图 3 所示，碰撞速度越高，加速度峰值越大，碰撞脉宽越短，这是由小孔节流特性决定的。但实车碰撞试验中，加速度是由钢管的褶皱吸能产生的。碰撞速度对钢管的缓冲效果的影响如图 4 所示，可以发现，相同截面和壁厚的方筒形钢材在不同的速度下，加速度峰值基本保持不变，只是碰撞脉宽随碰撞速度的提高，不断增加。这其实是由于在汽车碰撞的速度范围内，钢材的应变率效应并不是十分明显。钢材的这个特性也基本决定了实车碰撞的特性。液压缓冲器的速度特性和实车的特性有着较大的区别，因此在模拟汽车较低速度碰撞时，需要通过改变缓冲器的活塞行程，同时适当的调整节流面积，才能实现对实车碰撞环境的模拟。图 5 中是通过模拟计算得出的适合实车碰撞的液压缓冲器速度特性（s 为活塞行程）。

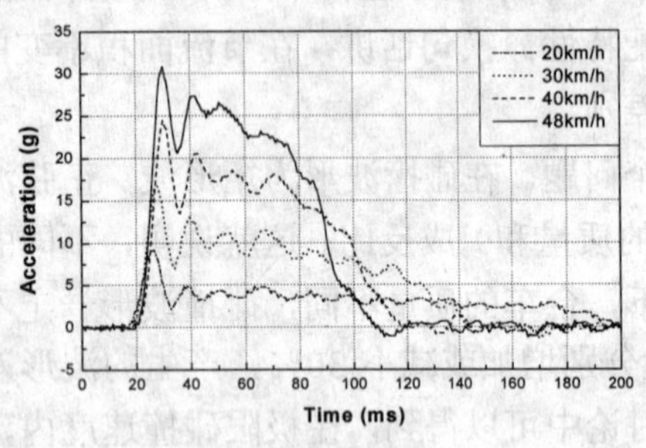

图 3 调整前的速度特性

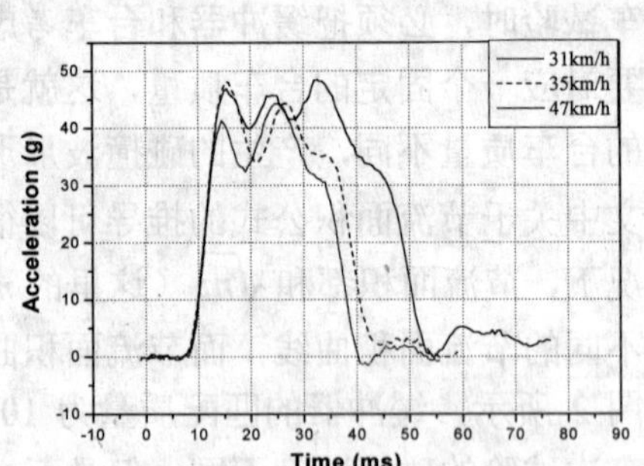

图 4　钢管速度特性

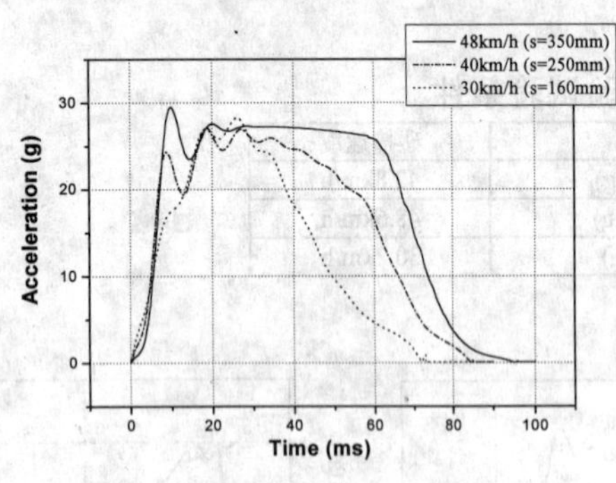

图 5　调整后速度特性

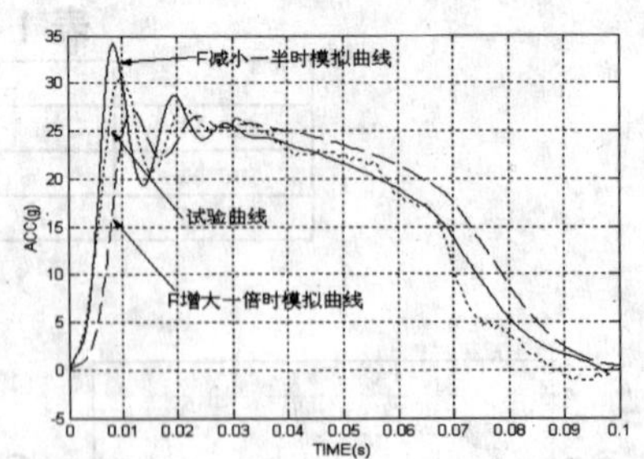

图 6　缓冲块特性对缓冲器特性的影响

4.3　加速度滞后特性

在撞击式的试验台中，由于活塞和活塞导向装置碰撞前都处于静止状态，因此在碰撞初期有一个加速的过程。另外在碰撞初期，由于高压腔中的压力上升很快，高压腔中的液压油很难很快的排出，因此就会在碰撞初期形成一个加速度峰值。活塞与台车之间的缓冲块就是为了解决这个问题而设计的。缓冲块可以有效的延长活塞的加速时间，减慢高压腔的压力上升速度，从而使高压腔的液压油有充足的时间可以排出。但从另一个方面讲，这也使加速度波形产生了一些滞后。

在气袋的模拟碰撞试验中，ECU 判断气袋是否点爆，主要是由碰撞波形的初始阶段决定的。因此缓冲块的特性是气袋模拟碰撞试验的核心。图 6 是模拟计算得到的改变缓冲块的力学特性对碰撞波形的影响，其中 F 为通过静压试验得到的缓冲块力学特性。可见，合理的设计缓冲块的刚度，可以实现对碰撞波形初始阶段的模拟。

5 控制碰撞波形的方法

根据上文分析的液压缓冲器的动态特性，可以总结出四种方法实现对碰撞波形的控制：

(1) 台车质量控制。根据液压缓冲器的质量匹配特性，在台车上适当的增加或减少质量配重，可以改变碰撞波形的形状。

(2) 缓冲行程控制。缓冲器的速度敏感特性说明，增加或减少缓冲器的行程可以有效的控制减速度平均峰值，行程越短，平均峰值越高，这样可以有效的改善缓冲器的速度特性。

(3) 缓冲块特性控制。在缓冲器前增减缓冲块的刚度，可以有效的控制碰撞第一峰的峰值，缓冲块刚度越大，碰撞第一峰越高。

(4) 节流面积控制。这种方法应通过模拟计算对碰撞波形所需的节流面积进行预测，进而对节流面积进行调节。节流面积的调节方式很多，如：双层套筒式、变节流片式、锥形阀式等。图 7 为清华大学汽车碰撞试验室新研制的可调液压缓冲器，节流面积可以通过改变节流螺钉的大小来控制。

在这四种方法中，用节流面积控制碰撞波形是核心方法，而其他的三种方法也是必不可少的。在实际的波形控制中，只有四种方法的互相补充，才能调节出符合要求的碰撞波形。

图 7　节流面积可调的多孔式液压缓冲器

6 小结

随着我国汽车被动安全研究的不断深入，各种部件试验也越来越深入，液压缓冲器作为汽车模拟碰撞试验的核心部件，将发挥越来越重要的作用。本文在试验和模拟计算的基础上，详细的分析了液压缓冲器的三种动态特性：质量匹配特性、速度敏感特性和减速度滞后特性，同时列举了一些控制缓冲器波形的方法。这些可以为以后设计、调试液压缓冲器提供借鉴。

参考文献

1 黄世霖等. 汽车碰撞与安全. 北京：清华大学出版社， 2000

2 胡敬文等. 汽车模拟碰撞用缓冲装置的研究. 中国汽车工程学会第七届汽车安全技术会议论文集. 大连. 2002. 164～170

3 Frank Yeaple. Fluid Power Design Handbook. 1990

4 雷天觉. 液压工程手册. 北京：机械工程出版社, 1990

5 杨臻等. PG-15 型节制杆式台车试验技术研究. 汽车工程, Vol.24, No.3, 2002. 224~227

6 盛敬超. 液压流体力学. 北京：机械工业出版社, 1980

7 王瑄等. 汽车碰撞安全标准手册. 中国汽车技术研究中心, 1999

汽车保险杠系统的耐撞性研究综述及保险杠支架的碰撞试验研究

胡敬文　张金换　黄世霖　王国庆
清华大学汽车安全与节能国家重点试验室　长春英利汽车部件有限公司

[摘要] 汽车保险杠系统在汽车低速碰撞中起着至关重要的作用。本文列举了世界各国针对保险杠的耐撞性作出的法规和规范，并对各种不同类型的吸能式保险杠的结构进行了分析，进行了两种保险杠支架的碰撞试验研究。

关键词：保险杠 耐撞性 法规

Analysis and Test for the Crashworthiness of Automotive Bumper System

Hu Jingwen, Zhang Jinhuan, Huang Shilin, Wang Guoqing
State Key Lab of Automotive Safety and Energy, Tsinghua University
Changchun Yingli Automotive component Corporation

[Abstract] Automotive bumper system acts an important role in the low-speed impact. This paper enumerated various regulations of different countries for the crashworthiness of bumper system, and analyzed the structures of different kinds of energy-absorbing bumper systems. The impact tests for two kinds of bumper brackets were also investigated.

Key words: bumper　crashworthiness　regulation

1 前言

保险杠系统是汽车车身的一个重要组成部分，其作用主要有四方面：①当汽车与其他车辆或障碍物发生低速碰撞（通常小于 10km/h）时，保护翼子板、散热器、发动机罩和灯具等部件；②当汽车与行人发生碰撞时，最大限度的保护行人；③满足车身空气动力性的要求；④装饰和美化车身。从汽车被动安全性的角度出发，前两点作用都很重要。由于保险杠系统在“低速碰撞”和“行人保护”这两方面起着决定性的作用，因此是国内外汽车被动安全领域中的重点研究内容。

2 各国法规对保险杠系统试验方法的要求

由于保险杠在低速碰撞中的重要性，世界各国对保险杠的耐撞性都有具体的法规和试验规范要求。比如：美国的 CFR part 581、comsumertest 和 IIHS-Test，加拿大的 CFVSS215，德国的 AZT-Crash-Reparatur-Test，欧洲的 ECE-R42 等。我国参照欧洲 ECE-R42 法规要求，也颁布了汽车前、后端保护装置标准 GB17354-1998。表 1 中列出了各种法规和规范的基本试验方法对比（美国 comsumertest 和加拿大 CFVSS215 相同）。

表 1　各保险杠法规和规范中试验方法的对比

法规名称 / 试验内容	美国 CFR part 581	美国 IIHS-Test	加拿大 CFVSS215	德国 AZT-Crash-Reparatur-Test	欧洲 ECE-R42	中国 GB17354-1998
摆锤正碰	4km/h	—	8 km/h	—	4 km/h	4 km/h
摆锤 60°碰	2.5 km/h	—	4.8 km/h	—	2.5 km/h	2.5 km/h
整车正碰	4 km/h	8 km/h	8 km/h	—	—	—
整车 30°斜碰	—	8 km/h	—	—	—	—
撞圆柱	—	8 km/h	—	—	—	—
40%偏置碰	—	—	—	15 km/h	—	—
法规要求简述	除保险杠系统，其余部分正常工作	结果作为参考，并公布于众	汽车的一般功能不受影响	结果只作参考，不公布于众	除保险杠系统，其余部分正常工作	除保险杠系统，其余部分正常工作

由表 1 可以看出，世界各国对保险杠系统的试验方法和要求都不尽相同，但他们的目的都是提高汽车的低速耐撞性。

除了上面介绍的法规之外，保险杠系统还应满足“行人保护”的要求。不过应当指出的是，要满足“低速耐撞性”和“行人保护”两个不同的要求是比较困难的，必须通过适当的优化设计才能实现。

3　保险杠系统的主要型式

常见的汽车保险杠系统通常由外盖板、内衬、横杠、支架等部分组成，其中内衬和支架都可作为缓冲吸能元件。按保险杠的功能，可分为非吸能式和吸能式。非吸能式保险杠由于没有内衬，支架也基本不吸能，所以缓冲吸能能力较差，基本只起装饰作用，不起保护作用。我国市场上的部分轻型客车使用的就是非吸能式保险杠，这其实是汽车安全性能的一个重大隐患。吸能式保险杠按缓冲吸能的方式不同可大致分为三类：自身吸能式、液压吸能式、带气腔式。另外，出于保护行人的要求，现在国外也在研究安全气囊式保险杠。

3.1　普通式（自身吸能式）保险杠（Conventional Bumper System）

这种保险杠结构比较简单，它主要通过内衬和支架的变形吸收能量。大部分轿车都是使用这种型式的保险杠。由于支架需要有一定的强度，因此通常使用金属材料，而内衬的材料则多种多样，包括各种塑料、泡沫状金属材料、树脂等复合材料和蜂窝状材料等。这种保险杠的缓冲性能通常由缓冲材料的特性决定。

3.2　液压吸能式保险杠（Hydraulic Bumper System）

这种类型的保险杠如图 1 所示。液压缓冲器通常作为保险杠的支架。当汽车与障碍物发生碰撞时，冲击力通过横杠内侧加强件传到活塞上，活塞推动液压油通过节流孔压向活塞右腔，推动活塞向左移动，并使氮气受到压缩。这样利用液压油的节流力吸收能量，效率可以高达 80%，工作特性比较稳定。撞击后靠氮气产生复原动力，使保险杠复位。这种保险杠由于造价较高，通常使用在高档的轿车上。

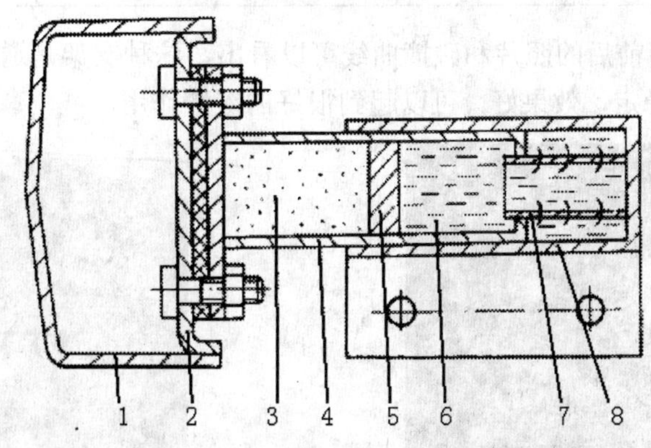

1—横杠 2—横杠加强梁 3—氮气 4—活塞杆 5—浮动活塞 6—液压油 7—节流孔 8—缸体

图 1　液压吸能式保险杠

3.3 带气腔式保险杠（Gas tube Bumper System）

这种类型的保险杠与第一类保险杠的区别如图 2 所示。气腔通常作为内衬安装在外盖板和横杠之间。当碰撞发生时，气腔被压缩，进而影响其外面包裹部件的变形方式，从而改善吸能效果。相关文献曾指出，合理的设计气腔个数和气压并保证包裹气腔部件的强度，这种保险杠与第一类保险杠相比能使 15km/h、40%偏置碰撞的减速度减小 20%～50%。

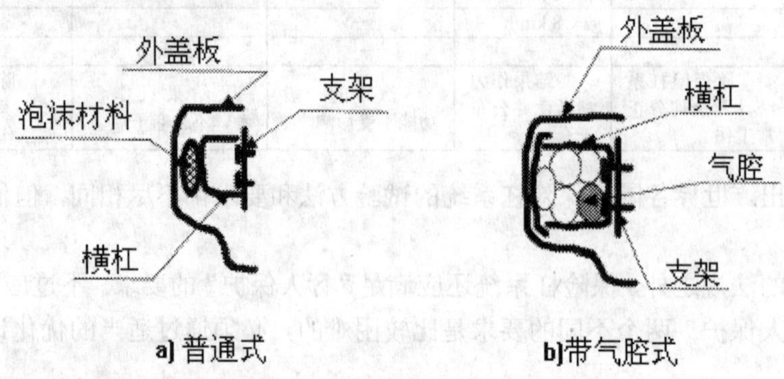

图 2 带气腔式保险杠和普通保险杠的结构对比

3.4 安全气袋式保险杠（Airbag Bumper System）

这是一种专门为了保护行人而设计的保险杠。简单的说，就是把安全气囊装入保险杠内。在行人触及保险杠的瞬间，保险杠内藏推板迅速落下，阻止行人被撞倒在车底下，与此同时，保险杠前方和两侧的气囊迅速充气，将被撞行人托起。这种保险杠可以有效的保证被撞行人的安全，但尚处于研究和试验阶段。

4 对 AUDI 保险杠前、后支架碰撞性能的试验研究

由于我国在汽车被动安全领域的研究起步较晚，因此对汽车保险杠的研究也较少，特别是对适用于汽车保险杠的缓冲材料和缓冲结构的研究非常有限。清华大学汽车碰撞试验室受长春英利汽车部件有限公司的委托，对 AUDI 保险杠前、后支架进行了碰撞试验。通过试验可以发现，对保险杠支架的结构进行合理设计，可以有效的提高汽车保险杠的耐撞性，从而提高汽车低速碰撞性能。

4.1 对 AUDI 保险杠前支架的碰撞试验

试验条件和试验结果如表 2 所示。

表 2 AUDI 保险杠前支架的碰撞试验数据表

参数	试验条件			试验结果		
	碰撞速度	碰撞质量	碰撞脉宽	变形量	碰撞力最大值	碰撞力平均值
数值	15.1km/h	605kg	67ms	130mm	64.0kN	40.9kN

由图 3～图 5 支架碰撞前后的照片和碰撞曲线可以看出，这种支架是通过圆管和锥形套筒的挤压变形来吸收能量的。碰撞波形稳定，效果好，可以起到很好的缓冲作用。

图 3 保险杠前支架试验前照

图 4 保险杠前支架试验后照片

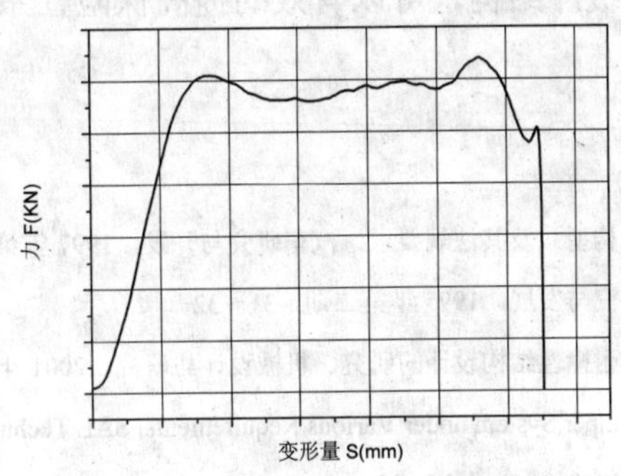

图 5　保险杠前支架碰撞曲线

4.2　对 AUDI 保险杠后支架的碰撞试验

试验条件和试验结果如表 3 所示：

表 3　AUDI 保险杠后支架的碰撞试验数据表

参数	试验条件		试验结果			
	碰撞速度	碰撞质量	碰撞脉宽	变形量	碰撞力最大值	碰撞力平均值
数值	12.1km/h	605kg	51ms	90mm	60.0kN	38.0kN

由图 6～图 8 支架碰撞前后的照片和碰撞曲线可以看出，这种支架是通过常见的金属褶皱来吸收能量的。碰撞波形稳定，效果好，同样可以起到很好的缓冲作用。

图 6　保险杠后支架试验前照片

图 7　保险杠后支架试验后照片

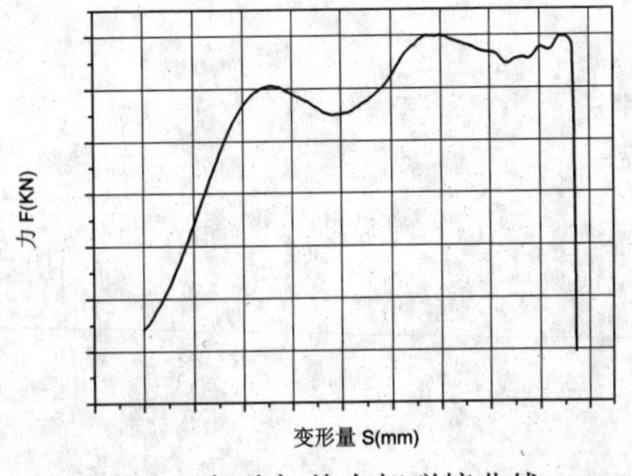

图 8 保险杠前支架碰撞曲线

5　小结

汽车保险杠系统的耐撞性在汽车低速碰撞时起着至关重要的作用。国内外对汽车保险杠的研究越来越多，许多法规和试验规范的颁布也对汽车保险杠系统提出了更高的要求。国内外的许多研究表明，通过合理的选用缓冲材料、合理的设计缓冲结构，可以有效的提高保险杠系统的耐撞性，从而改善汽车的低速碰撞性能。

参考文献

1 上官文斌，屈求真．轿车保险杠系统的结构型式及其法规要求．汽车研究与开发，1997 年第一期，37～39

2 陈家起．汽车保险杠的发展趋势，汽车研究与发展，1995 年第二期，31～32

3 顾力强，赵亦希，林忠钦等．轿车保险杠耐撞性结构设计的研究．机械设计与研究，2001 年 9 月，第 17 卷第 3 期，36～28

4 Ho Kim, Seok Gil Hong. Optimization of Bumper System under Various Requirements. SAE Technical Paper Series, 2001-01-0354

5 Park In Song, Jo Hui Chang. A Study on the Performance of the New Bumper System with Gas Tube. SAE Technical Paper Series, 2002-01-2116

汽车碰撞图像几何畸变校正

梁 锐 黄世霖 张金换
清华大学汽车安全与节能国家重点实验室

[摘要] 为进一步提高测量分析精度以及适应汽车碰撞研究深入，有必要对图像作非线性几何畸变校正。本文通过对镜头畸变模型的讨论，并结合当前实验室条件，由校正前后图像坐标的非线性关系得到一种简单而有效的多项式曲线拟合校正方法。实验结果表明二次和三次多项式用少数控制点对即可得到满意的校正效果。

关键词：镜头畸变 几何畸变校正 多项式拟合

Correcting Geometrical Distortion of Vehicle-Crash Image

Liang Rui, Huang Shilin, Zhang Jinhuan
State Key Laboratory of Automotive Safety and Energy, Tsinghua University

[Abstract] In order to improve the accuracy of measurement and adapt to the development of passive safety research, it's necessary to correct the non-linear geometrical distortion of image. In this paper, a practical method named polynomial fit method is presented under the existing condition, which is based on the discussion on camera lens distortion. And the satisfying experimental result shows the simplicity and efficiency of this method.

Key words: camera lens distortion geometric distortion correction polynomial fit

1 前言

由于光学镜头本身以及摄像机成像平面与景物平面存在倾角和转角，使光学镜头摄像机经由计算机处理得到的汽车碰撞图像中的象素之间的空间关系发生变化，即所获取的图像存在非线性几何畸变。目前主要关心的图像区域靠近光轴中心，其畸变产生的误差在容许的误差范围内。但随着汽车碰撞的研究深入，要求从图像中读取到更多的有用的信息，而畸变程度会随着视场的扩大而增大，直接影响成像的几何位置精度。例如，研究碰撞过程车尾上翘时，要求图像包含整个车体的运动范围，考虑到侧撞时摄像条件的局限性，摄像机和画面主体存在运动着的角度变化。因此，为了提高测量的精度，在对图像进行处理和定量分析之前，应首先消除几何畸变的影响。

本论文基于图像畸变模型及现有校正方法，结合实验室现有条件，找到一种较实用的校正方法——多项式拟合法。在对图像作畸变校正时无需对图像本身作灰度变换，只采用速度快而又足够精确的几何变换方法校正畸变图像中象素位置以得到原先空间位置关系，实验证明该方法是有效的。

2 畸变模型及校正方法探讨

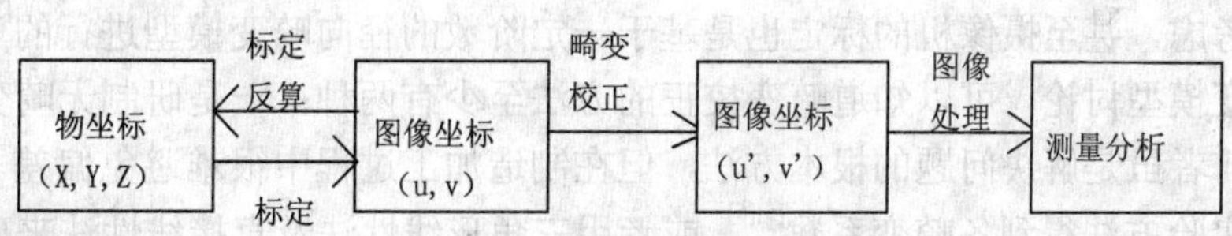

图 1 图像处理过程示意图

从空间坐标到图像测量的一种简单而方便的过程为：通过空间物坐标(X,Y,Z)得到图像坐标(u,v)，必要时对其作畸变校正，得到校正后的图像坐标(u',v')，再作定量的测量分析。

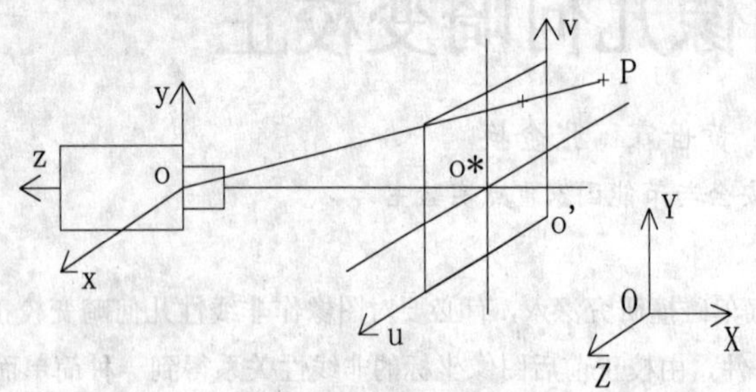

图 2 摄像机成像模型图

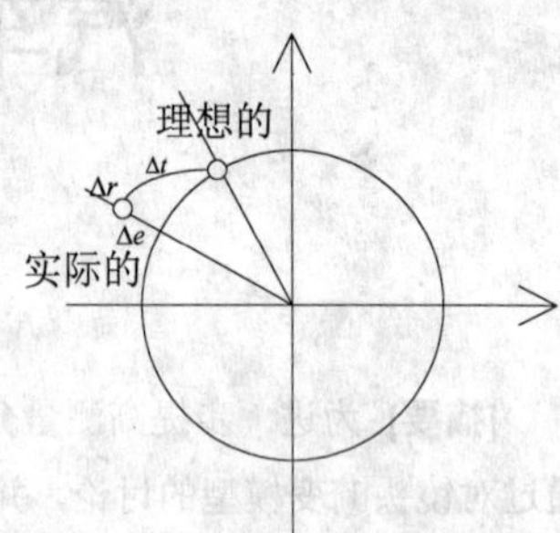

图 3 镜头畸变模型

摄像机系统的成像模型如图 2 所示，$O-XYZ$为物空间坐标系，$o-xyz$为摄像机坐标系，$o'-uv$为图像平面坐标系。可以通过相机标定[1]的方法确定空间坐标(X,Y,Z)和图像坐标(u,v)的关系，但此标定方法未考虑镜头的畸变因素，本文所探讨的畸变校正则是为了消除镜头畸变因素产生的误差。

通常，镜头畸变主要包括径向畸变、切向畸变和离心畸变，如图 3 所示。因此投影得到的实际图像坐标(u,v)并非理想针孔模型投影得到的图像坐标(u',v')，两者的关系式为：

$$\begin{cases} u' = u + \Delta u \\ v' = v + \Delta v \end{cases} \tag{1}$$

其中，

$$\begin{cases} \Delta u = \Delta u_r + \Delta u_t + \Delta u_e \\ \Delta v = \Delta v_r + \Delta v_t + \Delta v_e \end{cases} \tag{2}$$

径向畸变Δu_r，Δv_r通常是由于镜头中各组透镜的表面曲率存在误差引起的，其数学模型为[2]：

$$\begin{cases} \Delta u_r = u\,(k_1\rho^2 + k_2\rho^4 \cdots\cdots) \\ \Delta v_r = v\,(k_1\rho^2 + k_2\rho^4 \cdots\cdots) \end{cases} \tag{3}$$

其中$\rho^2 = u^2 + v^2, k_1, k_2 \cdots$为径向畸变系数。切向畸变$\Delta u_t, \Delta v_t$是由于镜头中各组透镜的光学中心不共线引起的，其数学模型为：

$$\begin{cases} \Delta u_t = l_1(\rho^2 + 2u^2) + 2l_2 u\,v \\ \Delta v_t = l_2(\rho^2 + 2v^2) + 2l_1 u\,v \end{cases} \tag{4}$$

其中，l_1，l_2为切向畸变系数。离心畸变的数学模型为：

$$\begin{cases} \Delta u_e = r\,v \\ \Delta v_e = r\,u \end{cases} \tag{5}$$

上述各项代入式（2）即可得到总误差。在工程实际应用中，往往只考虑径向畸变，而切向畸变和离心畸变可以不予以考虑，甚至摄像机的标定也是基于一定阶数的径向畸变模型进行的[3][4]。

基于对上述畸变模型讨论，可以知道畸变校正的方法至少有两种：一是研制无畸变的镜头，或者用数学方法予以修正。前者虽是解决问题的根本方法，但在制造加工过程中很难避免偏差。而后者，大部分都是基于畸变模型用实验方法得到各畸变系数[5][6]，或者用三角形线性法及直接线性法来确定物方坐标和像面坐标之间的关系[7]。

从上述的畸变模型，不难发现校正前后坐标(u,v)，(u',v')存在着非线性关系，另外结合实验室现有图像处理软件 SIMA 的功能，可由整体观点分析得到一种较简单而又实用的方法来解决镜头畸变误差问题，即非线性多项式曲线拟合方法。其数学关系式为：

$$\begin{cases} u' = \sum_{i=0}^{n} \sum_{j=0}^{n-i} a_{ij} u^i v^j \\ v' = \sum_{i=0}^{n} \sum_{j=0}^{n-i} b_{ij} u^i v^j \end{cases} \tag{6}$$

其中，n 为多项式的次数，a_{ij}、b_{ij} 为待定系数，其大小可由已知的控制点对，采用最小二乘准则曲线拟合方法求出。准则要求拟合误差平方和为最小，即

$$\begin{cases} \varepsilon = \sum_{k=1}^{m} (u'_k - \sum_{i=0}^{n} \sum_{j=0}^{n-i} a_{ij} u_k^i v_k^j)^2 = MIN \\ \varpi = \sum_{k=1}^{m} (v'_k - \sum_{i=0}^{n} \sum_{j=0}^{n-i} b_{ij} u_k^i v_k^j)^2 = Min \end{cases} \tag{7}$$

其中 m 为控制点对的个数。数学上可对式（7）作一阶偏导，得到$(n+1)(n+2)/2$个线性方程，每个方程包含$(n+1)(n+2)/2$个未知系数，且可用多种方法求解。

当多项式次数$n=2$时，则二元二次多项式为

$$\begin{cases} u' = a_{00} + a_{01}v + a_{02}v^2 + a_{10}u + a_{11}uv + a_{20}u^2 \\ v' = b_{00} + b_{01}v + b_{02}v^2 + b_{10}u + b_{11}uv + b_{20}u^2 \end{cases} \tag{8}$$

因为目前只需对图像标志点坐标作变换，故上述讨论不涉及双线性灰度插值[8]。

3 实验及结果

通过对畸变校正的分析[9]可知，对普通关心区域的图像畸变而言，其产生的测量误差在可接受的误差范围内，但在侧撞等试验时校正则显得十分必要。下面是用多项式曲线拟合方法对图像作校正的实验，以验证该方法的有效性和实用性。

利用两块 2m×2m 的测试板组合成 4m×2m 的大板，并以每 400mm×400mm 的小正方形添加标志点。在实验开始前，利用已对光调整好的摄像机摄取测试板图像，再进行碰撞试验。通过选取一定数量的控制点对确定校正函数，并将此函数应用于相同条件下摄取并经处理的碰撞序列图像。在利用 SIMA 软件时，通过自动跟踪和手工微调标志点，得到含有标志点坐标信息的 BZ 格式文件，并对该文件进行读写。该方法用计算功能强、程序扩展性能好、且与 VC 等诸多计算机语言接口性好的 MATLAB6.1 实现要求输入基准点即光轴中心位置对应图像位置信息，这可由摄像机与测试板间的相互位置关系确定。图像象素和空间坐标的换算关系可由相机标定确定，或者由带已编号标志点的测试板图像中近基准点范围标定确定。其程序流程图如图 4 所示。

上述程序通过改变多项式次数和控制点对个数比较各校正结果功能。其中控制点对分为以下几类：测试图像中心点，测试图像 4 个顶点及 4 条边中点，靠近中心 4 个点，其它以中心点辐射的每 4 个点。这种方法可很好地控制测试图像的校正效果。

以下是某次实验不同多项式次数和控制点对个数的部分校正结果见表 1。

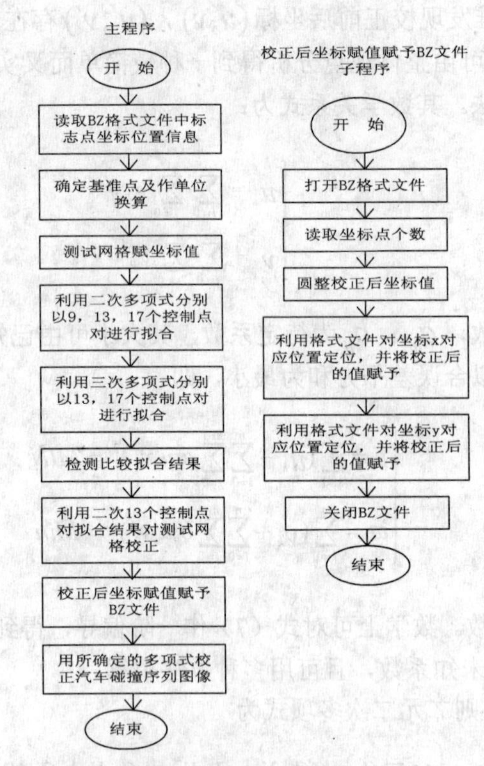

图 4　畸变校正程序流程图

表 1　多项式校正结果比较

序号	(u'，v')参考坐标值	二次 13 个控制点对	二次 17 个控制点对	三次 13 个控制点对	三次 17 个控制点对
1	(164.00，134.00)	(164.00，132.93)	(164.03，133.16)	(164.00，132.94)	(164.03，133.65)
2	(596.00，134.00)	(595.02，133.93)	(595.15，133.93)	(595.02，133.94)	(595.15，133.73)
3	(596.00，332.00)	(595.02，332.93)	(595.05，332.78)	(595.02，332.92)	(595.05，332.28)
4	(245.00，398.00)	(245.49，399.04)	(245.68，399.04)	(245.49，398.96)	(245.68，399.73)
5	(380.00，266.00)	(379.02，265.83)	(379.19，265.94)	(379.02，265.81)	(379.19，265.86)

其中，二次 13 个控制点对校正结果如图 5 示。从表 1 及图 5 可以得出以下几点：

(1) 从校正效果看，二次和三次多项式均能较好地满足要求。

(2) 结果还表明，当控制点对个数增加时，多数标志点的校正效果改善并不明显，有时反而对个别点不利，尤其是三次多项式时。从模型本身看，二次多项式方法更具有稳定性。

(3) 图 5 还可明显看出，对左半部分，即目前关心的重点区域，畸变情况可以忽略。但通过校正则可进一步提高测量的精度。

(4) 另外从上述实验分析可以看出，在摄像前调整相机很重要，尽可能避免镜头的俯仰和转动，并选取合适的视场，这对未经标定的摄像机位尤其有利。

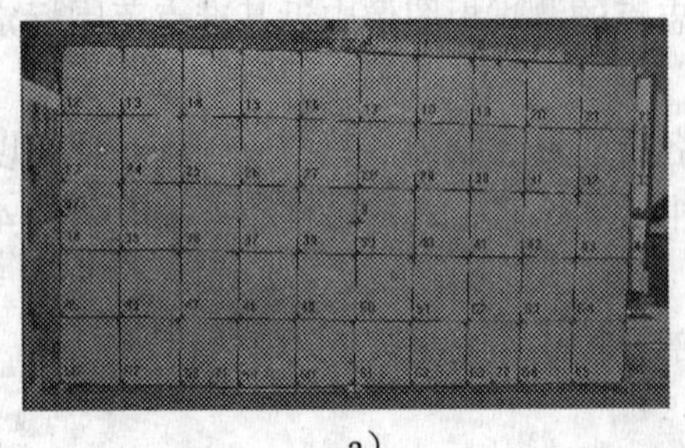

a）

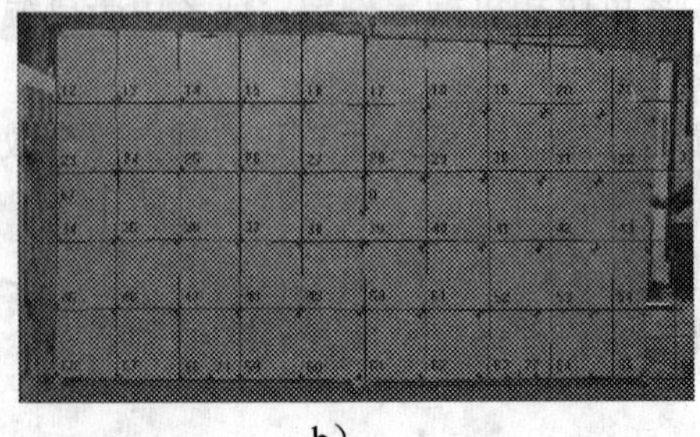

b）

图 5　测试板校正前 a 后 b 的对比

4 总结

本文通过对镜头畸变模型的讨论，分析了几何畸变校正前后坐标之间的非线性关系，结合实验室当前图像处理软件，提出一种易于编程实现的校正方法。实验结果证明，该方法有相当的实用性和有效性，已经编程实现的模块将融合于现有 SIMA 软件，为将来图像处理分析处理技术的深入做了一定的基础工作。通过该方法校正后的图像便于更精确的定量的测量分析。

参考文献

1 罗飞路,傅恩锡. CCD 摄像机内外部参数快速准确的标定方法. 湖南：湖南大学学报， Vol.24.No.Apr.1997

2 马颂德,张正友. 计算机视觉——计算理论与算法基础[M]. 北京：科学出版社, 1998

3 刘巽亮，光学视觉传感.北京：中国科学技术出版社，1998.320~343

4 李仁举,钟约先,由志福等. 三维测量系统中摄像机定标技术。北京：清华大学学报,2002, Vol.42,No.4

5 王虎,苗兴华,惠彬. 短焦距大视场光学系统的畸变校正. 北京：光子学报,Vol.30 No.11 November 2001

6 曾峦. 短焦距摄像机镜头的畸变校正方法. 北京：装备指挥技术学院学报,Vol.13 No.2, April 2002

7 戴冠平. 汽车碰撞试验运动图像分析中的标志点自动识别和跟踪技术. 北京：清华大学硕士学位论文, 1998.8~48

8 廖士中,高培焕,苏艺等. 一种光学镜头摄像机图像几何畸变的修正方法. 北京：中国图象图形学报, Vol.5(A), No.7.2000

9 梁锐. 汽车碰撞图像预处理及应用. 北京：清华大学综合论文训练,2002

映射网格自动展平方法探讨

白远利 张金换 黄世霖
清华大学汽车安全与节能国家重点实验室

[摘要] 本文提出了初始矩阵法气袋自动建模的思路，设计了映射网格自动展平的算法，并且编程实现了这个算法，最后用一个算例对展平算法进行了验证。

关键词：气袋 初始矩阵法 自动展平

Studies on Mapped Mesh Auto-flatten Method

Bai Yuanli, Zhang Jinhuan, Huang Shilin
State Key Laboratory of Automotive Safety and Energy, Tsinghua University

[Abstract] In this paper an idea, which can realize airbag automatic modeling with initial metric method (IMM), was stated. And a mapped mesh auto-flatten algorithm was designed for this idea. The algorithm was converted to computer codes and verified by a numerical example.

Key words: airbag IMM auto-flatten

1 介绍

有限元模拟计算技术在安全气袋研究上已经得到了广泛的应用。气袋的计算模型和计算方法也在不断地发展，比如利用无网格技术建立气袋模型和开发新形式的气袋就是目前研究的热点。但是对于气袋模型本身，如何高效率地建立一个高质量的折叠气袋网格模型，仍是目前世界上气袋建模重要的研究内容之一。

安全气袋因其安装位置和用途不同而具有各种各样的形状，因为对其展开过程的严格要求而开发出不同的折叠方式。对于外形和折叠方式都很复杂的乘员侧气袋，直接折叠建模一般是十分困难的，所以初始矩阵法（initial metric method，简称 IMM）就非常有效[1]。

虽然初始矩阵法很大地提高了建模的效率，但是其中的一些步骤还是比较烦琐的，而且具体建模时很容易出错。而当今国外的气袋研发单位，在给气袋作优化计算的时候往往要建立很多的气袋模型，在这种大量建模的要求下，如何高效率地建立一个高质量的折叠气袋网格模型就显得更加地重要。在 PAM-CRASH 2001 版本中就增加了气袋自动折叠的模块，在 ETA（Engineering Technology Associates）公司的 Virtual Proving Ground（简称 VPG）2.0 版软件中也增加了气袋自动折叠工具。这些工具为气袋的建模提供了方便，但是他们都还不完善，比如他们都主要用于司机侧气袋的折叠，更不能用于初始矩阵法的建模。本文所要探讨的正是初始矩阵法自动建模的方法。

2 初始矩阵法自动建模的思路

初始矩阵法的建模过程大概可以分为以下几个主要步骤：①根据气袋外形特征选择一种近似方式，这种近似方式要求尽量接近气袋的形状，并且能够无褶皱地展平。现在常用的长方体、三棱柱、梯形柱和六棱柱等。②建立这种近似的气袋网格模型（称为映射网格模型），并且在上面预先计算好了展平和折叠过程中出现的所有折叠线。③将映射网格模型展平，并按照真实气袋的折叠方式折叠起来，得到折叠的映射网格模型。④对气袋真实外形的 CAD 模型划分网格，得到参考网格，这时必须确保参考网格的折叠线位置、每个节点与单元的编号和展平前的映射网格一一对应。⑤最后将第③和第④两步骤得到的网格模型合成起来，得到用初始矩阵法建立的气袋模型。

在这六个步骤中，步骤①、②和⑤主要是靠建模人员的经验来完成，步骤③和④是最为烦琐和耗时的，但是他们的规律性比较强，可以设计具体的算法，让计算机来完成。对于步骤④已经有了解决办法，那是一种从未展平映射网格得到参考网格的映射算法，具体的算法可以参考文献[2]。对于步骤③的展平这部分也可以设计自动展平的算法，对于步骤③的折叠部分已经与司机侧气袋的折叠是相似的，目前在 MADYMO 软件中已经具有了这个功能。如果把这些功能集成起来，那就形成初始矩阵法自动建模的整个思路，具体如下图 1 所示。

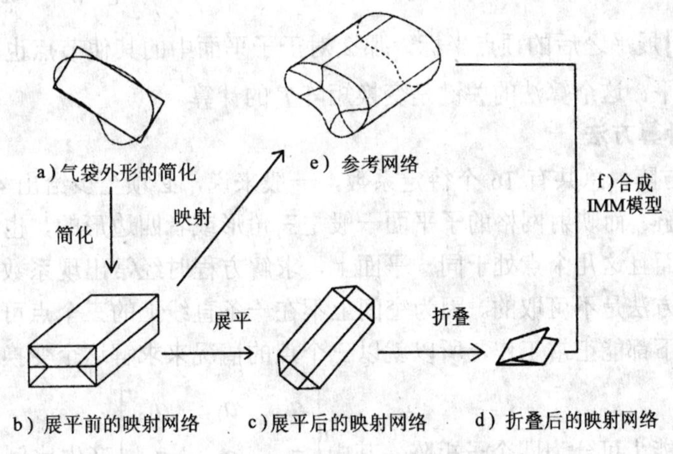

图 1　初始矩阵法自动建模原理图

3　映射网格自动展平算法

3.1　展平算法

映射网格的展平这一步，一般是在有限元建模软件(比如 HyperMesh) 中完成，主要是利用其中的平移和旋转的基本操作功能。以一个长方体的展平为例，首先要把这个长方体的表面分成 18 个子平面，然后每个子平面逐一旋转和平移。这个过程是十分烦琐的，而且要求操作的过程中不能改变每个节点和单元的编号，所以对子平面间的公共边就要求特别处理，这样的操作往往需要高超的建模技巧才能完成。因为展平方式和映射网格形状的多样化，如果想让计算机像人工展平一样操作，那么这个算法无疑也是十分烦琐的，因此就必须另辟蹊径。

在这些操作中有个重要的特点，就是子平面网格的形状和拓扑关系没有变化。因此，如果能首先找到这些子平面顶点的变换关系，那么子平面上面的其他节点和单元也将可以用同样的规律进行变换。子平面顶点的对应关系是比较简单的，比如长方体的十八个子平面总共有 16 个顶点，这些顶点只要进行平移操作就可以得到展平之后的坐标，如图 2 所示。

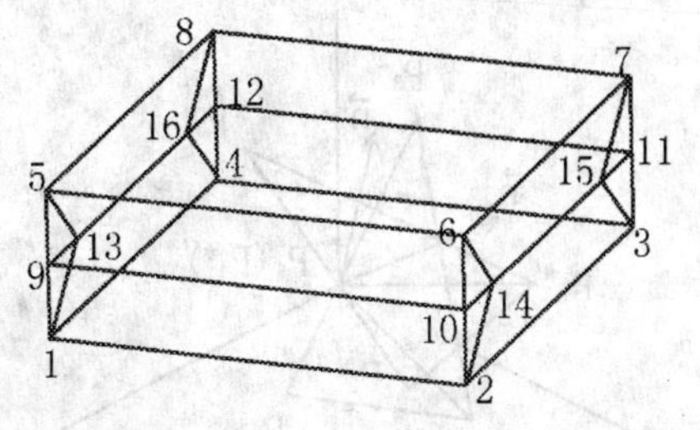

长方体展平之后：
(1)顶点 1,2,3,4 对应到 9,10,11,12；
(2)顶点 5,6,7,8 也对应到 9,10,11,12；
(3)顶点 9 对应到 13；10 对应到 14；11 对应到 15；12 对应到 16；
(4)顶点 13,16 向左平移；顶点 14,15 向右平移。

图 2　长方体展平前后顶点位置对应关系

因为可以展平的三维几何体种类是有限的，所以这部分的的关系可以预先在程序中设计好。

空间中任何一点可以用齐次坐标$[x\ ,y\ ,z\ ,1]$来表示，那么对这个节点的任何操作都可以用几何变换矩阵T来表示，T是个 4×4 的方阵。假设对于一个子平面的各个顶点$[x_0,y_0,z_0,1]$，已经找到对应的变化关系：

$$[x_0^*,y_0^*,z_0^*,1]=[x_0,y_0,z_0,1]\cdot T\ =[x_0,y_0,z_0,1]\cdot\begin{bmatrix}a_{11} & a_{12} & a_{12} & a_{14}\\ a_{21} & a_{22} & a_{23} & a_{24}\\ a_{31} & a_{32} & a_{33} & a_{34}\\ a_{41} & a_{42} & a_{43} & a_{44}\end{bmatrix}$$

其中$[x_0^*,y_0^*,z_0^*,1]$展平之后的顶点坐标，那么对于子平面中的其他节点也可以上面的公式进行变换，这样就能实现自动展平，这个算法的关键是变换矩阵T的计算。

3.2 变换矩阵T的计算方法

T是个 4×4 的方阵，总共有 16 个待定系数，一般来说，必须至少给出 4 个点的坐标才可以组成 16 个线性方程来联合求解。而映射网格的子平面一般是三角形或者四边形的，也就是有时可能只知道三个顶点展平前后的坐标，而且这几个点处于同一平面上，求解方程时经常出现系数矩阵行列式为零的情况。所以直接求解方程组的方法是不可取的。因为空间上不在一条直线上的三个点可以确定一个平面，同时为了保证程序在各种情况下都能正常工作，所以就以三个点的情况来求解这个变换矩阵T。

T矩阵从变换功能上可分为四个子矩阵，其中$\begin{bmatrix}a_{11} & a_{12} & a_{13}\\ a_{21} & a_{22} & a_{23}\\ a_{31} & a_{32} & a_{33}\end{bmatrix}$产生比例、旋转、错切等几何变换；

$[a_{41}\quad a_{42}\quad a_{43}]$产生平移变换；$\begin{bmatrix}a_{14}\\ a_{24}\\ a_{34}\end{bmatrix}$产生投影变换；$[a_{44}]$产生整体比例变换[3]。因为展平的过程不需要投影变换和整体比例变换，所以$a_{14}=a_{24}=a_{34}=0$，$a_{44}=1$。平移变换和旋转变换是独立的，也就是可以分开求解。

假设子平面三个顶点齐次坐标为：展平之前$P_1(x_1,y_1,z_1,1)$，$P_2(x_2,y_2,z_2,1)$，$P_3(x_3,y_3,z_3,1)$；展平之后$P_1^*(x_1^*,y_1^*,z_1^*,1)$，$P_2^*(x_2^*,y_2^*,z_2^*,1)$，$P_3^*(x_3^*,y_3^*,z_3^*,1)$。由于展平前后的子平面的形状保持不变，三角形$\Delta P_1P_2P_3$到三角形$\Delta P_1^*P_2^*P_3^*$的变换可以由两次平移和两次旋转来完成。如图 3 所示。

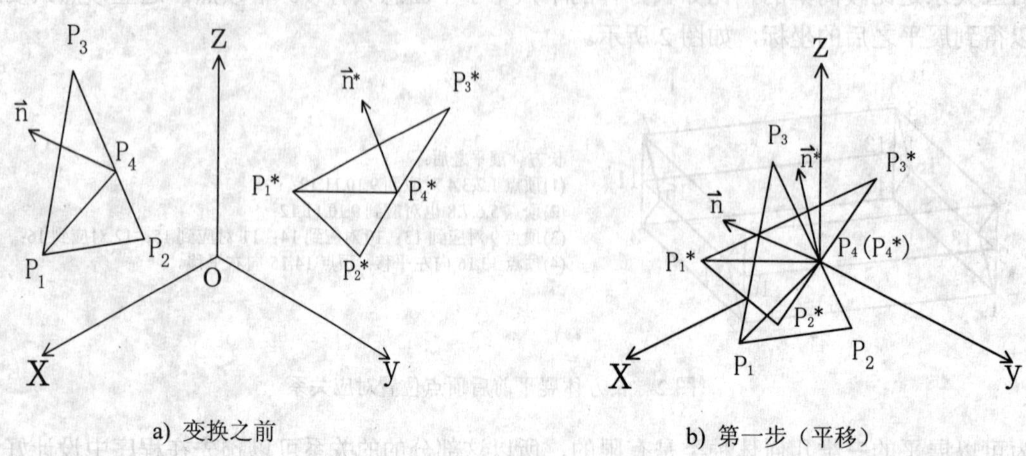

a) 变换之前　　　　b) 第一步（平移）

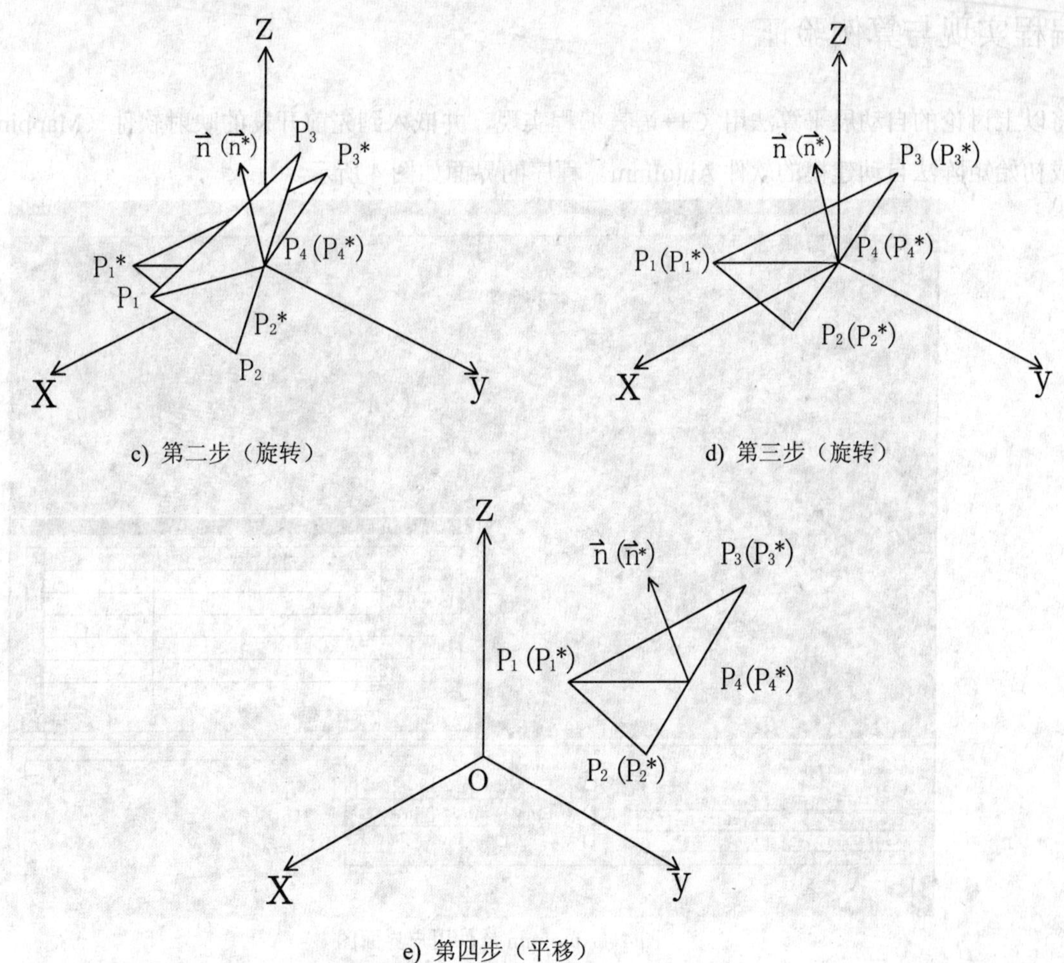

c) 第二步（旋转）　　d) 第三步（旋转）

e) 第四步（平移）

图 3　变换矩阵求解步骤

第一步，将三角形 $\Delta P_1P_2P_3$ 和 $\Delta P_1^*P_2^*P_3^*$ 的坐标平移到同一坐标原点，这个点在三角形内部，并且是以后旋转的原点。不妨选取三角形某一个角的角平分线与第三条边的交点，假设为 $P_4(x_4,y_4,z_4,1)$ 和 $P_4^*(x_4^*,y_4^*,z_4^*,1)$。这样可以求出三角形 $\Delta P_1P_2P_3$ 平移操作的变换矩阵 M_1，$\Delta P_1^*P_2^*P_3^*$ 平移变换矩阵 M_2。

第二步，将平移后的三角形 $\Delta P_1P_2P_3$ 旋转到三角形 $\Delta P_1^*P_2^*P_3^*$ 所在的平面上。假设三角形 $\Delta P_1P_2P_3$ 法线方向为 $\vec{n}$，$\Delta P_1^*P_2^*P_3^*$ 法线方向为 $\vec{n}^*$，那么这个旋转轴向量为两个平面法向量的叉积，即 $\vec{\alpha}=\vec{n}\times\vec{n}^*$，旋转的角度为两个法向量的夹角。这样可以求出旋转的变换矩阵 R_1。

第三步，旋转之后两个三角形已经在同一个平面上了，这时只要绕这个平面的法线旋转适当的角度，两个三角形就可以重合了。旋转轴的向量为 $\vec{\beta}=\overrightarrow{P_4P_1}\times\overrightarrow{P_4^*P_1^*}$，旋转的角度也就是这两个向量的夹角。同样可以求出旋转的变换矩阵 R_2。

第四步，最后将两次旋转之后的三角形 $\Delta P_1P_2P_3$ 平移到展平之后 $\Delta P_1^*P_2^*P_3^*$ 的位置，可以求出这个平移变换的矩阵为 M_3。

这四步综合起来得到总的变换矩阵 $T=M_1\cdot R_1\cdot R_2\cdot M_3$。

3.3　其他相关的算法

最后要使展平算法能工作起来还需要其他一些辅助的功能模块，这些的算法也必须仔细设计，比如平面绕任意轴的旋转公式[3]、子平面的边界搜索算法[4]和在子平面边界中搜索顶点的算法等。

4 编程实现与算例验证

将以上讨论的自动展平算法用 C++语言编程实现，并嵌入到先前开发的映射软件（Mapping）中，最后形成初始矩阵法自动建模的软件 AutoImm。程序的界面如图 4 所示。

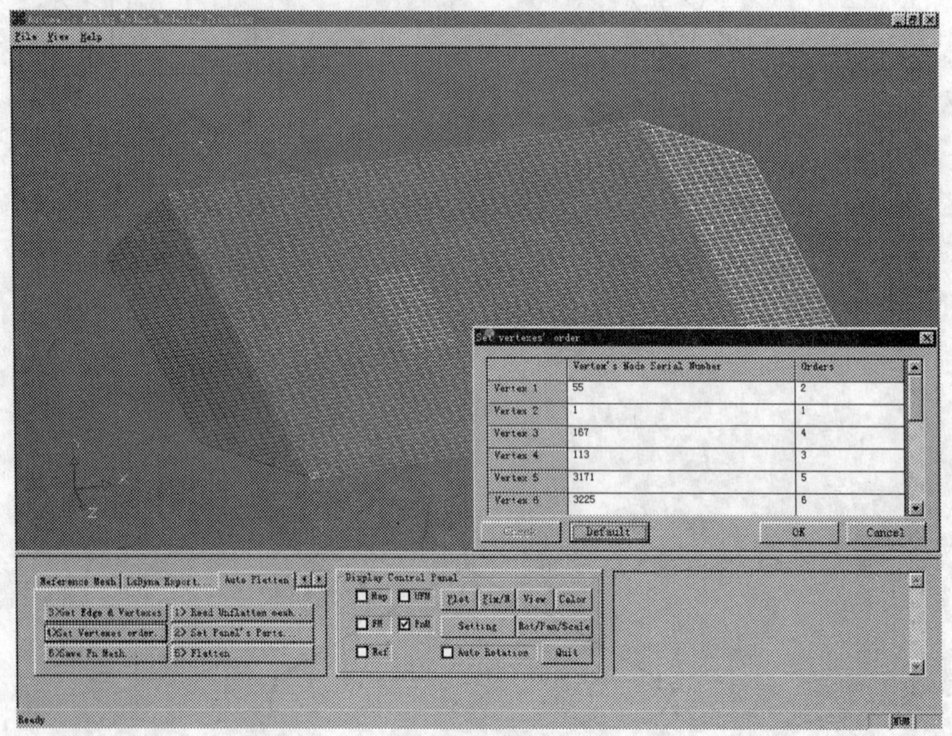

图 4 AutoImm 软件用户界面图

以一个乘员侧气袋作为例子来进行测试，这个乘员侧气袋简化为一个长方体，并使用初始矩阵法来建模。所建立映射网格展平之前如图 5 所示，导入 AutoImm，依次设定 18 个子平面所包含的部件号和 16 个子平面顶点的次序之后，软件实现了将映射网格自动展平，展平之后的映射网格如图 6 所示。这也就验证了以上设计的映射网格自动展平算法是正确的。整个展平过程用时不到一分钟，和以前手工操作相比，大大提高了建模的效率。

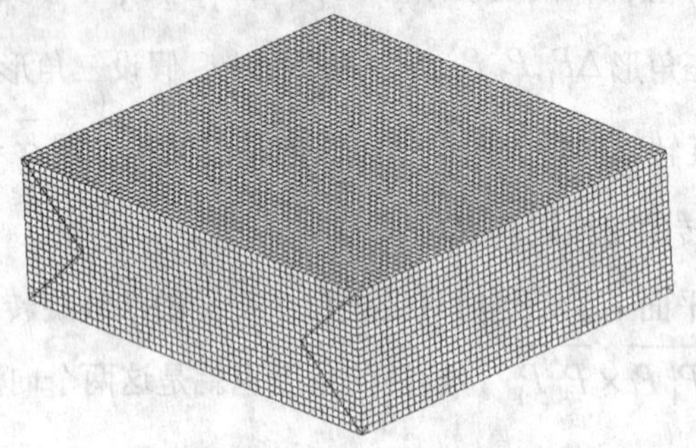
图 5 展平之前的映射网格

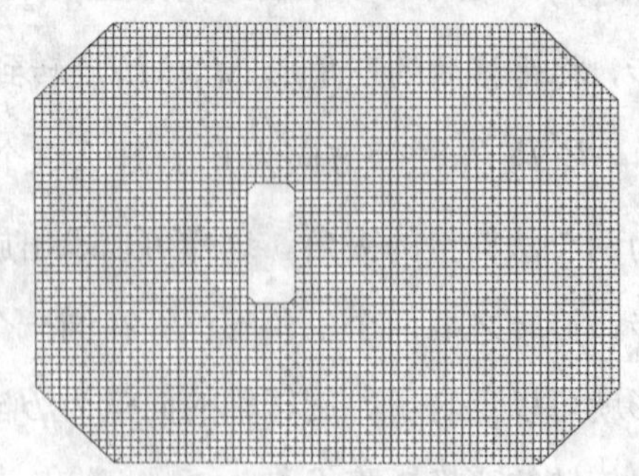
图 6 展平之后的映射网格

5 总结

本文提出了初始矩阵法气袋自动建模的思路，设计了映射网格自动展平的算法，并且编程实现了这个算法，最后用一个算例对展平算法进行了验证。在软件 AutoImm 中目前还有不足之处，就是展平之后映射网格的自动折叠功能还没有实现，不过这部分的工作可以用 MADYMO 等其它软件来完成。

参考文献

1 王晓冬. 安全气袋模拟计算方法及抗干扰实验研究（博士学位论文）. 北京：清华大学, 2000

2 白远利，张金换，黄世霖. 一种映射算法在 IMM 法气袋建模中的应用，北京：清华大学学报（自然科学版），2002

3 孙家广，杨长贵编著. 计算机图形学. 北京：清华大学出版社，1996

4 白远利. 用初始矩阵法建立乘员侧气袋模型及其映射软件的编制（本科毕业设计论文），北京：清华大学汽车工程系，2000 年 6 月

5 数学手册. 北京：高等教育出版社，1979

6 Ls-Dyna950 User's manual

网络集群环境中汽车碰撞的并行计算

孔凡忠 张金换 王大志 黄世霖

清华大学汽车安全与节能国家重点实验室

[摘要] 汽车碰撞是一种包含几何非线性、材料非线性和边界非线性的大规模冲击接触问题。这类复杂问题的数值模拟极为耗时，在没有超级计算机的条件下，很难获得满意的计算精度和计算效率。在普通实验室条件下，本文采用 Linux 系统和 MPI 并行平台，通过百兆以太网组建了使用灵活、可扩展性强、低成本高性能的网络集群并行计算系统，满足了汽车碰撞数值模拟对存储规模和计算速度的迫切要求。某轻型客车的数值算例表明，该系统具有很高的并行计算效率，对汽车结构耐撞性研究提供了非常先进的计算环境。

关键词：网络集群系统 并行计算 汽车结构耐撞性 大规模冲击接触 有限元法

Numerical Simulation of Automotive Collision using Clustered Parallel Computers

Kong Fanzhong, Zhang Jinhuan, Wang Dazhi, Huang Shilin

State Key Lab of Automotive Safety and Energy, Tsinghua University

[Abstract] With large deformation, the behavior of impact-contact computation presents geometric non-linearity, material non-linearity and boundary condition non-linearity such as automotive collision. Because of its complexity, numerical simulation of automotive collision is very time-consuming. So it is very difficult to obtain satisfactory computational accuracy and efficiency without supper-computers. In order to fulfill the needs for computational speed and capacities, which is incurred in automotive collision computing, a low-cost and high-performance clustered parallel computers platform has been set up based on the Redhat-Linux system and MPI parallel platform through the 100M Ethernet. Numerical example for a minibus indicates that the clustered parallel computers platform has a very high computational parallel efficiency and supplies a very good computational condition for the research on automotive crashworthiness.

Key words: clustered parallel computers parallel computation automotive crashworthiness large-scale impact-contact the finite element method

1 引言

大规模冲击接触问题是一个涉及几何非线性、材料非线性和边界非线性的复杂问题[1~2]，它存在于许多工程领域，如汽车碰撞和金属成形等，对该问题的研究具有非常重要的工程意义。有限元法作为一种精确高效的数值分析方法，在大规模冲击接触问题的分析中得到越来越广泛的应用[3~4]。并行计算是提高计算能力、求解复杂问题的有效手段。利用并行计算，可以充分发挥有限元法的优势，解决在串行方式下因规模大、时间长而难以很好解决的大规模冲击接触问题。

汽车碰撞是一种非常典型的大规模冲击接触问题，汽车结构耐撞性的数值模拟，体现了目前大变形条件下冲击接触问题的研究水平。为了能够模拟汽车结构局部的变形与接触，一辆整车模型至少需要包含 6 ~ 10 万个单元，30 ~ 50 万个自由度[1,5]，参考汽车碰撞安全性法规，一般采用 48 ~ 50km/h 的速度与刚性墙正面碰撞作为标准计算方案，以评价汽车结构的耐撞性能[6-7]。对于大规模冲击接触问题的数值模拟，典型的分析程序有 PAM-CRASH，MSC.DYTRAN 和 DYNA3D 等三维非线性动态有限元分析软件。其中，

DYNA3D 已经发展成为汽车结构耐撞性分析的标准化软件[8]，对汽车设计和质量评估，具有非常重要的参考意义。

从已发表的文献来看，要计算一辆包含有 10 万个单元整车的动态响应，在微机上尚很难进行，大多是在 CRAY、IBM SP2 等超级计算机上进行计算[9]，一个碰撞方案一般需要计算数十小时。例如，当年计算一辆由20000个壳单元和140个梁单元所组成的Benz轿车在100ms内的响应情况，在CRAY Y-MP 4/216超级计算机上需要 15 个 CPU 小时[1]。

基于对上述情况的了解，首先对大规模冲击接触问题的求解过程进行了描述，从而阐明求解此类问题采用并行计算技术是非常必要的。然后，立足研究室现有的计算条件，提出并组建了 8CPU 网络集群并行计算系统，满足了大规模冲击接触问题对存储规模和计算速度的迫切要求。该并行计算系统在某轻型客车耐撞性的改进设计中发挥了重要作用，给出的数值算例表明该系统具有很高的并行计算效率。

2 汽车碰撞的显示积分求解格式

汽车碰撞是一种非常典型的大规模冲击接触问题。汽车结构耐撞性的分析模型除了要满足运动平衡方程、应变位移关系、应力应变关系及相应的初始条件和边界条件外，还要满足动态接触约束条件。把动态接触约束条件引入虚位移原理，可得到t时刻的平衡方程[10]

$$\int_V [\delta_t \mathrm{e}]^T\, {}^t\tau\, \mathrm{d}V = \int_V \left[\delta\, {}^t\mathrm{u}\right]^T \mathrm{b}\mathrm{d}V + \int_S \left[\delta\, {}^t\mathrm{u}\right]^T \mathrm{T}\mathrm{d}S - \int_V \left[\delta\, {}^t\mathrm{u}\right]^T \rho\, {}^t\ddot{\mathrm{u}}\mathrm{d}V + \int_{S_c} \delta\left(\left[{}^t\mathrm{u}_c\right]^T {}^t\mathrm{f}_c\right)\mathrm{d}S \quad (1)$$

式中，$\delta\, {}^t\mathrm{u}$是现时位移分量${}^t\mathrm{u}$的变分，即虚位移；$\delta_t \mathrm{e}$是无穷小应变的变分；τ是 Cauchy 应力；b 是体力；T 是车身表面作用的面力；ρ是材料密度；$\rho\, {}^t\ddot{\mathrm{u}}$是惯性力；$\mathrm{f}_c$是接触面上的接触力；$\mathrm{u}_c$是接触面上两个物体（或同一物体的两个部位）之间的贯入量；上标t和 0 分别代表时刻t和时刻 0；上标T表示向量的转置；V和S为体积和表面积；S_c为接触面的面积。

在方程（1）的右端，第四项代表与接触条件有关的泛函。如果接触力f_c和贯入量u_c是相互独立的变量，那么该泛函可以分解为两项，如下式所示[10]

$$\int_{S_c} \delta\left(\left[{}^t\mathrm{u}_c\right]^T {}^t\mathrm{f}_c\right)\mathrm{d}S = \int_{S_c} \left(\delta\left[{}^t\mathrm{u}_c\right]^T\right) {}^t\mathrm{f}_c \mathrm{d}S + \int_{S_c} \left[{}^t\mathrm{u}_c\right]^T \delta\, {}^t\mathrm{f}_c \mathrm{d}S \quad (2)$$

如果认为接触力f_c依赖于贯入量u_c（使用罚函数法计算接触力时的情况），则有[10]

$$\int_{S_c} \delta\left(\left[{}^t\mathrm{u}_c\right]^T {}^t\mathrm{f}_c\right)\mathrm{d}S = \int_{S_c} \left(\delta\left[{}^t\mathrm{u}_c\right]^T\right) {}^t\mathrm{f}_c \mathrm{d}S \quad (3)$$

选用合适的单元，对结构插值离散后，引入相应的应变位移关系和应力应变关系，由方程（1）可建立下列矩阵求解方程

$$\mathrm{M}\, {}^t\ddot{\mathrm{u}} = {}^t\mathrm{Q} - {}^t\mathrm{F} + {}^t\mathrm{F}_c \quad (4)$$

式中，M 是质量阵；${}^t\ddot{\mathrm{u}}$是加速度向量；${}^t\mathrm{Q}$是外载荷向量；${}^t\mathrm{F}$是内力向量；${}^t\mathrm{F}_c$是接触力向量。采用中心差分法[11]，可建立如下的时间递推公式：

$${}^{t+\Delta t}\mathrm{u} = \mathrm{M}^{-1}\left[\Delta t^2\left({}^t\mathrm{Q} - {}^t\mathrm{F} + {}^t\mathrm{F}_c\right) + 2\mathrm{M}\, {}^t\mathrm{u} - \mathrm{M}\, {}^{t-\Delta t}\mathrm{u}\right] \quad (5)$$

如果质量阵 M 是对角阵，那么，不需要求解方程组便可根据$t-\Delta t$和t时刻的位移计算出$t+\Delta t$时刻的位移${}^{t+\Delta t}\mathrm{u}$。在方程（5）的右端项中，时刻$t$的接触力${}^t\mathrm{F}_c$是唯一的未知量。

方程（5）所示的中心差分法是一种非常有效的显式算法，求解时无需形成刚度矩阵，基本上可以在单元一级进行求解，可以避免刚度矩阵的求逆，计算上的好处是显而易见的。另外，中心差分法是条件稳定算法，稳定性准则能自动限制时间步长的大小，从而保证了积分的精度。

为了能够计算出方程（5）中的接触力 ${}^{t}\mathbf{F}_c$，也就是方程（2）或式（3）中的表面积分，必须先确定接触边界 S_c，需要有相应的接触搜索算法和接触力算法。大规模动态接触问题的接触搜索过程可以分为两个阶段：全局搜索和局部搜索。全局搜索就是要粗略地确定可能发生接触的结点和单元，即找出潜在的接触块。局部搜索就是要针对已经找到的潜在接触块，精确定位结点与单元之间的接触状态、接触位置及贯入量[12]。在每一个时间步长内，利用有效的接触搜索和接触力算法判断结点和单元的接触状态，最终得到计算结果。

3 网络集群并行计算平台的组建和调试

对于一辆整车的碰撞模拟，一般要包含数十万个单元，采用中心差分法利用显示积分格式进行计算，通常要计算数十万个时间步长，因此，借助并行计算平台是非常必要的。Belytscko 专为并行环境建立了接触算法，从而使得 DYNA3D 软件具有很好的并行计算能力。为此，本文组建了如图 1 所示的网络集群并行计算平台。

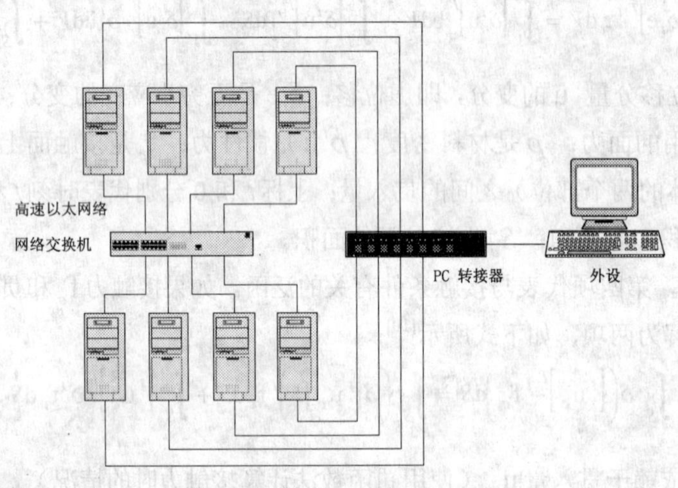

图 1 8CPU 网络集群并行计算平台示意图

3.1 8CPU 网络集群并行计算平台

计算机设备：8 台相同的高性能微机（PIV2.0G CPU / 512M RAM / 100M 网卡）

网络设备：选用 Cisco 公司生产的高性能 100M 以太网交换机（switch）

操作系统：使用 RedHat Linux7.3 操作系统，它是源代码公开的多用户操作系统，可以免费获得。

并行平台：采用最新版的并行平台 MPI（lamMPI6.5.6-tcp）

计算模块：采用功能强大的 LS-Dyna3Dmpp960 并行计算软件

3.2 8CPU 网络集群并行计算环境的组建和调试

(1) 如图 1 所示，把参与并行计算的 8 台结点机接入并行计算网络环境，在每一台结点机上安装最新版的 RedHat Linux7.3 操作系统。

(2) 在所有参与计算的结点机上，以 root 登录，配置/etc/hosts 文件，并在每一台结点机上测试 ping 其他结点机，确保各个结点机之间通讯正常。

(3) 在所有参与计算的结点机上，以 root 登录，安装 lam/MPI 并行消息传递平台 lam-6.5.6-tcp，并添加用户账号。

(4) 在所有参与计算的结点机上，以新账户登录，在新账户的根目录下，编辑 .rhosts 文件，把所有结点机的 hostname 写入。

(5) 测试运行环境：在所有结点机上，以新账户登录，执行命令 rsh mpi** echo hello，如果全部返回 hello, 则表明运行环境配置正确；如提示输入 password，请检查每台结点机的设置是否正确。在新用户根目录，编辑文本文件 hosts.list，写入所有结点机的主机名（如果一台机器有两个 CPU， 则重复这一行），执行 lamboot –v hosts.list，如果看到提示：

Executing hboot on n0 (mpi01 - 1 CPUs)...

Executing hboot on n0 (mpi02 - 1 CPUs)...

……

Executing hboot on n0 (mpi05 - 2 CPUs)...

topology done

则说明每台机器的并行环境 lam/MPI 配置正确，并行消息传递可以正常进行；如提示输入 password 或其他错误提示，需要重新配置。

安装 LSTC/LS-DYNA MPP 960，编辑新用户根目录下的 .bashrc 文件，设置计算和授权文件路径，然后提取机器信息，将生成的 lstc.log 文件发往软件经销商处获取授权即可。

4 某轻型客车正面碰撞的数值模拟

4.1 有限元计算模型

某轻型客车以初速度 48km/h 与刚性墙正面碰撞，该车的有限元计算模型如图 2 所示，包含 165708 个单元，106242 个结点，约 60 万自由度，前部吸能区定义自接触，使用本研究室最先进的微机（PIV2.0G CPU / 1.0G RAM）计算 80ms 内的响应，需要计算 193600 个时间步长，数十小时才能完成。对该车进行耐撞性改进设计需要分析上百个可能的改进方案，计算量巨大，时间紧迫，因此，仅仅依靠单机在短时间内完成这些计算是不可想象的。

图 2 某轻型客车的有限元计算分析模型

4.2 并行计算效果分析

使用网络集群并行计算平台进行计算，得到的并行计算结果如表 1 和图 3 ~ 图 5 所示。

表 1　不同结点机数下的并行计算结果

结点机数	计算时间	加速比	并行效率（%）
1	104730s / 29.092h	1.0000	100
2	52557s / 14.599h	1.9927	99.63
3	36427s / 10.119h	2.8751	95.84
4	28559s / 7.9331h	3.6671	91.68
5	24056s / 6.682h	4.3536	87.07
6	20739s / 5.761h	5.0499	84.17
7	18184s / 5.051h	5.7594	82.28
8	16244s / 4.512h	6.4473	80.59

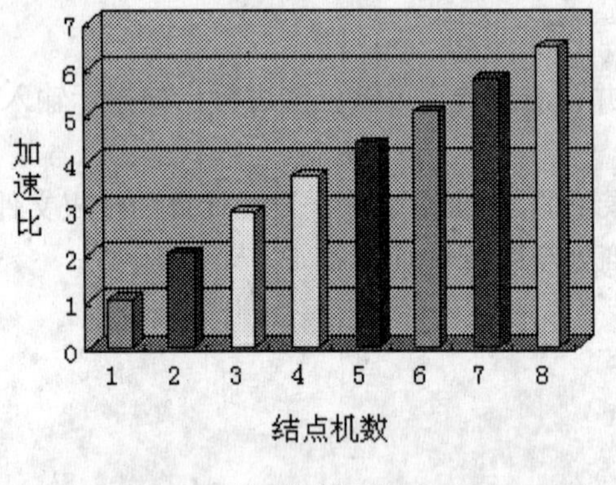

图 3　不同结点机数下的并行加速比

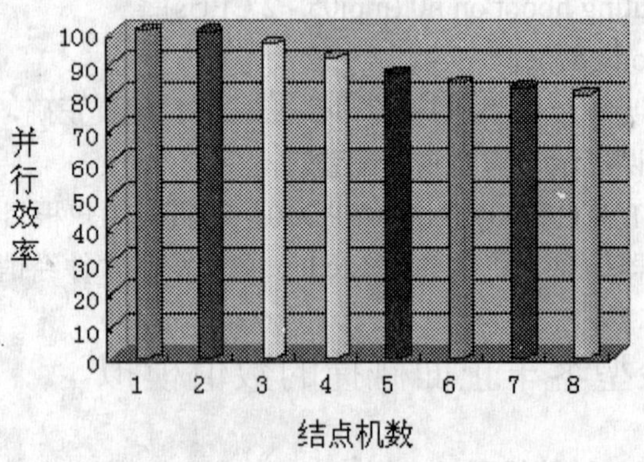

图 4　不同结点机数下的并行计算效率

由图 3 和图 5 可知，随着参与并行计算处理机数的增加，并行加速比趋于增加，使用 8 台结点机计算，可以获得 6.45 倍的计算速度。由图 4 可知，随着结点机数的增加，并行计算效率趋于减小，使用 8 台结点机计算，并行计算效率约为 80.6%，表明该系统具有很好的可扩展性。

4.3　数值计算结果

利用网络集群并行计算平台，分析了 100 多个可能的改进方案，最终得到耐撞性改进优选方案。图 6 为改进前后车架右 B 柱下测点的加速度对比曲线，从图中可见，改进前该测点的加速度峰值很高（约 92.1g），加速度脉宽很窄，改进后的模拟加速度峰值大大降低（约 62.3g），脉宽有所增加，这表明该车改进后的耐撞性大大提高。改进后该测点模拟加速度曲线与实测曲线的波形变化基本吻合，峰值相差不大（实测峰值约 58.7g），这表明本文的计算模型和计算结果是可靠的。

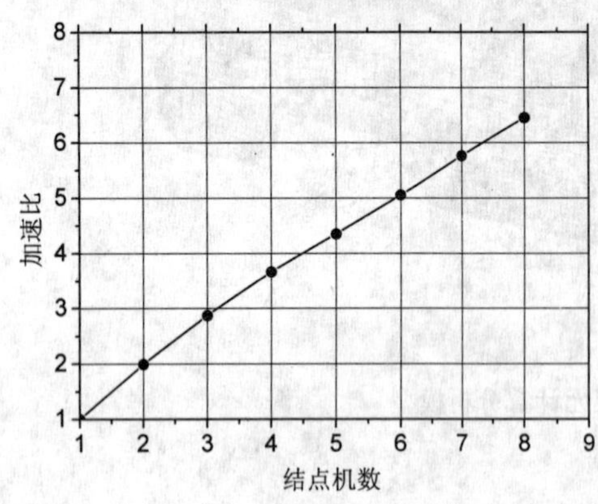

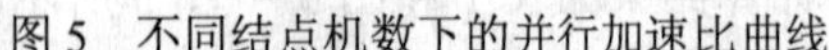

图 5　不同结点机数下的并行加速比曲线

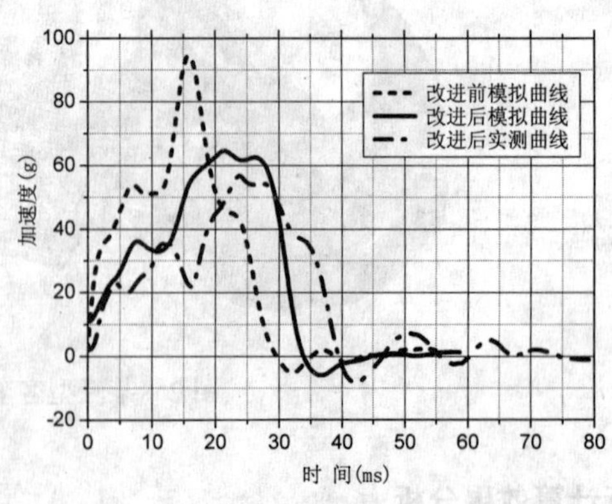

图 6　车架右 B 柱下测点的加速度曲线

5 总结

(1) 针对大规模冲击接触问题的数值模拟极为耗时，立足普通实验室的现有计算条件，组建了使用灵活、可扩展性强、低成本高性能的网络集群并行计算平台，满足了大规模冲击接触问题对存储规模和计算速度的迫切要求，该系统可以在国内的普通实验室中推广使用。

(2) 对某轻型客车的正面碰撞过程进行了数值计算，表明本文组建的网络集群并行计算平台具有很高的并行计算效率，通过大量数值模拟，提出汽车结构耐撞性改进优选方案，取得很好的改进效果。

(3) 应该指出的是，网络集群并行计算是通用的计算技术，它不仅仅适用于提高大规模冲击接触问题的计算规模，还可以适用于其他的科学计算领域。它构造简单，使用灵活，只需要很少的投资就可以大大提高计算能力。因此，立足普通实验室现有的计算条件，组建各具特色的网络集群并行计算平台具有非常重要的实际意义。

参考文献

1 Schweizerhof K, Nilsson L and Hallquist JO. Crashworthiness analysis in the automotive industry. International Journal of Computer Applications in Technology, 1992, 5(2-4): 134~156

2 Bittencourt E, Creus GJ. Finite element analysis of three-dimensional contact and impact in large deformation problems. Computers and Structures, 1998, 69: 219~234

3 Lin FH, Tseng AA. A finite element analysis of elasto-plastic contact problems in metal forming. Materials and Design, 1998, 19: 99~108

4 Vasudevan S. Okada H and Atluri SN. Development of a new frame finite element for crash analysis using a mixed variational principle and rotations as independent variables, Finite Elements in Analysis and Design. 1996, 23: 155~171

5 Elsner B, Galbas HG, Gorg B, et al.. A parallel multi-level approach for contact problems in crashworthiness simulation, 3rd International Conference in Computational Structures Technology, Budapest, Hungary, 1996

6 Walker B. The crash analysis of a passenger vehicle under differing frontal crash conditions. SAE Paper 932910, 1993

7 Saha NK. Simulation of frontal barrier offset impacts and comparison of intrusions and decelerations. SAE Paper 950647, 1995

8 Schauer DA, Hoover CG, Kay GJ. Crashworthiness simulations with DYNA3D. Transportation Research Record, 1996, 1528: 124~129

9 Whirley RG and Engelmann BE. Automatic contact in DYNA3D for vehicle crashworthiness. Crashworthhiness and Occupant Protection in Transportation Systems, Proceedings of the 1993 ASME Winter Annual Meeting, ASME Applied Mechanics Division, 1993, 15~29

10 Vasudevan S. Okada H and Atluri SN. Development of a new frame finite element for crash analysis using a mixed variational principle and rotations as independent variables. Finite Elements in Analysis and Design. 1996, 23: 155~171

11 Zhong ZH. Finite Element Procedures for Contact-Impact Problems. Oxford University Press, Oxford, 1993

12 Wang SP, Nakamachi E. The inside-outside contact search algorithm for finite element analysis. International Journal for Numerical Methods in Engineering. 1997; 40(19): 3665~3685

13 Hallquist JO. LS-DYNA Theoretical Manual. Livermore Software Technology Corporation, Livermore California, 1998

14 Whirley RG, Engelmann BE. Automatic contact algorithm in DYNA3D for crashworthiness and impact problems. Nuclear Engineering and Design. 1994; 150(2-3): 225~233

新型便携式数据采集分析仪的研制

程传河 高建军

第一汽车集团公司技术中心

[摘要] 本文阐述了新型便携式汽车试验数据采集分析处理仪的系统设计方案和实现方法。在系统研制工作过程中，创造性地采用笔记本计算机打印并行口作为数据采集系统总线；可直接使用各种具有 EPP 接口的笔记本计算机作为系统主控机。它可作为一个通用的数据采集平台，完成汽车的道路性能试验以及室内台架等现场试验的数据采集和分析处理。该平台具有体积小、重量轻、功耗低、可靠性高、安全保护好、操作简洁、维修方便、数据接口开放、便于用户二次升级开发等特点；同时具有较高的性能价格比，价格仅为进口仪器的 1/20，节省引进资金达 120 万美元。目前，开发完成的 21 台该类采集仪，已应用于技术中心的汽车道路及室内台架试验工作中，为产品的开发研究、产品对标、技术攻关和质量改进发挥了重要作用。

关键词：汽车试验 新型便携式 数据采集分析仪

1 引言

汽车试验是我们技术中心三大主体工作之一，而整车道路试验又是汽车试验的一个重要方面。这些试验所需的车载仪器设备又有其特殊性——可移动便携式、可靠性高、操作简洁、通用性强、具有实时采集和分析处理等功能。由于进口设备价格昂贵，以往我们技术中心所用的车载设备除了噪声测试分析需要高频采样、专用频谱分析处理软件而采用的是进口的设备；其它数据采集仪除少量是委托外面公司开发的外，大都是是我们技术中心自行开发研制的。由于这些自行研发采集仪功能满足使用要求，而且具有价格低、使用方便、便于二次开发等特点，所以这些仪器比较受广大试验人员的欢迎。而这些自制采集仪硬件平台无论是我们做的还是他人搞的，采用的都是带有专用扩展总线 ISA 的笔记本计算机，但这类机型在 98 年就已淘汰。目前的笔记本计算机没有 ISA 扩展总线，根本不能连接那些原有的数据采集板。99 年在技术中心几个试验部门，原用的带有 ISA 扩展总线笔记本计算机电脑有多台出现了不可修复的故障，使采集仪处于瘫痪状态，无法使用，严重地影响了日益增加的整车道路试验工作的进行。有关部门在机电仪计划中提出了多台进口车载数据采集仪采购申请。但由于每台进口设备费用高达 5 万美元以上，根本不可能满足全部采购要求。本着“自主开发、节省资金”的原则，我们决定依靠自己技术力量开发新一代车载数据采集仪平台，对技术中心原有的自行研发的车载数据采集设备进行全面升级。

2 新型数据采集分析仪的研发目标

2.1 统一平台

技术中心原有的十几台采集仪，由于开发时都是与某个试验部门、甚至是某个人制定的方案，这样就导致了无论是选用的笔记本电脑、要求的设备功能，还是开发的数据采集板、编制的数据采集分析处理软件都是各不相同，最常用传感器信号输入端子插头也是五花八门。这些设备存在着功能单一、不能互相代用的不足；最重要的是即使是同一种试验，由于采用的不是同一台仪器使得信号采集精度、误差，甚至标定和数据分析处理方法都不同，这样导致试验结果可比性差。

为此，我们决定将技术中心的故障频频的老仪器全部淘汰，进行全新升级；新型采集仪采用统一的笔记本电脑、同一精度的 A/D 转换器和计数器，同样性能的多路转换开关和采样保持器，这样就实现全中心积小、功率大，实现了整个采集仪共用一个+12V 电瓶即可工作的目的。由于该逆变电源价格昂贵达四千余元，电源极性不能接反，否则会立即烧毁。我们加了一个大功率二级管实现反相接入保护功能。

3.2 系统研发路线及总体方案确定

为了达到系统满足上述新型数据采集分析仪的研发目标，并满足上述采集仪具体性能的要求，我们制定了如下系统研发路线及总体方案：

3.2.1 采用商用笔记本电脑作数据采集仪主控计算机

车载数据采集系统中的主控机的只能用便携式计算机，共有两种两种可供选择：一种是工业级便携式计算机，不仅价格昂贵而且非常笨重，可靠性高一些是唯一的优点。另一种是我们常用的商用笔记本电脑，价格是工业级笔记本电脑的 1/3，而且轻巧、携带移动非常方便，只是在车上使用可靠性差一点，但广大试验人员喜欢用这种，所以以往并非完全考虑价格问题，采用的都是这种性能价格比较高的商业笔记本电脑，所以我们这次采用台湾产 WINBOOK380 微型笔记本电脑，它具有体积小，结构紧凑，可靠性高，抗振动，抗干扰能力强等特点。

3.2.2 开发打印机并行口总线数据采集接口板

我们这次迫切开发新型系统采集仪，就是因为原来那种 ISA 扩展总线的笔记本电脑已经淘汰了。当今流行的笔记本电脑只有串口、并口和 USB 接口。串口只是一个通讯接口，USB 是一种流行接口，但这次开发我们没有采用，主要是两个原因：一是开发任务迫切许多单位等着使用，由于 USB 接口协议非常复杂几乎不能在 DOS 环境下使用，这样必须得在 WINDOWS 环境下编制驱动程序，而原有的分析处理软件也必须得在 WINDOWS 环境下全部重新编制调试，工作量至少得需要二人年；另一方面需要购置 USB 接口板，由于两年前 USB 接口开发资料非常少当时自行开发不了。尽管市场上有了一些现成的 USB 接口采集板，但象有 24 路模拟通道、带有应便放大采样保持，5 路 16 计数器、内/外部时钟触发的 USB 接口采集板是根本没有的。如果外委专业公司设计，因为我们用量少而不愿干，或愿意干要价也太高，我们难以接受，而且这些板对于我们使用、维护都不方便。所以我们决定采用 EPP 打印机并行口，它具有 8 位双向数据实现并行通讯功能。一般来说它是做两个设备之间的高速双向通讯接口，但通过对该接口功能及时序分析，我们认为经过一定的改造和特殊设计，完全可以变成一个类似 ISA 总线的接口，所以决定开发设计打印机并行口总线数据采集接口板。

3.2.3 信号输入通道及稳压/逆变电源的集成面板总成设计

以往开发的采集仪所用的笔记本逆变电源、采集板用的稳压电源和数据采集扩展板都是单独模块，把他们装到机箱里会导致散热不好，而且连线多而乱，拆装非常不方便。我们决定充分利用仪器面板正反两面，进行结构性紧凑优化设计和安装。将整个仪器所用全部输入信号端子插座、电源模块和采集接口板都装到面板上，不仅为维护和拆装带来方便，而且散热良好，提高了系统可靠性。

3.2.4 采集、分析处理程序及仿 WINDOWS 界面的集成界面的 DOS 环境开发

如果使用 WINDOWS 环境，就得需要全部编制驱动程序和试验采集和分析处理程序。前面也讲过利用 WINDOWS 环境开发程序得需 2 人年，时间太长；最重要的是由于 WINDOWS 是多任务系统，直接控制 EPP 接口最高采样频率只能达到 2K，若设计带有大缓存的数据采集板，这又要增加了开发时间和开发成本。为了保证研发进度我们决定还是采用 DOS 环境，由于 DOS 所需资源少，硬件控制速度完全能够满足试验要求。

由于更换了总线，系统采集程序需要全部重新编制，对以往的数据采集分析处理程序进行了优化移植，并利用一些特殊的软件技术开发了一些新的功能模块。为了与 WINDOWS 接轨，又开发了完全可以以假乱真的、用户非常满意的仿 WINDOWS 界面，为用户操作带来方便。

4 系统研发方案实施的技术关键

4.1 EPP 打印机并行接口的工作时序研究

无论是台式还是笔记本电脑，最初的 25 个插针的并行口都是为打印机设计的，数据只能单向传输，且速度非常慢，只能达到 200K。1997 年 INTEL 公司发起制定了 EPP 并行接口协议，极大地提高了 PC 机并行口数据传输能力，使打印机打印速度明显提高；同时 EPP 并行接口可作两个设备的高速通讯接口，如并口光驱、软驱等。通过资料分析研究明，EPP 协议除了保留了原来的 SPP 标准控制等信号外，最大的不同是将原来 8 位数据线由原来的单向变成了双向；而且增加了主机向外围设备发出数据的控制信号以及外设向主机发送数据的中断请求信号。

4.2 并行接口的“总线化”电路设计

通过上述分析， EPP 口可以实现双向高速并行通讯，但这是两个独立的智能设备之间的通讯，如两台计算机之间或计算机与另一个智能单片机控制的设备之间的通讯。如计算机控制打印机，打印机本身内部就有一个嵌入式单片机，象 PC 机读取光驱数据都是通过并口控制光驱内单片机完成的。因为它没有地址信号，从而不能产生多个片选信号，从而只能带一个非智能扩展接口。而我们开发的 A/D 数据采集板，不仅有 A/D 转换器，还有多片定时计数器及多片 IO 接口，那么就得需要多个片选信号。而 EPP 并行口只有 8 位数据信号，没有地址信号就不能产生片选信号，这样 EPP 并行口根本不能直接与采集板的各种接口芯片相联。按正常逻辑和方法就得用一个高性能的单片机来控制这些芯片，才能满足系统最高 200K 采集频率的需要。我们历经三次修改方案，创造性地开发了“EPP 并行口数据/地址复用电路”，成功地实现了并行接口的“总线化”，解决了 EPP 并行口没有地址信号而不能扩展多个接口芯片的难题。

4.3 解决信号输入通道模拟开关及及同步采样/保持器的自动控制问题

为了简化程序控制指令数目，提高 A/D 转换效率，我们采用了一个计数器与比较器硬件电路，实现了模拟开关及及同步采样/保持器的自动控制功能。主机可对比较器一个输入端设定通道个数，计数器输出端同模拟开关和比较器的另一输入端相连，转换完成信号与计数器触发脉冲端相连，当计数值与计数器设定值相等时，比较器将计数器清 0，使系统自动按通道号由小至大顺序依次往复转换。同理在转换零通道号时，各通道开始执行保持功能。

4.4 解决程控计数器在线飞读高低位互置问题

一般扩展板使用的计数器采用的都是价格便宜、便于扩展的常用芯片 8253。它是一个 16 位计数器，但由于它的高 8 位和低 8 位共用一个地址，只是用读写先后顺序来区别。一般是在计数器停止时读取它的数据是非常准确的，但是我们读取速度等计数值时芯片始终处理计数工作状态，也就是所谓的“飞读”。这样实际读取的结果容易产生高位低位互换情况，造成整个计数值错误。国外设备一个 16 位计数器是采用一个单片机完成的，这样要增加了成本和复杂度。我们经过反复探索和试验，最后设计了采用初始化“零复位”原理，采用两个计数器级联方式组成一个 16 位计数器，成功地解决了高低位互换问题。

5 EPP1.9 并行接口总线数据采集板的设计及工作原理

5.1 系统结构框图

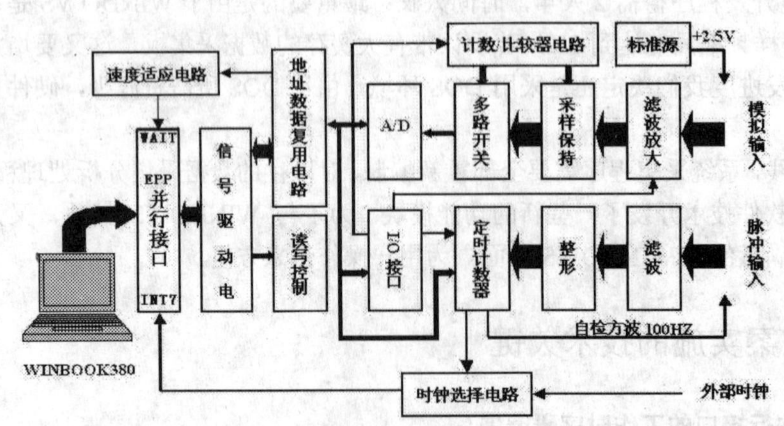

由于数据采集板要完成 24 路 12 位模拟信号的 A/D 转换、5 路 16 位脉冲计数信号，以及程控放大滤波等功能。实现这些功能共需要 11 个接口芯片。上面阐述过，一般用 EPP 接口是计算机与另一个智能设备间或只与一个接口芯片的通讯，显然我们 11 个接口芯片根本不能直接扩展到总线上，经过潜心研究和试验，设计了一个“数据地址复用”电路，将原来的 D0-D7 八位数据线又扩展出八位地址线，如同 ISA 总线一样，可以连接达 256 个接口芯片，未加单片机等智能控制器即可扩展多个芯片实现数据采集功能，突破了 EPP 打印并行通信接口等常规用法，这是我们研发本系统最大的一个创新点。

对于 EPP 与不同设备之间通讯，要满足不同的速度外部设备需要向 EPP 并行接口发出一个 WAIT 等待信号，主机根据 WAIT 等待信号来确定读写指令周期的个数。这对于外围是智能性的设备非常简单，而对于我们开发的这种非智能化采集板问题则变得复杂了，后来我们采用了“片选即等”的方式设计了一个“速度自适应”电路，终于巧妙地解决了 EPP 并行接口与外围设备的速度匹配问题，这也是本系统的一个关键技术所在。

还有，为尽可能减少启动 A/D 所需的执行软件的时间，完全用硬件电路实现了模拟开关和采集保持电路的自动控制，这样减少了采集软件的控制命令，在不提高成本的前提下提高 A/D 速度达 20%。这种设计方法在目前国内外有关数据采集的文献上还未见报道过。

5.2 系统工作原理

首先，通过软件对采集接口电路进行初始化，设定模拟信号和脉冲信号采集的通道数、程控滤波的截止频率和放大倍数，通过时钟选择电路，选择系统采样时钟是使用系统内部时钟还是使用外部时钟。如果是使用内部时钟，程序还要通过定时计数器进行采样频率设定。系统选择电路的输出时钟是通过 EPP 接口产生一个中断信号控制整个系统的采样频率，并按着这个速度对转换数据进行读取。

对于模拟信号首先是通过程控滤波器进行低通滤波，滤掉高频干扰噪声等信号，然后经过采样保持电路和由自动控制电路控制模拟开关进行不同通道的信号选择，经过 A/D 转换后结果数据由主机通过 EPP 并行口经由“数据地址复用”电路读入到计算机。同理，级联计数器内的外围脉冲通道信号的计数值，也是通过“数据地址复用”电路经由 EPP 接口读入计算机的。

6 系统特点及应用

6.1 系统特点

(1) 同一性

创造性地采用打印机并行口作为数据采集系统总线，可直接使用各种笔记本计算机。尽管笔记本电脑的扩展接口在逐渐减少，但目前所有笔记本计算机都有打印接口，虽然主流接口是 USB，现在也有了 USB 接口打印机，但为了兼容 EPP 接口打印机，并行接口在计算机中至少会保留五年。这样我们就不必担心因为笔记本接口问题而影响采集仪的开发和使用。

(2) 通用性

这些设备无论从硬件性能上，还是从软件功能、操作使用以及信号的通道输入方式都是完全一样的，使设备具有了良好的通用性。比如说整研的设备坏了或不够用，可以从强振借一台马上就可使用。不象过去即使是能完成这一种试验的采集仪，不仅软件操作得学半天还得重做传感器输入插头。

(3) 统一性

实现了全中心自研车载试验设备的硬件平台的完全统一，可实现汽车的常规道路性能试验、台架等现场试验的数据采集及分析处理。采集精度、系统标定具有一致性，使得试验结果更具可比性；实现了试验分析处理标准和方法的统一；实现了分析处理结果数据格式的统一，为实现数据共享、建立汽研所试验数据库打下基础。

(4) 灵活性

该平台具有结构简洁、体积小、重量轻、功耗低、可靠性高、安全保护好、操作使用、替换维修方便等特点。由于设备完全是自主开发的，根据特殊试验要求可对软硬件进行灵活修改，这是任何进口仪器无法具备的特点。

(5) 开发性

国外设备都是专用的标准化软件，一般没有二次开发功能；而我们的系统具有完全开放硬件及程序数据接口，便于系统升级和用户的二次开发，这也是我们的设备在各试验研究部门备受欢迎的原因之一。通过在本设备上的开发工作，试验研究人员，尤其是工作的毕业生、研究生通过开发工作对试验过程和原理会有深刻认识、对数据分析方法的研究水平会有很大的提高，同时会对解决一些特殊试验难题带来方便。

6.2 应用效果

1） 开发成功的 21 台数据采集仪已在整车研究室、试车场、检测中心、底盘试验室等部门投入使用。

2） 在近 2 年的时间里，该平台经受了各种汽车试验、各种路面及海南高温环境的考验，得到了这些部门的有关领导和技术人员的肯定和欢迎。一致认为：该系统功能强、可靠性高，在汽车的经济性、动力性、振动性、平顺性、操纵稳定性、ABS 制动性能等试验方面可替代进口设备。

3） 在集团公司重大质量改进项目“解决 CA3118K2B 自卸车方向盘 40km/h 抖动”工作中，采用该设备成功地测试分析出是由于传动轴的中间支撑梁共振而导致方向盘抖动,从而使这一严重影响市场和信誉的问题得到了彻底解决。

7 结束语

1） 这次新型便携采集仪的开发体现了研制者和广大试验用户的集体智慧，将过去五花八门的自制采集仪进行了规范和统一，使我们中心多年的常规道路性能试验的研究技术和经验得以优化、提炼和整合。目前这批自主研发的采集仪基本上满足了全中心的产品质量攻关和技术对标工作。

2） 在研发过程中创新性地使用 EPP 并行口开发了结构简洁、成本低、读写性能完全可以与 ISA 总线相媲美的非智能化数据采集板，拓宽了打印机并行口的应用范围。2002 年利用该技术又为电气试验室开发了车速表寿命试验变频扫描信号驱动板。

3） 该平台性能价格比高，价格仅为进口仪器的 1/20，代替了计划引进的一批车载数据采集仪，如果进口一台按 6 万美元计算，那么 21 台则节省达 120 万美元。

4）由于 USB 接口软硬件技术日益成熟，相应的接口控制器芯片价格日渐降纸，目前我们已经开始了 USB 接口数据采集仪的研发工作，采集及分析处理。下一代数据采集仪软件将全部在 WINDOW 环境下运行，更多的软硬件功能会为用户使用带来更大的方便，同时使我们的数据采集仪的研发技术真正地与国外的先进技术接轨。

道路试验设备硬件平台统一；同时对数据分析处理方法和试验数据格式进行了统一，这样将为实现试验数据共享、建立技术中心试验数据库打下基础。

2.2 继承原有

在汽车试验尤其是整车道路试验方面，我们技术中心有一大批专家和技术人员，不仅具有很高的理论水平而且积累了丰富的实践经验，在这些方面既使是吉林工业大学和清华大学也是无法比拟的，这些知识和经验在我们以往开发的数据采集仪中得到了具体体现。因此，我们对原来的所有采集仪进行了综合比较和分析，决定新型数据采集仪要博采众长，充分保留原有设备的大家认可的硬件性能，选用最优、最合理的软件分析处理模型和方法。

2.3 升级创新

由于原设备开发受当时软、硬件技术发展水平的限制，对于我本人来说当时的硬件开发水平和经验与现在相比也是不成熟的，所以新型仪器在继承以往老设备的软硬件优点的基础上，结合当今最新的计算机软硬件应用技术以及我们多年的研发经验，进行最大程度升级和创新。采用的新型笔记本电脑的打印机接口做数据采集总线代替计算机 ISA 总线，使得任何具有 EPP 接口的笔记本都可以做采集仪的主控机，这是本系统最突出的创新之处。

直接采用硬件电路实现了多路开关及多路采样保持器自动控制，其原理和方法也都是比较独特的，简化了控制软件逻辑和指令条数，同时在不增加成本没有更换 A/D 芯片的前提下,使系统转换速度和数据吞吐效率提高了 20%。

2.4 功能集成

以往研发的系统无论是硬件还是软件功能相对来说是单一的，每台设备的硬件输入通道数量和信号输入范围都是不一样的。我们开发的新型采集仪对硬件功能和结构进行兼容性设计，或者是通过软件控制硬件实现功能选择；同时将各种性能的分析处理软件集成在一个窗口内，用一台仪器只是选用不同的软硬件功能设定和选择分析处理模块，即可完成不同的道路试验。

2.5 接口开放

包括两个方面:一个方面是控制硬件采集板的软件程序接口向用户开放。有编程开发能力的用户可根据自己的试验工况开发一些专用的特殊的程序,这对试验研究有重要意义。这方面强振的李元宝做的非常好，自主开发了一些程序；还有整研和试车场都自己开发了一些专用程序。第二个方面是指采集的试验原始数据文件接口向用户开放。 数据格式也可按不同的要求进行转换，这样用户可以用其他软件直接调用这些数据进行分析处理并编制试验报告。

2.6 完善性能

以往的数据采集分析仪，由于受当时软、硬件技术水平限制，许多功能不尽完善。新型数据采集分析仪的开发集中了广大试验人员的意见，结合我们多年设备仪器的研发经验并参考了国内外类似器的软硬件特点，扬长避短，我们在系统功能的灵活性、使用可靠性、电源功耗及反向安全保护、软硬件使用操作方便性、结构的紧凑性，以及仪器的体积与重量都进行了细致考虑和设计。系统增加了应变程控放大（代替应变仪）、不同速度 A/D 芯片的选择插座、模拟量采集及脉冲技术的系统自检与标定、软件上增加了信号示波器跟踪、文件格式转换接口等重要新功能。这样使该设备还可以作为一个通用的数据采集器，不仅可完成道路试验也可以进行试验室内台架试验的数据采集。

同时，对数据采集仪的使用操作方便性进行了细致考虑和设计：将全部输入信号通道插座放在采集仪面板的左侧，便于试验人员在副驾驶位置操作；使用可拆盖的机箱；电源线采用绞链粘结捆绑可控制长短。

3 采集仪性能及研发方案的确定

3.1 系统的主要技术性能

(1) 试验性能

可完成汽车的经济性、动力性、平顺性、操纵稳定性、振动、制动等常规性能试验；也可作为一个通用的数据采集平台，实现室内台架等现场试验的数据采集。

(2) 主要功能与参数

模拟输入通道：单端 16 路（扩展插头 32 路），双端 8 路（扩展插头 16 路）；

脉冲计数通道：5 路，16 位、最高计数频率为 1000kHz；

输入插头端子：5 芯航空插头，8 路模拟输入信号并行扩展视频信号插头；

扩展插头：1 个，包含 24 路模拟信号、5 路脉冲计数信号；

A/D 转换频率：快速逐次逼近似转换 40kHz 及 200kHz 两种，通过芯片插座选择；

A/D 分辨率：12 位；

A/D 输入量程：单极性 0～10V，双极性-5～+5V；

A/D 系统电压转换精度：1LSB(最低分辨位)/2.44mV；

A/D 输出代码：偏移二进制；

A/D 输入阻抗：10MΩ；

数据交换方式：查询 I/O 方式，定时+中断；

系统电源电源及功耗：+12V±5%，电流不大于 5A;

接口特性：符合笔记本计算机打印机扩展接口电气和机械特性，占一个插槽，全部接口线为标准 LS 门输入或输出。

以下是新系统较以往采集仪增加性能。

(3) 内部时钟与外部时钟触发选择功能

根据不同的实验需求,需要用不同的时钟方式，选择采样触发时钟，通过程序控制硬件电路实现选择。

(4) A/D 程控滤波、程控放大功能

根据不同的采样频率，对一些高频噪声进行低通滤波，滤波截止频率可由程序控制选择；不同传感器信号输出范围不一样，为保证 A/D 转换精度必须对输出范围小的模拟信号进行放大，具体倍数可由程序控制。

(5) 差分应变放大器选择功能

对于压力温度或磁电式传感器需要应变放大,我们设计了五路应变放大器,这样省掉了外加应变放大器,为试验带来方便，可用程序控制硬件电路自动实现是否放大选择。

(6) A/D 输入通道同步采样/保持的选择功能

许多道路试验要求数据采集过程中各通道采样点相位一致，所以要求 A/D 各通道具备采样/保持性能。是否使用采样/保持可由程序控制选择。

(7) 系统自检功能

在系统中,我们设计了一个 2.5V 标准信号参考源和一个 100HZ 标准脉冲方波，可以通过外部端子线输入相应的模拟或脉冲通道，这样可不用外加标准信号源即可对系统进行标定，或对整个系统采集功能进行检测，可以查出某一个模拟或数字输入通道是否有故障。

(8) 信号示波器跟随监视功能

可对采集的信号进行实时跟踪显示，可及时发现传感器信号输入情况及量程合适与否，减少试验的重复性，显著提高试验效率。

比如说有一速度信号，插头接触不良或连线断了，从前只能是经过数据分析处理之后，通过读取数据或结果曲线才能发现，试验必须从头做，这不仅浪费了时间而且也提高了试验成本。

(9) 单一工作电源，反向保护功能

笔记本电脑工作电源是+15V,那么外部输入就需要+24 V，以往用的是由两个 12V 电瓶串起来组合电瓶，如果只使用一个+12V 电瓶供电，那么就得外加一个逆变电源给笔记本供电，但市售逆变电源体积和重量都非常大，这两种方式都非常麻烦。这次开发使用了一个国外最新研发的逆变器电源 DC1550，它体积小、功率大，实现了整个采集仪共用一个+12V 电瓶即可工作的目的。由于该逆变电源价格昂贵达四千余元，电源极性不能接反，否则会立即烧毁。我们加了一个大功率二级管实现反相接入保护功能。

3.2 系统研发路线及总体方案确定

为了达到系统满足上述新型数据采集分析仪的研发目标，并满足上述采集仪具体性能的要求，我们制定了如下系统研发路线及总体方案：

3.2.1 采用商用笔记本电脑作数据采集仪主控计算机

车载数据采集系统中的主控机的只能用便携式计算机，共有两种两种可供选择：一种是工业级便携式计算机，不仅价格昂贵而且非常笨重，可靠性高一些是唯一的优点。另一种是我们常用的商用笔记本电脑，价格是工业级笔记本电脑的 1/3，而且轻巧、携带移动非常方便，只是在车上使用可靠性差一点，但广大试验人员喜欢用这种，所以以往并非完全考虑价格问题，采用的都是这种性能价格比较高的商业笔记本电脑，所以我们这次采用台湾产 WINBOOK380 微型笔记本电脑，它具有体积小，结构紧凑，可靠性高，抗振动，抗干扰能力强等特点。

3.2.2 开发打印机并行口总线数据采集接口板

我们这次迫切开发新型系统采集仪，就是因为原来那种 ISA 扩展总线的笔记本电脑已经淘汰了。当今流行的笔记本电脑只有串口、并口和 USB 接口。串口只是一个通讯接口，USB 是一种流行接口，但这次开发我们没有采用，主要是两个原因：一是开发任务迫切许多单位等着使用，由于 USB 接口协议非常复杂几乎不能在 DOS 环境下使用，这样必须得在 WINDOWS 环境下编制驱动程序，而原有的分析处理软件也必须得在 WINDOWS 环境下全部重新编制调试，工作量至少得需要二人年；另一方面需要购置 USB 接口板，由于两年前 USB 接口开发资料非常少当时自行开发不了。尽管市场上有了一些现成的 USB 接口采集板，但象有 24 路模拟通道、带有应便放大采样保持，5 路 16 计数器、内/外部时钟触发的 USB 接口采集板是根本没有的。如果外委专业公司设计，因为我们用量少而不愿干，或愿意干要价也太高，我们难以接受，而且这些板对于我们使用、维护都不方便。所以我们决定采用 EPP 打印机并行口，它具有 8 位双向数据实现并行通讯功能。一般来说它是做两个设备之间的高速双向通讯接口，但通过对该接口功能及时序分析，我们认为经过一定的改造和特殊设计，完全可以变成一个类似 ISA 总线的接口，所以决定开发设计打印机并行口总线数据采集接口板。

3.2.3 信号输入通道及稳压/逆变电源的集成面板总成设计

以往开发的采集仪所用的笔记本逆变电源、采集板用的稳压电源和数据采集扩展板都是单独模块，把他们装到机箱里会导致散热不好，而且连线多而乱，拆装非常不方便。我们决定充分利用仪器面板正反两面，进行结构性紧凑优化设计和安装。将整个仪器所用全部输入信号端子插座、电源模块和采集接口板都装到面板上，不仅为维护和拆装带来方便，而且散热良好，提高了系统可靠性。

3.2.4 采集、分析处理程序及仿 WINDOWS 界面的集成界面的 DOS 环境开发

如果使用 WINDOWS 环境，就得需要全部编制驱动程序和试验采集和分析处理程序。前面也讲过利用 WINDOWS 环境开发程序得需 2 人年，时间太长；最重要的是由于 WINDOWS 是多任务系统，直接控制 EPP 接口最高采样频率只能达到 2K，若设计带有大缓存的数据采集板，这又要增加了开发时间和开发成本。为了保证研发进度我们决定还是采用 DOS 环境，由于 DOS 所需资源少，硬件控制速度完全能够满足试验要求。

由于更换了总线，系统采集程序需要全部重新编制，对以往的数据采集分析处理程序进行了优化移植，并利用一些特殊的软件技术开发了一些新的功能模块。为了与 WINDOWS 接轨，又开发了完全可以以假乱真的、用户非常满意的仿 WINDOWS 界面，为用户操作带来方便。

4 系统研发方案实施的技术关键

4.1 EPP 打印机并行接口的工作时序研究

无论是台式还是笔记本电脑，最初的 25 个插针的并行口都是为打印机设计的，数据只能单向传输，且速度非常慢，只能达到 200K。1997 年 INTEL 公司发起制定了 EPP 并行接口协议，极大地提高了 PC 机并行口数据传输能力，使打印机打印速度明显提高；同时 EPP 并行接口可作两个设备的高速通讯接口，如并口光驱、软驱等。通过资料分析研究明，EPP 协议除了保留了原来的 SPP 标准控制等信号外，最大的不同是将原来 8 位数据线由原来的单向变成了双向；而且增加了主机向外围设备发出数据的控制信号以及外设向主机发送数据的中断请求信号。

4.2 并行接口的“总线化”电路设计

通过上述分析， EPP 口可以实现双向高速并行通讯，但这是两个独立的智能设备之间的通讯，如两台计算机之间或计算机与另一个智能单片机控制的设备之间的通讯。如计算机控制打印机，打印机本身内部就有一个嵌入式单片机，象 PC 机读取光驱数据都是通过并口控制光驱内单片机完成的。因为它没有地址信号，从而不能产生多个片选信号，从而只能带一个非智能扩展接口。而我们开发的 A/D 数据采集板，不仅有 A/D 转换器，还有多片定时计数器及多片 IO 接口，那么就得需要多个片选信号。而 EPP 并行口只有 8 位数据信号，没有地址信号就不能产生片选信号，这样 EPP 并行口根本不能直接与采集板的各种接口芯片相联。按正常逻辑和方法就得用一个高性能的单片机来控制这些芯片，才能满足系统最高 200K 采集频率的需要。我们历经三次修改方案，创造性地开发了“EPP 并行口数据/地址复用电路”，成功地实现了并行接口的“总线化”，解决了 EPP 并行口没有地址信号而不能扩展多个接口芯片的难题。

4.3 解决信号输入通道模拟开关及及同步采样/保持器的自动控制问题

为了简化程序控制指令数目，提高 A/D 转换效率，我们采用了一个计数器与比较器硬件电路，实现了模拟开关及及同步采样/保持器的自动控制功能。主机可对比较器一个输入端设定通道个数，计数器输出端同模拟开关和比较器的另一输入端相连，转换完成信号与计数器触发脉冲端相连，当计数值与计数器设定值相等时，比较器将计数器清 0，使系统自动按通道号由小至大顺序依次往复转换。同理在转换零通道号时，各通道开始执行保持功能。

4.4 解决程控计数器在线飞读高低位互置问题

一般扩展板使用的计数器采用的都是价格便宜、便于扩展的常用芯片 8253。它是一个 16 位计数器，但由于它的高 8 位和低 8 位共用一个地址，只是用读写先后顺序来区别。一般是在计数器停止时读取它的数据是非常准确的，但是我们读取速度等计数值时芯片始终处理计数工作状态，也就是所谓的“飞读”。这样实际读取的结果容易产生高位低位互换情况，造成整个计数值错误。国外设备一个 16 位计数器是采用一个单片机完成的，这样要增加了成本和复杂度。我们经过反复探索和试验，最后设计了采用初始化“零复位”原理，采用两个计数器级联方式组成一个 16 位计数器，成功地解决了高低位互换问题。

5 EPP1.9 并行接口总线数据采集板的设计及工作原理

5.1 系统结构框图

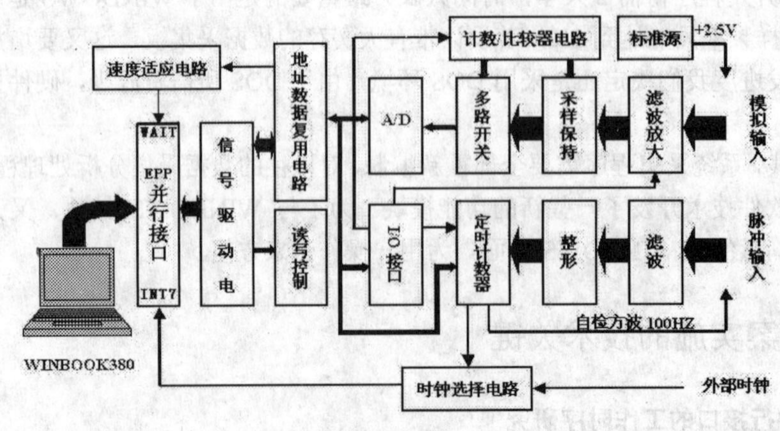

由于数据采集板要完成 24 路 12 位模拟信号的 A/D 转换、5 路 16 位脉冲计数信号，以及程控放大滤波等功能。实现这些功能共需要 11 个接口芯片。上面阐述过，一般用 EPP 接口是计算机与另一个智能设备间或只与一个接口芯片的通讯，显然我们 11 个接口芯片根本不能直接扩展到总线上，经过潜心研究和试验，设计了一个“数据地址复用”电路，将原来的 D0-D7 八位数据线又扩展出八位地址线，如同 ISA 总线一样，可以连接达 256 个接口芯片，未加单片机等智能控制器即可扩展多个芯片实现数据采集功能，突破了 EPP 打印并行通信接口等常规用法，这是我们研发本系统最大的一个创新点。

对于 EPP 与不同设备之间通讯，要满足不同的速度外部设备需要向 EPP 并行接口发出一个 WAIT 等待信号，主机根据 WAIT 等待信号来确定读写指令周期的个数。这对于外围是智能性的设备非常简单，而对于我们开发的这种非智能化采集板问题则变得复杂了，后来我们采用了“片选即等”的方式设计了一个“速度自适应”电路，终于巧妙地解决了 EPP 并行接口与外围设备的速度匹配问题，这也是本系统的一个关键技术所在。

还有，为尽可能减少启动 A/D 所需的执行软件的时间，完全用硬件电路实现了模拟开关和采集保持电路的自动控制，这样减少了采集软件的控制命令，在不提高成本的前提下提高 A/D 速度达 20%。这种设计方法在目前国内外有关数据采集的文献上还未见报道过。

5.2 系统工作原理

首先，通过软件对采集接口电路进行初始化，设定模拟信号和脉冲信号采集的通道数、程控滤波的截止频率和放大倍数，通过时钟选择电路，选择系统采样时钟是使用系统内部时钟还是使用外部时钟。如果是使用内部时钟，程序还要通过定时计数器进行采样频率设定。系统选择电路的输出时钟是通过 EPP 接口产生一个中断信号控制整个系统的采样频率，并按着这个速度对转换数据进行读取。

对于模拟信号首先是通过程控滤波器进行低通滤波，滤掉高频干扰噪声等信号，然后经过采样保持电路和由自动控制电路控制模拟开关进行不同通道的信号选择，经过 A/D 转换后结果数据由主机通过 EPP 并行口经由“数据地址复用”电路读入到计算机。同理，级联计数器内的外围脉冲通道信号的计数值，也是通过“数据地址复用”电路经由 EPP 接口读入计算机的。

6 系统特点及应用

6.1 系统特点

(1) 同一性

创造性地采用打印机并行口作为数据采集系统总线，可直接使用各种笔记本计算机。尽管笔记本电脑的扩展接口在逐渐减少，但目前所有笔记本计算机都有打印接口，虽然主流接口是 USB，现在也有了 USB 接口打印机，但为了兼容 EPP 接口打印机，并行接口在计算机中至少会保留五年。这样我们就不必担心因为笔记本接口问题而影响采集仪的开发和使用。

(2) 通用性

这些设备无论从硬件性能上，还是从软件功能、操作使用以及信号的通道输入方式都是完全一样的，使设备具有了良好的通用性。比如说整研的设备坏了或不够用，可以从强振借一台马上就可使用。不象过去即使是能完成这一种试验的采集仪，不仅软件操作得学半天还得重做传感器输入插头。

(3) 统一性

实现了全中心自研车载试验设备的硬件平台的完全统一，可实现汽车的常规道路性能试验、台架等现场试验的数据采集及分析处理。采集精度、系统标定具有一致性，使得试验结果更具可比性；实现了试验分析处理标准和方法的统一；实现了分析处理结果数据格式的统一，为实现数据共享、建立汽研所试验数据库打下基础。

(4) 灵活性

该平台具有结构简洁、体积小、重量轻、功耗低、可靠性高、安全保护好、操作使用、替换维修方便等特点。由于设备完全是自主开发的，根据特殊试验要求可对软硬件进行灵活修改，这是任何进口仪器无法具备的特点。

(5) 开发性

国外设备都是专用的标准化软件，一般没有二次开发功能；而我们的系统具有完全开放硬件及程序数据接口，便于系统升级和用户的二次开发，这也是我们的设备在各试验研究部门备受欢迎的原因之一。通过在本设备上的开发工作，试验研究人员，尤其是工作的毕业生、研究生通过开发工作对试验过程和原理会有深刻认识、对数据分析方法的研究水平会有很大的提高，同时会对解决一些特殊试验难题带来方便。

6.2 应用效果

1）开发成功的 21 台数据采集仪已在整车研究室、试车场、检测中心、底盘试验室等部门投入使用。

2）在近 2 年的时间里，该平台经受了各种汽车试验、各种路面及海南高温环境的考验，得到了这些部门的有关领导和技术人员的肯定和欢迎。一致认为：该系统功能强、可靠性高，在汽车的经济性、动力性、振动性、平顺性、操纵稳定性、ABS 制动性能等试验方面可替代进口设备。

3）在集团公司重大质量改进项目“解决 CA3118K2B 自卸车方向盘 40km/h 抖动”工作中，采用该设备成功地测试分析出是由于传动轴的中间支撑梁共振而导致方向盘抖动,从而使这一严重影响市场和信誉的问题得到了彻底解决。

7 结束语

1）这次新型便携采集仪的开发体现了研制者和广大试验用户的集体智慧，将过去五花八门的自制采集仪进行了规范和统一，使我们中心多年的常规道路性能试验的研究技术和经验得以优化、提炼和整合。目前这批自主研发的采集仪基本上满足了全中心的产品质量攻关和技术对标工作。

2）在研发过程中创新性地使用 EPP 并行口开发了结构简洁、成本低、读写性能完全可以与 ISA 总线相媲美的非智能化数据采集板，拓宽了打印机并行口的应用范围。2002 年利用该技术又为电气试验室开发了车速表寿命试验变频扫描信号驱动板。

3）该平台性能价格比高，价格仅为进口仪器的 1/20，代替了计划引进的一批车载数据采集仪，如果进口一台按 6 万美元计算，那么 21 台则节省达 120 万美元。

4）由于 USB 接口软硬件技术日益成熟，相应的接口控制器芯片价格日渐降纸，目前我们已经开始了 USB 接口数据采集仪的研发工作，采集及分析处理。下一代数据采集仪软件将全部在 WINDOW 环境下运行，更多的软硬件功能会为用户使用带来更大的方便，同时使我们的数据采集仪的研发技术真正地与国外的先进技术接轨。